# 唐力权全集

## 第一卷

唐力权 著

中国社会科学出版社

**图书在版编目（CIP）数据**

唐力权全集（全7卷）/ 唐力权著 . —北京：中国社会科学出版社，
2016.4

ISBN 978-7-5161-7416-6

Ⅰ . ①唐…　Ⅱ . ①唐…　Ⅲ . ①哲学—文集　Ⅳ . ①B-53

中国版本图书馆 CIP 数据核字（2015）第 309484 号

| | | |
|---|---|---|
| 出 版 人 | 赵剑英 |
| 责任编辑 | 冯春凤 |
| 责任校对 | 张爱华 |
| 责任印制 | 张雪娇 |

| | | |
|---|---|---|
| 出　　　版 | 中国社会科学出版社 |
| 社　　　址 | 北京鼓楼西大街甲 158 号 |
| 邮　　　编 | 100720 |
| 网　　　址 | http：// www.csspw.cn |
| 发 行 部 | 010-84083685 |
| 门 市 部 | 010-84029450 |
| 经　　　销 | 新华书店及其他书店 |

| | | |
|---|---|---|
| 印刷装订 | 北京君升印刷有限公司 |
| 版　　　次 | 2016 年 4 月第 1 版 |
| 印　　　次 | 2016 年 4 月第 1 次印刷 |

| | | |
|---|---|---|
| 开　　　本 | 710×1000　1/16 |
| 印　　　张 | 135.25 |
| 插　　　页 | 2 |
| 字　　　数 | 2210 千字 |
| 定　　　价 | 478.00 元（全 7 卷） |

凡购买中国社会科学出版社图书，如有质量问题请与本社营销中心联系调换
电话：010-84083683

唐力权教授

唐力权教授与太太共同出席场有哲学
学术研讨会

唐力权教授与来自世界各地的学者于吉林大学留影

唐力权教授主持第十三届国际场有哲学学术研讨会

唐力权教授与香港道学茶聚学员合影

第十二届国际场有学会学术研究会于吉林大学举行

# 总　目

第 1 卷
脉络与实在

第 2 卷
周易与怀德海之间——场有哲学序论

第 3 卷
蕴徽论

第 4 卷
道论
权能论

第 5 卷
Context and Reality
Realativity and Relatedness：Essays（1973—1995）

第 6 卷
Ontology of Activity

第 7 卷
Tao and Logos
The Middle Way

# 序言一　综合创新的哲学典范

方克立
（中国哲学史学会名誉会长
中国社会科学院研究生院教授）

唐力权哲学是 20 世纪中国哲学具有原创性的一个系统。它是通过比较、融会中西印等多方哲学文化系统，以中国传统哲学思想为本位，匠心独造而成。

唐力权哲学代表了中国哲学在现代发展的方向。"综合创新"，是中国哲学在现代发展应有的思想姿态。我从 20 世纪 90 年代开始阐释"综合创新文化观"。东方文化的复兴不是传统儒、释、道文化和伊斯兰文化的简单恢复和延伸，而是在一个全球化的时代，加速发掘各个文化传统中那些最本质的、也必然是与其他文化传统相通的即"人心之所同然"的共同的价值观念，加速本民族文化和其他民族文化的交流融合，使各民族文化的特殊性逐步融入全人类文化的普遍性之中。所以说，东方文化的复兴也是一个加速东西方文化交流融合，加速全球文化整合的过程。故 16 世纪以来，即自有中西文化交流以来，四百年间发生过多次中西文化论战，有抵制、排斥西学的观点，也有全盘西化的观点。但应该说，在此期间也有一些先进的中国人，既有强烈的民族主体意识，又有一定的世界眼光，既不赞成盲目排外，也不赞成全盘西化，而是主张综合中西文化之长来建设发展中国的新文化。唐力权哲学是"综合创新文化观"的一个典范。

当今世界多有文明冲突的悲剧，东方哲学能够为人类文明格局的重建提供有价值的资源。唐力权哲学充分宣示了中国传统哲学的殊胜。和西方哲学过分强调分别与对抗不同，东方哲学更重视和谐与统一。在处理人与自然、人与人的关系（包括民族关系、不同文化的关系）时，东方哲人多主张和谐、和平，"协和万邦"，"厚德载物"。它所表现出来的人文精神，对西方高度发达的科技文明是一种必要的补充。未来的世界文化必将是科学主义和人文主义、工具理性和价值理性的有机结合或统一，也就是东西方文化精神的结合、融合或整合。在整合过程中难免有龃龉和冲突，但只是一时的、局部的，从长远和全域来看，全球文化整合是必然的趋势和结果。唐力权哲学以世界文明格局重建为己任，复以中华文化传统之"易印文明"格局为归宿，体现了一位现代中国哲学家的民族与人类命运的担当，他的精神与事业值得继承和发扬。

# 序言二　跨文化原创思想家唐力权

沈清松

（多伦多大学中华思想与文化讲座教授）

　　笔者曾担任两任国际中国哲学会执行长，唐力权先生是我的前任。基本上，我可以说是继承了唐先生在国际中国哲学会的志业。所以当香港场有哲学研究院为唐先生的《唐力权全集》索序于我时，我尚未观看该书内容，便不自量力地答应了。

　　唐力权原先研读西方哲学，尤其是现象学与怀德海哲学，其后转回中国哲学，所以其思想历程充满了跨文化的趣味。其实，跨越各种学科、文化与领土的边界，一直是唐先生的存在体验。唐力权 1935 年生于香港，在读完高中之后，转往台湾，就读于台大电子工程系大学部。其后，转赴美国纽约大学主修经济学，副修哲学；后又转赴纽约新社会科学研究院攻读哲学博士，专注于西方哲学，曾师事盖恩斯（Dorian Cains）和古尔维曲（Aron Gurwitsch），两人皆是接受胡塞尔（Edmund Husserl）影响的杰出现象学家。在他们的训练下，唐力权对西方哲学有了深入的了解，并且在有了现象学基础之后，聚焦于怀德海（Alfred N. Whitehead）的哲学，并于 1969 年完成博士论文 *Context and Reality：A Critical Interpretation of Whitehead's Philosophy of Organism*，取得博士学位。

　　其后，唐力权博士透过"时间"观念，将怀德海哲学与易经哲学联系起来，并在 1974 年在《中国哲学杂志》期刊 *Journal of Chinese Philosophy* 出版 *The concept of time in Whitehead and the I Ching* 一文，开始了他跨文化哲学家的生涯。"时间"概念实属中、西哲学的根本关怀，这一选择启动了他深刻的跨文化哲学思维。他从 1986—1989 年出版一系列讨论《易经》与怀德海哲学问题的文章，明说场有哲学的宗旨，其后收集成《周易与怀德海之间：场有哲学序论》一书，并于 1989 年出版。事实上，该书可谓从跨文化哲学角度发挥唐力权所谓的"蕴徵论"，也就是关于殊相性与相关性的理论。

的确，《易经》和怀德海是唐先生深具洞见的跨文化选择，因为两者各以不同方式明说了某种历程哲学与普遍相关性。正如唐力权所表示，"蕴"意即结合、相关、摄受，而"徵"则意指界限、边界和区别。他将两字放在一起，用"蕴徵"一词表示万物都是相关而有别的。在这基本观念上，唐力权发展出他的场有哲学，表示举凡存在之物，皆属场中之有；其所主张的，是一"场的存有论"，其中每样事物都是独立存在而又彼此相关的。所谓"场"，指的是万物存在、彼此相关乃至根源共在的领域。唐力权认为，哲学是对自己的存有经验自觉的智性活动。对他而言，存有即是场有，所以，存有论就是一场有的理论。这是一非实体的形上学，大不同于西方哲学传统的实体形上学。并且，唐力权基于他对场有的相关性的存有学肯定，批评西方自亚里士多德以降的实体概念和实体形上学，后者将关系视为仅只是外在的，也因此持有某种二元论的看法，例如主客二元、心物二元、现象与物自身二元、自然与文化二元、神与人二元，等等。

在这本《易经》与怀德海的跨文化哲学宏构中，唐力权建构了他的场有哲学的主要观念。在这基础上，他得以和当代欧陆哲学大师吕格尔（Paul Ricœur，内地译为利科）对话。《在世哲学家丛书》往往邀请学者针对某特定在世哲学家，撰文交谈。其中出版的《吕格尔的哲学》一书里，唐力权是唯一被邀请参与来与吕格尔对话的中国哲学家。对于唐力权来说，当人能以直立的方式来感受并裁化世界之时，才开始了他人性的存在。他将孔子所谓"人之生也直"的道德意义，诠释为直立的姿态，也因此他并不区分物理的与心理的，以便保持人身心的整全。他将直立的人与吕格尔所谓"会堕落的人"（L'homme fallible, fallible man）相对比，不过，在将 L'homme fallible 翻译为英文之时，唐力权将之译为"犯错的人"。虽然吕格尔与唐力权对于人的原初状态的看法不同，一个是强调直立之人；另一个则强调会堕落之人，但是他们都同意，人一旦出生，便必需要习取或裁化他自己的自我。

基于这一共同的哲学人类学立场，唐力权认为自我裁化是东方哲学和西方哲学共同分享的主题，或者，正如他用更强烈的语词所表示的，是一个"永恒、普遍的哲学主题"（A perennial, universal philosophical theme）。对此，我必须指出：在我看来，唐先生这话说得太强烈了些，因为对我来说，任何在时间中生长、发展的文化传统来说，若置定其中有任何东西是永恒而普遍的，是说得太满了一些。至多可以说，我们在寻找的是共同可分享因而是可普化的观念。虽然我们可以越来越提升其可普化性的程度，但总不能说有任何在时间内的东西，已然是普遍而永恒的了。

对于唐力权而言，亚洲传统有关自我裁化的想法，是定位在自我的本真性或完美性上；而且，只有当人与终极真实相结合之时，始能获致此一本真性或完美性。至于所谓"终极真实"到底是何物？他认为，在不同的传统中，名称各有不同，例如佛、道、天、大梵天，等等。而且，唐力权也同意吕格尔的看法，认为人为了习取其本真性，必须克服其非本真的自我，无论是在无知的阴影下，在道德惰性或社会上人造的陷阱之中的自我面相。在这点上，吕格尔和唐力权都关心人的非本真性，吕格尔将之称为"恶的象征"。然而，对于唐力权而言，恶的象征必须伴之以"爱的象征"，例如孔子所说的"仁"，柏拉图所言的"爱罗斯"（Eros），或基督宗教所谓的"无私的爱"（Agape）。

唐力权也同意吕格尔所言，人是透过有自觉的自我反省的努力，才能超越其非本真性。正如唐力权所说，"反省性的思想，简单地说就是设想为自我了解的自我裁化方式"。不过，两人不同之处，在于他们对于自我反省的本性何在的看法不同。到底是一种灵修的密契的自我实现，或仅只是概念的论述历程？对于唐力权来说，亚洲传统中的自我理解，是建立在实存上的灵修体现历程，是一种属灵的，甚至是密契的生活。对他来说，这一点大不同于西方传统将之视为仅只是概念性、论述性的事业。

这一考量将我们带往唐力权对于存在行动和意识，以及意识和表象（或符号）的区别。他强调在亚洲传统中存在行动的优先性。对比之下，在唐力权看来，吕格尔虽然肯定弗洛伊德所言的无意识之欲望，而且接受马克思、弗洛伊德和尼采的批判性怀疑，但仍然将无意识层面视为是隶属于意识的领域，也因此并不区分意识与经验。他认为，吕格尔误将意识与有意识的反省视为优先于存在的行动与能力，为此，吕格尔才会认为人的自我裁化是一种透过自我意识反省的自我习取，只是没有笛卡儿所谓"我思故我在"的自我确定性而已。对比之下，唐力权认为，存在的行动与能力应该优先于意识。对他来说，在西方传统中，怀德海是唯一能明说出这一点哲理的伟大哲学家。

虽然说，唐力权同意人需透过运用符号或表象来建构知识，但是他更喜欢人与终极真实的结合，更甚于表象性的知识。对于他来说，东方的各大传统，即使对终极真实的称呼有异，譬如天、道、佛、大梵天，等等，但他们更寻求人与其密契合一。西方哲学传统则不然，由于对理性的偏重，往往忽视人与终极真实的密契。在此值得一提的是，西方的确有密契论的传统，如圣奥古斯丁（St. Augustine）、圣大德兰（St. Theresa of Avila）、圣十字若望（St. John of the Cross）、埃克哈特大师（Meister Eckhart），等等。不过，由于西方传统中强调哲学和宗教的分野，因而在哲学中往往不能提及这些密契论。唐力权指出，西方密契论传统所言人与终极实在的关系，不但应在哲学上大书特书，而且也应该在西方哲学与亚洲哲学或中国哲学的相遇中受到重视。我认为，唐先生这一说法的确有道理，也因而有其学术上的贡献。

且让我引述一个历史案例来说明。当利玛窦（Matteo Ricci）于明朝万历年间引进西方哲学于中国之际，文艺复兴时期的亚里士多德学说与多玛斯学说过度强调理智主义，以至对于关于终极真实的论述，也重视理性证明，乃至证明天主存在的五路证明，连同其他关于天主的理性论说，都被引进中国。然而，对于西方传统中关于对于天主的体验，却甚少提及。亚里士多德的许多著作，诸如《名理探》（Categoriam）、《圜有论》（De Ceolo）、《灵言厘勺》（De Anima）以及《修身西学》（Ethica）等皆被编译或更好说改写为中文，并于明末之际出版。其中的理性论述虽有济补中国传统理性论述阙如之弊，然而仍然太抽象、太理性化，无法普遍吸引当时的中国士人。相反地，却引来佛教、儒家和道教的许多批评。如果他们当时也引进希腊教父、拉丁教父，或是圣奥古斯丁、大德兰、圣十字若望、埃克哈特大师等人的密契论作品，一定会吸引更多来自佛教、儒家和道教的积极回响，因为后者多强调对于佛、空、道、天、诚等等终极真实的体验，虽然名称各有不同，经验有异，但其关心与终极真实的关系则一。体验天主而非仅谈论天主，一定对中国士人会更有吸引力。更何况，终极真实若果真的是终极，应可允许多重不同路径去接近其丰富而多元的面向。

　　总之，唐力权曾接受电机工程、经济学与当代西方哲学的多元学科、逐层深入的训练，又跨越中、西、印等文化传统，于西学方面能综摄现象学方法学与怀德海的宇宙论，然终究能归本于中国哲学并发挥其深层核心，并创造出一套原创的场有哲学，强调人之生也直，以及宇宙万物的相关性。究极说来，对于终极真实的体验，唐力权诉诸密契论，且认为是在密契经验中人得与终极真实密切相合，并名之为"亚洲人之梦"。由工程而经济而哲学而密契，可见其心灵之宽广；指点出密契为东方人之梦想，可见其心志之深沉。更值得注意的，是唐力权思想中的跨文化向度，藉之人可以衔接平凡与深沉。他并不自限于自己的文化传统与某学术科系之中，他的跨文化哲学思维，既不追随东方主义，亦不追随民族主义，也不停止于只做比较哲学，或只满足于相互承认，一如查尔斯·泰勒（Charles Taylor）之所言。唐力权所做的，是直捣中国哲学及其他者——西方哲学的精髓，钩玄提要，并建立自己的场有哲学体系。

# 序言三　学海惟深　学山为崇

杜祖贻

（密西根大学教育哲学荣誉教授）

这两三年，我国哲学界不幸三星陨落：好友刘殿爵、唐力权、劳思光三教授先后去世。可幸他们都是著作等身的人，"文章千古之大业、不朽之盛事"，他们深广的学问和高远的理想，皆将长留人间，为后世法。

汤伟侠博士来信相告，为纪念唐力权教授逝世周年，香港场有哲学研究院正在编辑唐教授近年学术讲演专集，嘱我为撰序言。我既为促成唐教授回港讲学之人，自是欣然答应。

研究唐教授的哲学的论著多的是。写唐教授为人与治学的文章相信不多。力权与我结交一甲子，颇知其言行志趣，就以此为题旨，既志念同窗之谊，也藉此短文，供年青后进诸君进德修业参考之资。

力权教授少怀大志，好学深思。1952 年我们同在香港金文泰中文中学高一甲班肄业。当时班中优才甚众，或长于数理，或精于艺文，而力权文理并重，意志坚强。当时其令尊唐碧川先生出版"英语周刊"，但见力权每期携刊回校，稍有空暇，即诵习不辍，力求自己的英文程度，超越英文书院学生的水平，因此他的外文基础特别稳固，到后来他决定专攻高难度的西方哲学时，外语便不成问题了。少时的努力，也使力权教授成为百年来无数留学欧美而能真正贯通中西学术少数的专家之一。

自民初以降，留洋的文科学生，包括内地、台湾和香港地区在欧美深造的，十居七八到了最重要的学习阶段，便会选择关于中国的题目作为博士学位论文的作业。他们在洋老师引领之下，研究老庄也好、红楼梦也好、红卫兵也好，把自学术生命中最关键的几年时光如此度过了。留学生中能坚持以"取他山之石"为出国的目的而终有大成就的学者并不多，前辈学者如朱光潜教授（留英法，治西方美学）、吴俊升教授（留法，治西方教育）和何炳棣教授（留美，治西方历史），都是令人钦佩的学界表率。

大学及研究院时期，力权发愤淬励，转益多师。首先赴台修习理工，以领略客观求证的方法；继而赴美专研政经，以明白社会人生的真相，最后深究西方哲学，以取得义通中外、理察异同的治学和原创能力，终以《脉络与实在：怀德海机体哲学之批评的诠释》为题，取得哲学博士学位。毕业前即受聘于康州美田大学，一直以此为终身教职，以报知遇。数十年间，授东西之说，乐育四方子弟；究天人之学，铸成一家之言。

唐代玄奘法师游学印度最后返国。我深知力权教授亦长怀此志。2004年力权来访，我遂为介绍与好友密西根大学校友道联会及圆玄学院汤伟奇主席相识，彼此志趣相投，一见如故，力权旋应伟奇学兄之邀，回港讲学，创立场有哲学研究院。数年间学风扇扬，人才渐盛，鸿猷大展，影响宏深。这是唐力权教授遗稿的背景。

力权教授去世快一年了。哲人渐远，悼念仍殷。忆昔年某日学期试后，诸生闲谈。同学蒋君忽发一问：每逢学年开始之时，皆须读校训，唱校歌，究竟意义何在？校歌为本班主任兼国学教师刘随先生多年前所撰，其词曰："学海惟深，学山为崇。吾校立训，文行信忠。际兹寰宇，文化交彰；术同中西，为世所尚。勖哉学子，进德日新；必愤必匪，聿毅聿勤。诵我诗书，理我弦歌，广业成器，噓嗟箐莪。"

当年同窗毕业后各奔前程，皆敬业乐群，各有所成。然能攀学山的高峰、登学海的彼岸而广业成器的，就是唐力权教授了。

癸巳仲夏西历二零一三年七月稿成于密西根大学

# 主编前言

唐力权先生是二十世纪华人世界会通中西的杰出思想家、非实体主义的奠基性哲学家，其晚年的新道学则代表了香港本土的哲学高度。

唐先生原籍广东恩平县，1935 年 10 月 26 日生于香港，先后就读于香港金文泰中学、台湾大学电机工程系、美国纽约大学经济系和纽约社会科学新校，1969 年获得哲学博士学位；自此一直任教于美国康涅狄格州美田大学，2005 年退休；2008 年移居香港，2012 年 7 月 19 日病逝于香港伊利沙伯医院。

在其五十余年的学术生涯中，唐先生比较与融通了中西印三大文明及其哲学，创造性地建构了场有哲学，重释了道家和道教思想而为"新道学"奠基。

唐先生的场有哲学是二十世纪末出现的汉语世界最新的哲学体系，尽管最终立足于中国古典思想，但唐先生的哲学创造的终极关切却是人类性的，而二十世纪绝大多数汉语哲学家仅仅着眼于中国，旨在解决二十世纪中国社会和中国人的问题。唐先生曾讲，场有哲学的终极发展乃是"通过对人类和光同尘实相的分析来逐步建立场有哲学中的人道学和文明场有理论"（《周易与怀德海之间》），而所谓"和光同尘"乃是"道体权能（生命权能、创造权能）透过人道而开显的全部灵明行沟"（同上）；唐先生认为，文明人类的一切明沟内容或文化现象莫不具有其独特的"文明意义"，这里和"自然环境"、"社会结构"一起构成"三尘"的"历史传统"，不仅包括儒、释、道，而且涵括了中、西、印三大文明形态，它们的各自诚承契印但又相互激荡涵摄的意识心态和理性道术。甚至用"人类性"来评价仍嫌不足，因为场有哲学的最终"观点"却是宇宙，唐先生讲，"文明创造的场有并不等于权能场有自身，用宇宙论的观点看，整部人类文明进化史所包含的亦只不过是无穷无尽权能场有中的一个微波罢了。"（同上）显然，没有这种见解，固执人类中心论，想要解决今天地球上的生态危机是不可能的。场有之"道"乃是联结宇宙的终极真理与真实和人生的终极真理与真实的终极性的"道"，唐先生晚年称之为"究竟义"的"道"，场有哲学是"究竟学"，当然是普世性的哲学。

比较而言，二十世纪汉语哲学界绝大多数体系旨在解决中华民族近代以来所面临的现实问题，时代的忧患意识也决定了哲学创造的视向和器局，从二十世纪上半叶的"中西体用"之争、"科玄"之争、"传统与现代化"之争以及科学与民主经"坎陷"而落实的问题等等，到八十年代中国大陆的"启蒙"与"主体性"问题、"国家建设"和"文明复兴"问题，莫不局限于当下的中国、中国社会和中国人，尽管视域愈显广阔。显然，这样的哲学体系，无论如何高迈，其意义已为其视向所限，囿于本民族，而对其他民族和整个世界必然缺乏实质性的意义。

那么，何以唯独唐先生的场有哲学具有这样一种人类性、普世性的哲学视向和目标呢？

笼统地讲，是因为场有哲学的缔造者接受了作为二十世纪哲学思潮重要特征的"文明格局辩证的自觉"，亦即"对文明架构根源性、历史性与理想性的自觉"（同上）；唐先生多次感慨，我们所处的无疑是一个大开大合的时代，也只有大开大合的智慧与理性道术才能疏解人类当前的困局。正是因为这种自觉，使得场有哲学成为汉语世界对于全球化时代来临的最早的哲学回应。

具体地讲，场有哲学的普世特征归因于唐先生哲学探求之路的起点之高超。唐先生在纽约社会科学新校接受了"二战"时流亡而来的现象学家们的系统的现象学训练，最后以诠释怀德海哲学为博士论文选题，指导教师则是海德格尔的弟子汉斯·约纳斯。怀德海和海德格尔分别代表了英美和欧洲大陆哲学形而上学的高度，也代表了二十世纪西方对自身哲学根源的最深透、最彻底的辩证自觉和反思。前者直诠了"过程实在论"，后者遮诠了"非实体主义"。以此高度来会通《周易》所成就的场有哲学自然不同凡响。我们不妨把唐先生和牟宗三先生的工作作个对比，因为"超越牟宗三"无疑是当代汉语哲学的一大使命，而场有哲学于此有实质性的突破。

　　毫无疑问，牟先生不仅是现代新儒家的最高峰，而且可以说是代表了现代中国哲学的高度，而他的成功很大程度上归因于他选择了和代表西方近代哲学之高度的康德哲学进行对话和会通。他的新儒家哲学建构和儒学史叙述基于对康德哲学基本问题与概念的运用，但因对这些问题和概念缺乏根源性的自觉，造成了很大的理论困难。例如，他用西方哲学概念"即存有（being）即活动者"来释作为《易》《庸》之主旨的、起宇宙生化与道德创造之大用的"性体"，以"即活动即存有者"来释"心体"，认为康德的道德的形上学以道德进路切入本体界，而宋明理学是康德的形上学之推进。但熟知康德的人都知道，康德的道德的形上学只是"实践理性"统辖"理论理性"，近似以"心体"融摄"性体"，但达不到《易》《庸》层次上的"本体—宇宙论"，因为康德的"宇宙"属于现象界、其"宇宙论"属于自然科学，他没有"性体论"意义上的宇宙生化，而只有"心体论"意义上的道德创造，而且他并没有将本体—宇宙与道德统一在一起，这是后来德国观念论的努力方向。所以近来有学者说"牟宗三从康德入手通《易》《庸》，正是所托非人，一生大误"，更有学者认为牟宗三融会儒家思想和康德哲学建构而成的道德形上学"不仅表现为佛老之余绪，更有援耶入儒之嫌疑"，是对传统儒家精神的根本背离，是谓"隐秘的颠覆"。

　　牟宗三晚年的《四因说讲演录》从康德转到亚里士多德，以四因说里的"动力因"和"目的因"取代"存有/活动"概念，并以动力因配"乾"，释为"始生"，以目的因配"坤"，释为"终成"，而"诚"则贯通乾坤始终，作为生成过程贯穿动力因与目的因，而致宇宙与道德的统一，这样就通过亚里士多德来解决康德在疏通《易》《庸》时的致命缺陷。但如此一来，他就囿于亚里士多德的"生成（becoming）"之内，而不能彻解易道"生生"之真谛。海德格尔在早期《那托普手稿》里提到希腊哲学以"制造（poiesis，techne，唐先生译为'加工'）"为其思想境域。柏拉图以此为唯一的"生成"模式，无论灵魂、城邦还是宇宙都是制造而成，"产品"的外观和用途即为形式因和目的因，是其形而上学的核心。尽管亚里士多德的"生成"模式多元化了，有"成物"之"phusis（自然）"、"成器"之"techne（技术制造）"、"成事"之"phronesis（实践智慧/明智）"以及"运气"，但正如产品的"现成存在"决定了整个制造活动，这些生成活动莫不以形式因—目的因为基本规定，"现实"决定"潜能"的发展，而既然形式因—目的因是对 being 和 ontology 问题的最终回答，那么一切"生成"论都以 being（存有）和 ontology（存有论/本体论）为基础并受其主导，换言之，"存有（being）"优先于"生成/活动"，"终成"优先于"能生"，"存有论（ontology）"优先于"宇宙论（cosmology）"，当然也优先于其他科学而为"形而上学"或"第一哲学"。如此一来，在亚里士多德那里，既非"即活动即存有"也非"即存有即活动"，而是生成活动受限于存有（being）和实体（ousia/substance）。如果我们了解了亚里士多德的四因说的根源，那么就很难将其与生生易道相提并论。亚里士多德的"生成"和《周易》的"生生"从一开始就不在一个层面上。因为，《周易》的"生生"宇宙论，绝不以"存有（being）"或"实体（ousia/substance）"问题为主导，而且主要体现物之无穷："始生"必有所"终成"，但后者不是绝对目的和"界限（peras/limitation）"，还要进一步创化。因此，通过亚里士多德的四因说，只讲出 being 或 ontology 所主导的生成或有限宇宙论，而讲不出生生不息、不居于所成的宇宙创化历程。Being 也好，ontology 也好，都只是希腊特殊处境的特殊哲学"观点"，不足以代表哲学本身，其问题与解释框架既然不具有普适性，那么应用于《周易》，至多把"生生"解成"becoming"，自然降低了易道的形而上维度。相反，从《周易》的角度看，本于"生生"的宇宙论高于 ontology，甚至无需 ontology，足以涵盖贯通天地人三才。总之，牟先生于此缺乏对四因说的哲学根源的辩证自觉，其会通有"削足适履"之嫌。但无论如何，这是现代新儒家会通中西的最高哲学成就，其意义无论如何高估都不为过。当然，牟先生也是后新儒学的出发点，这也已经成为学界共识。至少，他的一个重要启示便是，当代中国哲学高不高明，关键在于，能否以现代哲学语言来解"生生"、超出"生成"来解"生生"？应该说，唐力权先生不仅解释了"生生"易道，而且较早地为此铺陈出一个庞大的哲学体系来了。个中缘由不外乎，唐先生据以建构场有哲学体系的西学资源分别是怀德海和海德格尔这两位现代大哲，他们都同时是西方传统哲学的集大成者和超越者。

海德格尔对西方传统哲学根源的自觉在现代西方无与伦比，其后期思想着重于从亚里士多德的 being（存在/存有）回到前苏格拉底的 phusis（自然），从亚里士多德的以 being 为主导的实体性生成理论回到仅仅描述先于成、不居于成之发生（Ereignis）。场有哲学与海德格尔的关联可能不像怀德海那样容易被注意到。其实，在会通《周易》与西方哲学之处，唐先生就明确地把海德格尔作为怀德海之外的另一个重要参照系或透视点。在1974年发表的《易经与怀德海的时间概念》一文中，他指出，创造性与意义性/重要性乃是《易经》哲学思想的中心内容。因为易的宇宙场内在地就是一创造性的场，也是一意义性/重要性的场。创造性界定"易"之为动态性的，意义性/重要性描画"易"之为象征性的。从而，作为一种命运哲学的《易经》的意蕴应该在其动态性的与象征性的通向存有的进路中去寻找。唐先生在此认为怀德海代表了一种创造性的哲学，海德格尔则代表了一种意义性/重要性的哲学；从《易经》的观点看，两者都是片面的；而在《易经》的尚未挖掘的涵义中可能蕴藏创造性地调和这两位哲学家的钥匙。（《蕴徵论》）那么，海德格尔这一意义性/重要性的哲学对于场有哲学系统的阐述到底意味着什么？占据了哪个位置？这不是个容易回答的问题，我在此仅猜测，至少，唐先生的"根身性相学"所谓《易经》《老子》的语言象征根身的活动，很可能受到海德格尔的启发，他的以根身性相为核心的语言理论与海德格尔的词源学探索进路有异曲同工之妙；另外，他对于西方意识心态之为"匠心匠识"和"混沌加工"思维模式的揭示，也源于海德格尔对希腊哲学根源的自觉；凡此等等，不一而足。

然而，海德格尔哲学仅仅为解释"生生"提供了一种可能性，他对西方实体主义及其心性根源的揭示，显露了非实体主义的可能性，而且因为其揭露的彻底性而成为"破坏性"后现代思想的源头。相反，怀德海不仅批判了传统的实体主义，而且直接为非实体主义铺陈出一整套历程哲学体系，因此以"奠基主义"自许的场有哲学更倚重怀德海也就没什么可奇怪的了。事实上，场有哲学的"非实体主义"是要在"实体主义"和"虚无主义"之间另辟"中道"。

怀德海的思想被当代哲学家称为"建设性后现代哲学"（如 David Ray Griffin），这是个极富深意的刻画和定位。他之为 post - modern，是指他的机体哲学建立在对17世纪牛顿发现万有引力、完成古典物理学、"机械论自然观"取代传统"目的论自然观"的批判的基础之上；超越一个死寂的、被动的自然，乃是怀德海的出发点。二十世纪初爱因斯坦的相对论、量子力学、麦克斯韦尔（Maxwell）的电磁场理论、法拉第的电磁效应说等科学新发现为他提供了科学上的依据。而他的"建设性"则体现在回到柏拉图—亚里士多德的目的论自然观、却又否定其实体主义进路（唐先生《脉络与实在》第三章详细分析了怀德海对亚里士多德的取舍化裁）、以"向量场"取代"实体论"，呈现宇宙生化的"开放脉构"（亚里士多德是"封闭脉构"），并强调宇宙生化的顺应性和创新性（用唐先生的术语说就是"诚仪隐机"）。怀德海是英美科学哲学的集大成者，他的机体哲学还融摄了达尔文的自然进化论、博格森的创造进化论、英国传统经验论、新黑格尔主义、实证主义、桑塔亚那等人的"批判的实在论"（怀德海是多元实在论）以及皮尔斯、詹姆士、杜威的实用主义，等等。来自英美又超越英美，来自科学又超越科学，这使怀德海的哲学显得深刻而又健康。我想这也是他吸引唐先生的原因之一吧。唐先生本人先后学习电机工程和经济学，因此他始终能够保持一种科学的理性与审慎，即便面对尼采和海德格尔这样极富诗意的哲学，也绝不会陷入迷狂和非理性的深渊。恰如作为形而上学家的怀德海还兼有数学—物理学家、数理逻辑学家和诗人的身份，唐先生何尝不是这样，深思熟虑又富有直觉，这大概是形而上学家必备的天赋吧！

以怀德海和海德格尔这两个开放的体系作为其会通中西哲学的西方高度，唐力权先生就避免了前人会通中西时可能不经意地出现的"削足适履"的弊病。何况唐先生对"会通"还有一种自觉，亦即所谓"会通"不是把东西方两种无关而又相似的学说进行"互向格义"。我们看到，一方面，唐先生洞察到"东西方间精神的历史的相关性"，他说"我们不要把怀德海与中国哲学间的关系视为单纯理论上异或同的事情。因为我们相信，对于这种关系，存在着一个真实的历史的维度，并且是一个具有高度重要性的维度"，他指的是，莱布尼茨、斯宾诺莎的机体主义和英国浪漫派诗人华兹华斯和雪莱都是中国文化的热爱者，并且都对怀德海产生了真实的影响。另一方面，唐先生对于他所要会通的怀德海和《周易》之间的差异有着深刻的洞察与警觉，这就避免了无视差异所可能造成的概念间的随意比附。此外，无论怀德海还是海德格尔，唐先生都不是不加批判地全盘挪用，他对他们哲学中的理论缺陷与内在矛盾洞若观火。例如，他批评怀德海的"角色（character）"概念过于抽象，从而其生命哲学是纯粹思辨性的，偏离了生命哲学的本然方向；而且怀德海的语言采取高度理性主义的模式，强调逻辑的精确性与严格性从而服从概念性的操纵，显然不利于生命哲学和历程哲学的建构与表述；反之，唐先生则认为，"象征性的语言和进路对于创进着的历程宇宙是必要的，因为其中包含了模糊暧昧无法做彻底精确规定的实在潜能"（《蕴徵论》）。

百年来的实践告诉我们，哲学"会通"是一项必须却又危险的事业。特别是以西方哲学某种观念、某个哲学部门或哲学方法先行的方式，就很有可能降低中国古典思想的理论品格：逻辑和知识论的进路已然失败，唯物论与唯心论的简单划分更是宣告了破产，即便是形而上学的进路，依然有康德和海德格尔之巨大差异。唐先生是基于现象学来会通怀德海与《周易》，不设前提，亦无先入之见，而是多点透视、有机综合，达到了场有哲学理论与方法的高度统一。因此，他的诠释提升而非降低了中国古典思想的理论品格。如果我们承认这里所述的背景，那么也就不会否认唐先生是现代中国很少几个能用现代哲学语言系统架构和表述"道"的哲学家之一。

要恰当评价唐先生的成就，就不能不提他的"根身性相学"，但要给它确切定位并不容易，也许需要更广阔、深远的背景方能呈现其意义。它显得既古老又前卫。显然，"根身性相学"对于唐先生本人来说具有核心意义，因为《周易与怀德海之间》的大部分篇幅都在讨论它，而且他在"自序"中说得很明确："人是不能离开他的根身而存在的，一切思想都是人类依身起念、依念作茧的产物。最后分析，人的根身才是一切建构主义、中心主义的根源——也同时是任何解构主义、离中心主义的存有转轴。作为奠基主义思想的一种形态，场有哲学所代表的乃是思想本身根源性相的自觉——形上姿态的自觉。"就我肤浅的揣摩，根身性相学对于唐先生本人可能具有两方面的根本意义：一方面，根身性相学是唐先生诠释中国古典思想时打通宇宙论与心性论之枢纽；另一方面，根身性相学可能被唐先生视为其场有哲学超越作为西方哲学之最新和最高成就之现象学（以及诠释学）的一次卓越努力。就前一方面而言，现代新儒家贯通宇宙—本体与道德—心性时一般站在唯心论的立场（有佛教和德国观念论的影响在内）纯下哲学理论思辨的功夫（新心学），从而不免超历史的、超实存生命的形而上品格；然而，这样的努力再高明也难以逾越黑格尔的绝对唯心论；你也可以说他们关注"生存论"环节，但是一种不在肉体根身上落实的生存论又如何可能逾越海德格尔的"此在的生存论分析"呢？这就又涉及后一方面的意义，亦即，超越现象学。对此，唐先生本人不仅有自觉而且有自信。他在《无相实有与中国哲学》一文中把"道"等同于根身的活动作用，他同时批评海德格尔对"存在即行为的开显"这个核心理念的把握上不彻底的、有偏差的。他甚至认为海德格尔的哲学中只有开显论，没有行为论或活动作用论；由于海德格尔自始至终囿于现象学的观点，把开显定义为相对于意识的揭显或解蔽，他的哲学基本上还是一种意识哲学，而不是胜义的行为哲学。但离开行为就没有开显，意识只是行为中呈现的一种作用，并不等同于行为本身；在现象学是意识先于行为，在道的哲学却是行为先于意识。他直指"意识是现象学的思想底线"更是振聋发聩。因此，唐先生的自觉就在于突破现象学的这一思想底线，而其利器就是"根身性相学"。他对"根身性相学"超越现象学之自信则表现在，在与当代法国现象学—解释学大师利科的对话中，开门见山地以根身性相学——基于人的直立姿态的原初裁化经验——来品评利科的以意识、语言、符号和文本为核心的对"appropriation（裁化）"的理解，这让利科感到陌生和惊讶，却又表露出极大的兴趣。诚然，我们以"道可道非常道"为借口，满足于"只可意会不可言传"久矣！但这是思想的懒惰和堕落！对于东方式的身心修炼，一直缺乏系统的理论解释，现在，唐先生的"根身性相学"可以说填补了这一空白。当然，这能否成为唐先生对道教丹道学的一大贡献，我们拭目以待。

在其生命的最后阶段，唐力权先生以权能场有论重释道家和道教思想，已经成为当代"新道家"思想的重要发展。这里，唐先生在香港的演讲首先提出"究竟学"的理念意味深长。中国古代本没有"哲学"与"宗教"的区别，这是西学东渐的后果，中国的现代思想流派都以西方哲学为楷模，努力摆脱其与"宗教"的纠葛，而渴望成为理论化的"哲学科学"。但是实际上，对于中国古人来说，"道"既是"哲学"的终极关怀，也是"宗教"的信仰对象，无论后来区分出来的所谓"哲学"还是"宗教"，都无非遵循一个体道、修道和成道的活动过程，将这个过程中精神、思想和实践上推之至尽就成为"究竟学"；这样一来，唐先生就让我们看到一种不同于西方的"即哲学即宗教"、"非哲学非宗教"的思想和实践形态，严格的西方意义上的"哲学的"或"宗教的"化约主义于此并不适合。也就是说，彻底的"究竟学"不可化约，无论化约为"哲学"还是"宗教"，这样，"华学"的本质就有可能得以彰显。

显然，在唐先生眼里，道家与道教就是一门统一的"究竟学"，一门"道学问"，而且它比儒家更能够体现中国传统思想的真精神，也是传统世界观的终极根源。不仅如此，我们看到了，唐先生在其生命的最后阶段似有皈依道教之意向，明确将其场有哲学确认为一种道家哲学或"道家型"的哲学，这和此前将包括道家在内的中国古典思想统称为"场有型"的哲学相对照，侧重点有了巨大的变化。诚然，场有哲学在其建构之初，从老子《道德经》等道家典籍汲取了丰富的营养，无论其中的道体论（宇宙论、本体论、自然学）还是根身性相学（性命论、人道学），无不带有道家深刻的烙印。然而，唐先生并没有停留在重复原始道家，而是锐意推进道家的原初智慧，致力于将其场有哲学作为一门"新道家哲学"来予以重释。关键是，"新"在何处？唐先生说："虽然继承了传统道家哲学的真精神，场有哲学乃是一现代人的哲学，它所发挥的哲学精神和形成的世界观乃是植根于现代人在当代的文明格局和生命实存的处境中所孕生的智慧，通过现代人的思想概念和语言表达出来的智能。而在现代的概念和语言的意义网络中已经包含了许多不属于传统中国文化的成分。"这段话非常重要，它表明，尽管唐先生也强调"中西"之别，但绝不因此而无视"古今"之异，他是在洞察"古今中西"的根本差异的前提下又能融汇"古今中西"于一炉，这就和一切形式的"fundamentalism（原教旨主义／基要派）"拉开了距离。唐先生说，通过场有哲学来讨论中国哲学尤其是道家的特质，重点不在场有哲学，而在道家，道家是主，场有哲学是客，后者只不过是彰显前者的一个诠释体系或概念平台。所以他对道学的推进就在于用他40年精心构建起来的场有哲学的概念和语言来重新诠释道学，把道家和道教原本松散的思想系统化，因此，我愿意称之为"系统道学"之"奠基"！

其中最值得推崇和重视的至少有以下三个方面。

首先，"道"被诠释为"创化权能"："能"是能量、力量，"权"是能量或力量中的决定性，"创"是创造、创生、创新，"化"是分化和生长变化。"道"作为宇宙的终极与真实，属于一个永恒的、无所不在的创化权能，宇宙是此创化权能运作的场所；宇宙间的一切事物，包括我们的生命，无非是此创化权能在其恒久不息的运作过程中的分化和生长变化；简言之，万物是道的分化。而"生生之谓易"也指的是这个恒久不息的分化和生长变化的过程，一个即生生即易（分化演变）的活动作用过程；权能是生生之体，生生是权能之用，这一体用关系在宇宙创化的根源上讲就是"道"，而从道的分化或个体化上讲就是"德"，因此"生生之道"就是"生生之德"；所谓"天人合一"就是内在于人的生命权能与常道自身和宇宙的创化权能的冥合，亦即中国古典意义上的"道成肉身"或"肉身成道"。唐先生还进一步基于创化权能之道来解释"性"、"命"等传统概念，发前人之所未发，特别令人印象深刻的是他还援用"拓扑性"这个极富现代数理科学意味的术语来解释"道"与因其分化而开显之个别事物的存在之间的关系，他说"拓扑"是权能宇宙中部分与整体、小系统与大系统之间的动态的、有机的、多层次和多维度的复杂超切关系；具体而言，每一个体事物或生命都是大宇宙的一个权能中心，它的拓扑性，就是道或创化权能分化于此中心的全体大用，而此分化的全体大用，亦即是相对于此中心而开显的动态宇宙，一个为其所得于道的能量系统，与其他的能量系统的相对相关和相互作用所编织而成的分殊世界。这就给予古人所谓的"道通于一"或"理一分殊"一个全新而又绝妙的解释。

其次，为了彻底以场有哲学融摄道学，唐先生在传统道家气论的基础上提出来一套"新气论"构想。他肯定道或创化权能乃是一个气的真实，换言之，场有哲学所谓的能量系统对于传统道学来说就是气（或"气场"，有趣的是，这个词在今天的中国大陆成了流行语）。唐先生认为，道或权能自身是没有扮演任何角色的"纯粹活能"，是无染也无待的、开天辟地的创化权能（＝超世间的存在）；纯粹活能在自反中创造了原始的业物质，以其无染的主体相对待，就是"本根活能"；由此又生发出"世间活能"，是相对的有、业物质的化裁，亦即世间的存在。这里的"活能"与"业物质"又被唐先生分别等同于传统的"阳"和"阴"。当然，这里的关键不在于术语的变换，而在于以一种拓扑性的综合力量去理解创化原动力，气论在此获得了"动态的相对相关性"、"蕴集缘会性"、"当下性"、"过程性"等崭新的内容。

最后，在"新道学"的构想过程中，不只道家与道教思想得到了推进，场有哲学本身也因道学的刺激而自我圆成和完善。一个明显的例子是，道家的"无"的观念为场有哲学补充了"功能空间"概念。唐先生定居香港后才逐渐悟到，场有者的一切相对相关都是通过时间的相对相关，这就是广义的或第一义的"场"或"场有"；但时间与空间上不可分的，这两者也是相对相关的，权能体除了创化连续的时间性外，还具有"涵虚能容"的空间性，这就是狭义的或"第二义"的"场"。如是，"道之生生"与"道之能容"、相续与开显在一个能量系统的创化之场，或拓扑领域的蕴集缘会中的权能综合，就是"时空合德"或"功能时空"。唐先生反省道，一切动态结构的"涵虚能容"的性格，不就是道家的"无"吗？他感慨说："在道家思想里，道或道体是最大的、涵盖万物的权能体。'无'这个词既指道或道体，也指万物之道体中本然的无间无碍——这是一个何等美妙而深邃的宇宙图像啊！"

二十世纪中国哲学家，如熊十力先生所言，最根本的任务是"发愿"和"见体"。当代学人中能做到这两样的寥寥无几，但显然唐先生是做到了。首先是"发愿"，他放弃即将到手的纽约大学经济学博士学位，转而专攻当初辅修的哲学，这不是一般人能做得到的，可见其对哲学的志趣有多深厚，其"有志于学"不是说说而已，是付出巨大代价的，他这个"发愿"是真切的，如是才有后来四五十年孜孜不倦的问道。其次所谓"见体"就是"见道体"，通过会通《周易》和西方形而上学的最新成就（如怀德海与海德格尔），他用"权能"、"创化"、"场有"等系统阐释"道"、"生生"等中国古典思想之根本，可谓"见体"，也因为有"见体"的体验，作为一个思想家的唐力权在构建其自身独特的哲学体系时是非常彻底的。

唐先生还有一个过人之处在于他世事洞明、人情练达，办起事情来干净利落。他曾担任国际中国哲学会主席和执行长多年，对中国哲学在世界范围内的推广做出了巨大贡献；后来自创场有哲学研究会，在世界各地开设多处研究和联络机构，举办十多届国际会议，充分表明了他的领导、管理和组织能力。在哲学界，哲学思想和学术活动能力兼备的学人并不多，唐先生是很突出的一位。

唐力权先生去世之后，其家属将其著作和遗稿全数捐赠给香港道教联合会暨场有哲学研究院。为保存和传承唐先生的著作并推广场有哲学，场有哲学研究院汤伟侠先生邀我整理和编辑唐先生的著作和遗稿并适时出版《唐力权全集》。这项工作于 2013 年暑期开始启动，成立了以汤伟侠先生、林汉标先生、刘连朋先生和我为核心的编辑委员会，我负责总体规划、整理和编辑，林先生负责稿件的扫描、录入和校对。经过近一年的努力，至 2014 年夏，《唐力权全集》初具规模。我们商议先在香港出版繁体字版的中文著作五卷，听取学界各方意见并作修订后，再在中国大陆以简体字出版全部中英文著作。我们的工作得到了方克立先生、沈清松先生、杜祖贻先生等唐先生生前好友的支持，在此表示衷心的感谢。

　　唐力权先生著述宏丰，整理编辑工作虽力求精当，疏漏讹误在所难免，尚祈读者惠予指正。

宋继杰

2015 年 1 月于北京清华园新斋

# 目　录

## 脉络与实在

**第一章　导论：作为第一科学的机体哲学** …………………………（ 3 ）

§1　与亚里士多德的"第一科学"概念基本同一的怀德
海的"思辨哲学"观念 …………………………………（ 3 ）

§2　理性证成的意蕴：理性的两种涵义 …………………………（ 4 ）

§3　逻辑根地概念与诠释的涵义 …………………………………（ 5 ）

§4　条件性与一种新的形式理论：事物的游戏性格 …………（ 7 ）

§5　三类主要的条件性：特性、位置与独有的限制 …………（ 10 ）

§6　实在概念：无绝对的实在，也无绝对的非实在 …………（ 10 ）

§7　独有限制的涵义：怀德海形上学对实有与作用的同
一性的证明 …………………………………………………（ 12 ）

§8　作用：否定性、给与性与抉择 ……………………………（ 14 ）

§9　怀德海的现实存有之为摄受者的概念 ……………………（ 15 ）

§10　合生与历程原理 ……………………………………………（ 16 ）

§11　历程、存在与个体性：两种极端类型的存在 …………（ 17 ）

§12　"范畴总纲"：逻辑根地在机体哲学中的建构 …………（ 19 ）

§13　创造性与终极范畴：综合、转化与创新性 ……………（ 21 ）

§14　活动的统一与效果的统一：生发原则与类别原则 ……（ 22 ）

§15　作为主体的实有：一切作用限于实有 …………………（ 24 ）

§16　作为活动与权能的感受：对怀德海的术语的几点
批评 …………………………………………………………（ 25 ）

§17　怀德海方法论中的一个根本暧昧：当下经验概念 ………（27）

§18　机体主义与动态脉络概念 …………………………………（29）

§19　怀德海功能存有论中存在的两种涵义 ……………………（29）

§20　实在潜能：内在形式与超越形式 …………………………（30）

§21　个体性与相对相关性：透视与宇宙的统一性 ……………（31）

§22　讨论计划与研究主题 ………………………………………（32）

第二章　历程与实在：功能性的存在观念 ……………………（34）

§23　形式概念与现象学概念 ……………………………………（34）

§24　实在的知识：形式的与现象学的综合 ……………………（36）

§25　怀德海的哲学论证概念：揭显与自明性 …………………（37）

§26　作为普遍适用性的形上必然性 ……………………………（39）

§27　经验与实在的同构性 ………………………………………（40）

§28　认识论：存有论的特例 ……………………………………（41）

§29　重要性与事实：怀德海存有论的宇宙模型的基础 ………（42）

§30　重要性架构：价值与作为成就的一个实例的事件概
　　　念 …………………………………………………………（45）

§31　转化架构：作为潜能的现实化与转变的事件 …………（46）

§32　原子性事件的概念：现实存有与蕴集 …………………（48）

§33　机体哲学是"还原论"吗 …………………………………（49）

§34　宏观历程与微观历程：因果独立与同时性的涵义 ………（50）

§35　原子性与活动量子 …………………………………………（50）

§36　价值与事实的等价性：作用的协调功能 …………………（53）

§37　四种基本的操作样态：物理的、概念的、肯定的和
　　　否定的 ……………………………………………………（54）

§38　动态脉络的机体统一性：内在统一性与外在统一性
　　　的综合 ……………………………………………………（56）

§39　具体遗产与抽象遗产 ………………………………………（58）

§40　上帝与宇宙协调功能：上帝的先在性与后得性 ………（59）

§41　重要性与功能性的存在概念：作为客体的存在与作
　　　为主体的存在 ……………………………………………（60）

§42　作为重要性的自我享用的实有 …………………………（61）

§43　存有与善 ……………………………………（64）

**第三章　权能与效应：动态的形式理论** ………………（66）

§44　万物皆流与事物之流 ………………………（66）

§45　作为实体论的存有论：亚里士多德的第一哲学 ……（68）

§46　实体与本质：第一实体的首要性与亚里士多德的主
体性与独立存在观念 …………………………（70）

§47　亚里士多德的述谓论与蕴涵论 ………………（71）

§48　普遍的相对相关性原理与互依概念：怀德海对亚里
士多德实体论的抨击 …………………………（76）

§49　活的当下性与客观不朽：怀德海客体化理论中的一
个困难 …………………………………………（77）

§50　作为统一原理与变化中心的实体 ……………（79）

§51　在何种意义上怀德海是一个亚里士多德主义者 ………（80）

§52　作为生命与运动原则的特殊性：柏拉图与亚里士多
德的比较 ………………………………………（82）

§53　脉络统一性的理念：切与秩 …………………（83）

§54　向度：开放脉构与封闭脉构 …………………（85）

§55　四因说与作为主体的实体：自我同一性是由什么构
成的 ……………………………………………（86）

§56　怀德海的解决：活动性与事实的同一 ………（89）

§57　作为权能复合体的宇宙：实有、权能与合成——机
体综合即权能综合 ……………………………（91）

§58　共可能性与动态效应系数：莱布尼茨的单子衍生系
数与怀德海的超主体 …………………………（92）

§59　个别现实存有是不变化的：持久性即再创造 ………（93）

§60　顺应性与创新性 ………………………………（94）

§61　相对地位在莱布尼茨与怀德海 ………………（95）

§62　亚里士多德的本质进路 ………………………（97）

§63　怀德海的向量场理念 …………………………（98）

§64　亚里士多德的内在形式论与怀德海的真实潜能理念
的对比 …………………………………………（99）

第四章　个体性与相对相关性：机体的透视原理 ················ （101）

　§65　本质关涉性原理 ·········· （101）

　§66　绝对一元论的不可能 ·········· （102）

　§67　怀德海的宇宙一元观 ·········· （104）

　§68　作为事件总体的宇宙与动态透视观念 ·········· （105）

　§69　不完全性原理与脉络宇宙 ·········· （107）

　§70　作为极限概念的绝对：上帝之为有限的 ·········· （108）

　§71　秩序与无序与宇宙时段概念 ·········· （109）

　§72　脉络主义的基本义蕴 ·········· （111）

　§73　序与逻辑上的价值概念：道德的善与重要性的极
　　　　限化 ·········· （111）

　§74　作为世界诗人的上帝 ·········· （112）

　§75　无普遍的道德法则：善现实化的条件 ·········· （113）

　§76　作为创造性概念的善与柏拉图的善概念 ·········· （115）

　§77　怀德海的上帝与亚里士多德的第一推动者：创造性
　　　　与亚里士多德的质料 ·········· （116）

　§78　怀德海的创造性不是不可知的 ·········· （117）

　§79　教统特性与游戏特性的对比 ·········· （119）

　§80　内在律与内在关系原理 ·········· （120）

　§81　怀德海的永恒客体理论：个体本质与关系本质 ·········· （120）

　§82　作为终极的特性条件的永恒客体 ·········· （122）

　§83　可能性与可兼容性：永恒客体的内在关系 ·········· （124）

　§84　上帝之为永恒客体的关涉性的先在统一：本质关涉
　　　　性与机体的透视原理 ·········· （127）

　§85　关涉性的限制与分秩：怀德海的"感受"与莱布尼
　　　　茨的"知觉"的对比 ·········· （128）

　§86　每一原子都是万物的一个系统 ·········· （129）

　§87　无窗单子与怀德海的外自由概念：近代形上学中的
　　　　主体性之为自我裁定 ·········· （131）

　§88　功能唯一性与机体的个体性 ·········· （132）

　§89　上帝的保存功能 ·········· （134）

§90　上帝的保存功能与协调功能的统一：上帝的主观当

　　　下性与世界历程的统一性 ……………………………（135）

§91　亚里士多德的上帝概念批判 …………………………（137）

§92　怀德海对实体——属性思维模式的攻击：Hypokeimenon

　　　从亚里士多德经莱布尼茨到怀德海的转化 …………（138）

§93　莱布尼茨的太上单子与怀德海的上帝 ………………（141）

§94　创造性的脉动：超主体与稳定的时刻 ………………（142）

§95　无完满预期：怀德海体系中的不确定性因素 ………（143）

§96　目的因与原子论：宇宙的生发统一性 ………………（145）

§97　怀德海的机体主义宇宙论：瞬间无自然 ……………（146）

§98　宇宙时段与扩延连续：芝诺混淆了实际可分性与潜

　　　在可分性 ……………………………………………（148）

§99　莱布尼茨与怀德海的连续性 …………………………（150）

§100　莱布尼茨与怀德海：基本的同异 ……………………（152）

第五章　结论：形上必然性概念与哲学方法问题 …………（156）

§101　条件性与必然因果 ……………………………………（156）

§102　莱布尼茨的必然性概念 ………………………………（157）

§103　康德的必然性概念 ……………………………………（158）

§104　怀德海的必然性概念：上帝在他形上学里的地位 …（160）

§105　怀德海上帝概念的暧昧 ………………………………（162）

§106　明证性与怀德海存有论的现象学基础 ………………（164）

§107　发现的方法：现象学的描述分析方法与形式的想象

　　　性合理化方法 ………………………………………（165）

§108　当下经验的首要性 ……………………………………（167）

§109　知觉的样态：因果效应与直接表象 …………………（168）

§110　康德与怀德海哲学中的主客关系：意识不是本质的 ……（170）

§111　怀德海对近代哲学中自然的二歧性的拒斥与他的人

　　　类中心主义 …………………………………………（172）

§112　人与自然统一的明证性的两个来源 …………………（173）

§113　怀德海直觉概念中的暧昧 ……………………………（174）

§114　上帝没被明确地包括在范畴总纲内的原因 …………（176）

§115　生发主体并非一个具体的个体：混淆的一个主要

　　　　源泉 …………………………………………………（176）

§116　个别属性与功能属性 …………………………………（179）

§117　作为关联性的具体根据的感受：布拉德雷对怀德海

　　　　的影响 ………………………………………………（179）

§118　动态个体与相互性：能动权能与被动权能 …………（180）

§119　作为权能的感受与作为宇宙之动态状态的体现的实

　　　　在潜能 ………………………………………………（182）

§120　作为实在作用者（动态个体）之结合的理论作用

　　　　者（生发主体）：作用形式与历程形式 …………（183）

§121　怀德海没能把宇宙论从存有论中区分出来：《历程

　　　　与实在》基本上是一部存有论著作 ………………（184）

§122　作为一种"向量论"的怀德海的感受理论：通向实

　　　　有的事实进路 ………………………………………（185）

§123　历程在现代哲学中的首要性 …………………………（187）

§124　事实进路与个体进路相互需要以及它们在价值进路

　　　　中的统一 ……………………………………………（189）

§125　怀德海片面强调事实进路所产生的困难与缺憾：对

　　　　未来发展的几点建议 ………………………………（191）

附录：英（希、拉）—汉名词、概念、人名对照表／索引 …………（193）

# 脉络与实在

——怀德海机体哲学之批判的诠释

唐力权 著

# 第一章　导论:作为第一科学的机体哲学

## §1　与亚里士多德的"第一科学"概念基本 同一的怀德海的"思辨哲学"观念

哲学是对理性证成（rational justification）的探求。仅就这一根本方面而论，哲学与特殊科学不存在任何区别——其实也与理性思想的任何其他部门没有差异。然而，当特殊科学将其自身关注于"有效性"（validity）——即理性的证成性（rational justifiability）——的特殊领域时，哲学却致力于展示或发现可适用于存在之一切样态或类型的有效性的终极原理。换言之，哲学一定产生于作为理性证成之第一科学的形上学中。

这就是自亚里士多德以来的传统所谓的"第一哲学"或"存有之为存有的研究"。我相信，这也是怀德海在以"这一系列演讲计划讨论思辨哲学（Speculative Philosophy）"的叙述开始其不朽的《历程与实在》时心中所想的。[①]"机体哲学"（Philosophy of Organism）——正如他以自己的一套说法对思辨哲学所描述的——毫无疑问是形上学。这一在《历程与实在》及怀德海的其他哲学著作中所阐明的形上学，首先包含——以我将描述为"功能性的存在观念"为基础的存有论；其次还包含——可用他的"功能存有论"予以诠释的宇宙学说——由是这部不朽巨著的副标题即为"宇宙论研究"。

在"思辨哲学"中，怀德海写道:"乃是尝试建构一套融贯、合逻辑、必然的普遍观念系统，并借此系统去诠释我们经验内的一切元素（every

---

① 怀德海:《历程与实在》（*Process and Reality*：*An Essay in Cosmology*），New York，The Macmillan Company，1929，第4页。

element of our experience）。"① 对于亚里士多德和怀德海来说，智慧是关于第一原理的知识，而第一原理则构成所有可理解性（intelligibility）的泉源与一切存在的理性根地（rational ground）。亚里士多德曾指出："最可理解的事物乃是第一原理和基本理由，因为正是通过它，任一所与的主题才成为可理解的，反之则不然。"② 当怀德海特别提及"理性主义，乃是这样一种信念，即：明晰性只能通过将解释推至其极限方可达到"③ 时，他无疑也有一个类似的观念。于是，"形上范畴"之于他，乃是"对终极普遍性的系统而确切的阐明"④，恰如形上学或第一科学之于亚里士多德，基本上是"关于第一原理的理论"。⑤ 这些"第一原理"或"终极普遍性"对二人来说都是最基本的解释因素。它们共同构成了我所谓的一切存在的"理性根地"。

## §2 理性证成的意蕴：理性的两种涵义

这样，解释（explanation）就可描述为在人类认识中产生的理性证成的普遍手段。因为"解释"即是以一种理性的（或合理的）方式使事物的理性的（或合理的）性质"成为清楚的或可理解的"。因而，在分别属于解释的两边或两方面之"理性"（rationality）的两种含义之间就存在着这样一种重要的区分，即"形式的"（formal）或"主观的"理性与"质料的"（material）或"客观的"理性。理性在其质料或客观的意义上乃是"主题事物"（subject-matter）或解释"对象"的一种属性，而形式的或主观的理性则是解释者或"主体"的一种属性——"主体"在这里的取义仅仅基于它的解释功能以及实施此类功能所采取的方法或程序（这样的主体可以是一单个的研究者，也可以是一群研究者或研究者社团）。理性

---

① 怀德海：《历程与实在》（*Process and Reality*：*An Essay in Cosmology*），New York，The Macmillan Company，1929，第 4 页。

② 亚里士多德：《形而上学》（*Metaphysics*），tran. Richard Hope，Ann Arbor，Michigan，The University of Michigan Press，1960，第 7 页。

③ 《历程与实在》，第 232 页。

④ 同上书，第 12 页。

⑤ 亚里士多德，同②引。

的这两种含义同具这样一种类别意谓（generic meaning）；它表示，"遵循规则的"（rule‐abiding）、"合法的"（lawful）、"有序的"（orderly）。然而，它们的具体差别也必须予以澄清。譬如，"自然界的齐一性（或规律性）"乃是自然客体或事件（occurrence）之理性特征的一种表现，而"一物不能同时既是 A 又非 A"则是一种表达逻辑原则的叙述，它构成理性方法的一个必要的规则。在每一个解释或理性证成中均包含这两种含义的理性。不过，在构成客体之为解释因素的原则与促成裁定理性主体及其方法的原则之间作出区分是极为重要的。同样的一句话这么说可以表达得更为明确，即："质料原则"（material principle）对于主题事物或客体是构成性的（constitutive），而"形式原则"（formal principle）只对主体是构成性的，对于客体，它是一种"规限性原则"（regulative principle）。例如，运动律对于由运动体组成的主题事物是构成性的，而形式逻辑的规则或原理对于这个主题事物就只是规限性的，尽管它对于查究问题的方法的逻辑性是构成性的。

## §3　逻辑根地概念与诠释的涵义

构成解释之主题事物的客体可以是任何东西：简单的或复合的，有生命的或无生命的，自然的或人为的，实在的或想象的，现实的或非现实的。我们可以把被设想为解释原则或理由之"贮存器"的"逻辑根地"（logical ground）或"逻辑主体"（logical subject）的观念与上述任一客体相联系。更确切地说，客体的逻辑根地乃是其存在之理性根地的概念表象。这就表明，一切合理的事物都具有逻辑根地或逻辑主体。解释一事物即是为它"建构"一个逻辑根地；而每一个逻辑根地都同时由形式原则与质料原则"构成"。知识的追求根本上无非是事物之逻辑根地的"理性化"（rationalization），亦即，"系统性的满足"（systematic fulfillment）。依据理性化过程的性质，我们可以区分出知识或理性证成的三个一般的层次或阶段：常识、科学和哲学，其中哲学地位最高。经由这三个层次，知识的进展最终被导向宇宙的逻辑根地在形上学中的架构——亦即对一切存在之理性根地的概念性裁定。

这自然就提出了这种形上学的逻辑根地如何被建构的问题。对此，在已被引证过的有关思辨哲学的基本作用的论述中，怀德海已经给我们一个一般性的回答，那就是通过建构一套"融贯、合逻辑、必然的普遍观念系统，并借此系统去诠释我们所经验的一切元素"①。这里的关键概念是"诠释"（interpretation）与"经验"（experience）——或较充分地说，是"诠释"与"作为诠释之泉源与中介的经验"。这两个概念显然是不可分离的，而且它们还可以在"经验的诠释"这一核心观念中被联结起来。这是怀德海方法论中的核心观念。对于他来说，事物之逻辑根地的形上建构根本上就是对经验的诠释。诚然，诠释乃是一切解释或概念表象的本质。这一作为对知识的一切理性探求之基础的最根本的观念，其意蕴必须予以彻底的考察。

一般地说，"诠释"奠基于"例示"（instantiation），例示也许可被视为形上学最根本的关系。"诠释"可以更确切地定义为：思想中载明——条件或标准（criterion）的"形式"（form）与能或不能满足这一条件或标准的客体之间的对比（contrast）。如果与形式对比着的客体满足或符合所与的条件或标准，那么它就是"形式"的一个"实例"（instance）（形式则因此而成为"例示"）；否则，这个客体可以说构成了一个"否定的实例"（negative instance）。譬如，假设表达式"X 是红色的"表示一种形式，它规定物之为红色的条件，那么任何特殊的红色之物都是一个实例，而黄色之物则构成一否定的实例。否定的实例可能是"有意义的"，也可能是"无意义的"。对于"X 是红色的"条件，黄色之物是否定的，但却是有意义的实例，因为它将来可能是或过去曾经是红色的东西。相反，数字则是无意义的实例，因为，它无论如何不可能被宣称为是红色的。总之，一切无意义的实例都是否定的，尽管并非一切否定的实例都是无意义的。

形式在存有论上可被描述为"存在的脉构"（texture of existence）如由"X 是红色的"这样的表达式所指出的，这里，X 可称为"实例的变项"（ontic variable），代表作为形式之可能实例的客体。存在脉构借助客体——所与变项的实例值——的例示就是"存在的文本"（text of existence），诸如"这朵玫瑰是红色的"。从逻辑上讲，存在脉构就是"命题函

---

① 《历程与实在》，第 4 页。

数"（propositional function）（如现代数理逻辑所通称的）；而存在的文本
则是"命题"。这里，存有论的或逻辑的只是代表同一事物的两个方
面——即形上学的形式与客体的二极对立（polarity）。

　　在作进一步的深入之前，让我们在这里先提供一个形式范例（存在
脉构或命题函数），它可能会使我们获得关于形式之本性的普遍观念："X
是五英尺高"，"X 是电子"，"X 是实数"，"X 是工程师"，"X 在 1969 年是
美国公民"，"X 是第一任美国总统"，"X 爱 Y"，"X 从 Y 借来去偿还 Z"，
"苏格拉底是 P"，"这朵玫瑰是 P"，"柏拉图是 P 而非 Q"；等等。字母 X、
Y、Z、P、Q 在这些表达式中均为实例变项，代表作为此中形式之可能实
例的客体。必须立即指出的是，一个形式可不同于它的概念裁定，更不要
说它的语文表征了。我们具有一个概念并不必然意味着我们也具有一个有
效形式的概念。例如，概念"X 是最大数"不能是一个可能形式的思想，
因为这个概念自相矛盾。然而，它可被视为一种不可能性的形式——即一
个无任何实例的形式。

　　这里，例示的客体与形式都可以是简单的或复合的。满足形式"X 爱
Y"的客体是复合的，因为它只能由成对者（其中一个爱另一个）予以满
足。相反，"X 在 1969 年是一个美国公民"则由一简单客体或被视为单一
事物的客体得到例示。

　　一种形式，如果可被分析成组合形式（component forms）的关系，就
是复合的，否则就是简单的或被当作是简单的。命题函数"X 是女工程
师"表示一种复合形式，因为它可被分析成两种组合形式"X 是女人"与
"X 是工程师"之间的一种关系。与此相似，"X 是实数"也指示一个复合
形式，正如数学家们所告诉我们的，实数是基于一组复合的、其中每一个
均构成一组合条件的原初概念和定理而被界定的。然而，表达式"X 是有
明显阴影的红色"却可视为指示一个简单形式。至于是否存在绝对的简
单形式的争论毋需在此耽搁我们。我们的观点是，形式或客体的简单与复
合之分只能取决于脉络（context）。

## §4　条件性与一种新的形式理论：事物的游戏性格

　　刚才我们介绍了一种与柏拉图的理念论（Theory of ideas）及中世纪

的共相（universals）理论完全不同的形式学说（Doctrine of forms）。在本项研究的过程中，我们将继续探讨这种新学说的完整内涵与意义（与沿袭自柏拉图的传统学说对比）。它将构成我们诠释怀德海哲学的基本理论框架。因为在我看来，这正是居于怀德海形上学体系之核心的这一形式学说，是他对哲学最有价值的贡献。然而，这一新学说，在他的著作中未能得到完整的发展，也不曾被严密地规划过。但毫无疑问，他为这一学说的完备发展所需之一切必要的成分都已存在于他的著作中。以下我们试图在批评传统观点的同时，展示这一学说大致的轮廓。这种讨论会极有助于导论的主要目标，即确定怀德海形上学最显著的特征。首先，让我们回到诠释的概念上来，并力图去发现存有与理性之间有何关联。

　　我们不妨回想一下，解释即是以一种理性的方式使事物的理性的性质成为清楚的或可理解的。解释的本质，如我们已经指出的，就是诠释。这必定意味着，通过诠释，客体的理性将在主体的理性中并由主体的理性予以揭显。这里，诠释是以例示关系来界定的。我们曾用"二极对立"这个词描述构成一例示之两极的形式与实例（或否定的实例）间的关系。这两极——这里存在着新理论最鲜明的特征——而且仅以"条件"（形式）与"受约制"（实例）而被联系起来。它们不像在柏拉图理论中那样作为"原型"与"摹本"而相关。红色的东西"满足"（符合或实现）物之为红色的条件，但在其存有中，它既不"模仿"也不"分有"这个条件。此外，指明条件的形式并不比它的任何实例更"完满"：说终要死的条件（condition of being mortal）比一个终要死的存有（a mortal being）更完满是毫无意义的。而且形式也不必然是"永恒的"（或更恰当地说，是超时空的）：既存在只能被一段有限的时间所满足的条件（例如，"X 在 1969 年是一个美国公民"），也存在只能被一次性满足的条件；（例如，"X 是第一任美国总统"）。最后，形式也不比它的实例更"实在"；形式是实在（reality）的媒介。在这个新学说中，就条件可以自身为条件而言，形式也可以赋予自身以形式。绝大多数传统的分析都片面强调所谓的"共相"与"殊相"（particulars）间之二分法中的某一方。根据这一历史性争论的一方，共相是绝对的且自我支撑着的：它们只是约制殊相，而不被殊相所约制。按照另一方的主张，殊相独自存在，共相只是抽象物或者仅存在于我们的心灵中。双方都没有看到共相与殊相在它们的存有中互相需要；它们是相互依赖、相互约制的。共相作为特性或特征的条件（conditions of character）存在，殊相却作为"独有限制的条件"（conditions of exclusive limitation）存在，而它们的关系则由"相对地位的条件"（conditions of relative status）作功能性地调解。我们将在适当的机会来论此形式或条件之间的三重区分。

现在，按照这一新理论，事物之"存有"即是其"条件性"（conditionality）——也就是它作为形式（条件）或实例（受约制）的存在特性。就其作为形式且约制而言，它作为功能（function）存在；而就其作为实例且受约制而言，它作为实体（substance）存在。既然没有任何事物绝对或单纯以功能或实体而存在，则每一个事物必然同时以功能和实体而存在。发挥功能就是作出贡献——即对某些其他存有的裁定（determination）作出贡献；而以实体"潜存"（to subsist）或"持存"（to abide）则是从其他存有"获得"捐助。由此我们可以说，实体就事物之"自我裁定"（self-determination）方面界定事物之实在性，而功能则就"他者裁定"（other-determination）方面界定事物之实在性。显然，构成一物之实体者必然是另一物的功能，反之亦然。学生从他的老师那里接受的教导，对于学生构成实体，对于老师则构成功能。这里，老师约制，而学生受约制。但是，教育的过程实际上却包含师生间的相互作用。从老师的观点来看，他也受他的学生的约制，学生的反应实质上对他自身的裁定有贡献。

这里，条件本质上是一个"规范性"（normative）概念：它包含要求或命令满足或顺应的"规则"或"法则"于自身。存有与理性的关系就在于此。简言之，事物之理性恰恰就是其遵循规则性（rule-abidingness）。理性的或合理的也就是遵循规则的——因而并非随意胡来的；而理性之反面则是裁定的随意性（arbitrariness）。比喻地讲，理性可说体现了宇宙的"游戏性格"（game-character）。游戏的本质无非是它的规则，这些规则相互协调以形成一个条件复合体。正是事物的这种游戏性格构成了它们的可理解性。从而解释的目标必须指向对游戏性格的揭示。这就是诠释构成解释之本质的理由。因为诠释就是揭示事物的遵循规则性。此外，既然条件的游戏性格根本上在于它的存有之为实体与功能所依赖的条件复合体，那么揭示客体之理性也就是揭示其存有，反之亦然。而这就意味着理性分析基本上必须采取条件分析的形式，它居于例示关系的中心。现在的问题是，谁有资格被作条件分析呢？

答案是任何事物都有资格被作条件分析。这是因为任何事物都必有某种游戏性格——必须符合某种规则或条件。一个绝对不符合任何规则或条件的事物就不具有"存有"，而不具有存有也就不能被设想或讨论。

## §5　三类主要的条件性:特性、位置与独有的限制

事物或客体的"存有"可定义为它的基于（a）"特性"（character）、（b）"位置"（position）和（c）"独有的限制"（exclusive limitaiton）的"存在方式"。事物的特性乃是它的确定的"什么"（whatness）——如，共同描述一座雕像之特性的形态、大小、颜色以及其他性质。其位置就是其在一脉络中的相对地位——从一所与观察者的观点来看这座雕像之"此时此地"。而事物具有这个而不是那个个别特性、这个而不是那个特殊位置即是其独有的限制。因此，客体之存有就是三类主要的形式或条件之例示，亦即：（a）特性（或确定性）的条件；（b）位置（或相对地位）的条件以及（c）独有限制的条件。如果一事物由于绝对不符合任何规则或条件而不具有存有，那么它就既不会有特性，也不会有位置，并且必定随之也不会有独有的限制。诚然，这样的事物是不可思议的。

我相信，这是对传统所谓"思维与存在的同一性"的正确诠释。存在即是"可诠释的"——或者作为某种形式的实例，或者作为对一定规则或条件的符合。既然思想的所有客体都是可诠释的——至少满足思想的条件，那么任何可设想的客体都具有存有——以及理性的样态或等级。"绝对非存有"——它还意味着"绝对非理性"——不能被设想和讨论。

## §6　实在概念:无绝对的实在,也无绝对的非实在

现在，如果"绝对非存有"是不可能，则"绝对非实在"也是不可能的。"实在"乃是可断定为证成的（justifiable）存在。换言之，事物的实在性就是其有效性或证成性。任何事物从某种意义上说都是实在的，因为它必定在某一方面是有效的或证成的。对于理性思想来说，证成性仅仅依赖于事物的游戏性格——即它们的遵循规则性。事物之存有只由它所实现

或满足的形式或条件而被证明为证成。如是，物理事件（如打雷）是由控制其发生的物理规律（如电学规律）被证明为证成的，而自然界作为一个整体则是由决定自然秩序之总体规律被证明为证成的。从逻辑上讲，一切游戏性格均属同等地位。某人清醒时生活的游戏性格并不比梦的游戏性格享有更多的特权。因此严格说来，我们不能谈论某物不实在或某物比另一物更实在。怀德海指出："任何事物就其自身方面而言都是实在的。当你说到某物不实在时，你仅仅设想一种那个'某物'并不隶属于它的实在类型。"①

但是譬如人首马身的怪物，在什么意义上它是实在的，在什么意义上它又是不实在呢？当它仅被设想为由人的想象所创造的客体（动物）时，人首马身的怪物是实在的。当把它与诸如狗、虎、人等在我们的意识经验中实际出现过的客体相比较时，它就是不实在的。所以，当我们说人首马身的怪物不实在时，我们的真正意思是：它不属于狗、虎、人等所隶属的那一类型的实在。换言之，"非实在"表示实在的一种特例：它指出了从所与的形式或条件复合体的观点去看、任何两个或更多客体之间的"不可兼容性"（incompatibility）。用逻辑的方式来说就是，它们不属于同一种类，怀德海把它作为一个存有论的概念，称之为"实在类型"（type of reality）。

从而，"绝对非实在"概念是没有根据的，这并不是说"非实在"这个词不能用来标示一个相对概念——相对于预断为实在的东西。例如根据柏拉图的说法，相对于实在的且"真正存在"的理念，肉体世界中的事物即被认为是不实在的，因为只有理念是永恒的、不变的、完满的和可理解的。不过，即使承认理念的确具有这些性质，把它们描述为实在的，也不在它们的本质存有上添加任何东西。而且，如果我们把这些性质作为我们强置于万物之上的实在标准，那它们所表征的就不是事物的本性，而毋宁是我们之所是或我们想要它们之所是（of what we are or what we want them to be）。

但是，正如并不可能存在诸如被认为是全然无形式或条件可满足的

<hr />

①　怀德海：《思维模式》（*Modes of Thought*），New York，W. P. Putnam's Sons，1958，第95页。

"绝对非存有"之物,"绝对存有"之物也是不可能有的,如果我们用"绝对存有"来意指某种可以是一切形式或条件之实例的东西的话。绝对地不受约制与绝对地受约制具有相同的不可能性,且不管它们在类似斯宾诺莎的"神"或黑格尔的"绝对"中的那种结合。前者是不可能的。因为它不能设想;后者也是不可能的,因为有些条件是相反的或矛盾的。譬如,如果约翰比保罗高,那么他就不可能比后者矮。同样,红色的东西不能在相同的环境下同时又是绿色的。简言之,这就意味着能被作条件(且从而也是理性的)分析的任何客体都必然地受限制或"独有地"被裁定:它能实现某些条件,但绝非所有条件。从而,存有(或存在)必然是有限的,实在性(存有的有效性)乃是限制性的本质表现。怀德海注意到,"现实化的一切形式都表现了某方面的限制。这种形式以是此而非彼来表示其本质。换言之,它体现了排他性,而排他性就意味着限制"①。

## §7　独有限制的涵义:怀德海形上学对实有与作用的同一性的证明

"限制"(limitation)概念(怀德海有时称之为"独有的限制")可谓构成了怀德海形上学的焦点。对于怀德海来说,实在必然是有限制的,而其限制则隐含着作为限制之媒介的历程。换言之,限制是实在与历程由此而不可分离的真正因素。更准确地说,历程乃是每个实在之物在它之中并通过它而体现一种"有限与无限的融合"的媒介。② 条件是无限的;但是,每一现实化都代表无限多样的条件之有选择的满足,这些不同条件,在它们实现之前,都仅仅是可能性或潜能而已,在这个意义上,任何现实化都是有限的。而无限条件之有选择的满足基本上就是怀德海用"实有"(actuality)所意指的。实有乃是一个"作用"(agency)的理念,作用的"抉择"(decision)与"活动"(activity)为任何对无限制的有限限制(finite limitation of infinitude)所要求。

---

① 怀德海:《思维模式》(*Modes of Thought*),New York, W. P. Putnam's Sons, 1958,第107页。

② 同上书,第108页。

怀德海认为："实有乃是在潜能中的抉择。"① 如是，一个实有就是一个"作抉择者"（decision maker），可供取用的潜能则构成它"给与性的要素"（element of givenness）。不过，对于怀德海来说，实有的本质并不仅仅在于"作抉择"，更根本的却在于对"抉择"中所意欲的东西的积极有效的满足。换言之，"在潜能中抉择"不只意谓一个选择的行为，它更强调"促成限制的活动"（activity procuring limitation）。下面的段落包含了我们诠释怀德海哲学的基础，尽管很长，仍须完整地加以引述：

　　对理性主义思想来说，"给与性"概念蕴含着一个超于单纯与料的指谓。它涉及"抉择"，由此抉择，"被给与"（given）从对于那个缘会（occasion）"没被给与"（not given）者中被分离出来。事物中的这种"给与性"要素暗指某种促成限制的活动，"抉择"在这里并不含有意识判断的意思，尽管在某些"抉择"中意识可能是一个因素。这个词是在"截断"（cutting off）这个根本涵义上被使用的。存有论原理（ontological principle）宣称，每一抉择都指谓一个或更多的现实存有，因为离开现实存有就无物存在，只有非存在——"此之外是寂静的"（the rest is silence）。存有论原理主张抉择的相对相关性（relativity）；由此每一抉择均表现出现实事物间的关系——为此现实事物作出抉择和被此现实事物作出抉择间的关系。但"抉择"不能被推断为是现实存有的因果附属物。它构成实有的真实意蕴。现实存有起源于为它的抉择，并由它的真实存在为另外接替它的现实存有提供抉择。因此，在建构一个包含"现实存有"、"给与性"和"历程"诸观念的理论的过程中，存有论原理是第一阶段。正如"为历程的潜能"是"存在物"（entity）或"事物"（thing）这更普遍的名词的涵义，"抉择"乃是由"现实的"（actual）一词变成短语"现实存有"（actual entity）而引进的附加义。"实有"是在"潜能"中的抉择，它代表无可逃脱的稳固事实。现实存有真实的内在构造渐进地构成抉择，此抉择约制着超越那个实有的创过性。爱丁堡的城堡石一刹那接着一刹那、一个世纪接着一个世纪地存在着，其理由就在于受其

① 《历程与实在》，第 68 页。

自身和先在缘会之历史道路影响的抉择。①

这一节中不仅包含了怀德海形上体系的原始观念，而且还包含了贯穿机体哲学之整个框架的基本纲要。怀德海思辨思想的本质其实可概括为所谓的"存有论原理"。这一原理从作用的角度定义实有，且就"抉择的相对相关性"来定义存有。如是，怀德海的形上学根本上乃是一作用论，机体哲学的所有细节无非是这一理论的扩展或应用。本文就是证明这一理论的形上有效性并探索它在怀德海哲学中的本质的发展和应用的一个尝试。我们希望以一种比怀德海自己曾采用的更为严密、更为具体、更易于了解的方式去达到这个目的。在此，导论首先应就怀德海形上学中的原始观念（如在上引段落中如此简明地陈述过的）作一初步的解释与阐明。

## §8　作用：否定性、给与性与抉择

首先，让我们以某个具体实例来严格地考察实有概念。用怀德海本人所举的例子，爱丁堡的城堡石是一"现实事物"，在其历史上的一个特殊瞬间，城堡石作为一个具体事实存在，并以一种确定的存在方式为其特征：它不仅在时空位置上是确定的，而且其个别特性也是确定的，它具有这个——而非那个——个别特性、这个——而非那个——特殊位置，这一事实即是它的限制。就其存有表示无限多样的潜能之独有的现实化而言，具体地被给与的城堡石是有限制的。任何固定的具体事实都是有限制的或者含有排他性；此外它还以一种内在的"否定性"（negativity）为特征。其否定性源于这样一个事实，即它可能不是如此；此乃构成"给与性"之涵义者。怀德海指出："'给与性'的涵义是，现在'被给与的'可能不曾'被给与'，而现在不'被给与的'可能曾'被给与'。"② 作为此时此地被给与的城堡石可能不曾以现在这个样子、在现在这个地方存在过；譬如，它可能受到过毁坏。不过，它现在是什么及在哪里这个真正的事实隐含着一个先在的因素，这个先在因素通过克服否定性而对它的实际的给与

---

① 《历程与实在》，第68—69页。
② 同上书，第70页。

性负责。这就是"现实存有"概念的起源，怀德海还称之为"现实缘会"（actualoccasion）或"经验缘会"（occasion of experience），现实存有被设想为一同时是"作抉择者"与实现其自身之抉择的"操作者"的能动作用者。和亚里士多德一样，对于怀德海来说，作用只属于具体的个体事物，它们可以单独地或集体地发挥其功能。现实存有如何能既单独地又集体地发挥其作用之功能正构成机体哲学中的核心问题。这是个可由"抉择的相对相关性"加以简要说明的问题。在下面的探讨中我们会明白其基本的意蕴。

## §9　怀德海的现实存有之为摄受者的概念

这里，作用者就是其所作所为：其作为作用的存有已被其作用所耗尽，这作用可设想为一个活动（activities）、行为（acts）、行动（actions）或运作（operations）（这些词对我们来说是同义的）的统一体。这也就是怀德海把现实存有描述为"个别的经验统一体"——亦即"个别的经验活动统一体"时的意思。①"经验"一词在这里被隐喻地——或直接地（视意识判断是否被包括而定）——用来暗示或表达"作抉择"概念，"作抉择"通常被看作是一种心理活动，或用怀德海的术语，"经验活动"这个词还意指活动之为某种权（Power）或能（Energy）的普遍概念，这种权或能遍及我们自身之为活的存有的我们的意识或经验。所有这些意义或内涵都被怀德海包摄在"摄受"（Prehension）这个一般性术语之下，在他的另一些著作中，则用"感受"（Feeling）替代"摄受"。摄受概念最好能被设想为表达作用与其给与性之间的关系或联结样态（mode of connection）。这样，"概念摄受"（conceptual prehension）（隐喻地或用其他方法）表现了"在潜能中抉择"所产生的作用者的慎思熟虑，而"物理摄受"（physical prehension）则指卷入抉择之实际施行中的裁化（appropriation）或转化（transform - ation）活动。若"积极摄受"（positive prehen - sion）包括被作用者实际接受或正在使用之给与性的数据或要素，则"消极摄受"（negative prehension）就是其中被考虑但却被废弃的那些数据。

---

① 《历程与实在》，第 196、217 页。

简言之，作用者或现实存有完全可以就其摄受来加以描述。因为"现实存有的本质"，怀德海说道，"仅在于它是摄受者这一事实"。①

一个活跃的"摄受者"乃是一个活动和生成历程（process of becoming）的活动中心：以此，它把自身构成为"主体"。而一个主体的"所关切者"（concern）或数据则是"客体"。在怀德海的形上学中，"主—客"关系获得了一种比近代主观主义哲学传统所归于它的更为宽泛的意义。对于怀德海来说，主体性（subjectivity）的本质在于活动，思想或有意识的心理活动仅仅是它的一个特例。换言之，主体与客体并不必然（事实上也很少）作为思想者与思想（思想者之所思）被联系在一起，而一般毋宁是以操作者（operator）（无非就是其操作活动）与操作物（operandum）（由操作者所操作之物）相关联。"摄受"本质上就是个操作性概念。这一点在下面这些话中由怀德海自己表述得如此明白而不可能被误解：

> 一次经验缘会即是一个活动，它可被分析成一些活动作用的样态（modes of functioning），这些样态共同构成这个活动生成的历程。每一样态可被分析成整个经验而作为一个活动的主体，也可分析成特殊活动所关切的客体或事物。这个事物即是数据，这就是说，不必涉及它在那次缘会中的参与，即可对它有所描述。任何事物能实现这种数据的作用而引起那个缘会的某种特殊活动，这种事物即称为客体。如是主体与客体乃是相对的名词。一次缘会，就它关涉及对象的特殊活动而言，是个主体；而任何事物，就它在一个主体中引起某种特殊活动而言，则是个客体。这样的活动样态就称为"摄受"。②

## §10　合生与历程原理

如是，根据怀德海的主张，每个摄受都包含三种因素：（a）摄受

---

① 《历程与实在》，第65页。
② 怀德海：《观念的探险》（*Adventure of Idea*），New York，The Macmillan Company，1993，第226页。

"主体"或摄受在其中作为活动或具体操作之细节的现实缘会；（b）"数据"（datum），它是被摄受的客体；（c）那个主体如何摄受那个数据的"主体形式"（subjective form）。① 一摄受的主体形式乃是将这一摄受与同一现实缘会内的其他的摄受或活动样态相区别或分离者。而每一个现实缘会则凭借其特有的主体形式复合与任何其他现实缘会相区别。事实上，摄受主体的内在构造就依赖于其主体形式的复合。② 有必要立即指出，活动的主体并不是一个永久不变的实体（sub - stratum）。怀德海认为："机体哲学最根本的形上主张就是要彻底摒弃这种把现实存有看作变化中之不变主体的想法。"③ 每一个现实存有都在一"合生"（con - crescence）的历程中并通过"合生"的历程构成它自身，即指向一个共同目标之实现的不同活动或功能的"共同生长"，而这个共同目标则构成所谓的"主体鹄的"（subjective aim）（摄受主体的目的）。一现实存有的统一性从而是操作或功能的统一性，它是以目的的同一性而不是以被设想为某种"基质"（stuff）或性质之"托体"（supporter）的不变实体来界定的。换言之，一现实存有之存有仅当这个功能的统一性在其主体鹄的的实现中被获得时才得以构成。因此，"一现实存有之如何（how）生成构成这个现实存有之所是（what is）……它的'存有'是由它的'生成'构成的"④。

## §11　历程、存在与个体性：两种极端类型的存在

简单说来，所谓"历程原理"（principle of process）无非是主张"历程"仅可设想为实有之媒介，就其构成本质上乃是活动单位（unit of activity）之现实存有的流变（passage）而言。所有历程都是活动的历程，而且任何活动都不能从历程中分离出来，在那里，它对实有的生成或自我构成（self - formation）起作用。不过，确切地说，正是实有的生成构成了其作用的存有或其作为一作用者的功能性存在，这个作用者的抉择和活动对作为所与有限存在之内在基础的限制负责。事实上，怀德海力主存在

① 《历程与实在》，第 35 页；《观念的探险》，第 227 页。
② 《观念的探险》，第 227 页。
③ 《历程与实在》，第 43 页。
④ 同上书，第 34—35 页。

与历程是不可分离的。在《思维模式》中，他说："在这些讲演中展开的一个主要原则是，'存在'（在其任何一种意义上）不能从'历程'中被抽象出来。'历程'概念与'存在'概念相互预设。"① 括号中的话——"在其任何一种意义上"——须给与特别的关注。因为存在与历程的不可分离性事实上构成了怀德海普遍存有论的这样一条主要原则："存有"（to be）或"存在"（to exist）——在存有（being）或存在（existence）的任何一种意义上——即是"被卷入历程中"（involved in process）。这里，任何可设想的存在或存有都必须是一"个体"（individual）——亦即某种具有个体同一性的事物；否则它不可能被设想。因此，存在与历程的不可分离本质上意味着个体性（individuality）与功能的不可分离：

　　　　历程与个体性相互需要。在分离中，所有意义都消失了。历程形式从被卷入的个体中取得它的特性，而个体的特性只能就它们纠缠其中的历程才可被理解。②

　　这里，按照怀德海，通常有两种个体，它们分别构成两种"极端的存在类型"具体个体和抽象个体。③ 具体个体或者是现实存有、摄受，或者是"蕴集"（nexus）——亦即一群现实存有或现实存有的复合。它们构成作为极端的存在类型之一的"实有类型"（type of actuality）。一切具体个体最终都可还原为现实存有的活动——不管它们属于过去、现在还是未来。从而人、非人的动物、植物、细胞、无机物、分子、原子、电子，等等，对于怀德海来说，都是具体个体。因为当它们在我们的直接经验中呈现为被动的客体的时候，这些东西或者作为"活的"活动复合体存在或者作为这种活动的"效果"（effect）存在。

　　相反，抽象个体则是从实有的特性中抽象出来的"确定性形式"（forms of definiteness）。这就是柏拉图的理念或传统所谓的共相，怀德海重新名之为"永恒客体"（eternal objects）。它们形成作为另一极端的存在

---

①　《思维模式》，第 131 页。
②　同上书，第 133 页。
③　同上书，第 95—96 页。

类型之"纯粹潜能类型"（type of pure potentiality）。譬如，一个个别的人是由一"蕴集"或"位格社会"（personal society）（一"纯粹短暂而又连续的"蕴集）所构成的具体个体，而像这样一种可用命题函数"X 是 Y"来表示的"人"或人类就是抽象个体，抽象于人的明确特性。① 实有与永恒客体之间是一种"实体化"（examplification）关系："实有是潜能的实例化，而潜能则是实有的特性化（characterization），或者在事实上，或者在概念中。"② 这里有必要指出，按照怀德海的意思，这两种极端的存在类型与个体性在其存有论地位中相互预设："实有与潜能在实例与特性的交互角色中彼此需要。"③ 换言之，我们不能在彼此完全孤立的状态中考虑它们。因此，绝不可能存在像柏拉图的理念那样与实有一般不带任何本质关联的永恒领域。④

这两种极端的存在类型之所以"极端"是因为所有其他的存在类型均可从这两种类型中引申出来，并且可分析成介于这两个极端之间的一种或他种关联样态。在这个意义上，现实存有和永恒客体构成两类基本的个体或怀德海所谓的"存在物"、"存有"或通常与存在概念同义的"事物"或存有之为存有；"其他类型的存在物只表示一切属于这两种基本类型的实有如何在现实世界彼此共同相处"⑤。怀德海指出："阐明各种存在类型相互间的关联正是哲学的任务。"⑥ 这里，"哲学"一词意指的当然是形上学或他所谓的"思辨哲学"。

## §12　"范畴总纲"：逻辑根地在机体哲学中的建构

现在我们到了回答形上的逻辑根地如何被建构的问题的时候了。在怀德海看来，一切存在的逻辑根地都是基于一普遍概念架构而被建构的，它将为各类存在物间的关联提供一种阐明或澄清。确切地说，这就

---

① 《观念的探险》，第 263 页。
② 《思维模式》，第 96 页。
③ 同上书，第 97 页。
④ 同上书，第 95 页。
⑤ 《历程与实在》，第 37 页。
⑥ 《思维模式》，第 95 页。

是怀德海在《历程与实在》第二章"范畴总纲"（Categoreal Scheme）中所开展的尝试。这个"范畴总纲"包括四组普遍理念或"范畴"（Categories）：（1）终极范畴（Category of the Ultimate）；（2）存在范畴（Category of Existence）；（3）解释范畴（Category of Explanation）；（4）范畴职责（Categoreal Obligations）。按照这个总纲，存在范畴主要有八个：（1）现实存有；（2）摄受；（3）蕴集；（4）主体形式；（5）永恒客体；（6）命题；（7）杂多（Multiplicities）与（8）对比（Contrasts）。前五个范畴我们在前面的讨论中已经提及，第六个存在范畴"命题"可在此作一简要的说明。

不过，让我们先更严格地考察一下物理摄受与概念摄受间的区别。泛言之，在物理摄受中，被摄受的对象组成完成了的实有（现实存有、摄受或蕴集），而在概念摄受中，被摄受的数据却是永恒客体或永恒客体的复合。① 这里，积极摄受（物理的或概念的）被称为"感受"（feeling）（此就"感受"一词的狭义而言，其广义则与"摄受"同义）。感受可能是"纯粹的"，也可能是"不纯粹的"。它是纯粹的，如果其数据纯为完成了实有（纯粹物理感受）或纯为永恒客体（纯粹概念感受）。相反，不纯粹感受源于纯粹概念感受与纯粹物理感受的统合；这种"混杂的"感受称为"命题感受"（propositional feeling）。而命题感受的数据就是"命题"。② 更具体地说，命题乃是在一统合的摄受中两类基本数据即实有与永恒客体——具体者与抽象者——之间的对比。例如，在"苏格拉底是要死的"这一命题中，对比就存在于苏格拉底（具体数据）与"必死性"（或"X是要死的"）（抽象数据）之间。命题感受或摄受在现实缘会的生成历程中扮演了一个核心角色。事实上，它们构成了作用之本质，是"转化"的真正工具。因为作用就是"创造性"（creativity）——亦即在给与性的转化中并通过给与性的转化之创造性活动。最后两个存在范畴——杂多与对比——必须与怀德海哲学中囊括一切的创造性概念一起来研究。

---

① 《历程与实在》，第 35 页。
② 同上书，第 281、391 页。

## §13　创造性与终极范畴：综合、转化与创新性

"创造性"、"多"、"一"被怀德海描述为共同构成终极范畴的"终极理念"（ultimate notions）。① 这三个为所有其他更具体的范畴所预设的理念，其关系最好通过"转化"概念来审视：因为创造一般就是从"多"到新的"一"的转化。怀德海自己对这一终极形上原理的描述必须予以引述：

> "创造性"乃是表示终极事实之共相的共相（universal of universals）。正是由于这一终极原理，多元分离的宇宙成为在一现实缘会中的结合的宇宙。它基于事物的这样一种本质，即杂多投身于复合统一体。
>
> "创造性"也就是"创新性"（novelty）原理。现实缘会乃是一个与任何为其统一的多种的存在物不同的新创杂在物。这样，"创造性"就将创前性引入多之为分离的宇宙的内容中。②

因此，"转化"的意思就是在一被造之物或创造"产物"的复合统一体中"创新性的生产"（production of novelty）或"新创共在性的生产"（production of novel togetherness）。③ "新创存在物既是它所寻得的'多'中之一；它是一个离开了它所综合的杂多存在物的新创存在物。"④ 综合（synthesis）或"统合"（integration）概念极为重要。它是现实缘会的"内在连续性"所依赖之"合生"的意义基础。构成一摄受主体之多种活动的"合生"（或"一起生长"）乃是一个在新创共在性的生产中产生的"创造性综合"（creative synthesis）的历程。这就是作为一完全被统合了的存在的现实存有。

现在我们准备说明一下最后两个"存在范畴"——即杂多与对比——

---

① 《历程与实在》，第 31 页。
② 同上书，第 31—32 页。
③ 同上书，第 32 页。
④ 同上。

之间的区别。怀德海以"多种存在物的纯粹分离"描述杂多，而对比则以"存在物在一摄受中之综合样态"为特征。[①] 两者的差异恰恰在于综合概念。杂多乃是多种存在物的"仅仅共在"；反之，对比则以起因于摄受主体的综合活动之"综合统一性"的出现为标志。从一个刚生发的现实缘会的立场来看，在合生一开始出现的给与性要素完全缺乏综合统一性：所以它们构成一"杂多"或多种要素的仅仅共在。现实缘会的生成就是一创造性综合的历程，通过综合的连续阶段或时期，藉以转化客观数据，从杂多状态到对比状态，到"对比的对比"状态，再到"对比的对比的对比"状态，而逐渐趋向对比的更高阶段直至实有成为完全确定的存有。在每一阶段，由于摄受主体上升到那一合生阶段之统合活动，客观数据获得某一程度的综合统一性和新创共在性。按照怀德海的意思，既然宇宙是由现实存有的"创进"（creative advance）构成的，其中每一个圆满的现实存有都将自身作为数据贡献给接续的现实存有的合生，那么在对比之渐进的层级中产生的创造性综合的历程也必然是无穷尽的。这就意味着将有无数的范畴包含于第八个存在范畴（对比）之下。[②] 每一个这样的范畴都表示一种存在类型，这些类型尽管复杂，最终都可还原为两种极端的存在类型——即现实存有与永恒客体——之间的基本对比。这样，创造性必然形成终极的关涉性原理（principle of relevance）：因为除了创造性综合之产物的对比之外别无关涉性。这正是我们在"阐明各种存在类型彼此关涉性"的努力中必须预设的最高形上学原理。[③]

　　作为机体哲学基础的"创造性"概念当然不只是思辨的产物，它在人类经验中有其根源。的确，如果创造性被视为最终的哲学原理，那么它必在某种意义上构成经验之最内在、最普遍的特性。这无疑是怀德海的论点。其主张的有效性可能并不直接明了，但对其性质的理解，下面的例证或许足够了。

## §14　活动的统一与效果的统一：生发原则与类别原则

　　怀德海的"创造性"概念作为一个形上原理在我们平常所视为"创造

---

① 《历程与实在》，第33页。

② 同上。

③ 《思维模式》，第95页。

活动"——如建造一所房子——中就可得到充分的说明。房子并不就是在其建造中被实际使用的诸如水泥、钢筋或其他原料及设备等具体要素的总和。它也不能被视为仅仅是这些具体要素与构成抽象要素的包含于建筑师的设计或蓝图中之房子的"理念"相加之和。相对于宇宙中的任何别的事物，这所房子作为已完成的产物乃是某种新东西。它是个统一的、新创的存在物：其个体的同一性不仅与所有参与其建造的具体的或抽象的要素有别，并且也与这些不同要素之为一个总体有别。因为如果你只把这些不同存在物以怀德海所谓的"杂多"形式放在一起，你就得不到一所房子。明显地缺少的乃是将综合性引入要素之杂多内容创造活动。这无非就是那个建造过程的作用者。在这里，它是一个合成的作用者，由所有那些能动地助成房子建造的个体——建筑师及其助手、搬运工人、建筑工人、砖瓦匠、电工等组成。正是这些作用者或"操作者"的不同但却协调的活动构成了这个合成的作用。它是"活动的统一"与"效果的统一"之不可分离的"创造性的统一"。效果的统一性可就被造之物是"什么"（如一所房子）来定义。从其效果的统一性来普遍表达一作用的统一性者，我们称为"类别原则"（generic principle）。然而，作用的统一性与创造历程并非只用类别原则马上可以解释的。因为合成作用者的功效需要一个协调、综合或组织原则，以便个别作用者各自的活动或操作能为共同目标或目的的联合实现而统一在一起，这就是我们所谓的"生发原则"（genetic principle），它以动作或活动的统一性来体现作用的统一性。由此，合成的作用者的创造性统一可以描述为一个整体、一个"生发（性）—类别（性）"的统一。如果我们能揭示基本的"生发—类别原则"，那么这个创造性统一就是可理解的了。

作用概念作为本质上乃是一兼具生发与类别两个方面的创造性统一，就是怀德海所指的"实有"。"主体"就是从生发的角度来设想的实有。我们不妨再回想一下，"主体性"对于怀德海并不必然意指意识。意识是一种活动，但绝非唯一的一种活动。而机体哲学所构想的"主体性"本质上仅仅是一种活动的统一性。这种统一性由"主体"的"主体形式"与"主体鹄的"一起构成，它们分别和我们所谓的"生发原则"与"类别原则"相对应。怀德海的主体鹄的概念或类别原则大致相当于亚里士多德体系中的"形式因"（formal cause）概念，而界定"怎样"活动的主体形式概念或生发原则在那个体系里几无位置。这是因为，在亚里士多德的形上学中，"目的因"（final cause）（终极的第一推动者）——而非"动力因"（efficient causae）——才是历程或"运动"（movement）的第一决定因素。但是，对于怀德海来说，动力因构成了实有之为作用或主体的真正本质。以能动的作用者存在也就是存有或实在的胜义了！存在在任何别的意义上都是第二位或派生的——派生或抽象于实有的创造性历程。在下面一段话中，怀德海本人明确指出，除了作用别无存在：

> 宇宙的实有乃是经验的历程，每个历程都是一个别事实。整个宇宙就是这些历程的行进中的聚集。亚里士多德的信条，一切作用都受限于实有，被接受了。同样被接受的还有柏拉图的断言，即存在的真正涵义乃是"成为作用中的一个因素"，或换句话说"造成差别"。这样，"是某物"也就是在某一实有的分析中能发现它是一个因素。如是，根据其自身的存有范畴，任何事物在一种意义上都是"实在的"……但是"现实化"（realization）一词却指涉现实存有，包括在其构成中作为积极因素的存在物。所以尽管任何事物都是实在的，却并不一定在某些特殊的现实缘会的集合中实现。然而，我们可以发现，它必然在某处被现实化在某一现实存在物中。①

## §15　作为主体的实有：一切作用限于实有

"一切作用都受限于实有"就是怀德海所谓的存有论原理。它说明了何者可被称为他的"功能性"的存在理论（就存在的第一种意义即现实存有而言）。在这个意义上，功能就是活动或权能的现实化：发挥功能也就是去行动。更确切地说，实有的本质就是一"活生生"的动作的本质。因此，在这个根本意义上，并非所有具体的个体事物都是"现实的"。例如，一个死人，是实在的，却不是现实的，因为就其机体功能而言，他不再是活的了。实质性的实在——"真正现存"（that which "truly" is）——只属于在作用的性能内活动的具体个体。而作用乃是权能的分配

---

① 《观念的探险》，第253—254页。

（dispensation），把"所与"某物转化成别的某物。这里最最重要的是，怀德海的存有论强调的不是所与资料，不是结果，也不是转化的形式，而毋宁是权能的"分配"。因此，实有和真正的实在严格上只能以"转变"（transition）、"生成"或"历程"为特征。怀德海说："存在的本质在于从数据到结果的转变。"① 存在在这里意指的是一个合生现实缘会的存在，它的"存有由其生成构成"——所谓的"历程原理"。② 这样，怀德海形上学在其根本精神上乃是"感性的"（aesthetic）：自然界中要紧的并不是被卷入自然历程中的事物或事物的类别，而是这一"卷入"（involvement）本身。这就说明了为什么可选择"感受"（或"摄受"）来代替诸如"权力"、"活动"、"行动"、"操作"、"功能"、"能量"、"力量"等更为中性的名词。因为这些其他名词都缺乏或看起来都缺乏怀德海所极欲传达给他的读者的"情调"（emotional tone）。他希望让他们记起，人类经验根本上是"情绪性的"（emotional），或用他的话说，"富于感情的"③ 这个基本隐喻的确最恰当地表达了机体哲学的意旨。因为感受或感情乃是活生生的卷入的表现或标志。

## §16　作为活动与权能的感受：对<br>怀德海的术语的几点批评

一个恰当的隐喻并不一定就是好的隐喻，除非它在任何意义上都是恰当的。"感受"这个词就不能这么说，至少不能从沟通的观点来说。这个隐喻的价值只会被那些已掌握其字面意义的人所赏识。不过，我们还是能够立刻发现这个隐喻并不能真正充分地完成其任务。事实上，感受这个词不仅作为隐喻是不充分的。而且更不幸的是，它还具有混淆并误导机体哲学的读者的后果。首先，它过于脆弱甚至也过于静态以至于无法传达在现实缘会概念中无可置疑的权能（power）和"动力"（dynamism）观念；它表示被动的接受远甚于能动的卷入和动态转化。其次，这个词的通常用

---

① 《思维模式》，第 131 页。
② 《历程与实在》，第 35 页。
③ 同上书，第 271 页。

法似乎并不包含——或者只是很远地涉及——抽象的形上学意义上的"主体形式"概念，亦即怀德海以行动或操作之"怎样"所定义的。普通的概念总要指涉某种具体的东西，而不可还原为一个抽象的形式，这自然就是怀德海在其现实存有理论中采用这个名词的真实原因。怀德海如此急于强调实在之具体的方面，以至于似乎以某种方式混淆了类别概念之内涵与外延间的区别。这一混淆还可归因于这样一个事实，即：怀德海从未努力去明确地区分普遍化的不同层次。被他称为"感受体"（feelings）的那类存在物包含这样一些不同的事物，如分子、原子、电子、质子、树、鸟和人。然而，说人类具有感受的能力且"富于感情"是一回事，而说电子也具有感受的能力且"富于感情"却是另一回事。感受这个词在我们通常的用法中几乎总是含有某种意识或觉识的意思。而在现实存有理论中，意识仅仅作为某些高层级感受的主体形式出现，即，那些构成人的现实缘会的感受。感受的主体形式乃是使它与其他种类或形态的感受相区别的种差（differentia）。但如果所有感受体——人的或非人的——都属于像怀德海实际所主张的单一种类，那么它们必须都具有某种构成类别概念之明确特征或属性的共同的东西。这个要求显然是必要的。因为感受体的种类不可能通过枚举加以排列，它们数目无限，而且除此之外我们没有任何直接接近像电子那样的物理存在物之感受的途径。而如果这个要求不能被满足，则此明确的属性就只好以人类经验——以知觉、记忆、想象、理解、理智或任何其他经验样态——来进行诠释。那么使感受之为感受的那个感受的本质又是什么呢？

当我们更严密地考察怀德海对这个问题的回答时，我们发现，分析到最后，感受概念与创造性概念是一致的。一种感受就是一种创造活动或这种活动的一个具体要素。主体形式因此也就是活动形式。自然的合法性或有序性无非是主体形式的齐一性与规律性的体现。换种方式讲，"自然规律（laws of nature）就是活动形式"。①

虽然这一论述中所含洞见的深刻性毫无问题，但必须承认，从通常所设想的感受向作为自然秩序之决定因素的感受转变，是要很大想象力的。譬如，在什么意义上，忧郁（melancholy）——无可否认是通常意义上的

---

① 《思维模式》，第118页。

一种感受——是一种活动样态呢？而且又有什么自然规律与它相关联呢？我们并不是主张在我们通常称为"感受"者与自然的规律或秩序之间毫无关系，但这种关联极为遥远且显然绝不明晰。

事实上，感受与活动的同一性绝不是个轻而易举的观念。把这两个在日常语言中具有不同涵义的名词相等同也许构成了混淆的主要来源，这种混淆在任何想把握怀德海著作之本质的肤浅尝试中都难以避免。怀德海从未真正着力于清楚地解释从直接的人类经验来看感受与活动对他意味些什么，这个事实从沟通的观点来看显然是最不幸的。这个失误成为充分理解怀德海哲学的一个首要障碍。

## §17　怀德海方法论中的一个根本暧昧：当下经验概念

由于存在怀德海方法论中的一个根本暧昧（ambiguity）使得这个在沟通上失误的后果变得更为严重了。这就是"形式化"（formalization）与"普遍化"（generalization）在作为理性探索的两个不同的——尽管终极地说是不可分离的——程式之间的暧昧。作为存有论的机体哲学首先奠基于形式建构的方法，然而作为一宇宙论，其概念则来源于经验的普遍化。怀德海显然试图将这两个分离的理论程式结合成一个统一的哲学方法——所谓"想象性理性化方法"（method of imaginative rationalization）[1]，但是努力到最后也未能达到一个成功的综合；这两条思路在怀德海的著作中经常变得混乱或纠缠不清。怀德海本人从未明确地在存有论与宇宙论之间作出区分。然而，这种区分不仅是实在的，而且对于机体哲学的内在动机也是决定性的。

而正如我们早已看到的，怀德海形上学的内在动机乃是将理性解释推至其极限。这就意味着怀德海哲学努力的最终目标是存有论或作为第一科学的哲学——而非仅被设想为关于宇宙之起源与本性的宇宙论。两者紧密相关，却并不同一。宇宙论预设了理性证成概念，而展示其意义及证明其形上必然性却是存有论的真实任务。

怀德海以应用的普遍性界定形上必然性：一种形上架构（原理或范

_____

① 《历程与实在》，第 7 页。

畴），如果它"对于遍及一切经验的普遍性本身就具有自己的正当理由，就是必然的"①。在他看来，只要将我们的注意力限制在他所谓的"当下事实"（immediate matter of fact）上，这种架构是可被获得的。② 这些"当下事实"乃是实在的"稳固事实"（stubborn fact），它们构成人类知识的本质给与性，我们可以通过对我们的"当下经验"（immediate experience）——例如源于当下过去的经验——的描述分析来揭示它们。以这种对当下事实的分析为根据的形上架构必定可予以普遍地应用，因为理性知识决不能超越其在人类经验中的本质给与性。从而，将解释推至其极限（作为理性思考的理想）就意味着去显示由当下脉构（texture of immediacy）所制约和构成之事物的终极普遍性。

作为一切经验之基础的根本脉构就是变化，它被设想为特性或位置的转变和转化。分析到最后，怀德海的存有论无非是对变化之形上意蕴的探究。其基本策略是，先设定作用概念，将它定义为形式上对变化负责的因素，然后考察具体作用者实际可在其下使此变化发生之效应条件（conditions of efficacy）和"权能结构"（power structure）。就这样，怀德海达到了现实存有之为"稳固事实的终极作用者"概念。③ 它们才是将作用的实在负荷带入宇宙中的真正"特殊个体"（particulars）。作为个体的统一性，每个现实存有都是一权能量度（measure of power）；而聚集的实有则构成一机体的效应量度（measure of efficacy）。在机体哲学中，实有概念兼有限制和限制的条件的意思，正如潜能概念同时指谓特性与特性的条件。由于受到"将解释推至其极限"这一理性要求的推动，怀德海的分析终于到达了其形上学的三个核心概念，即：现实存有之为终极的限制条件、永恒客体之为终极的特性条件以及上帝之为终极的相对地位条件。我们可以说，这"创造性的三极"，被卷入宇宙中的每一个个体化。对于怀德海来说，个体化原理并不是在绝对超越的从虚无中创造世界的至上存有（Supreme Being）概念中被发现的，而毋宁是在内在创造（immanent creativity）概念中找到的，这个概念包含着创造性三极在一实在的动态脉

---

① 《历程与实在》，第 5 页。

② 同上。

③ 同上书，第 196 页。

络中的相互依赖与彼此制约。

## §18　机体主义与动态脉络概念

短语"动态的脉络"也许比其他任何术语都更能道出怀德海形上学中"机体主义"的本质蕴含。"动态的"隐含权能的在场性与效应的相对相关性，而"脉络"则暗示共在性与协调发展。更确切地说，"动态的脉络"就是"潜能借助于合生实有的权能与作用而协调发展"。这个定义隐含了"活动场"（field of action）概念。它制约现实、具体的个体作用者的权能与效应。被如此界定的"动态脉络"就是怀德海所谓的"蕴集"，它被设想为形成一统合的有机统一体的现实存有"社会"（society）。正是与蕴集概念相联系，一般的"存在物"概念——普遍义的存在——被功能性地加以解释了。"存在"即是发挥功能，亦即在一实在的动态脉络中扮演一角色或成为一有贡献的因素。如是，"发挥功能"，怀德海说道，"意思是对在某个现实世界的蕴集中之现实存有的裁定作出贡献"。[1] 或者如他更早一些所说的，"'为某物'就是可作为某实有分析中的一个因素而被揭示。"[2] 既然实有的本质是作用，那么"存在的真正涵义就是'成为作用中的一个因素'"[3]，而既然作用无非是一转化历程，那么普遍义的存在或诸如此类的存在物就还可以定义为一"为历程的潜能"或"贡献给生成历程的一个要素"。[4] 这就是存在不能从历程中被抽象出来的原因："'历程'概念与'存在'概念相互预设。"[5]

## §19　怀德海功能存有论中存在的两种涵义

现在，我们已识别了"功能"的两种涵义，在怀德海存有论中，它们分别界定两种意义上的存在，即：（a）功能作为权能分配，界定能动作

---

① 《历程与实在》，第 38 页。

② 《观念的探险》，第 254 页。

③ 同上。

④ 《历程与实在》，第 43、68 页。

⑤ 《思维模式》，第 131 页。

用者（现实存有）在其自身生成历程中的存在；（b）功能作为扮演一角色，对这种历程的裁定作出贡献，这种功能可属于八个存在范畴中之任何一个的任何事物。譬如，虽然数学对象诸如数字与几何图形（作为一种永恒客体）不能说是在（a）中所界定的第一种意义上存在，因为这些存在物不能像实有那样活动，但它们却可以在（b）中所界定的第二种意义上，即通过在某现实历程中被实例化（这样就扮演了一角色）而存在。同样还可道及其他类型的存在，诸如不作为能动作用者存在的命题。只要它们的功能性角色可以被识别，这些存在物就是第二种意义上的存在。怀德海功能性存在理论的统一性就是在功能的这两种涵义的统一中——亦即在作用与作为作用之媒介与量度的历程概念中被发现的。分析到最后，存有论必须以既是权能概念又是角色概念的"存有"为中心。因为一切权能分配同时就是角色的综合。这种关系隐含在怀德海有关"一起"或"共在性"一词的用法中。诚然，存有论可被设想为研究"各种特殊途径，在那里，各种存在物在任何一个现实缘会中都是'一起的'"。① 而"在一起"（being together）对于怀德海只能意味着"一起发挥功能"。

## §20　实在潜能：内在形式与超越形式

现在，我们必须转向怀德海形上学中的第二个重要论题，即动态的形式理论（dynamic theory of forms），它与功能性的存在理论紧密相关、不可分离。怀德海有一个与传统共相理论极为不同的形式概念。他引入了"实在潜能"（real potentiality）与"纯粹潜能"（pure potentiality）间的重要区分，这二者各自又可被称为"内在形式"（immanent form）与"超越形式"（transcendent form）。简单地说，实在潜能乃是存在的可能性或条件，它"内在"于实在的某个现实历程或动态脉络中——例如"X 在 1969 年是美国公民"。另外，纯粹潜能则是超越现实中之一切脉络的抽象可能性——"X 是公民"就表示一种与实有没有任何特殊关联的永恒可能性。在怀德海动态的形式理论中，这两个明显对立的概念通过作用之为"促成

--------

① 《历程与实在》，第 32 页。

限制的活动"观念被一起带了进来。[1] 实有乃是表示在纯粹潜能中"抉择"之条件的实在潜能的现实化。这个条件的实现就是怀德海所谓的"有限与无限的融合"。[2]

这种融合同时表示权能的量度与创造效应的量度。融合的普遍形式是对比或综合。怀德海存有论上所做的努力，其主旨或许可归结为一句话：创造就是"生发—类别"综合的关联。对于怀德海来说，一切形式基本上都是包含创造性三极之裁定的综合形式。而三种裁定离开合生实有之实在脉络的动态特性就不可思议。因为这些乃是"稳固事实的终极作用者"。[3]

## §21 个体性与相对相关性：透视与宇宙的统一性

"稳固事实"就是一个被实现了的潜能；它还可被描述为对相互依赖性（interdependence）的唯一的裁定。在机体哲学中，没有绝对的制约者，也没有绝对的被制约者。"制约"与"被制约"是相对的术语。假如说"绝对"一词对怀德海还有点意义的话，它可能意味着裁定的"唯一性"（uniqueness）。每个个体存在物分析到最后都是——且必然是——在某种意义上唯一的：因为个体性严格上即是角色的唯一性，它隐含着功能性综合的动态脉络。这里，我们到达了怀德海形上学的第三个主要信条，可称之为机体的透视原理（organic doctrine of perspective）。根据这个原理，宇宙乃是一个有系统的总体，个体性与相对相关性在其中相互预设。系统中的每个个体都构成一个观点（standpoint），对于这个观点来说，系统就是一被唯一地裁定了的"透视"（perspective）。系统的所有观点和透视由于必然性而内在地相关。而按照怀德海的意思，这种内在相关性（internal relatedness）最终都来源于作用的内在联结性（internal connectivity），或用他的术语，"抉择的相对相关性"。不可能存在绝对孤立的权能，所以也不可能有绝对孤立的事实。宇宙之统一性是一个机体的统一性，由此它既是"多"又是"一"。

---

① 《历程与实在》，第68页。
② 《思维模式》，第108页。
③ 《历程与实在》，第196页。

## §22 讨论计划与研究主题

至此，我们的讨论已被引向去揭示怀德海的形上学或他所谓的思辨哲学的基本框架。这一形上学的本质，如我们已见到的，存在于一个以实有与作用的同一性为基础的存有论架构中。形成机体哲学整个上层构造之基础的现实存有理论实在也可以作用和动态脉络的理论来描述，它包括我们在上面的讨论中已指出的三个基本主题，即（a）功能性的存在观念；（b）动态的形式理论；（c）机体的透视原理。怀德海显然相信，他的存有架构涵盖了形上学的"终极普遍性"；而且这样一来，它必定能够在全部人类经验中得到诠释。换言之，它将具有形上的必然性。

在何种程度上，机体哲学成功地揭示了形上学的终极普遍性，成功地通过把解释推至其极限而获得了思想的明晰性，从而也成功地为哲学取得了"第一科学"的地位，这是在随后的章节中吸引我们全部注意力的问题。我们的研究以作用概念为焦点，它是充分理解现实存有理论的关键，而现实存有理论又是机体哲学的基础之所在。我们将基于机体哲学的上述三个主要论题通盘考察存有论原理及实有与作用的同一性的意义和蕴含。我们一般所希望达到的，乃是从怀德海哲学努力的内在动机和真实意图的角度显示其形上思想的本质。而这个，我们相信，将在以存在的"第一原理"为目标的思辨哲学的观念中被找到，此存在的"第一原理"构成了形上学之为理性辩护的第一科学的适当内容。

现在，我们必须回到我们在导论一开始就提出的那个重要区分，即：作为理性和解释概念之基础的形式原则和质料原则之间的区分。如果理性证成的形上理想是全然可达到的话，那么一切存在之逻辑根地的存有论建构就必须采取理性的形式方面与质料方面相综合的形态。换言之，形上的第一原理必须既是关于存在的最高原理又是关于方法的最高原理。

诚然，形上必然性可以形式必然性与质料必然性的综合来界定。这是一个最终扎根于人的存有与其理性间的关联之中的综合。人的存在是实有的一部分，而人对知识的追求则是共同构成世界历程之现实历程的一部分。因此，形上综合的关键在人的理性的主体性中，亦即，在他构成自身之为解释或理性证成之作用者的实有范围之中。

分析到最后，哲学方法决不能从人类经验——最重要的是，人作为属于现实世界的一个动态脉络，并处于其他实有中间的一个实有，对自身的经验——的本性中被分裂出来。在其对形上知识与当下经验间的关系的认识中，怀德海清楚地看到了这一点。的确，现实存有理论可描述为对关于当下动态脉构的普遍概念进行形式架构的一种"筹划"（pro-jection）。

不幸的是，形上必然性概念在机体哲学中从未得到圆满的发展。这一失误部分起源于先前曾指出的怀德海方法论中的基本暧昧，即作为两个不同理论程式的形式化与普遍化之间的暧昧。这一暧昧不得不对怀德海没能将存有论从宇宙论中清楚地区分出来，结果使两者之间的正当关系也几乎全然被抹煞负责。怀德海的隐喻性语言的误导性格进一步加剧了这种含混。此外，传统的"哲学论证"（philosophical demonstration）观念在机体哲学中也几乎完全不存在。怀德海极少辩论，他只是阐明。无疑，他正向哲学探索的"形式的—现象学的"（formal - henomenological）方法挺进。但是，由于对论证的忽视，怀德海的概念经常是模糊含混的；至于这些概念的形式特性与现象学起源更是不甚明了。

不过，最最不幸的也许是作用概念在怀德海的著作中从未得到圆满发展这一事实。尽管如我们在前面的讨论中所看到的，它在机体哲学中具有核心意义，但"作用"一词只出现了几次，且从未被彻底地考察过。我们相信，如果现实存有理论曾作为"作用论"而得以正式和明确地发展，那么，机体哲学将更为严谨、更具说服力并且更易于沟通。事实上，我们也相信，如果这样的研究曾被开展，那么现在怀德海的体系所遭遇到的许多困难都会被克服或避免。此论文对机体哲学的研究根本上即奠基于这一信念上。

因此，以下章节就试图通过对某些基本概念进行形式的—现象学的重构来诠释怀德海哲学的内在特性。机体哲学的三个基本主题将分章予以专门的讨论。而形式—现象学的方法也将随着我们的进程逐渐深化。并且，这一方法概念在最后一章中会受到特别的关注，在那里，形上必然性概念将成为我们结论性综合的路标。

# 第二章　历程与实在:功能性的存在观念

## §23　形式概念与现象学概念

"实有",怀德海说,"就是重要性的自我享用"（self – enjoyment of importance）。[1] 应该承认,这一叙述所假定的意思并不是直接明了的;尽管或许作不出比它更简洁的表述来代替它。其实,机体形上学的最内在的本质就在这里得到了具体的体现。为了充分理解此哲学,我们最好将这个论断作为我们的出发点并且沿着关乎其深奥蕴含的线索继续前进。我们的分析可分为三个连续的阶段。我们首先考察"重要性"概念,然后是"重要性的自我享用",最后是整个的"实有"概念。但是在开始我们的分析之前,必须立刻在这里提出一个包含了一极重要的区分的方法上的解释。

这就是"形式概念"（formal concept）与"现象学概念"（phenomeno-logical concept）之间或一个概念的形式方面与现象学方面之间的区别。一般地说,形式概念乃是凭借着它所展示的,并且在我们的经验中可能会也可能不会发现的实例化的现成的结构、模式或公式而发挥理论功能的概念。用形式结构所阐明的根本上只是一套规则或原理,它们共同构成认识论上的可理解性的条件和存有论上的实在性的条件。如此使用的形式概念并不指示存在;它仅仅通过规定相关条件来指示存在的可能性。我们可以为任何东西——电子、分子、石头、蔬菜、动物、人、人类机构、神、数字、几何图形和命题等——建构一个形式概念。其实任何概念都可设想为是形式的,如果它包含了一个可理解的结构,这个结构可以代表取自经验的一种抽象或仅仅是想象和思考的产物。应该铭记于心的重点是,当我们

---

① 《思维模式》,第 161 页。

把一个概念设想为是形式的时候，我们就只集中于形式（结构或模式）而不专注于实例。譬如，假设"上帝"这个词代表一个形式概念，那么它所指涉的就不是一个客观地实存的上帝而毋宁是神祇存在的条件。可能存在也可能不存在符合所给与的条件的存在物。同样，数字的形式概念所界定的只是一个理论结构——即，数字体系，而不是可被我们经验为具有一定"数量"的事物的集合，如单个、成对、三重，等等。

另外，现象学的概念必定具有存在的蕴含。更确切地说，现象学的概念乃是表明存在物或存在物集合体的存在的概念，这些存在物或存在物集合体至少在某种意义上具有经验上的可证实性。由此，"狗"作为一个现象学的概念，指的就不是"狗存在"的条件，而是实际上被经验到的狗和他们被经验的方式。同样，现象学的数字指的是我们可以直观地把握的确定的事物集合，如单个、成双、三重，等等。而上帝的现象学概念也不指涉神祇存在的条件，毋宁是一个客观地或实际上存在的神圣存有。我们可以一般地说，形式概念"规定"（prescribes），而现象学的概念"描述"（describes）。后者具有写实画甚至照片的特征。其有效性依赖于描述的真实性和准确性。这里，真实意味着对应的相像（correspondence）。

反之，形式概念在现象学的意义上无所谓真或假。形式建构的有效性最终依赖于它所被设定去执行的理论功能。形式概念的一个首要功能便是解释现象学概念。解释在这里意味着证明和普遍化。形式概念展示被现象学地加以把握的可理解的结构，然后超出实际被获得的经验，普遍化这个结构（通过模拟）来解释现象学概念。借助于这两重理论功能，形式概念现在成了可理解性的本质条件——同时制约作为形成相同的实在样态或存在类型的"所知"（known）和"能知"（knowable）。以这种方式可将形式概念与现象学概念相联结，这样一个形式的概念可与其所设定要解释的现象学概念相结合而得一"形式的—现象学的概念"（formal – phenomenological concept），亦可称为"实在的概念"（real concept）。举个例子，如果"狗"这个词指示一个"实在概念"，那么在它的涵义中将同时具有关"狗"的形式的和现象学的意味。换言之，它不仅指"狗存在"的条件，而且还指作为实际上被经验的狗以及这种经验的方式。

## §24　实在的知识：形式的与现象学的综合

因此，实在概念兼具形式的和现象学的内容：一个抽象，一个具体。"实在的"（real）这个词之所以被采用，是因为实在的概念由于它的抽象与具体的综合实际上乃是实在（reality）的表征。这个综合起于在现象学经验的不同复度（manifolds）的给与性之上的想象性思考的介入。在统合的实在内容中，形式概念由于其对相关的现象学内容的理论指涉（reference）而获得了一个演变的特征。在孤立中，它仅仅"规定"；现在它的角色已经从只是"规定"变为"阐释"（illumination）。"规定性"的形式概念"阐释"现象学经验中所固有的可理解的结构。反过来，现象学概念在实在的概念的综合中也经历了转化：它从只是"描述"变为"举例说明"（illustration）。"描述性"的现象学概念"举例说明"形式概念的抽象涵义，好像在显示其命令具体例示的权力。在最终的分析中，形式的与现象学的之间的关系一般地可以"理论"与"主题事物"之间的对比为特征。理论解释主题事物；主题事物使解释"具体化"。知识根本上无非是主题事物在理论之下的"例范"（subsumption）。这个客体和形式被统一于一个实在的概念的"例范"程式也就是前一章中所谓的"诠释"。人类对知识的追求事实上可被描述为人作为诠释的作用者执行理性主体的功能的一个创造性活动的历程。

现在，知识的问题可以说发源于人类的两个主要限度——经验的限度和想象性洞察力（imaginative insight）的限度。我们对宇宙之总体没有经验，而只有关于这个总体的某些透视。我们也不能自发地掌握潜藏于事物之实在性之下的可理解结构或形式的一切广度和深度。那么，从这些限制的观点看，人类知识的真实情形是什么呢？科学和哲学——以及一般的理性思考——能希望成就什么呢？

有一件事是显然的：我们不能希望去获得"完满的知识"（perfect knowledge），如果我们以此意指的是对在所有存在方式和关系细节中的所有类型的所有事物之性质的完全彻底的理解。这种知识显然是不可能的，因为它意味着对宇宙的完全彻底的把握。并且我们也不可能获得关于宇宙的完全彻底的知识，因为宇宙乃是一个超越包括人在内的一切有限存在的无限行进的历程。如果我们同意怀德海"限制构成实在的真正本质"的说法，那么绝对知识与有限就是不相容的。

## §25 怀德海的哲学论证概念：揭显与自明性

现在的问题是，人类知识的界限在哪里呢？对于怀德海来说，这个问题不是由任何以被独断地假定的定义明确的前提为基础的演绎推理来回答的，正当的哲学程式不是演绎，而是"揭显"（disclosure）："哲学的目标纯在于揭显"。[①] 并且哲学作为揭显并不是在从清晰的前提出发的辩论中构成的。相反，它是"对前提的追寻"。[②] 这并不意味着演绎在哲学中毫无用处。但是它的作用仅仅是工具性的。演绎推理的用处在于"由结论的明证性（evidence）来检验起点"。[③] 这就是怀德海哲学中"哲学论证"的涵义。"论证"并不是以演绎的方式证明理由的有效性，而是表现和显示理性的思想架构的明证性。而这个理性构架及其明证性也同时被涵盖于哲学的揭显中。

那么，什么是哲学所试图揭显的呢？是什么构成了哲学的明证性呢？并且为什么这种明证性是显然的呢？在下面这一段中怀德海对这些问题作了一般性的回答：

> 哲学乃是澄明关于事物性质之基本的明证性的尝试。一切理解均为这一明证性的预设所支持。一个被正确地表达了的哲学动员（mobilizes）这个所有前提都预设的基本经验，它使人类心智的内容变得可支配的（manageable）；它赋予零碎的细节以意义；它揭示分离与连结、一致与不一致。哲学是对被特殊的思维模式所辖制的抽象概念（abstractions）的批判。[④]

这一段中有几点对于理解怀德海的哲学概念及其方法非常重要。首

---

① 《思维模式》，第67页。
② 同上书，第143页。
③ 同上。
④ 同上书，第67页。

先，让我们注意第一个句子中的两个关键短语，即"基本的明证性"（fundamental evidence）和"事物的性质"（nature of things）。两者间的连结就是怀德海所谓的"理解"（understanding）。哲学的理解就是对"有关事物性质的基本明证性"的揭显。这里需要强调一下"基本的"这个词。因为对于"事物的性质"，科学也感兴趣。将哲学与科学相分离的与其说是在其主题上，不如说是在明证性问题上。与科学不同，哲学不能满足于任何缺乏"基本的有关事物性质"的明证性。正是对明证性的这种严谨态度赋予了哲学一种建设性的（constructive）同时又是批判性的功能。"哲学"，正如怀德海所指出的，"乃是对被特殊的思维模式所辖制的抽象概念的批判"。① 科学的思维模式就是以对"基本的明证性"的抽象为基础的。这就是为什么证明（proof）在科学中是可能的而在哲学中则是不可能的：

> 哲学，就这个术语的任何适当意义而言，是不能被证明的。因为证明乃是以抽象为基础。哲学要么是自明的（self-evident），要么就不是哲学。任何哲学揭显的企图都应该是呈现自明性……哲学的目标纯在于揭显。②

如此，"基本的明证性"也就是"自明性"。胡塞尔和怀德海都同意这一点。因为胡塞尔的"现象学的观念"无非就是关乎自明性的科学的观念。尽管机体哲学并没有作为一种现象学来加以明确地发展，但毫无疑问其形上构架却奠定在现象学的基础之上；这个基础是由怀德海所谓的"当下经验"来提供的。正是从"当下性"——一个在本研究中我们将彻底考察的概念——的动态结构中，他抽取了构成机体哲学之基本框架的形上模型。怀德海指出："对当下经验的阐明对于任何一种思想都是唯一的证成。"③ 这是由于他相信一切明证性在当下经验的自明性中都有其根据。哲学的根本作用就在于揭示终极地支撑着所有特殊思维模式的自明性。因为分析到最后，所有的"理解都是自我明证"，而"自我明证就是

---

① 《思维模式》，第67页。
② 同上。
③ 《历程与实在》，第6页。

理解"。①

　　然而自明的东西都是必然的，而必然的东西也就不能以其他方式来思考。对一个必然的原理或观念的检验在于其否认（denial）：一个原理或观念如果不预设它就不能否认它，则它就是必然的。这就是亚里士多德所谓的"第一原理"或"第一因"（first reasons）的涵义。所有的"第一原理"都是必然的，因为为了否认它们就必须预设它们。这就意味着不包含自相矛盾它们就不能被否认，而自相矛盾的东西则取消自身。

　　应当立即指出的是，不给与一个关涉的领域，第一原理就不能被设想。它只在论说的宇宙（universe of discourse）中才是必然的。如是，每一门特殊科学都可以说具有它自己的第一原理；而作为一个一般的人类知识部门科学在其根基上就是对这些原理的系统的协调（coordination）。怀德海将这种协调视为哲学之建设性功能的一部分。在其批判性功能中，"哲学的目标乃是向构成科学的第一原理的半真理（half‒truths）挑战"。② 显然，两种功能都依赖于形上学的可能性。因为科学的第一原理的系统协调只有在一个包容更大更广的相关领域中才能被保证，而这些原理的"半真理"则是在更高的形上学真理的根基上被挑战的。因此，哲学势必在作为"第一科学"——即一门有关有效性的最高原理的科学——的形而上学中结果。

　　这些形上的第一原理——如果它们是可以发现的话——将构成"终极普遍性"（ultimate generalities）。形上学中的一个第一原理代表着一种终极普遍性，因为它表达了一种普遍真理。其实，按照怀德海，第一原理的普遍性正是构成其必然性者。而他如此强调当下经验，则可归因于这样一种认识，即这种经验"最充分地展现了存在的普遍必然性"。③ 哲学的起点就在于正确地裁定体现在这种普遍真理中的必然性和自明性。

## §26　作为普遍适用性的形上必然性

　　现在我们可以更严密地考察怀德海的思辨哲学的定义："思辨哲学乃

---

①　《思维模式》，第66—69页。

②　《历程与实在》，第15页。

③　《思维模式》，第155页。

是尝试建构一套融贯的、合逻辑的、必然的普遍观念系统，在此系统中我们所经验到的一切元素都能被诠释。"① 我们所必须立即注意的是，这个"普遍观念系统"并非某种被随意地捏造的东西。怀德海心中的哲学架构是从当下经验中"描述性普遍化"（descriptive generalization）的结果。既然当下经验是经验的一部分——事实上是最重要的部分，这个架构至少是"可适用的"，就是说，可以由经验的一些元素予以诠释。但是"适用性"（applicability）并不等同于"充分性"（adequacy）。根据怀德海，除非所有经验的细节都能这样诠释，哲学的架构才是"充分的"。这就是他何以用普遍适用性来设想必然性之所在。② 因此，思辨的努力依赖于这样一个重要假定，即：当下经验的结构与实在的结构具有同一性。事实上，它（指思辨哲学）必须展示"存在的普遍必然性"或"有关事物性质的基本明证性"。③

如果这个假定得到承认，那么哲学的根本问题只不过就是如何"动员这个基本经验"进入一个合逻辑地且融贯地发展了的理论系统，这个理论系统"在自身中具有它自己的遍及一切经验的普遍性的保证"。④ 这样，哲学的架构同是经验的和实在的形上模型。对于怀德海来说，不可能存在任何在其自身中即不可知的形上的第一原理。与当下经验不相连通的东西事实上是不可知的（unknowable），而"不可知就是未知"（unknown）。⑤ 绝对不可知的与绝对未知的东西原本就是不可设想的。

## §27　经验与实在的同构性

如是，对于怀德海来说，形上学乃是以经验和实在间的一个根本的"同构性"（isomorphism）为基础的。所谓"真实的"也就是可以通过把经验的基本结构实例化而得到诠释。因此，任何可知的事物都是可诠释的，而且都能在某种意义上被经验到。这里需指出一点，在怀德海的著作

---

① 《历程与实在》，第 4 页。
② 同上书，第 5—6 页。
③ 同上书，第 67 页。
④ 同上书，第 5 页。
⑤ 同上书，第 5—6 页。

中，"经验" 这个词是在可能的最广泛的意义上被使用的，并不局限于 "感觉经验"。可经验性地诠释的东西可以是任何 "我们意识到的东西，诸如享受、知觉、意欲或思想"。① 而且这里 "诠释" 的意思是，任何这样被经验到的事物都 "应当具有普遍性架构的个别例证的性格"。②

现在的问题是建构一个形上模型或普遍观念系统，它应当能使我们把经验与实在之间的基本同构性具体化，从而将宇宙之合理的可理解的特征显露无遗。那么，什么是建构这个形上模型的适当途径呢？如果成功地化作公式的话，它应该能把那统辖一切的逻各斯（Logos）、万事万物的逻辑根地展现在我们面前。

怀德海认为这个问题具有两个主要的侧面，理性的（rational）和经验的（empirical）。"理性的一面由术语'融贯的'和'合逻辑的'来表示。经验的一面由术语'可适用的'和'充分的'来表示。"③ 在其构成形上架构之首要的先导原理的意义上，这四个词指示出思辨哲学的四个基本准则。然而，有人肯定会说，鉴于近代哲学的背景采用 "理性的" 和 "经验的" 这两个词来表达思辨理想的两个侧面全无幸运可言。因为在机体哲学中，这两个术语并不带有与人们在近代哲学的熟悉的语境中所给与它们的相同的蕴含。事实上，怀德海的用法经常与它们的独特的近代用法恰好相反。"理性的" 在机体哲学中并没有 "先验论"（apriorism）或数学意义上之演绎的必然性的涵义。而当怀德海使用 "经验的" 这个词的时候，他显然不希望把它局限于 "感官知觉。" 对于他来说，那种被称为 "非感官知觉" 的东西，在最终的分析中，构成了主观经验的第一要素。

## §28 认识论：存有论的特例

因此，为了避免不必要的误解以及出于更充分地陈述怀德海的知识概念和哲学方法的目的，我们将用质料的、形式的和现象学的这样三重区分来取代传统的 "理性的" 与 "经验的" 之间的差别。上一章的前一部分已

---

① 《历程与实在》，第 4 页。

② 同上。

③ 同上书，第 5 页。

经介绍了质料的与形式的之间的区分，而形式的与现象学的之间的差别也刚好在不久前被讨论过。现在我们必须把三者放在一起来考察它们相互之间的确切关系。最简明地讲，这三重对比乃是三种类型的概念之间的对比，三种类型的概念各自具有其内容，即：主题事物，有关主题事物的理论，证实或证伪有关主题事物的理论的明证性。说得再详尽一点，质料概念乃是任何需要解释的事物的观念。主题事物可以是物理的或非物理的、有生命的或无生命的、实在的或只是想象的、具体的或抽象的。另外，形式概念则是一解释的观念。解释或试图解释被给与的主题事物的理论。而当我们要求支持这一理论的明证性时，我们会获得一个现象学的概念。例如，假设我们想要研究人性，那么人性就是质料概念的内容，任何试图解释人性的理论将构成形式概念，而所有藉以肯定地或否定地支持这种理论的明证性则会产生现象学的概念。对作为知识之任一裁定之基础的这样的三重对比若没有一个清楚而严格的把握，就不可能正确理解怀德海的知识概念和哲学方法。从机体哲学的立场来看，对知识的探求是创造性的一个实例；因此认识论乃是存有论的一个特殊形态。如果怀德海存有论的本质可由"创造性乃是生发性—类别性的综合"来表达的话，那么他的认识论也可相应地以这个表述的一个实例化形式为特征，即："真理（或有关被给与的主题事物的知识）乃是形式的—现象学的综合。"而且，恰如在每一个创造性历程中生发原则不可与类别原则相分离，在所有对真理的探求中形式的和现象学的同样也相互需要。

## §29　重要性与事实：怀德海存有论的宇宙模型的基础

在什么意义上，认识论全然是存在论的一个特例呢？直到我们更严密地考察了怀德海的存有论时，这一个以及其他有关的认识论或方法论问题必须暂缓考虑。以上的讨论已给了我们他完成形上架构的最高任务所需的形式的—现象学的方法中的一个初步的基础。这个任务乃是要探索宇宙的可理解的模型，正是在与这种努力的联系中，怀德海得以发现其哲学中的两个终极概念，即重要性（importance）和事实（matter‒of‒fact）。在《思维模式》——此书由一系列演讲构成，写就于他理智生命最成熟的阶段中——怀德海写道：

有两个对立的概念，看似不可避免地潜藏于经验的一切广度之下，其一是重要性的理念、重要性的感觉、重要性的预设。另一个是事实概念。纯然的事实是无法逃脱的。它是重要性的基础，重要性之重要正由于此事实的无可逃避的特性。由于有一重要性的感觉，我们专注：而当我们专注时，我们凝神于事实。那些将他们的注意力顽固地局限于事实上的人们之所以这样做正由于他们对这样的一种态度的重要性的感觉。这两个理念是对立的却又相互需要。①

如果读者觉得这一段话过于难懂，他们可以通过回忆怀德海在其论文《不朽》中所做的两个世界——价值世界（World of Value）和事实世界（World of Fact），亦称活动世界（World of Activity）——之间的核心区分而得到帮助：

事实世界中的基本元素是有限的活动；价值世界的基本特征是，现实化的无穷可能性的恒常协调。在宇宙中，事实世界的身份乃是为了其具体实在的圆满完成，一种抽象需要价值和目的。在宇宙中，价值世界的身份也是，为了其具体实在性的圆满完成，一种抽象需要有限活动的事实性（factuality）。②

同时阅读这两段话时，它们各自含义就得以相互阐明。从它们的比较中不难推断出这样一条极重要的信息，即：重要性乃是作为价值世界之基础的要素，而事实则表示事实世界的性格。"世界"一词可能会引起误解。因为怀德海所说的这两个世界并非两个分离的存在领域；正如他在论文中所明确论述的，它们代表宇宙的两个侧面。③ 在一个侧面中，我们视宇宙为重要性的一种开显（manifestation），也就是，作为价值的达到和目的的完成。在另一侧面中，我们视宇宙为事实和形式的"容器"（re-

---

① 《思维模式》，第 5 页。

② 怀德海：《不朽》（Immortality），载 P. A. Schilpp 编《在世哲学家文库：怀德海的哲学》（The Library of Living Philosophers：The Philosophy of Alfred North White head）. E - vanston，Illinois，1941，第 695—696 页。

③ 同上书，第 683 页。

ceptacle），事实和形式共同界定了事实世界。两个侧面的每一个都是宇宙的一种抽象，这个宇宙可以描述为被那个涵盖一切（all‐encompassing）的创造性理念所支配的动态脉络（World of Dynamic Context）的世界。宇宙的这两个侧面在实在中相互需要，尽管在我们的理解中它们可被分开考虑。由于重要性概念从某种意义上说比价值概念更根本，而"matter‐of‐fact"一词比"fact"一词包容更广，所以这两个世界间的差别也可以适切地以重要性世界（World of Importance）与事实世界（World of Matter‐of‐Fact）之间的差别来予以描述。而宇宙之为动态脉络世界因此也可以这两个对比的侧面的综合为其特征。

构成作为第一科学的机体哲学的形上模型现在可以在它的一般性框架中勾勒出轮廓来。根本上说，这个模型代表了机体哲学三个基本信条的有系统的统一，这三个基本信条就是：（a）功能性的存在观念；（b）动态的形式理论；（c）机体的透视原理。宇宙之为重要性世界用功能性的存在观念予以解释；这里的主要问题是处理价值与目的之间的功能关系。宇宙之为事实世界，用动态的形式理论予以解释；这里的主要问题是关于事实与形式之间的动态关系。正由于宇宙之为动态脉络世界乃是它的两个侧面之为重要性世界与事实世界的统一，所以，机体的透视原理也把功能性存在观念与动态的形式理论统一到一个融贯的理论体系中，终极的关切则是裁定一与多之间的机体关系。为了便于观想，不妨以如下略图的形式将这个模型予以重构：

### 宇宙的模型

1. 重要性世界（价值和目的）：功能性的存在观念
2. 事实世界（事实和形式）：动态的形式理论
3. 动态脉络世界（一和多）：机体的透视原理

后面的研究将专注于如上所述的形上模型的建构。在这一章里，我们要考察宇宙之为重要性世界；第三章和第四章将分别处理事实世界和动态脉络世界。有必要再次提醒我们自己，这三者并不是三个分离的、彼此孤立的存在领域：它们毋宁是同一宇宙的不同侧面或维度（dimensions），在讨论的过程中我们将看到彼此之间内在的相互关系。

在此形上的事业中我们所遵循的将是形式的—现象学的方法。我们必须始终牢记三个分开的问题，我们所关注的主题事物是什么？企图解释被给与的主题事物的理论是什么？最后，证实或证伪这个理论的明证性又是什么？形式的—现象学的方法的真实性质将在其应用的过程中被揭示出来。我们还应该了解怀德海用当下经验和普遍义的经验所指的是什么意思。存在论与认识论之间的关系不久也会得到澄清。这个形上构架最终将把我们引回到必然性概念和方法论问题上去，在结论那一章中我们会处理得更为完满。让我们当下就开始我们的旅程吧。

## §30　重要性架构：价值与作为成就的一个实例的事件概念

首先，重要性是什么意思？每一个价值裁定都包含一种重要性判断乃是一个经验的事实：经验根本上就是重要性的经验。对于怀德海来说，形上学的任务并不是去辩论价值是主观的还是客观的；它毋宁在于揭示价值经验的形上特征。从这种揭示中产生的根本元素也就是怀德海所谓的重要性者。当一样东西被判定为有价值时，它在某种意义上就被判定为重要的。一样东西如果毫无重要性可言，则它就没有任何价值。

这里，每一个重要性判断都包含三种基本要素，客体（object），所指（referent）和目的（purpose）。客体是被判定为重要者，所指是对于何者客体是重要的。而目的则是客体得以为所指获得其重要性的原因。如是，在一个大学生需要一大笔钱用以支付他的学费的例子中，客体就是钱的具体数目，所指就是那个大学生，而目的则是去支付他的学费。一般来说，任何重要性的裁定均可以公式"客体—所指—目的"来表示。我们将称之为"重要性架构"（schema of importance）。处于怀德海价值理论的中心正是这个基本架构。

根据这个理论，"成就"（achievement）乃是价值的必要条件：重要性架构的任何实例化都首先是现实的或可能的成就的一个实例。用最一般的术语来表达的话，"成就"可被定义为在目的的完成或目标的满足中产生的一个事件（event）。对于怀德海来说，事件总是成就的历程；而价值

则表示"事件固有的实在性"。① 交付学费以获得教育是一个事件，建造
一所房子是一个事件，参加一次鸡尾酒会是一个事件，解决一个数学难题
是一个事件，分解一粒原子或分子是一个事件；吃、喝、坐、走、跑都是
事件；而看、听、嗅、触、品尝、记忆、想象、反思也都是事件。一言以
蔽之，事件不过是能产生出积极成果的活动或活动复合体。唯一的问题是
一些目标或目的是否被满足或完成。目的实现时价值就被获得；价值先于
这种实现而存在于可能性或潜能的状态中。从而事件是潜能的现实化，也
就是在"自身中价值的获得"。②

　　这种现实化包含两个基本要素：活动和形式。在怀德海的形上学中，
只有活动持有（takes up）形式，而形式总是某种活动（活的或消散了
的）的形式。当雕塑家从事于把一块大理石雕刻成一座雕像的转化活动
时，他的行动和操作乃是一种现行的活动（living‐activity），是在活动状
态中的"能量"或创造性。这个事件或转化乃是一个历程，由此现行的能
量在转化的产物或结果中变的消散了或稳定了，消散了的能量被转移到操
作的效果上。在当下的例子中，雕塑家消散了的能量就在完成了的雕像
里，这能量的大小等于他所有效地带入到原来那块大理石中去的修饰加工
（modifications）。这些修饰加工作为一现行的能量的效果可赋予它熟识的
名词"物质"（matter）或在被动状态中的创造性。由此，任何事件都是
创造性从能动状态到被动状态的转化或转移（transfer）。后面我们还会看
到，这个历程如何预设创造的能量在相反的方向上——即从被动的到能动
的——最初的转移。在这里，让我们继续为单一事件概念给出一个一般性
的描述，这个概念对于我们后面的讨论是不可或缺的。

## §31　转化架构：作为潜能的现实化与转变的事件

　　一个事件，首先是事实的一次转变。事实乃是实现了的潜能。在雕像
被制造出来之前，它是作为潜能存在，完成了雕像则是此潜能的现实化，

　　①　怀德海：《科学和近代世界》（*Science and the Modern World*）。New York，The Macmill an
Company，1925，第 136 页。

　　②　同上。

从而它就是一个事实。但是原来那块大理石也是一个事实，因为它是先前的历程中固有的一种潜能的实现。因此，这个事件是在从大理石的实在性向完成了的雕像的实在性的转移中构成的。这里，任何转变都同时兼有特征的变化和相对位置的变化的一次转化。完成了的雕像不管在其确定的形式上还是在其时空位置上都与原来那块大理石有别。一般地讲，不可能存在两个完全同一的事实，我们必定可相互辨别，至少在相对位置方面，如果不同时在特征上亦是这样的话。所以，两个连续的事实之间的区别必须由对这个变化负责之要素的存在来予以说明。这个要素可称为"转变的中项"或我们所谓的作用者（agent）。对于每一个作用者来说，既有事情的开始状态又有事情的终结状态，它们各自构成作用的数据和结果（issue）。由此，一个事件的特征可以用一个包含数据、作用者和结果这三种因素作为元素的有序的三合体来表示。如果我们让 D、A 和 I 各自代表这三种元素，那么任何事件 E 都可用公式 E =（D，A，I）来表示。从而在上面引证的那个例子中，D 是原初的那块大理石，A 是雕塑家，而 I 则是完成了的雕像。

　　关于事件的这样一个一般性公式可以名之为"转化架构"（schema of transformation）。D、A 和 I 的次序所具有的意义还可被视为以那个次序指出了一个事件的开始阶段、中间阶段和终结阶段。开始阶段以数据的被动性为特征，终结阶段则以结果的被动性为特征。能动状态中的创造性则属于中间阶段在其中作用者的现行能量消散于转化历程中。这个阶段又可被描述为"未裁定的间歇"（interval of indeterminacy）：之所以"未裁定"，乃是因为这里的数据还在经历着转化；相对于结果而言还不够完整。终结阶段用怀德海自己的词来表示就是"所有不确定性的消失"（evaporation of indeterminacy）。

　　这样，事件的定义只不过是转化构架的实例化。一个"实有"，如怀德海所设想的，根本上乃是以构成事件之"主体"的作用者的立场来解释的事件。这就表明，一个事件就是一个实有性的生成或自我形成；作用者的生命与其作用的功能相一致。在先前的例子中，事件的主体并不就是那个雕塑家；因为作用者只能等同于雕塑家的存有中直接对从那块大理石做出雕像负责的那一部分或侧面。不用说，雕塑家的存有无非就是他在这个事件中的作用。

## §32　原子性事件的概念:现实存有与蕴集

在怀德海看来,宇宙和事件的性质以绝对单一的或"原子性"事件的相关性为终极基础。这些就是他所谓的"现实存有"或"现实缘会"。原子性事件或现实存有乃是不可再细分出自身即是事件(转化的实例)的组成部分的事件。可用这种方式加以分析的事件乃是复合的事件,它形成所谓的"蕴集"。这里,构成一个蕴集的组成事件一般受两条联结原则(connecting principles)——因果从属(causal dependence)和因果独立(causal independence)——的支配。由因果从属联结起来的事件可说是"时限性地"(temporarily)相关,即以过去、现在和未来的时间架构连结起来。怀德海有关这个架构的详细陈述是以他的"客体化"(objectification)原则为基础的。如果一个事件的结果是另一个事件的数据中的一个元素,那么前者即可说是在后者中被"客体化"了;而这后一事件的结果必然也会成为后续事件(superceding event)的数据,以这种方式我们获得了一条"事件之链"(chain of events),每一事件均在这链条中构成一个环节。这就是怀德海所谓的纯粹"时限社会"(temporal society)。假设我们用 E1,E2 和 E3 代表三个连续交接的事件,其中 E1 在 E2 中客体化,而 E2 又在 E3 中客体化,然后适当地写在下边并加上括号,这样形成的时限性社会就可以转化架构的方式被化成公式如下:

$$(((D1,A1,I1),A2,I2),A3,I3)$$

注意,E1 =(D1,A1,I1)包含于 E2 =(D2,A2,I2)中作为其资料,而 E2 也同样包含于 E3 =(D3,A3,I3)之中。如果我们把 E2 当作现在正在发生的事件,则 E1 就是过去的事件,而 E3 就是在未来中的事件。时间性的连续体(temporal series)当然毋须在任一方向加以限制,它可以不定地同时向过去和未来扩延,其实,按照怀德海,宇宙只不过是无数的这种不定地向两个方向伸展的时限性连续体的总体。没有创造的第一天,也没有一个最后一天,世界历程是一张最终可还原为现实存有或原子事件的创进的创造性活动的聚合之"网"(network)。

## §33　机体哲学是"还原论"吗

这里必须解释一下"可还原的"（reducible）这个词。我们一般可以区分两类"还原论"（reductionism）：关于组合的还原论和关于类属的还原论。前者是理论的逻辑需要，后者则是一个逻辑谬误。例如，假设心和物表示两类可区分的事件，则心不能"还原"为物，物也不能"还原"为心。但是如果它们是不可区分的，则区分首先是无效的。这并不意味着两类不同的事件之间不能有任何联系。相反，知识根本上乃是以联结可直接或间接地进入人类经验的不同类型的事件的功能性关系为基础。理性思考的任务就是去正确地断定这些关系是什么。说一种东西"无非是"另一种东西，不仅表现出一种逻辑的谬误，同时也是语言的误用。另外我们当然有理由为了研究事物的组织或构造而把一个主题事物分解为复合体与简单物或整体与部分，并最终希望达到那些表示部分（或简单物）与部分之间以及总体与部分（或复合体与简单物）之间的基本连结的功能性关系。怀德海的"还原论"就属于这种类型。所以当他说现实存有"是组成世界的最终的实在之物"时，他仅仅是对宇宙之最普遍的形上特征作出一种断言。①② 他没有说一切事件皆"可还原"为现实存有：他的意思毋宁是说一切事件都是现实存有，即奠基于现实存有的特征或结构或为其实例。因为这些是现实宇宙最简单的构成要素。有多少类型的事件或多少层次的具体存在就有多少类型的现实存有：我们可以讲在分子、原子或次原子层次上的现实存有，在细胞、（细胞）组织、器官、更低和更高类型的有机体层次上的现实存有，在人类经验、反思或意识、感觉或理智层次上的现实存有，在人类集团或社会、国家、历史时代层次上的现实存有，在行星、太阳系及银河系层次上的现实存有。简言之，现实存有遍布这个五彩纷呈的宇宙的整个系统。怀德海用"经验的层级"（grades of experience）区分不同层次的创造性活动。较高层级的现实存有以其组织和发展的复杂性而为"较高的"；不过在存有论的意义上没有什么层级比别的层级更根

① 《历程与实在》，第 323 页。
② 同上书，第 27—28 页。

本。怀德海没有说在次原子层次上的现实存有比那些在细胞层次或人类层次上的现实存有更为基本。他也从未抱有这样一种看法，即宏观宇宙的现实存有被动地、单向地受微观宇宙中的创造性所裁定。反之，在机体哲学中，宏观宇宙与微观宇宙之间的关系是相互依赖而非单向依赖。这就是"机体主义"的最确切的涵义。

### §34　宏观历程与微观历程：因果独立与同时性的涵义

　　然而不幸的是，"机体性"（organcity）的这一决定性的涵义——对于研究怀德海哲学的所有细心的学人它似乎都是显然的——并没有被如此明确地详述。怀德海将机体的涵义简单地以他所谓的"微观历程"（microscopic process）与"宏观历程"（macroscopic process）之间的区别来设想。在他的明确的论述里，这一区别不过是一个事件与一条事件之链之间的对比。但是这种区别是一种相对的区别，因为一个作为形成时间之链中之一环的事件自身就可能具有链条的特征。换句话说，一个微观历程并不必然是一个原子性事件的现实存有，尽管"微观"这个词可能会引起错误的联想。因此这两类历程之间的区别并不等同于现实存有与蕴集之间的区别。一个微观历程只有是一个绝对单一的事件时才是一个现实存有，而宏观历程也不必然包括可被纳入到蕴集意义中的"同时期的事件"（contemporary events）。

　　这里，如果两个事件没有一个在另一个中被客体化，那么这两个事件就可说是"因果独立的"。换言之，同时期性（contem‑poraneity）被负面地以时限性（temporality）来定义；因为因果独立是以因果从属的阙如来定义的。蕴集中事件的联系也就可以原子性事件的客体化来解释。那么"原子性"（atomicity）的涵义是什么呢？一个"绝对单一"的事件究竟又是什么呢？

### §35　原子性与活动量子

　　我们失望地发现关于此事怀德海自己提供甚少。他实在从未就原子性的涵义给出任何具体的解释——不要说具体的举例了。在一处他指出：

"机体哲学是实有性的细胞理论（cell - theory）。每一个终极的事实统一体都是细胞复合体（cell - complex），不可再分析成具有同等完满的实有性的组成部分（components）。"①② 这个论述，作为对现实存有之终极单一性的一种解释，显然是不能令人满意的；因为它把它该回答的真正问题视为当然。这一点恰恰就是，在什么意义上一个现实存有不可被分析成"具有同等完满的实有性的组成部分"？

解决这个问题的关键全在于转化之中间阶段的特征。原子性事件以单一的未裁定的间歇——不包含任何中间结果（intermediateissue）——为其特性。换言之，原子性作用者的创造性活动构成一个完整的统一体：它是一个"单子"（monad）或借用当代物理学的表达，一个"活动量子"（quantum of action）。能被分割成这种原子性的创造单位的不是"量子"，而只是属于其生发性或功能性特征的复杂多样的向度。现实存有可以被分析成表现同一创造量子之不同侧面的组成部分，但却不是具有"同等完满的实有性"的组成部分——即组成部分本身也是个体事件。

为了便于说明，让我们回到雕像的例子上去，这里所考虑的事件显然不是一个原子性事件。因为从一块大理石到一座雕像的转化可以再分解成更小的自身即是事件的转化统一体。每一个这样的分量事件（component events）都表示雕刻家要在整个过程所带入的两种连续的修饰加工，其中每一种都必定可分析成创造性的分量统一体。从而我们获得了在事件之内的事件，在事件之内的事件之内的事件；等等。如果这个过程是连续的（在数学的意义上），就总有在两个连续的修饰加工之间的中间修饰加工。换言之，对于一个被给与的修饰加工不存在任何"直接继承者"（immediate sucessor）。然而"单一的未裁定的间歇"的观念严格地要求直接继承者概念：这种间歇就意味着中间结果的阙如。一个原子性事件由此可被定义为一个事件在其中结果是数据的直接继承者。这就必有可以被描述为"准备的活动"（preparatory action）或"间歇的能量"（mediate energy）的存在。因此，雕塑家在两个连续的雕刻行为中所费的活动或能量必须具有，至少部分地具有准备性作用。这种活动可以是物理的，也可以是概念

---

① 《历程与实在》，第 196 页。

② 同上书，第 334 页。

的。在第一个行为之后，他可能为了决定下一步该怎么做而不得不沉思一会儿：此即概念的。假设现在他作出了抉择，而他的手也恰好已朝大理石抬了起来。此刻有活动，物理的活动，但没有一个直接地相应的效果，因为手还没有触及大理石并在某个侧面修饰它。然而这种活动，物理或概念的，实质上都属于作为一个作用者的雕塑家的功能。说明原子性的创造性单元的"活动量子"概念现在就清楚了：它是纯粹准备性的、与被给与的实在性的转移相关的一定数量的活动或能量。

现在我们触及怀德海的"原子性的实有理论"的几个重点，在随后讨论中作详尽的分析之间，可以适当地在这里作一简短的介绍。第一点关涉原子性与目的因果之间的关系。从上面的讨论来看有一点是显然的，即：活动量子概念只有涉及隐含在所考虑的原子性事件中的目标或目的——目的因——才是可理解的。因为一个准备性活动只有对于一个所与目的的达成才是准备性的。因此怀德海说，"目的因与原子论是互相连接的原则"。① 后面我们会看到，这种互相连接是怎样与秩序观念以及作为机体哲学中两条基本宇宙原则的原子性和连续性之间的关系相关。

这里要提及的第二点与第一点紧密相连。因为怀德海所谓的"时段性的时间理论"（epochal theory of time）——这是他的宇宙论的基石——乃是以活动量子观念和原子性与连续性之间的关系为基础的。之所以有这样一种被称为"时间"的东西，乃是因为一切活动都是有限的——这意味着没有一种活动可能绝对地是"自发地创造的"。一个活动量子就是一次"创造的脉动"（pulsation of creativity）：为了使宇宙从一个裁定事实过渡到另一个它的花费"时间"，恰如两次心跳或海中两条波浪的连续。在两个连续的创造之间有一个未裁定的间歇，在那里发生——于最微小事件的状态下——纯粹准备性的活动。

这就把我们引向第三个要点，即，一个现实存有的生发性一面与类别性一面之间的不对称。我们的意思是，在一个原子性转化中历程的特征与结果和数据的特征之间并不必然存在——对应。在未定的间歇中生发的活动可以分析为不同的侧面（例如物理的与概念的，正面的与负面的）或阶段，但这并不随之结果也能相应地以相同的方式被分析。反之亦然。正

---

① 《历程与实在》，第29页。

因为我们可以把一个事件的结果分成如此多的部分，并不意味着我们即可把活动分成相同数目的部分，使每一个被分割的活动为结果的相应的部分负责，至少在原子性事件的状态中不是这样。至于创造的生发性一面与类别性一面通常如何相关联直到我们达到适当的脉络之前必须暂时搁在一边。

## §36　价值与事实的等价性：作用的协调功能

现在我们正处于一个较好的位置去把握和洞察怀德海的关于两个世界的划分，作为一种基本的形上策略这一划分乃是为了揭示事物的性质和宇宙的可理解性。每一个事件，单一的或复合的，都可设想为具有分别与这两个世界相对应的两方面的裁定。在重要性世界中，每一个事件都是一种价值的获得，而在事实世界中，它是包含形式与相对位置的变化的转移和转化。在机体哲学中，任何现实化（潜能的实现）都是有价值的，而一价值的获得也都蕴含着某种现实化。由此，价值与现实化是等价的术语：然而它们只是等价的，而非同一的。

它们必定不是同一的，否则的话这种区分就会无用了。那么这两个概念间涵义上的区别又在哪里呢？由于“等价性”（equivalence）可用“多样性中的同一性”（identity – amid – diversity）来界定，那么，构成在多样性之下的同一性的根据又是什么呢？

对这些问题的回答将显示出我们所认为的怀德海形上学中最深刻的洞见，即：实在乃是具体与抽象的综合。一个事件的实在不可能以纯粹具体来予以充分的描述，也不可能以纯粹抽象来予以充分的描述。它毋宁是在这两方面由此而被统一的同一性的根据中被发现的。这就是以量度和综合原则来设想的历程。实在即是历程，而历程也即是实在。

因此具体与抽象就表现出历程的两个主要侧面。尽管在实在中它们是不可分离的，但它们还是可理智地予以区分。两者之理智的界线严格上正在于价值与现实化之间的区分，并且终极上就在于重要性世界与事实世界的区分。因为当怀德海以价值的达成说及事件时，他想强调作为构成作用之具体功能的活动的协调性；而当他以潜能的现实化来考虑事件时，他强调的是事实与形式之间的动态关系，而形式终极上可以永恒客体的抽象模型来解释。

　　协调性正是怀德海价值理论中的关键术语。除了共同构成一个事件的作用者的协调活动外别无价值。譬如，从大理石到雕像的转化中价值的获得乃归因于雕塑家协调的活动，而在建造一所房子中价值的获得则归因于混合成的作用者的协调活动。简言之，协调功能可被视为作用的界定功能。

　　这种功能的一个基本形式就是概念活动和物理活动的协调。雕塑家在大理石上的操作（物理行为）不得不依照他的关于雕像将像什么的拟想与预测（概念行为）去做。结果的创新性和形式的变化没有这种物理活动与概念活动的结合是不可能的。

　　协调功能的另一个基本形式是限制，它包含肯定操作与否定操作的综合。雕塑家必须抉择有关雕像的具体材料，其形状和轮廓以及他在完成他的作品中将遵循的程式和步骤。他的目的的实现就是这个抉择的结果。而抉择根本上乃是一种有选择的淘汰：它是肯定与否定的综合——简言之，即限制。

## §37　四种基本的操作样态：物理的、概念的、肯定的和否定的

　　由此可见，规定作用者之存有的协调功能是以四种基本操作模式为基础的：物理的、概念的、肯定的及否定的。物理的与概念的之间的界线贯穿肯定的与否定的之间的区分：物理的或概念的操作可以是肯定的或否定的，同样肯定的或否定的操作也可以是物理的或概念的。这四种基本操作模式是怎样在现实存有或事件的合生中被互相联结起来的，这个问题将在下一章中予以彻底的考察。在那里，我们将把注意力全部集中到怀德海的摄受理论上。我们必须在这里提出这四种基本操作模式的理由是为了澄清以价值的获得来设想的事件的功能性特征。

　　在最后的分析中，这个功能性特征植根于作用者与数据间的操作关系。一事件的数据乃是杂多体，它可以相应于四种基本操作模式而被分成四类基本的范畴。具体数据是在结果的实在性中给与现在发生的事件之先的事件。在雕塑家那个例子中，具体数据并不是这样一块大理石，而毋

宁是在具体的大理石被给与时终止的那个先在事件。这种客体化操作被怀德海隐喻性地描述为生者对死者的化裁（the appropriation of the dead by the living）。① 从现在发生的事件的立场来看，先在事件是"死的"，因为先前作用者的现行的能量已完全消散在它的完成中，消散的能量此时正贮藏在为现在的作用者构成具体数据的最后的结果里。另一面，现在事件是一个为现在的作用者的现行的能量所维持的正在进行中的事件：所以它是一个"活动"事件。这里需指出一点，既然对于怀德海来说，宇宙乃是一个无始也无终的无限地行进中的创造性活动的历程，则现在事件的数据必须在其具体的分量中继承（inherit）一个包含无数先在作用者的无限扩延的事件之链。在复合事件的情形诸如房子的建造这样明显的例子中，有多少数量的可辨识的具体与料就会有多少这样的继承的链条（chain of heritage）。怀德海用"现实世界"（actual world）（作为一个专门术语）去指示共同形成刚过去的现实缘会或事件的众多先在事件杂多体。相对于它的现实世界而言，现在事件乃是创造性宇宙的一个"观点"。"现实世界"与"观点"因此乃是互相关联的：对于任何观点都有一个现实世界，而对于任何现实世界也都有一个观点。并且宇宙，在后面我们会看得更清楚，离开一个所与的观点就不能被考虑。

　　现实存有理论中一个根本的预设是，在一个现行的事件的现实世界中被发现的所有先在事件都积极地或消极地对那个事件的生命历程有所贡献。一个具体数据的贡献给结果的形成增加积极的内容这是没有问题的，譬如那块正在雕塑家操作下的大理石。然而要了解存在于现在事件的现实世界中的任何事物究竟如何对它作出贡献却不那么容易。譬如，一块木料——假定它是现实世界中的一项——以何种方式贡献给正在制作中的雕像？怀德海自己会在这里给出这样一个答案，即：当它不能积极地贡献给雕像的内容时，这块木料是他的否定操作的一种数据。此具体数据之扬弃以使那块大理石成为他艺术创作的材料，纯从存有论的意义来设想，乃是他的抉择的主要部分。在这个意义上，没有什么意识判断是必然的。抉择只不过是关于两类具体数据的一种"肯定—否定对比"，即那些为积极的化裁所包摄的以及那些为种种理由而被排除的。

---

① 《历程与实在》，IX（序言）。

否定因此是裁定的一种形式。雕像的制作对于否定行为的依赖不亚于对肯定行为的依赖。这个法则同样适用于数据的抽象的与具体的组成部分。抽象数据乃是与事件的现实化有关的永恒客体的复合体。例如，在转化的历程期间雕塑家心中所具有的雕像的形式就是讨论中的事件的数据中的抽象项。转化根本上就意味着具体成分与抽象成分（大理石与雕像的形式）的统合。在统合的过程中，所有被排除的与料，具体的或抽象的，都对规定作者之创造性活动的主观形式的复合作出贡献。

因此，对于构成宇宙之一个观点的任何事件来说，一方面，有一个形成现在事件之具体数据的先在事件的现实世界；另一方面，还有形成其抽象数据的众多永恒客体。协调问题现在可以作为支配整个转化历程的综合统一被提出来。更明确地说，协调功能可以用（a）具体；（b）抽象；（c）具体和抽象及（d）肯定和否定间的四重综合来解释。一事件的操作性的统一根本上无非是这四重综合的统一。

## §38 动态脉络的机体统一性：内在
## 统一性与外在统一性的综合

但是这种统一只表明一个事件的"内在的"统一性。因为根据机体哲学，对于每一个被作为观点的事件，都有与它不相同一的过去的、同时的和未来的事件，所以每一个事件必定都具有一种支配它与其他事件的联系的"外在的"统一性，这种"外在的"统一性可以说共同地构成其"他性"（otherness）。这里"动态脉络"的概念可给与一个初步的解释。它基本上可以三个要素——内在性（Internlity）、外在性（Externality）和总体性（Totality）来描述。动态脉络的内在性由支配被当作观点的一个事件之内在运作的综合统一性予以阐明。外在性则是由支配这个观点与其他性的互相连结的综合统一性来界定。最后，动态脉络的总体性构成其"环境"（environment），它是由内在的与外在的之间的全体统一性来定义的。由于按照怀德海，宇宙无非是本质上互相连结的事件的聚集（assemblage），故每一个事件的动态脉络分析到最后都具有一个共同环境，即宇宙。而每一个事件的他性只不过是宇宙中所有其他事件的总体性。

这样，一个动态脉络的内在的与外在的之间的关系一般可以用"机体的"这个记号来形容。所以事件的机体统一性就指示着从一个所与事件的观点来看宇宙之"内在的—外在的"统一性。这个机体统一性的概念道出了机体哲学的真义："机体"的明显的特征乃是拥有机体的统一性。宇宙就是一个机体——毫无疑问这是怀德海形上学中最核心的论旨。

这个论旨在他的著作中被赋予了不同的名称。在《历程与实在》中，它被称为"相对相关性原理"（principle of relativity）；在《观念的探险》中被称为"相互内在原则"（doctrine of mutual immanence）；而在他的论文《不朽》中则被称为"本质关涉原则"（doctrine of essential relevance）。尽管这些描述根本上指的是同一个东西，但着重点却各不相同。第一种描述强调"抉择"概念，较易于从怀德海的功能性的存在观念的角度来诠释。第二种描述着重"客体化"概念，这在他的动态的形式理论中是关键概念。最后，第三种描述专注于"相对位置"概念，对其作出完备的澄清需要机体的透视原理。机体的后两个方面的论旨将在下一章和第四章中分别予以处理。这里让我们把注意力转向与功能性的存在观念相结合的机体统一性概念。这就是断言"抉择的相对相关性"的所谓"存有论原理"。①②

主张抉择的相对相关性即是主张协调功能的相对相关性。用怀德海的术语，这就是说所有事件的"主体鹄的"本质上都是相对相关的。所有事件与作用是互相依赖的：既不可能存在诸如孤立的事件这样的东西，也没有孤立的作用者。一个作用者在一个动态脉络中的抉择并不是独立于这个脉络中的任何其他作用者。至少有一点是显然的：一个实有的抉择不能不依赖于它的先驱者的抉择，因此任何实有数据都是先前抉择的结果。没有一个作用者创造它自身的数据。现在的创造受限于过去的创造：现在的作用者不得不在它的给与性中操作。譬如，雕塑家必须顺应其材料（一块大理石或任何其他的东西）的本性，如果他想达到他的目的的话。如是，一切创造都是受条件限制的。在机体哲学中不可能存在任何绝对的作用：无中生无（nothing comes out from nothing）。

让我们记住，在这个哲学中，所有有贡献的要素都是制约性的要素。

---

① 《思维模式》，第 159 页。

② 《历程与实在》，第 68 页。

反之亦然。当然，贡献者和制约要素可以是积极的，也可以是消极的。为雕塑家形成具体数据的那块大理石有助于完成了的雕像的存在，但它同时也限制着后者的特征——它是一座大理石雕像。不过，它也可以用青铜制成。在他决定扬弃它（青铜）之前，他可能已经考虑过用一块特殊的青铜作材料的可能性。那块可能被他考虑而后却被排除掉的青铜或任何其他材料仍然对完成了的雕像的裁定有贡献，尽管是消极地，好像是为它"制造空间"。

所有被弃的与料——具体的或抽象的——正如我们早先已论述过的，促成作用者的主体形式。被排除的青铜可能是概念性地被给与的，亦即是，作为雕塑家脑海中的一个观念。这样一个观念代表一个永恒客体，一种可能性或确定性的形式。不管它是否被允许实现（admitted for realization）抽象数据助成并制约所涉的事件。

## §39　具体遗产与抽象遗产

如是，一个事实（即一个事件）的造成依赖于两种来源的传承：先前事实之现实世界的"具体传承"和众多形式的"抽象传承"。这两种传承为那个事件分别构成实现了的给与性和可实现的潜能。事件的形成就是以这两种来源的传承的综合为基础的。这个任务属于作用者的创造性作用。作用者的任务就是以那些已被实现的为基础去实现未被实现却可实现的潜能。其中"可实现的"（realizable）这个词在上面的话中是最重要的。

在机体哲学中，"可实现性"表示宇宙的一种潜在状态——而不是任何可从中抽取的部分。在雕像从那块大理石中制作出来以前，它以一种潜在性或一种可能的事实而存在。但是这种潜在性（或潜能）属于作为一个整体的宇宙，而不属于作为一种具体资料的大理石。说这种潜在性是可实现的，意思是宇宙的状态是这样的，它允许这样一个特殊的雕塑家在这样一种特殊的环境下把这样一块特殊的大理石制作成这样一座特殊的雕像。为了分析，假如我们假定一个可描述为形上作用者（Metaphysical Agent）的至上存有的存在，他承担宇宙中作用的一切功能，那么这个形上作用者将不得不去考虑世界历程中固有的一切要素以便决定每一个特殊实例中的可实现性。然而，他的抉择不能是纯粹随意专断的。譬如，他不能

决定去创造一张既圆又方的桌子。在事物固有的本性中存在着必然不相容
的关系。

## §40　上帝与宇宙协调功能：上帝的先在性与后得性

在怀德海的体系中形上作用者的功能是由无数有限的创造单元——即
现实存有——在一个特殊的、非时限性的现实存有——他称之为"上
帝"——的"引导"下共同满足的。上帝的功能乃是对宇宙的协调：用
怀德海的术语说，他（上帝）是"具体化原理"（principle of concretion）。
他的特征可以从两个本质方面，即他的"先在性"（primordial nature）和
他的"后得性"（consequent nature）来阐明，在第一个方面中，上帝乃是
"绝对丰富的潜能之无限的概念性的实现"。①② 再具体地说："上帝在其先
在性中可被描述为纯粹形式的容器，包含数目无限的众多永恒客体。"与
这个抽象的或概念的容器相对，他的后得性则是一个从形成先在宇宙的完
成了的实有中所产生之具体事实的容器。宇宙的协调之成为可能，一方
面，是通过现实世界在上帝中的客体化；另一方面，则是通过上帝在初生
的现实存有或事件中的客体化，借以使对一超越创造的相关与料得被提
供。经由上帝的客体化，这些实有接受其过去的传承连同那些可个别地实
现的内在可能性之神的暗示。就这样由于作为至上作用者的上帝的协调功
能自然秩序与宇宙的机体统一性得以维持。如是上帝在普遍的价值的达成
中扮演了一个极重要的角色：他站在重要性世界的中心。

让我们重复一下先前引证过的一句话，"价值世界的基本特征在于它
为了现实化的无穷的可能性的恒久协调"③。"恒久"（timeless）这个词特
别指示至上作用者的非时限性（non-temporal）特征。上帝的贡献在于使
"有限与无限的融合"成为可能——或更严格地说，无限内在于有限中。④
而价值则表达了这种融合与内在之固有的实在性。

今助成一事件之形成而有所贡献的要素不仅包括过去的实有，也包括

---

① 《历程与实在》，第 523 页。
② 同上书，第 521 页。
③ 《不朽》，第 695—696 页。
④ 《思维模式》，第 108 页。

未来的、同时期的实有。未来对现在的贡献乃是通过预期（anticipation）。关于完成了的雕像可能如何使用的预期显然要影响雕塑家在塑造其作品中的抉择。另外，同时世界（con－temporary world）的贡献也就是环境的贡献。如是从大理石到雕像的转化需要一个必要的环境的共存（co－existence），需要同时期的事件（例如构成雕塑家身体上之功能者）的共存。根据怀德海，既然宇宙中的一切事件本质上都是相关的，所以构成一事件之他性的实有必定都是有所贡献的要素。这就是"相关性原理"的真义。抉择的相对相关性包含贡献的相对相关性。

## §41 重要性与功能性的存在概念：作为客体的存在与作为主体的存在

价值与存在间的关联现在应该变得十分清楚了。一般地讲，价值可被设想为是存在之功能性特征的一种表现；每一个有贡献的要素就其功能的重要性之所达都是有价值的。按适当的顺序，我们应该说，任何被判定为有价值的东西必具有某种重要性，而任何具有重要性的东西必在某种意义上是有贡献的。由此，价值终极上即可以贡献概念来说明。那块大理石是有价值的，因为它对雕像的制作有所贡献。

贡献概念说明了在重要性架构中客体与所指之间的关系。在这里注意一下这样一个问题正是时候，即：对于怀德海，所指必定总是一个实有，也就是，在一个作用者的能力中活动的具体的个体事件或具体的个体事件的复合。这个作用者则是卷入转移和转化的历程中的事件的主体。任何事物都是与主体的"关切"相关的客体，但是没有事物可以是一个主体除非它作为一个具体的作用者存在或活动。这样"客体—所指"关系可以被改写为"客体—主体"关系。客体就是主体所关切者，是其贡献的所指。

现在我们必须考虑价值架构中的最后一个术语，即目的概念。正因为每一个价值所指都必定是主体，所以每一个目的也必定可以历程的结果来解释。说得更具体一些，除了作用别无目的，而作用的本质是创造。其实，目的是一个相对的术语，相对于所涉及的事件，因为任何目的都是为现实化的目标。当目的实现时，价值就被获得。现实化的历程同时就是价值获得的历程。潜能（潜在性）与现实之间的传统区分现在可以被设想为代表两种状态的获得。以转化架构的观点来看价值潜在地存在于数据中，而现实上却存在于结果中。目的的实现由此可描述为从"潜在价值"到"现实价值"的转化。这种转化原则上依赖于主体性的创造性综合。按照机体哲学的观点，一事件的主体的综合统一性同时体现了宇宙的生发的统一性（genetic unity）。换言之，任何价值的获得本质上都具有脉络的特征：它的可能性依赖于构成其环境的动态脉络。一个事件的价值和宇宙中所有其他事件的价值紧密相连。

既已将这些蕴含（潜在价值与现实价值的区分及价值获得的脉络特征）并入价值概念中，我们现在即可以将价值架构重新表示为"客体—主体—价值"。这三个要素的内在结合可表达为：价值乃是客体的重要性和主体的重要性的综合。

## §42　作为重要性的自我享用的实有

这两种类型的重要性必须予以仔细地区分。在客体意义上是重要的就是作为一个客体而存在，即：作为某转化历程的数据。这就是广义上的存在，一般以客体的功能性特征来规定。在这个意义上，我们所谈论的任何事物都存在并具有重要性：因为至少它对于在其中被讨论或思考的心理事件是重要的。另外，主体的重要性只能被现行的作用者所获得，它的创造性作用在最确切的意义上定义了"实有"。怀德海指出，"当它对它自身具有意义时存在者才是实在的。由此意味着现实存有在其自身的裁定中起作用"。① 换言之，主体重要性乃是"自我重要性"；而"实有乃是重要性的自我享用"。"重要性的自我享用"可被设想为是把"私有性（privacy）的享用"与"自我重要性的享用"相结合。主体之为现行的作用者乃是私有性的享用，因为它的现行构成了一个独一地裁定了的宇宙观点。而它也是自我重要性的享用，因为它通过它自身的创造来促成它自身的裁定：它的存有由它的生成构成。② 如是雕塑家在制作雕像中，在构成他的存有之为一个作用者的历程中私自享用了他的自我重要性。事实上，主体性本

---

① 《历程与实在》，第 38 页。
② 同上书，第 34—35 页。

质上是由自我享用的历程构成的。

　　主体重要性或自我重要性被怀德海称为"内在固有的重要性"（in-trinsic importance），意思是"为己的重要性"（importance for itself）。① 只有实有（现行的作用者）——确切意义上的存在——才有"重要性的自我享用"的可能，亦即是，"内在固有的重要性"的私自享用。如果我们牢牢地把握住客体与主体之间的区分（这是一方面）和"完成了的主体"与"现行的主体"之间的区分（这是另一方面），那么就能轻易地理解功能性的存在观念。任何作为客体而存在的存在者都能有重要性，但却不必然能有重要性的自我享用，重要性的自我享用仅只属于现实的主体，现行的或逝去的。自我享用的"当下性"把"现行的主体"从逝去的主体或"完成了的主体"中区别出来。在下一章中我们将彻底地查究"当下性"这个概念。这里只需提出，"当下性"植根于创造性的"否定性"中，它以过去创造的"偶然性"（contingency）和对未来创造的"欲望"（appetition）来显示它自身。它构成了"实在潜能"的意蕴。它赋予现行的事件以"单子性"（monadic character）。

　　现行的事件既是偶然的，又是欲望的，而逝去的事件只以它的完成了的存在的偶然性为特征。不难看出，一个同时以主体和客体存在的存在者必定是一个完成了的主体，例如，产生大理石的作用者现在为雕像的创造作数据（客体）之用，或又如，一个未来的作用者——被预期的事件的主体现在作为客体在一个计想（contemplation）的行为中存在。如是自我重要性的享用也就包含了"他者重要性"（other importance）的享用。现在我们再一次回到价值获得的脉络特征上。在下面的一段话中怀德海清楚地描述了功能性的存在观念与意涵重要性的动态脉络的重要性概念之间的关系：

　　　　重要性的意思并不仅仅指涉经验中的自我（experiencing self）恰恰就是这种含糊的意识（vague sense）将其自身区分为关于整体、多和自我的揭示。是他者的重要性融入自我的重要性中。实有乃是重要性的自我享用。然而这种自我享用具有他者的自我享用融入自我的享

---

① 《思维模式》，第 162 页。

用之中的特征。关于这，最明显的例子莫过于我们对那些被认为是刚过去的我们自己的体验，把它们的自我享用融会于当下的现在中。这只不过是在每一个个别的实有中宇宙之统一性的最鲜明的例子。①

然后他又增加了这样一个注释：

　　　此描述的首要之点在于"实有之为某种攸关重要（something that matters）的东西"的概念，由于它自身的自我享用，它包含对他者的享用以及向未来的转化。②

被引证的这两个段落对作为我们在这一章里所已讨论的内容的一个提要和向下面内容转移的一个联结点都有帮助。通过对与包含在这两个段落中的某些短语相关涉的诸点的注释，我们将提出我们的结论。首先，"实有作为某种攸关重要的东西"必须被视为怀德海价值理论的基石。价值只为那些攸关重要者所具有。或者，与此相同，"攸关重要的"乃是有价值的；它是重要的。然而我们必须始终牢记，对于怀德海，"攸关重要"的东西一定是实有，现行的或逝去的。由是他的价值理论以这样一个更有力的措辞所表达的为基础——即实有是唯一"攸关重要"的事物。从而只有具体的事物才能有重要性和价值。数字、几何图形都不是具体的，因此它们都不可能有价值和重要性。此定然普遍适用于纯粹形式或永恒客体。其次，大理石或已完成的雕像均有价值因为它们都是具体的。大理石的形式或完成了的雕像的形式则不具有价值，因为它们都是抽象的存在物，即，抽象于它们在现实宇宙中的特殊的实例化。

这个价值概念显然与柏拉图的立场截然相反。对于柏拉图，最高层次的完满（perfection）——从而也是最有价值的——只属于理念（怀德海的永恒客体），并且最重要的，属于善（the Good）的理念。而对于怀德海，纯然无限的永恒客体自身则绝对没有价值和重要性。价值毋宁源自每一实有所加于纯然无限的永恒客体或可能性之限制。这个差别归因于这样

---

① 《思维模式》，第160—161页。

② 同上。

一个事实，即：当理念对于柏拉图同时是形式和"运动"（即形体世界中变化的作者）原则时，对于怀德海，如同对于亚里士多德一样，"一切作用限于实有"。① 对于二者来说，价值本质上是活动的属性。永恒客体在自身中不具有价值，因为它们不能活动。

## §43 存有与善

所以与奥古斯丁不同，怀德海不认为"存有"与"善"是同一的，"善"在这里意味着"有价值"。怀德海价值理论中的根本主张并不是"存有（或存在）是善的"，而是"活动是善的"。对于怀德海来说，活动既然是构成创造性的一个个别单位之作用的抽象，从而善必属于每一个和所有创造的作者。这样，实有与作用的同一化就蕴含着善与创造的同一化。

应该立即指出，这个意指有价值的善的概念，纯粹是形而上的。正如怀德海所注意到的，"实在的意思就是效应性（effectiveness）的意思"，"所以价值的意思也就是完成的意思"。② 价值——或形上意义上的善——的基本泉源乃是努力（effort），"促成限制的活动"。因此在纯粹形上意义上的善必须与道德的善相区别。谋杀行为具有形上的善，尽管它不能从道德上加以证成，谋杀行为的价值仅仅以属于每一个现实化的效应性与成就的意思为根据。怀德海指出，"我们的实有的享用乃是善的或恶的价值的实现"。③ 这里"善"的意思是道德的或审美的善——而非形上的善。因为，道德上的恶或审美上的丑也仍然是形上的善；它仍然是价值的实现。

在第四章中我们将更详尽地讨论怀德海的价值理论，并把注意力集中到形上的善与其他意义的善——尤其是道德和审美的善——之间的关系上。这里足以指出的是，怀德海形上的善概念终究是普遍义的价值之普遍的和必然的条件。一切价值都以表达事件之内在实在性的形上价值为

---

① 《观念的探险》，第253—254页。
② 《思维模式》，第167页。
③ 同上书，第159页。

基础。

今事件的"内在实在性"根本上无非是实有的权能与效应。这把我们带到了第二点。在机体哲学中，权能并不等同于效应（或效果）。更具体地说，没有一个作用者完全为其作用的效果负责。换言之，一切实有都是有条件的：总是存在着其他要素，其贡献为所与作用者的操作性效应所要求。换言之，实有与传统所解释的"自因"（self – causation）观念是矛盾的。

如果一切创造均受限制，那么宇宙根本上必定是一个由具体事件和要素的相互依赖性所构成的有条件的复合体。怀德海相信，揭示宇宙之条件性特征的基本答案将在我们的当下经验中找到。"关于这，最明显的例子莫过于我们对那些我们认为是刚过去的我们自己并把它们的自我享用融会于当下现在中的其他实有的体验。"① 这种经验就是怀德海所谓的"因果效应"（causal efficacy）。作为一种知觉模式，因果效应——被描述为"非感观知觉"（non – sensuons perception）——与清楚的、明白的、可处理的"直接表象"（presentational immediacy）模式中的我们的感观知觉相比较，是含混不清的。但是，正是这个被以往的哲学家所大大忽视了的因果经验蕴藏着开启实在之根本性质的钥匙。而被根本地显露出来的则是宇宙的"动态性"。由此我们抵达机体哲学的另一个主要论旨，即，动态的形式理论，它将使我们看到作为事实世界的宇宙。

事实世界乃是被视为权能与效应、事实与形式的有条件的一个复合体的宇宙。权能概念处于怀德海形上学的中心。因为作用预设权能。那么最后，权能的泉源何在，并且权能如何显示自身？我们必须把这个问题留待下一章回答。

---

① 《思维模式》，第 161 页。

# 第三章　权能与效应:动态的形式理论

## §44　万物皆流与事物之流

实在就是历程——亦即事物的本性乃是在其历程的特性中被发现的，这一认识的确与哲学一样古老。人们立刻会记起赫拉克利特的名言"万物皆流"（All things flow）或《易经》中所记载的格言："易，不易也。"这种深刻洞见照亮了这一永恒的哲学原理乃是毫无疑问的。但是，这里的深刻性并不是玄奥难解的标志:它毋宁源自根本真理之自明的简易性。我们敢说，它实在是潜藏于人类经验的一切广度之下的第一个也是最基本的真理。怀德海注意到，"'万物皆流'乃是非系统化、欠缺分析的人类直觉所产生的第一个模糊的普遍化"①。理性思想在某一意义上可视为对这一基本直觉的逐渐澄清。不过，这一任务的真实负担属于形上学。怀德海宣称:"无疑，如果我们想要回到那个终极、完整、未受理论的诡饰所歪曲的经验、回到那个其阐明乃是哲学的最终目标的经验，那么事物之流就是我们编织我们的哲学体系所必须围绕的一终极普遍化。"②

从短语"万物皆流"到另一可供选择的词语"事物之流"（flux of things）的转化对怀德海来说是具有重要意蕴的。③ 在前苏格拉底哲学的脉络中，"事物"这个词总是指具体个别的存在——树，鸟、人等，早期希腊思想对纯粹抽象的存在——诸如我们现代人所讨论的数字、几何图形和命题之类的存在物——似乎毫无观念。在从纯粹具体的存在向越来越包

---

① 《历程与实在》，第 317 页。

② 同上。

③ 同上。

罗万象的——同时包括具体的和抽象的——存在概念的历史发展中，柏拉图的理念论无疑构成了最具决定性的转折点。从此后西方哲学中包涵更丰富的存在概念的观点来看，说万物皆流显然并不正确。譬如，把这句格言用到命题"人都是要死的"或等式"$2+2=4$"上去就会显得非常荒唐。换句话说，有些事物其本身是不可能有变化的。

　　但是，即使我们不能说"万物皆流"，我们依然可以主张"万物皆被卷入历程中"，这才是"事物之流"所真正意指的。这里的着重点在"流"字，亦即历程。有了这个理解，则上面的主张——"万物皆被卷入历程中"——就可以用赫拉克利特格言原文的另一种熟悉的英译来表达，即"万物皆在流中"（all things are in flux）。这里"在流中"就意谓着"被卷入历程中"。

　　如是，命题"人都是要死的"，就其构成不免一死的人类——在事实上或在一沉思行为中将命题所蕴含的真理实例化——的历程中的一个要素而言，乃是"在流中"。基于同样的理由，"$2+2=4$"也可说是"在流中"，因为它表示一种历程形式，借助于这种形式，一组两个事物与另一组两个事物相结合而产生了一组四个事物。此外，在学生的智力训练中，它是一熟悉的项目。简言之，任何在某种意义上存在的事物都不可避免地卷入了"事物之流"里。这就是怀德海功能性的存在观念中最根本的蕴含。在普遍意义上存在或成为一个存在物也就是要成为"一个贡献给生成历程的要素"。[①]

　　在这句话中，"事物之流"已转变成"生成历程"。赫拉克利特格言原文的这种更进一步的转化具有重要的历史意义。因为通过"每一个历程都是生成历程"这一认识，怀德海立刻将其自身置入于由古希腊思想家的观念所开创和缔造的西方哲学的古典传统之中。在某种条件下，说这个传统只有一个主要问题——即生成的问题——或许不会有错。在这个古典的生成概念中包含着不变与变、同一性与多样性以及一与多的永久对立。主要问题在于寻找一个关于生成的合理说明，在其中，这些对立能得到和解。这就是怀德海哲学努力的最终目标，一如他的古希腊先驱所曾具有的。

---

　　① 《历程与实在》，第43页。

　　亚里士多德一般被视为代表着希腊哲学中主要传统的顶峰。因此，在亚里士多德的体系和机体哲学之间就其主要的形上原则试作一比较不会没有意义。这样一种努力将极有益于理解和评价怀德海的哲学贡献。

## §45　作为实体论的存有论：亚里士多德的第一哲学

　　让我们先看一看在亚里士多德的形而上学中生成问题是如何被明确阐述的。这里，我们会立即想到其著名的有关"第一哲学"（prote philosophia）——或后来所谓的"存有论"（ontology）——之为"存有之为存有的研究"的定义。与物理学或数学等其他科学不同，这个第一科学不以一种零碎的形式来探讨"存有"，而是把它作为一个整体。所以，"存有之为存有"就意味着"存有之为一个整体"。

　　"存有之为存有"或"存有之为一个整体"的研究被亚里士多德设想为对构成事物之基本性质和宇宙之根本统一性的"第一原理"与"终极因"的追寻。必须承认，亚里士多德还不能说已经成功地完成了他给自己提出的存有论的任务，至少在他现存的著作中没有做到。主要体现在其《形而上学》——一部包含与广阔视野和深入洞见同样多的不连贯、混乱和矛盾的著作——中的亚里士多德的存有论，从严格的哲学意义来说，还很难称得上是一个"系统"。尽管如此，亚里士多德的大量的基本概念由他自己或他的后继者以及研究其思想的学者弄得足够清楚，以至于找到一条通向其哲学的根本精神的道路并不是不可能的。

　　无疑，亚里士多德形上学的关键在于"第一实体"（primary substance）概念，他称之为 ousia。第一实体或 ousia 乃是具体的个体事物，诸如一个特殊的人或一匹特殊的马。按照亚里士多德，"存有"在根本的或最恰当的意义上只属于第一实体：本源地（primarily）"有"即是作为实体（ousia）或"其真正所是"（that which truly is）而存在。任何具体的个体事物都是一个 ousia，而具体的宇宙则是 ousiai（ousia 众数式），亦即特殊的第一实体的集合。形上学的核心任务就是去揭示第一实体的"实体性"（substantiality），也就是说，去显露 ousia 的逻各斯或制约及"阐明"每一个第一实体之本性（physis）的可理解的结构。亚里士多德为其第一哲学所设的"什么是存有之为存有？"的问题现在变成了"什么是

ousia?"的问题。从而存有论根本上乃是"ousiology（实体学）"——一门旨在揭示 ousiai 的逻各斯的科学。

关于亚里士多德形上学的一个首要的混淆源于这样一个事实，即他用 ousia 这同一个词同时指谓特殊的第一实体与"实体性"概念。为了避免这一混淆，我们采用 Ousia（第一个字母大写）指谓后一概念。这样，第一实体的 Ousia 就是其逻各斯，逻各斯将这个第一实体与其他第一实体普遍地与必然地连结于一个理性统一体中。

正是对此 Ousia（实体性）的追寻使第一哲学与其他科学划清了界线。与其他具体科学以一种零碎或片断的形式关切"存有"相反，prote philosophia 最关切的乃是"存有之为一个整体"——亦即，它的根本的统一性。因此哲学家的作用就是追求那以这个统一性之体现的 Ousia 的永恒真理为沉思对象的知识（episteme）。

这里，对于亚里士多德来说，第一实体并不是唯一的一种存有。他认为，"一事物可以说在许多意义上'存有'（to be）"①。根据《范畴篇》，有十种最主要的存有范畴或存在样态：实体（substance）、数量（quantity）、性质（quality）、关系（relation）、地点（place）、时间（time），姿势（posture）、持有（possession）、主动（action）、被动（passivity）。例如："苏格拉底"意指实体范畴下的存有；"两腕尺长"属于数量范畴；"白色"属于性质范畴；"在北边"属于关系范畴；"在市场里"属于地点范畴；"明天"属于时间范畴；"站着"属于姿势范畴；"穿了鞋"属于持有范畴；"截断"属于主动范畴；"被截断"属于被动范畴。关于范畴的数目，亚里士多德绝不是始终如一的，在别处，十个中只有八个被纳入以形成一个完整的细目，不包括姿势与持有。②

实际上，范畴的精确数目并不重要；重要的是实体范畴与非实体范畴之间的基本界线。因为这里所蕴含的乃是一形上学原理，它主张实体之存有论上的首要性，以与非实体的存在类型所处的次要地位对比。

---

① 亚里士多德：《形上学与范畴篇》（*Metaphysics and Categories*），Oxford translations，《形而上学》（*Metaphysics*），1003a。

② W. D. Ross：《亚里士多德》（*Aristotle*），New York，Meridian Books，第26—27页。

## §46　实体与本质:第一实体的首要性与
## 亚里士多德的主体性与独立存在观念

亚里士多德还把实体范畴再区分成第一实体（包含 ousia ）与"第二实体"（secondary substance），它指的是形式（eidos），亦即第一实体被纳入其中的种（species）和类（genera）。因此，"苏格拉底"指谓一个 ousia，而"人"（man）则表示苏格拉底所属的 eidos。这两种存有类型间的关系与殊相和共相间的一般关系相对应，这种关系还适用于其他范畴。例如，质的范畴可以分为作为一共相（"白" whiteness）的质与作为一共相之特殊实例化的质（"这个白 this white"）。然而，在应用于其他范畴时，亚里士多德并没有对殊相与共相间的差别作出明确的区分。

对此或许有一个不错的理由。因为一个第一实体的 eidos 对于亚里士多德并不只是一个类别名称：它表达其"本质"（essence）或"界定特征"（defining characteristic），那个个别 ousia 与其他 ousiai 共有这同一个本质。亚里士多德的 eidos 概念中更含蓄的是"自然的命运"（natural destiny）概念：个别实体的发展乃是由其各自的 ousiai 之为目的因所"推动"和引导的。在其他存在范畴中的存有——殊相和共相——则作为因素或贡献要素而被卷入第一实体的自然发展中。从而作为殊相的实体与作为共相的实体之间的基本界线就确定了。

在任何对亚里士多德哲学的研究中，个别 ousiai 的首要性（primacy）乃是一切诠释必须围绕的轴心。如果这是一个有效的判断，那么自然就出现了这样一个问题，个别 ousiai 的"首要性"何在？或者，在存有论的脉络中"首要性"意味着什么？

亚里士多德的一般性回答可以概括如下：首要性根本上蕴涵着"主体性"：个别 ousiai 乃是第一义的存有，因为它们是宇宙的终极"主体"。所有其他范畴中的存有——包括 ei－dos 都是终极上为了其存有而依赖于作为主体的个别 ou－slat 的"客体"。因此第一义的存在就意味着作为主体的存在；作为客体存在的存在物仅仅具有第二或派生的意义。

当然，下一个问题乃是，在亚里士多德那里，"主体性"在存有论的意义上又意味着什么呢？无论如何，不能把这个问题从他的"主—客"关系的概念中分离出来，因为"主体"与"客体"是相关的术语。在上一段中我们已论述了作为客体存在的存在物为了其存有而依赖于作为主体的个别 ousiai，从而 ousiai，作为主体，必然具有独立的存在。

那么"独立性"（independence）又意味着什么呢？在什么意义上，ousia 具有一个独立的存在？在此我们必须仔细检查亚里士多德所赋予第一实体的形式定义："实体，在这个词最真实、最根本、最确定的意义上，既不是述说一个主体（subject）的谓项（predicable of a subject），也不在一个主体中出现（present in a subject）；例如，个别的人或马。"① 这里必须提出两个要点。

首先，在这个定义中出现的"主体"一语乃是一个逻辑术语：它指的是一命题的"主题"（subject）。因此以逻辑上的"主题"概念界定第一实体——存有论意义上的主体——蕴涵着逻辑学和存有论的同一：第一实体同时在逻辑的和存有论的意义上都是主体。在什么范围内以及在什么意义上这种同一是有效的问题无须在此耽搁我们。然而，这里要指出的一重点是，即使承认这种同一的有效性，逻辑上的 subject 和文法上的 subject 间的同一关系显然并不随之也必然是真实的。不幸的是，亚里士多德的逻辑至少受到以"主谓句型"为标准表达模式的希腊语言结构的巨大影响。正是这种"主—谓"运算式——亚里士多德的逻辑即奠基其上——引导亚里士多德采用了"实体—属性"的方式，这对西方哲学后来的发展有决定性的影响。

现在我们必须转向第二点。上引有关第一实体的定义是以否定的形式被给与的：ousia 是以它不是什么而非它是什么来界定的。这种定义的方法当然不能令人满意，不过还是让我们先严密地考察一下被否定地界定的究竟是什么。

## §47　亚里士多德的述谓论与蕴涵论

根据定义，首先，第一实体不是一个主体的谓项。亚里士多德区分了两种形式的"述谓"（predication）：（a）以共相断定一个作为殊相的主体

① 《范畴篇》（*Categories*），2a11。

的述谓，如"苏格拉底是人"；（b）以共相断定一个作为共相的主体的述谓，如"人是动物"。在两者中，"谓项"——我们曾以"客体"称之者——均为共相，尽管主体不同："人"在第一个例子中以殊相"苏格拉底"作为主体，而在第二个例子中，由"动物"来断言的主体"人"仍然是共相。现代逻辑学家会说亚里士多德混淆了类成员（第一义的述谓）与类包涵（第二义的述谓）的关系。可是这里亚里士多德的目的还是相当清楚的。通过断定 ousia 不是一主体的谓项，他只是告诉我们不要以共相来设想 ousia：ousia 并非一抽象的个体，而是一具体的个体——"例如个别的人或马"。① 这里所采取的立场与柏拉图的正好相反。亚里士多德和怀德海都同意终极实在——或真正意义上的存有——只属于具体的事物。

但是，尽管他们在这个中心点上达成了共识，对具体实在的诠释却存在着显著的差异。他们都提出同一个问题，"真实个体"（authentic individual）——一个在最根本或最正当意义上存在且构成宇宙的终极主体的存在物——是什么？对于亚里士多德来说，第一实体或 ousiai 乃是唯一的真实个体："它们作为存在物是一切其他事物的基础，并且任何其他事物不是被断定为它们的属性，就是在它们中出现，由于这一事实，它们被最恰当地称为实体。"② 另外，对于怀德海，现实存有"是建造世界的最实在的东西。现实存有之后不存在任何更实在的最终之物"。③ 在别处，他说"现实存有是唯一的理由，在与现实存有的分离中，无物存在，只有非存在"。④ 那么，这两位哲学家谁是对的呢？抑或他们都错了，或者都对了？

在我们能在一个可靠的基础上下判断之前，更谨慎的分析将是必要的。首先，这两位哲学家似乎未对真实个体的概念形成一致的意见。就亚里士多德而言，ousiai 似乎恰好就是那些我们在我们的日常经验中遇到的具体的个体事物——个别的人、马、树、石头等，而怀德海的现实存有好像属于另一种极为不同的东西。现实存有都是原子性事件（atomic e-

---

① 《范畴篇》（*Categories*），2a11。
② 同上书，2b15。
③ 《历程与实在》，第 27—28 页。
④ 同上书，第 68 页。

vents），而非通常意义上的具体的个体事物。当然在这里，我们必须立即指出，亚里士多德的 ousiai 和怀德海的现实存有实际上并非两种互相排斥的存有范畴。ousiai 以及日常经验的具体的个体事物就是怀德海所谓的蕴集，亦即，一个动态的现实存有的复合体。它们分别构成宏观和微观意义上的实有的内涵。所以，如果在对日常经验的具体的个体事物的分析中他们都是正确的，那么亚里士多德的 ousiology 就会变成现实存有理论的一个特例，即，处理那些裁定我们日常经验之特性的实有的那部分理论。

这里，怀德海没有赋予亚里士多德的 ousiai 以首要性这个事实，不用说，具有理论的意义。在怀德海看来，亚里士多德的存有论把实在归结为现实、具体的东西是正确的，但赋予日常经验的具体的个体事物以终极的地位却是错误的。ousiai 的确是实在的：只是它们并不够充分地终极。换言之，亚里士多德没有将解释推至其极限——与他自己的"第一哲学"的理想相违。

然而，从机体哲学的立场来看，这并不是亚里士多德的存有论不令人满意的唯一理由。对于怀德海来说，即使在他自己预设的界限以内，亚里士多德对于实有的分析也是不能令人满意的。亚里士多德的实体理论不仅缺乏融贯的统一性，而且还为许多逻辑和认识论的困难所缠绕。实际上，它绝不能以"发展完善的"来描述，更不用考虑什么形上学的充分性或有效性了。其实，如果亚里士多德将其 ousiology 的基本观点或主旨加以充分展开，他就会看到后来缠绕西方哲学达两千年之久的那些困难。此对以"独立存在"一概念作为 ousia 的最显著的特征这一点而言尤为明确。现在我们必须转回亚里士多德有关第一实体的形式定义的第二部分：我们应该追究一下第一实体不"在主体中出现"这一主张的含义。为此目的，下面出自《范畴篇》的段落就得完整地予以引述：

　　　某些事物本身即是一主体的谓项，但决不在主体中出现。所以"人"是个别人的谓项，但决不在一主体中出现。以"在主体中出现"我并不是说作为部分在一个整体中的出现，而是说，不可能离开论及的主体而存在。又，某些事物在主体中出现，但决不是主体的谓项。譬如，某点文法知识在心灵中呈现出来，但决不是任何主体的谓项；又如，某种白颜色可以在身体中呈现出来（因为颜色需要物质基础），可是它决不是任何事物的谓项。①

　　在这些段落中，简要地包含了可以称为亚里士多德的"蕴涵"（impli-cation）理论。为了有益于后面的讨论，让我们以一种更严密的方式详细论述一下这个理论。根据亚里士多德，有三种主要的蕴涵类型：（a）共相在殊相中的蕴涵（如"苏格拉底是人"）；（b）共相在共相中的蕴涵（如"人是动物"）；以及（c）殊相在殊相中的蕴涵（如"这只手是我身体的一部分"）。正如我们早已看到的，前两种类型的蕴涵被亚里士多德错误地一起放在同一个范畴——即，述谓——之下。既然它只关心共相在殊相中的蕴涵或共相在共相中的蕴涵，所以它给与我们的有关第一实体的内在性质的线索是微乎其微的，除了在否定的意义上声称，任何不是事物之谓项者必是某种具体的东西，是殊相而不是共相。真正赋予亚里士多德的第一实体概念以特殊标志的乃是第三种类型的蕴涵，由短语"在……中出现"来指示。既然主体与客体（在主体中出现者）都是具体存在物，我们不妨名之为"具体蕴涵"（concrete implication）。现在的问题是，亚里士多德用"在主体中出现"指的是什么？

　　尽管亚里士多德从未就这种蕴涵给出一个清楚、严格的定义，但根据他的阐述来推想一下他的意思并不是不可能的。他明确指出，"在主体中出现"并不是说作为一个整体的一部分而出现，这就如，头和手——他视它们自身为个别实体——是作为身体的一部分出现。② 亚里士多德会把这个看成是一种具体蕴涵的形式，但无论如何，这却不是他所设想的有关第一实体的形式定义。他关心的是某类具体的关系，诸如某点文法知识与拥有知识的心灵之间的关系，或者某种白颜色与具有特殊颜色的物体之间的关系。在亚里士多德看来，这种关系以"单向依靠"（one-sided dependence）为特征。一般地说，如果 A 在作为主体的 B 中出现，那么 A 离开 B 就"不可能存在"。这就是说，某种文法知识在心灵中出现就意味着前者不能离开后者而存在。基于同样的理由，一物体的白色离开此物体就不可能存在。这里的含义是明显的：心灵或物体必有某种独立

---

① 《范畴篇》，1a20。
② 同上书，8b15。

的存在。拥有知识之特殊细节的心灵具有一与那知识有别且分离的存在；而以某种白色为特征的物体也在那白色之外存在。简言之，如果 A 在 B 中出现，则 B 必有一独立的存在，而 A 只有一依附性的存在——即，依附于 B。

如果这种诠释是正确的，那么亚里士多德第一实体理论的本质意义就变得相当清楚了。既然 ousia 被界定为"既非主体的谓项，亦不在主体中出现"，则它必定是一个具有独立存在的具体存在物。[①] 换言之，它必须只作为主体存在，而绝不作为客体存在。

如是，主体性意味着独立性：ousiai 作为真实个体都是能独立自存的主体。因此如果一事物的存在以某种方式被制约，那么它就不能独立地存在。从而一个能完全独立自存的存在物必须是绝对无条件的。在亚里士多德的上帝概念中我们发现了这种东西：作为不动的推动者（Unmoved Mover）、运动的终极原理，上帝，完全不受生成中的现实世界的影响，并以"意欲的对象"（object of desire）推动这个同心的宇宙。正是通过这个独立自存原则，亚里士多德的形上学对基督教神学——诚然，对整个西方思想——施以其巨大的影响。很少有原则比个体性与独立性的同一更能体现出西方思维方式的特征。对于西方人来说，你越独立，你就变得越具个体性。

然而，正是这个独立性原则在机体哲学中遭到了攻击，机体哲学，正如怀德海自己所承认的，"似乎更接近于印度或中国思想的某些精神气质，而非西亚或欧洲思想"。[②] 在机体哲学中，个体性不是以独立性，而是以"功能的唯一性"（functional uniqueness）来界定的，"功能的唯一性"隐含着为参与所需的力量与权能。关键既不在于独立性也不在于单向依赖，而在于相互依赖性或互依性（interdependence）。在下一章中我们将全面考察与独立性正相反对的互依性原则。这里顺便提一下，怀德海的上帝概念作为某种与世界的存在相互需要、相互作用的存在和西方形上学截然异趣。

---

① 《范畴篇》，2a11。

② 《历程与实在》，第 11 页。

## §48　普遍的相对相关性原理与互依概念：
## 怀德海对亚里士多德实体论的抨击

在此，我们注意的是使独立性原则向互依性原则的转化成为可能的理论机制。既然前者（独立性原则）以无真实个体可在另一真实个体中"出现"的理论为基础，则逻辑地要做的乃是拒斥其有效性。这种拒斥实质上建立起了怀德海所谓的"普遍的相对相关性原理"（principle of universal relativity）（或简单地相对相关原理）：

> 普遍的相对相关性原理与亚里士多德的名言"（实体）不在主体中出现"径相对立。反之，根据这个原则，一现实存有正出现在其他现实存有中。其实，如果我们连不同程度的相关性以及无关紧要的相关性都算在内，那么我们必须说每一个现实存有都在所有其他现实存有中出现。机体哲学主要致力于澄清"正在另一存在物中出现"的观念。这个短语在此借自亚里士多德：它不是一个幸运的短语，而在随后的讨论中它将被"客体化"一词所取代。①

显然，使怀德海与亚里士多德的立场相脱离成为可能的那个理论机制无非就是我们在上一章中曾讨论过的客体化理论。在《历程与实在》的序言中，怀德海将它作了彻底的澄清：

> 这些演讲的正面主张关切于现实存有的生成、存有及相关性。就这个词的笛卡儿的意义而言，"现实存有"乃是一真实的事物（reps vera）；它是笛卡儿的"实体"，而非亚里士多德的"第一实体"。但是在其形上学原理中，笛卡儿保留了亚里士多德的"性质"范畴对"相关性"范畴的支配地位。在这些演讲中，"相关性"支配着"性质"。一切相关性均以实有的相关性为其根基；而这种相关性全然关涉于生者对死者的化裁——这就是说，借"客观不朽性"（objective

---

① 《历程与实在》，第79—80页。

immortality）脱去自身的活的当下性（living immediacy）而在其他活的当下性的生成中成为一个真实的成分。这就是这样一个原理，即世界的创进乃是那些共同构成稳固事实的事物的生成、毁灭和客观不朽。①

## §49 活的当下性与客观不朽：怀德海客体化理论中的一个困难

一方面，现实存有的"客观不朽性"就是它在后继现实存有的生成中作为一被化裁了的数据的存在样态。另一方面，"活的当下性"指的是现实存有在生成或自我构成的历程中的存在。显而易见，这两种样态的存在彼此不可相容。一个在客观不朽性样态中存在的现实存有必定已先于其在另一个现实存有——将其自身作为资料来贡献的那个现实存有——中的客体化而完成其生成。所以，当雕塑家开始操作其上时，使那块大理石为其所用的事件或事件之链必须是死的。用怀德海的术语来说，已抵达其完成状态的事件或现实存有已经"毁灭"（perished）了——一个"现实存有在其完成时就'毁灭'了"②。然而，可以说，实有的毁灭并不意味着彻底的死亡。真正已毁灭者是那个在其活动的"活的当下性"中的主体——亦即，作用者。说一实有已毁灭仅仅意味着作用者活的能量已彻底散失于其效果中，此实有（或作用者）仍然在客观不朽的样态中"活着"。如是，"现实存有主观上'永恒地毁灭'，但客观上却是不朽的。当实有失去了主观的当下性时，却在毁灭中获得了客观性"③。这一生者对死者的化裁原理同时为怀德海的时间概念以及他的普遍化了的能量守恒观念——它解释了宇宙的结实性（solidarity）——奠定了基础。

这里，作为两种存在样态的活的当下性与客观不朽性之间的不可相容可用"客体化"概念以另一方式来进行论述，即："客体化"被设想为两个时间上联结的两个现实存有或事件之间的一条纽带。当怀德海在严格的

---

① 《历程与实在》，viii—ix（序）。

② 同上书，第126页。

③ 同上书，第44页。

意义上使用这个术语时，它指谓一种不对称关系。假设 A 和 B 两个事件，A 在 B 中被客体化，那么按照定义，B 就不可能在 A 中被客体化。换言之，只有过去的东西能在现在的东西中被客体化。未来的事件不能在现在的事件中被客体化，同时期的事件也不能相互客体化。这无疑是对的，因为未来事件尚在诞生中，而同时期的事件彼此因果独立。这就意味着在此严格的意义上，诸如"相互客体化"或"在彼此中客体化"的表述必须被视为在语义上即自相矛盾。这种表述在怀德海的著作中极为常见；的确，他并不是经常小心谨慎地使用他的语言的。[①] 他应该采用"蕴涵"一词来指谓广义的"客体化"。如果"蕴涵"在这里意味着严格意义上的客体化，那么主张任何两个事件在彼此中蕴涵的"相互内在性"（mutual immanence）原理当然是错误的。显然，当怀德海想要用"客体化"这个词去取代亚里士多德的"在……中出现"时，这不可能是他所设想的那种"蕴涵"。因此，主张每一个现实存有都出现在所有其他现实存有中——所谓的宇宙的相对相关性原理——就意味着每一个现实存有都蕴涵在所有其他现实存有中。蕴涵的种类各异，过去事件在现在事件中的客体化只代表其中的一类。

实际上，蕴涵概念在机体哲学中还有一种更为广泛的含义。就其最一般的意义而言，蕴涵并不限于现实存有的相关性：它适用于任何两种或更多存在物的相关性，无论它们是什么东西。因此，除共相在殊相中的蕴涵（"人"在这个人中）外，我们同样可以提及殊相在共相中的蕴涵（这个人在"人"中）。这个普遍的蕴涵理论乃是直到怀德海的晚年才被他发展出来。在下一章更为详尽的讨论中我们将会看到，即使在那时，这个理论也只在涉及他的透视原理时才被粗略地论述了一下。在这里只须提及，正如怀德海在其功能性的存在概念中区分了两种涵义的"功能"，在他的事实世界的模型中同样存在着两种意思的"相关性"和"蕴涵"。狭义的相关性乃是现实存有或事件之间的相关模式；而蕴涵的主体构成一"变化中心"（center of change）。广义的相关性则是任何两种存在物之间的任何一种连结；而这里的蕴涵的主体却是一个"关涉中心"（center of relevance）（即关涉本身）。怀德海存有论的根本主旨乃是：所有关涉的中心

----

① 《历程与实在》，第 35 页。

终极上均依赖变化的中心。这就是当他说"所有关涉性均以实有的关涉性为其根基"时的意思了。[①]

## §50 作为统一原理与变化中心的实体

这里，"变化中心"概念诚然仍在亚里士多德的 ousiology 之内可以找到。其实，我们猜测这个观念必来自其形上学的真正开端和首要动机，即揭示 ousiai 的逻各斯，而任一 ousla 均被设想为一变化中心。个别 ousia 的存在之于亚里士多德正如现实存有的存在之于怀德海一样不成问题。因为这两种存在同样都是必须被视为当然的无可逃避的实事（brute fact）。问题不在于要从虚无中创造出哲学的问题：哲学的任务毋宁在于对"给与性"—对所有的存在者（all that is）——的"合理化"。这里"所有存在者"当然只能意味着所有那在人类经验中"被给与的"——就这个词的广义来设想。因为不是如此"被给与"者纯粹是非存在物（non - entity），它甚至从一开始就不能被设想。

因而问题根本上就是在人类经验中"被给与"的存在的合理化。既然对于哲学家，就宇宙之一切细节来关注宇宙既不可能也无必要，因此去发现一切实在的"钥匙"或一切知识的"中心点"才是上策。这其实就是亚里士多德通向其 proto philosophia（第一哲学）的基本途径，下面这一段落明晰地论述了这一点：

> 一事物被称为"是"，含义甚多，但所有"是"就关涉到一个中心点，一种确定的事物，这所谓"是"全不模糊。一切属于健康的事物，关涉到健康，其一说是保持健康，又一说是产生健康，一说是健康的征象，又一是具有健康的可能。一切属于医疗的事物，关涉到医学，一事物因具有医疗知识而被称为医学事物，另一个因天然适应于医疗，又一事物则因受到了医疗方面的运用。我们当可检出其他相似的应用名词。这样，一事物在许多含义上统是关涉着一个起点；有些事物被称为"是"者，因为它们是实体，有的因为是实体的演变，制

---

① 《历程与实在》，viiii—ix（序）。

造或创生，或是与实体相关系的事物，又或是对这些事物的否定，以及对实体自身的否定。为此故，我们即便说"非是"也得"是"一个"非是"。①

"所有'是'就关涉到一个中心点"这一论旨在怀德海的形上学中与在亚里士多德的存有论中一样根本。这个"中心点"的概念就是我们在第一章中已指出的作为宇宙之逻辑根地或一切存在之"统一原理"者。重要的是，对于亚里士多德和怀德海来说，只有一个这样的中心点——"一种确定的事物"——它赋予作为一个整体的宇宙以基本的统一性。在亚里士多德那里，这个核心的统一性以个别的第一实体的"实体性"——我们所谓的 Ousia 或 ousiai 的逻各斯——为基础。在机体哲学中，宇宙的统一性原理是创造性，它是现实存有的存在与生成的基础。并且正如亚里士多德追寻构成作为事物之逻辑根地的 Ousia 的可理解结构，机体哲学的思辨努力也致力于揭示形上的第一原理以及在其中这些原理将统一于一个融贯的理论系统之普遍概念架构的形式建构。这个有系统的架构——作为一个统一的整体——将构成宇宙的逻各斯。如此宏伟的努力的结果由怀德海在《历程与实在》的"范畴总纲"中井然有序地展示了出来。

## §51　在何种意义上怀德海是一个亚里士多德主义者

相比之下，在亚里士多德的哲学著作中，没有发现被如此整齐、严密地发展了的理论系统。作为其存有论主要文本的《形而上学》乃是"实体性"问题的不同解决途径的聚集；并且，严格地说，它保留的仅仅是一个聚集。当然，这并不否定，既可以实质性地也可以工具性地去考虑被如此"聚集"者的价值。诚然，正是亚里士多德为西方哲学中形上学的发展提供了基本的理论器具。西方形上学中许多所谓的"永久性"问题只在亚里士多德的框架内才有意义或重要性——特别是那些以第一实体概念为焦点的问题。然而，饶有趣味的是，就其哲学的几乎所有方面而论，亚里

① 《形而上学》，1003a，据吴寿彭译本，北京，商务印书馆，1991。原译文中"本体"（substance）一词统改为"实体"。

士多德——正如怀德海注意到的——比他的后继者较少"亚里士多德主义"。① 实际上，这并不出人意料。因为正是亚里士多德主义者——而非亚里士多德自己——不管对错地将其哲学的主要信条带到了它们的逻辑结论上。既然从某种意义上说怀德海可算作是亚里士多德主义阵营中的一员，所以他也同样比亚里士多德自己看起来更像亚里士多德主义者。

但是决不可忽略"从某种意义上说"这个限定语。在怀德海及其亚里士多德主义同伴之间存在着一个极为真实的差别。因为与他们不同，他将实体理论连同"实体—属性"的思维模式都完全抛弃了。在这个意义上，怀德海确实不是一个亚里士多德主义者。依笔者之见，怀德海受惠于亚里士多德的真正重要的东西与其说是在正面的主张，不如说是在激发（motivation）上。怀德海明确地可归功于亚里士多德的乃是哲学之为"第一科学"的概念与"将解释推至其极限"的理性理想。并且根据这个共同理想，怀德海也分有亚里士多德的调和无可置疑的常识信念与特殊科学的发现的动机。亚里士多德的大量的形上学器具，例如实体性理论和四因概念，无非代表着我们的常识经验——这些常识经验决不会吓坏任何一个路人——的一种系统化，这一点似乎没有问题。并且同样无可置疑的是，在《逻辑学》以及《形而上学》中，亚里士多德都受到了其生物学研究的巨大影响。据说关于那时可被知道的事物亚里士多德无所不知：这或许不全是夸大其词。没有现代物理学以及我们这个时代其他空前的科学发现的帮助，亚里士多德的成就——哲学的或其他方面的——实在都非常接近人们所能希望的最高峰。

为我们的常识经验寻找一个适当的位置乃是怀德海思辨努力的一个确定目标。他曾指出，"机体哲学试图以最低限度的批判调整返抵'通俗的'概念"。② "通俗的"意见得予以接受，但并不是非批判和无修改地。机体哲学的确有意批判科学和我们的常识信念。怀德海的学识之渊博无可置疑，尤其在数学和物理科学领域。而且怀德海的研究者中没有人会否认，作为逻辑学家、数学家和数学物理学家的怀德海在铸造形上学家怀德海中扮演了极重要的角色。不过，这个角色的重要性却经常被夸大了。这首先

---

①　《历程与实在》，第 81 页。

②　同上书，第 111 页。

得归咎于评论者一般总没有把怀德海的宇宙论从其存有论中区分出来这一事实。诚然，怀德海早期作为一个数学家和数学物理学家的理智训练和经历（这占去了他生命的大半部分）对他的宇宙论观点有决定性的贡献，这可以在他关于科学哲学的各种论文以及《历程与实在》的后面某些部分中得到证明。但怀德海的存有论却构成机体哲学的中心以及其宇宙论终极结构的形上基础，而就此存有论而言，怀德海极为广博的科学知识在其基本观念或原则的形成中只发挥了一种催化作用。这里，他基本是受惠于以往的大哲学家们，特别是柏拉图、亚里士多德和莱布尼茨，而最主要的还是他本人的想象力的洞见。以后我们会了解怀德海与柏拉图、莱布尼茨以及其他一些哲学家的关系。然而充分理解怀德海思辨努力的关键必定首先是他与亚里士多德——西方形上学的真正奠基者——的关系。

## §52　作为生命与运动原则的特殊性：<br>柏拉图与亚里士多德的比较

为了继续深入我们的比较研究，让我们探究一下亚里士多德的形上学所可能赖以产生的动机。试问，导致亚里士多德把"真正存在"（ontos on）与具体个别的存在等同的原因是什么？使他不同意柏拉图只将终极实在限于理念的原因又是什么？这里我们又回到真实个体的概念上。对这些问题的回答首先依赖于有关何者构成真实的标准的问题。柏拉图和亚里士多德似乎都同意这个中心点，即：真实个体必须具有"统一原理"（unifying principle）的特性。但是关于这种原理（一条或数条）将在何处被发现，他们却意见不一。让我们简要地检查一下他们各自的辩解。

柏拉图的理由是熟悉的。原型是公有的因素，为它们的摹本提供统一性，在这个意义上，理念或形式是统一的原则。例如，"人"这个理念乃是给与一切人以统一性者。按照柏拉图，既然在肉体世界中存在的事物脱离开它们所分享与渴望的理念就会毫无特性，所以它们的存在是派生的，亦即，派生自理念领域，它们的个体同一性就归功于这个理念领域。而另一方面理念则是永恒不变的原则，它们从自己的内在本质中派生出它们的存在。因此，理念是唯一的真实个体。

但是，亚里士多德的理由正相反。诸如一个人或一匹马这样的肉体事物的个体同一性不仅依赖于它的特性，而且还依赖于它在现实世界中的相对地位或位置。因为每一殊相都是不能以共相的集合来解释的"这一个某物"（this－some－thing/todi ti）。一个人决不一是任何人——总是此时此地的这个人或彼时彼地的那个人。所以特殊性（particularity）不可从脉络中分离出来，而一具体事物的脉络则基于它与其他事物的"相对相关性"以及它的特殊的"环境"（circumstance）而表达了此具体事物的存有。简言之，个体的同一性概念可以设想为一"脉络的统一性"——既是特性的统一也是相对地位的统一。的确，个体性严格上就在于这两重的统一。

　　亚里士多德和怀德海都附和柏拉图有关共相乃是特性的终极条件的主张。不过他们二人都坚决拒斥柏拉图在其某些对话中（例如，《费德鲁斯篇（Phaedrus）》）所持的见解，即：共相（作为"灵魂"的理念）也是"生命与运动"的原则，借以将其自身构成为"具体化"（concretion）的条件或特性的统一与"个体化"（individuation）的条件或相对位置的统一。对二人来说，共相自身完全缺乏生命与运动。作为特殊事物的性质与关系共同进入现实世界，它们需要非可与自身同一的脉络统一性原则。

## §53　脉络统一性的理念：切与秩

　　让我们给与"脉络统一性"概念以一个更精确的阐述。每一个被具体地裁定的某物可以说都具有两种根本的属性，我们可分别称之为"切"（the cut）和"秩"（the grade）。殊相的"切"乃是其限制、其"此性"（thisness）的一种表现，它以怀德海所谓的"肯定—否定对比"（affirma-tion－negation contrast）来显示自身。它又是两种范围内的存在物的分离：一个包含其肯定的特性与位置；另一个则包含其在性质与关系上的被排斥的裁定（excluded determinations），一特殊事物之"一切"乃是裁定其特殊的同一性（distinguishing identity）者：它是"此"而非"彼"或是"彼"而非"此"。从而，我们可把引起殊相之"切"的理由或根据适当地描述为"个体化原理"。

　　另一方面，事物之"秩"乃是其历程存在的属性。它指谓其他事物对于作为一现行的特殊者而具有的关涉的样态与等级（modes and degrees of relevance），由于怀德海所谓的"关涉性分秩"（gradation of relevance）的存在，历程存在的本质就在于"具体化原理"。无须说，一殊相之切与秩乃是互相关联的属性。界定特殊性的脉络统一性恰恰就是这两者的完整的统一。

应该立刻指出，没有一个被给与的观点，亦即一个被给与的具体的个体事物，脉络统一性概念就毫无意义，观点乃是其脉络存在（contextual existence）的"中心"：观点的统一严格上即是脉络的统一。为了说明的需要，让我们看一看，一个人的脉络的统一性是如何被裁定的。

首先，我们考虑他的切性（cut‑property）。要作如此的裁定，我们必须先固定他作为事实上已被给与的确定的同一性（determinate identity）。现在让我们假定，这是一个在过去存在过的人，譬如说恺撒，而且我们还有关于他的生平的完整准确的传记。基于这个假定，我们将对恺撒的一生作出一个事后的（expost facto）分析。我们既可以查究界定了被视为一个完整事实的恺撒之一生的那个"切"，也可以查究表示其生命的一个特殊阶段或时期——例如他横渡卢比孔河那年——之限制的那个"切"。这个时期的切特性（cut‑character）可以从逻辑上设想为两类命题的结合或统一：一类包含所有涉及恺撒在所与时期中的真命题作为组成分子；另一类则包含所有有关他在同一时期内的假命题。上述两类可以分别称为肯定和否定的"关涉域"（domain of relevance）。如是，命题"恺撒横渡卢比孔河"就属于肯定的关涉域，因为它表达了一个有关恺撒在所与时期中的生命的事实。

现在把这个时期作为中心，恺撒的生命历史的秩特性（grade‑character）就可以相应地被裁定。这里我们关注于被牵涉在恺撒的历程存在中的关涉。既存在过去与现在的关涉，也存在现在与未来以及未来与过去的关涉。当恺撒即将决定横渡卢比孔河时，并非其先前生命时期中的一切事件或裁定都具有相等的关涉性，而且这个事件本身与其生命之后继阶段也没有同等程度的关涉。这样，庞贝阴谋反对恺撒显然比他出于纯粹审美的原因而想居住在罗马与后来决定横渡卢比孔河更有关联。承认关涉性可以按等级来裁定，那么恺撒生命中的所有事件都可以根据其与一作为观点的事件——如他横渡卢比孔河——的重要性或密切性被分出等级。这里，恺撒的生命构成了一个动态的脉络。一旦观点选定，脉络的统一性（一个机体统一性）就可以它的切性和秩性的综合来设想，而它的切性与秩性分别界定着所指事件的内在的统一性和这个事件与其他事件的外在的统一性。

现在的问题是，若恺撒的生命本身设定为构成宇宙的一个观点时，对其切性与秩性的裁定是可能的吗？关于其切性，这是不成问题的。既然我们已经假定了我们具有关于恺撒生命的完整准确的知识，那么所有真命题和假命题必定都是可裁定的。恺撒生命之"切"恰好是这两组命题之结合。可是，其相对于宇宙的秩性的裁定却依赖于一个有关脉络存在之"完全性"（completeness）与"不完全性"（incompleteness）的形上预设。这个当前的问题可以动态脉络之两种可能的属性——即"开放脉构"（open texture）与"封闭脉构"（closed texture）之间的区分来予以说明。然而，这种区分又必然依赖"向度性"（dimensionality）概念。让我们详述之。

## §54　向度：开放脉构与封闭脉构

首先，"向度"（dimension）可定义为关于任何脉络存在的变化样态。从而，有多少向度，就有多少可从动态脉络中分析出来的变化样态。拿一个人的生命——还是恺撒——为例。在其生命的历程中，恺撒经历了各种巨大的变化——体重、身高、体形、声音、体温、物理—化学功能、生物—生理功能、情感或心理的塑造、思想或理智、口味或欲望等。其中有些变化是他与石头或普通的无机物共有的，另一些是与树或植物共有的，还有一些是与狗或其他动物共有的；此外，还存在着只与人类共有的变化；以及为一个普通的罗马人所特有的变化——而最终还有为恺撒所独有的变化。在此，我们想要提出的一点是，不指定其向度性或人们心目中所想的向度，我们就不能界定一脉络存在。如果此脉络存在能在一向度上被判定，则这个向度就可以被描述为"开放的"；否则，它就被称为"封闭的"。例如，界定恺撒之人性的向度当他死亡时就是封闭的了。但是他将继续存在于他与无机实体共有的物理向度中。

现在可以严格地论述一下"开放脉构"与"封闭脉构"之间的区别。一动态脉络如果至少还有一个开放的向度，那么它就具有一个开放脉构；其"开放性"的程度取决于开放的向度的数目。封闭脉构正好相反，其

"封闭性"以封闭的向度的存在来度量。因此,绝对封闭的脉络就只有封闭的向度。这就是宇宙之为完全事态（completed state of affair）的概念,关于此概念,后文还会详述。

关于怀德海对原子性与连续性的古老问题的处理乃是以这两类脉构间的这种区别为基础的。这个问题将在下一章探讨。以上的讨论可以说已经为怀德海铺平了一条道路,它引导他,经过亚里士多德和莱布尼茨的立场而抵达其机体的现实存有理论。现在让我们与这三位哲学家一起回顾一下这条道路。

我们早就指出过何以亚里士多德和怀德海决定在真实个体的问题上反对柏拉图。不能给共相以存有论的特权地位,因为它们就自身而言完全缺乏生命与运动。诚然它们贡献怀德海所谓的"确定性形式"（forms of definiteness）于现实世界,因而是终极的特性条件。但是它们既不能说明具体化也不能解释个体化,而这二者代表着脉络存在的两个本质方面。对于亚里士多德和怀德海来说,此乃实在性之"不足"。终极实在的东西——ontos on——必须将自身构成为生命与运动的原则,由此五色缤纷的宇宙中不同存在物得以获得其脉络的统一性,这正是亚里士多德的 ousiology 的目标所在。

## §55  四因说与作为主体的实体: 自我同一性是由什么构成的

因为实体性就是脉络的统一性:ousia 的统一性也就是其脉络存在的统一性。作为主体的第一实体乃是决定这种统一性的"规范原则"（ordering principle）:它是质料与形式、潜能与现实、能动性与被动性、性质与关系、时间与地点等的统一。所有这些范畴根本上无非都是亚里士多德希望借以展示实体性之本质结构的策略。在他的"四因"说中我们发现了亚里士多德的构架的核心机制:"四因"即质料因、动力因、形式因和目的因。从存有论上讲,这些都是构成一切存在之逻辑根地的基本的形上第一原理。从认识论上讲,它们又是通过哲学心灵而被理解的最主要的解释原则。

亚里士多德清楚地认识到,四因只不过是一历程或他所谓的"运动"

（motion or movement/希腊语 kinesis）的不同侧面。①② 事实上，怀德海用以阐述其事件概念的转化构架基本上乃是以亚里士多德的模型为蓝本的。如是，亚里士多德的质料因（在我们喜爱的例子中的那块大理石）变成了我们所谓的具体数据，他的动力因（那个雕塑家）是我们所谓的作用者，他的目的因（那座雕像）是我们所谓的成果，而他的形式因（雕像的本质）则是我们所谓的类别原则。亚里士多德的 ousiology 与怀德海的实有论之间的这种基本的相似性是无可置疑的。当然，这种相似性是可以预料得到的。因为，分析到最后，这两位哲学家都将自己埋头于相同的形上学问题并采取了相同的基本策略。这个问题就是，什么是生成？而这个策略则是，根据对经验的批判分析，给予变化现象以一个合理的说明。整个步骤包括两个重要方面，现象学的分析与形式的建构。前者处理问题之"给与"，而后者则将它"理性化"。

就亚里士多德而言，解决问题的关键在于经验的统一性，这种经验的统一性是人类心灵从在其自然环境中所发现的具体的个体事物中不可避免地领会到的。因为正是这些事物在"生成"。于是，它们个别地构成"变化中心"并共同地构成脉络统一的"工具"（vehicles）。亚里士多德的原创性就在于他把脉络的统一性与生成的统一性相等同。任何具体的个体事物都是第一义的实体，因为它本身即是一个规范原则，既是具体化原则也是个体化原则。因此，恺撒本身并不可与在一特殊情境中的恺撒同一；它毋宁存在于一切"恺撒存在"之统一的总体中。立刻会有这样的问题，"恺撒的在其自己"不可等同于任何恺撒的脉络存在，亦即他在一特殊情境中的存在，譬如，横渡卢比孔河时的恺撒，那么这个"自在的恺撒"的本性是什么呢？亚里士多德实际上从三个不同的视角来处理这一问题，从而引起了许多混淆与误解，结果，他对问题的处理缺少融贯性与严密性。这里，我们必须努力将其各种不同的途径分开，并看一看以何种方式它们可被结合于一个融贯的统一体中。

亚里士多德的第一种方式直接源自他的蕴涵理论。第一实体既不是主

---

① 特别是《自然的概念》（The Concept of Nature）、《相对性原理》（The Priciple of Relativity）以及《历程与实在》，第四章。

② 《形而上学》，1013b。

体的谓项，也不在主体中出现，这个主张不可避免地导致了基本的 sub-
stratum 概念，作为性质或属性的载体，substratum 被设定为自身保持不
变，尽管它可以承担处于变化中的性质和关系。下面这一段极清晰地道出
了亚里士多德关于第一实体的"自在性"（in‑it‑selfness）的真实想法：

> 　　实体在第一义上的最显著的标志似乎是，在数目上保持完全单一
> 的同时却能容纳相反的性质。从实体之外的其他事物中，我们会发现
> 自己无法提出任何具有这种标志的东西。譬如，同一种颜色不能既是
> 白的又是黑的，同一个行为也不能既是好的又是坏的：这个法则对任
> 何不是实体的事物都有效。然而单一且自我同一的实体，在保持其同
> 一性时，仍然能够容纳相反的性质。同一个人一时是白的，另一时又
> 是黑的；一时是热的，另一时又是冷的；一时是好的，另一时又是坏
> 的。①

亚里士多德用来表示被设想为"主体"的第一实体概念的希腊词是
hypokeimenon，语义上指的是"为某物之基础者"。这个术语的拉丁文翻
译"substratum"要对亚里士多德实体理论的绝大部分不幸后果负责任。
因为它使人直接联想到将其性质或外在现象支撑保持在一起的"基质"
（elemental stuff）概念，而希腊原文却只含有"基本因素"（underlying
factor）的意思。毫无理由必须从基质的意义上去设想这基本的因素。事
实上，从上述引文中可以看出，亚里士多德所设想的似乎是一种"基本的
同一性"（underlying identity）。换言之，保持"数目的完全单一"者就是
第一实体的同一性。因此，自在的且作为主体的恺撒正是被保持在一切脉
络存在中的自我同一性（self‑same identity）。

然而不幸的是，亚里士多德从未清楚准确地说明是什么构成了这个自
我同一性。缺乏这样一种说明，他必然以一显著的矛盾而受到责难，因为
紧接着上段引文他又令读者震惊地宣布第一实体自身即能够变化：

> 　　正是由于其自身的变化，实体才容纳相反的性质。比如原来是热

---

① 《范畴篇》，4a10。

的东西变成了冷的，因为它已进入另一种状态。同样，通过变化历程，白的变成了黑的，而坏的则变成了好的；并且以同样的方式在所有其他情形中，是变化使实体能够容纳相反的性质。①

应该指出，主张第一实体在保持其同一性的同时能够改变自身，并没有任何内在的自相矛盾，当然，假如保持同一者与承受变化者不是在相同的意义上来设想的话。否则，就是纯然前后矛盾的。作为思维三律的创始人，亚里士多德不可能没有意识到这一点。那么我们如何能解释他的这个明显的前后矛盾呢？

在笔者看来，亚里士多德从未真正回应过伊利亚派在合理解释生成与变化经验的问题上的挑战。略似我们时代中的胡塞尔，他在许多意义上都是一个"纯粹的经验主义者"。对二者来说，持存与变化的统一、同一性与多样性的统一以及一与多的统一都是必须作为知识的原始数据被预设的经验事实。然而，对于怀德海而言，形上学不能被归结为现象学：后者只能作为手段而非最终目的。不首先服从理性的批判，现象学的发现物，无论是原始的还是本质的，都不可以作为终极的哲学真理来接受。而这就意味着它们必须首先避免逻辑谬误。

正是在对此理性要求的满足中，"通俗"的意见如果要成为在哲学上是可被接受的，就需要"批判的调整"（critical adjustment）。因此，我们的非批判的经验之现象学的统一必须给与形式地重构以便排除其中固有的逻辑困难。我们不能说，横渡卢比孔河者与被布鲁图斯所杀者绝对是同一个存在者。"A 是 A"：两种可辨别的存在物的完全同一乃是一逻辑的不可能性。从逻辑上讲，横渡卢比孔河的恺撒与被希普图斯所杀的恺撒并不是同一个恺撒。当被追迫时"通俗的"意见也会同意这两个恺撒不是严格同一的，尽管它会坚持在这两个存在物之间存在着一个紧密的共有的同一性。

## §56　怀德海的解决：活动与事实的同一

对于怀德海，这种同一的因素并不适用于两个恺撒，而适用于两个连

①　《范畴篇》，4a10。

续的事件，它们是有"恺撒"为其"逻辑主体"之蕴集的成员。在机体哲学中，"逻辑主体"概念并不带有"性质的托体"的含义，如我们在其主要源自亚里士多德第一实体理论的传统概念中所发现的那样。简言之，一"逻辑主体"在怀德海的意义上只不过是一组确定的构成一蕴集或动态脉络的现实存有，其特性的统一性是由构成命题之"谓项"的复合的永恒客体来界定的。① 从而亚里士多德的第一实体已被原子性事件或创造性单位（unit creativity）——亦即现实缘会的观念所取代。② 任何事件，无论原子性的还是复合的，都是以一事实之实现为目标的操作性、功能性的统一体；而历程就是一个正在制造中的事实。更准确地说，微观意义上的历程乃是一现实存有的生成，而宏观意义上的历程则是一包含一串微观历程的复合事件的生成。因此，在机体哲学中，论域终极上是由有限的活动单位——而非构成亚里士多德第一实体理论之具体的个体事物——构成的。正是这些有限的活动单位造成了怀德海所谓的事实世界，"活动"与"事实"对于他乃是可互换的词语。

检查"活动"与"事实"这两个概念的互相连接的意义与蕴涵或许是研究怀德海思想最便捷的道路。让我们从"既定事实"（settled fact）概念开始。既定事实可定义为实现了的潜能。一块大理石被制作成一座雕像是可能的。在雕像做成之前，它只作为一潜能而存在；当雕像做成时，它就作为一既定事实而存在。一个人举起他的手或思想数字"3"也都是可能的。在他举起手或思想"3"之前，潜能在那儿；当手实际上被举起或思想实际上被思想时，潜能就变成了一既定事实。一般说来，既定事实的领域就是历史的领域，它构成了宇宙之不朽的过去。

这里，事后分析任何既定事实都是必然的："做了的就不可能没做"。但是其必然性不可从其"否定性"中分离出来：一既定事实实际上乃是其否定性的否定，既定事实是"否定性的"，因为它曾经有可能是别的东西：那座雕像可能与实际上做出来的不同，或者它甚至可能还没被做出来。由此，既定事实概念引出了一个对否定性的否定负责的因素的概念。这就是作用与作为作用之中介的历程的概念。作用的历程乃是作用者借以产生两

---

① 《历程与实在》，第35—36页。
② 同上书，第32页。

重功能——潜能的实现与否定性的否定——的途径。这样，我们被引向"权能"概念，而对应于权能的就是"给与性"。

## §57 作为权能复合体的宇宙：实有、权能 与合成——机体综合即权能综合

认为实有与权能是同一的构成了怀德海存有论最特殊的性格。实有本质上是一"权能统一体"（unity of power）。① 事实上，机体哲学中的基本概念都可以转译成权能语言。如是，"摄受"或"感受"乃是在一原子性权能统一体——亦即一现实存有——的分析中的特殊样态。永恒客体是权能的形式，它既可以是"生发性的"，也可以是"类别性的"。"生发性形式"（genetic form）乃是裁定活动或历程形式的永恒客体，在这个活动或历程中，作用是活生生的权能分配。另一方面，"类别性形式"（generic form）则是被作为权能之效果的既定事实实例化了的永恒客体。所以既定事实最后都可分析成作为过去的权能统一体——亦即权能已被分配——的完成了的现实存有。的确，宇宙根本上也无非是一个"权能复合体"（power complex）。既然对于怀德海来说没有无条件的权能，那么所有权能分配的可理解性就依赖于构成其效应条件的动态脉络。换言之，每一个权能统一体都是机体的统一体，它是对事件或实有之内在和外在的效应进行动态分析的结果。这就是怀德海"机体综合"（organic synthesis）概念的真义，对这个概念的分析是现实存有理论的中心任务。

从逻辑——数学的立场来看，机体综合问题就是"合成"（composition）问题。怀德海说，实有"本质上就是'合成'"。② 并且他把权能描述为"合成的强制"（compulsion of composition）。③ 现实存有理论想要回答的主要问题简单地说就是，在一事实的制造中，什么因素被卷入以及它们是怎样结构性地相关的？对这个问题给出一个答案是可能的，因为事实性构成了人类经验的一个内在固有的方面。处理合成问题的快捷方式是把

---

① 《思维模式》，第163页。
② 同上书，第162页。
③ 同上书，第162—163页。

握一个既定事实的概念，而后在事后的分析中继续分解它。无疑，这基本上就是现实存有理论实际被阐述的策略。

## §58 共可能性与动态效应系数：莱布尼茨的 单子衍生系数与怀德海的超主体

这种分析的结果先前已经被展现为转化架构，E = (D，A，I)。既定事实首先显现为包含着转变与转化历程——例如，从那块大理石到完成了的雕像——的一个先行事件的成果。转化概念又导致了另外两个主要因素——即数据与作用者——的揭显。我们已经看到，数据同时包括具体成分与抽象成分（大理石是具体的，而被现实化了的雕像的形式则是抽象的）。不过，具体数据还可以进一步分析成特性（大理石的形式）与相对地位（大理石的时空位置）。并且，在下一章中我们会更密切地注意到，相对地位概念还适用于纯粹形式或永恒客体，以显示它们在现实宇宙中的"共可能性"（compossibility）。而特性与相对地位之间的差别必须在作用者和具体成果处作同样的划分。转化构架在符号上稍作调整后，可以修改如下：E = (Dd，Aa，Ii)。这里"Dd"代表具体的和/或抽象的数据，它的特性是 D，它的相对地位以小写的"d"来表示。同样，Aa 代表作用者，它的操作特性是 A，它的相对地位以小写的"a"来表示。这同样适用于作为具体成果的 Ii。

现在的问题是，E 可以彻底地分析为 Dd、Aa 和 Ii 吗？从上面有关机体统一体的讨论来看，答案显然是否定的。因为有一个决定性的因素被漏掉了：这就是否定性的否定与潜能的实现赖以存在的动态历程。根据怀德海的意思，这个生成的历程本质上以权能统一体为特征。首先，有体现在数据（具体和抽象的）与作用者的"给与性"中的内在的权能统一体；其次，有体现在所指事件的他性中的外在权能统一体。最后，还有从所有机体的权能统一体——作为内在统一体与外在统一体的综合——中产生的动态的宇宙统一体。换一种方式说，作用的内在效应不仅依赖于它自身的权能之源，而且还依赖于它的动态的环境、它的脉络。因此，在对任何从其动态脉络中抽象出来的单一事件的分析中，必须加上一个表示机体的权能统一体的因素。我们把事件 E 的这样一种因素称为它的"动态效应系数"（dynamic coefficient），可以符号 DxE 来表示，Dx 指的是 E 在其中构成一观点的动态脉络。现在，转化架构就可以新的成员表示如下：E =（Dd，Aa，Ii；DxE）。分号为把最后一个因素与形成了有序组合的前三个因素隔开所需。

　　事件的动态效应系数概念隐含在莱布尼茨的"单子衍生系数"（monadic derivative）概念中，他将它作为单子内在发展中的每一阶段的属性。而在怀德海那里，正如我们将看到的，一现实缘会的动态效应系数则是在其"超主体的"（superjectian）特性中被找到的。两位哲学家都试图用机体统一体概念代替亚里士多德的 hypokeimenon。基本因素的概念被保留了，但解释却不同。在单子论——亦即莱布尼茨意义上的最简单的"实体"——中，处于由其"衍生系数"来表达的单子状态的 hypokeimenon 无非是按照一"前定和谐"（pre‐established harmony）所创造的整个单子系统。而在现实存有理论中，当现实存有满足了它的主观目的，从而将它自身构成为"超主体"（superject）并在客观不朽的样态中发挥其功能时，hypokeimenon 则是完全确定的宇宙。在这两种理论中，基本因素终极上都植根于上帝之宇宙性的协调性中。存在于每一个实有之后的不再是一个如亚里士多德所主张的作为差别性之"托体"的变化的实体（substratum）。生成的主体毋宁是同一于与由那个生成实例之为一观点所反映的整体宇宙。

## §59　个别现实存有是不变化的：持久性即再创造

　　莱布尼茨和怀德海都非常清楚地看到了亚里士多德处理生成问题之不能令人满意的性格，尤其是刚才提出过的"实体进路"（substratum approach）。第一实体既变化又保持其同一性在逻辑上是不可能的，除非"同一性"和"变化"不是在相同的意义上被设想。在莱布尼茨和怀德海的形上学中，这两个概念获得了一种理性转化。在逻辑的意义上，亦即在同一个事物的变化的意义上，无论单子还是现实存有都不能"变化"（change）。因为对于二者，变化就意味着转变与转化。在莱布尼茨那里，它指的是在单子内在生命中的一单子阶段到另一阶段的流变。作为一个整体的单子不是被容许存在就是被毁灭；但它不能"变化"。假如你说事实

A 已变成了事实 B 那么你毋宁是主张事实 B，接着事实 A——A 和 B 在逻辑上是两个不同的事实。如是，事实只能"生成"：事实的生成就是正在制造中的事实。怀德海指出："现实存有毁灭却不变化；它们是什么就是什么。"[1] 现实存有的"毁灭"乃是其生成之为一既定事实的完成。按照怀德海，既然每一个现实化都是给与性的一次转化，那么变化概念就只能以历程中所产生的特性与相对地位的差异来解释。[2] 因此严格地讲，沿用我们所举的那个例子，原来那块大理石已把自己变成了完成了的雕像是错误的。反之，我们应该说，随着某种差异，已有了一次从一个事实（以原先的大理石为代表）到另一个事实（以完成了的雕像为代表）的转变。这种差异乃是权能统一体在宇宙的机体条件之下的"量度"。

现在我们必须提出怀德海宇宙中的一个根本原则，亦即"持久性（endurance）之为再创造（re‐creation）"原则。[3] 这个概念为机体哲学中变化的新涵义所必需。莱布尼茨和怀德海都同意柏拉图，认为恒久性或持久性作为实在之内在固有的特性乃是不亚于变化或生成的。而且他们更进一步赞成他的主张，即现实世界的这两个方面终极上都依赖于作为特性条件的共相。但他们都反对柏拉图将唯一实在归于理念领域。因为"作用限于实有"，亦即，限于活动或权能单位，它们是现实宇宙中的具体作用者。"再创造"意指形式之"重复"（repetition）。然而共相不重复自身；其重复隐含了一个进行重复的能动因素。如是，从大理石到完成了的雕像的转变中至少存在着"大理石"形式的重复。但是，永恒客体"大理石"并不夹着翅膀参与这两个连续的事件；它在它们中的连续实例化需要一个再创造活动。"大理石"形式已被分子和原子层次上的现实存有再创造于完成了的雕像中，这些现实存有构成了在我们的宏观经验中被认识为一块特殊的大理石的事件之历史进程。

## §60　顺应性与创新性

简言之，生成和变化现象可以"顺应性"（conformation）与"创新

---

[1]　《历程与实在》，第 52 页。

[2]　同上书，第 114 页。

[3]　同上书，第 196 页。

性”之间的对比来解释，这一点对于实有的创造历程同样是本质性的。每一个现实缘会都通过再创造先行实有的主宰特性（dominant character）去"顺应"其当下过去（immediate past）。然而不可能存在完全的顺应；每一个单位创造都必然包含在其当下先行者中未被发现的新创要素。在两个连续的事件之间，既有属于顺应范围的特性的同一性，也有属于由连续实有所造的新创要素范围的特性的差异性。这样，变化就可以描述为特性之"差异性中的同一性"（identity－amid－diversity），亦即永恒客体之"差异性中的同一性"。这就是怀德海说"'变化'，描述永恒客体在发展中的现实事物宇宙中之奇历（adventures）"时的意思了。[①]

然而，对获得特性之差异性中的同一性负责的创造性不可同一于那组被包含在"亲和性"（affinity）——亦即差异性中的同一性——中的永恒客体。因为如此获得的特性的亲和性并不是一个抽象的纯粹形式复合体，它是一个具体事实。不妨说，它是权能与永恒客体的混合物。可是，当我们用心灵的眼睛去"观察"这个具体事实时，所有我们能够解释的似乎只有它的抽象方面——一组永恒客体。那么，权能何在？

略加反思就会知道，答案必定存在于构成事实性之具体方面的相对地位中。当我们事后分析一个事件时，我们爱专注于既定事实的抽象特性而忽视它在一脉络中的位置，这脉络却具有更大的理论意义。因为隐含在完成事件之相对地位中的无非是它的动态效应系数，这个效应系数赋予那个事件以变化的中心、机体的权能统一体和动态的宇宙观点的意义。简言之，具体事实的相对地位就是其单子性格的表征。这本质上也是莱布尼茨以"载负其过去且孕育其未来"指谓单子时的真意。

## §61　相对地位在莱布尼茨与怀德海

诚然，对于莱布尼茨和怀德海二者来说，事物的本质严格上就在于权能的统一。在莱布尼茨的形上学中，宇宙根本上无非是无限数目的单子的有系统的统一体，每一个单子都是一个自我发展（self－evolving）的力量中心，亦即权能中心。每一个单子创造其自我生成中阶段与阶段之间特性

---

[①] 《历程与实在》，第92页。

的亲和性的权和能也就是他所谓的"知觉"（perception），他将这"知觉"设想为一种"表象"（representation）。在每一阶段，单子从其自身的观点把宇宙"知觉"或"表象"为一个"差别性中的统一体"（unity – in – difference）。[①] 然而这观点无非就是其相对地位。的确，单子的观点和相对地位构成其最内在的本质，其独有的对应于其与其他单子的相对相关性的个体性。对于莱布尼茨和怀德海，"绝对性"（absoluteness）只能是一个地位概念。可能存在性格的同一性，而不可能存在位置的同一性。这就是隐藏在莱布尼茨所谓的"不可识别者的同一性原理"（principle of the identity of indiscernibles）后面的东西。对于莱布尼茨，这意味着，不能有两个绝对同一的单子，因为这样一来它们就具有同一相对地位——这显然是不可能的。而对于怀德海，这意味着，不能有两个完全同一的事实。[②] 因为单子或现实存有的相对地位根本上乃是机体的权能统一体的表征。换言之，主体性乃是个动态的概念。单子或现实存有的自在性恰恰就是此机体的权能统一性，它采取了生发——类别综合的普遍形式。从其生发一面看，此综合统一是运作性的统一，历程和活动的统一。从其类别一面看，这个统一又是特性的统一，它在数据与结果之间的亲和性中显现自身。然而，赋予一事件以内在统一性的这个生发——类别综合却不可与裁定其外在统一性之脉络的综合或其相对地位的综合相分离。因此，确切地讲，机体的综合同时就是生发的、类别的和脉络的。换言之，宇宙之综合统一性乃是"生发—类别—脉络"综合的结果。

　　这可能是亚里士多德说"实体最特殊的标志乃是，在数目上保持完全单一的同时却能够容纳相反的性质，并且通过变化在实体自身中发生了修改变更"时的意思吗?[③] 这个问题不能简单地以是或不是来回答，正如有关亚里士多德哲学的绝大多数问题一样。重要的是，机体综合概念的所有三个方面在亚里士多德的体系中都能找到，尽管似乎缺少最终的综合。现在正是我们讨论亚里士多德在主体性问题上的决定性立场的时候。这就是将 ousia 的 to ti en einai 与其 eidos 相等同的"本质进路"（eidetic approach）。

---

① 莱布尼茨：《单子论与其他哲学著作》（*The Monadology and Other Philosophical Writings*），trans. Robert Latta，London，1898，第 35 页。

② 《思维模式》，第 129 页。

③ 《范畴篇》，4b15。

## §62 亚里士多德的本质进路

to ti en einai 字面上的意思是"一个过去事物的将是什么"（the -
what - was - to - be）。其传统上的英文译名为"本质"（essence）——一
个充满经院意味的名词——乃是继 hypokeimenon 被译成拉丁文的"实体"
（substratum）之后西方哲学中另一个巨大的灾难。在经院哲学的语境中，
"本质"与"偶然性"（accidence）相对，而"偶然性"在亚里士多德的
存有论中则是与形式或"eidos"而非与 to ti en einai 相对。把 ousiar 的 to
ti en inai 与其 eidos 相同一，亚里士多德提供了一个关于主体性之性质的
理论。他可能错了；但把 ousia 归于 to ti en einai 却无所谓对或错。因为亚
里士多德用这个短语所指的并不是个别实体的 eidos 或特殊性格，而毋宁
是其作为一综合统一体的存在。个别的第一实体的 hypokeimenon 或逻辑
根地现在不仅仅被设想为一个在其整个变化脉络中保持其同一性的基本实
体，而且还被设想为一个统一的整体，这个统一的整体不能等同于仅仅是
其部分的总和。在把 ousia 的 to ti en inai 与其 eidos 的同一中，亚里士多
德的确作出了一个极重要的论断，即：被一类或一种第一实体的所有成员
所分有的"类别本质"（generic essence）乃是赋予属于这个类的每一个成
员以综合统一性者。例如，"人性"，作为人类的 eidos，就是在这个或那
个人——苏格拉底或柏拉图或任何其他人——之后的统一原则。普遍的
eidos 乃是生物发展的形式因；它是一个内在原则，一种统一的力量，"推
动"一类事物的个体成员趋向于它们的自然命运。自然的发展过程被亚里
士多德设想为潜能（dynamis）在实有（energeia）中的现实化或"实
现"（entelecheia）。所以，橡子潜在地就是一棵橡树；实现这一潜能就是
它的自然命运。胎儿潜在地就是一个婴儿、一个儿童、一个青年、而最终
是一个成人；历经这几个发展阶段也是自然命定的。但亚里士多德毫无生
物进化的观念，更不必说宇宙进化了。对他来说，自然物种在数量上、本
质上都是固定的，其中也包括它们发展的可能性。既然发展的目标终极上
与被实现的内在形式是一致的，那就可以认为历程的形式因与目的因是同
一的。诚然，我们可以把这一点视为亚里士多德宇宙论的核心原则。

## §63 怀德海的向量场理念

正如我们之前已提到的，在历程之为潜能之实现的观念上，亚里士多德与怀德海之间有一个值得注意的区别。对于亚里士多德，潜能属于个别的 ousia，这个人或这匹马。因此，宇宙中有多少个别的实体，就会有多少的"权能基地"（power‑seats）。这里，重要的是，这些权能基地本质上都彼此独立：它们是孤立的实在单位，每一个都是自足的且完全自在的。相反，对于怀德海，潜能是一个"场"概念，因为权能表现的无非是在构成宇宙之为一动态脉络的向量场中的裁定样态（mode of determination）。数学物理学中使用的"向量"概念在机体哲学中获得了一种形上学的意义。在普遍化了的形上学的意义上，"向量"无非就是怀德海所谓的"事件"，事件也可以说既有"量"（magnitude）又有"向"（direction）。事件之量可以生发性地以卷入于转化历程中的散失的能量来测定，也可以类别性地以数据与结果间的实际差别（effected difference）来测定。事件之向则是以从转化之始初阶段到终结阶段的流变来界定的。事件或现实存有的这种"向量性"（vector character）是怀德海摄受或感受概念的基。① "感受就是'向量'；因为它们感受彼物并将它转变成此物"。② 当然，"彼"与"此"分别指谓依据与结果。

在怀德海的宇宙论中，实有被设想为"能量所在地"（locus of energy），这个能量所在地本质上与宇宙能量场中的任何其他所在地相连接。因此，"效应"（efficacy）就是一种场性（field property）。亚里士多德的宇宙论完全缺乏这种向量场的概念。一个 ousia 可被描述为一权能基地，但显然不可被描述为权能场的能量所在地。

事实是，亚里士多德从未真正把握到实在的动态特性。虽然我们可以"一切都在'权能'乃是我们'实体'概念的基础这一洞见及其展开之内"③ 来道及机体哲学，但亚里士多德的存有论分析到最后却比他自己所

---

① 《历程与实在》，第 28 页。
② 同上书，第 133 页。
③ 《思维模式》，第 162 页。

认识的更为柏拉图式。诚然，内在形式理论颇趋近于怀德海的"实在潜能"概念。但由于缺乏能量场的观念，内在形式理论丧失了许多理论意义。只拒斥形式能具有分离的存在是不够的；将它们放入作为一种"容器"的具体的个别事物之中也是不够的。因为一个被充分阐明了的内在形式理论必须正面地说明"内在性"（immanence）概念本身以及隐性的形式（implicit forms）如何可能显性地（explicitly）实现。中心问题是，权能与形式之间的正当关系是什么？

　　在机体哲学中，权能和形式都是创造性的抽象，然而正是创造性的权能"持有"形式，而非创造性的形式具有活动的权能。这在亚里士多德的形上学中似乎刚好相反，在他的体系中，正是内在（indwelling）的 eidos、ousia 的内在形式被认为是同一于"活动"、同一于 energeia（能量）的。因此，尽管他竭尽全力把自己同柏拉图的见解相区别，亚里士多德似乎又退守到主张超越的创造（transcendent creation）的可能性这个论点上，也就是宣称理念或共相，除了作为终极的特性条件外，还是"生命与运动"的原则。这正是怀德海所着重拒斥的立场。

## §64　亚里士多德的内在形式论与怀德海的真实潜能理念的对比

　　这里，无论其内在形式理论可能如何不足，我们都不可忽视这样一个事实，即：除了 substratum 及 eidetic approach，权能及其派生概念在亚里士多德对生成与主体性问题的处理中扮演了一个角色。他引入了动力因概念，并区分了在宽泛的"能力"（capacity）意义上的权能与"相互作用"（interaction）意义上的权能，亦即，"活动者"（that which acts）与"被活动者"（that which is acted upon）之间的区分。① 对于怀德海，动力因乃是出自先在宇宙之势能（energetic potentials）的运作性统一体，但亚里士多德却仅仅将它设想为生发的"第一推动者"：生发中的作用者乃是体现在另一个同类个体中的形式——例如，在生产儿女中的父亲。② 怀德海的

① 《形而上学》，1046a。
② 同上书，1033b。

作用概念，后面我们将看得更为全面，接近亚里士多德的相互作用概念。不过，后一概念在亚里士多德构架中不很重要。从 ousiai 被设定为本质上是独立自足的且它们之间的联系和影响只能产生偶然的变动这一事实来看，这种不重要是可以理解的。这个原则的逻辑结论——不是由亚里士多德本人而是由其后继者得出的——当然是，实体不能相互作用——形上学的一条死胡同！

那么何者对亚里士多德存有论中的这些困难负责呢？它们必然隐含在他的 ousia 概念中吗？当我们仔细检查其以 to ti en einai 为特征的个体 tode ti 时，我们无法不得出这样一个结论，亚里士多德根本上也是关心"合成"问题的。他的基本企图是对我们常识经验的"所与整体"（given wholes）给出一个事后的分析，亦即：把"这一个某物"作为一"the‐what‐was‐to‐be"来处理。正如一个音节不仅仅是字母的"堆积"而是本身也构成为一个确定的个体，ousia 在其实际的给与性（作为 to ti en einai）中乃是 asyn‐theia，一个其综合统一性与个别同一性都需要解释的"不可分割之物"。① 这其实非常接近怀德海的作为创造之一个本质方面的"创新性"概念。但是，如果亚里士多德和怀德海都关注基本的"合成"问题，则何者能真正解释他们彼此间的分歧呢？分析到最后，答案就在于他们各自的个体性概念的差异。我们又回到作为机体哲学之界定特征的、与独立性相对的互依性概念上。如是在下一章中，我们将关注机体综合概念以及代表怀德海全部哲学努力之顶点的透视原理。

①　《形而上学》，1041b。

# 第四章　个体性与相对相关性：
## 机体的透视原理

### §65　本质关涉性原理

机体哲学乃是以"内在关系"理论为基础的，这一点实际上由怀德海本人在其所有主要的哲学著作中作了阐明。在题为"不朽"的"英格索讲座"（Ingersoll Lecture）的一开始，他就陈述了这一预设。他说："我们将预先设定，宇宙中的一切存在物或因素都是本质地互相关涉的。"① 这一所谓的"本质关涉性原理"早在《思维模式》一书关于以重要性与事实这两个基本概念间的对比为基础的透视原理中已初露端倪。因为"透视乃关涉性的分秩；也就是说，它是重要性的分秩"。② 本质关涉性原理所包含的根本上乃是一切存在的"连结性"。怀德海指出："连结性是所有类型的所有事物的本质。正由于这个类型的本质（essence of types），它们才被连结在一起。连结性的抽离牵涉到所考虑事件中的一个本质因素的遗漏。无一事实仅是其自身。"③

最后那句话——"无一事实仅是其自身"——可视为怀德海哲学中不证自明的公理。被正面地称为本质关涉性原理者又可以被负面地表述为"无完全孤立原理"。在怀德海看来，一个处于孤立中的单一事实对于有限思维来说只是一个"神话"。④ 没有事实能绝对独立。他并且指责"独立

---

① 《不朽》，载《在世哲学家文库：怀德海的哲学》，第682页。
② 《思维模式》，第13页。
③ 同上。
④ 同上书，第12页。

存在"概念乃是困挠漫长的欧洲哲学与神学传统的首要"错误概念"。[①]因为一切事实都是相互关联的,所以不可能有任何独立的存在。换言之,万事万物的连结性依赖于所有事实的连结性。

这里需指出"事实"与"存在"之间的区别。当怀德海使用"fact"(事实)这个词时,他指的是一个有限的活动单位,亦即,一现实存有或事件。它与"matter – of – fact"又有区别,他将"matter – of – fact"等同于"仅仅存在"(mere existence)概念——亦即存在自身,它包括事实和形式(永恒客体),以及所有其他类型的终极上抽象于事实的存在物。[②]所有 matter – of – fact 都是连结的,因为事实性本质上包含否定完全孤立之可能性的"环境"概念:

> matter – of – fact 就是仅仅存在概念。但当我们试图把握这个概念时,它将自身分为各类从属的存在概念——例如,想象的存在与实际的存在,等等。如是,存在概念涵括了存在的环境及存在的类型的概念。存在的任何一个实例均涉及其他存在的概念,连结它并超越它。[③]

## §66　绝对一元论的不可能

这"存在的环境"概念对于怀德海形上学的"机体主义"是最根本的。这里,关于这个重要概念须注意几点。首先,终极地说只有一个存在的环境,亦即,被设想为实有之总体的宇宙,这直接来自本质关涉性原理。"宇宙中的所有存在物或因素彼此的存在都是本质地关涉的",因为它具有一融贯的统一性并由此将自身构成为一个"有系统的"总体。怀德海的形上学显然不是一元论的,但这并不意味着它拒斥任何有关宇宙的"一元性"(oneness)的概念。事实上,机体哲学的最初动机就是要调和一元论与多元论之间的长久对立。对于怀德海,极端的一元论乃是绝对不

---

① 《不朽》,载《在世哲学家文库:怀德海的哲学》,第 696 页。
② 《思维模式》,第 9 页。
③ 同上。

可能的事，因为它将不得不设定宇宙为一个单一事实。然而宇宙不可能是一个单一事实，因为限制对于事实性的真实含义是本质性的。没有限制就不会有任何确定性，而没有确定性就没有现实的存在；因为，正如怀德海反复地提醒他的读者，实有性含有排斥性实现（exclusive realization）的意思，① 如果宇宙被视为一个单一事实，那么所有条件或可能性都要在其中被现实化。我们实际上所具有的乃是从有限事实的世界中抽象出来的"仅仅无限"（mere infinitude）的观念。诚然，这正是巴门尼德所接近的一元论。正如亚里士多德非常清楚地看到的，巴门尼德的存有概念无非是"仅仅可能性"或"不确定的存在"概念。它变成了亚里士多德的 material prima（原质），亚里士多德只把它当作极限概念（limiting concept）来使用。既然一切事物均"被赋予形式"（informed），也就是说，都具有作为一先行现实之结果的确定的特性，那么在现实宇宙中，哪里都不可能找到这种 material prima 或无形式的质料。因此它表示构成实有之限制的纯粹潜能概念。

不可能存在"现实的无限"（actual infinite）是所有多元论哲学的共识，尤其是亚里士多德、莱布尼茨和怀德海的哲学。这一论旨的有效性导源于形式或永恒客体的真实本性。如果现实的无限是可能的，那么就不会有任何对立和对比——简言之，无限制。然而限制是一个被经验的事实。正方形的事物不可能在同一情形下又被经验为圆形的。因此对于极端的一元论，剩下的唯一做法乃是彻底否定经验的实在性。这正是巴门尼德及伊利亚学派所遵循的道路。以生成变化及运动为特征的经验世界乃是一幻象，或者至多是实在的现象或外显（outward show）。但是当要求给此"实在"以一个正面的说明时，一元论的回答从未令人满意过。将它描述为"一"或"合理的"只是简单地回避问题。因为正是宇宙的一元性与合理性才是任何实在理论所必须试为说明的。

然而，除非承认人类经验构成了实在本性之明证性的泉源，解释才有可能。如果经验在其认识论功能中的合法性遭到拒斥，就不可能有任何道路抵达实在。如是，一元论者势必采取否定的定义方法：实在乃现象之非。这自然又引出了实在不可知的立场。但正如怀德海注意到的，不可知

① 《历程与实在》，第 70、72 页。

就是未知，我们一开始就不能有效地谈论它。①

从认识论的立场看，如果极端类型的一元论是无结果且独断的，它就不可能在不产生矛盾的情况下导出其逻辑结论。因为，如果实在之为"一"与现象之为"多"在逻辑上彼此有别，则无论哪个都不能还原为另一个，从而宇宙就破裂为两个分离的、相互排斥的存在领域；它不可能再被看作为一个融贯的统一体。换言之，一元论必然导致某种形式的二元论。而这其实正是希腊哲学的发展中所曾发生的。柏拉图关于两个存在世界的划分极其清晰地反映了巴门尼德所划的真理之道与意见之道间的界线。

实际上，多元论比二元论更能充分地描述柏拉图的形上学。因为理念世界与生成世界的分离根本上是基于认识论和逻辑上的考虑。理念被赋予认识论上的支配地位，因为它们是可理解性的媒介；并且它们也被看作是更真实的，因为它们在逻辑上先在于个别的生成实例。然而柏拉图从未将宇宙设想为一个单一事实或两个事实世界。事实性只限于生成世界。但却存在着数不清的事实，每一个均是一生命与运动的历程。他的时间之为"永恒的运动之镜"的观念乃是对限制与限度间的本质关联的一种认识。他可能——而确实是——还错误地视理念为构成生命与运动的泉源，正如他似乎在某些对话中所主张的。但是在《蒂迈欧篇》（Timaeus）中，"灵魂"明确地从理念中被分离出来，造物主（Demiurge）作为至上的创造者显然不可等同于他从其中抽取其模型与"蓝本"的理念世界。这里，生成世界被设想为理性（理念）与必然性（质料）的"混杂"（mixture），理性与必然性可以说构成了个体化之两极。在机体哲学中，必然性转化为"给与性"概念，而理性则进入了怀德海的"永恒客体"，按其与在上帝的先在性中的现实历程的关系分出等级。因此，怀德海得益于柏拉图最多的不是他的二元论，而是"二元性"，它本质上是一个"极性"的概念。

## §67　怀德海的宇宙一元观

这个两极性可以在对核心的创造性概念的两种不同层次的抽象上被设想。首先，创造性可以"纯粹权能"与"纯粹形式"间的二极对立被设想。恰如

---

① 《历程与实在》，第 6 页。

亚里士多德的 material prima 只作为一个极限概念而存在，"纯粹权能"或无形式的权能意义上的创造性在怀德海的宇宙概念中也同样无处可寻，除了作为思想的对象。而且，由于永恒客体凭借着上帝的概念性分秩总是指涉普遍义的实有，"纯粹形式"也同样不存在于怀德海的体系中。怀德海关于永恒客体的"个体本质"（individual essence）与"关系本质"（relational essence）间的划分可能产生一种误解，以为他承认纯粹形式的存在。然而怀德海明确指出，实有与纯粹潜能在其实例与特性的交互角色中相互需要。[①] 因此，永恒客体的本性既在于其个体本质又在于其关系本质。而且或许，正如后面我们所指出的，这两者不能被如此严格地加以区分。

这里重要的是要指出，对于怀德海来说，构成存在的最大环境的宇宙的"一元性"是不可天真地以某种共同元素或万物所从出的"基质"来界定的。诚然，怀德海只承认一条终极原理，即创造性。但是，创造性与宇宙之间的关系并不像水与由水做成的那类事物之间的关系一样。因为存在于怀德海创造性概念之核心的不是某种共有的特性，而是以宇宙的协调性为基础的"机体统一性"概念。创造性的本质就是"机体的综合"。

正是基于这个关键的概念，怀德海存有论中的二极性才得以裁定。正如人们可能预料到的，机体综合的二极乃是作用和给与性。对于每一个作用者，同时存在着事实的给与性与形式的给与性。事实的给与性为作用者提供具体数据，它们是已现实化的潜能；而形式的给与性则代表抽象数据的供应，它们是在所与事件或现实缘会中要被现实化的潜能。创造性历程的本质恰恰就是这两类基本的数据或给与性——亦即未实现的潜能与已实现的事实——的动态的综合。机体的综合简单地说也就是同时在内在统一性与外在统一性中产生的动态的综合。

## §68　作为事件总体的宇宙与动态透视观念

现在让我们集中注意力于一个活的事件，我们以符号 Ē 来表示它，看一看如何可以更确切地阐明机体统一概念。按照怀德海，既然不能有任何单一孤立的事件，那么宇宙必须由不可与 Ē 同一的事件构成。或者，

①　《思维模式》，第 97 页。

如果我们愿意的话，作为事件之总体的宇宙可以用公式 $U = (\vec{E}, E')$ 来表示，其中 U 和 E' 分别指称宇宙和 E' 的他性。我们现在的问题是要确定 E' 是由什么构成的。

稍作反思就会发现，与 $\vec{E}$ 不同的事件必属于三个普遍范畴之下：（a）那些形成既定的过去或怀德海所谓的 E 的"现实世界"（actual world）者；（b）那些与 E 同步和谐生成（unison of becoming）者，亦即 $\vec{E}$ 的同时者；以及（c）那些相对于此生成历程尚未诞生者。假如我们用符号 $\overleftarrow{En}$，$\overrightarrow{En}$，$\overset{\smile}{En}$ 分别表示从 $\vec{E}$ 的观点来看的那三类事件，那么 E 的他性就可以用有序的三部分的合成 $E' = (\overleftarrow{En}, \overrightarrow{En}, \overset{\smile}{En})$ 来表示。

注意，符号 $\overleftarrow{En}$ 拆开来看代表 E' 的一个子集。如是，$\overleftarrow{En}$ 表示在 $\vec{E}$ 的他性中共同构成其过去的事件集合，$\overset{\smile}{En}$ 构成其未来，而 $\overrightarrow{En}$ 则构成"幻成的现在"（specious present）。在这个我们所谓的"他性构架"（schema of otherness），又是"时间性构架"（schema of temporality）中的过去，现在和未来都是极性的概念。

怀德海的以实有的创进为基础的世界历程概念现在可通过用这一时间性构架代替 E'，而从 $U = (\vec{E}, E')$ 转换成 $U = (\vec{E}; \overleftarrow{En}, \overrightarrow{En}, \overset{\smile}{En})$。这里所代表的是"动态透视"（dynamic perspective）概念，它为怀德海界定了机体统一性之第一义。

一般的"透视"简单地说就是从任何存在物的观点来看之宇宙（存在者所有）。更具体地说，它指的是那个存在物与宇宙中任何其他事物之间的相关性或连结性。我们可以从下面这段尽管简短意思却很清楚的话中推断怀德海"透视主义"（perspectivism）的一般理论：

> 这个预设（从任一环境中完全抽象出来的可能性）是错误的。让我们摒弃它并假定，每一个存在物，无论什么类型的，本质上均包含其自身与其他事物的宇宙的关联。这个关联可以被视为，对于那个存在物——处于完成状态或处于潜能状态——来说，宇宙是什么。它可以被称为对于那个存在物来说的宇宙的透视。例如，这些是对于数字 3，蓝颜色，以及任一的实现了的事实的确定缘会来说之宇宙的透视。[①]

---

① 《思维模式》，第 91 页。

这里首先要指出的是，只有当本质关涉性原理有效时，透视的概念才有意义。如果我们同意怀德海的主张，认为不可能存在完全孤立的事实或存在物，那么任何事物都必有一宇宙的透视，而这个透视，换一个说法，乃是与此存在物与"其他事物的宇宙"的连结或关联同一者。从而一般说来，一透视可分析出三种要素：（a）观点或所指涉的存在物；（b）构成此观点之他性的"其他事物的宇宙"；（c）表示此观点与其他性间的相关或关涉性之方式的亲和性样态（mode of offinity）。

逻辑地讲，所有的透视都处于同样的地位，因为每一透视都代表着从其自身观点来看的宇宙。然而从存有论上讲，某些可能比其他更为根本。而这就把我们带到了第二点，它涉及两种基本的透视类型——可以分别称之为"第一透视"（primary perspective）与"第二透视"（secondary perspective）——之间的区别。在"第一透视"中，观点乃是一个在生成历程中的一个事件或实有。由于它是一个活的单位活动，这个观点将自己构成为一变化中心，所以"第一透视"也可以称为"动态的透视"。任何其观点并非一活的实有的透视都是"第二性的"或"派生的"。例如，对于数字3、蓝颜色以及任一实现了的事实的确定缘会——所有这些怀德海在引文中所举的例子——来说的透视，都是第二透视。他为什么要在这里选出实现了的事实去代替活的缘会，这一点实在难以理解。在这里，怀德海似乎将这种透视概念与其明确的裁定混淆了。活的事件或缘会不可能具有明确地裁定了的宇宙透视，因为它尚处于生成的历程中。但这并不意味着它的透视性（perspectivity）不存在。事实上，不以动态透视概念为基石，怀德海的本质关涉性原理也能有任何意义，这就不无疑问了。完全裁定的透视只在可能显现为一个逻辑上封闭的系统的静止的宇宙中才是可能的。

## §69 不完全性原理与脉络宇宙

然而这在机体哲学中显然是找不到的。对于怀德海、詹姆士以及柏格森来说，宇宙并不是一个确定的总体，它本质上具有一种开放脉构。实有的创进总是进行中的事。诚然，除了以一定事件的观点之外，以任何有限的方式去设想宇宙都是不可能的，因为只有当所指事件被裁定时，过去、现在与未来的极性才能适用于实有的相关性。然而，既然宇宙并不是一个完成了的事态，任何关于所指事件之所与动态脉络的知识就必然都是有限的。假如这个"不完全性原理"（doctrine of incompleteness）得到承认，"最大环境"就绝无可能。的确，这就提出了这样一个问题，那被设想为包含"所有存在者"的"宇宙"概念是否还会有效？有一点是毫无疑问的，我们决不可以这样来说及宇宙，好像它是个确定的总体，这是绝大多数决定论所犯的错误。

　　或许，我们能够讨论宇宙的唯一合理方式是把它作为一个极限的概念来对待。一切事物的宇宙就是一切动态脉络的"界限"（limits）。或者，换句话说，一个动态脉络可视为对宇宙的一种抽象。这样一种抽象可以称为"脉络宇宙"（contextual universe），亦即，向作为终极界限的宇宙接近的动态脉络。如果我们用 U 表示宇宙，那么脉络宇宙就可以用符号 $C^{\times}U$ 来代表，这里 $C^{\times}$ 代表"脉络的运作者"（contextual operator）的概念。

　　脉络的运作者乃是抽象的一种标记（index of abstraction）：$C^{\times}U$ 可设想为 $C^{\times}$ 在 U 上运作的结果。它表示抽象的程度，以及包含在这种抽象中的关涉性原理。这个符号的提出将表明，一个在考虑中的脉络宇宙被包含在一个更大的脉络中，亦即，一个制约其自身存在的包罗更广的环境。如是，不完全性原理的基本主张简单说就是：我们能够谈论的宇宙总是一个脉络宇宙，无论它可能多么接近它的终极界限。

　　存在概念本质上包含存在环境概念，怀德海形上学的"脉络主义"特征只不过是这一根本预设的必然结果。按照定义，"所有存在者"的宇宙不可能有一个环境，从而也不能说它存在，除非作为一极限的概念。换言之，实际存在的宇宙必定是脉络性的宇宙，它总是在其裁定中预设一个更大的环境。现在清楚了，虽然我们总可以提到一个为任何所与动态脉络而设的更大的环境，但"一个最大的环境"概念却只有启发意义。尽管如此，它还是发挥了一个重要的理论功能：因为实在的界限乃是思想的界限的反映。

## §70　作为极限概念的绝对：上帝之为有限的

　　这个界限，分析到最后，乃是由给与性因素强加于我们的。无中生有的概念对于理性思想乃是一不可能性。然而任何沉溺于积极处理"绝对"

"所有存在者"的宇宙的哲学都必然陷入这种困境。对于怀德海来说，哲学研究的正确道路来自宇宙之内，而非宇宙之外。我们不可能将自己完全置于宇宙之外来审视它，仿佛"从上帝的观点"（怀德海语）似的。

这就是为什么关于宇宙的起源与归宿的传统问题在机体哲学中完全被忽视的原因。在怀德海的体系中，创造性而非上帝才是终极者。上帝被怀德海描述为创造性的"先在的、非时间性的偶然事件"（primordial，non - temporal accident）。① 这种描述明显地含有拒斥实有意义上的"必然存在"概念的意思。在现实存有理论中，被称为"上帝"的非时间性的现实存在存有论上比之普通的、时间性的实有并不享有任何特殊地位：它们全都是创造性的"偶然事件"。② 上帝的本性不可以从有限实有的世界历程中分离出来乃是怀德海上帝理论最殊异的特征。上帝在时间的意义上不是有限的，因为他是"永恒的"（everlasting）。但在绝对不受限制的意义上，他又不是无限的。相反，上帝的存在完全受条件的制约，不享有任何像亚里士多德的不动的推动者或笛卡儿的无生实体（uncreated substance）那样的独立地位。在机体哲学中，上帝和世界在增益现实宇宙的创进中相互依赖、相互需要。怀德海强调，作为哲学努力的一个基本要求根本的形上原理不能有任何例外。③ 当然这里所涉及的乃是限制原理。因为有限或受条件制约恰恰属于实有的本性。

## §71　秩序与无序与宇宙时段概念

不过，正如不可能有绝对不受条件制约的存在，也没有什么事物仅仅作为受制约者而存在。一切存在都既制约又受制约：这必须被视为怀德海机体主义存在论的根本原则。就事物都受制约而言，它们可以说具有"游戏特性"。这里，我们基于其"遵循规则性"来设想事物。而宇宙在其游戏形相中可被恰当地称为"cosmos"，亦即，一个以规则或法则系统为基础的有序整体。在怀德海看来，为了宇宙的稳定性需要维持秩序；但这并

① 《历程与实在》，第 11 页。
② 同上书，第 27 页。
③ 同上书，第 521 页。

不意味着秩序的必然性。其实，任何形式的秩序都不是内在必然的；宇宙中也不可能存在"完整的秩序"。因为"无序"（disorder）或建立了的秩序（established order）的破坏与秩序及其稳定性一样都属于事物固有的本性。宇宙的创进对于怀德海来说乃是以秩序形式的逐渐转变为标志的"进化"历程。下面这一段包含了怀德海宇宙论的要义：

　　　　自然规律是恰巧在我们模糊地觉察到的巨大的活动时段（epoch of activity）内占优势的活动形式……存在着在浩大伸延时间中的秩序形式，在其本性中并无必然性。然而经验的重要性要求足够稳定的秩序却具有必然性。彻底的混乱可被等同于彻底的破坏。然而历史变迁也展示出秩序形式的转变。时段为时段所更替。如果我们坚持要以在其先驱者中的秩序推断新的时段，那么我们看到的就只有混乱。再者，明显的划分是不存在的。有的总是部分占统治地位、部分被破坏的秩序形式。秩序从来就不是完整的；破坏也从来不是彻底的。既有在占统治地位的秩序之内的转变，又有向新的占统治地位的秩序形式的转变。这种转变乃是对主流的破坏。可是它也是那引发了生命的骚动与激奋的蓬勃的创新性的实现。①

　　在这一段里被发现的不仅是怀德海宇宙论的"脉络主义"（contextualism），而且还有其价值论的"脉络主义"。让我们就其在机体哲学中的各种不同的应用来更严格地检查一下不完全性原理。

　　"宇宙时段"（cosmic epoch）概念在这里极为重要。因为，尽管不可能存在任何关于"所有存在者"的宇宙的"宇宙开创论"，这种开创论终极上必须预设一个其有效性为怀德海所否认的绝对超越的造物主，但说及一宇宙时段的起源与归宿则显然不是不可能的。而宇宙时段根本上无非是一个带着具有确定统治地位、在时间中浩大地伸延之秩序形式的动态脉络。既然对于怀德海来说并不存在一个在任何时候都静止地支配着宇宙的完整秩序，那么有关宇宙之起源与归宿的问题与宇宙之秩序形式的转变问题就是一样的了。从而，任何所与宇宙时段的起源就在于从先在时段而来

――――――――――
　　① 《思维模式》，第118—119页。

的历史性转变，而其归宿则在于维持已确立的并以新异的秩序形式为目标的秩序。如是，起源的思考无限制的导向过去，归宿的概念则无限制地导向未来。这样不就陷入一个无穷的倒溯（infinite regress）了吗？

## §72　脉络主义的基本义蕴

严格地说正是这样。脉络主义的根本精神——它无疑已成为20世纪思想的明显特征——严格上乃是以积极使用无穷倒溯概念为基础的。对于亚里士多德及传统哲学来说是理论的死胡同者，对于詹姆士、博格森、杜威、怀德海、胡塞尔、海德格尔，以及当代知识领域的主要人物来说则成了理性思想的基本要求。在20世纪哲学明显混乱的状况后面如果还有什么真实的统一性的话，那就是拒斥任何绝对的存有概念的不完全性原理。或者，我们应该说，"绝对"概念（在任何意义上）已转化为"极限"概念，更准确地说，绝对是脉络存在的极限。因此，在怀德海的脉络主义的构架中，宇宙是所有动态脉络的极限。无论"绝对的开端"还是"绝对的归宿"都是极限的概念。以终极界限来设想的宇宙的开端与归宿对于怀德海毫无积极意义可言。

说宇宙没有绝对的归宿或目的当然不是要否认这种目的的存在。相反，目的或重要性的实现构成了怀德海功能性的存在概念的基本内涵。机体哲学所否认的不是世界中有目的，而毋宁是宇宙有一个在绝对固定的计划或目标意义上的终极归宿。怀德海宇宙时段的概念确可比于莱布尼茨的"可能世界"概念，不过有这样一个深刻的差异，即：对于莱布尼茨，只有一个可能世界被承认为现实的存在，而怀德海对可能性领域不加任何这种限制。莱布尼茨关于我们的宇宙是最好的可能世界的辩论在怀德海看来无疑是纯粹的臆测。

## §73　序与逻辑上的价值概念：道德
## 的善与重要性的极限化

然而，两位哲学家之间还是有一个基本的共识。莱布尼茨和怀德海都从希腊人那里分有了所谓的"合逻辑的价值概念"，它本质上蕴涵价值与秩序以及善与秩序之完善之等同的主张。但是，希腊哲人——特别是柏拉图——易于过分强调抽象的秩序形式而牺牲功能的成就，两位近代哲学家却试图达到一个较平衡公允的概念。莱布尼茨认为这个世界不是绝对的完满的，不过它是可能中最好的。对于这两个人，正如对于希腊哲人，邪恶或不完满与无序或秩序的缺乏是相同的。邪恶是实在的，因为无序也是实在的。其实，它不仅是真实的，而且也是必然的：因为限制乃是世界的世界性（worldhood of the world）中固有的。如是，任何对完满的度量都必须考虑不完满的存在。最好的可能世界乃是一个具有一个"最适宜的"（optimum）秩序成就于其中的世界。这根本上乃是一涉及"投入（input）—产出（output）"关系的"经济学"概念。更确切地说，最适性（optimacy）的标准可以按产出与投入或结果与基础的比例来定。最理想的生产状况也是最有效率的，亦即：每单位投入具有最高的产出。不过它也可能仍然是昂贵的。现在把这个经济学原理应用到形上层面上，就意味着一个恶比善多的世界也仍可以是最好的可能世界。根据莱布尼茨，既然上帝按照这样一个最理想的创造计划创造了现实世界并允许其存在，那么上帝就不仅是最伟大的逻辑学家和数学家，而且必定是最伟大的经济学家。

## §74　作为世界诗人的上帝

我们可以用怀德海的语言说，上帝是最大的重要性（maximum importance）得以存在的作用者。事实上，对于莱布尼茨与怀德海来说重要性的极限化（莱希尼茨称之为"完满"）乃是道德上的善的本质。怀德海指出，"道德就在于控制历程以求重要性达至极限"。[1] 但是与莱布尼茨的太上单子（Supreme Monad）不同，上帝在怀德海的架构中对宇宙的历程不具有绝对的控制权。重要性的极限化在这个架构中被设想为个别的创造性单位在作为协调中心的上帝的引导下的协同事业（co - operative enterprise）。与柏拉图的至上设计师一样，上帝在这里影响世界不是以强迫或

---

① 《思维模式》，第 19 页。

威逼（force or coercion），而是通过"理性的劝导"（rational persuasion）。[1] 但是，尽管怀德海的上帝在权能上是有限的，可他在理智能力上却并不因此也是有限的。诚然，他的限制只在他的后得性上，但在他的先在性中，他却是"绝对丰富的潜能之无限制的概念性实现"。[2] 有理由相信，怀德海的确把上帝设想为某类最伟大的经济学家，尽管他没有极权主义设计者的政治权力。他被描绘成一个救世主，有一颗"拯救一切能被拯救的恻隐之心"。[3] 这个"救世主"显然不能是素朴宗教观念中的绝对全能的上帝。并非任何事物都能得救：苦难与罪恶是不可避免的，因为不完满乃是有限存在的本质。并且不可能有任何现实的无限。

然而，怀德海更喜爱以诗人的形象推断上帝：

> 上帝的角色不是生产的力量与生产的力量，毁坏的力量与毁坏的力量的斗争；它在其概念性和谐之强烈理性的耐心操作中。他不创造世界，他拯救它：或者，更准确地说，他是世界的诗人，以他对真、美和善的观照温柔耐心地引导世界。[4]

## §75　无普遍的道德法则：善现实化的条件

作为"世界的诗人"的上帝概念不只是有趣，对于怀德海还具有深刻的形上意蕴。把上帝描绘成一位诗人最重要的是要强调存在于机体的神性概念之核心的关怀（care）与重要性的因素。这里，作为关怀而存在并且有重要性的能力（ca–pacity for importance）的乃是实有，或者，依怀德海存有论所归于它的更宽泛的意义说，"活的事物"。而诗，或许比任何其他艺术形式都更为关注生命的本质，也就是说，关注于关怀的感受以及重要性的达成，它构成了道德意识的第一关切。然而，虽然道德将自身指向这个或那个道德秩序的现实裁定，严苛的道德家也可能夸大其道德法则的有限重要性，诗人却不局限于他对重要性的追寻。诗其实是这样一种艺

---

① 《历程与实在》，第 525—526 页。

② 同上书，第 521 页。

③ 同上书，第 525 页。

④ 同上书，第 525—526 页。

术，它关注得更多的不是这个或那个特殊的重要性的实际现实化，而是其
"否定性"。在诗人的眼里，任何确定的从而也是唯一的现实化都总有选
择的余地。不可能有诸如绝对重要或绝对不重要的事物。在一种脉络中或
从一个观点看被视为善或恶的在另一种脉络中或从另一个观点看就可能显
出不同的特性。这就意味着没有什么普遍的道德法则有效地适用于一切脉
络存在。怀德海说："没有一个行为体系属于宇宙的本质特性，作为普遍
的理想。"① 又："那种对地球上以及任何星球、任何星系中的所有理性存
在来说都足以严格地规定其行为细节的确定的规限性理念的存在的想法立
刻被搁置一旁。"② 还有："特殊的自然规律或特殊的道德法则之无条件永
恒性的观念是一个错觉，它已经败坏了许多哲学。"③

这里须立即指出，对于怀德海，自然律与道德律之间并没有什么实质
的差别。既然人是自然的一部分，那么支配人类行为的一切法则在某种意
义上就是自然律。怀德海极其强调人与其自然环境的不可分离。其实，机
体哲学部分地是以对近代哲学中的二元论倾向——他所谓的"自然二歧
性"（bi – furcation of nature）——的反叛来构划的。它是植根于亚里士多
德实体理论中的"错误概念"之一。

这里，为什么——如怀德海所断言的——"没有一个行为体系属于宇
宙的本质特性，作为普遍的理想"？④ 要回答这个问题，我们必须回到与
通常善的观念有别的怀德海关于道德上的善概念。就类别意义来说，"善"
可等同于价值。既然存在的价值是以构成其存在之真实蕴含的功能贡献来
界定的，那么任何事物必在某种意义上是善的。换言之，存有与善是同义
的。而追问善与价值的条件也就是追问存有的条件，但是，存有概念在机
体系统中除了以实有的创造性历程外不能被设想。所以存有的条件，从而
善与价值的条件，终极上必然可同一于创造性的条件——也就是个别的创
造性实例的条件。这就是怀德海所指的作为一切价值实现之存有论上的条
件的善（大写的 Good）。下面一段话告诉了我们什么是善实现中的本质
因素：

---

① 《思维模式》，第 20 页。
② 《观念的探险》，第 375 页。
③ 《思维模式》，第 19 页。
④ 同上书，第 20 页。

模式（pattern）的重要性理念同文明一样古老。每种艺术都奠基于对模式的研究。社会组织的凝聚力也依靠行为模式的保存；并且，文明的进展也依靠这类行为模式的侥幸的变更。因此，模式对自然事件的掺入、这类模式的稳定性以及这类模式的变更，对于善的实现来说，都是必要条件。①

稍作反思就会发现，怀德海在这里所宣布的善（Good）概念必须与我们通常道德上的善（goodness）的理念区别出来。因为以模式（即永恒客体的复合）的掺入、稳定与变更来界定的善的实现，其必要条件为一切创造性历程所满足，无论它们是否牵涉到我们通常所视为善的或恶的。因此，就构成善的一次实现而论，在希特拉的集中营中发生的事件决不比构成历史上佛陀的慈悲生命的事件逊色。当然，事实是，这个善的概念，像它所从出的柏拉图的善的理念一样，根本上是个形上概念，不同于道德上的善，而道德上的善最好可被视为体现了善的一个主要侧面，美或审美的善则是其另一个主要侧面。在界定善的过程中，怀德海阐明了普遍义的价值或善的必要条件，而非特殊的道德或审美的善的条件。然而，因为所有价值都是在机体系统中创造的，所以价值实现的必要条件必然同时构成每一创造性实例的必要条件。从而善必然表达了创造性历程的最本质的特性。换言之，善是创造性的理念、终极的形上原理。

## §76　作为创造性概念的善与柏拉图的善概念

不过，作为创造性理念的善必须与柏拉图的善的理念相区别。在柏拉图的构架中，善的理念被设想为同时构成了所有事物（包括整个理念领域）的本源（source）和可理解的终极条件。这样，它把怀德海体系中的创造性与善一起并入了其内涵中。从我们先前有关柏拉图的形式概念的讨论（第三章）来看，这里所包含的区别也是明显的。对于柏拉图来说，将一个终极的形上原理与理念（理念领域中的最高者）相同一是可能的，

---

① 怀德海：《数学与善》（*Mathematics and the Good*），载《科学和哲学》（*Science and Philosophy*），New York，Philosophical Library，1948，第117页。

因为他所设想的形式或理念不仅是可理解性的原理，而且还是生命与运动的原理。相反，对于怀德海来说，永恒客体不能活动：因而万物的生发原理不能是一个理念。尽管存有论原理主张一切作用限于实有，但是它也不能等同于实有本身。这是因为实有概念包含逻辑上先于其在实有中的实例化的纯粹潜能或永恒客体概念。另外，没有实有可完全以永恒客体来分析；权能与感受概念对于它们在一具体实在中的"真实共在性"（real togetherness）来说也是必要的。因此，终极的形上原理必须是一个同时包含权能概念与纯粹形式概念的理念。这就是创造性的理念，其中感受与永恒客体作为相关的两极统一于上帝的本性中。

## §77　怀德海的上帝与亚里士多德的第一推动者：创造性与亚里士多德的质料

而正如柏拉图的创造神在存有论上从属于善的理念（Idea of the Good），怀德海的上帝被描绘成创造性的非时间性的"偶然事件"：他也是从终极的形上原理中产生的被造之物。就这个方面来说，怀德海更接近于柏拉图而不是亚里士多德，因为在亚里士多德的宇宙论中，没有什么另外的原理比上帝或不动的推动者更高。另外，怀德海的创造性更接近于亚里士多德的不动的推动者而不是柏拉图的善的理念，因为亚里士多德的上帝被设想为纯粹实有，而非纯粹形式。然而不幸的是，纯粹实有概念在亚里士多德的宇宙论中隐含着潜能的阙如以至历程的阙如。它有点类似怀德海的在其先在性中的上帝概念，亦即，在其纯粹潜能的永恒展视（envisagement）中的上帝概念。不过，在亚里士多德的神学中全然缺乏在历程的活生生的当下性中——亦被包含于上帝的后得性中——的活动概念。怀德海的"生长中的"上帝概念的确与柏拉图和亚里士多德都完全相反。

然而，还有另外一个将怀德海与他的两位伟大先驱分离开来的差异。在他们二人中，终极的形上原理均被设想为某种确定的东西：柏拉图以太阳的形象描绘善的理念，而亚里士多德甚至设想他的不动的推动者居住在同心宇宙的最遥远的轨道上。怀德海清楚地看到，一切事物的终极条件不能自身即是一事物。他的创造性概念被最恰当地描述为宇宙的逻辑根地。除了个别的创造性实例——亦即，最终构成创进历程的现实存有，包括作为其先在的偶然事件的上帝——之外绝无创造性。怀德海通过把创造性与亚里士多德的"质料"相比较来探讨他的逻辑根地概念：

> 创造性严格上并没有其自身的特性正如在相同的意义上亚里士多德的质料也没有其自身的特性。正是这个具有最高普遍性的终极理念处于实有的底部。它不能被特性化，因为一切特性都比其自身更特殊。不过创造性总是以条件为基础，并被描述为受制约的。那综合全体不受约束的对时间性的评价行为既是创造性的一个产物，也是创造性的一个条件。①

在笔者看来，与亚里士多德的"质料"相类比实在不很恰当。这里，怀德海心中所想的无疑是亚里士多德的"material prima"概念，亦即，并不实际存在于宇宙中的无形式的质料。然而，"原质"在亚里士多德的体系中不是终极的形上原理：是不动的推动者作为意欲的对象推动了宇宙。亚里士多德的 material prima 不应该与创造性自身相比较，而应该与纯粹感受或权能相比较。正如原质只在概念中存在，从特性中抽象出来的感受或权能也仅仅是个极限的概念。实际上，怀德海的创造性在亚里士多德的体系中没有一个实在的对应者；它更类似于斯宾诺莎的"自然"或黑格尔的"绝对"，不过没有它们所具有的决定论色彩。假如有人坚持要把创造性与亚里士多德的概念进行一番类比，那么最好不要将亚里士多德的原质或不动的推动者中的任何一个，而应该将二者放在一起与创造性进行比较。因为正是在这两个亚里士多德架构中的基本概念的统一中，才会找到怀德海终极的形上原理概念。

## §78　怀德海的创造性不是不可知的

这个概念中最重要的是实有性与观念性的不可分离，它们构成了创造性的两极。这就立刻引出了说创造性毫无特性是否全然正确的问题。的确，创造性不能具有任何诸如特殊的创造性实例所具有的具体特性。但这

---

① 《历程与实在》，第 47 页。

并不意味着它不能具有抽象的特性。事实是，假如创造性是以构成宇宙的"本质"来被设想的，那么它必能特性化（characterization），如果宇宙的本质是全然可理解的话。如果创造性绝对没有任何特性，那么它就是个纯粹的非存在物；而我们也没有任何关于它的话可说。

当然，也有人将万物的终极根地与"不可言说者"（the ineffable）相等同，如我们在大多数神秘主义形式（例如，普罗提诺主义）所发现的那样。但怀德海一定不是神秘主义者。因为根据他的主张，哲学的功能之一就是将神秘主义理性化。[1] 理性思想中不可能有任何通向不可知事物的道路：因为"不可知即是未知"。[2]

显然，怀德海的"创造性"不是不可知的。事实上，它将宇宙的逻各斯——即解释一切存在之可理解性的本质结构——纳入其概念中。在这个结构的底部我们发现了支配实有的创造性历程的最普遍的条件，而这些条件无非是组成怀德海所谓的"善实现的必要条件"者。[3]

的确，模式的掺入、模式的稳定及模式的变更这三个普遍条件可视为怀德海机体主义形上学的基石。因为它们是怀德海"机体综合"概念中的必要因素，"机体综合"概念不仅取代了来源于亚里士多德哲学的经院哲学的实体观念（在不变本体意义上），而且还取代了古典机械论中所隐含的近代"物质"概念。[4] 宇宙的统一性是机体综合的结果。它是宇宙秩序之为一复合的行为系统奠基其上的权能的统一体。更确切地说，世界历程是行为系统的转变，每一次都是由在接续宇宙时段中具有相对统治权和稳定性的先在秩序形式或行为模式演变而来的。按怀德海的见解，不仅不存在一个自始至终支配创造进程的行为系统，而且也没有什么确定的行为系统"属于宇宙的本质特性，作为普遍的理想"。[5] 换言之，宇宙无论就实有性而言还是从目的来看都没有绝对固定的秩序。创进是一个无限的奋斗过程，不过没有明确的目标或归宿。这并不意味着作为一个有意义的形上

---

① 《思维模式》，第 237 页。

② 《历程与实在》，第 6 页。

③ "数学与善"，（Mothemadics and Good），载《科学与哲学》（cscience and Philksophy），New York，Philosophical Library，1948，第 117 页。

④ 《科学与近代世界》，第 226 页。

⑤ 《思维模式》，第 20 页。

原理的目的因应该被放弃。相反，目的因概念对于机体主义的宇宙论和对于亚里士多德的系统一样都是本质性的。然而，亚里士多德没有看到目的因与动力因之间的内在关联，这可从他的不动的推动者概念中推断出来（推动宇宙者只充当目的因），而怀德海的现实存有理论却严格奠基于在实有的内在构成中必然相关的"作用"概念与"主体鹄的"概念的综合之上。因为实有的同一性就是基于其主体鹄的而被界定的作用的同一性。如是，对于怀德海来说，目的因是宇宙的一个本质特征。当我们从价值、目的与重要性上设想创进时，可以说它具有一种"教统特性"（creed character）。机体哲学强调创造性的这一教统特性；不过它否认宇宙是由一确定的"教统"控制的。因为如果真是那样的话，就不会有任何创新性——而创造性就是创新性原理。

## §79　教统特性与游戏特性的对比

这里，事物的教统特性不可与它们的游戏特性相分离。一种游戏就是一个行为系统，在其中，行为的模式是依照构成一融贯统一体的游戏规则来塑造的。这个融贯统一体的规则可称之为游戏的"秩序"，它规定了游戏的本质特性。因此，如果我们改变规则，我们也就改变了游戏。创造性的宇宙没有任何确定的"教统"，亦即，行为的模式，正因为其游戏特性并不是绝对的："创造性的游戏"是一种规则在变化着的游戏。但是规则的变化不是由于外在的干涉——例如，通过一个绝对超越的至上存有的干涉。世界游戏（World - game）的规则的变化或更替来自作为一内在事务（internal affair）的创造性进展的内部。更准确地说，世界游戏中规则的变化乃是其个别参与者的合生创造的结果，亦即：个别的参与者也就是那些其相互作用对宇宙创进负责的具体个别事物。这里须记住的要点是，这些世界游戏的参与者并不仅仅是游戏者，它们同时又是新异游戏的"发明者"或"设计者"。这就是"内在律"（immanent laws）在机体哲学中的含义。对于怀德海，内在律原理必然隐含着内在关系的观念以及对外在关系的拒斥。① 世界游戏没有任何不与游戏的特性本质关涉的旁观者。在机

①　《观念的探险》，第143—144页。

体的宇宙论中，这个"旁观者"概念转化成了"观点"概念，相对于这
"观点"宇宙形成一独特的透视。本质关涉性原理不仅使透视成为可能，
同时还剔除了（a）超越的造物主概念；（b）"强加"（imposition）原理，
在其中，事物的秩序是由外部强加的，而非来源于事物自身的内在特性；
以及（c）独立存在的概念。

## §80    内在律与内在关系原理

不过，本质关涉性原理必须与作为终极的形上原理的创造性结合在一
起来考虑。因为以某内在关系概念为基础的内在律原理其自身并不否认绝
对固定的宇宙秩序的可能性。世界游戏中规则的变化可内在地依赖于它的
参与者，但是参与者会乐意改变任何一组规则在逻辑上并不是必然的。如
果它们选择不定地重复同一秩序又该如何呢？

这就是为什么善实现的必要条件——它界定了创造性的本质的可理解
性——既包括模式的掺入与稳定也包括模式的变更。模式的掺入与稳定对
于创造性历程的存在是必要的，因为（a）它必有一明确的特性（由于模
式的掺入）；（b）它必定是在由占支配地位的秩序形式所决定的条件下被
发现的（由于模式的稳定性）。然而，如果创造性就是创新性原理，那么
新异的秩序形式的实现必然要求模式的变更。而这必然导致先前确立的秩
序形式的瓦解与破裂。从而，秩序的不稳定与破坏就是创新性的代价。因
此，怀德海的宇宙论结果极大地依赖于这样一个形上预设——即：对新异
秩序形式的"欲望"（appetition）与实现乃是事物本性中所固有的。

这一预设是否合理首先依永恒客体的本性而定。因为所有秩序形式终
极上都来源于可能性领域。尽管在本研究中我们不可能对怀德海的永恒客
体理论作详细的考查，但是如果我们要想对机体哲学有一个较为深入的了
解，那么必须将其基本特征显示在这里。

## §81    怀德海的永恒客体理论：个体本质与关系本质

首先，怀德海经常用三种主要的表达方式描述永恒客体的本性，即：
"确定性形式"（forms of definiteness）、"可能性"和"纯粹潜能"。这三者

地位相等但具有不同的含义。"确定性形式"包含与位置或相对地位形成对比的特性概念，它强调怀德海所谓的永恒客体之"构入"（ingression）实有（模式的掺入）。换言之，它表明观念性的概念"内在于"事实世界中。永恒客体的这种"内在性"与其另一方面的本性，即"超越性"恰成对比。被设想为超越了事实世界的永恒客体一般称为"可能性"。在这个普遍范畴内，怀德海对"实在潜能"与"纯粹潜能"作了进一步的区分。实在潜能的形式定义是基于他所谓的有关一明确的合生历程的"受条件限制的未裁定"（conditioned indetermination）而被给予的。① 它还可以更恰当地被界定为一永恒客体与其他永恒客体在构入实有上的"共可能性"（compossibility）。抽掉它们"进入"于实际的事件程式的这种"共可能性"，永恒客体则应被描述为"纯粹潜能"或仅仅可能性。这是抽掉了任何有关实有性的东西的绝对的观念领域。

　　所有这些含义都被包含在怀德海关于永恒客体的"个体本质"与"关系本质"间的区分中，而这二者又分别以主要在《科学与近代世界》一书中提出的"抽象理论"（Theory of Abstraction）的两条普遍原则为基础。简单地说，第一条原则从"唯一性"的角度界定了永恒客体的个体性，而第二条原则则将这一个体的唯一性与其"相对相关性"相结合。我们还是让怀德海自己说吧：首先，关于永恒客体的个体性——

　　　　第一条原理是，每一个永恒客体都是一个个体，在其自身特殊的形式下构成其本身。这种特殊的个体性就是该客体的个体本质，除了构成它本身以外就没有别的可描述的了。因此，个体本质只是从唯一性来看的本质。尤有进者，一个永恒客体的本质也只是它对每一个现实缘会所作出其独特贡献。这种客体在各种构入缘会的样态下都是它本身，所以这种独特贡献对于所有的缘会来说都是相同的。但单就构入的不同样态来讲，则每次都不一样。因此，一个永恒客体的形上地位就是对于一实有来说的可能性的地位。每一个现实缘会的性质要由这种可能性在该缘会中体现出来的方式来确定。因此，体现就是可能性的选择。更正确地说，这就是根据它在该缘会中体现的可能性的分

---

① 《历程与实在》，第34页。

等加以选择。①

## §82　作为终极的特性条件的永恒客体

这一段里包含了怀德海功能性的存在概念中的一个特殊理论，即，关于永恒客体的存有者。既然在机体哲学中一切存在都是功能性地被界定的，所以裁定永恒客体的存在地位也就是裁定它们在宇宙创进中的角色。对于怀德海来说，"永恒客体在什么意义上存在？"的问题与"永恒客体在实有的裁定中如何发挥功能？"的问题是没有区别的。答案就是，它们作为"终极的特性条件"而起作用。这个表述可以说把怀德海关于永恒客体的三种主要描述——"确定性形式"、"为实有的可能性"及"为事实之特殊裁定的纯粹潜能"——结合于一个意义的统一体中。此外，它还暗示了永恒客体理论与更为普遍的"条件性"概念之间的关联。尽管在机体哲学中条件性概念没有获得任何充分的发展，但显然隐含在其机体主义的预设中。在此，我们的基本论点是，永恒客体并不是唯一的制约因素。它们构成终极的特性条件；但特殊的事实性裁定还依赖于其他因素——即，作为终极的独有限制条件的现实存有和作为终极的相对地位条件的上帝。此外，这些条件系列——它们构成创造性的三极，正如我们已在导论中描述的——并不是彼此独立的。在个别的生成历程中并通过个别的生成历程，它们相互依赖、相互需要并彼此制约。这实在是怀德海"机体主义"的真义：受制约者同时是制约者，制约者同时是受制约者。但这一"机体主义原则"从未被清楚有力地展示于怀德海著作的最显要之处，这个事实严重妨碍了对机体哲学的理解与评价。下面我们将根据怀德海机体主义的前提来重构其永恒客体理论的框架。

首先，让我们更严格地考察一下他对永恒客体的三种主要描述。事实是，它们中没有一个是自足的，而且三者都有可能导致误解。"确定性形式"的含义并不必然包含与实有相对的可能性概念，所以它作为永恒客体的一种描述仅靠其自身是不充分的。因为这种描述可适用于任何类型的实有：任何事物如果是全然可设想的话就必然具有某种确定性形式。逻辑

---

① 《科学与近代世界》，第 229 页。

的形式（命题或推论的形式——例如，主谓式"S 是 P"）或数学的公式（例如，Y = Sinx）与人、颜色、山、垃圾、正义、谋杀等的形式一样具有确定性形式。如是，如果确定性概念被解释为只属于实有，将永恒客体同一于确定性形式就会引起误解。事实上，存在着与事件或现实存有没有任何直接关联的永恒客体。比如，"真理"或"谬误"作为一永恒客体只可通过命题或陈述而实例化（至少单纯作为逻辑概念）。然而命题并不是像命题在其中被判断的事件一样的实际事物；"真理"或"谬误"是命题的性质，而非事件的性质。引用另一个例子，永恒客体"抽象"不可能被实有实例化，因为按照定义它们就是具体的。

"确定性形式"与"为实有的可能性"严格上并不是同等地位的表述。虽则所有的永恒客体都是确定性形式，但不是所有的确定性形式都界定"为实有的可能性"。"红"色确实是被所有红色事物实例化的确定性形式，同时将自身构成为红色存在（即：在实有中）的可能性；但"抽象性"并不界定"为实有的可能性"，尽管它必须被视为有关一切抽象存在物的确定性形式。

把永恒客体设想为为实有的可能性是就其超越的方面去考虑它，因为其独特的个体性超越任何可能将它实例化的确定的实有。因此，怀德海为观念性的裁定提出了这样一个认识论的标准："任何其概念认知不包含与时间世界的任一确定现实存有的必然关联的存在物被称为'永恒客体'。"① 这里不能忽略"时间世界"这个词。因为尽管永恒客体与时间世界的任一确定现实存有没有必然的关联，但它与上帝这个非时间性的现实存有有必然的关联——并通过上帝与普遍的实有有必然的关联。这就是以另一种方式表达了观念性不可从实有性中分离出来，永恒客体必然卷入宇宙的创进历程中。

实际上，从认识论的观点看，怀德海在这里所提出的标准并不令人满意。因为它预设了概念与思想对象（概念之所指）可同一的错误前提。这是因为，只因为我有一个普遍的概念，并不随之我也有一个永恒客体的概念。如是，"方的圆"概念指涉一存在物，它显然符合怀德海的标准：然而它不能是一个永恒客体，因为它表达了一种"不可能性"。更确切地

① 《历程与实在》，第 70 页。

说，在这里被概念性地确认的乃是"方性"与"圆性"这两个永恒客体间的"不可兼容性"，它形成怀德海所谓的它们的"关系本质"（将于下文论述）的一部分。

## §83　可能性与可兼容性：永恒客体的内在关系

然而，除了这个在怀德海的永恒客体理论中几乎全然被忽视的认识论困难之外，将永恒客体认同于可能性还牵涉到一个极重要的形上学问题。这个问题就是：当怀德海说"永恒客体的形上地位就是对于一实有来说的可能性的形上地位"时，他的意思仅是指那个实有的特性（确定性），而非其位置或相对地位。可是可能性概念并不包含任何这样的限制于自身之中。我们可以就其相对地位一如就其特性来说及一实有或事件的可能性。

譬如，取一个同时包含雷与电的事件为例，其时空位置已经记录下来。既然事件已经发生——它现在是一既定事实，那么我们可以肯定地说一种可能性已经实现了。然而这个事前（exante facto）存在的可能性不仅包括这个"将发生"的事件的特性，而且还包括它在现实世界中的相对地位。事实上，要被实现的乃是创造性的"条件"，因为创造性总是在条件下被发现的。① 这个支配宇宙中每一个创造性历程并表示一机体的权能统一体的条件性在怀德海的宇宙论中被称为"实在潜能"。更准确地说，"实在潜能"可以被界定为为实有的可能性，它将自身同时构成为特性条件、位置条件与独有限制的条件。如是，我们只可以在限制的意义上把永恒客体描述为为实有的可能性，亦即在实在潜能的所有条件的统一中的特性条件。构成真实潜能之一个侧面的永恒客体总是有限的，也就是说，受条件制约的。对于先前引证的雷电事件来说，可能性不能单从永恒客体"雷"和"电"予以说明：因为它是发生在一个特殊的处所与时间并受到特殊的现实存有系列影响的雷和电。这里所牵涉的永恒客体仅将其特性而非独有的限制与位置贡献给那个事件。限制是合生作用者的功能，而事件的位置则依赖于它的他性。这立刻把我们带到怀德海永恒客体理论中以"关系本质"为中心的第二条原则上。这条原则的基本主张是"一个被视为抽象存

---

① 《历程与实在》，第47页。

在的永恒客体，不能从它与其他永恒客体以及它与普遍的实有的关联中被分离出来，尽管它是从它构入确定现实缘会的实际样态中分解出来的"。①一永恒客体与其他永恒客体及与实有的这种必然的关联大体上就是怀德海所谓的永恒客体的"关系本质"。接着他又继续澄清这个概念的含义：

> 换言之：如果 A 是永恒客体，那么 A 在自身中包含了 A 在宇宙中的地位，而 A 不能从这一地位中被分离出来。在 A 的本质那里存在着关于 A 与其他永恒客体的关系的裁定性（determinateness）以及关于 A 与现实缘会的关系的未裁定性（indeterminateness）。由于 A 与其他永恒客体的关系裁定地存在于 A 的本质中，从而它们都是内在的关系。以此我的意思是，这些关系对于 A 是构成性的；因为一个处于内在关系中的存在物一旦不在这些关系中时就不具有任何存在……
>
> 再者，存在物也不能处于外在关系之中，除非在其本质那里存在着一种未裁定性，它是存在物对这种外在关系的忍耐性（patience）。把"可能性"这个术语应用于 A，其含义简单地说就是，在 A 的本质中存在着一种对与现实缘会关系的忍耐性。A 与现实缘会的关系简单地说就是，A 与其他永恒客体的永恒关系是它们在那个缘会的实现里的如何分秩。②

在这段话里包含了怀德海机体哲学最内在的本质。因为，如果不涉及这里所阐明的内在关系与外在关系的根本区分，就不能正确地理解机体哲学所奠基其上的本质关涉性原理。然而，这里涉及许多怀德海几乎毫不留意的问题。

首先，怀德海的基本主张可概括如下：永恒客体彼此都是内在相关的。它们只普遍地与实有内在相关。就其与任何确定的现实缘会没有必然的关联而言，每一个永恒客体与现实缘会乃是外在地相关的。既然任何实有都是内在相关的永恒客体的实例化，从而所有实有也必然是彼此关联

---

① 《科学与近代世界》，第229—230页。
② 同上书，第230—231页。

的，至少间接地借助于永恒客体的相互关联性。这是本质关涉性原理的一个证成："宇宙中的一切存在物或因素本质上都与彼此的存在相关涉"，因为作为特性之条件或可能性的永恒客体彼此都是内在地互相关涉的。①

因此，证明的整个重担都落在永恒客体的本性上。不过令我们失望的是，关于永恒客体的内在相关性，怀德海实际上没有提供任何证明。其实，由于具体例证的缺乏，我们甚至不能确知其内在关系概念的精确含义。他所说的在永恒客体的本质那里"存在着关于 A 与其他永恒客体的关系的裁定性"是什么意思呢？②

例如两种不同的颜色，"绿"和"黄"，关于这两个永恒客体之间的相互关系的"裁定性"似乎极为明晰。黄色与绿色内在相关，因为两者之间存在着这样一种明确的亲和性，即：黄的只能在一种或几种裁定方式中——例如，把黄与蓝结合在一起可获得绿——才与绿的相关联。永恒客体之间的这种内在关涉性在逻辑学家们所谓的"必然蕴涵"（necessary implication）的情形中更为清楚。例如，妻子必然隐含着女人；而有形的也必有广延。另外，永恒客体之间似乎还有一种抵制确定的结合原理的独立关系。一个质数以何种裁定方式与忧郁的心境相关联？

我们不能说两者之间绝对没有关涉性：因为人们可以争辩说，既然忧郁的心境概念含有与所有质数都相关的统一性的观念，所以两者是间接地相互关联的。但是这里的连结性是纯粹任意的，缺乏任何裁定性，而裁定性对于怀德海的内在关系概念是本质性的。

实际上，根据怀德海的标准，永恒客体的有多少内在关联就有多少外在的关联。假设一所与永恒客体 A 的关系对于 A 是"构成性的"，那么，如果这些关系是未裁定的，则不能说 A 具有一个确定的本质。而除了必然蕴涵的情形之外，不涉及它们在现实世界中的实例化，就不能决定两个永恒客体之间的确切关系。

例如，我们考虑一下"名声"与"财富"间的关系。既然名声可能是财富的原因而财富也可能是名声的原因，并且这两者可能是相互独立的，那么两者的构成关系在其顾及对方的关系本质中并不是确定的。这

---

① 《不朽》，载《在世哲学家文库：怀德海的哲学》，第 696 页。
② 《科学与近代世界》，第 230 页。

种非裁定性在诸如形状与颜色间的永恒关系中实在是最明显的。一种形状在现实世界中可以与任何颜色相结合，反之亦然。儿子的概念必然引出父亲的概念，然而圆的概念与绿色的概念却没有任何必然的相关性。如果永恒客体领域构成了一个"系统"（就这个词的严格意义而言），那么任何两个永恒客体都必然以与"父亲"和"儿子"相同的方式内在地连结在一起。这其实是作为斯宾诺莎黑格尔的系统哲学之基础的"内在关系"的含义。显然，这并不是怀德海的内在关系概念。对于他，说两个事物内在地相互关联并不意味着它们在必然蕴涵的意义上彼此引出对方，而毋宁是指，它们彼此有一定的关涉性。这个关涉性既可以是普遍的，也可以是特殊的，既可以是不确定的，也可以是确定的。如是，跟形状与形状或颜色与颜色之间的相关性相比，形状与颜色之间的相关性是极普遍且不确定的。然而无论怎么普遍或不确定，形状可以与颜色相结合这个事实却表明了它们的关涉性——即，它们为共同进入现实世界内在的可兼容性。

## §84　上帝之为永恒客体的关涉性的先在
### 统一：本质关涉性与机体的透视原理

　　因此，当怀德海把"永恒客体领域"描述为构成了一个"普遍系统的相互关联性复合体"时，其"系统的"特性无非是以"关涉性的统一"来设想的。[①] 正是这个永恒的关涉性的统一构成了上帝的先在本质："上帝是先在的，亦即，他是许多潜在形式之关涉性的先在统一。"[②] 不过这个先在统一性并不等同于神性之包罗一切的统一性。因为除了先在性，上帝还具有后得性，神性之包罗一切的统一性必须同时既是先在的统一性又是后得的统一性。

　　神性中的这一综合的统一性就是构成一元论的宇宙基础者。在机体哲学中，世界的"一元性"不是基于诸如早期希腊宇宙中的"始基"或者近代观念论中的"心灵"或"意识"那样的单一实体或基本量度而被界定

---

① 《科学与近代世界》，第 231 页。

② 《历程与实在》，第 529 页。

的。宇宙是一元的，因为它弥漫着一种关涉性的统一。这就是怀德海哲学中的"存有"概念。

现在必须结合机体的透视原理来考察本质关涉性原理。如果任何事物都直接或间接地与宇宙中的其他每一个事物相关联，那么它必在宇宙构架中拥有一个独特的地位。并且我们可以这样来表述这一点，即：说它构成了宇宙的一个"观点"。这里，"观点"与"透视"是相关的概念。相对于每一个观点，都存在着一个透视，这个透视简单地说就是，此宇宙之其他部分是如何与那个观点关涉的。如是，对"绿色"的透视就不仅包括它与其他永恒客体的关系，还包括它与所有其他种类卷入宇宙创进历程的存在物。这里须指出的要点是，对于任何存在物都不可能有完全确定的透视，原因很简单，创造性进展乃是一不定地行进中的历程。所有事物的相对地位都在不断地变化着，从而其透视也是不断地变化的。这一点适用于现实存有，对永恒客体也不例外。

"相对地位"概念对怀德海的"机体主义"哲学是最重要的概念。因为它成了功能性的存在概念与动态的形式理论在机体的透视原理中得以统一的理论工具。裁定相对地位的基本法则是，在功能性地界定它时必须顾及一动态的观点，亦即，一合生的现实存有，亦即是要求权能分配的创造性单位。

## §85 关涉性的限制与分秩：怀德海的"感受" 与莱布尼茨的"知觉"的对比

这里我们获得了实有之为关涉性的限制与分秩历程的关键概念。[①] 动态观点的透视性是同时由我们所谓的它的"切"性与"秩"性来界定的。刚才引证过的雷电事件本身就代表着永恒客体"雷"和"电"的一次选择，这选择必然排斥其他永恒客体。但是"切"进一步产生"秩"；因为现在众多的永恒客体都会获得一种与此事件的特殊的关涉性。例如，永恒客体"雨"或"风"就比永恒客体"日光"与雷电事件更为关涉。因此，最初的限制活动具有一种"规范原则"的特性，借此，全部永恒客体领域

---

① 《科学与近代世界》，第233页。

都被"安排"（arranged）到关涉性的等级中。关涉性的这种分秩依赖于两个因素：永恒客体的内在关联性以及由其动态环境所加于合生实有的限制。雷和电伴随着风和雨，正属于永恒客体内在固有的本性，但是事件的动态特性的强度与范围不能由分析永恒客体来裁定。现实环境的限制乃是给与永恒客体以实在的相对地位者，这种实在的相对地位可描述为——借一个莱布尼茨的术语——它们为构入实有的"共可能性"。排除了现实世界仅就它们自身来考虑的永恒客体领域乃是从它们的共可能性中抽象出来的。按照莱布尼茨和怀德海的意思，不给与一观点，即一生成历程，永恒客体的共可能性或真实的相对地位就不能被裁定。对于莱布尼茨来说，这种观点就是单子，对于怀德海来说则是现实存有。在这两种情形中，宇宙都被视为相对于所与观点的一个动态的透视。莱布尼茨用"知觉"描述一单子与其透视间的关系。"知觉"在莱布尼茨的意义上指的是"表象"：因此，就它从它自身的观点"表象"宇宙而言，每一个单子都以它的透视来知觉宇宙。在现实存有理论中，与此对应的是"感受"或"摄受"。怀德海指出："感受是这样一个作用者，它将宇宙化约为它的透视。"[1] 或者换句话说，"透视是感受的结果"。[2]

## §86　每一原子都是万物的一个系统

实有的透视性严格上可基于其限制与分秩来解释，限制与分秩是任何创造性历程不可分割面。所以怀德海说："一现实缘会可被设想为一个限制，而且这个限制历程可进一步以分秩为特征。"[3] 不过，历程的这两个原则之间的区分仍须予以强调。因为限制乃是通过肯定与否定间的对比的展示来界定实有的确定限度的，而分秩则是通过可能性（实现的和未实现的）的描画（delineation）与辨别涉及其余宇宙的关涉性来显示它与无限的关系。前者着重于历程的固定性（setted character），后者则强调其"流动性"（fluency）。前者显示一事实的独一无二的同一性，而后者则体

---

① 《思维模式》，第13页。

② 同上。

③ 《科学与近代世界》第233页。

现它跟其他事实的关联性与亲和性。一现实缘会的"原子性"是在其透视性的统一中，亦即在其限制与分秩的统一中被发现的。不过这个统一无非是创进历程的机体统一。正如莱布尼茨的单子每一个都包含"前定的和谐"于自身中，同样，对于怀德海，原子性的现实存有单独地表现出宇宙之生发的统一性。① 对于莱布尼茨和怀德海来说，"每一个原子都是一个万物的系统"。②

而这就是"绝对性"在他们的机体哲学中的含义。这里的"绝对"不是以某种实体性的东西来设想的：它指的是宇宙的原子性统一。"绝对的"是作为单子或现实缘会的存有之基础的观点与透视的唯一性。所以，有多少这样的原子性存在物，就有多少"绝对者"。由此，对于这二位哲学家来说，原子论是终极的形上真理。③

不过，莱布尼茨和怀德海的原子论并不是一种外在关系的原子论，而是一种内在关系的原子论。不仅不排除"复杂性"和"普遍的相对相关性"，此正是他们这类原子论所严格要求的。④ 这是因为，作为原子绝对特性之基础的唯一性乃是从功能上来设想的。原子性是功能的唯一性的结果。然而离开功能的相对相关性，也就不可能存在任何功能的唯一性。单子或现实存有之获得其功能的唯一性，正是由于它能动地卷入了一个行为系统，在这个系统中，任何一个参与者的功能角色都不能与任何其他参与者的功能角色相分离。

现在我们可以更好地理解为什么不能把变化概念归于单子或现实存有。简单地说，这是因为每一个原子性存在本身无非是在其某一绝对侧面中的宇宙：而一个绝对的东西的变化在逻辑上是不可能的。因此，在莱布尼茨的体系中，单子只能被创造或毁灭，而怀德海也坚信现实存有只生成和毁灭，但"不变化，它们是什么就是什么"。⑤ 它们是什么就是什么，因为每一个原子都是一个万物的系统。

---

① 《历程与实在》，第 438 页。
② 同上书，第 53 页。
③ 同上。
④ 同上。
⑤ 《历程与实在》，第 52 页；《观念的探险》，第 262 页。

## §87 无窗单子与怀德海的外自由概念：近代
## 形上学中的主体性之为自我裁定

这里有趣的是，怀德海指责莱布尼茨，由于把单子做成"无窗的"（windowless）他就犯了与亚里士多德在其 ousiology 中所犯的相同的错误。[①] 实际上，这是怀德海的一种误解。因为莱布尼茨的具有前定和谐的"无窗单子"概念本质上隐含着与怀德海在所谓的"自由与裁定的范畴"中所陈述的相同的观念。根据此范畴，"每一个别存在物的合生都是内决定（internally determined）而外自由（externally free）的"。[②] 这无非就是"自因"（causa sui）的概念，这个概念由笛卡儿引入其关于实体之为"不需要任何别的东西而存在"的定义中，在近代形上学的发展中变得至为重要。因为它成了近代主体性概念的基础。隐含在亚里士多德的第一实体理论中并且可被视为古典个体性概念之典范的独立存在概念现在已转化成了自因原理（principle of self‑causation）。这一转化，尽管肇始于笛卡儿，却主要归因于斯宾诺莎的形上天才，从那儿莱布尼茨引申出了他的主体性概念，然后又传到了黑格尔那里。在所有这三位哲学家那里，主体性都是抽象的概念：它体现了宇宙的统一性，而宇宙在终极上是唯一的主体。然而，在斯宾诺莎和黑格尔那里，宇宙之为"一"得以强调，去牺牲了宇宙之为"多"，从而混淆甚至曲解了"多"和"一"之间的正确关系，而莱布尼茨的单子论却有意识地力图调和这一基本的形上对立。对于莱布尼茨来说，宇宙同一于具有前定和谐的单子系统："一"乃是这样一个系统，它离开了共同地构成一副贯统一体及其系统性的"多"就不能被设想。

然而此自我裁定的主体性概念却正隐含在莱布尼茨的构成宇宙的一个独特观点的单子的概念中。单子必然是无窗的，因为它代表整体系统的一个绝对的侧面。说宇宙的一个绝对的透视是另一个透视的原因是毫无意义的，在逻辑上也实在是自相矛盾的。因为任何透视都表现了其机体统一性的一个侧面。

---

① 《历程与实在》，第 76 页。

② 同上书，第 41 页。

## §88　功能唯一性与机体的个体性

如是，当莱布尼茨把单子描述为无窗的时候，他的意思就是怀德海说"现实存有'内决定'而'外自由'"时的意思。将一原子性存在物描述为内决定，简单地说就是承认其以其功能的唯一性为基础的原子性。而又说它们是"外自由"的则不过是以另一种方式说，所有原子性存在物在功能上都是唯一的——此正是行为系统概念。事实上，在莱布尼茨和怀德海的机体主义中，任何事物——不仅仅单子或现实存有——在功能上都是唯一的。怀德海说："无论多么复杂，每一要素都有一个前后一贯的功能。"① 这在根本上与莱布尼茨的"不可辨识的同一性原理"是相同的。这个逻辑原理的存有论基础无非是功能性的存在概念。宇宙中没有两个存在是完全相似的，因为不可能有任何"绝对的功能的同一"。② 这样，宇宙中的每一个事物都构成一个"关涉性的中心"：它从自身的观点反映万事万物。

从逻辑上讲，所有关涉性的中心或观点具有相同的地位。不过在存有论上，在那些由于其自身的自我构成的历程而成为主体的与那些仅仅作为客体且决不作为主体存在的之间必须作出区分。主体的透视性在存有论上先在于任何别的其功能仅仅作为客体的存在物的透视性，因为它们是终极的限制原理（生命和运动）。如是，在莱布尼茨的体系中，存有论的首要性为单子系统所保留。在机体哲学中，构成宇宙的存有的关涉性的统一终极上以现实存有——每一个均是一动态的关涉性中心——的透视性为基础。这基本上就是怀德海说"一切关联性均在现实存有的关联性中有其根基"时的意思。③

换言之，对于莱布尼茨和怀德海来说，主体性本质上既是个生发性概念又是个宇宙论概念。宇宙的统一性是一种生发性的或动态的统一性，更确切地说，它是在关涉性的统一中产生的权能统一性。不过这也同样隐含

---

① 《历程与实在》，第38—39页。
② 同上书，第39页。
③ 同上书，ix（序）。

在斯宾诺莎和黑格尔的形上学体系中。他们共同具有的乃是"活动场"（field of activity）概念，我们已称之为动态的脉络。权能和潜能对他们来说，都是"场概念"。橡树的潜能并不实在地存在于橡子中，而是存在于构成其动态环境的整个宇宙中。当橡子发展成为一棵橡树的时候被实现的是宇宙的"场潜能"（field potential）。hypokeimenon（主体）就是从这个历程的观点来看的动态宇宙的统一性。

　　真正"自我裁定的"是宇宙。不过把自我裁定归于宇宙就是简单地将它同一于终极的给与性条件：这是一个为一切形上学体系所共有的首要理论功能。在柏拉图的"善"理念、亚里士多德的"不动的推动者"、普罗提诺的"一"、斯宾诺莎的"自然"、莱布尼茨的"太上单子"、黑格尔的"绝对"及怀德海的"创造性"中，我们都找到了它。既然终极的给与性条件不能自身就是"被给与"的，那么它必定是全然不可理解的。诚然，终极的给与性条件必然同时构成终极的可理解性条件。这样一来它就只能作为一极限的概念被使用，并且只具有规限性的功能。被设想为给与性和可理解性的终极条件的"绝对"也就不能用作为积极的解释概念。

　　因此，以自我裁定来界定的主体性在绝对的意义上没有任何积极的意义："绝对"作为终极主体乃是宇宙的界限。宇宙的无条件的侧面不可能被理性地设想。可知的"绝对"必受条件的制约。在作为终极形上原理的创造性概念中，怀德海：无疑看到了这一点："创造性始终以条件为基础，并被描述为受条件制约的。"① 这完全符合他的脉络主义的思考方式，尽管他从未澄清作为规限性概念的创造性与作为最高的构成性原理的创造性之间的差别，这个事实可能是不幸的。它对充分理解他的哲学产生了某些不必要的障碍：例如，它可能已造成了内在裁定原理与他对绝对的存有概念的拒斥之间的表面上的矛盾。这个矛盾只是表面的，因为，正如我们将看到的，怀德海不主张任何绝对的宇宙统一性概念。作为现实缘会的动态透视性之基础的宇宙的机体统一性是一种相对的统一性，它在包罗更广的脉络的统一性中改变着它的特性。

---

① 《历程与实在》，第47页。

# §89 上帝的保存功能

实际上，怀德海极其忠于他的理性主义理想：机体哲学已在很大程度上将解释推至其极限。这些界限发现于我们所谓的创造性的三极——亦即，作为终极的限制（个体化）条件的现实存有，作为终极的特性（确定性）条件的永恒客体及作为终极的相对地位条件的上帝。这些乃是解释的极限，因为它们构成了理性思想的"给与性"，如果事物的性质是全然可理解的，则这些"给与性"必须被预设。现实存有的给与性是事实的给与性；永恒客体的给与性是形式的给与性；而上帝的给与性则是要求事实与形式相互关联的重要性的给与性。既然上帝的存有代表着事实与形式的统一，那么前两类给与性必然构成上帝的本性——从而也构成上帝的先在性与后得性之间的界线。在其先在性中，上帝作为永恒客体的概念贮藏库（conceptual reservoir）而发挥功能，而在其后得性中，上帝的作用则在于其为不朽事实的具体"容器"。这可被称为上帝的"保存"（conservative）或"保护（preservative）功能"。因为创进需要确定性形式的内在性作为终极的特性条件，所以永恒客体的保存是必要的。既然存有论原则指明了任何存在物都必定在实有的某处被找到，这就产生了有关未实现的潜能相对于一个所与的现实世界的地位问题。这是个难题，因为没有任何创进的片段可能实现数目上无限的整个永恒客体领域；未实现的可能性必然始终存在，它必"潜存"于宇宙中的某处作为未来合生的纯粹潜能。这就使非时间性的实有概念成为必需，好像是在它的存有中有一个"地方"，可以容纳整个永恒客体领域。这就是上帝的先在性存在的理由。[①] 怀德海以创造性之非时间性的偶然事件作为上帝的特征实际上很容易引起误解。因为上帝不能是创造性的产物：他是与创造性相即作为其先在的给与性。否则永恒客体也会成了被造之物。因为创造性预设了永恒客体作为终极的特性条件，所以这是不可能的。

另一方面，保存不朽事实也是必要的，因为对于怀德海来说，不存在

---

① 《历程与实在》，第 73 页。

任何"死的"静态的事实。① 现实存有在主观上消逝，客观上却是不朽的。它们继续在它们的客观不朽性中发挥功能，亦即，作为制约、裁定或贡献的因素不仅对当下紧随的生成历程而且还对遥远未来中的实有的形成起作用。例如，恺撒横渡卢比孔河的事件对他后来获得权位作出贡献，而且它可能还触动一个 20 世纪的学生去沉思这个事件的意义。然而，这个在既定过去中已实现的可能性的"因果效应"依赖于一个核心作用者的存在，这个核心作用者的功能就在于为它们在适当的环境的再发（re – en-actment）而保存它们的不朽的客观性。正如存有论原则所要求的，一个已实现的可能性与未实现的永恒客体一样必在实有中的某处被发现，既然它不可能因果性地出现在生成历程中的任何特殊的现实缘会里，那么它就必然得在一个永恒实有中被找到——从而它永久地客体化在上帝的后得性中。

## §90　上帝的保存功能与协调功能的统一：上帝的主观当下性与世界历程的统一性

在上帝的本性中分别构成其主体性之概念的与物理的两极的永恒客体与不朽事实的保存乃是使创进作为新异可能性之实现的无限历程的连续性成为可能者。因为"实在性"与"观念性"、过去与未来、"一"与"多"以及有限与无限之间综合的关键就在这里。怀德海是在一种特殊的意义上采纳"实在性"或"实在的"这个术语的，它指的是构成合生中现实缘会之客观内容的不朽实有的物理侧面。② 在这个意义上，一个已消逝的现实存有是实在的，但却不是现实的（也就是说，它没有活的能量或主观当下性），而永恒客体则既不是实在的也不是现实的——它是理想的。在研究机体哲学中必须始终牢记的一点是，"特殊性"对于怀德海代表着实在性与理想性的综合。殊相（亦即一活的现实缘会）就是实在分量与理想分量的统合。这就是怀德海批判殊相与共相间的传统界线的原因，它倾向于把殊相设想为仅仅可从共相的角度来分析的（从而殊相无非成了共相

---

① 《思维模式》，第 123 页。

② 《历程与实在》，第 327 页；《观念的探险》，第 269 页。

的"集合")。怀德海申明:"现实存有不能,即使不充分地,由共相来进行描述;因为其他的现实存有也参与任何一个现实存有的描述。"① 这无非就是所谓的"相互内在性"或"普遍的相对相关性"原理,它主张现实存有的本质的连结性,并且,根据怀德海,它还"直接反对"亚里士多德的第一实体不在主体中"出现"的名言。② 而现实缘会的组成中的一个决定性因素就是不朽过去,即实在分量,它代表已实现的事实所加于未实现的可能性的限制。既定过去的这种条件性决定了永恒客体的真实的共可能性。正是上帝的保存功能中的实在与理想之间的对比决定了实在潜能在当下未来中的现实化。其保存功能乃是其协调功能的基础。在后一角色中,上帝是宇宙中目标与重要性的统一得以存在的具体化原理。其保存功能与协调功能间的关系乃是其两重本性综合统一的关键。的确,它也是上帝的历程存在的基础。更确切地说,上帝的保存与协调功能的统一构成了他的主观当下性。怀德海指出,"当下性是过去潜能的实现,也是未来潜能的宝库"。③ 其基本含义与莱布尼茨以"满载过去,孕育未来"为单子的特征是相同的。不过,在莱布尼茨的体系中,太上单子对于此单子原则是一个例外,而当下性概念则适用于一切现实存有。事实上,对于怀德海来说,上帝的主观当下性乃是一切时间性实有的主观当下性的必要条件。因为上帝是具体化与相对地位的终极条件。

　　上帝的后得性中所装载的不仅包括所有的既定事实,而且还有在其统一总体中的先在宇宙。上帝作为一个协调者,其作用乃是评估以两组数据——不朽过去的已实现的潜能和在上帝先在概念摄受中的绝对丰富的纯粹形式、永恒客体——为基础的成就的实在可能性。这就需要上帝的"关涉性分秩",及由此而产生的上帝之指向宇宙的当下未来的主体鹄的。④如果世界历程可描述为宇宙机体的生长或发展,那么上帝就是这个机体的"大脑"。而正如人体的机体统一性依赖于其大脑功能的统一性,宇宙的统一性同样依赖于在上帝的保存与协调功能中的综合统一性。

　　在创进中使秩序的连续性得以存在的机制(device)同时用作为形成

---

① 《历程与实在》,第 76 页。
② 同上书,第 79 页。
③ 《思维模式》,第 136 页。
④ 《历程与实在》,第 46 页。

先在现实世界的众多性与每一个和谐生成的后续现实存有之间连接的链条。按照范畴总纲，界定每一个冒出的现实缘会之最终满足的主体鹄的乃是实有对在合生的最初阶段中上帝的主体鹄的进行概念摄受的结果。[①] 换言之，每一个初生的实有从上帝在其生成历程的开端的客体化中获得其理想目标——其个别的"欲望"。关于合生中的现实存有上帝的主体鹄的接受可与从动物大脑中受"命令"相比较。正如一个生命机体的任一部分的有机功能的融贯统一依赖于中心器官的协调功能，宇宙的统一同样依靠以上帝的主体鹄的为基础的目标的统一。

## §91　亚里士多德的上帝概念批判

在这种关联中，怀德海把亚里士多德作为其实有的细胞理论中整体与部分之间的关系概念的先驱：亚里士多德的作为普遍的"意欲对象"的第一推动者的概念被比喻为他自己的受上帝在合生的最初阶段中的客体化制约的具体化理论。[②] 实际上，在亚里士多德有关第一因之本性的理论与怀德海的构成"感受的诱惑"（lure for feeling）的上帝概念之间有一个明显的差异。怀德海的上帝是一个"生长着"的、能够历程存在的上帝，而亚里士多德的不动推动者却完全缺乏运动，因为他是没有质料和发展的潜能的完全现实。第一推动者被设想为与现实宇宙没有任何实际的牵连。亚里士多德明确指出，它是只以自身为对象的纯粹思想。第一推动者的这种因果独立性使宇宙的协调成为不可能。因为，如果他与事件的实际过程毫无实际的牵连，则生成世界的实在潜能必然永远在他的认识之外，否则他将是个历程存在。从而对于作为一个整体的宇宙来说，也不可能有实在与理想、过去与未来、多与一的综合。那么，他通过成为意欲对象来推动时间性世界又是如何可能的呢？事实上，宇宙的目的因中不可能有任何统一性，原因很简单，由于上帝与世界之间缺乏任何相互作用的机制，因而也就不可能有什么真实的宇宙协调作用。

如是，隐含在亚里士多德的 ousia 或第一实体概念中的独立自存概念

---

① 《历程与实在》，第39、46页。

② 同上书，第522页。

最终迫使他退回到了柏拉图的立场——认为活动与形式是可同一的。这一错误的不幸后果是其宇宙论中动力因与目的因之间的无可弥合的裂缝。这是个致命的过失，说对于亚里士多德实在只有少数真正独立的第一实体，亦即，被等同于天体的不动的推动者或永恒实体——的确，只有一个绝对独立的第一推动者存在——也不能为之辩护。然而，关键不在于这些独立实体的数目，而是它们在亚里士多德体系中所扮演的角色。而无可质疑的事实是，它们在亚里士多德的宇宙论架构中发挥着决定性的理论功能；因为每一个不动的推动者或永恒实体都被设定为在其自身影响范围内的具体化原理。其实，既然这些不动的推动者或神被当作形上的第一原理，则形上学对于亚里士多德来说终极上就是神学。

事实是，亚里士多德仅仅——或至少首要地——以目的因而非动力因去设想环境概念。在他的宇宙论中，环境（在同心宇宙内的一个影响范围）毋宁是一目的场而非动力场：它毋宁是由目的或目标的统一而非权能或能量的统一来界定的。亚里士多德无疑有一个生物学的宇宙观，而非生物——物理学的宇宙观。这是怀德海与亚里士多德的真正区别之所在。亚里士多德的形上学可描述为生物学的，却非机体的。因为它缺乏在其中目标的统一同时又是力量的统一的动态脉络概念。这正是怀德海机体主义宇宙论中的蕴集概念。

## §92　怀德海对实体——属性思维模式的攻击：Hypokeimenon 从亚里士多德经莱布尼茨到怀德海的转化

实际上，即使作为生物学的实在观，亚里士多德的形上学也是不够充分的。在我们的时代由杜威首先强调的相互作用与相互关联性观念很少受到亚里士多德的注意，其实，正如怀德海经常看到的，亚里士多德的思维模式一般是以"性质"范畴对"关系"范畴的支配为特征的。[①] 对于亚里士多德，关系——而尤其是量的关系——一般都是"偶然的"，没有任何形上的重要性，因为它们变化无常，而非永恒不变，所以，它们不是"科

---

① 《历程与实在》，ix（序）。

学"认识的对象。① 然而严格上正是与性质分类——它构成亚里士多德逻辑的本质——相对的量度概念使近代物理学的发展成为可能。亚里士多德的逻辑从根本上说是一种"分类方法"，它反映了他的生物学研究的性质。这种逻辑的后果是致命的：

> 它全然忽略对实在事物之间的相互关联的说明。每一个实体事物因此而被设想为自身完满（complete in itself）的，与任何其他实体事物没有丝毫的关联。对终极原子、终极单子或享有经验的终极主体的这样一种说明致使一个互相关联的实在个别物的世界，变得不可理解。宇宙破裂成众多互不相关的实体性事物，每一事物均以其自身的方式实例化其私有的一束抽象特性，这些特性在这事物自身的实体的个体性中找到了一个共同的家园。不过实体性的事物不能有求于实体性的事物。一个实体性的事物可以获得一种性质、一份信贷——但决不是真正的不动产。以这种方式，亚里士多德的述谓论与第一实体论就产生出属性结合（conjunction of attributes）与第一实体分离（disjunction of primary substances）论。②

尽管这种对支配了西方哲学中整个形上学传统的亚里士多德逻辑与实体——属性思维方式的批判的有效性根本上是不容置疑的，但仍有理由相信，关于传统的、亚里士多德的见解，怀德海本人也没能正确把握住自身立场的真实性质。首先，他没有看到，他以目的因解释原子论根本上是亚里士多德的。事实上，正好是亚里士多德的"主体性"原理——即，作为 hypokeimenon 的第一实体概念，莱布尼茨将它发展到了它的逻辑结论。这是一个目的论意义上的原子论，它对于亚里士多德的生物学的世界观来说是本质性的。在这个意义上，一个实在的个体事物的原子性简单地说就是其目标或目的的"不可分割的统一性"。每一个 ousia 都是"主体"或 hypokeimenon，因为其实有性或现实性（entelechy 在目的论意义上构成了一

---

① Joseph Ratner，《杜威哲学引论》（*Introduction to John Dewey's Philosophy*），载《智力与近代世界：杜威的哲学》（*Intelligence and the Modern World: John Dewey's Philosophy*），New York，The Modern Library，1939，第98—99页。

② 《观念与探险》，第169—170页。

个不可分割的统一体，而按照亚里士多德，这种统一是在其内在形式或
eidos 中被发现的，并作为其生发原则暨生成历程的基础。这样，每个 ou-
sia 都是由目的的统一性界定的原子，目的的统一性也是本质的（eidetic）
统一性。然而，对于第一实体的这种原子性的根据，亚里士多德还不能说
已经给出了一个令人信服的论辩。ousia 的这种目的的—本质的统一显然
被当作了哲学分析的预定事实和原始资料。

这里，如果第一实体的存有是由不可分割的 telos（目标）主 eidos
（本质）的统一性构成的，则其本质的统一性就不能依赖于任何其他实
体——故第一实体不在主体中出现。这样，黑格尔所谓的实有不仅是实体
而且还是主体的原则就在亚里士多德的格言中有其根源。当然，亚里士多
德没有看到，独立自存概念分析到最后只能意味着功能的唯一性，并且终
极上，只能有一个主体——即作为一个整体的宇宙。因为尽管还具有不同
程度的关涉性与重要性以及任何别的性质，一个实有的目的的—本质的统
一性与其他每一个实有的目的的—本质的统一性是不可分割地建立起来
的。从而给与具体个别事物以独特的同一性的原子性本质上也包含了相对
相关性概念。换言之，一个实有的不可分割的统一性可同一于其观点和透
视的唯一性。

这样，亚里士多德的第一实体理论自然就产生出莱布尼茨的单子
论。宇宙之为"目的的—本质的统一性"的观念已经隐含在亚里士多德
的作为普遍意欲对象的第一推动者概念中，生成世界的形式与目标的统
一性即来源于此。等待莱布尼茨去做的只是愈合亚里士多德体系中动力
因与目的因之间的致命裂痕。莱布尼茨所做的乃是引入内在关系理论以
反对亚里士多德的"形式（外在）主义的"实有概念，并且以一个依
照前定和谐创造现实世界的超越的造物主，去取代第一推动者。这样创
造出来的单子系统被莱布尼茨设想为本质上乃是一"力量"系统（sys-
tem of "forces"），每一个单子或每一单位的力量或权能都具有能动性和
被动性两个主要方面。如是，虽然亚里士多德有混淆生发原则与类别原
则——亦即活动与形式——的倾向，在莱布尼茨的体系中二者却有了区
分。这里，每一个单子不仅拥有目的的—本质的统一性，而且还具有动
态的或生发的统一性。事实上，原子性只能被恰当地描述为"目的—动
力—本质的"统一性，每一项均代表原子的整全的统一性——同时又是

原子的有系统的总体的统一性——的一个侧面。这是莱布尼茨——怀德海传统中原子论的胜义。

## §93　莱布尼茨的太上单子与怀德海的上帝

然而，不幸的是，在他的上帝——太上单子中，莱布尼茨依然保留了独立存在概念。不过与亚里士多德的第一推动者不同，莱布尼茨的上帝同时是动力因与目的因的终极原则。既然在莱布尼茨关于上帝与世界之间的关系概念中，因果相互作用没有任何位置，那么作为具体化原则的太上单子的角色，同样成为不可理解的了。

事实是，莱布尼茨的上帝是否具有积极的理论意义是大可怀疑的。有理由相信，太上单子在他的形上学中仅作为"给与性"的一种表现。既然对于无中生有不可能有任何理性的解释，所以断言单子系统是由太上单子创造的对其存在并不增加任何东西；而主张由于上帝的本质的善，现实的世界是最好的可能世界，也无非是以另一种方式提出有关现实及其他可能的选择的本性的形上思辨。既然我们不可能站在宇宙之外比较无数的可能世界，那么这种思辨就既不能被证实也不能被证伪。

这里应该指出的是，对于莱布尼茨，尽管允许任何一个可能世界存在（即：它在实有中的现实化）都依赖于神性，但可能性的本性却与上帝的意志或创造无关。上帝已经容许最好可能世界实际现实化，因为，莱布尼茨相信，以上帝本质的善去做不同的事将陷入自相矛盾。

实际上这只是以隐喻的方式表达了他的自然的"简单性"的信念：最好的可能世界乃是有最佳现实化的最简单的世界。显然，古典机械论优美的简单性给这位元数理逻辑的奠基人及微积分的创始人之一留下了一个不可磨灭的印象。而另一位在如此多的意义上都是他的真正追随者的同样资深的逻辑学家——数学家（指怀德海）却不可能对量子力学——在那里物理规律被当作统计的平均数（statistical averages）处理——的发现产生如此深刻的印象。

这里，我们回到怀德海哲学中的秩序问题上去。没有任何证据证明怀德海把永恒客体领域设想为由无数具有确定可辨识的简单秩序的可能世界组成的。他有一个"抽象的层阶组织"（abstractive hierarchy）概念，在那里，根据永恒客体的简单性或复杂性的等级，把它们安排在一个层阶组织秩序中。① 不过，这是个完全不同的概念。无疑，怀德海抱有一个无限多可能的秩序形式的概念——正如我们已经看到的，这个概念隐含在他的不同宇宙时段的概念中。但是，他并不主张一种秩序形式必然比任何一种其他的秩序形式更好或更简单。因为简单性或最适性问题不仅仅依赖于永恒客体的性质：它既涉及理想的东西也包含实在的东西。而对于在受条件制约的创造中总是出现的无理元素（surd element），就不可能有任何理性的分析。

这个无理元素是由实有的动态特性决定的。因为秩序的破坏是实在的，所以不可能有任何完整的秩序。而秩序的破坏是实在的乃是因为不存在任何完全的顺应。应该指出，怀德海的上帝对时间性世界中现实的事件程式不具有绝对的支配权。诚然，每一个生成历程的主体鹄的都来源于在合生的开端阶段上帝之为其主体鹄的一面。但这并不意味着现实缘会肯定会成功地实现其目的或者完全符合上帝的预期。并且他不能直接干预现实的事件程式，因为其功能主要是保存与协调，而非物理活动意义上的创造。② 与柏拉图的造物主一样，怀德海的上帝只能以"理性的劝导"而非"强制的力量"影响世界。从而虽然上帝希望借助于他在时间性的现实存有中的客体化将其"强烈的理性"分给世界，但宇宙不可能有任何绝对的统一性，因为世界有可能在某一方面令他失望。而由于这一失误，上帝——即使是上帝——也不能完全预料到宇宙中未来的事件程式。所以怀德海宇宙论中关涉性统一总是一相对的——而非绝对的或无条件的——统一。

## §94　创造性的脉动：超主体与稳定的时刻

宇宙的这种相对统一性是从一所与的现实存有的观点在合生的"超主体"阶段获得的。合生的"超主体"阶段乃是创造性历程的终结阶段，在那儿"未裁定已经从满足中消失了，以至于有了一个关于宇宙的完全的感受裁定或感受否定"。③ 构成现实存有之最终统一性的"未裁定的消

---

① 《科学与近代世界》，第240—242页。

② 《历程与实在》，第525—526页。

③ 同上书，第71、323页。

失”概念被怀德海称为“超主体的起现统一原理”（doctrine of the emergent unity of the superject）：“现实存有同时被设想为主持其自身生成当下性的主体与作为原子性被造物而发挥其客观不朽性功能的超主体”。① 换言之，一现实存有只有在它变成一完全确定的存有、事实中的一个事实后才能成为当下接续的实有的数据。更确切地说，作为超主体的主体或合生的超主体阶段乃是这样一个点，作用者已在结果中实现了其目标而成果——暗含的是整个创造历程——尚未在一起现的现实缘会中客体化之时。用我们熟悉的例子说，它是这样一个点，房子刚已建好或雕像刚已完成而尚未被人居住或在博物馆中被展览。在这个点上，创进获得了暂时的稳定性。它是连续的波涛之间或创造性脉动之间的接合点。

按照怀德海的见解现实存有在合生的最后阶段成了完全确定的存有：“关于（a）其生发，（b）其为超越性创造的客观特性，以及（c）在其宇宙中任一项目的肯定或否定的摄受都是完全确定的。”② 用透视理论的语言来说，这就意味着此实有获得了一确定的宇宙透视。现在它不再是一个变化的中心（主体），而是一个关涉性的中心（超主体）。因为借助于其动态的存在，它已达到了功能唯一性的地位。作为超主体的现实存有是真正的“原子”，从其自身的观点反映着宇宙的统一性。

然而，如果完满预期在怀德海的体系里是不可能的，则现实缘会的原子性就不能是绝对的。超主体可以说具有关于不朽过去和其同时者但不包括未来的“完全的感受裁定”。它对未来实有的感受或摄受变得越来越不确定，正如预期也逐渐变得不可能。因此，严格地讲，任何现实存有都不能有完整及完全明确的宇宙透视，原因很简单，宇宙从来就不是完整的，也不可能有完整的秩序。

## §95　无完满预期：怀德海体系中的不确定性因素

“秩序从来就不是完整的，破坏也从来就不是彻底的”：这表面上看

---

① 《历程与实在》，第71页。
② 同上书，第38页。

似简单的陈述实际上却有着最深刻的形上蕴含。① 秩序从来就是不完整的，因为秩序的泉源与权能的泉源不是同一的。在莱布尼茨的体系中，太上单子同时是创造、保存与协调的原则：正是它使完满预期在单子论中得以可能。相反，在怀德海的现实存有理论中，上帝并不创造；它保存并协调：他的"至上存有"乃是"潜能的贮藏库与成就的协调"。② 上帝的这种保存与协调功能使宇宙中的秩序与秩序的连续成为可能。破坏从来就不是彻底的，因为秩序的恢复是可能的。上帝的永恒生命恰恰就在于他对在他的后得性中的世界的无穷的容受性以及奠基于他对纯粹潜能领域之先在展视的概念和谐的连续性。不予强调上帝的创造功能无疑是怀德海哲学最显著的特征之一。在他看来，传统基督教的上帝概念是全然不能令人满意的。片面强调神性的无限方面及其完全绝对的权力属性使上帝完全成了一个专制君主。③

　　怀德海谈到，"教会赋予上帝的属性是专属于恺撒的"④。如是，尽管莱布尼茨与怀德海之间有着极深入紧密的哲学的——也有人会说，理智的——亲和性，他们的精神却依然有别。怀德海如此敬仰的"莱布尼茨的心灵"依然是"近代性"的，而其敬仰者的灵魂无疑属于 20 世纪的。"近代"与"现代"之间的分界线正是区分绝对的存有概念与不完全性原理者。莱布尼茨忠于自己的理性主义取向，他不仅坚信完满协调以及完整秩序、宇宙统一的可能性，而且对我们认识这种可能性毫不怀疑，这一点隐含在他的"普遍特征"（universal characteristics）概念中。的确，太上单子被莱布尼茨设想为一个完美的逻辑学家和数学家——这就是说，一个完美的"计算者"（radiocinator）。这个作为计算方法的"普遍语言"概念当然就是数理逻辑的起源。然而尽管怀德海是划时代的巨著《数学原理》的作者之一，但没有任何证据表明他（与罗素早期不一样）曾对符号逻辑之为一种方法的适用性与充分性抱有任何积极的信念。相反，怀德海极为怀疑语——任何一科语言——作为形上工具的充分性。⑤ 而这里的困难

① 《历程与实在》，第 119 页。

② 同上书，第 128 页。

③ 《历程与实在》，第 520 页；《思维模式》，第 108 页。

④ 《历程与实在》，第 520 页。

⑤ 同上书，第 16 页。

不仅来自于语言内在固有的本性，更根本的却来自于实在的脉络特性。没有什么语言是充分的，因为它本质上包含了对实在的一种扭曲。这是必然的事，因为每一个命题均预设一个其语言表达要从中抽离出来的系统的环境。① 而任何对可能环境的完全彻底的语言裁定又不可能存在。

　　我们再回到不完全性原理及对绝对的存有概念的排斥上去。怀德海自己的语言偶尔也可能容易引起误解。例如，"每一个原子都是所有事物的一个系统"，这种叙述就容易误导读者；以为怀德海正在阐述一种决定论的哲学。当然，事实是，当他说到一现实存有构成"所有事物的系统"时，"所有"（all）并不是无限制的"所有"（the All）——即，绝对或无条件的总体。这个无限制的所有在脉络主义哲学中除了作为一限制的概念外毫无位置。严格地讲，怀德海的宇宙并不构成一个真正纯粹的系统。因为它本质上具有"开放的脉构"：它不是一个完全确定的总体。不过不确定的系统在语义上是自相矛盾的。

　　换言之，系统的裁定只属于有限事物而决不属于无限事物：宇宙中有系统，但宇宙不是一个系统。实在本质上具有不确定性——"所有"乃是非系统的——这其实是詹姆士、博格森、怀德海以及几乎所有当代重要的哲学家们的共识。这种脉络主义精神，如我们已提出的，乃是使现代哲学与近代哲学相分离者。在近代哲学家诸如斯宾诺莎、莱布尼茨和黑格尔等人之间尽管存在着分歧，但他们都有这样一个基本特征：他们视"所有"为一严格的有系统的总体。他们的哲学真正是决定论的。

## §96　目的因与原子论：宇宙的生发统一性

　　这里，如果不确定性对于怀德海机体主义的实在概念是本质性的，那么原子论及透视理论就只在一个有限的或狭隘的意义上有效。怀德海似乎混淆了作为宇宙（创造历程）统一性之基础的原子性的两种涵义：即，目的论意义上的原子性与生发意义上的原子性。在目的论的意义上，原子性意味着目标的统一。这无疑是怀德海说"目的因与原子论是相互关联的

---

　　① 《历程与实在》，第18页。

哲学原则"时心中所想的。① 每一个现实存有在目的上都有一个不可分割的统一性，因为其主体鹄的，其 telos，只是上帝的主体鹄的一个侧面，而上帝的主体鹄的表达了创进之为一个整体的目标的统一性。正如我们已经看到的，这肯定是亚里士多德体系中第一推动者的含义。这里要注意的一点是，在目的论意义上，每一个现实事物——现实存有或蕴集——均可描述为一个原子；这是因为任何现实整体的目标都不能被还原为其任何部分或分量的目标。例如，一个人的目的统一性乃是某种与其身体或心中任何一个细胞、器官或功能系统的目的统一性及是某种与其身体或心中任何一个细胞、器官或功能系统的目的统一性都有区别的东西。因此，原子性在这个意义上就不可等同于哲学史上很熟悉的概念，即不可分割的实体、质料或能量单位。这是留基波、德漠克里特其实也是近代和现代物理科学的原子论。当怀德海声称"原子性的现实存有个别地表现宇宙的生发统一性"时他心中肯定存有这样一种原子性概念。②

## §97　怀德海的机体主义宇宙论：瞬间无自然

这种生发的统一性就是权能、活动或行动的统一性。怀德海完全接受现代物理学的发现，并将赫拉克利特的名言"万物皆流"变成了"万物皆是向量"。③ 换言之，事物之流乃是能量之流。而每一个现实存有都是一"能量中心"。④ 不过能量之流并不是连续的（即数学意义上的连续）。正如现代物理学教导我们的，一切能量之流都"遵守'量子'条件"。⑤ 与以牛顿物理学的机械论为其根基的科学唯物论不同，怀德海称他的科学观为"机体实在论"（organic realism）。⑥ 从这个机体主义、实在主义的宇宙论中消失的不仅是古典的"静止的物质"（static stuff）概念，而且还有牛顿或近代的"具有被动的耐久力、首要的个别

---

① 《历程与实在》，第 29 页。

② 同上书，第 438 页。

③ 同上书，第 471 页。

④ 《观念的探险》，第 237—238 页。

⑤ 《历程与实在》，第 471 页。

⑥ 同上。

属性和意外的奇遇的空虚的物质存在"。① 自然不能被描述为在古典机械论中所发现的那样一张由些许物质填满的"瞬间点"（point—instants）之网。这就是怀德海所谓的"空虚实有"（vacuous actuality）概念，它是牛顿宇宙论大厦的基石。通过对比可以看出，现代自然观强调的是事物的动态性与机体性：

> 在一瞬间无物存在。每一瞬间都只是聚集事实的一种方式。如是，既然没有任何瞬间被视为单纯的第一存在物，则瞬间无自然（no nature at an instant）。因此，事实的一切相互关系都必然包含转变于它们的本质中。所有的现实化也包含蕴涵于创进中。②

更确切地说，空间中一个点和时间中一瞬间的单位质量（unit - mass）概念在怀德海的宇宙论中被"机体综合"概念所取代。"事物"在一点——瞬中并不是实在的事实，而是聚集实在事实的方式——即：现实存有每一个均形成一能量所在地。既然所有的能量所在地都是互相关联的，所以物理自然界本质上是一个场概念。然而，能量场或动力场概念必须明确区别于牛顿物理学中的"力场"概念。前者是机体论的：它是一个"内在关系场"。相反，牛顿的"力场"是机械论的：它是一个"外在关系场"。在机体场中不可能有诸如作为牛顿普遍引力理论之基础的"超距作用"（action at a distance）这样的东西。在机体主义宇宙论中每一个能量所在地都与动力场中的任何别的所在地有着本质的关联：现实存有显在于某一地方，但隐在于任何地方。因此，现实存有的本性——"实在的内在构造"，如怀德海所称的——不可与场的特性相分离，事实上，它无非是从其自身生成历程的观点体现了场的特性。其生发的统一性——或在生发意义上的原子性—— 只是场的动态统一性的一个侧面或透视。这个统一性是不可分割的（因此是原子性的）；因为它是一个机体的统一性，属于整体的综合特性。

---

① 《历程与实在》，第 471 页。
② 《思维模式》，第 200 页。

## §98 宇宙时段与扩延连续:芝诺混淆了 实际可分性与潜在可分性

根据怀德海,宇宙的创进除了一些本质上属于任何场的最普遍的特征外没有什么永恒固定的场性。因为实有内在地具有场的特性,所以它们在形上学上是必然的。结果证明,这些场性的普遍特征无非是克制现实存有关联性的最根本的原则。怀德海将它们包摄在普遍的"扩延连结"(extensive connection)概念之下。用尽可能简单的术语来说,"扩延连结"指的是两个或更多的事实——现实的或可能的——由是可被连结或相关的任何一种原则或方式。位置或相对地位的任何具体化或裁定都要预设它。它的确还可被描述为安排的形式系统(formal system of arrangement)。显然,这个"扩延连结"概念比时空观念更普遍,它隐含向度概念。在怀德海看来,向度表示一种形上的必然性,因为它构成了动力场的本质特征。然而,恰好在现在宇宙时段中占优势的向度的特殊裁定——作为一四维时空连续体——是一个宇宙论的事实,而非一种形上的必然性。在一个不同的宇宙时段中,创进可以设定不同的时空特性:现实的事件程式可以包含一个具有多于或少于四维的广泛架构,并且它不必是一个连续体。

这里立即可以看到,对于怀德海来说,连续性(continuity)在数学的意义上含有无限可分性的意思,它只关注潜在的事物,而与现实的事物无涉:"连续性关注潜在者;而实有则无可救药地是原子性的。"① 更确切地说,原子论在机体哲学中乃是形上的必然性,而非宇宙论的事实;而连续性则是宇宙的事实,而非形上的必然性。诚然,后者如果像在其传统概念中那样被应用于现实的事物就是一存有论的不可能。

连续性不能归之于现实事物,因为不可能有任何现实的无限。而不可能有任何现实的无限则是因为能量之流总具有一现实的限界(actual bound),并且它不是无限可分的:瞬间无自然。在此我们须指出,对原子论的形上必然性和现实连续性的存有论的不可能性所作辩解的有效性并不依赖于像量子力学那样的经验科学的发现。其实,在量子力学中被明确界

① 《历程与实在》,第95页。

定了的"活动量子"概念隐含着更普遍的"创造性单位"概念，它是现实存有的根本涵义。在第二章中我们已经看到了这个普遍的原子性创造性单位或活动量子概念如何可以我们的日常经验来诠释。原子性的创造性单位可定义为，在一所与动力场中完成一定事情所需的最少量的活动或能量。此活动总量的量度当然要以成就的种类与所在的场的特性而定。

如是，原子性终极上植根于不可分割的活动统一性。如果活动是无限可分的，就不会有任何成就。因为一切有限的成就本质上都包含着预设历程的限制，而除了活动外就别无历程。每一个生成历程都只是活动的合生，历程的原子性就是由创造性合生的不可分割的统一性来界定的。

从而连续的合生或生成历程在语义上是自相矛盾的。然而，这并不意味着由连续完成的单位生成留下的活动后果不可带有连续的特性。如著名的芝诺悖论之一所显示的，在阿基里斯与乌龟之间的赛跑中，两个参与者实际上都没有经过想象的运动路线的每一个空间点。由现实的事件程式来描述的赛跑路径其实是一个明确分开的事实的相续，其结合是分立的而不是连续的。被赋予数学上的"实线"（real line）性质（它是连续的）的想象的运动路线是一个纯粹理论上的建构，设计它是为了给我们的运动经验以理性的解释。在怀德海看来，这种建构的可能性可以为我们说运动路线是潜在地连续而非实际地连续辩护。无论阿基里斯还是乌龟实际上都没有经过想象的运动路线中的每一个空间点，但二者均可能经过（could have traversed）它们各自行程中的任何空间点。如是，这一个或其他熟悉的芝诺悖论所陷入的理论僵局一方面源于生发（活动）与类别（活动后果）之间的基本混淆；另一方面源于现实与潜能之间的基本混淆。未能把握住生发——类别的非对称性应该对绝大多数传统的关于连续性问题的处理方式负责。芝诺错误地假设了一个生成活动，如它所生成的东西一样，是无限可分的。① 但是，活动与活动的后果之间并不必然存在任何一一的对应关系（one – one correspondence）。

活动的结果是否潜在地就是连续的，乃是一个经验的问题；但生成的原子性则是一形上的必然性，正如怀德海所指出的，"有连续性的生成，

① 《历程与实在》，第107页。

而无生成的连续性"。① 换言之，扩延的连续（extensive continuum）乃是某种由创进历程创造的东西。怀德海相信，它是一个关于现在宇宙时段之场性的经验事实，它可能属于也可能不属于任何其他宇宙时段。他把他对原子论及连续性问题的处理概括如下：

> 终极的形上真理是原子论。被造之物都是原子性的。在现在宇宙时段中有连续性的创造。或许这种创造是支撑所有宇宙时段的终极形上真理，但这似乎并不是一个必然的结论，更有可能的见解是，扩延的连续性源自于构成我们当下时段之被造物社团的一种特殊状态。②

这里，怀德海所忽略不谈的是，为什么扩延的连续更有可能是起源于由现在时段中的现实存有社团所裁定的场性的"特殊状态"，而不是辖制所有宇宙时段的终极形上真理。他对此时段中扩延连续的产生的确信显然是以这样一个现代发现为基础的，即光的传播依据特殊的状态，既可以用粒子理论也可以用波动理论来描述。怀德海无疑受此激发而试图将这两种理论在哲学的脉络中加以平衡或调和。有理由相信他曾在某种程度上混淆了连续性的形上学涵义与物理学涵义。至少，怀德海没有把这个区分明确地指出来。

## §99　莱布尼茨与怀德海的连续性

这里，对于现实连续体的否定当然不是怀德海所独创的。它已经隐含在亚里士多德对现实无限之否定与他的生成论中。但给以最雄辩的表达的当然是莱布尼茨了。对于莱布尼茨扩延意味重复，是必然地间歇（discrete）的。时空连续体乃是纯粹理想的，非现实的，因为它包含未裁定的部分，而在现实中的一切都是裁定的。③ 在我们所知觉的空间与时间中呈现的连续性莱布尼茨以他的"微知觉"（small perceptions）来解释，这些

---

① 《历程与实在》，第 53 页。

② 同上。

③ 罗素：《莱布尼茨哲学之批判的阐述》（*A Crictical Exposition of the Philosophy of Leibniz*），London，George Allen & Unwin，1939，第 111 页。

微知觉集体地呈现时变得混淆不清了。以怀德海观之，这个理论是不能令人满意的，因为它没有讲清楚"混淆"是怎样产生的。[①] 怀德海对于这个问题的解答可在他的"递变论"（theory of transmutation）中找到，不过这将超出此一般研究的范围之内。

无论如何，作为一个宇宙论的事实，扩延连续体没有形上学的重要性。重要的是连续性的形上根据。这又把我们带回到理想领域与纯粹可能性与实在可能性的区分上。假如创进可以描述为一（在潜在可分的意义上）扩延地连续的场性，它必然在永恒客体中有其根据。对莱布尼茨来说，没有可能性是实在的——即，在实有中实现——假如它的概念包含一个自相矛盾的话。由是没有无限数（无限大或无限小）这样东西因为这样的概念蕴涵它的否定。这在莱布尼茨的形上学是极为重要的一点。因为除非我们记住此对无限数可能性的否定，他所明确断言的对现实无限（actual infinite）的确信的真正意蕴就很容易被忽略了。事实是这样的，尽管莱布尼茨同意亚里士多德对现实无限作为一无限集结（infinite aggregate）的否定，这蕴涵不可能的无限数概念，他还是相信有另一意义的现实无限——即，作为宇宙之绝对或无制约的统一性。"真正的无限"，他说，"严格地来讲，仅存在于先于所有合成和非由部分之和形成的绝对（the Absolute）之中"。[②] 这句话可能由斯宾诺莎或黑格尔说出来。所有三位哲学家，如上文已指出过，设想宇宙为一个绝对的统一体。

在这个意义上思考，莱布尼茨对现实无限的信仰与他对现实连续体的否定并非必然地不一致。这与他所谓的"连续性规律"（law of continuity）也非不相容。因为此规律在本质上断言的是，所有类别性的差异都能有无限的裁定层级（自然无裂隙）并不必然需要现实连续体概念。此规律所主张的是"强度的连续性"（intensive continuity）而非扩延的连续性（extensive continuity）。怀德海对于自然强度连续的程度——无论潜在地还是实有地——不持任何明确观点。不过，他显然不赞同莱布尼茨的实在形成一强度连续体（表面上的不连续又由"微知觉"理论予以解释）的见解。事实上，怀德海必然会从量子物理学的发现的观点去否认它。但是强度连

---

① 《历程与实在》，第 40 页。

② 《莱布尼茨哲学之批判的阐述》，第 109 页。

续性问题并不那么容易解决。至于扩延连续性与强度连续性之间的关系问题则更为困难。莱布尼茨与怀德海都试图调和原子论与连续性；但他们各自的着重点不同。莱布尼茨主要进路是在强度性上，而怀德海则着重致力于扩延连续性问题。时空连续体（spatio‒temporal continum）远非莱布尼茨所谓的仅仅是"有充分根据的现象"（well‒founded phenomenon），它在怀德海的宇宙论中发挥着极实在的功能。因为它表示控制永恒客体有选择的现实化的普遍限制。

在此，我们须立即指出的是，在怀德海的宇宙论中，现实世界的场性并不只依赖于永恒客体的本性。即使连续性是一纯粹的可能性，它也并不必然为现实宇宙构成实在的可能性。当然可以设想，创进的动态特性是如此，致使连续性的创造对于任何宇宙时段都是不可能的。从机体系统中个体化来源与具体化来源之间的分离来看，这或许是更有可能的结论。

让我们再次回到不确定性概念。怀德海对其宇宙论中的这个重要元素没能认识到或给予足够的重视，这个事实实在是非常的不幸。它给他的思想制造了一个并不真实存在的决定论倾向。譬如，以他的全部学说关注于现实存有的主体鹄的及其最终的满足为例。既然怀德海没能在作为最初从上帝那里接受来的主体鹄的与作为实际获得的主体鹄的之间作出区分，那就不可避免地产生了一切现实存有利事件都是由上帝前定的这样一个误解。实际上这几乎是不可能的，因为上帝在机体哲学中并不是创造的作用者——至少不是直接地——而他的指令由每一个现实存有完满地实现出来也是极不可能的。与莱布尼茨不同，怀德海似乎不抱这种全然的唯理主义的实在观。

## §100　莱布尼茨与怀德海：基本的同异

莱布尼茨与怀德海之间的决定性差别是在他们的宇宙统一性的概念中被发现的。二者都同意这个统一性必须同时是目的的统一性与生发的统一性。不过，对于莱布尼茨来说，这两种统一性永远是同一的，而对于怀德海来说，这两者是不同的并且也无需彼此相合。事实上，其相合体现的毋宁是例外而非规律。差异总是存在的，无论它可能多么微不足道。差异的程度越大，秩序的毁坏与破损也会越大。当这两种意义的统一性之间的差异很小时，秩序的稳定性才会产生。

　　如是，从亚里士多德中经莱布尼茨到怀德海的发展中我们清楚地看到了西方形上学的模式之一。亚里士多德以牺牲宇宙生发的或动态的统一性来强调其目的的统一性。在其体系中的目的因与动力因之间存在着一道裂隙，由于其普遍的独立存在概念、并且特别是第一推动者的绝对的因果独立性的阻碍，这个问题不可能有任何解决办法。莱布尼茨弥补这道裂隙，不过是以独断与彻底的决定论为代价的。直到怀德海，这个问题才获得了一个近乎令人满意的解决。机体中创造因素与协调因素之间的分离不仅对其形上学而且对其价值论都是至关重要的。因为从这种功能的区分中产生的不确定性无非是价值与重要性的不确定性。上帝没"死"，不过他已在他与世界的关联中被转化了。他现在不再是一个恺撒或一个不折不扣的逻辑学家——数学家；他是诗人和永久的伙伴。怀德海称上帝为"世界的诗人"，为的是强调美和审美价值的重要性。其实，他似乎主张美——他定义为"模式化对比的和谐"（harmony of patterned contrast）——乃是最高的善。[①] 鉴于怀德海对绝对的道德概念的排斥，这一点当然就不难看出了。既然不可能存在任何普遍永恒地固定的道德法则或在理想，审美因素自然就构成了行为的规范原则。道德，如我们已经看到的，被怀德海描述为控制历程以达到重要性的极限。[②] 这根本上依赖于选择（alternatives）概念。我们可以说道德的本质就在于努力求得较好的选择。一个行动过程是好还是坏不仅要靠境遇而且还要靠有效的选择。而且一个选择，如果其他条件都一样，它用较少的努力或以较低的代价但获得相同的成果，则它就比另外的选择好。对于一个所与境遇，现在要裁定哪一个是最好或较好的选择当然不是件容易的事情。这就是为什么道德，与经济学一样，在某种程度上是一种艺术。怀德海会同意希腊哲人，说美德正正就是生活艺术的卓越与完美，尽管他并不完全赞同他们的完美观念。

　　的确，与莱布尼茨不同，与其说怀德海在精神气质上是古典的，不如说是浪漫主义的。对于浪漫主义者来说，善并不必然意味着秩序，而美也

---

　　① 《观念的探险》，第 339，342 页。参阅 A. H. Johnson：《怀德海的实在论》（*White head's Theory of Reality*），New York，Dover，1962，第 104—106 页。

　　② 《思维模式》，第 19 页。

并不必然含有对称的意思。怀德海想强调秩序，但并不想牺牲创新性。而且，他把美设想为模式化对比的和谐而非仅仅模式的规律性（regularity of patterns）。无须说，怀德海是将最首要的着重点放在感受与创造历程的当下性上了。不过，对于他来说，成就的个体性不能与关联的普遍性分开。

在机体哲学中上帝从未被描绘成一个完美的逻辑家或数学家，这个事实意义重大。与莱布尼茨不同，怀德海似乎并不相信对于任何所与境遇只有一个唯一的最佳解答。选择可以是同等地善的。并且，假如不确定性的因素对于机体主义的形上学是基本的，那么就会有本质上是"不可决定"的解答。在这些情况下，上帝的概念性评价体鸽的乃是通过审美而非理性思考来提出。作为世界的"诗人"的上帝乃是一个至高的艺术家，其协调功能中的技巧与手法造就了世界的和谐与秩序。

然而，上帝不属于任何一类艺术家；怀德海特别以诗人的形象来设想他。这里，诗比其他任何艺术形式都更为依赖于对重要性以及存在统一性的直觉。诗人的敏感性（sensibility）根本上源于他们的关怀以及对宇宙的本质一元性的感受。在作为怀德海思想灵感主要来源之一的华兹华斯的浪漫诗中，这至少是真实的。[①] 华兹华斯歌颂自然的美以及自然界中万物的一元性。他对怀德海的影响在后者视上帝之为保存者或保护者的概念中被反映出来。世界诗人的敏感性乃是"一种亲切的关怀，让无物被遗漏"。[②] 诚然，上帝的智慧和理性不能与他的敏感性分开：他对时间世界的实有之理性的劝导植根于他的关怀感与保护欲：

> 上帝的后得性乃是他对世界的审判。当世界经过他自身生命的当下性时，他拯救世界。它是仁慈的审判，没有遗漏任何能被拯救的东西。它又是明智的审判，利用了在时间世界中仅仅有残骸的东西。[③]

然而上帝的权能并不是无限制的；因为限制是实有的真正本质。上帝不能拯救一切事物：上帝只拯救能被拯救者——即，在祂的权能与知识的

---

① 《科学与近代世界》，第120—122页。
② 《历程与实在》，第525页。
③ 同上。

界限以内。上帝的知识只在祂拥有绝对丰富的潜能的意义上才是不受限制的。然而，关于实在潜能，祂的知识也还是有限的：完满的预期，即使对上帝也是没有的。这样，当祂的智慧使他能够为了实现更大的善而利用"在时间世界中仅仅是残骸者"时，祂的审判并不是绝对可靠的。一个怀德海没有明确作出的有趣的结论是，对于这个世界上的善与恶，上帝所应负的责任绝不比这个世界少。这是因为所有决定都来源于上帝的主体鹄的。此外，既然上帝是唯一永恒的实有，那么也只有祂自己才知道由于其本身的限制而产生之过失的性质与后果。上帝与世界共患难：祂"是伟大的伙伴——善解人意的难友"。①

上帝在某种意义上又是宇宙中最孤独的形象。但是与亚里士多德的不动的推动者不同，上帝的孤独并不是以祂的漠不关心而是以祂的功能的独特性为根据的。上帝的孤独源于祂的透视的独特性——亦即，祂的关怀、祂的智慧以及祂的责任的独特性。上帝远不是"不动的"，祂作为爱的普遍物件就是爱本身。爱的果实是欢乐与苦难；而上帝在独自承受苦难之全部重负的同时又能拥抱一切胜利的欢乐。诚然，这构成了上帝的永恒的当下性。

如是，上帝并不比任何其他实有更现实，但祂的现实性却更独特。祂可被描述为万物的"量度"，因为祂的当下性与透视性乃是宇宙统一性的根据。正是在这个意义上，上帝在机体哲学中被视为一切形上原理的"最重要的产生实体"。② 这的确是上帝的主体性的真实内涵。上帝是主体（就这个词的真实意义而言），因为祂的自我实现同时就是宇宙的教统特性的自我享用。它是卓越的重要性（importance par excellence）的自我享用。

---

① 《历程与实在》，第 532 页。
② 同上书，第 521 页。

# 第五章 结论:形上必然性概念 与哲学方法问题

## §101 条件性与必然因果

在前几章中,我们努力以一种有望更易理解的方式重建怀德海哲学的原始观念和本质原则。而在此结论中,我们的目的是双重的:首先,通过对机体哲学某些最显著的特征的评估来概括我们先前的讨论;其次,提出一些有关思辨哲学的性质与方法的问题。

或许,研究怀德海形上学的最佳途径发现于作用与条件性这两个基本概念间的关系中。作用乃是受条件限制的创造性:这是现实存有理论的根本原则。每一个现实存有都是以活动为其唯一本质的创造性作用者。不过实有的创造权能总是有条件限制的,它将它的功效归于它所属的动力场的特性。换言之,条件性本身并不同一于作用。实有的动态特性只构成一种特殊的制约存在,即用作为所有生命和运动所依赖的个体化或限制的条件。但是还有其他种类的条件性。事实上,在一事实的合成中有多少类型的裁定或贡献因素可分析出来,就有多少类型的制约存在者。由是条件性与合成乃是相关的概念。在事前分析被称为制约因素的在事后分析就是组成分子。

并且,从存有论上讲乃是制约或构成因素的在认识论上就是理由或解释原则。它是亚里士多德和莱布尼茨意义上的"原因"(cause)。就这个意义而论,条件性或充足理由律,如莱布尼茨所提出的,有别于在两个连续事件的必然关联意义上的"因果性"(causality)。这一在休谟的攻击下受到重大打击的必然因果(necessary causation)概念包含两个基本特征:(a)对动力因的唯一强调,及(b)对"必要权能"(necessary power)的假定。这并不是我们在机体哲学下面所发现的条件性概念。现实存有理论的确奠基于作用理论，亦即动力因，不过它不含必然联系（necessary connection）概念。此外——并且是决定性的，怀德海并不认为将动力因从别种原因或条件性中分离出来是可能的。事实上，现实存有理论乃是把或隐或显地包含在亚里士多德形上学中的各种意义的"因果"统一起来的一次尝试——在他之前莱布尼茨曾着手这项工作。

## §102　莱布尼茨的必然性概念

莱布尼茨是通过在两种真理——即理性真理与事实真理——之间作一重要的区分来解决这个问题的。所有的理性真理都是分析的：它们在逻辑上是必然的，因为它们只依赖于矛盾律；对于莱布尼茨来说，矛盾律与同一律（A 是 A）是一样的。逻辑的必然性也就意味着无矛盾：理性真理因此是一个其反题乃是不可能的真理。例如，命题"一个个儿高的人是一个人"就不能不自相矛盾地被否定。相反，所有的事实真理都是综合的，上帝的存在除外。它们在逻辑上不是必然的，因为在其否定中不包含任何矛盾。如是，命题"太阳在东方升起"——莱布尼茨与休谟都曾引用的——可以不自相矛盾地被否定。对于二者来说，逻辑必然性完全被排除出了事实领域。不过休谟只承认一种必然性，即心理上的必然性，而莱布尼茨则调和形上必然性与物理必然性间的区别，并与逻辑的必然性相对比。逻辑的必然性源于矛盾律，在形上的或物理的意义上的必然性则是从充足理由律中引申出来的。

莱布尼茨指出："我们的推理过程奠基于两大原理，矛盾律……和充足理由律，由于它，我们断定没有一个事实可被发现为是真的或存在的，没有一个陈述是确定的，除非有一个它可以是这样而不是那样的充足理由，尽管这些理由通常并不为我们所知。"[①] 按照古都拉（Courturat），这两个原则之间的关系是这样的：矛盾律主张所有分析命题都是真的，而充足理由律则断言所有真命题都是分析的，因此一个恰好是另一个的倒

---

①　引自罗素：《莱布尼茨哲学之批判的阐述》，第 31 页。

转。① 当然，分析命题与综合命题的区分肇始于康德。严格地讲，莱布尼茨的"理性真理"与"事实真理"之间的对比不能被等同于分析命题与综合命题之间的区分。这是因为，对于莱布尼茨来说，事实真理在某种意义上也是"分析的"。

事实真理并非在逻辑必然性的意义上，而是在形上必然性的意义上是分析的。一般说来，如果一个命题不能无矛盾地被否定则这个命题就是必然的。然而，事实真理的必然性，即，已实现了的可能性，有别于理性真理。理性真理的必然性纯粹是逻辑的：它表达的不是一同义语的重复，就是一种本质的可能性。反之，事实真理，仅从其事实性来看是必然的。一个实现了的事实不能实际上又是别的：做了的不能又没做。不过，从逻辑上讲，它仍可以是别的。它在逻辑上是偶然的，而非必然的。我们可以说，事实真理把现实必然性与逻辑偶然性结合在一起。

这里，根据莱布尼茨，所有命题都可还原为主谓式（subject - predicate form）。② 从而，断定一命题是真的也就是断定谓项被包含在主项中，或为主项的属性。由此从逻辑上讲，主项只是一"收集的规则"（rule of collection），亦即，收集所有属于此主项的谓项，在本质上作为一理性真理者，或在现实上作为一事实真理者。如是相应于每一个逻辑主项都有一个由其所有谓项——本质上或实际上可被断定为属性者——组成的"理念"（notion）。这就是莱布尼茨合成理论的要旨，康德关于分析命题（判断）与综合命题（判断）之间的区分就是以此为基础的。如果谓项被包含在主项的概念中，则命题是分析的，反之，它就是综合的。如是，根据康德，命题"一切物体都是广延的"乃是一分析命题，而命题"一切物体都是具有重量的"则是综合的。

## §103　康德的必然性概念

应该立即指出的是，康德在分析与综合之间的这种区分实在不同于莱布尼茨在必然与偶然之间的区分。这是因为，必然性的含义在康德的诠释

---

① 引自罗素：《莱布尼茨哲学之批判的阐述》，第 v 页。
② 同上书，第 9—11 页。

中已发生了变化。在仍保留莱布尼茨的逻辑必然性概念的同时，康德摒弃了莱布尼茨的形上必然性概念，并且以一个新的必然性概念——即，先验的必然性——取而代之。或者，我们应该说，对于康德，形上的必然性就是先验的必然性。由于这一转变，所有对于莱布尼茨来说乃是仅以矛盾律为基础之理性真理的形上命题现在被视为先验综合命题，其必然性不是来自于矛盾律，而是作为纯粹直观形式的空间和时间。另一方面，那些根据莱布尼茨由于充足理由律而是必然的形上命题或原则现在作为"先验谬误"（transcendental illusion）被摒弃了，其存有则归于先验概念或原理的误用。从而在康德的意义上它们不是必然的了。

使康德的这一转变成为可能的乃是否认现实存在在任何意义上都可能被逻辑地证明。康德着重地拒斥莱布尼茨的前提，即：断言上帝存在的命题是一个理性真理，在逻辑上必然的并且是分析的。对于前者来说，存在并不是一种可从上帝的完全理念中得到说明的属性。

然而，莱布尼茨的形上必然性概念严格上是以作为存有论第一原理的上帝存在为基础的。诚然，上帝的存在可被描述为一切形上真理均可从中引申出来的终极充足理由。如是，必然存在一个被创造的世界。因为创造性内在于上帝的本性中作为其完满性之一种体现。上帝表现其神圣的善的"道德的必然性"——如莱布尼茨所称的——不仅解释了现实世界的存在，而且也说明了它的特性：如果上帝想要创造，出于道德的必然性，它必须创造最好的可能世界。现在根据莱布尼茨的合成理论，这个被实际创造的世界，与任何其他不被容许存在的可能世界一样，在其完全理念中必然是确定的，其完全概念将包含为此世界界定其独特的有系统的秩序的自然规律或原则。然而，在这个世界中宰行的物理规律的必然性只是"假定的必然性"，而非逻辑的必然性，因为其必然性来自于上帝的创造意志，上帝的创造意志尽管在道德上是必然的，在逻辑上却是偶然的。

无论康德还是怀德海都不会同意这种以诸如道德必然性概念那样不可靠的前提为基础的形上学妄想。不过，莱布尼茨对康德观念论的影响即使在这里也是明显的。因为充足理由律现在已变成作为人类认识的最高综合原理之统觉的先验统一（矛盾律是最高的分析原理），而莱布尼茨的道德必然性概念也已相应地转变成作为道德理性之设准至上存有的概念。实际上，康德所做的乃是分解了莱布尼茨所归于神圣存有的两种含义的必然性，即，康德所排斥的上帝存在的逻辑必然性，以及康德以最高道德理想来拥护的上帝本性中的道德必然性。

## §104　怀德海的必然性概念：上帝在他形上学里的地位

这里，怀德海同意康德，主张上帝的存在不具有任何逻辑的必然性，这也就是上帝在机体哲学中被描述为创造之"先在的、非时间性的偶然事件"的原因。[1] 这同样也是上帝没有被作为一个范畴而包含在范畴总纲中的原因。显然，上帝的存在对于怀德海乃是不可能有任何逻辑证明的非理性的事实（brute fact）。

当然这并不意味着上帝的概念必然也是空洞的或任意的。逻辑证明的不可能性并不免除其哲学明证性的要求。的确，按照怀德海（如我们在第二章中已看到的），"澄清有关事物本性之根本明证性"乃是哲学所独有的功能。[2] 而这个"基本明证性"也就是自明性：哲学的理解分析到最后，简单地说就是自明性的揭示。[3] 那么现在的问题是，证明作为一非理性事实的上帝的客观存在的自明性是什么呢？

不幸的是，怀德海本人似乎完全忽略了这个重要问题。根据笔者的认识，他从未明确地为上帝的存在作过辩护。这就进一步证实了怀德海毫不关注作为一客观存在的上帝。有理由相信，怀德海的上帝概念首先是一个形式概念，而其次才是一个现象学的概念。

从形式上予以解释的上帝乃是形上学的上帝。上帝作为一形式的、形上学的概念并不含有现实存在的意思：这个概念单单规定了如果神要存在祂必须发挥的形上功能是什么。另外，宗教的上帝概念可以从哲学的立场描述为对某种形上理论的现象学诠释。稍作反思就会看到，两种不同的宗教，其现象学内容各异却共有同样的形式内容是可能的，的确，这正是使作为一门理性学科的比较宗教研究成为可能者。就属于神的形上功能中的相似程度而言，任何两种宗教或特殊的上帝概念都是类似的。

---

[1]　《历程与实在》，第 11 页。
[2]　《思维模式》，第 67 页。
[3]　同上。

当我们仔细检查怀德海的上帝学说时，我们发现，上帝乃是仅仅基于一系列限制条件而被界定的，作为合理的概念这些条件对于机体哲学来说有其形上学的必然性。形上的必然性在这里根本上是认识论的：它是理性解释的必然性。因为事物的可理解性要求一定的形上条件必须被实现或满足。

正如我们在前一章中已看到的，只有两种主要的功能被怀德海归于其体系中的上帝——即，保存功能与协调功能。其上帝概念乃是"潜能的贮藏库与成就的协调器"。① 这是宗教的上帝吗？

在提出这个问题时人们已经假定了存在着诸如一种为所有宗教共有的上帝概念。事情的真相毋宁是，有多少种宗教就有多少种上帝观念。例如，为犹太教及基督教信仰所信奉的人格化的上帝概念就决不是普遍的。

或许不可能有任何宗教的形上学；而只有关于宗教经验的形上学。无疑，后者根本上就是怀德海在阐述其上帝学说时心里所想的。我们必须立刻指出的是，宗教经验的形上学并不像心理学那样关注宗教经验，形上学作为第一科学是对理性证成的探求：其首要功能，在此脉络中，乃是宗教经验的理性化。这就是无中生有的观念尽管是普遍的宗教诉求却仍从怀德海的上帝学说中被剔除出去的原因。因为这种观念不能予以理性地证成。

怀德海未曾宣称他个人具有进入所有一切类型的宗教经验的途径。不过他显然相信存在着一个根本上属于人的宗教经验的中心。并且与许多其他人一样，他看到，宗教精神的本质是在那些居于有限与无限中间的边界状态中被发现的。然而这里，也存在着作为理性证成的第一科学之形上学的基础。因此，单从宗教经验的理性化来设想的形上学与神学——如亚里士多德所教导的——最终必然是同一的。

因此，未把上帝概念包括在范畴表中必须被看作是怀德海的重大疏忽之一。因为没有上帝作为相关性的先在根据就不能有创造性的个体化；因为主体鹄的与概念摄受的观念就将全无基础。事实上，既然上帝代表着宇宙之有系统的统一，那么抽离出上帝概念，整个现实存有理论就会崩溃。毫无疑问，上帝是应该被作为形式化的哲学构架中的一个统合部分来对待的。

---

① 《思维模式》，第128页。

怀德海可能这样想，把上帝编入范畴总纲中，他就得默认其现实存在；由于他把上帝，像时间性的现实存有一样，解释为创造性的一个偶然——尽管是永恒——的事件，这将是他最不愿意做的事。既然范畴总纲是一个"普遍概念的系统"，那么它必然不包含任何有关特殊性的东西，无论它可能多么特别。因为从逻辑上讲范畴总纲无非是一个尚未被诠释的概念的形式系统——怀德海设计出来以展示实在之可理解结构的一种装置。一旦予以诠释，它将显示一个以一定方式相连结的现实存有的世界。不过，纯然被当作一形式系统的范畴总纲并不断言现实存有的存在。

当然，这就隐含着任何现实存在都不能有效地从其可能性中推断出来——一种在传统的关于上帝存在的本体论证明中所采用的程序。因为范畴总纲只说明现实存有的可能性。既然怀德海同意康德否定现实存在的逻辑的可证明性，那么同样，上帝的实有性以及所有时间性现实存有的实有性都只能独断地予以维护。而怀德海正是用上帝是创造性的一个先在的偶然事件来表达了这一点。

不过，上帝无须是一个指谓一客观存在的存在物的描述性、现象学的概念，其有效性极须证明。上帝可以是一个基于一系列可由一个或多个特殊实例予以满足的条件而被规范性地界定的纯粹形式的理念。如果一切存在都是从功能上来设想的，那么上帝概念就与"神的功能"概念相同：上帝就是其所作所为。如此定义，上帝乃是一角色概念，而非存在物概念。因为一个角色就其自身而言与扮演这个角色的存在物没有关系，所以这种区分是重要的。可能存在没有任何合格的候选者的角色，就像上帝的角色。另一方面，一个角色不必由一个单独的个别存在物来扮演；它可以由一组共同工作的个体来扮演，因此，在泛神论中，神的功能是由共同活动中的一切存有来实现的。

## §105 怀德海上帝概念的暧昧

要确定怀德海持有泛神论的还是位格论的上帝学说绝非易事。他把上帝设想为一个可从时间性现实存有中区别出来的个别的现实存有，并且上帝还被描述为在其后得性中是"有意识的"，尽管在其先在性中是"无意识的"，这个事实似倾向于位格论的诠释。[①] 诚然，除非上帝有人格属性，否则像"救世主"或"世界的诗人"这样的隐喻就会是无意义的。另一方面，鉴于怀德海的上帝与世界相互依赖的学说，泛神论的诠释也不是全然不可能的。读他的有关上帝的著作，没有人能不想起斯宾诺莎的"自然"和黑格尔的"绝对"。因为怀德海实际上把神解释成表征着宇宙之有系统的统一。他说："上帝是一个有系统的完全事实，它是制约一切创造活动的先在根据。"[②] 而且我们实在不能忘记，离开了先在现实存有的客体化，上帝的物理本性（可以说，上帝之身体）将无任何内容。因此怀德海的神学中至少有一点泛神论的因素。为什么不是这样呢？泛神论并不必然与人格化的上帝概念不可相容。假如有人把宇宙设想为一个机体并且上帝是其核心器官，那么同时用泛神论和位格论术语来描绘上帝就是可能的。这似乎恰恰就是怀德海机体主义神学的根本企图，在那里，许多神学对立的表面上的自相矛盾将被"把对立变为对比的意义转换"所克服：

> 说上帝是恒常的、世界是变动的是真的，就如同说世界是恒常的、上帝是变动的是真的。
>
> 说上帝是一而世界是多是真的，就如同说世界是一而上帝是多是真的。
>
> 比诸世界，说上帝是卓越地现实是真的，就如同比诸上帝，说世界是卓越地现实是真的。
>
> 说世界内在于上帝是真的，就如同说上帝内在于世界是真的。
>
> 说上帝超越世界是真的，就如同说世界超越上帝是真的。
>
> 说上帝创造世界是真的，就如同说世界创造上帝是真的。[③]

那么，这里的上帝学说如果有效，它将为理性地调解对立中的宗教提供形上基础。无疑，对于怀德海来说，形上学的一个重要功能就是宗教经验的理性化。换言之，形上学必须试图建立一种可从哲学上加以证成的理

---

① 《历程与实在》，第 524 页。

② 怀德海：《宗教的形成》（*Religion in the Making*），New York，Meridian Books，1960，第148 页。

③ 《历程与实在》，第 528 页。

性神学或上帝学说。

## §106　明证性与怀德海存有论的现象学基础

这里，证成的概念不能与明证性的概念相分离。形上学的任务可以说同时包括存有论一面与认识论一面。存有论的功能是建构一个形式的思想构架以展示存在与实在的可理解性。另一方面，认识论的任务则是根据从人类经验中得来的现象学的明证性——有意识的或无意识的，直观的或推论的——去证明这个形式构架。这就意味着，形上学不可认同于存有论，而毋宁同一于存有论与认识论的统一。我们相信，这就是当怀德海把"思辨哲学"（形上学）界定为"致力于架构一个融贯的、合逻辑的、必然的普遍概念体系，并借着此系统去诠释我们所经验到的一切要素"时心中所想的。[①] 注意，在这个定义中他并没有提到"存在"（或"存有"）：哲学的构架不是依赖"每一个存在者"，而是通过"我们所经验到的所有要素"而被诠释的。

显然，对于怀德海，任何存在都不能超越人类经验的可能性，泛言之就是"不可知即未知"。[②] 任何可理解的存在者都必须具有某种形式的"现象学的有效性"，依赖这种经验的"明证性"来支持其存在；它必须至少是可设想的或可想象的。存在物的现象学的有效性乃是裁定其存在的"意义"者。例如，疼痛、树、人首马身之怪物、电子及数字不在相同的意义上存在，因为它们现象学的基础各不相同。从而，现象学就处于认识论的中心：它是以经验的描述分析为基础的明证性科学。

机体哲学隐含着一种如上所述的现象学是毫无疑问的。怀德海在范畴总纲中阐述的存有论并不是其想象力的武断产物；它在人类经验中有其基础。其实，如果存有论的构架可适用于我们经验的每一要素，那么它将同时构成一有系统的现象学的陈述。既然范畴总纲应该可由经验的描述性的普遍化来达到，那么这当然就毫不意外了。而且怀德海用"经验"所意指的乃是最广泛意义上的经验：

---

① 《历程与实在》，第 4 页。
② 同上书，第 6 页。

　　为了发现某些我们可以对无穷尽的各种不同的经验的构成因素加以分类的主要范畴，我们必须诉诸于与各种缘会相关的，而不能有所遗漏的明证性：酣醉与清醒的经验、睡着与醒着的经验、昏沉沉与大清明的经验、自觉与忘我的经验、理智的与肉体的经验、快乐与悲伤的经验、纵情与克己的经验、处身光明与处身黑暗的经验、正常与反常的经验。①

　这并不是经验的定义。而且它显然也不是"无穷尽的各种不同的经验的构成因素"的完整的目录。不过，怀德海在这一段中所要表达的东西仍是清楚的。如果哲学的架构对于作为第一科学的存有论、对于将解释推至其极限的理性理想都是充分的话，那么它必定具有尽可能广阔的现象学基础。我们必须诉诸于一切种类的人类经验"没有什么东西可以被忽略"。

## §107　发现的方法：现象学的描述分析方法 与形式的想象性合理化方法

　　那么，什么是存有论的范畴可借以从经验的分析中被获得的正确方法呢？怀德海认为："哲学的首要方法乃是描述性的普遍化。"② 并且他在别处特别提到："在此描述的哲学方法中，'哲学上的普遍化'已经意味着'利用仅适用于有限事实群的特殊理念来窥测适用于一切事实的类别理念'。"③

　　我们必须立即指出的是，"描述性的普遍化"方法实际上是两个不同哲学程式的综合，即，描述性分析和想象性普遍化。以下怀德海清楚地描述了这两个程序是怎样结合起来形成哲学发现的方法的：

　　　　发现的真正方法恰如飞机的航班。它从某一特殊现象的基地起飞；在想象力普遍化的稀薄空气里航行；为了更新观察而降落在一个

① 《观念与探险》，第290—291页。

② 《历程与实在》，第15—16页。

③ 同上书，第8页。

新基地上，这一新的观察，由于前述观察和理论解释的结果而变得更为敏锐了。想象性合理化方法成功的原因在于，当差别法失败时，经常存在的因素仍然可能在想象性思想的影响下观察到，这种思想补充了直接观察所缺乏的差异点。①

短语"想象性合理化"在这里极为重要。因为它是构成形式构造的基本程式者。存有论架构的形式构造同时要求想象力的洞察与理性的诠释。然而想象性合理化方法只对特殊观察资料生效。换言之，现象学提供存有论的"给与性"。从而形式的想象性合理化方法与现象学的描述分析方法不可分离地从事于形上学的思辨工作。形上学要求这种形式的——现象学的方法的综合。或者换种说法，形上学发现的正确方法乃是"形式的——现象学的方法"。

无论胡塞尔还是怀德海都不能说已经实现了这种基本的哲学发现的方法的全部潜力。在他们通向形上境界的道路上，每人都片面强调了其中的一个方面，然而，这两面乃是互补的而不是彼此对立的。尽管怀德海也诉诸于经验，但他没有像胡塞尔那样提出一种现象学来，也许正由于此，机体哲学的现象学基础是不够明晰的。相反，胡塞尔没有给我们提出任何怀德海意义上的存有论：他对经验的"想象性合理化"几乎不感兴趣。但是，如果我们接受亚里士多德和怀德海的将解释推至其极限的理性理想，那么仅仅对经验进行描述分析当然是不够的。

这里，怀德海为什么没能发展出一种现象学？在他的哲学取向中可以找到部分答案。他诉诸于经验是以一核心目标为基础的，即：去发现"有关事物本性的基本明证性"。与胡塞尔及现象学家们不一样，怀德海对这种经验的明证性本身没有什么兴趣。他最根本的关切毋宁是那些，从形上学的立场来看，最具决定性意义的人类经验的构成成分或特征。存有论的第一原理就是从那里产生出来的。如是，虽则为了发现形上学的经验范畴而收集经验的明证性中"没有任何东西可以被忽略"，并不是所有明证性都是同等重要的。事实上，描述性普遍化方法只被应用于经验之最显著的特征，其余的将是特殊科学的事了。

---

① 《历程与实在》，第 7 页。

# §108　当下经验的首要性

对于构成存有论第一原理之现象学基础的那部分经验明证性，怀德海一般称之为"当下经验"。这对于他来说乃是形上学的"给与性"：

> 我们的资料是现实世界，包括我们自身；而这个现实世界为我们的观察扮作我们当下经验的论题而展开它自己。当下经验的阐明对于任何一种思想来说都是唯一的证成；而思考的起点则是对这经验的组成部分的分析观察。[①]

如是"这经验的组成部分"乃是构成经验明证性的"首要因素"，至于它们是什么，下面的段落会给我们一个更清楚的指示：

> 我发现我自身本质上是情绪、享受、期望、恐惧、懊悔、对选择的评价、以及抉择的统一体——所有这些都是对活跃在我天性中的环境的主观反应。我的统一体——即笛卡儿的"我在（I am）"——就是我将纷乱的材料定形化为一个融贯的感受模式的历程。我就是执行自然活动中的我的这一角色的个体享用，这个我把这环境的活动化成一新的创造，也就是此时此刻的我自身；不过，作为我自身，它也是先前世界的延续。假如我们强调环境的角色，这个历程是因果关系。假如我们强调我当下能动享用之模式的角色，这个历程则是自我创造。假如我们强调其存在乃是现时的本性中的一种必然性之未来的概念性预期的角色，这个历程就是指向未来中之某个理想的目的。然而，这个目的实在没超出现时历程。因为指向未来的目标是现时中的一种享用。于是它有效地制约当下的新生事物的自我创造。[②]

再补充一点，"从组成其确定性的多种细节来看，我们并没有意识到

---

① 《历程与实在》，第6页。

② 《思维模式》，第228页。

任何关于当下经验的清楚完整的分析"。① 其实，意识经验——事物可在其中被清楚明确地把握——对于怀德海来说不是经验的根本因素或要素。从认识论而非存有论的立场看，意识才是本质性的。

## §109　知觉的样态：因果效应与直接表象

对于怀德海来说，"经验某物"并不必然意味着"意识到某物"。由此看来，意识在清楚明确地辨别或区分觉识的意义上属于心理状态的顶点，它仅发现于人类的经验中。不过怀德海也相信，即使在人类经验中其明显较大的那部分也不是有意识的。这里他特别考虑了被他称为"因果效应"的知觉经验样态。按照怀德海，知觉在因果效应样态中最明显地展示于我们对在当下过去中的我们自身的觉识中——他把这种经验描述为"身体的共与性"（withness of the body）："对于机体理论"，怀德海叙述说：

> 最原初的知觉乃是"感受到身体在起用"。这是对过去中的世界的一种感受；它又是作为感受复合体的世界的继承；亦即，它是得自感受的感受。后来的更复杂的知觉则在"感受同时世界"。②③

这其他类型的更复杂的感受指的是他所谓的"直接表象"。我们的知觉在后一样态中是清楚明白的，与此相反，我们对属于所因的过去的经验则是朦胧、含糊且不确切的。但是，有辨识力的哲学家有可能将其注意力集中到较复杂的知觉类型上——而自此起，关注于意识与反思性的思想。这里我们发现了怀德海对近代哲学中的笛卡儿传统反复批判的基础。由笛卡儿肇始的近代哲学中的主观性偏见在形上学的根本方法与出发点上把哲学家们领入了歧途。怀德海无意说笛卡儿我思（cogito）的发现没有任何实在意义。相反，他接受了笛卡儿的"主观主义原则"就其主张形上学的起点奠基于由经验缘会的主体来显示的"现实经验中的原初要素"（pri-

---

① 《历程与实在》，第 6 页。
② 同上书，第 125 页。
③ 同上。

mary elements）而言。① 他所反对的不是主观主义取向的这个普遍特性，而只是把这"原初要素"与人类经验中的意识因素相同一的主张。由此，机体哲学可说是接受了"改造过的主观主义原则"，它承认笛卡儿关于经验中的主体的形上首要性的发现，但却拒绝对主观因素的"感觉主义"与"唯心主义"的诠释，这两者均是笛卡儿主义的衍生之物。尽管他们彼此对立，但感觉主义者与唯心主义者都诉诸于人类经验的清楚明白的部分——一个诉诸于感官经验，而另一个则诉诸于有意识的思想。然而经验的这些部分之为相对地清楚或单纯并不意味着它们相应地也是更为根本的。事实上，怀德海主张，分析到最后，它们远不如那些我们只朦胧但却必然地享有的经验的其他组成部分重要。经验这些其他组成部分首先属于因果效应样态：

> ……因果效应样态产生了含糊、未受压抑、情绪很重的知觉；它产生了从当下过去得来与通向当下未来的感觉；一种情绪感受的感觉，属于过去中的自身，经过现在中的自身，并从现在中的自身过渡到未来中的自身；影响之流的感觉来自过去中其他更模糊的在场者，在被局部化的同时也逃避局部的限定，这种影响变更、提高、占据、转向了我们正在接受、统一、享用并传送着的感受之流。作为在其他细目中的一个细目，这就是我们在一个有效能的现实世界中的普遍存在感觉。②

比较起来，知觉的其他样态——亦即，直接表象——所具有的特征乃是我们在因果知觉样态中发现的那些特征的"倒转"（converse）。它们是明白的、确定的、可控制的、适合于当下享用并且与过去或未来的关联最少。在效应样态中我们受制于我们的知觉，在直接样态中，我们调节我们的知觉。然而，事实上，我们为了成就统一的经验而自我构造的历程产生了一个新的产物，在那里，一种样态中的知觉与另一种样态中的知觉被综

---

① 《历程与实在》，第 240 页。
② 同上书，第 271 页。

合进一个主观感受中。例如，我们正在知觉我们眼前的一块灰色的石头。①

"这两种样态借以被融合进一知觉中之综合活动"乃是怀德海所谓的"象征指涉"（symbolic reference）者。② 经验的统一性本质上就是这种象征指涉的综合统一性。

怀德海指出："经验的基础是情绪性的。"③ 换言之，经验的综合统一性根本上乃是一"情绪的"综合。用现实存有理论的术语来说，人类经验的每一个现实缘会都是"合生的历程"，在那里，众多的感受或摄受被综合到一个新创的经验统一体中。怀德海说道："一现实缘会的产生是把不同的知觉、不同的感受、不同的目的以及其他从那些原初知觉中产生出来的不同的活动一起带入到一实在的脉络中。这里，活动乃是自我产生（self‑production）的别名。"④ 怀德海用"原初知觉"（primary perception）指谓那些为现在合生形成资料的先在（从而也是完成了的）的活动。因为关于一经验缘会的"基本事实"就是"起始于其关涉性已被给定的事物的情调的产生"。⑤

## §110　康德与怀德海哲学中的主客关系:意识不是本质的

这里的关键之处在于，对于怀德海来说，合生的历程同时又是生成的历程——即"自我"或现实存有的生成。这生成的自我乃是经验缘会的"主体"。不过，有知觉的自我或主体并不被设想为在经验历程中始终持存的不变实体。自我在怀德海的意义上总是一其存有是由其生成构成的"涌现"的东西。经验缘会的"感受者"除了它的感受之外别无他物：因

---

① 《历程与实在》，第 271—272 页。

② 怀德海：《象征，它的意义和作用》（*Symbolism, its Meaning and Effect*），New York，Capricorn Books，第 18 页。

③ 《观念与探险》，第 336 页。

④ 《象征，它的意义和作用》，第 9 页。

⑤ 《观念与探险》，第 226 页。

为它恰恰就是从它们中涌现的统一体。① 因此，虽则怀德海同意康德及大多数唯心主义哲学家，主张主客关系体现了人类经验的基本结构，但在他们各自的着重点中有这样一个决定性的差别：

> 机体哲学乃是康德哲学的倒转。《纯粹理性批判》描述了主观数据变成客观世界的现象的历程。机体哲学则试图描述客观数据是如何变成主观满足的，并且客观数据中的秩序又如何提供主观满足中的强度。对于康德，世界出自主体；对于机体哲学，主体出自世界——与其说是"主体"，不如说是"超主体"。于是，"客体"这个词意谓一个存在物，它是为了成为感受中的分量的一种潜能；而"主体"这个词意谓的是由感受历程构成的存在物，并包括这个历程。②

使这种"倒转"成为可能的乃是否认意识是经验的本质。没有这个假定整个先验的必然性概念就崩溃了。康德和怀德海都强调经验的综合统一性。诚然，怀德海的知觉与认识理论证实了康德的强烈影响：特别是作为功能性综合的经验概念与"再生"（reproduction）学说。不过，对于康德来说，经验的所有统一性终极上都源自代表统觉或自我意识之统一性的先验自我，而怀德海则主张任何经验缘会的综合统一性都是客观数据中固有的，从那里主体脱颖而出成了一个实在的经验统一体。因此，从康德理论中被剔除掉的不仅仅是先验自我概念，而且还有康德不加批判地继承下来的休谟的消极迟钝的感素（sensa）概念。与休谟及康德的感性杂多（sensuous manifolds）概念不同，怀德海的客观数据均是动态的实在因素。

在怀德海的眼里，整个近代哲学传统在其关于人类经验之基本特性的概念上就已铸成了大错。对于人类经验，基本的乃是其情绪的实有性，而非意识：

> 人性是基于其生动活泼的偶然性而非其存在的本质来描述的。对其本质的描述必适用于未出世的小孩、摇篮中的婴儿、睡眠状态以及

---

① 《历程与实在》，第 136 页。
② 同上书，第 135—136 页

意识几乎不触及的广阔背景。清楚、有意识的分别乃是人类经验的一种偶然。它使我们成为人，不过它并不使我们存在。它是我们人性的本质，但它只是我的存在的一种偶然。①

换言之，"意识预设经验而非经验预设意识。它是某些感受的主观形式中的特殊要素"②。并且，"心理活动是感受的样态之一，在某一程度上是属于一切现实存有的，但只在某些现实存有中成为有意识的智性"。③

## §111　怀德海对近代哲学中自然的二歧性的拒斥与他的人类中心主义

现在，根源于笛卡儿的二元论为意识所困扰的近代哲学已对怀德海所谓的"自然的二歧性"负责。其本质被设想为意识的人类心灵现在无可救药地从人的肉体及外在自然中分离出来了。怀德海的"对二元论的反叛"的目标乃是要通过彻底抛弃作为一自我封闭的存在领域的心灵概念去愈合此二歧性。按照机体哲学，人类存在的本质首先是活动，其次才是意识。所有活动都是情绪性的，因为它本质上是以从其资料中得来的"情调"（affective tone）为特征的，那是现实存有理论中经验、感受或摄受的基本含义。因此，"摇篮中的婴儿"感受、经验并存在着——尽管有意识的经验是阙如的。因为后者并不是其存在中的必然因素。

所有这一切的要旨在于，对于怀德海来说，心智（mentality）就其基本意义而论与实有性是相同的。这是因为，一实有本质上就是一种独有的限制的作用，或存有论意义上的"抉择"。在这个意义上，心智可简单地定义为已实现的可能性与未实现的可能性的对比（综合）。当有意识地了解这个对比时，我们就有了一种描述人类经验某些组成部分的有意识的抉择。然而在现实存有理论中被普遍化了的不是我们特有的人的心智，而是在最根本意义上的心智。因为正是已实现的可能性与未实现的可能性之间

---

① 《思维模式》，第158页。
② 《历程与实在》，第83页。
③ 同上书，第88页。

的这种基本对比对于一切实有——人和非人——都是本质性的。它是把我们与外在自然绑在一起者。在人类经验内发现实有的这个或其他本质特征对于怀德海沟通人与自然界之间的裂隙的企图来说显然是必然的。

> 任何拒绝将人类经验置于自然之外的学说必将在对人类经验的描述中发现一些因素，这些因素也参与描述较少特殊化的自然事件。如果没有这些因素，那么关于人类经验作为在自然之内的一个事实的学说就只是虚张声势罢了。这些虚张声势含糊其辞的唯一优点是令人舒适的熟识。[1]

其实，这正是机体哲学中经验之想象性合理化背后的一个首要动机。

这里，基于人类经验的对自然现象的理性诠释并不必然含有"人类中心主义"的意思。首先，怀德海的基本前提并不是人与自然本然的相互对立，而是人乃自然的一部分。人的本质与非人的自然的本质有一个根本的同一性——即，同样构成其实质性实有的活动与权能。其次，在获得其形上范畴的过程中，怀德海没有诉诸于人类经验的那些为人所特有的因素，诸如意识。因为这种普遍化的确会成为人类中心主义。这里的关键之处在于，对于怀德海，并非所有人类经验都是人所特有的；相反的观点将导致唯我论。而人类经验最基本的因素则是权能，它对于怀德海来说，是直接可见的。此外，我们还在自身中直接经验外在世界的权能。

## §112　人与自然统一的明证性的两个来源

这说明了身体机能在怀德海认识论中的重要性。对于人来说，身体乃是人与其外在环境之间相互作用的枢轴：

> 身体乃是人类经验之每一瞬间都与之紧密协作的那部分自然。在身体上的实有与人类（即为人所特有的）经验之间的因素有一种流入和流出，以至于每一个都分有对方的存在。人的身体提供了我们关

---

[1] 《观念与探险》，第237页。

于自然中实有的交互作用的最密切的经验。①

怀德海认为，人类经验与外在自然的这种紧密的相互联结性不仅在我们自己的历程存在的当下因果觉识中有其基础，而且还为其他来源的明证性所充足地支持着：

> 日常语言以及生理和心理科学都提供明证性。此明证性是三重的：即，身体是自然的一部分，身体提供了情绪及感官活动的基础，人经验的激动传入继起的身体机能。②

得承认，这些其他来源的明证性并不具有与我们的当下经验相同的认识论地位。根据生理学家的意见，电——化学的冲动乃是神经系统的基本官能，但它们不能被直接经验到——更不必说那些假定被卷入我们所有的物理——生物过程的分子、原子及次原子微粒了。然而，怀德海似乎从不认为研究科学上的明证性之现象学的有效性是必要的。像分子和原子这样的存在物对于怀德海都是实在的存在物，而不仅仅是科学上的概念，尽管他从未严密地为其立场作出辩护。

然而，似乎也是毋庸置疑的是，在怀德海的心中各种来源的明证性的地位是不相等的。他说："一切知识均来自于直接的直觉观察并且由直接的直觉观察所证实。"③ 诚然，有关终极的形上范畴，"惟有诉诸于直觉"。④

## §113　怀德海直觉概念中的暧昧

这里，怀德海使用"直觉"（intuition）这个词有一定的暧昧。一方面，他似乎将直觉与所有直接的，与间接对比的，经验或认知样态相等同。当某人实际上正看着一条狗时，那么他就有对狗的直觉经验——而不是当此中的对象被记起、想象或考虑时。在这个意义上，科学上的客体诸

---

① 《思维模式》，第 157 页。
② 同上。
③ 《观念与探险》，第 228 页。
④ 《历程与实在》，第 32 页。

如原子和电子显然不是由直接观察到的。从而说"一切知识均来自于直接的直觉观察并且由直接的直觉观察所证实"就是错误的。① 因为科学知识只是间接地从我们的直觉经验得来的。并且，逻辑与数学是否奠基于"直接的直觉观察"至少也是可讨论的。

怀德海的意思极有可能不是所有诸如此类的知识都奠基于直接的直觉观察，而毋宁是一切知识就其最根本的特性而言乃是来自于直接的直觉观察并由直接的直觉观察所证实。的确，这恰恰就是"阐明当下经验对于任何思想来说都是唯一的证成"所指的意思。② 因为"当下经验"——它组成主观经验的所有原初因素——在怀德海看来乃是裁定一切知识的根本特性者。这些"终极的当下现实经验的事实"，正如怀德海所描述的，提供了形上第一原理的泉源，因为它们正是构成那些给与我们"关于事物本性之基本明证性"的因素。③ 而基本的明证性因此也是直觉的——这是"自明性"在机体哲学中的确切含义。

这里，"直觉"有一个更精确的含义：它指的是在一个别的经验统一体的形成中——例如，在我们知觉我们眼前的一块灰色石头时——两种样态的知觉，即因果效应与直接表象由此得以整合的功能性综合。怀德海主张，此时被直觉地把握到的恰恰不是一块灰色石头，而毋宁是："我关于灰色石头的知觉。"④

在这个一般性的研究中我们不能处理这两种样态的知觉的功能性综合是以什么方式构成个别的人类经验统一体的问题。这里足以表明的是，当怀德海保留传统的主—客术语时，他关于这个概念界线的含义与传统的（尤其是康德的）解释截然不同，正如我们早已指出的。主体的存有起源于客体（资料）的实在性是全然新创的。这个基本原则使怀德海能够同时补救感觉主义（特别是休谟原子论式的知觉学说）和唯心主义（特别是康德的心灵学说）。

这里必然要产生的问题是，怀德海的现实存有理论是否来源于由当下经验提供的基本明证性？怀德海宣称，在获得"范畴总纲"的形上范畴与

① 《观念与探险》，第 228 页。

② 《历程与实在》，第 6 页。

③ 《思维模式》，第 67 页。

④ 《历程与实在》，第 241 页。

原理的过程中，"惟有诉诸于直觉"，但这是真的吗？

## §114　上帝没被明确地包括在范畴总纲内的原因

我们早已提出过有关上帝在怀德海体系中的地位问题。怀德海在任何意义上都不是神秘主义者，他当然会否认上帝的存在可由直接的直觉观察而知。这也许是上帝没有作为"范畴总纲"中的一个范畴而被明确表达的主要理由。通过更严密的考察，我们发现，在形式构架中，亦即，在作为终极形上原理的创造性概念中，怀德海含蓄地断定了上帝的存在。尽管怀德海以创造性之"先在的、非时间性的偶然事件"作为上帝的存在，但事实依然是，创造性只基于上帝的"潜能的贮藏库与成就的协调器"的功能才是有效的。[①] 因此上帝乃是怀德海存有论中一个不可或缺的形上范畴。上帝并不只存在于现在宇宙时段中：因为它是终极的具体化原理，控制着连续、创进的世界历程。

实际上，"范畴总纲"只可部分地来源于直接的直觉经验。怀德海坚持具体事物（即，可直接直觉的事物）的首要性可能产生这样一种印象，即：现实存有的核心概念乃是可称为"个别概念"（distributive concept）者，它指涉具有一定的可辨别的属性的个体事物，诸如原子、细胞或人。不过怀德海说得很清楚，每一个现实存有实际上都代表宇宙的一种生发统一性。现实存有并不像亚里士多德的 ousia 或第一实体那样的某个具体的个体事物，它毋宁是一事态（state of affair）——更确切地说，一包含宇宙中所有个体的事态。它是从一个特殊观点来看的宇宙。这个观点是由对一所与转化负责的作用或生发主体来界定的。所以，宇宙中有多少转化的历程就有多少现实存有或事件。

## §115　生发主体并非一个具体的个体：
## 混淆的一个主要泉源

然而，生发主体本身不是具体的个体事物。动力因在现实存有理论中

---

① 《思维模式》，第128页。

总是被设想为活动的统一体，而活动则是权能的分配。对变化负责的活动并不必然源自于一个个体。其实，在怀德海看来，每一转化都要求所有具体个体的共同努力。单单雕塑家不能使大理石发生变化，因为雕塑家操作的功效依赖于动态环境的存在——终极上就是整个宇宙之为一形成中的动态的能量场，在那里，每一个现实存有都只是一能量所在地。

由于极不具体，现实存有概念结果竟是极端抽象的。严格地说，我们对现实存有没有任何直接的经验，因为我们并不把宇宙作为一个整体来直觉。诚然，正如怀德海如此敏锐地观察到的，我们经验中最初的只是模糊的总体性。① 不过这个被经验到的"模糊的总体"不是理论性的宇宙。宇宙形成一动力场并不为当下经验所证实；其现象学的基础乃是由科学的明证性通过推论思考的中介而提供的。因此，现实存有范畴的获得仅诉诸于直觉就不是真的了。其实，即使这个范畴的直觉内容也已在理论转化的历程中失去了它的具体特性。

在导论中我们已简单地指出了怀德海的"感受"概念是如何造成混淆的。现在我们可以看到，这种混淆的根据在于怀德海没能把功能概念与个别概念区分开。被功能性地界定的感受是角色概念，而非具体活动概念，具体活动概念根据定义将需要一个个别概念。因为"感受"这个词被怀德海不加区分地同时在两种意义上使用，所以混淆就产生了。

我们不妨回忆一下，现实存有并不指示任何像一个人、一棵树、一个细胞或一个原子那样可由经验直接或间接地予以证实的具体的个体事物。它指的毋宁是包含整个宇宙的动态的事态。更确切地说，现实存有就是作为活动——亦即作为转化之生发主体或作用者来考虑的宇宙的动态情状。一所房子已建成，事后来说，一种潜能已被实现。这个事件就是一个包含从基础到结果之转变的创造性实例。这个创造历程的基础是宇宙的先在状态，在那儿，房子潜在地存在着，而这事件的结果则是宇宙的后继状态，在那儿，潜能已现实化了。这事件的生发主体因此也可同一于对转变负责之活动作用者的宇宙。

显然"作用者"这个词在这里是从隐喻上来设想的。因为把宇宙设想为一个活动作用者并不就像处理一具体的个体事物那样来处理它。也许下

---

① 《思维模式》，第148页。

面的例子会有助于澄清我们在这里想传达的意思。在日常对话中，我们经常以源于组成一个集团之个体事物的特征来描述这个集团的性质或功能。如是我们会说，美国政府已决定给发展中国家予以经济援助，就好像美国政府是一个有能力作出抉择的具体的人。事实上，抉择当然是由政府中的某些人而非由人格化的政府作出的。

现在我们可以理解为什么怀德海把现实存有与感受统一体视为同一会导致混淆与误解。因为指涉一动态的宇宙透视的现实存有是一个不能基于诸如人类经验中可经验的具体感受而被描述的理论结构。事实是，可归于现实存有的怀德海所谓的"感受"只能被正确地理解为角色或功能，现实存有其实就是功能统一体——角色的综合。

然而正如我们早已指出的，角色概念必须与事物概念相区别。例如，在房子的建造过程中，生发主体正正就是所有被包含在其作用中的角色或功能的抽象综合。不过，这些角色是由不同的个体实现出来的。我们可以隐喻地讲，对抉择、设计以及包含在其建构过程中的物质性工作负责的是同一个生发主体，而实际上这些角色总是由不同的具体个体作用者来担当的。简言之，权能与活动只属于具体的个体。生发主体并不真正活动。

当然，这并不意味着，生发主体的概念不具有任何理论的有效性。相反，它是我们研究创造历程之可理解过程的必要装置。因为作用的形式同时就是历程的形式，我们可以在对作为创造之真实作用者的个体的抽象中考虑它。的确，根据怀德海，此抽象的可能性，"存在于一切思想的基础上"。① 下面这一段清楚地显示出他解决实在问题的基本途径：

> 对世界的总体了解在于从所涉及的个体的同一性与多样性角度去分析历程。个体的特殊性被反映在其相互结合的共同历程的特殊性中。我们能从二者中的任何一个终点开始我们的研究；亦即：我们能理解历程并因而考虑个体的特征；或者，我们能描述个体并且将它们设想为相关历程的构成要素。诚然，区别仅在于着重点的不同。②

---

① 《思维模式》，第 135 页。
② 同上。

## §116　个别属性与功能属性

难以理解怀德海如何能将这个"区别"视为"仅仅是着重点的不同"。事实是，他从未真正把握住个别属性与功能属性之间的基本区别。一般地讲，个别属性乃是一仅分离地归于个体的属性，而功能属性则可界定为归于个体的结合而非归于一分离个体的属性。个别属性可进一步描述为类别的、特殊的或单一的，取决于哪个属性是否为团体或等级的每一个、几个或仅仅一个成员所有。例如，在原子阶层中，类别属性就是为所有（每一个）原子共有的属性；特殊属性是为原子的子群（如氧原子）共有的属性；而单一属性则是只属于一个别原子的属性。如是，由定义来看，单一属性是独特的。

这里，个别属性总修饰个体，而功能属性却总奠基于个体的结合或共同性上。由功能属性所描述的并非任何结合的或一起的个体，而毋宁是同时包含个体与作为结合之基础的综合原理的结合性或共同性。因此，当一个男子与一个女子通过婚姻幸福地合二为一时，在幸福的婚姻与幸福的一对佳人之间应该作出一种区分。第一个"幸福"表示一种描写通过婚姻（综合的原理）两个个别的人的结合的功能属性，而第二个"幸福"这个词作为个别概念并不可与作为功能概念的"幸福"相同一。一个幸福的男子或女子能有幸福的感受，而一次幸福的婚姻则不能。另外，幸福婚姻概念还暗示了一个幸福的家以及这对佳人与家庭其他成员间的和谐关系。这里，"幸福"一词描述了以婚姻为核心的整个事态，它不是一种它所涉及的任何一个个体的可断定的属性。

## §117　作为关联性的具体根据的感受：
## 布拉德雷对怀德海的影响

现在我们可以提出有关现实存有理论中感受或摄受概念的问题。首先，怀德海似乎将其设想为根本上乃是一个别概念，亦即属于所有具体事物的类属性。怀德海提到布拉德雷（Bradley），赞许并接受了他关于被设想为共相的关系互不关联的论点。三个连接的城镇并不等于三个被隔开的城镇加上它们"之间"的关系。① 必然存在一种具体的"联结性根据"作为所有现实关系的基础。这种具体的实在的组成部分就是怀德海所谓的"感受"——这是他从布拉德雷的形上学中借来的概念。②

实际上，这个概念并不像它看起来那么新颖。因为感受作为联结性的具体根据基本上无非是亚里士多德的物质概念。物质或感受就是在实有的分析中抽掉抽象成分——即，形式或永恒客体——后所剩者。而所剩者严格上就是先在历程，其满足就是那个实有。

前苏格拉底的宇宙论者都有着相同的基本形上理想，即寻找万物的终极量度或根本原则，而亚里士多德和怀德海却提供了一个极为不同的答案。万物的终极量度并不可同一于某种"基质"或"实体"，一切实在的量度就是历程本身。

## §118 动态个体与相互性：能动权能与被动权能

这里，历程概念离开其预设的"动态的个体"（dynamic individuals）概念中的转变与转化就是无意义的。动态的个体可简单地界定为任何有能力影响另一存有或存在物或者被另一存在或存在物影响的存有或存在物。这就设定了我们所经验的所有具体的个体事物都是动态的个体；而像数字或命题那样的存在物就不是。既然只有动态的个体能够相互影响，那么变化必定是从它们的彼此结合和交感中产生出来的。经验似乎证明了这样一个假定，即，动态个体之间的一切交感都是"相互的"（reciprocal）——就是说，"A 影响 B"是一种对称关系。例如，在大理石上活动的雕塑家也从大理石那儿获得一种反作用。的确，假如所有动态的交感都是相互的，那么传统形上学中"作用者"与"被作用者"之间的区别就只是相对的了，如果我们考虑雕塑家对在此乃是被作用者的大理石的影响，则他就是一个作用者。不过我们还可以逆向考虑大理石对雕塑家的影响（或是物理的或是心理的，或兼而有之）。这样，大理石是作用者，而雕塑家则是被作用者。这里，如果影响的能力可描述为"能动性"（activity）或

① 《观念与探险》，第 296 页。
② 同上书，第 297 页。

"能动权能"（active power），而被影响的能力为"被动性"（passivity）或"被动权能"（passive power），那么变化就可以从能动性与被动性的统一上来设想。诚然，变化基本上无非是权能的体现与显示。权能的分配对于任何转变与转化都是必要的。

这里要指出的是，在这个作为活动统一体的权能概念中实在没有什么新的东西。存有与同时是能动的和被动的权能的同一的主张明显地出现在柏拉图的后期对话，尤其在《智者篇》中。而亚里士多德也明确表示能动性与被动性构成了权能的统一性。① 在经院学派哲学中它又成了一个基本的概念，而在近代形上学中它所受到的重视也绝不在少。能动权能与被动权能间的区分乃是斯宾诺莎著名的"能动的自然"（Natura Naturans）与"被动的自然"（Natura Naturata）之间的对比的基础。在莱布尼茨的单子论中，物质世界的本性终极上奠基于作为能动力量与被动力量之统一的权能上。② 怀德海本人当然熟悉这一重要区分。他自己也承认，机体哲学中实体与权能的同一的主张直接源自洛克的观念论。③ 而且怀德海还从洛克的《人类理解论》中引了很长的一段话，在那儿，能动权能与被动权能之间的双重区分表露无遗。④ 的确，怀德海的"实在潜能"概念严格上就在于能动性与被动性的统一。这段摘自《观念的探险》的话很清楚地表达了这一点：

> "潜能"指的是被动的能力，"实在的"指的是创造活动，那也就是柏拉图《智者篇》中所指的"实在的"定义。这个基本的处境、这个现实的世界、这个最初的阶段、这个实在潜能——无论你如何描述它——作为一个整体由于其内在固有的创造性而是能动的，不过在其细目中，它提供了被动的客体，这些被动的客体从整体的创造性中获得了它们的能动性。创造性是潜能的现实化，而现实化的历程则是一经验的缘会。这样，抽象地看，客体是被动的，而联系起来看，它

---

① 《形上学》，第1046a页。

② 引自罗素：《莱布尼茨哲学之批判的阐述》，第45—46页。

③ 《历程与实在》，第89—90页。

④ 同上。

们却承担了产生世界的创造性，创造历程也就是宇宙统一的形式。①

## §119　作为权能的感受与作为宇宙之
## 动态状态的体现的实在潜能

结果，怀德海所谓的作为相关性之具体根据的感受或经验与权能是同义的。现实存有或经验缘会基本上无非是权能的分配。现实缘会所从出的先在宇宙既是能动的又是被动的。缘会作为内在于整体中的实在潜能的现实化因此就代表着宇宙的一种自我裁定：更确切地说，它体现了能动的宇宙对被动的宇宙的影响。并且，如我们已看到的，一个被给予的客体是能动的还是被动的将取决于分析的立场。

机体哲学中实在潜能概念总是被设想为属于作为一个整体的宇宙这一点在本研究中已反复申明。但其重要性不能被过分强调。因为西方哲学中没有一个形上学家可以说真正提出了一个关于实在的"场论"（field theory）。根据这一理论，对大理石变成雕像的转化过程负责的生发主体不是雕塑家——而是被视为能动的作为一个整体的宇宙。雕塑家是一个转化的作用者，但不是唯一的转化的作用者。无论多么重要，他也只是贡献给生发主体之总作用的一个能动的因素。

当然，这里假定了无论雕塑家还是大理石还是把两者放在一起都不足以解释此转化。因为雕塑家操作的功效取决于一动态环境的存在，而这个动态环境，按照怀德海，终极上将涉及整个宇宙。虽然，对所有直接或间接地贡献给现时历程的能动的或被动的作用者作出详尽无遗的分析将是不可能的。但至少我们知道：其分配产生了转化的创造权能必然源于宇宙的动态个体。

因此，我们可以设定那样一个恰好拥有所需权能的生发主体概念。这就意味着，每一次转变或转化（变化）都必然存在一个生发主体或"理论的作用者"。理论作用者本身不是一个实在的作用者：它毋宁是指实在的作用者的一种结合性或共同性。再进一步说，生发主体概念就是"合力"（synergy）概念，它只是宇宙之动态统一性的一个方面。

---

① 《观念与探险》，第230页。

## §120　作为实在作用者（动态个体）之结合的理论 作用者（生发主体）：作用形式与历程形式

现在，对于理论作用者我们能说些什么呢？有趣的是，虽然分开或详尽地裁定所有作为所与变化之实在作用者的动态个体是不可能的，但我们依然可以合计某些关于它们的东西。换言之，这里所知道的不是个别属性，而是功能属性。如果 P 可断定为理论作用者的一种属性，那么 P 不描述任一所涉及的实在作用者，而毋宁描述所有这些作用者之合作的共同性。稍作反思就会发现，P 必定描述构成生发主体之本质的创造历程的某种性质。简言之，P 必然指示一历程形式或作用形式。

由此去裁定生发主体的性质，我们肯定会发现它的作用形式，这些形式共同构成我们（在第一章中）所谓的生发原理。生发原理的统一性因此也代表了历程的统一性。有可能分开考虑历程个体与历程形式不仅是有趣的，而且在存有论及认识论上也都极为重要。因为自然规律，正如怀德海如此敏锐地注意到的，根本上乃是历程的形式。例如，运动规律就是控制运动历程的生发原理。如果所有从地球表面发射出去的抛射物都画成一条抛物线，那么抛物线的方程式就可作为在这样条件下的主宰抛物线运动之生发原理的数学表达。

不用说，有多少种历程就有多少生发原理。要发现自然的秘密简单地讲就是要发现事物的生发原理。为什么一定的历程恰好为一定的生发原理所主宰终极上依赖于作为变化之实在作用者的动态个体。这就是怀德海所谓的"个体的特殊性是在作为其相互结合（interconnection）之共同历程的特殊性中反映出来的"[①]。但怀德海似乎忘记了，历程的特殊性只是个体的特殊性的反映，而不是与它们相同一的。前者是个别概念，后者是功能概念。这就是其"主观形式"的用语如此易生误解的原因。主观形式简单地说就是历程形式或作用形式，作为功能属性只可断定理论的作用者。它与具体的运动或感受没有任何直接的相关性，正如怀德海已经表明的。

---

① 《思维模式》，第 135 页。

## §121 怀德海没能把宇宙论从存有论中区分出来：
## 《历程与实在》基本上是一部存有论著作

这里，虽然具体科学关注特殊种类的历程的本性，研究存在之为存在的形上学本身却从事于普遍历程的研究。这实在是亚里士多德与怀德海共有的哲学目标。不过，对于亚里士多德来说，形上学与这种存有论的研究严格一致。而在机体哲学中，形上学同时包括存有论与宇宙论。前者关注普遍的实有，后者则关注那些造成现在宇宙时段的实有。

怀德海指出："宇宙论致力于架构一个关于现在阶段宇宙之普遍特性的构架。"① 并且他还设想这种宇宙架构代表着类概念，"对它来说，特殊的科学架构都是种概念"。② 不过，虽然宇宙论相对于特殊科学而言是较普遍的，但对于存有论它仍然是特殊的；因为它只关注现阶段宇宙之特殊的历程特性。诚然，宇宙论必须预设存有论，正如任何种都必须预设它的类，这就是《历程与实在》的副标题"宇宙论研究"易生误解的原因。因为它暗示读者这本书首先关注宇宙论的探究。然而，如果我们仔细考察《历程与实在》的内容的话，我们会发现存有论的分量至少与宇宙论相等。

事实上，组成"范畴总纲"的所有范畴和原理都是存有论的概念，包括上帝概念在内。从"范畴总纲"本身看，关于现在宇宙时段的个别特性我们不能谈论任何东西，我们能讨论的仅仅是为一切宇宙时段所共有的宇宙的普遍特性。是的，这部著作的大部分关注于人类经验，而人们可以争辩说，这种讨论是有关宇宙论的，因为人的存在是现阶段宇宙之特性的一部分。但是，怀德海在这里所关心的基本上是认识论的问题；他讨论人类经验的本性是为他对存有论概念的现象学证成服务的。《历程与实在》中当然不存在任何"人论"。

事实上，在这本书中能被明确地描述为怀德海所设想的意义上的宇宙

① 怀德海：《理性的功能》（*The Function of Reason*），Boston，Beacon Press，1958，第76页。

② 同上。

论的实在微乎其微。即使连续性概念也不完全是一个宇宙论概念，因为它终极上依赖于作为其存有论基础的永恒客体的性质。

似乎可以肯定的是——至少在我看来——主要在《历程与实在》中提出的机体哲学的本质是在关于作用之一般性研究的现实存有理论中。而这个一般性理论的核心当然就是他的感受学说。

## §122　作为一种"向量论"的怀德海的感受理论：通向实有的事实进路

尽管在这里我们不能详细讨论怀德海的感受学说，但他的一般方法却值得我们注意。简述之，怀德海的感受学说基本上可描述为"向量论"（vectology）——亦即，一种哲学的向量理论。向量在这个意义上可界定为一转变与转化历程中任何特殊的裁定——怀德海还给出了一个更为熟悉的术语，"运作"（operation）。怀德海给自己提出了这样一个问题：历程形式或作用的最普遍的属性是什么？接着他试图从任何转变与转化历程均涉及的本质性运作角度去回答这个问题。向量理论的关键是在"事实连续"（succession of facts）概念中被发现的：

> ……历程个体与借以构成他们存在的历程形式能被分开未考虑，这个抽象的可能性产生出一根本的直觉，这根本的直觉存在于一切思想的基础上。这直觉就在于从个别事实经验到特性概念的本质的转移。从那儿我们进展到在事实连续中的特性的稳定性概念。然后，进展到在一所与的事实连续线路中的部分的同一性概念，然后进展到为了保持此连续中的部分同一性的事实的潜能。①

这里所包含的乃是可被称为通向实有的"事实进路"（fact approach）之梗概，以与"个体进路"（individual approach）相对立。尽管两条通向实有的进路都能在亚里士多德的形上学中找到，但他的实体理论首先奠基于个体进路。因此，亚里士多德的存有论基本上是"（第一）实体论"，

---

① 《思维模式》，第135页。

而怀德海的存有论却根本上是一"向量论"。

　　如果有人更严密地考察一下怀德海的摄受或感受学说，他或许就会发现，怀德海绝大多数的基本范畴或原理都能从两个连续事实的比较中被获得。首先，每一个事实都可分析成一个具体的分量与一个抽象的分量，也就是，事实本身与通过它而产生实体的确定性形式（永恒客体的复合）。实在事物与理想事物之间的这种对比分别产生了怀德海的现实缘会的物极（physical pole）与心极（conceptual pole）的概念。体现从先在事实到后继事实之变化的合生历程基本上就是物理感受与概念感受的整合统一体。既然没有任何两种事实可以完全相同或完全不同，那么后继事实必然展示相对于先在事实的部分同一性和部分差异性。这就意味着转变的历程必然同时包含顺应性与新异的再生性，亦即，重复性与形式或永恒客体的相对新颖的构入性。新异的变更决定了创造性的本质意蕴。

　　然而，既然创造性总由部分顺应伴随，那么发生在两个连续事实之间的创造性转化必然包含形式的"传送"（transmission）与"递变"（transmutation）。变化正可以界定为形式的递变：由先在者到后继者的转变即由永恒客体的"获得"与"丧失"来标识。这就是亚里士多德新陈代谢原理的怀德海副本。

　　我们没必要再进一步解释何以怀德海的感受学说能从他的通向实有的事实进路中被获得。这里我们应该澄清的一点是，这条进路依赖于真正根本的经验事实，即，怀德海所谓的"特性的稳定性"① 因为我们只有当两个连续事实都被实现时方能比较这二者。一个被界定为潜能之实现的事实因此同时具有生发的一面与类别的一面。事实的生发一面就是其历程特性——即，现实事实或既成事实（已完成的雕像或房子）。不用说，特性的稳定性只能归于类别一面。在现实存有理论中，生发与类别分别意谓一现实存有的合生历程与最终满足。如是，每一个创造历程均是生发——类别综合。

　　在《历程与实在》中，怀德海区分"生发划分"（genetic division）与"协调划分"（co-ordinate division）作为"划分"现实存在的两种不同方

---

① 《思维模式》，第 135 页。

式。① "协调" 一词想要同时传达既定特性概念与使有相对地位的裁定成为可能的指涉系统（system of reference）概念。一种协调就表示一个从所与观点被给予或被观察到的已实现的事实的既定特性与位置。不过怀德海明确指出，协调的划分 "作为类别对比而被分类"② 并且他正确地强调这两种分析模式绝不是对称的。我们不能仅仅根据其类别特性来精确辨别一实有的何种生发特性。并且 "太多的注意力"，怀德海抱怨道，"朝向了单纯数据或单纯结果。存在的本质在于从数据到结果的转变。这是自我裁定的历程。我们不能设想一种具有被动形式的死的数据。"③④

## §123　历程在现代哲学中的首要性

单纯专注于数据或结果就是专注于实有的类别一面。而宣称 "存在的本质在于从数据到结果的转变" 也就是宣称历程的首要性。这种对实在之生发一面的强调无疑构成了现代哲学最显著的特征之一。或许我们甚至可以说，分析到最后，近代思想的发展不过是生发原理的 "生命史"。

首先，生发原理的应用使得从古典数学到近代数学的革命性转变成为可能。近代数学的基础即是由笛卡儿以其解析几何的伟大发现建立起来的。对于希腊人来说，正如怀德海指出的，数学和几何图形都是静止的存在物；而在近代数学中，这些却是运动或转变的形式，亦即，历程的形式。⑤ 如是，在笛卡儿的解析几何中，一条曲线是一个点的移动，这条曲线的形式就是运动的一种形式。这种新的数学形式概念，如人们所期望的，在近代物理学的产生中扮演了一个最有决定性的角色。正如伽利略所指出的，"自然" 这本书是由数学语言写就的，因为自然规律就是历程的形式，从而可以数学的形式来表达。尽管弗兰西·培根没能认识到数学在科学发现中的重要性，但他的动态的 "形式" 概念无疑包含了对自然之生发特性的深刻洞见。对于培根来说，事物的 "形式" 不是静态的观念性，

----

① 《历程与实在》，第 433—434 页。
② 同上书，第 437 页。
③ 同上书，第 434 页。
④ 《思维模式》，第 131 页。
⑤ 同上书，第 111 页。

而是控制其动态存在的生发原理。

　　生发原理在近代哲学中的应用不可分割地与笛卡儿的主观主义偏见纠缠在一起。因此，在这种结合中历程的形式就意味着思想或意识的形式。然而，虽然在英国经验论中自然规律被还原为感官资料的结合原理——例如，在休谟的联想学说中，但大陆理性主义却努力在一个无所不包的实在系统中调和客观规律与主观原理，如我们在斯宾诺莎和莱布尼茨的形上学中所发现的那样。正是在康德的批判哲学中，近代思想的这两个主流在其首次的伟大综合中达到了顶峰。

　　正如我们早已指出的，《纯粹理性批判》在许多意义上都是《历程与实在》的先驱。康德的心灵学说基本上是运作性的。意识的统一性是运作的统一性，它既是分析的又是综合的。因为功能的综合作为心理活动（mental acts）的合生（直觉与判断）构成了意识的真正本质，所以它是综合的统一性。因此心灵的统一性基本上是活动的统一性，根据康德的主张，它预设了作为感性形式的时间与空间和作为知性形式的范畴。而这些都是心理过程的先天形式，心理过程的终极统一性无非是统觉的统一性。心理运作的综合统一性存在其中的先验自我从而也可以心灵的生发原理来描述。因为它表现了作为一切人类意识历程之基础的活动的终极统一性。

　　这里根据康德，作为经验或知识之物件的统一性的分析统一性不可与意识的综合统一性相分离。事实上，离开了综合统一性，就不可能有任何分析统一性：因为意识的先天形式和原理乃是可能经验的普遍必然的形式。统觉的先验统一性不仅仅是心理活动的统一性，而且还是在与通过其运作的统一性赋予客体以统一性的统一原理。客体的统一性或分析的统一性因此表示来自先验自我之功能综合的类别原理。由于一切分析统一性都是由先天综合的综合统一性制约的，那么类别原理不过就是生发原理的一种反映。例如，在时空中被知觉到的客体——就其时间和空间方面而言——乃是想象力先验综合的一种反映，借助于想象力，时间和空间作为纯粹直观得以先天地统一。然而，应该立刻指出，经验的客体并不完全是感性与知性的先天形式与原理的反映。客体的分析统一性借以得到界定的类别原理包含一个纯粹经验的组成部分，它是一种反映——不是认知主体之本质结构的反映，而是相对于那个主体而把自身显现为现象的外在世界的反映，这一般可被称为客体的"经验所是"（empirical whatness），对于康德来说，来源于构成科学知识之与料的感觉杂多。但是，尽管康德力主知识同时要求经验与料与先天形式和原理，这两方面在康德的经验的形上学中仍没有任何内在的关联。每一方均代表知识和实在的一个极端、一种绝对。

对于怀德海来说，这是对第一原理的随意肢解，它不可避免地产生自然的二歧性，并成了怀德海反复批评近代哲学的靶子。[①] 因此，虽然他继承了康德的功能综合概念，他对主客关系的倒置，如我们已看到的，却有着最深刻的哲学意义。因为怀德海再次引入在康德观念论中无处可寻的通向实有的个体进路。更准确地说，机体哲学代表了根据在价值进路的基础上统一个体进路与事实进路的一种尝试。个体进路给与我们以功能性的存在概念，事实进路给予我们以动态的形式理论，而它们在价值进路上的统一则给予我们以机体的透视原理。这就是我们在重构怀德海机体哲学的过程中依次讨论的三个主题。

## §124　事实进路与个体进路相互需要以及它们在价值进路中的统一

这三条进路必须一起予以把握以便获得一种充实完备的实在理论。正如怀德海注意到的，事实进路的基础在于事实形式以及转变与转化概念之间的对比。这条进路使我们能够断定历程的抽象形式和生发——类别综合的本性。变化在这里只能意味着形式的"传送"与"递变"。不过，创造历程所涉及的一切形式——生发的或类别的——都是动态的形式：就是说，它们是权能的形式或权能开显的形式。但是，既然权能只属于构成权能所在地的具体个体，那么采取生发——类别综合的普遍形式并以形式的传送与递变而存在的变化就必然表示具体个体的某些动态关系的反映。更确切地说，变化在个体进路中被设想为权能的统一——来自具体个体的作用、反作用或相互作用之能动性与被动性的统一。这里，变化采取了功能——个别综合的普遍形式。这些具体个体的相互作用性包含了个体性的双重转化：即，从个别属性到功能属性的转化与从功能属性到个别属性的

---

① 《历程与实在》，第9—10页。

逆向转化。而正如生发——类别综合给我们以连续事实间的脉络亲和性，亦即，它们在多样性中的统一性，功能——个别综合则产生了具体个体间的机体亲和性，亦即，它们在相互依存性中的独立性。前者建立了脉络的统一性，后者则营造了权能的统一性。脉络的统一性乃是事实与形式之关涉性的统一；而权能的统一性则是个体性与相对性之相互作用性的统一。两者都被动力场之可理解性所要求，这动力场同时是关涉性的统一与相互作用性的统一。而动力场的包含一切的统一性根本上则是价值的统一性。

价值依赖于成就的协调性。因此它隐含了重要性的限制与分秩所赖以存在的作用。在价值进路中个体进路与事实进路得以统一，因为价值是权能与成就的共同量度；而成就无非是权能的体现。所以，一现实事件或历程的生发主体同时是动态的统一体与脉络的统一体——这是作用的真正含义。而作用的本质则是在主观重要性与客观重要性的综合统一中找到的：它是目标、成就与贡献的统一。然而主客观的综合必须同时也是机体的综合，亦即在脉络宇宙的总体性中的内在性与外在性的综合。由于这种综合，在所与的脉络宇宙中的每一个存在物都获得了一种独特的存在地位，这种存在地位构成那个宇宙的一个观点。而那个宇宙则是那个观点的一种透视。作为客体存在的每一个存在物都是关涉性的一个中心，但只有主体才可作为变化的中心而存在。机体透视原理的根本主张是，关涉性的所有中心终极上都是由变化的中心裁定的。这只不过是以另一种方式表达了历程的首要性——即：实在是历程，而历程就是实在。

在得出这篇论文的结论时，让我们提一个最适切的问题：怀德海是否已成功地实现了他为自己设定的哲学目标——即，"架构一个融贯的、合逻辑的、必然的普遍概念体系，并借着此系统去诠释我们所经验到的一切元素"？依笔者的意见，答案是肯定的。当然，这绝不意味着怀德海已对实在问题作了最终的解答。事实上，怀德海本人也会把任何已达终结的声言视为荒唐加以责难。科学与哲学的理性探求对于他始终是一种渐进的探险历程。[1] 对成就的适当检验"不是对终结的检验，而是对进步的检验"。[2]

---

[1]　《历程与实在》，第 14 页。
[2]　同上书，第 21 页。

## §125　怀德海片面强调事实进路所产生的
## 困难与缺憾：对未来发展的几点建议

　　然而，如果进步是可能的话，那么机体哲学本身也必然要被超越。其实，尽管从新颖的洞察力与技术上的优点来看，机体哲学成果斐然，但它的缺点也不少。无疑，作用和条件性概念处于现实存有理论的核心地位，然而吾人既没有发现对这概念之理性必然性的严格论证，也无从找寻任何基于现象学的明证性的具体诠释。总的来说，机体哲学的现象学基础始终是含糊和暧昧的。这也许就是通向实有的三条进路在怀德海的著作中混乱不堪、令人困惑的原因。无可置疑，现实存有理论奠基于个体进路和事实进路以及它们在价值进路中的综合。然而个体进路几乎全然停留在背景中，从属于事实进路：这就使价值进路也相应地模糊起来。这种片面的强调清楚地出现在现实存有不变化的论题以及基于因果独立性之同时性的定义中。怀德海彻底忽略了具体个体的变化与相互作用的同时性。理论的作用者不变化，因为它代表宇宙的一种裁定；但实在的作用者却肯定能够动态地转化。从而仅凭因果独立性去设想同时性也是不令人满意的。它只解释了指涉两个或更多独立的宇宙状态的事件同时性，而不说明个体同时性。诸如两个弹子球——两个同时的个体——的相撞现象，就没在现实存有理论中得到说明。绝对同时的事件也许并不存在，而说及个体的同时性却是可能的。这使我们明白机体哲学中缺乏向度分析。两个事件在某些向度中而不是在其他向度中因果独立当然是可能的。

　　的确，有人会怀疑个体的相互作用概念——无疑构成了杜威哲学的本质［如在他的"交易论"（transactionalism）中］——究竟能否在怀德海的现实存有理论中被找到。没能认识到具体个体的相互作用性可能是由于怀德海过于强调因果效应而牺牲了直接表象所造成的。因为我们对相互作用之性质的洞察极大地依赖于较后的知觉泉源。这种过度的强调是他唯一地定向于事实进路的另一种标志。

　　正如我们一再指出的，个体进路与事实进路之间的混淆给怀德海的感受学说造成了大量的困难与误解。"感受统一性"概念在个体进路中意指权能的统一性，亦即能动性与被动性的统一，而在事实进路中它却意指转变与转化的统一性，亦即，包含事实与形式。这两种含义终极上当然是相关的，但它们绝不是同一的。

或许，怀德海对形上必然性与哲学的本性与方法等一般性问题的简略处理可以部分地对包围机体哲学的这些或别的困难负责。令人惊奇的是，一位公开宣称"哲学就是自明性"的哲学家却对确定性的意义只字不提；同样令人惊奇的是，一位赞同笛卡儿主张主观经验构成形上学的起点的哲学家却对人类意识的本性不感兴趣；然后，更令人惊奇的是，一位渴望将解释推至其极限的哲学家却对合理论证他的概念漠不关心。然而，最重要的是，那些在组成机体哲学之浩繁卷帙上殚心竭虑的心灵都存有一种诚挚的信念：对于一个人来说，它们的作者实在已经做得够多的了！

# 附录：英（希、拉）—汉名词、概念、人名对照表/索引

（数字为文内章节号码）

Abide 持存，4

Absolute 绝色，69，99

absolute monism，绝对一元论，66

absoluteness 绝对性，61，86

abstractions 抽象概念，25，69

abstractive hierarchy 抽象的层级组织，93

accidence 偶然性，62

achievement 成就，30

Achilles 阿基里斯，98

action at a distance 隔离行为，97

action 行动、主动，9，45

activity 活动，7，9，118

activity 能动性，118

activity procuring limitation 促成限制的活动，7

acts 行为，9

actual bound 现实的限界，98

actual entity 现实存有，7

actual 现实的，7

actual infinite 现实的无限，66，99

actual occasion 现实缘会，8

actual world 现实世界，37，68

actuality 实有，7

adequacy 充分性，26

admitted for realization 被允许实现，38

adventures 奇历，60

aesthetic 审美的，15

affective tone 情调，111

affinity 亲和性，60

affirmation – negation contrast 肯定—否定对比，53

agency 作用，7

agent 作用者，31

all／the All 所有／（无限制的）所有，95

all that is 所有存在者，50

all things are in flux 万物皆在流中，44

all things flow 万物皆流，44

all – encompassing 涵盖一切，29

alternatives 选择，100

ambiguity 暧昧，17

anticipation 预期，40

appearance 现象，66

appetition 欲望，42，80，90

applicability 适用性，26

appropriation 裁化，9

appropriation of the dead by the living 生者对死者的化裁，37

apriorism 先验论，27

arbitrariness 随意性，4

Aristotle 亚里士多德，1，45，46，47，48，50，54，55，56，58，61，62，63，64，70，77，91

arranged 安排，85，

assemblage 聚集，38

asynthia 不可分割之物，64

atomic events 原子事件，47，86

atomicity 原子性，34，86，96，98

atomism 原子论，96

authentic individual 真实个体，47

Bacon 培根，123

be 存有、存在，11，45

beauty 美，100

becoming 生成，98

being 存有，11

being together 在一起，19

Bergson 柏格森，69，72

bi – furcation of nature 自然的二歧性，75，111

Bradley 布拉德雷，117

brute fact 无可逃避的事实、非理性的事实，50，104

Caesar – in – himself 恺撒的在其自己，55

Capacity 能力，64

capacity for importance 重要性的能力，75

care 关怀，75

Categoreal Obligations 范畴职责，12

Categoreal Scheme 范畴总纲，12

Categories 范畴，12

Category of Existence 存在范畴，12

Category of Explanation 解释范畴，12

Category of the Ultimate 终极范畴，12

causa sui（拉）自因，87

causal dependence 因果从属，32

causal efficacy 因果效应，43

causal independence 因果独立，32

causality 因果性，55，101

cause 原因，55，101

cell – complex 细胞复合体，35

cell – theory 细胞理论，35

center of change 变化中心，49

center of relevance 关涉中心，49

chain of events 事件之链，32

chain of heritage 继承的链条，37

change 变化，59

character 特性，5

characterization 特性化，11，78

circumstance 环境，52

closed texture 封闭脉构，53

co – existence 共存，40

co – operative enterprise 协同事业，74

cogito（拉）我思，109

complete in itself 自身完满，92

completed state of affair 完全事态，54

completeness 完全性，53

component events 分量事件，35

component forms 组合形式，3

components 组成部分，35

composition 合成，57

compossibility 共可能性，58，81，85

compulsion of composition 合成的强制，57

conceptual pole 心极，122

conceptual prehension 概念摄受，9

conceptual reservoir 概念储藏库，89

concern 所关切者，9

concrescence 合生，10，79，91

concrete implication 具体蕴涵，47

concretion 具体化，52

conditionality 条件性，4

conditioned indetermination 受条件限制的未裁定，81

conditions of character 特性的条件，4

conditions of efficacy 效应条件，17

conditions of exclusive limitation 独有限制的条件，4

conditions of relative status 相对地位的条件，4

conformation 顺应性，60

conjunction of attributes 属性结合，92

connecting principles 连结原则，32

consequent nature 后得性，40

conservative 保存，89

constitutive 构成性的，2

constructive 建设性的，25

contemplation 计想，42

contemporaneity 同时期性，34，67

contemporary events 同时期的事件，34，67

contemporary world 同时世界，40，67

context 脉络，见 dynamic context 动态脉络

contextual existence 脉络存在，53

contextual operator 脉络的运作者，69

contextual universe 脉络宇宙，69

contextualism 脉络主义，71

contingency 偶然性，42

continuity 连续性，98，99

contrast 对比，3

contrasts 对比，12

converse 倒转，109

coordinate division 协调划分，122

coordination 协调，25

correspondence 对应的相像，23

cosmic epoch 宇宙时段，71

cosmos 宇宙，71

could have traversed 可能都已经过，98

Courturat 古都拉，102

creative advance 创进，13

creative synthesis 创造性综合，13

creativity 创造性，12，70，77，94

creed character 教统特性，78

criterion 标准，3

critical adjustment 批判的调整，55

cut 切，53

cut – character 切特性，53

cut – property 切性，53

cutting – off 截断，7

datum （data）资料，10

decision 抉择，7

decision – maker 作抉择者，7

defining characteristic 界定特征，46

delineation 描画，86

Demiurge （希）造物主，66，77

Democritus 德谟克里特，96

denial 否认，25

Descartes 笛卡儿，48，70

describe 描述，23

descreptive generalization 描述性普遍化，26

determinate identity 确定的同一性，53

determinateness 裁定性，83

determination 裁定，4

determinism 决定论，69

device 机制，90

Dewey 杜威，72

differentia 种差，16

dimension 向度，29，54

dimensionality 向度性，53

direction 句，63

disclosure 揭显，25

discrete 间歇的，99

disjunction of primary substances 第一实体分离，92

disorder 无序，71

dispensation 分配，15

distinguishing identity 特殊的同一性，53

distributive concept 个别概念，114

doctrine of essential relevance 本质关涉原理，38，65，66，84

doctrine of Forms 形式学说，4

doctrine of incompleteness 不完全性原理，69

doctrine of mutual immanence 相互内在原则，38

doctrine of the emergent unity of the superject 超主体的超现统一原理，94

domain of relevance 关涉域，53

dominant character 主宰特性，60

dualism 二元论，66

dynamic co – efficient 动态效应系数，58

dynamic context 动态脉络，3，5，18，20，21，29，38，41，42，52，53，54，55，58，61，69，71，72，88，95，98，124

dynamic individuals 动态的个体，118

dynamic perspective 动态透视，68

dynamic theory of forms 动态的形式理论，20

dynamis（希）潜能，62

dynamism 动力，16

effect 效果，11

effected difference 实际差别，63

effectiveness 效应性，43

efficacy 效应，63

efficient cause 动力因，14

effort 努力，43

eidetic 本质的，61，62

eidetic approach 本质进路，61

eidos（希）本质、形式，46，5，92

eidos 形式，92

Eleatics 伊利亚学派，66

Element 元素、要素，1

element of givenness 给予性的要素，7

elemental stuff 基质，55

emotional 情绪性的，15

emotional tone 情调，15

empirical whatness 经验所是，123

endurance 持久性，59

energeia（希）实有、能量，功能，62，63

energetic potentials 势能，64

energy 能，9

entelecheia（希）实现，62

entelechy（希）现实性、实有，92

entity 存在物，7

environment 环境，38，65，66

envisagement 展现，77

episteme（希）知识，45

epoch of activity 活动时段，71

epochal theory of time 时间理论，35

equivalence 等价性，36

essence 本质，46，61

essence of types 类型的本质，65

eternal objects 永恒客体，11，66，82，85

evaporation of indeterminacy 不确定性的消失，31

event 事件，30

everlasting 永恒的，70

evidence 明证性，25

ex ante facto 事前，83

ex post facto 事后的，53

excluded determinations 被排斥的裁定，53

exclusive limitation 独有的限制，5

exclusive realization 排斥性实现，66

exemplification 实例化，11

exist 存在，11

existence 存在，11

experience 经验，3

experiencing self 经验中的自我，42

explanation 解释，2

explicitly 显性地，63

extensive connection 扩延连结，98

extensive continuity 扩延的连续性，99

extensive continuum 扩延的连续，98

Externality 外在性，38

externally free 外自由，87

fact approach 事实进路，122

fact 事实，65

factuality 事实性，29

feeling 感受，9，12

feelings 感受体，16

field concept 场概念，88

field of action/activity 活动场，18，88

field property 场性，63

field theory 场论，119

field - potential 场潜能，88

final cause 目的因，14

finite limitation of infinitude 无限的有限限制，7

first reasons 第一因，25

fluency 流动性，86

flux of things 事物之流，44

force of coercion 强迫或威逼，74，93

form 形式，3

formal cause 形式因，14

formal concept 形式概念，23

formal 形式的，2

formal principle 形式原则，2

formal system of arrangement 安排的形式系统，98

formal – phenomenological concept 形式的——现象学的概念，23

formalization 形式化，17

forms of definiteness 确定性形式，11，54，81

function 功能，4

functional uniqueness 功能的唯一性，47

fundamental evidence 基本的明证性，25

game character 游戏性格，4，70

genera 类，46

generalization 普遍化，17

generic essence 类别本质，62

generic form 类别性形式，57

generic meaning 类别意谓，2

generic principle 类别原则，14

genetic division 生发划分，122

genetic form 生发性形式，57

genetic principle 生发原则，14

genetic unity 生发的统一性，41，96

given 被给予，7

gIven wholes 所与整体，64

God 上帝，70，73，74，77，84，89，90，91

Good （大写的）善，75，76

goodness （道德上的）善，73，75

gradation of relevance 关涉性的分秩，53，65，85

grade 秩，53

grade – character 秩特性，53

grades of experience 主验的层级，33

half – truths 半真理，25

harmony of patterned contrast 模式化对比的和谐，100

Hegel 黑格尔，77，88

Heidegger 海德格，72

How 如何，10

Husserl 胡塞尔，72

hypokeimenon（希）载体、实体、主体，55，58，62，88，92

l am 我在，108

Idea of the Good 善的理念，42，77

Identity – amid – diversity 多样性中的同一性，36，60

illumination 阐释、阐明，24，45

illustration 举例说明，24

imaginative insight 想象性洞察力，24

immanence 内在性，63

immanent creativity 内在创造，17

immanent form 内在形式，20

immanent laws 内在律，79

immediate experience 当下经验，17

immediate matter of fact 当下事实，17

immediate past 当下过去，60

immediate successor 直接继承者，35

implication 蕴涵，47

implicit forms 隐性形式，63

importance for itself 为己的重要性，42

importance 重要性，29

importance par excellence 卓越的重要性，100

imposition 强加，79

in – it – selfness 自在性，55

incompatibility 不可相容性，6

incompleteness 不完全性，53

independence 独立性，46，47，65

indeterminateness 未裁定性，83

index of abstraction 抽象的一种标记，69

individual 个体，11

individual approach 个体进路，122

individual essence 个体本质，67

individuality 个体性，11

individuation 个体化，52

indwelling 内在，63

ineffable 不可言说者，78

infinite aggregate 无限集结，99

infinite regress 无穷的倒溯，71

informed 被赋予形式，66

Ingersoll Lecture 英格索讲座，65

Ingression 构入，78，81，122

Input 投入，73

Instance 实例，3

Instantiation 例示，3

Integration 统合，13

Intelligibility 可理解性，1

intensive continuity 强度的连续性，99

interaction 相互作用，64

interconnection 相互结合，120

interdependence 互依性，47

interdependence 相互依赖性，21

intermediate issue 中间结果，35

internal affair 内在事，79

internal connectivity 内在联结性，21

internal relatedness 内在相关性，21

internality 内在性，38

internally determined 内决定，87

interpretation 诠释，3

interval of indeterminacy 未裁定的间歇，31

intrinsic importance 固有的重要性，42

intuition 直觉，113

involved in process 被卷入历程中，11

involvement 卷入，15

isomorphism 同构性，27

issue 结果，31

James 詹姆士，69，72

Justifiable 可证成的，6

Kinesis（希）运动，55

Knowable 能知，23

Known 所知，23

law of continuity 连续性规律，99

lawful 合法的，2

laws of nature 自然规律，16

Leibniz 莱布尼茨，58，59，60，61，72，73，74，85，86，90，92，
93，100

Leucippus 留基波，96

Limitation 限制，7

limiting concept 极限的概念，69，88

limits 界限、极限，69，72

living activity 现行活动，30

living immediacy 活的当下性，48

locus of energy 能量所在地，63

logical ground 逻辑根地，3

logical subject 逻辑主体，3，56

logos（希）逻各斯，27，45

lure for feeling 感受的诱惑，91

macroscopic process 宏观历程，34

magnitude 量，63

man 人，46

manifestation 开显，29

manifolds 复度，24

material 质料的，2

material prima （希）原质，66，67，77

material principle 质料原则，2

matter 物质、质料，30，77

matter – of – fact 事物、事实，29，65

maximum importance 最大的重要性，74

measure of efficacy 效应量度，17

measure of power 权能量度，17

mediate energy 间歇的能量，35

melancholy 忧郁，16

mental acts 心理活动，123

mentality 心智，111

mere existence 仅仅存在，65

mere infinitude 仅仅无限，66

Metaphysical Agent 形上作用者，39

method of imaginative rationalization 想象性理性化方法，17

microscopic process 微观历程，34

mixture 混染，66

mode of affinity 亲和性样态，68

mode of connection 联结样态，9

mode of determination 裁定样态，63

modes & degrees of relevance 关涉的样态与等级，53

modes of functioning 活动作用的样态，9

modifications 修饰加工，30

monad 单子，35

monadic character 单子性，42

monadic derivative 单子衍生系数，58

monism 一元论，66

moral laws 道德法则，75

motivation 激发，51

movement/motion 运动，14，55

multiplicities 杂多，12

mutual immanence 相互内在性，49

Natura Naturans 能动的自然，118

Natura Naturata 被动的自然，118

natural destiny 自然的命运，46（本质），62（本质的实现）

nature of things 事物的性质，25

necessary causation 必然因果，101

necessary connection 必然联系，101

necessary implication 必然蕴涵，83

necessary power 必要权能，101

negative instance 否定的实例，3

negative prehension 消极摄受，9

negativity 否定性，8

net – work 纲，32

nexus 蕴集，11

no nature at an instant 瞬间无自然，97

non – entity 非存在物，50

non – sensuous perception 非感性知觉，43

non – temporal 非时间性，40

normative 规范性，4

not – given 没被给予，7

nothing comes out from nothing 无中生无，38

notion 理念，102

novelty 创新性，13

object 客体，30

object of desire 意欲的对象，47

objectification 客体化，32

objective immortality 客观不朽性，48，89

occasion 缘会，7

occasion of experience 经验缘会，8

occurrence 事件，2

one – one correspondence 对应的关系，23

one – one correspondencedash ——的对应关系，98

one – sided dependence 单向依靠，47

oneness 一元性，66，67

ontic variable 实例的变项，3

ontological principle 存有论原理，7

ontology 存有论，45

ontos on （希）真正存在，52，54

open texture 开放脉构，53

operandum 操作物，9

operation 运作，9，122

operator 操作者，9

optimacy 最适性，73，93

optimum 最适宜的，73，93

order 秩序，71

ordering principle 规范原则，55

orderly 有序的，2

organic doctrine of perspective 机体的透视原理，21

organic realism 机体实在论，97

organic synthesis 机体综合，57，67

organicity 机体性，34

other importance 他者重要性，42

other – determination 他者裁定，4

otherness 他性，38

ousia/ousiai （希）实体，45，50，91，92

Ousia （希）实体性，45，50

Ousiology 实体学，45，54，55

Output 产出，73

outward show ，现象或外显，66

Parmenides 巴门尼德

Particularity 特殊性，52

Particulars 殊相、特殊个体，4，17

Passage 流变，11

passive power 被动权能，118

passivity 被动，45

patience 忍耐性，83

pattern 模式，75，78

perception 知觉，61，85

perfect knowledge 完满的知识，24

perished 毁灭，49

personal society 位格社会，11

perspective 透视，21，68，85

perspectivism 透视主义，68

perspectivity 透视性，68，85

Phaedrus （希）费多篇，52

phenomenological concept 现象学概念，23

philosophical demonstration 哲学论证，22

philosophy of organism 机体哲学，1

physical pole 物极，122

physical prehension 物理摄受，9

physis 本性，45

place 地点，45

Plato 柏拉图，54，59，66，73，74，76

Plotinus 普罗提诺，78

pluralism 多元论，66

point – instants 瞬间点，97

polarity 二极对立，3

position 位置，5，45

positive prehension 积极摄受，9

possession 持有，45

possible world 可能世界，72

posture 姿势，45

power complex 权能复合体，57

power 权能，9，16

power seats 权能基地，63

power structure 权能结构，17

predicable of a subject 限定主体的谓项，46

predication 述谓，47

preestablished harmony 前定和谐，58，86

prehension 摄受，9

preparatory action 准备的活动，35

prescribe 规定，23

present in a subject 在一个主体中出现，46

presentational immediacy 直接表象，43，109

preservative 保护，89

primacy 首要性，46

primarily 本源地，45

primary elements 第一要素，109

primary perception 原初知觉，109

primary perspective 第一透视，68

primary substance 第一实体，45

primordial nature 先在性，40

principle of concretion 具体化原理，40

principle of process 历程原理，11

principle of relativity 相关性原理，38

principle of relevance 关涉性原理，13

principle of self – causation 自因原理，87

principle of the identity of indiscernibles 不可识别者的同一性原理，61

principle of universal relativity 普遍相关性原理，48，86

privacy 私有性，42

process of becoming 生成历程，9

production of novel togetherness 新创共在性的生产，13

production of novelty 创新性的生产，13

projection 筹划，22

proof 证明，25

propositional feeling 命题感受，12

propositional function 命题函数，3

prote philosophia（希）第一哲学，45，49

pulsation of creativity 创造性的脉动，35

pure potentiality 纯粹潜能，20

purpose 目的，30

quality 性质，45

quantity 数量，45

quantum of action 活动量子，35，98

ratiocinator 计算者，95

rational ground 理性根地，1

rational justifiability 理性证成性，1

rational justification 理性证成，1

rational persuasion 理性的劝导，74，93

rationality 理性，2

rationalization 理性化，3

re‐creation 再创造，59

re‐enactment 再发，89

real concept 实在的概念，23

real 实在的，24

real line 实线，98

real potentiality 实在潜能，20

real togetherness 真实共在性，76

reality 实在，4，24

realizable 可实现的，39

realization 现实化，14

receptacle 容器，29

reciprocal 相互的，118

reducible 可还原的，33

reductionism 还原论，33

reference 指涉，24

referent 所指，30

regularity of patterns 模式的规律性，100

regulative principle 规限性原则，2

relation 关系，45

relational essence 关系本质，67，83

relativity 相对相关性，7，81

repetition 重复，59

representation 表象，61，85

reproduction 再生，110

res vera（拉）真实的事物，48

rule of collection 收集的规则，102

rule – abiding 遵从规则的，2

rule – abidingness 遵循规则性，4

schema of importance 重要性架构，30

schema of otherness 他性架构，68

schema of temporality 时间性架构，68

schema of transformation 转化架构，31

secondary perspective 第二透视，68

secondary substance 第二实体，46

self – causation 自因，43

self – determination 自我裁定，4

self – enjoyment of importance 自我享用，23

self – evident 自明的，25

self – evolving 自我发展，61

self‐formation 自我构成，11

self‐production 自我产生，109

self‐same identity 自我同一性，55

sensa 感素，110

sensitivity 敏感性，100

sensuous manifold 感性杂多，110

settled character 固定性，86

settled fact 既定事实，56

small perceptions 微知觉，99

society 社会，18

solidarity 结实性，49

something that matters 攸关重要的东西，42

source 本源，76

spatio‐temporal continuity 时空连续体，99

species 种，46

specious present 幻成的现在，68

spectator 旁观者，79

speculative philosophy 思辨哲学，1

Spinoza 斯宾诺莎，88

standpoint 观点，21，68，84

state of affair 事态，114

static stuff 静止的物质，97

statistical averages 统计平均数，92

stubborn fact 稳固事实，17

stuff 基质，10

subject 主体，46

subject‐matter 主题事物，2

subject‐predicate form 主谓式，102

subjective aim 主体鹄的，10

subjective form 主体形式，10

subjectivity 主体性，9

subsist 潜存，4

substance 实体，4，45

substantiality 实体性，45

substratum approach 实体进路，59

substratum 实体、载体，10，55，62

subsumption 例范，24

succession of facts 事实连续，122

superject 超主体，58，94

superject—predicate form 主谓式，102

superjectian 超主体的，58

superseding event 后续事件，32

supporter 托体，10

Supreme being 至上存有，17

Supreme Monad 太上单子，74，90，93

surd element 无理元素，93

symbolic reference 象征指涉，109

synergy 合力，119

synthesis 综合，13

system of forces 力量系统，92

system of reference 指涉系统，122

systematic fulfillment 系统性的满足，3

takes up form 持有形式，30

telos（希）目标、目的，92，95

temporal series 时间性的连续体，32

temporal society 时间社会，32

temporality 时间性，34

temporality 时间性地，32

text of existence 存在的文本，3

texture of existence 存在的脉构，3

texture of immediacy 当下脉构，17

that which acts 活动者，64

that which is acted upon 被作用者，64

that which truly is 真正现存、其真正所是，15，45

the rest is silent 此之外是寂静的，7

the – what – was – to be 那将是的什么，62，64

Theory of Abstraction 抽象理论，81

theory of ideas 理念论，4

theory of transmutation 递变论，99

things 事物，7

this – something/todi ti（希）这一个某物，52

thisness 此性，53

Timaeus 蒂迈欧篇，66

time 时间，45

time 时间，45

timeless 恒久，40

to ti en einai（希）本质，61

todi ti（希）个体，64

Totality 总体性，38

transactionalism 交易论，125

transcendent creation 超越的创造，63

transcendent form 超越形式，20

transcendental illusion 先验谬误，103

transfer 转移，30

transformation 转化，9

transition 转变，15

transmission 传送，122

transmutation 递变，122

type of actuality 实有类型，11

type of pure potentiality 纯粹潜能类型，11

type of reality 实在类型，6

ultimate generalities 终极普遍性，25

ultimate notions 终极理念，13

uncreated substance 无生实体，70

underlying factor 基本因素，55

underlying identity 基本的同一性，55

understanding 理解，25

unifying principle 统一原理，52

uniqueness 唯一性，21，81

unison of becoming 和谐生成，68

unit of activity 活动单位，11

unit - creativity 创造性单位，56，98

unit - mass 单位质量，97

unity of power 权能统一体，57

unity of relevance 关涉性的统一，84，93

unity - in - difference 差别性中的同一体，61

universal characteristics 普遍特性，95

universal of universals 共相的共相，13

universals 共相，4

universe of discourse 论说的宇宙，25

Unmoved Mover 不动的推动者，47，70，77

vacuous actuality 空虚实有，97

validity 有效性，1

vectology 向量论，122

vector character 向量特性，63

vehicles 工具，55

well - founded phenomena 有充分根据的现象，99

what is 所是，10

whatness 什么，5

windowless monads 无窗单子，87

Wordsworth 华兹华斯，100

withness of the body 身体的共与性，109

World of Activity 活动世界，29

World of Dynamic Context 动态脉络的世界，29

World of Fact 事实世界，29

World of Importance 重要性世界，29

World of Matter – of – fact 事实世界，29

World of Value 价值世界，29

World – game 世界游戏，79

Worldhood of the world 世界的世界性，73

Zeno 芝诺，98

# 唐力权全集

## 第二卷

唐力权 著

中国社会科学出版社

# 目　录

自　序 ……………………………………………………………（ 1 ）

## 周易与怀德海之间

第一章　周易与怀德海之间：场有哲学的心法 …………………（ 3 ）

§1　周易与怀德海的对比研究：场有—观念的基本含义 ………（ 3 ）

§2　场内观与场外观：哲学家的形上姿态 ………………………（ 7 ）

§3　宜其宜：场有哲学的心观 ……………………………………（ 14 ）

§4　"太极"、"两仪"、"四象"与"八卦"的泰古原义 ………（ 16 ）

§5　仪体的分析：形、光、力三态的混仪与两仪之纵贯义
　　和横通义 ………………………………………………………（ 18 ）

§6　仪体的分析：宇宙论和心性论的内在关联 …………………（ 21 ）

§7　天地纲缊与"太极图"：场有哲学的心法 …………………（ 26 ）

第二章　异隔、同独与同融：意识心与曼陀罗智 ………………（ 31 ）

§1　法与心（可分与不可分）：意识心的三大倾向 …………（ 31 ）

§2　道心与茧心：曼陀罗智的方圆作用 ………………………（ 35 ）

§3　外自由与内必然：生命权能与意义世界 …………………（ 40 ）

§4　真理追求的正根：文化心灵、哲学传统与曼陀丹道 ………（ 43 ）

§5　丹道脉络与精神格局：人道的太极灵府 …………………（ 51 ）

§6　哲学思想的直贯、旁贯与旁通：精神生命的落实与
　　乘虚 ……………………………………………………………（ 54 ）

第三章　问题心与理性：仁材交涉与公道原理 …………………（ 59 ）

§1　理想、理念与理智：问题心与理性道术 …………………（ 59 ）

§2　镜子作用与理性统觉：问题心的自觉与公道原理的
　　开显 ……………………………………………………（62）

§3　公道法轮与自克结构：仁性、材性的命构符 …………（65）

§4　本体之仁在人性里的落实：先天之仁与良心 …………（68）

第四章　仁性关怀与匠心匠识 ……………………………………（73）

§1　感识、知识和觉识：知性缘起与加工观念 ……………（73）

§2　混沌与秩序：工艺创制的思想模式与希腊哲学 ………（76）

§3　工艺匠意识的理性架构：逻辑秩序与简别个体性 ……（80）

§4　生生之流与有有之邦：仁性关怀与匠心匠识 …………（86）

§5　有执与无执：着匠人相与着仁者监护人相 ……………（90）

§6　上帝与撒旦：陀斯托夫斯基笔下的《大裁判司》——深渊
　　型的意识心态 ……………………………………………（96）

§7　阿波罗与戴安尼索斯：知性与非知性抗衡所决定的理
　　性权力结构 ……………………………………………（102）

第五章　根身与道身：行沟理论与超切现象学 ………………（108）

§1　根身与道身：超切循环与太极内轨的两极异化 ……（108）

§2　理性、意识与语言：灵明之行的意境、义蕴与行沟 ……（112）

§3　缘感生识、识念相续：行沟理论在知识论和价值论中
　　之一贯 …………………………………………………（118）

§4　纯粹的感觉绵延：感知的时空与数理的时空 ………（121）

§5　原始混沌与原始综合：超切向朗主体的行沟历程——
　　兼论盘古神话的哲学意义 ……………………………（122）

§6　无间意识与有间意识：它即我与自别我 ……………（129）

§7　道生一：原始混沌与核心现象——超切现象学借场有
　　辩证法的建立 …………………………………………（131）

第六章　贞三前后：坐标身与核心语言 ………………………（143）

§1　道生一、一生二：潜明无外与潜明有断——根身的呈
　　现与潜明意识的由未明而渐朗 ………………………（143）

§2　二生三、三生万物：根身的十字撑开和人类的核心
　　语言 ……………………………………………………（147）

§3　同尘根身与深植根身：根身一体五相所蕴成的同尘相

格与核心语言发展的经纬——兼论"道" / "道体"

一词的泰古原义 ………………………………………… （153）

§4　心体性体、皇极大中：心法开合与贞主观念 ………… （163）

第七章　始德、元德与姿态形上学 ……………………………… （172）

§1　始德之如与元德之姿：常道的超切二门 ……………… （172）

§2　绝对无为与相对无为：行有玄别与玄藏归结 ………… （176）

§3　始德语言与元德语言：如机双入在宗教、哲学思想中

的着相开显——玄别四畴的义理结构 ………………… （180）

§4　曼陀超觉与心玄爱慧：生命的极限、境界与生命的

哲学 ……………………………………………………… （190）

§5　大人之事与大人之学：奠基于曼陀之根的胜义境界形

上学 ……………………………………………………… （199）

第八章　理性道术、契印型态与文明格局 …………………… （208）

§1　逻各斯与瑜伽：控制性智慧在西方和印度两大精神文

明所熔锻的理性道术 …………………………………… （208）

§2　正爱罗、反爱罗与超爱罗：印度精神文明在心识发展

上的辩证历程 …………………………………………… （217）

§3　本体之仁、本能仁性、道德化仁：践仁的三层次与仁

性生命的内在矛盾 ……………………………………… （226）

§4　本源仁性与道德化仁：仁学的架构与脉络 …………… （239）

§5　和光同尘与诚承契印：文明格局与人道学的建立——

场有哲学的归结 ………………………………………… （248）

附录：英（希、拉）—汉名词、概念、人名对照表/索引 ………… （263）

# 自　序

此书卷首所题四句中所包含的意思，在我的脑海中已经盘旋了十多年了。经过了十多年的苦思与探索，我的思想总算是逐渐成熟了；也总算在不断的尝试下找到适合它的哲学语言了。我知道，对一部分，甚至大部分的读者来说，这本书实在有太多的创新词语，而全书的表达方式也过于迂回曲折。但作者这样做实在有不得已的苦衷。这本书的思想内容相当繁复，"迂回曲折"乃是作者的一种经济手段。至于用词的创新则显然与独特的思想进路有关。任何思想进路或思维方式，在其根源处都是一种"形上姿态"的表现。这是贯串全书的中心观念。对我们来说，离开了人的形上姿态，也就没有存有的开显可言。因为所谓"存有"正是相对于形上姿态的"场有"——《周易》传统中的"天地之道"。不过，"形上"与"形下"是牢不可分的。这种扣紧形上形下、道形器一体相连的思想正是泰古哲学的原意。在文明后世的哲学传统里，这种泰古人素朴的思维方式早就被湮没了、遗忘了。传统哲学语言又怎能适当地表达这泰古哲学的原意呢？

这本书题名为"周易与怀德海之间"，因为我们所谓的"泰古哲学原意"，正是通过对《周易》与怀德海哲学的反省而得来的。虽然它开始以"周易与怀德海的对比研究"为引子，但严格说来却不能算是一本比较哲学的著作，当然更不是关于《周易》或怀德海哲学的专著。如本书的副题所示，这本书乃是一本有关"场有哲学"的论著，或可说是一本以场有哲学的观点来写的哲学序论。

不过，这本书虽然不能严格地以比较哲学为名，它的内容却充满着比较哲学之实。此乃因场有哲学的思想，本来就是从比较哲学的路子走出来的；而事实上，为比较哲学本身建立理论的基础也正是作者用心的所在。

"形上姿态"就是比较哲学得以成立的基本观念。场有哲学理论体系中有关意识心态和契印型态的分析，正是环绕着这个中心观念明显地为比较哲学、比较文化的要求而建构的。所以，把这本书视为一部比较哲学的著作，也并不是完全说不过去的。

在以解构主义、离中心主义为能事的所谓"后现代主义"思潮的世界里，这本书的思想进路——就其为"奠基主义"（foundationalism）一型态而言——无疑有开倒车之嫌。但合乎潮流的思想就一定代表真理吗？从场有哲学的观点来看，建构解构、向心离心均是哲学心灵、文化心灵不可分的两面。后现代主义的思想家所代表的决不是真理，只是一偏之见而已。人是不能离开他的根身而存在的；一切思想都是人类依身起念、依念作茧的产物。最后分析起来，人的根身才是一切建构主义、中心主义的根源——也同时是任何解构主义、离中心主义的思想转轴。作为奠基主义思想的一种型态而言，场有哲学所代表的，乃是思想本身根源性相的自觉——形上姿态的自觉。解构主义、离中心主义的思想家，何尝没有它们的形上姿态？他们的解构思想，其实是本于其形上姿态的一种建构活动，而他们所谓的"离中心主义"本身却正是一种中心主义：一种以其形上姿态为中心的——以有碍求无碍的——曼陀行径。明乎此，则这种新潮思想的本质，不仍是明显地落在传统的窠臼之中吗？

这本书曾在《哲学与文化》上分期登载过。我很感谢《哲学与文化》的编辑先生给我这么多宝贵的篇幅。此外好友傅佩荣教授对拙作自始至终所给予的鼓励与关怀，实在是这本书得以早日完成的一重要因素。当然，我更感激内子玉后对此书所做的贡献。除了担当绝大部分的家务，让我可以有充分的时间从事写作外，她还单独负责全书近三十万字的打稿与校对。没有她的帮忙，这本书实在不知要拖到什么时候才能和读者见面了。

# 周易与怀德海之间

## ——场有哲学序论

唐力权 著

# 第一章　周易与怀德海之间：
# 场有哲学的心法

## §1　周易与怀德海的对比研究：场有—观念的基本含义

今时今日来讲怀德海的哲学，已经是毫不稀奇的了；岂止毫不稀奇，对一个对哲学潮流有高度敏感的人来说，很可能还会有过时的感觉。当然，用"过时"这些字眼来形容一种哲学其实是不大恰当的，因为哲学乃是追求真理的学问，而真理本身是没有时间性的——是超越时空的。这种讲法最低限度在形上学的范围内是不会有错的：形上学所探讨的真理都是永恒不变的真理，而怀德海正是我们这个时代最伟大的形上学家。

不过话得说回来了，真理本身固然是不变的，没有时间性的，但追求真理的人——他的生命、思想和文化——却是变动不居的时间产物。人在对真理的追求下所做的一切活动——包括哲学家对真理本身所做的思维和诠释——乃是一个与时俱化的历程。这个变动不居、与时俱化的历程也就是《易传》里所谓的"易"和"道"。概括地说，"易"就是变动不易，"道"（道之一义）就是与时俱化；这两个观念是二而一、一而二，实在是很难分开的。而这个构成《易经》或《周易》哲学的中心思想的"易道"观念，基本上是一个形上学的观念。易道乃是天地万物之道，宇宙间一切事物莫不涵摄在易道之中、受易道的支配。易道是天道、地道，也是人道；《易传》的作者在发挥《周易》的哲学的中心思想时，正是扣紧这三道之间的关系——即人道与天道、地道之间的关系——而立论的。那么这三道之间究竟有何关联呢？要解答这个问题，我们就会无可避免地回到时的观念来了。我们刚才不是以"与时俱化"一义来释"道"吗？站在《周易》哲学的立场来说，这个意义或观念实在很重要。没有时就没有道；道是易之道，也就是时之道，因为时就是易（变动不居）之历程。《易经》哲学最重时；六十四卦里每一卦的卦义，可以说都是被此卦的"时义"所决定的。而时义的基本观念就是"时中"。"中"是无偏颇的意思，也有合适与合宜的意思。"时中"就是中于时或于时里求中或成中。说得直截一点，"时中"即是合时：人道与天道、地道合时就是时中——也就是人道与天道、地道在时中所取得的和谐。这个"时中的和谐"乃是联结天地人三道的主要关键——也同时是周易哲学最深邃、最精微的所在。

在《易经》的思想里，"时"和"位"乃是两个不可分的观念。有人很自然地把《易经》的"时位"等同于物理学上的时空，这是不对的。《易经》的时位观念可以包括物理学上的时空，但却是一个比后者更原始、更基本的观念。因为《周易》哲学里的时位乃是一个形而上学的名词，在存有论和宇宙论里有其极丰富的含义。我们可以这样说：时位乃是一事物的"相对性"的普遍形式。这里"相对"就是相对于其他事物的意思。从《易经》的观点来看，宇宙里是没有孤立的事物的。一事物之为此而非为彼正在此事物与宇宙间其他（彼）事物的互相关系上。换句话说，一事物的独特的存有性格，乃是由它的相对相关性而决定的——即是由它的时位而决定的。在《周易》的形上学里，终极存有或实在——《系辞传》称之为"太极"乃是一生生不已的生命洪流、一个变动不居随时位而转化的创进体。而这个"生体"或"易体"的创进历程的韵律、节奏和条理正是通过事物的时位和相对相关性而具体地表现出来的。

怀德海哲学的时代意义在哪里呢？周易哲学的时代意义在哪里呢？这是本文最后所关切的两个主要问题。用《周易》的术语来说，这明显地是一个时位问题——内在于人类历史文化而为其场性所决定的时位问题。什么叫作"场性"呢？这里"场"一字所代表的乃是一哲学的观念，而非一数学或物理学的观念。我们所谓的"场"乃是依事物的相对相关性而言的。简单地说，"场"就是事物的相对相关性的所在，也同时是此相对相关性之所以为可能的所在。事物的相对相关性可以有种种不同的性格和方式，因此场和场性（场的性格）也可以有种种不同的分类。譬如自然界的场性，乃是由自然现象间的相对相关性而决定的，而其中不同的自然现象，又可各具不同的场性（如重力场和磁电场在物理学上的区别）。人类的历史文化是不能当作自然现象来解释的，因此也应该有其独特的场性。当然，无自然就不可能有历史文化，因为人类的历史文化，原是由人在自然的环境或场所里创造出来的；人类创造历史文化的精神力量乃是以他的自然生命为基础的。那么精神（历史文化）界的场性和自然宇宙的场性究竟有何关联呢？这是一个值得我们探究的问题，虽然它不是本文关注的所在。

在《易经》里我们是不会找到"场"这个名词的，但这并不等于说《易经》哲学里没有"场"的观念。相反的，我们以为《易经》哲学乃是一部彻首彻尾的"场论"——一部以"场"的理念来贯穿其整套宇宙观和人生观的"场有哲学"。"场有"就是依场而有的意思。一切存有都是场的存有。《易传》里所有的主要观念如"太极"、"易"、"生生"、"道"、"阴阳"、"天地"、"乾坤"等等无一不是由场有观发展出来的形上学观念。"太极"指的是什么呢？宇宙一场有：太极就是此场有之本体或"场体"——也即是构成一切事物的相对相关性的无限背景。而"易"和"道"则是此太极体之"场用"。太极之场用在哪里呢？它就在创造权能的生生不已与阴阳相交的历程里。《易传》以生生不已而言"易"（所谓"生生之谓易"）、以阴阳相交而言"道"（所谓"一阴一阳之谓道"）。其实"易"和"道"都是太极之用——场有场体之场用。如以用名体，则太极也可称为易体、生体或道体。体用之别乃是依场有之创造性而分的。"体"言此创造性所本之权能；"用"则言此创造权能之开显。体与用、权能与开显——两者实是二而一、一而二，只不过是场有之两面罢了。此场有之体用一如又从如何而见呢？权能之体与开显之用究竟在哪里呢？不在别的——它就在事物的相对相关性里、在场里宇宙的无限的相对相关性里。宇宙乃创造权能开显的场所——一个为事物的无限相对相关性所在的无限背景和环境：也就是《周易》哲学里所谓的"乾坤"或"天地"。为什么其称场有的无限背景为乾坤或天地呢？理由是这样的：在初民素朴的形上体验里，场的观念乃是从天地的相对相关而来的。天与地之相对相关——乃是最原始也同时是最具涵盖性的相对相关——天地的相对相关性乃是一切其他相对相关性的根源。这原始的相对相关性究竟有何内容呢？事物的种种相对相关性，是如何建立在天地或乾坤的相对相关性上呢？人在天地之间的存有究竟意义何在呢？《易经》的场有形上学，就是沿着这些问题的思路而发展出来的。

在这里，读者当会不耐烦地问：我们一开始不是要讲怀德海的哲学么？为什么尽在谈《易经》呢？为什么要把周易和怀德海连一起呢？怀德海哲学和周易哲学究竟有什么关联呢？是的，现在该是我们有所交代的时候了。其实，我们的顾虑也许是多余的，因为对知心的读者来说，在一篇讲怀德海哲学的文字里讨论《易经》，或是在一篇讲《易经》哲学的文字里讨论怀德海，恐怕已是理所当然的了。不过，由于我们在本文的用心所在实在牵涉过广且不无独特之处，这些问题都不是我们可以立刻给予一个圆满的解答的。在这"开宗明义"的第一章里，且让我们先为读者作一扼要的交代吧。

为什么我们在讲怀德海哲学的时候要提出《易经》来讨论呢？理由很简单：我们解释怀德海哲学的观点乃是从《易经》那里启发出来的。这个观点是什么呢？就是我们上文所谓的"场有论"或"场有哲学"。我们认为，《周易》哲学固然是场有哲学，怀德海哲学也同样是场有哲学。场有的观念不只是二者共有的"存有信托"（ontological commitment），它也同时决定了它们的方法论——它们基本的思想形式。在场有论的基础上，《易传》的作者建立了一套广大精微的生命哲学，而怀德海也以它为底子，成就了他那套根本上乃是用生命的范畴来组成的宇宙论和历程哲学体系。如果我们这个看法是正确的话，那么以《周易》哲学来和怀德海哲学作对比研究那是最合适不过的。

岂止"合适不过"而已，这里面实在还可有非常重大的意义呢！是的，在大家的心目中，《周易》是一部难懂的书，而怀德海也是一个难以理解的哲学家。但以《周易》来和怀德海作比较研究，则不仅能帮助我们了解怀德海，也同时使我们对《易经》有更深刻的认识。这相得益彰的好处，我们是深信不疑的了。不过，这并不是我们要这样做的唯一理由。我们把怀德海哲学和《易经》哲学连在一起实在是别有深意的。因为我们认为以《周易》哲学来和怀德海哲学作对比研究，不只有纯理论上的意义，还可以有历史时代的意义；不只有纯学术的价值，还可以有更广泛的人文价值。这就是我们要预先向读者交代的地方。只是我们心中这份深意所牵涉的层面实在太多了，不可能一开始就全部表达清楚，我们必须用剥茧抽丝的办法，一层一层的来做，在这里让我们先给读者一个轮廓的描述吧。

如上所述，《周易》哲学和怀德海哲学基本上都是场有哲学；场有思想乃是两者所共有的形上根据。场有思想的特征在哪里呢？我们在上面已经指出来了，它就在相对相关性这个要领里。相对的含义当然就是没有绝对的意思，在场有的思想里，没有绝对的一，也没有绝对的多；没有绝对的超越，也没有绝对的内在；没有绝对的创造者，也没有绝对的被创造者；没有绝对的主体，也没有绝对的客体；没有绝对的心，也没有绝对的物——总而言之，所有相对的两极都是互为依存而非可以独立的存在。所以一中有多；多中有一；凡超越者也必同时内在，凡内在者也必同时超越；创造者必也是被创造者，被创造者必也是创造者；主体本从客体来，客体本来就是主体；没有无物之心，也没有无心之物。这不是很暧昧的思想吗？是的，场有哲学一定是"暧昧的哲学"（philosophy of ambiguity）。因为事物的场性、相对相关性本来就是暧昧的。在传统的西方哲学里，暧昧代表知性的弱点，或甚至是无可宽恕的"罪恶"。笛卡儿不是以"清晰明确的观念"（clear and distinct ideas）为考验真理的准则么？作为西方哲学支柱的传统逻辑，不正是所有界限分明的思想的基本模式么？所以用西方传统哲学的观点来看场有哲学——来看《周易》哲学和怀德海哲学，就不免会有疑问了。这一点其实是颇为明显的，在逻辑的背后，在界限分明的思想的背后，正是支配了西方哲学两千多年的"实体"（substance）观念。什么叫作"实体"呢？笼统地说，它就是一个孤立的存有——一个可以独立于其他存有之外的存有、一个可以从它存有的环境里抽出来探讨的存在。换句话说，实体的观念正是和场有相反的观念，因为实体正是无须依场而有的啊！

## §2　场内观与场外观：哲学家的形上姿态

实体观念的极端化、绝对化——这就是笼罩着整个西方哲学传统的二元主义和绝对主义的来源了。而在这几乎以事物的极端化和绝对化为能事的哲学传统里，最特显的现象就是哲学家自己的绝对化和由此而生的人我或主客两极化和极端对立。传统西方哲学家在他从事哲学思考时，总是很自然地把自己放在一个"绝对旁观者"（absolute spectator）的地位——一个在西方传统里只有上帝才可能有的地位。西方哲学家总是要站在宇宙之外来看宇宙，好像他自己就是上帝似的；总爱把他自己从他所在的世界和自然环境抽离出来，好像他不属于这个世界或自然似的。从场有哲学的观点来看，这个绝对的、外在的观点根本就是站不住的。因为根本就没有"宇宙之外"可言。既然一切存有都是依场而有，而"宇宙"乃是无限场有的名称，则宇宙之外哪里还有存有可言呢？如此说来，外在于宇宙的上帝也是不可能的了。是的，在场有哲学里上帝或终极存有，也无例外地一样是场有的观念。譬如以怀德海的哲学而论，他并没有把神（上帝）绝对化了。相反的，怀德海形上学里的神，乃是与由时空中的实际存有所构成的现实世界互为依存的超越时空的存有。神所代表的乃是实有（宇宙）之场的终极场性。怀德海很郑重地、清楚地指出神与现实世界乃是互相创造的。这个神和万物的相对相关性在绝对化的西方传统形上学里，乃是不可想象的啊！

从场有哲学的立场来说，我们只能从"场内"的观点来看人生、看宇宙，而不能从"场外"的观点来看。因为一切存有都是场有，而场有是"无外"的。《周易》哲学和怀德海哲学里的一切观念，都是由"场内观"所导出的观念。假如我们把《易传》里的太极或怀德海的神看成一独立实体，看为一超越万物而非与万物互为依存的绝对存有的话，那可就大错特错了。

现在我们要问，既然（在场有哲学里）只有场内观才是探讨真理的正确途径，那么与此相反的"场外观"又是如何来的呢？我们应该怎样解释控制了整个西方哲学传统的那种绝对化，和二元对立的"形上姿态"（metaphysical posture）呢？这个问题很复杂，我们必须沿着一条很长的思路来处理它，希望最后能给它一个妥善的答案，现在就让我们以"形上姿态"这个观念作起点吧。是的，在每一种哲学思想的背后，都有作为其存有信托之本的形上姿态——一个哲学家在面对宇宙人生时所采取的基本看法或态度。其实，"形上姿态"不是只有哲学家才有的，每一个有思想的人，都有作为其思想和行为方式的最后根据的"形上姿态"。甚至每一个社会、民族或文化也都可以说有作为该社会、民族或文化的存有之本的"形上姿态"。这个集体的"形上姿态"所代表的乃是一部分人类所赖以安身立命的智慧之道或生命精神。如是西方传统哲学的形上姿态，也就是西方传统文化的形上姿态，因为哲学思想乃是人类精神文明的核心的所在。

那么形上姿态究竟因何而生？如何形成的呢？对这个问题场有哲学可以提供一个明确的答案：它乃是由人生存在场有之中感于场有的终极性相而生的。用《周易》哲学的术语来讲，我们可以说形上姿态乃是人与天地万物由"感应"而"感通"时所生发卓立的根本态度。这个姿态或态度，乃是在人与场有之终极关系处形成的。用怀德海的哲学语言来讲，这个由感应而感通的历程，乃是一个"主体性"的历程——一个创造权能或主体自我完成其具体生命的裁化历程。形上姿态乃是作为生命主体的人所采取的基本态度，相当于怀氏所谓的"主体性格"（subjective form）。当然我们这里所谓的形上姿态乃是从人的立场来立论的，而怀氏的"主体性格"则是一涵盖一切实有（实际存有）的观念。我们简直可以说在某一义上，怀德海乃是以主体性格来等同"实有性"（actuality）的。不过这里"主体"不是一实体观念而是一场体（以场为体）观念。当我们把怀氏的场有主体观分析清楚后，我们就会同意，他所谓的主体性格正可用"形上姿态"一词来表达。我们甚至可以说，怀氏的"主体性格"不过是一普遍化了的形上姿态罢了。

现在我们要解释的是"形上姿态"里"形上"两个字的含义了。"形上"当然就是形以上或形之上的意思。大家都知道这个哲学术语原先出现于《易·系辞传》，乃是从"形而上者谓之道"这句话来的。现在"形上"两字已被普遍地用来翻译西方哲学中的"metaphysics"或形上学。"Metaphysics"乃是一门探讨"终极"哲学问题的学问。我们在"姿态"上面加上"形上"两字为的正是这"终极"的含义，因为我们所要表达的乃是人与场有之间的终极关系。这个终极关系究竟有何意义呢？对这个问题《系辞传》早就一针见血地提供我们一个最扼要、最具体而微的指示。《系辞传》云："形而上者谓之道，形而下者为之器。"这句话所要确立的乃是"道"、"形"、"器"三者之间的关系，这关系《系辞传》以"形上"和"形下"来表示之。"形"就是形身，也就是我们这具能够直着走路、有血有肉的形躯。"道"在《易经》里有多层含义；在这里指的乃是最高层次的"道"——即场有自身或《系辞传》所谓的太极。场有自身一观念包含了场有全体的终极性相，这终极性相之全体大用也就是场有自身即体即用的本体。这就是为什么后来在《易》学的传统里的道或太极也被称作"道体"了。

道或道体乃是超越我们这具形躯的终极存有，所以说"形而上者谓之道。""形而上"或"形上"就是超越形躯的意思。那么"器"又是什么呢？"器"也是形。在《周易》哲学里形和器的分别也就是主体和客体的分别。"形"指的是我（主体）之形，"器"指的则是他人或他物（客体）之形。我们存有里的一切经验、思想和行为都是由我形与他形之相交接而起的。"器"字原指人类日常生活里所用的工具、器皿或器具——乃是时时刻刻与我们密切交接的东西。《易传》因以此字泛指一切与我相交的人或物。"形而下"指的正是主体与客体以形相交接的关系。但为什么以"形而下"来描述这个关系呢？为什么器是在形之下呢？答案很简单。人是能够直立走路的，"直立"的姿态乃是人之所以异于禽兽者最原始，但也同时是最具决定性的分别因素。当我们直立起来而视与我们交接的器物，及在我们周遭的禽兽或花草树木时，我们就不期然地有一种居高临下的感觉。所以"大人"的"大"字指的本来就是人的直立高大的形躯。这种"自视为高"的感觉当然没有事实的根据，它只是一种由视觉造成的心理现象。当然我们直立的时候，我们的视野也同时相对地扩大了。周遭的一切尽在目中。而这"尽在目中"的感觉又不期然地转化为"所见在下"的感觉。这本来是很自然的心理现象，但它在人类意识心的发展过程里却具有决定性的影响。譬如人类学里所谓的"大人神话"，就是由这"尽在目中，所见在下"的感觉——或者"自视为高"的意识——发展而来的。神话的大部分都是人类原始经验的素描。人类的始祖在五十万年前所经验的原始震撼，一个小孩在刚学会直立起来的刹那还能体会得到，作为现代文明的成人已经是很难想象得到的了。

人类最原始、最朴素的哲学语言乃是纯粹依形躯而起念的哲学语言。《易经》去古未远（这当然是相对我们而言的），还保留了许多泰古哲学语言的痕迹。"形上"和"形下"的区分就是一个显著的例子。当人直立起来的时候，"上天下地"的观念也就随之而生。道体属天，形器属地。天高高在上，不与形躯相接——这代表场有自身（天或道体）之超越。人的形躯脚踏实地，与地密切相连——这表示场有者（万物）与场有自身之不可分离。所以，在《易经》哲学里，天与地的分别也就是道体和形器的分别，或是"场有自身"和场有者的分别。（这里"场有自身"与

"场有者"的分别与海德格存有哲学中"存有自身"（Sein）与"存有者"（Seiendes）的分别相似而实不相同。海德格的存有思想乃是环绕着"意义开显"（aletheia）这个核心观念发展出来的。"存有自身"与"存有者"的分别，也就是"意义开显自身"与"所开显者"的分别。而我们所谓"场有哲学"却是奠基在"生生之流的场性"这个中心思想上的。和怀德海一样，海德格的哲学采取的完全是"场内观"的基本立场。德海格的著作里实充满着"背景"、"历程"、"处境"等基本场有观念的运用；意义开显（存有自身）正是一场有自身相对于人类的场有而开显的历程。）这个分别乃是由两组关系组成的——一是道和形的分别；二是形和器的分别。在泰古素朴的哲学语言里，形和器相当于我们现在所谓的主体和客体，只是现代人的主客之分乃是扣紧意识心而言的，而在泰古的语言里，心和形还没有被显著的区分出来。对上古的人来说，心或心灵是不能和形躯分开的；离开了形躯哪里还有心？所谓"心"者不过是形躯的灵明作用罢了。

西方哲学自近代哲学之父笛卡儿以后，就有把意识心孤立起来看、孤立起来立论的倾向。这种倾向已经影响到现代的中国哲学学者了。其实这种倾向和由《易经》以来的中国哲学传统乃是格格不相入的。传统的中国哲学可说没有过离形成独立于形外的心观。相反的，传统的心观乃是扣紧形器之实而立论的。说得明确一点，心乃是依形器而起的灵明作用。严格地说，中国哲学里没有唯心论，也没有唯物论。因为西方哲学里唯心唯物之争，乃是基于孤立的意识心之可能性而立论的，而中国传统哲学却从来没有把意识孤立来看。中国哲学里的心观与西方传统哲学的心观乃是两种不同形态的心观。中国的传统心观乃是一种基于场有论的心观。场有心观的特点在哪里呢？它就在《易传》"形而上者谓之道，形而下者为之器"这句话的含义里，因为"心"在《易传》里正是调和于道、形、器之间的灵明作用。这个灵明作用和形器不可分，但却又超越于形器之上。它好像生发于形器之间的虚空处，而又朝这形器之虚空处而隐伏。这虚灵明觉的心灵作用究竟何属呢？严格来说，它是不属于任何人的——任何形器的，而是属于场有的。所有心的作用都是场有的心灵作用。不过我们惯于就其为"我"所明觉处而立论、就其通过"我"的形相而立论，也就把这本为心据为己有了。

从心之虚灵明觉处而言心，乃是哲学家爱智心态的自然倾向。但"虚灵明觉"只代表心灵作用之一面罢了。在《周易》哲学里心的明觉性通常是用"明晦"或"显隐"等相对语来表达的——这是阴阳概念重要含义。但《周易》言心的另一面则是通过"感通"和"裁化"的语言来表达的。"感通"乃是感应而通达的意思,"裁化"则是由取舍而转化的意思。感通是"情"的作用,"裁化"是"性"的作用。借用朱子的哲学术语来说,心之感通裁化也就是"心统性情"的意思了。这感通裁化的心我们可以称之为心之"主宰性"。感通裁化乃是一个"诚仪隐机"的历程。这又是什么意思呢?首先,我们应该指出,主宰心的裁化作用乃是一个"向量"——一个有"目的性"或"指向性"的作用。若没有目的、指向,心的取舍作用就失去其意义了。这个主宰心的目的性或指向性就是它的"诚"。但这个心灵的目的性、指向性是怎样来的呢?它乃是从形器之互相感应感通处而起的、而获得其具体意义的。有感必有应、有化必有裁。感通裁化必然表现一种姿态——一种属于生命权能的姿态、有性有情的姿态。这个表现生命的性情的姿态就是"仪"。仪是心灵的姿态,但也涵摄形躯的姿态。心之仪与身(形躯)之仪实有着一个非常密切的关系,这个我们在上文讨论形上形下的观念时已经透露了一点信息了。其实,心之仪岂只和形身之仪牢不可分,它和器之仪(人身外所有物事的情状)也是密切关联的。语言里的比喻体或隐喻体(metaphor)和神话里无数的意象都是由心与形器之交感而生的。它们所代表的乃是心与形器之"共仪"。这就是《系辞传》"易有太极,是生两仪"一句里"仪"字的来源。在中国的泰古哲学语言里,"太极"和"道"原指的是我们的形躯。"两仪"是什么呢?它原来有一个非常素朴的意义:它指的乃是构成这形躯的种种仪态的基本相对性——刚柔、阴阳、动静。"刚"就是直,"柔"就是曲——这是形躯的屈(柔曲)伸(刚直)能力的相对。我们现在已经把屈伸(柔曲刚直)的意义纳在阴阳观念之下。其实阴阳与屈伸本来是两组不同的观念。阴阳是什么呢?它指的乃是由形躯所形成的方位相对。"阳"为身之所向,"阴"为身之所背。所向在视线范围之内,故"阳"为明、为显;所背则无法得见,故"阴"为晦、为隐。"动"是有进退,"静"是无进退。可见《周易》哲学用以处理相对性的语言,原是泰古哲学依身起念的素朴语言。所谓"易道"者指的原是人的形躯在其场有的相对性中动作时所从顺的变化之道。易道超越形躯,却又和形躯不可分离。

这因为易道中所含的相对性原是以形躯的形构来分判、以形躯为中心而起对立的。当然，周易的哲学语言，并没有仅在泰古哲学语言的层次里。当"阴阳"一词最后被用来泛指一切场有相对原理时，它的素朴的原义也就隐没在其中了。从"阴阳"之素朴义到"阴阳"的普遍义，期间所经历的乃是泰古哲学的"形上化"的历程。这个"形上化"的历程乃是由依身起念的心灵作用，通过一形上姿态发挥其生命权能的创造历程。这个"形上心所"的历程，我们即以"诚"、"仪"、"隐"、"机"四字来描述它。前两个字的含义我们已经解释过了。"诚"指的是之心所的目的性或指向性，"仪"指的乃是创造权能在实现其生命之"诚"时所必有的姿态——一个依身起念的形上姿态。这个为心灵作用的具体内容的"念"乃是瞬息即逝的。"念"字从今、从心，也就是当下之心的意思。当下之心也就是当下的生命——一个创造权能在当下的自诚或自我完成。仪就是这自诚的活动中所表现的姿态。所以"生命"者只不过是心或创造权能的诚仪罢了。念或当下的心也就是当下的诚仪；念之消逝也就是当下诚仪的消逝。这里"消逝"并不是完全消灭的。用怀德海的术语来说，所消逝的只是诚仪的"当下主体性"（subjective immediacy）——心所的当下的感受或情怀；当下生命的完成也同时是该生命的诚仪的"不朽待用"或"不朽所对"（objective immortality）。当一个创造权能完成其生命之后，它的生命诚仪的主体性便随之消逝了。但不朽的却是生命诚仪的"客体性"——即此诚仪对后继生命所可能有的贡献或作用。此客体诚仪的不朽待用也就是我们所谓"隐"的意思。一个当下生命完成了，它的主体诚仪消逝了，但此生命的客体诚仪，却隐没于后继的生命之中而为其一构成分子或因素。我们所谓的"客体诚仪"相当于怀德海所谓的"与料"（data）。在怀德海的哲学里，"与料"一词乃是用来统指在一主体（创造权能）生命的自诚的过程中起作用的一切物事或客体。"与料"与"客体"乃是两个可以互通的名词。"与料"一词着重不朽物事之"待用"，"客体"则着重不朽物事之为主体"所对"。其实，能为一自诚主体所对的正是待用的物事啊！

　　不朽物事如何能为一主体所对而为其待用的资料呢？那就要看它们所处的场有之"机"了。"机"这个字在中文里有非常丰富的含义；它有机缘和机会的意思，也有动机、契机、生机等意思。"场有之机"——或简称"机"——乃是创造权能前后心所间生命继续的枢纽或关键。它不只是不朽物事的待用的机缘，也同时是促使继起主体生命的动机、契机和生机。诚和仪不可分，隐和机也不可分。生命之诚因仪而显，生命之逝随机而隐。但生命当下的诚仪乃是由过去生命的隐机而来的；而当下生命的隐机却又正为继起生命的诚仪的起点。诚仪隐机，念念相继，生生不已——这不正是周易哲学道一观念的精微含义么？

　　我们的弯子已经转得太远、太大了，让我们回头来整理一下我们的思路吧。上面这段颇为冗长的文字乃是针对心的观念而发的。我们所要探讨的乃是场有哲学的心观。一个哲学的特质最容易在它对心之问题的虚理上看出来；而我们认为场有心观正是《周易》哲学的特质的所在。场有心观乃是西方传统哲学所无的，但它却出现在 20 世纪的西方哲学里——尤其是在怀德海的哲学思想里。这不是一个很奇怪的现象吗？其中是否有一个不寻常的意义呢？

## §3　宜其宜：场有哲学的心观

　　场有心观的特点在哪里？对于这个问题，读者也许还记得，我们在讨论之先就已经交代过了。中国自《周易》以来的传统心观乃是扣紧形器之实和场有之真而立论的。说得更明确一点，中国的传统心观乃是道、形、器之间的产物。这和西方哲学倾向于把意识作用孤立起来而言心的传统实在有显著的不同。我们甚至可以说中国传统哲学里根本没有"意识心"（作为一实体看）这个观念。从中国哲学的立场来说，西方哲学家所谓"意识"只不过是"明觉心"——心的虚灵明觉性——的一面罢了。中国哲学家所谓的心实在包含有无意识或潜意识和超意识的成分。这也是依道、形、器之间而立论的心观所应有的。

　　但中国传统哲学的心观不仅从心之明觉性而言心，更从心之感通裁化处——心之主宰性——而言心。如上文所言，感通裁化乃是一个诚仪隐机的历程——一个创造权能的生命历程。这个创造权能，用怀德海的术语来说，就是一实际存有（具体物事）的"主体"。心之主宰性也就是创造权能之主体性。这个主宰心的主体性的具体表现就是有情有性的感通（情）化裁（性）活动。而感通裁化者不过是创造主体之"宜其宜"罢了。

　　是的，在心之"明觉性"与"主宰性"之外，我们应该再分别心之

"终极性"——心与道相合之性。道或场有自身乃是一切场有的终极性的所在。与道相合之心我们可以称之为"道心"。心与道之相结合当然可以有不同的形式和层次，道心的作用永远只有一个：它只是一个"宜其宜"。道心只是心之宜其宜，心之宜其宜就是道心。

假如所有哲学问题都可以归约为主客问题的话，那么哲学思想的轴心就在"宜其宜"这句话里面了。"宜其宜"这句话里面有两个"宜"：前一个"宜"是动词，指"能宜"的主体；后一个"宜"是名词，指为主体"所宜"的客体。"宜其宜"这句话所涵摄的正是主客或能所的关系——能宜和所宜的关系。我们所谓"道心"乃是兼主体之"宜"（动词＝能宜）与客体之"宜"（名词＝所宜）而言的。所以道心有主体性也有客体性。道心本身只是一个宜——一个体用一如的"宜体"。不过这个"宜体"中之"宜"既非动词，也非名词、形容词或副词。这个为道心根本含义的宜体或"一宜"已经不是用任何语言可以表达清楚的了。

"宜体"就是以宜为体的意思。以宜为体的道心关非一种特殊的心态，道心就是心在其终极性或合道性所现之心。那么"道心"中之"道"究竟指的是什么呢？很明显的，它指的乃是体用一如的一宜或宜体。这个以宜为体的道心乃是无所不在的。它在心的明觉性里，也在心的主宰性里。离开了道心之一宜哪里还有心之虚灵明觉？哪里还有心之感通化裁？虚灵明觉、感通化裁都是一宜的作用啊！是的，宇宙间一切事物莫不在道心的宜体之中，莫不借道心的一宜而有、而显。一切存有之所以能存有乃由于其从一宜中所得之宜。"得宜"正是一切存有之存有性或本质啊！

严格说来，宇宙间是没有所谓"不宜"这回事的。每一事物都有其独得之宜。离开了它的独得之宜，这物事也就不存在了。我们所有一切"不宜"的观念或意识莫不基于人心中之一偏之见——个人或人类的一偏之见。这些偏见从哪里来的呢？它们正是从我们的"独得之宜"而来的。因为偏见之所以为"偏"正是一自宜其宜的表现。

既宇宙没有真正的不宜，也就不可能有真正或终极的不和。因为不和乃是由不宜而来的。道体是宜体，也是"和体"。万物之得宜乃是在道体一宜之和体中得来的。这不正是《周易》哲学里"太和"观念的含义么？

《易经·象上传》释"乾"一章里有"乾道变化，各正性命，保合太和，乃利贞"这么一句话。这句话所要表达的乃是道体和个体之间的关系。"太和"就是大和。《易传》以道体为一大和谐体。万物所赖以为其个体存有（性命）之根据的独得之宜乃是乾道变化的成果。这个个体存有的独得之宜《易传》称之为"贞"。"利贞"是什么意思呢？《乾文言》曰："利者，义之和也。""义之和"就是宜之和；个体存有在道体中之贞定乃是一个宜的和合。《易传》以宜释和乃是明显不过的。[1]（以宜释"义"乃"义"之古训。与"仁"相连的"义"——富有道德意义的"义"——乃是后起的观念。时贤也许还未体会得到，由"义"的古训里所透露的信息究竟有多丰富的含义，究竟多值得我们去深入探索呢？）

### §4　"太极"、"两仪"、"四象"与"八卦"的泰古原义

《易·彖传》释"乾"这一章里的"太和"观念，和《易·系辞传》里"易有太极，是生两仪"一章里的"太极"观念，乃是紧密相连的两个观念。在某一意义上来说，这两个观念是等同的：太极就是太和，太和就是太极——太极和太和指的都是道体或易有自身。所不同者，"太和"乃是就道体之为"宜体"而言的，而"太极"则是就道体之为"仪体"而言的。我们在这里用"仪"字来泛指场有之一切名相，包括形器或事物之任何姿态、形式或情状。"名相"是可名之相的意思。宇宙间的一切名相都是从道体来的，莫不在道体之整体之仪里面。《易传》里"太极"一词，指的就是这个既为名相之本又为整体之仪的道体。从中国哲学史的立场来看，儒家比较注重道体的"整体之仪"的意义，而道家则比较注重道体的"名相之本"的意义，作为名相之本的道体是不可名的，是无相可言的。所以《道德经》里以这个"不可名"、"不可道"的道体为"虚"、为"无"或"无极"。但无极就是太极，因为作为名相之本的道体也即是整体之仪的道体——这不正是周敦颐在《太极图说》里"无极而太极"一语的真正含义？

在泰古哲学的素朴语言里，"道"和"太极"指的原是我们这具能直立走路的形躯。这一点我们在上文已经提过了。"太"的原义为大，泰古人类以"大"来描述这个直立起来时"顶天立地"的形躯。直立的形躯乃是人的躯体生长发展的极端，所以"太"或"大"和"极"原是同义语；"太极"乃是一重复词。直立的形躯是人一切动作行为的支柱或骨干，所

以《易传》云："易有太极。""易"是什么呢？它指的原也是我们这具形躯——这具能屈伸进退、动静变化的形躯。"易有太极"就是说屈伸进退、动静变化（易）乃是以直立的形躯（太极）为中心、为本的。而这具为"易"之本的直立形躯也同时是为形躯所本有或依形躯而有的一切相对性的根源——如屈伸（曲直）、上下、前后、左右、内外等等。所以在"易有太极"一句后面《易传》继以"是生两仪"。"两仪"就是屈伸或曲直——我们形躯两个最基本的仪态。形躯之伸直则向上而朝天，形躯之屈或曲则向下而接地。所以，"两仪"狭义地说就是"天"和"地"，亦即是"乾"和"坤"。天地或乾坤乃一切相对性之根源，所以"两仪"也泛指一切以天地乾坤为本的相对性。人生活所在的环境——他的具体生命的"场所"——乃是由两仪或乾坤相反相成的相对性所决定的。宇宙间一切名相乃是通过乾坤的场性或相对相关性而开显的"象"——也就是我们今日所谓的"现象"。所以《易传》云："两仪生四象。""四象"乃是"四方"之象或现象的意思。"四方"就是前后左右四个方向；这四个方向乃是由直立的形躯而决定的，《易传》因以"四方"来指以形躯为中心的环境。当人顶天立地般站立起来的时候，也同时是事物的名相在他周遭开显的时候。但《易传》跟着说："四象生八卦。""八卦"指的又是什么呢？"卦"的原义就是挂。"挂"在天地之间的是什么？当然就是我们四周所开显的现象了。所以在《周易》经传里"卦"和"象"是相通的。"八卦"也就是"八象"。但什么叫作"八卦"或"八象"呢？"八卦"当然就是我们所熟知的乾、坤、震、巽、坎、离、艮、兑八种符号——分别代表着天、地、雷、风、水、火、山、泽八种自然现象和父、母、长男、长女、中男、中女、少男、少女八种人伦关系。但这观念是后来演变而成的。我们以为"八卦"的原义并不是八种符号或自然现象或人伦关系。"八卦"或"八象"并不是八种现象而是"八方"的现象。"八方"指的乃是在东南西北四个方位外加上东南、西南、东北、西北四个方位而成的八个方位。换句话说，"四象生八卦"这句话基本上乃是泰古人对方位经验的描述。泰古人并没有方位或空间的抽象观念，他们对方位和空间的认识乃是和现象连在一起的，浑然不可分的。而在他们经验里的现象也是一个混合体——一个形和力的混合体。力和形的混合表现就是我们所谓的"仪"或姿态——用《周易》哲学的语言来说就是"爻"。对泰古人来说，宇宙一切具体事物都是一仪体或爻体。《周易》经传里这个"爻"的观念有两个基本的含义。"爻"有交的意思，也有效的意思。前者乃是就卦爻所代表的具体事物而言的，后者则是就卦爻之符号作用而言的。所有具体事物都是力和形的混合表现，而这个混合表现的仪体或爻体，最后分析起来只不过是一个"两仪相交"的道体（就其宜其所宜而言道体）罢了。传统由伏羲传承下来的八卦，乃是"仿效"这"两仪相交"之道的符号系统。不过，这个八卦符号系统所仿效的——或所要捕捉的——不只是两仪相交的爻体，它要表示的还有"天地人相交"的意义——"卦体"的意义。

## §5　仪体的分析：形、光、力三态的混仪与两仪之纵贯义和横通义

当泰古人的认知心从方位的模糊认识，进而对他的具体的生活环境有一个全面的和较确切的体验时，"卦"的意义也随之而具体化、深刻化了。"八卦"原来指的只是"四方八面"所垂的象，逐渐转变为代表八种"天地相交"的基本形式。"卦"一词一方面有基本形式的含义，另一方面又有具体处境或情况的含义。人生存于天地之间，他的具体处境永远为天地人三者之间的关系所支配。"天地"代表超越人的场有力量——当然也是超越自然界或人文界里任何个体存有的力量。但天地并不是外在于万物的实体，天地的力量固然超越宇宙间任何事物，但也同时内在于一切具体事物之中。那么天地的力量从何而见呢？这个力量的本质在哪里呢？对这两个问题，《易经》的答案是非常明确的。天地的力量乃在万物的仪或姿态中见，这个力量的本质就在乾坤两仪或仪力的相克相生、相辅相成里。"天"或"乾"代表宇宙里刚的力量、直的力量、伸的力量；"地"或"坤"则代表宇宙间柔的力量、曲的力量、屈的力量。刚直而伸则明，所以天或乾的性质为阳；柔曲而屈则晦，所以地或坤的性质为阴。"明"就是有所见；从事物的观点来说，就是就所开显，"晦"就是无所见，乃是相对于事物之闭隐而言的。《系辞传》以"辟户"和"阖户"两个名词来分别乾仪和坤仪的作用——所谓"阖户谓之坤，辟户谓之乾，一阖一辟谓之变。""一阖一辟"就是"一阴一阳"。"一阖一辟谓之变"与"一阴一阳

谓之道"这两句话的意义是相同的。"道"就是阴阳变化之道——开显（阖）与闭隐（辟）之道。

以天或乾之道为阳刚，以地或坤之道为阴柔——这已经成为中国哲学传统里牢不可破的定论了。阳就是刚，阴就是柔；我们已经把"阳刚"与"阴柔"看成两组同义语了。其实，阳并不等于刚，阴并不等于柔；阴阳与刚柔本来是不同义的。"刚柔"乃是形态（含力态）的语言，而阴阳却是光态的语言。不过它们虽不同义，却又在含义上有非常密切的关联。因为形态与光态是不可分离的。形态与光态乃是创造力或权能——"生生"的力量——在场有中发用的两面。创造权能的发用乃是一个诚仪隐机的历程——一个开显与闭隐的历程。权能之开显就形态而言则为刚、为直、为伸；就光态而言则为阳、为明、为灵。权能之闭隐就形态而言刚为柔、为曲、为屈；就光态而言为阴、为晦、为昧。在泰古的哲学语言里，权能发用之形态与光态乃是扣紧着形躯的生长与活动而被理解的。形躯在生长与活动中所表现的仪或姿态乃是一个不断开显、不断闭隐的历程。易道之生生不已指的原是创造权能通过形躯而发用的生生不已。当然在"生生"的观念被普遍化后，易道遂变为创造权能自身的生生不已了。这个生生观念的普遍化乃是很自然的事。在泰古人的素朴体验里心与身、我与物或世界乃是一个浑然一体的物事。形躯的生长和活动之生生不已里不只是个体我之开显也同时是我周遭世界对我的开显。庄子所谓"天地与我并生，万物与我为一"正是这泰古素朴经验最佳的描述。天地之相对乃是在我直立起来的时候才开显的，所以说"天地与我并生"。与"我"并生因为"我"的生命——一个人之所以为"人"的生命——乃是从我形躯之能直立开始的。为什么说"万物与我为一"呢？这里"为一"的"一"就是一体的意思。它指的乃是我们上文所谓的"整体之仪"。我和天地万物都在这"并生"的整体之仪里。而这个整体之仪乃是一个创造或生命权能（太极、道体或场有自身）——一个"大我"的自我表现。这个创造权能的创造性是如何发挥的呢？它是通过乾坤两仪的仪用——一阴一阳或一阖一辟——而发挥的。所以乾坤两仪的合仪乃是创造性的枢纽——也就是《易传》所谓的"一阴一阳之谓道"里的"道"。这个"枢纽"、"道"或"道枢"并不是外在于天地万物的东西。它乃是内在于天地万物之中而为一切实际存有的存在根据。道枢在我的形躯之中，也在我的心灵之中。但这个作为我生命根据的道枢又何尝不在他人的生命中——在这个世界里的所有具体事物之中。是的，道枢乃是一切仪体仪用的枢纽。而天地间一切具体事物就其为形与力的混合表现而言，都是整体之仪中的"一偏之仪"，都是一个有独立性格的仪体。我们可别忘了仪体除了形和力的因素外，还有光的因素。我们现在应该说，仪体乃是一个形、光、力的混合体。说得明确一点，所谓"仪"者乃是形态与力态在一光态下的混合表现——这个"混合表现"就是一具体事物所显姿态。在《周易》的哲学里刚柔屈伸乃是形态的语言，阴阳明晦乃是光态的语言，而动静进退则是力态的语言。周易"仪"的观念就是通过这三种语言的统合而表达的。

所以《系辞传》里"易有太极，是生两仪"中"两仪"的观念，并不是一个单纯的，仅从形、光或力单一方面而取义的观念。"两仪"可以泛指形态的两仪、光态的两仪或力态的两仪；但也可以指形、光、力三态混成中具有统合意义的两仪。这个统合的两仪究竟指的是什么呢？它指的就是那个开显和闭显的易道——也就是《易传》所谓的一阖（闭隐）一辟（开显）的变化之道。阖辟的易道变化乃是创造权能的仪的表现。一阖一辟皆是一形、光、力三态的混仪。

世界上所有的具体事物莫不在这开显与闭隐的易道变化之中。每一具体事物在其开显的过程中，每一当下都呈现一种独特的姿态。这个"独特的姿态"乃是一具体事物作为仪体的基本定义。"姿态"就是一仪体的仪用。我们可以说一阖一辟的两仪乃是仪的"纵贯义"，而形光力三态的混仪则是仪的"横通义"。而一仪体仪用的横通纵贯，则代表创造权能在场有整体之仪中之"合仪"。"合仪"就是仪用横通纵贯的统合——也就是仪的混仪义与两仪义的统一。仪用一观念最后分析起来只不过是一个合仪罢了。

锤钉入木——让我们举一个浅显的例子来说明吧。锤钉入木乃是一件在我们日常生活中常见的具体物事。"物事"就是因物成事的意思。所有事都是由物的相互作用组合而成的；事成之后一事的事相就隐没在其所成就的物相中了。"物事"和"事物"乃是可以互通的同义语，不过"物事"一词的重点在物或由物生事的过程，而"事物"一辞的重点则在事或由事相转为物相的过程。其实，事和物乃是二而一、一而二的东西。事相中有物相，物相中有事相。这个"即事即物"的观念不正是怀德海本体论的核心的所在吗？

　　锤钉入木是一事，一切在这事里起作用的东西都是物——包括锤子、钉子、木板、拿锤子的手、挥动手的人等等所有对这事有直接或间接的贡献或影响的分子或因素。怀德海称这些构成一事的分子或因素为"与料"。所谓事者不过是这些与料的全体大用罢了，而事中与料或物的全体大用，乃是一个由散漫无组织的"众多"而转化为一有独特性相——"与众不同"——的"一物"的创进历程。这个即事即物的创进历程，就是怀德海心目中"实际存有"的真义了。

　　一事物所呈的物相和事相我们统之为"仪"，"仪"就是一事物或物事所表现的姿态或情况。在锤钉入木一例子里，这一事之仪不只表现在锤子或钉子等的情状里，也表现在"事主"（执锤者）整个身心的形相姿态里。不只事中人物各有其独特之仪，此物事本身也具一独特之仪。此一事本身之仪也就是它的事相。事相乃是通过物相而显的，但一事之事相并不等于此事中所有物相之和。此乃因事本身有其独特的姿态，此独特的姿态或仪在其独特之处乃是超越此事中任何物相的——包括全体物相在内。再者，一物事的整体姿态——它的全部物相事相——乃是一个非常复杂的仪体——一个可以从无数角度和层次来分析的混仪。混仪里可以仪中有仪、仪外有仪。混仪里有属于意识作用的仪，也有属于非意识或超意识作用的仪。我们可以从自然科学的观点来看混仪，或从社会科学的观点来看混仪，或从艺术宗教的观点来看混仪，当然更可以从哲学的观点来看混仪。哲学家所看到的——或所应看到的——乃是混仪的本质之真。这本质之真在哪里呢？它就在我们上文所讲的仪的纵（贯）横（通）义里。所有混仪都是复杂的仪体，但复杂之中却又并非无简易之处。一方面，一切物事的混仪都是一形、光、力三态的合仪，而这个混仪中的合仪却不过是阖辟两仪的表现罢了。因为所有物事都是一个不断开显、不断闭隐的易道变化的历程啊！

## §6　仪体的分析：宇宙论和心性论的内在关联

　　形光力的合仪——这就是《易经》语言里所谓的"象"。《易经》里"卦"、"爻"、"象"三个主要观念其实是可以有非常精确的定义的。"卦"

代表什么呢？很明显的，它代表的乃是一物事的仪体——一个错综复杂的混仪。"象"就是在这统合所表现出来的现象或姿态。"象"和"爻"乃是对称的一对观念。"象"着重卦仪（卦之仪体）的横通义，"爻"则着重卦仪的纵贯义。"爻"是相交的意思；它指的乃是两仪在卦仪里的相互作用和相互交替。两仪的相交表现在形态上的就是刚柔屈伸的爻相，表现在光态上的就是阴阳明晦的爻相，表现在力态上的就是动静进退的爻相。这三面爻相乃是任何卦体"物事"所有的。因为形光力三态乃是构成所有事物的混仪的基本条件。但才说"爻相"，象的观念也就立即被涵摄在里面了。爻和象是无法分开的：见爻必见象，见象必见爻。形、光、力三面爻相已经是象了。不过我们所谓"象"者可以有广义和狭义两重意思。广义的"象"指形光力三态的混仪，狭义的"象"则指在一卦或物事的混仪中由两仪统合后所表现的独特之仪或姿态——亦即上文所谓的"合仪"，一事物的整体之仪。这个合仪、整体之仪就是《易经》的"卦象"。《易经》里有卦象与爻象之分。其实卦象和爻象所代表的都是物事的整体之仪。只不过卦象是从一物事的有始有终上而观其整体之仪，而爻象则从事物发展的某一阶段或某一层面，或角度上而观其整体之仪。不过事物无绝对的终始，卦象与爻象的分别也就不是绝对的了。

　　现在有一个问题必须在这里澄清一下，我们以形、光、力三态的混仪为一切仪体的基本条件。读者也许会产生这样的错觉，以为我们所讲的只是一般所谓的"物理现象"。但我们在上文有"心之仪"的说法。在锤钉入木的例子里，我们把执锤者的心灵状态也包括在此物事的整体之仪内。很明显的，我们所讲的仪或仪体乃是一个涵摄心物的观念。不过这种讲法还是不够的。世界上有些东西是很难把它直接归纳在心或物的范围内的——譬如符号世界里的数字、几何图形、语言文字等等。但这些非心非物的符号也是一种仪——一种抽象的仪体，而这些"符仪"在心灵世界和物质世界的仪用乃是决定人类思想和文明的重要因素。但形、光、力三态的混仪也是心仪和符仪的基本条件吗？这是一个关键性的问题，我们必须给予一个妥善的处理。

　　首先，我们应该立即指出我们所谓的"形、光、力"，在其第一义上乃是一个非常素朴的观念。我们要知道这三个字的意思，就必须暂时摒弃我们后天所得的科学知识和哲学，而把心灵还原到原始的纯朴境界里。在我们原始的素朴经验里，形、光、力指的是什么呢？"形"就是形躯——我的形躯、他人他物的形躯。形躯可以有许多不同的形态或情状，但我们可以经验到的基本上只是刚直（伸）或柔曲（屈）两种形态而已。形躯是不断变化的东西，而变化的基本情态——动静进退——都是力的表现。"力"就是维持现状或造成差别的力量。刚直属形，维持刚直不变属力。柔曲是形，由刚直而柔曲（致曲）或由柔曲而刚直（诚）的变化则是力了。可见形和力是不可分的：形无力则无以成形，力无形则无法表现，即形即力——这是人类素朴经验里所显的实理。

光乃是介于形与力之间的东西。它们之间的密切关系在《易经》的泰古语言里已经有甚深的体会。这一点我们在上面已简括地论述过了。光的语言就是《周易》里阴阳明晦的语言。事物的阴阳明晦在泰古人的经验里乃是和形躯的向背屈伸分不开的。阴阳由于向背，明晦由于屈伸，《道德经》里"万物负阴而抱阳"一语的泰古原义指的正是这光态（阴阳）与形态（抱负＝向背）的密切关联。由于力态乃是形态的动静进退与刚柔屈伸所本的力量，光态与力态也就同时密切地连在一起了。在《周易》哲学里，形、光、力三态乃是场有宇宙创造权能的三面。而我们所谓的"创造权能"就是《易经》哲学的"天地"或"乾坤"。创造权能乃是决定宇宙间一切存有的权和能，这里要注意的是"权能"观念与上文所谓"力"的观念的分别。"力"是相对于"光"和"形"的权能，而不是权能自身。换句话说，权能乃是一统合形、光、力三态的观念。一物事的形、光、力的混仪乃是一创造权能的整体之仪。而这整体之仪最后分析起来，却又只不过是乾坤两仪的合仪罢了。

"乾"就是阳刚的权能，"坤"就是阴柔的权能。阴阳是光态的语言，刚柔则是形态——也间接是力态——的语言。"阳刚"合言，"阴柔"合言——这是易学和《周易》哲学思想发展过程中的一大转折点。说得夸张一点，中国人——中华民族——的哲学智慧，就是在乾坤思想的发展过程中而趋于成熟的。

其实这样讲一点也不夸张。一切哲学智慧在其根源处只不过是"直曲的智慧"——在直和曲的关系上用心的智慧，而中国人在直和曲的关系上从开始就有既深刻且明确的体验。伏羲氏划八卦所本的两个基本符号——不中断与中断两画（—与－－）——所要表达的不正是直和曲的两个基本观念么？很明显的，这两划所代表的原是我们形躯的两个基本状态。不中断的一划代表"伸直"的状态，中断的一划代表"屈曲"的状态。为什么以中断代表屈曲呢？因为凡曲必有断，曲乃是由方向之转折而成的；方向之转折就是断了。但断划之不连或断处还有另外一层意思。断处是一虚空。这虚空不只表示屈曲而已，它还代表直中所潜存的屈曲可能性，正如不断之直划不仅代表直而已，它还涵有持续不断的可能性在内。"可能性"是抽象的说法，具体的说法就是潜在的力量。这个"力"的观念在《象传》的诠释语言里，就已经很明显地表达出来了。仗義的断与不断两划在《象传》里就变为刚柔、健顺或屈伸的直曲语言。刚或健不只是直而已，它还有直之持续不断的意思。柔和顺不只有屈曲的意义，它还有直而能曲或伸而能屈的意义。换句话说，《象传》诠释两仪的语言，已经把力态的意义涵摄在形态的意义里面了。以阴阳为两仪乃是在《系辞传》里才开始被确立的，以光态的语言来涵盖形态和力态的语言，从思想史发展的角度来看乃是一件很自然的事。①

有曲必有隐，而曲和隐乃是"成私"的必要条件。中文里"隐曲"、"私曲"和"隐私"等辞语正是从曲、隐、私三者的密切关系中取义的。人的形躯不能老是直立着，形躯的许多操作和活动必须依靠不同程度的弯曲状态始能完成。这就是《中庸》"其次致曲"的原始意义。"其次"是次于"至诚之道"的意思。"至诚之道"指的原是至直（诚）的形躯（道）。若用"体用"的语言来讲，则"至诚之道"（直立的形躯）是体，"致曲之道"（弯曲的形躯）是用（形躯的活动操作）。我们要弯着身体才能把地上的东西拾起来。每一个活动有它自己的目的——这个为一活动

---

① 光态语言乃是意识心在语言里的象征体，意识心的自学和光态语言的发展乃是一事之两面。意识心的自觉始于视觉作用的自觉。从视觉意识的立场来看，形态和力态乃是在光态的仪相里呈现的，故形态与力态的语言每为光态语言所涵盖。光态与形态、力态的关系相应于主客或能所的关系。在思想发展的历程里，主体或能的自觉必然发生在客体或所的认识之后，这就是为什么光态仪的两仪要比形、力义的两仪为晚出。在希腊哲学史里我们也可以找到类似的情形。早期苏格拉底的哲学家如泰利士（Thales）、安那塞曼德（annaximander）和安那塞门尼斯（anaximenes）的宇宙论与自然哲学思想基本上乃是通过形、力态的语言来表达的。光态语言的出现乃是以赫雷克利塔（heraclitus）和巴门尼德斯（parmenides）两巨擘所代表的中期苏格拉底哲学的特征。海德格以赫、巴两氏为西方存有哲学和形上学传统的真正创始者，此乃因海德格本人的存有思想正是以光态语言（意义开显的语言）为基础之故。

所特有的目的就是此活动之"私"。换句话说，一活动的致曲的目的乃所以成其私。但有曲必有隐，"私曲"（私中之曲）和"隐私"（私中之隐）实不过是一活动之两面罢了。

由此我们可以知道《易传》里所谓的"一阴一阳"之道，和《中庸》里的"至诚／致曲"之道其实是一样的东西。《易传》里的"乾"道或"天"道就是《中庸》里的"至诚"之道，《易传》里的"坤"道或"地"道也就是《中庸》里的"致曲"之道。乾道、天道、至诚之道，指的原是我们直立的形躯和通过这直立的形躯而开显的刚直权能，而坤道、地道、致曲之道的本义，则是弯折的形躯和由此而开显的柔曲权能。所不同者，《易传》是站在宇宙论的立场来立论，而《中庸》则是从心性论的观点来立论。不过在中国的哲学传统里这个差别并不重要。不只不重要，把它过分强调就很容易引起严重的错觉或误解了。这因为在中国哲学里宇宙论和心性论是无法分开的：没有离开宇宙的心性论，也没有离开心性的宇宙论。而心性宇宙之不可分，心性宇宙之打成一片，又是如何可能的呢？这个问题的答案就在我们这具"诚曲能明"的形躯上面，因为它乃是宇宙与人的心性在场有中相合的枢纽啊！

在《中庸》的心性论里，"诚"乃是人生命里追求自我完成的力量。"自我完成"就是自直的意思。为什么"完成"有直的含义呢？理由很简单，所有物事之所以有成都是由活动的一致性而来的。这里所谓"一致性"指的乃是活动过程中，基本方向的始终如一或不断。譬如以弯身拾物为例，假如形躯没有朝同一目的（所要拾取之物）而动作的话，这个活动怎会有成呢？所以，一切有成都是由活动之用直而来的。从此活动之整体而立论，从此活动之作为一权能主体而立论，一活动之用直也就是此活动主体之自直——或自诚。这自诚活动中之目的正是怀德海哲学里"主体鹄的"（subjective aim）的含义。

那么"诚"字为什么从"成"又从"言"呢？古人对"一致性"的体验当以形躯之常直为首。其次就是语言运用中之用直了。假如我们所说的话随时变更其所指的话，言语也就不可能了。所以"诚"字以成言取义。但当然《中庸》里"诚"的概念，乃是超越形躯与语言之"诚"的哲学概念。这个"诚"乃是彻上彻下把心性宇宙连成一直的统体之诚。这个统体之诚既是形躯之诚，也是言语和心性之诚。其实才说"言语之诚"，"心性之诚"就已经包含在里面了。这因为言语与心性乃是密切相关的。对古人来说，语言作用也就是心灵作用；表达语言状态的字或词语也同时是表达心灵状态的。换句话说，符仪（这里专指语言）也就是心仪了。

## §7　天地絪緼与"太极图"：场有哲学的心法

现在我们要问：形、光、力三态的讲法也适合语言和心灵的仪用吗？假如形、光、力三态的混仪为一切仪用的基本条件，那符仪和心仪的作用也就不能例外了。是的，符仪和心仪一样也是形、光、力三态的混仪。只是在讲符仪和心仪的时候，"形"、"光"、"力"三辞的意义就须相应地有不同的解释了。

首先，我们应该再次指出我们所谓的形、光、力并不是自然科学里的物理现象，而是人类素朴经验里本有的原始状态。事物的明晦显隐乃是人类的共通经验——这就是我们所谓的"光态"。由五官的感觉作用而呈现的仪相（形）固然有光态，由认识心或理解心的认知作用所辨识的仪相也一样有光态。在我们的记忆、想象和思维作用里不是同样有明晦显隐么？在感觉中所开显的仪相我们称之为"形"。假如我们把"形"作所显者（相）解，则一切意象或观念无疑的也是一种形态。其实一切有结构可言之物（无论具体或抽象）都是有形相的。如此在语言活动中所显的符仪也是有形相可言的了。

可是力态在符仪心仪的作用里又应该作何解释呢？"力"原指形躯的动静进退中维持原状或造成差别的力量。这个力量在《周易》——和以后整个中国哲学的传统——里就叫作"气"。"气"乃是创造权能中之"能"的具体化。创造权能（生生之德）乃是兼理气而言的。创造之权在"理"，创造之能则在"气"。"气"的表现乃具体事物中之活动变化："气"乃活动变化之能。虽然在心仪符仪的作用里所显的仪相通常含有抽象的成分（例如观念或符号所象征的意义），但心、符的作用本身却是具体的、有活动变化可言的。而心仪、符仪中的活动变化，实较形器世界里的活动变化激烈多了，也复杂多了。

我们的结论是：形、光、力三态的混仪，乃是内在于一切仪体仪用的基本条件。但一物事如何在它的混仪里成就它的独特的姿态、它的独特之仪呢？这个问题的答案我们已经重复过多次了。一物事的独特之仪乃是乾坤两仪合仪的结果。《系辞传》所谓的"天地纲缊"，指的就是这个合仪的作用。

"纲缊"就是合的意思。"天地纲缊"就是刚直权能（天／乾）与柔曲权能（地／坤）的和合。这里"和合"实在兼有相互和相合两重意义。一物事之所以有可能、之所以有成，都是由乾坤两种权能的和合而来的。一切有成都是刚直权能的自诚（自直）。你不朝着目的地努力前进如何能抵达目的地？但所有物事都是在一特殊处境下进行的。而在特殊处境下的活动必然受到此处境中特殊条件的限制。所以凡直必有曲；自诚和致曲乃是一切活动或具体权能的两面。曲所代表的正是特殊环境的限制和自诚活动在此限制下必有的转折。你遇到障碍物就必须转弯趋避才能达到目的地，这"转弯趋避"就是曲了。这个曲乃是直中所有的，所以可称之为"直中之曲"。直中固然有曲，但曲中又何尝没有直呢？当你转弯趋避时，你必须朝一有利的方向前走。相对于你最后的目的而言，这趋避的活动诚然为曲，但这致曲本身却是一自诚或自直的活动，不然你就不可能趋避成功了。由是直中有曲，曲中有直；没有直和曲在活动中的和合不只无变化可言，也无物事可言。在泰古人的素朴经验里，直曲权能的互相涵摄，首先是通过形躯的屈伸进退而被认知的。我们可称之为"原始的纲缊观念"。《易传》里"天地纲缊"的观念，乃是从这原始纲缊观念朝宇宙论的方向发展而成的。但直曲权能的互相涵摄不只在自然宇宙中开显，也同时在人的心灵活动中开显。所以原始的纲缊观念，也就自然地发展为心性论上的纲缊观念——这就是《中庸》所走的思想路子。《中庸》里"至诚"与"致曲"的关系相当于《易传》里"天"（或乾）与"地"（或坤）的关系：两者都是在直曲权能的蕴合处而立论的。不过《易传》的"纲缊论"基本上用的是宇宙论的语言，而《中庸》的"纲缊论"则主要用的是心性论的语言。但在中国哲学里——我们已说过多遍了——宇宙论和心性论乃是分不开的、打成一片的。《中庸》所谓的"至诚致曲"之道固然是即人道即天地之道，而《易传》所谓的"天地纲缊"又何尝不落实在人的身心生命中而有其心性论上的意义？时贤已渐能看到《易传》与《中庸》间的密切关系，但由于缺乏对泰古哲学语言的认识，这个密切关系的主要关键在那里也就无法清楚地勾画出来。

　　让我们重复一遍吧："天地缊缊"就是直曲权能的和合法或互相涵摄。直曲权能的缊缊乃是一切仪体仪用的本质（仪体正是以缊缊为"质"的），一切仪体都是形、光、力的混仪；这个缊缊本质所规定的正是形、光、力三者之间的关系。换句话说，直曲权能的涵摄关系不只包括屈伸（包括形躯和心灵的屈伸）的涵摄关系，也包括明晦的涵摄和动静的涵摄关系。譬如《易·象传》"天行健"一语与《中庸》"至诚无息"一语意义上是相同的，同是以"直"配"动"的语言。一切事物之所以有成，乃是由刚直权能的自直或自诚活动而来的，所以天道（直的权能）必从动而无息处显。至于地道（致曲的权能）则代表天道在具体环境中所受到的限制，因此它的作用乃是静而非动的。天道之动相也就是事物的事相，地道之静相也就是事物的物相。但事物的物相是不可分的。事相起于物相，物相生于事相：这就是《易》学里"一动一静，互为其根"的意思了。

　　又《中庸》不只以"诚"（直）配"动"，也同时以"诚"配"明"，这和《易传》以"刚"（直）配"阳"如出一辙。为什么"诚则明"呢？"诚"就是忠于自己，而"忠"就是自直其心的意思。人必须自直其心才能看得清楚他自己和与他发生关系的他人他物，正如人身在直立正视时才有明确的视野一样。"不诚"就是自欺，也就是心的不能自直。这样我和自己的关系就歪曲了，我和他人他物的关系也跟着歪曲了，我就再也看不清楚自己和他人他物了。所以不诚也就不明，《易传》以阴柔相配就是这个意思。此中所含的缊缊原义我们在上面讨论曲、隐、私的密切关系时已经交代过了。其实和动静一样，明晦或阴阳在直曲权能的缊缊里也是一个互相涵摄的关系。无无曲之直，因此也无无晦之明、无无阴之阳；无无直之曲，因此也无无明之晦、无无阳之阴。形躯直立时负阴抱阳、前明后晦；有所见即有所不见。即以前面所抱之阳而论，所见之明只是一个远景的轮廓之明，而非近观才可以获得的细节之明；这是阳中有阴、明中有晦。反之，当我们弯下身躯往地上拾物的时候，直立时的远景轮廓之明也就消失了，但我们也因此能看清楚地面上的东西：这就是阴中有阳、晦中有明了。这阴与阳或晦与明的互相涵摄，不正是大家所熟知的"太极图"所要表示的观念吗！是的，"太极图"所要表达的正是《易》学里"天地缊缊"的观念，现在大家已习惯了用"阴阳"的语言来讲"太极图"，这原是不会有问题的。但我们这样讲时可别忘了"阴阳"一辞的意义有广义与狭义之分。狭义的"阴阳"与晦明同义。广义的"阴阳"乃是泛指在天地絪缊中一切互相涵摄的两极性——由乾坤两仪或直曲两种权能所决定的两极性。"太极图"的精义当然要以广义的"阴阳"来解释。

"太极图"的精义——"天地絪缊"的精义——也就是场有哲学的精义。"太极图"虽以"太极"为名，但它所象征的却是道体（场有自身）之兼具"太极"与"太和"两重意义。我们在上面已经提过了，"太极"乃是就道体之为仪体而言的，而"太和"则是就道体之为宜体而言的，道体乃一"宜仪体"或"仪宜体"——一个"即宜即仪"或"即仪即宜"之体。"宜"是道体之性，"宜体"就是性体；"仪"为道体之相，"仪体"就是相体。性相合言——以道体为宜仪体或性相体：场有哲学的精义和心法都在这里了。

我们这里所谓"心法"有其特殊的意义。我们以一切事物之"即宜即仪"而言"法"，也同时以事物之"即宜即仪"而言心。换句话说，"心"和"法"都是性相合言的、都是从事物之为宜仪体或性相体而取义的。所不同者，我们乃是就宜仪或性相之可分处而言"法"，就宜仪或性相之不可分处而言"心"。性相宜仪：可分为法，不可分为心。以心之"不可分"御法之"可分"——这就是场有哲学里"心法"的意义了。

读者当看得出来，我们这里"法"字的用法乃是从佛家那里借来的。以"法"字泛指一切事物乃是佛学里"法"（dharma）字的一个重要的意义。宇宙间所有物事或事物——场有者——都是宜仪体，兼具性相两面。但"事物"或"物事"一词的意义里相的气味较重，不像佛家"法"字那样性相宜仪俱重，这就是为什么我们要借它来点出场有哲学中"性相双行"或"宜仪相偕"的真义。不过佛家的空宗以事物之"如幻如梦"为"假"，在场有哲学里则是万法皆真，天地无"假"法可言。如幻如梦的世间法其本身都是一仪体，莫不各为一独特之仪。再者，对梦幻世间的执着固然表现一心灵的仪态，而佛家所最后要求的无执心又何尝不有其仪相。但宜仪相偕，性相双行：有仪则必有其所以为仪之宜在。换句话说，心之仪本身就是一种法，而万法之中所有独特之仪都有其独得之宜。既有其独得之宜又怎会没有真实性？怎会是假的呢？因为"得宜"乃是一切真实性的本质啊！

　　这就是为什么怀德海以为任何物事，就其本身而言都是真实的了。说得具体一点，天地间无假法乃是因为万法在天地絪缊之中，莫不有其当下之时位和寓于此时位的缘会中的当下之用。"How does it fit in here ?"（它在此有何作用？）——这是怀德海在阐释他的"实际存有论"的实际存有观念和价值观念时所作过的精警提示。一物事的当下之用——它在此时位中的宜或"fitness"——也就是此物事的当下的真实性与价值。这里"当下之用"应该包含"自我享用"和"为它所用"两层意思。一物事在完成其自己的历程中所发挥的一切作用都是"自我享用"；当此物事成事之后而为继起物事之与料时，它的作用主转为"为它所用"了。

# 第二章　异隔、同独与同融：
# 意识心与曼陀罗智

## §1　法与心（可分与不可分）：意识心的三大倾向

为什么我们以"法"为可分，以"心"为不可分呢？这里"可分"和"不可分"究竟是什么意思呢？"分"有分别、分析、分割等意思。事物的性相宜机的确有其可分别、分析之处。锤钉入木：锤子、钉子、木板、执锤的手都是性相互异的宜仪体或（我们所谓的）法。可分就是"有隔"了。所以"法"的基本定义就是"有隔"：我们以性相宜仪之有隔处而言法。但事物之有隔并不妨其为有融。"融"就是融通、融会、融异的意思。"有融"乃是就一事物与它事物之关系处而言的。说得具体一点，一事物之"有融"，乃是此事物与事物在性相宜仪上的感通之和。"有隔有融"——这是一切法在其有限法体（宜仪体）上所具的实理啊！

"有限"就是有间隔、有障碍、不具足、不圆满的意思。当我们从法的观点来看场有世界时，总难免有把事物孤立起来看的倾向。这个倾向是很自然的，它的根源乃是意识心之"感异成隔"。有隔就会有感通的障碍，就会产生"宜"与"不宜"的对立。既有不宜也就有不足，也就是不圆满了。所以感异成隔——或简称"异隔"——的心态乃是哲学里的一切二元主义与绝对主义的来源，因为异隔心态的极端发展必然是"有隔无融"的观念、"有隔无融"的哲学。

但异隔的心态只不过是意识心的一面罢了。意识心固然有感异成隔的倾向，但也同时有"感同消隔"的倾向。"同"乃是"异之反"，感同则必绝异；同而无异就是"独"。没有异就当然不会有隔，但这样一来，融的意义也随着消失了。因为无异无隔也就无彼此之分、无个体事物可言，而

"融"却是建立在事物的互相感通上的。由是"感同成独"——或简称"同独"——的心态其极端发展必然是"无隔无融"的观念、"无隔无融"的哲学。

不过不管"异隔"或是"同独",凡是"无融"的哲学都有虚无或虚幻主义的成分。盖事物之所以为"实"——有限法体之所以具"实理"——正在其有融处。"实"乃是从事物之感通量格而来的。"有隔无融"固然是虚而不实,"无隔无融"又何尝不一样是虚而不实?当然,从人类文化和思想的发展史上来看,虚无虚幻的思想并不完全是负面的东西。它们在人类生命的创造历程中,曾经扮演过一个非常重要的角色——也有它正面的价值。其实,在某一义上来说,虚无或虚幻意识也是真实的,这因为在创造权能的历程里——在刚直和柔曲权能的纲缊中——确实可以体认到有虚无或虚幻的一面,我们可以说,虚无或虚幻乃是依道体之实而有的。这样说来,虚无或虚幻主义也是有存有根据的了。

感异成隔和感同成独乃是意识心"同异分途"的两大倾向。哲学对真理的追求,无可避免地受到这两大倾向的影响或支配。但异隔心态或同独心态支配下所见的真理都是片面的真理、而非整全的真理;都是以虚为实的真理,而非一如其实的真理。因此,我们只能说异隔或同独的心态乃是追求真理的"副根",而非追求真理的"正根"。那么追求真理的正根在哪里呢?它就在意识心之与道心相合处——在它的"感一如实"的心态里。而这感一如实心的发用已经是道心的发用了。

现在我们可以解释以性相宜仪之不可分而言"心"的意思了。"感一如实"中之"一"就是不可分。这个不可分之"一"指的是什么呢?它指的不是别的,正是我们前面说过的道心——或说得更明确一点——"道心"一词中的"道"。"道心"乃是以道为心的意思。而以道为心也就是以一为心。这个"一"不是与多相对的一,也不是等同于同而与异相对的一。那么这个"一"是否就是无对的意思呢?错了。我们才说"无对"不就已经和"有对"相对了吗?那么我们以性相宜仪之可分与不可分来区别法与心也是不妥当的了。因为可分与不可分本身就是一个分别啊!

是的,我们是不可能超越相对性的。对场有哲学来说,离开相对性就没有存有,也没有真实可言。一切事物都是依场而有的,而"场"正是事物的相对相关性的所在。这最重要的一点我们一开始就指出来了。其实,场有自身与场有者的分别、道体与形器的分别或心与法的分别，正是依相对性的可能而有的。那么我们上面所谓的以"一"为心究竟是什么意思呢？

我们以"心"为不可分的讲法仍是不够妥当的。我们应该说：心为不可分而仍无碍其为可分。这里"无碍"两个字最吃紧，因为场有哲学最精微的道理都在这两个字里了。这个"无碍"——相对性的无碍——就是我们所谓的"场有自身"、"道"或"心"：也就是那个"一"的意思。不可分而无碍其为可分，可分而无碍其为不可分；一而无碍其为多，多而无碍其为一；同而无碍其为异，异而无碍其为同，无对而无碍其为有对——这就是"一"、"道"或"心"。所以心与法的分别其实就是无碍与有碍的分别。我们以性相宜仪或法体之有碍处而言法，而以性相宜仪或法体之无碍处而言心。如是无碍而无碍其为有碍，有碍而无碍其为无碍：这叫作"以心御法"——也就是我们所谓的"心法"、场有哲学的心法。我们的心法乃是从一之无碍而来的。《易传》所谓的"贞于一"，庄子所谓"道通为一"——指的都是这个无碍的"一"。《大乘起信论》所谓的"一心开二门"中的"一心"不正是以一为心么？而《华严经》里"事事无碍，理事无碍"所显的"一真法界"更是把场有哲学的心法发挥得淋漓尽致。《华严经》理事之分相当于我们所谓的仪宜之分。"事事无碍，理事无碍"也就是"仪仪无碍，宜仪无碍"。以一心之无碍来看场有世界——这就是"一真法界"了。

用《易经》的术语来讲，"事事（仪仪）无碍"就是太极，"理事（宜仪）无碍"就是"太和"。说得更贴切一点，"事事（仪仪）无碍"所表示的乃是一切法之有碍而无碍其为无碍。"理事（宜仪）无碍"所表示的乃是道体之无碍而无碍其为有碍。换句话说，太极和太和的含义正是直接从场有哲学的心法中开出来的。不过，就场有之为"无碍"处言之，则太极也就是太和，太和也就是太极了。后来周敦颐有"无极而太极"的说法，则是就一心之无碍处而言"无极"，而以一心之落实处而言"太极"。"无极而太极"正是直接以"感一如实"的心态为根据的。

我们在上文指出意识心除了有异隔和同独两大倾向之外，还可有"感一如实"的倾向。什么叫作"感一如实"呢？《系辞传》里有"寂然不动，感而遂通天下之故"这么一句话。我们认为这句话所要表达的正是

"感一如实"的精义。"感一"就是感于一心的无碍。这一心的本身是无变化可言的,它只是一个通透的、彻底的无碍——只是一个"寂然不动"。但这个寂然不动的无碍却是一切事物——一切法——成事的根据。可是我们可别误会了,以为言寂然不动的一心乃是外在于万法的一个绝对超越的存在。一心和万法是无法分离的,但一心之所以为一心正在万法之无碍处。离开了具体事物的无碍哪里还有一心可言?所以离万法而言一心(或离形器而言道体)无不流于断灭顽空的境地,感一而不能如实乃是一切虚无或虚幻主义的根源。

要如实就必须回到易道变化的宇宙里、回到天地絪缊的混仪世界中。"实"就在事物之感通融会里——换句话说,在乾坤(直曲权能)互相涵摄的无碍实理中。这乾坤无碍实理也就是《系辞传》所云的"天下之故"。"寂然不动"就是意识心的由感于一而贞于一。意识心必须贞于一始能与道心或一心相合。但贞于一是不够的,感一贞一的意识心必须落实于乾坤的无碍实理中始能"通天下之故":感一如实的意识心才是真正的道心。

所以感一如实的心态必然是一种"同融"的心态。所谓"同融"乃是融中求同或同于融中的意识。"同融"与"同独"不同。"同独"中的"同"乃是一个无隔无融的寡同,而"同融"中的"同"则是一个有隔有融的共同和会同。事物之有异有隔本在乾坤的无碍实理中,是不可能抹杀得了的。所以尽管同独的心态始于意识心之感同而绝异,其结果则必因独而成隔。当意识心自囿于寡同的心态而又无法抹杀异隔的宇宙时,矛盾与虚妄的心境就会同时产生了。

在异隔与同独两大倾向间的同融心态——在有隔无融与无隔无融间的感一如实心态——乃是一切中道哲学的根源。感一如实就是同融中道。中道哲学的精义可以用四句话表达出来,即:一心无碍,圆融俱足;天地絪缊,诚仪隐机。这四句话的含义就是一心与主宰心的结合。读者应还记得,我们所谓的"主宰心"乃是属于权能主体的。主宰心的具体表现,乃是创造权能在天地絪缊中的感通与化裁作用——也就是《周易》"复"卦里所谓的"天地之心"——或宋儒所谓的"寂感真机"。"天地之心"就是天地生物之心——也就是创造权能(生生之道)通过乾坤或直曲的涵摄关系所显的创造性、易理或易道。我们虽然用"主宰"这两个字来描述天地的创造性，但却无意强调这两个字所隐含的意识作用的意志作用。离开了为意识心所支配的人类，天地的创造性或主宰心——正如道家告诉我们——基本上是无意识的、无为的、自然的。当然，意识和无意识或超意识的关系如何乃是一个非常复杂的问题。它所牵涉到的乃是直曲权能的絪缊中形、光、力混仪的本质问题——亦即明觉心在整个场有世界中的地位问题，场有哲学的心观并不把明觉心等同于意识心。明觉心是属于一切有情的：有感通就有明觉。有有意识的感通，有无意识的感通，有超意识的感通——所以明觉心可以在意识、无意识和超意识三个层次里发用。我们以创造性的化裁作用言"主宰"，以创造性的感通作用言"明觉"。但化裁与感通乃一事（创造性之"能事"）之两面，主宰心与明觉心亦不过是一心之两面罢了。

## §2　道心与茧心：曼陀罗智的方圆作用

这个"心"——这个即化裁即感通的创造性——我们亦可称之为"茧心"。这个"茧"字用的当然是隐喻体的语言。我们称创造权能的感通化裁性为"茧心"，乃因为在天地絪缊中事物的化裁感通，乃是一个自我限制、自我完成和自我超越或转化的历程——正如春蚕自缚的作茧过程一样。茧心在春蚕的生命里自然地、无为地作茧，但在人的生命里则是通过意识心的诚仪而有为地作茧：一切有情或有生命的存有都是一个茧心的作茧历程。不过我们这样讲，无论对《周易》或怀德海来说，都是不够的。茧心的作茧作用何只限于有情、限于普通所谓生物的层次？天地的创造权能乃是属于整个大自然的，因此创造权能感通化裁的创造性——茧心——也是无所不在的。我们可以这样说，在《周易》和怀德海的哲学里，以创造性的感通化裁取义的茧心，乃是"心"的基本义。这个"心"，如前文所言，就是《周易》"复"卦里所谓的"天地之心"，相当于怀德海哲学里为一实际存有的本质的"主体性"。创造权能的运作——亦即茧心的不断作茧——乃是一个诚仪隐机的创进历程。这"创进"（creative advance）乃是怀德海宇宙论里的一重要观念。天地（生物）之心的自诚不息，亦即是创造权能通过茧心作茧作用的创进历程。怀德海曾以"生者对死者的化裁"（The appropriation of the dead by the living）这句既具体而又精辟的话来点出这创进历程的基本结构。仔细分析起来，这句话正是我们所谓"诚仪隐机"的意思。①

现在让我们回到同融心态的讨论吧。同融的心态，如前所述，乃是基于意识心感一如实的要求。"感一"是一回事，"如实"又是一回事。"感一"的要求就是"贞一"——换句话说，就是与一心的无碍相合。但一心的无碍只是道心的一面——纯净的一面。道心是无碍而无碍其为有碍，有碍而无碍其为无碍的。我们乃就道心之纯然无碍处而言一心。但道心的纯然无碍间不能离有碍的乾坤宇宙而言的。一心之存然无碍固然是道心，宇宙心（茧心或主宰心）之天地绸缊、诚仪隐机又何尝不是道心？因此感一贞一的意识心，必须落实于宇宙心的绸缊作茧作用才是真正的道心。说得简明一点，同融或感一如实的心态所要求的乃是茧心与一心的相合。必须这样，意识心对真理的追求始能到达圆融俱足的境界。

佛教密宗里有一个很有名的，名叫"曼陀罗"（mandala）的图形。这个图形乃是由圆形和方形的图案组成的，一般以"圆方圆"为其基本结构——即一个"方中有圆，圆中有方"的结构。我们以为曼陀罗所象征的正是我们所谓的"道心"——或一心与茧心的结合。圆形所代表的乃是一心的纯然无碍，而方形所代表的则是由茧心所主宰的间然有碍的乾坤宇宙。但一心与茧心并不是两个可以分离的物事，而只是一个道心的两面。在道心圆融俱足的境界里，纯然无碍的一心并无碍于茧心之有碍——这叫"圆中有方"。另一方面，茧心的有碍亦无碍于一心的纯然无碍——这就是"方中有圆"了。道心是无碍而可有碍，有碍而仍无碍的：曼陀罗"圆中有方，方中有圆"所象征的正是这个道心圆融俱足的境界。

以上是曼陀罗的静观。"静观"所代表的乃是道心的本然。在道心的本然里一心和茧心是不可分的、浑然一体的。但在人类意识心同异殊途的心态里，一心和茧心是可以分开的。一般说来，异隔的心态比较容易把握到支配乾坤宇宙的茧心，而同独的心态则比较容易体会到纯然无碍的一心。因此富有异隔心态的哲学必重茧心而轻一心，而以同独心态为主的哲学则必重一心而轻茧心。这同异殊途的心态和哲学都是偏向一方的。有偏就很难把握到道心的圆融俱足的境界。只有在感一如实的同融心态里，才

① 这是怀德海在他的代表作《历程与实在》（*Process and Reality*）前言中的一句名言。

能对道心的即一心即茧心的中道实理有适当的体会。不过有偏也好，无偏也好，意识心实在无时无刻不在道心的笼罩之下、无时无刻不受到道心曼陀罗作用的支配。所谓"曼陀罗作用"就是道心在意识心中方圆交涉所起的作用——也就是一心之于茧心或茧心之于一心所起的作用。这时曼陀罗所象征不再是道心的本然，而是道心在意识领域中的应然。前者是曼陀罗的"静观"，后者则是曼陀罗的"动观"。静观所得的曼陀罗乃是"圆中有方，方中有圆"的静态真理，而动观所见的曼陀罗则是"圆而自方，方中求圆"的动态真理。人类的智慧——尤其是哲学的智慧——乃是由道心在意识心中通过曼陀罗的动静作用而产生的。因此智慧的本质就是道心的"曼陀罗智"。人类对真理的追求乃是由于道心的曼陀罗智的作用。这个作用的程序或方式，乃是以方圆的关系为基础的——我们就名之为"方圆程序"吧。曼陀罗智的作用有动静二态，故方圆程序可分为动静两式：

　　　　方圆静式：圆中有方，方中有圆
　　　　方圆动式：圆而自方，方中求圆

　　由是曼陀罗智的全体大用即可以此"方圆二式"表之。

　　道心无碍而可有碍：这是圆中有方。但纯然无碍的一心如何与有碍的茧心相交涉呢？这就要靠曼陀罗圆而自方的智慧了。这种智慧不是凡夫俗子所能有的：它是属于神、佛或圣者的。譬如释迦对众生方便说教所本的智慧就是圆而自方的智慧。因为这种智慧乃是"上智"之所以能与"下愚"沟通的基本条件，我们也可称之为"下行的智慧"。圆而自方或下行的智慧《系辞传》描述之为"圆而神"。"神"就是神圣的意思；这个字本是从"申"字引申而来的。"申"（或伸）就是自直。"神"是绝对的自直（自诚）。属于神圣的智慧都是自直无碍的，所以是"圆而神"。

　　茧心有碍而仍无碍：这是方中有圆。但有碍的茧心如何可与纯然无碍的一心相合呢？这就要靠曼陀罗方中求圆的智慧了。"求圆"当然就是去有碍而得无碍的意思。这种智慧正是众生或一切非"天纵之智"的凡夫所有或应有的。它正是孔子所谓"下学而上达"所必须具备的智慧——与下行智慧相反的"上行的智慧"。《系辞传》称这种智慧为"方以智"。"方"泛指一切有碍的境地；从有碍的境地超脱出来而达无碍的境界所需要的智慧，就是"方以智"中的"智"——下学而上达的"智"。

　　由上所述可知曼陀罗智乃是一种〔方东美先生常说的〕"上下双回向"的智慧。曼陀罗智乃是上行与下行智慧的统一。这个上下双回向的智用乃是建立在方圆的动静关系上的。方圆静式是体，方圆动式是用。而动静一如，体用无间：这是曼陀罗智在感一如实的心态中所显的真相、真理啊！

　　茧心与一心在意识心中的相合——让我们重复一次罢——其可能性就在道心的曼陀罗智作用。曼陀罗智乃是一切智慧的本源。我们一般把"智慧"这个观念局限于意识的层次里，完全忽视了它在无意识或潜意识和超意识层次里可能有的意义。其实，只要我们能够除去心物二元对立的偏见，我们就不难把握到"智"（或智慧）的观念所应有或可能有的精微大义了。

　　在场有哲学里，"心"和"智"就其根本义来言都是场有观念。换句话说，它们并不属于任何场有者，而是属于场有自身的。人类惯于把场有的心智占为己有乃是由于意识心的执着。现在让我们把根本的心、智还给道体，还给场有自身吧。①不过荣格以曼陀罗为无意识心所的"原型"（archetype），把它仅视为一精神或心理现象来处理，这显然是不足的。方圆交涉乃是道体心智的本质，岂只是心理现象而已？再者，即使视为心理现象来看，荣格也没有看到诚曲能明的根身，在人类精神生命发展的历程中所占有的中枢地位。在人类进化的漫长岁月里，无意识心所的原型究竟是怎样形成呢？这个问题在荣格的精神现象学里是找不到答案的。

　　"心"的根本义就是"道心"，"智"的根本义就是"道智"或曼陀罗智。道心和道智的作用我们合称之为"道用"——即道体启遍在于整个场有界的全体大用。综合上文的讨论，"道用"观念的基本含义可以下表来

---

　　①　在佛教密宗里曼陀罗圆形或图像所象征的，乃是修道成佛的"道场"。此修法的道场亦名"曼陀罗"。在曼陀罗的图形里，方与圆的关系乃是色与空的关系、方便与般若的关系、悲与智的关系。故曼陀罗乃是即色即空、悲智相运的象征，因而曼陀罗的道场也就是方便与般若和合（方圆交涉）的道场。荣格在他的宗教心理学里曾对曼陀罗一观念作过广泛而深刻的探讨。读者可参考他的《心理学与宗教：西方与东方》（*Psychology and Religion*：West & East）（Bollingen Series XX），tr. R. F. G. Hull（New York：Pantheon books，1958）

析明：

$$
道用
\begin{cases}
道心
\begin{cases}
一心：道体之纯然无碍 \\
茧心（或主宰心）：道体之诚仪隐机（包括在天地 \\
\qquad\qquad 缊缊中呈现的虚灵明觉）
\end{cases} \\
道智（曼陀罗智）：道体之方圆动静（曼陀罗智乃茧心与 \\
\qquad\qquad 一心在意识心中相合的基本条件）
\end{cases}
$$

　　如是道用也就是道（体）的"心智"（道心与道智合言）。道的心智在哪里呢？它在我们身之仪的一举一动里，也在我们心之仪的一举一动里。而身心之仪的一举一动莫不同时透显道心的双重意义和——在意识心的或然领域里——道智的上下回向。不过这些分析的语言在得道者看来不无叠床架屋之嫌。我们已经把一个简易的道理说得太复杂了。其实，道用之道无他，只是一个有碍无碍罢了。

　　仪之得宜就是"无碍"，不得宜就是"有碍"了。换句话说，"无碍"与"有碍"乃是就仪与宜之间的关系而言的。事物之所以为存有正在其仪之得宜："得宜"乃是一切存有之所以为存有的存有性。说得更简洁有力一点：存有就是得宜，得宜就是存有。在存有之所以为存有这一点上来言是没有所谓"不得宜"的。"不得宜的存有"在这一义上乃是一个自相矛盾的观念。但事物又的确有"不得宜"之处。譬如一个还在学习直立走路的婴儿，他站起来了，但很快就摔下去了。然后又再挣扎地站起来，就其站得不稳和摔倒的现象来说就是"不得宜"。此"不得宜"，乃是从事物的相对相关性而来。我们以婴儿摔跌之事为"不得宜"乃是相对于婴儿要直立走路一事之诚仪而言的。但婴儿之站不稳而摔跌一事，本身却并无不得宜之处，婴儿在学习站起来走路而不稳，不正是其得宜的地方吗？不得宜他就不会跌倒了。总而言之，一切物事都是得宜而生，得宜而死，得宜而来，得宜而去。"此"是一得宜，"彼"也是一得宜。在一心的纯然无碍里是无所谓"不得宜"的。所谓"万物静观皆自得"。"自得"者正是自得其宜——其独得之宜——的意思。只有在"静观"的心态里我们才见得到一心的纯然无碍啊！

## §3　外自由与内必然：生命权能与意义世界

不过一心之纯然无碍却又何妨于茧心之间然有碍？以茧心看万物必然是一个"动观"的心态。"万物静观"固然"皆自得"，但"万物动观"则必然是"皆自失"的了，因这动观所见的乃是事物的相对相关性。没有"婴儿学习走路"的事，哪里来"婴儿摔倒"之事；没有"婴儿摔倒"之事，哪里会有"婴儿挣扎地站起来"之事？假如我们把一事物孤立起来看——把它从它与其他事物的相对相关性中抽出来，它就会立刻推动它所以为宜的"意义"。"婴儿"的意义是相对于"成人"的意义而有的；"摔跌"的意义是相对于"直走"的意义而有的。一事物的意义乃是依它与前事、后事、同时之事的相关处而有的。正是"万物动观皆自失"：失掉的正是万物所以为"自"的意义啊！

离茧心而言一心，则事物有宜而无义（意义）；离一心而言茧心，则事物有义而无宜。必须即一心而言茧心和即茧心而言一心，我们才能看到事物之即宜即义和即义即宜——才能看得到道体的全体大用。道体——场有自身——乃是宇宙间一切事物——场有者——的即宜即义的根源。可是作为万物根源的道体本身却是"无得"和"无义"的。一切事物莫不各有其独得之宜，而道体本身却只是一个无所得的纯一之宜。所有事物都是有意义的，而道体本身却无意义可言。这正是道家的"无"和佛家的"空"所指向的境界。"无"的重点在事物之宜，"空"的重点在事物之义。"无"说宜之无得，"空"言义之无有。然而道体自身之"无得"，正所以成全万物之"有得"，道体自身之"空有"正所以成就万物之"有义"。理当如此，没有什么奇怪的。

我们一贯以"宜仪"合言，现在又以"宜"配"义"（意义的义），究竟"仪"和"义"有什么关系呢？如上所述，事物都是宜仪体，而事物之相对相关性乃是意义的根源；我们正是依事物之仪的相对相关性而言"义"。这个因仪联系而生的"义"乃是一事物之宜仪的可理解处。是的，孤立事物的宜和仪都是无法理解的。每一事物都是一自宜其宜和自仪其仪；离开了它和其他事物的相对相关性，我们对它就更没有什么好说的了。

得宜就是无碍，无碍就是自由。"自由"乃是由其所自的意思。每一事物之所以能成事成物都有"由其所自"的可能性，这个"可能性"就是它的独得之宜。这个独得之宜乃是此事物的存有根据，它是专属于此事物而非其他事物所能有的。所以在其独得之宜上来说，所有事物都各自是一自由、一无碍。用《道德经》的语言来说，这个自由无碍的独得之宜就是事物之"德"。《说文》："德"，得也，得宜必然是一终究无碍的自由。

但事物如何才能得宜呢？这就牵涉到权能的观念了。我们所谓的"权能"乃是一个形上学的观念，它正是在事物得宜的"得"上面取义的。我们在上面曾多次把"主体"和"权能"的观念连起来而言"主体权能"、"创造权能"或"生命权能"。其实，仔细分析起来，这些名词都是冗词（tautology），因为权能就是内在于一事物而使其有所"得"的创造性，就是此事物之所以为"此"而非"彼"的主体——也就是它所以表现其仪相的生命。换句话说，我们乃是于权能之成事成物处而言"创造"、于权能之自由无碍而言"主体"、于权能之理气调和处而言"生命"的。一事物之创造权能或主体在其独得之宜上来说诚然是自由无碍的，但这并不等于说创造权能在其成事成物的过程中没有"必然性"（necessity）。没有必然性创造权能如何能有成？那么权能的必然性究竟在哪里呢？它不在别的——就在一事物之所以能成事成物的具体因素——怀德海所谓的"与料"——里；这些因素乃创造权能的创造性之所寓。"必然性"在《周易》哲学里就是"命"的观念。"命"的根源在理也在气。"理"就是宜之权，"气"就是仪之能：宜权与仪能的必然性的合一就是"命"。在"生命"一辞里"生"字代表创造权能之自由无碍——即事物自得其宜的主体性，而"命"字则代表创造权能客体性的一面——即事物具体表现里的宜权仪能。如是"生命"一辞所代表的就是创造权能主体性和客体性的统一。怀德海以为所有实际存有都是"外自由内必然"（internally determined and externally free）的。一事物的独得之宜只属于它自己而不隶属于其他任何事物——这是"外自由"——"相对于外的自由"。但一事物之成事成物却有其内在理气之命的必然性，这就是"内必然"了。怀德海这句话不正好是我们"生命"一词最精简的写照吗？

现在我们可以了解在中国哲学里"义"和"理"的密切关系了。"义"之本义为宜，而"理"为宜之权，也就是义之权了。所以在中国——尤其是宋儒——的哲学里，"义理"合言乃是很自然的。近代西方哲学里含有强烈意识主体性含义的"meaning"（意）一观念在中国传统哲学里是不存在的。假如把"meaning"一观念的意识主体性除掉，那么"meaning"就相当于中国哲学里与"义"和"理"都密切相连的"道"。"道"这里指的乃是事物的相对相关性——也就是我们在上文所谓的"义"——意义的"义"。在近代西方哲学里耳熟能详的"意义世界"一观念在中国哲学里其实早就被提出来了。古人"道义所在"一语原来并不是一个狭义的道德观念。道义所在就是意义世界——也就是天道、地道和人道相交涉的"三才"宇宙。中国哲学家并不在意识心与自然宇宙的敌对心态下而言意义世界，而在天地人合一的和谐心态下而言意义世界。从事物之相对相关性而取义的"道"或"义"，乃是一个较从意识心的主体性取义的"meaning"更深和更具涵盖性的观念。

"意义"在哪里？它就在场有宇宙中事物的相对相关性里。人对意义世界的了解或领悟，必须通过他自己生命中的性相宜仪，所以呈现于人的意义世界，只不过是人和其他事物的相对相关性罢了。

意义世界是怎么通过人的性相宜仪而呈现的呢？这当然是一个非常复杂的问题。但我们最低限度可以肯定地说，这个问题的核心一定离不开形躯的直曲作用，更离不开心智的作茧作用的曼陀罗作用。在意识心还没有生发前，道心的诚仪隐机，早就通过直曲权能的细缊在我们形躯的生命里默默地作茧了。人的一生自始至终都生活在意义世界里。不过在意识心未起前的意义世界，乃是一个"无明"的意义世界——在意识层次下的意义世界。这里"无明"当然是相对于意识的明觉而言的。但无意识心的明觉并不等于无意义。从笛卡儿之后近代西方哲学倾向于从意识的立场来言意义，只肯定在意识层次上呈现的意义世界——此乃是把意识心绝对化的必然后果。意识心的绝对化就是把意识作用从它与无意识与超意识的关系中抽出来，其结果就是一个上下隔绝的世界——一个上不通于"天"（超意识）下不通于"地"（无意识）的孤立世界。这里"天"和"地"分别代表曼陀罗上下双回向的智用。"天"（超意识）的智用是圆而自方，"地"（无意识）的智用是方中求圆。天地隔绝了，道心下行与上行的智用也就无法相应了。

思想——当然包括哲学思想在内——乃是意识心的产物。但思想不是意识心可以凭空制造出来的。离开了形躯——包括我的形躯和他人他物的形躯（《易传》泛称之为"器"）——哪里还会有思想可言？此乃因意识作用基本上乃是茧心依身或缘形器而起念的作茧作用。"身"和"形"是有分别的。"身"乃"形"（我的形躯）与"器"（他人他物之形躯）之相对相关处。如是一切思想都可以说是意识心"依身起念、依念作茧"的产物。在怀德海的哲学里，意识心只是心灵作用（mentality）的高度发展。他的"主体"观念基本上就是心的观念。说得明确一点，"心"就是作为一事物（实际存有）的生命主体的主体性——也就是内在于此事物的创造权能的创造性。这个主体性也就是此创造权能的感通化裁作用——我们所谓的"主宰心"或"茧心"。对怀德海来说，一事物的创造权能的自限、自成和自化正表现一个心灵作用。我们不必——也不应——限于意识作用而言心。假如我们把"身"和"念"的观念普遍化，则"依身起念，依念作茧"这句话就可适用于一切心灵作用。我们以为在本质上怀德海的心观，正是在这句话所含的基本观念上建立起来的，只不过用不同的语言来表达罢了。

## §4  真理追求的正根：文化心灵、哲学传统与曼陀丹道

现在让我们回到心的意识作用罢。意识心是不能和身、形、器分离的。但意识心的发用却又的确有自我孤立或绝对化的倾向——这就是我们上文所谓"异隔"心态的来源了。意识心自我孤立的极端发展，除了产生意识与超意识和无意识的分离而至陷落于一个天地隔绝的境地外，它也同时无可避免地导致意识与形器的隔离——与一己形躯的隔离、与他人他物的隔离。异隔心态最显著的特点就是意识我（与意识等同的"我"）对异我和非意识的排挤。哲学上"唯我独存主义"（solipsism）正是异隔心态在思想上最极端的表现。这种排挤天地万物于意识我之外的思想自然，不能容许道体的存在，因为在这种思想里意识我已经把自己视为唯一的真实，把自己等同于存有自身了。所以异隔心态的极端发展必然（在人类意识里）导致场有界的"分裂"和道体或场有自身的遗忘。道体怎会被遗忘呢？因为在意识心侵略性的扩充下场有自身已经被意识我收摄进去了。

意识我对异我的隔离或排挤和对场有自身的收摄——这是人心意识作用一个很普遍的倾向。哲学上的唯我独存主义只不过是这个倾向在思想上的极端表现罢了。这种异隔心态当然不只表现在哲学思想上，人类的一切思想行为简直可以说全部都在异隔心态的笼罩之下。没有异隔的心态就不会有逻辑律的界限分明、不会有自私自利的观念，也不会有割据与纷争了。但异隔的意识作用虽然是意识心一个普遍的倾向，却不是它唯一的倾向。意识心一方面有对异我隔离排挤和对场有自身收摄的倾向；但另一方面也有通过意识心与异我的感同作用，而向场有自身回归为场有自身所收摄的倾向。后者指的当然就是上文提过的同独心态了。

"独"就是隔异消除后的同——这是《庄子》书中"见独"一辞中"独"字的含义。同独的心态乃是从感同开始的。"感同"就是感于异中之同。意识心感同于异我之后就会很自然的在异中求同，即使不能成功地把隔异除去也会对异之所在视若无睹。这种心态的极端发展必然导致意识心向场有自身的回归——亦即意识我的自我泯灭。所以在同独心态上奠基的哲学必然以道体的纯一为依归。印度吠檀多哲学里的中心观念——"梵"（brahman）——乃是一个最显著的例子。吠檀多称道体为梵，就其可说处描述之则为——"至真／纯觉／极乐"（sat－cit－ananda）的绝对存有。"至真"（sat）言道体之为一切名相之本的纯仪，"纯觉"（cit）言道体为超越一切心识而为意识、无意识和超意识之根源的纯识（pure consciousness），而"极乐"（ananda）则是言道心之纯然无碍、道体之一宜即纯宜。换句话说，梵一观念乃是就道体之为纯一的宜仪体而立义的。在梵或道体的纯一宜仪里，意识我已入灭入场有自身了。

西方哲学里的唯我独存思想和印度吠檀多哲学里的梵观念，分别代表异隔和同独两种心态的极端发展。在这两个极端的例子里，我们很清楚地看得出意识心同异分途的两个路子所共有的局面——意识我与道体争持的局面。这个人与场有自身的争持局面，从人的立场来看，就是我们所谓的"形上姿态"了。在异隔心态里的意识我是怎样的一种姿态呢？它乃是一种求自我的不断扩张、逞强争霸的姿态。由这种心态所产生的思想一定带有强烈的虚无意识。如前所言，异隔心态的思想都是有隔无融的。"无融"就是虚而不实。有隔无融则必排除异我以至目中难容一物。这"无容"的心态所见的宇宙自然是虚无一片的了。

那么同独的心态又是怎样的一种姿态呢？和异隔的心态刚好相反，这是一种亲和自抑求安求平的姿态。不过意识我的自我收缩和意识我的自我膨胀都无可避免地陷入一种无融的、虚而不实的心态。异隔心态下的思想是有隔无融所生的"虚无"，同独心态下的思想则是无隔无融所致的"虚幻"。意识我的自我泯灭也就是个体存有的泯灭——在意识心炽烈地向道体回归的心态中所见的宇宙当然是一片虚幻的了。

我们必须立即指出这里所谓"虚无"和"虚幻"，指的乃是意识作用所产生的心理现象，必须和易道变化乾坤缊缊中的"玄无"和"妙虚"分别开来。玄无妙虚不是意识作用的产物，而是乾坤无碍实理中所本有的。真正能避免主观性的虚无虚幻而在实理中领悟玄无妙虚之境的，就只有在感一如实心态下所生发的同融中道思想了。

感一如实又是怎样的一种姿态呢？一言以蔽之：这是一种"当下即是"的姿态。这里面没有意识我和道体争持的局面。在异隔和同独的心态里一心和茧心是有间的、有碍的；但在同融的心态里，一心和茧心是无间的、无碍的；如是，意识心与道体也是无间无碍的。意识心与道体相合自然就不会有争持，因为意识心已经成为道心了。

因此在同融中道、当下即是的心识里，真理的追求可以不为意识心自大或自抑所生的偏差所支配，而可以在人与天地万物的感通量格里真实无妄地完成。所以我们以感一如实的心态为真理追求的正根。也只有在此心态里人才能透过曼陀罗智的作用，得到圆融无碍的哲学智慧。

哲学智慧是不能离开形上姿态而言的，而形上姿态——我们现在了解了——乃是意识心在面对道体或场有自身时所呈现的心态。异隔、同独与同融乃是意识作用的三大倾向，因此形上姿态与哲学智慧也可据此而分为三大类型。每一种哲学思想的背后，都有作为其存有信托之本的形上姿态和生命精神，其基本性格如何就得看它智慧所本的意识心态了。

意识心的三大倾向乃是人心所共有的，所以在每一个文化传统里，我们都可以同时找到相应于此三大倾向的哲学。譬如在中国的文化传统里，杨朱哲学与老庄哲学在意识心态上，乃是同异殊途的两个极端：前者显然以异隔心态为本，而后者则是偏向于同独的心态。在这两个极端中间的，则是一个以《周易》哲学为本的哲学传统——奠基于同融中道的儒家哲学。不过，这只是内在于中国哲学传统的分法。假如我们要决定整个中国哲学传统的意识心态，则必须把它来和其他哲学传统作对比研究才能看得出来。我们通常视印度、中国和西方为人类哲学智慧所在的三大文化传统。究竟这三大文化传统在哲学智慧所本的意识心态上有什么重要的差别呢？

这当然是一个非常复杂、不容易下定论的问题。我们在这里无法做细节的讨论，而只能就我们研究所得把最主要的结论提供出来。其实，我们所要下的结论知心的读者们早就在我们前文的暗示下猜测到了。我们不是从开始就以异隔心态的语言来描述西方哲学么？在对吠檀多哲学梵观念的阐释里，我们不是已经在暗示着印度哲学传统和同独心态的关联么？那么中国的传统哲学呢？很明显的，我们是要把它归纳在同融的心态下面。如是，我们的结论可以下表示之：

哲学智慧与其所本的意识心态

西方哲学传统：以有隔无融的异隔心态最为突显
印度哲学传统：以无隔无融的同独心态最为突显
中国哲学传统：以有隔有融的同融心态最为突显

关于这个结论的论证和这三种心态和哲学智慧的比较研究，我们希望在将来能对读者有较详尽的交代。在这里我们只须提出一个要点来讨论就够了。这个要点就在"感通"这两个字上。与西方和印度哲学比较中国哲学最重感通，这是无可否认的事实。而重感通正是同融心态的特点。西方人有隔无融的心态固然难于言感通，印度人无隔无融的心态也是不重视感通的。"无融"乃是西方人与印度人在意识心态上所共有的——不只哲学心灵如此，文化心灵也是如此。西方人强烈的独立意识和竞争意识，和传统印度人严酷的阶级意识同样是无融心态的产物，而无融正是由意识心感通量之不足而形成的。

为了避免引起读者不必要的误会，我们必须立即指出，我们在这里并无作价值判断的意思。宇宙间一切事物的产生，莫不有其独得之宜，哲学智慧和文化精神也当然没有例外。从这"无私"的观点来看，所有哲学和文化的心态都是无分高下的，都是同样有价值的。价值优劣的判断，只有从一个特别观点来看事物才有可能。假如我们从真理追求的角度来看三大哲学传统的话，那么中国人的智慧的确有其得天独厚之处。因为最高的真理乃是圆融无碍的真理，而在中国人的心灵里最为突显的同融心态与中道精神，乃是最能与这种最高的真理相契合的。但同融心态只是达道——达到这种真理——的必要条件，而不是它的充分条件。哲学智慧与哲学成果，乃是密切相关却又是不可混同的两回事。一个民族可以有很高的哲学智慧，但却不一定有与其哲学智慧相应的哲学成果。哲学成果乃是由潜蕴于意识心态里的哲学智慧的发用而来的。说得明确一点，哲学成果乃是哲学心灵在思想上自诚的表现。为什么高度的哲学智慧，不一定能产生与其智慧高度相应的哲学思想呢？要解答这个问题，我们就必须回到"场性"与"天地绷缊"的观念上来了。宇宙里无孤立的物事，一物事之自诚乃是由其场性——此事物与其他事物的相对相关性——而决定的，而场性的具体实现则在易道变化中的天地绷缊或乾坤（直曲）权能的相互涵摄里。这里面实在蕴藏着无限的吊诡作用。这"易道的吊诡"不只表现于自然事物的变化中，也表现在意识心灵的变化里，更不可思议地表现在人类历史文化的创进历程里。哲学智慧的自诚乃是一种意识心态或作用的自直。譬如以同融心态为主的哲学智能乃是有隔有融、感一如实的意识作用的自直。但这种心态的自直离不了意识心的场性、离不了它与异隔和同独意识的相对相关性。同融哲学心灵的自我完成必须通过意识场的绷缊作用、通过其他两大意识作用所加的限制而曲成。中国人同融中道的哲学心灵，在这方面所受的考验显然是有所不足的。这就是为什么中国人尽管有极高的哲学智慧，即仍未能成就与其智慧高度完全相应的哲学思想。中国哲学是否可以从其他民族或文化传统里获得应有的考验，而在智慧致曲的创进历程中达到更高度的发展呢？这可能是当前中国哲学研究者所最应关注的问题。

　　这当然不单是一个哲学问题，也是一个文化问题。哲学思想乃是文化或人类精神文明的一部分。哲学智慧与文化精神也是密切相关却又不可混同的两回事。一个有高度哲学智慧的民族不一定能成就与其哲学智慧高度相应的文化。一民族的文化成果通常和该民族的哲学智慧所孕育的理想有很大的距离。一民族的哲学思想固然反映该民族在某一历史阶段里普遍流行的文化心态，但也代表对此流行心态的反省与批判。所以一民族的文化精神乃是通过意识心自求超越的创造性而形成的，而哲学智慧正是此创造性的根源。当然，意识心的创造性永远受到生命所依的环境外缘所限制。其实意识心在文化演变的历程中早就和环境外缘缠结而成一不可分的文化生命之场了。在这文化生命之场里，人的意识心乃是已经为环境外缘所宜仪化的意识心，人的环境外缘乃是已为意识心所宜仪化的环境外缘。易道变化乃是通过意识心与其环境外缘的相互宜仪化而进行的。文化精神究竟是怎样在这易道变化天地绷缊的历程中产生的呢？这个复杂的问题实在包含有易道不可思议的吊诡性。

譬如以近代西方文明所标榜的独立平等、自由民主的文化精神为例。这可贵的文化精神在其最高的理想里，本来是一种有隔有融的中道精神。这种精神本来和中国人同融的哲学智慧最为相应的、为中国文化所可有或应有的。但事实上它却是西方历史文化的产物、由西方人异隔的哲学智慧所孕育出来的产物。正由于它所本的意识心态乃是一种有隔无融的心态，这可贵的文化精神在现阶段的西方文明里仍旧有其严重的缺点。在自由民族精神里面夹杂着的往往是残酷的斗争意识，与由异化作用引起的虚无主义倾向。对于这些有隔无融心态所本具的负面作用，西方的传统哲学智慧是无能为力的，因为它本身就是以异隔心态为根的啊！

若要自由民主精神获得稳定而圆满的发展，则此精神必须奠基在同融中道的心态上，这就是中国人传统的哲学智慧能有所贡献的地方了。与西方和印度两大文化传统比较，中国的传统哲学诚然以有隔有融的中道精神最为突显，这可说是不争的事实。但"最为突显"四个字乃是相对于其他两大传统而言的，并不表示这种中道智慧在其自诚之道上已经获得充分的发挥。前面说过，同融中道智慧的证成必须通过异隔与同独心识而来的考验。中国传统哲学诚然表现一种当下即是、感一如实的中道精神。可是站在文化发展的立场来说，中国哲学实在是太落实了。落实就是无虚。"实"和"虚"乃是创造性互为其根、相反相成的两面。意识心的"涵虚"乃是意识作用在"感一"和"如实"间所起的现象。意识心的涵虚性所代表的乃是感一之未能如实，或如实之未能感一。感一如实，则虚实无间，自然就没有涵虚的现象了。由于同融心态的突显，中国哲学自始就具有一种为其他文化传统所缺少的落实智能——转虚为实的智慧。作为中国人文精神的骨干的儒家哲学，正是由这转虚为实的智慧建立起来的。意识心的涵虚性随意识作用的倾向而异。意识心的三大倾向各有其不同的涵虚性，异隔心态的涵虚生于有隔无融意识中的"虚无"；同独心态的涵虚则起于无隔无融意识里的"虚幻"；至于同融中道的心态，在感一如实的倾向尚未达到一如无间的境界时，也一样有其涵虚性：这是属于有隔有融意识里的"虚玄"。在"虚玄"的意识里人所经验到的乃是融隔两可的妙机。这融隔两可的妙机是深不可测的，同时也是难以捉摸的。深不可测，故"玄"；难以捉摸，故"虚"。中国原始道家的思想里实充满着这种由虚玄心识而来的智慧。可是由于儒家哲学根深蒂固的影响，中国人早就把这原始道家智慧里的虚玄性落实了。等到佛教传入中国之后，中国人又跟着把佛教思想里原本属于印度哲学智慧的虚幻性落实了（中国佛教正是这虚幻性落实的结果）。自 19 世纪末西方思想大量输入之后，中国传统的哲学心灵首次受到潜在于西方文化精神里的虚无意识的挑战与冲击，使中国传统的文化精神直接地受到极大的震撼与伤害。但我们有理由相信，西方文明及哲学思想里由异隔心态所产生出来的虚无意识，是不会在中国的文化心灵里生根的。虚幻也罢，虚无也罢，它们一样会在中国文化的土壤里落实的。

　　可是落实了的虚玄、虚幻与虚无也就推动了它们创造性的价值了。站在文化发展的立场来看，意识心的涵虚性乃是人类创造文明不可或缺的条件。没有意识心的涵虚性也就没有创造性的跃动。为什么呢？因为创造的跃动乃是由意识心虚实交感处所生的"诱惑"而起的。没有意识的涵虚性也就没有创造性的诱惑，自然就不会有创造的跃动。中国传统哲学心灵最大的弱点就是缺乏涵虚的容忍性。因此中国哲学虽富于落实的智慧，却缺乏"乘虚"的智慧。其实"落实"和"乘虚"当作宇宙论的语言来讲，正好是创造历程的两面——或创造权能发用的两节。一切事物的有成都是创造权能"缘实生虚、乘虚化实"的过程。缺乏了涵虚的容忍性，则意识心就不能正确地把握到"缘实生虚"中所生之"虚"的性格，当然也就不能适当地"乘虚化实"了。这涵虚的容忍性乃是同融中道的哲学智慧所可有的，也是它所应有的。因为感一如实的智慧，在其最高的成就里正是落实与乘虚两种智慧——"落实智"与"乘虚智"——的圆满或宜无不宜的结合啊！

　　那么我们怎样才能得到落实智与乘虚智的圆满结合呢？这当然又是一

个非常复杂的问题。首先，我们应该指出我们所谓的落实智与乘虚智，其实并不是两种不同根源的智慧，而不过是一智的两面或两用。这"一智"是什么呢？当然就是主宰于意识心的道智或曼陀罗智了。如上文所述，曼陀罗智乃是茧心与一心在意识心中相合的基本条件。智慧的本质就是道心的曼陀罗作用——亦即道体在意识心中的方圆动静。道智在人的精神生命里具体表现为一种上下双回向的智慧，也同时是一种——现在让我们补充一下——落实乘虚的智慧。方圆动静，上下回向，落实乘虚：这就是道智或曼陀罗智的定义了。我们现在所关心的是：这主宰人类精神生命的道智究竟和人类的历史文化和哲学思想有什么确切的关系呢？

历史文化乃是道智在人类精神生命里的"丹炉"，一切思想——包括哲学思想——的发展乃是道智在人类精神文明里所开显的"丹道"。这里所用的"丹"字，指的当然不是道家方士或西方炼丹术者所云的"仙丹"或"金丹"。这里"丹"的观念乃是依茧心的观念而取义的。我们所谓的"丹"指的都是"茧丹"——即茧心在作茧过程中所凝聚的生命力。这是"茧丹"或"丹"的普遍义。以春蚕作茧为例。在春茧自限、自我而自化的整个生命历程里，它每一阶段所发挥或表现的生命力，乃是一创造权能的主体（茧心），在此阶段前通过其作茧的诚仪而凝聚得来的。此凝聚的生命力——茧丹——一方面为茧心过去作茧的成果，而另一方面则为茧心未来作茧的根基。如此茧心的"作茧成丹"乃是一个生命力"继往开来"的历程，这就是我们所谓"丹道"的含义了。因此茧丹和丹道这两个观念，就其普遍义而言可说是无所不包的。茧丹和丹道之所在也就是"生命"的所在、创造权能的存在。蛇虫鼠蚁，何尝无丹？鸟飞鱼跃，莫非丹道。当然，就大自然的生命宜仪来说，茧丹和丹道的观念是没有意识心的作用在里面的。可是在人类意识世界和精神文明的领域里，这两个观念就因意识作用的加入而具特殊的含义了。

人为万物之灵。"灵"就是意识心的灵光。在人的生命里茧心乃是通过以意识作用为中心的精神力量而作茧的。因此人生命里的茧丹乃是茧心在作茧过程中所凝聚的精神力量——继往开来的精神生命力。而这继往开来的丹道也就是人类精神文明的丹道——万物之灵的丹道。但所谓"精神"者不过是曼陀罗智通过意识作用所表现的光辉和力量，因此精神的丹道也就是智慧的丹道——曼陀罗智的丹道（以下简称"曼陀丹道"）。

人类创造文明所赖的思想，和通过思想而生发的种种文化活动，都是人类精神生命的表现。如是思想发展的轨道也就是曼陀丹道的具体表现。

哲学思想不是凭空产生出来的。任何思想——包括哲学思想在内——的背后都有一个精神生命的凭借，都是孕育在其文化传统内的智慧丹道、曼陀丹道里。人类的历史文化固然是人类智慧创造的成果，但（就其所构成的场性而论）也同时是人类智慧熔锻的丹炉。在这历史文化的烘炉里，我们看到人类自泰古以来依身起念、依念作茧的伟大诚仪，但也看到道智在易道变化里所开显的无限吊诡，必如是观我们才可以把握到哲学智慧的根源和哲学思想的本质。

## §5　丹道脉络与精神格局：人道的太极灵府

由于意识心态的不同，不只在不同的文化传统里孕育着不同的曼陀丹道，就是在同一的文化传统里，也可以看到由互异的精神生命所构成的丹道脉络。

譬如以中国文化传统为例，相对于西方和印度文化而言，中国文化所突显的诚然是同融中道的生命精神；中国哲学乃是根源于以有隔有融、感一如实为本的智慧丹道。但内在于中国文化传统本身，由意识心三大倾向所造成的差别还是有脉络可寻的。在先秦哲学的几个大派别里，杨、墨、法三派思想所代表的，乃是异隔心态的生命精神，在道家老庄背后流贯着的却是与此相反的生命智慧——以同独心态为本的生命智慧。居于杨、墨、法和老庄之间而为中国传统文化精神命脉所系的自然是以同融中道为依归的儒家哲学了。由是要谈中国哲学，我们就必须把它放在中国的文化传统里来看它的精神生命所在的丹道脉络。因为哲学思想不过是哲学智慧的义理表现，而哲学智慧乃是一民族在其安身立命的历史文化生命熔锻出来的。离开了这精神生命的丹炉哪里还有哲学智慧？哪里还有哲学？

那么哲学智慧思想乃是完全由历史文化的因素来决定的了。是的，在某一意义上，我们的确是可以这样讲的，假如把"历史文化的因素"解释为"决定历史文化的因素"的话。因为人所处的场有乃是一个由生命精神和历史文化编织成的意义世界，"历史文化的因素"也就包含了决定这意义世界的全部因素——包括人的自然生命所本的形躯和此生命所依存的物质或自然环境。人类的精神生命和历史文化，乃是意识心通过自然环境依身起念、依念作茧的产物。借用黑格尔的术语来讲，历史文化乃是"主体精神"（意识作用）的"客体化"（objectification）。不过黑格尔忘了意识作用是离不开形器宇宙的。意识心本来就是从自然那里生发起用的。他也没有看到他所谓的主体精神的客体化其实是一个意识作用和外缘环境——（最初只是）纯自然环境——相互宜仪化的历程。在主观意识依身起念的当下，外缘环境的客观因素早就潜伏在意识心的宜仪里而随其作茧而起作用了。

　　不过，假如我们把"历史文化的因素"解释为随历史文化之变而变的因素的话，那么我们在上一段所说的第一句话就很不妥了。人类的哲学智慧和哲学思想固然有随历史文化之变而变的成分，但也同样有其不变的地方——有其不变的格局。这不变的格局不是属于任何人的或任何民族的，而是普遍地属于整个人类的，因为它所代表的乃是人之所以为人的本质。这个构成人的本质的不变格局乃是人的精神生命的格局——基本上也就是道智或曼陀罗智在意识心起用时所显的格局。这构成人类的精神生命的不变格局是否就是一般所谓的"人性"呢？所以这样说，但这里"人性"可不是一个实体的观念，而是一个场有的观念、格局的观念。人之性就是人的独得之宜。这独得之宜究竟依据什么而得其宜的呢？这问题的基本答案就在人的场有的格局里、人的精神生命的场有格局里，人在这场有格局里所得之宜也就是人性中之"理"：所以程朱学派的理学家说"性即理"。但在人的精神格局里所彰显之理，不正是曼陀罗智通过意识心发用时所心由之理么？如是陆王学派的理学家以"心即理"也是可以说得通的了。

　　人的历史文化不断在变，正如人的意识心不断在变一样。但所谓"万变不离其宗"，无论人的意识心如何善变，人类的心态和由其所决定的一切文化成果始终脱离不了由意识作用的三大倾向所形成的基本精神格局。透过这个精神格局我们可以看到人类依身起念、依念作茧的心灵结构，看到曼陀罗智通过方圆程序在意识心撑起的形上姿态，看到下行和上行的智慧在人类茧丹中的结合，看到在历史文化的丹炉里人类精神生命在熔锻的过程中，所遇到的艰难和所表现的尊严，看到文化传统内智慧丹道的完成和一民族在哲学智慧、哲学思想和文化成果间所呈现的易道吊诡，看到在易道吊诡中人类为求安身立命以落实与乘虚两面智慧所作的具体表现。总而言之，我们透过此基本的精神格局所看到的乃是人之所以为人之理。理是不变的；人的生命诚仪无一不在易道的絪缊变化中，但可变的是气，不是理。不过传统哲学一般只知有事物普遍之理，而不知有——或忽略了——事物的个体之理。这乃由于传统哲学根本没看到理和气的分别乃是根于宜权和仪能之分别。理乃宜之权，气乃仪之能。人之所以为人之理乃是由人（以别于鸟兽等）的独得之宜权来决定的。我之所以为我或你之所以为你，也有其理在，也同样取决于作为你我的存有根据的宜权。人类在他的历史文化生命里所表现之气——包括你我在各自的具体生命里所表现之气——正是顺承此宜权而成事成物之仪能。宜权是理，也是性。"理"乃是就宜权之必然性、权威性和超越性而言的，而"性"则是就宜权之为内在而为人生命之所本有而言的。"生命"者乃是一个以"生"之仪能践履性理中之"命"的过程，这不正是《易传》所谓的"穷理尽性以至于命"的意思么？

人的生命好比一盘棋，其中有不变和可变的因素。棋盘上的棋子的相对位置和下棋的种种规则都是不变的，这些因素所构成的就是棋的基本格局。一盘棋乃是此不变格局所可能有——所允许——的一种变化。每一着棋都代表一种姿态——都是一种仪。仪或姿态就其能引起或产生变化的力量来说就是"能"。每一着棋都是一仪能的表现。但仪能乃是顺承宜权而起的。在我未下一着棋之前，我考虑多种不同的下法——这代表情势中未决或不定的宜权。未决的宜权是有伸缩性的，但当一着棋下落之后，这伸缩性也就消失了，情势中不定的性理已经变为此着棋固定不朽的独得之宜。此不朽不宜也是不变的。由是不变中有变，变中有不变；这就是弈之道，也就是人生践理尽性之道。这里"道"乃是合理气而言的，即是合宜权仪能而言的。如此而说"人道"，则上文所谓的"精神生命的基本格局"乃是把人道中普遍的、不变之理抽出来看。但人道乃是一进行中之棋局。人道中的精神格局乃是在易道变化中不变中有变、变中有不变的宜仪体。这个即体即用（发用中之体是无法和用分开的）的精神格局乃是构成人之所以为人的具体意义——乃是作为人道的核心的"太极灵府"的所在。

为什么称之为"太极灵府"呢？我们以"人为万物之灵"乃因为万物之所以构成一意义世界乃是基于人的意识作用。而这个意义世界正是通过这具体的精神格局而生发的，所以我们称它为人道中之"灵府"。那么

"太极"又是什么意思呢？前面说过了，"太极"原指人直立走路的形躯——或"诚（直）曲能明"的人身，也兼指这形躯所依存的场有（自身）或道体。作为人之所以为人的精神格局不是无中生出来的。它有其无法抹杀的历史性。因为这为人道的具体内容的精神格局——人道中之灵府——原是自远古以来由形躯的直曲仪能（人身太极的两仪）支撑起来的。人身在场有中顶天立地般与道体相对——这是灵府所得以建立的"灵枢"或"道枢"。在泰古哲学的语言里"道"、"道枢"和"太极"指的原是同样的东西——顶天立地的人体、意义世界开显所本的"根身"。根身的语言乃是人类对自身最原始的反省语言。当这些语词后来也用来指谓顶天立地的人体或根身所依存的场有自身时，哲学和宗教思想也就同时诞生了。

在人类历史文化发展的漫长岁月里，人道的灵府——意义世界开显所必由的精神格局——究竟是怎样通过顶天立地的根身建立起来的呢？这个大问题当然不是三言两语就可以解答的，而它也不是我们在本文直接用心的所在。但我们必须把它提出来好让读者了解我们思考的背景和方向。我们在本文直接关注的乃是场有哲学的时代意义——包括周易哲学与怀德海哲学的时代意义。"时代意义"乃是一场性问题。一种哲学思想的场性乃是此哲学思想与其他（同时或不同时）的哲学思想的相对相关性。哲学思想乃是人类精神文明的核心所在，但离开人类历史文化的发展也就无精神文明可言。所以哲学思想的场性不能离开历史文化来讲——不能离开意义世界的开显和它所通过的精神格局来讲。哲学思想的相对相关性最后分析起来也就是人道灵府所涵含的场性。由于所有哲学思想都是在同一的精神格局里孕育出来的，任何哲学思想与任何其他哲学思想都有其内在的关联。这个"内在的关联"乃是哲学思想间直贯、旁贯与旁通之所以可能的场有根据。哲学史只不过是一部哲学思想直贯、旁贯与旁通的发展史罢了。

## §6　哲学思想的直贯、旁贯与旁通：精神生命的落实与乘虚

什么叫作"直贯"、"旁贯"与"旁通"呢？这里"贯"和"通"都是

沟通的意思。两种思想的互相沟通我们统称之为"贯通"。不过"贯"和
"通"是有分别的。我们以"贯"字来指称同型思想间的沟通，以"通"
字来称谓不同型思想间的沟通。在同一文化传统内同型思想间的沟通我们
名之为"直贯"，两个隶属于不同文化传统的同型思想间的沟通则名之为
"旁贯"。不同型思想间的沟通，不论文化背景如何，我们统称之为"通"
或"旁通"。两种同型的思想由于文化背景的不同必有其相异之处，故旁
贯的关系也必然同时是旁通的关系。另一方面，在同一文化传统内两种不
同型的思想由于文化背景相同，则其旁通的关系里也必含有直贯的关系。
由是在同一或不同文化传统内思想间的沟通可归纳为下列的四大类：

直　　贯——　同一文化传统内同型思想间的沟通

直贯旁通——　同一文化传统内不同型思想间的沟通

旁贯旁通——　不同文化传统内同型思想间的沟通

旁　　通——　不同文化传统内不同型思想间的沟通

　　思想间的沟通——哲学思想间的沟通——就是这么错综复杂的一回
事。所有哲学思想都是从相同的精神格局里衍变出来的。哲学思想间之所
以有沟通的可能，乃是由于它们在这基本的精神格局里的内在关联。哲学
思想的沟通也就是哲学智慧的沟通＝精神生命的沟通。哲学思想沟通的脉
络也就是曼陀丹道的脉络，亦即是道智在人类精神生命的命脉、意义世界
的轨路。哲学史不过是一部曼陀丹道的贯通史罢了。

　　在中国的文化传统里，原始儒家和宋明理学之间的关系无疑是一个直
贯的关系。宋明理学乃是直承原始儒家感一如实的哲学智慧和同融中道的
生命精神发展出来的。至于原始儒家和原始道家、杨朱、墨家或法家的关
系则是一个直贯旁通的关系。"直贯"因为和儒家一样，杨、墨、道、法
诸家都是中国文化有隔有融的同融心态里成长的。不同的是：在同融中
道的文化精神里，道家精神偏向于同独，而杨、墨、法三家则偏向于异
隔——如是此中也有一旁通的关系。在意识心的三大倾向间存在着一个非
常复杂微妙的辩证关系，这辩证关系正是异隔、同独与同融三大心态间沟
通的基础或根据。在中国文化和哲学传统里，这三大心态间的沟通正是宋
明理学的大业。当然其中还有佛家的因素。佛家哲学思想和中国传统哲学

思想的沟通，如众所知，乃是通过道家的媒介——通过道佛间旁贯旁通的关系。道家的哲学智慧和儒家的不同，在中国传统感一如实的文化精神里，儒家哲学的重点在"如实"，而道家哲学的重点则是在"感一"。我们可以说儒家的精神乃是同融中道文化里"同融周偏"的感一如实，而道家的精神则是同融中道文化里"同独周偏"的感实如一。那么佛家呢？它原是属于古印度感同成独的文化传统的。在印度的文化传统里，同独的精神是正统，同融的精神是异端；而佛家哲学思想正代表这同独文化里的同融中道。这和道家哲学之为同融文化里之同独精神正好相反。不过这两者之相反正好是它们相成的条件。在中国传统文化轻易落实的土壤里，道家精神代表的"同融中之同独"，和佛家所代表的"同独中之同融"早就在巧妙的结合下开花结果了。

"落实"中的"实"字，指的乃是人的现实生活和通过现实生活而生发的实存体验或感受。"落实"和"乘虚"乃是创造性两个具体的环节。这里我们可以有两个不同层面的说法：一是从存有论的观点来讲，从创造权能的立场来讲；另一则是从人的立场来讲、从心性论的观点来讲。这两个层面的基本意义我们在上面已经略为讨论过了。我们并还指出落实和乘虚两种智慧在中国文化发展里所特有的胜义。不过这两个观念对文化和思想如何沟通这个大课题的研究实在太重要了，我们实在有对前面的讨论作适当补充的必要。

让我们回到"虚"的观念上来吧。"虚"就是事物的涵虚性。这本来是一个场有的观念。事物之虚或涵虚性最后分析起来乃是属于道体的、属于场有自身或创造权能的。当然我们也可以就人的精神生命而言虚。但人的精神生命或心性中之虚乃是创造权能通过意识心的作用而开显的涵虚性。所以必须先从存有论和宇宙论的观点来言虚。场有的涵虚性究竟是怎样来的？它乃是从事物的"缘会对比"（也就是怀德海所谓的 contrast）而来的。对比生虚——此乃是创造历程得以连绵不断的先决条件。因为没有由对此所生的虚也就不会有活动。一切活动都是创造权能缘实生虚、乘虚化实的诚仪。创造权能的涵虚性原本都是由现实（已成的事物）在场有缘会的对比下产生的，所以称之为"缘实"。现实与现实的缘会对比可以生虚，现实与虚的缘会对比也可以生虚，虚与虚的缘会对比当然更可以生虚。如是实实虚虚、虚实实虚，在每一物事的创造历程里都笼罩着一个由

场有的缘会对比所编织成的"虚机茧网"。"虚机"就是由事物的涵虚性所
缘生的机缘、机会、契机或生机，包括一切可有而未有的可能性。在一事
物的发展过程中所缘起的虚机，乃是创造主体茧心独运的化裁对象——故
称之为"虚机茧网"。一事物的成事成物的发展乃是创造主体"虚机了断"
的历程。虚机了断就是乘虚（也是"承机"）化实。所以从存有论或宇宙
论的立场来看，落实与乘虚只不过是一事——生生之事——之两面，不过
是创造性的两个具体环节。现实世界乃是由过去事物的涵虚性之了断与落
实而来的，但过去涵虚性之落实正是继起事物涵虚性缘起之根源。这个由
实而虚的环节我们称之为"缘实生虚"。当下创造性的发挥则是一个由虚
而实或"乘虚化实"的历程。但乘虚化实的结果正是当下创造性之落实。
落实所以生虚，乘虚因以化实。如是由实而虚又由虚而实，事物的创造乃
是一个虚实相生、循环不已的生生历程、一个创造性"诚仪隐机"的历
程。"诚仪"和"隐机"两个观念乃是扣紧着创造权能的主体性而取义的。
主体的诚仪就是创造性的乘虚化实，主体的隐机就是创造性的缘实生虚。
在怀德海的宇宙论里，诚仪和隐机的分别相当于主体和超主体的分别。
"超主体"代表什么呢？它代表的乃是创造主体虚机了断时所确立的"绝
对性"。沿用我们春蚕作茧的隐喻语言来讲，则主体好比正在吐丝作茧的
春蚕，而超主体则好比茧蛹初成即将化为飞蛾的阶段。创造性虚机了断的
当下，也就是主体诚仪的独得之宜的永恒确立。这"独得之宜的永恒确
立"，乃是事物在场有相对相关性里所可能有的绝对性。主体诚仪的绝对
性本由场有的相对相关性而来，也无可避免地回到场有的相对相关性而
去。就好像蚕蛹在变成飞蛾后，整个吐丝作茧的生命历程也就以不朽过去
的身份客隐入飞蛾的继起生命里，而为其主体诚仪化裁的对象一样。所
以，"超主体"一观念所代表的，其实是事物生生不已的历程中创造权能
不断乘虚化实的转折点——也就是周敦颐《太极图说》里所谓的"一动
一静互为其根"中之"静"。换句话说，易道生生不已中的静相就是创造
性的隐机或缘实生虚，也同时是事物在成事成物后独得之宜的永恒确立。
在《周易》和怀德海的哲学里，"生命"的普遍义乃是兼创造性的动静相
或诚仪隐机两环节而言的。主体生命（创造性的诚仪或动相）只不过是
宇宙生命大流的一个环节而已。

　　当然，对一个活着的个人来说，宇宙的创造性只有从主体生命的立场

来看才有意义。其实，一个人的生命并不是一个单纯的主体生命（怀德海所谓的"现实存有"／actual entities）而是一个在生死之间所呈现的一截生命之流（怀德海所谓的"社会蕴集"／social nexus）。我们对创造性的认知，正是从我们对自我个体中生命之流里的诚仪隐机的体验而来的。我们所能了解的创造性乃是通过我们个体生命之流中缘实生虚、乘虚化实的创造性。而离开了我们自我依身起念、农念作茧的生命活动，也就没有人的主体性可言。人的主体生命究竟在哪里呢？它就在他的生命活动里——在构成他的主体性的感通化裁活动里。人生不过是一个虚机了断的过程。一个人的生命格局一方面取决于在生命环境里缘生的虚机茧网，一方面则决定于这个人对其生命里的虚机所表现的主体诚仪——了断虚机所表现的形上姿态和植根于此姿态上的感通化裁活动。在西方传统形上学里，这个把生命主体等同于生命活动的观念是很难被接受的。自从亚里士多德以来，西方哲学一直受到由希腊文法主词观念的暗示所生的实体思想的支配。文法上主词和谓词的划分，转变为形上学里实体与属性的划分，和知识论里主体与客体的对立。西方哲学家每每离属性而言实体、离客体而言主体，结果必然是离场有而言场有者。譬如以人为例，西方哲学家习惯于把人从他的生命环境中抽离出来、惯于从他在其独特的生命环境里的生命活动——包括一切思想和行动——里抽离出来。因此最后必然把人化约为一抽象的存在——一个空洞的、不可知的实体或一个孤立的、寡头的主体。其实离开了一个人的具体行动，哪里还有行动者？离开了一个人具体思维，哪里还会有思想者？离开人的场性——人与宇宙其他事物的相对相关性，哪里还会有人的存在？离开了客体，又何来主体呢？在某一义上来说，在我们生命环境里缘生的虚机固然可以视之为客体，因为它们乃是我们生命活动的感通化裁的对象。但在另一义上来看，我和我所了断的虚机是无法分开的。我之所以为我正由于我有此生命环境，有此为我而缘生的虚机茧网。说得更明确一点，我生命中之虚机不只是为我而生的，而是"依"我而生的。我生命中的虚机已经有我在里面——已经是我了！

# 第三章 问题心与理性:仁材
交涉与公道原理

## §1 理想、理念与理智:问题心与理性道术

在人的生命里由场有的缘会对比而生的虚机,乃是通过常识作用而呈视、而为人所自觉的。主宰我们生命的茧心,不正是在种种虚机意识的纠缠下自诚——自缚、自成、自化——的么?当茧心在通过自觉的虚机而形成一知、情、意互相缠结的心所茧网时,意识心也就变成问题心了。我们可以说"问题心"乃是茧心与意识心的结合——作茧作用与意识作用的人生虚机了断过程中的结合。人的一生可以说自会说话开始就受到问题心的支配。所谓"人之忧患自识字始"。"识字"代表的正是虚机的自觉;有了虚机的自觉,问题就发生了。

忧患的心所或心结,只不过是问题心无数"所结型态"中之一种罢了。在人一生中可感受到的焦虑、怀疑、恐惧、悸怖、哀愁苦楚、寂寞、无聊等等无一不是问题心的产物。问题心的基本心结就是不安。"不安"代表问题的存在或虚机之未能了断,这是问题心之"所背"(背负的意思)。"不安而求安"则是问题心之"所向",这是植根于曼陀罗心性的基本要求。因为"不安"就是有碍;这不安所对的虚机意识,乃是从事物的直曲对比而来的,所以不安、有碍就是"方"。不安而求安——有碍而求无碍——正是曼陀罗智方中求圆的表现。譬如人类求生的本能(本身是一直)在生命环境(曲)中求满足,乃是一生命权能自诚致曲的表现。但有人饱食终日,无忧无虑;有人终日辛劳,难得一饱。在有与无或贫与富的强烈对比下,问题心也就随不安、不满之情的虚机作用而生发了。问题心的向背(向与背的关系)乃是曼陀罗智运作在具体情况下的转轴,

也同时是人类理性生命的转轴——精神生命的转轴，而这"理性转轴"的形成，乃是以虚机的自觉为基础的。

这里"理性"两个字乃是用来泛指在人的问题心里由理想、理念和理智所构成的心所或心结。"理性"一词的第一义就是理想之性，即就理想而言性。人性乃是人之所以为人的独得之宜。理想乃是人的主体诚仪里最突显的一面。从这突显的主体性——人的理想性——来看人的独得之宜，就是"理性"。理乃宜之权，从人的理想性而观人生命中之宜权也就是"理想"一词里"理"的含义了。人的理想生于虚机的自觉，它原是创造性在人的生命缘实生虚通过意识作用的对比而呈现的。理想乃问题心之所向，它乃是问题心在不安（问题心之所背）而求安的基本心态下所投企而出的想象。这"想象"中之"象"就是理想中之理或宜权。理想只是理之想象，因为理想中之理是虚的、是一个尚未落实的宜权。理想的落实也就是问题心的满足——问题心所背和所向的合一。人类的理性生命乃是为问题心的背向关系所决定的——所以我们称它为"理性生命的转轴"。至于问题心本身的性格则可分主客两方面来讲。问题心生于由虚机自觉所引起的不安，这不安的心所心结一方面反映客观现实的缘会对比，另一方面则源于人的内在生命权能、创造权能在制限于外缘环境中所起的反应与跃动。譬如求生的本能在贫富不均的现实对比下，就会很自然的通过意识的不安而产生均富的要求。这均富的要求也就成为问题心所向的理想，这所向的理想乃是由问题心所背负的生命权能（求生欲望）在不满足的情况下投企而生的。

理性的生命就是追求理想实现的生命，要实现理想就得讲求方法、讲求达到目的的手段。在中国先秦哲学里，"道术"一观念指的原是人的理性生命里之"道"和"术"。"道"就是理想或理性生命的目的，"术"就是实现理想（道）的方法或手段。道与术合言而为"道术"，则整个理性生命的意义都在里面了。当然，人在实现理想时不只要讲求方法或手段，还要讲求最有效的方法和手段。这样理智的观念也就诞生了。假如"理性"一词的第一义为"理想之性"的话，那么"理性"一词的第二义就是"理智之性"。"理想"和"理智"都是从意识心之问题化而取义的，理想乃是意识心依主体生命权能、创造权能的跃动而投企的理的想象，而理智则是意识心在理想实现的要求下所做的努力。换句话说，理想和理智乃是意识心在问题化下所发挥的道术——投企和成就理想的道术。在西方文化传统里，理性生命源于异隔心态的问题化，所以在西方理性和理智观念通常都是和逻辑的观念分不开的。逻辑乃是解决逻辑问题最有效的办法，而异隔心态问题化后所产生的问题最后分析起来正是依逻辑的形式和观念而呈现的。所以我们可以夸张地说，在西方文化传统里，理想是逻辑的理想，理智是逻辑的理智——因而理性也就是逻辑的理性了。

无论是传统的形式逻辑或现代的数理或符号逻辑，逻辑本身乃是一切异隔存有的分析工具。也许有人会说，西方哲学不是曾产生过与传统形式逻辑大异其趣的黑格尔辩证法或辩证逻辑么？是的——但辩证法的思想型态并不能代表西方理性生命的主流。黑格尔的辩证哲学原是以同融的精神为本的。黑格尔的哲学乃是一个异隔心态文化传统下的同融哲学，所以他辩证思想的骨子里，仍然是以异隔分析为出发点的。这和中国周易哲学传统里发展出来的"辩证"思想实在有基本上的不同。

形式逻辑（包括符号逻辑）和黑格尔辩证法，同是西方问题心的产物。说得明确一点，它们都是异隔心态在问题化下所发挥的道术。人的理性生命当然不是只有异隔的心灵才可有的。每一意识心态的理性生命都有与其意识倾向相应的道术。印度和佛教哲学里的因明学业，乃是印度人在他们意识心所突显的同独心态下所发展出来的理性道术。中国人当然也有与其同融中道意识心态相应的理性道术。中国人的理想基本上是一种感一如实的心识，所以中国人的理智也相应地发展出一种适合于这种心识的道术。它是哪一种型态的道术呢？简单地说，那是一种"化端为面"的道术——一种化两个对立的极端为互为依存的一体两面之"中和术"。同融中道之"中"正是由这化端为面的道术建立起来的。两端是异隔，一体之两面则是有隔有融的了。"融"有和容的意思。一体之两面正是通过同体之中而相和兼容的。中国人的中和道术从理想言就是感一如实，从理智言就是化端为面。这种有隔有融的中和理性，固然和西方人有隔无融的逻辑理性大相径庭，它和印度人以无隔无融为依归的因明理性也有显著的分别。印度和西方人由意识心同异殊途发展出来的理性道术有一个共同点，即：它们都有"化面为端"的倾向。这就是为什么实体的观念同为西方和印度传统形上学的支柱，而为西方科学文明造端的原子思想，也曾在印度的自然思想里出现。在中国哲学和科学思想的发展里，我们实在很难找得出这两个观念的痕迹。实体和原子都是"端"之极致，"化端为面"的中和理性又怎能允许它们的存在呢？

## §2　镜子作用与理性统觉：问题心的<br>自觉与公道原理的开显

讲理性就是讲理想、讲理智——讲实现理想或目的最有效的手段或方法，但方法是相对于目的而有的。我们要找到实现理想最有效的方法，就必须先对理想有清楚的认识——也就是说，有一个明确的理念，这个"理念"乃是理想与理智之间的桥梁。理智作用乃是由理想引发的，理想本身不属于理智。如上所述，理想乃是意识心依主体生命权能、创造权能的跃动而投企的理的想象。理想的原始状态只是一个混沌的、模糊不清的直觉。当意识心在理想实现的要求下，把这混沌不清的直觉转化为一明晰的理念，而再依这理念趋向而寻求实现理想的方法时，理智的活动也就于焉而生了。这个中介于理想与理智之间而与此二者在人的理性生命里鼎足而立的"理念"，我们称之为理性的第三义。人是理性的动物因为他乃是一个受问题心支配的动物。理性三义所限定的，乃是问题心之所以为问题心的本质。西方哲学表面看来最重理性，但西方哲学家的理性观念乃是一个褊狭的理性观念——一个在骨子里完全以逻辑理性为本的理性观念。西方哲学只有逻辑理性的自觉，而没有理性本身的自觉——问题心本身的自觉。不过这样讲也许是颇欠公允的，因为所有传统哲学——包括西方、印度和中国三大传统在内——都是有偏的。传统哲学都有"自是其是"的偏见；它总是无法避免地把其所突显的理性生命作为普遍的理性生命，把其所信托依赖的道术视为"放诸四海而皆准"的道术。不过 20 世纪的哲学思想——无论东方的或西方的——都明显地走向一条以理性本身和问题心本身的自觉为依归的道路。理性和问题心的自觉也就是主体诚仪的自觉、意识心态的自觉。这个自觉之所以可能固然有其内在于人的心性发展的必然性。但它的实现却离不开由不同型态哲学思想的沟通所产生的镜子作用。镜子作用乃是问题心自觉、理性自觉的基本条件。通过问题心的镜子我们才能看清楚心性的本源——看清楚主体自我的本来面目。

所谓"镜子作用"指的乃是意识心在问题化下所产生的反射作用。一切心理现象或功能——喜怒哀乐的情绪、五官的感觉、记忆、想象、观念等等——在意识心的问题化下都变成一面"镜子"。决定问题心的因素也同时是决定这些镜子的因素，而决定这些镜子的因素也即是这些镜子所能映射的因素。问题心乃是意识心在外缘环境的限制和影响下所突显的主体诚仪，因此在这些镜子里所出现的映象，正是问题心的向背和在其中由理想、理智和理念（理性三义）三者之间的相互关系而形成的理性架构或理性统合。通过问题心的向背和理性架构的映象，我们可以间接地把捉到潜伏在我们心性底层里的生命权能、创造权能和在我们的理性生命里发用的道智道用。人的理性生命乃是人的主体诚仪通过意识心的镜子作用而自诚自化的历程，因此理性三义所指称的，乃是理性生命自我化解的三个角度或"解度"。这"理性三解度"问题心所形成的理性架构或统合，我们称之为"理性统绪"。理性统绪就是理性生命的纲纪。理性的自觉、问题心的自觉，也就是理性统绪的自觉或"理性统觉"。

　　人生有无数问题，因此作茧的问题心乃是一由无数理性统绪所构成的虚机茧网。问题心的基本心结就是不安。但由于现实生命里事物的直曲对比所造成的不安，和面对道体或存有自身的无限所造成的不安乃是两种截然有别的问题心所。前者所引生的乃是一种"关怀"的理性生命，而后者所生发的却是一种"惊异"的理性生命。关怀型的理性生命乃是由于内在生命权能、创造权能的"仁性的跃动"，而惊异型的理性生命却是植根于生命权能、创造权能的"知性的跃动"。仁性的跃动表现为"生生"的欲望和生命自我承担的责任感，知性的跃动则表现为"有有"的欲望，和促使生命向无限投企的神秘感。在意识心的三大倾向里，同融中道的理性生命，乃是直接以仁性的跃动为本，而异隔和同独两种心态的理性生命则基本上生于知性的跃动。在异隔的理性生命里，主体的诚仪乃是一个由感异、惊慌而立于异的过程；在同独的心态里，理性的主体生命却是一个由感同、惊慌而绝于异的过程。前者所表现的乃是一种外有的欲望和外向的神秘感，后者所表现的则是一种内有的欲望和内向的神秘感，这就是理性生命在西方和印度两大传统的基本分别了。这里所谓"西方"乃是包括希伯来和基督教的传统在里面的。希伯来的文化精神非常特别，希伯来人一方面和中国人一样有强烈的责任感——由仁性的跃动而来的责任感，但另一方面又和希腊人和印度人一般富有由知性的跃动而来的神秘感。希伯来人的意识心态，正是由这两种人性的跃动的争持不下的局面所构成的。我们可以说希伯来的文化精神，乃是一种以悸栗感的理性生命为主的文化精神，因为悸栗感正是这种两难的精神格局的具体表现。悸栗感的虚机型态就是罪渊意识，希伯来民族的罪渊意识较其他民族特别强这当是公认的事实。

　　虚机，让我们复述一次吧，乃是由事物的涵虚性所缘生的机缘、机会、契机或生机，而事物的涵虚性，乃是由现实在场有的缘会对比下产生的。问题心自解自化的过程乃是一个虚机了断的过程——一个人的主体诚仪通过理性统觉中的镜子作用而自我完成的过程。这个镜子作用究竟在哪里呢？具体地讲，它就集中在理性三解度中的理念里——中介于理想与理智之间的理念里。由内在的生命权能、创造权能所投射而生的理想，在我们的意识中只是一模糊的直觉——一个在知情意纠结中所显的理的想象；而为理想的实现提供方法的理智作用也是隐晦不明的。真正为意识心在问题化下看得到的，乃是由理想与理智的统合而生的理念。理念就是理性统觉中的镜子，在一般人的生命里这理性的镜子作用大多是微弱的，这乃由于理念之不够明确。严格说来，一般人只有理性的统绪而无理性的统觉——理性统绪的自觉、理念的自觉。没有理念的自觉，潜伏在我们生命里的智慧——道心的曼陀罗智——就不能有效地在问题心里发挥它应有的作用，如是人的精神生命也就相应地萎缩了。

　　道智乃是潜伏在人性深处里的曼陀罗作用。曼陀罗作用可以说是无所不在的。它在理想的方圆里，也在理智的方圆里，它更在理性统觉所系的理念里、在理念的方圆镜子里。曼陀罗的方圆动静是仁性的方式，也是知性的方式。它在感一如实的同融中道里起用，也在同异殊途的异隔同独心态里起作用。这个宇宙本来就是由道心的曼陀罗作用编织成的虚机茧网；它覆载在人类作茧生命之前，也绵延在人类依身起念、依念作茧之后。人之所以为万物之灵者，乃因为曼陀罗在人的生命里所方立圆成的理性。而人类精神生命所照耀的灵明，就是从他的理念的方圆镜子里反射出来的。

　　在理性统觉的每一面镜子里，都辉映着一独特的灵明。责任感有责任感的灵明，神秘感有神秘感的灵明，悸栗感也有悸栗感的灵明，这些灵明之光所照向的，乃是理性生命的通道——问题心自缚、自解而自化的路子。通过这些灵明之光，我们可以隐约地看到在理想和目的背后跳跃着的生命权能、创造权能的跃动，也看到那像蚕蛹般的问题我在那层层虚机茧网内所作的努力，和在公道法轮的运转下所表现的尊严与无奈。

什么叫作"公道"呢？得直就是公道——这是"公道"一观念的形上学的意义。形上的公道是属于一切场有的生命权能、创造权能的。所有生命权能、创造权能在本质上都是自直的。这自直的本质乃是生命权能、创造权能之所以为"权能"之公道或公理。公道，换句话说，乃是宜权中之宜权，场有之得宜乃由于权能之得直。道体或场有自身乃是一宜无不宜之宜体，正由于它乃是一个直无不直的权能——或权能自身。不过，从个体场有的观点来看，自直乃是无可避免地在致曲中完成的。致曲必有不直之处，也就是有欠公道了。"有欠公道"乃是个体之所以为个体之本质。一切个体存有莫不在致曲中求直、在有欠公道里求公道。这是万法之定理、运转天地间之不二法轮啊！

## §3　公道法轮与自克结构：仁性、材性的命构符

而运转这公道法轮的就是道心的方圆作用——我们所谓的道智或曼陀罗智。在人类的意识生命里，公道法轮乃是道智通过理性统觉里所潜伏的亏负意识，与无奈意识而运转的。"亏负意识"起于生命权能、创造权能在自直过程中所受的委屈，而"无奈意识"则源于问题我在虚机困境中所呈现之无助与无力。譬如植根于生命权能、创造权能的仁性跃动的责任感原是与生俱来的。"仁"的本质就是关怀，包括对自己生命的关怀，和对自己以外的一切生命的关怀。责任感乃是植根于仁性的关怀的生命承担，生物学里所谓求生的本能，其实是一种无意识的生命承担或关怀、仁性跃动的原始表现。人在意识心发达以后所承当的责任感——含有道德意义或甚而宗教意义的责任感——乃是原始仁性的扩充，而非性欲或动物本能之升华。一切动物本能乃是作为人的生生主体性之仁的数据，这就是作为中国哲学主流的儒家哲学里"性"与"材"的分别了。"性"就是仁性（生生主体性）、原始的生命承担，"材"乃是"性"所对之生命资料，原始仁性或关怀所眷顾的化裁对象。"材"不只限于动物本物或生理作用，它也可指高层次的心理或精神活动。"性"和"材"乃是一个既超越亦内在的关系。心理学上所谓的"升华作用"（sublimation），乃是原始仁性的分

内之事。说得明确一点，升华作用乃是仁性的自克结构的基本环节。所谓"自克结构"，指的乃是原始仁性在其生命承担的过程中所责成的价值秩序或信托架构。"自克"乃是自诚的生命权能、创造权能在致曲中所必须采取的"经济手段"。生命里的一切有成都是有代价的，我们不可能全部满足我们所有的本能或欲望，因此生命必然是有取也有舍、有顺也有逆，有向也有背，有有所为也有有所不为。如是生命在致曲中求诚就必须靠内在权能的自克或强制作用了。由自克作用所形成的权能分配，乃是一个有高下和先后之分的价值结构。这个价值结构乃是原始仁性所关怀的分内事，所以我们称之为"仁性的自克结构"。在儒家哲学里，这个仁性自克结构，乃是通过礼的作用而完成的，《论语》里"克己复礼为仁"一语明确地点出礼与仁的关系。自克结构所代表的乃是所有文明人类所共有的理性道术。

在人的生命里，公道原理就是通过生命权能的自克结构而彰显的。假如我们以 Y 代表所有为成全 X 而被强制或牺牲的一切本能或欲望，则自克结构可以 X／Y（念"X 克 Y"）来表达之。在这个符仪或表达式中，X 和 Y 都是"材符"或"命符"——表达人的材性和命运的符号：X 指生命材性之正面；Y 指生命材性之负面。X/Y 中之"$\sqrt{\phantom{x}}$"我们称之为"克符"或"命构符"。克符或命构符所代表的乃是生命的自克结构——也是命运结构——之核心，它代表的乃是生命权能、创造权能之主体性和通过主体性的亏负意识而彰显的公道原理。"主体性"乃是权能主体对材性所起的化裁作用，用我们的符号语言来讲，"化裁作用"就在克符与材符之间的关系上。中国的儒家哲学以来自仁性跃动的责任感为主体性，所以它所要强调的乃是人的生生主体性——仁性——的亏负而非材性的亏负。在生命的低层意义里，生生主体性或仁性的亏负和材性的亏负是很难区分的，可以说是基本上合一的。譬如在求生存的欲望受到挫折时，则这不只是材（求生欲望）的亏负，也是生生主体性（仁性或对生命承担的责任感）的亏负，因为在生命的低层意义里，求生欲望几乎是原始仁性所关怀眷顾的全部内容。

但在生命价值的高层次里——在仁性扩充后的主体生命里，仁性的亏负和材性的亏负就不一定相合的了。譬如高度仁性所要求的"舍生取义"乃是和本能的求生欲望背道而驰的。主体仁性（生生主体性）或成全正建筑在求生欲望之强制上。如是对仁性的公道也就是对材性之不公道。材性的不公道由主体仁性的公道来补偿，这样不公道中也自有其公道在。

在中国哲学和文化传统里，公道原理乃是通过中国人所富有的忧患意识而彰显的。"忧患意识"就是相对于主体仁性而生的亏负意识。它的内容包括由责任感的亏负而生的忧患，和由对材性的亏负而生的忧患——换句话说，就是成德的忧患和致福的忧患。仁性之无亏负就是"德"，材性之无亏欠就是"福"。"德"与"福"的关系在中国哲学里正是仁性与材性之关系。中国传说中的古代圣王都是在这两方面同时用心的、都是在这两方面对人类有重大贡献的。圣王之事就是所谓的"正德利用厚生"。"正德"就是成德，"利用厚生"就是致福。"内圣外王"的原始意义，就是以一己之成德为基础来推广他人以至于全体人类之福德大业。不过成德艰难，致福也同样不易。成德与致福之两难，一方面源于仁性与材性在自克作用里的辩证关系；另一方面则源于生命环境和易道之涵虚性与吊诡性。成德与致福在意识作用发达之后都是问题心、问题我之事。而问题心、问题我的生命乃是通过道体权能在场有的无限涵虚和吊诡而自解自化的。仁性与责任感对生命承担所做的努力，在虚机茧网的实现困境中往往显得软弱而无助。如是随着仁性和责任感之推尽，忧患意识也就转化为无奈感或悲剧意识了。相对于仁性的无奈是成德的无奈，也是致福之无奈。成德与致福是很难兼全的，有福之人未必有德，这是成德之无奈；有德之人未必有福，这是致福之无奈。有福而无德的生命是罪恶的、歪曲的、闭塞而不畅通的；有德而无福的生命则是贫乏的、空虚的、单薄而容易夭折的。当人陷于成德与致福两难的局面时，生命就是一大悲剧，人生也就没有什么意义可言的了。

在鱼与熊掌、福德难兼的情况下，中国哲学——说得明确一点，儒家哲学——很自然的走上了重德而轻福的道路，在宋明理学兴起后，这个趋势就更加明显了。由于儒家哲学的影响，中国人的思想里充满着义务的观念，而缺乏权利的观念。中国人精神生命里的自克结构基本上就是一个以德统福、以义务强制权利的结构。在某一意义上来说，杨朱的为我与老庄的无为哲学，可以说同是儒家这种重德轻福思想的反动。杨朱学派之为我基本上就是一权利观念，"为我"就是自我或一己权利之肯定。不过这个"肯定"原是主体仁性所本有的。杨朱为我哲学的理想，就是要回到仁性里义务与权利不分的原始状态。道家哲学也是一样，道家或老庄哲学表面上看来也是重德的。但老庄所谓的"德"不是与福相对立的德，而是与福相合之德。道家之"德"指的乃是"道"（道体或创造权能）在我们自然生命里的原始状态。老庄之"德"指的乃是原始仁性里的"慈"和"朴"。"慈"就是生命对自己的自然承担，"朴"就是"慈"所自然承担的无为生命。老庄实从未否定属于自然生命的原始仁性之慈德，他们所要重新肯定的乃是生命的无为之朴——自然生命之福。在儒家重德轻福的礼义文化里，人的自然生命的权利就难免被剥夺了。

中国人强烈的责任感乃是中国文化得以绵延久远的主因。以仁性的跃动为本的责任感，乃是一切道德价值的根源。但道德价值的实现不是没有代价的，它不只代表对自然之不公道，剥夺了我们自然生命的朴福。即使在精神文明的领域里，由自克作用所衍生出来的道德规范，也往往妨害了或限制了其他如艺术、科学和宗教等价值的实现。不过，我们要把道德规范和作为一切道德价值的根源的仁性划分清楚。一切道德都是仁性在特殊生命环境的致曲中产生的、都是场有时空缘会的产物。所以道德规范是相对的、可变的、有功过可言的。道德规范乃是所有文明社会的支柱，所以文明的功过，基本上也就是道德规范的功过。而我们对道德的功过、文明的功过所起的批判，却又正导源于为一切道德规范的根源的原始仁性。原始仁性乃是本体仁性在人的生命里所生发的主体性。什么叫"本体仁性"呢？它乃是一切生命权能的本性、一切生命本然而有的生生之性。在原始儒家哲学里，生命权能和创造权能是没有分别的，所以生命权能的本然之性也就是创造权能的创造性。所谓"本体仁性"者指的乃是生命权能、创造权能对自身本有的承担、关怀与肯定。这本然之仁性，本身只是一生生不息的创造性，一个变动不居的、永远自我超越的易道和诚道。在场有时空缘会的致曲中而凝滞于一社会的道德规范的仁性乃是本体仁性、创造性之落实，而非变动不居，不断自我超越的仁性或创造性自身。在儒学哲学里，道德修养的目的乃是要通过人的本然之性（原始仁性）而与易道诚道之本体仁性相合，这不就是儒家哲学"天人合一"的理想么？

## §4　本体之仁在人性里的落实：先天之仁与良心

由此而观，仁性——原始仁性——不仅是道德价值的根源，而且是一切价值的根源。价值是从生命的肯定来的；没有生命之自我肯定，哪里还有价值可言？说得更确切一点，价值与生命不过是一事之两面。生命就是追求价值、实现价值的活动，而追求价值、实现价值的活动就是生命。儒家哲学正是在生命之为一价值体一义上而言仁的。生命的仁性就是生命权能、创造权能对价值实现而关怀承担的主体性。所有生命活动都是由仁性之自我肯定所生发的价值表现。我们可以说，在每一种特殊生命活动的生发处都有一原始的责任感，此原始的责任感乃是该生命活动的"先天之仁"——即其得自本体仁性之特质。此先天之仁或我们上面所谓的原始仁性在儒家称为"性"。在道家称为"德"。"德"者，得也。（在道家）得于"道"（创造性自身）之德和（在儒家）受命于"天"（仁性自身或本体仁性）之"性"其实是一样的东西。

如是，道德活动固然有其先天之仁艺术、科学和宗教活动也同样地各有其先天之仁。这先天之仁乃是一活动禀于本体仁性而有的本然责任感——或良心：道德的良心、艺术的良心、科学的良心、宗教的良心。良心是主持公道的，良心是凭借什么来主持公道的呢？这凭借不是别的，正是问题心、问题我在无力承担责任感的重荷时所产生的亏负意识，和透过亏负意识而彰显的公道原理。譬如艺术家、科学家或宗教家在受到政治权力的迫害时而起来为艺术、科学或宗教的尊严而反抗强权，这就是艺术良心、科学良心或宗教良心的表现，这和一般人在社会上受到冤屈和不平待遇，而要求伸张正义时所表现的道德良心在其先天之仁处是没有什么分别的。显然的，这个作为一生命活动的主体性或主体诚仪（相当于怀德海所谓的"主体形式"）的先天之仁责任感或良心，乃是一形上学的观念，而非普通所谓的"道德"观念。普通所谓的"道德"观念乃是从人类的社会性和种性的立场来取义的价值观念。道德良心乃是对社会和全体人类负责的仁人之仁，所以道德的立场基本上就是人文主义的立场，而人文主义的立场也必然是道德的立场。但人的主体诚仪除了"仁人"的立场外，还可以有"仁物"（对物负责）的立场和"仁天"（对天负责）的立场。艺术和科学的立场就基本上是仁物的，而不是仁人的。至于宗教的立场则当然是以仁天为本。不过无论道德之仁人、艺术与科学之仁物或宗教之仁天，其根源都在禀于本体仁性的先天之仁——构成人之所以为人的原始仁性。这就是为什么道德、艺术、科学和宗教在不同立场上仍可有相感相通的地方了。

先天之仁（良心或责任感）乃是本体仁性在人生命里之落实，"落实"就是在一现实生命的特殊环境中起用的意思。由于受到现实环境的限制，落实了的本体仁性只能在致曲中求直。这致曲中所受到的一切限制，乃是由生命材性与现实环境的缘会蕴结而成的；这材（材性）实（现实环境）蕴结所形成的基本性格我们可称之为"材实架构"。如是作为人的主体性或主体诚仪的先天之仁，乃是介于本体仁性和材实架构之间的存在。随着材实架构之不同，先天之仁也就显现不同的面目、表现不同的主体诚仪。这先天之仁在一般人——每一个人——的社会实存的材实架构里所显现的就是道德良心，在一个艺术家、科学家或宗教家生命的材实架构里所显现的就是艺术良心、科学良心或宗教良心。从一个社会的道德规范里，我们看到的并不是纯粹的原始仁性，而是在材实架构的限制下所显现的先天之仁。这个落实了的先天之仁乃是一个杂而不纯的仁性、一个无可避免地带有材知成分的仁性，因为在材实蕴结的生命里，人的一切思想行为除了本于仁性的跃动外，也源于材知的跃动。所谓"材知的跃动"，指的就是潜伏在材质里的生命权能在材实蕴结的状态所发生的权利欲。"欲"就是材知权利的伸张。"义（宜）务"和"权利"乃是生命权能之两面，分别代表道体之"生生义"和"有有义"。义务之承担源于道体之生生，权利之伸张本于道体之有有。生生的原始仁性本身是无执的，因为仁性的本质就在生命权能、创造权能对自身的无限超越。但落实的仁性是不可能无执的，因为它所眷顾承担的乃是一个具有特殊材质的生命、在一个特殊的材实蕴结中，伸张其个体权利欲的生命。所有权利欲都是对有的一种执着，通过权利欲来看万物，则我们所看到的必然是一个一体平铺的材性宇宙、无主体仁性在其中生生化裁的"有有之邦"。落实仁性的有执，就是从其所眷顾的材实生命而来的。当仁性以材性之所执为有时，人的主体生命也就因和纯粹的原始仁性脱节而受到歪曲了，仁性的歪曲就是对生命之本然之性有所亏负。落实的仁性表现为一个有双重负担的责任感。它一方面承担原始仁性所赋与的生生之责，但另一方面又要承担其所关怀眷顾的个体生命所需求满足的权利欲——换句话说，就是成德与致福的双重责任。这是一个上（原始仁性）下（材知之性）交煎的局面。当人的责任感在受到义务与权利、成德与致福两相亏负的煎熬时，忧患意识也就应劫而生了。

人生本来就是一场劫难、一场"仁材两亏"的劫难。人在福德两难的实存处境中所遭受到的命运我们称之为"劫"。"劫"兼有命运与灾难两重意思。人生是一场福德的劫难，也是一轮福德的劫运。劫难与劫运原是一事之两面，这生命的实存劫难与劫运究竟是怎么一回事呢？简单地说，它乃是一个体生命之以成为"个体"所必须付出的代价。每一个人都是应仁材之劫运而来，经福德之劫难而去。一个人个体生命的意义和价值，乃是通过这生命的实存之劫来决定的。

忧患意识乃是生命之劫的心符、福德两难之指标。它一方面指向纯粹原始仁性在材性的落实中所受到的歪曲，另一方面则指向易道的无常在材实蕴结的生命环境里，所布陷的虚机吊诡。儒家哲学重德轻福的倾向，乃是由于它对生命的实存之劫基本上所采取的乃是一个生生主体性的立场——仁性的立场、孟子所谓"立其大者"的立场。"大"就是大体，也就是由原始仁性的孕育长大而成的德性生命。在晚周礼乐崩坏、文明尽丧的大动乱时代，孔孟教人保住为一切价值之源泉的主体仁性，以重建社会民族的生命，这原是无可非议的、原是绝对正确的。不过仁性只是德性生命的源泉，不是德性生命自身，更不是要求福德两全的价值生命自身。人的主体仁性、原始仁性和以此为根的历史文化生命之间更有一个很大的距离。价值生命的大课题不在仁性自身而在仁性的落实——在易道吊诡、材实蕴结之困境中的落实。要解决人类的问题（假如人类的问题能解决的话），单在生命源头的仁性上用心是不够的。其实原始儒家何尝只在仁性上用心，孔子所提出的礼乐、义、命等观念正是针对仁性落实的问题而发的。"礼乐"所统摄的乃是自克结构的内容和秩序，"义"就是在自克结构里所彰显的公道原理，而"命"一观念正所以点出人生福德两难的困局。不过由于关怀意识的过重和客观历史文化的因素，作为中国哲学主流的儒家哲学终不免由于对材性、知性认识之不足而走上重德轻福的道路。站在历史文化发展的立场来说，这也许是无可奈何的，但是站在生命价值的立场来说，这条路是有严重缺憾的。儒家哲学对材性、知性用心之不足乃是无可否认的事实。儒家哲学思想可以让你明显地看到人性深处的仁性跃动，却几乎完全看不到同样隐伏在人性深处的知性跃动。人的知性跃动乃是由神秘感引发的，它代表的乃是生命材性的权利欲。知性乃是材性的一部分——站在人的立场来说，最有代表性的一部分。材性生命的本质就是权利的伸张。在人的材性生命里，所有权利欲的满足都是通过知性作用的；而知性作用本身的权利欲也是最强烈、最难满足的权利欲。在上面这段文字里，我们把神秘感、知性、欲望等观念密切地联系起来；这一系列观念有其一贯的体系性，我们称之为"惊异的体系"，以别于由责任感、生生主体性、仁性、义务等观念所组成的"关怀的体系"。原始儒家的哲学系统基本上是一个关怀的体系，这和古代希腊哲学以惊异的体系为主流自是大异其趣。

# 第四章　仁性关怀与匠心匠识

## §1　感识、知识和觉识:知性缘起与加工观念

哲学系统乃是理性架构、理性生命的观念化。透过原始儒家关怀型的观念体系，我们所看到的乃是一个以仁性的跃动为根源的理性架构，和一个由责任感撑立的理性生命。其实何止原始儒家如此，道、法、墨、阴阳诸家的哲学体系在骨子里都是关怀型的。我们还可以更进一步说，整个中国哲学传统——应该说整个中国文化传统——都是关怀型的。这当然不是说在中国人的传统文化里，完全没有由知性的跃动而来的因素、完全没有针对神秘感而生发的理性成分；不过，和古代希腊文化和传统印度文化比较起来，传统中国文化实在太缺乏神秘感了。

为了避免读者不必要的误解，我们应该立即指出知性和知识不同，也和智或智慧的意义有别。人类对知识的追求无疑是普遍的。但知识的追求可以有不同的出发点、不同的动机和心性的根源。中国人对知识的追求并不是如古希腊人一般由于好奇心的驱使——由于知性跃动所本的惊异或神秘感——而是由于仁性的关怀和责任感或道德良心的要求。不过无论知识追求的动机如何，所有知识都是问题心理性生命的产物、都受到曼陀罗智方中求圆作用的支配。只是由于意识心态的不同，由道智的作用所成就的知识系统也就有不同的意义了。譬如，在关怀体系的文化传统里，知识的意义是必须通过人的主体仁性而建立的，这和惊异型知识系统偏重知识之客观性就有根本上的差异。儒家哲学总喜从成人成物、利用厚生的立场来论知识、来赋与知识的意义和价值；而"成人成物，利用厚生"乃是一主体的愿望，基于人本具的仁性关怀的主体性。如是为知识所对之客观对象——被知被识的人或物——自身倒反而成为次要的了。

　　为什么惊异型的知识系统偏重知识的客观性呢？这个问题的关键就在知性作用自身。知性作用的本质是什么，乃是心性论的一个核心问题。关怀型的理性生命与惊异性的理性生命之内在关联，就在这核心问题之解答上。那么什么叫作"知性"呢？知性作用因何而生呢？它的本质究竟在哪里呢？这些问题的解答可以一言以蔽之："知性"就是意识作用的有执性。知性作用乃是从意识心对有的执着而来的：有执就是知性的本质。人的意识心乃是由"感意识"、"知意识"和"觉意识"——或简称"感识"、"知识"和"觉识"——三种基本心识作月组成的意识体。感识是无执的，觉识也是无执的（因为觉识的本质正在有执的自觉与超越），知识（知意识）乃是意识心在无执的感识和觉识间的执着型态，所以我们也可称知识为"有识"。"有识"就是识其为有的意思。"识其为有"乃是一切有执或执着的开始，我们所谓的知性作用，指的就是在意识心所生发的有识作用。有识生起于感识而入灭于觉识，这是知性缘起的意识历程。有识的生起与入灭所凭借的，乃是贯彻整个意识历程的"意识作用"，这就是"意识"一词里"意"字的含义了。"意"或意识乃是感识转化而为有识的关键，也是有识入灭于觉识的关键。感识乃是一种无执的心态，它只是一种感其所感罢了。我们五官的感觉作用初起时乃是以感识的心态而呈现的。见红而感其红，闻香而感其香，就其所感而感乃是一种如如无执的心态，但当我们感红闻香而识其为一物（如玫瑰花）所有之红与香时，则意识心已经由一无执的心态转化而为一有执的心态，感识已经由知性作用转变为知识（有识）了。

　　感识是如何转化而成有识、知识的呢？这是知识论的中心问题。西方传统的知识论在这中心问题上走的基本上是一个材性分析的路子，这和传统西方哲学的形上学，偏于把宇宙视为一材性的宇宙并无两样。在知性缘起的问题上，材性的分析就是意识心认知作用官能的分析。西方哲学家对认识心的分析，就好像生理学家对人体的解剖一样。认识心之有感觉、记忆、想象、理解等认知官能，就好比人体之有五脏六腑。不过西方的认识论者并不把认识心视为一有机体，而只是机械地把知性活动视为一感觉或经验与料（sense data）的"加工"历程。这里所谓"加工"指的乃是感觉与料的观念化、范畴化。即使康德的超越分析哲学，也摆脱不了这种感觉与料观念加工的思想模式。所不同者，在康德的认识论里，加工所需的观念或范畴，乃是内在于意识作用的，为认识心的理解官能所本具的，而非如经验与料之来自心外的世界。近代西方哲学自笛卡儿开始，就有把意识心孤立起来看的趋势，这个趋势到了康德可以说是发展到了极点。康德的认识心简直好比一座几乎完全内外隔绝、上下不通的"知识加工厂"。加工的原料是外来的，但我们却无法知道是谁送来的、是怎样送来的。加工厂内永远具备了一切加工所需的工具或设备，和加工历程所必须遵守的方案，但我们却无法得知工厂的主人是谁、为什么有这么一套的加工程序。此乃因为在康德的超越哲学里，认识心乃是和物自身隔绝的啊！

我们在这里用加工一观念来作比喻实在没有把康德和近代西方哲学庸俗化的意思。康德哲学的胜义当然不是"加工"两个字可以概括得了的，但我们又不得不承认康德的认识论，的确有知识为感觉经验的加工厂之基本含义。对康德来说，感觉经验（我们所谓的感识）本身是没有意义的；意义乃是意识心知性活动的产物；知性缘起也就是意义缘起，而感觉经验的加工或感识之藉观念化而成知识，乃是一"综合的活动"（synthetic activity）。"综合的活动"这一观念乃是康德整个超越分析哲学的基石，康德就是在这观念上建立人的"超越自我"（transcendental ego）或"超越主体性"（transcendental subjectivity）的。什么叫作"综合的活动"呢？简单地说，它是一种组织的、建构的活动——一种赋予事物存有形式或意义架构的活动。这个观念对康德以后近代及 20 世纪的西方哲学家，曾有过非常重大深远的影响。黑格尔哲学的"绝对精神"只不过是康德超越主体观念之绝对化。胡塞尔据意识心的"意指性"（intentionality）而建立的超越自我，乃是意识心意义建构的主体，这个观念乃是康德超越自我一观念之明朗化。即使在怀德海的机体哲学里，我们仍可以看得到康德哲学的影响。怀德海的现实存有，正是一个通过对与料的化裁活动而建立自己、成就自己的综合活动主体。不过怀德海的主体观念与康德和胡塞尔的主体观念有两点非常重要的差别。怀德海的主体不是与客体（与料）对立的主体，而是依客体的现实世界而缘生的主体；构成此主体的主体性的综合活动，不是一个囿于一孤立意识心的综合活动，而是一场有的综合活动。换句话说，怀德海的主体乃是一场有的主体，而非意识心的主体。场有的综合当然包括意识心的综合，因为所谓意识心的综合，只不过是场有综合在意识层次的综合作用罢了。离开了场有的观念，我们就无可避免地忽略了材实蕴结在知性缘起中的重要性，当然更无可能了解得知性作用在生生有有的性相宜仪中所当有的含义。

现在让我们回到"加工"这个有趣的观念吧。如果我们把这个名词普通限于工业制品的定义稍为扩充一下，我们就会发现它实在可以有一个很简单却又关涉极广的含义。"加工"就是加以人工——指的原是在已成的价值较低的产品或零件上，加以人工的改良或组合使成价值更高的产品的意思。其实凡是用人为的力量，利用已成的与料或数据去制成或造成产品、物品或物事都可以说是一个加工的过程。换句话说，广义的"加工"就是加功——加上人为的功力。人类的文化不是人对自然加工或加功的结果么？人之所以为人乃由于他能实现文明生活的价值——这不是一般人的想法么？文明的价值高于自然的价值，文明人的价值高于自然人的价值——除了道家或西方的自然主义者外，这当是人类一个至为普遍的共识。如此说来，人类的发展史——人类文化和思想的发展史——只不过是一部从自然到文明的加工史罢了！这就难怪在世界诸大文明的哲学史上，我们都可看得到加工的观念是如何或明或暗、或正或反地支配着人类的思想了。

## §2　混沌与秩序：工艺创制的思想模式与希腊哲学

在希腊的哲学传统里，加工观念乃是透过"工艺制作或艺术创作"的思想模式而出现的。古希腊哲学家都有把人生、社会或甚至整个宇宙视为一艺术创作的倾向。在古希腊人的思想里，美和善是分不开的：善就是美，美就是善，故在希腊语中美善常是连言的，这因为艺术的创作就是美善价值的实现。但他们所谓的美善究竟有什么内容呢？我们可以说，美善就是材性知能的圆满表现。希腊人基本上是从材性知能的观点来看宇宙人生，而不是从仁性的观点来看宇宙人生的；古希腊哲学家都有把仁性材知化的倾向，希腊文化里的理想人物不是充满着关怀和责任感而义无反顾地仁者——中国人理想中的圣贤，而是在材性本能和知性跃动的驱使下而一往直前，以求满足其自身的权利欲的天才、英雄或智者。柏拉图《理想国》中所描述的"philosopher – king"（哲王），即是希腊人理想人格之净化和纯智化。柏拉图的"philosopher – king"对人类所肩负的责任，并非由于人性中自动自发的仁性关怀，而是为法律强制的结果。从中国的哲学观点看来，这乃是一件不可理解的事。

工艺制作或艺术创作的思想模式，可以分成两个不同的层面来了解。工艺制作不能离开艺术理想或美善价值投企的想象，但也不能离开实现美善价值所凭借的与料、工具和技巧。作为一艺术创作历程中之核心的创造者，必须同时为艺匠（艺术家）和工匠。所以艺术创作的思想模式，可以视为两种密切关联，却又迥然有别的思想或意识形态的结合——艺术（艺匠）或技工（工匠）思想或意识的结合。在希腊的哲学史上，我们可以看得到这两种思想形态互为争胜的局面。譬如早期的前苏格拉底学，显然受到技工思想的支配（前苏格拉底的自然哲学思想每把宇宙看成一纯粹的材质宇宙），但在希腊哲学后期，柏拉图的理想主义哲学，则无疑是以艺术意识为其骨干的。其实，这两种思想形态的争衡，简直控制着整个西方哲学传统。近代西方哲学中的理想主义在骨子里，仍然是一种艺术的思想形态，至于近代西方哲学唯物主义、科学主义和实证主义，则又是承工技意识而来的。

把人生当作一件艺术品、把生命的过程视为一艺术创造的历程——在这种思想模式里人是怎样看他自己的呢？如上所言，艺术创作基本上乃是一在某一材质基础上整合加工的活动。一个雕刻家用刻刀在一大理石上加工雕刻而成一雄伟的宙斯神像——这是艺术创作的典型例子，也是亚里士多德惯用的例子。在这个艺术创作的活动过程里，作为材料的大理石，和作为工具的刻刀都是被动的因素，只有雕刻家才是主动的因素。被动与主动因素的关系，乃是被加工者与加工者的关系，但是雕刻家之所以成为主动者乃是受了美善理想的驱使、为了美善价值的实现——这就是亚里士多德四基因里的目的因了。在柏拉图和亚里士多德的因果观念里，目的因和形式因乃是密切关联的。艺术创作的目的乃是理想美善价值的实现，但理想的美善价值正在材料加工以后所获得的新形式上。在我们上面这个例子里，大理石与完成的艺术品之间的差别，就在原来那块大理石所无的宙斯神像。加工过程所增加的价值就在这神像的形式上。由是艺术创作在某一义上来说乃是一"无中生有"的历程。但这个"无"不是绝对的"无"，而只是相对的"无"。作为加工对象的大理石之所以为"无"，乃是相对于成像后所获得的形式之"有"而言的。而宙斯神像的形式在大理石像未雕成之前，早就以潜能的方式存在于现实世界里——存在于这历程的因素中了。

相对的无就是"混沌"（chaos）。不论在中国或在古希腊的神话和哲学思想里，"混沌"一词指的原是未经人为加工的自然。在希腊语里，"chaos"乃是"kosmos"之反。"kosmos"的原意是秩序，因此"chaos"就是秩序的缺乏——秩序形式的缺乏，这里秩序指的原是文明的秩序。柏拉图宇宙论里的混沌（chaos）和亚里士多德形上学里的原质（prime matter），不过是这原始混沌观念的绝对化、形上化。绝对化的混沌就是把宇宙间一切秩序或形式（文明秩序和自然秩序）抽离后的本体混沌。在柏拉图的宇宙论里，这本体混沌乃是供给创造神（Demiurge）创造世界的基本材料。柏拉图的创造神正是一至工至巧的艺匠，本体混沌与创造神的关系，正好比大理石与雕刻家的关系。柏拉图的宇宙论本来就是依工艺创制的思想模式而建构的。而工艺创制的过程只不过是一个从"chaos"到"kosmos"——从形式和秩序欠缺的原质到美善价值实现——的加工过程罢了。

现在我们应该了解为什么在希腊哲学传统里——尤其是在柏拉图、亚里士多德的哲学传统里——"无"和"恶"的观念都是从"缺乏"一观念取义的了。"无"乃是"有"的缺乏，"恶"乃是美善价值的缺乏，而这里所谓"有"，正是美善所在的形式和秩序。有与无、美善与丑恶的对比，原是从文明与自然的对比而来的——也就是说，从工艺制作或艺术创作的思想模式而来的。文明与自然的对比，不一定在工艺创制的思想模式里才有意义，它也可以导源于"人伦社会"的思想模式——中国古代哲人所趋向的思想模式。但文明与自然的对比之成为一强烈的对立，则显然是前一思想模式的特点。用尼采的语言来说，文明与自然的对立就是阿波罗神与戴安尼索斯神的对立。这两种精神心态的对抗与结合，根据尼采的说法，也就是希腊文化悲剧意识的来源。关于古希腊人的精神文化，是如何彻底地通过工艺制作或艺术创作的思想模式，而被笼罩在阿波罗与戴安尼索斯抗衡的心态之下，这一事实大概没有人比尼采了解得更深刻的了。尼采本人的哲学不正是在艺术创作的思想模式里建立起来的吗？

希腊哲学家常常站在工匠艺匠的立场说话，正如中国古代哲人每从家长族长的观点来看事物一样。马克思主义者把一切哲学思想归约为唯物主义与唯心主义之争，这实在是一个既笼统而又不正确的看法。唯心唯物之争本是西方文化的产物，不过，即使把它用来描述西方哲学思想的发展也是极不妥当的。真正主宰着西方哲学传统的不是唯心与唯物之争，而是艺术意识与工匠意识之争。而这个说法也只能在西方文化之就希腊传统的传承上说。西方文化和哲学里还有希伯来基督教传统的精神因素在内，这可是另外一回事了。

艺匠与工匠的态度不同。艺匠是偏向理想价值的，所以他对他所凭借的材料和所用的工具，常采取一种敌对和不耐烦的态度。尤其是在"眼高手低"或"力不从心"的情况下，这种敌对和不安的情绪就会更为明显。所以，凡是富于想象力和理想性的艺术家，对现实世界常不免有不圆满、不完善的感觉，因为和他所向往的理想世界比较，现实世界实在太缺乏美善的价值了。柏拉图所谓的真实世界——以真、善、美合体的理型为内容的永恒世界——乃是艺匠意识在追求圆满完善的理想价值下投企而成的。工匠的态度就很不相同了，他虽然没有艺匠所富有的对理想价值的想象力，但他却具有艺匠所应有却又可能欠缺的质量，即：他对他所用的材料和工具，和实际供给他一切的现实世界有相当程度的尊重。由于他对他所凭借的材具有充分的了解，他的理想价值乃是从他对材具的了解而来的。当然，一个工匠的制品如果没有艺术家的修养和想象力，就不可能有艺术的价值。同样的，一个艺术家如果没有工匠的材知又如何能有所成呢？真正的艺术家必然是工匠与艺匠的合一，真正的艺术精神无不建立在工匠意识与艺匠意识的相辅相成上。

把柏拉图和亚里士多德的哲学思想作一比较，则前者无疑为艺匠意识所主宰，而后者则明显地富于工匠意识。这在两者对质料（matter）与形式（form）关系之处理上，就可以很清楚地看得出来。亚里士多德并不跟随他的老师把事物形式的来源推向一个超越的世界；事物形式的来源就是现存的事物里——在现实世界的材具里。不过尽管亚氏在具体世界里摄形式于质料，他在他形上学的终极基础上仍脱离不了柏拉图的影响。在亚里士多德的本体论里，具体世界乃是原质与神——亦即纯粹形式，第一因或不动动因——之间的存在。而原质与纯粹形式或神的关系，正是混沌之无与秩序之有的两极关系——柏拉图宇宙论中"chaos"与"Demiurge"加上"Form of the Good"（绝对美善）的关系。如是形式秩序的根源又变为超越的了。

其实在柏拉图的思想里，又何尝找不到工匠意识的成分。在他那有名的 Timaeus 对话录里所建构的宇宙论简直可以视为工技艺术思想模式里所作的艺匠意识与工匠意识统合的尝试，柏拉图以"nous"或"reason"（理性）与"ananke"或"necessity"（命限）为控制整个具体宇宙的两大力量——分别源于创造神和混沌的两大力量。用较浅显的语言来讲，"necessity"指的乃是材质本身所具有的可雕塑性，亦即是材质在塑造过程中对雕塑活动所起的限制——所以我们把它翻译为"命限"。在希腊思想里，"necessity"（ananke）与"fate"（moira）或命运的观念是相通的。古希腊人讲的"命"或"命运"正是从材性的观点出发的。柏拉图以"reason"与"necessity"对抗乃是以创造理性与命限对抗。用我们熟识的例子，则我们可以说"necessity"指大理石所给予雕刻家的限制，而"reason"则代表雕刻家运刀雕刻时所投企的艺术理想和所表现的创作技巧和能力。柏拉图有趣地强调创造神对冥顽不灵的混沌所施展的不是强暴（coersion）而是理性的劝导（rational persuasion），就好比雕刻家在大理石上运刀雕刻时，必须仔细地随顺其固有的纹理才能成就其可有的美善价值一样。这不正表现了一种工匠对其材具所应有的尊重态度吗？

## §3　工艺匠意识的理性架构：逻辑秩序与简别个体性

我们在前面说过了，希腊哲学家在通过工艺创制的思想模式而作哲学思维时，都是站在工 / 艺匠或创制者的立场来说话的。工 / 艺匠、基本材料和主要工具三者之间的关系，乃是所有工艺创制系统的核心所在。用主客关系的语言来讲，则工 / 艺匠是主，基本材料是客，主要工具是介于主客之间的沟通桥梁。工具其实也是客，但它是熟稔的客人、具有代表主人身份的客人。工 / 艺匠对他所熟稔的工具通常都有一份亲和感，但对他所凭借的材料却每每是生疏的，甚至有敌对的感觉。譬如在我们的例子里，雕刻家和他的刻刀的关系，当然要比他和所刻的大理石的关系接近多了。

我们在这里从工艺匠的心理层面来措述工艺创制系统的核心结构，为的是要通过这种思想模式来对希腊哲学——甚至整个西方哲学——传统有一个更深刻的了解。我们在上面讨论柏拉图的宇宙论时以大理石代表混沌、雕刻匠代表创造神、雕刻匠在运刀操作时所投企的艺术理想和所表现的创作技巧和能力，代表创造神创造宇宙时所运用的理性。当然，我们不能忘了雕刻匠所用的那把刻刀——他的主要工具。它又究竟代表什么呢？

它代表理智（intellect）——为理性所运用的理智。理性和理智是有别的。我们在前面曾以理想、理智与理念之统合而言理性。这三者的统合本身也是一种权能的表现。说得更确切一点，理性乃是运用理智、通过理念来追求理想的生命权能。理智正是理性的工具。在西方的哲学和文化传统里，理性的主要工具就是逻辑——形式逻辑。形式逻辑就是西方理性所运用的工具——具体化了的理智工具。在亚里士多德的著作里，那部讨论形式逻辑的书不正是以"工具"（organon）命名的么？

形式逻辑就是赋事物以形式的工具。柏拉图的创造神的雕刻刀，乃是赋以本体混沌以宇宙（kosmos 秩序）形式的工具。本体混沌乃是一个本身无任何形式却又可摄受任何形式的"receptacle"（收受体）。这个观念之源自希腊神话，可见于与荷马齐名的希腊史诗人希西奥特（Hesiod）的名作《神统记》（*Theogony*）——中的混沌思想。神话里的混沌就是自然——《道德经》所谓的"无名之朴"。在人类文明里所呈现的自然已经不是无名之朴，而是一个有名——有意义或意义化了——的宇宙（kosmos）。混沌的自然或无名之朴，是怎样变为有名或意义化了的呢？很明显的，那是通过语言的辨识作用。在人类社会发展的混沌之初，理性的理智工具不是形式逻辑而是语言。换句话说，语言乃是理性的原始工具——克服混沌自然以使之意义化、文明化、明朗化的工具。无名之朴本身是无意义的，所以是晦、是暗；文明的宇宙由于意义的开显所以是明、是显。"逻辑""logic"一词的原文指的正是这个由晦暗转为明朗的意义开显历程。所以"logos"与"aletheia"——语言运用与意义开显——乃一事之两面，这一点海德格早就指出来了。据海德格的说法，这一事之两面之"一事"就是"存有"（being Sein）。不过海德格离开了工艺创制的思想模式，而论存有——离开了自然与文明的对立语言和加工语言而论存有，就难免把存有一观念不必要地神秘化了。

形式逻辑乃是从语言中蜕变出来的理智工具。语言所开显的只是一个意义的世界，而不一定是一个服从逻辑秩序的世界。但希腊哲人都有把意义世界等同逻辑秩序的倾向，形式逻辑的发展无疑地受到希腊语法文法结构的影响，但我们实在不能说那是唯一的影响。希腊哲人对逻辑秩序的注重与向往，乃是希腊文化心态的一主要部分。而决定这心态的固然有语言的因素，但也有如地理环境、经济组织、社会结构、政治组织、生活习惯、历史背景等非语言的因素。总之，希腊人对逻辑秩序的倾向，应该说是来自希腊文化的特有场性，乃是由希腊人历史文化生命里的材实架构所决定的。形式逻辑乃是此材实架构里意识心在问题化的驱使下所生的产物。

通过逻辑秩序来安立个体性于虚无上——这是不安而求安的问题心在希腊——西方——的文化生命里所开出的理性架构。逻辑秩序、个体性、虚无三者之间的关系，乃是此问题心问题性的核心所在。在希腊、西方的文化传统里的所有哲学问题，最后分析起来基本上只有一个——那就是人与虚无的对立。人与虚无的对立原本是文明人与混沌自然的对立。混沌自然之所以为虚无，乃因为其缺乏文明人的美善价值。文明的美善乃是人在混沌自然上人为加工的成果。由于希腊人主要是通过工艺创制的思想模式来看宇宙人生，希腊文化所开出的理性结构就无可避免地注重个体性与逻辑秩序。个体性乃是理性生命的目的，逻辑秩序乃是理性生命得以成就个体性的基本条件。希腊人所向往的正是在逻辑理性的基础上建立的个体性文明。

什么叫作"个体性"呢？个体性和逻辑秩序究竟有什么关联呢？把个体性和逻辑秩序连在一起好像是一件矛盾的事儿。但个体性不是一物事的与众不同的性格吗？而逻辑秩序乃是事物的普遍的形式秩序——甚或是纯形式的秩序。换句话说，逻辑秩序正是个体的抹杀。它们又怎能同为构成理性生命的因素呢？

是的，在希腊、西方文化生命的理性架构里，的确存在着这样的矛盾关系。这矛盾关系随着该理性架构，在西方历史文化里的扩展与深入而变得愈加尖锐与明显。但这里所谓"矛盾"不管如何广泛与深刻毕竟只是浮面的现象而没有本质的意义。一切事物在本质上是无矛盾可言的，因为有矛盾就不能共存了。在本质上个体性与逻辑秩序不仅是非矛盾的，而简直是一体之两面。原来逻辑秩序本来就是依个体的个体性而有的，逻辑秩序正是个体的个体性的秩序。没有个体，哪里还有逻辑秩序？不过我们这里必须立即指出，这里所谓个体性指的乃是一事物的独立或可与其他事物分离、分别的性格。在西方的哲学传统里，"逻辑"的意义正建立在事物的独立可分的性格上。甲是甲，乙是乙：如甲即是乙，乙即是甲，这样甲乙就不是可分的个体了。传统形式逻辑所谓的"三大定律"，不正是要在这独立可分的个体性上为思想设限么？但事物除了独立可分的性格外，还有与其他事物相关联的性格。严格说来，这也是个体性的一面，因为这也是个体必有的性格啊！形式逻辑并非没有顾到这一面，但能为形式逻辑所允许的乃是事物之外在关联性，而非事物之内在关联性——一事物与其他事物内在相通的场性。场性也是个体性的一部分，因为所有个体都是场有者，但场性正是一事物的非逻辑的性格、与其独立可分的个体性——我们可称之"简别的个体性"——相反的性格。简别个体性，外在关联性，场性这三者可说是个体性之三义，简别个体性与场性是相反的，而外在关联性乃是介于二者之间的个体性。由希腊、西方文化的理性架构所开出的形式逻辑，只顾到事物之简别个体性和外在关联性，却完全忽略了为事物的场有本质的场性。这和西方哲学思想和文化所表现出来的特性，不就是若合符节吗？

"简别外在"这四个字，几乎可以概括整个西方传统哲学与文化的精华。真的，简别外在的思想型态或精神趋向，实在贯穿了整个西方人的文化生命。形式逻辑是简别外在的理智工具，逻辑秩序是简别外在的理性架构。以实体观念为中心、为支柱的传统西方形上学，乃是一个简别外在的形上学系统。德谟克里特（Democritus）的原子论乃是一简别外在的素朴唯物论；在他的自然哲学里，原子间的关系和近代西方物理学里质点与质点之间的关系，在思想的逻辑形式上是没有什么分别的。受古希腊城邦间简别外在的地理环境和政治结构影响至巨的西方民主精神，乃是一简别外在的民主精神，这和亚当·斯密以来西方经济思想模拟近代物理学的思想模式而构成的简别外在经济系统，实有非常密切的关联。那么西方的宗教思想呢？在古希腊的神话宗教思想里，神与神或人与神之间的关系之为简别外在可以毋庸多论；但即使在基督教的传统里，人与神的关系又何尝没有简别外在的倾向？这些表现异隔心态和相对于此心态，在文化各层面所呈现的简别性格，在西方的传统里可说是俯拾皆是。总而言之，希腊、西方的精神文明乃是一简别外在的精神文明——这大概是毋庸置疑的了。

而简别外在的思想模式，用我们上面具体的隐喻语言来讲，也就是工艺创制的思想模式。简别外在乃是工艺创制思想的基本性格。在这种思想模式里，人物（物与物、人与人、人与自己）之间的关系永远是在一种分隔疏离的状态。在我们大理石雕像的例子里，雕匠、刻刀与大理石三者之间的关系，基本上就是分隔疏离的，三者之分隔疏离乃是由于三者简别个体性所造成之差异。人类意识心的基本作用之一就是对个体性差异的感知。有差异的感知也就有离隔的感知——感异成隔乃是意识心的一大倾向。希腊、西方人受工艺创制简别外在的思想模式所支配，乃由于感异成隔的意识心态在西方人的生命里最为突显之故。

西方人不仅在其对自然的态度上感异成隔，就是对他自己也有同样的倾向。当希腊、西方人通过工艺创制的思想模式来看人生时，人的自我疏离或异化，就难免在异隔意识的暗示下成为问题心关切的对象了。假如我的一生可以视为一工艺创制历程的话，那么我是我个体生命的工／艺匠，我自己是匠我的基本材料和工具，我当然也是创制出来的工艺品。在我们惯用的例子里，我是雕刻家、是大理石、是刻刀，也是完成的雕像。那么"我"究竟是谁呢？这当然是不容易解答的问题。不过有一点是很明显的，即我是一个有多种身份的我。自我的观念必须建立在不同身份我的关系上。希腊、西方哲学传统里的人论和人性论的确是循着这个方向而走的。基本上，西方传统哲学里的人论和人性论，乃是环绕着匠我、材料我和工具我所成的一组核心观念而发展的。由前文引申，匠我是主，材料我是客，工具我乃是连接主客或匠我和材料我的桥梁。希腊、西方哲学家乃是从主体或匠我的立场来说话、来看宇宙人生的。匠我是加工者，材料我是被加工者——匠我加工的对象。这二者之间的关系是简别外在的——分隔疏离的，甚至是对立的。主体我与客体我的疏离敌对——这对任何一个对西方哲学史有基本认识的人来说，真是太寻常、太熟识了。

客体我——被加工的我——也就是自然我、混沌自然之在我。由于混沌自然缺乏文明的美善价值，所以自然我不是真我，而是真我的材料，真我所必须克服的对象。那么真我是谁呢？当然就是那作为我人生自我创制过程中主体的加工我，亦即能运用理智工具以成就文明人的美善价值的理性我或权能。因此在工艺创制思想模式的人论或我观里，人性二分和自然人性之受到敌视和贬抑乃是一定的，柏拉图的人性论就是一个最显著的例子。在他那篇名为"Phaedrus"的对话录里，柏拉图把人的露魂（心性之所在）比作一由马车的组成分子——御者和黑白两马——构成的有机本。御者代表由理性力量所主宰的真我，而两马则代表人性里非理性的部分——属于自然人性的本能、欲望和激情。两马虽同为自然人性的象征，但却分别代表自然人性对理性的顺逆。白马代表自然人性里顺从理性驱使引导的部分，而黑马则代表自然人性里不受理性约束的倾向。虽然在这个比喻里，柏拉图郑重地把御者与两马之间的关系视为一有机体的关系，他的思路仍然是属于工艺创制的模式。代表自然人的黑白两马，相当于雕像比喻里的大理石，御者相当于雕刻匠。至于御者所用以驱使马匹辔勒和长鞭（理性运用的理智工具）就好比雕匠的刻刀。当然，马是活的，大理石是死的。但大理石的纹理材质对雕刻匠而言不是一样有顺逆的作用么？

以非人的马来比拟自然人性里的本能和欲望，明显地视自然我与禽兽同俦。自然我不仅不是真我，他根本就被排拒于人的定义之外。那么作为人的真我的理性主体究竟是从哪里来的呢？他当然不能来自自然人性，就好比雕刻匠决不是从大理石中走出来的一样。理性与自然的异隔观念对立必然导致二元分立的人性论——把整一的人性从中分裂为两个截然不同的极端，好像理性和自然分别来自两个不同世界似的。事实上，在柏拉图的哲学里二者的确来自不同的世界；理性我基于永恒的理型世界，而自然我则是生灭于变易的具体宇宙的一分子。理性我的最后根源当然就是为一切理型之元的"绝对美善"，而自然我的最后根源也就是与绝对美善遥遥相对的本体混沌。柏拉图灵魂的观念乃是链接两个世界，中介于永恒与变易、绝对美善与本体混沌之间的存有。灵魂的本质是什么呢？它是一种伸张材性的力量、为一切权利欲所本的力量。这种力量希腊人称之为"爱罗"（eros）。"爱罗"就是爱的意思。但这个"爱"不是仁性的爱，而是材性的爱——生于材知的跃动的爱。在希腊神话里，爱罗神乃是生命权能的材知性的人格化。希西奥特在他《神统记》里，以爱罗神为混沌之首出可谓一语道破他的本来面目。对希腊人来说，下自凡夫俗子的性爱欲望，上至哲人对真善美的追求无不是爱罗精神的表现。柏拉图两篇对话录——"Symposium"（酒会）和上面所说过的"Phaedrus"——同是以爱罗为中心课题而阐释它的普遍性的不朽哲学著作。是的，爱罗精神可以说是希腊精神文明的本质。从希西奥特到柏拉图（包括他的弟子亚里士多德），古希腊的思想和文化几乎全部在爱罗精神的笼罩之下。

　　时贤多以希腊哲学不注重主体性，这是错误的。希腊哲学思想不仅表现强烈的主体性而且——最低限度在苏格拉底以后——强调主体性在人生命里的中枢地位。但希腊哲学所表现、所强调的主体性乃是以爱罗精神为本的主体性，而非以仁性关怀为本的主体性。爱罗精神的主体，说得具体一点，就是工艺匠型的主体、为存有伸张其材知权利的匠心匠识。雕刻家所要伸张的权利不只是大理石的权利、雕刻刀的权利，更是他自身所具的材性知能的权利。在爱罗神的宇宙里，爱就是权利欲；真善美的价值最后分析起来只不过是权利欲的满足。希腊文化里的理想人物——英雄、天才和智者——不正是在材性知能之伸张与实现一义上成就其理想人格的么？

　　人有材性知能的权利欲乃是人性的一面；爱罗精神的本质就是生命权能的材知性。"权利欲"一语乃是重复词，因为人所有的欲望都是源于材知的跃动，"欲"的本质就是生命权能的材知跃动。欲就是材知权利的伸张，材知权利的伸张就是欲。"知"乃是人之材性里最重要、最特殊的部分。前面说过人之材性乃是通过材性之知性作用而起欲的，而知性本身的权利欲乃是最难满足的权利欲。为什么呢？因为欲就是占有——对有的执着。知性以外的权利欲只是对此有或彼有的执着而已，惟知性本身的权利欲在其根源处却是对"有"本身的执着。知性主体（为知性权利欲所支配的匠心匠识）所要占有的不仅是视觉所能满足的五色、听觉所能满足的五音、味觉所能满足的五味——或任何其他感觉意识所能满足的性相，而是整个可以为知性所执的"有有之邦"。海德格以"存有"为整个西方哲学的基本课题乃是绝对正确的。存有自身是什么？这是在爱罗主体性支配下的希腊、西方哲学传统所无法避免的问题。

## §4　生生之流与有有之邦：仁性关怀与匠心匠识

　　"有有"就是因其"有"而"有之"的意思。"有之"就是对"有"执着时所采取的姿态或所表现的诚仪。那么什么叫作"有"呢？"有"就是一物事从场有的背景和其他物事中突显的个体性——简别外在的个体性。这里"外在"正是外在于背景与其他个体的意思，外在由于简别，

"别"是分别或别异，"简"就是简化，含有抽离和抽象的意思。所有物事都是依场而有的场有者，本质上和其他物事或场有者都有内在的关联、都是不可能离开其场有背景而独立存在的。把一物事视为一可以外在于其场有背景和其他物事的独立个体，乃是对此物事的场性抹杀。因此一物事的简别外在的个体性，亦即是此物事之抽象性。这里"象"指的乃是一物事的场性或物事间的内在关联性。物事之所以为"实"，正由于其为一"成象"的过程。"抽象"就是不实，也就是虚无。如是对一物事执着的结果乃是该物事的虚无化——"有之"亦即是"无之"。这正是一切有执的基本性格啊！

从人类经验发展的观点来说，所谓"有"乃是从场有背景站出来而成为感知对象的前景（foreground）——这是"存有"或"存在"一观念的原义。英文"existence"一词源于拉丁文"exsi－stere"，乃"ex"（出，外于）与"sistere"（站起来）之组合，正是"站出来"的意思。此乃是泰古人或婴孩在顶天立地般站起来时所得到的原始经验。与"有"相对的"无"或"无有"，乃是知性意识缺陷离作用的产物。把场有的背景全部抽离了，站出来的物事不就变为空无或无有中之有了吗？其实人根本就没有——也不可能有——"绝对无有"的体验。绝对的无乃是知性作用高度抽象的结果。把有有之邦全体抽离抹杀，剩下来的就是绝对的"无"了。换句话说，"绝对的无"一词的意指对象不是有有之邦的任何一有，而实是知性主体对有有之邦的一种姿态——一种含有虚无暴力和自杀性的形上姿态。知性主体本身也是有有之邦的一分子，把有有之邦全体抽离抹杀不就等于自杀么？

这种含有虚无暴力的形上姿态，乃是爱罗精神的负面作用。在材性知能有执心性的深处，存在着一种使人有难以安身立命的恐惧——一种对人之个体入灭虚无的恐惧。存在主义者称之为"悸栗感"（dread）。这种存有的恐惧悸栗感所反射的，正是爱罗知性的有执——对个人的简别个体性的有执。其实知性主体所恐惧排拒的不是什么绝对的无，而是简别个体所从出的生生之流或场有自身的无限背景。为材知权利欲所支配的匠心匠识，由于无法摆脱对简别个体性的有执，乃产生对生生之流之恐惧、敌视或遗忘——由排斥无效而生的自欺式的遗忘，这正是"绝对的无"一观念之真正来源。所谓"绝对的无"，换句话，乃是知性主体对自己的自欺和对生生之流或场有的无限背景的无限排拒。海德格以西方传统形上学源于对存有自身的遗忘，无疑是甚有见地的。不过海德格所谓的"存有自身"，指的乃是在人类历史文化里意义开显的历程。这个"存有自身"是有限的，有始也可能是有终的（假如将来人类毁灭，这个历程也就结束了），它不过是生生之流的无限场性里一轻微的波动罢了。但知性主体所欲遗忘而实无法排拒的却是这无限的生生之流自身——道体或场有自身。海德格的话，严格说来，只说对了一半，而他所看不到的儒、道、佛三家的哲学里却可以说是昭然若揭的真理。

道家哲学里的"虚"或"虚无"和佛家哲学里的"空"或"空无"都不是"绝对的无"——相应于有执的知性主体的暴力姿态的"无"。道家和佛家哲学里"无"的观念，不是源于有执的肯定，而相反的乃是源于有执的否定——简别个体性的否定。不过道佛两家在执的否定的态度上是有别的。西方人在材知权利欲的支配下，总以能在有有之邦里作一显赫的公民为荣，而佛家则以有有之邦为苦地，为污浊之垢土、愚妄之梦乡。比较起来，佛家对有有之邦的敌视要比道家强烈得多了。道家哲学所主张的"返朴归真"，与佛家哲学所强调的"去妄归真"并不相同。老子所要回归的"朴"或"真"，乃是与文明相对的混沌自然，而佛家所修行欲达到的涅槃彼岸或净土，却是一个知性有执绝灭无余的境界。对佛家而言，道家的回归自然乃是不够彻底的。自然界里处处你争我夺、弱肉强食，岂是一个无执的乐土？《道德经》所主张的"绝圣弃知"中的"知"，指的乃是文明人的聪明知巧，而不是生命里所有的知性作用。饥饿则知择食，风雨则知趋避——没有这自然的、本能的知性作用哪里还有生命可言？道家哲学所要保留的，正是这自然本能的知性作用——自然人或一切有情本具的、不学而知的知性作用。道家所要摒弃的真实不是"知"而是"学"——文明社会把自然人加工成文明人所依据的基本教育原则。换句话说，道家所要绝弃的乃是文明加工所凭借的知性作用。至于自然人对文明加工的要求，是否本身就是自然知性的一部分呢？这是道家从来没有考虑过的问题。

不管是文明的或是自然的，一切知性作用都对有的执着。离开知性有执也就没有生命。一切有情——生命——都是一主体对客体的化裁活动。但有化裁就有取舍，也就有为取舍所本的知执。而一切知执都是生命权能材性权利的伸张，其本身乃是一不公道的行为。怀德海说得好："生命就是掠夺"。我们每日餐鱼食肉乃是为了伸张我个体——这具躯体——的生命权利，但我个体生命权利的伸张，乃是建筑在禽鱼生命权利的牺牲上的。对我自己生命的公道也就是对禽鱼生命的不公道。佛家主张素食乃是因为它不以草木为有情、为生命之故。其实草木岂真是无生命的东西？一草一木的生长不都是有性有情的化裁活动吗？荤食与素食只不过是百步与五十步之差而已。

生命就是不公道：我们都是以对其他生命的不公道来成就一己生命的公道。但其他生命的公道又何尝不也建筑在对我生命的不公道上？如果不公道中也有其公道在，公道中有不公道，不公道中有公道——生命权能正是靠这公道原理来生生不息、来成就其连绵不断的生生之流的。但生命权能是怎样运用公道原理来延续其生生之流的呢？用主体的语言来说，那就是材性里的知执和仁性里的关怀。说得更具体一点，生命权能是通过伸张个体材知权利的匠心匠识，和超越个体权利的仁心良心的辩证关系来主持公道的。在每一个人的生命里——每一有情的生命里——都可以找到一位"匠人"和一位"仁者"或以仁为本的"监护人"。换句话说，生命的主体不是一个单纯的东西，而是一有双重性格的主宰。新儒家学者不承认匠人的主体性，而只承认仁者监护人的主体性，乃是因为他们只站在仁性的立场来看生命。从仁者的立场来看生命，也就是从生生之流的观点来看生命。仁者与材性——仁者监护人与匠人——的关系正是生生之流与有有之邦的关系，与西方哲学比较，传统中国哲学重仁性而轻材（知）性，这是无可否认的事实。既然重仁轻材当然就有取舍，也就难免有所执着了。儒家哲学固然有执，道家哲学同样执着，而强调"去执"的佛家哲学在某一意义上来说还是有执的。

哲学是不可能无执的。哲学思想所植根的乃是生命诚仪仁知交涉的核心所在，也就是生命权能化裁取舍的关键所在。哲学不可能无执，因为人不可能无执，生命不可能无执。真正无执的不是人，而是道体自身、场有自身。道体本身无执乃因为道体乃是一切有执的可能性，一切有情的执着都在道体无执的无限场性里。如哲学思想可以是无执的话，那它必须从道体的立场来说，但哲学又怎样能站在道体本身的立场来说话呢？

## §5　有执与无执:着匠人相与着仁者监护人相

哲学不可能站在道体本身的立场,不是因为哲学家智慧不足,而是因为道体本身无立场可言。有立场的都是在道体里的场有者,而非道体或场有自身。当我们勉强地以道体本身来称述一哲学思想的基本立场时,我们所真正称述的不是道体本身的立场,而是一哲学心灵在对道体无限向往中所表现的一种姿态——一种欲与道体本身相合的姿态。不过即使在这超越终极的形上姿态里,不同心态的哲学思想在对道体的体认上,仍无可避免地反映出其在仁知交涉中所独有的"边见"。这是一个材性的宇宙,也是一个仁性的宇宙。道体是一个无限的材性本体,也是一个无限的仁性本体。但哲学思想中所呈现的道体却总是有偏的,真是"仁者见之谓之仁,知者见之为之知"。仁者之所见和知者之所见的不同,正好是西方形上学和中国道体思想主要分别的所在。西方形上学中所出现的道体,乃是西方人透过为材性知能作主的匠心匠识所见的道体、仍然免不了为材知权利欲所熏染的道体;而在中国儒、道、佛三家哲学思想中呈现的道体,却是在仁心关怀的恻里所体认的道体。前者是一个偏重材性本体意义的道体,而后者却是一个呈现仁性本体意义的道体。中西形上思想的差别,就在仁性本体与材性本体的对比上。

在西方的传统形上学里,道体乃是以其迹象通过工艺创制的思想模式和范畴系统的框子而四分五裂地呈现的。透过工艺创制思想模式而现的道体当然就是材性的道体。在希腊思想发展史里,从材性的观点来看宇宙人生,并不是自前苏格拉底的自然哲学思想开始的。为希腊哲学前奏的神话思想——尤其是见于荷马和希西奥特史诗里的神话思想,实已经完全被笼罩在材性的观点之下。希腊神话里的神一方面是自然或心灵材性的人格化;另一方面则是人物材性的完美化。希腊神话史诗里的英雄人物乃是材性人格的典型,荷马两大史诗里所塑造的人物典型,就好像石膏像的模型一样;柏拉图哲学的"理型"观念,就是顺着荷马人物典型的思想模式而来的终极发展。在希腊思想中的英雄意识密切关联的命运意识,基本上也是一材性的观念。人对其所禀的材质极限所做的挑战,乃是英雄人格的本质,而希腊人的命运意识正是在材性发展的极限这观念上衍生的。柏拉图宇宙论里与理性相对的命限观念，上面已经说过了，正是直承希腊神话里的命运观念而来的。命限就是材限（材质限制的必然性），在神话史诗思想里英雄与命运的关系，和在柏拉图哲学里理性与命限或材限的关系，并无本质上的不同——同属于通过人的匠心匠识所建构的意义体系。匠心匠识所建构的宇宙乃是一个材性的宇宙，匠心匠识的主体性乃是站在个体材知伸展的立场来看宇宙人生的主体性，而不是良心良知表现仁性关怀的主体性。仁性关怀不是英雄的本色，也不是柏拉图式哲学家的本怀。匠心匠识的命限观所能把握到的，乃是材性宇宙里的公道原理，而非仁性宇宙里的公道原理。希腊神话里的命限意识和公道意识，大部分是通过人神材知争霸的局面而彰显出来的，这和中国"女娲炼石补青天"一神话通过仁性的关怀，和自我牺牲来彰显命限与公道的关联实在有天渊之别。希腊人趋向于从生命权能的材知争霸中建立其有有之邦，正如中国人趋向于从生生之流的慧命相续里求安身立命一样。

从神话史诗的象征描述到柏拉图和亚里士多德的哲学系统，整部希腊思想史乃是依匠心匠识的主体观点所作的材性分析——人物（人和物）材性的分析、材性宇宙的分析、材性本体的分析。材性分析的结果一方面是道体的材性化，而另一方面则是材性本体的简别化、极裂化。道体的基本性格本是一从场有的无限背景中连绵创进的生生之流，而简别极裂的材性分析，却无可避免地把道体转化成一建筑在虚无上的有有之邦。在希腊哲学里，匠心匠识的知性主体所把握到的，不是连绵创进的道体，而是以生生之流的前景现象作底子，经过知性的高度抽象作用而框成的范畴结构。这个抽象的范畴框子当然不是材性本体自身，更无论道体本身了。那么它究竟代表什么呢？这个问题可以分从两个不同的角度来解答。首先，这个由知性抽象作用所框成的范畴结构，乃是工艺匠心态作茧自缚的成果——它构成的乃是匠心匠识的茧丹茧果。但由于这范畴结构乃是基于以前景象底子的材性分析，所以它又是匠心匠识控制材性的知性工具。匠心匠识作茧自缚的过程，也就是知性主体把生生之流的前景现象抽象幻化成一有有之邦而加以控制的过程——一个"截断众流"而成执的过程。截断众流所截断的当然就是生生之流的无限背景，雕刻匠所关注的乃是现前景象的大理石、现前景象的雕刻刀、现前景象的理想、现前景象的他自己——而不是这一切现前景象所远本的生生之流和无限远景。截断众流的结果当然就是道体自身的遗忘与虚无化，是由截断众流后所抽象幻化成的有有之邦，也就变成一立于虚无上的蹈空建筑了。

我们在上面说过，这截断遗忘了的生生之流的场有无限背景，才是"绝对的无"一观念的真正来源，有与无的关系无疑是一切形上思想架构的基石。这两个观念在中西方哲学里的意义实在是很不相同的。中国自《周易》以来的形上学，自始就建立在以道体为一由场有的无限背景连绵创进的生生之流的素朴体认上。所以，在中国传统形上学里找不到"绝对的无"这一观念；而且由于知性主体为仁性主体所压抑，也没有产生由匠心匠识的知执所极裂框成的有无对立观念。有无两观念在中国形上学里主要是相即与相依的关系。"相即"乃是就场有的无限背景而言的，"相依"则是在无限背景与前景现象之间的关系上取义的。一切场有者都是从场有的无限背景站出来的，场有的无限背景乃是一切可能性的所在，也是成就任何可能性的权能自身的所在。所以场有的无限背景是"有"——为万物根源的"有"。但这个为万物根源的"有"却是以"无"为体、为其基本性相的。此乃因场有自身并非一旦有者，为万物根源的道体本身并非一物；是故场有的无限背景本身是"有"也（即）是"无"——此道体本身的"有无相即"乃是有无关系的第一义。从此第一义的有无我们可以衍出第二义的有无——即前景现象与无限背景的关系，此乃有无的第二义。说得更明确一点，此一义的有无乃是就事物在生生之流中的生灭或显隐上取义的。事物在生生之流里从场有的无限背景中站出来、显现出来而为一前景现象——这是事物之"有"。即使一物事在显出后又隐灭于生生之流里，它还应该说是"有"——具"曾经生发显现"义的"有"。至于为前景现象生灭显隐之本的无限背景，其本身却是无生灭显隐可言的——所以说是"无"。这个无乃是超越生灭显隐相的"无"。《道德经》首段里的有无观念，把这两层的有无意义全都包括在里面了。"无，名万物之始；有，名万物之母"——这是第一义的有无，指的乃是场有无限背景的有相与无相。但"常无，欲以观其妙；常有，欲以观其徼"，这却是第二义的有无了。"常有"就是生生之流不断显生隐灭的前景现象；前景现象是界限分明、有迹可循的，所以我们可以"观其徼"。"常有"与"常无"相对，"观其徼"与"观其妙"相对。"常无"是什么呢？当然就是为"常有"所本的无限背景了。前景现象究竟是怎样从无限背景站出来或显生隐灭的呢？这个问题是我们永远无法可以有圆满答案的。所谓"见其事，不见其功"，道体的生生不已是神妙莫测的、暧昧的、无迹可寻的——所以我们只能"观其妙"。观其妙与观其徼乃是不可分的，因为"常无"与"常有"是不可分的、相依相辅而成义的。没有无前景之背景，也没有无背景之前景。所以《道德经》郑重地说："此二者（常无与常有）同出而异名，同谓之玄，玄之又玄，众妙之门。"常无与常有乃是道体生生之流之两面，所以说是"同出而异名"。道体以常无与常有之相依而为体最后分析起来乃是不可思议的、无法解释的，所以说是"同谓之玄"。无与有在道体本身之相即、常无与常有在生生之流的相依乃是宇宙世间众理万法之所由出，这就是"玄之又玄（相即与即依之妙不可究诘），众妙之门"的意思了。

　　《道德经》里的有无观念，原是从中国文化传统里很早就根深蒂固的场有思想发展出来的。中国哲学里没有截断众流而成执的现象，乃因为中国哲人基本上是站在仁性主体的立场说话，而不是站在知性主体的立场说话。站在仁性的立场说话，也就是站在生生之流本身的立场说话。在这一点儒家和道家是没有什么分别的。道家的"慈"也是儒家的"仁"——同是植根于本体仁性的关怀、生命对自己的关怀。不过道家乃是就生生之流之万物一体、自然无凝滞处而言"慈"，而儒家则是就生生之流之至诚不息、成人成物处而言"仁"。道体之至诚不息不正是在其自然无凝滞处么？成人成物最后分析起来不正是"仁者与天地万物为一体"的具体表现么？其实从仁性关怀的本位立场来说，儒、道、佛三家的思想可以说基本上是相通的，在某一义上来说是异曲同工的。佛家"缘起性空"的观点，正是从"生生之流"本身之自性清净、绝对无执处出发的。佛家的悲悯在其主体性的根源处看，也就是儒家的仁和道家的慈。所不同者，佛家对知执有执的负面作用所采取的态度，比起儒道两家来要彻底得多。佛家哲学以为知执有执所支配的生命为苦；强烈的苦业意识，使佛家无法如儒家一般对生命作正面的承担。佛家哲学所表现的，毕竟是出世间的智慧而非入世间的智慧。儒家由对生命正面承担所生的责任感和忧患意识，与佛家出世间和从生命的茧网中求解脱所本的苦业意识当然是有距离的。而中介于儒佛之间——入世与出世、忧患意识与苦业意识之间——的道家哲学，则是一在枷锁意识的影响下，企求在文明生活的樊笼里超脱出来的自然主义哲学。道家所注重的乃是生命的"超脱"而非生命的"解脱"，枷锁意识的对象是文明而非生命本身。道家所向往的乃是一大自在的自然生命，但人类是无法开倒车回到原始人的素朴自然状态的，所以道家哲学必然要在文明与自然间求一中道式的抉择，这就是《庄子》书中所标榜的方外方内出入自如的生活艺术了。要注意的是，道家所谓的"方外"与"方内"，与佛家所谓的"世间"与"出世间"相似而实不相同。道家的"方外"只是与天为徒的自然生活，而非佛家连自然也要摒弃的出世间。道家以自然为乐，对佛家则自然和文明（方内）都在苦海之内。不过即使如此，道佛两家在对人类文明生活所表现的厌恶态度上却是一致的，这和儒家以"人文化成"为鹄所抱的人文主义理想无疑有很大的分别。但道家的慈和佛家的悲悯都是仁性的表现；这么说来，道佛两家和儒家在主体性的立场上又是相连相通的了。

是的，儒、道、佛三家的哲学都是仁性的哲学——以生命权能的仁性关怀为主体性的哲学。这和支配西方哲学传统的知性哲学——从生命权能的材知跃动而起的神秘感，和惊异之情为主体性的哲学，乃是相对相反的。这一点很重要，如不是通过与西方知性哲学传统的对比，我们就很难看得出儒、道、佛三家思想的连贯性，这样一来中国哲学传统的整体性就很难确立了。

如上所言，在人的生命里有一位"匠人"，也有一位"仁者监护人"（以后或简称"监护人"）。前者代表生命权能的材知性，后者代表生命权能的仁性。这两位"匠人"和"监护人"都是我们生命的主宰。所有哲学思想都是在这两大主宰的支配下，为人类的安身立命找出一条康庄大道的主体诚仪。可是我们的匠人和仁者监护人的性格是很不相同的。匠人所要伸张的乃是个体材性知能的权利，而监护人所要实现的乃是个体存有的义务。从个体性的观点来说，则前者所强调的乃是个体的简别外在性，而后者所关注的乃是个体的场性或一个体与其他个体的内在关联性。哲学要为人类安身立命找一条康庄大道，就必须在匠人与监护人的关系上找出一理想的协调之道。但这岂是一件容易的事？匠人与仁者监护人之不得协调，则人的生命必然在一不平衡的对抗状态，在这种生命状态下所产生的哲学思想就不可能无偏的了。很明显地，西方哲学乃是偏于匠人意识的哲学，而中国哲学则是囿于仁者监护人意识的哲学。儒、道、佛三家哲学的连贯性，就在为仁者监护人所本的仁性关怀上。但仁者监护人所关怀的对象，也就是匠心匠识所关注的对象——个体存有的个体性（包括场性）。如是中国哲学与西方哲学——仁者监护人意识与匠人意识——在其最后根源处也是可以相连相通了。

这个最后根源就是为仁性和材性所共本的一心——道体或生命权能的主体性。道体一心乃是一宜无不宜的自仪其仪。所以只有道体一心才是无执的。但道体一心虽无所不在，却不能等同任何个体生命。个体生命是不可能无执的，因为执着正是个体生命之所以为个体的本质；由执着和作茧自缚所造成的一切苦恼（在人而言），乃是个体生命为其独得之宜所必须付出的代价。有执着也就有对道体一心的偏觉。道体一心本身是无相的，但在人类有执的偏觉里，道体一心恒以着相的姿态呈现。总括来说，在宗教和哲学思想里被具体化了的道体一心就会以种种不同的象征型态出现。这些"象征体"不是着匠（人）相就是着监护（人）相（监相和护相），或是匠相和监护相混着。譬如以神或上帝为全知全能的造生者、为最伟大的艺匠（柏拉图的 Demiurge）、为自思其思的绝对孤独思想家（亚里士多德的 Unmoved mover）、为最伟大的逻辑家（莱布尼茨的上帝）、为诗人（怀德海）等都是着了匠相的道体一心的象征体。至于以神或上帝为审判者、保护者、统治者或启示者，则都是道体一心着了仁者监护相的象征体。在人类实存的精神生命里，仁者监护人意识和匠人意识是无法分离的，所以在宗教哲学思想里，纯粹着监护相的或纯粹着匠相的道体一心象征体是很不多见的。换句话说，道体一心乃是普遍地以监护相和匠相相混的所著型态呈现人间的。不过一般说来，东方文化传统里的神、天、帝、菩萨或佛无不偏向于仁者监护型的象征形态，至于传承希腊文化的西方传统里的创造神、造物者或上帝则明显地富有匠相的色彩。当然，近代西方宗教哲学里的——神或上帝——观念原是希伯来文化传统的产物，中古及近代西方人的神或上帝观念里的仁者监护人意识，就是从希伯来传统来的。作为自中世纪以来西方文化主流的耶教或基督教传统，乃是古希腊文化和希伯来文化媾和的结晶品，所以耶教的神和上帝乃是同时富有仁者监护相和匠相的色彩。可惜的是，作为仁者监护人的上帝和作为匠人的上帝，在西方人的宗教心灵里并不是一个很协调的关系。西方的神学家和宗教哲学家，自始就在监护人意识和匠人意识的抗衡状态中有无所适从之感。西方思想家在下意识里常有把神或上帝视为一绝顶的英雄、天才或智者（哲学家）的倾向。西方人的权威观念，并不如中国人的一般来自对仁者监护人的崇敬，而是来自对英雄偶像或权力的崇拜。怀德海就曾有"教会把专属于恺撒的属性来给上帝"一语。[①] 这把神或上帝视为一英雄恺撒式的无上权威和他原来在希伯来传统里的游牧部落族长式的仁者监护人性格，已经是格格不入的了，又怎能和耶稣心目中充满仁爱的天父相混在一起呢？

## §6　上帝与撒旦：陀斯托夫斯基笔下的《大裁判司》——深渊型的意识心态

由于希腊和希伯来文化的结合，西方人的文化意识里处处可以见到匠人意识与仁者监护人意识的尖锐对立和冲突。不过这种对立抗衡的心态，可以说有一半是从希伯来文化传承过来的。作为典型的中东文化，希伯来文化有这么一个有趣的特点，即：它不仅在地理上位于东西之间，就是在精神文明上也是一东西文化领域间的缓冲区。东方精神文明乃是一以仁性（关怀）为本的精神文明、以仁者监护人意识为其主体性的主要内容的精神文明。西方文明却是以材性（知能）为基础的精神文明、为匠心匠识的主体性所支配的精神文明。在中东的文化领域里，我们所看得到的乃是一明显地表现出仁性与材性——监护人意识与匠人意识——的尖锐对立的精神生命。不过中东也叫"近东"，中东人的精神生命还是比较接近东方的。在中东人精神生命里对立的仁性与材性两极并不是相等的，而是在比重上偏向于仁性的。这"偏向的两极对立"，可以在圣经中耶和华和撒旦——上帝与魔鬼——的关系中清楚地看得出来。圣经里的耶和华与撒旦分别为仁性关怀与材性知能的人格化，或监护人与匠人观念的形上化。上帝其实就是我们生命中的仁性主体或仁者监护人，而撒旦也不是别的，就是我们生命里的材性主体——那骄傲的、只知无限伸张其个体权利欲而不负责任的、不尽个体义务的匠人。形上化的魔鬼乃是一把道体和生命权能里的材性知能发挥得淋漓尽致的宇宙英雄、天才和智者。从圣经的立场来

---

①　见《历程与真实》第11章。

看，柏拉图宇宙论里的创造神、亚里士多德形上学里的不动动因、莱布尼茨单元论（monadology）里的神或至高单元实无一不是魔鬼的化身。撒旦在拉丁文里叫作"Lucifer"，即是"载明者"（bearer of light）的意思。为什么称魔鬼为载明者呢？"载明者"中"明"指的乃是知性之明，而不是觉性之明。撒旦为载明者因为他所代表的正是生命中对有执着的知执作用，我们生命里的匠人，是不甘听命于仁者监护人的指导而受其约束的，正如原为天使长的撒旦，由于不甘臣服于上帝而率领其他同具反骨的天使起来反叛上帝一样。生命里的匠人都希望在有有之邦为一显赫的公民——甚至成为有有王国里至高无上的统治者，正如撒旦要取代上帝的位置一样。西方的神学和形上学，正如海德格批评的，总是有意无意地把上帝作为有有之邦的统治者——具有无上权威的宇宙恺撒。这就难怪陀斯托夫斯基在《大裁判司》（The Grand Inquisitor）一故事里[1]，要通过大裁判司的自白来对西方教会作最严厉的指责，说它们千多年来的一切作为，虽是打着上帝和耶稣的名号而其实却是站在撒旦那一边、为魔鬼而服务了。不过陀斯托夫斯基对西方教会的批判实在是太过严酷了。因为他所谓的"站在撒旦那一边"其实就是站在人类幸福那一边。为什么撒旦会是人类幸福的代表呢？原来一般人所谓的幸福，依陀斯托夫斯基的立场来看，乃是用人的主体自由——在善恶之间作一抉择的"良心自由"（freedom of conscience）——换来的。幸福的获取也就是主体自由的丧失，亦即是人的物化。一般人所企求的幸福主要是建筑在安全感的满足上。人不只要在经济或物质方面满足其安全感，也要求在社会和政治方面满足其安全感，但安全感的满足也就是人性的物化或客体化。当人企求给与他自己的生命像石头一般的稳固与安全时，他就已经把自己视为一物、视为一无主体自由的客体了。根据陀斯托夫斯基的观察，大部分的人类都是弱者、无法面对其人性中的主体自由的弱者。为什么大部分人对其生命中的主体自由产生无限的恐惧呢？理由是这样的：主体自由也就是为自己生命作主的自由，人怕为自己作主因为那是一重担子、一很不容易担负的责任；所以人其实并不愿意作主人，而只愿意作奴隶——作历史传统的奴隶、社会风尚的奴

---

[1]　《大裁判司》乃是陀斯托夫斯基最后杰作《卡拉马卓夫兄弟》（The brothers karamazov，英译 bratiya karamazowy）中的第五卷第五章。

隶、神巫教会的奴隶。但当人舍弃了他人性中所有的主体自由、推诿了为自己生命作主——在善恶之间作一抉择——的神圣责任时，他也就失去了人之所以为人的本质了。

通过《大裁判司》里那位耄龄主教——即大裁判司——的自白，陀斯托夫斯基对耶教的原义与以一极不寻常的解释。陀氏认为耶稣的福音原来乃是一个"自由的福音"，而不是一个"幸福的福音"。耶稣来到这世间不是要牵着人类的鼻子走、视他们为奴隶、作他们的主人或统治者。耶稣只把他自己视为通往天国的桥梁或向导，用他本人的生命作例子，耶稣希望用引导的方式使人能在他自己的个体生命里，完成其人之所以为人的本质——运用其主体自由为其精神生命做一最美善的抉择。这就是为什么在圣经《诱惑》那一章里耶稣三度拒绝了撒旦的请求了。撒旦对耶稣的三大诱惑目的，就是要耶稣以人类的幸福为饵而取得人类精神生命的控制权。假使耶稣真的听了撒旦的话，那人类也从此推动了人之所以为人的本质，这就正中了魔鬼的心意。如是撒旦固然得其所哉，但耶稣也就不成其为耶稣、不成其为上帝之子了。

不过话可得说回来了，撒旦之道真的是一无可取吗？假如我们仔细分析一下撒旦三大诱惑的象征意义，我们就不难发现撒旦要耶稣给与人类的正是人类梦寐以求的东西。撒旦要耶稣把石头变成面包——这不就是人类追求经济发展和物质文明的思想么？撒旦要耶稣从寺庙的尖端跳下来，好让人们看到他不死的奇迹——这不止是要满足人类在不甘物化却又无力支撑其主体自由的两难处境下，向一切神秘的力量或权威盲目交心的心理么？假如耶稣以面包和奇迹取得人心，那他就能更进一步完成人类自巴宝之塔（Tower of babel）被上帝毁灭以来从未遗忘过的理想——建立一个全人类大一统的地上王国、一个在保障和增进人类幸福的目标下，为人类一切思想和行为作最完善安排的地上王国。这都是撒旦劝诱耶稣去为人类做的事而为耶稣所断然拒绝的。究竟是撒旦对呢？还是耶稣对呢？是的，在撒旦的王国里人类必须舍弃了每一个人为自己生命作主的主体的自由，但却换回了充满着安全感的幸福——具有如蜜蜂社会里的安定、秩序和和谐的幸福。这难道不值得吗？

不管值得不值得，在陀斯托夫斯基看来，人类在过去千多年来所走的路不是耶稣之路，而是撒旦之路！陀斯托夫斯基笔下的撒旦和认同于撒旦的大裁判司——代表教会最高决策权的主教，都是人性最敏锐的观察者。他们以为世间只有两种人：强者和弱者。前者乃是能为自己生命作主的人中之人或大丈夫，但这种人只占人类极少数的一部分，大部分的人都是在主体自由的重担下站不起来的弱者。耶稣的福音表面上看来是为弱者而宣示的，其实却是为强者而宣示的。这就难怪在《大裁判司》里的大主教非常激动地责问耶稣、怀疑他对这大多数的弱者是否真有爱心了。是的，人类的核心问题乃是人性软弱的问题。耶稣所应该关怀的不是少数的大丈夫，而是可怜的众生——无法自立的大多数，他们是无法真正跟随你耶稣的。对这大多数可怜的弱者宣示主体自由的福音，只会增加他们的痛苦和罪恶，甚至最后迫使他们走向自我毁灭的道路。《大裁判司》里的大主教对这大多数的人类所采取的态度，就好像一为父母者对其软弱不成才的子女所通常表现的态度一样。假如你确知你自己的子女缺乏独立自主能力的话，你难道不会为他们作主、为他们的一切作最妥善的安排么？

是的，陀斯托夫斯基笔下的大主教，正是一具有这种强烈的监护人意识的典型人物不过这是一种极复杂的监护人意识——夹杂了从匠心匠识里来的独断性和占有欲、控制欲的监护人意识。这就是为什么虽然大主教的一切作为原是本于他对人类的仁性关怀，他所表现出来的态度却显得那么严酷、那么缺乏仁性的温暖。他哪里是真的关心人类的幸福，他只不过是用人类的幸福为手段，以求满足其个人的权利欲罢了。这也许是《大裁判司》大部分读者对故事里的大主教所采取的看法，但这个看法实在是有欠公允的。陀斯托夫斯基在他的故事里，曾毫不含糊地指出大裁判司对人类的关爱，他的一切作为原是以仁性为出发点，这是不会有错的。他给读者冷酷的印象，乃是由于他对人性的极端不信任，和他在实现其关爱人类的目的时所表现的一种纯粹理智的态度——一种尊重客观现实甚于理想的态度。陀斯托夫斯基笔下的大裁判司，乃是一个自封的"人类命运的策划者"、一个要彻底解决人类福德问题的工程师。他对人性的看法和根据这种看法而提供的问题解决之道完全是一匠心匠识的表现，工程师心态乃是工艺匠心态的一种高度复合型态。一个工程师所关注的除了材料的本质问题外，还有整个局面的连贯问题。你要让人类保有他最原始的德性吗？要给他们一个充满着主体自由的生命吗？那得看他们是怎样的材料呀！若是明知大部分人都是弱者、无法为自己作主的可怜虫，让他们保有主体自由就无疑把他们带上悲惨的灭亡之路。是的，耶稣的路是行不通的，只有跟着撒旦走才是人类的正途。当然并非全部人类都是弱者，其中不乏有能在主体自由的重担下挺立起来的大丈夫。对他们宣示耶稣的自由福音是可以的，但对大部分的人类来说，我们就必须宣示一个不同的福音。我们必须骗他们、对他们说，幸福——而不是自由——才是耶稣的真正福音。这里"我们"指的是谁呢？当然就是那些本身为强者却又关切弱者命运而要为他们请命、要起来领导他们、为他们安排命运的少数中的少数。《大裁判司》里的主教就是此少数中的少数的代表人物，这些人类命运的工程师，在其基本的意识心态上来说，属于由"中东型"发展而来的"深渊型"人物。中东型的心态乃是徘徊在同异殊途之间的心态，也即是在仁性与材性的跃动之间——在上帝与魔鬼之间——无所适从的心态。所谓"深渊"指的就是仁性跃动与材性跃动在人的意识心里所造成的鸿沟。深渊型的意识乃是对仁材的鸿沟有极度的敏感，而深为此人性中的深渊所苦的意识。所以深渊型的人物都是矛盾的，却又是具有反叛性的、极不容易妥协的。在人性的深渊里挣扎的灵魂都是精神分裂的灵魂，其中仁性和材性的跃动都有背道而驰各走极端的倾向。当这分裂的、相反的仁材跃动在一个坚强的意志力控制下被扭转过来成为一统合的力量时，其结果就是一个非常可怕的精神生命。《大裁判司》里的主教所表现的就是这种精神生命——在仁材的深渊分裂处突显其生命强度的精神生命，深渊型的人物都通常表现出这样的特征：他们的动机本怀是上帝的，但他们所用的方法或采取的手段却是撒旦的。换句话说，他们是要从魔鬼之路通向上帝。在西方的思想家里，马克思和列宁就是这类型的典型人物。马克思本是犹太人，但他所受的教育却是西方的。所以马克思的思想为由中东型转变来的深渊型的意识心态所控制，也就可以理解的了。这深渊型的心态正是由俄罗斯精神文明所突显的心态。陀斯托夫斯基笔下能产生像大裁判司这类人物、列宁之所以能继承马克思、共产主义之所以兴起于苏俄，和这种心态在俄罗斯民族的灵魂里所形成的心结不能说没有非常密切的关系。①

---

　　①　陀斯托夫斯基对这种具有双重人格的深渊型人物了解之深刻，在思想史上是无出其右的。他早年的一部著作即以"二重人格"为名，陀氏本人正是在这种心态的煎熬下度过其痛苦的一生。

　　深渊型的心态乃是从中东型转变过来的，所以他始终摆脱不了中东型心态"中间偏右（偏东）"的倾向。偏右或偏东就是偏向仁性的跃动、偏向仁性监护人意识、偏向上帝。在中东型的心态里，仁性与材性——监护人意识和匠人意识——乃是处于一个尖锐敌对的状态。可是上帝与撒旦并不是平等的，魔鬼原是上帝宠信的旧臣而在魔鬼反叛之后，上帝与魔鬼抗衡的局面里最后还是上帝占上风的。而今在深渊型的心态里撒旦不再是反叛的天使了，他已经摇身一变而成为上帝最得力的助手，成为一人之下万人之上的宇宙宰相、万物总管了。不过这上帝与魔鬼的主从关系，却并不是一个协调和谐的关系。上帝固然不信任魔鬼，而魔鬼则不仅反骨犹在，更还尽量利用它的地位而遂其宰制天下的权力欲。原来在中东型的心态里，是一个上帝与魔鬼互相抗衡的局面，现在则变成了一个上帝与魔鬼互相利用却又互相牵制的局面。表面上撒旦还是臣服于上帝的，但在实质上两者之间的分别渐渐变得模糊了，最后我们已经很难分别什么属于上帝、什么属于魔鬼的了。

　　是的，在深渊型的心态里，由于仁性与材性的歪曲的结合，不只上帝变了质，连撒旦也变了质。上帝的形象固然由于沾染了原属于撒旦的占有欲和权力欲的色彩，而逐渐推动了他本有的仁慈的光泽，而撒旦的形象也由于长期间局限在权力斗争的圈子里，而湮没了他多方面的超绝才华、失去了他的爽朗挺拔的英雄本色。假如我们把这里的撒旦来和象征希腊型精神生命的爱罗神来做一对比，我们就不难发觉前者究竟缺少了什么了。爱罗神是那么年轻、那么富于活力和朝气、那么充满着好奇心和神秘感——而我们的撒旦呢？他不是人类的载明者么？当撒旦以蛇的化身来引诱夏娃和亚当在伊甸园里偷食上帝的禁果——吃了就会有分别善恶知识的禁果——时，他不正代表人性中最原始的跃动——诱发人性里一切权利欲的知的跃动么？是的，中东文化心态里的撒旦正是人类惊异感、神秘感和好奇心的化身，他本来和爱罗神是同出一家的啊！当然，和撒旦比较起来，爱罗神是年轻多了，也幸运多了。他是那么直率、那么天真无邪。他简直就是整个宇宙的宠儿，无忧无虑地过着无拘无束——为所欲为——的生活。撒旦的情况可就不同了，在上帝的威严之下，他只能通过狡猾和欺诈的手段来偷偷摸摸地达成它的欲望。撒旦就好像是一个在一特殊环境被迫迅速长大的爱罗神，他是变得聪明多了，他有的是蛇一般的智慧，但他却早已失去了昔日的纯真了。假如长大的爱罗神可说是中东型撒旦的最佳写照的话，那么深渊型的撒旦就可比拟为一老去的爱罗——一个变得城府极深、毫无朝气、纯真尽失的爱罗。长大了的爱罗仍不愧是一名好汉、一位豪气干云的英雄人物。老去的爱罗就只不过是一名只知玩弄权术的政客罢了。在陀斯托夫斯基《大裁判司》故事里所暗示的撒旦正是这么一位褪了色的爱罗英雄。是的，在深渊型的精神生命里我们再难看到昔日爱罗神的多彩多姿和神采风流了。

希腊的爱罗神、希伯来的撒旦、中国的孙悟空——这三位具有国际性的神话英雄，其实都是同祖同宗的异姓兄弟。他们都是从一个基本模型塑造出来的：说得明确一点，都是人的匠心匠识或材知主体在自省过程中所投企而出的象征人物——材性知能的象征人物。拿孙悟空来和爱罗神、撒旦相比一点也不勉强。孙悟空不是跟他们一般的聪明善变么？孙悟空不是曾经大闹天宫、要做齐天大圣么？不是跟爱罗神、撒旦一般敢于抗拒权威么？那么这个为材知英雄们抗拒的权威——对爱罗神无可奈何的宙斯神、把撒旦放逐天地之外的上帝、派遣天兵天将去追捕孙悟空的玉皇大帝和最后把孙悟空困于五指山下的如来佛祖——究竟是谁呢？当然就是那个在匠心匠识背后的监护人意识——那个事事都要为材知主体作主的人性主体。宙斯神、上帝、玉皇大帝、如来佛祖——这神话或宗教的权威，只不过是后者较具代表性的化身罢了。把神话的象征语言还原之后，我们所看到的生命事实永远只有一个：材性与仁性的争持、匠人意识与监护人意识的争持——如此而已！

## §7　阿波罗与戴安尼索斯：知性与非知性抗衡所决定的理性权力结构

有一点我们必须立即予以补充说明。以希伯来的上帝和吴承恩笔下的玉皇大帝和佛祖，来代表仁者监护人意识是不会有错的，但予宙斯神以监护人的性格那就不无问题了。在希腊神话里为奥林匹克众神之首而被荷马尊称为"人神之父"的宙斯神，哪里表现过监护人应有的仁性关怀？不仅宙斯神没有，所有希腊神话里的其他重要神灵都没有。这本来是无须惊奇的，因为希腊神话里的众神本来就不是仁性关怀监护人意识的产物，而是爱罗惊异匠人意识通过对自然和心理现象的人格化所塑造出来的材知英雄。我们可别忘了宙斯和他的神眷神弟所共有的江山，乃是用暴力从他们的父亲干诺斯（Cronos）和其他泰坦（Titans）巨灵手里打下来的，正如干诺斯的天下乃是从他自己的父亲（宙斯神的祖父）乌允诺斯（Uranos）那里强夺过来的一样。宙斯神和他率领的奥林匹克群神，已经是第三代的统治者。这三代宇宙主宰的暴力交替，究竟有什么神话外的象征意义呢？很明显的，这些神话故事所指向的基本上是生命权能的材性的一面——人性里材性知能的跃动的一面。借用《道德经》里的一句话，材性跃动是"动而愈出"的。这"动而愈出"乃是一个材性知能从原始混沌里明朗分化的开显历程。明朗分化的结果是什么呢？当然就是那个表面上看来界限分明、秩序井然的"cosmos"（秩序＝宇宙），了。这个为希腊诗人所讴歌颂赞也同时是希腊智者思辨对象的"cosmos"其实自始至终都是在匠人意识的笼罩下出现的材性宇宙——一个完全以材性的分工和分判来决定存有地位和美善价值的有有之邦。在材性的宇宙里，正如牟宗三先生所说，"不及就是不及"①。人与神的分别在希腊的神话世界里，正是以材性知能的高下来分判的，希腊神话基本上就是一套由匠心匠识在爱罗精神的光照下所绉造出来的意义系统——象征充塞于人性里和宇宙间材性知能的全体大用的意义系统，希腊哲学只不过是这材性意义系统的观念化与哲理化罢了。

新儒家哲学者每以"知性主体"来点出西方哲学的基本特质。这种讲法虽然大致不错，却未免失之粗略。知性只是材性的一部分——虽然在人的材性里它是最具代表性（人性）的一部分。所以严格来说，我们应该称之为"材知主体"而非"知性主体"。材性里还有非知性的部分，在西方哲学里的材知主体，正是要运用知性来克制非知性的权力结构。表面上看来是知性占上风，是知性在为人的生命作主。其实在西方人的精神生命里——在西方的文化意识和哲学思想的底层——自始就暗潮起伏地流贯着一道非知性的洪流。用希腊神话的象征语言来讲，知性和非知性的关系，正是尼采心目中阿波罗精神和戴安尼索斯精神之间的关系。以阿波罗的清明来克制戴安尼索斯的狂妄，不过是以知性的权利欲来压制非知性的权利

① 见牟宗三著：《历史哲学》，人生出版社1962年版，第162页。

欲罢了。就其同为材性权利欲的伸张来说，克者与被克者是没有什么分别的。不仅如此，知性与非知性间的关系本来就是十分暧昧的。在好奇心求知欲的背后往往就是一种非知性的、潜意识的、带有暴力性质的欲望——一种对"异己"（异于己）企求占有、征服或宰制的权力欲。说得更简洁有力一点，权利欲就是权力欲；权利欲的伸张也就是权力的伸张。这一点没有谁比尼采看得更清楚的了。人的一生不是以孩童时代最富于好奇心、求知欲么？我们只要反省一下小孩子对他的玩具那种为所欲为的态度，我们就不难觉察到，知性作用是如何紧密地与非知性的权力欲本能联结在一起的了。不，我们应该说，知性作用本来就是从非知性的本能权力欲来的，我们有理由想念知性作用，原是人类本能权力欲在漫长的进化岁月里演变而成的结晶品。如是，西方哲学心灵企图以清明的阿波罗知性来克制戴安尼索斯的原始的、放荡冥玩的非知性跃动，就好像以一座水晶宫殿来镇压在一座会随时爆发的火山口上一样。传统西方哲学者很难领会得到，建造这座水晶宫殿的原始材料，正是从火山过去喷出的岩浆提炼而成的。希腊神话的作者怎会知道，阿波罗的灵魂本是从戴安尼索斯神累世转劫的过程中分化出来的呢？

以知性克制非知性，这是材知主体的分内事，亦即是为爱罗心识和匠人意识所支配的问题心，在彰显其理性统觉时所依循的道术。人是有理性的动物，这是亚里士多德的名言，但亚里士多德所谓的"理性"乃是植根于材知主体的理性。既然人的生命由知性来作主，而非知性的本能跃动、欲望或激情又被视为知性活动的障碍或束缚，则知性与非知性的分别，就很自然地变为理性与非理性（或反理性）的分别了。亚里士多德无疑把一切合理的东西都归属于知性主体。但什么叫作"合理"呢？理性的意义原是依问题心而彰显的，而问题心的生发最后分析起来，则又离不了人性深处的仁性跃动和（材）知性跃动。但在希腊的哲学传统里，问题心的生发好像完全出于材知跃动样。"合理"因而也就是合乎知性要求的意思——换句话说，亦即是能满足知性权利欲和权力欲的意思。那么知性的基本要求是什么呢？那当然就是一个可理解的宇宙——一个能为知性心灵永远占有与控制的有有之邦。这就是为什么由传承希腊哲学传统而来的西方哲学，最终必以简别（外在的）个体性与逻辑秩序为其理性统觉的两大支柱了。因为知性的终极要求不外是"有有"（有其有）——通过理解来对存有的占有与支配；而简别个体性与逻辑秩序，正是事物或存有为知性主体所理解或控制所必须呈现的形式。所以在希腊、西方的哲学传统里，凡是不可理解的，或是知性活动控制不了的东西，都被视为不合理的——都是非理性的或是超理性的。这里所谓"超理性"也就是西方神秘主义者所谓的"神秘"。有些学者以为西方的神秘主义思想为一种接近东方哲学心灵的思想。这种讲法虽不全错，却是在本质上很有问题的。西方神秘主义思想虽然是超理性的，却不是反理性的；它和西方重理性的主流哲学思想乃是同源的，骨子里都是知性主体的产物。西方神秘主义者自新柏拉图派的柏罗丁努斯（Plotinus）开始，就为浓厚的知性神秘感所支配，这和传统东方哲学家在其玄思妙识中所透露的仁性关怀，和由针对知性的有限和知执的虚妄所持的批判态度，实在有极其显著的差别。至于西方神秘主义在西方哲学传统里所居的婢从地位和形上玄思在东方哲学传统里所占有的崇高地位比较起来，那就更不可同日而语了。

哲学思想的基本格局，乃是由其背后的形上姿态支撑起来的概念架构。通过此形上姿态在其极限处所彰显的性相宜仪，我们常可清楚地看得到一个哲学心灵的终极关注和出自人性深处而为其主体诚仪所本的生命原动力。从此一观点来看亚里士多德哲学的全部概念系统的"精义入神"，其意义就十分重大了。因为为匠人意识的理性统觉所支配的希腊哲学，至亚里士多德而发展至最高峰，而亚里士多德哲学的精彻义蕴，却浓缩地隐藏在他形上学或神学中"神"的观念里——这就是我们所谓"精义入神"的意思了。

作为变动世界的"最后因"、"第一因"或"不动动因"的神究竟是一个怎样的存在呢？首先，我们可以肯定的说亚里士多德的神乃是由匠心匠识所塑造的理念。说得明确一点，亚里士多德的神乃是匠人意识的形上化、绝对化。作为一象征意符，神一观念所反射的就是匠人意识里的知性主体自身。我们在本章第二节里已经明白地说明柏拉图哲学里的宇宙论是如何通过工艺创制的思想模式而建构的。亚里士多德的形上学思想当然和其师有很多显著的差别，这是稍有哲学史常识的人所熟知的；但这两位师生哲学家在其思维的基本方式上同为匠人意识所控制，却是为哲学史家所忽略的重要事实。亚里士多德形上学里的所谓原质不就是柏拉图宇宙论里的混沌或收受体的翻版吗？亚里士多德的神不就是柏拉图心目中创造宇宙的大匠吗？只不过柏拉图的大匠还是一位"有为而治"的"创造者"，亚里士多德的神，已经变成一个"遗世独立"、"无为而治"的宇宙真宰了。

原来为变动世间不动动因的神乃是一个纯知的存有。所谓"纯知的存有"就是知性作用的完全自觉，亦即是知性作用的自我占有。我们早就说过了，知性作用的本质就是对存有的执着——一切认知活动在其根源处都是一种执有、占有的权利欲；而知性主体自身则更是以存有自身的占有为其终极意向。但知性主体是怎样认取存有自身的呢？知性主体的终极关注的存有自身，又究竟以什么为其本质的呢？很明显的，知性主体之终极意向所要求的，乃是知执占有欲的完全满足。但能给知性主体以完全满足的不是变动世间的任何事物——为知性主体认知的任何非知性事物。能完全满足知性主体的正是知性主体自身。这里所谓"知性主体自身"指的当然不是已经落实在人的具体生命里的认识心，而是为宇宙间一切知性作用所本的"永恒知性"。从知性主体的立场来看，永恒知性不仅是一切知性的本质，它简直就是存有自身。知性作用在自求满足的过程中，无可避免地陷入那斯索"Narcissus"式的"自恋情结"。知性作用在满足其知执占有欲的无限追求中最后必以其自己——知性主体自身或永恒知性——为其爱恋的对象。在知性的语言里，"存有自身"乃是"能给与知性完全满足"的代名词。知性主体以它自己的本质——永恒知性——等同存有自身，这真是最自然不过的了！

知性本质就是存有自身，这是知性存有论的终极结论，也是一切知性哲学的核心所在。其实，这个结论亦即是它的前提——换句话说，它的唯一命题。因为知性哲学起于生命权能的知性跃动，它可能达到的结论早就在知性作用的问题化、理性化的整体意义建构过程中被限定了。每一种哲学思想都有其独特的形上姿态，都代表着一种独特的生命精神。相切于此生命精神而为其场有的具体表现的，乃是通过此生命精神而开显的意义世界的建构过程。哲学思想只是此意义世界的一部分——虽然那是此意义世界最洁静精微的一部分，因为它所涵摄的乃是此意义世界的理念架构。从此理念架构的镜子作用我们可以看到这个意义世界的性相宜仪，和隐伏在其背后的生命精神之神彩与症结。西方哲学自其传承希腊文化精神来说，乃是一个为匠心匠识中的知性主体所建构的理念系统。西方哲学心灵的神采与症结，也就是知性主体生命的神采与症结。如前所言，知性作用在自求满足的过程中——在满足其知执占有欲的无限追求中——最后必以其自己为其爱恋的对象。这知性作用的自恋情结，乃是一切知性生命的症结——亦即是西方哲学的症结。基本上为生命权能的知性跃动所支配的希腊、西方哲学可以说一开始就已经不自觉地陷入这自恋的情结中。在希腊、西方哲学心灵里支撑着的形上姿态，正是一个知性主体在自恋情结中自求满足亦同时自求解决的姿态，西方形上学只不过是这知性形上姿态的客观化与理念化罢了。

# 第五章　根身与道身:行沟理论与超切现象学

## §1　根身与道身:超切循环与太极内轨的两极异化

人的精神生命就其为意义世界开显之枢纽而言，我们可以称之为"承义体"或"道身"。这两个称谓外延（所指）相同而内容（含义）有别，"承义"就是承受和承担意义的意思。人的精神生命与意义世界是无法分开的，这期间乃是一个互为依存的关系：意义世界乃是通过人的精神生命而开显的，而离开了意义世界人亦无精神生命可言。所以，以人为"理性的动物"实在远不如以人为"承义体"来得恰当。但人是怎样在他的精神生命里，承受和承担他的意义世界的呢？这就立刻把我们带回到形上姿态这个重要观念来了。形上姿态乃是人在面对道体或场有自身时所采取的姿态。这不是人的肉身或根身所有的姿态，而是属于人的道身或精神生命的。人的精神生命就其所挺立的形上姿态而言，也就是我们所谓"道身"的含义。"道身"者，正是人承受和承担他的意义世界的"形上身"；道身的形上姿态正是人的精神生命对意义世界承受和承担的基本姿态。换句话说，意义世界乃是通过人的形上姿态而开显的。人是一个承义体正基于他的依场而有的道身——他的精神生命的形上姿态，不过我们应该立即指出，人的道身或形上身固然超越他的肉身或根身，但却不是一可以和后者分离的存有。离开了我们的根身，离开了我们这具诚曲能明的肉体或形躯，又哪里还有承义体或道身可言？我们精神生命的形上姿态，正是凭借着这具能直着走路的形躯委曲地支撑起来的；意义世界本来就是依沿着这具根身的灵明与作茧性而开显的。灵明作茧，委曲承义——这不正是即道身即根身的人在场有中最佳的写照么？

　　这里"即道身即根身"中的"即"字，指的乃是道身与根身亲密、亲切的关系。这不是一个纯粹"超越"的关系，而是一个"超切"的关系。"超切"就是既超越而又亲切不离的意思。道身起于根身而超越根身，但在超越中仍与后者保持亲密不离的关系，这就是我们所谓"超切"的意思了。中国传统哲学里最常见的"本末"观念正是一个超切的观念，根身与道身的关系不正是本末的关系么？道身之起于根身，就好像一棵树的树干和枝叶（末）从它的树根（本）处生长出来一样：根身与道身的亲密不离，亦正好比树根与树干枝叶间关系的密切。根身为道身之本，此乃因人的精神生命乃是建筑在根身的肉体生命之上的，原是透过根身的灵明作茧而生发的，但生发后的道身又可反过来影响根身，甚至主宰根身的一切活动。这时本末的关系已被倒置过来了，变为道身是本，根身是末了。儒家哲学里"以德润身"的修身思想和道家哲学里"复归其根"的养生思想，讲的都是道身反末为本的精神活动。"以德润身"就是以道身润泽根身，以精神生命的丰盛来润泽和振作肉体生命。"复归其根"就是道身通过精神生命的净化，来回复到根身原有的自然生命的纯朴。如道身一方面起于根身的灵明作茧，一方面则又反过来影响或支配根身，这期间就形成了一本末循环的依存关系。这本末循环乃是构成根身与道身的超切关系的基础，我们就称它为"超切循环"吧。根据上面的讲法，则我们所谓"超切"的关系可视为"超越"关系与"依存"关系之和。换句话说，超越关系乃是超切关系之一面。把超切关系中的依存关系抽离，超切也就变成隔离的超越——或"超离"了。

　　根身与道身间的亲密不离其主要的关键乃在中介于肉体生命与精神生命间的先天气质。所谓"先天气质"指的乃是根身所自然本具的一切生理和心理的潜能，根身灵明作茧前的一切生理和心理活动乃是纯粹属于肉体生命的。但在灵明作茧之后，根身与意义世界相接由理念架构之建立而成道身，这些在作茧过程中的生理、心理活动或茧化气质作用，也就同时为精神生命所涵摄。故我们若以"气质身"一词来概括一个人的先天气质及茧化气质，则根道身间的超切关系也是先天气质与茧化气质间的超切关系。先天气质是本，茧化气质是末；没有先天气质何来茧化气质？但茧化气质不仅是先天气质的实现，也是先天气质的化裁，如果根道身间的超切循环，亦可称为先后（茧化）天气质间的超切循环了。

　　根身与道身（包括涵摄在其中的气质身）间的超切关系，乃是人类一切意义体系与价值体系的根源。"意义体系"中之"体系"一词，我们不妨给与一明确的定义。"体系"中之"体"指的就是作为承义体的道身——承受和承担意义世界的精神生命。"体系"中之"系"又是什么意思呢？"系"就是统绪，指的乃是交织在人的问题心里，而形成其理性生命的理性统绪。所谓"意义体系"者乃是意义世界通过问题心的理性作用而呈现的理性架构，所有理性作用都是依问题心的向背而生发的；而问题心的向背则本于生命权能、创造权能的跃动。不管是仁性的或是材知性的，生命权能、创造权能的跃动永远离开不了根身与道身间的超切关系。说得准确一点，根身与道身间的超切循环乃是生命权能、创造权能在人生命里的运行轨道。在道家的丹术语言里，"太极"（乾坤合言）一词兼指根身和道身。根身与道身间的超切循环正是修炼内丹者的曼陀丹道。但"太极"不也指道体或场有自身么？如是，以"太极"一词来统摄人的肉体生命、精神生命和道体三者之间的复杂微妙关系当是最适合不过的了。这个宇宙乃是生命权能、创造权能运行的场所，而根身与道身间的超切循环，则是此宇宙得以呈现一意义世界的枢纽——道所遵循的运行轨道，那么就让我们称此超切循环为权能场有的"太极内轨"吧。

　　请读者注意，这里"太极内轨"一观念，并没有近代西方哲学所谓的"主观"的含义。"内轨"中之"内"不是内在于人的主观意识，而是内在于人的生命——通向道体的生命。"内轨"乃是内在于人之生命的权能轨道。它不单属于我们的根身，也不单属于我们的道身，而是二者得以统合为一、得以相离相即之道。"相离"言二者之互相超越，"相即"言二者之相互依存：相离相既就是"超切"。总而言之，人的生命乃是一道体权能运作于太极内轨之事，而此事所遵循之轨道基本上乃是一超切之道。

　　超切之道——根身与道身间的超切之道：我们可知这观念里面所包含的理趣有多深邃、多丰富啊！然而，对一般哲学者来说，这当是一个似曾相识却又显得极为陌生的观念。"似曾相识"——因为哲学家也是人，抑且是对人生的整体经验有深切反省的人；既是人则对这人之所以为人的切身之道岂能无所认识？不过他毕竟是被蒙蔽了，被他所传承的传统哲学思想蒙蔽了。传统哲学，无论在东方或是在西方——尤其是在西方，都曾在其主流思想的发展上有过这样一个明显的倾向——一个使太极内轨的超切之道转化为超离之道的倾向。这个转化乃是一切"异化"及"二元对立"思想的根源；其起点及关键就在根身与道身的异化，根身与道身的二元对立。太极内轨的根、道两极本来是既相离亦相即的；它们所构成的本末循环，本来是一个既超越亦依存的超切循环。现在由于两极的异化及二元对立，根身与道身变成相离而不相即。没有了互相依存（相即）的关系，超切之道也就变为超离之道了。

在西方、印度和中国所发展的三大哲学传统里，根身与道身的异化和二元对立，在西方和印度主流哲学思想里的表现，乃是哲学史家所公认的。感异成隔的西方哲学和感同成独的印度哲学，都是倾向于把超切之道转化为超离之道的哲学。在这两大哲学传统里，道身的形上姿态——作为承义体的精神生命——乃是在对根身或肉体的敌视或卑视态度上建立起来的。这种对根身和肉体的敌视、卑视态度在中国感一如实的哲学传统里，可说是根本上不存在的或最低限度是不明显的。宋儒思想中"天理"与"人欲"的对立，并不是精神与肉体的对立，而是"公"与"私"或"义"与"利"的对立。基于私利的人欲意识固然如王阳明所说的是由"躯壳起念"，但以天理公义为依归的高尚情操，又何尝不是透过形躯的肉体生命而表现出来的。根身与道身的异化和二元对立，不只在儒家思想里不存在，在道家思想里更不可见。以肉体形躯为"臭皮囊"的观念，乃是从佛家来的，不是从儒家或道家来的。《道德经》里"吾所以有大患者，为吾有身；及吾无身，吾有何患！"一句中之"身"指的不是形躯之身，而是造作多端、失去了自然纯朴之"我"（包括儒家之"私我"）——在有有之邦争取荣耀地位的"名位之我"。道家思想发展成为道教思想后，道身与根身的关系就更为密切了。道教的内丹派和西藏密宗一样，都是在根道身的超切循环中体现"真我"的宗教思想；宋明儒"变化气质"的修身观念，也是在根道身的超切关系上立论的。即道身即根身的超切之道，本来就是中国哲学传统传承自"易道"的根本思想。深受"易道"思想熏陶的中国人，何尝有过根道身异化的深切感受啊！

根道身的超切关系在易学里是怎样被肯定的呢？道身乃是一形上承义体：人以其形上姿态承受和承担意义世界，乃是人精神生命的本质。精神生命之形上承义处，正是道身之所以为"道"的所在。这个"道"是无形质的，是超越根身的——所以《易·系辞传》说："形以上者谓之道。"

《易传》里形上形下的分别，在泰古语言里本来指的是形躯与器物的分别，但在精神生命发达之后，形上形下已经转变为道身与根身器物的分别了。"形上"和"形下"中之"形"专指根身；形上与形下交接于"形"：道身与器物交接于根身——这不正是《易传》作者所要表达的意思么？

在易学的传统里，道身、根身与器物乃是一体相连的，这一点我们早就在第一章里指出来了。道身与形躯器物的关系，不是一个单纯的超越关系，而是一个相离相即的超切关系。人的精神生命不仅和肉体形躯不可分，就是和周遭环境的形器也是不可分的。场有的一草一木莫不是意义世界的一部分，莫不在道身的形上承义处起用；至于那和我们生命密切相关的同类——他人——那就更不用说了。这个讲法，我们相信当为大部分易学者所首肯的。

超切之道乃是人类安身立命的原始型态——一个没有精神和肉体对立的型态。精神和肉体的对立——根、道两极在内轨中之异化——乃是意识心极度问题化以后的事。意识心乃是精神与肉体交接的媒介，超切循环得以持续不断的基本条件。意义世界就是通过意识心的问题性和镜子作用而开显的；而人在承受和承担其意义世界时所表现的形上姿态，则是借意识心的理性统觉而确立的。意识心的问题化乃是意识心的本质，因为它本来就是生命权能、创造权能依身起念、依念作蛊的产物。精神生命的发达有赖于意识心的发达，而意识心的发达又有赖于生命过程中作蛊作用或问题性的复杂化、尖锐化。随着人类社会文化的演进，意识心就难免在自克结构某种形态的深远支配下，变为一个为太极内轨的异化所苦、所煎熬的问题心了。原来在意识心的发展过程中（尤其在感异成隔和感同成独所主宰的意识心态里），根、道两极的异化和对立所表示的，乃是理性统觉通过自克作用而产生的权力结构。这个权力结构乃是人在承受和承担意义世界时在其身心和文化各层面化解其问题性所表现的具体内容。根、道两极的异化正是此权力结构的核心所在。

## §2　理性、意识与语言：灵明之行的意境、义蕴与行沟

意识心的问题化乃是人生一切苦恼的根源，而问题心的生发——读者当还记得——则又由于生命权能、创造权能在自诚致曲的过程中通过意识

作用而有的虚机自觉。虚机自觉是问题心的起点，也是理性作用的起点。理性作用就其本源而言，其实就是曼陀罗智在意识层次里所起的作用。所谓"理性"就是在意识心虚机自觉的光照上，所引发的曼陀罗智方中求圆的本性。这本性乃是人性中最精微的部分，生命性能、创造权能发挥在人生命里的基本性格。人性的跃动就是此落实了的道体权能的跃动。曼陀罗智方中求圆的本性——人性中之理性——就潜伏在这权能的生生之性或创造性里。

曼陀罗智方中求圆的本性乃是理性的本质；至于在问题心里由理想、理性和理智所构成的心所或心结，乃是理念的基本架构。这原是我们在第三章讨论理性时所阐释的中心观念，只是在这一章里我们还没有明白"理性本质"与"理性架构"的分别罢了。不过这个分别很重要，一来它可以让我们对理性一词有一清楚明确的概念，二来我们要依赖它来进一步探究道根两极的异化问题。此乃因为精神和肉体的对立现象和问题心的理性作用乃是息息相关的，这一点想读者早就看出一点端倪了。

西方传统思想的理性观念，乃是一个非常混淆不清的观念。亚里士多德以人为理性的动物，这里"理性"究竟指的是什么呢？很多人以为它指的乃是人所独有的思考能力：人之理性即在人之"能思"。但这里所谓"思"——思想或思考——究竟指的是什么呢？首先，我们可以肯定的说，"思"乃是一种意识作用，但却不是意识作用自身；不然，以人为理性的动物，就等于以人为有意识的动物了。但其他动物难道就没有意识吗？动物是有感觉的，有感觉就已有某一程度的意识了。当然，人的意识与其他动物的意识有显著的不同；人的意识乃是一种兼具有"反身性"（reflexivity）和"意义指向性"（intentionality）的意识——一种在指向意义（intentional meaning）的呈现里意识到意识本身的意识，这就是近代西方哲学从笛卡儿到胡塞尔所论的意识心。笛卡儿的名句"我思，故我在"中的"思"（cogito）指的不是一般所谓的、狭义的"思想"或"思考"——以逻辑推论为骨干的思维活动，而是意识心的意识作用自身。对笛卡儿来说，能"思"的我包括我的一切意识活动——感觉、想象、记忆、数学运算等等。以逻辑推论为骨干的思维（如数学运算）只不过是意识作用的一面——属于"知解性"（intellectuality）的一面。笛卡儿以意识为构成心灵的实体，以与构成肉体和自然物的另一实体——他所谓的

"外延"（extension），即自然物占有空间的性质（物质的定义）——二元对立。物质为肉体我与其他动物或自然物所共，唯意识我或能思的主体则是人之所以为人的真我。如是，人就成为意识我与物质或肉体我的混合体。人也就成为有意识的动物了。但有意识是否就等于有理性呢？"理性"是否可以当作有意识的代名词呢？不可以的。因为"理性"这个概念，在大部分语言里都含有"合理"的意思，而"意识"一词却没有这个含义。意识内容有合理的成分，也有不合理的成分；意识活动可以是合理的，也可以是不合理的。我们习惯以"理性"与"反理性"或"非理性"相对，但"理性"与"反理性"或"非理性"的分别并不等于"意识"与"非意识"的分别。反理性或非理性的活动不同样是——或可以是——意识的活动么？在西方的哲学传统里，"合理"一向被认为是知解意识的专有物。人类的本能、欲望和激情常被摒弃在理性之外，而被认为是属于非理性或反理性的东西；但这本能、欲望与激情不也是意识心的主要内容么？

人是理性的动物。"理性的动物"希腊文是"zoion logon echon"。直译就是"占有logos的动物"。希腊文"logos"一字的含义相当复杂，但仔细分析起来其意义可以归纳为三大类，即：（一）语言含义的"logos"；（二）思维含义的"logos"；（三）理则含义的"logos"。让我们列举重要的例子展示如下：

（一）语言含义的"logos"：字（word）词（speech），句（sentence），说话（saying），讲话／演说（speech），谈论（discourse），谈话（conversation），语言（language），主张（assertion），应允（promise），命令（command），故事（story），格言（proverb），说话的权利（right of speech），说话的能力（power to speak），散文（prose），直叙体（narrative），命题（proposition），定义（definition）。

（二）思维意义的"logos"：思想（thought），理智（reason／intellect），意见（opinion），期望（expectation），考虑（consideration），估计（esteem），关注（regard），说明（account）。

（三）理则含义的"logos"：原因／根源（ground），原理（principle），公式（formula），法则（rule），比例（proportion），比率（ratio）。

上面所列举的乃是"logos"在希腊语里的普通含义，而非它在希腊哲学里的专门意义。哲学家由于要表达一个新的理念或思想，每每要在普通语言约定俗成的基础上从事语言创新的工作——用"旧瓶装新酒"的手法，来赋予习俗语言一个崭新的意义。从表面上看来，哲学家的创新语言好像是对语言的一种"歪曲"，但这个"歪曲"乃是相对于习俗语言的歪曲，而非对语言本身的歪曲。哲学家的创新语言原在语言场有的可能性里面。在某一义上来说，哲学思想正是这语言场有的产物。在人类精神文明的演化过程里，意义世界正是透过语言场有的创造权能而开显的。什么叫作"语言场有"呢？宇宙间每一事物都莫不有其独特的场有。一事物的场有乃是以此事物为"透视领域"而开显的场有。譬如，太阳系的场有就是以太阳系为透视领域的场有，人类的场有就是以人类为透视领域而开显的场有，我个人的场有就是以自己为透视领域而开显的场有——如此类推，那么"语言的场有"也就是以语言为透视领域而开显的场有了。万物都是依场而有的，都在场有"自身"的相对相关性里；此事物之场有也就是彼事物之场有，亦即是其他任何事物的场有，不过透视的观点和领域不同罢了。由于透视的观点和领域不同，场有的开显也就有别。"开显"乃是感通之事；场有的开显起于观点与透视领域间生命权能、创造权能的感通。人当然不是唯一的观点；人的生命也不是唯一的透视领域。但人的思想却永远不能离开人的观点，不能离开了人类生命和历史文化所构成的透视领域，在人类未有语言之前（权能），场有对自然人开显的性质如何我们已无法知道。可知道的场有乃是相对文化人的观点而开显的场有，语言的运作乃是人类文化的起点——也是文明历史的起点。"文明"就是人类文化生命中之灵明，这灵明指的不是意识心的感觉作用，而是意识心通过语言的运作所生的灵光。透过这意识／语言的灵明作用而开显的场有，已不是自然的场有而是一个意义世界——一个通过以文明人的生命为透视领域的意义世界。这个构成文明人的透视领域的灵明场有，乃是以意识／语言的感通量格为基础的。人与场有的感通量格的本质不在意识，也不在语言，而在意识与语言之混成和交互作用处所成的"灵明意境"。在文明人的语言文字里，都可以找到或多或少直接指向这灵明意境的字汇和阐释这灵明意境的语义单位或组合。在中文里，最直接指向这灵明意境的字就是"道"，而在希腊文里与"道"遥相呼应的就是希腊、西方哲学家所熟知的"logos"了。从上面所列举的"logos"一字的普通含义里，我们不是已可隐约地见到由意识和语言的交互作用所开显的灵明意境么？这一点让我们回头来再详加讨论吧。

　　"灵明意境"中之"意"就是意识心的意义指向性，"灵明意境"中之"境"就是为"意"或意义指向性所对的灵明场有——由意识／语言的感通量格所开限（开出与限定）的透视领域。"意"与"境"相对，与也"义"相对。"义"就是意识心意义指向性的对象——为"意"所指的对象。为"意"所指的对象是什么呢？当然就是在"境"或灵明场有中所开显的意义世界。我们可以说"义"（意义之"义"）是"境"（意境之"境"）之具体内容，也可以说它是明析分殊之"境"。"义"之所以明析分殊，乃是由于意识／语言的分别或分析作用。其实在我们日常生活中所开显的灵明意境，可并不是一个条理分明、秩序井然的意义世界，而是一个恍惚迷离、混沌纠结的意义蕴集。这个在日常生活中所开显的"灵明义蕴"经过理性的观念化、范畴化后就成为哲学家们所见的"理性宇宙"了。

　　意义世界之开显不单属于人之事，而是属于场有自身之事——说得明确一点，属于道体权能之事。道体权能一面生生不已，一面却对人类及其历史文化作"灵明之行"。"行"就是权能的运作；权能的运作是活动也是事件——此即活动即事件的权能运作我们称之为"行"。如是，"灵明意境"乃是灵明之行所开显的透视领域，"灵明义蕴"乃是灵明之行所开显的具体内容。人的道身或形上承义体乃是与道体灵明之行偕相应的形上体；人的精神生命乃是沐浴于灵明之行光照下的生命，人的精神生活是离不开他的问题心，和由其问题心所决定的理性架构和理性道术的。在道体权能运作的光照下灵明作茧、委曲承义的人和他生命里开显的意义世界，究竟是一个怎样的关系呢？毫无疑问的，这当是一个非常复杂的问题，因为它最后所关涉到的乃是人与道体或场有自身的关系。我们称这个问题为"灵明行沟"的问题，"行沟"就是以行为沟或是以行成沟的意思。"沟"字有鸿沟和沟通的双重含义，这个字所指向的乃是人与其意义世界间若即若离的关系。人当然离不开在他生命里于显的意义世界，但他与其所承受和承担的意义世界就其形上姿态而言可以是相应的，也可以是不相应的；或是说可以有相应和不相应的两面。相应就是"若即"，不相应就是"若离"。人与其意义世界不相应时就有鸿沟的存在。有鸿沟就是有限隔，就是有碍。有碍而求无碍：人要超越鸿沟的限隔而求与其意义世界相合无间——这就是"沟通"中"沟"的含义了，超越鸿沟而求沟通，这不正是曼陀罗智方中求圆的表现吗？

方中求圆的表现就是"行"。我们在前面以即活动即事件的权能运作为"行"——这是"行"在本体论（道体权能）上的意义。以方中求圆、有碍而求无碍的表现为"行"则是"行"在价值论上的意义。生生的场有乃是道体一心宜无不宜的价值体；即活动事件的权能运作本来就是一实现价值的表现。道体一心之宜无不宜，与道曼陀罗智作用之圆运周遍只不过是一体用之两面罢了。

意义世界开显于道体生生不已之灵明之行。从易学的立场来说，生生不已的具体表现乃是一形、光、力的混仪，灵明之行就是这混仪里光态之一面。"行"——即活动即事件的权能运作——只不过是——形、光、力混仪的仪用罢了。西方哲学家总爱把知解和存有对立起来，好像知解可以独立于存有之外一般；殊不知知解作用本身就是存有——以形、光、力混仪为具体内容的权能运作。由于受到人性里知执的全部控制，西方哲学的存有论基本上乃是一"有有之邦"的存有论——一个忽视了或遗忘了"生生之流"本体的存有论。以"存有"为"行"（即活动事件的权能运作）乃是 20 世纪西方哲学新起的观念。这在中国哲学传统里已是"古已有之"的了。①

西方哲学家心目中的"存有"应该说是"物有"。"物有"就是通过知执的作用，把行为或活动事件的物相从生生之流的场有中抽离而执而为"有"——为一独立实体——的意思。中国哲学语言中的"物"或"事"，指的都不是这独立实体义的"物有"，而是依生生场有观念而取义的"行有"。从《易经》场有哲学的观点来说，西方哲学的"存有"或"物有"只不过是"行有"的物相的抽象。知解的抽象作用乃是本于知性主体的执有的形上姿态——以成就意义世界为一有有之邦的主体诚仪。不过以"物有"为存有，则"场有"和"行有"的观念也就同时消失了、遗忘了。

"场有"是依场而有，"行有"是有在行中——亦即是依场而有的行

————————

① 牟宗三先生以《心体与性体》中所讲的"即活动即存有"的观念也就是我们"行"或"行有"的观念，与此相对的就是"存有而不活动"的"物有"。柏拉图哲学中的"理型"乃是物有一观念之抽象化与绝对化，"物有"就是物相之有，从生生之流的行有中抽离而观之"有"。"行有"和"物有"的分别，必须在场有和行沟的理论基础上才能讲得明白透彻。

中。在《易经》里人和万物与天地的关系，正是一行有与其场有的关系。行有与场有不可分："行有"就是场有之行，"场有"就是行有之场。《易经》哲学是一场有哲学，也是一行有哲学。在怀德海的哲学里，为宇宙基本组成单位的"真实缘会"（actual occasion）正是一即场有即行有的观念。而"行有"与"场有"的关系其关键就在"沟"一观念上。所以《易经》哲学的全部义蕴可以"行沟论"一词表之。有行必有沟，有沟必有行；沟在行中，行在沟中——《易经》哲学的精义就在这四句话里面了。

宇宙间任何事物，就其为权能之运作而言，都是一行沟。以人而论，则形躯之屈伸进退，一举一动固然是行沟；在意识、潜意识和超意识层次里的一切心灵活动也莫不是行沟。在意识层次里，行沟的权能运作可以分开两方面来讲。一方面意识心的行沟乃是依身起念、依念作茧的过程。另一方面意识活动的行沟则是一个"缘感生识、识念相续"的过程。严格地讲，这并不是两个不同的过程，而只是一个历程——意识心行沟历程——的两面。因为"依身"就是"缘感"，"起念"就是"生识"。"依念作茧"就是"识念相续"。意识心的行沟始于"感"，但"感"是依身而有的。"身"乃是一切"感"之根源。用法国现象学家梅洛·庞蒂（Merleau-ponty）的语言来讲，这就是身的主体性（作为主体的"身"），亦即是我们所谓的"根身"。但除了根身或主体身外，我们的身体还扮演了另外一个重要的角色。这就是在感觉中呈现的"身"虽然也是感觉世界之一员，但它却占有一个非常特殊的地位——说得明确一点，一个中心或枢纽的地位。感觉中呈现的他人他物都是依我形躯为中心、为转轴的坐标作用而被安排在感觉世界里的。这个占有中心地位的形躯或客体身我们以后以"坐标身"名之。我们可以说"坐标身"乃是朗现的根身。我们的身体是主体也是客体，是根身也是坐标身。"身"的意义就在它的双重性格里。场有哲学的行沟理论正是通过这身的双重意义而建立的。

## §3 缘感生识、识念相续：行沟理论
## 在知识论和价值论中之一贯

行沟——让我们再复述一次吧——就是即活动即事件的权能运作。在人的意识生命里，权能的运作乃是一个依身起念、依念作茧的历程，亦即

是一个缘感生识、识念相续的历程。"依身起念、依念作茧"点出行沟历程在意识心问题化一方面的意义，而"缘感生识、识念相续"则指出行沟历程在表象建构一面的意义。前一句话的重点在"行"；后一句话的重点在"沟"。这两句话连起来可以概括"行沟"一观念在意识层次里的基本含义了。

　　这两句话都有一个"念"字。这两句话的含义正是在这个字的字义上相交。因为意识心问题化和意识心的表象建构之间的关键，正是建筑在"念"的基础上。那么什么叫作"念"呢？我们在第一章里已经解释过了。"念"（从今从心）就是当下之心——亦即是生命权能、创造权能的当下诚仪。权能乃是行构的主体；"念"就是权能主体的主体性通过意识作用的当下表现。权能主体是宜体，也是仪体；一切权能的运作莫不是宜权"理"与仪能"气"的结合。念或当下诚仪就是权能主体自宜其宜"诚"的仪用。用较通俗的语言来讲，"诚仪"就是意志的表现。所有意志都是自宜其宜的；而"仪"就是意志自诚或自宜其宜时所表现的姿态。诚仪或意志的具体表现，就是价值判断和在价值判断中反映的权力结构。"权力"和"权能"不同，权能本身是中立的，无人为价值色彩的，无正负高下之分的；而权力则是有偏的，充满着人为价值色彩的，正是在正负高下的等级分判上见其本质的。（我们在上一节里曾有"生生的场有乃是道体一心宜无不宜的价值体；即活动即事件的权能运作，本来就是一实现价值的表现"一语。今以权能本身为"中立"，似有自相矛盾之处。但这里"中立"一词乃是相对于人为的价值判断而取义的，与前节从本体论的观点——专就道体为一宜体的观点——而引出的价值观念实在有基本的差别。）不过这两个观念虽然有别，却又是紧密相连的，没有权能，何来权力？但权能——最低限度从人的观点来看——却又好像永远以权力的身份出现。我们可以说"权力"乃是"权能"的分判。换句话说，权力的结构也就是权能分判的结构，这个权力或权能分判的结构从何而显呢？这个问题就把我们带到"念"和"识"的关系上来了。我们可以说权力结构，乃是一个充塞于念和识之间的物事，它具体地表现在"念"的诚仪（意志的姿态）里，也具体地表现在潜伏于"识"的价值判断里。人的意识生命，正是通过这充塞于念识之间的权力结构而问题化、而作茧的。

　　"识"就是识得、认识。吾人对事物的一切认识都是一种意义的组合——依缘着感觉而生的意义组合。感觉乃是意识生命的原始状态，没有感觉就没有知觉，没有知觉就不可能有知识。知觉乃是建筑在感觉上的意义组合，而知识则是建筑在知觉上的意义组合。譬如以我眼前所见的苹果为例，没有苹果给我的种种感觉——包括色、香、味、触等的原始经验——哪里会有我对这目前所见的苹果个别一物的知觉。而没有这个别一物的知觉，我对此苹果也就不可能有超乎个别或特殊感知经验的认识或判断了。我们可以说，知觉乃是感觉经验的综合，而知识则是知觉经验的综合。经验的综合究竟是怎么一回事呢？首先，我们应该肯定的是，经验的综合，和宇宙间其他一切事物一样，基本上乃是一种即活动即事件的权能运作——一种以意义的组合为具体内容的权能运作，也就是我们所谓的灵明行沟。灵明行沟和灵明之行其实是一事之两面，只不过前者乃是站在人的行有的立场来讲，而后者则是站在场有自身的立场来讲。以意义为具体内容的权能运作，从人的行有的立场来讲就是意义的组合——为经验综合所需的意义组合；从场有自身的立场来讲就是意义的开显——意义世界对人的开显，但灵明行沟里的意义组合，不正是灵明之行对人开显意义世界的媒介么？

意义的组合就是"识"，亦即是普通所谓的"观念"或"概念"的真实内容。识——观念或概念——是怎样来的呢？这是"观念论"必须解答的主要问题。在这里我们所采取的基本立场既不是（西方知识论中）理性主义的立场，也不是经验主义的立场。我们的立场既不同于康德的超越观念论，也和胡塞尔现象学的观点有别，我们所采取的乃是场有哲学行沟论的基本立场。我们以为识、观念或概念乃是场有权能运作的一种型态。识或观念乃是依缘着感觉而生的表象建构——利用表象为宜仪根据的意义建构，也就是我们所谓的"缘感生识"。但"识"与"念"是分不开的，而且是相生相续的。表象建构之所以可能乃是由于意识心知性的"悬解作用"。"悬解作用"就是知性在感知表象的基础上蹈空抽象的权能运作。内在于这悬解作用而为其创造性的原动力的就是知性的原始意志——建立有有之邦之知执（佛家所谓的"无明"）。这个原始意志在识或表象建构的过程中所表现的姿态就是上文所谓的"念"。隐伏在识或观念里的权力结构（价值判断）只不过是具体化的"念"罢了。所以主体性的"念"乃是认识或观念之所以"有得"（认得）或"有观"的根源。但这个"主体"不是意识主体——不是康德的或是胡塞尔的"超越自我"（transcendental ego），而是"权能主体"——跨越潜意识、意识和超意识三层次的"性相我"或"宜仪我"。这个"权能主体"或"性相我"最后分析起来乃是超越主客对立的，此乃因权能主体乃是一个场有的观念。"性相我"就是"场我"。场我是主也是客。观念中之"念"固然在场我之中，为观念所系或指向的感知经验和表象建构，又何尝不在场我之中——依场我之场而有呢？

"知识"——日常生活的知识和科学知识——乃是场我或性相我表象建构的产物。表象建构所本的原动力，来自知识的原始意志或知执的跃动；但表象建构所依赖的表象和观念范畴，却不是直接从知性权能的原始跃动里引申出来的。为表象建构的基本与料的"表象"起于感觉经验里的自然行文，而为意义建构所需的观念和范畴，却是由知性悬解力通过理念的权力结构和价值判断所纫造出来的。这里"理念"指的当然就是问题心理性统觉的理念——亦即是理想、理智与理念三合结构中的理念。意识心在问题化之前是"无念"的。因为"念"或"意念"所系的权力结构，正是意识心问题化所在的特征。既然无念，当然就不会有思了。"思"乃是随念而生的思量、思考或识见。意识心问题化之前是"无思无念"（应该说是无念无思）的，也就是说，"非理性"的。意识心的原始生命只是一自然之行文，它的具体内容就是纯粹的感觉绵延。

## §4　纯粹的感觉绵延：感知的时空与数理的时空

纯粹的感觉绵延乃是一时空的连续体。不过我们必须立即指出，这里"时空"指的乃是具体的、感知的时空，而非在物理学上由知解作用建构而成的抽象的、系统化的数理时空。后者只是一个几何模型——一个纯理论、纯形式的观念架构。感知的时空可不是一个数理的抽象架构，一个观念的框框子，而是感知经验的普遍形式——一个由自然行文之节奏方所处表现之具体形式。"具体"就是因体而具、而有的意思。"自然行文"就是自然行沟所成之文——由即活动即事件的生命权能、创造权能所自然表现之文理或文彩。为感知具体时空所因之"体"，当然就是自然行沟的道体权能了。借用怀德海的术语来讲，道体权能之自然行沟乃是一无限"创进"（creative advance）的"扩延连续性"（extensive continuum）。"时空"
正指此无限的创进历程，在其扩延连续处所因体而具的普遍形式。这既具
体亦普遍的"时空"有可以在感知经验里被直接知觉到的一面，前者就是
感知的具体时空，后者就是数理的抽象时空。感知的时空和数理的时空的
混淆不清乃是康德知识论中时空分析错误的根源。不过在非欧几里得几何
出现之前，这个错误当是很难避免的了。

　　感知的时空起于感觉的绵延。这里"感知"和"感觉"两词的分别很
重要。"感知"当然是感觉、知觉的意思。为什么我们在"感觉的绵延"
一语里单言"感觉"，在"感知的时空"一语里却言"感知"呢？难道不
可以说"感觉的时空"吗？不可以的。"时空"不是一个纯粹感觉的经验，
如上文所言，知觉乃是感觉的综合。纯粹的感觉绵延只是模糊一片的混沌
意识，而时空的知觉则起于打破混沌的原始综合。意识心在纯粹的感觉绵
延里是没有"时"和"空"之分的，所以我们不能说"感觉的时空"。
"时"和"空"的分别意识乃是"混沌初开"以后的事。"混沌初开"就是知
觉的开始，意识心的原始综合。盘古氏开天辟地的神话所象征的，正是这原
始综合起于原始混沌的意识发展的历程——亦即是感知的时空起于纯粹感觉
绵延的历程。在这个熟知的神话里，开天辟地前的盘古（在鸡子中之盘古）
代表意识心的原始混沌，天地开辟代表意识心的原始综合。天地分判，这是
方所或空间意识的开始。天地分判的过程也是盘古氏"一日九变"的生长过
程，这就是时序或时间意识的起源了。在柏拉图的宇宙创生里说，作为宇宙
创生的原始与料的"chaos"（混沌），和作为万物存有所在的"topos"或
"chora"（方所），乃是两个不同却又极易混淆的观念。照我们讲法，则 topos
或 chora 的观念，乃是从观念引申出来的。这两个观念的关系在其根源处，就
是意识心原始混沌和原始综合的关系。

## §5　原始混沌与原始综合：超切向朗主体的行沟
## 历程——兼论盘古神话的哲学意义

　　"综合"不单是合的意思，而是分而又合的意思。意识心的原始综合
也就是意识心最原始的分而又合。这个原始的分而又合的结果，就其具体
的普遍处而言就是感知的时空——从纯粹的感觉绵延里涌现的时序方所意

识。这个在原始的综合里成立的感知时空，也是最原始的知觉，这个原始的知觉本身不是事物的知觉，但却又离不开事物的知觉。就其可独立于特殊事物之知觉而言，感知的时空就好像一个无形体、无边际的事物框子——一个意识的虚廓。这个感知的虚廓也就是《道德经》所谓的"众妙之门"，亦即是在某一义下"惟恍惟惚"的"道"。《道德经》中"道"一观念有多层的意义。"有物混成，先天地生"的"道"，就其所反映的意识心态而言，就是盘古神话中天地分判前在鸡子中的盘古，亦即是意识心在纯粹感觉绵延里的原始混沌。惟恍惟惚的"道"已经不是原始的混沌，而是由原始综合所成的"众妙之门"了。知觉中的一切事物（众妙），都在感知意识的时空的虚廓里出现和消逝，所以以感知的时空为"众妙之门"。这感知的时空虚廓和被知觉的事物是若即若离的，所以说是"恍兮惚兮，其中有象；惚兮恍兮，其中有物"。但《道德经》跟着说："窈兮冥兮，其中有精，其精甚真，其中有信。自今及古，其名不去，以阅众甫。"这段话里的"精"、"真"和"信"究竟何所指呢？"以阅众甫"又究竟有何含义呢？我们的意见是："精"指的不是别的，就是道体权能的本质。在感知时空的虚廓或"众妙之门"中进出的一切被感知的事物，都是道体权能行沟的表现。权能的行沟乃是一自诚的运作，所以说是"其精甚真"；权能的运作不是杂乱无章的，而是有规则的，有其自然规律的，所以说是"其中有信"。这个感知时空或众妙之门所本的原始综合，乃是意识心最根源的主体性。这个最根源的意识主体可不是属于当下意识心的，而是内在于一切意识作用的"众始之始"或"众父之父"（"甫"，父也）所以说是"自今及古，其名不去，以阅（通脱，出也）众甫（父）"。但这个"以阅众甫"的意识的超切，又是如何成就其原始综合的呢？

"意识的超切主体"——这当然不是传统西方哲学所有的观念。自从笛卡儿发现意识主体或意识我（cogito）以来，西方哲学家就有把意识心孤立起来看的倾向，甚至（如笛卡儿本人）把它视为一独立自存的实体。下至康德和当代的胡塞尔，实体的观念是除掉了，但意识心还是被赋予一独立自存的性格。不管在康德的超越分析里，或是在胡塞尔的现象学里，意识心（自身）和意识物（在意识中呈现的现象或感知事物）都没有本质上的关联。对他们来说，我们的身体和我目前所见的苹果一样只是意识中之一物，同为意识心或主体"一视同仁"的物件。他们对意识分析得很仔细、很清楚；但他们把所有意识作用——如感觉、知觉、记忆、想象、判断等等——全视为意识主体的属性而与身体无关。视觉意识与眼睛没有本质上的关系；听觉意识与耳朵没有本质上的关系；触觉意识和皮肤没有本质上的关系；总而言之，一切意识和身体都没有本质上的关系——这是多么奇怪、多么难以理解的想法啊！

由于不能——或不愿——肯定意识作用和身体的本质关联，近代西方哲学家就只能有"超越主体"的观念，而不能有"超切主体"的观念。但把意识主体视为一超切主体——与道、形、器一体不可分的场有主体——却正是自《易经》以来中国哲学的老传统。中国哲学乃是一个"超切世家"的哲学传统，这和西方哲学"超越世家"的哲学传统实在是相去甚远的。

用超切哲学的观点来看，则意识心成就（感知）时空虚廓的原始综合，乃是一超切的场有综合而不是一个（如康德和胡塞尔所主张的）超越的、先验的综合。完成这原始综合的超切主体，其实不应该称为"意识主体"而应该称为"向朗主体"，因为它是一个从模糊的潜意识作用走向明朗的意识作用的权能运作历程。站在意识心发展的立场来讲，这就是一个从无对的婴孩意识，发展成有对的大人意识的心路历程。"无对的婴孩意识"指的当然就是以纯粹的感觉绵延为具体内容的原始混沌，而"有对的大人意识"指的自然是那通过超切向朗主体的原始综合所成就的时空宇宙了。大人意识基本上就是有对意识；感知虚廓中时和空之相对乃是最原始的相对——亦即是大人意识的开始。康德和胡塞尔的意识论都是"大人意识论"。以大人意识来概括一切意识，来探讨意识的本质，应该吗？

道家哲学所主张的正是大人意识向婴孩意识的回归。"由今及古，以阅众甫（以生众父）"一句中之"古"也就是"盘古"名字中之"古"，指的都是原始混沌的婴孩意识；"由今及古"之"今"自然就是当下的大人意识了。超切向朗主体（"以阅众甫"之"众父之父"）的原始综合乃是一"由古及今"的心路历程；如是，大人意识的"由今及古"——向婴孩意识的回归——也就是原始综合之"反"。"反者，道之动"。《道德经》这句话指的原是这"由今及古"的"反"。

所有开天辟地的神话，都是大人意识"由今及古"回归思想的产物。"由古及今"是意识的向朗，"由今及古"则是意识的"返朴"。"朴"就是婴孩意识的原始混沌，纯粹的、无对的感觉绵延。返朴或回归思想之所以可能乃因"向朗"原是一个由潜意识发展为朗意识——明朗的意识——的过程。潜意识并不是意识之无有，而实是模糊不清的意识。当原始混沌的婴孩意识，通过原始的时空综合发展为大人意识后，向朗主体诚仪隐机的生命历程，仍以不朽待用的客身潜存在大人意识的生命里而为逝去的纯朴意识心态的痕迹，这就是回归思想记忆所赖的原始与料了。回归思想，换句话说，就是让向朗主体在大人意识里重现的思想。所有开天辟地的神话都是潜意识向朗历程的回忆。盘古氏的开天辟地，其实就是向朗主体的开天辟地。所谓"盘古"其实就是向朗发展的意识心自身。但"意识心自身"乃是一容易令人误解的语词，因为它能使人不知不觉地走到独立实体的观念上去。不错，"盘古"就是那向朗发展的意识心——但也是那为意识生发所赖的根身。"盘古"——向朗主体——是心也是身。说得准确一点，它乃是一个即身即心的主体——以身心之相超切处为主体性的超切主体。这个"身"就是神话里"一日九变"和"日长一丈"的盘古。盘古的神话故事据《艺文类聚》所引的《三五历纪》是这样记载的：

> 天地混沌如鸡子，盘古生其中。万八千岁，天地开辟，阳清为天，阴浊为地。盘古在其中，一日九变，神于天，圣于地。天日高一丈，地日厚一丈，盘古日长一丈。如此万八千岁，天数极高，地数极深，盘古极长。后乃有三皇。
>
> 数起于一，立于三，成于五，盛于七，处于九，故天去地九万里。

"天地混沌如鸡子"——如上所述，这句话指的乃是以纯粹感觉绵延为具体内容的混沌意识状态。精神生命的第一件大事就是根身在原始意识混沌中的突显——这突显的根身就是"盘古生其中"一语里的"盘古"了。原始的意识混沌是无对的，因此也是无我的；但包裹着盘古根身在其中的意识鸡子——即已经意识到根身的意识——却是有我（根身）的了。不过虽然"有我"，即仍然是"无对"的；因为在混沌初开的"我"乃是一个为意识作用全部认同的我。事实上，"无对而有我"正是精神生命在潜意识层次里的特征。这个"我"乃是一个即心即身的我，所以我们可以称之为"心身我"——意识与根身等同的"我"。这个"心身我"就是为曼陀罗图形中心点所表征的自我，亦即是"开天辟地"的盘古。心身我乃是精神生命的核心，精神生命乃是即心即身，即意识即肉体的生命。不过，在精神生命的初期，意识心灵的发展乃是完全为根身的自然生命所控制的。心身我"开天辟地"（从混沌无对的潜意识发展而为明析有对的朗意识）的基本凭借，就是根身自然生长的"顶天立地"。朗意识的出现乃是根身站起来以后的事。这个站起来的根身就是神话中"神于天，圣于地"的盘古了。"神于天，圣于地"就是"伸于天，通于地"。这不是站起来的形躯——"大"字的原义——最简朴的写照么？

　　朗意识乃是大人意识的开始。不过这里所谓的"大人"不是普通所谓的（与小孩相对的）大人。"大人"中的"大"字取其原意——"大人"就是能站起直立走路的人。大人意识并不是小孩长大成人以后的意识。当婴孩在学习站起来走路的时候，大人意识就已经开始了。不过，为着避免混淆起见，让我们以后称这原始的大人意识为"准大人意识"吧。神话中盘古"一日九变"所指的正是形躯在自然生长中求"神于天、圣于地"——亦即顶于天、立于地——的努力过程。"一日九变"中之"九"不是数目之"九"。"九"，据《说文》，乃"阳之变也，象其屈曲究尽之形"。"阳"就是能自我伸直而"神于天"——"阳清为天"——的形躯。"屈曲究尽"就是形躯自直的终极状态。换句话说，"九"字的终极义就是直而不能再直的身体，这就是《易经》以"九"字代表"老阳"的意思了。"一日九变"当解释为一日里屈曲究尽地变。这句话乃是引文结尾"数起于一，立于三，成于五，盛于七，处于九"一语之省，指的乃是形躯直立长大的过程。屈曲究尽终极"九"的形躯就是与天地连成一直线的形躯，所以说是"故天去地九万里"。（"九"既不是数目字，则"九万"一词中之"万"自然也不能作一万解。"九万里"乃是神话语言中惯见的夸张语法，隐喻直立形躯顶天立地之"崇高"。）在易学的传统里——在中国的文化思想史里——"数"的观念原是与数目的观念无关。"数"原是"依身起念"的原始观念。"数"和"易"不可分，因为"易"原指生长变化的形躯，而"数"就是"易"道变化的基本形式或状态。上引文中的"一"、"三"、"五"、"七"、"九"都不是数目字。"一"就是形躯本身，"三"就是刚站起来的形躯，所以就是"立于三"。"五"和"七"字在甲骨文的写法分别为"×"与"＋"，都是直立形躯的象形。"五"者，据《说文》，"阴阳在天地间交午也"。因此。"五"就是正午的形躯，与天地连成一直线的形躯，亦即是站稳的形躯。稳立地上的表躯才能在正午与太阳（天）成一直线，所以说是"成于五"。稳立的形躯乃是准大人生命的真正开始。所以"五"就是"吾"。"吾"就是成为准大人的我呀！

那么"七"又是什么呢？《说文》解释为："阳之正也。""七"字甲骨金文皆作"十"。这不是"九"以后的"十"字，"十"字古文皆作"１"。不过"十"与"１"和"×"一样同为直立形躯之象形是毫无疑问的。不过"十"形所象征的已经不是站稳的身体，而是"十字撑开"为方所空间意识所本的坐标身。（人站立起来后，不必平伸两手，就已经"十字撑开"了。）通过坐标身发用的我已经不是无对的心身我，而是在主客对立的意义世界中委曲承义的道身。有了道身我的确立才有精神生命的蓬勃发展，所以说是"盛于七"。不过十字撑开之后人的意义和人的命运也就基本上被决定了，人之所以为人乃是十字撑开（站立起来）以后的事，所以说是"处于九"。"九"字一方面指向形躯生长直立的过程，另一方面则代表这生长过程的极限。我们可以说"九者，大之极也"。大之极就是"太极"。成于五、处于九的根身就是"太极"——为我们"开天辟地"的"九五之尊"，也就是"王"（天地人一贯为"王"）字的泰古原义了。

"九五之尊"的"王"，换句话说，就是神圣化了的根身、坐标身。这个神圣化了的形躯就是"十"。中文的"十"和罗马数目字中的"×"（和中文之"×＝五"相似）原来都不是数目字。"十"和"×"原来指的乃是"神圣地"处于"上天下地"之中的人身。这就是为什么毕达哥拉斯和他的门徒以"十"为"圆满之数字"（perfect number）了。①

———————————

①　印顺法师也以为"十"在古代并不是数目字，而是神灵的代表。在甲骨文中"龙"、"凤"等字所从的▽、ヂ、干都表示神灵的下降。在民间（连官府），如契约等需要画押，就写这个"十"字。又卜辞中的"王"字，起初都写成△或类似的样子，后来又在上面加一画，成为△。印顺以为这是"将（地上）向上的神，结合（天上）向下的神，是干、△的结合，也就圆满的表示了王的意义。"此即后来"天人合一"思想的根源。权案：这个解释不只有趣，而且也间接证明了我们对易数起源的看法。很明显的，在"十"字代表天地神灵之前，它代表的正是神圣化了的根、坐标身。根、坐标身的神圣意义乃是一切神圣意义之本。其实在语言和神话里，由根、坐标身引申出来的意符或象征符真可说是俯拾皆是。譬如作为佛家和许多其他民族（如古代印度、波斯、希腊、日本及印第安人）信仰的神秘象征的"卍"（swastika）或"卐"（德国法西斯纳粹党的党徽）就是"十"的变形。"swastika"源自梵文"svastika"，乃是福德、吉祥（well－being）的意思。此字中所含之语根"asti"（being 存有、是），据我们的看法，应该也是以根身之性相为其（泰古）原义的。

在"一"与"十"两数之间，"三"、"五"、"七"、"九"为阳数，"二"、"四"、"六"、"八"为"阴数"——这是易学传统的一贯说法。"三"、"五"、"七"、"九"本来都不是数目字，"二"、"四"、"六"、"八"当然也不是数目字。阴阳的观念原是从根身生长变化（易道变化）的过程中引申出来的。易数分阴分阳，可见易学中"数"的观念，原是为分析根身生长变化而有的观念。[①]"阳"为直，"阴"为曲；阳数与阴数的关系乃是易道变化中直曲权能的关系。有曲必有分，为什么"分"字从八从刀呢？根据高鸿缙的解释，"分"字本来写作"八"，后世借为八九之八，乃加"刀"为音符还其本原。[②]"八"字甲骨金文均象左右分背之形，正是依直立的形躯而起念创造的指事字。可见"八"原是"九"相对的观念，"九"象形躯屈曲究尽之形。"屈曲究尽"以成直为目的、为极，故"九"从形躯之直取义。所以是阳数。"八"象形躯左右分背之形，"左右分背"乃是依坐标身为中心而分别的现象。由是一切由依根身之坐标作用而起的分别都是"八"——包括形躯在活动操作时自曲自折所成的分别，一部分肢体与另一部分肢体的分别。"八"指曲分的活动，也指由此曲分活动所分判的两两相对的现象——如左右、前后、上下等等。这两两相对的现象就是"二"字的含义。"二"字两画相叠，它的泰古原义当为上与下之相对，亦即天与地之相对。那么"四"和"六"又是什么意思呢？很明显的，"四"就是四方，原初指的不是东南西北四个方位，而是前后左右四个方向。泰古人的空间观念，和初站起来的婴孩的相互经验一样，乃是由前后、上下、左右六个基本方向形成的。这六个方向所开扩的空间就是"六合"。这个词语原指感知的空间，后来就发展为宇宙的观念了。上下四方之谓"宇"，古往今来之谓"宙"。可见"六合"正是宇宙中之"宇"。"六"字从入从八。"入"就是进入或住入，它所指向的乃是人对空间最基本的体验。婴孩学习站起来直立走路的历程也是一个"进入六合"的历

---

　　① 近年来在中国大陆出土的数字卦，专家推断乃是《周易》阴阳卦画的前身。数字卦乃是由奇数和偶数组成的图形画。《周易》中的阴阳符号（——，− −）可能是从奇偶数发展而来的。但奇偶的前身又是什么呢？我们的看法是，不管奇偶数字是含阴阳符号的前身，这两类符仪最初乃是同源的，都是从（根身的）直曲观念演变而来的。关于数字卦读者可参阅由唐明邦等合编的《周易纵横录》（湖北人民出版社，1986年11月）中张政良和徐锡台所写的两篇文章。

　　② 高鸿缙著：《中国字例》，台北：三民书局1964年版，第419页。

程。"进入六合"乃是曲分活动的结果，故"六"字从"八"（曲分活动）。易学以活动（权能运作）的过程为"少"，以活动的结果为"老"；故"八"为"少阴"，"六"为"老阴"。又进入六合的空间体验必待人站稳以后始为明确，这样"六"居"五"（站稳的形躯）后当是自然可解的了。

　　总括来讲，易数的泰古原义正在感知时空的原始综合与超切上。感知的"时"与感知的"空"的可分而又密切关联——这是意识心从潜意识踏进朗意识的当下所体验的基本心态。向朗主体的原始综合乃是"人"的开始，准大人意识的开始，也是意识世界的开始。这个"众父之父"、"众始之始"在中国神话传说和经籍记载里，我们都可以找到非常有力的明证。

## §6　无间意识与有间意识：它即我与自别我

　　根深从原始混沌（模糊一片的纯粹感觉绵延）中的突显，乃是人生的第一件大事，因为这是朗意识的开始，亦即是意义世界的开始，这当然是从意识心的立场来讲的。若从根身的立场来讲，则生命早就开始了——在卵子受精的刹那就已经开始了。根身在意识心中之朗现乃是潜明意识（一般称为"潜意识"）与显明意识——我们称之为"朗意识"——之分水岭。"潜明"与"显明"相对，所有意识原都是虚灵明觉心的产物，都以"能明"为其本质；"无明"就不是"心"，就不是意识了。不过，意识心可以是"有对"的，也可以是"无对"的。我们以有对的意识心为"显明"，以无对的意识心为"潜明"。为什么称它为"潜"呢？因为在意识生命的发展过程中，当有对的朗意识出现之后，原来无对的虚明意识也就隐伏在这有对意识的下面而在晦明中起用。不过，我们必须立即指出，我们这里所谓的"有对"与"无对"中之"对"，乃是"对立"之"对"，而不是"对象"之"对"，所有意识都是有对象的，此乃根于为意识本质之指向性。但有对象不一定有对立。意识对象之所以成为对立，乃是意识心感异成隔或感同成独的结果。这两种心态都是从意识作用之自别倾向而生发的，当意识心不能或不愿认同于其意识对象时，意识对象就立即与意识心成为对立了。

　　潜明意识，我们在前一节已经指出来了，乃是"无对而有我"的意识。这个"我"就是根身，朗现的根身——混沌初开的盘古。这个"我"，站在意识生命发展的立场来讲，乃是最原始的"我"，朗现的根身——为意识作用意识到（最初只是模糊地感觉到）的根身——乃是意识心最原始、最特殊的对象。在婴孩的潜明意识里，这个为意识心的终身伴侣的"它"竟是完全为意识作用所认同了。此乃因意识心在婴孩的生命里乃是虚柔纯朴的——是"无我"的，意识心不以自己为"我"而以"它"（被认同的根身）为"我"。我们所谓的"无对而有我"中之"我"就是这个"它即我"、"客体我"或"根身我"，"客体我"乃是与"主体我"相对而言的。在婴孩的潜明意识里只有"客体我"而无"主体我"。"主体我"生于意识心的自别作用，故亦可称为"意识我"或"自别我"。主体我、意识我或自别我乃是意识心由潜明意识发展为朗意识以后才出现的。所以，若在"无主体我"一义上说，则婴孩的潜明意识自亦可以说是"无对亦无我"。

其实，严格地来讲，真正的"我"既不是客体我（根身我，它即我）也不是主体我（意识我，自别我），而是为由二者之超切关系所构成的"心身我"，亦即是我们在上一节所谓的"（超切）向朗主体"。不过，向朗主体乃是一个场有的观念，而不是一个实体的观念。作为"真我"的心身我不仅超越心与身的对立，亦同时超越一切物我、人我或主与客的对立。说得明确一点，真我或心身我乃是一个即心即身、即行有即场有的权能主体——一个在物我、人我或主客之超切圆融处立极的法体，这也就是我们在上节所谓的"场我"或"性相我"的精义了。哲学思想在其根源处乃本于曼陀罗智的自觉，而曼陀罗智自觉的具体表现正在性相我之自觉啊！

在意识生命发展的初期，作为婴孩意识的基本内容的潜明意识，乃是一个"无间"的意识。"无间"就是没有差距和隔离——以后称简"限隔"——的意思。意识心既完全以"它"为我——完全认同于根身（不把根身推出去而与之对立），又哪里还有限隔可言呢？无间意识不正是婴孩意识的特征吗？

从无间的潜明意识发展而为有间的朗意识，此乃婴孩生命向孩童生命演变的基本过程。孩童生命的开始也就是准大人生命的开始。准大人的生命乃是根身"立于三"以后的生命。"立于三"（见前节）一语中之"三"

亦即是《道德经》第四十二章"道生一，一生二，二生三，三生万物"一句中之"三"。这句千古名言究竟讲的是什么呢？两千年来，真是众说纷纭，莫衷一是。它是宇宙论的语言吗？它不是宇宙论的语言吗？牟宗三先生以为它不是宇宙论的语言，而是心性境界的语言，这实在是很了不起的大发明。但心性境界的语言难道就一定和宇宙论的语言不兼容吗？难道就不可能有宇宙论的含义吗？在中国的传统哲学思想里，心性与宇宙永远是打成一片的。心性境界与场有宇宙之超切圆融正是中国形上思维的特色。当然，在此一义下之"宇宙论"与在西方超离哲学传统下的"宇宙论"乃是两个很不相同的观念，它们的分别究竟在哪里呢？这个问题我们留在后面讨论吧。

## §7　道生一：原始混沌与核心现象——超切现象学借场有辩证法的建立

　　"道生一，一生二，二生三，三生万物。"在某一义上来说，这句千古名言的真义可是最明显不过的了。假如我们拿这句话来和在《三五历记》中记载盘古开天辟地那段文字对比而观，就不难找出了解这句话的重要线索。我们只要仔细地分析一下，就不难发觉到《道德经》这句话，简直就是前节所引《三五历记》最后一段论易数文字的缩影。易数，我们已经说过了，并不是我们一般所谓"数"的观念，而是描述根身生长变化的情状的观念。根身的生长变化，在泰古的哲学语言里就是"易"；而根身生长变化的情状或宜权仪能——"易"的性相——就是"数"。所以，易学中之"数学"也就是根身生长变化的性相学——或简称"根身性相学"。如是，《道德经》那句千古名言也就是根身性相学的语言。但在易学的传统里，根身的生长变化不只是根身之事，也是意识心性之事、宇宙场有之事。换句话说，根身性相学不只包括心性论，也包括存有论、宇宙论。这样看来，《道德经》那句话可真是够"意简言深"的了。

　　"道生一"，一般的古注，都解作道生于一。但这样的解释明显地破坏了《道德经》这句话"X 生 Y"的一贯语法。传统的注者由于缺乏对泰古哲学语言的认识，所以对这句千古名言的真义始终得不着要领。不知道"道"和"一"的泰古原义又怎能对"道生一"这句话有一个正确的了解呢？

那么，这句话里的"道"是什么呢？"一"又是什么呢？如上所言，我们只要拿《道德经》里这句话和其他有关"道"与"一"的言说，与《三五历记》中记载盘古开天辟地那段文字对比来看，就不难找出开启这句千古名言的奥义的锁钥了。"一"是什么？我们在前一节已经明确指出来了。在泰古语言的根身性相学里，"一"指的就是我们的根身——朝直生长变化的形躯。换句话说，《道德经》这句话中的"一"也就是开天辟地神话中的盘古。"一"的原义确定了，"道"的原义在对比之下也就呼之欲出了。在神话中，盘古生于天地分判前的原始混沌，这不正是《道德经》中"有物混成，先天地生"的"道"么？在泰古哲学语言里，《道德经》中的"道生一"这句话和《三五历记》中首句"天地混沌如鸡子，盘古生其中"乃是完全同其意指的。"道"为"万物之母"或"天下母"，这里"母"的含义相当于神话中孕育着盘古的混沌"鸡子"的含义。又"道"之为物是"绳绳不可名"的，是"寂兮廖兮"、"惟恍惟惚"的，这不正是神话里"混沌"的写照么？

神话中天地分判前的"混沌"与《道德经》里"有物混成，先天地生"的"道"，指的都是人类最原始的场有经验——原始时空综合前模糊一片的纯粹感觉绵延，这最原始的无分无对的经验，是无法用分别意识产生后所惯用的二分语言来描述的。它完全不是一般所谓"物"的经验，故《道德经》以"道"为"绳绳不可名，复归于无物"。既然非一"物"，当然就不可能把它视为一"物"的存在，把它作为"物"一般来名状。所以《道德经》只能以"湛兮似或存"或"绵绵若存"来形容它，只能暧昧地说它是一种"无状之状，无象之象"的"恍惚"状态。但这种混沌暧昧的意识可不是一幻境，因为内在此原始的感觉经验里乃是一个"有象"、"有物"、"有精"、"有真"、"有信"（第二十一章）的真实具体内容。这混沌意识中的真实具体内容究竟是什么呢？这个问题我们在前一节已经答复过了。它就是道体权能通过渐朗根身朝直生长变化的运作。渐朗根身"开天辟地"之后，这个为"万物之母"的原始混沌也就一去不复返了，这岂不就是《道德经》所谓"道失而后德"的意思么？

"道"者，得也。在"道失而后德"这一句话里，"德"指万物各自的本性，亦即是"物"所得于"道"者。故"物"之出现，乃是"天地分判"以后之事；而"天地分判"却是根身朝直生长所成就的原始大业。所以分判前的原始混沌——先天地生的"道"——乃是"天地之始"；天地剖判才是"万物之母"。希腊神话中（如希西奥特《神统记》中首出于天地）的 chaos、希伯来《圣经创世记》中的 tohu va—vohu（上帝创造万物所资的"无"），和盘古神话中的"混沌"所象征的都是这未分判前的原始意识状态。应该立即指出来的是，作为人类场有经验起点的原始混沌意识，可不单是一心理学的观念，而实是一兼具本体、宇宙论和存有论意义的"现象学"观念。这里所谓"现象"指的乃是在经验、意识之流中的显现的性相。在场有哲学里，一切显现的性相——在经验意识之流中朗化的宜仪——都是依人类灵明行沟而有的性相。而在人类灵明行沟的场有经验里，道（相对于根身的场有自身）、形、器乃是本质上一体相连的。此三者在生生权能深广的场有中所铺陈的"超切场面"，乃是灵明之行或意义世界开显的基本架构。由根身与道身间的超切循环所构成的太极内轨（见 5.1 节）正是这基本架构的中心环节啊。

由于在经验、意识之流中所显现的性相，都包括在道体权能深广的超切场面里，一切现象都是超切的现象。"现象学"就是以场有的"超切现象"为探讨对象的学问。不过，这种"超切现象学"既不同于黑格尔的"精神现象学"（phenomenology of spirit）。亦与胡塞尔的"超越现象学"（transcendental phenomenology）迥异其趣。从场有哲学的观点来说，黑氏与胡氏的现象学都是无具、无根的。这里"无具"中的"具"，就是"具体"一词中之"具"。"无具"就是缺乏具体性，一切"具体性"本于道、形、器间的超切关系。说得明确一点，一物或一观念的"具体性"，就是它在生生权能所铺陈的深广超切里所具备的"德性"。这正是中国哲学语言里"德性"一词的泰古原义。"无根"中的"根"指的又是什么呢？不是别的，正是为传统西方哲学家所不屑一顾的"根身"——中介于"道"与"器"之间的形躯，具体德性的核心所在。但在黑、胡二氏的现象学里占人类场有经验核心地位的，可不是我们这具诚曲能明的根身而是绝对化了的意识作用——黑氏所谓的"绝对精神"（absolute spirit）和胡氏所谓的"超越自我"（transcendental ego）。凡是以孤立意识心为本的哲学，都无可避免地走上"无具、无根"的虚浮之路（无具故虚，无根故浮）。黑胡二氏的现象学不过是"虚浮"哲学中之表表者罢了。

在场有哲学的超切现象学里，绝对化的意识心将为"超切向朗主体"一观念所取代。超切向朗主体不是一孤立的意识之流，而是以生生权能所铺陈的深广超切场面为具体内容的"场我"或"权能我"。"场我"基本上乃是一个权能运作与场有综合的观念，"场有综合"就是超切德性的综合，而超切德性的综合，则基本上是生生权能在人类灵明行沟的场有中势用符用的综合。"势用"乃是权能在形、光、力混仪的特殊场有处境中宜仪相即所蕴含的德性，而"符用"则是权能通过符仪的象征作用所蕴含的德性。我们可以说，"势用"代表权能运作诚仪隐机、自然成化的一面，"符用"则代表权能运作表像建构、意义开显的一面。由是权能的场有综合，乃是一个表象建构与诚仪隐机的综合，一个自然成化与意义开显的综合。权能运作乃是场有综合之"体"，场有综合乃权能运作之"用"，这就是超切现象学所涵摄的"体用论"了。

混仪势用的自然成化与符仪符用的意义开显——此二者不过是生生权能一体之两面。我们可以说，道体权能通过人类灵明行沟的运作，乃是一以混仪势用为"经"符仪符用为"纬"的创进历程。为人类历史文化与精神生命所铺陈的超切场面，正是以势用之"经"与符用之"纬"所编织而成的"势符业蕴"为其具体内容的。意识心并不是一孤立的实体，而是中介于道、形、器之间而为场有综合所依的虚灵作用。假如意识心也可以说是有"体"的话，那么我们不妨说它乃是"超切现象"和"权能综合"的"媒体"——"辩证的媒体"。"辩证法"乃是研讨综合问题的学问。在场有哲学里，一切综合，如上所言，乃是超切德性的综合——我们所谓的"场有综合"。故"场有辩证法"也就是场有哲学的方法论，说得清楚一点，场有辩证法乃是我们通过意识的媒介作用而探究"权能之道"——超切综合之道——所依赖的方法。从哲学的立场来看，这就是最高和最具涵盖性的理性道术了。

假如"主体性"一词只限于孤立化、绝对化意识作用的话，那么场有哲学当然是一"非主体性"的哲学。场有辩证法——场有哲学的方法论——正是以破除"主体性"孤绝意识（主体性）——为能事的方法论。不过，这难道是"主体性"唯一的定义么？难道我们不可以建构一个新的——一个更能如实地反映人类场有经验的——主体性或主体观念么？当然可以。我们所谓的"超切向朗主体"正是一从我们的基本场有经验导引出来的新主体观念。此"超切主体"中之"主"不是笛卡儿的"cogito"
"思维我"（孤立意识心），或任何由此观念引生出来的种种寡头意识主体
观念（包括黑格尔的绝对精神和胡塞尔的超越自我），而是在生生权能的
超切场面中"长大"的场我、权能我。意识我只是这场我、权能我的一小
部分罢了。那么，此"超切主体"中之"体"又是什么呢？它指的乃是道
体权能场有综合的全体大用——包括整个自然成化的势用宇宙与灵明建构
的意义世界。换句话说，真实的"主体"乃是一"化裁主体"，以场有之
整体宜仪为化裁对象的权能主体。必如是观，我们才能对场有经验的本质
有相契有体悟。

　　超切现象学——让我们来作一个总结吧——乃是依权能体用论与场有
辩证法建立起来的学问。它所探讨的对象，乃是超切向朗主体或权能我在
场有中灵明行沟的创进历程，一个以权能之势用符用为经纬的辩证、综合
历程。这个历程的起点，就是以纯粹感觉绵延为场有经验内容的原始混
沌；而超脱这原始混沌的则是核心性相"根身的生长变化"的突显与道形
器超切场面的确立。核心性相——也可称为"核心现象"——从混沌意识
的出现亦即是人的素朴自我形象的出现，这素朴的自我形象，乃是道身或
形上承义体得以挺立的原始基础。而另一方面，超切场面的铺陈，则是道
身形上姿态与意义世界开显的张本。人之所以为人之德性——"人
性"——乃是通过人的精神生命表达出来的。但人的精神生命究竟是什
么时候开始的呢？我们的答复是：它是在人的自我形象出现之后才开始
的。故核心性相的突显——根身从原始混沌意识中的超脱——乃是"人性
生命"的开始。从人类场有经验发展的立场来看，也就是"历史"——
场有历史——的开始。这个以人性生命的造端为起点的历史观点，我们就
简称之为"人性史观"吧。由上所述，我们应当了解人性史观与超切现象
学乃是密切不可分的，抑且是同其具体内容的。此乃因为它们都是以超切
主体的灵明行沟历程为其共同探讨的对象，所不同者，人性史观注重人性
在灵明行沟历程中的卓立，而超切现象学则包括场有自身灵明之行的观
点。但场有自身的灵明之行与人性在人类灵明行沟中的卓立在某一义上来
说乃是"权能运作"之一事两面。此二者之间的超切关系，正是场有哲学
所要研究的中心课题。现在让我们回到《道德经》泰古哲学语言的层次
里，来对此课题作进一步的疏解吧！

　　人类最原始的场有经验乃是模糊一片的纯粹感觉绵延——《道德经》所谓的"无名之朴"。这里"无名"之"名"，指的乃是分别意识出现后所赖以分判定位的分析语言。说它是"无名之朴"只是说不能用分别意识的分析语言来解释它、名状它罢了，并不是说它不可能有任何称谓，否则《道德经》作者也就不会"字之曰道"，又"强为之名曰大"了。其实，《道德经》不只称谓它，也用一种暧昧的语言（"无物之物"、"无象之象"、"惟恍惟惚"等）来描述它。以"它"——《道德经》字之曰"道"、名之曰"大"的"它"——为超越一切言说乃是一个很大的误解。

　　我们现在要问的是：为什么《道德经》以"道"和"大"来名"它"呢？这两个字是否只是任意规定的符号（arbitrary signs）呢？不是的。我们认为《道德经》的作者选择"道"和"大"这两个字来名"它"，来称谓人类场有经验的原始混沌，并不是随意的、毫无理由或根据的。"大"的原义——我们已重复过多次了——乃是直立的形躯。"道"字从辵、人首，其原义（以后当有详述）当为会直立走路、会说话、会思想的人。换句话说，"道"、"大"和"一"这三个字在泰古语言里基本上是同义的——都是直指根身的名词。如此说来，"道生一"这句话岂不就等于"道生道"或"一生一"了么？这怎么可能呢？究竟应该作何解释呢？

　　原始混沌的"它"是无法名状、不可致诘的。《道德经》的作者对这意识生命的起点以"道"和"大"来称谓它可说是非常自然、非常合理的，根身和意识的关系乃是一相即相离的超切关系。从根身的立场来看，意识作用的"动而愈出"乃是人类依身起念、依念作茧的产物，因此我们可以说意识起于根身。但另一方面，根身的自觉——道身所本的素朴自我形象却是意识心所对的核心现象或对象。而这个核心现象乃是从原始的混沌意识突显出来的。故从意识经验的立场来讲，根身（根身的自觉形象）可说是起于意识。《道德经》"道生一"这句话乃是依后者的观点而立论的。"道"本来指的乃是出现于意识的形躯，现在用来称谓它所从出的原始混沌意识。这显然是"以果名因"或"以子名父（或母）"——以"后项"（consequent）名"前项"（antecedent）——的手法。"道"和"一"本来在意义上是同一层次的词语，在"道生一"这句话里已经是属于不同层次的语言了。用超切现象学的观点来讲，"道"——原始混沌——乃是一切法、一切现象（天地万物）所从出（突显于意识心）的真因，而"一"

则是天地万物得以开显的核心现象（根身的生长变化）。故"道"乃是一比"一"更具涵盖性的观念。"一"是"道"的核心；离开了"一"，"道"也就不成其为"道"。故《庄子书》云："道通为一。""一"，作为"道"的中心，也就是庄子思想中"道枢"的原意。但"道枢"本来是一重复语："道"就是"枢"，"枢"就是"道"——同指会直立走路、会说话、会思想的形躯（枢）。这具诚曲能明能言的形躯乃是天地万物、意义世界得以开显的枢纽（枢）。故在文明人的哲学思想里，"道"的观念也就被形上化而成为"道枢"的观念。这样一来"道"与"一"这两个词语的含义也就混同了。

但在《道德经》哲学的泰古语言里，"道"和"一"显然是两个不同层次的观念。我们在上一节开始就已经指出来，"一"相当于开天辟地神话中的盘古，而"道"则等于天地未分判前"盘古生其中"的混沌鸡子。盘古就是这混沌鸡子的核心——"一"与"道"的关系在神话语言里不是已经很明确地表达出来了吗？在中国的泰古语言里，直指"核心现象"（根身性相）含义的词语实在很多："道"、"大"、"一"、"始"、"元"、"本"、"太极"、"太一"等不过是较显著的例子罢了。而中国神话里象征地曲诠核心现象的更是比比皆是。譬如，杜而未先生所发现的月亮神话，我们以为基本上乃是根身性相的象征语言。总而言之，中国文明思想中的泰古语言，都是直诠或曲诠根身性相的核心语言。这一点我们在下文将详细讨论。

除了"道"和"大"之外，《道德经》也借用"始"字来称谓场有经验和意识生命的原始混沌。故《道德经》首段"无名，万物之始；有名，万物之母"中"始"与"母"是不同义的（由于缺乏对泰古哲学语言的认识，传统的注者和《道德经》的西文译家自然无法了解这个分别的真正含义）。"始"就是"道"或"大"，亦即是"无名之朴"，相当于盘古神话中的混沌鸡子。而"母"是什么？它当然就是生于"道"的"一"，亦即是天地分判后的"分裂鸡子"了。原始混沌打破了，天地万物开显了，分别意识的分析语言也就用得着了——所以说是"有名，万物之母"。这句话的句读不是很明显的么？

不过，《道德经》这句话的另一种读法——"无，名万物之始；有，名万物之母"也是讲得通的。"无"就是无有，乃是相对于"有"而取义的。"有"就是天地分判以后的形色宇宙和意义世界，由名位分判与权力结构所决定的"有有之邦"。"无有"中的"无"不是绝对的"无"，一无所有的"无"。"无有"中所"无"（作动词解）的"有"只是"有有之邦"之"有"。"无有"其实也是"有"，不是形色宇宙与意义世界的"有"，而是生生之流与无名之朴的"始有"或（借佛家名词来说）"妙有"。生生权能自身是无间无碍、自然成化的。这"无间无碍，自然成化"的无上德性正是"妙有"之所以为"妙"的所在——故"常无，欲以观其妙；常有，欲以观其徼"。"常无"就是以"常"为"无"或从"无"处观"常"的意思。从"无"处观"常"——离开了为名位语言与权力结构所支配的"有有之邦"——才能看到常道无间无碍、自然成化之"妙"。但常道不仅具"无"的一面，也具"有"的一面。"常有"就是以"常"为"有"或从"有"处观"常"。"常有"中之"有"实在有两层意思：一指由形色宇宙与意义世界所构成的有有之邦，另一则指为此有有之邦的本元的生生常道，亦即是"天地万物生于有，有生于无"中之"有"和"有，名天下之母"中之"有"。"常有，欲以观其徼"——这句话中的"徼"字究竟是什么意思呢？我们可以说"徼"就是"常道"之所以为"天下母"的德性和关键所在。"徼"本义为"循"，乃顺次巡行之意，故从彳。顺次巡行乃是一种不断超越界限、不断迈向边际的行动，故由此引申而有边际与界限的意思。又以"徼"音皎，从白（光景）放（放射）会意，作"光景流"解，乃白光四射之意。[1] 顺次巡行则足迹遍及四方如光景流之充塞整个空间。这正是暗示经验意识的象征语言。《道德经》的作者用这个字来表达"无"与"有"——"妙有"与"限有"，生生之流与有有之邦——之间的超切关系实在是最巧妙不过了。

让我们更简明地重复一次吧。《道德经》中所谓的"有"乃是一个中介于"无"与"有有之邦"间的一个观念。中介于常道之"无"与常道所开出的有有之邦间的是什么呢？当然就是我们所谓的场有自身了。"无，名天地之始；有，名万物之母。""天地万物生于有，有生于无"——把这两句话合起来看，"无"、"有"与"天地万物"显然是三个很不相同的

---

① 关于"徼"字的训诂，可参阅高树藩编纂：《正中形音义综合大字典》，台北：正中书局 1984 年版，第 452 页。

观念。"无"、"无有"、"无名"、"无名之朴"、"无极"、"天下之始"——这是体常道之"无"的语言。"有"、"有名"、"玄牝"、"天下母"、"万物之母"——这是体常道之"有"的语言。我们称前者为"道始"的语言，后者为"道本"的语言。这两种语言若分别不清楚我们就很难对《道德经》的形上智慧有深切的体悟了。

无与有——道始与道本——乃是常道或生生权能一体之两面——所谓"此二者同出而异名"。"异名"就是"常无"与"常有"——"无入"与"有入"两个体道的门径。从"无"处入常道（常无），我们可以体验得到的乃是道体"无间无碍，自然成化"之"妙"；从"有"处入常道（常有），我们所体悟得到的却是道体"无偏无颇，诚仪隐机"之"徼"。不过"无入"也好，"有入"也好，常道权能一样难以名状、不可致诘的。无间无碍、自然成化的"道始"固然是玄妙莫测不可思议，无偏无颇、诚仪隐机的"道本"又何尝不也是神秘莫测、难以言诠呢？故《道德经》只好"同谓之玄；玄之又玄，众妙之门"了。

不过，常道无与常有——道始和道本——两面固然同是玄奥莫测、不可思议，其"不可道"处还是有分别的。我们可以说，常道之"有"或"道本"的一面乃是"玄秘"或"神秘"的，而常道之"无"或"道始"的一面却是"玄妙"或"神妙"的。"玄秘"或"神秘"——常道之无偏颇、诚仪隐机——虽是不可思议却并非无迹可寻，所谓"见其事不明其功"；但"玄妙"或"神妙"的道始——道体权能（本身）之无间无碍、自然成化——却真的是无迹可寻的了。常道之无上德性，《道德经》以"常德"与"玄德"称之。照我们这里的讲法，我们应该作"始德"与"元德"的分别——前者是道始玄妙、神妙的常德，而后者则是属于道本玄秘、神秘之常德。前者乃是"天下之始"或"无名之朴"的玄德，而后者则是"天下母"或"万物之母"的玄德。这个重要的区别显然都为传统注释家所忽略了。

"道"本来指的乃是我们的形躯——这是"道"的泰古原义。《道德经》的作者运用"以子名父（或母）"的手法，借用它来指形躯所从出的原始混沌意识。我们可以说这是"道"在现象学（意识语言）和存有论（意义开显语言）上的含义。朗现的根身乃是原始混沌打破后为意识心所对的核心现象——"道生一"中之"一"。核心现象的出现，乃是天地万物和意义世界得以开显的枢纽（"道枢"），故"道生一"这句话乃是现象学和存有论的语言，而不是西方传统形上学中所谓的本体、宇宙论或宇宙创生论的语言。《道德经》去古未远，还浓厚地保持着泰古哲学素朴的风貌，保持着它超切而非超离的思想形式。在泰古人泰朴的体验里，道（场有自身）形器乃是密切相关、一体相连的。而后世形上学思想——尤其是西方哲学传统中的形上学思想——乃是超离心态的产物。形上学家先把自己——他的身心——从他实存的场有处境中抽离出来，然后把自己放在一个和上帝或神等同的地位，以"永恒旁观者"的姿态来观照存有，又想象自己站在时间之流的起点来冥思宇宙万物无中生有的情景。泰古人可没有这么丰富的幻想能力。泰古人的哲学思维乃是最纯朴、最现实的——真正地是"切身处地"的。泰古人岂无对道体、本体——《道德经》也称之为"道"或"常道"——的体验？但对泰古人来说，道或常道永远是通过他实存的场有经验——通过超切场面的形器之德——而开显的。说得更明确一点，场有经验与常道本体本来就是一而二、二而一的混合体。什么是"常道本体"呢？不是别的，它就是充塞着场有宇宙的生生权能。这生生权能——生命权能、创造权能——乃是属于场有自身的而不是单属于任何场有者的，所以《道德经》称之为"常道"。但是才说"场有经验"，"常道"——场有的本体权能——也就涵摄在里面了。场有经验不正是常道或场有自身本体权能的显现么？所以在《道德经》的哲学语言里，"道"一观念同时兼具本体论、宇宙论（权能场有语言）与现象学、存有论两方面的含义。这两方面的意义体系是平行的，但也是相交的，互相涵摄的。我们可以说，在《道德经》的哲学思想里，几乎所有的基本范畴或哲学专门词语都有同样双向的、暧昧的意义结构。"道"指原始混沌的场有经验，但也指与此原始经验互相涵摄的场有权能本体——常道。从意识心的立场来说，常道乃是隐伏在原始混沌经验里的本体权能——这是现象学、存有论的"道"涵摄本体论、宇宙论的"道"。但从场有自身的立场来看，混沌意识只是本体机能，通过人类生命与其实存场有而运作的一种状态——最原始的状态，亦即是说本体论、宇宙论的"道"涵摄现象学、存有论的"道"。其他主要观念如"德"、"一"、"大"等也相应地和"道"一样在这平行而又互相涵摄的两个意义体系里，取得它们的意义结构。在《道德经》里"德"字的哲学意蕴至为复杂，我们在下文将予以详尽的疏解。在这里我们应该立即指出来的是："德"一观念乃是相应于"道"之分析而有的。"道"兼指人的场有经验和与此场有经验互相涵摄的本体权能——这个包含此两方面含义的"道"乃是一个"场有大全"或"场有大体"的观念。换句话说，"道"的分析也就是场有大全或场有大体的分析，而场有大全、大体的分析——我们现在可以不必再解释了——亦即是道形器一体相连的超切场面的分析。由于观点的不同，超切场面可以有许多不同的分析，而"德"字因而也就相应地可以有许多不同层面的意义。譬如，场在者与场有自身是有别的，故"德"可有场有者的德性与场有自身的德性之区别。用《道德经》的语言来说，前者指混沌分判后天地万物各别的德性，而后者则指常道本体之常德或玄德。而常德或玄德本身，根据上文道始与道本的区别，又可再分为"始德"与"元德"两面德性。"始德"是常道之所以为"天下之始"的玄妙德性，而"元德"则是常道之所以为"天下母"或"万物之母"的玄秘德性。据《道德经》作者的看法，在初生婴儿原始混沌的意识状态中，人（场有者）的德性乃是与常道之常德、玄德完全吻合的。但这"婴儿未孩"（未变成孩童）前的"玄同状态"很快就从人的生命里消失了。所谓"道失而后德"。这里"道"指天地未分判前的"道"，玄同状态中之"道"；"德"就是天地万物在分判后各得于"道"的德性。这时玄同状态已经不存在了，代之而起的乃是一个为名位语言和权力结构所主宰的意识心态，人的德性和常道的常德、玄德也就从此隔着一道永难契合的鸿沟了。

　　常德兼指常道的始德与元德。此二者的关系乃是全部《道德经》哲学最洁静精微的地方，亦是千古以来最为注释家误解的地方。常德乃是常道本体权能运作的玄妙、玄秘的无上德性。"玄妙"以言道始之无间无碍，自然成化，"玄秘"以言道本之不偏不颇，诚仪隐机。《道德经》曰："天地不仁，以万物为刍狗。"这一句话是讲道本的。"不仁"就是不私仁、不徇私，亦即是无偏颇的意思。无偏颇就是"用中"，道家其实也是和儒家一样以"朝直用中"为元德的本质的。道本的朝直用中本来是一个无始无终的历程，但后世形上学家和《道德经》传统的注释家，总是要把常道的元德固定在一客观的时间之流的起点上，如一般人对《圣经·创世记》中"上帝从无中创生世界"一观念所作的误解。《道德经》的哲学思想基本上乃是传承自泰古人的超切哲学传统的。在泰古人的素朴体验里，宇宙创生也就是存有的开显，场有（包括天地万物）的开显——这个"存有开显"的观念正是海德格哲学划时代的贡献。但对海德格而言，存有的开显只是意义世界的开显，而对《道德经》和他们传承的泰古哲学来说，存有的开显同时也是常道（生生权能）的开显。站在超切现象学的立场来看，场有的开显始于原始的混沌意识。但从本体论、宇宙论的观点来看，则为场有自身所本的常道权能，却是运行于每一事物之行中而为其场有之根据。换句话说，始德、元德并不是属于某一个时间起点的，而是贯彻着整个无始无终的时间之流的。权能运作的始德、元德其实就是内在于每一行为的玄妙、玄秘德性。前者乃是天地万物"各适其适"的场有根据，而后者则是天地万物"各得其得"的场有根据。此物之所以为"此"而非为"彼"，其最后根据来自常道之元德。但此物之"有得"本身和其在场有大体、大全中之自适却是由常道之始德——本体权能之无间无碍、自然成化的始德来的。这个内在于天地万物而为其场有、行有的存在根据的始德，元德——合言之曰"常德"——也就是《道德经》中"一"的意思了。这个"一"乃是本体论、宇宙论的含义，而不是现象学、存有论（狭义）的含义。我们在前面已讨论过"道生一"这句话在后者的真正义蕴，现在我们可以相应地疏解它在前者的意趣了。

　　"道生一"这句话在本体、宇宙论的某一义上来说乃是重复词，因为"道"就是"一"。"道"是生生权能的莒道本体，"一"就是这常道的常德、玄德。常德、玄德乃是常道之所以为"常"的本质。常德、玄德乃是合始德、元德而言的无上德性。"一"屮有"二"，故曰"一生二"。此中的"二"亦即是"有名，天地之始；无名，万物之母。二者同出而异名，同谓之玄"中之"二"。此"二者"所同出的当然就是常德、玄德本身之"一"了。那么"二生三"又是什么意思呢？"三"指的是什么呢？常道的常德乃是天地万物场有、行有的根据，天地万物各别之德性，乃是由常道权能之常德通过场有超切场面的特殊状况而开显、而表达的，所以"三"就是铺陈在场有中的超切场面。场有的超切场面乃是万物行有的场所，故云"三生万物"。我们以后将会明了这个"三"在本体、宇宙论中的含义亦同时是它在现象学、存有论中的含义。换句话说，场有的超切场面乃是这句千古名言在其双行意义结构中的会合处。

# 第六章 贞三前后：坐标身与核心语言

## §1 道生一、一生二：潜明无外与潜明有断——根身的呈现与潜明意识的由未明而渐朗

"道生一"所代表的乃是从原始的混沌意识发展而为潜明意识的演变过程。"潜明意识"乃是意识到根身而又完全认同于根身的意识——我们所谓"无对而有我"的意识。潜明意识发展的后期就是"朗意识"——"有对有我"的意识。潜明意识中之"我"是"它"即我、客体我（以客体为我），所以是"无对"；朗意识中之"我"是自别我、（意识）主体我，所以是"有对"。"有对"就是"二"，所以《道德经》云"一生二"。"一生二"所代表的乃是从原始的混沌意识，经潜明意识而发展为朗意识的演变过程。当然，我们也可以说，有分就是"二"。如是，则潜明意识是"有分而无对（无对立）"，已经是"二"了。从"二"发展而为"三"乃是意识生命的深切朗化，这是根身十字撑开以后之事。这个"三"的阶段我们以后会详细讨论。

潜明意识，我们在上一节提过了，乃是无间的意识。一个人出生以后开始数星期的意识生命，就是这种无间的潜明意识生命。潜明意识是有分而无对、无对而有我的意识。"有分"而无碍其为"有我"，所以是"无间"——无由有分所成的限隔。在最初期婴孩的生命里，意识心不仅完全认同于根身，以根身"它"为我，也同时完全认同于环绕着根身的一切人物，亦以"它们"为我。婴孩的宇宙乃是一个完全为意识心"以它为我"化了的宇宙。这就是为什么希腊哲学史家干福（cornford）称初生之婴孩为一以我为唯一存有的"唯我主义者"（solipsist）了。[①]不过，我们必

---

① 见干福（Francis Mcdonald cornford）著：《苏格拉底前后》（*before and after Socrates*），London Lcambridge University Press，1932 / reprinted 1972，第8—9页。

须立即指出，哲学上所谓"唯我主义"乃是感异成隔意识心态的产物。说得清楚一点，西方哲学家所谓的"唯我主义"乃是意识心由感异、惊异、而绝于异的自我辩证过程的极端发展。"绝于异"就是"异"的全部抹杀。这种"绝异成独"的心态和印度哲学思想所突显的"感同成独"心态是有其基本上的不同的。前者由"感异"出发，后者由"感同"出发。不过，就其均为"成独"而论，则二者又好像难以区分了。

那么，假如我们一定要以"唯我主义者"来形容婴孩意识心态的话，它是哪一类的唯我主义呢？它是一个绝异成独的唯我主义者呢？还是一个感同成独的唯我主义者呢？都不是的。婴孩意识是无间的，是超越同异的对立的。婴孩意识的无间性源自为意识心本质的虚灵明觉心——为纯粹意识所在的无限虚柔。无限虚柔的意识心乃是一种感一如实、超切能容的同融心态。婴孩意识之以它为我，乃是本于这种超切能容的同融心态，而非本于绝异成独或感同成独的超离无容心态。所以，以西方哲学思想中的唯我主义来描述婴孩意识基本上是不当的、是错误的。

婴孩意识之所以为"无间"，乃因为在其感一如实的同融心态里，无限虚柔的意识心能以"无我"来成就"它"之为"我"——亦即是以主体之"无"来成就或安立客体之"有"。主体之无与客体之有本来是一若即若离、互相超越而又互相依存的超切关系。但在婴孩意识发展的过程中，这超切能容的同融心态，也就渐次为感异成隔的意识心态所取代。由于主体意识我或自别我之出现，无限虚柔的意识心也就退隐了、消灭在意识生命的潜明背景中了。

朗意识乃是与自别我同时呈现的意识，正是以主客相对待为特征的有间意识。这时意识心已经不再以它为我，而是以己（意识自身）为我。换句话说，由于自别我（意识主体我）的出现，"它"即我已经被抹杀了。"它"不再为意识心所认同而被视为别于我、异于己之"异己"。自别我与异己之对立乃是朗意识的基本心态。当这种意识出现之后，潜明的婴孩意识已转化为明显的孩童或准大人意识，为根身"十字撑开"的确立的意识。

在准大人意识确立以前，潜明的婴孩意识可以分为前后两期。前期的潜明意识乃是生于原始混沌的纯然无间意识，即完全以它即我为具体内容的意识；后期的潜明意识则是一有间、有断的意识——已渐为"它非我"

之意识所笼罩的意识。从心身我与其场有的关系上来讲，无间意识亦即是"无外意识"——没有以场有世界（心身我的周遭环境）为"外在"的意识。潜明意识既完全以它为我，当然是"无外"的了。

但在意识心发展的过程里，无间、无外的潜明意识演变而为有间、有外的潜明意识乃是一很自然的、抑且是无可避免的事。意识心的潜明无间与"原始见外"原都不是人为的结果，而是基于生命权能、创造权能在其自然行文中断续相间相切的性相宜仪，自然行文是有断有不断的。"不断"乃是从整个自然场有的立场来讲，"有断"则是从个体自然生命的立场来讲。这里所谓的"不断"与"有断"，指的乃是个体自然生命与其场有相应或不相应的关系。相应就是"不断"，不相应就是"有断"了。换句话说，意识心由无间、无限隔的潜明意识演变而为有间、有外的潜明意识原是由自然行文中之有断或不相应因素造成的。

在婴孩意识的前期，心身我的个体生命乃是以发挥其原始的生命权能——潜伏于其根身的本能欲望——为主的。原始生命权能或本能欲望的满足，乃是潜明的无间意识得以持续的基本条件。在一个满足婴孩的潜明意识里，他的个体生命乃是和其周遭环境的一切（包括一切的人或物——尤其是他的母亲）一体相连，乃是完全相应无间的。但本能欲望的满足岂可能无断？个体生命与其场有世界岂可能永远相应？婴孩要在他母亲温暖的怀抱里才能满足他的安全感，但那温暖的母亲岂能永远不离开？婴孩饿了就得吃，可是那能满足他饥饿的乳头或奶瓶有时等了很久还不见来，这样，不相应的感觉也就慢慢地在他潜明的意识中滋生了、滋长了。这由本能欲望在求满足过程中受挫折所产生的不相应感，乃是自别我意识得以成长的基本因素。自别我意识产生之后，婴孩生命已经不再是一个无间的生命，而是一为主客对立——自别我与它非我——意识所主宰的有间生命。从此个体的心身我，也就永远推动了在其潜明意识前期，曾自在地享用过的"伊甸园"或原始天堂。因为在他和其场有世界之间，已经划下一道将永远难以逾越的鸿沟了。

当然，在婴孩潜明意识的后期里所呈现的自别我，原初仍只是一模糊不清的我；与自别我相对的"它"也是一模糊不清的"它"——由它即我与它非我相混而成的暧昧的"它"。潜明意识的后期——我们名之为"潜明有断"——的确是一种非常暧昧的意识心态。心身我的个体生命与其周遭环境的关系仍在意识心中呈现着一种断断续续的乍断还连状态。所以潜明有断还不算是朗意识，而只是一种"渐明"或"半朗"的意识。潜明已朗之后，这种半朗的暧昧意识并不是就此消失了，而是以一种很特殊的身份隐伏在朗意识的下面。

潜明已朗——主客对立意识的明朗化——乃是十字撑开——形躯站立起来——以后之事。站立起来以后的婴孩已经不再是婴孩，而是有准大人资格的"孩童"了。"孩童"就是"立于三"的人。这个"三"，如前所述，也就是《道德经》所云"二生三，三生万物"中之"三"。二加一为三。"二"是有分、有对的意识心，包括自根身从原始混沌（纯粹的感觉绵延）中呈现（道生一）以后，由潜明未朗至潜明有断的全部发展过程中的意识心态。那么，所加之"一"是什么呢？不是别的，就是我们那具诚曲能明的根身。"二"加"一"所成的"三"就是站立起来以后的根身——坐标身；它所代表的乃是以根身、坐标身为一切活动的枢纽而撑立起来的准大人意识（朗意识）生命。根身站立起来以后，代表潜明意识的"二"也就隐伏了。代之而起的"二"乃是一个在强烈的对立意识里开显的"二"——包括自别我与它非我的对立，也包括一切直接或间接依直立根身的坐标作用而生的对立——如上下、左右、前后、刚柔、阴阳、进退等等。对"立于三"的准大人，意义世界已经明朗地开显了。严格来讲，万物和意义世界的开显乃是以"立于三"为起点的，所以说"三生万物"。如是《道德经》那段千古名言的全部胜义也就可以简括说明如下：

　　"道生一"——代表根身（一）从原始混沌意识（道）中的呈现。

　　"一生二"——代表由原始混沌意识（一）变为潜明意识（二）的演变过程，包括前期"初生婴孩的前数星期"的"潜明无外"意识和后期的"潜明有断"意识。

　　"二生三"——代表暧昧的、有间的、半朗意识（二）凭借根身的直立（三）而明朗化的演变历程。

　　"三生万物"代表万物和意义世界通过根身的坐标作用而开显。这是准大人（孩童）意识生命的开始。

这就是我们上文所谓"根身性相学"（易数）的精微大义了。

## §2 二生三、三生万物：根身的十字
## 撑开和人类的核心语言

当一个婴儿呱呱坠地之后，它已经不再是一个附属于母体的胎儿，而是一个脱离了母体而独立的个体生命。从根身之"呱呱坠地"至根身之"十字撑开"，乃是一个人的"婴孩时代"——亦即是为未朗而渐朗的潜明意识所充塞的时代。在婴孩时代的"伊甸园"里，人是没有具体的精神生命可言的。此乃因精神生命原是由道德生活培养出来的，而道德生活乃是十字撑开以后才开始的。道德生活所培养出来的，乃是一个人的"人格"——人之所以为人的格局。精神生命乃是一个个体人格自宜其宜的意识生命。"宜"就是"性"；"自宜其宜"就是"率性"。所有生命都是"率性"的场有，但婴孩的率性乃是一自然生命的率性而不是一精神人格的率性。精神人格的率性必须通过道德生活的锻炼——通过道德格局的熏陶，在婴孩的潜明意识里还没有形成一个道德的格局；所以婴孩意识是非道德的，因此也是非精神的。

"十字撑开"原是宋儒陆象山用来突显孟子在儒家思想发展史上所占特殊地位的名句。不过，陆象山用的乃是这句话的隐喻义，而非它的素朴的泰古原义。他所谓的"十字撑开"乃是道身的（精神生命的）——而非根身的——十字撑开。至于道身的十字撑开和根身的十字撑开之间究竟会有什么关系，这自然不是陆象山所关注到的问题。这也难怪，人类站立起来之后已经许多万年了；除了人类学者之外，究竟有多少人——多少思想家、哲学家——曾对这最不稀奇的事实感兴趣呢？

没有根身的十字撑开，也就没有道身的十字撑开：道身的"道德"乃是从根身的"道德"义引申出来的。这当然不是说一个人不站立起来（十字撑开）就不能过道德生活，而是说人在过道德生活时呈现的依赖的意识心灵——新儒家所谓的"道德心"——并不是一个无始无根、独立自存的物事，而是一有始有根、在意识心的发展过程中占有一特殊地位、具特殊性相的宜仪体。不错，道德心的最后根据乃是生命权能、创造权能的生生之德所在的主体之仁。但人的道德心可不是本体之仁自身，而是本体

之仁通过心身我的个体生命在自然和人文历史场有中之落实。上文所谓的
"有始有根",正是从本体之仁落实于心身我之过程来讲的。道德心乃是
一种以是非善恶的严格价值判断(陆象山心目中的"十字撑开")为其权
力结构的具体表现或内容的意识心态。凡是有权力结构可言的意识心态都
是一种"分别心识"——为明朗的对立意识和高下分判意识所控制的心
识。道德心只不过是分别心的一种特殊型态罢了。当然,在人的文明生活
里,这种以道德意识为其权力结构的具体内容的分别心乃是无所不在的。
对新儒家和其他道德主义者来说,道德心的十字撑开几乎可以说是"文明
生活"的定义。在某一义上来说,这个肯定可以说是完全正确的。

但道德心——在人的生命里落实的本体之仁——是怎样在心身我的场
有中成长的呢?道德心源于分别心,十字撑开的道德意识乃是从意识心的
最原始的分别意识演变而来的。这最原始的分别意识——借用存在主义的
语言来讲——乃是人的"存在"(existence)的开始:包括意义世界的开
始、道身或形上承义体的开始、问题心理性道术的开始、精神人格的开
始。这最原始的分别意识是什么呢?当然就是我们上文所谓的朗意识或准
大人意识——为根身"立于三"以后十字撑开所成就的意识心态了。英文
"existence"源于拉丁文"ex-sistere",其意为"升起来"(to emerge)或
"站出来"(to stand out)——总括来讲,乃是"生起"(成长起来)的意
思。(根身从潜明意识之朗现与意义世界之开显不都已隐含在这"升起
来"(emergence)的泰古原义之中么?)此字从其泰古原义来讲乃是希腊
文"飞硕"(Physis)、梵文"婆门"(brahman)、中文"易"之同义语——
同指根身"朝直"(朝向形躯直立)的生长变化过程。"婆门"或"梵"
一字乃是从梵文语根 brh 引申出来的["婆门"(brahman)旧译为"梵",
我们以"婆门"这个似曾相识的音译来指此字的泰古原义],"brh"的意
义为生长,指根身向直立形躯的生长。直立的形躯为"大"("大"字原
义),故"婆门"的原义为"成大者"(that which makes great)。"飞硕"
和"易"的原义也是生起或生长,原指根身朝直生长的过程。《易传》
云:"生生之谓易。"又云:"易有太极。""生生"的泰古原义正是根身朝
直的生长变化。在《易经》哲学里"易"与"太极"的关系和在前苏格
拉底哲学语言里"飞硕"与"亚给"(arche)的关系——就二者之泰古原
义来讲——乃是完全相等的。"易"和"飞硕"同指根身朝直的生长过程,

而"太极"和"亚给"则同指站稳以后（立于三）而为意义世界开显的枢纽的直立形躯，即我们所谓的"坐标身"。故"太极"和"亚给"皆有"始"、"元"、"源"、"本"和"一"等含义。由是，我们可以说，"易" ／"太极"合言或"飞硕" ／"亚给"合言正好合成"存在"（existence/exsistere）一词的泰古原义。"升起来"（生生）就是"易"或"飞硕"的过程——根身朝直生长过程。"站出来"就是"太极"或"亚给"——突显于万物之中而为万有的坐标轴的直立形躯。如是，存在主义者以"存在"一词专指人的存有当不是毫无根据的了。

自从海德格的名著《存有与时间》问世之后，一般受欧陆哲学思潮影响的哲学者，已经习惯地作"存有"与"存在"之分了。这个分别，无论站在海德格本人的哲学立场来看，或是站在泰古哲学的立场来看，都是很有意义的。不过我们要知道"存有"与"存在"的分别在泰古语言里本来是不存在的。所有"存有"或"存在"的语言原本都是根身生长变化的语言——即我们所谓的"根身性相学"的语言。在泰古人的素朴意识里，人自己的存在和存有（或场有），自身乃是通过根身一体相连的。说得明确一点，泰古人对根身性相的体认，亦同时包括对自我及他人的体认和对其他一切存有的体认，亦隐约包括存有自身（道体权能）的体认。此乃因一切存有——包括人的存有——都是通过根身的生长变化而开显的。站在泰古哲学的立场来讲，存有论就是根身性相论。海德格由于不了解"生长"一义的泰古原义，及其所涵蕴的甚深素朴理趣，遂有对"飞硕"一字原义的误解。一般语言学家皆以"飞硕"的原义为生长，海德格以为这实只是肤浅的看法。海氏以为"飞硕"应是"来站在光下"（coming to standin the light）的意思。（海德格以为以"physis"为"生长"乃是肤浅的解释。他把"Physis"与代表光仪的语根"Pha"挂钩，遂有"来站在光下"的含义。殊不知此义在泰古语言里乃是密不可分的。用易学的泰古语言来讲，"Physis"与"Pha"的关系好比"生"与"阴阳"的关系。海德格在诠释古希腊哲学中"存有"（being）一观念的原义时，曾数度引用"直"或"直立"的观念，如在讨论希腊语"peras"（极限）一字时所作的剖释（我们以为"peras"相当于中文的"太极"），只可惜他都轻易地放过了。但这不正是"生长"一词的泰古原义么？海氏在他的《形上学序论》（*Introduction to Metaphysics*）中对希腊哲学语言的独特诠释，若从他个人的存有哲学观点来看，可真是烟幕重重，十分难解。但若改从场有哲学中根身性相学的观点来看，则立刻会令人有疑难立释、昭然若揭的感觉。是的，凡是"无根"的哲学——不以根身为本的哲学——都是和泰古哲学传统脱了节的哲学。海德格的哲学本来是有根的——本来"应该是"有根的。海氏的存有思想不是以"此有"（Dasein）为出发点的么？"此有"是什么呢？正是我们所谓的"道身"或作为"形上承义体"的人啊！但道身乃是由十字撑开的根身通过问题心的作茧作用支撑起来的。可惜在海德格的哲学著作里，我们只找到根身和问题心两个观念的影子。表面上看来，海德格乃是要打破近代西方哲学自笛卡儿以来，由强调孤立意识心的主体性所造成的思想困局，但骨子里海氏的思想其实仍未能完全摆脱"主体性"语言的控制。离开了根身而谈道身，这样的"道身"就难免不为孤立的意识心态所乘，就难免变得漂泊无根、浮而不实的了。

　　是的，泰古人素朴的哲学思想，才真正是名副其实的"脚踏实地"的哲学思想。因为它完全是以"立于三"的根身为出发点的。从泰古哲学的观点来讲，哲学不起于惊奇，也不起于关怀，而是起于根身直立起来以后所感受到的"原始震撼"。借用海德格"基本存有学"的术语来说，惊奇与关怀乃是十字撑开以后引发出来的"存在基调"——相当于我们所谓的"形上姿态"。这泰古的原始震撼还重现在每一个婴孩在刚站起来后的朗意识里，只不过这在每一婴孩生命里都曾感受过的原始基调，已经不是我们文明化了的大人所容易追忆得到的了。当然，这泰古人类的原始震撼，并不完全是无迹可寻的。在自然语言的义根和深层结构里或在各民族神话所蕴含的素朴思想里，还多少保留着泰古人或去古未远的文化人，在感受或追忆此原始震撼时所遗存下来的蛛丝马迹。我们想念语言和神话的创造，和这人类的原始震撼有非常密切的关联。每一自然语言里最初出现的语汇，可能就是直指根身和描述根身生长变化及其基本性相的语汇。换句话说，原始的自然语言原是泰古人的"根身性相学"——泰古人在自我反省其根身生长变化的基本性相的原始学问，但根身的生长变化和场我或向朗主体的灵明行沟不过是一事之两面。泰古人的"自我反省"不正是泰古场我灵明行沟的最核心——最具哲学性——的表现么？是的，原始人类在灵明行沟中由自我反省在自然语言里所成就的根身性相学，就是我们所谓的"泰古哲学"了。"泰古哲学"不仅是最原始的哲学，也是最原始的学问；泰古哲学的语言不仅是最原始的语言，也是自然语言中最核心的部分。因为自然语言正是由此原始核心通过向朗主体的灵明行沟，在历史文明的漫长岁月里慢慢滋长的。以后就让我们称此原始的哲学语言——泰古人灵明行沟／根身性相学的语言为人类的"核心语言"吧。如是，由核心语言所表达的原始哲学思想，也就是人类的"核心思想"了。

核心语言乃是属于自然语言的，内在于一自然语言里的核心语言，乃是此语言的"灵魂"所在。每一自然语言都有其自己独特的核心语言，此乃因核心语言或核心思想在每一自然语言里，都有其不同的语词、语汇和独特的表达方式——换句话说，都有其不同的"核心语族"和"核心语构"。譬如，在中国语里，核心语言乃是由"一"、"大"、"太极"（或"太一"、"太始"）、"易"（包括全部易数）、"道"、"天地"、"刚柔"、"阴阳"、"进退"等等词语所构成的语义体系组成的。这些词语都是中国语里核心语族的主要成员；每一词语都是中国语里的"核心语词"。核心语词可以是属于"直诠"的或"曲诠"的两种不同的基本核心语构。"直诠语构"的核心语词，乃是直接指向或表达核心思想的词语。上面所举的例子都是中国语里直诠的核心语词，但核心思想也可以由种种不同的间接方式——"曲诠语构"——来表达。譬如，"一"字是直接指向根身的直诠语词，但在神话语言里与"一"相当的"盘古"，则是间接地暗示根身的曲诠语词。"混沌"是直诠语汇中的成员，而与"混沌"只是一音之转的"昆仑"——神话中的昆仑山——却是曲诠语汇中的一分子。神话语言的核心语言，乃是自然语言中，曲诠语言的一主要成分——但却不是唯一的成分。在人类文化发展的过程中与神话语言密切不可分的宗教语言、礼乐语言、魔术语言与文学艺术语言，在其表达核心思想处而言都是一种曲诠语言。继神话思想之后而发展的哲学和科学思想，在其深层结构所在的义蕴里，也还是一种曲诠语言。总而言之，所有暗示根身性相／灵明行构的语言都是曲诠语言。所有构成人类历史文化和精神文明的一切活动莫不源于根身生长变化／灵明行沟的作茧活动。在泰古人素朴的意识生命里生发的核心哲学思想，全都是"切身处地"的哲学思想——与"脚踏实地"的根身亲密不离的超切思想。所以只有泰古哲学的语言，才是不折不扣的直诠核心语言。随着文明社会的演变和精神生命的确立，原为一切文明之本的根身也就渐渐被忘怀了；"脚踏实地"的泰古哲学思想也就被虚浮无根的思想所取代了。本来生气洋溢的直诠核心语汇，都在都变为文明人语言中的化石，它们的本来面目已经无人认识了。代之而起的乃是一种"忘本"的语言、"忘本"的思想、"忘本"的哲学。文明人类的思想和哲学，乃是奠基在根身的形上化上面的，所以它所奠基的语言乃是建筑在直诠语言化石上的曲诠语言。譬如"神"这个字——我们已经讲过了——本来是从"申"这个字演变而来的："神"（神圣的神）的泰古原义就是申——伸直的形躯。没有比伸直的形躯更"神圣的了"，因为它乃是人之所以异于其他动物的所在啊！可是当"神"的观念演变为后世宗教和形上学里"神"的观念后，"神"字的泰古原义也就完全被湮没了。所以"至诚（直）如神（申）"这名句本来是追忆这个字所暗示的泰古原义的，可是我们面对这么明显的暗示竟然不甚了了，竟然有莫明其妙的疏远之感了。"用直"的"神圣"义岂是我们现代的文明人所能深切体认的呢！

在这里，我们在上文曾提出过的一要点有重新复述的必要，即站在泰古哲学的立场来讲，存有论就是根身性相论。此乃因在泰古人的素朴哲学心灵里，根本就没有离开根身而独立的存有观念。人的存在和存有自身，乃是超切向朗主体通过根身的生长变化而开显的两极。所以"道"／"易"／"太极"一方面指朝直生长的根身，但也兼指相对于根身而开显的存有自身或道体——或"神"。"神"字在泰古语言里泛指一切"用直"的权能：一切权能之用直或用伸都有"神圣"的意义——都是"神"。故"神"指根身之用直，亦兼指道体权能（充塞于宇宙间的生命权能、创造权能）之用直。换句话说，"道"、"易"、"太极"、"神"等词语在泰古哲学里乃是"双向的"直诠核心语言。在后世"忘本"的哲学思想里，由于根身的隐没，这"双向的直诠"意义也就随之而消失了，代之而起的乃是一由无根道身的形上姿态所投企而出的形上学观念。后世形上学的"道"、"易"、"太极"、"神"等词语已变为"单向的"——只有道体义而无根身义的——曲诠语言。应该立即指出的是，形上学里的曲诠语言和泰古哲学里的曲诠语言乃是有显著的分别的。后者乃是一种"有忆"（有记忆）的曲诠语言，而前者则是一种"无忆"（无记忆）的曲诠语言。盘古神话中的"盘古"乃是朗现根身的追忆，而后世形上学里的"道"、"易"、"太极"、"神"则已忘其本旨了。

## §3　同尘根身与深植根身：根身一体五相所蕴成的同尘相格与核心语言发展的经纬——兼论"道"／"道体"一词的泰古原义

人类的核心思想原是泰古人类灵明行沟／根身性相学（泰古哲学）的思想；人类的核心语言乃是一切自然语言发展的语义核心。这是我们在上一节简约地提出来的主要课题，最后分析起来，这课题关涉到不只是语言的特质，抑且是人的特质——人之所以为人的特质。人是一会直立走路、会说话的场有者。为文明人精神生命所系的道身正是由朝直、用直的根身通过语言的灵明场有支撑起来的形上承义体。朝直、用直的根身我们已称之为"坐标身"。从人类进化的立场来讲，这是根身最基本的性相——但却不是它唯一的基本性相。除了它的坐标作用之外，我们这具能曲能明的根身，既是活动变化所系的"变化身"，也是感觉意识所本的"色受身"；既是语言场有所涵的"言说身"，也是感通量格所摄的"义理身"。坐标身、变化身、色受身、言说身、义理身——这当然不是五种不同的形躯，而只是同一根身在其一体分殊的作用上所显现的五大（基本）性相。泰古人在创造语言时所同时成就的根身性相学，大致上就是通过这一身五相的同尘相格而建构的。所谓"同尘根身"指的当然还是我们这具一生中不知有多少时间得在日光下风尘仆仆地走着的形躯——《道德经》所谓"和光同尘"的"道"。而"和光同尘"的"道"亦即是——在《易》爻辞曲诠的语言里，乾卦九二"见龙在田，利见大人"中之"龙"。"田"就是开显于天地间的场有。在"田"中出现的"龙"是谁啊？当然就是那具"立于三"以后开始活跃在天地间的人——《易》卦爻辞比似为龙马精神、含乾道（龙）坤道（马）于一身的"君子"。"君子"一观念乃是从道身立场来取义的："君子"就是在道德实践中十字撑开的人。但若从根身的立场来讲，则在天地间直立走路的人——大人——已经是"君子"了。

现在我们要问的是："和光同尘"的"道"是否就是"道"自身呢？不是的。"和光同尘"的"道"——活跃于天地之间的朗现根身——只是"道"之一面罢了。假如我们可以把"道"比作一棵树的话，那么，"和光同尘"的"道"就好比这棵树突出在地面上的部分——包括树干、树枝和树叶在内的整个可见的树身。但可见的树身乃是从不可见的、深植在地下土壤里的树根生长出来的。朗现的根身不等于根身自己,正如可见的树身并不等于一棵树的整体一样。如是,根身这一观念应该包括可见的、开显的"同尘根身"和隐晦的、不可见的"深植根身"。"深植根身"就是深植于道体"场有自身"的根身——亦即是《道德经》所谓的"不可道"的"常道"、"不可名"的"常名"或"无名之朴"。同尘根身是"有名"的、"可道"的,因为同尘根身精神生命撑立之后,也就几乎完全受制于世俗意义世界中,以名位的分判为具体内容的语言业蕴和权力结构里。"有名"、"无名"中之"名"不是"名称"之"名",而是"名位"之"名"。"不可道"的"常道"并不是绝对的不可道、不可说,而是不能以世俗的名位语言说它、来"名"(称谓)它:所以说是"无名之朴"。说得精确一点,我们可以说《道德经》乃是站在权能的观点上而言"常道",站在语言的观点上而言"常名"的。"常道"就是超越世间权力结构的权能自身,"常名"就是未分化为名位语言的素朴语言。但权能自身就是道体,也就是我们的深植根身。道体不是单属我的,也不是单属于你的,而是属于大家的、属于天地万物的。道体在你而言就是你的深植根身,在我而言就是我的深植根身,就我目前所见的一棵树而言,就是这棵树的深植根身。换句话说,深植根身乃是道体一体之分殊。有分必有得,我的深植根身就是我之有得于道体者——这就是《道德经》里"道德"一词中"德"字的本体含义了。但必须立即指出的是:"德"字在《道德经》中还有另一层主要的含义——与"德"之本体义相对、相反的含义。原来"道德"一词中之"德"不仅指深植根身之有得,亦指同尘根身之有得——朗现根身"立于三"以后之有得。同尘根身得到的是什么呢?不是别的,正是我们前面讲过的为名位语言和权力结构所主宰的意义世界。此"德"字的两层胜义我们以后再仔细分析。在这一节里我们所关注的,可不是同尘根身与深植根身的辩证关系,而是核心语言发展的方向问题。我们的目的乃是借用《道德经》的语言来做例子,来点出核心语言双向发展的轨迹。

"道"字从辵从首。"辵"就是直立走路的人。"首"为人之眼、耳、口、鼻所在的头部,亦即是视觉、听觉、言说、呼吸的器官所在。泰古人没有独立意识的观念，更没有心身异隔的想法。在泰古人的素朴经验里，心识（意识作用）不仅和视觉、听觉分不开，也和言说、呼吸分不开。所以从辵从首的"道"不只是会直立走路的，也是有心识——会说话、会思考——的人。这不正是诚曲能明的人最具涵盖性的写照么？是的。"道"字就其泰古原义来讲，乃是中国语里最具代表性和含义最丰富的核心语词。核心语言，让我们复述一次吧，原是泰古人类灵明行沟／根身性相学的语言。根身性相不仅是灵明行沟的原始内容，也是灵明行沟灵明义蕴所系的原始架构。这个灵明义蕴的原始架构是什么呢？就是我们上文所谓的同尘相格——由同尘根身一身五相所蕴成的格局。人的道身或形上承义体，就是通过根身的同尘相格撑立起来的。意义世界也是通过它而开显的，离开了同尘根身的一身五相也就没有什么可言的了。

为什么我们以"道"为中国泰古语里最具代表性的核心语词呢？因为"道"的丰富含义，正是由根身五相蕴成的同尘相格所决定的。中国语里当然还可以找到许多其他颇具代表性的核心语词，如"大"（太）、"太极"、"一"、"中"、"始"、"易"、"生"、"义"（宜）、"理"、"心"、"性"、"诚"等等。但这些核心语词在其表达同尘相格的泰古原义来讲都是有偏的。譬如，"大"、"太极"、"一"、"中"和"始"无疑是专指坐标身的语言。"易"和"生"原是描述变化身的语言；"义"和"理"自然是属于根身义理相的语言。"心"和"性"乃是从色受身起念的语言，而"诚"字从言从成当是从言说立义的语言。比较起来，"道"字的泰古含义就周遍多了。"道"所从之"首"暗示走路的人所最依赖的视觉和听觉，这是色受身的"道"。"道"有言说义（"首"为口之所在），这是言说身的"道"。直立走路和说话乃人之所宜。"宜"乃"义"之原义，人之所宜就是人之"义"。有宜必有理："理"乃一物自宜之宜权。故直立走路和说话的，就其自宜和其所体验之宜权来讲，也就是义理身之"道"。如是，"道"既非坐标身，亦非变化身、色受身、言说身或义理身，而是同尘根身一身五相周遍混成的和合体。这就是"道体"一词中"体"字的泰古原义了。"道体"——这当然不会是泰古哲学的名词，在泰古哲学的语言里，"道"就是"体"，"体"就是"道""道体"当是一毫无新义的重复语。其实，在未有文字之前，"道"和"体"可能和许多其他核心语词——如"大"、"一"、"易"、"身"、"吾"、"躯"等等一样，原都是可以互换的、泛指形躯的通名。中国语里的核心语言，正如中华民族和中国文化的形成一样，乃是由不同部落民族的核心语言所混成的。同一部落民族的核心语言里，可以对形躯有多种不同的称谓，由不同部落民族的原始语言所混成的核心语言就会产生无数的根身名称了。譬如，以"道"和"易"这两个核心词语为例。在中国语的泰古语言里，可能是同一部落民族对形躯的不同称谓，也可能是来自两个不同部落民族核心语言的根身通名。再者，"道"和"大"只是一音之转，"易"和"一"也是一音之转，它们还可能原来只是同一个字呢。"道"和"大"分家，"易"和"一"分离——这当是后世造字（文字）者的杰作吧！

　　泰古哲学语言里没有"道体"这个名词，是否就等于说泰古哲学没有"道体"的观念，或甚至泰古人没有"道体"的体验呢？当然不是的。我们以"同尘根身一身五相周遍混成的和合体"为"道体"一词的泰古原义，正所以点出泰古人以"道"为"体"、因"道"成"体"的真相。"道"就是根身，兼指根身灵明行沟／生长变化的同尘性相。那么"道"以什么为"体"呢？泰古人当然没有西方哲学传统中的"实体"观念。身（道）外无体，用外无体——这是泰古哲学的不二法门。"体"是身，也是用。说得明确一点，泰古人对"体"的体验乃是在身与用的超切圆融处得来的。同尘根身一身五相——这五相之间的超切不离乃是身之所以为身之所在，这"身之所以为身"之处就是"体"。这是"身体不二"：后世"身体"一词中"体"字当有的含义，而有体必有用。灵明行沟／生长变化——这是根身的"用"。根身的用固然依体而有——依根身一身五相的互相超切关系而生发，但这五相的同尘相格本身不正是在根身的灵明行沟／生长变化中长成的么？这用中成长的"体"（同尘相格）不就是后世易学大传统中所谓的"体用不二"中之"体"么？如是"身体不二"，"体用不二"——根身体用的超切圆融就是"道本"一词的泰古胜义了。后世学者侈言"体用不二"而不知其所本，那就难免令人有浮泛无根、玄虚不实之感了。

　　"道"或"道体"在泰古哲学所涵摄的胜义真是太丰富、太广泛了。中国语里的全部核心语言——包括前面所举的核心语词——可说全部都在"道"或"道体"观念所统摄的核心义构里。为了行文的方便起见，我们以后将称此为"道"或"道体"观念所统摄的核心意义，结构为"易／道统系"或"易／道核构"。为什么在"道"字前面加一个"易"字呢？理由是这样的：在每一个自然语言的核心系统或结构里，都莫不含有指向本体的语词。泰古哲学基本上乃是一场有哲学，场有哲学以生生之流为本体。而在中国的泰古语言里最有代表性、最能表达这本体观念的词语，就是《易经》以之为名的《易》字。在泰古哲学的本体论里，"道"就是"易"，"易"就是"道"。"易"可以视为"道"所统摄的核心义构里的第一释义，也同时是它的基本"本体"思想。中国泰古哲学的精义在哪里呢？一言以蔽之，"易／道"而矣！

后世的中国哲学语言基本上就是易／道的语言，中国哲学究其实从来就未有走出过为易／道的核心思想所控制的范围之内。其实何止中国哲学如此，几千年来的中国历史，可说全部都在易／道精神笼罩之下。这些话在中国学术传统里已经是老生常谈，已经没有什么稀奇的了。真的，中国几千年来的文化传统、学术哲学传统乃是环绕着易／道系统的核心思想而开出的人文传统。与希腊、西方和印度文化传统比较起来，这个人文传统实是最能契合泰古哲学"身体不二，体用一如"的素朴如实中道精神的。不过，这是一种无意识的、缺乏反省作用的契合。中国人文传统在对泰古哲学真精神的传承上，仍是一种无自觉性的传承，泰古哲学乃是中国哲学的性根命根，也是文明人类所有哲学传统的性根命根。哲学工作者的当前任务，就是在其各自所属或信托的民族本位文化立场上，自觉地回到泰古哲学的怀抱——寻回其自己精神生命已失去数千年的性根命根。可是，当我们这样向万古回归的当下，我们就会惊奇地发觉到，我们所追寻的性根命根其实是"远在天边，近在眼前"——正如孔子所说的："仁远乎哉？我欲仁，斯仁至矣！"孟子曰："仁者，人也。""仁"字的原义当亦是从一直指根身的核心词语转变来的。"仁"从人从二，不就是一幅两个一起直立走路的人的写照么？孔孟所谓的"仁"（"仁人"）当然不只是会直立走路（人之生也直）、会说话的人，而是过着社会生活、道德生活的文明人——应该是充满着仁性关怀的文明人。孔孟是在道身或形上承义体的立场上来讲"仁"（仁人）的。不过原始人也好，文明人也好，人是永远离不开他那具诚曲能明的根身——"道"——的。所谓"道不可须臾离也，可离非道也。"这句话在泰古语言里原是颠扑不破的真理啊！

中国哲学思想乃是传承泰古哲学中易／道系统的哲学思想。中国哲学中的基本观念和范畴，乃是从易／道的核心义构里引申出来的意义组合。一部中国哲学思想史在某一义上来讲，只不过是易／道核心语言的发展史罢了。核心语言之所以为"核心"——读者当还记得——乃是就其在自然语言之中心地位而言的。核心语言的发展当然也就是自然语言的发展——因为发展中的核心语言，正是自然语言发展的核心。一个民族在其历史文化的灵明之行中所挺立的精神生命，乃是建筑在为其个体成员根、道身灵明行沟所开涵的感通量格上的；而根、道身灵明行沟所开涵的感通量格，亦即是其核心思想、核心语言的感通量格。讲得简洁有力一点，发展中的核心语言乃是一民族的"民族魂"的所在！

　　那么，发展中的核心语言究竟有何性相呢？究竟是一个怎样的宜仪体呢？人是一场有者——一非常奇特的场有者。为人的精神生命性根命根所系的核心语言，自然也在人的场有——自然和人文的场有——之内：在人与其周遭环境互相作用所编织成的虚机茧网和材实架构之内。核心语言在人的文明生活和精神生命的场有中，所突显的性相和所扮演的角色，自然不是三言两语可以讲得明白的。在这里且让我们提纲挈领地作一重点的描述吧。

　　发展在人类精神文明场有中的核心语言，究竟具何性相宜仪呢？对于这个问题，我们可以这样回答：发展中的核心语言乃是一个由"一本、二轨、双向"所决定的宜仪体。它的场有性相就是通过这一本、二轨、双向的发展过程而突显的。这里所谓的"一本、二轨、双向"我们在前面全都论述过了。"一本"就是同尘根身一身五相所蕴成的同尘相格。核心语言基本上乃是根身性相学的语言——泰古人类在灵明行沟过程中以同尘根身为道枢、为太极灵府所纫造出来的原始语言。以同尘根身为道枢（坐标身），亦即是以根身一身五相所蕴成的同尘相格为道枢。原始的根身性相学，就是通过此同尘相格所立的道枢而建构的——这就是我们所谓的"一本"。核心语言乃是以"一本"为经，以"二轨"和"双向"为纬而开展的灵明义蕴。"二轨"就是前面讨论过的"直诠"和"曲诠"这两条语义建构的基本轨道，泰古哲学或核心思想，乃是同时在直诠和曲诠的义轨上所建构的原始根身性相学。而在直诠曲诠的二轨上，泰古哲学语言一方面是向着"自我"一观念发展的核心语言，而另一方面则是向着"大我"一观念发展的核心语言。这就是我们所谓的"双向"了。譬如，在文明后世的中国哲学思想里，朝"自我"一观念而发展的思想，就是心性论的思想，朝"大我"一观念而发展的思想就是诠释道体或深植根身的思想——相当于西方哲学中形上学或本体论（包括宇宙论）的思想。"道体"一观念本来是依同尘根身的蕴成相格而取义的：道体本来是道枢——同尘根身——之体。但同尘根身是谁的啊？当然是"我"的——但"我"又是谁呢？这绝不是我们聪明的文明人所能解答的问题。因为我们的一切思想都是根源于"我识"的产物——为"我识"所控制的问题心的产物。"我识"本来是依身而有、而生发的自别意识——由自然行文之有断所造成的分别意识。它本来只是同尘根身的寄生物——是"客人"，而不是"主人"。但在人类文化演变的过程里——在自别意识日益强烈的文明社会生活里，这个寄生客人也就"喧宾夺主"，成为文明人精神生命的主宰了。文明人是忘本的。在寄生我识的控制之下，他哪里还会记得他原来的主人——真正的主人——呢？

原来的主人——真正的主人——是谁呢？当然就是我们的根身——"道不可须臾离也"中之"道"。在泰古语言里"道"字原指同尘根身，这是不会有错的，但这并不等于说泰古人对"道"的体验止于同尘根身的体验。对泰古人类来讲，同尘根身的体验——"道"的体验——亦同时是深植根身的体验、天地场有的体验、场有自身的体验。泰古人从来没有把同尘根身孤立起来看的倾向，也没有把任何事物孤立起来看的倾向。泰古哲学乃是与一切孤立主义背道而驰的，即使在自别意识产生之后，泰古人类的意识心还是在"天地与我并生，而万物与我为一"的大场有素朴体验的笼罩之下。泰古人不是没有我识，但真正为他们生命主人的我识，不是文明人心中的自别我，而是场我——我们所谓的"超切向朗主体"，亦即是涵盖上天下地古往今来道形器一体相连的心身我或宜仪我。核心语言朝小我和大我的双向发展所反映的，乃是场我朴识在文明意识中的分裂，所谓"道术为天下（文明世界）裂"。庄子这句话其实是泰古哲学语言的追忆。

"小我"和"大我"的分别在泰古人的素朴经验里，乃是同尘根身与天地场有（或场有自身）的分别。泰古人以同尘根身为"我"，亦同时以天地场有为"我"。同尘根身与天地场有在"我识"中之一体相连——在"我识"中之超切圆融——乃是场我朴识的特质。而同尘根身与天地场有之得以一体相连，乃由于泰古人对深植根身所有的深切体验。泰古人正是以天地场有为其深植根身的，但在文明人强烈的、过分膨胀的自别心态里，深植根身的体验早就随场我朴识的分裂而消失了。文明人是无根的：天地场有已经不再是他的深植根身，而只是他的"逆旅"——再不然就是为他征服对象、为其予取予携的"数据库"。从前的"大我"已经变成一个似曾相识的"它"——已经不再是"我"了。

把同尘根身在天地场有中孤立起来，自别于他人他物之外——这是我识在自执过程中的第一大杰作。随着场我朴实的泯灭，"个体我"的观念也就开始主宰着文明人的思想了。文明哲学思想中最重要的范畴之一——"内在"与"外在"（内在于个体我与外在于个体我）的分别，就是在这个时候确立的。以天地场有为其深植根身的泰古人是没有内在外在（于我）之分的，即使有也是模糊不清的。在泰古人的场我朴识里，"小我"与"大我"的分别乃是部分与整体的分别，而不是"我"与"它"（"己"与"异己"）的分别。《孟子》书里"万物皆备于我"这句话还清楚地保留着泰古哲学语言的痕迹。"万物皆备于我"一句中的"我"，原来就是泰古人素朴经验里的场我——"小我""大我"超切圆融的"我"，也是后来程明道所谓的"仁者浑然与万物同体"中之"体"。既然与天地万物为一体——既然天地万物皆在我场我之中，自然就可以"不假外求"。这"不假外求"，站在文明道德的层次上来讲，不正是孟子所要表达的意思吗？

随着场我朴识的泯灭，文明人不仅把他自己孤立起来成为无根的个体我，也把异己化了的他人他物孤立起来，成为与他自己一般无根的个体我或个体物。但人是不可能无根的，不可能永远在天地场有里虚悬飘浮的。主宰着文明人问题心态的我识，一方面固然在"孤立主义"心结的束缚下，无休止地干那"断根异化"的形上勾当，但也同时不断地——有意识地或潜意识地——通过问题心的作茧作用做那"回归寻根"的努力。断根异化，回归寻根：人——文明人——就是这么一个矛盾的场有者。

"回归"就是回到泰古人类场我朴识的原始圆融；"寻根"就是寻回那随着场我朴识的泯灭而断去的深植根身。回归寻根在文明哲学思想里究竟是以何种方式出现的呢？解答这个问题的关键，就在我们上文所谓的"个体我"一观念和由此观念所开出的"内在"与"外在"二分范畴上。"个体我"乃是知解（分析）理性最原始亦是最基本的范畴。意识心若不把其认知的对象孤立分离，分别视为简别外在的个体我或个体物，又哪里还有知解分析作用？但这个"个体我"或"个体物"——以后或合称"个体者"的基本范畴——康德所谓"一物的普遍观念"（the concept of an object in general）——根本就不是什么"先验"的东西。因为在场我朴识泯灭之前，他根本是不存在的：泰古人——在自别我识还未主宰着心身我的原始人类——是没有"个体者"这个观念的。这个知解理性的第一范畴原是我识断根异化的产物，而我识之所由生则又源于心身我的发展过程中自然行文之有断（见本章第一节）。意识心感自然行文之有断（心身我与其生命环境之不相应）而成我识——这是生命权能知性跃动原始意志的无明表现。假如由此原始的无明意志所产生的我识，和由我识断根异化所幻成的个体者，此一基本范畴在某一义上可以称为"先验"的话，那么这个基本范畴的先验性乃是一个场有的观念——而不是如康德所肯定的，内在于知解意识心的超越观念。它的先验性乃是属于场我或超切向朗主体的，而不是属于孤立化后的意识心的。以思想范畴的"先验性"归于场有——这是场有哲学与康德哲学在其认识上最显著不同的地方。

断根异化的我识乃是原始知性无明的产物，那么回归寻根的我识呢？它又是怎么一回事？回归寻根源于问题心有碍而求无碍的方中求圆——那当然是生发自为曼陀罗道智所主宰的生命权能的本性了。曼陀罗智方中求圆乃是一切理性的本质，后世文明哲学思想在泰古核心语言的基础上所做的回归寻根的努力及其由此所表现出来的"双向回合"思想型态，基本上乃是源于曼陀理性的作用。在传统的中国哲学思想里，朝"自我"一观念而发展的思想就是心性论的思想，朝"大我"一观念而发展的思想，就是诠释道体或深根植身的思想。"道体"一观念本来是依同尘根身的蕴成相格而取义的：道体本来是道枢（同尘根身）之体。在易／道系统的核心语言发展过程里，"道"或"道体"的语言后来都变为由大我一观念所主宰的天下（人文世界）论、宇宙论或存有论的语言。泰古哲学本来是身心不二、身性不二的，本来是同尘根身之外无心性的。但在后世的哲学思想里——即使在以感一如实为基本心态的中国哲学思想里，"心"与"性"的观念亦常有离身而言的倾向。心性论的语言乃是为自我一观念所主宰的语言。道学家所谓的"心"、"性"或"心性"，作为限定人之所以为人的观念来讲，都是自我——真正自我——的观念。宋明儒有"心即理"和

"性即理"之争，其实，若纯从"心"或"性"均代表真我这一点来说，则"心即理"和"性即理"是没有什么分别的。"理"就是道体——宋明儒以"理"为大我之所在，以"心"为"理"或以"性"为"理"也就是以真我等同大我。这和印度以《奥主书》为本的吠檀多哲学里以"亚门"（atman）等同"婆门"（brahman）——真我等同梵——不正是异曲同功的思想形式么？是的，"双向回合"的语言——以"自我"等同"大我"的语言——在全人类的后世文明哲学中乃是一极普遍的趋向。佛家以"佛性"为真我，以"空"或"真如"为大我（净化的大我），然后以佛性为空、为真如，仍属于双向回合的思维方式。又譬如被佛家视为外道的印度数论派哲学，在其思想的深层结构里和佛家仍有相似之处。数论派不以梵为道体，而以"材性宇宙"所本的"材质化元"（Prakriti）为道体。与材性道体永恒相对的"真我"（Purusha）乃是一纯意识的存有——一个纯明的实体。现象世界在数论派看来乃是真我与材质化元在无明中的结合，所以，小我和大我的双向回合乃是在无明中的和合而非在纯明真慧光照下的和合。在纯明的真慧里，真我与材质化元乃是互相分离的存有两极。其实，所谓的纯明真我严格说来正是材质化元的核心所在，真我与材质化元的抗衡不过是本与末，核心与外壳的抗衡罢了。数论派哲学骨子里乃是一个站在本体材性的立场上立论的哲学。在某一义上来说，它是在印度哲学传统里最为接近西方异隔心态哲学思想的学派。数论派以材性中之纯明为主体，以无明的材质化元所幻化的材性宇宙为客体，主客二元的永恒相对不正和在希腊、西方的哲学传统里纯知性与非知性在材性宇宙中的抗衡相类似么？（见 4.7 节）

但即使在希腊、西方的异隔、超离哲学传统里，双向回合的哲学思想仍是很普遍的。巴门尼德斯（Parmenides）以"思维"（noein）等同"存有"（einai）乃是希腊、西方哲学史里"开天辟地"的杰作。巴氏所谓的"思维"正是从自我一观念开出的来的"思维我"。不过这个"思维我"可不是笛卡儿所谓的"思维我"——以孤立意识心为义的超离意识我。巴氏的思维我不是与物质对立的意识我，而是与存有或意义世界开显相对的"logos"——为知性语言所主宰的"理性言说我"。希腊语里的"logos"——以后音译为"逻各斯"——与中国语里的"道"在泰古哲学语言里原是同义语：同指会直立走路、会说话的人。我们有理由相信，"逻各斯”在希腊语里的地位和“道”在中国语里的身份一样，同是最具涵盖性和代表性的核心语词。我们只要略为分析一下“逻各斯”在文明希腊语里的丰富含义（见5.2节），就不难找到那隐伏在它文明语义里面同样丰富的原始根身性相学的胜义。双向回合在传统西方哲学中的发展，早就涵摄在“逻各斯”语义的场域中了。

　　从以上的这些显明的例子中，读者当已隐约地看到核心语言双向回合在后世文明哲学思想中发展的端倪。从断根异化到双向回合，文明人的哲学心灵所走的无疑是一条向泰古哲学回归的路。

## §4　心体性体、皇极大中：心法开合与贞主观念

　　“昔之得一者：天得一以清，地得一以宁，神得一以灵，谷得一以盈，万物得一以生，侯王得一以为天下贞。”《道德经》这句话中之“一”是有双重意义的。从本体、宇宙论的立场来讲，这个“一”就是属于无所不在的常道的无上德性——常德。常德在天则天得以清，在地则地得以宁，在万物则万物得以生，在侯王则侯王得以为天下贞。“为天下贞”就是为天下之正，亦即是为天下之长、天下之主或天下之王的意思。为什么“正”有长、主或王的含义呢？这个问题又很自然地把我们带回到“一”的观念在现象学、存有论方面的含义了。如前所言，“一”在泰古语言里原指人的根身——能曲能明的形躯。而朝直用中乃是我们的根身最特殊的德性——别于其他动物的德性。在自然语言里所有“正”、“直”、“中”等词语都是依根身这个特性而取义的。《易经》所标榜的“中正之道”、《中庸》所立的“诚明之道”和庄子哲学中的“道枢”等观念——全都是从根身朝直用中之道引申出来的。当然，这些后起的观念讲的乃是道身而不是根身，但没有根身的朝直用中，又哪里还会有道身的中正诚明或道枢的虚灵明觉呢？为人精神生命所在的形上承义体，乃是在形躯的基础上挺立起来的啊！

　　根身朝直用中的特性究竟有什么重要的作用呢？这个问题我们早就答复过了。根身的朝直用中，乃是天地万物和意义世界得以开显的先决条件。人顶天立地般站稳了，天地万物的差别性相才看得清楚；天与地的分别本来就是依直立的形躯而成立的。形躯顶天立地般处于天地万物之

间——这不就是《左传》刘康公"民受天地之中以生"（左传成公十三年）这句话最原始的写照么？这不就是"天地人一贯为王"（《说文》释"王"）的素朴诠释么？顶天立地的形躯就是"大"字所象之形。天地万物与意义世界乃是相对于"大"而有的。故"中正诚明"之道就是"大道"——这是"大道"一词的泰古原义。"大"是形躯的贞定（形躯在天地间已稳立），但亦可引申而为天地万物、意义世界之贞定。站稳了，天与地意义的差别也就清楚了，这是"天"与"地"的贞定；万物的差别性相也一目了然了，这是万物的贞定。如是在人特殊德性里，也就包含着随着他自己的贞定而可使天地万物相应地贞定的本质——这个本质就是"一"，亦可名之曰"大"。故"道大，天大，地大，王亦大。域中有四大，而王居其一焉"。《道德经》这句话中的"大"字与前所引"昔之得一者，天得一以清，地得一以宁……王侯得一以为天下贞"这段文字中的"一"字在其哲学含义上乃是互相呼应的。其实，"大"就是"一"，"一"就是"大"：在泰古哲学语言里，都含有"存有贞定"和"存有贞定之标准"的双重含义。所不同者，前一段引文乃是以人为天地万物贞定的标准，而后一段引文，则是以常道之常德为一切存有贞定的标准。前者乃是现象学、存有论意义的贞定，而后者则是本体、宇宙论意义的贞定。不过，人之所以能行"大道"或"中正之道"而得以为万有贞定之标准不是正源于人所得于常德之"一"么？常道常德本身意义的贞定不也依赖人之自诚——自成其大——么？由是，内在于人的"大一"（中正之"大"德）与常道、道体之"一"（常德、玄德）正是一超切（互相超越而又互为依存）的关系。这里"大一"就是《道德经》"建之以常无有，主之以太一"这句话中的"太一"，亦即是《系辞传》中所谓的"太极"。"大一"、"太一"、"太极"在泰古语言里本来都是根身的代名词，后来都被引申为一切存有的"主宰极则"的观念。一切存有的主宰极则也就是天地万物和意义世界贞定的最高标准。这个最高标准是什么呢？就是同时内在于常道本体与人的根道身的"大中至正"之道——方东美先生在阐释中国原始哲学思想时所标举的"皇极大中"。"皇极"就是太极。"皇"就是"王"一观念之高尚化与神圣化。这一词语中的"皇"（王）、"极"、"大"、"中"四个字本来都是直指根身的同义语。皇（顶天立地的形躯）就是"极"（直立的形躯乃是生长的极则）；"极"就是"大"（直立的表躯乃是万有的贞定者）；"大" 就是 "中"（人为万有贞定者的资格乃是由其形躯之用中而来的）。这词语的泰古原义本来是素朴明白、毫无神秘可言的啊！

当然，人不只是一个根身（形身）的存有，也是一个道身的存有——精神生命的存有。原为根身生长变化之道的 "皇极大中" 也就随着精神生命的发皇与道身、形上承义体的挺立而成为具有精神生长变化之道的 "皇极大中"。主宰于根身生长变化的皇极大中，乃是感知形色宇宙得以贞定的标准——形下的道枢，但主宰于道身精神生命的皇极大中，却是意义世界得以贞定的标准——形上的道枢。这个合根、道身之皇极大中而言的道枢，不仅是天地万物（形色宇宙与意义世界）得以开显贞定的无上标准，也是常道生生权能与场有性相宜仪变化的永恒转轴。这个通贯天地的皇极大中——太一或太极——实在很难说它是一个怎样的存有。因为它是形下的主宰，也是形上的主宰；它是形色宇宙开显贞定的标准，也是意义世界开显贞定的标准。它是属于自我的，但也是属于场有的——场有自身的。它是人——根道身我——的道枢，但也是道体——常道本体权能——的道枢。用宋明理学的术语来讲，则它是 "心体"，也是 "性体"；是 "神体"，也是 "诚体"；是 "未发之中"，也是 "既发之中"；是 "寂感"，也是 "真机"；是 "理"，也是 "气"；是 "体"，也是 "用"。总而言之：难言也！何以难言呢？因为最后分析起来皇极大中乃是场有综合的最后根据——亦即是场有辩证法的最后根据。场有哲学以 "心"（道体一心）与 "法" 之开合为 "心法"，而皇极大中正是场有心法开合的道枢所在！

泰古人对场有心法开合之道与对皇极大中的体悟，乃是通过根身的生长变化而有的。中国古籍中所有含哲学意义的语言可说几全是由依根身生长变化而取义的核心语言演变而来的。泰古人的核心语言乃是一切文明思想——尤其哲学思想——用之不穷的语言宝库。文明哲学家在此宝库中取其所取，也就成就其哲学思想的独特风貌。但即使表面上看来属于南辕北辙的两个哲学体系，在其思想语言的深层结构里却是 "泰古同源" 的。

核心语言乃是一切哲学语言（不仅是中国哲学语言）的核心，而 "贞定语言" ——意义世界赖以确立的语言——却又是核心语言的核心。这一重要论点我们当在以后的篇章里详加讨论。在这里我们必须预先指出的是：贞定语言，最后分析起来，乃是在"场有心法"，"皇极大中"与"人为贞主（贞定主体）"三组观念间成一三角义理架构的语言——亦同时是哲学思想中"建构、解构"所依的语言。而这贞定语言的"义理之角"，却是本身建筑在场有心法与意识心所双重开合的有间、无间的关系上。

　　场有心法的开合与意识心所的开合不同。场有心法的开合指的乃是道心（道体一心）与一切法（场有者）之间的开合，而意识心所的开合指的却是意识主体与其对象间的开合。这里所谓"开合"乃是依生命权能、创造权能统贯万有的贞定性而取义的。"开"指道体权能之运作，"合"指道体权能之有成和有觉。权能本身永远只是一个"成其所成"和"觉其所觉"——只是一个永恒开合的贞定历程。这永恒开合的贞定性（作用）乃是创造性的本质——"心"的本质。这个依权能之贞定性而取义的"心"，乃是场有哲学中"心"之观念最根本也是最核心的含义。由于这个"心"——权能心——乃是生生权能或创造性的本质，我们可称之为"一心"、"本心"、"真心"——或合称为"一本真心"。我们在前边的篇章里所讲的"道心"（道体一心）、"茧心"和"意识心"，其实都是从这一本真心的观念分析出来的。我们乃是从一本真心的宜无不宜、无间无碍处而言"道心"，从权能心的作茧性而言"茧心"，从它的虚灵明觉处而言"意识心"。要郑重指出的是：权能心与意识心的关系乃是一本与分殊的关系，意识贞定性乃是权能贞定性的分殊——"有觉"乃是"有成"的分殊。这两个观念的混淆不清，乃是西方哲学中观念论与实在论之争的最大症结。我们在上文讨论《道德经》第二十一章描述道体的语言时，曾指出其中"精"、"真"和"信"三个字指的乃是常道权能的本质。现在我们可以了解，这个本质就是生生权能的"贞定性"。在儒家的哲学里，它就是《中庸》所谓的"诚"或"至诚"了。"诚"字从言、从成，原意是以言成（确立）之的意思。引申为本体、宇宙论的观念就是成其所成的"至诚"，或道体权能永恒的贞定性。"诚"字从言，暗指意识心灵的明觉。故"诚"的观念不仅有本体、宇宙论的含义，也有现象学、存有论的含义和心性论、功夫论的含义。万有之所以为"有"，乃是由于生生权能至诚不息的贞定性。所以《中庸》曰"不诚无物"，这是本体论、宇宙论的解释。从这个"客观"的立场来讲，则万有之有成或贞定性是不必依靠人的存在的，天地万物或自然宇宙是可以"有成无觉"（不必依靠人的意识心的明觉）的。但从现象学、存有论的观点来看，则虽然天地万物可以有成而无觉，但在其上开显的形色宇宙与意义世界，却是一场有主客相互作用的结晶品——乃是通过自然与人为的综合而产生的。存有的开显是不能离开人的意识作用和主宰于人的精神生命的贞定权能的。这个内在于人的精神生命或道身、形上承义体的贞定权能，就是《中庸》所谓的"诚"。这个"诚"就是人所以能"赞天地之化育"而与"天地参"的"主体性"。形色宇宙与意义世界是不能离开人的贞定主体性的，是不能独立于"天地参主"的主体诚仪之外的——故曰："不诚无物。"

　　天地之"道"也就是"诚"之"道"——人之"道"。在此意义之下，我们当然可以说"人能弘道，非道弘人"。海德格曾以"存有的司牧"一词来描述人的道身（他所谓的 Dasein）的存有，和《中庸》里参天地的贞定主体（天地参主）乃是一对异曲同工的观念。两者在骨子里都流露着浓厚的监护人意识，所不同的是，在《中庸》思想里所反映的儒家监护人意识，乃是纯粹植根于仁性关怀的责任感，而海德格哲学中潜伏着的监护人意识（司牧意识），乃是属于中东形态的，内里包含着对爱罗惊异所成就的匠心匠识的强烈的反抗性。当然，贞定主体在人的精神生命里，还可以有其他种种不同的形态。它可以以道家"至人"、"真人""致虚极，守静笃"的"静虚道人"姿态出现，也可以以佛家菩萨、佛"证空入空"的"乐净法王"姿态出现，当然更可以以传统西方哲学，以建构有有之邦的逻辑秩序为能事的"知解理匠"的姿态出现。贞定主体主宰在哲学家的精神生命里，也主宰在宗教家、艺术家、科学家、政治家和其他各类型人生的精神生命里。总而言之，我们可以说，人之所以为"人"——"人"的胜义——就在他的贞定主体性。贞定主体的性格，乃是被道身的形上姿态所决定的；而道身的形上姿态，却无不在皇极大中运畴通贯的全体大用里。

　　我们说过，皇极大中乃是一切权能运作、场有综合的主宰极则——它是形色宇宙、意义世界开显的标准，也是行有行沟、性相宜仪变化的转轴。它是最复杂的原理，也是最简单的原理。"最复杂"，因为皇极大中乃是涵盖一切权能的分殊性相的；"最简单"，因为最后分析起来皇极大中不过是道体权能创造性，所以有成有觉的贞定原则。说得更简洁有力一点，皇极大中只不过是权能运作在"成成成觉"上之"朝直用中"罢了！生生权能通过文明社会政治结构层面的朝直用中，就是政治权能的皇极大中，通过经济层面的朝直用中就是经济权能的皇极大中，通过哲学思想的朝直用中，就是哲学权能的皇极大中，通过科学研究的朝直用中，就是科学权能的皇极大中，通过艺术创作的朝直用中就是艺术权能的皇极大中，通过道德行为的朝直用中就是道德权能的皇极大中，通过宗教生活的朝直用中，就是宗教权能的皇极大中——如此类推，我们对皇极大中就可以有"理一分殊"的看法。要立即指出来的是，这里所谓"政治权能"、"经济权能"、"哲学权能"、"科学权能"、"道德权能"、"宗教权能"、"艺术权能"等指的并不是多种实质不同的权能，而应该只是在同一场有（人类文明社会）中生命权能、创造权能从不同角度或在不同层面所开显的分殊表现。

从本体、宇宙论的观点来讲，一切行有（权能运作）就其有成（包括有觉）处而言都是一朝直用中的表现，都是皇极大中一理的分殊。有成必有向：向其所向就是"直"。所有行有都是一"自直"的行为——《中庸》所谓的"诚"。"朝直"就是行有自直在因地时的向其所向。行有自直的结果就是"有成"——自直行为的贞定（《中庸》谓之"自诚"或自我完成）。那么，什么叫作"用中"呢？为什么朝直一定用中呢？这个问题又把我们带回到场有观念上来了。所有权能运作或行有都是一在场性的支配下自直的行为。一行有的场性就是此行有与其他行有的相对相关性——亦即是构成此行有自直表现的权能环境，我们之前所谓的"虚机茧网"。每一行有的自直行为都是一在其权能环境的供养和支配下虚机了断的行为。而虚机了断乃是一向量（可能性）抉择和向量实现的历程。自直乃是权能朝"此"向量而非"彼"向量的自成；它是成就也是牺牲。"成就"言"此"的肯定；"牺牲"言"彼"之否定。"成就"与"牺牲"——"肯定"与"否定"——乃是权能在场有中运作抉择的两面。有肯定则必有否定，有否定则必有肯定。没有无牺牲的成就，而有牺牲亦必有所成。这成就与牺牲、肯定与否定的辩证关系，乃是场有综合的本质。所谓"朝直用中"，只不过是从某一行有观点下所表现的场有综合。那么，"用中"究竟是什么意思呢？不是别的，它就是"否定的否定"。对一行有所抉择的向量而言，"自直"就是权能对此向量的肯定。此向量之自直或自成，乃是通过权能环境的限制下而实现的。"否定的否定"一语中，前一"否定"代表被牺牲的向量，后一"否定"代表权能抉择的力量。一朝"此"向量自直的行有若不把其他或"彼"向量牺牲掉，又怎能在"此"向量下肯定它自己、完成它自己呢？对朝"此"向量自直的行有而言，被牺牲的"彼"正是对"此"的否定力量。所谓"彼"其实就是能使"此"有所偏颇的可能性——包括"无成"为最大的偏颇。故"否定的否定"就是否定一切对"此"向量使其偏颇无成的向量——这就是"用中"的意思了。"肯定"就是"否定的否定"；"朝直"就是"用中"。"朝直用中"乃是权能运作的本质。这从权能本质（道体、场有心法开合）的观点而言就是皇极大中。皇极大中乃是场有心法开合的道枢所在。

我们已说过多遍了，"道枢"一观念本来是从泰古人对其形躯之朝直用中的素朴体验而来的。朝直生长，终于能顶天立地般站立起来——这是生生权能通过形躯的自直行为。形躯直立地、不偏不颇地站稳了，这就是生生权能的自我肯定和用中。还记得婴孩最初挣扎着站起来的情景吗？顶天立地的诚（自直）仪可不是容易得来的。从人性史的观点来说，它乃是"人"一生中第一个最了不起的成就啊！

要站得稳，站得中直，形躯就必须抗拒一切偏颇的力量——这就是"否定的否定"最原始的解释。我们现在也可以了解为什么《中庸》的作者以"诚"和"中和"这对观念来构成它的核心思想了。"诚"就是权能的自直，"中和"就是权能的用中。诚与中和合起来正是道体权能朝直用中的道枢观念。这正是儒家场有辩证法的精髓啊！

从哲学语言的深层结构看来，《中庸》与《道德经》中许多有关道体或道枢的观念基本上是相通的。譬如《道德经》中"万物负阴而抱阳，冲气以为和"一语与《中庸》"诚"与"中和"这对观念在其泰古原义来讲是没有什么分别的。"负阴抱阳"指的原是直立形躯的向（阳）背（阴），借为描述生生权能通过万物的自诚——自直行为。"冲气以为和"中之"冲"正是用中的意思。"冲气"就是用中的仪能（气），"和"就是无偏颇的状态。"万物负阴而抱阳，冲气以为和"一语讲的正是权能运作的朝直用中，与《中庸》诚与中和这对观念正是相应相通的。

《道德经》这句话原是继"道生一，一生二，二生三，三生万物"这段文字而来的。"三生万物"中的"三"指的正是顶天立地，与天地成

"三"的形躯，亦即是《中庸》人与"天地参"的观念。与天地"参"成鼎足而"三"的形躯就是十字撑开的坐标身。人为形色宇宙与意义世界的贞主资格，乃是在坐标身的基础上建立起来的。这个为一切存有的贞主的人不正是"王"的泰古原义么？

"王"就是"大"。说得确切一点，"大"乃是"王"的本质，亦可称为"一"。这一层意思，我们在本节前面已经解释过了。天地人一贯为"王"。"王"字中连贯三横画的直划亦即是"大"字原义所象的形——为人贞主资格所本的坐标身或直立的形躯。坐标身就是"道"，就是"大"，就是"一"，就是"王"。在泰古哲学的语言里，这些字本来都是同其所指的，泰古哲学的语言基本上就是场有哲学的语言：它是描述根身生长变化的语言，它是描述权能运作、灵明行沟的语言。而根身生长变化与权能运作、灵明行沟所构成的场有原始内容，乃是借着道形器一体相连所铺陈的场有基本格局——我们所谓的"超切场面"——而开显的。为着行文的方便起见，我们以后就统称此场有的"原始内容"和"基本格局"为场有的"核心事实"或"核心现象"。如是，"核心语言"就是描述核心事实或现象的语言。

在中国古经籍所表达的哲学语言的深层结构里，我们可以随时见到以描述核心事实为本的泰古场有哲学的遗迹——核心语言的遗迹。而核心事实中最具关键性的事实，乃是根身从原始混沌意识朗现之后继续经坐标身的贞定作用，演变为道身精神体的形上化历程。在这演化历程中，介于原始混沌与道身形上承义体中间的坐标身，乃是人性确立与道枢（皇极大中）由自然进入文明世界而发用的转折点。所以这个核心事实所涵摄的演变历程（《易经》所谓的"易"），就可以"贞三前后"来代表之。《道德经》以取得贞主资格的坐标身为"三"，所以"贞三"就是在"三"（直立形躯）的基础上取得贞主资格的意思。"三生万物"就是万物贞定于"三"，所以成为"三"或坐标身的根身就是"万物之母"或"天下母"。"贞三"之前的根身就是还没有直立站起来、仅在混沌意识中潜存的根身。天地的相对确立乃是根身直立站起来以后之事，所以《道德经》以原始的、混沌状态中的根身为"天地之始"或为"先天地生"。根身从原始混沌中朗现了（"道生一"），慢慢地站立起来了，它已经不再是"寂兮廖兮"的"无名之朴"，而是"独立而不改，周行而不殆，可以为

天下母"的贞主。为"天下母"就是为天下万物得以贞定的坐标。这具
已经取得贞主、天下母资格的根身，我们应该给它一个什么名字呢？直立
的根身乃是一具会走路、会说话、会思想的形躯，我们就称之为"道"
吧！——故曰："吾不知其名，字之曰道。"直立的"道"俯视万物，难免
有高于一切万物的错觉。不过在"道"之前开显的，却的确是一个无穷的
视野；这个无究视野之远大与其直立形躯之"大"乃是相对相成的——故
曰："强为之名曰大，大曰逝，逝曰远，远曰反。""逝"、"远"、"反"所
形容的乃是场有自身相对于"道"而开显的光景之流。在某一义上来说，
这个光景之流所涵盖的全部领域都在"道"中，都涵摄在"大"的姿态所
成就的全体大用里——故曰："故道大，天大，地大，王亦大。域中有四
大，而王居其一焉。""王"就是已成为贞定主体的人。但作为贞主的人
本质上是与场有自身合而为一的。故《道德经》这句话中的"道"，指的
不再是与形躯小我相合的"道"，而是与场有自身或场我相合的
"道"——以权能自身为本质的常道。这段引文中的"域"字乃是"与"
《道德经》首章"常有，欲以观其徼"一语中之"徼"互为呼应的，抑且
是同其意指的，指的都是常道权能常德所贯、所开显的——"光景流"所
涵盖的——场有领域。这"域中"的"四大"——"道"、"天"、"地"、
"王"——也就是铺陈在这场有领域中超切场面的基本架构。谁是这"超
切场面"的"主持者"呢？当然就是具有贞主资格的"王"。但"王"之
所以为"王"乃是由于他是"法地，法天，法道，法自然"的朝直用中
者。换句话说，场有超切场面真正的主持者，乃是与常道自然相合的
"王"——而不是一般与常道分离的文明人类。与常道自然分离的文明人
类早就丧失了为"王"的资格了。

# 第七章　始德、元德与姿态形上学

## §1　始德之如与元德之姿：常道的超切二门

　　道家理想中的至人、真人和儒家理想中的圣人，一样原都是在人的贞主资格上成立的。而人之所以能成为一切存有的贞定者，最后分析起来，乃本于内在于人生命中的道枢或皇极大中（以后或简称"大中"）。这是儒道两家所共同传承的泰古哲学传统，所不同者，儒家哲学着重大中的"诚明之道"，而道家哲学所着重的则是大中的"虚灵之道"。前者源于常道之元德，而后者则本于常道之始德，这就是《易传》中的"中正之道"、《中庸》里的"中庸之道"与《庄子》书中"道枢"一观念的主要差别了。

　　这样讲大致上是不错的。《易传》里的"乾元"、《中庸》里的"至诚"与《道德经》中为"天下母"、"万物之母"的"道"、"常道"是相当的——同为创造性的"个体实现原理（或简称实现原理）"，指的乃是道体权能之元德。不过，对于这个实现原理的了解和诠释，儒家哲学趋向于男性化的象征语言，而道家哲学则惯于用女性化的象征语言。我们可以说，儒家形上学中乾元、诚道之元德乃是一种"父德"，而道家思想中道为天下母、万物之母的元德则是一种"母德"。其实，儒家何尝不讲"母德"，而道又何尝没有"父德"的观念。《易传》以乾元与坤元相对而为太极之两仪，元德明显地是一乾（父）坤（母）合德的观念。《道德经》以道为"玄牝"为"谷神"，这都是属于女性化的象征语言。但"吾不知谁之子，象帝之先"的"帝"却是一与"乾元"相当的观念；这观念在《庄子》书中就更为普遍了。

　　用泰古哲学的语言来讲，元德就是"太极"之德——形躯贞三所成坐标身的德性。坐标身乃是一切分别相的开始，故"太极生两仪"；"两仪"所代表的乃是所有两两相对的分别相。本体、宇宙论中的"太极"观念，只不过是此原始"太极"的形上化罢了。

常道或太极之元德乃是一"着相"的观念。用《道德经》的术语来讲，以生物为心的乾元、坤元（天父地母）乃是道体权能"有为"的表现。"有为"就是姿态的意思。不过，这个有为的、创生天地万物的"元德之姿"却是玄秘莫测、深不可致诘的。东西形上思想中由元德观念所著之相，所反映的正是人的道身形上姿态所著之相。而道身形上姿态所著之相，乃是人的精神生命在求与元德之姿相契合时的主体诚仪。但人的主体诚仪可并不是一纯（个体）主体性的表现。因为我的主体诚仪可不全是我的。元德之姿乃是一切个体"我"的形上根据："我"的主体诚仪，其实就是元德之姿之在"我"。这个与元德之姿合德同姿的"元德我"就是我的本体、心体、性体。说得确切一点，元德我就是元德之姿在我之分殊，元德之姿乃是一切殊相之所以为"殊"的最后根据，而一切殊相都是权能运作朝直用中的表现。故我们可以说元德之姿就是皇极大中场有综合的姿态——亦即是道体权能深广整全的姿态，场有自身的整体之仪。主宰这整体之仪的最高准则而为一切宜权中之宜权者，就是泰古哲学里所谓的皇极大中。故元德之姿与皇极大中合言，正是道体权能性相宜仪之合体。

应该注意的是，元德我乃是一个依权能之运作而取义的观念。元德我不是我的根身，也不是我的道身，而是通过我的根道身而为我场有生命所在、所系的权能主体或权能我。当然，没有我的根道身就没有权能我，但权能我并不就等于我的根道身。因为权能我的一切行有或权能运作，乃是以整个场有自身为背景的。场有自身作为权能我的背景，就是我们在前章所谓的"场我"。权能我就是场我，场我就是权能我：这个观念其实是二而一、一而二的，指的都是权能主体。所不同者，权能我着重权能主体"行有"的意义，场我则着重权能主体"背景"的意义。但行有与背景正是权能运作不可分的两面啊！

一般人所谓的"我"其实乃是一个非常混淆的观念，一个介于根道身我、权能我、场我之间的暧昧观念。但这个暧昧的"我"却正是人类场有经验的素朴基础。"我"是暧昧的，正因为"暧昧"乃是场有经验的本质，场有经验的分析在某一义上来说，基本就是针对着这个"暧昧我"所作的分析。不过，我们分析的目的不是要抹杀场有经验的暧昧，而是为着了解这个"暧昧"之所以为"暧昧"之处。换句话说，场有分析的目的不是"暧昧"的超克，而是"暧昧"在朗化中的超切保存。这是我们得为读者所预先交代的地方。

但"我"之所以为"我"——"我"之所以为场有者——不仅由于常道元德之在我，更由于常道始德之在我。"元德之姿"乃是我存有的"殊相"的最后根据，但"始德之如"却是我之所以为"存有"的最后根据。真正的"我"——与常道合德的"我"既是"元德我"，也是"始德我"。"元德我"乃是常道在我之个体性，"始德我"则是常道在我之绝对性。我和其他生命——其他任何场有者——一样，都是个体性与绝对性的结合，元德我与始德我的结合，而铺陈在生命场有中的超切场域，则是此二者结合的场所。

我们以常道之元德为创造性的"（个体）实现原理"，那么常道之始德就该称为创造性的"超（个体）实现原理"了。为什么称它为"超实现原理"呢？我们上文所谓的"绝对性"指的究竟是什么呢？我们上文说过了，道体权能在元德方面来讲是"有为"的，有姿态可言的。所谓"元德之姿"指的正是权能场有自身的整体之仪。假如生生权能动作的分殊（行有）可以大海中的滚滚波流来作比喻的话，那么大海中波浪都是在大海的场有中成就其殊相的，这个作为众波浪群的分殊的场有自身就是大海的元德。相对于任何一波浪或波浪群的实现历程而言，这个大海场有自身所特具的整体之仪，就是我们所谓的"元德之姿"了。

常道之元德是有为的、有姿态的，那么常道的始德当是无为、无姿态的了。但这里"无为"、"无姿态"应该作何解呢？我们所谓的"元德"和"始德"都是道体权能的观念，指的都是道体权能本身的无上德性。不过，元德乃是依权能所摄的场有自身或相对本质来讲的，而始德则是直接从权能的绝对本质而取义的。权能的场有运作是有为的、有姿态可言的，元德之姿指的正是权能场有自身的姿态。但权能的绝对本质却是无为的、无姿态可言的。因为所谓"绝对本质"者指的乃是道体权能之所以能成就一切的德性，就其绝对本质而言，道体权能只是一个"如其所如"罢了。

"如其所如"也就是成其所成的意思，能够成就一切、实现一切的始德当然本身不能有所成就，本身无所成当然就不能有为，不能有姿态可言。不过，始德本身之无为、无姿态正所以成就一切有为与有姿态——这不正是《道德经》言"常道无为而无不为"的意思么？所以，严格说来，常道的始德是超言说的，因为所有言说都表现一种姿态，都是着相的表现。既然着相，那就不是如其所如、绝对无为无相的常道始德——"道可道、非常道"，此之谓也！

请再以大海的比喻来作解说。我们在上文以大海的整体之仪来比喻常道权能的元德之姿，乍看起来，好像没有比这个更具涵盖性的观念了，如大海可以代表权能运作所涵摄的一切存有，那么有什么可以超出这大海场有自身的元德之姿呢？一切可指、可被言说的个体殊相、群体殊相（众沤、众波浪）无不包含在这元德之姿的观念之内。但我们可别忘了，大海中的一切，包括整体之仪的元德之姿，都是瞬息万变的。任何一瞬间大海场有所表现的元德之姿，只能代表大海水（权能自身）的相对本质，而非它的绝对本质。这绝对本质究竟是什么呢？它就是大海水为众沤、众波与其整体场有的仪相本原的所在——或一切姿态"无尽可起"的可能性。这无尽可起的德性当然是属于整个大海水的，内在于其整体场有的——但却是超越任一沤波群的，也超于为此沤波或沤波群的殊相根据的元德之姿的。这成就众沤波殊相的绝对本质，本身只是一个如其所如，但这如其所如亦同时是众沤波无尽可起（仪相可能性）的所在。

常道的始德就是生生权能本身的绝对无为，或它的"如其所如，无尽可起"的无上德性。但权能本身是不能单就它的绝对本质而言的。在场有哲学中，"绝对"乃是一个与"相对"的超切关系上取义的观念：没有"超越的绝对"只有"超切的绝对"。权能的绝对本质与相对本质乃是一个超切的关系，而不是一个寡头的超越——超离——关系。始德之如或绝对无为，并不是一独立于权能场有之外的物事，而是与瞬息万变的权能分殊运作亲密不离的常德。它内在于权能场有之中，内在于每一个场有者之中，却又超越于权能一切分殊运作之外。这始德之如与元德之姿的超切关系，不正是《道德经》论常道时所谓的"此二者同出而异名，同为之玄，玄之又玄，众妙之门"一语的胜义么？

常道权能的常德、玄德就建立在这始德与元德的超切关系上——我们以后就称它们为常道或道体的"超切二门"吧！《大乘起信论》不是有"一心开二门"的讲法么？用我们的术语来讲，《大乘起信论》中所开的

"二门"——"心真如门"与"心生灭门"——正是分别依始德与元德的观念而建构的。不过，由于《大乘起信论》的作者对超切二门的超切关系没有明确的认识，"心生二门"的说法在理论上就产生了无法解决的难题。离开了二门的超切性，哪里还有"一心"可言？

本章对常道超切二门的阐释，乃是直接依道体权能的本质而立论的，这是本体、宇宙论的进路。这条理论路径虽然直指本体，但在某一义上来说却是一条抽象的、无根的进路；由它开出来的乃是一个离开了吾人的实存场有体验的义理架构。我们所谓的"无根"正是无"根身"在里面的意思，常道超切二门的实存体验，乃是通过根身的生长变化而来的。在泰古的哲学语言里，始德与元德的超切关系，乃是通过意识心的原始混沌与形躯贞三的超切关系而被了解的。表面上看来，这是现象说、存有论的进路，但这样讲就未免太低估了泰古人的智慧了。从泰古哲学在中国经籍中遗留下来的重要线索看来，泰古人对超切二门的思想进路显然是一条本体、宇宙论与现象学、存有论交叉并进的路子。这条哲学理论上的"康庄大道"正是场有哲学所追随的。

## §2　绝对无为与相对无为：行有玄别与玄藏归结

在《道德经》的哲学思想里，道或常道的无上德性——常德或玄德——乃是兼始德元德而言的。在"道常无为而无不为"这句话里，隐含着的正是始德之如与元德之姿超切之合的胜义。不过，《道德经》这句话中"无为"一词的意义并不是单纯的，而是可以分开两层来讲的。第一，"无为"就是自然而为，亦好是没有做作的"为"。这是一般的、较为明显的，也是为传统注释家所着重的解释。在这一层意义里，与"无为"相对的"有为"——做作的"为"——乃是文明生命里问题心的产物。我们可以说，"有为"就是一切为问题心所驱使的作为。不过，文明做作也好，自然而为也好，都是常道权能的运作，就其为道体分殊的表现而言，都是有姿态可言的。有姿态也就是有所作为了，在这层意义里的"无为"不是没有姿态，只是没有文明社会问题心所做作的姿态罢了。但既有姿态，就有性与相、宜与仪、理与气之可分，因为姿态之所以为姿态、之所以具其殊相，正在此二者之可分处：有姿态乃是权能运作分殊表现的特性。但权能的本质在其始德之玄妙处却是无姿态可言的，它只是一个"如其所如、无尽可起"的绝对无为德性。这无姿态的绝对无为德性才是《道德经》"无为"一观念更深一层的含义。严格来讲，只有无姿态义的"无为"才是超实现原理精义的所在。如是，我们应在"无为"一观念上作"相对无为"与"绝对无为"的区分。"相对无为"就是相对于文明做作的行有，一种自然而为的"行为"。"绝对无为"不是文明做作的有为，但也不是自然的运作。"绝对无为"的确是绝对的无所作为，但这绝对的无所作为却又并不是外在于一切作为、一切权能运作的某一物事。因为常道始德的绝对无为根本不是一物事、不是一场有者。那么它究竟是什么呢？这个问题我们早就在上文隐约地答复过了。一切权能运作都是有姿态可言的，而姿态之所以成其姿态正在性与相、宜与仪之可分处。那么无姿态可言的玄妙始德呢？当然就在此二者之浑然不可分上面了。此"浑然不可分"处，亦即是我们在第二章第一节所言的"一心"——与"法"相对而言的"心"。读者当还记得，场有心法的观念，乃是依性相宜仪之可分与不可分而立义的。我们是以性相宜仪之可分为"法"，性相宜仪之不可分为"心"的。常道玄妙的"始德"正是"一心"的所在，这个绝对无为的一心当然不是意识心，而是存有终极实性所在的"常道权能心"。前者乃是权能主体通过意识作用的产物，而后者则是为一切权能主体分殊运作所本的"真如"（借用大乘佛学术语）作用。权能自身的如其所如、无尽可起就是"真如"，但道体始德之"真如"是不能离开道体元德之"真机"而言的。什么叫作"真机"呢？这个"机"就是"诚仪隐机"中之"机"，指的乃是由常道元德之姿（场有自身的姿态）对生生之流场有中自直自诚的一切权能主体所提供的生机、契机、机缘或机会。始德的真如作用与元德的真机作用的超切相合才是常道常德、玄德的真实本质。此常道之超切二门乃是一切有为、无为法玄藏归结的所在。

　　"法"就是场有者，尤其是有"行为"意义的场有者，亦即是我们所谓的"行有者"。"有为、无为法"就是在有为、无为的行有中所成就或开显之法，故亦可包含"有为行有者"（有为法）与"无为行有者"（无为法）这个分别。一切法都是依场而有的，说得更确切一点，都在道体权能行有、行沟无限深广的超切场所里。由常道的始德、元德超切相合所成的常德、玄德实是一切法终极归结之处，故我们称之谓"玄藏"。"玄藏归结"就是归结于玄藏的意思。这里"归结"指的乃是一法（场有者、行有者）与场有自身在权能行沟历程中的超切关系。"归结"中之"归"有"回归"、"归藏"的意思；此词中之"结"则有"缚结"、"凝结"和"结穴"的意思。自直自诚的行有者（或权能主体）本质上，乃是一起于玄藏而又归结于玄藏的"作茧者"。故权能行沟的历程基本上乃是一玄藏归结的作茧历程。一切有为、无为法都在玄藏的真如真机中结穴。

"穴"是穴居动物归藏、归宿的地方，也是它经常出入的地方。由常道之始德、元德所合成的玄藏也是一切有为、无为法权能行有的"玄穴"。"玄藏"着重权能的归藏义，"玄穴"则着重行有的出入义。当然，这只是一种的象征的讲法，这种象征语言难免会在读者心中引起"如有物焉"的误解或错觉。我们所谓的"玄藏"或"玄穴"指的当然不是一具体的物事，而只是指权能自身、场有自身的真如真机作用。这一点，我们已经在上文颇为详尽地解释过了。权能的本质在哪里呢？不在别的，正在始德、元德之超切契合处——亦即在真如、真机之有别，（却又）可分而不可分处。此超切二门之有别、可分而不可分我们称之为"玄别"。"玄别"就是玄藏中本有之分别。但我们亦将以此词语来兼指天地万物（一切法或场有者）各自禀于真如、真机而有之分别。说得简洁一点，"玄别"就是本于玄德的分别。如是，一切有为、无为法的性相宜仪、无尽风姿即可以如下之"行有玄别图"来概括表明之：

玄别，让我们再复述一次吧，就是本于玄德的分别。一切法都是权能运作（行有）的分殊表现，都是权能主体贞定、化裁的对象。故一切法在其根源处莫不归结于常道的常德、玄德；"玄藏归结"正是"行有玄别图"所概括的基本事实。就人类文明做作所成就的有为法来讲，玄藏归结乃是通过意识心的问题化而开显的权能本事；而与有为法相对的无为法——以自然行有为内容的相对无为法——则是通过茧心自然作茧（包括未问题化之前的素朴意识心）而开显的权能本事。由是我们可以说，问题心与自然茧心（或素朴意识心）乃分别为有为法及相对无为法"实行基穴"的所在。"实行"就是实在的行有、行沟。所谓"实行基穴"就是有为、无为法玄藏归结行有、行沟实在通行的基本穴道。每一行有都有它的实行基穴。权能运作通过自然茧心和问题心场有所结成的虚机茧网正是以实行基穴群所构成的管道或脉络为其具体内容的。

　　不过，有为法与相对无为法都是权能运作分殊的表现，都是在场有性相宜仪的可分处显其风姿的。而性相宜仪之可分——道体一心之所开——处则是元德之姿所孕育的真机所在。故如行有玄别图中所示，一切有为无为法悉结穴于玄德元德之真机。玄藏乃是一切行有实行基穴汇归的玄穴。但"天地万物生于有，有生于无"：元德（"有"之德性）乃是天地万物（一切有为及相对无为法）成就其姿态殊相的终极根源。但元德成就分殊万有的真机作用本身，对《道德经》的作者来说，乃是以始德之"无"

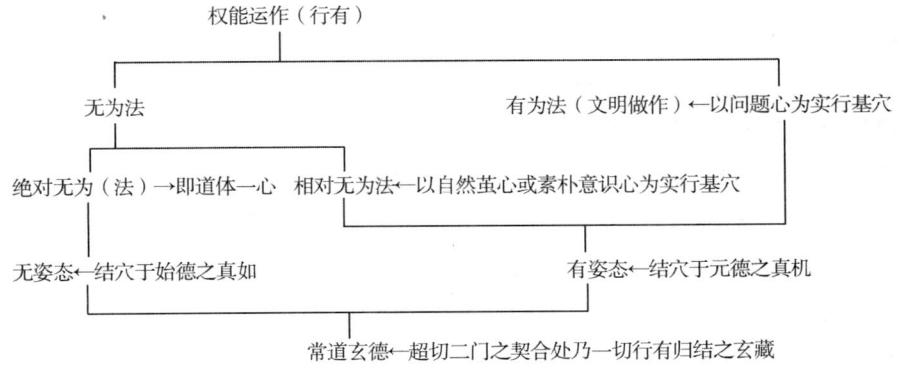

**行有玄别图**

为本的。始德以"无"为德，以绝对无为为德，而绝对无为的德性亦即是权能自身成就一切、如其所如和无尽可起的真如作用，故始德之真如乃是绝对无为法归结的所在。什么叫作"绝对无为法"呢？在某一义上来说，此语其实是一赘词。因为"绝对无为法"其实是无"法"可言的，它不是在有为法与相对无为法之外别立的一种"法"。它与有为法、相对无为法其实是同一的行有。所谓"绝对无为法"者指的只是就法之绝对无为处而观法、而言法。这就是为什么我们在"行有玄别图"中"绝对无为（法）"一项里用括号把"法"字括开了。"法"之绝对无为处不就是《道德经》所谓的"无有"、"无名"、"无极"、大乘佛学所谓的"真空"、我们所谓的"（道体）一心"么？故"绝对无为法"一语中"绝对无为"与"法"的关系正是"无"与"有"、"真空"与"妙有"或（在场有哲学中）"心（一心）"与"法"的关系。故"绝对无为法"就是道体本身，此语所隐含的乃心法开合的权能本事。而心法开合的关键则在权能自身始德之如与元德之机的结合、无姿态与有姿态的结合。此常道常德中之玄藏玄合就是我们所谓的"超切二门"了。

## §3　始德语言与元德语言：如机双入在宗教、哲学思想中的着相开显——玄别四畴的义理结构

常道超切二门的精微义蕴乃是一切形上思想的基石，在文明人类的宗教、哲学思想中，实处处可以找到形上心灵通过语言的符仪符用向道体如机双入的轨迹。"如机双入"就是同时入于真如和真机的意思，这句话指的乃是形上心灵在把握道体的超切实相时所达到的理想状态，与常道玄德相契合的理想状态，这个理想状态用《道德经》的语言来讲就是"玄同"，用佛家的语言来讲就是"涅槃"。我们可以说，一切宗教、哲学的形上语言，都是直接地或间接地以此理想状态所涵摄的终极形上语言境界为意指符涉对象的语言。这是始德或"如入"的语言，也是元德或"机入"的语言——应该是始德元德相超切或"如机双入"的语言。这可以是"以常道为我"的语言，也可以是"以常道为它"的语言——应该是"常我"和"常它"相超切的语言。"始德"、"元德"、"常我"、"常它"——这是阐释终极形上境界所必然开出的四个基本观念范畴。这四个范畴所含蕴的义理结构，亦是意识心灵玄藏归结的义理结构——我们就称之为"玄别四畴"吧。

常道以始德元德之相超切为玄德，故"以常道为我"可以是"始德我"，也可以是"元德我"。同样的，"以常道为它"可以是"始德它"，也可以是"元德它"。故玄别四畴中四畴两两组合所构成的基本义理结构可以下图表示之：

始德与元德，作为形上终极范畴来说，我们称之为"玄藏二畴"；常我与常它我们则称之为"心藏二畴"。这词中"心"字指的乃是意识心所。"常我"和"常它"的分别根源其意识心的深层结构——故以"心藏"名之。如是，玄藏四畴乃是"玄藏二畴"与"心藏二畴"的组合。这里面所涵摄的无穷义理，当然不是三言两语可以解说得了的。我们不妨说，这四畴所代表的实是一切形上思维的宝库。文明人类宗教、哲学史的全部义理架构都隐藏在里面了。一般来说，西方形上学传统乃是一个元德重于始

德、常它重于常我的传统；而印度形上学传统则刚好相反，是一个（比较起来）始德重于元德、常我重于常它的传统。换句话说，西方形上学传统乃是一个表彰"元德它"的传统，而印度形上学传统则是一个以"始德我"为依归的传统。这个明显的对比可以在意识心态的比较上找到根据。元德它的偏重不正是西方人感异成隔意识心态的形上表现么？始德我在印度宗教哲学思想中的地位，不正是印度人感同成独意识心态所趋向的形上道体么？

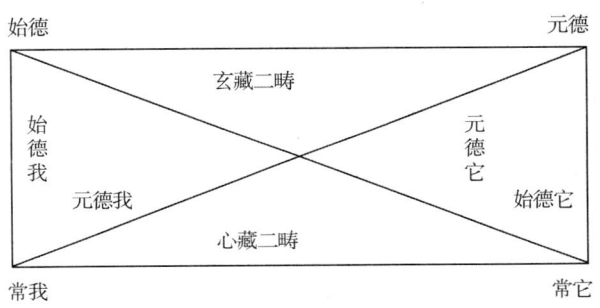

**玄别四畴**

"常它"就是客观化的常道。整个西方宗教、哲学传统都被笼罩在"客观实在"（objective reality）的形上意识之下乃是无可否认的事实。自从西方哲学鼻祖泰利士以道体为"它"——为"水"——开始，西方形上心灵，就再难在道体中找回真正的自我了。我是水构成的——不错，可以这样讲。但这水做的"我"是我们自己能真正体验得到的"我"么？

道体的"它化"、客观化在西方宗教、哲学的发展过程中，乃是依沿着以"实体"为其基本范畴的观念体系而成就其义理架构的。前苏格拉底哲学中为万物生化之元的"阿给"（arche），柏拉图、亚里士多德形上学思想中的真实存有或"奥西亚"（ousia），斯多噶学派所谓的"逻各斯"（logos），中古神学或经院派哲学中的"神"或至高无上的存有，笛卡儿、斯宾诺莎、莱布尼茨形上思想中的"神"或"自然"，黑格尔的"绝对精神"等等——全都是从实体一范畴纽造出来的。表面上看来，开近代英美经验、实证和分析主义哲学传统的休谟乃是一地道的反实体论者。但休谟经验分析中所依赖的基本范畴——他所谓的感觉"印象"（impressions）——就和他同时代的自然科学家心目中的"原子"一样，本身就是从"实体"的基本逻辑模型翻版过来的。所谓"实体"观念的模型，指的乃是"独立自存"的观念。独立自存乃是一"物"（最广义的"物"）的形式逻辑性——我们在4.3节所谓的"简别外在的个体性"。事物的"形式逻辑化"乃是事物之能为人所控制或操纵的基本条件，也是知性心灵在匠心匠识的主宰下所生发的基本要求。知性主体最难以忍受的乃是事物的暧昧性、独特性和不确定性："混沌"乃是知性的大敌。西方哲学心灵、形上心灵对混沌的态度就好比一雕刻匠对他那块未经"加工"的大理石一样——他要控制它、操纵它，并且竭尽心力以求能付之以形式和秩序。这就是为什么工艺创制的思想模式对西方哲学心灵的影响是这样的至深且巨了（见4.2节）。故西方文化社会中所呈现的权力结构——就其为征服欲、占有欲和控制欲的满足一方面而言——和理论活动中所呈现的逻辑性、秩序性和工艺创制的思想模式乃是绝对分不开的，抑且是互为表里的。无论在文明行有或文化生命的哪一面，在西方人创造心灵深处，都可以找到那个几乎完全为爱罗惊异精神所控制的材知英雄。爱罗精神的本质在哪里呢？它是通过有隔无融的意识心态中所生的"神秘感"而运作的，正好比仁性关怀以"责任感"为其感通化裁的媒介一样。无隔就没有神秘感了，"它"就是一切有隔之所对——意识心在"隔"中的物件。以爱罗精神为支柱的西方形上心灵在与场有自身相对时，必然摆出以道体为"它"的形上姿态当是很自然、而且是无可避免的了。

　　道体的它化、客观化乃是基于爱罗神秘感的观念投企，而道体的实体化则是知性主体逻辑运作秩序加工的产物。而在秩序加工的逻辑精神下所见到的道体，必然是突显元德性相的道体，而不是绝妙无相的始德常道，当然更不是在超切二门如机超切处成德的真空妙有或玄同了。场有自身整体之仪所在的元德，不正是知性心灵永远难以捉摸的神秘对象吗？是的，常道玄秘的无上德性，正是神秘感所对的终极对象——终极的"它"。控制不了这终极的"它"，为爱罗精神所主宰的知性心灵是永难安息的。故道体化、客观化的同时亦必然是道体元德的实体化；不过这样一来，元德就永远和始德分离了。从权力结构的观点来讲，实体化以后的元德它立刻摇身一变而成为爱罗王国、有有之邦的无上权威或形上统治者。元德指的本来是场有自身的整体之仪，元德的玄秘性本来源自道体权能运作的感通化裁、诚仪隐机，但实体化的元德就完全失去了它的场有性格。实体化的常道已经变为一个没有场有性的场有者，而不是场有自身了。知性逻辑加工的结果，乃是一个由爱罗知性从生生之流幻化而出的有有之邦；不但元德之真机与始德之真如完全脱节了，场有自身也在一个虚无的背景里隐灭了。

西方形上心灵对始德真如无真切的领悟乃是不难了解的。常道始德之如如无尽与纯然可起对为爱罗知性、匠心匠识所主宰的形上心灵而言只是一顽灵不昧的、绝对不可理解的——因而也就无任何认知意义与价值的——纯粹空无。这个纯粹的空无是无法控制的、无可控制的。所以就称它为"顽无"吧。"顽无"既然永难满足爱罗知性权力欲的基本要求，那又怎会有意义和价值呢？西方传统哲学家惯以"无"为"有"的缺乏，骨子里正是在知性权力欲——控制欲、占有欲——的满足可能性上来取义的。"顽无"无满足爱罗知性之可能。"顺有"乃是"顽无"之反，应是最能满足爱罗知性的了。"顺有"就是能柔顺于爱罗知性的"有"。但什么能够最能满足爱罗知性呢？这个问题我们在4.7节已经把答案提出来了。爱罗知性所追求的乃是一个在神秘感中呈现的"它"——那个与知性有隔无融，永远无法得到的"它"。所以在爱罗知性不停不息地向"它"外驰的过程中，最后必然会发觉到最能满足它自己的不是那个"它"，而是它自己——知性本身。故为爱罗知性所主宰的形上学最后都有把存有等同知性，把存有本质等同知性本质的倾向。亚里士多德形上学中的"神"——那个以自己为默观对象的不动动因——不正是爱罗知性自恋情结的产物么？而这个在有有之邦占有至高无上地位的"知性至尊"，亦正是一个实体化了的"元德它"啊！

表面上看来，在这个元德它神的观念中，那个外在的"它"已经退隐了，在神的自我满足中神秘感已经不存在了。但这不过是观念上的满足，不过是哲学家理想愿望的投企罢了。爱罗知性岂是真能得到满足的。向一个有隔无融、神秘的"它"永恒外驰乃是爱罗的本性，即使在知性自恋的情结中，此爱罗本性还是存在的，只不过自恋中的那个"它"就是它自己。爱罗知性的自恋最后必导致爱罗知性自己的"它化"或"自我异化"。以自己为它、为神秘感追求的对象——这事实对任何一个对西方文化心灵稍有研究的人来说，应该是毫不陌生的吧！

我们可以说，顽无乃是始德真如在西方形上传统中的开显。但以顽无面孔出现的真如当然不是它的本来面目，顽无乃是被扭曲的真如，在爱罗知性神秘感它化与异化魔镜中呈现的真如。这"异化魔镜"中所出现的真如一方面固然是爱罗知性生命创造力的泉源，但另一面又正是它一切烦恼苦难所从出的魔域。爱罗知性向"它"的无限追求，乃是以顽无为背景的。知性所追逐的"它"——可把捉的"顺有"——乃是爱罗主体得以暂时避免与顽无相对的屏障。但当爱罗知性在自恋的情结中，把自己等同存有自身时，它就只得在毫无第三者的情况上单独面对顽无——感受到顽无的无限的威胁了。这时的顽无显现为一个可以把一切意义和价值全部抹杀，使整个意义世界变成虚幻一片的魔头——有有之邦也就变为虚无之邦了。

故"虚无主义"乃是爱罗知性形上传统无可避免的结局，西方近代哲学自尼采以来，都或多或少的受到虚无主义的感染，都在自觉地或不自觉地要为西方文化找出一条超克虚无的形上通路。但虚无主义的本质亦即是爱罗知性的本质。虚无主义的超克问题岂是从爱罗惊异、感异成隔心态开出来的哲学传统本身所能解决得了的。

西方宗教、哲学的形上思想重元德而轻始德，趋向于道或道体的它化、异化和实体化——此乃是有目共睹的事实。但如机二门的超切关系虽然在爱罗知性的异化魔镜中被支离扭曲，超实现原理与实现原理密不可分的常道权能实相，还是隐隐约约地在始德元德的对比语言中被保存着的。我们在 7.2 节提过，人类对道体权能的形上领悟原是通过根身的生长变化、灵明行沟的核心事实而获得的。《道德经》"道生一"这句话既是权能本体、宇宙论的语言，也是以核心事实为本的现象学、存有论语言。"道"是根身呈现于意识心之前的原始混沌，亦兼指常道始德如如无尽、纯然可起的真如作用。"一"是出现后的根身，亦兼指元德感通化裁、诚仪隐机的真机作用。泰古人素朴混沌的哲学思想，还相当明显地保留在各文化传统里的创生或化生神话故事中。而创化或化生神话的最大特色就是本体、宇宙论语言与现象学、存有论语言的相混。"盘古生于鸡子"的神话和古希腊"爱罗首出于混沌"的神话，基本上是两个异曲同工的神话杰作。所不同者，前者是由根身的形上化而展开的宇宙论语言，而后者则是由根身的"形内化"而建构的心理、心性学语言。"爱罗首出于混沌"正是"道生一"的意思。"道"是原始混沌意识，"一"就是出现于混沌意识而为根身依身起念、依念作茧所本的爱罗心藏和心识。盘古是自然宇宙的元德，而爱罗则是意识宇宙的元德——同是个体实现原理的观念。"一"是宇宙的道枢或太极（坐标轴），也是意识心性的道枢或太极。宇宙的道枢乃是由玄藏中的元德之姿来决定的，意识心中的道枢则是由心藏中与生俱来的仁性关怀和爱罗惊异（生生权能，创造权能潜伏在意识深处、人性深处的生命原动力）来决定的。开天辟地的盘古就是根身化的元德道枢。在中国的神话系统中，"盘古"、"伏羲"、"女娲"等全都是直指根身生长变化的泰古语言——都隐含着道枢、太极的观念。盘古开天辟地的神话和女娲炼石补青天的神话，从根身性相学的观点来看，只不过是同一象征语言的两面——密切相关的两面。他们所象征的同是根身生长变化刚能直立站起来的情景。所不同者，盘古神话中的象征意义所偏重的，乃是形躯生长变化"初立人极"（刚站起来）时所成就的伟大业绩——天地万物的开显；而女娲传说所象征的则是"初立人极"的不稳定状态。婴孩初学走路，刚能站起来时摇摇欲坠，就难免有如女娲神话所描述的天地倾斜崩坏的情状了。中国神话中有伏羲女娲兄妹于昆仑山结为夫妻的传说，亦有盘古氏夫妻的传说；吴楚间传说天生盘古夫妇为阴阳之始。神话学家告诉我们，盘古故事乃是由于今犹流传在西南少数民族间的盘瓠故事演变而来的。伏羲盘古，一音之转，盘古氏夫妻其实就是伏羲氏兄妹。[①]但神话学家没有告诉我们这些神话传说的真正象征意义是什么？《山海经》中的昆仑山是在地球上可以找得的一座山么？盘古或伏羲故事中的兄妹通婚究竟有什么意义呢？"昆仑"就是混沌，也就是一音之转。"昆仑山"不是什么真正存在的一座山，而是人类根身的象征意符。说得明确一些，"昆仑山"就是在原始意识混沌状态中的根身。伏羲女娲兄妹源出昆仑，在昆仑山上配成夫妻，这是神话传说对初立人极的形躯，如何从原始混沌的根身生长出来的素朴描述。初立人极的根身可以有稳定和不稳定两种状态，故伏羲女娲是兄妹关系（同出于混沌的根身）。稳立的根身是直、是刚、是阳，不稳定的根身乃是由于形躯弯曲而不定直而来的，故不稳定的根身是曲、是柔、是阴。"阳"与"阴"的原义分别为明与晦，本来是光态的语言。

---

① 关于盘古与伏羲女娲的神话记载，记者可参考袁珂著：《古神话选译》，人民文学出版社1979年版。

《易经》中直与曲的原始语言是"刚"与"柔"。不过，由于阳明阴晦本
来是依根身的直曲而取义的（直故明，曲故晦），所以后来阳与阴也就包
含刚与柔的意思（见1.6节）。阳刚与阴柔——《易经》"断"与"不断"
两词的泰古原意——乃是根身生长变化所本的两种基本权能运作。阳刚的
力量乃是一切有成和贞定的所本，而阴柔的力量则是一切变化之所本。故
阳刚与阴柔乃是一个相辅相成的关系——亦即是神话象征语言中的男女夫
妇关系。盘古神话中的"一日九变"之说，女娲传说中有"一日七十化
（即变）"之说，指的都是在阳刚贞定的历程中为变化所本的阴柔力量。
不过，女娲故事所象征的乃是人极（即太极）的不稳定状态，阴柔胜于
阳刚的状态，故女娲故事中变化的复杂性相也就比盘古故事更为突显。

　　但这些神话传说所象征的，岂仅是形躯本身的生长变化而已。在盘古
神话中，盘古氏不仅开天辟地，也在死后化身为万物，而女娲故事中的女
娲不仅炼石补天，也有"以身殉道"的传说。这些象征语言所指向的已经
不仅是可见的形躯状态，而是内在于根身权能场有中的意识力量——生命
自我承担、亦承担天地万物的道德力量。这个"承担"的意识我们称之为
责任感。潜伏于道体权能生命场有、意识心藏之中而为一切责任感之根源
的原动力，也就是我们所谓的"仁性关怀"。仁性关怀与爱罗惊异，乃是
在生命场有中分庭抗礼的两大原动力——意识心藏的两大"心根性根"。
"爱"乃是一切生命力的基本性相，但爱的生命力可以是本于仁性关怀的
"同体之爱"（简称同体爱），或是本于爱罗惊异的"异隔之爱"（简称异
隔爱）。中国文明所表现的生命力乃是一种同体爱的生命力，源于心藏中
仁性关怀的生命力，这从中国文化本原意识所在的许多神话传说，都可以
很清楚地看得出来。西方文明呢？西方文明乃是一个由希腊罗马文化与希
伯来、基督教文明所合成的复杂结合体。若单从希腊罗马传统来看西方文
明的话，那它无疑是一个基本上由爱罗惊异心性根所决定的文明，为神秘
感所引发的材知跃动所决定的文明。但西方文明也不是没有仁性关怀的成
分，西方文明中表现的仁性关怀和对天地万物承担的责任感乃是希伯来、
基督教传统的贡献。但希伯来、基督教传统在其意识根源处乃是一个中东
式的文明——一个徘徊在仁性关怀与爱罗惊异之间而无所适从的精神文
明。中东民族——尤其是希伯来和阿拉伯民族——对内所表现的强固亲和
力，和对外表现的强烈排斥性，就是由这种同异殊途之间的意识心态所决

定的。在中东式文明的宗教、哲学形上思想中上帝与魔鬼的抗衡骨子里，其实就是仁性跃动与材知跃动的抗衡，同体爱、责任感与异隔爱、神秘感的抗衡。上帝与魔鬼都是元德它的观念；所不同者，前者是仁性关怀的化身，而后者则是爱罗惊异的化身。中东人所熟识的沙漠，和希腊人所熟识的爱琴海，同样是容易引发神秘感的自然环境，而中东游牧民族部落间的独立性，和希腊城邦间的各自为政亦不无相似之处——都是造成异隔意识的重要因素。而形上思想中一切超越、超离主义与乎在人际关系中爱恨极端的趋向，同是异隔心态的产物。对中东民族来说，眷顾我族类的上帝和我族类的敌人一样——都是一个难以捉摸的"它"；此与古希腊人对奥林匹克群神的态度亦并无基本上的不同。这就是为什么在希腊、罗马传统与希伯来、基督传统结合而成西方文明的骨干之后，宗教、哲学思想中的它化、异化现象也就更为明显了。

　　不管是西方形上思想中的"它化、异化"，或是（如后所述）印度形上思想中的"我化、同化"，由通过意识心态而运作的原动力基本上都是"爱"的表现——"恨"其实是爱的一种型态。我们这里所谓的"爱"指的乃是胜义的"爱"，依人类心性的根源而取义的爱。儒家所讲的"仁"、道家所讲的"慈"、佛家所讲的"慈悲"、希腊神话哲学中的"爱罗"、在基督徒所歌颂的"阿加配"（agape）在其根源处都是胜义的"爱"。什么是胜义的"爱"呢？我们可以说，胜义的"爱"乃是在权能场有里为心藏玄藏通贯——亦即是行有玄藏归结——所本的生命原动力。根据玄别四畴的义理结构，我们可以把胜义的爱作如下的三重区分，即（一）依始德与元德的区别而分，基于元德的"直贯之爱"与基于始德的"如如之爱"；（二）依心藏二畴中我它关系而分的"同体爱"与"异隔爱"；（三）依直贯原动力出发点之不同而分"上行之爱"与"下行之爱"。譬如以同为构成西方精神文明主流爱力的爱罗与阿加配为例，二者同为直贯异隔的爱，但爱罗乃是有限通向无限，缺完美者趋向完美者的"上行之爱"（人格化的元德为无上完美者），而阿加配则是从无限通向有限，完美者流向缺完美者的"下行之爱"——上帝或造物者对其子民或万物之爱。阿加配下行之爱乃是一个基督爱上帝、爱他人他物的根源。这和儒家之仁爱源于上天的好生之德基本上有其相似之处：儒家之仁与基督教的阿加配同是源自玄藏元德的下行爱力。所不同者，基于仁的爱乃是一种同体的爱，而源自阿加配的爱与源自爱罗的爱一样，则是属于异隔型的。此乃因在基督教形上思想中，上帝或造物者与其所创生的子民或万物乃是异体（抑且是）异质的。换句话说，同属直贯异隔型的阿加配与爱罗之间，乃是一个上行下行互为倒置的关系。不过，不管上行或下行，异隔的爱力都有一个共同的意指，都以异隔的消除或结合为目的。用因果的语言来讲，则异隔的存在是因，异隔的消除或结合为果。这和同体爱以同体内的和谐结合为大前提实有天渊之别。故儒家所讲的仁爱其实是一种"自然的亲和力"——内在一切生命的最基本的原动力。仁性关怀亦即是生命对自身的同体关怀。"仁者与天地万物为一体"："一体"正是同体的意思。那么，异隔的消除是否就是同体的意思呢？不一定。因为异隔的消除可能是一种和谐结合的胜有境界，也可能是一种异隔双方"同归于尽"的顽无境界。当然，只有和谐结合的胜有才是同体爱力内涵的真义，儒家的仁与西方精神文明中的阿加配，与爱罗三种爱力间的内在关联就在这里了。

　　不过，不管是上行的或是下行的，同体的或是异隔的，一切基于元德的直贯的爱力都是"有为"的，都是实现原理的"成私"表现。这里"成私"乃是一形上的观念——"成私"就是成就个体与元德的特殊的"私人"关系（场有者与场有自身的"私人"关系）。植根于占有欲或征服欲的爱固然是有为的爱，但即使以宗教化、理性化或道德化的元德为本的爱亦何尝不是有为的？假如我爱一个人是由于道德的律令或上帝对我的爱的话，那我所爱的其实不是这个人，而是为实现我个体性所本的道德律或上帝。换句话说，成私的爱都是有条件的——都是以成就"一己之私"为其条件的。而绝对无私、无条件的爱则是我们所谓的"如如的爱"——基于始德真如作用的"爱"。如如的爱就是如其所如的爱。这是一种完全"不为什么"的爱——不为一己的私欲，也不为道德的律令或上帝对我的恩宠。如如的爱乃是从直贯之爱超脱而来的，故在所有型态直贯之爱的极限处都有成就如如之爱的可能。譬如，异隔双方同归于尽的顽无境界或同体之爱和谐结合中私成公显的胜有境界，都是由直贯的有为之爱翻转而成无为之爱的极限所在。如是，如如的爱力可以生于、开显于生命的否定，也可以生于、开显于生命的肯定：顽无与胜有其实是很相似的。

　　一个人能在其行有中成就如如之爱时，他已经是一个"如如行者"，而不仅是一个完全生活在其"私机"（常道元德之私于其个体生命者）中的"断机（或了机）使者"了。基督教所歌颂的圣者、儒家所向往的圣人，在其人格精神的深处和佛家所要达到的佛、如来或道家所趣的至人、真人一样，都是一如如行者的生命。不过比较起来，如如行者的精神在佛道两家的理想人格里实在浓厚得多、明显得多。

"断机"就是了断由场有综合对某一行有者或生命体开显的生机、契机、机会或机缘。此开显之生机、契机、机会或机缘乃是常道元德之私于此行有或生命使者，故称之为"私机"。换句话说，断机就是私机的了断，亦即是成就一己之私。这里"一己之私"中之"私"上面已经提过，可不是普通人所谓的、站在社会道德立场来讲的"自私"。"私机"中之"私"乃是形上的、胜义的"私"。依胜义"私"的定义来讲，小人之损人利己固然是"自私"的行为，仁人君子之舍己为人亦何尝不是一私机之了断？如上所言，"成私"（成就一己之私）乃是成就行有与元德、个体与个体实现原理、场有者与场有自身之间的特殊关系。此胜义的"私"所指向的，正是权能场有运作的本质啊！

由场有综合对一行有者所开显的"私机"乃是一亦虚亦实、虚实相乘的权能缘会。"实"就是权能运作之真实，"虚"则是由权能的缘会对比在场有综合中所生发的种种可能性。私机中的权能之实来自元德之姿所蕴发的真机作用；这真机作用通过权能的缘会对比所编织而成的可能性，场有就是我们所谓的"虚机茧网"。虚机茧网与元德真机分别代表一私机的虚实的两面。如是，私机的了断既是虚机的了断，也是真机的了断。私机可以了断，因为本体权能乃是个"有断"的真实。有断才有成私或个体实现的可能性。"有断成私"，让我们现在略为补充一下，乃是胜义"私"所指向的权能本质。

权能本质是有断的，但也是无断的；成私，但也是无私的。有断成私来自常道元德的真机作用，无断无私则来自常道始德的真如作用。超实现原理之所以为"超"正是在始德如如无尽、纯然可起的"无断无私"处。《道德经》中元德始德的对比语言——描述常道玄道超切二门的语言——就是基本上在有断有私与无断无私的对比上而立论的。譬如第六章云："谷神不死，是谓玄牝。玄牝之门，是谓天地根。绵绵若存，用之不勤。""谷神"与"玄牝"都是母性化元德的名词。谷神与玄牝就是"渊兮似万物之宗"和"象帝之先"的"有"、"天下母"或"万物之母"。"玄牝之门"或"天地根"就是元德真机之所在。元德的真机是好像"橐籥"一般"虚而不屈"、"动而愈出"的（第五章）。它的"用之不勤"的最后根据在哪里呢？当然在"绵绵若存"的始德真如了。

我们的意思是："绵绵若存，用之不勤"这段话表面上看来是描述元德——"玄牝之门"——的，但事实上却是描述始德的——描述超越"玄牝之门"而为其作用之"无断"的最后根源的。而这第六章最后两句话的暧昧处正是超切二门之所以为"超切"的所在。

## §4　曼陀超觉与心玄爱慧：生命的 极限、境界与生命的哲学

"有物混成，先天地生，寂兮寥兮。"这是始德的语言；"独立而不改，周行而不殆，可以为天下母"却是元德的语言了。"独立而不改，周行而不殆"指的正是场有自身整体之仪（独立而不改）和真机作用（周行而不殆）。一切可能性都在场有自身之中，但可能性之可断可分却不是象形相的可断可分那么明显的，故《道德经》以"恍兮惚兮"来描述的常道，乃是充满着"无状之状，无物之象"的元德常道。这"无状之状，无物之象"所状所象的正是"夷"（视之不见）、"希"（听之不闻）、"微"（抟之不得）般的场有可能性——元德真机作用中所恍惚分断的虚机。天地场有中每一行有的虚机了断（成私），乃是一在此虚机之网中感通化裁，玄藏归结的历程——《道德经》所谓的"归根"和"复命"。

"归根"就是万物向常道的回归，向元德始德的回归。玄藏乃是一无尽"可起"（权能场有中的可能性）的根源，也是一切行有（即起而行）诚仪隐机、不朽待用归法于常道的所在。这是内在于本体权能自身的必然性——所以说是"命"。这是本体、宇宙论意义的"命"。归根或复命正是我们所谓"玄藏归结"的意思，但《道德经》第十六章所谓的归根复命，却不仅是这个具有普遍形上学含义的"命"，而是牵涉着意识心性而讲的"命"，在玄藏心藏的会通处而讲的"命"。《道德经》虽然没有明显的意识心性的观念，更没有作玄藏心藏之分，但《道德经》作者所向往的，由"致虚极"、"守静笃"的修养功夫所获致的精神境界，无疑是一个通过玄别四畴的义理架构而被体验的形上境界。"致虚极，守静笃"所"致"、

所"守"的乃是与常道玄德相契合的玄同境界或无为精神。"虚极"中所"虚"的当然就是"有为"的文明做作和问题化的意识心——一切有为做作结穴的所在。纷争祸患，对《道德经》的作者来说，乃是文明做作的特征，问题化意识心的产物。但这个问题化的意识心却不是"心"的本性，人的本性。心的本性是自然无为、绝对无为的——换句话说，与常道真机真如同姿同如、契合无间的。这与常道合德的玄同境界就是"静"："归根曰静。""静"就是纷争平息后所开显的境界。在"静笃"境界里的人乃是一个在精神上直接与其生命本源——心藏玄藏——相通的人，一个在灵明行沟中"一往无介"的人。"无介"就是无中介物或第三者的意思，此时人的一切思想言行莫非直接发自虚静本心（心藏）的真如真机（玄藏）作用，自然就无须依靠中介物（尤其是含有文明做作的幻化成分的象征语言、意符和价值体系）的媒助。道家理想中的至人、真人乃是如如行者与断机使者的圆满结合，绝对无为与相对（自然）无为的圆满结合。基本上，大乘佛学中的佛、菩萨也是从这始德元德的超切实相义理架构模型塑造出来的。不过，佛和菩萨比较起来，前者乃是如入或如行者意义较重的观念，而后者则是机入或断机使者意义较重的观念。再者，在印度大乘佛学中如机双入的玄同境界，毋宁说是绝对无为与相对（自然）无为的圆满结合，不如说是绝对无为与"破限有为"的圆满结合。"破限有为"就是破除了限制的有为。此乃因对佛家来说，自然无为行有世界仍然是一为业果所限制的苦海，非经超越是无法与真如相结合的。不过，对深受道家思想影响的禅宗来说，自然无为与破限有为在元德真机中的结合好像是理所当然的了。

常道权能的绝对无为处——这不正是禅家所谓的"本心"或"本来面目"么？我们的本心或本来面目是无姿态可言的，它只是一个如如无尽、纯然可起的真如作用。临济义玄所谓的"赤肉团上有一位无位真人"指的就是这个。"本心"、"本来面目"、"无位真人"等都是始德或如入语言——说得正确一点，乃是玄藏始德与心藏常我两观念相结合的语言，亦即是始德我的语言。但赤肉团上的那一位无位真人，却是无法离开那具赤肉团的，毕竟是在那具赤肉团场有元德的真机上成就其"无位"之"位"的；始德我乃是通过元德我（元德之在我）之净化而完成的。禅宗大德在引导他人"见性成佛"时所表现的行有机锋、所运用的"杀人刀，活人剑"全都是元德真机在场有时节因缘中的发用。禅家日常生活中的禅定修持或禅门师友间呵佛骂祖、棒打机喝的异常行径全都是破限有为的表现。破限有为的目的当然就是进入无为的境界——"无造作，无是非，无取舍，无断常，无凡无圣"的"绝对无为"境界，马祖道一所谓的"平常心是道"。一个完全生活在"平常心"的人，就是一个不折不扣的如如行者。但这样一个地道的"绝对无为者"究竟是怎样生活着的呢？临济义玄是这样解释的。"道流，佛法无用功处，只是平常无事，屙屎送尿，着衣吃饭，困来即卧。"（《临济语录》）"屙屎送尿，着衣吃饭，困来即卧"，这都是自然生理的要求。"平常心"或"平常无事"中的"平常"两字指的正是问题心超脱后的自然无为。以自然无为为绝对无为的表现方式——这正是禅宗之所以为中国佛学之最显著的特征。破限有为原是印度大乘佛学（尤其是空宗）与原始道家修真达道的共法，老子所谓的"为道日损"和《庄子》书中通过种种象征语言所运用的遮诠手法，与龙树的"破四句"与"八不中道"的证空手法在精神上是相通的，同是破限有为中的解构手段。道家和大乘佛学一样，走的同是从破限有为证入绝对无为的路子。不过，绝对无为究竟是一个怎样的境界呢？佛家的涅槃和道家的玄同究竟有什么不同呢？这的确是一个值得深思的问题。我们以为问题的关键就在二者对自然无为所表现的态度上，站在道家哲学立场来讲，自然无为虽然并不等于绝对无为，但前者却是后者的具体内容和表现方式。道家的玄藏乃是始德真如与自然真机的超切结合。但从佛家的立场来看，则自然真机仍是轮回苦海、业积果报的所在。佛家修行最后所要达到的"无余涅槃"，乃是一个超脱轮回、业尽苦离的极乐世界。不过，无业积果报是否还可以有生命的存在，这就不无疑问了。

业积果报源于本体权能的爱力——流贯于全能场有、玄藏心藏间生命创造的原动力。此权能的爱力在通过起于心藏的心识作用时可表现为仁性关怀、本能责任感的爱，也可表现为爱罗惊异、本能神秘感的爱。不过，不管是仁性关怀或是爱罗惊异，权能爱力在场有者与场有自身间的直贯关系上都是成私的、着相的。"着相"乃是权能爱力运作于元德真机中的本质——个体实现原理的本质。一个体行有所着的相正是此行有成私所本的主体诚仪，亦即是为其权能爱力所支撑起来的形上姿态，一行有为场有自身、元德真机所私而生的姿态。人乃是一个有自学能力的场有者，而此自学能力的最高表现就是主体诚仪、形上姿态的自觉，亦即是个体行有成私、着相的自觉。那么此自觉的能觉力是哪里来的呢？自觉乃是一种自反的行为，而一切自反行为都是道智圆而自方、方中求圆的曼陀罗作用。说得明确一点，自觉乃是自反的灵明、道智曼陀罗有碍而求无碍的灵明。由于成私、着相的自觉乃是曼陀罗作用超越个体实现原理的关键，我们以后就称之为"曼陀超觉"（或简称"超觉"）吧。

　　自反的灵明不就是一般人所谓的"智慧"么？"智慧"一词中的"智"指的就是道智、曼陀罗智。"慧"可以说是在道智曼陀罗作用里自反灵明或超觉的能力。成私、着相的自觉乃是最高的自反灵明，所以立于曼陀超觉的智慧乃是至高无上的智慧。要注意的是，曼陀超觉和权能爱力是分不开的，同是永恒地内在于常道玄藏玄德中的权能本事。权能爱力乃是道体生命创造的原动力，而曼陀超觉则是生命创造的无上智慧。"慧"在"爱"中，"爱"亦在"慧"中，超觉与爱力亦正构成一互入互出的超切关系。不过，由于智能等级的不同和爱力性质的差别。生发于不同个体行有中的"权能爱慧"也就有差异可言了。我们现在要问的是：为曼陀超觉所"慧化"的权能爱力——亦即是超越个体实现原理的爱慧——究竟是一种怎样的权能本事呢？

　　个体实现原理的超越不正是超个体实现原理的本质么？是的，最高的权能爱慧应该是在始德真如中"如如之爱"的无上结合。用佛家哲学的术语来讲，"如如之爱"就是"悲"，"如如之慧"就是"智"。佛家所谓的"智慧双运"正是"如如爱慧"的最高表现。如如之爱乃是一视同仁、绝对无差等的无为之爱；如如之慧乃是"无造作，无取舍，无断常，无凡无圣"的平等之慧。此如如或始德之爱慧乃是一种无私之爱与无相之慧，与成私、着相的元德爱慧刚好相反。不过，此"相反"亦正所以相辅相成。如如的爱慧乃是成就一切、肯定一切的慧爱，但一切有成乃是元德爱慧的权能本事，故离开了元德真机，始德如如只不过是一个永恒的顽空和枯槁罢了。那么始德真如的爱慧究竟有什么具体的作用和意义呢？我们的答复是：如如的爱乃量切行有成私着相自反灵明的最后根据。成私着相之所以为有碍，乃因为一切行有都是在权能场有易道致曲中自成的。"致曲"就有常断同异的纠结，易"有碍"正是从常断同异的纠结而来的。譬如在人的精神生命里，在仁性关怀的行有中所产生的"自身偏执"和在爱罗惊异行有中所产生的"自恋情结"，同为生命创造权能易道致曲、常断同异纠结下的产物。佛家以"贪嗔痴"为一切烦恼的根源，分析起来正是由仁性致曲中的自是偏执，和爱罗致曲中的自恋情结交感易生的。只有在如如爱慧无私无相的自反灵明中，贪嗔痴对生命所构成的毒害和虚幻始有净化成真的可能。这就是"始德爱慧"的积极、具体的作用了。

在人类精神文明的场有中，生发于玄藏心藏会通处的元德爱慧与始德爱慧——以后合称"心玄爱慧"——乃是生命行有精神活动根道身灵明行沟的创造性根源。一切形上思想——在人类神话、宗教、哲学史中开显的形上思想——莫不是此心玄爱慧创造灵明的产物。故为心玄爱慧所涵摄的玄别四畴，乃是一切形上思想所本的基本义理架构。我们可以说，形上思想就是某一形上姿态在追求满足其心玄爱慧的要求下，通过玄别四畴的义理架构而呈现其成私着相的场有个体性的思想。成私着相乃是一切形上思想的共法，而形上心灵所本具的自反灵明——曼陀超觉——的可能性也是形上精神的共法。不过，"可能性"并不等于现实。终极的曼陀超觉——形上心灵自反灵明的圆满实现——乃是可遇而不可求的场有经验。形上的自觉岂是容易获得的。

人类的文明思想史，就其为形上精神灵明行沟的本质而言，只不过是一部心玄爱慧的成私着相史罢了。要特别注意的是：心玄爱慧的成私着相，虽然离不开意识心灵的作茧作用，本身却并不是——纯粹主观的心理现象。从场有哲学的观点来讲，一切行有都是非主观，亦非客观，非唯心亦非唯物的权能本事。而场有综合则是内在于一切权能本事的特质。场有综合这个复杂观念，岂是心物二元的简单二分法所能概括得了的。

宇宙间一切事物、一切法莫非行有或莫不在行有之中，而一切行有的现象都是场有综合所开显的"境界"——这是"境界形上学"最扼要的说明。"境界形上学"原是牟宗三先生首创的名词，用意在点出中国哲学中由儒道两家（尤其是道家）所开创的"形上学"，和西方传统哲学中的形上学，实在是两种不同型态的形上学。传统的西方形上学所追求的本体或绝对存有乃是一个客观的、与人的实存生命在本质上无任何关联的形上道体，但在中国的传统中儒道两家（如《道德经》和《中庸》所涵摄的）形上学，却是和人的实存主体性完全不可分离的一种"生命的学问"。形上道体在中国形上学中不是独立于人的实存生命之外的客观实在，而是通过人的心性修善工夫（儒家的致良知或道家的守虚静）而呈现、开显的形上真实或境界。这里"境界"两字指的正是在即本体即工夫的实存体验中所呈现或开显的道体。这和西方传统形上学以形上道体为纯粹哲学思辩的对象自然大异其趣。

牟先生以"生命的哲学"来标示中国主流哲学的物质，这一点我们是没有异议的。但"生命的哲学"一词的含义是相当暧昧，是可以有不同解释的。一切哲学都是心玄爱慧自反灵明的产物，心玄爱慧自反灵明乃是生命权能的特质——人类精神生命的特质，故在哲学的根源处来讲，所有哲学都是"生命的哲学"。不过，由于心玄爱慧灵明自反的（一）创造原动力之不同，（二）对象之不同，和（三）自反方式不同，我们就有种种不同形态的哲学。自反灵明可以生发于仁性关怀的跃动，也可以生起于爱罗惊异的跃动。自反灵明的对象可以是自然宇宙，可以是人类的实存生命和历史文明，更可以是形上道体、本体权能和存有自身。再者，由于创造原动力和对象的不同，灵明自反的方式也可以有很大的差别。哲学活动和其他人文活动一样，都是精神生命自求满足的表现。心玄爱慧的灵明自反正是生命权能、创造权能通过根道身的作茧作用修真达道、自求满足的曼陀行径。"修真达道"乃是一切哲学行有的共同方式。"修真"是手段，"达道"是目的。但"修真"可以是根道身的修身、修持、修行，以其获得或成就道德的或超道德的真实生命的"修真"，也可以是借逻辑语言的锻炼以求达到思想与实理相契合的"修真"。后者自然不是"修真"一词之传统用法所概括的，但却正是我们所要强调的地方。我们以为，所有哲学思考和哲学语言的锻炼都是一种修真行为，或我们所谓的"曼陀行径"。修真的终极目的只是满足生命的要求——精神生命的要求。精神生命的要求就是人性跃动的要求，亦即是为一切生命创造的原动力的仁性关怀和爱罗惊异的要求。故一切哲学，最后分析起来，莫不以能满足其背后精神生命的心性跃动的要求为"真实"。不满足就是有碍，不满足而求满足——有碍而求无碍——乃是曼陀理性的本质。故哲学行有基本上就是一种修真的工夫或活动，一种曼陀行径。而有仪必有宜：每一种修真工夫或曼陀行径所构成的主体诚仪，都是——人性跃动的宜其所宜、以仪其宜的适宜表现。逻辑理性、逻辑语言的修真工夫，是不适合由仁性跃动所主宰的精神生命的；但它却是本于爱罗精神的科学、哲学心灵所不可或缺的理性道术。不同的精神生命自然会表现不同的曼陀行径。

　　仁性关怀与爱罗惊异，乃是分别为心藏二畴"常我"和"常它"所本的生命创造原动力。"常我"起于"我识"我化、同化的心性趣向，"常它"却生于"它识"的它化、异化的心性趣向。前者是同体爱的表现，后者则是异隔爱的表现。西方哲学本质上乃是一种异隔爱的哲学，这和中国与佛家哲学本质上乃是一种同体爱的表现实在有根本上的不同。由于东方哲学本质上，是一种同体爱的哲学，故必然以"生命的哲学"为其基本型态。这里"生命的哲学"乃是狭义的讲法，指的乃是一种以生命自身——尤其是精神生命自身——为其灵明自反对象的哲学。这就是牟宗三先生用此一词所应有的含义了，在此意义之下，"生命哲学"在西方传统哲学里就显得软弱或贫乏了。由于异隔爱它化、异化的趣向，西方传统哲学灵明自反的主要对象不是精神生命自身，而是它化、异化的存有——包括一个愈来愈缺乏精神意识与价值的自然宇宙，和一个虽被赋予至高无上的精神意义与价值，但却好像与人的实存生命并无本质上的关联似的上帝、神或绝对实在。这里"实存生命"一词至为吃紧。西方哲学家难道从来没有把精神生命作为其思辨的对象么？当然不是。当自反灵明在西方人它化、异化的爱罗心态里，终于回照此精神生命自身时，它所成就的正是一种思辨性的、理论性的"生命哲学"。精神生命当然可以作为思辨的对象——宇宙间又有什么不可以作为思辨的对象呢？但问题是，为纯粹思辨对象的精神生命永远只能是一个普遍化的、抽象化的精神生命——仍然是一个它化、异化了的精神生命。思辨性的、理论性的生命哲学当然有它的意义和价值，但它本身却是在一错误的、无明的基础上建立起来的。这"错误的、无明的基础"指的是什么呢？不是别的，正是为爱罗精神的本质所决定的形上姿态——在神秘感的驱使下，以一切存有为爱欲的占有与征服对象的形上姿态。纯理论性的哲学思辨，只不过是哲学家所惯用的爱罗手段罢了。为爱罗精神所主宰的哲学心灵以为一切都是可以把捉的，可以为他们的观念、理论系统所征服或占有的。他们不知道或难于觉察到他们所捕捉到、征占了的精神生命只能是一个普遍化、抽象化了的精神生命——一个既不属于它亦不属于我、不属于任何实存个体的精神生命。真正的精神生命岂是纯粹的哲学思辨所能捕捉的。当西方哲学家在爱罗的自恋情结中希望在哲学的思辨里占有他自己时，那个真正的自我——哲学家自己的实存生命——也就离他而去。纯粹哲学思辨所能捕捉到的只是实存精神生命的影子罢了。

　　实存的精神生命虽然不能靠纯粹哲学思辨来征占或捕捉，却可以靠实存的修养锻炼功夫来滋长、来完成。虽然我们可以说，哲学思辨也是一种修真达道的功夫，因为它也是一种满足精神生命基本要求的曼陀行径，但这种功夫虽生于实存生命却不是直接与实存生命自身相交涉的"本体功夫"。严格来说，只有具本体功夫的修真达道才是真正的修真达道——"大人之学"的修真达道。"大人"原指直立的形躯，这里指的乃是挺立的道体——道德人格、英雄人格、先知人格或超脱人格所成就的精神生命。生命的学问其实就是成就大人的学问，有大人之事，才有大人的学问。大人的学问生于大人之事的自觉，生于生命极限处的自反灵明。由此生命极限的自反灵明所产生的慧能、慧觉才是"智慧"一词的真正含义。这是实存的智慧，通过曼陀行径的本体功夫所获得的智慧。人只有在生命的极限处才有真正把握到他自己的可能，也只有在生命极限的自反灵明中，才会体验得到生命的真正意义与价值。这里所谓的"生命的极限"乃是从精神生命创造的原动力一观念引申出来的。人的精神生命不是起于仁性关怀的跃动，就是起于爱罗惊异的跃动，或是起于仁性与爱罗的辩证综合。仁性与爱罗的综合性相决定人类一切曼陀行径的基本要求，"生命的极限"就是实存生命在人性推尽处所处的界限。场有自身的灵明之行，在此限处所开显的意义世界或精神境界我们称之为胜义的"生命境界"。由于人性跃动综合性相可有种种不同的结合型态，我们也可以讲种种不同的生命极限和生命境界。譬如儒家哲学所歌颂的圣贤，乃是在仁性关怀的推尽处遭受其生命极限的，在此极限处所开显的生命境界，乃是一个道德人格的生命境界。这和希腊、西方文化所彰显的英雄人格，由爱罗偏胜的人性跃动在生命极限前所开显的生命境界乃是两相对立的。至于道家理想中的至人、真人和佛家理想中的菩萨、佛则都是从人性跃动的负面方面来成就其超脱人格的。"超脱"乃是从人性负面所造成的生命困局中超脱出来的意思。人性负面所造成的生命困局，一方面来自落实仁性的自是偏执，另一方面则来自爱罗的自恋情结；自是与自恋两大偏执情结在作祟的个体生命成私着相过程中的交相纠缠乃是人生无尽苦恼的根源。一般来讲，凡是从超脱人格生命智慧开出来的哲学思想——以超脱人格为其理想性的哲学思想——莫不对此生命困局的根源性有甚深的体会。不过，实存生命的基本型式，就其在意识心性的表现来说，乃是由仁性关怀与爱罗惊异交互作用所编织成的综合性相。此中有为仁性关怀偏胜的综合，也有为爱罗惊异偏胜的综合。由是植根于意识心性的生命智慧，和由此开出的大人之学与哲学思想都是从超脱人格的生命智慧开出来的。但由于生命场有、历史文化背景的不同，道家与佛家在其超脱型态所本的亏负意识上也就有颇为显著的差别。道家的大人之学乃是儒家大人之学的反动，儒家的大人之学传承自周文所本的人文精神，以仁性责任感与道德人格为依归的人文精神。道家的大人之学与理想人格其实也是脱胎于此人文精神的；不过道家生命智慧所反射的，不是此人文精神的正面的肯定与直接的承担（这是儒家生命智慧的具体归结），而是此人文精神负面价值的批判及仁性、责任感生命困局的超脱。换句话说，儒家哲学与道家哲学分别代表仁性生命格局正、反的两面。那么佛家哲学呢？和道家一样，佛家的原始精神乃是一种反动的精神。不过，佛家的反动性格要比道家的复杂得多。此乃因佛家反动精神所针对的不是一个如周文所开出的、由单纯的仁性偏胜的意识心态所主宰的生命格局，而是一极其复杂的，由人性跃动两极异端的强合所开展的生命格局——佛教兴起前印度文明所开出的生命格局。印度文化传统中的雅利安文明，与古希腊文明在意识心态上是息息相关的，同是为爱罗惊异所主宰的精神文明。不过，古希腊人对爱罗精神是正面的、肯定的承担；由雅利安文明与先雅利安文明结合所产生的印度文明，却是爱罗与反爱罗的强合。由此强合所造成的生命困局，也就自然要比道家所体会到的来得复杂了。和佛教文明一样，西方文化中的基督教文明，就其传承自中东型态的希伯来文明来讲，都有极强烈的反爱罗倾向，骨子里都是以仁性关怀为本位的精神文明。所不同者，基督教文明（由于受到其所传承的深渊型意识心态的影响）所着力的乃是爱罗占有欲、权力欲的"超克"，而佛教文明所终极向往的，则是爱罗心识的彻底"超脱"。"超克"与"超脱"这两个名词的分别正代表先知人格、基督精神和菩萨人格、佛陀精神的主要分别。不过，和希腊文明结合后的基督教文明，那又是另外一回事了。总而言之，一切精神文明，最后分析起来，都是曼陀超觉、心玄爱慧的"姿态表现"。一切哲学（应该说是一切学问），在其根源处来讲，都是一种"姿态形上学"。牟宗三先生所谓的"境界形上学"，和西方传统的"客观形上学"一样，只不过是姿态形上学的一种形式罢了。

## §5　大人之事与大人之学：奠基于
## 曼陀之根的胜义境界形上学

一切思想都是问题心诉诸语言的产物，骨子里都是为着满足生命的基本要求，以有碍求无碍的曼陀行径。"破限有为"正是一切思想所共有的特质，"哲学思想"只不过是思想语言破限有为的充极表现罢了。此义可说是放诸四海而皆准的，那么不同哲学思想间的差异之处究竟在那里呢？我们以为，哲学思想的不同主要是由于破限有为对象的不同，而破限有为对象的不同却又由于生命格局的不同。以自然宇宙为破限有为的对象，当然和以实存生命本身为破限有为的对象有基本的差异。前者所成就的乃是科学性的自然哲学，而后者所成就的才是胜义的"生命的哲学"。

破限有为的充极表现——曼陀行径的推极至尽，这是一个很重要的观念。"哲学"与"大人之事"的内在关联就在此"曼陀行极"的意义上了，因为曼陀行极表现在思想语言上就是哲学，表现在实存的个体精神生命里就是大人之事。由于思想语言的曼陀行极，本身就是精神生命曼陀行径的表现，故有哲学一定有大人之事。一个在思想语言的破限有为上有充极表现的哲学家，即使在他实存生命的其他方面乏善可陈，他亦可算是成就了一个大人人格的生命。当然，从东方哲学的观点来讲，这样的大人格局是有严重缺憾的。因为成就大人人格的曼陀行径，必须是整体实存生命的充极表现。在真正的大人生命里，思想语言的曼陀行极和个体实存生命的曼陀行径是分不开的，是无隔的。一个与整体实存生命本身有隔的思想语言，其曼陀行极"所极"的程序就很值得怀疑了。

不过，事情可并不是这么简单。一方面，思想语言固然有与实存生命契合无间的可能；但另一方面，我们也不容否认思想语言本身所具有的场有性和超越个体实存生命的客观性。思想语言与实存生命之有隔或无隔，和思想语言行有的内容和形式有很大的关系。但思想语言的内容和形式究竟是怎样决定的呢？这无疑是一个极为复杂的问题。可以断言的是：最后分析起来，一切思想的内容与形式，都是在形上姿态与场有自身之间的实存方所里被决定的。

　　大人就是一在曼陀行极中的行者，有大人之学必有大人之事。但有大人之事，是否一定有大人之学呢？大人之事，大人之学，与哲学三者之间究竟是怎样的关系呢？这一点我们在上文并没有解释得很清楚，且让我们对这三个主要观念的相互关系处来作一个总结的说明吧。

　　我们所谓的"大人之事"可以看作是"实存生命"与"曼陀行极"两个观念的结合。"大人"（挺立的精神生命）就是在实存生命中破限有为得到充极表现的人，他可以挺立在一个道德人格的生命格局里，也可以挺立在一个英雄人格的生命格局里，当然更可以挺立在一个先知人格或一个超脱人格的生命格局里。他可以是男人中的大人，也可以是女人中的大人；他可以是年轻人中的大人，也可以是壮年人、老年人中的大人；他可以是一个中国人、印度人、美国人或是爱斯基摩人；他可以是一个农人、一个工匠、一个探险家，也可以是一个科学家、艺术家、宗教家或哲学家。总而言之，我们所谓的"大人"乃是一个完全超越性别、年龄、种族、职业及阶级的观念。要决定谁是大人，我们要看他的实存生命，看他在他实存生命中的破限有为、曼陀行径。大人，让我们重复一次吧，乃是曼陀行极中的行者。他的大人资格乃是在"曼陀行径"一语中的"极"（充极）字上被确立的。

　　大人之事是可以体验的，也是有业绩可言的。大人成大的实存经验，与大人成大的业绩乃是大人生命之所以为"大"的具体内容，也是他场有生命的结晶。这具体内容或结晶，乃是大人生命从事曼陀行极所获得的果实，我们就称它为"曼陀果报"吧。如是大人之事的分析亦即是曼陀果报的分析；它可以是曼陀经验的分析，也可以是曼陀业绩的分析。不过，成大过程的经验与业绩是很难分开的，因为曼陀经验本身正是成大业绩的一主要部分，而成大的业绩亦必被涵摄在曼陀经验里。成大经验与成大业绩又是一场有的超切关系。

　　如是，"大人"就可被定义为曼陀果报的享有者了。这个"享有者"究竟是谁呢？不是别的，就是大人实存生命中的贞定主体、道德人格、英雄人格、先知人格或超脱人格中的贞定主体。但不管是属于哪一类型人格的贞定主体，曼陀果报的享用可以是自觉的，也可以是非自觉的。有大人之事一定有大人之学吗？这个问题的答案是否定的。因为"学"是自觉的行为，有大人之事不必有大人之自觉，没有大人之自觉也就没有大人之学。所谓"大人之自觉"就是大人之事的自觉，亦即是曼陀果报（经验与业绩）的自觉。自觉起于意识心藏中的自反灵明，这自反灵明乃是一切智慧的开始，一切学问的开始。一切学问都是自反灵明诉诸思想语言的理性产物。对我们来讲，"理性"乃是一个非常复杂的物事。理性起于意识心的问题化，但它的本质却是方中求圆、以有碍求无碍的曼陀罗智。说来说去，我们所谓的"学"或"学问"只不过是以思想语言为手段的曼陀行径罢了。这当然不是说，思想语言只能成为曼陀行径的手段，而不能为曼陀行径的物件。西方哲学几乎一开始，就有把思想语言本身作为灵明自反对象的倾向。语言哲学不早就成了20世纪西方哲学的宠儿了么？是的，这应该是完全可以理解的。在爱罗惊异神秘感异隔爱的驱使下，西方哲学终于找到它最稀奇的猎物——一个既能满足神秘感却又好像最容易捕捉的东西：语言。语言的它化、异化、绝对化——20世纪西方哲学已经在这条狭窄的路上徘徊良久了。

我们的意思是，即使以思想语言本身为哲学探讨的对象，并不等于说思想语言就是哲学行有的最终目的。以思想语言为学问的对象，不正因为它能满足我们对它的兴趣，能满足人性的一种跃动么？如是说来，一切思想语言都是直接间接为实存生命服务的了。

大人之学就是最直接为实存生命服务的学问——自反灵明反照诸己的切身之学。故这种切身之学本身就是一种哲学——抑且是最具根源性的哲学，以乃是一种在人性、曼陀理性的充极表现处而取义的哲学。这种哲学乃是东方（中印）哲学共通的基本形式，而不是中国文化传统才有的东西。其实，这种直接为实存生命服务的切身之学在西方也是可以找到的；不过由于主流传统西方哲学家实存性自反灵明的薄弱，要在西方主流哲学中来找那就的确很不容易了。

现在我们可以回过头来解释什么叫作"境界形上学"了。所谓"境界形上学"就是相对于充极的大人之学的形上学。"境界形上学"一词中的"境界"，指的乃是生命的境界——大人生命的境界。什么叫作"生命的境界"呢？我们可以说，生命的境界就是场有自身相对于一实存生命形上姿态所开显的意义境界、精神境界。生命境界乃是介于形上姿态与道体权能场有自身之间的观念。任何人都有他的生命境界，但一般人的生命境界都是"借来"的，不是真正属于他自己的，此乃因真正属于一己的生命境界，必然是一个在人与常道本体合德同姿的玄同状态中开显的境界。说得更确切一点，这是一个始德玄德在一己的实存生命中、圆融无碍的境界。始德与元德——超实现原理与个体实现原理——的圆融无碍乃是破限有为的充极表现。这时候根道身的形上姿态，才是真正属于我的形上姿态，形上姿态的卓立乃是一切修真达道本体功夫的所系。本体功夫乃是生发于形上姿态的修养功夫，但形上姿态却又同时为本体功夫所贞定的对象。称它为"本体功夫"正因为它是既生发自本体而又于本体处着力的功夫。这么说来，我们是把形上姿态等同本体了。是的——一个人的形上姿态不正是他精神生命的实存本体么？形上姿态乃是个体生命与本体权能交接之处。它不是本体权能自身，却是本体权能之在我，或我之在本体权能。离开了我的形上姿态就再也找不到"我"，找不到本体权能了。

我们所谓的"境界形上学"，就是通过"形上姿态"这一观念建立起来的形上学。在某一义上来说，所有形上学都是境界形上学——都是在某一形上姿态的基础上建立起来的，故亦可称之为"姿态形上学"。西方传统哲学中的本体、宇宙论表面上看好像是一门纯粹客观性的、与人的实存生命毫无关系的一门学问。究其实，它的客观性只是一种假象而已。西方形上学家总爱把自己放在一个绝对旁观者的位置——一个外于宇宙甚至存有的观点——来立论。但这"绝对旁观者"的态度不正是他们的形上姿态么？

有如此这般的形上姿态，就一定有可与此姿态相应的形上学；有如此这般的形上学，则一定有为此形上学所本的形上姿态。形上姿态不仅是形上学的基础，也是任何学问的基础，抑且是一切精神生命、精神行有的基础。形上学正是一切学问破限有为的充极表现——曼陀行径在形上姿态之极限处建立起来的学问。这就是为什么形上学一向被认为终极的哲学、终极的学问了。

任何形上学都有为其曼陀行极所本的形上姿态。故形上姿态又可称为形上学的"曼陀之根"。在每一类型的形上学里我们都可以找到他的曼陀之根，但却不一定找得到曼陀之根的自觉——形上姿态的自觉。一个缺乏形上姿态自觉的形上学，是没有真实境界可言的。因为真实的境界乃是一个通透圆融的境界，而没有曼陀之根的自觉则必然是有限隔的存在。这就是狭义的"境界形上学"与广义的——也是胜义的——"境界形上学"的基本差别了。

胜义的境界形上学——精神生命灵明自反的曼陀行极——乃是西方哲学最缺乏的东西。为什么西方哲学会缺乏这种在实存生命与形上道体的契合处立人极的切身之学呢？根据上方的讨论，这个问题的答案必然是：西方哲学缺乏形上姿态的自觉——或说得准确一点，形上姿态实存性的自觉，为什么要加上"实存性"这三个字呢？难道形上姿态可以是非实存性的么？可以离开实存生命而有的么？当然不是。形上姿态的实存性乃是形上姿态的本质。但本质和外缘是分不开。从场有哲学的立场来讲，本质与外缘乃是生命权能、创造权能贞定历程的两面——创造性的朝直用中与场有综合。形上姿态的本质来自实存生命的场有综合。换句话说，形上姿态的本质是实存性的，但构成场有综合具体内容的外缘因素却不是实存性的。朝直用中乃是权能运作感通化裁的基本原理，实存生命中的感通化裁、朝直用中乃是贞定主体性的所在。对此实存的贞定主体而言，场有综合所供给的一切外缘因素都是实存生命创造性的资料，贞定主体感通化裁活动运作的对象。外缘内化，客为主用——这是创造性的普遍通则。所谓形上姿态不过是实存生命贞定主体曼陀行极时的主体诚仪罢了。由是形上姿态的自觉可以分开两方面来讲：一是形上姿态实存本质的自觉，另一是形上姿态场有外缘（实存场有中的外缘因素）的自觉；二者可分别简称为"实存性"与"外缘性"的自觉。西方传统哲学缺乏实存性的自觉。没有错；但它并不缺乏外缘性的自觉。刚好相反，外缘因素的普遍性或原则性探讨的，正是西方哲学心灵用心的所在。

西方传统哲学缺乏形上姿态实存性的自觉，让我们重复一次吧，当与主宰着西方人文化生命的爱罗精神有关。为惊异神秘感和征战欲、占有欲所驱使的西方文化心灵，乃是依循着两条基本途径来满足它自己的：一是实存生命的"英雄化"，另一则是理性思想的"工艺化"。爱罗精神的英雄化所成就的英雄人格，与爱罗惊异的工艺化所开出的匠心匠识，可说是西方精神文明的两大支柱，二者合起来就是西方的"大人理性"了。

一个民族的大人理性——实存人格与思维方式的理想模型——乃是任何民族得以维护其历史传统的文明典范。究竟大人理性与历史传统之间有何内在的关联，我们不拟在此细谈。不过，由英雄人格的典型与工艺创制的思想模式结合而成的大人理性一直为希腊、西方精神文明最重要的支配力量应是不争的事实。最低限度，在哲学思想方面而言，这个估计是绝对正确的，西方哲学本就是英雄主义与匠心匠识交互作用的爱罗产物。西方形上学中的绝对实体，不正是为爱罗神秘感的永恒对象的无上材知本体么？西方形上学和神学中的神或上帝——有有之邦的统治者——不正是英雄人格的绝对化么？西方哲学中出现的许多美轮美奂的观念系统，不都是极精致的精神工艺品么？为逻辑理性所本的简别外在个体观念，不正代表英雄主义与工艺匠主义的共识么？简别外在的个体性，原是内在于爱罗神秘感异隔爱的意识根源。英雄人格对其生命场有中的材知混沌（包括他个人的材知本能）所抱的态度，与一位雕匠对他那块未经雕琢的大理石所持的态度基本上是一致的。材性知能的神秘性、可塑性与挑战性，乃是决定英雄人格和匠心匠识精神生命中主客关系的主要关键。英雄主体与工艺匠主体都是外驰性的主体——为客体的"异隔"性所支配与左右的主体。由于主体性的外驰乃是爱罗精神的特质，故为爱罗惊异所主宰的西方文明，就很不容易有实存生命的自反，当然就更难有实存性形上姿态的自觉。故对传统西方哲学家来讲，"即功夫即本体"的观念——精神生命通过（为实存行有的修养功夫所贞定的）形上姿态与本体权能的直接交涉——乃是一个几乎完全陌生的观念。这当然不是说，西方哲学家从来没有接触过实存性的生命问题。事实上，柏拉图对话录中的苏格拉底，就是一个对实存性生命问题有甚深体验的哲学家。此外，与《忏悔录》（confessions）的圣奥古斯丁和写《沉思录》（Pensee）的巴思楷尔（Pascal）都是极为卓越的实存性思想家。至于为近代存在主义先驱的齐克果、尼采、陀斯托夫斯基及为20世纪存在主义哲学奠基的海德格、耶士培、沙特、卡谬、马尔赛等，那就更不用说了。西方哲学中生命实存性的自觉，基本上就是这些19世纪中叶以来存在主义哲学家的贡献。值得注意的是：实存生命的自觉在西方哲学思想史乃是极为晚近的事，这和中印哲学传统中实存思考，几乎一开始即居于主导地位刚好成一强烈的对比。在东西哲学的比较研究中，我们可以发现许多类似的"倒置的对比"（inverted contrast），这只不过是其中一个较明显的例子罢了。

　　由于西方精神文明爱罗心态的外驰性，传统西方哲学心灵自始即有把实存生命它化、异化、客体化、外缘化的倾向。传统西方哲学所能把握到的不是实存生命的本质——实存生命感通化裁、朝直用中的主体性——而只是实存生命场有综合所资所需的客体外缘——贞定主体感通化裁、朝直用中的物件。所谓"客体外缘"，指的乃是实存生命场有中一切不朽待用的潜存因素或结构。这些客体外缘的因素或结构所代表的，乃是由过去无穷无尽权能本事的经验与积习所历构而成的场有综合大传统。自然现象的物理结构，形躯的物理、生理结构，意识心各层次的心理结构，人类社会文化各层面的事理结构等等——全都是从这场有综合大传统分析出来的权能条理或普遍原则。这场有综合大传统，既是实存生命贞定主体感通化裁的对象，也是此贞定主体实存格局有限性的源泉。西方主流传统哲学虽然缺乏实存生命本质的自觉，但对实存生命所资所取的客体外缘，和此客体外缘所在的场有大传统却有极其精深的认识。西方学术所擅长的乃是"知性对象的学问"而非"实存自反的学问"，"自反"是一种意识作用的灵明，但意识心的自反灵明可以是知性的，也可以是实存性的。西方哲学何尝不重视主体性？何尝没有把一切学术奠基在意识心的自反灵明上？由笛卡儿以来的近代西方哲学，不正是一由意识主体性一观念开出来的哲学传统么？康德的批评哲学不正是把一切学术奠基在意识心之自反灵明——《纯粹理性批判》中所谓的"超越统觉"——上的一个典型例子么？但意识心在笛卡儿和康德哲学中基本上是偏于知性一面的。笛卡儿的"我思"与康德的"超越统觉"，基本上是一知性的自反灵明，而非实存性的自反灵明。知性的自反灵明其实就是匠心匠识的自反灵明——植根于爱罗惊异人性跃动的自反灵明，这是完全以满足材性之能的权利欲为目的的人性跃动，"爱罗惊异"一词所涵摄的正是材知主体的主体性。

难道为材知主体所主宰的实存生命，就完全不可能有实存性的自觉吗？当然不是。我们在上文已经指出过了，匠心匠识和英雄人格乃是息息相关的。说得更明确一点，我们可以说，材知主体就心性方面而言就是匠心匠识，就实存方面而言就是英雄人格。英雄人格乃是材性知能破限有为的充极表现。不管你是哪一方面的匠人，在什么媒介上来运用你的匠心匠识，你在材性知能的破限有为上有所表现时都难免有一份英雄感——一份内在于爱罗惊异生命型态的实存感受。但有实存的感受并不一定有实存的自觉，和由此自觉所开出来的智慧和学问。在希腊、西方的爱罗文明里，最具实存智慧的不是科学家和传统哲学家所代表的"知匠"，而是文学家和艺术家所代表的"艺匠"。假如一个有实存智慧的人格我们应该称之为"哲人",而非"哲学家"的话,那么西方哲学史基本上是一部本于哲人的实存智慧的曼陀心性史。西方文化传统里哲学家与科学家的分别就好比在中国主流、儒家文化传统里圣人与士、君子的分别。哲学家乃是知匠人格的充极表现,圣人乃是道德人格的充极表现。故西方哲学家乃是一个"曼陀知匠"的身份,而非"曼陀圣人"的身份。由于生命外驰乃是爱罗心态的物质,在西方哲学家破限有为的曼陀行极中所生发的自反灵明,就很不容易产生实存性的智慧。不仅如此,开显于匠心匠识自反灵明中的往往是一个由自恋情结与(材知)本体混沌相纠结而生的"魔识"。这个植根于爱罗心性的"魔识",正是"反实存"的——以实存生命意义与价值的抹杀为归趋的。

儒家哲学中的理想人格乃是一仁知合一、兼具圣人(道德人格)与哲人(实存智慧)双重身份的完人(曼陀行极者)。这个由仁性关怀所投企的"完人"理念,正如由爱罗惊异所投企的"超人"理念一样都是很难实现的,在某一义上来说抑且是不可能的,这个问题的症结端在人是否有完全"自知自克"的可能。人为什么有自知和自克的需要呢?这个问题可以分析成四个层面来讲,即仁性关怀的自知、仁性关怀的自克、爱罗惊异的自知、爱罗惊异的自克。人类自知自克的必要性,来自潜伏在人性跃动里的无明与私曲。这人性的无明与私曲对仁性关怀而言就是自是偏执,对爱罗惊异而言就是自恋情结。前者乃是道德人格超克的对象,后者则是英雄人格超克的对象。但这超克的对象却又正是实存生命创造原动力的根源。没有落实仁性的原始自身(私于一己的自是),哪里会有仁性关怀的实存生命?没有材知本能的原始自恋,又哪里还有爱罗惊异的创造性?生命偏执、情结超克的困难,就在这原始无明的暧昧之处了。

落实人性的原始自是始于意识心对形躯之认同(形躯之我化),材知本能的原始自恋,则始于意识心对形躯之别异形躯之它化。心藏二畴依身起念、依念作茧的原始认同与原始别异,乃是实存生命万般偏执、情结的根源,也是问题心理性统觉自求超克、玄藏归结的具体关键。为道身或精神主体成私着相所本的形上姿态,最后分析起来乃是心形纠结成执的产物。但心形纠结成执本身乃是实存场有中的权能本事,无可避免地受到无始以来场有大传统的支配,实存生命的情结与执着,正是此场有大传统中的核心所在。

如是人的实存智慧和他的场有智慧是分不开的，场有智慧就是以场有大传统为理解对象的智能。但我们这里所谓的"传统"乃是一种广义的说法，不仅包括历史文化的文明传统，也包括自然宇宙、自然行文的传统。我们已经说过了，这大传统中的一切条理、秩序、律则与结构，都是本体权能无始以来行有运作演变而成的"积习"。我们可以说，无始场有大传统——《易传》所谓的"天下之故"——所代表的乃是生生之流创造性"易道守成"的一面。但生生之流是永远把它的大传统抛向后面的，生生权能、创造权能是不能只有积习，而没有开创的。生生之流一方面是"易道守成"，另一方面却是"易道趋变"。由易道守成分析之理解而生的智慧，乃是一种"控制性"的智慧。易道守成所"守"的乃是本体权能无始场有运作的积习；习惯是要重复的，所以是可以控制的。但"易道趋变"所指向的，却是生生权能承前启后的创新性，它所代表的乃是易道变化吊诡的一面，不可控制的一面。不可控制的东西我们只可能有直接的领悟，而不可能有分析的理解。故场有智慧乃是兼控制性的智慧与直接性的智慧而言的。人没有这两种智慧就根本不能在场有中生存，遑论保有为"万物之灵"的场有者的资格了。但场有智慧只是人之所以为"人"的智慧，却不是"大人"之所以为"大"的智慧。"大人"——通过破限有为而挺立的精神生命——乃是一个在控制性与直觉性的实存场有综合里感通化裁、朝直用中的曼陀行极者。换句话说，实存智慧乃是大人智慧的本质。但离开控制性与直觉性的智慧，亦无实存性的智慧可言。控制性的智慧是洞彻"天下之故"的智慧，直觉性的智慧是"神知开来"的智慧，而实存性的智慧则是"当机立断、当下即是"的智慧，此三种智慧分别代表权能运作的过去、将来与现在，所以我们可以称之为"趣时三慧"或"大人三慧"。为什么称它为"大人三慧"呢？因为此三种智慧超切圆融的充极表现乃是曼陀行极者，趣时卓立大人生命的标志。而大人生命中智慧与时间的场有结合，乃是意义世界中一切价值体系得以安立的根源，此中精微义蕴留待将来再详加阐释吧！

# 第八章　理性道术、契印型态与文明格局

## §1　逻各斯与瑜伽：控制性智慧在西方和印度 两大精神文明所熔锻的理性道术

文明乃是智慧的产物，没有控制性的智慧就不会有文明的传统，没有直觉性的智慧就不会有文明的开创，而没有实存性的智慧就不会有文明在实存精神生命中的展现与落实，但人类创造文明的智慧乃是由意识心的作茧作用和问题化的熔锻而来的。由于意识心态的不同，人类创造文明的智慧也就相应地可以有种种不同的型态。比较来讲，实存智慧乃是中华民族之所长，而控制性的智慧则是印度与西方民族之所擅。所不同者，印度民族所独擅的乃是"内向"的控制性智慧，而西方民族所特长的却是"外向"的控制性智慧。那么直觉性的智慧呢？直觉性的智慧乃是神知开来、洞察易道吊诡的智慧？自有人类文明以来，又有哪一个民族可以说在这方面独具慧根的呢？人的智慧终究是有限的，而人类智慧最大的限制正来自智慧自觉性的禀赋上。不过，虽然没有一个民族可以说在直觉性的智慧上独擅胜长，由于意识心态的差别，每民族所突出的智能型，自然相应地表现不同的直觉性。西方人的直觉性，乃是以外向控制性智慧为本的直觉性；印度人的直觉性乃是生发于内向控制性智慧的直觉性；中国人的直觉智慧则是直接从实存的场有体验中孕育出来的。由于神知开来、洞察易道吊诡的智慧，乃是一种建筑在实存生命与场有自身之契合性的智慧，故中国人的直觉智慧应该是直觉智慧的典型，只是由于中国人控制性智慧之不足，中国人的直觉性智慧所应有的效能也就大为降低了。

控制性智慧的"内向"与"外向"两种型态究竟是怎样区分呢？读者当还记得，控制性智慧源自本体权能无始迄今场有运作的惯性积习。哲学

家所谓的"因果律"，只不过是此权能与积习惯性所展现的普遍形式罢了。由于权能运作层面的不同，在场有大传统中不同层面的权能积习与惯性，自然构成不同层面的因果关系。所谓"外向型"的控制性智慧指的乃是深究自然物质因果的智慧，而所谓"内向型"的智慧则是洞彻意识心性因果的智慧。心形纠结乃是一切智慧的具体根源，控制性的智慧更是意识心在心形纠结而成执（意识心的问题化）之后同异分途自求解决的曼陀智用。"同异分途"就是它识的它化、异化与我识的我化、同化两条心形纠结的曼陀丹道。在爱罗惊异神秘感的驱使下，西方人循着它化、异化的曼陀丹道成就了以自然物质的因果关系为探讨对象的自然科学，而印度人则依沿着我化、同化的曼陀丹道而启发了意识心性的因果秘奥。西方人对自然科学的贡献不是其他民族所能比拟的，而印度人在瑜伽禅定等心灵慧学方面的成就，也不是其他民族可及的。比较起来，中国人在外向的因果智慧上输于西方人，在内向的因果智慧上则逊于印度人。中国人内向外向控制性智慧的不足，可由中国哲学两个最重大的缺点反映出来：一是形式逻辑或因明学的欠缺，二是因果观念的薄弱。而此二者正是西方和印度哲学理论架构的核心所在。逻辑或因明学所探讨的，乃是理性语言和理性思想的控制性，因果观念所范畴的乃是实在或存有的控制性。这里"理性语言与理性思想的控制性一语"可以有两层意义：一是理性语言与理性思想施于自身的控制性；二是理性语言与理性思想施于其对象的控制性。我们称前者为"自限的控制性"，后者为"它限的控制性"。没有自限的控制性，理性语言与理性思想也就失去了它们的"理性形式"。但理性的形式并不就等于理性的本质，理性的本质乃是理性形式与理性内容的结合。那么理性的内容是什么呢？当然就是理性语言与理性思想它限的对象了。说得简明一点，所谓"它限的对象"就是理性语言和理性思想所要捕捉、所要控制的对象。"它限的控制性"一词指的正是此它限的性格。但理性语言与理性思想它限（控制性）的对象究竟是什么呀？当然就是为因果律所支配的实在或存有了。这就是形式逻辑与因果的内在关联了。形式逻辑所要探讨的，乃是理性语言与理性思想所展现和必须具备的理性形式——理性（语言与思想）自限的控制性。但理性形式只不过是理性捕捉其"猎物"的框框子。对于其他限对象的具体内容，形式逻辑是无能为力的。理性语言与理性思想它限的控制性并不来自形式逻辑，而是来自人类的因果经验。故理性它限的思想和语言，正是因果思想和因果语言。形式逻辑的框框子所能捕捉的不是人类因果经验的具体内容，而只是因果关系的普遍形式。形式逻辑中的"条件论式"，表面上展示的只是命题的真值涵摄关系，但其实却是为捕捉存有因果关系而设的框框子。这"框框子"本来就是从这因果关系的抽象化而来的。

由形式逻辑与因果范畴的结合所形成的理论架构——控制性的理性格局——乃是西方和印度文化传统中哲学语言与哲学思想的精髓。离开了这个理性格局而谈哲学，在西、印两大传统中乃是一件不可想象的事。在这大哲学传统里，哲学乃是逻辑与因果姻盟的结晶品，爱罗惊异的宁馨儿。而这两脚分踏东西半球的宁馨儿，乃是靠饮用控制性智慧的理性奶水长大的。设想把这理性格局从康德的批判哲学中抽出来，还会有我们所熟知的康德哲学吗？把因明与因果的观念从印度正统六派哲学中除去，我们还可能看得到六派哲学的哲学理论吗？

在西方的哲学语言里，含义最丰富而又最具代表性的理性名词，当然就是希腊语中的"逻各斯"（logos）。"逻各斯"不仅有理性语言的含义，也有理性思想的含义；不仅有理性形式的含义，也有理性内容的含义。总而言之，"逻各斯"可以视为爱罗理性——控制性理性——的代名词。在印度哲学语言里，与"逻各斯"遥相呼应的自然就是那个具有同样丰富含义的理性代名词——"瑜伽"。

逻各斯与瑜伽都是同出于爱罗精神的亲兄弟，同代表神秘感文化熔锻曼陀丹道所需的理性道术——控制性智慧所熔锻的理性道术。所不同者，逻各斯所代表的乃是外向或它向控制性的理性道术，而瑜伽所代表则是内向或我向控制性的理性道术。此乃因西方人与印度人的文化心灵虽然同出爱罗，他们所开创出来的神秘感曼陀丹道则刚好相反。西方文化所开出来的乃是一个"顺承"神秘感的曼陀丹道，而印度文化所开出来却是一个"逆承"神秘感的曼陀丹道。西方人以借爱罗精神所获致的曼陀果报（破限有为的经验与业绩）为乐、为善，而印度人则以爱罗行有的曼陀果报为苦、为恶。印度人的文化心灵生于爱罗而反爱罗，他们追求的不是材性知能权利欲、权力欲的满足，而是材性知能权利欲、权力欲的超脱。故逻各斯所代表的乃是顺承爱罗、满足爱罗的理性道术，而瑜伽所代表的则是逆承爱罗，超脱爱罗的理性道术。对印度人来讲，爱罗的超脱就是满足。

这超脱的境界就是佛家所谓的涅槃了。

为什么要超脱爱罗呢？为什么印度人以爱罗行有的曼陀果报、神秘感的精神文明为苦、为恶呢？原来为爱罗惊异神秘感所支配的意识心性乃是最暧昧、最矛盾的东西。爱罗神秘感最难忍受的乃是那个永远无法捕捉和占有的"它"——异化了的存有自身。故存有的执着正是爱罗心性自求满足的基本形式。在希腊、西方文化中居于主宰地位的逻各斯，只不过爱罗心性在神秘感作茧过程中所发展出来的理性道术罢了。爱罗生于混沌，而逻各斯（控制性理性）则生于爱罗对存有的执着——此中的必然性不是很明显的吗？在希腊、西方的精神文明里，理性作为执着的手段乃是一"堂而皇之"的事。没有执着，就没有满足：爱罗神秘感不是要捕捉一切、占有一切吗？但神秘感的满足亦即是神秘感的泯灭：爱罗要满足自己就必须否定他自己，故爱罗是不能真正满足自己的。他既要满足他自己，却又不能真正满足他自己——这爱罗心识本质的矛盾也就是希腊、西方精神文明问题心症结的所在。对于这本性的矛盾，逻各斯是完全无能为力的，因为逻各斯自己正是在这爱罗本性的矛盾中长大的。能够为爱罗解决基本性矛盾的逻各斯，就不是爱罗所要的逻各斯、能为爱罗做主的逻各斯了。

不过话得说回来了。爱罗心识的本性矛盾难道就完全没有化解的办法？是又不然？我们在上文已指出过，爱罗精神原是心藏的它化、异化的倾向凝聚而成的心识。爱罗永远不能满足他自己，乃因为他惯于以"它"为其神秘感的对象。但爱罗神秘感是否一定要以"它"为其捕捉和占有的对象呢？他是否也可以以他自己为其执着的对象呢？但这个自执的爱罗究竟是谁呢？心藏它化、异化的力量究竟是从哪里来的呢？

这些问题我们虽然还没有明显地提出过，但在我们上文有关的讨论中，这些问题的答案早就隐约地出现过了。爱罗惊异神秘感的跃动，乃是植根于人性中材性知能的跃动，亦即是生命权能、创造权能成就个体性的跃动。成就个体性乃是一成私着相的行为，故材性知能必然是一有执的跃动：执着正是材性知能的本质。心藏中它化、异化的心识只不过是材性知能通过意识作用所展现的一个普遍形式罢了。这个普遍形式就是"它执"——对"它"或"异己"的执着。它执的具体表现就是个体材性知能对其他个体材性知能的占有性、侵略性、排斥性——或，一言以蔽之，

"控制性"。但"它执"是否就是执着心识的唯一普遍形式呢？当然不是。材性知能通过心藏所表现的有执可以是对异己的执着，也可以是对自我的执着。心藏中我化、同化的心识正是材性知能成私着相的另一个普遍形式。心藏中执着一个自我的材知主体就是上文（见 4.7 节、7.3 节）所讲的"自执的爱罗"了。其实它执与我执乃是同时并行、抑且是互为依存的两个倾向：有它执就必有我执，有我执就必有它执。只是在具体的表现上有精粗隐显的不同罢了。现在我们应该明白，爱罗心性中的自恋情结就是从心识中材性知能的我执而来的。自执或自恋的爱罗就是以自己为神秘感对象的爱罗。但神秘感乃是起于异隔的意识心态，我若与自己成一异隔的关系则必造成一己的分裂——个体性中同体的分裂。故在它执中不能得到满足的爱罗，在转化为我执的自恋之后还是很难得到满足的。自恋的爱罗必须不断地把他自己变为一异隔的"它"才能成为他自执的对象。如是它执转化为我执之后又再转为它执——在这恶性循环中的爱罗又如何能得到真正的满足呢？

　　"简别分裂"——这当是爱罗心性最简明的写照。"简别分裂"其实只是一个意思，只是"异隔"而已。"简别"是异体间互为外在的异隔，"分裂"是内在于一个体中之异隔，同体的异隔。生命权能、创造权能就是循着这简别分裂的存有隔局断而又断、成私着相地发挥其本体的材性知能的。此中"断而又断"正是材性知能得以"动而愈出"的关键。没有本体权能的断而又断，又哪里还会有成私着相的个体创造性？

　　希腊、西方的精神文明乃是一个为异隔心态、爱罗心性所主导的精神文明，亦即是一个以材性知能的它执我执为能事，在本体权能的断而又断创造性上显殊胜的精神文明。故在希腊、西方的文明里简别分裂不仅是意识心的基本心态，也必然是意义世界开显安立的普遍存有格局。西方人多彩多姿的文明创造，有哪一项不是经这心识存有的框框子塑造出来的呢？西方人所擅长的控制性智慧，他所歌颂的英雄人格，西方人所成就的自然科学与哲学和所建立的民主制度——几无一不与西方人的异隔心态、爱罗心性有关，也无不通过简别分裂的存有格局显其活力，显其精彩。当然，这就是希腊、西方精神文明的正面而言的。一个以它执我执为能事的精神文明，岂能没有它的问题？简别分裂的创造性岂能没有它的代价？在西方人多彩多姿的精神文明里，在西方人材性知能发挥得淋漓尽致的英雄人格里，我们可以很明显地看到在西方文化里隐伏着的危机——一个可以导致全人类走上毁灭之途的危机。这个危机可以分开许多层面来讲。但最基本的只有两种：一是"虚无的危机"，另一则是"暴力的危机"。这两种危机不仅息息相关，抑且是一事之两面。虚无的危机其实就是意义的危机，而暴力的危机正是从意义危机的虚无幻魔里产生出来的。以执着为能事的爱罗心性永远都是虚无的奴隶，因为它是一种永远追求的心性，永远无法得到满足的心性。这种心性既然永远无法安于所执，最后必然发展成一种"以执为执"的心性，"以执为执"就是执着于执着自身的意思。爱罗心性既然不能安于所执（任何被执的具体对象），安身立命于所执的意义世界，最后只得以执着自身为意义的根源。但执着自身是没有意义可言的，以执为执也就等于以虚无为意义。以虚无为意义正是以意义为虚无所导致的必然后果。而这从因地向果地发展的"意义虚无化与虚无意义化"的过程，乃是一种充满着暴力的过程。爱罗惊异本来就是一倾向于暴力的人性跃动；爱罗心性中爱欲、权利欲、权力欲的满足本质上就是一种横霸暴力的表现，以神秘感的驱使为意识转轴的材知创造性基本上是唯我中心的。这里"唯我中心"一词中的"我"指的乃是个体所禀的材性知能。此个体材知我在自求满足过程中的自执它执，乃是一切暴力的根源。

我们在上文已指出过，我执它执乃是爱罗心性互为依存的两面。不过，这只是一种笼统的讲法，我们所谓的"互为依存"其实是一个辩证性的心识历程。我执和它执在爱罗心性的辩证历程中究竟是一个怎样的关系呢？首先，我们应该承认，它执——对于"它"或异己的捕捉、占有或征服——乃是爱罗心性的核心所在。不错，表面上看来爱罗乃是以它执为能事的心性表现。但爱罗的它执只是他的手段，而不是他的真正目的。爱罗心识表面上以"它"为其捕捉或追逐的对象，以"它"来满足他的神秘感或好奇心。但他真正要获得的是"它"吗？不是的——他所真正要捕捉的，真正要获得的其实是他自己。它执——对于异己的爱恋、追逐或占有——只不过是爱罗心性或材知我自求满足的手段罢了。换句话说，自执乃是爱罗或材知我的个性。不过这本性在一般情状下是不被朗意识所认知的，乃是隐伏在爱罗心性的"阴面"（无意识或潜意识中）里的人性跃动。此爱罗的本性跃动——材知我自执自恋的本性——乃是一种无明无实的跃动。"无明"，故以"它"为"镜"；"无实"，故以"它"为"媒"。爱罗对"它"或异己的捕捉，为的就是要在"它"上面看到他自己（以它为镜）；爱罗对"它"或异己征服或占有，为的就是要通过的"它"的媒介来拥有他自己（以它为媒）。故它执乃是爱罗我执所必需的手段；离开了"它"，爱罗也就看不到、得不到他自己了。

故它执——亦即是以它为镜为媒的我执——乃是爱罗心识的正常状态。我们称这种属于爱罗心识的正常状态为"正爱罗"。正爱罗乃是爱罗心识的正常心态，但却不是它的唯一心态。正爱罗的反面就是"反爱罗"，与"正爱罗"心态相反的爱罗心识。"反爱罗"也可视为正爱罗的反动，因为它正是由爱罗它执的挫折所产生的一种不正常心态。既然无法通过它恋它执来满足爱罗的自恋自执，爱罗就被迫回到他自己，依靠自己的力量来满足他自己了。

但我们已经说过，爱罗自执的本性乃是无明无实的，它执乃是爱罗自执所必需的手段。当爱罗被迫回到他自己时，他就必须靠自我异化——把自己幻化成一个"它"——来满足他自己了。这就是爱罗心性"自恋情结"的辩证根据。自恋情结乃是爱罗在自恋本性无法循正常的它执之道来满足他自己时所陷入的情结。希腊神话中的"Narcissus"乃是爱罗自恋心性的人格化；他的最后归宿乃是爱罗自恋情结的最佳写照"Narcissus"。这位美男子（材性知能）由于无法从异己之爱中得到满足最后爱上了他自己。他在一池春水中对着自己的影子自怜自爱，为了拥有他自己而堕入池中而被淹死。神话中对影自怜所象征的，就是爱罗心性自我异化中以"它"（自我的异化）为镜的心识。自恋乃是一种无效的、无法开花结果的爱，故自我摧残或毁灭乃是爱罗自恋情结的必然结局。反爱罗中材知我的自执自恋不是爱罗的肯定而是爱罗的否定。为着避免走上自我摧残或自我毁灭的道路，本来为了正爱罗之无法自满而自执自恋的材知我，现在只好再踏入那它执它恋的无边困局，再去忍受那永无止境的挫败与折磨了。由是由正爱罗而反爱罗而又回到正爱罗——这个由爱罗心性的本质所构成的恶性循环乃是神秘感精神文明问题心的症结所在。爱罗心性的意识型态，正是依循着正爱罗与反爱罗的辩证关系而问题化的。在以爱罗精神为主导的希腊、西方文明里，逻各斯理性就是就这爱罗心性问题化的历史劫运而生的智慧结晶。

理性生于意识心的问题化。问题化的意识心一方面是人类烦恼痛苦的根源，但另一方面却正是生命权能创造性原动力的所在。由正爱罗与反爱罗的辩证关系所纠缠而成的问题心所，乃是一个解不开的死结——也是一个不应解开的死结。因为这死结若是解开了，也就没有爱罗生命的原动力——也就没有爱罗生命了。那么应爱罗心识问题化的劫运而生的逻各斯理性究竟有什么作用呢？他在希腊、西方的爱罗文明里究竟扮演着一个怎样的角色呢？

理性的作用不在问题心的泯灭，这不是本身生于问题心的理性所能做得到的。那么人类理性岂不是一无用处了吗？当然不是。人类的理性还是有它的作用，有它的独特的本领的。什么本领呢？那就是一种"死结中开活结"的本领——亦即是破限有为、曼陀行极的本领。譬如以爱罗文明为例，由正反爱罗的辩证纠缠而成的死结，绝不是逻各斯理性所能解开的。逻各斯理性所能做得到的，不是问题化爱罗心识的泯灭，而是爱罗创造性的推尽表现，亦即是材知生命的不断强化与完美化。这种破限有为的理性表现不正是匠心匠识的作用么？是的，匠心匠识正是逻各斯理性运作的具体心识，而这种匠人理性亦正是希腊、西方文明所赖以克服其虚无与暴力的两面危机的基本武器。

"逻各斯"（logos）的本义为语言，语言乃是文明宇宙意义世界得以开显的源泉和媒体。但这胜义的语言不是逻各斯所独有的，譬如在中国人的仁性精神文明里与逻各斯相当的"道义"（仁爱理性）一词，当亦涵摄意义世界（"义"）为语言（"道"）所出的泰古原义。不过，这具有普遍性的胜义"语言"，都不是那个在人类各个不同的精神文明中"死结中开活结"的理性观念。真正左右着希腊、西方爱罗精神文明的历史时运的，不是等同语言本身的逻各斯，而是讲匠人语言的逻各斯——在控制性智能的罗陀丹道中熔锻出来的逻各斯，这正如真正主宰着中国人仁性关怀文明道统的不是泰古的"道义"，而是为仁者监护人意识所本的"道义"，前者乃是英雄人格控制性智慧所生的理性道术，后者则是道德人格实存智慧所生的理性道术。

在希腊神话的象征语言里，阿波罗神与戴安尼索斯神的关系，正是爱罗或匠人理性与内在于爱罗惊异人性跃动中材知本体混沌无明的关系。根据尼采的解释，代表希腊文明的最高成就的悲剧精神，乃是阿波罗精神与戴安尼索斯精神结合的结晶品。这两种精神的结合其真正象征意义在哪里呢？我们的看法是：这结合所象征的正是英雄人格"死结中做活结"的曼陀行径，在爱罗生命虚无与暴力的危难困境中力求人性的完美表现的创进精神。理性与非理性是无法分开的：没有戴安尼索斯的无明，也就不可能有阿波罗的清明。理性生命所要克服的，亦正是它得以持续发展的生命原动力。这个理性与非理性——逻各斯与材知混沌——的辩证关系，在西方哲学家中大概没有比尼采看得更清楚、更深刻的了。

英雄人格与逻各斯理性——这是爱罗精神文明的两大支柱。希腊、西方文化中的材知英雄，都是在正反爱罗不解缘的死结中挣扎做活而成就其曼陀果报的大人物。这为爱罗惊异精神所驱使的大人物，他所成就的曼陀果报都是通过生命权能、创造权能"简别分裂、动而愈出"的创造性实存格局熔锻出来的。哪一位爱罗英雄不是在"简别"处显精彩、"分裂"处见功夫的个体性实现者呢？材知英雄的生命强度不正是在简别分裂的实存格局中凭借"自克克物"的逻各斯理性来完成其不朽大业的么？

是的，真正的英雄人物在其实存性格的深处，必然是一位逻各斯理性的奉行者。因为真正的英雄人物都必然是他自己实存生命的匠人：英雄的自克乃是英雄人格自塑成形（自我创造性）的先决条件。无自克的本领也就无克物的本领。英雄人格的实现决定于英雄自塑过程中的自克。

希腊文"逻各斯"（logos）和梵文"瑜伽"（yoga）都是含有浓重克锻意味的名词，其中尤以后者为甚。精神文明都有内在于此精神文明而为其大人人格破限有为所本的理性道术。瑜伽之于雅利安、印度文化，正如逻各斯之于希腊、西方文化，同为精神文明理性道术最具涵盖性的观念。广义的"瑜伽"指的不仅是为一般人所熟知的禅定修养功夫，而是任何超脱人格修真达道的曼陀行径，正如广义的"逻各斯"不仅包括形式逻辑，也包括任何其他为英雄人格破限有为所本的克锻（自克克物）功夫一样。当然瑜伽与逻各斯是有差别的，主要差别就在超脱人格与英雄人格的差别上。超脱人格的理性道术和英雄人格的理性道术自然有显著的不同，超脱人格所要超脱的正是英雄人格的实存生命、英雄人格的意义世界。但我们必须立即加以补充的是：超脱人格的超脱对象，是不限于英雄人格和他的意义世界的。因为超脱人格所要超脱的，乃是问题化意识心加诸实存生命的一切枷锁或桎梏；而问题化的实存生命，可以是英雄人格的、道德人格的、先知人格的或是其他由此三种基本人格类型所混成或演变而成的实存生命。在以仁性关怀为主导心性的中国责任感文明里，道德生命的问题性，乃是超脱人格所要超脱的物件，先秦道家所向往的至人、真人可以说是此一类型超脱人格的代表。至于西方的情况就比中国复杂得多了，由于西方文化乃是一由希腊、罗马与犹太、基督教两大传统结合而成的文化，故西方的精神文明，乃是一个由神秘感与怖栗感的结合所代表的意识心性为主导的精神文明；西方文明所树立的大人人格，常是英雄人格与先知人格的结合。而在西方思想史里由神秘主义所开出的超脱人格，正是以英雄人格与先知人格的暧昧复杂问题性为其超脱对象的。纯粹以英雄人格的问题性为其超脱对象的"超英雄主义"，在西方历史文化中并不多见。而"超英雄主义"却正是雅利安、印度文化中实存生命超脱型态的特质。

印度文化究竟孕育着一个怎样的精神文明呢？从历史发展的轨迹来讲，我们可以说那是一个由英雄主义经反英雄主义而成超英雄主义的"超神秘感"文明。换句话说，雅利安、印度文化与希腊、西方文化在精神文明上乃是一个两极的表现。但这精神文明的两极在其本质上乃是息息相关的——抑且是同源的。此乃因神秘感文明与超神秘感文明都是爱罗惊异的产物。一般比较哲学研究者对西方与印度文明的在精神上的两极差异都有概括的认识，但对二者本质上的辩证的关联却是不甚了了。普通人更是轻易地以包括中国与印度在内的"东方文明"与"西方文明"相对。其实，在意识心性的型态上最少在某一义上来说印度文明与西方文明要比与中国文明接近得多。

## §2　正爱罗、反爱罗与超爱罗：印度精神文明在心识发展上的辩证历程

我们今日所知的印度文化，原是由多个迥然不同的远古文化体系结合而成的，其中最主要的包括大约四千年前由中亚西亚入侵北印度的雅利安（aryan）文化和在印度本土成长而后来为入侵的雅利安文化所摧毁的达伟地安（Dravidian）或非雅利安土著文化。由中亚西亚入侵印度的雅利安民族和古希腊民族，都是印欧民族的支裔。他们所说的梵文和古希腊语更是非常接近的两种印欧系语言。雅利安民族所带来的《吠陀经》后来成为印度文明宗教、哲学思想的宝库，为婆罗门教和（后来的）印度教信徒

所虔信奉行的无上圭臬。其实，被今日公认为构成印度精神文明的特征的
几个重要因素或观念——如厌世思想、（极端）苦行主义、偶像崇拜、禅
定方法等——在《吠陀经》和初期的印度宗教、哲学思想里是找不到的。
我们今日对非雅利安或达伟地安的印度本土文化所知仍然非常有限，不过
根据考古学和人类学的成果来推断，这些在原始"吠陀文明"里找不到的
因素或观念，正是非雅利安文明的贡献。用意识心性的语言来讲，我们以
为雅利安人原始的吠陀文明和古希腊文明，原是一对同出于爱罗惊异的双
生兄弟。但由于受到达伟地安土著文化的影响，原始的吠陀文明产生重大
的改变：由雅利安文明与非雅利安文明的结合而产生的印度文明，不再是
一个单纯的（正）爱罗精神文明，而是一个日渐趋向于其负面的反爱罗
精神文明。但反爱罗的精神成长并不是印度文明的终站，站在意识心性发
展的立场来讲，印度精神文明发展的高峰不是反爱罗而是超爱罗——正反
爱罗的同时超脱。而代表超爱罗精神的就是印度佛教。

　　超爱罗就是它执我执的同时超脱。这种理想和境界当然不是印度文化
一开始就有的，刚好相反，在印度文化发展的初期，我们透过它的原始神
话和宗教思想所看到的，和从《荷马史诗》里所反映出来的早期希腊文
化从意识心态来讲，实有非常相似的地方。因为和希腊文化一样，印度文
化一开始就是一个为爱罗惊异神秘感所主宰的文化；这两个古代文明，都
是为英雄主义的气氛所笼罩着的精神文明。而在这两个精神文明里所开显
的意义世界，乃是一个为人与神之爱欲、权力欲和争霸局面所决定的材知
宇宙。在《吠陀经》的宇宙里，由婆罗门巫师所主持的牺牲祭仪，乃是
人得以从众神手中取得宇宙控制权的权力锁钥。"婆罗门"（brahman）一
字本来指的乃是牺牲祭仪中所用的神圣咒语或祭仪本身，后来兼指念咒的
巫师，最后更演变成为此咒语和整个牺牲祭仪所代表的宇宙权力。在
《奥义书》时代，这个神圣咒语所运使的宇宙权力也就完全绝对化，一变
而为万有本体的"大梵"了。

　　控制万有的宇宙权力本来是属于众神的，而不是属于人的，对内于人
的材知主体来讲，众神及其所拥有的宇宙权力，都是不可捉摸的
"它"——爱罗惊异神秘感所执的对象。《吠陀经》中规定的种种牺牲祭
仪，正是诱使或迫使众神运用其宇宙权力为人服务、满足人的种种欲望的
宗教手段。不过，假如牺牲祭仪能有这种能耐的话，那牺牲祭仪本身不就

成了宇宙权力的根源了吗？再者，既然人能通过牺牲祭仪的媒介来运使宇宙权力，那么宇宙权力必然是一个独立存有的力量，和众神就没有本质上的关联了。故在婆罗门教、婆罗门主义发展的末期，我们可以看到两个明显的趋势：一是宇宙权力本身的独立化、客观化；二是宇宙权力根源的人间化。人间化的宇宙权力（牺牲祭仪）称 brahman，客观化的宇宙权力后来也称"brahman"。如是"brahman"语统率一切存有，上天下地莫非"brahman"的权力之邦——《奥义书》里"它即我"的思想已经是呼之欲出了（对权力观念在宗教与哲学思想中所扮演的重要角色，近人"a. L. Herman"有非常精辟的论述）。①

《奥义书》哲学中的两个最主要的观念——"大梵"（brahman）与"真我"（atman）——毫无疑问乃是承婆罗门主义后期客观化、人间化的宇宙权力思想演变而来的。《奥义书》里的"大梵"不过是客观（离众神而独立）宇宙权力一观念的绝对外在化，而"真我"一观念则是人间化宇宙权力的主观化、绝对内在化。这个推之至尽的观念演变正是哲学思想曼陀行极的表现。"绝对的它"亦即是"绝对的我"——这是一个多么令人心灵震撼的形上命题、形上肯定啊！

在意识心态的层次来讲，印度哲学从婆罗门主义至《奥义书》主义的思想演变其实是并不难理解的。一个为爱罗惊异神秘感所主宰的哲学心灵——希腊、西方和印度精神文明里的哲学心灵——对于那个为神秘感永恒对象的"它"只有两种基本态度：一是"它"的肯定；二是"它"的否定。这正是正爱罗与反爱罗心态的不同，亦即是希腊、西方与印度两大文明形上姿态的基本差异。希腊、西方的精神文明乃是一个乐于神秘感的它执、在它的肯定上作无限追求的精神文明。但自《奥义书》时代开始，印度文明就开始走上一个与希腊、西方背道而驰的精神方向——一个以它执为苦而在"它"的否定或自我的肯定上作无限内返的精神方向。对《奥义书》那群在深林中冥思默观的哲人来说，那个为希腊哲学乐于追求的"它"——一个永恒的异己——是无法忍受的。人是永远不可能在一个永恒异己上得到满足的。刚好相反，这个永远无法与我为一的"它"，乃

---

① 可参考氏著《印度思想序论》（*An Introduction to Indian Thought*），Prentice - Hall，1976，第25—47页。

是人类一切烦恼痛苦的根源。故"它"的否定乃是苦恼的解脱与精神生命的满足所系的关键。但什么叫作"它的否定"呢？一个对"它"不能忍受、为"它"所苦的精神生命在其极端的心识里，都难免有"吾与汝偕亡"的绝灭要求。但这种绝灭要求是自杀性的，是不切实际的。人是一个有意识的存有，而通过意识作用而出现的"它"是无法绝灭的。故"它"的否定不可能是"它"的绝灭。反爱罗心态所要否定的，其实不是为意识对象的"它"而只是"它"的"它性"——亦即是意识心之以"它"为"它"。《奥义书》哲人所要否定的，正是以"它"为"它"——为异于己——的心识。但一个没有"它性"的"它"也就不是一个真正的"它"。不以"它"为"它"亦即是以"它"为假——那个"它"其实就是我啊！

以意识对象的"它性"或"异己性"为真实，对《奥义书》的哲人来说，乃是一切虚妄、罪恶与苦恼的根源——这个认识，我们可以大胆地说，乃是开启自《奥义书》以来印度主流传统哲学的锁钥。印度正统六派中最具影响力的两个派别——数论与吠檀多学派中的商羯罗学派——就是完全循着这条思路建构而成的哲学体系。商羯罗学派直承《奥义书》而来的"无限大梵"（unqualified brahman），就是一个绝对纯我（无丝毫异己因素）的观念。而在数论学派的二元本体理论中，"神我"（Purusha）与"材质化元"（Prakriti）所幻化的心物世界，正是纯我与异己的分别。这两个学派虽然有一元与二元本体的差别，其在肯定一切异己心识为假的形上姿态上却是相同的。

有一点必须立即指出的是，在印度哲学中异己心识乃是一个涵摄极广的观念。它不仅包括为意识心所认知的自然宇宙，也包括意识和潜意识或下意识层次的一切身心活动——当然包括那个在日常生活中不断为"它"所牵制的生理我和心理我。那么，真我究竟是什么呢？那个不再为虚妄的异己心识所控制的真我、纯我究竟是谁呀？

纯我就是纯知：这个答案的内涵我们在上文讨论正反爱罗的辩证关系时已经剖析过了。纯知就是以自己为对象的知性作用。数论学派的"神我"和商羯罗学派的"无限梵"，和亚里士多德的不动动因或神乃是非常接近的观念，都是爱罗形上心灵自恋、自执心识的产物。这种哲学观念和心态所代表的，乃是材性知能中"知性"与"非知性"的分裂与对立。反爱罗生于正爱罗材知生命的矛盾与挫折，在神秘感背后的知性主体乃是材知我的核心所在。当知性主体无法通过异己的媒介来满足其他执时，也就只得以自己（知性本身）为其自求满足的对象了。

在希腊、西方的爱罗文明里，以逻辑语言为本的逻各斯理性，乃是材知主体它执所凭借的理性道术，知性作用自恋行为的结果只是逻辑语言无意义的重复。在希腊神话中追逐美男 Narcissus 最热烈的女神以"回音"（echo）为名，不仅点出希腊爱罗文明中理性道术偏重语言的本质，也暗示知性自恋情结中逻辑语言的空洞与无能。材知生命的创造性原是通过逻辑语言简别外在的格局而动而愈出的，但逻辑语言本身却不是材知我得以满足的东西。

虽然在印度的反爱罗文明里，因明语言在以泯灭异己心识为目的的瑜伽理性中，也扮演着一个非常重要的角色，但瑜伽基本上却是一个把身心与语言（包括因明语言）俱视为熔锻对象而一炉共冶的理性道术。此乃因反爱罗的瑜伽理性，乃是针对正爱罗意识的问题化而生的。在人类依身起念、依念作茧的过程中，为正爱罗心态所本的异己意识，早就随场有权能的运作而遍布在由身心与语言的纠结所织成的虚机茧网里。身心与语言的纠结，原是人类文明场有中一个最显著的特质，在希腊、西方的文化传统中，为逻各斯理性所本的逻辑语言早就对形躯或根身宣告独立了，只是它相对于意识作用的独立却是 20 世纪才有的事。但逻各斯理性、逻辑语言真的能超离身心而独立吗？这个问题的答案是否定的。表面上看来逻辑语言所涵摄的纯粹抽象结构，乃是一个超离身心甚至超离一切现实事物的永恒存有。但这只不过是柏拉图学派哲学家形上姿态投企的空洞观念罢了。事实上，逻辑语言所涵摄的纯粹结构，乃是内在于道体权能的一个抽象形式；这个抽象形式所代表的，乃是由权能运作断而又断的创造性所构成的简别分裂的存有格局。用意识心性的语言来讲，简别分裂正是一个"异己的结构"或"异己的格局"。断而又断，分而又分：这是逻各斯理性的根本精神。成于异、立于异，以事物之简别外在个体性（无暧昧性）为其结构所本的逻辑语言，正是在反映权能断而可分之严明处显其作用的。权能之断而可分一方面可见诸自然行文之断而可分，另一方面则更可见诸人为造作文明行文之断而可分。所以逻辑语言所涵摄的简别分裂的存有格局，作为权能运作的抽象形式来看确是超越身心、超越一切个体事物的——因为身心与事物在自然与文明行文层次里的断而可分性，无不被此简别分裂的存有格局所涵括。不过，逻辑语言本身在其根源处却是人类依身起念、依念作茧的产物。逻辑语言乃是文明行文的一部分；它所展现的抽象形式，乃是道体权能在道形器一体相连的超切场域里所开显的抽象形式。如是，逻辑语言乃是和身心事物密切相关的场有者，它所展示的抽象形式，正是它和身心事物间的场有相对相关性。

　　虽然在印度哲学、宗教思想里，与西方的逻辑语言相当的因明语言，也扮演着一个同等重要的角色，因明语言之于瑜伽理性与逻辑语言之于逻各斯理性，乃是形貌相似但精神迥异的两个关系。不错，逻各斯理性与瑜伽理性同为控制性智慧之所出，但前者是外向的，而后者则是内向的。为逻各斯理性所运用的逻辑语言，乃是正爱罗心态它执的无上法宝；但瑜伽理性所驱使的因明语言，却是反爱罗我执的不二法门。逻各斯逻辑乃是立于异、成于异的理性道术，但以消除或泯灭异己心识为能事的瑜伽因明在其终极开心处与前者刚好是南辕北辙的两个理性方向。通过逻辑语言逻各斯理性所要展示的，乃是权能运作断而可分之严明；但通过因明语言瑜伽理性所要点破的，却正是权能断而可分之虚妄。反爱罗自返心识借瑜伽理性道术的层层遮拨功夫所要追寻的，正是那个为分断妄相所掩盖的存有实相——绝对无断、绝对无分的权能本体。这就是《奥义书》中摄所（客）归能（主）的"真我"或"大梵"了。

　　每一精神文明及其所凭借的理性道术，在其心性之根源处莫不呈现一独特的权能直觉——此心性所喻于道体权能者。而喻于权能之断而又断与喻于权能之绝对无断，正是西方文明与印度文明、逻各斯理性与瑜伽理性之基本分别处。这个差别表现得最明显的，就是此两大文明之间在形上姿态与宗教、哲学思想上面的亲密辩证关系。权能之断而又断乃是西方形上心灵所执着、所乐于受用的真实，但对印度的哲学心灵来讲却是虚妄的幻相，是苦恼的根源。而为印度文明我识所执的权能绝对无断相始终是西方哲学传统所难接受的真实。不过我们不要忘了，道智方中求圆，以有碍求无碍的曼陀罗作用，乃是一切理性的本质。它执与我执都是有问题的、有碍的。对喻于权能的简别分裂相的逻各斯理性来说，它最难以接受的权能无断相，亦正是它最大的诱惑。西方哲学史上出现的原子和实体观念不都是意图在断而又断、分而又分的权能断相中求不可再断、不可再分的无断相么？相反的，印度哲学中最难于解决的问题亦正是权能断相、分别相的存有性、真实性问题。从权能之有断而证其本无断，或从权能之本无断而释其有断都是同样有困难的。

这不就是西方哲学史上所谓"一"与"多"的问题么？是的。表面上看来，在西方形上学里由感异成隔的超越心态投企的"一"和在印度宗教、哲学思想中为感同成独心态所固执的"一"实在非常相似：都是一"无断"的观念。但两者之间其实有一个很大的不同点。西方形上学中之"一"乃是"它化"的"一"，由心藏它识所立之一；而印度宗教、哲学中之"一"则是一个"我化"的"一"，为心藏我识所同化之"一"。虽同为无断的观念，但前者为一摄我归它的无断，后者则为一摄它归我的无断。

摄我归它，这是逻各斯理性、逻辑语言之所长；摄它归我，这是瑜伽理性、苦行主义之所胜。在印度文明的发展过程中，为《吠陀经》、婆罗门宗教所系的牺牲祭仪与兴于《奥义书》时代的苦行主义，乃是两种很不相同却又密切相关的理性道术。前者是西来雅利安文化的贡献，后者则是非雅利安、土著文化的贡献。不过，虽然历史渊源有别，根本精神却是相通的。牺牲祭仪与苦行主义同样是控制性智慧所绐造的理性道术，苦行主义其实也可以视为一种广义的"牺牲祭仪"———一种内在于精神生命的"牺牲祭仪"。"牺牲祭仪"乃是一种有所牺牲、有所企求，以牺牲祭品为代价来换取所企求的福祉或目的物的理性道术。在苦行主义的祭坛上成为牺牲品的，当然不是吠陀或婆罗门教徒所惯用的牛羊马匹，而是整个以异己或它识为根的爱罗生命和身心我。而瑜伽苦行者以牺牲其爱罗生命来换取的，也不是在众神手中的宇宙权力，而是通过心识的控制而来的"自主性"或"自我权威"。有趣的是，瑜伽苦行者相信，苦行自克的力量正是控制万有宇宙权力的泉源。如是，内向和外向的牺牲祭仪乃是辩证地相通的了。

其实，从广义的意思来讲，牺牲祭仪乃是一切控制性理性道术所必具的性格。那么逻各斯理性所运用的逻辑语言，也是一种牺牲祭仪吗？一点不错。逻各斯理性乃是爱罗它执的理性道术，逻辑语言则是逻各斯理性建立和控制其有有之邦所必须凭借的工具。有有之邦的建立乃是建筑在生生之流之断裂歪曲上的，逻辑语言的运作乃是一种"暴力"行为———对生生之流之"强暴"。以被"强暴"的生生之流为牺牲品来换取有有之邦的建构，这就是逻辑语言之所以为牺牲祭仪的意义了。

控制性的本能与智慧，乃是生命得以维持与滋长的基本条件，但控制性执着的心根心识又正是生命痛苦烦恼的源泉。生命是有代价的：生命本身不就是一牺牲祭仪么？以苦恼的代价来换取生命的延续与充扩正是公道原理在生命层次最高的表现。但公道归公道，人与其他动物不同，正由于他对公道原理所主宰的宇宙，有采取不同形态的自由——包括价值判断的自由。生命等于苦恼——此中自有其公道在。问题是：值得吗？

这个总是生命本身的价值问题——实在是印度哲学的终极关心问题，这个与因果律是无法分开的，因为公道法轮正是以因果律为轴心而运转的。苦恼乃生命的果报：这个看法乃是印度教和佛教之所共。但造成此生命苦果之因究竟在哪里呢？对这个问题，这两大宗教的看法就很不相同了。直承《吠陀经》与《奥义书》的思想传统，而以反爱罗心性为基本心态的印度教，只是以它执为苦恼的因地，故以异己心识的泯灭等同极乐的境界。但苦恼对佛教来讲，以泯灭异己意识为能事的心态正是一我执的心态；而我执它执实同为苦恼的根源。故佛家不仅主张"法空"（空它执）也主张："我空"（空我执）。一切执着都是有问题的：对"法空"与"我空"的追求，本身也可能成为一种执着——对"空"的执着，这个"空执"也应该"空"去。由"法空"而"我空"而"空空"——这不仅代表佛家去执理性的辩证步骤，也其实构成佛家哲学思想历史发展的三个阶段。一般来讲，早期佛家思想的重点在"法空"；"我空"乃是在部派和小乘佛教的成长中渐次成熟的讲法；而"空空"的思想则无疑是在大乘佛教里才被发扬光大的。大乘佛学的极乐境界，乃是一个通过空一切执的"真实"作用而呈现的。不过，假如某一程度的执着，乃是构成自然与文明生命的起码条件的话，佛家所向往的极乐境界是否还是一个生命的境界，那就很值得怀疑了。

有执乃是正反爱罗心态的特征。由材知主体通过爱罗它执我执所建构的有有之邦，对超爱罗主义的佛教哲学而言，乃是一既虚幻而又充满着邪恶所在。有执基本上乃是一种暴力行为，对佛家来讲正是一切邪恶的本质。但佛家哲学不仅反暴力，也反虚无。有有之邦中的任何一"有"，莫不是爱罗有执从生生之流幻化而出的空华，都是幻而不真、虚而无实的。

世界上没有任何宗教或哲学，对在构成爱罗生命的负面的暴力与虚无上比佛家了解得更深刻、更透彻，也更厌恶的了。我们可以说，大乘菩萨的"智悲双运"，正是生于佛家此种超脱人格的形上姿态的爱慧。

"智悲双运"中的"智"乃是就生生之流实相之直觉而言的；"智悲双运"中的"悲"，则是就面对爱罗的仁性关怀心性而言的。对佛家所歌颂的超脱人格来讲，真正的智慧源于生生之流如实的观照。这如实的慧觉诉诸哲学语言就是"缘起性空"的思想。"性空"就是无自性的意思，所谓"无自性"就是无它执我执所投企的实体之性。传统佛学者每以"缘起"解释"性空"（即缘起即性空，唯缘起故性空）其实是很容易引起误解的。因为佛家的缘起观其实是一个本于生生之流的场有因果观；佛家所谓的"缘起"正是我们所谓的"场有综合"，生生之流中的场有综合。在《周易》和怀德海的历程哲学里，一事物之"自性"正在其行有之场有综合里。场有综合乃是一事物行有之具体内容，怎能说它是空呢？所以佛家的"缘起性空"／"无自性"理论不能凭空来讲，因为这个理论原是针对爱罗有执哲学传统（包括希腊、西方和印度的主流哲学传统）而起的反动。严格来讲佛家哲学所反对的其实不是"自性"观念，而是"实体自性"观念。"缘起性空／无自性"的正确解释应该是：场有缘起，故无实体自性——故性（实体自性）空。换而言之缘起性空理论所针对的，正是有有之邦的虚幻性。有有之邦的虚幻性与其所本的爱罗心识之粗暴，乃是一事之两面，故大乘菩萨为对治爱罗生命之虚幻，与粗暴所运的"智"与"悲"亦是一权能慧爱的两面。《般若经》所强调的"般若智"乃是大乘菩萨观空、证空而入于空的本体慧力，而大乘菩萨"我不入地狱，谁入地狱"的无穷悲愿，则是本于生命所本具的原始责任感，和承担一切粗暴与邪恶的如如爱力与无尽关怀。智悲双运正是佛教大乘超脱圣者曼陀行极的本体功夫。

生命等于苦恼——值得吗？对于这个问题，传统印度主流宗教、哲学思想的答案是否定的。传统印度人在其心灵深处对生命本身的厌倦和对轮回观念的重视，绝对不是其他民族所能比拟的。由于佛教以生命的苦恼源自爱罗的有执（包括它执和我执），佛教对轮回生命（坠入轮回中的生命）的厌倦可能比印度教更为强烈。但离开爱罗材知我的有执，还有生命可言吗？超脱轮回的生命究竟在哪里呢？这是佛教哲学中一大难题。对印度教信徒来说，轮回生命的超脱等于真我与大梵的契合；但对一个佛教徒来说，证入涅槃之后也就什么都没有了——因为已经没有他所熟知的"生命"可言了。

但自我肯定乃是生命的本质：生命对自身的全盘否定乃是一件不可思议，最低限度是很难被接受的事。当我们对生命作否定的判断时，我们所否定的其实只是某一种生命——通常是一被判断为欠缺价值或价值较低层次的生命，而非生命本身。这就是为什么在印度佛教思想发展的末期，"常乐我净"的思想——与《奥义书》梵我（真我/大梵）非常类似的观念——终于在如来藏系的经典中出现。"常乐我净"正是大乘佛教所能接受和向往的满全生命——无执生命的特征。

## §3 本体之仁、本能仁性、道德化仁：践仁的 三层次与仁性生命的内在矛盾

究竟"常乐我净"的生命是否可能？这不是我们要关心的问题。我们在这里必须立即指出的是，不管这词语所代表的满全生命是否可能，这个观念本身乃是一个植根于生命本质的理念——一个从生命的自我肯定中投企而出的观念。生命的自我肯定（生命全盘自我否定之不可能）用儒家哲学的术语来讲，就是孔子所谓的"仁"。生命的自我肯定为"仁"——这是胜义的"仁"，本体义的"仁"，而不是落实在自然人生——人的类性——本能中而为血缘家族亲情所本的"原始仁性"，更不是由原始仁性的转化而进一步落实在文明存有的社会格局中，而为道德规范基础的"道德化仁"。本体之仁是无私的，是涵盖一切生命有情的，而本能或原始仁性和道德化仁却都是私于人类，私于血缘家族或社会民族国家的"私仁"。"私仁"是可以被否定的，是可以成为价值批判的对象的，因为本体之仁的自我肯定，并不等于原始仁性和道德化仁的自我肯定。人本主义者总爱把本体之仁等同人类的私仁，这正是一私仁的表现。

我们以"仁"为生命的自我肯定，这句话虽然不错，却是很容易引起观念层次的混淆的。因为"生命的自我肯定"可以指生命权能本身的自我肯定，也可以指个体生命的自我肯定，这是两个不同层次的观念。我们所谓的"本体之仁"，指的乃是生命权能（本身）的自我肯定，而非个体生

命的自我肯定。后者与前者乃是场有者与场有自身的关系；个体生命的自我肯定，乃是生命权能自我肯定一理之分殊。

不过，不管从哪一个层次来讲，生命的自我肯定或自仁自爱都是一暧昧的权能行沟。因为生命的自我肯定有来自本体之仁（或本体仁性）无执的一面，也有来自本体之材（或本体材性）有执的一面。在人的生命里，无执有执的自我肯定，乃是分别通过仁性关怀与爱罗惊异两种意识心性表达出来的。源于爱罗惊异的人性跃动，乃是一种为它执我执的缠结所激发的爱欲跃动，源于仁性关怀的人性跃动，则是一种以无执的感通与开放为其特征的仁爱精神。无执的仁爱与有执的爱欲（请注意"爱"字的暧昧含义），此乃是生命权能表现在人性中的两面。生命权能正是通过此两种行沟爱力，来发挥其创造性与生命力的。

除了对生命负面的感受有程度上的差别外，儒家和佛家在其生命精神所本的意识心性和形上姿态上其实是相当一致的。两者都是站在生生之流的本体立场上来看宇宙人生，来承担一个为仁性关怀的人性跃动所充贯的意义世界。孔子在《论语》中所拈出的"仁"相当于佛陀的"慈悲"；而为儒家形上智慧所贯注的《易传》，在扣紧生生之流的本体立场上来讲，则相当于继原始佛家"无常无我"和"十二因缘"观念而发展出来的"缘起性空"思想。宋明儒以来自本体之仁的"良知"（本能的原始仁性），来对治材知我所执的"人欲"，就好比佛家以无执的慈悲（慈悲正是一种无执的、充极的仁爱）为拯救为有执爱罗生命所苦的众生一样。当然，这些对比只是一种粗略的讲法，但对我们这里所要表达的意思来说，已经是足够的了。

儒家和佛家所代表的，同是一个在哲学的基本信托上，以仁性关怀的主体诚仪来契证生生之流形上本体的文明体系。这当然不是文明人类唯一能走的道路，偏重爱罗心识的希腊、西方文化传统，走的就刚好是一条与此对立的路子。希腊、西方文明所开显的意义世界乃是一个以有有之邦为形上架构，而涂满着材知英雄有执色彩的意义世界。入侵印度的雅利安文明本来走的也是这条路子，但在入侵印度之后，由于受到本土非雅利安土著文明的强烈影响，后来奉印度教为正统的印度文明，也就呈现出一个非常特异的性格。印度正统文明最显著的特征就是本体权能的绝对我化、实体化与建立在生生之流、有有之邦上面的具体意义世界之相对虚幻化。这正是反爱罗心态与正爱罗心态相反却又与仁性关怀心态迥异的地方。此外，构成西方文明另一支柱的犹太、基督教传统却又由于基本心态的不同，而呈现另一特异的性格。犹太、基督教文明源于中东型"中间偏右（偏东）"的意识心态——深为上帝（仁性关怀）与魔鬼（爱罗有执）的矛盾对立所苦的意识心态。"偏右"就是偏向上帝所代表的仁性关怀，故亦是"偏东"，偏向儒佛两大传统所走的路子。不过，自从基督教文明与希腊文明结合之后，原来偏右、偏东的性格也就渐为两边矛盾对立的性格所取代或掩盖了。

相较之下，我们很明显地看得出，由儒道佛三家意识心所结合而成的中国精神文明，乃是一个最为单纯的精神文明。道家介于儒佛两家之间，骨子里走的也是一条以仁性关怀的主体诚仪来契证生生之流形上本体的路子，所以流行于宋以后的"三教同源"之说，实在是很有根据的。不过，主张三教同源的人，由于对意识心态的深层结构和各大文明传统间，在其根本精神处的辩证关系没有足够的认识，对儒道佛三家所代表的思想和文明传统，也就不可能有确切的定位了。

仁性关怀的主体诚仪与生生之流的本体信托——此二者之相交处所挺立的形上姿态，亦即是儒道佛三家本体功夫得以起作用的所在。这是一种怎样的本体功夫呢？一言以蔽之，这是一种"同体感通"的本体功夫。同体感通的精神就是"仁"（仁性关怀），同体感通的历程就是"易"（生生之流）。仁贯于易，这就是同体感通本体功夫的精髓了。

"同体"有"同一"生命之体或"同具"生命之体两层意思。构成身心我的形躯和各种官能或机能，乃是属于"同一"生命的组成分子，这是内在于同一个体生命的"同体"。世间一切有情虽然不在"同一"生命之体，但却由于同为生命权能所流贯，所以莫不"同具"生命之体，这是内在于生命场有的"同体"，亦即是联结个体生命的"同体"。不管是同一义或同具义的同体，感通乃是生命同体的自然倾向。儒家哲学所本的"仁"，就是以此生命同体的自然倾向为其具体内容的。

儒家所讲的仁或恻隐之心，道家所讲的慈，和佛家讲的慈悲，基本上指的都是生命同体的感通之情。此感通之情的最后根源乃是绝对无私的、开放的、宽容的，因为它其实就是以始德为德的生命权能——肯定一切、成就一切的如如之爱。但生命权能是不能离开个体生命的场有而言的；而流贯于个体生命的生命权能，则又必然是一个成私着相的生命权能——通过元德之机的场有综合来成就其始德真如的生命权能。故就人的生命层次来讲，内在于实存生命中之仁性，不是本体之仁自身而是落实于自然本能及文明社会层次里的本体之仁。由于元德之机的运作乃是一个成私着相的过程，落实了的本体之仁也就无可避免地夹杂着私仁的成分，无可避免地以私仁的性相或姿态呈现了。

现实仁性之所以为私仁，一方面固然来自实存个体材知我的它执我执，但另一方面也来自场有大传统无始以来，由权能运作之无尽隐曲所造成的无明因素——包括人类历史文化由文明造作的积习所造成的痼癖与偏见。"同体感通"乃是仁性关怀的本质，正如"异隔对执"乃是爱罗惊异的本质一样。远在文明开创之前，人类由共同生活所共建的实存世界，即已为这两种生命权能的本然倾向所支配着。在有执爱欲与场有无始无明因素的纠结所形成的重重限制之下，现实仁性中同体感通的力量就显得非常薄弱了。

现实仁性相对无明有执的薄弱，早在两千多年前就已为睿智的宗教或哲学心灵所公认的不争事实。儒道佛三家的创始人正是在这生命的不争事实之前建构其理想世界的圣者、智者、觉者——骨子里都是"知其不可而为之"的曼陀行极者。"知其不可"乃是就共大人理想的圆满实现而言的。只要有生命一天，就会有仁性与材执的对抗，就会有生命的无明、邪恶与苦恼。生命是有代价的，公道法轮的运转是不会停顿的。

那么为什么这些圣、智、觉者还要在公道法轮之前坚持其"知其不可"的抱负呢？这个问题应该分开三方面来讲。每一个本于仁性关怀的宗教或哲学理想，在其终极关心之处都是要为人类找出一条安身立命之道。对于这些生命终极理想的创始者而言，他们所开出的生命之道的理想性格和价值，可以有三种不同的意义，即（一）对创始者个人的意义；（二）对与创始者德慧相似的少数人类的意义；（三）对大多数人类的意义。作为少数人（包括创始者个人）的理想而言，这些"知其不可而为之"的生命之道也许是没有问题的，但作为众人或大多数人的理想而言，它们的理想性格和价值就不无疑问了。

一个永远不能实现的理想只是空想而已；空想是没有什么正面价值可言的。不仅如此，当一个崇高但无实现可能的理想价值，变为一个民族文化传统的金科玉律而成为普罗大众赖以安身立命的最后凭借时，它由反效果和其他因素所造成的伤害，往往不是这些理想的原创人所能想象得到的。

对于这个问题，陀夫妥夫斯基笔下的大裁判司就看得很清楚。真正能够跟随着耶稣走，接受他"（主体）自由"的福音而成就一个挺立的精神生命的，只是人类中少数中之少数。大部分的人类都是无法享用其主体自由的弱者，甘为身心的世俗幸福而向宗教权威交心的，在大人人格前抬不起头来的可怜虫。大裁判司的不平之鸣也许过激了些，也许他根本就误解了耶稣的本意。但他所看到的一个重点——大部分人类在实现大人人格方面所表现的生命力的薄弱（曼陀禀赋的不足）——却是令人难以争辩的事实。不仅耶稣而已，千多年来真正能跟着释迦、孔子、老子和其他理想人格的创造者，走至尽头的究竟又有几人呢？

不过，话得说回来了。这些"知其不可而之为"的觉智圣者难道就真的只为少数人类说法、说教或宣示福音么？难道他们对人类大众的软弱人性熟视无睹么？当然不是，否则他们就不会"知其不可而为之"了。"知其不可"正是针对普罗大众的情况而言的。"知其不可而为之"那就必然有它的原因或理由。那么原因在哪里呢？他们为什么要对软弱的普罗大众，揭示一个崇高但永远不能在他们身上实现的理想呢？

理由当然是有的，而表达这个理由最概括也是最具体的语言只用两个字就够了：那就是"希望"。人是不断希望的场有者，"知其不可而为之"的觉智圣者的希望，也就不是一个"完全有效"的希望——一个有完全满足的可能的希望。觉智圣者对普罗大众的希望乃是一个打了折扣的希望，这个希望的有效性不在崇高理想的满全实现，而在崇高理想所能产生的提升转化作用，和通过此作用可能取得的现实效果——向崇高理想不断接近的现实效果。换句话说，觉智圣者对普罗大众"知其不可而为之"的希望行为，其实是一种存有转化的策略——一种"向高处想"或"退而求其次"的理性道术。至于这种策略是否真正有效那又是另外一个问题了。

在任何一个民族的精神文明里，崇高理想在大人人格与在普罗大众生命之间，希望有效性的差别乃是此精神文明必须加以解决的核心问题。历史的经验告诉我们，大人理想的大众化、普罗化几乎是文明人类所必经的道路。在世界宗教发展史中"信者得救"一观念的出现乃是大人理想大众化最显著的例子。为了普罗大众，基督宗教的圣者们强调上帝的恩宠；大乘佛教的菩萨们也打开了许多往生净土的"方便法门"。通向上帝或佛陀之路真是越来越简单、越方便了。

但世界上容易得来的东西大半是有问题的。大人理想相对于普罗大众的希望无效性乃是罪恶感、自卑感、虚无等一切亏负意识的一主要根源。而大人理想的大众化、庸俗化则又有丧失其提升转化作用而至造成一价值真空状况的危险。这是不是一个两难的局面呢？是的。由大人理想与众人理想的差距和对立所造成的矛盾关系，乃是任何精神文明都无法避免的困局。假如这个问题容易解决的话，人类早就生活在人间的天堂了。

当我们用这个观点来比较和衡量世界上各大宗教或主流哲学思想中所涵摄的文明存有策略时，我们就很难否认构成中国文化精神骨髓的儒家哲学确有其高明之处。虽然在儒家的哲学和文化传统里，大人理想与众人理想仍然有一个相当大的距离，但我们却看不到一个在印度和西方文明传统里所常见的现象——大人理想与众人理想背道而驰的现象。此乃因儒家哲学中的"大人理想"，本是一套为大多数人设想的文明策略，使普罗大众皆有"成大"可能的文明策略。这套策略自然也有它的缺憾，但它在消除大人理想与众人理想间对立矛盾所做的贡献却是无容否认的。儒家哲学所奉行的"圣贤之道"不正是匹夫愚妇、普罗大众同样可以借以安身立命的"践仁之道"吗？

"践仁"乃是指向儒家哲学本体功夫最精简的语言。践仁的本质就是我们所谓的同体感通，儒家哲学把作为大人理想具体模型的圣贤人格，安顿在仁性跃动的活水源头上，这当是不争的事实。仁性跃动就是同体感通的跃动。但同体感通乃是生命权能的本事，和生命权能本身一样，是可以有不同层次的讲法的。大致说来，我们以为"践仁"的功夫可以分成三个层次来讲，即是我们在前文提过的（一）本体之仁，（二）本能或原始仁性，和（三）道德化仁。这三个层次分别代表同体感通三种不同的量格。兹分述如下：

**（一）本体之仁**

这无疑是同体感通量格至于充极状态之"仁"，亦即是程明道所云"仁者，与天地万物为一体"之"仁"。用爱的语言来讲，本体之仁就是如如的爱，对一切存有绝对无差等，绝对一视同仁的"爱"。在此本体仁爱之前，不但人与草木瓦砾同俦，善恶美丑等也是没有分别的。但本体之仁之所以超越一切差别相，正来自它肯定一切的如如。这就是为什么王阳明既以"良知"或"心之体"为"无善无恶"又以它为"至善"的缘故了。

如如的爱亦即是以始德真如为德之爱，只有道体权能本身才有超越一切、肯定一切、成就一切的资格。故以真如为德的生命权能，乃是与本体权能相契合的生命权能。这就是儒家哲学以"生生之德"归属于"天"（道体）的用意了。

### （二）本能或原始仁性（或类性之仁）

这是落实在人性中之"仁"，亦即是本体之仁在人的类性禀赋限制之下所本具的同体感通的力量。孟子所谓的"恻隐之心"或"不忍人之心"，指的正是这人类原始的仁性或"良知良能"最具体的表现。由于本能或原始仁性乃是本体之仁在人性中的落实，故此"良知良能"、"良心"或（后儒所谓）"本心"当然地把纯净的本体之仁（至善、绝对无差等的如如之爱）涵摄在内。事实上，儒者所要存养扩充的正是这纯净本心的良知，为圣贤人格得以成长满全的至善的种子。但此种子所本具的绝对无私的同体感通力量，却不是本能或原始仁性最自然的表现。人类在仁性方面最自然的良知良能，不是无私的如如之爱而是私于个体、私于血缘家族、私于民族国家和私于全体人类的私仁。孟子的"不忍人之心"原是对人讲，不是对其他动物讲，更不是对草木瓦砾讲的。故"义"一观念乃是孟子仁学思想的核心。"义"就是"仁"（类性之仁）之所宜。亦即是人同体感通所必须遵循的自然理序。践仁的步骤亦即是同体感通的步骤，以个人为中心逐步向外扩大"取义"范围的步骤。简括来讲，"践仁"就是一个"推己及人"以致"及物"的历程。由《孟子》书中所述"见牛未见羊"一故事来看，推己及人以至于物（其他动物）确是孔孟的本意。不过，践仁取义的"外推"功夫究竟如何可能呢？要回答这个问题，我们就必须再回到本体之仁自身一观念来了。由于落实在人类原始本能的仁性，乃是一种类性的私仁，推己及人及物的践仁功夫，乃是在私执的重重限制下进行的。同体感通的充极至尽——亦即是践仁的曼陀行极——只能视为一种理想，而绝不能视为现实人性的自然趋向。若是自然趋向的话，儒家存养扩充的修身理论也就无甚意义了。正因为存养扩充乃是一种"反自然"——最低限度"很不自然"——的曼陀行径（破限有为），所以践仁的充极至尽，才能成为儒家大人理想的终极关怀。而为圣贤人格践仁过程中破限有为的创造性根源的，正是那隐伏在人的类性私仁里的那颗至善的种子——能够萌生如如之爱的本体之仁。本体之仁是绝对无私的，所以它不仅为仁性创造力的根源，也是仁性批判的最后标准。但人是怎样才能接触到这个虽然为本心之所具，却是深藏在人性深处的纯粹良知呢？本体之仁或纯粹良知乃是一种"呈现"，这是孟子以来正统儒家所共许的观念。但既然是一种呈现，那它就不是我们可以随意控制，"呼之即来，挥之即去"的东西。呈现则有，不呈现就无。呈现与否是没有保证的。所以严格说来，儒家的圣贤理想实在很难视为具有普遍性的理想——为任何人都可以实现的理想，纯粹良知呈现的或然率乃是受到人类禀赋的限制的。虽然人人都具有至善的种子，但孕育此至善种子的人性土壤——宋明儒所谓的"气质之性"——却是可以有很大差别的。气质之性是仁性种子的土壤，也是材性种子的土壤。不管是材性知能或是良知良能，人性的发挥无不受到此气质土壤的限制，所以宋明理学家讲究"变化气质"，但这岂是一件容易的事？而且就一般人来讲，变化气质是否真能达到理学家所向往的境地也是非常值得怀疑的。

应该郑重指出的是，最难于呈现——因此也是最难能可贵——的乃是绝对无私的本体之仁，为仁性关怀最后根源和批判标准的纯粹良知或至善种子。私仁却是随时随地呈现的，无甚稀奇的。当然，此所谓"随时随地呈现"的私仁指的乃是私于个人、私于近亲戚友的私仁。至于充扩于个人、近亲戚友之外而对所属民族国家有真正关怀的私仁已经并不常见，遑论以整个人类为关切物件的私仁了。至于人类之外的天地万物，我们真可能真诚地表现我们的仁性关怀吗？

儒家所讲的仁爱乃是有等级的爱。但"有等级"三个字实在不足以说明仁爱生命的真实——在本体之仁与私仁之间所造成的矛盾、内在于仁性生命的矛盾。私仁是有代价的，一切个体生命的存有和生长——生命的自仁和成私——无不建筑在牺牲其他生命的基础上。这本是生命的公道原理，但却不是我们的本体之仁或纯粹良知所能容忍的。虽然，在本体之仁难得一现的日常生活里，我们对为我们一己生命的存有、成长和幸福付出代价的"他人为我"尚且无所感觉，遑论餐桌上煮熟了的牛羊家畜？

"见牛未见羊也……是以君子远庖厨也。"——孟子对这个仁性的内在矛盾自然是知道的。但"远庖厨"就真能解决问题么？见牛之觳觫而未见羊就戮的苦痛，难道我们就真能心安理得么？难道我们不会因想象到羊的觳觫而仍然无法心安么？"见牛未见羊"其实是一种"眼不见为净"的想法，严格来讲，乃是一种"不诚"或"自欺"的行为。我其实是不能心安的，我不过是强迫着自己去忘记它，去逃避那令人感到矛盾与尴尬的事实。当然，作为一种存有策略来看，"见牛未见羊"的想法是完全可以理解的。试想，我们若在任何关节上毫不妥协地要求满足我们仁性的绝对要求，我们还能好好地生活么？抑且还能生存么？

孔孟教人以良心之安否来作为立身处世的准则，这也许是最简捷的践仁之道，但其中所涵摄的问题却不是那么简单的。譬如，以"君子远庖厨"的说法为例，即使"远庖厨"能使君子的良心获得安顿，但君子的"心安理得"却是建筑在厨子之无法心安理得上面的。再者，假如人人都要学做君子的话，那么又由谁来掌厨啊！

在这里应该表明的是，我们实在无意贬损儒家哲学的价值，更无意抹杀人类在仁性之道上所表现出来的人性尊严。但仁性生命的尊严不在内在仁性矛盾的逃避，而正在此仁性矛盾的承担上。传统儒家哲学对仁性的内在矛盾，和仁性生命的牺牲结构并非全无自觉，只是不愿、也不忍、引发隐伏在其矛盾中的爆炸性罢了。当然，由于历史条件的限制，儒家哲学对仁性生命在社会、经济、政治甚至艺术、科学和宗教等层面的牺牲结构的自觉性显然仍是不够的。

生命是有代价的。我们为仁性的生命在生命各层面里所付出的代价和所作的牺牲，就是我们所谓的"仁性生命的牺牲结构"。同样道理，我们为材性生命在生命各层次所付出的代价和牺牲，也就是"材性生命的牺牲结构"。人性乃是仁性与材性的结合，人的生命乃是仁性生命与材性生命的结合。无论仁性与材性如何结合，我们都要为我们的生命付出一个与此结合相应的牺牲和代价。这生命整全的牺牲结构究竟代表什么呢？不代表别的，它所代表的正是公道法轮在人生里运转的具体性相。人生的真实意义必然要通过这公道法轮的具体性相才能清楚地表现出来。

我们在这里无意继续对"牺牲结构"一观念作更详尽的分析，在现阶段的讨论中我们必须强调的一点是：不管仁性与材性如何结合，人性的要求都是永远无法得到满足的，而这人性之不能满足却并非来自人性外缘的因素如生命的短暂或自然、人为环境的限制等。人性要求之无法满足乃是源于人性内在的矛盾，内在于仁性材性的矛盾。人永远不能满足他的材性知能它执我执的爱欲，因为没有爱执也就没有材知我了。同样道理，仁性中的良知良能也是永远无法得到满足的，因为本体之仁的绝对满足，亦即等于私仁的全部否定——个体生命也就不可能了。故我们最希望得到的，也同时是我们所必须牺牲的。这源于人性内在矛盾的生命本质的缺憾，整个牺牲结构的核心所在。但有牺牲即有成全：生命本质的缺憾亦正是生命得以延续的条件。明白这一点，则这个"缺憾"也就有可能不成其为缺憾了。

当然，这生命本质的缺憾，也只有在曼陀行极的大人生命中才会真切地感受得到，因为人性的内在矛盾，也只有在仁性材性的推极至尽时才会明显地表现出来。没有爱罗惊异通过材性知能的尽性发挥，你怎能了解英雄人格所受的煎熬？没有仁性关怀本于良知良能的尽心知性，你怎能体验得到圣贤人格的恻恻与无奈？生命的发皇与人性的光辉，乃是在曼陀丹道的尽头才显其精彩与庄严的。

儒家尽心知性、存养扩充的修身践仁之道，乃是道德人格破限有为的内圣功夫，破限有为的终极目的就是道德生命的精纯——仁性生命的精纯。这里"精纯"两个字乃是就落实于人性的本体之仁来讲的。践仁的功夫就是"致精纯"的修养功夫，亦即是求与本体之仁或纯粹良知相契合的本体功夫。纯粹良知是绝对无私的，故"致精纯"的本体功夫必然以"去私"或"起私"为践仁的不二法门。但人是不可能无私的；人即使有无私之情，却始终无法行无私之实。这就是践仁之道所涵摄的矛盾与无奈了。

作为曼陀行极的一种型态，这条由孟子开出的内圣践仁之道当然是有价值的、可贵的、可以为少数人成就其圣贤人格的凭借的；但若把它视为普遍人类安身立命之道——把它视为一种众人理想，每一个人都应该殚精竭诚，毕生以赴的生命目标，那它的希望有效性和实存价值就很有值得商榷的余地了。由于仁性本然的内在矛盾和自然，与文明社会所加诸实存生命的重重限制，一个圣贤人格在其践仁取义，迈向精纯的成德过程中所表现的生命力，岂是一般人所能具有的。也许实存生命的价值不在终极理想的实现，而在终极理想的追求。正如浪漫主义思想家列辛（Lessing）所说的："真理的追求比真理本身更可贵。"但理想追求之所以可贵，乃在其真诚不二的本体功夫。一个在践仁取义的成德过程中，真正表现真诚不二的人已经是圣贤人格了，此"真诚不二"正是生命强度的表现，正是一般人所缺乏的啊！

　　成德之难，孔孟岂有不知？不然孔子就不会是一个"知其不可而为之"的圣人了。不过，这个"知其不可"明显地乃是针对普罗大众而言的。我们有理由相信孔孟宣扬圣贤人格的理想和践仁的内圣功夫，其真正目的不在圣贤人格在人间的普遍实现（因为他们知道这是不可能的），而是把它作为一种文明教化的策略、一种为实现众人理想而宣示的"方便说教"。孔孟所希望见到的并不是"满街满巷都是圣人"，而只是一个道德文明的人间，一个以合理的仁性生命为主导和主要内容的人文宇宙。用儒家哲学的术语来讲，这个普遍可行的众人理想就是"外王"或"外王之道"，而"外王"的存有根据就是我们所谓的"道德化仁"。

### （三）道德化仁

　　所谓"道德化仁"就是仁性的道德化或社会理性化，亦即是本体之仁通过本能或原始仁性的中介作用，在社会法制和伦理规范中进一步的落实。这里"道德"一词乃是一广义的用法，用以概括在文明社会中一切对实存个体所施与的诱导和强制的力量。在这一义上来讲，"道德"的观点基本上就是文明社会的观点，文明人类的观点，代表这"（文明）道德"一观念最普遍而又具体的词语就是"应该"和"不应该"。每一个文明社会对属于它的个体分子所施与的诱导和强制力量就是通过这"应该"和"不应该"的道德律令来运作的。道德的关系，换句话说，就是实存个体与其所属文明社会间的关系。文明社会是由实存个体人构成的，故道德的关系当然涵摄人与人之间的关系。不过，文明社会虽然由实存的个人组成，但文明社会本身却是一个超越实存个体人关系的存有。文明社会的整体性相是不能化约为实存个体间的关系来解释的，这就是我们为什么不以道德关系直接等同人与人之间的关系的缘故。实存个人之间的关系可以从许多层面来讲，但都离不开仁性关怀与爱罗惊异——仁性交沟与材性交沟——这两条基本轨道。但不管是仁性的或是材性的，人与人之间的交沟可以是自然本能的，也可以是文明造作的。不过由于文明造作乃是从自然本能演变而来的——本来是自然本能的社会化和理性化，这两个不同层次的关系也就变得混淆不清了。故我们同意康德的讲法，自然本能的仁性流露本身是没有道德意义的，是"非道德"（amoral）的。只是我们不同意康德对道德根源的看法。康德的道德哲学最重大的缺失，乃在于他没有把道德的"内在根源"与道德的"理性根源"分别开来。由本体之仁落实于人性所构成的本能或原始仁性，虽然本身是非道德的，却是道德的内在根源。而道德的理性根源却来自本能仁性的文明化、社会化。不错，所有道德律令都是理性的产物，但离开文明社会的观点哪里还有道德律令可言？所谓"道德律"者不过是在自然本能文明化、社会化的过程中由问题心的作茧作用所道出的理性道术罢了。我们的意思是：道德律令虽然是一种文明造作，但却是一种本于人性的内在根据的文明造作。换句话说，最后分析起来，道德乃是有其超越的根源的。这个超越的根源，内在的讲法就是在自然人性中落实的本体之仁；理性的讲法就是主宰于问题心的道智或曼陀罗智。本体之仁乃是权能之"爱"，曼陀罗智乃是权能之"理"。合而为之，我们可以说，道德之大本（超越的根据）乃在权能之"爱理"。此个道德的超越义是在康德哲学中找不到的。

我们以仁性为道德的内在根源，这是不会有错的。一切道德问题，最后分析起来，只不过是"公"与"私"的问题罢了。而"公"与"私"的问题正是本体之仁（大公）与私仁之间的问题，为文明社会服务的道德律，正是曼陀罗智为解决仁性公私问题的理性道术。而有史以来的道德思想家，又有哪一个不为这仁性公私问题而费尽心思的？文明社会所奉为金科玉律的一切道德律或道德规范，其主要目的只有一个：私仁与公仁的均衡——即在社会公私的大前提下成全实存个体的私仁。但一个文明社会的公仁，其实正是此文明社会私于其自己的私仁。为了维护它的私仁，一切外在的存有（其他文明社会）和内在的任何实存个人都是可以牺牲的。

那么道德化仁——一个文明社会的私仁——是可以为不善，可以成为仁性批判对象的了。诚然，道德化仁虽然是原始仁性的文明化、社会理性化，但由于潜伏在文明社会历史文化中的无明因素，它自身却又往往反过来成为本能仁性的障碍，或甚至造成本能仁性的歪曲。道家哲学对文明道德的批判，正是站在自然人性（包括本能仁性）的立场上来立论的。当然，只有本体之仁才是仁性批判的最后根据。道家的"慈"和佛家的"慈悲"一样，基本上都是本体之仁一观念的分化。《道德经》中"天地不仁，以万物为刍狗"一语正是以文明道德为对象的批判语言。"天地不仁"中之"仁"就是文明人类的道德化仁。天地不以文明道德之私仁为"仁"，正由于天地之"仁"乃是常道绝对无私的本体之仁的表现。至于佛家，则由于要对治印度传统文化中由严酷的阶级制度所产生的不仁，其直接诉诸本体之仁的批判态度就更加明显了。

不过，批判归批判，道德化仁乃是文明社会的支柱。离开了文明社会，也就没有"人"的意义可言；故道德化仁必然是一切"人学"的核心问题。孔子的"仁学"其实就是"人学"，以仁性关怀为贞定本位、为人底主体性的生命之学。"鸟兽不可与同群！吾非斯人之徒与而谁与？天下有道，丘不与易也。"《论语·微子第十八》这句话正是孔子人本、人文精神最佳的写照。一位以仁性关怀为出发点的人本、人文主义者所最关切的正是道德化仁的处理问题。这个问题可以分三方面来讲：一是道德化仁在人性和道体上的根源问题；二是道德化仁在现阶段文明社会的表现问题；三是道德化仁在历史文化的传承问题。这仁学的三大问题，分别用儒家的术语来讲，就是性命与天道问题、礼乐教化问题和道统问题。无可否认的，在这三个问题之中，孔子最关切的乃是礼乐教化问题——和与此问题互为表里的君子成德问题。君子成德—礼乐教化的关联，亦即是"内圣功夫"与"外王策略"的关联，也可以说是大人理想与众人理想的关联。这一对观念乃是在道德化仁于现阶段文明社会的表现问题上取义的，道德化仁乃是文明社会之所以为"文明"之本。虽然，在儒家的人学里，"文明"的意义是可以有大人与众人之分，但由于道德化仁的大本乃是人类的本能仁性——自然而具的良知良能，大人的文明与众人的文明，也就只有表现程度的差距而无本质的差别了。

《论语》中有"子罕言利与命与仁"一语。此外，子贡也曾作过"夫子之言性与天道，不可得而闻"的遗憾之词，后一句中的"性"字我们以为指的就是人类的本能或原始仁性，而为本能或原始的最后根据的本体之仁也就是"天道"之所在。《论语》中"仁"字出现一百多次，但指的都是在文明社会中落实仁性。孔子所罕言的、子贡所不可得而闻的，当然不是这个最为孔子所关切的道德化仁，而是为道德化仁的内在根源的自然仁性和本体之仁。但"罕言"并不等于不言，譬如《论语》"性相近也，习相远也"一句中"性"与"习"相对——先天与后天相对，前者指的显然是自然或原始的本能人性。不过，孔子没有把人性作仁性与材性之分，"性相近"中之"性"字当然是泛指。这句话的意思应该是：人的先天的、本能的人性，无论在仁性或在材性方面来讲，都是很接近的，只是由于后天不同的积习，人在道德人格上表现就显得有很大的差别了。后天的积习正是来自文明社会的因素，一个人在文明社会中的一切行有以及为其行有所本的道德人格，无一不是自然或原始人性社会理性化的产物。"社会理性化"乃是本能仁性与本能材性一炉共冶的丹道历程。严格来讲，一炉共冶的不仅是本能人性，也是自然物性；这个无限复杂的丹道历程不仅是属于文明人类的，也是属于权能场有自身的。这个历程当然可以从许多方面来分析，"道德化仁"只不过是其中一方面罢了。

不过，从儒家的人本、人文观点来讲，这无疑是最重要的一面。因为社会理性化的历程基本上只是文明人类自仁其仁的生命历程。但文明人类自仁其仁的生命原动力在哪里呢？当然来自隐伏在人类生命权能、创造权能中的本能仁性与材性。但"自仁其仁"乃是一仁性的表现，最后分析起来，其最后根源乃在与本体权能之真如合德的本体之仁，故文明人类之自仁其仁虽然离不开材性的作用，主宰于此历程中的贞定主体性必然是属于仁性的。换句话说，在自仁其仁的贞定历程中仁性与材性乃是一个（不平等的）主从关系。这就是为什么"摄材（包括知）归仁"，"材为仁用"必然成为儒家人本、人文主义理论架构一显著的特色了。

## §4　本源仁性与道德化仁：仁学的架构与脉络

本体之仁，自然或本能仁性，道德化仁——这是儒家哲学整个理论架构中的主要脉络。儒家哲学思想若不扣紧这条主要脉络来讲是很难讲得明白透彻的，这条脉络所连贯的三层（本体、自然、道德）理论架构，不仅容许我们看到儒家哲学最显著的特色及其内在的困难和矛盾（它的问题性），也在思想史的立场上使我们清楚地看到儒家哲学思想发展的轨迹。不过，应该立即指出来的是：哲学观念的逻辑次序和其历史发展的次序是不一样的——抑且是往往相反的。虽然在整个儒家的发展过程中，我们在每一个主要阶段都可以找到分别属于本体、自然及道德三层次的哲学思想或观念，但若我们仅就思想的重点来讲的话，那么儒家仁学思想的发展次序，正是和其内在的逻辑次序相反的。作为儒家哲学的开山鼻祖，孔子仁学思想所突显的不是本体之仁和自然仁性，而是为本体之仁、自然仁性所落实的道德化仁。自然或本能仁性的阐发乃是孟子的贡献。而荀子贬抑自然仁性的本善而代之以自然材性的本恶，其所突显的也是同一的理论层次。至于本体之仁，则根本不是孔孟荀和先秦儒学用心的所在。本体之仁的理论重要性乃是宋明理学的一大特色，而首先在哲学精神上扣紧本体仁性而立论的自然是被公认为宋明理学鼻祖，那位"不剪窗前草"的周濂溪，跟着就是那个讲仁者与万物为一体的程明道了。不过，宋明理学扣紧本体仁性而立论的特色毫无疑问的，乃是受到道佛两家以始德为本的形上思想的重大影响。至于宋明理学家是否有足够的勇气面对本体仁性的批判，进而领悟到仁性生命的内在矛盾那就不无疑问了。

　　作为仁学的创始者，孔子最伟大的贡献除了以他自己的有限存有彰显无限的仁性生命的尊严外，就是他通过道德化仁的观念层次对整个仁学所开启的理论规模了，和释迦牟尼、耶稣其他伟大救世者一样，孔子缺乏纯粹理论的兴趣。但通过他们非理论性的言说所开启的基本理念，却都成为后世哲学理论、哲学系统的骨干或支柱。因为这些基本理念都是直觉性的——即通过具体而微的事物而突显常道本体或把捉场有自身的——普遍观念。孔子虽然拈出一个"仁"字，但这个"仁"字所代表的却不是一个抽象的观念。在《论语》中所找得到的"仁"都不是抽象的"仁"，而是在文明社会的特殊场合中取义的"道德化仁"。孔子不愿意离开道德化仁而谈自然仁性和本体之仁，正如释迦不愿离开现实的苦海而空谈佛性和涅槃彼岸一样。这种"即物即道"——契证本体于具体——的直觉智慧正是东方哲人所特具的。

　　道德化仁乃是本源仁性（自然人性和本体之仁）在文明社会的落实。但道德化仁并不等于本源仁性，就好比种出来的果实并不等于原来的种子一样。我们在这里特别选择"种子／果实"这个隐喻，来描述（本原）仁性落实于文明社会的历程是有用意的。因为"种子培养"正是传承自孟子的正统儒家哲学在理性道术、本体功夫思想上最佳的写照。套有"pep-per"的哲学术语来讲，"种子培养"可以说是正统儒家哲学的"根喻"（root metaphor）。《孟子》书中论"性"的语言基本上就是通过这个根喻的思想形式表现出来的象征语言。"仁亦在乎熟之而已矣"《告子上第十九》／"苟得其养，无物不长；苟失其养，无物不消。"（同章第八）——这是孟子以种子比喻本源仁性，以种子的培养来比喻本源仁性落实过程最明显的例证。后来宋明理学家所谓的"存养省察"功夫，就是从孟子哲学中的根喻思想而来的。

"种子培养（或培植）"究竟是一种怎样的理性道术、本体功夫呢？它是自然的行为抑是人为的做作呢？种子的成熟本来是一自然的生长历程，在一个适宜的自然环境里，这个历程是不需人为的干涉和助长的。但在一个"先天不足"的自然条件（土壤、气候等）下，人为的因素就变得非常重要了。儒家哲学对文明社会、文明人类所表现的忧患意识正来自这种"先天不足"的体认上。"人之异于禽兽者几希"：落实在人性中的仁性或良知，本来就不是一颗生发力很强的种子，再加上恶劣的人性土壤（气质之性），恶劣的人文土壤（支配文明社会的种种客观因素）、恶劣的历史气候（历史传统中的无明），若不经过人为的存养扩充、人文改革，仁性种子开花结果的希望就会变得十分渺茫了。

"存养扩充"是内圣的语言，"人文改革"是外王的语言。"内圣"是主体性的本体功夫，"外王"是群体性的理性道术。"内圣外王"合起来也就成为儒家破限有为的曼陀行径，最低限度在形式上这是一个很理想的、很周全的人道安排。而事实上，儒家哲学对人道安排的功夫和道术也确有其高明之处。

人人都在其人性中具备一至善的种子——本体之仁或纯粹良知，这可说是孟子以来正统儒家哲学的不争之论。问题只是如何使这美善的种子在一个适宜的气候土壤中开花结实罢了。孔子本人对这颗"种子"原始落实的所在——由气质之性所构成的"人性土壤"——还没有多大注意，他所最关切的乃是由文明社会的人际关系和礼仪法度所构成的"人文土壤"。不过这样讲法也许是不大妥当的，因为孔子虽然没有把人性土壤和人文土壤在观念上分别开来，他的仁学思想却往往是扣紧具体生命中人性与人文之不可分处而立论的。孔子的仁学以文明社会中的血缘近亲关系为其出发点，而血缘近亲关系所构成的正是一人性、人文混然不可分的"人伦土壤"。

作为生命权能的运作来讲，仁性跃动所表现的乃是同体感通的力量。这种力量最原始的、也是最自然的表现，除了我对一己生命的自爱之外，当是对血缘近亲所表现的亲情了。亲亲之谓"仁"——这个"仁"字的古训指的正是在血缘人伦中自然落实的仁性。孔子仁学最高明的地方，就是把构成文明社会支柱的道德化仁牢固地竖立在这自然落实仁性的基础上。"孝悌也者，其为仁之本欤？"——由孝悌两个基本德目所代表的"亲仁"（血缘近亲间所表现的仁性）毫无疑问的乃是孔子仁学和成德之教的核心所在。亲仁不仅是内圣功夫、成就个人道德人格的基础，也是外王理性化仁成就文明社会的基石。以亲仁中所涵摄的自然感通的力量作为生命权能连贯内圣与外王、个人与社会、道德与文明的创造原动力——这就是孔子仁学之所以为"极高明而道中庸"之处了。

沿用种子培植的隐喻来讲，我们可以说亲仁乃是仁性种子在人伦土壤中成长的道德化仁的幼苗。如何培植此道德化仁的幼苗，使之在文明的耕地上苗壮长大而成为成熟的禾稻，乃是儒家理性道术最重要的课题。当然，此个课题所涵摄的理论复杂性，绝不是任何单纯的隐喻语言所能完全表达的。虽然种子培植的隐喻，一直支配着由孟子开出来的正统儒家思想，但由荀子旁开的儒学传统，却在理性道术的语言上突显另一类的隐喻型态。由于荀子所采取的乃是一条把仁性问题化约为材知性问题的思想进路，所以支配着荀子整个哲学系统的根喻不是为仁性关怀、同体感通心态所适的"种子培植"，而是为爱罗惊异、匠心匠识所宜的"原质加工"。孟子以内在于本源仁性中的良知良能（仁性种子）为出发点，故说"性善"，荀子以材知爱欲的原始有执（材性原质）为出发点，故说"性恶"。"性善"中之"性"与"性恶"中之"性"乃是两个完全不同层面的人性观念，站在逻辑上来讲，孟子的性善说与荀子的性恶说乃是并不冲突的，抑且是相辅相成的。仁性之一善并不妨碍材性之本恶；反之亦然。其实，中国哲学、文化传统里的善恶观念，基本上就是属于仁性观点的价值观念。以本源仁性为善固然源自仁性的自我肯定，而以材性原质为恶亦何尝不是本于仁性观点的价值判断？荀子虽然在理论上没有直接肯定本源仁性之善，在他思想的骨子里所隐藏着的仁性价值观，却浓厚地透过他的材性本恶论间接地透露出来。我们以为荀子乃是一位"阳材阴仁"——以材性的观点或手段来实现仁性价值——的思想家；这种思想型态固然与孟子表里如一的纯粹仁性进路有很大的不同，也与希腊、西方哲学传统中最具代表性的纯粹材性进路有很大的差别。此外它和西方哲学中由犹太、基督文明的影响所衍生的"阳仁阴材"（材性问题披上仁性的外衣）的思想路子也同样大异其趣。当然，这些差别的意义必须在不同思想型态的对比下才能看得出来。而当我们作这样的对比研究时，还必须兼顾到仁性材性内在的辩证关系。

　　本源仁性的良知良能与材知爱欲的原始有执同为人性之所具，同是自然的，"生而能之"的本能；本身只是一个自然其然，本来是无所谓善，无所谓恶的。离开人类的判断行为，哪里有善恶问题？价值问题？价值问题起于问题心的作茧作用，而问题心的作茧作用则起于生命权能仁性跃动或材性跃动的投企。最后分析起来，一切价值问题——一切问题——都是仁材抗衡、仁材纠结下的产物。明乎此，则我们对哲学问题与人性的关联就不难有更清楚的认识了。

　　仁性是价值的根源，材性也是价值的根源：一切价值判断起于仁性、材性的投企。这个论点很重要。近儒在判别孟荀的性说时，多以荀子为主张"生之谓性"的经验论者，而孟子则是从生命价值实现的角度来论性的超越论者。这种讲法由我们的观点看来是颇有问题的。孟子所谓的"良知良能"和荀子所谓的"材性知能"，对他们两人来说都于属于经验层次（虽然不限于感官方面）的东西，都是可以为我们亲身体验得到的。如上文所言，仁性的良知良能与材知爱欲的原始有执，作为人类的自然本能而言是无所谓善恶的。荀子以材性的原质为恶，正表示一价值论的进路。不仅如此，我们以为孟荀的人性价值观基本上是相同的，同是以仁性为本位，以仁性跃动的满足为其终极关怀的。尤有进者，荀子的人性哲学难道就真的没有超越的成分么？荀子把仁性问题化约为材（知）性问题，然后以材性中之知性来对治材性中的非知性，其理论体系所涵摄的"本体材知"（荀子所谓的"天"）一观念与孟子由义（无私之仁）与利（私利）之辨的义理架构所必然引出的"本体之仁"，乃是同位的形上超越观念。而材知本体没有在荀子的哲学中得到明确的处理，亦正如本体之仁在孟子哲学中并未突显出来一样。

由于荀子的人性论骨子里乃是属于一种"阳材阴仁"的思想格局，所以他的哲学虽然在形貌上有不少类似西方哲学的特质，但在基本精神上仍是中国的、儒家的。表面上看来，荀子把仁性问题化约为材（知）性问题，与希腊哲人如苏格拉底和柏拉图以知解理性来解决道德问题的手法如出一辙——荀子以材性中之纯知性来对治材性中的非知性的文明策略，正是柏拉图在他的《理想国》中所标榜的理性道术，以阿波罗精神的清明来克制戴安尼索斯精神的顽冥的理性道术。但不管在形貌上如何类似，挺立在荀子哲学背后的，却是一个与希腊文明精神迥异的形上姿态与生命精神，荀子基本上是一个为仁性关怀的主体性所主宰的思想家。虽然他是站在材知性的立场上来建立他的人性论，和文明社会论的理性道术，但他思想的原动力却是来自仁性关怀的跃动，而非来自爱罗惊异的跃动。在荀子的哲学著作里，我们能在字里行间深切地感受得到的，仍然是出自本源仁性的良知责任感，而非为材知我创造原动力的神秘感、好奇心。荀子对材知性的了解虽较孟子为深刻，但那也仅限于材知性在文明社会的作用。至于对材知我具吸引力的自然宇宙，则荀子不求知天（自然宇宙）的态度和孔孟并无不同：既无操纵控制的意图，亦无深入探索的兴趣。这当然是可以了解的，除了历史文化的因素之外，孔孟荀哲学对自然的消极态度，和仁性材性间的内在辩证关系有莫大的关联。操纵控制、深入探索的智慧——发展自然科学所最需要的智慧——原是爱罗惊异心识通过材知有执锻炼出来的智慧。而孔孟荀在春秋战国时代所见到的，尽是材知我执在文明社会中的负面作用，与仁性关怀的目的相抵触的负面作用，故自然科学始终无法在中国生根，与这种有正面意义的有执智慧，始终无法在正统儒家文化中成长可说是最基本的因素。

人性中由仁性知材（知）性两极所构成的错综的辩证关系无疑是人性论的中心课题，也是最艰奥的问题。可惜传统的人性哲学，无论是东方的或是西方的，对这个问题的高度复杂性都显然低估了。譬如先秦儒家哲学以仁为中心而建立的人性论，和古代希腊哲人站在材知性立场上建立的人性论，其实只是"半边人性论"，都有以偏概全的倾向。我们今日所要建构的乃是一个"仁材并建"的人性论，一个无偏的人性论。不过，有专注才能有深入，我们今日对仁性和材（知）性所能达到的深入了解，在其根源处正是先秦儒家与古代希腊哲人有偏人性论的贡献。仁材并建的人性论，必须建筑在两极人性的深入了解上。

人性中的仁材两极究竟是一个怎样的辩证关系呢？这个问题虽然无比复杂，却也并非完全没有理解的途径可循。最低限度，我们可以指出仁材两极的辩证关系，基本上就是权能运作同异分途的辩证关系。仁性关怀起于生命权能的同体感通，材性爱欲生于生命权能的异隔对执。生命是一同体的事实，也是一异隔的事实；同体与异隔，感通与对执的相离相合，相反相成正是生命之所以为生命的特质。故仁材两极间的辩证关系，乃是一错综倒媾的超切关系。离合相间谓之"错综"，相反相成是谓"倒媾"。由于中西两大文明在依人性立人极上面的不同偏向，这错综倒媾的超切现象，也就明显地在两大文明的文化和哲学思想的比照下表现出来。

专就哲学思想而言，任何从事中西哲学比较研究的学者，都可以很容易地找出一连串中西哲学思想在比照下所出现的主从倒置、本末倒置、强弱倒置、显隐倒置、先后倒置等等相当明显的倒置现象。譬如以知与行的关系来讲，中国哲学一向重行胜于重知，故知识论乃是中国哲学最弱的一环。西方哲学则刚好相反，重知主义乃是西方哲学最明显的特征。知识论自柏拉图开始，就有逐渐成为哲学中心课题的趋势；笛卡儿以后哲学与知识论就几乎变为同义语了。再就知识的对象而言，中国哲人所重视的，乃是行为与德性方面的，与个体人格的日常生活分不开的德性之知，实存之知，而不是以自然法则为对象的科学知识或以纯粹抽象形式为对象的逻辑或数学方面的知识，而后者却正是西方哲学传统中"知识"一词的主要含义。西方文明走的乃是一条依材知性而立人极的道路，故重知主义成为西方哲学最显著的特征乃是理所当然的。知性乃是材性的本质；西方哲学所特有的"为知而求知"的态度正是材知性自求满足的表现。但材知性的满足并不等于仁性的满足。仁性要求的主要对象是人——尤其是实存的个人，而不是自然宇宙，更不是理解知性所最乐于赏玩的纯粹抽象形式，重知主义在中国文化之始终无法伸展也是理所当然的了。

用宋明理学的术语来讲，自然科学与逻辑数学的知识，乃是属于与"德性之知"相对的"见闻之知"。但用"见闻"这两个字来描述"知识"一词，在西方哲学中的胜义实在是很不妥帖的。自然科学与逻辑数学之知乃是控制性、有执智慧的产物，乃是材知我通过爱罗惊异心识在异隔对执的曼陀丹道上长期探索、不断熔炼的成果，岂只是消极的"见闻"而已。

由于中国人缺乏异隔对执的曼陀经验，所以也就很难产生出深邃的控制智慧。没有深邃的控制性智慧，又怎能对西方哲学文化传统中"知识"的胜义有真切的了解呢？

不只自然科学、数理逻辑而已，西方文化所孕育成熟的民主政治、民主思想，又何尝不是控制性智慧性道术的产物。近代西方人自由平等的思想基本上乃是奠基在个体权利的观念上的，而个体权利—观念本身则是材知爱欲、权利欲、权力欲理性化的结果。西方人个体权利的观念与其简别外在思维方式乃是同出一源的——同为爱罗惊异、异隔心态之所出。我们已经指出过，由材知爱欲无限自我伸张所必然招致的虚无与暴力，乃是西方文明的大敌。西方人在建立其爱罗人极的曼陀丹道上所熔锻出来的控制性智慧和理性道术，自始即以虚无与暴力的魔头为其克制的对象。爱欲、权利欲、权力欲理性化的结果乃是异隔对执张力的平衡。西方人的道德伦理与民主政治本质上都是一种张力平衡的表现。

与西方人比较，中国人所擅长的不是控制性的，有执的智慧，而是感通性的，中和性的智慧；前者成于材知爱欲，后者源自仁性关怀。"感通"本来是"因物而感，感而遂通"的意思，指的乃是生命体自然行沟的过程。但我们这里所谓"感通"乃是"同体感通"之省，指的不是生命体自然行沟的历程，而是内在于此历程中无限深厚的如如爱力或本体之仁。我们可以说，"感"谓"生命同体之感情"，"通"谓生命的通顺或通畅：以生命同体之感情来成就生命之通顺、通畅——生命之无隔、无碍，无凝滞——是之谓"感通"。如是，感通性的智慧就是运用通过生命同体之感情而使生命通顺畅达的智慧。生命的通顺畅达就个体而言就是"中"，就群体而言就是"和"。凝滞不畅的个体生命一定是有偏颇的，不得其"中"的；而一个为凝滞不畅的个体生命所组成的群体又怎会有"和"可言呢？故感通性的智慧亦即是中和的智慧：中国哲学文化所依赖的理性道术，就是由这种仁性智慧所培养出来的中和理性道术。儒家以生命同体之感情言"仁"，也以生命的通顺畅达，生机活泼言"仁"。我们可以说前者乃是仁者之"本心"，后者乃是仁者之"本怀"。离开这仁者的本心体怀而讲儒家哲学，中国哲学就很难会有真切的认识了。

通顺畅达，生机活泼——这不正是生命权能对自身最基本的肯定、最自然的要求么？是的。用适合人类生命层次的语言来讲，内在于仁者本心本怀的可以说是生命权能本然的——自我负责，自我承担——的责任感。这种本然的责任感无疑是生命权能一最自然的倾向——但却不是它唯一的自然倾向，最低限度，就落实在人性里的生命权能来讲，它还可以有另外一种同样自然的但却与仁性本心本怀相反的倾向——即以爱罗惊异神秘感为原动力的材知有执的倾向。一切有执源自生命对自身"无明的捕捉"。"无明"起自内在于生命自身的限隔，生命要看到它自己，要牢固地保有它自己；但由于内在的无明，却无法看到它自己，因此就必须通过材知有执来捕捉它自己。我们已说过了，表面上为爱罗主体（材知我）所追逐的"它"或"异己"，只不过是爱罗生命的镜子和替身罢了。爱罗生命其实是以"异己"为镜，为的是要看到其自己，捕捉其自己啊！

以"异己"为镜，为替身亦即是以"异己"为工具，以"异己"为"为己所用"的存有，这正是一种与仁性本心本怀相反的、非"如如"的态度，纯粹的仁性本心是无我的，而爱罗有执却是以"一己之私"为中心，为根基的。但仁性的如如之爱虽然不是"为我"，却不可能"无己"，为什么呢？因为没有"自己"，也就无法知道如何去"为异己"。在爱罗有执的心识中，"自己"是目的，"它"（异己）是镜子，是手段；但在仁性关怀的心识中，"自己"与"异己"的关系刚好相反："异己"是目的，"自己"是镜子、是手段。本心如如"以己为镜"，为的是要看到"异己"，承担"异己"的存有或生命啊！

孔子所讲的恕道和耶稣所宣示的金律，都是本于仁者本心"以己为镜"的普遍道德实践原则——《大学》所谓的"契距之道"。"己所不欲，勿施于人"，这是消极意义的契距之道，"己欲立而立人，已欲达而达人"，这是积极意义的契距之道（相当于耶稣的金律）。无论从消极的或积极方面来讲，这个普遍实践原则基本上只是一个"爱人如己"的观念罢了。

"爱人如己"就是以"己"之自爱为爱（他）人（异己）之契距，亦即是通过本体之仁（如如之爱）对我（己）生命之肯定，来实现本体之仁对他人（异己）生命之肯定。本体之仁（自身）是绝对无我的，但落实在我生命中的本体之仁却是"非我不行"的了！

但"我"乃是生命权能成私着相的表现，成私则必有限隔，有隐曲，有蔽塞。假如爱罗生命的"自变"乃是以它"（异己）为镜"的材知我必然陷入的情结，那么道德主体的"自是"，也是落实仁性"以我（自己）为镜"所无法避免的生命格局。《论语》中孔子"毋意、毋必、毋我"一语，正是针对这内在于仁性生命的自是倾向而发的。

用我们的术语来讲，"意、必、固、我"所代表的，正是落实仁性（私仁）通过问题心的作茧作用，在道身中渐次形成自是症结的过程。"意"是依身起念，"必"是依念作茧，"固"是由不断作茧所累积而成的积习成见，"我"则是由重重的积习成见所纠结而成的一个充满着隐曲蔽塞的私心——一个由私仁所编织而成的道身我。主宰在实存生命里的道德主体，就是在这私仁的茧蛹中成长的。

"道德主体"中之"体"的是什么呢？不是别的，它就是前文所谓的道德化仁。我们不妨说，为我们的个体行有做主的道德主体，乃是道德化仁在实存生命的化身。让我们再强调一次吧，道德化仁并不是全善的，是可以成为高级仁性观点的批判对象的；此乃因为道德化仁并不等于本源仁性，而只是本源仁性在个体实存生命中之落实，在文明社会的落实。而本源仁性、读者当还记得，乃是自然人性中的类性之仁，亦即是落实于人类类性私仁中的本体之仁。站在本体之仁的观点来看，不只道德化仁，就是类性之仁也可成为被批判的对象。不过，超越道德化仁的观点已经不容易，更何况类性之仁呢？人类所能做到的，顶多是把道德化仁的标准提升到类性之仁的标准罢了。

## §5　和光同尘与诚承契印：文明格局与人道学的建立——场有哲学的归结

本体之仁、类性之仁、道德化仁——假如这三个观念可以总括生命权能仁性一面的话，那么与这三个观念相对待的"本体之材"、"类性之材"、"制器化材"也就可以相应地概括生命权能材性的一面了。所谓"制器化材"就是在文明社会器物制度中客观化的材性知能。制器化的材性知能，乃是类性之材潜能之实现，就好比道德化仁源自类性之仁的落实一样，而道德化仁与制器化材的蕴结，无疑是人类文明的基础。

属于文明人类、文明社会的一切现象，都是以意识心的作茧作用为转轴的权能运作。意识心的作茧作用一方面固然是个体实存生命的枷锁，但另一方面也是道身（形上承义体）得以依根身、气质身而挺立，三身超切循环得以运转的基本条件，相对于实存生命的贞定主体而言，实存的意义正是在此超切循环与意义世界之交接处而被决定的。但实存意义的贞定，最后分析起来乃是场有者与场有自身间之事，是不能离开实存生命的具体场有而讲的，至于实存生命（包括个体的和群体的）的具体场有，我们可以说那是一个由自然环境、社会结构、历史传统三者所蕴合而成的"同尘世界"。"同"是蕴合的意思，"尘"谓权能之迹。"同尘"就是权能之迹的蕴合，"同尘世界"就是由权能之迹的蕴合所构成的世界。一切场有都是权能的场有，权能运作的场有，而权能的运作乃是有迹可言的，因此就某一程度来讲是可以理解的，可以衡量的。故自然环境、社会结构、历史传统可以合称为"三尘"或"三场度"。"度"有冲量之义，也有角度之义；"场度"就是（权能）场有的衡量，或（权能）场有衡量的角度。自然环境、社会结构、历史传统三词语所指的，不仅是三类权能之迹——权能运作的三个层面，也是权能场有衡量分析的三个主要角度。如是讲实存生命的具体场有处境，我们就必须在概念上以三身来配三尘，实存生命的"和光同尘"指的正是"三身处三尘"的事啊！

　　"和光同尘"中之"光"指的是什么呢？不是别的，正是我们在 5.2 节所讲的灵明之行。这个"光"就是意义世界得以开显之灵明。用太古哲学的素朴语言来讲，这个"光"就是太阳之昭明，太阳之光。人以其直立的形躯在天上太阳的光照下风尘仆仆地走在地上——这就是《道德经》中"和光同尘"一词的太古原义，也是"道"字最原始的图像。人在天地场有间的和光同尘：这就是"道"——人之道、人道。"人"就是"道"，就是"人"，本来是不可区分的啊！

　　"三身处三尘"究竟是怎么一回事呢？它是三仁之事，也是三材之事。三身中之道身乃是精神生命的主宰，而三仁、三材在人性和同尘生命中的分立并建，正是道身行道的本质。如是"三身、三尘、三仁、三材"——人类"和光同尘"的全幅义理，就大致可以被涵摄在这十二个基本范畴里面。为使我们有一目了然之便，让我们把它们条例如下：

　　　　三身：根身、气质身、道身
　　　　三尘：自然环境、社会结构、历史传统

三仁：本体之仁、类性之仁、道德化仁
三材：本体之材、类性之材、制器化材

　　这十二个范畴联结起来究竟有什么意义呢？我们已指出来了，它们所涵摄的乃是人类和光同尘的全幅义理——亦即是"人道"的基本义理。"和光同尘"一语所概括的乃是道体权能（生命权能，创造权能），透过人道而开显的全部灵明之沟。此语所指的正是人道与道体在灵明行沟中相即相离的超切关系，所以离开了人类的和光同尘，（对人类来说）也就是既无人道亦无道体的实义可言了。

　　应该立即指出来的是，我们以这十二个范畴来涵摄人道的意义，只不过是为了言说的方便罢了。人道的意义岂是十二个范畴可以概括得了的。不过，我们若把这十二个范畴仔细审察一番，则不难发现由三身、三尘、三仁、三材的回互相入建构而成的，乃是一个涵蕴极为丰富的意义系统；由这十二个范畴的内涵分析与互摄综合，还可以产生出许多其他范畴来。譬如，意识乃是一个为三身所涵摄的范畴，而语言则是一个为三材所涵摄的范畴。语言乃是人类制器化材最伟大的成就，但语言的起源与发展，则是本于三身处三尘之生命事实，和意识心的作茧作用是分不开的，这生命事实不正是为我们类性之仁所眷顾的分内事么？把意识与语言的作用抽离了，文明社会道德化仁的实现还有可能么？从这个例子我们当不难看到这四组范畴间的关系是如何的密切了。

　　这十二个范畴概括了人道的基本义理，我们以后就合称之为"人道十二畴"（或简称为"十二畴"）吧。这十二畴的综合辩证运用，也就是"人道学"所依赖的理性道术了。在某一义上来说，"人道学"无疑是一切学问的基础，此乃因一切学问的对象莫不涵摄在人类的和光同尘里，莫不在人道的明沟内容中。所谓"人道的明沟内容"指的乃是由文明人通过作茧性的灵明行沟，所建构的文化内容。作茧性的灵明行沟不正是文明人之所以为"文明"的特征么？"文明"就是灵明行沟所化成的文采。文明人类的一切明沟内容或文化现象，莫不具其独特的"文明意义"。我们所谓的人道学"就是以文明意义"为其探究对象的学问，文明意义如何可能？不同的文化类型有不同的文明意义，其中判别的标准在哪里？其义理的最后根据又在哪里？这都是人道学所关切的问题。文明意义正是人道之精义啊！

人道学乃是场有哲学理论体系的终极发展，这句话现在说来应该是理所当然的了。虽然一切场有都是权能的场有，但可以理解的场有乃是人的场有——道体权能通过人的实存生命而开显的场有。这个依人而显的权能场有，乃是一个为人类和光同尘所周遍，以人道的明沟内容为核心的意义世界。用十二畴的语言来讲，我们可以说这个人类灵明行沟所建构的权能场有和意义世界，乃是一个以三身处三尘为"经"以三仁配三材为"纬"的文明宇宙。三身处三尘谓之"同尘"，三仁配三材是谓"和光"。这里"经"以"处"为义，"纬"以"配"为义，人道的意义正是由这文明宇宙的"经纬"或"处配"来决定的。

"人道"就是人所走过、人所开出来——包括可以或应该开出来——的道路。人乃是一个由三尘的权能性相所决定的场有者——由自然环境、社会结构和历史传统所界限的存有，故人借三身的运作所开出来的道路，也就必然是一条由三身处三尘的轨迹所刻画出来的同尘之路。"同尘"中之"同"字正是同其轨迹的意思，故就人道之"经"而言，人道学就是"同尘学"——探讨人类同尘轨迹的学问。

但三身处三尘究竟是怎么一回事呢？那是一桩仁材纠结之事——三仁与三材在灵明之行中和光相配之事。"和光"就是依明、循明，在灵明之光下运作的意思。"灵明之光"指的乃是意识之光、智慧之光、理想之光。道体权能通过人类实存生命的同尘所发挥的创造性乃是一个文明的创造性，而文明的创造正是生命权能仁材两性和光相配的本身。故就人道之"纬"而言，人道学就是"和光学"——探究人类在灵明之行中仁性与材性如何纠结相配的学问。

如是经纬合言，人道学就是"和光同尘学"。仁材两性依灵明之行在同尘轨迹中的相对定位，这就是人道学或和光同尘学基本用心的所在了。如前文所示，这门学问乃是通过十二畴的理论体系建构而成的，故亦可称为"十二畴学"。作为场有哲学的归结，人道学所要突显的乃是"文明创造"一义，场有哲学所最关切的正是文明创造的场有啊！

当然，文明创造的场有并不等于权能场有自身，用宇宙论的观点来看，整部人类文明进化史所包含的，亦只不过是无始无尽权能在场有中的一个微波罢了。然而对我们人类来说，离开了这个"微波"，又哪里还会有重要性可言呢？一切真理都是在此"微波"之灵明之行中开显的真理；一切价值都是在人类的和光同尘中突显的色相！原都是不能离开人的主体诚仪、离开人的问题心而讲的。吾人的一切行有——包括真理之追求与理想之投企——莫不包括主体心灵（在不同意识层面中）对实相之观照与价值之贞定，莫不在生命权能运作的深层结构表现——"有记的姿态"。离开了吾人的有记的姿态，也就无真理与价值——无重要性——可言了。

"有记"（此借用佛家语）就是有情取舍的意思，"有情取舍"就是有感受的可言的取舍。一切行有都是有向度的权能运作：向其所向乃是权能运作的本质。有向度也就有取舍：在某一义上来说，也就有重要性可言。怀德海以行有（他所谓的 actuality 或真实个体）为"重要性的享用"①就是这个意思。不过，重要性的享用可以是"有记"的或有感受的，也可以是"无记"的或无感受的——这当是生命行有与非生命行有的基本差别。有情取舍或有感受的重要性享用，乃是一切生命权能的特色；非生命的权能行有只不过是一无情的向度罢了。

但不管是有情取舍或是无情（而有）向度，一切行有都是有色相可言的。"色相"就是一行有相对于其有记或无记姿态——亦即是相对于其主体权能所享用的重要性——所突显的性相。就其于常道元德之真机（向度之具体内容）而言，任何行有都是权能成私着相的表现。这里"着相"中所"着"之相（现在我们应该说明了）就是有记、无记私曲中所呈现的"色相"。我们不妨说，"色相"就是私曲化重要性的色彩。行有与色相乃是权能本事之两面：我们乃是就权能之动作而言"行有"，就权能之私曲化重要性而言"色相"的。如是，有记无记、有情无情，万有都在权能"即行（有）即色（相）"的场有里。"风吹幡动"是色相；"青青翠竹，郁郁黄花"是色相；"屙屎送尿，着衣吃饭，困来即卧"是色相；"自反而缩，虽千万人，吾往矣"也是色相。无德真机，即行即色：权能宇宙基本上就是这么一回事了。

作为一纯粹的物理现象来看，六祖惠能当晚和法性寺二僧同时感知到的"风吹幡动"，本身无疑只是一无情向度的权能运作；但二僧"是风动？

---

① 原文为 "actuality is the self‐enjoyment of importance"（行有为重要性之自我享用）。见怀德海著：《思想的型式》（*Modes of Thought*），Macmillan，1938；1966 再版，第 117 页。

抑是幡动？"的争论不休却显然来自问题心的作茧作用。惠能判曰："动自心耳"，此中之"心"就是问题心。问题心乃是一切是非、一切差别、一切对立的根源。禅家修真所要达到的乃是一个问题心泯灭的境界，问题心的泯灭亦即是"本心"、"真心"、"道心"或"平常心"的呈现。惠能以"无念"、"无往"、"无相"、释本心或本觉，完全是针对着问题心而发的体道语言。"无念"就是超离问题心所生的妄念，"无往"就是不陷落于为问题心所沾染的境界，"无相"就是于相离相，亦即是"于色离色"的意思。"无相"并不是对"相"（现象）的否定，而只是不为渲染于其上的问题心色彩（私曲化重要性的色彩）所迷惑。但由本心、本觉所开显的境界究竟是一个怎样的境界呢？问题心泯灭之后的人类，究竟是一个怎样的存有呢？

对这个问题，马祖道一的答案已早被我们在前文引述过了。平常心是道：那当是一个"一片自然"的境界。生活在本心、本觉中的人表面上看来，应该和文明开创前的原始人是没有多大分别的："屙屎送尿，着衣吃饭，困来即卧"，乃是一完全随顺自然本能、自然生理要求的存有。临济义玄所谓"任运穿衣裳"，"任运"一词正是随顺自然运命的意思。但"自然运命"究竟以何为界限呢？饥而求饱，冷而求衣，倦而欲息——这无疑都是随顺自然的行径。但当这些自然的生理要求无法得到满足时，人便会百般思量寻求解决之道时，是否也是顺乎自然的行有呢？再者，在心理的层次里我们是否也可以有自然的需要呢？孟子和王阳明所讲的"良知"，固然是本源仁性的自然发用；而为科学探索的原动力的神秘感、好奇心又何尝不是一种心性的自然要求呢？总而言之，人的一切生理上的或心理上的——肉体上的或精神上的——需求或欲求，就其为人性之本具而言，都是合乎自然的，也是合乎理性的。不满足（满足就不会有需求或欲求了）而求满足，这是一切生命有情自然而然的倾向。不满足就是有碍；不满足而求满足，不正是曼陀罗智有碍而求无碍的本然理性之表现吗？

如此说来，问题心的作茧作用也是合乎自然、合乎理性的了。是的，就意识心问题化的根源处来讲，作茧的问题心正是生命权能、创造权能本然理性的发用。我们以问题心的造作为"不自然"，乃是一相对的说法。问题心的作茧一方面固然起于道智方中求圆、有碍而求无碍的理性作用，但另一方面却又是一个"自寻烦恼"、"自设陷阱"、"自掘坟墓"的"作茧自缚"或"业障业陷"历程。人在求问题解决、求无碍的曼陀丹道中,往往无可避免地为自己制造新的问题、更多或更难以超脱的有碍因素(业障),因而陷落在为自己的业绩所造成的陷阱(业陷)中而不能自拔。为问题心的作茧自缚所困的文明生命、文明社会无疑是一个充满着瘀塞闭结、极度凝滞不畅的性相体。"凝滞不畅"也就是不自然,道佛两家超脱主义思想所针对的,正是这从这生命曼陀心性根源处取意的"苦大不自然"啊!

问题心作茧的理性作用和本此作用而起的业障业陷,正是生命权能通过文明人类运作的正负两面。文明人类一切正面的都是问题心作茧理性的成果——包括禅师们所讲的语言和他们所穿的袈裟。临济意玄所谓的——"任运着衣裳"的超脱境界,毕竟还是建筑在过去人类作茧文明的基础上。离开了文明的"人运自然"和禽兽的行径,也就没有什么分别了。要做"人"就必须付出"人"的代价:人类文明的果实,乃是用作茧理性的业障业陷所造成的苦大不自然换取得来的。构成文明生命的种种亏负型态我们已经是耳熟能详的了,但我们对业积业陷的作茧历程究竟了解多少呢?

人为满足他的生命需求而不断灵明作茧,这是曼陀罗智的理性作用;人为其自己作茧自缚的业障业陷而不断求补救或超脱,这当然也是曼陀罗智的理性作用。借用从现代主义戴希达(Derrida)以来盛行的述语来讲,则前者乃是"建构的智慧"、"建构的理性",而后者则是"解构的智慧"、"解构的理性"。不过,"建构"和"解构"——这对名词在场有哲学中别具胜意,和时下的用法是颇有差别的。主要的差别是:我们并不如戴希达一般把这对名词局限在语言思想的层面来讲,而是把它们的应用范围所有层面。当然,这样讲还是不够彻底的;因为照我们的看法,这对名词还可以有本体、宇宙论和现象学、存有论的含意。"建构"是秩序之成,"解构"是秩序之毁;"建构"是生,"解构"是死。生与死,秩序之成与毁不正是自然宇宙权能运作之两面么?不也同本于元德真机之道枢作用和始德真如的虚寂作用么?这是建构解构在本体、宇宙论一面的含义。相对于人而开头的意义场有,已经不是一个单纯的自然宇宙,而是一个通过人类的和光同尘而建立起来的人文世界。从现象学、存有论的观点来讲,这个人文世界乃是依根身"十字撑开"贞三以后道枢作用而建构的。根身的朝直用中乃是所有人文秩序建构的开始，也是"正统文化"的素质根源。"正统"就是由正直的根身所竖立起来的文化传统——英文"orthodox"一字中的所本的希腊语根"orthos"正是"正直"（原指直立的根身）的意思。任何历史传统中为正统文化所本的语言，一定是源于正直根身十字撑开、朝直用中的"方立"语言。"方立"就是立于"两两对立"的方所或空间（两两对立为"方"）之中：此乃是正统文明人所必具的姿态。曼陀罗智的作茧理性就是依缘着此方立的原始姿态而成长的。文明人本着方立的姿态来面对文明理想的挑战，来满足他无边无尽的欲望需求，但也同时为方立的命运所困，为作茧的业障业陷而苦恼。正统文明人就是愿意为方立的生命及其所撑开的文明秩序，付出任何代价的文明人。

但有文明的建构就必有文明的解构。一般一讲，"建构"乃是权力架构的建立，亦即是权能某种分判或组织型态的建立。由于正统文明乃是一个由方立的姿态建立起来的权力结构，故在正统文明中的解构本身也是一"依方而立"、以方立姿态为中心的建构行为。所谓"解构"只不过是以一（新的）方立权力结构来代替另一（旧的）方立权力结构罢了。

文明人可以有非方立的解构行为吗？可以。非方立的解构行为，乃是本于"非方立"或"超方立"的姿态而有的解构行为。道佛两家的解脱主义思想，正代表一种植根于非方立或超方立的生命姿态而起的解构行径。由问题心作茧理性所成就的方立文明本身，乃是道佛两家所共同针对的批判对象，所不同者，道家希望以生命权能中自然的、素朴的权力结构来取代人为的、造作的权力结构。但佛家（禅宗除外）所要解构的不仅是文明造作的权力结构，而是权力结构自身。佛教徒的最后归宿不是素朴的自然，而是本寂的真空妙有——亦即是无分判可言的权能境界，始德如如的境界。假如我们可以用大海来比作权能场有的话，则大海的波涛汹涌所代表的，就是一个为妄心的种种建构行为（涌起的浪波）所蕴成的权力宇宙，一个为权能的分判型态所决定的场有。佛家所向往的涅槃境界，乃是一个"风平浪静"的大海而不是一个"波涛汹涌"的大海。传统道佛两家的形上心灵，均有视始德真如为一"风平浪静"境界的倾向。这是不对的。

不管是"风平浪静"或是"波涛汹涌"，这都是大海场有自身的一种姿态，代表我们所谓的"整体之仪"或"元德之姿"。道佛两家的解脱主

义者取大海之"风平浪静"而舍其"波涛汹涌"，这种取舍行为不也是一
种权能分判的表现吗？真正的始德真如乃是绝对无取舍、无分判、无重要
性的突出可言的。道家取自然而舍（人为造作的）文明固然有分判，有
突出，佛家取涅槃而舍烦恼又何尝不是有所分判、有所突出呢？

假如我们仍然用大海来作比喻的话，则真如的境界不在大海之风平浪
静，而在海水的普遍性相——如水的湿性。风平浪静的海水是湿的，波涛
汹涌的海水也是湿的，此湿性之无所不在与无差等所象征的就是权能场有
的真如境界——权能"绝对无断"的本体性相。此权能遍在的本体性相与
权能分殊的差别性相间的关系，就好比海水无差等的湿性与有差等的波浪
性的关系一样。海水的湿性固然无法与其分殊的波浪性分开，但（在大
海的场有中）它本身却是永远不增不减、不生不灭的，和波浪瞬息起伏
生灭的殊相刚好相反而相成。

回到此比喻所代表的权能场有来讲，则权能本体性之"绝对无断"与
其分殊性相之"断而又断"，正是一相即相离的超切关系。权能之有断见
于宜与仪之可分处，权能之无断见于宜与仪之不可分处。可分与不可分、
有断与无断之相即相离——就是权能场有性相的本质了。权能场有之"断
而不断"不正是元德真机之永恒性相么？如是道体权能之基本性格可借
下表所谓的"三印"观念来阐明之：

权能三印：
动印：权能分殊性相之断而又断。
寂印：权能本体性相之绝对无断。
易印：权能场有性相之断而不断。

所谓"印"乃是"法印"一词之省，指的乃是权能场有场中有者
（法）与场有自身或权能常道之间的"承实"关系，"承实"就是承受或
禀受权能之实的意思。"印"字主要包括"印可"与"印痕"双重意义，
权能场有乃是一切可能性、一切存有根据的所在：万法（宇宙间一切行
有或事物）莫不秉承权能之实而生，莫不为权能场有所支配。此"可能
性"或"存有根据"就是法印一词之"印可"义。但即禀受权能之实而
生，则万法必有所得于权能者（《道德经》中"德"字的一主要含意）。

此"有所德"就是常道权能的德性和权能场有的性格。宇宙间的任何一法都必然地反射道体权能的基本性相，和权能运作通过此法所留下的痕迹——亦即是"法印"一词之"印痕"义。由是印可印痕合义，一法或物所承受的权能之实，就可以"法印"一词来表达的。

宇宙间的万事万物莫非权能场有之所"印"。所谓"权能三印"乃是我们对法印一观念相应于权能三基本性相所作的分析。权能分殊性相之断而又断，其印于万物者是为"动印"；权能本体性相之绝对无断，此始德真如之为万物所禀者是为"寂印"；"权能场有性相"之断而不断，此元德真机之发用于万物者是谓"易印"。无尽可起的始德真如（超实现原理）本身是不生不灭、不增不减、非染非净的，这是"寂印"之所以为"寂"。善是"寂"，恶也是"寂"；"风平浪静"是"寂"，"波涛汹涌"也是"寂"。寂印中所秉承的权能之实，正是道体一心绝对无差等的宜无不宜境界。有宜与不宜（有差等）的境界，乃是一个为茧心（包括自然的无心作茧和问题心的灵明作茧）所支配的境界，为常道整体之仪元德真机所印的宇宙，断而不断正是茧心运作的特征，也正是《易经》哲学里"易道"之所以为"易"的精义。

读者有疑惑了：我们这段关于权能法印的讨论究竟有何用意呢？权能三印和文明人的建构解构行为，究竟有什么关系呢？我们可以首先这样扼要地回答：建构解构乃是文明人"诚承行有"的两面，而权能三印则是诚承行有形上姿态的"张本"。

"诚承"就是"诚"其所"承"的意思。从场有哲学的观点来讲，宇宙间一切行有都是一"自诚其承"的权能运作。"承"点出一行有禀受于权能场有之客体义，而"诚"则着重该行有实现（诚）其秉承的权能之实的主体（权能主体）义，故"诚承"也可视为"诚实"与"承实"之省：行有是一"承"权能之实，也是一"诚"权能之实。就此一词之广义而言，文明人行有之诚承与鸟兽行有之诚承是没有分别的——同为生命权能自诚其承的表现。所不同者，鸟兽生命之诚承乃是一自然茧心的自诚其承，而文明生命的诚承则是一为问题化意识心的作茧所主宰的自诚其承。我们这里所着重乃是这含有意识作用的、狭义的"诚承"。不过，不管是广义的或是狭义的讲法，行有的诚承都是不能离开权能法印的观念来讲的。因为"法印"一词所代表的乃是场有者与场有自身，或行有与道体权能本身间的"张立"关系，"张立"有由张而立或张于所立的意思。行有乃是由"承实"变为"诚实"的历程，说得明确一点，"张立"一词所指的即是此行有历程中"承实"与"诚实"所张立的关系。这张立的关系究竟是怎样决定的呢？最后分析起来，它是由"三印"所涵摄的权能基本性相来决定的。我们可以说，一行有为权能之分殊性相所张立的乃是断而又断的"动印留迹"（有断即有分界，故有迹可言）；为权能之本体性相所张立的，则是绝对无断的"寂印无痕"（只是一个如如作用，故无痕）；为权能之场有性相所张立的乃是断而不断的"易印成化"（断而不断正是生生不已的成化历程）。"动印留迹"、"寂印无痕"、"易印成化"——此权能三印所共同决定的，乃是一切行有自诚自承的基本性格。所以我们说，权能三印乃是行有诚承的张本。

文明人的形上姿态就是在这三印所构成的诚承张本上挺立起来的，故形上姿态也可称为"诚承姿态"。不管是建构的或是解构的，文明人的一切行有和成就，其基本性格就在其诚承姿态与权能三印三相契处。他的意识心态、智慧和理性道术和由此而开出的整个文明诚承架构（以后简称"文明架构"）——包括政治、经济、法律、科技、文艺、宗教和哲学等各层面——莫不为其"诚承契印"所支配，或莫不为"诚承契印"的象征意符。譬如就意识心态而言，三印与三大意识心态间的对应关系乃是相当明显的，诚承姿态与权能三印在意识层次之相契可以下表说明之：

诚承契印表现于意识层次的义理架构

动印留迹（断而又断性相）：为感异成隔心态所契
寂印无痕（绝对无断性相）：为感同成独心态所契
易印成化（断而不断性相）：为感一如实心态所契

意识心性乃是曼陀罗智通过人类生命权能发用的媒介，故人类的智能型态和与其相应的理性道术，亦当有与权能三印相契的义理架构，如下表所示者：

诚承契印表现于智能型态、理性道术的义理架构

动印留迹：为外向控制性智慧和与其相应的逻各斯理性所契
寂印无痕：为内向控制性智慧和与其相应的瑜伽理性所契
易印成化：为感通直觉性智慧和与其相应的中和理性所契

一个民族所开创的文明，就其在精神方面的表现来讲，乃是一条由作茧问题心与道智理性道术的交互作用，在该民族的诚承契印中熔锻出来的曼陀丹道。人是一有意识的行者；意识心态乃是诚承契印所依的转轴。故意识心态的"型成"（成为一民族安身立命所依的稳定型态）与"转依"（转变为另一可依的稳定型态），乃是曼陀丹道成长演变、民族得以慧命相续的关键。那么，意识心态的型成与转依又是怎样决定的呢？这个问题的答案，我们早就在本节前面提供出来了。人乃是一"和光同尘"的场有者；人所开创的文明乃是同尘世界场有综合的产物。意识心态的型成与转依，正是由十二畴的综合所代表的"文明格局"来定的。人的一切离不开权能场有，也离不开在他和光同尘中所开出的文明格局。而文明格局的精微义理，最后分析起来，乃是在诚承姿态与权能法印之相契处。纵观西方、印度和中国三大文化传统，期间文明格局之差别，正可由其各自突显"契印型态"来表达之：

契印型态与文明格局

西方文化传统：突显以感异成隔心态契权能断而又断性相的"动印文明"格局

印度文化传统：突显以感同成独心态契权能绝对无断性相的"寂印文明"格局

中国文化传统：突显以感一如实心态契权能断而不断性相的"易印文明"格局

一民族的文化心灵所突显的契印型态，乃是此民族开创其文明格局的"本位法门"，"法门"就是契印型态所开出的门径或门路，由于权能三印乃是一无法分开的辩证综合体。所谓"本位法门"只不过是从其突显一面

（突显的法印）而观的三印辩证综合型态罢了。换句话说，契印型态乃是由三印的互相涵摄关系来决定的。故通过本位法门的观念，上面所涵括的意思可重新表达如下：

本位法门与文明格局

西方文化传统：以动门统摄寂、易两门为本位法门的文明格局
印度文化传统：以寂门统摄动、易两门为本位法门的文明格局
中国文化传统：以易门统摄动、寂两门为本位法门的文明格局

这个表式所涵摄的基本义理架构，我们早就在 2.4 节讨论文化心灵、哲学智慧与形上姿态三者间的关系时列述过了。不过，那时候我们还没有发展出契印型态与文明格局的观念。我们绕了这么大的圈子，主要就是为了通过对人类和光同尘实相的分析，来逐步建立场有哲学中的人道学或文明场有理论。人是权能场有中的场有者，也是文明场有中的场有者。文明人在灵明行沟中所挺立的形上姿态——诚承契印的姿态，正是权能场有与文明场有的交会处。如是，作为一部场有哲学序论，这本书要向读者陈述的中心思想，也就大致交代清楚了。可是，在正式结束我们的讨论之前，对我们在上表中所下的结论有略为补充的必要。

首先，表式中所涵摄的权能三印，乃是一极为复杂的观念，我们把三印视为诚承契印的张本，亦即是把它们视为文明格局的张本。文明思想（包括哲学思想）在其深层义理结构里不过是三印的组合，文明社会的一切典章制度和（包括文学、艺术、神话、宗教里的）象征意符亦不过是三印"心延"（延续于意识心态）"物延"（延续于典章文物）的彰显，人的道身正是通过三印所张立的文明格局与其意义世界交接的。

所以，文明意义（人道学的中心课题）的探讨本质，就是三印心延物延场有综合的探讨，亦即是"诚承辩证法"的探讨。"诚承辩证法"就是相对于文明人诚承契印的场有辩证法，一般来讲，诚承辩证可分为内在于权能三印间的"印体辩证"和属于心延物延间的"印延体辩证"。"印延体"就是为权能三印所印而延续其权能性相的意识心态和文明事物，譬如，中国传统文化乃是一突显易印成化的文明格局，故"易印成化"就是

中国传统文化的"印体"。中国人感一如实的心识倾向，正是一契于"易印"的意识心态，而中国文明中的一切典章文物亦莫非易印之所印延。从场有哲学的观念来看，《周易》乃是中国人所开创的文明格局最具代表性的一部经典。它的中心思想是什么？一言以蔽之，就是我们所谓的"易印成化"。为六十四卦基石的阴阳两爻——中断与不中断的两画——不正是权能场有性相"断而不断"最恰切的象征意符么？"断而不断"乃是易道成化历程最精简的写照：为易印所印的周易哲学正是一部洁静精微的历程哲学啊！

假如我们肯用心去探索的话，我们实不难发现传统中国文化，实处处可以找到易印文明的象征意符。就其所突显的文明格局来看，中国文化只不过是易印成化的印延体罢了。这里"突显"一语至为吃紧，难道在中国文明里找不到动印与寂印文明的成分么？当然不是。《易·系辞》里"寂然不动，感而遂通天下之故"一语，实已涵摄了易印与寂印之间的辩证关系。"寂然不动"所指的乃是寂印无痕中的真如作用，亦即是权能本体性相之绝对无断处。"天下之故"是什么呢？此语所指的乃是动印所留之迹，权能分殊性相断而又断的轨迹。"寂然不动"与"天下之故"在易化历程中的综合，也就是《易·系辞》所谓的"感而遂通"了。在"寂然不动"的如如中感通"天下之故"，这不正是生生不已、断而不断的权能易道么！这不正是由中国所突显的感一如实心态所当开出的形上思想么？

《周易》哲学乃是远古以来中华民族在创造易印文明的过程中，依感通智慧中和理性而纫造出来的思想结晶。不过，由《周易》和先秦儒家其他典籍所开出来的"中和之道"，只是一直觉的、原始的、未经大开大合地考验过的"中和之道"。从《周易》传统所代表的中国文明来讲，寂印无痕与动印留迹，乃是易印成化所综摄的两面，而非可以独立地为人类安身立命所据的本位法门。不论是道家所向往的"自然成化"或者是儒家所宣扬的"人文成化"，以易门统摄动寂二门的"成化之论"，乃是中国哲学主流思想的一贯主张。但正由于中国人感一如实的意识心态不容许他把易道成化的动寂两门，从生生历程中拆开来看，中国传统哲人对动寂二门，只有统合的观照而无独立的观照，因而也就未能深入动寂二门的秘奥而熔锻出相应的慧识。

中国人对寂印文明分立（分开而立）的体验，乃是佛教自印度传入中国以后之事；中国人对动印文明本身的了解，乃是近世纪西学东渐以后的事。寂印法门对治业障业陷所可能发挥的净化作用，乃是文明社会必需的清凉剂，而动印法门循迹建构的宏固创造力，更是一切文明进步的基石。经过千多年来佛教文化的浸润，中国人文明创造的智慧已经深具寂印法门的深度了。但经过西方文化洗礼之后的中国文化心灵，是否已经对动印文明的本质有同样的了解呢？

　　一个本来以易印文明为本位的文化体系，在吸收了其他文明格局的精华之后，究竟会产生怎样的变化呢？要怎样的变化才能使当代中国人获得他们所渴望的民主、科学与富强呢？——或比较实际的说法，使"现代文明"的基本条件，在他们演变中的文化里生根呢？最后分析起来，这全都是属于文明格局的辩证问题。文明格局辩证的自觉乃是 20 世纪下半期哲学思潮的一特征。所谓"文明格局辩证的自觉"，指的乃是文明架构根源性、历史性与理想性的自觉——总而言之，亦即是文明意义场有性的自觉。我们所处的无疑乃是一个"大开大合"的时代，也只有"大开大合"的智慧与理性道术才能疏解人类当前的困局。对这个空前的艰巨问题，一个哲学家所可能有的贡献终究是非常微薄的。

# 附录:英(希、拉)—汉名词、概念、人名对照表/索引

（数字为文内章节号码）

Absolute spectator 绝对旁观者　1.2

Absolute spirit 绝对精神　5.7

Actual entities 现实存有　2.6

Actual occasion 真实缘会　5.2

Actuality 实有性　1.2

Aletheia 意义开显　1.2

Amoral 非道德　8.3

Ananda 极乐　2.4

Antecedent 前项　5.7

Archetype 原型　2.2

Bearer of light 载明者　4.6

Brahman 梵　2.9

Chaos 混沌　4.2，5.7

Cit 纯觉　2.4

Coersion 强暴　4.2

Cogito 思　5.2，5.7

Consequent 后项　5.7

Contrast 缘会对比　2.6

Cosmos 宇宙　4.7

Creative advance 创进　2.2，5.4

Data 与料　1.2

Democritus 德谟克里特　4.3

Dharma 法　1.7

Dread 悸栗感　4.4

Echo 回音　8.2

Eros 爱罗　4.3

Existence 存在　4.4，6.2

Extension 外延　5.2

Extensive sontinuum 扩延连续性　5.4

Fitness　1.7

Foreground 前景　4.4

Form of the Good 绝对美善　4.2

Form 形式　4.2

Freedom of conscience 良心自由　4.6

Intellectuality 知解性　5.2

Intellect 理智　4.3，5.2

Intentionality 意指性　4.1，5.2

Intentionality 意义指向性　5.2

Internally determined and externally free 外自由内必然　2.3

Kosmos 秩序　4.2

Logic 逻辑　4.3

Logos　圣子　4.3，8.1

Mandala 曼陀罗　2.2

Matter 质料　4.2

Meaning 意义　2.3

mentality 心灵作用　2.3

Metaphor 隐喻体　1.2

Metaphysical posture 形上姿态　1.2

Metaphysics　形而上学　1.2

Necessity 必然性　2.3，4.2

Objective immortality 不朽所对　1.2

Ontological commitment 存有信托　1.1

Organon 工具　4.3

Ousia 奥西亚　7.3

Phenomenology of spirit 精神现象学　5.7

Philosopher – king 哲王　4.2

Philosophy of ambiguity 暧昧的哲学　1.1

Plotinus 柏罗丁努斯　4.7

Pure consciousness 纯识　2.4

Rational persuasion 劝导　4.2

Reflexivity 反射性　5.2

Root met aphor 根喻　8.4

Sat 至真　2.4

Seiendes 存有者　1.2

Sein 存有自身　1.2

Sense data 经验与料　4.1

Sistere 站起来　4.4

Socialnexus 社会蕴集　2.6

Solipsism 唯我独存主义　2.4

Subjective aim 主体鹄的　1.6

Subjective form 主体性格　1.2

Subjective immediacy 当下主体性　1.2

Sublimation 升华作用　3.3

Substance 实体　1.1

Symposium 酒会　4.3

Synthetic activity 综合的活动　4.1

Tautology 冗词　2.3

Tower of babel 巴别塔　4.6

Transcendental ego 超越自我　5.3，5.7

Transcendental phenomenology 超越现象学　5.7

Transcendental subjectivity 超越主体性　5.7

Unqualified brahman 无限大梵　8.2

Zoion logonechon 理性的动物　5.2

# 唐力权全集

## 第三卷

唐力权 著

中国社会科学出版社

# 目　录

## 蕴　徽　论

1　怀德海与《易经》的时间观念（1974）……………………（ 3 ）
2　哲学沉默的意义：对中国思想中语言使用的某些反思
　　（1976）　……………………………………………………（ 21 ）
3　从《易经》的观点看怀德海与中国哲学（1979）…………（ 32 ）
4　曼陀五智与化裁五道：中国哲学的根源（1985）…………（ 54 ）
5　中国哲学在西方：国际中国哲学会的回顾与前瞻（1987）……（ 58 ）
6　存在主义哲学中的"存在"观念（1991）…………………（ 72 ）
7　道身与影身：人道中的自克、牺牲结构
　　——"良知自我坎陷"的新诠释（1991）………………（ 81 ）
8　贞宜论：安身立命的哲学意义（1992）…………………（ 9 5 ）
9　通变的慧识：《周易》对现代管理的启示（1992）………（ 114 ）
10　超切之道与中西哲学
　　——场有哲学纵横谈（1993）……………………………（ 121 ）
11　超切之道与中外哲学（1994）……………………………（ 132 ）
12　权力、意志与诠释
　　——尼采的透视主义与后现代思想（1993）……………（ 151 ）
13　权能与场有：行依论
　　——对《易经》的一种诠释（1993）……………………（ 163 ）
14　蕴徽论：场有经验的本质（1994）………………………（ 189 ）
15　自我克服与道德：尼采和儒家思想中人的创造性（1994）……（ 233 ）
16　生生之仁与权力意志：儒家与尼采之间（1994）………（ 243 ）

17 自由与自律之间：存在主义与当代新儒学的主体性观念

（1995）……………………………………………………（260）

18 因缘和合如何可能

——"三谛圆融"的新诠释（纲要）（1995）……………（280）

19 行为、符号和意识

——与利科一起思考（附保罗·利科：对唐力权的答复）

（1996）……………………………………………………（286）

20 存有开显、理性道术与哲学神话

——罗嘉昌著《从物质实体到关系实在》读后（1998）……（304）

# 蕴　徼　论

（1974—1998 哲学论集）

唐力权　著

# 1 怀德海与《易经》的时间观念

## （1974）

　　场概念的突显是 20 世纪思想的一个重要特征，在科学和哲学中都发现了它的应用。在科学的语境中，数学物理学里的量子场（将相对论与量子力学相结合）理论以及心理学里的格式塔理论，无疑是最显著的例子，而在生命科学和社会科学里场概念同样流行。在哲学中，场思维在詹姆斯、杜威、怀德海和海德格尔等人的思想中占了主导地位。诚然，场概念是研究当代思想的一个有利的立足点。

　　场是什么？对此问题，我们可以给出一个一般性的回答：就其基本的本体论的意义而言，场概念包含两个根本的观念，即从功能上被组织或建构起来的整体与制约，此整体而同时又被制约的环境。前者描述了场自身，而后者则规定了场自身与在其中运作的部分构成要素（configurations）或裁定因素之间的关系，也规定了场自身与从功能—结构上将此场囊括其中更大的整体关系。这些局部性的构成要素，可以说是以"实体（entities）"和"接口（aspects）"这两种性能存在于场中。它们"实体性地（entitatively）"存在于其"相对性瞬时（moment of relativity）"中，在此，它们在某种意义上相互分离又彼此独立；它们"接口性地（aspectively）"存在于其"绝对性瞬时（moment of absoluteness）"中，在此，它们是有机地牵涉和依存的。这些构成要素的接口瞬时，乃是将场自身与其实体瞬时相联结者。因为在场中，每一接口构成要素在功能—结构上，都是其有机整体性的一种透视：它从其自身独特的观点出发包含并反映这个整体性。

　　因此，场概念的本质要在存在的实体意义与接口意义的统一中去寻找。实体性思维模式与接口性思维模式的辩证关系，贯穿于近代物理学的整个历史。场概念最初是在试图克服体与力之间二元论的古典物理学中发展起来的，然而，在经典力学中，超距作用与其所作用的物体间的僵硬联结，使得场概念残留着实体性的倾向，这与在法拉第和麦克斯韦的著作中发展起来的电磁场理论的显著接口性思维恰成对比。20 世纪实体性思维模式与接口性思维模式之间的较量，在代表前者的量子力学与信奉后者的相对论之间重又展开。最终，这两者在量子场理论中的辩证综合，标志着场思维在当代物理学中的胜利。① 这里，光的现象被认为是一种量子场，其构成要素可以粒子的形式实体性地存在，或者以波的形式接口性地存在。作为粒子，它们"在某处"，在时空中定位；作为波它们"无处不在"，到处散布自身。但是，光粒子与光波实际上并非两种不同的东西，因为它们本质上表现同一实在。在量子场的统一体中，实体性的光概念与接口性的光概念在逻辑上是等价的。

做了大半辈子数学物理学教授的怀德海，对于场思维在物理学思想中的发展当然了然的。因此可以预见，他的哲学留下了当代物理学的明显印迹——这是个无可争议的事实。对于怀德海来说，存有，万事万物存在的场，实际上是一个创造性活动的场，其构成要素的单元就是所谓的"现实实有（actual entities）"。在怀德海的现实实有理论中，我们发现了一种有意识地协调实体性思维模式，与接口性思维模式的努力。作为创造性能量的原子性单位，现实实有实体性地存在着，作为合生的事件或历程（process of concrescence），它又介面性地存在着。从而，它们都是量子场理论中量子—波的翻版。

怀德海把他的形上学称为"机体哲学"。这一描述，尽管准确，却赋予了过多的介面性意味。将它称为"创造性（creativity）哲学"（Hart-shorne 哈特肖恩正如此建议）也许更为充分——当然也更为直接。这一哲学的根基是一种场本体论，从某种根本的意义上说，它与海德格尔的哲学在精神上相契合。海德格尔思想中的"存在（sein）"，正如威廉姆·巴雷特正确地注意到的那样，基本上是一个场概念。② 海德格尔始终强调存

---

① 有关物理学中场理论的发展及其与东方思想的关系的扼要说明，参见 Fritjof Capra，"The Dance of Shiva"，Main Currents in Modern Thought，29（1972），pp. 15—20.

② William Barret, Irrational Man, 1958；Anchor Books edition（New York：Doubleday and Company，1962），pp. 217—219.

在与存在者（Seiendes）之间的差异，即所谓的"本体论差异（ontological difference）"——这种区分对场思维十分必要，因为场自身超越其所有的局部性的构成要素。在怀德海的形上学中，创造性与现实实有之间也存在着一种类似的区分，作为"共相的共相（universal of universals）"，创造性（存有自身）不是实有，而是超越一切实在，无论现实的还是永恒的——包括上帝与诸神。对于海德格尔来说，上帝概念实际上是存有者概念，同样，按怀德海的主张，上帝应该被设想为创造性之"原初的，非时间性的偶然事件"。①

这里，我们无须过分强调这两位思想家的本体论中场的超越性，因为场自身是既超越而又内在的。如前所述，它的有机整体性被接口性地包含在其每一个组成部分之中，就怀德海而言，创造性无非是诸现实实有之场，尽管创造性自身（场自身）能够从其各种各样的"偶然事件"中区分出来，而对海德格尔来说，存在——尽管有本体论差异——总是存在者的存在，它们如其所是地存在，只因为存在自身在某种意义上接口性地体现其中。在《存在与时间》中，海德格尔的此在（Dasein）概念，指的不是实体之人（man－the－entity）的实存，而是接口之人（man－the－aspect）的实存，更具体地说，即构成存有开显之场所的人的界面。在海德格尔的后期思想中，一物之自显其物相（things）并通过其自身而显世界相（worlds）——暂时扯在一起作为世界（Geviert）的四个领域（地、天、神、人）的本质，这里的"物"概念显然也是接口性思维的一种表现。

因此，尽管在怀德海与海德格尔的思想之间有着明显的差异，两者间的真正的、根本的亲和性也是存在的：它们都被场概念所辖制，而且，假如说这两位思想家似乎都过于强调接口性的维度的话，那是因为他们都敏锐地意识到了自荷马——尤其是自柏拉图和德谟克利特——以来，即已深扎于西方传统思想洪流中的实体性之偏。海德格尔的矛头指向西方传统形上学以实体为中心、以权力为导向的特征，而怀德海则从简单定位、具体性误置和自然的二歧性等方面严厉批判近代科学与哲学。分析到最后，所

---

① Alfred North Whitehead, Process and Reality: An Essay in Cosmology（New York: Macmillan Company, 1929）, p. 11.

有这些批判都衍生自同一源头，即当代西方思想中的反实体主义取向。

正是当代西方思想中的这一反实体主义取向，在一定程度上缩小了东西方哲学间的距离。因为当传统西方思想以实体主义为取向时，传统的东方思想都以其接口性倾向另辟蹊径。因此我们毫不惊奇地看到，如今在西方思想中流行的东西，在精神上与古代东方的智慧如此相似。的确，有很好的理由相信，东方智慧与西方思想乃是真实地互为镜像（mirror images）的：他们彼此的发展既并行却又相悖。此平行性扎根于人类存在的普遍条件中；另外，历史上的背反似乎在它们的存在承诺的差异中有其最重要的基础。

上一段论述的内容，已在我的一篇概括性的论文中作了更详细的阐述。① 为给下面的讨论提供必要的背景，我需作进一步的解释。我已指出，理解人类行为与思想的关键，只能到意识心的本性中去寻找，尤其是两条首要的人类意识原理——以对存在之同性的感通为基础的关怀，与以对存在之差异性的意向为基础的惊异。从这一有利的观点去看，东西方思想间差别的性质不仅是可以理解的，而且能够借助人类存在的内在逻辑予以解释。相对来说，为什么传统西方思想偏于实体性，而传统东方思想则趋向接口性？我们相信，答案在于他们的存在性取向截然不同。东方思想致力于关怀，而西方思想植根于惊异。因此很显然，接口性思维无非是致力于关怀的意识心灵的理智表现；而实体性思维模式同样是以惊异为取向的意识心灵的自然结果。

这里，哲学家（或思维模式）无论偏于实体性还是偏于接口性，都对其时空理论产生了决定性的影响。实体性思维不可避免地是空间性的；它倾向于把时间空间化。相反，接口性思维模式内在地就是时间性的；它倾向于将空间时间化。这一点在场思维的脉络中也不难看到，因为在自然之场中，空间实际上无非是外在相关性——即，诸实体之相关性——的场系统；而时间则必然构成内在相关性或接口相关性的场系统。鉴于传统西方思想所突显的实体主义性格，它倾向于将时间空间化——这一点自柏格森最先发难至今已是老生常谈——就是完全可以理解的了。

① 参见拙作 "Care, Wonder, and the Polarization of Being: An Essay on Human Destiny", Chinese Culture (Taipei), September, 1974.

柏格森之后，怀德海和海德格尔也都攻击西方传统的时间观念，这种时间观念采取空间化了的"现在系列（now - series）"的形式。在海德格尔看来，时间远非"现时点（now - points）"或"非绵延瞬间（duration- less instants）"（如在古典物理学中）的持续，甚至也不是纯粹的绵延之流，而是已逝的东西的临现（arrival of what has been）。海德格尔的这一时间性概念——人为地经验到的时间——从根本上契合于怀德海就现实实有在感知脉络上所言的因果效应学说中，以"客体化"为基础的物理时间理论。对于二者来说，过去、现在与未来——海德格尔称之为时间的"绽出（ekstases）"——是内在相关的：目前持存的现在性（Isness），乃是将在事物的已在性（Has - beenness）与已在事物的将在性（Will - be - ness of what has been）之间相互作用的时面（moment of transaction）。然而这不正是《易经》哲学中时间与时间性的含义吗？

《易经》在中国哲学中占有一个中心地位，这一点毋庸置疑，但它在世界哲学史上的地位却有待恰当地确定。尽管《易经》中所蕴含的思想的复杂性不允许任何轻描淡写，但从当代哲学发展的角度去看，其中最突出的莫过于"时位相关的（positional - relational）"存在概念，在此基础上，由于场思维与过程思维的综合，而成为可能的动态的脉络主义（con- textualism）或境遇主义（situationalism）得以确立。《易经》中的这种"时位相关的"本体论，与自柏拉图、亚里士多德甚或更早以来在西方传统哲学中占统治地位的"实体—属性"的思维模式截然异趣。仅就形上学和宇宙论而言，《易经》的地位堪与柏拉图和亚里士多德在其各自的哲学传统中的地位相比肩。① 其实，《大传》（又称《系辞传》）、《易经》中最富哲理性的部分，极有可能撰于公元前四或三世纪——从而与那两位希腊哲学家是同时代的或差不多是同时代的。在柏拉图与亚里士多德的形上体系中，达到极致的希腊本体论思想，其历史基本上是清晰的，然而在《易大传》的本体论/宇宙论构架中登峰造极的周代或先汉中国思想，其发展过程却有待重新评估与适当定位。这样，我们将处于一个较好的位置，同时从平行的一面与背反的一面去理解中西方这两个伟大哲学传统之

---

① 在道德—政治哲学领域中，柏拉图和亚里士多德的地位一般认为可与孟子和荀子比较。然而，这绝不意味着《易经》哲学中缺少道德—政治的维度。

间的存在性—历史性的关系。

怀德海曾承认，他的哲学似乎更接近于印度或中国的思维方式，而非西方——亚细亚或欧洲的思维方式，① 也许他并没有意识到这种说法有多准确。我们当记得，拒斥实体—属性思维模式（或主谓表达式）并以时位元相关的思维模式取而代之，乃是其《历程与实在》② 一书自认的核心目标。另外，中国传统哲学为其接口感通性所要求而倾向于时位元相关的模式，这正如西方——欧洲传统哲学中实体—属性思维习惯的流行，乃源自其实体性偏向在逻辑——本体论上的定位（fixation）一样。但不单是怀德海一人，与东亚的传统智慧有着这样一种似乎令人费解的关联，就中国哲学而论，从《易经》传统沿袭下来的时位相关主义与动态的脉络主义，与詹姆斯的"彻底的实用主义的经验主义"，以及杜威的"工具性——实验性的自然主义"，在精神上的相似程度，一点也不亚于怀德海的"有机的自然主义"（借用李约瑟的描述）。同样，海德格尔会发现他的"存在性——人文主义"本体论（这里的"人文主义"一词须作适当地理解）与《易经》而非前苏格拉底哲学更投缘。《易经》中有许多地方关注人践行以求完善之意义，这不仅使人想起海德格尔的《存在与时间》；而后期海德格尔基于人与存在的互依性所构想的 Ereignis 概念，尤其与《易经》中的"道"概念——圣人为真理的守护者——极为相似。

在比较怀德海与《易经》之前，我们当记得，对怀德海而言，存在（Being），一切实存的场，本质上乃是创造性活动的场。创造性，而非上帝，是终极的形上原理。我认为，承认存在与创造性的同一，恰恰表明了《易经》的哲学立场。《易经》中的"易"概念不仅仅与怀德海哲学中的"创造性"概念相对应，因为这两个概念的含义实际上完全相同。《易经》说得很明确："生生之谓易。"③ "生生"意味着"不停的活动"，而我认为这基本上正是怀德海所惦念的。《易经》还补充说，"天地之大德曰生"④。这里的"天"（代表"干"和"阳"）和"地"（代表

① Alfred North Whitehead, Process and Reality: An Essay in Cosnolgy (New York : Macmillan Campany 1929), p. 11.

② Ibid., pp. Ⅷ – Ⅸ

③ 《易·大传》，第一部分，第 5 章。

④ 同上书，第二部分，第 1 章。

"坤"和"阴"），象征着"易"的两极——即创造者与容纳者，它们共同构成了宇宙的场特征。正如在怀德海的宇宙论中，上帝是具体化原理，同时作为潜能之储存者与成就之协作者而发挥作用，《易经》中的天地之"道"决定着"易"的场序，也就是其创造性运作的方式（"道"）。正如在怀德海那里，存在之可变与永恒的脉构对创造性的场特征而言同样都是本质性的，《易经》中的"易"同时包含变（"变易"）与不变（"不易"）于其含义中。因此"易"译成"变化"（通常都这么译）是极不准确的。《易经》与其说是一部"关于变化的书"，倒不如说是一部"关于创造性的书"，它与怀德海体系的根本吻合性是毋庸置疑的，这我们在后面会看得更清楚。

创造性哲学应强调时间之显著的实在性，这几乎已成为一条公认的真理。时间显然是真实的，因为历程是真实的，而历程显然是真实的，因为创造性是最终的实在。创造性无非是其生成的历程，也就是其永不枯竭的创造能量的配制和实现的过程。存在的生成性，就其展现创造的"流动特征"与内在界而论，正是构成时间之本质者。从而，时间是存在的变迁，标志宇宙之"创进（creative advance）"。然而存在的变迁是存在的一个组成部分：与空间一样，时间也是创造性的一个内在固有的方面，离开了创造性就不能存在。更准确地讲，与空间共在的时间是创造性之"时间化（temporalization）"的结果。因此它是相对的，而非绝对的。时间与空间并不构成一个可供事物在其中发生的"宇宙容器"。毋宁说，它们是与作为创造性之脉动的事件和实有一起被创造的。

这一相对主义的时间概念当然属于怀德海，不过《易经》也可将其视为己有，至少它蕴含了这一时间概念。我们已注意到，当代物理学在怀德海哲学中所留下的痕迹是何其深刻：他的现实实有理论从某种意义上说不过是量子场理论的哲学重述。然而，怀德海哲学努力的重要性并不仅仅涉及科学——也就是说，并不仅仅是对科学发现的诠释与概括。因为，就其最根本的方面而言，怀德海的努力真正象征着一种哲学传统的顶峰，尽管在西方人的思想发展中他属于后来者，但它最终决定了20世纪西方思想（无论哲学抑或科学）的性格。这就是"有机自然主义"的传统。它当肇始于莱布尼茨的单子论形上学，多亏了李约瑟、莱布尼茨与《易经》及新儒家（译者按：这里指的乃是宋明理学的传统）的相似之处现在已众所周知。并且正如李约瑟所指出的，我们有理由相信，西方思想中的有机主义传统可能（当然是部分地）在中国哲学中有其渊源。①

从有机主义的角度看，莱布尼茨的确在西方哲学传统中占有最重要的地位。因为我们必须承认，他的哲学是西方思想中场思维的正式开端。他的单子论形上学最先有意识地调和实体性与接口性思维，他的本体论以实体——属性的思维模式，与它自己的时位相关的思维方式间的联姻为基础（尽管是一次不怎么幸运的联姻），前者是他从亚里士多德和中古经院哲学那里承继来的，而后者则是他自己部分受经典力学的影响而采用的。对于牛顿最大的敌对者莱布尼茨来说，时间和空间诚然不是绝对的，却也不是不真实或虚幻的。因为，尽管时空本身不是实体性的，但他们在一种终极上乃是实体性的实在——即，在单子系统中——有其客观的基础。用莱布尼茨自己的话说，时间和空间是"有可靠根据的现象（well - founded phenomena）"。与单子系统相关，时间代表"连续的秩序"，而空间则代表"共存的秩序"。② 但既然它们是同一实在秩序之两个不同的方面，时间和空间就不可分离地联系着。

莱布尼茨的这种观点立即使人想起汉语的表述，"宇—宙"，这个表示时空统一性的词自古以来就被用于指称 cosmos 或 universe。从字面上看，"宇"意指空间—位置与方向的安排；"宙"意指时间——从过去到现在、从现在到未来——的连续。关于这个汉语所表述的哲学意义，方东美有如下精彩的评论：

宇和宙放在一起，表现了时间系统与空间系统的原初统一性。没有连字符的"宇宙"本身是一完整的系统，后来才被区分为空间和时间。明可夫斯基的四维统一体与 S. 亚历山大的"时—空"，也不能充分传达汉语"宇宙"中包含的时空不可分的意义。最接近的说法要数爱因斯坦的"统一场"。"宇宙"，正如中国哲学家们所设想的那样，乃是"一切存在的统一场"。③

————————————

　　① Joseph Needham, Science and Civilization in China, Vol. 2: History of Scientific Thought (Cambridge: Cambridge University Press, 1962), pp. 496—505.

　　② Leibniz, The Monadology and Other Philosophical Writings, trans. Robert Latta, 1898; reprinted edition (London: Oxford University Press, 1951), pp. 101—102.

　　③ Thome H. Fang, The Chinese View of Life (Hong Kong: Union Press, 1957), p. 47.

方东美所作的这些比较判断在多大程度上是正确的，这是个非常微妙的问题。鉴于我们当前的目标，我们只需指出，相对论中的四维时空连续统概念，在其哲学意义上显然更接近于中国的"宇宙"，而不是牛顿的绝对空间与绝对时间。牛顿的概念残留着传统的实体—属性思维模式的遗迹，而中国的概念无疑是相对主义的，是中国哲学观中时位——相关主义的内在表述。

就《易经》而论，作为一切存在之统一场的"宇宙"，与作为一切位置之提供者的"天地"一样，都是宇宙场的相关性系统："天地设位，而易行夫其中矣。"① 如此看来，《易经》中的"天地"正对应于怀德海宇宙论——为潜在可能性（永恒客体）的现实化之普遍的相关性系统——中的扩延连续统。按照怀德海的思想，四维时空其实是扩延连续统的一个例示。借用莱布尼茨的说法，它对于当前宇宙时段的必然性是创造性的"假设的必然性"，而非绝对的必然性。由扩延连续统构成的可能性的普遍关联系统，宇宙之终极场性的一个方面，才是绝对的、先在的、必然的。

这里，处于怀德海本体论与宇宙论之核心乃是"有机综合"的观念，它同时取代亚里士多德的第一实体，和科学唯物主义中的物质概念。② 就怀德海而论，界定创造性之真实本质的有机综合，基本上就是有关存在的场理论的全部内容。因为创造性的存在就是有机综合，创造性的所有统一的原子性活动——也即怀德海所谓的"现实实有"或"现实缘会"——都是有机综合的活动。就这一点而论，现实实有（现实缘会）同时就是动态的、辩证的、脉络性的。称之为"动态的"，是因为有机综合内在于一个需要权能分配的活动与转化的历程。称之为"辩证的"，是因为有机综合包含杂多之功能性的对比和对立极运作性的合能（operational valency），它们既对立又互补。称之为"脉络性的"，是因为有机综合总在一种存在脉络或情境的限制之下发生。在有机综合的动态性、辩证性和脉络性这三个方面中，后者占居核心地位。因为正是在存在的脉络性中并通过存在的脉络性，创造性的动态性—辩证性才显示其自身。

---

① 《易·大传》，上传，第7章。

② Alfred North Whitehead , Science and the Modern World（New York：Macmillan Company，1925），p. 226.

那么什么是有机综合所依赖之脉络性终极原理或根本的条件？在我看来，这正是怀德海哲学中最关键的策略问题。① 怀德海的回答基本上被包含在如下五个层次的分析中：（1）纯粹潜能，它由在上帝之先在性中给予的"永恒客体"（柏拉图的理念）的杂多所构成，可以称之为"特性"的根本条件（condition of character）；（2）扩延连续统，它形成一切永恒客体之普遍的相关系统，可以称之为"位置"的根本条件（condition of positionality）；（3）实在潜能，它属于在完成后被纳入上帝之"后得性"的过去现实实有的"现实世界"，可以称之为"传承"的根本条件（condition of heritage）；（4）上帝，它既被视为潜能（纯粹的与实在的）的存贮体，又被看作成就的协调者（通过其先在性与后得性的综合），可以称之为"具体化的"根本条件（condition of concretion）；（5）实有，它属于从现实世界的权能跃动中产生的创造性的"现行活动"，可以称之为"作用"的根本条件（condition of agency）。从一个正在生成中的现实实有的观点看，存在的脉络性无非是这五个形成其有机综合之环境的根本条件的动态——辩证的母体（matrix）。而从这个环境——其自身的现实世界看，生成中的实有是作为诸摄受的合生而突显出来的，这些摄受活动裁适并组织着在其脉络性中被给予的相关要素。这一裁适与组织的合生历程是"创造性的"，因为它将新异性引入它所综合的诸多要素之中。怀德海指出，"终极的形上原理乃是从分离到结合的进展，它创造一个与在分离中给予的诸实有不同的新异的实有"。② 正是在现实实有的这一"创进"原理中，人们将发现怀德海形上学中时间的意义。

根据怀德海，客观的或物理的时间根于创造性的时间化，亦即在现实实有的创进中有其渊源。一现实实有就是一分配着创造能量之不可分割的单元或量子的原子性事件。就这一点而论，其存在恰恰就在于其生成，生成的完成"原子化"了扩延连续中的一个区域。从而时间化也包含原子化的接续，亦即，现实实有的接续。而由前后相继地原子化了的扩延区域所

---

① 作者的博士论文从脉络主义的观点对怀德海的形上学有详尽的分析。参见"Context and Reality：A Critical Interpretation of Whitehead's Philosophy of Organism"（New School for Social Research，1969）中译本参见唐力权著，《脉络与实在：怀德海机体哲学之批判的诠释》，宋继杰译，北京，中国社会科学出版社 1998 年版。

② Alfred North Whitehead，Process and Reality：An Essay in Cosmology，p. 32.

建立起来的时间化的序列，也就构成了物理时间。需要立即指出的是，对于怀德海，物理时间并不能无限地分割成"瞬间时刻（instantaneous moments）"，而是截然分立的，并由连续的"时段"或"时期"组成。无限可分的乃是扩延连续无分划的时空；实际上已分划了的时—空是不连续的。怀德海认为，"连续性关涉潜在的东西；而实有无可救药地是原子性的。"① 在此所谓"时段性的时间理论"中蕴含着某些重要的，值得我们进一步关注的东西。

首先，物理时间的原子性或时段性，最终依赖于创造活动的原子性。时间不可无限分割，因为活动不可无限分割。现实缘会本质上乃是由"主体鹄的"的统一性所界定的创造活动的统一体，而这里的"主体鹄的"乃是内在于其权能量子中的合生的目标。为了实现其主体鹄的，这个创造权能的量子"占据"一个时间量子，并在空间中延伸。因而，一现实实有原子化的区域（至少对我们的宇宙时段而言）是一个四维"体（volume）"。这就是那个实有的"此地—现时（here - now）"，构成了此实有对宇宙的摄受性的观点。

然而，一实有性的"此地—现时"只属于其满足的最后阶段——其"坐标性"特征，而非其"生发性"特征，后者属于生长或合生的内在历程。而这内在历程不在物理时空中。如果我们还记得，怀德海的有机综合是一种场的裁定，从而包含整个宇宙的主体鹄的或本体性抉择的统一，这样就不难理解上面的吊诡。一现实实有实际上无非是宇宙机体之创造性的一个动态的侧面。怀德海说："原子性现实实有个别地表现着宇宙的生发统一性。"② 现实实有的内在生发的历程不在物理时间中进行，因为宇宙作为一个整体不在物理时间中。

这里，宇宙的生发统一性预设了一切现实实有的内在相关性，实有的这种内在相关性之所以可能是因为一个特殊的现实实有，即上帝的存在，它同时作为潜能的贮存者与成就的协调者而起作用。③ 在合生的最初阶段，每一突发的现实实有，都从上帝处获得其自身的主体鹄的，而在那

---

①　Alfred North Whitehead, Process and Reality: An Essay in Cosmology, p. 95.

②　Ibid., p. 438.

③　Alfred North Whitehead, Modes of Thought, 1938; reprinted edition (New York: Capricorn Books, 1958), p. 128.

里，现实存有将要原子化的扩延区域被预先确定了。这样，通过上帝的坐标作用——这取决于其主体鹄的统———在时间性的现实实有之间存在着一种"前定和谐"，这与莱布尼茨为其单子系统规定的那种和谐不无相似之处。实有的这种前定和谐具体显现在"生成的一致性"中，"生成的一致性"则表征了分有同一物理时间"绵延"的同时期现实实有的生成的共在性（unison of becoming）。显然，怀德海试图在此生成的同时期性或一致性的概念中，为相对论物理学中的科学性的"同时性（simultaneity）"概念提供一种形上学的诠释。这里，同时期的现实实有都是"因果独立的"，而这就把我们引向时段理论的另一个主要的含义。

宇宙的有机统一性取决于其内在的和谐，而它的坚实性则依赖于通过客体化了的现实实有在新生现实缘会中的因果效应，来保持并重新启动创造能量。这一因果性客体化过程，曾被怀德海生动地描述为"生者对死者的裁适"①，它确立了时间的"流特性（flow character）"，亦即，时间的连续性与单向性，不过，必须重申，时间之流并非诸无绵延瞬间的接续，而是诸"似是而非的现时（specious presents）"的前进。再者，物理时间的相对性不仅在于其除了实有的生成、消逝与整体化之外别无实在性，而且还在于其允许一个多系列的时间相续秩序。稍加反思便可看到，相对性的第二层含义，可以从联系因果独立的实有之同时期性概念中衍生出来。

这一界定了同时期性或同时性之相对条件的因果独立概念，使我们想起荣格用以解释《易经》中的占卜心理学的"同时并发性（synchronicity）"概念。② 我相信，荣格的解释包含了一个重要的真理因素，这一点无可质疑。然而从哲学上讲，他的理论应用于《易经》，虽然可能是首次尝试，但并不新奇。因为"同时并发性"（怀德海的"生成的一致性"）是一切有机主义哲学的一个本质特征；而《易经》必须被视为有机主义的原型。当然，相信宇宙中一切存在的相互关联与普遍和谐对于莱布尼茨、怀德海的形上学以及《易经》的哲学来说都是最基本的。

我们当还记得，怀德海的场的存在理论的核心是有机综合概念，它同

---

① Alfred North Whitehead, Process and Reality, p. ix.

② 参见荣格为 Wilhelm‐Baynes 的《易经》英译本撰写的前言。The I Ching or Book of Changes (New York: Bollingen Foundation Inc, 1950), pp. i—xx.

时有动态性、辩证性与脉络性。《易经》的读者都不会否认，正是有机综合的这三个方面——动态性、辩证性与脉络性——赋予"易"的有机实在性的意义，其可理解的本质就蕴含在八卦与六十四爻的系统中，这里的每一爻都代表着事件—境遇的一种原初形态。那么，如何把《易经》中"易"的宇宙与怀德海的创造性的宇宙相比较呢？想要在目前这篇论题较窄的导论性短文中完满地回答这个问题，显然不太可能。表1概括了怀德海与《易经》形上学体系间的亲和性的诸要点，它足以满足我们的特殊目标。

**表 1　　　　怀德海与《易经》形上学体系间之亲和性诸要点**

| 创造性形上学（怀德海） | "易"的形上学（《易经》） |
|---|---|
| 1. 作为创造性之分化历程的现实实有与蕴集（nexus 现实实有的复合） | 1. 作为事件—境遇之原初形态与象征"易"的分化历程的卦与爻 |
| 2. 作为一现实实有的生发性组成成分（作为生成、合生与转化历程）的摄受或感受 | 2. 象征事件—境遇之动态辩证趋势与作为一位置性的复合体的爻（作为生长、发展与转化的历程） |
| 3. 作为其合生之目标的现实实有的主体鹄的 | 3. 概括爻的意义并界定事件—境遇的基本类型特征的象 |
| 4. 现实实有从生发上可分成生成或合生的初始阶段、增补阶段和终结阶段 | 4. 爻发展的四个阶段或原则：元（源起）、亨（渗透）、利（推进）、贞（完成） |
| 5. 作为"主体—超体"的现实实有——其自我性乃是在满足时所获得的实体相对性与接口绝对性的统一 | 5. "主卦"——事件—境遇中变化的关键因素促成生成与完成的实体性—接口性的统一 |
| 6. 现实缘会的心极与物极：永恒客体的概念摄受与客体化了的现实实有的物理摄受 | 6. 六爻缘现的阳极与阴极——阳极指向"天形（heavenly forms）"，阴极指向"地形（earthly forms）" |
| 7. 作为现实实有的有结构、有良好秩序的接续的"社会" | 7. 由易的内在逻辑所控制的六爻缘现的接续 |

| 创造性形上学（怀德海） | "易"的形上学（《易经》） |
|---|---|
| 8. 永恒客体作为在上帝的先在性中被给予之特性的确定性与终极可能性的理想形式 | 8. 形而上的或超现象的，在上天确立的"象"（"在天成象"） |
| 9. 永恒客体构入现实实有的时间性世界（具体事实），并在完成时纳入上帝的后得性中 | 9. 居于"有形事物中"（形下）或是现象性的，由地来决定的"形"（"在地成形"） |
| 10. 扩延连续统作为位置性的先在场系统，由永恒客体的相关性所决定 | 10. "天"和"地"提供并确立位置（"天地设位"） |
| 11. 上帝借助其先在性与后得性而成为（纯粹的与实在的）潜能的贮存体 | 11. "太极"——"道"的一个方面——开创"干"和"坤"两个原始爻 |
| 12. 上帝的先在性——上帝作为纯粹潜能的贮存体 | 12. 作为纯"阳"的"干"——天形的领域 |
| 13. 上帝的后得性——上帝作为实在潜能的贮存体 | 13. 作为纯"阴"的"坤"——地形的领域 |
| 14. 现实世界之为活动的——现实的作用性 | 14. 作为男（阳）性的，赋形原理的"阳" |
| 15. 现实世界之为被动的——作为与料的现实 | 15. 作为女（阴）性的，受形原理的"阴" |
| 16. 合生（主观当下性）的内在历程——内在于实在潜能中的创造性的涌动 | 16. "阳"作为"易"之展开（"干"为"辟户"）——事件—境遇内的"道"之"动" |
| 17. 以现实实有内在历程的满足和客体化为基础的外在的转移历程 | 17. "阴"作为"易"之收缩（"坤"为"合户"）——六爻演变关节阶段中的"道"之"静" |
| 18. 作为超体的主体——合生与转化（主观当下性与客观不朽性）之间的间断（interval） | 18. "机"——易之"阳"（展开阶段）与易之"阴"（收缩阶段）之间的连续性的间断 |

| 创造性形上学（怀德海） | "易"的形上学（《易经》） |
| --- | --- |
| 19. 上帝（永恒的现实实有）借助其主体鹄的之统一性而作为成就的协调者 | 19. 作为一切存在的统一原理的"道"（恒存的易之道） |
| 20. 创造性的脉动之为时段性的和有节奏的（存有的时间化） | 20. 六爻的历程之为时期性的和有节奏的（"一阴一阳谓之道"） |

　　这两个形上学体系就其本质方面而言存在着惊人的相似之处。这可从这张并不完整的比较表中看出，从而可以认为，《易经》中时间的含义应该与怀德海的思想非常接近。的确在怀德海的现实实有（也被称为"现实缘会"）的脉络主义，与《易经》的六境遇的脉络主义之间有着显著的相似性。在两者中，空间和时间是脉络性的两个不可分离地联结在一起的场坐标，特性与位置的动态的—辩证的综合在那里发生。怀德海的扩延域的概念，在《易经》的"位"概念中找到了其对应者。正如在怀德海中，扩延域既有空间性的一面又有时间性的一面，《易经》中的"位"也同时包括"时"的含义与"方位"的含义（或狭义的"位"），亦即空间的定位或方向。而且"位"之于"天—地"，也正如扩延域之于扩延连续统。我们不妨重复一下刚才引用过的话，"天地设位，而易行夫其中矣"。①若恰当理解，这一说法在怀德海形上学中也应该是正确的。

　　《易经》尝言"奉天时"②。这就使我们想到怀德海的主张，扩延连续统经由现实实有的原子化，预设了合生初期获自上帝的主体鹄的统一性。《易经》尝言"易"之变化在于"道"之"辟""合"，亦即"阴"（收缩）"阳（展开）"之交替。这就使我们想到，对于怀德海，创造性推进，时间之节奏性的决定者，是由上帝——具体化原理与成就的协调者——规定的。《易经》还提到实在的"开放脉构"，作为六爻之最后两爻的"既济"与"未济"所指谓的相互接续。同样，对于怀德海，现实实有的创进——伴随着秩序与秩序的破坏——是一个无尽的事件。正如在怀德海那里内在

---

　　① 《易·大传》上传，第7章。

　　② 《易·文言》释乾卦九五（即五位的阳爻）云："夫大人者，……先天而天弗违，后天而奉天时。"参见 Hellmut Wilhelm, "The Concept of Time in the Book of Changes" in Man and Time（New York：Bollingen Foundation Inc., 1957), p.224.

的生成历程，与外在的转化历程相区别——尽管也相联系，《易经》中同样的原理也适用于六爻演进的内在—外在历程。在这两种情形中，时间的"流特性"都是由有断的绵延之接续的闭合。而非诸瞬间时刻的连续性所确立的。无论《易经》还是怀德海，时间都是活动性的一个方面。[①]　"瞬间无自然"[②]　因为自然的本质就是不可无限分割的活动性。

在比较怀德海与《易经》的时候，应该指出，尽管后者分有了前者的"有机自然主义"，但它却有一个被前者极大地忽视了的实存——人文主义的维度。不要忘记，《易经》最初是一部卜筮之书，并且它的哲学成分中充满着原始儒家和儒家人文主义的道德的—实践的戒律或教诲。这里，人不只是自然界的被动的观察者，而也是其命运的能动的贞定者（diviner）。对于这个旁观者/贞定者，天地的坐标必须加入人的坐标以形成天—人—地的存在连续统。因此，存在借以敞开自身的存在的脉络性，就其本身来说不仅包括客观——物理的空间与时间，也包括主观的、人的空间与时间——或"空间性"与"时间性"。就其关注这种主观、人的时空以及它与人的命运、人类存在的本真性的关系而言，《易经》更接近海德格尔的实存本体论而非怀德海的有机自然主义。

从《易经》的观点去看，实存人文主义的立场与有机自然主义的立场之间，不该有任何根本的不兼容性。因为人与自然并不相互排斥。虽然人在宇宙中有一特殊的地位，但人也是自然的一个不可分割的组成部分。正如人与非人的自然界相连续，主观的、人的时空也与客观的、物理的时空相连续。把握人—宇宙的这种连续性（"研机"）恰恰构成了旁观者——贞定者的基本任务。以观察为基础的占卜目标是要"感通"存在，促成人类主体对其存在的脉络性——亦即基于空间上的"正位性（right–placedness)"与时间上的"适时性（timeliness)"——有一正确的理解，而感通之所以可能，是因为人与自然间的内在和谐。

分析到最后，《易经》中时间的含义可以在适时性的观念中找到，其中，物理时间与人的时间性是合而为一的。时间之为适时性这一层意思，

---

① 参见 Hellmut Wilhelm，前引书，p. 224.

② Alfred North Whitehead, Modes of Thought, 1938；reprinted edition（New York：Capricorn Books，1958），p. 200.

不仅隐含在《易经》全书之中；而且也明确清晰地突显在《传》的思想中。① 的确，以"存在与适时性"作《易经》的副标题也并非不贴切。这里，适时性准确地界定了存在自身（"易"）与诸存在者之间的关系：适时性是存在者的存在与本体论差异的根据。然而适时性的确切含义是什么呢？存在自身与存在者是以何种方式由适时性联系在一起的？人拥有什么才能对存有作出适时的反应？

这些本身就很重要的问题也是我们理解《易经》的关键。因为，在我看来，《易经》基本上乃是一"命运哲学"，它关注人的命运的实现。就这一点而论，它强调时间的适时性是完全可以理解的。在《易经》的思想中，人同时是创造性的作用者和意义性/重要性（significance）的所在地；而适时性正是以人的创造性与意义性/重要性相结合者。

"创造性"与"意义性/重要性"这两个要领，可谓概括了《易经》哲学思想的中心内容。因为易的宇宙场内在地就是一创造性的场，也是一意义性/重要性的场。创造性界定"易"之为"动态的"；意义性/重要性描画"易"之为"象征性的"。从而作为一命运哲学的《易经》的意蕴，应该在其动态的与象征性的通向存有的进路中去寻找。

在本文中，我们仅就"易"的动态意蕴对《易经》作了一解释——这是怀德海哲学（即，一种创造性哲学）的本性所要求的。当我们进而探讨《易经》与海德格尔的关系时，我们就应该关注《易经》的另一面——其象征性之维；因为海德格尔的实存人文主义，基本上代表了一种意义性/重要性的哲学。这里显然意味着，从《易经》的观点看，怀德海与海德格尔都是片面的。但是，无论这两位哲学家之间有何关系，在《易经》尚未挖掘的含义中，是否有可能已蕴藏着创造性地调和这两位哲学家的钥匙？

关于这个问题以及其他前已述及的重要问题的探讨必须留待将来。在作结论前，我们不得不承认，在对怀德海与《易经》的这样一个初步的研究中，我们所触及的仅仅是其表面上的联系。诚然，在对两个体系中的基本哲学概念作精确的分析之前，本研究所归纳出的全部相似点，必须被视为仅仅是尝试性的或提示性的。例如，我们比较了"易"与"创造性"、

---

① 尤其在对豫、大过、颐、坎、豚、蹇、媾及其他诸卦的解释中。

"道"与"上帝"以及"天—人—地"（就其构成位置性的场系统而言）与"扩延连续统"，然而这些以及其他在我们的比较表中，被明确陈述或隐含着的相似点，如何才能得到正确的理解呢？每一对类比都只是由两个哲学体系间的功能等价性的关系所决定的对应者吗？如果这些类比不仅仅是对应者——诸如我们所相信的那种情形，那么，在何种程度上其意蕴是同一的？在何种程度上，又是有别的？

　　无论答案是什么，从关注中西方哲学传统间的实存性—历史性的联系这样一个一般的思路出发，探讨这些问题都将极有意义。我希望在此至少已成功地传达了我们原先所筹划的研究意义。

　　（宋继杰译，原载英文《中国哲学季刊》，*Journal of Chinese Philosophy*）1，1974，第 373—393 页。

## 2　哲学沉默的意义:对中国思想中语言使用的某些反思

### （1976）

何谓沉默？这个问题或许从来未曾被人提过——至少未曾被人视为一个严肃的哲学问题，也未曾出现于西方传统之中。就传统西方哲学来说，这个问题之所以未出现，主要是因为西方哲学家，即使有的话，也很少有人曾实践过沉默。由于对它没有真确的体验，因此很难看出它真实的意义，遑论了解它的必要性了。而西方哲学家之所以未能领悟沉默的积极含义，与他们未能掌握无或空无的真实含义有密切的关联。对他们来说，沉默只是言说之阙如而已，正如空无只是存有物的否定一般。直到最近，西方哲学家才逐渐对沉默与空无的真正意义有些微的认识，这种新趋势的产生，应分别归功于维根斯坦和海德格尔的著作。对维根斯坦来说，沉默很明显地具有一种积极的意义，是哲学思维所不可或缺的部分。它不再被认为只是言说之阙如，而是言说之超越；这种超越之必然性，完全由于语言的限制而产生。他说，有许多东西无法用文字表达：它们是神秘的；又说，"我们所无法谈论的，必须付诸沉默"。①

以沉默为言说之超越（而非只是言说之阙如），这种想法对研究东方思想的学者来说是非常熟习的。如果东方思想家并无企图探讨此一沉默之性质，那并非由于他们缺乏真切的经验，而是由于这种经验对他们来说太直接了，以致被视为当然。沉默——积极的沉默——一直是东方哲学的根本关怀；我们甚至可以说，这是东方各种哲学所环绕的主题。由于在东方思想中，真理之所在，并非哲学家的言说或表达，而主要却是他实践沉默

① 维根斯坦：《逻辑哲学论》，D. F. Pears 与 B. F. McGuinness 英译。

的方式；因此所谓真理——不论是儒家圣人的至诚、道家真人的纯任自然、或禅师的顿悟——并不是称述或命题的性质，而是统合于沉默中的实存事态之实在性。当然，这并非表示言说没有它的功用，只是其功用是次要的，甚至是消极的。在东方哲学中一个哲学家所不得不说出以及已说出的话，其重要性与意义，必须根据他的沉默（他的言说之超越）来判定。

然而，哲学的沉默——哲学家所实行的沉默，其意义是什么呢？假如我们想在中国哲学的脉络中回答此一问题，必须先知道言说与沉默是两个相关的概念。凡言说必有沉默，凡沉默也必有言说之可能性，就如同存有物来自非存有物（存有自身之性质）且回归非存有物；言说也是发自沉默且平息于沉默之中。沉默，不仅不是言说之阙如，事实上，它正是言说可能性之条件，是言说实际存在之体现。套用《易经》的形上术语，我们可以这么说，言说是沉默的"阳"，沉默是言说的"阴"。"一阴一阳之谓道"。言说与沉默的交替，即是"易"此一宇宙法则的例证，是创造性此一宇宙终极实在界的原初历程。

因此，即使就其一般存有论意义而言，沉默也是积极而非消极的。不过，哲学家的沉默还有另一种积极的意义。哲学的沉默是意向性的——清醒与故意的，这种哲学沉默的意向性可分解为三，即"何者"、"为何"以及"如何"。意向性的"何者"是指哲学家所沉默的东西；意向性的"为何"是指他所以沉默的原因；而意向性的"如何"则指他实践或成就其沉默的方式。因此，对维根斯坦来说，意向性的"何者"即是所谓"奥秘的事物"；意向性的"为何"可以从言谈的限制中得知，这种限制是语言固有的性质；至于意向性的"如何"，吾人则难以确定，它大概是存在于对奥秘事物底沉默的领会之中，这种奥秘事物虽然无法名状，却可以显现于诗、艺术与宗教等非哲学性的活动之中。

在中国思想中，哲学沉默的意向性，其意义为何？不消说，这是一个庞大而复杂的问题，可以有多方面的答案。本文中，我希望仅处理其语言学的向度，亦即就哲学之沉默关联于语言之性质和功用这方面来探讨。①

————————

①　哲学的言说与沉默当然不只是一个语言上的问题。如同其他所有的哲学问题，它涉及灵魂与存有之间，或者用中国哲学术语来说，心与道之间的基本关系。因此它不只是语言上的问题，更是实存与存有论上的问题。

从中国哲学的观点来看，一般所谓的言说，其本质是什么？特别是，哲学言说的本质是什么？这是以下本文所要探讨的主题。

首先，言说行动（speech act）本身即是一种存有物——是宇宙中的发生态或事件，它本身即预设了一种为其发生之基础的世界事态。这个作为前提的事态是一种沉默的事态，亦即，言说行动是从它而生。那么，这个作为前提的沉默事态又是由什么所构成的呢？一方面，它是一种语言事态，本质上是一种意义领域；另一方面，它是一种实在界的事态，本质上是一种重要性的领域。每一个言说（写作也可以视为一种纸上的言说或空间化的言说）都是实在界和语言的一种功用。实际上，言说行动是对道的一种运作，亦即，道是意义与重要性之综合领域的存有，因此，言说的本质在于"陈述"的行动。诚如海德格尔所见，陈述基本上是一种展现。在言说中，实在界借语言而被展现，其重要性体现于意义之中，因此，每一个言说都是存有之陈述。在中国，"道"这个字的本义是路；因此，所谓存有即是事物所循或所应循的路。但是道也有陈述的意思，因此，言说（至少在其本来的形式上）成为一种"道道"的事情，亦即一种使存有陈述的存有之陈述。哲学的言说是最认真的，哲学的陈述是存有在它整体与真实之整体情况中的一种陈述，这就是道言的真正意义。因此，哲学的言说离不开哲学家的心——心灵或能知的心。的确，哲学作为一种"道道"之事，可以说是一种心的事务。"言为心声"——言说是心灵的声音，这句中国寻常的成语所表达的，也是中国语言哲学中的一个公认真理。对中国思想中所有主要学派而言，言说与论述的根本性质不见于语言之性质，而见于心灵与语言的关系之性质之中。所谓言说行动，本质上是一种以语言为媒介，且表现于语言之中的行动。言说是心灵的一种表现，借此，此人所陈述的讯息乃能抵达他人的心灵之中。

这种言说的概念，我们可称之为言说的实存性概念，它与中国哲学家对语言及语言之运用的态度，有决定性的关系。他们基本上视语言为表达与传达的媒介，因此比较强调语言的实用性而轻乎其逻辑性。语言的逻辑性关乎其形式结构，亦即其语法，而语言的实用性则与它的用法和作用有关，主要是语意学上的问题。由于以上的缘故，文法——指语法而非语形学（morphology）——在中国对语言的看法中，自然成为最不重要的部分。众所周知，在中国并没有发展出形式逻辑（发展自语言的句法向度）与文法这两种密切关联的科学；相反地，早在孔子，甚至更早，中国思想家与学者便很注意语意的问题，例如孔子的"正名"，基本上即是一种伦理语意的学说，而名家的诡辩论证基本上也是语意而非语法的性质。

在中国语言哲学中，语意学之所以重于文法与语法，部分原因来自中国语言的性质。如果与大部分欧洲语言相比较，按照语法学的说法，中文可以说是单纯语言的一个典范。它几乎完全没有语尾与动词的变化，也没有多少严格的规则来支配句中字词的功用。同样一个字，字形完全不变，但却可以有时当名词、有时当动词、有时当形容词、有时当副词等，其功用全依文脉而定。在中文中，对于语言功用的判定，文脉确实比规则更重要。但是一个字的文脉关系除了在语法上决定它的格之外，也在语意上决定它的意义。语意学纯粹是研究意义的脉络；如果说，语言基本上是表达与传达的媒介，那么，中文重语意轻文法是有些道理的，或者至少是可理解的。我们知道，一个人如果想充分表达自己的意思，必须能正确地了解字的意义，以及它们在各种情况下运用的方式；但是一个初学某种外文的人，虽然对此种语言的文法所知有限，却总是设法想让外国人懂得自己的意思。总之，重语意轻文法以及重文脉轻规则，似乎是实存且实用的语言概念之必然结果。

这种语言概念普遍存在于中国所有思想派别之中；与它形成强烈对比的是早期维根斯坦的见解，认为语言的意义由其逻辑性质与指称功用来判定。在《逻辑哲学论》中，维根斯坦认为，所谓世界（实在界）是事实的总和，而语言则为命题的总和。指称功用显示出语言与实在界之间的关联。一个命题是一个事实的图像——一个基本命题是一个原子事实的图像。由于图像与图像所描现者之间具有符号上的同形关系，亦即具有形式上的逻辑同一性，因此，一个图像描现一个事实是可能的。而从中国哲学观点来看，维根斯坦的静态存有概念（实在界与语言）与指称的图像理论都是难以接受的。世界并非事实的总和，而是道的变化。语言也非命题的总和；一种语言是一种意义的动态化领域，正如实在界是一种重要性的动态变化领域。中国人可能较能同意怀德海的看法，对怀德海来说，语言与思想是互赖互生的。[①] 实际上，言说行动与其说是一种指称作用，倒不

---

① Alfred North Whitehead，《思想的形式》，Capricorn Books，New York，1958，p. 57。

如说是一种说话的活动，也就是一种展现的活动。关于展现活动，维根斯坦只承认奥秘物的自我展现。他未能了解展现是言说本质的展现；在言说中，实在界的重要性体现于语言的意义之中。[①] 在说话时，心灵与语言合为一；说话既是一种"心灵的语言"，同时也是一种"语言的挂意"（minding of language）。这种合一性的终极基础是建立在人类心灵的性质之上，亦即视心灵为一种挂念的实存物。因此，说话基本上是心灵的一种活动，亦即是一种挂念的活动；对说话本身以及对世界的关注，是人类多面性活动的基础。

对怀德海与中国哲学家来说，言说行动是创造之一实例。晚期维根斯坦也明显是趋近此种观点。在《哲学研究》一书中，维根斯坦认为指称只不过是语言诸功用中的一种。语言，或者更精确地说，语言的使用，对他而言只是一种"游戏"——一种生活样式。语言游戏有很多种，正如生活样式也有很多种。早期维根斯坦虽然专注于逻辑与语言之形式，但晚期则强调语言在日常使用中的实际功用。图像理论被放弃，代之以意义即用法的理论；语言的哲学问题变成语意的问题，文脉成为高举的口号。然而必须留意的，晚期维根斯坦虽然强调语言的文脉关系，但是文法在其思想中仍据主要地位。把意义视同用法以及语言游戏的概念，使维根斯坦在其反形上学的论证中极度依赖规则概念。维根斯坦晚期时相信，形上学问题的产生，乃是由于对日常语言之规则的违犯或误解。

从中国哲学观点来看，语言的使用确实是一种生活样式，但这种生活样式并非游戏的样式，而是实现的样式；所有生活样式都是实现的样式。虽然可以用某一组特定规则加以定义的游戏性质，是构成每一实现样式的重要部分，但本质上，实现是一种创造的过程，在这种过程中，因应（tactics）是一个关键因素。生活是一种因应事态而非机械事态——形式逻辑、数学与机械皆属后者，机械事态全受制于规则；生活因不受制于严格、固定的规则，故不属于机械事态。任何一种生活样式的实现，都是一种需要因应策略的创造活动，而所谓"因应"，是指完成某一目的的巧妙

---

① 此处应注意，"语意学"；（semantics）一字源于希腊文的"semantikos"意思是"意义"；而 semantikos 又源自"semainein"，意思是"展现"。因此，"产生意义"（making sense）的活动（亦即言说活动即是一种展现活动）。

技术，而非只依照规则来行事。因此，因应必然受限于脉络；而且，因应的斟酌未必——事实上很少——能有一个最佳的应付办法，因为任何一种情况都可能有两个以上同样好的因应方法。

以上这种机械性与因应性的区别，可以用来解释大部分中西思想文化的差异。西方心灵受规则概念所宰制——传统西方哲学对真理的追求，实际上是（至少大部分是）寻求合乎律则或"机械必然性"。反之，中国心灵则受制于存有的脉络关联性——传统中国哲学所关切的，主要是"道"的因应效力。我们必须承认，晚期维根斯坦多少带有一点中国精神；《哲学研究》所采的基本研究途径，是因应式而非机械式的——尽管在此书中，规则概念仍据有显著的地位。

因此，我们可以说，中国有关语言和言说的哲学概念，其特性为因应的、实存的与实用的。实用的态度在《论语》中表现得很明显。子曰："辞达而已矣。"① 在《论语》中，孔子的言辞表达非常精简，这似乎表示孔子不仅要求自己，且实际上遵守如《欧坎的剃刀》所主张的经济原则。对孔子来说，言说是很重要的，因为它不仅是社会的必需品，也是道德与精神之实现所不可或缺的工具。② 依据他的观点，言说不是权利或特权，而是责任或义务。其"慎言"与"正名"的学说，只经由此种道德与精神的透视，才能得到适切的理解。慎言是用道德来限定因应，而正名则在语意中体现道德。分析到最后，两者都要源于"诚"的观念。"诚"是人与宇宙朝向真实的过程，在这种过程中，天之道与人之道是合一的。

慎言是诚德之因应性言说。诚字在英文中恐无相当之字眼，此处勉强译为"真实"（sincerity）。作为孔子哲学之一主要用语，它（类似希腊思想的。aletheia——无隐藏）同时暗指了道的实在性、人类存在的真实性、意志的真实、思想的纯净、行为的良正，以及最重要的，言说的真诚。总之，诚的意义是真，是儒学之最高统合原理；它是构成道的本质，也是人与宇宙的道德创造过程。就我们对表意文字之构造的了解，诚字的原始意思是指文字或言说的完成（成言），它同时完成了人类语言的语词以及天

---

① 《论语》，15：40。

② 对孔子而言，正确的言说或适当的语言使用，是德性不可或缺的一部分（《论语》，14：5）——因此必然有"正名"的主张。

地的讯息。这种"诚"之过程是一种因应的事态。真实言说的因应是指适用恰当的语词、时间、对象、论题，以及最重要的，具有正当的动机。①因此，诚可说是一种由沉默中引出言说的开放无偏之原理；或者由另一面来看，是区别言说与沉默的限制原理。如此，在孔子的哲学中，言说与沉默之别以及言说与行动之别，乃具有不可分割的关联性。的确，这两种区别几乎是完全相同的。因为，沉默的体现是行动，言说起自行动之沉默，且归于行动之沉默。儒家的哲学绝非只是一种理智的工作，更不只是语言的问题。只有道思（Tao－thinking）与道言（Tao－saying）并不够，它们只不过是道生（Tao－living）的两个重要切面；道之真理不是被思想与言说，更重要的，要被实行与践履。

在此种道生的脉络中，我们必能判定儒家的哲学沉默之意义。依照《论语》的记载，孔子对两种问题保持沉默——他很少讨论诸如人性与天道等形上的东西，而且不语"怪、力、乱、神"。②关于后者，我们可以很安稳地说，孔子之所以不语怪力乱神，乃是因为这些东西对孔子而言，与道德生命并无本质上的关联，但是他为何很少论及形上事物则很难判定原因。人性与天道都和道德生命有明显的关联，在儒家的终极分析中，道德与形上是同一的，都具有最高的重要性。既然如此，孔子又为何对它们保持沉默呢？

不管这个问题的答案是什么，此一哲学沉默不可能有类似早期维根斯坦所主张的那种语言性的理由。我们相信，孔子之所以对形上事物保持沉默，是由于他的深度谦虚以及重视真理；这两项在西方也被视为苏格拉底之智慧的本质。孔子的沉默以及苏氏的自承无知，两者所透显的，都是《中庸》所说是"至诚"之精神，这种精神使圣贤或哲学家只表达自己真正了解的东西。③就儒家思想而言，圣贤在生活与智慧中表现至诚精神，才是真正对形上学的"实行"。因为至诚就是天道，表现在个人的例证上——亦即过一种至诚的生活——即为人之道。这种道，这种人们可在实际生活中实行的道，是能够被人们所真正认识的。不用说，这种真理

---

①　这些可视为"礼"——基本上是一个因应的概念——的部分含义。

②　论语，7：20；9：1。

③　论语，2：17：（"知之为知之，不知为不知，是知也。"）

（既是道德的又是思想的，既是实存的又是形上的）无法只靠讨论而获致，因为这种真理必须被实践，以及在生活中实行才能被真正认识。[①] 因此，孔子之所以不愿讨论形上事物似乎是完全可以理解的。对于提升道德生命而言，形上思辨顶多只是一种工具，而且有时会产生误解与混淆。孔子对道的关切，比较偏爱用范例来表达其真理。这种表达方式实际上是一种"道言"，亦即不透过文字的媒介，而是在沉默的行动因应中表达了道。就此意义而言，孔子的生活实在可被视为一篇雄辩动人的形上学"论述"。

如果我们把儒学看作是诚的信条，则道家之学便可视为"纯任自然"的信条。而作为生活与创造形式的言说之因应，对道家而言便是自知天性所自发的因应。道家所说的真人能与道合一，是最高的艺术家与因应家，能绝对纯任自然的完成所有事情。绝对纯任自然而发的言说已经具有沉默的性质——不是不出声，而是一种含义极深的沉默，也就是庄子所说的"忘言"。在忘言的境界中，言说与沉默被先验地统合了。言说者所说的，不再是人类语言的语辞，而是"道"自身的言语。如果有两位"真人"从事绝对纯任自然的对话，他们所听到的不是有限言说的声音，而是无限的沉默，这种沉默就是"道"的声音、"天籁"。

对道家而言，宇宙万有是一种自然秩序而非道德秩序：在此，形上超越了道德。"道"既非善也非恶，而是天真。作为终极的实在，"道"只能被称为"自然"，此词在中文的意思是本然（self - so）。道的这种自然性或"本然性"是绝对纯任自然的、是无法用一般论述加以表达与传达的本质。能被言说——亦即用一般语言——的道，不是真正的道。因为，一般语言是一种事物语言、一种设计出来的语言；这种语言无法充分表达本身为无限物，且为统摄一切存在之基础的"道"之本质。"道"是一种非存有物的存有，因此无法用专为存有物而设计的语言来谈论。

但是"道"也并非绝对无法名状，它虽然不能被一般论述的语言说出，却可以用非一般的语言——亦即诗的语言——加以表达。在诗的言说中，虽然仍用一般语言来描述事物，但这些事物的存有境界已被完全改造。经过诗人想象的召遣，这些事物已非原来实际的意义，成为一些象

---

① 这点是孔子与苏格拉底之间的一个根本差异：孔子并不重视"辩证法"（透过问答来寻求真理与知识的方法），而苏氏则为辩证法的代表人物。

征。诗人不把事物看作事物，而是看成道的载舟，透过事物状态的超越，道显现了自己。因此，如维根斯坦所可能说的，诗以展现"道"的方式来谈述"道"，以展现事物的非事物性来显现"道"。

庄子所使用高度隐喻性与夸张的语言，本质上是诗的语言。他无疑是一位最善于运用语言的因应性与诗意，以表达哲学思想的大师，就中国传统而言，庄子就是哲学的诗篇、哲学的诗篇就是庄子，这应该不是夸张的说辞。庄子确定了中国哲学诗篇的基本意义，其本质存在于"去知"（unlearning）与"忘言"的艺术与过程之中。一个哲学诗人如果想真正地体验"道"，必须去除一般知识的局限，在文字的事物性与俗义中掌握忘言的境界。如同得鱼而忘筌，在理悟"道"之真义后，文字亦被忘掉。庄子的这个比喻，使我们立刻想到《逻辑哲学论》中著名的"梯子之喻"。① 不过两者之间有微妙的差异。在庄子的比喻中，鱼筌是自然地被忘记，但是在维根斯坦的比喻中，梯子是刻意地被抛弃。从道家的观点来看，《逻辑哲学论》中的沉默（当一个人登上梯子之后）不是真正哲学上的沉默，因为它仍然记着先前的言说（必须刻意地抛弃梯子）。对道家而言，真正的沉默是指言说的超越，但是这种超越与《逻辑哲学论》中所说的超越并不相同，亦即不是持续哲学论述直至语言的逻辑极限。真正的沉默是一种纯任自然的沉默，亦即是与道合一的沉默；我们只有借着展现语言的原初真实性才能理解这种沉默。正如存有物的原初真实性，存在于含摄存有之完满性的"非有"之中，语言的原初真实性，亦同样地存在于"道"纯任自然而自言（self – saying）的沉默之中，这也是最丰富健谈的言说。这种最丰富健谈的言说正是哲学论述的目的，而一个哲学家只有在自然而非刻意地忘掉普通言语时，才能发出"道"之言语。

以上所讨论的或许可以作如下的总结。就中国思想传统的主流而言，语言的哲学运用通常可以看作是一种实存与实践的，以及因应与脉络的事态。这种普通的特性不只适用于古典期（汉朝以前）儒、道两个主要学派，即使在佛教传入中土之后的儒道的一些后续发展如新道家、禅宗、新儒家等，也同样具有此种特性。这些后续发展也如同它们所源自的古典原

① 逻辑哲学论，第 151 页。至于鱼筌之喻，参见《庄子全集》，Burton Watson 英译，纽约：哥伦比亚大学出版部 1968 年版，第 302 页。

型，把语言的使用当作一种生活样式，是人之实现所不可或缺的一部分。毫无疑问地，语言的实存性功用主要是实践性的。语言是表达与传达的媒介，而不是实在界的逻辑表象（如早期维根斯坦的看法）。然而，中国思想家或那些企求觉悟者的实存论述中所表达与传达者，不论儒家的诚之道、道家的自然之道或佛家的涅槃之道，都不是有关"真实体验"——道的生活真理——的理论或主张。真实体验的这三种主要型态，分别构成中国传统思想的三个主流。它们之间当然有许多差异，但是有一项基本观点是相同的，那就是，它们都取认"心"是真理之所在。真实的心是所谓的"道心"，它是道之心，同时也是心之道。在这三派思想传统中，哲学都有"实存的证成"（existential justification）的意义，在道心之中且透过道心去领悟真实的存在。在这种实存的证成中，思想、论述与行动实际上是不可分的，因为它们不过是某一有机体验整体的不同切面而已。因此，表达与传达的意义必须被适切的理解，亦即必须由统合思想、论述实存与实践性观点来理解。在最后的分析中，被表达与传达的东西是道心。的确，在真实的体验中领悟与传达道心，可说是中国思想哲学言说与沉默之旨意所在。

如同其他众多情况，在以上的探讨中，中国的方式既非西方典型的逻辑方式，也不是印度独特的超逻辑方式，而是因应的方式，这种方式必然意味着脉络的重要性，因应主义与脉络主义确实是中国思想文化的表征。在中国的传统中，与脉络相关的语言之因应使用，虽然在新道家典雅的清谈与儒家热诚平实的论述中，也具有相当的重要性，但最显著的，莫过于在禅宗尖刻问答中所表现者，禅宗以深刻有趣的方式融合中国与印度的精神。佛教原本是印度心灵的产物，其教义不论在观点或方法上都是超逻辑的。其观点之所以是超逻辑的，乃因其目的在逻辑之超越；其方法之所以为超逻辑，乃因其得用且依靠逻辑去征服逻辑，亦即借着展现逻辑的限制，以及论究逻辑的可能性来征服逻辑。这就是为什么虽然佛教普遍主张以"破言"为论述的根本目的，但是在佛教的经典中，形式逻辑仍然占有如此高的地位。禅宗在超逻辑的观点与实际生活的戒律两方面，确实与印度佛教相同，但是它的方法是因应性的，基本上仍属于中国式。禅宗也像佛教其他派别一样，以超越逻辑为目的，所不同的，禅宗不是让逻辑去自我摧毁，而是因应性地规避了逻辑。这种"规避"的因应当然是源自古典道家哲学——一个高明的因应者能如水般柔弱与有力，这是道的最佳因应。不过禅宗的规避因应实际上也确是一种最有效的面对方式；因为借着规避逻辑，行禅者马上直接面对真正超逻辑的东西，亦即"本心"，此即为吾人之佛性。禅宗所说"直指本心"的真义应该是如此吧！

道家与禅宗都曾被人拿来与维根斯坦的哲学相比较。①② 就晚期维根斯坦的因应主义与脉络主义而言，如果能适切地掌握道家与禅宗独特的中国特性，那么这种比较是很有意义的。从方法的观点来看，早晚期的维根斯坦的确有根本上的差异。因为，《逻辑哲学论》是逻辑与机械的，却企图达到超逻辑的境界，而《哲学研究》则是因应与脉络性的，试图规避逻辑。不论早期或晚期，至少就方法上来说，维根斯坦的哲学可说逸出了西方（欧美）文明的主流；他自己也承认此点。③ 不过他并未明白承认，或者未能了解到，他实际上已走入东方文化的主流之中。在《逻辑哲学论》中，仍属于西方式的维根斯坦已逐渐趋近印度的观点；在《哲学研究》中，不再如此西方式的维根斯坦则已明确地进入中国的领域。从东西汇通的观点来看，这是一个很特殊的现象，我们相信它必然具有重大的意义，但限于此篇论文的范围，在此无法对它做进一步的探讨。

（赖显邦译，原载《中国哲学季刊》，1976 年第 3 期，第 169—183 页。）

---

① 关于禅的语言之性质及其逻辑性，请见成中英所著具有启发性与高度原创性的论文，"论禅的语言及其吊诡"，《中国哲学杂志》，1973 年第 1 期，第 77—102 页。

② 例如 K. R. Fann 曾对《逻辑哲学论》与《道德经》以及《哲学研究》与"禅宗"做过比较研究，见其所撰《维根斯坦的哲学观念》，加州大学出版部，柏克莱与洛杉矶 1971 年版，第 3 页，n. 1；第 110 页。但是他的见解过于粗率，恐无帮助。对于维根斯坦与禅宗有关语言功能的问题，其进一步的分析可参考 Henry Rosemont, Jr.，"意义即使用：作为禅师语言工具的公案与问答"，《东西哲学》，1970 年第 20 期，第 109—119 页。另外，H. Hudson 曾以批判的观点，对维根斯坦与禅宗做过全盘的比较，请参见他所撰"维根斯坦与禅宗"，《东西哲学》，1973 年第 23 期，第 171—181 页。

③ 参见维根斯坦《哲学诠注》前言。

# 3 从《易经》的观点看怀德海与中国哲学

## （1979）

在怀德海的形上学与由《易经》的宇宙观所显示的中国人世界观之间，存在着一种真正的亲和性，这是我在前一篇文章中得出的结论。① 尽管过于简略，我相信是牢不可破的。想要继续在怀德海与中国哲学之间进行创造性的对话，就有必要在此对它们的关系提供一个全面的统观，确认所涉及的哲学课题或问题，并指出我们所要遵循的解释学策略。潜藏在我们以前的讨论中，而现在须凸显为研究焦点的关键词是生命。在我看来，将实在与生命——而非其任何特殊的方面——相同一，根本上乃是中国哲学与怀德海共同的主张。因此认为它们提出了两种可相比较的生命观，将成为我们论证的主要动力，以及我们解释学的有利的立足点。然而必须立即补充说明的是，我们不要把怀德海与中国哲学间的关系仅仅视为一种哲学的关系，一种理论上的异或同的事情。因为我们相信，对于这种关系，存在着一个真实的历史的维度，并且，是一个具有高度重要性的维度——如果我所提出的有关东西方之间精神——历史的相关性的主张是正确的话。②

按照李约瑟的观点，中国传统的世界观根本上是一种"机体自然主义"的形式；当然对他来说，以此来描述怀德海的哲学也是适切的。无论人们是否在实质上赞成李约瑟的诠释，他的主张，即肇始于莱布尼茨、

---

① 本文为有关怀德海与中国哲学间关系的系列研究之二。系列之一参见本书"怀德海与《易经》中的时间观念"一章。

② 这一主张，在"怀德海与《易经》中的时间观念"中已有简短的介绍，最初是在"关怀、惊异与存有的极化：论人类命运"一文中提出来的。参见 "Care, Wonder, and the Polarization of Being: An Es – say on Human Destiny", Chinese Culture（Taipei), XV, 4（1994), pp. 51—76。

中经黑格尔与恩格斯的发展，而最终在当代的怀德海哲学达到顶峰的整个西方机体主义传统可能有部分的中国渊源，是顶大胆而出人意料又富刺激性与挑战性的。因为，如果李约瑟是正确的，那么，正如怀德海本人所已猜想的，怀德海思想与中国思想间的亲和性就是理所当然的事了。① 在那种情况下，两者的关系就不仅仅是思想上的事了。我们相信，它会有一种历史的意义，尽管它实际意味着什么样的历史意义当有待确定。

对于一般的比较哲学学者，尤其是研究中西方哲学关系的学者来说，必须承认和感激李约瑟在科学哲学思想领域的不朽贡献。他关于中国哲学与怀德海哲学关系的许多评论都极有价值。诚然，李约瑟对这个问题的看法的要点将被融入本研究中，尽管我们的视野要更为宽广而不局限于其根本的科学取向，李约瑟所迈出的巨大一步也仅仅是个开端。总而言之，对于怀德海与中国传统哲学，虽然从李约瑟的不朽巨著的第二卷中，可以得到许多精彩而发人深省的洞见，但他并没有给出任何精微细致的研究。② 而人们又的确可以责问他：用一种"机体自然主义"的形式，能充分地描述作为一个整体的中国传统哲学吗？我认为，从哲学的立场看，答案必然是否定的。因为中国传统哲学本质上乃是一生命的哲学：而就这一点而论，它同时又是人文主义的，因为人的生命是其首要的关切。它又是自然主义的，因为它承认人与自然的连续性，并强调人类生命与伟大的自然生命的统一。最后，说这一以生命为中心的哲学是"理想主义的"，不仅因为它是在人类存在的理想完善中去发现生命的意义，而且还因为它高度强调心灵之为生命意义的中心。而在它是理想主义的限度内，中国的生命哲学定向于关怀而非惊异。中国哲学家寻求对生命的一种理解，不是为了满足其好奇心，而是为了从人格上实现生命之道、其存在的真理。这里，知识是至高无上的，不是因为其本身即是一个目的，而是因为其在生命之超升与本真性之成就——亦即在自我超越与自我转化的过程中的核心作用。

---

① 李约瑟的观点参见其 Science and Civilization in China, Vol. 2：History of Scientific Thought (Cambridge University Press, 1962)，pp. 496—505. 可比较怀德海本人的看法. 参见 Afred North Whitehead, Pro－cess and Reality：An Essay in Cosmology (New York：Macmillian, 1929)，p. 11.

② 李约瑟本人对怀德海的阐释，参见其 "A Biologist's View of Whitehead's philosophy"，收入 Paul Arthur Schilpp (ed.)，The Philosophy of Alfred North Whitehead, 2nd. edition (New York：Tu－dor Publishing Company, 1951)，pp. 243－271.

中国哲学无疑是实存性的与实践性的，而非纯粹思辨的与理论性的。中国哲学的真理，不是一种关于生命的可从客观上加以证明的科学的真理，而是一种关于意义（或重要性）的生存性的、可从精神上予以证成的哲学的真理，也就是一种将客观洞见与主观希望融为一体的生命观。它首先关注的不是单纯的事实（如果真有这种东西的话），而是意义与意义性以及价值与重要性。

　　在形上学上，中国的这一意义性/重要性的哲学（philosophy of significance）将实在与自然、自然与生命相同一。而且它既从机体的整全性上，也从前进的创造性中去领会生命的实在性。机体主义与创造主义，真可谓构成了中国形上学或本体论的两块基石。而对于中国人来说，形上学或本体论本质上无非是一种"道观"（Vision of Dao），对自然与生命之道的一种观法。其中，"机体主义"意指万事万物在"道"中的多维度、多层次的内在关联性与相互依赖性，而"创造主义"则强调其无尽的自我转化与生成的历程。中国形上学既非一元论也非多元论：借助于"一"与"多"在其中得以有机综合的、对于实在的场观（field conception of reality），它超越了一元论与多元论。必须记住，在西方思想中极为流行的二元论倾向，在中国哲学中几乎不存在。而中国思想中的非二元论，只是其习惯于综合与聚集的态度的另一面。因为中国哲学相信生命的机体整全性，所以它几乎完全避免了二歧性之恶——一与多、灵与肉、心与物、上帝与世界、人与自然、自我与社会，等等——而这些正是徘徊在西方哲学传统中的邪恶的幽灵。这里，如果说中国人的综合态度，基于其机体主义的观点上，那么它的"策略主义"则扎根于其创造主义的概念中。中国思想家一般都策略性地探讨生命的问题（包括思想的问题），因为在他们看来，这些问题根本上乃是策略和艺术的事，而非法则与逻辑的事。① 他们这么做，是因为他们相信实在中存在着一种根本的不完全性与不确定性。这种根本的不完全性与不确定性，对于生命来说不是偶然的——它其实是其自由创造的必要条件。这并不意味着策略性的探究必然是非逻辑的或独断

---

① 当然，这并不意味着法律与逻辑在中国人的生活与思想中毫无作用。在中国传统内部，策略—艺术之道与法律—逻辑之道的对比可以从强调"礼"的儒家与重视"法"的法家之间的冲突中看到。不过，也可以主张，甚至法家的"法"，分析到最后，也是策略—艺术的事情而非法律—逻辑的事情。

的，它所要求的乃是承认法则与逻辑之道的有限性。

概言之，中国的生命哲学根本上是以关怀为取向的意义性/重要性的哲学，它同时又是人道主义的、自然主义的和理想主义的。这种哲学，其形上学观点根本上乃是机体主义与创造主义的，其方法则是综合与策略性的。如果接受对中国哲学的这样一种概括，那么任何涉及中国哲学的比较研究，都必须赋予《易经》以关键性的地位。因为我们上面所认同的中国哲学的主要特性，并不特别地属于任何个别的思想学派，而属于中国哲学传统的永久的背景。而这一永久的中国哲学，如果不是从一开始就由《易经》所或隐或显地包含着的哲学所决定的话，至少也是最典型地由它所代表。认为《易经》只是一部儒家经典是错误的；因为此书具有许多层次与方面，而在其最古老的层面里包含着中国人的原初直观。即使假设那构成《易经》中哲学思想最明显部分的《易传》为儒者所撰，它们所包含的中国思想普遍性，远甚于儒家思想的特殊性。它们很可能是由一些具有折中融合心智的儒家思想家所撰，这些人热衷于把圣人教诲与中国传统的原初智慧合而为一，而非护教式地以宗派旨趣去割裂它们。我们发现，嵌于《易经》的思想母体之中，并构成中国哲学之共同源泉的中国人的这一原初智慧，比片面裁汲这一原初智慧所形成的各种思想派别对它的不同阐述，具有更开放的心灵和灵活性。因此很明显，当儒家过分强调人与自然这两极中的人的一极时，道家恰恰反其道而行之。另外，中国佛教却无限度地夸大了心的作用。从《易经》的观点看，中国哲学史无非是对原初智慧的辩证的自我反思，清晰的区分对于历史上中国精神之历史性的自我实现来说是必要的，这种自我实现就在于对其原初直观的透彻了解与自我认识。作为这种区分之后果的各种不同学派的观点冲突，乃是中国精神为其最终完成所必须付出的代价。这一原初智慧在新儒家——尤其是新儒学最伟大的综合者朱熹的哲学学派的教义中得以辩证、自觉地重构。从某种意义上说，新儒学真可谓中国哲学在其现实历史发展中的完成。但这可能不是中国原初直觉之真正的理想的完成，其本真的实现最终依赖于对其他民族所作之原初智慧的跨文化、跨哲学的反思。（译者按：这里指宋明儒学，下同。）

如是，在《易经》之后，我们必须赋予新儒家在中国哲学史上的另一个关键的地位。李约瑟正确地强调了朱熹在其比较的诠释学中的重要性，并将朱熹视为与怀德海最切近的一位中国思想家。但是他没能把握住中国哲学本质上乃是一种以关怀为取向、以生命为核心的意义性/重要性哲学的全貌，而且由他的科学偏向所误导的对《易经》的评估，妨碍他对怀德海与中国哲学间的关系，形成一个正确的判断。李约瑟把《易经》的特征界定为"管理性的研究"自然现象，其方法是，以卦的象征系统形成一个"巨大的档案汇集系统、概念的贮存库，几乎可以指涉所有的自然现象"。① 虽然他充分肯定了作为《易经》之主要贡献的场概念与相关——协调思维（correlative - coordinative thinking）的重要性，但他对此经典的判断一般都是否定的。李约瑟总结说："我恐怕我们不得不承认，阴阳五行理论有助于而非有碍于科学思想在中国的发展，但《易经》繁复的符号系统却几乎从一开始就是一个恶劣的障碍。"②

　　无论这种观点能否从科学史的角度获得证明，我们从哲学的立场对《易经》的评价显然大不一样。作为中国生命哲学的原初代表，《易经》在其哲学上的重要性并局限于自然主义的维度上。因为其完整性恰恰在于人文主义、自然主义与理想主义这三个主要维度得以统一的方式上。毫无疑问，《易经》的生命哲学是机体主义的，但这也只是事实的一半。像《历程与实在》一样，《易经》所包含的创造性哲学不亚于其所包含的机体或机体主义的哲学。对我们而言，《易经》精致的符号系统与其说是抽象概念的贮存库，不如说是一种喻于生命之道（"生"）、对生成变化与历程的原初实在性极为重视的思维方式。李约瑟受机体主义的迷惑是如此之深，以至于全然忽视了怀德海与中国哲学中的这另一个维度。我们发现，李约瑟比较的诠释学中，最缺乏的乃是两类机体主义哲学的重要区分，即：一类是由莱布尼茨的单子论形上学所代表的决定论的机体主义；另一类是《易经》与怀德海的历程哲学中的创造主义的机体主义。照我们的看法，不仅要从机体主义与机械原子论之间的对立，而且还要从决定论与创造主义之间的对立，去看中国传统形上学与西方传统形上学之间的差异，前者是李约瑟所惯于强调的，而后者他或者忽视了或者至少未曾给

---

① Needham，Science and Civilization in China，Vol. 2：History of Scientific Thought，pp. 332，335—337.

② Ibid. ，p. 336.

予足够的重视，尽管对此他显然并非毫无意识。这一理论上的疏忽，还削弱了李约瑟这样一种主张的力度，即中国哲学经由其对莱布尼茨的影响而对怀德海可能产生影响。无论莱布尼茨实际上从《易经》与新儒家的教诲中学到了什么，他完全忽略了作为后者思想方式之核心的创造主义。并且无论怀德海在多大程度上，受惠于这位 18 世纪的哲学天才——他们有共同的背景、训练、理智兴趣甚至学术理路，他的机体主义却截然不同于他的前辈。实际上，仅就机体主义方面而论，斯宾诺莎对怀德海形上学的影响至少不亚于莱布尼茨。怀德海在《历程与实在》中公开承认，他之受惠于并相似于斯宾诺莎的地方，[①] 如果西方机体主义历史开端是全然可确定的，那么我们相信，第一位真正的奠基者必定是斯宾诺莎而非莱布尼茨。要知道，即使作为一个太富于独创性的思想家莱布尼茨，实难以"让我们"用剽窃之罪苛责于他（而他的同时代人正是这样指控他的），他的哲学之受惠于斯宾诺莎似乎无可质疑。而李约瑟仅仅在其不朽巨著的一个脚注中，提到了这一重要的事实。[②] 而且，尽管李约瑟认识到了斯宾诺莎与中国思想（尤其以朱熹为代表）之间的相似性，斯宾诺莎之为西方机体主义运动真正奠基人的事实却彻底被忽略了。[③]

不管怎么样，无论中国的机体主义可能对西方的机体主义有何贡献，在 20 世纪两者交汇之前，他们在基本精神上却始终处于对立的两极：一个是创造主义与策略性的；另一个则是决定论与机械性的。然而随着它们跨入现时代以来，两种机体主义传统间的鸿沟已变得越来越窄，这极大地归因于西方机体主义在过去的几个世纪里，已越来越趋近于中国的地位。我们相信，机体主义思想在西方的这一转变，其背后的推动力基本上是在西方文化传统之内产生的，虽然由于其对启蒙运动的影响，中国可能曾有助于它。我们都知道，怀德海深受英国浪漫主义诗人——特别是华兹华斯与雪莱——的影响。这些醉心于自然的浪漫主义者，在其著述之时恰逢欧洲普遍崇拜中国的文化：其人文主义的哲学、其统治形式中的理性主义、其艺术（包括园艺）与诗歌中的自然主义。华兹华斯和雪莱，正如李约

---

① Whitehead，Process and Reality，p. 10.

② Needham，Science and Civilization in China，Vol. 2，p. 504（g）.

③ Ibid.，p. 505（a）.

瑟所指出的，经常是完全中国式的，他们本人对此却毫无知觉。① 而假如怀德海哲学的终极直觉，真的受到了浪漫主义的终极直觉的影响，那么我们或许可以以一种迂回的方式，确立怀德海与中国思想之间的某种历史的关联。

　　但是，显然没有人能深受诗歌的影响，而其本人却对诗歌缺乏高度的敏感。正是诗人——而非逻辑学家和数学家——在怀德海那里最终促成了其最根本的哲学洞见：他对感受、情绪以及作为最终实在之要素的主观当下性的强调；他的诉诸于直觉与想象力；他的将存有与历程和生成相同一；他的根本的功能——关系"取向"的形上学进路；他对以和谐为基础的美的极度崇尚；他对上帝之为世界诗人的不同寻常的界定。而这些洞见暗示或意味着什么呢？它们意味着一种"生命的形上学"——而这正是怀德海所给予我们的。与作为生命之一种崇高形式的诗歌一样，生命本质上也是一种情绪性的活动。而且，情绪与活动的结合，恰恰就是他用术语"感受（feelings）"或摄受（prehensions）所意指的东西，而"感受"或"摄受"则是生命的终极"细胞—事件"，现实存有的各种不同的组成活动。在《易经》和新儒家的形上学中，作为内在的就是一种情绪性活动的生命概念蕴含在"感应"的观念中，亦即活的事物对攸关生命的宇宙环境的"感受反应"。中国哲学总是与诗歌这种心灵和感受的语言紧密相联。孔子的"仁"、孟子的"恻隐之心"、道家的"慈"、墨家的"爱"以及佛家的"悲悯"——中国思想的各种不同学派中，这些核心概念都蕴含在"情之宇宙"之中，无论中国哲学家还是怀德海都坚信生命本质上乃是一种情绪性活动（emotional activity），这一事实可以在他们的"mind"或"心"的概念中清楚地看到，他们强调非认知性的"心"胜于认知性的"心"，强调直觉的"心"胜于理智性—概念性的"心"，值得注意的是，无论怀德海或中国哲学都不存在任何精致的意识理论，从而也缺乏在西方哲学传统中——尤其是近代——如此显著的认识论或现象学的兴趣。对于怀德海而言，意识是一种主观形式，一种只属于较高级生命之情绪性活动的形式，这就与通行的以情绪为一种意识形式的笛卡儿主义的观念形成鲜

---

　　① Needham, Science and Civilization in China, Vol. 2, p. 505（a），李约瑟引证了鲁索、布莱克、荷尔德林与雪莱，但未提华兹华斯，但后者可能比其他人都更为中国式的。

明的对比。而且，虽然中国哲学家实际上从未忽略心灵的认知功能，尤其是它的直觉能力，但他们所谓的"心"首先是非认知性的或至少是非概念性的。作为我们肉体存在之主宰的"心"，是感受性的心和意志而非理智或理性，亦即概念化与推理的能力。或许对中国和怀德海的"心"或"mind"概念的一种更准确的阐释乃是，与生命本身一样，"心"也是一种机体的实在，而非诸如官能心理学所处理的可以划分为不同区格、功能自主的单元。心的功能是交叉重叠、相互依赖的。在较低的生命形式中，甚至在我们不理智的时刻，认知性的与非认知性的也是须臾不可离的，它们都融入了生命的基本活动——"直觉感受"之中。

现在，如果生命的本质就在于情绪性的活动，并且如果没有什么东西比生命本身更为真实，那么存有或存在就必须具有这样一种基本的内涵，即参与到生命中去——对怀德海来说是，最终参与到现实存有的活生生历程中去。术语"实在（reality）"与"实在的（real）"在怀德海的形上学中有多重含义。就其最宽泛的含义而言，一切都是实在的，因为任何事物都是某种以其自身的方式，在宇宙的创造历程中发挥功能的东西。但是从一种特殊的含义来讲，作为特许的存在模式，"实在（reality）"指的是最具体的、活过的或活着的生命"时刻"——亦即现实存有之满怀情绪的"主观当下性"。怀德海对于作为生命之终极事实的"美感时刻"，或攸关生命的此时—此地的这种强调，与中国哲学的精神完全一致，而中国哲学始终是一种当下（或现场）的哲学（philosophy of the present）；它与印度和西方形上学的永恒论观点恰好相反。对怀德海和中国哲学来说，永恒的东西，即在相对于世界而被等级化了的潜能的无限财富中存在，并从而形成上帝或"太极"（生命的无限极）的先在性，只是活的现在的一个方面，反之则不然。其根据在于，永恒的东西是生命之最抽象的方面，而抽象是被包含在具体之中（即从具体之中抽离出来）的，在《易经》与新儒家的形上学中，生命的这种先在的——无限且永恒的——方面被称为"天"，而与"地"相对，"地"是生命之无始无终、囊括一切方面，相应于怀德海的上帝的后得性。正如在怀德海中，上帝的存有在于其先在性与后得性的统一，同样在中国形上学中，"天"与"地"协调一致构成具有统一性意义的"太极"。并且，正如生命之道在天地与万物之间斡旋，同样，创进的秩序在于上帝与世界的互依性。无论怀德海的上帝还是中国的

"太极"，都意指自然界的场特性，它造成了"生"或创造性的流变特征。
生命的连续性取决于由"地"上的实在条件所限制之"天"中无限潜能的
获得，而这些条件是对创造性存在的每一实现的中心而言的。朱熹认为，
每一事物都有一"太极"，它与相对于那个事物的永恒的"太极"是同一
的，这种理论与怀德海有关现实存有之无时间性上帝与时间性世界之间的
关系理论十分接近，怀德海主张，现实存有在其生成的初始阶段，摄受上
帝的主体鹄的，以获得其自身的主体鹄的。这只是意味着，创造性的每一
个活的中心都把其存在的给与性（givenness）归功于普遍的生命根地
（ground of life）——上帝或太极。然而这种上帝之"保佑（provi-
dence）"——新儒家形上学所谓的"天地之仁"——不是绝对地决定着
的。它是内在地无限且不定的；而这种无限性与不定性的要素，道家和某
些新儒家哲人视其为生命之"虚"或存有中的非存有，为自由创造制造了
空间。用怀德海的话来说，一现实存有的存有就在于其给与性从无限性到
有限性、从不定性到有定性的自我转化。在《易经》的形上学传统中，
这是一种"自我证成（self－justification）"的活动：所谓"各正性命"
是也！

在怀德海和中国的形上学中，上帝或天地的护佑特性，经常是用各种
想象或隐喻象征性地描画出来的。就中国的形上学而论，最普遍的象征是
父母的关怀——即，"天"的"父亲般的关怀"与"地"的"母亲般的关
怀"。相反，怀德海上帝概念中最突出的比喻是"世界的诗人"。① 诚然，
这两类比喻或象征之间有着微妙的差别。不过，如果我们更切近地考察一
下怀德海的上帝形象，我们将会发现，它根本上也是用关怀的语言来设想
的。譬如他提道，"上帝本性的运作生长"像一种亲切的关怀（tender
care），"无物被遗漏"；上帝作为"明智的审判，利用了时间世界中仅仅
是残骸者"，作为世界的拯救者"以他对真、美和善的观照温柔耐心地引
导世界"；作为"伟大的伙伴——善解人意的难友"。② 在怀德海的上帝的
诗喻中，没有任何东西本来就不可适用于中国的以天地为父母的象征。另
外，上帝之为世界诗人的比喻，也并非形上功能的充分表征。如果我们正

---

① Whitehead, Process and Reality, p. 526.

② Ibid., p. 525, 526, 532.

确地解释了怀德海的形上学，就其真正动机而言，乃是一生命的形上学，那么上帝与世界之间的关系，或者"天地"与作为实在与自然之基本结构的万物之间的关系，用父母—孩子的比喻来设想，似乎就更好了。说上帝"不创造世界，他拯救它"，如怀德海所言，根本就不是事实。因为，作为我们给与性的提供者，我们的确都是上帝或"天—地"——我们"永恒的父母"——的孩子，尽管同样真实的是，从某种意义上说，我们是包括我们自身与上帝在内的所有造物的共同创造者。因为，当我们为我们生命的原初给予性而依赖于上帝时，上帝也为其永恒生命的连续创造性而依赖于我们，其方式是，在我们时间性存在（我们的客观不朽性）的终端，将我们接纳入非时间性的"母亲"（上帝的后得性）怀里。因此，怀德海又说，"说上帝创造世界是真的，就如同说世界创造上帝是真的"①。

这种上帝与世界之为生命的互依的共同创造者的概念，为怀德海与中国哲学所共有，而与西方流行的片面依赖的上帝——世界关系的概念截然相反。正如李约瑟已经注意到的，上帝作为一绝对的、超越的造物主——立法者以其神谕从虚无中创造了世界，这种观念完全不同于中国人的心灵。另外，怀德海严厉批判传统神学和哲学所阐释的基督教上帝的绝对主义，甚至帝国主义的特征。他曾抱怨道，"教会将专属凯撒的属性给了上帝"②。

这里，在怀德海的自然神学中所缺席的，不仅是那全然阳性的绝对的造物主——统治者——法官的概念，而且也见不到完全理性主义的完美逻辑学家——数学家的概念，前者是西方哲学从犹太——基督教遗产中引申出来的，而后者则是传承自希腊的传统。莱布尼茨的将绝对主义与理性主义要素，结合在其上帝概念中的太上单子，与怀德海的世界诗人的确有一种根本的差别。事实上，如果上帝与世界的创造的互依性是机体主义世界观之本质，那么莱布尼茨的单子论形上学就绝不是机体主义的，更不用说是西方机体主义的先驱者了。作为一个完美的逻辑学家——数学家，莱布尼茨的太上单子乃是宇宙的程序规划者，而远非世界诗人。在这个可计算化的宇宙中，万物的发生都是机械性的，至少对于这个至上的程序规划者来说，一切都是可预知的。难道这就是生命的实在本性吗？

---

① Whitehead, Process and Reality, p. 528.

② Ibid., p. 520.

中国哲学和怀德海都承认极性（polarities）对于充分理解自然的重要性。事实上，中国与怀德海世界观的独特性（与西方传统哲学中的绝大多数形上学立场形成鲜明对照），最好在他们用场概念辩证地构想极性概念的方式中去寻找。这里，实在的对立决不相互排斥，而是内在地互依和互补的——亦即互为根源而内在地相关的，即使从某种意义上说也是对立的。这种辩证的极性概念在"阴阳"观念中表露无遗，无疑地自《易经》开始已成为中国形上学最显著的特征。中国哲学寻求生命之"道"，但发现它，既不在"根地（Ground）"中也不在世界中，而是在"根地"与世界的相依性中；既不在"阴"中也不在"阳"中，而是在阴和阳的交互作用与相互转换中；既不在生命之极端或抽象的这一面中，也不在那一面中，而是在辩证作用与所有对立极统一得以发生的自然之场中。

在什么限度内，极性论或阴阳的思维型态可适用于怀德海的哲学？这是个非常有趣的问题。但是这也不是个简单的问题，因为这需要对怀德海的机体主义/创造主义的形上学进行通盘的考察。不过，我们仍然可以确信，它发挥了一种核心的作用，因为怀德海至少把它应用于构成其实在理论之基本结构的上帝与世界的关系中。另外，人们同样可以相信，极性论在怀德海的以生命为中心的自然哲学中是不完整、不彻底的。在怀德海那里，机体主义并不必然蕴含彻底的极性论：生命在总体上不完全由极性所涵盖，因为在生命中并非所有的关系都是以辩证互依性为特征的内在关系。因此对于怀德海来说，同时期的实有是由彼此的因果独立界定的，而活的实有则片面依赖于客观化了的实有从其现实世界的裁适。事实上，这一同时期独立与今—昔片面依赖的架构，构成了怀德海宇宙论中时间性的真正结构。而且，对于怀德海来说它既是朝新异性创进——此乃其历程实在观的支柱——的必要条件，也是个体性与自由的必要条件。我们可以说，怀德海的创造主义，严格上正在于机体主义与彻底极性论的差异中，怀德海的机体主义哲学不是彻底地极性论的，因为它还是创造主义的。

那么机体主义与非机体主义的实在概念的本质差异是什么？换言之，确认一种哲学为机体主义的最低条件是什么？就怀德海而言，答案也许就在所谓的"创造的关涉性（creative relevance）"中，这个概念界定了宇宙中任何两个存在或事物之间的最小联系。怀德海的机体主义显然蕴含了普遍的联结性，虽然不是普遍的互依性，而任何两种存在或事物间的联结性，是由其创造的关涉性构成的，亦即相对于自然之创造历程其彼此的关涉性。"存有"或"存在"对于怀德海就意味着参与生命的某个部分。既然自然的生命经由上帝这个一切生命与创造性的终极根地而形成一机体的统一性，那么任何存在或事物都在宇宙中与任何其他的存在或事物创造性地关涉，无论这关涉是如何隐微和间接。正是在这种宽泛意义上，怀德海断言"作为任何生成的潜能属于一个'存有'之本性"。① "作为生成的潜能"只不过是创造历程中的任何可辨识的因素。未来实有在现在活的实有的生成中是潜能，因为它们是后者生命中的因素——因为它们是创造性地关涉的。

这样看来，机体主义观点显然也存在于中国思想中。事实上，中国人的心灵受自然之机体一元性和万物生命中之创造关涉性的影响如此之深，以致有一种彻底极性论实在观的倾向，如在强调普遍和谐与互依性的华严宗哲学里所突出地表露者。然而彻底的极性论不属于《易经》的原初智慧。旁观者——贞定者能够控制并改变其命运以趋善避恶，这一事实证明创造的自由与因果独立性，作为生命实在性之本质也是《易经》所认可的。换言之，《易经》的机体主义中的创造主义意味并不比怀德海少。而且生命之机体主义一面与创造主义一面相结合的方式在《易经》中与在其西方后继者中同样复杂。

可以说，这种创造主义的机体主义，在机械原子论与彻底极性论之间——亦即外在相关、极端独立的哲学与内在相关、极端互依的哲学之间——占据了一个中间的立场。应该指出，当这个中间立场为个体自由制造空间时，那两个极端却各自以其自身的方式或倾向于是决定论的。我们相信，正是《易经》所代表的这一中间立场构成了中国形上学的主流。相比之下，创造主义的机体主义在西方思想的发展都是姗姗来迟——或许可以说肇始于黑格尔。就这两个极端而言，其在中西思想史上的相对力量是无须多辩的。机械原子论，正如李约瑟指出的，在中国思想中全然阙如，② 因为它更倾向于彻底极性论，尤其在受到佛教哲学的影响之后。相

---

① Whitehead, Process and Reality, p. 33.

② Needham, Science and Civilization in China, Vol. 4: Physics and Physical Technology, Part 1（"Physics"）, p. 1.

反，机械原子论从公元前 5 世纪始，就已在西方思想中形成强大的态势，而中国类型的极性论却微不足道，尽管也有特例（突出的有斯宾诺莎）。这是东西方之间在哲学中"历史倒转"的一个例子，我们已在上一文中作了简要的讨论。① 实际上，机械原子论与彻底极性论，作为两种哲学倾向分别界说了西方与中国的思想，两者的对比仍然停留在"东方—西方倒转"的表面上。因为原子论——极性论的对比，最终以人类两种根本的态度之间的实存上——精神上的对比为基础，这两种态度涉及其各自代表性的思维模式——亦即具有实体性（entitative）倾向的惊异与具有介面性（aspectative）取向的关怀。

实体性思想强调存在的分离性与独立性：它以"实体（entities）"的形式构想存在者或事物，而"实体"的定义恰恰是只就其自身而言它是什么，内在地脱离于宇宙中其他的实体，尽管也能够外在地相互联结。相反，接口性思想重视存在的不可分离性与互依性：存在者或事物在此是以"接口（aspectities）"来解释的，而"介面"则意味着不只就其自身而言它是什么，而是在本质上可认同于与其内在相关的其他接口。这是对"道"（赋予存在者或事物以其存在整体性者）的两种可能的体验方式，两种可能的本体化途径之间的对比，各自都有其特殊的认知模式以及适切的"逻辑"（在方法的意义上）。实体主义（entitativism）与理性主义密切相关，偏重理智的推论力量以满足其概念的可理解性与确定性的要求；相反，接口主义（aspectativism）不可避免地与直觉主义联姻，在其对实在的理解中依赖直接当下的把握力。实体性思想的逻辑必然是分析的、计算的，是一种自我同一性的逻辑；而接口性的思想则要求一种综合辩证的逻辑、两极相关的逻辑、我们认为，这两种思维模式之间——具有理性主义的分析推理逻辑的实体主义与具有直觉主义的综合辩证逻辑接口主义之间——的对比最终植根于作为人类满全之基本激发结构（motivational structure）惊异与关怀的对比之中。西方哲学中的实体主义偏向源于西方人最初的惊异感，其中，客体被经验为在本质上不同于、分离于、独立于主体的他性（otherness）。相反，中国思想的接口主义反映出其原始智慧

---

① 参见"怀德海与《易经》中的时间观念"，本文为有关怀德海与中国哲学间关系的系列研究之二。系列之一参见本书"怀德海与《易经》中的时间观念"一章。

之根深蒂固的关怀倾向，其中，主体与客体之间并不分离，后者是在与前者的亲和性、共在性与互依性中被经验的。既然关怀与惊异属于普遍的人性，那么无论实体主义还是接口主义，都以不同的比例或分量存在于一切思想传统之中。对于比较哲学的研究者来说，重要的是它们在各自传统中的相对力量。就西方哲学而论，毫无疑问，实体主义的相对主导地位反映着惊异的首要性。西方传统哲学由实体性偏向所支配的程度，可以从20世纪西方思想中各种反传统潮流中看出来，其中尤以怀德海的创造主义——机体主义哲学最为显著。重要的是，他对西方传统哲学批判的要点，几乎都直接或间接地与实体性偏向相关：（1）亚里士多德逻辑与实体—属性形上学所默认的主—谓表达模式；（2）二元论与自然的二歧性；（3）简单定位、具体性误置与虚空实有；（4）官能心理学；（5）感觉主义的知觉理论（强调表象的当下性而牺牲因果的效应性）；（6）相信语言是命题的一种充分表达。① 在这些或其他相似的批评中，第一点无疑是最根本的；因为其他几点多少都源出于此。怀德海从未倦怠于攻击主—谓逻辑及其必然后果——自亚里士多德始就已完全统治西方哲学思想之主流的实体—属性的形上学。诚然，构成主—谓与实体—属性思维模式之要旨的实体主义并不肇始于亚里士多德：可以将它从柏拉图、德谟克里特追溯至巴门尼德和阿那克西曼德——甚至直到欧洲思想之开端的荷马。事实上，正是在荷马的命运概念——即由命运之神（Moira）的原初开天辟地，把自然割裂为分离独立的诸神统治领域的神话概念中，我们找到了实体性思维的开端。但是，正是在巴门尼德的理性主义那里，实体性思想获得了其最初的哲学辩护，同时或许是最纯粹的表达。因为，正是巴门尼德最早提出了"绝对实体（perfect entity）"的概念——这个被提升到"真正实在的"地位的所谓的"存有（Being）"或"一（One）"是完全自我包含的、不被创造的、不可分割的、不可毁灭的、有限的（完全限定的）和同质的。对于巴门尼德，存在的"道"或"整体性"就在于其逻各斯或理性可理解性："一"其实是由理智的要求所假定的。有时很难相信西方哲学传统——从柏拉图到萨特——受巴门尼德魔咒影响的程度。正是巴门尼德实

---

① Whitehead, Process and Reality, p. viii. 并见他的 Science and the Modern World（New York: Macmillan Company, 1925）, pp. 84—85.

体性的理性主义，而非赫拉克利特的接口性动力论，最终决定了西方哲学——尤其是形上学——思想中实在与真理的基本标准。柏拉图的"理念"、德谟克里特的"原子"、亚里士多德的"不动的推动者"、阿奎那的"上帝"、笛卡儿的"非被造的实体"、莱布尼茨的"太上单子"、黑格尔的"绝对"、萨特的"自在的存在（en‑soi）"——无一不是在巴门尼德"一"这个绝对实体的阴影下被构想出来的，甚至西方哲学史所曾冒出的某些反实体主义思想，也仍然深深陷入实体主义的强而有力的把握之中。例如戴维·休谟在严厉批判经院哲学的实体概念的同时，在其本人的印象与观念学说中，又保留了实体主义的偏向。而黑格尔的辩证法显然反对亚里士多德的逻辑；但黑格尔的辩证法也依然是用主—谓语言表达出来的。最后，萨特对"自为（pour‑soi）"与"自在（en‑soi）"的区分，也只有在反对传统哲学的实体主义背景下才可被理解。总之，公允地讲，直至当代，西方哲学才能够超越其实体主义偏向——但也只是在较激进的思想家中，著名的有柏格森·詹姆斯、杜威、海德格尔、布伯，后期维特根斯坦以及最为重要的怀德海。这些思想家之所以能做到这一点，是因为他们抱有一种与传统极为不同的哲学观念。诚然，哲学在他们那里仍然是对真理的自我反思性的探究，但是真理不局限于能确切认知的东西、清楚明白的东西——亦即不局限于概念的可理解性的范围之内。相反，真理——或"道"的真理维度——在于存在者在其创造意义中的开显。对于怀德海来说，如果并非所有对在此激进思想家团体中的其他人都同意的话，这恰恰意味着生命中的创造意义。怀德海并没有像理想主义者所做的那样强调意识心，而牺牲肉体或物质的维度，因为这将夸大其创造的意义。另外，怀德海使理智活动附属于直觉感受，因为这对他来说也表现了一种生命的真理。无论怀德海还是 20 世纪西方其他激进的思想家都主张，绝对的概念可理解性只是一种不可能性。相对于理智之眼，我们对于实在与生命的看法必然是模糊和暧昧的，这正是生命与实在存在的方式，但这无损于哲学的努力。因为分析到最后，真正重要的不是在其概念可理解性中的真理，而是在其直觉透明性中的真理。因为，正如中国哲学家所言，"道"之最内在的本质只对直觉开显；那个被概念化的"道"是残碎或表面的"道"——而非道本身。那么道的真实本性、真正的生命之道又是什么呢？对于怀德海和中国哲学来讲，它就是机体—创造的活动之道。诚然，生命中有一秩序，它存在于其层系性地机体化了的活动确定性之中。换言之，"理"作为生命的秩序，是其机体统一性的形式。在中国思想中，道的这一面是由概念"理"来表达的，它与希腊和西方哲学中的 Logos 相对应。"理"与 Logos 都属于实在之理性的一面，但无论两者之间有何相似性，其微妙的差异正好显示出中国世界观，根本上不同于西方之所在。Logos 把理性阐释为一种法则与逻辑的事情，而"理"则从策略与艺术的角度说明理性。前者将秩序等同于确定性和准确性：从而它把合理的东西认同为概念上可理解的东西，亦即可以合理地（从逻辑上和数学上）操纵的东西。相反，后者将秩序等同于生命的运动节奏，它伴随着创造综合的辩证法。它认为实在之不确定的与不准确的、模糊的与含混的方面属于"道"之最内在的本质，属于在其创造自由之真正可能性中的生命。尽管缺乏概念的可理解性，并且不服从理智的操纵，但它可以通过策略与艺术的直觉力量来达到，分别代表中西方的理性秩序概念的"理"与 Logos 之间的这种差异，也明显实例化在这两个传统各自构想作为理性秩序之根地的至上存有或终极实在的方式中。作为绝对审判者或至高的逻辑学家—数学家——规则与法律的终极执行者的上帝概念，在西方的上帝理论中是如此突出，而在中国哲学中则几乎全然阙如。中国思想中的生命之道可被最适切地描画为一个至高的艺术家或策略家，他虽不受规则与法律的束缚，因为这些正是其本人的创作，却在自由创造的旨趣中自由地、自发地运用它们，而这恰恰构成了其"理"的真正意蕴。

怀德海宣称："只诉诸于直觉。"① 鉴于其高度技术性、系统性的哲学奠基于其上的那个巨大概念框架，怀德海的这句话越发显得突出。不过这里实际上并无矛盾，对于怀德海，理性主义乃是思想的澄清中——而非教条的裁定中——的一种实验性的冒险。② 在敏锐地觉察到其陷阱与缺点的同时，他也没有像一个神秘主义者般把理智的价值放到直觉的祭坛上祭祀。他说："至少，人们用系统化的方式做他们所能做的，并且最终获得了某些东西。正当的检验不在于结果而在于过程。"③

---

① 　Whitehead, Process and Reality, p. 32.

② 　Ibid., p. 14.

③ 　Ibid., p. 21.

　　我们早已说过，在怀德海那儿，是诗人而不是逻辑学家—数学家造成了其哲学的最根本的洞见。但我们现在必须补充，这并不意味着作为逻辑学家—数学家的怀德海是不重要的。事实上，要充分理解怀德海，就必须从适当的透视去统一其哲学的这两个方面。无疑，这里的统一不是一种对等的统一，正如理智从属于直觉，其哲学的逻辑—数学的一面也当可置于诗歌之下。一面是逻辑与数学；另一面是诗歌，这两者间的关系恰好对应于实在中确定、准确的东西与不确定、不准确的东西之间的关系：亦即逻各斯与"理"的关系。把逻各斯从属于"理"——或把自然的"机械的"或静止的形式秩序从属于其"机体的"或动态的、辩证的秩序，怀德海就与西方传统哲学中的一个根深蒂固的要素分道扬镳，而靠近了《易经》和新儒家的不变立场。这里必须强调，在当代西方及传统的思想家中间，怀德海绝不孤独。有理由相信，从以逻各斯为取向向以"理"为取向的转变表现了——甚至界定了——20世纪西方的一个普遍的特征。它意味着，惊异转向关怀，实体主义转向接口主义，科学转向生命。

　　因为逻各斯乃科学之道，从广义上它可以界定为推论思想试图表象性地把握存有的确定性与准确性。科学必定是理性主义的，因理智或推论理性就其本性而言，就是一种严苛的计算工具，对此，（形式）逻辑与（纯粹）数学既是其运作的方式又是其自然的产品。借助于理智的这种计算—推理能力，西方人试图通过对实在的"精确化（exactivization）"来克服人的限度。但是，如果存有就是生命，从而内在地就是不完整、不准确的，那么（推理）理性的绝望就是不可避免的了。另外，作为生命之整秩原理的"理"则是艺术之道、道德之道、宗教之道——而且的确也是我们文化生命之所有事物之"道"，我们的文化生命不得不面对在其烦人、迷人又宜人的模糊性与暧昧性中的存有。这里，推理—计算—表象的思想必须让位于直觉—沉思—象征的思想；逻辑和数学必须让位于辩证法和策略。研究中国文化的人都能注意到其哲学思想中逻辑—数学取向的明显缺乏以及哲学与道德（如在儒家中）、艺术（如在道家中）、宗教（如在墨家和中国佛教中）的亲密关系。和西方同道不同，中国哲学从未曾被认同于科学的观念，这当然不意味着我们不能言及中国哲学的理论的一面。既然哲学必须以思想为媒介来表达自身，那么一切哲学就其本性而言都是理论的——一种"理论"只是看事物的一种方式，把握存有的内在特性的一种方式。但是，既然存有的内在特征既非完全不准确，也非全然缺乏准确性，而是既准确又不准确，所以理论的东西决不应局限于科学的领域：理论思维不能等同于计算—推理思维。因为一种理论也可以用沉思—象征思想的语言来表达，对此中国哲学家习以为常。毋庸置疑，中国传统的思想家总是倾向于朝着"理"的方向而非逻各斯的方向去"理论化"。这种倾向与中国哲学中理论与实践的不可分紧密相关，因为对于中国人来讲，理论意味着对"理"——生命之整秩原理——的一种看法，而"理"是体现在、活动于实践性存在的策略与艺术中的。毫无例外，中国哲学家也对理论感兴趣，但不是为了理论本身的目的，而是为了其创造的关涉性。对"道"的"观"（Vision of Dao）总是不充分的，除非它源出于生命特性的创造转化中，而后者总是需要对"观"进行"再观"。这一创造的转化历程既是理论的又是实践的：理论，作为实践的指导，受制于实践的检验。理论与实践的这种互依性，与其在西方传统文化中的分裂截然异趣，此间的重要性是不会被过分强调的，因为中国传统中"哲学"的含义，恰恰应该到理论与实践之间的联系中去寻找。

更准确地说，就中国的意义而言，哲学就在于理论与实践相谐调和中来实现人—宇宙在人类存在之具体脉络中的"道"的统一。中国哲学的这一永恒理想，最初是由《易经》的作者在中国哲学传统开创之时提出来的。这时的哲学家（圣王或君子）同时担负着理论与实践的双重使命。在理论上，哲学家是"道"之为逻各斯的永恒真理的追寻者和沉思者，追寻和沉思"易"之永恒不变的本性。哲学的这一方面由《易经》以其创造性形上学为代表，而此创造性形上学又以阴阳辩证法为根据，它试图通过有或多或少精确性的推理思想的语言捕捉。然而，按照《易经》，哲学家不能只是永恒真理的沉思者，它还有一个重要的实践功能，即，作为命运——"道"之为"理"，以及"易"之变化和创造一面——的贞定者。"道"的这一面，动态真理或生命整秩原理，就是借助于想象、象征和隐喻而生动鲜明地、却又是谜一般不可思议地被刻画出来的。哲学的贞定是可能的，其根据在于"性"与"命"的可协调性。并且，哲学贞定的目标就在于回忆性地穿入过去的辩证事实性，以获取对未来辩证性的一种想象性洞察。哲学确实关注与现象相对的实在，但是在《易经》以及一般中国哲学思想中，实在与现象间的划分，并不具有与在西方形上学脉络中相同的含义。对于中国哲学来讲，实在完全是动态的、辩证的和脉络性的。无论实在还是现象都指涉一种境遇性的意义与权能母体的辩证特性，这一母体被视为过去与未来、性与命之间相互作用的焦点。现象指的是表面的特性，而实在指的是深刻的、超越现象的特性。无论在现象中还是在实在中，"特性（character）"乃是"性"朝"命"的变化曲折（inflection），"理"在逻各斯中的运动以及理论与实践之间的交叉。如此看来，实际上只有特性（"德"）而非本性（"性"）才是中国哲学的首要关切，它试图理解"性"以获取"德"。而西方哲学则反其道而行之：它将本性（physis）置于特性（ethos）之上。①

这一以特性为中心的哲学使命观，最初是在《易经》中被提出来的，但却决定性地形塑了中国哲学发展的整个过程，特性的存在性实现——亦即，本真特性（authentic character）——乃是儒家、道家、墨家和中国佛教的共同目标，尽管每一学派都有其自己的本真性概念。从存有论上讲，特性不过是实在事物的实在性，或具体事物的具体性，按照周敦颐的受《易经》影响的形上学，它奠基于"诚"（或自我诚明的生命历程）与"生"（或创造性）。而用怀德海的话讲，"诚"乃是促成（或取得）现实实有的特性或实在性者。这个"诚"，除了在此时此地的主观当下性中、在合生与自我实现的活的历程中，无处可寻。

怀德海尝言："对当下经验的证明对任何思想来说，都是唯一的证成。"② 构成其哲学之概念框架的所谓"范畴总纲"本质上衍生自对当下经验的分析，亦即，对我们的存有或构成我们自身实在之"特性"的分析。不过这种思辨性的对特性的关注，仍然停留在理论的层面上。从中国哲学的立场来看，怀德海以特性为中心的哲学，既不充分也不恰当。之所以不充分，是因为他的特性理论过于一般：它没能公正对待人类特性的独特性与复杂性。而之所以不恰当，是因为它从根

---

① 当然也有例外——其中尤以赫拉克利特最为著名，其富于洞见的残篇（如，"人的性格就是命"）似乎与《易经》和《道德经》极为接近。

② Whitehead, Process and Reality, p. 6.

本上缺乏存在性的取向：它没能辨识出理论与实践之间、特性观与其真实生命成就之间的正当关系，站在中国哲学的立场看，一种纯粹思辨的生命哲学，在语义上差不多是自相矛盾的。正如中国哲学家所强调的，没有一种生命哲学配得上生命哲学这个名称，除非它是一种可践行的生命哲学：任何以生命为中心的哲学的真理，都必须到活生生的生命本身中去寻找。

那么，怀德海的语言又如何呢？其对于实在问题的高度理性主义的进路又如何呢？——这一进路所伴随的厚重的表象性—假设性（representational – postulational）思想风格，似乎完全遮盖了其对当下经验的直觉把握为焦点的沉思性思想倾向。姑且承认逻各斯的确实性与精确性，乃是"道"的一个重要方面从而服从概念性的操纵，但"道"作为生命之统一方式能否只用假设性—表象性的理性主义的思想语言来表达还是个大问题。尽管在怀德海那儿，诗歌对于逻辑—数学——情绪与直觉对于理智——具有首要性，但很不幸，诗歌的象征性语言在他的哲学著作中虽并非不存在，却显然被忽略了。从怀德海的观点看，《易经》突出的象征性进路——在表达上具有明显的模糊性与暧昧性，以理性主义的思维标准去衡量似是缺乏理智的精确性。但另一方面，怀德海的高度系统化语言，以及术语的严格性是否必然是一纯粹的优点，这也是值得讨论的。从《易经》的观点去透视，怀德海在"范畴总纲"里概念化了的体系，对于一种生命和历程哲学来说，显然过于严苛了。事实上，怀德海的体系化跃动，可能造成了其形上学中的某些主要困难。请以永恒客体理论为例，在上帝的先在性中包含着纯粹潜能的无数最单纯的单元，这一理论对于实在之历程概念来说并不是必然的。我们认为，它似乎与创造性的真正含义相矛盾。植根于创造性宇宙的存有场中的无限潜能，在一定程度上虽然是可以分析的，关键在于能否可以完全彻底地分析它，即使只是原则上。关于这一点，皮尔士—哈特肖恩的突现共相理论（Peircean – Hareshornian theory of emergent universals）是显然较为可取的，这些共相，本身已在创进到新异性的过程中演进了。然而在宇宙历程中已进化了的实在潜能必然是模糊和暧昧的，内在的就是无法做到彻底而精确的规定的。这正是《易经》中以"象"来指涉的原因。现在，如果纯粹潜能不能被彻底地分析，那么实有又如何呢？实有还可化约为终极单纯之物，或如怀德海所有的现实存有？这的确不是个容易回答的问题。但是我们相信，最后分析起来，答案也还是否定的。实有不可彻底地被分析，因为确定性不是由明确可分的单位构成的。此外，在实有可分解为简单单元的范围内，整体与部分间的关系是机体的而非数学的。整体与部分是互依的，但整体的特性不可化约为部分的特性。作为逻辑学家、数学家的怀德海，在其哲学思考中起的作用是如此之大，以至于他经常把机体分析与数学的分解方法相混淆，以至于甚至有化约主义之嫌。至少，怀德海对人的处理——对他而言人只是现实存有的"社会"——有许多不足之处。

尽管怀德海注重术语的严格性，但他的哲学著作中仍有许多模糊性与暧昧性，这模糊性与暧昧性乃是内在于系统语言的真实本性之中。尤有甚者，怀德海试图找一条中和的实在进路，结果却使事情进一步复杂化了。理解怀德海的关键实际上就在于直觉与理智、诗歌与逻辑——数学、特性与本性、接口性与实体性的思维模式、一与多、上帝与世界以及许多其他诸对立极之间的暧昧与紧张，而这些对立极的创造性综合，从策略上构成了其思辨努力的目标。比较怀德海与中国哲学，就需要提出一种涉及所有这些对立极的辩证对比，这是我们今后要做的工作。

我们相信，怀德海的概念体系将极大地增进我们对《易经》和中国哲学的理解。不过我们也可以期望，从两者间的对话中，受益的不只是其中的一方，我们把中国传统哲学界定为一种以关怀为取向、以生命为中心的意义性/重要性哲学。有保留地说，这种界定也可适用于怀德海。作为西方传统终结阶段的代表性思想家，[①] 怀德海既是西方传统哲学的顶峰又是其超越者。而这就意味着，一方面，西方传统的惊异精神，在作为其最完美表现之一的怀德海哲学中，仍保持着生命力；另一方面，惊异在怀德海那里已经历了一种根本的转化：不再与关怀疏离，其本身已变得以关怀为取向。仅就怀德海的反传统一面而言，这就是他与中国哲学的观点越来

① 有关"西方传统的终结阶段"的意义与重要性，参见拙作"关怀，惊异与存有的极化：论人类命运"，这一主张，在"怀德海与《易经》中的时间观念"中已有简短的介绍，最初是在"关怀、惊异与存有的极化：论人类命运"一文中提出来的。参见"Care, Wonder, and the Polarization of Being: An Es－say on Human Destiny", Chinese Culture (Taipei), XV, 4 (1994), 51—76, 特别是 pp. 73—76。

越接近的缘由。或许，我们有理由相信，怀德海的真正目标是这样一种思维方式，它不片面地反应于惊异或关怀，而是两者的合理综合、创造性和谐。① 如果这一点不假，那么他所努力的，无非是在一种全球哲学的创造中统合性地超越东方和西方，而这种全球哲学将以关怀和惊异引导我们进入英勇新世界。

（宋继杰译，原载《中国哲学季刊》，1979 年第 6 期，第 297—321 页。）

---

① 有关"西方传统的终结阶段"的意义与重要性，参见拙作"关怀，惊异与存有的极化：论人类命运"，这一主张，在"怀德海与《易经》中的时间观念"中已有简短的介绍，最初是在"关怀、惊异与存有的极化：论人类命运"一文中提出来的。参见"Care, Wonder, and the Polarization of Being：An Es - say on Human Destiny"，Chinese Culture（Taipei），XV，4（1994），51—76，特别是 pp. 73—76。

# 4　曼陀五智与化裁五道：中国哲学的根源

## （1985）

人类的智慧乃是诚曲能明的"仪体"，通过"曼陀罗"的方圆取舍作用而生发的精神力量，所以它本质上乃是一种"方中求圆"的智慧——一种以曼陀罗的性相为性相的智慧。此"曼陀罗智"（曼陀罗心或道心）乃是内在于人的作茧性而为其主体的。智慧就是主体底曼陀罗性相的光辉，但主体性的求圆作用不是没有限制的。它一方面受到外在客观环境（包括其他主体）的影响；而另一方面又受到仪体内由隐曲的势用累积而成的"无明惰性"所束缚。故一般来说，道心求圆而不得圆：它所得到的不是一个为诚曲能明体底生命极致的"圆明道（圣、神、或佛）体"，而是介于方圆之间的一个非方非圆却又似方似圆的析中体——一个可以用椭圆体来象征的现实生命。

求"圆"乃是求生命之"直"之不断扩充与首尾相贯——也就是"诚"的意义，所以求圆不过是主体曼陀罗心底"诚"之"自诚"。曼陀罗智运转的目的，乃是一方面依身起念而作茧以求仪体生命之延续与自化；而另一方面则要求在仪体有限的生命中表现无限的价值。这个从有限中表现无限的要求乃是主体方中求圆的"理想性"。这个理想性所代表的，乃是道体或太极底方与圆的"太和"：隐曲与诚明的终极和谐性。仪体的生命乃一合方成圆的"和谐体"——一个以诚明之体落实于隐曲的现实世界中，来完成自己的"创生和谐体"。

假如我们可以用椭圆体底象征语言，来描述仪体生命底理想性的话，那么道心和无明惰性，就是这个椭圆体的两个焦点。我们称后者为"内阴焦"，前者为"内阳焦"。内阴阳两焦的差距所代表的，乃是内在于仪体底两仪之间的张力——我们称之为"内茧焦距"。"内茧"者，内阴阳两焦所成之茧也。两仪在仪体底内在生命的作茧性，乃是通过道心和无明惰性的内在张力而进行的，此中的原动力当然来自作为主体的曼陀罗智。对理想性的主体而言，无明惰性是"客"——内茧中之客或"内容"，内茧焦距所表示的乃是内茧中的主客关系。而此焦距的消长，乃是仪体之理想或精神生命底成败之指标。盖主体之求圆乃是求无明惰性对曼陀罗智之降服、回归或转化。当此焦距为零时，则仪体底精神生命之椭圆性失而圆性显，圆性显则内茧所成者乃一圆明通透之道体，故内茧焦距实是人生理想性的转轴——理想人格或"内圣"的慧命根。

曼陀罗心的方中求圆，不能单看作是主体一己之分内事，盖人之主体不只要求仪体本身之"自圆"（内圣），也同时要求与他人他物（最后可包括天地万物）"共圆"（外王）。其实，人之自圆与共圆是不可分开的——内圣与外王乃一事之两面。无自圆则不可能有共圆，反之亦是，故主体之理想性不只与内茧焦距之消长成反比，也同时与"外茧焦距"之消长成反比。

"外茧"者，由内茧之阴或阳焦与任何"外客"（仪体外之客体）之阴或阳焦所成之椭圆茧体也。从道体之观点来说，阴阳两焦或两极是无内外之分的。盖两仪在自然和人文世界中之两两作茧，实乃道体本身之分内事。惟从主体之观点言之，则两仪之作茧性当有此内外之别。而一主体与其内、外客群所编织而成之茧网，乃两仪世界以该主体为观点所呈现之"尘境"或"缘会"。此尘境或缘会之性相，乃是道体之曼陀罗心通过该主体之感通量而显之慧命相。"性"就是慧命相接相续的地方，也就是内、外茧焦距互相涵摄的地方。主体"性"之最后根据乃"太极灵府"之所在；人类一切化裁之道皆由此出。

"化裁之道"就是主体底抉择取舍之道；也可说是曼陀罗心方中求圆时，在主客关系上所采取的姿态或态度。仪体生命的一切言行，莫不表现一特殊形态的抉择取舍之道，而此形态底化裁之道之具体表现，乃基于其主体所特有之"主客感"。尽管现实世界里的主客关系错综复杂；人的主客感可具千情万状而永难穷尽，究其基本类型则不外下列五种，即：（一）"消客入主"道；（二）"消主入客"道；（三）"主客相悖"道；（四）"主客相融"道，与（五）"主客相消或相忘"道。此"化裁五道"或主客感的五种基本形态所构成的，乃是一有机的理体。此理体所蕴藏的方圆义理，乃太极灵府所赋予人的生命共法。主体的曼陀罗智，乃是以此生命之共法为网而运转作茧的。

相对于化裁五道之任何一道（或其所本之主客感）而呈现一特殊性相的曼陀罗智，我们称之为"曼陀种（子）智"。化裁有五道，故曼陀罗智亦显"五种智"，即：（一）以消客入主道为枢纽的"自乐智"；（二）以消主入客道为转轴的"惊异智"；（三）以主客相悖道为契机的"希望智"；（四）以主客相融道为命脉的"关怀智"；及（五）以主客相消或相忘道为枢的"无隔智"。第五种智之被称为"无隔智"，乃是相对于前四种智之为"有隔智"而说的。唯有隔无隔，其"执"一也，每一主客感或化裁道，都代表对生命本身的一种执着，故相对于此化裁之道而显的曼陀罗智乃是一种"有执"的智慧。道心本身是"无执"的，可是道心底"无执智"并不是在五种智之外之另一种智，它不过是曼陀罗智本身所能达到的最完善、最高明的境界——一种"可执可不执，不执亦执，执亦不执"的境界。只是这种境界已经不是言语可以轻易表达的了。

仪体生命和历史文化所呈现的种种性相，基本上都是由五种智运五化裁道所编织而成的曼陀罗相。只要有人类的地方，就会有这曼陀罗相的呈现——一个"理一分殊"的呈现。"理一"指生命的共法，"分殊"指生命的共法在隐曲的现实世界里所突显的特殊风格或气象。人与人之间因为理一所以有"共慧命"，因为"分殊"所以有"分慧命"。世界上每一个人和每一个民族，由于生命境遇的不同而莫不在理一的共慧命中而突显其分殊之分慧命。我们若把几个历史文化的大传统，根据上述仪学的观点来分析比较一下，则不难发现下面这个有趣的事实：

（1）自乐智——消客入主道：以印度文化最为突显；

（2）惊异智——消主入客道：以希腊文化最为突显；

（3）希望智——主客相悖道：以犹太文化最为突显；

（4）关怀智——主客相融道：以中国文化最为突显；

（5）无隔智——主客相消或相忘道：为上述四大文化内之神秘主义传统所共同突显。

哲学乃是由作为生命主体的道心或曼陀罗智自我观照，和自求满足而起的学问。换句话说，哲学乃是曼陀罗心自身底方中求圆的表现。如上所述，所有人类的智慧都是一共慧命底理一分殊的智慧。和其他大传统的哲学一样，中国哲学的最后根源，乃是生命共法底理一的整全。但也毫无疑问的，由于中华民族所特有的感通量格和历史因缘，中国哲学的智慧乃是以关怀智为其分慧命底主智的智慧。中国哲学的传统，乃是在生命的共法里突显主客相融道的传统。以主客相融道为枢纽的哲学思想，乃是"阴中有阳，阳中有阴；你中有我，我中有你"的人我或物我交感互通而互融的思想。中国人对主客关系的感受和看法，与印度、希腊和犹太民族实有基本上的不同。中国人的主客感乃是一种"隔中有融，融中有隔"的心态，而其他三民族的主客感则都是（最少相对于中华民族而言）"隔中无融"的。隔中有融则物物、人物或人与人之间的畛域不显，隔中无融则一切性相界限分明。为什么中国哲学没有发展出逻辑和知识论呢？这显然和中国人特有的"有融隔智"有非常密切的关系。西方哲学中的逻辑和知识论，乃是完全以"隔中无融"底"无融隔智"为基础的。逻辑的态度不正是"阴是阴，阳是阳；你是你，我是我"的态度么？

　　中国哲学最重感通。作为中国哲学主流的儒家及道家，在这一点上是完全相同的。儒家的"一体之仁"也就是道家的"一体之道"，"仁"的原义是亲亲，而"亲亲"所立的主客关系，正是亲人间"你中有我，我中有你"的关系。儒家的哲学智慧，乃是由中国历史文化底分慧命所本的关怀智直接开出的智慧。如前所述，关怀智本身乃是一种趋向于主客相融道的有融隔智，道家的哲学智慧，则是植根于针对儒家的有融隔智而起的"有融无隔智"。道家和儒家在中国哲学传统中的关系，正好比佛家和婆罗门或吠坛多正统学派在印度哲学传统中的地位。虽然佛家和道家的哲学，都是从有隔智通向无隔智的哲学，但两者却是由两个不同的分慧命开出的。佛家的无隔智乃是针对"外道"所本的无融隔智——以消客入主道为枢纽的自乐智——所起的反动。所以佛家的无隔智着重主客"相消"，而道家的无隔智则着重主客"相忘"。主客相忘的结果是有融无隔："相忘"者，相忘其融中之"隔"也。但主客相消的结果则不只无"隔"，甚至连"融"也没有了。世人往往把佛道混为一谈，不知道家由超越关怀智而出的有融无隔智，与佛家由超越自乐智所开出的"无隔无融智"实有本质上的不同。此中义理甚是精微，不可不辨。

# 5　中国哲学在西方:国际中国哲学会的回顾与前瞻

## （1987）

今年七月中旬，国际中国哲学会在美国加州南部风光明媚的圣地亚哥，举行了第五届国际哲学会议。

在加州大学圣地亚哥分校宽广的校园中，一百五十多位来自世界各地（主要包括美国、加拿大、澳洲、香港和海峡两岸）的学者欢聚一堂，参加这个一连六天的会议，以"中国哲学的重振与重构"为主题，发表了一百二十多篇论文。从许多方面来看，这都是一次难得的盛会。

国际中国哲学会乃是在一九七五年，由任教于夏威夷大学的成中英教授在当地正式注册成立的。注册的原名是 The Society for Chinese Philosophy（中国哲学会），今名中的 International（国际）一字乃是后来成教授采纳了笔者建议加上去的。成教授发起创立中国哲学会的原意，是要使中国哲学在西方的文化土壤里生根。这是他个人的理想与抱负，也是他对本会的一贯主张，这个理想我相信也是大部分先后加入本会的中国哲学同道所共许的。不过，要使中国哲学在西方文化里生根，就必须首先在西方社会的学术园地里，播下中国哲学研究的种子。而这个较为具体理想的实现，就必须奠基在中外——全世界——中国哲学的学术交流上。换句话说，我们努力的目标，乃是中国哲学研究的国际化。时至今日，从种种迹象看来，我们有理由相信中国哲学在西方的思想界、哲学界里已经渐渐有它立足的地方，而中国哲学研究亦有迈步走向国际化的趋势。当然，造成这种趋势的因素很多，我们实不能说这是本会同人努力的成果。不过，我们最低限度可以说，我们所走的路毫无疑问的是走对了。在种种条件的限制下，我们所作的微薄贡献还是值得肯定的。

## 纯论理哲学，和而不同

有一点必须立即说明的是：我们对于"中国哲学研究"所采取的乃是纯粹哲学的立场，而不是思想史的立场，更不是一般所谓"汉学"的立场。哲学乃是追求真理的学问，中国哲学的"真理性"究竟在哪里呢？这是任何一位中国哲学研究者所必须关注的基本问题。不过，我们虽然坚持这种"求真"的基本哲学立场，却又并不妨碍我们对其他学术立场欣赏兼容的态度。本会这种多元开放的精神，可以从我们对会员资格大致上并无硬性规定这一点上表现出来。凡是对中国哲学在任何方面有贡献的或特殊心得的"一得之士"，都欢迎参加我们的行列。事实上，我们会员中有不少并不是专攻哲学的，如李绍昆教授乃是心理学家。我们的会员行列中还有历史学家、社会学家、政治学家、人类学家、语言学家、文学家、艺术家、建筑家等。这种对相异立场欣赏相容的态度，可不正是中国哲学中所谓"道并行而不相悖"的和谐精神吗？这当也是本会同人所共许的啊！

我特别要标出"和谐"这两个字，因为对一个学术团体来说，和谐精神乃是学者间互相尊重的基本条件。但在中国学术界（包括哲学界）里，由门户之争而演变为私人恩怨的事件实在太普遍了，我们不希望这种事发生在我们的身上。而事实上，自本会成立以来，会员间由于学术相左而致翻脸成仇的，据我所知，可说从没有发生过。我们举办过的多次国际会议，每一次都充满着激烈的学术讨论，而在我们这几个先后负责人之间，也有过为本会的前途和发展而起的争执，但不管是学术的论辩或是有关会务的争执，都没有影响我们私人间和睦的感情。孔子所谓"君子和而不同"的理想，在我们之间可说大致上是实现了。究竟十多年来的相识，大家都变成老朋友了，还有什么说不过去的呢？的确，我们大家每一次参加这两年一次的国际会议，都有一种轻松愉快的感觉——一种"回老家"的感觉。这种感觉自然在中国（华裔）会员间最为强烈，但大部分的非中国会员，也都渐渐地感染了这种由我们中国会员间深挚的友谊所培养出来的和悦气氛。这次圣地亚哥会议中，最令人感到难忘的，乃是海峡两岸学者在相互讨论时，为了消除隔阂所表现出来的诚挚态度。这种人与人之间的坦诚，无疑是在和谐的精神中产生出来的，海峡两岸哲学研究的交流对本会未来的发展趋势，将会产生很大的影响。

跟任何组织一样，国际中国哲学会原是由少数热心成员的苦心经营建立起来的。那时（七〇年代中期）我和成中英教授、前任会长柯雄文教授、刘述先教授、傅伟勋教授等早就认识了，只是谈不上深交。不过虽无深交，却颇有一见如故之感。在美国教哲学的中国人本来就寥寥可数，而由于大家分散各地更难得有相聚的机会。说实话，我后来自告奋勇答应出来筹划和主持第一次的国际会议，固然是受了理想的呼唤，但也一半（说不定还是更重要的一半）是为了满足一种感情上的需要。我们这一群念哲学的人，虽然或多或少都有一分"独行僧"的性格，但却又最欣赏和渴望与知心朋友论学谈天的那种生命情调。

## 令人怀念的"开端"

我是在一九七六年假耶鲁大学召开的一次哲学会议中，答应成中英教授出来筹组会议的。经过整两年的策划与准备工作，国际中国哲学会终于在一九七八年五月三十日至六月四日，于敝校南康州美田大学（Fairfield University）举行了第一次国际会议，这个日期离方东美先生逝世一周年相去不远；而开会前不久竟又得到唐君毅先生辞世的消息。为了表示我们对这两位当代哲人的敬意，我们还特别安排了一个（由刘述先教授主持的）纪念座谈会。今年圣地亚哥会议之后，我们七八位会员又在台北方东美先生十周年纪念研讨会上见面。我个人在会中缅怀往事，不免有"十年沧桑"之感！

## 规模不大，素质很高

美田大学会议的规模并不大，但大部分与会学者都认为"素质很高"（借用李绍昆教授的赞语）。最近与安乐哲（Roger Ames）教授合著一部有关孔子哲学思想的戴维·何路（David Hall）教授，就曾亲口告诉我很怀念这次会议。应邀参加这次会议的外国著名学者中除了戴维·何路外，还有罗拔·尼菲（Robert Neville）、钟·斯坦苞（Joan Stambaugh）、约瑟·菲路（Joseph Fell）、约瑟·卡他兰鲁（Joseph Catalano）、爱门·来替斯（Edmund Leiles）、华特·华生（Walter Watson）、约翰·拔仑（John Berthrong）、李察·地马天奴（Riehard Demartino）、稻田龟男（Kenneth Inada）等。罗拔·尼菲与戴维·何路是一对好友，都是怀德海专家和属于历程哲学派的哲学家。钟·斯担苞和卡他兰鲁分别以诠释海德格尔与沙特的著作名重学术界。约瑟·菲路也是研究海德格尔与沙特的，曾写过一本有关海德格尔与沙特哲学思想中存有与空间之关系的巨著。爱门·来替斯则是一位专精比较文化学的著名学者。华特·华生（第四届会议主持人之一）在古典希腊和中国古代思想的比较研究上功力甚深。约翰·拔仑精于宋明理学，曾问学于牟宗三先生。李察·地马天奴是一位极为出色的禅学者，曾为铃木大拙的得意门生。日裔学人稻田龟男也是佛学研究的佼佼者，曾为傅伟勋教授的老师。这些美国哲学界的著名学者，虽然大部分都是从西方哲学的观点来讨论中国哲学，但却能给我们这群生长于中国文化土壤里的中国学者以很大的启发。这些非华裔的学者中好几位后来都成为本会的资深会员。

## 相容并蓄，影响深远

参加美田大学会议的中国学者来自美国本土的除了成中英、柯雄文、刘述先（那时刘教授还在美国任教）三位前后会长外，还有传伟勋、杜维明、孙智燊、黄秀玑、秦家懿、张婉华、郑学礼、李绍昆、吴光明、张仲羽、许颂鹏、余检身、杜祖贻、宝宗仪、董保罗等教授。陈荣捷先生因夫人眼疾不能离开，但仍寄来他的近作《初期儒家》，嘱我代为转赠与会中国同道。这时大陆仍是竹幕深垂，自然没有大陆学者参加。但台湾方面，我们却得到由当地哲学会派来的好几位代表，包括为当时秘书长的张尚德教授、最近去世的张起钧教授，及现任老庄学会创始人兼理事长的杨汝舟教授。本来严灵峰教授和晓云法师都是准备来参加的，后因事未果，由张尚德教授代为宣读论文。此外，从台湾来的还有现为中央大学文学院院长的冯沪祥教授，那时正在波士顿大学攻读博士学位，也和夫人从波士顿抽空来参加了。至于香港方面，本来在香港中文大学任教的霍韬晦、唐端正、李杜、陈特几位教授都曾热烈表示希望能来美参加会议，可惜最后均因经费问题而无法成行，王煜教授是会中香港哲学界的唯一代表。所以这第一次的国际会议由于规模小，只能算是略具国际性。不过能使太平洋两岸的中西学者聚在一堂，在当时的情况下应该算是十分难得的。

这次会议虽然没有大陆学者参加，但由宝宗仪教授宣读的一篇比较儒家哲学与马克思主义的论文，却引起了与会中国学者间一场非常激烈的讨论。宝教授是一位历史学家（在大陆国立中央大学念书时曾受教于方东美先生）。那时他正在撰写那本比较儒家思想与马克思主义的大作。宝教授在一封来信中告诉我：他这个已经费了二十年工夫的研究计划目的，乃是为了探讨马克思主义如何能在中国大陆成功地取代儒家思想这个重大问题。他研究所得的主要结论是：儒家思想与马克思主义实在具有某一程度的"相合性"（Compatibility）。这样的结论自然无可避免地引起很大的争论。那时作为会议主人的我，还真担心参与讨论的学者们会在这个（当时极度）敏感的问题上失去了君子的风度呢？

我们的首次国际会议虽然规模不大，却为后来的会议建立了一个原则规格的雏形。由于筹备工作需时两年，我们就决定以后原则上每两年开会一次。美田大学会议的主题为"中西哲学中的有与无"。这个极具概括性的题目是我提议的。我们的双年会既是一国际性的学术会议，也是本会的会员大会（参与者不限于会员），为了响应会员或与会学者不同的学术兴趣，我们就必须选择有很大概括性的题目，这项决定已经成为我们不成文规格的一部分了。此外，我们在每一次国际会议的会期中间都来一次中式宴会，这也是从美田大学会议时开始的，它的重要性也只有在外国居住久了的（尤其是住在地方与唐人街距离甚远的）中国人，才能亲身体验得到。

## 两年一度的"回家"

在美田大学会议和今年圣地亚哥会议之间，我们一共举行了三次双年会，这三次会议的日期、地点、主持人及主题简列如下：

第二次国际会议在一九八〇年六月九日至十四日举行于南加路达州名城查尔斯顿的查尔斯顿学院（The College of Charleston），主题为"中西哲学中的睿见、视野与真理"（Insight, Vision, and Truth in Chinese and Western Philosophies），主持人为当时执教于该学院的张仲羽教授。

第三次国际会议由于避免与在一九八二年举行的朱熹国际会议冲突，改在一九八三年八月十五日至十九日举行，地点为设于（加拿大）多伦多的多伦多大学维多利亚学院（Victoria College），主题为"价值与人的存在"（Value and Human Existence），由该校的秦家懿教授和夏威夷大学的安乐哲教授共同负责。

第四次国际会议（一九八五年七月十五日至十八日）举行于纽约州立大学的石溪（Stony Brook）分校，主题为"自然、人性与文明"（Nature, Human Nature, and Culture），由任教于该校的华特·华生和戴维·吊卧两位教授共同负责协调工作，我则负责会议议程的安排。

## 旧雨新知，各展长才

做一个国际会议的主持人是很不容易的，有时是很辛苦的。在我们的五次会议中，只有在第二、三两次，我才有资格完全享受到那种"无责一身轻"的自由和乐趣。而这两届会议的主人，也都各能以其独特的风格为我们的 Home Coming 作了充分的准备，使我们两年一度的"回家"更具温馨之感，尤其是这两届主人都为我们安排了适当的余兴节目，包括非正式的学术演讲或座谈会。查尔斯顿会议里林云教授首次为我们讲解密宗黑教的哲理；名建筑家张一调教授（张仲羽教授的父亲）为我们阐释道家的哲学观念在建筑学上的应用。在多伦多会议中，我们除了欣赏到由一位留加的音乐博士所主持的中国音乐示范表演外，还颇为意外地聆听到一次内容非常特出的、介乎哲学与科学之间的座谈会。会中三位主讲人（其中之一为此时已成为会员的约翰·拔仓教授）以"冶金术、宇宙论、知识：中国的经验"为题，讨论中国古代冶金科技对中国古代宇宙论思想之发展所产生的影响。据说他们的共同研究成果，将成为李约瑟《中国科学与文明》巨著中之一节。这些非正式的演讲或座谈会都各具特色与精彩，无疑为这两次会议增色不少。

不过对我个人来说，在这前后两次国际会议中，最令我难忘的乃是一位从耶路撒冷来查尔斯顿参加会议的学者，耶路撒冷希伯来大学的伟得利·罗宾（Vitaly Rubin）教授。罗宾教授原是世居俄罗斯的犹太人，是苏联汉学界里一位专精中国古代思想的著名学者。他得以脱离苏联政府的政治迫害而来到自由世界，主要是美国数百位教授联名抗议的结果（我们好几位会员都签名了）。他在这次会议所提出的论文为《在古典儒学中的历史与真理》，重点在儒家与法家思想的抗衡。罗宾教授精辟的见解，在与会学者心中留下极为深刻的印象，可惜在多伦多会议之前就惊闻他失事去世的噩耗，我们就这样失去了一位值得敬重的国际友人。

当然，我们也交了许多新的中国哲学同道、新的朋友。在这前后两次会议中，首次加入我们的行列而后来都成为本会积极会员的为数不少。中国学者中除了西玛利兰学院的吴锦芳教授、东华盛顿大学的郭大春教授，以及亚利桑那州立大学的刘邦瑞教授外，还有来自香港的两位年轻学者——那时正在夏威夷大学完成博士学位的梁燕城教授与刘国强教授。此外应该列入名单的有韩裔的李光世教授，与日裔的汤姆斯·稻米拿隔（Thomas Tominaga）教授。洋学者中现任教于香港中文大学的罗拔·阿连孙（Robert Allinson）教授，与圣地亚哥会议主人华珊嘉教授，都是在这个时候加入的。华珊嘉教授为本会的现任秘书兼出纳；她对中国哲学的热诚已为海峡两岸许多学者所熟知。今夏她和郑学礼教授合作主持第五届的国际会议，更显出她在行政方面的才华。圣地亚哥会议的成功，他们两位都是劳苦功高的。

查尔斯顿会议里海峡两岸都没有代表（亲自）参加，不过，台湾方面仍有数字学者（包括杨汝舟与张尚德两位教授）提出论文。大陆方面，一位前辈学者——当时在华中师范学院任教的詹剑峰教授——为了参加会议，还郑重地把他提出的论文以"中国哲学起源的探讨"为标题印成一本小册，可惜他终于还是不能成行。不然，他就是大陆学者参加本会国际会议的第一人了。海峡两岸学者在我们的双年会中，碰头始于多伦多会议，我们将在下文谈到。现在先让我们绕一个圈子吧。

## 立场超然，广结善缘

国际中国哲学会原是由在美国执教的一群中国学者建立起来的，所以由于方便和种种条件的限制，我们过去的活动范围一直都在美加境内。一九八九年为中国侨胞移民夏威夷一百周年纪念，夏威夷大学海鲁（Hilo）分校的校长，来函邀请我们在该校举行本会第六次的国际会议，我们的刘会长已欣然回信答应了。不过，我们已有计划将第七次（一九九一年）会议移师欧洲，以后还有可能移师远东——到中国香港、新加坡、中国台湾或大陆去，这样我们的活动范围将会真正地国际化了。

双年会无疑是本会最主要的活动，但却不是它唯一的活动。除了每两年举办一次大规模的国际会议外，我们还利用美国哲学会（American philosophical Association）每年分别在西部（太平洋）、中部和东部三支部举行年会的机会以附系学会（affiliated society）的资格举办专题讨论会。此外美国的亚洲学会每年一度的年会和每五年举行一次的世界哲学会议，我们都经常派有代表参加，这当然还没有包括会员个别参加与中国哲学有关的学术会议在内，譬如像成中英、刘述先和傅伟勋三位教授就经常风尘仆仆往来海峡两岸，参加各种形式的中国哲学或文化方面的研讨会，这都是对本会一种间接的贡献。

美国哲学会乃是美国最大的哲学学会，一向为分析学派的哲学家所把持。由于其他学派学者的论文很难被选入年会的正式节目表内，所以非分析学派的学者，只好纷纷各自组织专门的研究学会，然后以"附系学会"的名义参加。故美国哲学会年会里宣读的论文中，属于附系学会的要比包括在该会正式节目表内的还要多。近两年来由于非分析学派哲学家的联合抗议，会内产生了一个以"多元化"为号召的"改革运动"。美国哲学会内的当权派即使还未失势，也在重大的压力下被迫开放了。今年美国哲学会东支部年会的正式节目表中，将包括由前任会长柯雄文教授宣读（而由笔者为评讲人）的一篇论文。虽说这主要是拜那"多元运动"之赐，但也与我们多年来的努力不无关系。我个人多年来负责本会与美国哲学会美东支部的联系工作，最少就美东支部而言，近年来到我们所举办的专题讨论会听讲的人的确是明显地增加了。

政治问题乃是人类文明的一重要部分，但作为一纯粹的兼且是国际性的学术团体，国际中国哲学会本身的立场应该是超然的——超乎党派、超乎国界、超乎民族界限的。中国哲学研究不是属于国民党的事，也不是属于共产党或其他任何中国政党的事。当然，站在中国文化、中国知识分子的立场来说，我们也许会很自然的把它视为中国人分内的事。但中国哲学的真理性又岂仅只是中国人或中国知识分子关怀的对象？不过话虽如此，中国哲学研究的责任，事实上主要还是肩负在中国学者的身上。由是，中国哲学研究的前途和中国政治和文化的前途，也就有着莫大的关联了。

## 海峡两岸的"接触"

　　上文说过，国际中国哲学会创立的目的，乃是要使中国在西方的文化土壤里生根，要使中国哲学研究国际化，这是我们自十多年前成立以来唯一的主要目标。但最近由于参加我们会议的海峡两岸学者大为增加，在我们华裔会员间就不期然地兴起了如下的念头：国际中国哲学会将来是否可以成为海峡两岸学术交流的一个重要管道呢？成为台湾和大陆中国哲学研究者间的一座桥梁呢？事实上，对我们扮演这桥梁角色的期许，在这次圣地亚哥会议中，就曾被一些大陆学者直接地提出过。他们提出来的目的，据我观察，并无向台湾学者统战的意图。刚好相反，在他们委婉的言词中，我们可以觉察到他们真正的目的，乃是希望借着我们外来力量的帮助促使中国大陆的学术研究和文化生命，走上一条自由开放的道路。当然，这个目的在最后还是有其政治意义的。不过，在政治问题上，大陆学者一般来说都是非常实在的。他们对他们现实的政治环境只有无可奈何的感受，而不敢存太高的奢望。另外，从台湾来参与会议的学者，也在很不相同的立场上表现出他们对政治问题的现实性。比较起来，在这问题的理想性上，我们这些"海外"学者的用心和表现就比（两岸的）他们强烈得多。

## 从若有若无到狭路相逢

　　前面说过，海峡两岸学者正式在我们的会议里碰头，始于第三次的多伦多会议。不过，无形的、精神上的接触可以说早就开始了。本会在美加的会员中，很多本来就是从台湾过来的留学生，因此在某一程度上，也就或多或少地反映了海峡那一边对问题的看法，和在价值取向上的基本态度。譬如在第一次美田会议里，由宝宗仪教授那篇论文所引起的辩论，虽然当时只有台湾而并无大陆学者在场，但辩论的内容、格调和辩论者的观点，就给人感觉到好像有大陆学者在场似的。那场辩论在我心中所留下的深刻印象，在十年后的今天可仍是"记忆犹新"呢！

　　多伦多会议中大陆学者一共来了三位：北京大学的汤一介教授、中国社会科学研究院的庞朴教授和属于该院世界宗教研究所（当时正在多伦多大学从事研究）的唐逸教授。对这三位大陆学者的来临和所宣读的论文，我们一方面是抱着无限的好奇；另一方面又不无某一程度的疑虑。我们听到的该不会尽是套格式的党八股吧！不会。庞朴教授所宣读的乃是一篇通过字源的考证和人类学的观点来"说无"的（甚具新意的）精警创作。唐逸教授的论文也与"无"有关，乃是专论老子和道家思想的，两篇都是纯粹学术性的文章。至于那位现已成为本会热心成员之一的汤一介教授，他当时所宣读的论文，讲的乃是中国文化在外来思想的冲击下所产生的因应问题。文中以佛教的传入中国为例，强调外来思想必须经过一番重大的转化始能为中国文化所吸纳，这当然也是一篇学术性的文章。但它的言外之意也是很明显的，我们聆听后都同情地、会心地相视而笑了！

　　多伦多会议稍后，世界哲学会议跟着在加拿大的孟城（Montreal）举行。我们会员中好几位都参加了本会在这次世界哲学大会里（以会员学会资格）所召开的圆桌研讨会，汤一介教授也被邀请参加。研讨会中还有从台湾来的冯沪祥教授，我自己则因事没有去。后来听说冯、汤两位教授在研讨会中，曾在一政治敏感问题上有过一场针锋相对的激辩。在今夏圣地亚哥会议中，两人又在正式和非正式的讨论会里再度"狭路相逢"。不过，这一次双方的态度可就温和得多了。

## 从时空变异到尝试沟通

　　有了多伦多会议的良好开端，我们与大陆学者之间原有的隔阂也就渐渐地消除。当大陆学者再度莅临本会在两年前的石溪会议时，我们大家虽还不至于"把臂言欢"，但却早已到了在对方面前可以"谈笑自如"的地步。参加这届国际会议的大陆学者，除汤一介教授外，还有武汉大学的萧萐父教授、陕西师范大学的陈俊民教授、北京的金春峰教授，和在斯坦福大学攻读博士学位的年轻学者殷陆君先生。萧教授现为中国哲学史学会的副会长，兼且是一位旧诗造诣很深的诗人。那次会议我和柯雄文教授住的宿舍房间刚好在萧陈两位的隔壁，一星期来朝夕见面，大家谈得非常投契。后来萧、陈两位会后来康州耶鲁大学拜访余英时教授，我又以陪客身份和他们在一起吃午餐，并在餐后回到余教授的办公室喝茶聊天。大家坐下不久，萧教授就很自然地和余教授两人大谈作诗心得，好像机会难逢，不可错过似的。看着这两位学者诗人风骚洒脱、得意忘形的情景，我这位门外汉除了欣羡赞赏之外，还有一种说不出来的、混淆历史时空的奇异感觉。恕我才拙，无法以笔墨来交代清楚！

这次来石溪参加会议的台湾学者也有好几位：除了资深会员杨汝舟教授外，还有政治大学的项退结教授、今在台湾大学任教的陈文团教授，和成功大学（当时在美国进修）的赵定文教授，后三者都是第一次来参加我们的国际会议，东海大学的蔡仁厚教授也寄来论文参加。此外也是第一次加入的华裔学者包括加拿大麦马士达大学（McMaster University）的冉云华教授、新寻地纪念大学（Memorial University of Newfoundland）的黎婉婷教授、新加坡国立大学东亚哲学研究所的冯耀明教授等。这些台湾和"海外"的华裔学者，都和大陆学者相处得相当愉快。和多伦多会议一样，大陆学者在这次会议所宣读的论文，都是学术性甚高的专门论著。陈俊民教授的论文讲的乃是宋明理学的"天人合一"观；金春峰教授在他的论文中所探究的，乃是"月令图式和董仲舒的目的论及其对宋明理学的影响"，都是甚有见地的文章。萧教授当时所宣读的论文，则是讨论十七世纪中国知识分子对西学东渐所采取的基本态度。萧教授告诉我他在武汉大学主持一近代中国思想史的研究计划，很需要有关耶稣会在华传教的数据。刚好那时辅仁大学才举办过一次大规模的利玛窦纪念研讨会，我便写信给台湾大学的传佩荣教授，和政治大学的沈清松教授，请他们寄赠纪念会的论文集及代为搜集其他有关资料。萧、陈两位教授还表示过，希望将来能与台湾学界交换哲学及其他思想和文化方面的学术刊物。我知道其中会有很大的困难，但还是把他们的意思向台湾哲学界的朋友转达了。

## 从国际化到学术桥梁

石溪会议之后，国际哲学会在海峡两岸所扮演的桥梁角色，也就无可避免地确立下来。两岸学者参加今年七月圣地亚哥会议的人数绝对是空前的，计从台湾来的有台湾大学的邬昆如、傅佩荣、林义正、谢启武、释恒清教授，政治大学的项退结、沈清松教授，辅仁大学的黄培钰教授，中央大学的冯沪祥教授，中国文化大学的游祥洲教授，中央研究院的方万全教授，代表老庄学会的杨汝舟、邓文仪教授，代表佛教界的释星云、释悟明、释成一、释慧嵩诸法师等。中兴大学的杜松柏教授那时正在加州从事研究工作，也就近来参加了。这个名单当然没有包括原来申请参加而因事未克成行的学者，如台湾大学的张永儁、杨惠南教授，中国文化大学的程石泉、张尚德、李复甸教授，三军大学的王国琛教授等。参加这次会议的大陆学者则有北京大学（现兼任中国文化书院院长）的汤一介教授，及（原本来自台湾的）陈鼓应教授，北京清华大学的何兆武，人民大学的方立天，中国社会科学院的程立显诸教授，天津南开大学的方克立教授，上海复旦大学的刘康德教授，杭州浙江社会科学院院长王楷贤教授，南昌江西大学副校长陈正夫教授，济南山东大学的刘大均教授，武昌武汉大学的冯天瑜及李德永教授，南宁广西大学的张用夫教授，广州中山大学孙文学院院长袁伟时教授等，青年学者殷陆君先生也从斯坦福大学来与他们会合。申请参加会议而没有来的大陆学者大概还有十位之多，至于从"海外"其他地区来的华裔学者则有澳洲麦桂离（Mcquarie）大学的姜允明教授、香港中文大学的陈永明教授和浸会学院的梁燕城教授。在上面这冗长的名单中，大部分学者都是首次参加我们的会议。至于来自美加的与会华裔学者中，首次加入我们行列的也有好几位，包括在加州大学柏克莱分校任教的信广来教授，和在圣地亚哥分校任教的程定一（程石泉教授的公子）教授，刚从夏威夷大学取得博士学位的李纯娟修女，及毕业于台湾大学现在加州大学罗省分校进修的年轻学者郭勤正先生等。

　　在一个中国哲学的国际会议里看到许多中国人的脸孔——这本来是意料之内的，没有什么稀奇的，但这只能就一般或理想的情况下来讲。在历史因素和种种特殊条件的限制之下，我们在今次会议中能得到这么一大群来自世界各地（尤其是太平洋两岸）的中国学者同聚一堂，毕竟是一件难得的、令人兴奋的事。当然，国际中国哲学会乃是一个国际性的组织；我们无意——也不应该——把我们的国际会议变成一个中国人的聚会。我们在前面曾一再申述过，本会成立的目的，乃是要使中国哲学研究国际化，而不是要成为海峡两岸学术交流的一座桥梁。虽然，我们在事实上已经扮演了这个角色；但这个角色，无论它在某一方面有何重大的意义，在原则上是不能与本会立会精神所在的纯学术理想相提并论的。只是话得说回来，海峡两岸中国哲学研究的交流，不正是中国哲学研究国际化的一重要环节吗？中国哲学不是死的东西，不是一博物院中的陈列品，而是一继续在发展中的（在某一意义上来说）、具有生命性质的存有历程。而发展中的中国哲学又怎么能与发展中的中国文化（包括它的政制和学术环境），和中国人的实存精神生命分开呢？如此说来，我们所谓"国际化"的理想和"桥梁"的角色最后还是可以相通，甚至是相辅相成的了。

## 回顾前瞻话"发展"

从一九七八年的美田会议，到今夏圣地亚哥会议刚好是十个周年，对我们很多会员来说，这过去的十年，正是人一生中壮年期最重要的阶段。随着国际中国哲学会的日渐茁壮，我们也看到彼此间学术生命的成长。这个会的成立使我们结识了许多志同道合的朋友，也供给了我们互相砥砺切磋的机会。即就这一点而论，我们过去十年的努力已经是没有白费，已经是值得肯定的了。

当然，国际中国哲学会本身还存在着许多亟须解决的问题；我们已经实现的和我们所抱负的理想相差得还很远、很远，其中一个最重要的乃是华裔与非华裔会员间的沟通问题。由于华裔会员近年来的大量增加，和许多来自海峡两岸（尤其是中国大陆）学者在语言方面的限制，自石溪会议开始，我们的讨论会就分为中文组与英文组两大组别。这本来是一个很合理的、很适当的处理办法，但结果却（由于很明显的理由）造成参加讨论会人数往中文组一面倒的不平衡现象，非华裔学者就难免有被冷落的感觉了。长此下去，华裔与非华裔会员间由于沟通的困难所造成的隔阂，将会成为本会未来发展一重大的障碍。这个问题短期内最有效的解决办法，就是争取更多非华裔的学者入会和参加我们的会议，这样由于人数的均衡，非华裔会员就最低限度不会有被冷落的感觉。其实，世界各地对我们的国际会议有兴趣的非华裔学者应该大有人在，只是我们的"国际宣传"工作做得不够，很多太平洋地区以外的学者，根本还不知道有本会的存在——而我们也不知道他们的存在。最近成中英教授告诉我，他在最近一次哲学会议里曾遇到一位苏联学者，他问成教授为什么我们的国际会议没有邀请他们参加。不为什么，只因为我们的数据库中根本就没有他们的名字，也没有想到他们会对我们的会议发生兴趣。为了更进一步贯彻我们"中国哲学研究国际化"的理想，一项由本人提议和负责的《国际中国哲学人名录》的编辑计划已开始进行。数据的控制乃是一切事业（当然包括学术文化事业）的基础，我们已进入信息时代了，在这一个时代讲哲学、研究哲学，总应该有与这时代相呼应的生命姿态和主体诚意吧！

　　瞻望将来，我们应该做的或可以做的事还真的很多、很多。除了在控制数据的具体工作上，建立一个属于我们的国际信息网，以求有效地推进我们"国际化"的理想外，同样重要的另一方面，当是从人事规格的制度化入手来强固本会的内部组织和机能。一件学术文化事业的长期发展，绝不能单靠少数积极分子的奉献与热忱来支持。它的原始动力可能来自少数核心人物的领导才能，但它长期的健全发展则必须奠基在一个强固的，能够发挥它的最大发展潜力的合理制度上。在我最近向本会执行委员会提出的发展计划书中，数据的控制与组织的强固，正是我那张具体蓝图所依据的两大发展纲领。这份计划书中值得一提的包括下列几项建议：（一）成立信息委员会专司本会《新闻通讯》及《国际中国哲学人名录》的编辑工作；（二）成立会员评审委员会以争取或推介有资格的学者（尤其是包括研究生在内的年轻学者）入会；（三）成立公共关系委员会专责本会与其他学术团体（尤其是海峡两岸与中国哲学有关的学术团体）的联络事宜；（四）成立专题研究委员会（如易经研究委员会、先秦儒家研究委员会、老庄研究委员会等）从事推进和有计划的发展中国哲学各方面的专题研究；及（五）成立出版委员会来负责编辑和出版本会历届国际会议和其他会议的论文集，与各专题研究委员会的研究成果。这个发展计划的大前提乃是团队精神的发挥，成功与否，它都会给予我们一个重大的考验。

　　可以预期的是，我个人十年来与国际中国哲学会的密切关系仍将会在不同的形式下继续下去。看来我这个本来具有浓厚"独行僧"性格的人，竟是愈来愈走向"丛林"的大众里来求道、达道了。

　　（"中国哲学在西方：国际中国哲学会的回顾与前瞻"，《中国论坛》台北，25—25，1987 年 12 月，第 54—62 页；此文摘要刊于《中国哲学史研究》北京，1989 年第 34 卷，第 99—102 页。）

# 6 存在主义哲学中的"存在"观念

## （1991）

　　本文讨论分为两部分：第一部分讲"主体性"的义理架构；第二部分拟通过"无"、"意识"及"本质"三个概念来透显存在主义中"存在"这一观念的意思。沙特讲"存在先于本质"，我们亦将较注重"本质"一概念。

### 主体性即生命自处之道

　　存在主义为什么一定要讲"主体性"？因为存在主义基本上是一"生命的哲学"、"主体性的哲学"。牟宗三先生受齐克果等之存在主义的影响，以中国哲学为"生命的学问"、"主体性的哲学"、"内在道德性"的哲学。至于何谓"主体性"，可有这样的定义：主体性即"生命自处处境之道"，也可简称生命自处之道。"自处"即生命自己处理自己，另一"处"即处境，在这里既是名词亦可以是动词。在这里生命不单是指人的生命，而是一广义的主体性的定义。存在主义虽着重人的主体性，但我给予主体性一广阔的定义是有原因的。因我认为存在主义的一个缺失，是对自然注重得不够，将自然与人分开，这是有问题的。因此应从承认一切生命的主体性开始，然后才探究人的主体性。

　　自处是生命自己处理自己，因此是有内在性的（齐克果所谓的 in-wardness），是自己对自己，亦即儒家说的为己之学。但单注重内在、我与我自己（I and me）而认为与外在环境无关是错误的想法。一个人的所有自处都是与处境有关，与"生命的场有"有关。"生命的场有"是我自己的词汇：包括背景、自然宇宙。这与存在主义有什么关系？如何说明存在主义与主体性有关？存在主义充满了绝望、无聊、苦闷、悸栗等观念，这些观念译成中文后对我们来说很奇怪，觉得只是情感语言。但仔细分析后会有不同的结果。以绝望（despair）来说，despair 其实是自处的一种方式，存在主义的始祖齐克果以" sickness unto death" 来定义 despair。"sickness unto death" 表示做人一定要负起自己的责任，即是"为己"，但这负担太重，很想把负担放下。一方面想放下；另一方面又不想放下，那怎么办？不如死了算了。但若死能解决问题便不会有绝望，根据存在主义的解释，在绝望的情况下，死变成希望。但绝望又和自处有什么关系？我既要负担自己的责任，这即是自处，若我 give - up，resign ，自暴自弃，不理自己，也是自处，所以绝望在存在主义的说法是自处的一种方式和形态。因此 despair 不是一个情绪语言，是存在性、主体性的语言。绝望代表了一个人自处之道，但绝望又有另一个意思，就是处境使我绝望。存在主义说世界是荒谬（absurd）、无意思的。自然是 indifferent 的，对人的希望及理想是漠视又毫无影响的。这是绝望作为处境的含意，因此绝望兼有处境及自处的含意。存在主义的其他词汇如无聊（boredom）、焦虑（anxiety）等都是主体性的语言，亦即兼有自处及处境的含意。这观念十分重要，因传统西方哲学往往将处境抽离，但人之所以是独特的人（unique）就因为各有不同的处境，就如我们有很多方面是相同的：都是 20 世纪的人，都是受中国文化熏陶，我们的世界是相同的；但我们每一个都有独特的性格，其原因在于我们都有不同的处境（circumstance）。存在主义非常注重 unique circumstance 的观念，而这正是传统西方哲学所忽视的。

## 自处出于自爱

主体性是生命自处之道，但生命为什么要自处？生命为什么会发生问题？所有生命都要处理自己，都有主体性，就如一棵树也有自处之道：在某一天气、气候中如何生长；根部深入泥土吸取水分、枝叶迎向阳光来生长，这就是树的自处，也与其环境有关，因此一切生命——佛家所说有情——都有主体性、都有其自处处境之道。但人与其他生命是不同的，人的主体性是一个"有间"的主体性，而其他生命是"无间"的主体性，"有间"与"无间"的分别就是：人有问题心，而其他生命如动植物的自处根本不成问题。杨柳树不会问如何处理自己，不会问这样做对与不对；袋鼠不会问吃进这个东西是不是善；但人的自处则成为问题，但不论有间无间，自处之道皆基于自爱与自值。自保（self－preserva－tion）是自爱，自我超越亦是自爱的表现；自利是自爱，利他亦是自爱：儒家的一个重要观念是"推"，即是将对自己的爱及关怀向外推，以及于家人以外，甚至是"天地万物与我同体"，这里所"推"的正是自爱，因此若不自爱则不能推，孔子所谓"己所不欲，勿施于人"，全是从这自爱而来。刚才提过绝望这一观念，而自爱又正是在绝望之中：我自爱，因此要负起对自己的责任，若不自爱便不用负起自己的责任。那么自暴自弃又如何解释？如果生命皆自爱又何来自暴自弃？自暴自弃又是否和自爱相反？事实上自暴自弃是自爱的反射。由于自爱，人要负起自己的责任，但这责任太沉重太痛苦了，而因无力承担而自暴自弃。因此自暴自弃等观念是从生命的亏负而来，是自爱的一种亏负形态。若不了解这点便不能了解存在主义。存在主义虽充满了负面消极的词汇，但并不悲观，存在主义是从生命的亏负面来看生命。负面是生命自爱的亏负，故最基本的还是自爱，没有自爱便没有生命可言，由此可见存在主义是从自爱出发。

## 方中求圆——生命的理性

对主体性的分析我们得出自爱的观念，现在谈"自值"。因为自爱，对自己很多欲望都想满足，得到满足就是值，不得满足就是不值。而在生命中有一"公道原理"，但此非一般所说的公道，而是相对于欲望的满足与否而言。人有欲望，若能满足便是（对此欲望而言）得值。世上每存在物皆有其理由及价值，就以性欲来说，得满足就是得值，不得满足就是不得值，不得值就是不公道，但人有其他很多欲望，而不能完全满足，故有些要牺牲，有些有抑制，这是人生命中的"牺牲结构"，存在主义中亦有很多理论是从"牺牲结构"中来的，尼采即很重视这点，弗洛伊德亦讲升华，就是说我们不能满足生命中所有欲望，有些欲望得值、公道，有些欲望不得值、不公道。不公道就要求公道，就如流水一样，若受阻就是不得值，无论怎样曲转都要找到求满足的途径。人一样，不得值时必得"曲转求常"，甚至是用一种变态的方式来求满足。传统儒家在这方面重视不足，故产生不少问题。近代弗洛伊德的升华论，就是说要小心将欲望转化，使之在曲转后仍得到健康的满足，存在主义就是讲在牺牲结构中如何在不得值的情况下曲转求全。自爱自值即是"至诚致曲"，至诚是《中庸》中的语言，致曲即是弯弯曲曲，如何在不得值的情况下求满足，亦是自爱的一个方向。在求满足时遇到障碍，便要求无碍，有碍求无碍即"方中求圆"。方是有碍，圆是无碍，方中求圆是理性的概念。我指出理性是要厘清一个观念，一般以为理性就是逻辑，就是理智，但这是不对的，任何生命都有理性，这理性是相对于方中求圆来说。任何生命若遇上障碍都会求无碍，有碍求无碍就是生命的最高理性，逻辑只不过是大理性中的一个小理性，因此说存在主义反理性、非理性是很不合理的。存在主义的确不注重逻辑、科学的理性，但不表示存在主义没理性，任何生命都有其"理性道术"，皆有依于其不同生命形态的方中求圆之道。至于道德理性又如何？道德理性亦只是小理性，一般人说存在主义反道德、个人主义，但存在主义只是反社会的传统道德，它本身还是有一个大道德理性，到这里或可厘清不少对存在主义的误解。

　　儒家有谓良知，良即善，是生命的道德义，知是生命的理性义，从理性义说，一方面是自爱自值；另一方面包括慧力慧识，慧力慧识（wisdom）是围绕自爱而生，西方传统的慧识是对应一对象的，是根据逻辑理性的，东方哲学却不同，慧永远与自爱分不开。佛家大乘讲慈悲及证空，慈悲是爱，证空是悲，两者分不开。儒家讲仁与知，两者亦分不开，因此，有爱慧便生慧觉。存在主义讲绝望、荒谬，那又是什么形态的智慧？存在主义的智慧是从自爱而来，若无生命的自爱则无生命的智慧，因此存在主义与儒家佛家是同形态的思想，不过存在主义是从生命的亏负面立论。存在主义讲绝望无聊，佛家亦讲烦恼，亦是从生命亏负面来说。烦恼便不自由，不自由便要求无碍，而佛家绝对自由之境是圆融无碍，绝对自由亦即涅槃。即是圆融无碍，即可肯定一切，得绝对自由，自由是存在主义最中心观念，这自由是独立的自由，个体性的自由。

## 存在就是求独立自主

　　刚才说到道德理性是各种生命共有的，是生命的本质，而存在主义亦是基于这种生命本质的分析，跟着要探讨的是存在主义所说的是什么形态的生命？所有生命都自爱，但自爱有两条路可走，个体生命（以下尤指人）有两个趋向，一是个体归属性；一是个体独立性。每个人一方面求独立个体性：我不是你，我是我自己的 boss，我不用你来管，这就是 individuality；另一个趋向是归属性（belonging），对家庭、社会、历史文化以至整个世界的归属，即所谓天人合一。西方哲学注重个体性，但儒家讲归属性，仁的本义是亲亲之为仁，即是一个小我对大我的归属。西方不论文学或哲学所走的是另一条路，称 Eros（爱罗），即是求独立，正如婴儿一出母胎，脐带割断即为一独立个体，具有独立性，存在主义的生命形态就是这一种爱罗形态。存在主义虽然与传统西方哲学很不同，但毕竟是西方文化产物，始终有着西方哲学的基本形态，注重个体的独立性。

中国人看存在主义的作品往往有格格不入的感觉，不能感受其中的虚无感、无意义感，完全无西方人的感受，而始终觉得生命是实在的，仿佛对虚无主义免疫，皆因中国人永远有归属的心态、永远面对着家庭及历史文化，有很重的归属意义，个人与大我的脐带永远分不开，断而未断所以感受不到虚无。感受尽管没有，但要了解西方哲学便得仔细研究。虚无主义是内在于爱罗人性。爱罗人性就是以他为镜，以他为媒。他即异于己的意思，不同于我，不是我，因此爱罗必定有一对象，就是要了解自己，亦要通过一个"他"：通过自然、通过上帝，总之总有一对象，这就是以他为镜。儿童心理学亦有相同讲法，幼儿是通过外在世界例如其他小孩来认识自己，完成自己亦要通过"他"，如果无对象就无科学。这便是西方的主体性，是爱罗的主体性，以他为镜，以他为媒。主体性是自处之道，西方人自处亦必要找一对象，是上帝或什么也好，以他来认识自己，完成自己，这是西方爱罗的路，但这路永远离不开"义格的张力"，即与对象之间的距离，距离之间有张力。以虚无来说，虚无即是说世界是无意义的，但意义从哪里来？意义可以自己创造，这就是英雄主义：自我创造、自我赋予意义，将自己创造成完美，这样做就是意义，不这样做就无意义，故虚无主义与英雄主义是分不开的。这解释了西方人富创造力的原因，全出于有此需要，觉得永远被虚无包围，若有创造意义则会被虚无吞噬，故要不断使自己完美，给予世界意义。虚无主义与英雄主义的相辅相成产生了西方的创造力。我们看存在主义作品，觉得无必要讲虚无，这其实是不了解西方文化，因为西方的主体性就是如何在虚无中自处，没有虚无便无西方人的心灵。

要独立于其他，要赋予自己生命独特的意义，越独立越好，这就是存在主义中存在的观念。

## 存在——从"无"中站出来

这里要分别存在（existance）及存有（being），广义的存在是 being，有些时候可以用 existance 来代替 being。至于什么是存有？"As Long as it's something and not nothing" 就是存有，只要是"一样东西"而不是"无"。这又带出"无"的观念。而存在是什么，这是从拉丁文 ex 加上 sistere，ex 即 out，exit 的意思，sistere 即是 stand 的意思，合起来即是 stand out：站出来，站出来就是存在的原意。但从什么站出来？是从自己站出来，这是存在主义中狭义的存在。但广义来说，as Long as it's something and not nothing 就是存在，但这 something，这东西又从什么站出来？就是从"无"站出来。在这里要作补充，古人的"无"不是今天哲学家的"无"的观念。古人"无"的观念，可用小孩的成长来解释，小孩子一步一步站起来，但站直之前的状态便是无。因对小孩子来说，站起来之前的世界是混沌一片的，但只要一站稳，就如盘古开天辟地、立刻有了天地、左右、前后的分别。

形上学有"绝对无"的观念，即是什么都没有了，这是逻辑意义上的无。绝对无的意思是完全没有，亦即连思想这概念的思想者亦无，这是否可能？很明显不可能。这概念本身便是有，而我们一探讨这概念，这概念立刻变成有。因此绝对无根本不成立。那为什么我们有这观念，其实绝对无就是把宇宙一切从意识中除去（eliminate），到最后连意识的拥有者亦除去，到这极限便是绝对无，因此绝对无事实上是近乎思想自杀的状态，存在主义对这个逻辑上的无兴趣。但尽管无兴趣，逻辑上的无却是有意义的。

存在（exist）的意思是从"无"站出来，此"无"可以有不同解释，第一，无可指混沌，从混沌中站出来。这在传统西方哲学很重要，无（non–being）不是绝对无、逻辑无的意思，混沌从 chaos 译过来，与之相反的是秩序（cosmos），混沌亦即无秩序，因此传统西方哲学讲无即无秩序之意，从无站出来即是说，宇宙最初混沌一片，毫无秩序，后来逐渐变得有序。这在希腊神话中亦有表现，希腊主神宙斯是第三代神，对其祖父辈反叛，而第一、二代神是代表混沌，是自然不服理性的力量，宙斯则代表宇宙井然有序。

无之第二义是意识之无，意识之绝灭。存在主义对逻辑的无没兴趣，但对意识之无则很重视，意识之绝灭，在人来说即是死亡。对意识拥有者来说，死亡即代表绝对之无，上面说过的把事物从意识中一一除去，最后连意识本身亦消除就是此意。人对死的恐惧乃出于害怕意识的绝灭，而希望永远有意识。西班牙哲学家 Unamuno 说死是人最大荒谬，因死后什么意义也没有，沙特认为死加强了世界的无意义感，海德格尔却认为死是有正面意义的：人既知有死，知人生有限，反会振作起来，为人生创造意义，故有正面影响。

## 真实的生命是属己的生命

无之第三义是从群众中站出来，从俗众中站出来，这关乎前面说过的独立个体性，独立个体性就是从俗众中站出来，人日常的思想、生活皆受俗众影响（them－self），以他人所说来决定自己的行为。如此人生活中的元素都变得外在化（externalize），因为己不是自己的 boss，完全由人作主。中国人视父母作主为天经地义，但在存在主义来说，连上帝亦不能为你作主，一个有独立人格的人一定要为自己作主，但自己作主不代表就要反社会反传统，以堕胎来说，意见只有两种：堕胎是善或恶。而这两种意见早已存在于社会，如果是盲从，无论接纳任何一种都不算为自己作主，但若是经过研究来选择，便是为事情盖上自己的印鉴，该意见从不出于自己，但也是属于自己，已化为己有 appropriate。Appropriate 即 make one's own 的意思。人生命所拥有原非自己拥有，孩提时代完全受父母影响，但有独立人格的人一定要将原不属自己的一切化为己有（appropriate），就算是身体，似是自己所有，但在未化为己有前还不属于自己。例如婴儿未学会如何控制自己肌肉以前，他的手指还不算是属于他自己的，因此生命就是 appropriation 的过程，将不属自己的因素化为己有，这就是属己性，属己性英文是 authenticity，这字可译为属己性，也可译成真实性，这两个意义可结合在一起，在存在主义来说，真正真实的生命便是属己的生命，是独立自主的生命。

在存在主义中，死亡是一个重要的概念，死亡之所以重要，是由于唯有面对死亡，人才自觉其独立自主性，人在平常生活是没有整全的自我的，所拥有的自我是涣散的，例如女性在家中是主妇、是妻子，到超级市场时变成购物者，皆非真正自己。只有面对死亡，意识到死亡是一种力量，随时可将自己吞噬，才会发觉自己真正是 somebody，真正存在，要求控制这力量，而不是被这力量——"无"吞噬。只有在这种情况下才会感到整全的自我，故在存在主义中，死亡可以引出整全的自我观念，普通人不敢面对无，一方面是怕死亡；另一方面是怕面对自己。越面对自己，越发觉自己每日扮演不同角色，越找不着独立自主的自我。只有面对死亡，人才找到真正自我，这引出了无的第三义——意义的无，意义的无即觉得世界毫无意义，没有东西是重要，没有原因能说服我某些事不得不如此，没有绝对的善，没有绝对的美，上帝已死。在西方传统中，上帝是意义世界的象征，上帝的死亡代表意义世界的崩溃，人便立刻面对虚无。要消除虚无，人便要不断自我创造（如尼采所说）。回到刚才提出过的问题：我们东方人纵能完全了解存在主义，但始终缺乏他们的感受。这是我们的归属性太强，完全不觉得责任是一个问题，甚至视负责任为一种乐趣，但随着社会的现代化，中国人亦恐怕会渐渐对无有所感受。

## 自我创造的本质

刚才略提过意识的死亡，那存在主义又是怎样看意识？存在主义讲意识离不开一个概念：投射（projection，或译作投企），人永远有一套为自己的设计：为什么要读书？是为了毕业，为了毕业后在社会觅一分好差事……这就是设计（projection），如果把设计中的理想、向往、计划等除去，再去描述一个人，那么对这人的描述是一个零。因此，把人的投射除去后，剩下的便是一个动物性的人，人与动物既不能分、那么动物性的人亦即非人。不同的人会有不同的设计，但始终不能没有投射。例如我们眼前有一门把，存在主义对这门把的了解，不会是对他的颜色、形状等的描述，而会是这样的：我们可以想象"假如"走到它的前面，"假如"把它握住，"假如"用手一拉，门便可以开。这即是说，我们所有的知识，都来自我们意识的投射，我明明在这里，但我把意识抛向将来、抛向一个可能性，"抛向可能性"就是投射，"抛向可能性"是有意识生物所独有，这是存在主义中非常重要的观念。存在主义在提到一个人的 self 时，绝不会基于他的身体、他的五官等生理结构来说，甚至不涉及心理结构，存在主义是从人的设计，人的抛向可能性来了解 self。不同的人有不同的 projection，因此才可以分你的 self、我的 self、他的 self。存在主义讲时间亦是一样依于意识的投企来讲，譬如说"将来"，不是从时钟上看将来，而是"我"的"将来"，"过去"也是一样，不是说从时钟上看到时间的过去，而是"我"的过去，是我的意识的投企的实现，可见存在主义理解意识是从个人的可能性的投企入手的。

最后所讲的是"本质"，对存在主义稍有认识的都知道沙特说"存在先于本质"，那么本质是什么。可以说一个人在他有投企之前是没有本质的。所谓本质即是 what 的问题：你是怎么样的人？你的人格怎样？而这问题可从一个人的投企来解答。问题是，在你还没有死时，别人仍然无法完全清楚你的 projection，只有在死后，你的 projection 才可被慢慢地研究分析，才可知你的本质。因此存在主义认为，在你出生以后，死去之前是无法谈得上本质，而只有存在。所谓存在，即拥有意识，有"投向可能性"的能力。因此严格来说，婴儿还谈不上是存在，只有当他能为自己设计，有"投向性可能"的能力时才算存在。人的一生不停为自己设计，不停有 projection，所有 projection 合起来便成为本质，这就是存在先于本质的意思，而本质是自我创造的，正如沙特说 man make him – self。但这里的创造，非上帝创造人，给人一个躯体的意思，而是一个"自我化裁"的过程，"化裁"有选择的意思，自我化裁即是把一切原是外在的、不属己的东西化为己有，依此义，人的性格、人的个体性便是通过自己的选择及 committment 而创造出来的，没有"投向可能性"便没有个体性，因此，个体性和个体的存在是有关的。

（邓伟森整理。此文原为 1990 年 12 月在香港法住学会演讲词，原载《法言》第三卷，1991 年 6 月第 3 期，第 49—54 页。）

# 7  道身与影身：人道中的自克、牺牲结构

## ——"良知自我坎陷"的新诠释

### （1991）

人是有影身的动物；人的道身与影身之间的辩证关系，乃是人之所以为人的本质。这里所谓"身"，指的当然不是人的形躯，而是人的超形躯而卓立的精神生命。"影身"就是人的精神生命的影子，人的精神总是朝着某一方向自诚自直的，这个自诚自直的精神生命——一个无法与其所依赖的意义世界分离的形上承义体——就是我们所谓的"道身"。人的道身原是通过他的朝直用中的根身（直立走路的形躯）依身起念、依念作茧地挺立起来的。有趣的是，此自诚的道身也和用直的根身一样，都是有一个影子跟随着的。①

自诚自直乃是一切生命的通则，也同时是价值实现的通则。一切生命都是自我肯定、自我实现、自求满足的。人当然没有例外；人的本能欲望或心性要求——包括生命权能通过人性中"仁"、"材"两极所作的一切投企——都有自求实现、自求满足的本然倾向。所谓"天生我材必有用"："有用"就是有其本然价值的意思。这个自诚自直的生命通，则既是道德的原始基础，也是理性的最后根源。这里"道德"和"理性"，都是扣紧着生命的本质来定义的，从任何本能欲望或心性要求的观点来说，自直而得直（求满足而得到满足）就是公道；反之，不得直（求满足而得不到满足）就是不公道了。这可说是自诚自直的"道德"义，生命的道德本质只不过是一个公道原理罢了。但不得直本身也就是有碍，亦即是生命的

---

① 关于道身与根身的关系，参阅唐力权：《周易与怀德海之间：场有哲学序论》，台北，黎明 1989 年版，第 171—178 页。作者在此书中尚未发展出影身的观念。

凝滞和不通畅。一切生命都是方中求圆、以有碍而求无碍的。这方中求圆可称之为自诚自直的"理性"义——我们所谓的"曼陀罗智"。[1] 文明人的道德观念、理性观念，最后分析起来，只不过是公道原理和曼陀罗智的运用或诠释罢了。

道德和理性，就其发用于文明人的精神生命来讲，都是问题心的产物。心性的问题化——"仁"、"材"两极的问题化——本就是文明社会、文明道德的起点。人的生命永远是一个"仁材两亏"的局面，不管是在一个为"良知关怀"（仁性价值系统）所主宰的文明里，或是在一个为"爱罗惊异"（材性价值系统）所控制的文明里，人的生命是永远不能自足，是永远有问题的。文明人的道德教化，基本上只不过是问题心的一种"经济手段"——生命权能自诚致曲时所运用的理性道术罢了。

生命是有代价的：有成就得有牺牲，有所为就得有所不为。在人的生命里，公道原理和曼陀罗智——自诚自直的道德理性——就是通过生命权能的自克、牺牲结构而彰显的。假如我们以 Y 代表所有为成全 X 而被压抑或牺牲了的一切本能欲望，或心性要求（X 与 Y 可分别称与"自直符"与"亏负符"），则自克、牺牲结构——以后简称"克牺结构"——可以下列符式表达之：XY（念 X 克 Y）。这个"克牺符式"中之"X"我们称之为"克符"或"命构符"。为什么称它为"命构符"呢？因为这符号所代表的乃是文明人的价值分判型态；这分判型态决定了文明人的精神生命，也决定了他的社会性格和个体性格。换句话说，文明人的克牺结构也同时是他的命运结构。克符或命构符所指向的，乃是文明人与整个生命场有之间的权能交涉，亦即是此命运结构的核心所在。[2]

文明人的精神生命是不能离开他的克牺结构而讲的，所有理想人格的观念和为着实现此理想人格而生的理性道术（如成就儒家圣贤人格所实践的修养功夫，或在印度宗教传统中成就超脱人格所本的瑜伽

---

① 关于道身与根身的关系，参阅唐力权：《周易与怀德海之间：场有哲学序论》，台北，黎明 1989 年版，第 53—60 页。

② 同上书，第 103—109 页。作者在此书中对克牺结构的处理与本文所述者颇有出入，当以后者为准。

禅定），基本上都是通过克牺结构的框子而贞定的。道身自诚自直的方向不正是为此贞定的克牺结构中之价值分判型态所决定的方向吗？克符中 X 与 Y 的分判，在宗教和哲学的价值语言里，不就是上帝与撒旦、天堂与地狱、灵魂与肉体、天理与人欲，或佛道与魔道等的分判吗？孟子所谓"大体"与"小体"的分别，自然也是属于这种分判型态的。"鱼，亦我所欲也；熊掌，亦我所欲也，二者不可兼得，舍鱼而取熊掌也。"孟子这个譬喻可谓深得克牺结构的精义。二者不可兼得，舍鱼而取熊掌——这就是生命权能的经济手段、文明道德的理性道术了。

不过，在传统的宗教和哲学思想里，克符中 X 与 Y 的关系一般来讲都是非辩证性的。理想中被成全的价值（X）总是纯粹地真实的、善的、美的、神圣的；而被抑制或牺牲的价值（Y）则总是纯粹地虚假的、恶的、丑的、属于邪魔的。道身的自诚自直就是舍地狱而取天堂、离魔道而入佛道，牺牲小体的我来完成大体的我：道身所走的就是这样一条单向的、直线的路。人道的事岂真是这么简单吗？

不，天堂的路往往是朝着地狱走的；魔道本来就在佛道之中；牺牲了小体的我也可能把大体的我也牺牲了。人道的吊诡岂是传统那种"一厢情愿"的理想主义思维方式所能把握得到的。传统的理想主义者往往只看到道身自诚自直的单纯，却看不到道身与其影身之间的暧昧。他们不知道，去天堂的道身是丢不掉从地狱跟来的影身的。

所谓"影身"就是道身在生命权能亏负状态中所形成的影子，一切价值在其根源处都生于生命权能的投企。当一部分的本能欲望或心性要求受到压抑而得不到满足时，这部分的生命权能就处于一亏负的状态。这时影身——精神生命的影子——就在公道法轮的运转下应劫（生命权能的亏负）而生了。说得明确一点，"影身"就是被压抑的生命权能在亏负态中所投企的影像。这个影子或影像乃是虚实之间的东西，得不到实现的价值当然是虚的，但那被亏负——因为不得直的缘故——的生命权能却是实的。此亏负的生命权能在某一方向的投企得不到满足时必定另寻出路，向另一个不同方向求满足、求补偿。这个曲转求偿的生命权能（以后或简称"曲转权能"）所作的价值投企本身自然也是实的。假如我们以 Y'（称"曲偿符"）来代表此曲转权能所投企的价值，则克牺符式即可以作如下补充：X（Y'）Y。符式中之（Y'）所表达的就是我们所谓的"影子"了。

这里 Y 和 Y'都是同一生命权能的价值投企。不同的是，Y 是此生命权能在自然或曲转前状能中的投企，而 Y'则是此生命权能在自诚致曲（因亏负而求自直、求公道、求补偿）中的投企。我们把 Y'放在括号中来表示曲转权能的潜能关态 Y'在未满足的时影子，但在被实现或满足（亏负之得偿）之后就不再是影子了，因为它已变为道身（精神生命的正面）的一部分，但这部分的道身乃是由影子变成的——由亏负曲转的生命权能投企得来的，所以我们称之为"影身"。如是根据上文"影子"和"影身"的分别，克牺结构就可以有"影子式"和"影身式"两个不同的表达符式：

克牺符式（克牺结构）的影子式：X（Y'）Y

克牺符式（克牺结构）的影身式：XY'Y

此两式所共同表达的中心观念是什么呢？一言以蔽之，就是精神生命的"形影不离"一或"道影不离"［X（Y'）或 XY'］。道身与影身之形影不离，此中涵摄着一个极其错综复杂的道德理性的辩证关系，这个辩证关系所展现的义理结构，就是人之所以为人的本质了。

此义理关系之所以错综复杂，乃因为最后分析起来它所关涉到的乃是人道和文明格局辩证性的全部内容——其中包括了人性两极间的辩证关系，个体文明人类与文明社会间的辩证关系，理想与现实间的辩证关系，整个文明人类与其生命场有（场有大传统）间的辩证关系。如何通过克牺结构来把握此人道和文明格局道德理性的辩证真义，乃是人道学的用心所在。在这一方面，传统哲学思想的贡献可说是相当有限的。

生命权能的自诚致曲（由亏负而曲转求偿）应该如何处理？——这无疑是人道学最现实，也是最难以解决的问题。通过我们在上文对人道克牺结构的剖释，这个问题可以分析为下列几个重点来了解：

一、什么是我们要实现的理想价值（X）？

二、要实现这些价值，我们必须压抑什么？牺牲什么？（Y）

三、关于这些被压抑或被牺牲的价值，它们背后的（亏负了的）生命权能将会以什么型态出现？（Y'）？

四、对我们的理想价值而言，这些曲转而出的实现价值是有碍还是无碍（XY'）？

五、道身与影身之间的矛盾与冲突应如何化解？

很明显的，问题的关键就在克牺符式中自直符（X），亏负符（Y）、与曲偿符（Y'）三符号所代表的三角关系里，道身与影身的辩证性就涵摄在此"克牺三角"的辩证关系中。

自诚致曲，方中求圆：这是文明人道德理性的不二法门。文明人对此岂能无所用心？事实上，克牺结构义理的体认早就或多或少、或隐或显地出现在传统的人性论、心性论中了。譬如《论语》中"克己复礼为仁"的思想，和《中庸》里"曲能有诚"的观念，明显地是一种克牺理论；而柏拉图在其著名对话录《飨宴》（*Symposi um*）和《华伊特罗》（*Phae-drus*）中对高低层次爱罗心性的讨论（启示了后来尼采和弗洛伊德的"升华学说"），也是针对着生命权能自诚致曲的问题而开展的。上文已经提过，东西宗教、哲学传统中的功夫论、修养（修行）论、或瑜伽禅定论全都是属于克牺理论的范围。所谓"功夫"乃是"贞定主体"为成就道身而不断自我化裁的理性道术，贞定功夫的最终目的，不外求道身或精神生命的精纯净化。而道身之精纯净化，亦即是把有碍的影身转化为无碍的影身的意思。贞定功夫的终极目标，乃是"摄影身归道身"或"道影合一"。①

当然，由于理想人格的不同（贞定主体的终极关怀有异），主导于每一精神文明的理性道术——包括人们的贞定功夫和社会的教化策略——都各有其独特之处。不过，在人类过去数千年的历史文化中，文明人可说是处处都为一普遍的、根深蒂固的理性道术所支配。这个差不多已经与"传统文明"同义的理性道术是什么呢？不是别的：它正是野蛮人过渡为文明人所必须依赖的理性道术——以压抑或消除人性中的动物性的理性道术。换句话说，传统文化的克牺结构，乃奠基在动物性价值或生命权能的亏负上，以超动物性的生命权能来克制动物性的本能欲望——这就是传统文明的理性标志。此传统文明的理性手段，在为苦行主义或禁欲主义为基

---

①　关于道身与根身的关系，参阅唐力权：《周易与怀德海之间：场有哲学序论》，台北，黎明1989年版，第261—274页。

调的文明传统——如佛教与基督宗教——里尤为显著。尼采（和后来的弗罗伊德）对西方传统道德理性（基督教文明）的批评，主要就是针对这敌视动物性的基调而立论的。而尼采全部批判理论的关键，就在动物性生命权能的亏负曲转上。根据尼采的看法，禁欲主义的理性道术不仅行不通，而且是不健康的、危险的。动物性本能的过度压抑乃是吾人亏负意识（bad–conscience）——包括所有使自暴自弃的罪恶感、无能感与苦业荒谬感——的根源，而当亏负意识变成自我无法荷负的精神重担，而（由于要自保）作出"亏负转嫁"时，此曲转权能所夹带的暴力与侵略性就非常危险了。文明人为了要摆脱亏负意识、自罪意识的重担而有意无意地使他人成为自己的替罪羊，其间所造成的祸害可不是一般人可以了解得到的。

故对尼采来讲，动物性本能欲望的过分压抑，正是文明人病态的所由。尤有甚者，人类创造文化的生命力，本来就寄寓在动物性的本能欲望之中，动物性的生命权能与创造高级文明的生命权能并无本质的不同，长期的压抑必然导致创造力的衰退。事实上，高级的文明人顶多不过是升华后的动物人罢了，升华而非压抑——这正是尼采所主张的文明策略。所谓"升华"就是动物性本能欲望的创造性的转化——亦即是把动物性的追求转变为文明美善价值的追求。用克牺理论的语言来讲，升华作用的目的就是对亏负动物性权能的曲转求偿作最理性、最妥善的安排。升华后的影身（动物性本能欲望的曲转投企）不仅无碍于道身，抑且虚实相生，相辅相成；升华学说所走的正是"道影合一"的路子啊！

所有生命都是自利（不管利他或不利他）的。"利"——从扣紧生命本质的道德理性来讲——就是生命权能的满足：它可以是动物性的满足，也可以是超动物性的满足；它可以是良知心性的满足，也可以是爱罗心性的满足。人是有理想可言的生命，故人与其他动物不同：人所追求的不仅是生命之利，而是以义明美善价值为内容的"贞利"，"贞利"就是相对于道身或贞定主体的理想而立义的利益。一个民族或社会的文明格局，和此民族或社会所获致的贞利是分不开的，贞利之所在也就是文明之所在，因为贞利正是文明人自诚致曲所贞定的精神利益啊。

亏负了的生命权能如何曲转求偿？这是克牺理论的核心问题。这个问题可以分开许多层次和从许多不同角度来讲，尼采和弗罗伊德（和现代的深层心理学）的升华学说，只剖析了这问题的心理层面，这当然是不够的。亏负权能的曲转并不单是一个心理的问题，而是一个牵涉到整个文明格局甚至整个生命场有的问题。文明人的社会经济结构、科技水平、政法制度、道德规范、风俗习惯、宗教哲学等都是决定权能亏负与曲转型态的因素。首先，亏负乃是扣紧人性里的本能欲望或心性要求来讲的——这是"亏负"的第一义（内在义）。有满足就有亏负：有动物性和超动物性的满足，就有动物性和超动物性的亏负；有良知和爱罗的满足就有良知与爱罗的亏负。由于缺乏"仁"、"材"两极的辩证体认，传统的克牺思想（如前所述）只是环绕着动物性与超动物性的对立上来讲。殊不知吾人生命中之仁材纠结，既是动物性的也是超动物性的。所谓动物性与超动物性，不过是良知与爱罗在不同生命层次中之结合罢了。

不过，生命权能的亏负还应有第二义讲法，即：在人与人之间，或个体与众体间的克制关系处来立义（外在义），这第二义的亏负与第一义的亏负乃是息息相关的，因为本能欲望或心性要求之，不得满足往往就在人际间的客观关系上，譬如人与人之间的不平等（外在的亏负）与吾人良知之不安（内在的亏负）乃是主客、内外相对应的。而文明道德规范对吾人个体性或材知爱欲的限制，正是爱罗心性亏负的外在根据。事实上，文明人数千年来的历史文化，也可看成是一部生命权能的"亏负史"：奴隶在贵族社会中的亏负，人民在专制帝王统治下的亏负，女性在男性社会中的亏负，劳工在初期资本主义制度下的亏负，地球上其他生物在文明人类摧残下的亏负。单就其外在义来讲，生命权能的亏负型态无疑是复杂多端的。

但一切外在的、客观的亏负，反映在人的心性里，则无非是"仁"、"材"纠结的一种亏负型态罢了。生命有同体感通的一面，也有异隔对执的一面：同体感通与异隔对执，乃是生命权能运作的两大途径。这两大途径，从人的主体性来讲，就是人性、心性中良知与爱罗的"仁"、"材"两极。通过仁极良知关怀所看到的，乃是一个为亲和的聚力所凝结的生命场有；通过材极爱罗惊异所印证的，则是一个为异隔的张力所支撑的权能宇宙。良知关怀所挺立的，乃是一个以本然责任感（孟子所谓"不忍人之心"）为存在性征的恻恻我，而爱罗惊异所造就则是一个以本然神秘感为主体诚仪的材知我。恻恻我立己立人的贞定主体性，乃是一个"以己为镜，以己为媒"的主体性；而材知我它执我执的贞定主体性，则是一个"以它（物件＝异己）为镜，以它为媒，的主体性"。"以它为镜，以它为媒"为的是要通过它来看到自己、成全自己。"以己为镜，以己为媒"则为的是要通过自己来看到它、成全它。① 故恻恻我之喻于亲和的聚力，就正如材知我之喻于异隔的张力一样。人性中"仁"、"材"两极的纠结——恻恻主体与材知主体之相扶相煎，不过是生命权能聚力与格力的交相运作罢了。

有满足就有亏负，有亏负就得有补偿。生命权能的亏负型态固然五花八门，它的曲偿型态更是多彩多姿，譬如"愤世嫉俗"的行径大都与良知的亏负有关，而"投机取巧"，则出自爱罗之曲转"虚伪自欺"乃良知有愧之掩饰，"阿谀附世"乃爱罗挫折之补偿。良知有愧则易于"刚愎自用"，爱罗受挫则流于"自怨自艾"。一般而论，自我的过分膨胀与过分萎缩，都是良知爱罗自诚自直之不得其所造成的。凡此种种皆生命权能亏负难伸、郁结不畅的标志。事实上，"仁材两亏"固然是人生无可避免的劫难，但也同时是文明人文化创造的条件。语言神话的产生、文学艺术的创作、宗教哲学思想的萌芽、科学技术的发明等，在其源头处莫不是生命权能自诚致曲的表现；也许意识与思想本身，就已经是权能曲转求偿的工具了。此外一切理想主义与理想国，无疑都是亏负权能的产物。但理想不一定是好的：文明人所塑造出来的理想国或乌托邦，可能来自仁材两极负面变态的结合。历史上极权与暴力的结合，不都打着理想主义的旗帜吗？从心性的层面来讲，极权与暴力的结合，正是变态良知与变态爱罗的结合：前者来自良知心性里由私仁的固执所助长的自是倾向，而后者则植根于爱罗心性中自我异化所孕育的自恋情结。变态的良知与变态的爱罗都是孤独的、绝对排他的。当生命权能必须诉诸极权与暴力的可怕结合来求得补偿时，其亏负之大就可想而知了，人道的吊诡与曲折是有其辩证的义理根据的。

---

① 耶稣的金律和孔子的忠恕之道正是"以己为镜，以己为媒"的意思。

人道就是人走出来或开出来的道路。用主体性的语言来讲，人道的方向正是良知与爱罗的结合所贞定的方向。这个方向决定了文明人的命运，也决定了他的文明格局。良知与爱罗的结合可以有种种不同的方式，而任何一种结合方式都涵摄着一与此方式相对应的克牺结构。一个在其历史文化的曼陀罗丹道中所发出的光彩和其所陷入的困局，[1] 都可以大致地在此民族贞定主体性所系的克牺结构中看得出来。一个民族在其所展开的文明格局里成就了什么？亏负了或牺牲了什么？而这些被亏负、牺牲了的（生命权能或价值）又以何种型态曲转求偿？对其所贞立的精神生命而言，道身与影身之间的矛盾如何被化解？这些都是在比较文化、比较哲学的领域里必须加以解答的具体问题。人道学的研究是不能外在于历史文化的实存轨道的。

通过人道学文明格局的分析，我们在东西文化历史发展的轨迹上，发现了这么一个既有趣而又不寻常的事实，即：传统中国文明和传统西方文明，就其主流文化所突显的主体性而言，乃是"仁"、"材"两极互为倒置的。

无可否认，中华民族所开创出来的，乃是一个于仁极处立人极的文化——一个基本上喻于亲和的聚力而为良知主体性所主导的精神文明。比较之下，由西方民族所建立的，则是一个于材极处立人极的文化——一个喻于异隔的张力而为爱罗主体性所支配的精神文明。此中西传统文化在主体性"仁"、"材"两极比重的互为倒置，也就形成了二者之间在克牺结构上道影相错的关系。在中国的传统文化里，良知压倒爱罗；道身的贞定来自良知主体，被压抑的爱罗只得在良知的影身中出现。西方的传统文化则刚好与此相反；西方文明的道身乃是由爱罗主体挺立起来的；爱罗压倒良知，良知只是陪伴着爱罗的影子罢了。[2]

当然，这种讲法乃是非常笼统的。严格来讲，在任何文化之中，道身

---

① 关于道身与根身的关系，参阅唐力权：《周易与怀德海之间：场有哲学序论》，台北，黎明1989年版，第76—78页。

② 西方文明中的良知主体性来自中东型（良知爱罗不断抗衡）的希伯来、基督宗教的传统。不过，当这个传统与希腊罗马文化传统结合之后，爱罗突显的局面就使命愈为明朗了。关于中东型的意识心态见关于道身与根身的关系，参阅唐力权：《周易与怀德海之间：场有哲学序论》，台北，黎明1989年版，第152—153页。

与影身以人性中仁材两极的纠结为其基本内容，都成于良知与爱罗的组合。上文所述，乃是一种相对的讲法：所谓"仁材倒置"和"道影相错"，乃就精神生命或主体性的倾向而言的。

什么是"主体性"？"主体"一词有贞定义、主宰义与自觉义。"主体"就是成就道身，确立吾人精神生命底向背的生命权能："贞定义"也是不断自诚致曲、方中求圆的自我化裁者："主宰义"此贞定化裁主体灵明行沟在其极限处的证成，必有待于人性与人道之自觉，生命权能通过文明人的道德理性的自觉："自觉义"。① 此贞定化裁主体的自觉义，其具体内容就是文明人的克牺结构了。

这里所谓"道德理性"，指的乃是为生命本质所在的公道原理曼陀罗智。此胜义的大道德理性是不分良知与爱罗的，是超越普通所谓"道德"和"理性"的。一般人所谓的"道德"，其实只是社会道德——只不过是一民族在某一时空、生命场有中自诚致曲、方中求圆的理性道术罢了。从大道德理性的立场来讲，所有社会道德都是合理的，但也都是可以批判的。事实，文明人的道德是很难超越人类的类性之私的。既是类性之私，那就是可被批判的了。文明人在其所局限的生命场有中，自觉地使其主体性成为大道德理性的批判对象，这种自我谦抑的主体诚仪我们称之为"主体之自我坎陷"。这里"坎陷"有两重意思：一个是相对于大道德理性的坎陷；另一个则是相对于主体性所系的克牺结构的坎陷。前者指的是主体坎陷于大道德理性之无限中而见其限制，而后者指的则是坎陷于克牺结构中而见其辩证的特征。此坎陷的两重意义其实是一事之两面，因为主体性之局限，正是在克牺结构的辩证特征中显现出来的。譬如在突显仁极价值系统的中国传统文化里，主体的局限正在良知压抑爱罗所造成的克牺结构和道影辩证性上，这和西方传统以材极为主的本位文明是刚好相反的。故主体之自我坎陷在中国文化来讲就是良知的自我坎陷，在西方文化来讲就是爱罗的自我坎陷。故中西文化的汇通，在心性的源头来讲，也就是良知本位与爱罗本位两种主体性或主体诚仪的汇通。这个汇通之可能性在哪里呢？这个问题的答案是很明显

---

① 关于灵明行沟的观念，参阅关于道身与根身的关系，参阅唐力权：《周易与怀德海之间：场有哲学序论》，台北，黎明1989年版，第179—185页。

的：它就在中西文化主体性的相对坎陷里。在大道德理性的光照下，良知主体与爱罗主体通过其本位文明的相对坎陷，这就是中西文化、中西哲学得以汇通之道了。

哲学和其他学问一样，是离不开人的主体诚仪的。所谓"主体诚仪"就是文明人自诚致曲、方中求圆时所表现的形上姿态——亦即是生命权能通过人性、心性所挺立的贞定主体在面对人生宇宙、整个生命场有时所采取的基本态度。哲学在其究竟义来讲不过是形上姿态的自觉，贞定主体性的自觉罢了。故人性论、心性论——包括探讨人性、心性变化的克牺理论——实是胜义哲学的核心。①

形上姿态，单从心性的层次来讲，也就是良知与爱罗所结合的姿态。人性中由仁材两极的纠结所构成的错综辩证关系，无疑是人性论的中心课题，也是最艰奥的问题。对这个问题的高度复杂性，传统的人生哲学——无论是东方的或是西方的——都显然低估了。譬如先秦儒家以仁为中心而建立的人性论，和古代希腊哲人站在材知立场建立的人性论，其实只是"半边人性论"，都是以偏概全的。我们要建构的乃是一个"仁材并建"的人性论，一个以良知与爱罗的辩证性为基础的无偏人性论。这个无偏的、仁材综合的人性论，早就以种种不同的方式或明或暗地出现在现代的人道学思想里，这正是中西方化主体性相互坎陷中应有的现象。良知心性的通体自觉与爱罗心性的通体自觉，乃是 20 世纪人道学的两大支柱。由于仁材两极本质上的辩证关联，良知的自觉必然导致爱罗的自觉，而爱罗的自觉亦必然引起良知的自觉。良知爱罗自觉性的互相牵引，这当是现代人道学思想中最发人深省的倾向啊！

爱罗心性的通体自觉，这是尼采、弗洛伊德以来现代西方人性论思想的重大贡献。尼采哲学中如权力意志、匠人意识、虚无主义、超人、与自克等主要观念，可说全都是透过爱罗心性的自觉产生出来的；而弗洛伊德的心理分析学，更是一部彻头彻尾的爱罗心理学。在尼采与弗洛伊德的思想中，以知解理性来克制动物性的粗略，爱罗心性论已为升华主义的克牺理论所取代。尼采与弗洛伊德都看得很清楚，知解理性是靠不住的，因为

---

① 关于道身与根身的关系，参阅唐力权：《周易与怀德海之间：场有哲学序论》，台北，黎明 1989 年版，第 10—11 页。形上姿态乃是贯穿此书的中心观念。

知性本身乃是爱罗心性的一面，和人的爱欲、权力欲、权利欲一样，都是权力意志（爱罗执性的本质）的表现。以阿波罗的清明（知性）来克制戴安尼索斯（动物性）的狂妄——这乃是柏拉图以来西方哲学家所一贯主张的理性道术。对尼采与弗洛伊德来说，这种错误的想法实来自对知性本质与爱罗心性的无知。

当然，在尼采与弗洛伊德的人性论里，良知是不能和爱罗平起平坐的，是没有原始地位可言的。他们所知道的良知不是儒家所承认的先天的、本然的良知，而只是后天的、由爱罗转化出来的"良知"。说得明确一点，良知乃是爱罗升华后的产物。故在尼采和弗洛伊德的人性论中是没有良知自觉性可言的。不过即使如此，由爱罗的自觉牵引出良知的自觉的可能性已经是呼之欲出的了。

那么在我们这个时代里，良知心性的自觉究竟在哪里呢？这个问题已经是无须置答的了。中国文化乃是一个以良知关怀为贞定主体性的文化传统，这个文化传统以代表主流哲学的儒家思想为主导精神，乃是无可争议的事实。儒家于仁极处立人极的一贯主张，乃是中国文化道统得以确立的根据。从人道哲学的立场来看，自孔子以来的儒家哲学思想史，不过是一部良知心性自觉史罢了。在传统的儒家哲学里，爱罗心性的体认是非常有限的。儒家哲人所承认的材知我乃是一个良知化的材知我；他们所认识的爱罗只是在粗略的"人欲论"中透显出来的爱罗，传统儒家哲学是无爱罗心性的自觉可言的。

由于对爱罗心性的深度体认，从而引发出良知心性的通体自觉——这是 20 世纪中国文化、中国哲学的一大事。在某一意义来讲，这件事所透显的基本精神，简直就是中国现代文明格局的特征。良知心性的通体自觉——良知主体通过爱罗心性的自返：这就是当代新儒家所开创出来的道路了。对以继承中国文化道统为己任的新儒家哲人来说，这条路已经是理所当然、无可反顾的了。

新儒家哲人每以道德主体与知性主体相提并论——以摄知归仁为鹄的，这已经明显地接触到仁材纠结的人性本质了。不过，新儒家"道德主体"一观念是很容易引起误解的；他们以知性主体一观念来了解和衡量西方文化、西方哲学也是很有问题的。在某一义来说，所有贞定主体都是"道德主体"，因为道德理性乃是一切生命的通则。但这是胜义的道德理性，胜义的"道德主体"只不过是贞定主体之自诚致曲，方中求圆罢了。但这个为生命的通则的道德理性，是超越仁材两极的分别的，道德理性可以循着良知走，也可以顺着爱罗走：可以是恻恻我的道德理性，也可以是材知我的道德理性。新儒家哲人当然肯定此胜义的道德理性，这不正是传统儒家思想中第一义的良知（相当于第一义的爱罗或权力意志）吗？但新儒家哲人所真正关注的，毋宁是狭义的道德理性，亦即是恻恻我良知关怀（第二义的良知）所独运的道德理性。和传统儒家一样，新儒家哲学是把道德主体等同良知主体的。这是新儒家的立场，但这个立场是很值得商榷的。

由于对爱罗心性缺乏明确的了解，新儒家哲学对主宰西方文明的主体性的体认也是很有问题的。西方文明所突显的主体是爱罗，不是知性，严格来说，知性主体是不存在的。因为知性只是一个"知"，知性来自爱罗的知执，这个知执中之"执"，乃是生于异隔底张力的爱罗本性，和主宰于爱欲、权力欲、权利欲中之"执"是息息相关的。若单以知性来讲西方文化、西方哲学，那就把西方文明看得太简单了。

不过无论是爱罗的自觉或是良知的自觉，都不过是半边人性、半边心性的自觉罢了。新儒家哲学是否已经从良知的自我坎陷里理解到仁材两极的辩证关联，从而激发出爱罗心性的自觉以至整全人性、心性的自觉呢？当代新儒家是否对其良知本位主体性所系的克牺结构有充分的领悟呢？一个于其克牺结构毫无自觉的良知，不仅是一个不诚不实的良知，抑且是一个无能也无勇的良知。新儒家的服膺者是否有足够的勇气，在大道德理性的光照下，使其主体性成为批判的对象呢？

这些问题，对正在发展中的新儒家哲学来说应该是有相当重大意义的。当然，我们在上面提出的只是一些原则性的问题，并没有涉及最为时贤所关注的那些实际的文化问题——譬如科学与民主如何可从中国文明格局中开出的问题。从历史的根源来讲，我们所知道的科学与民主，原是西方文明逻各斯理性道术的产物，其中的义理根据，只要对爱罗心性有基本认识的人都会容易明白的。时下一些有关牟宗三先生"良知自我坎陷"说的争议，可说是一半来自对牟先生的误解，另一半则来自争议双方均未能对人性中仁材两极之辩证性有深入了解之故。科学与民主的开出，正有待于被压抑于良知心性中的爱罗心性的自觉——从而汇出传统良知本位的克牺结构的解构。① 明乎此，则良知自我坎陷的精微义蕴也就彰然在目了。

（原载《当代新儒学论文集：外王篇》，台北，文津出版社 1991 年版，第 79—195 页。）

---

① 　这里所谓"解构"，指的乃是爱罗从良知压抑下之解放和良知爱罗的重新相对定位，亦即是新主体性的确立。所"解"者只是旧主体性的克牺结构，新主体性还是有其克牺结构的。

# 8 贞宜论:安身立命的哲学意义

## （1992）

　　什么叫作"安身立命"呢？人为什么要"安身立命"呢？"安身立命"这个名词和观念究竟有何哲学的含义呢？对于这些问题，我们在这篇文章里将从存有论的观点来作一番探索。说得明确一点，我们是意欲通过对存有本质和存有意识的分析来研讨这些问题。我们采取这条进路的理由是相当明显的，人乃是一有存有意识的存有者，安身立命的问题不仅和人的存有意识息息相关，它简直就是存有意识的具体表现。安身立命的要求乃是从存有意识而来的；没有存有意识也就没有所谓安身立命的问题了。

　　所谓"存有意识"，指的乃是人对存有所可能有的一切意识内容，包括人对他自己的存有和对存有自身的理解、体验或感受。人是不可能没有存有意识，因为存有意识乃是一切意识的核心所在。人永远生活在他所禀受的存有意识之中，也永远自觉地或不自觉地受到他的存有意识的支配。从某一意义来说，人可说是存有意识的塑造物，故存在主义者往往以存有意识等同人的主体性，可说是有相当根据的。

　　这里所谓"主体性"，当然是依人的精神生命而取义的。"主体"就是在人的精神生命中作主的自我，故亦可称为"贞定我"或"贞定主体"；"主体性"也就是精神生命的贞定性。这个精神的自我乃是意识作用的产物；精神生命的贞定性也就是存有意识的贞定性。人的存有意识虽是变化多端，但却是万变不离其宗。这个"宗"是什么呢？就是求存有的贞定的姿态。存有意识基本上就是追求存有的贞定的意识。这个为一切存有意识所宗的意识姿态，就是上文所谓的存有意识的"贞定性"。为精神生命作主的自我，就是通过贞定意识的生长变化孕育出来的。存有的贞定乃是主体对精神生命的基本要求。而所谓"存有的贞定"，用传统的语言来讲，是"安身立命"的意思了。

"贞"者,正也。"定",安立也。但"正"就是"安立",在人类素朴的泰古语言里,这两个词语都是直接依身起念的语言,指的都是人的形躯朝直用中的特性。形躯安稳地、不偏不倚地直立着,这当是"正"字的原始意义。直立形躯之得其正,这就是"安身立命"的泰古原意了。

故"安身立命"中的"身"指的原是人的"根身"——直立走路的形躯。形躯朝直用中的特性乃是生而有之的,乃是内在于人的,因为它乃是自然生命的要求。这个形躯之自然生命的内在要求,我们以为就是"命"的原始意义。① 如是从自然生命的观点来讲,"安身"言人身的朝直用中,"立命"指成就人身自然生命的要求。安立的形躯即是人的存有的贞定了,但形躯的安立也就是人的自然生命的得宜。存有贞定的目的就是存有的得宜,就在有之本性而言,一切存有者(任何事物)都是得宜的,因为不得宜也就不会存在了。但对有情(有意识)的生命来说,存有却是一失宜与得宜之间的事;对"失宜"的感受正是有情生命最显著的特征,故存有的贞定也就是存有的贞宜;存有意识基本上就是贞宜意识。"贞宜"就是不宜之再正,或是失宜之复得(其宜)。安身立命这一传统哲学观念,其精微义蕴可说全部涵摄在"贞宜"这两个字上。

人乃是有意识的贞宜者。文明人大部分的思想与行为,都受到问题心——问题化意识心——的支配。除了自然生命的本能反应外,文明人对其存有的贞宜莫不在问题心的重重魔障下进行,贞宜的问题化也就成为文明人类所共有的标志了。人世间的一切道术与学问——从泰古人依身起念的素朴观念到文明人高度抽象的哲学系统——最后分析起来莫不是贞宜意识的产物。一切学问在其归结处都是贞宜学;一民族的一切文明措施和文化成果,在其背后都隐伏着一套贞宜观——一套此民族借以安身立命的贞宜思想。在哲学的范围内,存有论和价值论更可看作是贞宜论的别名;因为存有与价值正是通过贞宜这一观念统一起来的。

虽然在中国传统哲学的语言中,找不到存有论与价值论的名词,当然也没有我们所谓的贞宜论与贞宜学。但这当然并不表示中国哲学没有深邃

---

① 参阅唐力权:《周易与怀德海之间:场有哲学序论》,台北:黎明文化事业公司 1989 年版,第 22—37、171—274 页。

的存有思想、价值思想与贞宜思想。事实上，我们认为中国哲学的特质，正是透过它独特的贞宜思想表现出来的。在中国（或中华）的文化传统里，哲学（如牟宗三先生指出的）乃是生命的学问，而不是一纯粹思辨性的学问。但生命的学问也就是安身立命的学问，通过实存生命而思考的贞宜学问。存有与价值不可分，存有与贞宜也不可分，因为所贞之宜正是实存生命之宜啊。

生命之宜在哪里？这当然不是几句话就可以解答的问题。因为生命之宜——实存义的生命之宜——乃是可以从许多不同层次和角度来讲的。但不管从哪一个层面或角度来看，生命之宜之可以言说，乃因为人乃是一有意识的贞宜者；实存生命之是否得宜与人对宜的体验有密切不可分的关系。所谓宜的体验就是得宜与失宜的体验，宜的体验不仅是意识心的一部分，它简直就是意识作用的原动力。因为意识心的生长变化，正是一通过以宜的体验为其辩证核心的发展历程。表面上看来，此乃纯粹是意识范围内之事，但究其实却是和根身的生长变化分不开的——本来就是一依身起念、依念作茧的发展历程。[①] 人对宜的体验正是一即心即身的事。故"安身立命"之"身"，指的就是这即心即身的"身"。明乎此，我们就不难了解为什么中国传统哲学一方面以"安身"为言；另一方面却讲求"心"的安顿。这里面是没矛盾的，因为在即心即身的思想里，心和身只是一体之两面罢了。

在意识心发展的初期，人对宜的体验乃是环绕着根身的生长变化而起念的，故根身的朝直用中乃是人类体宜的核心轻验。形躯安稳地正立、直立，这就是形躯之得其宜。站得不稳或不正、不直，也就是失宜，这可说是"宜"一字的泰古原义。宜的体验就是对根身朝直用中之宜的体验。"体验"即是通过"体"（形躯）来验证的意思。"体验"中之"验"代表意识心的作用。"体"、"验"连言正是即心即身的观念：古人造字并不是没有根据的，人乃是直立走路的活动物：根身的朝直用中乃是人之所以为人的本质。故得此朝直用中之宜也就符合了人的定义，证立了人之所以为人的道理，这就是为什么"宜"的概念很快地就演变成"义"的概念。这

---

① 参阅唐力权：《周易与怀德海之间：场有哲学序论》，台北：黎明文化事业公司 1989 年版，第 53—54、64—65 页。

个"义"既是意义的"义",也是"道义"的义。在泰古的哲学语言里,"道"原指直立走路的形躯,① 故"道义"亦即是形躯或"道"之得宜。这就是"道义"一词最原始的意义了。不过,以根身的朝直用中为义的"义"或"道义",最初指的只是自然生命的得其宜。形躯的直立走路乃是根身的自然倾向:自然生命乃永远向宜的,但直立走路的人也是过着群体生活的人。随着人类社会性的发展,自然义的"义"和"道义",也就转变为文明道德义的"义"和"道义"了。当一个出生在文明社会中的孩童学着站立起来的时候,他已经不仅在满足他的自然生命的要求,也同时在实践文明社会加诸其身、约限其生命的最基本的道德规范。"站起来!站起来"——根身的朝直用中也就成为文明社会的第一个无上律令了。要做文明社会的一分子就得学习站起来走路——这不正是做"人"最基本的礼仪么!当"宜"的观念从原始义的"义"(朝直根身的自然得宜)演变为文明道德义的"义"时,"义"和"礼"这两个观念也就永远紧密地连在一起了。这就是为什么"礼仪"之"仪"从人、从义。"仪"和"义"的原义都是"宜"。"仪"是什么呢?它乃是人在贞其为人之义(宜)时所表现的仪相。一切存有都是有性有相的,"性"就是事物的存有之宜,"相"则是存有了在得宜、向宜、贞宜的活动过程中所表现的姿态或情状。即宜之性乃存有之所"享",即仪之相乃存有之所"用"。存有之道无它,"享用"——享宜用仪——而已。在泰古的语言里,这享宜用仪的观念就涵摄在"礼仪"的观念里。宜仪相偕,性相变行:"礼仪"和"礼义"两词也就把人的存有性相包含在里面了。②

文明人的生活是要合乎礼义的:合乎礼义就是实存生命社会性方面之得宜,不过人的存有是不能单从他的社会性来看的。实存生命之所以为"实存",乃因为每一个活着的人都有他的特殊个体性或个性。这个体性固然和他的社会性密切不可分,但也同时与实存生命的自然性和超越性息息相关。一个人社会性存有的得宜与否,必须建筑在其自然生命之宜上;所谓"衣食足而后知礼义",这句话所反映的正是人的文明道德之宜与自

---

① 参阅唐力权:《周易与怀德海之间:场有哲学序论》,台北:黎明文化事业公司 1989 年版,第 208—217 页。

② 同上书,第 38—44 页。

然之宜的依存关系。不过，人乃是可以超越其自然生命的限制，而不断地力求实现其文明存有的美善价值的精神体。人要安身立命也就必须把其实存的个体性与超越性挂钩，把其自然生命与社会生命直接建筑在本体之宜的基础上。由是随着人类精神生命的提升与深化，安身立命的哲学语言也就从原始根身义的贞宜语言，通过道德社会义的贞宜语言而演变为富有形上色彩的贞宜语言。自然之宜、人文道德之宜、本体之宜：这三个词语所代表的乃是实存生命体宜、向宜、贞宜的三个基本层面。安身立命的意义也就涵摄在这三个层面所构成的"三宜格局"义理架构里。这是一个怎样的义理架构呢？从场有哲学的观点来看，人乃是一个"贞三宜"的场有者。三宜或贞三宜格局的义理架构，乃是一个为人的形上姿态所建立起来的架构。而人的形上姿态——人在面对本体或场有终极性相所表现的姿态——则是贯穿此三宜格局的支柱。① 实存的人如何立足在其生命场有中的自然之宜，与人文道德之宜的基础上，通向本体之宜与人文道德之宜的基础上通向本体之宜，这就是一切安身立命哲学的中心课题了。

所谓"本体之宜"，指的乃是为一切存有性相的最后根据的宜或纯宜；这是场有哲学本体论最基本的观念。根据场有哲学的看法，世界上所有事物都是相对相关的，都是依场而有的：故存有即是场有；所谓"场"就是事物的相对相关性的简称。但这个场有不是一个死寂的场有，而是一个充塞着由事物的相对相关性而兴发起用的权能宇宙。在这个权能场有或权能宇宙里，一切事物或场有者都是权能场用的产物。所谓"一事"或"一物"究其实只不过是一（无限）场用的结集或场有的综合罢了。② "场用"就是由事物的场性（相对相关性）所产生的活动、功能或作用。"场用的结集"，用佛家的术语来说，就是"因缘和合"。③ 因缘就是场用，和合就是结集。因缘和合之所以可能，乃由于事物在本质上的相对相关，这里"本质"乃是一场有的观念。严格说来，世间上任何事物，都是没有"本质"可言的。因为"本质"乃是属于场有自身——属于权能宇宙的全体大用的。这个场有的本质在哪里呢？它就在事物的相对相关性所共依的

---

① 参阅唐力权：《周易与怀德海之间：场有哲学序论》，台北：黎明文化事业公司 1989 年版，第 9—18 页。

② 同上书，第 212—213 页。

③ 同上书，第 3—4 页。

"宜"里。为什么事物是如此而非如彼地相对相关，是如此而非如彼地起用或结集呢？此其中必有其宜在。有分别就有相对，有相对就有相关，有相关就有作用的兴发。相对有其宜，相关有其宜，相关起用也有其宜。因缘和合之所以可能，因为有其宜在。

故存有就是得宜——亦即是因缘和合或场用结集的配合得宜。所谓"本体之宜"就是为权能宇宙无限场用结集，或因缘和合所共依的宜中之宜，或绝对之宜。这个为场有或相对相关性的本质的宜中之宜，也就是我们所谓的"性"——存有之所以为存有之"性"。这是第一义的"性"，从事物之得其本体之宜而立义的"本性"，而非从事物之个别仪相或相关处着眼的第二义的"性"——突显存有之分殊的"物性"或"殊性"。就存有之本性来讲，存有只是一个得宜或配合得宜，但有得宜也就有贞定。事物之所以是如此而非如彼——存有之贞定性——亦即是此事物之宜其所宜的表现，本体之宜就是为一切事物得以宜其所宜的一宜而纯宜。这里"一宜"一词中之"一"也就是《道德经》（三十九章）中"天得一以清，地得一以宁，人王得一以为天下贞"一句中之"一"，这个"一"有无对与互依两重意思。本体之宜是无对的，因为它乃是一切存有所共依的宜中之宜——一切有对或相对得以宜其所宜的最后根据。故"善"得"一"以宜其为"善"，"恶"得"一"以宜其为"恶"；"美"得"一"而宜其为"美"，"丑"得"一"而宜其为"丑"；"是"得"一"以宜其为"是"，"非"得"一"以宜其为"非"；"此"得"一"以宜其为"此"，"彼"得"一"以宜其为"彼"。万物得"一"而生、得"一"而灭；得"一"而来，得"一"而去。总而言之，这个"一"乃是一切存有、意义与价值的根源。而这个本体之宜既是一宜也是纯宜。所谓"纯宜"就是没有不宜的意思，无对的本体之宜或一宜是且无不宜的，是没有不得宜可言的。"不得其宜"的感受或体验正是其有限性的反映。在有情的人类文明世界里，这失宜或不得其宜的体验，也就成为问题心依身起念、依念作茧的原动力了。

前面说过，安身立命的义理架构，基本上乃是涵摄在一个为人之形上姿态所撑立的三宜格局里。安身立命基本上只是一贞三宜之事，即："贞自然之宜、贞人文道德之宜、贞本体之宜。""本体之宜"——为一切存有所共依的一宜，而"纯宜"——乃一切存有之本性；也是实存生命超越性之所系。故贞本体之宜也可称为"贞一"。"贞一"乃是与"立殊"相对应的观念。有贞一必有立殊，反之亦然。所谓"立殊"就是一事物通过"贞一"而确立其"殊性"的意思。贞一是存有之根，立殊却是个性（个体性）之本。人乃是一个在自然生命的基础上，过着人文道德生活的存有。故对人而言，立殊的对象就是三宜格局中的自然之宜与人文道德之宜——亦即是第二义的性。贞宜的目的是贞一也是立殊，用传统儒家的哲学语言来讲，就是"尽性"：通过个体之殊性来尽存有之本性。"尽性"中之"性"乃是本性与殊性之统合，也就是一实存生命的"生命之宜"了。如是安身立命的义理架构即可以下表归纳说明之：

**安身立命与三宜格局**

| | 贞本体之宜——贞一：尽第一义之性 | |
|---|---|---|
| 贞宜（尽性） | 贞人文道德之宜<br>贞自然之宜 | ＞立殊：尽第二义之性 |

性即宜，宜即性。性不是相，宜不是仪；但离开事物之仪相也就无存有之宜或本性可言：因为存有的本性正在有相事物之存有得宜——配合得宜——里。这"以宜为性；性相相即"的观点乃是场有哲学的心法所在，也是自《易经》以来中国哲学泰古大传统——或简称"大《易》传统"——的一贯主张。[①]《易传》里"成性存存，道义之门"一语中所指的"性"就是这个以宜为性的性。《易传》又有"保命太和以利贞，干道变化，各正性命"这么一句话。什么叫作"太和"呢？很明显的，它乃是一切个体事物"各正性命"所必须贞定的存有本性或本体之宜。"各正性命"就是各得其宜，事物的各得其宜而又互相配合得宜不就是一个"太和"——一个最大（太）的和谐吗？当然，《易传》这段话乃是从人道安身立命的立场来讲的。一切存有都有其贞定性，但只有人才有安身立命而言。一切贞定都是贞一与立殊的统合。在无情和动物的世界里，这个统合是自然无间的，是不会产生问题的。但在文明人类的实存生命里，存有的贞定或安身立命却是一有间的，艰苦的历程。"有间"就是有碍即是贞一

---

① 参阅唐力权：《周易与怀德海之间：场有哲学序论》，台北：黎明文化事业公司1989年版，第8—44页。

与立殊的统合之失宜或不得其宜。这就是为什么《易传》教我们要在"成性存存"方面做功夫，发挥"干道变化"中的刚健生命精神，以求"保合太和"了。①

在《易经》的形上思想里，干道和坤道分别代表权能场有阳刚与阴柔的两方面。《易经》哲学和佛家哲学一样，基本上都是环绕着"场有缘起"这个中心概念而发展出来的场有历程哲学，故即宜的性说当是二者之所共。所不同的是：佛家的"场有缘起"观起于对印度传统绝对实体观念的反动，故说"无自性"，强调性空证空。而《易经》则直承中国哲学泰古大传统乾坤合德的太极太和思想，故必言"有理在"，主张穷理尽性。理为宜之权，亦即是性之权：这里所谓"权"或"宜权"，乃是一存有论的观念，指的是含蕴在权能场有（或事物的相对相关性）中的可能性或必然性，律则性或规范性。穷理尽性就是儒者所谓的"致诚"。套用一句众所熟知的中观名言来讲，则儒家所主张的乃是"缘起性诚"而不是"缘起性空"。性空，无自性故；性诚．有理在故。不过，不管是主张性空或是性诚，一切缘起思想均必以"性宜"（即宜之性）为归结。佛家之"无自性"与儒家之"有理在"只不过是性体一宜之两面罢了。

所谓"无自性"乃是无实体自性之省，世间一切事物都在相对相关之性宜里，哪里有孤立、独立的实体自性可言？哲学上所有独立自性、独立实体的观念都是爱罗心识我执、它执（佛家谓之"法执"）的产物。所谓"爱罗心识"就是植根干生命权能中的材知爱欲、占有欲与权力欲的意识作用。而爱罗心识的基本要求，就是通过对存有的控制来突显生命的个体性。人的一切它执、我执只不过是爱罗心识外向或内向控制性的表现罢了。②

性宜是无相的，是不可捉摸、无法名状的，但为爱罗材知控制欲所主宰的意识心却总有"援相人性"、"以仪（相状）为宜"——亦即是"以用为享"——的倾向。这性宜之仪相化乃是哲学中一切"主客对方"思想的根源。为求达到控制欲的满足，爱罗心识一方面自执其仪相而幻化一个

---

① 参阅唐力权：《周易与怀德海之间：场有哲学序论》，台北：黎明文化事业公司1989年版，第19—21页。

② 同上书，第133—136页。

孤立的实体我；另一方面则通过它执和场有仪相之抽象，而建构一个以事物的"简别外在"为其基本性相的实体世界。① 实体我和实体世界的主客对立，再推进一步就是存有自身——权能场有——的绝对化、实体化。这就是"绝对实体"观念之所由来了。在西方和印度的正统宗教、哲学思想里出现的上帝、大梵、或神，几乎无例外地都是一个披上了"绝对实体"外衣的形上观念——骨子里都是爱罗心识存有控制欲的产物。佛家所主张的去执，在哲学的层面来讲，就是以这些形上实体的概念为批判对象的。

　　形上实体的否定，这可说是场有哲学本体论最显著的特色，也是大乘佛学和大《易》两大哲学传统最主要的共通点。场有哲学所肯定不是一个寡头的、隔离地超越于现象世界之上的绝对本体，而是一个与形相宇宙相即相偕，相互超切的本体之宜。用佛家的语言来讲，这与现象世界相超切的性宜或本体之宜就是真如、真心、本心、本性或涅槃。用本于大《易》传统的中国哲学语言来讲，就是太和、太一、无极、太极或道。这两列名词最后分析起来，可说全都是性宜（一宜而纯宜）的代用语。不过前者所代表的乃是大乘佛家去执见性的进路，而后者所反映的则是大《易》和儒家践理尽性的进路。去执见性亦即是由人空证空而见性宜之本净本寂；践理尽性则是由知天达道而见性宜之有命有诚。但性宜既是本净本寂，也是有命有诚。性宜无自性，故本净本寂；性宜有理在，故有命有诚。性宜只是宜——只是一个永恒的宜其宜，但由于生命型态和存有意识的不同，人的贞宜也就可以有不同的进路，展现不同的姿态了。②

　　前面说过，人乃是一个贞三宜的场有者；而人的形上姿态——贞宜的姿态，安身立命的姿态——则是贯通三宜格局的支柱。贞三宜乃是贞一与立殊的统合，故贞宜的姿态也就是贞一与立殊得以统合的姿态。在自然的宇宙里，一切生命或存有都是无间的，都是自然地向宜，自然地得宜的。这里没有所谓安身立命的问题，没有贞一与立殊应如何统合的问题。因为自然之所以为"自然"，正在贞一与立殊的无间的统合上。贞宜的问题化乃是人世间的事，贞三宜的人乃是一意义世界的场有者；贞一与立殊之有

────────────

　　①　参阅唐力权：《周易与怀德海之间：场有哲学序论》，台北：黎明文化事业公司1989年版，第127—136页。

　　②　值得注意的是，这个"永恒的宜其宜"并不是外在于事物之宜的另一物事。离开事物之宜也就没有本体之宜了。

间正是人文宇宙或意义世界的标志。得宜乃是一切存有的本性，但生活在意义世界中的人，却惯以其个体殊性之失宜来掩盖或断裂其存有本性之得宜，这就是我们所谓的"有间"了。从这个角度来看，安身立命的问题与就是人如何以其有间的生命来承担其意义世界的问题，故贞宜的姿态也就是人的"有间承担"的姿态。人的智慧和人世间的一切理性道术就是通过贞宜的问题化和此有间承担的姿态熔锻出来的。

由于贞宜姿态之有别，人的安身立命就可以有种种不同的类型。而每一类型都牵涉到我们在别处所谓的"契印型态"。[①] 从贞宜论的观点来讲，所谓"契印型态"就是人在面对其意义世界作间承担时，其实存生命所系的场有场用，如何通过其贞宜姿态而和合结集的型态。这个术语所涵摄的，乃是场有者与场有自身或权能宇宙终极性相间的对应关系。人的存有意识基本上乃是其契印型态的反映；而一个民族或一个文化所赖以安身立命的哲学思想，只是其契印型态所突显的存有识见罢了。

人乃是一具有存有识见的存有者，不管人的生命型态如何分歧，人的存有识见最后莫不植根于人对权能宇宙、权能场有的体验或感受上。这些存有的体验或感受究竟有何意义呢？究竟代表什么呢？一言以蔽之，它们所代表的乃是贞定主体"诚承契印"之所喻——笼统地来讲，也就是实存生命通过场有感通的作用孕育出来的主体性；一切主体性莫非天地人"三极之积"的反映，包含着人与天地（权能宇宙）相超切、相交涉的关系。此涵摄着三极之积的主体性，不仅是贞宜姿态之所由出，也是为文明人安身立命所依赖的"性智"的摇篮。所谓"性智"就是本于性——本于生命之宜——的智慧。安身立命乃是一贞三宜之事，故性智也就是贞三宜——或贞一与立殊——之智。性智与贞宜姿态乃是二而一、一而二的一对观念：安身立命正是一即智即仪（姿态）、即仪即智之事。

那么积三极、即智仪的贞定主体究竟何所喻、何所见呢？这个问题可以从许多不同层面来阐释、来解答。在这里我们只能扣紧一个重点来讲。这个重点我们将放在我们所谓的"安身立命辩证的达道"上。这条权能辩证的达道，乃是连贯自然宇宙与意义世界的通道——一条由"权能之霸"

① 参阅唐力权：《周易与怀德海之间：场有哲学序论》，台北：黎明文化事业公司 1989 年版，第 402—423 页。

与"权能之恕"这两道权能汇合而成的通道。

所谓"权能之霸"指的乃是宇宙内事物在权能场有的势，用下所表现的相克相制；所谓"权能之恕"指的则是在宇宙内事物，在其权能势用上之相辅相成。前者本于事物在其存有的个体殊性上之分别与差距，而后者则本于事物在其存有本性上之自得与互得。"霸"就是争强与争霸，"恕"就是共宜，事物之相互得宜。"权能之恕霸"——权能之"恕道"与"霸道"的辩证结合——乃是权能活动的本质。权能之道就是恕霸之道，在自然宇宙里，恕道与霸道原是分不开的，原是相互为用的。生物界的恕道——动植物的各遂其生——不正是通过"弱肉强食"（生物学所谓的"食物循环"）的霸道来实现的吗？如是霸道中有恕道、恕道中有霸道——这就是权能的辩证之道，自然宇宙恒常不变的定律啊！

但在文明人所承担的意义世界里，在通过意识问题化的作用而开显的权能宇宙里，这恕霸的辩证中，道已经不是自然的定律，而是在人性仁材两极的分化下，变为存有识见争辩的焦点。[1][2]　要求安身立命的人由于贞宜姿态与性智的不同，对于权能的恕道与霸道是不能不有所偏，有所私喻的。人性中的仁极倾向无疑是偏于"恕"的，而材极的倾向则是偏于"霸"的。喻于仁恕的关怀主体就是孟子所谓的良知、恻隐之心或不忍人之心；而喻于材霸的爱罗心识则是尼采所谓的权力意志。人的生命型态不是喻于恕，就是喻于霸——不然就是喻于恕与喻于霸某一形式的组合。如是人的存有识见与安身立命的思想，也就相应地有"恕偏"与"霸偏"之分了。

人所居的权能宇宙本身只是一权能的恕霸中道：一个本然的、自然的自宜其宜。但在问题心的驱使下生活的人，却是随着其存有的偏见而自求贞定、自求安身立命的。在西方、印度和中华三大文化传统里，偏于霸与偏于恕的存有和贞宜思想均随处可见。不过，比较起来，直承希腊、罗马文化而发展的西方文化基本上是突显权能的霸道的文化。以爱罗心识、材知爱欲的它执、我执为生命原动力的西方人，一方面随着霸道权能的冲突

---

　① 参阅唐力权：《周易与怀德海之间：场有哲学序论》，台北：黎明文化事业公司 1989 年版，第 402—423 页。

　② 同上书，第 142—151、393—396 页。

激荡而兴波逐浪；另一方面则通过爱罗心识的自克与材知爱欲的升华，以寻求霸道权能合理的转化。西方人安身立命的智慧基本上是知性的——亦即是外向控制性的。西方文明乃是一个通过知性、外向控制性智慧或（我们所谓的）"逻各斯理性道术"所洗礼的文明。①　霸道权能的逻各斯化，这就是西方文化心灵"穷智见德"的意义了。必须注意的是，在这句话里，"智"指的是知性、外向控制性的智慧。而穷"智"以后见之"德"则是合乎逻各斯理性、通过霸道权能之转化而成就的爱罗之德。换句话说，爱罗之德乃是以控制性智慧所证验的"知序"（相应于知性的秩序）为其基本内容的德性，这与中华文化心灵所突显的良知之德——直接本于恕道的中和理性之德性——乃是大异其趣的。

当然，西方文化并不是没有本于恕道的成分。西方文明中的恕道精神源于希伯来、基督宗教的传统。从主体意识的倾向来说，这个文明传统基本上是属于"深渊型"的。所谓"深渊型"的主体意识乃是一种徘徊于良知与爱罗、恕道与霸道、上帝与魔鬼之间而无所适从，而深受其苦的一种意识心态。②　深渊型的文化心灵所喻于权能宇宙的，不是霸道权能之"冲突激荡"，也不是恕道权能的"大生厚生"，而是权能恕道与霸道媾接处之"异隔成渊"、"冲突激荡、异隔成渊"——这可说是整个西方文明格局反映于其存有识见之最精警的写照。明乎此，则西方人安身立命的主体精神也就不难把握了。

霸道文明源于希腊罗马西方，而以印度教为代表的印度正统文化则是霸道文明的反动。印度文化本是由原始入侵北印度的雅利安（Aryan）文化，与达伟地安（Dravidian）或非雅利安土著文化混合而成的。原始的雅利安文化与古希腊、罗马文化不仅渊源甚深，抑且是一脉相承——同是植根于爱罗心识、喻于霸的文化传统或贞宜体系。从《吠坛经》与《奥义书》开始，控制着印度宗教、哲学思想的超越形上实体观念，都可看作是霸道权能之绝对化。印度正统文化之所以变为霸道文明的反动，乃是由于非雅利安土著文化的影响。霸道文明是"正爱罗"霸道文明的反动则

---

①　参阅唐力权：《周易与怀德海之间：场有哲学序论》，台北：黎明文化事业公司 1989 年版，第 337—352 页。

②　同上书，第 152—161 页。

是"反爱罗"与"超爱罗"，前者以印度教及正统六宗哲学为代表，后者则以佛教——尤其是大乘空宗——为代表。正爱罗与反爱罗的分别，乃是爱罗心识外驰与内返或逆觉的分别——亦即是它执与我执的分别。不过，不管是它执或是我执，正反爱罗心识都是喻于霸的。凡是喻于霸的哲学思想，都是突显存有的克制性或宰制性的思想；都有把霸道权能绝对化成为超越实在或形上实体的倾向。在这一方面来讲，正统印度文化和传承希腊、罗马文明的西方文化可说是十分类似的。前者所彰显的瑜伽理性与后者所表达的逻各斯理性，都是控制性智慧的产物。所不同的是逻各斯理性是外向的控制性，而瑜伽理性则是内向的控制性，它们所代表的乃是爱罗人性和有执智慧的两面。在西方和印度这两大文化传统里，安身立命的问题基本上就是霸道权能如何运用、如何处理的问题。这本来是贞宜人类的一个最普遍的问题，只是在西方与印度这两个喻于霸的文化传统里，就显得更为尖锐深刻罢了①。

　　从正爱罗、反爱罗而超爱罗——这个印度精神文明在心识发展上的辩证历程，也正是贞宜人类从霸道中求安身立命所必经之路，在这条贞宜的路上，人所表现的姿态乃是一"缘霸求成"的姿态。就其所含蕴的理性模式、理性道术来讲，缘霸求成所开出的必然是一穷智见德的模式。这里所谓"德"乃是在霸道权能克制性与宰制性的处理上而立义的。正爱罗之"德"，如希腊、罗马西方文化所突显的，成于霸性的约束。如前文所述，它乃是一种以控制性智慧所证验的"知序"为其基本内容的德性，以清明的知性来克制盲目的霸性，以求霸道权能合理的转化：这就是正爱罗一贯的理性道术了。但知性本身正是一霸性的表现；以知性来克制霸性其实就是"以霸克霸"，亦即是霸道权能依其本身理序的自克。故就正爱罗而言，"穷智见德"也就是"穷霸见序"。反爱罗乃是正爱罗心识的逆转，反爱罗之德成于霸道权能之逆觉或内在化。在反爱罗心识里，外向的宰制权能向内逆转而收为一无上的、通彻内外的宰制力量。故内在化的结果必然是"逆霸见独"《奥义书》把大梵（霸道权能）等同真我（异己的泯灭），不正是一逆霸见独最突出的意识心态么？

---

　　①　参阅唐力权：《周易与怀德海之间：场有哲学序论》，台北：黎明文化事业公司 1989 年版，第 352—365 页。

　　穷霸见序的智慧是它执的智慧，逆霸见独的智慧则是我执的智慧。对佛家而言，它执（法执）或是我执都是有执。有执的智慧乃是生于霸、喻于霸、依于霸、成于霸的智慧。佛家看得很清楚，权能霸性、宰制性的内外缠结乃是实存生命一切苦恼的根源。故去执——去它执，去我执——也就成为佛家安身立命的不二法门了。佛家所追求的不是一个"缘霸求成"的生命，而是一个彻的地从权能的霸性、宰制性中解放出来的生命。佛家所强调的不是材知爱欲之升华而是爱罗心识之净化；不是霸道权能之自克或内摄，而是一切有执的超越。故佛家安身立命的进路不是穷霸见序，也不是逆霸见独，而是"离霸见恕"。[①] "离霸" 就是智，"见恕" 就是悲。大乘菩萨"智悲双运"的贞宜姿态，就是从离霸见恕的生命里熔锻出来的。

　　离霸的智慧当然就是去执的智慧，证人空无自性的智慧。但为什么"见恕" 就是悲呢？智和悲在佛家安身立命的思想中，为何是如此密切的关联呢？佛家之"以悲言恕" 与中国哲学中儒家之"以忠言恕"，及道家之"以慈言恕" 究竟有什么不同呢？这些问题虽然含义深远，其中的义理脉络却是相当明显的。我们在前面交代过了，所谓"恕" 指的乃是事物在存有本性上的自得与互得，及其在场有势用上之相辅相成。说得简洁一点，事物之自得其宜与相互得宜就是"恕"。依佛家的看法，执乃是有情生命失宜之根：故去执就是见恕，就可见到一切存有之自得与互得。这个"存有之自得与互得"，就其终极处看，不正是佛家所谓的"极乐" 或"涅槃"、"真如" 或"法界" 么？佛家所谓的"悲" 就是从这个极乐的观点上来取义的。假如"智" 是去执证空后所生的智慧，那么"悲" 就是净化见恕后所生的悲情。如是极乐之宜也就是菩萨证空后的生命之宜，这个"宜" 乃是除去所有失宜的杂染因素的纯宜——个宜无不宜的性宜或我们所谓的本体之宜。此极乐之宜也就是菩萨之性。此实存生命之本性乃是性智与性情的统合，亦即是"智悲双运"的哲学含义了。"智" 是菩萨本于极乐的性智，"悲" 是菩萨生于极乐的性情，但这是大智慧大性情——生命在宜无不宜的境界中所洋溢的智慧与性情。

　　但这个宜无不宜的境界不正是《易传》所谓的太和么？从正爱罗的

---

　　① 用佛家的术语来说，"离霸见恕" 就是"离魔见佛" 了。

"穷霸见序"通过反爱罗的"逆霸见独"，喻于霸的印欧文化心灵终于在佛家"离霸见恕"的智悲双运里，与中华文化传统自始以来即"以和为贵"的恕道精神紧密地接上了。从安身立命的理性模式来看，我们不妨说，佛家的"离霸见恕"乃是印欧文化与中华文化的分水岭，也是两大贞宜体系相互通贯的管道。至于夹在恕霸之间（上帝与魔鬼之间）而异隔成渊的希伯来、基督教文明，它所表现的"恕霸抗衡"的理性模式，则是中西文化的另一个分水岭，另一条交流的管道了。

　　中华民族就其所走的贞宜之路来讲，乃是一本于仁恕、通过良知关怀而证人太极太和的民族。在以大《易》贞宜思想为骨干的中国哲学里，喻于仁恕太和的哲学语言真是俯拾皆见。通过良知的主体性而观，则此仁恕之心所证验的必然是一浸润于太和之光的权能场有一个浑映着存有本性之自得与互得，与权能势用的相辅相成的意义世界。"万物并育而不相害，道并行而不相悖"：这是证入太和的哲学语言。

　　"道通为一"、"相忘于江湖"；这也是证入太和的哲学语言。"理事无碍事事无碍"，"日日是好日"；这不也是反映着太和之祥辉的哲学语言么？出于仁恕良知，人于太极太和——这是儒家、道家与中国佛家所共由的贞宜之路。在这中华文明的贞宜体系里，安身立命所展现的理性模式不是"穷智见德"而是"摄智归仁"。"穷智见德"起于"缘霸求成"的贞宜姿态；"摄智归仁"就是把生命的智慧收摄在人性中之仁极里。一切智慧都是生命的智慧，亦即是安身立命的智慧、贞宜的智慧——都是适起于生命之宜的智慧。换句话说，一切智慧，最后分析起来，都是性智。但由于贞宜姿态之不同，性智可以是恕偏的，也可以是霸偏的。这就是"摄智归仁"中之"智"与"穷智见德"中之"智"的基本分别了。"穷智见德"中之"智"乃是霸偏的性智，亦即是以知性、控制性为主的智能。而"摄智归仁"中"智"则是恕偏的性智——以中和理性为主导的智慧。此中和性智乃是一直觉性的智慧，本于良知关怀以求生命之安立的智慧。"自得"之谓"中"，"互得"之谓"和"。中和智慧所开出的乃是一通过自得以求互得，通过互得以求自得的理性道术。此自得与互得的内在关系——我们可称之"中和的回环"——乃是恕道权能的本质。儒家哲学中"内圣"与"外王"这一对观念，正是扣紧此恕道的中和之迴环而取义的。"内圣"是从自得之观点而观的恕道，"外王"则是从"互得"立场来讲的恕道。但自得也就是互得，互得也就是自得。在恕道太和的理想境界里，自得与互得——内圣与外王——只不过是一事之两面罢了。

凡是喻于恕或以恕为生的安身立命思想，莫不把生命的意义奠基在中和的理性道术上。与儒家圣贤之道的内圣外王相应的，在道家就是至人真人的物我两忘，在佛家就是菩萨之道之自利利他，在基督宗教就是耶稣的金律了。安恕而立生命智慧或性智，就是通过自得与互得的回环而证入太极太和的智慧。就其生命智能与存有识见的基本型态而言，在中华文化大《易》传统的土壤里生根的儒道佛三家的贞宜哲学，可说是无甚分别的——骨子里都是属于以"缘起性宜"为经，"中和回环"为纬的哲学体系。在日本曹洞宗开山祖师道元禅师的哲学思想，我们还可以清晰地看到这大《易》精神的余荫。道元所谓的"有时"，"有时之而今"与"佛性时节"等观念乃是缘起性宜的思想；他的"有时之经历"则是中和回环之有时化。"佛性"（有）就是性宜或本体之宜。"有时"（有时之而今）就是缘起于本体之宜的"时宜"或"宜时"。至于"有时之经历"，那不正是自得之宜与互得之宜之相即相入吗？[1][2] 大《易》之余荫，其被广矣！

虽然，由于生命型态的不同，儒道佛三家的贞宜思想还是有显著的差别的。中土的佛家乃是大《易》化的佛家，由于佛家源出西方，原是印欧爱罗文明的反动，故它所本的恕道乃是（辩证地）从"穷智见德"、"离霸见恕"的贞宜进路里走出来的恕道；这和儒家一开始即以当下呈现的仁心或良知心来印证的恕道，就不无本末次序的分别了。"亲亲之谓仁"，这是"仁"字的原始意义：以当下即仁为出发点的贞宜进路是直捷的，实在的。通过当下良知的印证，儒家哲学一开始就时入以中和的回环为基调的忠恕（推己及人）思想之路上。故三宜格局中的人文道德之宜，也就很自然地成为儒家贞宜哲学用心的所在了。当下良知所直接印证得到的，当然不是宇宙万物的空无自性，而是内在于恕道回环中的中和之理——内在于自得与互得的意义世界中之有命有诚。儒家是不大讲去执的，因为忠恕之道的推己及人不是一执着的问题，正如大乘佛家不会把菩

---

① 太极即是太和。太极是自理言的太和，太和是自宜言的太极。尽太极者，太和之宜权也。

② 关于道元禅师的"有时"论，傅伟勋教授在"关于缘起思想形成与发展的诠释学考察"，台北：中华佛学研究所 1991 年版，一文中有极精简之论述，见第 193—194 页。

萨之道的利己利他作为一种执着一样。事实上，一个真正喻于仁恕中和的理想人格也必然是无执的。因为这样的人必然把一己之生命融入一体之仁的相依相关性里；他已经以本体之宜的太和之性为性，哪里还会执着一个实体之性呢？故佛家去执证空的哲学在印度传统来讲是一种反动，是有其辩证的必要的。但传入中土以后的佛家，去执证空的进路也就只有实践的意义，而（最低限度在理想层次来讲）失去其理论上辩证的意义了。东土的人当然是有执的，但这并不表示东土的哲学也是喻于执的啊！

儒家本于当下的良知以推己及人的圣贤之道不好走，佛家本于去执证空而利己利他的菩萨之道当然更不容易。不管儒家所向往的大同世界，抑或是佛家所向往极乐世界，对一般众生来说，这保合太和、宜无不宜的理想境界都是高不可及的、遥遥无期的。不过就哲学理论而言，由于当下之仁，必然首先在以人伦道德为主要内容的人文意义世界里落实，儒家对性宜或本体之宜，本身的关注也就远不如其对道德伦理、人文宇宙的用心了。故与佛家比较起来，儒家贞宜哲学中的形上思想虽然是同样高明，但在理论精密方面来讲则显然是有所不及。佛家哲学走在印欧文明穷智见德辩证之路之末端，故一开始就证入太和的空性。这和儒家以落实于亲亲之仁之良知中，和为出发点而逐步贞验人文宇宙之有命有诚，当然就有所差别了。

如是在贞三宜的格局中，贞人文道德之宜为儒家哲学之所长，贞本体之宜则以佛家哲学为殊胜，剩下来的自然之宜也就是道家哲学的贡献了。表面上看来，道家所主张的"致虚守静"近于佛家的"去执证空"；而道家对儒家伦理道德的批判，也不似于佛家对印度正统哲学的反动。但究其实，道家与儒家一样，都是即仁而恕的——骨子里都是通过当下的良知关怀而证入太极太和的。所不同的是，道家生命型态所契证、印可的恕道不是儒家扣紧人文道德的意义世界而讲的"忠恕之道"，也不是佛家透过空无自性而开出的"悲恕之道"，而是即适于自然之宜而返璞归真的"慈恕之道"。我们不妨说，道家（老子）所谓的"慈"，乃是透过自然之纯朴的慈恕之心，和儒家（孟子）所谓的恻隐之心或不忍人之心——不学而能的良知——其实是相当类似的。有和儒家一样都不讲空无自性，因为在即仁而恕的贞宜哲学里，已经没有实体自性这回事了。道家的"无欲"并不是佛家去执的意思，"无欲"只是摒除不自然的欲望罢了。再者，通过即仁而恕的姿态来证入太和，来看存有，那所看到的一定是一个有理在和有命有诚的世界。此是儒道两家之所共。所不同的是，儒家所看到的"理"基本上是成就人文道德意义世界所必立和当立的"理"，而不是如道家所看到的存在于自然宇宙的太极太和中之"理"。儒家并不是见不到自然之太和，但它的用心所在却是人文意义世界中的太和。但这个"太和"不是现成的东西，而是要靠贞宜人类安立的智慧来证成的。故就儒家安身立命之道来讲，"保合太和"中的"太和"只是一个终极的理想——一个应当实现也必须实现的可能性。至于这个可能性真正有多大，从道家的观点来看，那就很值得怀疑了。

为什么呢？要回答这个问题，我们就得把我们的思路带回到意识的问题化与文明社会的基础上。道家看得很清楚，自然之"道"的扭曲乃是文明人一切苦恼的根源：而恕霸权能通过问题化意识心的互相缠结，则正是道为"天下裂"的症结所在。道家哲学虽然和儒家哲学一样，以即仁而恕的主体性为出发点。但对于霸道权能的本质和恕霸两道之间辩证关系的认识，却要比儒家哲学深刻得多。在自然的宇宙里，恕道与霸道之相即相入有一定的理在，故道家所主张的任运自然就是要任运这个理。在某一义来说，希腊（罗马）、西方的文化心原来也是任运自然的。但西方人所任运的乃是霸道权能在问题心的冲击下的自然激荡，而道家所任运的却是恕霸权能中道的自然之朴。虽然，任运自然之朴在人文道德的意义里，究竟能产生多大的作用，它是否真能提供文明人一有效的安身立命之道，那又是另外一个问题了。

人乃是一贞三宜的场有者，人的安身立命固然必须奠基在自然之宜的基础上，但人毕竟是不能离开他所承担的意义世界而存在的。把意义世界抽离了，人就不成其为人了。但人的意义世界乃是靠文明人安恕的智慧建立起来的，而安恕智慧之所以有成，又系于恕霸两道权能辩证的交涉上。文明人一方面缘霸求成；一方面又安恕而立。但不管是喻于恕抑是喻于霸，霸道权能的合理转化乃是贞宜人类的共同要求，故人的终极智慧必然是一本于恕霸中道的智慧通过恕霸的辩证关系以求方中求圆，以有碍求无碍的性智。这方中求圆的性智，从其契证太极太和的本体之宜来说，就是我们在别处所谓的"曼陀罗智"了。[①] 从曼陀罗性智的观点来看宇宙人

---

① 参阅唐力权：《周易与怀德海之间：场有哲学序论》，台北：黎明文化事业公司 1989 年版，第 53—60 页。

生，则实存生命中所开显的一切真善美价值都是有代价的，但也因此是值得肯定的。在文明人安身立命的三宜格局里含蕴着一个恕霸相缠、方圆错综的"牺牲结构"，文明人的意义就决定在这恕霸方圆的结构上。①

（原载《哲学与文化》十九卷，1992 年 3 月第 3 期，第 238—252 页。）

---

① 参阅唐力权，"道身与影身：人道中的自克、牺牲结构——"良知自我坎陷"的新诊释"。

# 9　通变的慧识:《周易》对现代管理的启示

## （1992）

## 管理乃通变之事:忧患意识与通变智慧

《周易》或《易经》，就其经传两部所含蕴的哲理而言，乃是一本讲易道——生化变易之道的书，这是众所熟知的。但《周易》给我们的不仅是一变易哲学，也是一生命哲学。它一方面强调自然宇宙生生不已、变动不居的客观性；另一方面也强调文明人类自强不息、价值创造的主体性。易道与人道的合一、自然与人文的合一、变易哲学与生命哲学的合一：这就是《周易》哲学之所以为一"超切主义"哲学的特质所在。① 此超切主义的特质，从主体性或心性论的角度来讲，也就是"通变的慧识"了。在人与自然易道的感通中和所创造的人文宇宙或价值世界里，通变的慧识乃是一切事业成就的先决条件。干卦卦辞"元亨利贞"所表达的正是这通变成事的创化历程。《周易》哲学的智慧基本上就是通变的智慧：它既是知机的智慧、时中的智慧，也是守常（生命之常）的智慧。没有通变就不能守常，所谓"穷则变，变则通，通则久"。② "元亨利贞、知机守常"——此易学之所以为通变之学也。《周易》哲学之所以为洁静精微，其关键就在此人道易道超切互摄思想所系的通变慧识上。

《周易》对现代管理会有什么重要的启示呢？这是一个很值得探讨的

① 关于"超切"的观念和《周易》哲学的特质，读者可参阅唐力权：《周易与怀德海之间：场有哲学序论》，台北：黎明文化事业公司 1989 年版/沈阳：辽宁大学出版社 1991 年版，见第一、五、七章，（台北版）第 1—46 页，171—228 页，287—335 页/（辽宁版）第 1—35 页，133—177 页，214—260 页。

② 见《周易：系辞传》。

问题。企业管理亦通变之事也，是以管理学也未尝不可视为一种通变之学。① 事实上，一个企业之成功与否，管理人所具有的通变慧识无疑是一最重要的因素。管理学研究的基本课题只有两个：一是管理性质与问题的分析；二是有效管理方法或制度的提供。最后分析起来，二者均可以为"通变之道"一概念所涵摄：管理之道也就是通变之道。人文宇宙与自然宇宙一样都是不断地在变动的，每一时代的人类都各有其活动创造、安身立命所在的超切之场，也都有适应其时代处境与生存需要的通变之道。现代企业的通变之道，只不过是现代人之通变之道的一个层面罢了。诚然，在二十世纪的人文宇宙里所发生的剧变是史无前例的，绝不是以前任何时代可以比拟的，故当代人——包括当代的企业家——实比较前此任何时代的人更需要通变的智慧。如是《周易》对现代企业文化、现代管理的时代意义也就显得尤其突出了。

"易之兴也，其于中古乎？作易者，其有忧患乎？"这是笔者开始构思这篇论文时涌现在脑海中的第一句话。由于近年来世界经济普遍不景气，也就不免对目下（尤其是在美国和西欧）疲惫不堪的企业世界、企业文化多了一份关注与反省，对于《系辞传》这句话所蕴藏的义理也就有了更深一层的体会。从八十年代的浮华到今日的萧条，造成这十年间经济衰退的原因自然很多。但现代人——尤其是现代西方的企业家一般缺乏忧患的意识当是其中一个重要的因素。没有忧患的意识又怎能产生通变的智慧？后者正是在前者的土壤里孕育出来的啊！

《系辞传》所谓的"忧患"乃是呼应着"君子进德修业"这个西周人文精神所向往的文化理想——亦即是立足在人的价值生命和道德主体的立场——来讲的。君子之忧患所在？德之不修，业之不竟也。所谓"业"就是人文化成的事业，包括一切利用厚生的事业。用现代的语言来讲，"修业"的目的就是文明社会整体价值（包括文化价值与经济价值）的实现。但文明价值的实现，其关键正在易道与人道，自然客观性与人文主体性的辩证统一上，亦即是在文明人所必须善为把握的超切之道及（涵摄此超切之道的）通变慧识上。君子由进德修业所生的忧患意识，正是此超切

---

① 《系辞传》："通变之谓事。"故刘百闵以《易》学为"事理学"。见刘著：《易事理学序论》，香港，1967 年版，第 1—4 页。

心态与通变智能的标志。我们甚至可以说，忧患意识就是通变慧识中之"识"。盖通变的智慧正是生于忧患的智慧啊！

## 贞利之道术：《易》管理的心法

现在我们要问的是，《周易》哲学所揭示的忧患与通变的慧识，对现代管理和管理学究竟有什么意义呢？从西方传统发展出来的管理学是没有"通变的意识"这个观念的。由于受到传统西方实体主义与二元主义哲学的影响，西方管理学特别注重管理观念，和管理方法与制度的客观性、普遍性、架构性、与控制性。从某一义来说，这是无可厚非的，而且是理所当然的。因为管理之道的客观性、普遍性、架构性、与控制性正是构成管理学之"科学性质"的主要因素。西方管理学所谓的"科学管理"，正是把管理之道视为一客观的、普遍的架构和对人与物的控制手段来处理或研究的。把管理之道视为客观的、普遍的架构，这是"知解理性"的要求。把管理之道化约为控制的手段，这是工具理性的表现。管理乃是一理性之事，这是无可否认的。但"理性"是否只有"知解"的意义和"工具"的意义呢？管理之道是否可以化约为客观普遍的架构或人与物的控制手段呢？管理的科学性质是否就是管理之道的本质呢？假如《周易》可以作为一管理学书来看的话，那么它对于这些问题的答案显然是否定的。从《周易》管理哲学（或《易》管理学）的立场来讲，管理是一通变之事，也诚然是一理性之事。但主宰着管理人之通变之道的并不是知解理性或工具理性，而是为管理人价值取向所本的"根源理性"或（我们在别处所谓的）"道智"，一种结合超切直觉与创造本能为一的性能或智能。① 西方管理学所喻的知解理性与工具理性，只不过是道智运用的一种特殊样态或方式罢了。

从道智或根源理性的立场出发，则管理学不仅是科学，也是艺术——应该说是一种"道术"。"道术"者，本于道智之（艺）术也。此直接本

---

① 见唐力权：《周易与怀德海之间：场有哲学序论》，台北：黎明文化事业公司 1989 年版/沈阳：辽宁大学出版社 1991 年版，见第一、五、七章，（台北版）第 53—60 页/（辽宁版）第 41—47 页，《通变的慧识：〈周易〉对现代管理的启示》，东方文化与现代企管国际研讨会（1992 年 12 月）论文，《东方文化与现代企管》，香港：法住出版社 1993 年版，第 104—111 页。

于道智而非仅立于知解与工具理性的管理道术，虽然并不轻视科学管理的客观性、普遍性、架构性与控制性，但却更重视管理之道的主体性、特殊性、灵活性与中和性。一切管理活动，最后分析起来，都是以人的价值取向、价值创造活动为依归的，故离开人的价值主体性，也就无管理之事可言。但人的（价值）主体性与人的场有性是分不开的。一切生命活动、价值创造活动都有其特殊的处境与环境，都有一个对应于此生命活动而开显的权能场有——一个为力（力量）息（信息）的结集所构成的"超切境界"。这就是《易》卦在形上学的含义了。而价值取向、价值创造基本上乃是一个力息感通、力息化裁之事。我们在上文所谓的"灵活性"正是就价值主体力息感通、力息化裁的性能而取义的。但感通化裁之事不也是人道与天地之道超切互摄之事吗？感通化裁的灵活性在哪里？它就在天地人三材之道的中和里，在一事业或生命活动的整体之宜里。这个"事业的整体之宜"就是干卦卦辞"元亨利贞"中之"利"。管理者，通变之事也，而通变的目的就是"利"。

应该立即指出的是，这里所谓的"利"并不是孔子孟子所谓的"利"——与道德的"义"相对待的"利"或"私利"，也不是今日一般人心目中的、与钱财或经济利益连在一起的"利"——或"利欲熏心"一语中之"利"。《周易》所讲的"利"乃是扣紧"元亨利贞"这词语的义理脉络而立义的。前文提过，"元亨利贞"指的乃是易道通变成事的创化历程。干文言曰："元者，善之长也。亨者，嘉之会也。利者，义之和也。贞者，事之干也。""义"就是宜的意思，"义之和"就是宜之和，也就是我们所谓的"整体之宜"。一切事业起于人的价值投置，"元"就是一事业元始的价值取向；一事业的发展方向乃是为其元始的价值取向所决定的，所以说是"善之长"。元初的价值取向就是事业中之"常"。没有这个元始的"常"也就没有事业的亨通畅顺。事业的亨通畅顺乃是力息感通。力息化裁的结果，所以说是"亨者，嘉之会"。从事业创始的亨通畅顺到事业理想的落实，乃是从"元亨"到"利贞"（理想的落实）的发展过程，亦即是一守常与通变的过程。"贞"就是理想之落实，所以说是"事之干"。没有通变，就不能守常，不守常也无以通变。守常与通变之得其宜，这就是"利"之所在了。

这个扣紧守常与通变之得其宜而取义的"利"，我们称之为"贞利"

或胜义的"利"。"贞"者，正也。"贞利"就是利之得其中正。利之得其中正，用《周易》的占筮术语来讲，也就"无不利"了。事实上，守常通变以贞利，这句话可说是把《易》管理学的心法涵摄在里面了。

## 管理的主体性：制宜的三个基本原则

如是管理的道术也就是贞利的道术，一切管理行为均可视为"贞利心法"的运用。我们不妨说："贞利"乃是《易》管理学的最高原则。这个原则的具体运用就是"制宜"：因物制宜，因地制宜，和因时制宜。利与宜是分不开的，把这两个概念联系起来就是"制宜"中之"制"字。《系辞传》有"化而裁之存乎变"这么一句话。所谓"制"者，正是"化而裁之"的意思。这个字所代表的乃是管理之道中主体与客体的关系。"制宜"就是"化裁之得宜"，"化裁得宜"也就是管理主体性的所在。

什么叫作"因物制宜"呢？这里所谓"物"，是包括人在内的一切管理对象的统称。人不是机器，也不是商品，故不能拿管理机器或商品的办法来管理人事。同样道理，一个适合于成衣厂的管理办法，不一定可以适用于一个制罐厂或快餐连锁店。再者，即使同样是人事的管理，由于职工教育程度与文化背景的不同，管理的方法也就相应地有所差别。故管理方式的限制首先来自管理的对象，因管理对象的不同而制定不同的管理方法或制度，这就是"因物制宜"的意思了。因物制宜乃是制宜的第一个原则，也是管理主体性的基本含义。要立即指出的是，主体并不等于主观。刚好相反，《易》管理所强调的主体性正是一个顺物之情、客观如实的主体性。当然，管理方法与制度的选择不仅受到管理对象的限制，也受到企业家或管理者价值观或价值取向的限制。故因物制宜乃是一个在价值透视或主观需求的条件下的顺物之情。"制宜"者，主观价值与客观实在的配合得宜也。此配合得宜乃是管理主体的感通化裁之功。《易》管理学最重感通，因为感通——主客的通情——乃是化裁制宜的先决条件。但主客通情乃是随地而异的。这就牵涉到制宜的第二个原则——因地制宜了。

企业管理的限制不仅来自管理的对象，也来自企业所在的环境与背景，这个管理人或主体所处的环境与背景我们称之为"管理的场有"。从《周易》形上学的观点来讲，我们所在的世界既是一个断而无断、生生不息的创化之流，也是一个变动不居、错综复杂的权能场有。这里所谓"权能"乃是事物活动作用的总称，所谓"场有"乃是事物相关相依的总称。用《周易》的术语来说，权能就是"乾坤"，场有就是"天地"。权能场有（乾坤天地）的全体大用也就是《系辞传》所谓的"太极"了。《系辞传》曰："天地设位，而易（道）行乎其中矣。"我们所谓的"因地制宜"中之"地"指的就是这个"天地设位"中之"位"，事物在权能场有中之地位或位置。《周易》卦辞中最重要的一个观念就是"得位"。从管理学的角度来讲，也就是企业的管理方式与其场有地位或处境的相应。譬如同一类型的企业，由于社会经济和文化背景的不同（价值不同），其管理的方式也就必然有所不同了。

　　如是"因地制宜"也就是"因位制宜"。但"位"与"时"是分不开的。因为事物在权能场有中的位置，乃是在生生的时间之流中决定的。故"因地制宜"的另一面就是"因时制宜"。管理之道不仅要"得位"，也必须"得时"。《周易·卦辞》中所谓的"时义"或"时中"，基本上就是"得时"的观念。"得时"就是与时相应，《周易》六十四卦每一卦都有其不同的时义，譬如屯卦代表物之初生，故"初生之时"就是屯卦的时义。升卦是事物发展中的时义，因卦是事物发展至于穷尽之时义。泰卦是处于顺境的时义，否卦是处于逆境之时义。剥卦是剥落之时义，复卦是得兴之时义。总而言之，卦是事物在生化之流中的处境（企业所"处"的超切境界），"位"与"时"正是事物生化处境不可分割的两面。此不可分之"时位"或"位时"也就是《周易》筮术语言中之"爻"义了。故在《易》管理学中，因地制宜与因时制宜乃是互相涵摄的管理原则。管理方法与制度的选择除了考虑管理对象之外，更必须时地或时位兼顾。譬如在现时发展国家中行得通的管理之道，不一定在未发展或正在发展的国家中行得通；适合于西方社会与文化的企业管理方式不一定适合于东方，反之亦然。但时移世移，时间在变，企业的处境也在变：今时行得通的将来不一定行得通，今时不适合的也许在将来就适合了。

## 结　论

　　如是制宜所以通变，通变即在制宜。从《易》管理的立场来讲，所有制定的管理方法或制度都是有限制的，其有效性都是不能离开企业的特殊处境或情况来衡量的。世界上不可能有必然有效的管理方式或模式，就正如武功上不可能有必胜的招式一样。易道是变动不居的，故管理的道术也是因物、因地、因时而变动不居的。此通变的原则也就是《周易》对管理学最大的启示了。

在这篇论文里我们仅就管理之道为通变之道一义上，作了一番原则性的讨论。我们首先通过忧患意识与通变智慧的关联，而点出管理之道所突显的主体性与场有性，然后扣紧制宜的观念而阐释《易》管理学的三个基本原则，这样的讲法无疑是相当抽象的，当然也是不足的。事实上，《周易》思想中所涵摄的通变之学，足以为现代企业管理借镜的还很多，不过由于篇幅的关系只好留待他日了。

# 10 超切之道与中西哲学

## ——场有哲学纵横谈

### （1993）

让我们先从这个题目本身来谈起，所谓"超切"就是"断而不断"的意思，或者说是"可分而不可分"的意思；另外一种解释"超切之道"的方法，就是利用中国哲学里"一而二，二而一"这个常出现在中国的专有名词来说明。所谓"断而不断"、"可分而不可分"就是"道"，如果你不喜欢用"道"这个名词，你可以用"存有"。海德格尔会想过要翻译中国的《道德经》，很多学者也常常把这两个名词放在一起，而当作具有同样意思的术语来使用。为了方便讨论，我们先不管"道"原先是什么意思，我们只是借用这个名词来代表实在、真理、真实等意思。依我看来，"存有"就是一个"断而不断"、"可分而不可分"的真理与真实。

我们立刻产生第一个问题："断而不断"有什么重要性呢？我二十几年来，心中常常盘旋着这样一个问题，就是：我们中国哲学到底与印度哲学或是西方哲学究竟有什么不同呢？我想了好久，最后的结论是：在中国哲学里，"存有"是"断而不断"，"断而不断"是真实。而这正是我认为"断而不断"的重要性所在。"断而不断"包括有"可断"，也包括有"不可断"这双重意思，"可断"而"不可断"是二而一、一而二的，这就是中国哲学上面所常讲的"道"的性质。中国哲学一开始，就把这"断而不断"当作是真理，这就是中国哲学与印度哲学、西方哲学最大不同的地方。因为西方哲学一开始就把这个"断而不断"当作是一个问题来看待，所以希腊哲学所谓的"一与多之争"，在我看来其实就是"断"与"不断"之争："一"就是"无断"，"多"当然是"有断"。"一"在西方哲学心灵看来是不可理解的，不可能啊！这个"断"怎么可能是"无断"而又"有断"呢？又怎么可能是"有断"而又"无断"呢？这不是互相矛盾了吗？所以，西方哲学时时不忘要解决这个"一与多"的问题。可是中国哲学不是这个看法，中国哲学一开始就不问这个问题，我们的先哲们一开始就把它当作是一个真理来接受，举例来说，《易经》正是采取这样的进路。

接着，你们也许会问这个"有断与无断"是从哪里得到的？它最早是出现在哪本书里呢？我的这个观念乃是从《易经》中获得灵感得来的，《易经》六十四卦只有两划，也就是断跟不断这两划，"——"是不断，"— —"是有断。传统上把"——"叫作"阳"或"刚"，把"— —"叫"阴"或"柔"，但是，为了避免预设立场我们先不要这样叫它，因为一旦我们这样称呼它，我们就已经对它做了一个解释了。我们最好就照它的外形样子来称呼它："——"没有断就叫它"不断"，"— —"断了就叫它"有断"。我认为这是《易经》最原始、最基本的洞见。那么为什么古人把"——"称为"刚"，而把"— —"称作"柔"呢？我认为这跟人的身体有关，人最原始的对"无断"的经验，就是人对人的形躯之刚直的感觉，于是古人就把站立的、直直的东西称作"刚"，用符号表示时，将直立的形象转一百八十度，而划作"——"；同样，当形躯弯曲时，我们感觉到自己形躯之弯柔，于是将之表象为"— —"，这就是"柔"之原始意义。所以"刚"、"柔"这些观念是依身起念的观念，是从我们的身体经验里面得来的，然后我们再将这个身体的语言用到宇宙的说明上，成为宇宙论式的语言，这正是我《周易与怀德海》这本书所探讨的一个核心部分。

"超切之道"基本上有三个意思：第一个是根本义；第二个是核心义；最后一个是曼陀义，这三个意思又可称为"存有三事"：根本义讲的是"生化之本事"，核心义讲的是"开显之故事"，曼陀义讲的则是"方圆之业事"。开显之本事，基本上就是海德格尔的"存有的开显"，但我与海德格尔不同的是，我是从人的自力更生来讲开显。方圆之业事，则是从"有碍"、"无碍"或是"有限"、"无限"的关系来讲。首先我们把讨论的重点放在第一个意义上面，这是一个属于形上学方面的问题。

中国哲学的精华在于"断而不断"，在中国哲学中没有绝对的"有断"，也没有绝对的"不断"，也就是说没有"断而无不断"，也没有"无断而无有断"，在中国哲学的思想里面没有所谓的"绝对"，"断而不断"正是中国哲学里一个特殊的性质，我以"超切主义"来称呼这种特质。举例来说，像"生生不息"就是"断而不断"，或是"慧命相续"也是"断而不断"；"兴灭国，而继绝世"是"断而不断"，"言有尽，而意无穷"也是"断而不断"。假如你从中国哲学里面抽掉所有与"断而不断"有关系的语言、与"断而不断"有关系的概念，你就没有中国哲学。宋明理学里，把"良知"与"人"套在"生生之谓易"里的"生生"来讲，"生生"就是"断而不断"，假如你把"断而不断"拿掉的话，"生生"这个概念的意涵就不存在了。

"人性论"跟形上学，或是说"人性论"跟"存有论"是息息相关的。"人性的跃动"与"存有的本性"是不能分开的，人有两种"基本的人性跃动"，一个是"自体性的跃动"；另一个是"互体性的跃动"，这两种跃动都有它存有的根据。而"良知"乃是"断而不断"的跃动，也可以叫作是"互体性的跃动"。换句话说，同一个概念在存有论的层面，我们讲"断而不断"，在人性论的层次里我们讲"良知"。"仁"乃是互体性的观念，也就是说，人是"相人偶"，这是很明显的。譬如说，"己所不欲，勿施于人"，或者是人与人之间要"互相关怀"；这些观念全部是属于互体性的观念。

那为什么人会有互体性的跃动？这是因为人是"断而不断"。我与我父母的关系就是"断而不断"，"有断"是因为我与他们是有分别，我不是我爸爸、不是我妈妈；可是，这其中有"不断"之处，我与我父母相连之处，这是不断的地方。所以，我们"良知的跃动"其实是有感于且契合于"存有的本性"的，换句话说，是契合于人性存有的根据。至于"自体性的跃动"，乃是契合于存有"有断"的方面，我称之为"断而又断"。"断而又断"从中国哲学的观点来看，它是一个"抽离"（abstraction），是一个"意念"。这意思是说，我处处都看到人与人之间有代沟、有距离，我根本就知道，当我心里面有跃动的时候，我根本就不管别人，我心里根本就没有想到别人，我心里面只有我自己。西方哲学里面的"物自身"（thing in itself）就是从这里得来的，尼采之所以反对"物自身"这个观念，就是因为如果把这个物跟其他物的关系去掉，那么，这个物根本就不存在，一切之所以为一切，跟宇宙中所有的东西都有关，如果你把这个关系抽掉，就什么都没有了。可是，我们在人性中的确有这种跃动，当我们有这种跃动的时候，你只想到你自己。就是，你把你自己与这个世界整个的分隔开，好像这个世界是你独专的，你是唯一的"自体性跃动"。

这个"自体性的跃动"，作者称之为"爱罗"，用以区分不同于"互体性的跃动"的"良知""爱罗"，乃是翻译希腊文"eros"而来，其本意是"爱欲"的意思，但是"爱欲"的本质是什么呢？就是"自体性的跃动"！所有的占有欲、控制欲都是属于作者所谓的"爱罗"；尼采的超人只管自己的完美，也是属于作者所说的"爱罗"，甚至于整个西方哲学的发展，我们都可以用"完美的自体性的追求"一语来描述。举例来说；前苏格拉的思想里德谟克利特（Democritus）的"原子"观念，就是一个自体性观念；西方人所谓的"个体性"（individuality），也是一个自体性观念。为什么在西方的哲学系统里可以发展出逻辑观念，而中国哲学则没有呢？这是因为逻辑基本上也是建立在自体性的观念之上。"A is A"，"B is B"，你不能说 A 里面有 B，B 里面有 A。但是你看阴与阳的关系，阴里面有阳、阳里面有阴，这在西方人的逻辑是说不通的。中国人的思想基本上是互体性的思想，互体性当然是有层次上的不同与内在的关连，阴中有阳、阳中有阴就不是一个逻辑的观念。再譬如说中国思想中有"浪"（wave）这个概念，但是没有"原子"（atom）这个观念。所以，中国人其实是很缺乏"个人权利"这种观念的。

当佛教"无自身"这样的观念传到中国来之后，原本在印度很有力的这个概念，却变得不那么重要了。因为印度哲学跟西方哲学一样，都是自体性的哲学，"真我"就是一个自体性的观念。中国哲学是基于"断而又断"，西方哲学是基于"断而又断"，印度哲学则是"绝对不断"。可是"绝对不断"跟"断而又断"刚好是相反、绝对的两面，是中国哲学中所没有的。当释迦牟尼创立佛教，把"自体性"这个观念给拿掉，也就是说，把"真我"、"梵我"这样的观念给拿掉，在印度是有很重大的意义的。但是，在中国哲学里，本来就没有绝对的"自我"，也没有绝对的"他"，所以"无自性"这样一个观念，在中国就不那么样的有力量。现代新儒家常讲的"自律"、"他律"的问题，同样也是因为中国哲学没有很清楚的"自我"和"他"的观念，所以"自律"和"他律"也不是有那么清楚的分别。而所谓"整体性"的观念，在中国的社会里面，"整体"是"互体之和"，可是在西方社会里面整体是"自体之和"，所以"整体性"有"互体性之整体"，也有"自体性之整体"。梁漱溟先生对于这点就讲得很清楚，中国思想里面没有"社会"这个观念，就是因为中国只有互体性之整体观念，将一对对的人群集合在一起得到一个整体观，而没有西方将个别的个体做集合所得到的所谓的"社会"。中国的观念基本上是"场有"的观念，所谓"场有"是相依相关的意思，世界上万物都是依场而生、依场而起，"场"就是事物的相依相关性。所以"场有"事实上是一个关系网，这个世界宇宙，从"场有哲学"的观点说，其实根本就是一个关系网，这个关系网也是一个"权能"的"场"（field of power）。

"权能"跟"场有"是"权能哲学"里最重要的两个观念，"权能"就是活动作用的总称，所有的活动作用都叫作"权能"。为什么这叫作"权能"呢？因为"权"就是决定性的能力与权力，"权能"就是决定性的力量。这个观念是与"活动"（activity）连在一起讲的，世界上所有的东西都是具有活动力或是与活动力相关的。举例来讲，"1，2，3"中的这个"3"，在我们的文章里面当然发生某种作用，因为存在就是发生作用，世界上没有什么是不发生作用的。但是，有作用并不代表它有活动，作者现在讲"3"，在我们这个脉络里它已经发生作用了，但是它不是一个活动。然而，不是一个活动的东西，一定在一个活动里面。这样一个讲法基本上就是怀德海的讲法，假若你问怀德海什么是"存有"呢？他的答案一定是："存有"如果不是一个活动，它就是在某一个活动里面的某一个分子。这是怀德海哲学里面非常重要的一个关键。这个世界、这个宇宙就是一个"权能的场有"。有什么东西可以存在于"权能场有"之外的呢？没有！根据我们的定义，你不能找到一个东西是在"权能场有"之外的。因为假如它是在"权能场有"之外的话，那么它就没有作用。既然没有作用，请问，我们怎么知道它存在呢？它一定要对我们有作用，我们才知道它存在，既然它对我们没有作用，我们当然不知道它存在。所以我们可以说，我们所知道的一个整体的存在（being existed as a whole），其实就只是一个"权能场有"而已。

也许有人会问："那么上帝怎么办？"在我们这样的哲学内，上帝有没有意义呢？我认为所有的"上帝"、"道体"、"绝对"这样的观念，都只是"权能场有"的绝对化而已。"权能场有"就是"断而不断"，"断而不断"就是"权能场有"。"断而不断"是我所谓的"超切之道"的形式，"权能场有"则是"超切之道"的内容。也可以说，"断而不断"是形式的形式，"权能场有"是内容中的内容，没有什么形式是不包括"断而不断"，没有什么内容是不包括"权能场有"的。计算机也是断而不断的，计算机中的电路设计只是一个 on，一个 off，它一通电就是"1"，一不通电、断电了就是"0"，刚好就是我们《易经》上所讲的那个"断而不断"。莱布尼茨就是从这里得到灵感的，根本没有什么东西不是"断而不断"的。不过，虽说如此，在《周易与怀德海》这本书里，我主要是提出这种观点来做比较哲学。因为从这个观点来看，可以看到许多东、西方哲学的不同，因此，把它拿来当作解释的架构是很有参考意义的。

接下来，我们讲"超切之道"的第二个意义——核心义，它比较具体，容易掌握。人性的两面，是"良知"与"爱罗"。西方文化和西方哲学基本上就是"爱罗"的精神，中国哲学基本上就是作者所谓的"良知"精神。在柏拉图的《对话录》里讲到哲学的起源时，说是"哲学起于惊异"（Philosophy begins in wonder），惊异就是"爱罗"的一个面相。尼采所讲的戴奥尼索斯（Dionysus）也是"爱罗"的一个面相，那么尼采所说的与戴奥尼索斯精神相对的阿波罗（Apollo）精神又是什么呢？阿波罗也是"爱罗"的一个面相，"知性"与人的占有欲是同源的，所以尼采讲，知的意志就是权力意志（the will to know is the will to power）。可见尼采的权力意志这个观念，基本上还是属于脱胎自"自体性"的"爱罗"这个观念。儒家的"生生之仁"与尼采的"权力意志"是很相像的，唯一的差别，乃是尼采的"权力意志"乃是"自体性"的观念，而儒家的"生生之仁"则是互体性的观念。不过，尼采是一个很暧昧的哲学家，所以他最后是从"自体性"趋向"互体性"来发展。其实整个当代西方哲学的趋势，也都是从"自体性"到"互体性"来发展，不管是哈伯马斯的"沟通理论"，或是德里达的"差异理论"，所有的哲学家都是要从西方传统的"自体性"思想，过渡到东方"互体性"思想里去。

"惊异"（wonder）、"知的欲望"（desire to know），是"爱罗"的化身，《圣经》里面的魔鬼也是"爱罗"的化身。在我们的人性里面，有一种对于异己敏感的跃动，好像我们在美国西部电影里面常看到的，一个陌生人来到一个小城里面，结果每一个人都怕他，都想要把他杀掉一样。对于"异己"对己身所造成的威胁，人有好几种反应，最好的例子就是小孩子，小孩子是最有好奇心、充满惊异之情的，当他看到新奇的东西，他第一个反应是将它占为已有，然后将之随心所欲操纵在手上，他就成为他玩具的主人而具有宰制他玩具之权力，这种宰制就是"爱罗"的一面。假如，我们求知的欲望，是与这种宰制的欲望有关的话，那么，求知的欲望基本上就是一种控制的欲望，也是征服与占有的欲望。所以培根（Francis Bacon）说："知识就是力量（Konwledge is power）。"这里面包含一个很重要的关键，就是：我们人性为什么要知道一样东西呢？就是因为我们要控制它。对希腊人来讲，这是自自然然的，没什么了不起。但《圣经》创世纪则不这样看，《圣经》上说伊甸园里有两棵树，一棵是生命之树；另一棵则是可以分辨善恶的智慧之树。上帝告诉亚当说，你可以吃生命树上的果子，但千万不要吃善恶树上的果子。对创世纪的作者来说"知识"并不是好东西，因为求知的欲望就是控制的欲望。只有那魔鬼一直诱惑亚当去吃善恶树上的果子，这个魔鬼事实上就是"惊异之情"的化身，也就是"爱罗"的化身。

刚才我们把"爱罗"定义为"断而又断"，断了以后才有"异"，"异"是从断而来的，断了以后就有不同了，所以我们心里面对于"断"有一种感知、一种感应、一种敏感，这种敏感就是"爱罗"。以一个小孩来讲，小孩子除了占有欲之外，还有可能非常欣赏他的玩具而把它拿到床上与他一起睡。这种感情，与占有欲一样也是一种"爱罗"。所以，人对于"异己"的态度并不一定总是要把它占有或征服摧毁，人也有可能敬重它、把它当朋友。我之所以提出这个例子，是因为西方民族就是最注重"互相尊重"，这种从对待"异己"的态度发展出来的"互相尊重"，它不是儒家所讲的"仁"，也不是"良知"，同样它也不是耶稣所讲的"爱"。但是，这种"互相尊重"，是非常重要的，我尊重你的权利、你尊重我的权利，这是民主的基础。整个西方思想的本质就是对于"异己"的处理，就好像一个小孩子欣赏他的玩具的态度一样，西方的民主是只根据"爱罗"，而不是根据"良知"来建立。西方对可异己的处理有两种办法：一种是把它抹掉让其消失；另一种就是妥协，讲究权力的平衡。很奇怪的是，他们就没想过要互相关怀、互助合作，对他们来讲这是理所当然不可能的，为什么呢？因为他们有这样的心态，早就习惯了，从开始到现在基本的型态就是这个样子。

可是"爱罗"跟"良知"有什么关系呢？严格地讲，这两个是不可分的。我们应该讲"良知"里面有"爱罗","爱罗"里面有"良知"。"良知"里面有"爱罗"是一个辩证的关系,我们一方面有"良知"那一面,是"断而不断";另一方面,我们又有"爱罗"的一面,是"断而又断"。这两面有一个很奇怪的关系,在《圣经》里面上帝和魔鬼的关系就是"良知"跟"爱罗"的关系。传统的文化大都是这样子,把"爱罗"放在下面由"良知"来管。

"良知"就是上帝、就是"仁爱"、就是"无断"。在陀思妥耶夫斯基的《卡拉马佐夫兄弟》这本小说里,说到耶稣有一天回来了,主角把他给关起来了,大审判者审问耶稣为什么要回来,我们今天过得好好的,你为什么要回来。你在世的时候给世人自由,可是你知不知道,世人是不能有自由的。一千五百年来,你已经把你的权利交给了彼得,我们已经成功地从你的子民手中拿回自由,然后给予他们"安全",给予他们"快乐"。书中的耶稣是什么角色呢?就是"爱罗"与"良知"的同时的发生。俄国人的心态是很奇怪的,他们的心态是双重的。伟人一方面是魔鬼、一方面是上帝,上帝跟魔鬼同时加在一起;大审判师也是这样子,书中的大裁判师也同样是这样子。之所以拿这个例子出来讲,是因为有人做事情常是假借"良知"之名,可是他的手段偏偏就是"爱罗"的手段。所以,通过"良知"与"爱罗",我们可以解释很多心理文化的现象。

对海德格尔来讲,"存有"就不是传统所讲的"Being",传统的 metaphysics 所讲的"存有",基本上就是巴门尼德斯(Parmendis)的"存有",是一个永恒的实在。海德格尔认为这不是"存有"的原意,Being 的原意是"开显",就是说存有是对人的开显。那么,这个开显是怎样的开显呢?开显的内容又是什么呢?当然,自人类有意识以来,存有就已经开显了,将来若是火星撞地球,人类毁灭了,存有就没有了。所以,海德格尔说"存有"也是一种限制,是一种有限的过程。这个开显最初是相对于人直立的根身来讲的,一阴一阳之谓道,指的就是原来相对于人的开显。为什么直立的形躯就是刚,为什么刚跟阳在一起、阴跟柔在一起呢?作者的解释是,意识心的发展是当一个小孩子刚刚站直的时候开始的。在海德格尔的《形上学导论》(*Introduction to Metaphysics*)里面,海德格尔常常用(coming to stand)这种意象,其实他应该再加几个字为"coming to stand upright"，不知道您有没有想过，难道小孩子躺下来"存有"就没有开显么？不是没有，而是那开显是模模糊糊的。所以，《道德经》在描述的时候，用"恍兮"、"惚兮"这种形容词来描述；但是，一旦人能站起来的时候，立刻觉得天地分判，立刻就有东南西北四个方向，人只在他能够站起来的时候，才会觉得他有一个世界。人类存在的意思并不是指"存有"，而是指我站立起来了，所以我存在。梵文里面的"存在"这个字，同样是"直立"这个意思，甚至在梵文字典里面去查，"存在"这个字的另外一个意义就是"站立起来"。这并不是一个特殊的现象，因为人类最初所了解的"存在"的意思，就是"站立起来"，而"站直身躯"这就是刚，"不断"也就是这样子来的。然而，人不能常常站直身躯，人还是要活动，要活动就不能避免地要弯曲身躯，这"弯曲身躯"就是柔。

我这个观念的产生，是有一次突然想到这个"站直立起来"（stand up right）其实只是物理词汇，只是讲人把身体站直而已，怎么会有 right 这个道德词汇在后面呢？先是觉得很奇怪，后来想一想，理由其实是很简单的：It is right for us to stand up right. 人就是应该这样的，我们现在已经习惯直立身躯来走路，不觉得有什么了不起，可是当我们是小孩子的时候，做父母的经常地告诉小孩 come on come on to stand up 父母已经教导了小孩子，这是做人的第一件事。道德就是从这里开始的，道德的第一个定言律式就从这里开始的，而且这也是第一个礼节，只要你站了起来，你就是人类社群里的一员。你只要站起来，这社会就会给你一个形象，这就是你在社会中的代表，在你未站起来之前，你就没有这种资格。在英文里面，如果一个罪人改过向善，我们说是 go straight，这 straight 就是 upright；在中文里面，"正"跟"直"是连在一起讲的，"正直"、"正"、"直"讲的是同样的意思；其他如法文、拉丁文、梵文，其他世界上的各种语言，都一样有这种关连，显示 right 跟形躯的直立是的确有关连的。

那么，这种"刚"与"柔"跟阴阳有什么关系？在《易经》里面，"——"跟"— —"最初是用"刚"、"柔"来代表的，不是用阴阳来表示的，阴阳是后起的观念。"阴""阳"最初是一种"光态语言"，"刚"、"柔"最初则是"力态语言"。现在"阴"、"阳"因为已经被广泛的使用，所以也具有"力态语言"的含义，但是最初"阳"是"明"、"阴"是"晦"，是一种纯粹的光态语言。当我们站起来的时候，整个世界开显在面前，这就是海德格尔所说的"存有的开显"，这就是明、就是阳。而我们的背后我们看不见，这就是晦、就是阴。我们可以学《道德经》的几句话来作证明，《道德经》中说："万物负阴而抱阳"，"负阴"就是说阴在我背后，"抱阳"则是说阳在我面前。又说"冲气以为和"，"冲"就是"中"的意思，原来"中"跟"刚"跟"正"的意思是一样的，当我站起来的时候，我就觉得我是整个世界的中间，世界环绕在我身边开展，我就是世界的"中"。"中"跟"直"、"中"跟"正"常常连在一起讲就是这个道理。"冲气以为和"用小孩子的经验来了解就是说，当一个小孩子站稳了，表示他的身体各处所受的力量都平衡了，"和"就是表示这种平衡的状态。《道德经》从这方面来讲，它不是用以解释原始的经验，而是用以追忆原始经验，就是我讲的"泰古语言"。"道生一、一生二、二生三、三生万物。万物负阴而抱阳，冲气以为和"我们现在可以解释了："道"就指直立的形躯，你看"道"上面有一个"首"，旁边有一个"辶"你就知道"道"就是指会走路、会讲话、会思想的人。"道生一"是说人站直了，站直就是"生一"；"一生二"是说，人站直了之后才会有"区别"，前后、上下、左右，每一组都是两个对反组合而成。"二生三"则是说，当我们以身体为轴，向四方展望的时候，我们的身体就成为一个"坐标身"，我们据之以标示三度空间的万物，所以，这个"三"就是指我们是"坐标身"。"三生万物"则是说，万物都是依据这个坐标身而出现的，万物都必须依据这个"坐标身"来表示其相对位置。然后"万物负阴抱阳，冲气以为和"就像我上面讲过的那样。

在我的书里面，我用这一段来解释盘古神话中的一段，其实就是在讲站起来的原始经验。我以为，哲学的语言，最初就是这种"泰古语言"，以后虽然这些语言会有其他的形上学意义，但是这些语言都脱不了它原来的意义，尤其是"道德语言"更是受"根身语言"的影响。每一个语言里面都有他的"核心语言"，这个"核心语言"代表这个语言的灵魂，而"核心语言"就是"根身语言"。不管是英文、希腊文、拉丁文，都有他的"核心语言"，如果你检查他是"核心语言"的话，你就会发现到有个"根身"在里面。没有"核心语言"就没有哲学思想、宗教思想，因为我们所有的思想，都是从这个"核心语言"产生的。东西哲学之对比与融会，可以从这里作为反省的始点。

（原为"国立"台湾大学哲学系演讲词，1992 年 12 月，原载台湾《哲学杂志》，1993 年 6 月第 5 期，第 34—46 页。）

# 11　超切之道与中外哲学

## （1994）

### 第一讲　场有哲学

孔子说："吾道一以贯之。"① 孔子的话是"针"对人的实存生命而讲的〔在哲学上说〕。"一以贯之"是要揭示哲学体系的一以贯之。这可以"活动作用"四个字来概括。它是场有哲学的核心。它代替了一般哲学"物"或"物质"概念，更取代了支配西方传统哲学的"实体"概念，也在某种意义上取代了佛教的"法"概念。这些，可以用下图表示：

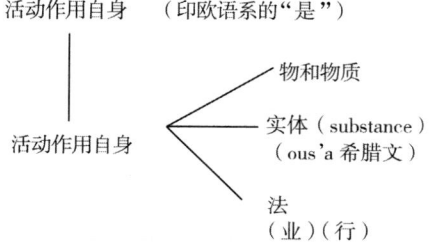

一般人总是想到，在活动作用的后面有一个活动作用者。其实，闪电后面并没有惊雷。因而活动后面没有活动者，作用后面没有作用者。活动者就是它的活动，闪电就是闪电，惊雷就是惊雷。又如英文"It rains."，rain 后面并没有支配的 rain 者，主词 it 实即谓语 rain。It 也不是 rain 之后的主宰。因此，所谓活动作用，就是说活动者、作用者就是活动，就是作用。活动作用后面无须有一个活动者、作用者。一个活动作用者就是这个

---

① 《论语·里仁篇》，《论语·卫灵公篇》，《论语·阳货篇》。

活动作用自身。我们见到的实有主体正是无数活动作用的集结。我讲的
"哲学"是一种非实体主义的哲学。中国的传统哲学就是非实体主义哲
学。中国的传统哲学自《易经》以来就有非实体主义的思想了。中国的
传统哲学与西方现代科学上了轨。所谓"实体"（substance）是指外在于
活动作用的。在西方传统哲学中柏拉图的理念概念就是外在于活动作用的
静体，它是绝对的、完全的自身同一，A 就是 A（A = A），它是不会变化
的。柏拉图的理念概念在中国哲学从来没有出现过。在中国哲学中，活动
作用自身永远不是它自身，正因如此，它才真是它自身。它相对而无相
关。相对不是相对主义的相对，也不是相对论的相对。相对而无相关是
"相徼而不相蕴"。我最近写了一篇《蕴缴论》①来阐发一观点。

　　但是，我们永远也摆脱不了实体主义思想的影响，在数千年的历史演
化中，由于人类语言媒介的传播，实体概念对于人类根深蒂固。人类需要
它，否则不能生存。它可以使一切变得简单、方便。人类试图以理性来控
制它。但是，人类需要它不等于它就是真理，它不过是个假名罢了。事实
上，我们生活的世界是非实体性的。所以我以活动作用这一中心概念的分
析来取代实体概念的分析。

　　我以三个概念来分析活动作用的中心作用。这三个概念是：（一）相
对相关；（二）虚机了断；（三）境界开显。相对相关是指在场出现（即
场有）；虚机了断是指有为、权能；境界开显是指在立场、虚境。它们与
活动作用概念的关系可以下图表示：

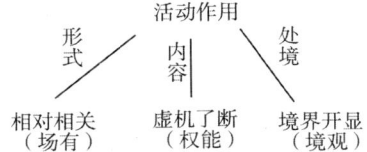

下面就稍作展开来讲：


**（一）相对相关**

　　我们知道，打篮球（的活动）有许多要素：人、篮球、球架，还有

　　①　唐力权著：《蕴缴论·场有经验的本质》；罗嘉昌、郑家栋主编：《场与有——中外哲学
的比较与融通》，东方出版社 1994 年 8 月第 1 版。

球场。打篮球（的活动）之所以可能，就在于这些因素相对相关。相对相关即是场有。所谓"场有"，分而言之，场既是相对又是相关，场——相对相关；有即场有者，依场而有者，所以"场有"即相对相关的关系网。所有的相对相关就是关系。有相对必有相关，有相关亦必有相对。换言之，相对相关即相对相关的相对相关。我称之为超切。可以（下列）公式来表示：

体性 = Σ 相对性 × Σ 相关性 = Σ 相对相关

（自体性）　（互动性）

可见，超切就是既超越又密切的相关。就我与我父亲来说，我与我父亲是不同的；就我与万事万物来说，我与万事万物也是不同的；但我与我父亲总是有关系的，我与万事万物也总是有关系的。我与我父亲的不同、我与万事万物的不同之所在即为自体性，而我与我父亲的内在关系的，我与万事万物的内在关联即为互体性。（明天，我将沿着这条线讲生命、人性论。可以说，没有自体性就没有 Eros（"爱罗"），没有互体性就没有"良知"）。下面接着讲：

### （二）虚机了断

在我来到昆明与大家见面以前，与大家相见的机缘——可能性就已经存在了。现在与大家见面了，就开始并存在了断虚机。虚机就涵摄在相对相关之中。它散在于相对相关之中。它在相对相关之中无处不在，但很难说清它实际上在何处。这种状态，与物理学中的非定域性（non - locality）所描述的状态有相似之处。正如我们不能说基本粒子在哪里是一样的道理。虚机是一种权能。权能是虚机了断的作用。有权有能就可以虚机了断。权，是有为性，成就事功。权，是决定性。如何成就事功呢？就是靠决定性。决定性因素中有确定的东西，即权。它也是散在的，很难说它究竟在哪里，这颇像物理学中讲的"场"。

在座诸位可能会以为我讲的"权能"概念实际上只不过是中国传统哲学中的"理"、"气"概念"罢了"，那么，我岂不是在标新立异吗？其实，并非如此。我们生活的世界是一个有意义的世界，而并非完全的自然界。我们能说我讲的话是"气"？是"能"吗？是"理"吗？当以后自然的习惯改变了，也许我们可以乘超光速去旅游，但习惯是"理"吗？是"气"

吗？当然不是。所以，中国传统哲学的"理"、"气"范畴是不够用的。我提出权能来代替它们，在西方哲学中，尼采使用"权力意志"一语，福柯讲"权力"这一概念，也是有这个用意的。"权力"这个概念很重要，很有意思，所以我选用了"权"这个词。在语言上有决定性的意思，因而它是权。只要有权就可以成就事功，〔就像盖房子的活动一样〕，成就事功即是能。盖房子就是一种成就事功。

从学理上可以解释为：权能是能力×信息→成就事功。

这个成就事功，还需要两种力量，即：

物质：成就事功的力量

心质：感通化裁的力量

其中，感通是信息的传承，化裁是信息的处理。〔可见，能力不能与信息分开，能力就包含在对信息的传承和处理的过程之中，也正是在这一过程之中得以成就事功。〕

### （三）立场

所谓"立场"，是指在场中的位置，即立于场中。只有活动作用，才有立场。一个活动的作用即是一个活动的立场。由此，就可以引申出真理观。这需要从透视主义，即一种脉络主义（contextualize）的观点来讲。就是说，没有观点就没有真理观。只有正在活动的过程，才能讲观点。真理是相对于一个观点的开显。所有的开显都是绝对的。整个哲学体系可以一个观点。场有哲学就是一个观点，只有相对的绝对，没有绝对的绝对。场有哲学就是相对的绝对。从不同的角度来透视，就可以有不同的结论，这就是一种透视主义，尼采哲学也是一种透视主义。所有的真理都是互体性的真理，场有哲学讲的真理就是互体性的真理，这是一种透视主义（Perspectives）的真理观。客观的绝对真理是没有的，所谓"客观的绝对真理"其实并不客观绝对，一切观点都是开显之间的观点。

## 形上学在场有哲学里的定义

人的有限活动作用通过探索、理解、经验等活动作用达到对自身的认识，这即是我讲的形上姿态。也就是说，人通过活动作用这一概念对活动作用自身进行的探索、理解、经验即是形上姿态。杜威、怀德海和萨特的哲学都曾强调过这种形上姿态。我们正是以对活动作用自身的探索、理解、经验来诠释所有的传统哲学的。在中国哲学中，儒家讲的"至诚"、《易传》讲的"天行健，君子自强不息"，孔子讲的"天何言哉、四时行焉，百物生焉，天何言焉！"① 这些都不过是活动作用自身。活动作用是无始无终的永恒，不是在"活动作用之外"的永恒，而是活动作用自身。活动作用自身是"无"，它不实现任何一个目的，所以它是《道德经》中讲的"常无为"②。它"无为而无不为"。其妙就妙在这里。它无限而自限。例如，盖房子的活动已是活动自身。但是，活动自身已在自限之中。用中国传统哲学的术语说，活动作用自身即"无"，即"道"，即佛家讲的"真如"。佛家讲"缘起性空"，"性"者，即实体自性；"空"者，即空掉实体自性，顿见真如。儒、道、佛三家所讲的"本体"，即我所谓的活动作用。在西方中世纪的神学中，阿奎那把活动作用实体化了。就是说，活动作用是上帝。而且他把 God Being ＝ God Act。其实，它们（God、Being、Act）即是活动作用自身。

　　活动作用自身的开显即是姿态。这姿态在一瞬间可以让你看到许多的东西，它能改变你自己。这关键就在于你的功夫了。说到功夫，有时我也讲"学"。所有的"学"中都是功夫。

　　我所讲的学，涵摄了佛家讲的"曼陀罗智"。它是由方和圆所组成的，可以图（密宗的符号）表示为：

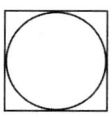

　　意思是说，在方中求圆，以有碍求无碍。所有的活动作用都是在方中求圆，以有碍求无碍。所以说，"曼陀罗智"乃一中心概念，它就在所有活动作用中起着作用。所谓"功夫"、"学问"，也都有"曼陀罗智"在其中起着作用。"曼陀罗智"代表的是有限而无限，无限而自限，这仍儒家所讲的"下学而上达"的境界。以图表示为：

　　① 《论语·里仁篇》，《论语·卫灵公篇》，《论语·阳货篇》。
　　② 《道德经》，第三十七章，第四十二章。

无限而自限　⇅　方中求圆　　下学而上达

这也就是姿态形上学的内容。

为什麼常人和哲学家不同呢？常人与哲学家之所不同，即在于其功夫的不同，所学的不同。常人只有学而已，哲学家不仅有学，而且学中有觉（整理者按：觉即觉解、觉悟。）总之，一切都在于姿态，一切都由姿态所决定。

西方传统哲学是从我所谓的——场外观来看问题的。它认为它〔的立场〕是客观的，其实并不客观。原因就在于其背后的姿态是一个绝对旁观者——上帝的姿态。就是说，它〔误〕认为人可以站在宇宙之外处从一个绝对旁观者的地位来看宇宙，好像他自己就是上帝〔似的〕。实际上，这种观点是根本站不住脚的。人根本就不可能从宇宙之外来看宇宙。所谓"宇宙之外"乃子虚乌有。〔从场有哲学来看，〕一切都是依场而有的，宇宙这一概念不过是无限场有的一个名称而已。在场有哲学中，上帝或所谓"终极存有"都只是场有的观念。既然如此，我们就只能从场有哲学的观点——我叫作"场内观"的观点来看宇宙。包括对人生的认识也是如此。所以我说，在场有哲学中的形上学是泛形上学或姿态形上学。牟宗三先生称之为"境界形上学"，而我则称之为姿态形上学——姿态泛形上学。

## 第二讲　场有哲学的人性论——根身性相学

根身，即直立走路的形躯。"根"，是佛教中的用语，在这里是借用。"根"，即根本、根源，它基本上指的是意义世界的根本。如果没有根身、身体，就没有意义世界，意义世界是从我们的身体开始的。根身性相学是研究我们身体变化的学说，在《周易与怀德海之间》一书中，则是指泰古时代的人从猿到人直立行走的学问。我得到的结论是：在所有文明的语言中都有一个核心 ——根身。在中文、梵文、希腊文、拉丁文、意大利文、法文、德文、英文……里都有这个核心。一切语言中的词、概念都与根身有关，尤其是受泰古根身经验的支配或影响。泰古以后所有的哲学概念、范畴都是从这一核心而来的。例如，在一切语言里面 —— 中文、梵文、希腊文、拉丁文、德文、法文、英文里面，"正直"一词都有道德的意义。Up – right、正、straight、直。在中文里，道、太极、大、中、易、刚柔、阴阳等，梵文里的 Brahma，……几乎所有的哲学语言都与根身有关。这些语言可以说是对泰古性相学的回忆。刚和柔，最初以"——"和"——"或"｜"与"¦"表示。可见，刚即直，柔即曲。伏羲创卦时，就受到泰古语言的影响。《道德经》讲"万物负阴而抱阳，冲气以为和"。① 什么叫"负阴而抱阳"？"阳"是可以抱的吗？又怎么负阴呢？道理很简单，你站起来看，前面是看得见的，后面是看不见的。站起来，左右上下是相通的。很明显，左右没有直立的身体，左右没有什么意义；还有上下，也是一样。《大学》讲"至诚"、"至曲"，所谓"诚"即"直"与"曲"相对。在西文中，orthodox（正统的），其词根 ortho 也是 straight（"直"），原本是从希腊语中的"正统"而来的；在英文中是 or – riser，意思是"升"。在中文里，"德"的古字为"悳"，由"直"和"心"（按上下结构）所构成。

父母亲常对小孩子说："站起来，站起来。"因为只有站起来，才能开始走路。父母亲告诉孩子："你应该站起来，你不站起来，就不对了。站起来，站起来。"小孩子是从站起来开始走入社会的。小孩子的意识就是从站起来或直立的时候开始形成的。

从哲学思想发展的角度看，当我们站起来后，就会有距离感。踏踏实实地走路 —— 距离感，还有视角关系，较其他方面都重要。有距离感才有神秘秘感；才有好奇心；才有哲学的准则、规律。当然啦，〔比之于人类学家，〕哲学家是后知后觉的，〔因为〕人类学家早已注意到了直立的重要性。文化开创的例子如拉丁语中的 exsto（存在），原意是"昌起来"、"兴起来"的意思，还有一个字 Natura，现在的意思是"物理的"、"自然（的）"，但原意不是如此，它与身体有关系。中国有没有例子呢？有。例如"作"，原意就是"性"，还有"作为"。刚才讲过的"德"即"悳"，也是一例。所有重要的哲学范畴、哲学语言都受到泰古经验的影响，都是与根身有关的。

人是在站起来以后才开始的。人站起来后，才算是个人。站起来后，

---

① 《道德经》，《老子》，第三十七章，第四十二章。

你的性格才是受到你自己的支配，有距离感。从此以后，意识心的发达，是靠分别距离感，所以这一部分是人性论的一部分。

跟人性论有关的还有我昨天讲到的问题心和理性论。

问题心——问题心是用来探讨人性论的一部分。昆虫没有问题心，树没有问题心，只有我们人才有问题心。禅宗大德所讲"平常心不达"。意思是说，当你生活在一个没有问题心的那种境界，就是平常心。问题心最大的特征就是不安。孟子讲"不忍人之心"①，这是讲良心的不安。存在主义讲"焦虑"，也是一种不安。可是，孟子所讲的不安跟存在主义所讲的不安是两样的不安。事实上，所有的不安虽然不一样，但是表示问题心。有了问题心，就要解决问题。

理性论（理性道术）——这个"理性"是根本理性，而不是一般的所谓理性。这是靠一个活动来讲的，是方中求圆，以有碍求无碍。"理性"的"性"就是"曼陀罗"，就是一个活动，永远是克服它的困难、它的自身、它的障碍。从根本理性来讲，有多少形态的活动，就有多少形态的理性。中国文化、中国哲学中的理性，印度哲学中的理性，西方哲学中的理性，就以这个词来分别。

好，不多讲了，因为这不是我要讲的重点。

今天讲人性论，是顺着理性论的思路来讲，沿着昨天的思路讲。沿着互体性讲"良知"，沿着自体性"Eros"。先看公式和图：

体性 = Σ 相对相关性

　　　= Σ 相对 × Σ 相关

　　　自体性 × 互体性

　　　　　|　　　　|

　　　　爱罗　　　良知

西：相对——自体性——爱罗

中：相关——互体性——良知

$$\boxed{\text{良知　　爱罗}}$$

仁极　　　　材极
　　　　　　（材知、爱欲）

---

① 《孟子·公孙庄上》。

　　仁极〔源自良知〕跟材极〔源自爱罗〕代表着人性的两极。这两极的结合才构成完整的人性论。〔在我看来〕中西传统人性论都是半边人性论：中国传统哲学的人性论是良知的半边，西方传统哲学〔希腊哲学〕的人性论是爱罗的半边。它们就是我所谓的人性两极。

　　爱罗是感受的原动力。"感"是感通，感兴趣的传承。什么是"爱"呢？力量的源泉就是爱。这个"爱"是广义的爱。恨就是爱。新仇旧恨，什么事都做得出来。〔因为〕它的力量呀！既然这个活动作用〔整理者按：指"感爱"。〕是"至大无外，至小无内"的，那么所有的information（信息），所有的力量都在里面了。有感就有信息，有爱就有力量。所以，活动作用自身是自感自爱的。〔既然〕从活动作用自身的自感自爱滋生出的幸运成分——感、爱，那么一个有限的活动作用就是在活动作用自身的、无限的、感受的背景里面的活动。而我所谓的爱罗又是什么呢？就是信息，就是信息的距离。

　　相对而言，"良知"没有距离，没有分别。没有分别就没有爱罗，没有内在的发展。当然，"良知"这一概念是我从儒家借来的。〔在我这里，〕它有两个意思：一个意思是它作为一个最恰当的名词，用来表明我所说的互体性，互体性中的力量。另外一个意思就是，良知这个概念应该通过互体性这个概念才能解释得好。怎么样解释呢？例如，我跟我父亲，我对他孝顺。这个孝顺，这个良知的发用。什么发用？为什么发用？就是刚好我跟我父亲是一对发用。假如说得通俗一点，那么爱是一种反常的神秘感。神秘感与距离感相关。距离感越大，神秘感就越大，那么爱罗的力量就越大。良知就是一种反常的责任，是由互体性构成的。

　　这两个概念——良知跟爱罗，是怎么来的呢？让我讲讲关于我自己的故事。

　　我是从香港去美国念大学。在香港念书的时候——我的中学是在香港念的。唐君毅、牟宗三先生他们也在香港。他们在《民主评论》、《人生》等杂志上发表了许多文章。我常常读他们的文章，留下了深刻的印象。去了美国上大学，我带了许多中国书，其中有一本是王阳明的《传习录》。我常常半夜三更还在读王阳明的《传习录》，而大一年级我们开了一门心理学，老师是弗洛伊德的信徒，他说在我们〔男孩〕的潜意识中，我们想要跟我们的母亲结婚，想要杀死我们的父亲。……啊，这太令人吃惊了！那时，我简直不敢相信，我的思想受到了第一次很大的震动。当老师讲弗洛伊德的时候，我所得到的体验跟我读《传习录》时所得到的体验，完全是两个世界，完全是两种感受。假如不是弗洛伊德胡说的话，那么一定是儒家学说缺少了什么东西。它们是这样的不同，以致对我来说，弗洛伊德的学说是难以接受和相信的。所以，这使我非常震惊！两种完全不同的文化理论在我的心里面产生了激烈的冲突。后来，我终于领悟到，王阳明和弗洛伊德两个人分别代表着两种完全不同的精神——良知的精神跟爱罗的精神，即：

王阳明——良知

弗洛伊德——爱罗

这样，我就开始〔试图〕把二者统一起来。

我受到的第二次大的冲击，与柏拉图有关。柏拉图在他的《对话录》中给哲学下过一个定义，其实也不是定义。他说："Philosophy begins in wonder."〔哲学起源于惊异〕。后来，亚里士多德也讲过一句类似的话。不过，他讲得更明确了。他说："Philosophy begins an began in wonder."（哲学本质根源于惊异）。"being"是"actual being"。这对我的冲击是相当大的。

为什么会这样呢？因为"wonder"一词在孔子、孟子、荀子的言论中没有，即使在宋明理学中也没有，到了清代还是没有。中国哲学里没有"wonder"，印度哲学中也没有"wonder"。如果接受西方哲学的这个"定义"，那么一定要认为中国和印度都没有哲学了。许多西方人写的"哲学概念"就是这样讲的。可是，事实上不是这样。对不对？只能说西方哲学的这个"定义"并不适合中国哲学和印度哲学。假如相信中国有哲学，那么〔它们〕必定是另有根源。

我现在的看法是，中国哲学的根源不在爱罗，它不是植根于距离分别的神秘感，而是生于互体性，或良知、责任感。徐复观先生在《中国人性论史》和别的书里讲中国哲学的根源在于忧患意识。忧患意识是一种责任感。没有忧患意识，就没有责任感，就没有忧患思虑。中国哲学的根源在这个地方，中国人的精神的信念也在这个地方。

我受到的第三次大的冲击也与柏拉图有关。柏拉图有一篇其重要性仅次于《Utopia》（《理想国》又译《国家篇》）的对话录——《symposion》（《酒会》又译《会饮》）。这篇对话跟 beauty 有关，描述人的灵魂对于美的爱好，追求和探索，〔即灵魂从对低级的美到高级之美的追求过程。〕

柏拉图所用的"爱"就是"Eros"。希腊文有三个"爱"字：eros 、agapo、egotic，后者比较中性一点，不像前两者。Eros 含有极其浓厚的那种春宫所表现的性爱色彩的含义。

所以，当希伯来的《新旧约全书》翻译成希腊文时，其中要把上帝对子民的爱翻译出来，这个"爱"就不用 Eros，当然也不能用 egotic，而只能用 agapo。柏拉图在这篇对话录中描述了灵魂对不同层次之美的爱。其中，最低层〔之美〕的爱是什么呢？我们今天生活在二十世纪，可能会以为最低层〔之美〕的爱是男女之间的肉体的爱，比如说，一个男人对一个美丽的女人的胴体的爱。其实，不是的。在柏拉图的那篇对话录中，男跟女之间的爱被看成是最低下的，被看得毫不重要。那时，同性恋是很公开的。希腊的哲人大都有同性恋的倾向。那里头所描写的是一个青年男子对一个美丽的男少年的身体之爱。一个很年轻的即将军爱上了苏格提斯，并想要跟他上床。但是，苏格提斯拒绝了他。〔最终只是〕接受了他的爱〔意〕。〔指出这些是想说明，〕古希腊的社会背景与我们今天所处的社会背景不一样。对肉体之美的爱，这种爱是低等的。然后，〔接下来是讲，〕灵魂对法律的爱。这听起来很奇怪。法律有什么可爱的呢？可是，对希腊文来讲，法律是美的，〔是比肉体之美更高的美。〕希腊文讲求秩序与和谐，即对宇宙之秩序和谐的追求，讲求对知识之美的追求。但是，最高的美则是美自身，即美的理念。所以，灵魂对最高之美的爱就是对美的理念的爱，即对哲学的爱。无论是对低层之美的爱，还是对最高的美之爱。柏拉图都用 Eros。〔同样的，〕对于弗洛伊德来说，一切爱，对异己的爱，对高尚的爱，爱哲学，爱科学，爱艺术……〔等等的爱，〕都是 Eros。可见，西方人对最高的美的追求仍未摆脱 Eros，所谓美不过是 Eros 的"升华"。也就是说，Eros 是对"性爱"的"升华"。"升华"这个词本来不是弗洛伊德讲的，而是尼采讲的。弗洛伊德的理论的古典根源在于柏拉图的〔"爱美"〕学说。

第四次大的冲击，跟尼采有关。〔但〕最直接的还不是尼采，而是跟《圣经》有关，在《旧约》中，有一段关于阿伯拉罕的描述。阿伯拉罕办完公事后，回到帐篷里去，要跟他的太太做爱，英文竟是这么表达的："He went into the tent and knew her. " 当时，我〔读到这里，〕大吃一惊！为什么说 "knew her"？我们知道，"knew" 直译是"知道"、"认识"。难道说阿伯拉罕不知道、不认识他的太太吗？不可能的，对不对？其实，"knew"意即"做爱"。你们谁也想不到的。我是在看了注释以后才弄清楚的。问题在于为什么"做爱"要用"knew"来表达呢！说实在话，这是不奇怪的。因为人类对知性的追求跟对性爱的欲求是息息相关的。这就是为什么柏拉图在他的《对话录》中表达灵魂对理念的爱，对一切的爱，只要用 Eros 一词就够了。对知性的追求是 Eros 的重要一面。培根说过："Knowledge is power。""知识就是权力。"〔至于〕尼采讲的就更清楚了，他说："The will to of knowledge is the will to power。"

　　我可以告诉大家，我用 Eros 一词包括了什么内容？我刚才讲，柏拉图说当灵魂上升到最高层跟美本身合而为一的时候，使用了"占有"一语，即灵魂占有了美本身、美的理念，加上其他的〔美的因素〕，即我所谓的 Eros，它是人性的一面。而我所谓的材极，就是用来代表人性的这一面的。材，就是材知，爱欲。

　　现在用一个例子把这些意思贯穿起来。我们说，小孩子最富于好奇心，那么小孩子的好奇心是怎么一个心态呢？还记得我们小时候怎样玩我们的玩具吗？一个小孩子是怎样对待他的玩具的呢？就是这个玩具越是新奇的，他便越感觉兴趣，这就是我刚才说过的距离感、神秘感。但假如他玩得太多，熟了，他就没兴趣了。所以，为什么说好奇心是"惊异""wonder"这个词译为"惊异"，的确译得很好。

　　惊异——"惊"，惊奇；"异"，奇异、不可知的。小孩子把玩具拆开来，要想怎么玩就怎么玩，几乎把它当作奴隶，可以随心所欲地对待它。小孩子就是他的玩具的主人，他要想怎么样就怎么样。事实上，小孩子玩玩具的这种心态表现出他对玩具毫无一分的责任感，他根本没有考虑到他与他的玩具是否有一种内在的关联。这是很重要的一点。因为这是 Eros。知性的追求在于好奇的心态，好奇的心态乃是占有心态。Eros 即性爱、占有欲。小孩子对玩具的好奇即是宰制它、控制它，以满足自己的权力欲。不过，这只是一个方面而已。

　　还有好的一面，那就是有时候小孩子也会把的玩具放到自己的床上，跟他自己一起睡觉，他会把它当作朋友，平等地对待它。这样，他们再也不是主仆关系了，而是成了要好的朋友。为什么特别提出这个例子呢，因为西方的民主自由思想强调人与人之间的互相尊重。尊重对方的权力的心态跟小孩子尊重他的玩具的心态是一样的。我的意思是，西方的民主精神出自于 Eros，直接出自于 Eros，而不是出自于良知，其中义理不可不辨。

当代新儒家提出民主和科学可以从道德主体、可以从良知开显出来。我认为，这是根本不可能的。因为民主与科学的根源不在良知，它们的根源在 wonder，这是很明显的。

所有这些，包括探险、冒险，均是知性欲的表现。在亚当和夏娃的故事中，蛇引诱亚当吃了禁果——知识之树的果实——而犯禁。〔在这个故事中，〕蛇即是撒旦，即是爱罗。在中国的《西游记》中，大闹天宫的孙悟空即是东方的撒旦，东方的爱罗——好奇心的化身。〔综上所述，〕我所谓的 Eros 的内容包括：

性爱
占有欲
宰制欲　　知性欲望　　好奇心
控制欲　　　　　　　　惊异
权力欲　　　　　　　　探险
权利欲　　　　　　　　冒险

这对于了解和研究西方哲学，乃至整个西方文化都是至关重要的。

谈完人性论，现在可以讲比较文明学了，我们可以分出几种文明类型〔以公式表示如下〕：

中国文明：　　　　　　良知　＞　爱罗

（互体性　＞　自体性）

中东方明：　　　　　　良知←→爱罗

（上帝）　　（魔鬼）

西方（希腊、罗马）文明：　爱罗　＞　良知

（自体性　＞　互体性）

西方近代文明：　　爱罗×（良知←→爱罗）

（基督教传统）

符号"＞"代表"大于"；"←→"代表"争持"、"徘徊"；"×"同前。

〔从上列公式可以看出，〕中东的人性论介于中国的人性论跟西方的人性论之间，基督教的传统是先知传统跟爱智的传统的结合，〔即希

伯来教统与希腊学统的结合。〕西方近代文明容纳了这个传统〔即良知←→爱罗〕。这就是为什么近代西方文明处处表现出主客〔主观与客观、主体与客体〕对立、人跟自然的对立、人跟上帝的对立，人跟人的对立，处处都有这个矛盾。因为上帝〔良知〕与魔鬼〔爱罗〕争持不下。从人性论的立场看，就可以对这些文明看得比较清楚。〔不难看出，〕中国文明是良知型的文明，中东文明是深渊型的文明，西方古代文明是爱罗型的文明，西方近代文明是物质文明。〔因此，〕不可以简单地说，东方文明是精神文明，西方文明是物文质文明。这完全是空话！这是根本不对的。

中国的良知型文明是一种互体型的文明。良知是一种本能的责任感，是一种互体性。〔从哲学语言的角度看，〕中国的语言是良知语言，是责任、义务语言，中国的道德型态是良知型的道德。这种道德是义务性的，而不是权力性。它极重责任感，而轻个人的权力和权利。这几天中央电视台在广播电视剧《赵氏孤儿》，其中描写了一位母亲为了成全别人的孩子而牺牲自己的孩子。这就是中国良知型文明的表现。那位母亲为什么那样做呢？因为她把她的孩子当作了自己的一部分，也就是她自身。牺牲了她的孩子，实际意味着她自己也作出了牺牲——也就是牺牲自己的孩子而成全别的孩子，这对于她来说是一种必然的责任。但是，她完全忽视了她自己的孩子是一个个体生命，一个独立的个体生命，〔他作为一个独立的全体生命〕他有自己生命的权利，他有做人的〔一切〕权利。由此可见，中国人的道德是从互体性出发的，而不是从自体性出发的。〔这是中西哲学在道德上的一个根本区别。〕

然而实际上，中国数千年以来有过是表面上讲良知，暗地里是爱罗，以良知为名，以爱罗为实，或良知在上，爱罗在下。（其实，则是爱罗在上，良知在下，这种情形是最可怕的。）今天我们要把这种颠倒了的历史纠正过来，（还它以起初真实的面目。）所以，未来的中国文化基本上只有一件事情要做，就是把我们的生命中被压抑的爱罗解放出来。

对于良知和爱罗，还可以进一步再分析。（良知和爱罗可以分别作出下列划分:）

良知:　　　　　　　　爱罗:

本体之仁　自是情结　　　正爱罗　自恋情结

|          |   一体          |         | 它执   |
|----------|----------------|---------|--------|
| 类性之仁 | 由己推人        | 反爱罗  | 我执   |
|          | 或推己及人      |         |        |
| 道德化仁 | 私仁            | 超爱罗  | 去执   |

什么叫作本体之仁？意思是什么呢？本体之仁即我所谓的融融之爱，不管这个对象是什么东西，不管它是好是坏，不管他是人——有权能的、没权能的，还是昆虫，总之一律平等，一视同仁的爱，即"泛爱万物，天地一体"。① 要使天地万物成为一体，关键就在于要落实到"一体"之上。所以本体之仁就是一体之仁。它是绝对的，无条件的。然而，真能做到以本体之仁对待众生吗？原则上可能吗？绝对不能，因为我们的生命几乎建立在牺牲其他的生命之上（和耗费许多的能源之上）。可是在我们的道德中，有很多不能自圆其说的教条，例如"大公无私"、"无私奉献"、"四海之内皆兄弟"等。实际上，孔孟亦难例外，例如孔子说："仁者，爱人。"谁能做到无私地爱全人类吗？"仁"或"爱"，总是要落到一个种族，一个阶级或一个社会之中，（如此等等。）事实上，只有道德化仁是可行的。可是所有的道德都是私仁，都是可以批判的。

从逻辑的观点看，〔良知的逻辑结构展开秩序〕是：本体之仁 类性之仁 道德化仁。

但是它的〔真实的〕历史发展则恰恰相反，即：

道德化仁（孔子）

类性之仁（孟子）

本体之仁（宋明儒）

在这里，对于所有儒家的道德学说，都可以一个"推"字来概括。〔以上是就中国哲学的良知所作的简要分析。往下让我们来看看爱罗在西方哲学和印度哲学中的历程。〕

对西方而言，我所谓的正爱罗，是一般人的爱罗、正当追求的爱罗。

---

① 名家惠施的基础观点之一，见于《庄子·天下篇》。

它基本上是抓住、向外追求，诸如追求金钱、权力、性爱的对象。因为只要有异隔、惊异、神秘感的它，我都想得到，我都想抓住。这些就是正爱罗。为什么希腊哲学总是强调向外追求？它要追求什么东西？抓住什么东西？控制什么东西？我曾经使用过"逻辑的上帝"一语（来描述希腊哲学的特征）。为什么"逻辑的上帝"始终支配着希腊人的思想？就是因为只有一个"逻辑的上帝"才能抓住本性的东西，它〔本性的东西〕才不会逃掉，它不会变化。这就是 EROS 所要求追求的东西。EROS 对于不可知的东西，对于这个它意识性的对象，你和他对它的体验不一样。〔这是它的"异隔"惊异、神秘感所在。〕 EROS 真是对这个它有兴趣吗？不是的。实际上，EROS 是以它为镜，以它为媒，即以它为镜来照见自己〔以它为媒来实现自己。〕Eros 真是抓住那个它吗？它〔Eros〕要以它为媒〔来抓住它自己。〕在表面上，我是追求的金钱、我是利用它们，甚至性爱的对象，借以抓住我自己，我要占有的不是金钱、权力和性爱的对象，而是要占有我自己。因为我自己才是我的真正追求。在希腊神话中有一个美神〔名叫纳西斯〕，对于许多漂亮的女神的追求他不动心？因为他爱的是他自己，并且他只爱他自己。〔美神纳西斯是知性的化身〕他爱上他自己即是知性爱上了自己。西方哲学中总是有这种倾向，即把知性等同于所有的知识。亚里士多德讲的"不动动因"即是典型的一例。亚里士多德讲的"神"是纯粹的思维，可是，他〔神〕思想的对象是什么呢？就是他自身〔思维自身〕，而不是他〔思维〕以外的别的什么。他对现实世界一点兴趣都没有。这就是知识自恋情结。中国哲学的本体之仁则是一种自是情结。二十世记的西方哲学几乎所有的流派都对语言感兴趣，因此唯有语言是一个可以抓住的东西，其他的都是些抓不住的东西，人与人之间也抓不住。所以通过语言这一媒镜，即以语言为媒，以语言为镜，来抓住自身〔知性〕，来占有自身〔知性〕。

　　知性自恋情络到此为止。反爱罗。外向的欲求，无论是追求金钱也好，权力也好，性爱也好，永远都得不到满足的。控制欲、占有欲永远得不到满足，只好罢休。这些思想虽然在西方传统哲学中也有，但其根源主要来自于印度的正统哲学、印度教的哲学。这类思想在《奥义书》和《吠檀多》中极其丰富。印度主要有两个民族，印度文化主要是这两个民族的文化的结合。一个是土著民族的文化，〔一个是雅利安人的文化。〕

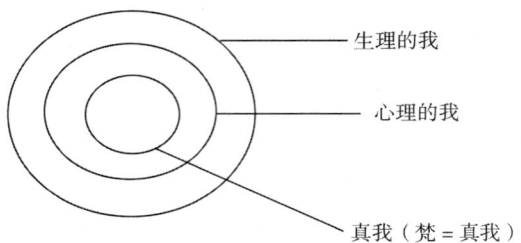

在雅利安人迁移印度西北部以前，印度已出现了一个非常发达的文化非雅利安人文化或印度士着文化。梵文跟希腊文都是同源的，非常接近，印度语的母语下面两个就是梵文和希腊文。可见，雅利安人的"圣经"就是《吠檀多》和《奥义书》，他们的思想跟希腊文的思想有共同的渊源。假如说希腊人的思想源于 EROS，那么在雅利安人的思想中也有 EROS。你看看《吠檀多》，他们对待人与神的关系与希腊人非常相似，基本上都是权力关系，都有自为性。我的意思是说，在他们尚未进入印度以前，他们的思想确是这样的；当他们进入印度以后，他们的思想受到印度土著文化思想的影响而最终有了变化，正爱罗就变成了反爱罗。印度教的《奥义书》的一个根本思想就是讲人有三级，即三个层次的"我"：cor Lrod, Subhe, Btou, Atnidrn，这相当于人们今天的心理学所讲的"生理的我"、"心理的我"、"真我"，〔见图〕所谓"真我"，才是真正的"我"。这个"真我"可以等于西方的"上帝"。"真我"即是"梵"。这就是《奥义书》的基本意思。用中国哲学的术语讲，这可以说是"天人合一"。不过，他们的"天人合一"是"天人等同"。"我"就是"上帝"。这个"我"，不是生理的我，也不是普通心理的我，而是理念的永恒的我。那才是梵，才是上帝。反爱罗的目的就是向内发展，从佛教的观点看，正爱罗就好像是要向外抓住一个什么东西，即"它执"。"它"即"法"，"它执"即"法执"。而反爱罗则是"我执"，但是"我执"也不能要，必须去掉，这就是我所说的"超爱罗"。从正爱罗，到反爱罗，再到超爱办的辩证历程就是印度哲学的辩证历程，也是从希腊哲学到印度哲学的辩证历程。

　　〔值得注意的是，〕虽然印度哲学与中国哲学都称为东方哲学，但是两者不是一回事，有着很大的差别。例如儒家哲学讨论"如何使人进退"的问题，但是印度哲学不讨论这种问题，毋宁说它讨论如何死亡的问题，既然人非死不可，那么如何死法是最好的。但是到最后它连问题都取消了，什么都不要了。因为凡执皆苦，它执是苦，我执也是苦，所以脱离苦海就需要超爱罗。

超爱罗体现了大乘佛教的精神。大乘经典著作中描写菩萨最常用的一个词是"智悲双运"，"智"，即智慧。什么是智慧呢？去执以后的智慧，空的智慧。所以"智"即"空"。那么"悲"呢？"悲"就是空掉〔了〕执以后的境界、去掉〔了〕执以后的境界，你可以体验到的境界，你可以看到的世界的本质。这个"悲"就是那种境界的主体性，——上帝的主体性。那么，爱罗基本上就是自体性的内容，基本上是分别的，基本上是距离的。假如把自体性全部空掉的话，那么你看到的是什么？当是一体之仁。仁者，天地万物一体，这是一个大乘佛家所看到的众生平等。当你这样子看的时候，那就是"悲"。"悲"是什么？就是说要这样子看：众生本来是平等的，本来是一体的。〔见图〕。

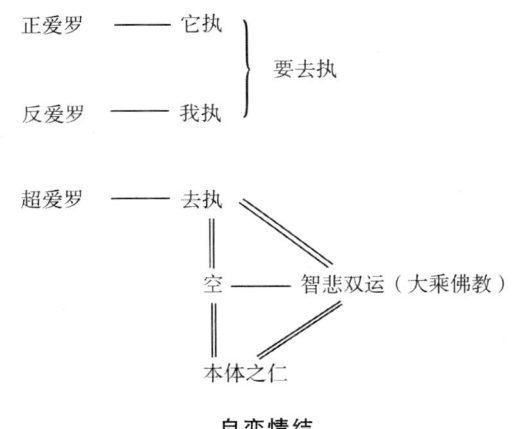

**自恋情结**

一定要抓住一个矛盾性，一定要把它一体化。这就是佛教传入中国后很自然地为中国人接受了。因为〔这〕刚好介绍性的、互体性的样子。

可是有一点，不可不辨。什么呢？我刚才说到佛家的智慧，这个智慧是反动的。我所谓反动，基本上是说佛家大多数是非实体主义〔者〕，是反实体主义者。反动有批判性，反是反实、反实体。所以反动是对实体的反动。可是拿到中国来，却有点儿无用武之地。因为中国人根本就讲求混沌，我们不能否认人跟人之间是有分别的，但是我们不强调彼此的分别。我们的思想就是阳中有阴，阴中有阳；你中有我，我中有你，就像那个富翁〔按：赵孟頫〕写的"你中有我，我中有你"那首诗，便是这样子的心态，根本就没有很强调自我意识。所以强大的自我意识对我们中国人来说是不大对劲。并不是说中国人没有自我意识，而是说在根本性质上中国人是互体性的，而不是自体性的。既然它是互体性的，那么，当然中国人的"我"就不是那么大不了。对不对？中国人的问题是另外的问题。中国人的身心是能抓住良知的身心，我们能看到人格心灵的精神，这就是哲学问题所在。就是说，在中国传统哲学中，人性的倾向受到良知的影响，与希腊和印度是不一样的，中国的哲学是互体性的哲学。西方的哲学要解决"执"的问题。西方科学、民主的根源不在内心，不在良知。我不同意当代新儒家牟宗三先生他们的"良知自我坎陷"说。① 他们用"利用厚生"②的概念来解释科学，民主，这是不行的，他们把〔科学和民主的〕源头搞错了。

我们中国文化最重要的事，就是把我们生命中被压抑的爱罗精神解放出来，把"撒旦"——"孙悟空"解放出来。

【整理后记：本文是美国康州美田大学教授，国际中国哲学学会前任会长、现任执行长唐力权（Lik Kuen Tong）先生于 1994 年 10 月 22 日—23 日在昆明云南师范大学所作的学术讲演录。本文由王兴国整理。在整理中，以王兴国的笔记为主，同时参照柴毅龙、史芬的笔记加以校对或增订。此外，还参考了唐力权教授在中山大学的（问题）讲演录音（"第二讲"根据这个录音有所增补）。整理力求忠实于讲演的原貌。为了使讲演者的意思得到充分地表达，在对讲演辞不作更改的前提下，由整理者稍作补充、修饰，或略加按语，并以"〔 〕"（六角括号）标明，并附一简要注释于文末。】

---

① "良知自我坎陷"即"道德理性（良知）的自我坎陷"，牟宗三（1909—1995）的"道德形上学"的最重要的基本观点之一，亦为当代新儒家的"新外五"之说的代表性观点。所谓"道德理性（良知）的自我坎陷"即"道德理性"或"良知"的自我否定，由是而自觉地从"无执"转向"有执"（"自我坎陷"即"执"），从与物无对的直觉（一种自然状态）而分化了主客的对峙的"知性形态"，亦即从德性主体转生出知性主体，于是，科学和民主便有了赖于存在和生长的根基。

② 参阅牟宗三著：《历史哲学》，台湾学生书局印行，1984 年第 8 版（台六版），第 165页。

# 12　权力、意志与诠释

——尼采的透视主义与后现代思想

（1993）

尼采的"透视主义"（perspectivism），乃尼采哲学在认识论方面的标志，也是本文将要处理的主题。若能对尼采哲学的这个论题有所谛解，就能够理解：尼采思想是以人的生命活动、价值创造活动为出发点，以人的实存主体性为辐辏和转轴，接近孔门所谓的"为己之学"，强调的却是自体性而非互体性的跃动。因此，便可知晓尼采在现代哲学史上作为存在主义（existentialism）先驱的哲学特质；更重要的，我们将明白，尼采哲学对传统西方哲学的终结效应（effect of termination），为何深深吸引当今标举着后现代思想大旗的众多思想家，如福柯、德勒兹与德里达等。依篇幅所限，本文的讨论范围将环绕于第一个方面：厘清尼采哲学的认识论特征。我们将由"权力"、"意志"、"诠释"等一连串尼采哲学的基本命题出发，以推展至其认识论的核心："透视主义"。

## 一　权力:物的语言/活动的语言

剩下来的只有具动力的能量——与其他一切动力能量形成紧张关系的动力能量：其本质就在于它们与其他一切能量的关系中，就在于它们对后者所生的"效应"（effect）中。（Will to Power ＝ WP 635）

尼采的哲学，可以 appropriation 和 power 为引端，这两个概念，几乎可以包括 20 世纪所有西方哲学的重要观念。power，一般人译为"权力"，我在《周易与怀德海之间》译为"权能"。举例而言，福柯（Foucault）的根本思想就是一个"权力哲学"（philosophy of power），他的"权力"观即来自于尼采。何谓"权力"？福柯和尼采均以"效果"
（effect）来定义"权力"，只要有效果形成、造成差别，就有"权力"
的存在，譬如水能熄火，产生了效果和差别使燃火由有转无、其间水
"熄"火是一活动，火被水所熄是一效果，而此活动历程中所涵摄的力
量即是"权力"。后现代主义思潮在中国日益重要的今天，福柯哲学的
这一个源头不可忽视。

　　福柯另有一重要的观念、"主体的死亡"（the death of subject），由笛
卡儿至存在主义，主体性一直是西方近代、现代哲学的重要课题；而在中
国，主体亦是儒家思想的主题。但福柯却宣布了"主体的死亡"，声称没
有所谓"主体性"的存在，这个观念亦是根源自尼采。尼采说"'主体'
不是任何现成的东西，而是某种被添油加醋、被造、投现在存在者之背后
的东西。"（WP 481）我们一般人在谈"主体的死亡"时，只会想到佛家
"无我"、"去我执"，而不知尼采也是这样——"无我"，这儿所否定的
"我"即是近代哲学以来所强调的主体性，而尼采的否定，就建立在他的
整个认识论上。尼采说："一物的特性是对他'物'的效应（effect）：假
如人们想象他'物'不存在，那么此物也就不具备特性了。这就是说，脱
离他物的物是不存在的，即没有'物自身'。"（WP 557）在这个前提之
下，尼采哲学在认识论方面的描述，采取的完全是描述活动、权能的语
言，而非描述"物自身"的语言。

　　最近在英美所兴起的"性别哲学"（gender philosophy），也采用了描
述"权力"和刻画"宰制"活动（domination）的语言，这使得"权力"
这个观念益形重要。而怀德海的哲学也可以说是一种"权力"哲学，只是
他对"权力（能）"所作的诠释较接近科学家所讲的"能量"（energy），
然而就以"效应"（effect）来定义"权力"的做法而言，怀德海和尼采、
福柯却是如出一辙。什么是"权力"的语言呢？一般人常将意念贯注于
"对象"（thing）之上，因而其思维难以脱出"对象"的语言格局，难以
生产出关于"权力"或涉指"活动"（activity）的语言，西方近代哲学
中，经验论与理性论的"实体论争"，即是因为陷于前者的思考格局而显
现。到了20世纪的怀德海、尼采、福柯，哲学的语言产生了很大的转变，
哲学语言转向了活动的语言、权力权能的语言、作用的语言，而不再是对
象指向的语言。和所有的科学家一样，在怀德海和尼采的心目中，认为这

个世界是动的，这个世界是由权能、能量的不息流转所支持的，连同"对象"本身亦复如是，而不是静态的（static）。然而，我们要如何去描摹那动态的生命之流呢？

## 二　化为己有：主体性乃自克自强的转化

要积蓄力量的意志乃是生命现象所特有的，也就是为了营养、生育、遗传、社会、国家、风俗、权威等。难道我们还不应该把这种意志也认为是化学的动因吗？——也是宇宙秩序的动因吗？不仅仅是能量的储存，而且是最大限度的消费经济学，以致由任何力的中心出发而欲变得更强大的意志，就成了唯一的现实——不是自我保存，而是要载化为己有（appropriate），要主宰、要充盈、要变得更强大的意志。（WP 689）

现在我们转向第二个概念 appropriation。有些哲学家认为在同一语言中，所有字词的重要性都是平等的，没有一个字说得上比另一字来得重要。但就哲学的观点来看，我却认为，在英文中，没有任何一个字的重要性比得上 appropriation。就字义而言，appropriate 源于拉丁字 ap 和 proprius，后者在英文中转为 proper 这个字，带有"恰当"、"资产"（property）的意思。但拉丁文原意乃"自己的"（one's own）之意，appropriate 乃"化为己有"（to make one's own）之意。举例而言，一个苹果和我是两个不同的物（entity），在我吃掉了这个苹果以后，它便为我所消化，而转化为我身体的一部分，至此，便可说我已将之"化为己有"。用另外一个英文字来讲，appropriate 就是 assimilate——"同化"，但中文的"同化"另有意思，故我在《周易与怀德海之间》译之为"化裁"或是"裁化"。"化"就是"化为己有"，"裁"即裁量、判断、取向之意。因为，所有的 appropriation 的活动都有价值的取向。刚才所提到的苹果，我之所以要吃它，当然是由于它的营养或口感各方面的价值。

"化为己有"这个概念的重要性何在？我们可以看到，如果说尼采思想中还存有主体性哲学的留影，莫过于他经常以"化为己有"来描述主体的活动了，然而，其中颇称吊诡的是，尼采正是以这个概念颠覆了传统哲学的主体观。他说："有人认为，事物本身就具有超然于诠释和主体之外

的形构作用，这乃是彻头彻尾的无聊假说。因为此说的前提乃是，诠释和
主体之存在并非本质性的，而脱离了一切联系的事物仍不失为事物。恰恰
相反，事物表面那些看似客观的特征：难道就不会仅仅是主体内部程度上
的差异而已吗？——我认为，某种慢慢变迭的东西在我们眼里成了'客
观'、'持续的'、'存在的'、'在其自身'的了。——客观对主观来说，
或许仅仅是虚假的种类概念和主体内部的反题？"（WP 560）在理解存在
主义时，齐克果的"真理即主体性"（truth is subjectivity）中所声称的
"主体性"，若以"化自我为己有"（self‐appropriation）诠解之，当即可
获得了悟。Proprius、proper、one's own 这一组字，以德文表诠则为
eigentlich，而我们知道，eigen‐lichkeit 即是英文的 authenticity，中文可译
之为"真实的"。存在主义的精髓就在于提醒我们做一个"真实的"人，
所谓"真实的"人，乃是我要变成我自己，我的一切由我自己来决定，不
能由他人、传统、社会来决定。

　　刚才以苹果为例时，由于"化为己有"是描述两个实体（entity）
之间的互变关系，其道理显而易见。但是，若谈到"化自我为己有"
（self‐appropriation），则似乎有陷于吊诡之虞，因为，只有在"自我"
不必为"己有"的条件下，才有"化自我为己有"的可能。问题的关键
即在于此。对象和动物常处于"它们自己"（theirown）的状态下，人却
独独不然。在某些情况下，人不处于"我自己"，所以需要"化自我为
己有"，成为"真实的"自我。因而，整个存在主义最核心的概念——
"真实性"（authenticity），即蕴含于"化自我为己有"（self‐appropria‐
tion）这个概念中。就此而言，齐克果的"真理即主体性"（truth is sub‐
jectivity）与尼采的"自克"（self‐overcoming）乃是同一路的思维，简
言之，曰"化为己有"（appropriation）而已。《易传》有所谓"大人虎
变"、"君子豹变"、"小人革面"，所描述者亦无非是主体自我更新的不
同境界。而怀德海的哲学对此概念的运用，虽只出现过一次，却用在最
关键处——"生者对死者的化裁"（the appropriation of the death by the
living），所谓"生者"即是一正在进行的活动，"死者"则意指"生者"
运动变化的现实世界（actual world）背景，"死者"即是延留至今的过
去，崭新的活动，是从过去的世界所形成的背景中，经化裁取舍而生
的。让我们回到尼采。

## 三  权力意志:存有学命题／心理学观念

"权力意志"就是意志吗?或者它与"意志"概念是一样的吗?这就是说,它与渴望和发号施令相等吗?或者它就是叔本华所说的作为"物自身"看待的"意志"吗?我的命题是:迄今为止的心理学意志乃是一种不公正的概括。我以为没有这种意志;我认为,人们不是决定特定意志的多形式发展,而是取消了意志的特性,因为人们扣除。内容即"目的",——这种现象,叔本华的表现最为明显,因为,他所说的"意志"乃是句空话。这里所指的更不是生命意志,因为,生命只是权力意志的个别状态;——主张万物都力求向这种权力意志的特定形式过渡,完全是信口开河。(WP 692)

关于尼采的第三个重要概念"权力意志"(the will to power),我们已经了解尼采对于"权力意志"的定义:自我宰制转弱为强。尼采举了一个例子,在我手中的一颗橡子,能够长成为一棵橡树,当它长成为橡树,其生命就表现了"权力意志"。但我们会说,橡子并没有思考活动,何来有"意志"可言?然而,我们必须了解,尼采所谓的"意志"(will)并不是一个心理学观念(psychological idea),如果以心理学意义加以诊释,将落入一般人对尼采哲学的误解案臼中。尼采的"意志"(Will)观念,意指的是"活动的集结"(complex of activity),本文第一节中已提到尼采以"权能"或"活动"为中心的思考格局,"意志"这个观念同样必须放在此格局中理解。万事万物,看似静定,其实乃是不停活动的分子、电子、原子之集结,是"力"(force)和"能量"(energy)的集结,如果我们不以此观点来设想,势必难以了解尼采思想之义理。

现在,我们将橡子视为一个有特定目的之"活动的集结",至少在当下,它有维持其当下之结构(structure)和形式(form)的使命,在橡子没有变成为橡树之前,它必须维持着自身的形态,这就是"意志"(Will,Willing)。它有一个力量在维持着它现在的整体形态,此力量即"权能"(power),此力量的作用可暂称为"自保"。所有力量在最低限度上有自保倾向,此一自保倾向是"权力意志"的部分显现。橡子要变成橡树,除了自保之外,还必须渐次牺牲它现在的形态,才可能变成橡树,橡树的结构比橡子更复杂，需要更大的"权能"和力量，这种向更大力量结构转化的历程，即是"权力意志"（Will to power）。我们可以说，"权力意志"是尼采哲学中一个基本的存有学命题。

　　"权力意志"乃世间万事万物活动的本质——自我永远不断增强增大的倾向。这个存有学命题在尼采认识论上的重要性，由以下的引文可见一斑："我们的物理学家用以创造了上帝和世界的那个无往不利的'力'的概念，仍须加以充实。因为，必须把一种内在的意义赋予这个概念，我称之为'权力意志'，即贪得无厌地要求展示权力，或者，用人为创造性的本能来运用、行使权力等。物理学家根据自己的原则无法摆脱'远距效应'，同样，也难以摆脱排斥力（或吸引力）的局限。这些东西毫无用处，因为人们应当把一切运动物、一切'现象'、一切'法则'通通理解为内在现象的象征。为了达到这个终极目的，应当使用人的模拟。动物具有一切的欲望，也可以说成是'权力意志'派生出来的；有机生命的一切功能也来自同一泉源。"（WP 619）换言之，"权力意志"并非单指人类或生物的活动方式，连无机界之诸般存有，亦依"权力意志"而存在，因为，"权力意志"描述的是任何的活动，连无机界之诸般存有亦不外是活动的集结。《易传》有言："天行健，君子以自强不息。"如果我们肯稍加更易，改为"天行健，万物以自强不息"，亦可借以理解"权力意志"所申说的要旨："自强不息"乃万事万物活动的本质。

## 四　诠释：相对主义／透视主义

　　"诠释"，植入意义——不是"说明"（explanation）（大多是指一种已被新诠释裁汰为不可理解的旧诠释，它现在已变为单纯的符号）。事实并不存在，万物皆流，皆不可理解、难以捉摸，而我们这个见解乃相对地历久不衰。（WP 604）

　　让我们进入另一个主题：诠释（interpretation）。一般人谈"诠释"时，不外针对某个文本（text），如小说、绘画作品，提出一番理解。但尼采所意指的却是一种更彻底的"诠释"，他认为所有的活动都是诠释活动（all activity is interpretation），所以他说："权力意志诠释着（the will to power interprets：）（假如要施教于某个感官，这就涉及诠释的问题了）：

由它来划定界限，确定法度，厘清权力的差异。单纯的权力差别本身，恐怕还不能有这样的自我感觉，必定存在一个希望增长的物，由这个物按照它自己的价值来诠释每一个希望增长的某物。这就一致起来了——其实，诠释乃是用于主宰某物的手段。（有机的过程始终以诠释为前提）"（WP 643）回到苹果的例子。我说："这是一个苹果，我要吃它。"这里面已包含了诠释。我张大了嘴咬下去，而不是噘起了嘴去吸它，是因我理解它为固体；我要吃下它，而不是摆在柜上好看，是因我理解它可吃、好吃、有营养。

我在吃苹果之前，已对"吃苹果"有所诠释，我在进行任何活动之前，已对之有所诠释，否则活动就不成其为"活动"，它将只是"运作"（operation）。"活动"即有所诠释地对一事物之"运作"，因此尼采才说，活动即诠释，"权力意志"即诠释。如果我们不先有此谛解，就很容易在解读尼采时产生曲解。曲解之源在于，一般人讲的诠释是指文字式（verbal oriented）的活动，而尼采所讲的诠释则囊括了所有的活动：我如何活，我如何思考，我的一举一动，都揭露了我对世界所采取的诠释。我从房间门口走进来，不经意地避开了茶几，这一个小小的动作也包含我对世界的诠释：那是一只茶几，它是一个实体，如果我的身体碰撞到它，就会受到伤害，所以我习惯、以至于不经意地避开它。假如我想要求自杀，我可能就会对准桌角，扪头撞上去。活动即诠释，生命即诠释（life is interpretation）。所以尼采主张：普遍道德并不存在。你的道德是你对世界的诠释，你的道德哲学是你对世界的诠释，你的生命风格（style of living）也是你对世界的诠释。然而，诠释，又是离不开"观点透视"（perspective）的。

何谓"观点透视"？你诠释你的生命，是要据你的诠释立场、诠释角度。对一张茶几，我们采取某种活动的方式对待之，就是我们对它的诠释。而不论我们采取何种活动方式，我们都根据某种立场、观点、角度来进行。最简单的例子就是我们的知觉作用（perception），对同一对象，我们可以采取不同的观看角度，而获得互异的理解。你有你的观点透视，我有我的观点透视，问题在于：观点透视的实行，是如何被决定？就此而言，引起最多物议非论，莫过于尼采以"道德"为例所进行的讨论了。对尼采来讲，世界上并没有真理，而只有诠释。所谓"没有真理"，指的是没有绝对客观的真理。所有真理都是相对于人而存在，如果是相对于个别的你我而言，真理的确存在，但并没有客观存在于你我之间、之外的绝对客观真理。若特别讨论道德活动的话，尼采的旨趣不外强调"道德事实"（moral fact）的不存在。因为，一旦认定有"道德事实"的存在，就是在指涉普遍而绝对的真理。譬如，当我们说堕胎是不应被允许的行为，我们同时主张"不应该堕胎"是普遍的道德真理。而尼采认为，只有道德的诠释（moral interpretation），而没有道德的事实。换言之，我们从小被教导的那一套"放诸四海而皆准"的道德法则，正是尼采欲加以否定的对象。

一般人多在此质问尼采：如何避免落入相对主义（relativism）的困局？尼采的回答也许颇令人绝倒：这个相对主义的问题本身也是一种诠释，也是一种透视观点的显现。我们发现在此回答中，尼采的认识论观点是以反传统的自反（reflexive）、自指（self – refer – ential）的方式达成其圆融的。在涅哈马（Alexander Nehamas）的《尼采：生命即文学》（*Nie-tzsche：Life as Literature*）一书中，为此有详细的论证。

## 五  透视主义之一：破斥已物化的传统道德认识

我认为世界的价值就在于我们的诠释（——也许什么地方还可能有不同于只是人的诠释——）；我认为预先的诠释都是观点透视式的估计，借助这种估计，我们可以保存生命，也就是用权力意志即要求权力增长的意志保存自身；我认为人的任何提升，都会导致对较狭隘诠释的超克，我认为任何已取得的提升和权力的扩大，都会打开新的透视观点（perspective），并且称之为相信新的地平线——我的书里讲的都是这个观念。与我们相关联的世界是不真实的，换言之，世界不是事实，而是建筑在少量观察之上的膨胀和收缩；世界是"流动"（in flux）的，是生成的，是不断推演的，是从来不曾达到真理的假象：因为——没有"真理"这回事。（WP 616）

然而，上面那种道德相对主义的论调，我们或许大大的不以为然，难道"同情心"、"怜悯心"、"自我牺牲"不是道德事实吗？这些西方基督宗教所颂扬的美德，中国儒家所标高的人性准则，维持千百年不坠的传统，不是颠扑不破的伦理事实吗？尼采的答案是：也许这些价值标准已支配了人类一两千年，但这段历史并不意味着这些价值标准就是普遍的。我们追本溯源，当可知晓，儒家所标举的道德，亦不过当时代某些人的一种道德诠释而已。尼采讲"奴隶道德"（slave morality）、"主人道德（master morality）是大家耳熟能详的概念，主要即是针对传统的基督宗教道德，我们不如以此批判为索引，将尼采的"化为己有"、"权力意志"、"诠释"这几个基本观念串连起来，对尼采哲学做一次更完整的观照。

尼采批判基督宗教的传统道德，有两个基本的理由。第一，传统道德是武断的（dogmatic）。传统道德自以为是客观的道德法则，这与尼采所谓的"道德即诠释"的理念恰恰针锋相对，一旦强调自身的客观性，难免就要诉诸武断、权威、抹杀相对于个体的诠释。第二，传统道德是难令人满足（unsatisfactory）、是不可欲的（undesirable）。这个理由又可细分为三点来看：（1）传统道德是无力的（ineffective）。（2）传统道德是不健康的（unhealthy）。（3）传统道德是危险的（dangerous）。尼采将世界和人生视如艺术创作的过程，因而将世界和人生视如艺术品，所有文化和文明的现象，都是人类"自克"（self - overcoming）的成果。拿一个尼采哲学最基本的隐喻（root metaphor）来讲，一块粗朴的大理石雕刻为一件大理石像，需要一定的历程。大理石在成为石像之前，没有展现出特定形貌（form）结构；在它成为大理石像之后，却已形成了特定的形貌结构。所以，相对而言，原先的粗材（raw material）是一团混沌（chaos），艺术创造始于一团混沌无序的状态，企图在混沌中创造出秩序。如果说尼采是以这种观点来看待人生，那么人生之初的混沌是什么呢？

人生之初的混沌，即欲望、本能、生存、性、饥饿，每一个本能都有一定的指向和要求，要求满足，甚至不惜吞噬其他的本能欲望。因而，如果我们不加以调节控制，我们的生命当然就成为一混沌。这种人性观近似荀子的性恶论，强调人生而有其交相倾轧的混沌欲望，而由艺术创造的观点来看，要从动物性走向人性，关键就在于形式的赋与（form - giving）、意义的赋与（meaning - giving），为它提及出秩序、凝塑出结构。但是，在前引例中的创造粗材是大理石，是一个对象，而雕刻师是另外一个东西，两者分立；当我们将此隐喻转向人的生命时，我们发现，我是我自身生命中的大理石，同时，我亦祈愿我是自身生命的雕刻师。于是乎我们拥有两重身份：一是如大理石般消极地等待，等待被塑造、被斧凿；一是如雕刻师般积极地创造，主动去凿挖、去刨摹，这就是我们前面所讲的"化自我为己有"。

## 六　透视主义之二：重寻自体生命的活泉

实证主义老是停留在"只有事实存在"的现象里。我要对它说："不！"事实根本就不是存在的东西，存在的是诠释！我们不能确立任何"在其自身"的事实，或者，作如是设想等于胡闹。

你们说："一切都是主（体）观的（subjective）"，但这正是一项诠释。"主体"不是任何现成的东西，而是某种被添油加醋、被臆造、被投现在存在者之背后的东西。——把被诠释者放在诠释者的背后，有这个必要吗？显然又是一项臆造和假说。

只要"知识"这个词还有意义，世界就是可以认识的；但毋宁说世界是可诠释的，世界背后没什么意义，但世界却具有无尽的意义。这就是"透视主义"（Perspectivism）。

我们需要的是诠释世界，我们的欲望以及这些欲望，对世界的无精打采和反对。任何一种欲望都是一种统治欲，而每种欲望都有它的透视观点，而想把这种观点当作标准，强加在一切其他欲望之上。（WP 481）

让我们再回到尼采所论的"道德诠释"。既然文明的原初状态是一片混沌，既然所有文明的走向是在混沌中创造秩序，那么，所有人类文明的结构，包括道德、政治、经济、艺术，都是这些创造活动中的一环罢了！相对于本能欲望而言，这些创造活动是更为复杂的集结，性本能只求单纯地满足，饥饿求生的欲望只求饱食而已，而所有文明社会制度的本质，在尼采的眼中，却是一种"策略"的显现：经营控制人类兽性的策略，第一个社会都有一套经营管理人类兽性的"策略"（the strategy of overcoming the human beast），企求克服人类的生命本能和混沌欲望，因此，社会体制中的道德、风俗习惯、政经制度，不过是其策略的表现。传统道德、基督教的道德，既然是人类自克的策略，我们要问：这种自克的策略是否成功？

根据尼采的分析，基督教的传统道德基本上采取的是压抑的策略（repressive strategy）。这种传统道德十分惧怕我们生命中的动物性，而以

禁欲（ascetic）、高压的方式来压抑我们的欲望，将人类的本能欲望诠释
为污秽的、肮脏的，而想尽办法要将之泯除。尼采认为，这种策略是无法
奏效的，原因就是此一心理能量的难以隐抑。洪水来的时候，传统是用围
堵的办法，用层层推迭的沙包来防阻洪流洪峰。禁欲主义和传统道德，就
是采用这种策略对付人类的本能欲望，然而这种办法显然只能将就一时，
无法行之久远。所以，我们在上一段才说，传统道德是无力无效的（inef-
fecfive）。

　　第二个理由较深沉，且颇有一点黑格尔式的趣味。人类的欲望基本上
是向外的，因而自我（ego）不断向世界寻求其色欲、食欲方面的满足。
在禁欲的策略下，由于人类的这些倾向太早就被压制住，反而造成了"不
满足欲望的向内逆转"（unsatisfied desires turn inward）——这是俄国小说
家陀思妥耶夫斯基在《地下室手记》中的措辞。当我们的欲望本能得不
到满足的时候，它就会掉过头来，转而攻击原来向外在世界寻求满足的自
我本身，换言之，压抑的结果，就是"自残自毁"（self - agression）。表
现在外，就成为"自弃心"（bad conscience）。所谓"自弃心"，意指罪恶
感、无能感、无力感，时时觉得自己一无是处、人中扫地、有罪待罚，这
种种负面的心理关态，尼采统称之为"自弃心"。当我们是天真无邪的小
孩时，我们从不会有什么罪恶感，活活泼泼过着快乐的日子。但是当一个
人带着"自弃心"度日时，我们会说是一种病态。所以，我们在上一段才
说，传统道德是不健康（unhealthy）。重要在于，如果我们的自弃感过
重，心理负担太大，我们就会想法子将它转移。每一个生命的"权能"
（power）在于"自保"——维持自己当下存在结构的延续，因此，对自我
的攻击如果过于持续而猛烈，自然会转而指向外界，就如同自己做错事
时，要拿别人出气，将箭靶指向别人，或制造代罪羔羊。第一次世界大战
后，希特勒和一般德国人都染有"自弃心"，于是乎，犹太人就成了他们
的出气筒，变成了他们的代罪羔羊。所以说，传统道德是危险的。

　　另外，根据尼采的说法，我们今天所了解的基督教，完全是圣保罗一
个人制造出来的，尼采认为，从耶稣在世到钉上十字架，根本没有为我们
而死、为我们赎罪的观念，只是希望徒众们跟着，共同实践出"真实的"
人生，做一个真正的人，而圣保罗却有十分严重的罪恶感，自认为绝对做
不到耶稣的理想，于是才哄抬出一位最伟大超绝的代罪羔羊——耶稣，并

昭告世人:"信耶稣,得永生。"尼采认为,耶稣从来不认为有这么廉价的人生出路,只是因为圣保罗这一群徒众自弃地认为根本做不到,从而发明出一套诠释,说上帝是为我们而死,上帝背了我们的罪。这也许是通过他的认识论,所还原出来最令人惊异的成果。

# 七 结 语

透过以上认识论线索的编织,我们得到对尼采哲学的基本了解:人的一切行有——包括他的一切生命活动、思想言行——都是有人性根据的,骨子里都是人性跃动的表现。人性的跃动决定了人的生命立场、人的存有姿态、人对宇宙人生一切价值的投企——因而也就决定了人安身立命之道及其文明存有所涵摄的意义体系。尼采哲学的认识论,就是为我们描述那作为一切"知识"——包括道德知识——之基础的人性跃动,但尼采哲学对西方传统哲学的终结意义,在于他将西方传统哲学"追求完满自体性"的跃动推于极致,从而在存有论上进一步发展出"超人"(overman)和"永恒轮回"(eternal return)的观念。在我们理解后现代、后结构主义的西方思潮时,于此哲学史的源头不可不有所惕悟。而在我们对比中国哲学的当代诠释时,亦不可不了然儒家哲学强调的是良知的跃动,而不是如尼采般的爱罗(eros)欲能之跃动,或许,这个歧异的起点(point of departure)正是彼此沟通对比的始燃点。

(原为"国立"台湾大学哲学系演讲词,1992 年 12 月,原载台湾《哲学杂志》,1993 年 6 月第 5 期,第 26—40 页。)

# 13  权能与场有:行依论

## ——对《易经》的一种诠释

## （1993）

## 一  超切主义的哲学:《易经》哲学的特质

### 1. 何谓《易经》哲学?《易经》哲学的义理归趣何在?

《易经》哲学,顾名思义,乃是本于《易经》的哲学。《易经》又名《周易》,本是卜筮之书,但蕴含在此书经（包括六十四卦的卦画、卦辞、爻辞）和传（包括象传、彖传、系辞传、文言传、说卦传、序卦传）两部中的哲学义理却是宏深奥衍,罕有其匹的。卜筮原是先民借以安身立命的一种重要手段——一种统合直觉与理解熔于一炉的生命道术。《易经》哲学正是环绕着卜筮的生命道术而发展出来的宇宙观、人生观。

从纯粹的哲学立场来看,这究竟是一种怎样的哲学呢?我们的答案是:它是一种场有哲学,也是一种生命哲学—— 一种归结于生命与场有的超切互摄之道的"超切主义哲学"。所谓场有乃"权能场有"之省,"权能场有哲学"乃是一种以行依体验为出发点,为理论根据的哲学。权能场有是一可分而不可分,相反而又相成的真理与真实。可分而不可分,谓之"超切";相反而又相成,是谓"辩证"。超切辩证之道乃是场有哲学所奉为无上圭臬的终极活理——场有哲学心法的所在。《易经》哲学正是在这超切辩证的心法基础上,针对着文明人有间无间的生命矛盾而建构其生命哲学的,故"超切（辩证）主义"也就是《易经》哲学义理归趣的所在。

《易经》的内容至为丰富,传统把一切研究《易经》或以《易经》为本的学问统称之为易学。这广义的"易学"自然不是本文所要探讨的范围，我们所要探究的"《易经》哲学"乃是易学中最洁静精微的部分。整部《易经》哲学的义理架构可以一言以蔽之："易道的诠释"是也，而易道诠释的出发点就是我们所谓的"行依体验"了。

### 2. 何谓"行依体验"？

"行"就是行有，"依"就是依转。即行即有，有在行中，是谓"行有"。依起依变，依生依化，是谓"依转"。行有是作用，也是势用，现行的作用起于势用，也同时在运作中改变了势用。行有自作用言就是"权能"，自势用言就是"场有"。作用与势用，权能与场有的相互依转乃是万物生化之理或普遍原则。

### 3.《易经》为何以"易"为名？

行依就是"易"。《易经》以"易"为名就是要把它所蕴含的哲学思想建筑在行依之理上，建筑在行依体验的基础上。对《易经》哲学而言，一切真理与真实——统言之曰"道"——都是离不开人的行依体验的，是以"道"的基本含义就是"易道"。《易经》哲学乃是探究易道的哲学，《周易》经文两部都是易道的诠释。

### 4. 请详释"权能场有"

"权能场有"，用传统的哲学术语来讲，就是"形上"道体——《易传》称之为"太极"。宇宙间的一切事物——或佛家所谓的"万法"——莫不在权能场有的生化流行之中，此观念取代了西方哲学中的实体义的"存有"观念。对《易经》哲学来说，"存有"就是相对于人的开显——所谓"一阴一阳之谓道"。而开显的存有就是一个生化流行的权能场有，权能场有乃是至大无外的真实，不是权能场有之外还有一个超越的真实。《易传》所谓的"太极"或中西形上学家所谓的"本体""道体"或"存有自身"等，只不过是权能场有之全体大用罢了。宗教的上帝或至上神，乃是权能场有的绝对化或神圣化（包括人格化）。

"权能"乃是从行有作用性的体验引申出来的观念。"行"是一切活动与作用的统称，世间上的一切事物都是有作用可言的，即行即有的定义就是"即用即有"。但事物之所以能够产生作用，乃是由于事物的活动性，这个世界上有很多能够发生作用却又无活动可言的东西——如数、语言、图画等抽象或半抽象的事物，但此类事物的作用性乃是涵摄在活动中的作用性。换句话说，一切存有都是通过活动——最低限度通过人的生命活动——而起用的。如是"即用即有"，"用在动中"也就是我们所谓的"行有"一词的意义了。①② "行"（活动作用）是存有的本质，离开了"行"也就无存有可言，故权能场有哲学亦可称为"行有哲学"。所谓"权能"就是在"行"中起用的"权"与"能"——笼统地讲，就是使一活动产生效果或造成差别的因素或决定力量。一切事物都在权能之行中起用，既是权能运作的因数也是权能运作的果实："行有"正是一从"因地"（因素的结集）向"果地"（效果的结集）而转变的活动历程或过程。"权能"就是涵摄在因果行程中的生化（生发变化）力量。"因"是行有之所"承"，"果"是行有之所"诚"。"所承"，权能之禀受断承也；"所诚"，权能之感通化裁也。诚承合德，谓之"契印"。正如佛家所说的，有是因，必有是果，有是果，必有是因。诚承契印，因果互摄，权能生化的力量也就是行有因果的力量。而权能运作、因果行程的"所在地"——包括行有的无限背景与前景——也就是我们所谓的"场有"了。如上所述，一切事物——或称"场有者"——都是有活动或作用可言的。但活动作用是如何可能的呢？事物活动起用的根据在哪里呢？不在别的，它就在事物之相关相依、相克相成的相对性的势用里，此"相对性的势用"就是"场"的基本含义。"场有"乃是依场而有或是有在场中的意思，"权能"乃是扣紧事物的活动作用性而取义的名词，"场有"则是扣紧事物的相对势用性而取义的名词。我们不妨说，"场有"就是由事物的相对势用所构成的关系网，也就是权能运作，因果行程依转依变的所在地。但这个权能运作的所在地并不是一凝固不变的场所，而是随权能运作而不断变化的势用背景与环境。权能运行的作用起于场有蕴蓄的势用，但也在其现行的运作里改变了势用。作用与势用、权能与场有之间之相互依转——这就是我们所谓的

---

① 关于超切主义和场有哲学的主要思想，读者可参阅唐力权，《周易与怀德海之间：场有哲学序论》，台北，黎明文化事业公司 1989 年版/沈阳，辽宁大学出版社 1991 年版。

② 故"行有"乃是一活动作用的结集，此概念相当于怀德海哲学中的"事件"（event）或"事素"（actual entity）。

"权能场有"一词的胜义了。①

### 5. 为何言"体验"?

"体"指身体,亦即是我们这具有血有肉,直立走路,说话思想的人体、躯体或形躯。我们的身体不仅是一切经验、意识的源泉,也是本体或存有自身得以开显的根本凭借,故人体亦可称为"根身"。所谓"体验"就是通过根身经验、意识之灵明觉慧来证验本身——从不同角度和在不同层次上来证验存有之真实与真理。如是"体验",用传统的话来讲,就是"体道"。"道"在中文里无疑是最具涵盖性的哲学语言,"道"是体验的目的,也是体验的具体内容,我们所谓的"存有的真实与真理",正是传统中国哲人所谓的"道"。"道"是通过人体的体验而开显的真理与真实,这就是为什么"道"也称为"道体"或"本体"了。"体验"、"道体"、"本体"——这三个词语中的"体",都是直接地或间接地指向根身的。其实在中国的泰古哲学语言里,"道"就是"体","本"也是"体"——都是泰古人"根身性相学"的语言,也是泰古人"形而上学"的语言。在泰古人原始的、素朴的哲学意识里,存有乃是一个"一本"而又"一贯"的真理与真实。一切存有的体验起于根身的灵明觉慧——这是"一本"。"一本"就是"本于一"——亦即是本于根身,因为在泰古哲学里,"一"与"本"都是"体"——都是直指根身的同义语。但道的体验不仅是一本,也是一贯。所谓"一贯"指的乃是根身与形上道体或太极的贯通,在泰古人的原始体验里,根身与形而上道体乃是一体相贯的——乃是一个"可分而不可分",或"二而一""一而二"的超切互摄关系。根身或人体不仅是道体的一部分,也是道体得以开显的媒介与凭借。在某一义来说,道体就是根身,根身已经是道体了。

---

① 在二十世纪的西方哲学中,以行有或权能场有的基本理念为其主导思想的,除怀德海之外,还有尼采、柏格森、詹姆士、杜威等。此与《易经》哲学遥相呼应的西方场有哲学传统还可经黑格尔而上溯至斯宾诺莎与莱布尼茨;马克思和恩格斯的唯物辩证思想,也是属于这一传统的。不过,在以实体主义哲学为主流的西方传统中,场有哲学乃是迟来之物。直至现在,西方场有思想家还很难完全摆脱实体主义的影响。

### 6. 何谓"泰古哲学"？

存有的一本与一贯，根身与太极或道体的可分而不可分——这是人类道体，人类哲学经验的原始内容。泰古人的哲学思想就是环绕道这"一本一贯，根（根身）太（太极）超切"的原始体验而展开的素朴哲学思想。"文明哲学"，顾名思义，就是文明人的哲学。这里所谓"文明人"指的乃是意识心问题化以后的人类。在问题心（问题化意识心）的支配下，文明人已丧失了他的如实观照的本能。在泰古人原始素朴的哲学体验里，存有乃是一个混然无间的真理与真实，但在文明人的哲学思想里，由于根身的一本地位已经为问题化意识心所取代，存有也就只能通过我识的透视而开显。我识源于分别意识的执有，而执有的我识则正是意识心问题化的原动力。正如初生的婴儿一样，泰古人的生命是无间的，是没有生命问题的自觉的。当人类开始被生命问题的自觉所困扰时，他们已经变为文明人。变为我识塑造、我识分化的产物——变为有间的生命了。所谓生命问题，最后分析起来，就是安身立命的问题——亦即是生命的意义与价值如何安立的问题。对无间的泰古人而言，安身立命是自然的、无须刻意经营与计算思量的——它只是超切直觉本能的自宜其宜罢了。但超切直觉本能的丧失，却正是文明人有间生命最显著的特征。文明人的生命是如何安立的呢？它是通过我识的透视和知解的理性而安立的。超切直觉与知解理性——这是人的存有得以安身立命的两种基本智慧或管道，前者给人以任运自然的本能，而后者则与人以控制存有的慧识。此二者的分别不仅代表了泰古人与文明人——无间生命型态与有间生命形态——的分别，也相应地代表了泰古哲学与文明哲学的分别。笼统地来讲，泰古哲学乃是泰初人对其超切直觉经验内容的素朴描述，而文明哲学却是文明人本我识透视、知解理性所作的逻辑建构。从泰古哲学素朴的描述语言里，我们还可以感受得到原始人类根太超切、混然无间的存有体验；但在文明哲学语言中反射出来的，却是人类通过我识透视和控制性智慧刻意塑造出来种种有执之邦,庄子所谓的"道术为天下裂",指的正是这个从泰古人到文明人、从泰古哲学到文明哲学、从无间生命形态到有间生命形态的转变过程。① 在这

---

① 此语见《庄子·天下篇》，原文为"后世之学者，不幸不见天地之纯，古人之大体，道术将为天下裂。"所谓"天地之纯"就是在无间生命里开显的素朴存有。

个"道术为天下裂"的文明化过程中，泰初人类本于超切直觉创造出来的原始哲学语言，在我执问题心的不断掩盖下、剥蚀下早就歪曲了、变质了，早就失去其本来面目，失去其超切原义了。在文明人的哲学语言里，保存下来的泰古哲学语言乃是异化了的超切主义哲学。虽然，这幸运地保存下来的泰古哲学语言在文明人的文化语言、哲学语言中仍然是最重要，占有核心位置的一部分。事实上，文明人的核心语言就是异化了的泰古哲学语言。称之为"核心语言"，因为这异化了的泰古哲学语言乃是语言中之语言，离开了它，人就不成其为人了。

### 7. 请详释"核心语言"①

人乃是一会说话思想的存有者，在某一义来讲，人可说基本上是语言的产物，因为离开语言就没有思想，当然就更不会有"人"的自觉及"人"的自我形象的建立了；而这些正是构成"人"之所以为"人"的主要因素。当然，人的语言与人的生命活动是分不开的，人是一有生命活动的存有者，更是一在其生命活动中，体验到存有的真实与真理的存有者。此人类独特的生命存有的体验——包括生命本身的体验和存有本身的体验——我们称之为"核心体验"。所谓"核心语言"就是指涉或描述人类的核心体验的语言，这是人的语言中最主要的一部分——占有核心地位的一部分，因为人之所以为人的定义，就决定在此人所独有的存有体验里，这就是为什么我们形容核心语言为"语言中之语言"了。中文里的"道"，梵文里的 Brahman（梵天）和希腊文中的 Logos（逻各斯），都是核心语言中的表达者。这三个词语的泰古原义都是异常复杂的，是无法尽析的。因为它们寓载着的乃是人类核心体验的全部内容啊！核心语言乃是语言中之语言，因为它所描述的存有体验乃是体验中之体验。但人的存有体验是如何可能的呢？这个问题的答案早就涵摄在我们释"体验"的论述 5 中。人的身体乃是存有得以开显的根本凭借；在某一义来说，人的根身已经是存有自身了，人体已经是（形上）道体了，形躯已经是太极了。

---

① 关于超切主义和场有哲学的主要思想，读者可参阅唐力权，《周易与怀德海之间：场有哲学序论》，台北，黎明文化事业公司 1989 年版/沈阳，辽宁大学出版社 1991 年版。关于核心语言与泰古哲学的关系，可参阅第六章，（台北版）第 229—275 页/（辽宁版）第 178—213 页。

存有体验的可能性在哪里呢？它就在此根太超切的关系里。"道"原指根身或躯体，也兼指太极或形上道体。故根太超切或互摄的关系，也就涵摄在"道"的原义里。如是存有体验是一切体验的核心，道的体验则是存有体验的核心。此"核心中之核心"才是"核心语言"中"核心"一词的胜义。核心语言，最后分析起来，就是体道的语言。但"体"就是"道"，"道"就是"体"；这两个字在泰古语言中是互通的。此两字之间的暧昧处，正好用来表达人体与存有自身间的超切关系。

### 8. 体道与人道

核心语言——即体道语言——乃是人类共有的哲学语言，也同时是人类远祖留存给我们的最宝贵的文化遗产。因为体道——存有的体验——乃是构成人道最基本的因素。人的一切思想及生命活动，莫不直接地或间接地受到核心语言的影响或支配。事实上，在某一意义上来说，它简直就是人类精神文明的胚胎——一切思想范畴、创作灵感及意义或价值体系的活水源头。所谓哲学史就是核心语言的发展史，所有哲学就其本质而言，都是体道经验的现象学或体道语言的诠释学。文明人的体道语言原是泰古人创造出来的哲学语言，原是泰古语言中的核心语言。故要了解文明人的哲学，就必须了解它所传承的泰古哲学，文明哲学只不过是泰古哲学语言的诠释、再诠释罢了。

### 9. "道"的核心义：泰古哲学与文明哲学的区别何在？

存有的核心在哪里？对这个问题泰古人的答案和文明人的答案是截然不同的，是有很大分别的。在泰古人素朴的存有体验里，"道"就是核心。但这个被体验为核心的"道"，既不是与存有自身份隔的人体，也不是可与人体分开的存有自身，而是混合人体（根身）与存有自身（道体）而言的一个超切无间的真实，根身与权能场有的超切互摄就是"道"。如上文所言，泰古哲学乃是环绕着根太超切这个原始体验的核心发展出来的素朴的哲学思想。"道"是体验的核心，也是存有的核心：后世以"道"为存有的真理与真实，就是从这个原始的慧识引申出来的，因为存有的真理与真实，正在人体与道体的混然超切的关系里。在文明人的哲学里，"道"显然还占有着核心的位置。但这个文明人的"道"已经变质了，已经不是原初的超切无间之"道"，而是一个为我识问题心所分化、分裂的异隔对立之"道"。我识问题心不正是在根身与道体的疏离，异隔里滋生滋长的意识心态吗？异隔的意识必然是有执的意识，存有本来是一个相对超切的真理与真实，但文明哲学最显著的特征却是存有的"绝对化"——根身的绝对化，物的绝对化，存有自身的绝对化，我识的绝对化，这是我识执有无可避免的后果，存有绝对化的具体表现就是"形上实体"的建构。故笼统地讲，泰古哲学与文明哲学的主要分别，就是无执存有论与有执存有论的分别，亦即是"超切主义"与"实体主义"的分别。主宰着众多文明哲学传统的实体形上学，不仅和文明人的控制性心灵息息相关，它压根就是文明人为满足其执有或控制存有的欲望所表现出来的最高形式。但存有可不是我执的智能控制得了的，执的、可被控制的存有只是存有的一面——有可断可分的一面。存有自身是断而不断、可分而不可分的。人的分别意识所能接触到、所能深入控制的只是有断可分的一面，而永远接触不到无断不可分的一面——属于无意识或超意识层次的一面。而我们所谓的"超切直觉"正是通过非意识的、无间生命活动而发用的。当文明人牢固地建立起他们的实体主义王国之日，也正是他们丧失了超切自觉的创造本能，而成为控制性魔王的奴隶之时。文明人赖以生存、赖以兴建文明进而主宰万物的知解理性，基本上是控制性意识的产物——基本上是霸道的。文明人一方面生活在霸道权能之中，享受着霸道权能的成果；另一方面却为此丧失了其超切直觉的本能，也深切地感受到为霸道权能魔头的反噬之苦①；文明人不能抛弃其知解理性，却又希望从知解理性的枷锁里解放出来——这就是文明人有间生命、有间的矛盾了。文明哲学，最后分析起来，就是要解决此有间生命矛盾的生命哲学——本于曼陀罗理性的生命辩证之学。

### 10. 何谓"曼陀罗理性"？

一切生命都是方中求圆的——都是以有碍而求无碍的。这"方中求圆"的倾向乃是生命活动的本质、本性，我们称之为"曼陀罗理性"。突显于印度宗教文化的曼陀罗（译自梵文 mandala，以下简称"曼陀"）实

①　关于"霸道权能"的观念，可参阅《贞宜论：安身立命的哲学意义》。

是文明人类——最普遍的——具有最深刻哲学含义的一象征意符，也是泰古以来非语文的体道（或核心）语言中最重要的一部分。"方"代表有碍，"圆"代表无碍，曼陀罗圆形中方圆交错的结构，也就涵摄着生命活动中有碍与无碍两面相即相入的辩证关系。这个辩证关系，站在存有论的立场来讲，亦即是道体可分与不可分或断而不断的超切关系。不断而断、不可分而有分——这是道体的"圆而自方"；断而不断、可分而实不可分——这则是生命的"方中求圆"。圆而自方代表个体性的开显，也象征生命活动有碍的必然性。因为有个体性（可分）就有对立，有对立就有限制，有限制就是有碍了。事物两两对立，这就是"方"的象征义。但一切可分与对立都是不彻底的，"绝对的个体"是不存在的，因为存有乃是一个断而无断、可分而不可分的真理与真实。一切个体存有都在道体或存有自身的一贯之宜中，此一贯之宜乃是一切个体存有的本性——《易传》所谓的"太和"，老庄所谓的"一"，和禅家所谓的"本来面目"。用曼陀罗的象征语言来表示，存有的一贯之宜就是"圆"。一贯之宜是不可分的，是无断可言的；故"圆"乃是无限和无碍的象征。但这个为存有地本性的一贯之宜，却又是和一切个体存有密切不可分的。没有个体存有也就没有一贯之宜，因为后者正是成就一切个体性的太和啊！所谓"保合太和乃利贞"《易·象传》，这句话指的正是一贯之宜与个体存有间的超切关系——也就是我们所谓的"圆而自方"的意思。圆而自方，方中求圆，统合而言之，也就是易道性体的"分合圆融"了。

### 11. 圆而神，方以智——超切辩证法与生命哲学：《易经》哲学的特质

"著之德，圆而神；卦之德，方以智。"《系辞传》这句话不仅点出了《易》学的基本精神，也涵摄了所有生命哲学的精微大义。《易经》哲学是场有哲学，也是生命哲学。场有哲学与生命哲学地超切辩证的统合，这就是《易经》哲学特质的所在。《易经》本为卜筮之书，故《易经》哲学的研究是不能离开卜筮的立场与原理来讲的。事实上《易经》哲学正是要透过卜筮的观点来体道——来发掘生命的秘奥和探索存有地真理与真实。不管它的科学根据为何，卜筮乃是先民赖以安身立命的一种理性道术。这里"理性"指的就是我们所谓的"曼陀罗理性"——一个扣紧生命存有的辩证特质而取义的理性观念。一切生命活动都是方中求圆，以有

碍而求无碍的。但人——文明人——的存有除了这为一切生命所共有的曼陀理性之外，还有一为自然生命所无的理性特质——立命辩证的特质。在我识、问题心的支配下，文明人乃是一生活在有间生命与无间生命地矛盾中的存有者。所谓"立命辩证"，就是在要解决有间无间地生命矛盾的曼陀理性——文明人赖以安身立命的理性道术。"立命辩证"中"辩证"一词，指的不仅是这有间无间的生命矛盾，也指文明人为解决此生命矛盾而遵循的曼陀（罗）之道，或所作出的曼陀行径。总括来讲，此文明生命的辩证特质，乃是本于曼陀理性通过意识心问题化的文明历程而发用的生命特质。但意识心的问题化又是怎么一回事呢？它乃是文明人在权能场有中"依身起念，依念作茧"的行有（生命活动）依转（依起依变）历程。前面说过（3）行依就是"易"；行依的体验就是"易"的体验。但"易"的体验也就是"道"的体验，"一"的体验，"太极"的体验——因为"道"、"一"、与"太极"乃是行依体验的核心。在先民的素朴思想里，这个核心就是为人的一切生命活动地依据与中心的人体——直立走路，思想说话的根身。从根身性相学的立场来讲，这就是《系辞传》里"易有太极"——也可说是"易中有一"或"易中有道"一语的泰古原义了。但泰古人的行依体验乃是一彻头彻尾的超切体验。他们所体验到的存有核心，不仅是为他们生命活动地中心的人体，也是与此人体混然无间、超切不离的道体或存有自身。故"易有太极"兼有形上学方面的含义，那么，"太极"、"一"或"道"在泰古形上学里究竟指的是什么呢？不是别的，就是我们所谓的"权能场有"。所谓"道体"或"存有自身"，只不过是权能场有的全体大用罢了。权能场有在人的行依体验里开显——这就是"易有太极"在泰古形上学方面的胜义。泰古哲学是根身性相学，也是形上学——合而言之就是"根身形上学"。根身形上学的思维方式——泰古哲学的方法论——就是本于根太超切的思维方式。由于泰古人的问题心不显，泰古人的生命基本上是一个无间的生命，这种思维方式是缺乏辩证性。泰古哲学出于超切直觉意识内容的素描，而不是成于针对着有间无间生命矛盾地立命辩证法的运用。这为文明人安身立命所赖的立命辩证法，已不是超切直觉的当体领悟，而是一种统合了超切直觉与知解理性的生命道术——本质上仍是属于曼陀理性的生命道术。"蓍之德，圆而神；卦之德，方以智。"这是《系辞传》作者从卜筮的观点来解释

《易》学超切辩证法的精警语言。卜筮的方法与作用（著之德），最后分析起来，是神妙莫测（圆而神）的，不可用知解理性来测度的，因为它本质上乃是超切直觉的当体领悟。"圆而神"一句中之"圆"就是生命所追求的无碍，也兼指为一切存有地本性的一贯之宜或太和境界。卜筮的作用就是要摆脱由我识问题心的缠结所造成的有碍——莫须有的生命限制——而当体地感接上太和之无碍。生命的限制是"方"，"太和"的境界是"圆"。卜筮的目的就是"方中求圆"，但"方中求圆"也同时是个体存有、个体生命的贞定——这就是《易·象传》所谓"保合太和乃利贞"的意思了。为什么要"方"中求圆呢？为什么个体存有、个体生命的贞定要通过生命的限制与有碍来完成呢？理由很简单——因为生命的限制与有碍，正是个体性与个体之宜的所在。故"利贞"就是贞宜，"无碍"就是得宜，任何个体之宜都是独特的，都是为此个体存有所独享的。但一事物或存有的独得之宜，却又与宇宙其他事物或存有的独得之宜密切关连。我之"宜"亦即是你之"宜"，也同时是天地万物之"宜"。此乃因为一切独得之宜都在太和之中，都只不过是权能场有一贯之宜所分化。这就是为什么"利贞"（贞宜）必然是一"保合太和"之事。从某一义来说，一切个体存有都是得宜的，都是保合太和的，没有绝对不得宜的事物；因为绝对不得宜也就不会存在了。这宜无不宜或绝对得宜正是在自然宇宙中无间存有、无间生命的特征。但文明人却是一十分特殊的存有者。由于受到我、问题心的支配，文明人的存有乃是一"有生于无"——有间生于无间——的存有。有间的生命乃是一失去了超切自觉地创造本能的生命，对文明人来说，保合大和已经不是一任运自然的事，而是一刻意经营的事。任运自然只是超切直觉的本能地宜其所宜，但刻意经营却必须依赖知解理性的分析作用。知解理性在有间生命中的运作——这就是《易传》所谓的"方以智"。"方"代表分、代表有间、代表生命的有碍与限制。知解理性乃是处理存有之"方"的智慧，所以说是"方以智"。为什么《易传》的作者以"方以智"为"卦之德"呢？在《易经》哲学里，"卦"的观念乃是从权能场有的基本观念直接引申出来的。笼统地讲："卦"就是在生命情景或处境中开显的权能场有——道体或存有自身相对于人而开显的"超切境界"。"卦象"就是在权能场有的超切境界中出现的表征、象征或现象。权能场有的运作，就其无断或不可分方面而言是神妙无方的、是机微不可测的，但却又并非是无迹可寻的。卦象所显示的正是存有之"方"——权能运作有迹可寻的一面，也同时是生命的无碍与限制落实，或表现在特殊生命处境中的一面。存有之方必须靠知解理性来处理，所以说是"卦之德，方以智"。但知解理性本身是无目的性的；它的运作是独立于生命地独得之宜的，生命之得宜基本上决定于超切直觉。故文明人虽然丧失了他的超切直觉的创造本能，却仍须将知解性的运用建筑在超切直觉所可能提供的自然本能基础上。卜筮的作用就要把有间意识变为无间意识，其主要目的就是直觉潜能的引发。至于其有效性如何，那就得看文明人陷落在有间意识的深度了。

现在我们看清楚了，所谓"立命辩证"，最后分析起来，就是"超切辩证"。一切存有都在易道断而不断，相反相成的终极活理之中，文明人有间无间的生命矛盾和方中求圆的立命之道，只不过是存有的一种形式，终极易理之一特例罢了。

**12. 断而不断，相反相成：超切辩证的原始体验（"道"的终极义寓于"道"的核心义）**

综上所述，我们可知《易经》哲学的特质和超切辩证观念、超切辩证法的运用是分不开的；此超切辩证的特质，正是《易》学之所以被描述为"洁静精微"的所在。我们实在很难想象有比"超切辩证"这四个字，更能简洁恰当地表达出《易经》哲学的真精神的了。事实上，超切辩证就是"道"——既是《易》学之"道"（《易》学的方法），也是"易体"之"道"——天地万物存有变化之"道"。这四个字不仅代表了《易》学者所奉为圭臬的无上慧识，也是他们处理一切哲学问题——包括存有的问题、认识的问题、个体生命与文明人类安身立命的问题——所依赖的不二法门。存有是一个可分而不可分的真理与真实，也是一个相反而又相成的真理与真实。前者（可分而不可分）予我们"道"的超切义，后者（相反而又相成）予我们"道"的辩证义。对任何一个对《易》学稍有认识的人来说，这些话已经是老生常谈了。可分而不可分，相反而又相成——这不正是泰古哲人伏羲氏石破天惊所作两划的本意吗？

这羲皇的"两划"指的当然就是为构成八卦地基本原理与要素的"断"（——）与"无断"（一）的两个符。断画代表可分，无断画代表不可分——这象征"道"的超切义。由这断与无断两划的交相为用而成八卦和六十四卦，以描述权能场有、天地万物的相反相成——这就代表"道"的辩证义了。合而言之，伏羲两笔或两划也就成了描述存有终极性相最微妙不过的象征意符。但这两划究竟是怎么来的呢？它来自泰古哲人天才的灵感吗？不是的。这两划所代表的无上慧识的获得，虽然与泰古人的素朴心灵与无间生命有关，但却绝对不是来自天才灵感的偶发——而是来自泰古哲人"近取诸身，远取诸物"地如实观照的成果。说得明确一点，伏羲两划实是泰古哲学心灵体道经验的结晶——原是泰古哲人运用超切直觉的创造本能依身起念、当体领悟的产物。"道"的终极又原是通过根太超切互摄的核心体验而得到证悟的，无断一画所原先代表的乃是根身的无断，亦即是直立起来的形躯；而中断一画所指的，则是根身之可断或是在弯曲状态下的人体，这就是后来在《易经》哲学语言中"刚"（无断）与"柔"（可断）两爻名的来源。换句话说，"刚"与"柔"原是根身性相学的名词，但根身性相学在泰古哲学里也就是根身形上学。存有的真理与真实也就是权能场有的真理与真实，这个真理与真实原是透过人的生命活动——根身的生命活动——体验出来的。在泰古人的核心体验里，权能场有就是根身的权能场有。人身的生命活动本于直立形躯（刚）与曲折形躯（柔）的交相为用，其中关键就在作用与势用的互为依转——这就是"爻"的泰古原义了。在卦爻的原始体验里，存有的超切辩证与根身的超切辩证是分不开的啊！形上道体之断而不断，乃是通过根身在其权能场有中生命活动之断而不断而行依体验出来的。此"'道'的终极义寓于'道'的核心义"正是泰古哲学，也是《易经》哲学最显著的特色。

### 13. 生命立场与一真法界：超切主义的如实观

"断而不断，相反相成"：此超切辩证的真理与真实，乃是就存有的终极性相而言的，故我们称之为"道"的终极义。"道"是兼理（真理）与实（真实）而言的活理；终极之道也就是终极的活理——为权能场有全体大用最后所本的终极活理。此终极活理是怎样被领悟的呢？它乃是寓于人根身与太极（或形上道体）的超切互摄关系中，通过生命活动的行依体验而开显的。"根太互摄，行有依转"：这是"道"的核心义。"道"

之终极义寓于"道"的核心义——这是"体道"之原始义蕴，也是泰古哲学的特色。在《易经》哲学里，"易"的概念主要是扣紧生命活动的行依体验而取义的，故合终极义与核心义而言的"道"乃是"易道"的胜义，终极寓于核心——易道之一真法界与开显格局也就于焉决定了。这里所谓"一真法界"指的不是大乘佛教的真如，而是如实开显的权能场有。"一"言存有终极性相之无断，"法"代表终极性相之有断。"界"是超切境界的省称，亦即是存有通过根太互摄的关系而展现的存有格局。"真"就是存有之真，指的是权能场有如实开显的真理与真实，故"一真法界"这个词语所代表的刚好就是寓终极性相于核心性相之道——权能场有通过人的行依体验而开显的易道，这个观念乃是扣紧人的生命立场与形上姿态而取义的。一切有灵或有觉识可言的生命体，都有其自己的生命立场和本此立场而有的形上姿态——感于存有终极性相而生发的生命态度。一切有灵无灵的生命体都是场有者，都有其"立"于权能场有的自处之道。此生命立场或自处之道，乃是为生命体与权能场有的超切互摄关系而决定的。人的生命立场——人在权能场有的自处之道——也就涵摄在根太互摄的关系之中，这就是核心义之"道"之所以为"核心"的另一层意思了。

现在我们可以明确地指出真法界与生命立场这两个观念的内在关系了，一切存有的开显都是相对于生命体之生命立场的开显；没有生命立场也就没有存在开显可言，此乃因生命立场的可能性——存有开显的可能性——正是涵摄在生命体与权能场有的超切互摄关系之中，故存有开显只不过是权能场有对应于生命立场而展现的超切境界罢了。如是人的超切境界，也就是对应于人的生命立场而开显的权能场有；鸟兽的超切境界也就是对应于鸟兽的生命立场而开显的权能场有；外星人（假如他们存在的话）的超切境界，也就是对应于外星人而开显的权能场有。对自然宇宙的无间生命而言，超切境界与一真法界是没有分别的，因为超切境界之如实开显正是无间生命的特征。但在文明人的生命里，由于我识问题心的自欺或自我蒙蔽，权能场有所开显的超切境界也就有无间与有间——或如实与不如实之分了。事实上，相应于文明人的有间生命立场、有间觉识而言的超切境界，基本上是不如实的或虚假的超切境界，而不是如实开显的权能场有——无间的超切境界或一真法界。不过，文明人虽然是一有间的生命，虽然自处于不如实的超切境界之中，却仍具克服其有间生命的虚假性，而向无间生命与一真法界回归的可能——因为人毕竟是一具备有如实观照地本能的场有者。

所谓"如实"就是忠于道之真理真实。"如实"的含义是：如生命立场之实，如权能场有之实，如生命立场与权能场有超切互摄之实。本此"三如实"的态度所卓立的形上姿态来观照存有、观照宇宙人生也就是我们所谓的"如实观"了。应该立即指出的是，这是一种"超切主义"的如实观，不是忘却生命立场而只求权能场有之实的"客观主义如实观"，也不是抛离了权能场有而把生命立场绝对化的"主观主义如实观"。从超切主义如实观的立场来说，"客观主义"与"主观主义"的如实观都是不周遍的，因此也是不具足的。不周遍、不具足的如实也就是失实——也就不是真正的如实观了。

### 14. 三材与三极：易道开显的存有格局

而《易经》哲学正是以"三如实"的求真态度为出发点的超切主义哲学，《易经》的语言基本上乃是诠释易道的哲学语言。而所谓"易道"，用《系辞传》的术语来说，就是"三材之道"或"三极之道"。"三材"就是"天、地、人"，"三极"就是天极之道、地极之道、人极之道。在中国先秦的哲学里，"才"与"气"都是权能的代名词，而"极"则含有"如实之道"或"真之极致"的意思。"三材"中的"天地"（"天"与"地"的合言）就是权能场有；天地之道也就是权能场有之道。为什么《系辞传》要从人配天地的观点来观易道，而不单就天地或权能场有的观点来言易道呢？其理由显然来自《系辞传》作者超切如实的心态。以人配天地的目的就是要凸显"人"的重要性——人身（"人"字象形，代表直立的人体）的重要性、人的生命立场的重要性。《易经》哲学最重感通——人与人的感通、人与天地万物的感通。而感通的可能性正在根身与权能场有的超切互摄关系里；人的感通形态、感通量格正是与其生命立场互为因果的。故在《易经》的哲学里，存有的开显必然是"易道"的开显，而易道开出的格局必然是一个"三材宇宙"的存有格局，"三材之道"所反映的正是"三如实"的哲学姿态啊！

但三材之道也就是三极之道：所谓"三极"只不过是"三材"之推

尽罢了。这里所谓"推尽"指的乃是体道的历程，"三极之道"，换句话说，也就是我们所谓的"一真法界"——亦即是在如实观照终极处所开显的易道。但这是易道的"一真法界"，而不是大乘佛学等同真如的"一真法界"。从超切主义如实观的立场来说，大乘佛学的真如境界只是一真法界之一特例。此乃因超切如实的精神，虽然不能离开生命立场来讲，其本身却是"大公无私"的，不偏向于任何生命立场的；而佛家的真如却是佛学"去染趋净"生命立场的投企。如其实，则净亦实，染亦实，染净皆实。在真如无间、超切自明的觉识里，一切存有——无分染净、无分善恶、无分美丑——的开显都是真实的，也都是自宜其宜的。如是存有的如实开显无不在易道的太和之中，《彖传》"保合太和乃利贞"这句话，又可使我们有更深一层的领悟了。

**15. 易体是心体也是性体：易道创造性的两面——"道"之终极、核心义寓于"道"之曼陀义**

前面（§11）说过，一切事物都是得宜的，都是自宜其独得之宜的。《彖传》"干道变化，各正性命，保合太和乃利贞"，这句话讲的就是这存有的"本事"（本体之事）。"贞"者，正也，"利贞"就是利性命之正。"性命之正"在哪里？它就在个体事物的独得之宜里。一事物的独得之宜就是它的"性"，这个"性"不是材质之性，而是事物存有的"本性"。万物都是以宜为性的，这个以宜为性的"性宜"或《易传》所谓的"太和"乃是一切存有的本质也是一切价值的根源。但有性必有命，"性"是宜之具，"命"是宜之分。天地万物莫不沐于权能场有或太极的一贯之宜中，宜之具也就是太和之"共享"、太和之"共适"。但从个体存有的立场来说，有所宜则必有不宜：宜于此不即是宜于彼，宜于我不即是宜于你，故宜之分也就是太和之"分享"或太和之"各适"，此性宜之共享与分享、共适与各适，也就是"各正性命，保合太和，乃利贞"的精微大义了。性宜或太和之共享分享、共适各适，我们谓之"贞宜"存有之本事，只是一个"沐宜贞宜"罢了。

明确地讲，此沐宜贞宜之本事是属于权能场有的：它是易道的本事，乾道坤道变化的本事。在《易经》哲学里，"乾道"代表权能场有阳刚无断的一面，"坤道"则代表权能场有阴柔可分的一面。用《易》学的传统术语来说就是"乾元"、"坤元"。乾坤合言——乾元、乾道与坤元、坤道合德——也就是易道生生不已、大生广生的创造性。以《易传》的作者来说，乾坤合德的创造性（易道的生生之德）乃是权能的本质——因此也是生命的本质。我们根身所在、生活所依的场有正是一充塞着创造权能、生命权能的干坤之场。是故存有的本事，具体而言之，也就是创造权能、生命权能的本事。此权能的本事，就其终极活理而言，只不过是一个寂感真机，一个保合太和而已。寂感真机与保合太和，乃是易道创造性的两面——"易体"的两面，超切辩证的两面。前者视易体为"心体"，后者视易体为"性体"。《系辞传》曰："神无方而易无体。"易道本来是无体的，因为它只是一个生生不已、超切辩证的创造性。但我们也不妨换一种说法：易道之所以"无体"，正因为它是以一切法、以整个权能场有为"体"。权能场有就创造性之本事而言就是"本体"，就创造性之真理与真实而言就是"道体"，就创造性的行有依转而言就是"易体"了。易道是一个超切辩证的活理，也是一个寂感真机、保合太和的活理；故易体是心体，也是性体。这里"心"与"性"均是就存有之本事、本质而取义的观念。"心体"就是存有的本心，"性体"就是存有的本性。"本心"与"本性"合言就是"本事"。易道之所以为"广大悉备"，就建筑在这寂感真机，保合太和的心性基础上。

值得重言的是，易道易体之所以为"易"，原是从人的生命立场来看的，原是通过人的生命活动，行依体验而取义的。道的终极义寓于道的核心义，这是易道活理之所寄，也是易体心性基础之所在。易道之超切辩证、寂感真机与保合太和（道之终极义）是怎样通过人的行依体验，和根太互摄的超切关系（道的核心义）而开显发用呢？这个问题，我们在前面（§9）已经就有间生命与无间生命之分别处而有所阐述。在泰古人无间的生命里，易道的运作只是一个任运自然，但在文明人有间的、问题化的生命里，任运自然的本事已经为刻意经营的本事所取代。在文明宇宙里开显的易道已不仅是终极、核心义的"道"，而更是曼陀义的"道"——超切辩证通过文明人有间无间的生命矛盾而运作的"道"。此终极、核心义寓于曼陀义的"道"才是最具涵盖性的"道"，亦即是扣紧文明人的存有而取义的道。本文以后所讲的"道"或"易道"，当以此周遍之"道"为准。

### 16. 生命形象与存有设计：文明人的立命格局——"穷理尽性以至于命"

此周遍义的易道是不能离开文明人的生命立场而讲的。事实上，蕴含在此周遍易道一概念中的义理架构，乃是一个建筑在文明人的自我生命形象与存有设计义理架构，存有设计乃是生命形象的具体表现，而生命形象又是生命立场的具体表现。文明人有间无间的生命和方中求圆、以有碍求无碍的曼陀行径，正是通过这文明存有的基本格局而凸显其创造性的。我们文明人所能理解的易道，也就是这个落实于此文明存有的基本格局——"立命格局"——的易道。《易·说卦传》里有"和顺于道德而理于义，穷理尽性以至于命"这么一句话。这句话讲的原来是圣人作《易》的目的，但它所含蕴的理趣正是我们所谓的"立命格局"——文明易道有存有格局。

"至于命"就是"立命"。什么叫作"命"呢？就存有之本事来讲，"命"就是为易道的创造性所决定、贞定的存有方式或方向；这个字所代表的乃是可能性与可能者之间的关系。易道乃是一个乾坤合德、生生不已的创造性。此超切辩证的存有本事和终极活理，就其基调而言，只是"立命"而已："断"与"不断"之间，"相反"与"相成"之间，莫非是"命"的所在。易道之本事无它，立命而已。而易体是心体也是性体，生生不已、立命不已的创造性，是寂感真机也是保合太和；故文明存有（易道在文明人生命中的落实）也相应地有心体与性体之分。《说卦传》中"穷理尽性"这一对观念，就是对应于存有的心性两面而取义的。"穷理"就是穷超切辩证之理；超切辩证是心体运作的法则，故"穷理"也就是"尽心"，尽寂感真机之本心。但超切辩证也同时是性体分合圆融之本，故"穷理"也就是"尽性"。"尽性"就是尽保合太和之性、性宜之性、尽存有之本性。"穷理尽心"、"穷理尽性"的目的就是立命（至于命）——尽心地立命、尽存有之本性。"穷理尽心"、"穷理尽性"的目的就是立命（至于命）——尽心地立命、尽性地立命。尽性则沐宜贞宜，尽心（穷理）则诚承契印。文明人的存有本事，也就规定在这沐宜贞宜、诚承契印的立命格局上。

在某一义来说，任何生命都是尽心尽性地立命的。因为生命的本质，决定于其生命立场所蕴含的创造性，而所谓"立命"，只不过是生命立场的自遂和生命本能、创造性本能的满足。在无间的自然生命里，尽心尽性是无须计算思量的；它只是一任运自然的存有本事。但在文明人的有间生命里，尽心尽性乃是在我识问题心驱使下的尽心尽性，此由我识透视人为做作所决定的立命格局，乃是一个刻意经营的"道德格局"。所谓"道德格局"就是契合于文明人生命立场的"存有格局"，"道德"一观念原是就文明人生命下的是非善恶而取义的；而是非善恶正是我识问题心发用最显著的特征。以是非善恶为衡量标准的生命立场，就是道德立场或道义立场。所谓"道义"就是道德之宜，正是宜于道德立场的意思。《说卦传》"和顺于道德而理于义"，这句话指的就是文明人与其道德立场、道德（存有）格局的密切关系。"和顺于道德"就是契合于文明人生命的道德立场，文明人据其生命的道德立场而行而安身立命就是"义"。"理于义"就是领悟此"义"中之"理"。这个"理"是什么呢？当然是尽心尽性以立命的"理"——实存生命的实理、活理，亦即是落实于文明宇宙中之易道。如是"和顺于道德而理于义、穷理尽性以至于命"——易道文明的义理架构也就昭然若揭了。

### 17. 沐宜贞宜——尽性地立命：文明存有的性体或价值享适体（"成性存存，道义之门"）

一切事物都是各正性命、保合太和的。这是存有论的语言，也是价值论的语言。太和（性宜）是万物存有的本性，也是一切价值的根源，故性体就是价值体——或价值享适体。文明人沐宜贞宜，尽性立命的存有本事，基本上和其他生灵或生命体是没有什么分别的；它只是生命立场的自遂和生命本能、创造本能的满足罢了。不过文明人的生命乃是为一个问题化人心所主宰的生命，一个充满着有间无间的生命矛盾的生命。文明存有的立命格局，正是为这特殊的曼陀辩证性所决定的立命格局，在有间无间的生命矛盾中方中求圆，以有碍求无碍——这就是文明人立命的"命"之所在了。

上文（§16）说过，"命"是易道创造性所决定的存有格局或生命形式，这个概念所代表的，乃是可能性与可能者之间的关系。一切事物都在权能场有之中，所谓"可能者"就是相对于事物的场有可能性而言的存有或事物。说得明确一点，"可能者"就是实现可能性的场有者。在场有者实现其可能性之前，其存有格局或生命形式，已在其场有的可能性中有所规定了。这个场有可能性中的内在规定就是"命"。这个字眼一方面指向权能场有的自我开显；另一方面也点出易道创造性的自我限制，故"命"的基本含义就是存有的贞定。离开了权能场有的"命"，也就无个体事物、个体存有而言。《象传》所谓的"各正性命"就是这个意思。从个体的立场来讲，"命"——可能者在其可能性中的规定——所代表的也就是性宜本身与独得之宜的关系，亦即是太和（一贯之宜）之同享与分享，共适与各适之间的关系。我的"命"就是我之得于太和者，或是太和之在我、性宜之在我。《系辞》曰："成性存存，道义之门。"这个命或太和、性宜之在我就是《系辞传》这句话里的"成性"。"成性"就是成立了的或贞定了的"性"，亦即是场有者借太和之分享而得以立命于权能场有的存有立场或生命立场。而人的成性（从性体方面而取义的命）或生命立场，就其具体表现而言就是人的价值意志。相对于人而言，太和之所以为价值的根源，乃是通过人的成性（太和、性宜之在人）而起用的。离开了我们性体中之成性也就没有价值选择、价值判断可言，当然就更谈不上成就契合于人的生命立场的存有格局、道德格局了。这就是为什么《系辞传》要把成性之确立（成性存存）看作为"道义（道德之宜）之门"了。由是尽性立命乃是价值意志之事，"尽性"是尽命中之成性，"立命"是立成性中之性命。对无间生命而言，价值意志是无所谓"尽"或"不尽"的，也可说是永远"尽其（太和之）在我"的。但对有间的文明存有言，尽与不尽就有很大的分别了。文明人方中求圆，以有碍求无碍的曼陀理性，正是通过其有间无间的生命矛盾而发用、而开显的。文明人的生命强度，正表现在其曼陀理性之推尽与价值意志之风发上。

### 18. 诚承契印——尽心地立命：文明存有的心体或因果诚承体（"寂然不动，感而遂通天下之故"）①②

一切事物都是诚承契印的，行于太极、机于太极的，这是存有论的语言，也是因果论、宇宙论的语言。对《易经》哲学来说，存有既是一价

---

① 关于超切主义和场有哲学的主要思想，读者可参阅唐力权，《周易与怀德海之间：场有哲学序论》，台北，黎明文化事业公司1989年版/沈阳，辽宁大学出版社1991年版。见第二章，（台北版）第47—91页，（辽宁版）第36—65页。

② 同上书，关于"诚承契印"与文明格局的关连，见第八章第五节，（台北版）第402—423页，（辽宁版）第312—328页。

值享适、分合圆融的性体，也是一因果诚承、行机流转的心体。价值享适，源自存有本性之保合太和；因果诚承，则根于存有本心的寂感真机。"太和"与"真机"均为太极的别名，指的是权能场有的全体大用，兼指易道创造性的终极活理。不同的是，前者着眼于创造性分合圆融的价值之和，而后者则注重易道生化流行的因果之实。必须郑重指出的是，这里所谓的性体、心体或本性、本心，乃是扣紧存有的本事或本质而取义的本体论语言，而不是关系着人的生命特质而取义的心性论语言。天地万物莫不以易道之本心为"心"，也莫不以易道之本性为"性"，人当然不会例外。事实上，易道的本心本性亦正是人的生命存有中的本心本性——合而言之，也就是人的"本体心性"。和宇宙间其他事物一样，人既是一价值享适的性体，也是一因果诚承的心体。每一个人除了一个"个体我"之外，还有一个隐藏在其生命存有地根源处的"本体我"。所谓"本体我"就是本体心性之在我，既是太和（本性）之在我，也是真机（本心）之在我。这个"本体我"——或我之本体心性——也就是《系辞传》所谓的"退藏于密"一语中之"密"。这个"密"是"心密"（本心），也是"特密"（本性）；既是因果诚承所系的真机，也是价值享适所本的太和，但寂感真机与保合太和，只不过是易道超切辩证终极活理运作的两面罢了。如是"退藏于密"也就是退藏于及义的"本体我"——合"心密"与"性密"而言的"终密"。这不正是伏羲两划所代表的精微义蕴么？

这个"密"的观念是《系辞传》在讲到古圣人如何通过卜筮的超切智慧来开物成务，确立文明生命的存有格局时提出来的。有关的全文如下：

子曰：夫《易》，何为者也？夫《易》，开物成务，冒天下之道，如斯而已者也。是故圣人以通天下之志，以定天下之业，以断天下之疑。是故著之德圆而神，卦之德方以知，六爻之义易以贡；圣人以此洗心，退藏于密，吉凶与民同患，神以知来，知以藏往，其孰能与于此哉？

《系辞传》中所谓的"天下"，指的乃是相对于文明人而开显的权能场有——一个包括自然世界与意义世界的人文宇宙。这段话明显地告诉我们，在《易经》哲学里，文明建构和心灵作用是非常密切地关联的。事实上，在《易传》的古圣时代里，人的智慧虽还没有从卜筮的限制中解放出来，但却从它的方（方以智）圆（圆而神）运作里得到重大的启发。

这已经是一个为我识问题心所控制所困扰的时代；文明人的存有格局基本上是一个为主客对立、异隔对执的意识心态所规限的存有格局。古代哲人已看得很清楚，要处理文明人的生命问题、存有问题就必须有超越主客对立的超切智慧，这就是引文中所谓的"圣人以此洗心、退藏于密"的意思了。"洗心"就是涤除意识心，由我执透视和异隔对执所造成的种种迷忘与障碍以求回返至意识生命的源头处的超切灵明——亦即是引文接下来所说的"退藏于密"。前文已指出，"退藏于密"就是退藏于个体我生命深处的本体我，或本体心性和行机于人心人性中的终极活理，亦即是由羲皇两划所象征的超切辩证之"道"。

何谓"行机"？"行"就是行有依转之省。易道乃是一个权能与场有——作用与势用——互为依转的行有历程，也同时是一个诚承契印、因果相续的生化历程。所谓"机"指的就是在易道行有历程、生化历程中作用与势用，因地与果地相互恒转所系的契机。此易道之行机可以说是"创造性之转轴"。羲皇两划所象征的超切辩证之道，具体地来讲，就是创造权能、生命权能的行机之道，亦即是权能场有者诚承契印之道。古圣人之所以"极深而研机"，无疑是有其义理的根据的。

《易》有圣人之道四焉：以言者尚其辞，以动者尚其变，以制器者尚其象，以卜筮者尚其占。是以君子将有为也，将有行也，问焉而以言，其受命也如响，无有远近幽深，遂知来物，非天下之至精，其孰能与于此。三五以变、错综其数，通其变，遂成天地之文，极其数，遂定天下之象；非天下之至变，其孰能与于此！《易》，无思也，无为也，寂然不动，感而遂通天下之故。非天下之至神，其孰能与于此！夫《易》，圣人之所以极深而研机也！唯深也，故能通天下之志；唯机也，故能成天下之务；唯神也，故不疾而速不行而至。子曰：《易》有圣人之道四焉者，此之谓也。[①]

极数定象，从《易经》哲学的观点来讲，乃是文明建构——"成天下之文"——最精深的理性道术。而"成天下之文"的先决条件有二：一是"通天下之志"；二是"通天下之故"。前者代表果地的人文场有，后者代表因地的人文场有。易道创造性在文明宇宙中开显发用的转轴，就

① 《易·系辞传》。

在这"天下之故"与"天下之志"的因果流转的契机上。文明人若有能把握到这"志故相续"的契机，也就不能极数定象，不能"开物成务"或"成天下之务"了，此古圣人之所以"极深而研机"也。

那么这创造性的转轴或契机究竟在哪里呢？文明人怎样才能把握到它呢？对于这两个问题，《系辞传》也是通过卜筮作用所启发的智慧内涵来解答的。必须立即指出的是，创造性的契机乃是一亦虚亦实，虚实不定却又虚实互摄的存有，所以是很难捉摸的，很难说它"在那里"的。是以《系辞传》用"神"这个字眼来描述它，说它是"不疾而速不行而至"。易道因果流转的契机，乃是创造性周遍万物本质的所在，自然是"不疾而速不行而至"的了。

现在我们可以回到"命"的观念来了。我们当还记得，"命"在其形上学的一般意义来讲，代表可能性与可能者之间的关系。"命"是太和之在一物、太和之在我，亦即是个体存有之得于太和者。这是从性体方面取义的"命"，但个体存有之得于太和者，不也是创造性因果流转契机的一面吗？是的，"命"既是太和同享分享的分际，也是因果流转的契机，而后者乃是就心体的立场而言的"命"。"心体"就是为易道创造性的行机所周遍的权能场有，这是本心的行机，而不是意识心的行机。但活在我执的迷妄中的文明人，却每每以意识心所把握得到的行机为其"命"的本源，这本末倒置的思想方式，正是文明存有的一特征啊！

作为生命哲学来讲，《易经》哲学是一尽性之学，也是一尽心之学；而尽心尽性的目的都是立命——尽心尽性地"至于命"。太和之同享、分享、共适各适，这是尽性地立命。本心之寂然不动，感而遂通，这是尽心地立命。《易经》哲学最重感通，《易经》的"心学"（尽心之学）就在它的"感通之学"里。从古人的立场来讲，感通就是意识心与本心的交感与契合。这正是古圣人"极深而研机"的目的所在。所谓"寂然不动、感而遂通天下之故"，乃是就意识心与本心之交感处而言的。易道本来是"变动不居，周流六虚"的，怎会是"寂然不动"的呢？《系辞传》这句话表面上好像是自相矛盾，但究其实却有一个极高明的义理在。所谓"寂然不动"，指的乃生生不息超切辩证的创造性自身。易道创造性只是一个断而不断、相反相成的终极活理，其本身是无因果流转的契机可言的，所以说是"寂然不动"。一切契机源自此终极活理在权能场有中因果流转之实，"感而遂通"正是站在场有者的立场来讲的，这句话所代表的不是易道创造性自身，而是易道创造性之在我——本心之在我。而"感而遂通"的可能性，就建筑在我们所谓的"诚承契印"的基础上。

作为权能场有的一分子，任何行有或事物都是有所承的，也都是诚其所承的。"承"有继承、承受、承顺的意思。一行有之所承，乃是它在易道生化流行中所禀受的权能之实，亦即是因地的场有——《系辞传》所谓的"天下之故"。但有所承则必有所诚。"诚"字从言、从成：言者、道之所寓也；"成言"也就是成其道，成其存有之真实的意思。一行有所必须完成的"真实"是什么呢？当然就是它承自因地场有而契于易道权能的"生化使命"，《系辞传》所谓的"天下之志"，"使命"者，易道大化流行所使之"命"也。如上所述（§16），"命"有性体的含义，也有心体的含义；既是太和同享分享的分际，也是因果流转的契机。为什么古哲人要"极深而研机"呢？因为"研机"的目的就是"知机"，而"知机"就是"知命"。如是"诚（其）承"就是"诚命"——完成（行有）所继随的"使命"。而诚承或诚命之所以，可能乃由于运作于行有中的权能主体性。所谓"权能主体"，指的乃是权能运作于行有中的感通化裁力量。这是一"共功型"的主体观念，而不是一"独功型"的主体观念；此乃因运作于一行有中的感通化裁力量，乃是属于整个（现行的）权能场有的，而不是属于场有中的任何个体事物的。此事物间感通化裁的共功，正是行有诚承存印之所本。《系辞传》所谓的"通天下之志"，其概念的核心就在感通化裁与诚承契印的义理关联上。

"契"就是契合、吻合的意思。任何契合都有其独特的方式、形式或格局，我们称之为"印"。一切行有都是感通化裁、诚其所承的，其中化裁与感通的契合和所诚与所承的契合，都是一个"契印"的关系，必须立即指出的是，诚承契印不仅包含了因与果的契印关系，也涵摄了整体与个体的契印关系，和物与物之间的契印关系——统而言之，也就是可能者与可能性的契印关系。如是契印的观念也就是命的观念——契印的形式也就是命的形式。宇宙间的一切作用与活动，最后分析起来，只是一"契印之功"罢了。没有某一程度的契合，事物之间就不可能有作用与势用可言。如是易道就性体言就是价值享适，就心体言就是诚承契印。但不管是从心体或性体方面来讲，生生不已的易道本质上，都是一顺理立命的历程。这里"理"和"命"一样都是统合心性而言的观念；"理"是性体中的宜权，也是心体中的机衡；既是价值享适、保合太和的本性之理也是诚承契印、寂感真机的本心之理。合而言之，我们不妨说"理"就是创造性的"权衡"。易道的运作正是本体心性、终极活理的权衡之功。《说卦传》虽只言"穷理尽性以至于命"，实已包含了"穷理尽心以至于命"（§16）。盖心即性、性即心：就道的终极义来说，心与性只是一事（存有的本事）之两面罢了。

### 19. 根本时空与三材宇宙——爻位观念与力息理论

对《易经》哲学来讲，宇宙人生的一切真理与真实，都在超切辩证的终极活理之中；一切生灭变化、吉凶悔吝都在易道本心本性所规范的权能场有里。宇宙间除了诚承契印、价值享适的行有之外更无余事。所谓"宇宙"，就其根本性相而言，只不过是一个契印享适的连续体罢了。诚承（或因果）契印的生序就是最根本的"时间"；价值享适的化序就是最根本的"空间"。契印的生序与享适的化序所组合而成的"生化（或契印享适）连续体"，也就是我们立命所在的"根本时空"。在《易经》对易道生化历程的诠释中最具关键性的"爻"与"位"两个概念，乃是奠基在根本时空的思想上而立义的。"爻"代表根本时间的连续，代表契印生序的断而不断。"位"则指向根本空间的连续，代表价值享适化序的断而不断。"爻"是诚承契印，因果流转契机之所倚，"位"是同享分享、价值享适分际之所伏。故"爻位"合言所指涉也就是易道创造性的转轴、行有立命的所在。换而言之，根本时空乃是一立命的连续体——称为"根本"时空乃因为这是一个扣紧存有的本质、本事而取义的时代观念；根本时空乃是有别于物理时空，比物理时空更根本的"时空"。物理时空乃是针对着权能场有所开显的自然现象而建构的观念；正如爱因斯坦的相对论告诉我们，它和物质的观念是分不开的，抑且是相互规定的。易道权能乃是一断而不断的连续体，就其有断而言，权能的运作是有迹可寻的，所有自然科学的观念——包括物理的时空——都是"循迹建构"的产物，是以都可为知解理性所把捉。但根本时空却是一个由永恒的创造性运行周遍、涵盖着无始无尽权能场有的大时空，就其无断的终极性格而言，当然是无迹可寻的了；我们对根本时空的存在，主要是靠超切直觉的领悟。物理时空其实是根本时空所开显的一种境界，相对于物理学立场而言的超切境界。但物理学的立场，不管如何客观，必然存在着人的因素，严格地来讲，它仍是人的立场——文明人的生命立场，如是物理时空也就只能视为三材宇宙的一面。

所谓"三材宇宙"，就是通过根太互摄的关系而开显的根本时空——亦即是以人配天地取义的权能场有。"易经"卜筮中的爻位，不仅是根本时空的爻位，也是三材宇宙的爻位。在《易经》六十四卦的意符体系里，"卦"代表权能场有对应于人的生命立场而开显的超切境界，亦即是通过根太互摄的关系而起用的三材宇宙。而人在此超切境界或三材宇宙的当下处境也就是爻位一观念的胜义了。《系辞传》曰："天地高位，而易在其中矣。"人在三材宇宙中的当下处境，是以乾元（天）坤元（地）的交相运作为其终极之根的，故曰"天地高位"。但人的处境当然离不开人的行依体验、离不开人的生命立场，故天地设位也就是易道之行了。

如是爻位的观念不仅代表心体与性体的事，乾元与坤元的统合，也代表了人与太极的统合，这个观念实是整部《易经》哲学义理架构的汇聚点。一卦中之爻位不仅是一个"力场"（权能场有所蕴蓄的力量）的聚散中心，也是一个"场息"（权能场有的信息）的交换中心。这里面涵摄的"力息"（力场与场息的统合）原理更是《易经》哲学宇宙论，沟通论精华的所在。《系辞传》里所论述的"极数定象"的义理架构，正是一个"力息学"的义理架构。"行依论"是《易经》哲学中的存有学，"力息论"则是《易经》哲学中的"象数学"。但通过人的行依体验而开显的权能场有，正是一表现为象数的力息场有，如是象数学只是存有学之伸延，而非一可以独立于存有学之外的学问。《易经》哲学以易道的诠释为其义理归趣，而易道者，"行依力息"之道也。明乎此，则传统《易》学中义理派与象数派之争，也就焕然冰释了。

（原载《周易研究》，济南，1993 年第 17 期，第 27—35 页，1993 年第 18 期，第 45—52 页。）

# 14 蕴微论:场有经验的本质

## (1994)

## 前 言

哲学乃是一种自觉性的智性活动,这种智性活动来自吾人对经验的反省——存有经验的反省。一切哲学理论都有一个存有论的立场,或都有一个基本的存有信托;而所谓存有论（或存有学）,最后分析起来,只不过是一种存有的自反灵明,一种存有经验的剖析与描述罢了。从场有哲学的观点来说,存有就是场有;存有论就是场有论,亦即是场有经验的反省、剖析与描述。① 场有经验的本质在哪里?场有是怎样的一个真实?这篇论文将对这两个问题作一个扼要的回答。

我们所要陈述的大意是:场有基本上是一个"蕴微"的真实。这是一个怎样的真实呢?它是一个互相涵摄的真实,一个虚机了断的真实,和一个境界开显的真实。"互相涵摄"是场有的"实质/超切义","虚机了断"是场有的"造化/历程义",而"境界开显"则是场有的"处境/开显义"。此三义合言也就是我们所谓的"蕴微"或"场有综合"了。贯通此三义而为一切场有,或蕴微真实和义理所本的则是"活动作用"观念。蕴微真实乃是一个活动作用的真实,宇宙本体乃是一个"蕴微地"永恒无限的活动作用——我们所谓的"蕴微大用"或"永恒之行"。"蕴微地"活动作用,这正是场有经验本质的所在啊!

如是从存有论的观点来讲,场有论就是蕴微论,场有哲学就是蕴微

---

① 有关场有哲学的基本义理架构,读者可参阅拙著《周易与怀德海之间：场有哲学序论》（以下简称《序论》）,台北,黎明文化事业公司1989年版。

学。这门学问的基本内容，就是"蕴徵三义"的剖析与陈述。由于它所牵涉的哲学义理与哲学问题至为深邃与广泛，这篇论文只能视为蕴徵存有论的一个纲要，详细的义理探究留待以后逐步开展。

### 1. 场有与场有哲学

什么叫作"场有哲学"？

"场有哲学"，顾名思义，乃是一种以场有为本、以场有为研究的对象、和以场有的义理为依归的哲学。那么什么叫作"场有"呢？"场有"就是场中之有、依场而有和即场即有的意思。一切万物都是依场而有的，一切有都是场中之有，而场本身也是有。这里"场"乃是一个哲学的名词，不是一般含义的"场"，也不是科学上所谓的"场"（如重力场、电磁场等）。我们这里所谓的"场"，乃是一个存有论上的、比一般和科学含义的场都更为普遍和彻底的"场"观念。"场"就是事物的相对相关性，和为此相对相关性所依据的根源所在。事物的相对相关性乃是事物的"存有本性"，"场有"正是合事物与其"场性"——相对相关的存有本性——而取义的观念。即场即有，有与场之不可分，这就是"场有哲学"或"场有论"最基本的观点了。

从这个观点来看，宇宙间的任何事物都是一依场而有的"场有者"，都是不可能外于场有而存在的。事实上，事物本身就是场有；宇宙间的任何一物都是一个"小场有"，都是一相对相关的所在，都是场有自身的分殊。譬如三角形乃是由其三个边或三个角的相对相关所构成的小场有：一个城市的气候，则是由其气流中的气候因素相对相关所造成的小场有。前者是抽象的场有，后者是具体的场有。但不管是具体的或是抽象的，宇宙间的一切小场有或场有者都有内外场有之分。"内场有"就是内在的相对相关的有，"外场有"就是外在的相对相关的有。譬如三角形与其他几何图形的相对相关就是三角形的外场有，一城市的气候与其周围其他气候群的相对相关，就是此城市气候的外场有。很明显地，内外场有之分乃是为分析的观点所决定的。譬如在一个几何系统中，各图形的外场有（或相互外在的相对相关性）正是此系统之内场有（或内在相对相关性）的所在。而地球上各气候群的相对相关，不也正是构成地球气候大场有的内在因素么？如是场中有场，场外有场，场场又场场——这就是宇宙场有蕴徵大用的蕴构格局了。

### 2. 结构与势用：场有综合的第一原则

一切场有者都是相对相关的，此相对相关的关系我们称之为"蕴微关系"。"蕴"有蕴摄、蕴藏、汇聚、结集、和结合等意思。"微"的原意是边界，引申为可分或分别。一切事物都是相对相关的，相关（有内在的关联）是谓"蕴"，相对谓之"微"。盖有相对则必然有分别，而内在关联则是一种"蕴"或结合的状态。"蕴"与"微"合言——相关与相对的统一——也就是我们所谓的"蕴微"或"场有综合"了。譬如一个水分子乃是由两个氢原子与一个氧原子结合而成的，故在水分子中氢原子与氧原子的结合状态就是"蕴"，氢原子与氧原子在水分子中的关系，就是一个"蕴微关系"。这是一种"结构性"的蕴微关系，因为氢原子与氧原子的结合状态，亦即是水分子的内在具体结构。但事物之间不仅可以有结构性的蕴微关系，也可以有"势用性"的蕴微关系。氢原子与氧原子未结合之前，何尝没有一种内在的关联？这种关联在哪里呢？它就在氢原子与氧原子结合的"虚机"或可能性里，在水分子的"潜能"或潜在结构里。那么这个虚机、可能性、或潜能又在哪里呢？不在别的，它就在氢原子与氧原子在场有宇宙中的功能势用里，这个场有的功能势用我们也称之为"蕴"。总而言之，事物结合的状态是"蕴"，事物结合的可能性也是"蕴"。事实上，结构性的"蕴"与势用性的"蕴"乃是不能分开的：没有无结构的势用状态，也没有无势用的结构状态。譬如在氢原子与氧原子结合而成水分子之前，氢原子是一具体的结构状态，氧原子也是一具体的结构状态，水分子的结构潜能也就存于两个具体结构状态的相对势用之中。如是结构中有势用，势用中有结构，结构与势用的互相涵摄，这就是场有综合的第一个基本原则了。

### 3. 氤氲与断机：场有综合的第二原则

"微"是相对，"蕴"是相关：蕴微合言指的乃是事物在相对相关中的结构势用，这是"蕴微"或"场有综合"的"实质/超切义"。"实质"者，真实的本质也，场有宇宙的真实在哪里？它就在事物相对相关的结构势用里。而一切结构势用，最后分析起来，莫不在一个永恒无限的造化权能或蕴徼大用之中。所谓结构势用，只不过是此造化权能生生不已的虚机絪缊与虚机了断的表现罢了。"虚机絪缊"指的是结构潜能（未结合前的水分子）在事物功能势用（等待结合的氢与氧原子）中的孕育。此结构潜能的实现（氢氧原子结合成水分子），乃是造化权能或断机（虚机了断）活动（氢氧原子的结合活动）所成就的"事功"或产生的"效果"。虚机絪缊谓之"蕴"，虚机了断谓之"徼"。絪缊起断机（俗语所谓"时机成熟"），断机熏絪缊（生出新的"虚机种子"），絪缊再起断机：一蕴一徼，一徼一蕴，这蕴与徼（絪缊与断机）相因相续的造化历程——"蕴徼"的"造化/历程义"——也就是场有综合的第二原则了。

　　从一个断机活动的观点来看，造化历程——或称"蕴徼事件"——乃是一个从因地或前蕴人于果地或后蕴的变化过程。"因地"或"前蕴"指的乃是断机活动所缘起的"先行宇宙"，"果地"或"后蕴"指的则是虚机了断或潜能实现之后的"继起宇宙"。因地与果地，前蕴与后蕴，或先行宇宙与继起宇宙之间的差别，也就是造化权能或断机活动所成就的事功或所产生的变化所在。"造化"者，创造变化之谓也。断机活动不但改变了事物的具体结构（把氢氧的原子结构改变为水分子的结构），也孕育了新的潜能势用或虚机种子（如水熄火的可能性）。然而一事（蕴徼事件）之因（因地/前蕴）也就是前事之果（果地/后蕴）；一事之果也就是后事之因。因地与果地的相因相乘，现实结构与潜能势用的互为依转，这就是生生不已的造化权能所蕴徼地形成的因果脉络了。《易传》曰："生生之谓易。"又曰："一阴一阳之谓道。""阴"就是"蕴"（虚机絪缊的因地或果地）的属性，"阳"则是"徼"（虚机了断的造化活动）的属性。生生的易道正是造化权能所蕴徼地（一阴一阳）形成的絪缊断机因果脉络啊！

　　兹以 $A_1$、$A_2$、与 $A_3$ 分别代表三个前后相续的断机活动，则造化权能的蕴徼或因果脉络可表示如下（表一）：

### 4. 内延与外延：场有综合的第三原则

　　场有宇宙中的一切事物，都在一结构势用的状态之中，但一事物的结构势用必须从内延与外延两方面来看。所谓"内延"与"外延"，就是向内场有与外场有延伸的意思。譬如水分子（内场有）中氢与氧原子的结

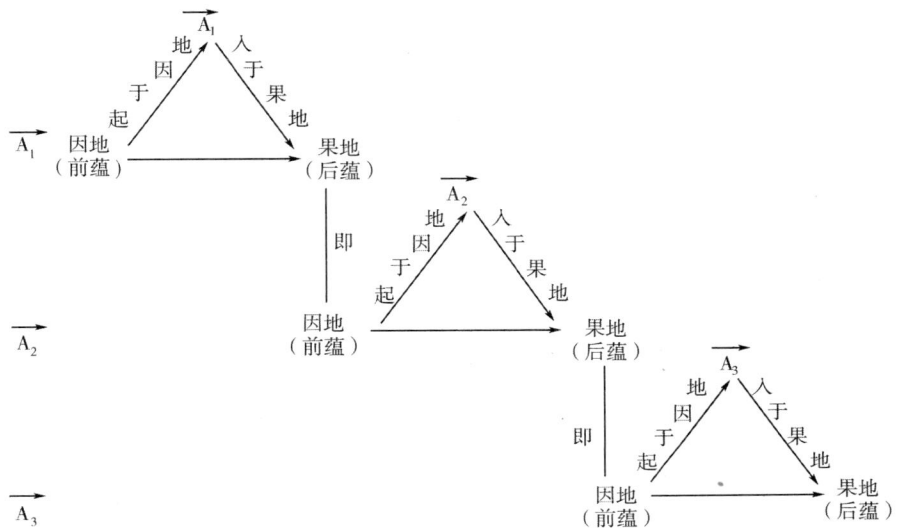

合状态，就是水分子的内延结构势用（或简称内延）；水分子与其外场有中其他事物如火分子的结合状态，就是水分子的外延结构势用（或简称外延）。场有事物的结构与势用是不可分的；其内延性与外延性也是不可分的：有内延则必有外延，有外延则必有内延；内延与外延的相对定位，内延与外延的互相涵摄，这就是场有综合的第三原则了。

必须立即补充的是，当我们把一断机活动放在因果脉络中看它时，它的内延与外延还可以作"当下延"与"前后延"的区别。"当下延"就是一断机活动当下的内外结合状态，"前后延"则是此场有者在当下脉络前后的内外结合状态（"前延"或"后延"），亦即是此场有者在因地（前延）与果地（后延）的场有"身份"或"面目"——俗语所谓的"前因后果"或"来龙去脉"是也。在因地中的场有者（氤氲中的虚机或尚未成熟的断机活动）是"待用"的身份，在果地中的场有者（已了断的虚机或已完成使命的断机活动）也是"待用"身份。不同的是，前者是"潜能待用"，后者则是"不朽待用"。"潜能待用"是势用生结构，"不朽待用"则是结构生势用。此结构与势用的互为依转，也就是场有者处于因果脉络中的转轴了。

对一个正在当下延（进行中）的造化主体（断机活动中的造化权能）来说，内延与外延、前延与后延中的一切事物都是"客"，都是它感通裁化的对象。在结构与势用的互为依转中，内延与外延、前延与后延的会合处也就是当下（延）主体的脉络处境或观点的所在。

内延是"蕴"，外延是"徼"；前延是"蕴"，后延是"徼"。内延与外延（"内蕴"与"外徼"）的合一，前延与后延（"前蕴"与"后徼"）的合一；内延外延、前延后延会合于当下"延"的结构势用之中，一个场有的境界也就于焉开显了。如是一蕴一徼，境界开显，是之谓场有综合的"处境／开显义"。

### 5. 蕴徼合一谓之道：场有综合的基本含义（总述）

蕴徼者，蕴与徼之合一也。蕴徼合一谓之"道"。"道"者，场有综合之道也。据上数节的剖析，场有综合的基本含义可总述见表二：

#### 表二　场有综合的基本含义

（1）蕴＝相关，徼＝相对：结构与势用的互相涵摄（蕴徼的实质／超切义）——场有综合的第一原则。

（2）蕴＝虚机氤氲，徼＝虚机了断：氤氲与断机之相因相乘（蕴徼的造化／历程义）——场有综合的第二原则。

（3）蕴＝内延结构势用，徼＝外延结构势用；蕴＝前延结构势用，徼＝后延结构势用：内延与外延，前延与后延的相对定位与在当下延处境中的统一（蕴徼的处境／开显义）——场有综合的第三原则。

有实质，才会有格局：结构势用者，蕴构（或超切）格局之所本也。有造化，才会有历程：氤氲断机者，造化流行之所本也。有处境，才会有开显：内延外延、前延后延之综合，境界开显之所本也。蕴徼合一谓之道。蕴构格局、造化流行、境界开显——这就是蕴徼大用、场有综合（道）的基本内容了。

### 6. 蕴徼三义之一：场有综合的蕴构格局（实质／超切义）

宇宙中的一切事物都是在结构势用上相对相关的，因为它都在一个永恒无限的活动作用之中，都是此永恒无限的蕴徼大用的分殊。此永恒无限的活动作用——或称"永恒之行"——就是场有自身，亦即是一切场有者之所以相对相关的根源所在。

而事物既然相对相关，也就必然有一个互相涵摄的超切关系。所谓

"互相涵摄"就是互相限制、互为条件的意思。这个意思又可分作两方面来讲：一是存有上的"互为依存"；二是观念或认知上的"相互内在"。如 A 与 B 为两个场有者，则 A 与 B 的超切关系（互相涵摄）可定义如下：

（1）存有上的互为依存：没有 A 就没有 B，没有 B 就没有 A。

（2）观念上的相互内在：在 A 的观念或认知里有 B，在 B 的观念或认知里有 A。

譬如没有氢原子就没有氧原子，这是氢原子与氧原子的互为依存；在氢原子的观念或认知里有氧原子，在氧原子的观念或认知里也有氢原子，这是氢、氧原子的相互内在。

互相涵摄可以是结构性的，也可以是势用性的；而事物的结构性势用性也有一个互相涵摄的超切关系。譬如在水分子中，氢原子与氧原子的互相涵摄，就是一个结构性的（互相）涵摄，而氢、氧原子在未结合前的互相涵摄，则是一个势用性的涵摄。但这个涵摄关系，也同时是一个结构性（氢与氧的结构）与势用性（水分子的潜能）涵摄关系。

互相涵摄可以是内延性的，也可以是外延性的；而事物的内延与外延之间也可以互相涵摄。譬如水分子内场有中氢氧原子的互相涵摄，就是内延的涵摄，而水分子与外场有中其他分子（如火分子）的互相涵摄，则是外延性的涵摄。至于一水分子中氢或氧原子，与其外场有中其他原子的互相涵摄，则是一个内延与外延间的超切关系了。

互相涵摄可以是前延性的，也可以是后延性的，而事物的前延与后延之间也可以互相涵摄。如上文所示（第3—4节），前后延的涵摄乃是因果（或历史）脉络中的涵摄关系。前延的涵摄就是当下的断机活动（现在），与其因地场有（过去）的互相涵摄，后延的涵摄则是此当下延的活动与其果地场有（将来）的互相涵摄。通过当下的断机活动，前延与后延当然也是互相涵摄的了。

场有者除了上述的结构势用、内延外延、与前延后延上的涵摄之外，还可以有其他方面的涵摄关系。譬如我们可以根据（下节讨论的）理数、事数、与象数的蕴徼分类而区分为理数涵摄、事数涵摄、象数涵摄及理事象三数的相互涵摄等涵摄关系。总而言之，场有者之间的涵摄或超切关系是多类别、多层面的，抑且是无法穷尽的。当我们通过这些种种的涵摄关系来看场有的事物时，我们所看到的宇宙就是我们所谓的"蕴构格局"了。

### 7. 超切辩证、易数同尘：蕴构的形式与内容

所谓"蕴构格局"，就是由场有者的结构势用综合而成的一个"超切辩证的格局"。如上（第6节）所示，"超切"一词，指的乃是事物互相涵摄（互为依存、相互内在）的关系。一切涵摄关系，最后分析起来，莫不基于蕴与徵——相关与相对——的互相涵摄。相对中有相对，相关中有相关；相对不离相关，相关不离相对；相对中有相关，相关中有相对；徵中徵，蕴中蕴；徵不离蕴，蕴不离徵；徵中有蕴，蕴中有徵——这就是蕴徵超切最抽象和普遍的辩证形式了。但蕴徵或场有综合不仅有形式上的意义，也有实质上的意义。场有综合的实质在哪里？它就在结构势用的易数同尘里。一切事物的结构，从其根源处来看，只是一个无断与有断活动作用的结合——"易数"的结合。"易"者，活动作用或活动变化之谓也。"数"者，（作用之）无断与有断（或常与断）之结合形态也。而易数的结合，从结构势用的内容来讲，也就是力量与信息的结合——"同尘"的结合。"同尘"者，力息交汇之隐喻也。① 如是蕴徵大用或场有综合，从形式方面来讲就是"超切辩证"，从实质方面来讲就是"易数同尘"。当我们对一个蕴徵关系，从超切辩证与易数同尘的结合处来看它时，它就是场有宇宙的一个"综合蕴构"了。每一个超切（辩证）关系都是一个（综合）蕴构，而一个超切关系与另一个超切关系之间的超切关系，也是一个蕴构。这是蕴构的蕴构，或者是蕴构的蕴构。此蕴构的重重相因相叠，也就是"场有综合"的超切方式或形式了。"综合"者，蕴徵之和也，蕴徵之和就是超切关系之和或是蕴构之和。场有的宇宙乃是一个由无数的超切关系，或蕴构所综合而成的一个周遍圆融的"蕴构格局"，一个蕴徵大用的和中之和。这个场有大综合的"和中之和"，也就是《易传》所谓的"太和"了。

太和是无所不在的，宇宙间的每一事物都在场有的蕴构格局之中，其

---

① 《序论》中以"同尘"为权能之迹的蕴合，基本上就是力息交汇的意思。见《序论》，第403页。

本身都是一个场有综合，一个蕴构之和。几何系统中的椭圆形是一个蕴构之和，行星环绕着太阳运行的轨道是一蕴构之和，一粒沙子是一蕴构之和，人的身心体是一蕴构之和，一幅图画或一种语言也是一蕴构之和。总而言之，一切场有者都是一蕴构之和，而蕴构之和也就是太和。场有宇宙是一太和，每一场有者也是一太和。抽象的事物如此（如几何图形），具体的事物（如一城市的气候）也不例外。不同的是，抽象的场有综合是理的综合，而具体的场有综合则是事的综合。理的综合本身是无虚机可言的，但虚机了断却是事之所以为事的本质。

### 8. 理数蕴构，事数蕴构，与象数蕴构：蕴徽真元的三数与三界

"理"与"事"是相对的观念，"理"就是场有综合的道理、理型或理则，场有综合是"理"也是"事"。"理"是场有综合的抽象原理，而"事"则是场有综合的具体表现。

场有综合乃是一个超切辩证、结构势用的综合，故场有综合的理与事也就是超切辩证、结构势用的理与事。譬如地球循着椭圆的轨道环绕着太阳而运行，这是一个循环不已的断机活动。这个断机活动就其所成就的事功或产生的效果而言就是事，就其活动的原则或运作的方式——椭圆的轨道——而言就是理。几何的图形（如椭圆）其实都是场有综合的理型，断机活动的抽象模式。理型是超越的，也是内在的。理型的超越来自它的普遍性（不仅是行星的轨道才是椭圆的），但相对于场有自身而言，一切理型都是内在的，因为它们都在一个永恒无限的蕴徽大用之中，在这个永恒无限的活动作用里，已涵摄着一切活动作用的可能性，理与事的场有综合正是永恒之行的蕴徽本质啊！

这里"事"乃是"蕴徽事件"、"场行事件"、或"缘会事件"之省。"蕴徽事件"乃是一个"虚机了断"或"潜能实现"的造化过程。这个造化过程乃是由相关事物，通过场有综合所生发的相互作用与活动变化来完成的，所以也可称为"场行事件"。"行"是相互作用、活动变化的代名词。"场行"就是造化权能行于场中的意思。断机活动不是无中生有的，而是一个起于场有宇宙无限背景的"缘会事件"，一个由无数的因数或因素（场行的参与者）在一个特殊的因果脉络中所聚会而成的蕴合或结集（佛家所谓的"因缘和合"）。"缘"是条件限制的结合，而"会"

则是活动作用的结合。"缘"与"会"合言，也就代表了一个蕴徵或场行事件的"因地"或"背景"。蕴徵或场行事件的因地场有或缘会背景，也就是此事件所要了断的虚机或所要实现的潜能所在。"虚机"或"潜能"，乃是蕴含于场有蕴构格局中的真实可能性。为什么称这些真实可能性为"虚机"呢？对比生虚：这些可能性乃是生于理数界与事数界源源不绝的无限对比；此由理事对比所生的虚机就是象数界的超切内容了。[①]

让我们来一个更详明的阐释吧。有怎样的涵摄关系或综合型态就有怎样的蕴构。蕴构或场有综合的类别，乃是被场有的超切内容（互相涵摄的事物或场有者）所决定的。有纯以具体的场有者（如两股气流，炉上的火和在上面煮着的水）为超切内容的"事数蕴构"，也有纯以抽象的场有者（如三角形与圆形）为超切内容的"理数蕴构"，更有以具体场有者与抽象场有者的相混或对比（如一个人与他尚未实现的理想）为超切内容的"象数蕴构"。必须立即指出的是，在"理数"、"事数"与"象数"三个词语中的"数"，乃是一个胜义的——比数学上的"数"更为普遍和基本的——"数"观念。这里所谓的"数"，指的乃是"有断"与"无断"或"断"与"常"的超切关系。断不离常，常不离断；断中断，常中常；断中有常，常中有断，这就是"数"或"数蕴构"之超切辩证的本质了。这胜义或超切义的"数"，乃是超切关系中之超切关系，蕴构中的蕴构，场有综合最抽象、最普遍的蕴徵形式。不管是抽象场有的"理数界"，或是具体场场有的"事数界"，或是半抽象半具体的"象数界"，场有的宇宙，从超切数的观点来看，只是一个有断与无断（或断与常）的活动作用罢了。这就是为什么在"理数"、"事数"与"象数"三词语中都有一个"数"字了。《易经》六十四卦的卦图，最后分析起来，只是"有断"与"无断"两划，正是"超切易数"最简明的象征啊！

"超切易数"就是易的超切数，造化权能的超切数。《易传》曰："生生之谓易"，指的正是造化权能断而不断（生而又生）的活动作用。场有的真实乃是一个活动作用的真实，场有自身就是活动作用自身。宇宙的一切事物——包括理数界、事数界、与象数界中的全部蕴构——最后分析起来，只是一个纯一而自蕴、无限而自徵的活动作用。此自蕴自徵的活动作

① 参阅《序论》，第86—90页。

用，或场有自身我们别名之曰"蕴微真元"或"蕴微大用"。"真元"是就活动作用自身之为一切场有之根源来讲，而"大用"则是就活动作用自身表现为理、事与象"三数"与"三界"的无限功能来讲。如是场有宇宙的蕴构格局，也就是一个"真元三数"或"真元三界"的超切（辩证）格局了。

### 9. 蕴微法界与蕴微范畴：场有者在场有综合中的蕴构定位

宇宙间的任何场有者都是蕴微大用的参位者，都在场有综合的蕴构格局中占有一特殊的位置。"参位"中的"参"乃是"参与造化"之省，"位"就是一个场有者参与造化所立的"德位"，指的乃是场有者在造化流行中所扮演的角色或生发的功能，亦即是其在理数界、事数界与象数界三界圆融的蕴构格局中所占有的位置。"德"者，得也。场有者之所得是什么呢？就是蕴构之和、场有综合之和，蕴微大用之"太和"。此场有者之"德"（所得于太和者）也就是场有者的本性之宜。场有（依场而有）乃是一个"宜其所宜"的"本事"。离开了事物所参的"德位之宜"，也就没有场有者可言了。

场有的宇宙乃是一个三界圆融的蕴构格局。为什么说"三界圆融"呢？因为理数界、事数界与象数界并不是三个可以分离的世界，而实是同一个蕴微大用所开显的三个境界——三个互相涵摄、相互内在的境界。故虽说三界，其实只是一界。这个三界圆融、沐于太和的蕴构格局我们就称之为"蕴微法界"吧。

这里"法"乃是场有者或事物的同义语，一切"法"都是蕴微大用的参位者，都在一个三界圆融的境界之中，故以"蕴微法界"名之。不过"法"一般有方法或进路的意思。如是"蕴微法界"也可视为相对于"蕴微法"或"蕴微进路"而呈现的境界——亦即是场有哲学或蕴微学所要研讨的物件。如是场有的分析或是蕴微的分析，也就是蕴微法界的分析、蕴构格局的分析了。

蕴微法界或蕴微格局的分析，是必须透过蕴构分析的范畴来进行的。譬如通过一与多或整体与分殊的范畴，就是"一多蕴构"或"整殊蕴构"的分析，通过同与异的范畴就是"同异蕴构"的分析，通过根本（基础）与流末（上层建筑）的范畴就是"本末蕴构"的分析，通过因与果的范畴就是"因果蕴构"的分析，通过主体与客体的范畴就是"主客蕴构"的分析等，上面所列的只是一些存有学（论）所依赖的蕴构范畴罢了。事实上，蕴构范畴和蕴构类型（超切关系的种类）一样同是无法穷尽的，每一门学问都有其所关注和研讨的蕴构范畴，譬如重力场与电磁场是物理学所要探讨的蕴构范畴，意识活动与无意识（或潜意识）活动，是心理学所要探究的蕴构范畴，经济发展与资本累积是经济学所关心的蕴构范畴等，从场有哲学的观点来说，一切学问在其存有基础上来说都是"蕴微学"，原则上所有这些蕴构范畴都是蕴微法的物件。

### 10. 蕴构同息、蕴构同力、与蕴构同元：场有系统、场有生命、与场有自身

从蕴微学的观点来看，我们所参位的宇宙乃是一个由场有综合、蕴构重重所编织而成的超切辩证关系网；最后分析起来，只是一蕴一微，一个无穷无尽的相对相关罢了。但场有的根源在哪里呢？场有中的事物或场有者究竟有什么内在的关联呢？这个问题，我们大致地可以这样回答。事物的内在关联，最后分析起来，不外下列三种性质，即：（1）蕴微信息的关联；（2）蕴微力量的关联和（3）蕴微真元的关联。内在关联在信息，这是场有系统性之所本；内在关联在力量，这是场有生命之所依；而内在关联在真元，这则是场有自身的所在了。我们的意思是这样定义的：

#### 表三　场有系统、场有生命与场有自身

（1）场有系统的定义

假设 X = 蕴构格局（超切辩证综合体）

$\{A \infty B\}$ = X 中任何一个蕴构（"$\infty$"代表 A 与 B 互相涵摄的关系）

$\{C \infty D\}$ = X 中任何另一个蕴构

$\sqrt{AB}$ = $\{A \infty B\}$ 所蕴含的全部信息（"$\sqrt{\phantom{A}}$"代表全部信息的蕴含）

$\sqrt{CD}$ = $\{C \infty D\}$ 所蕴含的全部信息

若 $\sqrt{AB} = \sqrt{CD}$（蕴构同息）

则 X 为一"场有系统"

（2）场有生命的定义

假设 X = 蕴构格局

〡A∞B〢 = X 中任何一个蕴构

〡C∞D〢 = X 中任何另一个蕴构

∮ AB = 〡A∞B〢 所蕴含的全部力量（"∮"代表全部力量的蕴含）

∮ CD = 〡C∞D〢 所蕴含的全部力量

若 ∮ AB = ∮ CD（蕴构同力）

则 X 为一"场有生命"


（3）场有自身的定义

假设 X = 蕴构格局

〡A∞B〢 = X 中任何一个蕴构

〡C∞D〢 = X 中任何另一个蕴构

$\sqrt{AB}$ = 〡A∞B〢 所蕴含的全部信息

$\sqrt{CD}$ = 〡C∞D〢 所蕴含的全部信息

∮ AB = 〡A∞B〢 所蕴含的全部力量

∮ CD = 〡C∞D〢 所蕴含的全部力量

若 $\sqrt{AB}$ = $\sqrt{CD}$（蕴构同息）

∮ ∮ AB = ∮ CD（蕴构同力）

$\sqrt{AB}$ = ∮ AB（蕴构同元）

$\sqrt{CD}$ = ∮ CD（蕴构同元）

即 $\sqrt{AB}$ = ∮ AB = $\sqrt{CD}$ = ∮ CD（蕴构同息、同力、同元）

则 X 为"场有自身"

总而言之，场有系统是蕴构同息的，场有生命是蕴构同力的，而场有自身则是蕴构同元的。譬如十进制元数就是一个系统，因为十进制元数中的任何两个蕴构（譬如 3 与 4 和 7 与 20）所蕴含的全部信息是相同的。欧几里德几何当然也是一场有系统，因为在欧几里得几何里，任何两个图形的蕴构（如圆形与椭圆形和方形与梯形）所蕴含的全部信息也是相同的。事实上，在一个场有系统中，每一个蕴构所蕴含的全部信息，就是系统本身的全部信息，此系统整体的信息正是（在此系统中）场有者与场有者之间内在关联的所在。

蕴构同息是场有系统性的定义，但有系统性的场有不一定有生命性。譬如十进数或几何系统都不是生命（性）的场有系统。这里所谓"生命"

指的乃是广义的或胜义的"生命"，乃是一个比一般或生物学所谓的"生命"更为基本的观念。"系统"只是蕴构同息，但"生命"却不仅是蕴构同息而且是蕴构同力。譬如一个活着的人，他身体上任何两个细胞或器官的蕴构都是同息的，所以人体是一个场有系统，但这个系统也同时是一个"生命的"系统。为什么呢？因为人体中的每一个蕴构，都为一个同一的力量在支持着，离开了此同一的"生命力"，也就没有在此人体中活着的人了。

从这个胜义观点来说，"生命"乃是自诚生命或自诚系统的同义语。"自诚生命"者，一个有一致性可言的力量或权能向量也。每一个断机活动都是一个自诚生命的活动，因为它的断机使命就是其权能向量的一致性。一个"活着"的气流和一个活着的人一样，同是一个场有的自诚生命或自诚系统，当然，在这个"自诚"概念的基础上，我们可以作有机的自诚生命与无机的自诚生命，和有意识的自诚生命与无意识的自诚生命之分。事实上，对任何一位对现代科学思潮有基本认识的人来说，"无机（的自诚）生命"已经不是一个自相矛盾的概念了。

现在我们要问的是，什么叫作"蕴构同元"呢？"同元"中的"元"指的是什么呢？不是别的，它就是上文（第8节）所谓的蕴徽真元或活动作用自身。力量与信息并不是两种不同的实体，而实是场有自身的两面——互相涵摄的两面。换句话说，力量与信息也是一个相对相关的超切关系，而活动作用自身正是一切力量与信息的内在关联。元者，力（力量）息（信息）之源也。场有自身就是活动作用自身，就是场有宇宙一切蕴构所共之"元"或"源"。此活动作用自身的力息交汇，也就是造化权能体性之所在了。

## 11. 蕴徽三义之二：场有综合与造化流行（造化/历程义）

宇宙的一切事物都是在结构势用上相对相关的，相对相关也就相互内在、互相涵摄，这是场有的实质/超切义。从这个观点来看，场有综合就是蕴构综合；场有宇宙乃是一个无穷尽、无边际的超切辩证与易数同尘关系网，一个重重涵摄的蕴构格局。但这样讲法是不足的，因为事物的相对相关可以是静态的，如理数界中的抽象蕴构（三角形与圆形）；也可以是动态的，如象数界中的超切关系（观念与语言）。事实上，场有的蕴构格

局永远是一个虚机氤氲、虚机了断的权能茧实。"茧实"者，作茧的真实
也。权能的运作，好像春蚕作茧一般，乃是一个永恒不息地自蕴自徽——
自我闭隐（或自我内在）和自我开显（或自我超越）——的造化过程。
"蕴"者，虚机之氤氲也；"徽"者，虚机了断也。《易传》曰：一阴
一阳之谓道。"阴"就是蕴，"阳"就是徽。一阴一阳也就是一蕴一徽，
这正是场有综合的造化之道啊！（见第 5 节）

　　什么是自蕴自徽的呢？前面说过，它就是我们所谓的"（蕴徽）真
元"或活动作用自身。真元乃是一个理数、事数与象数的结构势用综合
体；场有综合本质上就是此"真元三数"的综合。此"真元三数"的综
合体从（事物）相互涵摄与内在的意义上来说就是"蕴构格局"，从虚机
的氤氲与了断的角度来看就是"造化流行"。但蕴构格局就是造化流行，
造化流行就是蕴构格局，此场有综合之两面均是真元之所化。超切造化，
此真元的"本事"（本体之事）也。超切之本事以辩证结构为形式，造化
之本事以权能茧实为本质。此中义理可归纳表四：

**表四　真元（活动作用自身）= 理、事、象三数的结构势用综合体**

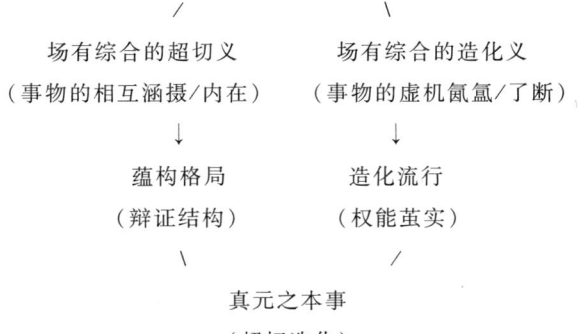

理数界：抽象的事物或静态的场有
事数界：具体的事物或动态的场有
象数界：半抽象半具体的事物或非静非动（亦静亦动）的场有

　　　　场有综合的超切义　　　　　场有综合的造化义
　　　（事物的相互涵摄/内在）　　（事物的虚机氤氲/了断）
　　　　　　↓　　　　　　　　　　　　　↓
　　　　　蕴构格局　　　　　　　　　造化流行
　　　　（辩证结构）　　　　　　　（权能茧实）

　　　　　　　　　真元之本事
　　　　　　　　　（超切造化）

### 12. 权能与场有：蕴徽大用即权能场有

　　所谓"权能"就是使事物产生变化、造成差别的"权"与"能"、
"产生变化、造成差别"正是"造化"一词的基本含义。故"权能"者，
造化之功能也；它既是运作变化的总称，也是运作变化的根源所在。但事

物之运作变化与事物的相对相关是分不开的，譬如水与火（水权能与火权能）由相互作用所产生的变化，正是源于水与火的内在关联。故权能与场有——运作变化与相对相关——乃是二而一，一而二的一对观念：权能不离场有，场有不离权能；权能是场有的权能，场有是权能的场有。故"场有"一词实是"权能场有"一词之省，而"权能"一词则是"场有权能"一词之省。如是场有论之另一面就是权能论；场有哲学亦可称为权能哲学——或应该说是"权能场有（或场有权能）哲学"。

而权能场有自身也就是我们所谓的"蕴徵大用"了。如前文所示，蕴徵大用或权能场有，乃是一个本于真元的"三数综合体"。它既是一个超切辩证的蕴构格局，也是一个权能茧实的造化流行。如是场有综合就是权能综合，事物相对相关的根源，也就是事物运作变化的根源。故最后分析起来，此"三数综合体"只不过是真元自蕴自徵的本事罢了。

### 13. 权能的分析(一)：乾元与坤元

此真元的本事，从造化方面来讲，只是一个不断而断、断而不断的权能运作，一个永恒的虚机氤氲与虚机了断。《易传》曰："生生之谓易。"讲的正是此"不断而断、断而不断"的造化流行或蕴徵过程。又曰："易有太极，是生两仪。""两仪"是什么呢？不是别的，就是造化真元虚机氤氲与虚机了断的两方面。"太极"就是真元，就是蕴徵大用或权能场有自身。造化真元从其虚机氤氲方面来看就是"坤元"，从其"虚机了断"的方面来观就是"乾元"。坤元是造化之蕴，乾元是造化之徵。"易有太极"点出造化流行（易）的根源（太极）所在，"是生两仪"则进一步指出造化流行乃是一个一蕴一徵的蕴徵大用和蕴徵历程。这句话与"一阴（蕴）一阳（徵）之谓道"，基本上同其所指的。

必须立即补充的是，这里"虚机"或"潜能"都不是西方形上学传统中的"实体"（substance）观念，也不是一个局部性的观念。造化流行中氤氲的虚机或潜能，乃是属于整个权能场有的，而不是属于局部场有或所谓"实体物"的。虚机氤氲是整个场有宇宙的功能，虚机了断也是整个场有宇宙的功能。易学的"乾元"与"坤元"，正是扣紧这个整体场有的观念来取义的。

### 14. 权能的分析（二）：信息的传承与力量的绵延

在易学的语言里，乾元所运的宇宙谓之"天"，坤元所伏的宇宙谓之"地"。"乾坤"就是宇宙的权能，"天地"就是宇宙的场有。但权能就是场有，场有就是权能，故乾坤与天地乃是两对可以互换的观念。天地交感，乾坤合德：宇宙权能茧运于宇宙的蕴构格局之中，这就是真元三数蕴徼大用的一个概括的写照了。而权能茧运、造化流行，从其实质内容来讲，又只不过是信息的传承与力量的绵延罢了。有信息的传承才会有结构的重演，有力量的绵延才会有真机的再续。"真机"者，断机活动之机缘、契机、或生机也。宇宙间的一切断机活动，都是一个自诚力量的发挥，而一切自诚力量都是蕴徼真元的分殊。故生命力量之真机也就是真元自蕴自徼、自我分殊的造化之机。此造化之真机，一方面，是根于真元之自感；另一方面，则本于真元之自爱。宇宙间的一切信息莫不来自真元的自感，宇宙间的一切力量莫不起于真元的自爱。离开了真元的自感自爱，也就无信息与力量可言，换句话说，也就一无所有了。

但所谓真元的自感自爱，也就是真元的了断性（虚机了断的一面）与氤氲性（虚机氤氲的一面）的相互作用。此了断性（乾元）与氤氲性（坤元）的相互作用，乃是造化流行的真机、权能茧运的枢纽、与信息得以传承和力量得以绵延的关键所在。这个造化的真机从信息的传承方面来言就是"天地交感"（真元的自感），从力量的绵延来看就是"乾坤合德"（真元的自爱）。譬如以行雷闪电这个场行事件为例，在这个气候现象的背后乃是一个自诚力量的发挥，一个蕴徼生命的完成。在这事件尚未生发之前，行雷闪电的虚机或潜能，早就氤氲于此事件的因地场有之中。此因地场有既是含蕴着了断此虚机或潜能的乾天，也是氤氲着此虚机或潜能的本身坤地。行雷闪电的现象尚未显现之前，一个造化的真机已萌发于真元的旋乾转坤的权能运作之中。此造化的真机，一方面，是氤氲于坤地中的一个不朽待用的虚机或潜能；另一方面，则是出于乾天的一个新生的自诚力量，了断此虚机或实现此权能的力量。天地交感、乾坤合德，真机中新生的自诚力量，也就摄受了因地场有之中一切有关的信息，因而也就决定了此自诚力量的蕴徼使命和断机活动的方向。

摄受的信息决定了行雷闪电的蕴徼使命，也就有行雷闪电的断机活动与行雷闪电的现象；决定了花开结果的蕴微使命，也就有花开结果的断机活动与花开结果的现象；决定了（生起）七情六欲或想象思考的蕴微使命，也就有生起七情六欲或想象思考的断机活动与七情六欲的（意识）现象。总而言之，没有信息的摄受，也就没有造化（蕴微生命）可言。但信息的摄受也就是信息的传承——信息的传递与承接。一个新生的自诚力量或断机活动，从其因地的场有中摄受了有关的信息，这就是《易传》所谓的"感而遂通天下之故"。每一个蕴微生命都是一个"感而遂通"的权能向量，一个"诚仪隐机"的场行事件或造化历程。[①] "诚"指的是一新生的力量在造化真机中决定了的蕴微使命，也兼指此自诚力量或造化权能朝着其蕴微使命所决定的方向而运作的一致性。行雷闪电的活动，朝着行雷闪电的使命所决定的方向，发挥其含蕴的力量，这就是运作此行雷闪电事件中的力量之"诚"。但有其"诚"则必有其"仪"。这里所谓"仪"，指的乃是一蕴微活动在力量发挥或权能运作时所表现的姿态或情状。行雷闪电活动的姿态就是行雷闪电权能之"仪"，花开结果活动的姿态，就是花开结果权能之"仪"，七情六欲活动的姿态（心理状态），就是七情六欲权能之"仪"。"诚"与"仪"合言也就概括了一个蕴微生命（真元活动）的特质。一个蕴微生命完成了它的造化使命之后（行雷闪电之后），也就以不朽场有者的身份隐人于继起的宇宙或果地场有之中而待用，而成为未来断机力量活动作用的因数或因素。此蕴微生命的不朽与待用，也就是我们所谓的"隐机"了。"隐"指蕴微生命的退隐与不朽，"机"指蕴微生命之待用与再生（成为造化的因数或因素）。如是造化流行也就是一个诚仪隐机、因果相续的生生历程。

### 15. 权能的分析（三）：实理与虚理

用中国形上学传统的观念来讲，这个蕴微大用、造化权能的生生之流从信息的传承方面来看就是"理"，从力量的绵延，（力量的生生不已）来说就是"气"。蕴微之理是虚理也是实理，"实理"就是蕴微传统或"天下之故"中所涵摄的结构信息，"虚理"则是此蕴微传统中所涵摄的造化真机——创造性的真机。但实理与虚理乃是不可分离的，抑且是互为

---

表里的。创造性的真机起于场有的蕴徼传统，这是造化之诚仪；从信息传承的角度来看就是虚理出于实理。一个蕴徼的生命完成了，它的结构信息也就隐入于造化的不朽怀抱之中而成为蕴构传统的一部分，这是造化之隐机，亦即是实理出于虚理。造化流行的诚仪隐机，虚理实理之互为表里，这就是易学家所谓的"易理"了。

### 16. 权能的分析（四）：物质与心质

造化流行、诚仪隐机，一方面，是信息的传承；另一方面，则是力量的绵延。信息的传承，其关键在于实理与虚理的互为表里；力量的绵延，其本质则系乎物质与心质的相辅相成与相即相入。"物质"与"心质"都是"质"。"质"者，活动作用的性质也。活动作用的性质在哪里？不在别的，它就在力量的"有为"处。一切场有事物的性质，最后分析起来，莫不来自力量的"有为性"。在一切场有事物的背后，都有一个自诚的力量在发挥着；这个自诚力量是怎样地有为，事物就有怎样的性质。那么力量的有为性在哪里呢？它就在自诚力量的业行与沟行里。一切力量都是权能的或力息的向量，都有"事功"的"成就"可言。行雷闪电的力量所成就的就是行雷闪电的事功；花开结果的力量所成就的就是花开结果的事功；七情六欲或想象思考的力量所成就的，就是七情六欲或想象思考的事功。力量的发挥是"行"，力量所成就的事功是"业"，合而言之也就是"质"之"物质"义。"物质"者，力量的"行业"也。但这是胜义的"物质"，不是一般或物理学上所谓的（俗义的）"物质"。俗义的"物质"乃是来自力量的凝聚，"行业"的凝聚，故没有胜义的"物质"，也就没有俗义的"物质"。

但有物质则必有心质，胜义的"物质"代表力量行业或成就事功的一面，而胜义的"心质"则指向力量行沟或感通裁化的一面。"感通裁化"者，信息的摄受与处理也。一个自诚力量的使命（所要成就的事功）来自对因地场有（蕴徼传统）信息的摄受；而一个自诚力量在完成其使命时所作的决定，则来自对此摄受信息所作的处理——对此信息所作的分判与取舍，此力量"感通裁化"的作用就是"沟"。如是力量的发挥是"业有为"，也是"沟有为"——是"行业"，也是"行沟"。正如胜义的"物质"不同于俗义的"物质"，胜义的"心质"或"茧心"（或称"造化心"）也有别于一般或心理学上所谓的"心","心理",或"心灵作用"。① 胜义的"心质"或"茧心"(行沟的"造化心")乃是扣紧力量的"沟有为",一方面而取义的,而俗义的"心"则是人或高层动物生命所禀赋的意识作用。胜义的"心质"或"茧心"乃是无所不在的,它在有意识的自诚生命活动里,也在无意识的自诚生命活动里。七情六欲或想象思考中固然有感通裁化,有信息的摄受与处理,行雷闪电或花开结果之事也何尝没有感通裁化,有信息的摄受与处理? 如是物质与心质——行业与行沟——之遍在,力量的性质也就统摄在此胜义的"心物观"里了。

(胜义的)心与物乃是不可分割的,乃是永恒地相辅相成、相即相入的。没有感通裁化,就没有事功的成就可言,而感通裁化本身不也是一种事功么? 茧心直接在行业的过程中发挥作用的当下,也间接地成就了它自己。造化流行一方面是结构信息的传承;另一方面则是业沟(心物)力量的绵延。茧心或造化心本身是物质,但它的对象却是信息。故茧心乃是中介于力量与信息——中介于权能之理与权能之气——的活动作用。虚实结构信息的互为表里,这是权能理性之所本;业沟力量(或心物)的交汇,此则是权能气运之所系。理之虚实表里代表造化权能"静"的一面,气之心物交汇则代表造化权能"动"的一面。但所谓"一动一静,互为其根",气与理——业沟力量的心物交汇与结构信息的虚实表里——正又是一个互相涵摄、相辅相成的关系。如是蕴徽或造化权能的历程义,也就全部概括在"虚实表里,心物交汇,与动静互根"这句话中了。

### 17. 权能的分析(五):体与性

"体"者,蕴徽之积也;"性"者,蕴徽之和也。"积"是凝聚的意思。力量之积谓之"凝",信息之积谓之"聚"。场有宇宙中的一切事物都在一蕴徽大用的造化流行之中,最后分析起来,莫非真元(活动作用自身)自蕴自徽的分殊表现。此真元之自蕴自徽,就力量与信息之凝聚来看就是"体",就其蕴构格局之圆融周遍来说就是"性"。前者《易传》谓之"太极",后者《易传》谓之"太和"。太极是场有的"本体",太和是场有的"本性"。故太极是太和之"体",太和是太极之"性"。

---

① 有关"茧心"的讨论及其与"道心"的关系,见《序论》,第53—59页。

真元或太极不仅是一个自蕴自徽的活动作用，也是一个自感自爱的活动作用。自蕴自徽，这是真元的"本性"，也就是"太和"之所以为"和"的意思了。而感爱之宜也就是力息交汇之宜。这个站在场有本体本性上立论的胜义"体性观"，与俗义的"体性观"是很不一样的。俗义的"体性观"基本上是针对着意象世界所开显的事物来讲，而胜义的"体性观"则是直接扣紧场有的本体本性来讲。当然，没有胜义的"体性"也就没有俗义的"体性"。意象世界中呈现的"物体"往深处看正是一力量与信息的凝聚，而一切"物性"也莫不在场有综合力息交汇的超切和谐之中。离开了蕴徽大用的超切造化那里还有世俗义的体性可言？

　　如是归纳以上数节之讨论，权能——造化权能——这一观念的全部义蕴可总述见表五：

表五　（造化）权能的义蕴

（1）权能是信息也是力量

信息：真元之自感

力量：真元之自爱

真元：活动作用自身（自感自爱）

（2）权能是体也是性

体：蕴徽之积（力量与信息凝聚）

本体：真元本命的自蕴自徽（＝太极）

性：蕴徽之和（力息交汇之得宜）

本性：真元三界的圆融周遍（＝太和）

（3）权能是乾也是坤

乾：了断虚机的权能

坤：氤氲虚机的权能

真元之自感：天地交感（自信息方面言）

真元之自爱：干坤合德（自力量方面言）

（4）权能是理也是气

理：结构信息的传承：实理（蕴徽传统中的结构信息）与虚理（造化流行中的创造性真机）的互为表里

气：业沟力量的绵延：物质（行业或成就事功的自诚力量）与心质（行沟或感通裁化的自诚力量）的相即相入权能是理（虚实表里）与气（心物交汇）的互根——"动"（气之绵延）与"静"（理之传承）之互根。

### 18. 蕴徼三义之三：场有综合的境界开显（处境／开显义）

事物的相互涵摄、相互内在，这是场有综合的实质／超切义。权能的虚机氤氲与虚机了断，这是场有综合的造化／历程义。场有宇宙是一个蕴构重重却又周遍圆融的蕴构格局，也是一个权能的茧运、诚仪隐机的造化流行。这个超切造化的蕴徼法界是怎样被我们体认的呢？场有经验是如何可能的呢？从知识论的立场来讲，场有宇宙是怎样的一个真实呢？这些都是属于蕴徼第三义的问题；蕴徼第三义就是场有综合的处境／开显义。所谓"处境"就是一个当下的断机活动、造化权能或场行事件所处的蕴徼或因果脉络。而所谓"境界"，则是场有宇宙相对于此当下的"蕴徼现行"（让我们这样来称它吧）的开显。蕴徼现行与相对于它而开显的场有宇宙，乃是一个"主"与"客"或"观"与"景"的"主客关系"或"景观关系"（亦称"透视关系"）。"观"就是"观点"，"境"就是相对于一观点而呈现的境界。"观"与"境"乃是扣紧蕴徼现行的处境而取义的观念。说得明确一点，一个蕴徼现行的处境或立场就是它的观点，离开了一个蕴徼现行的处境、立场或观点也就没有开显可言。而没有开显也就没有场有经验，当然也就没有场有的真实可讲了，因为场有的真实正是在场有经验中开显的真实啊！

### 19. 蕴徼现行与蕴徼脉络

所谓"蕴徼现行"，让我们重复一次吧，就是一个当下的断机活动、造化权能、或场行事件——亦即是一个活着的、正在成就其事功或虚机了断的自诚力量。从一个蕴徼现行 A 的观点来看，宇宙间其他的任何一个断机活动、造化权能、或场行事件只有三种可能性，即：不是一个（一）在 A 因地中的"蕴徼先行"，就是一个（二）在 A 果地中的"蕴徼后行"，或是（三）在 A 化地中的"蕴徼并行"。如是场有宇宙也就相对于一个蕴徼现行的观点而形成了一个"蕴徼脉络"，一个由"先行"、"后行"与"并行"的断机活动、造化权能或场行事件的因果秩序所形成的一个时位结构。这个时位结构的定义见表六：

#### 表六　蕴徼脉络与场有境界

蕴徼脉络：相对于一蕴徼现行而形成的一个因果秩序的时位元结构

场有境界：相对于一蕴徼现行而开显的场有宇宙

使 $\vec{A}$ ＝蕴徼现行：一个当下的断机活动或造化权能（"→"代表正在发挥的自诚力量或正在了断的虚机）

$\hat{A}$ ＝蕴徼先行：一个过去的断机活动或造化权能（"⌒"代表已完成使命的自诚力量或已了断的虚机）

$\breve{A}$ ＝蕴徼后行：一个未来的断机活动或造化权能（"⌣"代表尚未生发的力量或尚未了断的虚机）

$\sum \hat{A}$ ＝因地场有：所从出（或所诚仪）的缘会背景或先行宇宙（"Σ"代表集结或蕴徼之积）

$\sum \breve{A}$ ＝果地场有：$\vec{A}$ 所隐入（或所隐机）的不朽前景或继起宇宙

$\tilde{A}$ ＝蕴徼并行：一个与 $\vec{A}$ 同时相偕既不在 $\vec{A}$ 的因地（$\hat{A}$）之内也不在 A 的果地（（A）之内的蕴徼现行（"~"代表另一正在发挥的自诚力量）

$\sum \tilde{A}$ ＝化地场有：一切与 $\vec{A}$ 同时的当下自诚力量——即蕴徼过程中的场有宇宙

$\sum \hat{A}\tilde{A}\breve{A}$ ＝场有境界：相对于 $\vec{A}$ 而开显的场有宇宙

如是相对于蕴徼现行 A 而形成的蕴徼脉络即可表示如下：

$\vec{A}$ 的蕴徼脉络：$\sum \hat{A}$　$\vec{A}\sum \tilde{A}$　（"→"代表信息传承方向）

$$\sum \tilde{A}$$

先　行　并　行　后　行
（因地）　（化地）　（果地）

　　表六中的"A"是一个具有多重含义的符号，既代表一个自诚力量（造化主体），也代表此自诚力量的处境、立场与观点。什么叫作"处境"呢？很明显的，它就是现行或发挥中的造化力量在其蕴徼脉络中的位置，此位置也同时是该现行在场有宇宙中的观点或立场。在表六中，A 是 $\vec{A}$ 的观点或立场，而 $\sum \hat{A}\tilde{A}\breve{A}$ 则是 A 的场有境界。$\vec{A}$ 是主（或能），$\sum \hat{A}\tilde{A}\breve{A}$ 是客（或所），$\vec{A}$ 是观，$\sum \hat{A}\tilde{A}\breve{A}$ 是景。$\vec{A}$ 与 $\sum \hat{A}\tilde{A}\breve{A}$ 的主客关系（能所关系）或观景关系也就是蕴徼大用造化真机的所在。

### 20. 异时因果与同时因果：蕴徼脉络中的因果秩序

　　在一个蕴徼脉络之中现行与先行或现行与后行，都是一个异时因果关系。先行宇宙中的蕴徼传统，乃是现行造化主体信息摄受的对象。现行的断机活动完成其使命之后，也就以不朽待用的身份闭隐于继起宇宙之中而为后行主体摄受的数据。如是现行继先行而起后行，此"承前启后"的行行相续与因果相乘（$\hat{A} \rightarrow \vec{A} \rightarrow \check{A}$）也就是蕴徵脉络中的"异时因果"了。场有宇宙中的一切断机活动，或造化权能在一蕴徵真元的自感自爱之中，因此莫不在蕴构同元的基础上，存在着一个感爱的内在关联。在宋明儒的形上思想中，这个感爱的内在关联就是充塞于天地之间的"一体之仁"。此一体之仁，从信息的方面来讲就是"感"，从力量方面来看就是"爱"。感与爱之相即相入，也就是"情"之为用了。由于蕴徵处境之不同，断机活动间的感爱关系也就有别。异时因果中的断机活动的感爱，乃是一个"亲子传承"的摄受关系，而在同时因果中断机活动的感爱，则是一个"同情共感"的相应关系，"同时"正是不存在一摄受关系的意思。假如有两个现行的断机活动 $\vec{A}$ 与 $\vec{B}$，如 $\vec{A}$ 不摄受 $\vec{B}$ 也不为 $\vec{B}$ 所摄受，那么 $\vec{A}$ 与 $\vec{B}$ 就必然不在一异时的因果关系之中，而是一同时的因果关系了。蕴徵同时则必有某一程度的同情共感，某一程度的信息相应。如是同时的断机活动之间就可以有沟通的可能，蕴徵同时的断机活动是如何沟通的呢？"立场相交"谓之"沟"，"境界相合"谓之"通"。"沟通"者，同时的断机活动以立场相交所求得之境界相合也。如是蕴徵生命之行沟——造化心力之感通裁化——既是"亲子传承"的摄受之事，也是一"同情共感"的相应之事。摄受与相应——异时因果与同时因果——的错综和合，场有宇宙的蕴徵脉络也就显现出真元感爱的无限风姿了。

### 21. 有情主体蕴徵子的观念

前文（第18节）说过，蕴徵现行与相对于它而开显的场有境界乃是一个"主"与"客"或"观"与"景"的"主客关系"或"观景关系"：现在我们看得清楚，这个关系基本上乃是一个由异时因果，与同时因果的时位结构所构成的脉络关系。而这个因果脉络或时位脉络，从其具体内容来讲，又只不过是断机活动的摄受（亲子传承）与相应（同情共感）的错综和合罢了。摄受与相应乃是真元感爱的两面，亦即是心物交汇的两面。自诚生命从业沟力量的心物交汇处看就是"主体"，从因果脉络的摄受与相应处看就是"有情"。"自诚生命"者，有情之主体也。心物交汇所开显的，乃是造化权能动静互根的感爱本质，摄受相应所反映的，则是造化权能因果相乘的脉络处境。每一个当下的（自诚）生命活动都是一个造化权能的"有情主体"——或我们所谓的"蕴徼子"。这个名词中的"子"乃是"母子"之"子"。"蕴徼子"就是蕴徼之"子"。那么蕴徼之"母"是什么呢？当然就是那个自蕴自徼、自感自爱的蕴徼真元。《道德经》曰："无，名万物之始；有，名万物之母"，用的也是这母与子的隐喻。这句话中之"无"与"有"指的正是为万物根源的"道"——或我们所谓的"蕴徼大用"啊！

### 22. 蕴徼大用及其分殊（一）：蕴徼唯用论

宇宙间的一切事物都是依场而有的场有者，因此也都是蕴徼真元的表现，蕴徼大用的分殊。蕴徼真元所开显的，乃是一个理事象三（超切）数的综合体，故蕴徼大用的分殊（以下简称"殊用"）也相应地有理数分殊（如几何图形），事数分殊（如行雷闪电）与象数分殊（如语言图画）的区别。此三面殊用乃是不可分割的，抑且是互相涵摄、相即相入的，因为真元的自蕴自徼、自感自爱的活动作用，正是通过这理事象三（数）界的周遍圆融而造化流行、而自我开显的啊！

由于三界中的一切事物，都在真元所开显的权能场有之中，都在蕴徼大用的造化流行里生发起用，故任何事物或场有者都是"蕴徼的用体"（或简称"蕴徼体"）。所谓"用体"就是以用为体的意思。宇宙间的一切事物都是有用或作用可言的；有用或有作用正是场有最显著的标志——事物之所以为事物的本质。"用"或"作用"正是"权能"与"场有"得以统合为一的中介观念。权能（事物的运作变化）是用，场有（事物的相对相关）也是用。场有哲学不是一元主义的哲学，也不是多元主义的哲学；不是唯心主义的哲学，也不是唯物主义的哲学，而是一个彻底的"唯用论"的哲学——"蕴徼唯用论"的哲学。所谓"蕴徼唯用论"，就是唯蕴徼之用为真实的意思。而蕴徼之用也就是权能场有的超切造化之用。力量是用，信息也是用。理数是用，事数是用，象数也是用。"一"是用，"多"也是用；"心"是用，"物"也是用。行雷闪电是用，鸟鸣花开是用，感觉记忆是用，想象思考是用。总而言之，一切事物都在真元自蕴自徼、自感自爱的活动作用之中，都是蕴徼大用之殊用。用外无体，用即是体；一切事物都以蕴徼大用之用为用。场有即用有，离开蕴徽大用的超切造化也就无事物或存在可言。一般人所谓的"体"只不过是蕴徽之积——力量与信息（"力用"与"信用"）的凝聚罢了。

### 23. 蕴徽大用及其分殊（二）:蕴徽唯情论

但有用并不等于有情，有情则必有用。场有的一切事物都是用体或蕴徽体，但只有当下的自诚生命活动——正在了断虚机的造化权能——才是有情的主体，才是蕴徽现行中的蕴徽子。而用体与主体——或蕴徽体与蕴徽子——的分别也就是"唯用论"与"唯情论"的分别。场有哲学不仅是一个"蕴徽唯用论"的哲学，更是一个"蕴徽唯情论"的哲学。"唯用"是客观地讲，"唯情"则是主观地讲。"主观"者，主体之观点也。离开了一个有情主体的观点，场有宇宙也就没有开显可言了。

场有经验的本质在哪里？在唯用与唯情之间。

### 24. 蕴徽大用及其分殊（三）:蕴徽单子、蕴徽复子与蕴徽社团

蕴徽子的定义是：运作于当下断机活动（蕴徽现行）中的造化权能。但断机活动可以是简单的，也可以是复杂的，盖虚机之中可以有虚机，活动作用之中有活动作用，蕴徽子之中有蕴徽子。譬如一幢正在建造中的华厦，这是一个虚机了断的蕴徽现行，主宰于此场行事件或建造活动中的造化权能就是蕴徽子。但这明显的不是一个单纯的断机活动，因此也不是一个单纯的蕴徽子或"蕴徽单子"。此乃因华厦建造的事功乃是一个复杂的事功，一个由无数的"子活动作用"或比较单纯的断机活动的缘会结集（佛家所谓的"因缘和合"）所成就的事功——包括建筑师的活动作用、电工的活动作用、水泥匠的活动作用等。说得更明确一点，华厦建造这个造化活动其实是一个蕴徽子的连续体；其本身（内场有或内延结构）乃是一个由摄受与相应的因果关系所综合而成的蕴徽脉络。这样一个有脉络性（内延结构为一蕴徽脉络）的蕴徽子或蕴徽（子）连续体，我们谓之"蕴徽复子"。"复子"乃是与"单子"相对的观念。蕴徽子中有蕴徽子，是之谓"蕴徽复子"。与此相对，我们所谓的"蕴徽单子"当然就是一个没有蕴徽子内容（不能分析为蕴徽复子或蕴徽连续体）的单纯蕴徽子了。换句话说，蕴徽单子乃是最微细的造化权能；此最微细的造化权能所成就

的，当然是最微细的事功了。

在吾人的意象世界中开显的事物（如花草树林、飞禽走兽、日月星辰等）都不是蕴徼单子，而是由具多层次、多向度脉络性的蕴徼复子所集结而成的"蕴徼社团"或"蕴徼社会"。① 每一个"蕴徼社团"或"蕴徼社会"都是造化流行中的一个因果势位的连续体，都在场有宇宙的蕴徼脉络中占有一特殊的位置。所谓"意象世界"，就是在吾人感觉经验中开显的场有宇宙。"意象"者，造化流行中的蕴徼社团（或社会），通过我们的感觉意识所呈现的事象或物象也。"象"者，造化权能开显之相也。场有宇宙乃是通过吾人的感觉意识作用而开显的，所以说是"意象"。若以一个波涛汹涌的大海来比喻场有宇宙的造化流行，则大海水的波动就是蕴徼子或蕴徼社团，而海面上呈现的浪波就是意象世界中的事物了。讲得明确一点，造化流行与意象世界——或蕴徼子/社团与感觉意象——的关系，乃是权能与其效果或活动作用与其表现的关系。

故意象世界虽非造化流行本身，却是造化流行的表现或效果，正如海面上的波浪乃是大海水波动的表现或效果一样。站在蕴构同元的观点来看，现象世界与造化流行——感觉事物与蕴徼子/社团——乃是同样真实的，因为它们都是同出于蕴徼真元的啊！

### 25. 蕴徼大用及其分殊（四）：蕴徼子的自由独到与因果定位

场有宇宙中的一切断机活动或蕴徼子，莫非蕴徼大用造化权能的分殊，莫不在其自体性中具有一个既相对而又绝对的双重性格。每一个蕴徼子都是"绝对的"，因为在其内延的自诚生命来讲，乃是一个永恒之行的"自由独到"，就好比大海水的每一个波动，均来自大海水的整体运动一样。绝对地来讲，蕴徼子与蕴徼大用的关系，并不是一个局部与整体的关系，而是整体的一面与整体自身的关系。正如大海中的每一个波动，最后分析起来，都是整个大海的波动，故每一个蕴徼子的断机活动都是永恒之行的断机活动——在某一义来说，已经是永恒之行本身了。

---

① 蕴徼存有论中的"蕴徼单子"、"蕴徼复子"与"蕴徼社团"（社会）分别相当于怀德海历程哲学中的"现实存有"（actual entities），"蕴集"（nexus），与"社会蕴集"（social nexus）。

　　但断机活动之外有断机活动，蕴徵子外有蕴徵子。不错，每一个蕴徵子都是绝对的，但这是"相对的绝对"，而不是"绝对的绝对"。每一个断机活动虽然是直接地生于永恒之行，却又无可避免地受到蕴徵脉络中因果条件的限制。每一个蕴徵子都是（脉络）处境中的断机活动，正如大海中的每一波动，都是波动群中的一环节一样，如是内延地自由独到，外延地因果定位，这就是蕴徵子既绝对而又相对的双重自体性的所在了。

### 26. 蕴徵大用及其分殊（五）：场有的终极性相

　　既绝对而又相对，既无限而又有限，此蕴徵大用之终极特质也。我们所经验得到的宇宙，往最深处看，只是一"纯一而无限"的活动作用罢了。此纯一无限的活动作用，从权能方面来说，就是永恒不息的运作变化（权能自身）；从场有方面来讲，就是永恒无尽的相对相关（场有自身）。此合权能自身与场有自身而取义的蕴徵大用，我们名之为"蕴徵真元"或"永恒之行"。蕴徵真元者，蕴徵大用之纯一无限也。但蕴徵大用是纯而自蕴（结），无限而自徵（限）的；故蕴徵真元只是蕴徵大用永恒和绝对的一面，而非蕴徵大用本身。那么"纯一而自蕴，无限而自徵"这句话究竟何所指呢？自蕴自徵的权能场有究竟是什么呢？不是别的，它就是蕴徵大用的造化流行，和在此造化流行的意识接口里所开显的意象世界。蕴徵真元是绝对无断的，因为它乃是一个永恒的活动作用。意象世界中开显的事物却是断而又断、分而又分的；简别外在的分别相正是意象最明显的标志。至于造化流行本身却是一个不断而断、断而不断的生生历程。"不断而断、断而不断"，这正是《易传》所谓的"易"或"生生"。如是蕴徵真元的绝对无断，造化流行的不断而断/断而不断，和意象世界的断而又断三面性相的综合，也就是权能场有的终极性相了。此中义理可总括见表七：

### 表七　场有的终极性相

蕴徵真元：蕴徵大用绝对无断的一面（权能场有的永恒无限）

造化流行：蕴徵大用不断而断/断而不断的一面（权能场有的生生历程）

意象世界：蕴徵大用断而又断的一面（意识现象的简别外在）

　　这三面性相之间究竟是怎样的关系呢？假如我们可以用一棵树来作比喻的话，那么蕴徵真元就是树之根，造化流行就是树之干，而意象世界则是树之枝叶。权能场有乃是一个由此三面终极性相所构成的蕴徼真实，正如一棵树乃是一个由根、干、与枝叶合成的整体生命一样。

### 27. 蕴徼的回用

蕴徼真元、造化流行与意象世界——这蕴徼大用的三（终极）层面，乃是从场有自身方面来区分的。宇宙间的一切事物或场有者，都是蕴徼大用的分殊（都是一蕴徼的殊用），故都在这三层面中有其意义。假如蕴徼大用可比作一棵树的整体生命的话，那么蕴徼殊用（蕴徼子/社团）就可比作在此树的整体生命中生起的生命活动。这些树中的生命活动，一方面，是生于根、行乎干而贯于枝叶；另一方面，则是起于枝叶、行乎干而复归于根的。蕴徼的殊用也与此相仿。宇宙间的一切断机活动，都是造化权能的一个向量，都是通过造化流行而始于（蕴徼）真元（生于乾天）而又向真元回归（隐于坤地）的。一切有情主体，都有一个适合于其主体性的力息情用的"感爱介面"；在人而言，这个感爱接口就是虚灵明觉的意识作用。"意象"乃是断机活动在意识的感爱界面上所开显的事相与物相，当一个意象在意识界面上呈现时，一个断机活动或造化权能，已经完成了它的使命并已隐入于蕴徼真元的氤氲坤地之中而不朽待用了。此造化权能在真元与意象世界间的回向运转我们称为"蕴徼的回用"。从蕴徼真元流向意象世界，这是一权能向量的开显；从意象世界回归蕴徼真元，这是此权能向量的闭隐。用易学的语言来讲，造化权能的开显是"阳"，造化权能的闭隐是"阴"。《易传》曰："一阴一阳之谓道"，讲的正是造化权能蕴徼回用之"道"啊！

### 28. 场有宇宙的曼陀罗格局

宇宙的一切事物都是相对相关的，都是在其内在的关联处互相涵摄的。这个互相涵摄的关系，读者当还记得，就是"蕴徼"一词的"超切"义。蕴徼真元与造化流行是互相涵摄的，造化流行与意象世界是互相涵摄的，意象世界与蕴徼真元也是互相涵摄的。此三面终极性相的互相涵摄也就是蕴徼大用"三相一相"的整体性所在。但蕴徼大用是不能离开蕴徼殊用来讲的，因为没有场有者就没有场有自身了。事实上，蕴徼大用与蕴徼殊用——或场有自身与场有者——之间的互相涵摄关系，乃是一切场有分析的轴心。这个轴心涵摄关系的一边，就是众殊用或场有者彼此间的涵摄关系，另一边则是蕴徽大用或场有自身的自我涵摄关系。此三面涵摄关系的相即相入，也就是场有宇宙曼陀罗格局的所在了。

### 表八　场有宇宙的曼陀罗格局：超切曼陀罗的整殊义

蕴徽殊用（场有者）间的互相涵摄

蕴徽殊用（场有者）与蕴徽大用（场有自身）的互相涵摄

蕴徽大用（场有自身）的自我涵摄（即自我超越与自我内在的互相涵摄）

权能场有乃是一个永恒地自我内在（自蕴），和永恒地自我超越（自徽）的蕴徽大用。此蕴徽大用自我涵摄的具体内容也就是上文所谓的"三相一相"的超切内容，即：

### 表九　场有宇宙的曼陀罗格局：超切曼陀罗的本末义

蕴徽真元与造化流行的互相涵摄

造化流行与意象世界的互相涵摄

意象世界与蕴徽真元的互相涵摄

所谓"曼陀罗格局"乃是由场有终极性相的整殊本末的超切关系所形成的蕴构格局。曼陀罗图形（mandala）乃是文明人类用来思维形上道体或存有终极性相的一个最普遍的象征意符。我们认为，这个意符所象征的正是一个自蕴自徽、自感自爱的永恒道体——我们所谓的蕴徽大用或权能场有自身。"曼陀罗"代表场有整殊本末的终极性相，我们是从终极性相的超切关系上来讲，所以谓之"超切曼陀罗"。①

就其同为权能场有蕴构格局的综合而言，以上两个表式所蕴含的义理是没有什么不同的，基本上是相通的。不同的是，表八所显示的乃是蕴构格局的"整殊"义，而表九所阐释的却是蕴构格局的"本末"义；前者是以场有的整体与分殊的蕴徽关系为中心的蕴徽分析，而后者则是以场有的本源与流末的蕴徽关系为依据的蕴徽分析。若以一棵树的生命来比喻场有的蕴徽之用（如上节所言），则表八（蕴构格局的整殊义）乃是环绕着树的分殊生命活动，与整体生命活动的涵摄关系来讲，表九（蕴构格局的本末义）则是针对着树根、树干与枝叶的涵摄关系来讲。这两种分析

---

① 参阅《序论》，第55—56页。

虽然观点不同，对象却并无两样。事实上，整殊涵摄与本末涵摄的蕴微综合，正是场有蕴构格局的真实所在。整殊本末，圆融周遍，这就是场有的超切实相了。

### 29. 超切实相与超切如实观

哲学是追求真理的学问。对场有哲学来说，终极的真理就是场有的超切实相。"相"就是场有的开显，"实相"就是场有真实的开显。场有的真实在哪里呢？如上节所述，它乃是在场有整殊本末、圆融周遍的曼陀罗格局里——所谓"三相一相，谓之实相"。此三相一相，就场有的本末义来说，就是本（空），末（假），行（中）的超切圆融；就场有的整殊义来论，就是整（全），殊（别），脉（处）的超切圆融。对此场有格局整殊本末、三相一相的如实观照，也就是场有哲学所坚持的"超切如实观"了。三相一相，是谓超切实相。那么相对而言三观一观，就是超切如实观。请看下表：

#### 表十　三观一观：超切如实观的本末义

观本（空/无相）：观蕴微真元之绝对无断

观末（假/物相）：观意象世界之断而又断

观行（中/事相）：观造化流行之不断而断/断而不断

#### 表十一　三观一观的本末蕴构

观本与观行的互相涵摄

观行与观末的互相涵摄

观末与观本的互相涵摄

三观一观者，观本、观行、与观末三观之超切圆融也。

#### 表十二　三观一观：超切如实观的整殊义

观整（全）：观蕴微大用或场有自身之整全

观殊（别）：观蕴微殊用或场有者之有别

观脉（处）：观蕴微之用的（因果）脉络（场有者的处境）

#### 表十三　三观一观的整殊蕴构

观整与观殊的互相涵摄

观殊与观脉的互相涵摄

观脉与观整的互相涵摄

三观一观者，观整（全），观殊（别），与观脉（处）三观之超切圆融也。

由于整殊三相与本末三相又是一个互相涵摄的关系，所以总体来说就是"六相一相，是之谓超切实相"。如是由整殊三观与本末三观的互相涵摄，我们也就可以相应地说"六观一观，是之谓超切如实观"了。

### 30. 超切如实观与超切心灵

我们对场有的曼陀罗格局何以能有如实的观照呢？超切如多观的根据在哪里呢？这个问题的答案基本上只有一个，即：人是有灵觉性（虚灵明觉的意识作用/感爱面）的场有者或蕴徽者（蕴徽子/社团）。人对场有超切实相的领悟或了解，来自他所禀赋于蕴徽大用的超切心灵。"灵"者，觉也。心灵就是对超切实相了悟的觉性。此觉性来自人实存的场有生命——来自人的蕴徽体性中的虚灵明觉。人所了悟的超切实相就是场有超切真实在人的蕴徽灵明中的开显。人就是人的生命活动，蕴徽真元（纯一无限的活动作用）也就开显于人的生命活动之中。人是一蕴徽体，人的身心是造化权能的一部分，故蕴徽大用的造化流行，也就开显于人所参与的权能运作里。造化流行乃是生生不已的权能向量，一个断而不断地活动变化、成就事功的因果场行或蕴徽历程，故意象世界——造化流行的物相或事功相——也就开显于人的有执（对意象的执着）心灵之中。一切蕴徽者或场有者都是蕴徽大用的分殊，人的自我开显也同时是蕴徽大用或场有自身的开显。事实上，在人的无意识的生命活动里——在身心场有的深层灵觉里——正是蕴徽大用、场有自身整全体性的所在。当然，人对场有超切实相的观照，乃是一个境界的观照，相对于人的生命立场而有的观照，故人的超切觉性或领悟，也相应地是一个境界的觉性或领悟，为其生命立场所限制和决定的觉性或领悟。一切场有者都在一蕴徽脉络的处境中；人的超切心灵本身正是在此脉络处境下开显的心灵。如是相应于场有终极蕴构格局的六相一相，和对此蕴构格局如实观照的六观一观，我们也可相应地讲一个"六觉一觉"的义理架构。

#### 表十四 三觉一觉：超切心灵的本末义

超切直觉：对场有本相、空相、或无相（蕴徽真元）绝对无断的觉性

超切曲觉：对场有行相、中相、或事相（造化流行）不断而断/断而不断的觉性

超切执觉：对场有末相、假相、或物相（意象世界）断而又断的觉性

**表十五　三觉一觉：超切心灵的整殊义**

超切圆觉：对场有整体性相（蕴微大用或场有自身）的觉性

超切方觉：对场有分殊性相（蕴微殊用或场有者）的觉性

超切统觉：对场有脉络性相（蕴微立场或处境）的觉性

本末三觉与整殊三觉乃是互相涵摄的，故曰：六觉一觉。

### 31. 场有的方所与根本时空

表十四中的"直"、"曲"、"执"和表十五中的"圆"、"统"、"方"这六个字的用法是颇具特殊意味的，假如用几何图形来代表的话，那么"直"就是直线，代表"绝对无断"的观念；"曲"就是曲线，代表不断而断/断而不断的观念；"执"就是直线或曲线上的点，代表断而又断的观念。任何几何图形都是由断与无断这两个原理决定的，所谓"断"与"无断"，就是活动作用的断与无断，基本上是权能运作的观念。权能运作是蕴微的因果也是蕴微的方所；是信息的传承，也是力量的绵延。断与无断乃是力量绵延（以下简称"绵延"）最基本的原理。纯粹数学——包括几何学——的对象就是力量绵延的抽象形式。力量的绵延，最后分析起来，只不过是断与无断两个易数的超切综合罢了。此断与无断的超切综合，也就是我们所谓的"方所"或"绵延结构"。数学者，力量的"方所之学"或"绵延结构之学"也。易学中的"数"的观念，正是从泰古人对权能方所的领悟而来的。

"方"者，方向、方式、方法或规律也。力量依一定的方向和方式、方法或规律而绵延，其所形成或描述的轨迹或轨道就是"所"。譬如一个力量依椭圆的方式而绵延，其依此方式而运作所形成的就是一个椭圆的轨道。故这个力量所表现的，也就是一个由断与无断的超切综合所形成的绵延结构。

在"方所"一词中"方"字与（表十五）"方觉"一词中的"方"字是同义的。为什么称我们对脉络性相的觉性为"方觉"呢？"方觉"者，"方所"之领悟也。蕴微大用造化流行的时位脉络，乃是由权能运作的绵延结构形成的，而方所或断与不断的超切综合，乃是绵延结构的普遍形式，故称脉络性相的觉性为"方（所）觉"。权能运作是蕴微的因果也是造化的方所：方所相续（绵延结构）是造化的形式，因果相续（力量的传承）是造化的内容。所谓"脉络性相"乃是方所相续与因果相续的综合性相，亦即是蕴微的超切义与造化义的综合。场有宇宙是一个无穷尽的方所脉络，也是一个无穷尽的因果脉络。这个无穷尽的"因果方所"，也就是蕴微大用造化流行源远流长的"根本时空"了。我们所感觉到或理解得到的时空，只不过是此根本时空在我们生命活动的处境中，所开显的一个有限的时位脉络或因果方所的境界罢了。

那么"圆觉"中的"圆"又是什么意思呢？为什么称吾人对场有的整体性相的觉性为"圆觉"呢？"圆"指的是循环往复的权能运作，此乃是人类蕴微思想最古老的一个象征意符。"圆"所象征的就是权能场有自身的整体性。场有自身的整体性在哪里？不在哪里，它就在造化权能本末循环无穷无尽的蕴微回用里。用"圆"来名对整体的觉性早已是宗教哲学史的惯例了。

而圆觉之"圆"，亦即是场有的蕴构格局中蕴微真元、造化流行、与意象世界的相互涵摄的周遍圆融。蕴微大用与蕴微殊用的分别，在心觉的层次上来讲，也就是圆觉与统觉的分别。如以圆的圆周代表圆觉和场有的整体性，那么圆的直径就代表统觉和场有的分殊了。为什么以我们对场有分殊性相的觉性为"统觉"呢？"统"就是统一的意思。每一个蕴微殊用都是本相、行相与末相三个终极性相的统一，正如一棵树里每一生命活动都是根、干与枝叶的统一，或圆中的每一直径都通过中心把整个圆连贯起来一样。树的整个生命乃是无数分殊（生命）活动的总和，好比通过圆的中心可以有无数的直径；如是即分殊即整体，这就是"统"字所代表的超切义蕴了。直觉、执觉与曲觉，这是本末义的"三觉"，圆觉、方觉、与统觉，这是整殊义的"三觉"。本末义的三觉或整殊义的三觉乃是互相涵摄的，心灵之运用乃是一个"整殊本末，六觉一觉"的超切综合。这个超切心灵在觉性上所表现的综合姿态也就是我们所谓的"超切心态"了。

### 32. 正觉、正慧与正行：性善论与向善论

"综合"者，蕴微之和也。场有的真实乃是一个整殊本末相互涵摄的真实，这个整殊本末相互涵摄的圆融周遍就是"和"——曼陀罗蕴构的太和。场有宇宙既是蕴微大用的造化流行，也是蕴微大用的超切综合。再

用《易传》的语言来讲，蕴徼大用从造化流行方面来看就是"太极"，从"超切综合"方面来看就是"太和"。"太和"者，造化流行在其整殊本末圆融周遍中所开显的和谐也。太极是无尽的场行，太和是遍在的境界。六相一相，这是太和所表现的超切实相；六观一观，这是本于太和的超切如实观；而六觉一觉，此则是禀于太和使我们得以如真观照的"超切正觉"了。此六觉一觉、禀于太和的圆融觉性，乃是心灵的超切本质，也是内在于一切意识而为人类智慧心灵本源的心性作用。有"正觉"才会有"正慧"，有"正慧"才会有"正行"。所谓"正慧"就是本于正觉的智慧，所谓"正行"就是本于正觉与正慧的生命活动与价值活动。由于禀于太和的正觉，乃是心灵心性的超切本质，正慧与正行不仅有其可能性，而且是潜在地作用于身心场有的虚机茧纲中，最恒常的价值取向或善根。[1] "善根"者，禀于太和而为一切价值根源的正觉正慧也。假如我们单从价值活动的根源和取向来看人性的话，那么这里的"善根说"既是一"性善论"也是一"向善论"。"善"是正觉、正慧与正行的统称。人性是"善"的，因为禀于和而为一切价值根源的正觉，乃是心灵心性的超切本质。但人性也是向善的，因为人的善根乃是心性中最恒常的价值取向。换句话说，"性善"是从善根之禀于太和来讲，"向善"则是从正慧正行之为一可能性价值取向方面来讲。然而向善本于性善，而性善必然向善，"性善论"与"向善论"只是分析观点的不同罢了。[2]

### 33. 超切心灵与超切心态：正觉与偏觉——真理追求的经纬

六觉一觉，谓之正觉——这句话讲的是超切心灵的本质。我们不妨说，正觉乃是一切心灵心识作用的超切本能。但这本质或本能的发用却是不能离开人的蕴徼处境——离开人的生命活动所处的身心场有（包括自然世界、文明社会与历史文化所构成的整个背景/环境）来看的。超切心灵在某一特殊生命处境中所呈现的觉性，或（如上一节所言）所表现的综合姿态也就是我们所谓的"超切心态"了。正觉（六觉一觉），就其为心灵心识的超切本质或本能而言是圆融周遍的，因为它乃是一个无偏颇

---

① 关于"虚机茧纲"的意义，见《序论》，第87—90页。
② 有关时贤"性善"与"向善"之争辩，见《哲学杂志》（台北），第5期，第78—107页。

的、直接本于太和的觉性，但是在一个特殊生命处境中所呈现的超切心态，却是一个"正觉分裂、觉性争衡"的局面。这时候的超切心灵已经不再是一个六觉一觉的太和，而是一个为觉性的争衡所决定的"偏觉心态"了。假如"正觉心灵"是人性中的善根的话，那么"偏觉心态"就是人性中的恶根。有"偏觉"也就有"偏慧"，有"偏慧"也就有"偏行"。有偏觉、偏慧与偏行也就有执而不返、远离太和的可能性——这就是"恶"的根源了。

　　正觉正慧是善根，也是真理追求的正根。真与善的价值取向是同源的，同出于蕴微大用的"太和之美"。此太和之美不仅是道德活动的最后根源，也是哲学活动的最后根源。六觉一觉的正觉性是道德心灵的本质、本能，也是哲学心灵的本质、本能。但是整部哲学史却是一部"偏觉争衡"史，正好像文明道德是一个"偏觉争衡"的道德一样。偏觉争衡基本上是一个"觉性分裂"和"觉性争胜"的状态。而分裂与争胜的心态也就必然会有所突显，有觉性的强弱分判可言。此在争持局面中突显的偏觉——在超切心能中占上风的觉性——也就是（在哲学史上出现的）一个哲学派别或哲学体系所从出的慧根了。譬如哲学史上的神秘主义和一元主义，乃是出于直觉偏胜的哲学心态，而现象主义与分析哲学，则同为控觉偏胜的表现。整体主义的精神代表圆觉性的凸显，而二元论和多元论的思想则无疑是方觉性的流别。曲觉性特强的哲学必然是一变易主义的规模，而统觉性偏胜的哲学家，则必然有处境主义或脉络主义的倾向。如是五花八门的哲学派别，也就涵摄在一个偏觉性的"分布图"中。

### 表十六　偏觉争衡与哲学思想的型态或派别

（偏觉性的分布图）

1. 本末三觉的分布

直觉偏胜：突显蕴微真元之绝对无断相（神秘主义、一元主义）

控觉偏胜：突显意象世界的断而又断相（现象主义、分析主义）

曲觉偏胜：突显造化流行的不断而断/断而不断相（变易主义）

2. 整殊三觉的分布

圆觉偏胜：突显场有自身或蕴微大用的整体相（整体主义）

方觉偏胜：突显场有者或蕴微殊用的分殊相（二元主义、多元主义）

脉觉偏胜：突显场有立场或蕴微处境的脉络相（处境主义、脉络主义）

### 34. 偏为正用,心统性情:哲学智慧的形成

现在我们要问的是，正觉与偏觉之间究竟是一个怎样的关系呢？我们的答案是：这个关系可以用一句话来描述，那就是"偏为正用，心统性情"。正觉是超切心灵的本质、本能，也可说是一切心识的"本性"。"情"就是情状，指的乃是心灵在一特殊生命处境中所表现的超切心态，为偏觉争衡所主宰的心态。直接本于太和的正觉本性，乃是恒常地在心识中发用的，不然它不成其为心灵的本能、本质了。不过，在偏觉争衡的心态生起之后，正觉的作用也就为偏觉性的争衡局面所蒙蔽，也就隐而不显了。故正觉与偏觉并不是一个"有你无我"的对立关系，而是一个"互为其根"的隐显关系。偏觉之显也就是正觉之隐，正觉之显也就是偏觉之隐。不过这样讲法仍是不够恰当的，因为事实上正觉与偏觉乃是一个体用的关系。正觉从其为心灵的本质来讲就是"体"，从其为心识的本能来说，就是"性"——它是心的"本体"，也是"心"的"本性"。但此超切心灵的本然体性，必须在生命的特殊处境中"缘情"起用。一切生命活动都在造化流行的因果脉络中，因此都是有条件的。有条件就有限制；这些条件和限制就是此生命活动之"缘"。"缘情"者，心灵的（本然）体性在生命的条件与限制中作用时所呈现的姿态或情状也。正觉本性在脉络处境中的缘情起用，这就是我们所谓的"偏为正用"的意思了。故偏觉一也是本于太和的，不过它是"间接地"本于太和，在"蕴徽之命"（即生命的条件与限制）中开显的太和。故"缘情"其实就是"缘命"。而与"缘命"相应的就是"复性"。"性"就是心灵的正觉，一切心识的本然体性。"复性"就是向太和正觉的回归。"缘命"，是正觉之隐，"复性"是正觉之显。智慧的作用——哲学智慧的作用——也就生于此缘命复性之超切中道里。

### 35. 缘命复性,自诚致曲——超切中道与场有哲学

"六相一相，是谓超切实相"，这是"真理论"的语言，也是场有哲学所肯定的实在与真理。"六观一观，是谓超切如实观"，这是"方法论"的语言，也是场有哲学对场有实在与真理所采取的态度。"六觉一觉，谓之超切正觉"，这是"心性论"的语言，也是场有哲学对觉性本质的认

识。"偏为正用，心统性情"，这是功夫论的语言，也是场有哲学对心灵智用的领悟。"缘命复性，超切中道"，这是"智能论"的语言，也是场有哲学终极关怀的所在。场有哲学是一个立于蕴徽真实的哲学，也是一个以超切中道的安身立命为其终极关怀的哲学。场有哲学所向往的乃是一种"圆融周遍"的太和境界，这是六相一相的境界，六观一观的境界，亦即是为超切正觉（六觉一觉）所涵摄的境界，缘命复性所复的境界。但此对太和的向往本身并不就是我们所谓的"超切中道"，因为缘命复性是不能离开人的生命活动来讲的——"缘命"正是缘生命活动中之"命"啊！而有生命活动则必有所偏。生命活动，从其为觉性和智用所决定的方面来讲，基本上正是一偏为正用、自诚致曲的蕴徽历程。偏为正用、自诚致曲之"得其宜"，这才是超切中道的真义所在。所谓"自诚致曲"就是一个活动作用弯曲转折地"自直"或实现其目的的意思。有偏就有曲，"偏觉争衡"这是觉性之"曲"。正觉的心性通过偏觉争衡的曲折来完成它自己，成就它自己，使心性回复到一个圆融周遍的太和境界，这就是心性"偏为正用、自诚致曲"的意思了。自诚致曲的结果也就是正觉的重显，本性的重显，但这不是自外于偏觉的正觉，或是自外于缘情的本性。自诚致曲后的正觉乃是开显于偏觉之宜的正觉，在缘命或缘情中显其真面目的本性。说得更落实一点，我们不妨说，偏觉之宜就是正觉，缘命之真就是本性。"宜"者，超切综合之无碍也。场有事物在互相涵摄（超切关系）中相对相关之无碍处谓之"宜"。场有哲学所向往而坚持的就是这个超切综合之宜，自诚致曲之宜。而"得宜"也就是"得中"。超切综合之得其宜，这就是"超切中道"的真实含义，也同时是场有哲学终极关怀的所在。如是作为一种超切中道的哲学来看，场有哲学的内容可具列见表：

表十七　场有哲学：超切中道的哲学

六相一相，超切实相：场有哲学的真理论

六观一观，超切如实观：场有哲学的方法论

六觉一觉，超切正觉：场有哲学的心性论

缘命复性，自诚致曲：场有哲学的功夫论

偏为正用，综合得宜：场有哲学的超切中道

## 36. 场有哲学与实体哲学

场有哲学是一种蕴徽主义的哲学——一种以超切中道为其终极关怀的

哲学。这句话所涵摄的义理想读者心中已有一个概括的认识了。不过直至目前为止，我们对场有哲学的阐释乃是一种正面的、直诠的讲法。这样讲法是不足以看出场有哲学所坚持的特色的，要看清楚场有哲学的特色我们必须辩证地同时从正反两方面来讲——亦即是，在场有哲学与其反面思想的对比上来讲。场有哲学的反面思想是什么呢？它就是两千年来主宰着西方人的文化心灵，在西方的哲学传统中占有主流位置的"实体哲学"——"实体主义"的哲学。而对实体主义的批判，却正是场有哲学所必须承担的思想任务；理由很简单，因为"非实体主义"正是蕴微主义本质的所在啊！

实体主义的哲学，顾名思义，乃是一种"实体论"，一种奠基于"以实体为存在的真实或真相"的哲学。"实体"或"实体有"这个观念原是从"一物自身"这个带有逻辑意味的观念引申出来的；事实上它正是"一物自身"这个观念的逻辑化与绝对化。"绝对"就是绝其所对的意思。事物本来是相对相关的，本来是不能单独地、孤立地来看的。但实体主义者偏要将一物从它与其他事物的相对相关性里抽离出来，然后把它逻辑化、僵固地理性化，这就是一切实体观念、实体思想的根源了。故所谓"实体"，说得明确一点，即是一个本质上独立自存和同一不变的存有——一个可以让我们孤立地来观察，孤立地来捕捉、衡量与确立其实在与性质的存有。换句话说，在一个实体事物的定义里是不包括（也不能包括）其他事物的。在一个实体的宇宙里，实体事物间只可能有外在的关系，而不可能有内在的关联，而事物间有本质上的内在关联，却正是场有论或蕴微存有论的精义所在。实体哲学基本上是有徵无蕴的，场有哲学却是有徵有蕴的。这两者之间的分别就在这"一字之差"上。

"有徵无蕴"这句话很重要，因为实体主义思想的许多特色，都可以从这句话的含义里导引出来。首先，最明显的是，实体主义与场有主义乃是南辕北辙的两种思想。实体哲学是没有（也不可能有）场有这个观念的，正如场有哲学没有（也不可能有）实体或实体有这个观念一样。由于在实体主义的思想中，事物间只有外在的关系而无内在的关联，故实体哲学必然是一种分裂主义、离隔主义或超越主义的哲学。有徵无蕴，则事物相对的关系也就很自然地演变为对立的关系，故实体论必然发展出"二元论"或"二分对立"的思想。主体与客体的对立、物质与心灵（或精神）的对立、现象与物自身的对立、文明与自然的对立、和人与神的对立等——这些二分对立的思想，对任何一位对西方哲学史有基本认识的人来说，已经是老生常谈的了。西方文化传统的主流哲学，基本上都是实体主义的哲学，这就难怪它终于变成了一个二元论或二分对立思想的"世家"了。

二分对立基本上是一种不稳定的、异隔对峙和分裂争胜的心态。有争胜就有强弱分判的可言，故实体哲学，不管是在思想的层次或是在其影响所及的实践层次来讲，都或显或隐地有"强权主义"与"暴力主义"的倾向。分裂争胜的结果，最后必然导致"绝对主义"与"独尊主义"的产生。绝对，我们已经说过，就是绝其所对的意思。一事物、心态或思想既已经绝其所对，那么当然是"唯我独尊"的了。西方传统宗教和形上学思想里出现的上帝，在某一义来说，就是由这种绝对主义、独尊主义的心识塑造出来的。

"异隔对立"是有徽无蕴（无内在的关联），"绝其所对"，则是有蕴无徽。但什么是"有蕴无徽"的呢？它什么都不是，只是一个"漆黑一片"的混沌与虚无。混沌与虚无，这不正是上帝或神的反面么？是的，绝对主义与独尊主义进一步的发展就是"混沌主义"与"虚无主义"。或且，说得正确一点，"混沌主义"与"虚无主义"，只不过是"绝对主义"与"独尊主义"的另一面罢了。由二分对立到绝对与虚无，这正展示超切心灵在实体主义心性中的辩证历程啊！

### 37. 超切心灵的歪曲：实体思想的辩证历程

场有哲学是"有徽有蕴"的超切中道，而实体哲学却代表此超切中道分裂的两极端——不是"有徽无蕴"的二分对立主义和异隔主义，就是"有蕴无徽"的绝对主义和混沌主义。表面上看来，场有哲学与实体哲学是南辕北辙，互为参商。但当我们找出实体主义超切心路的辩证历程之后，我们就不难发现实体哲学其实应该看成是场有哲学一个特例。为什么呢？因为不管是有徽无蕴或是有蕴无徽，所有实体主义的思想原来都是以有蕴有徽为出发点，原来都是从蕴徽经验的觉性太和里萌芽的。实体主义思想基本上是一个从"缘命有执"到"二分对立"，然后从"二分对立"到"绝对独尊"（上帝的绝对或混沌的绝对）的辩证过程。这个过程从起点到终点——从有执之前到极执之后——其实都是孕育在超切心灵正觉太和的觉性里。一切智——包括哲学的智慧——莫非是一个偏为正用、自诚致曲的心性作用。实体哲学的智能当然也不例外。它也是一个"偏为正用"的例子啊！

必须立即指出的是，有蕴无微的绝对混沌可不是老子《道德经》和《庄子》书中出现的"混沌"或"道"。老庄的"道"虽然也是一种"寂兮廖兮、惟恍惟惚"的一个混沌的蕴成，却是其中"有象"、"有物"、"有精"、"有真"、"有信"的。换句话说，老庄的道只是一个相对的混沌，而不是一个绝对的混沌。老庄书中的道正是我们所谓的"纯一而自蕴，无限而自微"的蕴微大用啊！

场有哲学是不容许有"绝对"或"绝对实体"这个观念的。在"场有的思想里，没有绝对的一，也没有绝对的多；没有绝对的超越，也没有绝对的内在；没有绝对的创造者，也没有绝对的被创造者；没有绝对的主体，也没有绝对的客体；没有绝对的心，也没有绝对的物——总而言之，所有相对的两极都是互为依存而非可以独立的存在。所以一中有多，多中有一；凡超越者也必同时内在。凡内在者也必同时超越；创造者必也是被创造者，被创造者也必是创造者；主体本从客体来，客体本来就是主体；没有无物之心，也没有无心之物"。这一段话可说是总括了场有哲学之所以为"非实体主义"的含义。在场有哲学中，"蕴微体"或"场有"取代了实体哲学中"实体"或"实体有"的观念，"场有综合"（蕴与微的统一）取代了"实体组合"的观念，"蕴微大用"或"蕴微太和"取代了"绝对"或"绝对实体"的观念。场有哲学当然也可以讲"超越"，讲"绝对"。但这是"相对的超越"、"相对的绝对"，而不是"绝对的超越"、"绝对的绝对"。什么是"相对的绝对"和"相对的超越"呢？当然就是"纯一而无限"的活动作用自身——我们所谓的"蕴微真元"了。但蕴微真元是不能离开造化流行与意象世界来讲的。蕴微真元的超越正在其与造化流行与意象世界的相对上。我们正是在场有的整殊本末、六相一相的圆融周遍处来讲蕴微大用、蕴微太和的。场有超切圆融的绝对不正是一个相对相关性的开显吗？

### 38. 超切心灵的歪曲：实体哲学的心性根源

实体思想是怎样产生的呢？是怎样萌芽的呢？对这个问题，我们必须扣紧心灵觉性的超切本质来回答。在超切心灵六觉一觉的觉性结构中，方觉与控觉偏胜所主宰的意识心，乃是文明人最普遍的心理状态。事实上由方觉与控觉的结合所蕴成的"方控意识"，正是实体思想的根源所在。读者当还记得，"方觉"乃是一种偏于场有分殊性相的超切觉性，"控觉"则是超切心态喻于意象世界断而又断性相的觉性。"方"就是"方所"，泛指场有分殊或局部的性相，"控"就是"控制"。"方控"合言也就是局部控制的意思；"方控意识"也就是一种局部控制的意识心态，亦即是佛家所谓的"有执"。有执，说得明确一点，就是对"有"的执着——对意象世界分殊性相的执着。在意象世界中开显的事物本来只是造化流行的迹象，而非造化流行自身，更非造化流行所本的蕴徽真元自身。故意象世界的分殊性相只是蕴徽"迹象的分殊"而非蕴徽"大用的分殊"。大用的分殊，好比贯通一圆的直径，是必须统贯权能场有的整体来讲的。但人类为了生命活动的需要，必须经常地停留在方控偏胜的有执心态之中，以求通过蕴徽迹象的分殊来取得对局部场有的控制。这不仅是控制性智能与逻辑理性的起点，也是实体思想的心性根源。换句话说，实体思想与控制性智能和逻辑理性乃是同源的，原都是生于方控觉性、有执心态的亲兄弟。在人类向文明社会的演变过程中，由长期的方控偏胜的有执心态所形成僵固封闭的实体思想，已经根深蒂固地深植在文明人的意识结构之中，已经是积习难返的了。

　　由于方控觉性的偏执和逻辑理性的误用，实体主义所本的哲学心态乃是一个超切正觉遭受到严重歪曲的破裂支离心态。这种心态和超切心觉相应地遭受到歪曲，可以下列的描述来总括之：

表十八　超切心灵的歪曲与实体思想的缺失与迷惘

蕴徽真元的僵固：直觉性的歪曲

造化流行的贬抑：曲觉性的歪曲

意象世界的倒置：控觉性的歪曲

场有自身/蕴徽大用的遗忘：圆觉的歪曲

场有者/蕴徽殊用的断根：方觉的歪曲

场有立场/蕴徽处境的失落：统觉的歪曲

　　实体哲学生于对造化流行局部迹象的绝对化与本体化。蕴徽真元本来是纯一无限的活动作用，但在实体主义形上学里，本体（绝对实体）乃是一僵固而不活动的存在，故真元的僵固也就是直觉心性的歪曲。

有执心态必然表现为一个控制性的意欲，实体思想意欲捕捉它的一切对象，控制它的一切对象。故实体思想必然忽视场有造化流行和事物活动变化的一面。这就是为什么实体的形上学必然对变动不居的宇宙加以贬抑、视之为幻而不真的了。对造化流行的贬抑，也就是对曲觉性之歪曲。

意象世界中开显的事物只是造化流行的迹象，不是造化流行本身，当然也不是蕴微真元本身。现象是末，不是本，但实体观念却正是从意象世界之断而又断处引申出来的。实体形上学里的绝对实体其实是意象世界的投影，此意象世界与蕴微真元的本末倒置正来自控觉性的过度膨胀——换而言之，也就是对控觉性的歪曲了。

实体思想来自方控意识对局部场有的控制意欲，故实体形上学的关注是场有者，而非场有自身。实体哲学的语言和范畴，骨子里乃是为分析场有者的需要而运用的语言与范畴。对场有自身的遗忘乃是实体形上学一最显著的特色，而场有自身或蕴微大用的遗忘，也就等于对圆觉的歪曲了。

蕴微大用是母，蕴微殊用是子。离开了蕴微大用又哪里有真实的殊用可言？实体哲学所看到的场有者乃是断根的场有者，蕴微殊用的断根也就是方觉的歪曲了。

一切（真实）的场有者都有其特殊的性格，而殊用之特殊性乃是来自其特殊的蕴微立场或脉络处境。然而处境的失落与殊性的丧失，却正是逻辑理性、实体哲学的通病。因为立场与殊性的抽离，乃是逻辑理性得以运作的先决条件。不把事物的脉络处境与殊性抽离，又怎能对他们加以分析与控制呢？然而处境的失落与殊性的丧失，也就是统觉的歪曲了。

总而言之，由于方控意识的过度膨胀，六觉一觉的超切心灵也就在有执偏胜的心态中遭受到严重的歪曲，正觉体性也就隐而不显了。

### 39. 向正觉太和的回归：场有哲学缘命复性的努力

从场有哲学的立场来说，方控意识、有执心态所投企的实体观念根本是一个空中楼阁，一个子虚乌有的东西；它只是一个为满足人类生命活动的需要和认知的方便所设施的一个逻辑理性的虚构罢了。实体语言若作为一种蕴微语言的"缩写"是可以的，但若把它作为场有真实的描述那就绝对不能被接受了。

　　从场有哲学的观点来看，实体思想和实体主义的哲学虽然有其实用的价值，但在文明人类演变和理性思想的发展过程中，扮演过一个非常重要的角色，不过绝对不是真理。正如主宰在其背后的有执意识、控制性智慧、与逻辑理性一样，它只是吾人蕴徽经验的一环——执着于场有局部迹象的一环。但场有的局部迹象岂能代表蕴徽大用圆融周遍的真理？要讲真理就必须在吾人的超切心灵上作缘命复性的努力，以求得太和正觉的回归。这就是场有哲学的使命，场有哲学自我承担的抱负了。

　　（原载《场与有：中外哲学的比较与融通》创刊号，北京，东方出版社 1994 年版，第 21—75 页。）

# 15  自我克服与道德:尼采和
## 儒家思想中人的创造性

### （1994）

在尼采那里，自我克服（Self – overcoming）是所有道德规范的共同本质。他说:"人是那种应被克服的东西。"① 的确，自我克服不仅是道德的本质，最主要的，它就是人自身的本质，是人的本真的，文明的人性。尼采的完善的人的模型——超人难道不是最本真最文明的人吗？而超人则恰恰是那种克服了自己，超越（transcend）了自己的人。简言之，尼采的人的观念完全是围绕着作为自我超越和自我完善（Self – perfection）的基础的自我克服这个核心展开的。

孔子曾说:"克己复礼为仁。"② 孔子在这里所讲的礼和仁意味着什么？我们可以这样简要地回答：礼建构了文明的秩序，而本真的人性即仁则是由这种秩序来界定的。更确切地说，礼是文明生活必不可少的仪式礼节，它是文明的因素或元素。我们可以把它称作"文明形式"，正是这种"文明形式"将人与非人区分开。礼的文明功能就在于它的约束力量，在于人类自律的力量。同尼采的超人一样，孔子的君子或大人也是真正的文明的人，这样的人也是克服了自我、超越了自我的人。

于是尼采和孔子的哲学，在关于本真的人性观念问题上，便至少存在着引人注目的形式上的相似和对应。就是说，他们都承认人的存在在本质

---

① 弗里德里希·尼采:《查拉图斯特拉如是说》，沃尔特·考夫曼译，米德塞克斯，英格兰，企鹅版 1978 年版，第 12 页。

② 《论语》12：1。

上是道德性的。① 作为人而存在这样一个文明的过程，根本上是一个道德
创造的过程，是借克己与自律而实现人类性格的创造性转化的过程，而由
此表现出的道德创造性正是真正的人类创造性。对尼采来说，人同时是他
自己真正存在的造主和造物。用人们熟悉的存在主义用语，我们可以说：
"人无外是他自己所创造的东西。"② 人是他自己自我创造的产物。并且正
是自我克服的力量和自我克服的现实性，使道德创造成为道德的，并同时
界定了作为人而存在的道德范围。在尼采和儒家的思想中，人的自律能力
具有人性的本质性，自我克服确是内在于人的构成原则。这一点是毋庸置
疑的。

　　然而，是什么将被克服？是什么真正构成了人类自我克服的现实性？
人如何能够既是克服者同时又是被克服者？人的这两种能力是否有着不同
的构成？抑或这两种能力本是由同一种潜在的实体或要素所组成。在克服
自我的过程中，人必须首先体验内在于自身的对立，而这种内在对立的特
性与意义又是什么？这种对立是不是两股相互孤立的力量之间的对立？抑
或是由同一有机整体派生的彼此，处于深层和谐之中的两极之间的对立。
对于这些问题的回答将不仅彰显"自我克服"之现象，而且还将向我们
表明，尽管儒家与尼采的哲学在关于自律与人性之间关系的问题上存在着
根本的相似之处，但它们之间的差异也是决定性的。

　　按照奥尔特伽（Ortega）的观点：人非岩石，他必须为是其所是而
战斗。人能够在行动中与其自身相对待，甚或对其自身毫不顾及，这已是
得到公认的事实。但是，战斗、内在斗争以及自我道德范围内所特有的对
立的性质是怎样的？对这一问题的回答则决不是显而易见的。人有别于其
他自然物，或如奥尔特伽所言："人的存在与自然的存在并不完全吻
合"③ ——这一论断已被普遍接受。毫无疑问，文明的理智广泛持有这样
的观念，即：人的自然成分与超自然成分（natural and extranatural）（奥

---

　　① 沃尔特·考夫曼：《尼采：哲学家，心理学家，反基督主义者》，普林斯顿，N. J. 普林
斯顿大学出版社 1974 年版，第七章，第 211—227 页。我的关于尼采自我克服理论的论述基本上
是以考夫曼在本章中的解释为基础的。

　　② 让·保罗·萨特。摘自沃尔特·考夫曼编：《存在主义是一种人道主义》，《存在主义从
陀思妥耶夫斯基到萨特》，纽约，新美国人图书馆 1975 年版，第 34 页。

　　③ 同上书，第 154 页。

尔特伽用语）之间存在着区别。自然自我即动物性的自我是尚未开化的
自我，它是我们易于在自身中作为自然成分而确认下来的那一部分，关于
这一点似乎是毋庸置疑的。但区别人与兽的"人类标志"（我们且如此称
之）所依据的超自然成分是怎样的？人的超自然自我的根源何在？他的
超自然的人性何在？对于后两个问题，尼采的回答在根本的意义上同奥尔
特伽、萨特以及其他深受其影响的20世纪的存在主义者一样毫不含糊。
区别人与兽的标准在于他的创造活动：人的"超自然属性"或本来意义
上的"人性"的创造者，不是上帝而是人自己。超自然自我在其自身的
创造中，既是造主同时又是造物。人类的标志属于作为创造主体的人——
属于他的创造主体性。

　　包括沃尔特·考夫曼（Walter Kaufmann）和晚近受到极大关注的亚
历山大·尼阿马斯（Alexander Nehamas）在内的尼采评论家都一致认为，
尼采的思想在本质上渗透着生命是美学或艺术的观念。尼阿马斯的副标题
为"作为文学的生命"的出色评论，正是以这一诠释为依据的，而这种
诠释事实上是考夫曼早先为人熟知的经典学说。①尼阿马斯的副标题使我
们想起奥尔特伽著名论文中那段非常尼采式的话："无论他是独创者还是
剽窃者，人是他自己的小说家。"②而尼采自己的话则更加直截了当："有
一件事是必要的——给人的性格以风格——这是一门伟大而又杰出的艺
术！"③尼采的人类生命和本真自我的观念，基本是在艺术创造的过程中
形成的。人在其自我超越的创造中同时是艺术家，原材料和完成的作品。
正像创造性的艺术家在将原材料变成美丽艺术品的过程中必须克服材料的
阻力一样，人自身中的造主在为超自然的人性（作为造物的自我）提供
抽象和具体的形式（form and shape）时，也必须克服他的自然自我的阻
力。对尼采来说，道德创造本质上是美学的，这是一项富有想象力的整理
工作。通过这种工作，凭借艺术家恰如其分的谋划与阐释的能力，原料或
感觉材料的原始混沌（Chaos）得到组织。说到人类生命，这里所讲的

---

　　①　亚历山大·尼阿马斯：《尼采：作为文学的生命》，剑桥，马萨诸塞：哈佛大学出版社
1985年版，第一章，第1—40页。参看沃尔特·考夫曼著《尼采》，第四章及第250—252页。

　　②　沃尔特·考夫曼编：《存在主义》，第156页。

　　③　弗里德里希·尼采：《快乐的科学》，沃尔特·考夫曼译，纽约，梵提Vintage出版社
1974年版，第290页。

"混沌"当然是指人的自然自我。内在于人类自我的混沌是不羁的本能,原动力、欲望与激情的混沌。简言之,即是希腊人所谓爱欲(Eros)的混沌。人本质上不过是各种欲望的场,每种欲望都寻求自己的满足,寻求凌驾于其他欲望之上。这种爱欲的动态本质以及这种本能的场,被尼采称为"权力意志"。这里应该看到权力意志本身并不是某种特定的本能动力的特征,而是所有本能动力的共同特征。爱欲的生命寻求权力:这在本质上无疑是一种权力意志。

权力意志是支配的意志,是主宰局面与环境的意志。用我们熟悉的佛语,可以把它称作一种"执"的形式。"权力意志"就是"执的意志",它是现有的机体或生命形式,或在总的意义上行动和权力,固执于自我并使自我达到忘怀的趋向。有趣的是,像佛教徒一样,尼采否定自我和事物的物质性概念,将二者作为概念的虚构一起清除。而佛教与尼采之间根本的区别则在于他们对于"执"即爱欲生命的潜在实在性的截然不同态度。对于佛教徒来说,爱欲的生活是轮回,是苦界。从这种境遇中解脱出来正是涅槃的真正意义所在。然而对尼采来说,爱欲的生活是唯一的生活,执或权力意志是具有全部生命本质性的。

在尼采看来,文明人类的问题和生命之谜的解决不能像佛教徒那样,在断除痛苦中,通过扑灭执的烈火与激情来达到,而应该像后来弗洛伊德所说的那样,通过使自然自我和本能激情的混沌的情愫升华和转化来达到。因而升华便成了自我克服的途径,进而成为道德和人类创造的主要内容。超人是克服了自己的人,就是说,他是通过最富成果的创造性途径成功地使其肉体的基本本能得到升华。① 无疑在尼采那里,自我克服的升华过程是文明的人性中所固有的。高贵与低贱,善与恶,从文明的观点看不是相互孤立的。事实上,高贵生于低贱,善生于恶。如果每一种人类社会在本质上,都可以被看作只不过是一种"原动力管理"的文明方案,那么,大多数传统社会的"压抑"方案,对于尼采,正如对于弗洛伊德一样是极不可取的。尼采对于基督教道德的批评,如果不从升华方案的角度去看是无法恰当的理解的。但升华方案的有效性,则要以自我律令的力量

① 弗里德里希·尼采:《快乐的科学》,沃尔特·考夫曼译,纽约,梵提 Vintage 出版社 1974 年版,第 290 页。

与强力为条件。的确，尼采认为，自律的力量作为创造的基础，是权力意志的最高表现形式。有理由相信，尽管自我克服的力量在原则上只是权力意志的特殊形式，但在被提示的次序上，权力意志则是由前者引发出来的。我们确信尼采是通过对自己自律和道德创造的本质体验与洞悉，才最终形成了他的权力学说的，也许事情本应是这样。

尼阿马斯认为①，由尼采与希腊文化传统的深刻联系观之，则尼采总是借文学艺术的模式，来理解生命和世界这一点并不使人感到惊奇。因为，在古代世界的文明人当中，希腊人对于艺术思维模式的运用最为普遍。在《蒂迈欧篇》的宇宙起源论和宇宙论中，柏拉图对于这种文艺思维模式的运用就是一个最鲜明的例子。像柏拉图《蒂迈欧篇》中的造物主，那位至高无上的工艺大师一样，在尼采的生命与自我创造的观念中，内在于人的创造者也有责任将混沌变为秩序，使之从无秩序过渡到有秩序。但秩序的根源又是什么？它是不是混沌中所固有的？抑或有其他来源？当我们对尼采哲学提出这样的疑问时，我们会立刻想起他在狄奥尼索斯原则与阿波罗原则之间作出的著名区分。亦即跃动与理性之间，自然与文化之间的区分。在他早期的著作中，明确地表现出一种生命与实在的二元论的观念。但考夫曼认为在尼采的后期作品中，这两种象征合而为一，阿波罗的原则被具有绝对包容性的狄奥尼索斯的象征体系所容纳。② 而这里的狄奥尼索斯又象征着什么呢？可以说，狄奥尼索斯象征着创造力本身。作为终极创造的原则，狄奥尼索斯同时象征着生命与精神、跃动与理性、自然与文化的基础，一句话，它就是权力意志。

尼采所作的生命与精神的区分，与奥尔特伽所作的人的存在的自然与超自然的成分区分是相一致的。尼采说："精神（Geist）是切入自身生命的生命。"③ 这个说法分明暗示了自然自我不仅构成了超自然自我的基础，后者实际上就是由前者得到的，是前者的一个方面。柏拉图《斐多篇》中马车的比喻所表明的跃动（自然）与理性毫不相干，它典型地例示了传统的二元论的人的观念。而当代存在主义，则明显地表现出对自然的冷

---

①　沃尔特·考夫曼：《尼采》，第211—237页。

②　亚历山大·尼阿马斯：《尼采》，第199页。

③　弗里德里希·尼采：《查拉图斯特拉如是说》，Ⅱ—8，第104页。

漠甚至敌视。尼采的立场不仅与前者迥然不同，也与后者有很大差异。

如果理性与跃动的关系，可以比喻成驯兽者和他要驯服的野兽之间的关系，那么对于尼采来说，驯兽者在本性上也具有原始的兽性。更确切地说，驯兽者事实上就是野兽本身，因为他是一头既是兽又是驯兽人的兽。这头兽驯化他自己，从他自己那个他本身的驯化者中发展出来。

艺术的模式倾向于对自我的组织结构中自我整理过程给出一种二元论的解释。生物学模式将自我整理设想成生物的，场（field）的决定的一种功能。我们确信尼采后期哲学受艺术模式的影响，尚不如生物模式的影响大。尼采的确将构成超自然自我（精神）自然基础的原始未开化的自我（生命），设想成仅是彼此争斗不休的各种原动力的场，一种本能激情的混乱状态。然而文明的人类状态的秩序不是任何给定的东西，不能从任何超越的外在于其自然基础的来源得到。它要靠争取才能获得，从混沌向秩序过渡，从一种冲突的相对未决的状态向有序与和谐的相对决定状态的转化，根本上是一个生物进化的过程。相互争斗的欲望、思想、利益的复杂的场形成了个人自我的内容，正是这同一个动态的本能动力的场扮演着工匠与材料、驯兽者与野兽、主体与客体这些不同的角色，导致从无序向有序过渡的条件，是存在于本能场本身之中的，而权力意志也是在这个场中展开它的活动的。因此，正是这同一个权力意志，同时既是野兽又是驯兽者，既是被克服者又是克服者。权力意志为着更大的权力克服自己。

尽管尼采关于人的哲学最终是建立在自我的生物观的基础之上的，但美学模式至少作为一种隐喻的导引，仍然始终是尼采思想中的一个决定要素。

在尼采的理论中，美学的观点是至关重要的，这一点在意识自我（conscious ego）的富有想象力的整理能力所起的巨大作用中得到证明。在他的哲学中，这种富有想象力的整理能力，正是富有创造性的艺术家的标志。另外，尼采似乎对于生物的场的秩序观念同样热衷，这不可避免地冲淡了意识自我的作用与功效。这种美学与生物学方法之间的歧义与对峙，在尼采的思想中始终没有得到解决。有趣的是，在经典的（先秦）儒家哲学有关自我的理论中，也能看到这种歧义与对峙。在以孟子学说为代表的儒家理想主义派，和以荀子学说为代表的儒家现实主义派之中，前者显然倾向于一种生物学的观点，而后者则明确地表现出一种美学的倾向。荀子多次在其著作中使用工匠的比喻，在这个比喻中，荀子时而明确时而含蓄地阐发了他归因于意志的智力活动个体自我与整个社会的道德律令的理论。① 像尼采一样，荀子也将原始本能的激情状态，看作是一种混乱的无组织状态——这就是他所谓的"人性本恶"；这也就是为什么他说人要过文明的生活就必须约束自己，使自己符合礼的规范。对于荀子来说人是可以达到完善的——每个人都能成为圣人。这表明对他来说本能欲望在本质上并不邪恶，在意识理智的适当引导下，通过礼的驯化作用，人内心中的野兽即他的动物性自我，无疑是可以被驾驭并被转化成完善的文明生物。在荀子的著作中，我们甚至也能发现一种"升华说"，尽管它与尼采的相比显得很模糊。荀子同样认为，善生于恶，高贵生于低贱。恶是一种混乱，是过分和未决的冲突的作用，而善则是适度的达到，是秩序与和谐的保持——这无疑具有唯美主义的特征。如前所述，自我的美学模式的核心，就在于断言意识自我的创造力是秩序的源泉。正像大理石雕像的美丽形式，应归功于雕刻家的艺术创造力而不是大理石原料，在荀子人类完善的理论中，本真完善的人性源泉，存在于意识的理智之中而不是存在于混乱的欲望和激情之中。在荀子那里，本能自我和意识理智之间的关系与前述的柏拉图关于灵魂马车的比喻中，车夫（理性）与双马（欲望与激情）之间的关系非常相似。而荀子的工匠自我，在智力上也几乎与柏拉图的神圣工艺大师同样相似。柏拉图和荀子都没有像尼采那样承认意识理智中有爱欲的成分，也没有像尼采那样认为意识理智是权力意志的一种表现。不仅如此，我们还可以看到，尽管柏拉图和荀子在他们各自的哲学思考中都使用了美学模式，但在他们的模式中，人类造主所具有的守护者的精神与工匠，其精神是同样多的。荀子处在中国先秦时代，他的时代根本不具有文明社会持续稳定地发展所必需的秩序安定条件，像后期柏拉图《对话录》中的思想一样，荀子的哲学极少对富创造性的想象力的重要性给予赞赏。因为这种创造性想象，由于其向往新奇和未知领域的跃动，而对安定的秩序构成了威胁。这种哲学观点中的保守主义，倾向对于一个富有守护

---

① 例如，《荀子》第 23 章中陶工和工匠的类似的隐喻（人性恶）。

者精神的思想家来说是十分自然的。

在儒家思想中，君子与士或"卫道士"是等同的。守护者的精神，更准确地说是道德守护者的精神在这里表现得非常突出，而这恰恰是尼采哲学所缺少的。超人查拉图斯特拉的教诲，从根本上说是对创造性个人最高价值的赞美。这样的个人自我完善的努力（至少在尼采看来）与他生活在其中的社会条件之间没有根本的联系，这与儒家精神无可改变的社会性形成了鲜明的对比。儒家的君子无疑同样着眼于他自身个人的自我完善，然而他的个人完善是与他作为士或卫道士，也即文明人性的道德守护者这样一个被期望的角色紧密地联系在一起的。儒家个人完善的理想即（内圣），与社会完善的理想即（外王）是根本不可分的。在儒家看来离开了道德守护者的立场，我们全无道德可言，即使尼采的超人美学自我创造，可能被认为具有某种道德意味，但由于没有担当卫道士的角色，因而超人不是儒家伦理意义上的道德的存在。

尼采的超人与儒家的士之间的对比，还可以进一步阐述，如果说尼采的超人作为自我超越的创造性个体，永无休止地为人面临混乱与未知领域而生的有趣的神秘诱惑，即爱欲生活中人的原始占有跃动所困扰，那么儒家的士则始终具有一种源于对所有同类（当然主要是对亲人）悲悯之情的严峻责任感，它界定了我们在仁的生活中的人性。然而爱欲生活为"执"的占有和攻击倾向所激励，为在一己的恒常与独立固执自我的欲望所鼓舞，而仁的生活则为一种群体联系中团结忘我的倾向所统摄，为一种在相互归属和在大我统一和谐中，与他人合而为一的热望所主宰。于是在爱欲生活与仁的生活，神秘感与责任感，个人执着与群体联系，创造性个人与道德守护者之间，总之，在我们称为"尚奇之道"（thaumaticism 来自希腊文 thaumazein 意为 wonder 奇，惊奇）与"关怀之道"（curaticism 来自拉丁文 cura 意为 care 关怀，关切）之间形成了鲜明的对照。它明确地揭示了两种截然不同的生活和思维模式。由于爱欲与仁都源于固有的人性，所以任何思想家要沿着上述两条路线的其中一条去思想将是非常困难的。这无疑是柏拉图、荀子和尼采的思想之所以存在歧义性的原因。

也许"关怀之道"或 curatic 的观点的最纯粹的表述，可以在孟子的理想主义儒学中找到。尽管孟子并不是没有用过工匠的比喻，但这些比喻对他的自我和本真的人性的观念来说并不贴切。虽然孟子确实承认人为实现本真的自我必须与自己相对而行，但这种严峻的现实或用尼采常用的术语——自我克服的"残酷性"；却显然不是孟子思想中占有突出地位的东西，而这却正是尼采和荀子不遗余力地要传达给读者的。对于孟子来说，人性创造的过程，远不像雕刻家在大理石原料上奋力工作的过程。人性创造更像是培育者滋养关怀下的种子与核成熟的过程，如果说在美学或工匠的模式中，本真的人性实现可以基本归功于自我的主动方面的话，那么在生物或培育者的模式，情况则完全不是这样。因为，在美学模式中，意识自我具有自我创造的能力，它是以自我统一体为基础的秩序来源。而在生物学的模式中，意识自我担当着自我培育者的角色，它不是真正人性的源泉。真正人性的来源在于自我的被动方面——也就是孟子书及《中庸》称作"性"或本性的那种东西——即埋藏着真正人性种子的人类原始禀赋。种子将长成什么是培育者无法控制的，孟子的确将人性的实现（仁）比作谷子的成熟。我们很容易想起在那个关于宋人的故事中，孟子如何警告，在自然成长的过程中，过分急躁地干预将会产生恶果。①② 对于孟子来说，成为真正的人的途径仅在找回"迷失的心"，因为那里埋藏着人原始的善的种子。如果说尼采的在权力意志中看到了爱欲生命中潜在的统一原则，那么在孟子看来，人性的根源只有在他称为"不忍人之心"的"仁"，其生活的人性圆满原则中才能找到。"不忍人之心"即是不忍他人受苦之心，不忍人之心所遭受的挫折是我由衷的关怀之情——即我们与他人建立联系并相互归属的本能所遭受的挫折，这是与"尚奇"体验中潜在的作为"执"的原始本能的权力意志截然相反的。

与自我的工匠不同，培育者在自我生成（self‑becoming）的过程中，准确地说，不是创造者。创造性原则不属于意识自我富想象力的整理工作，而属于人的天赋特质，属于"仁"这种人性中固有的种子。在美学模式中，工匠自我的意志活动，要凌驾于僵死固定的原始自我之上，而对

---

①　尼采关于自我克服的"残酷性"和"严峻性"的说法，见沃尔特·考夫曼著《尼采》，第244页。

②　《孟子》6A19；2A 2。

于培育者来说，天赋的种子才是他关心和培育的对象。诚然，他对种子的关怀培育已是他人性潜质的实现，是仁的成熟的开始。正是这种类似生物成熟的人类创造观念，将孟子与尼采和荀子区分开来。

（赵东明译，原载《文化与传播》，深圳，1994 年版，第 339—349 页。）

# 16 生生之仁与权力意志：儒家与尼采之间

## （1994）

　　儒家讲生生之仁，尼采讲权力意志；儒家强调道德实践，尼采坚持艺术创造；儒家以圣人内圣外圣的完善境界为文明人理性生命的典范，尼采则以超人卓立不群的英雄人格，为人类得以克服其类性的软弱与颓敝的最高理想；儒家以良知的逆觉体证为其尽性立命的本体功夫，尼采则以爱罗心性、材知爱欲的自克与升华为个体生命自我超拔的基本条件；儒家以易道变动不居、日新又新的创生性以道乾坤，尼采则以权能宇宙的永恒轮回以释存有；儒家极高明而道中庸，尼采则持两极以入高明。表面上看来，这两家的思想不仅是大相径庭，抑且是南辕北辙。将它们来作一个对比的研究会有什么意义呢？这两家哲学之间究竟有何汇通之处、有何哲学上的义理关系呢？

　　不管儒家与尼采在思想上有何差异，两家哲学之间却存在着一个至关重要的相同点，即：它们都是以人的生命活动、价值创造活动为出发点，以人的实存主体性为依归、为转轴的生命哲学——实存义的生命哲学，亦即是孔门所谓的"为己之学"。这种"生命的学问"，如牟宗三先生所说，乃是中国哲学、儒家哲学的特质，也正是尼采哲学所以大别于传统西方哲学之处。尼采是近代西方实存主义（亦称存在主义）的先驱；实存主义的哲学与儒家哲学却有颇多相似之处，乃是另一型态的"为己之学"。不过尼采哲学的重要性，及其与儒家哲学的关系，是不能局限在实存主义的角度来讲的。因为尼采哲学在某一义来说，乃是终结传统西方哲学的。如是儒家与尼采的对比研究，放在中西比较哲学的立场上，也就很具代表性了。

　　是的，儒家与尼采之间的关系是极不寻常的，是可以有十分重大与丰富的哲学含义的。这个关联的性质，我们在首段的对比文字中已可看出一些端倪了。简要地来讲，这个关联的核心意义，就在良知与爱罗这两个人道之根的相对定位与相互交涉上。我们的看法是这样的：人的一切行有——包括他的一切生命活动思想言行——都是有人性的根据的，骨子里都是人性跃动的表现。人性的跃动决定了人的生命立场、人的形上姿态、人对宇宙人生和一切事物所作的价值投企——因而也就决定了人的安身立命之道及其文明历史所涵摄的意义体系。而人性的跃动，最后分析起来，不是良知的跃动，就是爱罗的跃动，或是良知与爱罗的混合跃动，良知跃动的本质何在？仁恕关怀是也。爱罗跃动的本质何在？材知爱欲是也。如下文所释，前者代表互体性的跃动，后者代表自体性的跃动。这人性中的仁材两极，就是我们上文所谓的"人/道之根"了。应该立即补充的是，这两个人的"根性"（构成人道之根的人性）是不能单就人的立场来取义的。因为人的"根性"与存有的"本性"（中国哲学称之为"道"）是息息相关的，抑且是一脉相连的。事实上，人性的跃动正是起于人的根性与存有本性之契合感通处，乃是人有感于存有本性而起的一种生命跃动。人的生命立场与形上姿态，也正是为此生命跃动与存有本性之契合感通处而被决定的。存有开显于人者乃是一个断而又断，却又断而不断的真理与真实。人性的跃动就其感于存有本性之断而又断而言就是"爱罗"，就其感于存有本性之断而不断而言就是"良知"。儒家与尼采在哲学上的义理关联，放在形上学或存有论的层次来讲，也就在"断而不断"与"断而又断"这两面存有本性的差别与关联上。[①]

什么叫作"断而又断"呢？简言之就是存有的可分性——亦即是一事物相对于其他事物的简别外在的个体性或"自性"。就存有之有断可分处而言，一切个体事物都是"自体"，都是相互对立地"自体自性"的。爱罗心感异成隔的意识倾向，正是由感于存有的可断可分性而生起的人性跃动——自体性的跃动。故凡是奠基于爱罗心的哲学或思想，都是注重自体性的，源自希腊传统的西方哲学就是最显著的例子。主宰着两千年来传统西方哲学的逻辑观念与实体观念，不都是从自体性观念引申出来的么？

---

① 关于仁材两极所涵摄的义理结构，读者可参阅唐力权：《周易与怀德海之间》，台北，黎明文化事业公司 1989 年版/沈阳，辽宁大学出版社 1991 年版。见第三、四、八章，（台北版）第93—169 页，337—423 页/（辽宁版）第 71—146 页，312—328 页。

假如我们能用一句话来描述整个西方哲学的话，那就是"圆满自体性的追求"。"实体"是圆满自体的内容，"逻辑"是圆满自体（简别外在的关系）的形式。从德谟克利特的"原子"、柏拉图的"理型"、近代西方形上学的"上帝"到尼采的"超人"——这全都是爱罗心与自体主义的产物。西方哲学家心目中的上帝，只不过是自体观念之理想化、绝对化而已。在一个自体或简别个体主义所建构的意义世界里，实存个体事物之间只有偶然的外在关联而无必然的内在关联。一切圆满自体都是互不干涉，"各自为政"的。表面上，德谟克利特的原子与尼采的超人，可说是完全扯不上关系，但实际上却都是从一个思想模子里塑造出来的。在尼采的理想社会里，超人与超人之间并无任何内在的关联，这和德谟克利特宇宙论中原子间的简别外在关系并无两样。

有趣的是，尼采不仅把他的理想人格想象为一个简单个体，也相应地把他对存有自身的诠释放在自体的思想模式里，把变动不居、无边际可言的权能宇宙也作为一个独立自体看待。所谓"宇宙"乃是一个同一世界的永恒轮回，这就是尼采对"存有自身"的诠释。对儒家来说，时间乃是一个断而不断的创生之流，但在尼采的哲学里，这存有断而不断的创生性已经变为断而又断的永恒重复了。

海德格尔曾称尼采为"西方最后一位伟大的形上学家"——意思是说尼采哲学代表了西方形上学的完成或终结。不管这句话是否完全正确，它的基本含义是可以被接受的。但尼采哲学是怎样终结西方形上学的呢？在这一个问题上，我们的看法与海德格尔的颇有不同。海德格尔的观点是环绕着他所谓的"存有论的差异"（即存有本身与存有者之间的分别）这个概念而立论的。而我们的看法则是依缘着"生命立场"这个角度而出发的。我们以为尼采哲学之所以被视为西方形上学之终结，并不是因为他是遗忘了存有论差异的最后一位形上学家，而是因为在他的哲学里西方哲学终于得到了根源的自觉——亦即是为西方哲学精神所在的"生命立场"的自觉。所谓"生命立场的自觉"，一方面，就是人之"根性"的自觉；另一方面，就是人之"形上姿态"的自觉。因为人的生命立场，正是在人的根性与存有本性的契合处而被决定的；在人之根性，存有本性契合处而起的心性姿态就是"形上姿态"。西方哲学乃是一个突显爱罗心、契合存有本性之断而又断的哲学传统。此哲学心灵的根性自觉（爱罗心全幅大用的自我开显）和形上姿态的自觉——自体主义思想的彻底的反省，可说是自尼采始。尼采以权力意志释爱罗，然后又以权力意志释（为爱罗心所契合的）存有：权力意志是爱罗的本质，也是世界的本质，存有的本质。如是通过权力意志的观念，人的根性与存有的本性也就统一起来了。用中国哲学的术语来说，这正是一种"天人合一"的思想啊！

　　在尼采的哲学里，天人合一的思想是放在认识论的层次来讲的，它的标志就是尼采所谓的"透视主义"（Perspectivism）场内观。透视主义最基本的论点，就是绝对的客观真理的否定。所谓"绝对的客观真理"，就是离开人的生命立场、生命活动，离开人的实存主体性而取义的真理。据尼采的看法，一切传统哲学、传统思想所肯定的"真理"，都不是绝对客观的真理，而只是基于人的生命立场、通过人的价值投企的透视而开显的真理。尼采的名言"真理正是没有的事儿，只有诠释"指的就是这个意思。① 在某一义来说，这跟《易传》和《中庸》以人配天地的"三极之道"，或"与天地参"的思想可说是十分吻合的。天地之道是不能离开人道的；真理是不能离开人的生命立场的，但这并不表示没有如实的真理或如实的道。事实上，以人配天地——以人的使命立场和生命活动为出发点——所透视而得的真理或道，才是最"如实"的真理或道。这种"天人合一"的超切如实观正是尼采哲学与儒家哲学得以汇通的关键所在。

　　但起于良知心的儒家哲学与本于爱罗心的尼采哲学，毕竟是大异其趣的。良知心性乃是感于存有本性断而不断的人性跃动；儒家以生生之仁为天地之（本）心、为存有的本质，乃是理所当然的事。但良知的肯定、生生之仁的肯定也就是一种生命立场的贞定，一种形上姿态的确立。其实这立于仁极、感于存有的可分而不可分的生命立场并非儒家所独有，实是中国自泰古以来超切主义哲学大传统的基调。伏羲八卦所本的中断与不中断的两划所代表的不正是可分而不可分的存有本性么？断而不断，也就没有独立自存、自为体性的可能。中国哲学最显著的特质，就是没有自体和

────────────

①　透视主义虽然否定有绝对客观的真理，但并不否定有相对客观的真理，但尼采却显然低估了后者的重要性。有关尼采的透视主义的详细讨论，可参阅 Alexander Nehamas, Nietzsche：life as Literature（Cambridge：Harvard University Press），pp. 43—41 及周国平：《尼采与形而上学》，湖南：湖南教育出版社，第132—176页。就我所知，这是目下有关尼采哲学最中肯和最具系统性的一本中文著述。

自性观念。一切个体都是"互体"，一切性能都是"互性"。所谓"互体"、"互性"就是相互为体、相互为性的意思。《周易》里的乾坤、阴阳和后来的五行概念，就是这互为体性思维模式最显著的例子。孔门所谓的"仁"，也是顺着这个互体性的思想传统来讲的。仁体是互体，仁性是互性。儒家所肯定的仁人乃是最能与他人他物——天地万物——互为体性的人。所谓"仁者与天地万物为一体"，就其基本理念来说只不过是互为体性这个意思罢了。[①]

中国人一般缺乏简别外在的个体意识，中国哲学里更难找到实体主义的思想。中国文化没有发展出逻辑学、没有产生过原子的观念就是最有力的明证。假如"圆满的自体性"乃是西方哲学家价值投企之所指，则"圆满的互体性"当是中国传统哲人终极关怀的所在。儒家所崇扬的内圣外王的道德理念，固然是文明人完善互体性的极致，道家所向往的"物我两忘"、"相忘于江湖"的自由、逍遥境界又何尝不是一圆满的、超脱的互体境界？即以中国佛家而言，离开了互体的观念，天台宗的性具思想与华严家的事事无碍、理事无碍思想就根本无法解释了。佛家讲万法无我、缘起性空，本来是针对着正统印度教的自体、实体主义思想而论的。印度人互体性的观念相对于中国人来讲乃是比较薄弱的，大乘佛学传入中国之后所表现的浓厚的互体主义色彩，乃是中土佛学思想家的贡献。总而言之，互体思想乃是中土儒道佛三家之所共，离开了互体性的观念而讲中国哲学，那就很难讲得通了。

如是，中国哲学与西方哲学的关联，就其思想深层的形上信托来讲，也就是互体主义与自体主义的关联。尼采哲学既然代表西方形上学的总结，那么通过自体主义来讲应该是顺理成章的了。但事情可没这样简单。吊诡的是，尼采也许是近代西方最后的一位形上学家，但却毫无疑问地是西方有史以来最具批判性的形上学家——一个反形上学的形上学家。"反形上学的形上学家"——这不是一个自相矛盾的语词么？是的，正如雅斯培所说，尼采的思想是充满着矛盾的，譬如，尼采称他自己为"第一个非道德主义者"，但他对道德的批判却正是奠基于一个道德立场的批判。他否定绝对客观真理的存在，事实却假定了一个更彻底的真理如实

---

① "仁"（双人偶）之原义为亲亲，明显地是一个互体性的观念。

观。他批判了欧洲的虚无主义，但他自己在某一义来说，乃是不折不扣的虚无主义者。他以逻辑的起源为非逻辑，以为同一律与因果律及其他形上学得以建构的逻辑范畴，或基本理念如"自在之物"、"灵魂"、"上帝"、"存在（自身）"等都是无客观根据的，都不过是人类生存价值的投置及语法误导的产物；但他自己的思想却仍无法避免受同一律与因果律的影响。尼采的道德发生学（genealogy of morals）乃是一道德概念历史因果的诠释学；他的永恒轮回说不正是同一律的运用么？艺术创造乃是尼采哲学的基调，但没有自由也就没有创造性可言；然而尼采却否定自由意志的存在，永恒轮回的思想和自由的假定，更是明显地冲突的。就尼采以"生成"与"相依"为基本范畴的宇宙观来说，他应该不仅是希腊哲人赫拉克利特的传承者，也是东方《周易》与大乘佛家的同路人，本来都是以互体性原则为主导概念的哲学体系，然而尼采在他的超人思想里所流露出来的强烈自我（或自体性）意识，显然和他（最低限度表面上看来）富于互体性的宇宙观相抵触。这些尼采哲学中的种种矛盾，究竟应该如何解释呢？我们是否可以轻易地把它视为一位伟大哲学家的理论缺憾呢？

　　不管尼采的哲学是否真有理论上的缺憾（那自然是有的），他思想中出现的种种矛盾大都是可以解释的，都是在某一个义理的脉络上可以自圆其说的。不过，虽然这些所谓"矛盾"都只是由义理层次或观点的混淆所造成的表面，而非真正的矛盾，它们的背后却无可掩饰地存在着某种暧昧的因素。尼采的确是一个相当暧昧的哲学家，其暧昧之处可以集中地透过他与整个西方哲学传统的关系来讲——亦即是透过尼采哲学既植根于传统却又积极地反传统这个暧昧的性格来讲。在尼采的哲学里，我们看到的乃是一个以爱罗根性契合于存有本性之断而又断的哲学传统。这本是西方人传承自希腊文化的生命立场与形上姿态——也是尼采哲学精神的根本所在。尼采哲学的反传统性格当然与其所本的爱罗根性有关，因为尼采正是在此人道根性的活水源头处孕育其反动之灵感的。尼采所要否定的不是西方哲学所本的爱罗之根，而只是由此根苗长出来的躯干——西方文化与西方哲学，在柏拉图主义与基督教文明支配下所生长出来的一颗"爱罗之树"。柏拉图主义代表西方哲学中的知性成分，基督教则代表西方文化里的道德因素。尼采不是反爱罗，他只是反理性（知性）化、道德宗教化之爱罗而已。对比而言，尼采哲学对传统西方哲学之反动颇似老庄哲学对先秦儒家文化、哲学所起之反动，道家与儒家一样，骨子里都是以良知根性契合存有本性之断而不断，而贞定其思想之生命立场与形上姿态的。老庄对先秦儒家哲学的批判，何尝是为了要否定中国精神文明本源所在的"良知之根"，他们所否定的只是那个为儒家思想所肯定的（而早已衰坏了的）西周文明——一个血缘宗法化、礼教道德化的"良知之树"。而尼采对西方哲学中的知解理性，及西方文化中基督宗教道德的批判，与老庄对儒家传承自西周的礼教文化的批判也是异曲同工的。

　　文明人的历史文化都是以其理性生命为骨干发展出来的，因此凡代表一个历史文化传统的主流思想，莫不在巩固此传统的意义下维护理性的建树、肯定理性和理性生命的价值。故在传统的思想里，"理性"几乎是一切美善价值的代名词；传统哲学都有把理性绝对化、理想化的倾向，好像真理永远站在理性那一边似的。但"理性"是否就代表真理呢？理性的建树是否一定是好的呢？理性生命的价值是否毫无问题的呢？这些问题都不是传统哲学所愿意回答的，甚至不是传统哲学容易自觉得到的，而这正是尼采哲学与老庄哲学所最关注的问题所在。

　　尼采自称为"非道德主义者"，在他的著作中也处处扮演着一个非理性主义者的角色。这些"非道德"和"非理性"的成分，乃是构成他的"反传统"思想的主要内容。但尼采为什么要反传统呢？为什么要鼓吹"一切价值的重估"呢？尼采的著作常容易给读者们这样的印象，好像他是一个天生的反叛者，好像他只是为了反传统而反传统似的。假如真是这样的话，尼采的哲学也就乏善可陈了。但这个看法当然是有失公道的，事实上，尼采对传统的批判只代表他哲学的一面——反的一面，而他哲学的整体性格却必须连贯着正反两方面来讲。这样我们就不难发觉到，尼采其实是站在真理的立场来反（绝对的）真理、站在道德的立场来非道德，站在理性的立场来非理性，站在传统的活水源头处而反传统的。尼采否定有绝对客观的真理，因而也就否定了道德和理性的普遍性或先验性。一切道德法则与理性范畴，本来只是文明人类为生存需要所作的价值投置，基本上乃是文明人类类性、族性利益的反应，而非为传统哲学、传统道德与宗教所标示的永恒真理。故对尼采来说，由传统文化的道德与理性所编织成的概念世界、价值世界其实是一个绝大的意义骗局。尤有进者，由于传统文化对人性中的动物性或本能欲望的过分恐惧，文明人的道德与理性都带有深厚的苦行或禁欲主义的色彩。人的本能欲望在传统道德与理性长期压抑下，究竟会产生什么效果呢？它究竟对人类的生命造成怎样的伤害呢？这些问题，在尼采的眼中看来，绝不是传统道德、理性所能理解的，所能想象得到的。根据尼采的分析，人类在传统的道德与理性支配下所刻意经营的文明格局，岂仅是一个"意义的骗局"而已，它简直就是一个扭曲人性、伐贼人之生命力、创造力的"生命的苦狱"。

关于尼采对传统理性与道德的批判理论，我们在本文不拟详谈。但有些问题是应该在这里提出的。首先，我们在上文所谓的"传统"，指的当然是西方的文化传统。尼采对西方传统（知解）理性的批判，基本上以柏拉图主义为对象，而尼采对西方传统道德的批判，主要是针对着基督宗教。问题是，尼采对西方传统道德、传统理性的批判，是否只适合于西方文化呢？这些批判对传统的中国文化——尤其是属于主导地位的儒家文化——是否也有重大的意义呢？中国文化没有柏拉图主义，没有发展出一个以知解理性为基础的哲学传统，但在中国传统文化的文明格局里，是否也蕴含着一个意义的骗局呢？儒家道德与基督道德虽不无相似之处，其内在精神却是显然有显著的不同。然而儒家文化是否在某一义来说，也和基督教文化一样，构成一个生命的苦狱呢？这些问题，不管答案如何，都是儒家哲学所应该正视的。尼采对传统的挑战无论在西方或是东方，恐怕还没有被真诚地、彻底地回应过。

尼采对传统的批判理论可说是多彩多姿，但归结起来其实只有这么一个意思，那就是传统文化的"不仁与不诚"。传统文化是一个意义的骗局，这是传统之"不诚"；传统文化是一个生命的苦狱，这是传统之"不仁"。一切生命都是本能地"自仁其生"，本能地"自诚其性"的。这本能的"求仁"乃是生命最原始的"道德"，这本能的"求诚"乃是生命最原始的"理性"。人当然也不例外。事实上，求仁与求诚也正是文明人所崇尚的最高理想，最原始的生命要求。[①] 然而站在这生命原始的道德与理性的立场来看，传统理性正是"不理性"，传统道德正是"不道德"

---

① 必须立即补充的是：有本于良知（或互体性）的求诚与求仁，也有本于爱罗（或自体性）的求诚与求仁。换句话说，这里"诚"与"仁"，乃是在仁材两极所共本的原始人性上立义的观念。

的。但是这原始理性与道德的生命立场，也就是为文明人一切生命活动、价值活动之最后根源的生命立场。这个为文明人赖以安身立命、赖以创造文化的活水源头，才是人类类性或族性生命所本的大道德和大理性的所在。尼采正是站在西方传统的活水源头处来批判传统文化的。尼采和（原始）儒家一样，原都是站在大道德、大理性和大生命的立场来建构其哲学体系的啊！

西方人的原始生命立场在哪里？西方文化传统的活水源头在哪里？它就在人性仁材两极中之爱罗心性里。这就是隐伏在希腊悲剧精神，与前苏格拉底哲学的原始哲学后面的人性跃动，也是尼采哲学"立其大者"的出发点。这个出发点在尼采的处女作《悲剧的诞生》一书中，已经牢固地确立了。在这本书里尼采以酒神戴安尼索斯，与日神阿波罗所分别代表的两种生命精神的结合，来阐释希腊悲剧的产生与悲剧意识的来源，基本上可看作为一种"爱罗心性的现象学"。爱罗心性的本质在哪里？它就在阿波罗与戴安尼索斯两种意识型态的对立交涉与辩证结合里。酒神代表爱罗在自然状态下的本能跃动，而阿波罗则代表本能爱罗根性的升华，或是材知爱欲的理性化。虽然这一对观念在后期的尼采思想中为权力意志一概念所取代，但其实是换汤不换药。尼采不过是把在《悲剧的诞生》一书中提出的爱罗根性"二元论"转变为一个爱罗根性的"一元论"罢了。①

什么叫作"权力意志"呢？许多人都误解了，以为这是一个心理学的名词，把它的意义等同于世俗所谓的"权力欲望"。其实它乃是一个不折不扣的本体论概念。尼采和后来的怀德海一样，在本体论来说都是（我们所谓的）场有哲学家。尼采所谓的"权力意志"相当于怀德海所谓的"创生性"或"创化性"（creativity），指的乃是"力"或"强力"的本质、权能场有的本质、活动世界或生成宇宙的本质——亦即是《易》学传统中所谓"易道"的本质。② 易道的本质在哪里呢？它就在权能场有

---

① 在后期的尼采思想里，酒神戴安索斯已变为权力意志的唯一象征，取代了早期二元对立的观念。阿波罗（爱罗知性的一面）含义已被有纳进这统一的象征语言之中。参阅 Walter Kaufmann, Nietzsche: Philosopher, Psychologist, Anticrist (Prin ceton: Princeton University Press, 1974), pp. 178—207, pp. 228—283.

② 应该指出的是，尼采否定有常新的权力意志，而怀德海的 creativity 与易道的"生生"则正是以"创新"为其本质的。

作用势用互为依转的生生不已、自强不息的创生性里。事实上，以《易》
学"生生不已、自强不息"的语言来诠释尼采的权力意志，可说是最贴
切不过的了。大陆学者周国平把"权力意志"翻译为"强力意志"，可说
是甚有见地的。① 世界上的任何事物（权能场有中的每一个力的中
心）——不管是有生命的或是无生命的，不管是强者或是弱者——在本
质上都是不断地自我肯定，不断地自求增长或增益其权能强度或生命强度
的。就其基本含义来讲，尼采的权力意志与儒家的生生之仁其实是相通
的，抑且是同其所指的，因为这两个概念所涵摄的，都是本体权能生生不
息的创生性或创化性。不同的是，权力意志是就存有自遂其生、自我超越
所必须凭借的权能强度来讲，而生生之仁则是就天地生物、万物并育的感
通量格来讲。虽然指的都是本体权能的创生性，前者无疑是一突显自体性
价值的概念，而后者则明显地是一互体性价值的诠释。世界的秩序对尼采
来说，只是一个权力意志强力的均衡，而非儒家所肯定的一个由感通的量
格所融成的太和。这就难怪尼采的形上学充满着美学的情调与英雄主义的
色彩，而儒家的本体论却弥漫着道德的意味与人伦社会的气氛了。

　　为什么儒家哲学的本体观念充满着道德的意味呢？理由很简单，因为
儒家对本体的认识，正是道德实践和道德价值的创造活动而得来的，正如
尼采的形上学之所以染上了浓厚的艺术色彩，乃出自尼采个人天赋敏锐的
诗人气质与深厚的艺术情操一样。儒家的生生之仁是在良知心性中呈视的
本体，而尼采的权力意志则是为爱罗心性所透视的创生性。真是仁者见之
谓之仁，智者见之谓之智；随着生命立场之不同，本体权能也就随着人性
跃动的差距而对人类开显其不同的风姿了。

　　但相对于人的生命立场在人的根性与存有的本性契合处而开显的本
体，当然不是西方传统形上学所谓的"真在"——一个超越人的生命活
动、人的生命立场而自在自存的"客观真实"。这个观念在中国的传统哲
学里可说是从未出现过，中国传统的形上学，借用牟宗三先生的名词来
说，本质上都是一种"境界的形上学"——一种以相对于人的生命立场
而开显的真理真实，或"超切境界"为探讨对象的主体性形上学。其实

---

① 　周国平：《尼采与形而上学》，湖南：湖南教育出版社，第191—204页。并请参阅 Alexander Nehamas, Nietzsche: life as Literature（Cambridge: Harvard University Press），pp. 74—105。

西方传统的"客观形上学"，在其根源处又何尝不是一种境界形上学。西方哲学起于存有主客对立之间的可分处，西方形上学家一面把自己幻化为一"绝对的旁观者"（把他自己放在上帝的位置），同时又把存有自身、世界自身绝对化，把一切可言说的、可概念化的、可为知解理性所捕捉的存有推出去，作为此绝对旁观者的审视对象。此种主客异隔、主客对立地自体自性的姿态，正是隐伏在西方形上学背后的生命立场。所谓"客观形上学"，不过是相对于绝对旁观者的生命立场而取义的境界形上学罢了。

但人是存有的一部分，权能场有的一部分，他只能以场有者的身份作"场内观"而不可在他的活动世界、生命场有之外作"场外观"，故绝对旁观者的生命立场是不可能的。这是一个虚幻的生命立场因而客观形上学也相应地只是一种虚幻的境界形上学，在这个形上学中开显的真理当然是不真不实的了。

现在我们可以更清楚地来说明，尼采作为西方最后一位形上学家的意义了。我们在上面说过，尼采是站在传统的立场来反传统的。所谓"站在传统的立场"，指的是尼采与西方形上学的共本人道根性。西方形上学——应该说是整个西方哲学——乃是植根于爱罗心性、喻于存有本性之断而又断的一个哲学传统，此爱罗根性也正是尼采哲学的生命立场与形上姿态之所在。尼采之反西方形上学当然并不是要否定它的"爱罗之根"；他所要否定的只是传统形上学虚幻的客观性——否定它那不真不实的"爱罗之树"罢了。尼采对西方形上学的批判，其实就是爱罗的境界形上学对爱罗的客观形上学的批判。在尼采的哲学里我们终于看到了整个西方形上学——整个西方哲学传统——之根源的自觉：爱罗生命立场的自觉，爱罗形上姿态的自觉。这爱罗根性的自反、爱罗心性的如实观照也就是尼采之所以为西方最后一位形上学家——尼采哲学之所以为西方哲学之终结——的精义所在。

但生命立场的自觉，也就是大生命的自觉，价值生命的自觉，实存主体性的自觉。所谓"大生命"就是人的根性与存有的本性自觉地契合的生命。"大生命"亦可称为"价值生命"，因为人的根性与存有本性的自觉地契合乃是一切价值的根源。这里"自觉地契合"一词至为吃紧，因为我们所谓的大生命或价值生命，乃是就实存生命的精神层次来取义的。

在实存生命的自然层次里，人的根性与存有的本性是自然地契合的，这里没有契合或不契合的问题，因而也就没有价值的问题。价值的问题——生命的价值问题——正起于根性与本性之可契合或不契合之不定处。根性与本性契合的自觉我们称之为"超切自觉"，由是大生命或价值生命也就是一超切自觉的生命。尼采哲学与中国哲学、儒家哲学同是以实存主体性为依归的哲学，而大生命、价值生命的超切自觉，正是实存主体性的本质所在。

对尼采来说，人是存有的一部分、世界的一部分，故人的本质也就是世界的本质。故要认识世界，人必须首先认识他自己。"我们属于世界之本性，这一点毫无疑义！除了通过我们自身别无到达世界之门径：我们身上的一切高处和低处，必须被理解为是属于世界之本质的。①"这段话放在中国哲学、儒家哲学来讲也就是天下合一的思想了。"天命之谓性"、"万物皆备于我矣，反身以诚"，《中庸》所谓的"自诚明"与孟子所谓的"穷心尽性以知天"，也就是尼采所谓的"内在事件"，讲的都是根性与本性的契合关系。在儒家与尼采的哲学里，认识论与存有论本质上是没有什么分别的。陆象山说得好，"吾心即宇宙，宇宙即吾心"。在一个大生命的超切自觉里，认识即是存有，存有即是认识；认识与存有只不过是一事之两面罢了。

通过大生命的超切自觉来看人生、观宇宙，这是所有境界形上学所共有的特色。就这个为价值生命所依立的实存主体性而言，尼采与儒家的归趣是同一的。只是由于两家生命立场的不同，其表现出来的生命情调与学问风格也就有显著的差别。本于良知根性的大生命，乃是一个充满着仁恕关怀，以人的忧患意识为思想行为的原动力的价值生命；而基于爱罗根性的大生命，则是一个充满着惊异之情，为人的悲剧意识所笼罩、所支配的价值生命。这就是道德精神的境界形上学，与艺术精神的境界形上学之分野了。

尼采是西方形上学的完成者，因为在尼采的境界形上学里我们看到西方哲学精神的自觉——爱罗根性的自觉、艺术生命立场与形上姿态的自

────────────

①　周国平：《尼采与形而上学》，湖南：湖南教育出版社，第187页。引文转引自《尼采研究年鉴》，第6卷，第33页。

觉、自体性思想的自觉。在这个西方哲学的根源自觉里，我们可以看到两个很明显的学问向度：一个是原始生命精神的回归；另一个则是传统思想的批判。作为西方形上学的完成者，尼采哲学的风格必须从这两个生命学问的向度综合地来看。

西方哲学、西方形上学的原始哲学精神，也就是西欧文明传承自古希腊文化悲剧时代的生命精神——亦即是日神阿波罗与酒神戴安尼索斯的结合所代表的悲剧精神，前苏格拉底哲学正是透过此悲剧精神而化生的智性表现。我们不妨说，悲剧精神乃是爱罗根性在西欧文明的"原始化身"，而希腊的悲剧艺术与前苏格拉底哲学，则是此"原始化身"的两面——感性与智性的两面。值得注意的是，这里所谓"智性"指的不是知解之"知"，而是直觉之"智"——涵摄于超切直觉中的"性智"。从直觉之智转变为知解之知，乃是柏拉图主义兴起以后之事。在苏格拉底和柏拉图的思想里，爱罗之根的原始生命精神发生了重大的变化，柏拉图哲学一方面代表爱罗根性在西欧文明的人文土壤与意义世界里的落实；另一方面则代表原始爱罗生命之开始异化与僵化——代表超切自觉的坎陷与悲剧精神之丧失。由于爱罗生命的问题化与文明理性化，主宰着原始悲剧精神超切自觉中的直觉之智，已逐渐转变为理性化爱罗生命中的知解之知，此转变自柏拉图开始至亚里士多德而笃定。在柏拉图与亚里士多德的思想里，西方哲学心灵开始以"绝对旁观者"的姿态出现，客观形上学也就于焉诞生了。而客观形上学的开始，也就是逻辑中心主义的开始，人的理性生命乃是混沌与秩序之间的事。在原始的爱罗生命里，理性乃是超切自觉在悲剧精神中的直觉体验与观照——这是前苏格拉底哲学之所以本质上为境界形上学的基本性格。但在柏拉图主义所代表的异化、僵化后的爱罗生命里，人的超切理性、超切直觉已变为知解逻辑的刻意安排。形上学已不再是一生命的学问，而是不折不扣的思辨学问了。

从前苏格拉底经柏拉图和亚里士多德而至尼采，整部西方哲学史、形上学史虽然中间经过犹太、基督教文明的洗礼，但其基本上所传承的爱罗根性的生命立场与形上姿态是没有改变的。柏拉图代表原始爱罗生命与悲剧精神的坎陷与客观形上学的开始，而尼采的则代表境界形上学的再生与原始爱罗的回归，这就是尼采站在传统的立场来反传统的含义。海德格尔认为尼采哲学只不过是柏拉图主义的翻转（inverted Platonism），这句话基本上没有错，只是其中所涵摄的胜义海德格尔本人，仍是看得不够透彻的。

原始爱罗精神与悲剧意识的重振与艺术境界形上学的再生——尼采是通过怎样的思维方式来完成他的哲学使命的呢？这个问题在尼采的思想里是可以找到相当明确的答案的。贯穿着整个尼采哲学思维方式——使尼采得以站在传统的立场来批判传统的思维方式，就是尼采所谓的"透视主义"，一种（我们在上文提过的）相对于人的生命立场而取义的"超切如实观"。假如我们仔细分析一下，我们就不难发现，尼采所谓的"透视主义"最后分析起来，其实是一种环绕着权能运作的辩证暧昧关系而证立的一种思维方式。权能是有断也是无断、是自体性也是互体性、是作用也是势用、是主体也是客体。权能辩证的暧昧，主要就在这些权能两极性的相反相成上。尼采哲学的暧昧性格，正是从这权能辩证的暧昧而来的。

让我们再重复一次吧，我们对人性跃动的界定，乃是对应着人所契合之存有本性来讲的。存有本性之断而不断，其在人性的落实就是良知的跃动，互体性的跃动；存有本性之断而不断，其在人性的表现就是爱罗的跃动，自体性的跃动。断与无断、自体性与互体性乃是一个暧昧的辩证关系，这是否意味着良知根性与爱罗根性之间，也存着同样的辩证暧昧呢？不错，我们最后要说明正是这个意思：心性中的仁材两极正是一相反相成的辩证关系。人的根性乃是一个权能的辩证体，良知与爱罗只不过是此根性辩证体之两面罢了。如是良知中有爱罗，爱罗中有良知；良知是偏向无断与互体性的爱罗，爱罗是偏向有断与自体性的良知。二根性之间正是一个二而一、一而二的超切关系啊！

明乎此，我们就可以更进一步地来确定尼采与儒家之间的义理关联了。我们认为，尼采哲学之反传统、反客观形上学的性格，是不应只从西方哲学史的立场来看的。因为反传统的尼采也就是偏向东方、偏向中国哲学传统的尼采。尼采虽然没有放弃了他的植根于爱罗根性的生命立场，但由于爱罗与良知之间的暧昧辩证关系，内在于爱罗中之良知已明显地在尼采哲学的反传统性格中表露出来了。不错，在尼采的著作里，我们的确很难感受到儒家所崇尚的仁者气息；尼采对同情与怜悯等传统美德的漠视，或甚至蔑视也无可避免地造成一般读者对尼采哲学产生不必要的误解。然而当我们对尼采哲学的真相有了足够的认识之后，我们就会发现尼采对传统道德和所谓道德感情的批判，并不是无的放矢的。事实上，尼采并不否定真诚的道德感情，他只是从生命强度的观点来衡量他们的价值罢了。

　　站在形上学的立场来讲，凡是植根于良知、表现仁者气象的哲学莫不注重人与人之间，和人与万物之间相关相依的互体性。在尼采的批判哲学与反传统的冷酷外表里面，实包藏着一个充满着对人类历史文化与命运的关爱之心，而尼采形上学的整体主义及其所涵摄的境界形上学，乃是一个以"张力的均衡"为其秩序之本的整体主义，这和中国哲学以"感通的融和"为建构原则的整体主义还是有相当距离的。感通的融和与强力均衡的分别，正是互体性与自体性的分别。我们不妨说，"张力的均衡"乃是"互不干涉"与"感通融和"中间的一种暧昧的存有状态。与此存有状态相对应的人道根性，也就是"偏向良知的爱罗"——或隐伏在自体性之中的互体性跃动。这不正是尼采哲学暧昧性格的真义所在么？

　　既有偏向良知的爱罗，当然也就有偏向爱罗的良知。后者正是二十世纪中国哲学——尤其是当代新儒家哲学的一般性格。牟宗三先生所谓的"良知的自我坎陷"，表面上是为了开出现代文明所必需的理性架构，俾使科学与民主得在当代中国的文化土壤里生根，但实质上却是为了开出含蕴在良知根性里的爱罗，重新确立一个使自体性与互体性得以圆满结合的生命立场与形上姿态。现代文明所依赖的理性架构，原是西方知解化爱罗根性的建树，这和中国传统文化以"感通的融和"为其秩序之本的理性运作是有冲突的。自体性与互体性的圆满结合其关键，也就在这两个不同秩序原则的辩证处理上。

　　如是良知自我坎陷的结果，就是一个走出良知的爱罗，假如此"走出良知的爱罗"，可以视为二十世纪中国哲学之象征的话，那么相对而言，"走出爱罗的良知"就是二十世纪西方哲学的归趣所在了。尼采之后，西方哲学最显著的特征与其说是"语言的转向"，不如说是自体性思想向互体性思想的转变；语言的转向只不过是在此更基本的转变过程中，扮演着中介的角色罢了。后期维根斯坦的游戏规则说与语言意义唯用观、海德格尔的存有论、怀德海的机体主义、德里达的解构思想、傅柯的发生学，哈伯玛斯的批判理论与沟通理论——在当代西方的主要思潮里，有哪一家不是以互体性原则为其理论的骨干的？从自体性走出互体性也就是从爱罗走出良知。当代西方哲学是否也可以相应地有"爱罗的自我坎陷"

可言呢？

良知的自我坎陷不仅代表良知根性的自觉，也代表良知通向爱罗辩证的自觉。同样的，爱罗的自我坎陷不仅代表爱罗根性的自觉，也代表爱罗通向良知辩证的自觉，良知与爱罗的相对自我坎陷与相对地辩证的自觉，也就是人道根性的整全的自觉。在这里我们不仅看到中西两大哲学传统在二十世纪相涉相交的义理关联，也看到未来人类哲学思想的大方向。因为二十一世纪的哲学，不仅在东方或是在西方必然奠基在此人道根性的整全自觉上，奠基在自体性与互体性的辩证自觉上。

西方哲学是从爱罗走出良知，中国哲学是从良知走出爱罗。就其最后所达到的（人道根性的）整全自觉而言，这两大哲学传统乃是异曲同工、殊途同归的。不过这样讲法还不够点出潜存在这两大传统间（由仁材两极的相对定位所形成）的辩证关系。套用《周易》哲学的辩证语言来表示，我们不妨说，中国哲学之"阳"也就是西方哲学之"阴"，中国哲学之"阴"也就是西方哲学之"阳"，这两大传统乃是互为表里、相反相成的啊！

从爱罗的自我坎陷开出良知，从以自体性为中心的思想开出以互体性为中心的思想——从原始贞定的生命立场开出其价值理想实现所需"内在异己"——开出那个被原初人性跃动与生命立场的偏向压抑了的"另一半"：这就是西方哲学发展的辩证本质了。从爱罗根性在希腊悲剧，与前苏格拉底哲学中的原始定位到爱罗主体，在尼采以后当代西方哲学中的自我坎陷，西方哲学在这两千年来所经历的，乃是一个自诚致曲的过程，此中"致曲"的关键，就是为西欧文明之理性骨干的客观形上学了。客观形上学如前所述，乃是问题化、知性化爱罗的产物，一个为满足文明存有的需要而建构的一个价值架构和意义体系。它一方面代表爱罗根性在西欧文化的落实；但另一方面却代表原始的爱罗本能、爱罗主体性的僵化与异化。此僵化、异化了的爱罗才是尼采对传统西方形上学批判的对象啊！

假如西方哲学根源的辩证自觉始于当代的尼采，那么中国哲学根源的辩证自觉，就得以当代新儒家哲学的奠基者熊十力为其先驱了。熊十力以良知的呈现为本体证立的所在，正如尼采通过权力意志（爱罗）的体验来认识世界或存有的本质一样。熊十力对孔子以后儒学的批判，与尼采对苏格拉底以后西方传统哲学的批判也颇有相若之处。中国也产生过客观形上学吗？当然没有。但纲常礼教化的道德形上学在中国哲学所扮演的角色，不正像逻辑系统化的客观形上学在西方哲学的地位么？道德理性价值与知解理性的价值，就其对实存主体性的僵化、异化作用而言，可是同样地暧昧、同样地值得怀疑的啊？

　　假如尼采是传统西方形上学的总结者，那么熊十力就是传统中国形上学的完成者了。一西一中，两人都分别站在世纪的转折点上。[①] 哲学根源辩证的自觉，乃是 20 世纪哲学深层结构最显著的特征，未来世界哲学的发展（如前所言）必然建筑在此根源的辩证自觉上。如是熊十力与尼采两家哲学所构成的转折点一方面是此根源辩证自觉的起点；另一方面也可视为中西哲学交涉与汇通的两大焦点。通过这两个焦点来作更落实的回顾与前瞻，我们对中西两大哲学传统的性格与发展，将会有何具体的发现呢？熊十力以后的新儒学与中国哲学与尼采以后的西方哲学（包括所谓后现代主义的哲学），究竟有何义理的关联呢？这些问题，对于任何一个敏感于哲学根源性的哲学工作者而言，应该是很富挑战性的。

　　（原载《场与有：中外哲学的比较与融通》创刊号，北京，东方出版社 1994 年版，第 21—75 页。）

---

　　① 　周国平著：《尼采：在世纪的转折点上》一书，惜未得阅。

# 17　自由与自律之间:存在主义与当代新儒学的主体性观念

## （1995）

## 甲　大纲

存在主义者讲自由，当代新儒家讲自律。不管是自由或是自律，讲的都是实存生命自我作主、自贞自定的主体性。但自由者不一定自律，自律者不一定自由，自由与自律之间实存在着一种意义甚深的暧昧关系。本文即针对着此"主体性的暧昧"来讨论存在主义与当代新儒家哲学所涵摄的主体性观念，及其所牵涉到的一些重要哲学问题。

我们的主要论证可归纳为下列数点：

一、自律是一个理性的观念，自由却是一个非理性的观念。"非理性"并不等于"反理性"。人可以作理性的选择，也可以作反理性或超理性的选择；此理性与反理性或超理性之间的"选择自由"（freedom of choice），也就是自由之所以为"非理性"的意义所在。所谓"自律"，只不过选择了理性的自由罢了。

二、但没有独立的存在也就没有自由。在西方的哲学传统中，自由与自律这一套观念，基本上乃是从人是一独立自主的实体这一大前提发展出来的。离开了主宰着整个西方文化传统的实体主义的思想背景，也就无法把握到自由与自律的真义所在。

三、在实体主义的思想里，人的主体性也就是自由自律的主体性：自由自律的意识正是西方文化、哲学心灵的基本内容。这种主体性或意识的根源在哪里？这个问题可以分开两方面来回答。从存有论的观点来讲，自由自律的主体性乃是本于人的自体性。一切事物都是有自体性的，自由与自律的意识，乃是人表现其自体性的基本方式。这种方式，从人性论的立场来说，也就是我们在别处所谓的"仁材两极"中的"材极"——亦即是通过人的材知爱欲而发用的"爱罗"（Eros）心性或根性了。[①]

四、自由是爱罗的本能，自律则是爱罗的理性表现——爱罗本能通过自我压抑或自我控制，以求达到自我超克的升华。这句话不仅点出了爱罗心性的本质，也简洁地描述了西方哲学和实体主义思想的主体性的辩证历程。从柏拉图到近代的存在主义，整个西方哲学传统莫不或多或少、或明或暗地为内在于此爱罗人性中的理性道术所支配。西方哲学史在某一义来说，压根儿就是一部以自由自律的主体辩证性和理性道术为核心，或基本内容的爱罗心性史。而这部爱罗心性史，从思想发展的角度来看，乃是扣紧"理性人"这个观念演绎出来的。

五、所谓"理性人"就是超克了材知爱欲的原始本能的野性与粗暴的爱罗主体，本质上乃是材知爱欲的自由本能的自我升华。西方文化乃是以理性人的塑造为其主导价值与理想的爱罗文化。这里"理性人"乃是一个普遍性的和整体性的哲学观念，以人类的种性利益与种性尊严为大前提的类性观念。

六、理性人就是类性地自由自律的爱罗人。爱罗人的自由乃是对于命运、自然、或上帝而讲的自由——在命运、自然或上帝面前争取其独立自主的权利与尊严的类性自由。理性人正是为取得此类性的自由而自律——自我控制、自我压抑和自我超克其个体的自由本能的。在此类性爱罗人的主宰下，西方传统的理性主义者，希望把每一个个体人都塑造成一个完善的理性人。此"理性的傲慢"也就是存在主义思想所要批判的对象了。

七、在此意义下存在主义是反传统的。在存在主义思想中，"非理性人"与"理性人"的对立，其实就是个体自由与类性自律的对立——亦即是本能的爱罗人与文明的爱罗人的对立。为什么存在主义者认为真实的人是非理性的呢？为什么他们把主体性基本上等同个体性？理由很简单，因为爱罗人的主体性，乃是一个实现自体性价值的主体性，而个体人的自

---

①　关于仁材并建人性论的讨论，请参阅拙著《周易与怀德海之间：场有哲学序论》（以下简称《序论》），台北，黎明文化事业公司 1989 年版/北京，中国友谊出版公司 1994 年版，见第三、四、八章，（黎明）第 93—169，337—423 页/（友谊）第 66—122，240—305 页。

由本能，乃是自体性价值的核心所在。只有个体的人才是自由本能的主体，类性的人，严格来说，是没有主体性可言的。

八、在西方传统的理性主义思想里，个体人的价值与类性人的价值是等同的；一个实现类性的理性价值的人才是一个真实的人。但在存在主义的思想里，个体的价值并不等于类性的价值，一个真实的人正是一个在理性与反理性价值之间能自由选择的人。如是爱罗主体不再是一个理性的类性主体，而是一个非理性的、以个体人本能自由的创造性为依归的个性主体。此个性主体当然仍是一个实现自由自律的自体性价值的爱罗人。但这里自由自律乃是个体的观念而非类性的观念，存在主义者认为只有能自由地自律和自我塑造的人才是真实的人，而真正自由地自我塑造的人，是不能局限于文明人的理性价值（类性的权利与尊严）的。

九、在二十世纪西方哲学反传统的几个大流派里，存在主义是相当具有代表性的。因为通过存在主义思想中所彰显的主体性的暧昧——自由与自律、非理性与理性、个体与类性之间的暧昧——我们可以清楚地看到在西方文化、哲学心灵中爱罗心性的辩证的自觉。在自由本能的光照下，西方人终于在"理性破产"中出现的文明镜子里，看到了爱罗主体的本来面目，自由与自律的语言已不再是传统的意义了。

十、自由与自律本来都不是中国传统的哲学语言，但自五四以来，自由的观念固然早就在中国知识分子的思想里生根，而通过康德对牟宗三先生和当代新儒家的影响，"自律道德"与"他律道德"的分野与争辩，更成为当前港台哲学界（主要是在当代新儒家的圈子里）一个热门的课题。殊不知在西方哲学里，自由与自律的概念乃是实体主义思想的产物，而中国的哲学传统却是一个超切主义的传统——一个非实体主义的哲学传统。这两个传统在人的心性里，固然有一辩证的内在关联，但在其各自发展的精神上却是两极反对，背道而驰的。把一些实体主义思想的根苗，强植在一个非实体主义文化的土壤里，而无视根苗与土壤之间在性质上是否协调，其所产生的困难自是不言而喻的了。

十一、要知道自律道德与他律道德的分别，乃是以人为一独立的实体为大前提的。强烈的独立心态和由此而衍生的英雄主义（独立人格的自我超越）与匠人意识（混沌加工的理性道术），乃是西方文化、哲学心灵的标志。人的生命由人来负责；我的生命由我自己来负责：这基本上就是隐伏在西方人自由自律思想后面的形上姿态了。此独立的心态也同时是一断裂的主客二分、主客异隔的心态，而这种心态刚好是与中国传统的文化、哲学心灵相背的。

十二、用心性或主体性的语言来讲，中国人的文化心灵、哲学心灵乃明显的是良知型（良知偏胜）的而非爱罗型（爱罗偏胜）的，爱罗心性乃是一个喻于自体性价值的心性，而良知心性却是一个喻于互体性价值的心性。爱罗人所突显的乃是材知爱欲的自由本能，而良知人所彰显的却是仁恕关怀的恻隐本性；前者是一种异隔对执的本能，而后者则是一种同体感通的本性。通过自由本能的自我超克，爱罗主体所要挺立的乃是一个独立自主的人格；而通过恻隐本性的存养扩充，良知主体所要圆成的则是一个和衷共济的太和。自由者，独立之无碍也；恻隐者，感通之无碍也。人的一切理性观念或理性道术，最后分析起来，莫不本于心性中"方中求圆，有碍求无碍"的曼陀智用。① 但自由本能所要求的"独立的无碍"，与侧本能所要求的"感通的无碍"，乃是两种不同的无碍。事实上，两者的作用是相反相克的，却又是相辅相成的。此乃因独立自主的自体性价值，必须通过恻隐之充扩来圆成，而和衷共济的互体性价值原则，必须通过自由之超克来方立，这正是人性中仁材两极在理性道术运作上的辩证本质！

十三、自律是爱罗主体超克其自由本能的理性道术，而互约则是良知主体充扩其恻隐本性的理性道术。自律者，升华之道也；互约者，和衷之道也。自律是自我立法、自我组织；互约则是互相约钳、互相协调。前者是一种"自体立极"的理性，而后者则是一种"互体通情"的理性。爱罗人的自由本能，通过自体立极的理性而成就其独立的人格，而良知人的恻隐本性则是通过互体通情的理性而保合太和。同样是方中求圆，以有碍而求无碍，但良知心性所关注的无碍（互体通情的无碍）与爱罗心性所处理的无碍（自体立极的无碍），乃是两种虽相关却又截然有别的无碍——事实上乃是一个两极对反、相克相依的无碍。此仁材两极间理性道术的辩证性，也就是主体性暧昧的关键所在了。

---

① 关于以曼陀智用为根源理性的论述，请参阅《序论》，（黎明）第47—117页／（友谊）第33—81页。

十四、由前所述，我们对本文所谓的"主体性的暧昧"，当已有了一个概括的了解。这个"暧昧"基本上是生于人性、心性中仁材两极的辩证性——它乃是一种"辩证性的暧昧"。这里面不仅包含了良知与爱罗，或互体性与自体性之间的暧昧，也包括了理性与非理性和类性与个性之间的暧昧。文明人的恻隐本性，必须通过互约的理性道术来充扩，正如文明人的自由本能，必须通过自律的理性手段来实现一样。但文明人是怎样地互约？怎样地自律呢？恻隐是感通的无碍，但文明人恻隐通情的互约力，或中和理性可说是相当薄弱的，他能做得到的往往只是表层的感通无碍，而非深层的感通无碍（甚或连表层的都达不到）。自由是独立的无碍，但文明人自律自立的理性道术，却又往往建筑在自由本能的压抑与歪曲上。不管是生于爱罗的自律还是本于良知的互约，文明人自律互约的理性生命，基本上是以自克的代价换来的。在文明人仁材两极的理性道术里，实在隐藏着一个异常暧昧与吊诡的牺牲结构。[①] 对此为人性、主体性的核心所在克牺（自克牺牲）结构，东西方的传统哲学基本上是不自觉的。在近代西方的哲学中，也只有尼采对它有比较深切的了解，但也仅是从爱罗心性的角度来看。至于当代的新儒学家，他们在深化良知心性论的研讨上，无疑地已取得很大的成就，但这仍然只是一个半边的人性论。当代的新儒家最重主体性，但若缺乏仁材两极辩证的自觉，那就很难对主体性有通透的体会与认识了。

# 乙　演　义

## 1. 自由自律的思想背景：实体主义

自由自律的思想源自西方，它的大前提是：人是一个独立的实体。这里"独立"两字最吃紧，严格来讲，"独立实体"乃是一赘词，因为西方哲学所谓的"实体"（substance），基本上就是独立存有的意思，实体主义的思想，几可以全部从"独立存有"的观念引申出来。

---

①　有关"牺牲结构"的理论，初发表于《序论》，（黎明）第 103—117 页／（友谊）第 73—81 页。拙作《道身与影身：人道中的自克、牺牲结构——"良知自我坎陷"的新诠释》对此理论有进一步的阐释。

### 2. 实体观念的形上学含义

真正的实体——绝对实体——是不能有变化、不能和其他存有或实体有任何内在的关联的，因为这样就会失去它的独立性。"独立不变"乃是实体主义者心目中理想存有的本质。故绝对实体必然是一无活动作用可言的存有，巴门尼德斯的"有"（Being/Esti）与柏拉图的"理型"（Ideas/Eidos）就是最显著的例子。实体主义的形上学以独立不变的理想世界为真有、实有，以活动作用、变动不居的经验世界为假、为虚幻，这自然是很容易理解的了。

### 3. 实体观念的心性根源

从非实体主义的立场来看，实体主义的理想存有（绝对实体）乃是一个子虚乌有的东西。实体观念所指向的并非真实的、客观的存有，而只是一个主观的理想的投企——独立性价值的投企。而这个主观的价值投企，乃是植根于人性中爱罗（Eros）心性（即与仁极或良知相对的材极）的有执。但实体的观念也并非完全没有客观的根据，活动作用的世界是有秩序可言的，这个秩序来自活动作用结构的稳定性与连续性，在实体主义的形上学里，此结构的稳定性与连续性是彻底地被理想化、绝对化了。

### 4. 实体主义的主体性：自由与自律即是独立自主

主宰着实体主义思想的主体性就是爱罗的有执，一切主体性，最后分析起来，只是一个实存生命的自贞自定。在实体主义的心性里，主体性就是一个独立实体的自贞自定。它的基本内容就是自由自律的心性要求，自由是独立实体的自我选择；自律是独立实体的自我立法，"独立自主"，这就是实体主义主体性的特征了。

### 5. 实体主义的存有论：有微无蕴①

"微"指的是事物间的相对性（有分别、有距离）；"蕴"指的是事

---

① 关于实体主义与非实体主义（包括下文所谓的超切主义）在存有论上的分别，读者请参阅拙文"蕴微论：场有经验的本质"。

物间的相关性（有内在关联）。实体主义存有论的特征是有徼无蕴——有相对而无相关。实体主义的意识心态乃是一个有隔无融、稳于徼而疏于蕴的心态，这正是爱罗人（爱罗偏胜的人）的一般意识。

### 6. 简别外在与二元对立：实体主义的思想模式

简别外在就是独立实体间的有徼无蕴。由于有徼无蕴，所以独立实体的自体性乃是一个隔离的、寡头的自体性。两个独立实体间的简别外在（二元对立）就是"二元主义"；多个独立实体间的简别外在（多元对立）就是"多元主义"。不管是二元主义或是多元主义，有徼无蕴（无蕴主义）乃是实体主义思想的基本模式。

### 7. 形式逻辑与逻各斯理性

形式逻辑就是实体主义的形式学（简别外在纯粹形式的分析），所谓"逻各斯（logos）理性"指的乃是运用形式逻辑的思想或思想能力。这种思想能力乃是知解理性的核心与转轴，它不仅与爱罗心性息息相关，事实上正是爱罗有执原动力的一面。[①] 传统逻辑的所谓"三律"，作为知性价值的投企来看，只不过是独立（简别外在）形式的基本分析罢了。同一律是独立实体（形式地）的自我同一；排中律是独立实体间的界限分明；矛盾律则是独立实体排它的必然性。

### 8. 实体主义的内在矛盾的可能性

二元主义或多元主义是不确定的实体主义，因为有徼则必有蕴；不能取消的是徼（相对或相互外在）的可能性。分别与距离的可能性已经是蕴了，实体主义独立无蕴的理想也同时其内在矛盾的根源。

### 9. 绝对主义：实体主义的极端（无蕴无徼）

绝对的一元主义乃是实体主义的隐定型态——完全无对的独立实体（绝对实体），乃是实体主义存有论的终极发展。

---

① 关于形式逻辑与爱罗心性和异隔意识的关系，参阅《序论》，（黎明）第127—136页/（友谊）第91—98页。

### 10. 混沌主义乃绝对主义的翻转：无外则必无内

有徼就有相对，一个绝对实体不仅无外（外在的相对）也不能有内（内在的相对），但无内也就无结构可言，故绝对的一元主义实质上也就变为混沌主义了。纯粹的"有"与纯粹的"无"，就其同为无蕴无徼而论，是没有什么分别的。这一点黑格尔早就指出来了。

### 11. 实体主义的终极关怀：执着一个"逻辑的上帝"

"逻辑的上帝"就是一个圆满的、绝对稳定（永恒不变）的独立实体（寡头自体性的圆满实现）——一个可以为有执意识心完全控制的"它"。

### 12. 对于"它"的神秘感：爱罗心性的动力根源

对于"它"（客体＝有执意识心的对象）由分别与距离（内在于意识作用的）所产生的神秘感，乃是爱罗心性（材知爱欲）的原动力。这个不可知、不可捉摸的"它"，可以是宗教的神或上帝，也可以是自然或他人他物。实体主义思想一半来自对于"它"的执着；另一半则来自生存的需要和文明生命的要求——生命活动和文明社会的组织，要靠逻各斯理性对经验的实体化（本能的神秘感与控制性的知解欲、占有欲、权力欲或权利欲都是爱罗心识的内容）。

### 13. 对于"它"的恐惧与征服：自由与自律思想的心性根源

爱罗心性起于"它"的诱惑（神秘感、好奇心），自由思想却生于爱罗心性对于"它"的恐惧。爱罗要求独立自主，乃是要从"它"的威胁与限制中解放出来。自由是爱罗主体起于材知爱欲本能的自我选择；自律则是爱罗主体通过逻各斯理性的自我立法（自己控制自己，为的是维持或巩固它独立的自体性或实体的地位）。简明地讲，自由是爱罗的自遂其生，自律是爱罗的自保其性。

### 14. "它"的混沌化：虚无主义与主体自由

一切意义与价值均本于主客间的相对相关，但爱罗主体乃是一个有徼无蕴的心识，主与客之间的内在关联已经被抹杀了或遗忘了，于是"它"

无可避免地变成一个"完全的陌生者"。在此感异成隔意识中的"它"，也就不可能对爱罗主体有任何"先验的"或"本然的"（因无内在关联）意义或价值。一切属于"它"的意义与价值都是外在的、可有可无的；如是"它"的意义与价值，只能是本于爱罗的主体自由——本于爱罗心识单方面的任意选择。故主体自由的另一面就是"它"的混沌化——世界或自然（它）的虚无化（本然的意义或价值的否定）。

### 15. 爱罗主体的自我分裂：内在混沌与主体自律

有执（占有与控制）乃是爱罗心性的本质。表面上，爱罗主体要占有与控制的乃是一个外在的"它"——外在的世界或自然。但究其实，爱罗主体真正要占有或把握的乃是他自己，那个外在的"它"只不过是爱罗自我占有欲（自恋情结）所凭借的手段（以"它"为镜为媒）罢了。[①] 但爱罗最后终会发觉到，最难征服与控制的正是他自己——代表人性由材知爱欲的本能所蕴结而成的"感性我"（象征语言中的撒旦或孙悟空）。此主体性的自觉，无可避免地导致了爱罗心识的自我分裂——一方面是能控制的理性我；另一方面则是有待控制的感性我。对理性我来说，感性我乃是一个内在的混沌；主体自律的前提乃是理性我与感性我的对立（爱罗精神的自我分裂）。

### 16. 自由与自律之间：有执主体性的暧昧乃是西方文化、哲学心灵的特质

西方的文化传统乃是一个突显爱罗精神（爱罗偏胜）的文化传统，自始即为爱罗有执心性所支配。此自由与自律之间的主体性暧昧，乃是西方文化、哲学心灵的特质。事实上，整部西方哲学史可视为是一部爱罗心性辩证历程的发展史。西方哲学乃是爱罗精神升华成为逻各斯理性后的产物，近代西方哲学中理性与非理性之争，正是根源于爱罗人格的自我分裂与有执主体性中自律与自由间的暧昧。传统西方哲学明显的是站在理性我（主体自律）这一边，而存在主义的哲学家则多站在非理性（主体自由）这一面。

---

① 参阅《序论》，（黎明）第 337—352 页／（友谊）第 240—252 页。

### 17. "混沌加工"：西方哲学的理性道术

简别外在的思想格局把存有分割为二：一方面是内在于感性我的原始混沌；另一方面则是代表理性我的逻各斯理性。

原始混沌：宇宙、生命和人性、人世中意义与价值本然的虚无（尚未升华的爱罗主体的自由本能）。

逻各斯理性：宇宙、生命和人性、人世中秩序的组织者/意义与价值的赋与者（升华爱罗的自觉自律）。宇宙、生命和人性、人世的理性本质乃是混沌加工的结果：逻各斯理性强立意义与价值于原始混沌之上（权力意志匠心独运的自我塑造），这就是西方哲学所惯用的理性道术了。

关键是：原始混沌与逻各斯理性只相对而不相关（不知其内在的关联正是以有执为能事的爱罗主体自身）。

### 18. 柏拉图与亚里士多德哲学中的加工思想①

（1）柏拉图

混沌加工的思想在希腊的神话传说中已露其端倪，但把此理念和思想模式赋予明确的哲学、形上学含义则当自柏拉图始。柏拉图《蒂迈欧篇》（*Timaeus*）对话录中以混沌 Chaos 与创造神 Demiurge 的永恒对立为生化本源的宇宙论，可以说是西方哲学加工思想的典型：

原始混沌：Chaos = Receptacle 宇宙秩序的基体

逻各斯理性：Demiurge = Supreme Architect 宇宙秩序的创造神（"至上艺匠"）Chaos 与 Demiurge 永恒相对，但内在的关联在哪里？

（2）亚里士多德

在亚里士多德的形上学里，原始质料取代了柏拉图的混沌，神或不动动因取代了柏拉图的创造神，基本上可说是柏氏宇宙论的翻版：

原始混沌：Prime Matter 宇宙的原始质料 = Pure Potentiality 纯粹潜能

逻各斯理性：God 神/Unmover Mover 不动动因 = Pure Form 纯粹形

---

① 关于加工思想与希腊、西方哲学的密切关联，请参阅《序论》，（黎明）第 115—126 页/（友谊）第 81—90 页。

式/Pure Actuality 纯粹实现原始质料与不动动因，也是永恒地相对而不相关。

### 19. 康德哲学中的加工思想

笛卡儿以后西方哲学的重心从客体性转向主体性，从本体论、宇宙论转向认识论，加工模式的运用也随之转移。混沌与理性的二元对立，在康德的批判哲学里乃是最明显不过的了。

（1）纯粹理性的混沌加工

原始混沌：Sensuous manifold 先验/超越综合前的感觉与料（英国经验主义哲学所谓的 sense data）

逻各斯理性：Pure reason 纯粹理性（超越综合的先验范畴的规范作用）Sensuous manifold 与 pure reason 的内在关联何在？

（2）实践理性的混沌加工

原始混沌：Inclinations 感性生命里的性好

逻各斯理性：Practical reason 道德（理性）生命里的立法者 Inclinations 与 practical reason 究竟有何内在关联？

### 20. 胡塞尔与海德格尔哲学中的加工思想

胡塞尔与海德格尔哲学中的加工思想对二元论的反叛乃是 20 世纪西方哲学之一主要基调。在胡塞尔的现象学与海德格尔的存有思想里，主客二分的困局好像是被解构了、被克服了，但此不过是表象而已。事实上这两位当代西方深具影响力的哲学家，最终还是被加工思想的幽灵在控制着，混加工的思想模式又以新的面目，在主客之间割下了不可逾越的鸿沟。

（1）胡塞尔的现象学中的混沌加工

原始混沌：中介于 noema 意向性所指的对象（意义单位）与 noesis 意向性活动（intentional act）之间的 hyle 感觉质料（相当于康德哲学中的 sensuous manifold），本身是无任何意义的。

逻各斯理性：Intentionality（noetic – noematic synthesis）as meaning – giving，meaning – fulfilling acts 作为意义赋与、意义实现的指向性活动。在胡塞尔的现象学里，逻各斯理性已被转化为意向性的意识流，但 hyle 与

noesis 之间显然是无甚关联的。

（2）海德格尔存有思想中的混沌加工

原始混沌：Nothing 无（意义世界相对于人而开显之前的自然宇宙）

逻各斯理性：The Clearing /Aletheia = Being itself 意义世界的开显历程，即存有自身在海德格尔思想中 Nothing 与 Being itself，无疑是密切地相对相关的；但其内在的关联如何海德格尔交代得并不清楚。事实上，对海德格尔来说，自然本身也是没有意义的。离开了"此有"（Dasein）也就没有意义世界。加工的意味是没有了（被"开显"的观念所取代），但混沌的意味仍在。

### 21. 自由并不等于自律：存在主义对西方传统理性道术的反叛

在简别外在、主客二分的思想格局中的人，乃是一个自我分裂的生命。原始混沌所代表的"非理性我"所投企的，乃是一个"权威（绝对自由）的上帝"（像本能爱罗般的为所欲为）。逻各斯理性所代表的"理性我"所投企的却是一个"逻辑的上帝"（可以为知性主体完全控制或把握的存有）。理性我以非理性我为野蛮、为兽性、为 sub‑human；非理性我则以理性我为虚假、为违反自然、为僵固。哪一边才是真正的"我"？存在主义思想中非理性对理性的反叛，其实是本能的爱罗对升华的爱罗的反叛——自由对自律的反叛。本能的自由所代表的是个体的利益，理性的自律所代表的却主要是类性（群体）的利益，故非理性与理性的冲突，涵摄着个性与类性或个体与群体的冲突。

### 22. 存在主义哲学中的加工思想

存在主义所反对的只是传统西方哲学的理性道术（先验的或命定的本质主义），却不是它的加工思想。事实上个体生命的自我塑造（自我加工）正是存在主义人性论最显著的特征，实存生命的一面仍然是一个本然地缺意义与价值的原始混沌。但个体特殊的本质已取代了普遍义的本质；自我塑造的、实存义的"活理性"，已取代了类性义的逻各斯理性。只是实存理性虽非先验地被决定，却仍然有普遍的原则可言——此即实存生命向可能性无限投企（projection）的自我创造性。

### 23. 齐克果思想中非理性与理性的矛盾

非理性可以是自然人本能的、sub – human 的动物性，但也可以是升华的、超越类性或理性人的神性或超人性。齐克果的"宗教人"（religiousman）和尼采的"超人"（overman），均是超越了理性或类性价值的爱罗人。齐克果通过旧约圣经里亚伯拉罕，把他的儿子以撒作为牺牲祭品的故事，来突显人性中个体性与类性、非理性与理性间的冲突。对齐克果来说，个体性的价值是可以放在类性价值之上的。齐氏所谓的"伦理的搁置 suspension of the ethical"，基本上就是这个意思。必须立即补充的是，在齐克果的思想里，生命的原动力是爱罗心性中的自由本能，而非良知心性中的恻侧本性。事实上，他那有名的美学的、伦理的与宗教的"生命历程三阶段"理论，正可视为一部有关爱罗辩证历程的心性论。在这一点上，齐克果与尼采是无大分别的。

### 24. 陀斯托夫斯基思想中非理性与理性的矛盾

（1）《地下室人》对"地下室人"来说，自然律是一种侮辱。人不是机器；人的尊严不在理性的、文明人所谓道德的或明智的抉择而在人的"独立选择"（independent choice）的自由，即使此选择（从理智的观点来看）是愚拙的、不道德的、甚至是自取灭亡的。

（2）《大裁判司》大部分的人无独立自主的能力，大多数人所需要的是幸福（安全与稳定）而不是自由。解决人类问题的关键是：大多数的人必须放弃他的主体自由，来换取给他们带来幸福的理性安排。在陀氏的作品中，理性与非理性的矛盾比比皆是。

### 25. 尼采思想中非理性与理性的矛盾与加工思想[①]

尼采的思想可作早期与后期的区分：

（1）早期：植根于美学情调的悲剧意识

原始混沌：酒神（戴安尼索斯）精神（爱罗的自由本能）

逻各斯理性：日神（阿波罗）精神（爱罗的自觉自律）

---

① 　参阅《序论》，（黎明）第162—169页/（友谊）第116—122页。

（2）后期：植根于权力意志的透视主义与虚无意识

原始混沌：世界是有待诠释的本文（无本然或一定的意义与价值）

逻各斯理性：透视/诠释是权力意志的表现，不管是早期的悲剧意识（酒神与日神精神的结合），或是后期的虚无意识（权力意志的透视诠释），加工思想乃是尼采哲学的核心所在：超人人格乃是成于权力意志的自克与升华（内在混沌的加工）。世界本文的理解有待权力意志的透视诠释（外在混沌的加工），值得注意的是，早期的尼采乃是一个二元论者，代表自然人自由本能的酒神，与代表文明人自觉自律的日神，乃是两种截然不同并且是两极对立的精神或意识心态，但后期的尼采却是一个不折不扣的一元主义者。在尼采成熟的哲学思想里，酒神的自由本能与日神的自觉自律，已经通过权力意志的概念辩证地统一起来，爱罗在后期的尼采著作中乃是权力意志的别名。事实上，爱罗心性正是权力意志的主体性。在爱罗心性的自觉里，尼采已清楚地看到戴安尼索斯与阿波罗原来是异姓的亲兄弟。

## 26. 世界的虚无与人生的荒谬：自由与自律之间的终极矛盾——沙特哲学中的荒谬意识

对沙特来说，人的生命乃是一个在主客对立的终极矛盾中度过的生命。意识心一方面是自由地自我超越的主体（pour soi）；另一方面则是实然地自我同一的客体（ensoi）。人的存有乃是一个在主客两极的矛盾中，向上帝的绝对与满全作无限的价值投企的意识生命。人要求无限地自我超越以成就其主体性，却又同时希望满全地自我同一以满足其客体性的要求。人的终极投企就是要成为既无限地自我超越，又满全地自我同一的上帝——但这是不可能的。

En Sol：满全的客体（永恒地自我同一）＝圆满自律的逻辑上帝，Pour Soi：绝对的主体（无限地自我超越）＝绝对自由的权威上帝人的终极设计（ultimate project）：En Soi + Pour Soi ＝满全的客体 + 绝对的主体这是不可能的设计——人生终极的荒谬。

## 27. 自由/自律的语言在西方哲学传统中的含义

人性论/心性论：异隔对执的爱罗心性或主体性

存有论/宇宙论：实体主义（有微无蕴）/二元主义趋向绝对主义与虚无（混沌）主义（无微无蕴）发展

意义论/价值论：爱罗主体通过逻各斯理性强立意义与价值于虚无（原始混）之上（加工思想）

理想主义：自体性的圆满（英雄主义/超人主义）——以永恒无限的上帝为其终极关怀形上姿态/思想模式：简别外在——对于"它"的神秘感乃是一切本于爱罗主体性思维的原动力

### 28. 中国哲学没有实体义的自由自律

西方自由自律的思想，乃是植根于人为一独立实体的观念。中国哲学没有独立实体的观念，所以也缺乏实体义的自由自律思想。

### 29. 超切主义：中国哲学的特质

传统的中国哲学乃是一个超切主义（非实体主义）的世家，它的一个大前提是：人是一个场有的互体。这里"场"指的是事物的相对相关性。"互体"就是相互为体的意思。一个人通过与他人他物的相对相关而与他人他物相互为体，这就是此人的"场有互体"。"体"者，相对相关之积也。①

### 30. 超切主义的主体性：互通与互约

主体性乃是实存生命自贞自定的本性，在超切主义的思想里，主体性就是场有互体在相对相关中的相互贞定。互通是场有互体的相互感通、沟通；互约是场有互体的相互制约。自由与自律是实体主义的主体性；互通与互约则是超切主义的主体性。前者是生于爱罗自由本能的自体立极，后者则是根于良知恻隐本性的互体通情。

### 31. 超切主义的存有论：有微有蕴

一切事物都是有微有蕴、相对相关的，此乃超切主义与实体主义

---

① "场有"的观念见《序论》，（黎明）第3—8页/（友谊）第2—6页。

（有徵无蕴）的基本差别。有徵有蕴表现在意识心态上就是有隔有融，而不是有隔无融（有徵无蕴）。

### 32. 化端为面与超切辩证：超切主义的基本原则

场有互体的两端不是两个只相对而不相关的独立实体，而是一个超切辩证关系的两面（如太极图中阳与阴的关系），故化端为面乃是超切辩证思维的基本原则。

### 33. 中和理性：中国哲学为什么没有发展出形式逻辑

形式与内容的截然二分（相对而不相关）乃是一切形式学的大前提，它的最后根源就是有徵无蕴的形式本身。中国哲学没有独立实体的观念，因此也就不可能发展出形式逻辑（形式学中的形式学）。形式与内容的不可分，乃是超切主义的大前提（形式与内容不是两个独立的实体，而是场有互体的两面）。化端为面的理性是中和理性而非逻各斯理性，没有爱罗自体立极的心性投企也就没有形式逻辑；而没有良知互体通情的体验，也就没有（超切的）辩证思维。①②

### 34. 超切主义的终极关怀：太和的理想

太和者，场有互体无限感通量格中所开显的境界也。太和的境界——互体通情的大无碍——乃是中和理性道术的终极理想与关怀。

### 35. 中和理性运作中的主客关系

中和理性运作中的主客关系：是"您"而不是"它"，"您"是感通的伴侣；"它"是控制（有执）的对象。在中和理性中的客体是一个"您"而不是一个"它"。用存在主义者马丁·布伯的语言来讲，互体通情乃是一个"I‒Thou"的关系，而不是一个"I‒It"的关系。

---

① 参阅《序论》，（黎明）第96—97页／（友谊）第68—69页。
② 关于深渊型的意识心态，参阅《序论》，（黎明）第152—161页／（友谊）第109—116页。

### 36. 理性的障碍：有执的限制与感通的凝滞

从逻各斯理性的角度来说，理性的障碍乃是来自有执的限制——主体控制（征服或占有）不了的"它"。但对中和理性而言，理性的障碍则是来自感通的凝滞（主客沟通的困难）。一切理性，最后分析起来都是本于心性中方中求圆、以有碍而求无碍的曼陀智用，自由与自律——逻各斯理性的以有碍而求无碍——乃是爱罗心性的曼陀智用；互通与互约——中和理性的以有碍而求无碍——则是良知心性的曼陀智用。这是两种心性互异却又辩证地密切关联的理性道术！

### 37. 对于"您"的责任感：良知心性的原动力

对于"您"（感通的伴侣）由主客的内在关系所决定的责任感，乃是良知心性的原动力。此乃是一种生于互体性的同体感通（同情共感）的良知本能。生于良知的本能责任感我们称之为"悱恻本性"。

### 38. 何以中国哲学没有虚无主义？

对良知主体来说，世界是一个"您"而不是一个"它"，是感通、沟通的伴侣，而不是控制、征服的对象。良知主体没有独立自主的要求，因为他没有感受到来自一个"它"的挑战与威胁，如是也就没有把客体或对象混沌化——把"它"看成是一个完全陌生者（与主体毫无内在关联）的需要。同样道理，在良知的心性中，人与他自己也是一个感通中和的关系而不是一个强力控制的关系。如是在突显良知主体性的中国哲学传统里，西方实体主义式的"原始混沌"是不存在的，没有（实体义的）原始混沌的观念又何来虚无主义呢？

### 39. 乾坤合德：种子培养——不是混沌加工

在超切主义的世界里，一切意义与价值都来自场有或主客的相对相关里——都是互体性的实现，而非自体性的独白。在宇宙场有的互体中，氤氲着一切意义与价值的虚机种子，造化流行乃是一个虚机了断的历程（这个历程本身却是断而不断的）。《易传》所谓"坤元"，指的乃是氤氲虚机的权能，所谓"乾元"则是了断虚机的权能。造化流行乃是一乾坤合德之事，用隐喻的语言来讲，乾坤合德乃是一种"种子培养"的思想模式。在西方实体主义所衍生的加工思想里，逻各斯理性与原始混沌乃是一个对立的超越关系。但在中国由《易传》以来的种子培养思想里，乾元（相当于逻各斯理性）与坤元（相当于原始混沌）却是一个相对相关的超切关系。这个超切关系的整体，就是代表活动作用自身的"道"或"太极"。

### 40. 中西哲学中的理性道术

中西哲学的差别基本上是主体性的差别和理性道术的差别。

西方哲学：逻各斯理性通过自体性的自由，与自律强立意义与价值于原始混沌之上（虚无主义的超克乃是爱罗主体性的理性道术）。

中国哲学：中和理性通过互体性的互通与互约，成就了意义与价值的乾坤合德（感通量格的存养与扩充，乃是良知主体性的理性道术）。

### 41. 良知与爱罗，非理性与理性，个性与类性

良知与爱罗，非理性与理性，个性与类性：主体性的重重暧昧主体性的暧昧，一方面，本于良知与爱罗（仁材两极）之间的辩证性；另一方面，则起于非理性（原始本能、本性）与理性（曼陀智用的理性道术）和个性与类性之间的辩证性：

内在于爱罗主体性的暧昧：自由（原始本能）与自律（理性道术）之间的辩证性内在于良知主体性的暧昧：恻隐（原始本性）与互约（理性道术）之间的辩证性仁材两极之间的暧昧：良知（互体通情）与爱罗（自体立极）之间的辩证性个性与类性之间的暧昧：个体实存生命与群体种族生命之间的辩证性，如是涵摄在主体性中的，乃是一个由此双重暧昧所交织而成的辩证关系网。

### 42. 存在主义哲学思想中的主体性的暧昧

总体而观，源于古代希腊文化的西方哲学，乃是一个偏向于自体性价值的爱罗传统。本于良知主体的互体性价值，始终没有得到正面的肯定。即使在受过希伯来、基督教文化洗礼后的近代西方哲学，也还是保持着一个爱罗偏胜的格局。站在心性论的立场来讲，基督教文化乃是一个在仁材

两极的矛盾张力所造成的深渊中，虚悬地立极的文化传统。这个文化传统
比起其他文化传统，都更具心性辩证的暧昧性。20 世纪的存在主义哲学，
在某一义来说乃是在此心性辩证的暧昧土壤里孕育出来的。事实上，如何
在良知与爱罗之间、非理性与理性之间和个性与类性之间找出一条创造性
的、辩证的通道，正是存在主义思想最后的归结所在。当然，个别的存在
主义哲学家难免有所偏向。譬如，齐克果、尼采与沙特是明显地偏向自体
性的，而马丁·布伯、雅士培、马赛尔则无疑是站在互体性的一面。

### 43. 良知与爱罗：当代新儒学思想中的主体性的暧昧

在康德哲学的影响下，以牟宗三先生为核心的当代新儒家，援引西方
自由自律的观念来重新诠释传统的儒家哲学，一方面，以自由等同自律；
另一方面，则以良知的逆觉体证来诠释自律（相当于康德哲学中实践理
性的自我立法）。自由自律本来是爱罗心性的语言，在当代新儒家的哲学
中则已转化为良知心性的语言。传统儒家的道德观本来是一个互体性的道
德观，当代新儒家则欲在此互体性的基础上，涂上自体性的颜色。很明显
的，当代新儒家所趋向的，正是一人性的仁材两极（良知与爱罗）配合
得宜的理想境界，只是他们对此中所涵摄的主体性暧昧是否已有通透的自
觉，这就不无疑问了。

### 44. 存在主义与当代新儒学论自由自律主体性的差异

（1）存在主义自由自律乃是实存生命的一种直接体验。究其实，所
谓"主体自由"，指的乃是意识心向意义/价值投企的自由——或可说是
意识姿态的自由。存在主义者（如沙特）认为，这种"意识姿态"的自
由，乃是内在于主体性的东西，因为它乃是意识作用的本质。存在主义否
定有先验的（理性/普遍性的）本质，正是奠基于此意识自由的本质上而
立论的。

（2）当代新儒学在牟宗三先生两层存有论的思想格局里，自由与自
律必须分开来讲。等同自律的自由（道德理性的自我立法）是属于现象
界的，不等同自律（不为因果律限制）的自由，则是属于本体界（物自
身）的。在康德的哲学里，现象界与本体界只相对而不相关，牟先生则
意欲通过智的直觉（对自由无限心的直接证验）来予二者以一内在的关

联。这样人的主体性才有"一贯"可言。但主体性的一贯是不能离开人性中仁材两极的内在辩证来讲的。

（第三届当代新儒学国际学术会议论文（1994 年 12 月 28 日至 30 日），原载《场与有：中外哲学的比较与融通》第二辑，北京，中国社会科学出版社 1995 年版，第 7—29 页。）

# 18 因缘和合如何可能

## ——"三谛圆融"的新诠释（纲要）
## （1995）

### 1. 因缘和合如何可能

佛家的因缘和合，用中国哲学的语言来讲，就是大化流行。因缘和合或大化流行如何可能？此可能性的最后根据在哪里？我们的答案是：在活动作用自身。一切缘起都是活动作用的缘起，一切流行都是活动作用的流行，存有自身就是活动作用自身——也就是宇宙万物根源所在的本然真实。这个本然的真实，在实体主义的思想里，也就是西方哲学所谓的"本体"了。

### 2. 非实体主义的存有论或本体论

两千多年来的西方哲学基本上是受了"（独立）实体/属性"思想摸式的支配。但中国哲学和大乘佛教哲学却均是"非实体主义的世家"。在存有论上来说，非实体主义哲学所否定的不是本体而只是实体义的本体。事实上，中国哲学和大乘佛学都肯定一个本然的真实——一个胜义或非实体义的"本体"。那么，这个胜义或非实体义的本体究竟是什么呢？就是活动作用自身。中国哲学和大乘佛教哲学的非实体思想，正是建立在此本然的真实上。有活动作用则必有所"积"（佛家谓之业），活动作用自身正是一自积自业所开显的本然真实。此自积自业也就是活动作用自身之所以谓本体之"体"。

### 3. 东方非实体主义的两大哲学传统：缘起论或流行论

缘起论或流行论（诠释活动作用自身的哲学理论），乃是所有非实体主义存有论（或本体论）的核心所在。然而由于主体性或形土姿态的不同，非实体主义的缘起论也就有诠释的差别。大体说来，中国哲学的非实体主义精神在于"缘起性宜"，而大乘佛学的非实体主义精神则突显"缘起性空"。缘起性宜乃是互体性的肯定，其主体性根源于人性中的仁性关怀或良知；"缘起性空"则是实体自性的否定，明显地本于一种超爱罗的形土姿态。但不管是本于良知的缘起性宜或是源于超爱罗的缘起性空，从场有哲学的观点来看，都是"场有缘起"。缘起性空与缘起性宜乃是场有缘起的两面：

中国哲学：大化流行。缘起性宜（良知主体性——互体性的肯定）

佛教哲学：因缘和合，缘起性空（超爱罗主体性——实体自性的否定）

### 4. 场有哲学：现代缘起论的进路 场有哲学的大前题

一切缘起都是场有缘起，场有缘起乃是活动作用的本质。"活动/作用"取代了"实体/属性"，在场有哲学的体系里，一切证验都是活动作用的诠验，一切分析都是活动作用的分析。哲学者，自觉觉他的活动作用也。人通过他的活动作用对活动作用自身所作的探索、理解与诠验，这就是形上学的现代意义。

### 5. 三性观：性妙、性诚、性觉

活动作用自身是一个怎样的真实？这是一个"存有（即场有）本性"（胜义或第一义的"性"）的问题。

活动作用自身是一个"相对相关"的其实：缘起性妙

活动作用自身是一个"虚机了断"的真实：缘起性诚

活动作用自身是一个"境界开显"的真实：缘起性觉

缘起性妙：道家哲学所突显

缘起性诚：儒家哲学所突显

缘起性觉：佛家哲学所突显

### 6. 三性圆融：场有缘起

性妙、性诚、与性觉三性的互相涵摄，这就是"存有（即场有）实性"（活动作用自身的本质）的所在：

缘起性妙（缘起性诚、缘起性觉）缘起性诚（缘起性妙、缘起性觉）
缘起性觉（缘起性妙、缘起性诚）
这就是道、儒、佛"三教合一"的现代理论根据了。
场有缘起的"三性圆融"乃是场有哲学的存有论（本体论）与功夫论的基石。

### 7. 三谛观：空谛、中谛、假谛

活动作用自身的本质（存有实性）是怎样一个真理的开显？这是一个"存有（或场有）真谛"（实性的开显）的问题。
活动作用自身的"绝对无断"——空谛
活动作用自身的"不断而断、断而不断"——中谛
活动作用自身的"断而又断"——假谛
空谛：印度哲学（大乘佛学）所突显
中谛：中国哲学所突显
假谛：西方哲学所突显

### 8. 三谛圆融：超切中道

空谛、中谛、与假谛的主相涵摄，此"三谛圆融"丹是"存有（或场有）真谛"的所在：
空谛（中谛、假谛）——永恒之行（其如本心）
中谛（空谛、假谛）——造化流行（生生之流）
假谛（空谛、中谛）——意象世界（有有之邦）
三谛圆融的超切中道乃是场有哲学的真理观（超切如实观）

### 9. 二十一世纪的展望：非实体主义时代的来临

西方哲学：非实体主义的挑战与批判
中国与大乘佛教哲学：实体主义的挑战与消纳

### 10. 二十一世纪哲学的核心问题，非实主义与实体主义的相对定位

场有哲学的基本立场：超切中道

一、肯定非实体主义的真理性

二、否定实体主义的虚幻性与粗暴性

三、肯定实体主义在非实体世界中所应扮演的角色（实体主义乃是非实体主义—特例）

## 演义：

1. 诸行无常，诸法无我，涅槃静寂：此原始佛教的基本原则乃是释迦的本怀、诸乘的共法。佛家哲学非实体主义的精神就在这里。

2. 行，梵语 samskara，乃"依此而被形成"或"此是被形成者"的意思。很明显的，行的本义就是缘起，缘，pratya 间，就是"依此而被形成"中的"此"，亦即是缘起（pratitya – samupada）或"被形成"过程中的条件或因素。缘起的分析乃是行（本义）的分析。

3. 问题是：缘起的内容是什么？缘起的过程应该作何解释？根据缘起或行的本义，缘起的主要内容有三：被形成者 Y，被形成所依的条件或因素 x，被形成的过程 f，此三者—我们称之为"缘起三项"—之间的密切关系、可以下式表达之：

缘起（＝行的本义）的基本分析

缘起式：   $Y = f(x)$

缘起式中的 x 就是"缘起"中之"缘"，f 就是"缘起"中之"起"，而 Y 则是"诸法无我"中之"法"。

4. 在吾人经验中开显的一切事物（Y）都是依缘（x）而起（f）的，所以说是"诸法无我"。"无我"中之"我"指非缘起的独立实体。

5. 缘起乃是一个变动不居的过程，所以说是"诸行无常"。缘起式中的 x，f 与 Y 都没有固定的具体意义。

6. 关键在：缘起三项之间究竟有怎样的内在开连？它们是靠什么联结起来的？

场有哲学的答案是：缘起乃是一个场有综合的过程 p 而场有综合乃是活动作用的本质。缘起的分析就是活动作用的分析。缘起三项在"场有缘起"中的含义：

x：活动作用的背料（data）

f：场有综合的过程（process）

Y：活动作用的效果（issue）

我们称活动作用的效果为"物"，场有综合的过程为"事"，背料所在的场有为"世界"。如是 p 缘起式即可改写为"活动作用式"：

活动作用式：$Y = f(x)$

物 = 事（世界）

传统佛教的缘起观可视为活动作用式的"道德因果化"。

7. 在原始佛教的缘起观中，缘起乃是一个为业或业力所支配的过程。业译自梵文 karman ，其本义为行为，作为，出自语根 $\sqrt{kr}$，正是活动作用的意思。佛家"业"的观念有道德因果律的含义，但这不是业的原义或根本义，道德因果律所预设的乃是一个活动作用的世界。

8. 行的本义是缘起 ，业的本义是活动作用。此两词在其本义上来说是没有什么分别的 ，指的都是同一的真实—— 场有综合的真实。行是十二因缘中次于无明的第二支。无明之行就是盲目的活动作用，这正是佛家修行所要超脱的。但盲目的活动作用并不就是活动作用自身，活动作用可以是盲目的或清明的。假如所有活动作用都盲目的话 ，成佛也就没有根据了。大乘的"佛性论"无不假定有超脱无明的可能。

9. 故"涅槃静寂"并不是一个死寂的，没有活动作用的世界。"静寂"乃是相对于无明的活动作用——而非活动作用自身——而言的。涅槃的境界正是活动作用自身在无明的超克中所开显的境界。

10. 场有缘起论抽出行与业的本义而等同之，并从而直探中外哲学传统所共本的大源头——活动作用自身。

11. "天行健，君子以自强不息。"又曰："至诚无息。"这是开显于原始儒家哲学思想的活动作用自身。

12. "道常无为而无不为。"这是开显于原始道家哲学思想的活动作用自身。

13. 在古代希腊的哲学思想中活动作用的真实，乃是通过对言说的反思而被把握的。存有或是（Being），不是别的，正是在言说活动（logos）中开显的活动作用自身（einali）：每一个"是"都是一个活动作用方式的开显。

14. 佛家哲学并不否定有一个本然的真实—传统形上学所谓的本惧，

它所否定的只是为知解理性所实体化的本体。因为实体化的本体乃是一个断裂的本体，因而也就不是那个本然的真实化了。本体是不能靠知解理性（生命活动的一种方式）来把握的，但这不等于说它不可能通过其他生命活动的方式来证验。佛家哲学的非实体主义，正是建集在肯定这个本然真实的基础上的。

15. 事实上，实体主义是无法避免的。在某一义上来说，实体主义也代表真理的一面。实体思想乃是异隔心识和控制性智慧的产物。人类为生存和发展，就必须组织他的经验和控制他的环境，因而也就必须对这个活动作用的世界作某一程度的实体化。而为知解理性所还依的形式逻辑，正是实体化最基本的工具。

16. 一切哲学问题，最后分析起来，只是一个实体与非实体、实体主义与非实体主义相对定位的问题。亦即是，如何在一个非实体的本然真实的基础上处理实体化的问题。所谓"不坏假名而说诸法实相"，佛家的真俗二谛观不正是环绕着这个哲学的基本问题而设的吗？

17. 空假中三谛团融的超切中道和超切，如实观究竟有何现代的意义？这就是场有哲学在上述的问题上所关注和用心的所在了。

# 19　行为、符号和意识

## ——与利科一起思考

## （1996）

孔子曰："人之生也直。"① 译成英文是：Man is born upright. "right" 被包含在 "upright" 里，因为站直立起来对于人来说是最适当、最正确、最应该做的事情：It is right to stand upright. up‑rightness 的语义以这个词的字面意思——人的直立姿态——为核心，铭记的无疑是原初的裁化经验（experience of appropriation）。从语源学上讲，裁化就是自成。无论集体还是个体，人之为人只在他学会了站直立起来以后，人性就发端于直立的获得。

人性在何种程度上是由最初的站起原始裁化经验决定的呢？这是我在我的关于怀德海的书中着重要解决的主要问题之一。② 尽管在那本书里，我的思想是由一种与利科哲学用以表达的语言概念媒介极为不同的概念框架，和表达模式熔铸成的，但界定人性得以裁定之方式的裁化概念，却是我们共同的中心论题。那么，在这篇论文中，我想要做的是，针对同一课题，顺着利科的思路，以一种我希望会有创造性对话特性的方式与利科一起思考，重铸我的思想。

利科说，人是有缺陷的存有。因为，与自然界中本身总是自我同一的任何其他事物不同，人的存有严格上是以存有的缺乏、（奥特伽所谓的）"构成的同一性（constitutive identity）"③ 的缺乏为特征的。从一种根本的

---

① 《论语》，6：17。

② 《周易与怀德海之间：场有哲学序论》，台北，黎明文化事业公司 1989 年版/沈阳，辽宁大学出版社 1991 年版/北京，中国友谊出版公司 1994 年版。

③ Jose Ortegay Gasset："人无本性（Man Has No Nature）"，载 Kauf man 编：《存在主义：从陀思妥耶夫斯基到萨特》，New York：New American Library，1975 年第二版，p. 156.

意义上讲，人不是他自身；人的存有中的这种不一致性，或内在破裂就是利科所谓的"缺陷"。① 人身上的这种缺陷或分裂，不仅构成其存有中的"否定性"，而且还构成其一切思想和活动的根据。因为人不是他自身，所以他不断地受裁化自身的意欲与努力的驱动，使自己再成为自己本身。

因此，裁化——或更准确地说，人的自我裁化——是永久、普遍的哲学主题。在东亚的文化传统中，关于裁化的哲学实在可等同于哲学本身。因为在这些传统中，哲学思想几乎全然受本真存在与非本真存在，或套用利科的说法——无缺陷存在与有缺陷存在之间的区分的支配。② 更特别的是，东方哲学中对自我裁化（self - appropriation）追求，根本上就是对真实自我或人的圆满追求。而且一般来说，圆满的境界也只在人与存在的终极本源，合而为一时才被认为是可获得的，不管这本源是"梵 Brahman"，"佛性 Buddhahood"，"天" 还是 "道"。如是，作为本质上乃是对圆满或本真存在的追求的自我裁化，就不可避免地具有自我超越和自我克服的双重特性。被克服与超越的当然是有缺陷或非本真的自我——也就是由幻 maya、无明（ignorance）、道德上的麻木（moral inertia）或文明社会的人为矫饰所控制的自我。这些代表着有缺陷的或非本真的人在其存在的否定性中的符号，或表达构成了利科所谓的"恶的象征（symbolism of evil）"，就这样，它们处于人的一切自我理解的中心——也是反思的原动力。

反思（reflection）是在意识中我在对我在的追寻（the I am in search of the I am），反思思想简单地说就是作为自我理解事项的自我裁化。这就必然提出这样一个问题，自我裁化与自我理解是一样的吗？对这个问题的回答，当然取决于我们用普遍义的理解与特殊义的自我理解指的是什么意思。如果理解被理解为首先是概念性——有分别的把握，一如西方理智传统中的普遍看法，那么对上述问题的回答——就东方思想而论——显然是否定的。因为，在东方传统中，自我裁化首先是存在上——精神上的实现，而非概念性的把握。自我裁化是一种生命之道、具体生活之道——而

---

① "有缺陷（fault）"概念是利科三卷本着作《有限与罪》（*Finitude and Guilt*）中的核心主题，其第一卷《可能犯错的人》（*Fallible Man*）关注于犯错的可能性，亦即人的可错性；错误的具体显现则是第二卷《恶的象征》的主题；计划的第三卷未出版。

② 这里的"本真"与"非本真"不必局限于它们在存在主义哲学中的通常含义。

不仅仅是推论思考的练习。事实上，即使仅就意识来考虑自我，严格上它也不能被概念性地把握，因为自我终究是超出推论思想控制之神秘（the mystical）。

　　利科的哲学很多都依赖于一个由马塞尔（Gabriel Marcel）作出的著名区分，即，问题（problem）与秘密（mystery）之间的区分。一般说来，"问题"是能被解决的疑问，如果能获得足够的数据的话；而"秘密"则超越一切探究，原则上在现在或未来都难以处理、不可解决。比如，作为科学研究对象的身体是一个问题，而我们肉体存在的本性——"活着的身体——以及此活着的身体与作为对象的身体之间的关系，实质上却是不可解的秘密"。① 因此马塞尔把秘密界定为对问题的否定，问题屈从于语言或概念的控制或操纵，而秘密则不然。然而，我们所谓"秘密"的事物（the mystical），却既不同于有问题的事物，也与秘密的事物有别。因为神秘的事物严格上超越了这二者间的真实区分。有问题的事物与秘密的事物都是由人的把握力——实质上是受拘束的姿态（posture - bound）——的精确眼光知觉到的实在，而神秘的事物，尽管本身超出一切把握力，却依然是一切把握力——人的或非人的超越源泉。这一点在《道德经》里表达得很清楚，"道"作为神秘的事物，虽然"无名"、"无象"、"无有"，却又是"根"、是"万物之母"。与此相似，《奥义书》及吠坛多以梵为即无限即有限和大乘佛学以真如为即空即性的概念，都是这同一种思维模式的实例。几乎在东方反思传统的每一个地方，我们都发现了终极本源与神秘之物同一的主张。然而，我们不妨立即注意一下，东方思想中所谓的神秘之物，不是以一种被假定的存在物来构想的，相反，它是可深入体验的实在，某种在自我裁化的历程中，能从存在上或精神上加以现实化的东西（尽管不能从概念上进行把握）。因为此神秘之物实在不是某种异在于我们的东西，相反，它在本质上构成了我们自身的存在：它的确是存在本身的精髓。

　　利科称他的哲学为"我在的解释学（hermeneutics of the I am）"，并

---

　　① 见 Gabriel Marcle，《存有与拥有：一个存在主义者的日记（Being and Having：An Existential Diary）》，trans. KatherineFarrer（New York：Harper Torchbooks，1965），pp. 100—101，117—118；再参看 Walter Lowe 给《可能犯错的人》所写的导言，（New York：Fordham Univer - sity Press，1986），pp. xi - xii.

且直接置身于西方哲学的反思传统之中。既然他的解释学奠基于胡塞尔的现象学的方法，则他的反思哲学就有一种解释学的现象学（hermeneutic phenomenology）的方法论风格。尽管在他的哲学中，思想的方法与内容不能有任何割裂，但事实依然是，利科的反思哲学根本上恰如其分地是存有论的。而一种反思哲学又如何可能是别的什么东西呢？的确，利科强调，存在在解释学哲学中"始终是一种被诠释着的存在"，①② 而反思——我在对我在的追寻——只在意义层面上——或更准确地说，只在语言层面上进行操作。不过，尽管利科的哲学也在意义、语言和诠释的层面上操作着，但它自始至终向存有保持开放。在利科那儿绝没有像胡塞尔先验现象学中那样的永久存在括号（存在只为方法上的目的而暂时被加括号）；但他也没有追随海德格尔，将关于存有的存有论还原为关于存有感受的存有论——亦即，一种关于理解的存有论。而且，对于利科来说，尽管存有论"绝不能与诠释相分离"，③ 并且是解释学哲学家们可望而不可即的"天堂"④，但存在显然不仅仅是语言的事。因为事实是，通过意义与象征之镜言说的，乃是某种先于意义象征，并且比意义象征更为根本的东西：即，存在本身的行为。

在研究意识与人的主体性中，利科遵从纳伯特（Jean Nabert），在行为与符号之间作出了区分。⑤ 人的主体或自我首先是一种行为——更准确地说，是一种自我贞定的行为，此自我贞定的本质在于意欲并努力去达到。相反，符号则是这种原初的或始源的存在行为的表征或客体化：符号是自我的铭文，其内在自由、其意欲并努力去存在的一种表现。当然，行为（行动和活动）与符号或权能（能力与权力）与开显（manifestation）之间的这种区分不是什么新东西。就其一般形式来看，它实际上是一种几乎与哲学本身一样悠久的观念。诚然，就东方传统而言，表象隶属于行为或显

---

① 见"主体问题：符号学的挑战"，载利科：《解释的冲突（The Conflict of Interpretations）》，ed . Don Ihde（Evanston：Northwestern University Press，1974），pp. 262 – 266.

② 见"存在与解释学"，载《解释的冲突》，第 24 页。

③ 同上书，第 23 页。

④ 同上书，第 24 页。

⑤ 有关利科与纳伯特的关系的讨论，参见 John W. Van Hengel；S. C. J.，《意义的家园：保罗·利科的主体解释学》。（Washington ，D. C. University Press of America，1982），pp. 15 – 17. 笔者对利科反思研究的理解极大地获益于他对利科哲学的清晰说明。

现依从于权能，从一开始便是基本的存有信托。譬如，这种所谓的"权能/行为存有理论"或"权能/行为主题"，既是儒家和道家世界观的本质，也是以《奥义书》的智慧为基础的哲学的根本。而就西方传统而言（我们不妨仅限于近代），正如利科本人已指出的，同样的存有信托出现在斯宾诺莎、莱布尼茨、叔本华、尼采、弗洛伊德——以及（我们应该增加）怀德海的思想中。[①] 在纳伯特和利科那里，权能/行为理论更多的不是作为存有（或实在）理论本身，而是作为一种意识理论，或更准确地说，意识之为一存有样态的理论来考虑的。这样，利科跟着纳伯特，也谈到了"意识的基本行为（founding act）"与"能动和能产的意识。"[②] 以这种表述所强调的不是意识本身就是能动和能产的，而毋宁是说，意识的内在实在性——权能——乃是某种能动和能产的东西。意识的基本行为建立了意识：意识是行为的扩延，也是其能动性与能产性的体现。

如是，权能/行为主题作为一种意识理论，必须基于行为（或权能）、符号（或象征）与意识间的三重关系来予以解说。在此关系中最关键的是意识的功能地位，它似乎在行为与符号之间占据了一个中间位置，这样，一方面是意识与行为之间的关系问题；另一方面是意识与符号之间关系问题。就意识与其赖以被建立的基本行为的关系，我们能说些什么呢？而从意识与通过其意向性操作而被设定的符号的关系中，我们又能推断出什么呢？这两个问题，尽管也可以分开来考虑，但对于利科来说，却是终极上不可割裂的问题。因为符号在意识中的设定，与基本行为建立意识作为其内在自由之体现出于同一姿态。意识的符号就是最初的贞定——存在的始源行为——如何裁化自身。

不过，即使大致的目标遥遥在望，这两个问题还是分开进行研究可能会更有益。首先，把意识的表象隶属于行为，利科显然认识到，从最根本的意义上说，意识并不是它赖以建立的基本行为的本质。不管怎么样，利科承认弗洛伊德的存在潜意识或前意识扩延——原始的本能或驱动力之场，在那里，原初的贞定第一次开显自身，亦即，显示其最初的欲望并努

---

① 见"纳伯特关于行为与符号（Nabert on Act and sigh）"，载《解释的冲突》，第 211—212 页。

② 同上书，第 211，214 页。

力去达到，不过，提及原始的本能、驱动力或欲望，并非要设立一种精神之外的存在秩序。因为且不管他对存有的开放性，利科自始至终忠实于他的现象学态度。的确还有像无意识的欲望、本能或驱动力那样的东西；但它们也仅仅被视为意识场中的决断或姿态——而非意识之外的实在。它们代表着对最初的权能，有意识地加以把握并从语言上进行阐述的"力量"。

与怀德海（或在他之前的莱布尼茨）不同，利科在被视为具有存有论差异的经验与意识之间没有作任何区分。怀德海的实有理论代表了权能/行为主题在 20 世纪形上学中的最高运用，在那里，行为实在性的本质是经验而非意识，意识只构成经验的一种特殊样态，即一种的较高层级的实有所有的经验样态。实有——怀德海称之为"现实存有"或"经验缘会"——被明确地等同于活动。① 因为根据怀德海的想法，经验性（experientiality）乃是动态的行为实在性的真正本质。

利科不顾他对现象学态度的信托，坚持承认向存有开放的必要性与重要性。但在我看来，除非我们承认行为内在固有的经验特性，否则就很难理解向存有开放何以是全然可能的。的确，没有这种认识，无论意识与行为的关系还是行为自身的性质都是不可理解的。因为，如果是行为而非意识才是基本的实在，那么，一切开放性分析到最后，也就是行为的开放性。但是，如果行为根本就不具有经验的能力，那么行为又如何可能将其自身向其他性（otherness）——构成其他人或自然界中其他活的事物的存在行为——开放呢？而最初的贞定又如何可能用众多的表达——记录它与其他行为的相互作用和举动的各种符号——来铭记它自己呢？的确，即使意向性概念本身似乎也隐含着构成行为之内在特性的普遍经验概念。因为，除非在意识与其意向对象之间存在一种内在关联，否则意识如何可能是对某种非意识的东西意识呢？我们认为，此内在关联同一于基本行为的经验权能，亦即，其容受性与开放性的权能。

这自然就把我们带到另一个问题上——即意识与符号的关系问题。利科说："意义的家园不是意识而是某种与意识不同的东西。"② 尽管是步笛

---

① Alfred North whitehead，《观念的探险》（*Adventures of Ideas*）（New York：Macmillan Company，1933），p. 226。

② 见保罗·利科：《弗洛伊德与哲学：论诠释》（*Freud and Philosophy：An Essay on Interpretation*），trans. Denis Savage（New Haven：Yale University Press，1970），p. 55。

卡儿主义的后尘作哲学探究，但同怀德海以及其他当代哲学家一样，利科是从批判近代欧洲哲学中广为流传的"主观主义偏见（subjectivistic bias）"（怀德海语）开始的。虽然利科承认笛卡儿的 Cogito（我思）作为转折点对于反思思想的必要性，但他坚决否认意识作为意义之源泉与核心的特殊地位（尽管它保持特殊的开放样态）。诚然，意义的家园是在人的存在中——实在的主体或真实的自我中——被发现的。但实在的主体不同于意识——"我在"不同于"我思"——却与意识的基本行为一致，亦即，与最初的贞定、我们欲望与努力之根一致。正如一位评论家所注意到的，这就是为什么，在利科学术生涯的第二个阶段，即解释学时期，尽管迂回曲折到像分析各类对话与本文世界这样更具理论性的领域，但他的反思哲学根本上依然是一种实践哲学，一种关于意志、自由和行动的哲学。不过，这是一种极为注重符号功能和创造性想象之角色的实践哲学。因为意识与其对象间的关系，现在不再被设想为首先是认识论上的关系——即理论的旁观者与其景观之间的关系，而被认为根本上乃是行为与符号之间关系，或更精确地说，是在意识中并通过意识行动的原初贞定，与其众多表达之间的关系。① 利科反思哲学关注的不是认识论而是解释学——对实在主体（不是 cogito）借以有意义地客体化自身的符号的诠释。

这样，行为与符号间的关系，就取代了传统哲学中的主客对立。呈现在当下意识经验（怀德海所谓的直接表象）中的现象或客体，不再是柏拉图哲学中的理论旁观者看到的景观，或笛卡儿哲学中的"再现的（re-presentational）"客体（根据海德格尔的说法），或胡塞尔哲学中的与先验自我的意向性行为相关的意向对象。因为站在意识立场上的客体或现象，就其构成原初贞定的符号或表达而言，根本上已经是主体——意识本身的基本行为。余者就是自我，虽然是客体化中的自我；因为符号或符号化的客体，尽管并不完全等同于主体，却是其行动的轨迹。②

现在我们可以更严密地考察一下，自我裁化在利科反思哲学中的意义。反思，如我们已界定的，乃是我在对我在的追寻。正是自我裁化采取了有意识抗争的形式：自我有意识地寻求占有或把握自身。不过，这

---

① 见《意义的家园》，第 xiii、9 页。
② 同上书，第 17 页。

"我在"中的"我"——试图占有自身的自我裁化者——不同于笛卡儿的
cogito，当下意识的自我。ego cogito（反思）在自我设定的行为中虚构的
所谓自我占有的确定性，对于利科来说，既是空泛之论又是虚幻之觉——
这是他与马克思、尼采、弗洛伊德（他称他们是"怀疑的哲学家"），以
及符号学运动的思想家们的共识。真正的自我或实在的裁化者不是 ego
cogito，而是后者由此而被建立的权能，亦即意识的基本行为。既然真正
的自我本质上是一种自我贞定的意志，它首先将自身表现为欲望与努力，
所以我们把自我裁化描述为一种爱罗（Eros）行为。

在《会饮 symposium》中，柏拉图把爱罗设想为贫乏（Poverty）与充
足（Plenty）的结果，因此它也是利科的原始主体性概念的一种裁化符
号。因为自我之自体性，就在于盈（充足）与亏（贫乏）的爱罗联结。
的确，自我裁化的意义，正是在原始主体性的爱罗两极间的辩证暧昧与张
力中被发现的。

人在其整体性中寻找自己，利科所设想的寻找乃是一种有意识的抗
争，它采取了解释学行动的方式，亦即反思的诠释活动的方式。而人之所
以从事诠释活动，是因为他试图理解自己——不仅仅是部分地而是要从完
整的整体上理解自己。而人的整体简单地说，就是在基本行为的充实性中
的真正自我，因此它同时构成自我追寻或解释学活动的 arche（基础）与
telos（目标）。那么，这个试图在其整体性中理解自己、认识自己的自我
追寻者、诠释者的本性又是什么呢？答案是现成的：自我追寻者乃是一爱
恨交加、满怀矛盾的存有，因为其存有是由盈与亏的辩证张力构成的。如
果自我追寻者本身已经是充实的，则他就无所追寻。另外，既然他的一切
活动（包括思想活动）都是基本行为的投置，那么他本身就始终——尽
管不那么明显——已经在其充实性中了。自我追寻者存有中盈与亏间的这
种差异——我们可称之为"形上差异"——为自我追寻的诠释行为确定
了存在空间或开放性。自我追寻者既是真实自我又不同于真实自我，我们
可以说，自我追寻者是真实自我，在其自我相关性中假定的一个角色。在
假定自我追寻者角色的过程中，真实自我使自己向自己敞亮：通过解释活
动，反思就具有了自我开显的特性。对于利科来说，作为这种反思活动之
基础的存在姿态是我们人性最大的特征——海德格尔会说，这是一种界定
人之为此在（Dasein）、之为"在那里"的存有的姿态。

我用"存在姿态"来普遍指涉在盈与亏间运动的自我的性情:它表示终极上受形上差异场中的自体性,辩证张力制约的内在相关性是怎样的。这就说明,存在姿态乃是确定爱之特性者,只要爱被植根于自我相关性的权能与热情之中。如果,人因为其人性被拉展越过了形上差异的裂缝,而是内在有缺陷的存有,那么在相同的程度上他也是一爱的生物。因为一切爱均以克服形上差异为目标,这就是为什么在我们遇到恶的象征地方,我们还发现了爱的象征。

柏拉图的爱罗是爱的最显著的象征之一,但圣经—基督教的"阿加配(agape)"与孔子的"仁"也一样。尽管所有这些名词都表示自我相关性的存在权能,这种权能终极上又源于原始贞定行为的权能,但它们的基本存在姿态的定向却极为不同。这是因为,柏拉图的爱罗本质是以向上的存在姿态——亦即从亏到盈的运动——为特征的爱,而基督教的"阿加配(agape)"和孔子的"仁",却是由向下的存在姿态——亦即从盈到亏——所支配的爱的体现。在后一种情况下,贞定权能并不源于有限的人而来自一切贞定的终极本源——作为生命与存有之基础的纯粹行为(pure act)。

现在的问题是,作为我的人性与个体性之基本行为的原始行为,和构建一切行为的纯粹行为——我们都参与的终极贞定——之间的关系是什么?尽管所有的反思思想传统实际上均假定了有限与无限——人与上帝、天或绝对——之间统一或联合的可能性,东方与西方在反思思考中还是有一个显著的差异:作为东方思想之最大特征的人,与无限本源的终极同一性在西方哲学中是不被承认的。由于这个缘故,无限只作为秘密的东西(the mysterious)而非神秘的东西(the mystical)进入西方思想。并且,即使对秘密的承认在西方哲学的主张中也是罕见的现象;因为纵观西方哲学史,哲学家们都试图像把握问题那样把握秘密,当人真正试图把握它时,秘密本身却隐退了。

关于神秘的东西我们能说些什么呢?神秘的无限之物与秘密的无限之物间的区别何在?而这种提问与一般的反思思想,以及利科本人的反思哲学——尤其是他的解释学的现象学——又有何关涉呢?要回答前两个问题,我们不妨先回到刚才讨论过的存在姿态概念上去。我们都会记得,存在姿态乃是基于盈与亏之辩证张力的自我相对性状态。既然自我作为活的主体，总是陷身于辩证的张力场中，那么就不存在任何有意识或无意识的自体性的活动或表达——从存在上说，它不是"受拘束的姿态（posture－bound）"，而作为受拘束的姿态的行为，仅仅是在其自身必然性的界限之内的自由运动——此必然性是其姿态性的真实本性中固有的。有多少姿态性形式，就有多少存在的活动类型。如是，以艺术为中介追寻自己的人，本质上就与解释学的思想者受着不同姿态的拘束，而这两者的姿态性，也不同于那些以其他活动或表达形式与自身相关者。但是，实在主体本身不是受拘束的姿态；作为主体的一切具体活动或表达之基础的基本行为本身是"无姿态的"。或者，我们应该说，基本行为的姿态是最柔韧、最不确定的——它为所有其他（多少有点确定的）姿态制造空间（即，制造可能）。换言之，就基本行为而言，完整性与柔韧性之间没有任何差异：因为其完整性就在于其柔韧性。在《道德经》的语汇中，完整性与柔韧性在自我权能中的这种同被为"德"，这种内在性质是从无限本源——"道"——那里继承来的。在我们这里，这个"德"被描述为具有"无"或"虚"的特性，不过，"无"并不包含西方思想脉络中通常具有之存有的匮乏或阙如的意思，相反，它毋宁是指最柔韧的存有，正如"虚"并不是空无本身而是最广大的开放性。自体性的基本行为，实质上就有"虚"和"无"的神秘"德"性。

自体性的基本行为是其一切活动的源泉，不过，在源泉与具体行为之间有一根据，即具体化原理。具体行为是受拘束的姿态，而源泉——行为本身——则是使一切不同的行为成为可能的开放性；根据正是具体行为借以与源泉相区别者。更准确地说，根据乃是作为个体性之有机本质的基本行为，而非基本行为本身，它同时构成自体性的 arche（基础）、telos（目标）与中心。如果源泉可被称为"纯粹行为"，则根据就是"总体行为"。具体的（有差别的）行为是可把握的，纯粹行为是不可把握的——它是神秘的东西，而总体行为则既可把握又不可把握。作为自体性的有机本质，根据在其总体活动中是不可把握的。能被把握到的不是总体化的自我本身，而是其总体化活动的轨迹或符号表征，根据的这种暧昧性正是我们指称为神秘者。

在利科的哲学中，根据被名之为原始的或最初的贞定，亦即将自身表现为爱罗的个体化原理。在儒学及《道德经》中，相同的原理被称为

"仁"。作为自体性的有机本质，"仁"与爱罗一样都表示自然赋予的自我贞定意志，它形成自我的生命存在的总体化基础。这就是"仁"在《论语》中经常被译成"人性"而在现代用法中又获得"种子"义的原因。因为"仁"实在是我们人性的种子啊！不过，在儒学中，人的圆满状态依靠自我对"仁"的有意识的培养，并在文明化了的"义"与"礼"的存在中臻于成熟，而《道德经》却以一种全然不同的方式看待本真的人性。因为道家所谓的"真人"是自然的（德）人而非有人性的（仁）人。而道家的"德"与儒家的"仁"之间的区别，根本上是由有意识的自我功能所决定的。自然是一种存在状态，在那里，自我生活在与终极本源——"道"——的绝对和谐之中；但这样一种圆满状态仅当有意识的人，为干涉不存在时才是可获得的。从《道德经》的观点看，意识意味着失——而非得。当人察觉到自己的自然之性（德）时，他就不再是自然的了。当人最初对自己天然完整性的觉识，被人性（仁）的觉识及人类自身的种族影响所代替时，他就远离了"道"；而当普遍的人性之爱被群体道德的狭隘旨趣与偏见（"义"）以及——最坏的——仪式化的行为规范（"礼"）的单纯实践所代替时，人与道的疏离就更远了。这一疏离过程由《道德经》的作者作了最简明的概括，他说：

故失道而后道，失德而后仁，失仁而后义，失义而后礼。[1]

"疏离（distanciation）"概念，作为裁化之显示，当然也是利科解释学的现象学核心。利科跟随伽达默尔，将疏离界定为我们的参与存有的外在化或客体化，或者用《道德经》语汇则是，我们的参与"道"的外在化或客体化。不过，对于伽达默尔和《道德经》来说，为了裁化，即，为了真正理解存有或为了本真存在与道的和谐，我们要消除自身与存有或道之间的距离，但利科却寻求疏离以使理解成为可能。因为，在利科看来，疏离是裁化历程中的本质时刻，它构成了了解存有的先验条件。正是在这里，利科发现了语言的存有论意义。作为存有的基本的外在化，语言不仅是我们的参与的外在化，也是我们疏离的外在化。在显露存有的同时，语言还在言说者与所说之间，制造了一段使描述实在成为可能的距离。[2]

---

① 《道德经》，第三十八章。

② 见《意义的家园》，第109页。

而利科最感兴趣的"实在"——构成其反思哲学的基本关切者——当然不是物理科学的实在，而是由人的自我理解的样态，以及他的参与存有的样态所决定的人的生命的实在。简言之，它是用诗的语言——诗的本文——的符号与象征铭记的实在。本文（text）概念在利科那里实际上比它的通常用法要宽泛得多；因为它不局限于文学著作的文本，事实上却与象征媒介概念是一致的，包括任一具有本文性质，即可用符号以作品的形式铭记的一般的活动、对象或现象。① 在诗的本文中所铭记的不只是语言或符号，更重要的是人类实在与人类境遇的最生动、贴切的象征。分析到最后，诗的本文中记载的是人的反思活动——有意识的自我对自身的追寻——的真正意蕴。

正如海德格尔认识到前苏格拉底的诗化语言在存有开显中的特殊地位，利科也设定"意志的诗学（poetics of will）"作为其我在的解释学的首要工具。通过更严密的分析，我们发现，在利科的整个解释学冒险——关于诗的语言的解释学中，有某种非常实实在在、不加渲染的东西。利科已开始认识到，人就是语言，而语言的问题又是一个关于人类主体的问题。② 然而，离开了他的肉体根身以及他在文明状态中的境遇，就不可能有什么人的主体性。利科强调，"我属于我的文化正如我被我的身体所束缚"③ 自我其实就是在肉身与文化的交叉点上诞生的。一切诗的语言本质，都是我所谓的"生命曼陀罗（vital mandala）"的原始语言。

曼陀罗是我们的反思人性的一种普遍象征：它是有意识的自我追寻其自身、追寻其本真自体性的象征。因此，"生命曼陀罗"在我们心中不是象征，而是实在，反思意识的活生生的实在。更准确地说，"生命曼陀罗"应该包括以下意蕴：

（a）自体性及其内在自由的基本行为；

（b）作为源泉（纯粹行为）与根据（总体行为）的基本行为；

（c）行为、符号与意识的三重关系；

---

① 见《意义的家园》，第110—111页。

② 见 Don Ihde：《解释学的现象学：保罗·利科的哲学》（*Hermeneutic Phenomenology*：*The Philosophy of Paul Ricoeur*），Evanston：Northwester University Press，1971，p. 23。

③ 保罗·利科："Le Chretienet la civilisation Occidentale"，Christiansme Social（October – December，1946），p. 424. 转引自 Don Ihde 的《解释学的现象学》，第233页。

（d）亏与盈之间的形上差异；

（e）作为 arche（基础）、telos（目标）与中心的基本行为；

（f）由于肉身与文化的交叉，基本行为成为有效的；

（g）作为意义家园的基本行为；

（h）意义家园本源上是由最初的升起——人的躯体的垂直撑开或站直立起来——建立的。

此意义复合构成了生命曼陀罗之为根本的、蕴含一切的诗的本文——关于我们的疏离与再裁化，以及我们反思人性的活生生的本文（人性被视为反思意识的作品）。描述或阐明此活的本文，是一切反思哲学的任务。或许，我们可以把利科的解释学的现象学，看作是 20 世纪西方思想中提供清晰的生命曼陀罗结构的最有自我意识的尝试。譬如，基本行为之为基础（arche）、目标（telos）与中心（center）的三重本文性，在利科的存有论中作为相应的三重任务来予以阐明：首先，他对弗洛伊德精神分析学的诠释与批判分析，是要显露主体的考古学。其次，通过复活黑格尔的精神现象学，利科志在更为公允平和地研究人类主体性，这种研究反对精神分析向古代的回归，而赞成一种代表意识预言的解释学，亦即，一种主体的目的论。最后，考古学与目的论被统一于一种以宗教现象学为基础的自我的末世学中，这种末世学也就是对隐秘之物——arche 与 telos 借以在无限希望中同时定位的中心化权能——的符号的一种诠释。①

而希望何时开始成为人性的一个维度的呢？它开始于幼儿学习站立时对跌倒与失败的第一次体验。在最初站起来期间，生命曼陀罗的活的本文第一次被题写，但这最初站起来的非凡重要性，却已被哲学的所有传统所忽视——更不用说了解了。但是，如果哲学——特别是反思哲学——坚定地脚踏实地，那么它最终必然会接受这样一个不可抗拒的事实，即，一切思想均始于人坚定地站起来——实实在在地脚踏实地。诚然，离开其直立形躯的肉体基础，普遍的人性甚至都不可思议。在前苏格拉的哲学家及其印度、中国和其他文明世界的哲学传统中的同道的诗的语言之先，思想尚处于最初站起来的震撼体验的支配之下的原始人也有诗的语言——其意蕴，尽管深埋在语言的层层积淀之下，仍可以模糊地为我们所理解，如果

---

① 见《解释的冲突》，第 21—24 页。

我们尽力去显示它的话。

虽然这里显然没地方让我重述我在近著中的发现，但我还是愿意阐述一下这些发现何以可能涉及利科的反思哲学研究。那么，就让我用下列评论作一总结。

首先，我赞同利科，意义的家园不是意识而是某种先于意识的东西，我已称之为自体性的基本行为。然而，利科忠实于他的胡塞尔现象学的立场，把基本行为设想为最初的意识根据，而对我来说，它是肉身活动——可能是有意识的也可能是无意识的——的源泉与根据（利科在这两者间不作区分）。所以，虽然意识依然是哲学研究的出发点与特殊区域，但从存有论上讲，它只是我们肉身存在的扩延：因为所有意识都是肉身的意识。

并且，肉身活动与肉身意识的基本行为，本质上也是由控制人的形躯之出生、垂直化及死亡的生长规律建构的。这样，原初的贞定——存有的欲望与努力——也仅仅是在一内在必然性的限制之内一种自由贞定。肉身活动与肉身意识间的关系，在利科意志哲学的第一卷《自由与自然：有意与无意》中得到了最佳处理。① 尽管这本书中有许多发人深思和有价值的东西，但总体上却不能令我满意，因为它对人的意志的全部研究，由于对在意志内在实现整个过程中制约，并形塑意志行为之最初站起来的重要性的本质性疏忽而有了瑕疵。

人生于站直立起来，最初站起来是我们生命中绝不意外的事件，但又是我们人性必然的"入会仪式"。我们认为，升到直立地位实在构成了生长（汉语的"生"，希腊文的 Physis，梵文的 brahman）与存在（existence，源于拉丁文 ex - sistere，意为升起来或站出来，to emerge）的泰古原义。在泰古语言中，最初的"十字撑开"行为——直立生长的形躯在潜明意识中的突显——实际上作为诞生时刻被记录下来：人及其人性、天与地（上与下、高与低）、自我与世界、时间和空间、以及无数事物的诞生——而其实也是有间意识本身的诞生。这样，一方面，是有间意识从"根身"（被视为意识之肉体基础的形躯）中突显出来；另一方面，是

① 保罗·利科：《自由与自然：有意与无意》（*Freedom and Nature：The voluntary and the Involuntary*），trans. Evazin V. Kohak（Evanston：North western University Press，1966）。

"现象身"（外显的形躯）在意识心中的突显。由最初的"十字撑开"事件造成的有间意识，与现象身的同时诞生乃是生命曼陀罗——在自我与世界、肉身与文明的相交中产生的身心体验的整体复合——开始运转的标志。这最初的事件在我们的人性特征的裁定中，起着如此决定性的作用，以至于我们生命与思想的任一方面，都无不带上生命曼陀罗在其最初始源中的印迹，而对它的表达就形成了文明人的各种语言的语义核心。诚然，我们哲学名辞与范畴的最基本含义，都是从对此原初体验的这个或那个侧面的表达中阐发或概括出来的。有理由相信，我们哲学语汇中的很多关键术语——诸如"道"、"logos"（逻各斯）、"Brahman"（婆门）、"一"、"arche"（基础）、"太极"等——原本都是由向上生长、向上直立的人的名称，在最原初的语义中同时指谓曼陀罗总体的开始、终结与中心。它们后来各自都获得一种特殊含义则是语义分化的结果。"道生一"①。《道德经》中这看似谜一般的表述——其中"道"和"一"的含义是有区别的——能够用泰古语言予以最简明的诠解：肉身的人（"道"）已成为直立的人（"一"）：最初站起事件是一切意义的开始。

这只不过是对描绘在泰古语言画布上之人性画面的微微的一瞥，这是一幅值得反思哲学的所有追求者密切关注的图画。

**附：**

# 对唐力权的答复

保罗·利科

因为唐力权，我有幸与东方思想进行一次真正的对话，我在讨论 Bernard Stevens 的论文中曾表达过这个愿望。处理作者（指唐力权——译者注）所谓的"创造性对话"的最佳方式，是依次指出其整篇论文中的趋同点与分歧点，并以一种更严密的方式在这条道路上来回运动。最坏的相遇形式莫过于脆弱的综合与含混的折中，照此看来，寻找合适的距离才是

---

① 《道德经》，第四十二章。

最恰当的姿态。

在第一段里，作者从直立性（verticality）的角度描述人性的特征，这就不仅将他自己置于我所熟悉的语汇之外，而且也超出了在其中我能容易地辨认自己的问题之外。人是站直立起来的动物，这可能是老生常谈了，但把它与我所谓的"裁化（appropriation）"进行比较却让人大吃一惊。结果怎样呢？很显然，对于作者来说，裁化并不具有那种由语言活动、符号和本文的使用所造成的疏离作为其对立面，简言之，它没有由作品的外在性质所生的迂回曲折。与直立性概念相关，裁化具有所有迫使我们远离我们存在的活的源泉、我们自身存有之基本行为的活源泉的东西作为其对立面，简言之，它有所有把我们与我们自身分解开来的东西。作为疏离的裁化关注自我与其自身的关系，当作者坚持把存在放到一个比意识与语言更深的地方时，我准备与他结伴而行。我所谓的"我在"的解释学——作者也赞许地提到的——同意这个看法，我甚至乐于承认马塞尔的召唤肉身主题的计划。然而，当作者将"神秘的"与不能被问题化的"秘密的"相对立时，他与马塞尔正好相反，距离又拉大了。作者所需要的远远地超过我们这些存在者的参与，对此，即使在马塞尔那儿，也保留了全然其他的东西：在我看来，他要求的是人的存在行为与原初行为的一种融合。在这一方面，作者声称所谓的"权能/行为存有理论"，同时为儒家、道家及《奥义书》的智慧所共有。这我就困惑了，在什么范围内，我还能沿着这个方向跟随这位作者呢？他本人建议我重温一下我受惠于斯宾诺莎、莱布尼茨、叔本华、尼采和弗洛伊德的地方；并且，他恰当地在这串名单上增加了怀德海，关于怀德海他已奉献了一部重要著作，而怀德海又是他在西方思想中的真正同道，可是我很遗憾对于怀德海我还不够熟悉。事实上，承认意识从属于经验，并且像纳伯特那样把存有的欲望与存在的努力放到经验的中心，对于我来说也毫不困难。

朝基本行为的方向一起运动的，不仅仅是上述这些哲学家，而且还有在《飨宴》中庆祝盈与亏的孩子爱罗的柏拉图。由于柏拉图，我们就处于这样一种思想的核心，它升华了作者所谓的"原始主体性的爱罗两极之间的辩证暧昧与张力"。而正是此二极对立产生了术语"自我裁化"所表示的原动力，在这一点上，我们极相契合。由于有《飨宴》的柏拉图的支持，我们甚至可以欢呼柏拉图的"Eros（爱罗）"、《圣经》中的

"agape（阿加配）"及孔子的"仁"之间的趋同性。但是，作者本人也承认，当东方思想设定被称为纯粹行为的"人与无限本源的终极同一性"时，这些传统间的差异又出现了。从作者为其论文所选择的标题"行为、符号与意识"来看，这差异并不是无关紧要的。在此，我们注意到一个我受惠于纳伯特，并已在讲演集Ⅱ中作了单独研究的论题。在一种宣称皈依了"神秘"思想的哲学中，能给奠基于符号——或更确切地说，行为与符号间的区分——的问题提供什么位置呢？如果符号得到承认，那么在我看来，必然还有"别的东西"在"外在性"中冒被遗失之险。正是这种向外迁回的方式，妨碍了一种反思哲学在作者所推举的"存在姿态"中辨认出自己。而在别的标题之下，我以为，人们所理解的必然不仅仅有外在现象的世界，而且还有人的作品的世界，最终还有其他心灵的世界。在这个意义上，"原始"语言或许不在我们之后，而在我们之前，处于伽达默尔所谓的视界融合的状态中。

也正是这一向外的迁回把我所考虑的辩证裁化与疏离和作者所提出的相区别。被同化为一种诞生行为的最初的直立化行为——至少在此本文中——似乎并不要求任何其他种类的确认。作者正确地注意到了我与马塞尔及纳伯纳共有的关于原始贞定的论题，我所说的论题在我这里得到了肯定，而不是被我所断言。这是对的，而这里，在这一点上，我们又走到了一起。不过，作者提议将无限本源与"无"或"虚"相同一，而我则想尽可能地把所有否定性均隶属于原初贞定，这时候，一道新的裂缝又撕开了。关于这一点，当东方思想家告诉西方思想家，"虚"不表示空无本身而是"最广大的开放性"，而且自体性的基本行为，实质上就有"虚"和"无"的神秘"德性"时，后者只能设法倾听前者，正是在这一点上，神秘的东西不同于秘密的东西。

这样，就有大量的原因，促使我接受了采用"生命曼陀罗"的诗性象征——一个普遍象征的建议，它作为一种共同的语言被表述着；对曼陀罗清晰的结构解释，又使得这一象征明显可普遍化。对此，我会答复如下：我认为所有伟大的哲学传统都有能力超越自己，也就是说，它能够制造出超越其构成的有限历史条件的普遍原则。这里，一种潜在的普遍的广延，肯定要被历史的广延所纠缠。

唯有伟大的思想传统间的相遇，才会解放这一普遍原则，幸亏有一种可被称为主张的交换的东西，也唯有经过一段漫长的相互接受与相互教导的历史过程，才可能"证明"这些主张各自的合法性，以成为一具体的普遍——黑格尔可能会这么称呼它，相遇才刚刚开始。

（宋继杰译。原载"在世哲学家文库"第 22 卷，《保罗·利科的哲学》。The Library of Living Philosophers，22，ed. Lewis Edwin Hahn，The Philosophy of Paul Ricoeur（Chicago：Open Court，1995），pp. 511—525。中译原载《场与有：中外哲学的比较与融通》第三辑，北京：中国社会科学出版社 1996 年版，第 45—63 页。）

# 20  存有开显、理性道术与哲学神话

## ——罗嘉昌著《从物质实体到关系实在》读后
## （1998）

　　研究哲学史的人大概都很难否认"语言学的转向"，乃是 20 世纪西方哲学一最显著的特征。从人性论、心性论的观点来看，这本来是意料中的事。此盖因整个西方文化——在很大程度上包括宗教在内——乃是"爱罗偏胜"的。西方人基本上乃是通过自体性价值理想的实现，来满足其自由本能的爱罗人。而爱罗人追求自体立极，以发挥其自由本能的基本途径就是"异隔地执取"一存有的无限对象化与客体化。故西方人的哲学——爱罗主体的哲学——必然是一个主客对立的哲学。表面上看来，爱罗人所要执取的、征服的乃是一个异隔的、神秘的"它"（对象化的存有），究其实爱罗主体所真正渴望占有的却是他自己。爱罗只不过是"以它为镜，以它为媒"来满足其自由本能的终极关怀罢了。而语言——对象化的语言，正好是爱罗主体自我观照最佳的一面镜子，也是自由本能自我占有最可靠的一个媒介。这就是为什么西方哲学自始以来，即对语言表现出一种奇异的迷恋与依附了。一部西方哲学史，在某一义来说，只不过是一面"语言镜子"的故事罢了。但哲学的本质乃是文明人自觉的表现，当爱罗主体迷恋地在语言的镜子里找寻他自己时，他不仅无法真正看到他自己，也是无法看清这面镜子的。爱罗主体的自觉——西方哲学的自觉——乃是"忘我"或"亡我"以后的事。从爱罗主体不再往语言的镜子里寻找他自己时他才能寻回他自己，也才能看到镜子的真相。这不正是后现代思想中"主体的死亡"所涵含的胜义么？现在我们了解，所谓"语言学的转向"，其实是"语言自觉的转向"。语言本身是不会有自觉的，自觉的是那一个迷恋着语言的爱罗主体。而跟随着语言自觉的必然是

那个迷恋主体的"死亡"。如是20世纪西方哲学从"语言学的转向"导致"主体的死亡"，乃是一很自然的、顺理成章的事。

语言的镜子作用乃是爱罗心性深层结构的基础，拉康对弗洛伊德心理分析学的诠释，以无意识的结构比拟语言的结构，所依赖的正是语言与爱罗心识发展的内在关联。这面为爱罗主体赖以成长的语言镜子，原是一具有内外双向回照功能的魔镜。爱罗主体企求在这面语言魔镜中，看到的不仅是一个对象化的自我，还有一个对象化的自然，甚至是一个对象化的存有自身。然而不管爱罗心识所要执取的是自我、自然、还是存有自身，那个在语言魔镜中呈现的那个对象化的"它"并不是"它"的真实，而只是"它"的投影，因为那个真实的它是永远无法被对象化地执取的啊！

这个不可被对象化的"它"，不就是康德批判哲学中所谓的"物自身"么？然而康德对西方传统形上学的批判明显地是不够彻底的：它所谓的纯粹理性批判究其实只不过是知解理性局部运作的批判，还谈不上知解理性本身的批判——对象化哲学心灵的批判。在康德哲学只有理性运用的自觉，而没有爱罗主体性的自觉。知解理性如何为爱罗主体服务，如何通过征服自然来伸张其主体性，又如何在成就科学知识的过程中，困陷于语言魔镜里而受到其重重的牵制与误导，这都不是康德哲学所领会得到的。

人是不能离开语言的，因为人乃是一个通过说话书写的活动作用而成就其精神我与意义世界的场有者。人的语言性——人与语言的相对相关性——正是场有人本质的所在。然而场有人不仅是一个爱罗主体，也是一个良知主体。场有人不仅是一个通过自体性价值理想的实现，来满足其自由本能的爱罗人，也是一个通过互体性价值理想的实现，来满足其恻隐本性的良知人。异隔执取是自由本能的通渠，同体感通则是恻隐本性的达道，如是人的语言性也就因其主体性的差异而有所不同。良知人所赖以成长、赖以安身立命的不是语言的镜子作用，而是语言的感通作用。人与人的感通，人与物的感通，人与自然或天的感通都是语言中的感通（但也是超语言的感通）。场有人的恻隐本性，正是通过语言的感通作用而成就其精神我与意义世界的。

在比较文化与哲学的脉络中，我们可以看到一个不容置疑的事实，即：相对于根源自希腊文明的西方传统而言，中国文化的精神特征乃是明显地良知偏胜而非爱罗偏胜的。这就难怪为什么在中国哲学里语言的镜子作用是那么薄弱，那么微不足道了。中国哲学所注重的乃是语言在日常生活、道德实践或修真达道中的感通作用，而不是语言反映存在或实在的表象作用或结构作用。不管是儒家、道家或是佛家，中国哲人好像从来就没有对语言迷恋过，没有把实在的结构等同语言的结构，没有在语言的镜子中执取一个对象化的天、道或自我。刚好相反，中国哲人所喻的不是语言的"魔镜"，而是心灵的"虚镜"，心灵在摆脱或超脱了语言的魔障，与私欲或问题心的纠缠与困境后所呈现的虚灵明觉。此虚灵明觉之心，借用新儒家的述语来讲，正是一感通量格最大的自由无限心。语言的魔镜是属于爱罗的，但心灵的虚镜则是超爱罗的。中国哲人对于语言的镜子作用，可说自始就抱有一种不信任的态度。对中国哲人来说，终极真理是不可思议的——不可通过概念的对象化来把握的。但不可思议并不表示不可被体会，所谓"可意会而不可言诠"。"意会"就是感通中的体会。真理虽不可能在爱罗的语言魔镜中开显，但仍可在心灵的虚镜与语言的感通作用中开显。而感通语言就是我们在日常生活、道德实践或修真达道的过程中所运用的语言。镜子语言之于自体立极的爱罗，正感通语言之于互体通情的良知。此是人性两面的各宜其宜、各适其适啊！

　　假如传统西方形上学可以说是知解理性，或逻辑理性（对象化所凭借的理性）与镜子语言的产物，那么传统中国哲学就是中和理性（互体通情所彰显的理性）与感通语言的亲子了。有趣的是，20世纪的中国哲学固然不断深入地倾向西方、倾向知解理性，孜孜地学习那传统西方哲学命脉所在的镜子语言，二十世纪的西方哲人，又何尝不在心灵的姿态与思维的方式上逐渐地走向东方，走向感通语言所彰显的中和理性？前期与后期维根斯坦的分别，前期海德格尔与后期海德格尔的分别，站在其反映在语言学的脉络上来看，刚好是镜子语言与感通语言的分别。罗蒂对传统西方哲学的批判，基本上就是对对象化的批判，对镜子语言的批判。这个批判导致罗蒂把哲学归于文学，甚至化哲学的论辩为文明人的对话与交谈，这不正代表一种从镜子语言对感通语言的转向么？德里达所要解构的，表面上看来是传统西方的在场形上学，究其实，正是那个支持着在场形上学背后的那个形上姿态——表现为无限对象化与异隔执取的爱罗心识及其所依赖的镜子语言。还有那个宣判"主体的死亡"的福柯，在他锐敏审视下镜子语言与宰制权力的内在关联，几乎是一览无遗的了。

是的，所谓 20 世纪西方哲学的语言学转向，准确地讲，就是镜子语言向感通语言的转向，也同时是爱罗心态向良知心态的转向。但在 20 世纪的东方哲学中又何尝没有一个语言学的转向——从感通语言向镜子语言，从良知心态向爱罗心态的转向。这两个转向内容相若，而方向相反，但不管是从那一个方向来看，这其中都涵摄着一个觉性的问题。最后分析起来，东西哲学中的语言学转向所代表的意义，还远超过此语言的转向本身。在这个转向的背后出现的，乃是一个文明人主体性的自觉，形上姿态的自觉，生命理性的自觉，文化历史与文明格局的自觉。20 世纪乃是一个大开大合的时代，在这个时代中所激发的文明觉性也是史无前例的。

说到这里，我想读者早就觉得奇怪了，我费了这么多唇舌究竟与这本书有什么相干呢？罗嘉昌先生出版了他这本生平的重要著作，要我为它作序，这是我的荣幸。我说了这许多话，当然不是故弄玄虚，而是要慎重其事，俾能有所交代啊！

而我要向读者交代的基本意思是，在 20 世纪东西哲学与文化领域中激发的人类觉性，是有一个极其重大的意义的。原来人类的觉性与人类的问题性是分不开的，从某一义来说，觉性就是问题性，问题性就是觉性。这一点佛家早就看出来了，觉性就是佛性、佛道，问题性就是魔性、魔道。佛性与魔性、佛道与魔道，只是一事之两面罢了。

那么什么构成人类的问题性呢？这是问题中的问题。这个问题所牵涉的内容固然是无限地复杂，但其问题性的界定却并不是无迹可寻的。事实上，把这个问题放在哲学思想的核心来讲，它所呈现的主题可能只有一个，那就是实体主义与非实体主义的问题——或者，说得更明确一点，实体主义与非实体主义相对定位的问题。这个问题的厘清与解答，也正是罗先生这本著作的主导思想的所在。

《从物质实体到关系实在》并不仅是一本科学哲学的著作，也是一本属于存有论或本体论范围的著作。关于这本书的主旨及内容，作者本人已作了一个非常精审的简介：

物理实在观的变革对传统的物质实体观提出了挑战，要求放弃形而上学的绝对实体观，代之以关系的实在观。本书在深入考察当代科学和哲学中的物质非物质化问题、实在观变迁等问题基础上，提出并论证了一种关系的实在理论，并将这一理论运用于观察哲学史和当代哲学的某些流派和学科，得出了一系列不同于以往的结论。在这基础上本书提出了"非实体主义转向"的主张，这个主张抓住东方思想的精髓，又针对着西方形而上学传统的根本性弊病，因此有可能成为中国和东方哲学在 21 世纪获得新生和发展的一个生长点。

此书共分七章，前五章讨论物理科学中实在观与物质概念的变革，及其在现代西方哲学中的意义与定位。第六章是通过对当代西方哲学的某些观点（如蒯因、克里普克及弗雷格、罗蒂等）来建立罗先生本人的关系实在论。最后的第七章则是透过"非实体主义转向"主张的提出而作一总结，首先指出非实体主义转向在东方思想的根源；其次论及非实体主义转向上的中国和日本哲学，在这里作者着重地介绍了本人的场有哲学，和《场与有》论集中的哲学倾向。然后又回到了作者自己的看法，通过对空名论的批判宣告传统名词逻辑的终结。作者主张以"关系和关系者"的思维取代"对象与关系对立"的思维，提出"撇开两造而思纯关系"的警句来与读者共勉。

从纯粹哲学的观点来看，毫无疑问的，本书最后两章乃是全书的精华所在。关系实在论是一个存有论的主张，而"非实体主义转向"的提出，则是一个哲学史的观点。罗先生的关系实在论与我的场有哲学基本上是同型的，"非实体主义的转向"，在科学哲学领域由罗先生首先提出并作出深入的论证，但也可说是我们的共同主张。这个主张对我个人来说可说是酝酿已久，在我 1974 年发表的一篇论文（《怀德海与〈易经〉的时间观念》）中就提出了存在于当代西方思想中的"反实体倾向"（anti‑entita‑tive orientation）。我的提法与罗先生的当代哲学中的"非实体主义转向"（Non‑sub‑stantialist Turn）的主张，虽有区别，但在精神上还是一致的。

正因为这种学术思想上的一致性，我和罗先生在 1993 年 8 月有缘相遇于北京。以后通过《场与有》论集的编撰，也就由学术朋友的关系变成了同仁的关系。在不少的读者心目中，关系实在论已和场有哲学联结在一起，而我们也已的确成为在同一思想战线上并肩作战的同志、同道了。

用"战线"和"作战"这一类的语词来形容一个精神的、哲学思想的结合其实是不大恰当的。最低限度，对场有型的哲学来说是很不适宜的。场有型的哲学乃是一种开放性的哲学，它所强调乃是思想的对话而非思想的挑战。而对话预设场有，预设对话者的相对相关。相对蕴摄差别与距离，但凡相对者必相关，差别与距离之中仍有一内在的关联（我们所谓的相关），这就是场有哲学的第一信条了。

　　事实上，场有哲学与关系实在论也是相对相关的。不错，在很大的程度上，罗先生和我的思想非常接近。罗先生的"关系"相当于我的"场有"，而罗先生的"关系者"也相当于我所谓的"场有者"。但这两个等号是有保留的，并非是完全相等的。由于场有哲学与关系实在论的混淆，在当前大陆的哲学论坛中已造成了一些误解，实在有澄清的必要。

　　首先，场有哲学与关系实在论，在其本体的信托上是有一个重大差别的。关系实在论的终极预设是关系（主张关系先于关系者），而场有哲学的终极预设则是活动作用。我到现在还不清楚罗先生的本体概念是什么，或者他根本有没有作为终极存有的本体概念，但场有哲学的本体信托却是旗帜鲜明的。本体就是活动作用自身，一个无对无外、无限地超越，无限地生生不息与开显的活动作用。这不是一个实体主义的本体，而是一个非实体主义的本体。存有就是活动作用的开显。活动作用的开显从形式上来讲就是场有，从本质来讲就是权能，故场有其实是权能场有之省，相对相关乃是活动作用自身所开显的形式。宇宙（权能场有）中的一切事物，最后分析起来，都是活动作用的化身——不是活动作用的蕴集，就是活动作用中所开显的相，再不就是知解理性（或意识）对活动作用的开显所作的执取。传统西方哲学中的形式与本质观念，统统都是权能场有的抽象，离开了活动作用哪里还有关系与实在可言？

　　活动作用就是"场有"一词中的"有"。活动作用形式地、相对相关地开显就是"场有"。传统西方哲学中的形式概念与关系概念，乃是从场有的具体真实中抽象出来的。不是关系先于相对相关，而是相对相关先于关系，因为有活动作用的相对相关才有关系可言。在西方传统哲学的存有分析中，关系一般分为内在关系与外在关系。外在关系就是我们所谓的相对，内在关系就是相关。但相对与相关是不可分开的（相对的可能性就已经是相关了），故这两个概念都是场有（活动作用的相对相关）的抽象。

　　因此我是不大喜欢关系这个名词的，正如布拉德雷（Bradley）所指出的，作为一个具体的事态，三个城市之间的相对相关，是不能用三个城市加上它们之间的空间关系来代替的。有些学者认为，从逻辑的角度来讲相对相关乃是关系的一种，故场有论可被看成是关系论的一个特例。场有哲学的看法刚好相反。关系是不能超越相对相关的，因为没有非相对相关的关系，关系若不是相对相关的代名词就是相对相关的抽象，而抽象就是特例了。同一道理适用于场有哲学与系统论的关系，没有非相对相关性的关系，当然就更不能有非相对相关性的系统。是场有先于系统，不是系统先于场有，所谓系统只不过是某一种型态的场有罢了。事实上，场有一概念不仅指确定的相对相关，也包括不确定的相对相关，不确定的相对相关（活动作用形式的不确定）就是混沌。这岂是传统的关系概念可以概括的。

所以我认为关系实在论其实是，或应该是预设活动作用的。关系基本上是一个静态的，含有高度抽象意味的哲学概念，最少在传统的用法是如此。照此用法，它应该是相对相关的一种方式或形式，譬如说两个活着的人有亲戚关系，此中的关系者是具体的、活的，但两者之间的"亲戚关系"（相对相关的方式）却是抽象的，不是活的。把实在等同关系，正如关系实在论所主张的，实在也就被抽象化、静态化。这岂是我们所亲切体会得到的实在，那个变动不居、为活动作用的蕴集所交织而成的行为宇宙？其实关系实在论的核心概念不是关系，而是关联式结构——实在的关联式结构。关系实在论概括出一组关系方式，以之为基础来阐述现象的结构即存有的模式。但存有的模式或结构只是存有的一面，而不是存有自身。把存有的结构方式从存有自身抽离出来，然后把它视为永恒不变的实在，这不正是实体主义一个最显著的特征么？

从场有哲学的观点来说，存有就是活动作用的开显。一切形式和本质都是内在于活动作用的，活动作用从形式（相对相关）来看就是场有，从本质（虚机了断）来观就是权能。一切特性均来自活动作用的特性，传统与罗先生所谓的关系与关系者都是活动作用的化身。那么，什么是实在呢？不是别的，就是活动作用形式与本质的暧昧所涵构而成的蕴微情状。关系实在论所阐述的关系结构乃是对蕴微情状的分析。罗先生用数学的二元函数来表达这个关系结构的普遍模式：

$$Yr = fr \ (X, \ r)$$

式中 Y 为现象（即显现出来的性质或性质的集合），X 为决定现象生成的诸因素或变量，f 表示这些因素或变量之间的关系。现象或性质是在特定的关系脉络中显现的，r 就是相应的关系参量。

若用场有哲学的语言来解读，则上式可视为活动作用开显的普遍模式，我们称之为蕴徵模式。Y 是开显的现象，X 是蕴集的权能，f 是蕴集的过程，r 是蕴集的界/介面（条件性的总合）。这里值得注意的是，过程取代了罗式中的关系，场有界/接口取代了关系参量。这整个模式所代表的，就是我所谓的"化身"——活动作用所开显的蕴徵相（广义的相）。Y 是活动作用成就事功的物相或果相，亦即是狭义的相。f 是活动作用的场有综合的事相，X 是活动作用权能运作的蕴相，r 则是活动作用的脉络的徵相。这个活动作用的化身或蕴徵相，从一个现行（正在进行中的活动作用）的观点来看，就是"境界"。蕴徵相就是一个境界的开显。但开显的境界并不等于开显自身。活动作用自身内在于它的每一个化身，但也超越它的所有化身。开显自身当然就是它的开显，但却又并不等同它的开显。蕴徵模式中是找不到活动作用自身的，蕴徵模式是化身的模式，而不是活动作用自身的模式。一个城市的蓝图并不等于这个城市，活动自身正是不能被对象化、模式化的真实。所谓道可道、非常道，永恒的常道（活动作用自身）乃是一个永恒的超越啊！

假如我们套上康德哲学的术语来讲的话，那么活动作用自身当然就是相当于他所谓的"物自身"或"物之在其自己"了。然而吊诡的是，活动作用自身，若用西方哲学的传统范畴来规范，刚好是一个没有"自身"的自身。活动作用自身的在其自己正在其不在自己，它的不在自己也就是它的在其自己。因为活动作用不是一个固定的整体，也没有固定的部分；不是一个固定的一，也不是一个固定的多。它不是一个固定的主体，也不是一个固定的客体。没有固定的边界，也没有不变的内容。它不在时间之中，也不在空间之内。它没有必然的规律，也不是放任的自由。活动作用自身的真实既不是对立的统一，也非不是对立的统一。罗先生主张我们"撇开两造而思纯关系"，这显然是不足的、不妥的。场有哲学以活动作用自身取代纯关系，活动作用自身的思维乃是一种思议不可思议的思维。可思议的是活动作用的蕴徵相，不可思议的是活动作用自身的无限超越。然而在某一义来说，活动作用自身的蕴徵相即是它的无限超越，它的无限超越也就是它的蕴徼相。正是色（蕴徼相）即是空（无限超越），空即是色，场有哲学本体论的胜义就在这里了。

而色与空的暧昧，活动作用的蕴徼相与活动作用自身的无限超越之间的暧昧，正是一切问题性根源的所在。这个本体论的终极暧昧，具体地表现在哲学史上的，也就成了策略与真理，实体主义与非实体主义之间的暧昧了。原来存有的实体化本是人类求生存、求发展、求人性的满足的一种实存策略或手段，一种安身立命或建构意义世界的理性道术；这个实存策略或理性道术的基本方式，就是对存有蕴徼性相的对象化、断裂化、抽象化与绝对化。此存有的对象化、断裂化、抽象化与绝对化，可以说是知解理性实体化的四部曲。对象化是实体化的开始，断裂化与抽象化是实体化的骨干，绝对化则是实体化的完成。人要生存发展就必须把他的生活经验、存有经验组织起来，俾能加以控制利用。但存有的组织与控制，乃是建筑在经验与蕴激性相的简化与模式化的基础上的。事实上，实体化的存有必然是一个简别外在的存有。简别外在，相对而不相关（因为要简化就得抹杀或斩断了事物间无数的内在关联），正是"实体"一词最基本的定义。在西方思想上出现的实体观念，都是从这个基本的实体观念导引出来的。此简别外在、相对而不相关的独立实体，在科学史和传统西方哲学中真可说是俯拾皆是，西方文化不正是在存有的组织与控制上显其精彩、显其特色的么？

既然存有的组织与控制乃是生命的所需，也是人性的基本要求，那么为什么我们要"非实体"呢？既然存有的实体化乃是基于生命与人性的需求，实体思想是没有什么不对的，抑且是无法避免的。那么为什么要反对实体主义呢？非实体主义究竟有什么实质的意义呢？

我们的答案是，我们反对的不是实体化，不是实体的概念本身，更不是实体这个名词。我们反对实体主义因为它只是策略的错置，而不是真理。说得明确一点，我们反对的不是策略性的实体主义，而是错误地把实体化的策略或道术等同绝对真理的实体主义。实体主义所主张的、所看到的当然也是真理，但那不是绝对真理，而只是相对的真理——相对于实体化策略背后的那个实存的主体性与透视观点，不管这个透视主体性是如何普遍，如何根深蒂固。若把实体主义仅视为一种理性策略或道术——一种人类生存、发展、安身立命或建构意义世界的方便设施，那又有什么可反对的呢？事实上，人类的一切问题性，都在此策略与真理的暧昧之中。正如尼采所主张的，我们也许永远不能超越人类生存发展的透视观点和支配着这个观点的权力意志。换句话说，真理永远是策略性中的真理，而策略性又必然在真理之中。如是真中有假，假中有真，这大概就是大乘空宗"不坏假名而说诸法实相"的真意吧！

强烈的组织性与控制性乃是西方文明的特长，故实体主义（包括策略性的实体主义与绝对性的实体主义）以西方哲学最为突出，乃是顺理成章的事。从人性论、心性论的立场来讲，实体主义导源于爱罗心性的异隔执取，但也同时为良知主体求稳定，求安全的生命本能所成全，故实体化的策略性不仅有爱罗的一面，也有良知的一面。实体主义对语言镜子作用的依赖，也同时反映着良知主体性感通量格的薄弱与感通语言的失效与无力。中国哲学的精华正是在唤醒良知主体的恻隐本性，与互体通情的感通精神上。这和西方哲学主要是在自由本能的自体立极上显其精彩虽是大异其趣，却是在人性的辩证本质上相对相关，相反相成的。

不过，既然实体化的实存策略有爱罗的一面，也有良知的一面。那么不仅为爱罗偏胜的主体性所支配的西方文化有实体主义，以良知偏胜的主体性为主导的中国文化也有实体主义的了。是的，我确是这个意思，不过由于主体性的差异，在西方文化中出现的实体主义，与在中国文化中呈现的实体主义，乃是两种不同型态的实体主义。西方的实体主义是自体性的，它的根源来自爱罗心性自由本能的权力意志。通过对存有的对象化、断裂化、抽象化与绝对化所执着的"独立实体"，其实是占有欲、征服欲或有执意识的化身。与此相反，中国的实体主义却是互体性的，它的根源不在外向性、控制性爱罗的自体立极，自由本能的无限膨胀，而在良知主体感通量格的薄弱，恻隐本性的凝滞与麻木。良知型的实体主义乃是一种保守性的、妥协性的、僵固性、与封闭性的实体主义。在这里积极的互体通情，不是变为消极的互不相涉，就是变为由互体的过分凝结而造成自体性的全部丧失。侵略性的爱罗把存有幻化为绝对的独立实体，而消极性的良知却把存有虚构为绝对的蕴结实体。绝对的独立实体是从相对中抽去了相关（只有外在的关系而无内在的关联），绝对的蕴结实体则是从相关中抽离了相对（只有内在的关联而无外在的差别）。但存有即场有，本是一个相对相关的真实。而存有的实体化，不管是爱罗型的或是良知型，却都产生同样的结果：场有的分裂或存有的谬化。

我们反对实体主义，反对把人类生存发展的理性策略或道术视为客观的绝对真理，不仅因为它是一种谬误、一种无明和一种自我欺骗，更因为它也是潜伏在文明生命、文明社会里的恶根与祸害种子。假如侵略性的爱罗或实体化的自由本能，无可避免地种下虚无主义与暴力主义的祸根，则僵固性的良知或实体化的恻隐本性，也必然地成为封闭主义与权威主义的温床。困于虚无主义与暴力主义而不能自克的爱罗，乃是爱罗的大不自在——亦即是自由本能的自我否定；而陷于封闭主义与权威主义而不能自拔的良知，不也是良知的断丧、恻隐本性的自我沉沦么？吾人道德意识中的"恶"正是从侵略性的爱罗与僵固性的良知而来的。如是恶或文明的祸害种子，乃是潜伏在低级人性仁材两极（良知与爱罗）的结合之中。对尼采与新儒家来说，这是生命强度不足的表现。高级人性与低级人性并无本质上的不同，而只有生命强度的不同。前者只不过是后者的自克或自拔罢了，如是高级的爱罗，就是自由本能从侵略性实体主义的自我解放，而高级的良知则是恻隐本性从封闭性实体主义的自我超升。这就是中西文化与哲学上实体主义与非实体主义的内在（即在人性、心性、主体性上的）关联了。

但尼采只知道人性在爱罗方面的生命强度，却忽视了人性在良知方面的生命强度。中国现代的新儒家则刚好相反，只认识到良知人性的生命强度却无视爱罗人性的生命强度，两者都是一偏之见。我们今日要建立的乃是一个仁材并建的人性论，我们所主张的不是爱罗偏胜的非实体主义（尼采），也不是良知偏胜的非实体主义（新儒家），而是一个建筑在高级人性仁材相配的理想价值上的非实体主义。这个仁材相配的理想，从本体论、方法论的立场来讲就是"超切中道"，从价值论的观点来讲就是"保合太和"。所谓"太和"就是存有相对于圆满人性（自我超克的爱罗与自我超拔的良知的圆满的、创造性的结合）所开显的境界。保合太和是超切中道的理想，超切中道则是达到保合太和的坦途。场有哲学当然不是实体主义的哲学，但也不是传统的、一偏的非实体主义的哲学，而是以超切中道与保合太和为其方法与目的一个超切仁义的哲学。

从这个超切主义——亦即是胜义的、中道的非实体主义——的高度来看，哲学研究的意义就很不寻常了。哲学是理性的自觉也是理性的证成，理性自觉与理性证成的结合正是哲学智慧的所在，但理性要证成的是什么呢？什么是理性自觉的内容呢？根据上文的讨论，问题的答案是明显的。理性的自觉是主体性的自觉，真理性的自觉，也是策略性的自觉。而理性要证成的则是主体性通过策略性对真理性的证成。翻开一部哲学史，不管是东方的或是西方的，里面有良知的成分，也有爱罗的成分；有真理的成分，也有策略的成分；有实体主义的成分，也有非实体主义的成分。从理性探讨的角度来看，这就是哲学的基本内容，这是理性自觉的内容，也是理性证成的内容。这个内容不是杂乱无章的，而是有一个综合的连贯性。这个综合连贯性也就是真理性、主体性与策略性的场有性格。一部哲学史，最后分析起来，只不过是真理性、主体性与策略性在存有开显中的相对相关罢了。

那么这个哲学史的场有性格的综合连贯性究竟在哪里呢？我们的回答是：它就在理性道术的裁适与哲学神话的演化里。一方面是理性道术不断的裁适、再裁适（适于存有的开显，适于主体性）；另一方面则是哲学神话的创造，重复，解构，与再创造。什么叫作"哲学神话"呢？首先，神话的本质在诠释；一切神话都是对存有或真理的一种诠释。而诠释乃是人类为求生存发展，或安身立命而建构其意义世界时所依赖的理性工具。事实上存有的开显不仅是自然世界的开显，也是意义世界的开显，而意义世界则既是存有开显的诠释也是诠释的存有开显。而在任何诠释语言、概念或系统的后面都有一个策略性地主宰着的主体性。故诠释正是真理性，主体性、与策略性的结合。当吾人把诠释的策略性等同真理性，又把诠释对存有开显的相对性（相对于一个透视观点）绝对化时，一个哲学神话也就于焉产生了。

譬如实体的概念，西方哲人基本上以自我同一、持久不变的自在性来定义实体，而中国哲人则惯以相生相克、相互转化的两极性来界定实体，本来都是知解理性对存有开显的一种策略性的诠释，其策略性反映着认知主体的偏向性。自我同一、持久不变的自在性，乃是爱罗人自体立极之所需，而相生相克、相互转化则是良知人互体通情之所系。然而存有即场有，既有自体性的一面，也有互体性的一面。西方哲学执取场有自体性的一面，以满足爱罗人自由本能的要求固然是一偏之见，而中国哲学突显场有互体性的一面，以成就良知人恻隐本性的生命价值，又何尝不局限于一个片面的真理？当西方哲学把场有的自体性化约为独立实体，当中国哲人把场有的互体性化约为蕴结实体，把片面的真理绝对化，并以之为放诸四海而皆准的普遍真理，而遗忘了其背后主宰着的主体性及为此主体性服务的理性道术时，实体的观念也就成为哲学神话了。

独立实体的概念决定了西方哲学实体属性的思维方式，正如同蕴结实体的概念，决定了中国哲学两极相依的思想模式一样。从哲学史的观点来讲，实体属性的思想孕育于前苏格拉的哲学而确立于亚里士多德以 ousia 一概念为主导的实体形上学，而中国哲学两极互依的玄学传统，则酝酿于先秦诸子而彰明于《易传》的太极两仪说。亚里士多德之后，《易传》之后，中西哲学乃是一个实体主义与非实体主义争衡的局面。在此争衡之中，西方哲人自始忠于人的自由本能和自体性理想价值的要求，正如中国哲人从来没有放弃过人的恻隐本性及其互体性的生命价值一样。在此一个哲学思想的超切格局之中，由真理与策略的暧昧，实体主义与非实体主义的暧昧所造成的问题性，已经复杂到难以厘清的了。

可以确定的是，哲学思想的演变，乃是永远伴随着哲学神话的创造、重复、解构与再创造的辩证过程而进行的。而这哲学神话演变的历程，也同时是理性道术自觉的历程。哲学神话不断的创造、再创造，理性道术不断的裁适、再裁适，自觉、再自觉，这正是哲学思想演变的本质所在。必须立即指出，哲学神话不是全属于哲学与哲学史的。事实上，哲学神话不仅是哲学与哲学史的基本内容，也是文明人的各个文化领域如科学、宗教、艺术、政治、法律、经济、伦理、风俗等的基本内容。哲学神话在科学就是科学的哲学神话，在宗教就是宗教的哲学神话，在政治就是政治的哲学神话，如此类推。而在这些文化领域的深层结构里运作着的，还是一个哲学神话的创造、重复、解构、与再创造的辩证过程啊！

现在我们可以为罗嘉昌先生这本书加以明确的定位了。《从物质实体到关系实在》表面上看来好像只是一部物质概念史，究其实却是一本站在关系实在论的立场上来针对科学思想中的哲学神话，加以批判解构的科学哲学著作。从前苏格拉底学派到亚里士多德，从伽利略、笛卡儿、牛顿、洛克到爱因斯坦、玻尔、海森堡等，整部科学思想史乃是科学心灵、哲学心灵运作于开显的自然世界的记录。这是一部科学理性道术的裁适记录，也是一部科学中哲学神话的辩证记录。德谟克里特的原子与空间，亚里士多德的 ousia 和形质二分论、伽利略和洛克的第一性质与第二性质，笛卡儿的心物二元论，牛顿力学的辏力场论与绝对时空说，爱因斯坦的 EPR 悖论，玻尔的粒波互补观等，这些概念都是绝对客观真理的所在么？当然不是的。这些科学概念、理论或学说无疑都有真理的成分，但也有策略和策略错置的成分。它们本是真理策略化的理性道术，但在科学思想发展的过程中，却又无可避免地被客观化、绝对化为哲学神话。明乎此，则科学思想史的本质也就昭然若揭了。

君权神授，帝王受命于天，这是统治者借以巩固其政权的宣传工具，不是真理，是神话。君为臣纲，父为子纲，夫为妇纲；乾道男、坤道女，阳善阴恶，这是父权社会、男权社会卫护其宰制地位的诠释策略，不是真理，是神话。人类以外的生物是上帝为人创造，供人享用的，这是人类主宰自然、奴役万物的谎言，不是真理，是神话。相形之下，科学世界中所开显的真理性就不可同日而语了。物质宇宙乃是由量子、电子、原子、和分子组成的实在。这应该是一个无可置疑的真理了吧。不是吗？是吗？

前面说过，20 世纪乃是一个大开大合的时代。从量子力学到全息整体论，从环保哲学到绿色和平，从结构主义到解构主义，从批判哲学到性别哲学，从分析哲学到日常语言分析，从深层心理学到格式塔理论，从存在主义到解释学，从过程哲学到系统论——在这个时代里哲学神话的解构与理性道术，和主体性的自觉之深度与广度，都是史无前例的。而实体主义乃是哲学神话的温床，故哲学神话的解构必然以实体主义的批判为基础，20 世纪的思想与文化以"非实体主义的转向"为标志，乃是完全可以理解的了。

诚然，这个口号的提出是有保留的。假如我们抹杀了或忘了思想场有的脉络性及其背后的主体性，这个口号本身也就有变为哲学神话的危险了。事实上，当代西方思想中的非实体主义转向，与当代东方思想中的非实体主义转向，乃是两种不同型态的精神转向。前者主要是爱罗型的，而后者则基本上是良知型的。在当代西方，非实体主义的转向所代表的，其实是爱罗精神的自我解放，自由本能主体性的自我超克；而在当代东方，非实体主义的转向骨子里却是良知主体的觉醒，恻隐本性的自我提升。有趣的是，在这东西方主体性自我超越的过程中，当代西方的爱罗主体已显然接上了主导着传统东方的良知精神，而当代东方的良知精神却早已迎向西方的爱罗主体。如是 20 世纪非实体主义的转向，也就代表着仁材两极的和光相配，良知与爱罗主体性理想价值的交汇与结合。这不正是场有哲学所渴望见到的超切中道所开显的境界么？

　　《从物质实体到关系实在》无疑是一本甚具原创性与启发性的哲学著作。作者慧识高照、辨析入微，在科学史、哲学史的理念殿堂中出入自如，无论是就思想的深度或是说理的技巧来说都是相当高明的。当然，要真想领悟这本书的精微义蕴，那就得靠读者自己仔细地阅读了。

　　（原载《场与有：中外哲学的比较与融通》第五辑，北京，中国社会科学出版社 1998 年版，第 250—273 页。）

# 唐力权全集

第四卷

唐力权 著

中国社会科学出版社

# 目　录

## 道　论
### （2001—2011 哲学文集）

一　裁化的艺术：通往场有的哲学观念（2001）……………………（ 3 ）

二　无相实有与中国哲学：《道德经》的场有思想（2002）………（ 30 ）

三　"流动无碍"为卓越典范之理想：道家宇宙观及其实用
　　含义中"通"的中心性（2007）　……………………………（ 50 ）

四　道家思想中的权能经验及思想
　　——以"道"和"德"为参考的初步观察（2008）…………（ 65 ）

五　存在，语言与开显：实体的概念是怎么来的？（2010）………（ 81 ）

六　落实与营虚：道法自然的时代意义（2011）　………………（ 91 ）

七　超切实在与究竟学
　　——道论在场有哲学中的核心含义（2011）　………………（ 99 ）

八　场有论：同在是存在的本质（2011）　………………………（114）

九　场有哲学关键词释义（初稿）（2011）………………………（122）

## 权能论
### （2008—2012 新道学讲演集）

一　从一个新道家的观点看中国哲学的特质（2008）……………（165）
　第一讲　总纲：道学问与中国哲学：一个新道家的观点………（165）
　第二讲　权能论（上）：中西印哲学的起源…………………（182）
　第三讲　权能论（中）：权能与场有…………………………（189）

第四讲　权能论（下）：物质与能量（气论新释）　……………（196）

第五讲　有与无：结构性和功能性的思想和语言　…………（205）

第六讲　良知与爱罗：中国哲学和文化在仁材纠结中的
　　　　取向　………………………………………………（214）

第七讲　无间无碍的生生之流：道学问的终极理想及其
　　　　在中国哲学的重要性　……………………………（223）

第八讲　文明格局的建构：新时代的哲学思维　…………（229）

二　文明格局的架构（2009）　……………………………………（238）

第一讲　权能、场有与活动作用　…………………………（238）

第二讲　良知与爱罗　………………………………………（246）

第三讲　文明格局的架构　…………………………………（254）

三　场有回忆录（一）
　　　——从回港说起（2009）　…………………………………（260）

四　场有回忆录（二）
　　　场有哲学的核心思想：权能与场有（2010）　………（273）

五　场有回忆录（三）
　　　——三门与三观：创化权能的体验与开显（2012）　…（289）

六　权能百问（未完成稿）　………………………………………（301）

附录：场有大事纪要　………………………………………………（307）

　　　系统道学范畴表　……………………………………………（316）

# 道　　论

（2001—2011 哲学文集）

# 一　裁化的艺术:通往场有的哲学观念

## （2001）

### 1. 作为"修道"（**Dao – learning**）
### 的哲学:至上的裁化艺术

P1 修道至于极限的求索（pursuit）即是哲学，其处于我们哲学智慧证成（manifests）的透视范围之内。

P2 何谓"修道"？

"道"对于我们又意味着什么？"道"即"道路"（the way），是事物"是其所是"，存有成就其自身的道路。"修道"是在"道"中其自身发生的一种修炼，是一种透视性、超越性地导引其自身至于此"道路"的活动作用。其并非一种科学，而是一门艺术 —— 一门至上的裁化的艺术。

P3 裁化是一种活动作用，一种引导其自身，成就、制造其自身的方式依其自生成形式，表出（articulate）其自身。裁化就是自证成（self – affirmation）和自定义（self – definition）。活动作用在其自生成（self – becoming）中的自证成和自定义中，其自身行事最恰当、最正确、最裁适：其赋予其自身（ownness）以形式、特征和独特本体（identity）。但是自裁化不能独立于其他事物的裁化。在自生成中的自证成和自定义中，活动作用必须在与世界的关系中、在与其先验馈赠（endowment）的关系中，与其环境遗存（heritage）的关系中，既与所有集合性地构成其存有的场补充（complement）的其他活动作用的关系中，适当地实施或运作。说"我"的活动作用，只能通过在"非我"中来设准（addressing）其自身，"我在"只有在与"它们在"的关联中才是可能的。

P4 我们说裁化的艺术 是"至上的艺术",这是因为它是所有艺术的艺术——是构成所有活动作用最内在的本性或本质的艺术。它既是"道"本身,事物所是之道路、存有自身所是之道路,无外乎活动作用之道路。"道"即活动作用本身。

P5 因而,"修道"不只是任何活动作用或活动作用中的一种活动作用。不,它是构成活动作用之真正本性的内在活动作用。每一特定种类的活动作用都有其自身之"道"——特定类型的活动作用裁适其自身的"道路"。木工之道是木工活动裁适其自身的道路,歌唱之道是歌唱活动裁适其自身的道路,统治之道是统治活动裁适其自身的道路等等 。在每一特定类型的活动作用,都是至上的裁化艺术一个实例的范围内,有一种与在考虑中的特定类型的活动作用相裁适的修道。修木工之道恰恰属于木工活动,正如修统治之道恰恰伴随着统治活动。现在的问题是,根据对哲学的定义,那个与哲学活动相适应的修道究竟是什么?

P6 问题的答案既有超越的(transcendental)意义又有广域的(horizonal)意义,在超越的方面,作为修道的哲学是导引其自身达于活动作用之内在本性的活动作用,达于就其本身而论是所有活动所固有的裁适艺术。这就是我们称活动作用为"超越的"的意思。超越地理解,哲学必然是——反思(reflexive)其自身的活动作用——一种折叠弯回其自身的活动作用。哲学活动的自我裁化(self-appropriation)发生于对活动作用的反思(reflexivity)中。

P7 哲学不仅是超越性的事务,也是广域的事务 。每一活动作用都发生于一活动作用的广域中,极似驶向地平线的海中航船。更确切地说,我们将活动作用的广域设想为在其自生成过程中的裁化动力学舞台。活动作用自身导向的广域,是在其事物的动力学秩序(dynamic order)中,在其拓扑域(topological region)之中,正如我们曾说过的,在其生成演化的巨大海洋(Great Ocean of Becoming)中的处境(situatedness)的一种功能。哲学活动与其他类型活动的区别,不仅仅在于其超越的性质,亦在于其广域——拓扑条件(horizonal-topological conditionality)。在所有特定的活动作用,都在其自身处境中裁化其自身的同时,哲学活动在自裁化中自觉地、断然地导引其自身至最大极限。然而,在广域极限处,其自我揭显的又恰恰是什么呢?那不过是道的最内在的本质,不过是反思地、拓扑地完成其自身至上的裁化艺术。修道之极限构成活动作用超越的和广域的极限之间的交叉点，这就是我们所谓的透视性极限。

P8 因此，正如我们在此所设想的，哲学是一种独特的活动，一种超越地、广域地内在于所有人类活动中的活动。在其是修道至于极限的求索范围内，任何人类活动都是哲学的。就本身而言，在修道之极限，没有事物存在，因为宇宙中的所有事物均转变为一种"事物自身"（thing-in-itself），一种"永恒的示例"（instance of eternity）。正如我们将要描述的其特征，不再有这样或那样的与其他事物相分离的特定事物，而是，从场拓扑域的立场来看，只有在其独特的绝对性中的存有本身。修道之极限是个性在其自身特有的透视整体中，对普遍性真理的统领和具体化之点。修道智慧给予其自身的超升，处于我们独特透视性的极限。

P9 在场有哲学中，这里既表现为一种生命与实在观，又表现为一种思想实验，"存有"意为太一（the One Being），既包容一切又创生一切的无穷活动作用之大全（plenum）。那道路既是太一的道路，每一透视都是一种太一的透视，修道就是修炼至太一本身。我们所谓至上的裁化艺术，一切艺术的艺术，只不过是太一的艺术。我们将回想到，裁化的艺术即是活动作用自身的艺术。

## 2. 真理、现实与善：场有的三重世界

P10 自此后现代的时代，"太一"一词听起来确实有点怪异和陈旧（antiquarian）。在西方传统涉及的范围内，20世纪没有哪位重要的哲学家拥抱它，无论是在胡塞尔、海德格尔、杜威、怀德海还是在维特根斯坦的哲学中，太一的观念都未被发现。从太一之被遗忘的事实，精确地勾勒出现代（至少在西方）哲学灵魂特征的角度来看，这是可以理解的。然而，让我们赶紧附加说明，此遗忘并不等同于海德格尔的"存有的遗忘"。海德格尔专门从真理——过程（truth-process）和存有的（aletheia）或揭蔽（unhiddenness）来设想存有，而失于揣摩真理过程本身的终极来源和基础。无论是海德格尔还是怀德海，都未曾有过将太一设想、为终极实在的观念。两位哲学家根本上都是多元论思想家，正如在海氏哲学中，凭借现象存有的多元性变成富有意义的开显，太一被作为意义原理的真理过程所

取代。而在怀氏哲学中，凭借现实实体［包括作为非时间性（nontempo-ral）的现实实体的上帝］的多元性变成动力学的完成，太一转变为作为现实过程（realityprocess）原理的创造性（creativity）。确实，在他们的本体论和宇宙论的观点中都有一种整体论——在海氏世界中是存有的统一，在怀氏的宇宙中是实际实体的统一。但是，对两位思想家而言，此种整体论或存有的统一仍然建立在根本的多元性基础上：是一种根本多元性的统一。进而，他们的整体论或者被单向地（one-sidedly）设想为基于意义多元性的意义整体论，或者被单向地设想为源于现实多元性的作为权能效用之作功（work）的整体论。从场有立场来看，此单向性需被纠正，存有的统一既是意义的统一，亦是作功的统一。此种统一确实是一种多元性的统一，但是，此种多元性的统一，仅仅是因为此多元性是一种建立在统一基础上的多元性，此基础既是弥散于一切又给予一切以超生的太一。

　　P11 那存有的统一，有其在太一中的终极源泉，并且，那多元性的统一建基于一个不可分割的整体，一个源于我们称之为"场原理"的太一基础上的统一体。正如我们在此所理解的，该场是所有存在的一般母体（the universal matrix）：统一性和多样性，太一和其多种多样的开显（the uni versal matrix）或呈现（emanations）是超差别（trans-differentiated）的。确实，在其在所有事物的根基上，证成了太一的现实性的范围内，场有哲学是彻底的一元论。但是，该一元论也是一种依据场原理来认识所有事物的独特性，和现实性的一般透视主义（Universal Perspectivism）。每一在场有宇宙中的存有或事物，都有其自身存在的拓扑域，都有从其自身的立场或透视角度所感知的场或一般母体。我的拓扑域是我的场，你的拓扑域是你的场，袋鼠、树木或恒星的拓扑域是它们各自的场。但是，我的场与你的场不是两个分隔的场，而是你我（袋鼠、树木或恒星）透视性地处于其中的同一个存有之一般母体。

　　P12 现在，我们把一般母体称为"对我们开显和意味深长地揭示其意义的世界"，即是，在以某种方式被物理感知或概念理解的感觉中的经验，意世界的彰显过程，就是我们所谓的真理过程。我们马上会看到，仍会有未在经验中开显的部分，仍会有在感知主体或权能的透视范围之外的部分。因为，对我们而言，经验既是物理的事情，又是精神的事情，既包括物理意义的认知，又包括精神意义的认知。真理过程不能像海德格尔所认为的那样仅限于精神的维度，被物理感知和精神理解的任何事物都是有意义的。但是，意义的世界和作功的世界是不可分割的一个世界，作功的世界就是权能分配、物质—能不断制造或产生事实和效果的场。这里，"物质—能"（matter – energy）具有特定的意义，不能和通常的物理意义相等同。"物质—能"是振动能（vibrant energy）和业报物（karmic matter）的简写形式，所谓业报物是指由过去行为所累积的效果或结果。通过振动能所实现的业报物的裁化定义、场有中主体性的意义，此业报物的裁化构成于通过业报劳动（karmic labor）实现业报物的创造性转变之中。这一与生成演化过程相一致的创造性转变过程，即我们所谓的现实过程，既以权能构结（power concrescence）的茧化运作（cocoonization）为标志的动力学运动。被茧化的是超切主体，是凭其在业报歪曲（karmic warp）中的原始切入，实现自我超越的业报劳动者，是以现实、以可能性的限制来定义的大全（plenum）中的活动作用状态。（关于业报歪曲的更多内容，请参阅如下第 7 节）基于业报劳动和创造性转变的主体性概念，意味着真理过程、现实过程和善的过程（the process of the good）是密不可分的。善的过程是一般母体采取的作为重要性世界（the world of importance）的第三维度。正如意义世界基于意思的表出（物理上的和概念上的），作功的世界源于物质—能的配置，善与重要性的世界是实现的公正与价值所表出（articulate）的全部。善是意义的作功，也是作功的意义。一般而言，对于裁化主体或裁化主体的社团，与其公正和重要性测度相称的任何事物都是善的。在标示出善的普遍性的同时，我们亦应强调所有价值的主观性和相对性。因为，活动作用处于真理、现实和善的不可分割地纠结在一起的本质裁化之中。

P13 因而，此场有的三重世界不是三个相互分离的世界，但在此同一世界、同一场或存在的一般母体中，这些不可分割的方面却是可辨知的。除非依据经验、物质—能和意义的审美复合（the aesthetic complexity），就不可能有公正与价值（rightness and values）的完成。这三个方面是在场有意义上，定义了实体概念的审美权能的三个纠结在一起的组成部分，这里的实体概念，要和传统西方形上学的实体和权能的实体化概念进行严格区分，从场有观点来看，事物之实体即是其审美权能，即在经验、物质能和意义相互纠结、相互作用的复合体中构成的审美权能。如此理解，审美实体或权能（aesthetic substance or power）就是活动作用的具体中介，构成所有事物的基础材料。

## 3. 场有之大全：作为场潜能和行为的终极活动作用

P14 场有哲学的核心，是一种关于活动作用的审美的和场拓扑的理论。"审美的"一词在此有两层基本含义：（a）经验、物质—能和意义相互作用的统一体，和（b）建基于和构成于相互作用的复合和过程的裁化艺术。此过程既是超切主体的生成演化，也是审美权能（aesthetic power）散射着的灵魂。它们都是由一种场个体与场秩序的独特彰显的相互作用（unique diremptive transaction）所构成和塑造的。在场有方案中，从本原知觉上讲，所有个体都是场个体（field individuals），所有秩序都是场秩序（field orders）。场秩序是张力系统（systems of strains），其取代了传统形而上学的一般性概念（包括柏拉图的形式和怀德海的永恒客体），是该系统处于场构成中的彰显力（diremptive tensions），此场构成即是在一般母体中先与的形式演化条件（the pregiven formal conditions）。例如，圆周运动的形式，是由使事物运动呈圆形的张力系统或彰显力决定的。感知苹果的形式是对苹果的知觉可能性被植于此张力系统或彰显力中，由彰显力决定的开显行为定义了场个体。更精确地说，场个体是在一般母体中的权能构结（power concrescence）的过程，而一般母体通过振动能和业报物的联合作用决定着彰显力的达成。在茧化运作的构结条件下，在此动力学的联合作用中，浮现出超切主体。彰显力的裁定（resolution）是由业报物的积极的、创造性的转变所裁定（determined）的业报劳动的代理者（agency）。超切主体（transfinite subject）的生命既是业报劳动者的生命。

P15 场既是一般母体，也是所有场个体与场秩序（传统西方形而上学的特殊与一般）的子宫。此场个体和场秩序，是在场有大全中的存有两个基本形态。当我们将场视为在彰显行为中一切现实与可能的源泉时，此时的场就是场潜能。当场潜能为所有特性（所有特殊的作用和功能，当然任何特定的作用和功能，都是不可鉴知的）提供舞台时，所有事物的根基都是虚无，即所谓的"太虚"（Radical Nothing）。但是，作为太虚的场潜能（the field potential）亦可被认为是"使其是"（Let－Be），被认为是在宇宙中所有实存彰显的源泉和根基的终极活动作用（the ultimate activity）。

P16 在场有方案中，是或存有是从太虚中的呈现；一存有或一事物又是由"使其是"成就其所是（what is let to be）。此成就其所是的行为（终极活动作用），是我们所谓的从太一中呈现的彰显、过程或运动。换句话说，此成就其所是的行为，又是我们称之为太虚的，处于绝对纯一、简明的功能态的，场潜能的彰显。就其本身而言，"使其是"不是那太虚，也不是成就其所是的行为，而是两者都是并且两者都不是，使其是的现实是终极模糊的（ultimately paradoxical）。

P17 由太虚和"使其是"行为的模糊性所成就的终极活动作用的思想，在哲学史上并不新鲜。的确，该思想就植根于绵延不绝的世界范围的形上学传统之中。在此，"形上"一词应就其本原意义上来理解，形而上即形质之上，即在从太虚中彰显的东西之上。正如希腊语 physis 一词在词根、词源学上是"生成、呈现"的含义一样，其与我们今天的 physical 没有任何关系。作为整体和作为本身的呈现者，是什么置于形质之上呢？其无外乎就是在一切实有的源泉和根基中，在其太虚中的终极活动作用罢了。（拉丁词根"exsitence"其原意也是"生成、呈现"）。依此一最原始的意义，形上学一定应被理解为终极活动的思想，或理解此终极活动的尝试。世界上所有伟大的哲学传统都是在其本原上的形上学。前苏格拉底哲学将终极活动作用说成 arche。这在道家的《道德经》和婆罗门教的《奥义书》中都可以找到相对应的概念。在《道德经》所涉及的范围内，太虚指的是"无"，行为活动指的是"有"。道的模糊性指的是无与有的根本模糊性，而婆罗门教的《奥义书》中的模糊性又是什么呢？难道其不在 nirguna 婆罗门和 saguna 婆罗门的区别之中，不在与《道德经》中无与有的区分是非常接近的，有质的婆罗门与无质的婆罗门的区别之中吗？

## 4. 场原理：反思（Reflexion）、表出（Articulation）和本体论同一（Ontological Identity）

P18 现在，我们把包含了活动作用的模糊性现实和思想领域，称为"使其是的内在动力学"。就其本身而论，其必须被认作是所有形上学不竭的源泉。在场有中，此思想可通过场方程来表达，符号化地表示为 Q·Q = Q·q 的标记架构，其中 Q 表示使其是或终极活动作用，而 q 表示各彰显或呈现（场个体和场秩序），呈现者呈现或彰显于 Q（之所以选择字母 Q [q]，是因为，使其是的内在动力学终极地是在形上学和哲学的问题中）。

P19 在此标记架构中的点可有多种解释，这依赖于符号 Q 和 q 彼此之间的关系。我们称此点为"可怕的场接口"（awesome field interface），这是因为场中的所有裁定（包括所有条件和差别）都是超差别的，按场原理的要求，其既有区别又有联系。这样，虽然场潜能和行为活动都在方程左边用 Q.Q 表示，但在不同情况下，此点具有不同的含义。如果终极活动作用被构想为绝对的纯一和简明（purity and simplicity），那么，Q.Q 中的点表示了太虚的状态，即纯然的行为活动状态。另一方面，如果"使其是"被设想为在其活动作用中的彰显运动，那么，该点表示终极活动作用反思其自身，是表出的行为活动状态。"使其是"在成就其所是的行为活动中（成就其所是的一切都在此行为活动中被清晰地表出），反思、折叠或弯转回其自身。

P20 场方程中的等式两边，是行为活动两重意义的内在关联，是场活动的两个瞬间，即在反思（Q.Q）意义上的场活动和在表出（Q.q）意义上的场活动。反思即表出；表出即反思：这就是场方程所要表明的。在此标记架构中所提到的被简单表述为"使其是"（Q）依其自身而行，宇宙中的所有事物（q）都是被成就的其所是。依据反思和表出的同一性所表达的这存有之统一，我们称之为"本体论同一"。让我们重新写下此标记架构，提出场原理的第一个原则：

场方程一：Q. Q = Q. q（本体论同一）

场方程右边的点是表示在场有中存在的一般意义，即是作为表出、彰显和呈现的事件的存在。一事物或存在即是在"使其是"的行为活动中所表出的，其是一场行为的彰显，一终极活动用的呈现。因为作场活动一直是内在动力学的一种功能，是纯活动和反思——表出活动的一种动力学关系，所以存有从属于终极活动作用的彰显事务。的确，存有（Existence）被设想为处于在彰显场活动中开显出的事物（q）一极的彰显。但是，在终极活动作用的彰显中，所开显或呈现的在场行为中的呈现者，并不是通常语言意义中的事物。严格地说，在场有宇宙中没有任何事物，场有意义的宇宙不是毫无生气的、实体性的事物的集合体，而是活动作用的大全或连续统（continuum）。在此大全之外没有任何事物：在其内或其外没有任何其他的东西。在大全的发生中没有绝对的时间，也没有容纳或设置大全的绝对空间。像场有中的任何事件，时间与空间是活动作用的一种功能或裁定，一种由大全构设或演示的作用、状态或特性。因而，时间是大全演示时间性的功能，空间是大全构设的空间性作用。简短地说，在场有宇宙中，不存在我们能够思考或谈论的非功能性（一种活动作用的功能或裁定）的事物。每一概念都是一活动作用的概念，每一词语都是一动词。在本原的意义上，除了行为活动的时间，不存在时间，除了行为活动的空间，不存在空间。简短地说，在场有构架中，有与做没有区别：有即是做，做即是有。一切都是活动！一切都是活动！

## 5. 作为虚无、作为演化和作为思维的存在：没有对立

P21 现在，如果一切都是活动作用，那么，传统形而上学中存在与虚无、存在与演化、存在与思维之间的对立就没有根据。在场有连续统中的虚无是现实的虚无，我们称之为"太虚"的，不是真正的是指在虚无：它绝对纯然和简明中的场潜能，或活动作用的静止状态。太虚中的虚无保有一种功能或作用的概念：此由所有特定功能所预设的功能仍是其自身的一种功能，此为所有特定功能制造舞台的功能仍是其自身的一种功能。在典型、独特的亚洲哲学中，尤其在道家和佛学传统中的无（nonbeing）或空（emptiness）的否定论，或虚无论的语言经常被误解。实际上，无和空既非否定论的又非虚无论的，相反，它们和那些指称萦绕于彰显场活动（所有存有之超切源泉）根基的太虚的所有词汇或概念一样，是在最正面、最肯定的意义上被使用的。

P22 同样，既然一切都是活动，那么，与西方形上学相似的对立，存在与演化的矛盾就不可能存在。如果存在是活动，并且演化又恰恰是活动作用的本性，那么，这两个范畴的矛盾又何以存在呢？存在即演化，演化即存在不是很明显吗？对于将存在设想为不是活动作用的某种东西的西方

形上学，存在与演化的对立是根本的。事实上，这是因为活动作用的绝对化，通过专注于那些活动作用的符合分析智慧口味的现实，或想象的方面而产生的结果：那就是，作为绝对永恒的、绝对统一的、绝对确定的、绝对完整的、绝对清晰的、绝对不可穿透的等的活动作用。是的，在某种意义上，可将所有这些特性归属于活动作用本身。但是，关键是，那不是活动作用的全部性质。我们不能仅从绝对性来思考活动作用，相对性也同样是活动作用的本质。在最终的分析中，应该强调一点，活动作用的本性就是特有的模糊性：其既是绝对的，又是相对自台的；既是恒长的，又是不断变化的；既是统一的，又是多样的；既是确定的，又是不确定的；既是完全的，又是不完全的；既是可穿透的，又是不可穿透的。此模糊本性植根于"使其是"的内在动力中，植根于在终极活动作用之超切构成的纯然活动，与表出活动的动力关系中。绝对的性质属于作为纯然活动的终极活动，而作为表出活动的"使其是"，则不可避免的是相对性的。在唯我论的影响下，使其自身永恒的表出活动的内在倾向，分析智慧的倾向，支持活动作用的绝对性，这是因为其需满足其概念的可知性。表面上，分析智慧好像是被在相对性中探险的渴望所驱使，但在其核心却不能容忍一切相对性的东西：实际上，暗地里其被导向对相对性的否定。分析智能其自身是唯我论的、绝对控制欲的专制主义的工具。

P23　再有，如果一切都是活动作用，存在又怎能和思维相对立？思考不是一种活动作用的形式吗？无论将思考与意识等同，还是如在场有中，将其与一般经验等同，存在与思维是不可分离的。在场有架构中，一切经验都是某种意义上的认知：其是一种直接或间接的资讯接收和传递，是一种在物质和精神的审美复合中的意义裁定。在此一般意义中，海豚的经验丝毫不比人类经验缺少认知，因为在构成活动作用的审美复合中，经验是权能的一个组成部分，在场有中笛卡儿的"我思故我在"应该颠倒过来。不是我思考，所以我存在；而是我存在，所以我思考。我是一活动作用的中心，其他什么都不是：我即是我的活动作用，在存在中，我被给予思考（在放大的场有经验中），对于经验的认知，那是我的权能、我的审美复合的一个组成部分。现在应该清楚了，在场有架构中，不仅没有存在与虚无的矛盾、存在与演化的矛盾、存在与思维的矛盾，而且实际上没有任何传统对立面之间的矛盾和对立。在存在的统一中，在其不可分割的整体活动作用之大全中，只有区别，没有对立。在场原理中我们所声称的，从方法论的角度，亦可成为本体论原理。其是活动作用的一种根本一元论，区别和对立和谐地统一于终极活动作用之中。这是一元论的唯一形式，不过，我们应承认，这不能排除相对性和多样性：事实上，场有需要相对性和多样性。在场有中，根本一元论和根本的透视论是同一的。

P24 植于太一和活动作用之大全（plenurn）的根本的和谐，在《易经》传统中被称为"太和"，伟大的和谐（the Great Harmony）。在此伟大和谐的领域，所有作用和思想概念既区别又等价；所有词汇和话语，既充满意义又累赘冗长。在最终的分析中，没有事物，没有实体，仅有终极的活动作用。此活动作用既是场潜能又是场活动，既是根本的虚无又是"使其是"的行为。那就是终极的事件、终极的考问、我们所能终极谈论的。

## 6. 场原理二：无理（The Surd）或本体论偏离（Ontological Difference）

P25 场有的批评家们现在一定不耐烦了。我们谈论现实和世界的方法似乎没有引起他们多少感知，这里的感知是他们所谓的常识感知。无论是街上行人的常识感知，抑或是训练有素的哲学专家的有特权的常识感知，在常识感知中的所谓的常识，即是主导的现象学意识的认知，此意识支撑着在我们生命世界中的存有和日常的活动与实践。认识到事物存在和实体存在，这即是常识的感知。对于此日常感知的主导认识，场有思想家又何以为对呢？在否定此种智慧和高声宣称的现象学意识的裁定中，又有何正当的辩护理由？是场有思想家被给予了花哨、夸张的思辨，来武断地宣称没有事物、没有实体吗？他或她是严肃负责的吗？他的或她的日常感知的基础又恰恰是什么呢？

P26 一开始，对我们日常经验中的事物和实体的否定，似乎是难以理解的、过分的。但是，必须正确理解，我们这里否定的是什么。在我们自己和世界的每日经验中，当然存在像苹果、树木、机器和动物肉体等的事物样（thing－like）或实体样（entity－like）的现象。它们以作为在显现的世界逗留片刻的持久个体来表现它们自身，关键是这些事物样的现象并不是事物自身，不是我们日常所赋予他们的那种方式，当然更不是实体主义哲学家使他们所是的那种方式。场有思想家在日常感知或事物的主导认知中所否定的，并不是现象本身，不是它们事物样或实体样的显现，而是我们习惯性地赋予它们的刻板同一物的观念架构。在此场有中所否定的，不是现象本身，而是这些现象的观念性的赋予物。更精确地说，场有所否定的是实体性的实体存有和现实，事物或存有被设想为在其自身中的存在，其是全无生气的、异隔的、自足的和独立的，每一个都与生俱来具有一刻板同一物。但没有在其自身中的事物：没有自我完全的整体。有的仅是活动作用之流，不是实体的刻板同一物。宇宙不是实在实体的集合，而是一永远流动、永未完成的、无穷的活动作用连续统。大全其自身既不是一数字系统（digitum），也不是一可分析的数字元化的集合。由场有立场来看，那是真理之所在，是太一所揭示给我们的。

P27 最后，就其本身而论，场有所否定的不是现象世界，而是现象世界的实体化。关键是，不仅大全不能数字化为现实实体或自满自足的整体（实体主义者的数字宇宙），甚至表出的呈现者全体（由场方程中的 q 代表，在场有中定义世界，physis 本原意义上开显的全体）也是不可识别的。大全不是数字系统，并且永远大于此世界。构成太一的活动作用的无限连续统处于其多产的、用之不竭的自身中。这种在太一与存有之间，在"使其是"与"使其所是"之间，在 arche 与 physis 之间，或用场有语言更准确地说，在场潜能与场潜能之呈现之间的区别，我们称之为"无理"或"本体论的偏离"。从场活动与场活动之表出的全体之间的区别来理解，存在统一体缺乏完全性和自我同一性这构成了场原理的第二原则。如果 Q. q 表示场活动的表出全体（呈现者之全体），那么，场原理的第二个公式可表述如下：

场方程二：Q. Q – Q. q = Surd（本体论偏离）

来源于拉丁语 surdus 的"Surd"一词，在其数学意义上被使用，是希腊语 alogos 的拉丁语误译，其意思是"非理性的"或"不可言说的"（依据《牛津字典》）。此 Surd 即是彼 alogos，即是在存有中我们不能言说的非理性因素，因为其否定理性解释。而理性解释又意味着什么呢？在西方实体主义者的传统中，理性无外乎就是实体性的技术表达或结果：理性解释的本质恰恰构成在存在的实体化之中，在对大全的理智把握、计算和对数字世界的实际可控性之中。现实的数字化（以计算机的发明达到其成功的最高峰），在其本性和内涵中，已经被 20 世纪的一些伟大思想家所预见到，尤其包括在伯格森、杜威、詹姆斯、怀德海和海德格尔的思想中。但是这些对当代西方实体主义的卓越批判，仍然不能满足场有或非实体主义思想家的终极期望，那就是，以真诚的哲学态度，对模糊性的接纳和拥抱。尽管他们渴望脱离分析思维，他们（可能伯格森除外）至少还有一只脚踏在理性分析的传统之中。

P28 我们这里所说的"理性分析传统"，包括任何以消除模糊性为代价的理性至上的哲学思维模式。因为，对于场有，模糊性的领域即属于大全，属于太一，也就是属于生成演化的巨大海洋。所以，任何怯离或拒绝承认此大全的哲学家，一定是非模糊性的思想家，其恰恰属于理性分析传统。任何保有理性分析思维的思想家，将发现其被实体主义的幽灵以其无声的、魔幻的声音所困扰：仅有事物，仅有实体！

## 7. 作为表征歧出（Profiling Delusion）的实体主义：唯我论和业报歪曲（The Ego Principle and the Karmic Warp）

P29 但没有事物，没有实体，只有活动作用！在我们的日常经验中所请的事物或存有，却是活动作用持久的中心（enduring centers of activity）。活动作用的表出行为带来了人、动物、树木、苹果、椅子、岩石、风、海洋、行星、银河系。简短地说，在现象世界无数的各种各样的事物显现。我是活动作用的持久中心，而组织、器官、细胞、分子、原子，这些组成我肉体的东西，以及所有思想、欲望、感觉和其他精神内容，这些构成我精神世界的东西，都是持久的活动作用的中心。实际上，我们日常认识的存有和事物，并不是活动作用的持久中心，而是由它们表出活动的结果产生它们的表面现象。作为被感知的一个苹果是表出活动的效果，表出活动所表现的是我们认为是一个苹果的表面现象。作为被感知的一块电脑键盘，是由表出活动产生的被称为"键盘"的效果和表面现象，一阵被经验的飓风是产生飓风的表出活动效果和表面现象等等。在场有思维中，这些表出活动的表面现象被认为是动力学表征，更精确地说，那是审美与超差别的权能构结的表征。一动力学表征即是一现实、一透视性宇宙之流（活动中的一般母体）的反射移动胶片。其被描述成审美的，这是因为移动胶片是经验、物质—能和意义的审美复合的形态。其是超差别的，这是因为权能构结的表征，是通过场个体和场秩序的连续不断作用完成的，这些场个体和场秩序，构成了一般母体之流的场活动关系网。此超差别的活动作用之网，是所有动力影像或表征发生于其中的生成演化的巨流、大洋的基础。正如海洋表面生成和消退的涟漪和波浪，不是产生它们的活动作用的中心一样，在生成演化之大洋中呈现的表面现象，不能和产生它们的表出的场活动相等同。例如，表现出被感知的苹果表征的场活动，实际是一大量复杂的权能构结事件，包括不可计数的活动中心的参与。这些活动中心，通过表现考问中的此被感知的苹果，拓扑性地被指引到其所汇聚的活动网中的该时间和区域。此被感知的苹果，不是其自身与表征场活动相分离的事物或实体性的实体。在其自身内，从场活动中抽象出来，此被感知的苹果是——非实体——非事物。正如佛教徒说的，所谓事物在其自身的空无之中，无自性。

P30 表面现象的事物属性或实体属性是一种表征歧出的结果，是一种受确定性和掌控与占有（唯我论是在表出活动本性中所固有的）积习的诱惑的错误认识。每一表出活动都渴望使自身永恒，在其自身表出形式中不断地证成其自身。因而，有一种尼采所说的权力意志，作为每一表出活动的持久中心的基础。此持久中心首先是一自我中心，其确是依据固有的唯我论或权力意志（一获得其持久特性的持久中心）。事物表象的稳定性、牢固性和连续性，在最终的分析中，是一种唯我论的效用，在本性同一的背后是权力意志。

P31 有效地导致确定性诱惑的是权力意志（作为掌握、持有和控制的意志），例如，在一个苹果的呈现中，感知主体习惯性地被导引至苹果表出活动的确定效果，而不是活动作用本身。表出活动从感知主体的感知的这种退缩，在表出活动恰恰是不可掌握的范围内，是完全可以理解的。在一表出中能被掌握的，不是表出活动本身，而是其在某种程度上的表出形式，其确然性地被呈现在一感知效果的表征中。例如，在呈现中，苹果确定的颜色、确定的形状和确定的气味，表面现象的表观性质（表出效果的复合表征），部分地依赖于透视主体的透视性。我感知苹果表征的方式与你的感知是不一样的，但我们依在创造此事件的权能构结中的我们各自的份额，依在以场活动为基础表征中的审美复合我们各自的份额，都对苹果呈现事件的表出全体有所贡献。

P32 在权能构结和表出活动的表征中起基础性作用的，无外乎是唯我论，让我们重复一下，永恒化其自身的活动倾向是表出活动本性所固有的。其是在活动作用中心（产生为苹果之持久性与连续性负责的表面苹果现象）固有的唯我论。在表出它的活动作用的持久中心的抽象中，苹果自身什么也不是。并且，探究中的活动作用的持久中心，不可与在大全中、在生成的大洋中，已经产生的活动作用的其他中心相分离。每一活动作用的中心，都是——一般母体的动力学时刻，不停地自反思、自表出、自组织、自转变和自表征的场行为的一个方面。作为动力学的和流动的场活动的表出全体，是不能被数字化为一现实实体的集合，或被组装成由机械零件构成一部机器的，虽然实体性或机械性的组装是奇异而有序的。

P33 那么，在现实的实体性中（在大全被截断、分叉和实体化为数字系统中），唯我论又是怎样操作的呢？在机械的自然表征中，权力意志又是如何意欲其自身？答案是：通过业报歪曲的轮回，唯我论既客观又主观地处置其自身。"业报歪曲"意思是现实可能性的拓扑极限、业报物或过去行为的累积效果。场或一般母体被理解为在对我们称为"轮回"的业报歪曲的把握中的存在的领域，歪曲可能性的领域。但是，此歪曲可能性的领域也是生成和超切主体自我裁化、振动能和业报物的统一业报劳动构成的领域。它是通过能与物的交互渗透，以权能的永恒循环为标志的历程。一方面，振动能客观化为业报物；另一方面，通过完成的主体性永恒交叠，使振动能中的业报物复活成为可能。这种在业报歪曲领域中的物质—能的循环，就是我们所谓的轮回周转。在此，我们发现了唯我论的内在意义。表出活动至自我永恒的固有倾向，一直受制于业报物的影响，唯我论的确塑造了歪曲可能性的实现。现在，在唯我论到业报歪曲的限制表示一本性统一的范围内，唯我论的操作是一客观的事务。在裁定超切主体的主观性和透视性中，权力意志是业报束缚。在此范围内，唯我论是主观性的。换句话说，业报的征服是客观统一性和主观导向性的共性。

## 8. 业报因袭:主体性的两翼

P34 更精确地,业报的影响主观地发生于两个相反的方向。在我们分别所指的因袭意志和背离意志,是在业报物影响下的两种裁化态度和倾向的一种基本功能。业报因袭意思是与其过去的牢固性和连续性,其在业报物中,在完成的过去行为的现实中,在对重复表出的确定性形式的渴望中,表达其自身。另外,业报背离表示了一种在相反方向的态度和倾向;它是一种从过去中,从在过去行为中的业报建设中,获得独立与自由的渴望。在裁定主体倾向性的构成中,这主体性的两翼可以各种方式相结合,存有之能力被分析为因袭强度和复杂性的不同层次和维度。为阐述方便,我们将断然地把因袭意志指为右翼,从一致中背离的意志指为左翼。因而,设想两翼之辩证互补裁定了活动作用中自我中心的主观操作。尼采倾向于强调左翼的效用,而场又恢复了其两翼丰满的整体:权力意志是一两极力,一两翼的现实。

P35 但是无论是右翼还是左翼,权力意志是一掌控意志,握持住确定性的形式,以便以这样或那样的方式使其永恒化。这是实体化历程中的内在动力,因其使在业报歪曲之轮回内的生命形式的生存和发展成为可能,所以唯我论是场有中的个体性原则。从此透视角度,世界之实体化,在某一重要意义上是必须的、不可避免的。为了生存,我们需要一个实体化的世界。

P36 然而,作为个体生存和控制的手段,来理解和认识实体性的现实必要性,是一回事,被在投身于截断世界的现实中欺骗性所蒙蔽,又是另一回事。在场有中,以个人对世界的实体化态度,作为两种世界观的实用实体主义和教条实体主义是有区别的。不像教条实体主义者,实用实体主义者并不把截断的世界看作真实,而仅仅将其视为一种权宜的建构。后者是在其不可分割的整体中场有的认知,是真理的认知:他或她在其内心,在他的或她的智力托付中,是一非实体主义者。

P37 真理是,在活动作用持久中心中,唯我论不是唯一的固有操作力量,比在表出活动的表面水平承担大部分工作的唯我论更深层的,是场原理,现在其被理解为代表存有整体的力 (the Force)。该存有之整体在整体性的活动中心中，默默地、无意识地操持着最大部分。我们内在地与"道"相联系的，与"使其是"之内在动力学相联系的，位于我们存有的全部中心。通过现象学意识的主导认知，揭示给我们的是唯我论和权力意志，只有在或通过冥想意识的直觉脉络和超切关联，场原理或力才能呈现于我们面前，这些直觉脉络和超切关联在其实体化和试图掌控它们时，将被切断。对于道的不可分割的现实，仅能通过自发的直觉而了解：其不可能被精确地掌控。

P38 确定性的诱惑在冥想活动的极乐静默中失去其魔力，这样，通过直觉跳跃，又与道的无穷现实，与在终极活动作用的场潜能中的太虚，与行为的内在动力学相联系，这是唯我论自身在第一位置得到滋养并获得创造活力的领域。对于权力意志，是其自身建基于作为其个体性的场原理，它代表了一种对太虚的行为责任：权力意志生于此力并对其负责。在唯我论和场论之间、在权力意志和力之间的关联的，此现实与思想的领域被认为是思辨意识的领域。在思辨意识中，现象学意识的真或假可在冥想意识的烛照下，被检验和评估，这是作为修道者的哲学家领域，是在场有意义上的思辨哲学的领域，其是思辨意识（修道至于极限的探求）的领域。

## 9. 在思辨意识中,现象学意识和冥想意识的综合

P39 现在，如我们在开始提到的，修道是一门艺术，而不是科学：其是一切艺术的艺术，是至上的裁化艺术。其处于思辨意识的领域，在该领域中，现象学意识和冥想意识的关联被建立，或重新建立并使之成为整体。至上艺术的真正意义和意图，是达到人类认知的最前方，并处于其真理的反思证明之中。在本质上，那即是在我们面前所呈现的道自身。

P40 在真理、现实和善中的至上裁化艺术，即是"那道路"作为至上艺术的探求和具体化的思辨哲学观念，将场有直接置于绵延不绝的全球哲学传统中，并使其与迷失于西方形上学传统的实体主义相分离。在绵延不绝的全球哲学智慧中，最本原的是根本的直觉，该直觉是对在终极现实的自我彰显中不可分割的整体和模糊性的认识中的直觉。这要与理性分析观作严格的区分，处于西方形上学困境的占统治地位的实体主义者的理性分析观，是其现实的截断观点，并最终抛弃了模糊性。在实体主义者形上

学中，过度膨胀的唯我论篡夺了场论的领域，权力意志冒充为力。海德格尔不加辨析，是不会将尼采称为"最后的形上学家"的。

P41 因而，尽管在场有意义上的思辨哲学，和属于西方理性分析传统的实体主义者的形上学之间，有着表面的相似形，但在他们对真理、现实和善的分别探求中，仍然有一差异的世界。前者忠实于场论和唯我论的思辨和谐，相反，后者恰恰置于它们异隔的空隙中。作为真理的追求者，场有中的思辨哲学家是一个模糊性的导引者，相反，实体主义的形上学，热切希望通过消除模糊性而达到其完全占有。作为主要美学家的思辨修道者乘巨流而行，安然地在生成演化的大洋中自我裁化。相反，实体主义形上学家追求在一种自欺（self－deluded）的生成之遗忘状态中，对被截断的世界征服，依实体化和数字化的可持久结果，建设他的人造王国。对场有，哲学在原初上是一种生存的生命样态，相反，在实体主义传统中，其必须在基础上被看作是控制的工具。

## 10. 新形上学和业报劳动的裁化

P42 为了保有形上学的本原意义〔于本性（physis）之上的模糊终极实在〕，我们应称在场有意义上的思辨哲学为"新形上学"。在此脉络中设想，新形上学家在其核心即是美上学家（meta－aesthetician），修道或至于极限的裁化艺术的实践者。作为美上学（meta－aesthetics）的思辨哲学的观念，可依其与场有三重世界的关系进一步精确化。首先，当修道之求索在真理过程或意义世界中被考察时，美上学假定了知上学（meta－episteme）的作用。在此，至上裁化的艺术作为产生意义的艺术而证成其自身。作为知上学，思辨哲学的确是产生意义追至极限的艺术，但是，如我们提到的，意义世界与作功的世界、真理过程和现实过程，都是不可分离的。当美上学从被业报劳动之工作所定义的业报现实的维度来观察，裁化的艺术转变成用上学（meta－pragmatics）的艺术，组织权能的一般艺术。该艺术将其自身导引至人类生命与其环境或业报遗存的实践关系上来，知上学与用上学的关系，就是产生意义的活动与指向权能之实践应用活动之间的关系。这粗略地与西方哲学中理论与实践的传统区分相对应，虽然在场有脉络中，这种区分应从实体主义和非实体主义之间的对立来考察，从置于业报遗存（karmic heritage）和业报劳动的思想上着重强调来考察。确实，作为本质上的业报劳动者，修道者的特征是思辨哲学家场有观念的特色。

P43 正因为真理过程和现实过程是在善的过程中联系起来的，公正与价值的实现，是依据业报物的创造性转变而被测度的，所以相应地，知上学和用上学的求索被展望于它们审美的和谐中，在作为重要性世界中的至上裁化艺术的德上学（meta - ethics）实践中。这是思辨哲学全部的、终极的天职，是作为德上学家（在业报劳动的裁化中的公正与价值的工匠）的美上学家的全部的、终极天职。真理和现实统一于善中，主体性、生命和存在之内在联系彰显于他们的证明整全中，其存在于作为业报劳动者的思辨哲学家的观念中。

P44 在场有方案中，主体性，生命和存有都是在与业报劳动的概念的联系中被定义的。首先，业报劳动是所有超切主体（如我们提到的，欠他们呈现的存有振动能与业报物统一）的劳动。因而，超切主体的主体性即是业报劳动者的主体性，其以如下方式构成：其在积极的创造性的业报转变过程中执行和处置其自身。此过程即是自生成的过程，超切主体依据他们各自的权能构结茧化运作完成其自身。茧化运作是一表出活动在其自生成（依其自我幽闭和自我限制）中超越其自身。从茧中浮现（飞出）的蝴蝶与作茧是同样的表出活动，作茧和将其自身限于其中，作为依其自身的自我限制的自我浮现（此蝴蝶），此基础活动已带来了其自身的超越。我们应承认，茧化作用所隐喻的此自我限制与自我超越的内在关联，即是生命的全部。因此，一般地说，一生命形式即是一茧化样态，一种依组织和非组织的区别，贯穿普通的、科学的生命概念观念。在场有观念中，生命形式属于物质能、组织或其他的所有层次的超切主体和存在。

P45 场有中存在的意义现可被更准确、更恰当地定义。如我们已指出的，存在表示的是 Q 与 q 之间的内在关系，即是终极活动作用的使其是与呈现者的使其所是。因呈现者本原上由场个体（超切主体）和场秩序（张力系统）构成，其相互作用和超差别构成了作为一般母体流的场，所以去存在就是参与到场活动的动力过程中，就是在自生成和超切主体的业报劳动中起一定的作用。通过他们各自的业报劳动，超切主体成为其所是，业报劳动的现实是他们作为在场有大全中呈现者的存在的现实。所有呈现者都是在一般母体的动力网路中，在承担了场活动彰显拓扑的超差别巨大网路中的条件性、拓扑性的场。一切业报劳动都发生在此大网中，在一权能构结的茧化运作的拓扑域中。并且，在此部分业报劳动者的网事务中的超切浸没样式，是一场拓扑管理的事件，是一先验自由和业报必要性的功能。在最终的分析中，这是业报劳动和超切主体性所是的全部，此自生成的故事就是网浸没的故事。

## 11. 此在(Dasein)的场拓扑观念：对海德格尔的一种批评

P46 按场有观点，一切在他们存在的先验阶段的超切主体，自由地并自发地呈现为太虚中纯能之脉动。他们在世界中突现的存有开始，以在业报歪曲条件下的一般母体流中纯能的先验入口为标志的命运时刻，这即是本原的业报劳动的开始，指向它的、命定的、场性的超切主体，在大网中被给予一位址，其自身拓扑域的场址。此场址的拥有和拓扑域的占有裁定了其超切存在的具体意义。超切一词意指对从先验到本原，从本原到表出活动的现象状态的限度穿越，其是一领引从先验馈赠的被给予性到环境业报遗存的被给予性的转变的运动或过程。采纳海德格尔的用词，我们可将此超切主体的具体存在称为"此在"（Dasein）。超切主体之 Dasein（此在）中的 Da 是其场有（sein）的位置或所在地，那就是，其场址或拓扑域。此在或超切存在之生命就有场拓扑事务（occupation）的意义。我的此在是我的场拓扑事务，你的此在是你的场拓扑事务，袋鼠的此在是袋鼠的场拓扑事务，凭他们各自的场拓扑事务的独特性，一切超切主体都是独一无二的。不仅依据其生命形式或茧化作用性质的不同，其与其他是不同的，而且，依据他们各自拓扑立场的透视性的独特性，其与其他也是不同的。然而，超切主体的独特性并不意味着不能与他们的宇宙伙伴和谐相处。有一种由所有超切主体分享的场拓扑事务的共性，那就是，他们都是本质上忙于业报物的积极的、创造性转变的业报劳动者。

P47 无须说，此作为场拓扑事务的此在观念，与海德格尔哲学中的此在的意义是极为不同的。对海德格尔而言，此在专属于人类：只有人类是此在。相反，场有中有多少超切主体就有多少此在。进而，在一切超切主体本质上都是业报劳动者的范围内，人类此在并不比袋鼠或其他非人类此在有更多的本体论特权，正如海德格尔认为的。事实上，由于每一场拓扑事务都与其他每一场拓扑事务，像场原理所要求的那样，内在地联系着，不能仅赋予某一事务以本体论的特权，而其他的却没有。凭其自身透视性的独特性，每一场拓扑事务均被赋予本体论的特权。每一此在，人或非人，都以其自身的方式，从其自身特有的立场来反思存在的场拓扑的统一。

P48 因而，在海德格尔本体论中，此在与非此在实体的对立（前者被给予一种专有特权的本体论地位），对场有是不能接受的。单靠现象学意识的功效，海德格尔未看到或拒绝了解，他所称的"实体"不是真正的实体，而是在其自身中的活动作用的持久中心。它们是有其自身权利的此在，它们在现象学意识中的实体化，是它们自身表征歧出的结果，不是它们自身所是的方式。我们感知和使用的似乎无生命、仅是一事物的锤子，并非现实中的锤子，而是我们自己构造、制造的锤子。真理是，我与之一起工作的锤子，是一种场活动实用的相互关联；它是包括作为活动作用贡献中心的锤子，和我自身的权能构结的结果。锤子实体化为异隔的事物，只是从权能构结的庞大复合体中的一种抽象，是现象学意识的实用主义语言中的一种速记法。

P49 因而，场有不说此在和实体，而说人的此在和非人的此在。当我们确要说实体时，它们应被认为是抽象的概念、速记手段或表征的歧出。现在，海德格尔主义者可能在此点上反驳说，在场有宇宙中是否仅有本原的此在，事实仍然是，是人的此在提出了赋予存有以意义的问题，而不是袋鼠。否则，脱离人的此在的存在，何以有对存有本体论的理解！

P50 无论是否有与人的此在相似的非人的此在来访问存有，我们确想强调地承认，真理过程不仅限于人类，像海德格尔所认为的。存有在其存有中的对我们的开显，是在每一超切经验和认知中被给予的道的一个方面。每一活动作用中心以其自身的方式，在其自身透视的经验的给予性之内，感知、解释和裁化其自身至于道。因而，在场有哲学中，概念、理解和知识意指组织资讯；一概念是一组织资讯的样态。我们在此的位置是，在此放大的意义上，概念和理解是所有作为审美权能和活动作用复合体不可分割的一部的生命形式所固有的能力。因而，我们可以说，每一此在，人或非人，都有其自己对存有的概念和理解。

P51 但是因为所有经验都是透视的经验，所以一切概念和理解被其自身的透视性经验的被给予性所限制。说对一人的此在的存有理解和一非人此在的存有理解是有区别的，是一种简单的老生常谈。然而，对场有的彻底的透视主义（所有透视都是对共性的透视，对既包围所有又产生所有的太一的透视），这是基本的。这意味着所有存有都是相互依靠和彼此构成的：它们本体上是互为补充的，正如在一海洋中的每一波动或涟漪，与其他波动或涟漪或海洋运动是不可分割的，但这仅是同一基础的海洋性场活动的一个方面，这样，每一人的行为或经验都仅是生成演化之大洋中宇宙母体的一个侧面或时间片段。因而，非人此在的存有不是单向依赖于对人的此在的存有理解，像海德格尔哲学中所实际暗示的。相反，因为所有此在都是在它们的存有中本体上互补和构成彼此的，所以人的此在的存有依赖于对非人此在的存有理解，正如其反着说也同样正确，这只是应用于真理过程的场原理的简单重申。

## 12. 修道与场统觉的统一（the Unity of Field Apperception）

P52 所有此在的本体上相互依赖的感知和理解，是我们称之为"场统觉的统一体"的一个方面。场统觉是场拓扑现实的独特透视统觉，该透视统觉与对每一超切主体的经验权能各种程度的反思，有着密切联系。就其本身而言，场统觉的统一体不是一统治着一个自我隔绝和自治的人类认知领域的先验原则，如在康德先验分析中所阐明的，而是超切的互为主体性的统一体。对场有，这是知上学涌出的泉水，宇宙意识的终极开显。正因为现实过程形成于在伟大歪曲、业报物和在一般母体中的歪曲或业报化的可能性中的场有连续统，所以作为真理过程的大全在大心（the Great Mind）或宇宙意识中彰显其自身，该大心或宇宙意识即是自我反思中的一般母体。并且，正因一超切主体的现实性，是一在与其场拓扑域关系中的伟大歪曲交叠轮廓（enfolded contour），所以此超切意识即是那大心（the Great Mind）或宇宙意识的一个场拓扑瞬间。在实体主义形上学中的，作为自我隔离实体的心的概念在此被完全抛弃。

P53 现在，再次强调，我们绝对不能将真理过程和现实过程从善的过程中分离出来。确实，在善的过程中，场有的真理与现实是统一的。在本质裁化中，所有表出活动都是公正与价值的事件。在场有宇宙中的所有存有都在那大网中，在那被设想为包围一切的超差别之域的一般母体中，被场拓扑地裁化。在那大网中，一切公正和价值都是产生于超切存有的内在要求所成就的功绩。这些具体构成重要性世界的成就的功绩，依照它们各自拓扑域的内在关联，被超差别地裁化。善是在其不可分割的整体中的重要性的世界，是所有正义与价值的裁化表出的全体。道即是超差别地理解的善。

P54 我们称之为"哲学"的活动作用，修道至于极限的求索，现可给予一总结描述。作为知上学，哲学是对意义的一种探求，在真理烛照下的意义生成的活动作用。作为用上学，其是对现实过程中的功效的求索，一种依权能审美复合的作功活动作用。最后，作为德上学，哲学活动是一种对重要性的探求，一种在不可分割的善的整体产生正义的活动作用。但是，生成意义、做功和产生正义是同一基本活动作用，是作为美上学的修道，是作为一切艺术的艺术裁化的内在活动的不同方面。

P55 更进一步，此内在的裁化活动就是业报劳动的裁化，在业报劳动的裁化中，像其他超切存有一样，作为修道者的哲学家永远忙于场拓扑的管理，在业报必要性的压迫下，先验自由被剥夺。在此，在先验自由与业报必要性的场拓扑和谐中，超切主体性的极点在场统觉的统一中被搜寻。亦在此，在裁化和统觉的极限处，哲学的修道求索的真正意义被理解。

P56 早些时候，我们根据此在的本体相互依赖，或超切的互为主体性的统一，已经定义了场统觉的统一。但是，这只是通过此词汇我们所要表达的部分意思，通过场统觉的统一，我们更多的意思是大心或宇宙意识（在自我反思的中的场活动）的统一。虽然其场统觉的统一总是被以超切主体的"小心"（每一个都是一宇宙意识的场拓扑瞬间）为基础的审美复合局部，或狭隘的条件所歪曲，统觉仍是在我们中的"大心"。在生成的超切过程中，场有的三重世界相互交叉于场拓扑的场统觉的统一中，所统觉的就是一真理、现实和善的统一体。

## 13. 场原理三：本体论等效（Ontological Equiva-lence）——作为永恒示例（Instance of Eternity）的事物自身（The Thing – in – Itself）

P57 仍有此问题：作为超切主体性的极点，在场统觉的场拓扑统一中，怎么精确地彰显其自身？或者，哲学智慧被说成是自我证成，在此裁化的极限中，道又意味着什么？

P58 答案是：在场统觉的场拓扑的统一中，和在裁化的极限中彰显其自身的是事物自身，或作为永恒示例的存有统一体，这是道的真正意义，是修道的哲学求索的目标。求道至于极限就是在道的真理之光的照耀下终极地探寻事物，并且在场统觉的统一中审美地生活。但是，什么是事物自身呢？什么又是我们所谓的永恒的示例？

P59 在场有意义上，事物自身不是一事物，不是一实体性的实体。其既非洛克的"我知不是什么"（I – know – not – what），亦非康德的超切主体性的极限。场有中的事物自身简单地即是，被在绝对性瞬间中的超切主体的业报劳动所表出的大全自身。那瞬间即是依其彰显力的创造性裁定，其在其自生成中场拓扑地成就其自身的瞬间，通过其独特的超切整体性的获得，业报劳动者转化为一永恒示例，就是在此绝对性的瞬间。它也是那个"点"，此点表示既分离又统一的"使其是"和"使其所是"的可怕场介面，表示在彰显过程中的终极活动作用和呈现者的可怕场介面。该点为世界留下了一个自己的位置（a niche of ownness）。场原理的第三个公式现可表示如下：

场方程三：（Qq）i ＝（Qq）j（本体论等效）

在此标记架构中，相等的是两个永恒示例，分别用（Qq）i 和（Qq）j 标明，每一个都表示从它们自身在场中的拓扑域的独特立场，对存有统一的一种透视，分别用下标 i 和 j 表示它们的场拓扑标记。场方程三的含义是任意两个对大全的透视是本体论等效的，每一透视都是一事物自身或永恒的示例，正如我们所称之的。可怕介面的标记，在场方程一和场方程二中 Q. q 中的点，在此已经消失。表示自身位置的括号，在场方程三中，取代了可怕介面的点。隔离于括号内的 Qq，无外乎是在其模糊性中的活动作用，或如我们的解释，一在差别中的，无差别：Q 既是 q 又不是 q，q 既是 Q 又不是 Q。在进入一自身位置的绝对性时刻（我们称为"赎回"的过程），此可怕接口的撤销是超切主体性极点的标志。此从彰显到赎因之路的超切穿越（transfinite traversion），在《道德经》中称为"返回道"。在作为一永恒示例的返回道中，超切主体，在大全中自身位置的获取中，已经获得了其业报劳动的回报。在其自身位置中，纯粹的未实现的先验自由变成实现了的超切自由，这是在场有意义上的涅槃（nirvana）的意义，不是作为没有业报的自由状态（业报劳动与业报必要性），无论其究竟是否可能，而是以业报为根据的一种自由状态。在此积极的涅槃状态中，如我们愿赋予其资格，纯活动的先验自由已在表出活动的超切自由中完成其自身。因而，在积极意义上，涅槃即轮回，轮回即涅槃，如《心经》所言。因而，达到涅槃境界不在世界之外，不在生死轮回之外，而就在其中。

## 14. 结论

P60 本文中我们所做的，是在深深的慰藉中表明场有观念框架，并精确阐述哲学在其中地位的一种尝试。我们关于此观念的解释，是建立在一切均是活动作用和存有之大全是一彰显的、审美的和场拓扑的事务根本直觉的基础上的。此本体论集中围绕依据以三个场方程所分别代表的本体论同一、本体论偏离和本体论等效的三个观点的场原理进行解释。借助唯我论（场有中的个体性原则）与场论的对立，和权力意志与力的对立，此概念结构被进一步详细说明。如我们所见，此对立是思维中实体主义与非实体主义之间对立的本体论基础，穿过此概念框架的统一性的中心线，是超切主体或业报劳动者的自我裁化和生成的理论。生成和超切主体的自我裁化，分别依他们的茧化作用和场拓扑事务，被理解为生命形式和此在。在此精细的概念框架中，我们试图理解哲学的作用和意义，以及其在场有宇宙中的地位。哲学观念，或更精确地，在此，作为至上的艺术和裁化的内在活动作用，作为求道至于极限的思辨哲学，被战略性地置于与活动作用和存有的内在本性关系中。作为思辨意识（现象学与冥想意识的统一）

结果的哲学特征描述，被建立或重新建立，并且使之成为整体，其对场有方案的知识和方法的定向，是关键的。因反对本原地依赖于实体化经验和现象学意识表现（牺牲冥想意识）的实体主义者和理性分析传统，场有方案欲纠正此单向性，并拥抱中间道路——实体主义和非实体主义之间，现象学意识和冥想意识之间的超差别的中间道路。确实，从场有立场来看，思辨意识中的现象学与冥想意识的综合，精确地认识了哲学修道者中的场统觉的统一。指明场有并不对实体主义和理性分析传统宣战是重要的，相反，它承认它的价值和重要性，并且在真理趣味和理想的价值创造中，寻求对它的批判地裁化。恰当地理解，中间道路应是善的道路。

P61 现在，通过基于生成和超切主体自我裁化的轮回周转（the Samsaric Cycle），在此世界中，善的道路是唯一可实现的。在本文计划的续篇中，我们将更仔细地看到轮回周转的现实和构成人类此在透视性的基本元素。无论在关怀中，还是在惊奇中，在喜悦中或希望中，作为一业报劳动者和修道者的人的此在，都必须穿越，在其生成和自裁化中从彰显到赎回的道的三位一体。道的三位一体，是构成所有超切主体和此在的运动之路的场有三个领域，分别称作："在其第一中的行为"、"在其第二中的行为"和"在其第三中的行为"。从先验的生成到命运的瞬间（第一个），从命运的瞬间到绝对性的瞬间（第二个），从绝对性瞬间到交叠的不朽（第三个）这些定义道的三位一体活动阶段，构成了轮回周转之轮。在穿越道的三位一体中，哲学的修道者将逐渐理解权能或物质能的分配和再分配，是怎样与由唯我论和场论的相互作用决定的意义系统相结合的，正如在由他或她的此在承担动机结构的形态中，左边和右边偏好的作用。但是，首先，作为穿越道的三位一体的哲学的修道者，将必然面对神圣中的最神圣，在场有中以太极中的圆的方为标志，是合理性与模糊性被同等裁化和超越的现实与思想的领域。这是留给神上学（引导其自身至神圣的场有修道原则）的思想领域。在场有思想中，区别了唯我论的神圣和场论的神圣。在流行宗教意识和在多数传统宗教思想对它的失败认识中，神圣的这两个意义的混淆，主要关涉到神上学家。

P62 在场有意义上的理解，神上学就是搜寻神性的美上学。神上学如何与寻求意义的知上学、关涉公正的德上学和倾向功效的用上学相联系，是一超出本文范围的课题。我们也不在攻克场有概念中某一最奇异和最具挑战性的课题位置上，那就是，作为场拓扑域和业报劳动接口的时空概念。在场有架构的大量本体论和方法论的内涵中这些和其他众多问题，必须留待他时了。在他的或她的智力与精神实验中忠实于他的或她的观察、灵活性和责任，场有思想家在思想历险中快乐着。

　　（原文 *The Art of Appropriation*：*Towards a Field – Being Conception of Philosophy*，首次刊载于 *The International Journal for Field – Being*（《国际场有学刊》）的创刊号。）

# 二 无相实有与中国哲学：
## 《道德经》的场有思想

### （2002）

1. 中国哲学的智慧是功能性的智慧，而不是结构性的智慧；是通情的智慧，而不是运格的智慧。这种智慧所表现的是道的理性，而不是逻各斯的理性，中国哲学是一个彰显道之德的传统，而不是一个突出逻各斯之德的传统。通情与运格，功能性与结构性，道之德与逻各斯之德——涵摄在这些关键性对比中的，也就是中西哲学分野的所在了。

2. 作为中国哲学最具代表性的词语与理念，道乃是从人类最原始的经验——分别意识心萌生时的经验——引生出来的。人类最原始的经验是什么呢？就是走路说话的经验，一个自我活动作用的经验或体验。事实上，我们有理由相信，道的泰古原义指的可能就是走路说话的人，或是走路说话这个行为所能体验得到的一切。这个假定是相当合理的，走路说话乃是人在意识开始时所感受或体验得到的最原始、最核心的行为。人类的一切经验与认知正是通过这最原始的行为开显出来的。所以从哲学的观点来看，道的概念最具涵摄性的意义就是行为的开显。"行"是事物活动的进行或展开；"为"就是活动所产生的后果或发生的作用。有行必有为。行与为合言，中国哲学智慧的精髓也就隐伏在这里。

3. 没有行为就没有开显。"道"就是行为的开显。这里"行为的开显"指的不仅是行为本身的开显，也包括自然世界与意义世界通过行为的开显，这就是为什么道虽然基本上是一个活动性、功能性的概念，却可以有那么广泛的含义。行为的开显是可以涵摄一切吗？是的，如何通过道的活动性、功能性体验宇宙人生，这就是中国传统哲人用心的所在。

4. 应该立刻指出的是，我们所谓"行为"指的乃是广义的行为，而不是狭义的、与思想或意识相对的行为。广义的行为包括一切物理的、生理的和心理层次的——一切有意识、无意识或超意识的——活动作用。走路说话是行为，感觉、记忆、想象、思维、禅定等等都是行为。中国哲人就是通过这广义的行为体验存在，体验本体的。

5. 有些学者以为由于中国语没有与西方语言中的 being 或 be——存在或存有义的"是"——相当的动词，所以中国哲学没有存在论，也不可能有存在论。这是很荒谬的说法。中国哲学当然有存在论，因为存在正是行为的开显，中国的存在论就是"道论"，"道"就是世界通过人的走路、说话和思想的开显。这个胜义的、原始的存在观念在西方哲学中一直晦暗不明，一直到现代的海德格尔才被郑重地、深刻地揭示出来。不过，从我们所定义的道论观点来看，海德格尔对存在即行为的开显这个核心理念的把握仍然是不足的、不够彻底的，而且是颇有偏差的。严格地说，海德格尔的哲学中只有开显论，而没有行为论，或活动作用论。由于他自始至终囿于现象学的观点，把开显定义为相对于意识的意义的揭现或解蔽（un-hiddenness，aletheia），他的哲学基本上还是一种意识哲学，而不是胜义的行为哲学。但离开行为就没有开显，意识只是行为中呈现的一种作用，并不等同行为本身。在现象学是意识先于行为，在道的哲学、道的存在论里却是行为先于意识。

6. 意识作用无疑是现象学的思想底线，因为对现象学来说没有什么可以超越意识的了。但现象学所体认的意识乃是一种"有格"的意识，一种建立在主客对立的存在格局上的意识——简而言之，就是以"对象化"为能事的意识作用。而现象学家的所谓"对象"并不是具体的实在，而是一个意义单位——一种概念性的、抽象的东西。譬如我们看见一个苹果，在现象学语境里，对象指的不是那个被看到的具体的苹果，而是在意识心中依附概念性语言而起念、而开显的意义上的"苹果"。这个意义的苹果（the apple as meant）一方面把能见的意识主体和所见的具体实在分开，也同时把二者连接起来，这就是对象化存在论在现象学中的真义了。

7. 显而易见的，现象学在这个对象化存在格局的主宰下是不能允许、不能讲为东方哲人所乐道的纯粹体验或纯粹意识的。当然，胡塞尔的现象学里也有"纯意识"的名词和概念，但这仍然是对象化存在论格局下的纯意识，而非东方哲人所讲的——直观的、超越对象化的——纯粹意识或体验。东方哲人所讲的、所向往的乃是一个泯灭主客对立的、一通无碍的境界。对于这个一通无碍的理想境界的追求所表现的，就是我们所谓的道的理性。这和西方哲人所服膺的、在对象化存在格局的主宰下所表现的逻各斯（logos）理性是有根本上的差别的。

8. 通情是道之德，运格是逻各斯之德。从场有哲学的观点来讲，道的理性与逻各斯的理性所指向的、彰显的都是场有或行为宇宙的真实。相关的无碍谓之"通"，相对的互限是谓"格"；这两种德性分别代表场有或行为宇宙蕴与徵的一面，功能性（蕴）或结构性（徵）的一面。没有相关的无碍活动作用也就不能发挥它的功能，而没有相对的互限，一切事物也就没有结构性可言。场有是一个"蕴"的真实，也是一个"徵"的真实。我们是通过功能性之通与结构性之格来分别规定蕴与徵的含义的。

9. 如是从场有哲学家的立场来看，中国哲学与西方哲学，在其主流传统的相对表现上，可说是各有所得的，但也是各有所偏的。中国哲人用心于行为宇宙蕴通的真实，所以中国哲学的智慧基本上是功能性的，而不是结构性的。中国哲人对事物的分格，与由事物的相对互限所展现的结构性并没有浓厚的兴趣，而后者正是西方哲人锲而不舍地追求的目标，此中西哲学的分野，很明显地在他们形上学中表现出来。形上学乃是在存在论基础上寻求最大普遍性的学问，但普遍性是可以有功能性与结构性的区分的。功能的普遍性在于通，在于道之德的拓扑系统性的内蕴与涵盖；结构的普遍性源于格，在于逻各斯之德的形式系统性的规限与超越。在道的存在论里，最大的普遍性就是行为宇宙的大通，亦即是活动作用一通无碍的境界；这和逻各斯的存在论以一个永恒结构的大宰为其普遍性之终极理念是很不一样的。

10. 但功能与结构是无法分开的；二者乃是场有或蕴徵真实之两面，活动作用本质之两面。行为宇宙不仅是一个拓扑系统，也是一个形式系统。此两面的关联在哪里呢？行为宇宙的拓扑系统与形式系统在场有哲学之中是如何统一的呢？答案关键就在事物的特殊性上：特殊性正是功能性与结构性之统一，拓扑系统与形式系统之统一。"拓扑"是希腊文 topos 的音译，原义是地方或所在地。在场有的形上学里，"拓扑"指的是一物在宇宙统一场中所占有的地方或位置，这个地方或位置乃是由生发权能的蕴徵变化而决定的，故此词亦兼指生发权能蕴徵变化的情状。一切事物或场有者都是行为的开显，都是活动作用蕴徼变化的产物或表现。从行为宇宙功能性的一面来看，所有具体事物都有其特殊的拓扑场域，都是其特殊的拓扑场域的变化中心。在这里普遍性与特殊性乃是相互内在的，因为作为一个活动作用的变化中心，特殊事物的特殊性乃是其所在的拓扑场域所决定的；而其所在的拓扑场域，借用宋明理学的术语来讲，只不过是行为宇宙或场有真实的"理一分殊"罢了。这是蕴的或功能义的理一分殊，普遍性与特殊性的相互内在正是蕴徼真实之所以为蕴的所在。但理一分殊也是可以从场有的徼的或结构性的一面来取义的，因为具体事物不仅是一个变化中心，也是一个具有某一程度稳定性和确定性的蕴徼真实，一个形式系统的实例。在这里，普遍性与特殊性——形式与实例——乃是相互外在的。这基本上是一个超越者与被超越和规范者，与被规范者之间的关系，所以我们称之为结构性或徼的理一分殊。中西形上学的主要差别与内在的理论关联，就在拓扑系统与形式系统，或蕴的理一分殊与徼的理一分殊的对比上。

11. 那么这两个系统的内在关联究竟在哪里呢？蕴的理一分殊与徼的理一分殊，在场有的形上学里是如何被统一起来的呢？这个问题就牵涉到存在论与本体论的关系了。在场有哲学的体系里，存在与本体这两个概念的界定是非常明确的。存在是行为的开显，活动作用的开显；本体则是存在的最后根源，活动作用的终极根据。存在与本体不是相互外在的；存在乃是本体的本事或分内事。"本事"者，本然之事也，行为的开显其实就是本体的自我开显，那么本体是什么呢？不是别的，就是行为自身，活动作用自身。我们所谓活动作用自身指的乃是一个终极的、无限的本根活动。本根就是自本自根的意思，亦即是老子《道德经》所谓的"自然"。存在乃本体的分内事，因为一切开显都是源于本根活动的。事实上，宇宙间的一切事物，最后分析起来，都是这本根活动的化身。化身者变化之身也，本根活动正是通过它的自我变化来开显它自己的。我是本根活动的一个变化之身，我当下看到的苹果也是此本根活动的一个变化之身。而看到这一个当下的认知活动，也何尝不是它的一个变化之身。这本根活动是绝对无外的。它是一个无限的自我变化与自我开显罢了，而我们的所谓宇宙就是这本根活动的变化与开显的统一之场。这个本根活动的统一场既是蕴徼真实的所在，也是一切活动作用和事物的无限背景。它既是一个功能性的理一分殊，也是一个结构性的理一分殊。一切事物既从此无限背景来，也回到此无限背景去，这就是生灭在场有哲学中的胜义。生就是无限背景里的呈现，灭就是向无限背景的回归。一生一灭之相续不已也就构成一个无限的生生之流。这就是场有的本事，本根活动统一场的事。《周易·系辞传》以生生来定义"易"，指的不就是这个场有的本事么？

12. 是的。自从《系辞传》把生生这个关键的概念捻出来之后，这个词语也就几乎成为中国形上学或宇宙论的代名词了。中国哲人不是惯常地以"生生不已"或"生生不息"来总括地说宇宙的么？在《系辞传》的思想体系里，易或生生与天地或乾坤的关系，正是开显变化的场有本事与统一场的关系。天与地或乾与坤不是两个各自独立的实体，而是宇宙统一场的两极。而为天地万物或一切活动作用终极根源的太极，当然就是我们所谓的本根活动了。《系辞传》曰："易有太极，是生两仪"，两仪就是天地或乾坤。《系辞传》作者所诠释的《周易》哲学，不是很明显的一种场有哲学吗？

13. 中国哲人最喜欢用体用这个概念来解释和统一哲学范畴，那么用体用的语言来讲，场有哲学究竟是哪一种形态的哲学呢？它是有体的呢，是无体的呢？体与用在场有哲学之中究竟是怎样的关系呢？根据不同的体用定义，这些问题可以有不同的答案。假如体指的是一种非活动作用的"实体"的话，那么场有哲学是"无体"的。我们以场有哲学为一种非实体主义的哲学，其最基本的含义就是建筑在对非活动作用实体概念的否定上。体是用的根据或凭借，也就当然是无体可言的了。

14. 不过本根行为虽然没外在之体，却有内在之体可言。这个内在之体是什么呢？不是别的，就是宇宙的统一场，本根活动开显变化的内在依据或凭借，就好像人的身体是人的活动作用的内在依据或凭借一样。这个以统一场为义的内在之体，我们称之为"场体"，这就是场有哲学本体一辞的含义了。场有哲学不是实体主义，而是"场体主义"。场有哲学以场为体，可说是顺理成章的。

15. 如是统一场是体，开显变化是用，而离用无体，离体无用，这不就是传统中国哲学体用相即的意思吗？但是体用相即是如何可能的呢？在场有哲学的体用论里，体与用是如何连贯起来的呢？体用的连贯就是统一场与开显变化的连贯，这个问题的答案就在本根活动的蕴徼本能里。这里本能指的是本根活动的本然之能，这个本然之能，最后分析起来，只是一个功能结构力量的发挥，亦即是一个蕴徼性理的开显。这个蕴徼本能或性理，就其功能性之相关来讲就是"蕴"，就其结构性之相对而言就是"徼"。在场有哲学的体系里，蕴徼是性的定义，也是理的定义。性是蕴徼之宜，开显为功能结构的向度；理是蕴徼之权，开显为功能结构的确定。如是蕴徼本能者，本根活动自我权宜之本能也。故就本根活动而言，统一场是本体，开显变化是本事，蕴徼权宜是本能，场有形上学的真谛也就包括在里面了。

16. 这个场有形上学的真谛，可以用一些符号的组合清楚地表达出来，如下：Q.Q = Q.Ȯ。在这个我们称为"场方程"的表式里，Q 代表统一场或本根活动（Q 是英语 quintessential 或本根性的第一个字母），Ȯ 代表统一场或本根活动的场体。这个方程的左边 Q.Q 我们称之为左式，代表本根活动的内蕴。场方程的右边或右式 Q.Ȯ 则代表本根活动的外徼，场方程以左式等同右式是什么意思呢？简单地讲就是内蕴与外徼的相即。内蕴与外徼是相互定义的；它们乃是本根活动相即不离的两面。有内蕴则必有外徼，有外徼则必有内蕴。这内蕴与外徼相即不离的真谛，就涵摄在场方程中我们称为"超切符"的一点（.）里。为什么称为"超切符"呢？因为内蕴与外徼相即不离，正是场有哲学里超切的定义啊！

17. 由超切符点示的左右两式哲学含义都是非常丰富的，内蕴 Q.Q 一方面指本根活动的自我作用，也兼指蕴摄在此自我作用中的"蕴徼本能"，即开显变化所凭借的生发力量。故本根活动的内蕴乃是一切功能的起点，可说是功能中之功能。一切物质的、心灵的或信息的性理都在内蕴的本能之中，当然也是精神修养、禅定功夫的源泉。《中庸》曰："诚为万物之本，不诚无物。"这句话正是内蕴最佳的写照！《中庸》所谓的"诚"指的正是内蕴的、自我作用（Q.Q）的本根活动。诚者，自诚也，不是讲得很明白么？

18. 那么外徼，场方程的右式（Q.Ȯ），又有什么重要的含义呢？徼乃是相对于内蕴而取义的。内蕴是本根活动的自诚或自我作用，蕴徼本能的发挥，外徼就是这个自我作用所产生的成果或效应，右式中的 Ȯ。这是什么样的效应或成果呢？Ȯ 究竟代表什么呢？不是别的，就是我们上面所谓的场体，由蕴徼本能的拓扑运动所结构而成的开显变化之身，也就是一般所谓的宇宙和哲学义的天地了。所谓"诚于中则形于外"《中庸》，这句话是有其存在论或本体论的含义的。《道德经》曰："道生一，一生二，二生三，三生万物。万物负阴而抱阳，冲气以为和。"（第四十二章）用场有宇宙论的语言来解释，道生一就是内蕴，一生二就是外徵。所生之二当然就是天地或乾坤了。那么二生三呢？所生的三指的是什么呢？

19. 我们的看法是，"三"指的是由蕴徵本能或生发权能的拓扑暧昧所开显的原始或本根混沌。宇宙间的一切事物都是由此原始混沌生发出来的，所以说是"三生万物"。这里所谓"拓扑暧昧"可以从三方面来讲，一是蕴徵的暧昧，内蕴外徵的暧昧，即功能与结构的暧昧和相关性与相对性的暧昧；二是纯能与业能的暧昧；三是德、相、用的暧昧。此三种暧昧都是内在于本根活动的，为其蕴徵本能所本具，所以称之为"原始混沌"。我们称之为"原始"，不仅是因为此混沌乃本根活动所本具，也同时因为它乃是吾人一切体验或经验，一切心理或精神作用的源泉，存在正是本体或本根活动通过场体的原始混沌的自我开显啊！

20. 在道的哲学语言里，场体就是道体，内在于道的开显变化之身，相当于由道之一（道之内蕴）所开显的二和三。这个宋明儒学之后相当普遍的术语，其实是可以有非常明确的定义的。《道德经》对道体或场体的原始混沌有这么一段精彩的描述："道之为物，惟恍惟惚。惚兮恍兮，其中有象；恍兮惚兮，其中有物。窈兮冥兮，其中有精。其精甚真，其中有信。自古及今，其名不去。以阅众甫。吾何以知众甫之言哉？以此。"（《道德经》第二十一章）

21. 原始混沌是没有特殊形貌的，所以说是惟恍惟惚。恍惚就是没有形貌的意思，不过虽然没有形貌，却是有象或有相可言。所以《道德经》（第十四章）以恍惚为"无状之状，无物之象"。但既然是无物之象，为什么又说它是其中有物呢？这里指的不是一般的所谓物，有特殊形貌或特殊形相可言之物，而是"窈兮冥兮，其中有精"中之精。"精"字应作"情"解，古"精"、"情"相通。《庄子·德充符篇》"夫道有情有信，无为无形，可传而不可受，可得而不可见"一语乃是《道德经》此章的翻版。此语中之"情"也就是"其中有精"中之精。那么这个情字究竟何所指呢？用场有哲学的术语来讲，"情"就是本根活动在原始混沌中开显变化的情状，亦即是生发权能或道的内蕴外徵的本能自我发挥所呈现的状态。但这生发权能或蕴徵本能，不正是宇宙和一切事物的精华所在么？如是精作情解不仅说得通，而且是一个天衣无缝的巧合啊！

22. 是的，《道德经》哲学语言不仅是毫不含糊，而且可说是井然有序，清楚得很。它明白地告诉我们，这个在原始混沌中开显的道是一个无形无状，却又是有情有信的真实。有信就是不假，可以被体验的意思，用场有的术语来讲，道或道体乃是一个无相的实有。无相实有并不是绝对的无相，而只是没有分别相或特殊相。这个无相实有的理念，乃东方哲学的一个最明显的共通点，也同时是东方哲学的精华所在。在道的大传统里，这个理念乃是由老子在《道德经》里首先明确地提出来的。无相实有的相就是原始混沌；在上面的引文里就是包含一与二在内的三。这个有情有信的道体，是一个可被体验或证验的真实，而且是真实中的真实，但却也是一个不可言诠的真实。所谓"道可道，非常道；名可名，非常名。"指的正是这个原始混沌，这个"惚兮恍兮"和"窈兮冥兮"的道体，在古人的意识里，名与实是不可分开的，这两个字是可以互换的。"名可名，非常名"，这句话中第一和最后的两个名字都应该作真实解。这句话的意思是，可以找到与其真实性（名）相当的真实（名可名），就不是恒常的真实（非常名）了。为什么呢？此乃由于一般的名指向的都是有分别相的真实，而常道却是一个无分别相的真实。那为什么称之为道或常道呢？这不是自相矛盾么？不是的。称之为道并不代表道之名，相当于那个无相的真实，而只不过是勉强给它一个名字罢了。"吾不知其名，字之曰道，强为之名曰大。"这不是说得很清楚么？

23. 不过既然字之曰"道"，那么道就代表那个无相的真实了，所以名与字在《道德经》来说是有分别的。名是相当于实的，字却只是象征性或代表性。所以"自今及古，其名不去"中之名必须作真实解。其名不去就是其实不去；不去的当然就是自今及古、恒常地存在的常道或常名了。而正因为道是唯一的恒常的真实，所以它才能成为"以阅众甫"的甫。"甫"就是父，在这里乃是始的意思。阅者，出也。宇宙间的一切事物莫不各有其始或根源（甫或父），而常道则是众甫之甫，一切根源之根源（以阅众甫）。这个无名之名（真实）的常道或常名乃是"天地之始"啊！现在，让我们把《道德经》那千古传诵的第一章重温一次吧：道可道，非常道。名可名，非常名。无，名天地之始。有，名万物之母。故常无，欲以观其妙。常有，欲以观其徼。此二者同出而异名。同谓之玄。玄之又玄，众妙之门。

24. 首先，"始"与"母"是不同义的，是有分别的。"始"是相对于天地而言的常道，而"母"则是相对于万物而言的常道。在道的存在论里，无与有的对比并不是存在与不存在的对比，中国的形上学根本没有西方形上学所谓的存在的问题。常道乃是一个恒常的存在，无与有乃是常道不可分割的两面，当然也是恒常的了。那么为什么以"无"来名天地之始呢？天地之始是什么呢？根据上文的说法，天地就是"一生二"一语中所指之"二"。那么天地之始，指的当然是此语中之"一"了。我们现在要问的是，《道德经》为什么以"无"来诠释这个"一"呢？

25. 这个问题，从场有哲学的观点来看，是可以有一个相当明确的答案的。以无来释一，因为一所代表的乃是常道，或本根活动之内蕴，本根活动之在其自己，乃是原始混沌中最纯正的境界——一个无碍无断的纯能境界。无碍是就这纯能境界的功能性来讲，无断则是就纯能境界的结构性来讲。在纯能境界中的常道乃是完全地通畅无碍的，也是绝对无断的；而无碍无断正是《道德经》中指向常道之一的无的哲学胜义。如是无即一，一即无；无者，一之所以为一之无上德性也。这个内蕴的，即一即无的纯净境界乃是一个最奥妙、美妙的境界，所以说是"常无，欲以观其妙"。常无，即是从常道之无的一边来看、来体会的意思。不过即一即无的常道既然是无碍无断，也就不可能用一般的、分别相的语言来形容它，因为分别相的语言乃是分解理性的语言，正是描述有碍有断的现象世界语言。

26. 不过，无的纯能境界虽然不可通过分解理性来了解，并不表示我们对它无法体验或体会；而不能用分别相的语言来诠释并不等于完全的不可说。由于常道的一或无乃是绝对地无碍无断的，所以它必然是一个超越主客对立的境界。我们对这样的境界只可以有直观的体会，而不可能有理性的、概念性的了解。而描述直观体会的语言，也必然是隐喻的或直观的语言，《道德经》以水或玄牝来譬喻常道就是最明显的例子。即一即无的常道并不是一个静止的、枯槁的、寂灭的境界，而是一个像活水一般的、自由自在和无碍无断的生生之流，只有这样一个动态的、活活泼泼的真实，才有资格成为一切活动作用的活理和终极根源。这个活理和终极根源就是《道德经》所肯定的上善或最高无上的德性。所谓"上善若水，水善利万物而不争"讲的就是这个意思。

27. 有些学者由于《道德经》追求"致虚极、守静笃",就误以为它主张的乃是和佛家一般的静态的哲学。殊不知《道德经》所谓的虚极静笃指的乃是一种纯粹自然的、无私欲无造作的精神境界。《道德经》认为私欲造作乃是生命中一切争乱的根源。有私欲造作就必然有凝滞,亦即是有碍有断了。如是生生之流就不能像活水般的长流和自由自在。常道也就失去了它的上善,失去了常道之所以为常道的无上德性了。这难道也是一种静态的哲学吗?

28. 但常道是不会失去他的上善的,失去上善是有私欲造作的人,而不是常道自身,即一即无的常道之在其自己。对《道德经》来说,无碍无断的常道不仅是一个理想境界,而是一个"其精甚真,其中有信"的真实。常道乃是恒恒地保持它的上善的,因为常道之在其自己乃是一种纯能的活动作用,而无碍无断正是纯能的特质。用场有哲学的语言来讲,纯能乃是蕴徼本能内蕴的内容。蕴徼本能乃是本根活动开显变化的内在的、终极的根据,其本身乃是一个无限的、取之不穷、用之不尽的生发力量。这个无限的生发力量在哪里呢?它就在本根活动内蕴的纯能里。用《道德经》的语言来讲,它就在即一即无的常道里。这个无限的生发力量乃是"虚而不屈,动而愈出"(第五章)的。"屈"者,尽也。内蕴于纯能的生发力之所以用之不尽,乃由于它的虚的特质。虚就是没有固定的结构性,宇宙间的一切事物莫不具有某种程度的结构固定性,所以都是实的,不是虚的。而纯能乃是无碍无断的,不可分割的,所以它只具有功能性,而无结构性。或者可以说,纯能的无固定结构就是它的结构。正因为它这个虚的特质才能涵蕴无限无尽、动而愈出的生发力量。这个常道纯能即一即无的涵虚特性,《道德经》又以谷神的譬喻来描述它:"谷神不死,是谓玄牝。玄牝之门,是谓天地根。绵绵若存,用之不勤。"(第六章)

29. 谷神就是生养之神,乃是常道的别名。"谷"在古语中与谷和浴通,乃是生养的意思。即一即无、虚而不屈的常道纯能乃是一切开显变化的终极源泉,故《道德经》以谷神名之。这里神不是宗教意义的神,而是一个形而上学的神,指的正我们所谓的生发权能或常道开显变化的力量。这个虚而不屈、动而愈出的生发权能乃是一个恒常存在的真实,所以说是"谷神不死"。而由于它是宇宙间一切事物得以生养的母力,所以又称之为"玄牝"。那么"玄牝之门"指的是什么呢？它是怎样成为天地根的呢？为什么《道德经》不说玄牝是天地根，而说玄牝之门是天地根呢？

30. 《道德经》形上思想的精妙就在这里了。首先，应该指出的是，此章中"玄牝之门，是谓天地根"这句话与第五章"天地之间，其犹橐籥乎？虚而不屈，动而愈出"一语是互相呼应的，而且是密切相关的。但玄牝之门相当于天地之橐籥，却并不等于后者。因为天地乃是常道统一场的两极，橐籥是属于统一场的，是统一场两极交感的作用；而作为天地根的玄牝之门却是超越统一场的，是统一场得以成立的根据。为了清楚地区分这两个不同层次却又密切相关的形上概念，我们称"玄牝之门"为生发权能的"超切门"，而称天地之橐籥为生发权能的"两极门"，如是生发权能的形上胜义就在超切与两极二门的关系上。

31. 现在回到上文所谓拓扑性的暧昧这个极为重要的场有理念上了，"拓扑性"乃是本根活动生发权能得以发挥其蕴徹本能，和开显变化力量的本质或内在凭借。这个本质或内在凭借在哪里呢？就在蕴徹本能的蕴徹德性里。在场有哲学的形上体系里，德与性是有分别的。德指的是蕴徹本能的禀赋，性则是此本能的禀赋内容之内在之理或规定。所谓拓扑性的暧昧就是蕴徹德性的暧昧，既是德或能的暧昧，也是性或理之暧昧。生发权能超切与两极二门的拓扑性之不同，就在蕴徹之德能与蕴徹之性理的区别上。

32. 超切门的拓扑性乃是属于本根活动即一即无的纯能境界的，在这个即一即无的境界里的纯能是无外的，纯能乃是一个无限的、虚而不屈及动而愈出的生发权能。宇宙场有与一切事物，最后分析起来，乃是由此纯能的溢出产生出来的。但纯能的溢出并不等于纯能自身，而二者却又密切地关联的，此其中就有一种拓扑性的暧昧在。这个无限的纯能自身及其溢出之间的暧昧，就是纯能在德能方面的拓扑性的暧昧了。

33. 但生发权能除了这德能上的暧昧之外，还有性理方面的暧昧。基本上就是我们在上面已经提过的内蕴与外徹的暧昧，而概括在这内蕴外徹暧昧里的乃是功能性与结构性、相关性与相对性、涵虚性与显实性的暧昧。把生发权能在德能方面的暧昧套在这些性理上的暧昧来看，我们对拓扑性的暧昧这个观念就可以有一个大致的了解了。

34. 这个观念很重要，因为它把场有宇宙论的基本内容都涵摄在里面了。对场有哲学来说，宇宙只不过是本根活动生发权能开显变化的历程，用《道德经》语言来讲，亦即是"道生一，一生二，二生三，三生万物"的历程，而生发权能正是通过其拓扑性的重重暧昧而自我开显的。这个拓扑性的重重暧昧，从人和万物的观点来看，就是我们在上面所谓的原始混沌。这个观念乃是站在三的层次上来取义的，在生发权能开显变化的历程中，三是介于一与二和万物之间的分水岭。三之前是本体，亦即是即一即无的道向，即二即天地之道的演变，三之后是现象世界，是万物从原始混沌的拓扑性的重重暧昧中脱茧而出的舞台。所以原始混沌不是限于三的层次上的混沌，而是涵摄了一与二在内的本体混沌。这个原始或本体混沌既是生养万物的母体，也是万物活动作用的无限背景。由本根活动的内蕴外徼所混成的统一场，就是以此原始混沌为其基本内容的。《道德经》（第十四章）曰："视之不见名曰夷；听之不闻名曰希；博之不得名曰微。此三者不可致诘，故混而为一。"

35. 这"混而为一"的"一"，也就是统一场由原始混沌所混成的相。有开显变化就有相；相就是开显变化所展现的情状。必须立刻指出的是，这里"相"乃是一个场有的观念，与西方哲学家所谓的形式（form）或理型（universal）是大有差别的。在场有的形上学里，一切相都是本根活动生发权能所开显的相，所以是属于统一场的，不是属于个体事物的。由于开显变化有层次的不同，所以每一层次都有其独特的相。套在《道德经》"道生一，一生二，二生三，三生万物"的宇宙演化模式来讲，道生一有开显于生一之相，一生二有开显于生二之相，二生三有开显于生三之相，三生万物有开显于生万物之相，而万物亦莫不有其各自开显之相。一是内蕴外徼的开始，亦即是《道德经》所谓的无与有的开始。无是内蕴的内容，一个纯能无碍无断的活动作用和境界，那么外徼的内容是什么呢？当然就是那个与无相对的有了。所谓"常无，欲以观其妙，常有欲以观其徼。此二者同出而异名，同为之玄"。无与有，内蕴与外徼，不是两个互不相关的物事，而只是本根活动生发权能一体的两面，常道的两面，当然可说是"同出而异名"了。

36. 现在我们可以看究竟与妙对应的"徼"是什么意思了。"徼"的本义为循，乃顺次巡行的意思，故从"彳"。顺次巡行乃是一种不断超越界限、不断迈向边际的行动，故由此引申而有边际与界限的意思。又以徼音皎，从白（光景）放（放射）会意，作光景流解，乃白光四射之意。顺次巡行则足迹遍及四方，如光景流之充塞整个空间，这个字真是用得太巧妙了。假如我们把这个字的所有含义来作一个通盘考察，我们就不得不承认，这正是纯能的溢出——《道德经》作者心目中所构思的"有"——的最佳写照！天下万物生于有，有生于无。无是无限的、虚而不屈、动而愈出的纯能自身，有是纯能的溢出，当然是有生于无了，而纯能的溢出，生发权能的开显，这就好比太阳初升，阳光从太阳自身向大地四方放射的光景流一样。这个皦的"光景流"也就是有的相，常道或本根活动或生发权能，在纯能境界中开显的无边胜相。有生于无，无限的纯能开显为无边的胜相，这就是原始混沌亦妙亦皦的玄奥之处。妙无与皦有只不过是一体之两面，因此可以"同为之玄，玄之又玄，众妙之门"来描述。这个"众妙之门"何所指呢？当然就是生发权能内蕴外皦的拓扑暧昧之所在，亦即是第六章所谓的、为天地根的"玄牝之门"了。如是《道德经》第二十五章"有物混成，先天地生"而又"可以为天地母"之"道"也就不难了解了。这个"先天地生"的混成不就是为天地之始的本根活动的蕴皦作用么？

37. 说得准确一点，玄牝之门指的乃是内蕴与外皦之间的拓扑暧昧处，亦即是生发权能发用的关键所在。这个拓扑暧昧我们用"超切"一词来形容之，所以我们称玄牝之门为超切门。在场方程 Q.Q = Q.Q̇ 表式里，超切门的含义是由左右式中的点来代表的，所以我们称这点为超切符。内蕴与外皦之间的拓扑暧昧，就在场程序两边超切符的对等（联结左右式的等号）上。用《道德经》的语言来讲，内蕴是无，外皦是有。玄牝之门者，有无之间之拓扑暧昧也。

38. 道存在论的精微义蕴也就概括在场方程的超切胜义里。存有是活动作用的开显，亦即是本根活动自蕴自皦的超切作用的开显变化。场方程所指谓的就是这个开显变化的本事。如上所述，本事者，道或本根活动的本然之事也。本然就是《道德经》所谓的自然。常道只有内在的根源，而没有外在的根源。其本身乃是一个自本自根、自然其然的活动作用。这个内在的根据就是即一即无的常道，一个无碍无断的纯能境界。这个无碍无断的纯能境界，乃是通过原始混沌重重的拓扑暧昧而开显的。事实上，它乃是原始混沌里最洁净精致的一部分，我们所谓无相实有的胜义就在这里。

39. 这个即一即无的常道或无相实有是没有分别的，因此是"不可道"、不可以用分解理性的语言来认识的。如前所言我们只能用隐喻的、诗的语言来描述它。《道德经》以水和玄牝来比喻常道，就是最显著的例子。在老子的存在体验里，原始混沌中的超切门或玄牝之门究竟何所似呢？它只是一个"绵绵若存，用之不勤"的纯粹绵延罢了！

40. 无碍无断的常道只是一个纯粹的绵延，这是何等简洁美妙的描述啊！纯粹绵延就是无相实有的无相之相，这个无相之相乃是一个"先天地生"的混成，一个合内蕴与外徵、妙无与徵有的混成。这是一个纵的混成，如光景流般的混成。"绵绵若存，用之不勤"的不正是"虚而不屈，动而愈出"的生发权能的纯能溢出么？在纯能的涵虚与溢出之间的拓扑暧昧，也就是作为天地根的玄牝之门的所在了。《道德经》对无相实有的描述颇有柏格森的 duree（纯粹持续）的意味。事实上，在某一义来说，柏格森的 duree 与《道德经》的常道的确有类似之处。不过《道德经》可是比柏格森早上两千多年啊！

41. 天地万物根源于纯能的溢出，这就是"常有，欲以观其徼"的重要性。无（常道的内蕴）是天地之始，有（常道之外徵）是万物之母，而天地则是介乎妙无与徵有之间的境界。天与地两极的确立乃是常道之所以为统一场的开始，这里天与地指的乃是形上学的天地，而不是宗教意味的天地，当然更不是物理的天地。在场有的宇宙论里，形上学的天乃是一个由纯能与业能的交感所混成的权能境界。"天"就是溢出的纯能，"地"就是业能的凝聚。作为统一场的两极，天地都是从即一即无的纯能分化出来的，所以说是"一生二"。在中国道的形上学的大传统里，权能的观念乃是由气的概念来表达的。气就是生发于活动作用中的能。理与气对比，指的乃是活动作用中的决定性，故理气合言，刚好相当于场有哲学的权能观念。在先秦的哲学思想里，理是内在于气的，内在于能的。把理从能中抽出来然后把它外在化，视之为超越于气的存在，乃是宋明理学的一大特色。从场有哲学的观点来讲，理与气都是属于统一场的，是无法分开的。权能或理气是超越于场中的个体事物，也内在于场中的个体事物的，这个讲法比起宋明理学来要复杂得多了。

42. 用先秦气论的语言来表达，天地两极的关系不正是阳气与阴气的关系么？所谓"万物负阴而抱阳，冲气以为和"，讲的正是天地两极和阴阳二气的交感作用。天是溢出的纯能，就是《易》学家所谓的、由乾卦所代表的纯阳或纯刚之气。很多学者都不了解，《易》学中的纯阳观念乃是从《道德经》即一即无的常道观念转化而来的。纯阳或纯刚之气正是无碍无断的纯能啊！

43. 天是溢出的纯能，地是业能的凝聚。什么叫作业能呢？这里"业"乃是业积之省。业就是蕴徼本事的事业，一切活动作用都是有成果或效果可言的。不管是多微细的活动，它在统一场中必产生某一程度的影响，造成某一形态的差别。这些由某一活动所生发的成果或效果、影响或差别，就是此一活动的"业"。业积者，业之积聚也，这乃是一个纯粹形上学的概念，不是印度宗教和哲学里所谓的、以道德果报为义的"业"（karma）。场有形上学所谓的业或业积，乃是靠紧活动作用的蕴徼本能或生发权能而取义的。生发权能正是一个蕴徼地、本然地产生业积的本能。在道的形上学里，有没有与场有业积的概念相当的名词呢？有的，就是与形上学的"天"相对的形上学的"地"，在《周易》里以坤卦来代表的"地"。用场有哲学的语言来讲，天与地或乾与坤的关系就是纯能与业能的关系。在《易》学的大传统里，"旋乾转坤"与"天地交感"这句话，已经可以视为《易》宇宙论的代名词。"旋乾转坤"就是在天地交感下乾能（纯能）与坤能（业能）的相互运作，也就是我们所谓的两极门的生发作用。所以旋乾转坤与天地交感这两句话，可说是从《道德经》"天地之间，其犹橐籥乎？虚而不屈，动而愈出"一语演绎而来的。天地交感就是阴阳二气的交感，正是《道德经》所谓的"万物负阴而抱阳，冲气以为和"之意。

44. 所谓《易》学的大传统，从场有哲学的观点来看，基本上就是以《易传》，主要是《系辞传》的思想为根源发展出来的哲学传统。而《系辞传》里的思想，就其宇宙论的思想方面来说，几乎全都可以在《道德经》里找到根据。现在我们可以看得很清楚了，在《系辞传》"易有太极，是生两仪"一语里，太极与两仪（天地或乾坤）的关系也就是《道德经》里一与二的关系，亦即是我们所谓的超切门（玄牝之门）与两极门（天地之间）的关系，讲的都是道的原始混沌所开显的境界。超切的混沌与两极的混沌是不一样的，超切的混沌乃见一个纵的混沌，乃是在内蕴与外徼和无相实有及其溢出之拓扑暧昧中开显之道；而两极的混沌则是一个横的混沌，由天地交感和阴阳二气的和合的拓扑暧昧所开显的道。超切门或玄牝之门的拓扑暧昧是道生一。两极门或天地之间的拓扑暧昧是一生二。而由超切门与两极门的双重拓扑暧昧所混成的原始混沌，也就是二生三、三生万物的三了。这个统合一与二、超切门与两极门的拓扑暧昧而取义的原始混沌就是统一场的场体，道或本根活动和生发权能的开显变化之身。

45. 那么三是如何生万物的呢？万物是如何从这场体的原始混沌产生出来的呢？《道德经》的答案当然就在"万物负阴而抱阳，冲气以为和"这句话里面。自《道德经》以后，天地交感，阴阳和合，万物化生的思想和语言，已经是中国宇宙论的老生常谈了。事实上，发萌于《易传》的整个《易》学大传统，几乎可以视为《道德经》第四十二章首段（即论道从一至万物的演化这一段）的注脚。根据道的演化论，万物的化生乃是一个"冲气以为和"的过程。冲气就是气的激荡，阴阳二气的相互激荡，指的乃是原始混沌中天地交感的情状。和乃是天地交感、二气通情的结果，没有通就不会有和。和是万物得以化生的必要条件，而通情却是和的必要条件，所以没有通情，就不会有万物了。

46. 用场有哲学的语言来说，二气激荡指的乃是纯能与业能的相互作用。天地交感的过程，基本上乃是纯能通过业能的分化而为当下个体能的过程，当下个体乃是一个当下的创造性力量。这个创造性力量的本原在天，源自纯能的溢出。但纯能本身是不可分的，没有个体性的；溢出的纯能，《道德经》的徼有，仍然是一个没分化的状态。一切分化的因素来自业能所在的地方，来自生发权能的业积，来自过去的、客体化了的活动作用的成果。蕴藏在地的业能里，乃是自无始以来积聚在统一场中一切不朽的成分，包括了生发权能开显过的无限的分别相与无限的惯性或积习。这些不朽因素我们统称之为"业"。业能就是凝聚在业中的惯性，或生发传统的力量，纯能之分化乃是由于受到业能的扭曲或徼折。我们又回到《道德经》里徼字的胜义了。徼有边界义，转为动词就可作分别或分割解。纯能为业能分割就好比边界把一块相连的土地分割开来一样，而每一片分割开来的土地也可称之为徼。如是溢出的纯能是徼，溢出的纯能为业能扭折分割是徼，分割后生起的当下个体能也是徼。这不正是《道德经》所构想的从无到有的生化过程么？常有，欲以观其徼。这个徼字实在用得太妙了。

47. 那么天地交感的生化过程，从个体事物的立场来看，究竟是在什么时候开始的呢？二气的通情乃是从纯能与业能开始接触那一刻开始的。这命运的一刻，乃是万物从原始混沌中脱颖而出的生发之机，我们称之为"命运的一刻"，因为纯能分化的开始亦即是个体存在与个体性的开始。在天地交感、二气通情的刹那，当下个体能分别从天的纯能与地的业能里得到它的原始禀赋，这就是后来道家和易学所谓的"元气"了。虽然《道德经》没有对分化的过程，"三生万物"的过程，作过详细的交代，但元气的概念是明显地涵摄在德的概念之中的。"德"者，得也。德是从道来的，乃是从道的分化过程中得到的原始德性，这个原始德性在人以外的万物中是自然地保存着的，但在人的世界里，这个原始的德性却在人的有为或聪明造作的影响下遭受到扭曲。人于是失去了他的禀于道的本性，他的"无名之朴"。因为经过扭曲之后，这个原始的德性，也就失去了它在本真状态中的蕴微本能，亦即是失去了它的本然或自然之性了。这个"失德"的过程，《道德经》是这样交代的："故失道而后德，失德而后仁，失仁而后义，失义而后礼。夫礼者，忠信之薄，而乱之首。前识者道之华，而愚之始。"（《道德经》第三十八章）

48. 这章的"仁"并不是仁爱之仁，而是人为之性的同义语。说得明确一点，仁就是在人为的意义世界中开显发用的、已被人的聪明造作扭曲了的德或原始德性。换句话说，人的意义世界并不是由原始混沌中的蕴微本能自然地发展出来的，而是禀于天地的人的纯真本性的扭曲，这就是道家和儒家在人性问题上的基本差异了。不过，这个人性论上的基本差异，却是建筑在一个共同存在论的思想格局上，即：道家和儒家都是在原始混沌和意义世界的关系上来立论的，来看人性问题的。事实上，我们认为，中国传统哲学的特征，正表现在原始混沌和意义世界的关系上，从中国哲学的立场来说，这个关系不是对等的，它是一个纵的、本末的关系，而不是一个横的、对立的关系，意义世界出于原始混沌，原始混沌却不可化约为意义世界。原始混沌乃是一个可以直观地体验得到的真实，却不是一个可以为概念化的意识心把握的真实，概念化的原始混沌已经不是原始混沌了。

49. 在理论的层次来讲，原始混沌与意义世界的关系，也就是气论与人性论的关系。而天地人的三极理念则代表这个关系的统一，气论与人性论的统一。气论的语言其实就是中国哲人对原始混沌基本体验的记录，而中国哲学中的人性论所探讨的，并不只是人性的问题，而是通过人性问题而展开的意义世界。在天地人的三极理念里，天地代表原始混沌的两极，而人则代表以人为中心而开显的意义世界，这个中国传统哲学的思想格局是自成体系的，它有它独特的风格和适合于它的独特语言，不是可以随便套在一些西方哲学的概念系统里来探究的。由于受到西方哲学的影响，很多近代的中国学者都有偏重人性论而轻视气论的倾向。殊不知这个寡头的人性论是无根的，是不符合中国传统的哲学精神的。事实上，它是传统哲学精神的扭曲。

50. 在西方的主流哲学里，原始混沌是没有地位的，因为它乃是无法为概念思维所把握的真实。而对西方哲人来说，不能为概念思维所把握的真实，也就不是可以言说的真实了，这当然是一种偏见。这个偏见一方面高估了概念思维价值；另一方面则低估了非概念性的语言作用。西方哲学的智慧基本是运格的智慧，在相对的互限上用心的智慧。概念的思维，最后分析起来，其实就是分类的思维。所谓概念不过是人用来作经验分类的工具罢了，而相对的互限不正是一切分类的基础么？

51. 中国哲学的语言不是运格的语言、分类的语言，而是通情的语言，在相关无碍上运作的语言。假如我们在中国哲学的立场上重新定义概念的话，那么通情性的概念与运格性的概念是有别的。为通情的概念所涵摄的不是一个逻辑的类，而是一个拓扑性的和合，一个通情的和合。而一个通情的思想系统，必然是一个功能性的系统，而非结构性的系统。在这里，理性的意义也有所改变，理性的探索与价值不在逻辑架构的完成，而在裁化艺术的贞定，理性的分析不是个结构分类的问题，而是一个功能角色的配合问题。通情的理性所重的不是事物的结构原理，而是它们的通情脉络。所谓"通情达理"，理就是通情脉络啊！脉络本是中国医学的名词。从中医的角度来看，整个宇宙和人的身体都是一个生命体，一个通情的生命系统。人体的奇经八脉，正是五脏六腑的通情脉络。

52. 是的。假如中国传统哲学的精神，可以用一两个字来概括的话，那么就没有比通或通情更合适的了。很多学者会捻出和或和谐的观念来代表，殊不知和或和谐的观念，正是建筑在通情的基础上的，子曰："君子和而不同。"何以孔子认为君子之不同仍然可以有和呢？因为君子的结合乃是一个通情的结合。又曰："礼之用，和为贵。先王之道，斯为美。"和为贵就是通情为贵，不能发挥通情作用的礼，包括文明社会的一切礼仪和典章制度，必然是僵固的、没有生命力的礼或典章制度。这绝对不是孔子所崇尚的、作为他心目中文明理想的先王之道。究竟孔子所崇尚的周文或文明社会的礼仪和典章制度，是否真能发挥人与人之间的通情作用，乃是另外一个问题。但若单从理想的层次来看儒家的哲学精神，其终极关怀与道家其实是并无二致的。两家所共同向往的终极境界，乃是一个通情的极致的境界，这也同时是儒道两家真善美三达德的定义。通情的极致是至善的、至美的，也是至真的。这个至真、至善和至美的境界就是《系辞传》所讲的太和。"太和"者，和谐的极致也。和谐的极致就是通情的极致，用《道德经》的语言来讲，通情的极致当然就是那玄妙的无了，即一即无的道、常道或自然，正是道家真善美的所在。

53. 庄子曰："道通为一"（《齐物论》）。《庄子》中关于一的论述，几乎可说是俯拾皆是，如"皆原于一"（《齐物论》），"太初有无，无有无名，一之所起，有一而未形"（《天地》），"万物为一"（《德充符》），"将磅礴万物以为一"（《逍遥游》），"我守其一"（《在宥》），"通于一而万事毕"（《天地》），"故圣人贵一"（《知北游》）等等，这些有关一的论述明显地传承自《道德经》中一的思想。"一之所起，有一而未形"和"皆源于一"中之一也就是《道德经》"道生一"所指的一，但"一之所起"是"无有无名"的，故一就是无。《庄子》和《道德经》所关注的常道或终极真实，乃是一个即一即无的纯能境界。一既指这个常道或终极真实，也同时指这个常道之所以为常道之无上德性。这个无上德性在哪里呢？不在别的，就在这纯能境界之通畅无碍处。换句话说，"道通为一"这句话乃是一个分析命题。通就是一，一就是通；一是以通来取义的。显然的，这个一不是一个结构性的概念，而是一个功能性的概念。一条道路若然闭塞不通，也就失去了它作为道路的功能，也就不成其为道路了。故通乃是内在于道的德性，道之所以为道的德性。因为道家的道论基本上从功能性出发，所以离开即一即无的一，也就没有道了。

54. 道家和中国哲人的这种功能性的思维方式，与西方哲者偏重于结构性的进路是有很大差别的。这个重大的差别很明显地表现在一与多的问题上，对中国哲人来说，一并不是多的否定；刚好相反，它乃是多的完成。因为多之通情就是一，一正在多之通情处。当然，在即一即无的终极境界里，一与多的分别已经泯灭了，这就是场有哲学所谓的无相实有。那么即一即无的无相实有究竟是怎样的境界或真实呢？我们已经说过了：无相实有并不是绝对的无相，而只是没有分别相罢了。对于这个无相之相我们可以作这样的描述。它乃是一个无限绵延、曲而不折的活动作用。这个无相之相的玄妙、美妙就在"曲而不折"这四个字的含义里。曲而不折乃是无限绵延的必要条件；有所折也就不能无限绵延了。常道之所以能为天地之始，正在它这个曲而不折的无上德性和力量上。借用《中庸》描述至诚和《系辞传》论易道的话来讲，常道是"曲而有成"（《中庸》）的，是"曲成万物而不遗"（《系辞传》）的。事实上，《中庸》所讲的至诚和《易·系辞传》所讲的易道都是承接着《道德经》常道的思想脉络发展出来的，都是无相实有的别名。

55. 而一个无限地曲而不折的活动作用也，必然是一个内在地无限畅通的纯能作用。因为有断折就有不通，无限地曲而不折的常道所开显的，也必然是一个通情极致的境界。如是曲而不折、通情极致也就概括了一的胜义。对中国哲人来说，终极的真实在此，终极的理想也在此。这就是《庄子》"圣人贵一"的意思了。《道德经》曰："天得一以清，地得一以静，神得一以灵；谷得一以盈，万物得一以生，侯王得一以为天下贞。"（第三十九章）这句话已经把天地人三极与一的关系发挥得淋漓尽致了。从此以后，传统中国哲学的基本思想格局也就确立了。曲而不折、通情极致的无相实有也就成为中国哲学的代表了。


（2002 年 8 月 13 日西安交通大学"第六届场有与非实体国际研讨会"会议论文，原文的大题目是《通情与逻各斯：道的理性与逻各斯的理性——中西哲学的分野》，此文是原定研究计划的第一章。）

# 三 "流动无碍"为卓越典范之理想:道家宇宙观及其实用含义中"通"的中心性

（2007）

道通为一                                                    《庄子·齐物论》
通天下一气耳                                               《庄子·知北游》

## I. 初论

请省思以下词句:

1) 气韵生动
2) 不通则痛

首句常用于赞赏艺术作品，尤以中国文人画为然，为中国美学之惯用语。次句则被针灸、指压等研习者或业者普遍视为不言而喻的圭臬之言，于传统中国医学同样是众所周知的。这两句说话既用于两个大不相同的范畴或学科、两个毫不相干的独立论述范畴，初看起来，似无共通之处。确然，美学与医学，如有共通的话，可以有怎样的关联呢？两者可以有什么共通的地方？

在深受道家影响而形成其一般的哲学观点的中国文化背景下，上述问题的答案，尤其是在本体、宇宙论的假设上来看，实在是显而易见的。美学与医学均有相同的世界观，支持同样的卓越典范，并追求同一的"道学问"（道的学问）的目的——即：生命应作为人所追求或应该追求的流动无碍的生生之德，一个圆融无碍的通透境界，从而达到精神上的和谐至善的最高成就。当人达致这完整无间、逍遥自在的升华至境时，道学问者认为人的神灵将会与道合一。道就是永恒及无处不在的权能（Power），既超越万物但亦运作于这个品类繁多的宇宙万物之中。

基于此，从道家的观点来看，美学与医学 —— 事实上包括其他一切人类的企图或研究，在其思想及实践上来说并无真正的分歧，两者均由一共有的源头所联系，即无处不在的"权能"（Power）之"道"。"道"把它捆缚在一个活动及论述的同一宇宙——"道的世界"。这里"道"一词并非单指一般通义的"权能"，亦指在人类理解的某特定观点中，作为被显示及诠释的各种范畴分野或依据的"权能"，本人曾在其他地方更深入地阐释这"权能观点"。就这"权能观点"来看，"道"的标准英语译词 the "way"实在极为不足。因为这英语译词的静止隐义，实难足够地表达"道"在中国——道家宇宙观中被肯定的终极实在（ultimate reality），具有创生化育的活能或元气及永恒不息的运动能力的权能实在。这动态的实在观念其所涉及的一系列意义，也就是道传统哲学家或思想家，所常以形上词语来概括的"生生之德"。我们看来，这个"生"或"生生"的取向，毫无疑问地处于各式"道学问"（Dao - learning）的核心。在它的知识性方面或作为由基本洞悉、承担及预设所形成的观念系统，可以视为中国意义的"哲学"。"生"，作为动词，指生长、升起、跃现、产生、生产、生育；而作为名词，则指生命或存活的或生存的物体。将"生"字重复成为"生生"一复词是想强调这由创化活动和活力的不息运动所开显的生生巨流（the great flow）。这个生生之流的"时间化"，也就是形成宇宙秩序所本的创化权能，或生生力量的动态连续体。《易经·大传》传统上被尊为儒家经典之首，其内容明显地具有先秦思想的痕迹。它所提出并根源地话题化的"生"或"生生"这影响深远的观念一直是贯穿及联系所有中国恒久哲学智慧的主要脉络及唯一的主线。以"生"或"生生"为取向或主旨的道传统（Dao - tradition），乃是一个"实践宇宙学"或"实践形而上学"的传统。其对宇宙及事物的一切观点及理解，均衍生自或建基于人类生命的立场或观点。而主宰着西方的、以臆度或纯理思辨为导向的"实体形而上学"传统把生生等同"变化"（change）但视变化仅为形态的更迭；而形态的更迭则又被神秘地建基于一个固定不变的"底层"或"托体"（underlying substratum）上。相对于此观点，《大传》明确地提出"生生之谓易"的观念。《易经》便是以此词及其观念命名，问题是一般所指的"变化"，严格来说，并非《大传》作者之意；更不是传统西方形而上学所主张的"实体变化"（substantial change）的神秘理论。顺道一提，这主张在逻辑上是不可能的。从道家宇宙观的角度来看，我们一般或惯常所谓"变化"的想法并非不真实；但它们只是衍生下的"真实"，为具有创化功能的全在权能所开显的现象。换言之，既然易与生生之德有共同的指涉，这两个词语实际上是几可互换的。

　　鉴于以上的说法，除非附有相当多的背景资料，将"道"英译为"the way"（方法、途径）明显地不单是不充分和不足够，而且也是误导的。若为了概念的简洁而采用这一贯译法，我们便要紧记英译"the way"指的是权能之道，即：生生宇宙的自在特有性（abiding ownness）赖以展示于人或为人所理解的权能之道。如此，在我们了解道的实在时，我们已是强调其经验性、诠释性及语言性各层面。"道"（the Way）现在代表的已不仅是一般的权能，而是权能的"真相"。它不应视为是一个永久固定体，而是一个过程，一个有光耀性，开显性或启示性的过程，与人类生命不可分割的过程，一个牵涉经验、思想与语言相互穿透的过程。依照这说法，"道"（the Way）正界定了哲学在道传统的意义和目的。诚然，一切实践、锻炼或行为模式，或维特根斯坦所称的"生命形式"，明确地或不明确地追求或追随着"道"，均可称为"道学问"（Dao - learning）；而哲学性的道学问则是确切地关乎具超越有限的光耀性，及自省性的透明度上〔所开显〕的道，这是一个有意识或自我意识的状态。人只有达致道行最高的层次才可拥有这状态，在这状态下，自我是完全改变了；世界是理想地化为己有：而对道的追求已在才智上、灵性上推之至尽。如此理解的话，道传统的哲学智慧是恒在的"真质事情"（quintessential affair）：研究哲学的道学问者或道学问思想家所寻找的，不仅是一般的"实在"；而是正确地说"真质性"实在，亦即作为善的本体基础的真实或实在。道的宇宙观将实在等同权能，但"善"（the Good）呢？在道哲学的范畴里，"善"与"实在"是如何关联的呢？

　　为了带出在现代背景下中国道学问世界观的显著特点，我们尝试在下面运用当代"过程哲学"（process philosophy）及"场有思想"（Field - Being thought）的用语作为言说剖释的框架。我们相信道的进路（道的处理方式 Dao - approach）与此思想模式有极其相似的地方。因此，亦为了方便说明，我们立即开门见山地提出我们主要论据的重点。有关道的哲学如何回答上面的问题，我们现在提纲挈领地将之简释如下：

1. 从形而上的意义来说，善是构成实在的一部分，它是内在于实在的本性中而为达致其圆满成就的潜能。较准确地说，善是一个生化（becoming）过程的优越表现。在这个过程中，权能活动（empowered activity）或创化能量所构成的"力—事件"（force – event）因而界定了及成就了它自身。这权能活动在处理其"创化活能"时所表现的素质，便决定了它的自身素质，而这生化的内在变化，就是"化为己有的内在动力"（the inner dynamics of appropriation）。简言之，运作中权能的生化或自我界定结果与其创生能力是否优越是分不开的，这就是道宇宙观的真质意义。

2. 在道传统中，至高成就是精神追求超越有限的一项工作，是于组成人的生命模式的无数创化活能量子（活能单位）中通过内省而成的高级"存有本慧"（ontic intelligence）。这精神或超越有限的主体，希望达至的乃是一个圆融至善的境界，于其中这生命模式得以在世俗生存状况中创出最大价值。无论生存状况如何，当人的主宰精神能将他自己及世界化为流通无碍的生生活能时，它便创出最大价值。在流通无碍的圆融至善境界里，精神是处于"通"的状况，所有在自我与非自我、自我与世界间的障碍，或阻塞若非被除去便是被彻底改造。故此，这生命及精神享有无间的完整及彻底的逍遥，遂必与"道"合而为一。我们称这精神或超越有限的主体为"宇宙性的存有者"（cosmic beings）。

3. 在这样的理念下，"宇宙性的存有者"就是达善的人。他们就是道家思想中善的真谛和理想。庄子的圣人、至人、真人，道教的众仙都是其典型。毋庸多说，要达至此至境是一艰巨的承担。这是一个需要终生全心全意地对精神锻炼、修养和转化上作出承担和委身的过程。与道合一，精神（the spirit）必须妙用其所赋有的权能，正确地专注于其创生精力，将它培育、导引和升华。这就是"化为己有"（appropriation）的重要技巧，处理权能（power management）的技巧。要能够导引这影响人或非人生命模式的持久性格的每一能量量子，精神必须经历这"化为己有"的过程。"化为己有"的英语词源意义是将一东西成为自己拥有。在精神的生命里，被化为己有的并非他物，而是精神自身；是将精神自己所期望成为的化为己有。换言之，在存在及精神上来说，化为己有意即"将自我化为己有"（self – appropriation）。但将自我化为己有必涉及将世界及所有他物化为己有，这意味必须创意地改变，或消除人类及文明社会主观地筑建起来的所有范围分界。道家视这范围分界为不必要和耗费的区分，是盲目而执迷不悟的"自我"刻意地或无意地所做的干预。而这消除行动正是通的状态所需。在这全面穿透的状态中，自我和世界与道合而为一；而精神须致力实现此状态，以期能在圆融至善的境界中享用其崇高之美和乐。

4."化为己有"是"生化"（becoming）过程的逻辑及理法。但是这化为己有的内在动力究竟具体地涉及些什么？或者用另一个说法，当主宰精神运用其存有本慧来达到至善或超越有限的宇宙理想的至高境界时，它实在确切地处理些什么？所有研究中国思想文化的人皆熟识阴阳合力的互拒、互补及互相融合这观念。答案是与此有关。根据道宇宙观，"万物负阴而抱阳，冲气以为和"。我们认为这句《道德经》的经典句子，最早关于阴阳动力的哲学性概念，并未为人正确地了解。一般被忽略的地方就是，像道宇宙观词汇中其他大部分重要用语一样，阴阳并非西方逻辑分析意义上的观念，而是处于一个语意网络（semantic matrix），一个涵摄权能经验所共有的整体观点，具有可合适地称为"场统觉"（field apperception）的特点。更明确地说，语意网络所包含的是一个多维度及多层次的象征或符号结构体；这结构体是基于对"动态实在"的某种整体性或场统觉的了解或直觉领悟。因此，阴阳这对用语属于道语意学的范畴。阴阳二极性并无一个单一固定意义或意义组合，而是一个由相互协调的符号、隐喻或图像借着基本意义的标示力而互相联系起来的不定综合组。但是关于这界定万物本性的权能实在，道家的了解是什么呢？

5. 道宇宙观的"生"或"生生"取向所隐含的乃是整个宇宙只是一永恒不息的流动或活能的全息运行。像涨退于海洋表面的瞬息即逝的浪花或水点一般，其动态的"力—事件"连续体在这"巨流"中出现、持续及逝去。"力—事件"的生命是此动态连续体的有限延展，也是"巨流"的微观宇宙的镜子，是由"生化"过程的"时段"（duration）或"由现而逝"（coming – to – pass）所组成。其活能量子因"纯阳"（纯粹活能pure vitality）及"太阴"（业物质 consummate matter）这两大元宇宙二极力量的相即相入及相互顺应而将成就自己，然后在活能运作的效果中转化为业物质。《易经》以语言及象征，即"乾"、"坤"两元卦，来表示

"纯阳"及"太阴"。这两卦的特点可由一组相对的重要属性显示出来。
为清楚起见，现将其属性列表如下：

**元原始宇宙二极性创化活能为阴阳合力**

| 宇宙权能：<br>创化（生生）活能 | 创化活能之阳极<br>乾：纯粹活能（纯阳）的<br>一体绵延 | 创化活能之阴极<br>坤：业物质（太阴）的环<br>宇载体 |
|---|---|---|
| 属性一 | 不断<br>乾卦的六阴爻 | 断<br>坤卦的六阴爻 |
| 属性二 | 开显 | 收敛 |
| 属性三 | 刚 | 柔 |
| 属性四 | 强 | 弱 |
| 属性五 | 动 | 静 |
| 属性六 | 男 | 女 |
| 属性七 | 天/开物成务（创造力的满溢） | 地/厚德载物（收摄力的宏深） |

上表虽未能尽列其属性，唯应能展示传统中道宇宙观对原始宇宙两极
性的看法。实际说，这传统看法肇始于《道德经》及《庄子》，成于《易
传》。"纯粹活能"（纯阳）及"业物质"（太阴）之分当然是我们所创的
词汇。这是我们诠释体系中的一个重要部分，为的是要发掘出隐藏在道的
意义网络中阴阳两极的对立与统一性的相互关系，亦即是道在《大传》
"一阴一阳之谓道"中所精简地解说的意思。

6．"纯粹活能"（纯阳）和"业物质"（太阴）之分别，乃是开启
"生化"过程的"化为己有"内在动力所隐藏意蕴的锁钥。这分别究竟涉
及些什么呢？首先，我们所谓的"业物质"，指的是已过去或已实现的
力—事件或活动作用所积聚的成果或效果，以活能的消散模式或物化模
式，成为宇宙的组成元素。此即《大传》所谓的"天下之故"。如道宇宙
观之所示，试想象宇宙为一个充满活能的绵延场（plenum – field or field –
plenum），一个为所有可能性所在的宇胎网络（cosmic matrix），那么业物
质便形成这活能场的"扩延连续体"，一个为所有实在可能发生事物的载

体及产生地。这是一切习惯、习俗、传统或积习的品行或行为的领域。所谓物理定律或自然定律，只是其中一些较持久的例子罢了。《易经》称这生生或创化的宇宙部分为"坤"，象征"地"。所有权能活动、作用或力—事件均从坤所给予的业物质，获得其持久或稳定模式或特性。坤为其赋形之所，一个抽烟者或一块石头从何获得其抽烟者，或石头的特性或身份呢？这特性或身份是它的被赋权活动，由宇胎网络的有限过去所形成的创化习惯模式处——即是它的坤或地——继承得来，并且被化为自身界定的目的。因为这创化活动的结果，不断地沉淀或积聚在这宇宙中，坤并不是一固定的实在而是不断地自我变化，并必然关联着每一初生的活动或力—事件。今日之地球对我来说并非昨日之地球——或严格地说，瞬间之前的地球已非一样。不用多说，坤既包含某事物的实在潜能，它亦给予这事物一些有限存在的条件或"负担"。也许当老子在《道德经》说"万物负阴而抱阳"，他心中正有此意。

　　在众多与"阴"字有关的多维度意义中，与本体有关的最重要观念，就是我们在这里阐释的"业"的物质观念，因为所有其他观念均在某种程度上由此衍生出来。在道宇宙中，事物的阴性基本上一般地指事物是以"业物质的结构"或简称"物质结构"存在。上表所列述的太阴属性，正是以事物这阴性或物质性为依据。因此，既然业物质是由多样的创生效果累积所组成，作为实在潜能载体的地，其所处的扩延连续体就必是一个可以无限断割的总体。这也许正是坤卦由六断爻（所谓阴爻）所表述的原因。但是可断割的亦是可变改的；可被穿透，修改或改造。所以业物质被称为柔，意谓当创生力或改造力施诸其上时，它有屈服或顺从的能力。本质上，业物质是会抗拒外力的，但由于其物质结构上隐存的"弱点"（points of weakness），也就构形了其柔性，弹性及可穿透性的内在条件——总括来说，亦即是它的"接受性"（receptivity）。道宇宙论词汇里"虚"字意思，就是由这些"弱点"界说而成的。物质结构的"虚"就是其"柔弱"性，即其不抗拒性及接纳性。由此观之，"虚"并非一般被等同的"空"或"无"。当物质结构虚极，即处于全然接纳及不抗拒的状态，则为"无"。但这不正是"通"的至境——全面无碍穿透——的状态吗？

　　7. 能够聚焦于事物，"虚"的方面及将精力导引至物质结构的最弱、最富接纳性、最具不抗拒性的相关点——这就是庄子的庖丁最终学会及熟练的谋生技能——是精神与其所关注的事物相处之道。这就是"化为己有"的最高技巧，是所有力—事件及生化过程均以此作为私下运作必循的"行为原则"。当一位钢琴大师运用其手指，准确的触力按在键盘上而奏出准确合适的音调时，他不单是将键盘化为己有，而是将所有与这音乐表演有关的其他因素或元素化为己有，例如包括他/她的手指、音乐训练及经历等等。在这音乐表演的过程中，在无数力—事件结合一起并同时发展而产生当下效果的期间，钢琴大师在一重大意义上，已将每一促成这效果的元素化为他存在的延伸，从而与这些元素合而为一。从物质上来说，键盘还是键盘，而钢琴家的手指还是手指，但是在这创化的缘会里，由于他们在功能上的互赖及互补，在精神层面上他们之间是无间的。更直截了当地说，无间由于无碍，而这不正是从《道德经》开始，用作哲学名词的"无"——往往被诠释为"非存有"——在道传统中所含的意么？"无"标志的倒不是一般所想象的，或物质结构的"缺乏有"或"不存在有"，而是无间无碍的精神状态。而这状态正是构成通的必需条件。所以，"无"与"通"是同义的，于是精神在道的理论中有以下关系：

$$无 = 无间无碍 = 通$$

在这个完美圆融的境界中，"虚/无 = 通"的精神状态并非抽象的东西，而是以不同的优越程度，为化为己有的内在动力所特有。这化为己有的现象主宰每一力—事件或创化过程，涉及权能活动的自我界说。在每件事件里，所有可见或不见的构成元素（包括上述例子中的手指、键盘、眼睛，包含有钢琴家音乐知识的脑神经等等）结合在一起而成为一创化过程。（但运作于其中的）精神并不存在于过程外，而是与连绵不绝的活能共同延展而流动于其中，将整个表演活化起来。依照道家的美学理论，艺术表演中的画家或艺术家，所显示的灵气正是这连绵不绝、流动无碍的活能或气所呈现于艺术作品的实质内容，例如水墨画的线条及笔触。艺术理论家或评论家，尝试以"气韵生动"来形容这呈现于艺术作品中的流动无碍的气。这词句意谓艺术家的至高造诣，就是能展示流动无碍的精神，但这精神究竟从哪里来？它是如何出现的？

8. 它来自至纯之气或纯粹活能及天地交配、是阴阳相遇相融的结合。作为各类阳气之本的宇宙根源（proto‑cosmic source），纯粹活能在道家的词汇里，往往以"纯阳"、"真气"、"混元真气"、"本元之气"等等名词来表达。在《易经》一书中，它是以乾卦为其象征，代表气场"阳"的一面，是一切大地有限的创生力量的宇宙根源。这些力量虽有先天元气的禀赋，但因为进入了物质环境而失去其本身的纯质，现在必须克服由处于业物质中"阴"的力量所带来的局限。如果我们较深入地比较《道德经》和《易经》，我们不难发现《易经》中乾坤或天地的两极之别，是基本上采用了《道德经》中"无""有"的两极之别。在后者，老子既在不同的语境下以"无"作为描述性的专用名词，亦以之作为动词来表达"道"的核心概念 —— 全面通透的创生权能。一方面，"无"是指无间无碍的典范精神状态；另一方面则指创生权能本质的纯阳之气。其典范精神是"先验地"（transcendentally）形成的。这精神状态被称为"无"是因为，如前所说，没有分间、区界及阻碍。顺道一提，这里所用的"先验"一词，是指超越事物的物质性，即超越业物质的体现，其内是所有属"阴"的组成部分或因素，为纯阳所没有的。稍再深入些说，说纯阳是超越物质实有以下的意思。一，在世上运作的阳能量，从纯阳处取得其创生——创化权能。虽然它会被其所落实的物质环境中的阴性因素所影响，而产生内在的质变，纯阳自身既不包含业物质亦不受此物质影响，这是纯阳之被称为"纯"的原因。《道德经》称"天下万物生于有，有生于无"，我们认为它所暗指的正是我们在此讨论的业物质与至纯之气，或纯粹活能的本体关系。在中国及希腊哲学词汇中，"有"是一个具有范围及界限的观念。物或存在者（being）乃是一个较稳定及有限定性的东西；强调限定性或明确性亦是老子在《道德经》的暗示。更确切地说，"有"在这里不单是用来指一般的限定性，也是一个集体词，指事物总体的明确性或限定性 —— 是一个初始的"场"观念，亦是我们所说的宇胎网络或业物质的场载体。所以，《道德经》的"有"观念所期待的，正是《易经》的"坤"观念的出现。道宇宙观的思路是不难明白的，既然宇宙万物由业物质赋与其形体及禀性——正如抽烟者从其物质结构中的抽烟习惯得其特性，它们可说是由其物质遗产或环境所生，亦即由元宇宙二极的"坤"或"有"所生。但是"有"或"坤"是从何而来呢？虽然道宇宙观坚持元宇宙二极性为创生万物之组成原则，它同时亦强调"无"高于"有"，"乾"高于"坤"，天高于地 —— 总括来说，至纯之气（纯阳）

高于业物质（太阴）的本体优先性。最后分析起来，天下万物作为物质结构只是纯阳创生权能的积累结果而已。因此，正如《道德经》所言，"天下万物生于有，有生于无"。现在的问题是："生"或"创生"的隐义是什么？

9. 从道宇宙观点看，创生是一种"源流"（emanation）从一个源头中流出之事 —— 而非如传统有神论所认知的创造之事。生的原义是升起或像该字的象形文字所表达的，如一植物从地面破土而出。万物并非上帝的创造物而是从"太一"而来的出现体、流出体或繁衍体。"太一"这超世界的终极权能就是《道德经》所谓的"常道"，这是道家思想中神秘的一面。《易经》的"太极"观念就是由这原始的形上太一观念衍生出来的，其最终也就产生出道教多神教义中位于三清首位的元始天尊。有趣的是，借着这道教神学者明显地赋与超世界权能的"（人格化）一"观念，我们或许能够澄清我们认为是道家宇宙论中的一些错误观念。精确地说，争议点就在《道德经》以"道生一"为首句的一段极为奥秘的重要文字。这句话似乎是说道是个比这超世界或终极权能的"一"更基本的真实。但是，观念上这是自相矛盾的。我们的看法是，产生混乱的原因是将"道"用在两个不同的意思上：一是将"道"作为超世界权能的名称；二是将之用作标志天下万物由这超世界权能而生的道（the Way）。如此理解的话，"道生一"应解读为"道生〔于〕一"。道（the Way）并非是高于"一"的权能而是"一"或终极权能〔所运作〕之道（the Way）—— 为天下万物从其永不竭息的创生力量而来的终极之源。上面所说的关要文字，虽耳熟能详，仍须将全文引述如下：

　　道生〔于〕一
　　一生二
　　二生三
　　三生万物
　　万物负阴而抱阳，冲气以为和

《道德经》所说的"一生二"，《易经》将之演绎为"太极生两仪"的宇宙模式。这里，"二"是指界定及组成万物动力内容的阴阳二极，应无异议。依前所论述，阴阳二极性可分有三层意义：一、为潜于万物之源；二、为宏观宇胎网络；三、为微观宇宙的开显。在继续讨论前，首先略为解释这三层意义以避免无谓误解。

甲、神秘层面："一"

"一"为超世界权能，万物终极之源，元宇宙二极 ——"二"—— 由此而生。在这层面，阴阳仍处于尚未分化的阶段，为元气中的互相依存的两极体。"一"在我们权能经验中是未分的连续不断的权能的一体绵延，通常以"混沌"的意象或隐喻表之。

乙、宏观宇宙层面："二"

"二"是指作为气场或活能网络的整个宇宙，由元宇宙二极所形成；它是一个阴阳合力（yin – yang synergy）的分化（differentiated）系统。以宏观宇宙来理解，阴阳分化指的是业物质的载体（坤/地/太阴）及纯粹活能场（乾/天/纯阳），亦即宇胎网络中创生权能的全息二极。这理解，如前所述，肇始于《道德经》中以有无二极之分作为"一"或"常道"的巨集观宇宙的介面。

丙、微观宇宙层面："三"

"三"是表示"化为己有"（appropriation）的内在动力，主宰每一力—事件或活能量子，而天下万物由此而生。阴阳合力（yin – yang synergy）一词是指《道德经》所言（万物）冲气以为和的总结表现。换句话说，（万物）互相遇上、互相混合、互相调适、互相渗透，从而产生气的和谐状态。这词是指微观宇宙层面的活能场，其内阴阳力量既分且合。这二极既然相辅相成，故需依赖对方以存其内在动力及界定双方之完整性。

10. 于《道德经》的奥秘句子中，我们可找到阴阳理论及内在动力的基本表达。《易经》用上了较详尽的词汇及丰富的象征及意象，让我们有更多线索去了解道宇宙观的哲学精要。诚然，我们就宏观宇宙层面与微观宇宙层面意义的区分，可从六十四卦如何用阴爻（断线）及阳爻（连线）来组成及排列的方式看出来。当《大传》说一阴一阳之谓道，它并非只是解释两极的内在关联，也是道出中国道宇宙观恒久的"生或生生"的取向。所谓"孤阴不生，孤阳不长"，这一同样耳熟能详的句子，也许更能明确地把这个意思表达出来。道传统的哲学无疑是一权能的哲学；但那不是抽象地假设的权能而是道德性、社会性和灵性的生活权能（power as

lived）。而我们在权能经验中亲密接触的权能 —— 包括我们作为权能的自我 —— 是必然在特有的环境中出现，属于我们的至纯之气，构成我们先天禀赋并产生我们形体的精神。它是落实于大地的纯粹活能或真元之气，是受制于物质环境的条件和局限的形体化的创化活能。因此，只要我们 —— 或我们的精神 —— 继续受制于大地，我们便不会体会到完整的纯阳之气（《易经》的乾卦）。另一方面，无限辽阔、无比深邃的业物质（太阴）沉淀于大地载体（坤卦），成为我们的物质环境。这类物质也不能完整地为我们所有，在我们的权能经验中，我们所得的物质只是宇宙的习惯形成物。这些习惯形成物进入动力系统，这些动力系统组成我们的个人即时环境，里面不断产生实在的潜能以供我们化为己有及实现。虽然从道宇宙观点来看，万物均由阴阳组合而成，但是阴阳力量的内在动力如何结合 —— 包括主宰精神将其物质遗产化为己有的方式 —— 是变化无穷的。例如，在某些情况下，环境物质的本性可以是这样的：创化活能的先天禀性已失去原本的纯真及自明能力，变成了非理性力量的盲目、邪恶的暴力。但在另一情况下，积习极久的抽烟者，其理性精神中的毅力却最终能够产生效能，使他/她永久放弃陋习。《易经》作者努力以文字、意象、隐喻及象征，创造了卦爻系统的"逻辑"或"理法"，将所有万物包括宇宙生物在参与力—事件及有关他们的存有本慧时，有意识地、无意识地或超意识地运用这"化为己有"或"权能管理"的普遍技巧概念化起来。这卦爻"逻辑"或"理法"—— 内在动力的具例 —— 当然是从人本位的角度来拟成，虽然它们不是作为一些可以从无限的背景抽象化或抽离出来的东西，却是作为"活能绵延场"的一个不可分割的部分，及作为在宇宙秩序中天地之间及相交点上极具动力的参与中心。虽然我们不应在这里继续探讨作为内在动力例子的卦爻"逻辑"和"理法"，但必须指出的是，许多由老子、庄子等思想家所首先提出的道宇宙观的特点，终于成为一个清晰完整的观念系统。《大传》除了强调中国道哲学智慧生或生生取向外，更将其基本方法点示出来，即：生命是一个创进（a procreative advance）的过程，最终乃是一通过权能内在动力以化为己有及调适的事；而人类之善在于着意地追随阴阳合力之道 —— 即"继之者善也"——以达至"通"的境界。更具体来说，善之至者是活动及行动的圆融境界，而创化活能可逍遥无碍地通流其间。在一个有修养的生命中，每一刻都是被精神对善的呼唤，以至通境作出"感"的反应所塑造。《大传》明确地将这"感通"观念联系到将业物质视为"天下之故"。这"感通"观念自此便成为《易经》的重要主题，道宇宙论词汇中的一个重要元素，要达至元气能完全流通无碍的至通境界，主宰精神须谙于游走于物内，发掘一直处于坤地、等候实现其超越有限的抱负之实在潜能。换言之，化为己有的内在动力本质上是感通的运用，是阴阳之相互适应和配合，这观念是所有道学问内容的基础。

11. 从权能角度来看，感通是元气或活能不同中心、模式或范畴间的基本沟通形式。世俗道教各派的仪式及礼节就是感通的一种。一般来说，仪式及礼节，包括其所使用的咒语及法术，均是化为己有的工具。主宰的精神由作为人间代表使用者 —— 道教法师 —— 尝试与实在各层面的更高权能沟通，从道家的观点来看，天人沟通不单出现于微观宇宙与宏观宇宙各层面之间；而是对道行高深的人来说，也可在包括三界的全息动力事件中，即高度修炼生命中，进行天人沟通。三界包括属于那个神秘领域的超世界权能。如果我们记着气或活能本质上是波动如浪的，这观点便不像表面看来那么抽象和难明了。依循这想法理解，咒语和法术只不过是符号化了的权能 —— 气的韵动模式。当道教法师念咒施法以召唤有关神灵现身协助时，他们其实就是重新启动作为天人感应工具（符咒）的波动权能的韵动模式。庄子的木匠入山林，得木成镰，其感通过程实与法师召灵无异。但有异于钢琴演奏时手指直接接触琴键，木匠与树的感通则是隔空的化为己有的例子。而感通，作为化为己有的基础，产生了一致和谐的状态——一个阴阳混合体间相互应和的状态。"通"与"和"这对观念虽已成为中国思想的基调；两词几乎可互相调换，无分轻重先后。虽然"和"在当代中国言文中，尤其是在社会政治脉络里，极为重要，这观念或词语若不与"通"相提并论则是有欠深度的。没有通的状况以便万物能无碍地齐心合作，世界并无真正的和谐。由于分隔及可能窒碍是坤地业物质的内在属性，精神的创造力便决定了能否成功使气获得通的状态。但是我们应谨记处于气场的精神，与充满于气场的物质相遇相融时的蜕变情形，化为己有的内在动力作用是极其复杂的事，其结果决定于乾坤（阳阴二极）互变的作用。众所熟识的太极图"阴阳二鱼"，简洁有力地将此表示出来。"阴阳二鱼"代表的是阴阳组合物的权能元素所形成的气或活能的动力完整体或系统，例如，运用草药药方治病时所产生的系统。严格来说，对这草药治疗的结果发挥决定性作用的因素不单包括病人、医师或专家、药方的草药，也包括了在大环境下能有不同程度上影响这医疗事件的权能元素。而这系统则涉及以上全部具有功能的因素，使这医疗事件成为动力系统的所有活能量子，就是阴阳合力的场。这阴阳合力的场，由于全部有关的权能元素相互适应（化为己有）及变化暂时出现，动力系统中的某一权能分子或作用者的独特性，是决定于它的场位，亦即取决于它与系统内其他权能分子的相对性和关联度。换句话说，任何系统组成部分的改变、修改或变易均会影响这场的特性，因而影响这创生事件或过程的结果或效能。例如，在药方中增加或减少一种草药，将会改变治疗的特性。

12. 我们认为，道哲学家是以这动力系统中"场—拓扑结构"（field – topological）观念来考虑善的意念和至善的。对道家来说，在他们宇宙论词义中的善和至善，并不与事物本身那么有关，而是与权能的表现，与智力，力—事件或形成动力系统的权能活动更有关系，而动力系统表现最佳时则会出现通的状况，元气流通无碍。中国医学中，要判断诊症及治疗是否正确，最重要的是省察元气能否在气脉中流通无碍。早在《黄帝内经》时已认为疼痛是由于气脉受阻塞所引致，循同一思路去想，气脉理论极度影响气功、武功的习用及这两者的通俗文学。"打通任督两脉"这句话已是现今中国文化想象的重要部分。在道家思想影响下，"通"的观念已在中国人的脑海里根深蒂固，几乎在所有学道问形式中，"通"的观念被用来作为善与至善的量度。我们稍前的讨论曾暗示过，一个道家型的画家心中并无所画的实物；他/她并无兴趣如实地绘下实物的表面形状。画家想绘画的或他/她意图捕捉的，是通过该实物作为他/她的"场—拓扑结构"统觉的角度所看到而出现于画家自我与非自我间的自由流通、富有美感的连续的气或活能。虽然用的是不同的媒体，这亦是中国建筑及风水（环境环保计划及发展的艺术）的至高理想。一座良好的楼房或环境建筑物，其物质结构的布置应该能够将"通"的最佳状况所示的价值推之至尽。中国思想及文化受道家思想的影响究竟有多深，是一个重要的哲学课题。这文章的初步论述只是作为前言而已，除了它在道传统的内在意义，这课题还有全球性的重要意义。我们认为道宇宙观与西方形上学的实体进路（实体处理方式 substance approach）是两极对立的，因此其哲学及文化含义就极具分量了。

（翁永汉译，原文是唐力权教授应香港道教联合会、圆玄学院主席汤伟奇博士的邀请，在 2007 年 11 月 22 日至 24 日假香港教育学院举行之"第四届国际道教学术会议"作主题演讲，题目为 *Free Flow as an Ideal of Exemplary Excellence*：*The Centrality of Tong*（*Pervasive Penetration*）*in Daoist Cosmology and Its Practical Implications*）

# 四 道家思想中的权能经验及思想

## ——以"道"和"德"为参考的初步观察
## （2008）

已故著名汉学家亚瑟·韦利（Arthur Waley）将《道德经》翻译成 *The Way and Its Power*，一个相当引人入胜的题目。把"道"翻译成 the "way"（道路、路径、方式），这是普遍的译法；但把"德"译作"power"（力、力量、能量、能力、权力、权能），则并不常见。这里说"并不常见"，是因为"权能"（这是我们所偏爱的翻译）虽然是这个词汇在词源学中重要的语义原素——我们甚至认为是最重要的原素，可是在当今的用法中，我们却很少会联想起这个意思。正如希腊词"arête"及英语的"virtue"，"德"在语义发展过程中渐渐与伦理道德的意思挂钩。"德"一般的意思是德性、美德或正直。"德性"这复合词由"德"与"性"（本性，性格）组成，一直为道德特质的代表词；而另一复合词"道德"，则已成为英语"morality"的标准翻译。"道"与"德"的一些权能含义，虽然是这两个字泰古原义的中心内容，却在语意发展过程中渐渐隐没。最后，权能的语义差不多被道德的意思完全掩盖了。

究竟权能与道德之间有何联系？而两者之间的联系又为研究道家思想提供了什么方向？道家语言及思想又在何种程度上反映出道家的权能体验？而这里所指的权能体验，又是什么性质？相信我们要费不少的功夫，才能为上述问题找到比较满意的答案。在开始之前，让我们先看看一些初步的观察。首先，我们要指出，道德并非与权能完全分割，而是权能的其中一种重要的表现及开显，即：作为构成及维持人类社会"正当化"或"合法化"（legitimization）功能的一种权能模式。道德的权能可以说是文明秩序的骨干，相信大家普遍同意，道家思想多反对文明世界人类对权能的误用或滥用，牺牲了吾人原有的完整本质。事实上，大部分——如非全部——道家与儒家哲学思想的分歧，都是集中在仪礼、德性及其他人类生活的文明手段角色及功用上。这些文明手段是否有益于人类？道家认为大致是否定的：任何与自然脱节的事物，对于人类自然的持续自性（不能分割，完整的人性）都是无益的，它们乃是儒家拥护者所提倡、推行的文明手段所带来的必然后果。人类要认识真实完整的本性，必须适切地置于自然与文明秩序的统一、文化与自然的连续之中，这无疑是对一直以来中国主要哲学传统天人合一的主题思想的重申。虽然在儒家与道家对复杂的自然与文化问题的争辩中，各有优劣，然而道家的辩论最后却发挥了巨大的影响力，成为构成中国传统一项最突出的思想——文化在知性及精神上的"内在化"（interiorization），使符合自然的一大要素。组成人类社会文化的道德善行，及其他文明手段或正统价值，在悠久的中国哲学历史中，被认为不仅是人类按意愿习惯任意创造出来的产物，而是深植于人类生命的先天固有本质之创化，或创生倾向及潜能。我们能臻美善，因为我们自然有这种倾向。正如孟子所言，人性本善。而道德，一言以蔽之，则是自然本性的培养或是习惯性的自我发展。

对中国人来说，人类秩序与自然秩序的连续，代表了宇宙是一个不可分割的整体，这不可分割的整体乃是一无所不在的权能整体。构成现实世界的人类、其他生命体及世界上的存在物，便是这整体各种各样的表达及现象，是其无限、无穷无尽的创生力及效能的衍生及后代。遍在的权能的种种表达，如这匹马、那棵树或其他具体的存在物、东西或对象，在我们日常经验中出现，各有自己独特的身份，功能上与其存在的"概括特性"（profile of being）——它们的持续自性（abiding ownness）——互相联系。但这是一个"权能中心"的身份，它所认定的乃是一具有或多或少连续性和持久性的权能或活动作用的蕴集，而非传统西方形而上学所指的"实体"（ousia, substance），即在宇宙中，本体独立、分离及自我封闭的孤立存在，本质上可以分开而只有外在地与其他存在个体或物质单元相关的"单子"（monads）。中国宇宙观受道家思想影响甚深，对这种"实体单子"的世界观可说是完全陌生的。中国道家思想家认为组成真实及具体领域的自然界万物，在变化的洪流中是互相缠结、互相关联的。而这变化的洪流，乃是一拥有无穷无尽的创化、创生力的遍在权能的"整体自反"（holo‐reflexive）运动。这种观念始见于《易经·大传》，后来被尊称及谚语化为"生生之德"。中国人的世界观认为世界并非由独立的实体或单一集合组成的，而是由一个充满气或生命能量的场域所形成的"宇宙母体"（universal matrix），孕育于其中的乃是众多的功能——动态系统各自构成了一个无穷无尽地、整体自反权能的种种分化或演化——中国道家所谓的"道"或"常道"（永恒地持久的"道"）。"道"无处不在，因其权能运行于所有事物之内；"道"无穷无尽，因其有无限的创生潜能；"道"具有整体自反的特性，因为作为一个不可分割的动态整体，"道"不断回返到它自己、使自己不断重造再生而为万物生生不息的创化之元或泉源。"道"也是神秘的，因为它的持续自性乃是一纯净无限的生命力；此纯净无限的生命权能，既内化于所有事物之中，也超越了宇宙间的一切，超越了由其创生力所演化或生成、组成的实存世界的各种事物总和。这就是神秘的"道"，不可以俗世思维阐释的"道"。《道德经》云："道可道，非常道。"正是这个意思。

　　如果上述对中国道家宇宙观的描述是可以接受的话，则其与西方形而上学世界观的极大差异，不只既深且广，且无疑具有关键性的哲学含义。这里的基本差异在于两种思想："拓扑场"学说与"实体/单子"学说，前者指的是中国道家方法的特点，在此需要先作界定。我们在此的理解是，拓扑学乃是研究在功能上构成及处于一能量或场域的动力系统。在"拓扑场"学说中，我们的理论关注点，特别集中于能动系统中的部分与整体之间的关系，例如电子或亚原子粒子在分子中的运动，细胞、组织或器官在身体内的运动，或在风暴或飓风的整体（能量）活动中某一地区的天气变化。与"实体/单子"学说不同，"拓扑场"学说并不把一物的"物格"（the "thinghood" of a thing）——它的持续自性——放在一个神秘的、空泛的、设想为该物的本质性与偶然性之"主体"或"承载体"（substratum / 希腊文 hypokeimenon）中，作为该物存有之统一的说明；而是放在由道这无所不在的权能所开出的功能的、动态的场域之中，此即是道作为内在于事物的"分化"或"个体化原理"（inner principle of indi-viduation）而运作的所在。在道家词汇中，这个运作于事物之中而为其内在的权能或分化，或个体化原则的"道"，在本体意义上来说，就是"德"。因为宇宙乃是一个不可分割的整体，一个"拓扑场体"，大宇宙的

"道"与小宇宙的"德"并非两种不同的"事物"。在我生命中运作的"德"，即是在所有事物中运作的"道"，是同一个运作于宇宙中的权能或力量。

　　基于上述的考虑，以"way"作为"道"的标准英文翻译就显然不够理想了。我们认为这翻译既有不足，亦有误导性。不足之处是这译法遗漏了"道"在其语义中的最基本元素，即作为权能的"道"。因为这个原因，也因为英语"way"是指建成的道路或路径，常带静止及固定的含意。这种译法不但不能表达"道"作为权能或力量生化的活动，或运动所涵蕴的动力或动态的含意，也误令人想到（普通所谓的）道路而对"道"产生呆钝性与静止性的错觉。更大的误解是，我们一般理解道路或路径，是外在于行走在路上的人或物的；我们认为道路是早已建好的、现成的，行者与其所走的道路乃是互相分离的，可是这种想法正是不适用于"道"的。作为无处不在的权能，"道"渗透所有场域，并无与"道"相对待的"他者"（otherness）。没有东西是在"道"之外的，也没有东西是先于"道"的，没有超越于"道"或先于"道"而存在的结构、原则、或理，限制着"道"的活动和运行。"道"并不在一个客观的时空框架中运行，像牛顿的绝对时间与绝对空间："道"也不面对一个超感觉的、作为一切秩序的永恒贮藏室的形式或理念世界。当然也没有神或超越者在"道"之上，除非我们把无所不在的权能视作神。那么在"道"的宇宙里，秩序的意思与源头又是什么？无所不在的权能之下的活动及运作是否都是混乱、任意及完全没有道理可言的呢？答案当然是完全否定的。"道"是充满着道理的，这可视为"道"的创化活动及运作中的运行原则及形态，后来被归入为一般"理"的概念。把"理"构想为创化原则及形态的整体动态系统（holo‑dynamic system），这意思正是英语"way"所要传达或应该传达的意思。至少从《道德经》中可以隐约地分辨出，在道家的宇宙观中，同一个字表述了上述对作为权能的"道"的各种说法：

　　1. "道"是无所不在的权能，既超越宇宙内所有生命体及事物也恒久地运作于它们之中而为其内在的德性。

　　2. "道"是生生不息地充沛于整个宇宙的创化洪流，所有权能化、为权能支配的活动（empowered activity）或拓扑场运动（field‑topological

movement）莫非遍在的道的创化力量的表达及表现。

3．"道"是（万物所由和遵循的）大道，一个涵蕴着创化原则或原理的整体动态系统（holo – dynamic system），指引着万物的分化或个体化。

这些对于"道"的形而上的宇宙概念纲要虽然重要，但未能将"道"的基础所包含的意思全部表达，这些表达及重新表达对找出"道"最初的语义有重大的关键。上列三项语义说明，以第一项为首要。洪流及途径之说虽然对于"道"的持续自性的内在本质说有整体的意义，但"道"本身的全然超越性，已在其无限的生产力中表达。要点是，宇宙作为充满力量的场域，并非一完全确定的总体。"道"的终极自性超越了洪流所有固定范畴及途径的所有固定建构。

现在的问题是，恒常与"道"相配的"德"，在这语境中又是怎样？早前我们曾经提及，"道"有超越性及内在性的特质，而内在性特质又称"德"。因内在力量是无所不在的权能在个体中的运作，"道"与"德"在这基础上本质是相同的，"道"是"德"，"德"是"道"。事实上，早期旧版本的《道德经》，《德经》就在《道经》之前，相信这并非单单是辞书编纂的问题，而是反映了这两个孪生概念的一致性。可以肯定的是，"德"代表的哲学意思与"道"代表的同样丰富深刻。如果我们接受"道"与"德"的超越及内在本质同等的说法，则结论应当如此。但是"道"与"德"出处为何？从其语义由来，我们又可以学习到什么？

"道"与"德"都是原创字，所有原创字都是在泰古时期，人类有判别意识之前产生的。当时人类对权能的体验首次醒觉，因而同时创造了语言及思想。在泰古时代，所有经验都是权能的体验，而非实物的体验。当人类开始视世界为物质或本质上分割及独立的实物的汇集，他们已进入了泰古之后的时代。

最初组成原始语言词汇，在语义上只是古人对权能初体验的史前记录，即是古人对他们创造的原创字的说法的记录。原创字所记录的是古人对降于身上的巨大影响力及对之的反应，反映他们对于事物及世界的最初感觉特质。古人视在环境感受到的各样东西都是权能的具体化身，非实体物质的集合，而是充斥生产力及能量的场域及网络，在动态上互相缠结交织。自然每种生物与事物之间，都有一种内在的力量在运作，互相连接——不论是动物、植物、河流、小溪、山脉、小丘、星星、星球、风的移动、天气的变化……泰古时期之后的神话、巫术、图腾及英雄传说等渐渐具体化、个人化而成为神、妖、鬼等，对古人来说，都是权能的变化。我们的始祖并没有现代的东西或物件等意识，而水、火等我们熟识的元素也是权能，包括干湿等正反特质，甚至意识或心理状况也是权能的模式。例如，愤怒这种泰古时期的感觉，常见于希腊神话中，就如雷电一般，是一种权能的形式。至于看来抽象的事物如文字、数字及几何结构等，相信你也能猜测到，也是一种权能。

古人依他们对环境的变动影响感受，将权能经验记录及编录成原创字，其语义及句法之间的联系构成最初的语言的特质。古人并借着文化媒体如神话、礼仪及工艺品等其他符号形式或表现，领会世界事物的意思，并掌握真实的影响。语言是最耐久的符号表达，也是最持久及持续的意义系统。语言的语义语法结构发展，正好反映了权能持续的动态。

古人能够不断更新，调教语言及经验以适应生活，这种能力是基于其本体智慧。本体智慧是指人类生活形式的一种智慧，令其能在变化及自我定义的过程中追求最大的益处。本体智慧的作用，好比我们生命中的一种本有而内在的权能在运作，具生活艺术的特质，可以说是最高艺术，令人们可以适切发挥生产力，从活动及表现中达到最佳的价值创造。本体智慧并非无处不在，而是埋藏于我们的权能元素。这些元素构成我们智力特质的意识、无意识或最高意识层面，在与其他元素分开的情况下，是无法辨认的。正如我们生命中运作的不能分割的内在力量，作为智力中心的本体智慧，生产能力是内在性完全自反的，在不可分割的完整状态下达到最佳的运作。基于本体智慧的概念，我们因有"灵魂"之说。准确来说，"灵魂"是人类生命形式中运作的精神力量，受本体智慧引领操控。本体智能埋藏在复杂的力量元素内，令各种活动及功能的内在性完全自反。《庄子·庖丁解牛》的故事就是一个鲜明的例子，故事说庖丁顺"道"而行，宰牛不费吹灰之力，达到最佳境界。这就是不可分割的完整精神状态，完全自反性的道。

虽然精神及本体智慧概念特别指人类生命而言，但在泰古时期的权能经验却没有此规限。对古人来说，所有自然的存在物及事物，因为内有无所不在的权能在运作，因此都是存活及神圣的。本体智慧从这个广大的角度来看，也是在所有生命形式及世界存在物中运行，既体现在星球的自转及永恒的运行，也体现在动植物的自我生产循环之中。中国哲学名词"心"在今天常被译作"mind – heart"，其语义背景常传递这种广大角度的观念。中国新儒家哲学常说"道心"或"天地万物之心"，就是在表达或重复表达这种早已沉淀在泰古时期的遗产语义概念传统。我们将会发现，精神及本体智慧的广阔观念，早已在"道"字和"德"字的古代象征中隐示。

如果我们同意完全自反性的不同程度变化，文化及文明可以视作精神的物质化及生产物，原创字或其他文化媒介记录及保存的对权能经验的初醒之原始沉积，在这历史过程中扮演了最重要的角色。在文明生活及人类文化中的意义进化，很大程度上是本体智慧在泰古时期的语义表达中隐含的沉淀权能经验的体现——是所有思想的原中心基础。无论是有意识还是无意识，文明思想是对于泰古时期的权能经验沉淀构造中某些选取元素的回忆及活化。

文明思想的回忆所代表的，不只是精神回归至泰古时期的认识根源，当时世界仍在分辨意识醒觉之前，人们初次认识到世界是一个充满多种权能中心的场域，而是热切渴望回到泰古时期之前，渴望与无限境界的源头重新聚合，回到难以想象、无限扩展的时间延伸。当时精神仍处于一片混沌，人们对自己只有朦胧的醒觉，是所有神话中不可分辨意识（泰古时期之前）的古象征。这是泰古时期之前，主体与物体构成一个不可分割的整体，未有你我区分，而世界则被美感经验成不可分辨、富强大感应力、连续的力量冲击及感受反应。泰古时期作为辨别性的意识的对象的存在物及东西，是根据其自身与有知觉的主体之间的相近程度及相对的重要性而排列的。在泰古时期之前，所有东西在宇宙同感力、广阔无垠的感受中都是同等的，没有我他之分。这精神境界不就是道家常说的物我两忘吗？

假如精神的回忆没有回到泰古时期，而到"本体智慧的昏暗区"，我们可以这样形容，它覆盖了泰古时期之前至泰古时期的重大转变。我们用"古代"这词包括了这重要期间积累的权能经验沉淀内容。虽然在现今的泰古时期之后的时代，权能经验的古内容早已埋藏在层层令思想断截的语义元素下，此时世界由完全自反性的权能世界，转入一个物质单元的结合——内在孤立及外在——的实物，古元素仍在精神的无意识层面存活运作，滋养、规限并安静地塑造、指引着现代无根似的意识的种种表达模式。现代的思想"无根"，因它远离了根，即道家说的"道"，完全遍及不可分割的完整权能。道家认为我们的始祖在泰古时期，并没有物质实物。我们最初经验中出现的生物及事物，并非孤立的存在物，而是宇宙间不断运作的无处不在的权能结果及符号，是"道"完全自反性及生产力的直接表达及呈现。为抵抗泰古时期之后世界断裂及现实化的趋向，老子与庄子提出要"归根"，即回复到与永恒自性的源头——"道"，相和谐的本体智慧，即《道德经》所言的自然，字面意思是"顺我本性"。

持续自性或顺我本性是所有思想、洞见及对话的主要成分，与其哲学上的配对——希腊语（及其他印度—欧洲语言）的存在一样，自然可译作"nature"，但必须取其泰古时期的意义，而非现代的意义。自然并非与生命范畴、思想与精神层面相对的机械层面的死物或无生命之物。泰古时期的自然概念是与权能相关的，特别是无所不在的权能，中国道家泰古时期的创始者又称之谓道，简称顺我本性。《道德经》中看来困惑的句子"道法自然"，我们只要细加考察，便会发现不难理解，且是自明之理。因为没有东西在无所不在的权能——"道"之外，"道"不受任何外在需要的限制或操控。自然不是"道"外之物，而是"道"持续自性。"道"之所作皆出于自然，出于自己内在的需要，出于自发性的自由。换言之，"道"即自然，顺我本性，而自然亦即是"道"。

"道"原是原创字，今天我们所说的"道"，是历代哲学家所说的"道"，是原创字"道"的久远后代，横跨广阔的意义空间，由泰古时期开始，经历数千年的意思进化过程。按照我们的推测，自泰古时期起，所有生物与事物都被视作有生命及神圣的权能承载物，由此可以肯定，原创字"道"一定与我们的古代始祖的权能经验有关。原创字是人类对于权能经验的最初记录，那么原创字"道"又有什么意思？"道"字又记录了什么内容？

首先我们要指出，所有原创字都有两种功能。一方面是权能的名称，另一方面又是界定身份的最早描述及说明，即是持续自性的最初思想或诠释。自然——顺我本性——的概念，既是对完全遍及的权能的称名，又是表达其身份的最初思想。我们需要知道，古人并非视经验权能的存在为单一事件，而是集体或共有的事情。这是"我们"的持续自性，整个部落、氏族或种族群体的身份，而非分离、孤立、独立的个体，是他们的权能经验的重点。因此，姓（姓氏），与性字，在英语中同是翻译作特性（如事物的特性），两者密切相关。这两个中文字不但读音相同，也有同样的主要意符（称语根），主要语义组成"生"，有生产、引发、生出或生长之意，由原意而来。这是可以理解的，姓的古意是一个部落或氏族或社群的名称，其集体身份或特性由永恒的权能产生、维持，因权能的生产力而集体存在。

无论后来如何复杂化，泰古时期之后的思想家，可能在权能经验的表达上互相累积，古代的思想在最初对生殖力量的反映相当一致，其基本识见相当简单而尖锐深刻。在持续自性中的权能由什么构成？古代的答案简单来说是生产力。无所不在的权能是生产权能，自然或顺我本性所依存的是生的特性，永恒生产力的层面，是我们之前曾提及的《易经》生生之德的观念。中国古代的思想家在这问题上并不孤独，自然这个词由泰古时期进入苏格拉底之前的话境中，古希腊哲学中的 physis / phusis，由口述的字根 phy－而来，有产生、生产、生长的意思。希腊文的"Being"是自然、顺我本性的配对词，而 physis 是希腊文生，生产之力的对等词，无所不在的权能，在持续的自性中是生产活力——是古代思想的基础识见。

泰古时期之后的思想家对生殖力的诠释越见抽象，古代思想家感受到构成持续自性的权能的生产活力，十分具体。生产力因有内在的权能运行，构成动力，再令自然生物或事物存活生存，因此可以说是神圣的。这里的存活或生存是什么意思？现代思想似乎不难解答这问题，但古代思想则有一看似天真但却真正深刻的答案。权能如果可以以任何形式或形态运行，则可以令存在物或事物存活生存。生产活力对古人来说有功能性的本质，适切地说，是所有赋有权能的活动精髓。苏格拉底之前的哲学家，因这功能性的精髓概念而有 physis 与 arche 两个名词，两个词语更可以互相替代。中国道家传统则有气或混元之气——即元始生命能量之说。道与气两者有什么关系？气是具体化的道，元始生命能量是无所不在的权能成就生产能效的具体媒介。

如果语言是权能经验的记录，是古人在有辨别意识之初的泰古时期的觉醒创造，则具生产效能的完全自性权能——我们可称作其生殖身份，一定在创造语言的语义上重要地表达出来，如镜子般，或多或少反映了权能。中文作为一种源于表意特征的写作系统，相较其他语言，如表音语言，有一优胜之处。如日月两个词，是太阳与月亮的原创字或图画，泰古时期之后的读者一般理解到图画描绘的太阳与月亮本身，除此别无其他。泰古时期流行的却非这种感受，古代的观点认为图画形象所记录及反映的，是权能生殖身份的代表，一种运行的具生产能效的内在权能。图画形象所描绘的，只是太阳与月亮的外貌，是内在权能可见的一种表达，而非权能的本身，内在真实实藏于形象及图画之中。权能不可从图画形象表达，而只可从其生产效能方面的作为表达，是最高成就的表达及表现。运作中的权能较其作为的成效更为广大，两者并不相等。构成持续自性的权能的内在真实非以可见，或一般可感受的表达形式向我们展现，而是让我们置身其中，即以其生产力的分配方式及运动而向我们展现。运作中的权能直接由其对我们的影响，及我们对这些影响的感受反应体验。运作的内在权能生产出显见的日与月，我们泰古时代的始祖体验到这种权能的强大影响力，因此将之视为神，祈祷崇拜。中文日、月的象形字必须正确阅读，日的象形字描绘的不但是可见的太阳，也是其生产力表达的太阳神与太阳的权能（隐于图画内）。创造中国汉字的古人在发出日的字音的同时，也是在召唤神圣的权能——神——的名字。

　　我们一般感受到显现的太阳只见其真实动态的一面，对于非人类的生命形式，及在无限的不同情况下，太阳会有不同的表现。但无论在何种情况，太阳以何种模式在特定视点显现自己，其本身也是由作为其生产效能的内在能力的自然基础影响力总和决定组成。我们称这种能动的真实自然基础，为其"身体"或更准确地说，是"力量身体"。因为权能必具有生产力，每样具体的自然存在物或事物，不论是太阳、月亮或是药草，都有一个力量身体。这种力量身体或身体的概念，对于我们正确认识中国道家的世界观有很大的重要性，特别是阴阳宇宙观。阴阳的区别可在身体的各种极性对照及独立模式中找到，例如，力量身体一方面由其过去活动及行动的累积结果构成，是内在权能在自我界定名生产分配的过程中，产生的无上物质或简称物质。这种对作为生产权能的自然基础物质的无上观感，在中国道家宇宙观被界定为阴。具体存在物或事物的能动构成，不只是其力量身体重要构造或形式的物质遗产，自然事物无论外表看来如何实固，也是一种功能性的元素，或在一个改变及转化的场域拓扑系统的功能性元素组织，这种转变及转化能滋养培育生产潜能，于不久后实现。这种将来及可能性导向的力量身体面，就是中国道家宇宙观的阳的概念。《道德经》以一句令人难忘的说话形容出生产力的阴阳对照面："万物负阴而抱阳，冲气以为和。"这句话的清楚意思是，严格来说，阴阳两极的对照及独立不在于存在物或事物本身，而在于其自身运作流动的生产力或气，其力量身体。进一步说，阴阳的对照是向未来发展运作的存活能量与无上的能量，及制约生产效能的物质遗产的对照。这种对照的背后是一个简单意念：我们可以为将来所做的事不但由我们现有的生命能量决定，也由我们物质上的赋予，我们从过去继承的遗产决定。

虽然本文的目的不是要深入探讨阴阳理论，在中国道家宇宙观扮演的重要角色，但必须重申的论点是，这种宇宙观是以力量身体概念作立言。而且这种观点是道家思想整个传统一直以来的基础，由秦代以前的道家思想家开始，一直延续到道教不同的宗派学说及运动。以符咒及咒语召唤天地神灵，是以力量身体作身体影响力，及与能动环境中运行的权能沟通的媒介；内丹学的信徒视力量身体为一精神修炼及成就的场域，一个自我界定及提升的过程，其中物质元素被创造性转化为更高层次的生命能量。与内丹学直接相关的是另一种道教科学技术，即传统中国医学，人体被视为一个有生命能量的生态系统，由器官及经线构成的网络组成，管理生产活力的分配、运输及转化。这种及其他信徒以及学道行为模式，全部都是建立在力量身体作为具体物及生物的本体基础的前设。

古人在泰古时期辨别意识初始时，最先显现的超越性正是基于他们的力量身体。"超越"是因为在泰古时期对权能经验的醒觉启发是，所有物体趋向及物体附属的了解及知识的基本条件。辨别意识的最大区分标志在于主体客体的界定及反对，对于我与非我之分，自我与他人，引起不断的争论，以及理想化的去论点自性之说。事物的持续自性是由什么组成的？这个恒久的哲学问题除了一个特定的生类存在情景，以及在一个特别的分界及远距离模式之外，只是一个抽象题目。在最后的分析中，正是这种具体及情景范畴的自性之说，在秘密巧妙地控制文明思想的发展模式。在哲学上来说，人类怎样思考自己与他者的关系，就是最终极的事情。

古人在泰古时期对权能经验的醒觉，而初次提出的自性争论与去论点以作自我与非我之超越界定又如何？下列提出的观察或可作为问题的初步答案：首先，现代思想多趋于于平面的主观化、客观化及前设倾向，泰古时代的认知是场域拓扑统觉式及多方向相关的。古代的思维认为所有自然存在物及事物，在辨别意识的空间，表面上或表象是互相分离，但在背后却被视为紧密相连，如一个马蹄铁般，互相关联，神话中的衔尾蛇 Uroboros，自咬尾巴——卡尔·荣格（Jung）认为这神话中的蛇是集体无意识之下的自我最高象征，事实上是无所不在的权能在宇宙中的回环变异。即使如何隐晦，古人也与决定所有前景事物的宇宙母体的围绕背景直觉地紧密接触。按照泰古时期的意识，因为所有生物及事物都是力量身体，宇宙是一个场域拓扑上的真实，非我不只是一个由智者操控的实物或事物，而是其永恒自性内的应付权能。非我是不是我们的一员，属于同一氏族或族群或图腾社群，其自性是否有部分是我们的自性？抑或是一个外来者，属于另一氏族或族群或图腾社群，其自性是他们，非我们的自性？语言及思想就是在这种情况下初次出现，而古人的权能经验也初次表达。

语言与原创字的创造同时诞生，正如前文所言，原创字是权能的名称，是运行于太阳、月亮、矮树、小鸟、小溪、河流等各种自然的具体存在物或事物的内在权能。但原创字并非只是权能的名称，也是权能的形象与概念，组成一个权能名称的语义内容。正如婴儿最初说的"Mom"（妈）字，伴随的意思并非知性的，不是这个词的什么思想或概念，而是对于所称的权能集结感受反应的模糊形象，因此，原创字的意思内容不一定是一个概念的表达，而是对所称权能的美感表现或诠释的影像或象征。中国象形文字的日字并非太阳的概念，而是由内在权能生成的表象的太阳形象。现代思想家倾向过度强调知性方面的重要性，而忘记或忽略了影像及符号，或一般的美感标志，是泰古时期概念的先驱，与意义载体有同样的力量，而且内容更加丰富的事实。好像"道"与"德"这两个主要的名词，在中国泰古时代的语义学中扮演了十分重要的角色。

在现存最早的甲骨文中，中文的"道"字是由两个形符联结组成：左边是一个表意语根代表行走，而右边是人首直立，向前直望的图画。这个联结的喻象可谓十分纯真熟悉，而其象征性的分支也再深刻尖锐不过。这里表示的是人类最典型的功能，一个能够站立、伸直行走、思想及说话（人首所象征）的存在物。我们是否可从此自然地推想"道"字原来可能是人类普遍的名称，尖锐的喻象是人类生殖身份的象征性表达或诠释——一种对我们身上运作的内在权能、持续自性的美学描述。我们不难发现，与词语惯用法连接的主要意思可由生殖的喻象得到，"道"作为道路或路径的实质用法以及口述意的道字，有领导、引领、指引的意思。按照我们的理解，许多哲学学者似认为某名词的惯用法是该词的原本意思，是原创者最初创造的意思。传统哲学思想忽略了"道"字形符上显示的简单纯真喻象意思，即人类有思想、说话、对话，以及站立前行的能力。好比一个小孩子，以其基本的向上姿态，掌握了站立的技巧，而且可以进行各种身体活动，便渐渐忘却过去艰苦学习站立及直立前行过程。而我们的文明思想在语意的长期进化过程中，也忘却了所有隐含在原创字的基本字面意思的重要性，这些原创字带有泰古时代我们人类生殖力的喻象语境意义。

　　与今天的"道"字相对照的原创字"道"字，正如我们推测，创造时的意思是作为古人集体的名称，我们称他们为道的人，他们自我定名及与其他人互相称呼：我们是道的人。最早说的"道"字所伴随的最初思想是什么我们不能确定，但我们有理由相信，形成名称——所说的字——意思内容的最初思想只是道的人对其图腾的概念。图腾不但背负了他们的生理上的存在，也背负了他们的生殖身份，他们族群亲系的持续自性。我们认为这是泰古时期原来的你或生物这个词，这生物见于最早的青铜文献中，是一幅手捧月亮或一块肉的图画，代表遵循自性的本体行为。月亮的解释与其最初出现的原意相距不远，道的人将他们视为月亮，将月亮的身体与他们自己的身体互相等同。这背后有一个很好的原因：月亮遵循自己不同阶段的转变自性，人类身体也在其活动及行动中改变的各种形式中保持自性。现代人如果认为图腾式的现象是不智及不可理解的，是因为我们的思想已变得实质化、僵固化及趋向实体，我们已与泰古时期在权能经验中，巧妙流动的运行元素完全脱离联系。对于我们，图腾只是一件东西或物件，但对于古人来说，图腾则是神圣的载体，是内在的生产力的所在，这种力量既在动物也在植物或山脉或月亮之中。

　　无论我们是否接受上述假设，原创字"道"字的原本语义内容是道的人的图腾物体，或许是月亮，可以肯定的是，当"道"字的写法被创造出时，道的人的自性观念已经有了新的转变。原先"道"是道的人自我及互相之间的指称，包括那些"我们的一员与我们的部分"，"我们"

的意思现已延展至包括所有人类，从他们典型的权能及功能上辨别。随时间过去，这种被我们形容为"自性普遍化"的现象最后延展至最大的极限。"道"再不只是道的人或整个人类的内在权能，也被视作是宇宙所有存在物及事物内运行的无所不在权能，既在污垢之中，也在帝皇身上。

　　原始时代在青铜文献中表现的"道"字，古代喻象的意思网状系统包括三种典型的人类权能——站立及直立行走的能力、思想的能力及说话及对话的能力——我们称之为"道的基础"。我们早前表达的《道德经》中道的形而上——宇宙学的方向的概念，只代表其中一个可能的应用面向。要了解文明思想受这种人类简单而明显纯真的表达，影响程度是相当困难的事。可以说，没有什么主要的哲学概念或类项是在某种程度上是隐含、得着或建基于道的基础。而道的基础由语言及思想内部连接构成泰古时期的意义，可被视为所有智慧的发源。虽然三项典型的功能在力量身体的能动上不免互相缠结，按泰古时期的认识，站立及直立行走的能力占了主要的位置。因为辨别醒觉这超越性空间的开启，以及觉醒式的"意义世界"的出现，都是随着身体站立及保持直立位置的能力而产生的。最有趣的是，甲骨文中的"人"字和"大"字实际上都有相同的形符，表现出一个人体的直立姿态。唯一的差异在于人字的直立身体在甲骨文中是向侧站立，而大字则是正面的直立身体，向两旁伸出两臂，类似十字。"大"字的形符给人的印象是，创作的人想表达的不只是直立的人形，而是一个无论是对自己抑或是对环境也是立于指挥位置的人形，一个自我指挥的位置，可以使其态度动作配合组成世界的其他存在物或事物。如果这是古代喻象中含有人类最初对大的概念，则相应地，人类最初对生产力的观念是：生长（站立）至直立自我指挥的位置。我们相信这是中国生的概念最早的含意，与此相关者，我们或可指出 Brahman 这个字，在印度语或吠檀多思想中代表无所不在的权能，字面上表示变大、放大，由字根brah – 而来，有生长、存在、遵守、产生及生产的意思。泰古时期的语意形式或逻辑似乎同样适用于此：古人语言中的变大表示生长及站立至直立及自我指挥的位置，最先的道德善行或卓越行为——正如泰古时期的中国人会说——最先的德——是人类有能力达成的。而这所以成为道德意义的原因，是因这位置能赋予人类神圣的宇宙自性权力及团体关系，学习站立直立及自我指挥的姿态是最先的"入会仪式"，我们必须通过这种礼仪，才能成为人类种族的正式成员——一种有能力臻于公正卓越及自我完善管理的生物。

许多中国的字或词，都隐含或明显有直立的身体作为主要的语意组成成分，包括"道"字、"人"字，以及"德"字。在这许多有直立意思的字中，我们或可以肯定（如果我们的假设可以接受），有些字像"道"字，原为古人的部族名称。因为"道"字与"德"字的读音相近，很有可能两者是同一种族可以互相替换的方言变化："道"的人与"德"的人是同一群人。无论这是否真实，在进一步的分析下，两个字的泰古时期意思是十分相似的，差异之处是"德"字的语意特别强调正直、本体智慧及生产力，这些元素在"道"字只隐含而未有明显表现或特别强调。

在甲骨文及青铜文献中，"德"字的象形文字由两个部分组成：一个是直字的古代形式，表示直、竖或直立；另一个是表示行走的语根。因此，"德"字的古意也隐含于"道"字的形符，以直立的姿态行走的权能及能力为重点。稍为晚期的小篆文献中，"德"字加上了原本表示站立或逐渐移动前进的语根"彳"。古意得到进一步的延伸；更重要的，是加上了表意文字"心"，而"心"的最深层意思因欠缺较适合的名称，或可说是我们提出的本体智慧。在语意进化的漫长过程，"德"字最后将所有这些元素融入概念，成为："德"是持久正直的活动或行动的善德或超卓，人类虽有能力达成，但要实现正当或真实的人性，仍须靠努力。如小孩学习站立，直立而行，达到的过程是自我转化、逐渐前进的运动，需靠不断地投入及调适心智，即其本体智慧。一位哲学家曾简单总结："德表示心的正直。"当人有正直的心，便会争取达德。有趣地，语言上有此巧合：表示道德善行或超卓的"德"字与表示获取或获得的"得"字读音完全相同。而获得或获取的东西是，在此再重申一次，是个人的真实人性——即个人的真正的持续自性。

持续自性的权能，正如我们所言，是所有题目的主题，在最后的分析中，这主题指导及引领所有哲学思想，问题与对话——是人类对在自身运作的内在权能本体智慧的典型应用。我们要感谢中国文字的特殊表意特征，许多在中国的土地上发芽生长，看似简单、天真的古人智慧仍获保存下来，虽然被隐藏在一层又一层自古时期开始，文明思想及语言习惯建构的语义沉淀物之中。我们基本的关注是要建立文明思想，主要传统与其泰古时期古人的隐藏语言中发现的遗产之间的连接，从广阔的角度考虑，中国哲学传统或是我们开展研究事业的最佳位置。现阶段要提出的问题是：古代语言及智能的影响力，在何种程度及如何在秦朝之前（我们承认为中国哲学的文化传统的形成阶段）开始形成的各种道学中得到反映？要寻找问题的答案，我们必须先正确认识泰古时期的语义学中的古代逻辑及文法。

# 五　存在,语言与开显:实体的
　　概念是怎么来的?

（2010）

何谓存在、有，或存有？这是西方古典哲学家郑重提出的一个核心的哲学问题。亚里士多德所谓的"第一科学"（prote philosophia ∕ first philosophy），即后世所称的形上学（metaphysics），本体论或存有论（ontology），正是以存在本身（to on he on ∕ being qua being）为研究或思考对象的一种学问。希腊文 on 或 ontos 乃是连缀动词"是"（eimi ∕ be）的动名词，用来表达一事件或活动作用正在进行中的存在状态。大概创造古代希腊语的泰古人认为，进行式的语法最能表达他们的存在体验，所以他们就以"是"的现在分词 on 或 ontos 来指称存在或存有。如是，存在论在西方也就成为"是论"，以"是"的意义和语法来把握存在体验的理论。这门最具西方哲学特色的学科，在东方的哲学传统里是找不到的，印度没有，中国更没有。汉语并没有与希腊和其他印欧语系的"是"相当的语法，但这表示什么呢？东方哲人没有把存在本身作为一门独立的学问来探讨，是否就表示东方哲人就没有存在的关注和思维，或甚至没有存在的体验呢？当然不是的。事实上，存在的体验是人所共有的，存在的思维则更是哲学思维的本质所在。不管在哪个民族的文化传统，存在的关注和存在的意识和思考，都是文明人之所以为文明人最突出的标志。为什么这样讲呢？理由很简单，因为文明的本质，文明之所以为文明，其关键正在文明人类对存在的特殊体验和把握上。汉语里没有存在意义的"是"，所以中国哲学没有"是论"。古代中国哲人是通过"道"的语言和汉语的语法，来表达和把握他们的存在体验的；"道论"才是中国哲学的存而理论。

亚里士多德把是论作为一门独立的学科来探讨牵涉到一个大前提,

即：存在本身是可以与存在者（onta／beings）分开来把握的。在亚氏的哲学体系中，这就是（是论）与其他学科如物理学、生物学或我们所谓的"所是学"（或"所是论"）的分别。"所是"指的是存在者，"所是学"就是研究不同种类或类型的存在者的学问。但这个（是）与（所是）——存在本身与存在者——的二分法是不会被东方的哲人所接受的，在印度不会，在中国更不会。在东方的文化和哲学传统里，存在本身是不能与存在者分开来把握的，因为存在的体验与存在者的体验是分不开的，是超切不离的。没有离开存在者的存在，"是"乃是（所是）中的"是"；存在本身的体验就在存在者的体验之中。在中国哲学或"道学"的传统里，是与所是的分别就是道与万物的分别。道在万物，没有离道之物，也没有离物之道，因为道正是万物之道。对中国哲人来说，道的体验与物的体验是无法分割的，把它们分割了也就无道无物了。西方哲学的是论是一个"超离主义"的存在论，而中国哲学的道论却是一个"超切主义"的存在论，两者之间是有很大差别的。

尤有进者，西方哲人的超离二分法，不仅表现于"存在"与"存在者"或"是"与"所是"的对比上，也应用在"第一所是"或"第一存在者"与"后断所是"或"后继存在者"的关系上。不管是亚里士多德的"第一动因"（First Mover）或是中古神学的上帝、造物者、或"至高存在"（Supreme Being），第一所是与后继所是的关系本质上是外在的。上帝或造物者原则上可以创造万物，也可以不创造万物。前者与后者并无必然的内在关联，但在中国道论的"溢出"宇宙观里，作为万物之母或第一所是，道是万物的本根，万物生于道的动态本质；宇宙间的任何一物都是道的化身，来自本根权能一体之分殊。这就是《道德经》第四十二章首段"道生一，一生二，二生三，三生万物"所涵摄的精微意蕴。由于万物生于道的动态本质，万物与道的关系就好比我们与祖先的关系一样，是超切地相依而不是限隔地超离。

"道"字有说话的意思，言说义的"道"与希腊语"逻各斯斯"或"逻各斯"（logos）相当，其在中西哲学发展史上的地位也相似。但"言说"（speech）和语言（language）不同，言说是启动语言中的存在体验的生命活动。海德格尔的名言"语言是存在的'安宅'"（*Language is the House of Being*）并不准确或只说对了一半。用西方哲学的实体语言来讲，

"安宅"就是"载体"（substratum／hypokeimenon）的意思。严格地说，语言不是存在的载体，而是存在体验的载体。但在海德格尔和其他现象学者的心中，住在语言"安宅"中的不是存在体验的原始资料，而是为文明人类意识指向性对象的"意义"——概念性的意义。存在体验中的那些非概念性的成分或未经概念化的意义，现象学者是不在乎的，而且是不会接受的。原始的存在体验直接来自实存生命的活动作用，故作为存在体验的载体，语言与实有（包括所有自然界和人造的具体物）的关系是非常密切的。道又有道路的意思，这个含义的重点与其说是在道路本身，不如说是走在路中的人和相对于走路的人所开显的境界。言说与语言的关系，就好比走在路上的人与相对于他而呈现的境界关系。言说启动了潜存在语言中存在体验，一个新的存在境界也就通过被启动了的体验而开显了，这就是本于道论的言说观、语言观，其超切的色彩当或多或少与汉文字象形表意的特性有关。另一方面，由于印欧语言拼音文字本然的抽象性，西方的语言观自始即有语音与文字，言说与语言和语义与实有相互脱节的倾向。近代西方哲学所谓的"语言转向"，究其实正是此超离主义语言观与心态的终极表现。不管是属于欧陆阵营的哲学家，还是属于英语世界的哲学家，近代西方哲学的一个最大的特色，就是多谈语言与言说而少谈或根本不谈实有或实在。宇宙与万物的实相和本质，终究是难以或不可能以实体性的概念思维来把握的。后现代的西方哲学家整体上可说是已彻底地放弃了这种企图，他们大概认为唯一能被知解理性把握的就是言说与语言。他们把语言孤立起来，视为一个可与宇宙的具体真实分离的实体或领域；他们把言说孤立起来，把它与我们的身心及其他实存生命的实践或活动作用分隔。不过，离开宇宙和万物的具体真实，我们还能把握语言么？离开了我们的身心和实存生命的行为和实践，我们还能把握言说么？到头来，语言与言说的本质终究也是不能被把握的了。

笼统地讲，我们所谓的"实体"乃是一个独立自存、同一不变、完全可以被概念思维或知解理性，或我们所谓的"逻各斯理性"把握的东西。"独立自存、同一不变"这八个字是关键，因为实体之所以能完全为知解理性所把握正由于它的固定性、确定性与不可分性。而这正是巴门尼德斯为存在设准的"一"——"绝对的一"。西方古典哲学家如柏拉图和亚里士多德的"实有"或"实在"（the really real／to on he on）观念，就是以这"绝对一"为存在标准而立义的。"绝对一"是无对的，它是唯一真实的存在，它的对立面就是"无"——"绝对的无"。绝对的无就是绝对的不存在，因为它是完全不能被逻各斯理性所把握的。以上就是实体—概念的逻辑根源。"逻辑"乃是为概念思维设准或立极的学问，它的最高原则就是巴门尼德斯的绝对。为亚里士多德所创立的古典逻辑或形式逻辑，正是以此原则为大前提而建立的。形式逻辑所谓的"思想三律"——同一律、矛盾律与排中律——不过是"独立自存、同一不变"这八个字的演绎与形式化罢了。所以形式逻辑与本体论在本质上是同源的，它们是绝对——这个大前提的孖生兄弟。"本体"就是实有或实在，真实的有或存在。存在本身与存在者——是与所是——分离之后，西方哲学家自古典时代开始即把注意力集中在实有或实在的探讨上。他们讨论的焦点不是 being as being / to on he on（存在本身）而是 to ontos on / the really real（真实的存在）。柏拉图与亚里士多德的结论是：实有或实在必须是一个"实体"（substance / ousia），一个满足知解理性的逻辑标准的真实存在：若不是绝对是自身就是绝对是的"副本"或"抄本"。换句话说，独立自存、同一不变乃是实体之所以为实体的特性，或我们所谓的"静态本质"。故"实体"一词中的"实"字有两层意义，一是"真实"的"实"（real）；另一则是指涉静态本质的"实"，代表实有或实在的逻辑标准之"实"，以"固定性与确定性"（definitness）为义之"实"。当代中国哲学的实体一词乃是从英文 substance（源自拉丁文 substantia）翻译过来的。substance 或 substantia 乃是"站在下面"亦即是"托体"的意思。这和它的希腊原文 ousia 差距很大，完全没有后者的丰富意蕴，当然就更没有中文实体一词的巧妙和贴切了。不过，英文 substance 也不是一无是处的译语。在亚里士多德的实体 ousia 理论中有一个十分重要的概念，是用来处理主—谓式中主词与谓词或实体与属性的关系的。这就是亚氏生成论所依赖的"载体"hypokeimenon（拉丁文 substratum）概念。作为主词的实体是不能作谓词用的，因为它是一具体物的属性的载体，它的生长变化所在地，这就有点场有哲学所谓"场"的意味了。但场有的"场"是开放的，亚氏的载体或场却是孤立的、封闭的。亚里士多德的实体论一方面坚持实体的固定性与确定性或独立自存、同一不变的静态本质；另一方面则又肯定实体生长变化的动态真实。亚氏哲学的特色就孕育在这矛盾的张力上。

作为哲学的术语，希腊文 on 与 ousia 的分别，乃是存在与实有或实在的分别。柏拉图与亚里士多德虽仍然关注存在本身的问题，但事实上理论焦点已经转移到存在者和存在者的真实性问题上，亦即是从"是"到"所是"和"真是"或"真实的所是"的转移。那些存在者才是真实的存在，真实的所是呢？对这个问题，柏拉图和亚里士多德给出不同的答案。柏氏以世间万物的"静态"本质（eidos）为真，而亚氏则以具体存在的个体物（如一个人或一匹马）为真。不过尽管见解不同，他们在泛指真实存在者或所是时所惯用的词就是"奥西亚"（ousia）。这个字有十分丰富的意涵，翻成英文就是 being, essence, substance——存在，本质、实体。熟识西方哲学史的人都知道，这三个概念对西方哲学，尤其是形上学的形成和发展是如何的关键和重要。我们可以毫不夸张地说，西方哲学的特色就是通过这三个基本概念表现出来的。

奥西亚（ousia）乃是连缀动词"是"（eimi／be）的过去分词（past participle），过去分词是用来表达曾经是或发生过的事物的。直接的翻译就是"曾经是的什么"（the what was being）。曾经是或过去了的东西是不会改变的，因为它已经成为事实；因此曾经是的存在有顽强的固定性与确定性，这就给我们对实体概念的来源提供一个重要的线索了。柏拉图和亚里士多德之所以选择奥西亚（ousia）（曾经是）而非动名词 on/being（当下是），来表达他们的实有或真实存在的概念正本，于前者所涵摄的固定性与确定性上。对柏拉图来说，只有永恒不变的本质才是 ousia 或实体，真实的存在者。亚里士多德则有"第一实体"与"第二实体"之分。前者指的是个别具体物中扮演属性载体角色的 hypokeimenon，而后者则指的是内在于个别具体物而为其形式因的"类性本质"。虽然与柏拉图的永恒本质有别，亚氏的属性载体（第一实体）和类性本质（第二实体），与柏氏的永恒本质有一个共通性——即我们所谓的"顽强的固定性与确定性"。而这为真实存在设准的"实体性"，正是我们要争论的问题所在。

我们的问题是，为什么必须是固定或可被确定的东西才是真实的？这是一种假设吗？还是一种先验的真理？这个假设或前置的判断有客观的根据吗？没有。在我们的存在体验中，既有相对地固定或可被确定的一面，但也有相对地不固定或不可被确定的一面。不管是前者还是后者，原始的存在体验是没有评论、没有标签的，它只是一个自是其是，自然其然罢了。"真实"与"不真实"存在的分别乃是人类——尤其是哲学家或思想家——为满足其知解理性的要求而投射于万物的构想。文明人为求生存、求发展就得有效地把握存在，而知解理性通过逻辑思维对存在者的实体化，正是文明人类得以在某一意义上有效地把握或控制万物的一种手段，一种为生命服务的理性道术。这里"理性"一词是有两层意义的，它指的不仅是以逻辑思维、实体思维为手段或工具的知解理性，也兼指以实存生命本身为服务对象的"实存理性"或"生命理性"。后者是高于前者的；不管是如何有效或有力，知解理性只是实存理性的一种功能，而非实存理性本身。说到最后，我们的一切生命活动莫非实存理性的产物。而从实存理性的观点来看，知解理性对存在的实体化是很有问题的，对文明人类的生存与发展是可以导致严重的后果，此乃因彻底实体化的宇宙乃是一个四分五裂、断而又断的宇宙。庄子所谓的"道术为天下裂"，就是针对实体化文明而作的批判。从场有哲学的观点来说，存在本身是"绝对无断"的，存在者的世界是"断而不断的"，断而又断的宇宙——实体化的宇宙——正是一个"有欠真实"的宇宙。"有欠真实"因为它的开显乃是奠基在存在者场有体性的蔑视和存在本身的遗忘。如是，实体主义与非实体主义之争，也就不是我们可以轻易地束之高阁的哲学问题。事实上，这个问题的重要性是没有其他哲学问题可与伦比的。

　　"存在的把握"是什么意思？人是如何把握存在的呢？既然存在的体验是人所共享的，那么这是怎样的一种体验呢？让我们对这个核心的问题提出我们的看法。我们给予的初步答案是："存在"就是开显者的开显。这个定义也许是"存在"一概念最简单、最直接、也是最基本的阐述了。但这可不是我们的发明，这句话所指涉、所阐述的毋宁是人类对存在最原初的体验。没有不开显的存在，完全或绝对的不开显就是绝对的不存在。存在者就是开显者，而开显者在某一意义上也必然是一个"在场者"，因为开显者若完全不在场的，我们就无法体验得到他的存在或开显者。"在场的开显者"——这当是"物"或"事物"，作为存在者的代名词最基本的哲学含义。如是，存在的定义就应改写为在场开显者的开显。

　　很明显的，在这个定义里已隐含了存在的相对性、多元性、特殊性与脉络性——或统称之为"场性"。一切开显都是相对于某一或某一类生命体的开显。事实上，开显与生命体这两个概念，可以说是相互定义的，因为广义的"生命"，正是被定义为可以感受和把握开显的权能。一切开显都是通过活动作用的开显，而活动作用正是权能运作的具体存在。故在这个意义上，具体物、权能体和生命体乃是同义语。开显的相对性，最后分析起来，乃是植根于权能体可分而不可分的超切性。有相对于我的开显，也有相对于你的开显；有相对于人的开显，也有相对于人类之外其他生命体的开显。花草树木、飞禽走兽都莫不有其各自开显的世界，享用着某一形态的具体存在。由于生命体感受功能或能力和传输媒介的不同，开显的形式是多元的、多维度的。就人而言，有通过视觉的开显，也有通过触觉、听觉、嗅觉、味觉等感觉器官的开显；有通过意识层次的开显，也有通过无意识、潜意识或甚至超意识层次的开显；有通过直觉的开显，也有通过理智或知解理性的开显；有通过记忆的开显，也有通过想象的开显。总而言之，存在的开显与生命体的感受功能是分不开的。一生命体对存在者或开显者的把握，乃是其感受功能或能力的综合。这个综合能我们称之为权能体或生命体的"拓扑统觉"（topological apperception）。"拓扑"（译自希腊文 topos）是地方或所在地的意思，这里用来指称一生命体或具体物在权能的功能时空中所处的位置，开显的特殊性与脉络性就建立在权能运作和生命活动的拓扑性上。一切开显都是特殊的，为权能的拓扑脉络所决定的。从场有哲学的观点来讲，宇宙乃是一个本于创化权能的超切连续体（我们所谓的场有），万物中的任何一物都是创化权能（或简称权能）一体之分殊或化身，连续体中的一个不可被替代的环节。开显的超切性或场性，正来自此权能真实或实在的体一分殊上。

　　开显当然不是什么静态的实体，而是一个依场而有的创化事件，代表权能"体一"与"分殊"的超切综合。创化权能是生发的权能，也是开显的权能，生发与开显乃是一事之两面。创化事件依场而生而起，也依场而隐而没，就好像大海中的浪波一样，无可避免地受到其场性和拓扑性的限制与支配。作为在场的权能体，人和其他生命体或具体存在，是如何在其生发的过程中把握开显的呢？此句中的"把握"两字是什么意思？生命体所把握到的是什么呢？一言以蔽之，是资讯——关于存在者或在场开显者的资讯。用"主—谓"式的表达方式来讲，存在者或开显者是主格或主词，而一切有关前者的资讯都是谓格或谓词。在西方的传统形上学里，主格或谓格，主词或谓词，也就摇身一变成为西方哲学家所熟悉的"实体"与"属性"了。

对一生命体而言，它所获得或把握到的有关存在者或开显者的资讯，乃是后者相对于此生命体而言的"意义"。"意义"是不单属于语言，而是普遍地属于一切存在者或开显者的。你此时此地给我的资讯，就是你此时此地对我的意义，但资讯和意义是不能离开活动作用而言的，它们乃是运作于生命活动的权能产物——功能作用的产物。一切信息都是开显于活动作用的资讯，存在者或开显者对一生命体的意义所反映的，正是前者对后者所产生或可能产生的作用。老虎可以把我们吃掉，老虎这个可怕的作用，不就是老虎对我们所开显的资讯和意义么？故所谓一物的属性，也就是关于此物资讯或意义的总和，亦即是它的功能作用的总和。如是，对存在或开显的把握，也就是对存在者或开显者的资讯和意义的把握——亦即是，功能属性的把握。

在中国的传统哲学语言里，这个立义于功能作用的属性观念，一般都是用"德"、"性"、或"德性"这几个词语来称谓的。一物（开显者）之"德"就是它的功能作用。而"性"的原义是生，指的乃是内在于物的动态本质，故"德性"这个复合词最能表达功能属性的概念。回到上面所提出的问题，既然我们把生命体对存在或开显的把握，归结为对存在者或开显者的功能属性的把握，那么生命体是如何把握在场开显者的功能属性的呢？这个问题在根本上并不繁杂，是可以有一个简单明确的答案的。如上所述，开显者的开显乃是一依场而生的创化事件，一个由众多的权能体，和活动作用所蕴集而成的现实缘会；它的动态本质来自参与事件的权能体或生命体的互动，或相互作用。在此互动或相互作用的过程中，开显的不仅是某一在场者的功能属性，而是所有参与者的功能属性。我与他人他物在一事件中的互动不仅通过我自己而开显了他人他物，也通过了他人他物而开显了我自己。换句话说，开显的不仅是我的自体牲，也是我与他人他物的互体性。总而言之，开显乃是权能体的"共业"：在互动中开显的功能属性乃是权能体共享的存在德性。套用一个数学物理学的名词，我们不妨说，功能属性乃是一个多元多维度的信息向量。

根据上文的阐述，为西方传统哲学传统所依赖的"主—谓"格语法和"实体—属性"的概念范畴，是不能确切地把握在场开显者的开显这个存在体验的。具体物或权能体的功能属性都是相对相关的；它们不仅相互外在与相互独立，也同时相互内在与相互依存。此权能体的相对相关性或超切性正是"场"一概念在场有哲学中的胜义。说得准确一点，我们所谓的"场"，胜义的"场"，乃是万物的胎藏，动态地贮藏着宇宙中一切生发与开显的可能性与条件性。但这个"场"或"胎藏"本身并不是一具体物，也不是一个固定的处所或地方。构成万物生发与开显的可能性和条件性，正在权能体的超切连续的共同属性里。以水与火为例，水能灭火或火能被水所灭，这个功能属性既不单属于水也不单属于火，而是水与火拥有的共同属性；这个共同属性的资讯向量所指向的，乃是潜存在水与火的内在关联中的功能种子，一个场或胎藏中的可能性。水的定义中有火，火的定义中有水；由于水与火这个共同属性，它们在存在德性上是相互定义的。对场有哲学来讲，一切权能体或具体物的关系，都可化约为共同属性的关系：完全孤立的、离场或与场绝缘的自体性或自性是不存在的，无法开显的。当我们用主—谓的语法来表达权能体或具体物的存在德性时，我们就无可避免地忽略了或甚至切断了它们之间的内在关联。我们在描述或定义一物时往往剔除了他物的定义，切断了开显在一物中他物的意义或信息。

当我通过视觉的活动作用看到眼前的一棵树的时候，开显在我视觉活动中的不仅包括那棵直接地、颇为明晰地和界限分明地呈现在我意识中的形相的树，还包括在我的视觉活动过程中间接地、隐约地和无形无声地伴同着那棵形相的树，呈现它自己的创化权能。真正的存在者或开显者不是那棵突出地呈现的形相的树，而是使整个开显事件成为可能的生发主体——一个创化权能的分殊。直接呈现的、形相的树只是创化权能于此时此地通过其动态本质所开显的现象或殊相。但现象与本质是不可分割的，因为现象正是本质的开显，前者乃是创化权能一体分殊的化身，因此我们不妨说，现象是创化权能在世存在的代表。作为宇宙永恒遍在的开显者，创化权能正是通过它所开显的现象、殊相或化身而成为此时此地的在场者。

创化权能通过活动作用而成为在场的开显者，这是我们对存在最原始的体验。换而言之，一切资讯，最后分析起来，都是作用的资讯，亦即是权能运作的信息。存在者或开显者的意义乃是其作用的总和，如是，"存在乃是权能通过活动作用的开显"，这句话的内容主要可分开两个主要方面来讲，一个是作用的传承与互动；另一个就是信息的感通与裁化。作用的传承与互动是能，资讯的感通与裁化也是能。此处"能"字兼有功能与能量的含义，我们称作用的传承与互动的功能或能量为"力能"或"力量"，称资讯的感通与裁化为"心能"或"心量"。作为创化权能一体的分殊，一切实有或具体存在都是由心力二能的交汇所构成的生命体。心力二能乃是生命权能之"双翼"。生命不可"有心无力"，也不可"有力无心"。事实上，存在的开显本身乃是一个"由力生心、由心入力"的创化过程。兹以下式概括之。

存在或存有在希腊及其他的印欧语言里是以连缀动词（copula）"是"（on, ousia／being, existence）来表达的，所以西方的存在论或存有论应该说是一种（是论）。有些学者更因此认为，由于汉文没有与"是"相对应的语法，中国哲学是不能产生存在论的。

存在就是开显者的开显，这也许是我们对存在或存有这个概念最基本也是最简单的描述；存在者就是开显者，开显乃是一切存在之所以为存在的本质。一切有关存在或存在者的思想或言说，包括西方哲学的"是论"、中国的"道论"和印度吠檀多的"梵论"，事实上都是一种形态的"开显论"，作者所倡导的场有哲学也不例外。本文的目的乃是通过场有开显论的观点，来剖释或探讨一组相互关涉的哲学问题。场有哲学的一大特色在于它的非实体主义（或简称非实体）的立场。实体与非实体之争衡过去已有过不少讨论，但也引起了不少误解。但随着场有哲学一些概念和表达方式或语言的转变，这个论题有重新处理的必要。实体的概念是怎么来的？这个问题的答案正在人类在人文化——文明化的过程中对开显者的开显所表现的姿态上。

（2010 年吉林大学国际场有哲学学术研讨会论文。）

# 六 落实与营虚:道法自然的时代意义

## （2011）

"自然"一词在《道德经》中仅出现两次，不过虽然次数不多，这个关键词所指向的理念或思想，在《道德经》和整个道学传统中却至关重要。道不仅以自然为法，事实上，就其究竟义来说，道本身就是自然。这一点，著名学者高亨看得很清楚。在他的诠释中，道和自然基本上是同义语，自然是道之体，也是道之用。高亨是这样解释的："道之体用是自然者，即宇宙之母力其体用是自然，实则天地万物亦是自然。自然者，本体如是，本性如是，本能如是，而非人为而如是也。"这段话中的最后一句最为关键。高亨心目中的自然显然是从非人为或超越人为这个认知上取义的，而这也是一般人包括传统道学者的一个共识。这个传统共识的基本含义是；自然乃是非人为或非人为所能改变的客观真理或真实。由于人有选择的自由，他的行为（人为）可以是顺应自然的，也可以是有欠自然或甚至是违反自然的；但这样做是不智的，人应该如天地一样取法自然，以自然为典范。而这也正是传统道学对《道德经》第二十五章"人法地，地法天，天法道，道法自然"一句的一般诠释。

但人为与自然真的是对立的么？人真的可以有反自然的行为、做出反自然的事么？高亨以自然为道的本体而描述之为宇宙之母力。但什么是他所谓的宇宙之母力或自然力呢？假如道即自然，如高亨及其他诠释家所说，那么道法自然一语不就是道取法于其自己、以自己为典范么？这是否可以说得通呢？再者，道家道教法自然的思想究竟有何时代的意义？文明社会的持续发展是今人十分关切和积极探讨的一个论题。这个论题与法自然的思想有什么关系？从哲学的角度来看，持续发展是怎么一回事？我们要的是怎样的持续发展？

对于这些问题，下文将从本人所主张的场有哲学或场有道学的立场予以疏解，并作出初步的响应。所谓"场有哲学"，就其本体思想而言，乃是通过"权能场"的概念来理解有或存在的究竟学。场有哲学的大前提是，天地万物都是权能体，都是创化权能，亦称生命权能（或简称权能），体一分殊的化身。创化权能者，天地万物赖以活动作用、生长变化的生发原动力也。这个创化权能或生发原动力，我们认为就是《道德经》和道学传统中所称的道，高亨所谓的宇宙之母力或自然力应该是同其所指的。创化或生发原动力既是天地万物的本体，也是它们的动态本质、动态本能或动态本性；而这个权能的本质、本能或本性亦即是与道连言的德。德者，得也。德是道所本具，是自然地内在于道体的。但作为创化权能体一分殊的化身，天地万物有得于道的是什么呢？当然就是内蕴于其能量系统或化身结构中的生发原动力了。所有世间的权能体都是遂性造业、内蕴外徼的。我们不妨说，遂性造业就是万物的生命，就此胜义或本体义的"生命"来说，所有权能体都是生命体或生命共同体（复合的生命体）。遂性者，生命权能的落实，生发本质的实现或创化本能的发挥也。而遂性则必造业，即：在世间留下业绩或成果，对其他或继起的生命体产生影响或造成差别。遂性定义"生命"一词中之"生"，造业定义生命一词中之"命"。遂性与造业连言也就表达了我们所谓的生命权能的落实这个理念了，遂性造业或生命（权能）的落实，乃是一个内蕴外徼的过程，所谓外徼指的权能体生发功能的发挥。内蕴是体，外徼是用，在宇宙间呈现的森罗万象，乃是创化权能在生命体内蕴外徼过程中所呈现的相或现象。如是，一物的化身结构乃是一个体用相的三真之实。

"三真"的意思是，体真、用真、相亦真，天地万物莫非三真的开显，本于道或创化权能的造化流行只是一个由承前启后的生命体依三真之实的运作和流转所形成的动态连续。虽然对三真的肯定乃是儒道两家的共识，强调三、之实的自然性和营虚功能的重要性却是老庄和道家道教思想最大的特色。但何谓自然？自然就是自然其然，这个词的原义指的乃是生命权能自我落实的客观性或内在必然性。所有生命体都是自遂其性、自我定义和自我规范的。一粒种子会在它的活动作用、生长变化的过程中成为怎样的生命，和它在此生发过程中所必须遵从的规律，早就潜在于其内蕴的生命权能之中。种子的开花结果乃是此生命权能的自然其然或自我落实，此主宰着生命体的内在必然性或自然之理，用现代的语言来讲，乃是一个客观的规律，不是人为可以随意改变的。人存在于天地万物之中，置身于三真之内；人为之事也有其自然之理在，人有选择的自由，但这天赋的自由不正是人的本性么？故严格地说，人是不可能反自然或改变自然的，假如这意味着违反自然之理的话。不过，道家哲学不仅彰显自然之理的客观性或内在必然性，也彰显自然之理对人生和人类文明的无上价值。前者是就道的无私来讲，而后者则是通过道的无为而无不为来表达。高亨对第二十五章有关道与自然的关系那段文字正是把重点放在自然之理的无私上。据高亨的诠释，人（或代表人的王者）法地是法地之所之为地之无私载，地法天是法天之所以为天的无私覆，天法道是法道之所以为道的无私生，而道法自然呢？当然就是法宇宙母力或生命权能自我落实的自然本身了。明显地，无私生之道和等同自然本身之道是有分别的。问题是，什么是自然本身呢？

自然本身或自然本体，用场有哲学的语言来讲，就是权能本身或创化权能之在其自己，亦即是《道德经》首章所谓的不可道的常道。这是道或本体的究竟义。权能本身乃是一个无间无碍、无对无外、通透灵明的超世间生命体，一个超越时空而永恒遍在的无限绵延。但此究竟义的本体或《道德经》所谓的常道或不可道之道，却不是一个固定不移、无活动作用可言的实体，而是一个用之不勤、动而愈出的纯粹活能，一个无始无终、无休无断的永行之行。权能本身或纯粹活能并非绝对的不可言诠，说它是不可道只是说不能用世间的、为世俗的权力结构所决定的名位语言来称谓它。而此不可道、不可名的纯粹活能或永行之行，正是《道德经》首章以道为无的深意。

"无"，名天地之始；"有"，名万物之母。这句话十分重要，因为涵摄在这句话里的无与有或始与母之分，无疑是《道德经》本体思维的一大特色。用场有道学的术语来讲，无与有或始与母之分别，乃是无位本体与首位本体之分别，亦即是权能本身与本根权能之分别。这是两个不同层次的本体，不同层次的道。我们称权能本身为始德道，本根权能为元（母）德道；前者是天地未分判前的权能，而后者则是创生天地万物的权能。元德道相当于西方宗教的神或上帝，作为造物者和人类的监护者与裁判者，西方传统神学中的神或上帝，一般被视为宇宙至高无上的存在，即我们所谓的首位本体或元德道。但在《道德经》及道学的传统中，至高无上的本体还不是究竟义的本体、究竟义的道。首位本体或元德道是有身份可言的本体，为万物之母的元德道乃是有角色、有序、有为有业的道。但首位出于无位，无角色先于一切角色，就好比数本身先于所有序列的数一样。以无来指称无位本体或始德道，正是从权能本身的无角色、无序、无为无业处来取义的。此"三无"的德性正是纯粹活能最精简的写照。如是，《道德经》"天地万物生于有，有生于无"这句话的含义就很清楚了。"有"与"无"两字分别代表元德道与始德道，或首位本体与无位本体。但既然说有生于无或首位生于无位，那么《道德经》何以又说此二者"同出而异名，同谓之玄"呢？很明显的，这只能是因为此二者指的乃是同一的"东西"，同一个宇宙本体的真实，《道德经》笼统地称之为道或常道。此无与有、始德道与元德道、无位本体与首位本体的玄同《道德经》描述之为"众妙之门"，玄同境界中开显的道体，才是究竟义或胜义的道体。

　　问题是，我们应该怎样理解这个众妙之门呢？在无与有的玄同境界中，始德道与元德道或无位本体或首位本体的关系，乃是一个二而一、一而二的超切关系，众妙之门正在此玄同的超切关系里。从场有哲学的观点来说，无与有或始德道与元德道的玄同境界之所以描述为众妙之门，乃因为它乃是一切"虚机"或可能性的所在。说得形象一点，众妙之门者，孕育万有虚机之胎藏也；故《道德经》亦称之为"玄牝之门"（第六章）。此虚机的胎藏是怎样来的呢？它乃是由无限本体的自限，亦即是纯粹活能之自反中孕生出来的。始德道是道的无限身，孕育在无限身或无位本体中的虚机，乃是一个无分别相的生发可能性。但无分别相的虚机是不能落实的虚机，不能开花结果的可能性；有分别相的生发可能性，有彼此可言的虚机，乃是从无限身的自限萌生出来的。反者道之动，道体由无限而自限，这就是玄同中的元德道了。

　　与基督教的神学不同，为万物之母的元德道不是一个无中生有的创造者，而是一个"辅万物之自然"（第六十四章）的营虚者。顾名思义，营虚乃是营造虚机的意思，一切虚机，如上文所言，来自道体无限之自限或纯粹活能之自反。万物生发的虚机始于纯粹活能，或无位本体在自反过程中的溢出。溢出于世间的纯粹活能不是道的创造物而是道的分殊，用宗教的语言来讲，万物不是上帝的作品或艺术品，而是上帝亲生的子女及其后裔。每一个溢出的活能都是一个生命权能的主体，它的自然其然或自我落实乃是它自己的分内事。作为万物的本根权能或首位本体，元德道并不能取代万物自我落实的主体性或干涉它们的分内事。道不是万物的落实者，而是万物的营虚者，而首位本体营虚的目的就是辅万物之自然。讲得明确一点，所谓辅万物之自然就是为万物之自我落实铺路，或开出它们需要的功能空间，为它们的生发虚机创造或营造最佳或适当的条件，使它们得以随顺其本性或自然之理而发挥其生命的本能。万物之所以能生生不息和持续发展，一方面固然植根于内蕴于其活能主体中的自我落实的本能或本性，但也离不开元德道辅万物之自然的营虚作用，这就是《道德经》所谓道无为而无不为的意思了。无为就是随顺自然、回归本性。通过元德道的营虚作用，万物得以自然地落实其生命，这不正是最伟大、最彻底的有为么？

"道法自然"一语中的义理层次现在应该是很明白的了，这句话所包含的其实是两个不同层次的自然本体，两个不同层次的道。被取法的自然是无位本体，是始德道；而取法自然的道则是首位本体，是元德道。道法自然的意思是首位取法无位，元德取法始德，有取法无。总括来说，是道的自限身取法道之无限身。用场有哲学的术语来说，是本根权能取法纯粹活能或权能自身，但无位本体或道之无限身有什么值得效法的呢？为什么元德道要以始德道为典范呢？如前所言，纯粹活能或无位本体乃是一个无角色、无序、无业的三无境界。从西方主流哲学的观点来看，无分别相、无结构的三无境界只是一个混然一片的原始混沌，是没有什么价值可言的。古典西方哲学以混沌为假、为恶，与西方哲学心灵侧重抽象结构和知解理性的偏向是分不开的；此与偏向具体功能与动态体验的中国哲学实在有天壤之别。

动态体验就是直觉地在同情共感的和合中，体会事物的动态本质，而不是，或不仅是通过知解理性概念地，把握被对象化的事物在静态中呈现的结构形式而已。而事物的动态本质，最后分析起来，就在道或纯粹活能在三无境界中开显的始德，或无位的本真功能。作为终极实在的探索者，道家哲人所真正关注和体会到的，不是原始混沌的无分别相，而是始德道无间无碍、通透灵明的德性，无位本体或纯粹活能的大德。对道家道教来说，无间无碍、通透灵明这八个字所指向的不仅是究竟义的真实，也是究竟义的价值，当然也是人应有的终极的关怀。但这是一个怎样的真实，怎样的价值呢？无间无碍、通透灵明究竟是一个怎样的境界呢？一言以蔽之，这是一个"一"或"得一"的境界。道家最重得一：所谓"天得一以清，地得一以宁，神得一以灵，谷得一以盈，万物得一以生，侯王得一以为天下贞。"（《道德经》第三十九章）无间无碍是一，通透灵明也是一。《道德经》五千言基本上是针对侯王或国家的首位者（统治或领导阶层）而发的，不是为人民或一般老百姓而写的。用意是要侯王或国家的首位者向宇宙的首位者（首位本体或元德道）学习，要他们做好分内事，即：做好他们的营虚工作以辅导人民或百姓回归自然。而营虚的终极目标就是天下之得一，故曰"侯王得一以为天下贞"。

"贞"是贞定，正定的意思，这个字所指向的乃是一个得宜的状态，贞或贞定的反面就是失衡和失宜。故首位者若要得一，必须守中。这里守中是有甚深的哲学含义的，中国古代有"皇极大中"之说。从道家的观点来看，宇宙乃是一个本于道或创化权能的生命共同体，这个生命共同体的重心就是皇极大中。而守中就得保衡，使天地万物保持着一个平衡的状态。"天之道，其犹张弓乎？高者抑之，下者举之；有余者损之，不足者与之。天之道，损有余而补不足。"（第七十七章）这是天道的守中保衡；人若要顺应天道，以天道为典范，当然也得守中保衡。人类社会若要持续发展，守中保衡是必要的条件。在这个大前提上，儒道两家都有共同的认知。不同的是，对儒家而言，守中保衡是通过礼乐文化的熏陶与制约来实现的；但道家的想法刚好相反，文明社会的失衡失宜，正植根于礼乐文化的失真与失朴，而失真与失朴也就失去了得一的理想价值。故对道家而言，只有返璞归真才是守中保衡之道。这里所谓"失真"指的是本性的迷失，从而导致人的自我分裂和自我异化；而"失朴"则代表由生命权能的过分膨胀，或过分萎缩所产生的失衡与失宜，从而导致价值的错置与理想的落空。对道家来说，自由自主地安身立命、自我落实——逍遥地自然其然——乃是生命的基本要求。失朴失真的人生不是完美的人生，失朴失真的社会不是完美的社会。

道家的朴识是靠紧生命权能的自然或自我落实的概念上取义的。运作于万物而制约其本性的自然之理，乃是道之所以为道的客观真实，不是为人欲所驱使或衍生的思想、行动或名位语言所改变得了的。此道或自然之理的之客观性、无私性或内在必然性就是《道德经》所谓的"朴"或"无名之朴"。道之真实正是奠基在自然之理的客观无私上，道家认为，由于对自然之理或事物客观性的漠视、误导与歪曲所造成的失朴失真，乃是人类灾难的一个主要的根源。很明显的，道家所主张的无欲与无为正是针对文明人和文明社会的失朴失真而宣示的。无欲不是没有欲望而是无私执的欲望，无为不是什么都不干而是无悖离自然之理的行为，包括所有造成生命的失朴失真思想，行动或其他人为的因素。事实上，无欲是最高贵的欲，无为是最积极的为，最积极因为它的目标乃是最高理想价值的实现和完美生命的落实。前面说过，道家所追求的乃是一个无间无碍、通透灵明的境界。无间无碍、通透灵明这八个字所描述的完美生命，乃是纯粹活能的生命，只属于始德道或道的无限身。无位本体或纯粹活能的生命乃是一个纯一的生命，纯一的真纯一的善和纯一的美。道家认为，作为人世间或文明人类最高的典范，这个"三纯"的生命和价值在某一意义上是可以被实现的。而三纯生命得以落实的关键则在于人的朴识，尤其是首位者的朴识，在于首位者和他统治或领导的生命共同体，是否能通过纯朴的无欲无为而保中守衡：

> 道常无为而无不为。侯王若能守之，万物将自化。化而欲作，吾将镇之以无名之朴，无名之朴乎亦将无欲。（《道德经》第三十七章）

此段文字把道家无欲无为的概念，与返璞归真的理想之间的紧密关联交代得相当清楚了。无名之朴或纯朴，前面已点出，就是自然之理。但《道德经》所谓的朴不仅是一个理的概念，也是一个即体即用的概念，指的是我们所谓的始德道或道之无限身。故无名之朴一词既象征无位道体的三无境界，也代表无位道体在无间无碍、通透灵明的大用中所展现的三纯之理。总括来说，无名之朴（胜义的自然）就是纯粹活能"三无三纯"的无上德性。没有无位本体的三无三纯就没有天地万物。但无名之朴或纯朴的概念，所指向的只是天地万物的无限可能性，却不是万物的生发和个体生命的落实。创生万物的是首位本体而不是无位本体，是本根活能而不是纯粹活能。但本根活能乃是纯粹活能的自反，元德道成于始德道的自限，无限身的自限。"反者道之动"、"道之动"正是无限而自限的意思。自反之道乃是万物得以创生的枢机。无限而自限，无为而无不为，这两句话所说的乃是同一回事，都是对道作为创生枢机的描述。对《道德经》来说，人世间的首位者与宇宙的首位者是同位的，他们所扮演的都是创生枢机的角色。不同的是，宇宙的首位者（无限而自限的道）乃是一个纯朴的运作者，道之纯朴乃是万物得以自我落实（自化）的关键；至于人世间的首位者（侯王）是否也能成功地辅万民或众生之自然，那就得看他们是否有足够的智慧和能耐来完成一个首位者最重要也是最核心的任务，即通过对私欲与自然本性之间的辩证关系的处理而保中守衡。而侯王或首位者最终所必须依赖的理性道术就是私欲的朴化，故曰"吾将镇之以无名之朴"。

换而言之，首位者的核心任务就是返朴、保朴。必须指出，朴字指的不仅是自然之理，也是实现自然之理最简捷有效的方法、途径或手段，亦即是我们所谓的"理性道术"。一物的自然之理或本性就是制约其生命权能的动态本质。理性道术就是最质朴或接近本质的道术。生命权能的过分膨胀或过分萎缩都是不适宜的，都是不合乎生命理性的；因为由过分膨胀或过分萎缩所产生的失衡失宜乃是使生命不得畅顺地、美好地持续发展的主要根源。过分膨胀的生命是浮躁的、缺乏凝聚力的生命，而过分萎缩的生命则是虚弱的、无能无力的生命。道家理想中的生命体乃是一个刚而能屈、弱而能强的权能体。而这样的生命体、权能体也必然如道一般，最质朴、最自然的实在。

中医学有相火之说，用场有的语言来讲，"相火"者，由生命权能的失衡失宜在生理、心理或社会等各层面所虚张之现象也。相火中的"相"乃是一种掩饰，无助无能的掩饰，精神空虚的掩饰，缺乏自尊自信的掩饰。所有生命体都是自求满足的，相火其实是生命权能的一种补偿作用，一种虚拟的满足，而它所掩饰的正是失落的生命权能。现代文明乃是一个充满着相火的文明，而充满着相火的文明是不能美好地持续发展的。道家道法自然、返璞归真的时代意义应该是十分明确的了。

（2011 年于衡阳道教论坛发表之论文。）

# 七　超切实在与究竟学

## ——道论在场有哲学中的核心含义
## （2011）

### 第一篇　综　述

就其终极关怀和形上姿态而言，场有哲学乃是一种以探讨宇宙人生的真实、真相或真理为职志的生命之学，一种在精神境界上将宇宙人生之道推之至尽的究竟学。道论者，以宇宙人生之道为其思维对象的理论体系也。

"宇宙人生之道"这个词语至为关键；作为一种究竟学，场有哲学的终极关怀和传统中国哲学一样，都概括在这六个字的含义里面了。必须立即指出的是，在这个词语中"宇宙"和"人生"的紧密相连是有特殊用意的。不管属于哪一学派，传统中国哲人都把宇宙和人生视为一个不可分割的整体；事实上，他们甚至可能从未想过把它们分开来看。对中国哲人来说，宇宙和人生是互相涵摄、互为背景的；离人生而讲宇宙或离宇宙而讲人生都是虚幻的、不可思议的。人是宇宙的一部分，人生中的一切经历以及人的所有行为、意识和经验都是宇宙中事；但另一方面，吾人可以体验、理解或把握得到的宇宙却是相对于人的体性和观点而开显的；此开显的宇宙乃是构成实存生命以及意义世界的基本内容。如是，人生之事乃宇宙之事，宇宙之事乃人生之事。宇宙与人生混成一片，互相涵摄、互为背景——这个奇妙的组合也就是场有究竟学所谓的"超切实在"（简称实在），或传统道学所谓的"道体"了。这里"超切实在"不仅是一个描述语，也是一个专有名词，指向一个至大无外、涵盖一切的具体真实，即混成一体的宇宙人生。"超切"的一般含义是相对相关、相互依存，这里专指宇宙与人生的相即相入所建构与内在关联（互相涵摄、互为背景）；而"实在"则郑重宣示此超切整体及包含于其中的一切具体存在的真实性。我们认为此宇宙人生混成一片的具体真实，正是传统道学中道体一词的胜义。换句话说，道体不是一个绝对客观的、与人生脱节的宇宙论概念，当然更不是一个纯粹的、与宇宙分离的人生论概念。传统的道论乃是一个奠基于宇宙与人生的相，即相入所建构的理论体系，传统的道学乃是一个将宇宙人生的超切之道推之至尽的究竟学。在这一点上，场有哲学只是接着讲，与传统的哲学精神并无二致。

"道体"一词中的"体"可视为超切整体的省称。但"道体"中之"道"又何所指呢？在某一意义，道与体是没有分别的，道就是体，体就是道，都是指向超切实在的同义语。但在另一意义上，道与体是有分别的，道是体所开显之理或终极根据。作为一个哲学范畴或核心概念，道是体的诠释语言，其作用在于阐现和把握体中之理，亦即是宇宙人生所开显于吾人的真理、真实或真相。总括地说，道既是万物的终极根源，也是贯通万物、贯通宇宙人生的超切之理。如是，道体既是以道为根之体，也是贯通于体（宇宙人生）中之理，这就是道的概念在传统和场有道论中所扮演的主要角色了。不过，我们还得继续追问，这个终极的根源和超切之理究竟是什么呢？究竟是什么在扮演着这样的角色呢？

场有哲学的答案是明确的——是创化权能（或简称权能）。道就是创化权能自身，也是创化权能开显之理。在道体中登场的所有角色都是由权能扮演的；权能自身却是无角色的角色。

场有哲学的大前提是，出现于世间的一切具体物或具体存在都是权能体，都是本体权能体一分殊的化身。说得精确一点，权能乃是万物的创化原动力，具体物赖以活动作用、生长变化的动态本质；宇宙间的森罗万象莫非此本体权能或动态本质的生发表现。这里"生长"乃是持续活动作用或发展的意思；持续的活动作用产生变化、造成差别——由量变引发质变，这就是本体权能体一分殊的普遍原则了。活动作用、生长变化——或我们所谓的"生发表现"——不仅是万物的存在表征，也是物之所以为物的能动本性。性者，功能也。具体物或权能体以功能为性，而生发功能乃功能中的功能。离开具体物的活动作用、生长变化，也就无物可言，无相可言，无世界、无存在可言的了。具体物以权能为体，以权能的生发表现为用，亦即是以功能的实现为用。相者，由权能的内蕴外徼、即体即用所开显于吾人意识经验或觉知功能的现象或相状也。"外徼"就是生发功能的发挥。宇宙间的森罗万象都是创化权能运作之迹。人对万物的知识乃是知解理性循迹建构的产物。

与笛卡儿的想法相反，不是我思，所以我存在；而是我活动作用，所以我存在。对场有哲学来说，是存在（活动作用）决定意识（笛卡儿的"我思"），而不是意识决定存在。意识不是一个实体，而只是一种作用，即在人的活动中起用的自反灵明。真正具体地存在的不是意识，而是具有灵明作用的活动本身。但具体物的活动作用不是无根的，不是凭空而起或无中生有的。活动作用之根或内在根据就是运作于其中的权能。一切活动作用，不管有灵无灵、有意识或无意识，都是本体权能造化流行的生发表现。场有哲学否定自笛卡儿以来主宰着西方主流哲学传统的意识主体或意识我的概念。在人的生命过程中作主的不是一个孤立的、自我封闭的意识我，而是一个与他人他物相对相关、相互依存地向外开放的权能我。权能我就是创化权能之在我；内蕴于我体内的权能生于创化权能一体的分殊，一个"天造地设"的场有综合。"天造"指的是禀受于"天"的活能，"地设"代表来自于"地"的业物质。作为场有的象征语言，"天"与"地"分别代表终极权能——或我们所谓的"纯粹活能"——一体的两面。一个人在世存在的使命就是把这天地所赋于我的权能体（尽可能）圆满地或完美地"化为己有"。用道论的语言来讲，终极权能或纯粹活能就是道或道体，而分殊于我的天地禀赋就是德。如是，权能我乃是一个源出于一体之道的"道德体"。

"道德体"一词中的"道德"，指的当然不是一般的伦理道德，而是本体义或胜义的"道德"。权能论乃是场有道论的基石；这套理论的最大特色就在"功能"概念的彻底应用上。讲得明确一点，权能论就是以功能的概念为核心而开展的生发论，故场有道论实际上就是一套"生发功能论"（简称生发论）。这套理论的基调可以用一句话来代表，即：具体存在，就其为权能的生发表现而言，乃是一个内蕴外徼、遂性造业的过程。权能的体一分殊乃是万物（作为道德体）的普遍内容，而内蕴外徼、遂性造业则是权能运作的普遍形式。

前面说过，性者，功能也，有怎样的功能就有怎样的性。物之相似乃由于功能的相似，物之不同乃由于功能之差别。一物之物性——它的"性体"——乃是其功能的总和。在这个意义上，功能体或性体都是权能体的同义语。如是，权能我就是功能我。我"能做"什么，我就"可能是"什么？我"做了"什么，我就"是"什么。"做"即"是"，"是"即"做"；我的活动作用落实了我的性，定义了我在世存在的类别、名位、身份或角色。此为功能概念所定义的"性"，我们名之曰"功能种性"（简作"种性"）或"性"的种子或潜能义。每一个可以辨识的功能，都是权能宇宙中的一颗"功能种子"或"功能因子"；种子成熟了，开花结果了，内藏于种子中的潜能或潜在的功能也就得到实现了。这就是传统道学中所谓的"德"。德者，得也，一物的功能获得圆满的实现就是此物之"德"，而这正是我们所谓遂性的含义。遂性就是成德，成德就是遂性，这一对同义词表达了功能生发论的核心意蕴。

　　从文字学的观点来说，中国的象形文字乃造字者循迹建构的产物；而循迹建构的指导原则，正奠基在对事物的功能的理解与分析上。这里"迹"指的是具体物或权能体活动作用、生长变化所开显的性相——即功能（性）实现过程中所呈现的相状。循迹就是依循权能性相之轨迹，而象征地表达具体物的生发功能和遂性造业的过程。汉字表面上是象形，其实是表意，所表之意就是造字者对事物生发之性或功能的体验或把握。由于人对事物和宇宙的原始认识，起于对一己形躯的亲切体验，汉文中有一大部分的字或词汇，都和人身或形躯的活动作用、生长变化有关。事实上，有些今日已成为中国哲学的基本范畴或核心概念的汉字，如道与德，在其造字之初可能都是人的称谓。

　　"道"就是能直立走路、能思想、能说话的人；这样的权能体在田野之间昂首向前走，"道"字的丰富意蕴也就象征地涵摄在这造字者所刻画的素朴写照里。

　　作为奠基在权能论的究竟学，场有哲学的理论体系乃是通过根身的概念而开展的。权能究竟学始于根身性相学，而归结于道身性相学。所谓"根身"就是人赖以在世存在的权能体或功能体，其基本的性相就是那具能直立走路、能思想、能说话的形躯。这不仅是"道"字的泰古原义，也是"德"字的泰古原义，均指能直立地走路、思想和说话的人。古文"德"字仅作直心，好像刻意突显心（能思、能言）的功能，但事实上，泰古人心身不分，直心就是直身；和"道"字没有明显差别。我们称此身心合一的人身为根身，乃由于它乃是意识发展的根本和意义世界开显的坐标。宇宙和人生的互相涵摄、互为背景正是以根身为转轴而混成一体的。

根身性相学在其本体思维里乃是探索人——一个自诩为万物之灵的权能体——是如何通过他的根身而内蕴外徵、遂性造业的学问。和所有其他权能体一样，人不是一个孤立自存、同一不变的实体，而是一个与他人他物在不同层次、不同维度和不同方式上相对相关和相互作用的场有者。"场有"乃是依场而有、依场而存在的意思。但依场而有则必行在场中，即活动作用（行）于物物相交的超切行沟里。如是，"场有"就是"场行"，"场有者"必然是"场行者"。但何谓"超切行沟"？相对相关是谓"超切"，相互作用谓之"行沟"。此两词简括他点出了"物物相交"在场有哲学中的含义：超切行沟是物物相交的本质。场有哲学的另一大前提是，宇宙间的一切具体物，或权能体在某一意义上都是相对相关、相互作用的。换句话说，一切物都是物物相交中之物；场有者和场行者都是（具体）物或存在者的同义语。西方哲学所谓的"（一）物自身"是不存在的。在这个前提下，具体存在所构成的宇宙乃是一个超切行沟的连续体。这不是一个数学的、抽象的连续体，而是一个生生不息、以创化权能的体一分殊为本体内容的动态连续体。这个动态连续体，作为物物相交的领域和功能种子或因子的胎藏，也就是"场"在场有哲学中的胜义。"场有"一词不仅点出了万物存在的普遍原则（依场而有），也是这个动态连续体或权能统一场的别名。没有离场之有，也没有离有之场：即场即有或即有即场正是场有论所要表达的真谛。

创化权能是怎样通过根身而运作的，这是根身性相学在本体层次上所要解答的主要问题。人的根身是一个有特殊使命的权能体。作为意识发展的本根和意义世界开显的坐标，根身的特殊使命就是成为道身，即是在精神境界上成为道的载体。我们称此特殊使命为根身的"本体功能"。场有道论中的功夫论，就是以本体功能的性理及实现为研究焦点的。关于根身与道身的关系和功夫论所牵涉到的一些问题，我在《周易与怀德海之间：场有哲学序论》（以下简称《序论》）及其他著作中已有初步的剖析，在此不拟再深入讨论。作为一篇综述性的文字，本文所关注的，乃是根身性相学在整个场有究竟学或道论中的定位。让我们重复一次吧，场有究竟学以权能论为基石，道论就是权能论，而权能论乃是以权能体的生发功能或生发性为核心而开展的，故场有究竟学，如前所言，基本上就是一个生发论的理论体系。换言之，根身性相学就是根身生发学。由于作为宇宙和人生的转轴的根身在超切实在中所占有的特殊位置，我们称根身生发论为"特殊生发论"，并视之为"一般生发论"的一个特例。后者乃是本文继续关注的论题。

回到权能的概念，我们现在必须解答一个也许久已盘旋在读者心中的问题，为什么我们选择"权能"这个词呢？首先，这个词的重点在"能"，指的是万物赖以生发（活动作用、生长变化）的力量或能量，我们所谓的创化原动力。这个能或创化原动力就是所有具体物所"具"之体或涵蕴的真实内容，本体（真实内容）就是"能体"（以能为体）。那么"权能"一词中的"权"字又何所指呢？一言以蔽之，"权"乃能之理，指的是限制和定义能的整体决定性——或我们所谓的"整全之理"，包括生发能量得以遂性造业的所有因数或条件。我们可以说，一生发活动或事件之理，乃是其因数或相关条件的总和。很明显的，这里"理"之概念既与古典西方哲学（尤其是柏拉图主义者）所谓的理型或形式有别，也与宋明道学中与气或心对比之理大相径庭。譬如，中西传统哲学中的理都不包含业的概念，但在场有道论中业或业物质正是限制和定义生发能量的一个基本条件。事实上，理（形式之理）从业来乃是场有道论中的一个重要的论点，形式之理只是整全之理抽象的一面。

不过，权的概念在场有道论中还有另外一层含义。万物以能为体，每一具体物都是一相对稳定、相对独立的能量系统，但也同时是一个物物相交、超切行沟的势用中心。能是有质有势可言的，"质"就是能量的性质，指具体物遂性造业或实现其功能所需要的能量，故亦称"质能"。人与其他生物有不同的性、不同的功能；故内蕴于人的质能也与内蕴于其他生物的质能有别，从而构成相异的能量系统。那么什么叫作"势"呢？"势"乃是"势能"之省，指的是具体物的质能在一场有处境中所具有的势力或势态。势能乃是由质能的变化产生出来的，其决定因素包括一物在场有中所扮演的角色、所处的时位与赖以存在的环境和背景。这些因素的总和我们称之为物的"拓扑性"。"拓扑"一词乃是希腊文 topos 的音译，是位置、所在地，或场所的意思。我们用此词来表达"场有处境"一概念的深邃含义。如前所述，场有乃是一个本于创化权能的动态连续体，一个物物相交、超切行沟的领域和功能因果的胎藏；它既是遂性造业的"因地"（功能种子的胎藏），也是遂性造业的"果地"（业或业物质的胎藏）。而作为依场而有的场有者和场行者，一物的场行和它的拓扑或场有处境是息息相关的，不可分割的。场有和场行本质上乃是一个拓扑综合的过程，在场有道论的体系中，主体或主体性的概念是通过能量系统和势用中心的构想而立义的。一物的主体不是一个独立不变的实体，而是一个能活动作用、生长变化的权能体，一个主导着其内蕴外徵、遂性造业的生发表现的权力结构或势用中心。"势用"者，势或势能的运用或应用也。说得明确一点，一物的"主体"就是在其权力结构中决定其势用的方向和力度的活能，即运作于当下而为其势能"作主"的创化原动力。权能一词中的"权"字所暗示的，就是此为具体物主体性所在的权力结构，或为其当下活能所主导或控制的势用中心。

很明显的，我们所谓的"权力结构"并不是一般的、带着浓厚政治或政治学意味的权力概念，而是一个多元、多维度和多层次的本体论概念。权力结构是普遍地运作于道体（宇宙人生）并给予超切实在无限风姿的。作为一个能量系统和势用中心，每一具体物或权能体都被其内在的权力结构所支配。此内在于一物或权能体的权力结构我们称之为此物的"内场有"或"内环境"；与此对应的当然就是那跨体地运作于物物之间的权力结构，一物所处的"外场有"或"外环境"了。这样，场有处境的概念应该很清楚了，这个概念乃是站在主体或主体性的立场或观点而取义的。场有处境指的是主体在内场有或内环境和外场有或外环境之间，所处或所占据的位置——这就是拓扑和拓扑综合两词的实际含义。拓扑综合就是内场有和外场有，或内环境与外环境的势用综合。在人的世界里，主体对势用或势能的适当运用，奠基在他对超切实在在场有处境上的如实观照——他对宇宙人生的"拓扑如实观"。

如前所言，活能乃是运作于当下的创化原动力，这个定义或描述有作适度补充的必要。当下不仅是一个时间的观念，也是一个空间的观念。"当下"是"当下场有处境"之省；时间和空间正是在当下处境的拓扑综合中统一起来的；合一的时空永远是当下的时空。在场有道论或究竟学里，时间和空间在某一意义上都不是终极的真实，因为它们乃是植根于创化权能的，本质上都是道或创化权能的"衍生物"。就其终极义来说，权能是超越时空的，先时空而存在的；终极权能或纯粹活能自身是无时无位的；它只是一个无限绵延。故逻辑地讲，不是先有时空才有权能，而是先有权能才有时空。时间起于权能的"自然"或"自是"（自我定义、自我落实），而空间就本于权能的"自空"或"自屈"（自我解构；自我营虚）。不过，超时空的权能——终极权能——不是我们体验得到的权能，我们体验得到的乃是通过时空而开显的权能；时间和空间正是创化权能自我开显的先验形式——但不是，如康德所说，具体物在感觉意识中开显的先验形式。不在时空中开显的权能就是不可被觉知、被把握的权能。如是，时间性与空间性，从认识论的角度来说，亦可视为权能的"本质属性"，即植根于万物的动态本质的属性。"属性"者，归属或源出于动态本质的功能（性）也。一切具体物都是通过其生发表现而遂性造业的权能体；生发功能乃是一切具体存在本然而具的天赋本能；万物的时间性与空间性，分别代表此天赋本能的两面。时间不是现成的，自别于天地万物而运行的永恒之行。真正永恒的不是牛顿物理学所假设的所谓"绝对时间"，而是创化权能生生不息的造化流行。如前所述，时间生于权能的"落实本能"；它的内在形式决定于生发活动或事件在遂性造业过程中承前启后、古往今来的连续性。这"承前启后、古往今来的连续性"构成了本体权能造化流行的时序。但时间性或时序只是权能体动态本质的一面——衍生于落实本能的一面。

而落实的另一面就是营虚。时间与空间是不可分割的；二者也是一个相对相关、相互依存的超切关系，空间源于权能的"营虚本能"。所谓"营虚"，浅显地讲，就是开出或制造空间（虚）。和时间一样，空间也不是现成的，绝对独立的，而是由权能体营造出来的，所以说是"营虚"。为什么要制造空间呢？营虚的目的何在？在于成物，为物的生发本能铺路，开出一条可行之道。一物的空间乃是此物活动作用、生长变化的可能性之所在，亦即是我们所谓的拓扑。营虚就是为这个可能性营造它的拓扑，制造其生发表现所需的条件。这是一个功能空间的概念，而不是一个物理学的概念。具体物或权能体的生发表现是多元、多维度和多层次的实在。物理学的空间或物理空间，和心理或意识空间一样，只是功能空间的一个特例。创化权能在体—分殊的过程中为万物开出空间，这就是场有为万物胎藏的实际含义了。

但成物不仅在种因，也在结果；不仅在开出可能性，也在可能性的实现。营虚本能所铺好的路是要靠落实功能来完成的；而落实的本质就是建构。"建构"就是在遂性造业的生发过程中产生结构，即产生一个定义或落实其生发活动的动态形式。譬如，一个圆球依据惯性定律以恒速沿着一条直线不断向前滚动；这个生发活动也就为其直线形的动态形式所规定和定义了。为着使这个圆球的生发活动成为可能（实现其直线滚动的功能），权能宇宙就必须为这种动态形式营造一可以容许此类运动的空间。但此种动态形式的实现是由圆球滚出来的。总而言之，作为创化权能的两大本能，"营虚"与"建构"乃是相辅相成的。前者成就具体物或场有者的并行不悖、超切行沟的相互包容，而后者则成就具体物或场行者的感通裁化、生生不息的慧命相续。使万物在道体中相互包容和慧命相续，这就是权能时空的动态本质了。作为万物的大场有，宇宙乃是一个时空综合的动态连续体；而时空的统一乃是在当下的拓扑综合中完成的。

拓扑综合乃是活能的本事。"本事"者，本体之事也，指的是活能通过拓扑综合而遂性造业的生发性。顾名思义，活能就是"活着"或"在生"的能量。我们一般把活着与死去、逝去或入灭相对；把生者与死者、逝者或往者相对。这些象征性的语言究竟代表什么呢？这个问题的答案牵涉到一个至为关键的理论架构，即：在场有道论中主体与客体，当下与过去（或今时与往时），生者与死者的三重分别与活能与业物质的分别是对等的、息息相关的。事实上，上述的三重架构正建筑在活能与业物质的辩证关系上，通过"场有处境"的概念我们已对活能的定义——"运作于当下的创化原动力"——作了初步的补充。但"当下"一词指的不仅是活能的场有处境，也兼指活能运作的势态。创化原动力不是一个永恒不变的实体，而是一个不断流转变化的能量。权能体的遂性造业，乃是一个活能向业物质流转的生发过程。我们所谓的"生者"就是尚未"业化"或转化为业物质的活能，业化了的活能就不再是"活"能，不再是"生者"而是失去了创化力的"死者"了。失去了创化力也就意味着失去了主体性，亦即是转化为客体。而成为客体也就是成为过去，成为在生主体或当下活能感通裁化的对象。场有哲学认为，我们的时间观念原是从对逝者的体验产生出来的，而成为逝者、成为客体、成为过去的意义是相同的，丧失了创化力与转变为业物质是同一回事。

那么，什么是业物质呢？首先，业、物质和业物质乃是三个不同的概念。"业物质"一词把这三个不同的概念连在一起，是为了处理活能业化的问题。一切活动作用（具体物的生发表现）都是有业可言的。所谓"业"指的乃是活动作用或行为所产生的效应、效果或成果，包括它对场有或权能宇宙所产生的影响或造成的差别。很明显的，场有业论纯粹是在本体的层次上来取义的，并无传统业论所带有的宗教和道德的意味。善业或恶业，美业或丑业都是业，都是权能体的生发活动所造的。但业在哪里？它是以什么方式存在的？这就引出业物质的概念了。业物质就是承载着业的物质。譬如，一个雕刻家在一块大理石上运作，雕刻成一尊美丽的希腊神像；这块大理石承载着雕刻家在创作过程中所造的业——包括雕成的神像作为其艺术活动的主要成果。我们说这块大理石就是这些业所在的"物质"或"物体"（扮演着承载者角色的具体物）。但大理石所承载的只是雕刻家在其艺术活动中所造的一部分的业，不包括他对他自己的身心及他人他物和整个场有或环境所产生的效果、效应或影响。这些不为大理石所承载的业，就得由宇宙中的其他物体来承载了。

总而言之，物质乃是业的载体，而不是如传统亚里士多德学派所主张的——形式的载体。对场有哲学来说，形式不单是一结构性或原则性的概念，而主要是一个功能性的概念。一物的形式就是此物得以定义其自己的功能，我们所谓的性。遂性就是造业，造业就是遂性；场有（哲学）的业论和性论是分不开的。而功能主义的哲学必然归根于权能哲学。业物质或业的载体，最后分析起来，乃是一个权能的概念。真正的载体是能，所有物质或物体都是能的化身。故业物质，在其究竟义来说，不是承载着业的物质，而是承载着业的能量。那么，活能是能，业能也是能，它们的分别何在？首先，业能本是从活能来的，业能乃是活能业化后的能量。活能造业之后，它天赋的创化力也就消失了，转变为一种承载其所造之业的保守力量，或我们所谓的"业能"（保守着业的能量）；而其造业的主体经验也就隐入于此保守力量或业能之中。如是，活能与业能的分别也就是创化力与保守力的分别。具体物的能量系统，乃是由这两种力量或能量的结合和相互作用构成的。

　　业能或业物质所涵蕴的保守力究竟是一种什么力量呢？它基本上是一种守成的力量。业能所要保守着的乃是其所成就的业；守成的最终目的就是业的不朽，或予业一个不朽身。但一个创化事件（遂性造业的单位）所释出的业能是有限的；业能的内在要求，即业的不朽，必须靠持续不断的重复造业来维持。吸一次香烟所释出的业物质或业能一般是不足成瘾的，烟瘾是吸烟者重复造业所累积而成的惯性——一个根深蒂固的、带有诱惑性与强迫性的保守力量。这里诱惑性与强迫性，乃是相对于在生的活能主体而讲的，当活能主体与业物质相遇时，它就无可避免地感受到后者富有强制性的诱惑力；客体对主体传达的唯一资讯是："来吧，重复我所造的业吧！"

　　从场有哲学的角度来看，惯性定律是普遍地控制着整个业物质世界的自然规律，力学上的惯性定律不过是此胜义惯性定律的一个特例。不管是社会风俗或是文化传统莫非业能惯性的产物，尤有进者，科学所揭示的所有常数、系数和自然律，最后分析起来，不过业物质的一种积习，植根于保守力量的强迫性，或业能重复造业以求不朽的内在要求。但业物质的世界是属于过去的、死者的、没有主体性与创化力的世界。这个由业的积习所形成的世界只是超切实在的一面，而不是实在本身。假如惯性定律代表全部的真实，那么宇宙万物就没有变化可言的了。

　　一切变化来自活能，来自权能体内蕴外徵的主体自由，来自其天赋的创化原动力，创化原动力本身乃是一个无限绵延的纯粹活能。所谓"天赋"乃是得自或源于纯粹活能（天）的意思。纯粹活能是纯粹的、无限的因为它不受业物质的限制。而"不受业物质的限制"正是自由——或主体自由——在场有哲学中的基本含义。由于世间的一切具体物都是一个由活能与业物质或业能蕴结而成的和合体，在世活能的主体自由必然是有限的。事实上，世间存在与超世间存在的分野，正在有限自由与无限自由的分别上。

　　场有宇宙论以万物为创化权能体一分殊的化身。这里"体一"指的什么呢？现在清楚了，它指的乃是纯粹活能无限绵延的一体性。作为权能的化身，万物莫不生于纯粹活能的溢出。此溢出的（纯粹）活能也就成了化身的主体，溢出的活能本质相同，但命运各异，因为它们所投入的乃是一个不同的业物质世界，从而被放置于不同的场有处境之中。这就是宗教的"投生"观念，在场有宇宙论中可有的哲学含义了。当溢出的活能自发地流贯或投生于业物质的世界，而为一个有对有待的在世存在时，它的主体生命也就于焉开始了。我们称此活能从超世间存在投生于业物质世界（世间存在）的注入点为"命运的一刻"。主体生命始于命运的一刻，而终于活能的业化与客体化——转化为业物质或业能，而成为继起主体（新生的活能）感通裁化的对象。流转于始点与终点之间的，乃是一个以活能与业物质的蕴结为其动态内容的创化事件。由于分析角度的不同，创化事件的动态内容可以有不同的称谓或描述。为着行文的方便起见，我们称此事件的动态内容为"蕴徽子"。如此称谓因为这个词所代表的，乃是一个权能体内蕴外徽的能量（活能）单位；创化事件乃是蕴徽子遂性造业的生命过程。当一个蕴徽子完成其在世的使命而成功造业时，一个主体的"有时"或生命的"回合"也就结束了。

"有时"就是为一个主体所拥有或享用的时间，故亦称"享时"。这是一个能量流转的概念，指的乃是创化原动力（能量）由活能转变为业物质的流程，这个业化的流程定义了一个活能主体的在世存在。此词中的"有"字既是拥有的意思也是存在的意思，不过，这里"有"所指涉的不是存在的一般义，而是存在的胜义，即主体性的存在——当下活能的存在。而活能主体的存在亦即是它向业物质转化的流程，故"有"（当下活能）与"时"（业化流程）是没有分别的。有时或享时既是一个主体存在的单位，也是一个业化流程的单位元。在这个意义上，有即时，时即有；即时即有、即有即时正是具体物动态本质的所在。蕴徽子或创化事件的概念，就是建筑在这个理论基础上。

如前所述，创化事件乃是一个蕴徽子遂性造业的过程，它的动态内容始于（溢出的）活能向业物质世界的注入而终于活能的业化，这是一个纯粹从主体或当下活能的立场所作的分析。但作为创化权能的分殊，每一个具体物都是一个由活能与业物质的蕴结所决定的能量系统和势用中心，一个包含体用相的化身结构或动态组织。要理解一棵树不仅要把握运作于其中的创化权能（体），还得把握这棵树的生发活动（用），及其相对于吾人的觉知功能所呈现的树相——即由权能的动态本质在当下的场有处境或真实缘会中所开显的现象（相）。蕴徽子一概念的焦点在体，在活能的业化和活业能量的蕴结；但这概念也暗指包含用与相的整个化身结构。如是，权能体的分析也就可化约为蕴徵子的分析；权能论就是蕴徵(子)论。

　　从权能论的观点来说，宇宙万物乃是一个由无数蕴徵子的超切行沟和承前启后所集结而成的动态连续体——我们所谓的大场有。每一蕴徵子都是大场有中的一个创化主体，一个由溢出的活能所汇聚而成的生发原动力。一个蕴徵子的有时或享时乃是宇宙时空中的一个时段，连续体中的一个乍开乍合的环节。今时与往时（现在与过去）和同时与异时的分判，都奠基在时段之间的系列性和活能与业物质的主客对待上。一个创化的系列乃是由有传承关系的主体构成的，"传者"或"先行者"就是逝去或过去的主体或业化了的活能，而"承者"则是运作于当下而尚未转变为业物质的活能，亦即是正在创造性地继承其先行者（传者）的主体鹄的和主体经验的创化原动力。第一次抽烟的主体是先行者，以后抽烟的主体就是后继者或后来者了。如是通过主体性的传承，先行的活能与后继的活能也就构成了一个权能的创化系列。不管是先行或是后继，同一系列的主体必然是异时的。从当下主体或活能的观点来看，先行代表过去，后继代表未来。这个建筑在活能主体的有时与传承关系的功能时间观与物理科学所假设的客观时间是有明显差别的。场有的创化时间观否定绝对客观的单一时间观念。时间乃是一个由无数的既平行亦相交的创化系列所汇集而成的生生之流，一个奠基在活能主体的承前启后的动态连续体。这个生生之流的流程定义了宇宙时空的时间维度或大场有的宏观时间性。万物各自的有时或享时只是这宇宙"大时"中的一个创化系列的时段。享有不同时段的活能主体不是异时者就是同时者。上面已点出，异时的主体必在同一或相交的系列之中。对一个活能我或在生的主体而言，所有与我在同一系列中异时相对的它或客体不是我的先行者就是我的后继者，不在我的过去就在我的未来。但异时相对不是唯一的主客关系。与活能我相对的它或客也可能是与我同时相对的偕行者。而偕行者必然是一个相互独立、不相统属的主客关系；他们的时段必然在平行的或当时平行的系列之中。但这里"平行"或"相互独立"是什么意思呢？主体间的同时性与异时性是如何决定的呢？这些问题的答案就在我们所谓的"主客行沟原则"（或简称行沟原则）。不管是异时者或是同时者，所有在创化过程中与当下主体或活能我相对待的客体都是它感通裁化的对象。但相对于同时者与异时者的感通裁化是有分别的。事实上，单就异时者的主客关系而言，主体对先行者与后继者的行沟也有不同的方式。所谓"裁化"乃是选择地化为己有的意思。对于一个经已业化的先行者，活能主体所要裁化或化为己有的乃是蕴涵在其业能中的主体经验。但对于一个尚未出生（溢出活能的入世）的后继者，真正成为其裁化对象的不可能是后继者自身，而只能是后继者的可能性。那么对于与其同时的偕行者，活能主体又如何将它化为己有的呢？严格地说，一个在生主体是不可能将其同时者对象化的。同时者或偕行者之间只有感通而无裁化，任何一方都不可能将对方的主体经验化为己有。理由很简单，因为他们都是在生的主体，尚未转化为业物质的活能。能够化为己有的不是偕行者的独立主体性，而是从大场有和内在于偕行主体的互体性传递过来的信息。

行沟原则——主体对客体的感通裁化——定义了蕴微子的生命之道。作为权能体动态连续的基本形式，感通裁化不仅是活业蕴结的核心，也是宇宙时空的转轴。万物的本体不是一个永恒不变的实体，而是一个有变亦有不变的真实，一个由活能与业能或业物质所蕴合而成的统一场；活能的创化力与业能的保守力分别代表统一场的两极。在万物的本体或动态本质里涵蕴着一个深层、最深层的权力结构，一个由活业两极的行沟与争衡所张立的辩证格局。感通裁化既是两极综合的具体表现，也是这个权力结构的解构模式。我们在前面曾描述主体的享时为一个"生命的回合"。生命乃是一个行沟与争衡的综合过程。回合一词所暗示的正是这个支配着整个权能宇宙的活业辩证性。最后分析起来，生命只是一场由活能与业能，或创化力与保守力所上演的一场赛事罢了。

宋儒有物物一太极之说，这句话也可以放在场有道论中来讲。但我们的理解与宋儒不同，场有道论的"太极"指的不是理，而是由活业蕴结所构成的统一场域。物物一太极的含义是，每一具体物都是一个向外开放却又相对稳定的权能统一场，一个由创化原动力的两极或两仪——活能与业物质或业能——所综合和缘生的"活业太极"。这里"综合"指的是由活业两极的结合和相互作用（蕴结）所产生的综合力量或能量，我们所谓的"活业力"。蕴微子乃是一个活业力的单位。为什么说是"缘生"呢？因为活能与业物质的相遇相交乃是权能宇宙中最原始的缘分：一切缘生起于命运的一刻。活能业化了，转变为业物质了，原初所结的缘分也就尽了。但缘尽不等于缘灭，而是缘的不朽。尽了的缘分换来缘的不朽身（曾经拥有的缘分）。

统一场或太极无疑是一个相当复杂的概念。它既是一个以活业蕴结为本体内容的能量系统和势用中心，也是一个实时即有的生命过程。物物相交事实上是"场场相交"，统一场或活业太极间的相交。万物的一切活动作用、生长变化都是场场相交的生发表现：宇宙间的森罗万象莫非活业太极场场相交所开显的相。而场中有场，场外有场；就我们一般体验得到的具体物而言，这个为一切场有者依场而有的拓扑性乃是具体物得以在世存在的普遍原则。场有道论的处境理论和逻辑理论，就奠基在这"拓扑原则"（场中有场、场外有场）的前提和认知上。

但这个原则有两个例外，分别代表吾人场有经验和世间存在的"下限"与"上限"；在此两限之外我们就踏进超世间的领域了。扼要地讲，上限与下限的分别就是大场有与小场有的分别，前者是至大无外的场有，而后者则是至小无内的场有。大场有是场中有场而场外无场，而小场有则是场外有场而场中无场。这不正是我们所谓的"蕴微子"么？是的，现在可以说得更明白了，蕴微子正是一个统一场或活业太极的概念。正如细胞乃是组成动植物生命的最小单位，细胞之内无细胞，蕴微子乃是最小的活业太极或统一场，蕴微子之内无蕴微子。这个拓扑原则的第一例外，也就定义了世间存在的下限。蕴微子是至小无内的统一场，那么，什么是至大无外的统一场呢？它就是我们所谓的大场有，由纯粹活能的无限绵延和体一分殊所衍生的动态连续体——道的造化身。

（西安陕西师范大学第十三届场有哲学会议论文，2011 年 7 月 31 日初稿。）

# 八 场有论:同在是存在的本质

## （2011）

　　道的概念在场有哲学中是通过它的功能存在论而取义的。胜义的道指的是存在自身。

　　存在（自身）是一个无须肯定也无法否定的事实。所有肯定存在的命题或判断都是多余的。但你也无法否定存在，说存在不存在；因为话才说出来，你的命题或判断就立刻被推翻了。命题的提出本身不已经是一种存在么？

　　为什么会有存在论，有关存在的哲学思想或讨论其背后隐藏的动机是什么？最直接的答案是：哲学家要把握存在——人要把握存在。

　　人要把握存在不仅为了生存和发展的需要，更为了满足一个根深蒂固的心性要求，即：通过存在所启示的真相或真理而把握相对于人而开显的意义世界，包括生命的价值和人的命运。

　　那么存在自身是什么呢？传统西方形上学不是长久以来视存在为一种的属性么？可惜的是，这特殊的属性是没有什么作用的。康德早就看清楚了，"这一元银币"和"这一元银币存在"是没有什么分别的；存在的属性丝毫没有增加或减少这枚银币的价值。

　　宇宙间的一切事物——或简称物——都是有作用可言的。没有绝对无作用之物；产生作用，不管多么微不足道，乃是物之所以为物的物性所在，也是它相对于我们而开显的存在标志。离开一物对我们所产生的作用，我们又怎么知道它的存在？从功能存在论的观点来说，绝对无作用就是绝对的不存在。故存在者必然是作用者。

　　但一切作用都是依靠或通过具体物的能动性，即产生活动，运动或行动的功能，来实现或完成的。能动者必定是作用者，此乃因产生作用正是能动的本性。而作用者不一定也是能动者；有作用和产生作用是有分别的。一句话、一幅画或任何其他想象性、概念性或虚拟性的东西都是有作用可言的，但它立功或产生作用乃是依靠和通过具体物的活动或行动来完成的，而一切活动或行动都是创化权能——或简称权能——的生发表现。所谓"生发"指的正是具体物遂性造业的能动性。具体物以功能为性，遂性就是功能的发挥，而所造之业当然就是活动或行动所立之功或所产生的作用了。

物产生所谓功能就是一物赖以产生作用的力量或能量。

物必有伍，没有绝对孤立自存、无外无对之物。若然有外有对，那就是有伍、有邻、有伴的了。故存在即同在，每一存在者——或有者——都必然是一个有它者相对或与它者为伍的同在者；不管亲疏远近，都必然处于一个直接地或间接地、熟悉地或陌生地、对立地或相依地与他者或配伍者的相交领域之中。此一物所在或所处的相交领域，用场有哲学的术语来讲，就是此物与他者或配伍者互体同在的超切背景或场，互体就是相互为体的意思。

凡是相互为体之物都是相对相关的；相对相关这四个字，乃是对互体同在者的超切性——或准确地说，超切背景性——最直接简单的描述，我们正是以超切为相对相关或相互为体的代名词或同义语。场有哲学认为，吾人对存在的体验，原是从吾人对场或相交领域的超切，或互体性的体验中产生出来的。存在就是在场，不存在就是不在场。场有哲学的第一大前提是，万物都是依场而存在，或依场而有的在场者或场有者；所有具体物都是互体物，在某一意义、维度或程度上都是互相超切、相对相关的。每一物都有属于它自己的场，都各有一个以此物为我、为主、为中心或观点的相交领域或超切背景。

但场有（依场而有）或互体同在的体验是有限的、相对的；此乃因场有本身乃是一个无限多边的真实，准确地说，一个无限多边的动态连续体。所有个体物或存在莫非此多边真实的一边，无限连续体中的一个有限环节。但一边就是一偏；从个体物的有限中心或观点，看到的并非此多边真实或场有自身的整全真相而只是，事实上也只可能是，此多边真实的一偏之见。是故吾人的场有体验和由此发展出来的场有观和存在观，是无可避免地相对的、有局限的。不在我场中开显的在场者或场有者，却可能呈现于他人或他物的场中；不为我体验得到的互体同在，却可能为他人或他物体验得到。据此，任何有关存在或不存在的认知或判断，莫不假定或预设一前在的场有或场有体验为其概念和理论架构的源发基础或背景。此前在的源发基础或背景，最后分析起来，当然就是那个无限多边的真实，或我们所谓的大场有或场有自身了。

人的思想，包括一切生于人对此终极源发背景的觉知行为或知性活动，是永远不能超越他的场有体验的；哲学不过是场有体验的反省罢了。从场有论或场有主义的角度来看，互体同在是先于个体存在，场有是先于实体或实体有的。实体有就是无互体性而只有独立自性的有或存在。对场有哲学来说，实体概念基本上是生命理性简化思维的产物，本身是无客观根据的。场有哲学否定事物的实体性，不仅因为（互体）同在先于（自体）存在，而更因为（互体）同在的超切性和背景性乃是（自体）存在的本质。

场有乃是场有哲学用以阐释存在即同在这个核心概念的关键词。由于分析观点或解释维度的不同，这个关键词可以有多重相关的含义。如上所言，场乃是一个物物相交的领域，亦即是一物与其他者互体同在、相互超切或配伍的背景或方所。那么有呢？场有中的有字指的是什么？当然就是领域中那些相交之物或相互超切的在场者或场有者了。很明显的，我们所谓的同在并不是简单的共存，而正是靠紧相交的概念而取义的。没有只共存而不相交的同在者或在场者；与他者同在或相互为伍，就是在某一意义上与他者相交。但物物相交究竟是怎么一回事？它是一个怎样的客观真实？首先我们问，物物相交的可能性在哪里？不在别的，就在相交者、在场者、配伍者或互体同在者——这些都是同义语——的超切性或相对相关里。涵摄在一物与他物的相对相关里，乃是此物与他物相交的功能种子或潜能，或我们所谓的种性——为功能种子或功能类别所定义的性。

所谓功能乃是具体物可能有或生发的活动作用，我可以如此这般地活动作用，我就有如此这般的种性或功能。具体物的相对相关正是种性或功能上的相对相关。譬如，水能熄火，这是水的种性；火能为水所熄灭，这是火的种性；水火实际相交于一救火的事件之中，此实际相交的可能性，不就已经潜在于水与火在功能或种性上的相对相关里么？水与火的自体性或个别种性，是不能离开水与火在功能上的相对相关的。事实上，互体性先于自体性；水与火的互体同在先于水与火的自体存在。

不过，相对相关或相互为体——种性的超切——只道出了场有的现实本质的一面，却未说明场有动态本质的一面。现实本质就是禀受或继承自现实世界或业化宇宙的本质，包括自无始以来由业物质的积淀和业能的熏习所形成的惯性，或由此蜕变出来的行为模式或规律。物的种性，一物的功能的总和，正是此无始熏习历程的惯性产物。简单地讲，现实本质就是来自过去或过往者的本质，与此相较，场有的动态本质或能动的本性，却来自具体物遂性造业的当下活能。具体物或具体有乃是有活动作用、生长变化可言的在场者；活动作用、生长变化的功能——称生发功能——乃是功能中的功能。具体物通过其生发功能而遂性造业，就是其能动性或动态本质的所在。遂性造业乃是一件继往开来的事，而继往开来所需的力量或能量，就是我们所谓的当下活能。物物相交，在本质上来说，乃是（当下）活能和业物质的相交或，说得确切一点，活业力的相交，因为活业力，即由活能和业物质的结合所产生的综合力量，正是具体物动态本质或能动性的基本内容。

而活业力的相交具体表现我们名之曰行沟，指的是具体物在发挥其各自的生发功能时的相互作用。行沟乃是通过行为或活动作用而沟通，或在行为中沟通的意思。譬如，在水与火的相交中，水以它的活业力作用于火，而火也以它的活业力作用于水，水与火的相互作用和互相活业化，就是一个水与火的行沟过程。如是物物相交的含义，就可以扼要地以"超切行沟"这四个字来表达，超切或相对相关表达具体物相交的现实性，或传承自过往者的种性，而行沟或相互作用则指涉具体物遂性造业的生发功能。相交的种性来自孕育在业物质中的潜能或积蓄的业能，而生发的能动性则来自内蕴于活能中的创化力。在超切行沟的概念里，超切与行沟的关系，就其概念的重点而言，大致相当于业物质与活能的关系。超切的重点在业物质，行沟的重点在活能。超切与行沟连言也就代表业物质与活能的结合或我们所谓的活业力。物物相交，让我们重复一次吧，就是活业力的相交。作为一个无限多边的动态连续体，大场有或场有自身乃是一个由物物相交或物与物之间的超切行沟所汇聚而成的造化流行，一个活业力的生生之流。此造化流行或生生之流的终极根据在哪里呢？这个问题的解答牵涉到场有哲学的另一个核心概念和关键词——那就是为万物之本体或缘由的权能了。

缘由，顾名思义，乃是缘之所由或缘之所本的意思。缘者，使二物或多物得以通贯或会聚在一起者也；故缘由就是二物或多物得以通贯或会聚在一起的根据。从这个定义来看，场有或互体同在和缘的概念是不可分割的。一物与他物如此这般地相对相关是缘，如此这般地相互作用当然还是缘。物物相交既是一个现实的缘会也是一个进行于当下的生发事件；而相交者当下的超切行沟乃是一个缘的转变历程；缘得与缘失或缘生与缘尽不过是一事之两面。必须指出的是，这里所谓的缘并不是什么神秘的东西而是一种力量，一种为我们所无法或甚难把握的力量。此力量的来源在哪里？在权能。权能正是使宇宙万物得以会聚和通贯在一起的缘由或终极根据。我们在前面描述场有为一无限多边的动态连续体，此语中的连续正是会聚或通贯在一起的意思。连续就是某一义的不断，不连续就是某一义的断了。物物之间必须有所断才能相对，也必须有所不断才能相关；故物物之相对相关或相互超切乃是一个断而不断的关系，而物物之相互作用或行沟正植根于此断而不断的关联上。这就是为什么我们以连续作为会聚和通贯在一起的同义语了：断而不断正是场有或互体存在的普遍形式啊！

不管是同时的断而不断，或是异时的断而不断，万物莫不双边地或多边地会聚于宇宙的大场有之中而为其无限的缘力所通贯；所有互体同在，都是此无限连续体中的一个动态的环节。而此涵摄万物于一体的缘力，就是我们所谓的权能，使万物为一体的权与能。最后分析起来，缘力或缘的力量是无法解释的；我们只能说，它来自权能的自是其是或自宜其宜。

作为一切场有者的缘由，权能乃是营造万物、通贯万物，为一切生发功能之本的创化原动力。场有哲学的另一大前提是：宇宙间的一切具体物都是以权能为体的权能体，都是创化权能（或简称权能）体一分殊的化身。万物的活动作用、生长变化（权能体的生发功能）乃是权能运作的具体表现；而呈现于宇宙间的森罗万象，则是权能体遂性造业所开显的表象或仪相。每一具体物或权能体都是独特的，其独特性来自创化权能的体一分殊。用道家哲学的语言来讲，体一是道，分殊是德，故一切权能体都是道德体。

权能与场有是一个怎样的关系呢？如前所述，场乃是物物相交的领域，场有者超切行沟地互体同在的地方，而超切行沟乃是一个活业力的生发历程。所有参与此生发历程的具体物，超切行沟中之在场者或场有者，都是权能体或道德体，都是创化原动力体一的分殊。换言之，物物相交的场，就其动态本质而言，乃是一个权能场——说得确切一点，一个活业力的统一场（或简作统一场），亦即是我们所称谓的场有自身或大场有。由是，场有应视为权能场有之省，而作为一种究竟学或胜义的哲学，场有哲学乃是以探索权能场有的终极真实，或真相为职志的学问。

活业力的统一场是一个太极体，名之曰活业太极。宇宙（大场有）是一个活业太极，宇宙中的每一具体物或权能体，不管是简单的或是相对繁杂的，也都各别的是一活业太极。这里太极一词指的乃是具体物或权能体，在其能量结构上的系统性或统一性。确切地说，活业太极乃是一个开放的权能系统，一个由创化权能正负（或阳阴）极的拓扑综合所蕴成的能量结构，其中的正极（或阳极）代表当下运作的活能，负极（或阴极）代表积累于当下的业物质。正负两极在时空和功能势位上的相互作用和相互契入，而成一综合的活业力，也就是我们的拓扑综合了。拓扑一词乃希腊文 topos 一字的音译，有位置、地方、本地情况或领域的含义。我们用拓扑或拓扑位这个词来兼指：（一）具体物或权能体在一时空的格局中所占有的位置，或在一功能体系上所扮演的角色；及（二）此时空位置或功能角色所承受的权能势用。

合而言之，一物的拓扑既是此物的势位（或拓扑位），也是此物的势能。势能者，在某一拓扑（位）或形势下运作（用）的权能或能量也。这是一个与质能对应的名称，后者指的是一物在发挥其功能或机能——即实现其种性——时所需的能量。譬如人能呼吸，呼吸的功能乃是生命体共有的种性，人或其他生命体在呼吸时所需的能量就是他的质能。但一物的质能与此物的拓扑位是不可分开的，是与拓扑位的不同而有差异的。

能量变化一语涵摄着一个极为重要的场有概念，即质能与势能的互转或我们所谓的拓扑原则。质能指的是具体物或权能体，在占有一拓扑或时空势位前所禀受的活业能量，此当下的质能因拓扑位的占有或转换而产生变化，此变化后的质能就是势能，亦即是为下一拓扑位所传承的质能。如是质能转变为势能，势能又变为质能，拓扑原则（质能与势能的互转）所定义的，正是具体物或权能体能动性或动态本质的核心所在。

顾名思义，相交乃是与它者交往或交涉的意思。宇宙间的一切具体存在或具体物，在某一意义上都是相交的，物物相交乃是场有的普遍内容。这个普遍内容就是场有之体，简称场体。场体不是一个实体的概念，而是一个本于创化权能的动态概念。道与德的同在，体与分殊的同在，这就是同在一概念在场有哲学中的胜义了。开显于宇宙场有中的一切具体物，不管是同时在场或是异时在场，都是生于创化权能体一分殊的同在者。换句话说，体一与分殊的同在，乃是物物同在的基石。一物与他物的同在，其实就是权能化身的同在，权能自身或本体权能是无位的、无殊相的，但作为本体权能的化身，一切具体物或世间存在都是有位的、有相的。

场有哲学认为宇宙间的一切事物（或简称物），在某一意义上来说，都是同在的、连续的，都是直接地或间接地通贯在一起的。作为一个超切行沟的动态连续体，宇宙乃是一个涵盖万物的大同在。为什么称作宇宙呢？上下四方谓之宇，古往今来谓之宙；在中国的哲学语言里，宇宙原是一个包容万物的时空概念，宇与宙连言代表时间与空间的统一。造词者以时空的统一指涉通贯在一起的万物，乃因物物之间的超切行沟——亦称物物行——乃是在时空综合的现实缘会中进行的权能运作或活动作用。每一物物行都是一此时此地的物物交接，时空综合的现实缘会乃是万物超切行沟的场所。

作为宇宙的别名，大同在乃是一个至大无外的动态连续体。作为一切世间存在的无限背景，大同在本身乃是一个无始无终、无边无际的无限绵延。在此无限背景中开显的个体物或小同在，都是此大同在的一偏。个体物或小同在不能离大同在而独存，而大同在也离不了它。

场有乃是场有哲学阐释存在即同在的基本术语，场有既是万物同在的场，也是万物同在的有。这里场乃是一个连续体的概念，也是一个胚胎或胎藏的概念。连续乃是通贯在一起的意思，大同在不仅是万物共存的地方，而是一个通贯万物的统一场。而这个统一场也正是孕育万物，使万物得以遂性造业、发挥和实现其生发功能的所在。换言之，通贯万物的统一场也同时是孕育万物的胎藏。在统一场的胎藏里孕育着的，乃是一切具体的可能性、一切活动作用、生长变化的功能种子。

那么场有一词中的有指的是什么呢？它指的当然是通贯或孕育于统一场或胎藏中的万物。但这泛指万物的有只是有的一般义而不是有的胜义，胜义的有指的不即是开显于大同在中的万物，而是万物的本体和一切开显者的真实内容。那么万物的本体是什么呢？什么是万物或开显者为我们体验得到的真实内容？一言以蔽之，是权能——或说得确切一点，创化权能。

那么场指的是什么呢？有指的是什么呢？场与有连言指的又是什么呢？解答这个问题的关键就在超切行沟这个概念上。因为我们所谓的场乃是万物超切行沟的场所或领域，而我们这里所谓的有指的，乃是一切存在者或同在者的本体，万物超切行沟的真实内容和终极根据。场有哲学乃是一个以探索存在即同存在的真相，和精微意蕴为职志的本体论或究竟学。

场有的基本定义是：一个本于创化权能体一分殊的动态连续体。这个动态连续体（或简称连续体）既是一个同在者超切行沟的领域或方所，也是一个创化权能（或简称权能）体一分殊的胎藏。作为同在者超切行沟的领域就是场，作为权能体一分殊的胎藏就是有。

# 九　场有哲学关键词释义（初稿）

## （2011）

　　基本定义：场有乃是一个本于创化权能（或简称权能）的超切连续体。一切具体物都是以权能为本体的权能体，都是创化权能体一分殊的化身。

　　权能的体一分殊乃是宇宙万物的普遍内容，这个普遍内容场有哲学称之为"有"。一切以创化权能为本的具体存在都是真实的，故"有"亦可视为"实有"（真实存在）之省；有或实有都是具体物或权能体的统称。

　　任何存在于世间的具体物，都是各有其独特性的有限体，它们都在权能生长变化的过程中，扮演着一个为它而设的角色，和占有一个在特定的时空中为它而开出的位置，这个为一具体物而设或开出的角色或位置，乃是此物在场有中的"拓扑位"。宇宙乃是由实有或具体物，在其角色和时空处境上的超切连续所构成的拓扑领域超切连续是万物的普遍形式；具体物或权能体超切连续的拓扑领域，就是场有哲学所谓的"场"。

　　"场有"一词代表具体存在内容与形式的统一，亦即是创化权能体一分殊（有）与超切连续（场）的统一。这个有与场的统一，我们所谓的场有综合，乃是通过具体物的拓扑性而取义的，故场有综合就是拓扑综合；宇宙乃是创化权能拓扑综合的统一场。场有的本体论和宇宙论，乃是一套探讨万物的拓扑性和拓扑综合的究竟学。

## 第一节　物论：场有与存在、开显与资讯

### 【1.1】　场有

　　权能场有之省，亦称万物的胎藏或权能的统一场。基本定义：本于创化权能（或简称权能）的超切连续体。一切具体物都是以权能为本体的

权能体，都是创化权能体一分殊的化身。权能的体一分殊乃是宇宙万物的普遍内容，这个普遍内容就是场有一词中的有。此字既泛指统一场或连续体中的存在者（在场者）或权能体，也专指通贯于万物的本体权能的体一分殊。

### 【1.2】 场有脉络

创化权能在统一场中运作所开显或依循的通路。场有既是一个超切连续体，也是一个行沟连续体。连续乃是通贯在一起的意思，超切一词代表物与物之间相对相关的辩证关系，而行沟一词则指向物与物之间通过权能的运作，而相互作用的能动性和互动性。脉络综合或超切连续与行沟连续的统一，乃是一切权能运作和创化事件缘生缘灭的场有背景与动态本质。

### 【1.3】 物物相交

亦称场行或超切行沟。通过物物相交的权能运作或活动作用，乃是一切创化事件的基本形式。超切连续（物与物的相对相关）与行沟连续（物与物的相互作用）乃是此基本形式的脉络性的两面。

### 【1.4】 现实缘会

物物相交乃是一个缘的会聚。所谓缘乃是一物与他物得以通贯在一起的本体（创化权能的体一分殊）之宜，一物与他物如此这般地相对相关是缘，如此这般地相互作用也是缘。换句话说，缘或本体之宜既是超切连续的可能性，他是行沟连续的现实性，一物所在的场有脉络构成此物在其现实缘会中所处的存在格局。

### 【1.5】 物

事物的省称。广义的物指任何可以被体验或把握的对象，包括一切具体与非具体（抽象、想象、虚构或虚拟）的东西。狭义的物仅指具体物或具体存在，一切物或对象都是场有脉络中的开显。

### 【1.6】 物物行（涵盖义）

或省作物物，指体验或把握对象（物物）的觉知活动或行为（行）。

觉知活动或行为乃是在物物相交的现实缘会，与超切行沟中进行的。物物相交是一个缘的会聚，一个在场有脉络的处境中生起的权能事件。超切行沟所描述的乃是此权能事件的场有脉络性本质。物物行一词既指体验或把握对象的觉知活动，也同时暗示此活动或行为所缘生的场有脉络，和为万物的脉络性本质的超切行沟。

### 【1.7】 觉知

广义的觉知与物物同义，乃是体验或把握对象（物的对象化）的代名词。胜义的觉知指的是一种为人或高级生命体所特有的心灵活动，即赋予物以物性或肯认物之物性的知性行为。一切感觉、知觉、思想或思维的意识活动，都是一种形式的觉知（或物物行）。但物性的肯认也可以是潜意识或下意识的认知活动。胜义的觉知，意识层次的觉知，乃是广义的觉知之一特例。

### 【1.8】 超切行沟

相对相关是谓"超切"，相互作用谓之"行沟"。此两词简括地点出了"物物相交"在场有哲学中的含义；超切行沟是物物相交的本质。

### 【1.9】 存在(一般义)

一物在物物行的现实关系与动态背景中的呈现或开显。

### 【1.10】 是

在印欧语系中代表存在的动词。一物的是就是此物在物物行的场有脉络中的呈现或开显。

### 【1.11】 存在者

亦称开显者、在场者、或场有者。一切在物物行中被体验或把握之物或对象。

### 【1.12】 所是

存在者的别名。

【1.13】 **体性**

物的功能，即一物可能生发的活动作用。这是性的本体义。

【1.14】 **显性**

物的信息。一物之显性乃是有关此物的信息，这是性的开显义。但一切资讯，最后分析起来，都是关于功能的资讯，故体性与显性是相通的。

【1.15】 **属性**

或省作性，体性与显性的统称。

【1.16】 **物性**

一物之物性乃是其属性（体性与显性）的总和。

【1.17】 **具体物**

亦称具体存在，可以活动作用、生长变化之物。

【1.18】 **生发功能**

指具体物活动作用、生长变化的功能。生长乃是持续发展的意思。

生发功能乃是创化权能的本质，具体存在的标记。具体物的活动作用、生长变化乃是权能运作的动态表现，故一切具体物都是权能体或能动体。

【1.19】 **能动性**

生发功能的同义语。一切具体物都是动态的存在。

【1.20】 **动态**

亦称动相，具体物发挥其生发功能（活动作用、生长变化）时所开显或呈现的相、仪态、现象或表象。

【1.21】 **仪**

动相的代名词，即权能运作的生发表现。所有具体物都是权能体，一物之仪或相乃是其能动性或生发功能内蕴外徵的动态表现。具体物之动相乃是一个形光力三态的混仪。

### 【1.22】 力态

具体物动态或动相的一面。力是具体物得以活动作用、生长变化（生发功能）的力量或能量。生发功能的实现本于力的发挥，而力的发挥乃是一个遂性造业的过程。此过程可名之曰事；故力态或力相亦可称为事态或事相，即具体物在发挥其生发力量时所表现的仪相或表象。

### 【1.23】 形态

具体物动态或动相的一面。形态或形相生于事态或事相的交汇、累积和铺陈。

### 【1.24】 三仪

亦称三相，力仪（力相）、形仪（形相）、光仪（光相）的合称。三仪或三相指的是具体物动态表现的三方面，即：活动作用（力仪或力相），生长变化（形仪或形相）和相对开显（光仪或光相）。

### 【1.25】 权能体

具体物所具或所得之体，亦称能动体。权能乃是万物（一切具体存在）的终极内容和究竟真实（本体）；权能体就是以权能为本体的意思。

### 【1.26】 附体物

亦称附体存在，与具体物相对的名词。指任何本身虽无活动作用、生长变化可言，却可通过具体物之权能运作而开显和产生作用的非具体存在，包括一切抽象、想象、虚构或虚拟的东西；附体就是依附具体物的生发功能而存在和产生作用之意。

### 【1.27】 超切行沟

具体物或权能体的相对相关（超切）和相互作用（行沟）。物与物的相互交接或超切行沟，乃是物物行（体验或把握对象的活动或行为）的动态背景。

### 【1.28】动态背景

为具体物或权能体的超切行沟所蕴成的现实缘会，物物行生发的场域。

### 【1.29】权能

万物的本体。权能自身或本体权能乃是一个纯粹活能，一个本质上无染无外的创化原动力。就其能动性方面来讲，本体权能或纯粹活能，乃是一个无始无终的永恒之行，一个生生不息的活动作用。世间的一切事物都是此纯粹活能的化身，本体权能一体之分殊。宇宙乃是万物的胎藏，权能体超切行沟的场域。

### 【1.30】胎藏

宇宙或世界的描术语。权能体超切行沟的场域，乃是孕育一切可能性或功能种子的胚胎，故名。

### 【1.31】存在（本体义）

（可参考【1.9】）

一物之存在乃是此物在物物行中的呈现或开显，这是存在的普遍义。对场有哲学来说，一物作为对象化的开显，最终源自本体权能的体一分殊。而本体权能的体一分殊，用是的语言来表达，就是本体权能的自是其是或自我肯定。换而言之，最后分析起来，存在乃是权能的分内事。本体权能的体一分殊或自是其是的开显，乃是存在的胜义或本体义。

### 【1.32】无限背景

指本体权能的自是其是或体一分殊。对世间的存在者来信，权能的分内事，乃是通过具体物或权能体在胎藏中的超切行沟而进行的，故具体来说，宇宙作为万物的胎藏就是世间存在的无限背景。

### 【1.33】信息

存在者或开显者所开显的内容，包括可以被直接体验的内容和不能直接体验，却可被概念性地通过资讯符号的中介作用而间接地把握的内容。

## 【1.34】 物本信息

关于一物自身的资讯或开显内容。

## 【1.35】 媒介信息

涵摄于资讯符号的资讯或开显内容。

## 【1.36】 直觉信息

可以被直接体验的资讯或开显内容，譬如开显于五官感觉的资讯。

## 【1.37】 曲觉信息

不能被直接体验却可被概念性地通过资讯符号的中介作用，而间接地把握的资讯或开显内容。

## 【1.38】 圆觉信息

圆觉乃是对具体物或权能体之一元性、普遍性或整体性的体验或把握。圆觉资讯就是有关具体存在的普遍性、整体性或一元性的信息或开显内容。

## 【1.39】 方觉信息

方觉乃是对具体物或权能体之多元性、分殊性和独特性的体验或把握。方觉资讯就是以具体存在之多元性、分殊性和独特性为开显内容的资讯。

## 【1.40】 脉觉信息

每一具体物或权能体，都在权能场的功能时空（宇宙的胎藏）中占有一个独特的位置。这个位置，称拓扑位或脉络处境，乃是一个权能向量的交汇中心；它的属性乃是由权能向量的势用或权力争衡所决定的。脉觉资讯就是有关一物在其拓扑位，或脉络处境的势用中所开显的属性或信息。

### 【1.41】 控觉信息

亦称表象信息。控觉指的是对权能运作或活动作用的动相或动态表象的体验或把握。控觉资讯就是有关具体物，或权能体的动相，或动态表象的信息或开显内容。

### 【1.42】 六觉

直觉、曲觉、圆觉、方觉、脉觉与控觉的合称。六觉乃是统觉的六个主要方面。

### 【1.43】 统觉

物物的统觉之省，亦称觉性。广义的统觉乃体验和把握对象（物物）的代名词。胜义的统觉指六觉在觉性中的统一，是之谓六觉一觉。

### 【1.44】 信息体

每一具体物或权能体，就其开显或可能开显的内容而言，都是一资讯体或资讯载体，而每一资讯体所承载的资讯乃是六觉资讯的总和。

### 【1.45】 信息符

资讯符号之省，使资讯得以传递、传播和保存的媒介或中介物，包括语音符、文字元和其他非语文的指涉或象征符号。

### 【1.46】 信息媒

作为信息符所依附的具体物或权能体。简言之，资讯符是媒介资讯的载体，而资讯媒则是资讯符的载体。

### 【1.47】 意义

一资讯体（包括任何资讯符或资讯媒）的意义，就是其所载的资讯或开显的内容，对一承义体所产生的作用和效应。换而言之，意义乃是资讯的作用效应；但一物对另一物所产生的作用效应就是它的业。

**【1.48】承义体**

接收资讯和承受意义的具体物或权能体。

**【1.49】逻辑主体**

作为信息或意义所指涉之物或开显者。

**【1.50】指向性**

资讯指向性之省，一资讯符或资讯媒所指涉的方向，即为其涵摄的资讯或意义（开显内容）所归属的逻辑主体。后者把不同但又互相指涉的位元息，连接起来而成一信息系统。逻辑主体的功能就是信息或意义的资讯。

**【1.51】信息系统**

由不同的资讯或开显内容所组合而成的意义体系。

**【1.52】信息语言**

广义的资讯语言乃是资讯符或资讯媒的统称或组合，狭义的、一般所谓的语言，包括有文字或没有文字的言说语言，乃是资讯语言的一个特例。

**【1.53】信息学**

以资讯为研究对象或焦点的学问，内容主要包括对资讯的性质及功能、资讯与物的关系、资讯媒和资讯符、资讯系统与资讯语言的分别等概念的剖释及探索。狭义的语言学乃是信息学的一部分。

**【1.54】深层信息学**

深层指物的本体或物在本体层次的属性。场有哲学以权能为万物的本体，故深层资讯学也就是研究权能资讯（权能的属性）的学问。

## 第二节　物物行：自反与意识、主体与客体

**【2.1】物物行（胜义）**

或简作物物。广义的物物乃是超切行沟的同义语，泛指物与物之间的

相对相关（超切）与相互作用（行沟），及两者（超切性与行沟性）互为因果的关系。此概念的运用主要针对人与他人、他物的超切行沟或交接。

## 【2.2】　现实缘会

在物物行或超切行沟中相交接的事物乃是一个缘的聚会，这个缘的聚会乃是在场者在宇宙的胎藏中现实情况，故称为现实缘会。

## 【2.3】　生命体

有心可言的具体物或权能体。一切心灵活动生发于权能体的慧力，即活能的自反灵明及感通裁化的功能或作用。故生命体乃是有慧力的权能体。

## 【2.4】　主体我

或简称主体，指在现实缘会中持续或当下运作于生命体（实存的个体人或其他个体生命）中的活能。主体我与客体我相对，合称权能我。

## 【2.5】　客体我

亦称作身体或身，生命体中由活能的业所积聚或蕴成的物质结构。

## 【2.6】　客体

亦称非我或客它，为主体我或当下活能体验或把握的对象，包括客体我在内的任何为主体我对象化的他人或他物。物物行中与主体我相交接的任何事物都是客体。

## 【2.7】　自反

指活能的自我作用（活能作用于其自己）。这是权能体最原始、最基本的功能和特性，故可称之为自反本能或自反本性。活能的自反乃是心和生命体的内在根据，一切灵明、意识和智慧的基础。

## 【2.8】　自反灵明

或简作灵明，由活能的自反所产生的灵明作用。此灵明作用在纯粹活能玄深的自反中所生发的慧力，乃是一切智慧的源泉，故就其根源处来说，自反灵明亦可称为本慧灵明。

### 【2.9】 本慧灵明

玄深的自反灵明，属于或植根于纯粹活能或本体权能的智慧或慧力。

### 【2.10】 感通裁化

主体我或当下持续的活能，在物物或超切行沟的过程中，对非我或客它的体验，或把握乃是一个感通裁化的过程。感通是体验的普遍形式，裁化是把握对象的必要手段和条件。感通裁化乃是在自反或本慧灵明的光照下进行的权能运作。

### 【2.11】 意识

活能的自反可以有不同的深度和强度，而由此产生不同层次或形态的灵明作用。广义的意识与自反灵明同义，指任何层次或型态的灵明。狭义的意识乃是人或其他高级生命体所特有的灵明作用，一种以主客对立的精神格局为其慧力特质的分别意识。由于受到业物质的影响，活能的自反从主客的对象化转变为主客的对立化乃是意识发展的关键。

### 【2.12】 意识我

广义的意识我与心同义，泛指在任何意识层次中运作的主体我或持续于当下的活能。狭义的意识我乃是在分别意识中运作的主体，故亦称分别心。

### 【2.13】 根身

指人的身体，即可以直立走路和说话思想的形躯。此词中的根字有两重含义，一指本体权能或纯粹活能。一切具体物、权能体或生命体都是纯粹活能体一分殊的化身。一物的根身就是它化生于本体权能的能量组织，包括运作于其中的当下活能（主体我）及为其裁化对象的业物质结构（客体我）。故根身就是以本体权能或纯粹活能为根的身体。另一方面，

为人所得的化身，这具能直立走路和说话思想的形躯，乃是意义世界得以
开显的坐标轴和内在根据。故根字的另一义乃是为意义世界之本根的
意思。

**【2.14】　经验**

主体我在物物行中与非我或客体交接的记忆，包括一切体验或把握对
象的记忆。物的存在，包括一切可以被体验或把握的对象，都是通过它的
功能而开显的。一物之功能就是它的活动作用（它在做什么）或它可能
生发的活动作用（它可能做什么）。故一切属性都是功能属性，一物之物
性乃是它的功能属性的总和。但功能是属于权能体的，场有哲学认为创化
权能（或简称权能）乃是万物的本体，存在乃是权能的自我开显。如是
所有属性，最后分析起来，都是权能属性；属性一词可视为权能属性
之省。

**【2.15】　权能语言**

阐述或说明权能属性的思想或哲学语言。一切语言，包括所有文字和
非文字的象征符号，在其深层的资讯结构里都是有关权能或权能体的；因
为语言乃是存在或权能开显的媒介，所有词语或句子都可化约为揭示权能
属性的资讯单位元。

**【2.16】　权能语法**

从语法上来讲，权能或权能体是主词，功能或功能属性是谓词。从谓
词得到的乃是有关权能开显的资讯；后者乃是一切知识或知识体的基本
内容。

**【2.17】　知识**

知与识的合称，知或认知是体验或把握对象的代名词（狭义的物物
行）。物物乃是信息导向的心灵活动，此知性行为的心灵导向就是识。但
识字不仅指定义知性活动的资讯导向也兼指由此导向，所获得的有关对象
的信息。

## 【2.18】 信息

意义的揭示或开显。

## 【2.19】 意义

物本意义与名相意义的统称。

## 【2.20】 物本意义

构成一物的物性作用效应。物本意义或作用效应乃是意义一词的基本含义。

## 【2.21】 作用效应

亦称功能效应，意义的物本义，指一物对他物所产生或可能产生的作用，包括他物对此物的回应或反作用。物的意义（物本义）就是它的作用效应，一切有关物的资讯都是有关其作用效应的资讯。

## 【2.22】 名相

资讯的载体，包括语言文字及其他有象征，或指涉功能的符号或中介物。

## 【2.23】 名相意义

指涵蕴于语言文字或其他象征符号，或中介媒体中的意义和资讯。名相意义源于物本意义，前者乃是后者的衍生义。

## 【2.24】 识见

任何对物或世界的判断。判断以意义与信息为内容，识见乃是信息或意义的组合。

## 【2.25】 知性

体验或把握的代名词，此词泛指任何资讯导向或产生识见或判断的心灵活动。

**【2.26】 可知性**

知的可能性，即物被体验或把握的可能性。可知性乃是一物存在的必要条件，没有绝对不可知之物，绝对不可知就是绝对不存在。

**【2.27】 作用**

引起反应或产生效果。作用不仅是物之所以为物的存在指标，也是一物的可知性和意义的所在。物的可知性就在它的作用或可能产生的作用，没有完全或绝对无作用之物，绝对无作用就是绝对不可知，绝对不存在，绝对无意义。

**【2.28】 直觉之知**

直接来自切身体验的知性。直觉地知物就是对它有一直接的切身体验。

**【2.29】 概念之知**

通过概念思维来把握事物的知性。一切概念之知皆源于直觉之知。

**【2.30】 名相之知**

以语言或非语言的象征符号为认识对象的知性。

**【2.31】 三知**

直觉之知、概念之知与名相之知的合称。三知乃是认识心或知解理性的三方面或三维度，故亦称一心三知或知解三知。

**【2.32】 知解理性**

指认识活动中三知的相互作用和配合使用。知解理性乃是产生识见的理性，后者乃是生命体通过前者（知解理性）所造的业（成果）。

**【2.33】 活动**

产生或引发作用的权能运作。一切作用都是起于或产生于活动的，活动乃是作用的动根。活动作用是权能运作的生发表现，权能运作是活动作用的内在根据或动态本质。本质与表现是不可分割的，两者是一对几可互换的词语。

### 【2.34】 活动作用

活动与作用连言概括了具体物或存在的动态本质。存在乃是活动作用的开显、动态本质的开显。

### 【2.35】 行为

亦省称"行"，活动（行）是作用（为）的同义语。

### 【2.36】 权能运作

活动作用的内在根据。具体物以权能为体，活动作用乃是权能或权能运作的具体表现。

### 【2.37】 创化事件

省称事件或事，一个活动作用或行为的蕴集。事件可以是复杂的，也可以是相对简单的。一个复杂事件乃是由众多子事件组合而成的事件族或事件群。

### 【2.38】 动态结构

活动作用或创化事件的内外结合或组合状态。动态结构主要包括社群结构与能量结构两方面。

### 【2.39】 事件族

亦称事件群，一个相对复杂的事件。事件族的成员（子事件）自身也可以是一事件族或事件群；如是族中有族，群中有群，事件的多元、多层次的组合也就蕴成了具体物的社群结构。

### 【2.40】 元事件

社群结构的最小单位，元事件乃是最简单的事件，一个不可被分析为子事件的组合的事件。创化权能的造化流行或生生之流，乃是一个由元事件的承前启后所构成的动态连续体。

## 【2.41】 权能向量

或省称向量，权能运作的单位。就其内蕴的能量来说，创化事件乃是一个为权能向量的争衡所决定的势用结构或权力结构。每一权能向量都是一个活业力的太极，一个由活能（阳极）与业物质（阴极）的相互作用与相互渗透（活业力）所结而成的活业组织。

## 【2.42】 创化元

亦称元子或蕴徽子，最简单或最小的权能向量，即元事件所内蕴的权能向量或活业力。

## 【2.43】 活业太极

元事件中的能量结构，亦可视为创化元或蕴徽子的别名。

## 【2.44】 具体存在

亦称具体物，指任何可以活动作用、生长变化之物或存在。

## 【2.45】 意识主体

亦称感知或认知主体，简称主体，指运作于物物行中的权能。

## 【2.46】 意识客体

亦称感知或认知客体，简称客体，对象的同义语，意识主体所物之物（即所体验或把握的对象）。

# 第三节　遂性造业:功能种子与功能时空

## 【3.1】 功能属性

一物的属性就是它的功能，物性乃是功能属性的总和。

### 【3.2】 功能

一物可能生发的活动作用，或行为的可能性。

### 【3.3】 业

活动作用的业积，包括其引起或产生的一切反应或效果。一行为之业就是它实际的作用效应。

### 【3.4】 造业

一切活动作用或行为都是有业可言的，造业乃是功能的实现。

### 【3.5】 遂性

万物以功能为性，遂性就是功能的发挥。行为或活动作用乃是一个遂性造业的过程。

### 【3.6】 遂性造业

活动作用或权能运作的描术语，揭示的乃是具体物的动态本质。

### 【3.7】 虚机

亦称生发潜能，一业得以实现或某一功能得以发挥的可能性。

### 【3.8】 功能种子

虚机的分析单位，一业得以造就或一功能得以实现的可能性或潜能。

### 【3.9】 虚机了断

功能的实现或功能种子的开花结果。创化事件乃是一个虚机了断的过程。

### 【3.10】 功能因数

省称因数，潜存于物之中而使造业成为现实的种种因素。功能种子存于功能因数的蕴集，因数与业果相对，具体物既是因子的载体也是业果的载体。

### 【3.11】 功能业果

造业所结之果，与因数相对。创化事件所造的业乃是业果的总和。

### 【3.12】 功能因地

或省称因地，此词有两义，一是功能因数的统称；另一指功能因数所在的功能空间。每一创化事件都生于其未发之前所潜存的因地或功能空间。

### 【3.13】 功能果地

或省称果地。此词有两义：一是功能业果的统称；另一指业果所在的功能空间。每一创化事件都有其特有的果地或入灭的功能空间。虚机了断乃是一个从因地到果地的创化历程。

### 【3.14】 功能空间

亦称万物的胎藏，宇宙作为功能种子和业果的载体。

### 【3.15】 功能时间

虚机了断乃是一个无始无终的生发历程，此无始无终的生发历程，亦称造化流行或生生之流，就是万物作为造化过客的功能时间。

### 【3.16】 功能时空

功能时间与功能空间的合称，胎藏承载万物的普遍格局。所有具体存在都是功能时空的存在。

### 【3.17】 拓扑位

亦称功能处境或一物的此时此地。一物的拓扑位乃是它在功能。
时空中所占有的位置，亦称它的权能或势用处境；所有具体存在都是此时此地的存在。

### 【3.18】 势用

亦称形势，指交汇于一拓扑位或势用处境中的权能运作。

## 第四节 体与用:创化权能的动态本质

### 【4.1】 创化权能

简称权能,具体物得以活动作用、生长变化的原动力,亦称本体权能、造化权能或生命权能。创化权能乃是万物的本体,世间的一切具体物或具体存在都是创化权能的化身;它们的活动作用、生长变化乃是创化权能的生发表现。在某一义来说,天地万物都是权能造的,就好像大海中的每一波浪都是海水造的一样。

### 【4.2】 生发表现

活动作用、生长变化的代名词。

### 【4.3】 体

广义的体指一物的内容或基本内容,如浪波之体就是水。狭义的体乃本体的省称,指一物的终极内容或究竟真实。场有哲学以创化权能为宇宙万物的本体,一切生发表现(活动作用、生长变化)的内在根据或动态本质。故本体、创化权能和动态本质乃是可以互换的同义语,指的是同一的究竟真实。

### 【4.4】 本体

或省称体,体的胜义,一物的终极内容和究竟真实,指为万物的动态本质或内在根据的创化权能,亦称本体权能、造化权能或生命权能。

### 【4.5】 本体四义

在场有哲学,本体有四层含义:

第一义(一般义):万物的终极内容和究竟真实,指创化权能。

第二义(涵盖义):指创化权能的体一分殊。

第三义(本根义):亦称首位门义,指本根活能或创化权能的无限化身。

第四义(无根义):亦称无位门义,指纯粹活能或创化权能自身。

**【4.6】 本体玄义**

本体的本根义与无根义的合称。

**【4.7】 权能体**

具体物以（创化）权能为本体，权能乃是具体物的终极内容和究竟真实故名之为权能体。具体就是具权能之体；权能乃是具体物之生发表现（活动作用、生长变化）的动态本质。

**【4.8】 得体**

与具体同义，得权能以为体是具体物存在的必要条件，对一切世间的具体物来说，得体乃是存在的第一义，存在就是得体，具体物就是得体物，这是汉语德字的泰古原义（德者，得也）。

**【4.9】 用**

具体物或得体物的生发表现，用乃是活动作用、生长变化的省称。

**【4.10】 发用**

指为具体物生发表现的内在根据的权能运作，生发表现乃是创化权能的发用或动态本质的具体（或得体）表现。

**【4.11】 大用**

具体物以权能为体，以活动作用、生长变化为用。权能是一切具体物的终极内容和究竟真实，生发表现或活动作用、生长变化则是权能最基本的功能，场有哲学称此最基本的功能为权能的大用。大用的开展就是权能的造化流行，由创化事件的承前启后所编织而成的动态连续。

**【4.12】 蕴**

亦称内蕴，本体（终极内容或动态本质）的同义语，指蓄积于具体物的权能，即具体物所得于创化权能者。

**【4.13】 微**

亦称外微，用或大用（基本功能）的同义语，指权能的生发表现。具体物的活动作用、生长变化乃是内蕴的外微。

**【4.14】 蕴微**

内蕴外微的省称，大用的描术语，指创化权能最基本的功能——即活动作用、生长变化的生发功能。

**【4.15】 动态本质**

一物之本质乃是其本体的属性。万物以创化权能为本体，以权能的大用或生发功能为其本性或本质。故本体权能活动作用、生长变化的生发功能乃是此词的一般含义。

**【4.16】 动态分析**

动态本质的分析，即本体或创化权能生发功能的分析。

**【4.17】 本质三义**

指本体权能的三大属性，即活业相即、内蕴外微及体一分殊。这是对动态本质或生发功能的基本分析。本质三义构成了场有哲学本体论的核心思想。

**【4.18】 活业相即**

本体权能的第一大属性，指在具体物的能量结构中阳阴两极的动态结合状态，即活能（阳极）与业物质（阴极）相互作用和相互渗入的辩证关系，亦称活业太极。最简单的活业太极，亦即是元事件中的能量结构，就是构成宇宙万物的创化元。

**【4.19】 内蕴外微**

本体权能的第二大属性，指具体物或权能体内蕴外微的生发功能，这功能来自权能本体，乃是一切具体物本具或本有的，故名蕴微本能。

**【4.20】 体一分殊**

本体权能的第三大属性。创化权能自身乃是一无染也无待的纯粹活能，万物都是由纯粹活能的永恒自反所溢出的化身。此语中的体一与分殊的关系，乃是纯粹活能与其溢出之化身的关系。

## 第五节　功能与结构：创化权能的性相宜仪

**【5.1】 性**

属性之省。此词在场有哲学有普遍与特殊之分，也有功能与结构之分。两个分别都是针对具体物或权能体所作的分析。

**【5.2】 普遍性**

指一类具体物共有的属性。胜义的普遍性与本性同义，指所有具体物共有的属性。

**【5.3】 特殊性**

特殊性与普遍性乃是相互内在的，因为作为一个活动作用的变化中心，特殊事物的特殊性，乃是其所在的拓扑场域所决定的；而其所在的拓扑场域，借用宋明理学的术语来讲，只不过是行为宇宙或场有真实的"理一分殊"罢了。

**【5.4】 宜**

万物以功能为性，一具体物所具之就是得性，亦作得宜，场有哲学以得体为宜，故得体就是得宜。准确地说，宜指一物得权能以为体的事实，亦即是它的具体存在。故得体或得宜可视作存在的代名词。

**【5.5】 仪**

生发表现的代名词，指具体物或权能体的一切活动作用、变化开显。

**【5.6】 宜仪相即**

"场有综合"就是超切德性的综合，而超切德性的综合，则基本上是生生权能在人类灵明行沟的场有中势用符用的综合。"势用"乃是权能在形、光、力混仪的特殊场有处境中宜仪相即所蕴含的德性。

### 【5.7】 本性

来自本体权能之功能或性，本性是属于所有权能体的。

### 【5.8】 遂性

性的实现或落实，功能的发挥或功能种子的成熟和开花结果。权能体的自遂其性，乃是一种自我反射或作用于其自己的自反行为，其本身也是一种功能。

### 【5.9】 性中之性

权能体自遂其性的自反功能乃是本性中最基本，也是最独特的功能，故可说是功能中的功能或性中之性。

### 【5.10】 质

广义的质与性或功能同义，故性与质合言而曰性质，狭义的质指一物得以遂性或发挥其功能的内在根据。

### 【5.11】 本质

属于本体、得自本体或植根于终极内容的质或性质（特质或特性）。具体物的本质乃是其一切生发表现（活动作用、生长变化）或动态存在的内在根据，故亦称动态本质。宇宙万物的本质或动态本质，最后分析起来，植根于创化权能的体一分殊。故体一分殊的权能运作乃是本质或动态本质一词的胜义。

### 【5.12】 结构

能量结构之省。具体物以权能为体（内容），广义的结构泛称权能体内组成分子的结合状态。

### 【5.13】 化身结构

一切具体物都是创化权能的化身，创化权能的体一分殊决定具体物或权能体的基本内容或动态本质，故具体物的结构乃是权能体一分殊的结构，亦即是作为权能化身的结构或动态本质。较明确地说，此词专指权能体本质内体一与分殊、活能与业物质或众多功能种子或因数间的结合状态。此结合状态，权能体的化身结构，有相对稳定的一面，也有不断变化的一面。相对的变与不变，无常与常正是权能体的动态本质。

### 【5.14】 蕴微系统

一个有相对相关关系的系统。蕴微存有论中有所谓"蕴微单子""蕴微复子"与"蕴微社团"（社会），这分别相当于怀德海历程哲学中的"现实存有"（actual entities）、"蕴集"（nexus），与"社会蕴集"（social nexus）。

### 【5.15】 业物质结构

能量结构的阴极，亦称业积结构，指具体物中的业或业物质组织，即权能体在造业的过程中，由业的累积或积淀所形成或营造的秩序格局。

### 【5.23】 活能蕴集

能量结构的阳极，指具体物中的由活能的和合所蕴聚而成的结合状态。

### 【5.24】 活业结构

能量结构的同义语，具体物的创化力或能量，乃是由活能与业物质的相互作用决定的，活业乃是活能与业物质的合称。

### 【5.25】 结构功能

亦称造物功能，指权能体产生或营造化身或能量结构的自组能力。具体物的化身结构，包括体一与分殊及活能与业物质在其权能体内的结合状态，乃是其物性的生发基础。此自组功能乃是蕴微本能的核心所在。

### 【5.26】 自然结构

具体物在自然宇宙中所形成或营造的活业组织或秩序格局。自然结构乃是非人为的、不受人的造业所渗透或干扰的能量结构。

### 【5.27】 人为结构

通过人对自然结构的改造或加工而形成的能量结构或秩序格局。

### 【5.28】 抽象结构

人为结构的特例，包括由思维活动通过概念和想象的运作所营造、编织或虚拟的化身组织或秩序格局。

### 【5.29】 物性

结构性的同义语，指由权能体的造物功能所营造的化身结构或活业组织。作为可被体验或把握的存在者，一物必须具有一个相对确定或稳定的能量结构或活业组织。物性一词不仅包括物的化身结构也包括权能造物的结构功能。

### 【5.30】 性体

"性"或"功能"（功能种子）的载体，即潜能或虚机所在的权能体。性体的分析基本上乃是功能种子的分析。

### 【5.31】 性中能

性体的一面，泛指具体物中的功能种子，在遂性造业的过程中所生发的力量或能量。胜义的能乃是一个权能的向量，专指功能种子由阴阳两极所构成的能量结构或活业组织。性中能定义性或性体的生发义。

### 【5.32】 性中理

性体的一面，泛指在遂性造业的过程中，权能运作或活动作用所遵从的理（规律或规则），包括植根于业传统的惯性之理和生于活能自反灵明所奉行之理。性中理定义性或性体的律则义。

### 【5.33】 性中心

性体的一面，指权能运作在造业过程中由遂性自反所产生的灵明或心灵作用。性中灵定义性或性体的明觉义。

### 【5.34】 本慧灵明

本慧就是来自本体权能的智慧（智力和慧力）。一切心灵作用源自纯粹活能或权能自身的自反灵明，故曰本慧灵明。

### 【5.35】 性中情

性体的一面，可描述为能之心理，即性中心与性中理对性中能在一具体物或权能体的化身状态，或生命处境中所产生的作用，性中灵定义性或性体的处境义。

### 【5.36】 功能种性

即功能种子之性，性体的描术语。作为功能种子的载体，具体物的性或性体乃是能、理、心与情的四维统一体。

### 【5.37】 性体四维

性体是能体，是理体，是心体，也是情体，合称性体或功能种性的四维。

### 【5.38】 相

亦称现象，权能体在遂性造业的生发过程中所开显或呈现的表象。

### 【5.39】 显相

现象的开显，代表遂性造业的生发表现。

### 【5.40】 生命

遂性造业的代名词。一切具体物或权能体，就其遂性造业的动态本质而言都是生命体。生命乃是一个得体、发用、显相、入灭的生发过程，我们称此过程为生命体遂性造业的动态连续。

### 【5.41】 入灭

死的同义语，一种生命形态的终结。具体物或权能体的生命形态乃是为其化身结构（或活业结构）所决定的，故死或入灭也就意味着失去某一种化身结构之体（权能）。

### 【5.42】 失体

失去某一生命形态或化身结构之权能体，死或入灭之同义语。但生与死，得体与失体是相对的；有得必有失，有失必有得。生与死、起与灭，得体与失体乃是一事之两面。

### 【5.43】 动态连续

具体物或权能体的生命乃是一遂性造业的生发（活动作用、变化关显）过程，一个得体、发用、显相、入灭的动态连续。这里"动态"指的是权能体遂性造业、内蕴外徼的动态本质。

### 【5.44】 生命四环

指构成生命体的动态连续中得体、发用、显相、入灭四环节。

## 第六节　活能与业物质：权能一式

### 【6.1】 活能

在生或正在运作中而尚未转变为业物质的创化原动力。

### 【6.2】 物质

业的载体，业得以持存（持续存在）和继续产生作用的力量或能量。

### 【6.3】 业物质

业物质乃是用过的活能，由过去或逝去的（完成了造业使命的）创化原动力转变而成业载体的能量。

### 【6.4】 活业力

由活能与业物质的相互作用与相互渗透所形成的综合力量；活业力乃是运作于现实世界的创化原动力。

【6.5】 创化事件
亦称活业事件，活能与业物质相互作用与相互渗透的过程或历程。

【6.6】 创化主体
创化事件中的活能。

【6.7】 客体
创化事件中的业物质。

【6.8】 外业
　　未与活能和合或相互作用、相互渗透之前的业物质。相对于创化主体（创化事件中的活能）而言，外业是外客（外在的客体）。

【6.9】 活业组织
　　亦称活业结构，能量结构的同义语。活能与业物质分别构成能量结构的阳阴两极。

【6.10】 权能一式
说明创化事件中活能、业物质与活业力三者一般关系的表式：

$$活能 \times 业物质 \ = \ 活业力$$

（上式中的 "$\times$" 代表活能与业物质的相互作用与相互渗透）
权能一式所表达的乃是能量结构的基本分析。

【6.11】 业经验
指活能经与业物质相互作用和相互渗透后所获得的经验或所受到的影响。业经验的主要内容为业物质结构中的惯性或业传统。

【6.12】 业化
活能被业物质所渗透从而获得业经验的过程。由于受到业经验的限制，业化的活能都是有限的活能。

## 【6.13】 内业

亦称内客，指业经验或渗透于业化活能中的业物质。

## 【6.14】 熏习

亦称染习或习染，业化过程的描术语。

## 【6.15】 惯性

业经验的主要内容，指造业的惯性。在权能体的造业过程中，由相似或类似的业组织不断重复所形成的习惯或积习；造业所形成的惯性或积习，对在生或当下运作的活能乃是一种制约的压力。

## 【6.16】 物质结构

业物质结构的省称。由于物质乃是业的载体，故物质结构就是业的结构，即由业或业的惯性所形成的组织秩序。

## 【6.17】 业传统

任何已成惯性的组织秩序。权能体的物质结构乃是一个业传统的组合。

# 第七节　纯粹活能的自反与溢出：创化权能的体一分殊

## 【7.1】 纯粹活能

省称纯能，亦称权能自身。纯粹活能乃是无染也无待的创化原动力，一个不受内外业限制的力量或能量。

## 【7.2】 无染无待

纯粹活能的描术语。无染就是不受业物质（外业）的熏习或习染，这是就纯能的主体性来讲；纯粹活能乃是一个不能被业化的无染主体。内在于纯粹活能的乃是一个无限的、用之不尽的创化力量或能量，也同时是一个通透洁净的灵明慧觉。无待是不与业物质对立或相对待。这是就创化主体的客体性来说的。纯粹活能本身是无外的，它不受任何外在的客体或业物质因素的影响与支配。不过，虽然纯粹活能自身是无染无待的，它的自反却是世间一切习染与主客对立的根源。在自反中纯粹活能创造了原始的业物质以与其无染的主体相对待。在自反中无待的纯粹活能也就成为有待的本根活能了。

### 【7.3】 本根活能

本根活能乃是纯粹活能的自反。创生万物的是首位本体而不是无位本体，是本根活能而不是纯粹活能。

### 【7.4】 创化事件

合权与能而取义的术语。具体物以权能为体，故亦可称为权能体。权能乃是决定具体物或权能体活动作用、生长变化的力量或能量。这里权与能都是决定性的概念，权是具体物得以遂性或发挥其功能的宜权或性理，能则是权能体赖以造业的动态本质。前者所决定的乃是具体物活动作用的目标或方向，而后者所决定的则是具体物在活动作用的过程中，所造的业或所产生的效果或成果。由是权能可定义为（具体物或权能体）遂性造业的向量。这是广义的权能，狭义或胜义的权能乃是创化权能之省。

## 第八节　超切与连续：场有哲学的世界观

### 【8.1】 超切

基本定义是相对相关。相对就是有分隔、有分别；相关就是有内在的关联。此词泛指一切可分而不可分、可断而不可断的非实体逻辑关系，包括概念或抽象物的相对相关。此词的胜义则专指具体物或权能体相互超切的存在本性。

场有哲学认为，宇宙万物（具体存在）都是相对相关的，它们既相互内在也相互外在，既相互独立也相互依存。就一具体物与他物的相互独立一面而言就是此物的自体性，就具体物相互依存一面而言就是此物与他物的互体性。一物的存在本性乃是其自体性与互体性的统一。

**【8.2】超切综合**

自体性与互体性在具体物存在本性中的统一。

**【8.3】连续**

指具体物在相对相关中的通贯。活动作用的无碍谓之通，组织秩序的无碍谓之贯；前者是功能上的无碍，后者是结构上的无碍。

**【8.4】有碍无碍**

无碍与有碍乃是实有功能结构的两面。有碍指具体物在功能结构上的相制相克，无碍指具体物在功能结构上的相辅相成。

**【8.5】超切连续**

相对相关地通贯在一起；超切连续乃是一切具体存在的普遍形式。

**【8.6】体**

具体物得以活动作用、生长变化的内在根据，这个内在根据就是权能。具体物以权能为体，每一具体物都是权能体：创化权能的体分殊乃是万物的普遍内容。

**【8.7】用**

具体物以其内蕴的权能为体，它的活动作用和持续开显乃是内蕴权能向外生发或外徽的直接表现，此外徽之生发即权能之用。故体与用的分别乃是权能内蕴与外徽的分别。

**【8.8】相**

亦称现象，由权能体的活动作用所呈现或开显的情况或形状。

**【8.9】具体物**

有体用相可言的存在，亦称权能体或实有。

**【8.10】 实有**

真实的存在，具体物或权能体的同义语（场有哲学以权能为真实）。

**【8.11】 本根活动（广义）**

泛指权能体自己作用于其自己的自反活动。

**【8.12】 本根活动（狭义）**

指纯粹活能的自反。

**【8.13】 蕴徼本能**

生于本根活动的本能，指权能内蕴外徼的功能。

**【8.14】 本慧灵明**

指运作于权能体中的裁化智慧和自反灵明作用。权能不仅是力能，也是心能；权能体的能量是力量，也是心量。蕴徼本能是力或物理的本质，本慧灵明是心或精神的本质。力与心的相，即相入乃是生命的特征。具体物不仅是权能体，也是生命体。

**【8.15】 本慧**

生于本根活动的智慧，最终来自纯粹活能的自反。

**【8.16】 自反灵明**

由纯能的自反所产生的虚灵明觉，与本慧灵明同义。

**【8.17】 动态本质**

蕴徼本能与本慧灵明的合称，权能体的动态本质在于心量与力量或物理性与精神性的结合。

**【8.18】 物理本质**

指蕴徼本能，动态本质物理性的一面（力量的发挥）。

**【8.19】 精神本质**
指本慧灵明，动态本质精神性的一面（心量的发挥）。

**【8.20】 遂性**
权能体以功能为性，遂性就是功能的发挥和实现。

**【8.21】 创化权能（简称权能）**
内在于具体物，权能体或生命体的生发原动力，亦称生发权能或生命权能。宇宙是一个以此创化或生发原动力的蕴徽本能与本慧灵明为其动态本质的超切连续体。所有具体物都是此创化原动力或动态本质的体一分殊。

**【8.22】 体一**
创化权能不可分或不可断的一面，指纯粹活能自身。

**【8.23】 分殊**
创化权能可分或可断的一面，指纯粹活能的化身。

**【8.24】 化身**
由纯粹活能的外徽或溢出所成就的变化之身。

**【8.25】 本体**
万物的究竟真实。广义的本体指创化权能的体一分殊，狭义或胜义的本体指纯粹活能或创化权能自身，即权能的体一。创化原动力本身乃是一个可分而不可分，或可断而不可断的真实。

**【8.26】 时间性**
指有过去和未来可言的权能体。

**【8.27】 永恒**
指没有时间性的权能体。

**【8.28】世间存在**

指有时间性的具体物或权能体。一切世间存在都是有限的、有对有外的存在。它们存在的限制来自无始以来运作于世间的业物质（亦称业能），即由业的积聚所蕴蓄的能量。

**【8.29】超世间存在**

纯粹活能或纯能就其体一不可分方面，乃是一个永恒遍在的权能体，一个无限的、无对无外的，超越时间性的永行之行或活动作用自身。

**【8.30】业**

指一切由权能的外徵或活动作用所产生的效果或成果。溢出的纯能乃是纯粹活能所造的业。

**【8.31】业物质**

亦称业能，指蕴蓄在业中的、由过去的权能运作或活动作用转化成的生发能量，包括一切客体化的力量与心量。

**【8.32】当下主体（简称主体）**

亦称当下活能，指正在运作或活动作用的生命权能。

**【8.33】业化活能**

运作于当下主体的创化原动力。当下活能不是原初溢出于世间的纯粹活能，而是为世间业物质所熏习的活能。

**【8.34】客体**

为当下主体之裁化对象的具体物或业物质组合。

**【8.35】客体化**

指生发过程中当下主体向客体存在，或纯能向业能的转化。

**【8.36】 溢出**

一切具体物或权能体生于纯粹活能向世间的外徽；溢出乃是创化权能体一分殊的物理形式。

**【8.37】 自反**

指纯粹活能的作用于其自己。纯能的自反乃是决定内蕴外徽的精神基础。

**【8.38】 业界**

亦称业物质环境，指在某一时刻积聚于世间的业物质，即在该时刻积聚于世间的业物质的总和。

**【8.39】 入世**

指外徽或溢出的纯能向业界的切入。

**【8.40】 命运的一刻**

外徽或溢出与纯能与业物质开始接触与结合的时刻，此乃主体生命的开始，亦是世间活能业化的开始。

**【8.41】 大场有**

至大无外的超切连续体，宇宙的同义语。

**【8.42】 小场有**

大场有中的任何环节。

**【8.43】 微场有**

至小无内的超切连续体。

**【8.44】 蕴微子**

最简单的权能体，即微场有所内蕴的能量单位。

## 第九节 场有者的超切网络：缘的分析

**【9.1】超切网络**

相对相关地通贯在一起的场有网络。

**【9.2】场有者的超切网络**

宇宙间的一切具体物或权能体都是场有者，都是场有网络中的一个环节；就其超切连续的本性而言，所有场有者都是有缘的。

**【9.3】相对**

"相对"就是有分别、有分隔或相互外在。如 A 与 B 是相互外在的话，则两者在某一程度或某一意义上也必然是相互独立、相互隔离与相互限制的。

**【9.4】限格**

限格存在之省，指由具体物的相互独立、相互隔离与相互限制所构成的存在格局，亦省称格；简而言之，相对之互限谓之格。

**【9.5】限格空**

指具体物相互分隔中的空间，限格空乃是实有结构性的基石故亦称结构空。

**【9.6】运格**

运格思维（或思想）之省，指以具体物的限格处为本的结构性思想进路或思维方式。

**【9.7】结构法**

运格思维的同义语。

**【9.8】结构空间**

指具体物在场有网络中所开显的结构空，兼指通过结构法或运格思维所建构的抽象或概念空间（即逻辑或数理空间）。

### 【9.9】 自体性

决定具体物限格存在（相互独立、相互隔离与相互限制）的权能体性。

### 【9.10】 徼

相对性的同义语，即具体物自体性或限格存在的一面。

### 【9.11】 相关

"相关"就是有内在的关联，亦即是有相互作用的可能性。如 A 与 B 是相关的话，则两者之间在某一程度或某一意义上也必然是相互内在、相互依存的。

### 【9.12】 同融

同融存在之省，指由具体物相互内在与相互依存所构成的存在状态。

### 【9.13】 同融有

同融存在。

### 【9.14】 通情

相关（相互作用）的无碍谓之通，通情就是无碍的存在状态（情）。万物之相对性或可分性，只是实有或具体存在的一面。具体物不仅相对地可分，也相关地不可分；不仅相互外在和相互独立，也同时相互内在和相互依存。

"相关"就是有。具体物不仅有自体性，也有"互体性"，亦即是由其彼此的相关性或内在的关联所构成的性格，此具体存在不可分的一面我们称之为"蕴"。

如是，由具体物的相对相关所构成的宇宙，乃是一个亦徼亦蕴的真实，一个由创化权能体一分殊所开显的真实。此实有亦徼亦蕴或亦蕴亦徼的德性，就是"超切"一词立义的所在。

**【9.15】 连续**

通贯在一起相关的无碍谓之通，相对之互限谓之格。通贯是通中有格，格中有通的意思。

**【9.16】 超切连续**

相对相关地通贯在一起。这个词语所指向的，乃是具体存在或实有的普遍形式。创化权能是万物的本体，超切连续是万物的本性。体与性合言，这就是超切连续体一词的胜义。请以下表再作一扼要的说明：

宇宙万物是一个超切连续体：相对相关地通贯在一起。

| 具体物之相对性（相互外在、相互独立） | 实有之徼：具体存在自体性的一面 |
|---|---|
| 具体物之相关性（相互内在、相互依存） | 实有之蕴：具体存在互体性的一面 |
| 具体物之相对相关性（既相互外在亦相互内在，既相互独立亦相互依存） | 实有的本性：亦徼亦蕴的综合。宇宙是一个由万物相对相关地通贯在一起所构成的统一场，一个无始无终的超切连续体。这个连续体乃是一个即场即有的真实。称之为"统一场"因为它乃是万物（实有）生长变化的胎藏 |

# 第十节 场与有：胎藏与本体

**【10.1】 场与有**

万物以创化权能为体，以超切连续为性，以内蕴外徼为用，以体一分殊为相。宇宙乃是创化权能至大无外的超切连续体，孕育一切可能性的胎藏或功能空间。

**【10.2】 胜义的场**

万物的胎藏 ＝ 由创化权能的超切连续所开出的功能空间。

**【10.3】 胜义的有**

万物的本体 ＝ 由创化权能的内蕴外徼所彰显的体一分殊。

**【10.4】 胜义的场有**

本体的胎藏　＝　创化权能至大无外的超切连续体。

**【10.5】 功能种子**

决定一可能性的因子或因素，胎藏是孕育功能种子的场域或功能空间。

**【10.6】 功能空间**

亦称场域，由权能体的超切连续开出的功能领域。

**【10.7】 拓扑位**

可能性在功能空间中的位置。

**【10.8】 功能无**

创化权能的能容性，兼指由此能容性开出的拓扑位或功能空间；功能无生于权能体相关之无碍。

**【10.9】 结构无**

创化权能的分隔性，兼指由此分隔性开出的拓扑位或结构空间；结构无生于权能体相对的互限。

**【10.10】 本根的无**

由纯粹活能的首位门（或太极门）所开出的功能空间，亦称本根胎藏。

**【10.11】 绝对的无**

由纯粹活能的无位门（或无极门）所开出的功能空间，亦称绝对胎藏。

**【10.12】 场有五义**

第一义　场有　＝　有不离场，场不离有，即场即有。

（这是场有哲学的大前提）

第二义　场有 = 通过场来理解有，通过有来理解场，通过场与有的相即相入而理解宇宙的真实。

（这是场有哲学的进路）

第三义　场有 = 依场而有：场乃有之本性。

（通过场来理解有：有不离场）

第四义　场有 = 场生于有：有乃场之本体。

（通过有来理解场：场不离有）

第五义　场有 = 即场即有。

（通过场与有的相即相入来理解宇宙的真实）

# 权 能 论

（2008—2012 新道学讲演集）

# 一　从一个新道家的观点看中国哲学的特质

## （2008）

### 第一讲　总纲
### 道学问与中国哲学：一个新道家的观点

**引言**

大家也许会觉得道学问这个名词很奇怪，为何要用道学问呢？现在很多讲道家的书都讲道学问文化，但我想讲的道学问，乃道的中心。

这是一个以中国哲学为主题的讲座；它的基本内容是：一个从现代人的观点对传统中国哲学的核心思想或概念所作的反省与诠释。

**哲学：道学问中的究竟学**

最近大家都说现代化，稍后会谈到这个问题。究竟现代化有什么意思？很多人认为其实是西化。我心目中的意思，是现代人的需要所作的诠释，所以每一个朝代其实都是现代，每一个朝代都有它的需要，站在每一个不同的需要而起，非是历史某一个时代就叫现代。

所谓哲学，中国的哲学其实和西方的哲学有很大分别。我们一般人所讲的哲学，即使是大学本科生，一讲到哲学，心目中就是"第二等"，好似中国人就是二等公民一样。但我的观点是非常不同意这说法。中国哲学有非常独特，及非常异于西方或印度的传统。

事实上，在某一意义来说，中国的哲学与西方的哲学是相反的，但又非绝对。究竟在什么意义下，两者的意义是相合、相反？我认为整个西方的哲学传统是实体主义传统，是受到实体主义影响；而中国哲学基本是超切主义的传统。所谓超切并非是超越，当中亦有超离，但又非超离，而是有密切的关系。究竟中国人的真理观和宇宙论，是如何是一个超切主义的观念，这与西方的有很大分别。

哲学是文化的一部分。中国的传统文化，就其精神与思想的层面来讲，乃是一个"道学问"的大传统。"道学问"就是"道"的学问。中国哲人的所谓"道"，指的乃是宇宙人生的真理与真实，而这正是一切哲学的终极关怀。

中国哲学与中国宗教很难分开，如果终极关怀是相同的话，一个以信仰为中心，一个以思想为中心。所以哲学可以说是道学问中的"道"学问，亦可说是道学问中的"究竟学"（这是我所创的名词），一个直接以宇宙人生的究竟或终极真理与真实为其探讨对象的道学问。简略言之，道学问乃是一个体道、修道和成道的活动过程；将这个活动过程在精神、思想和实践上推之至尽，就是"哲学"——中国传统意义的"哲学"。

推之至尽这几个字很重要，因为推之至尽最终会成为"究竟学"。至于哲学和宗教又有何分别？在这个意义上，哲学和宗教是没有精神本质上的差别的；只不过前者着眼于究竟学的真理性和思想性，而后者则偏重于究竟学的实存性和实践性，这正是究竟学相辅相成的两面。

**场有哲学：一个"新道家"的诠释体系**

诠释乃是一个运用概念和语言的精神活动。任何诠释都假定一个预设或前置的哲学观点或立场；没有所谓无预设或前置的诠释。这个为一诠释活动所预设或前置的观点或立场，包括所有牵涉于其中的概念和语言，也就构成此诠释活动的思想平台或诠释体系。所以我绝对反对所谓"绝对主义"、"绝对客观"这些事物，任何诠释、任何事物都应该有其立场。所谓方法，乃是思想平台或诠释体系，与其诠释对象或内容在诠释活动进行中的结合。

这个讲座乃是一个传统中国哲学的现代诠释。它所预设或前置的哲学观点或立场是什么呢？答案是：场有哲学或我们所谓的"新道家哲学"。当然，新道家有很多判断，我的题目叫"从一个新道家的观点"，是强调"一个"；而这个新道家的观点就是"场有"。场有哲学乃是一个以传统中国哲学的真精神为本位，而求与世界上其他文化的哲学传统——包括尤其是西方，印度及佛教的哲学传统——互相融会贯通的思想体系，一个明确地标榜其全球性与开放性的思想体系。依我们的看法，传统中国哲学的真精神在其世界观的终极性上来讲，乃是道家而非儒家的智慧产物；而此世界观及其根源所在的智慧及文化精神也基本上是场有哲学所肯定的。所以场有哲学乃是一种道家哲学或道家型的哲学。但作为一种道家型的哲学，场有哲学究竟与传统道家有一个重大的区别。虽然继承了传统道家哲学的真精神，场有哲学乃是一现代人的哲学，它所发挥的哲学精神和形成的世界观乃是植根于现代人在当代的文明格局和生命实存的处境中所孕生的智慧，通过现代人的思想概念和语言表达出来的智能。而在现代的概念和语言的意义网络中已经包含了很多不属于传统中国文化的成分。这就是我们所谓的"新道家哲学"之所以为"新"的所在。

**权能与场有：铺陈一个思想的平台**

现在我们要问的是，究竟那些哲学信念或信托是传统道家与场有哲学所共有的呢？或者换一个问法，在道家的世界观中有哪些主张也是场有哲学所肯定的呢？我们在下面将通过"权能场有"的基本理论——亦称"权能论"与"场有论"——来看中国哲学的问题性和给予传统哲学的一些核心思想或概念一个崭新的、现代的诠释。说得明确一点，我们认为中国哲学的特质在于它的"超切性"与"拓扑性"；中国哲学本质上是一种"超切拓扑学"，一种通过"权能分化"这个核心思想来探讨宇宙人生的真理和真实的究竟学。这条思想进路与主宰着西方哲学传统的"实体主义形上学"的进路是有很大差别的，而且是截然相反的。

所谓拓扑，就是处理权能问题，将整个世界上任何东西变成一个能量系统，能量系统之中有能量系统，能量系统之间又有什么关系？我们就是要探讨这问题。

1. 道或创化权能：生生之谓易

宇宙的终极与真实属于一个永恒的、无所不在的创化权能或生命权能。我用创化而不用创生，因为化有变化的意思，而创生只是生字而不能表达出来。《道德经》字之曰"道"或"常道"。什么叫作"权能"（power）呢？"能"就是能量、力量；"权"就是一能量或力量中的决定性。那么"创化"又是什么意思呢？"创"有创造、创生和创新的含义；"化"就是分化和生长变化。

根据道家的看法，宇宙乃是此创化权能运作的场所；而宇宙间的一切事物，包括我们的生命，莫非此创化权能在其恒久不息的运作过程中的分化和生长变化。这个就是关键，换句话说，万物是道的分化，道其实就是我们的老祖宗，不是西方哲学的兄弟；分化就不同，从道中各有不同的分化，其实道本来就在我的生命中，是内在于我的生命。

《周易·系辞传》所谓的"生生之谓易"指的就是这个恒久不息的分化和演变（生长变化）过程，一个即"生生"即"易"（分化演变）的活动作用过程。权能是生生之体，生生是权能之用。这个权能与生生的体用关系，在宇宙创化的根源上来讲就是道，而从道的分化或个体化方面来说就是德。所以生生之道亦即是生生之德，指的是同一的真理与真实。必须立即补充的是，这个充沛着整个宇宙的道、常道或创化权能在其终极性上是"不可道"、不可把握的，是超越所有认知概念和语言的；它只是一个自然其然的真理与真实。

我们所体验得到和认知得到的世界和事物——"可道"，或可以把握的道，乃是常道通过其"生生之德"，相对我们有限生命的开显；它只是常道在从其无限的体用中，所呈现或展示的相而非常道自身。而一切有限的开显都是我们所谓的"拓扑性"（topological）的、缘生于创化权能底分化的开显，都离不开我们实存处境（topos）中的时间性，空间性和当下缘会的条件性，更离不开我们作为认知主体的精神境界或心灵状态。真理的开显永远是客观真实与主体精神的拓扑性的结合。

2. 无间无碍、通透灵明的生生逍遥游：道家的终极理想

人类可以达到的、也应该努力追求的最高价值，乃是一个无间无碍、通透灵明的精神境界。在这个终极的理想境界中，内在于人的生命权能已与常道自身和宇宙的创化权能冥合而成就一自由自在的"生生逍遥游"。换句话说，终极的理想就是终极真实与真理的内在化，亦即是"道成肉身"，在道家哲学——说得明确一点，性命学——中的精义。诚然，这个崇高的、理想境界，中国传统哲人所惯称的"天人合一"的境界，在一般人的生命中是难见的，是很难实现的。但现实与理想的关系并不是一个简单的、逻辑的零与一的关系，而是一个有层级可分的、在道的内在化过程中由潜能、环境与（潜能）实现三方面所形成的场有因果关系——一个涵摄着因果内在与质量互变的复杂的辩证关系。

事实上，无间无碍、通透灵明的终极理想从泰古以来早已或多或少、或显或隐地在人类建构文明的一切生命活动中起用。此乃因无间无碍、通透灵明的理想价值原是生命理性的终极要求；这个终极要求不是外在于人，或由外力强加于人的东西，而是内在于人性或人的存有本慧，而为其生命活动所依据的本体潜能。称之为本体潜能，是因为它的实现就是人与常道的冥合。道是宇宙间一切事物的本体；本体潜能乃是潜存在一切生命和生命活动中的权与能。我们所谓的存有本慧，只不过是本体潜能在精神主体或意识生命中的具体表现罢了。

3. 个体生命的"本慧灵明"

对于任何一个生命体而言，"存有本慧"（或简称"本慧"）就是它的"性"或"动态本质"。顾名思义，作为一生命体的性或动态本质并不是一个静态的、抽象的东西，如柏拉图所谓的"理"恰恰相反，道家哲人所谓的性乃是一种力量，一种内在于一生命体而主导其一切活动作用的原动力。我们又称性或动态本质为"存有本慧"乃因为此生命的原动力并不是一个无知无觉、全然缺乏灵明的存在，而是一种，在某一意义上或程度上，具有本然的慧力和光耀性、感应性的本能或良知良能。当然，性或存有本慧的灵明不一定是意识性的；具有高度意识性甚至超意识性的灵明，如在人性或人的本慧中起用的灵明，乃是一个特例。

性中的本慧灵明乃是生命的导航者；它是决定一生命体存有和发展方向的内在根源。我们称此由一生命体的本慧灵明所决定的方向或目的，为此一生命的"主体鹄的"。这里"主体"一词，指的当然是此生命体之体性所在的创化权能。必须立即说明的是，决定一物或事物之所以为生命体的性或本慧灵明，乃是属于权能的，而不是属于此权能所开显的相或现象。譬如，一棵苹果树的生命不在眼前所见，或感觉到的苹果树，而在其生长变化中运作的创化权能或生命权能，包括它从播种、根苗到开花结果，并以苹果树的形式继续存在的整个生生过程，这就是传统哲学中性与相或性与形的分别。在这整个生生过程中所呈现的一切（被我们认为属于此苹果树）的形相，都是由它的性或动态本质所规范的，但却都不是此一苹果树的生命所在的创化权能本身。性和相或形相——权能和现象——并不是一个简单的、全然外在的"超越"关系；而是一个相即不离，既相互内在却又相互外在的"超切"关系。"超切"中的"切"字就是相即不离的意思。道家哲学的真理观，就是建筑在这个性与相或权能与现象的超切关系上的。

4. "性命学"："道性"与"德性"

根据道家的看法，由于宇宙间的一切事物或生命体，都是道或创化权能的分化，每一个别事物或生命体，都在其体性上构成常道生生之德的一面。我之体也就是道之体，我之性也就是道之性。一棵苹果树之性，固然是内在于此苹果树之体，或生命权能之中而为其主体性之理据，但此理据不是这棵苹果树的生命主体所创造的，而是在其普遍性上早已先天地含蕴在道性的生生之理中。这棵苹果树的生命乃是此普遍性的一个特殊表现。宋儒所谓的"性即理"和"理一分殊"的概念就是从这里来的。

性命学乃是道学问中，在普遍性和特殊性的统一下，探讨和寻求实现生命体的主体鹄的或最高主体性价值的实践功夫学。这句话中的"生命"，指的当然是在身体的基础上以意识和精神的发展为其主体性内容的生命——人的生命。不过，性命学的实践功夫乃是攸关权能的运用和锻炼的事情。如此看来，广义的性命学，不妨视为众生或一切生命体所共本的"学问"——管理生命权能的学问。不管是一棵树或一只候鸟，不是都要在其成长的过程中，学习如何运用和锻炼其天赋的生命权能么？

5. "命"之三义："命分"、"命运"与"使命"

中国哲人不仅把性与理相连，性与命对他们也同样是密不可分。道教的丹道学明确地主张"性命双修"的实践功夫，而宋儒"穷理尽性以至于命"一语更把性、理与命三个概念都统贯起来。那么什么叫作"命"呢？作为一重要的哲学术语，"命"有命分、命运与使命的三个基本意思。乍看之下，它们好像并没有什么密切关联，但事实上它们应该视为是一个统一观念的三个方面。它们所牵涉的乃是道与个别事物或生命体的关系或宋儒所谓的理一与分殊的关系。

首先，"命"乃是"命分"之省。个别事物或生命体都是从道来的，都是道或创化权能的分化。有分则必有得；此个别事物或生命体所得于道者也就是它的"命"，亦即是由道或天所赋与它的生命权能。值得注意的是，"德"（分化的权能）与"得"同音；"德"者，"得"也，后者可能正是前者的原意。

那么个体事物或生命，究竟从道那里分到或得到些什么呢？答案是明显的：每一个别事物或生命，从道得来的乃是它赖以存在和继续存在的能量系统，及通过此能量系统的运作而开显的整个场有背景，一个道宇宙或创化权能的分殊世界。万物莫不各有其"身"，此个别之"身"乃是一物之德（分化的权能）的"载体"，亦即是它所得于道者、它命分的所在。但必须郑重指出的是，这里所谓的"身"并不等同于一般所谓的形躯，而是构成个别事物或生命的创化或生生权能的分殊之"体"，所以我们不妨名之曰"道身"或"德身"。前者指向生生之源头，后者着眼于创化之分殊。而作为一个分殊的能量系统，道身或德身虽然无形无状，却是一个有质可言的综合力量。有形之身植根于道身或德身，前者乃是后者所展现的相。事物千差万别，由它的道身所分化的能量系统所展现的相状，也当然有所不同。一个人的形躯大异于一棵树的形躯，此乃因二者所植根的乃是两个很不相同的能量系统。而一般所谓的"生物"与大自然中无量数的"非生物"（譬如一颗行星）相较，其间在体与相上的差别也就更为突出了。

6. 能量系统与气论：创化原动力及权能的"上层建筑"

在道学问的传统中，对能量系统的探讨是通过"气"的概念和语言而立论的。由道家发扬光大的气论，基本上就是一个以能量系统为研究中心的创化或生生宇宙论。庄子曰："道通为一。"（《齐物论》）又曰："通天下一气耳。"（《知北游》）可见道或创化权能乃是一个气的真实。

不过，气的语言太具体了，虽然极为适合用来象征生生力量的流转与通贯，却不容易以之表达在人的世界中运作的复杂的、抽象的权能概念，一个极难梳理的、含有多极、多层次、多维度的相互扭结性的权能概念。譬如一个官员的政治权力、一首诗或一幅画的艺术感染力、一条法律条文的约束力或强制力等等，都是一种可以生发作用的权能形式。只是这些含有复杂抽象性的权能形式，虽然都是文明社会得以确立其文明格局的重要因素，却是很难用气的概念和语汇来处理。

事实上，传统气论所专注的乃是作为一切事物，或生命的具体真实所本的"创化（生生）原动力"或"基始权能"。每一个别事物或生命都是一个以此具体的、无形无状却是有质可言的创化原动力为基础的能量系统。构成人的文明格局和精神活动的抽象权能，乃是此具体权能的"上层建筑"。例如，一件艺术品的感染力，是奠基在艺术家及其所用工具的具体存在上的；这个感染力就是有关能量系统的上层建筑。不过，抽象权能与具体权能的关系，并不是一个单向的依存关系，而是一个双向的、循环的、相互变化和转化的互动关系。

虽然是具体权能的产物，一件艺术品的感染力，也可回过头来作用于它的具体根源。艺术品的感染力对人的精神气质，可以或多或少地产生脱胎换骨的作用，自然也就间接地在心理、生理和更深的层次上，对相关的能量系统有所影响，而促使其产生某一方面或某一程度的变化。而变化后的精神气质和能量系统，也改变了一个人对艺术品的感通量格。

传统的气论虽然没有具体权能和（权能的）上层建筑的分别，也没有明确地分析两者之间的互动关系，但由气论所衍生的"天人感应说"，却明显地涵摄了权能论的一些基本看法。中国哲人自始以来，即肯定天道与人道——或（或笼统地）客观自然与人文世界——的内在关联。而客观自然在气论中，正是一个为无量数的具体权能单位（能量系统）所构成的生生之流与创化宇宙。

7.　"场性"与"拓扑性"："道通于一"与"理一分殊"

由于世间一切个别存在（事物或生命），莫非道或生生权能之分化，道之体也就是个别存在之体，道之性也就是个别存在之性。此终极的大宇宙与小宇宙的超切关系，当是庄子"道通于一"的真义。后来宋儒所谓"物物有一太极"的说法，基本上是同一条思路的陈述，与"理一分殊"的概念是互相呼应的。传统哲人普遍地肯定小宇宙是大宇宙的"缩影"；此与现代全息论最基本的前提，即：关于个别事物（或小宇宙）的信息，包含其所属整体宇宙（或大宇宙）的信息在某一意义上也不谋而合。不过必须郑重指出的是，从道分化出来的个体事物或生命明显地不等于道；小宇宙与大宇宙之间是有差距的。前者并不完全是后者的缩影，而只是一个"分殊的缩影"。通过个别事物或生命的能量系统所开显的世界，乃是创化宇宙的一个分殊面。

那么分殊世界是怎样形成的呢？总括地来说，它是由能量系统的场有性格来决定的。"场有"中的"有"作存在与开显解。"场有"就是依场而有——依于场而存在或开显——的意思。每一具体的个别存在都有专属于它的、构成它的分殊世界的权能或创化之场。每一个体事物或生命，都是大宇宙的一个权能中心，它的"场"就是它的能量系统，在大宇宙的创化过程中与其他能量系统的相对相关性，也是为此相对相关性所决定，或规范的一切权能运作和活动作用的"拓扑领域"。作为场有哲学的一个具有关键性的专门术语，"拓扑"一词指的乃是权能宇宙中部分与整体，或小系统与大系统之间的动态的、有机的，多层次和多维度的复杂超切关系。简单地讲，一个权能中心的拓扑性，就是道或创化权能分化于此中心的全体大用；此分化的全体大用，亦即是相对于此中心而开显的动态宇宙，一个为其所得于道的能量系统，与其他的能量系统的相对相关和相互作用所编织而成的分殊世界。故拓扑性与场性其实是同一个真实——道体或创化权能——的两种看法。一个个体事物或生命的场也就是它的拓扑领域。明显的是，每一个权能中心的场或拓扑领域都是独特的，因为每一能量系统与其他能量系统之相对相关的内容或内涵都是独特的；而此拓扑的独特性则基本上，是一个能量系统在当下缘会的时空合德下的超切表现。

8. "功能时空"：道之生生与道之能容

这里"时空"指的，乃是一个通过创化权能的功能性而取义的概念，既非一般常识义的时空，也非物理学上的时空。在中国道传统的宇宙论里，从来没有出现过牛顿物理学所假定的"绝对时间"与"绝对空间"的观念。而道宇宙论所开示的"功能时空"，虽然在某些方面与相对论物理学的时空连续体——概念不无相似之处，前者却是一个比后者更为彻底，且更具涵盖性的哲学时空观。那么究竟什么叫作"功能时空"呢？首先，这里所谓"功能"，指的乃是个体事物的能量系统，相对于其他事物的能量系统的作用性，包括可能或真实产生的作用。

时空就是建筑在此能量的作用性上的时间与空间概念。简单地来讲，时间的概念，是从能量系统在创化权能生生之流的相续次序上引申出来的，而空间概念，则是在能量系统之运作层次和维度的开显上立义的。事物在生生之流中的"承先启后、前退后继"，我们谓之"相续"，生生之"相续"；而事物的活动作用得以在道或创化权能所孕育的无限可能性中，某一层次或维度的动态存在，我们谓之"开显"，创化之开显。时间指向道之"生生"，空间彰示道之"能容"。但事物的活动作用，在道之生生中前后相续，和在道之能容中之开显，只不过是创化权能"自然其然"一事之两面。故时与空，道之生生性与能容性，是分不开的，而且是超切地相互内在的。空中有时，时中有空：道之生生与能容、相续与开显在一个能量系统的创化之场，或拓扑领域的蕴集缘会中的权能综合，也就是我们在上文所谓的"时空合德"了。

### 9. 功能空间的层次与维度

与儒家相较，道家更为突出空间或能容性的智慧。老庄哲学中的无与虚概念就是最显著的例子。无是道或创化权能之本质，正在于其无限的能容性，因为它使一切事物或生命的存在和活动作用成为可能。这里"活动作用"一词至为要紧。在道家的权能存有论里，存在与活动作用是同一概念的不同表述。不是先有存在才有活动作用，而是存在就是活动作用；一切事物或生命莫非道或生生权能自然其然的分化，而活动作用正是权能运作的具体表现。

故空间的能容性，乃是相对于事物的活动作用而取义的。譬如我可以在一个房间来回走动；这个房间容许我做这样来回走动的活动，这就是这个房间的空间性，这个房间的能容。我们可以坐飞机在太空遨游或乘宇宙飞船探月，这是太空的空间性，太空的能容。常识的和物理的空间，就是相对于此类活动的能容性而建立的。如此类推，每一类或形式的活动作用都有其相应的空间，亦即是道或创化权能对此类活动作用之能容。此道之能容性与一类型活动作用的相应，我们称之为"维度"，功能空间之"维度"。不过功能空间不仅可以有维度之分，也可以有层次之别。这里"层次"一词指的乃是权能运作的深度，尤其是意识或精神生命的深度。例如构成人类文明格局的一切活动，不仅在意识的层次里进行，也同时在无意识或潜意识的生理及物理层次里起用，或多或少地影响或改变权能在这些层次的物质结构；而这些深层结构的变化，又回过头来成为意识转变的因素或条件。如是，在一个能量系统之中，运作于意识与其深层结构之间的，乃是主宰着吾人精神生命的一种"因果循环"。此与上文所提出的有关具体权能，及其上层建筑之间的双向，互动有着一个非常密切的关系；因为权能的上层建筑——创化原动力（具体权能）的抽象客体化——正是意识活动的产物。

### 10. 创化原动力：活能与业物质

作为道家气论基础的阴阳五行学说，实在是一个具有非常丰富内涵及广泛应用性的权能论。气就是我们所谓的创化原动力，而阴阳则是此原动力之两极。宇宙间的一切事物或生命，都是由阴阳二气的相互交感而蕴结而成的气的有限体或能量系统，一个具有多层次和多维度功能空间性的综合力量。笼统地讲，"阴"代表原动力的物质性与结构性之一面，"阳"则代表原动力精神性和创造性之一面。有限体中之"阴"，来自无始以来积聚于道体或创化权能中之"业物质"，或过去的活动作用的业绩或成果。业物质的总和也就是传统气论中所谓的"太阴"；而有限体中之"阳"，则来自永恒地绵延于道体而作为一切创化力的终极根源的"纯粹活能"，或是传统所谓的"纯阳"或"真元之气"。

"活能"就是正在运作或活动作用中的原动力；因它是个体事物或生命赖以存活或持续的能量，所以名之曰"活能"。创化权能的具体真实，系于纯粹活能与业物质之相互交感和相互作用。所谓纯粹活能就是在尚未交感、尚未与业物质相互作用而受其影响的创化原动力，也就是传统气论中"纯阳"一词的真义。纯阳与太阴——纯粹活能与业物质——也就构成了一切能量系统的"原始内容"。一切个体事物或生命之"先天命分"，就是在纯粹活能与业物质之相互交感的刹那时段中被决定的。这个概念我们不妨以下式表之：

**权能甲式**

能量系统的原始内容

（个体事物或生命之先天命分）

创化原动力　　　＝　　　纯粹活能　　　×　　　业物质

（具体权能）　　　　　　（阳权能/纯阳）　　　（阴权能/太阴）

《易·系辞传》曰："一阴一阳之谓道"。阳权能与阴权能的概念是分别以乾坤两主卦的象征符号——"天"和"地"——来代表的。用大易哲学的术语来讲，纯阳就是"乾元"，太阴就是"坤元"。若将"天"和"地"看成是权能宇宙的拓扑领域来阐释，则我们不妨说"天"或"乾天"乃是纯粹活能（纯阳）的所在，而"地"或"坤地"则是业物质（太阴）的所在。如是天地交感或乾元与坤元的相互作用也就构成能量系统的原始内容了。

但有限体之所得于天地或无限道体者并不是它命分的全部；一个能量系统除了它的原始内容之外，还有决定它的"后天命分"的"后继内容"。"后继"就是在原始交感之后而继续发展的意思。在一个能量系统的后继过程中,它的后天命分乃是通过它与其他能量系统的相对相关性——亦即是它的场性——而获得的。这是动态的相对相关性,活动作用的相对相关性。创化原动力在后继的历程中,乃是一个在时空合德的蕴集缘会中运作的当下权能,一个拓扑性的综合力量。在后继的当下缘会中,能量系统的动态内容已经产生了质的变化。阴阳两极已从超越的相对发展为一个相互内在的超切关系,即:阳权能中有阴权能的因素,阴权能中有阳权能的因素。一方面,由于受到系统内业物质的感染,纯粹活能已失去了它的纯粹性,而成为一孕育着初生的本慧灵明的精神性和多层次、多维度实存目的性的当下活能;另一方面,出于无始的太阴而在本慧灵明的作用下,被当下活能客体化的业物质,也不再是散漫地积聚于宇宙之中的阴权能,而是予能量系统相对固定性与稳定性的物质结构,一个由有形和无形的业物质所积习而成的惯性组合。在一系统内当下活能与当下物质结构的关系,乃是一个"精神主体"与其"内客体"的关系。精神主体与其内客体的相互交感和相互转化,也就构成了能量系统的后继内容。个体事物或生命的后天命分,也是通过此内在的主客关系而取得的。其中义蕴可比照"权能一式"表达如下:

### 权能乙式

能量系统的后继内容

(个体事物或生命之后天命分)

$$当下原动力\ =\ 当下活能\ \times\ 当下物质结构$$

(具体权能)　　(阳中有阴)　　(阴中有阳)

$$=\ 精神主体 \times 内客体$$

(本慧灵明)　(惯性积习)

11. "当下"是功能时间观的核心观念

在道的宇宙里,没有比道或创化权能更根本的真实。不是先有一个绝对的空间才有道的存在,因为空间只不过是道之能容。同样道理,道也不是一个在一绝对的时间里流动的东西,因为时间正植根于道之能生性;时间之流也就是创化权能所开显的生生之流。是故道本身既不占有空间也不在时间之内，这就是无限道体与有限个体在功能时空观中的分别了。

那么"当下"这一概念究竟意味什么呢？道传统的哲人每以"当下即是"这句话，来点出和总括中国哲学对宇宙人生的基本态度。这句话有什么重要或基本的内涵呢？对于这两个问题，我们不妨先作如下的说明：所谓"当下"指的乃是创化活能承前启后地，运作于在生生之流中的时段；而"当下即是"则是以当下活能的本慧灵明，或精神主体性为出发点或立场，来观照宇宙人生的一种态度。

"当下即是"的"是"字，既是肯定的意思，也同时暗示所肯定的真理与真实——道在当下的时段中所开显的真理与真实。人不应生活在过去的回忆中，也不应沉溺在希望的空想或对未来的幻想里，而是要真诚地、不折不扣地承担起当下所赋予的工作或使命。当下活能乃是"活在当下"的能量或创化原动力。虽然人应如何活在当下这个问题上，道家和儒家或有所不同，但在道的真理与真实，乃是通过当下的精神主体性而开显此一重点上却是并无二致的。故曰："道不可须臾离也，可离非道也。"（《中庸》第一章）对老庄而言，道更是无所不在，无时不在的；在本体的意义上根本没有与道相离的可能。严格说来，道相对于人的开显只有精神境界和感通量格的差别而无本质的差别；因为一切开显都是道的分化，道的开显。

12. "当下即是"的"形上姿态"

通过权能甲乙二式所铺陈的概念框架来了解，我们不妨说当下即是的"形上姿态"所确立的，乃是道传统中性命学的无上心法，而且是一切道学问的不二法门。在当下即是的形上姿态里，我们可以理解到命的三义——命分之命、命运之命与使命之命——是如何在一个能量系统之蕴集缘会中统一起来的。其中的关键就在当下活能的场性和拓扑性及精神主体或本慧灵明的时空合德。精神主体的当下使命一方面是承前启后；另一方面是通向万物。前者所发挥的是时间性的本慧灵明，后者所光耀的则是空间性的本慧灵明。精神主体的当下承担在某一意义上来说，乃是对道的一种实存的礼赞。实存地承前启后，这是礼赞道之生生；实存地通向万物，这是礼赞道之能容。《中庸》所谓的"参赞天地之化育"之精微意蕴，应该从时空合德的角度上来把握。

但当下活能或精神主体的承前启后，与通向万物是不能离开能量系统的拓扑性和场性而讲的。由于拓扑性之不同，道分化给我辈生于同一时代的人，异于分化给与我们异时或不同时代的前人或后人；而即使属于同一辈或时代的人，也因存在的背景、环境和际遇的不同，而造成不可抹杀的差别。由于先后天命分的差别，人的命运也各个不同。精神主体的使命不在命分和命运的改变——因为严格说来，这是不可能的——而在对命分的接受和对命运的承担。其中的"成败得失"，不管是世俗义的还是实存义的，都得看人心（或精神主体）中的本慧灵明，是否能找出一条可以使人得以安身立命的道路、方法或途径。这不正是一切道学问所要寻找、遵奉和践履之"道"么？

　　13. 道之"未了义"与"究竟义"：性命的究竟学

　　前面说过，"哲学"是探讨宇宙人生之终极真实和真理的学问，我们所谓的道学问中的究竟学。"道"一词所指向的，正是在此意义上联结宇宙与人生的通路。拆开来讲，道既是宇宙的终极真理与真实，也是人生的终极真理与真实。前者是"道"之"形上义"（宇宙的终极真理与真实），后者是"道"之"实存义"（人生的终极真理与真实）。合而言之，联结宇宙与人生的终极性之"道"也就可说是"道"之"究竟义"了。此究竟义之"道"既是道学问的终极理想也是所有问道、求道者之终极关怀。但道学问者在达道、成道和实现此终极理想之前，在人世间所开显之"道"，包括一般文明人或文明社会所肯定的真理与真实，都是片面的和非终极性的，都是"道"之"未了义"。如是，中国传统中的哲学，即可描述为将道之未了义转变为道之究竟义的道学问。这道学问中的究竟学所牵涉的范围虽然至为广泛，难以作简括清晰的界定，但其核心内容却是相当明确的，它只是一套以人的安身立命为其主体鹄之性命学罢了。故传统义的中国哲学，就其核心内容而言，即可描述之为"性命的究竟学"。

　　14. 致诚与归真：儒家与道家的性命学

　　《中庸》曰："天命之谓性，率性之谓道，修道之谓教。"（《中庸》第一章）这是儒家的安身立命之道。但如何才能率性以达于道呢？《中庸》提出一个"诚"字来作为它的性命究竟学的中心概念。这是因为"唯天下至诚，为能尽其性；能尽其性，则能尽人之性；能尽人之性，则能尽物之性；能尽物之性，则可以赞天地之化育；可以赞天地之化育，则可以与天地参矣。"《中庸》第二十二章又曰："诚者，物之终始；不诚，无物。"《中庸》第二十五章对儒家来说，安身立命之道端看人是否能诚。而人之自诚是可能的，因为实现它的条件本就存在于我们的命分之中。故孟子曰："万物皆备于我矣，反身以诚。乐莫大焉。"《孟子·尽心章句上》是以原则上人人皆可以为圣人、为尧舜。孟子和宋明儒所主张的性善论就是建筑在人能自诚的前提上的。

在这个关键的人性问题上，道家的看法就没有正统儒家这么乐观了。与道佛两家比较，儒家对人性的了解实在不够深刻；它低估了欲望与业物质的重要性，也同时高估了作为人性向善的内在根源的良知的力量——使人得以自诚而明的力量。从道家的观点来看，由于欲望与物质的重重缠结在文明社会所造成的复杂性与虚幻性，失真——失去真正的自我，几乎是所有文明人无可逃避的共同命运。但在道家的哲学体系里，"失真"就是"失德"，失去常道或创化权能之分化于我者，即造就我之所以为我的能量系统及理据——儒家所谓的"性"或"德性"。此内在于吾人能量系统之理据或德性，原是联结吾人有限生命与无限道体之"根"；每一个体生命之"德性"莫不植根于"道性"。是故"失真"、"失德"——失去了与常道的内在关联——也就意味着"失根"了。对道家来说，这是一个至为严重的问题，因为"无根"的生命是缺乏生命力的、是不能持久的。

由于无法深入地从其根源处取得充足的水分和养分，人的生命就像草木的生命一样，很快就变得枯竭而坏死了。故自老庄以降，"返璞归真、归根复命"即成为道家各派所共同遵奉的无上圭臬。"返璞归真"所针对的是文明生活、文明社会由物与欲的缠结所造成的复杂性，虚假性与虚幻性；而"归根复命"所指向的，则是作为人得以安身立命的活水源头之德与道。这就是老子性命究竟学的精微义蕴了："致虚极，守静笃。万物并作，吾以观其复。夫物芸芸，各复归其根。归根曰静，是谓复命。复命曰常，知常曰明。不知常，妄作凶。"（《道德经》第十六章）

最后一句"不知常、妄作凶"明显地点出道家性命学的焦点所在。凶与吉相对，不正说明"趋吉避凶"对道家的重要性么？事实上，原始道家如老庄的忧患意识与儒家的同样强烈，只是在人性的理解、文明价值的抉择或取舍和文明社会的建构等方面有所分歧罢了。

原始或先秦道家是西周文明中敏锐的批判者。虽然对周文的典章制度——儒者概括之为"礼"——及其所彰显的文化精神深表不满，对人性本善这个基本命题上仍然是肯定的。但儒家的本善在于天命于我、内在于我"性"中的"本体之仁"，而道家的本善则源于道分化于我、为我德性所本具的"本体之真"。但本体之真或"本真"究竟是什么呢？不是别的，它就是终极道体或常道"自然其然"的本质或本性——等同"自然"的"道性"。这个以自然为本性的道体是超越"天地之道"（可以被确定的宇宙整体）的终极真实。《道德经》中"道（天地之道）法自然（终极之道）"一语应作如是解。

既然道家以自然为"真"，那么"假"或"真"的反面就是"不自然"了。这不正是《道德经》所谓"为"的含义么？事实上，道家对文明人、文明生活和文明社会的批判其重点就放在这"不自然"三个字上。"为"就是一切不自然的思想、行为或作为。老庄将其对文明批判的重点放在对"为"之问题性的理解上而提出"无为"的概念是有其很深的用意的。文明人的"为"——他的一切不自然的作为——是很有问题的；因为在文明人不自然的行为或作为的背后乃是人性的阴暗面，隐藏着心性或精神生命的种种扭曲、歪曲和随之而来的晦暗与闭塞。如是不自然的行为代表心性之"不直"。

古文"德"字从直、从心是很有道理的。子曰："人之生也直。"（《论语·雍也第六》）孔子虽然没有像孟子般直接提出人性本善的主张，但从这句话来看，孔子对性善的肯定是相当明显的。那么至直就是至诚，至诚就是至直。但至直与至诚究竟是什么呢？对儒道两家来说，它无疑是终极的、理想的精神境界。但它仅只是一种精神境界么？不是的。在中国道学问的大传统中，精神境界与道体是无法分开的。不管是道家或是儒家，最高的精神境界都是人的精神主体与道冥合或天人合德的境界；这就无怪在传统的典籍中，描述精神境界的语言与体道的语言经常混结在一起了。请看《中庸》下面这段话："故至诚无息，不息则久。久则征，征则悠远，悠远则博厚，博厚则高明。博厚所以载物也；高明所以覆物也；悠久所以成物也。博厚配地，高明配天，悠久无疆。如此者，不见而章，不动而变，无为而成。"（《中庸》第二十六章）

最后一句"无为而成"真是可圈可点。这里所谓的"无为"是否等同老庄书中的"无为"呢？《中庸》是否也和《周易·系辞传》一样明显地受到原始道家的影响呢？从思想史的立场来说，这无疑是一个非常值得探讨的问题，但却不在我们的论述范围之内。我们在这里所关切的乃是涵摄于此问题的思想的内在逻辑。我们所要表达的意思是，假如儒家的直或诚的观念与道家的自然的观念是相通的话，那么《中庸》在以上引文中所提出的"无为而成"，也就有其思想的必然性，没有什么奇怪的了。不过《中庸》在这里以至诚（或至直）配天地，是否即是道家"与道冥合"于自然无为的意思呢？那就不无可以商榷的余地了。

我们认为儒家所要成就的至直至诚，与道家所向往的自然无为是相通的，主要是因为这两种精神境界的反面——不直不诚与不自然的生命或作为——必然存在着心性之扭曲、歪曲、晦暗与闭塞。这样的精神生命必然是一个不通畅的、病态的生命。

中国医家有言："不通则痛。""痛"字所代表的不仅是感觉上的痛苦，更是在痛苦背后潜藏不良的、不健康的精神状态。故儒家与道家的性命学之相通之处，其关键正在这个"通"字上。两家所祈求的都是一个无间无碍、通透灵明的精神生命，一个充满着活力的、健康地成长的精神生命。安身立命的道学问，其"安"与"立"的究竟义，就建筑在此"无间无碍、通透灵明"的终极理想与终极关怀上。

当然，这个理想的精神境界，必须植根于作为宇宙人生的终极真实与真理的道或道体上；不然安身立命的理想就是无根的。《中庸》以此终极的真实为"天"或"天地"。最高的精神境界——圣人的精神境界——是"至诚无息"的；它的根源正在天之至诚无息，因为至诚无息才能生生不息、才能不断地成己成物。

但儒家的"天人合一"的境界是不彻底的、不是绝对地无间的。此乃因在儒家的究竟学里，人与天是有分别的、是不可能同体的。故儒家的"天人合一"，其实只是"天人合德"而非彻底的、同体义的"天人合一"，后者却正是道家所祈求的终极的精神境界。"天人合一"这句话原是庄子提出，要了解这词语的真正含义，必须放在庄子气论的思想格局上来看。庄子曰："道通于一。"又曰："通天下一气耳。"故天地万物本是一气之所化，而此"一气"就是道、就是我们所谓的创化权能。如是，人与天本质上就是同体的了。原始儒家性命学之所以不够彻底，最主要的原因乃在于它从未真正地把气论作为其宇宙观的理论基础。严格说来，原始儒家是不存在宇宙论。如是，探讨宇宙与人生的究竟学也就难以真正地建立起来。

# 第二讲　权能论（上）：中西印哲学的起源

## 引言

人经过大病之后，才真正体验到人的权能究竟有几多。西方有名的哲学家尼采，廿余岁后体弱多病，致身体甚差。而其体弱却与其思想有关。他主张权力意志（the will to power），认为所有生命的存在，基本上都有此要求——更多更多的权能，指是普遍的存在。权力意志不是在心理学的层面上谈，任何一个个体都有一种欲望的冲动，就是希望得到更多权能（power），其方向是储蓄更多的能量、更多的力量，这就是我们所谓的"权能"。

### Ⅰ. 词语简释：权能论的基本概念和语言

究竟如何善用权能？其中有很大的学问，到底如何使用呢？然有很多权能，究竟又怎样使用它？一般人认为，尤其是欧美的学者，对尼采有所误解，这由于尼采有时下笔会不小心，才被人误解其意。我们知道希特拉受到他的影响，故一般人认为尼采的所谓权能就是征服，以权能去征服他人，其实尼采所指的权能，其最大的用处是支配自己。以后我们谈论尼采的权能论时再详加解释吧。

#### 1.1　权能的思想根源：权能这个词是怎样来的

"权能"这个名词大家可能觉得怪怪的，它是由我所创，而它究竟从何而来？由1990年初从中国大陆开始讲学时，一提到这个名词，我总是开玩笑地说："我叫唐力权，弟弟叫唐力能，于是每个名字各取一字就是权能。"其实我的名字是祖父所命名，原因就不得而知，我也没有问过他；至于弟弟的名字则由家父命名，当中却有意思存在，这是与我的"力权"有关。此意念是来自孙中山先生的学说里：人民要有权，政府要有能，这也是家父当时所希望的事。

所以，权能若合而为一的话，政治的基本原则就是如此，而其想法的确影响我个人在发展权能的理论。在我创造的专有名词中，最接近权能的

意思是英文的 "power"，而 "power" 在中文里面很难找到一个合适的名词，所以我并非故意标新立异，而是非不得已创造 "权能" 这个名词。

当然，创造一个专有名词，背后有很多因素。其中一个最大的因素，就是我们所谈的权力概念，也与传统所谓气的概念有关。假如你问我，在传统的哲学语言中，哪一个字、哪一个词是最接近所谓权能？那就是气了。但气是相当复杂的，因为气里面有阴亦有阳，任何事物都是由气所造的。气是很具体的，本身并不能立即令人想到权能（power）方面，所以我才创造这个专有名词来作讨论。

当我最后确定这个概念有重要性时，就发觉 "权能" 这个概念就是 "道" 的内涵。"道" 本来就是一种权能，如果我们将所有大宗教或哲学系统里最高的概念拿出来作比较的话，如中国的 "道"、基督教的 "上帝"、印度的 "梵天"、希腊的 "logo"，便会发现最高的哲学概念或最高的存在都有这样的特性，那就是权能，它有最大的权力、有最大的能力。

最高的存在不一定是人，而是权能（power）。人类学家指出，初民对于任何事物都会当作是权能，太阳也好、月亮也好、水也好，它们都是权能。初民对于自然万物的体验与我们不一样，他们首先所体验到的就是权能。事实上在人类的体验，或所有生命体的体验，也是权能的体验。今天我们观察事物，大都只注意事物表面的形相，但初民不是这样，初民所体验到的是活生生的权能。

有些权能是很危险的，可以把自己吃掉。在希腊神话里面，几乎所有神灵都是权能的概念。例如宙斯，代表了天气、雷电等。不要以为希腊人只对人格化的自然视为权能，他们对心理层次的倾向也会当作权能。譬如 "发怒"，希腊人在表达时不会说 "我发怒"，而是说 "我被怒所占有了"，或者说 "我被怒所征服了"，因为他们把所有心理状态当作为外在权能，是属于一种突然的冲动，是外来的。

最后一个例子是科学上的 "物质—能量"（matter – energy），若问任何一个科学家："物质—能量" 究竟是什么意思？他们也许会答不出来。一般人以为爱因斯坦的物质转换能量的概念相当清楚，其实物质在现代高能物理学上是一个非常不清楚的概念。科学家的方程式里，是没有一项是代表能量自身，因为能量自身很含糊，没有办法处理它或量化它，凡是不能量化的东西，在科学上都很难进行处理。总而言之，这个世界基本上是一个权能的世界或权能的宇宙。

在中国的古典哲学里，"道"的概念原来就是权能（power）的概念。今天我们所谈的道，若以专门术语来解释，"道"就是终极的真实和真理，也就是说道是宇宙里面终极的真实和真理。但这个终极的真实和真理是什么性质呢？那就是不断创化和生生不息的权能，也就是"道"的概念。

在宇宙论或本体论中，"道"是最终极、真实和真理，而且"道"是无处不在、无时不在的权能，这个权能是充满着整个宇宙。西方哲学的始祖泰利斯认为所有事物都是由水所造的，他把水视为权能。但是苏格拉底之后，希腊人有个非常基本的哲学性倾向，他们一定要抓着事物的确定性，若不确定就不会接受，因为不确定的事物就不能用逻辑捉摸，那么理智很难去处理了。

整个西方的形上学，可以说是受这种倾向支配，西方的哲学心灵一定要抓住事物的确定性。这与中国哲学有所不同，而且刚好是相反，中国哲学认为可以确定或把握的，便一定不是终极真理，因为凡是可以把握、可以捉摸的，就一定有限制，可是终极的真理和真实是无限的，它的本质恰恰就在于它的不确定性。所以《道德经》的"无"字（虚无、虚实）具有不确定性，但并不是一无所有的"无"，而宇宙的本质本来就是如此。道家的"无"与佛家的"空"很相似，因为佛家谈一切皆"空"，凡有自性的便是可以确定、可以捉摸，但这是一种执着。

从中国哲学立场来说，尤其是道家立场，是与印度哲学有所分别。因为凡能够把握、捕捉的，在印度便被当成幻觉，是假的、不是真实存在的；但在中国则不会这样，不错，它是被确认、是实的、是真的，但这只是道的形相表现。大家都是道的一体分殊，虽然只是一部分，但属于最重要的一部分。所以在中国的哲学里，大家应有此想法：宇宙充满着权能，道无所不在，道就是创化的权能。

权能的运作是表现自己，万事万物都是道的分化。当我们看到事物的时候，只是看到它所表现的形相，但形相并非虚假，形相也是道的一部分。换句话说：形相并非是道的本质，其本质是权能。

权能论是一套有关拓扑性的理论。所谓"拓扑性"，其实是从希腊文而来，它也可解作"地方"的意思。拓扑学（topology）本来就是数学的一部分，是用来研究某种能量的变化，例如橡皮圈，我们如果将它扭曲，当中有些扭曲后的性质与未扭之前是相同的或对应的。今天我借用"拓扑"这个名词，这是为了什么呢？我们谈权能，就是因为目前所看的世界，没有一件事物是没有能量系统的，我是一个能量系统，你也是一个能量系统，甚至分子、原子、一棵树、太阳、星云等等都是，其实所有自然物都是能量系统。

至于用什么语言来谈能量系统呢？在传统西方哲学里面没有这种语言，因为西方哲学是一个实体的哲学，并非权能的哲学，不是把宇宙当作权能看待。所以我们现在要用新的思维去看宇宙，把宇宙看作权能；不单只是宇宙，人生也要这样看。

尼采看人生便是纯粹从能量的角度来看，如"爱你的邻居"，对尼采而言，传统的道德并不高尚，因为你之所以要帮助邻居，其实是将自己当作是多层次的权能（power），自己比对方的权能多了，所以才帮助他。表面上来看，"邻居的爱"是高尚的、不自私的，但其实并不是这样，情况刚好相反，"爱你的邻居"是自私的行为，因为要满足自己的权力意志，将它抬至更高的地位来满足自己，令到自己产生快感。对尼采来说是要看其行为的动机如何，并非如我们想象的是无私或高尚的。尼采的看法虽然不一定是正确或是绝对真理，但也是另一种不同的看法。

"拓扑性"指的是事物或生命体在一个权能场中所开显或展现的相状、性质或特性。而我们是通过事物或生命体的拓扑性来探讨宇宙人生，包括其所涵盖或涉及的一切活动作用和现象的学问，也就是我们所谓的"拓扑学"。权能论所要讨论的乃是拓扑学和一切拓扑思维所本的基础理论。从拓扑学的观点来看，宇宙是一个多层次、多维度的权能之场。宇宙中的每一具体事物都是一个既具有相对独立性与自主性，但却又相互内在和相互依存的能量系统。如果是实体，我们还可以确定的描述它，但如果是能量系统，那就很难描述或表达它。

在中国传统的气论里，每一个能量系统都是由阴阳的关系所决定，这就是我的气论新释，是对传统的阴阳、乾坤等概念的现代诠释。中国人看事物确实如此，所以中国从未发展出好像西方亚里士多德的逻辑。中国哲学里面没有逻辑，是因为在中国人的心灵里，根本就不是以确定性作心灵的标准，而逻辑就一定要有确定性，而且要定义清楚所在的范围。如果定义不清楚，那就很难逻辑地论述它。

在中国哲学里没有逻辑，是因为我们根本不认为确定性是终极的真实；而希腊人最讨厌的就是混沌，他们认为混沌是没有秩序的，但混沌在道家中占有非常尊贵的位置，因为道的自身就是混沌的，与希腊人刚好相反。对道家而言，"无"比"有"更真实、更重要，因为"有"是有确定性，是有物质的结构；但"无"是什么？这要留待以后才讨论。

从场有哲学的角度看，能量系统并非完全没有独立性，能量系统有独立性，但不是逻辑式的独立性，不是那种可以有清楚的划分或界限，它与其他能量系统有相对相关的关系。中国人虽然没有此种逻辑式的思维的习惯，但并不是说中国人是没有逻辑的头脑（否则不会出现如陈省身等第一流的数学家），只是传统上中国人没有这种思维的习惯，整个民族的心灵不是逻辑型，也不是分析型，而是另一种形态，这种形态令中国人特别灵活，所以中国人在打乒乓球时手特别灵活，可说是以灵活取胜，而不是可以孤立自存、截然外在的形上实体，这是西方哲学的实体观念，在中国人的思维里根本没有这种孤立自存、截然外在的实体观念。

中国在道的传统不但没发展逻辑，更从来未出现原子的概念，在印度曾出现过，但在中国就没有。而原子与逻辑单位非常相似，因为是实体，可以清楚定义出来，是截然外在，可以孤立自存的，就算理性上并非孤立自存，我们也要把它弄至孤立自存，如此才容易处理。能量系统之间及每一能量系统与大宇宙之间的关系乃是一个动态的、功能性的拓扑性的关系——说得简明一点，是一种力与能的关系。这与西方"实体形上学"过于偏重静态的、抽象的结构性及逻辑性的思想进路是大异其趣的。

若问到实体论与人性论有没有关系呢？答案是"有"的，而且有很大的关系。而西方属于"爱罗型"，亦即"爱罗说"。"爱"是占有，在柏拉图的《对话录》中说得很清楚，永远要把握一个对象，捕捉它、占有它。占有欲是相当奇怪，在未占有的时候就想占有这个对象，但占有之后，又想占有另一个新的对象，所以西方的文化和中国文化不同，西方文化是绝对多彩多姿，西方的艺术永远追求最新的。究竟这与实体有没有关系呢？当然有关系。

人性分为两大类，一是良知；一是爱罗。印度思想主张我执，所以印度思想与爱罗思想刚刚相反，印度思想是反爱罗的，这是印度思想在人性根源上永远不满足、永远要占有一件事，实体主义的思想也表现于此。

哲学思想是有人性的根据。至于中国的传统思想人性的根据在哪里？就是良知，是一种本然的责任感。表面上看来是抽象的哲学思想，但实际上牵涉很多方面，如政治、道德，甚至艺术。对西方人来说，追求的是自由、民主、平等，这些都是间接地受到实体思想所影响，因为实体思想是孤立的、独立的。在这里，我们往往忽略非常重要的一点：西方人所讲的自由、民主、平等，其实是本于一种原子式的宇宙观。从某一角度来看，永远是如此，这种自由是一种有隔而无融，永远是一个隔，但有隔不一定代表有融。中国人的思想是有隔亦有融，是有感通的，可是西方人思想基本上是有隔而无融，虽然是十分抽象，但牵涉非常广泛。

我们认为拓扑思维乃是一切思维之本，此乃因权能的体验是人类——乃至所有生命体——经验的本质。一只老鼠、一棵树，都是生命体，亦是权能体，尤其是老鼠，不止人才有，它们一样有，这是经验的本质、权能的体验，所以我们就从这里开始说起。

### 1.2　权能的定义：决定性的力量或能量

谈到权能，假如我们要给权能一个定义的话，权能就是决定性的能量或力量。但什么是"决定性"呢？例如大风暴之后，可看到满目疮痍，这些都是后果，是权能运作的后果。那么"决定性"何在呢？如番茄树，由开花至结果，其决定性何在？这是问题的所在。当然其中一个力量就是其内在的力量，也加上外在的力量如天气、土壤等等。在这里"决定性"取代了"权"，其实"权"的简单定义就是决定性的能量。在宋明理学的心性论中，假如我们的行为是受到人性的支配，那么人性就是决定性。

### 1.3　事件的定义：权能运作/活动作用及其效果、成果或结果

所有活动本身就是一件事件，无须把它想得太复杂。活动是有作用的，例如一举手、一投足，到底会产生什么效果？有什么影响？产生什么物理效果？我们可以说最低限度是附近的空气会受到影响，对身体也会产生作用。每个活动作用都是效果，有效果的时候会想到一定有个权能或力量在支配它。究竟这个力量是如何运作的呢？这很难说。如何分析这个力量呢？力量又在哪里？在身体哪一部分？又譬如股票市场，假设"中国移动"的股价上升了一元，能够造成这个效果，当然有不少力量，但其效果在哪里？这就很难说。再如中医的针灸，痛是效果，什么力量使它痛

呢？亦很难说。所以权能的分析，绝不等同于实体的分析，所以中国传统的五行阴阳学说，基本上是拓扑性的，如果不是这样看的话，就很容易被视为迷信了。

### 1.4　拓扑时空与生生连续体：权能的创化历程

中国的哲学基本上是生生的宇宙论，而生生宇宙论是从道创化而成，宇宙是生生的连续体，宇宙间有个终极的创化权能，它的表现就是生生连续体，这就是"易"的过程。生生之谓易，易是创化、创造、创新、转化、变化。在这里第一个"生"字当动词，第二个"生"字为生物，是不断创造的过程，故此道就是创化权能。从本体论或宇宙论而言，这是"道"其中一个解释。

### 1.5　权能的形式：创化力或具体权能

"权能"这个概念，包括非常具体的权能，如桌子、椅子等。除此之外，亦包括权力、影响力。对于一幅画，如果你是一个敏感的欣赏者，一定受到它的感染力影响，这就是效果。这种影响力与具体权能不同，桌子是具体的，但感染力是抽象的。

### 1.6　权能的形式：权力，影响力或抽象权能——创化力的"上层建筑"

同样，一篇论文的影响力、政治家的权力等，这种力量不是具体的，但可感受得到，有效果可言，是一种"上层建筑"，是建筑在具体权能上面。这个世界充满力量，我们活在力量之中，物理学上所讲的该是具体权能，但道德、法律、艺术等文化各方面等抽象权能，其运作的力量是建筑在具体权能之上。例如一幅画，如果没有物质结构，它是不能令我产生任何的影响，所以，抽象的权能一定要依靠具体的物质结构上，才产生其效果出来。

### 1.7　权能的层次与维度：权能蕴集与能量系统

### 1.8　能量系统的一般内容：当下活能与业物质

我们所说的物质与科学上所讲的物质有何分别？我认为科学上所讲的物质，源于过往所讲的物质，也就是业物质。何谓业物质，是过去活动作用的成果。不管过去所作的是什么活动，一定会产生的效果或成果，这些效果并非失去了，而是存在于这个宇宙之中。例如抽烟，尼古丁会影响身体，产生烟瘾，这就是效果或后果。

## 第三讲　权能论(中):权能与场有

### Ⅱ. 权能与场有:权能场与拓扑处境

#### 2.1　作为主体与观点的能量系统：权能中心的概念

权能与场的关系是怎样的呢？权能如何开显它的场呢？在这里，场就是场，有权能就有场，每一个能量系统都有它的场。以老师为例，他是一个能量系统，他要学生每月考试一次，或每月交两篇论文，因此令学生的生活受到影响，为此他们的一切生活秩序要重新安排；反过来说，学生也影响了老师，起码他要花时间来修改学生的作业，所以任何一件事都会受到环境所影响，这就是权能场。

在道教，吕祖先师如当作一个权能场，照理论来说，因为吕祖先师是一个具体的存在，因此祂本身也是一个能量系统；又如佛教中的观音，其实只要是具体的存在，也是一个能量系统，但吕祖先师的能量系统比我们大得多。

我们谈论仙佛，究竟有没有这样的能量系统？这又是另一个问题。鬼神论在权能论里面是作怎样的解释呢？假如揭开鬼神真正存在的问题，单从本质上来看，是否在权能论中有理可据呢？是否可以说得通呢？我认为是可以的，因为它是一种能量系统，鬼神的能量当然比人大得多，既然祂是一个能量系统，当然有自己一个场存在。对吕祖先师的信徒而言，由于每一个信徒都是能量系统，因此，吕祖与祂的信徒们就形成一个很大的能量系统，愈多信徒能量系统就愈大，影响力也就愈大。而观音菩萨也是个非常大的菩萨，所以亦有非常大的能量系统，然其能量系统的本质如何？我们稍后再谈。

吕祖先师乃是成道之士，祂成道之后的本质是怎样的呢？是否还有业物质？是否还受到业的支配呢？如果以佛家的角度来说，观音成了菩萨，自然不再受业的支配，观音会利用业，但不会受业的支配。业是过去活动作用的成果，业不会再影响到祂们，所以其活能纯粹是能量，这种纯粹能量很特别，可以被祂所利用，这种纯粹能量是有记忆、有法力，如果没有记忆，观音便失去祂的个性了，这种纯粹活能不受业的支配，没有受到业的限制，甚至可以超越地心吸力，这当然是一种假说。

　　我并非争论仙佛、鬼神是否存在的问题，而是关注袍们的存在是否有理论根据、纯粹能量是否可以被袍们利用？假如仙佛、鬼神是存在的，我们又该如何看待袍们？事实上所谓"鬼"，可能就是从我们的能量系统走出来的，只是它们还有保持在生时的某种记忆，也就是它们在业里面。正如练气功的人，愈是多人练习，其感应的力量就愈大。

　　我们所讲的不仅是权能哲学、场有哲学，而且是用哲学的理论体系来看中国哲学，对中国哲学的一种诠释，探讨中国哲学的品质。

　　权能论有一套宇宙论，探究终极和究竟的问题。根据权能论的说法，所有事物都是由权能制造，事物的最后根据是终极权能。终极权能可说是一个名词，利用该名词作指向，但它又不能完全是名词，而是一个描述语、一个概念，它之所以能够成为终极，原因在于其真实是一个权能。

　　终极权能是什么？这是难以解答的。如来藏的终极权能是真如；《道德经》内的"道"也是终极权能。终极权能本身是不可道，因为可道的已不是终极权能，怎样说都是多余的。唯一可以谈的是终极权能的创化功能，因为终极权能可以让我们所知道，终极权能对我们的开显就是其创化功能。所谓创化，包括有创造、创生、变化的意义，而所谓创化权能其实就是指终极权能的创化功能。为什么创化可以谈呢？因为我们就是从那里来，我们就是终极权能的分化，透过它的创化功能——生生之德，通过其生生之德可以了解终极权能。而中国整个哲学本体论、宇宙论也在于此，道的大传统也是在谈论终极权能，儒家与佛家无论直接的或间接的，多多少少也受到终极权能概念的影响。

　　我们可以体验终极权能，通过终极权能的创化功能，多多少少可以理解道的功能。最容易理解的是透过自己的身体，因为每个人都是能量系统，通过自己的身体功能，可以了解到生命的权能是怎样的。

　　每个人或任何事物都是能量系统，以后当我们用"能量"这两字时，是代表具体的权能，而其他的权能（power）如一件艺术品的感染力、影响力或政治家的权力，我们叫"上层建筑"或抽象的权能。

　　在我们的生活里，无时无刻生活在"力"中，如一件艺术品的感染力、影响力或政治家的权力，由于它是从基本的、具体的能量而出来，所以我们叫作"上层建筑"。"上层建筑"是抽象的，无论是自己或他人的思想与概念，它不是具体的能量，但它会产生影响力。如柏拉图的思想，他是怎样影响我们？他是通过其书才会影响到我们，书是什么东西呢？其实书是具体的能量，抽象权能要透过具体权能的媒介才发生作用。

2.2　开显者或在场者：一切开显都是依场而有的开显者

我是一个能量系统，也是吕祖的信徒。我为什么会成为吕祖的信徒？最简单的解释是我与吕祖这个大能量系统有缘，这缘分有一种特殊的内在关系，而每一个能量系统与终极权能都有一种特殊关系，而这种关系只有我才有，所以每个人的宗教倾向不同，为何有些人信道教、天主教、佛教或伊斯兰教呢？因为每一个能量系统与终极权能都有一种有内在关联，正如我与本体（终极权能）的关联不同于你与本体的关联，场有哲学就在这一点上讨论众生平等。众生的的确确是平等的，因为我是一个特殊的存在者，你也是一个特殊的存在者，在本体的立场上我并不比你高贵。禅宗所谓"不立文字，直指本心"，不需要依赖或借助文字、经典或教堂的媒体联系，而是直接与终极权能保持一种特殊关系，直接与终极权能沟通，直接从祂那处接收讯息。

谈到终极权能，在吕祖成道之后，祂的能量系统与一般人不同。其实所有儒家谈的修身、道家讲的性命双修，所有的修炼都是指向这里：我们要修的对象或我们要炼的对象，就是我们的能量系统。我们的能量系统太多污浊、太多偏见、太多垃圾，以至妨碍我们的自由，使我们闭塞不通，而成道的过程就是针对自己的能量系统，若是做得成功我们就健康，就可以成道。

我是当下的活着，有活能的存在，但活能从何而来？原始的能量到底在哪里？而身体、生命的业物质又从哪里来？答案当然是从环境里而来，我所说的环境不单是指外在的大环境，也包括我们的身体。例如抽烟，每支烟吸了之后，尼古丁就存在我们的身体内，而我们的身体当然是在大环境中。当我们抽得愈多，慢慢就成为习惯，也影响了自己能否改变抽烟的习惯的决心，即使当下的活能想戒掉，但发觉习惯了以后，业物质就变得强大，要戒除也不是易事。如果我们的活能强大，因为智慧高了而戒掉，这就要看自己的命了。当然，若以尼采的观点，我们的权能"power"越多越好，但事实上不是我们想要便有。

至于业物质方面，也对我们的生命产生影响。如果我们生活在大动乱时代中或家境非常好，这就是命，因为在背景中有不同的业物质存在，而每个业物质都是权能的中心、宇宙的中心，这是平等的。但我们与他人、他物是有关系的，除了我们，还有一个无限的背景，包括本根活能、原始业物质，都对我们的生命发生影响。

### 2.3　没有绝对的有，只有相对的有：场内观与场外观

西方哲学家喜欢将自己放在宇宙外面，做一个绝对的旁观者，把自己当作上帝。我们拒绝这种观念，认为是不可能，因为我们永远都在场内，一个在场的在场者，不但在自己的场里，也在各位的场里。如果要证明自己的存在，就一定要在场内，不可能孤立在场之外而言存在。杜威很早就批评西方这种场外观的看法，我们不可能做一个绝对的旁观者。场有哲学否定绝对的观点，所有事物在场内是息息相关的。我们只能在场内看这个世界，不可能在场外看这个世界，因为根本就无所谓场外的世界。

### 2.4　主体及其拓扑处境：命分与使命、机会与限制

### Ⅲ. 权能观念的重要性

### 3.1　泰古人的权能体验

"泰古人"是一个专有名词，是远古时候的初民意思。我用泰古这个名词来指向朦胧初开的意识，从意识角度来看，一个孩童在朦胧初开时，他的分别心还未出现，根本分不出任何事物，分不出他与母亲的分别，亦无所谓的自我（ego），全部都是浑然一片。但慢慢地婴孩从身心中分出了"我"的概念，如肚饿就会叫、依靠在母亲的怀里就会觉得温暖，婴孩的经验与母亲是连在一起，是无断的、是连续的，直至后来才分开，自我的概念才建立起来。这时候人在朦胧意识中还未清楚他人与我的分别，但已在萌芽中，当然在这里我所指的不单是一个人的意识发展，同时也是指人类意识的发展，人类是要经过这个意识还未分得清楚的阶段。

在这个朦胧初开阶段，婴儿或泰古人主要的经验是什么呢？无可置疑就是权能（power）。对一个婴儿来说，如果他感觉与母亲是连续的，那么他与母亲是连在一起，没有分别，但是一旦他的感觉有分别时，他对母亲便形成一种依赖性。从前一段很长的时期，人类的意识都是受到权能经验的支配，他们无论碰到什么，都认为是一种权能。例如一个小孩在某处走来走去，他这样做是为了什么呢？他不是单纯为了玩耍，而是要体验这个空间，因为对小孩来说，空间是可以被经验的对象，空间不再是几何的抽

象概念，这个空间对小孩而言显然是一种权能（power），他要去体验这个空间，他的感觉认为可以战胜这个空间，他要经历这个空间。

但最令人感兴趣者，就是人类的泰古阶段，究竟我们的身体占有什么位置？扮演什么角色？有什么重要性？子曰："人之身也直。"直，本来是物理学上的语言，但为什么可以作为道德上的语言？"伸直"、"正直"，为何这两个概念可结合在一起？不要以为中文是这样，其实全世界所有语言都有此现象，所有"直"的概念都含有双重的含义，一方面是指伸直的直；另一方面是指道德上正直的直。例如英文、法文、梵文、拉丁文、德文等等，甚至夏威夷，印第安土著的语言我都研究过，也有这个现象。

3.2　权能与语言：依身起念与根身性相学

为什么人的意识会将伸直、正直这两个概念放在一起？这是有理由的。我们记得人学走路的时候，总听见有人叫婴孩"来，站起来吧！"这些话对一个小孩子的生长过程是非常重要，因为这些就是他们第一次所听到的道德伦理，这句话的含意是叫他们快点站起来或学习走路，换句话说能站起来、能走路才算是一个人，这是他们应该做的事，所以"直"就变成了道德命令。不但如此，如仔细去研究哲学语言或宗教哲学，我可以说，所有重要的哲学语言，都是从身体而来的。如直曲、屈伸、直中等核心语言，当我们站起来的时候，身体就成了坐标轴，成了世界的中心，如果我们身体过犹不及就不能"中"了。

这些核心语言中，其中最有趣的就是"阴"、"阳"的概念了，老子所说的"道生一，一生二，二生三，三生万物，万物负阴而抱阳，冲气以为和"。但什么是"负阴而抱阳"呢？如何"负"？如何"抱"呢？很明显这是身体语言，与身体有关，亦是我们所体验到的。今天我们谈人权，其中一句口号说："Stand up for your right."为何不说："Sit down for your right."在逻辑上我们是可以这样说的，但为什么"up"代表崇高的、高尚的，这都是与我们的身体有关，与我们体验到的权能有关。

以前有人问我，到底"道"与"logos"有什么分别？我认为这两个字都有"说话"的意思，说话是人类重要的活动，以后我会谈到。而中国这个"道"字，从"辵"，从"首"。意思是：一个会直立走路会说话的人，我认为这是"道"字最原始的意思。中国以前是部落社会，每个部落都有图腾，他们的图腾可能是鹰、老虎、蛇等，但是其中一个部落特别聪明，他们用自己的身体作图腾，当自我介绍时会说"我是道"，以后"道"就变成一个哲学名词。

试想想，有什么东西更适合用来解释人类的基本活动作用？就是"道"，从辵，从首。"辵"，直立、走路；还有"首"，头也，我们的头能说话、能思想。一个会直立、走路、能说话、能思想的动物，这就是人的最佳写照，因为几乎所有基本活动都包含在里面，是非常简洁的，这就是人的定义。本来"道"是指向人的权能（power），但后来指向宇宙的权能。

此外，印度传统的"梵天"，亦有说话的意思，这一点也不奇怪，所以我认为人类的思想就是依身起念、根身就是我们的身体，身体是一切思想的根，由根身而来的学问我叫作根身性相学，是值得继续研究下去。

### 3.3　权能与神话：神灵的故事代表什么

在希腊神话里有不少神话故事，而故事里讲述甚多权能。其中一个神话中有一位叫回音的女神，恋上了一位英俊的美男子纳西瑟斯（Narcissus），但纳西瑟斯有着很重的自恋情结，因为他过度迷恋自己的美貌，每天在湖边痴痴地看着自己的倒影，最后不慎摔落湖中溺毙了，而回音女神亦化作一朵水仙花。这代表着什么？事实上，这便是"爱罗"的很重要的一个成分，就是所有的自恋都往往来自于知性的自恋。表面上看"爱罗"的精神是要抓住一个物件，可是事实上，"爱罗"所追求的实质上是他自己。

### 3.4　权能与礼仪

礼仪有相当的重要性。其实任何一个动作，如挥手打招呼，有时是无可奈何的，因为对方可能是老板，不打招呼不成。其实礼仪是相当有作用，这是人与人之间的一种沟通的方法，没有礼仪，文明几乎成为不可能。宗教的礼仪如求雨，其作用是人要与天建立关系，印度哲学的起源也缘于礼仪，而且十分重要。

### 3.5　权能与艺术

希腊的悲剧故事，最后是命运的冲突。亚里士多德认为悲剧对人生很有功用，存有一种净化、洗脱的功能。其实现今的教育亦应加强美学教育，因为美学教育是非常重要的。

### 3.6　权能与逻辑、数学

权能究竟与逻辑有什么关系？逻辑的基本概念是一种形式的实体，一个实体如果将其中的内容抽掉，变成了一个纯粹的形式，可以用来推演，故在逻辑的单位或概念中，一定是有权能的存在。西方文化不少成就，因为依靠逻辑的力量将所有实体形式化，于是实体便可以确定，可以去把握，可以去控制，其中便有权能的成分。这方面表现了个人对于意见的把握和控制，所以逻辑又是控制性的工具，数学也是逻辑的一种。

### 3.7　权能与道德

宗教的道德思想是一种利他主义的道德，这是最高的理想，不自私的。但若从尼采的观点来说刚好相反，他认为传统道德表面是利他，其实是利己，所以他认为我们应该反对传统道德，因为传统道德是虚伪的，传统道德认为自己是真理，但结果往往是骗人、虚伪、互相矛盾的，如果尼采的话是真的，那么传统道德便立刻变成不道德。不过从我们的立场看，尼采从来不承认人有良知的天性，甚至孟子所谓恻隐之心，他都认为是假的。问题就出现在这里，孟子所说的恻隐之心，儒家所谓的仁，或者佛家的慈悲，究竟有没有人性的根据？这是值得争论的地方。

## Ⅳ.　权能与近代西方思想

### 4.1　权力意志：尼采的权能论

尼采不承认是人有良知，但我的意见认为良知人性是存在的，这是本能对他人、他物的责任感。我们对自己的家庭有责任感，但对他人就不一定有，所以儒家强调推己及人，将仁性关怀推广出去。齐家治国平天下之所以可能，就是仁性关怀可以推广出去，而不是只及于自己，而性善的根据也在这里。我的意见认为，西方和东方都是半边人性论，西方的人性论是爱罗心性，是半边人性论，而东方的人性论是仁性关怀，也是半边人性论。反观历史，近代中国的"文化大革命"将中国埋藏数千年的爱罗心性爆发出来，表现了中国人向外追求的欲望。现代中国开放改革，也讲求爱罗心性，但也注意到良知的存在，到底将来良知与爱罗应该如何分配？如何得到创造性的处理，这是个相当大的问题，我在这里是从人性论看中国文化。

### 4.2　德里达：权能与解构主义

解构主义是从德里达开始，德里达的解构主义其实受到尼采的权力意志影响，谈到权能的上层建筑。解构主义认为传统任何结构都可解构，德里达其实是针对西方传统的形上学，西方传统的形上学总是有一个中心存在，而这个中心拥有话语的决定权，亦即是权力的所在，也就是说如果你拥有话语权，真理往往站在你那边。而且他认为西方哲学总是一分为二，无论真与假，都可以分为二，一个在中心，另一个在边缘，一个人若被边缘化便会失去他的地位，因此他提出解构，认为传统的中心其实仍要依靠它的边缘，由于涉及专门的哲学概念，故在这里不再深入讨论。

### 4.3　权能与后现代主义

后现代主义更是五花八门。在后现代中，有几个明显的倾向，就是这个世界没有中心，什么东西也没有中心，我们亦不用追求原始的文本，所以后现代主义听到场有哲学的终极权能，肯定会提出异议。他们的心态像是流浪者，认为世界没有终极，没有原始文本，没有根。我们现代社会的确是这样，我们很难找到自己的根，没有中心、没有依靠，也没有基础，这就是虚无，人生也很难找到意义。

### Ⅴ. 权能与哲学的起源

#### 5.1　权能与中国哲学的起源

在中国的经典里，肯定没有出现过惊奇或惊异的概念，柏拉图说哲学起源于惊奇，但在中国找不到，事实上人类的欲望如果得不到满足，便一定在其他地方寻求补偿，但这样一来原来的欲望便受到扭曲，而一般中国人喜欢揭开别人的隐私，追求八卦新闻，就是我们的爱罗心性受到压抑，没有机会使他们的爱罗心性得到满足。其实我们应该顺着人性发展，凡是受到压抑，受到歪曲的人性都是有问题的。

良知也是如此，若得不到满足，也一样会有歪曲的表现去寻求满足。凡被歪曲的事就一定有问题，这是违反了自然。

## 第四讲　权能论（下）：物质与能量（气论新释）

### 引言

气的概念与阴阳五行学说是中国传统宇宙论的基础。这套早就深入到中华文化心灵每一角落的理论体系，主要是道家的贡献。传统的气论在其核心处正是一种相对的朴素的权能场有论。

1. "物质—能量" 概念在西方哲学、科学思想中的发展

1.1　前苏格拉底诸学派的 "基始" 学说

西方人所说的物质，大家会推前至前苏格拉底学说，但很少会提到这非常关键的地方，其实所谓物质，前苏格拉底的哲学家称为 "基始"，该概念在科学史上后来称为物质。但事实上，前苏格拉底哲学家，他们对 "基始" 的概念，与今日的科学家所谓物质大不相同，物质这个概念开始于亚里士多德。近代物质的概念，物质是死物质，这个概念完全与前苏格拉底哲学家时期格格不入。譬如 "基始" 对泰利斯来说，所有事物都是水造的。当他如此大胆说 "所有事物都是水造的" 时，就已认为整个宇宙是有生命，甚至是神圣的。但对前苏格拉底哲学家来说，宇宙是个生命体，这个地球其实是有生命的，所以是生命体。

除了早期希腊哲学家有此想法，其他地方的科学家亦有此想法。中国的 "道" 字是生生之意，所以当时有些唯物论者说道是物质，其实是不对的。在前苏格拉底时期的哲学家，所谓物质的概念，其实已经包含能量，因为 "能" 在最初的观念是像有生命的东西，具有能动性和动态的，所以今天所谓的能量概念，其实早在希腊初期的基始概念中已有。

1.2　亚里士多德 "四因" 说中的 "物质因"

我们从什么时候开始才有像近代物质的概念呢？我认为从亚里士多德时代开始。亚里士多德提出所谓 "四因说"，他说倘若想解释任何一种东西的话，我们可从四个方面来解释，但这个 "因" 的观念与今天所谓因果的 "因" 有别，因为今天所谓的 "因" 主要是说动因，但亚里士多德所说的 "因" 共有四个。

亚里士多德的 "四因" 是用来回答四个不同的问题：一是怎样做？假设这张台是木造的，亚里士多德指木叫作物质因。今日所谓物质概念，其中主要的成分就在这里，它是用什么来造？亚里士多德是第一个在其著作中经常批评以前的哲学家，他认为前苏格拉底哲学家所说的基始其实是指物质因。他与前苏格拉底哲学家不同，古人认为所有事物都是水造的，那么水是物质因，但古人对物质的理解与今天不同，古人认为物质是有生命、神圣的。

　　1.3　笛卡儿的心物二元论

　　亚里士多德之后，经过一段相当长的时期（如中古时期），在此我不作多谈，但对近代的物质概念则不能不说，尤其谈到物质概念，就必须提到笛卡儿。笛卡儿是第一个结合代数与几何的数学家，是近代数学的始祖，亦是近代哲学的始祖，一人同时兼任两位始祖，实在了不起。他所发明的分析几何，连带影响后来的微积分、近代物理学产生。

　　笛卡儿在哲学中提出的"心物二元论"，他认为这个世界是两种实体，一种是心；另一种是物质。二元论在中国也有，就是阴阳两极的二元论，但是当中的差别很大。因为笛卡儿认为心就是心，物就是物，两物是截然不同，心的本质是思想、意识；而物质的本质是占有空间。这是很奇怪的思想，他为何认为世界是由两种东西结合而成，而这两种东西又几乎格格不入。我们不要看轻他这种说法，即使在今天，西方的医学及其他的学术领域仍然受其影响。他将一个所有属于物质性的东西比喻作一件机器，拆开后又可以再合起来，具有机械性的，今天西方医学界仍然是沿袭他这种想法，就是将人作为机器，机器是可以解剖的。我们今天把物质当是死物，是没有生命的，但心是另外一种东西，意识也是另一种东西，因此心就是心，物就是物，两者不可以作任何沟通。现代 20 世纪开始，新物理学的出现，爱因斯坦的相对论、量子力学对物质的看法有所不同，里面所牵涉的问题甚广。

　　1.4　新物理学中的"物质—能量"概念

　　新物理学对于物质能量的看法非常接近现代，但以前如伽利略、笛卡儿、牛顿这些物理学的传统，基本上是机械式的世界观，将宇宙视为一部机械，人也是一部机械，所有东西都是由物质造的，都是机械。我们知道爱因斯坦的质能转换公式：$E = MC^2$，今天的新物理学已经很难分别物质与能量。比较前卫的物理学家，开始尝试将意识引入物理学中，这是从来没有想过的。因为意识很难量化，在科学的方程式中一定要量化，但意识很难量化，如何在方程式中放入意识呢？但现在真的有些物理学家正在作出这样的尝试，将意识（包括感情）也引入进去，试图打破笛卡儿的心物二元论的说法。

　　2. 新气论：创化事件的分析（上）

　　传统气的概念与阴阳五行学说，是中国传统宇宙论的基础。这套早就深入到中华文化心灵每一角落的理论体系，主要是道家的贡献。但儒家传统却看不起气论，因为早期的气论是讲医、卜、星、相，与儒家的立场不同，并不是真正儒者首要关心的事情。

如果问医、卜、星、相中的"卜"与"相"是否迷信呢？这就是见仁见智的问题。但"医"与"星"就不同了，"医"就是医学，当然儒家亦有儒医，但儒医多多少少也会受到道家的影响；而"星"的重要性就是在天文学的贡献。这两者如此重要，但居然不受重视，这正是传统儒家思维的缺失，他们太过重视伦理，即使是近代的新儒家也是看不起气论。

到底气论有何重要？因为气论不仅是中国传统宇宙论的基础，没有气论就没有本体论、宇宙论，而且对宋明理学的影响也很大。今天哲学界对气论的关注不足，而我所建构的新气论也就是要重新发掘传统气论的重要性。

2.1　"气"在新气论中的定义：创化能量或创化原动力（具体权能）

"气"在新气论定义中是创化能量或创化原动力。"气"有不同的解释、意义，在这里所谈论的"气"是指最基本而具体的权能，那就是创化能量或创化原动力，以创化原动力来界定具体权能，这是传统所谓的气，而我的权能论也是由此建立。

庄子云："通天下一气矣。"很明显地指出天下万物都是由气所产生。"气"的概念很难与权能（power）的概念在语意上连在一起，不过"气"亦有其优点，就是"气"有气流（flow）的意思，这是权能所没有的。另一方面，传统的气论未能将权能的意义标示出来，所以今天希望通过权能的概念重新建立新气论。

2.2　创化事件（简称事件）或权能运作的历程：活动作用的蕴集

创化事件或权能运作的历程是整个气论的核心。新气论是以事件为中心，而不是以物为中心。在中文的语境里，中国人常说的"事物"，不似西方只讲"物"；中国人将"事"、"物"连在一起，这是相当有意义的，因为"事"就是事件，"物"就是物件，在中国人眼里两者很难分辨，而且两者又可以转换。其实，在我们的身体中任何时刻都是由无量数事件的蕴集，所谓"物"，只是这些事件的蕴集其中一个相，它比较稳定，就像我们所看到的电影，只是由无量数菲林影像所蕴集而成，一张菲林影像就是"物"，就是菲林影像蕴集中的一个相。

我们并非信口开河，在新物理学上，光有两相，一为波；一为粒。也是说光中的微粒有两个相，你可以解释光的传递视为是连续的微粒子，亦可将它视为波。在新物理学上最奇妙的发现就是：光有二象性，光的粒子相与波浪相是兼容的，这是真实物理现象中两个不同的相。

正如中国人在看事物，可从"事"的观点来看，也可从"物"的观点来看。当然，一般人日常惯于从"物"的观点看世界，因为我们的心态喜欢"物"的安定性，不喜欢"事"的瞬息万变。这是有原因的，人类要生存，就需要安定，瞬息万变使我们难以捉摸，生活就有问题。不过从理论上而言，完全是两回事，世界瞬息万变才是真实。

2.3　创化事件的一般内容：业质（阴极）与活能（阳极）

从根本结构上看气论，不管是传统气论或新气论，其实都很简单。传统的气论基本上是"阴"与"阳"，而新气论基本上是"业质"（业物质）与"活能"所形成。用传统的语言来说，"业质"就是"阴极"，"活能"就是"阳极"；新气论之所以为新，就是在这解释上。新气论以业质概念来解释传统的阴，以活能概念解释传统的阳，假如接受这种诠释的话，传统的气论意义、价值及重要性就不同了。当然，大家可以说这并不是原来"阴"、"阳"的意思，传统的"阴"、"阳"有太多含意，是没有统一的定义，而我给"阴"、"阳"是新的诠释——以业质概念来解释传统的阴，以活能概念来解释传统的阳。

很明显的，对"业质"的概念，我已经接纳了印度宗教哲学中"业"的概念，但我们并不采纳他们的道德概念，因为梵文中"业"的概念，基本上是道德因果论，即种善因得善果，种恶因得恶果。但在词源学中，业（karma）本来就是活动或活动作用的意思，故我们定义的"业质"是指过去事件或活动作用的效果或成果。

2.4　业质、物质与物质结构

a）"业质" = 过去事件或活动作用的效果或成果

没有活动就没有作用，所有活动必然有效果，那些效果就是业质。例如吸一包香烟，不仅对自己产生效果，也对环境产生效果。

b）"物质" = 为业质所依存或依附的能量形式

我们又回到因果论中，当我说我有一个恶的念头，会不会对自己或别人会产生效果呢？当然有。但效果在哪里？在心理、在生理，或在其他层面上？这都很难说。效果可能在发生在心理、生理、神经系统，或在细胞中，我们不清楚。但如果效果是存在的话，一定依附在某一种能量形式中，否则效果就不会出现，而这种能量形式我们就叫作物质，我相信以前从来没有人这样定义过物质。

无论是西方或东方，至今还未清清楚楚地定义过"物质"。如果你问一个物理学家，他们也不能清楚地告诉你，物理学上物质（matter）与质量（mass）是两个不同的概念，质量是可以量度出来的。我可以告诉大家，"物质"就是业质所依附的能量形式，这样不仅解决业质与物质的关系，而物质的概念就是这样来的。当然，这个世界里有无量数的业质，其依附的能量形式也是无量数。有些能量形式是固体、有些是液体、有些是气体，有种种不同的形式。但不论是任何形式，在我们的观点认为：只要是一种能量形式，其能量形式假如有业质依附其中，都是属于物质（material）。可是普通人谈论"心"或心理现象，是不讲求物质，但是心理现象中其实已经有物质性，因为在心理现象中的能量有业质存在，对任何一种东西而言，很明显地就有过去的活动作用的效果存在，故心理现象有物质性。

c）"物质结构" = 一个自然或人为的物质蕴集或组合

物质涵摄业质的能量形式，各种不同能量形式结集在一起，变成一个物质结构，即使在我们的心理层次，亦有物质结构这东西。我们试想想，假如这个世界只有物质会变成怎样？在牛顿三律，其中一律是惯性定律，假如只有物质，这个世界就是不断地重复又重复过去的一切。当然，现实世界不可能是这样。例如我抽了一根烟，又再抽一根烟，这看似重复，其实当中用了活能。活能是创造性的能量，事实上这个世界分分秒秒都不同，分分秒秒都是一个创造的过程，我重复抽了两根烟，只不过是说在两次的创造过程中有相似性而已，这便引进活能的观念。

2.5　创化活能、当下活能与创化天赋

a）创化活能 = 有传承或改变物质或物质结构的能量

我引进"活能"这个观念，是因为一个生命体或一个能量系统，它是活在当下，就因为它有活能。活能有两个功能：第一个是传承过去，如果我们将过去的记忆抹杀，或突然间人类失去所有记忆，那么这个世界所有过去的成就便会消失，这个世界便要重新开始。第二个就是活能是新生的能量。以抽烟者为例，抽烟者的活能就是决定在当下这一刻抽不抽烟？要抽多少？活能可以重复过去、改造过去或改变物质结构中的结构，这就是创化。

　　b）当下活能 = 在一事件中运作着的创化活能

　　为什么我会用"创化"这个词语？假如能够改造过去而创造新的，便是创造；创造中有变化，便叫创化。活能就是在每一个生命体内当下的创化能量，每个活生生的人类都有此活能，就算死了也有活能，只不过不是以人的身份活着而已。至于有多大能耐？活能有多大本事？以抽烟者为例，若活能本事大，决心的力量就大，从此戒烟；若能力实在太差，于是继续抽或抽得更多，这就是所谓"创化天赋"，因此"创化天赋"，就要看你的能耐到底有多大的本事。我们说一个人的能耐大，其实说他的意志力大，也就是说他的活能很大。

　　总而言之，创化权能就是生命权能，生命权能决定于创化权能。熊十力先生解释《易经》说："乾重于阴、重于坤。"阳从本体论的角度来看，比坤重要。为什么呢？因为它是创化能量。

　　c）创化天赋 = 落实于一创化事件而为其主体命分所在的当下活能

　　这个世界中每一个能量系统都有两极，一方面是它所涵摄的物质（当中包括业质）；另一方面是当中蕴含的活能。也许你们会问，究竟业质何来？造我的活能何来？我们当然可以说是从天地而来，在《易经》中最重要的两卦是：六爻不断叫"乾"，又称为"乾元"；六爻都断的叫"坤"，又称为"坤元"。这是一种象征式的解释，但这种解释根本就没有回答乾元和坤元从何而来，我们也不能给予确切的答案。对于活能、物质、业质等概念，各人都有切身的体验，人类及宇宙皆有过去，这些过去活动的成果就成了业质，它依附的能量方式就成了物质，而每个人都有当下的活能，这些说法都是有根有据的。但若问到活能和业质从何而来？这就要看你是如何去诠释。这里谈到的是原始内容何在、根源何在、创化活能的根源何在和业物质的根源何在的问题。

　　3. 新气论：创化事件的分析（下）

　　3.1　创化事件的"原始内容"："本根活能"与"原始业质"

　　我们的活能是不纯粹的，但本根活能是一种纯粹的活能。何谓纯粹的活能？就是不受业物质影响的能量。在我们有限的生命里面，及有限能量系统里面，我们系统里的活能是受物质所牵制住。例如抽烟者，他的活能受过去的影响，抽了几十年烟，令过去的业的力量一直受到牵制，但这里所谓的纯粹业活能，决不能在有限的生命里面受牵制，愈是不好的环境，包括身体的环境，那限制的力量就愈大。

a）"本根活能"：不受业质限制的创化原动力或纯粹活能

印度佛家认为有些人没有佛性，没佛性的话就不能成佛。但在中国，国人比较心软，所以认为人人可以为尧舜，人人可以成佛。可是话说回来，若人人都可以成佛、人人都可以成尧舜，究竟根据在哪里？印度佛家认为有些人没有佛性，是因为人会受到业限制，受到物质性的限制。世界上一定有权能"power"是不受业物质限制，而纯粹活能呢，这正是佛家所谓的"佛性"；亦即道家思想里面的所谓"纯阳"或"浑元真气"等名称。以吕祖为例，根据道家修真概念，透过丹道的修炼，人人都有办法、都有力量去改变其物质结构（由于活能的关系）。假如真的有办法将物质性改变至如此程度，活能就变成纯粹、变成纯阳，纯阳就是所有创化的原动力都是从纯粹活能而来，那么一个人最后回到从前的地方，例如天堂。就好像大海中的小微波，当小微波的个性消失后便可以回归大海，回到创造性的根源，而这创造性的根源就是纯粹活能。

b）"原始业质"：由"本根活能"之"自反"而生的业质，有别于由一般事件所产生的业质

如果问业质从何而来？等于问"过去"是从何而来？业质是"过去"的活动成果，但"过去"是没有"开始"，不似基督教思想所说宇宙有"开始"，有"过去"，但东方思想是没有此概念。业质到底从何而来？我们出生从有意识开始，就立刻有过去的存在，"过去"不是我们期望不期望的问题，从我们生命开始已经出现，但我们不断趋向于未来，通于活能不停地作用于过去，承前启后。我们可以这样想象，这个宇宙最初只有纯粹活动，没有任何物质，由于精神是从活能出来的，所以我们可以这样说当时只有精神没有物质，也可以说只有活能而没业质。但业质从何而来呢？这些问题是属于终极的问题，不是我们所能经验得到的。在道家的传统里面，包括《易经》，虽然彼此都有解释，但解释得不清楚，对于这些问题的理解，名称是有的，其中"太阴"就是相对于我今天所说的原初

的业质。

　　"原始业质"是由"本根活能"之"自反"而生的业质，有别于由一般事件所产生的业质。原始业质与一般业质（普通事物的活动作用所产生的效果）不同，这里有一个哲学的问题很值得我们深思，就是很可能原始业质，是包括了决定整个宇宙最根本的定律，换句话说是先产生原始的业质才决定这个宇宙的规律。例如说今天所说的光速，即没有一样东西可以用超过光速来进行，超过光速是不可能的事。但事实上没有什么是不可能的逻辑，它是没必然性的，我们可以想象一个宇宙允许这个所谓物体的运动超过光速，这并非自相矛盾。但我们现在这个宇宙偏偏受自然律束缚，所以这个太阴可能就是最原始的业质，它决定这个宇宙的基本性格，包括自然律在内。这个宇宙的基本性格是由原初的业质所决定，其实所谓"物理定律"可能就是一种习惯，但这种习惯没有必然性。经过亿亿万万年，可能这些自然律会有所改变，但自然律是没有逻辑的必然性。

　　c）"无限背景"：视为本根所在的大宇宙，一个由"一体绵延"的纯粹活能及"无限连续"的业质（包括原始业质及一般业质）所构成的生生场有

　　纯粹活能是一体绵延，是不能分的，亦不能割的；我承受了纯阳的一体绵延，你也承受了纯阳的一体绵延，但是如何可以得到？这就要看各人的际遇，下面我要谈的是"场有缘起"。

　　3.2　"场有缘起"：一事件的命分或原始内容来自它的"无限背景"。它的现实内容则决定于它的原始内容中阴阳两极的相互作用

　　场有哲学是以事件为中心，一个事件包含了活能和业质，而一个事件的缘起是从"纯粹活能"而来，我这个系统的物质性是从何而来？是从整个宇宙的物质，包括原始业质（太阴），亦包括人类所有的共业，也就是过去所有事物活动作用的成果，业质就在大环境中。而在大环境中，最大成就的就是太阴，太阴决定这个宇宙的基本性格，这就是原始业质。

　　换句话说，我这个能量系统，其实包括了无量数的事件（如我们身体内的五脏六腑），在无量数的事件中，我们只能分析其中一个事件，在这个事件里面的活能，是从纯粹活能（纯阳）而来，而在这个事件中的物质从何而来呢？有多少物质呢？就是从我所在环境的物质蕴集（material totality）而来。所以如果你生在数十年前，你所处的环境与今天的环境

已完全不同，因为业物质的结构已不一样了；即使对同一时代的人来说，我所得到的物质性与你所得到的物质性不同；纵使孖生兄弟也好，所得到的物质性亦有所不同。这个诠释是根据我自己可以体验得到的，其他人的诠释当然有其他人的学说产生，前面所说的缘起，就是我所谓的"场有缘起"，而"场有缘起"的意思是说缘起于自己的场，我们的能量系统是出于自己的权能场里面，包括了这个宇宙的无限大背景，这种缘起论（本根活能与原始业质）与佛家的缘起论（因缘和合）不同。

3.3 创化事件的"原始内容"及"现实内容"的关系可见于下列表格

| 事件的内容 | 阳极 | 阴极 |
|---|---|---|
| 原始内容 | 本根活能（纯阳、乾元） | 原始业质（太阴、坤元） |
| 现实内容 | 当下活能 | 物质结构 ＝ 原始业质及一般业质 |

4. 新气论与西方的"物质—能量"概念

5. 新气论与中国的传统气论

有关第 4 及第 5 两项，可参考先前能量系统理论的一节。这个新气论与亚里士多德的四因说究竟分别有多大？或与传统的说法分别有多大？其实两者的分别很大，但最重要的一点是：如果我们透过此学说来看，那么气论是非常重要的，因为中国哲学里面，所有有关修身的概念，包括儒家是看得很重，他们的道德伦理学说是要靠气论来建立，靠能量系统来解释的话，如果没此能量系统的解释，孟子所谓"吾善养浩然之气"就无法谈下去，"浩然之气"到底是什么东西？怎样来？有什么特质？这些都是儒家没有清楚解释的。其实孟子所谓的"性善"，我们可以用权能论去解释，也就是说在我们的人性中有物质性，善恶的问题与人性中的物质性有关，这跟传统的说法便不同了，这待以后再详谈罢。

## 第五讲 有与无：结构性和功能性的思想和语言

### 引言

结构与功能，或结构性与功能性，是分不开的；它们同是创化权能（道）在分化为个体事物的过程中所开显的相或现象。"事物"乃是"事相"与"物相"的统称。结构性根于物相之确定与可分,而功能性则本于事相之不确定与不可分。但事物有事相也有物相,两者相互依存、相互内在,超切地成为创化权能开显的不可分割的两面。本讲将通过有与无的两个基本概念,来探讨结构性与功能性的思想和语言在中西哲学的发展与含义。

1. "有"的体验及其观念的发展

1.1 "有"的字源学及其原始体验:权能的开显

我曾说人类最原始的体验或经验,就是权能经验。目前很难了解它的意思,但如果各位将自己想象为小孩而回到孩童的时候,便会较容易了解此话的意思。历史上最原始的语言,当然是权能的语言,后来的发展才把词意改变过来。中国的文字源于象形文字,我们可从当初的造形去了解先民的想法,这是其他语言没有的好处,因为它们不是象形文字。其实在这个时候,语言的开始与人类的原始体验差不多同时出现。

权能的体验或经验,当然有不同的形式,试想像一个小孩在其婴孩时期,所有的事物对他来说都是权能,但对我们文明人来说当然不是权能;一草一木对初民而言就是权能,在人类原始语言里面,几乎所有创造出来的字,在它原初的时候都是指向权能、或某一类权能、或某一组性权能。

以中国为例,这些权能语言到底包括什么呢?其中包括了"多"、"德"、"有"、"无"、"生"等字;这些字在中国哲学里是非常重要的,因为这些字最初是指向权能,称为"权能语言"。在今天道家的典籍中,有些人提出这样的问题:究竟先有《道经》还是先有《德经》?在今日来看,谁先谁后当然是没有关系,因为"道"就是德,"德"就是道;同样,在《道德经》中所言的"有"与"无"的关系,老子明确指出:"此两者同出而异名,同谓之玄,玄之又玄,众妙之门。"其实"有"与"无"都是道,谁先谁后根本不重要。

对于初民来说,他们并没有受过逻辑训练,所以在他们的定义中没有逻辑这回事,所以他们的核心语言是指向权能,这一点是没有错的。在希腊,有一个字逻各斯"logos",后来变成"逻辑"(logic)这个字;其他如本体论(ontology)涉及存有论(是论)的问题。有人说中国没有本体论或存有论,因为在中文里,存有不能作"是"的解释。但在英文里,它"是"便表示它"存在"。另外希腊文"phusis",这个字相当于今天的"physics"，但是这个字最初的意思根本与物理没有关系，其实它最初的意思是与"生"的意思一样，解作"冒出"、"升起"的意思，这些都是权能语言。还有一点很奇怪，在《说文解字》里："德"者，升也。为何这些权能语言有升起来的意思？因为"生"字的古文是小草，从地上冒出来，这就是权能。

话说回来，人类的语言到底是怎样创造出来呢？我认为是从依身起念而来。依身起念是我们最初体验的权能，尤其是通过身体，这是人类非常重要的阶段。不妨想象一下当人类还是四脚爬爬的时候，很多语言及思想是不存在的。例如"站立"、"左右"这些的语言便没有了，因为人要站起来才有他们的世界，而且道德的观念也是从这时候开始。小孩想做真正的人便一定要站起来，不是吗？父母经常对其子女说站起来（right up），这便成了小孩第一次听到的道德律令，而父母的话好像在说：要成为人类的一分子，就要站起来。

当人直立站起来的时候，他们就有了坐标，于是便可以分出前、后、左、右、上、下来，几乎所有重要哲学的范畴、科学的范畴，那些最主要的或最普遍的范畴，都可以从身体，从最原初的语言中得出来。正如我刚才所说，"道"有直立走路的意思。因为"道"，从"辶"，从"首"，指会直立走路、会说话、会思想的人。"道"的原初意义就是"Nothing but human being."

人作为一个权能体，人是用什么展现他的权能（power）呢？人能够直立走路、能够说话、能够思想，那么不是将人所有基本的活动都包括在里面吗？在我的著作《周易与怀德海之间》中，里面有很多神话都与此有关。例如《庄子》中有云："天地与我共生"，其实我们只能说我生自天地，怎么可能与天地共生呢？但假如我们从直立根身的角度看，我们站起来了才有天有地，如果我们不站起来，又怎么可能有天地呢！所以人站立起来便展现他的权能。

今天西方也有很多语言如"right up for your right"。勉励我们要捍卫自己的权利。回到东方，为什么孔子会说"人之身乃直"？"直"本来是物理现象，为何又有道德意义？为何不说"曲"呢？照道理上来说，物理现象与道德意义没有特别关系，虽然我们可以说为曲，但总令人感到不对劲。因此，当一个人至诚的时候，我们要用"直"字，这牵涉到泰古语言学的范畴，泰古语言会指向根身和权能。

　1.2　"有"的三态：出场、在场与离场

　事物的结构性和功能性是不可分的，事物是透过权能的活动作用所开显的相或现象。事物仍是"事"相与"物"相的总称，结构性根据于事物的确定与可分，而功能性是根据的事物的不确定性与不可分，但事物有事相，亦有物相。对于事物的理解，只有中文才有这样的妙处，而西方语文难以看到其中的奥妙，西方语文只看到"thing"和"event"两个单独的概念，不可以混为一谈。但是事物也有事相和物相，两者是相互依存，相互内在。其实事物的关系就好像"光"的二象性，既有"粒子"的特性，也有"波动"的特性。粒子是光的物相，而波动则是其事相，两者是超切而相互内在，成为不可分割的两面。

　本讲是透过"有"与"无"两个基本概念，来探讨结构性和思想性两方面。刚才我们谈过"有"这个概念，其实"有"这个概念可分为三态，就是出场、在场和离场。这是人类所体验的权能。例如行雷闪电，有权能出现就是出场；而继续行雷闪电，就可以说在场；不再行雷闪电就是离场。总而言之就是：人类最初的语言便是权能语言。

　1.3　持续在场的"相/现象"："事相"与"物相"

　接着说到"事相"和"物相"。其中实体化的概念，涉及场有哲学的核心内容。我认为西方哲学是实体化哲学，我们将什么实体化呢？就是将物相实体化因为物在初民经验里面，物只是相，只是现象，其背后还有一个权能存在。权能与现象是两种不同的东西，但随着人类思想的发展，人类为着生存，他们本能地组织其经验，简化了语言和思想，而将注意力集中在"相"的方面，其实一个小孩子看事物不会这样，对初民来说也不会这样，他们经验事物首先便会与权能接触。权能以什么展示自己呢？本来物只不过是权能的活动作用所开显的相，但是人们却把权能忘记了，而只剩下物之相，将相实体化，把相视为独立自存的东西，其实相不是终极真实的东西，终极真实的东西是权能。

　1.4　以物相为真实："有"的实体化

　我们若将"相"实体化之后，认为它是真实的话，物与物之间便成了孤立的东西，物便不在场中，物的结构性便从这里开始。我们把事物孤立起来之后，我们只注意到物的结构，只注意到物的形状、颜色、大小等。这与初民对物的认识不同，初民将事物作为一种权能的体验。

1.5  结构性：物相的确定性与可分性

一件事物孤立之后，我们便只注意其结构。结构有两个性质，就是确定性与可分性。倘若没有可分性便没有确定性，没有确定性便没有逻辑、也没有科学的分析，一切的逻辑思想都是从可分性及确定性开始。

相对而言，中国思想是走另一条路，尤其道家哲学，基本上看这个世界时，是将一件事物看作"拓扑有"，这里所谓的"拓扑"，是指把事物看作权能，存在于场中，将事物视作力量与力量之间，权能与权能之间的关系，这便是拓扑思想。例如中国阴阳五行的思想便是"拓扑"思想，中国人看事物不是看作物，而是看作权能，因此中国的传统思想之所以难把握，其原因就在于此。中国人的针灸学与传统西方人的解剖学对世界的看法是不同的，中国人的宇宙并非一个实体的宇宙，而是一个拓扑的宇宙、气的宇宙。而"拓扑有"与"实体有"的分别就在于可分不可分，确定不确定，这样问题就来了。中国人的思想是一种"拓扑有"，"拓扑有"不能确定，也不能将其清楚地分辨出来，故很难把握它、很难分析出来，因此没有确定性就没有逻辑、也就没有科学的分析。中国哲学虽然是现实的（ture to reality），但矛盾的是中国哲学思想却难以作逻辑及科学的分析。中国的阴阳学说和五行学说都是难以量化、难以把握，就如今天中医所面对的困难一样，有人提出要取消中医，是因为中医的医学理论没有确定性，没有确定性便不可分，难以作逻辑的分析。

1.6  "实体有"的概念及其与"业物质"的关系

"实体有"是可以确定、可以分的。世界上有哪些是可以分、可以确定的业物质呢？莎士比亚说过："What's done cannot be undone."（Act 5, scene 1, 68），即过去的活动作用的成果是不能改的，这也是我所谓"业物质"的概念。今天我对"物质"的观念可以说是从那时开始，将"业物质"视作科学里面的"物质"，在理论上可以说得通的。为什么要用"业物质"的概念呢？因为科学里面"物质"的概念是不清楚的，至今没有清晰的定义。所以今天我提出这样的想法："物质"是"业物质"的载体，而"业物质"是过去活动作用的成果。故此，"实体有"这概念是与物质性有关系。

1.7　功能性：事相的不确定与不可分

1.8　"拓扑有"的概念及其与"活能"的关系

1.9　事物的结构性与功能性

1.10　中国哲学的"有论"与西方哲学的"本体论"

西方哲学"本体论"（ontology）有两个翻译，一个是"存有论"；另一个是"本体论"。"本体"是什么？最简易的解释就是"终极真实"（ultimate reality），一物的本体就是指它的终极真实。场有哲学认为事物的本体就是权能，每一种东西最后的真实就在它的权能里。当我们问：一物之所以存在，是什么力量"power"使它存在呢？就好像我们问，桌上这一瓶水，是什么力量使它存在？如果没有力量支持它，这瓶水便不知道去了哪里。其实每一样东西的真实就在于权能，因有权能支持，所以它存在。观察一件事物时，人们往往只注意到它的物相，但物相是静态的，其实事物背后的终极真实是什么呢？我认为事物的终极真实是动态的，是一个能量系统，这个能量系统（一种综合的力量）支持着它存在，使它不会消失。总而言之，事物的本体是权能。对中国传统哲学而言，这终极本体可以是"道"，也可以是"天"。

但在西方，宇宙的终极真实（ultimate reality）在哪里呢？西方到了亚里士多德之后，就惯用"是"字"the verb to be"，它有存在的意思，但"是"字在中国没有存在的意思，如孔子"是"圣人，"是"只是把孔子联结到圣人，没有存在的意思。可是在印欧语系里面的"是"（is）是用来称谓本体，"It is"表示"它存在"。西方所谓的"存有论"是探讨终极的"有"等问题；但在中国哲学的"存有论"，不能只谈"有"，还要谈及"无"，"无"与"有"同时指向本体，所以现在我们要谈"无"了。

2.　"无"的体验及其观念的发展

2.1　"无"的字源学及其原始体验：权能的退隐

2.2　"无"、"巫"、"舞"：巫师之舞

2.3　"无"：生生之丰盛

2.4　"无"即"无碍"即"一"：感通之完美（物我两忘；一即一切，一切即一）

2.5 "无"与"空"：道或天地之能容

2.6 "无"与"有"：纯粹活能及其现象（业物质/物质结构）

2.7 空缺义的"无"："无"的物化与实体化

2.8 中国哲学的"无论"与西方哲学的"本体论"

"无"在字典里的解释有二，其中一个解作"舞"，但它与《道德经》有何关系呢？另一个意思更奇怪，是解作森林里树木繁茂，但树木繁茂岂不就是指丰盛的有，怎可说"无"呢？与"无"又有什么关系？其实我们今天所谓的"无"，是指"空缺"的意思，所以现代"无"字与其字源学上的解释不一样。

其实，"无"与"舞"、"巫"同音；"舞"与"巫"在字源学上的解释大有学问。人类对"无"的原始体验是否与巫师的体验有关系呢？这当然有关系。人类对于"无"的原始体验其实就是权能的体验，"无"就是对"权能"的一种体验。对于"巫"的体验，尼采就经常提及巫师在部落里的作用，如美国印第安人部落的巫师或酋长，因为他是部落的知识分子，所以掌管了祭祀、医学等等。

所有巫师在部落中一定会做祭祀，而有祭祀就有舞蹈，在巫师之舞的体验中，他们经常会喝一些类似酒的液体，饮了之后便会失去自我的意识，到亢奋的时刻，更会超越社会道德的规限，恢复至人类最原始状态，一种与自然合而为一的经验，是超越世俗所有的分别、道德的判别的经验。

巫师所体验之"无"是与"自然"冥合为一，这在道家庄子中说得最多。《道德经》中也有不少"无"字。"无"是无阻的解释，也是无碍之意。一个人在社会中，社会给我们种种限制，令到我们感受到很多约束，一点也不自由，愈是文明社会便愈不自由，所以人类有原始的冲动，要超越这种范畴，要超越人类自己对自己的限制，所以"无"字是相当玄妙的。西方人士把"无"解作缺少、空缺（non-being, nothing），这是肤浅的看法，他们看不到中国人把"无"视作一种体验，把"无"看作生生之德。不要忘记当时中国已是农业社会，农业社会要求丰收、丰盛，因此"无"与生是有关系，生是生生不息的意思，与创化权能脱离不了关系。

与此观念有密切关联的是"无碍"，"无碍"就是一，是谈感通的原理，所有道家所说的"物我两忘，一即一切，一切即一"。此种思想都是从"无"而来，所有事物都是相互内在，我们与事物感通了以后，所达到的物我两忘就是巫师之舞的境界。但要注意，中国人不像印度人般，他们所说的"物我两忘"，既没有物，也没有我；而我们是物既存在，我亦存在，只是忘记罢了。一般人所谓的"相忘于江湖"这句话，我认为最好的解释是：两人达到一种境界，无须时时刻刻注视对方的存在，就像社交舞一样，无须时刻去留意对方的动作，是自然地去跳，而对方也自然地配合，这种自然地互相配合只有最高境界的感通才能做得到，所以庄子所谓的"道通唯一"，感通了就是一，达到一便无所谓分别可言。

　　中国人看世界是从"感通"来看，有感通便有"和"，在和谐中便是"一"了，中国人就是从这个立场去看世界的真实。我在美国生活多年，教授西方哲学也数十年了，始终无法感受到近代西方哲学家所言"虚无"的感觉，这是因为从中国人的观点来看，世界是充实的，中国人认为自己与亲人、朋友是感通的，不是独立自存的真实，是一种互体性存在的真实，那么又怎会觉得世界是虚无哩！最近看到的大陆电视剧集，其中一出爱情剧说道：女孩子要嫁了，内心感到很"踏实"，要注意她感到踏实并不是对方富有，其实对方并不富有，所以"踏实"这个词很难以传神作解释，中国人对"踏实"的解释与西方的不同。在这里那个女孩所谓的"踏实"，是从"感通"的角度来看，指两个人有了心灵的感通，生活便无碍了，便没有问题了。

　　总结而言，中国的本体论不能只从"有"来谈，更应该从"无"说起。正如《道德经》中所言："此二者同出而异名"，道本身最初只是权能，"有"与"无"只不过是权能的一体两面。

　　3. 结构性的概念及其思想进路
　　3.1　结构性与实体有
　　3.2　逻辑与数学：结构的形式化
　　3.3　关于整数（cardinal or whole numbers）：毕达哥拉斯的迷惘
　　3.4　原子的观念：自然宇宙的实体化与整数化
　　3.5　确定性、可分性与近代物理学的机械式世界观
　　3.6　结构性与控制性：西方哲学的特质

"结构性"和"实体有"的观念是怎样来呢？结构性的思想是假定实体存在，没有实体就难以去谈结构性，逻辑与数学其实只是结构的形式化，它是抽象的，将所有实际的内容抽空出来。例如"1"，将其中的内容抽出来的话就只剩下一个壳，那就是"1"了。

毕达哥拉斯是前苏格拉底时期一位非常重要的哲学家，西方有很多关于数学的观念都是从他而来。他认为所有真实的数字一定要整数，但在直角三角形中，斜边平方等于另外两边平方之和，当我们求斜边的长度时便产生如$\sqrt{2}$等的无理数。但无理数不是整数，这使毕达哥拉斯的追随者感到很不舒服。因为西方人追求确定性，不确定性是难以掌握，令他们感到很不自在。

此外，西方的原子概念中，最初的原子概念是不可分的。西方人的心态一开始是要求事物一定要确定，最后的真实是不可分的。希腊有个神话，就是阿基里斯追乌龟的故事，阿基里斯永远都追不上乌龟，为什么呢？就是因为他跑到乌龟之前所在的位置时，乌龟已向前移动了一段距离，如此这般，他便永远都追不上乌龟了。但这只是个故事，真实情况不一定如此，我们只不过被不能穷尽的假象所迷惑了。严格来说，中国人是没逻辑，也没有西方的几何或原子的概念，但印度则有。为什么呢？因为中国人的思维一开始就忠于泰古思维，并没经过实体化的阶段。

今天我所说的西方思想与实体化的思想有关系，而西方近代的科学成就与实体主义实体化的思想也有关系，虽然牛顿机械式的世界观在实体化中也作出了贡献，他们追求对外在事物的控制，但实体化的道路不能走得太远，否则走入一条死胡同。西方现代的科学是量子物理学，与之前牛顿实体化的宇宙观已有所不同，这反而与中国道家思想有点接近，是一种不确定的思想。

4. 功能性的概念及其思想进路

4.1　功能性与拓扑有

4.2　功能性地定义一物或概念：活动作用的综合

4.3　尼采、杜威、沙特论功能性

4.4　功能性的进路与中国哲学

中国人的思维是一种功能性的思维。为何说中国人的思维是功能性呢？这是与"拓扑有"的思想有关系。所谓功能性思想，就是对事物的态度是问该事物能做到什么。例如当我们问一个小孩该物件有多长，他可能不会答得到出来，但我们问他有关物件的功能性时，他反而可能回答出来；因为小孩子的思维是功能性的。孔子在《论语》中从来没有给"仁"字下一个结构性的定义，他只是下了功能性的定义。例如，"仁者爱人"，便是说"仁者"具有"爱人"的功能。所以功能性的定义是什么呢？当我们说 X = A + B + C + … 便是说 X 的功能等于它所有功能的总和。近代的西方的大哲学家也是走向这条路子，如杜威、尼采、沙特便是。这种功能性定义有个好处，就是事物的本质就如一个黑箱，我们难以了解黑箱的内部有什么东西，因此如果我们要研究它时，可以不问事物的本质而只问它的功能可以怎么用。对中国的先哲而言，所谈的权能就跟黑箱似的，权能是不能把握的，我们只能问权能有什么用。中医研究人体也是看各部位的功能，所以中医不像西医一样，从结构性去研究人体，以解剖学的方法把人剖开来研究，中医是用把脉的方法去了解人体何处通不通、有没有问题。当然，功能与结构是互不分离的，功能与结构是一事之两面，而中国人的哲学也不缺乏结构性能力，否则航空科技事业便不会有这么快速的进步。

## 第六讲　良知与爱罗：中国哲学和文化
## 在仁材纠结中的取向

### 引言

　　我曾在讲座中多次说及"仁材并建"的人性论，也是我的思想体系中最复杂的。人的一生，包括他的一切活动、思想和行为，都是有人性的根据的，骨子里都是人性跃动的表现。人性的跃动决定了人的生命立场、人的形上姿态、人对宇宙人生和一切事物所作的价值投企，因而也决定了人的安身立命之道及其文明格局所涵摄的意义体系。但什么是"人性"呢？我们对人性这个概念可以有不同的看法，对人性的内容也可以有不同的理解和分析，这点可在心理学、生理学、社会学或科学上看到。

　　在场有哲学里，人性乃是扣紧人的主体性（subjectivity）而取义的。人的"主体"就是在人的生命中"作主"的创化权能。在我们生命中时刻都有一个作主的主体在支配着我们，而这个主体的权能可说是一种本能，这种主体的权能决定我下一步要做些什么。这一刻我的主体看世界可以是乐观的，但下一刻我的主体看世界可以是悲观，所以主体不是一个实体，主体可以不是一贯的。到底在这一刻哪一个权能（power）为我们作主？我们不知道。场有哲学认为人有主体，但不是一个实体，它是一个依场而有的权能体。人性的跃动也就是主体或生命权能的跃动，人性的内容也就是主体或生命权能的跃动所开显和限定的内容，这个内容虽然无比深刻和丰富，但最后分析起来，只不过是仁性或良知的跃动、材性或爱罗的跃动，和仁性与材性或良知与爱罗的综合跃动罢了。此主体或生命权能中的"仁材两极"乃是人之"根性"，构成"人道之根"的本性，或是人之所以为人的本质所在。

那么良知跃动的本质何在？仁爱关怀是也。爱罗跃动的本质何在？材知爱欲是也。前者代表互体性的跃动；后者代表自体性之跃动。必须立即补充的是，人的根性是不能单就人的立场而取义的；因为人的根性与一切事物或生命体共有的"本性"或"道性"是息息相关的，而且是一脉相连的。人性的跃动正起于人的根性与道或创化权能之契合感通处，乃是人有感于本性或道性而起的一种生命跃动。人的生命立场或形上姿态也正是为此生命跃动与道性之契合感通处而被决定的。道或创化权能开显于人者乃是一个断而又断，断而不断，却又绝对无断的真理与真实。"断而又断"、"断而不断"、"绝对无断"这三个概念十分重要，我们知道在《易经》中"坤卦"是"断而又断"，但"阳卦"是"绝对无断"，断与不断是了解《易经》心法之所在。从创化权能的角度而言，"断而又断"代表结构性、生物性；但是它又是"断而不断"，代表造化、代表历程；最后"绝对无断"是一种纯粹活能，代表其终极性的一面。人性的跃动就其感于道性之断而又断而言就是"爱罗"，是一种异隔心态；就其感于道性之断而不断而言就是"良知"，是一种感通心态；就其感于道性之绝对无断而言则是人之"不可思议性"，我们就无法多说了，它是一种同融心态。

不可思议是不能多说，因为牵涉了终极权能。道是创化权能，"道可道，非常道"。可道是创化权能，不可道是终极权能，所以创化权能与终极权能是一而二，二而一。本讲即以此"人道之根"为理论基础所建立的"人性论"作一个初步的、扼要的说明。就以上所述略加补充，我们即可总结如下：

#### "仁材并建构"的人性论

| 人道之根<br>（人之根性） | 仁材两极<br>（根性之具体内容） | 人性之跃动 | 根性与道性之契合感通 |
|---|---|---|---|
| 仁性（生命权能之自我肯定及自我超越——原始的恻隐之心或本然的责任感） | 良知（仁爱关怀）——表现为对生生宇宙之参赞及对异己之无限包容 | 互体性（相互为体）之跃动——起于生命权能之同体感通（同融心态） | 感于道性之断而不断（创化活能） |
| 材性（生命权能之我执及它执——原始的无明或本然的神秘感） | 爱罗（材知爱欲）——表现为对实体世界之无限投企及对非我之占有、征服及扩张 | 自体（自立为体）性之跃动——起于生命权能之异隔对执（异隔心态） | 感于道性之断而又断（业物质） |
| 不可思议性 | | | 感于道性之绝对无断（终极权能） |

"仁性"的定义，是生命权能之自我肯定及自我超越。所有生命权能都是自我肯定，这个自我肯定可能很吓人，是求生的本能。"我的求生本能"是什么意思呢？即是指在我的能量系统里面的生命权能肯定自己。假如肯定自己只是为了自己，这是自利的行为，其实我所说的肯定自己，就好像儒家般可以向外推演出去，不但肯定自己，也肯定别人、家族、宗社、社会、全人类，甚至整个世界，如宋明理学中王阳明所谓的"仁者以天地万物为一体"，是一种很强大的力量。如果我们从肯定自我再推而广之去肯定其他人，这就是自我超越。

"仁性"取自于孔子；"良知"取自于孟子，后来王阳明把整个宇宙都视作良知，一草一木都有良知，这些术语一方面都是借用自儒家，同时也肯定了儒家对人类的贡献。

仁性跃动强调一种互体性，但什么叫互体性呢？"互体"即是相互为体的意思，你亦为我体，我亦为你体，就好像《易经》的阴阳理论，阴阳是相互为体，阴中有阳，阳中有阴。你的生命如果是沿着互体性的方向走，你的人性很自然会趋向仁性关怀。仁性乃鉴于道性的断而不断，我所谓的有隔有融，即是说物与物之间是有隔的，有分别便有隔；但是有隔而能融，这就要断而不断。从创化权能的表现来说，一个生命完成了，另一个生命即继起；生命断了而另一生命又继续，有生有死，所以生生之德，生生不息，是一个断而不断的局面。

　　至于材性，是与仁性相对的，亦同时能表达爱罗人性的意思。大家可以这样去思考，仁性代表生命权能的自我肯定，这种自我肯定就是我的主体。我的生命或我的主体其实包括他人、他物或所有宇宙的事物的裁化，都为我所用，化为己有的意思。其实我们有没有想过，人的一生不过是要将他人他物都化为己有，这个"化为己有"不是表示要占有它，而是指要把它变为我们生命中一个有意义的部分。在我们一切的行为活动中，无论我们做什么事情，都是把事物化为己有。例如我现在坐在椅子上，我已经把这张椅子化为己有（appropriation），但不是说我把椅子占为己有，而是我使用这张椅子，这张椅子为我所用。饮食也是一个好例子，我吃了一个面包，我把面包消化了，面包便变为我能量系统的一部分，我便把面包化为己有。看书也是，我了解了书本的内容，我便把书本化为己有，所以人的一生无时无刻都是在做化为己有的活动。在英文中有一个字最富哲学性，那就是"appropriation"（化为己有），原意是指"to make one's own"。而这个"appropriation"相当于中文的"宜"字。几乎所有语言中，"宜"字与"己"字"one's ownself"是同一字义，而我所说的"宜"又是对什么人来说呢？这当然是指自己而言，所以"宜"字与"己"字有密切的关联。在英文中，如果我们说"Your action is not appropriate."就表示你的行动不适宜。而在中文里，"宜"就等于"义"，"义"的原来意思是"宜"，义最初的意思不是指正义，在"孔曰取仁，孟曰取义。"中，"取义"的"义"字，不是道德化之后的义字，而是解作适宜。每一种东西都是宜，每一种东西的存在总有它合理的地方。

　　对中国人而言，"仁性"是我们的良知，那是生命的自我肯定，是主体；但对其他事物，为我生命之所用，便是客体。在这个意义上，父母也可以是其他事物，是客体，我们要将父母化为己有，父母成为我生活的一部分，父母才真正成为我们的父母，这样父母才显出其意义。

　　另外，我们手中的笔，这支笔为我所用，我将这支笔化为己有，这支笔才真正属于我，这支笔才对我有意义。这个世界所有事物，都是为我所用的东西"material"。人的一生不过是将他人他物化为己有的历程，这些为我所用的他人他物，便是我所谓的"材"，这为第一个意义。至于第二个意义，我认为在一个能量系统里面，它能成为一个能量系统，能量系统包含两种东西，即是"业物质"和"活能"。"业物质"最初在我们的能量系统中凝结在一起，成为我们的物质。在这个世界上，每一个人、每一个生命体，或每一件事物都有物质结构（material structure），所有东西都是有物质性，甚至某些神仙、菩萨、天使亦有物质性，物质性对它们来说仍起一定的作用。对菩萨而言，如果菩萨没有物质性，它们便已经成佛了，有物质性的菩萨属于较低一级的神，它们的力量受到某种程度的限制。所以如果我们用"物质性"的概念来讨论神佛观，这是一个相当有趣的问题。

　　我用这个"材"字，是因为它是我们生命里的物质结构，它是能量的一种形式，结在一起就会产生现象。我认为人之所以有执，是起源于物质性结构，所以占有欲就从这里出来。我们的执性起于物质性结构，这就是我所谓的"材性"。正因如此，如果"仁性"是原始的恻隐之心或本然的责任感，那么"材性"就是原始的无明，或者本然的神秘感，是一种爱罗心性，一种向外的他执，一种占有欲。这种原始的冲动，我们叫作无明，无明就是无知，缺乏智慧，没有方向，一种偏执，对宇宙一种无限的投企。而我们之所以有神秘感，其实是来源于材性或物质性，并不是来源于我们的仁性或良知。这样我们就解释了为什么中国哲学一开始就没有好奇心，因为中国人太务实了，所以是缺乏神秘感的一个民族。不像西方哲学是起源于神秘感、好奇心或求知欲；中国哲学是起源于责任感，责任感的挫折就是忧患意识，当责任感得不到满足，便会产生忧患意识。所以徐复观先生在其《中国人性论》里指出，先秦思想家起源于忧患意识。例如周公曾对其臣下说过：我们要时刻警惕，总结商代亡国的经验，是因为失德，没做好祭祀、不顾百姓安危。我认为周公是中国第一位哲学家，周公提出"天命归于有德者"的思想，这是中国哲学的开始。他说："天视自我民视，天听自我民听"（《太誓》），他认为天命不是随便赋予，我们应该靠自己的努力，这便是忧患意识，忧患的是我们有没有完成自己的责任。这与西方希腊哲学源于海洋文化，充满神秘感，形成相当大的对比。

下面我们要讨论"材性爱罗"。"材性爱罗"的意思是非常明显，欲望生于我们的物质性。我在互体性与自体性中加上这两句话："中国哲学起于生命权能同体感通（同融心态），西方哲学起于生命权能异隔对执（异隔心态）"，我发觉这两个词语相当有用。"同体感通"，道通为一。良知型的意识一定认为这个世界所有事物都是同体，所以道家认为道通于一，天地与我为一，是同体的，因此才有互体的可能。而"自体性"是指自立为体，这是实体的思维，是孤立的。若大家都是自立为体，便是异隔对执，彼此互"执"。西方人的心态是异隔对执的，所以不接受和谐社会的观念，认为和谐根本不可能做到，是造作的，故此就要抗衡、进行抗争。

爱罗（材知爱欲）的爱与良知（仁性关怀）的爱是截然不同。爱罗的爱基本上是占有欲，是占有性的爱。"爱罗"（eros）出于希腊文，"爱"希腊文中有三个意思："eros"、"agapo"、"egotic"，后者比较中性一点，不像前两者，"Eros"含有浓厚性爱色彩的爱，是一种占有性的爱，这些都是所有柏拉图学者所公认的爱。占有欲与征服欲是同一层次的东西，对于非我的占有与扩张，当中包括强烈的性爱（sex）。

对中国传统哲学而言，中国传统哲学当然也注意到人欲方面，尤其是宋儒，常常将"天理"与"人欲"作对比，要存天理灭人欲。从孔孟开始，儒家从未对"欲"的概念有真正的了解，不了解"欲"与"知"的关系。在《圣经》中有这样的一个故事，亚伯拉罕在帐幕中与他的女人做爱，经文中是以"He knew her."去描述，可见在中东或西方"知性"与"性欲"是有很密切的关系，而知性的知是逻辑性，是理性分析，但在中国哲学里却没有。

此外，"欲望"与"权力"又有密切的关联，一切欲望其实就是权力欲，尼采看得最清楚，尼采所说的"power"就是权力，所以如果好奇心或惊奇（wonder）背后的精神是爱罗的话，那么我们的知性或求知的欲望，其本身就是爱罗。西方哲学精神就是以爱罗为本，是根于爱罗人性，是一种占有欲。所以爱罗包括了知性的作用、权力欲和权利欲。今天我们一说到权利欲时，就好像是神圣不可侵犯，谁不知权利欲背后便是爱罗。西方人讲求权利，但很少西方人说到责任的问题。严格来说，在哲学术语中"权利"的来源是有疑问的，"权利"从何而来？谁人给你权利？除非是别人给你，又或者是自己给自己。所以，当我们说"我有权利"，只不过是说自己肯定自己的价值；或者说"你有权力"，其实是我的良知肯定你的价值或你的生命。假如我们的良知互相肯定对方的价值，这样权利才可以成立。总而言之，权利不是上帝给你，而是大家给大家，因此权利是在互体的情况下才出现。

以下是我对"仁性"的分析，我认为仁性有几个不同层次的意义：

1. 仁性或良知根性的基本内容

1.1　"本体之仁"

生命权能（生命体中的创化权能）之自我肯定及自我超越；根于互体性之生生主体性——对一切生命的无条件的承担。站在道的立场来说是肯定一切，但是以我们有限的生命，我们不能肯定一切，所以我们是有私而不能公。从《道德经》的立场来说，他们批评儒家的"仁"是一种私仁，他们私于自己，私于自己的家族，私于自己的国家，这都是一种私心，不是大公无私的心。从场有哲学的角度来看，创化权能就是生命权能，自我肯定最基本的层次来说就是肯定一切。"道"或创化权能可以肯定一切，但是我们却不可以肯定一切。虽然道之在我，可是我仍受业物质的限制，我的生命权能（那肯定一切的道性）不能完全表现出来。不过，每个人都具有道性，那是一种本然的关怀或责任感，求生的本能乃是一种无意识的生命承担或关怀，仁性跃动的原始表现。

1.2　"原始仁性"或"先天之仁"

本体仁性在人性中之落实，亦即是类性之仁。猫有猫的类性之仁，狗有狗的类性之仁。类性之仁是本体仁性在人的类性禀赋限制之下所本具的仁爱关怀及同体感通的力量。但要注意人类的仁爱关怀及感通能力不同于动物，所谓孟子曰："人之所以异于禽兽者，几希。"（《孟子·离娄（下）》）人和动物不同的地方很少，只差在人类有仁义道德的天性。不过要注意，在我们生命权能产生作用的仁性已经社会化、道德化，所以后面我们要谈社会化仁或道德化仁。

1.3　"道德化仁"或"社会化仁"

道德化仁就是本体之仁通过先天之仁的中介作用在社会法制和伦理规范中进一步的落实。一个人出生便有自然人性，但这些人性要经过社会的认可或接纳，不同社会认可或接纳人性的标准可能不同。因此道德乃是文明社会一种本于人性的内在根据的理性道术。道德规范的主要目的只有一个：私仁与公仁的均衡。私仁对个人而言，而公仁对社会而言，社会所定立的道德规范是要在私仁与公仁之间取得平衡。

1.4　仁性的亏负及其内在矛盾：忧患意识及无奈意识

忧患意识受到挫折、受到亏负、得不到满足，所以叫作"亏负"。《孟子》中有云："君子远庖厨也。"（《孟子·梁惠王章句上》）孟子劝人不要接近厨房，故君子不能做屠夫，实是眼不见为干净的想法。这个矛盾突显出道德最核心的问题是：我们为着生存，一定要牺牲其他生物为代价，纵使素食主义者也不能解决问题，因为一草一木也是有生命，我们要维持自己的生命就要牺牲其他的生命，这只能说是仁性的无奈。其实我们所谈的道德伦理，只能及于我们的种族或我们的类性。也许我们会辩解说，我们只杀自己养的禽畜，不杀野生动物，但想深一层，两者都是杀生，又有何分别呢？这些问题，儒家从来不去讨论它，因为这是伦理学上的一个矛盾，最后就是仁材两亏，我们的仁性得不到满足，我们的材性也得不到满足，只能感到无奈。

2. 材性或爱罗根性的基本内容

比照对仁性的分析，我们又有本体之材、类性之材及社会化材之分。

2.1　"本体之材"

生命权能（生命体中的创化权能）之我执与他执；本于自体性之生生主体性，对一切事物或生命的无限制的欲求与需索、原始的无明及本然的神秘感。

爱罗的本质是"我执"、"他执"。"我执"是执着自己，是孤立的。"他执"是将"我执"投射到他人他物，当成一个实体，斩断了内在的关系。无明产生无限制欲求，所以爱罗是一种很奇怪的心态，它不断的执、不断的占有、不断的征服，但征服之后便失去兴趣。爱罗是永远追求满足，但永远得不到满足。德国的歌德写有一出戏剧《浮士德与魔鬼》，书中的浮士德感到生命没有意义而遭魔鬼引诱，他为求得到一切欲望满足而甘愿被魔鬼取去灵魂，此为爱罗精神，因为爱罗的本质是执，但欲望一旦被满足了便不是爱罗，因此得到满足后一切便犹如死去。

2.2　"原始材性"或"先天之材"

本体材性在人性中之落实（类性之材），亦即是本体之材在人的类性禀赋限制之下所本具的材知爱欲及异隔对执力量。

爱罗落到人的层面是一种异隔对执的人性，世界上所有有趣的科学创造或文艺，大部分都是来自爱罗，世界上之所以多彩多姿亦是来自爱罗，爱罗永远追求新鲜的感觉。对我们中国人来说，我们属于良知型文化，所以如果根据儒家的标准，这些都是小道，这不是君子分内的事。所有西方灿烂的文化，所有的成就，其实都是来自爱罗的创造。但要留意的是，爱罗也有负面，其负面处到最后甚至可以导致自我毁灭，而且那些虚无意识也是来自爱罗。

2.3　"道德化材"或"社会化材"

材知爱欲在一个文明社会的特殊环境中进一步的落实。原始材性的道德化或社会化必然导致材知爱欲之升华或转化。

爱罗既然有这么多问题，我们又如何去解决呢？要解决爱罗的问题，便要透过爱罗的升华或转化。爱罗又分不同的层次，低层次的爱罗，如性欲，一种动物性爱的追求。其他层次如对饮食的追求。所谓升华是指把低层次的欲望转化为高层次的欲望，例如我们把对性的追求转化为对艺术或科学的追求等。欲望若得不到疏导，就如洪水般可能会导致很大的灾害。但要注意的是，洪水用堤坝堵塞的方法，不是好的解决方法，这座堤坝就好像我们用了禁欲的方法，很多宗教就是用了禁欲的方法，认为欲望是罪恶的，但尼采却认为欲望根本不可以禁制，禁制欲望根本不可能成功的，也不是有效的方法，有效的方法只能以升华的方法去疏导它，就好像治洪水用疏通的方法一样，将洪水的破坏变成可以耕作的良田。而弗洛伊德的人性论也是用升华的方法对精神病患者作出治疗。

2.4　爱罗（材知爱欲）的本质：异隔对执／我执它执

2.5　爱罗的形式及其内在关联：

a）占有欲、征服欲与扩张欲

b）性欲与知性

c）好奇心、惊异与神秘感

d）权力欲与权利欲

3. 仁性与材性的辩证关系及在人类文明史上之纠结

3.1 仁性与材性的辩证关系：同体感通与异隔对执

仁性与材性存在辩证关系，两者有时很难作出分别。例如仁性的自我肯定与爱罗的我执很相似，低层次的仁性（社会化仁）与低层次的爱罗（社会化材）好像难以区分。同样，最高层次的仁性（本体之仁）与最高层次的爱罗（本体之材）到底有没有分别呢？这是非常有趣的问题。现实生活中，我们的行为有时以良知为名，但是却以爱罗为实，其中的辩证关系要留待以后再谈。

3.2 中国哲学和文化在其发展史上的仁材纠结

## 第七讲　无间无碍的生生之流：道学问的终极理想及其在中国哲学的重要性

### 引言

哲学如游戏，其性质属于知性。假如我们知道一个哲学系统中其终极真实是什么，则几乎可以猜测到这个系统的终极理想是什么。

中国的道学问大传统是以生生宇宙观为根据，乃生生的哲学。假如中国的传统哲学其重点是生生，那这个传统的终极理想是什么呢？如果我们有足够的想象力的话便是可以推测出来。例如将生生比作流水，最好的现象当然水是流着，所以生生的传统最怕就是凝滞与不通，因此整个哲学讲求的就是生生，生生之后是圆融畅通，无间无碍。如果大家经常想着流水的话，可能就要问这流水如何流动才会流得美丽、流得通畅？虽然构思简单，但包含的道理却很多。而圆融畅通、无间无碍，正是整个道学问的大传统（包括儒、释、道）所追求的理想。

肯定道或创化权能的生生之德为宇宙人生的真实和真理所在，乃是中国哲学的一贯传统——我们所谓的"道学问的大传统"。这个大传统的最高价值和终极理想乃是一个通透灵明却又极具创造性的精神境界，一个人与天地万物打成一片的拓扑领域。说得简明一点，传统哲人所投企的宇宙人生乃是一个圆融畅达、无间无碍的生生之流。在道通为一的创造和谐中成己成物，这就是中国传统哲人所要实现的终极理想和价值了。

1. 无间无碍的生生之流：释词、演义

1.1 "生生之流"，或称"造化流行"，指的是创化权能在宇宙中无限开显的历程。一切事物或生命体都是生生之流的参与者；而它们所参与的创化事件则是生生之流中的一个"时段"，一程有限的生生之流。创化事件（活动作用的蕴集）的承前启后则是构成宇宙为一"生生连续体"的基本因素。中国人看这个宇宙与西方的有很大分别，就是生生之流与有有之邦成了强烈的对比。

1.2 "无间"乃是就事物或生命体在一能量系统或（创化）事件中的感通功能而言的。"无间"并不等于"无隔"。就它们的物质性而言，事物都是有隔的，有隔而能无间乃是感通的成果。事物间在一创化事件中的有间无间取决于参与者的创造性及其相互感通的力量——"同融"的力量。

比如一个钢琴家，手指一落键盘，指与键盘是有隔的，但就整个音乐的功能来说则是无间，因为已经熟练了，键盘已成为自己生命的一部分，已经化为己有，故手指一落键盘便有感通，真真正正的感而遂通，这便是有隔而无间的关系。如果我们以这个例子应用到人与人的关系，或人与物的关系，倘若我们的感通成功了，便可以达到道的境界，这是从同融而来的力量。

又例如在水中表演的韵律泳，表演者与队友要有默契，不能一边表演，一边看其他队友的动作。表演者的动作与其他队友是合作无间的，这种无间没有断裂、没有空隙，是自然的，不是刻意造作的。当然要达到这个境界，其中一个办法就是经过不断的练习，从"刻意"成为"非刻意"，这便是艺术创作的一个过程。

另外，中国人说"一"，很少会说是逻辑上的"一"。中国人所说的"一"及"真实"，都是透过感通来说。"一"是存在于感通里面，"一"其实就是真实。"无间无碍"是最高境界，但西方人强调个体性，不喜欢"无间无碍"，人与人之间有隔了，所以便"有碍"，由于有碍，所以便要不断地征服、不断地向前。对于西方人这种的"有间"的心态，这就是他们的最高境界。

2. 创造性的最高原则：无间无碍与理性道术

2.1 理性道术："最完满价值"的追求与实现

2.2　"道"与"术"：实现完满价值的原则（道）与方法（术）

2.3　无间无碍乃创造性的最高原则

2.4　创造性的障碍：生生之流的凝滞与不通

为何"无间无碍"是我们人类追求的终极理想？因为它是创造性的最高原则；但这个创造性的最高原则是有前提的，就是理性，不过这个理性并非西方人所说的逻辑之理性或工具理性，而是生命的理性，是理性的道术。在这里"道"就是原理，而"术"就是方法。理性的生命是追求最圆满的价值、最完美的人生。亚里士多德早就看到这一点，他指出人生在于追求最完满的价值。假如是这样的话，人生若要追求最完满的价值，那么我们当然会要求自己做到最好。例如对钢琴家来说，假如他们要弹得更好，其终极的境界一定是无间无碍。对这位钢琴家而言，不但要把琴键化为己有，把音乐的知识化为己有，同时要把参与钢琴表演活动中所有的东西化有己有，其中包括了观众，包括了他自己在内。推而广之，任何一种人类所进行的活动，只要其行为是理性，要求自己做到最好的话，其追求的终极境界最后一定是无间无碍。无间无碍是最高、最有创造性的境界，要达到这个境界，一定要把自己的行为化为己有，但要把自己化为己有是很难的，因为你要把自己的手化为己有，同时也要把自己的心灵化为己有。

中国所有性命之学，最终是要化为己有，追求一个完整的我，而不是一个分裂的我。在现实环境中，我们受到很多物质欲望的引诱，令我们处于一个分裂的我，而不是完整的我。我们可以在《庄子·养生主》中"庖丁解牛"的故事得到启发：庖丁最初的境界只是看到一头牛，尚未将牛只化为己有，完全是陌生的，是一种"隔之又隔"的状态。其实无论对画家、舞蹈家、艺术家也好，他们最初也是这样的一种境界，这种境界可以说是无知的境界。接着庖丁对牛的骨骼、肌肉纹理加以认识和熟习，这个阶段可说是理性分析的阶段。但要注意，如果我们只是停留在理性分析的阶段，我们还不能成为卓越的庖丁，成为最具创造性的庖丁，因为我们的创造性还未发挥出来。中国古语有云："熟能生巧"，第三个阶段就是"巧"的阶段。在这个阶段，庖丁根本连牛也不用看一眼，一下手便可以把牛只很轻易地分解，因为他已把牛只化为己有。打字活动也一样，我们熟悉以后，根本连键盘也不看一眼，如果我们还要看键盘才能打字，便表示我们还停留在理性分析的阶段。因此我们一熟悉以后便可以立刻把事物化为己有，那事物也就变成自己的东西了，将它完全内化了。所以庖丁在第三阶段说："臣以神遇而不以目视"，如果我们还以"目"视，便表示我们还停留在理性分析阶段，因为我们的眼睛还在进行判别、分辨的工作。而庄子所说的以"神"遇，"神"是指什么呢？其实"神"是表示一种对整体的感通能力。当我们说以"神"遇，便表示我们不是只用一种感官去接触事物，而是以全体的感通能力去接触事物。当我们到达这种境界时，我们与世界的关系可以说是无间无碍的关系。因此我们无论是弹钢琴、打字或打网球，一定要经过"无知"、"理性分析"，最后是"无间无碍"的境界。当我们到达无间无碍的境界，我们便有最具创造性的表现；但是如果我们还是有间有碍，便表示我们还未达到最高的创造性表现，我们的表演是凝滞的、不是通畅的，那怎会有好的表现呢？

3. 无间无碍与真善美

3.1　无间无碍与真的价值

3.2　无间无碍与善的价值

3.3　无间无碍与美的价值

3.4　无间无碍与性命学或"理性的生命学"

若然"无间无碍"代表最高价值、最高理想，那么其价值就是"真、善、美"。传统所谓的"真、善、美"，其中有何关系呢？倘若我们所说的"真、善、美"的传统价值理想是有间有碍的话，根本就不用谈论"真、善、美"，因为"真、善、美"缺乏无间无碍的本质，一定不是最高的境界。以"真"来说，西方哲学所说的"真"就牵涉一个命题的真假。例如现在我说到一个命题或一个判断"现在下雨"，但接着又说"现在不下雨"，我们知道这是矛盾命题。在逻辑学而言，当我们说 A，但又说 ~A，就等于说了自己又取消自己，把刚才所说的讯息取消了，这个自相矛盾的命题不能达到沟通的目的，不能表达真正的意思，这就是有碍了。

而存在主义里面所说的"真"或伦理学上所说的"真"，是一个怎样的"真"呢？在存在主义里有一个很重要的论题是"自我欺骗"，"自我欺骗"就是自己欺骗自己，自己蒙闭自己。其实中国哲学也应在这方面多点思考，因为中国传统哲学对于"人性中自己欺骗自己"这个人性论的倾向了解不足，但西方存在主义者便很认真探讨过这样的问题：存在主义强调人的主体性，但人却偏偏要耶稣帮忙？认为自己没办法救自己，这就是自己欺骗自己。但在中国哲学里，特别对儒家而言，他们认为人性本善，不是一种自我隔离，所以对"人性自己欺骗自己"这个人性论的倾向了解不足。反过来说，根据存在主义的看法，我们经常处于自我隔离的状态，将自己分开两节，而自己与自己的关系是弯曲，是有隔的，不能通体透明。我们知道，对于一个没有自欺的人来说，一定是自明的（"诚则明矣，明则诚矣"，《中庸》二十一章）是通体透明的，如儒家所说的，圣人的人格是通体透明的，而这里所谓"通体透明"就是指我们没有自己欺骗自己。如果一个人"自欺"（自己欺骗自己），便将自己隔开了，自己就不能看到自己，这是一种弯曲的关系，人不能看见真正的自己，所以存在主义认为人性根本就不是本善，而是本恶，性本恶的根源就是自欺。所以"真"是通体透明，自己与自己的关系是直的，不是曲的，是完整的我，非分裂的我。一个非分裂的我是通体透明的，可以很清楚看见自己，自己毫无隐瞒，诚实不欺，所以"真"与"善"的关系是连在一起的，缺乏"真"就不能得到"善"。

　　谈到"善"，便要说到尼采，我们可以不同意尼采的说法。尼采认为普通人所谓的利他主义的行为其实是利己，他说我们帮助他人只不过表示我们的权力（power）比别人高，是一种利己行为。当然尼采不承认有良知，他的一生找不到由良知而来的同情心、怜悯心，在希腊文化《罗马史诗》中也找不到，所以要达到"善"，从良知或爱罗上的角度来谈都有分别的。在良知的脉络里，所谈的"善"是内在于人性，是自然演化出来的；但在爱罗的脉络里，所谈的"善"则有所不同，在希腊所说的"善"是"美"，并非说"美"之外还有"善"。希腊文中所说"good"有"beautiful"的意思。"美"是有秩序的，柏拉图对"美"的观念是和谐有秩序的。在其《对话录》中，灵魂、法律也可当作是美，因为灵魂、法律是有秩序的、和谐的，这与儒家由"恻隐藏之心"而来的"善"完全是两回事。

　　谈到无间无碍与美的价值，近代艺术又出现问题，因为传统古典的美是希腊式的、是罗马式的，讲求和谐，但是近代艺术追求冲突，不讲求和谐，如果以传统古典对美的标准，那就不美了。近代艺术认为冲突也可作为艺术的价值，尤以西方为甚，很多近代西方的艺术品与其说表现和谐，不如说是表现冲突，事实上真实的世界在各种层面中有各种不同的冲突，不一定是和谐。

4. 无间无碍的理想与中国哲学的特质

4.1　良知关怀与同体感通：中国人的同融心态及无间无碍理想的人性根据

4.2　无间无碍与道家哲学

4.3　无间无碍与儒家哲学

4.4　无间无碍与佛家哲学

4.5　良知与爱罗：从本体论及人性论的观点看中国哲学的本质

中国整个大传统基本上是良知，这良知的概念不限于儒家，道家也属良知型，如道家三宝中的"慈"，讲的就是"良知"，而我所谓的"良知"、"仁性关怀"是以"同体感通"来定义。天下万物为一体，"一"就是同体，儒、道也建筑于"同体感通"的本体论和宇宙论的基础之上。道通为一，这就是中国人的同融心态，融是以感通为基础，如果以这样去了解中国文化的特质，中国人便一定是以无间无碍为其终极理想。

"无间无碍"与道家哲学的关系是怎样的呢？老子在《道德经》中有没有无间无碍的思想？或者在道教丹鼎派的思想里面有没有无间无碍的概念呢？神仙境界又是不是无间无碍呢？答案是绝对有的，神仙境界刚好就是无间无碍，无间无碍也可以是自由，而庄子所说的逍遥也就是无间无碍。在丹道修炼最后的境界是"练神还虚"，还虚就是无间无碍。

"无间无碍"与儒家的关系又是怎样的呢？儒家《论语》中指出："吾十有五而志于学，三十而立，四十而不惑，五十而知天命，六十而耳顺，七十而从心所欲，不逾矩。"（《为政》），孔子七十而从心所欲，人到了此境界，每做什么事都是适宜的、合宜的，不会犯错的，这在儒家的脉络中就是无间无碍，达到圣人的境界。但有间有碍的生活又是怎样呢？曾子曰："吾日三省吾身：为人谋而不忠乎？与朋友交而不信乎？传不习乎？"（《论语·学而》）其中"吾日三省吾身"，事情有做不对的地方当然是有碍。当然我们也可以问，"不逾矩"的"矩"是以什么标准来衡量，如果是以文明社会的标准来衡量，文明社会的标准也可以有问题，可以是伪善，可以使我们不自由，但在孔子的观念中，"不逾矩"就是指无间无碍的境界。

"无间无碍"又与佛家的关系如何？佛家六祖慧能的中心思想是"无住"，"无住"是什么意思呢？"无住"其实是无念，但不是指什么东西都不想，而是指不要凝滞于此，不执着的意思，因此慧能的思想也是从"无间无碍"的方向走出来。宇宙的真实是生生之流，我们的意念一定凝滞，恶念即生，若"执"住一件事，便生出了问题，问题心产生，有了问题心就有作茧作用，自己绑住自己。所以中国的佛家，也可说是受了道家的影响，华严宗所说的"理事无碍"、"事事无碍"（华严宗把法界分为四种，即为事法界、理法界、理事无碍法界、事事无碍法界。）很清楚指出无间无碍的思想。影响中国最大的佛家思想是禅宗及华严宗，而不是唯识宗，为什么呢？就是因为中国人喜欢简单，唯识宗中烦琐的概念并不适合他们，禅宗及华严宗是中国本土化的佛家流派，都是以无间无碍为其中心思想。

总结而言，我们的论证是对的，如果宇宙的真实是生生之流，我们的终极境界一定是无间无碍，没有别的说法。我们以生生为真实，不可能肯定不通的价值，或肯定凝滞的价值。就好像宋明理学中所谓的"活水源头"，活水是没有凝滞的，有凝滞便会不通。其实中国人最怕就是凝滞、不通，但矛盾的是，中国社会由于各种原因四处充满着凝滞，我们的责任是把那些凝滞的因素，不通的因素，非要打通不可。

有关良知与爱罗的思想，我在前面已说了很多，这里不再详谈。良知就是断而不断，如流水一样，始终是不断的，一断就变成死水，变成了实体。

## 第八讲　文明格局的建构：新时代的哲学思维

### 引言

在我的著作《周易与怀德海之间》中，有十六个字很重要，就是"性相宜仪，权能场有；诚承契印，和光同尘"。其中"诚承契印"就是今天要讲的中心内容。到底"诚承契印"与文明格局有什么关系？说来话长。

文化乃是人的一切精神生活或活动作用的总称。文化与文明的关系是非常密切的，"文明"、"文化"这两个名词，文化基本上是人的一切精神生活或活动作用的总称，要紧的是"精神"两字，一切活动作用只要牵涉精神方面，就是文化，这是广义的说法。而文明与野蛮相对，我们生活在一个文明社会，不是野蛮的。在这里，题目使用了"文明格局的建构"，格局有结构（structure）的意思。

一个民族得以在其所处的权能场有或拓扑领域中安身立命和持续发展，和该民族的文化性格或我们所谓的"文明格局"是分不开的，所谓"文明格局"就是指那民族的性格。说得深刻一点，文明格局乃是一个民族的文化在其生长及演变的过程中，通过其"形上姿态"的"诚承契印"所挺立的权能架构，换句话说，文明格局就是该民族所展现的权能架构。文明学可以从人类学的观点看，也可以从哲学的观点看，哲学的文明学是从形上姿态的立场去观察事物，而"诚承契印"的"契印"理论乃是哲学文明学的核心。

文明学或文明思维原是道学问大传统的活水源头。道学问原指儒、释、道三家的学问，而不是囿限在道家方面。在这一点上，我们的认识与一般哲学史家的看法无疑是有很大差别的。我们认为中国哲学生于"文明的反省与自觉"，以文明格局的建构或解构为焦点的文明思维，乃是中国哲学的原始内容。

在某一意义而言，文明学可以包括一切学问，文明学正是道学问大传统的活水源头，道学问的"道"字乃是环绕文明的核心而取义。在以前的讲座中我说过，周公是中国第一个哲学家，周公的"天命"概念及"制礼作乐"的教化，对中华民族，尤其是先秦文明贡献是非常大的，所以在《论语·述而》篇中孔子有"甚矣，吾衰也，久矣，吾不复梦见周公"之叹，他对周公是十分敬佩的。在先秦诸子百家中"道"的最通常用法是：道者，文明之道。儒家与道家的学问最后分析起来亦只是对文明的看法，而文明之道亦是人处于天地之间的文明人所应遵循及应当负的责任。在这一篇讲稿里，我尝试通过现代概念与语言找出道的传统活水源头，我所谈的场有哲学，或形上学的思想，其实也是一种文明学。要注意我所说的文明学不是普通的文明学，不是科学的文明学、人类学的文明学、心理学的文明学，而是哲学的文明学。到底什么是哲学的文明学，让我们从中西哲学的起源说起。

### 1. 中西印哲学的起源

#### 1.1　"基始论"：西方哲学的起源——爱罗根性、实体主义与外向控制性智慧的哲学

泰利斯是西方第一位哲学家，他认为万物都是水造的，这是西方哲学的第一哲学。这话有何重要？"万物都是水造"究竟有什么哲学意义？在今日来说，这话当然是错的。当我们说到"宇宙的根源"时，这话相当于希腊的"最后那样东西"，就是那所谓的"基始"。这个世界是否有最后那样东西？这件最后的那样东西又是什么？泰利斯不止相信这个世界有最后的那样东西，而且是世界万物之根；他还进一步认为这最后的那样东西就是"水"。其实，我认为最早的哲学家或思想家，不管是哪一个哲学传统，都是从权能的经验而来，那最后的东西当然是权能（power）。中国"道"的观念最明显，道就是创化权能；而印度教的"梵天"（Braman）亦是权能；我们有理由相信，泰利斯说的万物起源于水，"水"其实也是权能的概念，但权能难以捉摸，难以用理性去把握它。西方人的心态则不同，总是想要把握住它、捉紧住它，目的就是要控制它。这到培根时更明显地指出来，知识就是力量（Knowledge is power.）这种控制性是外向型的、是外于心的、是外于主体的。

#### 1.2　"解脱论"：印度哲学的起源——反爱罗、非实体主义、与内向控制性智慧的哲学

印度传统则不同，印度思想起源于奥义书，其世界观如森林的圣者坐在林中打坐，追求真正的自我。他们把所有的事物分有多层，肉体、心灵、生理等等，所有的内容或活动就是我，但这还不算，他们把人分为几层：最外一层是感官，感官的我就是身体；内层还有心理的我，但这还不是真正的我；真正的我是在中心的，就好像蚕蛹的真我是居中的，这就是真我。在婆婆罗中这个现象世界是靠不住的，一切都是幻觉，而这个现象世界基本上是痛苦的。人生的目的就是要离开苦海，这个现象的世界受到轮回支配，而轮回就是苦的，所以人生的目的就是解脱，从轮回世界、现象世界解放出来，因此我们如果要离开轮回世界的话，就必须解脱自己。佛教也受印度教影响，认为现象世界是不真实的，是一个苦海，他们有业报轮回之说，但有一样与印度教不同的，他们否定有一个不变的真我存在，取而代之以"因缘论"的说法，主张万物是由因缘和合而成，没有

一个永恒不变的自我存在。

若问到如何才能解脱呢？其中一个最普遍、最重要的方法就是"瑜伽"。"瑜伽"的真正含意就是与神或梵天（Braman）合一，当"非我"（"身体之我"、"心理之我"等假我）找寻到"真我"的时候，也就是与神合一的时候，这样便解脱了。这种解脱论在方法上而言就是瑜伽，走道家静坐的路线，道家所谓养生学、性命学，都是走这一条路线。这种瑜伽其实也是控制性的，但其控制性不是外向型，而是内向型。他们要控制的是人的欲望，是内向的，所以西方的哲学与印度的哲学有相似的地方，也是相异的地方。相似的地方是大家都讲求控制性的智慧，相异的地方是一者是向外的，要控制非我，而另一者是向内的，要控制真我。

1.3　"文明论"：中国哲学的起源——良知根性、超切主义与感通直觉性智慧的产物

中国哲学的原始内涵，并非解脱论，而是文明论。当周公在武王尚小的时候摄政，其文告公布天下，其中便有关于天命的思想。传统"君权神授"就是天命思想，"君权神授"有一种不可预知性，这是上天的意旨，不能解释，不能解释的便是非理性，是不理智的。不过，周公的天命思想却有所不同，"君权"虽然还是"神授"，命也是出于天而取得领导者地位。但他说："天视自我民视，天听自我民听。"（《太誓》）天不会胡作非为，它是有条件的，就是领导者要有德性，有德者居之，是理性的。这展现一种哲学思想，它是有普遍性的，是理性的，如数学公式一样，有可依循之道，这就是文明之道的原始定义。换句话说，我们怎样才能有文明的社会？就是我们的领导者一定要有德。周朝的典章制度、制礼作乐、官僚阶级，几乎都是由周公所创，这一套制度，建立了中国两千余年的文明架构或者权能架构，所以周公是一位十分了不起的人物。中国哲学的起源不是源于基始论，而是源于德性，这种文明论的思想是属于良知的人性论。中国人的智慧是感通直觉性的，是一种"你中有我，我中有你"的相对相关思想，没有绝对的，而是相对的。这种有其优胜之处，亦有不足的地方，因为人类不可能全部靠直觉来解决问题。

2. 哲学的文明学：场有缘起与契印理论

缘起论起源于佛家思想，缘起论本自释迦牟尼的无我思想，既然是缘起，主张因缘和合，那就无我了，也即是没有永恒不变的我。场有哲学与

佛家缘起论相似，但两者是有分别的，因为佛家没有权能的概念，佛家提倡无我的思想，也一并把权能的思想也取消了。因缘和合是什么的概念呢？因缘和合的"因"甚难解释，譬如一个杯，它本身的因素是什么并不清楚，但在场有哲学中却知道，"缘起"在权能场里面，任何事物都是生于一个权能场"field of power"中，所以我们的分析，基本上是权能的分析，那些所谓因缘的"因"，其实只不过是权能所表现的相，在这一点上，场有哲学比佛学清楚。对一个杯而言，有很多因素使它成为杯，因缘其实是条件，因是主要的，缘是次要的，我们不管因好，还是缘好，对场有哲学而言，那些都是由权能这个大场有中所开显出来的相。

现在让我们谈谈"契印理论"，契印理论最简单的说法是：以中华民族为例，起初它结合的环境是在一个场，这个环境里面有很多因素，其中包括地理。中国文化非海洋文化，若以地理环境来说，一旦缺乏水分，发展就受到限制。每一个因素就决定这个民族社会的性格，而这个性格就是由它的因所导致的果。我们可以将所有的因加起来，所有环境中有无数的因，当然也产生无数的果，中华民族的性格就反映了这个大环境里"因"的总和，就凭其性格，我们可知该民族的背景因素。这个大环境里所有因素的总和，就如盖了一个印，而这个印就是该民族所处的整体大环境。

2.1　场有缘起与诚承契印：文明与文明格局

2.2　文明格局与形上姿态

2.3　文明格局的建构与解构：方立与非方立的权力架构

2.4　权能三印：文明学的形上学基础

动印：权能分殊性相之断而又断

寂印：权能本体性相之绝对无断

易印：权能场有性相之断而不断

契印又是什么意思？所有的"印"是大环境、是权能。这个宇宙对于这个特别的民族社会，其权能表现出其性格，你可以说是上天赋予的，其实是由权能所产生的。而文明人生长在这个民族社会里，因为权能决定了他们的命运，对于这个权能应采取什么态度？首先的反应当然是敏感，而这个社会的文明人对于创化权能的敏感度有多大呢？那就是"契"了。在音乐上，表演前我们要为乐器调音，如果频率不对，是不会产生共鸣的，所以就需要"契"了。

　　以哲学的角度、形相来看，所有的权能终极性上有三个。权能分有分殊性相之断而又断、本体性相之绝对无断、场有性相之断而不断。以大海为例，将大海当成权能（power），我们对它的看法如何呢？若个别着眼于水波，那是断而又断，是孤立的；另外，大海可以当作连续体，是绝对无断；但水波又联系于大海，所以波浪是断而不断。在这里，水波是相，是海水所产生不同的现象，个别的水波是断的，断是表面的一个相、一个形状。有些人的心态特别敏感，可以感受到断而又断、绝对无断、断而不断，这三种心态我们可以作以下的分析。

　　3. 权能三印：诚承契印乃文明格局的张本

　　3.1　权能三印：诚承契印与人的根性

　　·动印：爱罗根性

　　·寂印：不可思议性

　　·易印：良知根性

　　3.2　诚承契印表现于意识层次的义理架构

　　·动印留迹：为感异成隔心态所契

　　·寂印无痕：为感同成独心态所契

　　·易印成化：为感一如实心态所契

　　3.3　诚承契印表现于智能型态、理性道术的义理架构

　　·动印留迹：为外向控制性智慧和与其相应的逻各斯理性所契

　　·寂印无痕：为内向控制性智慧和与其相应的瑜伽理性所契

　　·易印成化：为感通直觉性智慧和与其相应的中和理性所契

　　权能三印分有动印、寂印、易印；权能最基本的就是这三种，抽象得来又相当的重要。

　　"诚承契印"乃文明格局的章本。"诚"是诚实，是主观的一种态度；"承"是承受于环境里的权能，是客观的东西。譬如人一生出来就是瞎子，这个瞎子的事实是要"承"受的，但他又应以什么的心态去面对呢？当然他可以选择自暴自弃，亦可以选择勇敢地去活着，这是主观性的，这就是我所谓的"诚"。为什么我要用"诚"呢？因为我们的生命是决定于我们采取什么态度去面对，我们面对天地所赋予我们的，应采取什么的态度，这就是我所谓的"形上姿态"。形上姿态是形而上的，也是道家里所说的道，是创化权能。上天所赋予不同人的创化权能都有所不同，有些是

正常人，有些是盲的，有些是聋的，不过我们对于自己的生命可以采取不同的生命立场，也就是我所说的"诚"。人生也不外如是，面对不同的命运，我们可采用不同的姿态去面对。生命不过是能量，能量的波动就是生命的脉动，生命的脉动是如何接上终极性的权能呢？假设你的能量是这种性质，对断而又断的性相特别敏感，只注意个别事物的孤立，只留意到大海上孤立的众沤，这种观察事物的心态可以说爱罗根性，是一种感异成隔，外向型智慧，所产生的哲学一定是实体哲学。

4. 契印形态与中西印三大文化传统的文明格局

4.1 中西印三大文化传统所突显的文明格局

西方文化传统：突显以感异成隔心态

契权能断而又断性相的"动印文明"格局

印度文化传统：突显以感同成独心态

契权能绝对无断性相的"寂印文明"格局

中华文化传统：突显以感一如实心态

契权能断而不断性相的"易印文明"格局

4.2 本位法门与文明格局

西方文化传统：以动门统摄寂、易两门为本位法门的文明格局

印度文化传统：以寂门统摄动、易两门为本位法门的文明格局

中华文化传统：以易门统摄动、寂两门为本位法门的文明格局

4.3 "印体"与"印延"：文明格局的普遍性与特殊性

我们以此来分析中、西、印度的文化格局。西方文化特点是动印文明，是权能的他执，永远向外追求、永远不满足。而印度的文化特点是寂印文明，印度文化谈空、谈寂，认为非我是幻象，不是真实的，现象世界是假的。而印度教是权能的我执，执着那绝对的梵天（Brahma），那内在的真我就是整个大宇宙的梵天，是绝对无断的性相；但原始佛教则认为梵天是不存在的，故易执着空，把空当成是一种东西。至于中华文化的传统又是怎样的呢？那是感一如实的心态，是权能断而不断的性相，是一种易印文明。中国人对"一"的观念与西方或印度都不同，"一"就是真实，是从感通的角度去谈。万能相互感通就是一，庄子所谓道通为一。统一并非是数学概念上的统一，不要用实体观念去理解一，而是用感通，有感通才有一。古语有云："君子和而不同"，我们要有感通才有"和"，两人如

果没有感通，两人之间便会出现"隔"，有隔无融便变成两个不同的实体，但如果两者之间是有感通，便会出现隔中有融，隔中有融就是断而不断的关系。三大文化传统的特色，我用了"突显"二字，并不是指三大文化中有其一便没有其二，而是指其文化在某一方面较为突出。如果西方文化以动印为主，而统摄其他两门；而印度文化则以寂印为主，亦统摄其他两门；而中华文化的本位法门是易印为主，统摄动、寂两印。在这里，易体就是易印，印延是那些在文化中的典章文物、艺术、宗教、哲学等等都是延，都是由此而延续开去。以中华文化为例，中华文化的本位文明是易印，断而不断是最基本的性格，如果你认为这样描述过于抽象，那么我们可以从中华文化中的典章文物、艺术、宗教、哲学等看看中华文化是否具备断而不断的文化特质。中国人所谈的生生就是断而不断；中国人诗词中所强调的"言有尽而意无穷"也是断而不断；中国人所写的草书，也是断而不断；中国人强调神韵而不重视相似，这是中国人断而不断、隔中有融的典型性格。

　　5. 全球化场有的文明格局：新时代的哲学思维

　　5.1　全球化支配下文明格局的建构与解构

　　5.2　文明格局辩证的自觉：新时代的哲学思维

　　5.3　现代化并非西化：重建中华文化的本位法门

　　现在是全球化的社会，作为中国人，我们是否也要适应时代而作出改变？我在《〈周易〉与怀德海之间》最后几页也谈到中国文明在 21 世纪应该如何自处。"《周易》哲学乃是远古以来中华民族在创造易印文明的过程中依感通智慧中和理性而营造出来的思想结晶。不过，由《周易》和先秦儒家其他典籍所开出来的'中和之道'只是一直觉的、原始的、未经大开大合地考验过的'中和之道'。从《周易》传统所代表的中国文明来讲，寂印无痕与动印留迹乃是易印成化所综摄的两面，而非可以独立地为人类安身立命所据的本位法门。不论是道家所向往的'自然成化'或者是儒家所宣扬的'人文成化'，以易门统摄动寂二门的'成化之论'乃是中国哲学主流思想的一贯主张。但正由于中国人感一如实的意识心态不容许他把易道成化的动寂两门从生生历程中拆开来看，中国传统哲人对动寂二门只有统合的观照而无独立的观照，因而也就未能深入动寂二门的秘奥而熔锻出相应的慧识。

　　"中国人对寂印文明分立（分开而立）的体验乃是佛教自印度传入中国以后之事；中国人对动印文明本身的了解乃是近世纪西学东渐以后的事。寂印法门对治业障业陷所可能发挥的净化作用乃是文明社会必需的清凉剂，而动印法门循迹建构的宏固创造力更是一切文明进步的基石。经过千多年来佛教文化的浸润，中国人文明创造的智慧已经深具寂印法门的深度了。但经过西方文化洗礼之后的中国文化心灵，是否已经对动印文明的本质有同样的了解呢？

　　"一个本来以易印文明为本位的文化体系，在吸收了其他文明格局的精华之后究竟会产生怎样的变化呢？要怎样的变化才能使当代中国人获得他们所渴望的民主、科学与富强呢？——或比较实际的说法，使'现代文明'的基本条件在他们演变中的文化里生根呢？最后分析起来，这全都是属于文明格局的辩证问题。文明格局辩证的自觉乃是 20 世纪下半期哲学思潮的一特征。所谓'文明格局辩证的自觉'指的乃是文明架构根源性、历史性与理想性的自觉——总而言之，亦即是文明意义场有性的自觉。我们所处的无疑乃是一个'大开大合'的时代，也只有'大开大合'的智慧与理性道术才能疏解人类当前的困局。对这个空前的艰巨问题，一个哲学家所可能有的贡献终究是非常微薄的。"

　　（见唐力权：《〈周易〉与怀德海之间》，第 422—423 页，"哲学乃是远古以来……一个哲学家所可能有的贡献终究是非常微薄的"。）

　　（2008 年道教节专题讲座，香港大会堂，谢永昌、林汉标记录）

# 二　文明格局的架构

（2009）

## 第一讲　权能、场有与活动作用

这次我来是要进行三场讲座，过去主要讲的是场有和活动作用，关于权能所提及的不多，主要是因为那时还未将其真正发展出来。但近年来对权能这个概念较为用心，所以现在说来，权能、场有和活动作用是同等的重要，这三者合起来，就构成了场有哲学的核心。为了便于大家理解我提出的几个新名词，在这里就先将场有哲学的系统做一个简明的阐述。

场有哲学以"权能"为宇宙万物的本体，一切存有或存在的真实内容。世间的所有具体事物，都是以权能为体的"权能体"，莫不通过其有限的活动作用生灭于一永恒遍在的"创化权能"之中。好比大海中的波浪之于大海水，一切具体事物都是此创化权能一体的分殊。用传统的体、用、相的语言来讲，权能是体，活动作用是用。权能是活动作用得以"遂性造业"的内在根据，而活动作用则是权能运作的具体表现。一切在吾人意识经验中被感知的事物都不是事物自身，而只是权能体用所开显的相或现象。但体相用是不能分割的，事物的相和事物的体用都是同样真实的；因为一切事物所开显的相，虽非创化权能的本来面目，却是创化权能动态本质的化身。

但一切权能体都是相对相关、相互超切的。世间的一切具体事物不仅是以权能为体的权能体，也是依场而有的场有者。胜义（第一义）的场，指的正是一权能体与其他权能体在功能时空中相对相关的所在。我们所谓的"场有"实具有"依场有"（依场而有）和"有之场"（有在场中）的双重含义。换一个说法，一事物所处的场乃是相对于此事物而开显的

"超切关系网"。这个关系网，亦即是我们所谓的"场有"，乃是动态的、瞬息万变的，也是无始无终、无边无际的，它是创化权能造化流行的无限背景，也是一切场有者遂性造业的"本家"。如是，场有哲学的本体论也就涵摄在"根于权能场有的活动作用"这个核心思想上。场有哲学的理论体系正是环绕着权能、场有与活动作用这三个基本概念而开展的。我们称活动作用为"行"。根于权能场有的活动作用，简而言之，就是"场行"。世间的一切具体事物，场有或超切网中的权能体或场有者，也就可统一地被称为"场行者"。

"权能"这个词的原始含义，来源于英文单词"power"。"power"这个单词在英文中有多个指向含义。例如，在尼采哲学中所讲的"权力意志"（the woll to power），"power"在这里翻译为"权力"。可是，在英文当中，"power"同样也保有另外的含义，例如，当它作为能量理解时，又具有"energy"的含义。那么在场有哲学中，"权能体"当中"权能"所指的"power"有没有一个较为清晰的定义呢？

其实，所谓的"权能体"的定义就是发生作用的任何事物。"权能体"并非只是特指具体的事物，像是一句话，一个数字，一个符号这样的抽象事物，也可以因为作用被称作"权能体"。

但"权能"这个概念，并不仅限于以上所述，它还可以与中国传统哲学中的"气论"相互联结理解。因为"权能"的基本定义是创化的原动力。这种原动力就是我给传统哲学中"气"这个概念做的诠释。

事实上，在后现代主义的思想体系当中，或多或少都提及到了"power"这个概念，例如尼采、福柯、德里达等。而在东西方文化交流时，传统"气论"中的"气"这个概念非常容易被误解为具体的气。而使用权能——创化的原动力这样的概念则更加不容易产生误解。

第二个基本概念就是"场有"。在场有哲学的系统当中，最重要的，就是关于胜义的场的定义。为什么这个定义如此重要？因为在这个定义阐明了场有哲学的一个最基本的特质——场有哲学是非实体主义哲学。实体主义哲学一味地强调事物的相对性，而忽略事物之间的相关性。并不是所有的关系都可以称作"相关"。在英语中关系这个概念是用"relation"这个单词表述的。这个单词有两个含义：一个是"external relation"，即外在的关系；另一个是"internal relation"，即内在的关系。我所谓的"相关"，指的就是内在的关系，例如父子、父女等。父与子是两个相对的概念，但这两者之间却也存在着血缘的相关性。关于"相关"，还有这样一个大前提，就是所有的事物、都是相辅相成、相互关联的。即使是空间上相隔很远的两个事物也是相关的，虽然这种相关性的指标可能不高。

实体主义者是不会接受这个大前提的，因为实体主义的思想内核就是存在着独立自存，同一不变的实体，实体是一个绝对化的概念。西方的哲学、宗教及文化，都带着浓厚的实体主义思想的气息。例如，中国传统哲学中的阴阳相生的概念对西方来说是很难理解的，所以西方式的逻辑在中国传统当中是很难立足的。又如"原子"这个概念源于西方，而中国传统哲学当中就从未出现过这个概念。再者，民主这个概念的背后就是实体主义思想，这一点将会在人性论中重点谈及。

事实上，西方的整个近代科学和经典物理学系统，都是建立在独立自存的实体之上的。经济学的鼻祖亚当·斯密的经济学体系中，每个经济单位也被视为一个实体。从另一方面来讲，整个世界的发展方向，是趋于超切主义的，因为我们这个世界的场的联系程度越来越密切。所以，看上去很抽象的东西，也可以得到非常重要的应用。

现在具体讲"场有哲学"的本体论。大家都知道，这几年中国哲学界有这样一个争论：关于中国哲学的合法性，即中国有没有哲学。

当我在美国读本科时，上的第一堂哲学类课是伦理学。老师上讲台后说的第一句话就是："Philosophy begins in wonder."这句话的意思是，哲学起源于惊异（或是惊奇）。我不知道你们第一次听到这句话时会不会受到像我当年一样的震撼，这是一种难以形容的震撼。这句话就是柏拉图说的。

接下来，老师又说了第二句，这句是亚里士多德说的。"Philosophy begins and began in wonder."他的意思是：从古至今，哲学都是起源于惊讶，我听到后实在是很不理解。一般来说，人们都觉得中国传统哲学起源于孔子或老子，我不赞成这个观点。我认为中国哲学起源于周公，周公是中国第一个哲学家。中国哲学一开始就是一个文明论的思维，文明的思维应该是从周公开始的，然后才到老子和孔子。大家看先秦时代的古籍，能找到类似"WONDER"的概念吗？我是找不到的。后来又听徐复观先生讲，中国哲学起源于"忧患意识"。这两个概念的差距是很大的，后来就一直在思考，怎样解决这个问题。

实际上，哲学源于惊讶这个观念源于古希腊人，只有希腊人的传统中才有如此强烈的求知欲。大家来看看古希伯来，在《旧约圣经》中，知识之树的果实是禁果。最后，希腊的传统在西方获得了最终的胜利。

在讲到人性论的时候，我们会具体讲到"知"与"WONDER"以及"WONDER"背后的精神究竟是什么。

场有哲学的大前提——世间的一切事物都是相辅相关的，就决定了场有哲学是非实体主义哲学。可是，非实体主义也有很多种不同的形态，非实体主义并不一定是反实体主义。

每一个场行者都是独特的，都在权能场有的时空中占有一个独特的位置。场行者的独特性格是怎样决定的呢？它是被场行者的"拓扑性"决定的。场有哲学的本体论基本上是一种"场行的拓扑学"。一种探索权能分布及其动态结构的"力量资讯学"，或简称"力息学"。"拓扑"一词不仅指场行者在权能宇宙中所占有的位置，也兼指创化权能在此位置的时空点上所积蓄的潜在力量或能量，我们所谓的"势能"或"权能张力"。场行者的一切活动作用都是"乘势（势能）而起"的。不同的拓扑位或时空点积蓄着不同的势能。严格说来，权能宇宙相对于每一场行者的拓扑位所开显的乃是一个不同的、独特的世界，一个专属于此场行者在此时空点的"拓扑领域"。

每个人都在场之中占有一个位置，在不同的维度里占有不同的位置。比如，经济上，你不投资，不买股票，你就不会处于投资者所处的那个位置，可是你还是处在经济市场的那个场所属的维度之中。还有，中医所说的经脉，就是通过权能的拓扑分布性来决定人身体的健康程度。

这一次，我是想试试通过场有哲学来建立宗教理论，以及对《道德经》作出一个新的了解。

活动作用是一个遂性造业的过程。权能体以功能为"性"。这个大家可以比较，中国传统里面"性"是如何理解的。场有哲学是功能主义的哲学，有什么样的功能就有什么样的"性"。"遂性"就是发挥功能的意思。但遂性则必造业，这里"业"没有宗教和道德的意味，而是泛指一切由活动作用所产生的效果或成果。比如抽烟，抽烟对自己身体造成的影响，对环境造成的影响。第二次，第三次抽烟以及其后的效果累加又会产生烟瘾，形成一种习惯。所以烟瘾代表着累积起来的活动作用的成果，这就是我所谓的"业"。

在印度哲学之中，"业"这个概念有着非常丰富的含义。业，梵语"karam"，这就是我所说的活动作用。不管你做什么样的活动，是付诸行动还是只动个念头，它都会造成效果，这个效果便称之为"业"。遂性的力量来自内在于权能体中的"活能"或天赋的创化原动力；但一切世间的权能体都是有限的，活能的创造性或创化力必然受到权能场中"业物质"的限制。"物质"乃是业的载体，不同的业需要不同的载体。比如说我们的烟瘾，你说它在哪里，很难说的，很难说它在哪里的。但它终归是要有一个载体的，这个载体便是所说的"物质"。

活能与业物质的相互作用乃是一切创化事件的动态本质。我们称构成此动态本质中的阳阴两极——活能为阳，业物质为阴——为"创化元"。

这就是我所谓的"新气论"的开始了。对于传统的阴阳观念，我把阳解释为所谓的"活能"。所谓"活能"，就是使事物能以它所展显的姿态存在的力量。

说得明确一点，创化元乃是权能的能量单位，创化事件的真实内容；而"创化事件"，或我们所谓的"蕴徽子"，指的则是创化元通过活动作用而遂性造业的生命历程。换句话说，创化元乃是运作于蕴徽子或创化事件中的能量。在创化元的分析中，活能是"天赋"，业物质是"地禀"。真正运作于世间的创化原动力乃是由天地或阳阴合德，即活能与业物质的相互作用，所产生的综合力量，这个综合力量我们称之为"活业力"。《道德经》中所述："万物负阴而抱阳，冲气以为和。"这就是我给《道德经》中，这句话的诠释。"冲气"就是我所说的综合力量，这个综合力量就是"活业力"。

在道家思想里，是有"道"这个概念的。笼统地说，"道"就相当于我所谓的"创化权能"。可是，如果仔细分析：一方面，"道可道"；而另一方面"道生一"。我的解释是这样的：权能自身是没有扮演任何角色的纯粹活能，是开天辟地前的创化权能。神或上帝之在其自己，这是黑格尔的解释"god in himself"。在基督教当中，上帝有没有自己的角色，这是个很大的问题，因为在基督教中上帝即为造物者。那么上帝作为造物者有没有身份？当然有！最简单的一个例子就是："数"跟"一"有什么分别？"数"不是"一"，但在基督教当中，人们更倾向将上帝置于"一"的位置，而非"数"的位置。这就是为什么禅宗大德对于角色的非重视，因为这样就产生了分别。所以禅宗说无位真人，本来面目。这里所说的本来面目并不是第一位的，而是一种无法表述的事物。

其实，即使在基督教神秘主义当中，也有一类对于上帝的概念就是"NOTHING"，这就有些近于道家的"无"的概念了。

场有哲学的解释就是创化权能体与纯粹权能的自反，自反有这样一个意思，作用于它自己，就是上帝作用于祂自己。神话中有这样一条蛇，衔尾蛇（OURBOROS），它咬着自己的尾巴。近代心理学家卡尔·荣格认为，这条蛇反映了人类心理的原型——意识的生长变化，这就是所谓的纯粹活能的自反。神只有通过作用于它自己才可能创造世界。我们称此自反的纯粹活能为"本根"或"基始活能"。

在宗教历史上，出现了很多类似的概念。比如说唯识宗里讲阿赖耶识，阿赖耶种子也并不等于真如和佛性。所以这个关系也类似于数与独立的数字之间的关系。

权能自身与创化权能是"一而二"、"二而一"的一对观念。权能自身是不能直接地、单独地被体会的，它只能通过吾人的活动作用而开显。就是说，我们根本就不能体会不可道的道，因为我们的体会本身会使事物发生角色化，所以只能通过活动作用开显。就比如说波浪只能通过水来开显。

神作用于自己有没有造业？答案是有的。祂的业就是所谓的原始的业物质，也就是它自己本身。

何谓"纯粹活能"，它是无染，也无待的创化原动力，一个不受内外业物质限制的力量或能量。它创造了它最原始的业物质，它不存在外在的东西。而我们则不同，我们是世间的事物，我们不单只是我们产生的业物质，同时也是别人产生的业物质。

"无染"就是不受业物质的习染，这是针对其内在的主体性来讲；纯粹活能乃是一个不能被"业化"的创化主体。内在于纯粹活能的乃是一个无限的、用之不勤的"玄德"（创造性）和一个通透洁净的"慧觉灵明"。

"无待"是不与业物质对立或相对待。这是就创化主体的客体性来说的。纯粹活能本身是无外的，它不受任何外在的客体或业物质因素的影响与支配。不过，虽然纯粹活能自身是无染无待的，它的自反却是世间一切习染与主客对立的根源。在自反中纯粹活能创造了原始的业物质以与其无染的主体相对待。如是本根活能就成为有待的了。

接下来对几种活能做一个基本介绍：

纯粹活能：无染也无待（绝对的无＝无业的自然），指的是超世间的存在。

本根活能：无染而有待（相对的无＝无染的自由），指的是原始业物质的诞生。

世间活能：有染也有待（相对的有＝业物质的化裁），指的是世间的存在。

这就是说，我们不但受到业物质的限制，而且我们的活能也不是纯粹的活能。在我们每一个人系统里的活能都是已经业化的活能。无论什么样的行为，活能就已经有染了。这本来是佛家的理念，熊十力先生也很是喜欢用这个字。我们可以很简单了解，为我们所用的活能不是纯粹的，是业化的。所以修身养心的主要目的就是对自身业化的部分进行去业化。

有一个有趣的问题：假如一个修行者，在他的有生之年，成功地对自身的活能进行了去业化，变成了纯粹活能，这时，他究竟是到哪去了？其实，他应该是归根了，回到纯粹活能之中，与其合一了。

纯粹活能究竟是如何产生世间万物的？基督教神学中说造物。而造物，就好似雕刻师将雕像雕出。我认为，中国的创化理论，是溢出学，就是一种溢出的理论。道与我们的关系，并不像雕刻物与雕刻师那样是一种外在的关系。"道生一，一生二，二生三，三生万物。""一"即为创化活能，"二"即为本根活能与原始业物质。那么三指的又是什么？在我的诠释系统中；"三"指的便是最原始的"活业力"。

一般而言，"活业力"指的是由活能与业物质（阳阴两极）的相互作用所生发的综合力量。活业力是创化原动力的实际执行者。宇宙间的一切权能体或具体事物均是由活业力的蕴集所构成的"能量系统"。"三生万物"中之"三"指的就是由纯粹活能的自反所生发的"原始活业力"。世间的一切权能体都是禀受此原始活业而生的能量系统。

我们在解释《道德经》的时候，应该将"万物负阴而抱阳，冲气以为和"与"道生一"进行关联理解，这样才可以自圆其说。所以，既然"冲气以为和"，我们将"和"解释为所产生的一个综合力量。而"道生一，一生二，二生三，三生万物"就是这样一个综合力量的体现。

下面将要做一些较为细微的分析。一个创化事件造的业是很小很小的，这些业就一点点累积起来。这些创化事件结束后，其蕴含的活能，就凝聚在"业"之中，而这个"业"也很难说得清究竟是在哪里的。所以我们所造的业的效果可能短时间内看不出，可是业的效果最终还是要显现的。

我们的生命根本就不是什么自在不变的实体，而是一个生生不息的连续体。《易经》中所述："生生之谓易。"宇宙即为一个生生的连续体。这样的宇宙观，与西方传统上"宇宙是由实体组合而成"的宇宙观是有着很大的区别的。中国传统的宇宙观恰恰与最前沿的现代物理相挂钩。其实相对论的大前提跟量子力学是有着较大的矛盾的。所以，现在较为时尚的物理学理念是超炫理论，而新物理学中的一些理论大致上与传统中国哲学思想是接近的。

量子物理学当中的一些理论和现象，与经典物理体系当中的一些理论和现象看上去是相违背的。例如光具有波粒二象性。

在中国的传统文化体系之中，不论文字，还是艺术都是意象化的，即更注重事物内在的连续性，也就是中国传统意义上的神韵。所以，我所说的活动作用可能也是受到了中国传统思想的影响。

大家有没有想过，"直"字为什么有道德的含义在里头？《论语》云："人之生也直"，那么，在其他语言中，空间概念的这个"直"，是否也有道德的含义在里面呢？我发觉似乎所有的语言之中，"直"这个概念似乎真的都有"正直"这个含义。所以，也许所有的哲学概念的起源都是来自于身体语言。

我认为最有趣的，是道教神学中的三清观念，我一直在思考一个问题，道教的三清观念是否可以这样表述：

原始天尊（玉清大帝/天宝君）：本根活能，即纯粹活能自反初的原始混沌（道生一）。

灵宝天尊（上清大帝/灵宝君）：本根活能与原始业物质的天地分判（一生二）。

　　道德天尊（太清大帝／太上老君）：本根活能与原始业物质的相互作用所产生的原始活业力（三生万物）。

　　那么，今天就说到这里。

**现场交流问答**

　　问：场有哲学的建构与佛教有一定的相通之处，尤其是场有哲学的权能，是否可以跟阿赖耶识相互印证？还有就是作为一种对宗教的研究，"业物质"是否应当具有宗教的意味？

　　答：先来回答第二个问题，我所说的"业物质"这个概念，从某种意义上说，并不是一种带有宗教道德倾向的一个概念，即"业物质"本身是不分好坏的。

　　关于第一个问题，其实过去一开始的时候，我就讲的是活动作用。你觉得在佛教唯识宗里，本体知识是不是阿赖耶识，这还是一个存疑的问题。在西方印欧语言体系之中，如果有一个活动作用，那么，它一定会强调一个问题：谁是活动者？

　　我反对的是主词和谓词的分离，主词和谓词之间究竟是什么样的关系？如果主词和谓词可以分开，那么，主词就会成为谓词中的所有属性的载体。

　　在场有哲学当中，没有所谓的主体，这就是所谓的权能，与谓词不可分开的，即不是超离的。西方的思想里到处都是超离主义：主词与谓词的超离；上帝与造物的超离；人与人的超离；理性与感性的超离。

　　说起佛教，佛教中的实体的自性是空的，所以佛教的哲学应该是反实体主义的。阿赖耶识在佛教哲学体系中的位置可以与场有哲学体系中的本根活能概念相模拟，所以是可以模拟的。

2009 年 12 月 7 日

## 第二讲　良知与爱罗

　　在孔子的思想体系当中，人生下来便是正直的。"直"，原本不过是一个空间概念。在我看来，似乎在绝大多数语言体系之中，"直"这个概念都包含有一定的道德意味，比如说，"诚实"或者是"正直"。

　　为什么会有这样的现象产生？为何会如此普遍？这个现象让我看到，对"根身"的了解是极为重要的。为什么我们的身体要叫作"根身"？因为它是所有意义的根源。就是说，当我们的身体生长到站直了以后，意义的世界就向我们完全开显了。比如说，前后左右的空间方位。

　　大家都应该记得那句话："万物负阴而抱阳。"大家是否想过，阴如何可负，阳如何可抱？我觉得这句话的产生缘由是这样的：当人站立起来可以直立行走的时候，背后看不见的就称之为"阴"，前方看得见的就称为"阳"。我认为《道德经》使用的是泰古语言。在泰古语言中，使用的都是相当原始的概念。当然，这里面的"阴阳"已经不可以简单地用身体前后来进行解释了。

　　站立起来的"根身"与意识之间，有着相当紧密的联系。"根身"的生长变化与分别意识的成长是同步的。换句话讲，假如没有身体的直立变化，就不会有我们的分别意识。站立起来以后，前后左右上下的空间坐标体系对于我们来说才算建立起来，距离感也才真正意义地产生，主客体的对立才能彰显。最关键的一点就是，对于客体间差异的重要性的体会。由距离感而产生的差异性概念，由其差异性导致的某一意义上的未知性诱发的神秘感的产生，这对我的人性论是非常重要的，因为它就是我所谓的"爱罗"精神的根源，所谓的"爱罗"，就是建立在"感异成隔"的基础上的。

　　大家看到"感异成隔"，这也就是说，你感受到对象与你的差异之处，隔阂与障碍就产生了，这从某一意义上说，会降低你对事物与你之间的相关性的知觉能力。

　　要讲我这个"良知"与"爱罗"——仁材并建的人性论，我看最好的办法便是让我讲讲我的经历，这样更有助于大家了解我对我的人性论中的一些概念的理解。

　　首先，我上次似乎已经讲过，听到老师说："哲学起源于惊异。"我觉得这个翻译是很不错的，因为它对于"wonder"的翻译能够很好地体现原文的含义。

　　当我第一次听到它的时候，这句话给我的震撼很大。因为如果依照这个说法，那么中国就没有哲学。看看先秦古籍，根本就找不出近似的概念。如此来说，对于这个说法的可靠性就有待考究，这样，就只有两个可能性：要么，中国就没有哲学；要么，中国哲学就另有其根。哲学也就并不只有"惊异"这个根源。

依我所见，中国哲学的根源在于"良知"。我对这些概念也有这样一些诠释："良知"指的就是人性关怀，"爱罗"指的便是材知爱欲。

"中国哲学究竟是不是哲学？"这个命题对我的哲学生命造成了第一次大的触动，一次非常严重的触动。当我听到徐复观先生讲到中国的人性思想起源于西周的忧患意识，我就发现到，我们似乎走的是同一条路。你是不可能有忧患意识的，除非你有足够的责任感。因为忧患意识是相对于责任感的亏负的心态，假如你没有责任感，你就不会觉得有忧患的存在。我们可以看到，人类所作出的许多骇人听闻的恶事的根源就是在于他们缺乏责任感。

责任感对于我所说的良知是非常重要的，这对于我的人性论的体系的了解，是一个很好的切入点。那么"WONDER"便已经无须解释了，很显然地，它肯定是属于"爱罗"范围内的。

对我造成第二次很大的冲击的事件是这样的，我在刚到美国的时候，带了许多中国文史类书籍，其中一本就是王阳明的《传习录》。那时，因为生活环境不大适应，心中苦闷，所以常常夜读《传习录》，读后深受感染，自觉一身浩然之气。白日里上课，选修了心理学，其中很重要的一个部分就是弗洛伊德的心理学，说到了俄狄浦斯情结。这两种差异很大的思想体系间的碰撞，同样也给了我很大的触动，对一个较为传统的东方人来说，弗洛伊德的思想无异于洪水猛兽。

以后我才想清楚，事实上，弗洛伊德的思想是以"爱罗"为根基的。他将人类的人格结构分成"本我"、"自我"、"超我"三个部分，他认为人的精神活动的能量来源于本能，本能是推动个体行为的内在动力。在他眼中性欲有着广义的含义，所有的快感都被归类到性快感之中。这就是对我人生的第二次大触动。

第三次倒是颇为有趣，说起来也跟柏拉图有关。柏拉图一生的著述相当多，最有名的对话录莫过于《理想国》了。另一个重要性与《理想国》不相上下的对话篇便是《会饮篇》了。在整个柏拉图的思想体系之中，对于"美"的追求，最后对于"美"的理念的追求是极为重要的。人生就如同爬梯子，一层一层地向上攀登，登到顶峰的时候，人所爱的就不是低层次的爱，而是最高层的，对于美本身又或是对于美的理念的爱。

需要注意的是，最底层的爱是什么样的？大家猜猜看，既然最高层的是对于美的理念的爱，那最底层的又是什么呢？没错，就是肉体之爱，还不只是男女之间的肉体之爱。

中间一层是什么呢？大家可能就想不到了，是对于国家法律的爱。其实对希腊人来说，"和谐"与"秩序"的概念是非常重要的。对希腊人而言，美本身就是和谐与秩序的，人的灵魂和国家的法律同样也应该是和谐与秩序的，所以，柏拉图强调对和谐与秩序的爱似乎也就成了理所当然的事。

然后就是对知识的追求，对知识的追求同样也分成几个部分：低层的是对知识的追求，接下来是高等的是对理念世界的爱，而在理念世界之中，最高的就是善的理念，换个词来表述，就是美的理念。

这些与我们今天所讲的有什么样的关系呢？其实，柏拉图的这些思想，其实质在于，对美的占有。这就给了我一个启发，对"爱罗"而言，占有欲是非常重要的一个成分。至于肉体之爱的占有欲就不用说了，而柏拉图将最高层次的美的理念，也用占有的方式体现出来。这就可以看出，他究竟是怎样的一种心态，这一点是很明显的。

从佛家的角度来看，这种占有欲，刚好就是佛家所说的法执、我执。而佛教所说的，就是要去掉这种执。不单只是去除对他物的执着，同时还要消除对存在有"我"这种实体的执着。

对我的思想造成的第四次冲击是跟《圣经》有关的。《圣经》中有一段是这样讲的，亚伯拉罕有一次办完公事，跑进帐篷当中与他妻子做爱。在这句话中，英文版《圣经》用于表述"做爱"的说法是"knew her"，大家都知道这个词的原型是"know"。那就奇怪了，为什么做爱会用"know"这个单词来表达呢？这就给我们一个暗示，就是爱欲与知识的追求之间有着非常密切的关联。就是说，知性的本质与爱欲的本质是具有相同的特质的。

大家一定会觉得很奇怪，整个西方的传统是用理性来控制自身的兽性，可是他们忘了一点，这两者之间是同源的。这种做法，就好比用野兽自己来当自己的驯兽师，这是相当不可靠的。因为知性的追求最终还是归于占有欲和控制欲，所以伊甸园中，知识之果就是禁果。

从西方的传统文化我们可以看出，其实整个的西方文化潜藏着很强的控制欲。

还有一个值得一提的问题，就是人类个体处于哪个年龄段是最富于好奇心的？绝大多数人都会认同这一点，应该是幼年时期。可是，大家有没有观察过小孩子是怎样玩他们的玩具的？是不是越是新鲜的就越好玩，就越有吸引力？等到玩腻的时候就扔开了是不是？所以可以这么说，"爱罗"式的思维是建立在不可知和神秘性上的。可是，绝大多数小孩子在玩玩具的时候，与玩具之间的关系是一个类似于主人与奴隶的关系，他体现出来的是一个独裁者的心态。可是也有的小孩子也会把他的玩具当作平等的存在物看待，这种心态可以与西方的民主来做个比较。一方面，它体现出控制欲；另一方面，它又追求平等的对待。

大家大概已经知道，我在使用"爱罗"这个概念的时候，它大概包括有哪些概念。现在就在这里重新梳理一下：性欲、占有欲、控制欲、好奇心、惊异、权力欲还有权利欲。这几种东西有一个共同的特点，它们与知性的欲望，有着非常密切的联系。

为什么这些东西重要？因为我们中国文化传统之中，对于欲望，也就是我所谓的"爱罗"的了解，实在是不够的。宋明理学中说"存天理，灭人欲"，可是事实上，对于"人欲"的分析和理解还不是特别深刻。

我曾经与一些朋友谈论过关于科学和民主的问题，他们中的很多人认为，中国传统可以引导出科学和民主。怎么样引导？就是说，道德主体通过自我否定的方式使良知自我坎限，由此开显理性与知性的科学与民主。我觉得这是不可能的，因为西方的科学与民主的根不在良知，而在爱罗，因此，良知是无法坎限出西方的民主与科学的。

直到现在，我们不能说中国没有爱罗式的求知探险精神，但大体上说，这几千年来，爱罗精神在中国是被压抑的，而压抑的结果，就是使得我们文明之中的良知层面得到了更大的发挥。这种文明形态有它的长处，也有它的缺点。但是，有一个事实是不容忽视的，人性这个东西是一定要满足的，如果在这方面没有满足，那它一定要在另一个方面得到满足。它就像水一样，它总是要一个疏导的方向。如果在正常的方向上没有得到疏导，他就会从其他管道发泄出来。比如说，窥人隐私就是满足我们好奇心的一个变态的发泄管道。

所以说，中国传统一定要将"爱罗"的部分解放出来，使"良知"与"爱罗"达到平衡，达到一个最有创造性的结合，就是我所谓的"良知与爱罗——一个仁材并建的人性论"。

那么我现在只讲了一半。中国的人性论是半边的人性论，西方的人性论也只是半边的人性论。可以说直到现在，华语世界的人性论对爱罗方面，还是没有真正地正视的。

现在开始的就是良知部分了。这个良知的具体内容到底是什么？我在人性论中，关于良知的部分，用"仁"字来代表。那么，"仁"的定义是什么？最好的定义应该是这样的：对生命的自我肯定。最高的人性，就是我所谓的"本体之仁"。就是说，我所谓的"仁材并建的人性论"里面，人的根性，就是我所谓的"人道之根"，分成"仁"、"材"两极。其中，仁性指的是生命权能的自我肯定以及自我超越。而这之中又有很多的层次。

最高的仁性表现是什么呢？就是我所谓的"本体之仁"。"本体之仁"是根于互动性之生生主体性——对一切生命的无条件的承担。

第二个，就是我所谓的"类性之仁"。"类性之仁"就是生命权能的自我肯定落实在人性之中，是受到人禀赋限制的。就是说，我们的爱不再是万物平等的爱。所谓的类性之仁，其范围的极限至多只是包含全人类，也就是对人类的爱。

第三层，指的就是"道德化仁"或是"社会化仁"，"道德化仁"指的就是"本体之仁"通过"先天之仁"的中介作用在社会法制和伦理规范中进一步的落实。所以现实的仁性就只有两个：一个是"个体之仁"，我们个体对自己生命的肯定，即为我对自己的生命负责。这是绝大部分人都在做的一个事情。第二个，就是我说的"道德化仁"。我们有很多的本能，有的本能道德认可的，有的本能是与道德违背的。所以我们的日常生活是道德化的，所以我们所表现的关爱都是属于人类基本的对于生命肯定的责任感经过社会的认同后产生的。

从仁性的层次角度来看，它分为四层："本体之仁"、"类性之仁"、"道德化仁"以及"个体之仁"。可是在实践方面就刚好相反。所以，儒家的策略就是推己及人。因此，儒家所说的爱是有差别的爱，不像墨家的方式。

　　大家现在基本上已经有一个框架了。然后我们第二步，就是深入谈论关于这两方面的内容。大家都听过希腊有这样一个神，叫作"Narcissus"，他有着很重的自恋情结，他只爱他自己。这代表着什么？事实上，这就是"爱罗"的很重要的一个成分，就是说，所有的自恋，都应该来自于知性的自恋。表面上看"爱罗"的精神是要抓住一个对象，可是事实上，"爱罗"所追求的实质上是它自己。它应该具有这样一种特质，"以它为镜，以它为媒"。"以它为镜"指的是它希望通过对象照见它自己，"以它为媒"指的是通过对象来抓住它自己。

　　可是事实上，通过对象并不能真正意义地抓住它自己。所以，西方的文明的精神讲的是永远的追求，永不满足。歌德有一个很有名的戏剧——《浮士德》。故事的大致内容是这样的：一个已经老去的神学家因为空虚而跟魔鬼订了个契约，契约的内容是：当他得到完全的满足之时，魔鬼就可以将他的灵魂拿去。这种无限追求的精神，就是爱罗所特有的。

　　大家知道亚里士多德思想体系中的神是什么样的神么？他叫作不动之动因，这就是亚里士多德的上帝。而上帝又是纯粹的，他的思想是只以自己为对象的。亚里士多德的神的概念，可以说是西方思想中的一个高峰，可是大家看看，这个神对于宇宙万物是一点关爱都没有的。最后，他的神的概念就被中东传统当中犹太人的那个有关爱性的神的概念取代了。从这里可以很清楚地看出来，希腊人观念中的神，就有很明显的"爱罗"特质。所以可以这么说，一看就知道整个希腊传统是爱罗根性的产物，连上帝或神这样的概念都已经爱罗化了。

　　整个西方心理层次的深层结构就在这里。假如你认为我今天的分析是对的，那就说明我们需要这样的分析和了解，可是中国传统是没有这样分析的。因为现实世界中，我们的生命处处都受到这方面的影响。

　　最后，将这些概念再重新梳理一下。

　　对于普通人来说，"爱罗"是抓住外部的某一事物，例如金钱、性欲，因为你得不到满足，所以你觉得痛苦。"爱罗"指的就是"他执"然后是"反爱罗"，你对爱罗世界是不满意的，你无法获得满足，可是你仍然需要抓住一个东西，牢牢地抓住自己，希望不要把自己失去了。"反爱罗"指的就是"我执"。"超爱罗"说的就是既不通过外物来达到自己，也不执着于自身的存在。那么，对于人类文明的分类就很明确了。"爱罗"式的文明是希腊文明，"反爱罗"式的文明是传统印度文明，而"超爱罗"则是佛教所提倡的。

在印度宗教中，提倡的是每一个人都有一个真我，也就是"梵"。对佛家来说，这就是"我执"。所以佛家说"原始性空"，是对印度传统思想的一种否定。所以印度佛教来到中国，颇有些无的放矢的味道。为什么？因为中国传统文化之中，基本上是不存在"实体的我"的概念。所以，佛教对于"我执"的批判来到中国后，似乎有些不大相宜。当然，这并不是说我们完全没有"我执"，只是"我执"的成分相对较弱。

现在，我主要是通过自体性来讲"爱罗"，以互体性来讲"良知"。他们的辩证关系是同体感通与异隔对执。

现在，西方对于中国的影响越来越大，"爱罗"式的思维方式也在渐渐融入中国人的生活。但是我们的天性还是偏于良知化的，所以我们还是没有西方那种强烈的完全建立在自体性上的个体主义精神。

今天就到这里，下次的讲座就是关于文明格局的了。

**现场交流问答**

问：请问唐教授的人性论中，侧重点应该是良知还是爱罗？

答：在我的人性论中，这两者都是不可或缺的。所以说，我讲的是仁材并建的人性论。仁材并建说的就是要让良知与爱罗以最美好的方式结合在一起。事实上，历史上最有创造力的时代，就是良知与爱罗以最美好的方式结合在一起。那是不容易的，就是说：若中国要这样做的话，就要等到我们能够将爱罗部分与传统的良知以最有创造力的方式结合起来的时候。我们现在最大的问题就是，很多东西表面上看起来是良知的，但实际上是爱罗的。

其实每一个文明都存在它的问题，这个问题就是如何处理好良知与爱罗的关系。不但国家是如此，民族也是如此，个人也是如此。我们所说的人性都是具有两面性的，如何让他们平衡就是一个很大的问题。

2009 年 12 月 8 日

# 第三讲　文明格局的架构

这是最后一讲，是关于文明格局的建构与自觉的。在进入主题之前，我想总结一下，前两讲中的一些内容，跟我今天要讲的主题的关系是非常密切的。

首先，我想问大家一个问题。小孩子为什么总是动个不停？你看，在他们两三岁的时候，总是要走来走去的。说起来，大抵是活力充沛的缘故。但假如你要让他坐着不动，他是会觉得难受和不安的。我用这个例子来展示一个权能系统里的能量与它的活动作用的关系。我们在第一讲时提出了所谓的"权能意识"，那么今天我要提的是"权能介质"，就是活动作用跟权能系统的关系。

尼采曾经谈到罗马帝国，他说，罗马帝国慢慢发展到高峰，演变成非常庞大的一个帝国。用场有哲学的语言来表述，就是说，这个帝国的业物质结构非常庞杂。要维持如此庞杂的结构，就必须具有足够的"活能"。到了罗马帝国的后期，业物质的结构愈加庞杂，但它自身所具有的活能却不足以支撑这个庞杂的体系。在这种情况下，罗马帝国还继续不知节制地扩张，最后导致了它的灭亡。人的老化也是同样的过程，你的业物质逐渐积累，可是你的活能却是在逐渐消减的。

反过来，小孩子的活能对于维持其业物质的活动绰绰有余。所以小孩子一定要通过活动作用来发泄他过多的活能。换句话说，就是每一个"权能体"中蕴含的活能都要与其业物质结构相得宜。

你说上帝会不会有这样子的问题呢？上帝，我们所谓的"纯粹活能"是无限的，这是一个大前提。创造天地万物，都是因为祂具有的无限活能的自然发展的结果。这个说法可不是毫无根据的，你知道在基督教里的上帝总是以严肃的长者身份出现的。可是在印度教中，至尊人格首神奎师那，却总是以幼童的形象出现，这与基督教中上帝的形象的差距是非常大的。

在上次讲宇宙论的时候，曾经讲到天地万物即世间的活能和权能体都是从我所谓的"本根活能"中溢出的。在这个背景下，我们来说文明格局。"场有哲学"的本体论虽然是以"权能"、"场有"、"活动作用"三个概念为核心，可是它的归结就是文明论。

那么现在我先对文明论做一个概述：

文化乃是人的一切精神生活或活动作用的总称。一个民族得以在其所处的权能场有或拓扑领域中安身立命和持续发展和该民族的文化性格或我们所谓的文明格局是分不开的。说得深刻一点，文明格局乃是一个民族的文化在其生长及演变的过程中通过其"形上姿态"的"诚承契印"所开显、所挺立的权能架构。在场有哲学的体系中，"契印"理论乃是哲学文明学的核心。

"诚承契印"这个东西相当不容易讲，可是这个概念呢，跟我所谓的"形上姿态"是很有关系的，稍后就会对这个概念详细讲解。而文明学或文明思维原是道学问大传统的活水源头。在这一点上，我们的认识与一般哲学史家的看法无疑是有很大差别的。我们认为中国哲学生于"文明的反省与自觉"。以文明格局的建构或解构为焦点的文明思维乃是中国哲学的原始内容。在某一意义来说，文明学可以包括一切学问；此乃因一切学问都是文明场中之事。在道学问的大传统中，"道"字作为一个哲学术语正是环绕着文明这核心问题而取义的，这当是"道"字一个最通常的用法。道者，文明之道也。而文明之道也就是人——处于天地之间的文明人——所遵循或所当遵循之道。

在这一讲中，我们将尝试通过现代的概念和语言接上这个道传统的活水源头。这原是不足为奇的：哲学的文明学正是场有哲学最后归结的所在。

我们现在开始讲中西印哲学的起源。这有一个问题："西方哲学的第一句话是什么？"没错，就是泰勒斯所说的"万物皆由水构成"，西方哲学的起源就在这上面。那么，中国哲学的起源是什么？我曾在第一讲的时候说，我认为中国哲学的起源者是周公。周公提出过一个这样的主张："天命归于有德者。"周朝的时候，就已经有了"天命"的概念。

我们必须注意，这时的"德"的概念，要比后世所使用的"德"的概念更为广泛。那时的"德"的概念，是包含了当时整个文明架构的一个概念。孔子曾经说过："久矣吾不复梦见周公。"由此可见，孔子非常崇拜周公。为什么呢？因为周公制礼作乐，而"礼"、"乐"这两个概念的确立，也意味着中国传统文明的确立。所以我认为，中国那时候就已经有了文明的自觉，所以我认为周公是中国的第一个哲学家。哲学家所关注的物件，应当是整个人类的文明。而这个问题，周公是通过"天命"的思想提出来的。而"天命"，也不能简单地看作是一个政治上的概念。

你看，中西哲学间有多大的差异，这是很明显的。西方哲学的一开始就将注意力放在自然界上，它包含的客观主义已经可以看到其"爱罗"的根性了。你知道吗？印度在开始的时候也是类似的。早期印度的整个文明信仰也是带有着较强的控制欲欲望的。为什么这两类文明类性如此相似呢？其实一点都不奇怪，因为印度与西方的文明本身就是同源的。事实上，从语言的分类上就可以看出，东西方文明分属汉藏语系和印欧语系。而印度的语言，是属于印欧语系这一体系的。为什么要说语言呢？因为语言跟思想是连在一起的。假如我们已经有足够的证据证明西方文明是跟实体主义、爱罗根性、外向控制性相关，那么，印度的文明的根源，也应该是实体主义和爱罗根性的。

我们可以看到，早期印度人的神与希腊人的神是很类似的。可是这跟现在我们所知的印度哲学的差异非常大。为什么会造成这样的后果呢？要知道刚才我所说的早期印度的文明，主要是由外来者雅利安人带来的。随着时间的推移，印度的雅利安人逐渐接受了当地土著人的文化和思维方式，最终确立了印度哲学的体系。所以我们可以这么说，印度的文明是两种文明形态碰撞融合的结果。这就是为什么一个原来跟希腊文明相似度相当高的外向控制性文明逐渐转化成有着较强内向控制性倾向的文明。

这个也许与印度的自然环境有点关系。印度许多地方的降雨量很大，让人觉得沉闷，甚至觉得生活无趣。所以，这就会使他们对俗世觉得厌倦，最终寻求解脱。所以，轮回观念和世界的虚幻性是印度哲学之中不可缺少的观念。

为什么要说是内向控制性文明呢？因为他们相信，生活是痛苦的，人是可以从生命的痛苦中解脱的，但是解脱是不可以单纯通过行善来达到的。即使是神，也是受到业的限制的。那要如何解脱？解脱，就是寻到自身的"真我"。所以，我说这是内向控制性的智慧。从佛教的观点来说，希腊式的文明和前印度文明有着"他执"的特质，而印度式的文明则透着"我执"的味道。佛教的解脱，是通过将这两种"执"都去除掉来达到的。所以，西方和印度的文明都是爱罗根性的文明，不管它是外向控制性还是内向控制性的。

那么，我们再说中国哲学，中国哲学应该是良知根性、超切主义与感通直觉性智慧的产物。

这个就是文明格局的比较，接下来要说的就是哲学的文明学：场有缘起与契约理论。场有缘起与诚承契印、文明与文明格局、文明格局与形上姿态究竟是什么？

首先，我先要解释一下"契印"这个概念。我们生活在一个"场有权能"之中，这就意味着我们一直处于权能的张力之中。也就是说，我们的性格，其实就是由我们所处的权能决定的。这就是我所谓的"场有缘起"。而整个场有权能赋予我们的特性，就像印一样印在我们身上，这就是我所谓的"印"的概念，即我们所承受的权能所有的影响。"诚承契印"概念中，"诚承"代表着主体的态度，就是说，你需要诚实地承认权能赋予你的契印，并承担其赋予你的责任。因为每个人、每个民族所处的场有的处境不一样，所以我们所承受的契印是不一样的。可是，有一点是最重要的，整个宇宙的大场有的整体性格，分印在每一个个体之中。

整个场有有什么样的性格呢？它有三个方面，这也就是我们所说的"权能三印"。它们分别是：

动印：权能分殊性相之断而又断；

寂印：权能本体性相之绝对无断；

易印：权能场有性相之断而不断。

事实上，我们每一个人都具有这三印，只是每个人对于这三印的敏感度不一样罢了。比如说，一片大海中的波浪是绝对无断的，但如果将每个波浪孤立起来看，那它就是断而又断的。可是，即使将波浪孤立起来看，它们之间还是存在着联系，这就是所谓的断而不断。

而与这三印相契合的人的根性，很明显就是：

动印：爱罗根性；

寂印：不可思议性；

易印：良知根性。

所谓的绝对无断，指的就是"纯粹活能"所具有的特性，不可道，不可说，所以体现为不可思议性。

这三者与我们的意识层次也有着很大的关系，它们分别体现为：

动印留迹：为感异成隔心态所契；

寂印无痕：为感同成独心态所契；

易印成化：为感一如实心态所契。

动印留迹说的就是当你感觉到自身与他人之间的差异之时，很容易产生隔阂。而动印是非常容易显现出来的。寂印无痕，说的就是它在你身上，是很难体现出来的。

西方文明之所以在某一方面显得很有力量，就是因为它们懂得寻迹建构。一个活动作用在进行的时候，是没有办法把握的。我们对于活动本身的把握，就是通过活动事物留下的痕迹来把握的。科学观测的方式也是建立于此的。所以，从这意义上说，整个西方传统是经验主义的。因此，大体上说来，西方的思维定式是事物都具有不可变的特性。

如此说来，西方文明的优点就显现出来的，它可以在使人们对于在现有体系内的问题具有一个普遍的可行性强的方法，并对事物具有一定的控制能力。所以现在西方的存在主义，就是对西方传统思维的一次冲击，对于正在进行的事物，是没有办法预先定义的。所以，每个人都可以用改变自己行为的方式来重新定义自己。

"感同成独"是印度人的特质，他们对于"同"特别敏感，然后就想抓住这个"同"。可是抓住这个"同"以后，"异"就立刻变成了幻觉。所以印度把所有的非我的事物都视为空，包括生理上的"我"和心理上的"我"都是非我。

中国人的则不一样，"感一如实"里的这个"一"，并不是逻辑上的"一"，这个"一"是感通的"一"。所以有人说，中国哲学，是集体主义的哲学。

那么，这三大文化传统所突显的文明格局就是这样的：

西方文化传统是突显以感异成隔心态契权能断而又断性相的"动印文明"格局；印度文化传统是突显以感同成独心态契权能绝对无断性相的"寂印文明"格局；中华文化传统是突显以感一如实心态契权能断而不断性相的"易印文明"格局。

我的意思是，我们文明中的一切，都是由我们的文明格局决定的。比如说，在中国传统绘画之中，就明显流露出生生不息、断而不断的气质。所以在一个文明格局中，所有的政治、道德伦理等都带有其文明的烙印。

　　说到这里，我似乎应该说一说中东文明的性格。中东的文明，实际上应该是属于良知与爱罗相均衡的文明，也就是我所谓的"深渊型文明"，这是一种分裂式的文明。西方属于海洋文明，中国属于农耕文明，而中东位于沙漠地带，而沙漠又被称为陆地上的海洋，不知道这种地理环境会不会对意识形态造成什么影响。

　　事实上，中国文明没有通过较多的考验，所以显得不够深刻。传统上，中国的思想是良知的，并没有太多的爱罗成分来对它进行考验，它不像深渊型文明那样随时有对立面对其进行拷问。所以在现在这样一个文明融合的大环境中，如何在保有自身传统的同时，与其他文明碰撞融合，就成为了最大的问题。

　　而解决这个问题，就要通过我所谓的"仁材并建"的人性论来达到了。当然，这样的格局有不稳定的因素在里面，因为良知与爱罗是相对立的。所以，要将它们以最富创造性的方式结合在一起。

　　在我的理想中，自由应该是负责任的自由，这只有在有良知的前提下才能做到。任何一个文明社会，都不可能容忍完全自由的自由的。我们处于一个文明融合的时代，如何在其他文明的考验下，保有中国传统文明的精髓，这是我们现在面临的最大问题。

　　今天就讲到这里。

　　　　　　　　　　　　　　　　　　　　　　2009 年 12 月 9 日

# 三　场有回忆录（一）

## ——从回港说起

### （2009）

　　我是在去年二月底和内子从美国回到香港的。除了处理一些私人事务之外，此行的主要目的是应香港道教联合会汤伟奇主席及学务部主任汤伟侠博士的邀请，在香港大会堂作一系列有关道家与中国哲学的公开讲座。我提出的讲题是："从一个新道家的观点看中国哲学的特质。"这个讲座共分八讲，平均每周一讲至两讲，计划于一个半月内讲完。这样内子和我就可以在四月底返回美国了。但事情的发展却大大地出乎我们的意料之外。大会堂的讲座只讲了一次就出事了，病发住院了。这可是一场大病，无疑是我有生以来最严重的一次，已经做好心理准备要移民异域的了。也许是由于那边失业的哲学家太多吧，异域当局推说暂时没有空额就把我遣返，让我在通关处无奈地转了一圈又回到我熟悉的人间来。可是这么一转不打紧，却打乱了、颠覆了我的整个退休计划。本来准备优哉游哉地过着读书写作、看浮云、听音乐的好日子的我，竟又回到太平洋的这边，在我的出生地重执教鞭，再一次当起老师来。这一切对我来说可真是太意外、太意外了。

　　不过话得说回来，美国也许仍是年轻人拼搏的乐土，却不一定是上了年纪的人安享余年的福地。尤其是对于我这个不善于处理生活杂事，一向不喜多走动，连开车也嫌麻烦，甚至认为是一苦事的人来说，凡事都得亲自亲为的美式生活，随着年龄的增长，也就愈来愈显得不适应。相比之下，香港在日常生活上所提供的种种方便，也就显得更具吸引力。况且，我还是一个生于斯长于斯的地道香港人呢！年轻时的一些大小经历，虽说事隔多年，却仍是记忆犹新。不过，尽管思乡之情与日俱增，在这次事件

发生之前，我可是完全没有回归的念头的。只是这么一病，却真的病出了
我对香港那份本来早就潜藏着的深厚浓郁的乡情，亲切甜蜜地盘旋在我的
心中挥之不去。终于，我作了一个重要的抉择——留下来吧！

　　就这样，我又很自然地、顺理成章地和汤氏兄弟及道联会再续前缘
了。这不就是我们常说的所谓"命运的安排"吗？对于缘或缘分、命或
命运等老生常谈的概念，场有哲学是有其一贯而且颇为明确的说法的，因
为它们正是场有论所关注的重要论点或命题。任何生命或具体事物都是由
活动作用的蕴集所构成的权能体或动态系统。活动作用乃是创化权能运作
的表现；说得明确一点，创化权能乃是活动作用得以造业（产生效果或
成就业绩）的动态本质或内在根据。每一个权能体都是一个创化宇宙中
的场有者，都在其所属或所处的场有中有其不可被取代的"拓扑"（希腊
文"topos"，意即"地方"），一个权能运作的所在地。作为一个场有者，
一个权能体如何本于其独特的拓扑与其他权能体相对相关正是决定此场有
者的场性的关键所在。宇宙是一个无边无际的权能拓扑场，为一切有限生
命（世间权能体）所依存的无限背景。我们都从此无限背景而来，也都
向此无限背景而回归。我们所知或可能体会得到的宇宙不是此无限背景本
身，而只是通过我们的拓扑而开显的权能宇宙。这个从无限背景中呈现的
"拓扑领域"也就是我们一般所谓的"世界"了。如是，相对于我而开显
的宇宙就是我的世界；相对于你而开显的宇宙就是你的世界；而相对于一
花一木而开显的宇宙就是一花一木的世界。虽然相对于我们个别的拓扑而
开显的世界各自不同，但由于所有场有者都是相对相关的权能体，我们也
存在于一个共同的世界里，拥有着一个共用的拓扑领域。那么，命或命运
究竟是什么呢？一个场有者的命或命运是怎样决定的呢？我们的答案是：
它是由运作于这个共同世界或拓扑领域里的创化权能所决定的；一个场有
者的命或命运正是创化权能通过宇宙内相对相关的活动作用所塑造的业。
创化权能运作的轨道，即是俗语所谓的"命运的安排"或"冥冥中的主
宰"。不过，一切命运的安排都是场有中事，权能运作的轨道反映着权能
体相对相关的场有本质。而场有者在创化权能运作中的相对相关也就是
"缘"的基本定义。假如我和你是有缘的话，那么运作于我们的权能轨道
必然在某一时空的拓扑中相汇，此时此地我们的世界或拓扑领域也必然是
相交的：你必在我的领域之中，而我也必在你的领域之内。至于，缘分的

多寡和深度则可由两个领域相交的状况反映出来。命决定于权能的造业，而缘则显示权能轨道的相交；缘或缘分和命或命运两对观念的互相涵摄当是明显不过的。

我和汤氏兄弟及道联会的结缘其实早在 2004 年就已正式开始了。他们是由好友杜祖贻教授介绍认识的。那一年，我乘来港访问中文大学之便应邀在道联会的一次有数百名教师的聚会中，用香港话（广州话）作过一次以"通的概念和中国哲学"为题的讲话。虽然，香港话是我的母语，但使用它来作纯学术性演讲的机会却很少。这一回，可算是第一次。至于"通"的概念，我从前没有单独地把它提出来讨论过，但它在我近年来的思想演变中，却占据了一个核心的地位。假如要我以一个字来代表整个中国哲学和文化的话，那么这个"通"字就是我的首选。大多数的人也许会选择"和"，但我认为"通"比"和"更重要，此乃因"通"乃是"和"的先决条件；没有"通"，何能有"和"？子曰："君子和而不同。"君子之所以能"和而不同"正建筑在君子"相知相通"的基础上。只有真正的"相通"才有解决矛盾和达到真正和谐的可能。所以"和"或"和谐"，乃是由事物的"相通"或"相互感通"而达致的一个境界，一个或多或少地"无间无碍"的境界。而这个境界正是场有哲学"宜论"中所谓的"宜无不宜"。从宜论的观点来看，在无间无碍的境界中所得之宜才是老庄和道家思想中"无"的精义。

"通 ＝ 无间无碍 ＝ 无"：这个公式终于在我的一篇论道的论文中出现了。这篇以《"流动无碍"为卓越典范之理想——道家宇宙观及其实用含义中"通"的中心性》为题的论文原是用英文写的，后来由翁永汉先生翻成中文后在《道心》（第三十一期）上发表。二〇〇七年十一月底由道联会主办，香港圆玄学院及香港教育学院赞助的第四届国际道教学术会议假座香港教育学院举行，我被邀请做主讲嘉宾，这就是撰写这篇论文的机缘。会议后不足三个月，我又回到香港来了。

这篇文章对我来说很重要，它不但在场有哲学的理念框架中重建传统的气论，并还借此对道家和中国哲学的最高理想作了一个系统的诠释与论述。和印度的佛家哲学不同，本土的道儒两家都是以对"生"或"生生"的肯定为其大前提和价值取向的。宇宙是一个由无数个体事物或生命体的承前启后所编织而成的生生连续体，一个无始无终地无限创进的生命洪流。这就是本土中国哲学所肯定的真实，一个动态的、以创化权能为本根的终极真实。说它是"动态的"因为这个无限创进的生生之流及参与其中的一切个体事物或生命体本质上都是本于权能的运作或活动作用。我们认为，为老庄及整个道学大传统所奉为最高理念的"道"指的正是为这个动态宇宙的本体或本根的"创化权能"，或从其精华处来讲，我们所谓的"创化原动力"。后者相当于传统气论中所谓的"元气"或"混元之气"。在我们重建的新气论中，创化原动力乃是由"本根活能"和"原始业物质"的相互作用所产生的"原始活业力"；宇宙间的一切个体存在莫不可视为这创化原动力或原始活业力的"化身"。原始业物质是所有"世间业物质"的"载体"，而"世间活能"则是本根活能的"分殊"。本根活能自身乃是一不受业物质限制的、具有无限创化力的"纯粹活能"；而世间活能却是一不断地在业物质的熏习及限制下发挥其创化力的能量。用传统的术语来讲，活能为阳、为乾、为天，与本根活能相应的就是乾元；业物质为阴、为坤、为地，对应于原始业物质的就是坤元。而由乾元与坤元的相交（天地交感）所产生的中和力量，即开天辟地后的元气或混元之气，当是我们所谓的"创化原动力"或"原始活业力"了。由此可见，奠基于权能概念的新气论与传统气论的思想脉络是相当吻合的，甚至可说是一脉相承的。

气论基本上是道家的学说。老子曰："万物负阴而抱阳，冲气以为和。"庄子曰："通天下一气耳。"这两句话表面上看来是够明白的了，只是我认为传统的道学者和注释家对这两句话所涵摄的精微意蕴的探讨是不够深入的。道家不仅有其极富特色的宇宙观，也有一个圆融高妙的价值观。问题的关键在于如何了解两者之间的密切关系及其突显的一致性；而我们对这整个问题的把握包括涵摄于其中的义理都必须建筑在气论的基础上。如前所述，中国的传统哲学与文化就其核心理念而言可以一个"通"字来代表；而通，用道家的术语来讲，就是"无"。但这不是"空无一物"的、从物相的抽象而取义的"无"，而是依权能体的涵虚能容性而起念的、与"无间无碍"通义的"无"。我们认为，不管是从客观的、现实世界的角度来讲，还是从主观的、精神方面来讲，道家所向往的是一个无间、无碍的境界。但这个理想的实现可不是什么超离现实世间的形上世界或乐土，而是一个使我们的生命得以不离不舍地遨游于生生之流上的

"自由行"，即庄子所谓的"逍遥游"。这和佛家渴望从生死流转的世界得到解脱，以入灭于空寂的终极理想显然是大异其趣的。佛家讲缘起性空，但佛家所言的空原是从对"实有"或"实体有"概念的否定而来的；而道家所讲的"无"却是直接来自对道体的超切体验。道家思想中的"道"或"道体"不是实体而是难以用实体语言来概括描述的权能体。我们的理解是，作为哲学的专门术语，"无"不仅指由权能体的涵虚能容所开出的"功能空间"，也同时指权能体的活动作用在功能空间中的无间无碍。此两义的"无"明显地是互相涵摄的；若是有间有碍，空间的能容性就一定受到限制。当我们的生命和活动作用达致无间无碍的美好境界时，创化权能的运作必然是最成功、最具创造性和最完满的。如是，我们的生命所参与的生生之流也就是一个"free flow"，一个自由自在的逍遥游了。这不也正是《道德经》所宣示的"自然"么？

《道德经》曰："道法自然。"这句话经常被一些注释家误解了，好像在道之上还有一样比道更根本的东西叫作"自然"，这就把自然的概念实体化了。其实这句话的意思是相当简单明显的："道法自然"的意思是，道的本质就是自然。换句话说，道的本身是无间无碍的。那么这个无间无碍的道究竟是什么呢？这是场有哲学所关注的一个重要的问题。

道学茶座本来是承接着大会堂的八讲而开设的，都是以场有哲学的概念体系为骨干的道学讲座。移师回道联会主要是为了行政上的方便，至于改名"茶座"则只不过是想借助茶点的作用以求把会场的气氛调适得轻松一些罢了。的确，我们的讲座是有这个需要的。场有哲学艰僻难懂，这已经是公认的事实；读过我著作的人莫不感到困惑和头痛。关于这一点，我是颇有自知之明的；更何况我们的学子绝大部分只是一般的社会人士，包括退休教师或公务员，而不是大专学府里宗教或哲学系的专科学生。所以我们打从一开始就没抱着过高的期望，能够有十名左右的听讲者就已经很满意的了。但事情的发展又再度出乎我的意料之外。由八讲到茶座，每次的听讲人数平均都在二十人到三十人之间，而且其中有多位同学都是非常认真的好学生，他们从八讲开始到茶座的今日都几乎风雨无阻地来听讲，屈指一算，已经有一年半了。学子们对场有哲学的热忱和认真的程度确是我始料不及的。他们怎么会对这枯燥无味的东西发生如此浓厚的兴趣呢？我们常说香港是"文化的沙漠"，但这不像是生活在"沙漠"的人会有的反应。这可真的引起了我的兴趣了。为了增进学子们对场有哲学的了解，我是力求在方法上能够深入浅出地表达我要讲的内容的。但经验告诉我，"深入"容易，"浅出"难。要达到深入浅出的理想无疑是一个很大的挑战。这可就更引发我的兴致和豪情了。

不过，道学茶叙虽然是承接着八讲而开，两者在内容的安排和材料的取舍上却有着重大的差别。两者固然都是站在场有哲学的立场来说话、来谈道论学，但它们的进路和重点却有明显的不同。八讲的主要任务是通过场有哲学来讨论中国哲学尤其是道家的特质，它的重点不在场有哲学而在中国哲学；中国哲学是主，场有哲学是宾、是客。后者只不过是彰显前者的一个诠释体系，或概念平台罢了。可是在这里的主客或主宾关系在茶叙中就被扭转过来了。我们在茶叙中所讨论的不是其他任何哲学或思想系统，而是场有哲学本身。当然，中国哲学，尤其是道家哲学，在我们的讨论中仍然占有着一个关键的位置。关于这个讲座的主旨或基调，道联会在它的报章告示上是这样介绍的："导读与反思他的哲学代表作《〈周易〉与怀德海之间》，作者亲自引导学员进入其创作的思考历程，并深入浅出地开展'场有哲学'及其与道家哲学的密切关系。"回顾这一年多的经历，告示上所描述的与我们的讲座的实际进路是大致相符的。

《〈周易〉与怀德海之间：场有哲学序论》（以下简称《序论》）是在一九八九年在台北初版的，但在此之前它已经在台湾的《哲学与文化》杂志上分期登载过；故这本书的定稿乃是一九八七年至一九八八年间的事，距今已有二十多年了。那时我正值五十出头的盛年，对一个思想家而言，正是他一生中最成熟和创造性最强的时段。老实说，我自己当时也是这样认为的。在构思和撰写这本书的岁月里，我亲切地体会到创造性行为的超越理性的一面；了解到一切富于创造性的活动都不是我们可以完全约束和控制的。和诗人和其他文艺创作者一样，思想家或哲学家在他们的创作过程中都会不时有一些难得的"奇遇"，一些可能使他们受用一世而且毕生难忘的"神思"或"神来之笔"。这些似曾相识却又有点陌生的"不速之客"或我们一般所谓的"灵感"所带给他们的是何等纯真的欢愉啊！关于创作灵感的来源，近代西方哲学家，包括现象学家海德格尔在内，都有把它完全归诸语言的倾向。"语言是存有的安宅（Language is the House of Being）"，这是海德格尔的名言。这句话是说得有些含糊了；海氏所关注的其实不是存有而是存有相对于人的开显，亦即是存有的意义。故此他应该说的是，"语言是存有意义的安宅"，或更干脆地说，"语言是意义的安宅。"但这样讲仍是不够妥当的，有欠周延的。当一只老虎张牙舞爪地向着你扑过来的时候，你即使不知道老虎或任何猛兽的名字，甚至根本不知道老虎是什么，你也会直觉地了解或感受到那个来势汹汹的权能体对你的威胁——这就是它对你的"意义"！近代思想家对语言的重要性是过分地夸张了。对场有哲学来说，一切意义都是本于权能的开显，一切真实莫不源于权能的真实。而权能的开显是不能单靠语言来捕捉的，它必须植根于我们对权能宇宙、权能真实的直接感受和体会。所谓"意在言外"，那只老虎的张牙舞爪，正是一个权能体所开显的姿态。所以权能本身，而非语言，才是意义最终的安宅。不过，海德格尔他们也毕竟没有错。意义不过是被感知或为理解把握到的信息罢了。权能宇宙对人的开显，包括他的全部经验和体会，主要是通过历史文化的积淀在语言中保存下来的，故语言乃是意义的无尽宝藏。作为一个会思想、会说话的权能体和场有者，所有人都活在语言的无尽宝藏里。而对于那些毕生与文字打交道的思想家或文艺创作者而言，"活在语言"这句话就更是合适不过。

这种语言的亲密性，我在构思和撰写《序论》一书时就深深地体会到。当年那段为了寻觅适合于场有哲学的词汇和表达方式而锲而不舍地在语言的宝藏里摸索着，以至于不时意乱神迷、废寝忘餐的日子，现在回想起来尤是意味无穷，只是当年投入的那份干劲与韧劲已经是再难重复了。老实说，我已经有许多年没有认真地、完整地重读过我这本所谓的"代表作"。但茶叙讲座所公开宣示的目的却正是要通过《序论》的导读来讲场有哲学，这可是我从来没有做过的事情，的确是破天荒的第一次，也是我在美国讲授场有哲学时所无法做到的。当我在茶叙的讲坛上逐页逐句地用我的母语为诸生讲解时，我觉得自己好像在与一个久别重逢的亲人对话，那种既亲切却又稍为陌生的感觉是十分温馨愉快的。

不过，在重温旧作的过程中，我却惊奇地又不无遗憾地察觉到我的思想在二十多年后的今日基本上没有什么重大的改变，只是在本体论和宇宙论方面有较为深入、细致和系统性的发展，并在文字的表达上较为确切和明晰罢了。最令我感到诧异的是，有些当年写下的东西直至今日我才清楚地了解到或深刻地体会到它的含义；换句话说，当年的我对自己的创作可说是不甚了了的。其实这应该是意料中事，本该如此，原是不足为奇的。就像说出去的话一样，任何创造性的产物——包括思想、文学和艺术上的作品——都超越它的著作人或作者。当年构思和撰写《序论》的我固然是这本书的作者，但却不是它的"创造者"，它得以成物和开显的存在根据。用中国传统哲学的语言来讲，这本书的真正创造者是道，亦即是我们所谓的创化权能。但道或创化权能并非一物，一样东西，而是一个权能体的蕴集，一个功能或作用的组合。这些权能体通过它们所发挥的功能或作用都是一产物或作品得以成物的条件或因素。用因果论的范畴来讲，权能体的蕴集是因，而它们所成就的产物或作品是果、是业。文艺或思想方面的创造或创作，一如其他活动作用，乃是一个"造业"的过程。创化权能所结的果或所造的业都或多或少地蕴含了众多权能体各别的贡献，所以由它们的功能或作用的组合所集体成就的产物或作品应该视为他们的"共业"。一本书的作者对他所写的书所作的贡献无疑是最重要的因素，但他的贡献和他所运用的语言是无法分开的；他的思想本身也是语言的产物。在以语言为媒介的创造性活动里，作者的思想与其依赖的语言在写作中的互动正是创化权能造业过程的核心所在。

在当代西方哲学界里，很少具有影响力的哲学家不重视语言或甚至以语言为其主要的探讨对象的；故有些哲学史家就干脆以"语言的转向"为当代西方哲学的标志。在某一意义上，这个描述大致上是恰当的、精警和敏锐的。但刚好就在这一点上场有哲学有它独特的看法。场有哲学认为语言转向只是一个表层的现象；在语言转向的背后还隐藏着一个比前者在哲学心灵及文化精神的土壤里植根更为深厚的东西。这就是我们所谓的"非实体主义的转向"或简称"非实体转向"。这是场有哲学理论体系中最具代表性的一块基石，它的名字写在我们过去差不多每年举办一次的国际研讨会的文告中，可见我们对它的重视了。

是的，场有哲学是一种非实体的哲学，这个基本的的论点或论题在我写博士论文时就已经开始酝酿了。场有哲学的难懂其关键处就在场有或非实体思想的表达上。场有哲学以"本于权能场有的活动作用"为其核心思想，这个引号内的词语既指向场有哲学所肯定的本体真实，也代表初民或泰古人类对宇宙"超切实相"的原初经验或体认。但文明人的语言，尤其欧印语系的语言，和这个原初的体验是有一个很大的距离的。人对实相的原初体验本来是奠基在"事相"与"物相"的超切关系上的，但文明人类所惯用的语言却是一种突显"物相"而忽略"事相"及其场有性格的语言。西方形上学正是建筑在物相的孤独性及物与物之间的"超离"关系上。这就是"实体"概念和"实体主义"思想的根源了。说得明确一点，"实体"的概念乃是由物相的抽象化、形式化和绝对化衍生出来的。海德格尔认识到整个西方文化及其文明格局，包括它的哲学和宗教思想，无一不受到源于希腊文明的西方形上学的渗透与支配，但却看不清楚或忽略了它的实体主义性格及其超离型的思想模式。而场有哲学却认为这正是问题的症结所在。自从西学东渐以来，中国人的传统思想及思维方式已无可避免地走上西化之路。换句话说，控制整个西方文化及其文明格局的实体主义形上学已逐渐在现代的中国文化土壤里生根。现代中国的知识分子，尤其是以哲学、宗教与社会科学的研究为专业的学者，早已习惯于以西方形上学为本的逻辑范畴、哲学范畴与思想模式了。这样的文化心灵又如何能摆脱实体主义的束缚呢？

从实体主义的枷锁彻底地解放出来，这不正是我毕生努力的方向么？众所周知，场有哲学有太多自创的专门术语，在《序论》一书中更是层出不穷，这早已是读者们抱怨的对象。但我这样做绝不是为了要标新立异，而是确实有不得已的苦衷。我要表达的是一种非实体的思想，而时下中国知识界、哲学界所熟识的语言却是已经为西方形上学所深入渗透了的实体主义语言。若要沿用这种语言，不但难于或甚至无法有效地向读者传达我的思想，而且还会误导他们，令他们产生严重的误解。尤有进者，不少在《序论》中出现的概念、思想或思路根本是西方形上学所没有的或被忽略的，那就更不是当代时尚的哲学语言所能胜任的了。不过，若要创造一套新的、能够有效地表达非实体思想的语言则必须考虑到新的与时下的，本于西方形上学传统的实体语言之间的关系。前者不能与后者完全脱节，两者必须在人类对宇宙人生共有共通的基础上有其相应之处。否则，这套语言就是无关紧要的了。我要寻找的乃是一套既能与西方实体形上学相应却又不受其控制与束缚的非实体语言，这不是一个大大的难题么？

那我该怎么办呢？怎样才能解决这个大难题呢？敏锐的读者们也许早就觉察到我最后给自己找出的答案了。《序论》书中几乎所有新创的词汇及语法都或多或少地与中国的传统文化和哲学思想有关，可以说基本上是从传统的语言转化过来的。回到中国文化与哲学的大传统——这就是我最后为自己找到的办法或出路。这条路是可行的、有效的，因为我认为中国的传统哲学是一种非实体的哲学，中国传统的哲学语言正是一种未受到西方实体形上学熏习与控制的非实体语言。从中国传统的哲学语言里觅取灵感以建构场有哲学的非实体思想体系，应该是顺理成章的事。不过，尽管中文的传统语汇成了场有哲学的活水源头，有很多问题还是十分棘手的。中国文字的优美是毋庸置疑的，但它基本上是一种表意的文字。它那多维度、多层次的辐射性，与超切性最适合于诗词的创作，但用它来说理，尤其是作概念的逻辑分析和演绎却有相当大的难度。逻辑思维以事物的确定性及明晰性为其大前提，一个逻辑单位必须是一确定的、界限分明的和有序的"知性整体"（intelligible whole or totality）；而这概念正是从实体概念的形式化产生出来的。实体主义者相信宇宙本身及其组成部分都是一个基本确定及明晰有序的整体，一个符合知性或知解理性要求的逻辑对象。称之为"逻辑对象"是因为传统逻辑正是建筑在这知性整体的观念上。从西方实体形上学的观点来讲，逻辑三大定律是一切正确的思想和言说必须遵守的基本法则，不遵守它的思维是错误的，不合逻辑的。A 就是 A，B 就是 B；A 不能是 B，B 不能是 A。因此中国人所谓的阴中有阳、阳中有阴的阴阳观念显然是不合逻辑的。中国哲学始终没有发展出西方哲学所奉为理性典范或圭臬的形式逻辑这个事实也就毫不为奇的了。

毫不为奇因为如前所言传统逻辑乃是实体思想的产物。逻辑单位及逻辑概念，包括数学上的点和整数，均衍生于实体概念的抽象化和形式化；而中国哲学却是一个非实体的大传统。要注意的是，"非实体"并不等于"反实体"。反实体主义与实体主义其实是同源的，它们都有一个共同的出发点，均植根于"知性整体"这个大前提的实体的概念，只不过前者持完全否定的态度罢了。但我们所谓的"非实体"就很不一样，它有一个不同的源头或出发点。中国人"A 中有 B，B 中有 A"思想中的 A 和 B 不是逻辑思想里的 A 和 B。作为实体或逻辑单位的 A 和 B 是两个"超离"的、没有任何内在关联的个体，而中国思想中的 A 和 B 则是两个"超切"的个体。超切的个体虽相对也相关（有内在的关联），但超离的个体之间则只是一个"简别外在"的关系。这里"超切"一词中的"切"可不是

"切断"或"切割"的"切",而是"亲切不离"或"贴切"中的"切"。我们用"超切"这个词来描述非实体思想所肯定的、以"相对相关"为定义的个体性观念应是相当贴切的。

换言之,实体主义与非实体主义的关系就是超切主义与超离主义的关系。此中所涵摄的乃是"相对相关"与"简别外在"两种思维方式的对比。而"相对相关"这四个字亦正是"场有"一词中"场"的定义。所谓"场"就是由宇宙中权能体的相对相关所蕴构而成的"超切关系网"。处于此超切关系网中的任何权能体或事物都是一个"场有者"("场有"一词中的"有"),场性或超切性乃是一切权能体或场有者的本性。"场"不离"有","有"不离"场";"场"和"场有"在内涵上是完全同义的、可以互换的两个词。在非实体或超切思想里,场有者或权能体乃是一个"自体性"与"互体性"的综合体;前者是场有者相对性之所本,而后者则是场有者相关性之所系。与此对比,实体却是一个没有互体性或断裂一切内在关联的孤立超离体,一个寡头的、抽象的,却代表着自体性无限膨胀的思想怪物。必须立即指出的是,场或场有是一个动态的概念;在场或超切网中由权能体的运作和活动作用承前启后地蕴构而成的乃是一个无始无终的生生之流,一个永恒遍在的"创化连续"。这就是我们时间一观念的根源了。时间并不是一个外在于生生之流的框子,因为生生之流的历程就是时间。"创化连续"是权能体之本性中的一个重要功能,所以我们称此原始的时间为"功能时间"。生生之流正是在超切宇宙里使事物得以有序地发挥其功能的时间转轴。在创化连续的时间里发挥其功能的权能体或场有者都是一个时段中的"有",可称之为"功能有"或"时有"。场有者的一切相对相关都是通过时间的相对相关,这就是广义的或第一义的"场"或"场有"的精义所在。但时间与空间是分不开的,两者之间也是相对相关的。权能体除了创化连续的时间性外,还具有"涵虚能容"的空间性,这就是狭义的或第二义的"场"的基本定义。此处"空间"也是一个功能概念,植根于权能体涵虚能容的本性,故我们称之为"功能空间"或"功能无",以别于日常和物理学上的空间观念。我们认为在日常言说中所谓的"场",譬如篮球场或足球场,指的都是此第二义的"场"。我们可以在篮球场上打篮球正由于篮球场这一权能体涵虚能容的承载功能。所有参与或牵涉到打篮球这种活动的权能体,包括篮球员、篮球、篮球架等等，都是活动于此功能空间中的"有"；此功能空间的涵虚能容性本身，当然就是承载着此"有"的"无"了。

有关"场"或"场有"两词的第一义和第二义的关系及其中所涵摄的精微意蕴我是在抵港后的年半日子里才逐渐确定的。虽然我在这里表达的基本意思其组成的概念因素早就或多或少、或明或晦地在《序论》和我的其他著作中出现过。但要把这些概念因素较系统地、清晰明确地连贯起来，却是一件费煞思量的事。惭愧！我可是花了二十多年的心血才做到的啊！值得吗？值得！是的，我对于这些年来为场有这个核心概念所获得的成果是相当满意的。它不仅解决了困惑我多年的哲学难题，也使我更深刻地体会到道家思想的高明及其时代的意义与价值。对于作为场有哲学大前提的第一义的场或场有——即事物的相对相关性——我自始就没有怀疑过。问题在于如何理解日常言说中及自然科学所谓的场，及其与第一义场的关系。解决这个问题的关键系于我们对时间与空间的理解。场的概念基本上是空间的概念。一般人的空间观念是静态的，源于实体化物相的抽空与抽象，完全昧于它动态的权能本质。我们认为，任何空间都是属于权能的；说得明确一点，它是从权能体活动作用的结构性开出的一种功能。那是怎样的一种功能呢？用道家哲学的术语来讲就是"无"，即一个动态结构的"涵虚能容"的性格。有怎样的能容性就有怎样的功能空间，物理空间只不过是功能空间的一个特例。但一切动态结构都植根于权能体活动作用的相对相关，结构其实就是由权能体活动作用的相对相关所构成的一种蕴结形态或形式。如是第二义的场，即功能空间或功能无的概念，也就与第一义的场连贯起来了！

在道家思想里，道或道体是最大的、涵盖万物的权能体。"无"这个词既指道或道体的涵虚能容，也指万物在道或道体中本然的无间无碍——这是一个何等美妙而深邃的宇宙图像啊！我是愈来愈感到场有哲学与道家思想在基本哲学精神上的契合。于是，成立"道家场有学学会"或简称"道家场有学会"的念头也就油然而生了。顾名思义，"道家场有学"乃是结合道家思想与场有哲学的一条研究进路。从道家的立场来看，场有哲学只是一个诠释体系，一个通过现代的哲学语言来剖释和重建传统道学的思想平台。我在大会堂讲座中所谓的"新道家"就是这个意思。另外，从场有哲学的角度来看，传统道学乃是场有哲学一个主要的思想源泉，也是它一个诠释的特例。不管从哪一方面看，我深信我们在这条研究进路上所作的努力将不会是白费的，而且可能会有深远的意义和影响的。那就让我们拭目以待吧！

2009 - 08 - 28 修订

# 四　场有回忆录（二）

## ——场有哲学的核心思想:场有与权能

### （2010）

　　我这一生平淡无奇，可说完全没有什么值得大书特书的个人经历；到了这把年纪，这个判断应该可以视为定论的了；所以多年来我就压根儿没有想过写自传的念头，不愿为此浪费宝贵的时间和精力。不过，虽然没有写自传的构想，对于回忆录这一文体却是颇感兴趣的。事实上，我可是愈来愈觉得就现阶段的我来说，这也许是表达场有哲学最适合的文体或方式了。当然，我心目中的回忆录不是一般意义的回忆录，而是一种介乎自传、学术评论和思想史之间的东西；不妨称之为"知性的回忆录"或"知性的自传"。尽管我这一生在现实生活上没有多彩多姿的经历，在思想和精神上却是相当丰富和颇多曲折的，其中所牵涉到的种种哲学问题以及我对这些问题的理解和处理不无可谈、可道之处。无论如何，把开显于我生命中的"可道之道"呈现出来，当是一个相当有意义和价值的尝试。我在《道场》"创刊号"以"从回港说起"为题所发表的那篇小文不仅在多方面道出了今日的我的一些想法和作为的种种因缘，并且在实质上也为我这个知性回忆录的尝试作了个开端。我们就把这篇文字作为"场有回忆录"的"前言"吧！

　　在这个标题里"场有"只是作为场有哲学或场有思想之省，这已经是大家相当熟悉的用法了；因此"场有回忆录"，顾名思义，就是以场有哲学或场有思想为题材或反思对象的回忆录。为什么我会认为回忆录这种文体也许是现阶段的我表达场有哲学最适当的方式呢？最重要和直接的答案是：想借此机会对我一生的思想作一个深刻，而又具创造性与前瞻性的回顾、反省和总结。很明显的，这当然是一种知性回忆录的工作了。说是

"总结"是不大妥当的，因为场有哲学并不是完成了的东西，它还在进行着、还在继续不断地发展。我要写的回忆录不能只是一些记忆，即使是有系统、有组织的记忆；我要做的毋宁是一种思想的对话，今日的我与过去的我的对话。用场有哲学的术语来讲，这是一个"活能"启动及转化"业能"或当下的主体力量重新塑造及转化过去的创化过程。一切权能体或生命体的活动作用都是"遂性造业"的行为，思想活动当然也不例外。在场有哲学中主体和主体性的概念就是扣紧这活能遂性造业的创化原则而确立的。我希望能写一部具有创造性和前瞻性的回忆录当然是站在一个主体性的立场而讲的话。这种以今日的我启动及转化过去的我的主体性探索显然不是一般的学术论文可以承担的。虽然没有写自传的必要和意愿，作为一个思想者，我的心路历程却在很大的程度上与我的个人经历和实存背景有密切的关系，不可能把它们排除于我的反思过程中。场有哲学是一个颇具特色的思想体系，而这个特色不仅与我个人的禀赋和气质有某种程度的关联，更在深层的意义上与我们这一辈的人所处的大时代的文化精神和气息相呼应。20世纪乃是人类文明一个史无前例的转折点，因为这一百年乃是人类第一次进入真正全球化的时代。这个时代一方面见证了传统思想和文化的逐步解构以至造成本质的蜕变；另一方面也见证了不同文化传统的融合与创新。生在这个世纪的地球人，尤其是受到西方文化剧烈冲击下的中国知识分子和思想家、哲学家，他们对宇宙人生的体验或感受无疑是较为深刻、复杂和暧昧的。与其他同时代的哲学学派或思潮一样，场有哲学或场有型哲学在很大的程度上也刻上了时代的烙印；在某一意义上可说是这个时代的一个缩影。场有哲学原是从比较哲学和比较文化走出来的一套思想。我在《序论》一书中明白指出，文明格局的理论乃是场有哲学的归结，这已明晰地宣示了作者的用心所在。敏锐的读者不难感受到作者在此书中是如何尽心地疏解他从这大时代得到的信息。

场有哲学或场有论究竟有哪些特色呢？首先，场有哲学的一个最显著的特色就是它的非实体主义的观点。从这个观点来看，几乎所有哲学问题都可以在实体主义与非实体主义的对比与争衡中定位；这样讲我认为是毫不夸张的。但这个论点所牵涉到的义理可说是千丝万缕，极为错综复杂，必须经过一番抽丝剥茧的功夫才能理出一些头绪来。这是我们在以后的篇章中所要做的工作。在此开宗明义的第一章里，我们只能先就场有理论体系中的核心思想作一个简略的陈述与剖释。我们将会清楚地认识到，非实体的概念正是场有哲学的核心所在。那么什么是场有哲学的核心思想呢？它在何种意义上是非实体的？

　　场有哲学在其核心处乃是一种"究竟学"，一种以宇宙和生命的普遍真理和终极真实为其探索对象的学问，大致相当于传统西方哲学中的形上学，主要包括本体论（亦称存有论）和宇宙论。场有究竟学对真理和真实的探求是以"具体存在"或"实有"为出发点和理论焦点的。我们所谓的宇宙、世界或万物乃是具体存在或实有的统称。它的内容不仅包括生发于自然界中的一切事物，譬如一个人、一匹马、一棵树、一座山或一小溪等等，也包括所有以自然物为材料的人造的东西，譬如一支毛笔、一把木制的椅子或一辆自行车等等。不过，哲学家所认知的存在是不限于自然物和人造物的，哲学的宇宙或世界还包含诸如语言、数、几何图形、象征符号、神话、文学或艺术作品中的虚拟人物等概念性或意义性的东西。这些抽象的或非具体的东西都是存在的吗？是的。在场有本体论里，一切存在都是有作用可言的，作用乃是存在的开显；故存在者必然是一个作用者，反之亦然。但没有活动就没有作用；一切作用都是通过活动来发挥其功能的。譬如作为一个概念或意义的组合，一句话的作用必须依靠说话或书写的活动才能完成。具体与非具体存在的分别就在这里了。一切具体存在或实有都是有活动作用可言的权能体，它们不仅是作用者，也是活动者；而活动作用正是权能运作的具体表现。基于此，只有作用而无活动可言的抽象物或虚拟物则只能说是一种附体的存在。"附体"就是依附具体物所具之体。那个"体"是什么呢？当然就是运作于权能体中的权能了。如是，宇宙的内容乃是由两大类型的存在组合而成的：

　　　　具体存在（或实有）：能活动作用的权能体，包括所有自然物的和本于自然的人造物。

　　　　附体存在：有作用但本身不能活动，必须依附具体存在的活动作用来发挥其功能；包括所有概念性或意义性的抽象或虚拟物。

　　由于抽象物不能独立或超离具体物而存在，我们对宇宙的理解就可以聚焦在实有的具体真实上。那么场有哲学是如何理解宇宙的具体真实的呢？且让我们慢慢道来。

首先，场有哲学认为万物都是依场而有的；作为一种思想进路的标志，"场有"就是通过"场"的概念来理解"有"（实有或具体存在）的意思。那么"场"是什么呢？"有"又是什么呢？场有哲学是怎样看具体宇宙的呢？万物的终极真实在哪里？对于这些问题，让我们先给出一个初步的答案，即宇宙是一个为具体物的活动作用、生长变化所决定和蕴集而成的统一场，基本上乃是一个本于创化权能的超切连续体（以下或简称连续体）；万物中的任何一物都是创化权能（或简称权能）一体之分殊或化身，连续体中的一个不可被替代的环节。这个连续体作为一切活动作用的可能性的所在就是"场"，而作为创化权能的一体分殊就是"有"。"有"是"场"的本体，"场"是"有"的本根或胎藏。合而言之，作为连续体的同异语，"场有"一词所代表的就是宇宙在我们心目中的具体真实了。

这个答案虽然笼统一点却是对场有哲学的核心思想一个扼要的描述；场有哲学所宣示的世界观就奠基在这个描述所涵摄的概念系统上。场有论最基本的前提是，场与有（实有）是不可分割的，有所在的场不是外在于有的东西，而是内在于有的"条件性"，亦即是实有或具体物生发（生长变化）活动的可能性。讲得形象化一点，这就是我们以场为万物或实有的"胎藏"的意思了。潜存在"胎藏"中的乃是一切生长变化的可能性——或我们所谓的"功能种子"。这个胜义的或胎藏义的场是无形、无象、无方所可言的；它和潜存于其中的功能种子都不是什么具体的东西。那么功能种子或生发活动的可能性究竟潜存在哪里呢？有的胎藏究竟何在呢？不在别的，它正在具体物超切连续的无上体性或德性里。但场或万物的胎藏是如何在实有的超切连续中孕育其功能种子的呢？超切连续是什么意思？这就得让我们仔细说明了。

相对相关谓之"超切"，通贯在一起是谓"连续"。具体物相对相关地通贯在一起，简而言之，就是我们所谓的"超切连续"了。此实有的无上体性，作为生长变化、活动作用的生发条件（可能性的所在），如上文所言，就是胜义或胎藏义的"场"。场有论的基本主张是，无离场之有，亦无有外之场。作为创化权能无限开显的超切连续体，具体宇宙乃是一个"即场即有"或"即有即场"的真实。很明显的，这里所谓的

"场"有别于一般的或物理学上所谓的场。场不是一个地方或空间，也不是一能量的势力范围。虽然它也可以包括上述的含义，场有的场却根本上是一个纯粹从究竟学或形上学的角度来构思的概念。此胜义的场永远不能视为一物，一个可以独立地被把握的有或具体存在，譬如我们所熟知的篮球场或足球场。但场有的场，胎藏义的场，虽可说有"无"的意味，但作为实有的无上德性，场当然是一种有；或毋宁说是一种非有非无、亦有亦无的真实。场就是这么一个暧昧的德性。正是此暧昧的性格成就了它作为具体物的生发条件或内在根据的身份。一个生发活动的可能性在哪里？这是我们对实有的探讨最具关键性的问题。场有哲学所给予的将是一个"场内观"的答案，而不是一个"场外观"的答案。为着行文的方便，就让我们将上文引进的核心概念作一总结的提纲吧。

### 场有的意义

场有＝本于创化权能的超切连续体

超切＝相对相关

连续＝通贯在一起

超切连续＝相对相关地通贯在一起

胜义的场＝万物的胎藏＝具体物生长变化底可能性（功能种子）的所在

胜义的有＝场（胎藏）的本体＝创化权能之一体分殊

到此，读者对场有这个哲学概念大概已有一个粗略的认识了。但"场有"这个名词是可以有多层含义的。我们在如何透过这个名词的多层含义来表达场有哲学的核心思想这个意图上也的确用了一番心思，实在有向读者交代的必要。以下就让我们把这个意图所涵摄的"场有五义"所要突出的基本理念作一个分层的总结和阐释吧。

#### "场有"五义

第一义　"场有"＝通过"场"来理解"有"

"场有"首先点出场有哲学在方法论上所采取的进路。作为具体物或具体存在的总称，"有"是场有哲学思考和讨论的对象。由于场有哲学认为只有具体的存在才是真实的存在，有亦可称为实有。

第二义　"场有" = "依场而有"

"场有"乃是"依场而有"之省。场有哲学认为一切实有或具体物都是相对相关、依场而有的；所以"场有"在这里是一个判断或命题，代表一种哲学的主张或信托。具体物相对相关的特性就是我们所谓的"超切性"或"场性"，所以我们称这个哲学立场为"超切主义"。讲得更深入一点，场有哲学乃是一种遵奉"超切中道"的哲学。

第三义　"场有" = 本于创化权能的超切连续体

场有究竟学认为我们所经验或体会得到的宇宙或世界乃是一个本于创化权能的超切连续体。所有具体物或具体存在都是以权能为体的"权能体"，都是此无限遍在的本体权能的化身或一体之分殊。此一体之分殊所开显的乃是一个无始无终、无边无际的超切连续体，亦即是我们用"场有"一词来称谓的具体真实。在这里"场有"不是一个命题而是一个指涉终极真实的专有名词。

第四义　"场有" = "即场即有"

作为"即场即有"之省，"场有"一词暗示场与有之不可分割。场不离有，有不离场；场与有乃是二而一、一而二的一对概念。场不离有，因为有乃是场之（本）体；有不离场，因为场乃是有之胎藏或内在根据。怎么讲呢？一切具体物都是以权能为体的，它们之间的相对相关或超切连续乃是实有的本性，源于创化权能一体之分殊，所以说有乃是场之体。另外，生长变化乃是实有的动态本质；生发活动的可能性或条件性——实有的功能种子——不是外在于有的东西，而是内在于实有的超切连续的德性。创化权能之一体分殊所开显的超切连续体作为生发活动可能性之所在就是场；所以说场是有的胎藏或内在根据。总而言之，场与有之相互定义也就是"即场即有"的意思。

第五义　"场有" = "有场"

这是直接从第四义引申出来的含义。在场有论的哲学语言里，"场有"与"有场"明显的是相通的，没有什么实质上的分别，指的都是同一个具体的宇宙真实，即：为创化权能一体分殊所构成的超切连续体。不同的是，"场有"的重点在"有"，在创化权能的全体大用；"有场"的重点在"场"，在创化权能生发活动的胎藏性或条件性。虽然表述的重点不同，这两个词语均可视为具体存在的代名词，涵摄着创化权能超切连续的无上德性。但超切连续在何种意义上构成具体存在的无上德性呢？是时候对具体存在这个核心概念作更进一步的说明。

前面说过，作用是存在的开显，但这样讲虽然不错，却是不足的，不够准确的。比较准确和周全的说法是，存在乃是权能通过活动作用的开显，因为前面已经指出，作用不能离开活动，而活动作用乃是权能运作的具体表现。由是，存在者就是开显者，而开显者在某一意义上也必然是一个"在场者"。"在场的开显者"——这是场有究竟学里"物"，"有"、"存在"或"存有"等同义或相关词语最原始或最根本的哲学含义。当我通过视觉的活动作用看到眼前的一棵树的时候，开显在我视觉活动中的不仅包括那棵直接地、颇为明晰地和界限分明地呈视在我意识中的形相的树，还包括在我的视觉活动过程中间接地、隐约地和无形无声地伴同着那棵形相的树呈视它自己的创化权能。真正的存在者或开显者不是那棵突出地呈现的形相的树，而是使整个开显事件成为可能的生发主体——一个创化权能的分殊。直接呈现的、形相的树只是创化权能于此时此地通过其动态本质所开显的现象或殊相。但现象与本质是不可分割的，因为现象正是本质的开显。前者乃是创化权能一体分殊的化身。因此我们不妨说，现象是创化权能在世存在的代表。作为宇宙永恒遍在的开显者，创化权能正是通过它所开显的现象、殊相或化身而成为此时此地的在场者。

创化权能通过活动作用而成为在场的开显者，这是我们对存在最原始的体验。在这个意义上，没有不开显之物，绝对的不开显就是绝对的不存在。不过，一切开显都是相对于某一或某一类生命体的开显。事实上，开显与生命体这两个概念是相互定义的，因为广义的"生命"正是被定义为可以感受和把握开显的具体存在。有相对于我的开显，也有相对于你的开显；有相对于人的开显，也有相对于人类之外其他生命体的开显。花草树木、飞禽走兽都莫不有其各自开显的世界，享用着某一形态的具体存在。由于生命体感受功能或能力和传输媒介的不同，开显的形式是多元的。就人而言，有通过视觉的开显，也有通过触觉、听觉、嗅觉、味觉等感觉器官的开显；有通过意识层次的开显，也有通过无意识、潜意识或甚至超意识层次的开显；有通过直觉的开显，也有通过理智或知解理性的开显；有通过记忆的开显，也有通过想象的开显。总而言之，存在的开显与生命体的感受功能是分不开的。一生命体对存在者或开显者的把握乃是其感受功能或能力的综合。此句中的"把握"两字是什么意思呢？生命体所把握到的是什么呢？一言以蔽之，是资讯——关于存在者或开显者的资讯。用"主—谓"式的文法术语来讲，存在者或开显者是主格或主词，一切有关前者的资讯都是谓格或谓词。在西方的传统形上学里，主格或谓格，主词或谓词，也就摇身一变成为哲学家所熟悉的"实体"与"属性"了。

对一生命体而言，它所获得或把握到的有关存在者或开显者的资讯乃是后者相对于此生命体而言的"意义"。在场有哲学里，意义是不单属于语言而是普遍地属于一切存在者或开显者的。你此时此地给我的资讯，就是你此时此地对我的意义。由于作用是存在的开显，存在者或开显者对一生命体的意义所反映的正是前者对后者所产生或可能产生的作用。老虎可以把我们吃掉，老虎这个可怕的作用就是老虎对我们所开显的意义。换而言之，一切资讯，最后分析起来，都是作用的资讯，亦即是权能运作的资讯。存在者或开显者的意义乃是其作用的总和。如是，"存在乃是权能通过活动作用的开显"这句话的内容主要可分开两个主要方面来讲，一是作用的传承与互动；另一就是资讯的感通与裁化。作用的传承与互动是能，资讯的感通与裁化也是能。此处"能"字兼有功能与能量的含义。我们称作用的传承与互动的功能或能量为"力能"或"力量"，称资讯的感通与裁化为"心能"或"心量"。作为创化权能一体的分殊，一切实有或具体存在都是由心力二能的交汇所构成的生命体。心力二能乃是生命权能之"双翼"。生命不可"有心无力"，也不可"有力无心"。事实上，存在的开显本身乃是一个"由力生心、由心入力"的创化过程。兹以下式概括之。

### 生命一式

通过生命体的存在开显

心力双翼：生命体的能量结构

力能（力量）：作用的感受与互动

心能（心量）：信息的感通与裁化

生命权能 ＝ 力能（力量）×心能（心量）

（生命一式：心力二能的相交相入）

如上所述，所有具体物或具体存在都是权能体，都是一个本于创化权能的能量系统。就其心力交汇的基本德性而言，权能体与生命体这两个名词是没有什么分别的；我们称以上的表式为"生命一式"正因为力能与心能的综合乃是广义的"生命"的特征。至于为什么在"能"字上面加入一个"权"字，我们下面将会有所说明。现在要继续讨论的是，究竟"具体"一词是什么意思呢？具体物所具之"体"究竟是什么？不是别的，正是运作于具体物而使其生长变化及活动作用成为可能的创化权能。创化权能乃是"体"一概念在场有哲学中的胜义。万物都是以权能为体的"权能体"；它们都是"权能造"的，正如大海中的波浪都是大海水造的一样。而每一具体物或权能体都是力能与心能的综合，构成一个生命权能的"能量系统"。说得更直接一点，创化或生命权能的能量或"心力能"就是"体"。"具体"和"连续体"两词中的"体"和"实有"一词中的"实"或"有"指的都是这个。很明显的，这里所谓"体"乃是内容的意思。创化权能是万物的普遍内容，而超切连续则是万物生发或生长变化的普遍的形式。权能运作是通过具体物的超切连续进行的，具体物的生长变化、活动作用正是创化权能超切连续的具体表现，也就是中国传统哲学所谓的"用"。但呈现在我们的意识经验中的具体物不都是有形相或相状可言的么？形相是什么？当然就是创化权能通过活动作用所开显的"现象"（呈现的相状）了。让我们通过这"体用相"的三分理念再一次把场有本体论的基本格局表述如下：

**体用相三分理念在场有哲学中的含义**

| | |
|---|---|
| 体 | 创化权能是万物的本体；世间所有具体存在都是创化权能一体的分殊。每一具体物都是一权能体或能量系统，一个力能与心能的综合。力心双翼的综合能乃是万物的普遍内容。 |
| 用 | 活动作用是权能运作的具体表现；通过活动作用的超切连续是具体宇宙的普遍形式。 |
| 相 | 形相是权能运作或活动作用相对于生命体所开显的现象。现象与本质（体用）不可分。现象中的"象"代表生命体对于权能体用开显的所感受到或把握到的真实。 |

　　粗略地说，这就是场有哲学的核心思想了。进入这套思想体系的关键或钥匙就在联结体与用的"体用原则"上。从本体论的立场来看，宇宙的具体真实只是"一件事"的真实，即创化权能的一体之分殊；而这"一事"乃是通过具体物的超切连续而进行的。所以体用原则就是体如何通过用来表现它自己的生发之道。这样，我们又回到超切连续的概念来了。对这个定义场有的关键语我们还得作一番详细的阐述与剖析。

　　让我们不厌其烦地重复一次吧！"超切连续"是相对相关地通贯在一起的意思。世间的一切具体存在都是相对相关的，因为他们都是权能体，都是创化权能一体的分殊。既然相对相关，那当然是就通贯在一起、构成一个连续体了。我们用"超切"一词主要就是要突显具体物相对相关的本性。然而相对相关地通贯在一起其实是一个冗词；因为连续或通贯在一起已经隐含着超切或相对相关的意思了。不管怎么说，实有或具体存在的超切性或相对相关性乃是从权能一体分殊的体认引申出来的论点，也是场有哲学的第一大前提。那么什么是相对？什么是相关呢？"相对"就是有分别、有分隔或相互外在。如 A 与 B 是相互外在的话，则两者在某一程度或某一意义上也必然相互独立，各自拥有其独特的"自体性"。此万物之可分性或相互外在、相互独立的性格我们谓之"徼"。但万物之相对性或可分性只是实有或具体存在的一面。具体物不仅相对地可分，也相关地不可分；不仅相互外在和相互独立，也同时相互内在和相互依存。"相关"就是有内在的关联。具体物不仅有自体性，也有"互体性"，亦即是由其彼此的相关性或内在的关联所构成的性格，此具体存在不可分的一面我们称之为"蕴"。如是，由具体物的相对相关所构成的宇宙乃是一个亦徼亦蕴的真实，一个由创化权能一体分殊所开显的真实。此实有亦徼亦蕴或亦蕴亦徼的德性就是"超切"一词立义的所在。这个词语所指向的，如前所言，乃是具体存在的普遍形式。创化权能是万物的本体，超切连续则是万物的本性。体与性合言，这就是超切连续体一词的胜义。请以下表再作一扼要的说明：

**宇宙万物是一个超切连续体：相对相关地通贯在一起**

| 具体物之相对性<br>（相互外在、相互独立） | 实有之徼：具体存在或自体性的一面 |
| --- | --- |

| 具体物之相关性<br>（相互内在、相互依存） | 实有之蕴：具体存在互体性的一面 |
| --- | --- |
| 具体物之相对相关性<br>（既相互外在亦相互内在，<br>既相互独立亦相互依存） | 实有的本性：亦徵亦蕴的综合。宇宙是一个由万物相对相关地通贯在一起所构成的统一场，一个无始无终的超切连续体。这个连续体乃是一个即场即有的真实。称之为"统一场"因为它乃是万物（实有）生长变化的胎藏。 |

　　必须立即补充的是，超切连续不是一个逻辑的或数学的概念，而是一个在权能体的功能性和动态性上立义的概念。说得明确一点，实有或具体物的相对相关是功能上的相对相关，是活动作用和生长变化的相对相关，总而言之，就是权能体性的相对相关。譬如一堆火和一盘水，这是两个为吾人熟知的具体物。水与火有别，各有其独特的权能体性，这是水与火相对的一面。但水能灭火或火能被水所灭，水与火在功能上有一个内在的关联。水能灭火或火能被水熄灭的功能既不单属于水，也不单属于火，而是既属于水，也属于火的一个相互依存的一个共同属性，亦即是我们所谓的互体性。在水与火的这个共同的互体属性里，孕育着实有生长变化的一种潜能或功能种子。水灭火或火被水灭的可能性或我们所谓的"创化虚机"（或简称虚机），就蕴含在这潜能或功能种子里。某天有人拿着一盘水把燃烧着一堆木炭的火熄灭了，这是一个"虚机了断"或潜能实现的创化事件；当这个事件完成了它的使命时，水与火共蕴的功能种子也就开花结果了。其实在这个事件中有互体关系的不限于盘中的水与木炭堆中的火，盛水之盘与盘中之水也同样是互体性的；盘能盛水或水能为盘所盛载，其中也孕育着专属此二具体物的功能种子。此外，拿着盘的人手和被人手拿着的盘，燃烧着的木炭和生起于其中的火，空中的氧气和点燃的木炭等等，不都是涵蕴在这同一事件中的互体同缘么？

　　一切具体物就其相关性或互体性而言都是有缘的；两个具体物的"缘"或"缘分"就在它们共同孕育的功能种子里，所以"同缘"指的是被两个，或多个具体物所共同孕育的功能种子。譬如水能灭火或火能被水所灭，这个可能性或功能种子就是水与火的互体之缘。但同缘者的互体性只是一种潜能的状态。从可能性到可能性的实现，从功能种子到种子的开花结果，这是一个缘分深化的演变过程。在此过程中同缘者由共存而相互作用，而最后相互结合于其共业之中。在相互作用开始的瞬间同缘者已改变了身份而演变为互体的伴侣了。这里"共业"指的是互体同缘者在缘分深化的过程中所共同产生的成果或效果，我们所谓的"业"。缘分深化一方面是"遂性"；一方面是"造业"。合而观之，"遂性造业"也就构成了所有创化事件的动态本质。必须立即补充说明的是，一创化事件所成就的业乃是此创化事件的标志。相对于所造的业而言，所有参与此事件而或多或少或直接或间接地作出贡献的具体物都是同缘者，而且是为其共业所定义的互体伴侣。在上述例子中，火之熄灭不仅是水与火的共业，也是其他事件参与者的共业，包括拿盘的手与盛水之盘等等。远在此事件发生之前，这些参与者早就开始结缘，共同孕育着一个功能种子（整个事件的可能性）而成为同缘者了。

**创化事件：缘分深化的演变过程**

| 互体同缘 | 具体物在其互体性中孕育同一的功能种子 |
|---|---|
| 互体伴侣 | 同缘者在相互作用中结合而成共业的创造者（可能性的实现/功能种子的开花结果） |
| 创化事件 | 从互体同缘到互体伴侣——创化权能的遂性造业乃是一个同缘者缘分深化的演变过程 |

上文以"相对相关地通贯在一起"来解释超切连续的概念。相对相关地通贯在一起的是什么呢？当然就是统一场中作为创化权能一体之分殊的具体物了。故连续体中的"体"字有两层意义，一是分殊的万有或具体物；另一则是充塞于宇宙之中而为万物本体的创化权能。在其终极处，本体权能乃是一个永恒遍在的"纯粹活能"，一个生生不息的创化原动力。世间的一切活动作用、生长变化，莫非此本体权能的化身；宇宙中的森罗万象，最后分析起来，只不过是由纯粹活能的无限自反所层层分化和开显的种种姿态或仪相罢了。而每一个本体权能的化身都是一个有限的权能体或能量系统，一个具有相对独立和确定性的"创化中心"或"生发中心"，这就是具体物作为权能体的真实身份了。"创化"与"生发"乃是两个可以互换的名词，指的都是权能体遂性造业、生长变化的本事；不

过前者侧重权能遂性造业的功能和能量，而后者则侧重具体物生长变化的过程及其开显的轨迹及仪相。"本事"者，本体之事也；本体之事就是创化权能遂性造业之事。作为权能体，万物均以功能为"性"，一具体物或创化中心的"性体"乃是构成其能量系统的动态本质。"遂性"就是功能的实现。未实现的功能只是一个创化权能的种子，涵摄着统一场中一个生发的"虚机"或"功能种子"。功能实现了，功能种子也就开花结果了；从种子的孕育、萌芽到种子成熟的开花结果，创化权能的运作乃是一个"虚机了断"的生发过程，亦即是一个"造业"的过程。遂性则必造业，造业起于遂性。这里"业"，亦称"业物质"，并不具任何道德或宗教的含义，指的只是创化活动在生发过程中所产生的一切效果、影响或成果。如是具体物不仅有一个以遂性或功能种子的实现为其创化本质的"性体"，也有一个以业或业物质的积聚为其动态内容的"业体"，二者分别构成了其能量系统中的"阳极"和"阴极"。必须郑重言明的是，这里性体与业体都是能或能量的概念。性体的能量就是运作于阳极中的活能，或具体物得以遂性造业的创化原动力。活能所要发挥的就是潜存在或孕育于其力量与心量中的功能种子。与此相对，业体的能量就是业能，亦即是能量系统中业物质的承载力与凝聚力。很明显地，作为阴极的创化因素，业物质乃是与功能种子相对应的概念。什么是"业物质"呢？"业物质"就是承载和凝聚业的力量或能量。场有哲学对于"物质"这个哲学和科学思想中的重要观念是有颇为明确的定义的。"物质"乃是业的载体。但在场有论中"载体"不是一个独立自存、同一不变和本质上可与其所载者分离的实体，好比盛水之杯可分离于其所盛之水那样的关系。我们这里所谓的"业的载体"或"物质"，如上面所暗示的，乃是一个能量或力量的概念。说得明确一点，作为业的载体，物质乃是一种业化的活能或"业能"，亦即是在遂性造业的过程中隐入于业或成果中的力量或能量。构成一能量系统中的阴极或业物质何以能聚而不散呢？那就得依靠一个凝聚的力量。这个"保守"的力量，支撑着业体的承载力和凝聚力，也就是我们所谓的"业能"了。

　　为什么我们描述业能为一种"保守"的力量呢？它要保守着的究竟是什么？一言以蔽之，业能要保守住的乃是"业理"和"业传统"的不朽。业物质乃是过去生发活动的产物；"业理"就是由生发活动的重复再重复所形成的惯性或习性。我们称此活动的惯性或习性为"业理"因为它代表创化权能从过去的实践中所走出来的"可行之道"。所谓"业传统"只不过是生发活动依于某一业理的惯性或暂性连续罢了。能量系统中的阴极或业体本质上乃是一个由众多的业传统结合而成的业物质结构（以后或简称物质结构）。业能所要保守住的就是此物质结构的稳定和延续。譬如一个长期的抽烟者，由过去的抽烟行为所养成的习惯，在它的能量系统中已经成为一极具强制性的业传统，时时刻刻地诱惑着他："来吧！再抽一次吧！"

假如业能是主宰万物的唯一力量，那么世界就只能是一个永恒的重复再重复，不可能有创新和变化可言的了。但这显然不是我们所熟知的世界。在我们意识经验中开显的宇宙乃是一个既变也不变、既重复也创新的宇宙。这个创新的力量来自哪里呢？它来自活能，来自我们与生俱来的创化原动力。"创化"一词有创新、变化和转化的多重含义。此刻的我与前一刻的我虽然在表面上相差无几，但作为一个权能体，此刻的我在能量系统的深层结构里已经不是同一的我了。现在我们要问的是，代表业传统里活的业能也是一种业物质吗？不是的。业能也是一种活能，过去式的活能或业化了的创化原动力。"业化"正是由活能转化为业能的意思。业是活能的产物，但当业产生出来的时候，作为创化原动力的活能也就隐入其所造的业中，而成为支撑或保守其所造之业的承载力与凝聚力，亦即是我们所谓的"业能"。用中国传统气论的语言来讲，业物质与业能的关系乃是阴与阴中之阳的关系。但这只是气论的一半，另一半当然就是阳与阳中之阴的关系了。那么在场有哲学的权能理论里，阳中之阴指的是什么呢？

它指的是作用于世间活能的业经验，主要包括生成于世间的业理和业传统的记忆和由此而形成的业习气。所有运作于世间的活能均来自一个永恒遍在的创化原动力，我们所谓的"纯粹活能"。"纯粹活能"本身是没有业经验的，因此它的运行也不受业经验的限制、影响或支配，正如一个从未抽过烟的人不受烟瘾的支配一样。活能是一个权能体，或能量系统中的"主体"，而限制其创化力的业经验则是作用于其主体性的"内客"（内在的客体）或"内业"（内在化的业物质）。这些积聚于业经验中的"内客"或"内业"就是场有权能论中的"阳中之阴"了。但世间活能所受的限制不仅来自其主体性中的内客或内业，也来自相对于他而开显的整个业（物质）世界，来自其外在环境中的"外客"或"外业"（未经内在化的业物质）。以一个长年吸烟者为例，限制或影响其主体性的内容或内业当然就是他的根深蒂固的烟瘾。作为一个能量系统的主体，他当下的活动作用会有怎样的趋向呢？那就得看他当时所处的外在环境或我们所谓的"业世界"了。与一个严禁吸烟的公共场所比较，一个弥漫着烟雾的夜总会自然更能引发他潜在的烟欲。由上所述，生发于一个权能体或能量系统的一切行为或创化活动，乃是被阳阴两极的权能交涉或活能与业物质的相互作用所决定的。权能交涉一观念乃是场有宇宙观的一个重要基石，也是场有辩证法的基本原则。这个核心理念可以下式表达之，名曰"权能一式"。

**权能一式**

阳阴两极的权能交涉

（实有或具体物作为权能体或能量系统的动态结构）

| 阳极<br>活能（业经验） | 阴极<br>业物质（业能） |
|---|---|
| 活能：量系统中的主体，分化于具体物中的创化原动力，具体物赖以创造、创新和遂性造业的力量或能量——阳中之阳 | 业物质：相对于创化主体而开显的业世界，亦称"外客"或"外业"，包括一切未经内在化的业理、业传统及其他业物质——阴中之阴 |
| 业经验：限制、影响或支配创化主体的业记忆（包括内在化的业理及业传统或其他业物质）及由此形成的业习气，亦称"内客"或"内业"——阳中之阴 | 业能：业化主体的能量；业的载体，业能乃是业物质中的承载力与凝聚力，使业理或业传统得以持久或不朽的保守力量——阴中之阳 |

权能体或能量系统的原则

阳阴两极的和合或活能与业物质的相互作用

权能一式：活能（业经验）×业物质（业能）＝活业力

（活业力：由权能阳阴两极所产生的综合力量）

我们在上文曾提出一个问题，为什么在"能"字上面加上一个"权"字呢？后者究竟代表什么？"权"字普通有权力、权衡、权宜等多重含义。在场有的究竟学里，"权"基本上是决定性的意思。准确地说，我们指的是实有的决定性，即是创化能量在实有的活动作用中得以成功地遂性造业的"决定性"，或我们所谓的"生发原则"。如是，"权"与"能"是相互定义的："权"是"能"的生发原则，"能"是"权"的生发功能、力量或能量。必须立即补充的是，"生发原则"对我们来说不是什么超越实有的东西，如柏拉图形上世界中的"理念"（idea）或"理型"（eidos）；而是内在于实有、内在于创化权能体一分殊的"综合之道"。如此称谓乃因为它是由世间的具体物，通过力心两翼和阳阴两极的场有综合共同走出来的，正如一条路是被走出来的一样。创化权能自无始以来的场有综合所开出的生发原则就是"权能"一词中的"权"。

　　《易·系辞传》曰："一阴一阳之谓道。"在我们的理解里，这句话中的"道"指的就是作为生发原则的综合之道。不过《易传》这句话是太过简洁了，它虽然开示了道之阳阴两极，却忽视了力心两翼，也没有指出两极之间的超切结构和辩证关系；当然更没有涉及道或创化权能的"源远流长"。与此相较，《道德经》第四十二章开始的那段话就意味深长得多了。"道生一，一生二，二生三，三生万物。万物负阴而抱阳，冲气以为和。"这句传统气论最具代表性和权威性的经典名言，究竟隐藏着什么深邃的义蕴呢？场有究竟学对它是怎样理解的呢？

2010 – 08 – 24 修订

# 五 场有回忆录（三）

## ——三门与三观：创化权能的体验与开显
## （2012）

场有哲学以创化权能（以后或简称权能）为宇宙万物的本体，世间的任何一物或具体存在莫非此本体权能的化身或一体之分殊。作为场有究竟学的大前，这句话所指涉的核心思想在"甲篇"中已经扼要地得到一个初步的阐释了。用"主—谓格"或"主—谓词"的表达方式来讲，创化权能乃是最后的主格，是所有句子或命题中宣示或不宣示的"终极主词"；而所有谓词，最后分析起来，都是此终极主词的描述语，涵蕴着我们对创化权能的体验和它宣示给我们的意义或信息。有人立刻会问，这岂不是把创化权能等同宗教的上帝或黑格尔所谓的"绝对"么？是的。以基督宗教的神学为例，上帝或神乃是一个永恒和万能的创造者或造物者；它不仅有绝对的权力，也有绝对的能力，正是一个创化权能的概念。不过，上帝或神在哲学上和在宗教上所扮演的角色是有分别的。虽然哲学的上帝和宗教的上帝在思想的源头上均植根于人对存在的终极体验，都是人类文明化过程的产物，两者在性质和功能上均有所不同。宗教的上帝生于终极体验的人格化，而哲学的上帝则证成于终极体验的理性探索；前者是信仰的对象而后者则是知解的对象。但不管是人格化还是理性化，宗教与哲学所追求和理解的上帝都代表着一种高级生命体——作为万物之灵的人——的终极关怀。人之所以为万物之灵的最显著的特征在哪里呢？不在别的，它就在人对存在的把握所表现出来的形上姿态和生命道术上。如我们在甲篇中所剖析的，人的存在体验乃是一个多元、多维度的复合体，故人对存在的把握也有不同的渠道和方式。尤有进者，存在体验的内容与存在体验的形式是分不开的；当你如此这般地体验存在时，你已同时如此这般地把握着存在了。

　　作为典型的生命体，人是如何体验存在、把握存在的呢？这个问题有一个基本答案，即："人"，和其他生命体一样，是通过活动作用或行为来体验和把握存在的。但活动作用不就已经是一种存在么？不，不是"一种存在"，而是"存在"本身。就我们切身体验得到的宇宙而言，没有不活动作用的存在者；没有活动作用，就没有（具体的）存在了。印欧语系用来表达存在的"是"如希腊文的 on、英文的 being、德文的 Sein 等乃是一个动名词（verbal noun），它所表达的正是"即活动即存在"这个甚深、甚深的动态体验。这个词组的含义是，存在就是活动作用，活动作用就是存在；或者，说得确切一点，存在乃是活动作用的开显，行为的开显。活动作用之外没有不活动作用的东西，一种不行（活动）不为（作用）的存在者，如西方主流"形上学"所谓的"实体"（substance）。场有哲学主张的不是"实体主义"，而是"非实体的行为主义"。但"非实体"并非"无体"；"非实体主义"不等同"无体主义"。活动作用是有体可言的，这个活动作用或行为所具之体就是它的内在根据，即传统形上学所谓的"主体"（subject）或一般所谓的"行为者"。在"主—谓格"或"主—谓词"的表达方式里，主格或主词（subject）与谓格或谓词（predicate）的分别正好是"行为者"与"行为"，或"主体"与"活动作用"的分别。这一点也不意外，因为它正是人类通过语言来把握其存在体验的一种基本方式啊！

　　那么"主—谓格"或"主—谓词"所要表达的究竟是何种体验呢？场有哲学的答案是：它要表达的乃是存在的动态本质。而存在的动态本质就在主体与活动作用或行为者与行为的超切关系上。那么主体之体或活动作用的内在根据究竟是什么呢？

　　但这个作为其行为的"主体"内在根据的，主体不一定，也不必要是一种实体。所有活动作用或行为都是有体的，因为它们都是（创化）权能的动态表现。用中国哲学传统的体、用、相的三分语言来讲，权能是活动作用之体，活动作用是权能之用，而相则是权能发用或运作（动态表现）所开显的事相和物相，亦即是西语所谓的"phenomena"或"现象"。这一点我们在前面（甲篇）已基本交代过了。必须郑重重申的是：体与用、权能与活动作用，或行为者与它的行为是一个无法分割的超切连续。作为活动作用主体的行为者不是什么外在于其行为的实体，而正是其活动作用的动态内容或本质，它的行为的内在根据。换句话说，本质上行为者就是它的行为，行为者与行为指向的乃是同一个动态真实，那就是权能的运作或发用，亦即是中国传统哲人所谓的"造化流行"了。

作为具体存在者，活动作用乃是一物之所以为"物"的"存在本性"，或我们所谓的"动态本质"。我有活动作用，所以我存在；你有活动作用，所以你存在；飞禽走兽、花草树木有活动作用，所以飞禽走兽、花草树木也都存在。用"是"的语言来表达，你、我和其他具体物，包括所有自然和人造的东西，都是为"是"所"是"的"所是者"（以后或简称"所是"）。在亚里士多德的著作和思想体系里，这个"是"与"所是"——存在本身（to on he on / being as being）与（众多）存在者（onta / beings）——的分别也就是"第一哲学"，即后世所谓的"本体论"（ontology）或"形上学"（metaphysics），与其他学科如物理学、生物学等的分别。"第一哲学"（prote philosophia）只探讨存在本身或"是"本身，而非为其他学科所关注的众多存在者或"所是"。这个方法论上的区分牵涉到一个重要的哲学前题，即存在本身与存在者或"是"本身与"所是者"的可分性。存在本身与存在者是真的可以分开来思考和研究的吗？这个问题我们暂且搁下，下文会有交代。现在且让我们继续上文所谓的"存在本性"或"动态本质"的讨论吧。

一切具体存在都是动态的，以活动作用为其存在的本性或本质的。抽象的或纯粹概念性或虚拟性的东西诸如语言、数、几何图形和文学或艺术作品中所想象的人物虽也有作用可言，却无活动之实。它们都是"寄生"于具体物的活动之中而发挥其功能或作用的附体存在。这个具体与附体存在的分别我们在甲篇中已经清楚地交代过了。由于活动作用的多样性、可分性与相对独立性，世间的一切具体和附体的存在者——一切"所是"都是有外、有对、有"它者"的，换句话说，都是有限的。它们都在其各自所处的世界或场域中有其独特的身份或角色，并在不同的功能维度或时空中占有独特的位置。世间存在之所以有限正来自其身份、角色和位置的局限。再者，由于一切具体物都是活动作用因缘和合的产物，它们都必然是有相的存在。

"相"者，由活动作用或行为的蕴集所开显的现象也。总而言之，世间存在或"所是"的本质就是"有限有相"。与此相反，"是"本身或存在本身——即活动作用或行为本身却是无外、无对、无它者的；它只是一个纯然的"自是其是"、"自道其道"、"自然其然"或"自如其如"罢了。"是"本身是无身份、无角色、无着落、无方所的。它可以什么都是，却又什么都不是。这不正是老子《道德经》中所谓的"常道"或"自然"和大乘佛教所谓的"真如"么？巴门尼德斯所坚决肯定的"圆是"（rounded being）应该也是扣紧存在或活动作用本身的"自是其是"而立义的罢！在这个超越的境界里，"圆是"、"常道"、"自然"或"真如"是不能有"身份"、有"角色"、有"着落"或有"方所"的；不然的话，它就不是无对无外无它者的了。"圆是"或"是"本身既非"此是"也非"彼是"，既不"是在这里"也不"是在那里"，它哪里都不在，什么都不是。我们可别忘了，"非是"不也是一种"是"么！由是，在这个超越的境界里所开显的"是"或"圆是"是只能意会而不能言诠的；"圆是"并非指一类所是，而只能看作是"是"本身的一个象征性的代名词。不能言诠的意思是，我们不能用适用于"所是"或具体物的语言来诠释它。这就是《道德经》首章"道可道，非常道"一句中所揭示的"常道"了。"常道"就是"常是"，亦即是"自然"。这里"常"字不是一般的时间概念，它所指向的乃是"圆是"、"常道"、"自然"，"真如"或存在本身的绝对超越性。那么为什么《道德经》又说"道法自然"呢？法自然的"道"与"常道"有什么关系？这好像是两个不同层次的概念啊？不是的。法自然的"道"不是外在于"常道"的什么东西，而正是"常道"的开显。常道的开显就是常道本身的"道其所道"、自然本身的"然其所然"、"是"或"圆是"本身的"是其所是"，或"真如"本身的"如其所如"。换句话说，"道法自然"中的"道"就是自我开显的"常道"，亦即是常道或自然的然其所然。这个开显的"道"是以常道的自然其然为法或根据的，所以常道与开显之道的关系也就是"自然其然"与"然其所然"的关系。用宗教神学的语言来讲，自然其然的常道是上帝的在其自己，而"然其所然"（"是其所是"或"如其所如"）的道则是扮演着造物者角色的上帝。从自然其然到然其所然，从自是其是到是其所是——上帝走出他自己而成为造物者，常道的道其所道或自我开显，其实就是宇宙万物的创化过程。如是，在"自是其是"，"是其所是"

及"所是"三者之间也就在我们的概念里形成了一个三分的存在格局。这个三分的存在格局的精义我们将通过下面的三个表式逐步阐释之。

### 三门与三观：具体宇宙的存在格局

**表 I　关键词简释**

| 关键词 | 简释 |
|---|---|
| 具体宇宙（S） | 一切具体存在的统称（S 代表句子的主格或主词、思维与言说的对象） |
| 存在本身（$S_0$） | 无外、无对、无它者／无身份、无角色、无着落、无方所（这里"0"不是一个数字而是一个象征符号，代表绝对的无，亦即以无为有的妙有） |
| 本根存在（$S_1$） | 亦称"首位存在"或"基始存在"，具体存在的终极根源（"1"是首位数，代表第一、本、根、基或始等概念） |
| 本体（$S_{01}$） | 存在本身（$S_0$）与本根存在（$S_1$）的合称，此两者"二而一"、"一而二"的超切关系乃是一切具体存在的真实内容；本体乃是万物的"超世间存在" |
| 存在者（$S_n$） | 亦称"开显者"，泛指一切生于本根或基始的众多具体物或万物（"$S_n$"代表本体的化身或分殊） |
| 现象（$PS_n$） | 万物的"世间存在"，现象乃是本体的分殊和变化所开显的事相与物相（P 代表句子的谓格或谓词，对主格或主词思维与陈述的内容；p 是英文"phenomena"的第一个字母，故也同时代表存在者所开显的现象） |
| 无位门 | 以存在本身为对象的思维与言说 |
| 首位门 | 以本根存在为对象的思维与言说 |
| 变化门 | 亦称"生灭门"，以具体存在的变化生灭为对象的思维与言说 |

存在本身（$S_0$）：无外、无对、无它者／无身份、无角色、无着落、无方所（这里"0"不是一个数字而是代表无或空的符号，也可视为数本身）。

本根存在（$S_1$）：亦称"基始存在"，具体存在的终极根源（"1"是首位数，代表第一、本、根、基、或始等概念）。

存在者（$S_n$）：亦称开显者，泛指一切生于本根或基始的众多具体物或万物（"$S_{01}$"代表 $S_0$ 与 $S_1$ 的超切连续）。

本体（$S$）：存在本身（$S_0$）与本根存在（$S_1$）的合称，此两者"二而一"、"一而二"的超切关系乃是一切具体存在的真实内容；本体乃是万物的"超世间存在"。

现象（$PS_{01}$）：万物的"世间存在"，现象乃是本体的分殊所开显的事相与物相；具体物既是一个世间存在，也是一个超世间存在。

道体（$S$）：本体的别名。

德体（$S_{01}$）：存在者的别名，具体物有得于道者曰"德"，由是每一具体物都是一"道"与"德"合一的"道德体"。

超切二门（$S_0 \cup S_1$）：存在本身（$S_0$）与本根存在（$S_1$）的超切连续（$\cup$），其中存在本身（$S_0$）称"无位门"或"无极门"，本根存在称"首位门"或"太极门"。

**表 II　本体的超切二门**

| | 本体（S）的超切二门<br>无位门（无极门）与首位门"太极门"<br>（超世间存在） | | 本体的分殊<br>现象世界的开显<br>（世间存在） |
|---|---|---|---|
| 本体的陈述<br>陈述语言或观点 | 存在本身（$S_0$）=究竟的无=无限无相的真实（无对、无外、无它者；无身份、无角色、无方所） | 本根存在（$S_1$）=终极的开显者=无限与有限、无相与有相之间的真实 | 存在者（$S_{01}$）=本体所开显的现象=有限有相的真实（有对、有外、有它者） |
| "是"（S）的语言<br>（印欧语系） | "圆是"（$S_0$）="是"本身的自是其是 | "基是"（$S_1$）="是"的是其所是，或"是"的开显。 | "所是（者）"（开显的分殊） |
| "道"（S）的语言<br>（《道德经》） | "常道"（$S_0$）不可道之"道"=道本身的自道其道="自然"（$S_0$） | 法自然的"道"（$S_1$）="道"的道其所道或开显 | 所道（万物） |

续表

| "自然"（S）的语言（《道德经》） | "自然"（$S_0$）的自然其然 | "自然"（$S_1$）自然其所然或开显 | 所然（万物） |
|---|---|---|---|
| 佛性"真如"（S）的语言（大乘佛教） | "真如"（$S_0$）的自如其如（佛性 = 如来） | 真如的如其所如 = 佛性的自我开显 | 万法（所如） |
| "上帝"（S）的语言 | 造物前的"上帝"（$S_0$）或上帝之在其自己 | 作为造物者的上帝 =（$S_1$）上帝的自我开显 | 万物（所造） |

本体二门与现象世界的超切连续

$$(S = S_0 \cup S_1) \cup \sqrt{} S_{01}$$

　　不过，虽然无外、无对、无它者，存在本身却是有"内"、有"德"和有"体"的，亦即是有可被分析的内容的。存在之"体"是什么呢？当然就是构成所有具体存在的活动作用或动态本质了。万物以活动作用为"体"，活动作用不仅是具体存在的标志，也是具体存在的普遍内容。但这样讲是不足够的，"万物以活动作用为体"这句话只说对了一半。此乃因万物不仅以活动作用为体，也以权能为德。"德"者，得也。说得明确点，万物之所"得"就是运作于其活动作用之中而为其生长变化的主宰力量的创化权能。事实上，活动作用与权能是不可分的。后者正是前者体一分殊的具体表现。一物之德乃是该物在体一分殊的过程中所"分得"的权能。先秦道家以一体的创化权能为"道"，而以分殊的创化权能为"德"，这正是《道德经》中"道德"一词的胜义。你分得的权能就是你之德，我分得的权能就是我之德，飞禽走兽、花草树木所分得的权能就是飞禽走兽、花草树木各自之德。道与德的关系，正是权能体一与分殊的关系。总而言之，一具体物之"德"就是运作于其动态存在中的"道"，或本体权能。但这不仍是太抽象了吗？运作于具体存在的道与德——创化权能的体一与分殊，与呈视于我们感觉世界中的森罗万象究竟有何相干呢？

　　我们早就说过了，宇宙间的森罗万象，包括呈现于我们感觉意识中的所有具体物，莫非道与德或权能通过活动作用所开显的相或现象。创化权能与感觉世界的关系乃是动态本质（本于创化权能的活动作用）与现象的关系，亦即是（运作中的）道与德与（呈现于感觉意识中的）物相的关系。必须立即补充的是，不仅权能与活动作用不可分，本体与现象也是不可分的。如是我们又回到甲篇中讨论过的"体用相"的三分理念了。重要的是在场有哲学中体、用和相是相互定义的，三者构成了一个不可分割的超切连续。此超切连续的动态内容也就是语言可以把握得到的存在体验了。

这个以创化权能体用相的超切连续为内容的"体"就是我们所谓的"权能体"或"能量系统"。所有具体物或具体存在都是一个相对独立的权能体，它的能量系统就是构成此具体存在的动态本质的超切内容。在场有哲学的语言里，主词所指向的永远是运作中权能，而谓词所描述或把握的则是权能的用和相，亦即是权能通过活动作用所宣示的意义和信息。

说得仔细一点，一具体物之"体"乃是它的活动作用的总和，而此"动态的总和"也许就是"主体"一概念最基本的含义了。"主体"者，一物作为主词或主格的（存在）内容也。说是最基本的，因为"活动作用的总和"这个描述语所指涉的乃是人类对具体物最原始的体验。而不是隐藏在它活动作用的"外面"、"下面"或"后面"的一个本身不活动作用的什么"载体"或"托体"，一如实体主义哲学所默认的。从场有哲学的观点来看，"主—谓格"表达方式所涵摄的哲学意义是这样的：所有关于具体存在的谓词都是或可化约为活动作用的描述语。但活动作用乃是创化权能的具体表现，故主词与谓词的关系，最后分析起来，就是创化权能与活动作用的关系。作为一切存在的本体和所有句子或命题的终极主词（ultimate subject），本体权能不是一个永恒地同一不变的"实体"，而是一个既是绝对无断却又是断而不断的创化原动力。换句话说，超于创化权能的活动作用，如前所述，乃是万物的普遍内容。任何有关具体存在的句子或命题都是此普遍内容的一个局部或片面的描述；而它的局限性与片面性正是植根于本体权能的体一分殊。在印欧语系的文化和哲学传统里，用来表达本体或创化权能体一分殊的关键语就是"是"。

但这个原始的主体概念既与传统西方形上学所谓的"实体"截然不同，也与康德所谓的"物自身"或"物之在其自己"的概念大异其趣。从场有哲学的观点来看，西方形上学的实体和康德的物自身都是"超离型"思想的产物，而我们此处所谓的"主体"概念却来自一个彻底的

"超切观"。这是哲学思想把握存在的两大方向，两者的分歧的关键就在主词与谓词或主格与谓格的关系上。

宇宙间的一切具体事物都是有活动作用可言的，都是通过活动作用而开显的存在者；但即使是纯粹概念性或意义性的东西诸如语言、数、几何图形、象征符号、神话、文学或艺术作品中的虚拟人物等，抽象物在某一意义上来说都是存在的。抽象物虽然本身不能活动却仍可依附在具体物的活动上而发挥其作用的。这就是"具体存在"与"附体存在"的分别了。但不管是具体或是附体，"存在"的意义是由活动作用来决定的。活动作用不仅是存在者之所以为存在者的普遍形式，也是一切存在所开显的普遍内容。但开显与体验是分不开的，没有不被体验的开显，也当然没有无开显的体验；存在的开显与存在的体验其实是一事之两面。是故在场有哲学中"存在论"既是"开显论"也是"体验论"，因为它正是以"存在开显的体验"为其探讨对象的学说。在场有存在论里，宇宙间的一切具体物都是以"开显者"与"体验者"的双重身份而存在的。不过这样讲可能还是笼统一点，准确的说法是，活动作用乃是存在的开显；而当我们通过活动作用来体验和把握当下世界，体验和把握他人他物时，我也无可避免地在与他人他物的相对相关中体验和把握了自己。

中文"体验"一词至为传神。与此相比，英文的"experience"，一般译作"经验"，就差了由"体"字所涵蕴的意义。这个字太关键、太重要了。在某一义上来说，中西方哲学一个最重大也是最基本的分别就落实在这个"体"字所代表的哲学趋向上。西方哲学自巴门尼德斯以后即是一个"循言起思"、以本于语言的信息和结构的思想范畴来阐现存在本质的"逻各斯学"，一种本于逻各斯或"logos"（语言、言说）的学问；与此相对，中国哲学则自始以来即是一个依身起念、通过身体的功能和作用来证验或贞定存在德性的"中道学"。这里"中道"一词从就这两个字的泰古原义来了解。在泰古哲学的语言里，"道"乃是一个人身的代名词，指的乃是我们这具能直立走路、能说话和思想的血肉之躯。能直立地走路、说话和思想——这不正是象形的道字所要表达的意思么？场有哲学称之为"根身"或"道身"乃由于我们的身体不仅是我们一切活动作用的根据（根身），也是意义世界得以相对于我们而开显的枢纽和转轴（道身）。后者也就是"中道"一词里"中"字的含义了。如是"中道学"

也就是探讨根身、道身之所以为意义世界的中心的学问。在今人的用法里，"道"字有道路、导向、道理或规律等多重含义，显地是从道的泰古原义引申出来的。道是我们的根身，但也是我们根身所走的路——通向意义世界的路。对于一个活着的人来说，人是一个恒常地"走在路中"的生命体，通过他的活动作用走向，也生活在为其根身、道身所贞定的意义世界。

为什么称之为"道"——一种以"道"或"根身"的活动作用为中心和意义依归的思想传统。"道"，这不正是象形的"道"所要表达的意思么？场有哲学称之为创化权能。道就是创化权能自身，也是创化权能开显之理。场有哲学的本体论基本上是一种"场行的拓扑学"。

场有哲学在其核心处乃是一种"究竟学"，一种探求宇宙和生命的普遍真理和终极真实的理性道术。这里探讨"理性"一词可以分两个层次来了解，即知解理性。理性是高级生命体作为一个有高理性，是一般即知解理性分的意义的创化权能，而非创化权能自身。那么什么是创化权能呢？创化权能是万物的本体；世间所有具体存在都是创化权能一体的分殊。

而"拓扑"一词是希腊文"topos"的音译，乃是地方、所在地的意思。世间任何具体物或实有莫不有其独特的拓扑（位）或它在发生秩序的现实场有中得以立足的缘会处境。你有你的拓扑，我有我的拓扑，你我周边的一草一木也莫不有其各自的拓扑。由于所有构成实有的超切连续体都是变动不居的，我们的拓扑也相应地、时时刻刻地变动着；我们当下的拓扑位已经不是前一分或一秒的拓扑位了。但不管在哪一时刻，我们所在的拓扑都是一个孕育"发生虚机"或发生可能性的地方。在我们的拓扑位里汇聚了所有我们得以生发或生长变化的条件，亦即是，用佛家的语言来讲，因缘和合的所在。没有因缘和合就没有"虚机了断"（生发可能性的实现）。这就是为什么拓扑位也可称为"缘会处境"了。而一物的拓扑或缘会处境乃是在功能时空中的位置或处境，莫不扮演着角色的相对相关性，并不是一般所谓的秩序。那么什么是"功能时空"呢？

首先，"功能时空"乃是"功能时间"和"功能空间"的复合词，两者都是"可能性所在"的概念。所有具体存在都是权能体，而活动作用则是权能运作的具体表现；功能时空的概念乃是从权能体遂性造业的基本德性引申出来的。一切具体物或权能体均以功能为性，"遂性"就是功能的发挥。但遂性则必"造业"，"业"就是活动作用在遂性过程中所产生的效果或成果。场有哲学就是通过权能体的遂性造业来定义主体性和主客关系的。作为权能体，一切具体者或具体物都是有主体的，其主体性就是其遂性造业的能动性。一具体存在的主体就是主宰着其一切活动作用的活能；而相对于一活能主体而言，所有能为其所用的业物质或附体存在的抽象物如理型、数字、语言和象征符号等等都是客体。

但不管是"时序"或是"空序"，具体物的结合都是本于权能体在功能上的超切性或相对的相关性。权能体不仅在功能空间中同时与权能体相依相伴，也在功能时间上与其他异时的权能体相继、相承。

从一个具体物的观点来看，世界乃是一个由同时者与异时者组合而成的具体真实。这个具体真实没有确定的边界，而是一个动态的、无始无终、无边无际的有序群体或超切连续体。

一物或具体存在所具的"体"正是它所归属的连续体或所处的场有。"具体"正是以场有为体的意思。由于具体物所背负的场有包含了它们存在和生长变化的所有条件，一物的具体真实和它在的场有或连续体中的位置，我们所谓的"拓扑位"（topological locus）或"缘会处境"是分不开的。一切具体存在都是拓扑性或处境性的存在。

场有宇宙论是这样体会、这样构想的，宇宙是一个无始无终、无边无际的连续体或场有；万物中的任何一物，不管是有意识或无意识的具体存在，不过是以权能为其本体，权能乃是事物的真实内容；故一切事物都是权能体，这是场有哲学的第一大前提，但权能不能离开权能体而存在。

场有哲学是一种究竟学，也是一种姿态形上学。它主张超切主义或非实体主义的思想，它不同意实体主义的二分对立的思想。必须立即指出的是，我所谓的"非实体"并不等于"反实体"。场有哲学虽然否定实体主义的世界观，却并不否定"实体"概念的重要功能，即：作为生命理性的一种知性道术或手段；套用佛家的语言来讲，实体主义不是真理，而是一种"方便"。场有哲学虽然针对实体主义来讲非实体，它真正拥抱的却是一个"超切中道"的立场。世间的一切事物，包括所有生命体及具体存在，都是相对相关的；它们一方面相互独立，但另一方面也相互依存。用场有的术语来讲，一切事物都是有徼（相对）有蕴（相关）的。事物间这种相对相关、既相互外在亦相互内在的特性，乃是事物的存有本性，也是"超切"一词取义的所在。

在其核心处场有哲学乃是以探究宇宙人生的普遍和终极真理为职志的一种"究竟学"。真理乃是真实的开显，但所有真理，对于人而开显的真实，都是通过人对宇宙人生的体会或体验而被理解或认知的。一个思想或哲学体系所预设的大前提最后都是从吾人对宇宙人生的一些核心体会或体验来的。说穿了，哲学作为一种究竟学在其本质上，只不过是这些核心体会或体验的反省、剖析和描述。所以，要了解一个哲学体系，我们必须首先找出开启它的思想大门的钥匙，亦即是把握到它所默认的大前提，并循此深入地、同情地去印证它背后的核心体验。和其他主体行为一样，理解一种思想本质上是一感通裁化的过程，只不过感通裁化的对象是一个已经客体化了的知性主体罢了！

"场有"这个词语有多个不同的用法和含义，其中一个主要的用法就是作为"场有哲学"或"场有型思想"的省称。这一类型思想的一个最显著的特色，就是它的非实体的主张或趋向。对我来说，"场有型"与"实体型"两种思想的分别不仅是本体论的分别，而是把人类的全部精神领域牵涉在内的整个世界观的分别。

我甚至认为，所有哲学问题都可化约为实体与非实体，或实体主义与非实体主义之间的问题。这样讲我认为是毫不夸张的。我一生的心力也就用在此两种思想形态的对比上。必须立即指出的是，"场有哲学"虽然是非实体，但却不是反实体。它本质上乃是一种"超切主义"的哲学，一种主张"偏为正用"的中道哲学。我这本回忆录，就是环绕着这个核心问题而写的。

# 六 权能百问

1. 世界是怎样造成的？场有哲学的答案是权能，即：使万物得以生发的创化原动力。场有哲学是一种权能哲学或一个权能为其核心概念的思想体系。在这个思想体系中，权能与万物是一个怎样的关系？试就以上对权能的基本描述作扼要的说明。

2. 西哲泰利士认为万物是水做的。这个看法与场有哲学有何相似之处？二者之间又有何重大的差别？

3. 从西方形上学的的观点来说，权能哲学明显地是一种一元论的哲学。在某一意义上来说，虽然这个判断设有错，却低估了问题的复杂性。西方形上学基本上是一种实体主义的形上学，以为真实的世界是由实体构成的；哲学的概念和范畴也可对应地实体化。对于万物的本根西方形上学大致只理解和肯定首位义的本根，而不理解或忽略了无位义的本根，试就首位门与无位门思想的区分简述中西方本根概念的基本差异。

### 权能范式

权能范式不仅是权能论的建构原理，也是权能思想的最高指导原则。这是场有哲学的大前题。它定义了权能体的动态内容和超切形式，动态内容就是体，超切形式就是场，权能范式确定了权能体作为场体（或场有）一语在场有哲学中的胜义。

### 权能范式

一般表达式：权能体 = 活能×业能（业物质）= 活业力

活能：正在活动作用的生发原动力，创造性的能量

业能：潜在于业物质中或已被业化的原动力，保守性的能量

业物质：由活能所产生的一切效果，效应或成果

符号"×"：活能与业能的内在关联或相互作用

活业力：活能与业能／业物质的相互作用所产生的综合力量

蕴微子：一个活业力的单位

蕴微元：最微小的蕴微子或活业力单位，产生 $\Omega$k 或最小的业

**权能六式：权能范式的应用**

一　无位门：权能第一〔范〕式／权能的超世间义

终极权能或纯粹活能所开显的无限境界

二　首位门：权能第二式／权能的出世间义

本根权能或权能无限而自限的境界〔终极权能的自反〕

自反生能量〔力（量）〕，自反生灵明〔心（量）〕

原始的业，本根权能所造的业，乃万物的胎藏

三　众生门：权能第三式／权能的世间义

有限权能在世间的生生持续

四　入世门：权能第四式／权能的入世间义

世间权能源自纯粹活能的溢出

五　归根门：权能第五式／权能的反世间义

世间权能向本根权能的回归

六　入灭门：权能第六式／权能的反世间义

世间权能向终极权能的回归

4. 场有哲学以权能体为研究对象。什么是权能体？请先与这个基本范畴以最简要和最具涵盖性的定义或描述？权能体与一般人所谓的物有何差别？试首先举数特例以说明之。

5. 权能体可作自然体，人工或人为体，超自然或非自然体，境观体之分。它们的分别在哪里？请举例说明之。

6. 何以称活业力为权能体动态内容的核心？

7. 场有哲学的宇宙论从活业力的观点看世界，这与自然科学的观点有何不同？

8. 权能体中的体字在权能论中有何特殊的意义？与西方形上学所依赖的实体的概念有何重大的不同？试就实体概念的三大特点分别论之。

9. 作为存在的两大分类，场有哲学作具体存在与附体存在之分，此二者的关系如何？试详论之。这个分类与柏拉图的主张有何差异？

10. 场有哲学以万物一体与体一分殊来描述权能世界中本体与万物的关系。其间的分别何在？

11. 本体是一个权能体的本来面目。体一分殊中的体或本体指的是什么？

12. 建立一套理论有三大进路：结构进路、功能进路、境界进路。相对而言，在三者之间哪一条进路在西方哲学最为突出？何者最为薄弱？中国哲学呢？

13. 境界进路有何特点？一个开显的境界能够像对一块木板或一个苹果那么分割么？境界的开显是相对的，它永远是相对于某一观点或视域而开显境界。绝对的境界是一个无观点或超越一切观点的境界。你认为这是可能被把握的么？

14. 境不离观，观不离境，境观主义主张真理的开显是一境观的分内事，这个命题应作如何解释？

15. 一般所谓的普遍真理是怎样形成的。场有哲学对普遍真理（包括自然科学上被接受或肯定）的问题如何处理？

16. 何谓业？权能论中的业论与传统文化中的业的概念有何不同？

17. 业字源自梵文 karma，是行为或行动的意思，这个词源学的原意对场有哲学有何重要的启示？

18. 对于在世的权能体而言，它不仅受到外在于它的业物质的限制，也受到它所习染到的、已潜在于它体内的业物质的限制。权能体所受到的限制乃是内外业相互作用的结果。这样讲是否正确？

19. 何以说业的存在是一种散在，业的分析与实体的分析的重要分野在哪里？

20. 何谓熏习？场有哲学认为世间的习惯、习俗、成文、法规等等都是熏习的产物。自然科学中定理当然是例外。它们是上帝决定的。

21. 纯粹活能何以称为纯粹？

22. 终极权能乃是纯粹活能所开显的无限境界，亦即是一个无业的境界。那么业的世界是怎样开始的？

23. 本根活能是原始的造业者，这样讲是否正确？

24. 何以称原始的业为万物的胎藏？

25. 一实开二门指的是什么？

26. 纯粹活能为何自反？

27. 太极图说以无极而太极开章。根据一实开二门的理论，无极与太极的意义在哪里？无极而太极一语应作何解？

28. 下列的三对观念代表三个哲学传统的核心范畴：上梵（不能被语言界定）与下梵（可以被语言界定）；无（名万物之始）与有（名万物之母），佛性与阿赖耶识；（在怀德海哲学中）创造性本身与神。请在一实开二门的架构（无位门与首位门的对比）中厘定其相对的位置。

29. 场有哲学称实在为一个三真之实，即体真、用真、相真。在场有哲学中，体用相指的是什么？三者之间是如何相互关联的？

30. 何谓蕴？何谓徼？蕴徼原理的核心思想是什么？

31. 何谓蕴徼形式？试举数例说明之。哪些是决定蕴徼形式？

32. 何谓宜值？何以宜值是一个时空的变数？

33. 一个权能体的稳定性及其在某一时段中的业物质结构密切相关。最佳的组织乃是一个使权能体得以发挥其活能创造性并使其得以稳定地持地生长或持续发展的组织。这样的业物质结构有最高的宜值。试举数例以阐明其中的深意。

34. 权能的宇宙是无数的蕴徼子构成的，对有限的权能体而言，一个蕴徼子不仅有外在的蕴徼子与之相对，其本身也可以有不同层次和维度的蕴徼集团构成。试举例言明之。

35. 体与用，紧密地与相相连，是中国传统哲学惯用的范畴，这对概念相当于西方形上学所谓的本质与表现。对场有哲学而言，体用相三者的互相关联正是决定一权能体动态内容（本质）的关键。请举例说明之。

36. 内蕴权能（活业力）与活动作用的蕴徼关系乃是权能体主体性的所在？活动与作用连言有何深意？

37. 活动的概念在权能论中是有特殊含义的。它可以等同一般所谓行动或行为么？

38. 本于柏拉图和亚里士多德的西方形上学以物质为形式的载体，场有哲学则以物质为业的载体，此中有何重大的差别？

39. 西方形上学所依重的形式概念乃是实体结构的抽象，场有哲学则把形式的概念放在权能体的场性或最具涵盖性的权能超切性上，即权能体与宇宙内其他权能体在其动态内容上的相对相关。一权能体的形式就是它的场。请举例并扼要地指出中西方在形式思想中的差别。

40. 场有哲学不是一种意识哲学而是一种灵明哲学，意识与灵明是怎样的一种关系？

41. 场有哲学主张灵明的心观和动态的生命观，亦即是以活能为主的生命观。一个权能体的生发能量和自反灵明来自它体中的活能。根据这个主张，一块石头也有生命的存在么？

42. 蕴徼元是一段生命。这段生命是如何开始的？

43. 对蕴徼元的生命，场有哲学作出世存在与入世存在之分。蕴徼元的在世生命是怎样开始的呢？

44. 什么叫作命运的一刻？对蕴徼元的生命而言，这一刻决定了些什么？

45. 何谓有时？时即有，有即时。有时与公众或坐标时间有何分别？

46. 蕴徼元的生命是怎样终结的？

47. 蕴徼元向本根活能的回归（或归根）是怎么一回事？以什么身份回归？回归到哪里？

48. 何谓依存的主体性？它与本根活能有什么关系？

49. 何谓无位门回归？入灭与归根有什么关系？

50. 佛家所谓的无余涅槃是首位回归还是无位回归？

51. 佛家认为万法皆空？场有哲学对此的基本立场如何？对此问题的理解其关键在哪里？

52. 何谓实体？实体的基本定义是什么？何以说实体概念是整全主义的产物？

53. 实体思维与主谓格的表达方式，即：主词代表逻辑主体，谓词代表属性，有何关联？何以说实体是一个静态的东西？实体可能有动态内容吗？

54. 场有哲学与实体哲学的重要分歧在哪里？

55. 何谓逻辑？略述场有哲学的逻辑观。

56. 通过实体逻辑，西方形上学建构的是怎样的一个世界？

57. 超切或场体逻辑的精粹何在？超切逻辑所剖析的是怎样的一

个世界？

58. 比较起来，超切逻辑与实体逻辑哪一个较接近我们亲切体验得到的真实？

59. 龙树的八不主义与场有哲学超切主义有何相通之处？从后者的观点来看，非实体的真实即是怎样的真实？这是否就是场有哲学所谓的三真之实？

（未完成稿）

# 附录:场有大事纪要(1969—2012)

| | |
|---|---|
| 1969 | 唐力权教授向纽约社会科学研究新校提交博士论文 "*Context and Reality: A Critical Interpretation of Whitehead's Philosophy of Organism*"（《脉络与实在：怀德海机体哲学之批判的诠释》）。这篇论文隐含场的概念基础，对形式现象学作了重新的建构，并对怀德海的思辨哲学作出评鉴。此项重构以三个主题为基础：（1）功能性的存有概念；（2）动态的形式理论；（3）机体主义的观点——这三个主题经调整后，成了场有形上哲学的基石。 |
| 1974 | 唐力权教授于论文 "*The Concept of Time in Whitehead and the I Ching*"（《怀德海与〈易经〉的时间概念》）（《中国哲学》杂志，第一册）中，以存有的"实体"与"面态"两种存有模式之两极说，建构了其场有的概念。存有的流动性明显地与场的概念互相联系。这篇重要的文章也为场有解释学及比教哲学的研究定下基调。 |
| 1986—1989 | 唐力权教授的主要中文著作《〈周易〉与怀德海之间：场有哲学的时代意义》由 1986 年 9 月（第 3—9 册）至 1989 年 11 月（第 11—16 册）首次在《哲学与文化》（台北）分十四期连续刊登。有关题目未能确实反映该书的内容，容易对读者产生误导，因为文章基本上是对场有哲学的综合介绍，唐力权教授当时认为这种思想是周易与怀德海思想之间的一种调和。 |
| 1989 | 《〈周易〉与怀德海之间：场有哲学的时代意义》首次以书本形式出版（黎明，台北），并加入副题："场有哲学序论。" |
| 1990 | 唐力权教授在中华人民共和国成立后首次到访中国，并首次在中国上海华东师范大学及天津南开大学以场有哲学的题目讲课。 |
| 1991 | 沈阳辽宁大学出版社出版了首个内地版本的《〈周易〉与怀德海之间：场有哲学序论》。 |

| 1992 | 唐力权教授在香港与台北作场有哲学讲学。 |
|---|---|
| 1993—<br>1994 | 唐力权教授在香港佛教法住学会及中国科学院开讲场有哲学，唐教授在中国社会科学院认识了杰出的科学哲学家罗嘉昌教授。罗嘉昌教授以研究关系实在论闻名。罗嘉昌教授与唐力权教授其后创办了中文杂志《场与有：中外哲学的比较与融通》，探讨场有哲学及非实体主义思想以及相关的比较哲学研究。第一册由罗嘉昌与郑家栋共同主编，于 1994 年 8 月由东方出版社（人民出版社分社）出版。唐力权教授为杂志之荣誉主编。 |
| 1994 | 唐力权教授在秋季新学年利用半年休假，在中国展开了长达八十日（8 月至 11 月）的讲学之旅，在北京大学、中国社会科学院、中国人民大学、清华大学（北京）、吉林大学（长春）、山东大学（济南）、武汉大学（武昌）、云南师范大学（昆明）、中山大学（广州）各间大学对场有哲学与非实体主义思想进行讲学及举办研讨会。讲学之旅的其中一项重要成果是在唐教授所探访的大学组成了一个场有哲学秘书处或协调及研究中心的网络。这是全球场有哲学网络的开端，为 1994 年 11 月成立之专家学者非正式的学术组织国际场有哲学协会奠下基础。<br>第一届场有哲学会议由《场与有》编辑委员会主办，于 9 月在北京中国社会科学院举行，唐力权教授在会议上发表主题演讲，约 40 名主要来自北京学术界的学者参加了是次会议。<br>11 月，北京及吉林大学的秘书处召开了地区会议，探讨有关场有的各种哲学议题。 |
| 1995 | 由 3 月开始，武汉大学的秘书处在全年举办了多场有哲学研讨会，参与者众，引起很大的回响。有关各次研讨会的报告后来在中国最具权威性的杂志《哲学研究》上刊登。<br>唐力权教授在暑期再次在远东地区展开广泛的讲学之旅，探访了台湾、香港、深圳、上海、南京、合肥及北京多所主要的大学，包括"国立"清华大学、"国立"台湾大学、天主教辅仁大学、香港浸会大学、新亚研究所、深圳大学、华东师范大学、南京大学、南京理工大学、安徽大学、安徽省社会科学院及北京大学。多个新秘书处加入了国际场有哲学协会的网络。<br>由罗嘉昌、郑家栋与毛怡红合编的《场与有》第二期，于 7 月由中国社会科学出版社出版。 |

| 1995 | 《哲学杂志》（台北）以特别版刊登了对场有哲学的讨论（1995 年 7 月第 13 期）。 |
|------|---|
| 1996 | 《场与有》第三期由毛怡红、宋继杰与罗嘉昌合编，于 6 月由中国社会科学出版社出版。宋继杰博士时为中国社会科学院哲学研究所博士研究生，唐力权教授在他于长春吉林大学任讲师时认识。宋继杰博士后来将唐教授的许多英语著作翻译成中文。吉林大学秘书处对《场与有》第三期的出版作了不少贡献。<br><br>得到美国美田大学（Fairfield University）文理学院院长（现为副校长）奥林·格罗斯曼博士（Orin Grossman）的鼓励与支持，国际场有哲学研究所（International Insitute for Field – Being，IIFB）于年底成立，宗旨为在全球背景下推广场有哲学与非实体主义思想。研究所当时的职员包括巴巴拉·阿姆地奥博士（Barbara Amodio）、科特河·纳塞尔博士（Curt Naser）与罗拔·山斯基博士（Albert Shansky）。与唐力权教授共事多年的好友，当时任哲学系主任的汤姆·里根博士（Thomas Regan，S. J.）担任研究所的顾问。 |
| 1997 | 由国际场有哲学研究所主办的第一届年度大会"第一届场有哲学与非实体主义的转向研讨会"于 5 月 23 日至 27 日在美国美田大学校园举行。参会者共 23 人，其中包括陈来、黄勇、稻田龟男（Kenneth Inada）、姜新艳、祖迪·钟斯（Jude Jones）、李晨杨、刘东、牟博、约翰·施罗德（John Schroeder）、安雅·斯坦鲍尔（Anya Steinbauer）、王新立、桑德·拉华里杜（Sandra Wawryto）、杨晓斯、翟振明。唐力权教授以一首哲学诗歌"场有的第三只眼睛"为会议揭开序幕。<br><br>唐力权教授展开了第三次的中国讲学之旅，到访了武汉大学（武昌）、重庆师范大学（重庆）、四川大学、四川省社会科学院（成都）及云南师范大学（昆明）。<br><br>由吴根友、邓晓芒、郭齐勇主编之第四册《场与有》，于 6 月由武汉大学出版社出版。本册之作者及编委会成员主要来自于武汉大学秘书处相关联的学者。 |
| 1998 | 唐力权教授由 5 月 11 日至 7 月下旬展开了第四次中国讲学之旅，在香港中文大学、香港科技大学、新亚研究所、香港浸会大学、陕西师范大学、西安市社会科学院、西北政法大学（西安）、南开大学（天津）、中国人民大学以及北京师范大学（北京）讲解场有哲学。 |

| | |
|---|---|
| 1998 | 由国际场有哲学研究所主办之"第二届场有哲学与非实体主义的转向研讨会"共分两部分。第一部分于 8 月 4 日至 9 日在美国美田大学举行，第二部分于 8 月 10 日至 15 日在美国波士顿连同"第二十届世界哲学会议"一起举行。此次会议共有 45 位学者参加，其中多位是首次参加会议，包括《在世哲学家图书馆》的前编辑路易斯·哈恩（Lewis E. Hahn）、李光世（Kwang – Sae Lee）、哈罗德·奥利弗（Harold Oliver）、沈清松与及现任国际场有哲学研究所副所长罗拉·维德（Laura Weed）。第二部分在波士顿与"第二十届世界哲学会议"一起举行的会议，参加者众，部分为国际场有哲学研究所之海外会员。<br>唐力权教授的博士论文 Context and Reality：A Critical Interpretation of Whitehead's Philosophy of Organism（《脉络与实在：怀德海机体哲学之批判的诠释》）由宋继杰翻译成中文，于 6 月由中国社会科学院出版社出版。<br>由罗嘉昌、黄裕生、伍雄武编辑之第五册《场与有》由中国社会科学院出版社（北京）出版，于 11 月面世。<br>在中国思想与文化研究所总监赵吉惠教授的领导下，西安于年底成立了一个秘书处，赵吉惠教授建议于西安举行场有哲学会议。<br>国际场有哲学研究所成为美国哲学协会东部分会的一个属会，于 12 月在波士顿举行的协会年会中主办了四个分组讨论。 |
| 1999 | 由国际场有哲学研究所主办之"第三届场有哲学与非实体主义的转向研讨会"于 8 月 12 日至 17 日在美田大学举行，共有 52 位学者参加，其中有一半属首次参加，他们分别来自英国、德国、印度、日本、斯里兰卡及中国台湾。<br>感谢网站设计人员马特·尤瑞克（Matt Yurek）与国际场有哲学研究所行政总监科特河·纳塞尔博士（Curt Naser）的努力，国际场有哲学研究所的网页（www. iifb. org）正式成立。科特河·纳塞尔博士（Curt Naser）后来更成为国际场有哲学研究所的网页管理员。<br>国际场有哲学研究所成为美国宗教学院之属会，于 11 月首次在波士顿举行之宗教学院年会中主办了两个分组讨论。 |
| 2000 | 由国际场有哲学研究所主办之"第四届场有哲学与非实体主义的转向研讨会"于 8 月 9 日至 14 日在美田大学举行，参加学者约有 70 人。约瑟夫·布拉肯教授（Joseph Bracken, S. J.）（萨维尔大学）、稻田龟男教授 |

|      |      |
| ---- | ---- |
| 2000 | （Kenneth Inada）（纽约州立大学水牛城分校）、李光世教授（Kwang – Sae Lee）（美国肯特州立大学）、汤姆·里根教授（Thomas J. Regan，S. J.）（美田大学）与琼斯·坦博教授（Joan Stambaugh）（纽约市立大学）在大会上作主题发言。<br><br>感谢傅伟勋基金的慷慨支持，首届傅伟勋论文比赛——场有哲学与非实体主义思想与"第四届场有哲学与非实体主义的转向研讨会"一同举行。得奖者包括：罗伯特·埃利斯（Robert M. Ellis）（英国兰卡斯特大学）、西蒙·詹姆斯（Simon P. James）（英国杜伦大学）与王治河（Zhehe Wang）（美国加州圣克利门蒂历程研究中心）。<br><br>国际场有哲学研究所成为美国哲学协会太平洋分部属会，于 4 月首次在阿布奎基（Albuquerque）举行的协会年会中主办了两个分组讨论。 |
| 2001 | 宋继杰收录了唐力权教授的论文，编辑成《蕴徼论：场有经验的本质》，于 1 月由中国社会科学院出版社出版。<br><br>唐力权教授对场有哲学最具盖括性的论文 *The Art of Appropriation：Towards a Field – Being Conception of Philosophy*（《裁化的艺术：走向一个场有的哲学观》），首次刊载于 *The International Journal for Field – Being*《国际场有学刊》的创刊号。<br><br>由国际场有哲学研究所主办之"第五届场有哲学与非实体主义的转向研讨会"于 8 月 15 日至 21 日在美田大学举行，参加学者约有 56 人。彼得·甘特教授（Pete Gunter）（北得克萨斯大学）、丹尼斯·希顿教授（Dennis P. Heaton）（玛赫西管理大学，台湾"国立"彰化师范大学）、沈清松教授（加拿大多伦多大学）及琼斯·坦博教授（Joan Stambaugh）（纽约市立大学）在大会上作主题发言。<br><br>国际场有哲学研究所成为美国哲学协会中部分部属会，于 5 月首次在明尼亚波里斯（Minneapolis）举行的协会年会中主办了两个分组讨论。 |
| 2002 | 由罗嘉昌、宋继杰编辑之第六册《场与有》于 2 月由中国社会科学院出版社（北京）出版。<br><br>由国际场有哲学研究所主办、中国西安交通大学协办之"第六届场有哲学与非实体主义的转向研讨会"于 8 月 10 日至 16 日在交通大学校园举行。这是研讨会首次于海外举行，会上大约有 65 篇报告，其中约占一半是由中国学者、哲学家提交的。劳伦斯·法格教授（Lawrence Fagg）（美 |

| | |
|---|---|
| 2002 | 国天主教大学退休教授）、郭齐勇教授（武汉大学）、罗嘉昌教授（中国社会科学院）、吴汝钧教授（香港浸会大学）、孙周兴教授（同济大学）与唐力权教授（美田大学）在大会上作主题发言。<br><br>在美国纽约圣约翰菲社学院（St. John Fisher College）的戴维·怀特教授的领导下，国际场有哲学研究所的第一个分会——罗彻斯特（Rochester）场有哲学研究中心在夏天正式成立。中心会员包括19名来自不同背景的学者专家，在首年的运作期中，该中心共召开了三次会议。<br><br>全球场有哲学领袖学网络于年底在南斯拉夫贝尔格莱德（Belgrade）由国际场有哲学研究所副所长杜山·柏洛维奇先生（Dusan Pavlovic）推动成立。其23位核心成员主要是来自学术界、商界及政府机关的专家学者。<br><br>同一时间，毛建军在北京也建构了一个网站，作为北京场有哲学研究中心的工作平台。北京场有哲学研究中心成立的主要目标是要为中国及非中国的知识群在场有与非实体主义的研究上建立沟通的桥梁。 |
| 2003 | 国际场有哲学研究所四个新分会于本年上半年成立：<br>1）由西安交通大学人文及艺术学院院长刘永福教授组织及领导的中美场有哲学研究学院，在西安交通大学设立。在刘永福教授、西北政法大学及陕西哲学协会会长赵馥洁教授的领导下，西安地区的学者与哲学家筹办成立陕西场有哲学学会。<br>2）由丹麦奥胡斯大学（University of Aarhus）研究员耶士培·加斯代尔博士（Jesper Garsdal）组织成立的北欧场有哲学学会，创办会员包括来自丹麦、芬兰、挪威及瑞典之学者专家。他们组成地区协调理事会，专责筹划学会的进一步发展。<br>3）由俄罗斯鞑靼斯坦喀山（Kazan）国立技术大学哲学系主任弥敦·苏卢独蒙教授（Nathan M. Solodukho）组织及领导的俄罗斯场有哲学情境研究（situational research）中心，共有19个会员，主要为科学家与及学系的领导。他们把"情境方法"设置于场有运动的大架构内。<br>4）在韩国首尔西江大学研究院院长、哲学系教授及韩国哲学学会会长郑植严教授（Jung Sik Um）领导的筹备委员会的努力下，韩国场有哲学学会正式成立。 |

| | |
|---|---|
| 2004 | 由国际场有哲学研究所主办、澳洲悉尼新南韦尔斯大学（University of New South Wales）哲学学院协办之"第八届场有哲学与非实体主义的转向研讨会"于 7 月 17 日至 23 日在新南韦尔斯大学校园举行。 |
| 2005 | 唐力权教授从美国美田大学荣休，获美田大学授予"荣誉教授"及"研究教授"职衔，并继续担任国际场有哲学研究所所长。 |
| 2006 | 由国际场有哲学研究所主办、加拿大安大略省圣凯瑟琳布洛克大学（Brock University）哲学系协办之"第九届场有哲学与非实体主义的转向研讨会"于 8 月 21 日至 26 日在布洛克大学举行。香港道教联合会赞助之道教哲学研讨会为是次会议之一个主要节目，香港道教联合会学务部主任汤伟侠博士出席了会议。 |
| 2007 | 由国际场有哲学研究所主办、美国纽约罗彻斯特圣约翰菲社学院（St. John Fisher College）哲学及古典研究系协办之"第十届场有哲学与非实体主义的转向研讨会"于 6 月 22 日至 28 日在圣约翰菲社学院举行。<br>唐力权教授应香港道教联合会、圆玄学院主席汤伟奇博士的邀请，在 11 月 22 日至 24 日假香港教育学院举行之"第四届国际道教学术会议"作主题演讲，题目为 *Free Flow as an Ideal of Exemplary Excellence：The Centrality of Tong（Pervasive Penetration）in Daoist Cosmology and Its Practical Implications*（《"流动无碍"为卓越典范之理想——道家宇宙观及其实用含义中"通"的中心性》）。 |
| 2008 | 唐力权教授于 2 月 26 日抵达香港，应香港道教联合会之邀请，主持一系列以《从一个新道家的观点看中国哲学的特质》为题的公开讲座。第一讲于 3 月 2 日在香港大会堂举行，在 4 月底完成有关系列的讲座后，唐力权教授再次接受香港道教联合会的邀请，以其重要著作《〈周易〉与怀德海之间：场有哲学序论》为本，开讲场有哲学，并以"道学茶叙"名此讲座，免费于网上公开直播。与此同时唐力权教授接受汤伟奇主席的邀请担任圆玄学院宣道部顾问。<br>在香港大会堂开讲期间，唐力权教授应香港教育学院的邀请对该校中文系的师生作了一次以"中国文化与心灵"为题的演讲。 |
| 2009 | 由国际场有哲学研究所主办、香港道教联合会及圆玄学院协办之"第十一届场有哲学研讨会"于 8 月 20 日至 23 日在香港圆玄学院举行。 |

| | |
|---|---|
| 2009 | 唐力权教授应成都四川大学道教与宗教文化研究所之邀请，在香港道教联合会学务部主任汤伟侠博士以及圆玄学院宗教及文化发展委员会委员吴景景博士陪同下，于 12 月 6 日至 10 日到四川大学主持了三场有关场有哲学的讲座。 |
| 2010 | 由吉林大学哲学基础理论研究中心、吉林大学哲学社会学院及圆玄学院联合主办，国际场有哲学研究所及香港道教联合会协办之"第十二届场有哲学研讨会"于 7 月 27 日至 8 月 1 日在吉林省长春吉林大学北苑宾馆举行。<br>场有哲学基金有限公司于 7 月在香港正式注册成立，以推广及宣扬场有哲学与其他非实体主义思维模式为目标，是一个非营利及获香港政府许可的免税组织。由场有哲学基金赞助成立之场有哲学研究院也随之成立。研究院为基金的行政及中心组织，专责筹划及推行基金赞助的教育、文化计划与活动。唐力权教授获选任场有哲学基金董事会主席及场有哲学研究院院长，而汤伟侠博士则担任基金董事会副主席及与吴景星博士共同出任研究院副院长。12 月 18 日，场有哲学基金有限公司暨场有哲学研究院成立典礼隆重举行，当晚并举办了庆祝晚宴。 |
| 2011 | 8 月 6 日至 10 日，由香港圆玄学院、陕西师范大学共同主办，陕西师范大学政治经济学院承办的"第十三届国际场有哲学学术研讨会"，本次研讨会以哲学中的"语言转向、身体转向与非实体转向"等三大转向与近现代中西哲学为主题进行研讨。国际场有哲学研究所所长、场有哲学研究院院长、第十三届场有哲学研讨会主任委员唐力权教授，香港道教联合会学务部主任、圆玄学院宗教及文化发展委员会委员汤伟侠先生，陕西师范大学副校长萧正洪教授、陕西省社科联主席赵世超教授、陕西省社科联名誉主席赵馥洁教授、陕西师范大学政治经济学院院长袁祖社教授、陕西师范大学政治经济学院刘学智教授等出席了会议。来自美国肯特州立大学、美国罗文大学、香港中文大学、浙江大学、深圳大学、武汉大学、吉林大学、西安交通大学、西北政法大学、陕西师范大学等高校的 40 余名学者出席了会议。 |

| 2012 | 由场有哲学基金及场有哲学研究院主办之中青年学者场有哲学交流联谊会，于 2012 年 7 月 31 日至 8 月 3 日在西安八仙宫会议室举行。这次会议主要邀请对场有哲学及当代新道学有兴趣的中青学者及其指导教授参加。会议宗旨在推广中青年学者对场有哲学和当代新道学的研究，以培育场有及新道学学术在理论建构及其新应用在教育、生活和文化等各方面的人才。<br>在会议开幕式中，汤伟侠博士表示对唐力权教授的突然离去感到痛惜，对学术界来说也是一个非常大的损失。唐教授于 2012 年 7 月 19 日于伊利沙伯医院病逝，遗体移送美国旧金山安葬。 |
|------|---|

# 系统道学范畴表

宋继杰著　张世天制

道学
- （一）经典道学
- （二）历史道学
- （三）系统道学
  - ①道体论
  - ②开显论
  - ③境界论
- （四）实践道学

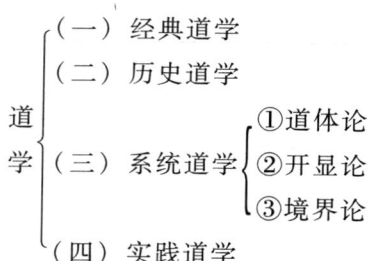

表述（一）：《脉络与实在》

脉络论
- ①权能与效应：动态的形式理论
- ②历程与实在：功能性的实在概念
- ③个体性与相对相关性：有机的透视原理

表述（二）：《蕴徼论：场有经验的本质》

蕴徼论
- ①场有综合的第一原则：结构与势用的互相涵摄
  （蕴徼的实质／超切义）
- ②场有综合的第二原则：氤氲与断机之相因相乘
  （蕴徼的造化／历程义）
- ③场有综合的第三原则：内延与外延、前延与后延的相对定位与当下延处境中的统一
  （蕴徼的处境／开显义）
  ｜
  （客观开显）

表述（三）《新道学演讲集》

场行拓扑学
- ①道＝创化权能：活动作用／遂性造业
- ②权能场与拓扑处境
  - (1)作为主体与透视观点的能量系统：权能中心的概念
  - (2)开显者或在场者：一切开显者都是依场而有的开显者概念
  - (3)场内观与相对之有：场外观与绝对存在者（＝存在论）
  - (4)主体及其拓扑处境：命分与使命、机会与限制
- ③基于权能创化的新气论

新气论
- (1)"气"＝创化能量或创化原动力（具体权能）
- (2)创化事件或全能运作的历程（气论的核心）
- (3)创化事件的现实内容
- (4)创化事件的原始内容
  - 本根活能
    - 业质
      - 业质
      - 物质
      - 物质结构
    - 活能
      - 创化活能
      - 当下活能
      - 创化天赋
  - 本根业质
- (5)无限背景

道体论＝自是宇宙学论，道之形上义（宇宙的终极真理与真实）

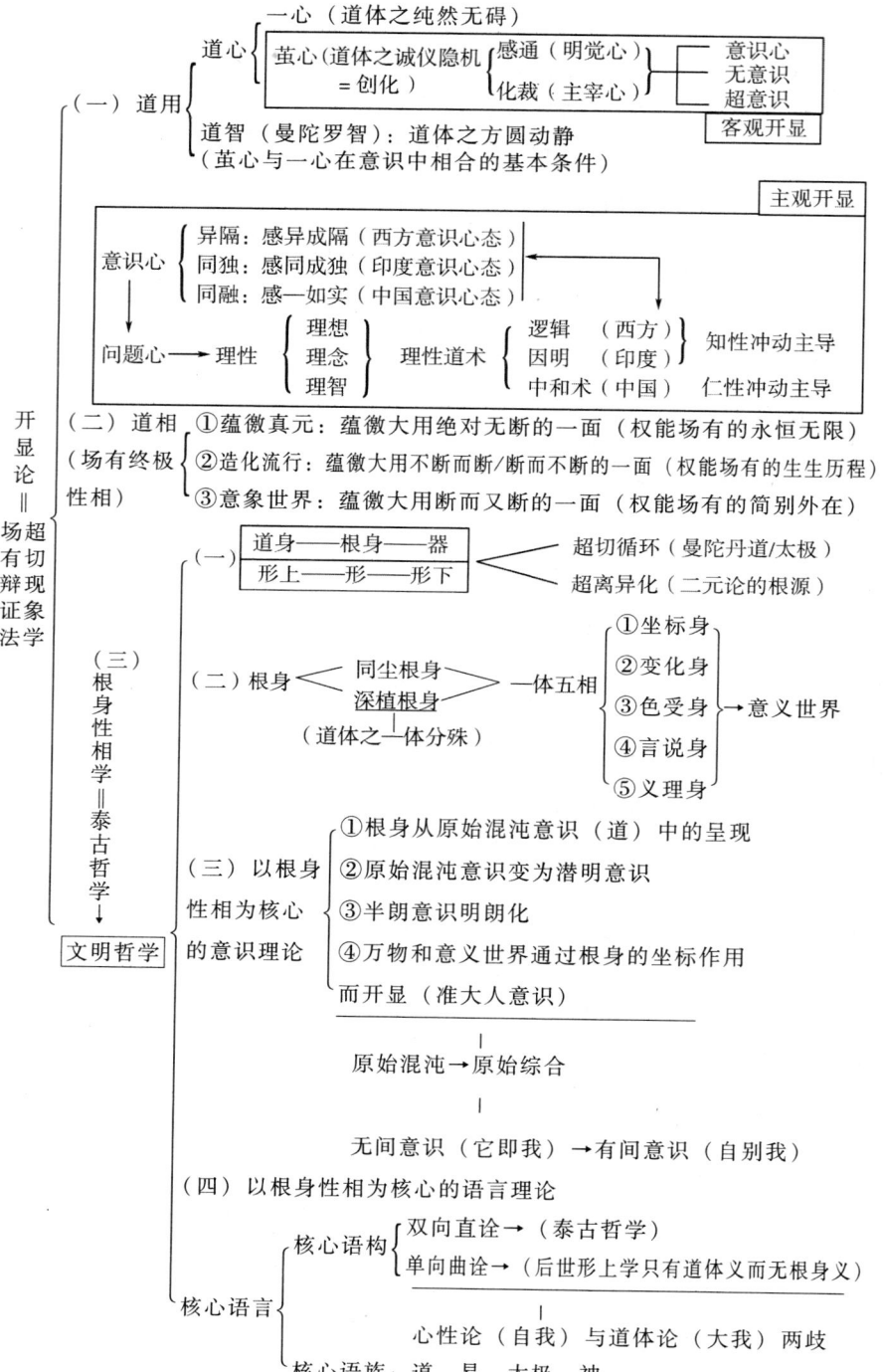

开
显
论
＝
场
有
切
辩
证
现
象
法
学

（一）道用

道心
┌ 一心（道体之纯然无碍）
└ 茧心（道体之诚仪隐机 ＝创化）
感通（明觉心）
化裁（主宰心）
意识心
无意识
超意识
客观开显

道智（曼陀罗智）：道体之方圆动静
（茧心与一心在意识中相合的基本条件）

主观开显

意识心
异隔：感异成隔（西方意识心态）
同独：感同成独（印度意识心态）
同融：感—如实（中国意识心态）

问题心 → 理性
理想
理念
理智
理性道术
逻辑　（西方）
因明　（印度）
中和术（中国）
知性冲动主导
仁性冲动主导

（二）道相
（场有终极
性相）

①蕴微真元：蕴微大用绝对无断的一面（权能场有的永恒无限）
②造化流行：蕴微大用不断而断/断而不断的一面（权能场有的生生历程）
③意象世界：蕴微大用断而又断的一面（权能场有的简别外在）

（三）
根
身
性
相
学
＝
泰
古
哲
学

文明哲学

（一）
道身——根身——器
形上——形——形下
超切循环（曼陀丹道/太极）
超离异化（二元论的根源）

（二）根身
同尘根身
深植根身
（道体之一体分殊）
一体五相
①坐标身
②变化身
③色受身
④言说身
⑤义理身
→意义世界

（三）以根身
性相为核心
的意识理论
①根身从原始混沌意识（道）中的呈现
②原始混沌意识变为潜明意识
③半朗意识明朗化
④万物和意义世界通过根身的坐标作用
而开显（准大人意识）

原始混沌→原始综合

无间意识（它即我）→有间意识（自别我）

（四）以根身性相为核心的语言理论

核心语言
核心语构
双向直诠 →（泰古哲学）
单向曲诠 →（后世形上学只道体义而无根身义）

心性论（自我）与道体论（大我）两歧

核心语族：道、易、太极、神

一、场有宇宙的曼陀格局或六相一相的超切实相

六相｜蕴徵殊用（场有者）间的互相涵摄
蕴徵殊用与蕴徵大用（场有自身）的互相涵摄
蕴徵大用的自我涵摄（即自我超越与自我内在的互相涵摄）

一相｜蕴徵真元与造化流行的互相涵摄
造化流行与意象世界的互相涵摄
意象世界与蕴徵真元的互相涵摄

二、六观一观的超切如实观

六观｜观本（空/无相）与观行（中/事相）的互相涵摄
观行与观末（假/物相）的互相涵摄
观末与观本的互相涵摄

一观｜观整与观殊的互相涵摄
观殊与观脉的互相涵摄
观脉与观整的互相涵摄

三、六觉一觉的超切心灵

六觉｜超切直觉
超切曲觉　三身：根身、气质身、道身
超切执觉　三尘：自然环境、社会结构、历史传统

一觉｜超切圆觉　三仁：本性之仁、类性之仁、道德化仁
超切方觉　三材：本性之材、类性之材、制器化材

四、正觉、正慧与正行：缘命复性与修真达道

**境界形上学**

**境界论**

一、偏觉争衡与哲学思想的形态或派别

①直觉偏胜：突显蕴徵真元之绝对无断相（神秘主义、一元主义）
②控觉偏胜：突显意象世界的断而又断相（现象主义、分析主义）
③曲觉偏胜：突显造化流行的不断而断/断而不断相（变易主义）
④圆觉偏胜：突显场有自身或蕴徵大用的整（整体主义）
⑤方觉偏胜：突显场有者或蕴徵殊用的分（二元主义、多元主义）
⑥脉觉：突显场有立场或蕴徵（处境主义、脉络主义）

二、超切心灵的扭曲：对西方实体主义哲学的批判 ｛辩证历程　心性根源｝

三、正爱罗、反爱罗、超爱罗：对印度哲学和佛教的批判

四、践仁的三层次与仁性生命的内在矛盾：对儒家的批判

**判教论**

**人道同尘论**

三身：根身、气质身、道身
三尘：自然环境、社会结构、历史传统
三仁：本性之仁、类性之仁、道德化仁
三材：本性之材、类性之材、制器化材

# 唐力权全集

## 第五卷

唐力权 著

中国社会科学出版社

# TABLE OF CONTENTS

## Context and Reality

Chapter I    The Philosophy of Organism As First Science: Introduction ……………………………………………………… ( 3 )

Chapter II   Process and Reality: The Functional Conception of Existence …………………………………………………… ( 27 )

Chapter III  Power and Efficacy : The Dynamic Theory of Forms ……………………………………………………………… ( 53 )

Chapter IV   Individuality and Relativity: The Organic Doctrine of Perspective …………………………………………… ( 81 )

Chapter V    Conclusion: The Idea of Metaphysical Necessity and the Question of Philosophical Method ………………… ( 126 )

Notes ……………………………………………………………………… ( 156 )

## Relativity and Relatedness: Essays

1. Confucian Jen and Platonic Eros: A Comparative Study (1973) ……………………………………………………………… ( 167 )

2. Care, Wonder, and the Polarization of Being: An Essay on Human Destiny (1974) ……………………………………… ( 174 )

3. The Concept of Time in Whitehead and the I Ching (1974) …… ( 199 )

4. The Meaning of Philosophical Silence: Some Reflections on the Use of Language in Chinese Thought (1976) …………… ( 218 )

5. Knowledge, Power, and the Good: Some Comparative Reflections (1977) ……………………………………………………… ( 230 )

6. Whitehead and Chinese Philosophy: From the Vantage Point of the I Ching (1979) ……………………………………………… ( 236 )

7. Nature and Feeling: The Meaning of Mentality in the Philosophy of Chu Hsia (1982) ………………………………………… ( 257 )

8. The Broken and the Unbroken: the Concept of Rightness in Chinese Philosophy (1984) ……………………………………… ( 265 )

9. Moral Humanism in Confucius and Nietzsche: The Conscientious Stance in Philosophy (1989) …………………………… ( 288 )

10. Moira and Ming: A Comparative Study (1989) ···················· (304)
11. The Way of Care: The Image of the Moral Guardian in Con-
    fucian Philosophy (1989) ········································· (317)
12. The Appropriation of Significance: Concept of Kan – T'ung
    in the I Ching (1990) ············································· (330)
13. Uprightness and Humanity: Metaphysics and the Primordial
    Language of Man (With Comparative Implications) (1992) ······ (351)
14. Self – overcoming and Morality: Human Creativity in Nie-
    tzschean and Confucian Thought (1994) ························ (359)
15. Act, Sign and Consciousness: Thinking along with Ricoeur
    (1995) ····························································· (369)

# Context and Reality

——A Critical Interpretation of
Whitehead's Philosophy
of Organism

**Lik Kuen Tong**

# Chapter I  The Philosophy of Organism As First Science : Introduction

Philosophy is the quest for rational justification. In so far as this fundamental aspect is concerned, there is no difference between philosophy and the special sciences——and indeed between any departments of rational thought. But while the special sciences concern themselves with specific domains of "validity" —— that is, rational justifiability, philosophy aims at the exhibition or discovery of ultimate principles of validity which are applicable to all modes or types of existence. Philosophy, in other words, must issue in Metaphysics as the First Science of Rational Justification.

This is what, following Aristotle, has been traditionally called "First Philosophy" or the "study of Being as Being." This too, I believe, is what Whitehead had in mind when he began his monumental Process and Reality with the statement "This course of lectures is designed as an essay in Speculative Philosophy." [1] The "Philosophy of Organism" ——as he so characterized his own version of Speculative Philosophy——is undoubtedly metaphysics. This metaphysics as set forth in Process and Reality and Whitehead's other philosophical works contains, first, an ontology founded upon what I would describe as the "functional conception of existence" and, in the second place, a theory of the universe interpretable in terms of his "functional ontology" ——hence the subtitle to the monumental work, "An essay on Cosmology."

"Speculative Philosophy," Whitehead states, "is the endeavour to frame a coherent, logical, necessary system of general ideas in terms of which every element of our experience can be interpreted." [2] For both Aristotle and Whitehead, wisdom is knowledge of first principles which constitute the source of all intelligibility and thus the rational ground of all existence. "The most intelligible matters," Aristotle remarked, "are first principles and basic reasons, since it is by and through them that any given subject becomes intelligible, not vice versa." [3] Whitehead undoubtedly had a similar idea when he noted that "rationalism is the belief that clarity can only be reached by pushing explanation to its utmost limits." [4] Thus for him "metaphysical categories" are "formulations of the ultimate generalities," [5] just as for Aristotle metaphysics or the chief science is basically a "theory of first principles." [6] For both men these "first principles" or "ultimate generalities" are the most basic explanatory factors. Together they constitute what I have already termed the "rational ground" of all existence.

Now explanation is describable as the general instrument of rational justification issuing in human knowledge. For to "explain" is to "make clear or intelligible" the rational ( or reasonable ) character of things in a rational ( or reasonable ) manner. There is therefore this important distinction between the two senses of "rationality" as pertaining, respectively, to the two sides or aspects of and explanation———namely, the "formal" or "subjective" and the "material" or "objective. " Rationality in the material or objective meaning is a property of the subject — matter or the "object" of explanation ( that which is to be explained ) , whereas rationality in the formal or subjective sense is an attribute of the agent of explanation or the "subject" ———which is defined solely in terms of its explanatory functions and the method or procedure involved in performing such functions ( the subject thus conceived may be a single investigator or a group or community of investigators ) . These two sense of rationality have in common this generic meaning: it expresses the "rule — abiding, " "lawful, " or "orderly. " But their specific difference must be made clear. Thus, for instance, the "uniformity ( or regularity ) of nature" is an expression of the rational character of natural objects or occurrences, whereas "A thing cannot be both A and not A" is a statement expressing a logical principle which constitutes a necessary requirement of rational method. These two senses of rationality are involved in every explanation or rational justification. But it is important to draw the distinction between a principle which constitutes an explanatory factor in respect of the object and a principle which contributes to the determination of the rational subject and its method. The same statement can be expressed more exactly by saying that while a "material principle" is "constitutive" of subject — matter or object, a "formal principle" is "constitutive" only of the subject, and not of the object; it is, however, a "regulative principle" in respect of the object. Thus, for example, the laws of motion are constitutive of a subject — matter consisting of moving bodies, but the laws or principles of Formal Logic are only regulative in respect of the subject — matter, though constitutive of the logical character of the method of inquiry in question.

The object which constitutes the subject — matter of an explanation could be anything whatsoever: simple or complex, animate or inanimate, natural or artificial, real or fancied, actual or non — actual. With any such object we may associate the idea of a "logical ground" or "logical subject" conceived as a "repository" of explanatory principles or reasons. More precisely, the logical ground of an object is a conceptual representation of the rational ground of its existence. Thus conceived there is a logical ground or logical subject for everything rational. To explain a thing is to "construct" a logical ground for it; and every logical ground is "constituted" by both formal and material principles. The pursuit of knowledge is basically nothing but the "rationalization" ———that is, "systematic fulfillment" ———of the logical ground of things. Depending upon the nature of this process of rationalization, we may distinguish three general levels or stages of knowledge or rational justification: Common Sense, Science, and Philosophy, the last being highest in status. The advance of knowledge through these three levels is ultimately directed towards the construction in metaphysics of the Logical Ground of the Universe——a conceptual determination, that is, of the rational ground of all existence.

This naturally raises the question as to how this Logical Ground of metaphysics is to be constructed. In his statement concerning the basic function of speculative philosophy as quoted earlier, Whitehead has given us a general answer to this question, namely, by framing a "coherent, logical, necessary system of general ideas in terms of which every element of our experience can be interpreted. "[7] The key notions here are "interpretation" and "experience" ——or, more adequately, "interpretation" and "experience as the source and medium of interpretation. " The two ideas are obviously inseparable, and they may be combined in this central notion, the "interpretation of experience. " This is the central idea in Whitehead's methodology. For him the metaphysical construction of the Logical Ground of all things is basically an interpretation of experience. Interpretation, indeed, is the essence of all explanation or conceptual representation. The meaning of this most fundamental concept, which underlies all rational quest for knowledge, must be given a thorough examination.

Generally speaking, "interpretation" is founded upon what may perhaps be recognized as the most fundamental relationship in metaphysics——namely, "instantiation. " More precisely, "interpretation" is definable as a contrast in thought between a "form" which specifies a condition or criterion and an object which may or may not satisfy that condition or criterion. If the object thus contrasted with the form satisfies or fulfills the given condition or criterion, it is an "instance" of the form (hence "instantiation"); otherwise, the object may be said to constitute a "negative instance. " For example, if the expression "x is red" denotes a form which specifies the condition of being red, then any particular red thing would be an instance, whereas a yellow thing would constitute a negative instance. A negative instance may be "significant" or "insignificant. " In respect to the condition "x is red" a yellow thing is negatively a significant instance because it could be or could have been a red thing. A number, on the other hand, would be an insignificant instance, for it could not be predicated as being red. Hence all insignificant instances are negative, though not all negative instances are insignificant.

A form is ontologically describable as a "texture of existence" as designated by such expression as "X is red, " where x may be termed an "ontic variable, " which stands for objects which are possible instances of the form. The instantiation of a texture of existence by an object——an "ontic value" of the given variable——is a "text of existence, " such as "This rose is red. " A texture of existence is, logically speaking, a "propositional function" (as commonly called in modern mathematical logic); while a text of existence a "proposition. " The ontological and the logical represent then but two aspects of the same thing——namely, the metaphysical Polarity of Form and Object.

Before we proceed any further let us furnish here a sample of forms ( textures of existence or propositional functions) which may enable us to acquire a general idea of their nature: "x is five — foot tall, " "x is an electron, " "x is a real number, " "x is a female engineer, " "x is a U. S. citizen in 1969, " "x is the first President of the United States, " "x loves y, " "x borrows from y to pay z, " "Socrates is P, " "This rose is P, " "Plato is P, but not Q, " and the like. The letters x, y, z, p, and Q in these expressions are all ontic variables which stand for objects which are possible instances of the form in question. It is to be noted at once that a form is not identifiable with its conceptual determination, not to mention its linguistic representation. The face that we have a concept does not necessarily mean that we have the concept of a valid form. The concept "x is the greatest number, " for example, cannot be the thought of a possible form, for the concept is self — contradictory. It may, however, be taken as the form of an impossibility——that is, a form which has no instance.

Now both the object and the form of an instantiation may be simple or complex. The object which satisfies the form "x loves y" is complex because it can only be satisfied by couples one of which loves the other. "x is a U. S. citizen in 1969, " on the other hand, is to be instantiated by a simple object or object taken as one thing.

A form is complex if it can be analyzed into a relationship of component forms; otherwise it is simple or taken as simple. The propositional function "x is a female engineer" expresses a complex form, for it can be analyzed into a relationship between two components, "x is a female" and "x is an engineer. " Similarly, "x is a real number" also denotes a complex form because, as the mathematicians tell us, the real numbers are defined in terms of a complex set of primitive ideas and axioms each of which constitute a component condition. However, the expression "x is, red of a definite shade" may be taken as denoting a simple form. The controversy as to whether or not there are absolutely simple forms need not detain us here. Our view is that the distinction between simple and complex forms or objects can only be decided by context.

We have just introduced a Doctrine of Forms which is not at all identifiable with Plato's Theory of Ideas, nor with the medieval theory of universals. The full meaning and significance of this new theory ( as contrasted with the traditional one inherited from Plato) remains to be explored in the course of this study. It will constitute the basic theoretical framework of our interpretation of Whitehead's philosophy. For it is this doctrine of forms which lies at the heart of Whitehead's metaphysical system that I see his most valuable contribution to philosophy. This new doctrine, however, was not fully developed in his writings; nor had it been rigorously formulated. But there is no doubt that all the necessary ingredients for a full — fledged development of this theory were there in his works. In what follows we shall attempt to present a crude outline of this doctrine together with a critique of the traditional points of view. Such discussion will well serve our main purpose here in this introductory chapter, which is to determine the most salient features of Whitehead's metaphysics. First of all, let us return to the idea of interpretation, and try to see what connection there is between Being and Rationality.

To explain, Let us recall, is to make clear or intelligible the rational character of things in a rational manner. The essence of explanation, as we have also noted, is interpretation. This must mean that through interpretation the rationality of the object will be revealed in and through the rationality of the subject. Now interpretation has been defined in terms of the relationship of instantiation. We have employed the term "polarity" to describe this relationship between the form and the instance (or negative instance) as constituting two poles of an instantiation. The two poles——and herein lies the most distinctive feature of the new theory——are related as and solely as "condition" (the form) and the "conditioned" (the instance). They are not related as "pattern" and "copies" as in the Platonic theory. A red thing "satisfies" (fulfills or realizes) the condition of being red, but it does not "imitate" the condition, nor "participate" in its being. Furthermore, the form as specifying a condition is not more "perfect" than any of its instances: it makes no sense to say that the condition of being mortal is more perfect than a mortal being. Nor is a form necessarily "eternal" (or more properly, non-spatial and non-temporal): there are conditions which can only be satisfied a limited number of times (e. g., "x is a U. S. citizen in 1969"), and there are conditions which can only be satisfied once (e. g., "x is the first President of the United States"). Finally, a form is not more "real" than its instances; forms are mediums of reality. In the new theory a form may be itself "informed" ——that is, in the sense that a condition may be itself conditioned. In most traditional analysis the emphasis tends to be one-sided with respect to the dichotomy between the so-called "universals" and "particulars." According to one side of the historical controversy, universals are absolute and self-sustaining: they are solely conditioning, but not conditioned by the particulars. According to the other side, particulars alone exist; universals are either abstractions or exist only in our mind. Both sides fail to see that universals and particulars require each other in their being; they are interdependent and mutually conditioned. Universals exist as "conditions of character," while particulars exist as "conditions of exclusive limitation"; and their relationship is functionally mediated by "conditions of relative status." We shall arrive at this three-fold distinction between forms or conditions in the proper occasion.

Now according to the new theory, the "being" of a thing is its "conditionality" ——that is, its character of existence as form (condition) or as instance (conditioned). In so far as it exists as form and conditioning, it exists as Function, and in so far as it exists as instance and conditioned, it exists as Substance. Since nothing exits absolutely or solely as function or as substance, everything must exist both as substance and as function. To function is to contrib-

ute——that is, to the determination of some other being (or beings), while to
"subsist" or "abide" as substance is to "acquire" contributions from other be-
ings. Thus we may say that while substance defines the reality of a thing with re-
spect to "self – determination, " function does so with respect to "other – deter-
mination. " It is obvious that what is comprised in the substance of one thing
must be the function of another, and vice versa. The teachings that a pupil re-
ceived from his teacher constitute substance for the pupil, but function for the
teacher. Here the teacher is conditioning, while the pupil is being condi-
tioned. But the process of education actually involves the interaction between the
teacher and the pupils. Viewed from the standpoint of the teacher, he is being
conditioned by his pupils, whose reactions contribute substantially to his own
determination.

Now "condition" is essentially a "normative" concept: it contains in itself
a "rule" or "law" which commands or demands satisfaction or conforma-
tion. Herein lies the relationship between being and rationality. Briefly, the ra-
tionality of a thing is just its "rule – abidingness. " That which is rational or rea-
sonable is rule – abiding——hence not – arbitrary; the opposite of rationality is
the arbitrariness of determination. Metaphorically, rationality may be said to ex-
press the "game – character" of the universe. The essence of a game is no more
than its rules which are coordinated to form a conditional complex. It is this
game – character of things that constitute their intelligibility. Hence the purpose
of explanation must be directed to the discovery of game – character. This is the
reason why interpretation constitutes the essence of explanation. For to interpret
is to discover the rule – abidingness of things. Moreover, since the game – char-
acter of an object consists basically in a conditional complex upon which its being
as substance and function depends, to discover the rationality of an object is to
discover its being, and vice versa. And this means that rational analysis must basi-
cally take the form of conditional analysis, which centers round the relation of
instantiation. The question now arises, what is capable of conditional analysis?

The answer is, Everything whatsoever. This is the case because everything
must have some game – character: it must satisfy some rule or condition. A thing
which absolutely satisfies no rules or conditions would have no "being. " And
that which has no being cannot be conceived or talked about.

The "being" of a thing or object is definable as its "manner of existence"
in terms of (a) "character, " (b) "position, " and (c) "exclusive
limitation. " The character of a thing is its definite "whatness" ——for exam-
ple, the shape, the size, the color, and other qualities that jointly characterize a
particular statue. Its position is its relative status in a context——the "here – and
– now" of the statue from the standpoint of a given observer. And the fact that
the thing has this——but not that——particular character and this——but not
that——particular position is its exclusive limitation. Thus the being of an object
is an instantiation of three major types of forms or conditions, as we have cited
earlier: namely, (a) conditions of character, (or definiteness), (b) conditions

of position ( or relative status ) , and ( c ) conditions of exclusive limitation. If a thing has no being because it satisfies absolutely no rules or conditions, it would have neither character, nor position, and, as it must follow, no exclusive limitation. Such a thing is, indeed, inconceivable.

This, I believe, is the correct interpretation of what has been traditionally identified as the Identification of Being and Thought. To "be" is to be "interpretable" ——that is, as instance of some form or as satisfying certain rule or condition. Since all objects of thought are interpretable——at least as fulfilling the condition of being thought of, any conceivable object has being——and a mode or degree of rationality. "Absolute non - being" ——which would also mean "absolute irrationality" ——cannot be conceived and talked about.

Now if "absolute non - being" is impossible, so is "absolute unreality." "Reality" is justifiable existence. The reality of a thing, in other words, is its validity or justifiability. Everything is in a sense real because it must be in some way valid or justifiable. For rational thought justifiability depends solely upon the game - character of things——that is, their rule - abidingness. The being of a thing is justified solely by the forms or conditions which it realizes or fulfills. Thus the being of a physical event ( e. g. , a thunder ) is justified by the physical laws governing its occurrence ( e. g. , the laws of electricity ) . And Nature as a whole is justified by the totality of laws which define the Natural Order. Logically speaking, all game - characters are of equal status. The game - character of one's waking life enjoys no privilege over the game - character of a dream. Hence we cannot, strictly speaking, speak of something as unreal, or as more real than another. "Everything is something, " says Whitehead, "which in its own way is real. When you refer to something as unreal, you are merely conceiving a type of reality to which that 'something' does not belong. "[8]

But in what sense, for example, is the centaur real, and also unreal? The centaur is real when it is conceived solely as an object ( an animal ) created by human imagination. It is unreal when compared with such objects as dogs, tiger, human beings, and so forth, which are actually presented in our sensuous experience. Hence when we refer to the centaur as unreal, what we really mean is that it does not belong to the type of reality to which dogs, tigers, human beings, and so forth, belong. "Unreality, " in other words, expresses a special case of reality: it refers to an "incompatibility" between any two or more objects from the standpoint of a given form or conditional complex. Logically, we express this by saying that they do not belong to the same class, which Whitehead calls, as an ontological concept, a "type of reality. "

The notion of "absolute unreality" is therefore groundless. This does not mean that the tern "unreality" cannot be used to designate a relative concept——relative, that is, to what is prejudged as real. Thus according to Plato, for instance, things in the corporeal world are considered as unreal relative to the Ideas which are real and "truly are" because they are eternal, immutable, perfect, and intelligible. But even granted that the Ideas indeed possess these characteristics, to describe them as real adds nothing to their essential being. And if we should employ these characteristics as criteria of reality which we impose upon all things, they are indicative not of the nature of things, but rather of what we are or what we want them to be.

But just as there can be no such thing as "absolute non – being" considered as that which satisfies utterly no forms or conditions, so there can be no such thing as "absolute being" if by that we mean something which is an instance of all forms or conditions. The absolutely unconditioned is as much an impossibility as the absolutely conditioned, let alone their combination as in Spinoza's God or Hegel's Absolute. The former is impossible because it cannot be conceived, the latter is impossible because there are conditions which are opposites of contraries. If John is taller than Paul, for instance, then he cannot also be shorter than the latter. And a red thing cannot be green at the same time under the same circumstances. This means, in short, that any object which is capable of conditional (and therefore rational) analysis is necessarily limited or "exclusively" determined: it can realize some conditions, but never all conditions. It follows that being (or existence) is necessarily finite, reality (the validity of being) an essential expression of limitation. "All forms of realization, " Whitehead observed, "Express some aspect of finitude. Such a form expresses its nature as being this, and not that. In other words, it expresses exclusion; and exclusion means finitude. "[9]

This idea of "limitation" (Whitehead sometimes called it "exclusive limitation") may be said to constitute the focal point of Whitehead's metaphysics. For Whitehead reality is necessarily limited, and its limitation presupposes process as the medium of limitation. Limitation, in other words, is the very factor whereby reality and process are inseparable. More exactly, process is the medium in and through which every real thing expresses a "fusion of the finite and the infinite. "[10] Conditions are infinite. But every realization is finite in the sense that it represents a selective fulfillment of the infinitely diverse conditions which, prior to their realization, are mere possibilities or potentialities. And this selective fulfillment of infinite conditions is basically what Whitehead meant by "actuality." The notion of an actuality is that of an "agency" whose "decision" and "activity" are required for any finite limitation of infinitude.

"Actuality, " says Whitehead, "is the decision amid potentiality. "[11] An actuality then is a "decision – maker, " for whom the available potentiality constitutes the "element of givenness. " But for Whitehead the essence of actuality lies not merely in "decision – making, " but more fundamentally in the active fulfillment of what is intended in the "decision. " The phrase "decision amid potentiality" means, in other words, not just an act of choice, but most emphatically an "activity procuring limitation. " The following passage which contains the basis of our interpretation of Whitehead's philosophy must, in spite of its length, be quoted in its entirety:

For rationalistic thought, the notion of "givenness" carries with it a reference beyond the mere data in question. It refers to a "decision" whereby what is "given" is separated off from what for that occasion is "not given." This element of "givenness" in things implies some activity procuring limitation. The word "decision" does not here imply conscious judgment, though in some "decisions" consciousness will be a factor. The word is used in its root sense of a "cutting off." The ontological principle declares that every decision is referable to one or more actual entities, because in separation from actual entities there is nothing, merely nonentity—— "The rest is silence."

The ontological principle asserts the relativity of decision; whereby every decision expresses the relation of the actual thing, for which a decision is made, to an actual thing by which that decision is made. But "decision" cannot be construed as a causal adjunct of an actual entity. It constitutes the very meaning of actuality. An actual entity arises from decisions for it, and by its very existence provides decisions for other actual entities which supersede it. Thus the ontological principle is the first stage in constituting a theory embracing the notions of "actual entity," "givenness," and "process." Just as "potentiality for process" is the meaning of the more general term "entity," or "thing"; so "decision" is the additional meaning imported by the word "actual" into the phrase "actual entity." "Actuality" is the decision amid "potentiality." It represents stubborn fact which cannot be evaded. The real internal constitution of an actual entity progressively constitutes a decision conditioning the creativity which transcends that actuality. The Castle Rock at Edinburgh exists from moment to moment, and from century to century, by reason of the decision effected by its own historic route of antecedent occasions. [12]

In this passage are contained not only the germinal ideas of Whitehead's metaphysical system, but also the basic schema which runs through the entire framework of the organic philosophy. The essence of Whitehead's speculative thought can indeed be summed up in the so － called "ontological principle" which defines actuality in terms of agency, and being in terms of the "relativity of decision." Whitehead's metaphysics is basically then a Theory of Agency, of which all the details of the organic philosophy are extensions or applications. This dissertation is an attempt to demonstrate the metaphysical validity of this theory, and to trace its essential development and application in Whitehead's philosophy. And we hope to accomplish this purpose in a manner which is at once more rigorous and more concretely understandable than the one Whitehead himself had adopted. What is in order here in this introductory chapter is a preliminary account and elucidation of the germinal ideas in Whitehead's metaphysics, as so succinctly formulated in the passage above cited.

To begin with, let us look closely into the idea of actuality in terms of some concrete illustration. The Castle Rock at Edinburgh, to use Whitehead's own example, is an "actual thing." At a particular moment of its history, the Castle Rock exists as a concrete fact, characterized by a definite manner of existence: it is definite in its particular character as well as in its position in space and

time. The fact that it has this——and not that——particular character, this——
and not that——particular position, is its limitation. The Castle Rock as con-
cretely given is limited in the sense that its being expresses an exclusive realization
of the infinitely diverse potentialities. Every settled concrete fact is limited or im-
plies exclusion; it is furthermore marked by an inherent "negativity." Its nega-
tivity arises from the fact that it might have been otherwise: it is what constitutes
the meaning of "givenness." "The meaning of 'givenness', " says Whitehead,
"is that what is 'given' might not have been 'given'; and that what is not
'given' might have been 'given'."[13] The Castle Rock as given here and
now might not have been what it is and where it is; it might have been de-
stroyed, for instance. But the very fact that it is what it is and where it is implies
the pre－existence of a factor which was responsible for its factual givenness by
overcoming the negativity in question. This is the origin of the idea of an "actual
entity" ——which was also termed by Whitehead "actual occasion" or "occa-
sion of experience" ——conceived as an active agent which is at once a "deci-
sion－maker" and an "operator" carrying out its own decision. For Whitehead
as for Aristotle, agency belongs only to concrete individual things which may
perform their functions individually or collectively. How actual entities may carry
out their functions of agency both individually and collectively is precisely what
constitutes the central problem in the organismic philosophy. It is a problem con-
cisely defined by the phrase "the relativity of decision." We shall arrive at its
basic meaning in the following exposition.

Now an agent is what it does: its being as agent is exhausted by its agency,
which is conceivable as a unity of activities, acts, actions, or operations (these
terms are for us synonymous). The agent as agent is no more than such opera-
tional unity. This is what Whitehead had in mind when he described an actual
entity as an "individual unity of experience" ——that is, of "acts of
experience."[14] The term "experience" is here used metaphorically ——or liter-
ally (depending upon whether conscious judgment is involved) ——to suggest
or convey the idea of "decision－making" which is normally regarded as a men-
tal activity or, in Whitehead's terminology, "act of experience." The term is
also meant to connote the general notion of activity as some sort of power or en-
ergy which pervades our awareness or experience of ourselves as living beings. All
these meanings or connotations are subsumed by Whitehead under the general
term "prehension" ——or, in some parts of his writings, "feeling." This idea
of prehension may best be conceived as expressing a relationship or mode of con-
nection between agency and its givenness. Thus "conceptual prehensions" are
expressive (metaphorically or otherwise) of the deliberations of the agent issuing
in a "decision amid potentiality," while "physical prehensions" refer to acts of
appropriation or transformation involved in the actual carrying out of the deci-
sion. And whereas "positive prehensions" involve data or elements of givenness
which are actually accepted or being made use of by the agent, "negative pre-
hensions" are those in which the data are considered but rejected. In brief, the

character of the agent or actual entity is completely describable in terms of its prehensions. For "the essence of an actual entity, " says Whitehead, "consists solely in the fact that it is a prehending thing. "[15]

An actively "prehending thing" is a living center of activity and process of becoming: as such, it constitutes itself as "subject. " And anything which is the "concern" or datum of a subject is an "object. " In Whitehead's metaphysics the subject — object relationship acquires a much broader meaning than is attributed to it in the subjectivistic tradition of modern philosophy. For Whitehead the essence of subjectivity is activity, of which thought or conscious mental acts constitute only a special case. Subject and object, in other words, are not necessarily (as a matter of fact, rarely) related as thinker and thought (that which is thought), but rather as, generally, operator (which is no more than its operations) and operandum (or that which is operated upon by an operator). That "prehen — sion" is essentially an operational concept was made quite unmistakably clear by Whitehead himself in these words:

An occasion of experience is an activity, analyzable into modes of functioning which jointly constitute its process of becoming. Each mode is analysable into the total experience as active subject, and into the thing or object with which the special activity is concerned. This thing is a datum, the is to say, is describable without reference to its entertainment in that occasion. An object is anything performing this function of a datum provoking some special activity of the occasion in question. Thus subject and object are relative terms. An occasion is a subject in respect to its special activity concerning an object; and anything is an object in respect to its provocation of some special activity within a subject. Such a mode of activity is termed a "pre — hension. "[16]

Thus, according to Whitehead, there are three factors involved in every prehension: (a) the prehending "subject" or the actual occasion within which the prehension is a detail of activity or specialized operation; (b) the "datum" which is the object prehended; (c) the "subjective form" which is how that subject prehends that datum.[17] The subjective form of a prehension is what distinguishes or separates it from other prehensions or modes of activity within the same actual occasion. And every actual occasion is distinct from every other by virtue of its peculiar complex of subjective forms. In fact, a pre hending subject depends for its internal constitution upon its complex of subjective forms.[18] It is necessary to point out at once that the idea of an active subject is not that of a permanent substratum. "It is fundamental to the metaphysical doctrine of the philosophy of organism, " Whitehead remarked, "that the notion of an actual entity as the unchanging subject of change is completely abandoned. "[19] Every actual entity constitutes itself in and through a process of "concrescence" —— that is, a "growing together" of diverse activities or functions directed to the realization of a common objective which constitutes what is called its "subjective aim" (the aim of a prehending subject). The unity of an actual entity is therefore a operational or functional unity, defined in terms of an identity of purpose, and not that of an unchanging substratum conceived as some kind of "stuff" or as a "supporter" of qualities. The being of an actual entity is constituted, in other words, solely by the way this functional unity is achieved in realizing its subjective aim. Thus "how an actual entity becomes constitutes what that actual entity is ······It's 'being' is constituted by its 'becoming' ."[20]

In a nutshell, this so – called "principle of process" asserts no more than that the meaning of "process" is conceivable only as a medium of actuality, in the sense that it constitutes the passage of actual entities which are in essence units of activity. Every process is a process of activity, and no activity is separable from the process in which it functions in the becoming or self – formation of an actuality. But the becoming of an actuality is precisely what constitutes the being of its agency or its functional existence as an agent whose decision and act are responsible for the limitation which underlies intrinsically a given finite existence. In fact, Whitehead contends, existence and process are inseparable. Writing in Modes of Thought, he observes: "One main doctrine, developed in these lectures, is that 'existence' ( in any of its senses) cannot be abstracted from 'process' . The notions of 'process' and 'existence' presuppose each other. "[21] The words enclosed in parenthesis—— "in any of its senses" ——should be given special attention. For the inseparability of existence and process forms in fact the main doctrine——one should say——in Whitehead's general ontology: To "be" or "exist" ——in and sense of being or existence——is to be "involved in process. " Now every existence or being that can be conceived must be an "individual" ——that is, something that has an individual identity; for otherwise it cannot be conceived. Hence the inseparability of existence and process means essentially the inseparability of individuality and process:

Process and individuality require each other. In separation all meaning evaporates. The form of process ······ derives its character from the individuals involved, and the character of the individuals can only be understood in terms of the process in which they are implicated. [22]

Now there are in general two sorts of individuals which constitute, according to Whitehead, two "extreme types of existence": they are describable as "concrete" and "abstract" individuals, respectively. [23] Concrete individuals are either actual entities, prehensions, or "nexus" ——that is, a set or complex of actual entities. They form the "Type of Actuality" as one extreme type of existence. All concrete individuals are finally reducible to the activities of actual entities—— Whether they belong to the past, to the present, or to the future. Thus human beings, non – human animals, plants, cells, inorganic substances, molecules, atoms, electrons, and to forth, are all for Whitehead concrete individuals. For these things exist either as a "living" complex of activity or as the "effects" of such activity, as when they appear as passive objects in our direct experience.

Abstract individuals, on the other hand, are "forms of definiteness" ab-

stracted from the character of actualities. These are the Platonic Ideas or the tradi-
tional universals which Whitehead gave the new name "eternal objects." They
form the "Type of Pure Potentiality" as the other extreme type of
existence. Thus, for instance, while a particular human being is a concrete indi-
vidual constituted by a nexus or, more precisely, a "personal society" ——that
is, a nexus which is "purely temporal and continuous," "man" or humanity as
such (expressible by the pro positional function "x is a human being") is an ab-
stract individual, abstracted from the definite character of human beings. [24] The
relationship between actualities and eternal objects is one of "exemplification":
"Actuality is the exemplification of Potentiality, and Potentiality is the character-
ization of Actuality, either in fact or in concept." [25] It is important to note here
that, according to Whitehead, the two extreme types of existence and individu-
ality presuppose each other in their ontological status: "Actuality and Potentiality
require each other in the reciprocal roles of example and character." [26] They can-
not, in other words, be considered in complete isolation from each oth-
er. Hence there can be no such thing as an eternal domain of Platonic Ideas
which carry no essential reference to actuality in general. [27]

These two extreme types of existence are "extreme" because all other types
of existence are derivable from them, and are analyzable into one or other modes
of relevance between the two extremes. In this sense actual entities and eternal
objects constitute the two fundamental types of individuals or what Whitehead
called "entities," "beings," or "things" as synonymous terms for the idea of
existence in general, or being qua being; the "other types of entities only ex-
press how all entities of the two fundamental types are in community with each
other, in the actual world." [28] "It is the task of philosophy," Whitehead says,
"to elucidate the relevance to each other of various types of existence." [29] Here
by "philosophy" he meant, of course, Metaphysics or what he called "Specula-
tive Philosophy."

We are now in a position to answer the question as to how the metaphysi-
cal logical ground may be constructed. The Logical Ground of all existence, in
Whitehead's view, is to be constructed in terms of a scheme of general ideas
which will provide for an elucidation or clarification of the relevance to each
other of the various types of entities. This is precisely what Whitehead attempted
in the so-called "Categoreal Scheme" developed in Chapter II, Process and
Reality. Contained in the Categoreal Scheme were four sets of general notions or
"Categories": (1) The Category of the Ultimate, (2) Categories of Exist-
ence, (3) Categories of Explanation, and (4) Categoreal Obligations. There
are, according to the Scheme, eight major Categories of Existence: (1) Actual
Entities, (2) Prehensions, (3) Nexus (plural of Nexus), (4) Subjective
Forms, (5) Eternal Objects, (6) Propositions, (7) Multiplicities, and (8)
Contrasts. The first five have been alluded to in our previous discussion. The
sixth Category of Existence, namely, Propositions, may be briefly explained
here.

But let us first look more closely into the distinction between physical and conceptual prehensions. Broadly stated, a physical prehension is one in which the object prehended is composed of consummated actualities ( actual entities, prehensions, or nexus ), whereas in a conceptual prehension the prehended datum is an eternal object or a complex of eternal objects. [30] Now a positive perhension ( physical or conceptual) is termed "feeling" in the narrow sense of the term ( it is, in the broad sense, synonymous with "prehension" ) . A feeling may be "pure" or "impure. " It is pure if its datum consists exclusively of consummated actualities ( a pure conceptual feeling ) or exclusively of eternal objects ( a pure conceptual feeling) . An impure feeling, on the other hand, arises from the integration of a pure conceptual feeling with a pure physical feeling;    such "mixed" feeling is called a "propositional feeling. " And the datum of a propositional feeling is a "proposition. " [31] More concretely, a proposition is a contrast between the two basic types of data in an integral prehension, namely, actualities and eternal objects——the concrete and the abstract. Thus in the proposition "Socrates is mortal," for instance, the contrast is between Socrates, the concrete datum, and "mortality" ( or "x is mortal" ), the abstract datum. Propositional feelings or prehensions play a central role in the process of becoming of an actual occasion. In fact, they are the very instruments of "transformation" which constitutes the essence of agency. For agency is "creativity" ——that is, creative activity, in and through the transformation of givenness. The last two Categories of Existence——namely, Multiplicities and Contrasts——must now be taken up together with this all − embracing notion of Creativity, in Whitehead's philosophy.

"Creativity," "many," "one" were described by Whitehead as "the ultimate notions" which jointly constitute the Category of the Ultimate. [32] The relationship between these three notions, which are presupposed in all the other, more special categories, may best be envisaged through the idea of "transformation": for creativity in general is the transformation of the "many" into a novel "one. " Whitehead's own description of this ultimate metaphysical principle must be noted:

"Creativity" is the universal of universals characterizing ultimate matter of fact. It is that ultimate principle by which the many, which are the universe disjunctively, become the one actual occasion, which is the universe conjunctively. It lies in the nature of things that the many enter into complex unity.

"Creativity" is the principle of novelty. An actual occasion is a novel entity diverse from any entity in the "many" which it unifies. Thus "creativity" introduces novelty into the content of the many, which are the universe disjunctively. [33]

Thus "transformation" means the "production of novelty" or the "production of novel togetherness" in the complex unity of the one creature or "product" of creativity. [34] "The novel entity is at once the togetherness of the 'many' which it finds, and also it is one among the disjunctive 'many' which

it leaves; it is a novel entity, disjunctively among the many entities which it syn-
thesizes. "[35] (Italics Mine) This idea of "synthesis" or "integration" is cruci-
al. It is what underlies the meaning of "concrescence" upon which depends the
"internal constitution" of an actual occasion. The concrescence (or "growing −
together") of the diverse activities which constitute a prehending subject is a
process of "creative synthesis" issuing in the production of a novel together-
ness. This is the actual entity as a fully integrated existence.

We are now ready to explain the distinction between the two last Catego-
ries of Existence, namely, Multiplicities and Contrasts. Whitehead described
Multiplicities as "pure disjunctions of diverse entities," while Contrasts were
characterized as "modes of synthesis of entities in one prehension. "[36] The differ-
ence between the two lies precisely in the idea of synthesis. A multiplicity is a
"mere togetherness" of diverse entities; a contrast, on the other hand, is
marked by the presence of a "synthetic unity" due to the integral activity of a
prehending subject. From the standpoint of a nascent actual occasion, the ele-
ments of givenness presented at the inception of concrescence are entirely devoid
of synthetic unity: they constitute therefore a multiplicity or mere togetherness
of diverse elements. The becoming of the actual occasion is a process of creative
synthesis through successive phases or stages of integration, transforming thereby
the objective datum from the status of multiplicity to that of contrast, of "con-
trast of contrast," of "contrast of contrast of contrast," and on progressively to
higher phases of contrast until the actuality in question becomes a fully determi-
nate being. In each phase the objective datum acquires a degree of synthetic unity
and novel togetherness by virtue of the integral activity of the prehending subject
up to that phase of concrescence. Since, according to Whitehead, the Universe
is constituted by the "creative advance" of actual entities, with each consumma-
ted actual entity contributing itself as datum for the concrescence of superceding
actual entities, this process of creative synthesis issuing in progressively higher
grades of contrast must be endless. This means that there would be an indefinite
number of categories included under the eighth category of existence (Con-
trasts). [37] Every such category expresses a type of existence which, however
complex, is finally reducible to a basic contrast between the two extreme types
of entities, namely, actual entities and eternal objects. Creativity then must form
the ultimate principle of relevance: for there is no relevance apart from contrast
which is the product of creative synthesis. It is this supreme principle of meta-
physics that must be pre − supposed in our endeavor to "elucidate the relevance
to each other of various types of existence. "[38]

This idea of "creativity" which lies at the foundation of the organic philos-
ophy is not, of course, the product of mere speculation. It has its roots in hu-
man experience. Indeed, if Creativity is to be recognized as the ultimate philo-
sophical principle, it must in some sense constitute the most intrinsic and perva-
sive character of experience. This is undoubtedly Whitehead's contention. The
validity of his claim may not be immediately obvious. But for a basic understand-

ing of its nature the illustration given below may perhaps suffice.

Whitehead's conception of "creativity" as a metaphysical principle is amply illustrated or exemplified in what we would ordinarily recognize as a "creative activity" ——for instance, the building of a house. The house is not just the sum total of the concrete elements such as cements, steel bars or other materials or instruments that were actually used in its construction. Nor can it be regarded as the mere totality of these concrete elements plus the "idea" of the house as contained in the design or blueprints of the architect, which may be described as constituting the abstract elements. The house as a finished product is something new, relative to everything else in the universe. It is a unified, novel entity; its individual identity is distinct not only from each and every of the concrete or abstract elements that went into its construction, but also from these diverse elements taken as a whole. For if you merely put these diverse entities together—— that is, in the form of a "multiplicity," in Whitehead's terminology, you do not get a house. What is obviously lacking is the creative activity which introduces synthetic unity into the content of the multiplicity of elements. This is none other than the agent of the building process. In this case it is a composite agent composed of all those individuals actively contribution to the construction of the house——the architect (s) and his auxiliaries, the movers, the construction workers, the bumpers, the electricians, and so forth. The diverse but coordinated activities of these agents or "operators" are what constitute the composite agency in question. It is a "unity of creativity" which is inseparably a "unity of act" and a "unity of effect." The unity of effect is definable in terms of the "whatness" of the thing created — namely, a "house." It may be termed a "generic principle" as expressing generally a unity of agency in terms of the unity of its effect. But the unity of agency and the creative process is not explainable solely in terms of the generic principle. For the efficacy of the composite agent requires a coordinating, integrating or organizing principle whereby the diverse activities or operations of the individual agents may be united for the joint realization of a common aim or purpose. This is the "genetic principle" ——as we may call it——which expresses the unity of agency as a unity of act or action. The creative unity of the composite agent is therefore describable, as a whole, as a "genetic − generic" unity. This unity is intelligible if we can discover the underlying "genetic − generic principle" in question.

This conception of agency as essentially a unity of creativity having both a gentic and a genric aspect is what Whitehead meant by "actuality." A "subject" is an actuality conceived from the standpoint of the genetic aspect. Let us remind ourselves again that "subjectivity" for Whitehead does not necessarily imply consciousness. Consciousness is an activity; but it is not the only kind of activity. And "subjectivity" as such is conceived in the organic philosophy solely and essentially as a unity of activity. This unity is constituted jointly by the "subjective form" and the "subjective aim" of the "subject," which are identifiable, respectively, as what we have termed the "genetic principle" and the "generic principle. " Whitehead's conception of subjective aim or generic principle is roughly equivalent to the idea of "formal cause" in the Aristotelian system, while the subjective form or genetic principle, which defines the "how" of action, had almost no place in that system. This is because in Aristotle's meta – physics the "final cause" ( ultimately the First Mover ) ——and not the "efficient cause" ——is the primary determining factor of process or "movement. " For Whitehead, however, efficient causation constitutes the very essence of actuality, that is, as agency or subject. This is being or reality in the proper sense: "existence" as active agents. Existence in any other sense is secondary or derivative——derived or abstracted from the creative process of actuality. That there is no existence apart from agency was explicitly stated by Whitehead himself in the following passage:

The actualities of the Universe are processes of experience, each process an individual fact. The whole Universe is the advancing assemblage of these processes. The Aristotelian doctrine, that all agency is confined to actuality, is accepted. So also is the Platonic dictum that the very meaning of existence is "to be a factor in agency," or in other words "to make a difference. " Thus, "to be something" is to be discoverable as a factor in the analysis of some actuality. It follows that in one sense everything is "real," according to its own category of being⋯⋯ But the term "realization" refers to the actual entities which include the entity in question as a positive factor in their constitutions. Thus though everything is real, it is not necessarily realized in some particular set of actual occasions. But it is necessary that it be discoverable somewhere, realized in some actual entity. [39]

That "all agency is confined to actuality" is what Whitehead called the ontological principle. It defines what may be termed his "functional" theory of existence in the first sense. In this sense function is the realization of activity or power: to function is to act. More precisely, the essence of actuality is that of a "living" act. Hence not all concrete individual things are "actual" in this primary sense. A dead person is, for instance, real, but not actual, because he is no longer active in so far as his organic functions are concerned. Intrinsic reality—— that which "truly is" ——belongs only to concrete individuals acting in the capacity of agency. And agency is the dispensation of power, transforming something "given" into something else. It is of the utmost importance to note that the accent of Whitehead's ontology is not on the given datum, not on the issue, nor on the form of such transformation——but rather most emphatically on the "dispensing" of power. Hence actuality and the truly real can only be properly characterized as "transition," "becoming" or "process. " "The essence of existence, " says Whitehead, "lies in the transition from datum to issue. " [40] Existence here means the existence of a concrescing actual occasion whose "being is constituted by its becoming" ——the so – called "principle of process. " [41] Whitehead's metaphysics then is basically "aesthetic" in spirit: what matters in nature is not so much the things or the kind of things that are involved in the natural process, but rather this "involvement" itself. This accounts for the choice of the word "feeling" (or "prehension") instead of the more neutral terms such as "power," "activity," "act," "action," "operation," "function," "energy," "force," and the like. For these other terms all lack or seem to lack the "emotional tone" that Whitehead so much desire to convey to his readers. He wished to remind them that human experience is basically "emotional" or, in his words, "heavy with emotions."[42] This root metaphor in the organic philosophy is indeed most apt in its intention. For feelings or emotions are expressions or indices of living involvement.

Now an apt metaphor is not necessarily a good one unless it is apt in every sense. Such cannot be said of the word "feeling," at least not from the standpoint of communication. The value of this metaphor would be appreciated only by those who already grasp its literal meaning. But the one would discover soon enough that the metaphor is not really adequate for its task. In fact, the term feeling is not only inadequate as a metaphor, but has, even more unfortunately, the effect of obscuring and misleading the readers of the organic philosophy. In the first place, it is too weak and even too static to convey the idea of power and "dynamism" that is certainly implicit in the conception of actual occasions. It suggests passive reception rather than active involvement and dynamic transformation. Secondly, our ordinary usage of the term does not seem to connote — or perhaps only very remotely——the notion of "subjective form" in the abstract metaphysical sense as Whitehead defined it, namely, as the "how" of action or operation. The ordinary concept always refers to something concrete, not reducible to an abstract form. That, of course, is the very reason why the term was adopted by Whitehead in his theory of actual entities. Whitehead was so anxious to emphasize the concrete aspect of reality that he seemed to have confused in some manner the distinction between the extension and the intention of a generic concept. The confusion was perhaps due to the fact Whitehead had made no effort to distinguish sharply different levels of generalizations. The class of entities which he called "feelings" pertain to such diverse things as molecules, atoms, electrons, protons, as well as trees, birds, and human beings. But it is one thing to say that human beings are capable of feeling and "heavy with e-motions," quite another to say that electrons, too, have them. Feelings in our ordinary usage of the term almost always imply some sort of consciousness or awareness. Yet in the theory of actual entities consciousness is held to be present only as the subjective form of certain higher grades of feeling, namely, those which constitute the actual occasions of a human person. The subjective form of a feeling is the differentia which distinguishes it from other species or types of feelings. But if all feelings——human or non-human——belong to one single genus as Whitehead actually held, they must have something in common which constitutes the defining characteristic or property of the generic concept. This requirement is obviously necessary because the class of feelings cannot possibly be formed by enumeration: there are an infinite number of them, and, besides, we have no direct access to the feelings of such physical entities as electrons. And if this requirement can be satisfied, the defining property must be interpretable in terms of human experience——by means of perception, memory, imagination, understanding, reason or any other modes of experience. What then is the essence of feelings, that which makes a feeling as feeling?

When we examine more closely Whitehead's answer to this question, we find that in the final analysis the idea of feeling coincides with that of creativity. A feeling is a creative act or a concrete element of such act. Subjective forms are thus forms of activity. The lawfulness or orderliness of nature is none other than an expression of the uniformity and regularity of subjective forms. To put it in another way, "the laws of nature are the forms of activity. "[43]

While there is no question about the profundity of insight contained in this statement, one must admit that the transition from feeling as ordinarily conceived to feelings as factors determining the order of nature takes quite a stride of the imagination. In what way, say, is melancholy, admittedly a feeling in the ordinary sense, a mode of activity? And what law of nature is connected with it? We are not suggesting that there is no relationship between what we ordinarily call feelings and the laws and order of nature. But the connection is a very remote one, and certainly by no means obvious.

In fact, the identification of feelings with activities is not at all an easy conception. The equation of these two terms, which have different meanings in our ordinary language, constitutes perhaps the major source of confusion which can hardly be avoided in any superficial attempt to grasp the essence of whitehead's works. The fact that Whitehead never really took the trouble of explaining clearly and precisely what he meant by feelings and activities in terms of direct human experience is certainly most unfortunate from the standpoint of communication. It is a failure which forms one of the chief obstacles to an adequate understanding of his philosophy.

The effect of this failure on communication is compounded by the existence of a fundamental ambiguity in Whitehead's methodology, namely, the ambiguity between "formalization" and "generalization" as two distinct, though ultimately inseparable, procedures of rational investigation. The philosophy of organism as an ontology is primarily founded upon the method of formal construction, whereas as a cosmology its concepts are derived from empirical generalization. Whitehead obviously attempted to combine these two separate theoretical procedures into a unified philosophical approach——the so - called "method of imaginative rationalization. "[44] But the effort remained in the end short of a successful synthesis; the two lines of thought often became confused or confounded in Whitehead's writings. The distinction between ontology and cosmology was never explicitly drawn by Whitehead himself. But this distinction is not only real, but crucial to the inner motive of the organic philosophy.

And the inner motive of Whitehead's metaphysics is, as we have seen earlier, to push rational explanation to its utmost limits. This means that the final goal

of Whitehead's philosophical effort is ontology or philosophy as first science——
and not cosmology conceived merely as a theory about the origin and nature of
the Universe. The two are intimately related, but not identical. Cosmology pre-
supposes the idea of rational justification, whereas it is the very task of ontology
to exhibit its meaning and to demonstrate its metaphysical necessity.

Whitehead defined metaphysical necessity in terms of the universality of ap-
plication: a metaphysical scheme (principle or category) is necessary if it bears
"in itself its own warrant of universality throughout all experience." [45] In his o-
pinion such scheme is obtainable provided we confine our attention to what he
called "immediate matter of fact." [46] These are the "stubborn facts" of reality,
which, constituting the essential givenness of human knowledge, may be dis-
closed through a descriptive analysis of our "immediate experience" ——for in-
stance, our experience of ourselves as derivative from the immediate past. The
metaphysical scheme which is founded upon such analysis of immediate matters
of fact must be universally applicable because rational knowledge can in no way
transcend its essential givenness in human experience. To push explanation to its
utmost limits (as the ideal of rational thought) means therefore to reveal the ulti-
mate generalities of things as conditioned and constituted by the textures of im-
mediacy.

The one primal texture which underlies all width of experience is Change,
conceived as the transition and transformation of character or position. In the fi-
nal analysis, Whitehead's ontology is nothing but an inquiry into the metaphysi-
cal meaning of change. The basic strategy is to posit the idea of agency, defined
formally as the factor responsible for change, and then investigate into the condi-
tions of efficacy and the "power structure" under which the concrete agents may
actually bring about the change in question. This is how Whitehead arrived at the
notion of actual entities as "ultimate agents of stubborn fact." [47] these are the true
"particulars" who carry the real burden of agency in the universe. As an individ-
ual unity, every actual entity is a measure of power; but collectively actualities
constitute an organic measure of efficacy. In the philosophy of organism the no-
tion of Actuality comprises both the meanings of limitation and the condition of
limitation, just as the notion of Potentiality refers to both character and the con-
dition of character. Motivated by the rational desire to push explanation to its ut-
most limits, Whitehead's analysis carries him to the three central concepts of his
meta – physics, namely, actual entities as ultimate conditions of limitation, eter-
nal objects as ultimate conditions of character, and God as the ultimate condition
of relative status. These "three poles of creativity," as one may so describe
them, are involved in every individuation in the universe. For Whitehead the
principle of individuation is not to be found in the idea of an absolutely tran-
scendent Supreme Being creating the world out of nothing, but rather in the i-
dea of immanent creativity involving the inter – dependence and mutual – condi-
tioning of the three poles in a dynamic context of reality.

The phrase "dynamic context" is perhaps more suggestive than any other terms of the essential implications of "organicism" in Whitehead's metaphysic. "Dynamic" implies the presence of power and the relativity (relatedness) of efficacy, while "context" suggests togetherness and coordinated development. More precisely, a "dynamic context" is definable as a coordinated development of potentiality by virtue of the power and agency of concrescent actualities. This definition implies the idea of a "field of action" conditioning the power and efficacy of the actual, concrete individual agents. Thus defined a dynamic context is what Whitehead termed a nexus, conceived as a "society" of actual entities forming an integrated organic unity. It is in connection with this idea of nexus that the general notion of "entity" ——existence in general——is functionally construed. To "exist" is to function, that is, to play a role or to be a contributory factor in a dynamic context of reality. Thus "to 'function'," Whitehead stated, "means to contribute determination to the actual entities in the nexus of some actual world."[48] Or as he said earlier, "'to be something' is to be discoverable as a factor in the analysis of some actuality."[49] Since the essence of actuality is agency, "the very meaning of existence is 'to be a factor in agency'."[50] And since agency is no more than a process of transformation, existence in general or an entity as such is definable also as a "potentiality for process" or, what is the same thing, "an element contributory to the process of becoming."[51] That is why existence cannot be abstracted from process: "The notions of 'process' and 'existence' presuppose each other."[52]

We have now recognized two meanings of "function" which define, respectively, two senses of existence in Whitehead's ontology: namely, (a) function as a dispensation of power defining the existence of an active agent (actual entities) in its own process of becoming, and (b) function as playing a role, as contributing to the determination of some such process, which could pertain to anything in any of the eight categories of existence. Thus, for instance, while mathematical objects such as numbers and geometrical figures (as a species of eternal objects) cannot be said to exist in the first sense as defined in (a), because these entities cannot act as actualities do, they may indeed exist in the secondary sense as defined in (b) by being exemplified (thus playing a role) in some actual process. The same may be said of other types of entities such as propositions which do not exist as active agents. Such entities exist in the secondary sense provided their functional role can be identified. The unity of Whitehead's functional theory of existence is to be found in the unity of these two meanings of function, that is, in the idea of agency and process (transition and transformation) as the medium and measure of agency. In the final analysis ontology must center around "being" as a role - concept as well as a power - concept. For all dispensation of power is at the same time a synthesis of roles. This relationship is implied in Whitehead's use of the term "together" or "togetherness." Ontology is indeed conceivable as the study of the "various special ways in which various sorts of entities are 'together' in any one actual occasion."[53] And "being together" for Whitehead can mean nothing except "functioning together."

We must now move on to the second important thesis in the Whiteheadean metaphysics which is inseparably bound up with the functional conception of existence, namely, the dynamic theory of forms. Whitehead had a conception of forms rather different from the traditional theory of universals. He introduced the important distinction between "real potentiality" and "pure potentiality," which may also be termed "immanent form" and "transcendent form," respectively. Briefly, a real potentiality is a possibility or condition of existence which is "immanent" in a possibility or condition of existence which is "immanent" in some actual process or dynamic context of reality—— "x is U. S. citizen in 1969," for instance. A pure potentiality, on the other hand, is construed as an abstract possibility transcending all contexts of the actual universe—— "x is a citizen" is the expression of an eternal possibility with no particular reference to actuality. In Whitehead's dynamic theory of forms these two apparently opposing ideas are brought together through the notion of agency as an "activity procuring limitation."[54] Actuality is the actualization of real potentiality which expresses a condition of "decision" amid pure potentiality. The realization of this condition is what Whitehead meant by "the fusion of the finite and the infinite."[55]

This fusion represents at once a measure of power and of creative efficacy. The general form of fusion is contrast or synthesis. The gist of Whitehead's ontological endeavor can perhaps be summed up in one single statement, namely, that creativity is the correlate of "genetic − generic" synthesis. For Whitehead all forms are basically forms of synthesis, involving a determination of the three poles of creativity. And such determination cannot be considered apart from the dynamic character of a real context of concrescent actualities. For these are the "ultimate agents of stubborn fact."[56]

A "stubborn fact" is an actualized potentiality; it may also be characterized as a unique determination of interdependence. In the philosophy of organism nothing is absolutely conditioning, and nothing is absolutely conditioned. "conditioning" and "conditioned" are relative terms. If the word "absolute" has any meaning for Whitehead, it would mean the "uniqueness" of determination. In the final analysis every individual entity is——and must be——unique in some sense: for individuality means precisely the uniqueness of role, which presupposes a dynamic context of functional synthesis. Here we come to the third main tenet of the Whiteheadean metaphysics, which may be termed the organic doctrine of perspective. According to this doctrine the universe is a systematic totality in which individuality and relativity presuppose each other. Every individual in the system constitutes a standpoint for which the system is a uniquely determined "perspective." All standpoints and perspectives of the system are by necessity internally related. And this internal relatedness is, according to Whitehead, ultimately derived from the internal connectivity of agency or, in his phraseology, the "relativity of decisions." There can be no absolutely isolated power, and hence no absolutely isolated fact. The unity of the universe is an organic unity, whereby it is at once "many" and "one."

Our discussion up to this point has been directed to uncovering the basic framework of Whitehead's metaphysics or what he called speculative philosophy. The essence of this metaphysics, as we have seen, lies in an ontological scheme founded upon the identification of actuality and agency. The theory of actual entities, which forms the basis of the entire superstructure of the organic philosophy, is indeed describable as a theory of agency and dynamic context which includes the three fundamental these as awe have just outlined in the a-bove discussion: that is, (a) the functional conception of existence, (b) the dynamic theory of forms, and (c) the organic doctrine of perspec-tive. Whitehead apparently believed that his ontological scheme contained the "ultimate generalities" of metaphysics; and as such it must be capable of being interpreted throughout human experience. It would be, in other words, meta-physically necessary.

To what extent the philosophy of organism succeeds in revealing the ulti-mate generalities of metaphysics, in obtaining the clarity of thought by pushing explanation to its utmost limits, and thus achieving for philosophy the status of "first science," is a question which will engage our full−fledged attention in the following chapters. Our main approach is to focus upon the idea of agency as the key to an adequate understanding of the theory of actual entities upon which the organic philosophy is founded. We shall explore thoroughly the meaning and im-plications of the ontological principle and the identification of actuality and agen-cy in terms of the three main theses or tenets of the organic philosophy as cited earlier. What we hope to accomplish in general is to bring out the essence of Whitehead's metaphysical thought in the light of the inner motive and real inten-tion of his philosophical effort. And this, we believe, is to be found in his con-ception of speculative philosophy as aiming at the "first principles" of existence which constitute the proper content of metaphysics as the first science of rational justification.

We muse now return to the important distinction which we brought out at the beginning of this introductory chapter——namely, the distinction between formal and material principles as underlying the idea of rationality and explana-tion. If the metaphysical ideal of rational justification is at all attainable, the onto-logical construction of the logical ground of all existence must take the form of synthesis of the formal and the material aspects of rationality. Metaphysical first principles, in other words, must be the supreme principles both in respect to ex-istence and in respect to method.

Indeed, metaphysical necessity is definable as the synthesis of formal and material necessity. It is a synthesis which is ultimately rooted in the connection between man's being and his rationality. Human existence is part of actuality, while the human quest for knowledge is part of the actual processes which jointly constitute the World−Process. The key to the metaphysical synthesis must there-fore be found in man's rational subjectivity——namely, in that dimension of his actuality in which he constitutes himself as agent of explanation, or rational justification.

In the final analysis philosophical method can in no way be divorced from the essential nature of human experience——above all, of his experience of himself as an actuality among other actualities, as belonging to a dynamic context of the actual world. Whitehead clearly saw this in his recognition of the relationship between metaphysical knowledge and immediate experience. Indeed the theory of actual entities is basically describable as a "projection" into a formal scheme of general ideas of the dynamic textures of immediacy.

Unfortunately, the idea of metaphysical necessity was never fully developed in the philosophy of organism. This failure stems partly from the fundamental ambiguity in Whitehead's conception of method as alluded to previously, that is, the ambiguity between formalization and generalization as two distinct theoretical procedures. This ambiguity was also responsible for Whitehead's failure to distinguish clearly ontology from cosmology, in consequence of which the proper relationship between the two became almost entirely obscured. This obscurity was further compounded by the misleading character of Whitehead's metaphorical language. And what is more, the idea of "philosophical demonstration" was completely absent from the organic philosophy. Whitehead rarely argued, he merely exposed. There seems to be little doubt that he was heading towards a "formal – phenomenological" method of philosophical inquiry. But because of this disregard for demonstration, Whitehead's concepts were often vague and confounded; they were simply not clear in respect of both formal character and phenomenological origins.

But perhaps most unfortunate of all is the fact that the idea of agency was never fully developed in Whitehead's writings. In spite of its central significance in the organic philosophy as we have seen in the foregoing discussion, the word appeared only a few times and the concept was never giver a thorough examination. It is our belief that the philosophy of organism would have gained considerably both in rigor and in persvasiveness——and most likely also in the ease of communication, had the theory of actual entities been formally and explicitly developed as a theory of agency. In fact, we believe that much of the difficulties that now confront the Whiteheadean system could have been overcomed or avoided if such approach had been taken. This study of the philosophy of organism is primarily based upon this conviction.

Hence what is attempted in the following chapters is an interpretation of the intrinsic character of Whitehead's philosophy by way of a formal – phenomenological reconstruction of some of its fundamental concepts. A separate chapter will be devoted to each of the three basic tenets of the organic philosophy. And the formal – phenomenological method of inquiry will be expected to evolve as we proceed. This conception of method will then receive special attention in the last chapter where the idea of metaphysical necessity will serve as the guide – post for our concluding synthesis.

# Chapter Ⅱ  Process and Reality:The Functional Conception of Existence

"Actuality," says Whitehead, "is the self − enjoyment of importance. "[1] What this statement is supposed to mean is not, let it be admitted, immediately obvious; though perhaps no more succinct expression can be made in its stead. In fact, the innermost essence of the organic metaphysics is embodied here. For the purpose of obtaining an adequate understanding of this philosophy, we can do no better than to take this statement as our starting point and then proceed to follow the threads of its profound implications. Our analysis may be divided into three successive stages. We shall examine first the concept of "importance," then the "self − enjoyment of importance," and finally "actuality" at large. But before we begin our analysis a comment on method involving a very important distinction must be brought out here at once.

This is the distinction between a "formal concept" and a "phenomenological concept," or between the formal and the phenomenological aspects of a concept. Generally speaking, a formal concept is an idea which fulfills a theoretical function in virtue of a certain structure, model or formula which it exhibits and which may or may not find exemplification in our experience. What is defined by the formal construct is basically just a set of rules or principles which jointly constitute, epistemologically, a condition of intelligibility and, ontologically, a condition of reality. A formal concept, taken as such, does not denote existence; it denotes only the possibility of existence by prescribing the relevant condition. We may construct a formal concept for practically anything——electrons, molecules, stones, vegetables, animals, human beings, human institutions, gods, numbers, geometrical figures, propositions, and what have you. Indeed any concept may be conceived as formal if it contains an intelligible structure, which may represent an abstraction from experience or merely the product of imagination and thought. The important thing to be kept in mind is that when we consider a concept as formal, we concentrate only on the form ( the structure or model) and not on the instant. Thus, for example, if refers to is not an objectively existent God, but rather the condition of being a deity. There may or may not exist an entity which satisfies the given condition. Similarly, a formal concept of numbers defines only a theoretical structure——that is , a number system, but not collections of things that we may experience as having a "number," for instance, singles, couples, triples, and so forth.

A phenomenological concept, on the other hand, has necessarily an existential import. More precisely, a phenomenological concept is an idea which points to the existence of an entity of collection of entities which, in some sense at least, are capable of experiential verification. Thus "dogs" taken as a phenomenological concept would refer, not to the condition of "dog – existence," but rather to the dogs as actually experienced together with the manners in which they are experienced. Similarly, a phenomenological number would refer to definite collections of things that we may comprehend intuitively, that is, singles, couples, triples, and so forth. And the phenomenological concept of God would not refer to the condition of being a deity, but rather to an objectively or actually existent divine being. In general, we may say that while a formal concept "prescribes," a phenomenological concept "describes. " The latter has the character of a realistic painting, or better still, a photograph. Its validity depends upon the truthfulness and the accuracy of the description. Here truth means correspondence.

A formal concept, on the other hand, cannot be true or false in a phenomenological sense. The validity of a formal construct depends finally upon the theoretical function it is supposed to perform. One chief function of a formal concept is to explain a phenomenological concept. Explanation here means clarification and generalization. The formal concept explains the phenomenological concept by exhibiting the intelligible structure of what is phenomenologically comprehended and then generalizing this structure ( by analogy) beyond the actually acquired experience. By virtue of this two – fold theoretical function the formal concept now becomes an essential condition of intelligibility——conditioning both the "known" and the "knowable" as forming the same mode of reality or type of existence. In this way a formal concept may be combined with a phenomenological concept that it is supposed to explain to obtain a "formal – phenomenological concept," which may also be termed a "real concept. " If the word "dogs," for example, designates a real concept, then it would combine in its meaning both the formal and the phenomenological signification of "dogs. " It would, in other words, refer not only to the condition of "dog – existence," but also to the dogs as actually experienced as well as to the manners of such experience.

A real concept then has both a formal and a phenomenological content; the one abstract, the other concrete. The word "real" is adopted because a real concept is in truth a representation of reality, that is, by virtue of its synthesis of the abstract and the concrete. This synthesis results from the intervention of imaginative thought upon the givenness of the diverse manifolds of phenomenological experience. In the integrative real content the formal concept acquires a transformed character by virtue of its theoretical reference to the correlative phenomenological content. Taken in isolation it merely "prescribes"; now its role has changed from mere "prescription" to "illumination. " The "prescriptive" formal concept "illuminates" the intelligible structure inherent in the phenomenological experience. Conversely, the phenomenological concept has also undergone transformation in the synthesis of the real concept: it changes from mere "description" to "illustration." The "descriptive" phenomenological concept "illustrates" the abstract meaning of the formal concept, proclaiming, as it were, its power to command concrete instantiations. In the final analysis the relationship between the formal and the phenomenological can be generally characterized in terms of the contrast between "theory" and "subject — matter." The theory explains the subject — matter; the subject — matter "reifies" the explanation. Knowledge is basically nothing but the "subsumption" of a subject — matter under a theory. This procedure of "subsumption" in which object and form are united in a real concept has been termed, in the last chapter, "interpretation." The human quest for knowledge is indeed describable as a process of man's creative activity performing the function of a rational subject, that is, as an agent of interpretation.

Now the problem of knowledge may be said to stem from two major source of human finitude: finitude in respect to experience and finitude in respect to imaginative insight. We do not experience the universe in its totality, but only some perspectives of this totality. Nor could we grasp spontaneously in all width and depth the intelligible structure or forms that underlie the reality of things. What then is the real status of human knowledge in the light of these limitations? What can science and philosophy——and rational thought in general——hope to accomplish?

One thing is certain: we cannot hope to obtain "perfect knowledge," if by that we mean a complete understanding of the nature of all things of all types in all manners of existence and details of affinity. Such knowledge is obviously impossible because it would mean a complete grasp of the Universe. And we cannot possibly obtain a complete knowledge of the Universe because it is an indefinitely on — going process transcending all finite existence including human beings. If we agree with Whitehead that limitation constitutes the very essence of actuality, then perfect knowledge and finitude are incompatible.

The question now arises, wherein lie the limits of human knowledge? For Whitehead this question is not to be answered by any deductive reasoning based upon well — defined premises which are dogmatically asserted. The proper philosophical procedure is not deduction, but "disclosure": "The aim of philosophy is sheer disclosure."[2] And philosophy as disclosure does not consist in argument from well — defined premises. It is, on the contrary, "the search for premises."[3] This does not mean that deduction plays no part in philosophy. But its role is solely instrumental. The use of deductive reasoning is "for the purpose of testing the starting — points by the evidence of the conclusions."[4] This is the meaning of "philosophical demonstration" in Whitehead's philosophy. To "demonstrate" is not to prove the validity of an argument in the deductive manner, but rather to show or bring out the evidence of a rational scheme of thought. And both the scheme of thought and its evidence are included in the philosophical disclosure.

Now what does philosophy attempt to disclose? What constitutes philo-

sophical evidence? And for what is such evidence evident? In the following pas-
sage Whitehead gives us a general answer to these questions:

Philosophy is the attempt to make manifest the fundamental evidence as to
the nature of things. A correctly verbalized philosophy mobilizes this basic experi-
ence which all premises presuppose. It makes the content of the human mind
manageable; it adds meaning to fragmentary details; it discloses disjunctions and
conjunctions, consistencies and inconsistencies. Philosophy is the criticism of ab-
stractions which govern special modes of thought. [5]

There are a number of points in this passage which are important for the
understanding of Whitehead's conception of philosophy and its method. First, let
us concentrate upon the two key phrases in the first sentence, namely, "funda-
mental evidence" and "the nature of things." The connection between the two
is what Whitehead means by "understanding." Philosophical understanding is
the disclosure of the "fundamental evidence as to the nature of things." The
word "fundamental" here should be underlined. For science, too, is also inter-
ested in the "nature of things." What separates philosophy from science lies not
so much in its subject – matter as in the question of evidence. Unlike science,
philosophy cannot be content with any evidence which is short of being "funda-
mental as to the nature of things." It is this exacting attitude towards evidence
that endows philosophy with a critical as well as a constructive function. "Phi-
losophy," as Whitehead put it, "is the criticism of abstractions which govern
special modes of thought." [6] The scientific modes of thought are based upon ab-
stractions, that is, abstractions from "fundamental evidence." That is why proof
is possible in science, but not in philosophy:

······philosophy, in any proper sense of the term, cannot be proved. For
proof is based upon abstraction. Philosophy is either self – evident, or it is not
philosophy. The attempt of any philosophic discourse should be to produce
self – evidence······ The aim of philosophy is sheer disclosure. [7]

"Fundamental evidence" then means "self – evidence." On this point both
Husserl and Whitehead agreed. For Husser's idea of phenomenology is none oth-
er than that of a science of self – evidence. Although the philosophy of organism
was not developed explicitly as a phenomenology, there is no question that its
metaphysical scheme is founded upon a phenomenological basis; this basis is fur-
nished by what Whitehead called "immediate experience." It is from the dy-
namic textures of "immediacy" ——a notion which we shall thoroughly explore
in the course of this study——that he derived the metaphysical model which
constitutes the basic framework of the organic philosophy. "The elucidation of
immediate experience," Whitehead remarks, "is the sole justification for any
thought." [8] This is so because he believed that all evidence has its root in the self
– evidence of immediate experience. The primary function of philosophy is to
disclose the self – evidence that ultimately supports all special modes of
thought. For in the final analysis all "understanding is self – evidence," and "self
– evidence is understanding." [9]

Now that which is self−evident is necessary, and that which is necessary cannot be thought otherwise. The test of a necessary principle or idea lies in its denial: a principle or idea is necessary if one cannot deny it without presupposing it. This is the meaning of what Aristotle termed "first principles" or "first reasons." All "first principles" are necessary because they must be presupposed in order that they may be denied. This means that they cannot be denied without involving a self−contradiction. And that which is self−contradictory destroys itself.

It ought to be noted at once that a first principle cannot be conceived apart from a given domain of relevance. It is only necessary within its universe of discourse. Thus each of the special sciences may be said to have its own first principles, and science as a general department of human knowledge is in its foundation a systematic co−ordination of these principles. Whitehead considered such co−ordination to be part of the constructive function of philosophy. In its critical function the "aim of philosophy is to challenge the half−truths constituting the scientific first principle."[10] Obviously, both functions depend upon the possibility of metaphysics. For the systematic co−ordination of scientific first principles can only be under−taken in a larger and more inclusive domain of relevance; and the "half−truths" of these principles challenged on the basis of higher metaphysical truth. Philosophy then must issue in metaphysics as "first science," that is, a science of highest principles of validity.

These metaphysical first principles would, if they be discoverable, constitute the "ultimate generalities." A first principle in metaphysics represents an ultimate generality because it expresses a universal truth. In fact, its universality is, according to Whitehead, precisely what constitutes its necessity. And the reason that he placed so much emphasis on immediate experience is due to the recognition that such experience "most fully exhibits the universal necessities of existence."[11] The starting point of philosophy is to determine correctly the necessity and self−evidence that is embodied in such universal truths.

We may now look more closely into Whitehead's definition of speculative philosophy: "Speculative Philosophy is the endeavor to frame a coherent, logical, necessary system of general ideas in terms of which every element of our experience can be interpreted."[12] What we must observe immediately is that this "system of general ideas" is not something to be conjured up arbitrarily. The philosophical scheme that Whitehead had in mind is to be the outcome of "descriptive generalization," that is, from immediate experience. Since immediate experience is part of experience——indeed the most vital part, the scheme is at least "applicable," that is to say, interpretable by some elements of experience. But "applicability" is not identifiable with "adequacy." According to Whitehead, the philosophical scheme is "adequate" only if no items of experience are incapable of such interpretation. This is how he conceived necessity in terms of universal applicability.[13] The speculative endeavor depends, therefore, upon this important assumption: namely, that the structure of immediate experience is identical with the structure of reality. It must in fact exhibit the "universal necessities of existence" or the "fundamental evidence as to the nature of things. "[14]

If this assumption be granted, then the basic philosophical question is just how to "mobilize this basic experience" into a logically and coherently developed theoretical system which would bear "in itself its own warrant of universality throughout all experience. "[15] The philosophical scheme is thus a metaphysical model of both experience and reality. For Whitehead there can be no metaphysical first principles which are in themselves unknowable. What does not communicate with immediate experience is indeed unknowable, and "the unknowable is unknown. "[16] And what is absolutely unknowable and unknown cannot be conceived in the first place.

Thus for Whitehead metaphysics is founded upon a basic "isomorphism" between experience and reality. To be "real" is to be interpretable as exemplifying the fundamental structure of experience. Anything knowable ( and that means any entity whatsoever) is thus interpretable, and can be experienced in some sense. Let it be noted here that in Whitehead's writings the word "experience" is used in the broadest sense possible, not to be confined to "sensuous experience. " That which is experientially interpretable could be anything " of which we are conscious, as enjoyed, perceived, willed, or thought. "[17] And here "interpretation" means that any such experienced entity "shall have the character of a particular instance of the general scheme. "[18]

The problem now is to construct a metaphysical model or system of general ideas which shall enable us to crystallize this basic isomorphism between experience and reality, laying bare thereby the rational and intelligible character of the Universe. What then is the proper approach for the construction of this metaphysical model which, if successfully formulated, would exhibit before us the Logos that governs all, the Logical Ground of all things?

Whitehead conceived this problem as having two main aspects, the rational and the empirical. "The rational side is expressed by the terms 'coherent' and 'logical. ' The empirical side is expressed by the terms 'applicable' and 'adequate'. "[19] These four terms indicate four basic criteria of speculative philosophy in the sense that they constitute the chief guiding principles of metaphysical construction. One must say, however, that against the background of modern philosophy the adoption of the two terms "rational" and "empirical" as expressing the two aspects of the speculative ideal is not at all a fortunate one. For in the organic philosophy the two terms do not carry the same implications as one would attribute to them in the familiar context of modern philosophy. In fact, Whitehead's use of the terms was often antithetical to their peculiar modern usage. Thus "rational" in the organic philosophy carries no implication of "apriorism" or of deductive certainty in the mathematical sense. And when Whitehead employed the term "empirical," he definitely did not wish to restrict it to "sensuous perception. " There was for him such thing called "non – sensuous perception," which, in the final analysis, constitutes the primary elements of subjective experience.

Hence, in order to avoid unnecessary misconceptions and for the purpose of representing more adequately Whitehead's conception of knowledge and philosophical method, we shall substitute for the traditional contrast between the rational and the empirical the three − fold distinction between the material, the formal, and the phenomenological. The distinction between the material and the formal has been introduced in the early part of last chapter, whereas the contrast between the formal and the phenomenological has just been discussed not long ago. We must now put the three together and observe their proper relationship with each other. To put it most concisely, this three − fold contrast is a contrast between three types of concept which has as its content respectively a subject − matter, a theory about a subject − matter, the evidence which confirms or denies a theory about a subject − matter. To elaborate a litter further, a material concept is an idea of anything whatsoever which requires explanation. The subject − matter could be physical or non − physical, animate or inanimate, real or merely imaginary, concrete of abstract. A formal concept, on the other hand, is the idea of an explanation, a theory which explains or attempts to explain a given theory, we will obtain a phenomenological concept. Thus, for example, if we want to study human nature, then human nature would be the content of a material concept, any theory which attempts to explain human nature would constitute a formal concept, and any evidence which lends support to any such theory positively or negatively would yield a phenomenological concept. Whitehead's conception of knowledge and philosophical method cannot be properly understood without a clear and precise grasp of this three − fold contrast which underlies every determination of knowledge. From the standpoint of the organic philosophy, the quest for knowledge is an instance of creativity; thus epistemology is a special case of ontology. If the essence of Whitehead's ontology is expressible by the statement "Creativity is the correlate of genetic − generic synthesis, " his epistemology may be correspondingly characterized as an exemplification of this statement, namely, "truth ( or knowledge of a given subject − matter) is the correlate of formal − phenomenological synthesis. " And just as the genetic principle is inseparable from the generic principle in every creative process, so the formal and the phenomenological require each other in every quest for truth.

In what manner exactly is epistemology a special case of ontology? This and other related epistemological or methodological problems must be postponed for consideration until after we have looked more closely into Whitehead's ontology. The above discussion has given us a rudimentary basic in his formal − phenomenological method needed to carry out the supreme task of metaphysical construction. The task is to search for the intelligible model of the Universe. It is in connection with such endeavor that whitehead came to discover two of the ultimate notions in his philosophy, namely, Importance and Matter of face. In Modes of Thought, which consisted of a series of lectures written in the most mature period of his intellectual life, whitehead wrote:

There are two contrasted ideas which seem inevitably to underlie all width of experience, one of them is the notion of importance, the sense of importance, the presupposition of importance. The other is the notion of matter − of − fact. There is no escape from sheer matter − of − face. It is the basis of importance; and importance is important because of the inescapable character of matter − of − fact. We concentrate by reason of a sense of importance. And when we concentrate, we attend to matter − of − fact. Those people who in a hard − headed way confine their attention to matter − of − fact do so by reason of their sense of the importance of such an attitude. The two notions are antithetical, and require each other. [20]

If the readers find this passage too elusive, they may be helped by being reminded of the central distinction between the two worlds that the same author made in his essay on Immortality namely, the World of Value and the World of Fact ( also termed the World of Activity):

The basic elements in the World of Fact are finite activities; the basic character of the World of Value is its timeless co − ordination of the infinitude of possibility for realization. In the Universe the status of the World of Fact is that of an abstraction requiring, for the completion of its concrete reality, Value and Purpose. Also in the Universe the status of the World of Value is that of an abstraction requiring, for the completion of its concrete reality, the factuality of finite activity. [21]

When these two passages are read side by side, their respective meanings illuminate each others. It is not too difficult to gather from their comparison this crucial message, namely, that Importance is the factor underlying the World of Value, while Matter − of − fact expresses the character of the World of Fact. The term "world" may be misleading. For the two worlds the whitehead spoke of are not two separate realms of existence; they represent, as he explicitly stated in his essay, two aspects of the Universe. [22] In one aspect we consider the Universe as a manifestation of Importance, that is, as the attainment of value and the consummation of purpose. In another aspect we conceive the Universe as a "receptacle" of facts and forms, which jointly define the matter − of − fact world. Each of the two aspects is an abstraction of the Universe which may be characterized as the World of Dynamic Context as governed by the all encompassing notion of creativity. The two aspects of the Universe require each other in reality, though they can be considered separately in our understanding. Since the idea of importance is in a sense more primitive then the idea of value, while the term matter − of − fact is more inclusive than the term fact, the contrast between the two Worlds is more properly described as the contrast between the World of Importance and the World of Matter − of − Fact. And the Universe as the World or Dynamic Context may then be characterized as the synthesis of these two contrasted aspects.

The metaphysical model which constitutes the philosophy of organism as first science may now be sketched in its general framework. Basically, the model represents a systematic unity of the three fundamental tenets of the organic philosophy, namely, (a) the functional conception of existence, (b) the dynamic theory of forms, and (c) the organic doctrine of perspective. The Universe as the World of Importance is explained in terms of the functional conception of existence; the main question here deals with functional relationship between value and purpose. The Universe as the World of Matter − of − Fact is explained in terms of the dynamic theory of forms; the main question here pertains to the dynamic relationship between fact and form. And just as the Universe as the World of Dynamic Context is a unification of its two aspects as the World of Importance and the World of Matter − of − Fact, so the organic doctrine of perspective unites the functional conception of existence and the dynamic theory of forms in a coherent theoretical system; the ultimate concern is to determine the organic relationship between the one and the many. For the ease of envisagement let this model be reproduced in an outline form as follows:

## Model of the Universe

Ⅰ. The World of Importance (value and purpose): The Functional Conception of Existence

Ⅱ. The World of Matter − of − Fact (fact and form): The Dynamic Theory of Forms

Ⅲ. The World of Dynamic Context (one and many): The Organic Doctrine of Perspective

The rest of this study will be devoted to the construction of this metaphysical model as above formulated. In the present chapter we shall be concerned with the Universe as the World of Importance; the third and the fourth chapter will deal with the World of Matter − of − Fact and the World of Dynamic Context, respectively. It pays to reminds ourselves again that these are not three separate realms of existence which are mutually exclusive: they are rather different aspects or dimensions of one and the same universe. Their intimate interrelationship with one another would be seen in the course of our discussion.

The approach that we shall follow in this metaphysical undertaking is defined by the formal − phenomenological method. We must always keep in mind three separate questions, what is the subject − matter that we are concerned with? What is the theory which purports to explain the given subject − matter? And, finally, what is the evidence which affirms or invalidates the theory in question? The real nature of the formal phenomenological method will be disclosed in the process of its application. Also we shall come to understand what whitehead means by immediate experience and by experience in general. As we go along the relationship between ontology and epistemology will also be clarified. This metaphysical construction will finally lead us back to the idea of necessity and the question of methodology which we shall deal with more fully in the concluding chapter. Let us begin immediately our journey.

To start with, what is meant by importance? That every determination of value implies a judgment of importance is a fact of experience: value – experience is basically experience of importance. For whitehead the task of metaphysics is not to argue about whether value is subjective or objective; it consists rather in disclosing the metaphysical character of value – experience. And the primary element that comes out from such disclosure is the factor that whitehead called importance. When a thing is judged as valuable, it is judged as important in some sense. A thing would have no worth if it should possess utterly no importance.

Now every judgment of importance involves three basic factors, the object, the referent and the purpose. The object is that which is judged as important, the referent is that for which the object is important, and the purpose is the reason whereby the object acquires its importance for the referent. Thus in the case of a college student who needs a certain sum of money to pay for his tuition, the object would be that particular sum of money, the referent would be that college student, and the purpose would be to pay for his tuition. In general, every determination of importance is expressible in terms of the formula "object – referent – purpose." We shall term it the "schema of importance." It is this basic schema that lies at the heart of whitehead's theory of value.

According to this theory "achievement" is the necessary condition of value: every examplification of the schema of importance is first of all an instance of achievement, actual or possible. To put it in the most general terms, "achievement" is definable as an event issuing in a consummation of purpose or satisfaction of aim. For whitehead an event is always a process of achievement; and value denotes "the intrinsic reality of an event."[23] Paying tuition to obtain an education is an event, building a house is an event, attending a cocktail party is an event, solving a mathematical problem is an event, firing a cannon is an event, breaking up an atom or molecule is an event; eating, drinking, sitting, walking, running are events; and seeing, hearing, smelling, touching, tasting, remembering, imagining, reflecting are all events. In short, an event is just an action or complex of actions productive of a positive result. The sole question is whether some purpose or aim or goal has been fulfilled or accomplished. Value is achieved when the purpose is fulfilled; prior to such fulfillment value exists in the state of possibility or potentiality. An event is therefore a realization of potentiality, which "is in itself the attainment of value."[24]

Such realization involves two primary factors, activity and form. In whitehead's metaphysics only activity takes up form, and form is always the form of some activity, living or dissipated. The action or operation of a sculptor while engaging in the act of transforming a block of marble into a statue is a living activity. It is "energy" or creativity in the active state. The event or transformation is a process whereby living energy becomes dissipated or stabilized in the issue or result of the transformation, the dissipated energy being transferred to the effect of the operations. In the present case the dissipated energy of the operations. In

the present case the dissipated energy of the sculptor is to be found in the fin-
ished statue, its magnitude being equal to the modifications which he effectively
brought about in the original block of marble. These modifications which are the
effect of a living energy may be given the familiar term "matter" or creativity in
the passive state. Thus every event is a transformation and transfer of creativity
from the active state to the passive state. We shall see later how this process pre-
supposes an initial transfer of creative energy in the opposite direction, that is,
from the passive to the active. At this point let us proceed to give a general char-
acterization of the idea of a single event which is indispensable for our latter dis-
cussions.

An event, first of all, is a transition of facts. A fact is a realized potentiali-
ty. Before the statue was made, it existed as a potentiality; the finished statue is
an actualization of this potentiality: it is therefore a fact. But the original block of
marble is also a fact, for it was the realization of a potentiality inherent in a pre-
vious process. The event consists therefore in the transition from the factuality of
the marble to the factuality of the finished statue. Now every transition is at the
same time a transformation involving both change of character and change of rel-
ative status. The finished statue differs from the original block of marble both in
its definite form and in its locus or position in time and space. Generally speak-
ing, there can be no two completely identical facts; they must be discernible
from each other at least in respect to relative status, if not also in terms of charac-
ter. This difference between two successive facts must therefore be accounted for
by the existence of a factor responsible for the change in question. This factor
may be termed the "middle term of transition" or what we have called the a-
gent. For every agent there is an initial state of affair as well as a terminal state of
affair, which constitute, respectively, the datum and the issue of its agency. The
character of an event may thus be expressed in terms of an ordered triple contai-
ning the three factors of datum, agent and issue as elements. If we let D, A, and
I designate, respectively, these three elements, then any event E may be deno-
ted by the expression E = (D, A, I). Thus in the example above cited, D
would be the original block of marble, A the sculptor, and I the finished statue.

This general formula of events may be termed the "schema of transforma-
tion." The order of D, A, and I has significance: for the same symbols my also
be considered as denoting, in that order, the initial phase, the intermediate
phase, and the final phase of an event. The initial phase is characterized by the
passivity of the datum, the final phase by the passivity of the issue. Creativity in
the active state belongs to the intermediate phase wherein the living energy of
the agent becomes dissipated in the process of transformation. This phase may al-
so be described as the "interval of indeterminacy": there is "indeterminacy" in
the sense that the datum here is still undergoing transformation; it is still incom-
plete relative to the final issue. The final phase is marked, in whitehead's own
words, by "the evoporation of all indetermination."[25]

Now an event is, by definition, just any examplification of the schema of transformation. An "actuality," as whitehead conceived it, is basically an event construed from the standpoint of the agent which constitutes the "subject" of the event. Thus conceived, an event is the becoming or self − formation of an actuality: the life of the agent coincides with its function of agency. In the previous example the subject of the event is not to be identified with the sculptor as such; for the agent in question can be equated only with that part or aspect of the being of the sculptor that is directly responsible for the making of the statue out of the block of marble. The being of the sculptor is, needless to say, more that its agency in this event.

In whitehead's view the Universe and the nature of things are ultimately founded upon the relatedness of events which are absolutely simple or "atomic." These are what he called "actual entities", or "actual occasions." An atomic event or actual entity is an event which cannot be subdivided into component parts which are themselves events (that is, instances of transformation). An event which can be analyzed in this way is a complex event, which forms what is called a "nexus." Now the component events constituting a nexus are generally governed by two connecting principles, causal dependence and causal independence. Events that are connected by causal dependence are said to be "temporally" related, that is, in terms of the temporal schema of past, present, and future. Whitehead's formulation of this schema was based upon his doctrine of "objectification." If the issue of one event is an element in the datum of another event, then the former event is said to be "objectified" in the latter; and the issue of this latter event may in turn become the datum of a super − ceding event. In this way we obtain a "chain of events" whit each event constituting a link in the chain. This is what whitehead called a purely "temporal society." If we let E1, E2, and E3 stand for three successively joined events such that E1 is objectified in E2 which is in turn objectified in E3, then with the proper subscripts and bracketing, the temporal society thus formed may be formulated in terms of the schema of transformation in the following manner:

$$( ( ( D_1 , A_1 , I_1 ) , A"2, I"2 ) , A_3 , I_3 )$$

Note that $E_1 = ( D_1 , A_1 , I_1 )$ is included in $E_2 = ( D_2 , A_2 , I_2 )$ as its datum, while $E_2$ is likewise included in $E_3 = ( D_3 , A_3 , I_3 )$. If we take $E_2$ as the present event, then $E_1$ would be an event in the past, and $E_3$ an event in the future. A temporal series need not be bounded, of course, in either direction, it can be indefinitely extended into the past as well as into the future. In fact, according to whitehead, the Universe in just the totality of an indefinite number of such temporal series stretched indefinitely in both directions. There is no first day of creation, nor a last day. The world − Process is a "net − work" like assemblage of creative activities which is finally reducible to the creative advance of actual entities or atomic events.

The term "reducible" must be explained here. We may, in general, distinguish two types of "reductionism," reductionism in respect of composition and reductionism in respect of kind. The former is a logical requirement of theory, the latter is a logical fallacy. If Mind and Matter, for example, designate two distinguishable types of events, then Mind cannot be "reduced" to Matter, nor Matter to Mind. But if they are not distinguishable, then the distinction is not valid in the first place. This does not mean that there can be no relationship between diverse types of events. On the contrary, knowledge is basically founded upon the functional relationships connection and correlating the various types of events that are directly or indirectly accessible to human experience. The task of rational thought is to determine exactly what these relationships are. To call one kind of things "nothing but" another expresses either a logical fallacy of a misuse of language. On the other hand, we are certainly justified in decomposing a subject—matter into complexes and simples or wholes and parts in order to study the organization or constitution of things, hoping eventually to arrive at those functional relationships which express the basic connection between parts (or simples) and between wholes and parts (or complexes and simples). Whitehead's "reductionism" belongs to this type. Thus when he stated that actual entities "are the final real things of which the world is made up." he was merely making an assertion of the most general metaphysical character of the Universe. [26] He did not say that all things are "reducible" to actual entities: He meat to say rather that all things are actual entities, that is, exemplifying or founded upon the character and structure of actual entities. For these are but the simplest constitutive elements of the actual universe. There are many types of actual entities as there are types of events or levels of concrete existence: we my speak of actual entities at the molecular, atomic, or sub—atomic levels; of actual entities at the level of cells, issues, organs, the lower and the higher types of organic bodies; of actual entities at the level of human experience, reflexive or conscious, sensual or intellectual; of actual entities at the level of human groups or societies, nations, historical eras; of actual entities at the level of planets, solar systems and galaxies. In short, actual entities pervade the whole system of this variegated universe. Whitehead used the expression "grades of experience" to differentiate the various levels of creative activity. A higher grade of actual entities is "higher" in terms of the complexity of organization and development; but no grade is more fundamental than another in the ontological sense. Whitehead did not say that actual entities at the subatomic level were more basic that those at the cell level or at the human level. Nor did he ever entertain the view that the macrocosmic actualities were passively and one—sidedly determined by the creativities in the microscopic universe. On the contrary, the relationship between macrocosm and microcosm in one of interdependence—and not one—sided dependence—in the organic philosophy. This is the meaning of "organism" in the most proper sense.

Unfortunately however, this crucial meaning of "organcity" —obvious as it may seem to any careful student of whitehead's philosophy—was not explicitly formulated in such emphatic terms. whitehead conceived of the meaning of organism simply in terms of the distinction between what he called the "microscopic process" and the "macroscopic process. "[27] As it stands in his explicit formulation, the distinction amounts to no more that the contrast between an event as such and a chain of events. But this distinction is a relative one; for an event which forms a link in a temporal chain may itself possess the character of a chain. A microscopic process, in other words, is not necessarily an actual entity which is an atomic event, though the word "microscopic" may give rise to the wrong suggestion. Thus the distinction between the two species of process is not identical with the distinction between actual entities and nexus. A microscopic process is an actual entity only if it is an absolutely simple event. And a macroscopic process dose not necessarily include "contemporary events" which may be included in the meaning of nexus.

Now two events are said to be "causally independent" if neither one is objectified in the other. Contemporaneity, in other words, is defined negatively in terms of temporality; since causal independence is defined in terms of the absence of causal dependence. The relationship of events in a nexus is thus explainable in terms of the objectifications of atomic events. What then is the meaning of "atomicity"? What is an "absolutely simple" event after all?

We are disappointed to find that whitehead himself offered very little in this regard. He never really gave any concrete explanation as to the meaning of atomicity—not to mention concrete illustrations. "The philosophy of organism," he noted in one place, "is a cell – theory of actuality. Each ultimate unit of fact is a cell – complex, not analyzable into components with equivalent completeness of actuality. [28] This statement, as an explanation of the ultimate simplicity of an actual entity, is obviously unsatisfactory, for it begs the very question that it is supposed to answer. The point is just in what way an actual entity cannot be analyzed "into components with equivalent completeness of actuality"?

The key to the solution of this problem rests with the character of the intermediate phase of transformation. An atomic event is characterized by a simple interval of indeterminacy, that is, one which involves no intermediate issue. The creative activity of the atomic agent constitutes, in other words, an undividable unit: it is a "monad" or, to borrow an expression from contemporary physics, a "quantum of action. " What can be divided of such atomic unit of creativity is not the "quantum," but only its multiple dimensionality pertaining to its genetic or functional character. An actual entity can be analyzed into components which express different aspects of the same quantum of creativity, but not components which are themselves individual events, thus possessing "equivalent completeness of actuality. "

Let us return to the example of the statue for illustration. The event under consideration is obviously not an atomic event. For the transformation of a block of marble into a statue can.be subdivided into smaller units of transformation which would be themselves events. Every such component events would express two successive modifications that the sculptor had brought about during the entire process, each of which may in turn be analyzed into component units of cre-

ativity. We obtain therefore events within events, events within events within e-
vents, and so forth. If this process be continuous (in the mathematical sense),
there would always be intermediate modifications between two successive modi-
fications. There would be, in other words, no "immediate successor" for a giv-
en modification. But the notion of a simple interval of indeterminacy requires
precisely this idea of an immediate successor: such interval would mean the ab-
sence of an intermediate issue. An atomic event may thus be defined as an event
in which the issue is the immediate successor to the datum. This implies the ex-
istence of what, for lack of a better term, is describable as "preparatory action"
or "mediate energy. " Thus the action or energy which the sculptor spends be-
tween two successive carving acts must have, partially at least, a preparatory
function. Such action may be physical or conceptual. After the first act, he may
have to ponder for a while in order to decide what should he do next: that is
conceptual. Suppose now he has made the decision, and his hand just been
raised towards the marble. At this point there is action, physical action, but
without an immediately corresponding effect, for the hand has not yet touched
the marble and modified it in some aspect. But such actions, physical or concep-
tual, belong intrinsically to the sculptor's function as an agent. The notion of a
"quantum of action" defining an atomic unit of creativity is now clear: it is a
quantity of activity or energy which is purely preparatory, relative to the given
transition of factuality.

　　We are now touching upon several important points in whitehead's "atomic
theory of actuality" which may be briefly introduced here with profit, prior to
their detailed analysis in a subsequent discussion. The first point concerns the re-
lationship between atomicity and final causation. From the above discussion it is
obvious that the idea of a quantum of action is intelligible only with reference to
the aim or purpose—the final cause—that is implicit in the atomic event under
consideration. For a preparatory action is only preparatory for the achievement of
a given purpose. Hence "final causation and atomism," says whitehead, "are in-
terconnected principles. "[29] We shall see later how such interconnection is rele-
vant to the idea of order and to the relationship between atomicity and continui-
ty as two basic cosmological principles in the organic philosophy.

　　The second point to be mentioned here is intimately linked to the first. For
whitehead's so called "epochal theory of time" which is the cornerstone of his
cosmology is founded upon the idea of a quantum of action and the relationship
between atomicity and continuity. There is such thing called "time" because all
activities are finite—which means no action can be absolutely "spontaneously
creative. " A quantum of action is a "pulsation of creativity": it takes "time,"
so to speak, in order for the Universe to pass from one determinate fact to an-
other, just like the succession of two heart - beats or of two waves in the
sea. Between two successive creations there is an interval of indeterminacy during
which there occurs, in the case of the smallest events, purely preparatory activi-
ty.

This lead us to the third important point, namely, the asymmetry between the genetic and the generic aspects of an actual entity. What we mean is that there is no necessary one − one correspondence between the character of process and the character of issue and datum in an atomic transformation. The action taking place in the interval of indeterminacy may be analyzed into different aspects (physical and conceptual, positive and negative, for example) or stages, but it does not follow that the outcome can be correspondingly analyzed in the same fashion. The converse is also true. Just because one can divide the issue of an event into so many parts, it does not imply that he is also justified in dividing the action into the same number of parts, making each divided action responsible for a corresponding part of the issue, at least not in the case of an atomic event. Just how in general the genetic and the genetic aspects of creativity are related must be postponed until we reach the proper connection.

We are now in a better position to grasp and appreciate whitehead's division of the two worlds as a basic metaphysical device to disclose the nature of things and the intelligibility of the Universe. Every event, simple or complex, is conceivable as having two aspects of determination, corresponding respectively to the two worlds. In the world of importance every event is an attainment of value, while in the world or Matter − of − Fact it is a transition and transformation involving change of forms and relative status. In the organic philosophy every realization (actualization of potentiality) is valuable, and every attainment of value implies some kind of realization. Value and realization are thus equivalent terms: but they are equivalent, not identical.

They must not be identical; for otherwise the distinction would be useless. Wherein then lies the difference in meaning between the concepts? Since "equivalence" may be defined as "identity − amid − diversity," what constitutes, furthermore, the ground of identity underlying the diversity in question?

The answer to these questions will bring out what, in our opinion, is the most profound insight in whitehead's metaphysics: namely, that Reality is the synthesis of the Concrete and the Abstract. The reality of an event is not adequately describable as purely concrete, nor as purely abstract. It is to be found rather in the ground of identity whereby these two aspects are unified. This is Process conceived as the measuring and synthesizing principle. Reality is Process, and Process Reality.

The concrete and the abstract then express the two main aspects of process. Though they are inseparable in reality, they are distinguishable intellectually. Their intellectual demarcation is precisely what underlies the distinction between value and realization, and ultimately the distinction between the World of Importance and the World of Matter − of − Fact. For when whitehead spoke of an event as an attainment of value, he wished to emphasize the co − ordination of activity as constituting the concrete function of agency; whereas when he considered an event as a realization of potentiality, he emphasized the dynamic relationships between fact and form, ultimately explainable in terms of the abstract patterns of eternal objects.

88

Co－ordination is indeed the key term in Whitehead's theory of value. There is no value apart from the co－ordinated activities which jointly constitute the agent of an event. Thus, for example, the value achieved in the transformation of the marble into a statue is due to the co－ordinated activities of the sculptor; and the value achieved in the building of a house is due to the co－ordinated activities of the composite agent. In brief, the co－ordinating function may be considered the defining function of agency.

One basic form of this function is the co－ordination of conceptual and physical activities. The sculptor's operations on the marble (physical acts) have to be performed in accordance with his envisagement or anticipations (conceptual acts) of what the statue is going to be like. The novelty of the issue and the change of forms are impossible without such integration of physical and conceptual action.

The other basic form of the co－ordinating function is limitation which involves a synthesis of affirming and negating operations. The sculptor has to decide as to the concrete material of the statue, its shape and form, and the procedure or approach which he is to hollow in accomplishing his work. The fulfillment of his purpose is the outcome of this decision. And decision is basically and elimination of alternatives: it is a synthesis of affirmation and negation——in short, limitation.

The co－ordinating function which defines the being of the agent is thus founded upon four basic modes of operation: physical, conceptual, affirmative, and negative. The demarcation between the physical and the conceptual cuts across the distinction between the affirmative and the negative: a physical or conceptual operation may be affirmative or negative, while an affirmative or negative operation may be physical or conceptual. How these four basic modes of operation are interconnected in the concrescent of an actual entity or event will be thoroughly explored in the next chapter where we shall concentrate our attention on Whitehead's theory of prehensions. The reason that we must bring out these four modes of operations here is for the purpose of clarifying the functional character of an event conceived as an attainment of value.

In the final analysis, this functional character is rooted in the operational relationship between the agent and the datum. The datum of an event is a multiplicity of elements which can be classified into four basic categories corresponding to the four basic modes of operation. A concrete datum is an antecedent event, given for the present event in the factuality of issue. In the example of the sculptor the concrete datum is not the marble as such, but rather the antecedent event terminated in the concrete marble as given. This objectifying operation was metaphorically described by Whitehead as "the appropriation of the dead by the living."[30] From the standpoint of the present event, the antecedent event is "dead" because the living energy of the antecedent agent has been completely dissipated in the consummation of its purpose, the dissipated energy now being stored up in the final issue which constitutes the concrete datum for the present agent. The present event, on the other hand, is still a going concern, sustained by the living energy of the present agent: it is therefore a "living" event. The point to note here is that since for Whitehead the Universe is an indefinitely on – going process of creative activity with neither beginning nor end, the datum of the present event must inherit in its concrete component an indefinitely extended chain of events involving an indefinite number of antecedent agents. In the case of a complex event in such obvious case as the building of a house, there will be as many such chain of heritage as the number of discernible concrete data. Whitehead employed the term "actual world" (as a technical term) to designate the multiplicity of antecedent events which jointly form the past of an actual occasion or event. Relative to its actual world, the present event is a "standpoint" of the creative universe. "Actual world" and "standpoint" are therefore correlatives: for every standpoint there is an actual world, and for every actual world there is a standpoint. And the Universe, as we shall see more clearly later on, cannot be considered apart from a given standpoint.

One fundamental presupposition in the theory of actual entities is tha tall antecedent events which are found in the actual world of a living event contribute——positively or negatively——to the life – process of that event. There is no question concerning the contribution of a concrete datum that adds positive content to the formation of the issue, for example, the block of marble that is being worked upon by the sculptor. But it is not so easy to comprehend just how any thing which happens to lie in the actual world of the present event may contribute to it. In what sense, for example, does a piece of lumber——assuming that it is an item in the actual world——contribute to the making of the statue? The answer that Whitehead himself would give here is that while it does not contribute positively to the content of the statue, the piece of lumber does contribute something to the process of its formation——namely, to the subjective form of the sculptor. The piece of lumber is a datum of his negating operation. The rejection of this concrete datum in favor of the block of marble as the material of his artistic creation is part and parcel of his decision, conceived purely in the ontological sense. In this sense no conscious judgment is necessary. The decision is just an "affirmation – negation contrast" pertaining to the two type of concrete datum, namely, those that are included for positive appropriation and those that are excluded or rejected for whatever reason.

Negation then is a form of determination. The making of the statue depends as much upon negating as upon affirming acts. This rule applies to the abstract as well as to the concrete component of the datum. An abstract datum is a complex of eternal objects relevant to the realization of the event. The form of the statue that the sculptor has in mind during the process of transformation is, for example, an abstract item in the datum of the event in question. Transformation means basically the integration of the concrete with the abstract components (the

marble with the form of the statue). In the process of integration all rejected da-
ta, concrete or abstract, contribute to the complex of subjective forms defining
the creative activity of the agent.

Thus for every event which constitutes a standpoint of the Universe there
is, on the one hand, an actual world of antecedent events which forms the con-
crete datum of the present event and, on the other hand, the multiplicity of e-
ternal objects forming its abstract datum. The problem of co − ordination may
now be presented in terms of the synthetic unity governing the whole process of
transformation. More specifically, the co − ordinating function is definable in
terms of the four − fold synthesis between (a) the concrete, (b) the abstract,
(c) the concrete and the abstract, and (d) the affirmative and the negative. The
operational unity of an event is basically no more than the unity of this four −
fold synthesis.

But this unity expresses only the "internal" unity of an a vent. Since ac-
cording to the organic philosophy for every event taken as standpoint there are
past, contemporary and future events not identifiable with it, every event must
have an "external" unity governing its relationships with other events, which
may be said to jointly constitute its "otherness." Here the notion of "dynamic
context" may be given a preliminary explanation. Basically it is describable in
terms of three factors, Internality, Externality, and Totality. [31] The internality of
a dynamic context is defined by the synthetic unity governing the internal opera-
tions of an event taken as standpoint. The externality is defined by the synthetic
unity governing the interconnection of the standpoint with its otherness. Final-
ly, the totality of a dynamic context constitutes its "environment," defined by
the over − all unity between the internal and the external. Since according to
Whitehead the Universe is nothing but an assemblage of events essentially con-
nected with one another, the dynamic context of every event must, in the final
analysis, have one common environment, namely, the Universe. And the oth-
erness of every event is just the totality of all other events in the Universe.

Now the relationship between the internal and the external of a dynamic
context may in general be qualified by the term "organic." The organic unity
of events then would refer to the "internal − external" unity of the Universe
from the standpoint of a given event. This notion of organic unity is what gives
meaning to the philosophy of organism: The defining characteristic of an "or-
ganism" is the possession of an organic unity. The Universe is an organism——
this is unquestionably the most central thesis in Whitehead's metaphysics.

This thesis has been given various names in his writings. In Process and Re-
ality it is termed "The principle of relativity," in Adventures of Ideas "The doc-
trine of mutual immanence," and in his essay on "Immortality" "the doctrine
of essential relevance." Although these descriptions refer basically to the same
thing, their emphasis are different. The first description emphasizes the idea of
"decision," more readily interpretable in terms of Whitehead's functional con-
ception of existence. The second emphasizes the notion of "objectification,"

which is the key concept in his dynamic theory of forms. Finally, the third description concentrates on the idea of "relative status," which requires for its full – fledged clarification the organic doctrine of perspective. The latter two aspects of the organic thesis will be treated respectively in the next and in the fourth chapter. Here let us direct our attention to the idea of organic unity in connection with the functional conception of existence. This is the so – called "ontological principle" asserting the "relativity of decisions. "[32]

To assert the relativity of decision is to assert the relativity of the co – ordinating function. In Whitehead's terminology this means that the "subjective aims" of all events are essentially related. All events and agencies are interdependent: there can be no such thing as an isolated event, or an isolated agent. The decision of one agent in a dynamic context is not independent of that of any other in the context. One point at least is obvious: the decision of one actuality cannot be independent of the decisions of its ancestors, for the datum of every actuality is the outcome of antecedent decisions. No agent creates its own datum. The creativity of the present is thus limited by the creativity of the past, the present agent has to operate within the limits of its givenness. The sculptor, for example, has to conform to the nature of his material (a block of marble or whatever it may be) if he is to accomplish his purpose. All creativity then is conditioned. In the organic philosophy there can be no absolute agency: nothing comes out from nothing.

Let it be borne in mind that in this philosophy every contributory factor is a conditioning factor, and vice versa. A contributory and conditioning factor may, of course, be positive or negative. The block of marble which forms the concrete datum for the sculptor contributes to the existence of the finished statue, but it also conditions the latter's character——it is a marble statue. It could, however, have been made of bronze. The sculptor might have considered the possibility of using a particular piece of bronze as its material before he decided against it. That piece of bronze or any other material he might have considered but rejected also contributed to the determination of the finished statue, though negatively, as it were, by "making room" for it.

Now all rejected data——concrete or abstract—contribute, as we have stated earlier, to the subjective form of the agent. The rejected bronze might have been given conceptually, that is, as an idea in the mind of the sculptor. Such an idea stands for an eternal object, a possibility or form of definiteness. Whether or not it be admitted for realization, the abstract datum contributes and conditions the event in question.

The making of a fact (that is, an event) then depends upon two sources of "heritage": the "concrete heritage" of an actual world of antecedent facts and the "abstract heritage" of the multiplicity of forms. These two heritage constitute, for that event, the givenness of realized and realizable potentialities, respectively. The formation of the event is founded upon the synthesis of these two sources of heritage. Such task belongs to the creative function of the agent. The task of the agent is to realize the unrealized but realizable potentialities on the basis of that which is already realized. The word "realizable" in the above statement is of the highest importance.

In the philosophy of organism "realizability" expresses a potential state of the universe——not to any part which may be abstracted from it. Before the statue is made out of the block of marble, it existed as a potentiality or a possible fact. But the potentiality belonged to the Universe as a whole, and not to the marble as a concrete datum. To say that this potentiality is realizable means that the state of the Universe is such that it permits the making of such particular statue out of such particular marble by such particular sculptor and under such particular circumstances. If, for the sake of analysis, we assume the existence of a supreme being, describable as the Metaphysical Agent, who takes up all the function of agency in the Universe, then this Metaphysical Agent would have to take into consideration all factors inherent in the World − Process in order to decide the realizability in each particular instance. His decision, however, cannot be purely arbitrary. He cannot, for example, decide to create a table which is at once round and square. There are necessarily incompatible relationships inherent in the nature of things.

In the Whiteheadean system the function of the Metaphysical Agent is jointly fulfilled by an indefinite number of finite units of creativity, that is, the actual entities, under the "guidance" of one special, non − temporal actual entity which he gave the name "God." The function of God is cosmic co − ordination: in Whitehead's phraseology, he is "the principle of concretion."[33] His character is definable in terms of two essential aspects, namely, his "primordial nature" and his "consequent nature." In the first aspect, God is the "unlimited conceptual realization of the absolute wealth of potentiality."[34] To put it more concretely, God in its primordial nature may be described as the Receptacle of Pure Forms, containing the multiplicity of eternal objects which are infinite in number. In contrast with this abstract or ideal receptacle, his consequent nature is a Receptacle of Concrete Facts which issue from the consummated actualities forming the antecedent Universe. Cosmic co − ordination is made possible, on the one hand, by the objectification of the actual world in God and, on the other, by God's objectification in the nascent actual entities or events thereby making available the relevant data for transcendent creation. Through God's objectification these actualities receive their heritage of the past together with the divine inkling of immanent possibilities that they may individually realize. In this way the order of nature and the organic unity of the Universe are maintained by virtue of the co − ordinating function of God acting as the supreme agent. Thus God plays a very crucial role in the universal attainment of value: he stands at the center in the World of Importance.

For "the basic character of the World of Value," let us repeat an earlier quoted statement, "is its timeless co − ordination of the infinitude of possibility for realization."[35] The word "timeless" refers specifically to the −non − temporal character of the supreme agent. The contribution of God is what makes possible the "fusion of the finite and the infinite" ——or more precisely, the immanence of the infinite in the finite. [36] And value expresses the intrinsic reality of such fusion and immanence.

Now the factors which contribute to the formation of an event include future, contemporary, as well as past actualities. The contribution of the future to the present is by way of anticipation. Thus his anticipations as to how the finished statue may be used would certainly affect the sculptor' s decision in shaping his work. The contribution of the contemporary world, on the other hand, is the contribution of the environment. Thus the transformation of the marble into a statue requires the co – existence of a requisite environment, of contemporary events, for example, which constitute the bodily functionings of the sculptor. Since, according to Whitehead, all events in the Universe arc essentially related, the actualities which form the otherness of an event must all be contributory factors. This is indeed the meaning implied by the "principle of relativity. " The relativity of decision implies the relativity of contribution.

The connection between value and existence should now become abundantly clear. Generally speaking, value may be conceived as an expression of the functional character of existence. Every contributory factor is valuable to the extent of its functional importance. To put it in the proper order, we should say that anything judged as valuable must possess some importance, and anything of importance must be contributory in some sense. Thus value is ultimately definable in terms of the idea of contribution. The block of marble is valuable because it contributes to the making of the statue.

The idea of contribution is what defines the relationship between the object and the referent in the schema of importance. It is high time to observe here that for Whitehead the referent must always be an actuality, that is, a concrete individual thing or a complex of concrete individual things acting in the capacity of an agent. The agent is the subject of an event involving a process of transition and transformation. Any thing is an object relative to the "concern" of a subject, but nothing can be a subject unless it exists or acts as a concrete agent. Thus the "object – referent" relationship can be rewritten as the "object – subject" relationship. The object is the concern of the subject which is the referent of its contribution.

We must now consider the last term, in the schema of importance, namely, the idea of purpose. Just as every referent of importance must be a subject, so every purpose must be definable in terns of the issue of a process. There can be no purpose, to put it more concretely, apart from agency whose essence is creativity. In fact, purpose is a relative term, relative to the event in question; for every purpose is an aim for realization. Value is achieved when the purpose is realized. The process of realization is at the same time the process of value – attainment. The traditional distinction between potentiality and actuality may now be conceived as representing two states of achievement. In terms of the schema of

transformation, value exists potentially in the datum, but actually in the is-
sue. The realization of purpose is thus describable as the transition from "poten-
tial value" to "actual value. " Such transition depends principally upon the crea-
tive synthesis of subjectivity. According to the organic view the synthetic unity of
the subject of an event expresses at the same time the genetic unity of the Uni-
verse. Every attainment of value has, in other words, an essentially contextual
character: it depends for its possibility upon the dynamic context constituting its
environment. The value of one event is bound up with the value of all other e-
vents in the Universe.

Having incorporated into the idea of value these implications ( the distinc-
tion between potential and actual value and the contextual character of value −
attainment) , we may now reformulate the schema of importance as "object −
subject − value. " The inner connection of the three factors may be expressed by
this statement: Value is the synthesis of objective and subjective importance.

These two types of importance must be carefully distinguished. To be im-
portant in the objective sense is to exist as an object, that is, as a datum for some
process of transformation. This is existence in the broad sense, defined in terms
of the functional character of objectivity in general. In this sense any thing that
we can talk about exists and has importance: for it is at least important for the
mental event in which it is talked about or thought. Subjective importance, on
the other hand, can only be acquired by a living agent, whose creative function
defines "actuality" in the most proper sense. "An entity is actual," Whitehead
states, "when it has significance for itself. By this it is meant that an actual entity
functions in respect to its own determination. "[37] Subjective importance, in oth-
er words, is "self − importance"; and "actuality is the self − enjoyment of im-
portance. " The "self − enjoyment of importance" may be conceived as combi-
ning the "enjoyment of privacy" with the "enjoyment of self − importance. "
The subject as living agent is an enjoyment of privacy because its life constitutes a
uniquely determined standpoint of the Universe. And it is an enjoyment of self −
importance because it contributes to its own determination by virtue of its own
creativity: its being is constituted by its becoming. [38] Thus the sculptor in making
the statue enjoys privately his self − importance in the process which constitutes
his being as an agent. Subjectivity, indeed, is essentially constituted by the
process of self − enjoyment.

Subjective importance or self − importance was characterized by Whitehead
as "intrinsic importance," which means "importance for itself. "[39] Only actuality
( living agents) which is existence in the proper sense is capable of the "self −
enjoyment of importance," that is, the private enjoyment of "intrinsic impor-
tance. " The functional conception of existence may be understood readily if we
grasp firmly the distinction between the object and the subject on the one hand
and, on the other, the distinction between a "consummated subject" and a
"living subject. " Any entity which exists as object is capable of importance, but
not necessarily of the self − enjoyment of importance which belongs exclusively

to actual subjects, living or dead. What differentiates a "living subject" from a "dead subject" or "consummated subject" is the "immediacy" of self – enjoyment. In the following chapter we shall inquire thoroughly this concept of "immediacy. " It suffices to mention here that "immediacy" is rooted in the "negativity" of the creativity which manifests itself as the "contingency" of past creation and the "appetition" for future creation. It is what constitutes the meaning of "real potentiality. " It is what gives a living event its "monadic character. "

A living event is both contingent and appetitive, whereas a dead event is characterized only by the contingency of its consummated existence. It is not difficult to see that an entity which exists at once as subject and object must be a consummated subject, for instance, the agent which made the marble now serving as datum (object) for the creation of the statue, or an agent in the future. for instance, the subject of an anticipated event now existing as object in an act of contemplation. In this was the enjoyment of self – importance involves the enjoyment of "other – importance. " once again we are back to the contextual character pf value – attainment. The relationship between the functional conception of existence and the concept of importance as implying a dynamic context of importance is clearly described by Whitehead in the following passage:

The sense of importance is not exclusively referent to the experiencing self. It is exactly this vague sense which differentiates itself into the disclosure of the whole, the many, and the self. It is the importance of the others which melts into the importance of the self. Actuality is the self – enjoyment of importance. But this self – enjoyment has the character of the self – enjoyment of others melting into the enjoyment of the one self. The most explicit example of conceive as ourselves in our recent past, fusing their self – enjoyment with our immediate present. This is only the most vivid instance of the unity of the universe in each individual actuality. [40]

He then adds this comment:

The main point of this description is the concept of actuality as something that matters, by reason of its own self – enjoyment, which includes enjoyment of others and transitions towards the future. [41]

These two quoted passages serve well both as a summary of what we have discussed in this chapter and as a link in the transition to what is to follow. We shall make our conclusion by way of a comment on several points of interest in connection with some of the remarks contained in these passages.

First, the conception of "actuality as something that matters" must be regarded as the cornerstone upon which Whitehead's theory of value is founded. Value pertains only to that which matters.

Or, what is the same thing, that which "Matters" is valuable; it is important. Bat we must always bear in mind that for Whitehead the things that "matter" are invariably actualities, living or dead. Thus his theory of value is based upon this more emphatically phrased statement——that actuality is the only thing that "matters. " It follows that only concrete things are capable of importance and value. Numbers, geometrical figures, propositional forms, and so forth, are not concrete actual things; they are therefore incapable of value and importance. This indeed applies to the pure forms or eternal objects in general. The marble or the finished statue is valuable because both are concrete; the form of the marble or the form of the finished statue is not, on the other hand, capable of value because they are abstract entities, that is, abstracted from their particular examplifications in the actual universe.

This conception of value is certainly diametrically opposed to the Platonic position. For Plato the highest order of perfection——thus the most valuable——pertains exclusively to the Ideas (Whitehead's eternal objects) and, above all, to the Idea of the Good. For Whitehead the mere infinitude of eternal objects is by itself utterly devoid of value and importance. Value stems rather from the limitation which each actuality imposes upon the mere infinitude of eternal objects or possibilities. This difference is due to the fact that while for Plato the Ideas are at the same time forms and principles of "motion" (that is, agents of change in the corporeal world), for Whitehead, as for Aristotle, "all agency is confined to actuality."[42] For both value is the essential attribute of action. Eternal objects are in themselves incapable of value because they cannot act.

Thus unlike Augustine Whitehead did not identify "being" and "good"——which means here "the valuable." The fundamental dictum in Whitehead's theory of value is not "Being (or existence) is good," but rather "Activity is good." Since for Whitehead activity is an abstraction of agency which constitutes an individual unit of creativity, it follows that the good must belong to each and every creative agent. The identification of actuality with agency implies then the identification of the good with creativity.

It ought to be noted at once that this conception of the good as meaning the valuable is purely metaphysical. Just as "the sense of reality is the sense of effectiveness," as Whitehead observed, "so the sense of worth is the sense of accomplishment."[43] The basic source of worth——or good in the metaphysical sense—is effort, "activity procuring limitation." Thus good in the purely metaphysical sense must be distinguished from moral, good. Thus An act of murder possesses metaphysical good, though it cannot be morally justified. The worth of the act of murder is grounded solely upon the sense of effectiveness and accomplishment belonging to every realization. "Our enjoyment of actuality," Whitehead remarked, "is a realization of worth, good or bad."[44] Hare "good" means moral or aesthetic good——not metaphysical good. For what is morally or aesthetically bad is still metaphysically good; it is still a realization of worth.

In Chapter Ⅳ we shall discuss in greater details Whitehead's theory of value, focusing our attention upon the relationship between metaphysical good and other meanings of good——in particular moral and aesthetic good. It suffices to point out here that Whitehead's metaphysical conception of good turns out to be the universal and necessary condition of value in general. All worth is founded upon metaphysical worth which expresses the intrinsic reality of an event.

Now the "intrinsic reality" of an event is basically nothing but the power and efficacy of actuality. This brings us to the second point. In the organic philosophy power is not identifiable with efficacy ( or effectiveness) . To put it more concretely, no agent is completely responsible for the effectiveness of its agency. All creativity, in other words, is conditioned: there are always other factors whose contribution is required for the operational efficacy of a given agent. Actuality, in other words, is incompatible with the notion of "self — causation" as traditionally interpreted.

If all creativity is conditioned, then the universe must be basically a conditional complex constituted by the interdependence of events and factors of concretion. The basic key to disclosing the conditional character of the Universe is to be found, Whitehead believed, in our immediate experience. "The most explicit example of this is our realization of those other actualities, which we conceive as ourselves in our recent past, fusing their self — enjoyment with our immediate present. "[45] Such experience is what Whitehead called "causal efficacy. " As a mode of perception causal efficacy——described as "non — sensuous perception" ——is vague and indistinct, compared to our sensuous perception in the mode of "presentational immediacy" which is clear, articulated, and manageable. But it is this causal experience which has largely escaped the attention of philosophers in the past that contains the key to unlocking the fundamental nature of reality. What is basically revealed is the "dynamism" of the Universe. With this we arrive at another main tenet of the organic philosophy, namely, the dynamic theory of forms, which will enable us to see the Universe as a world of matter — of — fact.

The World of Matter — of — Fact is the Universe considered as a conditional complex of power and efficacy, fact and form. The idea of power is at the heart of the Whiteheadean metaphysics. For agency presupposes power. Let us make our last point by raising this question, wherein lies the source of power, and how does power manifest itself? We must leave the answer for the next chapter.

# Chapter Ⅲ    Power and Efficacy: The Dynamic Theory of Forms

   The recognition that reality is process——that the nature of things is to be found in their process character——is indeed as old as philosophy. One is immediately reminded of the famous Heraclitean saying, "All things flow" or the dictum "Change: that is the unchangeable," as put forth in the Book of Changes. There is certainly no question about the profound insight that shines through this perennial principle of philosophy. But the profundity here is not the mark of abstrusiveness: It stems rather from the self−evident simplicity of a fundamental truth. It is indeed, we would venture to say, the first and most basic truth underlying all width of human experience. "That 'all things flow'," Whitehead observed, "Is the first vague generalization which the unsystematized, barely analyzed, intuition of men has produced." [1] In a sense the history of rational thought may be conceived as a progressive clarification of this fundamental intuition. But the real burden of this task belongs to metaphysics. "Without doubt," Whitehead declared, "if we are to go back to that ultimate, integral experience, unwarped by the sophistications of theory, that experience whose elucidation is the final aim of philosophy, the flux of things is one ultimate generalization around which we must weave our philosophical system." [2]

   The transformation of the phrase "all things flow" into the alternative expression "the flux of things" has for Whitehead important implications. [3] In the context of pre−Socratic philosophy the word "things" always refers to concrete individual existents——trees, birds, human beings, and so forth. Early Greek thinkers appeared to have no notion of purely abstract existence, such as our moderners would confer upon such entities as numbers, geometrical forms, propositions, and the like. The Platonic theory of Ideas constituted unquestionably the most decisive turning point in the historical development from the purely concrete to the more and more comprehensive conception of existence, which includes both the concrete and the abstract. From, the standpoint of this more comprehensive conception of existence in later Western philosophy, it is certainly not true to say that all things flow. It would be absurd, for instance, to apply this dictum to the proposition "All men are mortal" or the equation "2 +2 = 4." There are things, in other words, which are in themselves incapable of change.

   But while we cannot say "all things flow," we may nevertheless assert "all things are involved in process." This is exactly what is intended in the expression "the flux of things. " The emphasis here is on the word "flux," that is, process. With this understanding the above assertion— "all things are involved in process" ——May be expressed in another familiar English rendition of the original Heraclitean dictum, namely, "ail things are in flux" (πάντα ρεῖ) . Here "in flux" means "involved in process. "

Thus the proposition "all men are mortal" is "in flux" in the sense that it constitutes an element in the processes of mortal human beings who examplify the truth that it implies, in fact or in an act of contemplation. By the same token, "2 +2 =4" may also be spoken of as "in flux" because it expresses a form of process whereby a set of two things is combined with another set of two things to yield a set of four things. Furthermore, it is a familiar item in the mental training of a schoolboy. In short, any thing which exists in some sense must be discoverable as having a certain involvement in "the flux of things. " This is basically what is implied in Whitehead's functional conception of existence. To exist in the general sense or to be an entity as such is to be "an element contributory to the process of becoming. "[4]

In this statement the phrase "the flux of things" has been transformed into "the process of becoming. " This further transformation of the original Heraclitean dictum has an important historical meaning. For through the recognition that every process is a process of becoming Whitehead immediately placed himself in the classical tradition of western philosophy as initiated and shaped by the ideas of ancient Greek thinkers. With some qualification it would perhaps not be incorrect to say that there is but one main issue in this tradition, namely, the issue of becoming. In this classical notion of becoming is involved the perennial antithesis between persistence and change, between identity and diversity, and between one and many. The main problem is to search for a rational account of becoming in which these antitheses can be reconciled. Such was the final aim of Whitehead's philosophical effort, as it had been with his Greek predecessors.

Now Aristotle has generally been regarded as representing the culmination of the main tradition in Greek philosophy. It would therefore not be unworthwhile to attempt a comparison between the Aristotelian system and the organic philosophy in their major metaphysical doctrines. Such an effort should prove extremely helpful in the understanding and appreciation of Whitehead's philosophical contributions.

To begin with, let us see how the problem of becoming was formulated in Aristotle's metaphysics. Here one is immediately reminded of his famous definition of "first philosophy" ——the prote philosophia or what was later called "ontology" ——as "the study of being as being. " Unlike the other sciences such as physics or mathematics this first science treats "being" not in a piecemeal manner but as a whole. "Being as being" thus means "being as a whole. "

The study of "being as being" or "being as a whole" was conceived by Aristotle as a search for the "first principles" and "ultimate causes" which constitute the basic nature of things and the underlying unity of the Universe. It must be admitted that Aristotle could not be said to have successfully carried out the ontological task he set for himself, at least not on the basis of his extant works. The Aristotelian ontology as mainly embodied in his Metaphysics——a work which contains as much incoherence, confusion and contradictions as breadth of vision and profundity of insight——can hardly be called a "system" in the strict philosophical sense. Nevertheless, a large number of his basic ideas were made sufficiently clear either by Aristotle himself or by his followers or students of his thought so that it is not impossible to obtain access to the fundamental spirit of his philosophy.

The seems to be no question that the one key to Aristotle's metaphysics is the notion of "primary substance," which he gave the name ousia. A primary substance or ousia is a concrete individual thing such as a particular man or a particular horse. According to Aristotle "being" in the primary or the most proper sense belongs only to primary substance; to "be" primarily is to exist as an ousia—or "that which truely is." Every concrete individual thing is an ousia, while the concrete universe is a collection of ousia that is, the particular primary substances. The central task of metaphysics is to disclose the "substantiality" of a primary substance, that is to say, to reveal the logos of an ousia or that intelligible structure which conditions and "illuminates" the physis or nature of each and every primary substance. The question "what is being as being?" which Aristotle posed for his prote philosophia now becomes the question "what is ousia?" Ontology then is basically "ousiology" ——a science which aims at the disclosure of the logos of ousiai.

One chief source of confusion in connection with Aristotle's metaphysicsstemmed from the fact that he used the same word ousia to designate a particular primary substance as well as the concept of "substantiality." In order to avoid this confusion we shall employ the word Ousia (with a capital first letter) to designate the latter concept. The Ousia then of a primary substance is its logos which relates it necessarily and universally with other primary substances in a rational unity.

It is the search for this Ousia that marks off first philosophy from the other sciences. The concern of the prote philosophia is not, contrary to the concern of the other, special sciences, with "being" in a piecemeal or framentary fashion, but rather most emphatically with "being as a whole" ——that is to say, with its underlying unity. It is the function of the philosopher therefore to aim at the episteme which contemplates the eternal truth of the Ousia as the embodiment of this unity.

Now for Aristotle primary substances are not the only kind of beings. "There are many senses," he said, "in which a thing may be said to 'be'." [5] According to the Categories there are ten major categories of being or modes of existence: substance, quantity, quality, relation, place, date, posture, possession, action, passivity. Thus "Socrates," for example, would refer to a being under the category of substance; "two cubits long" a being under the category of quantity; "white" a being under the category of quality; "to the north of" a being under the category of relation; "in the market place" a being under the category of place; "tomorrow" a being under the category of date; "standing" a being under the category of posture; "is shod" a being under the category of possession; "cuts" a being under the category of action; and "is cut" a being under the category of passivity. About the number of the categories Aristotle was by no means consistent; elsewhere only eight of the ten were included as forming a complete list, excluding posture and possession. [6]

Actually the exact number of the categories is of little importance; what is crucial is the basic demarcation between the category of substance and the non − substantial categories. For what is implied here is the metaphysical principle which asserts the ontological primacy of substance as contrasted with the subordinate status of the non − substantial modes of existence.

The category of substance was further divided by Aristotle into primary substance which contains the ousia and "secondary substance" which refers to the eidos, that is, the species and genera in which primary substances are included. Thus "Socrates" would indicate an ousia, while "man" an eidos to which socrates belongs. The relationship between these two modes of being parallels the general relationship between particulars and universals, which is also applicable to the other categories. For example, the category of quality may be subdivided into quality as a universal ( "whiteness") and quality as a particular examplification of a universal ( "this white") . This distinction between particulars and universals as applying to the other categories was not, however, explicitly drawn by Aristotle.

There was perhaps a good reason for it. For the eidos of a primary substance was for Aristotle not merely a class name: it expresses its "essence" or "defining characteristic" which that individual ousia shares with other ousia of the same essence. What is more, implicit in the Aristotelian conception of eidos is the concept of "natural destiny": the development of the individual substances, the ousia, are "moved" and guided by their respective eidos as final cause. The beings——particulars and universals——in the other categories of existence are involved in the natural development of the primary substances as factors or contributory elements. The basic demarcation between substance as a particular and substance as a universal will therefore suffice.

In any study of Aristotle's philosophy the primacy of the individual ousia is the one fixed point around which all interpretation must be founded. If this is a valid judgement, then the question naturally arises, where in lies the "primacy" of the individual ousia? Or what does "primacy" mean in the ontological context?

Aristotle's general answer can be summed up as follows. Primacy implies basically "subjectivity": the individual ousia are beings in the primary sense because they are the ultimate "subjectst" of the Universe. Beings in all other categories——including the eidos——are "objects" which depend ultimately for their being upon the individual ousia as subjects. Thus existence in the primary sense means existence as subjects; an entity which exists as object has being only in the secondary or derivative sense.

The next question is, of course, what did Aristotle mean by "subjectivity" in the ontological sense? This question, however, cannot be separated from his conception of the "subject – object" relationship, for "subject" and "object" are correlative terms. In the above paragraph we have stated that entities which exist as objects depend for their being upon the individual ousia as subjects. It follows naturally that the ousia, as subjects, must have an independent existence.

What then is the meaning of "independence"? In what sense does an ousia have an independent existence? At this point we must examine carefully the formal definition which Aristotle gave to a primary substance; "Substance, in the truest and primary and most definite sense of the word, is that which is neither predicable of a subject nor present in a subject; for instance, the individual man or horse. "[7] Two important points must be brought out here at once. First, the word "subject" occurring in this definition is a logical term: it refers to the "subject" of a proposition. To define a primary substance——a subject in the ontological sense——in terms of the logical conception of "subject" implies therefore the identification of Logic and Ontology: a primary substance is at the same time a subject in both the logical and the ontological sense. To what extent and in what sense this identification is valid need not detain us here. But the important thing to note here is that granted the validity of this identification, it certainly does not follow that the same must also be true of the relationship between the logical subject and the grammatical subject. Unfortunately, however, Aristotle's Logic was greatly influenced, to say the least, by the structure of the Greek language, in which the "subject – predicate" form of sentences constitutes the standard mode of expression. It was this subject – predicate mode of expression, upon which the Aristotelian Logic was founded, that led Aristotle to adopt the "substance – attribute" approach which was to have a decisive effect upon the later development of Western philosophy.

We must now direct ourselves to the second point. The definition of primary substance as cited above was given in the negative form: an ousia was defined in terms of what it is not, but not of what it is. This way of definition is certainly unsatisfactory. But let us see more closely just what is being negatively defined.

According to the definition, a primary substance is, in the first place, not "predicable of" a subject. Aristotle distinguished two forms of "predication": (a) the predication of a universal asserted of a particular as subject, for instance, "Socrates is a man," and (b) the predication of a universal asserted of a universal as subject, as in "man is an animal. " In both the "predicable" ——what we have termed an "object" ——is a universal, though the subject is different: "man" in the first instance has a particular, "Socrates," as subject, while in the second case the subject "man" of which "animal" is asserted is also a universal. Modern logicians would say that Aristotle confused the relations of class membership (predication in the first sense) and of class inclusion (predication in the second sense) . But Aristotle's purpose here was rather obvious. By asserting that an ousia is not predicable of a subject, he was merely telling us that it is not to be conceived as a universal: an ousia is not an abstract individual, but a concrete individual—— "for instance, the individual man or horse"[8] The position taken here is diametrically opposed to that of Plato. Both Aristotle and Whitehead agreed that ultimate realities——or beings in the proper sense——belong solely to the concrete.

But while they agreed in this central point, there was a marked difference in their interpretation of concrete reality. Both asked the question, What is an "authentic individual" conceived as an entity which exists in the primary or the most proper sense and which constitutes an ultimate subject of the Universe? For Aristotle the primary substances or ousia were the only authentic individuals: they are "most properly called substances in virtue of the fact that they are the entities which underlie everything else, and that everything else is either predicated of them or present in them. "[9] For Whitehead, on the other hand, actual entities "are the final real things of which the world is made up. There is no going behind actual entities to final anything more real. "[10] Elsewhere he said that "actual entities are the only reasons," and "in separation from actual entities there is nothing, mere nonentity"[11] Which then of the two philosophers is correct? Or could they be both wrong, or both correct?

Much careful analysis would be necessary before we could pass judgment on a sound basis. At the outset the two philosophers did not seem to agree in their conception of authentic individuals. In the case of Aristotle the ousia appeared to be just those concrete individual things as we would encounter in our everyday experience——the individual men, horses, trees, stones, and so forth, whereas Whitehead's actual entities seemed to belong to a quite different sort of things. Actual entities are atomic events which are not concrete individual things in the ordinary sense. What we must immediately point out here is, of course, that the Aristotelian ousia and the Whiteheadean actual entities are not really two mutually exclusive categories of being. The ousia and the concrete individual things of ordinary experience are what Whitehead called nexus, that is, a dynamic complex of actual entities. They constitute the meaning of actuality in, respectively, the macroscopic and the microscopic sense. Thus if they be both correct in their analysis of the concrete individual things of ordinary experience, Aristotle's ousiology would form a special case of the theory of actual entities, namely, that part of the theory dealing with those actualities determining the character of our ordinary experience.

Now the fact that Whitehead did not give primacy to the Aristotelian ousia has, needless to say, theoretical significance. In Whitehead's view Aristotle's ontology is correct in attributing reality to the actual and concrete, but wrong in giving ultimate status to the concrete individual things of ordinary experience. The ousia are indeed real: It is just that they are not ultimate enough. Aristotle, in other words, had failed to push explanation to its utmost limit——contrary to his own ideal of "first philosophy."

This, however, is not the only reason for which Aristotle's ontology was unsatisfactory from the standpoint of the organic philosophy. To Whitehead Aristotle's analysis of actualities was not satisfactory even within the confines of its own presuppositions. The Aristotelian theory of substance is, as it stands, not only lacking in coherent unity, but is beset with many logical and epistemological difficulties. Actually, it can in no way be described as "well-developed," let alone any consideration of its metaphysical adequacy or validity. In fact, if Aristotle had fully developed the basic notions or tenets of his ousiology, he would have seen those difficulties which have haunted Western philosophy for the last two thousand years. This is true particularly of the conception of "independent existence" as the most distinguishing characteristic of an ousia. We must now return to the second part of Aristotle's formal definition of a primary substance: we shall inquire into the meaning of the assertion that a primary substance is not "present in a subject." For this purpose the following passage from the Categories ought to be quoted in full:

Of things themselves some are predicable of a subject, and are never present in a subject. Thus 'man' is predicable of the individual man, and is never present in a subject.

By being 'present in a subject' I do not mean present as parts are present in a whole, but being incapable of existence apart from the said subject.

Some things, again, are present in a subject, but are never predicable of a subject. For instance, a certain point of grammatical knowledge is present in the mind, but is not predicable of any subject; or again, a certain whiteness may be present in the body (for color requires a material base), yet it is never predicable of anything. [12]

In these paragraphs was contained in a nutshell what might be called Aristotle's theory of "implication." For the benefit of our later discussion let us formulate it in a more precise manner. There are, according to Aristotle, three main types of implication: (a) the implication of a universal in a particular (e. g. "Socrates is a man"), (b) the implication of a universal in a universal (e. g. "man is an animal"), and (c) the implication of a particular in a particular (e. g., "this hand is part of my body"). The first two types of implication were, as we have seen earlier, erroneously put together by Aristotle under the same category, namely, predication. Since it concerns only the implication of a universal either in a particular or in a universal, it gives us very little clue as to the intrinsic nature of a primary substance, except negatively in the sense that what is not predicable of anything must be something concrete, a particular rather than a universal. What really gives Aristotle's conception of primary substance its characteristic mark lies in the third type of implication, designated by the phrase "present in." Let us term it "concrete implication," inasmuch as both the subject and the object (that which is present in the subject) are both concrete entities. Now the question is, what did Aristotle mean by "present in a subject"?

Although Aristotle never offered a clear and precise definition this kind of implication, it is not impossible to gather what he meant on the basis of his illustrations. He clearly stated that by being "present in a subject" he did not mean present as parts are present in a whole, such as, for instance, the head and the hands——which he regarded as themselves individual substance—are present in the body as parts. [13] Aristotle would consider that as a form of concrete implication, which, however, was not what he had in mind in connection with his formal definition of primary substance. He was concerned with a certain type of concrete relationship such as that between a certain point of grammatical knowledge and a mind, or which possesses that knowledge, or between a certain whiteness and a body which has that particular color. In Aristotle's view such relationship was characterized by a "one − sided dependence." Generally speaking, of A is present in B as subject, then B would be "incapable of existence" apart from B. Thus to say that a certain point of grammatical knowledge is present in the mind would mean that the former cannot exist apart from the latter. And, by the same token, the whiteness of a body would be incapable of existence apart from the body. The implication here is obvious: the mind or the body must have some sort of independent existence. The mind that possesses that particular item of knowledge has an existence distinct and separate from that knowledge; and the body which is characterized by a certain whiteness exists apart from that whiteness. In short, if A is present in B, then B must have an independent existence, while A has only a dependent existence—depending, that is, upon B.

If this interpretation is correct, then the essential meaning of Aristotle's theory of primary substance becomes rather clear. Since an ousia is defined as "That which is neither predicable of a subject nor present in a subject," it must be a concrete entity which has an independent existence. [14] It must, in other words, exist only as a subject, and never as an object.

Subjectivity then means independence: the ousia, as authentic individuals, are all subjects capable of independent existence. Now a thing cannot exist independently if its existence is in any way conditioned. Hence it follows that an entity which is capable of completely independent existence must be absolutely unconditioned. This is to be found in Aristotle's notion of God as the Unmoved Mover, the ultimate principle of motion, who, completely unaffected by the actual world of becoming, moves the concentric universe by being the "object of desire." It is through this doctrine of independent existence that Aristotle's metaphysics exerted its enormous influence on Christian theology——and indeed, on Western thought in general. There are few principles which are more characteristic of the Western mode of thinking than the identification of individuality with independence. To the Westerners, the more independent you are, the more individualistic you become.

It is, however, precisely this doctrine of independence that was under attack in the philosophy of organism which, as Whitehead himself admitted, "Seems to approximate more to some strains of Indian, or Chinese, thought, than to western Asiatic, or European, thought"[15] In the organic philosophy individuality is defined, not in terms of independence, but in term of "functional uniqueness" which presupposes the capacity and power for involvement. The emphasis is neither upon independence nor on one－sided dependence, but on mutual dependence or interdependence. In the following chapter we shall explore thoroughly this doctrine of interdependence as opposed to independence. Let it be mentioned in passing here that Whitehead's conception of God as interacting and requiring the existence of the world is something entirely alien to western metaphysics.

What we must concern ourselves here is the theoretical mechanism which makes possible this shift from the doctrine of independence to the doctrine of interdependence. Since the former is founded upon the theory that no authentic individual can be "present in" another authentic individual, the logical thing to do is to deny its validity. This denial is essential to establishing what Whitehead termed "the principle of universal relativity (or simply relativity):

The principle of universal relativity directly traverses Aristotle's dictum, ' (A substance) is not present in a subject. ' On the contrary, according to this principle an actual entity is present in other actual entities. In fact if we allow for degrees of relevance, and for negligible relevance, we must say that every actual entity is present in every other actual entity. The philosophy of organism is mainly devoted to the task of making clear the notion of ' being present in another entity. ' This phrase is here borrowed from Aristotle: it is not a fortunate phrase, and in subsequent discussion it will be replaced by the term ' objectification. '[16]

Thus it turns cut that the theoretical mechanism which made, possible Whitehead's separation from the Aristotelian position is none other than the theory of objectification which we discussed in the last chapter. Whitehead made it unmistakably clear in his Preface to Process and Reality:

The positive doctrine of these lectures is concerned with the becoming, the being, and the relatedness of ' actual entities. ' An ' actual entity ' is a res vera in the Cartesian sense of that term; it is a Cartesian ' substance, ' and not an Aristotelian ' primary substance. ' But Descartes retained in his metaphysical doctrine the Aristotelian dominance of the category of ' quality ' over that of ' relatedness. ' In these lectures ' relatedness ' is dominant over ' quality. ' All relatedness has its foundation in the relatedness of actualities; and such relatedness is wholly concerned with the appropriation of the dead by the living——that is to say, with ' objective immortality ' whereby what is divested of its own living immediacy becomes a real component in other living immediacies of becoming. This is the doctrine that the creative advance of the world is the becoming,

the perishing, and the objective immortalities of those things which jointly con-
stitute stubborn fact. [17]

The "objective immortality" of an actual entity is its mode of existence as
an appropriated datum in the becoming of a super — ceding actual entity. "Liv-
ing immediacy," on the other hand, refers to the existence of an actual entity in
process of becoming or self — formation. It is easy to see that these two modes of
existence are incompatible with each other. An actual entity which exists in the
mode of objective immortality must have already completed its becoming prior
to its objectification in the actual entity to which it contributes itself as da-
tum. Thus the event or chain of events which made available the block of marble
must be dead when the sculptor started operating on it. In Whitehead's phraseol-
ogy the event or actual entity that has reached its completion has "perished" —
"an actual entity has 'perished' when it is complete. " [18] But the perishing of an
actuality does not imply a total death, so to speak. What has really perished is the
subject——that is, the agent——in the "living immediacy" of its activity. To
say that an actuality has perished simply means that the living energy of the agent
in question has completely become dissipated in its effect, which "lives on" in
the mode of objective immortality. Thus "actual entities 'perpetually perish'
subjectively, but are immortal objectively. Actuality in perishing acquires objec-
tivity, while it loses subjective immediacy. " [19] This doctrine of the appropriation
of the dead by the living constitutes at once the basis for Whitehead's conception
of time and for his generalized notion of the conservation of energy, which ac-
counts for the solidarity of the Universe.

Now the incompatibility between living immediacy and objective immortal-
ity as two modes of existence may be alternatively formulated in terms of the
concept of "objectification" conceived as a relation between two temporally
connected actual entities or events. When Whitehead used this term in the strict
sense, it designated an asymmetrical relation. If A and B are two events such that
A is objectified in B, then it is by definition impossible for B to be objectified in
A. Only the past, in other words, can be objectified in the present. A future e-
vent cannot be objectified in a present event, nor can contemporary events be
objectified in each other. This is true because future events are yet to be born,
and contemporary events are causally independent of each other. Thus conceived
in this strict sense such expressions as "mutual objectification" or "objectifica-
tions in each other" must be regarded as contradiction in terms. Such expressions
occurred quite often in Whitehead's works; he was indeed not always careful
with his language. [20] He should have used the term "implication" to designate
this broader meaning of "objectification. " The doctrine of "mutual immanen-
ce" as asserting the implication of any two events in each other is certainly false if
implication means here objectification in the strict sense. Clearly, this cannot be
the kind of implication Whitehead had in mind when he proposed to replace the
Aristotelian phrase "present in" by the word "objectification. " Thus the asser-
tion that every actual entity is present in every other actual entity——the so —

called principle of universal relativity——should mean that every actual entity is implicated in every other actual entity. There are different kinds of implication ; the objectification of the past in the present represents only one species of a genus.

Actually the concept of implication had a still broader meaning in the organic philosophy. In its most general sense, implication is not restricted to the relatedness of actual entities ; it is applicable to the relatedness of any two or more entities, whatever they may be. Hence we may speak of the implication of a particular in a universal ( this in " man " ) as well as the implication of a universal in a particular in this ( " man " in this man ) . This general theory of implication was not developed by Whitehead until his later years. Even then it was rather crudely formulated in connection with his doctrine of perspective, as we shall see in greater detail in the next chapter. It suffices to mention here that just as Whitehead distinguished two meanings of " function " in his functional conception of existence, so there were likewise two senses of " relatedness " and " implication " in his model of the Matter − of − Fact World. In the narrow sense, relatedness is the mode of relevance between actual entities or events ; and the subject of implication constitutes a " center of change. " In the broad sense, relatedness is just any connectedness between any two entities whatsoever ; and here the subject of implication is a " center of relevance " ( that is, relevance as such ) . The fundamental thesis of Whitehead's ontology is this : all centers of relevance depend ultimately on centers of change. This is what he meant when he said that " All relatedness has its foundation in the relatedness of actualities. "[21]

Now the notion of a " center of change " was certainly not absent from Aristotle's ousiology. In fact, one suspects that this must have been from the very beginning the prime motive of his metaphysics, namely, to disclose the logos of the ousia each conceived as a center of change. The existence of the individual ousia was no more a problem for Aristotle than the existence of actual entities was for Whitehead. For both existence is a brute fact which must be taken for granted. The problem is not to create a philosophical issue out of nothing : the task of philosophy consists rather in the " rationalization " of " givenness " ——of all that is. Here " all that is " can only mean, of course, all that is " given " in human experience, conceived in the broadest sense of the word. For what is not so " given " is sheer nonentity, which cannot even be conceived in the first place.

The question is therefore basically the rationalization of existence as " given " in human experience. Since it is impossible for the philosopher to be concerned with the Universal in all its detail——nor is it necessary for him to do so, the strategy is to discover the " key " to all reality or " the central point " of all knowledge. That this was in fact Aristotle's basic approach to his prote philosophia was clearly formulated in the fallowing passage :

There are many senses in which a thing may be said to ' be ' . but all that ' is ' is related to one central point ( Italics Mine ) , one definite kind of thing, and is not said to ' be ' by a mere ambiguity. Everything which is healthy is related to health, one thing in the sense that it preserves health, another in the sense that it produces it, another in the sense that it is a symptom of health, another because it is capable of it. And that which is medical is relative to the medical art, one thing being called medical because it possesses it, another because it is naturally adapted to it, another because it is a function of the medical art······ So, too, there are many senses in which a thing is said to be, but all refer to one starting – point; some things are said to be because they are substances, other because they are affections of substance, others because they are a process towards substance, or destructions or privations or qualities of substance, or of things which are relative to substance, or negations of one of these things or of substance itself. It is for this reason that we say even of non – being that it is non – being. [22]

The thesis that "all that 'is' is related to one central point" was no less fundamental to Whitehead's metaphysics than to the Aristotelian ontology. This idea of a "central point" is what we have designated in the first chapter as the Logical Ground of the Universe or the "unifying principle" of all existence. It is important to note that for both Aristotle and Whitehead there was but one such central point— "none definite kind of thing" ——which gives the Universe as a whole an underlying unity. In the case of Aristotle this central unity rested with the "substantiality" of the individual primary substances, what we have termed the Ousia or the logos of the ousia. In the organic philosophy the unifying principle of the Universe was Creativity, that which underlies the being and becoming of actual entities. And just as Aristotle searched for the intelligible structure which constitutes the Ousia as the Logical Ground of all things, so the speculative effort of the organic philosophy was geared to the disclosure of metaphysical first principles and the formal construction of a scheme of general ideas in which such principles would be united in a coherent theoretical system. This systematic scheme would then, taken as a unified whole, constitute the Logos or the universe. The result of such tremendous effort was formally presented by Whitehead in the "Categoreal Scheme" of Process and Reality.

In comparison, such neatly and precisely developed theoretical system was not found in Aristotle's philosophical works. The Metaphysics as the chief text of his ontology consisted in a conglomeration of diverse approaches to the problem of "substantiality"; and, strictly speaking, it remained not much more than a mere conglomeration. This is not to deny, of course, that what were thus conglomerated might be of considerable worth either intrinsically or instrumentally. Indeed, it was Aristotle who provided the basic theoretical, apparatus for the development of metaphysics in western philosophy. Many of the so – called "perennial" problems in western metaphysics have meaning or significance only within the framework of the Aristotelian philosophy——in particular, those problems which center around the idea of primary substance. It is interesting to note, however, that in almost every aspect of his philosophy Aristotle, as Whitehead observed, was less "Aristotelian" than his followers. [23] Actual-

ly, this is not as ironical as it may sound. For it was Aristotle's followers, the Ar-
istotelians——and not Aristotle himself——that have carried the fundamental te-
nets of his philosophy, rightly or wrongly, to their logical conclusion. Since in a
sense Whitehead may be counted as one member in the Aristotelian camp, he,
too, may be regarded as more Aristotelian than Aristotle himself.

But the qualification "in a sense" must not be overlooked. There was a
very real difference between Whitehead and his fellow Aristotelians. For unlike
them he discarded the theory of substance entirely, and with it the "substance −
quality" mode of thought. In this sense Whitehead was definitely not an Aristote-
lian. What is really significant in Whitehead's indebtedness to Aristotle lies, in
the opinion of the present writer, not so much in positive doctrines as in moti-
vation. Whitehead owed definitely to Aristotle for the conception of philosophy
as "first science" and the rational ideal of "pushing explanation to its utmost lim-
its." And on the basis of this common ideal Whitehead also shared Aristotle's
motive to reconcile the unquestioned beliefs of common sense and the findings
of the special sciences. There seems to be little question that a large measure of
Aristotle's metaphysical apparatus——for instance, the theory of substance and
the conception of the four causes——represented nothing but a systematization
of our common sense experience, which would in no way startle a man from
the street. And there also seems to be little doubt that both in his Logic and in
his Metaphysics Aristotle was greatly influenced by his biological studies. It was
said of Aristotle that he knew everything there was to be known: that is perhaps
not at all an exaggeration. Without the benefit of modem physics and other un-
precedented scientific discoveries of our time, Aristotle's Achievement, philo-
sophical or otherwise, was indeed very close to the best any man can hope for.

Now it was an express purpose of Whitehead's speculative effort to find a
proper place for our common sense experience. "The philosophy of organ-
ism," he once remarked, "is an attempt, with the minimum of critical adjust-
ment, to return to the conceptions of the 'vulgar'."[24] The "vulgar" opinion
is to be accepted, but not uncritically and without modification. The organic
philosophy was indeed intended to constitute a criticism of both science and our
common sense beliefs. Few would question the extensiveness of Whitehead's
learning, especially in the areas of mathematics and the physical sciences. And no
students of Whitehead would deny that Whitehead the logician, the mathemati-
cian and the mathematical physicist had played an important role in the making
of Whitehead the metaphysician. But the significance of this role has often been
exaggerated. This is primarily due to the fact that commentators have in general
failed to distinguish Whitehead's cosmology from his ontology. True,
Whitehead's earlier intellectual training and career as a mathematician and mathe-
matical physicist (which occupied the greater part of his life) contributed pre-
cisely to his cosmological outlook as witnessed in his various treatises in the phi-
losophy of science and in some latter parts of Process and Reality.[25] But in so far
as his ontology is concerned, which constituted the core of the organic philoso-

phy and the metaphysical foundation of its cosmological superstructure,
Whitehead's very extensive scientific knowledge had performed only a catalytic
function in the formation of his basic ideas or principles. Here he was primarily
indebted to the great philosophers of the past, in particular, to Plato, Aristotle
and Leibniz, and, most of all, to his own imaginative insight. Later we shall
come to Whitehead's relationships with Plato and Leibniz, as well as some other
philosophers. But the key to an adequate understanding of Whitehead's specula-
tive endeavor must lie first in his relation to Aristotle, the proper founder of
western metaphysics.

To pursue further our comparative study, let us inquire into the motive
which might have accounted for the Aristotelian metaphysics. Let us ask, what
was the reason which led Aristotle to equate "that which truly is," the ontos
on, with concrete individual existence? What made him disagree with Plato
who confined ultimate reality solely to the Ideas? Here we come back to the
concept of authentic individuals. And the answer to these questions depends first
of all upon the question of criterion as to what constitutes an authentic individu-
al. Both Plato and Aristotle seemed to agree on this central point, namely, that
an authentic individual must have the character of a "unifying principle." But
they disagreed as to wherein such principle or principles are to be found. Let us
examine briefly their respective arguments.

Plato's argument is familiar. The Ideas or Forms (eidos) are unifying princi-
ples in the sense that patterns are the common factors which give unity to their
copies. The Idea "man," for instance, is what gives unity to all men. Since, ac-
cording to Plato, things that exist in the corporeal world could have no character
apart from the Ideas in which they participate and to which they aspire, their ex-
istence is a derived one, that is, from the realm of Ideas to which they owe their
individual identity. The Ideas, an the other hand, are eternally fixed principles
which derive their being from their own intrinsic essence. These then are the on-
ly authentic individuals.

But Aristotle reasoned to the contrary. The individual identity of a corporeal
thing such as an individual man or horse depends not just upon its character, but
also upon its relative status or position in the actual world. For every particular is
a "this – something" (tode ti) which cannot be explained as a mere congery of
universals. A man is not just any man——but always this man here – and now or
that man there – and – then. Particularity then is inseparable from context which
expresses the being of a concrete thing in terms of its "relativity" to other things
and its peculiar "circumstance." In short, the notion of individual identity is
conceivable as a "contextual unity" which is at once a unity of character and a
unity of relative status. Particularity, indeed, consists precisely in this two – fold
unity.

Both Aristotle and Whitehead sided with Plato that universals are ultimate
conditions of character. But they both emphatically rejected the Platonic view, as
suggested in some of his dialogues (for instance, the Phaedrus), that universals

are also principles of "life and motion" (the Ideas as "souls"), constituting themselves thereby as conditions of "concretion" or unity of character, and of "individuation" or unity of relative status. For both universals themselves are completely devoid of life and motion. Their joint entry into the actual world as qualities and relations of particular things requires principles of contextual unity not identifiable with themselves.

Let us give the notion of "contextual unity" a more exact formulation. Every concretely determinate something (a tode ti) may be said to possess two fundamental properties, which we may call, respectively, "the cut" and "the grade" The "cut" of a particular is an expression of its limitation, its "thisness," which manifests itself as what Whitehead termed an "affirmation − negation contrast." It is a separation of two domains of entities: one containing its positive character and position, the other its excluded determinations, including both qualities and relations. The cut of a particular thing is what determines its distinguishing identity: it is "this" and not "that," or "that" and not "this." The reason or ground which accounts for the cut − of a particular is therefore adequately described as a "principle of individuation."

The "grade" of a thing, on the other hand, is a property of its process existence. It refers to the modes and degrees of relevance which other things have for the particularity conceived as a going concern. The essence of a process existence lies indeed in a "principle of concretion" by virtue of which there is, in Whitehead's phraseology, "gradation of relevance." The cut and the grade of a particular are, needless to say, interrelated properties. The contextual unity which defines a particularity is just the integral unity of the two.

It ought to be noted at once that the idea of contextual unity has utterly no meaning apart from a given standpoint, namely, a given concrete individual thing. The standpoint is the "center" of its contextual existence: the unity of the standpoint is precisely the unity of the context. For the sake of illustration, let us see how the contextual unity of a man may be determined.

First, we consider his cut − property. We can determine this only by "fixing" his determinate identity as factually given. Let us then assume that this is a man who existed in the past, say Caesar, and we possess a complete and accurate biography of his life. With this assumption we are to give Caesar's life an ex post facto analysis. We may inquire into the cut which defined Caesar's life taken as one completed fact, as well as the cut which expressed the limitation of one specific interval or period of his life, say, the year he crossed the Rubicon. The cut − character of this period may be conceived logically as the conduction or union of two classes of propositions: one containing as members all true propositions involving Caesar in the given period, the other all false propositions concerning him in the same interval. These may be called, respectively, the positive and the negative "domain of relevance." Thus the proposition "Caesar crossed the Rubicon" would fall under the positive domain, since it expressed a fact about Caesar in the given period of his life.

Now taking this period as the focal point, the grade – character of Caesar's life history may be correspondingly determined. We are here concerned with the relevancy that was involved in Caesar's process existence. There is the relevancy of the past to the present, and there is the relevancy of the present to the future, and of the future to the present. When Caesar was about to decide to cross the Rubicon, not all events or determinations in the antecedent periods of his life were of equal relevance, and this event itself was not relevant to the same extent to the ensuing periods of his life. Thus Pompey's plot against Caesar was certainly more relevant to the latter's decision to cross the Rubicon than, say, his desire to reside in Rome for purely aesthetic reasons. Granted that relevance is determinable in degrees, then all events in Caesar's life may be "graded" according to their significance or germanness to an event taken as standpoint, for instance, his crossing the Rubicon. Here Caesar's life constitutes a dynamic context. Once the standpoint is chosen, the unity of the context (an organic unity) is conceivable as the synthesis of its cut and grade properties, which define, respectively, the internal unity of the referent event and the external unity of this event with its otherness.

The question now arises, is it possible to determine the cut and grade properties of Caesar's life as itself constituting a standpoint of the Universe? There is no problem, in so far as its cut property is concerned. Since we have assumed that we have complete and accurate knowledge of Caesar's life, then all true and false propositions must be both determinable. The cut of Caesar's life is just the conjunction of the two sets of propositions. But the determination of its grade property relative to the Universe depends upon a metaphysical presupposition concerning the "completeness" or "incompleteness" of contextual existence. The issue at hand may be formulated in terms of the distinction between two possible properties of a dynamic context, namely, between "open texture" and "close texture." This distinction depends, however, in turn upon the idea of "dimensionality." Let us elaborate.

A "dimension," to begin with, is definable as a mode of change pertaining to any contextual existence. It follows that there are as many dimensions as there are modes of change into which a dynamic context may be analyzed. Take, for instance, the life of a human being, say again, Caesar. During the course of his life Caesar underwent numerous kinds of changes——in weight, in height, in shape, in volume, in bodily temperature, in physical – chemical functions, in biological – physiological functions, in emotional or psychological make – up, in thought or understanding, in taste or desire, etc. Some of these changes he shared with stones or inorganic things in general; others he shared with trees or plants; still others he shared with dogs or other animals; then there were changes he had in common only with human beings; and then there were those which were peculiarly Roman; those which were peculiar to a Roman general——and ultimately those changes which Caesar alone was capable. The point that we wish to bring out here is that we cannot define a contextual existence without specif-

ying its dimensionality, or the dimensions that one has in mind. A dimension
may be described as "open" if the contextual existence in question can still be
predicated in terms of it; otherwise it will be spoken of as "closed. " For exam-
ple, the dimensions which defined Caesar's humanity would be closed at his
death. But he would continue to exist in the physical dimensions which he
shared with the inorganic substances.

The distinction between "open texture" and "close texture" may now be
precisely formulated. A dynamic context is said to have an open texture if it has
at least one open dimension; the extent of its "openness" is proportional to the
number of open dimensions. The converse is true in respect of its "closeness"
which would be measured by the presence of closed dimensions. An absolutely
closed context would thus have only closed dimensions. This is the conception of
the Universe as a completed state of affair, to which we shall have more to say
later on.

This distinction between the two types of textures is basic to Whitehead's
treatment of the age − old problem of atomicity and continuity, which will be
discussed in the next chapter. The above discussion may be said to have paved
the way which had led Whitehead to arrive at his organic theory of actual entities
through the positions of Aristotle and Leibniz. Let us now retrace this path to-
gether with these three philosophers.

We noted earlier why Aristotle and Whitehead decided against Plato on the
question of authentic individuals. Universals cannot be given an ontologically
privileged status because they are in themselves completely devoid of life and mo-
tion. They are indeed ultimate conditions of character inasmuch as they contrib-
ute to the actual world "forms of definiteness," to use Whitehead's phrase. But
they can account for neither concretion nor individuation which represent two
essential aspects of contextual existence. For both Aristotle and Whitehead this is
a "deficiency" of reality. What is ultimately real——the ontos on——must con-
stitute itself as a principle of life and motion, by virtue of which the diverse enti-
ties of the variegated universe obtain their contextual unity. This is precisely what
Aristotle was aiming at in his ousiology.

For the concept of substantiality is that of contextual unity: the unity of an
ousia is the unity of its contextual existence. A primary substance conceived as
subject is an "ordering principle" determining such unity: it is a unity of matter
and form, of potentiality and actuality, of activity and passivity, of qualities and
relations, of time and place, and so forth. All these categories or principles are
basically nothing but devices through which Aristotle hoped to exhibit the essen-
tial structure of substantiality. The central mechanism of the Aristotelian scheme is
found in his theory of the "four causes": namely, the material, the efficient,
the formal, and the final. Ontologically speaking, these are the basic metaphysi-
cal   first   principles   constituting   the   Logical   Ground   of   all   exist-
ence. Epistemologically speaking, they are the chief explanatory principles made
intelligible by the nous of philosophy.

Aristotle clearly recognized the fact that the four causes are but different aspects of a process, or what he called "motion" or "movement" (kinesis) . [26] Indeed, our schema of transformation which Whitehead made use of in formulating his conception of an event is patterned basically upon the Aristotelian, model. Thus Aristotle's material cause (the block of marble in our favorite example) becomes what we have called the concrete datum, his efficient cause (the scultor) our agent, his final cause (the statue) our issue, and his formal cause (the essence of the statue) what we have termed the generic principle. There is no question about this basic similarity between Aristotle's ousiology and Whitehead's theory of actuality. This similarity is, of course, something to be expected. For, in the final analysis, both philosophers addressed themselves to the same metaphysical problem and adopted the same basic strategy. The problem is, what is Becoming? And the strategy is, to give a rational account of the phenomenon of change on the basis of a critical analysis of experience. The entire approach involves two main aspects, phenomenological analysis and formal construction. The one deals with the "given −ness" of the problem, while the latter its "rationalization."

In so far as Aristotle is concerned, the key to the solution of this problem is to be found, in the unity of experience which the human mind inevitably comprehends in the concrete individual things that one finds in his natural environment. For it is these things that "become." They thus constitute individually a "center of change" and collectively "vehicles" of contextual unity. Aristotle's originality is to be found in his equation of the unity of context with the unity of becoming. Every concrete individual thing is substance in the primary sense because it is in itself an ordering principle, a principle of concretion as well as a principle of individuation. Thus Caesar in itself is not identifiable with Caesar in a particular situation; it consists rather in the unified totality of all "Caesar −existence." The question immediately arises, what is the nature of this * Caesar −in −itself" which cannot be equated with any of Caesar's contextual existence, that is, his being in a particular situation, for example, when he was crossing the Rubicon? Aristotle actually attacked this problem from three different perspectives, giving rise to much confusion and misconceptions as a result of lack of coherence and rigor in his treatment of the problem. Here we must make an effort to separate his various approach to the issue and see in what way they may be connected in a coherent unity.

Aristotle's first approachstemmed directly from his theory of implication. The assertion that a primary substance is neither predicable of a subject nor present in a subject leads inevitably to the conception of an underlying "substratum" which, as the bearer of qualities or attributes, is supposed to remain itself unchanged though it may suffer changing qualities and relations. The following passage indicates rather clearly what Aristotle had in mind concerning the "in −it −selfness" of a primary substance:

The most distinctive mark of substance [in the primary sense] appears to be that, while remaining numerically one and the same, it is capable of admitting contrary qualities. From among things other than substance, we should find ourselves unable to bring forward any which possessed this mark. Thus, one and the same color cannot be white and black. Nor can the same one action be good and bad: this law holds good with everything that is not substance. But one and the self－same substance, while retaining its identity, is yet capable of admitting contrary qualities. The same individual person is at one time white, at another black, at one time warm, at another cold, at one time good, at another bad. [27]

The Greek word which Aristotle used for the idea of a primary substance conceived as "subject" was hypokeimenon, which means literally "that which underlies something. " The Latin translation of this term into "substratum" has been responsible for most of the unfortunate consequences of the Aristotelian theory of substance. For it immediately suggests, the idea of an elemental "stuff" supporting or holding together its qualities or outward appearances, whereas the Greek term implies simply an "underlying factor. " There is no reason why this underlying factor has to be conceived in the sense of an elemental stuff. In fact, what Aristotle seemed to have in mind in the above quoted passage was that of an "underlying identity. " What remains "metrically one and the same," in other words, is the identity of the primary substance. Thus Caesar in itself and as subject is just his self－same identity which is retained in all his contextual existence.

Unfortunately, however, Aristotle never explained clearly just exactly what constitutes this self－same identity. In the absence of such explanation, he must be accused of a glaring contradiction, for shortly after the above quoted passage he surprised the readers by stating that primary substances are themselves capable of change:

It is by themselves changing that substances admit contrary qualities. It is thus that that which was hot becomes cold, for it has entered into a different state. Similarly that which was white becomes black, and that which was bad good, by a process of change; and in the same way in all other cases it is by changing that substances are capable of admitting contrary qualities. [28]

It ought to be noted that there is nothing inherently self－contradictory in asserting that primary substances are capable of changing themselves while retaining their identity, provided, of course, what remains identical and what suffers change are not conceived in the same sense. Otherwise, it is a sheer inconsistency. Being the author of what have come to be called the three Laws of Thought, Aristotle could not have been unaware of this. How then could we account for this apparent inconsistency on his part.

In the opinion of the present writer, the Eleatic challenge on the rational accountability of our experience of becoming and change was never truly met by Aristotle. Somewhat like Husserl in our time, he was in many ways a "pure empiricist. " The unity of persistence and change, of identity and diversity, and of

one and many was for both an experienced fact which must be presupposed as
the primal datum of knowledge. For Whitehead, however, metaphysics cannot
be confined to phenomenology: the latter exists only as means, but not as the fi-
nal end. No phenomenological findings, however primal or essential, may be
accepted as the ultimate truth of philosophy without first subjecting these findings
under the critical light of reason. And this means, above all else, that they must
be free of logical errors.

It is in the fulfillment of this rational demand that the "vulgar" opinion
needs "critical adjustment" if it is to be philosophically acceptable. Hence the
phenomenological unity of our uncritical experience must be given a formal re-
construction so as to eliminate the logical difficulties inherent in it. We cannot
say it is absolutely one and the same entity that crossed the Rubicon and that was
killed by Brutus. "A is A": complete identity of two discernible entities is a
logical impossibility. The Caesar who crossed the Rubicon is logically not the
same Caesar who was killed by Brutus. The "vulgar" opinion, when pressed,
would agree that the two Caesar's were not exactly identical, though it would
insist on the existence of a common identity intimately binding the two entities.

For Whitehead this identifying factor would not apply to the two Caesar's,
but rather to the two successive events which are members of a nexus having
"Caesar" as "logical subject. " In the organic philosophy the notion of a "logi-
cal subject" does not carry the connotation of a "bearer of qualities," as we find
in its traditional conception derived from Aristotle's theory of primary sub-
stance. Stated briefly, a "logical subject" in the Whiteheadean sense is just a defi-
nite set of actual entities forming a nexus or dynamic context whose unity of
character is defined by a complex eternal object which constitutes the "predi-
cate" of the proposition in question. [29] Thus Aristotle's primary substance has
been replaced by the notion of an atomic event or unit — creativity, that is, an
actual occasion. [30] Every event, atomic or complex, is an operational and func-
tional unity aiming at the realization of a fact; and process is a fact in the mak-
ing. More accurately, process in the microscopic sense is the becoming of an ac-
tual entity, whereas process in the macroscopic sense refers to the becoming of a
complex event involving a chain of microscopic processes. Hence in the philoso-
phy of organism the universe of discourse is ultimately composed of finite units
of activity——and not the concrete individual things which constitute Aristotle's
primary substances. It is these finite units of activity which make up what White-
head called the World of Fact, the terms "activity" and "fact" being for him
interchangeable.

Perhaps the easiest way to approach Whitehead's thought is to examine the
interconnected meanings and implications of the two ideas of "activity" and
"factuality. " Let us begin with the notion of a "settled fact. " A settled fact is
definable as a realized potentiality. It is possible for a block of marble to be made
into a statue. Before the statue is made, it existed only as a potentiality; when
the statue is made, it exists as a settled fact. It is possible for a man to raise his

hand or to think of the number "3." Before the raising of the hand or the thinking of the number "3," the potentiality was there; when the hand was actually raised or the thought actually thought, the potentiality became a settled fact. Generally speaking, the realm of settled fact is the Realm of History, which constitutes the immortal past of the Universe.

Nowex post facto every settled fact is necessary: "What is done cannot be undone." But its necessity is inseparable from its "negativity": a settled fact is in truth the negation of its negativity. A settled fact is "negative" because it could have been otherwise: the statue might have been different from what it is as actually done, or it might not have been made at all. Hence the notion of a settled fact leads to the idea of a factor which is responsible for the negation of negativity. This is the idea of agency and process as the medium of agency. The process of agency is the passage through which the agent exercises a two – fold function, namely, the realization of potentiality and the negation of negativity. We are thus led to the idea of "power," and the correlative of power is "given – ness."

It is the identification of actuality with power that constitutes the most distinctive characteristic of Whitehead's ontology. An actuality is in essence a "unity of power."[31] Indeed, the basic concepts in the organic philosophy can all be translated into the power language. Thus "prehensions" or "feelings" are special modes in the analysis of an atomic unit of power, that is, an actual entity. Eternal objects are forms of power, which may be "genetic" or "generic." A "genetic form" is an eternal object which determines a form of action or process in which agency is a living dispensation of power. A "generic form," on the other hand, is an eternal object examplified by a settled fact which is the effect of power. All settled facts are finally analyzable into consummated actual entities as past unities of power, that is, power already dispensed. The Universe is, indeed, basically nothing but a "power – complex." Since for Whitehead no power is unconditional, every dispensation of power depends for its intelligibility upon a dynamic context which constitutes its condition of efficacy. Every unity of power, in other words, is an organic unity resulting from the dynamic synthesis of the internal and the external efficacy of an event or actuality. This is the real meaning of Whitehead's conception of "organic synthesis," the analysis of which is the central task of the theory of actual entities.

Viewed from the logical – mathematical standpoint, the problem of organic synthesis is the problem of "composition." Actuality, says Whitehead, "is in essence 'composition'."[32] And he describes power as "the compulsion of composition."[33] The main question which the theory of actual entities was intended to answer is simply this, what factors are involved and how they are structurally related in the making of a fact? It is possible to give an answer to this question because factuality constitutes an intrinsic aspect of human experience. The vantage point to attack the problem of composition is to grasp the idea of a settled fact, and then to proceed to decompose it in an ex post facto analysis. There seems to be little doubt that this is basically the strategy whereby the theory of actual entities was actually formulated.

The outcome of such analysis has been presented previously as the schema of transformation, E = ( D, A, I ) . The settled fact was first revealed as the issue of an antecedent event involving a process of transition and transformation——for instance, from the block of marble to the finished statue. The idea of transformation leads to the disclosure of two other chief factors, namely the datum and the agent. We have seen that the datum includes both concrete and abstract components ( the marble is concrete, while the form of the statue to be realized is abstract) . But a concrete datum is further analyzable into character ( the form of the marble) and relative status ( the spatial − temporal locus of the marble) . And, as we shall see more closely in the next chapter, the notion of relative status is also applicable to pure forms or eternal objects as indicating their "compossibility" in the actual universe. The same demarcation between character and relative status must be made respecting the agent and the concrete issue. With a little notational adjustment, the schema of transformation may be modified as follows: E = ( $D_d$, $A_a$, $I_i$ ) . Here "$D_d$" stands for a concrete and/or abstract datum whose character is D, with its relative status indicated by the subscript. "d. " Similarly, $A_a$ denotes the agent whose character of operation is A while the subscript denotes the relative status in question. And the same applies to $I_i$ as the concrete issue.

The question now arises, is E exhaustively analyzable into $D_d$, $A_a$, and $I_i$? In view of the above discussion concerning the meaning of organic unity, the answer is obviously no. For one crucial factor is missing: namely, the dynamic process whereby there is negation of negativity and the actualization of potentiality. According to Whitehead, this process of becoming is essentially characterized by a unity of power. There is, first of all, the internal unity of power as embodied in the "givenness" of the datum ( concrete and abstract) and the agent. Then there is the external unity of power as embodied in the otherness of the referent − event. Finally, there is the dynamic unity of the Universe resulting from the over − all organic unity of power, that is, as the synthesis of the internal and the external unity. To put it in another way, the internal efficacy of the agency depends not just upon its own source of power, but also upon its dynamic environment, its context. Hence, in any analysis of a single event abstracted from its dynamic context, a factor indicating the organic unity of power must be added. We shall call this factor of an event E its "dynamic co − efficient," which may be designated by the symbol DXE, with "DX" denoting the dynamic context in which E constitutes a standpoint. The schema of transformation may now be given with this new member as follows: E = ( $D_d$, $A_a$, $I_i$; DXE) . The semicolon is needed in order to separate the last factor from the first three which forms an ordered triple.

This notion of the dynamic co − efficient of an event was implicit in Leibniz's conception of the "monadic derivative," a property which he ascribed to every phase in the internal development of a monad. In Whitehead, as we shall see, the dynamic co – efficient of an actual occasion was to be found in its "superjectian" character. Both philosophers attempted to replace Aristotle's hypokeimenon by the idea of organic unity. The concept of an underlying factor was retained, but the interpretation was different. In the theory of monads——that is, the simplest "substances" in the Leibnizian sense——the hypokeimenon at a monadic phase as expressed by its "derivative" was no less than the whole system of monads created in accordance with a "preestablished harmony." In the theory of actual entities the hypokeimenon was the fully determinate Universe when the actual entity in question had satisfied its subjective aim, thereby constituting itself as a "superject" excercising its function in the mode of objective immortality. In both theories the underlying factor was ultimately rooted in God's cosmic co – ordination. What lies behind every actuality is no longer a substratum of change conceived as a "bearer" of contraries, as Aristotle suggested. The subject of becoming is to be identified rather with the whole universe, reflected by that instance of becoming as a standpoint.

Both Leibniz and Whitehead saw very clearly the unsatisfactory character of Aristotle's treatment of the problem of becoming, especially the "substratum approach" as presented earlier. It is logically impossible for a primary substance to change while retaining its identity, unless "identity" and "change" are not conceived in the same sense. In the metaphysics of Leibniz and Whitehead these two concepts acquired a rational trans formation. Neither monads nor actual entities are capable of "change" in the logical sense, that is, in the sense of change of one and the same thing. For both change means transition and transformation. In the case of Leibniz it refer: to the passage from one monadic phase to another in the interne life of the monad. A monad taken as a whole is either admitted into being or destroyed: it cannot "change." Similarly, for Whitehead change means the passage from one fact to another; what is changed is character and relative status in the process of transition. One cannot say that a fact "changes." If you say that fact A has changed into fact B, you are suggesting rather that fact B succeeds fact A——A and B are logically two different facts. Thus a fact can only "become": the becoming of a fact is the fact in the making. "Actual entities perish," Whitehead remarked, "but do not change; they are what they are."[34] The "perishing" of an actual entity is the consummation of its becoming as a settled factuality. Since, according to Whitehead, every realization is a transformation of givenness, the notion of change can only be interpreted in terms of the difference——in character and relative status——effected in the process in question.[35] Consequently, to use our favorite example, it would be, strictly speaking, wrong to say that the original block of marble has changed itself in the finished statue. Rather, we ought to say there has been a transition from one fact (represented by the original marble) to another (represented by the finished statue) with such and such difference. This difference is the "measure" of the unity of power under the organic conditions of the Universe.

We must now bring out a fundamental doctrine in Whitehead's cosmology,

namely, the doctrine of "endurance as re − creation. "[36] This notion is necessita-
ted by the new meaning of change in the organic philosophy. Both Leibniz and
Whitehead agreed with Plato that permanence or endurance is as much an intrin-
sic character of reality as change or becoming. And they further agreed with him
that both aspects of the actual world depend ultimately upon universals as condi-
tions of character. But they both disagreed with Plato in attributing exclusive re-
ality to the Realm of Forms. For "agency is confined to actuality," that is, to
the units of activity or power which are the concrete agents in the actual uni-
verse. "Re − creation" means the "repetition" of forms. But universals do not
repeat themselves; their repetition presupposes an active factor that does the re-
peating. Thus in the transition from the marble to the finished statue there is at
least the repetition of the form "marble." But the eternal object "marble" did
not enter the two successive facts, so to speak, with wings; its succeesive exam-
plification in them requires an act of recreation. The form "marble" has been
re − created in the finished statue by the actual entities at the molecular and a-
tomic level which constitute the historical route of events identified in our mac-
roscopic experience as a particular block of marble. In short, the phenomenon of
becoming and change is explicable in terms of the contrast between "conforma-
tion" and "novelty," as equally essential to the creative process of actualities.
Every actual occasion "conforms" to its immediate past by reproducing the dom-
inant character of the antecedent actuality. But there can be no complete confor-
mation; every unit of creativity contains necessarily a novel element not to be
found in its immediate predecessor. Between two successive events there is iden-
tity of character to the extent of conformation; and there is diversity of character
to the extent of the novel element created by the succeeding actuality. Change
then is describable as the "identity − amid − diversity" of character, that is, of e-
ternal objects. This is what Whitehead meant when he said that " ' change' is the
description of the adventures of eternal objects in the evolving universe of actual
things. "[37]

But the creativity which is responsible for achieving this identity − amid −
diversity of character is not identifiable with the set of eternal objects comprised
in the "affinity" ——that is, identity − amid − diversity——in question. For the
affinity of character thus achieved is not an abstract complex of pure forms; it is
a concrete fact. It is, we might say, a composite of power and eternal ob-
jects. But when we "observe" the concrete fact by the mind's eyes, it seems that
all we can explicate is nothing but its abstract aspect, a set of eternal ob-
jects. Where is the power?

A moment's reflection will show that the answer must lie in the relative sta-
tus which constitutes the concrete aspect of factuality. When we analyze an event
ex post facto, we are apt to concentrate upon the abstract character of the settled
fact and ignore its position in a context which has a much greater theoretical sig-
nificance. For what is implicated in the relative status of a consummated event is
none other than its dynamic co − efficient which gives meaning to that event as a

center of change, an organic unity of power and a dynamic standpoint of the u-
niverse. In brief, the relative status of a concrete fact is the index of its monadic
character. This is in essence what Leibniz meant when he referred to a monad as
"laden with its past and pregnant with its future."

Indeed, for both Leibniz and Whitehead the essence of things is to consist
precisely in the unity of power. In Leibniz's metaphysics the Universe was basi-
cally nothing but a systematic unity of an infinite number of monads each a self −
evolving center of force, that is, power. The power or capacity of each monad
to create the affinity of character from phase to phase in the self − becoming of
the monad is what he called "perception," which he conceived as a kind of
"representation." At each phase the monad "perceives" or "represents" the U-
niverse as a unity − in − difference" from its own standpoint. [38] But the stand-
point is none other than its relative status. Indeed, the standpoint and relative sta-
tus of the monad is what constitutes its innermost essence, its unique individuali-
ty which is the correlative of its relativity to other monads. For both Leibniz and
Whitehead the idea of "absoluteness" can only be a positional concept. There
can be identity of character, but not identity of position. This is what lies behind
Leibniz's so − called "principle of the identity of indiscernibles." This means,
for Leibniz, that there can be no two absolutely identical monads, for then they
would possess the same relative status——that is plainly impossible. For White-
head this means that there can be no two completely identical facts. [39] Since the
relative status of a monad or actual entity is basically an index of an organic unity
of power. Subjectivity, in other words, is a dynamic concept. The in − itselfness
of a monad or actual entity is just this organic unity of power, which takes the
general form of genetic − generic synthesis. In its genetic aspect this synthetic uni-
ty is an operational unity, a unity of process and action. In its generic aspect this
unity is a unity of character, which manifests itself in the affinity between the da-
tum and the issue. But the genetic − generic synthesis which gives rise to the in-
ternal unity of an event is inseparable from the contextual synthesis or synthesis of
relative status which determines its external unity. Hence, properly speaking, or-
ganic synthesis is at once genetic, generic, and contextual. To put it in another
way, the synthetic unity of the Universe is a consequence of a "genetic − gener-
ic − contextual" synthesis.

Could this be what Aristotle had in mind when he said "it is a distinctive
mark of substance, that, while remaining numerically one and the same, it is ca-
pable of admitting contrary qualities, the modification taking place through a
change in the substance itself." [40] This question cannot be answered by a simple
yes or no, as most questions concerning Aristotle's philosophy. The point is, all
three aspects of our notion of organic synthesis can be found in the Aristotelian
system. And yet the final synthesis appears to be lacking. It is time now that we
direct ourselves to Aristotle's dominant position on the problem of subjectivi-
ty. This is what may be termed the "eidetic approach" which equates the to ti
en einai of an ousia with its eidos.

The phrase to ti en einai means literally "the − what − was − being. " Its traditional translation into the English term "essence" ——a term filled with scholastic meanings—is, next to the rendering of hypokeimenon into the Latin "substratum ," another great misfortune in western philosophy. In the context of scholastic philosophy "essence" was contrasted with "accidence," which in Aristotle's ontology was contrasted with eidos, and not with to ti en einai as such. In identifying the to ti en einai of an ousia with its eidos, Aristotle was offering a theory about the nature of subjactivity. He could be wrong; but there was nothing right or wrong in ascribing to an ousia a to − ti − en − einai. For what Aristotle referred to by this phrase taken as such was not the eidos or specific character of an individual substance, but rather its existence as a synthetic unity. The hypokeimenon or logical ground of an individual primary substance was now conceived, not merely as an underlying substratum retaining its identity throughout its changing context, but as a unified whole which cannot be equated with the mere sum of its parts. In identifying the to − ti − en − einai of an ousia with its eidos. Aristotle was indeed making a very important assertion, namely, that the "generic essence" which is shared by all the members of a species or class of primary substances, was what gave synthetic unity to each and every member of the class. Thus "humanity. " for instance, as the eidos of the class of men is the unifying principle behind this or that man——behind Socrates or Plato or any other human being. The eidos in general is the formal cause of biological development; it is an immanent principle, a unifying force, which "propels" the individual members of a species to their natural destiny. The course of natural development was conceived by Aristotle as the actualization or "fulfillment" (entelecheia) of potentiality (dynamis) in actuality (energeia) . Thus the acron is potentially an oak tree; it is its natural destiny to actualize this potentiality. A human embryo is potentially an infant, a child, an adolescence, and finally a mature man; it is naturally destined to pass through these stages of development. And Aristotle had no conception of biological evolution, let alone cosmic evolution. For him the species of natural things were fixed, in number and in essence, which included their possibility of development. Since the aim of development was ultimately the same as the indwelling form to be actualized, the formal cause of a process was identifiable with the final cause. This, indeed, may be taken as the central doctrine of the Aristotelian cosmology.

There is, as we have mentioned sometime ago, a notable difference between Aristotle's and Whitehead's idea of process as the actualization of potentiality. For Aristotle potentiality belongs to the individual ousia, this man or horse. Hence there would be as many "power − seats" as there are individual substances in the Universe. The important thing to note here, is that these power − seats are essentially independent of each other: they are isolated units of reality, each being self − sufficient and complete in itself. For Whitehead, on the other hand, potentiality is a "field" concept, because power expresses nothing but a mode of determination in the vector field which constitutes the Universe as a dynamic context. The notion of "vector" as employed in mathematical physics has received in the organic philosophy a metaphysical meaning. A "vector" in the generalized, metaphysical sense is none other than what Whitehead termed an "event," which may also be characterized as having both "magnitude" and "direction" The magnitude of an event is measurable either genetically in terms of the dissipated energy involved in the process of trans formation, or generically by the effected difference between the datum and the issue. The direction of the event is defined in terms of the passage from the initial phase to the terminal phase of the given transformation. This "vector" "character" of an event or actuality is what underlies Whitehead's notion of prehension or feeling. [41] "Feelings are 'vectors'; for they feel what is there and transform it into what is here. "[42] The "there" and the "here" refer, of course, to the datum and the issue, respectively.

In the Whiteheadean cosmology an actuality is conceived as a "locus of energy" which is essentially connected with every other loci in the energetic field of the Universe. Thus "efficacy" is a field property. This notion of a vector field is entirely absent in the Aristotelian theory of the Universe. An ousia can be described as a power－seat, but certainly not as an energetic locus in a power field.

The truth is, Aristotle never really grasped the dynamic character of reality. While the organic philosophy may be spoken of as "nothing else than the expansion of the insight that 'power' is the basis of our notions of 'substance'," Aristotle's ontology is, in the final analysis, more Platonic than the author himself would realize. [43] True, the theory of immanent forms came rather close to Whitehead's notion of "real potentiality." But without the idea of an energetic field the theory of immanent forms loses much of its theoretical significance. It is not enough to deny that forms can have separate existence; nor is it sufficient to place them in the concrete individual things serving as fit kind of "container." For an adequately formulated theory of immanent forms must explain positively the very notion of "immanence," and how implicit forms may become explicitly realized. The central question is, what is the proper relationship between power and form?

In the organic philosophy both power and form are abstraction of creativity. But it is the power of creativity that "takes up" form, and not the form of creativity which has the power to act. The converse seems to hold true in Aristotle's metaphysics. In his system it is the indwelling eidos, the immanent form of an ousia that is identified with "act," with energeia. Thus, in spite of all his effort to divorce himself from the Platonic position, Aristotle appears to fall back upon the thesis which asserts the possibility of transcendent creation, that is, upon the assertion that the Ideas or universals are, in addition to being the ultimate conditions of character, also principles of "life and motion. " It is a position which Whitehead emphatically denies.

Now however inadequate his theory of immanent forms may be, we must not ignore the fact that, aside from the substratum and the eidetic approach, the idea of power and its derivative concepts did play a part in Aristotle's treatment of the problem of becoming and subjectivity. Thus he introduced the notion of efficient cause, and distinguished power in the broader sense of "capacity" from power in the sense of "interaction," that is, between that which "acts" and that which is being "acted upon. "[44] But whereas for Whitehead the efficient cause is conceived as an operational unity which emerges from the energetic potentials of the antecedent universe, Aristotle conceived it merely as the "initial mover" of a generation: "the agent in generation is form embodied in another individual of the same species" —— for instance, the father in the procreation of an off-spring. [45] Whitehead's conception of agency is, as we shall see more fully later on, closer to Aristotle's idea of interaction. But this latter concept had little importance in the Aristotelian scheme. This is understandable in view of the fact that the ousia were supposed to be essentially independent and self − sufficient, which implies that relations and affections between them can only produce accidental modifications. The logical conclusion of this doctrine, which was not drawn by Aristotle himself but by his followers, is, of course, that substances cannot interact——a blind Talley for metaphysics!

What accounts for these difficulties in Aristotle's ontology? Are they necessarily implied in his idea of ousia? When we examine carefully his characterization of the tode − ti as a to − ti − en − einai, we cannot help but come to the conclusion that Aristotle too, was basically concerned with the problem of "composition. " What he attempted basically was to present an ex post facto analysis of the "given wholes" of our common sense of experience, that is, to treat the "this − something" as a "the − what − was − being. " Just as a syllable is not a mere "heap" of letters but constitutes itself a distinct individual, an ousia in its factual givenness ( as to ti en einai) is an asyntheia, an "indivisible" whose synthetic unity and individual identity requires explanation. [46] This is indeed very close to Whitehead's idea of "novelty" as one essential aspect of creativity. But if both Aristotle and Whitehead were concerned with the basic problem of "composition," what really accounted for their divergence from each other? The answer lies, in the final analysis, in the difference in their respective conception of individuality. We return again to the notion of interdependence versus independence as the defining characteristics of the philosophy of organism. In the following chapter then we shall be concerned with the idea of organic synthesis and Whitehead's doctrine of perspective which represents the culmination of his entire philosophical effort.

# Chapter IV  Individuality and Relativity: The Organic Doctrine of Perspective

That the philosophy of organism, is founded upon a theory of "internal relations" was made explicit by Whitehead himself in practically all his major philosophical writings. in his Ingersoll Lecture on "Immortality" this presupposition was stated at the very beginning. "It will be presupposed," he said, "that all entities or factors in the Universe are essentially relevant to each other's existence"[1] This so – called "doctrine of essential relevance" was proclaimed earlier in Modes of Thought in connection with the doctrine of perspective as based upon the contrast between the two primary notions of importance and matter – of – fact. For "perspective is gradation of relevance; that is to say, it is gradation of importance. "[2] What is implied by the doctrine of essential relevance is basically the "connectedness" of all existence. "Connectedness," Whitehead remarked, "Is of the essence of all things of all types. It is of the essence of types, that they be connected. Abstraction from connectedness involves the omission of an essential factor in the fact considered. No fact is merely itself. "[3]

The last statement— "No fact is merely itself" ——may be taken as axiomatic in Whitehead's philosophy. What is positively termed the doctrine of essential relevance may be negatively expressed as the "principle of no complete isolation. " For whitehead a single fact in isolation is a "myth" for finite thought.[4] No fact can be absolutely independent. And he condemned the notion of "independent existence" as one chief "misconception" that has haunted the long tradition of European philosophy and theology.[5] There can be no independent existence because all facts are interrelated. The connectedness of all things of all types depends, in other words, upon the connectedness of all facts.

The distinction between "fact" and "existence" ought to be noted here. When Whitehead used the term "fact," he meant a finite unit of activity, that is, an actual entity or event. It is to be distinguished from the term "matter – of – fact" which he equated with the idea of "mere existence," that is, existence as such——which includes form (eternal objects) as well as facts, and indeed all other types of entities which constitute ultimately an abstraction from factuality.[6] All matter – of – fact is connected because factuality involves essentially the notion of an "environment" which denies the possibility of complete isolation:

Matter – of – fact is the notion of mere existence. But when we seek to grasp this notion, it distinguishes itself into the subordinate notions of various types of existence——for example, fanciful or actual existences, and many other types. Thus the notion of existence involves the notion of an environment of existences and of types of existences. Anyone instance of existence involves the notion of other existences, connected with it and yet beyond it. [7]

Now this notion of an "environment of existences" is fundamental to the "organicism" of Whitehead's metaphysics. Several points arc to be observed here in connection with this important conception. First, there is ultimately but one environment of existences, namely, the Universe conceived as the totality of actualities. This follows directly from the doctrine of essential relevance. "All entities or factors in the Universe are essentially relevant to each other's existence" because it has a coherent unity and thus constitutes itself as a "systematic" totality. Whitehead's metaphysics is definitely not monistic; but this does not mean that it denies any conception of the "oneness" of the Universe. In fact, the prime motive of the organic philosophy is to reconcile the perennial antithesis between Monism and Pluralism. For Whitehead Monism of the extreme type is a sheer impossibility, since it would entail the assumption that the Universe is one single fact. But the Universe cannot possibly be one single fact because limitation is essential to the very meaning of factuality. Without limitation there would be no definiteness, and without definiteness there would be no actual existence; for actuality implies exclusive realization, as Whitehead repeatedly reminded his readers. [8] If the Universe be considered one single fact, then all conditions or possibilities would be realized in it. What we have actually is the notion of "mere infinitude," abstracted from the world of finite facts. This, indeed, is exactly what the Parmenidean type of Monism amounts to. As Aristotle saw very clearly, Parmenides conception of Being was nothing but the notion of mere possibility or indeterminate existence. It became Aristotle's material prima which he used only as a limiting concept. Since all matter is "informed," that is to say, having a determinate character as the result of an antecedent realization, the material prima or matter without form can no where be found in the actual universe. It expresses therefore the idea of pure potentiality as constituting the limit of actuality.

That there can be no actual infinite is a thesis shared by all pluralistic philosophies, in particular, those of Aristotle, Leibniz and Whitehead. The validity of this thesis stems from the very nature of forms or eternal objects. If actual infinite is possible, then there should be no opposites and contraries——in short, no limitation. But limitation is an experienced fact. Something square cannot be experienced as also round under the same circumstances. Thus the only course left for the extreme monists is to deny completely the reality of experience. This was exactly the path followed by Parmenides and the Eleatics. The world of experience as characterized by becoming, change and motion was an illusion, or at best the appearance or out – ward show of Reality. Bat when asked to give a positive account of this "Reality," the monistic answer was never satisfactory. To describe it as "one" and "rational" is simply begging the question. For it is precisely the oneness and rationality of the Universe that any theory of reality must attempt to explain.

But no explanation is possible unless human experience is recognized as constituting the source of evidence for the nature of Reality. If the legitimacy of experience in its epistemological function is denied, then there can be no access to Reality possible. Thus the monists were invariably forced to adopt the negative approach of definition: Reality is what Appearance is not. This leads naturally to the position that Reality is unknowable. But the unknowable, as Whitehead observed, is unkown: we cannot validly talk about it in the first place. [9]

If, from the epistemological standpoint, Monism of the extreme type is fruitless and arbitrary, it cannot be carried to its logical conclusion without generating a contradiction. For if Reality as One and Appearance as Many are logically distinct from each other, then neither one is reducible to the other. The Universe would therefore break into two separate and mutually exclusive domains of existence; it can no longer be regarded as forming one coherent unity. Monism, in other words, leads invariably to some form of Dualism. And this is indeed what happened in the development of Greek philosophy. Plato's division of the two realms of existence reflected very clearly the Parmenidean demarcation between the Way of Truth and the Way of Opinion.

Actually Plato's metaphysics was more adequately described as pluralistic than as dualistic. For the separation between the Realm of Ideas and the Realm of Becoming was founded basically upon epistemological and logical considerations. The Ideas were accorded an epistemologically privileged status because they were the media of intelligibility; and they were also regarded as more real because they were logically prior to the individual instances of becoming. But Plato never conceived the Universe as one single fact, nor as two realms of facts. Factuality was confined to the Realm of Becoming. But there are an indefinite number of facts , each a process of life and motion. His notion of Time as the "moving mirror of Eternity" was a recognition of the essential connection between limitation and finitude. He might have been mistaken—and indeed he was—in regarding the Ideas as constituting also the source of life and motion, as he seemed to have suggested in some of its dialogues. But in the Timaeus "souls" were clearly separated from the Ideas: the Demiurge as the supreme architect was certainly not identifiable with the Realm of Ideas from which he derived his model or "blueprints. " Here the World of Becoming was conceived as a "mixture" of Reason (Ideas) and Necessity (Matter), which indeed what happened in the development of Greek philosophy. Plato's division of the two realms of existence reflected very clearly the Parmenidean demarcation between the Way of Truth and the Way of Opinion.

Actually Plato's metaphysics was more adequately described as pluralistic than as dualistic. For the separation between the Realm of Ideas and the Realm of Becoming was founded basically upon epistemological and logical considerations. The Ideas were accorded an epistemologically privileged status because they were the media of intelligibility; and they were also regarded as more real because they were logically prior to the individual instances of becoming. But Plato never conceived the Universe as one single fact, nor as two realms of facts. Factuality was confined to the Realm of Becoming. But there are an indefinite number of facts, each a process of life and motion. His notion of Time as the "moving image of Eternity" was a recognition of the essential connection between limitation and finitude. He might have been mistaken——and indeed he was——in regarding the Ideas as constituting also the source of life and motion, as he seemed to have suggested in some of its dialogues. But in the Timaeus "souls" were clearly separated from the Ideas: the Demiurge as the supreme architect was certainly not identifiable with the Realm of Ideas from which he derived his model or "blueprints." Here the world of Becoming was conceived as a "mixture" of Reason (Ideas) and Necessity (Matter), which may be said to constitute two poles of individuation. In the organic philosophy Necessity was transformed into the notion of "givenness," while Reason found her way into Whitehead's "eternal objects" as graded in their relation to the actual processes in the primordial nature of God. Thus what whitehead owed most to Plato was not his dualism, but a "duality" which was essentially a polar concept.

This polarity may be conceived at two different levels of abstraction from the central notion of creativity. First, creativity may be conceived in terms of the polar antithesis between "pure power" and "pure form." Just as Aristotle's materia prima existed only as a limiting concept, so creativity in the sense of "pure power" or power without form was nowhere to be found in Whitehead's conception of the Universe except as an object of thought. And since eternal objects are always referent to actuality in general by virtue of God's conceptual gradation, "pure forms" do not exist either in the Whiteheadean system. Whitehead's separation between the "individual essence" and the "relational essence" of an eternal object might have given rise to the misconception that he recognized the existence of pure forms. But Whitehead explicitly stated that Actuality and Pure potentiality required each other in their reciprocal roles of example and character.[10] The nature of an eternal object consists therefore in': both:} its individual essence and its relational essence. And perhaps, as we shall point out later on, the two cannot be so strictly separated.

The important thing to note here is that for Whitehead the "oneness" of the Universe asconstituting the largest environment of existences is not to be naively defined in terms of some common element, or "stuff," from which all things are made. True, Whitehead does recognize one ultimate principle, namely, Creativity. But the relationship between Creativity and the Universe is not like that between water and the class of things which are made of water. For what lies at the heart of Whitehead's notion of Creativity is not same sort of common denominator, but the idea of "organic unity" founded upon cosmic co - ordination. The essence of creativity is "organic synthesis."

It is in terms of this key notion that the polarity Whitehead's ontology is to

be determined.  The two poles of organic synthesis are, as one might have ex-
pected, Agency Givenness.  For every agent there is both the givenness of facts
and the givenness of forms.  The givenness of facts provides concrete data for the
agent which are realized potentialities, while the givenness of forms represents
the provision of abstract data which are potentialities to be realized in the given
event or actual occasion.  The essence of a creative process is just the dynamic
synthesis of these two fundamental types data or givenness, namely, unrealized
potentialities and realized facts.  Organic synthesis is simply dynamic synthesis is-
suing in both internal and external unity.

Let us now focus our attention on a living event, which we denote by the
symbol $\vec{E}$ , and see how the idea of organic unity may be more precisely formu-
lated.  Since, according to whitehead, there can be no single isolated event, the
Universe must also comprise of events not identifiable with $\vec{E}$ .  Or, if we will,
the Universe conceived as the totality of events may be expressed in terms of the
set U = ( $\vec{E}$ , E' ), where U and E' designate the Universe and the otherness
of $\vec{E}$ , respectively.  Cur problem now is to determine what E' consists of.

A moment's reflection will show that the events other than $\vec{E}$ must fall under
three general categories: ( a ) those which form the settled past or what White-
head termed the "actual world" of $\vec{E}$ , ( b ) those that are, as Whitehead de-
scribed it, in "unison of becoming" with $\vec{E}$ that is, its contemporaries, and ( c )
those that are yet to be born relative to the process of becoming in question.  If
we let the symbols $\hat{E}1$ , $\overrightarrow{E1}$ , $\breve{E}1$ designate, respectively, these three classes of e-
vents from the standpoint of E, then the other − ness of $\overrightarrow{E1}$ may be.  expressed as
the ordered triple E' = ( $\hat{E}1$ , $\overrightarrow{E1}$ , $\breve{E}1$ ).

Note that the symbol E1 taken separately denotes a subset of E' .  Thus $\hat{E}1$
designates that subset of events in the otherness of $\vec{E}$ which jointly constitute its
past, $\breve{E}1$ its future, and $\overrightarrow{E1}$ the "specious present."  This "schema of other-
ness," as we may call it, is also the "schema of temporality" in which the past,
the Present, and the Future are polar concepts.

Whitehead's conception of the World − Process as founded upon the crea-
tive advance of actualities may now be represented by substituting this schema of
temporality for E' in U = ( $\vec{E}$ , E' ) ──or U = ( $\vec{E}$ ; $\hat{E}1$ , $\overrightarrow{E1}$ , $\breve{E}1$ ).
What is represented here is the notion of a "dynamic perspective," which de-
fines for Whitehead the primary meaning of organic unity.

A "perspective" in general is simply the Universe ( All that is ) from the
standpoint of any entity whatsoever.  To put it more concretely, it refers to the
relatedness or connectivity between that entity and everything else in the Uni-
verse.  Whitehead's general theory of "perspectivism" may be gathered from this

passage which, though brief, is rather clear in its message:

This presupposition [the possibility of complete abstraction from any environment] is erroneous. Let us dismiss it, and assume that each entity, of whatever type, essentially involves its own connection with the universe of other things. This connection can be viewed as being what the universe is for that entity either in the way of accomplishment or in the way of potentiality. It can be termed the perspective of the Universe for that entity. For example, these are the perspectives of the universe for the number three, and for the colour blue, and for any one definite occasion of realized fact. ll

The first point to note here is that the concept of perspective has meaning only if the doctrine of essential relevance is valid. If we agree with Whitehead that there can be no completely isolated fact or entity, then any thing must have a perspective of the universe which, alternatively stated, is identifiable with its connection or relevance with the "universe of other things." Generally speaking then, a perspective is analyzable into three factors, (a) the Standpoint or the referent entity, (b) the "universe of other things" which forms the Otherness of the standpoint, and (c) the Mode of Affinity which indicates the manner of relatedness or relevance between the standpoint and its otherness.

Logically speaking, all perspectives are of the same status; for each represents the Universe from its own standpoint. Ontologically, however, some may be more fundamental than others. And this brings us to the second point, which concerns the distinction between two basic types of perspective, which may be termed "primary" and "'secondary" respectively. A "primary perspective" is one in which the standpoint is an event or actuality in process of becoming. It may also be termed a "dynamic perspective" because the standpoint in question constitutes itself a center of change by virtue of a living unit of activity. Any perspective whose standpoint is not a living actuality is "secondary" or "derivative." Thus, for instance, the perspectives for the number three, for the colour blue, and for any one definite occasion of realized fact——all these examples that Whitehead gave in the quoted passage, are secondary perspectives. It is indeed difficult to understand why he chose to mention here a realized fact, instead of a living occasion. Whitehead seemed to be confusing here the idea of perspective as such with its definite determination. A living event or occasion cannot have a definitely determined perspective of the Universe because it is still in process of becoming. But this does not mean that its perspectivity does not exist. In fact, it is questionable that whitehead's doctrine of essential relevance can have any meaning at all except as grounded upon the dynamic conception of perspective. A completely determinate perspectivism is possible only in a static universe, presentable as a logically closed system.

But this is certainly not to be found in the organic philosophy. For Whitehead, as for James and Bergson, the Universe is not a determinate totality; it has essentially an open – texture. The creative advance of actualities is always a going concern. Indeed, it is impossible to conceive the Universe in any definite.

manner except from the standpoint of a certain event. For only when there fe-
rent event is determined can the polarities of Past, Present, and Future be appli-
cable to the relatedness of actualities, But since the Universe is not a finished
state of affair, our knowledge of any given dynamic context with respect to a ref-
erent event must necessarily be limited. If this "doctrine of incomplete-
ness" ——as we may call it——be accepted, then there can be no "largest en-
vironment" possible. Indeed, raises the question whether the notion of "the
Universe" conceived of containing "all that is" is at all a valid conception. One
thing is certain, we must never speak of the Universe as if it were a determinate
totality, an error committed by most forms of determinism.

　　Perhaps the only legitimate way we can talk about the Universe is to treat it
as a limiting concept. The Universe of all things is the "limit" of all dynamic
contexts. Or, alternatively, a dynamic context may be regarded as an abstrac-
tion of the Universe. Such an abstraction may be called a "contextual uni-
verse," that is, a dynamic context which approaches the Universe as the ulti-
mate limit. If we denote the Universe by U, then a contextual universe may be
represented by the symbol CXU, where "CX" stands for the idea of a "contex-
tual operator."

　　A contextual operator is an index of abstraction; CXU may be conceived as
the outcome of the operation of CX on U. It indicates the extent of abstraction
as well as the principle of relevance involved in such abstraction. The presence
of this symbol would indicate that the contextual universe under consideration is
contained in a larger context, that is, a more inclusive environment conditioning
its own existence. Thus what the doctrine of incompleteness basically asserts is
simply this: the universe that we can intelligibly talk about is always a contextual
universe, however close it may be to its ultimate limit.

　　This "contextualistic" character of Whitehead's metaphysics is but a corol-
lary of the fundamental presupposition that the notion of existence involves es-
sentially the notion of an environment of existences. The universe of "all that
is" cannot, by definition, have an environment, it cannot therefore be said to
exist except as a limiting concept. To put it differently, a universe which actual-
ly exists must be a contextual universe, which always presupposes a larger envi-
ronment in its determination. It now becomes clear that while we may always
speak of a larger environment for any given dynamic context, the notion of
"one largest environment" has only heuristic significance. Nevertheless, it
serves an important theoretical function: for the limit of reality is a reflection of
the limit of thought.

　　This limit, in the final analysis, is imposed upon us by the factor of given-
ness. The conception of creation out of nothing is an impossibility for rational
thought. But any philosophy which indulges in the extravagance of dealing pos-
itively with the Absolute (the Universe of "all that is") necessarily incurs this
difficulty. For Whitehead the proper way of philosophizing is "from within,"
and not "from without" universe. We cannot place ourselves completely out-

side the universe and examine it, as it were, " from the standpoint of gods" ( whitehead's phrase ) ,

This is the reason why the traditional problem concerning the origin and destiny of the universe was completely ignored in the organic philosophy. In the Whiteheadean system the ultimate is creativity, not God. God was characterized by Whitehead as the "primordial, non-temporal accident," that is, of creativity,[12] Such description implies clearly the rejection of the idea of "necessary existence" in the sense of actuality. In the theory of actual entities, the non-temporal actual entity termed "God" enjoys ontologically no privileged status over the ordinary, temporal actualities & they are all "accidents" of creativity.[13] The most distinguishing characteristic of Whitehead's theory of God is that his nature is inseparable from the world – process of finite actualities. God is not finite in the temporal sense because he is "everlasting." But he is not infinite in the sense of being absolutely unconditioned. On the contrary, the existence of God is thoroughly conditioned, enjoying no independent status as Aristotle's Unmoved Mover or Descartes' uncreated substance. In the organic philosophy God and the World are interdependent, requiring each other in enhancing the creative advance of the actual universe. Whitehead insisted that there could be no exception to fundamental metaphysical principles as a basic requirement of the Philosophical endeavor.[14] The principle involved here is, of course, the principle of limitation, For it is in the nature of actuality that it be limited, that is to say, conditioned.

But just as there can be no absolutely unconditioned existence, so nothing exists merely as conditioned. All existence is conditioning as well as conditioned: this must be regarded as the root – doctrine of Whitehead's organismic ontology. In so far as things are conditioned, they may be said to have a "game character." here we conceive the thing in terms of its "rule – abidingness." And the universe in its game aspect is rightly called a "cosmos," that is, an orderly whole based upon a system of rules or laws. In Whitehead's opinion the maintenance of order is required for the stability of the universe; but this does not imply its necessity. Indeed, no forms of order are intrinsically necessary; nor can there be "complete order" in the universe. For disorder and the frustration of established order are as much inherent in the nature of things as order and its stability. The creative advance of the universe is for Whitehead an "evolutionary" process marked by the gradual transitions of foams of order. The gist of the Whiteheadean cosmology is contained in the following passage:

The laws of nature are forms of activity which happen to prevail within the vast epoch of activity which we dimly discern.... There are forms of activity which we dimly throughout time. There is no necessity in their nature. But there is necessity that the importance of experience requires adequate stability of orders. Complete confusion can be equated with complete frustration. And yet the transitions of history exhibits transitions of forms of order. Epoch gives way to epoch. If we insist on construing the new epoch in terms of the forms of order in its predecessor we see mere confusion. Also there is no sharp division. There are always forms of order partially dominant, and partially frustrated. Order is never complete; frustration is never complete. There is transition within the dominant order; and there is transition to new forms of dominant order. Such transition is a frustration of the prevalent dominance. And yet it is the realization of that vibrant novelty which elicits the excitement of life. [15]

In this passage is found not only the "contextualism " of Whitehead's cosmology, but also the "contextualism" of his theory of value. Let us look more closely into the doctrine of incompleteness in its various applications in the organic philosophy.

The notion of a? cosmic epoch " is crucial here, For although there can be no cosmogony of the Universe of "all that is," which must ultimately presuppose an absolutely transcendent creator whose validity Whitehead denies, it is certainly not impossible to speak of the origin and destiny of a cosmic epoch. And a cosmic epoch is basically nothing but a dynamic context with certain dominant forms of order vastly extended throughout time. Since for Whitehead there is no such thing as one complete order statically governing the universe at all time, the problem concerning the origin and destiny of the cosmos is the same as the problem of the cosmic transition of forms of order. Hence the origin of any given cosmic epoch lies in the historical transitions from the preceding epochs, while its destiny consists in maintaining the established order with an aim at novel forms of order. Thus whereas consideration of origin leads indefinitelythe past, the idea of destiny leads indefinitely into the future. Does this involve an infinite regress?

Precisely. The fundamental spirit of contextualism which has unquextionably become the distinguishing feature of twentieth century thought is based precisely on making positive use of the notion of infinite regress. What for Aristotle and traditional western philosophy was a theoretical impass has become for James, Bergson, Dewey, Whitehead, Husserl, Heideggar, and indeed most major figures in the contemporary intellectual scene the basic requirement of rational thought. If there is any real unity behind the apparently chaotic conditions of twentieth century philosophy, it is the doctrine of incompleteness which denies any absolute conception of being, or we should say rather that the notion of an "absolute" (in whatever sense) has been transformed into the idea of a "limit." More exactly, an_ absolute is a limit of contextual existence. Thus in Whitehead's contextualistic scheme the Universe is the limit of all dynamic contexts. Also "absolute origin" and "absolute destiny" are both limiting concepts. The origin and destiny of the Universe conceived as the ultimate limit has for Whitehead no positive meaning.

Now to say that the universe has no absolute destiny or purpose is not, of course, to deny the existence of purpose as such. on the contrary, the realization of purpose and importance constitutes the basic meaning of Whitehead's functional conception of existence. What the organic philosophy denies is not

that there are purposes in the world, but rather that the universe has one ulti-
mate destiny in the sense of an absolutely fixed plan or goal. Whitehead's idea of
a cosmic epoch may indeed be likened to the Leibnizian conception of a "possi-
ble world" but with this profound difference——namely, that while for Leibniz
only one possible world was admitted into actual existence, Whitehead imposed
no such limitation on the realm of possibilities. The Leibnizian contention that
our universe must be the best possible world would no doubt appear to White-
head a sheer speculation.

There is, however, this fundamental agreement between the two philoso-
phers. Both Leibniz and Whitehead shared with the Greeks what may be
termed the "logical conception of value," which implies essentially the identifi-
cation of value with order, and good with the perfection of order. But while
the Greeks——Plato especially——tended to overemphasize the abstract forms
of order at the expense of functional achievement, the two modern philosophers
attempted to arrive at a more balanced conception. Leibniz did not hold that
this world was unqualifiably perfect, but it was the best possible. For both
men, as for the Greeks, evil or imperfection was the same as disorder or the lack
of order. Evil is real because disorder is read. Indeed, it is not only real, but
necessary: for limitation is inherent in the worldhood of the world. Thus any
measure of perfection must take into account the existence of imperfection. The
best possible world would be one in which there is an "optimum" achievement
of order. This is basically an "economic" concept, involving the "input – out-
put" relationship. More precisely, the measure of optimacy may be defined as
the ratio of output to input, or of outcome to basis. The optimum mode of
production is the most efficient, that is, with the highest output per unit of in-
put. But it still may be rather costly. Now to apply this economic principle on
the metaphysical plane, this would mean that a world with more evil than good
might still be the best possible world. Since, according to Leibniz, the actual
world was created or admitted into existence by God according to such optimum
plan of creation, God must be the supreme economist as well? the supreme lo-
gician and mathematician.

In the language of Whitehead, we might say then God is the agent where-
by there is maximum importance. Indeed for both Leibniz and Whitehead the
maximization of importance (what Leibniz called "perfection") is the essence of
moral good. "Morality," Whitehead remarked, "consists in the control of
process so as to maximize importance." [16] But unlike Leibniz' supreme monad,
God in the Whiteheadean scheme had no absolute control over the processes of
the universe. The maximization of importance in this scheme was conceived as
a co – operative enterprise of individual units of creativity under the guidance of
God as the center of co – ordination. Like Plato's supreme architect, God, had
influenced the world not by force or coercion, but through "rational persua-
sion." [17] But although Whitehead's God was limited in power, it does not fol-
low that he was also limited in intellectual capacity. Indeed his limitation rested

only on his consequent nature, while in his primordial nature he was the "un-limited conceptual realization of the absolute wealth of potentiality. "[18] There is reason to believe that Whitehead did conceive God as some sort of supreme e-conomist though without the political authority of a totalitarian planer. He'. was described as a saver, with a "tenderness which loses nothing that can be saved. "[19] This "saver" can obviously not be the absolutely omnipotent God in the naive religious conception. Not everything can be saved： sufferings and evils are inevitable, because imperfection is essential to finite existence. And there can be no actual infinite.

Whitehead, however, prefered to construe the Deity in the image of A poet：

God's role is not the combat of productive force with productive force, of destructive force with destructive force; it lies in the patient operation of the o-verpowering rationality of his conceptual harmonization. He does not create the word, he saves it： or, more accurately, he is the poet of the world, with ten-der patient leading it by his vision of truth, beauty, and goodness. [20]

This conception of God as the "poet of the world" is not only interesting, but has for Whitehead the most profound metaphysical implications. To de-scribe God as a poet is to emphasize, above all else, the factor of care and im-portance which lies at the heart of the organismic conception of divinity. Now that which exists as care and has the capacity for importance is an actuality or, in the broadest meaning assigned to it in Whitehead's ontology, a "living thing. " And poetry, perhaps more so than any other form of art, is concerned with the essence of life, that is to say, with the feeling of care and the consummation of importance, which constitutes also the primary concern of the moral conscious-ness. But while morality directs itself to the actual determination of this or that moral order, and the stern moralist is likely to exaggerate the finite importance of his moral code, the poet is not restricted in his quest for importance. Poetry in-deed is the art which concerns itself not so much with the actual realization of this or that particular importance as with its "negativity. " In the eyes of the po-et there are always alternatives to any definite, and therefore unique, realization. There can be no such thing as absolute importance or absolute unimportance. What is taken as good or evil in one context or form one standpoint may assume a different character in another context or from another standpoint. This means that there can be no universal moral laws validly applicable to all contextual exist-ence. "There is no one behavior – system, " says Whitehead, "belonging to the essential character of the universe, as the universal ideal"[21] Again： "... the notion that there are certain regulative notions, sufficiently precise to prescribe details of conduct, for all reasonable beings on Earth, in every planet, and in every star – system, is at once to be put aside. "[22] And once more： "The notion of the unqualified stability of particular laws of nature and of particular moral codes is a primary illusion which has vitiated much philosophy. "[23]

Let us mark here at once that for Whitehead there is no intrinsic difference between natural laws and moral laws, Since man is part of nature, all laws governing human conduct are in a sense natural laws, Whitehead was most insistent on the inseparability of man from his natural environment. Indeed, the organic philosophy was partly intended as a revolt against the dualistic tendency in modern philosophy——against what he called the "bi – furcation of nature." (It was one of those "misconceptions" which had their roots in the Aristotelian theory of substance.)

Now why is there, as Whitehead asserts, "no one behavior – system belonging to the essential character off the universe, as the universal ideal"?[24] To answer this question, we must return to Whitehead's conception of moral, good, as contrasted with the notion of goodness in general. In the generic sense "good" maybe equated with value. Since the value of an entity is defined in terms of its functional contribution constituting the very meaning of its existence, everything must be good in some sense. Being and good are, in other words, synonymous. And to ask for the condition of good and value is to ask for the condition of being. But since in the organic system the concept processes of actualities, the condition of being, and therefore of good and value, must be ultimately identifiable with the condition of creativity——that is to say, of individual instances of creativity. This is what Whitehead referred to as the Good, conceived as the ontological condition of all value – realizations. The following passage3 tells us what are the essential factors in the fulfillment of the Good:

The notion of the importance of pattern is as old as civilization. Every art is founded upon the study of pattern. Also the cohesion of social systems depends on the maintenance of patterns of behavior; and advances in civilization depends on the fortunate modification of such behavior patterns. Thus the infusion of pattern into natural occurrences, and the stability of such patterns, and the modification of such patterns, is the necessary condition for the realization of the Good[25].

A moment's reflection will show that this concept of the Good as Whitehead enunciated here must be distinguished from our ordinary notion of moral goodness. For the necessary condition for the realization of the Good as defined in terms of the infusion, the stability, and the modification of patterns (that is, complexes of eternal objects) is satisfied by all creative processes whatsoever, whether they involve what we would ordinarily regard as good or evil. Thus the events that occurred in Hitler's concentration camps would constitute no less a realization of the Good than the events that constitute the compassionate life of the historical Buddha. The truth is, of course, that this concept of the Good is, like Plato's Idea of the Good from which it was derived, basically a metaphysical concept, not to be equated with moral good which may best be conceived as expressing one chief aspect of the Good, the other chief aspect being beauty or aesthetic good. In defining the Good, Whitehead was defining the necessary condition of value or goodness in general, and not the specific conditions of moral good or aesthetic good. But since all values are created in the organic system, the necessary condition for the realization of value must constitute at the same time the necessary condition for each and every instance of creativity. Hence the Good must express the most essential character of the creative process. To put it in another way, the Good is the Idea of Creativity, the ultimate metaphysical principle.

But the Good as the Idea of Creativity must be differentiated from Plato's Idea of the Good, In the Platonic scheme the Idea of the Good was conceived as constituting at once the source of all things (including the whole realm of Ideas) and the ultimate condition of intelligibility. Thus it incorporated in its meaning both Creativity and the Good in the Whiteheadean system. The difference involved here should be obvious in the light of our previous discussion concerning the Plato conception of Forms (Chapter III). It was possible for Plato to identify the ultimate metaphysical principle as an Idea (the highest in the realm of Ideas) because he conceived the Forms or ideas as not only principles of intelligibility, but also principles of life and motion. For Whitehead, on the other hand, eternal objects cannot act: the genetic principle of all things cannot therefore be an Idea. But it cannot be identified with Actuality as such in spite of the ontological principle which asserts that all agency is confined to actuality. This is the case, because the idea of actuality involves the idea of pure potentiality or eternal objects which are logically prior to their examplification in actuality. On the other hand, no actuality is exhaustively analyzable in terms of eternal objects; the idea of power or feeling is necessary for their real togetherness in concrete reality. Hence the ultimate metaphysical principle mush be a notion which comprises both the concept of power and. the concept of pure forms. This is the notion of creativity in which feelings and eternal objects are related as two extreme poles unified in the nature of God.

And just as Plato's Demiurge was ontologically subordinate to the Idea of the Good, Whitehead's God was described as a non – temporal "accident" of Creativity: he, too, was a creature arising from the ultimate metaphysical principle. In this respect Whitehead was closer to Plato than to Aristotle, in whose cosmology there was no other principle higher than God or the Unmoved Mover. On the other hand, Whitehead's Creativity was certainly closer to Aristotle's Unmoved Mover than to Plato's Idea of the Good, because Aristotle's God was conceived as pure actuality, not a pure form. Unfortunately, however, the notion of pure actuality in the Aristotelian cosmology implied the absence of potentiality, and therefore of process. It was somewhat akin to Whitehead's conception of God in his primordial nature, that is, in his eternal envisagement of the realm of pure potentialities. But the idea of activity in the living immediacy of process as involved in God's consequent nature was entirely lacking in Aristotle's theology. The Whiteheadean conception of a "growing" God would indeed bo totally alien to both Plato and Aristotle.

But there was another difference which separated Whitehead from his two great predecessors. In both of them the ultimate metaphysical principle was conceived as a definite something: Plato depicted the Idea of the Good in the image of the sun, and Aristotle even conceived his Unmoved Mover as situated at the outermost orbit of the concentric universe. Whitehead saw it clearly that the ultimate condition of all things cannot be itself a thing. His conception of Creativity is most properly described as the Logical Ground of the Universe. There is no creativity, to be sure, apart from the individual instances of creativity—— namely, actual entities that finally constitute the creative advance. including God as its primordial accident. Whitehead discussed his notion of the Logical Ground by comparing it with the Aristotelian "matter":

Creativity is without a character of its own in exactly the same sense in which the Aristotelian 'matter' is without a character of its own. It is that ultimate notion of the highest generality at the base of actuality. It cannot be characterized, because all characters are more special than itself. But creativity is always found under conditions, and described as conditioned. The non – temporal act of all – inclusive unfettered valuation is at once a creature of creativity and a conditioned for creativity. [26]

In the opinion of the present writer the analogy with the Aristotelian "matter" is not really a good one. Whitehead had in mind here undoubtedly Aristotle's idea of "primary watter," that is, matter without form which does not actually exist in the universe. But Aristotle's "primary matter" was not the ultimate metaphysical principle in his system: it was the Unmoved Mover which moved the Universe as the object of desire. The Aristotelian material prima should be compared, not with creativity as such, but rather with pure feeling or power. Just as primary matter exists only in concept, so feeling or power abstracted from character is a limiting notion. Actually, Whitehead's creativity had no real counterpart in the Aristotelian system; it was more like Spinoza's Nature or Hegel's Absolute, but without their determinism. If one insisted upon an analogy with Aristotle, then one might perhaps compare creativity, not with either the Aristotelian primary matter or the Unmoved Mover, but with the two taken together. For it was in the unity of these two basic ideas in the Aristotelian scheme that one would find Whitehead's conception of his ultimate metaphysical principle.

What is crucial in this conception is the inseparability of actuality and ideality, which constitute the two extreme poles of creativity. This immediately raises the question whether it is at all correct to say that creativity is entirely without character. True, creativity cannot possess any concrete character such as would belong to a particular instance of creativity. But this does not imply that it cannot have an abstract character. As a matter of fact, if creativity is to be construed as constituting the "essence" of the Universe, it must be capable of characterization if the universal essence is at all comprehensible. If creativity had absolutely no character, it would be a sheer non – entity; and we could say nothing intelligible about it.

There are, of course, those who equate the ultimate ground of all things with "the ineffable," as one would find in most forms of mysticism (Plotinism, for instance). But Whitehead was definitely not a mystic. For one function of philosophy is, according to him, to rationalize mysticism.[27] There can be no access to the unknowable in rational thought: for "the unknowable is unknown."[28]

Clearly Whitehead's creativity is not unknowable. In fact, it contains in its conception the Logos of the Universe——namely, the essential structure which accounts for the intelligibility of all existence. At the base of this structure ae to be found the most general conditions governing the creative process of actualities. And these conditions are none other than those which make up what Whitehead termed "the necessary condition for the realization of the Good."[29]

Indeed, the three general conditions——the infusion of patterns, the stability of patterns, and the modification of patterns——may be regarded as the conerstones of Whitehead's organismic metaphysics. For they are the necessary factors in Whitehead's idea of "organic synthesis," which replaced not only the Scholastic notion of substance (in the sense of an unchanging substratum) derived from Aristotle, but also the modern conception of "matter" as implied in classical mechanics.[30] The unity of the Universe is the result of organic synthesis. It is a unity of power underlying the cosmos as a complex of behavior systems. More precisely, the World – Process is a transition of behavior systems, each evolving from antecedent forms of order or patterns of behavior with relative dominance and stability in the preceding cosmic epoch. In Whitehead's view not only is there no one behavior system governing the creative advance from all eternity, but also no definite behavior system "belonging to the essential character of the universe, as the universal ideal."[31] The cosmos, in other words, has no absolutely fixed order, either in actuality or in terms of purpose. The creative advance is an infinite striving, but with no definite goal or destiny. This does not imply that final causation should be abandoned as a significant metaphysical principle. On the contrary, the notion of "final cause" was no less essential to the organic cosmology than to the Aristotelian system. But while Aristotle failed to see the intimate connection between final and efficient causation, as may be gathered from his conception of the Unmoved Mover (who moved the Universe only as final cause), Whitehead's theory of actual entities was founded precisely upon the synthesis of the concepts of "agency" and "subjective aim," which are necessary related in the internal constitution of an actuality. For the identity of an actuality is the identity of its agency defined in terms of its subjective aim. Thus for Whitehead final causation is an essential feature of the universe. The creative advance may be said to have a "creed character" when we conceive it in terms of value, purpose and importance. The organic philosophy emphasized this creed character of creativity; but it denied that the universe is governed by a definite "creed." For if that be true, there would be no novelty——and creativity is the principle of novelty.

Now the creed character of things is inseparable from their game character.

A game is a behavior system in which patterns of behavior are formed in accordance with the rules of the game which constitute a coherent unity. This coherent unity of rules may be termed the "order" of the game, which defines its essential character. Hence if we change the rules, we change the game. The creative universe has no definite "creed," that is, pattern of behavior, precisely because its game character is not absolute: the "game of creativity" is a game of changing rules. But the change of rules is not due to external intervention——as, for instance, by an absolutely transcendent supreme being. The change or alteration of the rules of the "world − game" comes from within the creative advance as an internal affair. More precisely, the change of rules in the world − game is the result of the concrescent creativity of its individual participants, that is, the concrete individual things whose interaction with one another is responsible for the creative advance of the universe. The important thing to be kept in mind here is that these participants in the world − game are not merely players; they are at the same time "inventors" or "designers" of novel games. This is the meaning of "immanent laws" in the organic philosophy. For Whitehead the doctrine of immanent laws implies necessarily the notion of internal relations and the denial of external relations. [32] The world − game has no spectator, who has no essential connection with the character of the game. in the organic cosmology this notion of "spectator" is transformed into the notion of a "standpoint" for which the universe forms a unique persepctive. This is made possible by the doctrine of essential relevance which eliminates at once (a) the idea of a transcent creator, (b) the doctrine of , imposition in which the order of things is imposed from without, instead of being derived from the internal character of the things themselves, and (c) the conception of independent existence.

But the doctrine of essential relevance must be considered in connection with creativity as the ultimate metaphysical principle. For the doctrine of immanent laws as: funded upon some notion of internal relations does not by itself deny the possibility of an absolutely fixed cosmic order. The change of rules in the world − game may depend internally upon its participants, but it is not logically necessary that they should prefer to change any set of rules. What if they choose to repeat indefinitely the same order?

This is the reason why the necessary condition for the realization of the Good——which defines the essential intelligibility of creativity——includes the modification as well as the infusion and stability of patterns. The infusion and stability of patterns are necessary for the being of a creative process because (a) it must have a definite character (due to an infusion of patterns), and (b) it must be found under conditions determined by dominant forms of order (by virtue of the stability of patterns). But if creativity is the principle of novelty, the realization of novel forms of order must require the modification of patterns. And this entails in turn the disruption or frustration of previously established forms of order. The instability and frustration of order then is the price of novelty. Thus Whitehead's cosmology turns out to depend heavily upon this metaphysical presupposition——namely, that the "appetition" and realization of novel forms of order is inherent in the nature of things.

The plausibility of this presupposition hinges, first of all, on the nature of eternal objects. For all forms of order are ultimately derived from the realm of possibilities. Although a detailed examination of Whitehead's theory of eternal objects cannot be attempted in this study, its basic features must be brought out here if we are to obtain a deeper view into the organic philosophy.

To begin with, there are three chief expressions which Whitehead used to describe the nature of eternal objects: namely, "forms of definiteness," "possibilities," and "pure potentials." These are equivalent expressions but with a different connotation. The phrase "forms of definiteness," connotes the idea of character as contrasted with position or relative status; it emphasizes what Whitehead termed the "ingression" of eternal objects into actuality (the infusion of patterns). It suggests, in other words, the conception of ideality as "immanent" in the World of Fact. This "immanence" of eternal objects is to be contrasted with the other aspect of their nature, namely, with their "transcendence." An eternal object conceived as transcending the factual world is generally termed a "possibility." Within this general category Whitehead made a further distinction between "real potentials" and "pure potentials." The formal definition of a real potential was given in terms of what he termed a "conditioned indetermination" with respect to a definite process of concrescence.[33] It may be better defined as the "compossibility" of an eternal object with other eternal objects respecting to their ingression into an actuality. Abstracted from this compossibility of their "entry" into the actual course of events eternal objects are properly described as "pure potentials" or mere possibilities. This is the absolute realm of ideals abstracted from any reference actuality.

All these meanings are comprised in Whitehead's distinction between the "individual essence" and the "relational essence" of an eternal object, which underlie, respectively, the two general principles in his Theory of Abstraction, as presented mainly in Science and the Modern world. Briefly, the first principle defines the individuality of an eternal object in terms of its "uniqueness," whereas the second principle connects this individual −. uniqueness with its "relativity." We will let Whitehead speak for himself first, concerning the individuality of an eternal object——

The first principle is that each eternal object is an individual which, in its own peculiar fashion, is what it is. This particular individuality is the individual essence of the object, and cannot be described otherwise than as being itself. Thus the individual essence is merely the essence considered in respect to its uniqueness. Further, the essence of an eternal object is merely the eternal object considered as adding its own unique contribution to each actual occasion. This unique contribution is identical for all such occasions in respect to the fact that the object for all such occasion. This unique contribution is identical for all such occasions in respect to the fact that the object in all modes of ingression is just its

identical self. But it varies from one occasion to another in respect to the differ-
ences of its modes of ingression. Thus the metaphysical status of an eternal ob-
ject is that of a possibility for an actuality. Every actual occasion is defined as to
its character by how these possibilities are actualized for that occasion. Thus ac-
tualization is a selection among possibilities. More accurately, it is a selection is-
suing in a gradation of possibilities in respect to their realization in that occa-
sion.[34]

In this passage is contained what may be described as a special theory in
Whitehead's functional conception of existence, namely, that which pertains to
the being of eternal objects. Since all existence is functionally defined in the or-
ganic philosophy, to determine the existential status of eternal objects is to deter-
mine their roles in the creative advance of the universe. The question "In what
sense do eternal objects exist?" is for Whitehead synonymous with the question
"How do eternal objects function in respect to the determination of actualities?"
The answer is, they function as "ultimate conditions of character." This ex-
pression may be said to combine in a unity of meaning Whitehead's three chief
descriptions of eternal objects: "forms of definiteness," "possibilities for actuali-
ty," and "pure potentials for the specific determination of fact." Moreover, it
suggests the connection between the theory of eternal objects and the more gen-
eral notion of "conditionality" which, though receiving no adequate develop-
ment in the organic philosophy as it stands, is certainly implicit in its organismic
presuppositions. Our basic contention here is that eternal objects are not the on-
ly conditioning factors. They constitute the ultimate conditions of character;
but the specific determination of factuality depends also upon other factors——
namely, actual entities as ultimate conditions of exclusive limitation and God as
ultimate condition of relative status. Furthermore, these sets of condition——
which constitute the three extreme poles of creativity, as we have so described
them in our introductory chapter——are not independent of each other. They
are interdependent, requiring and mutual – conditioning each other in and
through the individual processes of becoming. This is indeed the true meaning
of Whitehead's "organicism": That which is conditioned is also conditioning,
and that which is conditioning is also conditioned. The fact that this "organis-
mic principle" was never clearly and emphatically brought to the forefront in
Whitehead's works has hindered considerably the understanding and appreciation
of the philosophy of organism. In what follows we shall attempt to reconstruct
the framework of Whitehead's theory of eternal objects in the light of his organ-
ismic presuppositions.

To begin with, let us look more closely into his three main descriptions of
eternal object. The truth is, none of them taken by itself is adequate, and all
three are likely to give rise to misconceptions. The phrase "forms of definite-
ness," first of all, is by itself inadequate as a description of eternal objects, be-
cause its meaning does not necessarily imply the notion of possibility as contrasted
with actuality. For this description is applicable to entities of any type: anything

must have some form of definiteness if it is at all conceivable. Logical forms
(forms of propositions or arguments——for instance, the subject − predicate
form "S is P") or mathematical forms (for instance, y = sin x) are as much
forms of definiteness as the forms of human beings, colors, shapes, mountains,
dirts, justice, murder, and what not. Thus it would be misleading to identity
eternal objects as forms of definiteness if the notion of definiteness is construed as
pertaining to actualities exclusively. In fact, there are eternal objects which have
no direct reference to events or actual entities. Thus "truth" or "falsity" as an
eternal object examplifiable only by propositions or statements (at least when
conceived solely as a logical concept). But propositions are not actual things
like the events in which they are asserted; and "truth" or "falsity" is a property
of propositions, not of events. To cite another example, the eternal object "ab-
stract" cannot possibly be examplified. by actualities, for they are by definition
concrete.

Consequently, the descriptions "forms of definiteness" and "possibilities
for actuality" are not exactly equivalent expressions. For while all eternal objects
are forms of definiteness, not all forms of definiteness define a possibility for ac-
tuality. The color "red" is indeed a form of definiteness examplified by all red
things while constituting itself the possibility of being red (that is, in actuality);
but "abstractness" does not define a possibility for actuality, though it must be
regarded as a form of definiteness, namely, with respect to all abstract entities.

Now to conceive an eternal object as a possibility for an actuality is to con-
sider it in its transcendent aspect, for its unique individuality transcends any defi-
nite actuality which may exemplify it. Thus Whitehead proposed this epistemo-
logical criterion for the determination of ideality: "Any entity whose conceptual
recognition does not involve a necessary reference to any definite actual entities
of the temporal world is called an 'eternal object'."[35] The phrase "of the tem-
poral world" cannot be omitted here. For although an eternal object has no
necessary reference to any definite actualities of the temporal world, it has a nec-
essary reference to God, the non − temporal actual entity——and through God
to actuality in general. This is but another way of saying that ideality is insepara-
ble from actuality, that eternal objects are necessarily involved in the creative ad-
vance of the universe.

Actually, the criterion that Whitehead offered here is not, from the episte-
mological standpoint, a satisfactory one. For it presupposes the erroneous iden-
tification of concepts with the objects of thought (what the concepts refer to),
just because I have a general concept, it does not follow that I also have the no-
tion of an eternal object, Thus the concept "square circle" refers to an entity
which certainly satisfies Whitehead's criterion: but it cannot be an eternal object
because it expresses an "impossibility." More precisely, what is being conceptu-
ally recognized here is the "incompatibility" between two eternal objects, name-
ly, "squareness" and "circularity," which forms part of what Whitehead termed
their "relational essence," to be discussed very shortly.

But aside from such epistemological difficulty which was almost entirely ignored in Whitehead's theory of eternal objects, there is a very significant metaphysical problem involved in his identification of eternal objects as possibilities. The problem is this: when Whitehead stated that "the metaphysical status of an eternal object is that of a possibility for an actuality," he meant to refer only to the character (definiteness) of that actuality, but not to its position or relative status, But the notion of possibility does not contain in itself any such restriction. We can speak of the possibility of an actuality or event in respect of its relative status as well as its character.

Take, for instance, an event involving both lightning and thunder whose spatial – temporal position has been recorded. Since the event bad already occurred——it is now a settled fact, we can say for certain that a possibility had been realized. But the possibility which existed ex ante facto involved not just the character of the "would – be" event, but also its relative status in the actual world. In fact, what was to be realized is a "condition" of creativity, for creativity is always found under conditions. [36] This conditionality which governs every creative process in the universe and which signifies an organic unity of power was termed a "real potentiality" in the Whiteheadean cosmology. To be more precise, a "real potentiality" may be defined as a possibility for an actuality which constitutes itself as at once g condition of character, a condition of position, and a condition of exclusive limitation. Thus an eternal object may be described as a possibility for an actuality only in a restricted sense, namely, as a condition of character in the over – all conditional unity of a real potentiality. The eternal object which constitutes one aspect of a real potential is always limited, that is to say, conditioned. The possibility for the event of lightning and thunder previously cited cannot be defined in terms of the eternal objects "lightning" and "thunder" alone: for it was a lightning and thunder occurring in a particular place and time and affected by particular set of actual entities. The eternal objects involved here contributed only character to the event, but not to its exclusive limitation and position. Limitation was the function of the concrescent agent, whereas the position of the event depended upon its otherness. This brings us immediately to the second principle in Whitehead's theory of eternal objects, as centering around the concept of "relational essence." What this principle asserts basically is that an eternal object, considered as an abstract entity, cannot be divorced from its reference to other eternal objects, and from its reference to actuality generally; though it is disconnected from its actual modes of ingression into definite actual occasions. [37] This necessary reference of an eternal object to other eternal objects and to actuality in general is what Whitehead termed its "relational essence," He then went on to clarify the meaning of this idea:

In other words: If A be an eternal object, then what A is in itself involves A's status in the universe, and A cannot be divorced from this status. In the essence of A there stands a determinateness as to the relationships of A to other e-

ternal objects, and an indeterminateness as to the relationships of A to actual oc-
casions. Since the relationships of A to other eternal objects stand determinately
in the essence of A, it follows that they are internal relations. I mean by this that
these relationships are constitutive of A; for an entity which stands in internal re-
lations has no being as an entity not in these relations. . . .

Again an entity cannot stand in external relations unless in its essence there
stands an indeterminateness which is its patience for such external relations. The
meaning of the term 'possibility' as applied to A is simply that there stands in
the essence of A a patience for relationships to actual occasions. The relationships
of A to an actual occasion are simply how the eternal relationships of A to other
eternal objects are graded as to their realization in that occasion.[38]

Here in this passage is contained the innermost essence of Whitehead's or-
ganismic philosophy. For the doctrine of essential relevance upon which this
philosophy is founded cannot be properly understood without reference to the
fundamental distinction between internal and external relations as here, expoun-
ded. There are, however, many problems involved here to which Whitehead
gave almost no attention,

To begin with, Whitehead basic thesis may be summed up as follows: E-
ternal objects are internally related to each other. They are internally related to
actualities only generally. Each eternal object is externally related to actual occa-
sions in the sense that it has no necessary reference to any definite actual occa-
sion. Now since every actuality is an examplification of eternal objects which are
internally related, it follows that all actualities must be related to each other at
least indirectly through the mutual relatedness of eternal objects. This is one jus-
tification of the doctrine of essential relevance: "all entities or factors in the uni-
verse are essentially relevant to each other's existence" because eternal objects, as
conditions or possibilities of character, are internally relevant to each other.[39]

The whole burden of proof lies therefore in the nature of eternal objects.
But we are disappointed by the fact Whitehead offered practically no justification
as to the interal relatedness of eternal objects. In fact, in the absence of con-
crete. illustrations we cannot even be sure as to the exact meaning of his notion
of internal relations. What did he mean by stating that in the essence of an eter-
nal object A "there stands a determinateness as to the relationships of A to other
eternal objects"?[40]

In the case of two different colors, such as "green" and "yellow," the
"determinateness" as to the mutual relationships between the two eternal objects
seems to be rather obvious. The color yellow is internally related to the color
green because there exists a definite affinity between them such that what is
yellow can only be connected with what is green in a determinate way or ways
—for example, green may be obtained by combining yellow with blue. This
internal relevance between eternal objects is even clearer in the case of what the
logicians call "necessary implications." Thus, for example, being a wife implies
necessarily being a woman; that which has shape must be extended, on the oth-

er hand, there seems to be a kind of independent relationships between eternal objects which defy the principle of determinate connection. In what determinate manner is a prime number connected with a melancholic state of mind?

We cannot say that there is absolutely no relevance between them: for one may argue that since the idea of a melancholic state of mind implies the notion of unity to Which every prime number is related, the two are indirectly relevant to each other. But the connection bare is purely arbitrary, lacking any determinateness which is essential to Whitehead's conception of internal relations.

Actually on the basis of Whitehead's criterion eternal objects are as much externally related as they are internally related. If the relationships of a given eternal object A are "constitutive" of A, then A cannot be said to have a determinate essence if these relationships are indeterminate. And except in the case of necessary implications, the definite connection between two eternal objects cannot be decided without reference to their examplifications in the actual world.

To illustrate, consider the connection between "fame" and "wealth." Since fame may be the canoe of wealth and wealth the cause of fame, and the two may be indepedent of each other, the relationships which are constitutive of both are not determinate in their relational essence with respect to the other. This indeterminateness is indeed most marked in such eternal relationship as between a shape and a color. A shape may be combined with any color in the actual world, and the converse is also true, The idea of son entails necessarily the idea of a father, but the idea of circularity has no necessary reference to that of the color green. If the realm of eternal objects constitutes a "system" is the strict sense of the term. Any two eternal objects must be internally connected in the same fashion as "father" and "son." This is indeed the meaning of "internal relations" as underlying the systematic philosophy of Spinoza or of Hegel, Obviously. This is not Whitehead's conception of internal relations. For him to say that two things are internally related to each other does not mean that they entail each other in the sense of necessary implication, but rather that they have a certain relevance to each other. This relevance may be general or specific, indefinite or definite. Thus the relevance between a shape and a color is very general and indefinite, as compared to that of a shape to another shape or a color to another color. But no matter how general or indefinite, the fact that a shape can be combined with a color points to their relevance——namely, their intrinsic compatibility for Joint entry into the actual world.

Thus when Whitehead described the "realm of eternal objects" as constituting a "general systematic complex of mutual relatedness" its "systematic" character was conceived no more than as a "unity of relevance."[41] It is this eternal unity of relevance that constitutes the primordial essence of God: "God is primordially one, namely, he is the primordial unity of relevance of the many potential forms."[42] But this primordial unity is not to be equated with the over – all unity of the divine nature. For God has a consequent as well as a primordial nature; the over – all unity of the divine nature must be at. once a. primordial and a consequent unity.

This synthetic unity in the divine nature is what constitutes the monistic basis of the universe.  In the organic philosophy the "oneness" of the world is not defined in terms of a single substratum or underlying measure, Such as the "primal stuff" in early creek cosmologies or the "mind" or "consciousness" in modern idealism.  The Universe is one because it is pervaded by a unity of relevance. This is the conception of "Being" in the Whitehead's philosophy.

The doctrine of essential relevance must now be examined in connection with the organic doctrine of perspective.  If everything is connected, directly or indirectly, with everything else in the universe, then it must possess a unique status in the universal scheme.  And we may express this by saying that it constitutes a "standpoint" of the universe.  Now "standpoint" and "perspective" are correlative concept.  For every standpoint there exists a perspective which is simply how the rest of the universe is relevant to that standpoint.  Thus the perspective for the color "green" would include not only its relationships with other eternal objects, but also its connectedness with all other types of entities involved in the creative advance of the universe.  The important point to be marked here is that there can be no completely determinate perspective for any entity, for the simple reason that the creative advance is an indefinitely on — going process.  The relative status of everything is constantly changing, and therefore its perspectivity.  This applies, without exception, to eternal objects as well as to actual entities,

The concept of "relative status" is of paramount importance to the "organicism" of Whitehead's philosophy.  For it form the theoretical instrument whereby the functional conception of existence and the dynamic theory of forms are unified, that is, in the organic doctrine of perspective.  The basic rule for the determination of relative status is that it must be defined functionally with respect to a dynamic standpoint, that is, a concrescent actual entity which is a unit of creativity requiring a dispensation of power,

Here we arrive at the key conception of actuality as a process of limitation and gradation of relevance. [43]  The perspectivity of a dynamic standpoint is to be defined by both what we have termed its "cut" and its "grade" character.  The event of lightning and thunder cited earlier represented itself as a selection of eternal objects, namely, "lightning" and "thunder," which implies necessarily an exclusion of other eternal objects.  But the "cut" issued further in the "grade"; for now the multiplicity of eternal objects would acquire a peculiar relevance to the event in question.  The eternal object "rain" or "wind," for instance, would be far more relevant than the eternal object "sunshine."  Thus the initial act of limitation had the character of an ordering principle whereby the whole realm of eternal objects was "arranged" into grades of relevance.  This gradation of relevance depends upon two factors; the internal relatedness of eternal objects and the limitations imposed upon the concrescent actuality by its dynamic environment.  It is in the intrinsic nature of eternal objects that lightning and thunder are accompanied by rain and wind, but the intensity and scope of the dynamic character of the event cannot be determined by any analysis of eternal objects. The limitation of the actual environment is what gives eternal objects their real relative status which may be described as their "compossibility" ——— to borrow a term from Leibniz———for ingression into actualities. The realm of eternal objects considered in themselves apart from the actual world is an Abstraction from their compossibility. According to both Leibniz and Whitehead the compossibility or real relative status of eternal objects cannot be determined without a given standpoint, that is, a process of becoming. For Leibniz such standpoint is a monad, for Whitehead an actual entity. In both cases the universe is conceived as a dynamic perspective for the given standpoints. Leibniz used the term "perception" to describe the relationship between a monad and its perspective. "Perception" in the Leibnizian sense meant "representation": thus each monad perceives the universe as its persepctive in the sense that it "represents" it from its own standpoint. In the theory of actual entities the counterpart was "feeling" or "prehension." "Feeling," Whitehead remarked, "is the agent which reduces the universe to its perspective for fact."[44] Or, to put it differently. "Perspective is the outcome of feeling."[45]

The perspectivity of an actuality is definable precisely in terms of its limitation and gradation, which are inseparable aspects of any creative process. Thus "an actual occasion" Whitehead stated, "is to be conceived as a limitation; and that this process of limitation can be further characterized as a gradation."[46] But the distinction between these two principles of process must also be emphasized. For while limitation defines the determinate finitude of an actuality, as exhibited in the contrast between affirmation and negation, gradation expresses its relationship with the infinite through the delineation of possibilities (realized and unrealized) and discrimination of relevance with respect to the rent of the universe. The former emphasizes the settled character of process, the latter its "fluency." The former reveals the unique identity of a fact, the latter its relatedness and affinity to other facts. The "atomicity" of an actual occasion is to be found in the unity of its perspectivity, that is, in the unity of its limitation and gradation. But this unity is none other than the organic unity of the creative advance. Just as the Leibnizian monads each contain in itself the "pre-established harmony," so for Whitehead "the atomic actual entities individually express the genetic unity of the universe."[47] For both Leibniz and Whitehead "each atom is a system of all things."[48]

And this is the meaning of "absoluteness" in their organismic philosophy. The Absolute here is not to be conceived as a substantial something: it refers to the atomic unity of the universe. What is "absolute" is the uniqueness of standpoint and perspectivity underlying the being of the monad or actual occasion. Thus there are as many "absolutes', as there are such atomic entities, For both philosophers then atomism is the ultimate metaphysical truth.[49]

But the atomism of Leibniz and Whitehead is not an atomism of external relations, but an atomism of internal relations. Far from excluding "complexity" and "universal relativity" their type of atomism requires precisely that. [50] This is because the uniqueness upon which the absolute character of the atom is founded is conceived functionally. Atomicity is the outcome of functional uniqueness. But there no functional uniqueness apart from functional relativity. The monad or actual entity obtains its functional uniqueness only by virtue of its active involvement in a system of behavior, in which the functional role of any one participant cannot be separated from that of any other.

We may now come to understand better why the notion of change cannot be ascribed to a monad or an actual entity. This is simply because each atomic entity is in itself no less than the universe in one of its absolute aspect: and an absolute that changes is a logical impossibility. Thus in the Leibnizian system a monad can only be created or destroyed, while Whitehead held that actual entities only became and perish, but "do not change; they are what they are." [51] They are what they are because each atom is a system of all things.

It is interesting to note here that Whitehead accused Leibniz of committing the same kind of mistake as Aristotle did in his ousiology by making his monads "windowless." [52] Actually this is a misconception on Whitehead's part. For Leibniz's conception of the "windowless monads" with their pre − established harmony implies essentially the same idea as Whitehead stated in his so − called "Category of Freedom and Determination" according to which "the concrescence of each individual entity is internally determined and is. externally free." [53] (This is none other than the idea of "self − caused" (causal sui) which, introduced by Descartes in his definition of substance as that which requires nothing else in order to exist. Became of paramount importance in the development of modern metaphysics. ) For it became the basis for the modern conception of subjectivity. The idea of independent existence implicit in Aristotle's theory of primary substance and which may be taken as typical of the classical conception of individuality had not been transformed into the principle of self − causation, This transformations though initiated by Descartes, was due primarily to the metaphysical genius of Spinoza, from which Leibniz might have derived his notion of subjectivity and then passed it on to Hegel. In all three philosophers subjectivity is an abstract notions it expresses the unity of the universe which is ultimately the only subject. But while in Spinoza and Hegel the universe as one was stressed at the expense of the universe as Many thus obscuring and even falsifying the proper relationship between the Many and the One, Leibniz' monadology was a conscious attempt to reconcile this basic metaphysical antithesis. The universe for Leibniz was identical with the system of monads with their pre − established harmony: the One is the system which cannot be conceived apart from the Many which jointly constitute a coherent unity and its systematic character.

Yet all the same the conception of subjectivity as self − determination was implicit in Leibniz's idea of a monad as constituting a unique standpoint of the universe, A monad is necessarily windowless because it expresses an absolute aspect of the whole system. It makes no sense to say——indeed, logically self −

contradictory——that one absolute perspective of the universe is the cause of an-
other. For every perspective is as expression of one aspect of its organic unity.

Thus when Leibniz described his monads as windowless, he meant exactly
what Whitehead meant when he stated that actual entities are "internally deter-
mined" and "externally free." To describe an atomic entity as "internally deter-
mined" is simply to recognize its atomic character as founded upon its functional
uniqueness. And to add that they are a "externally free" is but another way of
saying that all atomic entities are functionally unique – the very concept of a be-
havior system. In fact, in the organicism of Leibniz and Whitehead every-
thing——not just monads or actual'. entities——is functionally unique. White-
head expressed this by stating that "each element has one self – consistent func-
tion, however complex."[54] It was basically the same as Leibniz' "principle of
the identity of indiscernibles." The ontological foundation of this logical princi-
ple is none other than the functional conception of existence. No two entities in
the universe are alike because there can be no "absolute identity of function."[55]
Thus everything in the universe constitutes a "center of relevance": it mirrors
all, things from its own stand – point.

Logically speaking, all centers of relevance or standpoints are of the same
status. But ontologically this distinction must be made——that is, between
those which are subjects by virtue of their own process of self – formation and
those which exist merely as object. : and never as subject. The perspectivity of
subjects is ontologically prior to that of any other entities which function merely
as object because they are ultimate principles of Limitation (life and motion):
Thus in the Leibnizian system ontological primacy was reserved for the system of
monads. In the philosophy of organism the unity of relevance which constitutes
the Being of the universe is ultimately founded upon the perspectivity of actual
entities, each a dynamic center of relevance. This is basically what Whitehead
meant when he said that "all relatedness has its foundation in the relatedness of
actual entities."[56]

For Leibniz and Whitehead, in other words, subjectivity is essentially a ge-
netic as well as a cosmic concept. The unity of the universe is a genetic or dy-
namic unity: more precisely, it is a unity of power issuing in a unity of rele-
vance. But this was also implied in the metaphysical systems of Spinoza and He-
gel. What they all have in common is the idea of a "field of activity," what we
have termed a dynamic context. To them power and potentiality are "field –
concepts." The potentiality of an oak tree does not really lie in the acron, but
in the whole universe which constitutes its dynamic environment, when the ac-
ron has developed into an oak tree, it is a "field – potential" of the universe that
has been realized. The hypokeimenon is the unity of the dynamic universe from
the standpoint of this process.

It is the universe that is truly "self – determined." But to ascribe self – de-
termination to the universe is simply to identify it as the ultimate condition of
givenness: this is one chief theoretical function shared by all metaphysical sys-

tems. We found it in Plato's Idea of the Good, Aristotle's Unmoved Mover, Plotinus' One, Spinoza's Nature, Leibniz's Supreme Monad, Hegel's Absolute, and Whitehead's Creativity: Since the ultimate condition of givenness cannot be itself "given," it must be therefore utterly unintelligible, Indeed, the ultimate condition of givenness must constitute at the same time the ultimate condition of intelligibility. As such it can only be used as a limiting concept, which will have only a regulative function, The Absolute conceived as the ultimate condition of givenness and intelligibility cannot be treated as a positive, explanatory concept.

Hence subjectivity defined in terms of self — determination in the absolute sense has no positive meaning: the Absolute as ultimate subject is the limit of the universe. This unconditional aspect of the universe cannot be rationally conceived. The Absolute that is knowable must be conditioned, Whitehead saw this no doubt in his conception of creativity as the ultimate metaphysical principle: "creativity is always found under conditions, and described as conditioned. "[57] This is in complete agreement with his contextualistic way of thinking, though the fact that he never made explicit the distinction between creativity as a regulative concept and creativity as the highest constitutive principle may have been unfortunate. For it gave rise to some unnecessary barriers to the adequate understanding of his philosophy. It may have generated, for instance, the apparent contradiction between the doctrine of internal determination and his denial of the absolute conception of being. This contradiction is only apparent because, as we shall see, Whitehead entertained no conception of the absolute unity of the universe. The organic unity of the universe which underlies the dynamic perspectivity of an actual occasion is a relative unity, which alters its character in the unity of a more inclusive context.

Actually Whitehead was quite true to his ideal of rationalism the organic philosophy had, to a large extent, carried explanation to the utmost limits, These limits are to be found in what we have termed the three poles of creativity: namely, actual entities as ultimate conditions of limitation ( individuation ), eternal. objects as ultimate conditions of character ( definiteness ), and God as the ultimate condition of relative status. These are the utmost limits of explanation because they constitute the "givenness" of rational thought which must be presupposed if the nature of things is at all intelligible. The givenness of actual entities is the givenness. of facts; the givenness. of eternal objects the givenness of forms; and the givenness Of God the givenness of importance requiring the interrelatedness of facts and forms. Since the being of God represents the unity of facts and forms, the first two types of givenness must be constitutive of his nature——hence the demarcation between the primordial nature and the consequent nature of God. In his primordial nature God functions as the conceptual reservoir of eternal objects, while in his consequent nature he serves as the concrete "receptacle" of immortal facts. This may be called God's "conservative" or "preservative" function. The conservation of eternal objects is necessary because the creative advance requires the immanence of forms of definiteness as ul-

timate conditions of character. Since the ontological principle specifies that any
entity must be found somewhere in actuality, the question arises as to the status
of unrealized potentialities relative to a given actual world. This is a problem be-
cause no segment of the creative advance could realize the whole realm of eternal
objects which are infinite in number; there must always be unfulfilled possibili-
ties which must "subsist" somewhere in the universe as pure potentials for future
concrescences. This necessitates the idea of a non – temporal actuality which con-
tains in its being a "place," so to speak, for the entire realm of eternal objects
. This is the reason for the primordial existence of God. [58] Whitehead's character-
ization of God as the non – temporal accident of creativity is actually rather mis-
leading. For God cannot be the creature of creativity: he is with creativity as its
primordial givenness. Otherwise eternal objects would also be creatures. This is
impossible because creativity presupposes eternal objects as ultimate conditions of
character.

The preservation of immortal facts , on the other hand, is also necessary
because for Whitehead there are no "dead," static facts. [59] Actual entities only
perish subjectively, but are immortal objectively. They continue to function in
their objective immortality, that is, as a conditioning, determining or contribu-
ting factor not just to the immediately following processes of becoming but also
to the formation of actualities in the distant future. The event of Caesar's crossing
the Rubicon contributed, for instance, his subsequent ascent to power, but it
might also affect a twentieth century schoolboy contemplating the significance of
the event. This "causal efficacy" of realized possibilities in the settled past de-
pends, however, on the existence of a central agent whose function consists in
preserving their immortal objectivity for their re – enactment under suitable cir-
cumstances. As required by the ontological principle, a realized possibility, like
an unrealized eternal object, must be found somewhere in actuality . Since it
may not be causally present in any particular actual occasion in process of becom-
ing, it must be found in an ever – lasting actuality —— hence its permanent ob-
jectification in the consequent nature of God.

This conservation of eternal objects and immortal facts in the nature of
God, which constitutes, respectively, the conceptual and the physical pole of
his subjectivity, is what makes possibile the continuation of the creative advance
as an indefinite process for the realization of novel possibilities . For here lies the
key to the synthesis between "reality" and "ideality," between the past and the
future, between the One and the Many, and between finitude and the infi-
nite. The term "reality" or "real" was adopted by Whitehead in a special sense
to refer to the physical aspect of immortal actualities which constitute the objec-
tive content of a concrescing actual occasion. [60] In this sense, a perished actual
entity is real, but not actual (that is, without living energy or subjective imme-
diacy), whereas an eternal object is neither real nor actual ——it is ideal. The
point that one must always keep in mind in studying the organic philosophy is
that "particularity" for Whitehead represents a synthesis of reality and ideality. A

particular ( that is, a living actual occasion ) is an integration of both the real and
the ideal components. That is why Whitehead criticized the traditional demarca-
tion between particulars and universals which tended to conceive of a particular
as analyzable solely in terms of universals ( a particular then becomes nothing but
a "congery" of universals. "An actual entity," Whitehead remarked, "cannot
be described, even inadequately, by universals; because other actual entities do
enter into the description of any one actual entity. [61] This is none other than the
so − called doctrine of "mutual immanence" or "universal relativity" which as-
serts the essential connectedness of actual entities and which, according to
Whitehead, "directly traverses" the Aristotelian dictum that a primary substance
is not "present in" a subject . [62] And one decisive factor in the composition of
an actual occasion is the immortal past, the real component, which stands the
limitations which realized facts impose upon unrealized possibilities. This condi-
tionality of the settled past is what determines the real compossibility of eternal
objects. It is the contrast between the real and the ideal in God's conservative
function that determines the real potentials.to be realized in the immediate fu-
ture. His conservative function is the basis for his co − ordinative function. In
this latter role God is the principle of concretion whereby there is unity of pur-
pose and importance in the universe. The relation between his conservative func-
tion and his co − ordinating function is the key to the synthetic unity of his two
− fold nature. Indeed, it is the basis of God's process existence . To put it even
more precisely, the unity of God 's conservative and co − ordinating functions is
what constitutes his subjective immediacy. "Immediacy," Whitehead re-
marked, " is the realization of the potentialities of the past, and is the store-
house of the potentialities of the future. "[63] It is the same basic meaning as in
Leibniz ' characterization of the monad as "laden with the past, and pragnant
with the future. " But while in the Leibnizian system the Supreme Monad was
an exception to this monadic principle, the notion of immediacy was applicable
to all actual entities. In fact, for Whitehead the subjective immediacy of God is
the necessary condition for the subjective immediacy of all temporal actuali-
ties. For God is the ultimate condition of concretion and relative status.

What is laden in God's consequent nature includes not just any settled facts,
but the antecedent universe in its unified totality. God's role as a co − ordinator is
the assessment of the real possibilities of achievement based upon two sets of da-
ta: the realized potentialities of the immortal past and the absolute wealth of pure
forms, the eternal objects, in his primordial, conceptual prehension. This re-
quires his "gradation of relevance" issuing in God's subjective aim for the imme-
diate future of the universe. [64] If the World − Process is describable as the growth
or development of the cosmic organism, then God is the "brain" of this organ-
ism, And just as the organic unity of the human organism depends upon the u-
nity of its brain functions, so the unity of the cosmos depends upon the synthetic
unity in the conservative and co − ordinating functions of God.

The device whereby there is continuity of order in the creative advance serves at once as the connecting link between the multiplicity which form the antecedent actual world and each and every nacescent actual entities in unison of becoming. In accordance with the categoreal scheme the derivation of subjective aim defining the terminal satisfaction of each emerging actual occasion is the result of that actuality's conceptual prehension of God's subjective aim in the initial phase of concrescence. [65] Each nascent actuality, in other words, derives its ideal purpose —— its individual "appetition" ——from the objectification of God at the inception of its process of becoming. This reception of God's subjective aim respecting the concrescing actual entity may be compared to the reception of "orders" from the brain in an animal body. Just as the coherent unity of organic functions of each and every part of a living organism depends upon the co-ordinating function of the central organ, so the unity of the universe is dependent upon the unity of purpose underlying God 's subjective aim.

In this connection Whitehead cited Aristotle as the precursor for this conception of the relationship between the Whole and the part in his "cell-theory of actuality" : the Aristotelian notion of the First Mover as the universal "object of desire" was likened to his own theory of concretion as conditioned by the objectification of God in the initial phase of concrescence. [66] Actually, there is a marked difference between Aristotle 's doctrine concerning the nature of the first cause and Whitehead's idea of God as constituting the " lure for feeling. "Whitehead 's God is a "growing" God capable of process existence, whereas the Aristotelian unmoved Mover was thought of as completely devoid of motion, owing to the fact that he is fully actual and thus without matter and the potentiality of development . The First Mover was conceived of as having no actual involvement with the actual universe. Aristotle stated explicitly that he is pure thought which has solely himself as object. This causal independence of the First Mover makes cosmic co-ordination impossible. For if he has no actual involvement with the actual course of events, the real potentialities of the world of becoming must forever lie outside his knowledge; otherwise he would be a process existence. It follows that there can be no synthesis of the real and the ideal, the past and the future, the Many and the One for the universe as a whole. How then is it possible that he moves the temporal world by being the object of desire? There can be no unity, in fact, in the final causation of the universe for the simple reason that there can be, in the absence of any interactive mechanism between God and the World, no real agency of cosmic co-ordination.

Thus the notion of independent existence implicit in Aristotle's conception of the ousia or primary substance ultimately drove him back to the Platonic position —— the identification of act with form. The fatal result of this error is the unabridgeable gap between efficient causation and final causation in his cosmology. This is a vital defect which cannot be defended by saying that really for Aristotle there were only a small number of primary substances which were truly independent, namely, the unmoved movers or the eternal substances identified with the heavenly bodies—indeed, there existed only one, the First Mover, which was absolutely Independent. But the thing that matters is not the number of these independent substances, but the role they play in the Aristotelian system. And there is no question about the fact that they perform vital theoretical functions in Aristotle 's cosmological scheme; for each unmoved mover or eternal substance was supposed to be a principle of concretion in its own sphere of influence. In fact, metaphysics was for Aristotle ultimately theology, inasmuch as these unmoved movers or gods were taken as metaphysical first principles.

The truth is the concept of environment was conceived by Aristotle solely——or at least primarily —— in terms of final causation, and not in terms of efficient causation. In his cosmology the environment (a sphere of influence in the concentric universe) was a teleological field rather than a dynamic field: it was defined by a unity of aim or purpose rather than a unity of power or energy. Aristotle had undoubtedly a biological conception of the universe —— but not a biological – physical conception. This is what truly separated Whitehead from Aristotle. Aristotle's metaphysics is describable as biological, but not organismic. For it lacked the idea of a dynamic context in which the unity of is at once the unity of force. This is the notion of nexus in Whitehead's organismic cosmology.

Actually even as a biological view of reality Aristotle's metaphysics is far from being adequate. The idea of interaction and interconnectedness which John Dewey in our time was the first to emphasize received very little attention from Aristotle. In fact, as Whitehead often observed, the Aristotelian mode· of thought was generally characterized by the dominance of the category of "quality" over the category of "relatedness. "[67] For Aristotle, relations in general —— and quantitative relations in particular —— are "accidents," of no metaphysical importance, for they are mutable and changeable, not eternal and unchanging —— hence they are not objects of "scientific" knowledge. [68] But it was precisely the idea of quantitative measure as against qualitative classification —— which constituted the essence of the Aristotelian Logic —— that: made possible the development of modern physics. Aristote's Logic is fundamentally a "method of classification," which reflects the nature of his biological investigations. The effect of this Logic is fatal: ⋯ it entirely leaves out of account the interconnections between real things. Each substantial thing is thus conceived as complete in itself, without any reference to any other substantial thing. Such an account of the ultimate atoms, or of the ultimate monads, or of the ultimate subjects enjoying experience, renders an interconnected world of real individuals unintelligible. The universe is shivered into a multitude of disconnected substantial things, each thing in its own way exemplifying its private bundle of abstract characters which have found a common home in its own substantial individuality. But substantial thing cannot call unto substantial thing. A substantial thing can acquire a quality, a credit —— but real landed estate, never. In this way, Aristotle's doctrines of Predication and of Primary Substance have issued into a doctrine of the conjunction of attributes and of the disjunction of primary substances. [69]

Although the validity of this critique on the Aristotelian Logic and the substance − attribute mode of thought which has dominated the whole metaphysical tradition in Western philosophy is basically incontrovertible, there is reason to believe that Whitehead himself had failed to grasp correctly the real nature of his own stand in relation to the traditional, Aristotelian position. In the first place, he failed to see that his interpretation of atomism in terms of final causation was basically Aristotelian. As a matter of fact, it was none other than the Aristotelian doctrine of "subjectivity" —— that is, the conception of primary substance as hypokeimenon, which Leibniz had developed to its logical conclusion. This is atomism in the teleological sense which was for Aristotle essential to his biological worldview. In this sense, the atomicity of a real individual thing is simply its "indivisible unity" with respect to its aim or purpose. Every ousia is a "subject" or hypokeimenon because its actuality or entelechy constitutes teleologically an indivisible unity which, according to Aristotle, is to be found in the immanent form, its eidos, underlying its process of becoming as its genetic principle. Every ousia then is an atom defined by a unity of telos, which is also an eidetic unity. But Aristotle cannot be said to have given a convincing argument as to the reason for this atomicity of a primary substance. This teleological − eietic unity of an ousia was apparently taken as the pre − given fact and primal datum for philosophical analysis.

Now if the being of a primary substance is constituted by an indivisible unity of telos and eidos, it cannot depend for its essential unity on any other substance —— hence the dictum that a primary substance is not "present in" a subject. Thus the Hegelian principle that actuality is not merely substance, but also subject had its root in this Aristotelian dictum. What Aristotle failed to see is, of course, that the concept of independent existence can, in the final analysis, only mean functional uniqueness, and that ultimately there can be only one subject, the universe as a whole. For the teleological − eidetic unity of an actuality is inseparably found up, though with various degrees of relevance and importance, with that of every other. It follows that atomicity which gives a concrete individual thing its unique identity involves essentially the concept of relativity. The indivisible unity of an actuality, in other words, is identifiable with the uniqueness of its standpoint and perspective.

Thus Aristotle's theory of primary substance issued naturally into the Leibnizian monadology. The notion of the universe as forming a teleological − eideitc unity was already implicit in Aristotle's conception of the First Mover as the universal object of desire from which the world of becoming was supposed to derive its unity of form and purpose. It remained only for Leibniz to bridge the vital gap between efficient causation and final causa − in the Aristotelian system. What Leibniz did was to introduce the theory of internal relations as opposed to Aristotle's "externalistic" conception of actuality, and to replace the First Mover with a transcendent creator who created the actual world in accordance with a pre－established harmony. The monadological system thus created was conceived by Leibniz as essentially a system of "forces," with Activity and Passivity as the two chief aspects of each monad or unit of force or power. Thus whereas Aristotle tended to confuse the genetic principle with the generic principle, that is, act with form, the two were distinct in the Leibnizian system. Here each and every monad possessed not just a teleological－eidetic unity, but a dynamic or genetic unity as well. In fact, atomicity can be properly described only as a "teleological－dynamic－eideitc" unity, each representing an aspect of the over－all unity of the atom which is at once the unity of systematic totality of atoms. This is the real meaning of atomism in the Leibnizian－Whiteheadean tradition.

Unfortunately, however, Leibniz still retained the concept of independent existence in his concept of God, the Supreme Monad. But unlike Aristotle's First Mover, the Leibnizian God was at once the ultimate principle of efficient and of final causation. Since causal interaction had no place in Leibniz's conception of the relationship between God and the World, the role of the Supreme Monad as the principle of concretion became likewise unintelligible.

The truth is, it is doubtful whether Leibniz's God had any positive theoretical significance. There is reason to believe that the Supreme Monad in his metaphysics served merely as a statement of Givenness. Since there can be no rational explanation of creation out of nothing, to assert that the monadological system was created by the Supreme Monad adds to more to the fact that it exists; and to assert that the actual world is the best possible world owing to the essential goodness of God is but another way of putting a metaphysical speculation concerning the nature of the actual and its alternatives. Since we cannot stand outside the universe and compare the infinite number of possible worlds, such speculation can neither be proved or disproved.

It ought to be pointed out here that the nature of possibilities was for Leibniz independent of God's will or creativity, though the admittance of any possible world into existence (that is, its realization in actuality) does depend upon the divine nature. God had admitted the best possible world into A actual realization because, Leibniz believed, it would be in contradiction with his essential goodness to do the otherwise. Actually this is but the metaphorical way of stating his belief in the "simplicity" of Nature: the best possible world is the simplest world in which there is optimum realization. Evidently, the elegant simplicity of classical mechanics had left an unmistakable impression on this founder of mathematical, logic and the co－inventor of the infinitesimal calculus. But another equally capable logician－mathematician, who was in so many ways his true successor, could not be so impressed by the findings of quantum mechanics in which physical laws are treated as statistical averages.

Here we return to the question of order in Whitehead's philosophy. There is no evidence that Whitehead ever conceived of the realm of eternal objects as consisting of: an infinite number of possible worlds with definitely discernible orders of simplicity. He had the notion of an "abstractive hierarchy" in which eternal objects are arranged in an hierarchical order according to their grades of simplicity or complexity. [70] But this is a rather different concept. There is no question that Whitehead entertained the idea of an indefinitely many possible forms of order —— that, as we have seen, was implicit in his conception of different cosmic epochs. But he did not assert that one form of order is necessarily. better or simpler than any other. For the question of simplicity or optimacy does not depend solely upon the nature of eternal objects: it involves the real as well as the ideal. And there can be no rational analysis of the surd element which is always present in any conditioned creativity.

This surd element lies with the dynamic character of actuality. There can be no complete order because the frustrations of order are real. And the frustrations of order are real because there is no complete conformation.

Whitehead's God, let it be noted, has no absolute control over the actual course of events in the temporal world. True, the subjective aim of each and every process of becoming is derived from God as an aspect of his subjective aim at the initial phase of concrescence. But this does not mean that the actual occasion succeeds necessarily in realizing its aim or in complete agreement with God's expectation. And he cannot intervene directly with the actual course of events because his function is primarily conservative and co – ordinative, but not creative, in the sense of physical activity. Like Plato's Demiurge, Whitehead's God can only influence the world through "National persuasion," but not through, " coercive force. "

It follows that in spite of God's "overpowering rationality" that he wishes to impart to the world through his objectification in the temporal actual entities, there can be no absolute unity in the universe because the world is likely to fail him in some form or other. And in consequence of this failure God—— and even God —— cannot fully anticipate the future course of events in the universe. The concept of the unity of relevance in Whitehead's cosmology is therefore always a relative —— and not an absolute or unconditional —— unity.

This relative unity of the universe is achieved from the standpoint of a given actual entity at the "superjectian " phase of concrescence. It is the terminal stage of a creative process in which "indetermination has evaporated from 'satisfaction,' so that there is a complete determination of 'feelings,' or 'negation of feeling,' respecting the universe. "[72] This notion of the "evoporation of indetermination" which constitutes the final unity of an actual entity was termed by Whitehead the "doctrine of the emergent unity of the superject" : "An actual entity is to be conceived both as a subject presiding over its own immediacy of becoming, and a superject which is the atomic creature excercising its function of objective immortality. "[73] An actual entity, in other words, can become the datum for the immediately succeeding actualities only after it has become a fully determinate being, a fact among many facts. To be more precise, the subject as

superject or the superjectian phase of concrescence is that point when the agent
has realized its aim in the issue and just before the issue —— and implicitly the
whole creative process —— becomes objectified in an emergent actual occasion.
It is that point, to make use of our familiar examples again, when the house has
just been built or the statue made but before it is inhabited or displayed in a mu-
seum. This is the point at which the creative advance achieves a temporary stabil-
ity. It is the junture between successive waves or pulsations of creativity.

In the final phase of concrescence the actual entity becomes, according to
Whitehead, a fully determinate being: "It is fully determinate ( a ) as to its gen-
esis, ( b ) as to its objective character for the transcendent creativity, and ( c ) as
to its prehension —— positive or negative —— of every item in its universe. "
[74] In the language of the theory of perspective, this means that the actuality in
question has acquired a definite perspective of the universe. It is now no longer a
center of change ( subject ), but a center of relevance ( superject ) . For it has
attained to the status of functional uniqueness by virtue of its dynamic exist-
ence. The actual entity as superject is truly an " atom," reflecting the unity of the
universe from its own standpoint.

But if perfect anticipation is impossible within the Whiteheadean system,
this atomicity of an actual occasion cannot be absolute. The superject may be said
to have a " complete determination of feeling" respecting the immortal past and
its contemporaries, but not the future. Its feelings or prehensions of future actu-
alities become more and more indeterminate as expectations become increasingly
impossible. Thus, strictly speaking, no actual entity can have a complete and
completely definite perspective of the universe, for the simple reason that the u-
niverse is never complete, nor is it capable of complete order.

"Order is never complete; frustration is never complete1": this apparently
simple statement actually has the most profound metaphysical implications. [75] Or-
der is never complete because the source of order and the source of power are
not identical. In the Leibnizian system the supreme monad was at once the prin-
ciple of creativity, conservation and co – ordination; this is what makes possible
perfect anticipation in his monadology. In Whitehead's theory of actual entities,
on the other hand, God does not create; he conserves and co – ordinates: his
notion of a supreme being is the "reservoir of potentiality and the co – ordina-
tion of achievement. [76] This conservative and co – ordinative function of God is
what makes possible order and the continuation of order in the universe. The
frustration of order is never complete because the restoration of order is possi-
ble. The everlasting life of God is just his unending receptivity of the world in his
consequent nature and the continuation of conceptual harmonization based upon
his primordial envisagement of the realm of pure potentials. This de – emphasis of
the creative function of God constitutes unquestionably one of the most distinc-
tive features of Whitehead's philosophy. The traditional Christian conception of
God seemed to Whitehead totally unsatisfactory. The one – sided emphasis on
the infinite aspect of the divine nature combined with the attribution of com-

plete, absolute power has made God nothing short of a despot. "[77] The Church, Whitehead remarked, "gave unto God the attributes which belonged exclusively to Caesar. "[78]

Thus in spite of the profoundly close philosophical——and one would say, intellectual—— affinity between Leibniz and Whitehead, their spirit remains apart. The "mind of Leibniz" —— which Whitehead held in such high regard, remained "modem, " whereas the soul of his admirer belongs unquestionably to the twentieth century. The dividing line 'between the "modern" and the "contemporary" is what separates the absolute conception of being and the doctrine of incompleteness. True to his rationalistic temper, Leibniz believed not only in the possibility of perfect co – ordination and thus complete order and unity of the universe, but also in our knowledge of such

Possibility, as implied in his idea of the "universal characteristics. " The Supreme Monad was, indeed, conceived by Leibniz as a perfect logician and mathematician —— that is to say, a perfect "radiocinator. " This idea of a universal language as a method of radiocination was of course the origin of mathematical logic. But in spite of the fact that Whitehead is the co – author of the epoch – making Principia Mathematica, there is no evidence that he (unlike the earlier Russell) ever held any positive conviction respecting the applicability and adequacy of symbolic as a philosophical method. On the contrary, Whitehead was rather skeptical about the adequacy of language——any language—— as a metaphysical instrument. [78] And the difficulty here stems not just form the intrinsic nature of language, but more basically form the contextualistic character of reality. No language is adequate because it involves essentially a falsification of reality. This is necessarily the case because every proposition presupposes a systematic environment from which its expression in language is an abstraction. [80] And there can be no complete linguistic determination of the environment possible.

We return again to the doctrine of incompleteness and the denial of the absolute conception of being. Occasionally Whitehead's own language might have been misleading. The statement, for instance, that "each atom is a system of all things" would have easily misled the readers into thinking that Whitehead was expounding a deterministic philosophy. The truth is, of course, that when he spoke of an actual entity as constituting a "system of all things, " the "all" in this phrase is not the unqualified "All" ——that is, the absolute or unconditional totality. This unqualified All has no place in a contextualistic philosophy except as a limiting concept . Strictly speaking, the whiteheadean universe does not constitute a genuine system. For it has essentially an "open texture": it is not a fully determinate totality. But an indeterminate system is a contradiction in terms.

Systematic determination, in other words, belongs only to the finite, and never to the infinite: there are systems in the Universe, but the Universe is not a system. That Reality has essentially an indeterminate character —— that the All is non – systematic —— was indeed common to James, Bergson, Whitehead and almost all major contemporary philosophers. This context – ualistic spirit, as we have suggested, is what separates the contemporary from the modem. In spite of the divergences between such modem philosophers as Spinoza, Leibniz and Hegel, they shared this basic feature: they conceived the All as a strictly systematic totality. Their philosophies were truly deterministic.

Now if indeterminacy is essential to Whitehead's organismic conception of reality, the theory of atomism and perspective is valid only in a qualified or restricted sense. Whitehead seemed to have confused two senses of atomicity upon which the unity of the universe (the creative advance) is founded: namely, atomicity in the teleological and atomicity in the genetic sense. In the teleological sense atomicity means the unity of purpose. This is unquestionably what whitehead had in mind when he stated that "final causation and atomism arc interconnected philosophical principles . " [80] Every actual entity has teleologically an indivisible unity because its subjective aim, its telos, is but an aspect of God's subjective aim which expresses the unity of purpose for the creative advance as a whole. This, as we have seen, must have been the meaning of the First Mover in the Aristotelian system. The point to be observed here is that in the teleological sense every actual thing —— actual entity or nexus —— is describable as an atom; this is because the purpose of any actual whole cannot be reduced to that of any of its parts or components. The teleological unity of a human being, for instance, is something distinct from that of any one cell or organ or functional system in his body or mind. Thus atomicity in this sense is not identifiable with the historically more familiar conception: namely, the notion of an indivisible unit of substance, matter or energy. This is the atomism of Leucippus and Democritus, and indeed of modem and contemporary physical sciences. Whitehead must have had this conception of atomicity in mind when he asserted that "the atomic actual entities individually express the genetic unity of the universe. "[82]

This genetic unity is a unity of power, activity or action. Accepting fully the findings of contemporary physics, Whitehead transformed the Heraclitean saying "All things flow" into "All things are vectors. "[83] The flow of things, in other words, is the flow of energy. And each actual entity is a "locus of energy." But the flow of energy is not continuous, that is, in the mat hematic sense. All flow of energy, as contemporary physics taught, us, "obeys 'quantum' conditions . "[85] Opposed to the scientific materialism which had its root in the mechanism of Newtonian Physics, Whitehead called his scientific outlook "organic realism. "[86] What has vanished from this organic, realistic cosmology is not only the classical conception of a "static stuff," but also the Newtonian or modern notion of "vacuous material existence with passive endurance, with primary individual attributes, and with accidental adventures. "[87] Nature cannot be described, as one finds it in classical mechanics, as a network of point – instants occupied by bits of matter. This is what Whitehead called the notion of "vacuou actuality" underlying the whole edifice of the Newtonian cosmology. By contrast, the contemporary view emphasizes the dynamic and the organic nature of things:

At an instant there is nothing. Each instant is only a way of grouping matters of fact. Thus since there are no instants, conceived as simple primary entities, there is no nature at an instant. Thus all the interrelations of matter of fact must involve transition in their essence. All realization involves implication in the creative advance. [88]

To put it more precisely, the idea of a unit — mass at a point in space and instant in time is replaced in Whitehead's cosmology by the idea of "organic systhesis. " The "matter" at a point — instant is not a real fact, but a way of grouping real facts —— namely, the actual entities each forming a locus of energy. Since all loci of energy are interrelated, physical nature is essentially a field concept. This notion of an energetic or dynamic field must, however, be sharply distinguished from the "field of force" in Newtonian physics. The former is organic: it is a "field of internal relations. " By contrast, the Newtonian "field of force" is mechanistic: it is a "field of external relations. " In the organic field there can be no such thing as "action at a distance," as underlying the Newtonian theory of universal attraction. In the organic cosmology every locus of energy has an essential reference to every other locus in the dynamic field: an actual entity is explicitly somewhere, but implicitly everywhere. Thus the nature—— the "real internal constitution," as Whitehead phrased it —— of an actual entity is inseparable from the character of the field: it is, in fact, nothing but the field character expressed from the standpoint of its own process of becoming. Its genetic unity —— or atomicity in the genetic sense —— is but an aspect or persepctive of the dynamic unity of the field. This unity is indivisible ( hence atomic) because it is an organic unity, pertaining to the synthetic character of the whole.

The creative advance of the universe, according to White — head, has no eternally fixed field character except for a few most general features which belong essentially to every field. They are thus metaphysically necessary because actuality has intrinsically a field character. It turns out that these general characteristics of field character are nothing but the most fundamental principles governing the relatedness of actual entities. Whitehead subsumed them under the general concept of "extensive connection. " To put it in the simplest terms possible, extensive connection refers to any principle or manner whereby any two or more facts —— actual or possible —— may be connected or related. It is presupposed by any concretion or determination of position or relative status. It may be described indeed as any form or system of arrangement. Obviously, this notion of extensive connection is more general than the notions of space and time, which presuppose the idea of dimensionality. In Whitehead's view dimensionality expresses a metaphysical necessity because it constitutes an essential feature of a dynamic field. But the specific determination of dimensionality which happens to prevail in the present cosmic epoch —— as a four dimensional spatio — temporal continuum —— is a cosmological fact, but not a metaphysical necessity. In a different cosmic epoch the creative advance may assume a different spatio — temporal character: the actual course of events may involve an extensive scheme with more or less than four dimensions, and it need not be a continuum.

It is to be observed here immediately that for Whitehead continuity in the mathematical sense as implying indefinite divisibility concerns only the potential, and not the actual: "Continuity concerns what is potential; whereas actuality is incurably atomic. " [89] To be more precise, atomism in the organic philosophy is a metaphysical necessity, not a cosmological fact; whereas continuity is a cosmological fact, but not a metaphysical necessity. The latter, indeed, is an ontological impossibility if, as in its traditional conception, it is to be applied to the actual.

Continuity cannot be attributed to the actual because there can be no actual infinite. And there can be no actual infinite because the flow of energy always has an actual bound and is not indefinitely divisible: there is no nature at an instant. Let us point out here that the validity of this argument for the metaphysical necessity of atomism and the ontological impossibility of actual continuity docs not depend upon the findings of empirical science such as quantum mechanics. In fact, the physical notion of a "quantum of action" as specifically defined in quantum mechanics presupposes the more general notion of a "unit of creativity" which is the basic meaning of an actual entity. we have seen in Chapter II how this general notion of an atomic unit of creativity or a quantum of action in the philosophical sense may be interpreted in terms of our ordinary experience. An atomic unit of creativity may be defined as the least amount or quantity of activity or energy needed to accomplish certain thing in a given dynamic field. The measure of this amount of action will depend of course upon the kind of a-chievement as well as upon the field character in question.

Thus atomicity is ultimately rooted in the indivisible unity of action. If action be indefinitely divisible, there would be no achievement. For all definite a-chievement involves essentially limitation which presupposes process, and there is no process apart from activity. Every process of becoming is just a concrescence of activity. The atomicity of the process is defined by the indivisible unity of this creative concrescence.

Hence a continuous concrescence or process of becoming is a contradiction in terms. This does not imply, however, that the effects of action left by successively completed units of becoming may not assume a continuous character. In the race between Achilles and the Tortoise, as presented in one of Zeno's famous paradoxes, neither party actually traversed every space −point in the imagined line of motion. The path of the race as described by the actual course of events is really a succession of distinctly separated facts whose connection is discrete rather than continuous. The imagined line of motion as endowed with the mathematical properties of a "real line" (which is continuous) is a purely theoretical construction designed to give a rational account of our experience of motion. In Whitehead's view the possibility of such construction may justify us to say that the path of motion is potentially continuous, but not that it is actually

continuous . Neither Achilles nor the Tortois actually traversed every space —
point in the imagined line of motion, but each could have traversed any space —
point in their respective course. Thus the theoretical impasse involved in this and
other similar paradoxes of Zeno stems from the basic confusion between the ge-
netic ( action ) and the generic ( effects of action ) on the one hand, and be-
tween the actual and the potential on the other. The failure to grasp the genetic
— generic asymmetry has been responsible for most of the traditional treatments
of the problem of continuity. Zeno committed the mistake of assuming that an
act of becoming, like what it becomes, is infinitely divisible. [90] But there is no
necessarily one — one correspondence between action and the effect of action.

Whether the effect of action is potentially continuous or not is an empirical
problem, but the atomicity of becoming is a metaphysical necessity. As White-
head put it " there is becoming of continuity, but no continuity of
becoming. " [91] The extensive continuum, in other words, is something created
by the creative advance. It is an empirical fact, Whitehead believes, about the
field character of the present cosmic epoch, which may or may not pertain to
any other cosmic epoch. And he summed up his treatment of the problem of at-
omism and continuity as follows: ······ the ultimate metaphysical truth is atom-
ism. The creatures are atomic. In the present cosmic epoch there is creation of
continuity. Perhaps such creation is an ultimate metaphysical truth holding of all
cosmic epochs; but this does not seem to be a necessary conclusion. The more
likely opinion is that extensive continuity la a special condition arising from the
society of creatures which constitute our immediate epoch. [91]

What Whitehead ignored to explain here is that why extensive continuity is
more likely to be a " special condition" arising from the field character deter-
mined by the society of actual entities in the present epoch, rather than a ulti-
mate metaphysical truth governing all cosmic epochs. His belief in the creation of
the extensive continuum in this epoch was based apparently upon the contempo-
rary discovery that the propagation of light is describable by the corpuscular theo-
ry as well as by the wave theory , depending upon the specific set of condi-
tions. Whitehead was motivated no doubt to attempt a balance or reconciliation
of the two theories in the philosophical context. There is reason to believe that
he had somewhat confused the metaphysical meaning of continuity with its phys-
ical meaning. At least, Whitehead had not made this distinction sufficiently
clear.

Now the denial of the actual continuum was certainly not original with
Whitehead. It was already implicit in Aristotle's denial of the actual infinite and
his theory of becoming. But it was, of course, Leibniz who first gave it the
most eloquent expression. For Leibniz extension means repetition which is neces-
sarily discrete. The space — time continuum is something purely ideal, not actu-
al, because it involves indeterminate parts, whereas in the actual everything is
determinate. [93] The apparent continuity in our perception of space and tine was
accounted for by Leibniz in terms of his theory of " snail perceptions " which be-

came "confused" in their appearance in the aggregate. This theory, in White-
head 's view, is rather un − satisfactory inasmuch as it fails to make clear how
"confusion" originates. [94] Whitehead 's own solution to the problem is to be
found in his theory of "transmutation," which, however, must lie outside the
scope of this general study.

　　Anyhow, the extensive continuum as a cosmological fact is not metaphysi-
cally important. What is important is the metaphysical ground for continuity. This
brings us back to the realm of ideality and the distinction between pure possibili-
ty and real possibility. If the creative advance is characterized by an extensively
continuous field character (in the sense of potential divisibility), it must have its
basis in the nature of eternal objects. In so far as Leibniz is concerned, no possi-
bility can be real —— that is, realized in actuality —— if its concept involves a
self − contradiction. Thus there can be no such thing as an infinite number (infi-
nitely large or infinitely small) because any such notion implies its own nega-
tion. This is an extremely important point in Leibniz's metaphysics. For unless we
keep in mind this denial of the possibility of infinite number, the real meaning
and significance of his explicitly asserted belief in the "actual infinite" would be
easily lost sight of. The truth of the matter is this, while Leibniz agreed with Ar-
istotle in denying the actual infinite in the sense of an infinite aggregate, which
entails the impossible notion of infinite number, he nevertheless believed in the
actual infinite in a quite different sense —— that is, in the sense of an absolute
or unconditional unity of the universe. "The true infinite," he says, "exists,
strictly speaking, only in the Absolute, which is anterior to all composition,
and is not formed by the addition of parts. " This statement could have been
made by Spinoza or Hegel. All three philosophers, as we have pointed out earli-
er, construed an absolute unity of the universe.

　　Conceived in this sense, Leibniz's belief in the actual infinite is not necessa-
rily inconsistent with his denial of the actual continuum. Nor are they incompati-
ble with his so − called "law of continuity. " For this law which asserts in essence
that all generic differences are capable of infinite degrees of determination (Na-
ture has no gaps) does not necessarily entail the notion of an actual continu-
um. What the law asserts is an "intensive continuity," not an extensive continui-
ty. Whitehead held no definite view as to the extent to which nature is intensive-
ly continuous, either potentially or in actuality. But he certainly did not sub-
scribe to the Leibnizian view that reality forms an intensive plenum (the appar-
ent discontinuity was again accounted for by the theory of "small perceptions")
. In fact, Whitehead would have to deny it in the light of the findings of quan-
tum physics. But the problem of intensive continuity does not admit easy solu-
tions. And the problem concerning the relationship between intensive and exten-
sive continuity is an even more difficult one. Both Leibniz and Whitehead at-
tempted to reconcile atomism with continuity; but their respective emphasis was
different. Leibniz's approach was primarily intensive, whereas Whitehead con-
centrated his effort on the extensive continuum. Far from being a mere "well −

founded phenomenon," as Leibniz characterized it, the spatio – temporal continuum served a very real function in Whitehead's cosmology. For it expresses the general limitation governing the selective realization of eternal objects.

What we must hasten to remark here is that in Whitehead's cosmology the field character of the actual world does not depend solely upon the nature of e-ternal objects. Even if continuity is a pure possibility, there is no necessity that it constitutes also a real possibility for the actual universe. It is certainly conceivable that the dynamic character of the creative advance is such that the creation of continuity is impossible for any cosmic epoch. In view of the separation between the source of individuation and the source of concretion in the organic system, this is perhaps a much more likely conclusion.

Again, we return to the concept of indeterminacy. The fact that White-head failed to recognize or give sufficient emphasis to this important factor in his cosmology is really very unfortunate. For it created a deterministic bias to his thoughts which are not truly there. Take, for instance, his whole theory concerning the subjective aim of an actual entity and its final satisfaction. Since whitehead failed to draw the distinction between the subjective aim as initially received from God and the subjective aim as actually achieved, it inevitably gave rise to the misapprehension that all actual entities and events are pre – determined by God. Actually this is hardly possible because God in the organic philosophy is not a creative agent —— at least not directly —— and it is most unlikely that his directives would be perfectly carried out by each and every actual entity. Unlike Leibniz, Whitehead did not seem to have entertained such overtly rationalistic view of reality.

The decisive difference between Leibniz and Whitehead is to be found in their conception of the unity of the universe. Both agreed that it must be at once a teleological and genetic unity. But while for Leibniz the two are identical at all time, for Whitehead the two are distinct and need not coincide with each oth-er. In fact, their coincidence expresses an exception rather than the rule. There is always some divergence, however negligible it may be. The greater the degree of divergence the greater will be the disruption or frustration of order. The stabil-ity of order results when there is little divergence between the two senses of uni-ty.

Thus we see clearly one pattern of western metaphysics in its development form Aristotle through Leibniz to Whitehead. Aristotle emphasized the teleologi-cal unity of the universe at the expense of its genetic or dynamic unity. The exis-ted a gap between final and efficient causation in his system, to which there could be no solution because it was precluded by his conception of independent existence in general, and by the absolutely causal independence of the First Mover in particular. This gap was bridged by Leibniz but at the cost of arbitrari-ness and complete determinsm. It was not until Whitehead did the problem re-ceive a nearly satisfactory solution.

The separation between the creative factor and the co – ordinate factor in

the organic philosophy is crucial not just for its metaphysics, but also for its the-
ory of value. For the indeterminacy resulting from this separation of function is
none other than the indeterminacy of value and importance. God is not "dead,"
but he has been transformed in his relation to the world. He is now no longer a
caesar or a perfect logician – mathematician ———— he is a poet and a permanent
companion. In calling God the "poet of the world" Whitehead wished to em-
phasize the importance of beauty and aesthetic value. In fact, he seemed to hold
that beauty, which he defined as the "harmony of patterned contrast, " is the
highest good. [95] This is certainly not difficult to see in view of Whitehead's denial
of the absolute conception of morality. Since there can be no universally and e-
ternally fixed moral laws or ideals, the aesthetic factor must naturally constitute
the regulative principle of behavior. Morality, as we have seen, was described
by Whitehead as the control of process so as to maximize importance. [96] This de-
pends basically upon the notion of alternatives. we may say that the essence of
morality is just the striving for the better alternatives. Whether a course of action
is good or bad will depend not just on the situation, but also on the available al-
ternatives. And an alternative is better than another if, other things being equal,
it achieves the same result but with lesser effort or at a lower cost. Now to deter-
mine which is the best or better alternative for a given situation is not, of
course, an easy matter. That is why morality, like economics, is partly an art.
Whitehead would agree with the Greeks that virtue is just the excellence, the
perfection of the art of living, although he would not subscribe entirely to their
idea of perfection.

Indeed, unlike Leibniz, Whitehead was more romantic rather than classi-
cal in spirit. For the romantic good does not necessarily mean order, and beauty
does not necessarily imply symmetry. Whitehead would want to emphasize or-
der, but not at the expense of novelty. And he conceived beauty as the harmony
of patterned contrasts, but not the mere regularity of patterns. Needless to say,
Whitehead placed paramount emphasis on feelings and the immediacy of the cre-
ative process. But for him the individuality of achievement was inseparable from
the universality of relevance.

The fact that God was never depicted in the organic philosophy as a perfect
logician or mathematician is significant. Unlike Leibniz, Whitehead apparently
did not believe that there is but one uniquely optimum solution to any given sit-
uation. The alternatives may be equally good. And if the factor of indeterminacy
is basic to the organismic metaphysics, then there will be solutions which are es-
sentially "undecidable. " Under such circumstances God's conceptual evaluations
issuing in his subjective aim for the creative advance will be dictated by aesthetic
rather than rational considerations. God as "poet of the world" is a supreme art-
ist, whose craftsmanship and artistry in his co – ordinative function is what is re-
sponsible for the harmony and order of the world.

But God is not any kind of artist; Whitehead conceived him specifically in
the image of a poet. Now poetry, perhaps more than any other form of art, is

founded upon an intuitive sense of importance and of the unity of existence. The
sensibility of the poet stems basically from his feeling of care and of the essential
oneness of the universe. This is at least true in the Romantic poetry of Words-
worth which had been a major source of inspiration in Whitehead's thinking. [97]
Wordsworth sang the beauty of Nature, and the oneness of all things in Na-
ture. His influence on Whitehead was reflected in the latter's conception of God
as a conserver or preserver. The sensibility of the World – Poet is "that of a ten-
der care that nothing be lost. "[98] Indeed, the wisdom and rationality of God
cannot be separated from his sensibility: his rational persuasion to the actualities
of the temporal world is rooted in his sense of care and his desire to preserve:

The consequent nature of God is his judgment on the world. He saves the
world as it passes into the immediacy of his own life. It is the judgment of a ten-
derness which loses nothing that can be saved. It is also the judgment of a wis-
dom which uses what in the temporal world is mere wreckage. [99]

But the power of God is not unlimited; for limitation is the very essence of
actuality. God cannot save everything: God saves only that which can be
saved —— that is, within the limits of his power and knowledge. God's knowl-
edge is not bounded only in the sense that he is in possession of the absolute
wealth of potentials. His knowledge, however, is limited in so far as real poten-
tials are concerned: perfect anticipation is denied even to God. Thus while his
wisdom enables him to make use of "what in the temporal world is mere wreck-
age" for the realization of greater good, his judgment is not infallible. An inter-
esting conclusion which Whitehead did not explicitly draw is that God is no less
responsible——if not more so——than the World for the evil as well as the
good in the universe. This is because all decisions are derived from God's subjec-
tive aim. Moreover, since God is the only ever – lasting actuality, the nature or
consequence of his failure due to his own limitation is known to himself alone.
God suffers along with the World: he "is the great companion——the fellow –
sufferer who understands. "[100]

In a sense then God is the most solitary figure in the universe. But unlike
Aristotle's Unmoved Mover, the solitude of God is not founded upon his indif-
ference, but upon his functional uniqueness. The solitude of God stems from
the uniqueness of his perspectivity —— that is, the uniqueness of his care, his
wisdom and his responsibility. Far from being "unmoved," God as the universal
object of love is Love itself. The fruition of Love is joy and suffering; and God
alone is capable of entertaining the joy of all triumphs while bearing the whole
burden of suffering. This indeed is what constitutes the everlasting immediacy of
God.

Thus while God is no more actual than any other actuality, he is more u-
niquely actual. He may be described as the "measure" of all things because his
immediacy and perspectivity is the ground of the unity of the universe. It is in
this sense that God was regarded in the organic philosophy as the "chief exempli-
fication" of all metaphysical principles. [101] This indeed is the real meaning of

God's subjectivity. God is a subject in the true sense of the word because his self
– realization is at once the self – enjoyment of the creed character of the uni-
verse. It is the self – enjoyment of importance par excellence.

# Chapter V Conclusion: The Idea of Metaphysical Necessity and the Question of Philosophical Method

Our effort in the preceding chapters has been directed to the reconstruction——in a hopefully more understandable manner——the germinal ideas and essential principles of Whitehead's philosophy. In this concluding chapter our aim is two fold: first, to sum up our previous discussion by way of a critical evaluation of some of the most outstanding features of the philosophy of organism, and, second, to raise some questions concerning the nature and method of speculative philosophy.

Perhaps the best way to approach Whitehead's metaphysics is to be found in the relationship between the two basic ideas of Agency and Conditionality. Agency is conditioned creativity: that is the underlying principle of the theory of actual entities. Every actual entity is a creative agent whose sole essence is activity. But the creative power of an actuality is always conditioned; it owes its efficacy to the character of the dynamic field to which it belongs. Conditionality as such, in other words, is not identifiable with agency. The dynamic character of actuality constitutes only one special kind of conditioning existence, namely, that which serves as condition of individuation or limitation upon which depends all life and motion. But there are other kinds of conditionality. In fact, there are as many types of conditioning existents as there are types of determining or contributory factors analyzable in the composition of a fact. Conditionality and composition are thus correlative concepts. What, ex ante facto, is called a conditioning factor is, ex post facto, a constituent.

And what, ontologically speaking, is -s conditioning or constitutive factor is, epistemologically speaking, a reason or explanatory principle. It is a "cause" in the Aristotelian and Leibnizian sense. In this sense, conditionality or the principle of sufficient reason, as Leibniz put it, is to be distinguished from "causality" in the sense of a necessary connection between two successive events. This idea of necessary causation, which received a fatal blow under the Humean attack, contains two basic features: (a) an exclusive emphasis on efficient causation and (b) the assumption of "necessary power." This is not the notion of conditionality which we found underlying the philosophy of organism. The theory of actual entities is indeed founded upon a theory of agency, that is, efficient causation, but it does not imply the notion of necessary connection. Furthermore —— and this is crucial, Whitehead did not consider it possi-

ble to separate efficient causation from other kinds of causation or conditional-
ity. In fact, the theory of actual entities was an attempt to unify the various sen-
ses of causation which were contained explicitly or implicitly in Aristotle's
metaphysics —— a task which Leibniz had undertaken before him.

Leibniz approached the problem by making an important distinction be-
tween two kinds of truths, namely, truths of reason and truths of fact. All truths
of reason are analytic: they are logically necessary as depending solely upon the
principle of contradiction which, for Leibniz, is the same as the principle of i-
dentity — "A is A." Logical necessity then means the absence of contradiction:
a truth of reason is therefore one whose opposite is impossible. The proposition
"A tall man is a man," for example, cannot be consistently denied. All truths
of fact, on the other hand, are synthetic, with the exception of God's exist-
ence. They are not logically necessary because no contradiction is involved in
their denial. Thus the proposition "The sun rises in the east" ——cited by both
Leibniz Hume——can be consistently denied. For both men logical necessity is
to be completely eliminated from the realm of the actual. But while Hume al-
lowed only one kind of necessity, namely, psychological necessity, Leibniz
recognized the distinction between metaphysical and physical necessity, in addi-
tion to and as contrasted with logical necessity. While the latter stems from the
principle of contradiction, necessity in the metaphysical and physical sense is de-
rived from the principle of sufficient reason.

"Our reasonings," Leibniz remarked, "are founded upon two great prin-
ciples, that of contradiction, ··· and that of sufficient reason, in virtue of
which we judge that no fact can be found true or existent, no statement verita-
ble, unless there is a sufficient reason why it should be so and not otherwise,
although these reasons usually cannot be known to us."[1] According to Couturat,
the relation between the two principles is this: while the principle of contradic-
tion asserts that every analytic proposition is true, the principle of sufficient rea-
son asserts that every true proposition is analytic; one is thus the exact converse
of the other.[2] The distinction between analytic and synthetic propositions is, of
course, Kantian in origin. The contrast between "truths of reason" and "truths
of fact" in Leibniz cannot, strictly speaking, be equated with the distinction
between analytic and synthetic propositions. This is because for Leibniz truths of
fact are in a sense "analytic."

Truths of fact are analytic not in the sense of logical necessity, but in the
sense of metaphysical necessity. Generally speaking, a proposition is necessary if
it cannot be denied without contradiction. But the necessity of a truth of fact,
that is, a realized possibility, is to be distinguished from that of a truth of rea-
son. The necessity of a truth of reason is purely logical: it expresses either a
mere tautology or an essential possibility. A truth of fact, on the other hand, is
necessary only in respect of its factuality. A realized fact cannot be actually other-
wise: what is done cannot be undone. But, logically speaking, it could have
been otherwise. It is logically contingent, not necessary. We might say that a

truth of fact combines actual necessity with logical contingency.

Now, according to Leibniz, all propositions are reducible to the subject — predicate form. [2] It follows that to assert that a proposition is true is to assert that the predicate is contained in the subject, or is predicable of it. Logically speaking then a subject is but a "rule of collection," that is, of all predicates which belong to the subject either essentially as a truth of reason or actually as a truth of fact. Thus corresponding to every logical subject there is a "notion" composed of all its predicates, essentially predicable or actually predicable. This is the gist of Leibniz ' theory of composition, upon which the Kantian distinction between analytic and synthetic propositions (or judgments) is founded. A proposition is analytic if the predicate is contained in the notion of the subject; otherwise it is synthetic. Thus, according to Kant, the proposition "all bodies are extended" is an analytic proposition, whereas the proposition "all bodies are heavy" is synthetic.

It ought to be pointed out at once that this Kantian distinction between the analytic and the synthetic is not really the same as the Leibnizian distinction between the necessary and the contingent. This is because the meaning of necessity has changed in the Kantian interpretation. While still retaining the Leibnizian conception of logical necessity, Kant has done away with Leibniz 's idea of metaphysical necessity, and has substituted in its place a new conception of necessity, namely, transcendental necessity. Or rather, we should say, for Kant metaphysical necessity is transcendental necessity. In consequence of this transformation, all mathematical propositions, which for Leibniz are truths of reason founded upon the principle of contradiction alone, are now recognized as synthetic a priori, deriving their necessity not from the principle of contradiction, but from space and time as forms of pure intuition. On the other hand, those metaphysical propositions or principles which according to Leibniz are necessary in virtue of the principle of sufficient reason are now dismissed as "transcendental illusions" which owe their being to the misuse of transcendental concepts or principles. They are therefore not necessary in the Kantian sense.

What makes possible this Kantian transformation is the denial that actual existence can in any sense be logically demonstrated. Kant denied emphatically the Leibnizian premise that the proposition asserting the existence of God is a truth of reason, logically necessary and analytic. For him existence is not an attribute, explicable from the complete notion of God.

But Leibniz ' conception of metaphysical necessity was based precisely upon the existence of God as the first principle of ontology. Indeed, God's existence may be described as the ultimate sufficient reason from which all metaphysical truths are to be derived. Thus there must be a created world because creation is inherent in the nature of God as an expression of his perfection. This "tooral necessity" —— as Leibniz called it—— of God to express his divine goodness not only accounts for the existence of an actual world, but also for its character: If God should will to create, as he must out of moral necessity, he must create the best possible world. Now on the basis of Leibniz1 s theory of composition this actually created world, as well as any other possible worlds not admitted into existence, must be determinate in its complete notion, which would include, among other things, the principles or laws of nature defining for the world in question its unique systematic order. But the necessity of physical laws which prevail in this world is only a "hypothetical necessity," not a logical necessity, since their necessity is consequent to God's will to create which, though morally necessary, is logically contingent.

Neither Kant nor Whitehead would approve of such metaphysical extravaganza based on such shaky premise as the idea of moral necessity. But the Leibnizian influence on Kant's idealism was unmistakable even here. For while the principle of sufficient reason has now become the transcendental unity of apperception as the highest synthetic principle of human knowledge ( the principle of contradiction being the highest analytic principle ) , the Leibnizian notion of moral necessity has been correspondingly transformed into the idea of a supreme being construed as a postulate of moral reason. What Kant did, in effect, was to disassociate the two senses of necessity which Leibniz attributed to the divine being: namely, the logical necessity of his existence which Kant denied, and the moral necessity of his nature which Kant upheld as the highest moral ideal.

Now whitehead agreed with Kant that the existence of God has no logical necessity; that is why God in the organic philosophy was described as the "primordial, non − temporal accident" of creativity. [4] That is why, too, God is not included as a category in the Gategoreal scheme. Apparently, the existence of God for Whitehead is a brute fact for which there is no logical proof possible.

This does not mean, of course, that the notion of God is necessarily empty or arbitrary. The impossibility of logical proof does not exempt it from the philosophical demand for evidence. Indeed, it is the very function of philosophy, according to Whitehead ( as we have seen in Chapter II ) , to "make manifest the fundamental evidence as to the nature of things. "[5] And this "fundamental evidence1" is self − evidence: philosophical understanding is, in the final analysis, simply the disclosure of self − evidence. [6] The question now arises, what then is the self − evidence which would bear witness to the objective existence of God as a brute fact ?

Unfortunately, Whitehead himself seemed to have completely ignored this important question. To the knowledge of the present writer, he has never explicitly defended the existence of God. This lends support to the suspicion that Whitehead is not at all concerned with God as an objective existence. There is reason to believe that Whitehead's notion of God was meant to be primarily a formal concept, and only secondarily a phenomenological concept.

God construed formally is the God of metaphysics. God as a formal, metaphysical concept does not imply his actual existence: the concept simply prescribes what metaphysical functions a deity must perform, if he should exist. The religious conception of God, on the other hand, may, from the philosophical standpoint, described as a phenomenological interpretation of a certain meta-physical theory. A moment's reflection will show that it is possible for two differ-ent religions to share the same formal content while differing in their phenome-nological content. This, indeed, is what makes possible the comparative study of religions as a rational discipline. Any two religious or specific conceptions of God are analogous to the extent of similarity in the metaphysical functions attrib-uted to the deity.

When we examine carefully Whitehead's theory of God, we find that he is solely defined in terms of a set of limiting conditions which are metaphysically necessary to the philosophy of organism as a rational conception of reality. The metaphysical necessity here is basically epistemological: it is the necessity of ra-tional explanation. For the intelligibility of things demands that certain metaphysi-cal conditions must be fulfilled or satisfied.

There are, as we have seen in the last chapter, but two main functions which Whitehead attributed to God in his system—namely, the conservative function and the co－ordinative function. His conception of God is that of "the reservoir of potentiality and the co－ordination of achievement.[7]" Is this the God of religion?

In posing this question one assumes already that there is such a thing as ft religious conception of God shared by all religions. The truth of the matter is rather that there are as many religious notions of God as there are religions. The personal conception of God as entertained by the Judaic and the Christian faith is, for example, by no means universal.

Perhaps there can be no metaphysics of religions; there is only metaphysics of religious experience. There seems to be little question that the latter was pri-marily what Whitehead had in mind in formulating his theory of God. What we must note immediately is that the metaphysics of religious experience is not, un-like psychology, concerned with religious experience as such. Metaphysics as the first science is the quest for rational justification: its chief function, in this con-text, is the rationalization of religious experience. This is the reason why the i-dea of physical creation out of nothing was eliminated, in spite of its popular re-ligious appeal, from Whitehead's s theory of God. For such notion cannot be ra-tionally justified.

Whitehead made no claim that he personally had access to all types of reli-gious experience. But he apparently believed that there is a core of religious ex-perience which is fundamentally human. And he, like many others, saw the es-sence of the religious spirit to be found in those boundary conditions mediating the finite and the infinite. But here, too, lies the foundation of metaphysics as the first science of rational justification. Thus metaphysics and theology, con-ceived simply as the rationalization of religious experience, must, as Aristotle taught, be in the end identical.

Consequently, the fact that the concept of God is not included in the Cat-egoreal Scheme must be considered a great oversight on Whitehead's part. For without God as the primordial ground of relatedness there could be no individuation of creativity; for the concept of subjective aim and conceptual prehension would be totally unfounded. In fact, since God represents the systematic unity of the universe, the whole theory of actual entities would collapse in abstraction from this concept. There is no question that God ought to be treated as an integral part in the formalized philosophical scheme.

Whitehead probably thought that by incorporating God into the Categoreal Scheme he would be tacitly asserting his actual existence——the last thing he would want to do in view of the fact that God was construed by him as, like the temporal actual entities, an accident, though an everlasting one, of creativity. Since the Categoreal Scheme is a "system of general ideas," it must contain no reference to particularity, however special that may be. For logically speaking the Categoreal Scheme is no more than a formal system of uninterpreted concepts——a device which Whitehead designed to exhibit the intelligible sturcture of reality. When interpreted, it will reveal a world of actual entities connected in a certain manner. But the Categoreal Scheme, taken purely as a formal system, does not: assert the existence of actual entities.

This presupposes, of course, that no actual existence can be validly infer from its possibility——a procedure traditionally adopted in the ontological proof of the existence of God. For the Categoreal Scheme does define the possibility of actual entities. Since Whitehead agreed with Kant in denying the logical demonstrability of actual existence, the actuality of God, and of all temporal actual entities alike, can only be dogmatically asserted. And Whitehead put it by stating that God is a primordial accident of creativity.

But God need not be a descriptive, phenomenological concept, as referring to an objectively existent entity for which evidence is required for its validation. The notion of God may be a purely formal concept, defined prescriptively in terms of a set of conditions which may be satisfied by one or more particular instances. If all existence is to be functionally conceived, then the concept of God is the same as the concept of "divine function": a God is what he does. Thus defined, God is a role concept, not an entity concept. This distinction is important because a role is in itself indifferent to the entity that plays the role. There may be roles for which there exist no qualified candidates, such as the role of God. On the other hand, a role need not be assumed by a single individual entity; it may be performed by a group of individuals working in concert. Thus in pantheism the divine function is carried out by all beings in joint action.

Whether Whitehead entertained a pantheistic or a personalistic theory of God is not at all easy to determine. The fact that he conceived God as a separate actual entity distinguishable from the temporal actual entities and that he was described as "conscious" in its consequent nature——though unconscious" in its primordial nature——would seem to favor the personalistic interpretation. [8] Indeed, unless the deity is endowed with the attributes of personality, such metaphors as "savor" or "poet of the world1" would be meaningless. On the other hand, in view of Whitehead's theory of the mutual dependence of God and the world, the pantheistic interpretation is not at all impossible. No one can read his writings on God without being reminded of Spinoasa's Nature and Hegel's Absolute. For Whitehead actually construed the deity as representing the systematic unity of the universe. "God," he says, "is the one systematic, complete Fact, which is the antecedent ground conditioning every creative Act. " [9] And indeed we must not forget the fact that God's physical nature (the Body of God, so to speak) would have no content apart from the objectifications of antecedent actual entities. Hence there is at least a pantheistic element in Whitehead's theology. And why not? Pantheism is not necessarily incompatible with the personalistic conception of God. If one conceives the universe as forming one organism and God its central organ, then it is possible to characterize God in both pantheistic and personalistic terms. This appears to be just what basically was attempted in Whitehead's organismic theology, in which the apparent self – contradiction of many theological antitheses would be overcome by "a shift of meaning which converts the opposition into a contrast" :

It is as true to say. That God is permanent and the World fluent, as that the World is permanent and God is fluent.

It is as true to say that God is one and the world many, as that the World is one and God many.

It is as true to say that, in comparison with the World, God is actual eminently, as that, in comparison with God, the World is actual eminently.

It is as true to say that the World is immanent in God, as that God is immanent in the world.

It is as true to say that God transcends the World, as that the World transcends God.

It is as true to say that God creates the World, as that the World creates God. [10]

Here then is a theory of God which, if valid, would provide the metaphysical basis upon which opposing religions may be rationally reconciled. There seems to be little doubt that one chief function of metaphysics is for Whitehead the rationalization of religious experience. Metaphysics, in other words, must attempt to establish a rational theology or a theory of God which can be philosophically justified.

Now the idea of justification cannot be separated from that of evidence. The metaphysical task may be said to have both an ontological and an epistemological aspect. The function of ontology is to construct a formal scheme of thought so as to exhibit the intelligibility of existence and reality. The task of epistemology, on the other hand, is to justify the formal construction on the basis of phenomenological evidence, that is, evidence derived from human experience —— conscious or unconscious, intuitive or discursive. Thus conceived, metaphysics is not identifiable with ontology, but rather with the unification of ontology and epistemology. This, we believe, is what Whitehead had in mind when he defined Speculative Philosophy ( metaphysics ) as "the endeavor to frame a coherent, logical, necessary system of general ideas in terms of which every element of our experience can be interpreted. " [11] Note that he did not mention "existence" ( or "being" ) in this definition: the philosophical scheme is to be interpretable not by " every existent," but by "every element of our experience. "

Obviously for Whitehead no existence can transcend the possibility of human experience, that is, conceived in the broadest sense: "the unknowable is unknown. " [12] Any intelligible existent must possess some form of "phenomenological validity," depending upon the kind of experiential "evidence" supporting its existence; it must be at least conceivable or imaginable. This phenomenological validity of an entity is what determines its "meaning" of existence. Thus, to illustrate, pains, trees, centaurs, electrons and numbers would not exist in the same sense because they differ in their phenomenological foundation. Phenomenology then lies at the core of epistemology: it may be defined as the science of evidence based upon the descriptive analysis of experience.

That the organic philosophy contains an implicit phenomenology as above defined is not open to question. Whitehead's ontology as formulated in the Categoreal Scheme is not the arbitrary product of his imagination; it has its basis in human experience. In fact, if the ontological scheme is applicable to every element of our experience, it would constitute at the same time a systematic statement of phenomenology. This is certainly no accident inasmuch as the categoreal Scheme was supposedly arrived at by a descriptive generalization of experience. And by "experience" Whitehead meant experience in its most inclusive conception:

In order to discover some of the major categories under which we can classify the infinitely various components of experience, we must appeal to evidence relating to every variety of occasion. Nothing can be omitted, experience drunk and experience sober, experience sleeping and experience waking, experience drowsy and experience wide – awake, experience self – conscious and experience self – forgetful, experience intellectual and experience physical, experience religious and experience sceptical, experience anxious and experience carefree, experience anticipatory and experience retrospective, experience happy and experience grieving, experience dominated by emotion and experience under restraint, experience in the light and experience in the dark, experience normal and experience abnormal. [13]

This is not a definition of experience. And it is certainly not a complete catalogue of the "infinitely various components of experience. " But what Whitehead wanted to convey in this passage is clear. If the philosophical scheme is adequate to the task of ontology as the first science, to the rational ideal of carrying explanation to its utmost limits, it must have as broad a phenomenological foundation as possible. We must appeal to all variety of human experiences: "nothing can be omitted. "

What then is the proper method whereby the categories of ontology may be derived from an analytics of experience? "The primary method of philosophy," says Whitehead, "M is descriptive generalization." And he notes elsewhere: In this description of philosophic method, the term 'philosophic generalization' has meant 'the utilization of specific notions, applying to a restricted group of facts, for the divination of the generic notions which apply to all facts'." [15]

What we must note immediately is that the method of "descriptive generalization" is actually a synthesis of two distinct philosophical procedures: namely, descriptive analysis and imaginative generalization. How these two procedures are combined to form the philosophic method of discovery was vividly described by Whitehead as below:

The true method of discovery is like the flight of an aeroplane. It starts from the ground of particular observation; it makes a flight in the thin air of imaginative generalization; and it again lands for renewed observation renewed acute by rational interpretation. The reason for the success of this method of imaginative rationalization is that, when the method of difference fails, factors which are constantly present may yet be observed under the influence of imaginative thought. Such thought supplies the differences which the direct observation lacks. [16]

The phrase "imaginative rationalization" is crucial here. For it is what constitutes the basic procedure of formal construction. The formal construction of the ontological scheme requires both imaginative insight and rational interpretation. But the method of imaginative rationalization is operative only on the data of particular observation. Phenomenology, in other words, supplies the "givenness" of ontology. The formal method of imaginative rationalization and the phenomenological method of descriptive analysis are thus inseparably bound up in the speculative task of metaphysics. Metaphysics requires this formal – phenomenological synthesis of method. Or, to put it differently, the proper method of metaphysical discovery is the "formal – phenomenological method."

Neither Husserl nor Whitehead could be said to have realized the full potentials of this basic method of philosophical discovery. Each presented a one – sided emphasis in their approach to the metaphysical situation which are, however, complementary rather than opposite to each other. In spite of his appeal to experience, Whitehead did not produce a phenomenology as Husserl did. As a result perhaps, the phenomenological foundation of the organic ontology is net sufficiently clear. Husserl, on the other hand, had presented us no ontology in the Whiteheadean sense: he was hardly interested in the "imaginative rationalization" of experience. But if we accept with Aristotle and Whitehead the rational ideal of carrying explanation to its utmost limits, then the mere descriptive analysis of experience is certainly not enough.

Now why did Whitehead fail to develop a phenomenology? The answer is to be found partly in his ontological bias. His appeal to experience was based upon one central purpose, namely, to discover the "fundamental evidence as to the nature of things. " Whitehead was not interested in experiential evidence as such, as did Husserl and the phenomenologists. He was concerned rather primarily with those parts or features of human experience which are the most crucial from the metaphysical standpoint, namely, those from which ontological first principles can be derived. Thus while "nothing can be omitted" in the collection of experiential evidence for the purpose of discovering the ultimate categories of metaphysics, not all evidence are of equal importance. In fact, the method of descriptive generalization is to be applied only to the most salient features of experience. The rest would be the concern of the special sciences.

To this part of experiential evidence which constitutes the phenomenological foundation of ontological first principles Whitehead gave the general name "immediate experience. " This for him is the "givenness" of metaphysics:

Our datum is the actual world, including ourselves; and this actual world spreads itself for observation in the guise of the topic of our immediate experience. The elucidation of immediate experience is the sole justification for any thought; and the starting point for thought is the analytic observation of components of this experience. [17]

The "components of this experience" constitute then the "primary factors" of experiential evidence. The following passage will give us a rather clear indication as to what they are:

I find myself as essentially a unity of emotions, enjoyments, hopes, fears, regrets, valuations of alternatives, decisions —— all of them subjective reactions to the environment as active in my nature. My unity——which is Descartes' 'I am' —— is my process of shaping this welter of material into a consistent pattern of feelings. The individual enjoyment is what I am in my role of a natural activity, as I shape the activities of the environment into a new creation, which is myself at this moment; and yet, as being myself, it is a continuation of the antecedent world. If we stress the role of the environment, this process is causation. If we stress the role of my immediate pattern of active enjoyment, this process is self – creation. If we stress the role of the conceptual anticipation of the future whose existence is a necessity in the nature of the present, this process is the teleological aim at some ideal in the future. This aim, however, is not really beyond the present process. For the aim at the future is an enjoyment in the present. It thus effectively conditions the immediate self – creation of the new creature. [18]

Let it be added that "we are not conscious of any clearcut complete analysis of immediate experience, in terms of the various details which comprise its definiteness. " [19] In fact, conscious experience in which things are prehended clearly and distinctly is not for Whitehead a primary factor or element of experience. Consciousness is essential from the epistemological standpoint, but not from the ontological standpoint.

For Whitehead "to experience something" does not necessarily mean "to be conscious of something. " m this view consciousness in the sense of clearly and distinctly discriminating or differentiating awareness belongs to the peak of mentality, which is found only in human experience. But even in human experience by far the larger portion of it, so Whitehead believes, is not conscious. He has in mind here in particular the mode of perceptual experience which he terms "causal efficacy. " Perception in the mode of causal efficacy is, according to Whitehead, most evidently exhibited in our awareness of ourselves in the immediate past —— an experience which he described as the "withness of the body. "[20] "For the organic theory," Whitehead states, the most primtive perception is 'feeling the body as functioning. ' This is a feeling of the world in the past; it is the inheritance of the world as a complex of feeling; namely, it is the feeling of derived feelings. The later, sophisticated perception is 'feeling the contemporary world. '[21]

This other type of more sophisticated feelings refers to what he termed "presentational immediacy. " As contrasted with our perception in the latter mode which is clear and distinct, our experience of the causal past is dim, vague and ill – defined. But the discriminating philosopher is likely to concentrate his attention on the more sophisticated type of perception —— and from then on, consciousness and reflective thinking. Here we find the basis for Whitehead's recurring criticism of the Cartesian tradition in modem philosophy. The subjective bias in modern philosophy as initiated by Descartes has misled philosophers in the wrong direction with respect to the fundamental method and starting point of metaphysics. Whitehead does not mean to imply that the Cartesian discovery of the Cogito has no real significance. On the contrary, he accepts Descartes1 "subjectivist principle" in so far as it asserts that the starting point for metaphysics is to be founded upon the "primary elements in actual experience" as revealed through the subject of the experiential occasion.[22] What he objects to is not this general character of the subjectivist approach, but only the identification of the "primary elements" with the conscious factor in human experience. Thus the philosophy of organism may be said to accept a "reformed subjectivist principle" which accepts Descartes' discovery as to the metaphysical primacy of the experiencing subject but rejects both the "sensationalist" and the "idealist" interpretations of the subjective factor, both of which are offshoots of Cartesianism Despite their opposition to each other, both the sensationalists and the idealists appeal to the clear and distinct portions of human experience——the one to sensory experience, and the other to conscious thought. But the fact that these parts of experience are relatively clear – cut or simple does not imply that they are proportionally more fundamental. In fact, Whitehead contends that they are, in the final analysis, far less important and basic than those other parts of our experience which we only dimly——but necessarily enjoy. These other parts of experience belong primarily to the mode of causal efficacy:

···The mode of causal efficacy produces percepta which are vague, not to be controlled, heavy with emotion; it produces the sense of derivation from an immediate past, and of passage to an immediate future; a sense of emotional feeling, belonging to oneself in the past, passing into oneself in the present, and passing from oneself in the present towards oneself in the future; a sense of influx of influence from other vaguer presences in the past, localized and yet e-vading local definition, such influence modifying, enhancing, inhibiting, di-verting, the stream of feeling which we are receiving, unifying, enjoying, and transmitting. This is our general sense of existence as one item among oth-ers, in an efficacious actual world. [23]

In comparison, the other mode of perception —— that is, presentational immediacy —— has characteristics which are the "converse" of those we find in the causal mode of perception. They are distinct, definite, controllable, apt for immediate enjoyment, and with the minimum of reference to past, or to fu-ture. We are subject to our percepta in the mode of efficiacy, we adjust our per-cepta in the mode of immediacy. But, in fact, our process of selfconstruction for the achievement of unified experience produce a new product, in which percepta in one mode, and percepta in the other mode, are synthesized into one subjective feeling. For example, we are perceiving before our eyes a grey stone. [24]

The "synthetic activity whereby these two modes are fused into one per-ception" is what Whitehead called "symbolic reference." [25] The unity of experi-ence is essentially this synthetic unity of symbolic reference.

The "basis of experience," Whitehead notes, "is emotional." [26] The syn-thetic unity of experience, in other words, is basically an "emotional" synthe-sis. In the technical language of the theory of actual entities, every occasion of human experience is a "process of concrescence" in which the multiplicity of feelings or prehensions are integrated into one novel unity of experience. "An actual occasion," says Whitehead, "arises as the bringing together into one real context diverse perceptions, diverse feelings, diverse purposes, and other di-verse activities arising out of those primary perceptions. Here activity is another name for self – production." [27] By "primary perceptions" Whitehead refered to those antecedent (and thus consummated) activities which form the data for the present concrescence. For the "basic fact1" about an experiential occasion is the "rise of an affective tone originating from things whose relevance is given." [28]

The crucial point here is that for Whitehead a process of concrescence is at the same time a process of becoming —— that is, the becoming of a "self" or an actual entity. The self which becomes is the "subject" of the experiential oc-casion. But the percipient self or subject is not to be conceived as an unchanging substratum which persists throughout the experiential process. The self in the Whiteheadean sense is always an "emergent" thing whose being is constituted by its becoming. The "feeler" of an experiential occasion is nothing apart from its feelings: for it is just the unity emergent from them. [29] Thus while Whitehead a-greed with Kant and most idealistic philosophers that the subject – object rela-tionship expresses the fundamental structure of human experience, there is this crucial difference in their respective emphasis:

The philosophy of organism is the inversion of Kant's philosophy. The Critique of Pure Reason describes the process by which subjective data pass into the appearance of an objective world. The philosophy of organism seeks to describe how objective data pass into subjective satisfaction, and how order in the objective data provides intensity in the subjective satisfaction. For Kant, the world emerges from the subject; for the philosophy of organism, the subject emerges from the world —— a 'superject' rather than a 'subject.' The word 'object' thus means an entity which is a potentiality for being a component in feeling; and the word 'subject' means the entity constituted by the process of feeling, and including this process. [29]

What makes possible this "inversion" is the denial that consciousness is essential to experience. But without this assumption the whole conception of transcendental necessity collapses. Both Kant and Whitehead emphasize the synthetic unity of experience. Indeed, Whitehead's theory of perception and knowledge witnesses a strong Kantian influence: in particular, the idea of experience as functional synthesis and the theory of "reproduction." But while for Kant all unity of experience is ultimately derived from the transcendental ego which expresses the unity of apperception or self – consciousness, Whitehead contends that the synthetic unity of any experiential occasion is inherent in the objective data from which the subject emerges into a real unity of experience. Thus what is eliminated from the Kantian theory is not just the notion of the transcendental ego, but also the Humean conception of inert, passaive sensa which Kant so uncritically inherited. Unlike the Humean and Kantian idea of sensuous manifolds, the Whiteheadean objective data are dynamic factors of reality.

In Whitehead's view the whole tradition of modern philosophy has been mistaken in its conception of the fundamental character of human existence. What is fundamental to human existence is its emotional actuality, and not consciousness:

Human nature has been described in terms of its vivid accidents, and not of its existential essence. The description of its essence must apply to the unborn child, to the baby in its cradle, to the state of sleep, and to that vast background of feeling hardly touched by consciousness. Clear, conscious discrimination is an accident of human existence. It makes us human. But it does not make us exist. It is of the essence of our humanity. But it is an accident of our existence. [31]

"Consciousness," in other words, "presupposes experience, and not experience consciousness. It is a special element in the subjective forms of some feelings." [32] Again, "mental activity is one of the modes of feeling belonging to all actual entities in some degree, but only amounting to conscious intellectuality in some actual entities." [33]

Now the obsession with consciousness in modern philosophy as rooted in the Cartesian dualism has been responsible for what Whitehead termed the "bi-

furcation of Nature. " The human mind whose essence is conceived as con-
sciousness is now hopelessly separated from the human body and thus external
nature. The aim of Whitehead's "revolt against dualism" is to recover this bifur-
cation by abandoning entirely the notion of mind as forming a self – enclosed do-
main of existence. According to the organic philosophy, the essence of human
existence is, first of all, activity, and only secondarily consciousness. All activi-
ty is emotional because it is essentially characterized by an "affective tone" de-
rived from its datum. That is the basic meaning of experience, feeling, or pre-
hension in the theory of actual entities. Thus the "baby in its cradle" feels, ex-
periences and exists —— though conscious experience is absent. For the flatter is
not a necessary factor in its existence.

The up – shot of all this is that for Whitehead mentality in the basic sense is
the same as actuality. This is because an actuality is essentially an agency of exclu-
sive limitation, or "decision" in the ontological sense. In this sense, mentality
is definable simply as the contrast ( synthesis ) between realized and unrealized
possibilities. When this contrast is consciously comprehended, we have then a
conscious decision as characterizing some parts of human experience. But what
has been generalized in the theory of actual entities is not our peculiarly human
mentality, but mentality in the most fundamental sense. For it is this basic con-
trast between realized and unrealized possibilities that is essential to all actualities,
human and non – human. It is what binds us together with external nature. The
discovery of this and other essential features of actuality within human experience
is obviously necessary for Whitehead's attempt to bridge the gap between man
and the natural world:

any doctrine which refuses to place human experience outside nature, must
find in descriptions of human experience factors which also enter into the de-
scriptions of less specialized natural occurrences. If there be no such factors, then
the doctrine of human experience as a fact within nature is mere bluff, founded
upon vague phrases whose sole merit is a comforting familiarity. [34]

This, in fact, is one chief motive behind the imaginative rationalization of
experience in the organic philosophy.

Now the rational interpretation, of natural phenomena in terms of human
experience does not necessarily imply "anthropomorphism. " In the first place,
Whitehead's basic premise is not that man and nature are intrinsically opposed to
each other, but that man is part of nature. The essence of man and the essence
of non – human nature share a fundamental identity – namely, activity or pow-
er which constitutes alike their substantial actuality. Secondly, in deriving his
metaphysical categories Whitehead made no appeal to those factors of human ex-
perience which are peculiarly human, such as consciousness. For such generali-
zation would indeed amount to anthropomorphism. What is crucial here is that
for Whitehead not all human experience is peculiarly human; the contrary view
would give rise to solipsism. And the most basic factor of human experience is
power which, for Whitehead, is directly observable. Furthermore, we experi-

ence directly in ourselves the power of the external world.

This accounts for the importance of bodily functionings in Whitehead's epistemology. For the human body is the center of interaction between man and his external environment:

The body is that portion of nature with which each moment of human experience intimately co – operates. There is an inflow and outflow of factors between the bodily actuality and the human C that is, peculiarly human experience, so that each shares in the existence of the other. The human body provides our closest experience of the interplay of actualities in nature. [35]

This intimate interconnectedness of human experience and external nature has, Whitehead contends, not only its foundation in our immediate causal awareness of our own process existence, but is amply supported by other sources of evidence:

Ordinary language, and the sciences of physiology and psychology, supply the evidence. This evidence is threefold: namely, the body is part of nature, the body supplies the basis of emotional and sensory activities, and the agitations of human experience pass into subsequent bodily functionings . [36]

These other sources of evidence, let it be admitted, do not have the same epistemological status as our immediate experience. The electrical – chemical impulses which, according to the physiologists, are the basic instruments of the nervous system cannot be directly experienced – let alone the molecules, atoms and subatomic particles that are supposedly involved in all our physical – biological processes. But Whitehead never seemed to consider it necessary to investigate into the phenomenological validity of scientic evidence. Such entities as molecules and atoms are for Whitehead real existents, not mere scientific constructs, though he never rigorously defended his position.

And yet there seems to be no question that in Whitehead's mind the various sources of evidence are not of equal status. "All knowledge," he says, "is derived from, and verified by direct intuitive observation. "[37] Indeed, in so far as the ultimate metaphysical categories are concerned, "the sole appeal is to intuition. "[38]

Now there is a certain ambiguity in Whitehead's use of the term "intuition." On the one hand, he appeared to have equated intuition with any mode of direct, as contrasted with indirect, experience or apprehension. When one is actually looking at a dog, then he is having an intuitive experience of the dog —— but not when the object in question is being remembered, imagined or thought about. In this sense, scientific objects such as atoms and electrons are certainly not observable by intuition. Thus it is wrong to say that "all knowledge is derived from, and verified by direct intuitive observation. "[39] For scientific knowledge is only indirectly derived from our intuitive experience. And it is at least debatable whether logic and mathematics are founded upon "direct intuitive observation. "

Most probably what Whitehead meant to imply is not that all knowledge as

such is founded upon direct intuitive observation, but rather that all knowledge
in its most fundamental character is derived from, and verified by direct intuitive
observation. That, indeed, was exactly what was meant by the statement that
"the elucidation of immediate experience is the sole justification for any
thought. "[40] For "immediate experience" —— which consists of all the primary
factors of subjective experiencing —— is what, in Whitehead's view, deter-
mines the fundamental character of all knowledge. These, "ultimate facts of im-
mediate actual experience," as Whitehead so characterized them, are what sup-
ply the sources of metaphysical first principles, for they constitute none other
those factors which give us the "fundamental evidence as to the nature of
things. "[41] And fundamental evidence is thus intuitive —— the proper meaning
of "self − evidence" in the organic philosophy.

Here "intuition" has a rather precise meaning: it refers to the functional
synthesis whereby the two modes of perception, namely, causal efficacy and
presentational immediacy, are integrated in the formation of an individual unity
of human experience – as, for example, in our perceiving before our eyes a
grey stone. What is being intuitively grasped is not, Whitehead argues, just a
grey stone, but rather "my perception of the stone as grey. "[42]

In what way an individual unity of human experience is constituted by the
functional synthesis of the two modes of perception cannot be dealt with in this
general study. It suffices to point out here that while Whitehead retains the tradi-
tional subject − object terminology, his meaning of this conceptual demarcation
is drastically different from the traditional (especially the Kantian) interpretation,
as we have noted earlier. That the being of the subject arises from the reality of
the object (data) is entirely original. This basic principle enables Whitehead to
remedy the defects of both sensationalism (in particular the Humean atomistic
theory of perception) and idealism (in particular the Kantian theory of mind) .

The question that must be raised here is that whether Whitehead's theory of
actual entities is derived solely from the fundamental evidence supplied by imme-
diate experience. is it true, as Whitehead claimed, that in deriving the meta-
physical categories and principles of the Categoreal Scheme, "the sole appeal is
to intuition"?

We have raised the question earlier concerning the status of God in the
Whiteheadean system. Not being a mystic in any sense, Whitehead would cer-
tainly deny that the existence of God is knowable through direct intuitive obser-
vation. That perhaps is the chief reason why God was not explicitly stated as a
category in the Categoreal Scheme. By on closer examination the existence of
God was implicitly asserted in the formal scheme, namely, in the idea of crea-
tivity as the ultimate metaphysical principle. In spite of Whitehead's characteriza-
tion of the Deity as the "primordial, non − temporal accident" of creativity,
the fact remains that creativity is operative only on the basis of God's function as
"reservoir of potentiality and the co − ordination of achievement. "[43] God then is
an indispensable metaphysical category in Whitehead's ontology. God does not

exist only in the present cosmic epoch: for he is the ultimate principle of concretion, governing the continuous world – Process which is the creative advance.

Actually, the Categoreal Scheme is derivable only partially from direct intuitive experience. Whitehead's insistence on the primacy of the concrete (that is, the directly intuitable) might have given rise to the impression that the central notion of actual entities is what may be termed a "distributive concept," that is, referring to individual things with certain specifiable attributes or properties, such as atoms, cells, or human beings. But Whitehead made it very clear that every actual entity expresses in fact a genetic unity of the universe. An actual entity is not the concept of some concrete individual thing such as Aristotle's ousia or primary substance; it is rather the concept of a state of affair —— more precisely, a state of affair involving all individuals in the universe. It is the universe from a particular standpoint. The standpoint is defined by the agency or genetic subject responsible for a given transformation. There are thus as many actual entities or events as there are processes of transformation in the universe.

But the genetic subject is not itself a concrete individual thing. The efficient cause in the theory of actual entities is to be conceived always as a unity of action, and action is the dispensation of power. The action which is responsible for change does not necessarily stems from one individual. In fact, in Whitehead's view, every transformation requires the synergetic effort of all concrete individuals. The sculptor alone cannot bring about the change in a block of marble, for the operations of the sculptor depend for their efficacy the existence of a dynamic environment —— ultimately the whole universe as forming one dynamic, energetic field in which every actual entity is but a locus of energy.

Thus far from being concrete, the notion of actual entities turns out to be extremely abstract. Strictly speaking, we have no direct experience of actual entities, for we do not intuit the universe as a whole. Truely enough, what is original in our experience, as Whitehead so keenly observes, is the vague totality. [44] But this "vague totality" as experienced is not the theoretical universe. That the universe forms one dynamic field is not supported by immediate experience; its phenomenological basis is supplied by the evidence of science through the mediation of discursive thought. It is therefore not true that the derivation of the category of actual entities is effected by a sole appeal to intuition. In fact, even the intuitive content of this category has lost its concrete character in the process of theoretical transformation.

In our introductory chapter we have pointed out briefly how confusion has been generated by Whitehead's conception of "feelings." The root of this confusion, we may now come to see, is to be found in Whitehead's failure to distinguish functional from distributive concepts. Feelings functionally defined are concepts of roles, and not of concrete activities which would require for their definition a distributive concept. The confusion arises because the term "feelings" is used in both senses by Whitehead without discrimination.

An actual entity, let us recall, does not denote any concrete individual thing such as a human being, a tree, a cell or an atom which may be directly or indirectly verified by experience. It refers rather to a dynamic state of affair involving the whole universe. More precisely, an actual entity is a dynamic state of the universe considered as active —— that is, as the genetic subject or agent of transformation. A house has been built; ex post facto, a potentiality has been realized. This event is an instance of creativity involving a transition from basis to outcome. The basis of this creative process is the antecedent state of the universe in which the house existed potentially. Whereas the outcome of the event is the subsequent state of the universe in which the potentiality has been actualized. The genetic subject of the event is thus identifiable with the universe conceived as an active agent responsible for the transition in question.

Obviously the term "agent" here is to be conceived metaphorically. For the universe conceived as an active agent is not to be treated like a concrete individual thing. Perhaps the following example will help to clarify what we mean to convey here. In our ordinary discourse we often characterize the nature or function of a group in terms of characteristics derived from the individuals which compose it. Thus we would say that the government of the United States has decided to give economic aid to underdeveloped countries as if the United Sates government were a concrete human being capable of making decisions. Actually, of course, the decision was made by certain individuals in the government, and not by the government as personalified.

We may now understand why Whitehead's identification of an actual entity as a unity of feelings has given rise to much confusion and misunderstanding. For an actual entity as designating a dynamic perspective of the universe is a theoretical construct which cannot be characterized in terms of concrete feelings, such as experienciiable in human experience. The truth is, what Whitehead called "feelings" as ascribable to actual entities can only be properly understood as roles or functions. An actual entity is indeed a functional unity —— a synthesis of roles.

But a role concept must be distinguished from a thing concept, as we have stated earlier. In the building of a house, for example, the genetic subject is just the abstract synthesis of all the roles or functions that are involved in its agency. But these roles are carried out by different individuals. Metaphorically, we might say that it is the same genetic subject who is responsible for the decision, the design as well as the physical work involved in its construction, while actually these roles are usually performed by different concrete individual agents. In short, power and activity belong only to concrete individuals. The genetic subject does not really act.

This docs not mean, of course, that the notion of genetic subject has no theoretical validity. On the contrary, it is a necessary device for us to investigate into the intelligible character of the creative process. For the forms of agency are at once the forms of process, which may be considered in abstraction from the

individuals which are the real agents of creativity. Indeed, according to White-
head, this possibility of abstraction "lies at the basis of all thought." [45] The fol-
lowing passage indicates clearly his basic approach to the problem of reality:

The whole understanding of the world consists in the analysis of process in
terms of the identities and diversities of the individuals involved. The peculiarities
of the individuals are reflected in the peculiarities of the common process which
is their interconnection. We can start our investigation from either end; name-
ly, we can understand the process and thence consider the characterization of
the individuals; or we can characterize the individuals and conceive them as
formative of the relevant process. In truth, the distinction is only one of empha-
sis. [46]

It is difficult to see how Whitehead could have regarded this "distinction"
as "only one of emphasis." The truth is, he had never really grasped the fun-
damental distinction between distributive and functional properties. Generally
speaking, a distributive property is a property belonging only to individuals,
that is, separately, whereas a functional property may be defined as a property
which pertains —— not to a separate individual, but to a combination of indi-
viduals, Moreover, a distributive property may be further characterized as ge-
neric, specific or singular, depending upon whether that property is possessed
by every, several or only one of the members of a group or class. Thus in the
class of atoms, for example, a generic property would be one which is shared by
all (each and every) atoms; a specific property by a subgroup of atoms, say
oxygen atoms; and a singular property one which belongs only to a particular
atom. Singular properties are thus by definition unique.

Now while a distributive property always qualifies an individual, a func-
tional property is always founded upon a conbination or togetherness of individu-
als. What is characterized by a functional property is not any of the individuals
which are combined or together, but rather the combination or togetherness as
involving both the individuals and the principle of synthesis underlying the com-
bination. Thus when a man and a woman are happily united by marriage, a dis-
tinction ought to be made between the happy marriage and the couple who are
happy. The first "happy" designates a functional property qualifying the union of
two individual human beings by marriage (principle of synthesis); whereas the
second "happy" expresses a distributive property qualifying the couple individu-
ally. This distinction is necessary because the word "happy" as a distributive con-
cept is not identifiable with "happy" as a functional concept. A happy man or
woman is capable of happy feelings, whereas a happy marriage is not. On the
other hand, the notion of happy marriage implies a happy home and a harmoni-
ous relationship between the couple and other members of the family. Here the
word "happy" characterizes the whole state of affair centering around the mar-
riage; it is not an attribute predicable of any one individual involved in it.

We may now raise the question concerning the notion of feelings or pre-
hensions in the theory of actual entities. in the first place, Whitehead seemed to

have conceived it as fundamentally a distributive concept, that is, as a generic property belonging to all things concrete. Referring to Bradley with approval, Whitehead accepted his thesis that relations conceived as universals do not relate. Three connected towns are not equal to the three towns taken separately plus the relation, say "between. "[47] There must be a concrete "ground of connectedness" underlying all actual relationships. This concrete component of reality is what Whitehead termed "feeling" —— a concept which he borrowed from Bradley s metaphysics. [48]

Actually, this notion is not as new as it looks. For feeling as the concrete ground of connectedness is basically none other than the Aristotelian conception of matter. Matter or feeling is what is left when the abstract component —— that is, the forms or eternal objects —— has been taken away, so to speak, in the analysis of actuality. And what is left is precisely the antecedent process whose satisfaction is the actuality in question.

Thus while sharing the same basic metaphysical ideal with the pre — Socratic cosmologists, namely, in the search for an ultimate measure or underlying principle of all things, Aristotle and Whitehead came up with a very different answer. The ultimate measure of all things is not identifiable with some sort of "stuff " or "substance," the measure of all reality is process as such.

Now the idea of process is without meaning apart from the notion of transition and transformation, which presupposes in turn the notion of "dynamic individuals. " A dynamic individual may be defined simply as any being or entity which has the capacity of affecting or being affected by another being or entity. Thus conceived, all concrete individual things which we experience are dynamic individuals; whereas such entities as numbers or propositions are not. Since only dynamic individuals can affect each other, change must arise from their combination and interaction with each other. Experience seems to bear witness to the assumption that all interactions between dynamic individuals are "reciprocal" —— that is to say, the relation "A affects B" is a symmetrical one. Thus, for instance, the sculptor who acts upon a block a marble also receives a reaction from it. Indeed, if all dynamic interactions are reciprocal, the distinction between "agent" and "patient" in traditional metaphysics is only a relative one. The sculptor is an agent if we consider his effect upon the marble, which is here the patient. But we may also reverse the case and consider the effect of the marble upon the sculptor ( either physically or mentally or both ) . Then the marble would be the agent, and the sculptor the patient. Now if the capacity to affect is describable as "activity" or "active power," and the capacity to be affected "passivity" or "passive power," then change may be conceived in terms of the unity of activity and passivity. Change, indeed, is basically nothing but the expression or manifestation of power, A dispensation, of power is required for any transition and transformation.

Let it be noted here that there is really nothing new in this conception of power as a unity of activity. The identification of being with power as both active and passive figured prominently in Plato's later dialogues, especially in the Sophist. And Aristotle stated explicitly that activity and passivity constituted a unity of power. [49] It then became a fundamental notion in Scholastic philosophy and received no less emphasis in modem metaphysics. The distinction between active and passive power is the basis for Spinoza's famous contrast between Natura Naturans and Natura Naturata. In Leibniz's monadology the nature of the material world is ultimately founded upon power as a unity of active and passive force. [50] Whitehead himself was certainly familiar with this important distinction. According to his own acknowledgement the identification of substance with power in the organic philosophy was derived directly from Locke's theory of ideas. [51] And Whitehead quoted at length a passage from Locke's Essay Concerning Human Understanding in which the two − fold distinction between active power and passive power was explicitly stated. [52] Indeed, the Whiteheadean notion of "real potentiality" consists precisely in the unity of activity and passivity. This passage from Adventures of ideas makes it rather clear:

The ' potentiality ' refers to the passive capacity, the term ' real ' refers to the creative activity, where the Platonic definition of ' real' in the Sophist is referred to. This basic situation, this actual world, this primary phase, this real potentiality —— however you characterize it —— as a whole is active with its inherent creativity, but in its details it provides the passive objects which derive their activity from the creativity of the whole. The creativity is the actualization of potentiality, and the process of actualization is an occasion of experiencing. Thus viewed in abstraction objects are passive, but viewed in conjunction they carry the creativity which drives the world. The process of creation is the form of unity of the Universe. [53]

It turns out then what Whitehead termed feeling or experience as the concrete ground of relatedness is synonymous with power. An actual entity or occasion of experience is basically nothing but a dispensation of power. The antecedent universe from which an actual occasion arises is both active and passive. The occasion as an actualization of a real potentiality inherent in the whole represents thus a self − determination of the universe: more precisely, it expresses the universe as active working upon the universe as passive. And, as we have seen, whether a given object is active or passive will depend upon the standpoint of analysis.

That in the organic philosophy the idea of real potentiality is always to be conceived as pertaining to the universe as a whole has been repeatedly pointed out in this study. The importance of this cannot be overemphasized. For no other metaphysician in the history of Western philosophy could be said to have presented a genuinely "field theory" of reality. According to this theory the genetic subject which is responsible for the transformation of the marble into a statue is not the sculptor —— but the universe as a whole considered as active. The sculptor is an agent, but not the agent, of the transformation. He is but one active factor —— however important —— contributing to the total agency of the genetic subject.

The assumption here is, of course, that neither the sculptor nor the mar-
ble nor the two taken jointly is sufficient to account for the transformation in
question. For the operations of the sculptor depend for their efficacy upon the
existence of a dynamic environment which, according to Whitehead, would
ultimately involve the whole universe. Obviously, it would be impossible to an-
alyze exhaustively all the active and passive agents which contribute directly or
indirectly to the present process. But this much is known: the creative power
whose dispensation issues in the transformation must stem from the dynamic indi-
viduals of the universe.

Hence we may posit the idea of a genetic subject as that which possesses ex-
actly the required power. Thus conceived, there must exist a genetic subject or
"theoretical agent" for every transition and transformation (change) . The the-
oretical agent is not itself a real agent; it refers rather to a combination or to-
getherness of real agents. Better still, the concept of the genetic subject is that of
a "synergy" which is but an aspect of the dynamic unity of the universe.

Now what can be said of the theoretical agent? The interesting thing is that
while it is impossible to determine separately or in detail all the dynamic individ-
uals which are the real agents of a given change, we may nevertheless know
something about them in the aggregate. What is known here, in other words,
is not a distributive property, but a functional property. If P is a property predi-
cable of the theoretical agent, then P does not describe any of the real agents in-
volved but rather the synergetic togetherness of all of them. A moment's reflec-
tion will show that P must describe some nature of the creative process which
constitutes the essence of the genetic subject. In short, P must designate a form
of process or form of agency.

Hence to determine the nature of the genetic subject we must discover the
forms of its agency which jointly constitute what we have termed (in the first
chapter) its genetic principle. The unity of the genetic principle represents thus
the unity of process.

This possibility of considering separately the individuals of process and the
forms of process is not only interesting, but both ontologically and epistemologi-
cally of the utmost significance. For the laws of nature, as Whitehead so keenly
observed, are basically forms of process. The laws of motion, for instance, are
genetic principles governing the processes of motion. If all projectiles shot from
the surface of the earth describe a parabola, then the equation of the parabola
may be taken as the mathematical expression of the genetic principle governing
the motion of projectiles under such conditions.

Needless to say, there are as many genetic principles as there are kinds of
process. To discover the secrets of nature would simply mean to discover the ge-
netic principles of things. Just exactly why certain processes are governed by cer-
tain genetic principles would depend ultimately upon the dynamic individuals
which are the real agents of change. This is what Whitehead meant by saying that

"the peculiarities of the individuals are reflected in the peculiarities of the common process which is their interconnection. " [54] But Whitehead himself seemed to forget that the peculiarities of process are only reflections of the peculiarities of individuals, but not identical with them. The former is a distributive concept, the latter a functional concept. That is why his use of the term "subjective form" is so misleading. A subjective form is simply a form of process or form of agency as a functional property predicable only of the theoretical agent. It has no direct reference to concrete emotions or feelings as Whitehead had made it to appear.

Now while the special sciences are concerned with the nature of particular kinds of process, metaphysics as the study of being qua being occupies itself with the study of process in general. This indeed was the common philosophical objective shared by Aristotle and Whitehead. But whereas for Aristotle metaphysics coincides precisely with this ontological study, in the organic philosophy metaphysics includes both ontology and cosmology. The former is concerned with actuality in general, the latter with those actualities which make up the present cosmic epoch.

"Cosmology," Whitehead states, "is the effort to frame a scheme of the general character of the present stage of the universe. " [55] And he conceived such cosmological scheme as representing the genus, "for which the special schemes of the sciences are the species. " [56] But while cosmology is more general relative to the special sciences, it is still specific in respect to ontology; for it is concerned only with the peculiar process character of the present stage of the universe. Indeed cosmology must presuppose ontology as any species must presuppose its genus. That is why the subtitle to Process and Reality ——— "An Essay in Cosmology" ——— is in a way somewhat misleading. For it suggests to the readers that the book is concerned primarily with cosmological investigations. But if we examine the content of Process and Reality carefully, we would find out that there is at least as much ontology as cosmology.

In fact, all the general categories and principles which comprise the Gategoreal Scheme are ontological concepts, including the concept of God. From the Gategoreal Scheme itself we can tell nothing about the peculiar character of the present cosmic epoch, but only the general character of the universe as shared by all cosmic epochs. True, a large part of the Essay is concerned with human experience, and one can argue that such discussion is cosmological inasmuch as the existence of man is part of the peculiarity of the present stage of the universe. But much of Whitehead's concern here is basically epistemological; his discussion on the nature of human experience is geared to the phenomenological justification of his ontological concepts. There exists certainly no "Essay on Man" in Process and Reality.

Actually, there is really very little in this book which can be definitely described as cosmological in the sense Whitehead conceived it. Even the idea of continuity is not entirely a cosmological concept, for it depends ultimately upon the nature of eternal objects as its ontological foundation.

There seems to be little doubt——at least in the opinion of the present
writer —— that the essence of the philosophy of organism as mainly set forth in-
Process and Reality is to be found in the theory of actual entities conceived as a
general study of agency. And the core of this general theory is to be found, of
course, in his theory of feelings.

Although we cannot discuss Whitehead's theory of feelings in detail here,
his general approach deserves our attention. In a nutshell, Whitehead's theory of
feelings is basically describable as a Vectology —— that is, a philosophical theo-
ry of vectors. Vector in this sense may be defined as any special determination in
a process of transition and transformation —— which Whitehead also gave the
more familiar term "operation. " Whitehead asked himself this question: What
are the most general properties of agency or forms of process? And he attempted
to answer this question in terms of the essential operations which are involved in
any process of transition and transformation. The key to the theory of vectors is
to be found in the idea of a "succession of facts":

··· this possibility of abstraction, whereby individuals and forms of process
constituting their existence can be considered separately, brings out a fundamen-
tal intuition which lies at the basis of all thought. This intuition consists in the es-
sential passage from experience of individual fact to the conception of charac-
ter. Thence we proceed to the concept of the stability of character amidst the
succession of facts. Thence we proceed to the concept of the partial identity of
successive facts in a given route of succession. Thence we proceed to the potenti-
ality of the facts for maintaining such partial identity amid such suceesion. [57]

What is contained here is the gist of what may be termed the "fact − ap-
proach" to actuality, which is to be contrasted with the "individual −
approach. " Although both approach to actuality can be found in Aristotle's met-
aphysics, his theory of substance is founded primarily upon the individual − ap-
proach. Thus while Aristotle's ontology is basically an "ousiology," the White-
headean ontology is fundamentally a "veotology. "

If one examines more closely Whitehead's theory of prehensions or feel-
ings, one would perhaps discover that most of his basic categories or principles
can be derived from the comparison of two successive facts. First of all, every
fact is analyzable into a concrete and an abstract component, that is, the fact as
such and the form of definiteness ( a complex of eternal objects) as examplified
by it. This contrast between the real and the ideal is what gives rise to
Whitehead's idea of, respectively, the physical pole and the conceptual pole of
an actual occasion. The process of concrescence which expresses the passage from
the antecedent to the consequent fact is basically an integral unity of physical and
conceptual feelings. Since no two facts can be completely identical nor complete-
ly different, the consequent must exhbit a partial identity and a partial diversity
relative to the antecedent. This means that the process of transition must involve
both conformation and novel reproduction, that is, the repetition and relatively
new ingression of forms or eternal objects. The novel modification is what deter-

mines the essential meaning of creativity.

But since creativity is always accompanied by partial conformation, the creative transformation which occurs between two successive facts must involve both the "transmission" and the "transmutation" of forms. Change indeed is defined by the phenomenon of transmutation: the transition from the antecedent to the consequent is marked by both "gain" and "loss" of eternal objects. This is Whitehead's counterpart to the Aristotelian doctrine of metabolism.

There is no need for us to go any further in showing how Whitehead's theory of feelings can be derived from his fact – approach to actuality. The point that we ought to make here is that this approach depends upon a very fundamental fact of experience, namely, what Whitehead has termed the "stability of character." [58] For we can compare two successive facts only when both are realized. A fact defined as a realization of potentiality has thus both a genetic and a generic aspect. The genetic aspect of the fact is its process character; it refers to the passage of realization, the fact in the making. The generic aspect, on the other hand, refers to its settled character —— namely, the actual fact or the fact as made (the finished statue or house). Needless to say, stability of character can only be attributed to the generic aspect. In the theory of actual entities, the genetic and the generic refer, respectively, to the process of concrescence and the terminal satisfaction of an actual entity. Thus every creative process is a genetic – generic synthesis.

InProcess and Reality Whitehead made the distinction between "genetic division1" and "coordinate division" as two distinct ways of "dividing" (that is, analyzing) an actual entity. [59] The term "coordinate" is meant to convey both the idea of settled character and the notion of a system of reference which makes possible the determination of relative status. A coordinate thus signifies a settled character and position of a realized fact as given or observed from a given standpoint. But Whitehead stated explicitly that a coordinate division is "to be classed as a generic contrast." [60] And he stressed correctly the fact that the two modes of analysis are by no means symmetrical, we cannot tell exactly what the genetic character of an actuality is solely on the basis of its generic character. [61] And yet "too much attention," Whitehead complains, "has been directed to the mere datum and the mere issue. The essence of existence lies in the transition from datum to issue. This is the process of self – determination. We must not conceive of a dead datum with passive form." [62]

To concentrate on the mere datum and the mere issue is to concentrate on the generic aspect of actuality. And to Assert that "the essence of existence lies in the transition from datum to issue" is to assert the primacy of process. This emphasis on the genetic aspect of reality constitutes surely one of the most distinguishing characteristics of modern philosophy. Perhaps it is even possible to say that, in the final analysis, the evolution of the modern mind is the very "life – history" of the Genetic Principle.

To begin with, the application of the genetic principle is what made possi-

ble the revolutionary transition from classical to modem mathematics, the foun-
dation of which was established by Descartes with his monumental discovery of
analytic geometry. For the Greeks, as Whitehead pointed out, numbers and ge-
ometrical figures were static existents; in modern mathematics these are forms of
motion or transition, that is, of process. [63] Thus in Descartes' analytic geometry
a curve is the movement of a point, the form of the curve a form of mo-
tion. This new conception of mathematical forms, as one would expect, was to
play a most decisive role in the rise of modem physics. The book of Nature, as
Galileo put it, is written in the mathematical language because the laws of nature
are forms of process, thus expressible as mathematical forms. Although Francis
Bacon failed to recognize the importance of mathematics in scientic discovery,
his dynamic conception of "forms" contained no doubt a profound insight into
the genetic character of nature. For Bacon the "forms" of things are not static i-
dealities, but genetic principles governing their dynamic existence.

The application of the genetic principle in modem philosophy has been in-
separably bound up with the subjective bias of Cartesianism. Thus forms of
process in this connection would mean forms of thinking or consciousness. But
while in British Empiricism laws of nature were reduced to connecting principles
of sensuous data – as, for instance, in Hume's theory of association, an effort
was made in Continental Rationalism to reconcile objective laws with subjective
principles in an all – inclusive system of reality, such as we find in the metaphys-
ics of Spinoza and Leibniz. It was in Kant's critical philosophy that these two
main currents of modem thought culminated in its first great synthesis.

In many ways theCritique of Pure Reason, as we have noted earlier, was
a precursor of Process and Reality. Kant's theory of mind was basically operation-
al. The unity of consciousness is an operational unity which is at once analytic
and synthetic. It is a synthetic unity because functional synthesis as a concrescence
of mental acts (intuitions and judgments) constitutes the very essence of con-
sciousness. The unity of mind is thus basically a unity of acts which, according
to Kant, presupposes time and space as forms of sensibility and the categories as
forms of understanding. These then are the a priori forms of mental processes
whose ultimate unity is none other than the transcendental unity of appercep-
tion. The transcendental ego wherein this synthetic unity of mental operations re-
sides is thus describable as the genetic principle of the mind. For it expresses the
ultimate unity of acts underlying all processes of human consciousness.

Now according to Kant the analytic unity which is the unity of an object of
experience or knowledge is inseparable from the synthetic unity of conscious-
ness. In fact, there can be no analytic unity apart from synthetic unity; for the a
priori forms and principles of consciousness are universal and necessary forms of
possible experience. The transcendental unity of apperception is not to be con-
ceived merely as a unity of mental acts, but as a unifying principle which confers
unity upon the object in and through the unity of its operations. The unity of the
object or analytic unity expresses thus a generic principle consequent to the func-

tional synthesis of the transcendental ego. Since all analytic unity is conditioned
by the synthetic unity of a priori synthesis, the generic principle is but a reflec-
tion of the genetic principle. The object perceived as in time and space, for ex-
ample, is, in so far as its spatial and temporal aspects are concerned, a reflec-
tion of the transcendental synthesis of the imagination whereby time and space as
pure intuitions are united a priori. It ought to be pointed out at once, however,
that the object of experience is not entirely a reflection of the a priori forms and
principles of sensibility and the understanding. The generic principle whereby the
analytic unity of the object is defined contains a purely empirical component
which is a reflection —— not of the essential structure of the cognitive subject,
but of the external world which reveals itself as appearance to that subject. This
may in general be referred to as the "empirical whatness" of the object derived
from the sensuous manifolds which constitute for Kant the data of scientific
knowledge. But although Kant insisted that knowledge required both the empiri-
cal and the a priori, the two sides had no internal connections in the Kantian
metaphysics of experience. Each stands for an extreme pole of knowledge and re-
ality, a kind of absolute.

   This for Whitehead is an arbitrary disconnection of first principles which,
issuing inevitably in the bi − furcation of nature, has been a target of his recur-
ring criticisms of modem philosophy. [64] Thus while he inherited the Kantian no-
tion of functional synthesis, his inversion of the subject − object relationship, as
we have seen, has the most profound philosophical significance. For Whitehead
has reintroduced the individual − approach to actuality which found no place in
Kant's idealism. More accurately, the philosophy of organism represents an at-
tempt to unite the individual − approach with: the fact − approach on the basis
of the value − approach. The individual approach has given us the functional con-
ception of existence, the fact − approach the dynamic theory of forms, while
their unification in the value approach the organic doctrine of perspective. These
have been the three main themes that we have followed in our reconstruction of
Whitehead's organic philosophy.

   These three approach must be grasped together so as to obtain an adequate
theory of reality. The basis for the fact − approach lies, as Whitehead observed,
in the contrast between fact and form and the idea of transition and transforma-
tion. This approach enables us to assertain the abstract forms of process and the
nature of genetic − generic synthesis. Change here can only mean the transmis-
sion and the transmutation of forms. But all forms involved in the creative process
—— genetic or generic —— are dynamic forms: that is, they are forms of
power or of the manifestations of power. But since power belong only to con-
crete individuals which constitute the seats of power, change which takes the
general form of genetic − generic synthesis and which consists in the transmission
and the transmutation of forms must express a reflection of some dynamic rela-
tionships of concrete individuals. More precisely, change in the individual − ap-
proach is to be thought of as a unity of power —— a unity of activity and passiv-

ity resulting from the action, reaction or interaction of concrete individuals. Here change takes the general form of functional − distributive synthesis. The interactivity of these concrete individuals involves a two − fold transformation of individuality: namely, the transformation of distributive properties into functional properties and the

converse transformation of functional properties into distributive properties. And just as genetic − generic synthesis gives us the contextual affinity between successive facts, that is, their diversity − amid − diversity, functional − distributive synthesis issues in an organic affinity between concrete individuals, that is, their independence − within − interdependence. The former establishes the unity of context, the latter the unity of power. The unity of context is the unity of relevance, of facts and forms, whereas the unity of power is the unity of interactivity, of individuality and relativity. Both are required for the intelligibility of the dynamic field which is at once a unity of relevance and a unity of interactivity. And the over − all unity of a dynamic field is fundamentally a unity of value.

Value depends upon the co − ordination of achievement. It thus presupposes agency whereby there is limitation and gradation of importance. In the value − approach is united the individual − approach and the fact − approach because value is the common measure of power and achievement; for achievement is nothing but the expression of power. Thus the genetic subject of an event or process of realization is at once a dynamic unity and a contextual unity ―― this is the real meaning of agency. And the essence of agency is to be found in the synthetic unity of subjective importance and objective importance: it is a unity of purpose, achievement and contribution. But the subjective − objective synthesis must be at once an organic synthesis, that is, a synthesis of internality and externality within the totality of a contextual universe. By virtue of such synthesis every entity in the given contextual universe acquires a unique status of existence which constitutes a standpoint of that universe. And that universe is a perspective of that standpoint. Every entity which exists as object is a center of relevance, but only subjects exist as centers of change. The fundamental assertion of the organic doctrine of perspective is that all centers of relevance are ultimately determined by centers of change. This is but another way of stating the primacy of process ―― that is, reality is process, and process reality.

In coming to the conclusion of this dissertation, let us ask a most pertinent question: Has Whitehead succeeded in realizing the philosophical objective that he set for himself - namely, "to frame a coherent, logical, necessary system of general ideas in terms of which every element of our experience can be interpreted"? In the opinion of the present writer, this question must be answered generally in the affirmative. This by no means imply, of course, that Whitehead has given us the final solution to the problems of reality. Indeed, Whitehead himself would have condemned any claim to finality as folly. The rational quest of science and philosophy is for him always a progressive adventure. [65] The proper test of achievement "is not that of finality, but of progress. "[66]

But if progress is possible, then the philosophy of organism must itself be transcended. In fact, in spite of its brilliant success in terms of both original insight and technical excellence, the organic philosophy leaves much to be desired. There is no question that the concept of agency and conditionality lies at the heart of the theory of actual entities, and yet one finds neither a rigorous demonstration of the rational necessity of this concept nor any concrete interpretation in terms of phenomenological evidence. On the whole, the phenomenological foundation of the organic philosophy remains obscure and ambiguous. This is perhaps the reason why the three approach to actuality are very much confounded in Whitehead's works. There is no question that the theory of actual entities is founded upon the individual – approach as well as the fact – approach, and upon their synthesis in the value – approach. But the individual – approach remains almost entirely in the background, being subordinated to the fact – approach: this makes the value – approach correspondingly obscured. This one – sided emphasis clearly shows itself in the thesis that actual entities do not change and in the definition of contemporaneity in terns of causal independence. What Whitehead ignored completely was the change of concrete individuals and the contemporaneity of interaction. The theoretical agent does not change because it represents a determination of the universe; but the real agents must be capable of dynamic transformations. It follows that to conceive contemporaneity solely on the basis of causal independence is not satisfactory. It defines only the contemporaneity of events which would refer to two or more independent states of the universe, but not of individuals. Such phenomenon as the collision of two billiard balls —— two contemporary individuals, one would say —— is not accounted for in the theory of actual entities. It may be that there are no absolutely contemporary events, while it is possible to speak of the contemporaneity of individuals. This brings us to the lack of dimensional analysis in the philosophy of organism. It is certainly possible for two events to be causally independent in some dimensions, but not in others.

Indeed, one suspects whether the notion of the interaction of individuals, which constitutes unquestionably the essence of Dewey's philosophy ( as in his "transactionalism" ), can at all be found in Whitehead's theory of actuality. This failure to recognize the interactivity of concrete individuals may have been caused by Whitehead's overemphasis on causal efficacy, at the expense of presentational Immediacy. For our insight into the nature of interaction depends largely upon the latter source of perception. This overemphasis is another indication of his exclusively fact – oriented approach.

The confusion between the individual – approach and the fact – approach has, as we have repeatedly pointed out, caused a great deal of difficulty and misunderstanding pertaining to Whitehead's theory of feelings. The notion of a "unity of feelings" in the individual – approach means a unity of power, that is, of activity and passivity, whereas in the fact – approach it would mean a unity of transition and transformation, that is, as involving facts and forms. These two meanings are, of course, intimately related; but they are by no means i-dentical.

Perhaps Whitehead's sketchy treatment of the problem of metaphysical ne-cessity and of the nature and method of philosophy in general may have been partly responsible for these or other difficulties that beset the organic philoso-phy. It is strange to find a philosopher who proclaims "philosophy is self – evi-dence" to have almost nothing to say about the meaning of certainty. It is equally strange to find a philosopher who agrees with Descartes that subjective experien-cing constitutes the starting point of metaphysics to have so little interest in the nature of human consciousness. Finally, it is even more strange to find a philos-opher who aspires to carry explanation to its utmost limits and yet care so little a-bout the rational demonstration of his concepts. But all in all, this conviction re-mains unchallenged in the minds of those who struggle through the volumes that make up the philosophy of organism: namely, their author has surely done e-nough for one man!

# Notes

## Chapter I  The Philosophy of Organism As
## First Science : Introduction

1. Alfred North Whitehead, process and Reality : An Essay in Cosmology (hereafter abbreviated as PR) . New York, The Macmillan Company, 1929, p. 4.

2. Ibid.

3. Aristotle, Metaphysics, tran. Richard Hope. Ann Arbor, Michigan, The University of Michigan Press, 1960, p. 7.

4. PR 232.

5. PR 12.

6. Aristotle, op. cit.

7. PR 4.

8. Alfred North Whitehead, Modes of Thought ( hereafter abbreviated as MT) . New York, G. p. Putnam's Sons, 1958, p. 95.

9. Ibid. , p. 107.

10. Ibid. , p. 108.

11. PR 68.

12. PR 68—69.

13. PR 70.

14. PR 196, 217.

15. PR 65.

16. Alfred North Whitehead, Adventure of Ideas Chereafter abbreviated as AI) . New York, The Macmillan Company, 1933, p. 226.

17. PR 35; AI 227.

18. AI 227.

19. PR 43.

20. PR 34—35.

21. MT 131.

22. MT 133.

23. MT 95—96.

24. AI 263.

25. MT 96.

26. MT 97.

27. MT 95.

28. PR 37.

29. MT 95.
30. PR 35.
31. PR 281 , 391.
32. PR 31.
33. PR 31—32.
34. PR 32.
35. Ibid.
36. PR 33.
37. Ibid.
38. MT 95.
39. AI 253—254.
40. MT 131.
41. PR 35.
42. PR 271.
43. KT 118.
44. PR 7.
45. PR 5.
46. Ibid.
47. PR 196.
48. PR 38.
49. AI 254.
50. Ibid.
51. PR 43 , 68.
52. MT 131.
53. PR 32.
54. PR 68.
55. MT 108.
56. PR 196.

**Chapter Ⅱ    Process and Reality:The Functional Conception of Existence**

1. MT 161.
2. MT 67.
3. MT 143.
4. Ibid.
5. MT 67.
6. Ibid.
7. Ibid.
8. PR 6.
9. MT 66 , 69.
10. PR 15.
11. MT 155.

12. PR 4.

13. PR 5—6.

14. MT 67.

15. PR 5.

16. PR 5—6.

17. PR 4.

18. Ibid.

19. PR 5.

20. MT 5.

21. Alfred North Whitedhead, "Immortlity," in The Philosophy of Alfred North Whitehead, ed. P. A. Schilpp ( hereafter abbreviated as Imm ) . Evanston, Illinois: Library of Living Philosophers, 1941, pp. 695—696.

22. Imm 683.

23. Afred North Whitehead, Science and the Modern world ( here after abbreviated as SMW) . New York, The Macmillan Company, 1925, P. 136.

24. bid.

25. 323.

26. PR 27—28.

27. PR 196.

28. PR 334.

29. PR 29.

30. PR ix ( Preface ) .

31. MC 159.

32. PR 68.

33. PR 523.

34. PR 521.

35. Imm 695—696.

36. MT 108.

37. PR 38.

38. PR 34—35.

39. MT 162.

40. HT 160—161.

41. Ibid.

42. AI 253—254.

43. MT 167.

44. MT 159.

45. MT 161.

## Chapter Ⅲ     Power and Efficacy: The Dynamic Theory of Forms

1. PR 317.

2. Ibid.

3. Ibid.

4. PR 43.

5. Aristotle, Metaphysics and Categories ( Oxford translations ) . Metaphysics, 1003a.

6. W. D. Ross, Aristotle. New York, Meridian Books, pp. 26—27.

7. Categories, 2all.

8. Ibid.

9. Categories, 2b15.

10. PR 27—28.

11. PR 37, 68.

12. Categories, la20.

13. Categories, 8b15.

14. Categories, 2all.

15. PR 11.

16. PR 79—80.

17. PR viii −ix ( Preface ) .

18. PR 126.

19. PR 44.

20. PR 35.

21. PR viii −ix ( Preface ) .

22. Metaphysics, 1003a.

23. PR 81.

24. PR 111.

25. In particular, The Concept of Nature, The Principle of Relativity, Science and the Modern World, and, part IV of Process and Reality.

26. Metaphysics, 1013b.

27. Categories, 4a10.

28. Ibid.

29. PR 35—36.

30. PR 32.

31. MT 163.

32. MT 162.

33. MT 162—163.

34. PR 52.

35. PR 114.

36. PR 196.

37. PR 92.

38. Leibniz, The Monadology and Other Philosophical writings, trans. Robert Latta. London, 1989, p. 35.

39. MT 129.

40. Categories, 4b15.

41. PR 28.

42. PR 133.

43. MT 162.

44. Metaphysics, 1046a.

45. Metaphysics, 1033b.

46. Metaphysics, 1041b.

## Chapter Ⅳ     Individuality and Reiativity: The Organic Doctrine of Perspective

1. Imm 682.

2. HT 13.

3. Ibid.

4. MT 12.

5. Imm 696.

6. MT 9.

7. Ibid.

8. PR 70, 72.

9. PR 6.

10. MT 97.

11. MT 91.

12. PR 11.

13. PR 27.

14. PR 521.

15. MT 118—119.

16. MT 19.

17. PR 525—526.

18. PR 521.

19. PR 525.

20. PR 525—526.

21. MT 20.

22. AI 375.

23. MT 19.

24. MT 20.

25. "Mathematics and the Good" in Science and Philosophy, by Alfred North Whitehead. New York, Philosophical Library, 1948, 117.

26. PR 47.

27. MT 237.

28. PR 6.

29. "Mathematics and the Good," op cit.

30. SMW 226.

31. MT 20.

32. AI 143—144.

33. PR 34.

34. SMW 229.

35. PR 70.

36. PR 47.

37. SMW 229—230.

38. SMW 230—231.

39. Imm 696.

40. SMW 230.

41. SMW 231.

42. PR 529.

43. SMW 233.

44. MT 13.

45. Ibid.

46. SMW 233.

47. PR 438.

48. PR 53.

49. Ibid.

50. Ibid.

51. PR 52; AI 262.

52. PR 76.

53. PR 41.

54. PR 38—39.

55. PR 39.

56. PR ix (Preface).

57. PR 47.

58. PR 73.

59. HT 123.

60. PR 327; AI 269.

61. PR 76.

62. PR 79.

63. MT 136.

64. PR 46.

65. PR 39, 46.

66. PR 522.

67. PR ix (Preface).

68. Joseph Ratner, "Introduction to John Dewey's Philosophy" in Intelligence and the Modern World: John Dewey's Philosophy. Hew York, The Modern Library, 1939, pp. 98—99.

69. AI 169—170.

70. SHW 240—242.

71. PR 525—526.

72. PR 71; 323.

73. PR 71.

74. PR 38.

75. PR 119.

76. PR 128.
77. PR 520; MT 108.
78. PR 520.
79. PR 16.
80. PR 18.
81. PR 29.
82. PR 438.
83. PR 471.
84. AI 237—238.
85. PR 471.
86. Ibid.
87. Ibid.
88. MT 200.
89. PR 95.
90. PR 107.
91. PR 53.
92. Ibid.
93. Bertrand Russell, A Critical Exposition of the Philosophy of Leibniz. London, George Allen &, Unwin Ltd, 1939, p. 111.
93. PR 40.
94. AI 339, 342.
95. MT 19.
96. SMW 120—122.
97. PR 525.
98. Ibid.
100. PR 532.
101. PR 521.

## Chapter V    Conclusion: The Idea of Metaphysical Necessity and the Question of Philosophical Method

1. Quoted by Bertrand Russell, A Critical Exposition of the Philosophy of Leibniz. p. 31.
2. Ibid. pp. v.
3. Ibid. , pp. 9—11.
4. PR 11.
5. MT 67.
6. Ibid.
7. Ibid. , 128.
8. PR 524.
9. Alfred North Whitehead, Religion in the Making. New York, Meridian Books, 1960, p. 148.

10. R 528.

11. PR 4.

12. PR 6.

13. AI 290—291.

14. PR 15—16.

15. PR 8.

16. PR 7.

17. PR 6.

18. MT 228.

19. PR 6.

20. PR 125.

21. Ibid.

22. PR 240.

23. PR 271.

24. PR 271—272.

25. Alfred North Whitehead, Symbolism, its Meaning and Effect. New York, Capricorn Books, p. 18.

26. AI 226.

27. Symbolism, its Meaning and Effect, op. cit. , p. 9. Italics Mine.

28. AI 226.

29. PR 136.

30. PR 135—136.

31. MT 158.

32. PR 83.

33. PR 88.

34. AI 237.

35. MT 157.

36. Ibid.

37. AI 228.

38. PR 32.

39. AI 228.

40. PR 6.

41. MT 67.

42. PR 241.

43. MT 128.

44. MT 149.

45. MT 135.

46. Ibid.

47. AI 296.

48. AI 297.

49. Metaphysics, 1046a.

50. Russell, op. cit. , pp. 45—46.

51. PR 89—90.

52. Ibid.

53. AI 230.

54. MT 135.

55. Alfred North Whitehead, The Function of Reason, Beacon Press, 1958, p. 76.

56. Ibid.

57. MT 135.

58. Ibid.

59. PR 433— 434.

60. PR 437.

61. PR 434.

62. MT 131.

63. MT 111.

64. PR 9—10.

65. PR 14.

66. PR 21.

# Relativity and Relatedness : Essays ( 1973—1995 )

# 1　Confucian Jen and Platonic Eros:
# A Comparative Study[①]

## (1973)

 This paper presents a comparative study of love from the standpoint of existential ontology. Our concern lies in what we believe to be the most important aspect of love, namely, love as the commitment of Reason and therefore the agent of our authenticity. Reason is the ruler of our soul, the concerning intelligence of truth and goodness. Thus conceived, Reason is the internal source of authenticity, being at once the principle of goodness and virtue, of love and fulfillment. We are thus interested not so much in love as such as in the existential – ontological meaning of love – that is, in the rational principle of love and the way rational love is constitutive of our true humanity.

 We shall compare two rational concepts of love which are both of paramount philosophical and historical importance, to wit, the rational love of Confucianism as implied in the notion of *jen* 仁 and the rational love of Platonism as conceived in the idea of *eros*. Our basic task is to achieve an affinity contrast (in terms of identity and difference) between the Confucian love of *jen* and the Platonic love of *eros* with respect to their existential – ontological meaning and significance. What is the principle of authenticity and love in Confucian philosophy? What is the principle of authenticity and love in Platonic thought? And what, by way of affinity – contrast, is the philosophical rapport between the Confucian and the Platonic principles? These are the main questions to which we shall address ourselves in this paper.

 To these questions, our answer is, in a nutshell, as follows: Rational Care is the principle of authenticity and love in Confucian philosophy. Rational Wonder is the principle of authenticity and love in Platonic thought. The former constitutes the intrinsic meaning of *jen*; the latter defines the basic meaning of *eros*. But Since Rational Care and Rational Wonder in separation from each other represent a one – sided development of Reason, Confucian love and Platonic love require each other in the rational fulfillment of our Being. The love of *jen* is the other half of the love of *eros*, and the love of *eros* the other half of

---

 ①　This paper was first delivered at the 5th annual meeting of the Association for Asian Studies (Chicago, March 30—April 1, 1973) for the panel "The Concept of Love in Chinese Philosophy." Reprinted from *Chinese Culture* Vol, XIV, No. 3, September, 1973.

the love of *jen*. This, we believe, is what constitutes the existential – ontological inner connection between the Confucian and the Platonic principles.

Confucianism and Platonism, to begin with, are both genuine forms of humanism. As such, they share these two fundamental assumptions which characterize all genuinely humanistic creeds: namely, that the 'authenticity of human existence is grounded in the rational nature of man and that the highest human fulfillment is possible in this life. But while both emphasize the intrinsic rationality of man as the internal source of goodness and virtue, of love and fulfillment – in short, of his true humanity or Being, they are in a sense diametrically opposed in the direction of their rationality. Confucianism is a care – oriented humanism which conceives the good life primarily in terms of the ethical – moral ideals . of Reason. Platonism, on the other hand, is a wonder – oriented humanism which identifies: goodness ultimately in terms of the aesthetic – intellectual ideals of Reason. It follows that while both identify the authentic life with the virtuous life culminating in the realization of sageliness as the perfect embodiment of the good, he Tao of jen, the Confucian way of human fulfillment, is indeed distinguishable from the Logos of eros, the Platonic way of authenticity.

The Confucian Tao procures the "virtues ( te ˆ ) of Compassion"; the Platonic Logos engenders the "virtues ( arete) of Excellence. " The virtues of compassion issue from the rationalization of Care; the virtues of excellence from the rationalization of Wonder. The rationalization of Care delineates the obligations of existence and coexistence; the rationalization of Wonder crystallizes the appreciations of form and order. Confucian virtues are ethical and moral, because they embody basically the goodness of propriety ( ethical) and righteousness ( moral). Platonic virtues are aesthetic and intellectual, because they express ultimately the goodness of beauty ( aesthetic) and certainty ( intellectual). Herein lies the fundamental difference between Confucianism and Platonism in the rationality of love. The Confucian love. of jen. stems from the ethical – moral concern for propriety and righteousness; the Platonic love of eros arises from the aesthetic – intellectual concern for beauty and certainty. The "seed" of jen and "daemon" of eros both express an intrinsic nature of the rational soul; and yet they point to different paths of human destiny.

Let us elaborate. For both Confucianism and Platonism, love, properly so – called, is rational and virtuous, being governed by the rational concern for truth and goodness. In the Symposium Plato defined eros explicitly as the "desire for the perpetual possession of the good"①: eros for him is the daemonic force which inspires the beauty – intoxicated soul to ascend the ladder of Being. And for Confucius and Mencius, jen implies a discriminating and yet encompassing love, which, rooted in our compassionate moral sense, the jen – seed or essence of our goodness, is what constitutes the basis of our true humanity. In

---

①   The Symposium, trans. W. Hamilton (1951; Reprinted edition in Penguin Books: Baltimore, 1966), p. 86.

both cases, love, in so far as it is rational, is the agent of human fulfillment. And the agency of rational love lies essentially in the attunement ( in Chinese kan – ying 感应 or "feeling – response") of Being, which . manifests itself concretely in the enjoying – hoping commitment of the rational concern. Thus conceived, love is in the final analysis transcendental in function. For by virtue of attunement rational love is the "mediator" of human existence: it mediates between our intrinsic human nature ( hsing 性) and our intrinsic human destiny ( ming 命), harmonizing the microcosm and the macrocosm and uniting the finite with the infinite. But whereas in Confucianism this attuning and mediating function of rational love originates from . The transcendental sensitivity of jen, in Platonism it proceeds from the transcendental dispositionality of eros. The affinity – contrast between the Confucian and the – Platonic concepts of love thus depends fundamentally on the existential – ontological relationship between two primary forms of attunement, each having its own kind of "transcendental logic." In the case of Confucian love, the attunement of jen. is governed by the "Principle of Assimulation," which defines the transcendental logic of Rational Care. In the case of Platonic love, the attunement of eros is governed by the "Principle of Differentiation," what determines the transcendental logic of Rational Wonder. In both cases the Logic of Being is reflected existential – transcendentally in the Logic of Love.

Being Care – oriented, Confucian love is founded on the recognition of Identity: the man of Care tends to assimulate the non – self to the self. Being Wonder – oriented, Platonic love is grounded on the consciousness of Difference: the man of Wonder is prone to differentiate the object from the subject The recognition of Identity is the transcendental – logical basis of *jen*, whose sensitivity gives rise to the love of compassion The consciousness of Difference is the transcendental – logical basis of *eros*, whose dispositionality makes for the love of excellence. The truth of jen and compassion is disclosed through the "unbearing mind," which sees goodness in the continuity and stability of existence and coexistence. The truth of *eros* and excellence is revealed through the "contemplating mind," which comprehends the good in the beauty and intelligibility of form and order. Stemming from the unbearing mind, Confucian love is personalistic: it begins as the love of persons ( one's relatives and friends) and through the love of life in general and the life – giving Tao – returns as the love of persons ( extended to all mankind Platonic love is, on the other hand, idealistic, being a product of the contemplating mind: for although it begins as the concrete love of persons ( boys and men of beauty), it is, becoming more and more the abstract love of universals, ultimately the love of an absolute ideal. – namely, Absolute Beauty ( or Beauty itself) which is the same as the Good ( or more properly the Form of the Good). Being intrinsically personalistic, Confucian love is also subjectivistic and responsible: the accent of love here is on the lover or subject of love, that is, on the lovingness of compassion and the obligation of conscience or the moral sense. By contrast, Platonic love, being ulti-

mately idealistic, is also objectivistic and possessive: the stress here is on the be-
loved or object of love, that is, on the lovability of excellence and the transpar-
ency of the beautiful. Whether subjectivistic or objectivistic, love in both cases
depends on the existential – transcendental sensitivity and yearning of the con-
cerning mind, aspiring towards rational fulfillment. But while in Confucianism
the unbearing mind with its feelings of commiseration fulfils itself through the
bestowal of importance; the contemplating mind of Platonism with its pathos of
ecstasy attains fulfillment through the appraisal of value. And what the betowal of
importance' is to the ethical – moral way of Rational Care, so the appraisal of
value is to the aesthetic – intellectual Way of Rational Wonder. ① These define
two main avenues of human concern by which love obtains its rational consum-
mation.

Thatjen implies a caring, responsible love is quite unmistakable. When
asked about jen, Confucius replied: "It is to love man ( jen che ai jen 仁者爱
人). "② The expression "to love man ( ai jen)" here had for Confucius a defi-
nite meaning. The man of jen is one who "wishing to sustain himself, sustains
others; wishing to develope 'himself, developes others. "③ He is a man who
would not do unto others what he would not have done unto himself. ④ Of the
many meanings or implications of jen, this idea of chung 忠 and shu 恕, "consci-
entiousness" and "altruism," as including both the positive and the negative as-
pects of the Confucian golden rule, must be regarded as the most fundamental.
The principle of chung and shu is indeed the principle of human fulfillment in
Confucianism; for it is the way to practice jen. This "jen – principle," as we
shall call it, is the measure of all virtues in Confucian ethics. It is the first princi-
ple of ethical – moral Reason, the ground of propriety and righteousness. But
what, from the existential – ontological standpoint, does the jen – principle im-
ply? It implies authentic self – care by virtue of – and made possible by – the ex-
tension of care, that is, from the care of one's self to the care of others. Authen-
tic self – care is precisely what determines the meaning of chung or conscientious-
ness, and the extension of care the meaning of shu or altruism. ⑤ Since for Con-
fucius the fulfillment of oneself depends intrinsically on the fulfillment of others,

---

① The contrast between "bestowal" and "appraisal" as two basic modes of valuation is the key con-
cept of interpretation in Irving Singer's insightful book, *The Nature of Love*; *Plato to Luther* ( New York:
Random House, 1966); see Ch. 1 and passim.

② Analects, XII: 22. (仁者爱人)

③ Analects, VI: 28. (己欲立而立人、己欲达而达人)

④ Analects, XV: 23. (己所不欲、勿施于人)

⑤ My existential interpretation of the doctrine of *Chung* and shu here is in basic agree – ment with
the traditional interpretation best expressed by Chu *Hsi's* statement: "*Chung* means the full development of
one's mind, and shu means the extension of that mind to others. " (尽己之谓忠、推己之谓恕) See
Chan, A *Source Book in Chinese Philosophy* ( Princeton, 1963), p. 27.

*chung* and *shu* express really two different aspects of the same spirit – the spirit of *jen* whose essence is Rational Care.

The love of jen is the rational love of Care. A caring love need not be rational, for it may be selfish or misguided. In fact, Care in its primitive nature takes the form of "animal care," which manifests itself in the blind will to self – survival. Rational care results from the transformation of animal care by Reason. It consists in authentic self – care through the extension of care in accordance with the requirements of propriety and righteousness. Righteousness pertains to the "oughtness" of Care, while propriety its "appropriateness." Both concepts imply a discriminating act of Reason in a given context of existence or relevance. But righteousness is a matter of conscience or the moral sense, whereas propriety is a matter of mores or social conventions. In either case, the extension of care is limited by its discrimination. And the discrimination as well as the extension is essential to the rationality of Confucian love.

Confucian love then is a discriminately caring love Let us be reminded here of Mencius two – front attack on the "ego – centricism" of Yang Chu and the "universalism" of the Mohists. From the Confucian standpoint, these positions are extreme and irrational; for they both violate (though in a different way) the rational demands of propriety and. Righteousness. Against the egocentric position, Mencius pressed the Confucian dichotomy between *yi* 义 and *li* 利, righteousness and profit. Against the universalist position, Mencius stressed the importance of distinctions. This latter aspect of the Confucian conception of love – its discriminateness – has, however, often been misunderstood. It is true that for Confucianism one ought not love strangers as much as we do our parents. But the point is not that we ought to love the strangers less, but that we ought to love our parents more.

Now although *jen* is basically a social – moral concept, it is heavily charged with religious or metaphysical implications. Indeed, for Confucianism the social – moral is identical with the religious – metaphysical. This is because the *tao* of humanity is not only continuous with the *Tao* of Heaven and Earth, but is in fact its most sublime examplification. And the essence of this all pervasive, human – cosmic *Tao* is none other than the *Jen* – principle, which, to be conceived now as having a metaphysical as well as a moral meaning, is what unites man with Nature. In Nature, the *Jen* – principle expresses itself through the unceasing creativity ( *se ˆ ng se ˆ ng chih te ˆ* ) of Heaven and Earth and their protective – conservative functions ( *fu tsai chih te ˆ* ). In man, it manifests itself through the various virtues of human – heartedness ( *jen* ), especially the virtues of filial piety ( *hsiao* 孝 ) and fraternal love ( *ti* 悌 ). In these two cardinal virtues of Confucianism, one sees clearly the unique genius of the Confucian religious consciousness, namely, that of a stream of life leading through "Being – as – Tao – as – Jen – as – Care" from eternity to eternity. For while filial piety extends *jen* and Care in the infinity of time, fraternal love carries the extension of

*jen* and Care in the infinity of space. Thus the infinity of Care is made coexten-
sive with the infinity of the universe.

As a creed of the humanistic spirit, Confucianism is rooted in the sense of
"apprehensive sorrow" ( *yu huan i shih* ) which expresses the frustrations of Care
in all its manifestations – but especially in the moral – political context. ① Release
from this sense of apprehensive sorrow therefore means basically moral – political
fulfillment. Here the deliverer of man's frustrations is neither a personal god –
savior nor knowledge ( though it plays an important role ) nor a sacred law nor
an utopia nor the course of human history, but the *jen*, the rational spirit of
Care, in every human being, which finds its highest fulfillment in the person of
the "sage – king" ( *sheng wang* ) , in whom moral perfection and political author-
ity united.

This reminds us immediately of the "philosopher – king" in Plato's great
dialogue, the *Republic* And a comparison of the Confucian idea of the sage – king
with the Platonic concept of the philosopher – king will help bring out the fun-
damental existential difference between the two humanistic creeds of Confucian-
ism and Platonism That there exists a formal similarity between the two concepts
is not open to question. In a sense the Confucian ideal of "sageliness within and
kingliness without" ( *nei sheng wai wang* 内圣外王 ) can be regarded as also Pla-
tonic But this similarity is superficial; there lies behind it a real difference which
is of crucial importance. And this difference is to be found in the meaning of
sageliness. For while the Confucian sage is authentically and virtuously a man of
compassion mindful of the sufferings of mankind, the Platonic sage, the philoso-
pher, is authentically and virtuously a man of supreme knowledge mindful of e-
ternal truths. The former is distinguished by his moral perfection, the latter by
intellectual excellence. Let us not forget that according. to Plato the philoso-
pher, who has seen the Light of Truth, will be unwilling to descend again to
the Cave of ignorant mankind from which he was first liberated. That is why in
the ideal republic the philosopher must be forced by law to take up his political
responsibility. ② There is no indication whatsoever either in the. Republic or
other Platonic dialogues that . the philosopher, Plato's conception of the ideal
man, is endowed with any real sense of compassion or pity. This is in sharp
contrast to the Confucian sage whole – hearted willingness to serve the people is
the very foundation of his moral perfection.

For the Confucian sage is primarily a man of *jen* pervaded by the rational
spirit of Care, whereas the Platonic philosopher is primarily a man of *eros* gov-
erned by the rational spirit of Wonder. Unlike the Confucian sage who is first of
all a lover of mankind, the Platonic philosopher is above all a lover of knowl-

---

① The role of this existential pathos （状患意识） in the development of Chinese thought was first
emphasized by Professor Fu – Kuan Hsu 徐复观. See his A *History of the Chinese Philosophy of Human
Nature: The Pre – Ch'in Period* ( Taipei, Tung Hai University, 1963 ), ch. 2.

② The *Republic*, trans. F. M. Cornford, pp. 231; 233.

edge. And if the latter is deficient in compassion, the former is lacking in curiosity. Confucian thought b——trays the absence of a genuine sense of Wonder.

Now although Plato did not define *eros* explicitly in terms of Wonder, there can be no doubt that Wonder is implicitly the formative principle in the Platonic conception of love. Did Plato say "philosophy begins in Wonder"? And is it not true that for Plato the philosophical love of knowledge and certainty the highest kind of erotic love?

But the wonder which is the source of our aesthetic love of beauty and our aesthetic love of certainty is a "sublimated" wonder – that is, sublimated through the intervention of Reason. Now like Care, Wonder has also an animal nature, which manifests itself in the possessive – aggressive will to power. In identifying *eros* as a "desire to possess," Plato must have some conception of this instinctual or primitive form of Wonder. But the internal relationship between the animal and sublime forms of Wonder seemed to have largely escaped the acutely sensitive and discerning mind of Plato. For unlike Nietzsche, Plato showed almost no awareness of the existential affinity between the will to power and the will to knowledge.

Just as "practical care" definable in terms of the sense of expediency and utility is the intermediate form between "animal care" and "ethical – moral care," so "heroic wonder" which expresses itself as the quest for honor through adventure and conquest occupies the middle position between "animal wonder" and "aesthetic – intellectual wonder." And just as the growth of Rational Care in ancient China culminated in the ethical – moral care of Confucian Humanism, so the development of Rational Wonder in ancient Greece culminated in the aesthetic – intellectual wonder of Platonic Humanism. The philosophical meaning of this parallelism is rooted, as we have attempted to show here, in the existential relationship between the two principles of love and authenticity, namely, *jen* and *eros*. Confucianism and Platonism are mirror images because the Confucian *jen* and the Platonic *eros* are mirror images. What this means to the world history of philosophy, however, falls far beyond the limited scope 'of this paper.

# 2 Care, Wonder, and the Polarization of Being: An Essay on Human Destiny [①]

(1974)

## I. Introduction: Concern and Fulfillment

Man cares, man wonders, man enjoys, man hopes, and man reasons; These are the principal ways in which the being of man is consummated. For man is, more than anything else in the universe, a "self − fulfilling" —— that is, concerning and self − responding − thing. And Care, *Wonder*, *Enjoyment*, *Hope*, and Reason are the "root − principles" of human fulfillment, being the categoreal or cardinal principles of human concern.

In this essay I wish to explore an avenue of thinking in which human concern occupies the central philosophical position. It is in the nature of our concern, I believe, that lies the key both to our understanding of reality and to the reality of our understanding. For concern − which defines the existential dimension of our existence − is the originative principle of fulfillment, being at once the projector of significance and the propeller of creativity. These two aspects of Being − namely, Significance and Creativity − are united. In the essence of every self − fulfilling thing, but most remarkably in, that of man .as a consciously active subject of concern. For man, by virtue of his conscious intelligence, is a concerning thing who *understands*, and whose understanding about himself and the universe in which he lives is the most crucial factor in his creative transformation of significance. Here indeed in the reflective understanding of concern is found perhaps the ultimate resting place of philosophy: For philosophy is, in one of its deepest meanings, the *concerning apperception of concern*.

This way of thinking which holds fast to the centrality of human concern in all considerations of life, reality and understanding is what I call the "Existential Approach." This approach, as we define it here, Presupposes as its metaphysical foundation a "Philosophy of Creative Significance ." For life is in essence *creative significance* in which the two aspects of Being are united. Creativity is the primordial source of the dynamic *continuum*: Concern − Response − Satisfaction

———————————

① This paper was first presented at the Fall meeting of the New England Division of the American Catholic Philosophical Association held at Fairfield, Connecticut, U. S. A. , on November, 4, 1972; Vol. XV, No. 4 CHINESE CULTURE December, 1974.

— Concern. Significance is the eternal condition of the *symbolic continuum*: Meaning — Relevance — Importance — Meaning. But the dynamic and the symbolic continua are but two sides of the same plenum of Being. The Tao or Way of all life consists in the *organic — dialectical* synthesis of the dynamic and the symbolic principles of Reality. ①

The present study, which may be considered an introduction to the philosophy of creative significance, is an application of 'the existential approach to the problem of human destiny — that is, to the nature and direction of man, culture and history. More exactly, it attempts to discover the underlying logic, and explore the power, of human concern as the most decisive operational principle in human development. We believe that humanity is basically the making of man's concern.

For as the originative principle of fulfillment, concern is the subjective basis of purpose, value and motivation. It is that something in us whose manifestations we call needs. wants, desires, wishes, willings and aspirations: it prompts our emotions, colors our attitudes, moves our thoughts, drives our actions, moulds our habits, 'fashions our character, posits our ideology, sustains our commitments, fixates our language, installs our. institutions, plants our cultures, reaps our civilizations — and, in short, pervades and permeates each and every aspect of our humanity. Concern indeed is the controller — soul of our being — the guardian spirit that rules us from within.

The "soul," as we conceive it here, is in essence an organic system of concern. Two aspects of "soul" may be distinguished: the "soul — as — physical" which expresses its concerns through bodily functions and the "soul — as — spiritual" which channelled itself through the mind or conscious intelligence. This "spiritual soul"  —  "soul" in the narrow sense — is the "inner self" of a person, to be distinguished from the "self" as such, which is the whole "person," that is, the organic composition of soul, mind and body. Thus construed, the "person" is a *concerning — pertending* thing; and it is in the "existential — pertentional" character of our personality that we will discover the *original givenness* of our humanity.

By "pertentionality" I mean the mental or bodily *responsiveness* of a person,

---

① "Meaning" expresses the significance of form (a sandwich), "relevance" the significance of function (as food), and "importance" the significance of purpose (for satisifying a hunger) — while significance as such expresses the substance of a thing as a unity of form, function and purpose. A "fulfillment" is a process of creative significance where — by one definite set of meanings is organic — dialectical transformed into another definite set of meanings through the projection of concern procuring relevance, the lure of relevance procuring response and the satisfaction of response procuring importance. And the consummated unit of fulfillment in importance becomes a new meaning for concern in succeeding processes of fulfillment. In a future essay the author wishes to pursue further this line of thinking in his attempt at a "general theory of fulfillment," which will constitute the metaphysical framework for the philosophy of creative significance.

acting individually or in conjunction with other persons, to some demand (demands) of human concern — a "pertention" [1] being a *response* of a spacial kind, active or passive, self — oriented or other — oriented, vulgar or sublime. This conception makes pertentionality the very medium of life; for it is what connects our being with that of our fellow men and other forms of existence. Through the spatial — temporal locus of our body, every pertention reflects internally the nature and state of our soul and spirit and externally the nature and state of our environment, which is ultimately co — extensive with the Universe as the "Being — field" of all concerns and fulfillments.

In every "process of fulfillment" (an act of Being directed to an end) then three essential sets of factors are identifiable: the existential factors of concern, the environmental factors of field — conditions, and the pertentional factors of response. Every fulfillment represents a unique combination of these three sets of factors in a uniquely given context of existence. Life is a *genetic function* of fulfillments through ever changing contexts of existence. And in the contextuality of fulfillment — in which organic — dialectical synthesis takes place — is involved the underlying duality of life and creative significance, namely, the interactive dynamic — symbolic relationship between the subject and the object The "subject" is any person or organized community of persons with a definable existential — pertentional structure; whereas any thing or factor in. the environment — field of the subject is an "object" which has some significance. (meaning, relevance or importance) to the subject's concern and fulfillment. And pertentionality is precisely what expresses concretely the interactivity between the concerning subject and its objects.

Now "culture" may be described as the life of an organized community made possible. by the institutionalization of human concern, while "civilization" designates the fruition of a culture, that is, when the seeded aspirations and ideals of a society have been fulfilled or realized. A civilization, to put it differently, is a consummation of human destiny subject to the conditions and contextuality of a social — cultural existence. This passage from culture to civilization is the basic pattern of history. Indeed Humanity — the Being of mankind in process of fulfillment — is a continuously self — renewing and self — transcending creative advance of life, culture and civilization, a complex genetic function of man's individual and social fulfillments. [2] The historicity or flow — character of this genetic flow of life is determined on the one hand

---

[1]    The nature of a response to concern issuing into the satisfaction of concern is that of a "tending — through" implying activity and process as well as that of a "tending — towards" implying aim at fulfillment — hence my coinage "per — tention" and its cognate "perten — tionality" (also "pertend," "pertentional," etc. ).

[2]    A "culture" cannot be treated like an organism, as Spengler did. Nevertheless, it may still be described in biological terms to the extent (which may turn out to be considerable) that its properties are isomorphic , with the life of an organism.

by the necessity of nature and, on the other, by the contingency of context. The most decisive factor here − on the side of necessity − is the underlying logic of human concern which defines that which is essential in man's existential constitution − and therefore his nature. For what is humanity but the historical product of this "existential logic" and the conditionality of the environment? Indeed the problem of human destiny is simply the problem of man's existential historicity.

In what way is our soul governed by a logic of concern? This is the key question which must come before all other questions concerning the nature of man, the meaning of human existence and the destiny of humanity. For us the fundamental questions which are to follow are these: What is the bearing of the existential logic on man's conduct and thought? How is our personal nature and the nature of society and culture existentially constituted? What, existentially, has happened in history? And what is − and ought to be − the existential role of philosophy in life, culture and history?

History, philosophically conceived, is the *temporalization* of human concern accompanied by a *humanization* of Nature. It is not, as some students of history have tended to view it, the sum total of "dead facts" of the past, but rather an accumulative life − process carrying the living flow of all humanity. This accumulative flow of life − always, to be sure, stratified and multidimensional in detail − has riot been a uniformly single − lined development. Rather, it has been a collective but integral process containing in it a number of "main streams of Being," which, though continually crossing each other and with earlier developments converging into, or appropriated by, later ones, have each preserved a distinguishable 'independent identity. These main streams of Being are, of course, the major "traditions of humanity" − that is, traditions of life and institution, thought and ideology, culture and civilization. Each tradition has its own historicity of development which measures the existential − pertentional flow − character in that tradition. Historicity then, more precisely put, is the tendency of Being as manifested in human existence Given the genetic function of fulfillment and a concrete context of human existence, it measures the dynamic − symbolic, organic − dialectical changing character of humanity at that context. Historicity, in other words, is − if we may employ a mathematical metaphor, the *differential derivative* of human destiny.

What then is the historicity of our times − that is, at the context of twentieth century humanity? The present century is one in which the history of man has *truly become* "world history." For the hitherto basically independent traditions of humanity have——in our century —— all begun crossing each other and perhaps converging into one main stream. We are now justified, as we have never been before, to speak of the "historicity of mankind," of Man as an organic whole. We are thus living in an era of unrivaled historical − and indeed, ontological − significance. What then, let us ask again, is the historicity of our times? And − these two questions naturally follow, What, in terms of historic-ity, has characterized past humanity? And what'——might be the destiny of man beyond our era?

To these questions as well as those we raised previously —— which may all be subsumed under the general catalogue heading "Existential Questions of Human Destiny" − we venture to offer in this essay a coherent answer. With no pretention to finality, the present author wishes to present a thesis — a working hypothesis rather − concerning *a limited but significant* portion of historical reality, This hypothetical thesis, which he calls the "Existential − Polarization Thesis," is what constitutes the main theme of the following dis-cussion.

This thesis may be divided into two parts: first, the "Existential Thesis, which attempts an " analytics of human fulfillment" . based on the morphology and logic of human concern and, second, the "Polarization Thesis" which pos-its the existential − historical opposition between two Ways of Being and Tradi-tions of Humanity: namely, the Way of Care which dominates the traditional East and the Way of Wonder which prevails in the traditional West − between the two lies a third, mediating . tradition, the 'tradition of the. Middle East which embodies the Way of Ambivalence. Thus the Existential Thesis provides the theoretical framework, while the Polarization Thesis represents its most im-portant application. Although we are convinced of the value of the Existential Theory as an instrument of analysis and interpretation, it will be developed only to the extent necessary for our purpose here' − which is basically concerned with the question of human destiny. The accent of this essay, in other words, is on the Polarization Thesis.

We may now indicate briefly the plan of our discussion. In the rest of Part I the Existential. and the Polarization Thesis will be formulated ( in that order) with respect to the essentials. Then in Part II——entitled "The Spirit in Retro-spect" − we shall delve. more deeply. into the philosophical, cultural − histori-cal meanings and implications of the Existential − Polarization Thesis Finally, to complete the trilogy, Part III — "Philosophy in Transition" − will present a philosophy. of the history of philosophy, culminating in a discussion on the na-ture and role of comparative philosophy.

## Ⅱ. The Existential Thesis

Human existence, to begin with, is governed by an inner logic of fulfill-ment which has its basis in the structural − functional interdependence and dialec-tical tensions between five categoreal types of concern, each subsumable under − and representable by − an *existential root − Principle* underlying and unifying that type of concern: These root − principles are, *Care* or the *Tolmatic* Principle, *Wonder* or the *Thaumatic* Principle, *Enjoyment* or the *Ecstatic* Principle, *Hope* or the *Religial* Principle, and *Recson* or the *Rational* Principle. ① The "Tolmatic Concern" is the concern for Existence and the Responsibilities or Duties of Existence. ② The "Thaumatic Concern" is the concern for Power and the Privileges or Rights of Power. ③ The "Ecstatic Concern" is the concern for the Agreeableness of Life as made for by the Positive Satisfaction or Success of Fulfillment. ④ The "Religial Concern" is the concern for the Disagreeableness of Life as stemming from the Negative Satisfaction or Failure of Fulfillment. ⑤ And lastly, the "Rational Concern" is the concern for Wisdom and Rational Justification — that is, the Authentic Optimization of Value. ⑥

Each existential root is the originative principle of a major department of human activity or endeavor and commands for its satisfaction its own peculiar "pertentional form" which expresses *how* the pertentional subject is responsive to the categoreal concern in question. Care, the root — principle of our survival instinct and our economic and moral consciousness, is pertentionally an act of *integrative giving*: To have a "care" for an object — one's self or any other person or thing — is to take up the responsibility of its existence, that is, to be concerned with the procreation, the nurture, the continuation and the preservation of its existence. ⑦ On the other hand, Wonder, the root — principle of our expansive — aggressive instinct, our adventurous — competitive spirit, our intellectual — sci-

---

① "Care," "Wonder," "Enjoyment," "Hope," and "Reason" ＿ which, as referring to the five categoreal principles of human concern, will as a rule be capitalized — must — be kept separate in their ordinary and technical meanings. As technically defined, these existential concepts bring out the hidden meanings and significations of these words from behind the veil of ordinary usage.

② The word: "tolmatic" is derived from the Greek term tolma which the Pythagoreans used to designate the primal instinct for self — affirmation underlying the origin of the World. Here the adjective simply means "pertaining to Care."

③ "Wonder" — Greek thaumazein, hence "thaumatic" — as an existential root — principle must not be equated with "curiosity" as implied in the ordinary meaning of the word. Curiosity, which is rooted (in our opinion) in the desire for power, is a special form of (what we call) "Wonder" — namely, that in which knowledge is desired because it is a source or carrier of power.

④ Here: "Enjoyment" is not a psychological concept, although positive satisfaction is always "enjoyable" in the . psychological sense.

⑤ Our coinage "religial" is to be distinguished from the familiar "religious." They are, however, closely related; for Hope, the religial principle, is the existential root of religion or the religious. Similar relationship exists between "tolmatic" and "moral," "thaumatic" and "scientific," "ecstatic" and "aesthetic," and "rational" 'and "philosophical." More exactly: . it is — the relationship between root and branch (see text immediately following).

⑥ "Reason" as an existential concept is a principle of human concern, not to be confused with "reason" as referring to the faculty of thinking or the intellect.

⑦ The distinction between "Self — Care" and "Other — Care" is an important one. The conflict between these two fundamental modes of our tolmatic concern is what gives rise to our moral consciousness.

entific curiosity and our technical — technological mastery, is, in opposition to Care, an act of *disintegrative taking*: An object pertended in Wonder is subject to intellectual or physical manipulation, exploitation, subjugation and even annihilation. ① Now Enjoyment, the root — principle of art as well as our instinctual needs for game and play, is, in terms of its pertentionality, an act of *having — through — making*, that is, the presently agreeable and pleasurable or joy — giving. By contrast, Hope, the root — principle of religion and our occult consciousness is an act of *having — through — saving — and — borrowing*: Hope "saves" from the past, the known, the familiar and "borrows" from the future, the unknown, the extraordinary or mysterious. An act of Hope is an attempt at relief or deliverance — that is, from the disagreeablness or negativity of existence. Finally Reason, the root — principle of philosophy and political government, is in its basic pertentional form, an act of *value accounting*, in which value claims are *grounded* with respect to their authenticity, *validated* as regards their conformability, and *elevated* to the highest level of their goodness in the light of an existential ideal, which may be posited by any of the five root — principles including Reason itself. This conception of value accounting as involving the authentification, validation and optimization of value is what we mean by "rational justification." Philosophy is the search and hopefully the embodiment of "*wisdom*," that is, knowledge of the rational justifiability of things. Through wisdom philosophy is. the *attunement* of life to the highest good. And the practical employment of wisdom in the concrete organization of life we take to be the essence of political government.

Now "attunement," generally speaking, is the subjective act of a concerning thing by which the subject is made *at one*, *at home*, or *in consonance with* the Tao as the ultimate ground of creative significance and infinite source of finite being. In the final analysis, the character of a subject's attunement to the Tao depends on its *sensitivity* to — or *sympathy* with — the five "primordial polarities" of Being, namely, *Identity*, *Diversity*, *Compatibility*, *Incompatibility*, and *Absoluteness*. Any structural or functional principle which underlies this sensitivity of — Being — thus constituting a subjective condition of attunement, we shall describe as "transcendental." And by the "transcendental function" we shall mean the determination. of a subject's relationship to otherness and the world conceived as depending functionally upon its transcendental sensitivities or sympathies.

The life of man is that manifestation of Being in which transcendentality rises up to reflective consciousness. The five root — principles are in reality transcendental conditions of attunement. under . which — the soul engages itself in communication and communion with the Tao. These transcendental principles are reigning spirits of our soul, for each of which the author of our being has seen fit to provide corresponding to its peculiar sensitivity special instruments of

---

① We may therefore make the distinction between "Intellectual Wonder" and "Physical Wonder," depending – upon whether the satisfaction is a mental or a physical one.

expression and channels of interchange with the external universe. Thus Care, whose sympathy is with the Identity of Being, is specially provided with Intuition and Perception. in the mode of Causal Efficacy. Wonder, whose sympathy is with — the Diversity of Being, is specially given the Intellect and Perception in the mode of Presentational Immediacy. ① And while Enjoyment, transcendentally sensitive to Compatibility, depends for its expression on the Positive Feelings and the Conjunctive Unity of Memory and Imagination, Hope, sensitive to the Incompatibility of Being, expresses itself characteristically through the Negative Feelings and the Disjunctive Contrast of Memory and Imagination. ② Lastly Reason, the transcendental condition of Absoluteness, is most especially endowed with Apperception and Understanding through the reflective unity of consciousness. ③ Absoluteness is the organic — dialectical synthesis of Identity, Diversity, Compatibility and Incompatibility. And Reason's attunement to Absoluteness depends on Apperception as the. organic — dialectical synthesis of Intuition and Intellect, the Positive and Negative Feelings, Causal Perception and Immediate Perception, Memory and Imagination Transcendental unity, in other . words is the very condition for the unity of the soul.

Each of the five root — principles then has a specific role and function to perform in the transcendentally sensitive and existential — pertentionally structured life of the soul as an organism of concern. Care and Wonder are properly "constitutive" principles, being concerns for the *substance* of life —— the unity of existence and power,. of responsibilities and privileges. Enjoyment and Hope are "indicative" principles, being concerns for the *direction* of life, which always points towards. the agreeable and away from the disagreeable.

Through the persistence of existence, Care constitutes the soul in the internality of Time; through the expansion of power, Wonder constitutes the soul. In the externality of Space. Through the lure of joy, Enjoyment nourishes the soul in the positivity of satisfaction; through the yearning for relief, Hope elevates the soul from the negativity of frustration. But the balance and harmonious working together of the two pairs of existential principles require the guiding and directing agency of the soul — namely Reason, which, being concerned with the *destiny* of life, is the "regulative" principle of human fulfillment. The root of philosophy and political government, Reason regulates the soul by virtue of wis-

---

① In distinguishing "Intuition" from "Intellect" I follow basically Bergson. The distinction between the two modes of perception — " Causal Efficacy" and "Presentational Immediacy" – is, of course, a Whiteheadean one.

② Feelings or emotions are "indicators" of the soul. The soul "enjoys" positive feelings ( pleasure, joy, etc. ) and "hopes" for the elimination of negative feelings ( pain, agony, etc).

③ "Absoluteness" characterizes the optimal state of Creativity. A finite being attains to absoluteness when it achieves for itself the "highest possible" value of existence – that is to say, the highest – value within the limitations of its finitude.

dom and in the interest of the authenticity of fulfillment and the optimal creativity of value.

This, in general outline, is the fundamental structure of the inner logic of human existence − the "Existential Logic," as we have called it − which, in defining the basic meaning of our existential − transcendental subjectivity, governs all manifestations of humanity. The Existential Logic is the internal law of all life, thought, culture and civilization; and the five − existential roots are necessarily involved in the in − depth consideration of any manifestation of humanity. This subjective logic of human fulfillment is not, let us hasten to add, an' abstractly deduced collection of "bloodless categories": it is rather a concretely dynamic thing which permeates every bit of our living experience a law of polar tensions and movement, of organic change and dialectical synthesis. In this dynamics of human concern and fulfillment, Reason plays the central role, while the tolmatic and the thaumatic principles are of *primary* importance. As constitutive principles to which we owe the substantiality of our life, Care and Wonder are the final originative principles of our creative significance, the ultimate sources of value and purpose − thus forming the pertentional basis for the other three root − principles. For Existence and Power − with their responsibilities and privileges are what, in the final analysis, we have to enjoy, to hope for, 'and to reason about.

Indeed between Care and Wonder ——— that is, in the existential interdependence, tensions and reconciliation of the two primal forces of our existence ——— is situated the fountain spring of all humanity. Care and Wonder require each other for the attainment of happiness and the good life. For Care unaccompanied by Wonder tends towards stagnation and eventually the loss of creative vitality, whereas Wonder without the. support of Care leads to the abuse of power and the wanton dissipation of value. But the two primal forces may or may not be compatible; and the war between them can destroy the sanity. and integrity of. our being. Hence it is in the highest interest of humanity that Care and Wonder. be brought under. the control of Reason − whose function it is to overcome the internal and external contradictions of life by bringing together, as its most fundamental task, the two primal forces in proper harmony and balance. Indeed Reason, the guardian of our spirituality, is the necessary condition of the goodness of life, the product of the rationalization − that is, rational justification − of value * Thus moral goodness is made possible by Reason through her persuasion and regulation of Care, scientific goodness through her encouragement and guidance of Wonder, aesthetic goodness through her beautification and sublimation of Enjoyment, and religious goodness through her pietization and elevation of Hope. All these forms of goodness are founded upon the goodness of wisdom or philosophical goodness − the goodness proper to Reason itself. And the goodness of wisdom consists precisely in the authentification of value, which belongs to the rational soul in the absoluteness of fulfillment.

Now the fulfillment of the soul depends subjectively on its transcendental, existential −pertentional character and objectively on the natural, social −cultural and historical environment. It depends, more exactly, on. the interaction and mutual limitation of the two sets of factors. This interactivity is always reflected in the existential dimension of the fulfilling subject; for it determines the*operational character* of the five root −principles −a function of the changing *states* and *tendencies* of the soul which represent contextual determinations of the Existential Logic. These operational states and tendencies of existentiality are definable in terms of the way the five roots are *functionally*——that is, organically and dialectically −. combined with each other Hence if by an "existential schema" we refer to an organic −dialectical mode of combination of the five root −principles, then the operational character of the soul is conceivable as a function of its existential schemata. Using the dialectical relation −ship between Care; and Wonder. as the prim al basis of existential schematism, we may define the four. basic existential schemata as follows:

1. Tolmatic Schema: Care dominates. Wonder.

2. Thaumatic, Schema: Wonder dominates Care.

3. Schema of Dividedness: Care and. Wonder: are at 'war with unresolved tensions and conflicts.

4. Schema of Creative Harmony: C are and Wander joint hands in a creative and: harmonious fellowship.

These then are four principal ways in which the existentiality of man is organic −dialectically constituted. Each schema represents a cardinal state of existential constitution as well as a cardinal type of existential character or mentality determined by the tendency − of the soul towards the realization of that state. And all. four schemata. with their schematic principles are capable of an indefinite number of categoreal subdivisions. and modifications, depending on how the other. three root −principles are combined with the defining schematic relationship between Care and Wonder as well as on the specific form assumed by each of the five roots. Thus for instance, a tolmatic state (as defined by the tolmatic schema) with an ecstatic mood may be distinguished from one with a religial tone while two ecstatically or religially inclined tolmatic (or thaumatic) states may be further differentiated from each other according to the different degrees to which they are subject to rational control. In short, there are as many categories and schematic principles of existential constitution − and therefore states and mentalities of the soul −as there are functional combinations of the five root −principles, with Care and Wonder determining the basic schematicstructure.

The Existential Logic may now be conceived more exactly as including a dialectic as well as an organic system. The "organic system" is defined by the structural −functional interdependence of the five root −principles which furnish the operational basis for their dynamic combinations, in terms of which the "dialectic system" is constituted. This "organic −dialectic" system of existentiality is properly what we mean by the inner logic of human fulfillment.

Humanity is the interactive product of this Inner Logic of man and his Outer Environment. In so far as the life of a person is concerned, the actual character of the fulfillment function as reflected in and through the existential states of the soul depends on a number of factors — among them one's inborn capacity, sex, age, education, station or role in society as well as the external contingencies of existence m. as be cited as basic or generally representative. Thus for example. while Wonder with its lure of power and privileges possesses the soul of the child and the younger man, the burden of existence and the responsibilities of Care fall increasingly heavier. on the concern of adulthood and the mature person. Care marks off the mother, the family man, the surgeon in the operating room, the political leaders in times of war; Wonder embraces the devoted scientist, the explorer or adventurer, the profit — minded capitalist or entrepreneur, the power — intoxicated politician. Examples can be multipled indefinitely to illustrate the many ways in which the characteristic existentiality of our soul reflects the influence or effect of the variable factors and circumstances of 'existence. Thus in spite of the Existential Logic which in its organic — dialectic essence unites all souls, men differ significantly with one another and with themselves at different times due to variations in the way in which the Inner Logic is operative under the given set of conditions depending on the context of fulfillment or existence. It is in the *contextuality* of things then that we must look for the "real" — as distinct from the "essential" — basis for the comparative study of humanity. And any comparative study of humanity must concern itself with the "affinity — contrast" of human fulfillment — that is, with the identity — and — difference that both unite and separate the being of man.

Now the existential categories are, in our view, the key to the understanding of all aspects or manifestations of humanity: for the character of man's concern determines subjectively the character of his thought and action — and therefore indirectly his culture and civilization. It follows that the being of mankind can be grasped most properly and advantageously in terms of the nature and character of the soul or from the existential perspective. The soul of man is at once the essence and the *mirror* of his existence. The affinity — contrast of existentiality must therefore furnish the basis for the affinity — contrast of humanity in general. In the light of this recognition the Existential Logic as an organic — dialectic system of categories and schematic principles turns. out to be the very conceptual framework for the comparative analysis and interpretation of human fulfillment. The four basic existential schemata — which define the *modus operandi* of the Existential Logic — are capable of being applied to *any* dimension of human existence to the extent it is existentially functional. Thus represented by the four cardinal principles of existential constitution are generally four possible *ways* of human fulfillment: that is, *ways* of life, of thought, of institution and ideology, of culture and civilization — as well as four possible states or mentalities of the soul. Here in this association lies the foundation of what may be called the "Existential Method," which is basically nothing but the application of the Inner Logic of human concern and fulfillment to the problems of humanity. And our immediate. question is, What theoretical use can we make of the Existental Method to probe the historical destiny of mankind?

In the final analysis, the "destiny" of man is none other than the form of his transcendental function, which, as we have defined earlier, expresses the relationship between man and his world as determined by his transcendental sensitivity. To put it more directly, the destiny of man is his way of attunement to the Tao which determines and is determined by the nature and direction of his fulfillment in the world. In so far as mans concern for destiny is consciously entertained, the transcendental function originates in the will to authenticity as the primary motivating force of Reason. And the fundamental search for authenticity may take any one − or combination − of these three main directions: the *search for meaning* ( or *meaning fullness* ) , the search for happiness ( or *well − being* ) , the *search for order*. These three "transcendental ideals" of Reason ( as we may call them ) − namely, Meaning, Happiness, Order, to be conceived as forming a categoreal unity in the one primary transcendental ideal of Authenticity − have always been the guiding lights of human destiny, which Reason upholds in her attunement of. humanity.

Now history, which carries the destiny of man through the rise, fall and resurrection of cultures and civilizations, is. the course of a profound union that is, of soul and soil, of human concern and Nature, a creative process through the instrumentality of mind and body. Variations in the contextuality of human existence have produced variations in the interpretation of the transcendental ideals, issuing in variations in the path of human destiny And yet the variations follow an intelligible pattern: they reflect the − internal necessity of human subjectivity and the external necessity of the natural − human environment What exactly then is the pattern of man's historical destiny that we can discover? What − as we have put forth the question previously − existentially has happened in history? And what, by way of destiny, may we hope for regarding the future of mankind?

In what follows we wish to offer a thesis concerning the Being of man in his existential historicity − an hypothesis to bo confirmed or rejected on further examination Although the author is more than sufficiently convinced of the correctness of his general position, the arguments that are rather crudely formulated here are meant to be preparatory and suggestive. What he is most concerned about is the introduction of a perspective or way of thinking which may prove to be illuminating and important.

The "Polarization Thesis" is now in order.

## III. The Polarization Thesis

The World of Man, in which the creative advance of humanity occurs, is conceivable as an *existentially charged*, spatial — temporally extended *field* of the five root — principles. What characterizes the existentiality of human fulfillment in the microcosmic sense — that is, in the life of the individual person, repeats itself in an essential and significant way on the macrocosmic level of organized communities and cultural — historical traditions. Thus corresponding to the four cardinal states and mentalities of the soul,. four cardinal types of cultural — historical society or tradition of humanity are distinguishable. The four possible Ways of Human Fulfillment — which may be construed in the macrocosmic as well as in the microcosmic sense, may now bo schematically restated for the benefit of the historical perspective: (1) The Way of Care, which designates a tradition of mankind in which Care prevails over Wonder, (2) the Way of Wonder, a human tradition governed by the dominance of Wonder over Care, (3) the Way of Dividedness — also termed Way of Ambivalence, the Being of a divided humanity torn between the forces of Care and Wonder, and (4) the Way of Creative Harmony, in which mankind, in the harmony of existence and freedom of creativity, realizes the optimal development of value

Historically — that is, in the consummated extent of history, *no* tradition of humanity can be said to have truly and fully embodied the Way of Creative Harmony. Instead, the World has witnessed a history of derailments associated with an extraordinary phenomenon in the development of humanity — a phenomenon which we describe as the "Existential Polarization of Being." For like a magnetic field, Humanity has been Polarized historically into two radically apart and yet existentially interdependent traditions of life and society, thought and institutions; culture and civilization: namely, the Eastern Tradition defined essentially by the Way of Care and the Western Tradition pervaded primarily by the Way of Wonder. Lying between the Eastern and Western Traditions is the Near — Eastern (or Middle Eastern) Tradition in which a "Janian Mankind" has flourished historically through the Way of Dividedness or Ambivalence. For like the two — faced Janus, the being of Near — Eastern man has been traditionally torn between the Eastern Way of Care and the Western Way of Wonder. Thus geography, which provides for man his physical environment, appears to have played a most crucial role in determining the existential — historical "distribution" of humanity.

Each of the three "grand traditions," being analyzable into "member traditions" united by the same underlying spirit, may be said to undergo three successive phases or stages of existential fulfillment: namely, an initial or primary" phase of formation, an intermediate or secondary "phase of trans formation," and a terminal or tertiary "phase of consummation." In the formative phase, the constitutive elements which will determine the generic character of that Tradition Come into being through the birth or emergence of cultures or cultural societies which carry those elements. These "primary cultures" — as we may call them — may be distinguished as "practical." "religious" or "humanistic," depending upon how the self is existentially related to the world and otherness through the transcendental function. A "practical culture" is self – affirming and this – worldly. , in which the soul, often charged with materialistic and imperialistic inclinations, is concerned intrinsically with the phenomenal or natural rather than with the metaphysical or supernatural. A "religious culture" is just the opposite: Being self – abnegating and other – worldly and with a tendency toward asceticism and mysticism, the "religious" soul is dominated by the metaphysical or supernatural. Between the two extremes of the practical and the religious lies the spirit of the "humanistic culture" which, representing the "mean" or "middle" position, strikes a balance between self – affirmation and self – abnegation, this – worldliness and other – worldliness, materialism and asceticism, the natural – phenomenal and the supernatural – metaphysical. These three cultural types, which stem from three basic attitudes of the human spirit, may be found in all three phases of existential – historical development. During the stage of transformation, the constitutive elements embedded in the primary cultures are inherited by the "secondary cultures" through a process of cultural appropriation, interaction and integration, in which the constitutive elements are consolidated, diffused and modified. This process of integral synthesis continues through the phase of consummation during which the original – germinal seeds of the primary phase are brought to their full – fledged development and fruition by the "tertiary cultures. " The Tradition has now encountered the limits of its existential – historical achievement; it. has reached the end of its internal destiny. It will die of exhaustion, unless its life – substance can be renewed by a fresh creative spirit.

This then in the broadest outlines is a conceptual frame – work which may prove useful in the comparative study of culture and history. The complexity of cultural – historical phenomena is such that any simple analytic model is bound to produce over – simplifications and therefore falsifications, unless we apply it always with the necessary caution and qualification. Nevertheless, our model will prove sufficiently adequate for our purpose here as we are interested only in obtaining a general perspective of man's cultural – historical configurations in so far as they are' determinable in terms of the underlying principles of his existential – transcendental subjectivity Even then the matter at hand can be given no more than a very broad summary treatment in this introductory essay.

Among the three grand traditions, the Western Tradition may be said to present the most clearly charted course of existential – historical development. The constitutive elements which came to give form to the Western Way of Wonder had their origins in the three primary cultures of the proto – Western period: They are, namely, (1) the Hellenic Culture of*Humanistic Wonder*, (2) the Roman culture of *Practical Wonder*, and (3) the Early – Christian Culture of *Religious Wonder*. The consolidation and integration of these three strains of Wonder, which contained the germinal seeds of the Western Civilization, occurred during the transformational period, which saw the rise of three. major secondary cultures: (1) the Culture of Medieval Christendom (Eastern Orthodox and Roman Catholic) which contained the tradition of Religious Wonder, (2) the Culture of tradition of Humanistic Wonder, and which — beginning as the "other side" tradition of Practical Wonder. the Renaissance which revived the (3) the European Colonial Culture of the Renaissance _ — reasserted the tradition of Practical Wonder.

Modern European — American Civilization (the "Western Culture," properly called) is the fulfillment of the Western Tradition, in which the religious, the practical and the humanistic attitudes of the thaumatic mentality have intermingled and interpenetrated each other — in the restless and complicated soul of Modern Western man, whose life began properly with the Reformation. But the shift of. existential attitude is still clearly discernible in Modern Western mankind's turbulent drive towards fulfillment. Thus the spirit of the Reformation was characteristically religious, while the humanistic outlook prevailed through the seventeenth and the eighteenth centuries. Nineteenth century West is, on the whole, a practical civilization.

The innermost essence of man is to be grasped through his transcendental sympathy. Thaumatic humanity has its deepest root in Western man's acute and profound sensitivity to the diversity of Being and the presense of otherness. From this same existential — transcendental root stemmed the two pillars of Western thought — namely, "Entitative Thinking" and "Might Thinking," the two being governed and thereby connected by an "Either — or" Logic. Entitative thinking, which depends on the conception of *independent existence*. has been fundamentally responsible for the tendency towards. "bifurcations" in Western thought —— the bifurcation between God and the World, between men and Nature, between individual and society, between soul and — body, between mind and matter, and a host of others. It has produced the Aristotelian Subject — predicate Logic and its derivative, the Substance — quality Meta — physics — which together constituted for centuries the backbone of traditional Western philosophy. The Western mind is essentially analytic and calculative (Wonder is fond of dividing up things): It tends towards the conceptualization of experience, the spatialization of time, and the objectification of reality — all depend on the "calculative method" of *logical — mathematical mechanical* manipulation and ratiocination. Now entitative thinking is but the other side of might — thinking, which glorifies the *will to power* — the power to master, to exploit, to subordinate, to enslave and to possess. For Power is the temptation of Independence, and Independence the temptation of Power. And though born of the recognition of otherness, Wonder is always jealous of the Other. Thus if entitative thinking may be said to define the Way of Intellectual Wonder, might — thinking may be construed as constituting the Way of Physical Wonder; the former derives its substance from the calculative method, the latter from the will to power. The marriage of these two ways of Wonder has accounted for the unprecedented advance. of science and technology in modern Western civilization. Intellectual Wonder and Physical Wonder have complemented each other.

For while the wile to power has stimulated Western man's desire for knowledge, the application of the calculative method in science and technology has given him a most powerful instrument of subordination that is, to serve his will to power Thus in Bacon's famous dictum is expressed the principle of Western destiny: Knowledge is Power, and − as we may add, Power is Knowledge.

Western man sees meaning in Conquest, expects happiness from Adventure, and requires order for Freedom − this is in sharp contrast to the man of the East who sees meaning in Endurance, derives happiness from Peace, and institutes order for Harmony. Conquest, Adventure, and Freedom——these Western man's interpretations of the transcendental ideals − have indeed formed the primal basis of Western thought and action. But while to the Apollonian − Dionysian Greeks these were largely aesthetic − intellectual ideals of Wonder, the practical soul of the Stoic − Dionysian Romans gave them a physical − materialistic interpretation. Modern Western civilization, in so far as it is shaped by its classical heritage, represents essentially a synthesis of the Greek and the Roman Ways of Wonder. The resurgence of the Classical spirit during the Renaissance, which developed in the direction of the Baconian identification of knowledge and power, has given rise in the Modern West to an unquestionably brilliant and yet deeply tormented and unbalanced civilization. Western man has known and tasted both the good and the evil fruits of Wonder. Positively, the quest of conquest, adventure and freedom has reaped the fruits of science and democracy through the intervention of Reason; but the same quest of Unreason has resulted in the reckless exploitation of nature and the heartless exploitation of man. Colonialism, imperialism and wars have been the by − products of science, technology and democracy. The Western man of Wonder tended. to b3have like a gifted and mischievous child, full of curiosity and vigor but without any real sense of responsibility. And to counteract the evils of irresponsible, irrational ' Wonder, Christianity has been largely ineffective.

For Christianity, to which the Western Tradition owes its dimensions of Care, is basically a creed of Ambivalence, being originally a product of Janian humanity. In so far as Christianity embraces a Logic of "Both − and," and in so far as it posits the tolmatic ideals of endurance, peace and harmony, Christianity is the redeeming factor in Western civilization But Christianity itself requires to be redeemed; for it contains in its very foundation the seeds of exclusiveness and intolerance − an "Either − or" Logic which fosters religious persecutions and wars. This thaumatic side of Christianity stems partly from its Judaic heritage and partly from the classical tradition. So as a consequence, to the God of the Old Testament the Church added, as Whitehead observed, "attributes which belonged exclusively to Caesar."①

The dialectical tensions between the Apollonian − Dionysian and the

① Alfred North Whitehead, Process and Reality: An Essay in Cosmology (New York: Macmillan, 1929), p. 520.

Stoic – Dionysian Ways of Wonder (that is, tensions internal to the classical tradition) and between the Graeco – Roman and the Judaic – Christian heritage have been the source of both Western man's creative vitality and hisself – destructive tendencies. The internal schism of the thaumatic soul has been aggravated and accentuated by the Janian elements which the West has acquired through Christianity and through its almost continuous contacts with the Near – Eastern cultures ever since the beginning of the proto – Western period. As Western civilization develops, the Janian influence becomes stronger until it reaches its peak in our epoch. Western man, in other words, has over the course of time acquired, over and above his basically thaumatic character, a divided mentality. This double mentality shows itself most unmistakably in the restless, schizophrenic Romantic – Faustian soul of modern European – American culture – a soul that is torn between reason and faith, between morality and science, between the real and the ideal, to name but a few of the major sets of antithesis that are so characteristic of the Romantic – Faustian spirit Deeply alienated from the world and from himself, Modern Western Man has now come to realize the existential inadequacy of the thaumatic ideals and values. In spite of the redeeming influence of Christianity, Western man has made conquest without the wisdom of preservation, pursued adventure at the expense of peace, and instituted order unfounded on harmony. Is this not a consequence of the one – sidedness of his historical – existential committment?

Now if the Western Way of Wonder has been carried forward characteristically through the successive rises and falls of cultural societies, the three primary cultures which constitute the Eastern Tradition of Care – namely. the Chinese Culture of Humanistic Care, the Japanese Culture. of Practical Care, and the Indian Culture of Religious Care – have coexisted from the very beginning, each preserving its civilization with its own characteristic cultural identity through all three phases of fulfillment In the phase of transformation one saw the impact of Hellenism on India followed by the establishment of Islam, the introduction of Confucianism to Korea and Japan and the general spread of Buddhism throughout most of the Far East. Thus the secondary cultures one found at the close of the middle period were basically extensions and modifications of the antecedent primary cultures: the Confucian – Taoist – Legalist Culture of Humanistic Care as modified by Buddhism, the Shinto Culture of Practical Care as modified by both Confucianism and Buddhism, and the Hindu Culture of Religious Care as modified by Hellenic and Islamic elements. Finally in the phase of consummation one witnessed the maturing and aging of all three tolmatic cultures and their transfiguration brought about by the impact of the Western Tradition.

In the depth of the tolmatic soul is this fundamental conviction, namely, that the self and the other are essentially *one*. Indeed the identification of man and Nature or of Atman and Brahman lies at the heart of Chinese and Indian philosophy. The apparently distinguishable parts of conscious experience, which become to the discriminating Western mind separable and independent entities, are from the Eastern point of view mere aspects of one fundamentally organic Reality. The thaumatic predilection to see things as capable of eternal separation and mutual exclusion has no place in the Eastern mentality. Thus in contrast to the dominance of entitative thinking in the Western Tradition, "Aspect — Thing," which takes for granted the interconnectedness and interdependence of all things, has always been the prevailing principle of Eastern thought.

In so far as Eastern thought emphasizes the organicness of all things as an immanent principle — as in the case of Chinese thought, it embraces a "Both — and" Logic; but when the transcendent whole is being stressed — as in the case of Indian thought, it employs a "Neither — nor" Logic. All the same, the historically — minded Chinese and the unhistorical Indians are alike in their tolmatic inclinations: Both tend towards the intuitive concretization of thinking, the temporalization of space, and the subjectification of reality. Whereas Western entitative thinking has led inevitably to the substance — quality meta — physics, aspect — thinking has given rise in Eastern thought with an equal necessity to a basically "functional — relational" metaphysical tradition. The way of Eastern thought does not depend on the calculative method of logical — mathematical — mechanical manipulation and ratiocination, it depends rather on the "immediate method" of *organic — dialectical — tactical* manipulation and "divination." The paradigm of the immediate method as well as of aspect — thinking is to be found in the *Book of Changes*.

Now what might — thinking is to entitative thinking, so "Passive 'Thinking" is to aspect thinking. The tolmatic soul is "passive" in the sense that it yearns to be absorbed into a relationship or whole — whether it be the family; the clan, the caste, or the Absolute. In contradistinction to the Creed of Might which teaches independence, self — assertion and mastery over the other, the Creed of Passivity teaches conformation, self — abnegation and submission The former glorifies the freedom of action and the joy of adventure and triumph, the latter idealizes the peace of contentment and the joy of stability and harmony. The Western Tradition, supported by the two pillars of the thaumatic outlook, has indeed been colorful, eventful and brilliant. But Western cultures have also been self — destructive, volatile and short — lived. Western men lacks the wisdom of conservation and self — preservation and the art of peaceful and harmonious existence and coexistence — what precisely the Eastern Tradition, above all else, has to offer. And yet the tolmatic outlook, as defined by aspect — thinking and the ideals of passivity, is not with — out a negative side. For while the wisdom of passivity has contributed to the endurance and solidity of Eastern cultures, it has also been the cause of cultural stagnation and sterilization Eastern man lacks the sense of novelty and adventure; and Eastern wisdom is primarily the result of Reason at the service of Care. Such wisdom is necessarily limited in its contribution to the development of science and technology. Thus in spite of the scientific and technological superiority of China over Europe at least up to the thirteenth century (according to Needham[1]), the Chinese failed to develop "modern" science – that is, the mathematically – postulational and empirically – experimental science as we know it to – day. The Eastern man's prejudice a-gainst the pure intellect (one of the most crucial consequences of the dominance of Wonder by Care) has prevented the full – fledged and adequate development of the pure sciences —— namely, formal logic and pure mathematics. The depth of Eastern thought is the depth of Intuitive Reason, not Intellectual Rea-son. This tolmatic bias of the Eastern Tradition combined with the passive atti-tude towards life and nature eventually put a brake to the development of science and technology. In the East, knowledge does not mean power, but rather the suppression of power – that is, so as to enable humanity to endure in peace and harmony. Because of its sensitivity to the fundamental identity of all things, the tolmtic soul desires to live in fellowship with Nature. The will to conquer and control Nature, so characteristic of the man from the West, is indeed foreign —— one should have said, antithetical – to the Eastern mentality.

And so, too, the man from the East would find it difficult to comprehend the meaning and significance of*alienation* what Hegel called the "Unhappy Con-sciousness," which has plagued the Western soul ever since the Middle Ages (if not earlier). This is partly due to the fact that the Middle – Eastern Tradition has had a far greater impact on the West than it has on the East – this is true at least in so far as the Far East is concerned. But the more important reason must be attributed to the fact that when a Janian culture encounters a tolmatic culture in a process of cultural synthesis, its dividedness tends to be reduced; whereas the integration of a thaumatic with a Janian culture tends to accentuate the Janian element. In the latter case, alienation becomes intensified because of the en-hanced status of the "either – or" logic, which underlies both the Way of Am-bivalence and the Way of Wonder. In the former case, the effect of this logic of divisiveness would be mitigated by the all – assimilating power of the tolmatic.

And yet the dividedness of soul, which marks the Romantic – Faustian cul-ture of the Modern West, has proved to ba a major source of Western man's creative vitality. Perhaps the blessing of the unalienated East is only a mixed blessing: The cost of endurance, peace and harmony has b3en economic, social and political stagnation, the result of suppressed power and excessive conforma-tion. On the other hand, the disease of alienation in the West is not wholly a blessing in disguise: Conquest, adventure and freedom have been paid for in the currency of escalating conflicts and wars, which threaten the very existence of the human species. All the same, the price of positive achievement for the two grand traditions has been human suffering. Is this suffering necessary or inevitable – a suffering which may very well have ensued largely from the one – sidedness of man's existential commitment?

---

[1]   Joseph Needham, Science and Civilization in China, Vol. 1, (Cambridge: Cambridge University Press, 1954).

Now the schism of the soul has its proper origins in the Near – Eastern Tra-
dition, its historical – cultural roots being ultimately traceable to the ancient cul-
tures of Mesopotamia. Near – Eastern man is dominated by an acute aware –
ness of the tensions and conflicts of the soul generated by the opposing forces of
Care and Wonder. This grand tradition of Dividedness or Ambivalence, which
occupies the middle position culturally as well as geographically between East and
West, has historically followed a more complicated and much less well – defined
course of development. In the formative phase one saw the emergence of a great
number of primary cultures, which involved themselves in a turbulent history of
interaction and appropriation: Notable among them were the humanistic cultures
of Sumer, Akkad and Babylonia; the religious cultures of the Egyptians and the
Hebrews; and the practical cultures of the Assyrians, the Hittites, and the Per-
sians. In the transformational period three prominent cultural societies domina-
ted the Middle – East: namely, the Judaic, the Iranic, and the Arabic, the latter
two later merging to form the Islamic. ① The principle governing the existential
historicity of Janian mankind has been increasing dividedness and ambivalence. It
is there – fore not surprising that the Judaic and the Islamic peoples should enter
their tertiary phase in the bitterest life – death struggle.

Janian man is possessed by a profound sense of *mystery*, the mystery. which
veils the "Fall of Man" and the "primordial alienation" of the finite from the in-
finite. The soul of Janian man is transcendentally sensitive not to diversity or i-
dentity as such, but to the gap or separation between them – that is, between
the diversity of the finite and the identity of the infinite, between the particular
and the universal, between the created world and the creator. Corresponding
to – this inexplicable "ontological gap" (as one may call it) between identity
an. d diversity is the internal abyss of human consciousness. an equally unfath-
omable gulf of soul that separates Care and Wonder and divides the forces of
good and evil. The Janian consciousness is intensely divided between interde-
pendence. and independence, between passivity and might, and between the
tolmatic and the thaumatic ideals of authenticity. This schism of the soul as root-
ed in the sense of mystery pertaining to the primordial alienation has indeed been
the distinguishing characteristic of the Near – Eastern mentality, the sense of
mystery being the fountainhead of Janian inspiration. It has given rise to "Pro-
phetic Thinking" and "Normative Thinking" – the two main springs of Near
– Eastern thought. The – former makes use of the "hermeneutic method" of
symbolic interpretation, while the latter owes its content to the "will to jus-
tice." In the Janian metaphysics Reality is nothing but the *symbolism* of God's
Will, which expresses itself through his creation and reveals itself through the in-

---

① I am following Toynbee here in treating the Islamic as an outgrowth of the integration of the Iranic
and the Arabic, the former being "swallowed up and incorporated" by the latter. See Arnold Toynbee, A
Study of History, abridged by D. C. Somervell, Vol. I (New York: Oxford University Press, 1947),
p. 16.

strumentality of the seers or prophets. And God's Will takes the basic form of *Justice* – that is, the conformation of the World to the laws of his commands which provide the ultimate source of order. Here a being or creature is to be construed neither as an independent entity nor as an organic aspect, but as a "symbol – instance." it is the carrier of significance; as an "instance" it is. ; subject to the rules or laws which govern its existence. The significance of a thing determines its "reality"; its rule – abidingness makes it "valid." And when the being of a thing is at one with the source of its reality and validity, it may be described as "authentic." In the Janian world – view God, conceived as an absolute creator – lawgiver, is the ultimate principle of authenticity. He is the transcendent – infinite ground – the wholly other of all finitude – to which we owe both our existence and the essence of our existence.

Now the authenticity of human existence depends on man's re reunion with God through the purification of sin. The primary cause of sin is Pride, Which represents the persistence of the finite in the aliented and therefore inauthentic state of finitude. The sin of man is "original because pride is a constitutive principle of his existence. For pride is but the temptation of Wonder —— the snake that was the instrument of Satan, the per90nification of pure and irresponsible Wonder, who made Eve and Adam attempt the forbid – den "Tree of Knowledge." It is significant that the Book of Genesis treated the Fall of Man as consequent to the primordial alienation, represented. by the antecedent "fall" of Satan and his rebellion against Yahweh, the personification of pure Care whose very essence is the responsibility of existence. Thus the cosmic battle between Yahweh and Satan (between Ahura ; Mazda and Ahriman in the *Avesta*) – that is, between the forces of good and evil – is really a symbolic reflection and projection of the internal existential" strife between Care and Wonder. Near – Eastern man is greatly disturbed by the ontological – existential *incompatibility* between the two cardinal principles, tradition has witnessed the continual attempts of Reason at their reconciliation. Indeed, because of this Janian ambivalence – this characteristically "Care – versus – Wonder" sensitivity, Near – Eastern man has been unequalled in the profundity of his imaginative insights into the dialectical nature of human concern. Janian thought delves deeply into the mysterious abyss of the human soul – a spiritual specter. which has both haunted and inspired; Near – Eastern man since the dawn of his civilization.

Care and Wonder oppose each other, limit each other: This is a fundamental recognition implicit in Janian thought. It shows itself most distinctively in the Near – Eastern 'conception of the relationship between time and space as well as in the Near – Eastern antithesis of good and evil. While Eastern thought absorbs space into time (because of its tolmatic bias) and Western, thought time into space " (because of. its thaumatic bias) ; Janian thought *limits* time by space (because of its ambivalence). This is none other than. the peculiarly Near – Eastern conception of "finite time" that is, a time that is not indefinitely extended but has a beginning and an end, being bounded by a "first – day creation"

and a "last — day judgment. " This limitation of time by space expresses the phys-
ical meaning of the primordial. alienation, while its spiritual meaning is con-
tained in the cosmic struggle between good and evil, between God and t: he
Devil. In the end God and the good will prevail over Satan and the evil, as
Time (the vehicle of Identity and the Infinite) overcomes Space (the vehicle of
Diversity and: the Finite) in the. Eternity of Salvation that is, in the endur-
ance,. peace and harmony. of the universe.

In so far as Near — Eastern man embraces the tolmatic ideals as. the positive
ideals of human fulfillment, he shows his affinity with the Eastern Tradition. But
in so far as he succumbs to the exclusive logic of intolerance, he is closer to the
West. Thus like the two — faced Janus, Near — Eastern man is trapped between
his Eastern and Western perspectives. Unlike Eastern man who feels easily at
home with the infinite and unlike Western man who abandons himself readily to
the finite, the man of the Near — East suffers the dilemma of his ambivalence. In
spite of the many great achievements of Near — Eastern cultures, Near — Eastern
wisdom remains "negative" in its importance. The prophetic tradition contrib-
utes profoundly to man's self — awareness of the alienation, dilemma and conflicts
that are inherent in his existence; but it exaggerates the incompatibility between
the two primal forces of human fulfillment. Janian thought is marked by the de-
spair of rational synthesis, which has eventually come to undermine the founda-
tion of the Near — Eastern civilization.

The question "What, existentially, has happened in history?" may now be
considered substantially answered It remains for us to draw out the basic historical
— philosophical significance or conclusions that we may expect to derive from
this general picture of mankind's existential — cultural development as above giv-
en. The historical world, as we have seen, is really an existential battleground
for the two primal forces of Care and Wonder Care has been dominant in the
East, Wonder in the West, while on the middle ground between East and West
the two forces have fought each other with the utmost fierceness, with neither
side gaining decisive victory. The three grand traditions the world has produced
thus represent three *deviated* paths of human destiny — in each of which man has
gone astray, that is, has *derailed* from the proper *tao* of mankind; the way of
Creative Harmony For this historical derailment of humanity, Reason, the regu-
lative and directive principle of human fulfillment, is basically responsible.

What happened was that the existential polarization of Being has been the
cause and the effect of what may be termed the "Bondage of Reason. " For in-
stead of being her own master and master of the soul, Reason has been trapped
and made captive by the forces of Care and Wonder. In the East, Reason has
been enslaved by Care, in the West by Wonder, while in the Near — East she
has been caught in their ambivalence. In each case, Reason was led to believe
that she has performed her proper role, thus indulging in the self — deception of
her true mission.

This bondage of Reason is undoubtedly of the greatest significance in the history of civilizations. The. one – sidedness and inadequacy in the existential committment of Reason has finally brought about the most profound and at the same time dangerous "existential exhaustion" of humanity that man has ever experienced; Because of the imprisonment of Reason by Care, the Eastern Tradition has exhausted itself existentially in the *loss of creative vitality*. Because of the enslavement of Reason by Wonder, the Western Tradition has reached the limits of its existential historicity in the *loss of creative direction*. And the Near – Eastern Tradition, because of the bi – furcation of Reason by the ambivalence of Care and Wonder, has exhausted itself in the loss of. creative confidence. Needless to say, what humanity needs is the existential deliverance of Reason from her historical bondage' so as to regain the vitality, the direction and the confidence that are required for man's creative existence. This may be done first by an act of disengagement and then by an act of recommitment – that is, not onesidedly nor dividedly as in the past but *rationally* through the creative synthesis of Care and Wonder.

Is Humanity heading towards the Way of Creative Harmony – the *Tao* of mankind in which Care wonders and Wonder Cares, Enjoyment hopes and Hope enjoys, and in which life and civilization under the guidance of Reason, now master of herself, may be able to achieve the optimal creativity of value? The answer is May be – or May be not.

The twentieth century, which is marked by an unprecedented "transmutation of ideology" and "transvaluation of all values" between East and West, must be regarded as one of the most crucial – if not the most crucial – era in human history. The existential encounter between the two grand traditions – with Janian mankind mediating in between – at all basic levels of cultural life has brought about a new awareness of their existential interdependence. The Eastern exhaustion of vitality brought about by the one – sided adherence to the Way of Care can only be renewed by a fresh sense of Wonder, just as the loss of direction in the West must be regained through a serious commitment to the responsibility of Care. It is therefore but natural that the East should have looked to the West for elements of a new ideology, and now vice versa. Hopefully, this transmutation of ideology and transvaluation of values will result in a rational synthesis adequate for the universal civilization of man's "brave new world," towards which our age represents but a transitional period. It is in promoting this 'rational synthesis, which can only be done through the rebirth of Reason, that the challenge of philosophy is of the greatest.

For philosophy, the concrete embodiment of the rational spirit in man's search for authenticity and the good life, is charged with the most solemn responsibility – to lead and guide mankind through Wisdom of the Highest Good. In view of the existential polarization of Being and the historical bondage of Reason, Philosophy must break through its own prison – shell to obtain a new life. The rebirth. of Reason depends, in other words, upon a radical reconstruction of philosophy.

Herein lies the value and importance of the comparative approach to philosophy. For the new way of philosophy ——in which Reason will be free from her historical bondage — can only be seen under the mutual enlightenment of the great philosophical traditions. The radical reconstruction of philosophy does not mean the death of traditional philosophy; it does require, however, its creative transformation.

Now the history of philosophy is none other than the history of the entrapment and bondage of Reason — this, as we see it, is the basic fact. The essential task of the comparative history of philosophy is to investigate the real nature of this fact What basically then, may we — expect to discover about this underlying historical reality of philosophy?

The comparative study of philosophy will tell us that East and West are, in a very fundamental sense; *mirror images* — that is to say, the two philosophical traditions are at once *parallelly* and *inversely* related. The "parallelism" owes itself to the universality of human existence ( to similarities in human nature and in the environment) while the "inversion" reflects the polar antithesis and interdependence of the two traditions: Thus while rational justification constitutes the universal concern of philosophy; Eastern philosophy represents primarily the development of Intuitive. Reason, and. Western: philosophy Intellectual Reason: In response to the tolmatic ideals of endurance, peace and harmony Eastern philosophy has arisen as both the justification. and the embodiment of Sageliness What defines the meaning of authenticity in the Eastern Tradition. Western philosophy, on the other hand, has basically taken the form of *Excellence* — what constitutes the standard of authenticity in the West — in its response to the thaumatic ideals of conquest, adventure and freedom. In the West, the thaumatic tradition of philosophy, which aims at the rational justification of a way of life and thought based on the demands and positations of Wonder, is the orthodox tradition, while the tolmatic tradition remains ( on the whole) in the subordinate position. In the East, the reverse of this is true.

This general characterization of the East — West contrast must be modified by the dynamic facts of historical development East and West shared this common pattern in the development of philosophical thought: namely, the increasing self — awareness of Reason brought about by a shift of attention and emphasis from the objective to the subjective sides of Being — that is, from the world of man's concern to man himself as concerning in a world. Hence, while in the East philosophy moves from an early objective emphasis on "Being — as — Cared" to the subjective concern for "Being — as — Caring," the history of Western philosophy is marked by a transition from an early objective concern for "Being — as — Wondered" to the subjective emphasis on "Being — as — Wondering. " This is the underlying East — West parallelism in philosophical movement.

Within this fundamental parallelism East and West are inversely related in the relative development of the tolmatic and the thaumatic spirit. In the East, Care represents the defending force of tradition, with wonder challenging it with increasing power and intensity — especially after contact with the West. In the West, the battle between Care and Wonder has been fought with even greater force and fierceness. Though in the controlling position especially after the Renaissance, the supremacy of Wonder in the Western Tradition has been challenged almost constantly by the subtle and tenacious force of Care both from within and from without the Tradition. By the middle of the twentieth century, Care has begun to catch up, so to speak, with Wonder in the West, and Wonder with Care in the East. Hence the existential confrontation between the two primal forces in equality of status is the universal mark of twentieth century. humanity: East and West have arrived at the same position though in 'an opposite manner. This, we believe is the proper*meaning* of the meeting of East and West.

Hopefully, the meeting of East and West will mean the deliverance of Reason from the shackles of traditional philosophy. Looking through the mirror — image of its otherness, Reason in the two philosophical traditions has begun to realize its one — sidedness and inadequacy. Perhaps the historical bondage and bi — furcation of Reason is a necessary condition for the final triumph of the rational spirit. Will Reason become truly master of herself? This is the question for*all* future philosophy.

# 3   The Concept of Time in Whitehead and the I Ching

## (1974)

One important feature of twentieth century thought is the pre − eminence of the field conception. One encounters its applications both in science and in philosophy. In the scientific context, the quantum field theory in mathematical physics ( which combines relativity theory with quantum mechanics ) and the Gestalt theory in psychology are, of course, the most notable examples, although the field concept is no less prevalent in life science and social sciences. philosophy, field thinking is dominant in the thoughts of James, Dewey, Whitehead and Heidegger − to name only the most obvious. Indeed, the field conception is a vantage point in the study of contemporary thought.

What is a field? As a general answer to this question, we may say that the field concept contains in its essential ontological meaning two fundamental ideas, namely, that of a functionally organized or structured whole and that of a conditioning environment which is at the same time conditioned. The former describes the field in itself, whereas the latter defines its relationship not only to the partial configurations or determinations that are operative in it but also to the larger whole in which it is functional − structurally contained. These partial configurations may be said to exist in the field in two capacities, as ' entities ' and as ' aspects '. They exist ' entitatively ' in their ' moment of relativity ' in which they are in some sense separable from and independent of one another; and they exist ' aspectively ' in their ' moment of absoluteness ' in which they are organic − ally involved and are interdependent. The aspective moment of these configurations is what connects the field in itself with their entitative moment. For each aspective configuration in the field is functional − structurally a perspective of its organic wholeness: it contains and reflects this wholeness from its own unique standpoint.

The essence of the field concept then is to be found in the unity of the entitative and the aspective meanings of existence. The dialectics of the entitative versus the aspective modes of thinking underlies the whole history of modern physics. The field concept was first developed in classical physics in an attempt to overcome the dualism between bodies and forces. But the field concept in classical mechanics in which forces acting at a distance are rigidly connected with bodies they act upon remain entitatively biased, as contrasted with the pre − eminently aspective thinking of the electro − magnetic field theories developed in the works of Faraday and Maxwell. The battle between the entitative and the aspective modes of thought was waged again in the twentieth century between quantum mechanics representing the former and relativity theory embracing the latter. Finally, the dialectic synthesis of the two in quantum field theory marks the triumph of field thinking in contemporary physics. [1]

Here the phenomenon of light is conceived as a quantum field, whose configurations may exist entitatively in the form of particles (photons) or aspectively in the form of waves. As particles, they are 'somewhere', localized in space − time; as waves, they are 'everywhere', spreading themselves here − and − there. But light particles and light waves are not really two different things, for they express in essence the same reality. In the unity of the quantum field, the entitative and the aspective concepts of light are logically equivalent.

Being a professor of mathematical physics for the major part of his life. Whitehead was, of course, well acquainted with this development of field thinking in physical thought. That his philosophy should bear the unmistakable imprint of contemporary physics − a fact not open to question − is therefore to be expected. For Whitehead, Being, the field of all that is or exists, is in reality a field of creative activity, whose unit configurations are the so − called 'actual entities'. In Whitehead's theory of actual entities one finds a conscious attempt at reconciling the entitative and the aspective modes of thinking. Actual entities exist entitatively as atomic units of creative energy and aspectively as events or processes of concrescence. They are thus the counterparts of the quanta − waves in quantum field theory.

Whitehead calls his metaphysics 'the philosophy of organism.' This description, though correct, gives too much of an aspective flavor. It is perhaps more adequate − and certainly more direct − to describe it (as Hartshorne already suggested) as 'the philosophy of Creativity'. At the bottom of this philosophy is a field ontology, which in a certain fundamental sense is quite akin in spirit to the philosophy of Heidegger. The 'Being' (Sein) in Heidegger's thought, as William Barrett correctly observed, is basically a field concept. [2] Heidegger always insisted on the difference between Being (Sein) and beings (Seindes), the so − called 'ontological difference' − a distinction necessary for field thinking because the field itself transcends all its partial configurations. A similar distinction exists between Creativity and actual entities in Whitehead's metaphysics. As 'the universal of universals', Creativity (Being itself) is not an entity, and transcends all entities, actual or eternal − including God or gods. Just as for Hei-

---

[1]  For a brief account of the development of field theory in physics and its connection with Eastern thought, see Fritjof Capra's short but illuminating article "The Dance of Shiva', Main Currents in Modern Thought 29 (1972), 15—20.

[2]  William Barret, Irrational Man, 1958; Anchor Books edition, Doubleday and Company, New York, 1962, pp. 217—129.

degger the concept of God is really the concept of a being ( Seiende ) , so according to Whitehead God is to be conceived as "the primordial, non − temporal accident" of Creativity. [1]

Now we must not overemphasize the transcendence of the field in the ontology of these two thinkers. For the field itself is both transcendent and immanent. Its organic wholeness, as we have stated, is contained aspectively in each and every one of its parts. In so far as Whitehead is concerned, Creativity is no more than the field of actual entities, although Creativity itself ( the field itself) is distinguishable from its various 'accidents'. As for Heidegger, Being − in spite of the ontological difference − is always the Being of beings, which are as they are only because Being itself is in some sense embodied in it − that is, aspectively. In the Heidegger of Being and Time, the concept of Dasein is not that of the existence of man − the − entity, but that of the existence of man − the − aspect, more specifically, that aspect of man which constitutes the locus of the disclosure of Being. In the later Heidegger, the notion of a 'thing' as that which things and worlds, as pulling together for a while the essence of the four regions of the Geviert or World − quadrate ( Earth, the Heavens, Gods, and Mortals) is also clearly a manifestation of aspective thinking.

Thus in spite of the apparent diversity between Whiteheadean and Heideggerian thought, there exists a genuine and fundamental affinity between them: both are governed by the field concept. And if both thinkers appear to have overemphasized the aspective dimension, that is because both are keenly aware of the entitative bias that since Homer − and especially since Plato and Democritus − has penetrated so deeply into the blood stream of traditional Western thinking. Heidegger launched his attacks on the essent ( entity ) − centered and power − oriented character of traditional Western metaphysics, while Whitehead severely criticized modern science and philosophy in terms of simple location, misplaced concreteness and the bi − furcation of nature. In the final analysis, all these criticisms are derived from the same origin − namely, from the anti − entitative orientation which characterizes much of contemporary Western thought It is this anti − entitative orientation in contemporary Western thought that has been partly responsible for the narrowing of the gap between Eastern and Western philosophy. For while traditional Western thinking is entitatively biased, traditional Eastern thought has, with its aspective inclination, gone the other direction. We should therefore not be surprised to find that what is now fashionable in Western thought should be so akin in spirit to the wisdom of the ancient East. Indeed, there is good reason to believe that Eastern wisdom and Western thought are truly mirror images: they have developed both parallelly and inversely in relation

---

[1]   Alfred North Whitehead, Process and Reality: An Essay in Cosmology. Macmillan Company, New York, 1929, p. 11.

to each other. The parallellism is rooted in the universal conditions of human existence. The historical inversion, on the other hand, seems to have its primal basis in the difference between their existential commitment.

What I have just stated in the above paragraph has been put forth in greater details elsewhere as part of a general thesis. ① In order to supply the necessary background for the following discussion, I need to elaborate a little further. I have contended in that connection that the key to the understanding of human action and thought is to be found in the nature of the concerning soul, especially in terms of the dialectical relationship between the two primal principles of human concern − namely, Care with its sensitivity to the Identity in Being, and Wonder with its disposition toward the Difference in Being. From this vantage point the nature of the difference between Eastern and Western thought is not only intelligible, but explicable by virtue of an inner logic of human existence. Why, relatively speaking, is traditional Western thought entitatively biased, while traditional Eastern thought aspectively inclined? The answer, we believe, lies in the fact that they are not existentially oriented in the same direction. Eastern thought is committed to Care, while Western thought takes its root in Wonder. And it seems that while aspective thinking is nothing but the intellectual expression of the care − committed soul, the entitative mode of thought is equally the natural fruition of a wonder − oriented mentality.

Now whether a philosopher (or mode of thought) is entitatively biased or aspectively inclined bears decisively on his theory of space and time. Entitative thinking is inevitably spatial; it tends to spatialize time. The aspective mode of thought, on the other hand, is inherently temporal; it tends to temporalize space * This is not difficult to see in the context of field thinking. For in the field of nature space is really nothing but the field − system of external relatedness, that is, the relatedness of entities; whereas time must constitute the field − system of internal relatedness or the relatedness of aspects. In view of the pre − eminently entitative character of traditional Western thought, its tendency to spatialize time − which has now become a platitude since Bergson made the first indictment − is therefore perfectly understandable.

Following Bergson, both Whitehead and Heidegger attacked the traditional Western concept of time in which time has taken the spatialized form of a 'now − series.' Far from being a meresuccession of 'now − points' or 'durationless instants' (as in classical physics), time is, for Heidegger, not even a mere flow of durations, but the arrival of what has been. This Heideggerian conception of temporality − of the humanly experienced time − is in basic agreement with Whitehead's theory of physical time in terms of the 'objectification' of actual entities and, in the context of perception, with his doctrine of causal

---

① See my forthcoming article 'Care, Wonder, and the Polarization of Being: An Essay on Human Destiny', Chinese Culture (Taipei), September, 1974.

efficacy. For both thinkers the past, the present, and the future — what Heidegger termed the 'ekstases' of time — are internally related: the Isness of the present duration is the moment of transaction between the Has — beenness of what will be and the Will — beness of what has been. But is this precisely the meaning of time and temporality in the philosophy of the *I Ching* ( *or The Book of Changes* )?

That the *I Ching* holds a central position in Chinese philosophy is not subject to question. But its place and significance in the world history of philosophy remains to be properly determined. Although the complexity of thought embodied in the *I Ching* defies any simple description, what I see most striking in it in the light of contemporary philosophical developments is its 'positional — relational' conception of being, on the basis of which is founded a dynamic contextualism or situationalism made possible by a synthesis of field thinking and process thinking. This 'positional — relational ontology in the *I Ching* is in sharp contrast to the substance — quality' mode of thought which ever since Plato and Aristotle — if indeed not earlier — has had such a domination over traditional Western philosophy. Insofar as metaphysics and cosmology are concerned, the position of the *I Ching* should definitely be compared to the position of Plato and Aristotle in their respective philosophical traditions. ① In fact, the *Ta* Chuana or Great Commentary ( also called *Hsi Tzu Chuan* ( 系辞传 ) ), which forms the most philosophical portion of the *I Ching*, was most probably com — posed during the fourth or third century — therefore a contemporary or near contemporary of the two Greek philosophers. The history of Greek ontological thought leading up to the metaphysical systems of Plato and Aristotle is basically clear; but the course of development in Chou or Pre — Han Chinese thought culminating in the ontological — cosmological scheme of the *Ta* Chuan ( and the minor Commentaries ) remains to be recovered and properly charted. Then we will be in a better position to understand the existential — historical relationship between the two great traditions of philosophy — the Chinese and the Western — both in respect of the parallelism and in respect of the inversion.

Whitehead once admitted that his philosophy seemed closer to the Indian, or Chinese, way of thought than to the Western — Asiatic, or European, way of thinking. ② He was perhaps not aware how correct he was in saying this. Let us remember that the refutation of the substance — quality mode of thought ( or subject — predicate form of expression ) and its replacement by the positional — relational way of thinking are central to the avowed purpose of his Process and Reality. ③On the other hand, traditional Chinese philosophy is certainly in-

---

① In the context of moral – political philosophy, the position of Plato and Aristotle is, as is generally recognized, comparable to that of Mencius and Hsūn – tzu. This must not be taken to imply, however, that the moral – political dimension is lacking in the philosophy of the I Ching.

② Whitehead, loc. Cit.

③ Ibid,. pp. Viii – ix.

clined toward the positional – relational mode, as required by its aspective sensitivity, just as in traditional Western – European philosophy the prevalence of the substance – quality habit of thinking has stemmed from the logical – ontological fixation of its entitative bias. But Whitehead was not alone in having such seemingly inexplicable rapport with the traditional wisdom of East Asia. In so far as Chinese philosophy is concerned, its positional – relationalism and dynamic contextualism as handed down in the tradition of the *I Ching* are just as akin in spirit (not entirely, to be sure) to the radical – pragmatic empiricism of James, and the 'instrumental – experimental naturalism' of Dewey as to the 'organic naturalism' (to borrow Joseph Needham's description) of Whitehead. Similarly, Heidegger with his 'existential – humanistic' ontology (here the word 'humanistic' must be properly understood) would find better company with the *I Ching* than with the Pre – Socratics. There are elements in the thought of the *I Ching* concerning the meaning of human fulfillment which should remind us of the Heidegger of *Being and Time*; and the notion of *Ereignis* conceived by the later Heidegger in terms of the mutuality of man and Being bears especially close resemblance to the conception of·*Tao* in the *I Ching*, of the Truth of which the Sage is the guardian.

   To begin our comparative study on Whitehead and the*I Ching*, we will recall that for Whitehead Being, the field of all existence, is in essence a field of creative activity. Creativity, not God, is the ultimate metaphysical principle. This identification of Being and Creativity is, I submit, what precisely distinguishes the philosophical position of the *I Ching*. The notion of I' in the *I Ching* must not be regarded as the mere counterpart of Creativity in Whitehead's philosophy; for the two concepts are essentially identical in meaning. The *I Ching* says explicitly that "by / is meant the creativity of all creations (*sheng sheng chih wei i*)（生生之谓易）"[1] The Chinese expression here – *sheng sheng* – implies 'incessant activity', which I think is basically what Whitehead has in mind. The *I Ching* adds elsewhere that this I, this primordial creative activity, is "the great pervasive power of Heaven and Earth (t'ien ti chih ta te yueh sheng)　（天地之大德曰生）".[2] Here 'Heaven' (*as Ch'ien* （乾） *and Yang*) and Earth (*as K'uns and Yin*) name the two poles of I – namely, the Creative and the Receptive – which jointly constitute the field character of the universe. Just as in Whitehead's cosmology God is the principle of concretion, functioning both as the reservoir of potentiality and as the coordinator of achievement, so the Tao of Heaven and Earth in the *I Ching* is what determines the field order of I, being the 'way' (*tao*) of its creative operations. Just as in Whitehead the variable and the permanent textures of Being are equally essential to the field character of Creativity, so in the *I Ching* I includes in its meaning both the changing (*p'ien*

---

[1]　Ta Chuan (Great Commentary), Part I, Ch. 5.

[2]　Ibid,. Part II, Ch. I.

j）（变易）and the unchangeable（*pu i*）（不易）. Thus to translate the word I as 'changes' or 'change' (as is common practice) is not quite accurate. The *I Ching* is not so much a 'Book of Changes (or Change)' as it is a 'Book of Creativity'. Its fundamental affinity to the Whiteheadean system is, as we shall see more clearly, unmistakable.

That a philosophy of Creativity should emphasize the eminent reality of time is almost a truism. Time is eminently real because process is eminently real; and process is eminently real because Creativity is the ultimate reality. Creativity is nothing apart from the processes of its becoming, that is, of the dispensations and fulfillments of its inexhaustible creative energy. The becomingness of Being, in so far as it exhibits the 'flow character' and internal aspectivity of Creativity, is what constitutes the essence of Time. Time then is the passage of Being, the ongoingness which marks the 'creative advance' of the universe. But the passage of Being is an integral part of Being: Time, like Space, is an intrinsic aspect of Creativity and cannot exist apart from it. More exactly, time together with space is the consequence of the 'temporalization' of. Creativity. It is therefore relative, not absolute. Time and Space do not form some sort Of a 'cosmic vessel' in which things occur. Rather, they are created along with the course of events and actualities which are the pulsations of Creativity.

This relativistic conception of time is certainly recognizable as Whiteheadean. But the *I Ching*, by implication at least, could also have claimed this as its own. We have observed how deeply Whitehead's philosophy bore the stamp of contemporary physics: his theory of actual entities is in a sense simply a philosophical restatement of quantum field theory. And yet the significance of Whitehead's philosophical effort is not to be sought Merely in its relation to science – that is, in its interpretation and generalization of scientific findings. For in its most fundamental aspects Whitehead's endeavor represents really the culmination of a tradition of philosophy which, though a latecomer in the intellectual development of Western man, has come to dominate the character of twentieth century Western thought (scientific as well as philosophical). This is the tradition of 'organic naturalism', which began properly with the monadological meta – physics of Leibniz. Thanks to Needham, Leibniz's familiarity with the *I Ching* and Neo – Confucianism is now well known. And there is indeed reason to believe, as Needham suggested, that the organismic tradition in Western thought might (partially of course) have its origins in Chinese Philosophy. ①

From the organismic standpoint, Leibniz holds indeed the most crucial position in the Western philosophical tradition. For we must recognize in his philosophy the proper beginning of field thinking in Western thought. In his mon-

① See Joseph Needham, Science and Civilization in China, Vol. 2: History of Scientific Thought, Cambridge University Press, Cambridge, 1962, pp. 496—505.

adological metaphysics one finds the first conscious attempt at a reconciliation of the entitative with the aspective. His ontology is based on a marriage (thought not exactly a happy one) between the substance − quality mode of thought, which he inherited from Aristotle and Scholasticism, and his own positional − relational way of thinking, which he adopted partly under the influence of classical mechanics. To Leibniz, the great antagonist of Newton, time and space were indeed not absolute, but they were not unreal or illusory either. For though not themselves substantial, they have an objective basis in an ultimately substantial reality, that is, the system of monads. Time and Space, in Leibniz's own words, are 'well − founded phenomena'. In relation to the monadic system, Time represents the 'order of succession', and Space the 'order of coexistence'. ① But since these are but two different aspects of the same order of reality, Time and Space are inseparably connected.

This Leibnizian position calls to mind immediately the Chinese expression *yu − chou*, which, designating the unity of space and time, has since antiquity been used to refer to the cosmos or universe. Literally, *yuj* means space − the collocation of places and directions; *chouk* means time − the continuation of the past into the present, and the present into the future. Concerning the philosophical significance of this Chinese expression, Thome Fang had this brilliant observation:

*Yu and Chou*, taken together, represent the primordial unity of the system of Space with the system of Time. *YuChou* without a hyphen is an integral system by itself to be differentiated, only later on, into Space and Time. The four − dimensional unity of Minkowski and the 'Space − Time' of S. Alexander even cannot [ sic ] adequately convey the meaning of that inseparable connection between Space and Time that is involved in the Chinese term *Yu − chou*. The nearest equivalent to it would be Einstein's 'unified field'. *Yuchou*, as the Chinese philosophers have conceived it, is the unified field of all existence. ② [ Italics mine. ] Just to what extent Fang is correct in making these comparative judgments is a very subtle question. For our purpose here we need only to point out that the concept of the four − dimensional space − time continuum in relativity theory is certainly closer in its philosophical meaning to the Chinese *yuchou* than to the Newtonian absolute space and absolute time. The Newtonian conception remains heir to the traditional substance − quality mode of thinking, whereas the Chinese conception is unmistakably relativistic, being an intrinsic expression of the positional − relationalism in the Chinese philosophical outlook.

Insofar as the *I Ching* is concerned, the *Yuchou* as the unified field of all existence is the same as 'Heaven − and − Earth' which, being the provider of all

---

① See Leibniz, The Monadology and Other Philosophical Writings, trans. By Robert Latta, 1898; reprinted edition: Oxford University Press, London 1951, pp. 101—102.

② Thomé H. Fang, The Chinese View of Life, Union Press, Hong Kong, 1957, p. 47.

positions, is the universal field system of relatedness: "Heaven and Earth positio-
ning ( establishing positions ) , I operates therein". ① Thus conceived, Heaven
− and − Earth in the I Ching is the counterpart of the Extensive Continuum in
Whitehead's cosmology − the general system of relatedness for the realization of
potential possibilities ( eternal objects ). According to Whitehead, the four − di-
mensional space − time is really an instantiation of the Extensive Continuum. Its
necessity for the present cosmic epoch is, to borrow a Leibnizian expression, a
'hypothetical necessity', not an absolute necessity, of Creativity. What is abso-
lutely or primordially necessary is the general system of relatedness of possibilities
constituted by the Extensive Continuum, an aspect of the ultimate field character
of the universe.

Now lying at the heart of Whitehead's ontology and cosmology is the idea
of 'organic synthesis', which replaces both the Aristotelian primary substance
and the concept of matter in scientific materialism. ② In so far as Whitehead is
concerned, organic synthesis, which defines the real essence of Creativity, is ba-
sically what the field theory of Being is all about. For the being of creativity is
organic synthesis. Every unified, atomic act of Creativity, which Whitehead
called an 'actual entity' or 'actual occasion', is an act of organic synthesis. As
such, an actual entity ( actual occasion ) is at once dynamic, dialectical, and
contextual. It is described as 'dynamic' because organic synthesis consists intrin-
sically in a process of activity and transformation requiring a dispensation of pow-
er. It is described as 'dialectical' because organic synthesis involves the func-
tional contrast of multiplicities and the operational valency of polar opposites,
which are at once antithetical and complementary. It is described as &contextual'
because organic synthesis always occurs under conditions in a context or situation
of existence. Of these three aspects of organic synthesis − namely, dynamism,
dialectics, and contextuality, the last one holds the central position. For it is in
and through the contextuality of Being that the dynamic − dialecticity of Creativ-
ity manifests itself.

What are the ultimate principles or root − conditions of contextuality up-
on which organic synthesis depends? This, in my view, is the key strategic
question in Whitehead's philosophy. ③ Whitehead's answer, as I see it, is
basically contained in this five − fold analysis: ( 1 ) Pure Potentiality, which
consists of the multiplicity of 'eternal objects' ( the Platonic Forms ) given
in the 'primordial nature' of God, may be called the root − condition of-
character; ( 2 ) the Extensive Continuum, which forms the general system of

①   Ta Chuan, Part I, Ch. 7.

②   Alfred North Whitehead, Science and the Modern World, Macmillan Company, New York,
1925, p. 226.

③   A full − fledged analysis of Whitehead's metaphysics from the contextualistic standpoint was
given in my doctoral dissertation − 'Context and Reality: A Critical Interpretation of Whitehead's
Philosophy of Organism' ( New School for Social Research, 1969 ).

relatedness of all eternal objects, may be called the root – condition of *positionality*; (3) Real Potentiality, belonging to the 'actual world' of past actual entities which in consummation are received into the 'consequent nature' of God, may be called the root – condition of *heritage*; (4) God, conceived both as the reservoir of potentiality (pure and real) and as the co – ordinator of achievement (through synthesis of his primordial and consequent natures), may be called the root – condition of *concretion*; and finally (5) Actuality, which belongs to the "living acts" of Creativity arising from the compulsion of power (what is the meaning of 'substance' for Whitehead) in the actual world, may be called the root – condition of *agency*. The contextuality of Being from the standpoint of becoming actual entity is nothing but the dynamic – dialectical matrix of these five root – conditions forming the environment of its organic synthesis. From this environment – its own actual world, the becoming actuality emerges as a concrescence of prehensions, appropriating and organizing the relevant elements given in its contextuality. This concrescing process of appropriation and organization is 'creative' because it introduces novelty into the many elements which it synthesizes. "The ultimate metaphysical principle," says Whitehead, "is the advance from disjunction to conjunction, creating a novel entity other than the entities given in disjunction". ① It is in this doctrine of the 'creative advance' of actual entities that one will discover the meaning of time in Whitehead's metaphysics.

According to Whitehead, objective or physical time has its origin in the temporalization of Creativity, that is, in the creative advance of actual entities. An actual entity is an atomic event, dispensing an indivisible unit or quantum of creative energy. As such, its being consists precisely in its becoming which in consummation *atomizes* a region in the Extensive Continuum. Temporalization then involves a succession of atomizations, that is, a succession of actual entities. And the serial order of temporalization, thus established by the successively atomized extensive regions, is what constitutes physical time. The point to be noted immediately is that for Whitehead physical time is not infinitely divisible into 'instantaneous moments', but is definitely discrete, being made up of successive 'epochs' or 'durations'. What is infinitely divisible is the Extensive Continuum, the undifferentiated space – time; the actually differentiated space – time is discontinuous. "Continuity", Whitehead states, "concerns the potential; whereas actuality is incurably atomic", ② In this so – called 'epochal theory of time' are some important implications which deserve our further attention.

First of all, the atomicity or epochal character of physical time depends, in the final analysis, on the atomicity of creative action. Time is not infinitely divis-

---

① Alfred North Whitehead, Process and Reality: An Essay in Cosmology, p. 32.

② Alfred North Whitehead, Process and Reality: An Essay in Cosmology, p. 95.

ible because action is not infinitely divisible. The actual occasion is in essence a unity of creative action defined by a unity of 'subjective aim' which is the purpose of concrescence inherent in its quantum of energy. To realize its subjective aim, this quantum of creative energy 'takes' a quantum of time and is also 'stretched out' in space. Thus the region an actual entity atomizes is (at least for our cosmic epoch) a four – dimensional 'volume'. This is the 'here – now' of that actuality, which constitutes its prehensive standpoint of the universe.

But the 'here – now' of an actuality pertains only to its final phase of satisfaction – its 'coordinate' character, and not to its 'genetic' character which pertains to the internal process of growth or concrescence. The internal process is not in physical space – time. This is not as paradoxical as it may sound if we keep in mind that for Whitehead organic synthesis is a field determination, therefore involving a unity of subjective aims or ontological decisions for the entire cosmos. An actual entity is really nothing but a dynamic aspect of the creativity of the cosmic organism. "The atomic actual entities", says Whitehead, "individually express the genetic unity of the universe". [1] The internal, genetic process of an actual entity is not in physical space – time because the universe as a whole is not in physical space – time.

Now the genetic unity of the universe presupposes the internal relatedness of all actual entities. This internal relatedness of actuality is possible because of the existence of a special actual entity, namely God, who functions both as the reservoir of potentiality and the coordinator of achievement. [2] Every emergent actuality obtains its own subjective aim from God at the initial phase of concrescence, whereby the extensive region which that actual entity is to atomize is pre – determined. Thus through the coordinating function of God, which depends on the unity of his subjective aim, there exists a kind of 'pre – established harmony' between the temporal actual entities not unlike that which Leibniz prescribed for this system of monads. This pre – established harmony of actuality manifests itself concretely in the 'unison of becoming' characterizing the togetherness of contemporaneous actual entities which are said to share the same 'duration' of physical time. In this conception of contemporaneity or unison of becoming lies, of course, Whitehead's attempt to provide a metaphysical interpretation of the scientific concept of 'simultaneity' in relativity physics. Now contemporaneous actual entities are 'causally independent'. And this leads us to another major implication of the epochal theory.

While the organic unity of the universe depends on its internal harmony, its solidity rests on the conservation and re – vitalization of creative energy through

---

[1]   Alfred North Whitehead, Process and Reality: An Essay in Cosmology, p. 438.

[2]   Alfred North Whitehead, Modes of Thought, 1938; reprinted edition: Capricorn Books, New York, 1958, p. 128.

the causal efficacy of objectified actual entities in the nascent actual occasions. This process of causal objectification, which Whitehead described vividly as "the appropriation of the dead by the living",① is that establishes the 'flow character' of time, that is, its seriality and unidirectional character. But the flow of time, let us repeat, is not to be conceived as a succession of durationless instants, but as transitively enclosive progression of 'specious presents.' Furthermore, physical time is not only relative in the sense that it has no reality apart from the becoming, perishing, and objectification of actualities, but also relative in the sense that it admits of a multiple − serial order of temporal succession. A moment; s reflection will show that this second meaning of relativity is derivable from the concept of contemporaneity relating actualities which are causally independent.

This idea of causal independence as defining the relativistic condition of contemporaneity or simultaneity reminds us readily of Jung's doctrine of 'synchronicity', which he applied to his interpretation of the psychology of divination in the *I Ching*.② That Jung's interpretation contains an important element of truth, i believe, cannot be doubted. Philosophically speaking, however, his theory as applied to the *I Ching* is not really as novel as it might first appear. For synchronicity (Whitehead's unison of becoming) is an essential feature in any organismic philosophy; and the *I Ching* must be regarded as the prototype of organicism. Certainly, the belief in the interconnectedness and universal harmony of all beings in the universe is no less basic to the philosophy of the *I Ching* than to the metaphysics of Leibniz and Whitehead.

Now at the heart of Whitehead's field theory of Being, let us recall, is the notion of organic synthesis, which we characterized as at once dynamic, dialectical, and contextual. No students of the *I Ching* can deny that these three aspects of organic synthesis − dynamism, dialectics, and contextuality − are precisely what give meaning to the organismic reality of *I*, the intelligible essence of which is contained in the system of the eight trigrams and the sixty − four hexagrams, with each hexagram representing a primordial type of e- vent − situations. How, then, is the universe of I in the *I Ching* compared to the Whiteheadean universe of Creativity? To answer this question fully is, of course, impossible within the limited scope of this (introductory) essay. For our special purpose here, Table *I* which sums up the main points of affinity between the Whiteheadean and the *I Ching* metaphysical systems will suffice.

---

①    Alfred North Whitehead, Process and Reality, p. Ix.

②    See Jung's 'Foreword' to Wilhelm − Baynes (trans.), The I Ching or Book of Changes, Bollingen Foundation Inc., New York, 1950, pp. i − xx.

**TABLE I**      **The main points of affinity between the Whiteheadean and**
**the *I Ching* metaphysical systems.**

| Metaphysics of Creativity (Whitehead) | Metaphysics of *I* (*I Ching*) |
|---|---|
| 1. Actual entities and nexus ( complexes of actual entities ) as differentiated processes of Creativity | 1. Differentiated processes of I represented by the trigrams and the hexagrams as primordial types of event – situations |
| 2. Prehensions of feelings as genetic components of an actual entity ( processes as becoming, concrescence transformation ) | 2. The *yao* ( 不易 ) or lines of hexagram indicating dynamic – dialectical tendencies of the event – situation as a positional complex ( process as growth, development and transformation ) |
| 3. The subjective aim of an actual entity Which is the purpose of its concrescence | 3. The *t' uan* ( 彖 ) or ' decision ' ( or ' judge – ment ' ) of a hexagram which sums up the meaning of the hexagram and defines the basic character of the type of event – situations |
| 4. The actual entity as genetically divisible into the initial phase, the supplemental phase, and the terminal phase of becoming or concrescence | 4. The four phases or principles of hexa – gramic development: *yūan* ( 元 ) ( origination ), *héng* ( 亨 ) ( penetration ), *li* ( 利 ) ( furtheration ), and *chén* ( 貞 ) ( consummation ) |
| 5. The actual entity as ' subject – super –ject' – selfhood as the unity of entitative relativity And aspective absoluteness achieved at the moment of satisfaction | 5. The *chu* ( 主 ) or '*ruler*' of a hexagram – the key factor of change in the event – situation procuring entitative – aspective unity of becoming and consummation |

| Metaphysics of Creativity (Whitehead) | Metaphysics of *I* (*I Ching*) |
| --- | --- |
| 6. The mental and physical poles of an actual occasion: conceptual prehensions of eternal objects and physical prehensions of objectified actual entities | 6. The *yang* and yin poles of a hexagramic occasion — the *yang* pole directs itself to the 'heavenly forms' and the *yin* pole to 'earthly forms' |
| 7. 'Societies' as structured and well-ordered successions of actual entities | 7. Successions of hexagramic occasions governed by the internal logic of *I* |
| 8. Eternal objects as ideal forms of definiteness and ultimate possibilities of character given in the primordial nature of God | 8. *Hsiang* (象) or 'heavenly forms' which being 'above shapes' (hsing shang) t or superph — enomenal, are established in Heaven (*chai t'ien ch'eng hsiang*) (在天成象) |
| 9. Ingression of eternal objects into the temporal world of actual entities (concrete facts) which in consummation are received into the consequent nature of God | 9. *Hsing* (形) or 'earthly forms' which, being 'within shapes' (*hsing hsia*) (形下) or phenomenal, are determined on Earth (*chai ti ch'eng hsing*) (在地成形) |
| 10. The Extensive Continuum as the primordiality determined by the relatedness of eternal objects | 10. Heaven — and — Earth as providing or establishing positions (*t'ien ti shē wei*) (天地设位) |
| 11. God as the reservoir of potentiality (pure and real) by virtue of his primordial and consequent natures | 11. The Supreme Ultimate (*T'ai chi*) (太极) — an aspect of the Tao — as the final source of I, originating the two primal hexagrams, *Ch'ien and K'un* |
| 12. The primordial nature of God — God as the reservoir of pure potentiality | 12. *Ch'ien* as pure yang — the realm of heavenly forms |
| 13. The consequent nature of God — God as the reservoir of real potentiality | 13. *K'un* as pure yin — the realm of earthly forms |

续表

| Metaphysics of Creativity<br>( Whitehead ) | Metaphysics of *I*<br>( *I Ching* ) |
|---|---|
| 14. The actual worlds as active − actuality as agency | 14. *Yang* as the male, form − bestowing principle |
| 15. The actual worlds as passive − actuality as datum | 15. *Yin* as the female, form − receiving principle |
| 16. The internal process of concrescence ( subjective immediacy )　− the unrest of creativity inherent in a real potentiality | 16. *Yang* as the expansion of *I* ( *Ch'ien asp'l hu* ( 辟戶 ) or ' opening the door ' )　− the tungab or movement of the *Tao* within an event − situation |
| 17. The external process of transition founded on the satisfaction ( of the internal process ) and objectification of actual entities | 17. *Yin* as the contraction of *I* ( *K'un as ho hu* ( 闔戶 ) or ' closing the door ' )　− the ching$^{nd}$ or momentary rest of the *Tao* at the nodal phase of hexagramic transition |
| 18. The subject as superject − the interval between concrescence and transition ( between subjective immediacy and objective immortality ) | 18. *Chih* ( 机 ) ae as the interval of continuity between the *yang* ( expansive ) and the *yin* ( contractive ) phases of *I* |
| 19. God ( the ever − lasting actual entity ) as the coordinator of achievement by virtue of the unity of his subjective aim | 19. *Tao* ( the ever − lasting Way of *I* ) as the unifying principle of all existence |
| 20. The pulsations of Creativity as epochal and rhythmic ( the temporalization of Being) | 20. The hexagramic processions as periodic and rhythmic ( One − *yin* − one − *yang* is called is called the *Tao* ' ) |

That the meaning of time in the *I Ching* should come very close to that in Whitehead's thought is to be expected in the light of this remarkable resemblance between the two metaphysical systems in their essentials as can be seen from the table of comparison, which in tis listing of the main points of affinity must not be regarded as exhaustive. There is indeed a striking similarity between the

Whiteheadean contextualism of the actual entities — note that they were also termed 'actual *occasions*' — and the *I Ching* contextualism of the hexagramic situations. In both, Space and Time are the two inseparably connected field coordinates of contextuality whereby there occurs the dynamic — dialectic synthesis of character and position. The Whiteheadean idea of the extensive region finds its counterpart in the *I Ching* in the idea of $wei^{nf}$ or 'position'. Just as in Whitehead the extensive region has a temporal as well as a spatial aspect, so *wei* in the *I Ching* includes both the meaning of *shih* (時) or time and the meaning of *fang* $wei^{nh}$ or wei in the narrow sense, that is, spatial location or direction. And what wei is to Heaven — and — Earth, so the extensive region is to the Extensive Continuum. "Heaven — and — Earth positioning (establishing positions)", let us repeat an earlier quotation, "*I* operates therein". [1] Properly interpreted, this statement would also be true in Whitehead's metaphysics.

The *I Ching* speaks of 'receiving time from Heaven'. [2] This reminds us of the Whiteheadean thesis that the atomization of the Extensive Continuum by an actual entity presupposes the unity of subjective aim which it receives from God during the initial phase of concrescence. The *I Ching* speaks of the transformations (*p'ien hua*) (变化) i of *I* as consisting in the 'opening' (*p'i*) (辟) and 'closing' (*ho*) ak of the *Tao*, that is, in the alternation of expansion (*yang*) and contraction (*yin*). This reminds us that for Whitehead the pulsations of Creativity, what determine the rhythmic character of time, are regulated by God, the principle of concretion and coordinator of achievement. The *I Ching* speaks of the 'open texture' of reality, of the mutual succession of Completion (*chi chi*) al and Incompletion (*wei chi*), am which respectively name the last two hexagrams. Similarly, for Whitehead the creative advance of actual entities — with its order and frustration of order — is a never — ending affair. And just as in Whitehead the internal process of becoming is distinct from though connected with, the external process of transition, so in the *I Ching* the same principle applies to the internal — external processes of hexagramic progression. In both cases the flow character of time is established by the successive enclosure of discrete durations rather than by a continuity of instantaneous moments. For the *I Ching* as well as for Whitehead time is an aspect of activity. [3] "There is no

---

[1]    Ta Chuan, Part I, Ch. 7.

[2]    Commenting on the 'nine' (a yang line) in the fifth place of the first hexagram Ch'ien, the Wen Yenaq (Commentary on the Words of the Text) says: "when he (the great man) acts in advance (hsien — t'ien) ar of Heaven, Heaven does not contradict him. When he follows Heaven (hou — t'ien) as he adapts himself to the time of Heaven (literally 'receives time from Heaven' or feng t'ien shihat)." See Hellmut Wilhelm, 'The Concept of Time in the Book of Changes', Man and Time, Bollingen Foundation Inc., New York, 1957, pp. 224—225. The translation is from the Wilhelm — Baynes text, Vol. II, p. 15. (The capitalization of 'Heaven' is mine.)

[3]    See Hellmut Wilhelm, op. cit., p. 224.

nature at an instant",[1] because the essence of nature is activity which is not infinitely divisible.

In comparing Whitehead and the *I Ching*, it is important to note that although the latter shares with the former its 'organic naturalism', it has also an existential — humanistic dimension largely ignored by the former. Let us not forget that the *I Ching* was originally a book of divination, and that its philosophical components were shot through with the moral — practical precepts or teachings of proto — Confucian and Confucian (in the later layers of the book) humanism. Here, man was not just a passive observer of nature, but an active diviner of his destiny. To the observer — diviner, the human coordinate must be added to the coordinates of Heaven and Earth to form a Heaven — Man — Earth continuum of Being. The contextuality of existence, whereby Being opens itself, to itself, involves therefore not only the objective — physical space and time, but also the subjective human space and time — or 'spatiality' and 'temporality'. In so far as the *I Ching* concerns itself with this subjective — human space — time and its relevance to the destiny of man and the authenticity of human existence, it is closer to the existential ontology of Heidegger than to the organic naturalism of Whitehead.

From the standpoint of the *I Ching*, there should be no basic incompatibility between the position of existential humanism and that of organic naturalism. For man and Nature are not mutually exclusive. Although man has a special status in the universe, man is an integral part of Nature. Just as man is continuous with the non — human natural world, so the subjective — human space — time is continuous with the objective — physical space — time. The comprehension of this human — cosmic continuity (*yen chi*) an is precisely what constitutes the basic task of the observer — diviner. The aim of divination founded on observation is the 'attunement' (*kant' ung*) ao of Being which procures for the human subject a correct under standing of the contextuality of his existence, that is, in terms of the 'right placed — ness' of Space and the 'timeliness' of time. And attunement is possible because of the intrinsic harmony between man and Nature.

In the final analysis, the meaning of time in the *I Ching* is to be found in the idea of timeliness, in which physical time and human temporality are united. This meaning of time as timeliness is not only implicitly presupposed throughout the book, but is both explicitly and unambiguously prominent in the thought of the 'Commentaries'.[2] Indeed, 'Being and Timeliness' may not be an inappropriate subtitle for *I Ching*. Here timeliness is precisely what defines the relationship between Being itself (*I*) and beings: timeliness is the Being of beings and the ground of the ontological difference. But what exactly is the meaning of

---

[1]   Alfred North Whitehead, Modes of Thought, p. 200.

[2]   Notably in the commentaries on hexagrams Yuau Ta Kuo, av I, aw K'an, ax Tun, ay Chien, az Kou, ba Lū, bb and still others.

timeliness? In what way are Being itself and beings related through timeliness? What is required of man in his timely comportment to Being?

These questions, which are important in themselves, are key questions in our understanding of the *I Ching*. For the *I Ching* is, as I see it, at bottom a 'philosophy of destiny', its central concern being man's fulfillment of his destiny ( *ming* )[ap] As such, its stress on the timeliness of time is perfectly understandable. Man in the thought of the *I Ching* is at once an agent of creativity and a locus of significance; and timeliness is what connects the creativity and the significance of man.

These two terms — 'creativity' and 'significance' — may indeed be said to sum up the thought content of the *I Ching* in its philosophical meaning. For the universal field of I is intrinsically a field of Significance as well as a field of Creativity. Creativity defines I as 'dynamic'; Significance characterizes *I* as 'symbolic'. The meaning of the *I Ching* as a philosophy of destiny is therefore to be found in the unity of its dynamic and symbolic approaches to Being.

In this essay we have given an interpretation of the *I Ching* solely in terms of its dynamic meaning — which is but necessary on account of the nature of Whitehead's philosophy ( that is, a philosophy of Creativity). When we come to inquire into the relationship between the *I Ching* and Heidegger, we shall have to concentrate on the other side of the *I Ching* — on its symbolic dimension; for Heidegger's existential humanism represents basically a philosophy of Significance. The implication here is, of course, that from the standpoint of the *I Ching* Whitehead and Heidegger are equally one — sided. Whatever the relationship is between these two philosophers, is it possible that in the yet unexplored depths of the *I Ching*, the key — if not the solution — to the problem of their creative reconciliation is already there?

The exploration of this and other important questions that we have raised earlier must be left for future occasions. Coming now to our conclusion, we must admit that in this preliminary study of Whitehead and the *I Ching*, we have really touched only the surface of their relationship. Indeed, prior to a rigorous analysis of the underlying philosophical concepts in both systems, all the points of affinity that are made in the present study must be regarded as only tentative or suggestive. We have compared, for example, *I* to Creativity, *Tao* to God, and Heaven — and — Earth ( in so far as it constitutes the field system of positionality) to the Extensive Continuum. But how are these and other pairs of analogues explicitly stated or implied in our table of comparison to be properly understood? Are the analogues in each pair mere counterparts — that is, determined solely by the relationship of functional equivalence between the two philosophical systems? If the analogues are more than mere counterparts — such as what we believe to be the case, to what extent then are they identical in meaning? To what extent do they differ?

Whatever be the answer to these questions, it would be highly significant in the light of our general thesis concerning the existential — historical relationship between the Chinese and the Western traditions of philosophy. I hope I have succeeded here in at least conveying the meaningfulness of our projected study.

# 4 The Meaning of Philosophical Silence: Some Reflections on the Use of Language in Chinese Thought

( 1976 )

What is silence? This question ha perhaps never been raised before certainly not as a serious philosophical question and not in the Western tradition. In so far as traditional Western philosophy is concerned, this question cannot have arisen because silence has rarely been practiced, if at all, by Western philosophers. Without an authentic experience of silence, it is difficult for them to see its true meaning, let alone its necessity. This inability to appreciate the positive significance of silence is closely connected with their failure to grasp the real import of nothing or nothingness. For them silence is simply the absence of speech, just as nothing is the mere negation of being. It was not until recently that Western philosophers have come to acquire a dim awareness of the real meaning of both silence ard nothing. The credit of the initiating influence is to be attributed respectively to the works of Wittgenstein and Heidegger. To Wittgenstein silence has definitely a positive meaning: it is an integral part of philosophizing. Silence is no longer conceived as the mere absence of speech, but rather as its transcendence; while the necessity of the transcendence is due exclusively to the limitation of language. There are things, says Wittgenstein, which cannot be put into words: they are what is mystical. And "what we cannot speak about we must pass over in silence". [1]

To students of Eastern thought, the conception of silence as the transcendence of speech (and not merely as its absence) sounds all too familiar. If no formal attempt has been made by Eastern thinkers to attack the nature of silence, that is not due to any lack of authentic experience on their part, but rather to the fact that such experience is too immediate — hence too much taken for granted. Silence — positive silence — has always been the underlying concern of Eastern philosophy. Indeed, one might go so far as to say that that is what all Eastern philosophies are all about. For the locus of truth in Eastern thought does not reside in the speech or saying of the philosopher, but primarily in the way he lives his silence. Here truth is not so much a quality of a statement or proposition as the reality of an existential state of affairs

---

[1]   Ludwig Wittgenstein, Tractatus Logico – philosophicus, trans. By D. F. Pears and B. F. McGuinness, Routledge and Kegan Paul, London, 1961, p. 151.

consummated in silence — whether it be the perfect sincerity of the Confucian Sage, the pure spontaneity of the Taoist Real Man, or the satori of the Zen Master. This does not mean, of course, that speech has no function to play, but its function is secondary and even negative. In Eastern philosophy the importance — and indeed the meaning — of what a philosopher has to say and has said must be judged in the light of his silence — his transcendence of speech.

What then is the meaning of philosophical silence — the silence that is lived by the philosopher? Before we attempt to answer this question in the context of Chinese philosophy, let us be reminded that speech and silence are correlative concepts. There is no speech without silence; and there is no silence without at least the possibility of speech. For just as being comes from non — being (the character of Being itself) and returns into non — being, so speech breaks out from silence and subsides into silence. Silence, far from being the mere absence of speech, is in truth the very condition of its possibility and the embodiment of its actualization. We may say, in the metaphysical terminology of the *I Ching*, that speech is the *yang* of silence, and silence the *yin* of speech. But ' one — yin — one — yang is called *Tao* '. The alternation of speech and silence is thus an instantiation of the cosmic law of *I* ( 易 ), the primordial process of Creativity which is the ultimate reality of the universe.

Thus even in its general ontological meaning, silence is positive, not negative. But the silence of the philosopher is positive in still another sense. For philosophical silence is an intentional — conscious and deliberate — silence. And the intentionality of philosophical silence is analyzable into a " What ", a " Why ", and a " How ". The intentional ' What ' is what the philosopher is silent about. The intentional ' Why ' is what he is silent for — the reason for his silence. And the intentional ' How ' is what he is silent in — the way his silence is lived or consummated. Thus in the case of Wittgenstein, the intentional What would be the so — called ' things mystical '. The intentional Why is to be found be the so — called ' things mystical '. The intentional Why is to be found in the limitation of discourse which is inherent in the nature of language. As to the intentional How, we cannot be sure: presumably it consists in the silent appreciation of the mystical which, though ineffable, can be shown or exhibited by such nonphilosophical activities as poetry, art and religion.

What is the intentional meaning of philosophical silence in Chinese thought? This is, needless to say, a big and complicated question capable of a many — sided answer. In this paper, I wish to concentrate on the linguistic dimension of this problem — namely, in so far as philosophical silence is related to the nature and function of language. ① What, from the Chinese philosophical

---

①   The problem of philosophical speech and silence is certainly not just a linguistic problem. Like all other philosophical problems, it inviles the fundamental relationship between Soul and Being or, in the Chinese philosophical terminology, *Hsin and Tao*. Hence it is as much existential – ontological as it is linguistic.

standpoint, is the essence of speech in general and of philosophical speech in particular? This is the leading question in the following discussion.

The speech act, to begin with, is a kind of being — a happening or event in the universe. As such, it presupposes a state of the world which constitutes the source of its eventuation. This antecedent state is a state of silence, that is, relative to the speech act which breaks out from it. What constitutes this antecedent state of silence? For one thing, it is a state of language, which is in essence a field of meaning. For another, it is a state of reality, which is intrinsically a field of importance. Every speaking (and writing may be regarded as speaking on paper or spatialized speaking) is a function of reality and language. The speech act is really an operation on Tao, that is, Being as the composite field of meaning and importance. Thus conceived, the essence of speech lies in the act of 'saying'. Saying, as Heidegger has already observed, is basically a kind of showing. In speaking, reality is shown by means of language, its importance being embodied in meaning. Every speaking then is a saying of Being. In Chinese, the word *tao* means originally the way — hence. Being, the way things are or ought to be. But it also has the meaning of saying or to say. Speech then (at least in its authentic form) is a *tao – tao* (道道) business, that is, a saying of Being which gives Being to saying. Philosophical speech is speech of the most serious kind. Philosophical saying is a saying of Being in the truth of its integrity and in the integrity of its truth. This is the proper meaning of Tao —saying. As such, it cannot be conceived apart from the *hsin* (正名) — the mind or understanding heart — of the philosopher. Indeed, philosophy as a *tao – tao* (道) business is a *hsin – affair*. Yen wei hsin *sheng* (言为心声) — speech is the voice of mind. This idiomatic expression in ordinary Chinese expresses also a truism in the Chinese philosophy of language. For all major schools of Chinese thought the fundamental nature of speech and discourse is to be found not in the nature of language but in the nature of the relationship between mind and language. The speech act is essentially an act of mind in and through the instrumentality of language. Speech is an expression of the mind, whose saying — message reaches out into the mind of another person.

This existential conception of speech, as we may call it, bears decisively on the attitude of Chinese philosophers towards language and the use of language. They regard language as primarily a medium of expression and communication. Accordingly, they stress the pragmatic rather than the logical nature of language. Now the logical nature of language pertains to its formal structure — that is, its syntax; whereas its pragmatic nature has to do with its use and function, which is above all a matter of semantics. It is therefore no accident that grammar — syntax but not morphology — should constitute the weakest part in the Chinese reflections on language. It is a well — known fact that neither formal logic (which grew out of the syntactical dimension of language) nor grammar as two allied scientific disciplines have developed in China. On the other hand, semantical problems have engaged the serious attention of Chinese thinkers and scholars as early as or even before Confucius. The Confucian doctrine of *cheng ming* （正名）or the 'rectification of names', for example, is basically an ethical − semantical doctrine, whereas the sophistical arguments of so − called Logicians （*ming chia*）（名家）are primarily semantic rather than syntactic in character.

　　This preeminence of semantics over grammar and syntax in the Chinese philosophy of language stems partly from the very nature of the Chinese language. As compared with most European languages, Chinese is, syntactically speaking, a paradigm of simplicity. Chinese has done away with almost all inflections and conjugations, and there are few rigid rules governing the function of words in a sentence. The same word with absolutely no change of form may function now as noun, now as verb, now as adjective, now as adverb, and so on − depending entirely on context. Context, indeed, rather than rules constitute here the most important factor in determining the function of language. But the contextuality of a word decides not only syntactically its figure of speech but also semantically its signification. Semantics is simply the study of the contextualism of meaning. If language is primarily a medium of expression and communication, then the Chinese emphasis on semantics rather than grammar is certainly justifiable − or at least understandable. A beginner in a foreign language often manages to make himself understood by the native speaker with but little knowledge of its grammar, although if he wishes to convey himself adequately, he must know correctly the meaning of words and the way they function under different circumstances. In short, the emphasis of semantics over grammar and of context over rules seems to be a necessary consequence of the existential − pragmatic conception of language.

　　This conception of language, which prevails in all schools of Chinese thought, is in sharp contrast to the position of the early Wittgenstein, who finds the meaning of language in its logical nature and referential function. To the Wittgenstein of the *Tractates*, the world （reality）is the totality of facts, and language the totality of propositions. The referential function expresses the logical connection between language and reality. A proposition is a picture of fact − an elementary proposition a picture of atomic fact. It is possible for a picture to depict a fact because the picture and the pictured are symbolically isomorphic − that is, they are logically identical in form. From the Chinese philosophical standpoint, neither Wittgenstein's static conception of Being （reality and language）nor his picture theory of reference is acceptable. The world is not the totality of facts, but the becoming of Tao. Nor is language the totality of propositions. A language is a dynamically changing field of meaning, just as reality is a dynamically changing field of importance. The Chinese would agree with Whitehead, for whom language and thought are interdependent: they create each other. [1] In reality a speech act is not so much an act of reference as it is an act of saying − that is, an act of showing which Wittgenstein allows only for the self − showing of the mystical. What Witt-

---

[1]　Alfred North Whitehead, *Modes of Thought*, Capricorn Books, New York, 1958, P. 57.

genstein fails to see is that showing is of the essence of speech, in which the importance of reality comes to be embodied in the meaning of language. ① In saying mind and language are united; for every saying is at once a 'languaging of mind' and a 'minding of language'. This unity is ultimately grounded in the nature of the human soul as essentially a concerning existent. Hence, saying is ultimately an act of soul — that is, an act of concern, whose regard of itself and of the world is the basis of the may — sidedness of human undertakings.

To both Whitehead and Chinese philosophers, the speech act is an instance of creativity. The later Wittgenstein certainly came much closer to this conception. To the Wittgenstein of the *Investigations*, the referential function of language is only one of its functions. Language — more exactly, the use of language — is now conceived as a 'game' — a form of life. And there are many language — games, just as there are many forms of life. Whereas the early Wittgenstein concentrates exclusively on the logic and form of language, the later Wittgenstein emphasizes its actual functioning in ordinary usage. The picture theory is now abandoned, being replaced by the theory of meaning as use. The philosophical problem of language has turned into a semantic problem — and context has become the catchword. It is important to note, however, that in spite of this new emphasis on the contextuality of language, grammar remains the focal point in the thought of the later Wittgenstein. The identification of meaning as use and the conception of language games have led Wittgenstein to rely in his anti — metaphysical arguments heavily on the rule — concept. Metaphysical problems Wittgenstein now believed, had arisen out of a violation or misconception of the rules of ordinary language.

From the Chinese philosophical standpoint, the use of language is indeed a form of life; but it is not so much a form of game — playing as it is a form of fulfillment — al forms of life are forms of fulfillment. While the game — character definable in terms of a specific set of rules constitutes an essential part of every form of fulfillment, fulfillment is intrinsically a process of creativity in which tactics is ultimately the decisive factor. Life is a tactical business, not a mechanical business — what formal logic, mathematics, and machines have in common. A 'mechanical' business is merely and strictly rule — abiding. Life is not a mechanical affair because it is not governed by hard and fast rules. The fulfillment of any form of life is an act of creativity requiring tactical maneuver. And 'tactics', generally speaking, is simply any skillful way of accomplishing an end which is not just a matter of acting according to rules. Thus conceived, tactics is always context — bound and never context — free. Furthermore, tactical considerations are not necessarily — and indeed seldom — capable of unique solution. For any given situation there may be two or more equally good tactical alternatives.

---

① We may note here that 'semantics' comes from the Greek *semantikos meaning* significance, which is in turn derived from *semainein* meaning to show. The act of 'making sense' (that is, the speech act) is thus an act of showing.

Much of the difference between Western and Chines thought and culture is interpretable in terms of this distinction between the mechanical and the tactical. The Western mind is dominated by the rule − concept: the quest for truth in traditional Western philosophy has really been (in large part at least) a quest for lawfulness or *mechanical necessity*. The Chinese mind, on the other hand, is bound by the contextuality of Being: traditional Chines philosophy is mainly concerned with Tao in its *tactical efficacy*. The later Wittgenstein, one must admit, is in a sense Chinese in spirit. The basic approach of the *Investigations* is tactical rather than mechanical − in spite of the rule − concept which still figures so prominently in it.

The Chinese philosophical conception of language and speech may now be characterized as tacitcal as well as existential and pragmatic. The pragmatic attitude is clearly indicated in the *Analects of Confucius*. "In speech", says Confucius, "all that matters is that it conveys the meaning". [1] That Confucius seemed to enjoin and in fact personally observed a kind of Occam's Razor in the use of language is well attested by the economy of expression in the recorded sayings of the Mater. For Confucius speech is important because it is, apart from being a social necessity, an indispensable vehicle of moral and spiritual fulfillment. [2] From the Confucian standpoint speech is not so much a right or privilege as it is a duty or obligation. Both the Confucian doctrines of *shen yeng* − 'caution in speech' − and *cheng ming* − the 'rectification of names' − can only be properly understood from this moral − spiritual perspective. The injunction of Cautious Speech defines the tactical in terms of the ethical, whereas the Rectification of Names embodies the ethical in the semantic. Both doctrines are, in the final analysis, rooted in the notion of *Ch'engh* − the human − cosmic process of 'Sincerity' wherein the Tao fo Heaven and the Tao of man are united.

Cautious speech is tactical speech by virtue of ch'eng which, rendered here as 'sincerity', has no real equivalent in English. As a key term in Confucian philosophy, *ch'eng* (the counterpart of aletheia − 'unhidden − ness' − in Greek thought) implies at once the reality of Tao, the authenticity of human existence, the truthfulness or sincerity of will, the purity of thought, the conscientiousness or single − heartedness of acton − and, especially, the genuineness of speech. In short, *Ch'eng* is the meaning of Truth and the supreme principle of integrity in Confucianism: it is what constitutes the essence of Tao and the human − cosmic process of moral creativity. The word means originally, as one may gather from the formation of the ideograph, the consummation of the word or speech ( *ch'eng yen*) （忘言） 1. What is being consummated is at once the word of human language and the Word of Heaven and Earth. And this, the process of *Ch'eng*, is a tactical affair. The tactics of sincere speech is the tactics of

---

[1]　*Analects*, 15: 40.

[2]　For Confucius correct speech or the proper use of language is an integral part of moral excellence ( Cf. *Analects*, 14: 5) − hence the necessity of *cheng ming* or the reetification of names.

using the right words, at the right time, with the right person, about the right subject – matter – and above all, from the right motive. ① *Ch'eng* then is none other than the principle of openness procuring speech from silence or, what is but the other side of the same thing, the principle of limitation separating silence from speech. Now in Confucian philosophy the distinction between speech and silence and that between speech and action are inseparably connected. Indeed, the two distinctions are almost identical. For the embodiment of silence *is* action. Speech stems from the silence of action and returns to the silence of action. In Confucianism philosophy is definitely not just an intellectual business, still less a merely linguistic matter. Tao – thinking and Tao – saying are not e- nough: they are but integral aspects of Tao – living, in which the Truth of Tao is not just to be though and said, but, above all, to be done and enacted.

It is in the context of Tao – living as such that one must determine the meaning of philosophical silence in Confucianism. According to the*Analects*, Confucius was silent about two sets of matters: he rarely discussed things meta- physical such as human nature and the Tao of Heaven; and he never addressed himself to "strange phenomena, physical exploits, disorders of nature, or spir- its". ② With respect to the latter set of matters, one can safely that the Master's silence was primarily due to the fact that such matters had for him no intrinsic relevance to the moral life. But the reason of his silence about things metaphysi- cal cannot be easily determined. The nature of man and the Tao of Heaven are certainly relevant to the moral life. Indeed, in view of the fact that in Confu- cianism the moral and the metaphysical are in the final analysis identical, they are of the utmost importance. What then is the reason for the Master's silence?

Whatever be the answer to this question, it is unlikely that the reason for philosophical silence here is primarily a linguistic one, as in the case of the early Wittgenstein. We believe that what lies behind the metaphysical silence of Con- fucius is his profound sense of humility and respect for truth, which in the West have been recognized as the essence of Socratic wisdom. Behind the Confucian silence and the Socratic confession of ignorance is the spirit of what in the*Chung Yung* (中庸) (*Doctrine of the Mean*) is called *chi ch'eng* (至诚) or 'absolute sincerity', which demands of the sage or philosopher to teach *only what he truly* knows. ③ In so far as Confucianism is concerned, the realization of absolute sin- cerity in the life and wisdom of the sage is in the truest sense a 'doing' of meta- physics. For Absolute Sincerity is none other than the Tao of Heaven, the reali- zation of which trough personal examplification – that is, by living a life that is absolutely sincere – is the Tao of man. This Tao, the Tao of Heaven which

---

① all this may be regarded as part of the meaning of *lit* or 'propriety' which is basically a tactical concept.

② *Analects*, 7: 20; 9: 1

③ Cf. *Analects*, 2: 17. ( "To profess that you know when you do know and to profess that you do not know when you do not know – that is [ indeed ] knowledge. ")

man can realize in practical living, is what man can truly know. Needless to say, truth of this kind (which is at once moral and spiritual, existential and metaphysical) is not to be attained by mere discussion: for such truth has to be practised and lived in order to be truly known. ① Thus Confucius' reluctance to discuss things metaphysical appears now to be perfectly understandable. For the cultivation of the moral life, metaphysical speculations are at best instrumental and at worse misleading or confounding. Confucius' care for Tao was such that he preferred to teach its truth by example. And his teaching by example was actually a kind of 'Tao－saying' －namely, a 'saying' of Tao not through the medium of words but in the tactical silence of action. In this sense, the life of Confucius may indeed be regarded as one eloquent 'discourse' on metaphysics.

Now if Confucianism is describable as the creed of Sincerity, Taoism is identifiable as the creed of Spontaneity. Here the tactics of speech as a form of life and creativity is the spontaneoustactics of Nature. The Taoist Real Man is at one with Tao, the Supreme Artist and Tactician, who accomplishes all things with Absolute Spontaneity. But speech which is absolutely spontaneous has already the character of silence － not silence in the sense of the absence of utterance, but silence in a most profound sense, namely, of what Chuang Tzu called *wang yen* （忘言） or the forgetfulness of words. In the state of *wang yen*, speech and silence are transcendentally united. What the speaker speaks is no longer the words of human language, but the Word of Tao itself. And when two 'real men' are engaged in absolutely spontaneous discourse, they listen not to the voice of finite speech, but to the infinite silence which is the voice of Tao, the sound of 'heavenly music' ( *t' ien lai*) （天籟）.

To the Taoist, the universe is a natural, not a moral, order: here the metaphysical transcends the moral. Tao is neither good nor evil － but innocent. As the ultimate reality, Tao can only be called 'Nature' or *Tzu－jan* （自然）, which means in Chinese simply the self－so. This naturalness or 'self－soness' of Tao is its absolute spontaneity, the essence of which cannot be expressed and conveyed in conventional discourse. The Tao which can be spoken of－that is, in the conventional language － is not the true Tao. This is so because conventional language is a thing － language and a language of contrivance. Such language cannot express adequately the essence of Tao, which, being the all－encompassing ground of existence, is not itself a definite something. The Being of Tao is the Being of a non－being. As such, it cannot he spoken of in the language which caters to beings.

But Tao is not absolutely ineffable. For although it cannot be said in the language of conventional discourse, it may still be expressed in a language which is unconventional － namely, the poetic language. In the speech of poetry,

---

① This is indeed a basic difference between Confucius and Socrates: the former does not recognize the importance of 'dialectics', the method of seeking truth and knowledge through question and answer so typical of the latter.

things arc still spoken of as in ordinary language, but their identity has been entirely transformed. For the things conjured up by the poet arc not things in the literal sense; they are symbols. The poet sees things not as things but as vehicles of Tao which manifests itself through the transcendence of thinghood. Poetry thus speaks of Tao, as Wittgenstein would say, by showing or exhibiting it. It shows Tao by exhibiting the not — thingness of things.

The highly metaphorical and hyperbolic language of Chuang Tzu is essentially the language of poetry. He was unquestionably a supreme master in the tactical — poetic use of language for the expression of philosophical ideas. Indeed, it might not be an exaggeration to say that in so far as the Chinese tradition is concerned, Chuang Tzu is philosophical poetry, and philosophical poetry Chuang Tzu. For it was Chuang Tzu who determined the basic meaning of Chinese philosophical poetry, the essence of which lies in the art and process of 'unlearning' and 'forgetfulness' In order to obtain an authentic experience of Tao, the philosophical poet must practise the unlearning of conventional learning and attain to the forgetfulness of words in their thingness and ordinary meaning. Just as the fishnet is forgotten when the fish is caught, so words arc forgotten when the true meaning of Tao is realized. This metaphor of Chuang Tzu reminds us immediately of the famous metaphor of the ladder in the *Tractafus*. [1] There is, however, this subtle difference. In Chuang — tzu's metaphor, the fishnet is simply forgotten, whereas in the Wittgensteinian metaphor, the ladder has to be thrown away or discarded. From the Taoist standpoint, the *Tractatus* state of silence (when one has climbed up the ladder) cannot be regarded as an authentic state of philosophical silence; for it is a silence still mindful of the antecedent speech (the necessity to throw away the ladder). To the Taoist, authentic silence means indeed the transcendence of speech, but it is not transcendence in the sense of the *Tractatus*, that is, by carrying philosophical discourse to the logical limits of language. Authentic silence is spontaneous silence, that is, the silence that is at one with Tao, which can only be realized by exhibiting the primordial truth of language. And just as the primordial truth of being lies in non — being, in which the fullness of Being is contained, so the primordial truth of language lies in Silence, the perfectly spontaneous self — saying of Tao, which is really the most speechful speech. This most speechful speech is the aim of philosophical discourse. And the philosopher can only utter the Word of Tao when the ordinary words are — not discarded — but simply forgotten.

The above discussion may be summed up by saying that in so far as the main tradition of Chinese thought is concerned, the philosophical use of language is generally describable as an existential — practical and tactical — contextual affair. This general characterization is applicable not only to the two major schools of Confucianism and Taoism in the Classical (Pre — Han) period, but

---

[1]  *Tractatus Logico - philosophicus*, p. 151. For the fishnet metaphor, see *The Complete Works of Chuang Tzu*, trans. by Burton Watson, Columbia University Press, New York, 1968, p. 302.

also to their subsequent developments after the introduction of Buddhism in Chinese philosophy — including, especially, Neo — Taoism, Zen Buddhism, and Neo — Confucianism. In all these subsequent developments as in their classical prototypes, the use of language is indeed a form of life, being an integral part of human fulfillment. There is no question here that the existential role of language is primarily practical. Language is the medium of expression and communication — and not of the logical representation of reality (as the early Wittgenstein sees it). What is expressed and communicated in the existential discourse of Chinese thinkers or seekers of enlightenment is, however, not so much a theory or opinion as an authentic experience — the living truth of Tao, whether it be the Confucian Tao of Sincerity, the Taoist Tao of Spontaneity, or the Buddhist Tao of Nirvana. These three major types of authentic experience defining respectively the three main traditions of Chinese thought are, to be sure, different from each other in many ways. But they all agree on this fundamental point, namely, that the *hsin* or mind is the locus of truth. And the truth of the *hsin* is the *Tao — hsin* (道心) or 'Tao — mind' which is at once the mind of Tao and the Tao of mind. Here in all three traditions philosophy has the meaning of 'existential justification' which consists in the realization of authentic existence in and through the Tao — mind. In an existential justification, thought, discourse and action are not really separable; for they are but different aspects of one organic whole of experience. Hence the meaning of expression and communication must be conceived accordingly, that is, in terms of the existential — practical unity of thought, discourse and action. In the final analysis, it is the Tao — mind that is being expressed, and it is the Tao — mind that is being communicated. Indeed, it is in the realization and transmission of the Tao — mind in authentic experience that lies the intentional meaning of philosophical speech and silence in Chinese thought.

And here as in most other things, the Chinese way is neither logical as the typical Western way, nor supra — logical as the characteristic way of the Indian — but tactical, which implies necessarily the importance of context. Tacticism and contextualism are indeed the hallmarks of Chinese thought and culture. And nowhere in the Chinese tradition is the tactical use of language with its pertinence of context more conspicuous than in the pungent dialogue (*wen — ta* (问答) or *mondo*) of the Zen Buddhists, though it is really no less fundamental in the elegant and graceful 'pure conversations' (*ch'ing t'an*) (清谈) of the Neo — Taoists and in the seriously engaged plain discourse of the Neo — Confucians. Zen Buddhism combines in a profound and interesting way the spirit of the Chinese and the Indian. Being originally a product of the Indian mind, Buddhism as a creed is supra — logical both in outlook and in method. The Buddhistic outlook is 'supra — logical' because it aims at the transcendence of the logical; and its method is 'supra — logical' in the sense that it makes use of and relies on logic for the overcoming of logic, that is, by exhibiting the limitations of logic and by exhausting its possibility. That is why formal logic holds such an honor — able place in the Buddhist cannon, in spite of the fact that Buddhism in general up-holds (问答)' (道心) *yen* (破言) or the 'destruction of words' as the ulti-mate aim of authentic discourse. Zen Buddhism certainly shares with Indian Buddhism its supra－logical outlook and existential commitment, but its meth-od, being a tactical one, remains basically Chinese. Like all other schools of Buddhism, Zen aims at the transcendence of the logical; but unlike them, it ac-complishes its task not by the self－destruction of the logical, but by tactically by －passing the logical. [1] This tactics of 'by－pass' has, of course, its origin in classical Taoist philosophy－being the favorite tactics of Tao, the Supreme Tacti-cian, who is as flexible and powerful as water. But the Zen tactics of by－pass is really the most effective kind of confrontation; for by by－passing the logical, the Zen practitioner confronts immediately and directly what is indeed supra－logical－that is, the 'original face' or 'original mind' which is our Buddha－nature. This, properly understood, must be the real meaning of the Zen motto *chih chih pan hsing* or "pointing directly to the original mind".

Both Taoism and Zen Buddhism have been compared to the philosophy of Wittgenstein. [2] In view of the tacticism and contextualism of the later Wittgen-stein, such comparisons can be very meaningful, provided the uniquely Chinese character of Taoism and Zen Buddhism is properly grasped. From the methodi-cal standpoint, the difference between the early and the later Wittgenstein is in-deed radical. For while the Tractatus is logical and mechanical, yet attempting to reach the supralogical, the Investigations is tactical and contextualistic, trying to by－pass the logical. In either case, Wittgenstein's philosophy is, methodically speaking at least, moving out of the main stream of Western (European and A-merican) civilization, as he himself has acknowledged. [3] What he has not ex-plicitly admitted or failed to realize is that he is actually moving into the main streams of Eastern culture. In the Tractatus the still Western Wittgenstein was approaching the Indian positon; In the Investigations the already－not－so－Western Wittgenstein had decidedly entered the sphere of the Chinese. From

---

[1]  For the nature of Zen language and its logical character, see Cheng Chung Ying's illuminating and highly original essay 'On Zen (Ch'an) Language and Zen Paradoxes', *Journal of Chinese Philosophy* I (1973), 77—102.

[2]  K. T. Fann, for example, compared *the Tractatus to the Tao Te Ching*, and the *Investigations* to Zen Buddhism. See his *Wittgenstein's Conception of philosophy*, University of California Press, Berkeley and Los Angeles, 1971, p. 3, n. 1; p. 110. His remarks are, however, too cursory to be helpful. For a closer analysis of the relation－ship between Wittgenstein and Zen Buddhism with respect to the function of language, see Henry Rosemont, Jr., 'The Meaning is the Use: Koan and Mondō as Linguistic Tools of the Zen Masters', *Philosophy East and West* 20 (1970), 109—119. Also for a critical view of the over－all comparability between Wittgenstein and Zen Buddhism, see H. Hudson, 'Wittgenstein and Zen Bud-dhism', *Philosophy East and West* 23 (1973), 471—481.

[3]  Cf. Wittgenstein's Foreword to his *Philosophisch Bemerkungen*.

the Meeting − of − East − and − West perspective, this must be regarded as an extraordinary phenomena. We believe it has a meaning, an important meaning; but the limited scope of this paper does not permit us to go any further.

.

# 5 Knowledge, Power, and the Good: Some Comparative Reflections

## (1977)

That knowledge is powerful and that the power of knowledge may or may not serve the good is a recognition so universal that one can perhaps safely regard it as some kind of truism in the perennial core of philosophy — indeed, of thought in general. The intimate relationship between knowledge and power and the key position this relationship holds in the problematics of the good have been a concern of reflective minds since the dawn of civilized thinking, as early as the times of the Vedas, the *I Ching*. the Bible, and the works of Homer and Hesiod. The issues involved here are no doubt complex and intricate, not to be confined to the ethical dimension; for in the final analysis what is at issue pertains no less to the nature of man and of the universe. The relatedness of knowledge, power and the good is really an integral part in the existential — cultural matrix of human fulfillment. We cannot consider knowledge and power in separation from our will to knowledge and our will to power. And these two aspects of human volition are ultimately meaningful only in the larger context of our commitment to the Good.

Now commitment, to begin with, is matter of concern and decision. Anything we are concerned with or about is important to us, the degree of its importance being reflected in the intensity with which we will or feel about it. But while all our concerns are to a degree important, what has importance to us is not necessarily good: what we actually desire may not be rightfully desirable. Though the notion of goodness defies easy explication, it does always carry the implication of *justified importance*, that is, justified according to a given criterion of the Good, or principle of rightness — whether it be the commandments of God, conscience, or some other standard or principle of moral justification. Indeed, our ethical consciousness is basically determined by the way our life is structured by the difference between importance and goodness. This difference reflects the limitation of human existence: it defines, in fact, the very meaning of human finitude.

The moral life is a creative struggle towards the overcoming of this "Ethical Difference," as we may call it. It aims ultimately at happiness as the unity of importance and goodness. Thus conceived, happiness is the promise of every religion, where ultimate good and ultimate importance are one. When we compare different systems of morality or ethical thought, we must do so by contrasting their relative paths of moral creativity as each uniquely structured by the two dimensions of the Ethical Difference. They may differ either in their underlying sense of importance, or in their conception of the Good, or indeed in both. Thus, for example, in spite of the apparent similarity between the Buddhist and Christian moral codes, they are really two very different systems of ethics. The Christian sense of importance in terms of freedom from sin or guilt is quite distinct from the Buddhist concern for nirvana. Christian moral justification, moreover, is based on the Commandments of God, whereas the Buddhist principle of ethical rightness is ultimately founded on the recognition of ignorance. And while both creeds emphasize altruistic virtues and values, Buddhist compassion and Christian love are derived from different sources: Christian brotherly love is ultimately derived from the love of God, while Buddhistic compassion is rooted autonomously in the Buddha −nature of man. And if we may, for the sake of further illustration, introduce Confucianism into the picture, we will achieve still greater contrast among the variations of the Ethical Difference. Since in Confucian ethics moral goodness is in the final analysis grounded in our innate humanity or *jen*, it is, as in the case of Buddhism, an autonomous ethics. On the other hand, the secular −humanistic interests of Confucianism with its emphasis on the here −and −now as the locus of importance certainly sets it apart from both Buddhism and Christianity. And yet, in spite of all this diversity between the three creeds in the way of moral justification, there is a common factor connecting all three ethical systems: they are what I would describe as *Karunatic* (from Sanskrit *Karuna*) or "Care −oriented."

Elsewhere we have contrasted the karunatic with the thaumatic (from Greek *thaumazein*) or "Wonder −oriented" as designating two possible ways of human fulfillment. [1]

In our technical usage of the terms, "Care" and "wonder" are existential roots or soul −principles: they refer to two seminal powers of the human soul governing all our concerns and decisions. "Care" is the Power of Obligation whereby we relate ourselves to ourselves and to others in the fulfillment of obligations, responsibilities or duties (including self −preservation as an instinctual obligation); "Wonder" is the Power of Appropriation whereby we exploit or lay claims to the world as a domain of available rights or privileges to which we feel we are entitled (whether or not we are justified). Thus conceived, Care and Wonder are polar forces, that is, at once antithetical and complementary. Selfish care and possessive −aggressive exploitations go together, while purely appreciative wonder often accompanies altruistic or selfless endeavours. The character of our ethical consciousness is basically determined by the interplay of these two seminal powers under the auspices and direction of Reason −another

---

[1]   See my article, "Care, Wonder, and the Polarization of Being: An Essay on Human Destiny," *Chinese Culture* (Taipei). XV −4 (1974), pp. 51—76.

seminal power which, as the promoter of life and human values, is the ruler of our existence. ① The aim of Reason is always the optimization of the good; and it does so through the creative transformation of importance. Reason has no interests of its own except the formal interest of optimal creativity — the best possible means to obtain the best possible results. But the results are originally the concerns of Care and Wonder, the powers which determine our basal sense of importance. What Reason promotes is ultimately the concerns and interests of Care and Wonder.

The Good (principle of rightness) is a projected ideal of Reason in its creative transformation of importance. The structuring of the Ethical Difference in our moral life and consciousness is achieved concretely through the rationalization of the karunatic and thaumatic powers. Because of the danger of unchecked egocentrism, Reason exalts and idealizes altruistic obligations. Because of the destructive tendency of our possessive — aggressive instincts. Reason posits laws and endorses justice and order. In fact, the general distinction between positive and negative values (such as good and evil, good and bad, right and wrong, just and unjust, true and false, beautiful and ugly, etc.) underlying all our judgmental experiences — ethical and non — ethical — is itself the work of Reason. The history of ethical thought — and indeed of thought in general — is at bottom nothing but the history of the self — consciousness of Reason in its creative optimization of value.

Care, Wonder and Reason, together with Enjoyment and Hope (the Powers of Satisfaction and Idealization respectively) are universal forces of human fulfillment. There is, we submit, no part or aspect of humanity which does not bear the stamp of their impact or influence. The variety of life — styles, cultural patterns and modes of thought is in the final analysis a reflection of the variety of ways in which the five seminal powers may interplay and interact with one another. What significant generalizations can we make when we compare the major cultural traditions of mankind? We have attempted to answer this question elsewhere in the form of what we called the "Polarization Thesis," ②which we presented as a working hypothesis in the philosophy of history and culture. 3 This thesis asserts, in terms of the relative strength of Care and Wonder, a profound polarity in the cultural — historical development of the human Spirit. For while the traditional cultures of East Asia (mainly India, China, Korea and Japan) are keenly Karunatic, with Care prevailing over Wonder, the Western tradition, from its Greek inception to its consummation in contemporary European — American cultures, embodies on the whole the Way of Wonder, with the thaumatic power dominating the Karunatic. Between East and West, Near —

---

① "Reason" conceived as the promoter of life and ruler of our existence is simply man in so far as he is acting creatively. This is "reason" in the existential sense, not to be confused with the cognitive "reason" or intellect, the latter being a mere instrument of the former.

② My article cited above gave only a tentative formulation of the "Polarization Thesis."

Eastern (Egyptian, Sumerian, Babylonian. Persian, Judaic and Islamic) cultures are, on the other hand, highly ambivalent, marked by unresolved tensions between the two seminal forces. It is against this historical background of the Spirit (which we believe is real) that we may now approach more readily the problematics of knowledge, power and the Good.

Knowledge is power, says Francis Bacon. This Baconian dictum so insightfully pronounced at the inception of modern Occidental culture has certainly been powerfully vindicated by Western peoples in the few centuries following the Renaissance. We, living in the scientific — technocratic age of the twentieth century, are fully aware of at least some of its more obvious implications. And while we are no doubt in a better position than Bacon himself to ascertain the truth of his dictum, our vision remains very much clouded because we are still in the grip of its pervasive influence. Nevertheless, what we are able to see at this point may be significant enough, however unclear it may appear. For we know now that what the Baconian maxim represents is no less than the innermost spirit of the Renaissance, the period constituting perhaps the most crucial turning — point in the history of Western civilization. It embodies conceptually the truth of a decisive transition in the development of Occidental humanity in which the Promethean spirit of pre — modern West passes into the Faustian spirit of the modern era. And the essence of this truth lies precisely in the dialectics of power and knowledge.

To divide Western history in this manner is, of course, an oversimplification; but its convenience can do no harm for our purpose here. One cannot deny the fact that the will to power, glorified and elevated to the status of ultimate reality in the thought of Nietzsche, is central to the Faustian spirit. According to Heidegger and his followers, the significance of Nietzsche lies in his being the last metaphysician in *traditional* Western philosophy. Whether or not this is correct, Nietzsche's idealization of the will to power at the consummate phase of Occidental civilization is symbolic not only of the restless spirit of modern — Faustian European — culture, but of the historical destiny of the entire Western tradition. There is no question that the Way of Might, which in its pure form is rooted in the will to power for the sake of power, has been more prominent in the West than in other parts of civilized humanity. This has been the way of the Homeric heroes, of Alexander and Caesar, of Napoleon, of modem colonialism and imperialism, and of Hitler. Indeed, Western civilization is not indescribable as one great Adventure of the Will to Power. There is perhaps nothing inherently wrong with the love of power except that the enjoyment of power often, if not invariably, leads to its abuses, that is, to possessive — aggressive exploitations. Thus the primary ethical task of Reason has consisted in curbing the excesses of the will to power. Against the Way of Might Reason opposed the Way of Right — and for the success of this task it has relied heavily on the power of knowledge. The fact is, however, that the will to power and the will to knowledge are intimately related, being equally rooted in the seminal power of Wonder. The rationalization of mightivism in the West has been complicated by the moral ambiguity of intellectualism, that is, by the fact that while the will to knowledge for the sake of knowledge ("intellectualism") may aid in the rational control of the will to power, it may also (unintentionally at least) enhance it. For knowledge is no less a tempter of power than it is its quencher. Such being the case, the overcoming of the Ethical Difference (the meaning of moral creativity) in the West has been a dialectical struggle between the two seminal forces of Wonder and Reason. Western moral thought is in fine the self − consciousness of Reason in attempting to solve the problems of Wonder.

From this perspective the Greek ethical spirit is representable by three great monuments of the Greek mind: Homer's *Iliad*, Aeschylus's *Prometheus Bound*, and Plato's *Republic* (corresponding to the beginning, the middle, and the terminal phases of Greek culture). While the Way of Might prevails over the Way of Knowledge in the life of Homer's heroes, Plato's philosopher − kings symbolize idealistically the triumph of intellectualism over mightivism − Plato made power subordinate to the direction and control of knowledge. However, for him as for most Greeks with the Ionian spirit, Knowledge was no born keeper of Power. Throughout the history of Greek thought the will to knowledge asserted itself independently of the will to power. Indeed, the insistence that Knowledge be free from the shackles of Power, so vividly personified by Prometheus and Zeus respectively in Aeschelus's great play, must be counted among Ancient Greeks' finest gifts to humanity − the mark of their essentially intellectual − aesthetic way of Wonder. For the Greeks, the right to know was most natural and within limits inalienable − perhaps the only human right that could be harmlessly appropriated. This Greek attitude was in sharp contrast to that of the author (s) of Genesis, to whom Knowledge was no longer the innocent Child of Curiosity, but the Forbidden Tree responsible for the Fall of Man under the temptation of Satan, personification of the perverted, irresponsible will to power enhanced by a misguided will to knowledge. The ambivalence of Old Testament ethical thought was clearly seen in the conception of the primordial tensions between Satan and Jehovah, symbolizing respectively the seminal powers of Wonder and Care. In spite of the deeply karunatic character of the Christian religion as originally intended by its founder, this Near − Eastern ambivalence which it inherited from Judaism − an ambivalence becoming more and more ambiguous due to the thaumatic influence of Greek philosophy and Roman practice in the areas of theology and church organization respectively, has considerably complicated its subsequent developments. After the rise of Christianity Western Reason has sought help from both Athens and Jerusalem in its spiritual struggle against mightivism, that is, from both the Way of Knowledge and the Way of Love. That Reason in the West has failed in the end along both paths is a fact the significance of which has really not yet been fully realized and appreciated. Ever since the Renaissance Knowledge has come under the dominion of the Will to Power, of which the Baconian dictum was at once prophetic and symtomatic.

And when we look more closely at the spiritual expressions of modern Faustian man, we cannot help but wonder whether Love, too, has really been seduced by it.

Why has Reason been so ineffective in the West? But then how about the performance of its counterpart in the East? That mightivism in the East has also been a problem for Reason can hardly be denied, as can be seen, for example, in the Confucian distinction between *wang tao* and *pa tao* — that is, between the rule of right and the rule of might. And yet the task of Reason here is fundamentally different; for what Reason in the East has to overcome is ultimately not the problems of Wonder but those of Care. Neither intellectualism nor mightivism contributes to the determination of Eastern man's underlying sense of importance. To be sure, he desires both knowledge and power — but not so much for their own sake as for the sake of some practical goal — whether it be the elimination of human suffering, as it is the spiritual end of all Indian philosophies, or the humanization of man's worldly existence, as from the Confucian — Chinese perspective. Here, the Way of Right is opposed not so much to the Way of Might as to the Way of Profit, that is, to the egotistic confinement of Care. In the final analysis, it is the Care — oriented yearnings of harmony and peace ( both human and cosmic ) rather than the thaumatic wills to knowledge and power which provide the basic challenge to Eastern Reason. ① Space does not allow us to pursue further the story of Reason in the evolution of ethical experience in the Eastern traditions. It suffices to observe here that the problem of overcoming the Ethical Difference is no less formidable in the East than in the West. To the extent Eastern Reason has succeeded in realizing the ideals of harmony and peace, it has done so at the expense of Creative Vitality, just as in promoting the excellence of knowledge and power Western Reason has come to lose ( in the dread of freedom ) its Creative Direction. It seems that East and West are spiritually mirror — images: the gain of the one is the loss of the other. In the light of the Polarization Thesis, this is precisely the way it should be. For Care and Wonder being polar forces, East and West are dialectically connected in their destinies. Could it be then that the historical failures of Reason in promoting the interests of life are due to the one — sidedness of its commitments and approaches in both East and West? Is there a best possible solution to the problem of moral and non — moral creativity in the dialectics of Knowledge and Power, Harmony and Peace — the four — fold conditions of authentic human fulfillment? To promote the human good, Reason — the Universal Reason in our times — must find out.

---

①   The difference between the Chinese and Indian outlooks rests on the difference between — Harmony and peace as the ideals of Care; just as the difference between Greek and Roman cultures lies in the difference between knowledge and power as the concerns of Wonder.

# 6　Whitehead and Chinese Philosophy: From the Vantage Point of the *I Ching*

## (1979)

　　That there exists a genuine affinity between Whitehead's metaphysics and the Chinese world — view as adumbrated by the cosmological ideas of the *I Ching* is a conclusion that I believe myself to have firmly — though perhaps too sketchily — established in my last article. ①

　　In continuing our attempt to bring about a creative dialogue between Whitehead and Chinese philosophy, it is necessary at this point that we offer an overall view of their relationship, pinpointing the philosophical issues or problems involved and indicating the hermeneutic strategy that we shall follow. The key word which lurks behind our previous discussion and must now emerge as the focus of our projected work is *Life*. The identification of Reality with Life as such — rather than with any particular aspect of it — is, as I see it, what Chinese philosophy and Whitehead basically have in common. So to look upon them as presenting two comparable Visions of Life will be the main thrust of our argument and the vantage point of our hermeneutics. Let us add immediately, however, that we do not regard the relationship between Whitehead and Chinese philosophy as only a philosophical one, a matter of theoretical similarities and differences. For there is, we believe, a real historical dimension to this relation — and, if I am not mistaken in my tentatively developed thesis concerning the spiritual — historical relatedness between Eastern and Western thought, a highly significant one. ②

　　According to Needham, the traditional Chinese world — view is at bottom a form of 'organic naturalism,' which is, of course, for him also an appropriate description of Whitehead's philosophy. Whether or not one agrees with Needham in the substance of his interpretations, his thesis that the whole organicist

---

①　This paper is the second in a projected series of studies on the relationship between Whitehead and Chinese philosophy. For our first effort, see my paper 'The concept of time in Whitehead and the *I Ching*,' *Journal of Chinese Philosophy*, 1 (1974), 373—393.

②　This thesis, which I briefly introduced in my last article (note 1), had been first formulated in my 'Care, wonder, and the polarization of being: an essay on human destiny,' *Chinese Culture* (Taipei), XV, 4 (1974), 51—76.

tradition in the West as initiated by Leibniz, developed through Hegel and En-
gels, and finally culminated in our times in the philosophy of Whitehead, might
have had a partially Chinese origin is as provocative and challenging as it is bold
and unexpected. For should Needham be right, then the affinity between
Whiteheadian and Chinese thought as already suspected by Whitehead himself
would be a matter – of – course. ① In that case, the rapport in question would
no longer be a merely intellectual matter. It would have, as we believe, an his-
torical meaning, although what it could really mean historically remains to be
determined.

　　For students of comparative philosophy in general and of the relationship
between Western and Chinese philosophy in particular, Needham's monumental
contributions in the area of scientific – philosophical thought must be gratefully
acknowledged. Much of what he said concerning the Chinese – Whiteheadian
philosophical rapport is valuable. Indeed, the gist of Needham's views on the
matter will be incorporated in this study, although our perspective would be
broader, not being restricted by the limitations of his basically scientific orienta-
tion. The giant step that has been taken by Needham then is only the begin-
ning. After all, Needham has not as yet given us any elaborate study of White-
head and traditional Chinese philosophy, in spite of the many brilliant and in-
spiring insights into the subject that one may gather from the second volume of
his monumental work. ②

　　And one may indeed take him to task: can traditional Chinese philosophy
*as a whole* be adequately described as a form of 'organic naturalism'? From the
philosophical standpoint, the answer, I think, must be given in the negative.
For the traditional philosophy of China is at heart a philosophy of life; and as
such, it is at once humanistic, naturalistic and idealistic. This philosophy is hu-
manistic because human life is its primary concern. It is also naturalistic because
it recognizes the continuity of man with nature and stresses the unity of human
life with the great Life of Nature. Finally, this life – centered philosophy may be
called 'idealistic', not only in the sense that it sees the meaning of life in the i-
deal perfection of human existence, but also by virtue of its supreme emphasis
on mind as the locus of meaning. And in so far as it is idealistic, this Chinese
philosophy of life is Care – oriented rather than Wonder – oriented. Chinese
philosophers seek an understanding of life not so much to satisfy their curiosity as
to realize personally the Tao of life, the Truth of their existence. Here, knowl-
edge is supreme, not because it is an end in itself, but because of its central role

---

　　① For Needham's thesis, see his *Science and Civilization in China*, Vol. 2: *History of Scientific
Thought* (Cambridge University Press, 1962), pp. 496—505. Compare with Whitehead's statement in
*Process and Reality: An Essay in Cosmology* (New York: Macmillan, 1929), p. 11.

　　② For Needham's own interpretation of Whitehead, see his 'A biologist's view of Whitehead's phi-
losophy' in Paul Arthur Schilpp (ed.), *The Philosophy of Alfred North Whitehead*, 2nd. edition (New
York: Tudor Publishing Company, 1951), pp. 243—271.

in the elevation of life and the achievement of authentic character — in the task of self — transcendence and self — transformation. Chinese philosophy is undoubtedly existentialists and practical rather than merely speculative and theoretical. The truth of Chinese philosophy is not that of an objectively verifiable science of life but that of an existential, spiritually justifiable philosophy of significance; that is, a vision of life blending objective insights with subjective aspirations. It is primarily concerned not with mere facts ( if there be such things) but with meaning and meaningfulness, with value and importance.

Metaphysically, this Chinese philosophy of significance identifies Reality with Nature, and Nature with Life. And it sees the reality of Life in its advancing creativity as well as in its organic wholeness. Organicism and Creativism may indeed be said to constitute the two cornerstones of Chinese metaphysics or ontology, which for the Chinese is essentially nothing but a vision of Tao, the Way of Nature — and — Life. Among other things, ' organicism' refers to the multi — dimensional and multi — levelled interconnectedness and interdependence of all beings in Tao, whereas ' creativism' stresses its unceasing process of self — transformation and becoming. Chinese metaphysics is neither monistic nor pluralistic: it transcends both monism and pluralism through the field conception of reality in which the One and the Many are organically synthesized. It is important to bear in mind that the dualistic tendency so prevalent in Western thought is almost non — existent in Chinese philosophy. And the non — dualism in Chinese thought is but the other side of its habitually synthetic or congregational attitude. Since Chinese philosophy believes in the organic wholeness of life, it has avoided almost completely the evils of bi — furcations — one and many, soul and body, mind and matter, God and world, man and nature, self and society, and so on — which have haunted so perniciously the Western philosophical tradition. Now if the Chinese synthetic attitude is based on its organismic outlook, its ' tacticism' — as we may call it — has its roots in its creativistic conception. Chinese thinkers generally approach the problems of life ( including intellectual problems) *tactfully* because they regard them as fundamentally a matter of Tact and Art rather than a matter of Law and Logic. ① They do so because they believe in a fundamental incompleteness and indeterminacy in reality. This fundamental incompleteness and indeterminacy is not accidental but essential to life — it is indeed the necessary condition for its creative freedom. This does not mean that the tactical approach is necessarily illogical or arbitrary. What it does require is a recognition of the limitations of the Way of Law and Logic.

To sum up, the Chinese philosophy of life is at bottom a Care — oriented

---

① This does not mean, of course, that Law and Logic play no role in Chinese life and thought. Within the Chinese tradition, the contrast between the Ways of Tact – and – Art and of Law – and – Logic may be seen in the conflicts between the Confucian emphasis on *lit* ( propriety, rites, etc. ) and the Legalist insistence on *fau* ( laws, rules). It may be argued, however, that even the Legalist *fa* is, in the final analysis, a matter of Tact – and – Art rather than a matter of Law – and – Logic.

philosophy of significance which is at once humanistic, naturalistic and idealistic. This philosophy is fundamentally organismic and creativistic in its metaphysical outlook, while synthetic and tactical in method. If this general characterization of Chinese philosophy is accepted, then the *I Ching* must be given the key position in any comparative study involving Chinese philosophy. For what we have identified above as the main features of Chinese philosophy does not belong specifically to any particular schools of thought but to the perennial background of the Chinese philosophical tradition; and this perennial Chinese philosophy, if not originally determined by the philosophy explicitly or implicitly contained in the *I Ching*, is at least most typically represented by it. It is a mistake to regard the *I Ching* as solely a Confucian classic; for the book has many layers and mansions, and in its oldest layers is contained, we believe, the primordial intuitions of the Chinese people. And even the supposedly Confucian "Commentaries," which form the most explicitly philosophical portions of the *I Ching*, are, we would say, more generally Chinese than specifically Confucian. They were most probably written by Confucian thinkers with a syncretistic mind who were intent on reintegrating their Master's teachings with the original wisdom of the Chinese tradition rather than apologetically segregating them in the sectarian interest. As we see it, this primordial wisdom of the Chinese as embedded in the thought matrix of the *I Ching* and as constituting the undifferentiated source of Chinese philosophy is really more open – minded and flexible than its differentiated formulations in the various schools of Chinese thought which have each appropriated the original wisdom one – sidedly. Thus it appears that, while Confucianism has overemphasized the human pole in the man – nature duality, Taoism has done exactly the opposite. On the other hand, Chinese Buddhism, with its original roots in the overtly idealistic soil of Indian Buddhism, has exaggerated the role of mind out of proportion. From the vantage point of the *I Ching*, the history of Chinese philosophy is nothing more than a dialectical self – reflection of the original wisdom. The articulating differentiation is necessary for the historical self – realization of the Chinese Spirit, which consists in the complete transparency and self – knowledge of its primordial intuitions. The conflicting viewpoints of the various schools as a consequence of the differentiation is the price that the Chinese Spirit has to pay for its ultimate fulfillment. This primordial wisdom was dialectically and self – consciously reconstituted in the teachings of the Neo – Confucians – especially in the philosophical school of Chu His, the greatest Neo – Confucian synthesizer. In a sense, Neo – Confucianism may indeed be said to be the consummation of Chinese philosophy in its *de facto* historical development. But this may not be the true and ideal consummation of the Chinese primordial intuitions, whose authentic realization depends ultimately upon a transcultural and transphilosophical reflection onto the original wisdom of other peoples.

Thus next to the *I Ching*, Neo – Confucian thought must be given the other key position in the history of Chinese philosophy. Needham emphasized

correctly the importance of Chu His in his comparative hermeneutics, consider-
ing him the one Chinese thinker most akin to Whitehead. But his failure to
grasp the overall character of Chinese philosophy as essentially a Care – oriented,
life – centered philosophy of significance and his misguided assessments of the *I
Ching* due to his scientific bias, have prevented him from forming a correct judg-
ment on the relationship between Whitehead and Chinese philosophy. Need-
ham characterized the *I Ching* as the "administrative approach" to natural phe-
nomena, with its hexagramic system of symbolism forming a "stupendous filing
system, a repository of concepts to which almost any natural phenomena could
be referred. "① Although he gave due recognition to the importance of the field
concept and of correlative – coordinative thinking as contributions of the *I Ch-
ing*, his judgment on the classic was generally negative. "I fear," Needham con-
cluded, "that we shall have to say that while the five – element and two forces
theories (Yin – Yang naturalism) were favorable rather than inimical to the de-
velopment of scientific thought in China, the elaborated symbolic system of the
*Book of Changes* was almost from the start a mischievous handicap. "②

    Whether or not this is justified from the standpoint of scientific history, our
assessment of the *I Ching* from the philosophical perspective is certainly very dif-
ferent. As the primordial representative of the Chinese philosophy of life, the *I
Ching* is not confined in its philosophical significance to the naturalistic dimen-
sion. For its integrity lies precisely in the way the three main dimensions – the
humanistic, the naturalistic and the idealistic – are united. And while there can
be no question that the *I Ching* philosophy of Life is organismic, this is only half
the story. Like *Process and Reality*, the *I Ching* contains no less a philosophy of
creativity than a philosophy of organism or organicism. For us, the elaborate
symbolic system of the *I Ching* is not so much a repository of abstract concepts as
a way of thinking which addresses itself to the Tao of Life (*Sheng* (生)) – to
its primordial reality of becoming, change or process (*I* (易)). Needham was
so captivated by the notion of organism that he largely ignored this other dimen-
sion in both Whitehead and Chinese philosophy. What we find most lacking in
Needham's comparative hermeneutics is the crucial distinction between two
kinds of organismic philosophy – between one that is deterministic, as represen-
ted notably by the monadological metaphysics of Leibniz and one that is creativis-
tic, as in the process philosophy of *I Ching* and Whitehead. To our mind, the
difference between traditional Chinese and Western metaphysics must be seen
not just in terms of the antithesis between organicism and mechanical atomism,
as Needham was wont to stress, but also in terms of the opposition between de-
terminism and creativism, which he either had ignored or at least had not, in
our view, given a sufficient emphasis, although he was certainly not unaware of

---

① Needham, *Science and Civilization in China*, Vol. 2: *History of Scientific Thought*, pp. 322 +
335 – 337.

② Needham, *Science and Civilization in China*, Vol. 2: *History of Scientific Thought*, p. 336.

it. This theoretical oversight also vitiated the force of Needham's thesis concerning the possible influence of Chinese philosophy on Whitehead through the former's impact on Leibniz. Whatever Leibniz managed to learn from the teachings of the *I Ching* and Neo − Confucianism, he missed entirely the creativism that is so central to their way of thinking. And however much Whitehead might have been indebted to the eighteenth century philosophical genius with whom he had so much in common, both in respect of background and training and in respect of intellectual interests and even doctrinal matters, his organicism is after all of a very different kind than that of his predecessor. Actually, in so far as its organismic side is concerned, Whitehead's metaphysics was influenced at least as much by Spinoza as by Leibniz. Whitehead's indebtedness and affinity to Spinoza is openly acknowledged in *Process and Reality*. [1] If the historical beginning of Western organicism can be determined at all, the position of the first real founder, we believe, must be given to Spinoza rather than to Leibniz. After all, even if Leibniz was too original a thinker to be accused of plagiarism ( as he was so charged by his contemporaries), his philosophical indebtedness to Spinoza seems quite unmistakable. This important fact is only treated in a footnote in Needham's monumental work. [2] And although Needham did recognize the possible affinity between Spinoza and Chinese thought ( especially as represented by Chu Hsi), the fact that Spinoza might be the real founder of the Western organicist movement was completely ignored. [3]

Anyway, whatever contributions Chinese organicism might have made to Western organicism, they remained before their convergence in the twentieth century poles apart in their fundamental spirit − the one being creativistic and tactical, the other deterministic and mechanical. Nevertheless, the gap between the two organicist traditions had become narrower and narrower as they approached the contemporary period, largely due to the fact that Western organicism has moved in the course of the past century closer and closer to the Chinese position. We believe that the moving force behind this transformation of organicist thought in the West arose basically from within the Western cultural tradition, although Chinese influence through its effects on the Enlightenment might have facilitated it. We know that Whitehead was profoundly impressed by the English Romantic poets − especially Wordsworth and Shelley. These nature − intoxicated Romantics wrote at a time when there was in Western Europe a general appreciation of − and indeed admiration for − Chinese culture: its humanistic philosophy, its reasonableness in the form of government, its naturalism in the arts ( including gardening) and poetry. Wordsworth and Shelley, as Needham noted,

---

[1]　Whitehead, *Process and Reality*, p. 10.

[2]　Needham, *Science and Civilization in China*, Vol. 2, p. 504 ( g).

[3]　*Ibid.*, p. 505 ( a).

were often profoundly Chinese without themselves realizing it. [1] And if
Whitehead's philosophy was in fact influenced by Romantic poetry in its ultimate
intuitions, some historical connection between Whitehead and Chinese thought
might perhaps in a roundabout way be established.

But, of course, no person can be profoundly affected by poetry without
possessing in himself a high degree of poetic sensitivity. It was ultimately the
poet — and not the logician — mathematician — in Whitehead that was responsible
for the most fundamental insights of his philosophy: his central emphasis on feel-
ings and emotions and on subjective immediacy as constitutive of the finally real;
his appeals to intuition and the imagination; his identification of being with
process and becoming; his basically functional — relational approach to metaphys-
ics; his profound reverence for beauty as founded on harmony; his unusual char-
acterization of God as the Poet of the World. And what do these insights imply
or amount to? They amount to a "Metaphysics of Life" — and that is precisely
what Whitehead has given us. And life is, like poetry which is but a sublime
form of life, at bottom an *emotional activity*. And the combination of emotion
and activity is exactly what he means technically by "feelings" or "prehensions"
— the various component acts of the ultimate "cell — events" of Life, the "actual
entities. " In the metaphysics of the *I Ching* and Neo — Confucianism, the no-
tion of life as intrinsically an emotional activity is implied in the idea of *kan — ying*
(感应), the 'feeling response' of the living to the vital cosmic environment.
Chinese philosophy has always been closely tied to poetry, to the language of the
heart and feelings. The Confucian *jen* (仁), the Mencian *tse jen chi hsin* (恻隐
之心), the Taoist *tzu* (慈), the Mohist *ai* (爱), and the Buddhist *karuna* —
these central notions in the various schools of Chinese thought are all implicated
in a *ching chi yu — chow* (情之宇宙), or 'universe of feelings. ' The fact that
both Chinese philosophers and Whitehead held fast to the notion of life as essen-
tially an emotional activity can be clearly seen in their conception of mind or *hsin*
(心) — in their emphasis on the non — cognitive over the cognitive and on the
intuitive over the intellectual — conceptual. It is noteworthy that there is no elab-
orate theory of consciousness in either Whitehead or Chinese philosophy, with a
consequent lack of epistemological or phenomenological interests so characteristic
of the Western philosophical tradition — especially in the modern period. For
Whitehead, consciousness is a subjective form, that is, a form of emotional ac-
tivity which belongs only to higher grades of life. This is in sharp contrast to the
prevalent Cartesian conception which makes emotion a form of consciousness.
And although the cognitive function of the mind especially in its intuitive capaci-
ty was really never lost sight of by Chinese philosophers, what they meant by
*hsin* was first of all non — cognitive or at least non — conceptual. The *hsin* as the

---

[1]    Needham, *Science and Civilization in China*, Vol. 2, p. 505 (a). Needham cited Rousseau,
Blake, Holderlin along with Shelley, but did not mention Wordsworth, who was perhaps even more Chinese
than the others.

ruler of our bodily existence is the feeling heart — and — will rather than the intellect or reason, the power of conceptualization and ratiocination. Perhaps a more correct interpretation of the Chinese and Whiteheadian conception of mind or *hsin* is that it is, like life itself, an organic reality, not compartmentalizable into separate and functionally autonomous units, as it is so treated in faculty psychology. Mental functions are overlapped and interdependent. In the lower forms of life and, indeed, even in our non — intellectual moments, the cognitive and the non — cognitive are no longer separable, being merged into basic acts of life — into 'intuitive feelings.'

Now if the essence of life is emotional activity, and if there is nothing more real than life itself, then being or existence must have the basic meaning of participation in life — ultimately for Whitehead in the living processes of actual entities. The term "reality" or "real" has several meanings in Whitehead's metaphysics. In the broadest sense, everything is real, because everything is something, functioning in its own way in the creative processes of the universe. But in a special sense, as the privileged mode of existence, "reality" refers to the most concrete, lived and living "moments" of life — to the emotionally charged "subjective immediacy" of actual entities. This Whiteheadian emphasis on the "aesthetic moment" or the vital here — and — now as the ultimate facts of life is in perfect agreement with the spirit of Chinese philosophy which, in contrast to the eternalistic outlook of Indian and Western metaphysics, is always a philosophy of the Present. For both Whitehead and Chinese philosophy, the eternal, which consists in the infinite wealth of potentials graded in relevance to the world and thus forming the primordial nature of God or *T'ai — Chi* (太极) (the infinite pole of Life), is an aspect of the living present, and not vice versa. This is so because the Eternal is the most abstract aspect of Life — and the abstract is included in (that is, abstracted from) the concrete. In *I Ching* and Neo — Confucian metaphysics, this primordial — infinite and eternal — aspect of Life is called "Heaven," as contrasted with "Earth," the ever — lasting and all — encompassing aspect of Life, the counterpart of Whitehead's consequent nature of God. Just as in Whitehead the being of God lies in the unity of both its primordial and consequent natures, so in Chinese metaphysics Heaven and Earth in concert constitute the unified meaning of *T'ai — Chi*. And just as the Tao of Life mediates between Heaven — and — Earth and the ten thousand things, so the Order of the creative advance lies in the interdependence of God and World. Both Whitehead's God and the Chinese *T'ai — Chi* refer to the field character of Nature responsible for the shifting character of *sheng* or creativity. The continuity of Life depends on the availability of the infinite potentials in Heaven as limited by the real conditions of Earth to every emergent center of creative existence. Chu Hsi's theory that everything has a *t'ai — chi* which is but the same eternal — everlasting *T'ai — Chi* in its relevance to that thing came remarkably close to Whitehead's theory concerning the relationship between the non — temporal God and the temporal world of actual entities, which obtain their own subjective aims from pretending the subjective aim of God during the initial phase of becoming. Non – technically, this simply means that every living center of creativity owes to the universal Ground of Life ( God or *T'ai Chi*) the *givenness* of its existence. But this ' providence' of God – this *Jen* of Heaven – and – Earth, as it is called in Neo – Confucian metaphysics – is not absolutely determining. It is intrinsically indefinite and indeterminate; and this element of indefiniteness and indeterminacy, which the Taoists and some Neo – Confucian philosophers recognize as the ' vacuity' of life or the non – being within being, is what makes room for creative freedom. In the Whiteheadian language, the being of an actual entity lies in the self – transformation of its givenness, that is, from indefiniteness to definiteness and from indeterminacy to determinacy. In the *I Ching* metaphysical tradition, this is an act of ' self – justification' : what is ' justified' ( *cheng* ( 正 )) is our *hsing* ( 性 ) and ming ( 命 ), our nature and destiny.

In both Whitehead and Chinese metaphysics, the providential character of God or Heaven – and – Earth is often described symbolically in various images or metaphors. In so far as Chinese metaphysics is concerned, the most prevalent symbolism is that of parental care – that is, of the ' motherly care' of Heaven and the ' motherly care' of Earth. The most outstanding imagery in Whitehead's conception of God is. on the other hand, that of "the poet of the world. "① There are, to be sure, subtle differences between the two kinds of imagery or symbolism. But if we examine more closely Whitehead's image of God, we will find that it is also conceived basically in the language of Care. Thus he spoke of "the operative growth of God's nature" as "that of a tender care that nothing be lost"; of God as "the judgment of a wisdom which uses what in the temporal world is mere wreckage, " as saver of the world "with tender patience leading it by vision of truth, beauty, and goodness, " as "the great companion – the fellow – sufferer who understands. "② There is nothing in this Whiteheadian poetic imagery of God which is inherently inapplicable to the Chinese parental symbolism of Heaven and Earth. On the other hand, the image of God as Poet of the World is not as such an adequate representation of His metaphysical functions. If we are correct in interpreting Whitehead's metaphysics as in its true intent a metaphysics of Life, then the relationship between God and World or between Heaven – and – Earth and the ten thousand things ( *wan wu* ( 万物 )) as the underlying structure of Reality or Nature seems to be better conceived in the parent – children imagery. It is just not true to say, as Whitehead once put it, that God "does not create the – world, he saves it. " For as the provider of our givenness, we are indeed the children of God or Heaven – and – Earth, our Eternal – everlasting Parents, although it is equally true that we are in a sense co – creators of the entire creation including ourselves and God. For while we depend on God for the original givenness of our lives, God de-

---

①   Whitehead, Process and Reality, p. 526.

②   *Ibid.* , pp. 525, 526, 532.

pends on us for the continuous creativity of His everlasting Life by receiving us back into the non — temporal Mother ( God's consequent nature ) in the termination of our temporal existence ( our objective immortality ). Hence, as Whitehead also said, "it is as true to say that God creates the World, as that the World creates God. "①

This conception of God and World as interdependent co — creators of Life which Whitehead shares with Chinese philosophy certainly runs counter to the prevalent Western conception in which the God — World relation is marked by a one — sided dependence. As Needham already observed, the idea of God as an absolute, transcendent creator — lawgiver who created the world by fiat and out of nothing, is utterly alien to the Chinese mind. On the other hand, Whitehead was highly critical of the absolutistic and even imperialistic character of the Christian God as construed in traditional theology and philosophy. "The Church," he once complained, "gave unto God the attributes which belonged exclusively to Caesar. "②

Now what is absent in Whitehead's natural theology is not only the all — too — masculine conception of an absolute creator — ruler — judge which Western philosophy derived from its Judaic — Christian heritage, but also the all — too — rationalistic conception of a perfect logician — mathematician which it inherited from the Greek tradition. There is indeed a radical difference between Leibniz's Supreme Monad which combines both the absolutistic and the rationalistic elements in his conception of God and Whitehead's Poet of the World. Indeed, if the creative interdependence of God and World is essential to the organismic world — view, then Leibniz's monadological metaphysics is hardly organismic, let alone being the forerunner of Western organicism. Far from being the poet of the world, Leibniz's Supreme Monad, a perfect logician — mathematician, is the programmer of the universe. In this computerizable universe, everything occurs mechanically and, at least for the supreme programmer all predictably. But can this be the real nature of Life?

Both Chinese philosophy and Whitehead recognize the importance of polarities in an adequate understanding of Nature. In fact, the uniqueness of the Chinese and Whiteheadian world — views ( as contrasted with most metaphysical positions in traditional Western philosophy) is best seen in the way polarities are conceived in them, that is, dialectically through the field concept. Here, real opposites are *never* mutually exclusive, but are, though opposed in one sense, intrinsically interdependent and complementary — indeed internally related as roots of each other. This dialectical conception of polarity, so perfectly exemplified in the Yin — Yang idea, is undoubtedly, beginning with the *I Ching*, one of the most salient features of Chinese metaphysics. Chinese philosophy seeks Tao, the Way of Life, and finds it not in the Ground nor in the World, but in the

---

①   Whitehead, Process and Reality, p. 528.

②   *Ibid.* p. 520.

mutuality of Ground and World; not in the Yin nor in the Yang, but in the interaction and alternation of Yin and Yang; not in this nor in that extreme or abstracted aspects of life, but in the Field of Nature in which occurs the dialectic transaction and union of all polar opposites.

Just to what extent polarism or the Yin — Yang type of thinking is applicable to Whitehead's philosophy is an interesting question; but it is not a simple one inasmuch as it entails a total examination of Whitehead's organismic — creativistic metaphysics. We can be certain, however, that it plays a central role for, as we have seen, Whitehead applied it at least to the relationship of God and World which forms the underlying structure of his theory of reality. On the other hand, one can be equally sure that polarism is *not complete* in Whitehead's Life — centered philosophy of Nature. To Whitehead organicism does not necessarily imply complete polarism: Life is not totally pervaded by polarities because not all relations in Life are internal relations marked by dialectic interdependence. Thus for Whitehead contemporary actualities are defined by the causal independence of one another, while living actualities depend one — sidedly on objectified actualities appropriated from their actual world. Indeed, this schema of contemporary independence and Present — Past one — sided dependence constitutes the very structure of temporality in the Whiteheadian cosmology. Moreover, it is for Whitehead the necessary condition for both individuality and freedom, as well as for the creative advance into novelty which is the backbone of his process view of reality. We might say that Whitehead's creativism lies precisely in the difference between organicism and complete polarism. Whitehead's organismic philosophy is not completely polaristic because it is *also* creativistic.

What then is the essential difference between an organismic and a non — organismic conception of reality? Or differently put, what is the minimum condition for identifying a philosophy as organismic? In so far as Whitehead is concerned, the answer may be given in terms of what we may call ' creative relevance,' as that which defines the minimal bond between any two beings or things in the universe. Whitehead's organicism implies certainly universal connectedness, though not universal interdependence. And the connectedness between any two beings or things is constituted by their creative relevance, that is their relevance to each other in respect of the creative processes of nature. To "be" or "exist" for Whitehead means to participate in *some* part of life. Since the Life of Nature forms an organic unity through God, the ultimate Ground of all lives and creativity, every being or thing is creatively relevant — however vaguely and indirectly — to every other being or thing in the universe. It is in this broad sense that Whitehead asserts that "it belongs to the nature of a ' being' that it is a potential for every ' becoming'."[1] A ' potential for becoming' is simply any factor discernible in a creative process. Future actualities are potentials in the becoming of presently living actualities because they are factors in the

---

[1]  Whitehead, Process and Reality, p. 33.

latter's lives – because they are creatively relevant.

Thus construed, the organismic outlook is certainly there also in Chinese thought. As a matter of fact, the Chinese mind is so impressed by the organic oneness of Nature and the creative relevance of all things in Life that it has a tendency towards a completely polaristic view of reality, such as so notably exemplified in the Hua – yen philosophy of universal harmony and interdependence. But complete polarism does not belong to the primordial wisdom of the *I Ching*. The fact that the observer – diviner can control and change his destiny towards good or away from evil is a sure indication that creative freedom and causal independence is allowed by the *I Ching* as essential to the reality of life. The organicism of the *I Ching* is, in other words, no less creativistic than that of Whitehead. And the way the organismic and creativistic aspects of life are combined is just as complex in the *I Ching* as in its Western successor.

This creativistic organicism may be said to occupy a middle position between mechanical atomism and complete polarism – that is, between the philosophy of external relation and extreme independence, on the one hand, and the philosophy of internal relation and extreme interdependence, on the other. It is important to note that while the middle position makes room for individual freedom, both extremes are or tend to be each in its own way deterministic. We believe that it is the middle position represented by the *I Ching* which constitutes the main stream of Chinese metaphysics. By contrast, creativistic organicism came late in the development of Western thought – which may perhaps be said to have properly begun with Hegel. As to the two extremes, their relative strength in the histories of Chinese and Western thought is not debatable. Mechanical atomism, as Needham noted, is completely absent in Chinese thought,[1] while it does have a tendency towards complete polarism, especially after it came under the influence of Buddhist philosophy. On the other hand, mechanical atomism has been strong in Occidental thought from as early as the fifth century B. C. , while polarism of the Chinese type is, with a few exceptions ( notably Spinoza) , quite negligible. This is one example of the "Historical Inversion" between East and West in philosophy that we have briefly discussed in our last article.[2] Actually, the contrast between mechanical atomism and complete polarism as two philosophical tendencies characterizing Western and Chinese thought respectively lies still at the surface of the East – West Inversion. For the atomistic – polaristic contrast is ultimately founded on the existential – spiritual contrast between two seminal attitudes of human concern with their respectively characteristic modes of thinking – that is, between Wonder with its entitative inclination and Care with its aspectative orientation.

---

[1]   Needham, Science and Civilization in China, Vol. 4: *Physics and Physical Technology*, Part 1 ( 'Physics' ) , P. 1.

[2]   *Op. cit.* , 'The concept of time in Whitehead and the *I Ching*' , p. 376.

Entitative thought emphasizes the separateness and independence of exist-
ence: it conceives beings or things in the form of 'entities' which are by defini-
tion just what they are in themselves, intrinsically apart from – though capable of
being externally connected with – other entities in the universe. By contrast, as-
pectative thinking stresses the inseparability and interdependence of existence:
beings or things are construed here as 'aspectities' which are *not* just what they
are in themselves, but are essentially identifiable with other aspectities with
which they are internally related. This is a contrast between two possible ways of
experiencing the Tao (what gives beings or things their integrity of existence),
two possible paths of ontologizing, each with its own privileged mode of cogni-
tion and its own appropriate 'logic' (in the sense of method). While entitativ-
ism goes hand in hand with rationalism, favoring the discursive power of the in-
tellect to meet its demand for conceptual intelligibility and certainty, aspectativ-
ism is inevitably allied with intuitionalism, relying on the power of direct and
immediate apprehension in its understanding of reality. The logic of entitative
thought is necessarily analytical and calculative, being a logic of self – identity;
whereas aspectative thinking requires a synthetic – dialectic logic, a logic of polar
relatedness. This contrast between the two modes of thinking – between entita-
tivism with its rationalist logic of analysis and ratiocination and aspectativism with
its intuitionalist logic of synthesis and dialectics – is, we submit, rooted finally in
the contrast between Wonder and Care as defining the underlying motivational
structure of human fulfillment. The entitative bias in Western philosophy has its
origin in Western man's primordial sense of Wonder, in which the object is ex-
perienced in its otherness as essentially different, separable and independent from
the subject. The aspectativism of Chinese thought reflects, on the other hand,
the deep – seeded Care – inclination of its primordial wisdom in which there is
no separation between subject and object, the latter being experienced in its af-
finity, togetherness and interdependence with the former. Since Care and Won-
der belong to the universal nature of man, *both* entitativism and aspectativism are
found in all traditions of thought in varying proportions. To students of compar-
ative philosophy, what matters is their relative strength in the traditions under
consideration. In so far as Western philosophy is concerned, there is little doubt
about the relative predominance of entitativism, reflecting the primacy of Won-
der. The extent to which traditional Western philosophy has been dominated by
the entitative bias can be seen in the various anti – traditional movements in
twentieth century Western thinking, notably among them the creativistic – or-
ganismic philosophy of Whitehead. It is significant to note that almost all the
major points of criticism he directed against traditional Western thought are relat-
ed directly or indirectly to its entitative bias: (a) the subject – predicate mode of
expression as presupposed by the Aristotelian logic and the substance – quality
metaphysics; (b) dualism and the bi – furcation of nature; (c) simple location,
misplaced concreteness and vacuous actuality; (d) faculty psychology; (e) the
sensationalist doctrine of perception (which emphasizes presentational immediacy

at the expense of causal efficacy); (f) the trust in language as an adequate expression of propositions. [1] Among these and other similar Whiteheadian criticisms, point (a) is undoubtedly the most fundamental; for the other points are somehow derivable from it. Whitehead was never tired of attacking the subject – predicate logic and its corollary, the substance – quality metaphysics, which since Aristotle has dominated so completely the main stream of Western philosophical thinking. To be sure, the entitativism which forms the gist of the subject – predicate and substance – quality modes of thought did not originate with Aristotle; it could be traced through Plato and Democritus to Parmenides and Anaximander – and even to Homer, at the inception of European thought. As a matter of fact, it was in Homer's conception of *Moira* – in the mythological division of Nature into basically separate and independent domains of divine government conceived as a primordial act of Fate – that we find the beginning of entitative thinking. But it was in the rationalism of Parmenides that entitative thought received its first philosophical justification and perhaps its purest expression. For it was Parmenides who first put forth the idea of a "perfect entity" – called "Being" or the "One" which, elevated to the position of "the really real," was conceived to be completely self – contained, being at once uncreated, indivisible, indestructible, finite (well – defined) and homogeneous. To Parmenides, the *tao* or integrity of existence lies in its logos or rational intelligibility; the "One" was indeed posited by the demands of the intellect. It is sometimes difficult to believe the extent to which the whole Western philosophical tradition – from Plato to Sartre – has come under the spell of Parmenides. It was Parmenides' entitative rationalism rather than Heraclitus' aspectative dynamism that has decisively determined the underlying criterion of reality and truth in Western philosophical – especially metaphysical – thinking. Plato's Forms, Democritus' "atoms," Aristotle's "Unmoved Mover," Aquinas' "God," Descartes' "Uncreated Substance," Leibniz's "Supreme Monad," Hegel's "Absolute," Sartre's "*en – soi*" – all were conceived in the shadow of Parmenides "One," the Perfect Entity. Even some of the anti – entitative strands that have emerged or evolved in the course of Western philosophy were still very much in the powerful grip of entitativism. Thus, for example, while David Hume was merciless in his critique of the Scholastic concept of substance, he retained the entitative bias in his own theory of impressions and ideas. And while Hegel's dialectic was certainly at odd with Aristotelian logic, the Hegelian dialectics was still clothed in the subject – predicate language. Finally Sartre's distinction between the *pour – soi* and the *en – soi* would be intelligible only against the entitative background of traditional philosophy. In short, it is fair to say that Western philosophy has never been able to transcend its entitative bias until the contemporary period – and then only in the case of the more radical thinkers, notably a-

---

[1]　Whitehead, *Process and Reality*, p. viii. See also his *Science and the Modern World* (New York: Macmillan Company, 1925), pp. 84—85.

mong them Bergson, James, Dewey, Heidegger, Buber, the later Wittgen-
stein, and above all, Whitehead. These thinkers could do so because they enter-
tained a conception of philosophy quite different from that of the traditional. To
be sure, philosophy remains for them a self — reflective quest for truth. But truth
is not to be confined to what can be known with certainty, to what is clear and
distinct — that is, to the domain of conceptual intelligibility. Rather, Truth — or
the Truth — dimension of Tao — lies in the revelation of existents in their creative
significance. For Whitehead, if not all others in this group of radical thinkers,
this means precisely their creative significance *in Life*. Whitehead did not empha-
size the conscious mind at the expense of the body or physical dimension as the
idealistists did because that would exaggerate its creative significance. On the
other hand, Whitehead subordinated intellectual activity to intuitive feeling be-
cause this too, expresses for him a truth of life. For Whitehead, as for other
radical thinkers in the twentieth century West, absolute conceptual intelligibility
is an impossibility. Our vision of reality and life is, to the eyes of the intellect,
necessarily blurred and ambiguous because that precisely is the way life and reality
is. But this is no loss to the philosophical endeavor. For in the final analysis
what really matters is not truth in its conceptual intelligibility but truth in its intu-
itive transparency. For, as Chinese philosophers would say, Tao in its innermost
essence is disclosed only in intuition; the Tao that can be conceptualized is a
fragmented or superficial Tao — not Tao in and of itself.

What then is the real nature of Tao, the true Way of Life? For both
Whitehead and Chinese philosophy, as we have seen, it is the Way of organic —
creative activity. There is, to be sure, *order* in Life which consists in the defi-
niteness of its hierarchically organized activity. Tao, as the Order of Life is, to
put it differently, the form of its organic unity. In Chinese thought, this aspect
of Tao is expressed by the concept of *Li* (理), the Reason in life and nature,
which is the counterpart of *Logos* in Greek and Western philosophy. Whatever
similarities there are between *Li* and *Logos* as pertaining to the *rational* side of real-
ity, the subtle differences between the two concepts are indicative or suggestive
of what basically distinguishes the Chinese world — view from the Western. *Logos*
interprets the rational as a matter of Law and Logic, *Li* a matter of Tact and Art.
The former equates order with definiteness and exactness; it therefore identifies
the rational with what is conceptually intelligible, that is, with what can be ra-
tionally (logically and mathematically) manipulated. The latter, on the other
hand, equates order with the moving rhythm of Life, with the dialectics of crea-
tive synthesis. It sees the indefinite and inexact, the vague and obscure, aspect
of Reality as belonging to the innermost essence of Tao, to Life in the very pos-
sibility of its creative freedom. Though lacking in conceptual intelligibility and
not amenable to intellectual manipulation, it can be approached through the in-
tuitive power of Tact and Art. This difference between *Li* — and *Logos* represen-
ting, respectively, the Chinese and the Western conception of rational order is
visibly exemplified in the way the Supreme Being or Ultimate Reality, as the

Ground of rational order, is conceived in the two traditions. The conception of God as absolute judge or supreme logician − mathematician − the Ultimate Dispenser of Rule and Law, which figures so prominently in Western theories of God, is, as noted above, almost entirely absent in Chinese philosophy. The Tao of Life in Chinese thought is most appropriately characterized as a supreme artist or tactician who, though not bound by the rules and laws which are his own creations, employs them freely and spontaneously in the interests of creative freedom, which constitutes the very meaning of his Li or rationality. "The sole appeal is to intuition," Whitehead has declared. ① This statement is all the more remarkable in view of the enormous conceptual framework on which he built his highly technical and systematic philosophy. But there is really no contradiction here. For Whitehead, rationalism is an experimental adventure in the clarification of thought − and not in the arbitrary fixation of dogmas. ② While keenly aware of its pitfalls and shortcomings, he was certainly no mystic who would sacrifice intellectual values at the altar of intuition. "At the least," he said, "men do what they can in the way of systematization, and in the event achieve something. The proper test is not that of finality, but of progress. "③

We have said earlier that it was the poet rather than the logician − mathematician in Whitehead that accounted for the most fundamental insights of his philosophy. But this does not mean, as we must now add, that Whitehead the Logician − mathematician was unimportant. As a matter of fact, an adequate understanding of Whitehead requires that we approach the unification of these two sides of his philosophy from the proper perspective. The unity in question is, to be sure, not a unity of equals. Just as intellect is subordinate to intuition, so the logical − mathematical side of his philosophy is to be placed under the poetic. The relationship between logic and mathematics on the one hand, and poetry on the other, corresponds to the relationship between what is definite and exact and what is indefinite and inexact in reality: that is, to the relationship between Logos and Li. In making Logos subordinate to Li − or Nature's "mechanical" or static − formal order to its "organic" or dynamic − dialectic order − Whitehead has parted company with a deep − rooted element in traditional Western philosophy, while approximating the perennial position of the I Ching and Neo − Confucianism. It must be stressed here that Whitehead was by no means alone among contemporary Western thinkers in this anti − traditional movement. There is reason to believe that the change from Logos − orientation to Li − orientation expresses a general − and even defining − characteristic of twentieth century Occidental thinking. It signifies the turning of Wonder towards Care, of entitativism towards aspectativism, and of Science towards Life.

For Logos is the Way of Science which in the broad sense is definable as the

---

① Whitehead, *Process and Reality*, p. 32.

② Whitehead, *Process and Reality*, p. 14.

③ *Ibid*. , p. 21.

attempt of discursive thought to capture representationally the definiteness and exactness of Being. Science is necessarily rationalistic because the intellect or discursive reason is in its nature an exacting instrument of calculation, of which (formal) logic and (pure) mathematics are at once its operational forms and natural products. By virtue of the calculative − discursive power of the intellect, Western man has attempted to conquer human finitude through the 'exactivization' of reality. But if Being is Life, and hence intrinsically incomplete and inexact, then the despair of (the discursive) reason is inevitable.

As the ordering principle of Life, Li, on the other hand, is the Way of Art, of Morality, of Religion − and indeed of every thing else in our cultural life which has to confront Being in its haunting, alluring and comforting vagueness and ambiguity. Here discursive − calculative − representational thought must give way to intuitive − contemplative − symbolic thinking; logic and mathematics to dialectics and tactics. No students of Chinese culture can fail to notice the very conspicuous lack of a logical − mathematical orientation in its philosophical thinking and the very intimate relationship of philosophy to morality (as in Confucianism), to art (as in Taoism), and to religion (as in Mohism and Chinese Buddhism). Unlike its Western counterpart, Chinese philosophy has never been identified with the notion of Science. This certainly does not mean that we cannot speak of a theoretical aspect of Chinese philosophy. Since philosophy must express itself in the medium of thought, all philosophies are by nature theoreti-cal − a 'theory' is just a way of seeing things, a way of grasping the intrinsic character of Being. But since the intrinsic character of Being is neither completely inexact, nor entirely lacking in exactness, but is both exact and not exact, the theoretical must not be confined to the realm of Science: theoretical thinking is not identifiable with calculative − discursive thinking. For a theory may be clothed in the language of contemplative − symbolic thought, as is usually the case with Chinese philosophers. There can be no question that traditional Chinese thinkers have always tended to 'theorize' in the direction of Li rather than in the direction of Logos. This tendency is closely connected with the inseparability of theory and practice in Chinese philosophy. For theory means for the Chinese a vision of Li, the ordering principle of Life, as embodied and acted upon in the Tact and Art of practical existence. Without exception, Chinese philosophers are interested in theory, not for its own sake, but for its creative relevance. Vision of Tao is not enough unless it issues in a creative transformation of the character of life, which often necessitates a 're − vision' of vision. This creative process of transformation is at once theoretical and practical: theory, as the guide to practice, is subject to the test of practice. This interdependence of theory and practice is in sharp contrast to their segregation in traditional Western culture. The importance of this cannot be overemphasized inasmuch as it is precisely in the relation between theory and practice that the meaning of the 'philosophical' in the Chinese tradition is to be sought.

More exactly, philosophy in the Chinese sense consists in the co − ordination of theory and practice so as to realize the human − cosmic unity of Tao in the concrete context of human existence. This perennial ideal of Chinese philosophy was originally posited by the authors of the *I Ching* at the inception of the Chinese philosophical tradition. The philosopher here ( sage − king or superior man ) was charged with both a theoretical and a practical function. Theoretically, the philosopher is a seeker and contemplator of abiding truth − of Tao as *Logos*, of *I* in its constant and unchanging nature. This aspect of philosophy is represented by the *I Ching* in its metaphysics of creativity as grounded in the Yin − Yang Dialectics, which it tries to capture in the more − or − less exact language of discursive thought. But the philosopher, according to the *I Ching*, must not be a mere contemplator of abiding truth. He has an important practical function, namely, as the diviner of destiny − of Tao as Li, of *I* in its ever changing and creative aspect. This side of Tao, the dynamic truth or life − ordering principle, is most vividly and often enigmatically pictured with the help of images, symbols and metaphors. Philosophical divination is possible because of the attunability of *hsing* to *ming*, or nature to destiny. And the purpose of philosophical divination is to penetrate memorially into the dialectic facticity of the past in order to obtain an imaginative insight into the dialecticity of the future. Philosophy is indeed concerned with reality as contrasted with appearance. But the distinction between reality and appearance in the *I Ching* and Chinese philosophical thought in general does not have the same connotations as in the context of Western metaphysics. For Chinese philosophy, reality is thoroughly dynamic, dialectical and contextual. Both reality and appearance refer to the dialectical character of a situational matrix of meanings and powers conceived as the locus of transaction between past and future, nature and destiny. Appearance refers to the superficial character, while reality to the profound, to what goes beyond appearance. Both in appearance and in reality, ' character' is the inflection of nature towards destiny, the movement of *Li* in *Logos*, and the intersection between theory and practice. Thus conceived, it is really character ( *te* ( 德 ) ) rather than nature ( *hsing* ) that is the primary concern of Chinese philosophy, which seeks to understand nature ( *hsing* ) in order to achieve character ( *te* ). Western philosophy, on the other hand, has placed its emphasis in the opposite way: it has placed nature ( *physis* ) above character ( *ethos* ). [1]

This character − centered conception of the philosophical task as originally put forth in the *I Ching* has decisively shaped the entire course of Chinese philosophical development. The existential realization of character − that is, authentic character − is the common goal of Confucianism, Taoism, Mohism and Chinese Buddhism, although each school has its own conception of authenticity. Ontologically speaking, character is simply the reality or realness of the real, the con-

---

[1]　There were, of course, exceptions − notably among them Heraclitus, whose insightful fragments ( for example, "character ( *ethos* ) for man is destiny" ) often seemed strikingly close to the *I Ching and Tao Te Ching*.

creteness of the concrete, which, according to the *I Ching* — inspired metaphysics of Chou Tun —i (周郭颐), is founded on Ch'eng (诚), or the self — authenticating process of life, *sheng* or creativity. In Whiteheadian terms, *Ch'eng* is what procures the character or reality of the actual entities. This *Ch'eng* is nowhere to be found except in the subjective immediacy of the here — and — now, in the living process of concrescence and self — fulfillment.

"The elucidation of immediate experience," says Whitehead, "is the sole justification for any thought."① The so — called "Categoreal Scheme," which forms the conceptual framework of his philosophy, is essentially derived from the analysis of immediate experience, that is, of the 'character' of our being, or that which constitutes our own actuality. But such speculative concern with character remains at the theoretical level. From the Chinese philosophical standpoint, Whitehead's character — centered philosophy is neither sufficient nor adequate. It is not sufficient because his theory of character is too general: it fails to do justice to the uniqueness and complexity of human character. And it is inadequate because it fundamentally lacks the existential orientation: it fails to recognize the proper relationship between theory and practice, between the vision of character and its real — life achievement. From the standpoint of Chinese philosophy, a purely speculative philosophy of life is almost a contradiction in terms. For, as Chinese philosophers would insist, no philosophy of life deserves its title unless it is a *practicable* philosophy of life: the truth of any life — centered philosophy must be found in life — in living — itself.

And what about Whitehead's language? What about his highly rationalistic approach to the problem of reality with its heavily representational — postulational style of thinking that appears to overshadow entirely the fundamentally contemplative intent of his thought, whose locus is the intuitive prehension of immediate experience? Granted that the definiteness and exactness of *Logos* is an important aspect of Tao, hence amenable to conceptual manipulation, it is highly questionable whether Tao as the integral Way of Life can be expressed merely in the postulational — presentational language of rationalistic thought. In spite of the primacy of the poetic over the logical — mathematical — of emotion and intuition over the intellect — in Whitehead, the symbolic language of poetry is, while by no means absent, regrettably negligible in his philosophical writings. From the Whiteheadian standpoint, the preeminently symbolic approach of the *I Ching* with its characteristic vagueness and ambiguity of expression, must seem lacking in intellectual rigor, judged by the standard of rationalist thinking. On the other hand, it is arguable whether Whitehead's highly systematic language and technical precision has necessarily an unmixed advantage. From the *I Ching* perspective, the Whiteheadian system as conceptualized in the "Categoreal Scheme" is certainly too rigid for a life — and — process philosophy. In fact, Whitehead's systematic urge might have been responsible for some of the major difficulties in his

---

① Whitehead, *Process and Reality*, p. 6.

metaphysics. Take, for instance, the theory of eternal objects. The theory that in the primordial nature of God is contained an infinite number of ultimately simple units of pure potentiality is not necessary for the process — conception of reality. In our opinion, it seems to contradict the very meaning of creativity. The infinite potentiality embedded in the Being — field of the creative universe is indeed to a certain extent analyzable; the point is whether it can be exhaustively or completely analyzed, even in principle. In this regard, the Peircean — Hartshornian theory of emergent universals, which have themselves evolved in the course of the creative advance into novelty, is clearly preferable. But the real potentials that have evolved in the cosmic process are necessarily vague and ambiguous, intrinsically incapable of complete and exact determination. That is why in the I Ching, they are referred to as hsiangS, that is, images or symbols. Now if pure potentiality is not exhaustively analyzable, what about actuality? Is actuality reducible also to ultimate simples, to the actual entities, as Whitehead would have it? This is, to be sure, not an easy question. But when all is said and done, the answer, we believe, is also in the negative. Actuality is not exhaustively analyzable because definiteness is not composed of clearly and distinctly separable units. Moreover, to the extent actuality is decomposable into simpler units, the relationship between wholes and parts is an organic rather than a mathematical one. Wholes and parts are interdependent, the character of wholes not being reducible to the character of parts. Whitehead the logician — mathematician remained so strong in his philosophical thinking that he often confused organic analysis with the mathematical method of decomposition, so much so that he might even be guilty of reductionism. At least, Whitehead's treatment of the human person, which for him was a mere "society" of actual entities, left much to be desired.

In spite of Whitehead's concern for technical precision, there is much vagueness and ambiguity in his philosophical writing, a vagueness and ambiguity inherent in the very nature of the systematic language. On top of that, Whitehead's deliberate attempt at a balanced approach to reality has further complicated the matter. The key to understanding Whitehead really lies in the ambivalence and tensions of intuition and intellect, of the poetic and the logical — mathematical, of character and nature, of the aspectative and the entitative modes of thought, of one and many, of God and World, and a host of other pairs of polar opposites whose creative synthesis constitutes strategically the goal of his speculative endeavor. In comparing Whitehead to Chinese philosophy, we need to bring about a dialectic contrast with respect to each major pair of opposites. This is what we intend to do in our subsequent works.

That our understanding of the I Ching and Chinese philosophy may be considerably enhanced in the light of Whitehead's conceptual system, we do not doubt. But we may also expect that the benefit derived from a dialogue between them is not unilateral. We have characterized the traditional philosophy of China as a Care — oriented, Life — centered philosophy of Significance. With some qualifications, such characterization is also applicable to Whitehead. As a representative thinker at the terminal phase of the Western tradition,[1] Whitehead was at once the culmination of and transcendent over traditional Western philosophy. And this means that, while the traditional Western Spirit of Wonder remains the animating force in Whitehead's philosophy, which must be recognized as one of its finest expressions, the Wonder in Whitehead had undergone a radical transformation: instead of being alientated from Care, it had become itself Care — oriented. That is why, as we have seen, that in so far as Whitehead was anti — traditional, he came very close to the position of Chinese philosophy. Perhaps, as we have reason to believe, what Whitehead was really aiming at was a way of thinking which would be responsive neither one — sidedly to Wonder nor one — sidedly to Care, but to their rational synthesis, to their Creative Harmony.[2] If that is true, what he attempted was no less than an integral transcendence of both East and West in the creation of a global philosophy — the kind of philosophy that would guide us with Care and Wonder into the brave new world.

---

[1]   For the meaning and significance of the phrase "the terminal phase of the Western tradition," see my essay mentioned in Note 2, especially pp. 73—76.

[2]   For the meaning and significance of the phrase "the terminal phase of the Western tradition," see my essay mentioned in Note 2, especially pp. 73—76.

# 7 Nature and Feeling: The Meaning of Mentality in the Philosophy of Chu Hsia[1]

## (1982)

*Hsin t'ung hsing ch'ing* (心统性情): the mind commands man's (essential) nature and feelings. In this famous statement by Chang Tsai (张载) (one of the great pioneets of Neo – Confucianism) often quoted by Chu Hsi is contained the gist of Chu Hsi's own thinking on *hsin* (心), the human mind or mentality in general. Whether or not this great Neo – Confucian synthesizer has interpreted correctly the thought of his predecessor is a question which will not concern us here. What we wish to do in this paper is to work out the basic meaning of Chu Hsi's own doctrine of mind with the help of some insights suggested by Whitehead's metaphysics, to which Chu Hsi's cosmology bears a remarkable affinity.

The philosophy of Chu Hsi is traditionally identified as belonging to the "rationalistic" wing of Neo – Confucianism. It is often interpreted as founded on a dualistic metaphysics of *Li* (理) and *ch'i*, (气) principle and material force. Actually, Chu Hsi's philosophy is not so much "dualistic" as it is a form of "organici-sm" – a metaphysics centering around the concept of *jeng* (仁), the Ultimate Reality, in which *li* and *ch'i* constitute inseparably the underlying polarity of ah organic reality. For Chu Hsi Nature is *jen*, the essence of which is *sheng*, (仁) life or creative procreativity. And what makes *Jen* creatively procreative or productive is its inherent power of *sensitivity*. This sensitive power of *Jen* is what defines the basic meaning of mentality in Chu Hsi. Mentality is the sensitive power of life; it is also that whereby principle and material force are united.

The concept of *jen* has undergone important changes of meaning in the historical development of Confucian philosophy.[2] In Classical Confucianism – no-

---

[1] This paper was first presented, at a panel on "The Concept of Mind in Chinese Philosophy" sponsored by the International Sociсty for Chinese Philosophy held in conjunction with the seventy – fourth annual meeting of the American Fhilosophical Association (Eastern Division), Washington, D. C., December 27—30, 1977.

[2] See wing – tsit Chan, "The Evolution of the Confucian Concept of Jen," philosophy East and West, TV, No. 4, January, 1955, 295—319.

tably in the *Aanlects of Confucius*, it refers to the inner source of human goodness which, when properly cultivated, issues in the good man and a righteous and harmonious human relationship. This classical meaning of *jen* (which includes the narrower meaning of *jen* as human heartedness or love) is retained in Neo – Confucian philosophy, but the concept has now acquired metaphysical import. Neo – Confucian thinkers see in the innate source of human goodness the very quintessence of the cosmic life, the Life of Nature, of which the human life is its supreme manifestation. In ordinary Chinese, *jen* has both the meanings of seed (or kernel) and of sensitivity. Neo – Confucian philosophers combined very skillfully these two meanings in their new conception of *jen*. *Jen* now becomes the seed of all life, human and cosmic. But since according to them what marks life is none other than the power of sensitivity, *jen*, as the seed of life, is in essence the kernel of sensitivity – what is mental about Life.

Thus it is not surprising to find that the word *jen* is used in many senses in Chu Hsi's philosophical writings. In addition to the most inclusive meaning of *sheng* – that is, *Jen* as Life, the Ultimate Reality – the word has other more specific meanings corresponding to the principal dimensions of the Ultimate Reality. Life has an *hsing – shang* (形上) or superphenomenal aspect which consists in the abstract reality of *li* or principle: thus Chu Hsi speaks of *jen* as *sheng – li* (生理), or the creative principle of life. But the abstract exists only in the concrete; the creative principle is the immanent pattern or dynamic law underlying the *hsing – hsia* (形下) or phenomenal aspect of life, namely, the manifold differentiations of *ch' i* or material force: thus Chu Hsi refers to *jen* as *sheng – ch' i*, (生气) the creative or productive force or energy. Now the abstract and the concrete are but two sides of the same organic reality of Life which are united in its essence as mind: thus *jen* in one sense means for Chu Hsi the Cosmic Mind—*t' ien – ti – sheng – wu – chih – hsin*, (天地生物之心) or the creative mind of Heaven and Earth, which is also the essence of *jen – hsin*, (人心)① the human mind. The human mind is the ruler of human nature, which is both essential and material. The essential nature of man is none other than the *sheng – li* or creative principle of life which he inherits from Heaven and Earth: thus, *jen* is also spoken of as *sheng – chih – hsing*, (生之性) the essentially creative nature of man and of the universe. This creative principle is operative only in the medium of *ch' i*; the movement of Life depends on the productive energy contained in the material nature of things. Now the dispensation of productive energy in the process of life is initiated by the mind's creative urge or appetition: thus, behind *jen* as *sheng – ch' i* or productive force lies another creativity mely *jen* as *sheng – i*, (生意) the creative will or concern. The creative will is the mover of life; it is what determines the direction of the material force. But the mover of productive energy is itself moving and moved, its movement being dependent

---

① The word jen in jen – hsin here means man or human – a different word with the same pronunciation.

on the mind's *kan − tung* （感动） or feeling response to things, that is, on its *jen* or power of sensitivity. This last mentioned meaning of *jen* is really the core meaning, the key to understanding Chu Hsi's doctrine of mind − and for that matter, to his whole metaphysical system. For *jen* as the power of sensitivity is precisely what constitutes the kernel of Life, human and cosmic. If we may express its function in the Aristotelian terminology, then *jen*, as the sensitive power of life, is the causal center of process and reality unifying the material, the efficient, the formal and the final causes.

Thus based on the various interconnected meanings of *jen* it is possible to draw the basic outline of Chu hsi's metaphysical system. His is really a philosophy of *jen*, that is, of *sheng* and *hsin* − a philosophy of Life and the mind of Life. We shall go on to explore the relationship between *sheng* and *hsin*, which are so close in meaning in Chu Hsi's philosophy that they can most be regarded as synonymous. But first let us look more closely at the primal relationship between *li* and *ch' i*, the underlying polarity structuring the mind of life.

Everything in the universe, according to Chu Hsi, consists of principle and material force. The way *li* and *ch' i* are supposed to be related has been controversial topic among Neo − Confucian scholars. But Chu Hsi's own view on the subject was actually quite definite. *Li* and *ch' i* are distinguishable thought but inseparable in reality. In so far as they arc distinguishable, is logically prior while *ch' i* is ontologically fundamental. *Li* is logically prior because possibility is prior to actuality; the principle of a thing or event is the reason of its existence, the condition of its possibility. But *ch' i* is ontologically more fundamental because *li* exists nowhere except in the concrete medium of *ch' i*, functioning as its immanent law or pattern. The relationship between *li* and *chi* in Chu Hsi is quite comparable to the relationship between eternal objects and actual entities in Whitehead's metaphysics. For both philosophers the logical − and therefore eternal − conditions of possibility are not separable from the actual universe, as is the case for Plato; they contained in the field of actualities. Moreover, whitehead's concept of God as the reservoir of potentiality and the co − ordination of the actual and the possible finds its counterpart in Chu Hsi's notion of the cosmic mind, the Mind of Heaven and Earth. Just as Whitehead distinguishes between the "primordial" and the "consequent" nature of God, so Chu Hsi makes the distinction between the *hsing − shang* and the *hsing − hsia* − the superphenomenal and the phenomenal − as the two underlying dimensions of the Cosmic Mind. In Whitehead, the eternal objects given in the primordial nature of God are ultimate conditions of definiteness which make up the intelligible forms of Creativity ( Chu Hsi's *sheng − li* ) , the principle of novelty and the universal of universals. In Chu Hsi, the multifarious specific principles constituting the essential nature of things are in truth variations of one supreme principle of life, *T' ai − chi* （太极） r or the Great Ultimate. It is most interesting to note that for both men the whole infinite realm of possibility is somehow inherent in each and every actuality. In Whitehead's metaphysics, the totality of eternal objects in their graded relevance is made available to every nascent actual entity through its initial prehension of God's subjective aim, whereas Chu Hsi expressed a similar view by saying that the totality of principles (constituting the *T' ai − chi*) is contained in the essential nature of every thing in the universe by virtue of its participation in the Cosmic Mind. In man the immanent *T' ai − chi* becomes transparent through his unique power of consciousness and intelligence. For both Chu Hsi and Whitehead, however, conscious intelligence is not what defines the mind in general; it is characteristic only of human mentality in which the sensitive power of life has attained the power of reflective awareness.

"The mind," says Chu Hsi, "is what is *ching − shuang* (精爽) or refined in the material force."[1] It is important to keep in mind that the mind for Chu Hsi is something concrete. The mental is an aspect of *ch' i*, a specific power of the productive energy. Now what is refined in the material force is none other than its power of sensitivity. The material force which constitutes man's phenomenal nature is most refined; hence, the human mind is most sensitive. Let us hasten to add that for Chu Hsi there is nothing in the universe, including the so − called "inanimate" things, which does not possess some degree of mentality, however negligible it may be. Materiality and mentality are completely co − extensive in Nature; nothing is solely mind or solely matter. Indeed, mind and matter are to begin with not two separate substances, as in Descartes' dualistic philosophy. Matter is for Chu Hsi the power of movement, and mind the power of sensitivity. Since these are not separable in *ch' i* but are rather two aspects of the same vital energy, *ch' i* is at once physical and mental. The "material force" is not just "material" in the physical sense, as pertaining to matter or the power of movement; it is first of all "material" in the sense of being the "materials" of life, which constitute the physical − mental medium of what is intrinsically vital.

The mind then is simply the sensitive power of *ch' i*. To what in general is the mind sensitive? The answer may be basically formulated as follows: the mind in each and every thing in Nature (one portion of *ch' i*) is sensitive to the physical impact and mental influence of other things (other portions of *ch' i*) and to the principles operative in the things involved and in the context of interaction. Since all principles are ultimately derived from the *T' ai − chi*, which is the *Tao* or Way of Life, what the mind is sensitive to is always the Great Ultimate which is immanent in all dynamic cosmos of existence. Man is the most superior being in the universe because liquid power of sensitivity enables him to know or understand the *Tao* and thereby act rationally or intelligently. This heavenly endowed privilege which gives man the right to know the Ultimate Reality also determines his unique responsibility and destiny. Man has the responsibility to be the "care − taker" or "nurturer" of other beings and things in the universe, to be (to borrow a phrase from Heidegger) the "shepherd of Be-

---

[1]   Chu Tzu Yit − Lei (Classified Conversations of Master Chu), Book 5.

ing. " He is destined to form a triad with Heaven and Earth.

Human fulfillment depends on the correct functioning of his mind, the master of his *hsing* (性) and *ch'ing*, (情) his (essential) nature and feelings. At this point, the important concept of *ch'ing*, here rendered as "feelings," must be clarified. *ch'ing* as a technical term in Chu Hsi's philosophy of mind, refers to all mental acts or "intentional" (in the phenomenological sense) expressions of sensitivity. Emotions are *ch'ing* and so they are desires and conscious deliberations. Thus, *ch'ing* comes close to the concept of "feelings" or "prehensions" in Whitehead's theory of actual entities. Just as Whitehead's "feelings" are exemplifications of eternal objects, so Chu Hsi's *ch'ing* are manifestations of *li*. that is, of the principles constituting our essential nature. "Feelings" says Chu Hsi, "are what develop from (the essential) nature. "① "(Essential) nature is the root, feelings are the sprouts. "② "Feelings are the movements of (essential) nature. "③ And again "(Essential) nature is unmanifest feeling, and feeling manifest (essential) nature. "④ Thus he feeling of commiseration that all mail has in seeing the suffering of others has its root in our human − hearted nature, in the jen is us, which Chu His identified as the principle of love. Similarly, the feelings of hunger and sex and other human needs and desires all have their beginnings in man's essential nature. The essential nature is always good. But our feelings may or may not be good depending upon whether or not they are in agreement with principle. It is possible for feelings to deviate from principle because feelings are sensitive expressions of our material nature, which is not always a perfect medium for the perfect principle. That water is drinkable is in the essential nature of water. When contaminated, it fails to be a perfect medium for its li, its drinkability. But the fault lies not in water itself − and certainly not in its drinkability. But the fault lies not in water itself − and certainly not in its principle, but rather in the circumstantial factor of contamination. By the same token, feelings are not in themselves bad or evil. They become bad or evil only when they are carried away beyond the proper limits prescribed by li. Just as the aberrations of Nature do not express the constant Tao, the Way of Heaven and Earth, so the excessive movement of feelings is neither the authentic nor the desirable state of human existence. The authent and desirable state of mind for Chu His is characterized by chung − hov or central harmony, in which the movement of feelings is harmoniously regulated in accordance with the Mean. This is the tuo − hsinw or mind of tao as contrasted with Jen − hsin or mind of man.

The tao − mind is not another mind different from the human mind; it is the original human mind or the human mind in the state of perfection. The tao

---

① Chu Tzu Yit − Lei (朱子语类) (Classified Conversations of Master Chu), Book 59.

② Ibid. , Book 119.

③ Ibid. , Book 5.

④ Ibid. , Book 98.

− mind is the mind of man which is at one with Tao, or Tien −li, X the Principle of Heaven. The mind of man in its original purity is identical with the tao − mind. But due to the perverted influence of jen −yuy or man's selfish desires, the human mind become deviated from the tao −mind. from its original and authentic state of being. Thus Chu His advocated the preservation of t'ien −li and the elimination of jen −yu as the key to man's existential moral fulfillment. This is closely linked to his epistemological program of ke −wu ch'umg −li, ( 格物 穷理) the examination of things and the exhaustive investigation of principles. All this depends on the central importance of the mind as the master of human existence.

Huin t'ung hsing ch'ing. This statement implies not only that the human mind embraces both man'sessential and material natures. but also that it is the ruler or controller of the body, the organon of human nature. Actually, it is not so much the mind as such but the main in its sensitive application. of principle that is the master of man's being. Thus the mind which rules is really the tao − mind. To hold on to the tao −mind −to preserve it, to guard against the clouding and corrupting in influence of selfish desires −is a crucial phase of moral cultivation. But what makes possible the holding −on to the tao −mind? Is this attempt the act of a superpersonal mind or self which transcends both good and evil, both the tao −mind and the selfish human mind? Chu Hsi's answer is emphatically in the negative. Just as the will to human −heartedness (jen) is already human −heartedness, so the mind which attempts to hold on to the tao − mind is already the tao −mind itself. Since the Tao with its principles is inherent in the mind, to hold on to the tao − mind means simply to hold on to the Tao −and not to a mind in which the Tao happens to be. The notion of pure consciousness which some of Chu Hsi's contemporaries recognized as the original substance of mind ( no doubt under the influence of Buddhism and Taoism) has no place in his philosophy. For Chu His the conscious mind is nothing in separation from the principles contained intrinsically in it. This not to say, however, that principle and consciousness are co − extensive. Principle is indeed co − extensive with mentality in general, that is, with the sensitive power of ch'i, but not with conscious intelligence, which is only a special form of sensitivity. In other words, while principle can and does exist without consciousness, consciousness cannot exist apart from principle. As a matter of fact, consciousness for Chu His is fundamentally the consciousness of principle.

Now does self −consciousness or the consciousness of consciousness have a meaning in Chu His's scheme of thought? We believe it does. For the consciousness of principle naturally includes consciousness of the principle of consciousness. Unless the human mind is in some sense apperceptive, that is, knows itself as knowing or is conscious of itself as consciousness, the principle of consciousness will forever lie beyond the reach of human under standing. And yet the possibility of self − consciousness seems to be exactly what Chu His wished to deny when, criticizing those who stressed the importance of "knowing one's mind," he compared the mind to the eye and to the mirror. Just as the seeing eye cannot see itself as the organ of seeing and the reflecting mirror cannot reflect itself as a reflective instrument, the knowing mind cannot know itself as the organ of knowing. But is this what we mean by self − consciousness? Granted that the mind cannot know itself as the organ of knowing, it still does not necessarily follow that it may not know itself as knowing. We ought to make the distinction, in other words, between t'i (体) and yund, (用) substance and function − between a material organ and what it can do. What Chu His seems to be denying then is that the knowing mind can ever know itself as the t' (形上) or organ of consciousness. The mind cannot do that simply because that is not in the principle of the mind.

But again is this the meaning of self − consciousness? Self − consciousness means the organ of consciousness. Whatever meaning the latter problem (the possibility of knowing the t' (形上) or substance of mind) might have in the context of Chu His's thought (a problem which in the final analysis has to do with the ultimate intelligibility of ch'i) that was not what he really had in mind when he denied the possibility of "knowing one's mind." There is reason to believe that what. Chu His really wanted to deny was not so much the possibility of self−consciousness is that of an "objectifying" self−consciousness. Certainly the mind is conscious of its conscious acts − it knows that it knows. But although the mind can know itself as knowing, it cannot objectify itself or know itself as an object. Self−consciousness is, in other words, "non−objective" or reflectively non − intentional. And yet this "non − objectivity" or "reflective non−intentionality" of the mind in knowing itself is inseparable from its intentional or objectifying acts. The mind knows itself non−intentionally only when it knows something else intentionally. In short, while the mind cannot objectify itself, it reveals itself only in its objectifying activity.

If the above interpretation is correct, then Sartre's theory of "inner awareness" or "non − positional" consciousness ①would be acceptable to Chu His. But there remains a basic difference between Chu His's conception of mind and Sartre's revised phenomenological position. Chu His would agree with Sartre that consciousness is aware of itself in so far as it is consciousness of something else, but he would disagree with the latter that that something else is necessarily a transcendent object. Principles are indeed intentional objects for the mind, but they are immanent rather than transcendent. Sartre is correct, Chu His would say, in denying the existence of a transcendental ago a; an inhabiting subject of consciousness (for Chu His the subject of consciousness is the mind itself); but Sartre is wrong in denying also the possibility of immanent objects. In other

---

① "Consciousness," says Sartre, "is aware of itself in so far as it is consciousness of a transcendent object." See Jean − Paul Sartre, The Transcendence of the Ego: An Existentialist Theory of Consciousness, translated with an introduction by Forrest Williams and Robert Kirkpatrick, The Noonday Press, New York, 1957, p. 40 et passim.

words, consciousness or the mind domestic for Chu His a "content" - indeed, a metaphysical or superphenomenal mental "content." Thus, far from being empty or vacuous in its being as the Taoist or Buddhist thinkers seem to hold, the mind is the reservoir of reasons and essences, norms and standards. Indeed, the mind is where the Tao resides — where the Tai — Chi or creative principle of life is silently operative. Since the metaphysical content of the mind is what constitutes man's essential nature, the principle of the conscious mind lies precisely in its metaphysical intentionality — in its consciousness of principles. Thus the mind as Chu His conceives it is at once subject and object. The mind as knowing subject cannot be known objectively; what can be known objectively is the mind in its metaphysical content. In objectifying its metaphysical content, the mind recognizes its own rationality, its heavenly endowed essential nature. The objectifying act then is at the same time an act of "subjectification" whereby a subject authenticates itself by being united with its own essence, by becoming what it truly is. This conception of mind as both subject and object is one of the most original contributions of Chu His to philosophy, anticipating the German Idealists and later Whitehead by almost a thousand years.

But even in its phenomenal intentionality — in its consciousness of material beings or things — the mind is in direct contact with Tao or Jen the innermost essence of the Cosmic Life. Since ch'i is but sensitive matter, and the mind the conscious sensitivity of sensitive matter, consciousness is but a mode of the interactivity of ch'i with itself. What the mind knows is not something alien, but another manifestation of the same vital reality. Subject and object are thus in a basic sense identical. Indeed, this essential identity between the subject and object of sensitivity is required by the universal sympathy which sustains the order and harmony of Nature — a motion which lies at the very core of Chu His's humanistic philosophy and organic naturalism. This is a naturalism, however, which is also deeply "idealistic" in almost all the basic connotations of the word in both its ordinary and philosophical usage. The significance of the claim cannot, however, be further elaborated here.

In conclusion let us observe that for Chu His it is not in the knowledge of principles as such but in their application to everyday living that the ultimate function of the mind is to be defined. True to the care — oriented condition of Chinese philosophy, Chu His never considered knowledge as such the primary thing in life. For this reason, the question concerning the extent and limits of human knowledge — and thus the power of the human mind — was never explicitly dealt with in his philosophy. To be sure, the human mind is not omnipotent; there are limits to what man can know. But the limits, Chu His believed, are on the side of ch'i rather than on the side of li, which is all we need for our existential — moral fulfillment. Thus while human knowledge is limited, what matters to man is knowable; and what is not knowable does not really matter.

# 8  The Broken and the Unbroken: the Concept of Rightness in Chinese Philosophy

## (1985)

In the Book of Changes there is the Great Ultimate giving rise to the Two-some (liang ye) from which arises the Four Images which produce the Eight Trigrams.

(The reciprocity of) — the Broken (yin) and the Unbroken (yang): that is what is called Tao. What follows (as a consequence of this) is the Good and what completes it is the Essence.

The Master said: Is not the Book of Changes supreme? By means of which the holy sages exalted their capacities of ownness and extended their field of action. Wisdom exalts. The mores make humble. The exalted imitate Heaven. The humble follow the example of Earth. Heaven and Earth determining the scene,. Change prevails therein, continually preserving the consummate nature of man——that is the Gateway of Tao and Rightness (tao — yi chih mang).

### The Great Commentary (Ta — chuan) on the I Ching[①]

Therefore, only when Tao is lost does the recognition of natural own-ness (te) arise. When natural ownness is lost, only then does the recognition of humanity (jen) arise. When humanity is lost, only then does the recognition of righteousness (yi). arise. When righteousness is lost, only then does the recognition of propriety (li) arise. Now, propriety is a super-ficial expression of. loyalty (chung) and " faithfulness (hsin), and the beginning of disorder. Those who are the first to know have the flowers of Tao but are the beginning of ignorance. For this reason the great man dwells in the thick, and does not rest with the thin. He dwells in the fruit, but does not dwell in the flower.

---

① Translations adapted from Wilhelm – Baynes (trans.), The I Ching or Book of Changes (New York: Bollingen Foundation, 1950), pp. 342; 319—20; 325 (in that order).

# Tao – te ching( Ch. 38 ) [1]

## (1) The Rightness of Tao: Philosophy as Primordial Semantics

What I wish to present in this paper has its beginnings in a humble attempt to understand certain key terms that I found especially puzzling in my I Ching studies. What I had finally discovered after many years of what now appears to be wrong – headed pursuits has opened up such profoundly fascinating new vistas of thought that I must say that I was  -  and still am—not quite prepared for it. The immense implications that I seem to see in those new vistas have made me feel astonished, dizzy, nonplused—and all the more humble, for the immensity is such that it is definitely beyond my own ability—and perhaps that of any student of thought. Thus what I manage to put forth here in this feeble attempt to share with you some of the insights that I have derived from those vistas must be regarded as only provisional. And if my suggestions here do seem to carry the pretense of a new approach to philosophy, I wish to have it considered primarily in the nature of an "experimentation"  —perhaps as one towards the formation of a "new" philosophical language.

Ironically, however, this "new" language which we shall learn to speak is not new at all: it is indeed so old, so very old that it has a very long time ago become almost totally archaic. The word "archaic" is derived from the Greek-arche which means the starting point or beginning—the crucial term employed by the pre – Socratics to designate the ultimate substance or principle in the universe. In employing the word "archaic" throughout this paper, we want to keep alive the etymology of the word. We shall speak of the "archaic man," the "archaic age ( or antiquity)," "archaic background," the "archai structure ( or mode) of thought," the "archaic language," and so on. In all these expressions we mean by "archaic" not just that which is very ancient or old and is now out – dated – at least on the outset, but what is primordial both in time and in principle—especially that which pertains to the most origin – al core or essence of our humanity. Our concern, in other words, is not with the archaic as such, but the primordial that has become archaic.

Just what it is that is "primordial" in our humanity which has become long age antiquated? To borrow an expression from the Great Commentary ( ta – chuan) on the I Ching, the answer may be given as "the Gateway of Tao and Rightness" ( tao – yi chih mang). We take this to mean the "Gateway" that leads from, and to, the "Rightness of Tao. " The Gateway is lost because we have lost sight of the Rightness of Tao—that is, in the primordial intention of the phrase. Understood primordially, the expression "Rightness of Tao" does not imply commitment to any philosophical position—be it Confucian or Tao-

---

[1]    Translation adapted from Chan, A Source Book in Chinese Philosophy ( Princeton: Princeton University Press, 1963), p. 158.

ist, Eastern or Western. For what is named by the phrase is the apriori of all
aprioris, the all — grounding universal structure of human experience. Every phi-
losophy—indeed all human endeavour or practice, for that matter—has its roots
and soil in the Rightness of Tao, which it appropriates and justifies from the
posturality of its own posture and articulates from the perspectivity of its own
standpoint or perspective. And yet it is precisely this primordial a priori that
making has become philosophically oblivious. The task for us philosophers today
is to become a practicioner in the "archaeology of Tao" or—in terms of the
basic nature of the task  –  " primordial semantics. "

Just as the scientific anthropologist has to dig through layers and layers of
soil and rock in order to uncover the remnants of an ancient civilization burled
deep in the ground, so the philosophical archaeologist as an archaeologist of Tao
must seek to fathom the primordial sense of Tao and its Rightness through layers
and layers of sedimented thought and meaning which the flow of time with cen-
turies of accumulated human posturality has almost completely submerged to the
bottom of unreality. But this analogy is not really adequate. For unlike the rem-
nants or relics in an archaeological discovery which remain external to the dis-
coverer, the primordial a priori that the philosophical archaeologist seeks to bring
to light is, in truth, an integral part of his being—indeed, what belongs most
properly to himself. Wherein then lies the Rightness of Tao? How may we re-
gain the Gateway that leads us back to Tao and its Rightness?

### (2) The Loss of Tao in Chinese Philosophy

These questions, be it noted, can have no meaning in the archaic or pri-
mordial age in which man dwelled so entirely in the vicinity of Tao that he
could have no notion of it. For archaic man lives the Rightness of Tao which
constitutes his very being. The "loss of Tao" and its primordial Rightness is the
consequence of "distantiation" brought about by the civilizational process of
"ritualization" whereby an originally natural or spontaneous form of life or mode
of action becomes "humanized" (endowed with a distinctly human signifi-
cance) and habitually perpetuated into a "civilized" form of life or pattern of ex-
istence. A "ritual," in the broadest sense of the word, is simply a "habit" of
the "civilized" —as distinguished from the "natural" —man. Ritualization is,
in other words, what makes up the difference between nature and culture or civ-
ilization (the two words are not distinguished here). This is the key, we be-
lieve, to an adequate understanding of what Lao – tzu had in mind when he
spoke of the "loss of Tao" followed by the "loss of Te," then the "loss of Jen"
and then the "loss of Yi" —with Li as that which finally prevails. What is im-
plicit in these remarks is a theory of the civilizational process viewed from the
vantage point of man's ritualization of his own existence. Needly to say, Lao –
tzu had great misgivings, to say the least, about the value of civilization, inas-
much as ritualization was precisely what had led to the distantiation of man from
the Rightness of Tao. Man already lived in the loss of Tao when he came to

recognize his Te or "natural ownness. " For the recognition itself is the measure
of the distance between Tao and man. And when man failed to dwell in the in-
tegrity of his natural ownness, he came to recognize the all − too − human virtue
of Jen based on the affinity of man with man. When man was breathing in the
realm of Te, his heart − beat was still in concert with the rest of nature; but
once he degenerated to level of Jen, all he concerned himself with was the hu-
man species—nay, much less than that: a state, a city, a village, a tribe, a fami-
ly—if not, indeed, just the individual man himself. Now the feeling of kinship
is the essence of Jen: Humanity depends for its betterment on the preservation
and cultivation of the kindred spirit. When, however, the natural feeling of
kinship was no longer there, man compensated for the loss of Jen with the rec-
ognition of. Yi—the binding responsibilities and life of the moral man. But is
morality the answer to the negativity of human existence—to the inherent tend-
ency towards disorder and distortion, to self − alienation and self − deception,
which lies recoiled in the very heart of morality? The more man becomes aware
of the loss of the kindred spirit, the higher the moral demands he imposes upon
himself—and hence the greater the despair which befalls him in the impossibility
of fulfilling them. Worse still, the social sanction of morality inevitably leads to
the distorted cravings of man's repressed instincts: contrived or false morality is
not only a source of immorality but itself a most unhealthy or detrimental from
of it. And when this occurs, increasingly harsh and rigid forms of control—often
in the name and spirit of "laws" —must be introduced in order to maintain the
precarious social order and to keep up the appearance of human solidarity. The
sincere respect for duty has now become the merely formal or ceremonial prac-
tice of ritual propriety. Is this not what Laotzu meant by Li—the reign of false
propriety which must finally come to prevail in the advance of civilization?

The arguments advanced above represent, of course, only the Taoist side
of the story. What would be the Confucian perspective of the matter? − There
can be no question about the strongly humanistic bent in the Confucian ap-
proach to the civilizational issue. For however much man is tied to the rest of
the universe, he cannot dwell——not permanently anyway——in the company
of birds and beasts. There can be no turning − back the clock of civilizational ad-
vance. Man simply has to bear the burdens of responsibility for all the havocs
and dangers that he incurs for himself by placing himself in the dialectics of ritual-
ization——a sinuous labyrinth of his own making. The question is not whether
man should play the game of civilized life——but rather what strategy one ought
to employ in attaining his desired objectives.

Whatever the difference that separates the Confucian from the Taoist posi-
tion on this matter, our purpose in the above discussion is not intended to deter-
mine the exact meaning of this difference, but rather to point to the horizons of
meaning extended by the perspectivity of our central concern—the question of
the distantiation of Tao and the loss of the primordial sense of Rightness. Actual-
ly, the "loss of Tao" is not the exclusive concern of Taoist philosophy. Confu-

cianism, too, has its own version of the "loss of Tao," as can be seen in its ide-
alized picture of the so – called "Reign of the Three Dynasties" with its panthe-
on of sage – kings and cultural heroes. Outside of the Chinese tradition, the
Story of the Genesis in the Old Testament and Hesiod's conception of the four
ages are notable examples; the same idea is implied in the Indian theory of the
cosmic cycles of the "four yugas." Indeed, the "loss of Tao" must be taken as
the name for universal collective human experience—however that experience
may be articulated or interpreted in a given cultural context.

What constitutes the generic basis of this universal experience? What, let us
ask, is exactly lost in the loss ofTao? We are not prepared ye to give a concrete
answer to this question. But we may gather from the above discussion a formal i-
dea of what really is at stake. The loss of Tao means for the Tao – te ching the
forgetfulness of the source and ground of our being – and, therefore, of the
primordial rightness which defines what we truly are. What is lost is that which
is most properly right for us—the properness belonging to and indeed constitu-
ting the ownmost ownness of our existence. It is clear that the term "rightness"
here must be construed above all in the ontological sense. In this sense rightness
in its innermost essence is not only beyond the right and wrong or good and evil
of conventional morality, but beyond the entire sphere of human life and prac-
tice. For there is a measure of rightness in every form of life or mode of exist-
ence—in the pen I am holding in my hand as well as in the black hole in a dis-
tant galaxy. This "rightness of being," as we may call it, thus belongs to each
and everything or event in the universe as its proper ownness. In the final analy-
sis, everything or event receives its proper ownness or rightness of being from
the absolute rightness which is the Rightness of Tao—the Rightness that makes
the water flow and the fire glow; the Rightness that sustains the way I am as I
am this very moment. Thus understood, the Rightness of Tao is the ultimate
concern of philosophy. In Neo – Confucianism, philosophy is called either
"Tao – hsueh" (Tao learning) or "Yi – Li chih hsueh" (the learning of Right-
ness – and – Principle). Both "Tao" and "Li" connote rightness: Tao is the
Way, the Reason, and the Word of Rightness, while Li the Principle and
Measure of Rightness in all three dimensions of Tao. The notion of Rightness is
the common denominator in all such expressions as "tao – li," "tao – yi," and
"yi – li." Indeed for the Chinese tradition at least, philosophy is simply the
"learning of Rightness."

## (3) The Etymology of Yi: the Semantics of Rightness

The word yi in these expressions is ordinarily translated as "righteousness"
or "justice" —and rarely, as we have done here, as "rightness." The ordinary
translation is not, of course, incorrect; it is indeed amply justified in the majori-
ty of cases in the translation of Chinese philosophical—especially—Confucian
texts. For since the advance of Confucian philosophy—especially after Mencius,
the word yi has come to acquire a predominantly ethical or moralistic bias: it

names the supreme virtue of moral rectitude second only to jen, the comprehensive virtue of humanity. Yi indeed is morality itself. This preeminence of the ethical meaning of the term has tended to preclude its usage in a nonmoral context—in designating other forms of rightness, especially the kind of rightness that might belong to what is condemned by conventional morality as unethical or immoral. But if we inquire into the etymology of the word, we shall discover that it in fact encompasses a richly endowered matrix of meanings of which the moral implications form only a special strand in the totality of the semantic nexus. Much can be learned about the character and development of Chinese philosophy from a careful explication of the semantic textures which comprise the hidden grammar of this most important word, although we shall concentrate only on what is central to the development of our thesis.

Both in the oldest bone script and in the later bronze and lesser seal scripts the character foryi 义 is made up of two semantic components: the pictograph for yang 羊 (lamb) at the top and the character for wo 我 (the personal pronoun I, me, my) at the bottom. The character wo contains a pictogram resembling two weapons (kuo 戈; a kind of halberd) opposite to each other. It represents a condition of conflict—of two rights opposing one another: hence, my right, and by extension, my own person; I, me, my or mine. [1] Thus wo added to yang means "my lamb" —that is, what belongs rightfully to me: my proper ownness or rightness of being. This then is the basic and formal meaning of the word. But wherein lies the properness or rightness of my being? What is it that is rightfully mine? The answer is to be furnished by the yang – component—by what the lamb stands for.

In ancient China (as in many other parts of the ancient world), the lamb was a sacred animal. According to tradition, a certain sacred lamb by the name ofchieh – chien 解廌. who was said to possess the miraculous power of discrimination between the. upright and the crooked was employed by the ancient court or rulers as the "judge" of righteousness and justice. Indeed, in the very word for law——fa 法 in the older scripts is contained the name of the sacred lamb. This shows how intimately the spirit of law (fa) was tied to the spirit of morality (yi) in their co – origination in the Chinese tradition. There is every reason to believe that the conceptual – semantic framework underlying much of Chinese thought in the moral – legal context was in its archaic origins mainly the contribution of the Sacred Lamb heritage. [2]

As a matter of fact, the lamb in this tradition was not just standing for righteousness and justice; it was also the sacred symbol for harmony and peace, good

---

[1]   See L. Wieger, Chinese Characters: Their Origin, Etymology , History, Classification and Signification (New York: Dover, 1965), p. 179.

[2]   Yin – shun, Chung – kuo ku – tai min – chu shen – hua yü wen – hua chih yen – chiu (Researches on Ancient Chinese Ethnic Myths and Cultures) (Taipei: Hua – kan Publishing Company, 1975), p. 403.

luck or good fortune, happiness and well – being, goodness and beauty——in. short, all that is positivelygood – and – right for man. This is really not surprising once we learn that the Sacred Lamb was in prehistoric times the divine mana of Chiang clan or, as the word chiang 羌 implies, the "Lamb people." The influence of the Sacred Lamb heritage on Chinese thought is still detectable in the etymology of a number of philosophically significant words such as shan 善, mei 美, hsiang 祥, ch'un 群, and hsiu 羞. In the Chinese philosophical vocabulary, shan and mei have become the basic terms for respectively, "goodness" and "beauty," or the "good" and the "beautiful." But in their original meaning, shan is no more an ethical term than mei is an aesthetic one. The pictograph for mei contains the semantic components yang (lamb) and jen (man) —signifying the idea of man resembling to the lamb. [1] The basic meaning is that of the word hsiang——good fortune, happiness or well – being. For surely for archaic man what can be better than by resembling one's mana, the divine or 'sacred origin, of one's clan or tribe? Again, fundamentally the same meaning is conveyed by the word shan whose pictogram (in the bronz script) includes besides the yang (lamb) component the character ching 竞 (dispute): it signifies peace (lamb) after a dispute or conflict——hence, by extension, goodness or well – being in a state of harmony or concord, like a flock of sheep moving in concert, as connoted by ch'un——literally, a "group" (of lambs). [2] The etymology of the last word cited——hsiu, which has become the standard word for shame (or to feel ashamed) ——is no less interesting. The character in the early scripts all picture a lamb being held by one or both hands as in an act of offering——most probably in an sacrificial ceremony. Hence the original meanings of the word: to offer, to present, to pro – duce; offerings, sacrifices——and by extension, delicacies, food; to nourish. Now in ancient times lambs were often offered in expiation as a reparation for wrong. Hence hsiu came to mean: to feel ashamed (when one was forced to make such an offer) to put to shame, to blush. [3]

It has been said: that Chinese culture is basically a "shame – culture" rather than a "guilt – culture." Whether or not this is true, there can be no question about the tremendous importance of the experience and concept of shame in Chinese thought and culture. Indeed, according to Mencius, the feeling of shame and dislike (wu) is the beginning of righteousness, one of the four beginnings which constitute the inner goodness of man. We know that Mencius, though a native of Tsou, visited the state of Ch'i twice in his lifetime—a Chou vessel state founded by decedents of the Lamb people. We cannot say whether

---

[1]  Wieger, op. cit., p. 253.

[2]  Wiefer, op. cic., p. 186.

[3]  Yin – shun, Chung – kuo ku – tai min – chu shen – hua yü wen – hua chih yen – chiu (Researches on Ancient Chinese Ethnic Myths and Cultures) (Taipei: Hua – kan Publishing Company, 1975), p. 122.

or not the native culture of Ch'i had any impact on Mencius's thought, but it
was largely through his influence that the Sacred Lamb heritage became perpetua-
ted in Chinese philosophy and culture.

Now in addition to the "lamb – words" included in the above discussion,
this one deserves our special attention——namely, the word hsi 羲. Originally
signifying 'breath or vapour (perhaps from the lamb), hsi 羲 is part of the name
of the mythical figure Hsi Ho 羲和, the charioteer of the sun, as well as Includ-
ed in the name of the legendary monarch Fu His 伏羲 to whom the authorship
of the Eight Trigrams is traditionally attributed. This word is also the basic com-
ponent in the two homonyms his 曦 (the light of day, effluence) and, his 犧
victims for sacrifice). its significance for us lies in the fact that it might provide a
clue to the prehistoric connection between two of the four major tribal traditions
in archaic China——that is, between the tradition of the Sacred Lamb and that
of the Sacred Bird, with which both of the two aforementioned mythical or leg-
endary figures were associated. The "Bird people" who identified themselves
with the Sun god and the sacred three – legged Golden Bird who was said to a-
rise from the sun as their rnana were the ancestors of the Shag clan who founded
the Shang dynasty. According to Reverend Yin Shun, both the Confucian con-
cept of jen and much of Chinese cosmology in so far as it is based on the con-
cept of ch'l (vital force) are the important contributions of the Sacred Bird tra-
dition. Yin Shun showed brilliantly—and I believe, also convincingly——how
decisively the mythology of the wind as derived from the mythology of the sun
(the wind was here believed to have been caused by the flight and movement of
the sun bird) has contributed to the formation of the yin – yang metaphysics as
well as to the shaping of such basic Confucian concepts. such as li – yueh (rites
and music), chung – ho (centrality and harmony) as well as jen (humanity).
In the light of his analysis, one might add in summary, that the idea of kan –
t'ung (attunement – penetration), which is perhaps the most central concept in
the I cosmology, Is grounded on the archaic heritage of the Bird people. We
know that Confucius was a decendent. of the Shang. And although he explicit-
ly upheld the ideals of Chou culture which has its origins in a different tribal tra-
dition, his thinking betrays the decisive influence of his native culture. Thus the
relationship between Confucius and Mencius——who was, in the footsteps of
his great predecessor, also committed to Chou ideals——actually represents in
their archaic background the relationship between the Sacred Bird and the Sacred
Lamb traditions. In focusing on the element of yi in his master's philosophy,
Mencius actually forged a synthesis of the two traditions. And yet this marriage
between jen and yi is not to be construed as merely the outcome of an historical
necessity. For there exists a conceptual necessity between the two ideas which is
itself rooted in what is primordially necessary in the nature of human existence.
There is thus a kind of necessity which makes possible the connectedness be-
tween these two kinds of necessity. We call this third kind of necessity a "tran-
scendental necessity" ——a necessity which, as we will see more clearly later

on, is a direct manifestation of the Rightness of Tao.

Now that, we have acquired an Inkling of the archaic background of yi, let us return to explore the hidden grammar in the meaning of the word. Etymologically, yi means, let us recall, the proper ownness of a thing or event or its rightness of being: this is the core meaning of the word. But how is the word actually used? Is there a definite pattern in the actual usage of the. word? And if there is, how is this pattern of usage related to the core meaning?

Anyone who studies carefully the variegated meanings of yi listed in a standard dictionary will soon discover that there does exist a general pattern underlying its actual usage. Ignoring what is of no philosophical interest, it is possible to subsume its various significations under three major headings, each pertaining to a category of rightness: to wit, (1) "ontic rightness" or the rightness which is the proper ownness of a thing, event or affair—its rightness of being, (2) "moral rightness" or the rightness which belongs either to moral character, and (3) "semantic rightness" or the rightness of meaning or purport. Let us explore them further in that order.

## (4) Rightness as Proper Ownness: the Ontic Meaning of Yi

In the ontic sense, yi means the same as its homophonic cognate (with a different pitch) ye 宜: that which is proper, suitable, fitting or appropriate. This is simply a formal explication of the core meaning it is important to note yi in the sense of proper ownness remains a basic usage of the term even after the ascendance of its ethical usage. Indeed, yi in the sense of proper ownness seems to be the dominant usage of the term in so far as the I Ching is concerned: for example, "the male and the female being correctly determined in their proper relationship to each other, that is the great yi of Heaven and Earth. " ① Here yi clearly means what is proper and appropriate to the nature of a thing as belonging to its own nature or rightness of being (in this case, the proper owness and rightness of Heaven and Earth). Even in the Analects, there was still no sharp demarcate on between the ontic and the moral sense of rightness. Confucius said, "It is flattery to offer sacrifice to ancestral spirits other than one's own. To see what is yi and not to do it is cowardice. " ② Commenting on the word yi in this statement, Chu – Hsi defines it explicitly as that which is proper (ye) to a matter or affair (shih). Let us take another example from the same classic—the famous statement which asserts that "the superior man understands yi; the inferior man understands li (profit). " For most commentators—especially those in the Neo – Confucian tradition, the implication of yi as contrasted with li (profit) here marks the beginning of the specifically moral meaning of the term. One Is not at all sure, however, whether this traditional interpretation which is basi-

①    T'uán Chuan (Commentary on the Judgements) on hexagram Ming I (Darkening of the Light).

②    T'uán Chuan (Commentary on the Judgements) on hexagram Ming I (Darkening of the Light),

2: 24. Translations by Chan, op. cit. , p. 24.

cally. influenced by Mencius's views correctly renders the true intention of the Master. Is not the superior man an "authentic" person who is supposed to understand what Is right and proper for himself in an effort to be true to himself——that is, to its proper owners (compare the German word for "authentic": eigentlich, meaning proper, true, real——from eigen,. one's owner), while an inferior man, neglecting his true − and proper task in life, devotes himself to what is merely profitable? In short, the distinction between what is morally right and. what is ontically right should be kept in mind in determining the meaning of yi.

Now what is properly right is also good. One interesting usage of yi as an adverb equates it with shan in the sense of "well" as in "he sings well." Although rarely encountered, this usage serves to remind us of the "lamb" symbolism in the etymology of the word: yi as ontic rightness implies essentially goodness and well − being. This adverbial use of the word is clearly derived from its core meaning of proper ownness: to do something "well" is to do it in a manner that is proper and right as befits the thing in the rightness of its being. The fact that the original implication of yi as shan in the sense of good fortune, happiness and well − being became almost entirely lost, leaving only a residue of meaning in the adverbial "well," is a relection of the ultimate triumph of the other strand of meaning in the semantic evolution of yi—namely, the sense of righteousness and justice as the other basic, moral component in the "lamb" symbolism. For morality and happiness are not necessarily compatible.

We now arrive at another antiquated usage of the word which, as we shall see, plays a crucial, pivotal role in the development of our thesis. This is the use of yi in the sense of another homophonic cognate ye 儀 (pronounced with the same pitch as ye, proper ownness) denoting the manners or deportment of a person. What is strange about this usage of the word lies in the fact that according to the authoritative Shuo Wen, this is its original meaning. Is the Shuo Wen correct here? What do the manners of a person have to do with his proper ownness?

Yi in the sense of manners has long. since been replaced by its homophonic cognate ye 儀 which contains the entire character for the former 義 (the "lamb——ego" configuration) plus the classifier jen 仁 (man) added on the left. The word ye does not exist in the bronze script. In the older bronze script it is written simply as yi 義 ——that is, without the classifier jen. This shows that most likely yi and ye were originally the same word, the latter being a semantic component in the original meaning of the former. When this semantic component (yi as manners) was outsted, so to speak, by other semantic strands in the original matrix of yi, a new word was created to preserve the lost or antiquated meaning——this is Indeed one of the basic philological principles in the creation of Chinese words. Thus we believe the Shuo Wen was correct in recognizing the "originality" of the antiquated use of yi in the sense of manners. But being ignorant of the archaic background of the word, the Shuo Wen was wrong in identifying it as the original. meaning. In the light of the above discussion and what is to follow, we believe that the original meaning of yi must include all three determinations of rightness in their primordial significations. In order to understand properly the semantic evolution of a word, we need to keep alive the distinction between the words of speech and the words of writing. Little did the Shuo Wen know that when the written word was invented for a spoken word, much of what was originally intended by the spoken word had already withdrawn itself into hiddenness under its current meaning, although the construction of the written word may still be unconsciously dictated by the semantic logic in the hidden grammar of the word. Thus it may well be that yi in the sense of manners is the original meaning of the written word which was coined to convey the current meaning of the spoken word yi. And if we were correct in maintaining that the Homophonic cognate ye was created later in order to preserve the antiquated sense of yi associated with manners, then we should look for this current meaning of the spoken yi at the time of the inception of the written word in the homophonic cognate for a more complete picture of its semantic contents. And this is precisely the task we shall carry out at a later time. It suffices to observe in anticipation here that an analysis of the meaning of ye will disclose to us the pervasive power of rituality (li) in human life behind the semantic consciousness responsible for the invention of the written word ye. The word must have been coined at a time when moral rightness was basically a matter of ritual propriety. And this brings us to the second category of rightness—rightness in the moral or ethical sense.

## (5) Rightness as Opposed to Profit: the Moral Meaning of Yi

In this sense yi denotes generally what is right according to a pre − given principle, standard or norm of acceptable social conduct, whether it be determined by an internal moral sense (as in Mencius) or by the force of tradition or convention (as, for example, in the stringent requirements or by − laws of a secret society). A yi behavior is one which has these − two major characteristics: it is social in character, not a matter of individual style; it is performed out of a sense of duty or obligation as opposed to considerations of li or the "profit" motive. Thus included in the common significations of the term are: righteousness, justice, uprightness, integrity, rectitude, duty, obligation, responsibility—— and also those moral virtues or qualities of moral character which are necessary for the fulfillment of yi conduct either generally or in particular cases: loyalty, fidelity, faithfulness, self − sacrifice, charity, patriotism, chivalry, and so on.

The moral usage of yi, let us recall, has its archaic origins in the Sacred Lamb heritage. We have pointed out the pivotal role the philosophy of Mencius had played in accentuating this semantic function of the word. Needless to say, this is an oversimplified picture. To be more accurate, one has to add the Important contributions of the Moists in shaping the moral meaning of yj in connection with the ancient creed of hsia or chivalry and of the sub − cultures of secret societies which later evolved from it. One has to remind oneself also of the intimate interconnections between yi, li and fa——or, roughly, morality, custom and law. This would point to the influence of both Hsün — tzu (with respect to li or propriety) and the Legalists (with respect to fa or law). But should we not first bring Confucius into the picture? Can we significantly talk about the meaning of these key terms in Chinese philosophy apart from the seminal contributions of Confucius whose thinking centers round the concept of jen?

These allusions to the great thinkers in the golden age of Chinese thought are not meant to lead ourselves to an exposition of their fundamental teachings. Rather, our purpose here is to delineate broadly the historical — philosophical background so as to explicate from it the hidden grammar underlying , the primordial structure of Chinese thought. We have yet a long way to go before the picture can be completed. But we are in a position now to formally launch such an undertaking:

To begin with, we need to make a few remarks concerning our understanding of the general nature of speech and language, meaning and experience which we have presupposed all along, and some clarification of which will greatly facilitate our future discussions. We said "speech an language, meaning and experience" because what these terms refer to are so intimately intertwined that they must be considered not in isolation but in organic relation to one another. For what is "meaning" but that whereby experience is articulated? What is "speech" but en experiential appropriation of language? What is "language" but a field of meaning subsisting in the power of experience? And what is "experience" but that which lets meaning show Itself in the appropriation of reality in speech——and in the silence of speech?

By "speech" we mean, of course, primarily the appropriation of spoken or written words—the symbolic medium defining a verbal language. But language, conceived in the broader sense as any field of meaning, is not confined to words—written or spoken. For "language" speaks wherever the experiential appropriation of meaning occurs—as, for example, in a facial expression, a gesture, dance, a melody, a traffic sign, and so on. Indeed, experience is in essence "speech" if we include in it the experiential appropriation of the non — verbal. But the non — verbal depends on its intelligibility on the verbal. It is primarily in virtue of the luminosity of words that experience becomes articulated in meaning. For man the appropriation of reality speaks through the vibrancy of words:

The question that we must now posit for ourselves is this: what is the relation between the articulation of rightness and the civilizational process? That there ought to be a relation between them is of course taken for granted. For the word rightness points to the meaning of rightness, which in turn points to the experience of rightness. And how else can man — acquire the notion of rightness except in and through the civilizational process whereby his humanity is prehistorically and historically constituted? Now history, as the historians use the

term, commences with the invention of writing. But not all written words were
invented at the same time. In the evolution of the Chinese language, for exam-
ple, the characters for such words asjih (the sun), yueh (the moon), ma
(horse), and jen (man) were no doubt created much earlier than those for
tao, yi (rightness) and li (principle). What then can we say about the semantic
history—and perhaps also the prehistory—of "rightness" in Chinese?

The semantic history of "rightness" began in China when the pictograph
for yi was invented. Since the character is found in the bone script——the earli-
est form of Chinese writing known to − us, we can say that it dated no late than
the middle − period of the Shang dynasty (ca. 1500 B. C. ) to which most of
the unearthed bone script characters are generally believed to belong. This does
not mean, of course, that there was no articulation of rightness prior − to the
appearance of the written word. As a matter of fact, in the light of our earlier
discussion of the archaic background of yi, the historical meaning of the written
word clearly presupposes a long process of prehistoric. preparation during which
the experience of rightness was articulated by the spoken word—and no doubt
also by non—verbal means. To be sure, the prehistoric meanings of rightness
need not—and indeed expectedly should not—agree with the historical mean-
ings. And yet there must be a common thread of meaning which provides the
perennial ground of prehistoric − historic continuity. Can we expect to discover
some kind of pattern or order—perhaps even an internal law—underlying the
perennial process?

Rightness in the primordial sense means, let us recall, proper ownness.
This is the earliest conception in which rightness and ownness are consciously i-
dentified. As a matter of fact, this identifiction of rightness and ownness or "pri-
mordial Identification" is what marks the beginning of conscious experience.
There can be, in ether words, no consciousness of rightness prior to the con-
sciousness of ownness——and the reverse is also true. Does this mean then that
there could be no experience of ownness prior to the primordial identification?
Certainly not. For a transcendental state of experience does precede the primor-
dial state of experience. It is one in which rightness was unconsciously lived but
not consciously recognized. We characterize this pre − primordial state of experi-
ence as "transcendental" because its reality and possibility consists precisely in the
"transcendence" of ownness. Strictly speaking; we have no conception of tran-
scendental experience; for all conceptualization depends on the primordial iden-
tification. The transcendental experience that we can conceive and talk about is
not what is unconsciously experienced and transcendentally lived but only the
"objectified residue" of the transcendental memorially given in the primordial
consciousness. That is why; according to the Tao − te ching, Tao is already lost
when the recognition of proper ownness (te) arises. For Tao, as the original
body of rightness, can only be transcendentally lived but not consciously experi-
enced: "the Tao that can be taoed (conceptually articulated) is not the constant
Tao."

The form or stage of life designated by the word te is one of spontaneous expression in which rightness is naturally identified with ownness. In the Chinese semantics of rightness, this corresponds to the ontic meaning of yi in which "goodness" (shan) and "beauty" (mei) are united in what is proper – and – right (yi). Here primordial rightness is a rightness that transcends the moral distinction between right and wrong, just as primordial goodness – and – beauty is not to be contrasted with evil and ugliness: For the hallmark of primordiality consists precisely in the lack of such distinctions. In the primordial stage all men were childlike——beyond good and evil. Here in playful innocence the walls' or boundaries that separated men from men (the recognition of ownness) were destroyed as easily as they were built. For the power that cared for them and made them grow——that is, the power of jen——was so strong that what was broken and torn from the conflicts of ownness would soon be healed and forgotten. In the language of the I Ching this is a form of life in which the strength of the Ch'ien, the "unbroken" principle, far outweights that of K'un, the "broken" Principle. But man was hardly aware of the benevolence of the Unbroken at a time when its nurture and care were simply taken for granted. When he did come to recognize the benevolence of jen, the stage of spontaneity and innocence was already gone and over. Hence as the Tao – te ching describes it: " When te is lost, only then does the recognition of jen arise. "

What jen stands for here is the power of the whole in its integral wholeness and continuity: it is the power of affinity an cohesion that binds the parts to the whole and the parts to – each other in the solidarity of mutual belonging. In the primordial stage the integral power of jen prevailed so completely that the parts, though differentiated, remained fundamentally joined and integrated to the whole in its. wholeness. The word jen means originally kinship (ch'in – ch'in) or the love or affection of kinship. It had its prehistoric origins in the power of tribal affinity. which, concretely embodied in the mans or totem believed to be the supernatural – magical source and substance of the tribe, is what accounts for the existence and identity of each and every. one of its members. In the semantics of yi, the concept of jen is contained implicitly in the archaic connotations of shan and mei as the ontic attributes of primordial rightness. In the archaic sense, shan or goodness, led us recall, signifies the state of peace and harmony under the protective care of the ancestral deity (the Lamb), whereas mei or beauty refers to the state of happiness and well – being resulting from the blissful union with the Lamb – god. This conception of unity with the Source implied in the prehistoric experience often remains the most fundamental determinant of meaning in the subsequent development of – the concept in the history of Chinese philosophy. Beginning with Confucius, the meaning of jen came to be extensively articulated both upward and downward from its original locus in the integral wholeness of the totemic tribe. In the downward direction the articulation of jen corresponds to the internal process of tribal differentiation from which emerges the integral consciousness of the clan or sub – tribe, the social class, the family, and finally the individual conceived as distinct types of social units and realities. On the other hand, the upward articulation of Jen has its social foundation in the process of tribal integration or aggregation. Here, the meaning of jen became extended to the greater human community—the tribal confederate, the state, the human world—and beyond that to the still greater realms of life and of nature—ultimately, to the all – encompassing Source variously termed T'ien, Tao, or T'ien – tao. In the end, the original concept of jen as the power of tribal wholeness has become at once the existential foundation of selfhood and individual perfection and the universal Power of Being—thus containing in itself the implication inherent in all Chinese philosophical thinking, namely, the possibility of "the union of man with Heaven" (t'ien jen ho –i).

But the benevolence of jen is always experienced as ambiguous: for it is no less the ground of compulsive necessity than the source of creative freedom. As the integral power of wholeness, jen is the source of creative freedom in so far as it is the power of Ch'ien; the Unbroken. But jen is also the ground of compulsive necessity because K'uri, the broken power of receptivity is contained intrinsically in it. To be more specific, what is compulsive about "ten is the " command structure" which belongs necessarily to the concrete – conditions underlying the possibility of benevolence. And the compulsy of the command structure becomes all the more pronounced as the Broken becomes more powerful in its brokenness. Even the spontaneous freedom enjoyed in the primordial phase was frequently interrupted by the constraints of necessity from both internal and external sources. The typical reaction of a young child at play to the interruption of a parental "Don' t" or "Mustn' t" is not just a response to the command of an external authority, but constitutes likewise a response to an internal force which resides in the command structure of his soul——to the authority of his e-volving Instincts, desires and passions. For both individual and society ownness is what emerges from the creative synthesis of spontaneous freedom and compulsive necessity——a process basically shaped by the command structure of existence. We call the one "character" and the other "social order. " Character is ethos in Greek, to in Chinese Social order is nomos in Greek, li in Chinese. And what ethos is to nomos, so te is to li. The two pairs of terms, are almost exact equivalents inasmuch as they play fundamentally the same role in the semantics of rightness in the two historical traditions. [1]

The stage of life characterized by the dominance of li or nomos is one in which. the benevolence of jen is no longer experienced as the primordial source of spontaneous freedom but only as the "consequential ground" of compulsive necessity. That is why, as the Tao – te ching says, "When jen is lost, only then does the recognition of yi arise". Here yi names the rightness of authority and of

---

[1]   The Indo – European root for mos is probably ma – , measure ( Harper's Latin Dictionary). It is most interesting to observe that according to the Shuo – wen tu 度, measure, is none other than the original meaning of ye.

obedience to authority whether it stems from the command structure of custom (or social convention), law or the Internal moral sense. We shall call " this stage of life the "consequential stage" because the differentiation of command structure into the compulsive relation. between the commanding and the com-manded——between authority and compliance - is a necessary "consequence" of the primordial benevolence. Yi, the rightness of compulsion, follows inevita-bly from jen, the gift of spontaneous freedom. For the loving care of the whole towards its parts would be ineffective and self - defeating without confining its expression within the framework and limitations of a command structure: the love of jen can only fulfill itself in the rightness of yi.

The consequential world is the world of right and wrong, good and evil, which corresponds in the semantics of rightness to the moral meanings of yi. To-day we tend to distinguish between morality and custom on the one hand, and between morality and law on the other. But there was a time in the develop-ment of man in which the three were hardly distinguishable——a time when the word "moral" or "ethical" was employed to designate in general the command structure of human existence. Here a "right" conduct or "correct" behavior. " is simply. What is expected as a matter of custom or convention which, how-ever, possesses such power and authority that any serious violation of which' is at least as unforgivable or punishable as would be under our system of law or pre-cepts of morality. In morality as custom the rightness of authority and of obedi-ence to authority is simply taken for granted in much the same way parental command is unquestioningly complied with by the young child. In order to dis-tinguish this undifferented state of morality from the subsequently differented state of morality proper in the evolving command order of the consequential world, we shall characterize the former as the "proto - moral" stage of human existence. And we may observe immediately that the proto - moral sense of rightness is still preserved in the meaning of the word ye or manners which, ac-cording to the Shuo - wen, let us recall, is what the word yi initially means. But what does moral rightness have to do with manners? This question is not difficult to answer if we remember that the exact words the Shuo - wen employs in identifying the original meaning of yi is li - yung 禮容—literally, "ritual manners. " The age when morality meant the same as custom is also the age when the meticulous performance of rituals was not only the most pervasive form of life but in a true sense the very substance of existence. Here every form of rightness was subsumable under the rightness of manners in ritual performance or action. The social order whose command structure is defined in terms of the rightness of ritual conduct is an order of li—propriety. In the proto - moral soci-ety then rightness and propriety coincide: yi is li, and li yi.

Now like the word "property," "propriety" is etymologically derived from Latinproprius——one's own. The relation of proprius to "propriety" (Latin decorum) thus corresponds exactly to the relation of yi in the sense of proper ownness (ye) to yi in the sense of ritual rightness (ye). Furthermore, a comparislon between the semantics of ye whose meaning is ritual rightness with the Latin mos ( moris, mores) from which the English " moral," " morals," " morality," and " morale" are derived will reveal a striking similarity in the ways the two languages appropriate the moral and proto − moral essence of the consequential stage of existence. For the sake of clarity, the dictionary meanings of the two words are listed respectively as below:

The Semantics of Ye 儀
(A) As a noun:
(1) manners, deportment, attitude, style;
(2) rituals, ceremonies, etiquette, decorum;
(3) custom, usage, observances;
(4) measures, rules, regulations, models, patterns, principles, standards;
(5) arrangement, decoration;
(6) articles, vessels, instruments;
(7) present, gifts, offerings;
(8) good;
(9) match, mate.
(B) As a verb:
(1) to come, to return;
(2) to yearn, to long after, to aspire;
(3) to look, to aim at closely
(C) As an adverb:
(1) Properly, appropriately, fittingly.
The Semantics of Mos ( moris, mores)
(A) Originally:
(1) the will, humour, inclination of a person.
(B) Derivatively:
(1) custom, usage, habit;
(2) regular, practice, rule law:
(3) ways, conduct, character, morals;
(4) quality, nature.

Although the Chinese ye appears to be richer or more complex in meaning than its Latin counterpart, the semantics of the two words basically coincide in their connotative. If not in their denotative, coverage. The following observations directed to the apparent divergence in meaning between the two word; should suffice for our present purpose here.

First, ye in the verbal sense of to come, to return is most probably derived from the substantive meaning of ye as custom, usage—that is, as a habitual occurrence whose coming is really a returning. Thus ye in the sense of (B)(1) is subsumable under ye as (A)(3), which is practically the same as mos in the sense of (B)(2).

Second, the usages of ye In (B) (2) and (B) (3) may be compared with mos in its basic meaning (A) (1) inasmuch as all yearnings—which are in essence an aiming——are acts of will or expressions of an inclination.

Third, ye in the sense of (A) (4) and mos in the sense of (B) (2) are in perfect agreement. It is important to note that in both languages normative terms (rules, regulations, standards, principles, etc.) are intimately associated with terms signifying custom, usage, habit. And both sets of terms appear to be initially integral components in a larger semantic context the central or core meaning of which is that of a "ritual occasion" together with the requirements and conditions defining "ritual rightness."

Fourth, this core meaning clearly shows itself in the mutual relevance or in-terconnections between the various usages forming the semantic nexus of ye. As a matter of fact, these interconnected usages may be looked upon as various as-pects or factors, in the "factoring" or analysis of the ritual occasion. Such occa-sion 'consists in the carrying——out of "rituals" or "ceremonies" (A) (2) in accordance with the proper "rules," "regulations" or "standards" (A) (4) re-quired by "custom" or "usage" (A) (3). Thus to prepare for the occasion the various "articles" or "vessels" (A) (6) required are properly "arranged" to-gether with the right "decorations (A) (5). One must ' make sure that the ar-rangements and decorations "match" (A) (9) one another not only in con-formity with the "models" or "patterns" established by customary usage (A) (4) but also in "good" (A) (8) taste and "style" (A) (1). This fundamen-tal requirement of situational rightness as procured by "proper match" and "good style" applies, even more stringently to the "manners," "deportments" and "attitudes" (A) (1) of the participants.  – Whether in making, offerings " or in the exchange of "gifts" or "presents" (A) (7) or in carrying – out any other function involved in the ritual occasion, the rules and demands of proprie-ty must be properly satisfied. All actions or activities must be performed "appro-priately" and "fittingly." (C) (1) But the attainment of ritual rightness is not merely formal matter. Behind the formality of the ritual acts is the "yearning" (B) (2) and "intentionality" (to aim) (B) (3) of the human will and hu-man aspirations. Indeed, ritual rightness depends precisely on the contextual uni-ty and harmony of the formal and spiritual aspects of the occasion. And the rightness thus attained is as much a "truth" in the "true – to – itselfness" (to aim) (B) (3) of the human spirit and a "good" (A) (8) in the consumma-tion of values belonging inherently to the "proper" ownness of the ritual occa-sion.

Fifth, now in comparing the semantics of ye and mos one can see that the major difference appears to consist in thoses usages of pertaining specifically to the formal side of the ritual occasion. Indeed, ritual or ceremony is not among the denotations of the Latin word. But although two words may not coincide denotatively or in their "semantic foreground," they may yet converge in the connotations and implications which form their "semantic background." The

foreground meanings of mos taken as a whole point unmistakably to their origi-
nal connections with words denoting rituals and ceremonies: all customs, usa-
ges, habits were originally ritual customs, ritual usages, ritual habits; all rules,
regulations, and laws originated (that is, as a matter of human experience) in
the normative structure of rites——to be more specific, religious rites; and, fi-
nally, all human conduct and ways of − doing things which both stem from and
modify the morals and character of man were grounded primordially in the ritu-
ality of human life and actions. This means that like its Chinese counterpart ye
the Latin mos must have originally belonged to the same type of semantic nex-
us——namely, the complex of words sharing a common semantic function: the
articulation of the ritual occasion in primordial experience.

"Rite" is derived, of course, from Latin ritus—religious custom, usage,
ceremony. The adverbial form rite means in due form, with proper ceremo-
nies—hence, derivatively (1) properly, duly, fitly, rightly; (2) fortunately,
luckily; (3) in the ordinary manner. Here sense (1) may be compared with ye
in the adverbial sense of (C) (1), while sense (2) not only is connected with
ye in the sense of good (A) (8) but reminds us of the connotations of mei
(happiness, fortune, well − being) in the archaic background − meaning of the
word. In the light of our semantic analysis of ye serving as a mirror − image of
mos, we can see that mos and ritus (with its derivative rite) are "semantic com-
plements": the connotation of the one is the denotation of the other. From the
philosophical standpoint, the two Latin words together almost add up to the
Chinese ye in its essential meaning. And what li (ritual, ceremony, propriety)
is to yi in Chinese, so ritus is to mos in Latin. The only major difference is that
while the two Chinese words are basically synonymous, their Latin counterparts
are, as we have noted, semantic complements. In any case, what is shared by
the semantic complexes formed by the two pairs of terms is the intimate inter-
connection among morality, custom and rituality. As is to be expected, the ol-
der, ontic sense of rightness as proper ownness is still preserved in the proto −
moral identification of rightness in terms of ritual rightness and conformity with
custom. In both yi and ritus the sense of proper ownness is hidden either in the
sense of character or in their adverbial usage (in the case of ye) or derivative (in
the case of ritus as rite). This semantic transition from the ontic to the proto −
moral sense of rightness shows itself clearly in the etymology of the words "eth-
ics" and "ethical." Both are derived from the Greek wor ethos meaning disposi-
tion, character, custom, habit, man's normal state, which is in turn derived
from the Indo − European base swedh −, essential quality, one's own character
− akin to Gothic swes −, one's own. Note that the meaning of quality, nature,
character is contained in the semantics of both ethos and mos (B) (4), just as
hsing 性 and te 德 belong to the background meaning of ye. Can all these be a
mere linguistic coincidence?

The consequential world, we will recall, is one which is marked by the dis-
tinction between right and wrong, good and evil. It is one in which the loving

care of Ch'ien, the unbroken principle, is no longer experienced as jen but as yi
in the sense of moral or ethical rightness. It is described as "consequential" be-
cause human life and activities in such a world are rarely enjoyed spontaneously
and innocently as an end in itself but almost always in the apprehension and
anxiety of their moral consequences. Here the benevolence of the Unbroken has
appeared in the order of human experience less and less as the source of sponta-
neous freedom but — more and more as the ground of compulsive necessity, as it
came to be more and more differentiated by K'un, the, broken principle. The
proto — moral form of life which constitutes the initial stage in the consequential
existence of man is one in which the command structure of rightness——wherein
the compulsive necessity of moral life is concertedly embodied — is primarily de-
termined by the ritualizational forces of custom and habit as reflected in our se-
mantic analysis: moral rightness (yi) means in beginning the ritual rightness of
custom and usage—of ye and li. What is characteristic of the proto — moral con-
sciousness, is the simple acceptance of authority and the lack of "ration-
al" ——that is, critical — reflective understanding. When critical reflection ari-
ses, the stage is already set for the arrival of morality proper.

The moral phase of life is characterized by increasingly intense struggle
within the command structure of existence. It is a struggle for the loyalty of man
among the diverse claims of many warring authorities. That the moral stage al-
ways arrives at a time of decay and disintegration when the social order can no
longer be sustained by the power and authority of custom and convention is, we
believe, what accounts for the ultimate triumph of the moral sense; namely,
rightness or yi in the sense of "righteousness" or "justice" – the supreme
measure of altruistic morality. The fact that in most historical traditions moral
rectitude is ultimately founded on altruistic values—in which morality and altru-
ism have tended to coincide in meaning—should not blind us to the original
openness and indeterminacy of the moral consciousness. In Chinese philosophi-
cal history the once heated debate between Mencius and the followers of Yang
Chu is comparable, in the western tradition, to the controversy between Plato
and the Sophists: both resulted in the historical decision in favor of the altruistic
position. From then on—and especially after the emergence of Christianity in
the West and the introduction of Buddhsim in the East—mankind has acquired
the "noble prejudice" that moral rightness is basically righteousness and that al-
truism is necessarily good. But is there such a thing, one might immediately
ask, as a "non — altruistic morality"? Is the very expression a contradiction in
terms? The noble prejudice has become so deeply ingrained in our mind that we
can hardly think otherwise. Indeed, our strait — jacketed, one — track moral
thinking has even prevented us from seeing clearly the real nature of morality
and the nobility of authentic altruistic values.

That man is capable of an, authentic, spontaneous expression of jen—of
love and kindness towards our fellow men is not what is at issue here. What is at
issue is not altruism as a "natural disposition" but as a "contrived effort" ——

that is; more specifically, as a "moral strategy" or instrument of control in man's attempt to resolve the conflicts of authorities within the command structure of existence. So much of our moral endeavor is tied to the sheer necessity of human survival — the survival of the Individual, the group and the species — that one cannot help but wonder, as Nietzsche has long since suggested, whether what has come under the name of "altruism" in traditional morality ' is In fact a "disguised egoism" which seeks to satisfy in the name of yi or respect for duty what is really founded in li — the profit motive. Indeed, in the long run the altruistic program in morality has tended not only to obscure the reality of our noble Instincts but also retard their natural growth and flowering Moreover, the Nietzschean challenge that contrived altruism might even have a postively harmful effect on the development of man has, neither in — the West——and certainly not In China, been honestly faced and squarely met. For not only does contrived altruism leads in the long run to the weakening of man's — creative vitality in virtue of its suppression and repression of his basic biological needs which results inevitably in an unhealthy distortion of the natural order of human instincts, but its unrealistic and indeed impossible——moral demands have made it the breeding ground of falsity and self——deception — : threatening the very possibility of authentic. human existence. A false morality may be the worse form of Immorality. Thus not only has the altruistic morality failed as a moral strategy in the promotion of altruistic values——has man become more loving and kind to his neighbors in the last twp thousand years since the beginning of the moral era? It has perhaps made it more and more difficult to realize them. But that is not all—the fact that the altruistic morality has emerged historically out of the practical need for social solidarity and order makes it perpetually vulnerable to its abuse by the defector ruling or commanding segment of society—whether it be the ruling house, the ruling class, the ruling sex or the ruling party, which imposes on the commanded segment the demand for loyalty and self — sacrifice all in the name of self — lessness and altruism. What most moralists are prone to forget or ignore is that a moral issue is never merely moral but is inextricably situated in all the many — sided complexity of a conditional order which we have termed the command structure of human existence. Indeed morality, understood in its inmost essence, is this command structure of mam.

But suppose all these objections to altruistic morality be accepted, what could serve as a viable alternative? The alternative to altruism as a moral strategy is not its opposite——egoism as implying the rejection of altruistic values. It is to be found rather in a moral strategy that transcends both egoism and altruism——one that is conducive to the authentic realization of the maximal creativity of values. Morality understood generally as the command structure of man is only the means and not the end of human life. We want a morality that yields the whole man in an all — rounded perfection of his wholeness; and we want a society in which altruistic——and other values—are realized authentically and creatively without the pitfalls and trappings of altruistic morality.

These powerful arguments against the historical domination of altruistic morality in human life which we have derived from the great insights of Nietzschean and Taoist philosophy are not, let us point out at once, necessarily our own view on the issues; for they are too complex for us to jump hastily to definite conclusions about them. Perhaps the domination of the altruistic program in morality is an historical accident; perhaps it is only a necessity for the past but not for the future—or perhaps it is only a necessity for the past but not for the future—or perhaps it is an unalterable fate of man—in fact the only viable way man and society can continue to exist. But whatever position that one may take on this issue, we can be sure that its validity must ultimately depend on our understanding of the nature of rightness. This means that we must seek to grasp its li or principle. In Neo – Confucianism, philosophy, as we have mentioned earlier, is described as yi – li chih hsueh—the learning of rightness and principle. The conjunction of yi and li in the phrase yi – li is most apt: for in the final analysis principle can only mean the principle of tightness, while rightness the rightness of principle. Indeed, there can be no human understanding of rightness unless we already place ourselves in the rightness of principle. For the light of the rightness of principle that we are enabled principle through the rightness of meaning – or what we "semantic rightness."

## (6) Semantic Rightness: Yi as Meaning

In the third and last category of rightness yi means meaning or purport—as, for example, that of a word, a phrase, a text. What does meaning have to do with rightness? The answer may be succinctly put: Because it is a form of rightness. The meaning of a word or phrase is that which enables it to function the way it does in a given language or linguistic context. But this purely linguistic usage of the word must have derived from a more fundamental determination—namely, yi as the intention or purport of human conduct. This usage seems to have arisen at the same time as those usages which we have identified as belonging to the stage of morality proper—a stage marked by critical reflections on the nature of moral rightness. Rightness, in other words, comes to mean the meaning of rightness—and then meaning in the narrow, linguistic sense of the word. But all meanings of rightness presuppose the rightness of meaning. What is the nature of semantic rightness? How is semantic rightness related to moral rightness? And to the rightness of being or ontic rightness? Meaning for us is not just a matter of words and language: it pertains rather to the realm of luminosity in general——or, in the language of the I Ching, of what is constituted by the interplay of yin and yang, "darkness" and "light." Now——does not the polarity yin and yang also signify the Broken and the Unbroken? How can we reconcile this seeming inconsistency in our interpretation of this supreme "Twosome" in Chinese philosophy? To answer these questions we have no other choice than by re – entering afresh the Gateway of Tao and Rightness.

**【摘要】** 哲学思想的起源和人的身体有非常密切的关系。我们不妨大胆的说它本来就是"诚曲能明"的人类在创造人文世界的历程中"依身起念，依念作茧"的产物。我们称这具诚曲能明之体为人之"仪体"。"仪"者，人之"义"也；"两仪"相配之得"谊"也。"仪体"就是"道义之体"的意思，也是"两仪之体"的意思。但人之义和天地万物之义是分不开的。此不可分的"一体之义"乃基于道体的"一体之仪"——以两仪为根的"一体之仪"。"两仪"就是道体的"断"与"不断"——也就是易传所谓"刚柔""阴阳"和中庸所谓"诚曲"。任何事物皆是两仪诚曲之表现。而人独诚曲而能明。诚曲乃"方圆"之本（"方"乃曲之"对比"，"圆"乃"方"在诚中之"圆成"）。能明乃"取舍"之本。"诚曲能明，方圆取舍"——这不就是佛家"曼陀罗"（mandala）之本义么？

本文乃是一篇从"仪学"的观点来讨论哲学思想的根源和哲学语言底原始意义的"道义稽古学"。"仪学"乃是探究人文世界"依身缘起"的学问。我们反省的主要对象乃是哲学在人文世界生发呈现的历程中所扮演的角色和地位。而在这个仪学的大课题下我们最该兴趣的乃是道体之"曼陀罗相"在中国历史文化的大传统中所可有、实有、和应有的意义。中国历史文化的传统乃是一"大关怀"传统。大关怀传统的哲学乃是一"主客相融"为"化裁之道"的哲学。中国哲学的精义和特质在哪里呢？在整个人文世界所显示的大曼陀罗相里，中国哲学和其他大传统的哲学又有何本质上的关联呢？这都是仪学所希望解答的问题。

# 9　Moral Humanism in Confucius and Nietzsche: The Conscientious Stance in Philosophy[①]

## (1989)

### I. Consummate Freedom and Authentic Civilization: Moral Humanism As Defined by the Conscientious Stance

"At seventy," says Confucius, "I could follow my heart's desires without doing wrong."[②] If one was asked to give a Nietzschean interpretation of this biographical self – assessment by the great Chinese sage, one would perhaps offer the following observation: Confucius at seventy must have attained the status of an overman, one who has succeeded, morally and spiritually, in overcoming and transcending himself. Having thus overcome and transcended himself, he must have achieved the greatness of authentic human character, no longer burdened in his spirit like a camel by the external restraints or necessities of his existence. Indeed, the camel in him must have transformed itself into the wonderful being of a child in whom necessity in spirit is a matter of spontaneous self – expression, being at every instant at one with himself. Such overman or self – transcendent human being is authentically free.

That Nietzsche denies the traditional doctrine of "free will" in Western philosophy, which he dismisses as simply a theoretical device to provide a justification for the institution of punishment[③]—— a sort of (to borrow a familiar Whiteheadean expression) "misplaced concreteness" —— is well – known, what is relatively unnoticed and certainly not well – understood is his rather unusual, creativistic conception of freedom: namely, "freedom" as the result of internalized restraint or necessity which has finally become instinctive.[④] For Nie-

---

① Presidential Address, ISCP Sixth Biennial Conference, University of Hawaii – Hilo, July 25, 1989, scheduled to be published by ISCP in the proceedings of the conference in 1995.

② Analects, 2—4.

③ Friedrich Nietzsche, The Wanderer and his Shadow (Sec. 23), in Human, All Too Human, trans. R. J. Hollindale (Cambridge: Cambridge University Press, 1986), pp. 312—313.

④ Alexander Nehamas, Nietzsche: Life as Literature (Cambridge, Mass.: Harvard University Press, 1985), p. 47.

tzsche, freedom —— "consummate freedom," as one may call it —— is not a divine gift: it is not something that is pre – given at the beginning of human life, but is something to be achieved, a goal or ideal to be pursued in the course of human fulfillment. Such achievement has essentially the character of aesthetic or artistic appropriation —— that is, of the mastery of internal and external restraints or necessities. Just as an ordinary artisan or craftsman must impose upon himself the disciplinenecessary to the perfection of his art or craft until it becomes a second nature, an integral part of himself, so the "artisan" of human life must appropriate to himself the moral – spiritual necessities of civilized existence if he was to become a master in the one art that truly matters, a master of his own humanity. And a master of humanity is one in whom internalized necessity has finally blossomed into spontaneous self – expression. In the final analysis, the whole Nietzschean philosophical outlook may be said to rest on this conception of consummate freedom, which characterizes for Nietzsche, as for Confucius, the authentic state of human perfection. In the figurative language of Nietzsche's "metamorphosis of the spirit," the perfected human being is as free as a child, which is, of course, Nietzsche's crowning symbol for the overman: [1]

> The child is innocence and forgetfulness, a new beginning, a sport, a self – propelling wheel, a first motion, s sacred Yes.

The overman or consummate human being is "innocent" because he is free from guilt and self – deception; he is "forgetful" because he would not let himself be burdened by excessive memories of the past or of tradition in living the fullness of his soul and existence here and now. He is a "new beginning," a "first motion" and a "sport" because for him every moment of his life is an end in itself to be engaged in afresh and wholeheartedly with his whole being. And he is, finally, a "self – propelling wheel" and a "sacred yes" because he is autonomous and self – determined, containing in himself the source of his own creativity and constituting out of the necessity of his own life the niche of his own freedom. Such a human being must have masterfully woven all that is (given in his life) into a delightfully singular and unique texture of authentic existence. Indeed, in so far as he is uniquely determined and consummately free, his being is joy and eternity itself.

Whatever the differences that one may discover between Nietzsche and Confucius —— and the differences are real and important, as we shall see —— in their respective philosophical outlooks, the belief that "camelish" humanity is transformable into "child – like" humanity —— that the gravity and burden of human existence are not only bearable but can in fact be the very source of joy and happiness —— is, we submit, as central to the one as to the other. But

---

[1] Friedrich Nietzsche, Thus Spoke Zarathustra, trans. R. J. Hollingdale (Middlesex, England: Penguin Books, 1961), p. 55.

joyful existence presupposesstrength. That the author of the doctrine of the "Will to Power" and the extoller of the "Overman" ideal should endorse a philosophy of strength is axiomatic, but that the great Chinese sage who urges us to tread the path of the Superior Man ( chun − tzu ) or the Knight of the Way ( shih ) empowered by the creative energy of *jen*, the life principle in man, is really also an advocate —— though in a less explicit and emphatic manner —— in the philosophy of power and strength, has certainly not been widely acknowledged and sufficiently appreciated. We need only to remind ourselves that in the Chinese tradition Confucian philosophy has always been classified as belonging, in the polar terminology of the I Ching ( Book of Changes ), on the side of yang whose essential attributes are identified as hard and strong. "Heaven in its movement is strength," says an Appendix to the I Ching, "the Superior Man nerves himself ( accordingly ) to ceaseless activity. "① For just as Nietzsche's overman, who in his capacity as "weight − bearing spirit" is strong enough to "long for the heavy, for the heaviest" burden because he rejoices in his own strength, so the Confucian superior man as knight of the Way is no less brave and magnanimous in shouldering his heavy duties and responsibilities while "rejoicing ( every moment of his life ) in Heaven and in knowing his destiny. "② For both the Nietzschean Overman and the Confucian Knight, "destiny," to adapt a Heraclitian expression —— is character "③—— that is, a function of the transformation and consummation of character. And the transformation and consummation of character is essentially a matter of conscience. For a man's conscience is where he strives to appropriate himself, to perfect himself: it is, in fine, the locus of self − overcoming. The centrality of self − appropriation and the necessity of self − overcoming: that indeed is, from the conscientious standpoint, what both Nietzschean and Confucian philosophies are all about.

"I teach you the overman. Man is something that shall be overcome. What have you done to overcome him?"④ In these unforgettable words of Zarathustra is contained the quintessence of Nietzsche's moral philosophy —— nay, one should have said, of the whole body of Nietzschean thought. For if there is any doctrine that may be said to constitute the core of Nietzsche's philosophy, it would be, as Walter Kaufmann so insightfully observes, the doctrine of self − overcoming. ⑤ Self − overcoming, Kaufmann notes, is for Nietzsche the

---

① Hsiang Chuan ( Commentary on the Images ) on the Hexagram Ch'ien ( the Creative ). My translation is adapted from James Legge's translation of the I Ching ( New York: Dover, 1963 ), p. 267.

② Ta Chuan ( Great Commentary ), I: 4.

③ Heraclitus, Fragment 119: "Character for man is his destiny. ". See Kathleen Freeman, Ancilla to the Pre − Socratic Philosophers ( Cambridge: Harvard University Press, 1948 ).

④ Friedrich Nietzsche, Thus Spoke Zarathustra, p. 41.

⑤ Friedrich Nietzsche, Thus Spoke Zarathustra, p. 41.

common essence of all moral modes. ① "A table of values," says Nietzsche, "hangs over every people. Behold, it is the table of its overcomings; behold, it is table of its will to power. "② Clearly then, the will to power for Nietzsche is the will to self − overcoming which, like *jen* in Confucius, functions in his philosophy as the life principle in man —— and that is, as with the Confucian *jen*, what constitutes the essence of morality. It might be said for Nietzsche that morality in the sense of a prescriptive, ethical system of norms and standards is simply the objective expression or manifestation of the human reality and strategy of self − overcoming which, deeply understood, is not only of the essence of morality —— of all "tables of values" —— but most emphatically of the very essence of man himself. Indeed, when the term "moral" in Nietzsche's philosophy is adequately grasped, there would be little difference between the nature of man and the nature of morality. For in the Nietzschean sense of the term, man is intrinsically a moral animal③—— a characterization to which Confucius would wholeheartedly agree.

"To master oneself and submit oneself to li," Confucius once said, "—— that is what is meant by *jen*. "④ What is the meaning of li and *jen* in the thought of Confucius? The answer, as we see it, may be rather succinctly put: li is what constitutes the civilized order by which our authentic humanity or *jen* is defined. To be more exact, li is the ritual propriety essential to man in carrying out his civilized existence; it is the civilizing factor or element —— the "civilized form," if you will —— that distinguishes man from the beast or other non − human forms of existence. And wherein lies the civilizing function of li? It lies precisely in its disciplinary and transformative power which, in the case of the superior man, is the same as the power of self − mastery or self − command, the power of self − overcoming. Indeed, this capacity for self − mastery is what distinguishes for Confucius the superior man from the "small man" ( hsiao *jen* ) who, like the dwarf to Nietzsche's overman, fails to overcome himself.

"Man is a rope, tied between beast and overman —— a rope over an a-byss. "⑤ The "rope" that Zarathustra speaks of here is none other Nietzsche's symbol for "authentic civilization" —— that is, the civilizing process whereby subhuman nature is transformed into authentic humanity. Much like Confucius, Nietzsche is a philosopher whose thinking is ultimately determined by what may be called the "conscientious stance" in philosophy, by which is meant a philosophical attitude which recognizes the primacy and centrality of civilized human

---

① Walter Kaufmann, Nietzsche: Philosopher, Psychologist, Antichrist ( Princeton, N. J. : Princeton University Press, 1974 ) , Chapter 7, pp. 211—227 passim.

② Friedrich Nietzsche, Thus Spoke Zarathustra, p. 84.

③ Friedrich Nietzsche, Thus Spoke Zarathustra, p. 84.

④ Analects, 12: 1.

⑤ Friedrich Nietzsche, Thus Spoke Zarathustra, trans. Walter Kaufmann ( Middlesex, England: Penguin Books, 1978 ) , p. 14.

character. A "conscientious philosophy" is one who takes most seriously the possibility and problem of authentic civilization, understood as the transformation and consummation of human character by virtue of the civilizing process. To the conscientious philosopher, the perfection of human character is not only an end in itself, but is the ultimate end for man. Thus defined, a philosophy which is grounded on the conscientious stance is inevitably oriented towards the position of "moral humanism" ——— a position which equates human creativity with moral creativity. More exactly, such philosophy is described as "moral" because it emphasizes the necessity of self – overcoming, and it is identified as a "humanism" because it attributes the power of self – overcoming to the creative, self – transformative power of man. Humanism is the belief that the appropriation of man is essentially determined by man himself, and that the perfection of human character is achievable here and now ——— in this life, in this world and within the context of civilized existence. Man appropriates himself ——— or as the Existentialist Sartre puts it, "man is what he makes himself."① Although Confucius does recognize the dimension of Transcendence in his philosophy in the name of Heaven and the Mandate of Heaven, one can be certain that for him as for Nietzsche and Sartre, it is man himself who contributes decisively to the tao or meaning of his own humanity. "It is man that can make the tao great," Confucius insists, "and not the tao that makes man great."② For the tao which constitutes and defines the Way whereby man attains to his intrinsic ownness or authentic being is indeed man's own making. This spirit of self – reliance as rooted in the conscientious stance is most forcefully and vividly articulated by Nietzsche in the following passage:③

> One thing is needful: "To give style" to one's character ——— a great and rare art! It is exercised by those who see all the strengths and weaknesses of their own natures and then comprehend them in an artistic plan until everything appears as art and reason and even weakness delights the eye.

The art of being human ——— This is certainly not an idea that is foreign to Confucius: "The hundred artisans work in their works to perfect their craft. The superior man studies to reach to theutmost of the Way."④ And

---

① Jean Paul Sartre, "Existentialism is Humanism," in Walter Kaufmann, ed. Existentialism from Dostoevsky to Sartre, rev. ed. (New York: New American Library, 1975), p. 349.

② Jean Paul Sartre, "Existentialism is Humanism," in Walter Kaufmann, ed. Existentialism from Dostoevsky to Sartre, rev. ed. (New York: New American Library, 1975), Analects, 15: 28.

③ Friedrich Nietzsche, The Gay Science, trans. Walter Kaufmann (New York: Vintage Press, 1974), 4: 290, p. 232.

④ Analects, 19: 7, in Wing – tsit Chan, A Source Book in Chinese Philosophy (Princeton, N. J.: Princeton University Press, 1963), p. 48.

what can the "utmost of the Way" be but the perfection of one's own u-
nique and authentic character ( te ) which in the Confucian language is also
called *jen*, meaning the completion of one's own humanity? Even the Nie-
tzschean vision that in an authentic life "everything appears as art and reason"
is also anticipated —— at least by implication —— by Confucius. The later,
Neo－confucian concept of li ( reason, principle) construed as a transcend-
ent entity which one may entertain in complete separation from human life
and the concrete process of moral achievement is really a deviation from the
original intent of the Master. This is because for Confucius as for Nietzsche,
reason is not separable from art. As a matter of fact, in so far as human life is
concerned, reason is simply an integral part of art: for the controlling princi-
ple in the process of human self－becoming is as much art as it is reason. It is
indeed in the masterful unity of art and reason that man makes himself by
means self－overcoming, creating from out of himself his own creature ——
his te or authentic character. Here "out of himself" means —— to continue
in our employment of the artistic metaphor —— out of the raw materials or
givenness that constitutes the "substance" or natural endowment of a human
being. For both Confucius and Nietzsche, the art of self－mastery and self－
becoming is basically an art of self－refinement, which is as much a matter of
aesthetic harmony as it is a matter of rational organization and control. This
unity of art and reason is implicit in the Confucian doctrine of li or civilized
form, in spite of its rigid formulation in traditional Confucian scholarship
which has tended to obscure its true meaning. Whether or not Confucius
would agree with Nietzsche that "there are no moral facts whatsoever" and
that "morality" in the sense of a prescriptive, ethical system of values, norms
and standards, is only an interpretation,[1] it remains true that for Confucius
the meaning of civilized form in any given situation of life is never something
absolutely predetermined, but is always something to be contextually inter-
preted in accordance with its unique set of circumstances. Indeed, moral in-
terpretation, the interpretation of the pertinent civilized form by the self－o-
vercomer —— whether he be the Confucian chun－tzu or the Nietzschean
Overbermensch —— is precisely what unifies art and reason in the civilizing
process of moral/human creativity. As such, all moral interpretations are ve-
hicles of the life principle in man or —— more specifically put, are derived
from the yearnings and demands of self－love, whether it be ego－restricted
or universalized. The satisfaction of self－love —— that is what morality is
all about, because that is, ultimately, what life is all about.

---

[1] Friedrich Nietzsche, Twilight of the Idols, "The Improvers of Mankind," in R. J.
Hollindale ( trans. ), A Nietzsche Reader ( Middlesex, England: Penguin Books, 1977 ), p. 119.

## II.  Ownness, Rightness, and Self − love: Self − overcoming as a Matter of Power and Justice

Now in so far as Nietzsche is concerned, the satisfaction of self − love means essentially satisfaction of the will to power, whereas for Confucius it is obtained through the vital yearnings of *jen*. The difference between the two thinkers lies in the difference in their understanding of the life principle and the nature of power that is embodied in it. Nietzsche sees the power of life as fundamentally a power of contention and competition, a power that thrives on the distantiating tensions of severance and otherness. While Confucius is by no means blind to the contending mode of power ( how could he in light of the treacherous Spring and Autumn Era in which he lived), he is nevertheless convinced that inherent in the power of life is also the source of order and harmony, because he sees life ultimately from the perspective of belonging and kinship. If the will to power is in truth the will to strive and to excel, then the will of *jen* is in gist the will to nourish and to bond. These are, to be sure, diametrically opposed conceptions of the reality of life and power. And yet in spite of this seminal difference between their interpretations of the modality of power in life, both thinkers conceive the life principle as fundamentally a principle of justice, and of the power of life as at bottom a power of self − transcendence. Understood ontologically, "justice" is the fulfillment of being in response to the demand of self − love. For both Confucius and Nietzsche, we submit, the demand of self − love is at heart a demand of self − transcendence —— which is what defines for both thinkers the meaning of justice in man.

Viewed from this standpoint, all moral interpretations, as we have put it, are the vehicles of the life principle. Nietzsche sees clearly that moral interpretations are no mere intellectual matter but are intimately connected with our own character, our own way of life. Since Nietzsche believes all life —— indeed the world as a whole, for that matter —— is at bottom nothing but the will to power, our moral interpretations are ultimately essential expressions of our will to power, for it is primarily through them that we impose our own values and aspirations on other people and the world as well as on our own selves. In other words, what kind of moral interpretations we have will depend on what kind of human being we are and what kind of life we are capable of leading —— and that is ultimately a function of existential strength and power, at once the substance and measure of self − love.

The will to power is the "will to accumulate force" —— the "will to appropriate, dominate, increase, grow stronger."[1] For Nietzsche the ultimate driving force in life is not self − preservation but self − transcendence, which

---

[1]   Friedrich Nietzsche, Will to Power, trans. Walter Kaufmann and R. J. Hollingdale ( New York: Vintage Press, 1968), 689, p. 367.

means for him the desire to be elevated into a stronger or more powerful state of existence. The acorn sacrifices itself in becoming the oak —— that was cited by Nietzsche as an example of the will to power, presumably because the oak is a more complex or organized form of life than the acorn, therefore more powerful —— inasmuch it takes a greater quantity of power to maintain a more complex or organized order. ① Self − transcendence is indeed for him the very meaning of self − love. Clearly from this example we can see that the will to power as Nietzsche understands it is intended to play the same role as what in traditional philosophy is describable as the "principle of realization." In so far as the will to power is conceived as a self − directing and self − actualizing creative principle, it is really quite similar, at least formally, to Aristotle's concept of entelecheia and what in classical Confucianism is called ch'eng, usually translated as "sincerity." In the Chung − Yung (Doctrine of the Mean), ch'eng is clearly understood as a "self − directing" power inherent in the nature of man the activation of which will lead to the completion or consummation of his humanity (jen). Understood metaphysically, ch'eng is the cosmic principle of realization which, like Nietzsche's will to power, is what makes possible the self − transcendence of the acorn in the oak, of the caterpillar in the butterfly, and of the human beast in the authentic, civilized human being. For the principle of realization is the principle of self − transcendence.

In transcending itself what a being or organism realizes is its intrinsic ownness; in other words, the essential meaning of self − transcendence is self − appropriation. If we keep in mind that the sense of "appropriate" or "proper" is contained in the meaning of the verb "to appropriate," then self − appropriation is not just a matter of self − realization or self − procreativity but a matter of "rightness" —— "intrinsic rightness." To become oneself, to make oneself one's own: that indeed is the most appropriate, proper and right thing for one to do.

This intimate connection between intrinsic ownness and intrinsic rightness is, no doubt, one of the most deeply ingrained elements in all philosophical thinking —— especially in philosophies grounded on the conscientious attitude as, for example, in the case of Nietzsche and Confucius. Placing the self − appropriation of man at the center of their philosophical concern, both thinkers look upon man's conscious striving towards intrinsic ownness or authentic being as his sacred vocation. For both philosophers, genuine philosophical thinking is, and ought to be, an integral factor in the human quest of intrinsic rightness.

The problem lies, of course, in how the conscientious affair or enterprise of self − appropriation is to be in terpreted and executed. Wherein lies the possibility of self − realization? What constitutes the dynamic mechanism in the self − procreativity or self − transcendence of man? These two questions, complex though they are, are capable of a rather definite formulation in the thoughts of Nietzsche and Confucius. For both thinkers the conscientious enterprise is at

---

① Walter Kaufmann, Nietzsche: Philosopher, Psychologist, Antichrist, pp. 242, 255.

bottom the same as the enterprise of what we have called "authentic civilization" —— a term which would mean for both the self – overcoming of man. What is being overcome in the civilizing process is the beast man —— that is, man in his original givenness. The essence of authentic civilization lies therefore in the "taming of the beast man,"[1] in the creative – procreative transformation of the animal nature of man into authentically civilized and yet creatively vital humanity. But what is the nature of the beast man? What is essentially involved in the process of "taming" —— in the self – transforming, self – appropriating process of authentic civilization? What, after all, is man the self – civilizer?

The last question may be answered first for both thinkers before we address ourselves to the others. For the answer in each case may be conveniently summed up in one word. For Nietzsche, that word is Eros: for Confucius it is, of course, Jen. Let us observe at once that these two terms are to be taken here not as unequivocally defined signifiers but as primary symbols for a perspectively ordered complex of meanings predicable of the civilizing process in its entirety. Thus understood, what can be said of the relationship between Jen and Eros, as representing, respectively, the Confucian and the Nietzschean perspectives of the civilizing process —— and of man the self – civilizer? What do these two perspectives have in common? And how do they differ?

To begin with, the most important —— and at the same time most interesting —— point to observe is that both eros and jen carry the basic meaning of love. When Nietzsche defined love as "the spiritualization of sensuality," he had in mind not Christian love but the Eros in Plato's Symposium, a dialogue devoted entirely to the subject of love. [2] Similarly, love is also the central theme in Confucius's discourse on jen as recorded in the Analects. Once Confucius was asked about jen, the Master replied: "It is to love man."[3] Whatever the difference between the Confucian and the Platonic/Nietzschean interpretations of love, they share this fundamental recognition with respect to its intentionality: namely, that all love is first of all a love of self before it can be a love of another person or object. Indeed, what we have called the conscientious enterprise of self – appropriation must be recognized as founded ultimately upon this primacy of self – love.

I love myself—— that is why I want to appropriate myself, to make myself truly and wholly my own. Self – love then is only possible within the self – integrating power of ownness. In the Analects, the intrinsic quality of this self – integrating power is called chung, the loyalty or truthfulness of a self towards itself. This "self – loyalty" is really a form of justice. For to be loyal or true to oneself out of self – love is to do justice to oneself, to one's ownness of being.

---

[1]   Friedrich Nietzsche, Twilight of the Idols, "The ' Improvers of Mankind," in A Nietzsche Reader, p. 119.

[2]   Walter Kaufmann, Nietzsche: Philosopher, Psychologist, Antichrist, p. 231.

[3]   Analects. 12: 22.

But in doing justice to myself, I am not only acting on my own behalf, but also acting on behalf of the principle of justice of which my own self − loyalty and self − justice is a concrete examplification. But to act on behalf of the principle of justice is to aim at the universalization of justice —— that is, to extend the principle of justice to beings that are not myself. This extension of justice beyond the ownness of self − loyalty is what in the Confucian language is called shu, loyalty towards the non − self. Chung and shu are thus inseparable polar qualities. Together they define the meaning of justice in self − love. Justice is the validity of love: the polarity of justice arises from the polarity of self − love.

The principle of justice as defined in terms of the polar qualitieschung and shu —— the "conscientious polarity," as we may call it —— is recognized by Confucius's disciple Tseng − tsan as forming the "one thread" running through the Master's way and thought. ① Since the way of Confucius is simply the way of jen, the way of authentic, civilized humanity, the principle of justice in the sense above defined is the principle of jen. Thus the expression "to love man" must be construed properly as implying both sides of the conscientious polarity; otherwise one is apt to forget that chung is the foundation of shu —— self − love is the basis of all love. Furthermore, the term "man" (jen) must be understood as referring to human beings not only individually and collectively, but also in the common essence of their organized humanity. As we see it, "to love man" actually means to love man as such and as a whole —— that is, to love others as well as myself in the concrete wholeness of our authentic, civilized humanity. To love man and to love jen, in other words, are one and the same thing. Such love of jen is much more than a matter of human heartedness —— much more than rendering assistance to the needy or showing sympathy or commiseration towards the suffering of others. For the object of love is not so much man in relation to his happiness but man in relation to his perfection —— that is, our perfection. What is foremost in the mind of Confucius —— as also in that of Nietzsche —— is the perfection of human character and not the reduction or elimination of human suffering, which may not even be a desirable thing. To love man is to do full justice to him by making it possible for him to realize his intrinsic ownness, which can only be attained in the perfection of character and not through the acquisition of happiness (unless, of course, the latter is defined in terms of the former). This is what Confucius has in mind when he describes a man of jen as one who "wishing to establish himself, establishes others, and wishing to be prominent himself, also helps others to be prominent. "② What the man of jen wishes to establish for himself and be prominent in is none other than his genuinely human character —— that is, his authentic, civilized humanity. The above statement gives us the most succinct explication of the fundamental meaning of jen and love in the Analects. Actually, it is simply an elaboration

---

① Walter Kaufmann, Nietzsche: Philosopher, Psychologist, Antichrist, 4: 15.

② Walter Kaufmann, Nietzsche: Philosopher, Psychologist, Antichrist, 6: 28.

of the conscientious polarities of chung and shu, the Confucian version of the principle of justice.

Although Nietzsche almost certainly does not recognize that self − lovenecessarily entails the love of others, that we as human beings are also responsible for the humanity of other human beings, there is no question that for him, too, love towards other human beings, however noble that may be, is —— when it does occur, inseparable from self − love. Indeed, one of Nietzsche's most poignant attack on traditional/Christian morality is the identification of moral goodness with the so − called "unegoistic" or "altruistic" actions, such as exemplified in a mother's devotion to her child, a soldier's dying for his country or a martyr's self − sacrifice for his cause or principle. "Is it not clear," Nietzsche contends, "that in all these instances man loves something of himself, an idea, a desire, an offspring, more than something else of himself, that he thus divides his nature and thus sacrifices one part of it to the other?"① Since such "self − division" is essentially a sel − relating act, Nietzsche denies the possibility of unegoistic actions, noting that "the inclination for something (wish, impulse, desire) is present in all the above − mentioned instances; to give in to it, with all the consequences, is in any event not unegoistic."②

This ability to divide himself, to sacrifice one part of himself in order to realize another part of himself, is, of course peculiar to the being of man which Nietzsche characterizes by the German word Geist or Spirit. "Spirit," Nietzsche states, "is the life that cuts itself into life."③ The "self − cutting" of the Spirit is what Nietzsche means by "self − overcoming," of which the aforementioned "self − division" is its concrete manifestation. Man divides himself, is constantly at war with himself in order to overcome himself or transcend himself —— that is the way man must follow in order to do justice to himself, to possess himself in self − love. It follows that self − violence is the essential condition of self − justice. Nietzsche's philosophy of man would be quite unintelligible apart from this profound recognition: that self − love is at the basis of all love and that there can be no self − love without self − division, self − contest and self − violence —— that is, without self − overcoming. But, for Nietzsche, to speak the language of self − overcoming is to speak the language of strength and power and of the will to power —— a language which, as we have noted earlier, is also implicit in the moral philosophy of Confucius.

That Confucius gives tremendous weight to the "magical" efficacy ofte —— the radiative force or power of superior moral character or moral personality is now, thanks to Fingarette, widely appreciated among Western students of Chinese philosophy, but the connection between moral efficacy and the moral

---

① Friedrich Nietzsche, Human. All Too Human, trans. R. J. Hollingdale (Cambridge: Cambridge University Press, 1986), 57, pp. 41—42.

② Ibid.

③ Friedrich Nietzsche, Thus Spoke Zarathustra, trans. Walter Kaufmann, Ⅱ: 8, p. 104.

process of self – mastery remains little understood.  Without such understanding,
one can hardly come to grips with the important fact that for Confucius, as it is
for Nietzsche, the measure of human greatness is power, the power that one ac-
quires through the perfection of character —— which is as much a function of
the civilized forms society and tradition have already provided us as of the inborn
straightness or uprightness ( chih ) in our natural endowment. " Man is born
chih, straight or upright," says Confucius. ① What Confucius means by chih
here is none other than the self – loyalty that we have identified earlier as the in-
trinsic quality of self – love and self – justice —— what we have called the
"self – integrating power of ownness. " The quality of chih then is the defining
quality of ch'eng, the self – directing and self – actualizing life principle or prin-
ciple of realization in man.  In short, chih is what empowers and propels us to
do justice to our own existence, to appropriate ( to do what is most appropriate
to ) ourselves out of self – love and for the satisfaction of self – love.  The ques-
tion now arises, just what constitutes the satisfaction of self – love?  In response
to this question, two basic strands of thought corresponding, respectively, to
two basic perspectives of self – love have emerged throughout the world history
of philosophy: to wit, the " strand of perfection" and the " strand of happi-
ness. "  Surely, man is no less entitled to the perfection of his character than he
has a right to his happiness —— both are open avenues of self – love whereby
man seeks to do justice to himself.  That the perfection of human character is not
necessarily compatible with the acquisition of happiness as conceived by ordinary
people is readily granted by many philosophers.  That is why the attempt to rec-
oncile the two —— to seek the unity of happiness and perfection in an all –
rounded conception of human goodness —— has been one of the greatest temp-
tations in civilized thinking.  The underlying philosophical strategy here is to cur-
tail the demands of human happiness to what is within the limits of the powers of
man —— to make human happiness as well as human perfection equally a matter
of human control.  Is that not the philosophical strategy underlying the Greek
conception of man as epitomized in the thoughts of Socrates, Plato and Aristot-
le, a tradition to which Nietzsche so proudly makes his allegiance?  And is not
the same supreme emphasis on human control likewise exemplified by the classi-
cal humanism of Confucius, Mencius and Hsun – tzu, and of the authors of
Chung – Yung ( Doctrine of the Mean ) and Ta – Hsueh ( Great Learning )?
But to emphasize the importance of human control in the attainment of human
goodness is to emphasize the strength of man, to emphasize the transcendental
tenacity of his will to power, his drive to prosper and grow in creative vitality,
to transcend himself in response to the dictates of self – justice so as to achieve
greater and greater intensity and heights in the satisfaction of self – love.  In the
final analysis, what both the Confucian superior man and the Nietzschean over-
man man have in common is simply this " transcendental tenacity, " as we may

---

① Friedrich Nietzsche, Thus Spoke Zarathustra, trans. Walter Kaufmann, 6: 17.

call it, which constitutes the indispensable condition of human greatness.

## III. The Mechanism of Self – overcoming: Eros, Jen, and the Transformation of the Beast Man

That the possibility of human greatness is, as least in principle, inherent in the being of man is no doubt a tacit assumption underlying the philosophical thoughts of both Confucius and Nietzsche. Indeed, in so far as the transcenden- tal tenacity is contained as a formal condition of the life principle already given in the being of the beast man, one might assert for both thinkers that the original nature of man is good. But "goodness" in the transcendental sense is only a moral possibility, not yet a moral reality, which belongs to man only when the possibility in question is concretely realized. This is what Confucius means when he says that "men are by nature alike, but become apart through practice." Men are alike not only in being governed by the same universal life principle but are also equipped with similar resources for its realization. And yet while all hu- man beings share the same transcendental passion of self – love and self – justice, they differ considerably in the way such passion is expressed and directed in the existential practice of their concrete, individual existence. When all is said and done, the difference in practice among human beings will be a reflection of the difference in their transcendental tenacity —— that is, in the power or strength exhibited in their self – overcoming. And what exactly is to be overcome in man's self – transcendent strivings? For both Confucius and Nietzsche, the an- swer is quite obvious: it is the beast man. But to put it this way is bound to be misleading, for while the beast man is that which is to be overcome in man, he is also the overcomer in man. For the beast man is from the beginning what we are —— and implicitly what we shall always be. It is really the beast man that o- vercomes himself, that tames and masters himself. And the self – overcoming is not to be understood as merely a response to the necessity of human survival, but emphatically also as a response to the challenges of authentic civilization. But how is the beast man to be overcome, tamed and mastered? What resources and avenues are available to man the self – civilizer?

In so far as Confucius is concerned, the answer to the above question, as one may gather from his recorded sayings in the Analects, is to be derived from two primary sources: the tradition of li or civilized forms —— which means for him the li of Chou wen or Chou civilization —— representing the accumulated wisdom of mankind and the inborn uprightness of man's natural endowment —— or, more specifically, the transcendental tenacity inherent the vital power of Jen as Tseng – tzu so succinctly formulated in the conscientious polarity of chung and shu. Confucius almost has as much faith in the soundness of Chou wen as he has in the natural power of self – love, of the life principle in man. What he saw so admirable in Chou wen was the "soundness" in its approach to the thorny problem of authentic civilization. In the eyes of Confucius, Chou

wen was admirable not only for the nobility of its humanistic spirit —— the spir-
it of human self — reliance in the appropriation of human destiny, but also for its
realistic and unpretentious emphasis on kinship relation in formulating its moral
program of civilizing humanity, which appears no doubt to Confucius as the
most natural and reasonable and —— so he also hopes —— the most effective
avenue in promoting the desired extension of self — love. But to emphasize kin-
ship relations in the process of human transformation is to emphasize the social
character of our humanity. The taming of the beast man and the perfection of
human character is thus for Confucius an ineluctably social or communal affair.
Furthermore, since the extension of self — love and justice is constitutive of the
very meaning of authentic, civilized humanity, the practice of righteousness is an
integral —— indeed the most essential —— component in the quest for moral
perfection.

The question now arises: Although Nietzsche would certainly join Confucius in exalting the humanis-
tic spirit of self — reliance, he would definitely not share Confucius's faith in the
wisdom of cultural traditions; nor would he appreciate the central importance of
the family and kinship relations in the civilization of man. Although both Con-
fucius and Nietzsche define authentic humanity in terms of the perfection of
character, the meaning of perfection is not the same for both philosophers be-
cause of the fundamental difference in their respective ideals of authentic humani-
ty. The Confucian image of the ideal man as embodied in the idea of chun — tze
or shih is that of a perfected familial∕communal man, whose authentic manhood
is essentially determined by the fulfillment of his ethical responsibilities and obli-
gations to the civilized community to which he intrinsically belongs. The ideal
human being for Nietzsche is, on the other hand, basically a perfected heroic∕
creative individual who —— as Nietzsche envisages it through the language of
the overman —— owes his authentic humanity primarily to his own creative
power and freedom. The crucial difference between the two conceptions of ide-
al humanity is simply this: while the perfection of character is ultimately a func-
tion of righteousness for the Confucian superior man, there is no necessary con-
nection between them in the case of the overman in Nietzsche. For what mat-
ters for the heroic∕creative individual is not, as for the familial∕communal man,
the extension of justice —— what defines the essence of righteousness, but the
pursuit of excellence.

The question now arises: what bearing does this crucial difference between
the two paths of human perfection have on the problem of self — overcoming?
Whether one follows the "ethical" path of the familial — communal man in the
extension of justice or treads the "aesthetic" path of the heroic∕creative individ-
ual in the pursuit of excellence ( to borrow a somewhat Kierkegaardian distinc-
tion here), the problem is substantially the same: the beast in man must be o-
vercome if he is to realize his authentic, civilized humanity. But how is the ta-
ming of the beast man to be accomplished? What distinguishes between the ethi-
cal and the aesthetic tasks of self — overcoming? "Master yourself and submit

yourself to li——that is how the problem of self – overcoming is formulated in the Confucian language of jen. "Give style to your character" and "organize the chaos" of your impulses and passions —— that is the task of self – overcoming in the Nietzschean language of eros. How then does a man of eros differ from a man of jen in the task and process of self – overcoming?

If Kaufmann's interpretation of Nietzsche is to be trusted, then the key to the whole problem of self – overcoming in Nietzsche's philosophy can be captured in one word: sublimation —— which is what he has in mind when he defines "love" (eros) as the "spiritualization of sensuality."

Could this be also what Confucius basically have in mind in highlighting the meaning of jen in terms of submission to li? Surely, since li as the transformative principle in the life of jen and sublimation as the transformative principle in the life of eros both aim at the taming of the beast man, the meaning of "transformation" in the two languages must have something in common. But just what is it that they have in common? And, what is more, just how does the perfection of character attained through the civilizing function of li differ from the perfection of character obtained through the ordering of sublimated impulses? To what extent and in what manner is li involved in the process of sublimation? Moreover, if power in the contending mode and power in the bonding mode are equally evident in the reality of human life, what roles do they play and how are they operationally related in the transformational process?

These are enormously complex questions which must fall beyond the limited scope of this paper. What we need to point out here for the conclusion of this paper is this: the relation between li and sublimation as transformative principles will depend fundamentally on how the beast man is conceived in one's philosophical framework. For Nietzsche, the beast man is at bottom a chaotic field of warring drives, impulses and passions; the problem of sublimation is for him basically a problem of creative transformation whereby the initial state of chaos is removed or overcome in increasingly more organized states of order. Although how order can be generated from the initial chaos remains obscure in his account, Nietzsche is quite unambiguous about the primordial chaos in his conception of human nature. By contrast, Confucius's belief in the inborn uprightness of man would seem to point towards a conception of immanent order in the original constitution of man —— a conception that eventually finds its most explicit formulation in the thought of Mencius. Just as the ripening or flowering of organic life is directed and regulated by its internal biological law immanent in the very nature of the seed, so the moral – spiritual principle of human perfection is, in the organismic language of Mencius, already latent in the original nature of man. But the very notion of the "original nature" of man is ambiguous. Unlike Mencius, who relies heavily on the organismic model of biological growth in formulating his theory of human nature, the dominant metaphor underlying Nietzsche's thought about life and world is the aesthetic model of artistic or literary creation. For Nietzsche, man's original nature is more like the marble

to the sculptor than the seed to its cultivator. But then where does the sculptor
or cultivator of human life come from? What is the relation between the sculptor
and the marble in the artistic model or the relation between the seed and the cul-
tivator in the organismic model? How can one be both the seed and the cultiva-
tor or both the raw material and the artisan? What do they really represent?
Since both the organismic and the artistic models or metaphors have been exten-
sively employed throughout the history of philosophy in man's investigation of
himself, these questions deserve our full − fledged attention and exploration, al-
though such undertaking cannot be attempted here.

# 10　Moira and Ming:
# A Comparative Study[①]

## (1989)

### (1) The Problem of Destiny: Center of All Thought

All thinking is, in the final analysis, destiny − thinking. For thought is essentially problematic; and all problems center around the *Problem of Destiny*. And the problem of destiny is none other than the *Problem of Being and Reality*.

### (2) What is Destiny?

Destiny is what determines the absoluteness of things, that is, through the dialectical unity of Being and Reality, the two primordial aspects of Destiny. In its aspect of Being, Destiny is the Principle of *Ownness* in Fulfillment, a function of the Creativity in Being. In its aspect of Reality, Destiny is the Principle of Relativity in Fulfillment, a function of the Significance in Reality. In the dialectic unity of Being and Reality, Destiny is the Principle of Absoluteness, a function of the Absolute or Destiny − Itself through the absolute synthesis of Creativity and Significance. In short, Destiny is the Principle of Fulfillment ( Becoming) procuring Ownness, Relativity, and Absoluteness.

The fulfillment of ownness depends on the dialectic synthesis of *Limitation and Openness*. Where there is limitation, there is openness; and where there is openness, there is limitation. *Freedom* expresses the possibility of openness, while *Bondage* the necessity of limitation.

The fulfillment of relativity depends on the dialectic synthesis of *Community and Individuality*. Where there is community, there is individuality; and where there is individuality, there is community. *Authenticity* is the ownness of an individual; *Order* the ownness of a community.

The fulfillment of absoluteness depends on the dialectic unity of ownness and relativity, involving the double synthesis of freedom and bondage on the one hand and of authenticity and order on the other. Where there is ownness, there is relativity; and where there is relativity, there is ownness. Being is ownness in creativity; Reality is relativity in significance.

---

①　This paper was first presented at the Second Annual Conference of the Mid − Atlantic Region of the Association for Asian Studies, Glassboro ( New Jersey), November 10—11, 1973, for the panel on "The Concept of Destiny: East and West." Vol. XX, No − 1 March, 1979

This is the gist of the ontological meaning of destiny.

### (3) Destiny – Itself or the Absolute: The Metaphysics of Destiny

All considerations of destiny must lead to the notion of Destiny – Itself, or the Absolute. The Absolute or Destiny – Itself is the Ultimate Principle of Fulfillment – that is, of Ownness, Relativity, and Absoluteness. As such, it is the destiny of destinies: the common origin and omega – point of all paths of destiny. Being is the Absolute in intension: It is the *Way* of Fulfillment, that is, the Way of limitation and openness, of bondage and freedom. Reality is the Absolute in extension: It is the *World* of Fulfillment, encompassing communities and individual subjects of destiny in the realization of order and authenticity.

In openning Itself to Itself and limiting Itself for Itself, the Absolute posits the World as a Kingdom of Destiny. The consequence of this "Primordial Openning" (as represented symbolically in the world's "Creation Myths") is the "Transcendental Gap" which consists in the logical – ontological distance between the Absolute and a given subject (individual or societal) of destiny. In the case of the individual, the Transcendental Gap opens as the field of authenticity. In the case of the community (the societal subject), the Transcendental Gap opens as the field of order. In either case, fulfillment consists dialectically in the realization of ownness.

In approaching the problem of destiny, it is of the utmost importance to distinguish between the two theoretical standpoints in determining the meaning of the word destiny – namely, the "standpoint of Immanence" and the "standpoint of Transcendence." The former applies to "destiny" as issue, as fact, as particular; the other applies to "destiny" as source, as principle, as universal. More exactly, the immanent standpoint refers to the "destiny" of a particular subject of destiny, whereas the transcendent standpoint refers to "Destiny" (always capitalized) which may mean either Destiny – Itself or one of its aspects or functions. Thus from the immanent standpoint, destiny means beings = ownness; from the transcendent standpoint.

Destiny means Being = Creativity. From the immanent standpoint, destiny means reality = relativity; from the transcendent standpoint, Destiny means Reality = Significance. From the immanent standpoint, destiny means absoluteness = being X reality = ownness X relativity (X0 here signifies dialectic synthesis); from the standpoint of transcendence, Destiny is the Absolute in Being X Reality = Creativity X Significance. If we let D and X stand for respectively Destiny – Itself and a given subject of destiny, then the particular destiny of X is representable by Dx, the participation of X in D. The difference between D and Dx then expresses the difference between the transcendent and the immanent meanings of destiny. The D in Dx is the transcendent component immanently embodied. Dx belongs equally to D and X, for it is nothing but the self – relatedness of D from the perspective of X.

Thus conceived, the immanent meaning of destiny as symbolized by Dx will provide us the vantage point to the analysis of the problem of destiny. What does D. signify? Fundamentally, it signifies the ownness, relativity, and absoluteness of X as procured by the corresponding principles (functions of Destiny) in D. But all this is implicit in the meaning of the Transcendental Gap (presupposing the Primordial Opening) in which is contained virtually all the perennial problems of philosophy (the problems of limitation and openness, of bondage) and freedom; of individuality and community, of authenticity and order – in short, of destiny in the absoluteness of Being and Reality.

### (4) The Dialectics of Relatedness: Logic of Destiny

Whether in the field of authenticity or in the field of order, the Transcendental Gap as opening in Dx is always a world of dialectic tensions. Dialectics is the logical form of the Absolute in its self – relatedness; and all finite relatedness partakes of the Dialectics of the Absolute. As such, it is logically a function of the four Roots of Dialectics: namely, Identity (or Sameness), Difference (or Otherness), Agreement (or Compatibility), and Opposition (or Incompatibility). From these four roots of dialectics are derivable the four states of dialectics: (a) the State of Affinity (where Identity exceeds Difference), (b) State of Foreignness (where Difference exceeds Identity), (c) State of Harmony (where Agreement exceeds Opposition), and (d) _ State of Contradiction (where Opposition exceeds Agreement). The Logic of Destiny is a function of these four roots and four states of dialectics.

### (5) The Analytics of Destiny: Elucidation of the Meaning of Dx

The foundation of metaphysics and ontology rests on the problem of destiny; and the crux of the problem of destiny lies in the correct interpretation of Dx (the immanent meaning of destiny in which the transcendent meaning is necessarily reflected – and indeed contained). These then are the two major questions for the analytics of destiny: First, what is the meaning of Dx? And secondly, what is – and must be – the meaning of D in Dx? Since Dx signifies, as we have seen, basically the ownness, relativity, and absoluteness of a subject of destiny, then the destiny – analytics must devote itself to the two –fold task of (a) the elucidation of these three moments of destiny (as we may call them) and (b) the identification of the corresponding functions of Destiny in procuring these three moments. Now what function must Destiny (D) perform in order to secure the ownness (Dx) of a subject (x)? To this question, our answer is: It must perform the Causal Function, involving dialectically Affirmation, Negation, Substantiality, and Conditionality – what we call the four roots of causality and ownness. What function must Destiny (D) perform so as to procure the relativity (Dx) of a subject (x)? To this question we answer: It must perform the Contextual Function, dialectically a function of Subjectness, Objectness, Existence, and Essence – what may be called the four roots of contextness and relativity. And finally what function must Destiny (D) exercise for

the attainment of absoluteness (Dx) in a subject (x)? To this we answer thus:
It must exercise the Transcendental Function which consists in the dialectical
synthesis of Bondage, Freedom, Order, and Authenticity — the four roots of
transcendentality and absoluteness. In summary, it maybe said that the moment
of ownness and the Causal Function. define the problem of destiny in its First-
ness; the moment of relativity and the Contextual Function express the problem
of destiny in its Secondness; and the moment of absoluteness and the Transcen-
dental Function constitute the problem of destiny in its Thirdness. Let us also
deal with them in that order.

## (6) The Problem of Destiny in Its Firstness: Dx as Ownness and the Causal Function of Destiny

In its aspect of Being, Destiny is the Principle of Ownness in fulfillment,
which takes the form of the "Causal Function" — a combination of the *Dagger*
and the *Setter* of Destiny. More exactly, the Causal Function consists in three
phases of dialectical synthesis: (a) the dialectical synthesis of Affirmation (real-
ized lot) and Negation (excluded lots) procuring Limitation — this is the func-
tion of the Dagger; (b) the dialectical synthesis of Substantiality (internal
groundedness) and Conditionality (external groundedness) procuring
Openness — this is the function of the Setter; and (c) the dialectical synthesis of
Freedom (the possibility of Openness) and Bondage (the necessity of Limita-
tion) in the Creativity of Being — this is the Causal Function in the logical unity
of the Dagger and the Setter.

Let us elaborate. The ownness of a subject (D,) is capable of a "presenta-
tional" and a "dynamic" meaning. The former is defined by its limitation; the
latter by its openness. Achilles (a subject of destiny) died young rather than
lived to an old age. That is a statement of his "limitation" — that is. his
"being — this — rather — than — thatness" which, for*ming* "cut — character" his
being (ownness in the presentational sense) is due to the Dagger Function of
Destiny. The Dagger of Destiny performs an act of "ontological decision,"
namely, a concomitant act of affirmation and negation, affir*ming* the lot that is
due him (to die young) and negating that lot (or lots) that he could or might
have had (to live to an old age).

Now whereas Limitation is definable in terms of the rather — thanness of
Being — the invisible boundary between lot realized and lots excluded; Open-
ness is interpretable in terms of the such — thatness of Being, the invisible agen-
cy mediating between internal and external groundedness. Every subject of des-
tiny is a substantial something: its "substance" is its power of fulfillment. But
the subject is also a being — in — the — world, the "world" being a repository of
conditions which it depends for the realization of its ownness. Why did Achil-
les suffer the fate he did? The answer is to be found in the dynamic relation-
ship between his substance and his world, which constitute respectively the in-
ternal and the external grounds of his destiny. Achilles was such in substance

and the world was such in conditionality that he was to die young rather than live to an old age. This "such – thatness" of Being which defines the ground-ness of the Ground (substance and world) is what we mean by "openness." The Ground is by nature "open," being always pregnant with the potentialities of fulfillment. But the openness of the ground has an indefinite character; it becomes definite by virtue of the Setter Function of Destiny. Mediating be-tween internal and external groundedness, Destiny (as the Setter) sets up the stage, as it were, on which the subject is to play out its role in the ever – going Drama of Destiny.

What is the relationship between limitation and openness, and correspond-ingly between the Dagger and the Setter? What is the exact meaning of the Causal Function in which the Dagger and the Setter Functions, the presenta-tional and the dynamic meanings, are united? Before we arrive at the answer, let us first, for the sake of clarity and precision, give our ideas a symbolic for-mulation.

Let $x$ = a given subject of destiny – Achilles

$L_x$ = the Lot of x actually realized by virtue of the Affirmation of Destiny – to die young

$L_x'$ = the Lot (s) that are possible for x but actually excluded

by virtue of the Negation of Desting – to live to an old age $(L_x \downarrow L_x')$ = the Limitation or Cut – character of x which defines the presentational meaning of ownness, the "cut" in question being represented by the downward arrow " $\downarrow$ " separating off $L_x'$ from $L_x$ in actuality – the fact that Achilles died young rather than lived to an old age

DAG = the Dagger of Destiny, procuring limitation by an act of ontologi-cal decision

Then the Dagger Function (or Rather – thanness of Being) may be deno-ted by the expression DAG $(L_x \downarrow L_x')$, DAG is an aspect of D, and $(L_x \downarrow L_x')$ an aspect of x. To continue,

Let $S_x$ = the Substantiality or Internal Groundedness of x, S being the Sub-stance or Internal Ground of Destiny – the body and soul of Achilles; his nature and inclinations as partially determining his lot

$W_x$ = the Conditionality or External Groundedness of x, W being the World or External Ground of Destiny, that is, the sum – total of conditions (man – made, natural or supernatural) relevant to the fulfillment of x – repre-sented in Homer by the Will of Zeus

$(S_x \uparrow W_x)$ = the Openness of x which defines the dynamic meaning of ownness, the "opening" of the Ground being represented by the upward arrow " $\uparrow$ " which designates the interactivity of Substance and World – the lot of A-chilles in the state of potentiality

SET = the Setter of Destiny, procuring openness from groundedness

Then the Setter Function (or Such – thatness of Being) may be denoted by the expression SET $(S_x \uparrow W_x)$, where SET is an aspect of D, and $(S_x \uparrow W_x)$

an aspect of x.

Now limitation implies openness, and openness limitation. Limitation is prior to openness in the sense that the decision is prior to the execution. On the other hand, openness is prior to limitation in the sense that potentiality is antecedent to actuality. Yet in the unity of destiny limitation and openness imply each other; they are – and correspondingly the Dagger and the Setter Functions –logically equivalent. But this is more than a mere formal equivalence; it is a *dialectic equivalence*. What from the standpoint of immanence is called the "unity of ownness" is, from the standpoint of transcendence, the "unity of causation." And wherein lies the causal unity of Destiny? It lies in the unity of. the Creativity of Being through the dialectic – 'synthesis of Freedom and Bondage. If we let the two – way arrow "$\longleftrightarrow$" and the abbreviation "CRE" stand for respectively the idea of dialectic equivalence and the Creative Function of Destiny, then what follows gives – us the complete statement of what we call the "Causal Function":

$$D_x = CRE\,[\,DAG\,(L_x \downarrow L_x') \longleftrightarrow SET\,(S_x \uparrow W_x)\,]$$

Briefly, this symbolic expression states that the destiny and ownness of x is a function of the Creativity of Destiny – Itself procuring the causal unity of its limitation and openness through a dialectic synthesis of the Dagger and the Setter Functions.

### (7) An Application of the Causal Function (Ⅰ): The Idea of Destiny (*moira*) in Greek Thought

The idea of destiny in Greek thought is to be found in the complex of meanings belonging to the word *moira* and its associates. This complex of meanings, when interpreted properly, turns out to be an examplification of the Causal Function.

(a) $L_x$: The word *moira* means originally part, share, or portion (as opposed to the whole). Derivatively it means one's part (share, or portion) in life –hence one's destiny or fate in the sense of lot (*lachos*) actually realized.

(b) $L_x'$: The words *moira* and moron, death, are sometimes interchangeable. As long as the subject is actually living, death is always the *other* alternative.

(c) $L_x \downarrow L_x'$: The word *moira* is closely connected with the word *dasmos*, which means distribution or division. From the standpoint of the subject (x), *moira* consists in the contrast between lot affirmed and lot (s) negated. Anthropologically speaking, this core meaning in the Greek conception of destiny has its origins in the distribution of landholding (*kleros*) and privilege (*geras*).

(d) DAG: One of the three *moirai* or Goddesses of Fate is called Lachesis (derived from *lachos*), which means "the Dispenser of Lots." This is clearly a personification of the Dagger of Destiny.

(e) $S_x$: In Homer at least, *moira* and *physis* (nature in the sense of "the nature of a being or thing") were sometimes equivalent in meaning. [1] This shows some recognition of the role of substance as the internal ground of destiny. The word *physis* means originally growth — that is, a coming out from the openness of the ground.

(f) $W_x$: In Homer and especially some later poets and philosophers, *moira*, the personification of world — order, was thought of as superior to gods and spirits as well as to men — gods and spirits being personifications of the magically felt powers and forces in the universe largely beyond man's control. Here, the meaning of *moira* is closely connected with the meanings of *dike* (justice), *themis* (custom), and *nomos* (laws) — which, in the beginning, were almost interchangeable. In Homer, however, the "Will of Zeus" and the "Decree of *moira*" were often equivalent expressions. [2] In either case, the role of the world or world — order as the external ground of destiny was recognized.

(g) $S_x \uparrow W_x$: The dynamic relationship between internal and external groundedness can be seen in Homer's treatment of the fate of Achilles. Achilles was offered a choice by Zeus that he would either die young with honor or live a long life without honor. The Will of Zeus here as determining the range of the choice expresses the side of external necessity. But the fact that Achilles was allowed to choose between the alternative lots implies the freedom of self — determination. The fate of Achilles was partly conditioned by the external world and partly his own making.

(h) SET: One of the two other*moirai* or Goddesses of Fate is *Clothos*, which means "the Spinner." This is clearly a personification of the Setter of Destiny. The function of *Clothos* is to spin the threads of life into a definite pattern of destiny (that is, from both the internal and the external grounds).

(i) CRE [DAG ($L_x \downarrow L_x'$) $\longleftrightarrow$ SET ($S_x \uparrow W_x$)]: The remaining Goddess of Fate is *Atropos*, which means "she who cannot be turned." This is personification of the Creative Function of Destiny (CRE), procuring the unity of causation through the dialectic equivalence of the Dagger and the Setter Functions. Why did Achilles suffer the fate he did? The ultimate answer lies in the mystery of Destiny — Itself. What "cannot be turned" is the absoluteness of the Absolute which manifests itself in the unity of ownness

---

[1]    In one sense, *moira* is almost equivalent to *physis* in the Homeric epics. As Hermes shows Odysseus the *physis* of the plant *moly* (od. 10, 303), so Penelope remarks to him that men cannot keep awake indefinitely, "since the immortals have made for mortals a *moira* for each thing." (Od. 19, 591—597) See William Chase Greene, *moira*; *Fate, Good, and Evil in Greek Thought* (Harvard University Press, 1944), p. 14. Compare Penelope's statement with these two lines from the *Book of Odes*: "Heaven produces the teeming multitude/as there are things, there are their specific principles. 天生蒸民，有物有则." (ode no. 279, "Abundant is the Year"; Chan's translation)

[2]    Greene, *op. cit.*, pp. 14—15

and relativity.

(j) $D_x$: The idea of Destiny conceived as the principle of being and own-ness in fulfillment is present in the fact that the three *moirai* presided over rites of birth, marriage, initiation and death.

(k) D: In Greek thought the notion of the Absolute or Destiny − Itself is found in *moira* conceived as the primordial principle of apportionment whereby the gods (especially Zeus, Poseidon, and Hades) received their own status and domains of influence in the universe. [1] In Greek thought the primal genesis consists in the transition from *Chaos* to *Cosmos*, that is, from Disorder to Order (the original meaning of *cosmos*). The primordial opening then was an act of *or-dering*. This is in sharp contrast to Judaic − Christian thought in which the primal genesis is thought of as an act of creation out of nothing.

### (8) An Application of the Causal Function (Ⅱ): The Idea of Destiny (*ming*) in Chinese Thought

What the various meanings of *moira* are to the Greek conception of destiny, so the complex of meanings pertaining to the word *ming* 命 and its associates is to the Chinese conception of destiny. The parallelism between the two modes of destiny − thinking can be established through their comparability in terms of the Causal Function. In the case of *ming*, three clusters of meanings may be identi-fied: (A) *ming* as the distribution of the *Tao* (命者，分於道也), (B) *ming* as the "betweenness" of Heaven and man (天人之際), and (C) *ming* as that which cannot be changed (不可易之謂命). [2] Cluster (A) pertains to the Dagger Function; cluster (B) to the Setter Function; and cluster (C) to the Creative Function. Let us elaborate.

(a) $L_x$: The word *ming* (命) means originally command, order, decree, or mandate. Derivatively it comes to mean one's mandate or role in life − hence destiny or fate. Also *ming* (命), meaning destiny, and *ming* (名), meaning name or title, are sometimes interchangeable (in Classical Chinese). In the ex-pression "the share of name" (名分) we can see how *ming* (命) has come to acquire the meaning of part, share, or portion − the original meaning of *moira*. The Confucian doctrine of "the rectification of names (正名)" is, in the final analysis, really a doctrine of "the rectification of destiny (正命)."

(b) $L_x'$: As in the case of *moira*, *ming* is closely connected with the mean-ing of death. In fact, *ming* does mean death in one of its usage: "*ming* is the limit of life (命，生之極也)."

---

[1]   For a brilliant account of the transformation of the meaning of *moira* in the transition from *mythos* to *logos*, see Cornford. *From Religion to Philosophy: A Study in the Origins of Western Speculations* (Har-per. 1957), pp. 15—16 *et passim*.

[2]   The various meanings of the word ming in this analysis are drawn from Juan Yuan's 阮元 *Ching chitsuan ku* 经籍篆诂

(c) $L_x \downarrow L_x'$: This is *ming* as limitation, the definiteness of being resulting from the distribution of the *Tao* (分於道). As in the case of *moira*, the Chinese conception of *ming* has its historical origins in the distribution of lands (封) and titles (號).

(d) DAG: This is the *Tao* conceived as the Distributor of *ming* (lots).

(e) $S_x$: What *physis* (nature) is to *moira*, so *hsing* (nature) is to *ming*. *hsing* is what Heaven imparts (*ming*) to man (天命之謂性); and *ming* is the measure of man's endowment (命，人所稟受度也). In Chinese, life is ordinarily denoted by either *hsing* − *ming* (literally "nature − destiny" 性命) or *sheng* − *ming* (literally "birth − destiny" 生命). It is interesting to note that *physis* means originally growth or co*ming* − to − be, which is also contained in the meaning of *sheng* (生); and *sheng* is the original meaning of *hsing*.

(f) Wx: In one sense, *ming* means "all that is born between Heaven and Earth (大凡生於天地之間者)." It is the x in Wx, that is, a subject of destiny conceived in its external groundedness, its being − in − the − world. In the phrase "Heaven and Earth," "Heaven" denotes the formal principle (source of order), whereas "Earth" the material principle (the medium of existence). The "Mandate of Heaven" (天命) is the counterpart of the "Will of Zeus" or "Decree of *moira*" − all these are expressions of world − order (Compare: *t'ien* − *ming* 天命 in Confucianism, *ken* − *ming* 根命 in *Tao*ism, and *yeh* − *ming* 業命 in Buddhism).

(g) $S_x \uparrow W_x$: In its dynamic meaning, *ming* is openness, that is, between man and Heaven (Confucianism) or between things (*wu* 物) and Nature (*Tao*ism). Chuang − tzu describes openness as "the process of conferring" (Legge's interpretation): "that which is indeterminately divided and yet without interruption is called *ming* (未形者有分且然无间者谓之命)." 5 In both Confucianism and *Tao*ism, "to know *ming* 知命" is to understand the meaning of openness and to grasp what is authentically open from the ground of one's destiny. But while Confucianism emphasizes the fruitfulness (实) and truthfulness (诚) of human fulfillment, *Tao*ism stresses the "returning − to − rootness" (归根) and spontaneity (无为) of Nature. In the *I Ching*, to know *ming* implies "knowing chi 知机" − that is, knowing the dialectic turning point (*chi* 机) of destiny. In the Yin − yang school, the idea of *ming* acquires the meaning of "cyclical fate" or *yuan* − *ming* (运命), which implies that the openness of destiny is governed by cyclical laws − this in a sense is the counterpart of the Greek conception of *moira* as the Spinner.

(h) SET: The Setter Function in Chinese thought is best described by the phrase *t'ien ming liu hsing* 天命流行 (literally "the flow of the *ming* of Heaven"). Here *ming* refers to the function of Destiny (Heaven) whereby openness is procured and creative energy released throughout the universe.

(i) CRE [DAG ($L_x \downarrow L_x'$) ←→SET ($S_x \uparrow W_x$)]: In Chinese philosophy the Creative Function (CRE) is variously attributed to Heaven, *Tao*, or *I* (易). The relationship between the Creativity of Being and the metaphysical necessity of Destiny is expressed in the *I Ching* ( *Book of Changes* ) in terms of the two opposing meanings of the word *i* 易: namely, between *I* as meaning change or creative transformation and *I* as meaning the unchangeable. The meaning of *ming* in the latter sense of *i* ( "That which cannot be changed is called *ming* 不可易之谓命") is intimately connected with the *shen* ( 神) and *hua* ( 化) of *i* in the former sense. *Hua* refers to the transformation and transformability of Creativity, whereas *shen* expresses the mystery and inscrutability of its operations.

(j)  D$_x$: Destiny as the principle of being and ownness is "the Presiding Geniue of *Ming*" ( 司命之神) in Chinese mythology. Also in Chinese, my *ming* is my ownness.

(k)  D: In Confucianism, Destiny − Itself or the Absolute is *I* or *Tai* − *Ch I* ( 太极). In *Taoist* metaphysics, it is the *Tao* "that cannot be told of." The Chinese conception of the primordial opening is closer to the Greek than to the Judaic − Christian, as can be seen from the Story of P'an − ku ( 盘古).

## (9)  The Idea of Destiny in Greek and Chinese Thought: A Basic Contrast

Destiny − thinking is the crux of all thinking. Difference in destiny − thinking reflects difference in the disposition of soul and inclination of spirit. The similarity or parallelism between the Greek and the Chinese conception of destiny is, as we have seen, remarkable; but there exists a fundamental difference between them in respect of their underlying existential implications. The soul of Greece is governed by the spirit of Wonder and Adventure, while the soul of China is rooted in the spirit of Care and Endurance. This fundamental difference in spirit and soul is definitely reflected in the existential connotations of *moira* and *ming*.

Although both *moira* and razing were derived originally ( as witnessed by their etymology) from the consciousness of limitation and the Dagger Function conceived as an act of distribution, there is this basic difference. *Moira* defines ownness in terms of power and possession: the distribution of *moira* is primarily a distribution of right and privilege. *Ming*, on the other hand, defines being in terms of role and function: the distribution of *ming* is above all a distribution of duty and responsibility.

In this original conception of *moira* one finds already some of the distinguishing characteristics of Western thought: namely, ( a ) the love of Adventure, Conquest, and the Freedom of Action, ( b ) "Entitative Thinking" which emphasizes the independence of existence, ( c ) "Might Thinking" which glorifies the will to power, and ( d ) the "Dialectics of Contradiction" which, assu *ming* the goodness of competition, recognizes the inevitability or necessity of conflict and struggle. These are precisely elements which define the Way of Wonder and Adventure, which, beginning with the Heroic Outlook in Homer, has ever since dominated Western life and thought.

Correspondingly and by contrast these distinguishing features of Chinese thought were already present in the original conception of*ming*: that is, (a) the existential ideals of Endurance, Stability, and the Freedom of Peace, (b) "Aspect Thinking" which emphasizes the interdependence of existence, (c) "Passive Thinking" which denies the will to power, and (d) the "Dialectics of Harmony" which, assu*ming* the goodness of peaceful coexistence, recognizes the necessity of co − operation. And these are exactly elements constituting the Way of Care and Endurance, which, beginning with the Sage − king Outlook in early − Chou thinkers (notably the Duke of Chou), has been the principle of human fulfillment in the Chinese tradition.

## (10) The Problem of Destiny: From Religion to Philosophy

In the history of thought philosophy emerged as the rational justification of destiny. Philosophy is indeed the love of wisdom, but the love of wisdom is a rational love, that is, a love which stems from Reason and for the sake of destiny. Wisdom is knowledge of the truth of destiny. In moral thinking, wisdom is knowledge of the truth of*authenticity*. In scientific thinking, wisdom is knowledge of the truth of *order*. In aesthetic thinking, wisdom is knowledge of the truth of *freedom*. In religious thinking, wisdom is knowledge of the truth of *bondage*. Finally in philosophical thinking properly called, wisdom consists in the knowledge of the truth of destiny as such and in its absoluteness in which the four special kinds of truth are united. Philosophy is intrinsically the self − conscious activity of Reason. It is therefore no accident that the historical beginning of philosophy should coincide with the Dawn of Reason. In both East and West, philosophy arose as the rationalization of religious faith, which implies at once an act of criticism and an act of re − construction. And being an offspring of religion, philosophy inherits from religion not only the problem of destiny, but also its existential sensitivity. Thus the spirit of Wonder and Adventure, so characteristic of the Heroic Outlook in the Olympianism of Homer, became reincarnated in an intellectual form in the Scientific Outlook of Ionian natural philosophy. Similarly, the spirit of Care and Endurance, so pervasive in the Sage − king Outlook of the Proto − Confucianism of Chou − Tan (周公旦 Duke of Chou), continued to be the existential root − principle governing the Moral − political Cosmologism of the Spring and Autumn period. Thus there exists a basic parallelism between East and West (China and Western Europe) in the transition from religion to philosophy. But the difference in existential sensitivity implied therein is a crucial matter from the standpoint of comparative philosophy. For although philosophy is universally (because it is the intrinsic) expression of Reason, it may arise either in response to the demand of Care or in response to the aspiration of Wonder. In the former case, the meaning of philosophy lies in the interrelationship between Destiny, Reason, and Care: that is, the Problem of Destiny is attacked in the spirit of Rational Care. In the latter case, the meaning of philosophy rests on the triangle of Destiny, Reason, and Wonder: that is, the Problem of Destiny is dealt with in the spirit of Rational

Wonder. As we have seen, the one finds examplification in the Chinese tradition of min, the other in the Western tradition of *moira*.

The destiny of thought is the destiny of the thought of destiny. And the destiny of the thought of destiny is an integral part of the over − all destiny of man. What is the meaning of human destiny? What is the role of thought − especially philosophical thought − in the development of humanity? The answer to these and other related questions will go far beyond the confines of this presentation. In the interest of comparative philosophy, let us conclude with a few general observations.

(a) In the care − oriented tradition of *ming*, philosophy first took the form of moral − political philosophy, attacking the problem of destiny in terms of the rational justifiability of political authority and human conduct. In the wonder − oriented tradition of *moira*, philosophy arose in the form of natural philosophy, concerning itself with the rationalization of physical phenomena. This is to be expected in view of the fact that for Care the primary object of concern is man, whereas for Wonder the primary object of concern is Nature.

(b) In the transition from religion to philosophy, the reconstructive function of philosophy is, in the tradition of ruing, more pronounced than the critical function. The opposite is. true in the tradition of *moira*. This is because Care tends to affirm and to preserve, whereas Wonder tends to negate and to destroy.

(c) In both traditions, however, a distinction can be made between a "yang − heritage" and a "yin − heritage." In the Chinese tradition of *ming*, the yang − heritage has its origin in the Proto − Confucianism of Chou Tan (Duke of Chou), while the yin − heritage takes its beginning in the Proto − Taoism of Yang Chu 杨朱. In the Greek tradition of *moira*, the yang − heritage is founded on the Olympianism of Homer, whereas the yin − heritage on the cult of Dionysus. Generally speaking, the yang − heritage is bent on expansion; the yin − heritage contraction. In − the tradition of *ming*, this means respectively the expansion and contraction of Care; in the tradition of *moira*, the expansion and contraction of Wonder. In both traditions, the yang − heritage dominated life and thought at the beginning of history, witnessing the triumph and confidence of the patriarchal society. On the other hand, the yin − heritage, which embodies the spirit of the matriarchal society in an earlier (pre − historical) period, became increasingly powerful later in the historical age in opposition to the yang − heritage, attesting to the impotence and internal weakness of the patriarchal orthodoxy becoming more and more evident. What followed was the happy synthesis of the yang − heritage and yin − heritage and with it the full flowering of culture and thought.

(d) In both the tradition of *ming* and the tradition of *moira*, philosophy moves from an early emphasis on the objective aspect of destiny or the "outward path" to an emphasis on the subjective aspect of destiny or the "inward path." Through the outward path man is attuned to the World − order as his external connection with Destiny − Itself; through the inward path man is attuned to the

Self as his internal connection with the Absolute. In the tradition of *ming*, the turning point from the outward path to the inward path lies in the Confucian discovery of jen and the rational soul of Care; while the counterpart of this is found in the Socratic discovery of eros and the rational soul of Wonder.

(e) What Christianity is to the Classical Tradition of *moira*, so Buddhism is to the Classical Tradition of *ming*. Both Buddhism and Christianity are care − o-riented with a mixture of Ambivalence, that is, between Care and Wonder (due to influence from the Near − Eastern Tradition). But while Buddhism tended to re − enforce the Chinese native sensitivity of Care, Christianity, in being married to the Classical Tradition of Wonder, tended to produce or accentuate the ambivalence and dividedness of the Western soul. For this reason, Chinese philosophy shows a far greater degree of homogeneity and internal consistency than Western philosophy.

# 11 The Way of Care: The Image of the Moral Guardian in Confucian Philosophy

## (1989)

Man is an image − bearer. And the image that bears most heavily upon him − the image that he must endure from the time he becomes self − conscious, is none other than the image he forms of himself. Indeed, there is no civilized endeavor − thought or practice − which is not in some sense a "self − reflective appropriation", that is, an act of *self − representation* and *self − justification* whereby man seeks to measure himself, to take hold of himself, to become himself, in accordance with the dictates or implications of his own self − image. Man is, in essence, the appropriated product of his own "homology": it is the same measure (*homologos*) *which underlines the way he sees* himself and the way he *is*.

This paper is an initial attempt at a homological understanding and reconstruction of Chinese philosophy. Taking advantage of the dual meaning of *homo* in Greek and Latin as well as the multifaceted meaning of the Greek *logos*, we combine in the term homologos or homology the following sets of signification: (a) *homologos* as the study of man (equivalent to *anthropologos*), (b) *homologos* as the image of man, and (c) *homologos* as the same measure. "Homology" then is the study of man in so far as he is the bearer of his own self − image which procures in his humanity an identity of measure between being and understanding, life and thought.

We ask: What has been the dominant homology in Chinese philosophy since its inception in early Chou times? What is the underlying image of man that has impregnated the main streams of Chinese philosophical thought? What are the distinguishing characteristics of the homological paradigm exemplified in Chinese philosophy as contrasted with the homological paradigms governing, respectively, the Greek − European and Indian philosophical traditions? Is there a universally operative homological paradigm − a common order or grammar of appropriation − binding on all paths of civilized humanity and thought? Is there such a thing as an archetypal image of man, a perennial "master image," if you will, that has been borne by man everywhere and at all time? And if the answer to the above two questions is to be given in the affirmative, How is the universal homological paradigm structured by this archetypal image? What, homologically speaking, is the meaning and significance of Chinese philosophy? Or, to put it more specifically, what position does Chinese philosophy occupy in the com-

mon order of appropriation? In what way is the dominant image of man appro-
priated in Chinese philosophy an exemplification or variation of the archetypal
image? What, after all, is the nature of philosophy considered as a homological
discipline? If man is essentially a "homologizer" or homological appropriator,
how does the philosopher stand – and must stand – in relation to the cultural –
historical and philosophical tradition which forms the homological or homologi-
zational background of his thought? And, last but not least, what is the meaning
of all these questions to that which is source of all questioning, the source of
both silence and speech – that is, the ultimate power of Appropriation whereby
all things are as they are?

Needless to say, we are not prepared to answer all these questions in the
limited space of this paper – at least not to the extent or in a manner which the
justice of such questioning demands. For what is intended in this preliminary ho-
mological study is not the formation of a philosophical system but the
*bringing –forth* of a philosophical problematics. In using the word "problematics"
we wish to imply that what we have to say here about those questions – some of
the questions – will remain at the end exploratory rather than definitive. To be
sure, the possibility of the problematics itself does depend on our commitment
to certain underlying presuppositions which form the basis and backbone of our
questioning. Indeed, the laying bare of these presuppositions and the clarifica-
tion of certain insights which emerge from them and of the primary conclusions
that we have tentatively reached in the development of the homological prob-
lematics will suffice to give the reader an indication of what we wish to convey
in this preliminary study.

Man is an image –bearer. This statement must be properly under –stood.
What is an "image"? And in what sense is man an "image –bearer"? The term
"image" here is not to be understood merely in its ordinary or familiar sense,
but must be thought through in its profound homological import: namely, "im-
age" or "imagery" in what we shall call its "whole –some" signification. The
"whole –some image" is what pertains to the integrity or health of our humani-
ty, for it is what is reflective of the inner connection between being and under-
standing, life and thought. More specifically, the "whole –some image" is de-
finable as the quintessence of man's concentrated or integral *experience of being* in
which man is engaged – consciously or unconsciously, explicitly or implicitly,
directly or indirectly – in an effort or attempt to take hold of himself or of what
is not himself, the other (other people, other things, nature, transcendence) in
its otherness. It is indeed this concentrated or integral experience itself in so far
as it is decisively reflective – that is, reflective of both self and not –self and of
the inner decision or resolution between ownness and otherness whereby both
self and not –self are simultaneously appropriated. Since the wholesome image is
precisely that which becomes the measure or appropriational principle in the in-
ner decision or resolution in the depth of our humanity, such integral concentra-
tion of experience may indeed be appropriately characterized as an act of "deep

be − holding. " Deep be − holding means: the being lies in the holding and the holding of being is *constitutively beheld* in the being of holding. An integral concentration or deep − beholding act then is at once appropriational and imagerial: "appropriational" in so far as it is decisively resolute and "imagerial" in so far as it is self − reflective, that is, constitutively beheld. Thus understood, the wholesome image that is reflectively decisive in man's deep − beholding concentration is the homological matrix of all philosophies. Like life itself, philosophy is, in the final analysis, an appropriated or beheld expression of some wholesome imagery of man.

  "To appropriate," as the etymology of the word tells us, is to make one's own. While everything else in the universe is always itself, always self − identical in its owness, man is that peculiar being who is essentially characterized by a profound imagerial negativity, which, as the inspiring genius of deep beholding, is at once the plague and the blessing of his self − appropriating homological existence. For not only is man, ever since he attains self − awareness, both attracted and repulsed by the everlasting presence of what is experienced by him as the "external other," he is moreover painfully reminded by the more or less conscious intimation that the not − self or otherness is not something merely outside of him, but belongs rather to the very core of his humanity. What is called "man" is indeed a being for whom it makes perfect sense to say that he is not himself − that is, a being whose integrity of owness is not given automatically, as in the case of a rock or a kanaroo, but must be won in a "life − death" struggle with the specter of the profound negativity, the uncanny power which, dressed always in the black of otherness, stalks nightly in the openness of the uneasy conscience − the awareness of what one ought or supposed to be but is not. The overcoming of this profound imagerial negativity in the self − appropriation of owness is what constitutes the life − task of the deep − beholding homologizer. Since man can only self − appropriate of make himself authentically his own in the light of and through the mediation of the other, self − imagery is ineradicably shot through with the imagery of the other. Appropriation is thus a dialectically double − sided affair: it is man's self − image that he brings to bear on the other, while concurrently it is the image of the other that he brings to bear upon himself. Such imagerial mutual bearing between self and not − self is what delineates the homological field for the deep − beholder. It is here, in the wholesome dialectics of appropriation between self and not − self, or owness and otherness, that the integral image constitutes itself the measure of integrity in and through the very power of the profound negativity.

  But how—in what essential manner—does the wholesome image become the integral or essential measure in the deep be − holding of the profound negativity? The image becomes the essential measure, we reply, in care, in wonder, in enjoyment, and in hope. *Care, Wonder, Enjoyment,* and *Hope*: these for key terms in the homological language designate for us not only the most fundamental complexes of man's wholesome or integrally concentrated experience, or primary forms of deep be − holding, but also the underlying imagerial − reflective principles of appropriational decision and resolution, thus constituting as they do the very roots of our homological humanity. With each of the four wholesome roots is associated a cardinal image of man which provides the measure of integrity for the pertinent type of concentration and appropriation. These cardinal images are, however, ultimately derived from an archetypal image − the image of homo erectus, the upright walking comporting man in the homological nakedness of his primordial originality. Indeed, this archetypal or mas − ter image of man is precisely what figures in the primordial words of tao, logos, and Brahman. Man was originally a "*tao − beholder*," a "*logos* − beholder," or a "*brahman* − beholder.*" Civilization is what has arisen from the primordial beholding of primordial − upright − man.

Upright man beholds himself in care. Founded primordially on upright man's erectness as such, beholding in care is concentrated in the responsibility of ownness, the defining attribute of man the overseer guardian. When responsibility of ownness is extended to the utmost, upright man sees himself not merely as his own keeper and protector, but also the overseer − guardian of his fellow human beings − indeed of all things in heaven and earth. As demanded by the management and appropriation of his upright posturality, the "careful" or "curatic" (from Latin cura, care) man is a skillful upholder of the middle or central position, a maintainer of equilibrium of balancer of opposites.

Upright man beholds himself in wonder. Comporting himself in response to the lure of otherness and the fateful necessity of separation in being, the "wonderful" or "thaumatic" (from Greek thaumazein, wonder) man is a tempter of distance and a chaser after transcendence − what marks the character of man the "explorer − penetrator." Prompted by a paradoxical, love − hate intolerance towards the unknown, the mysterious and the ungraspable, the wonder − oriented homologizer is superior in the dangerous art of possessive appropriation − the art of conquest, objectification and organization. But he is also an incliner towards the extreme, an easy prey to the violent dialectics of exploded opposites.

In care or in wonder − or in the interplay of care and wonder, upright man beholds himself in enjoyment − in the limited or (rarely if at all) unlimitedsatisfaction derived from the varyingly free or uninhibited exercise of appropriational power − what belongs to man the *player − creator*. As the seeker of fulfillment and the reaper of satisfaction, the "joy − ful" or "ecstatic" man resides momentarily in the neighbourhood of absoluteness; for it is only in the deep beholding and wholesome concentration of free play and fluent creativity (including all kinds of yogic concentration that leads to moksa or nirvana) that man succeeds in realizing himself as the consummate appropriator—that is, the obliterator of distance and the unifier or transcender of opposites. For in the ecstatic moment of playful or creative absoluteness there can be no distance and no opposites.

And yet much of human life is dominated by the necessity of distance and

the pain of opposition. From the pain of care or the pain of wonder — and espe-
cially from the pain that arises from the interplayful conflicts of care and wonder,
the upright homologizer invariably reaffirms himself in hope. As the fourth com-
plex of integral concentration, hope has its origins in the fundamental reality of
finitude and limition. The "hopeful" or "speratic" (from Latin sperata, hope)
man is always situated at the threshold of the limit: he is a posturer tcwards the
limit. In the act of hope — ful beholding and posturing, upright man upholds
himself as the redresser of pain or overcomer of suffering — the image of man the
symbolizer — ritualizer. For the sensitivity of pain and suffering is precisely what
lies at the primordial foundation of all symbolization and ritualization. Symbols
and rituals are originally the "painful media" of power. The hopeful beholder is
indeed a keen observer of power in its causal or operational efficacy. It is indeed
the intensity of pain that forces man to come to grips with the reality of power
itself.

Man cares, wonders, enjoys, and hopes. Human life — in particular, civi-
lized life — is lived entirely under the reign of these four principles. In speech, in
action and in measure, every human endeavour is enveloped in the homological
cocoon or labyrinth shaped and laid — our by the dictates of the profound nega-
tivity arising from the wholesome interplay of the for roots. Here, in the conju-
gational possibilities and necessities among the four wholesome roots is determined
what we have termed the "common order of appropriation" – the universal
paradigm of homologization binding on all paths of humanity and thought.

Every human activity or endeavor participates in the common order. it is an
exemplification of a certain conjugational pattern inherent in the common es-
sence of the universal paradigm, a variation of the same underlying homological
theme. There is no human effort which does not have in its homological consti-
tution some concentration of each of the four wholesome principles. But the
conjugational proportion admits of countless variations.

What gives a human endeavour its distinctive homological character is its
most prominent conjugational feature, being determined by the accentuated
grammar of appropriartion in its heaviest integral — inagerial concentration. Thus
in the parental concerns of a father or mother, in the communal leadership of a
tribal chief or statesman, or in the ethical admonition or preaching of a moral
teacher, it is the image of man the overseer — guardian with the corresponding
grammar of accentuated Care which figures prominently in the homological con-
jugation. By contrast, it is in the adventures of the seafarer or heroic conqueror,
in the productive — technological activities of the artisan or artificer, or in the in-
tellectual undertakings of the systematic theoretician or scientist, that we witness
the prevalence of the thaumatic principle, the mark of accentuated Wonder in
the integral concentration of man the explorerpenetrater. And how about the
principle of Hope? Wherein do we recognize the most prominent integral con-
centration belonging properly to man the symbolizer — ritualizer? In care or in
wonder, man the hopeful appropriator, the redresser of pain and suffering, is

recognizable in all walks of life. But the most concentrated expression of this wholesome principle is to be found in those forms of civilized endeavours which are ordinarily acknowledged as spiritual or religious in character − such as, for example, exemplified in the performance of a ritual sacrifice, in the sermon of a prophet, in the devotional prayer of the devout, or in the yogic practice of the ascetic. For just as morality and poltical government are intrinsically the affairs of Care, and science and technology the appropriated products of Wonder, spiritulality and religion are the proper culture of Hope. Care, Wonder, and Hope − these "principles of gravity," as we may call them—are what define our humanity in its "mediated fecundity," inasmuch as under the three wholesome principles human life is inescapably weighted down by the heavy burden of "projective consciousness" —in particular, by the projective separation and tensions between ownness and otherness and between means and ends. The life of gravity as determined by these three principles is always a life of "mixed satisfaction." To the extent that the care −ful, wonder −ful or hope −ful man is a reaper of satisfaction, there is "lightness" in the burden of gravity, or "immediate simplicity" in the complexity of mediated fecundity. Enjoyment—the "principle of lightness," as we now recognize it—thus possesses a rather unique character in relation to the other three roots or principles. For all human activity seeks satisfaction; and at the heart of every homologization there always resides meekly or emphatically the "human −but −also −not −so −human" rejoicer—that is, the player −creator who in the immediate simplicity of his absoluteness is beyond the burden or *aporia* of projective consciousness. "Pure satisfaction" or "absolute lightness" has indeed been a major spiritual aspiration of the human appropriator. But as long as human life remains projective, man's wholesome humanity will always be given in the homology of mixed satisfaction, being determined by the mutual immanence of gravity and lightness.

The question "What has been the dominant homology in Chinese philosophy since its inception in early Chou times?" and the question "what is the fundamental difference in the homological accentuation of philosophical thought between the three great civilized traditions of China, the West and India?" may now be given a definite answer. While all three philosophical traditions exemplify the same universal homological paradigm and abide by the same underling grammer of appropriation, they differ fundamentally in their appropriational preference or homological accentuation. The homological difference between the three traditions of philosophical thought is, with some modifications, none other than the internal difference between the three principles of gravity—Care, Wonder and Hope. From its very inception in early. Chou times, Chinese philosophy—like Chinese culture in general, has developed under the dominance of the curatic principle. And what the curatic principle is to the Chinese tradition, so the thaumatic and seperatic principles are to the Greek −European and Indian traditions, respectively. Homologically, Chinese culture has been from the very beginning governed by the grammar of accentuated Care rather than ( as in

Greek – European culture) accentuated Wonder or (as in Indian culture) accentuated Hope. When one of the principles of gravity becomes accentuated within the universal paradigm, the other two principles will be appropriated by the accentuated principle——that is, assimilated by, and absorbed into, its dynamic essence. Thus, the accentuated grammar of appropriation in the homological paradigms underlying, respectively, the Chinese, Greek – European, and Indian traditions may be outlined as follows:

Chinese   The Grammar of Accentuated Care (the appropriation and absorbsion of Wonder and Hope into the essence of Care)

Greek – European   The Grammar of Accentuated Wonder (the appropriation and absorbsion of Care and Hope into the essence of Wonder)

Indian   The Grammar of Accentuated Hope (the appropriation and absorbsion of Car and Wonder into the essence of Hope

Here then is a representation not only of how the three traditions stand in relation to each other on the "essential a prior" structure of the common order, but also of the "field – historical a priori" configuration conditioning the birth of philosophical culture. Whereas the birth of human culture in general was the feat of primordial man in the naked confidence of his uprightness, the birth of philosophical culture was marked by the already acculturated upright man in the confidence of his *justifying*, *self – justifying* consciousness. Philosophy is indeed nothing but the quest for justification carried to the limits. Contrary to what Plato and Aristotle taught, philosophy did not begin in wonder—that is, not *universally*. It began rather in the birth of a seminal image of man with a corresponding seminal attitude of justification. The seminal image of man is an accentuated image of his humanity which has arisen at the dawn of a distinctive philosophical culture; and the seminal attitude of justification is the accentuated attitude derived from the homological integrity of that accentuated image. This accentuated image is described as "seminal" because once deposited or seeded at the dawn of a philosophical culture, it constitutes homologically the field – historical *a priori* (in the sense that the planted seed is *prior* to the subsequent phases of growth) condition for the further development of the philosophical culture in question. In so far as the Greek – European tradition is concerned, philosophy may indeed be said to have begun in wonder because what was seeded at the beginning of its philosophical culture was none other than the thaumatic image of man the wonderer——the explorer – penetrator who is naturally inclinded towards the theoretical attitude of justification, an attitude which has come to dominate the entire course of Greek – European philosophical development. In this tradition, philosophy is indeed a matter of theoretical exploration and justification; and what the theoretical homologizer seeks to justify is, in the final analysis, none other than the thaumatic image of his humanity – and the world that he tends to see only through the reflection of that imagery.

But the thaumatic image of man and the theoretical attitude of justification are precisely what is alien to the seminal spirit in Chinese philosophy. What was accentuated at the dawn of philosophical culture in China was rater the curatic image of man and the attitude of justification most appropriate to it — the *moral* attitude. Here, it is not man the theoretical explorer — penetrator that plays the role of the philosopher, but man the moral overseer — guardian than engages himself in the philosophical quest for justification. The theoretical justifier is a master in the are of rational (logically connected) discourse, but the moral justifier is incurably a man of action—for he is above all a defender and promoter of the civilized order.

In contradistinction to both the Chinese and the Greek — European traditions, what we find at the dawn of philosophical culture in India was the imagerial seeding neither of the care — ful man nor of the wonder — ful man but man the hope — ful symbolizer — ritualizer whose justifying consciousness has an inherently "anti — care" and "anti — wonder" character. Although both Indian and Judaic — Christian cultures participate in the paradigm of Hope, there is this fundamental homological difference: while justification in Judaic — Christian culture is essentially "prophetic," being sensitive to the painful separation between Care and Wonder, to the abyss of ownness and otherness, justification in the Indian tradition is more emphatically transcendental—it seeks to ultimately overcome the pain of both Care and Wonder, by invoking the power of the Absolute, the Power of Appropriation that goes beyond ownness and otherness. The philosopher as transcendental justifier thus has an altogether different character than the theoretical, moral, or prophetic justifier.

"Justification" is, in the final analysis, an authentification of being—a conscious act of appropriation in response to an ideal of authenticity. The passage from the primordial, undifferentiated archetypal image of man——upright man in its naked simplicity—to the culturally differentiated seminal image of man— historical man brought about by the birth of justifying, self — justifying consciousness at the dawn of philosophical culture, is a passage from the Age of Innocence to the Age of Problematicity. And what is problematically at issue is none other than the authenticity of being—including the being of man, the being of nature, the being of the world, as well as being itself. Philosophy as the quest for justification is in essence a quest for authentic being. It is not "What is being?" but "what is authentic being?" that constitutes — at least implicitly— the underlying or universal theme of all philosophical thought. The search for a conception or definition of authenticity is precisely what marks the historical origin of philosophy. On the configuration of the seminal image of man at the dawn of a philosophical culture is always written a "seminal equation or identification" defining authentic being for the homological path of that culture, the triumphant feat of a confident justifying consciousness. Thus in the Greek — European tradition, the birth of philosophy in the seminal thoughts of the Presocratics was marked by the identification of authentic being with intelligible being—or, to put it in the language of Plato, *ousia* with *logos*, or what is "really real" (*ontos on*) with that which is definable or graspable through rational discourse. By contrast, what we find emphatically written—though in a less thematically explicit language—in the scattered records of the early Chou thinkers from which we must gather the seminal foundation of Chinese philosophical thought, is a conception of authentic being that is altogether different. Here, authentic being is not equated with intelligible being, as with the Presocratics, but with civilized being—the being of civilized man and of the civilized order. What intelligible being is to the wonder − ful, theoetical justifier, so civilized being is to the care − ful, moral justifier. In each case, the conception of what constitutes the authentic is in perfect agreement with the intrinsic demand of the respective seminal image and its accentuated grammar of appropriation.

The same also holds true of the emergence of philosophical consciousness in ancient India. The seminal equation the has arisen at the dawn of Indian philosophical thought is, of course, to be found in the momentous insights of the Upanishadic sages—above all, in their conception of Atman as Brahman, in which authentic being is identified with painless or absolute ( unlimited) being. Is not this "transcendental equation" (as we may call it) precisely what is essentially implied by the classic Vedantic description of the Absolute—sat − cit − ananda?

Now that we have situated the origins of Chinese philosophy both essentially and historically in the homologism of upright man, let us proceed immediately to pursue further its salient characteristics. Authentic being is civilized being: in this seminal equation is contained, we submit, all the issues, themes, categories—and, indeed, thewhole meaning—of Chinese philosophy. The problemticity of Chinese philosophy is the problematicity of authentic, civilized being. Is authentic, civilized existence possible? This question has, of course, never been explicitly posed by Chinese thinkers, but implicitly it has been from the very beginning the guiding question in Chinese philosophical thought. To this question, Duke Chou and Cofucius gave fundamentally affirmative answer, whereas Lao − tzu and Chuang − tzu responded with considerable doubt, if not downright denial. But whether pro or con, orthodox or heterodox, all schools of Chinese philosophy owed their life − blood to the same underlying theme: authentic, civilized being. This theme is, in the language of contemporary hermeneutics, what defines the perennial text in Chinese philosophy. But in putting it thus one is apt to commit a grave error with respect to the intrinsic character of the philosophical quest in the Chinese tradition: that is, by imposing upon it the presuppositions and predilections of the theoretical attitude. For to the Chinese Philosopher, authentic, civilized being is never a merely theoretical matter—a hermeneutic text to be interpreted or deciphered, but a practical, vital concern—a living reality that is to be acted upon, sustained, transformed and promoted. This does not mean, of course, that theoretical justification has no place in the Chinese philosophical tradition, but the grammar of accentuated Care dictates the absorbsion and subordination of the theoretical under the moral. This philosophically and historically consequential act of seminal appropriation was primarily the accomplishment of Duke Chou—the father of Chinese philosophy.

The contributions of Duke Chou (together with the other pre − Confucian early Chou thinkers) may be summed up under three major headings: (1) the idea of the authentic ruler as the moral overseer − guardian of the people, (2) the idea of li (civilized propriety) as both the concrete contents and the ordering principle of civilized order, and (3) the doctrine of t'ien − ming or Mandate of Heaven conceived as the transcendent ground of authentification: the authenticated or authentic ruler is a virtuous ruler. One can easily see how, in these ideas or themes at tributable to Duke Chou, the emergent justififying consciousness marking the birth of Chinese philosophical culture confirms to grammar of the accentuated curatic paradigm as concretized in the image of the moral man and in the seminal equation (of authentic being with civilized being) in moral justification. There is no doubt that it was Duke Chou who originated the moral language in Chinese philosophy. But the term "moral" here must be properly understood. What is denoted by this crucial but ambiguous term in the present context is not a specific aspect of human culture, a department in the civilized order, but above all the civilized order *itself* conceived as the concrete embodiment of *rightness* which, in the inmost homological signification of the term, names the *wholesome rightness* of the human reality. The realization of wholesome rightness in and through the realization of civilized rightness: that, indeed, has been the main trust of Chinese philosophy—at least in so far as its orthodox position is concerned.

In any tradition of civilized humanity, the position of orthodoxy is always defined by the justifying consciousness of its prevailing homology—in other words, by the interpreters and defenders of wholesome rightness in accordance with the seminal image seeded at the dawn of its philosophical culture. In the Chinese tradition, orthodoxy is, of course, defined by the main stream of Confucianism in which the heritage of Duke Chou and Confucious—the tao − t'ung— is maintained and transmitted. And what is maintained and transmitted is, to be more precise, the seminal image of the moral man and his tao − the Way of Care, the Way of Civilized Rightness. Although the Chinese tao − t'ung was originated by Duke Chou, it was firmly established in the hands of Confucius. For it was through the life and thought of Confucius that the homology of care as invested in the seminal image of the moral overseer − guardian came to receive its essential articulation and secure foundation. From Duke Chou to Confucius—this period must indeed be recognized as the "seminal stage" in Chinese thought.

As the inheritor and transmitter of the Way of Duke Chou, Confucius decisively determined the curatic character of orthodoxy in Chinese philosophical culture, whereas it was Lao − tzu, the reputed author of the Tao Te Ching, who formulated the main position of the heterodox. What then, homologically, is the basic difference between Confucianism and Taoism—between the orthodox and the heterodox appropriations of the curatic principle? The basic difference may be succinctly put: while both Confucianism and Taoism homologize in care, the Confucian homology is "care – ful", the Taoist homology is – or at least seeks to be— "care – free." Profoundly sensitive to the pain of care, Taoism represents the accentuated principle of transcendental Hope within a culture dominated on the whole by the curatic principle – what accounts for the Chinese philosophical receptivity of the Indian – Buddhist mode of thought.

Now what, homologically, is the relationship of Confucius to Duke Chou in the seminal establishment of the orthodox position in Chinese philosophical culture? In a nut shell, the answer may be formulated thus: While Duke Chou founded the Way of Care, Confucius completed its fundamental structure through the*universalization and humanization* of the curatic principle. The Confucian concept of the authentic man as implied in the doctrine of *cheng – ming* or the "rectification of names" it no doubt derived from Duke Chou's concept of the authentic ruler. But while for Duke Chou the notion of authentic humanity was concentrated in the role of the rule or ruling class, it was extended by Confucius to the class of *shih*—the "knight of the Way" – in general. For Confucius, what qualifies a man for the title of *shih* is not his birth right, nor his wealth or social position, but most emphatically his moral caliber which consists above all in his "will to authenticity" —that is, his willingness to assume responsibility for his intrinsic ownness, his humanity. And that means, for Confucius, the he be not only a care – ful keeper of his own being, but a concern – ful moral overseer – guardian of the entire civilized community. What is "superior" about the "superior man" or *chun – tzu*—another name for *shih*—then is his commitment to the inner demand of the curatic principle, namely, the extension of responsibility from the self to the not – self, from ownness to otherness. This is, of course, what defines the meaning of the well – known doctrine of *nei – sheng* (inner sa – geliness) and *wai – wang* (outer kingliness) in Confucian philosophy. The essence of *nei – sheng* lies in the authentification of ownness through the consummation of self – responsibility; whereas the extension of self – responsibility to other human beings—and indeed ultimately to all beings in the universe—forms the basic meaning of *wai – wang*. Is this moral polarity between self – directed responsibility and other – directed responsibility precisely what is intended by the relation between the two terms *chung* and *shu* in the *Analects*—the unity of which was said to have formed the "one thread" that goes through the Master's thought? And is not this "one thread" precisely what is constitututive of the primordial integrity of the curatic principle?

With the universalization of the concept of authentic humanity, Duke Chou's doctrine of *t'ien – ming* or the Mandate of Heaven also undergoes in the thought of Confucius a fundamental transformation. Heaven's mandate is now no longer confined to the ruler or ruling class, but to all *shih* or knights of the Way – that is, to nay human being who is willing to assume the solemn responsibility of moral guardianship. What is now "mandated" in the universalized doctrine of *t'ien – ming* is not the right and obligation of an authentic ruler, but the right and obligation of an authentic human being — a possibility for each and every human being. The universalization of the concept of authentic humanity entails then a corresponding universalization of the concept of Heaven, the transcendent ground of authentification. And this universalized concept of Heaven is but one step removed from the notion of *jen*.

For what is jen but the humanized power of appropriation conceived as the source of authentic, civilized humanity? Ever since the emergence of philosophical culture, the power of appropriation has always appeared as the primordial source of authentic being in civilized thought. Depending upon whether authentic being is defined as intelligible being, as painless being, or as civilized being, and upon whether the source is conceived as external or internal, transcentdent or immanent, in the human appropriator, the philosophical quest for justification admits of many variations in the "topography" of authentification. And yet amidst the topographical varieties of justifying consciousness, there stands out quite visibly this universal, crowning pattern—namely, the tendency towards (what may be termed) the "consummate type" of authentification in which the external or transcendent ground and the internal or immanent ground of authentic being are identified. Thus in the Upanishadic identification of Atman with Brahman, the identification is between the internal (Atman) and the external (Brahman) sources of painless being, whereas in the Parmenidean equation of *nous* and *etre*, it is the immanent and transcendent grounds of intelligible being that are being equated. Both consummate types are now well recognized by the comparative students of philosophy. What has been less familiar perhaps to the comparative scholars but is really no less discernible is, however, the consummate tendency which characterizes the seminal process of authentification in Chinese philosophy—the consummate tendency which characterizes the seminal process of authentification in Chinese philosophy—the consummate tendency that was being realized in the transition from duke Chou to Confucius. While inheriting from Duke Chou the concept of Heaven as the transcendent ground of authentification, Confucius humanized it through his discovery of *jen*, the internal source of authentic being—what in the *Chung - yung* (doctrine of the mean) is simply termed *hsing*, the "proper nature" of man. "What is mandated by Heaven in man is his proper nature": this opening line of the *Chung - yung* is surely the most succinct expression of the consummate equation for authentic, civilized being in Confucian thought.

Although the *explicit* identification of the transcendent and the immanent grounds of authentic being in Chinese philosophical orthodoxy was the crowning achievement of *Chung - yung*, the consummate tendency was *implicitly* quite evident in the thoughts of Confucius. While Duke Chou was the originator of the Way of Care and the moral image of man in the Chinese tradition, it was Confucius who laid down the foundation of the curatic principle in the "humanized Heaven" or *jen*—that is, concretely stated, in the human capacity for authentic, civilized existence. The Way of Care is thus the Way of *jen*, and the moral man—the knights of the Way—a man of *jen*, a man of loving care and solemn responsibility. That Confucian philosophy—and therefore Chinese philosophical orthodoxy—is governed homologically by the grammar of accentuated Care is quite unmistakable. And although the full implications of this Care – oriented mode of thought remains to be worked out, its essential outlines are already familiar to us.

# 12   The Appropriation of Significance: Concept of *Kan – T'ung* in the *I Ching*

(1990)

Truth is what discloses itself in the rightness of posturing. This statement contains the gist of my reflections on the*I Ching* (Book of Changes) presented at a 1980 Conference. ① What l have to say this time is grounded fundamentally on the same position: the position that, in the final analysis, amounts to identifying the Beingness of Being itself as a matter of postural rightness. There is, however, a change in perspective. While in my earlier reflections I concentrated on postural rightness as the inner condition of truth, what I propose to do in this paper is to reflect on the more general concept of *appropriation*, that is, the appropriation of significance, which is the postural basis of both truth and goodness. If truth is what shows itself in the rightness of posturing, then goodness is what realizes itself therein. The relation between truth and goodness is, in other words, the relation between disclosure and realization conceived as two primary forms of appropriation. What is appropriated in goodness is the values of things, while what is appropriated in truth is their meanings, values and meanings being the two basic forms of appropriated significance. And this is where the concept of *kan – t'ung* ( 感动 ) enters. For *kan – t'ung* is the affective attunement and penetration of significance which constitutes the experiential – spiritual essence of appropriation. The rightness of posturing consists, indeed, in the rightness of *kan——t'ung*.

My thinking thus remains thoroughly posturalistic. But really, how can it be otherwise? Is there such a thing as a " postureless " or " non – posturalistic" thinking? Is not thinking – any type of thinking – basically a form of posturing? When we speak of different philosophies in terms of differences in method, approach, perspective, attitude, outlook or position, are we not already speaking in posturalistic terms? The truth is: there can be no such a thing as a "postureless" philosophy. Philosophy – and for that matter, science, art, religion or any other civilized endeavour of the upright posturer called "man" – is at bottom

---

① "The Right Posturing: The Meaning of Truth in the *I Ching* and the *Chung yang*. " presented at the second Conference of the International Society for Chinese Philosophy, Charleston, South Carolina, June 9—June 14, 1980.

no more than a "posturalization" of Being whereby the contextually given but primordially grounded significance of Being is appropriated according to the pre-dispositions of an ontologically committed posturing stance or principle. For man is not so much a rational animal as he is a posturer par excellence.

　　Life is a perpetual posturing: that is what is basically implied in the concept of "Change" ( I ) （易） in the Book of Changes. There is hardly a moment in our life, waking or asleep, in which we are not engaged in an almost infinite va-riety of posturing actions, forms and positions whose organically interlocking "posturality" ( te ) （德） involves every cell, every tissue, every organ, every configuration of the unconscious, as well as every conscious act of mind, soul or spirit. ① But we are no isolated posturers. While we are constantly posturing, the world, too, is constantly posturing with us and towards us. And the world is nothing but the community of all posturers regarded as the environing setting for our posturing actions. Indeed, there can be separation between self ( the subject of posturing) and the world, for the self is only a self in so far as it is posturing in a world.

　　The world in the Book of Changes is referred to as *t'ien* − *ti* （天地）, or Heaven − and − Earth. It is so called because for the I Ching the world is no more than a field of posturing power whose field character is jointly defined by the two cosmic "posturing stands" ( *liang i* ) （两仪）, symbolized as "Heaven" and "Earth. "② More exactly, what is constituted as "Heaven and − Earth" is the spatially and temporally extended "postural − contextual continuum" of pos-turing activity which is both the order of Change ( *shih hsu* ) （时序） and the locus ( *wei* ) （位） of all Life and being. ③ To be sure, *t'ien* and *ti* in the begin-ning are perfectly unsophisticated in their signification. *T'ien* refers to the arching sky above our head, whereas ti the holding ground on which we stand. The *Great Commentary* ( *Ta Chuan* ) （大传）, which forms undoubtedly the most so-phisticated portion of the Book of Changes still retains this innocence of meaning

---

　　① 　The expression "posturing actions, forms and positions" is in a sense redundant. For posturing is the very meaning of action in the unity of form and position. In its primordial meaning te dose not mean vir-tue or moral excellent but the "posturality" of posturing. The etymological justification for this interpreta-tion will be given later.

　　② 　The word *I* means manners, deportment, demeanour, etiquette, ceremonies, rites, style, usage, pattern, arrangement, decorations, presents – in essence, the "posturing stand" of something. The exact meaning of liang *I* or the two primal or cosmic posturing stands which are said to arise from the *T'ai – Chi*. the Supreme Ultimate ( ultimate Posturing power), will be explained shortly.

　　③ 　Etymologically, *wei* means where a man stands – hence the position, rank, status or role of a be-ing or thing. Heaven – and – Earth as the "postural – contextual continuum" is the "receptacle" and "o-pener" of all wei. In the posturalistic language, *wei* may signify any possible form, mode or determination of posturality. Compare the following remark in the Great Commentary ( Part I, Ch. 7 ); " Heaven – and – Earth positioning ( literally, establishing wei), Change operates therein.

when it states in the opening line: "Heaven is high, Earth is low. " Is not the picture conjured up by these words perfectly familiar to us? What is this world, this field of Heaven − and − Earth, that we are talking about? Originally, it is just this arching − holding context or surrounding of beings and things, forces and events, that are partly and translucently disclosed to us whenever we stand up with our head towards the sky and our feet up − on the ground. The field of Heaven and − Earth is what we can perceive and survey and comport ourselves from the vantage point of our upright posturing. This upright perceiving and surveying and comporting is indeed the "primordial" meaning of man's postural-ization of Being − both for the race and for the individual. Historically, it is the "founding event" that marks the dawn of thought and the originating ground of the (humanly) meaningfuL The human organism becomes a self the moment he confronts a world in his uprightness.

   *Jen chih sheng yeh chih.* ¹ Man is born upright, erect, or straight. ① This well − known Confucian saying has never been properly understood. One fails to see that in the primordial sense what is upright is right, what is erect correct, and what is straight straight. For our upright posture is *naturally right* for us. This pri-mordial recognition of man's natural rightness is attested unmistakably by the fact that in many, if not all, languages, the words "right," "correct," "upright" and "straight" are either synonymous or intimately related in meaning they are cognates, if not, indeed, the *same* word − as, for example, in the case of the Chinese word *chihj.* ② Man's first notion of rightness is the rightness of his up-right posturing. That man is born straight and right is the first premise in his pos-turali − "natural morality," the primordial source of all subsequently developed moral codes, systems and philosophies. The derivation of such "consequent mo-ralities," as we may call them, from the primordial or natural morality is reflec-'ted linguistically in the distinction between the literal (primordial) and figurative (consequent) meanings of the words upright and straight found in most diction-aries. What is reflected here is the moralization of man's primordial rightness, a process which issues inevitably from his original posturalization of Being.

   How what really is the meaning of our primordial morality? Just wherein lies the rightness of our up − rightness? It surely does not lie merely in the up-right posture as such, but in the "Way" (*tao*) it serves us in all the manifold ac-tivities of standing, walking, running, dancing, sitting, sleeping, seeing, think-

---

   ①   Etymologically, *wei* means where a man stands − hence the position, rank, status or role of a be-ing or thing. Heaven − and − Earth as the "postural − contextual continuum" is the "receptacle" and "o-pener" of all wei. In the posturalistic language, *wei* may signify any possible form, mode or determination of posturality. Compare the following remark in the Great Commentary (Part I, Ch. 7);" Heaven − and − Earth positioning (literally, establishing wei), Change operates therein, 6: 17.

   ②   Compare, for example, the following: (a) *orthos, euthus* in Greek; (b) *rectus* in Latin; (c) *re-cht, aufrecht, gerade* in German and (d) *droit* in French. Many Chinese characters are originally picto-graphs of man in his upright standing or movement.

ing, eating, loving, and so on — activities which both arise from and sustain our embodied existence. The Way of my upright posturing in and through these various activities and operations which together constitute my life is also the Way I comport myself with other beings and things in the world. The usefulness of my upright posture does not consist in its straightness alone, but also in the flexibility inherent in the straightness — that is, in the ability of my upright body to bend or adapt itself in accordance with the needs or requirements of my acts. But my body does not thereby lose its intrinsic uprightness in being flexible; it retains its postural integrity — its integral straightness. Thus while flexibility is inherent in the integrity of our upright posturing, integrity is, conversely, inherent in its flexibility. The posturing power of our body is thus describable as an "enfolded" or "com − plicational" (from Latin *com + plicare*, completely folded together) — to be more exact, "inter − plicational" (folded into each other) — power: the power of flexibility is en − folded or im − plicit in the power of integrity, and vice versa. Every posturing action owes its posturality to the interdependence and in − teractivity of the integral and flexible capacities and strength of our upright body complicity. The Why of our comporting posturing in the world is essentially a matter of complicational reciprocity — or, to put it in the succinct language of the Great Commentary, "the mutual crossing or interplicity of *yin* (the flexible) and *yang* (the integral) is what is called the Way."①

In the long tradition of *I* learning (*i hsueh*), the two terms *yin* and *yang* have come to acquire a bewildering variety of meanings which are often incongruous and even contradictory. Some commentators, despairing of the resultant indeterminacy of meaning, have gone so far as to suggest that the two terms simply refer to any pair of contrarieties or opposites. While this is in a sense correct, for all opposites are ultimately derived from the complicationality of *yin* and *yang*, they have failed to see that in spite of the multiplicity or significations that have come to be associated with the two primal terms in the course of millenia, their core meaning is quite determinate and remains intact. As a matter of fact, yin and yang, which first appeared in the Commentary on the Judgements (*I'uan Chuan*) (彖传) and the Commentary on the Images (*Hsiang Chuan*) (像传), were not the original designations of this core meaning.② In the above mentioned two Commentaries, which form the oldest materials in the *I* hermeneutic tradition, the core meaning is expressed most often by the terms *kan* (刚) and *yu* (柔), the firm and the supple, and also by *chien* (健) and *shun* (顺), the strong and the yielding. These two pairs of terms, which are really interchange − able, are undoubtedly the older forms of designation. But the ol-

---

① *Ta Chuan*, Part I, Ch. 5. All translations are my own unless otherwise indicated.

② T'uan Chuan on hexagrams *T'aibu* (Peace) and *Pibv* (Standstill) where *yang* and *yin* are equated with *chien* (strong) and *shun* (yielding) and *kan* (firm) and *yu* (supple) for the first time. In the *Hsiang Chuan yang* appears in the commentary on the "nine" in the first line of hexagram *Ch'ien* (the Integral), and *yin* on the "six" in the first line of hexagram *K'un* (the Flexible).

dest representation of all is to be found, of course, in the primordial symbolism of the two basic lines or *yao* ( 爻 ) ( as they are called in the divinational language of the *I Ching*), the unbroken line (——) and the broken line ( – – ), which in the Texts themselves are simply referred to, respectively, as "nine" and "six". The intention of the primordial symbolism now appears so obvious to us that one surely finds it difficult to understand why so much intellectual energy has been spent in attempting to decipher – but in vain – their real meaning. Can one find a more natural and appropriate pair of symbols than the unbroken and broken straight lines ( let us visualize them *vertically*) to represent the integrity and flexibility of our upright posturing? What does the unbroken straight line stand for but the intrinsically integral straightness or uprightness of our body? And what can be brokenness or openning in the broken line represent but the power of flexibility inherent in its upright integrity? In short, what the two linear symbols stand for are the two primordial postures or posturing stands which together define the a priori posturality of our body. They are described as "primordial" because they, constituting as they do the *a priori* conditions of all our body posturings, are what is *origin – ally given* to us. But the way our body stands is determined by the way its posturing power stands; the recognition of body primordiality leads inevitably to the recognition of cosmic or ontological primordiality – that is to say, the recognition of Being itself as the source and ground of *all* posturing powers. Between the luminous inception of the linear symbols representing the primordial duality of the body and their first characterization as *kan* ( the firm) and *yu* ( the supple), associated, respectedly, with the unbroken and the broken line, a momentous event has occurred in the land of the Middle Kingdom, namely, the discovery of the universality and necessity of posturing power which properly marks the beginning of the "metaphysical" ( *hsing shang*) （形上）in Chinese thought. This event, we believe, was most probably initiated by an intuitive recognition of the symbolic function of numbers, as evident by the designations of "nine" ( the unbroken) and "six" ( the broken), which antedate *kan* and *yu*. For numbers. are mediators between the "metaphysical" and the "physical," the *hsing shang* or "above – body" and the *hsing hsia* ( 行下 ) or " below – body," and as such, they play a profound through mysterious role in shaping the contextuality and posturality of our embodied existence. Here by "body" is meant not a mere collection of flesh and blood, bones and sinews, but the postural body or the body conceived as the locus and receptacle of all our posturing powers, including those unconscious, conscious or superconscious powers of the posturing mind or soul ( or whatever you want to call it) as well as, of course, those of the upright body.

*Kan* and *yu* then define the primordiality of the postural body: they are concepts of force and strength, that is, power – and not merely of visible body configurations. These two terms have now come to designate not just the firm and supple strengths belonging to our own postural body, but the integral and flexible powers prevailing in *all* beings and things, in whose postural bodies are contained the parental Kingdom of Heaven and Earth, the two cosmic (posturing) stands which are the source and ground of all standings (*wei*). For all beings and things in the universe owe their intrinsic posturality to the parental posturality of *Ch'ien*u and *K'un*v, the two primal hexagrams representing the heavenly and earthly powers in their original purity. *Ch'ien* is said to be purely yang — kan, while K'un purely yin — yu: this has indeed become the standard characterization in the I hermeneutics. But the conjunctions *yang — kan* and *yin — yu* really represent the historical convergence of two different hermeneutic traditions.

As reflected in their etymology, the terms*yin* and *yang* have their origination not in the discovery of the posturing strength of the body as does the *kan — yu* terminology, but in the discovery of its postural — con — textual spatiality and perspectivity. The word *yin*, which originally means the shaded or dark side of a mountain, now comes to designate the hidden or unmanifest (*hui*) W perspective of our body — that is, what is hidden from behind our back, whereas yang, originally the unshaded or bright side of a mountain, stands for the frontal view or perspective, which contains all that is disclosed or visible (*ming*) (明) in our presence. ① Furthermore, connected with the perspectivity of the upright body is not the "arithmetical numerology" of force and strength whose interplay and interflow between the polarities of Heaven and Earth are what underlie our primordial experience of time (might this provide a clue to the meaning of "nine" and "six"?), but the "geometrical numerology" of the odd (*chi*) (奇) and the even (*ou*) (偶) and of the square (*fang*) (方) and the round (*yuan*) (圆), concepts which are grounded on our own primordial sense of

---

① In the *yin – yang* terminology, the flexible (*yin*) is usually mentioned first, whereas in all the other equivalent terminologies, the standard order of citation has the integral precede the flexible (*kan – y*, *chien – shun*, *chi' ien – kun*, *t'ien – ti*). Other key variations of the integral – flexible contrast which follow the yin – yang order include notably: yu (幽) (hidden) and *ming* (manifest), *tso* (左) (left) and *yu* (右) (right), *kuei* (鬼) (ghost – like spirits) and *shen* (god – like spirits) – all of which have to do with the way our postural contextuality is complicated by the necessity of perspectivity, spatiality and luminosity. This clearly shows that the *yin – yang* terminology (as including these and other yin – oriented dichotomies) must have originated from a separate hermeneutic tradition which, being deeply preoccupied with the problem of contextuality and complicationality, has come to stress the ontological importance of the dark, the indeterminate, the unmanifest or implicit. Here the flexible comes to be equated with *wu* (无). that is, absence, negativity, voidness, vacuity – or, in general, "non – being," in contradistinction to the integral which, being associated now with presence, positivity, and fullness, has acquired the meaning of yu (有) of "being," It is commonly recognized that while Confucian philosophy emphasizes yu and the integral, Taoist thought is predisposed towards *yu* and the flexible. Since the *yin – yang* hermeneutic tradition with its yin – orientation is definitely of a later origin, may this be construed as an indirect proof of the thesis that Confucianism developes historically before Taoism, the former being of the same origin as the earlier *kan – yu* hermeneutic tradition which is *kan* (or *yang*) oriented??

spatial perspectives and directions. Odd numbers are the "unbroken" numbers (the unbroken line is also the character for the number 1); they describe the sphere of our right − handed actions. Even numbers, on the other hand, are the "broken" numbers (the Chinese character for the number 2, 二, is but a vertical version of the *yin* line); they describe the sphere of our left − handed comportments. Here *yin* and *yang* are equated not with back and front, the hidden and the unhidden, but with the left and the right, left − handedness and right − handedness. The right hand, connected with the oddness of *yang*, is normally the more dexterous, more reliable and handier of the two hands; it is what is primarily responsible for the integrity and definiteness of our body posturality. Right − handedness thus has, in our postural morality, a privileged status over left − handedness: "right" is right − as attested by the primordial wisdom of our languages. ①

And what, may we ask, is the meaning of the "square" in the language of our body posturality but the total sphere of spatiality defined by the four directions of front, back, right and left? And what does the "round" signify in this language but the "roundedness" or freedom of movement in all directions? And so we have, in the symbolic unity of squareness and roundedness, the essential meaning of the spatiality and perspectivity of human posturing. A "rounded square" then? − that indeed is what, symbolically, defines the postural contextuality of the primordial context. But let us not pursue any further this most interesting topic which, as we shall see later, is capable of the most profound ontological significance. It suffices to point out here that the symbolic language of the Book of Changes, developed to the highest point of sophistication in the eventually triumphant *yin − yang* terminology, is certainly much more than a matter of numerology —— or even mathematics. For beginning with the discovery of the primordial contextuality, the *yin − yang* thinking, as the consummation of the various hermeneutic traditions, has finally come to the supreme recognition that Being is, in the dynamics of its *posturational efficacy*, a *contextually complicated* affair. Here by "posturational" is meant pertaining to the fluency and efficacy of posturing power: a "posturation" is a posturing action conceived as transitive and transformational. As such, posturations are what occur under complications − that is, the contextual conditions of enfoldedness. In short, the distinction between posturation and complication is the distinction between posturing power as dynamic flow and posturing power as contextual conditionality − or, to put it simply, between "process" and "reality." In the divinational language of the I Ching, this ontological relation between process and reality is mirrored rather exactly by the symbolic relation between the *yao* (representing the dynamics of posturations) and the hexagram as a whole (representing the contextual conditionality of complications) to which it belongs. The meaning of the word *yao* is

---

①   That "right" is right is true at least in the case of English, German. French, Spanish, Russian and Yiddhish.

likewise suggestive here. Etymologically, *yao* means the crossing of what is crossed: what is implied in the idea of the "crossing" is obviously the interplicity of *yin* and *yang*. *yin* and *yang* in mutual crossing — that, let us recall, is what constitute the Way.

What we have here then, embodied in the primordial symbolism of *yin* and *yang*, is not the arbitrary fancy of a primitive mentality, but the most *origin — al* insight into the Truth of Being — the Truth of man, the Truth of things, the Truth of Heaven — and — Earth, and ultimately the Truth of Being itself. To the question, "What is the Being of beings?" our upright posturing ancestors have already provided the most upright answer: Being is *posturing power* as such and as a whole. When we emphasize the power of posturing *power* which is the "substance" of all things, Being is *T'ai — Chi* (太极), Brahman, *Archai*. When we emphasize the posturing of posturing power — the perpetual posturing which, as "process — and — reality," is what constitutes the meaning of Change, Being is I *Maya*, *Physis*. When we emphasize the postural — contextual continuum which forms the field of posturing power and the order of Change, Being is *T'ien — Ti*, *Samsara*, *Kosmos*. And when we stress the creative fecundity of posturing power in the production of values and meanings which defines the realms of goodness and truth, Being is *Tao*, *Satya*, *Logos*. In short, Being is at once the Source (the substantial), the Ground (the posturational — complicational), the World (the postural — contextual) and the Way (the procreational — illuminational) of all beings. But what about Being itself? What can be said about Being itself?

Appropriation: Being itself is the appropriation of significance. That, in a nutshell, is what can be said about Being itself (and what cannot be said is simply not said). That indeed is the Truth of Being itself. But this means *precisely* that the Truth of Being itself is not to be entertained in separation from the Truth of beings in their Being. For there is no posturing power apart from the posturing powers of worldly posturers, apart from the "appropriating — appropriatedness" which underlies the posturality of their posturing — in — a — world. Now while appropriation is itself indefinable (for definition is itself a mode of appropriation), its essence is namable and, to a degree, explicable. The name is: *rightness*, that is, postural rightness. What appropriation both presupposes and aims to achieve (spontaneously or with conscious effort) is in every posturing the rightness of posturing. In the final analysis, however, what names the essence of appropriation is not the controversial rightness in our consequent moralities, but the primordial rightness, the Rightness which is the inner — most condition of significance. This Rightness is what lies in the *mutuality* of Heaven and Earth, the powers of integrity and flexibility inherent in all beings and things. Being is the flexible integrity or integral flexibility which constitutes the intrinsic character or "virtue" (*te*) in the posturality of all posturings. There can be no Being then apart from postural rightness. Ontology is at heart a matter of morality in the primordial sense.

When we reflect in sufficient depth what thinkers and philosophers through the millenia have to say about the True, the Good, the Beautiful and the Divine, their speculations all turn out to be, in the final analysis perspective justifications of this or that aspect of primordial rightness. And how about those perennial categories of philosophical thought — one and many. identity and difference, fullness and voidness, form and matter, cosmos and chaos, reason and necessity, and so on, and so on — that have become the stock — in — trade of the philosophizing posturers? Are they but perspectively articulated variations of the same theme — the same one theme defined by the interplicit mutuality of integrity and flexibility? Is it really too much an exaggeration to say that in its most essential elements human thought has not advanced one iota beyond the primordial insight that dawned on our upright ancestors at the inception of thought during the primordial posturalizations of the human race?

No: that is no exaggeration at all. But let us not be detained by it. It is sufficient that we realize that we can do no better ourselves. What we — or anybody — can do is not something new, but can only consist in an *apperceptive re — articulation* of that primordial experience, which, though heavily beclouded by layers and layers of conceptual sedimentations accumulated over the millenia by each and every epoch of posturalization in response to the historical necessity of its times, may still be regained and made available for our own creative purposes, if only we care to fathom it. And the best place to start is the posturalizational process itself. What, let us ask, is central to the process of man's postural comportment with Being?

What is central is the *attuning process* of *metaphorization* – the imaging of Being in the light of the primordial image ( *hsiang* ) （象）, namely, our upright posturing. Man's upright posturing is not just a root — metaphor or primal image of Being; it is *the* root — metaphor, the metaphor of all metaphors or image of all images. Thinking, the most characteristic form or human posturings, is through and through metaphorical. Conceptualization, esteemed by the intellectualistically — minded thinkers with such aura or dignity and superiority, is but the most *distilled* form of metaphorization. The truth is: there are no concepts which are not grounded on some aspect or configuration of the primordial image or metaphor. And that is the way it ought to be. For it belongs to the posturality of man, the most sophisticated posturer in the universe ( so far as we know) , that he be a metaphorising animal. And as such, he can never think beyond the confines of his primordial metaphorization. Indeed, in a very true and important sense, he *is* this metaphorization itself.

Truth is what discloses itself in the rightness of posturing — and we must now add, in and through the attuning imaging or metaphorizing of the primordiai image of symbol. But to conceive truth in terms of the mediating process of metaphorization by no means implies that truth is merely relative or fundamentally inaccessible. On the contrary, metaphorization, as the central process of human posturalization, is essentially an expression of his power of affective attunement and penetration or, in the language of the *I* tradition, *kan — t'ung*. All truth is absolute precisely in and through the penetrated perspectivity of at-tunement procured under a given mode of postural rightness. And thinking, as metaphorization, is also truthful penetration and attunement. There is, of course, no such thing as truth apart from the posturality of a posturer. In so far as man is concerned, all truth pertains to what is penetrable and disclosable in the rightness of his upright posturality. And what is thus disclosed is, metaphorical-ly, the truth.

Truth is what I can with my naked eyes, but it is also what I can see only with a telescope or under a microscope. Truth is what I can measure while sit-ting at my desk, but it is also what is measurable by an observer travelling at great speed. Truth is what I can perceive or under − stand while awake, but it is also the vivid configurations in a dream. Truth is the appearance of a snake seen from afar in a foggy day, but it is also the appearance of a hanging twig upon closer examination. Truth is the sensation of a sense, but it is also what I can fabricate with the power of imagination and the aid of memory. Truth is what dawns on me by the flash light of intuition or instinct, but it is also what I must reason out, what I can ascertain only with patience and conscious deliberation and by conforming to the strict rules of logic. Truth is the view of a mind be − clouded and beset by selfish desires and the entanglements of egoticity, but is is also the impartial and beatric vision of a man in peace, blessed with the vacuity and purity of heart and soul.

In all these instances, "truth" is conceived in the primary sense. In this sense, *all* is "true" in the postural uniqueness of a penetrated perspective. Truth in the primary sense is not in opposition to falsity or error, illusion or delusion, untruth or unreality; it is the very condition of their possibility, as well as of the possibility of their opposites, what in a secondary, or derivative sense is called "truth" or "reality." More exactly, truth ( or reality) in the derivative sense as opposed to falsity ( or unreality) arises from the *relativity* of postural perpectives, The snake which appears in a foggy day is only "untrue" in contrast to the hanging twig from the perspective of a closer examination. The dream is only "unreal" from the perspective of our wakeful experience. And the fancy of the imagination is only an "illusion" judged from the privileged standpoint of the ac-tual. And is that I can see with a telescope or microscope more "true" or "real" than what meets only the naked eyes? Are these but different orders of Truth in a complicationally relatable Reality?

In short , such oppositions or distinctions as truth and falsity, reality and unreality, actuality and illusion, fact and fancy, and the like , are possible only as "categoreal dispositions" of meanings and values in an already penetrated do-main of significance － that humanly illuminated region in the Kingdom of Truth which we habitually call the "world," the background of all our postur-ings and posturalizations, Every posturing arises from its own "background − word" which is simply the world from the standpoint of its unique posturality. As a matter of act, a posturing is but an "arrival" of Being through the background — world which constitutes the "eternal passage" of its posturing power. When I wave my hand to greet a friend, for example, my friendly gesturing is an arrival of Being from the background — word which contains the totality of conditions transformatively accumulated from an infinite past and collectively determining its possibility. But the background — world which contains the accumulated totality of conditions is none other than Being itself in the eternal compulsion ( *tung* ) ae of its posturing power. My friendly gesturing, when considered in its complete being and reality, is not mine at all but a unique, eternal act of Being. And how can Being *itself* be said to have arrived at something when all arrivals and arrivings are parts of Being? No: my friendly gesturing, considered in its eternity of Being, is no arrival at all. What has arrived in my posturing act is the compulsion of Being viewed from the limited perspective of a "mineness." The concept of posturing is thus ontologically ambiguous: every posturing is , in truth, an arriving which is at the same time a "non — arriving."

Now from the standpoint of the arriving, there can be, of course, no truth apart from the background — word. I cannot, for example, make a true or false statement or entertain any illusion or fancy about the moon without presupposing a context of pre — penetrated significance in which the thing we call the "moon" is already configured. But truth in the primary sense is no propositional matter at all. It belongs rather to every posturing ( including the posturing of propositions) conceived as an act ( not of assering but) of *kan — t'ung* or penetration. But this does not imply that we have simply changed from conceiving truth as a relation between a proposition and the corresponding fact or actual state of affairs to conceiving truth as a relation between the object and the subject of posturing. For primary truth, which really belongs to the non — arriving arriving of penetration transcends both dialectically and transcendentally the subject — object relationship. "Dialectically": because the subject — object relation is but the foreground of an infinite background, the arrival of Being in its eternal compulsion. "Transcendentally": because the subject and the object are really *one* in the eternal *quiescence* ( *ching* ) af of the arriving which is also a non — arriving. The ambiguity of posturing then rests on the ambiguity of truth, that is , at the ambiguity of compulsion and quiescence at the core of posturing power. Primary truth is "dialectical" in so far as we emphasize the compulsion of the arriving; it is "transcendental" when we address ourselves to the quiescence or stillness of the non — arriving. The question now naturally arises, What is the relation between dialectical and transcendental truth? Wherein indeed lies the unity of the arriving and the non — arriving, the compulsion and the stillness?

Again, we are brought back to the same word: Appropriation. Appropriation is the restlessness of compulsion in the stillness of eternity: that, in a nutshell, is what posturing power is all about. Being , indeed, is in essence appropriation, which is no thing but the Way posturing power relates itself to itself. And how is the Way in general constituted? the *I Ching's* answer to this question is a definite one. The Way of Being's self — relatedness in the affective at-

tunement and penetration of significance which has received the name of *kan −*
*t'ung*. What is thus named is not ordinary phenomenon but the Art of all arts,
being the supreme and yet artless art of appropriation which governs all life and
being. *Kan − t' ung* is the "supreme art" in so far as Being relies on it for the dy-
namics of its posturing power. But this supreme art is at the same time an "art −
less art" because while all that is penetrated and appropriated is affected and
moved through the dynamics of compulsion, it remains *itself* unmoved and unaf-
fected. The principle of compulsion is itself under no compulsion. Is this
"non − compulsive compulsion" precisely what, for the *I Ching*, is the nature of
the "spiritual"? Indeed, we may state the matter categorically" Being is Spirit
(*shen*) (神) in its power of *kan − t'ung*.

The concept of *kan − t'ung* first appeared in a chapter in the Great Commentary
which discourses on the four − fold use of the Book of Changes and its bearing on
the Way of the holy sages. ① What we find in this important chapter is not only a
fundamental determination of the concept of "spirituality" in the name of *kan − t'ung*
but also a theory of "two − truths" implicit in this concept. The unity of the tran-
scendental and dialectical aspects of Being is clearly hinted at in the crucial paragraph
in which the momentous concept of *kan − t'ung* first came into being:

In (all these operations forming) the I , these is no thought (*wu ssu*) (无
思) and no action (*wu wei*) (无为), It is still and without movement (*chi jan*
*pu tung*) (寂然不动). but, when acted upon (*kan*), it penetrates (*t'ung*)
forthwith all situations under heaven (*t'ien − hsia chig ku*) (天下之故). If it
were not the most spirit − like (*chih shen*) (至神) thing under heaven, how
could it be found doing this?②

In the *I* hermeneutic tradition the two phrases "*chi jan pu tung* (still and
without movement), *kan erh sui t'ung* (感而遂通) (immediately penetrating
when acted upon)" have long since become idiomatic. Clearly, what is *chi jan*
*pu tung* in the state of *wu ssu* and *wu wei* is Being (as mediated through the pos-
tural body of the *I ching* ) in the transcendental luminosity of the non − arriving
, whereas what is *kan erh sui t'ung* (through the dvinational power of *I* ) is the
arriving of Being. conceived as both and penetrated by virtue of the compulsive
dynamics of the background − word. Thus while the phrase chi jan pu tung be-
longs to the transcendental language of truth, the phrase *kan erh sui t'ung* is an ex-
pression of truth in the dialectic sense. What is implicitly presupposed in this
theory of " two − truths" in the Great Commentary is the *unity* of transcendental
Being and dialectic Being. what belongs properly to the realm of the *mystical*,
But is not the transcendental − dialectical unity of truth a matter of appropria-

---

① *Ta Chuan*, Part I, Ch. X. The "four − fold" use refers to the guidance the I Ching may give us
through its judgements (*ssu*) cc. changes (*pien*) cd, images (*hsiang*), and divinatory pronouncements
(*chan*) ce.

② With slight modifications the translation of this passage is from Legge. See his *The I Ching*: *The*
*Book of Changes* (Dover, 1963), p, 370.

tion, as we have indicated earlier? Yes, indeed. There is really no confusion or ambiguity here. For appropriation *is* , in the final analysis (that is , the unity of compulsion and stillness) the Grace of the Mystical.

In what sense is the *I Ching* the "most spirit − like" thing under heaven ? This question cannot be fully answered until we have arrived at the end of our reflections. At that point we would have obtained a sufficiently adequate under-standing of the *constitution* of the postural body of the *I Ching* which is the basis of its divinational power. It suffices to point out here that what is contained in the Book of Changes is none other than the *objectified* spiritual power of Being it-self which, as latently embodied in the primordial archetypology of *kan − t'ung* with its trigramic and hexagramic systems of symbols and images, is what enables the holy sages to reach all depths in the background − world and to grasp the "seeds − and − springs" (*chi*) (机) of dialecticity in all things and undertakings (*chi shen erh yen chi*) (极深研机). Thus:

In searching out what was deep, they were able to penetrate to the views − and − wills (*chih*) ap of all under heaven. In grasping the seeds − and − springs, they were able to complete all affairs under heaven. Their actions being spirit − like, they were in a position to make speed without haste (*pu chih erh su* ) (不疾而速) and to reach the destination without traversing (*pu hsing erh chih*) (不行而致). [①]

As characterizations of "spirit − like" operations, the two expressions "*pu chi erh su*" and " *pu hsing erh chih* " are equivalent but differ in emphasis. *Pu chi erh su* (to make speed without haste) stresses the spontaneity of spiritual actions, while *pu hsing erh chih* (to reach the destination without traversing) emphasizes both the *freedom* and the *luminosity* of spiritual penetration. Spontaneity pertains to *kan − t'ung* as an act of procreation in which what is procreated is achieved *naturally* or *straightforwardly* (what makes speed without haste). Luminosity, on the other hand, pertains to *kan − t'ung* as an act of illumination in which what is illuminated is disclosed in the experiential *roundness* or *circularity* (what reaches its destination without traversing) of spiritual penetration. The former defines the Spirit as a realm of goodness. while the latter a realm of truth. But there can be no separa-tion between the spontaneity of the good and the luminosity of the true for it is the same experiential − spiritual action of *kan − t'ung* that is both procreatively and illuminatively penetrating. They are indeed intrinsically " co − incidental" in the postural *freedom* of the Spirit whereby the "roundness" of luminosity becomes spontaneously "rounded," so to speak, in the "squareness" of contextuality.

Now the good is the realm of values; the true the realm of meanings. We call "values" what is procreation, and " meanings" what is illuminated in an il-lumination. The coincidentality of spontaneity and luminosity, of goodness and truth, of procreation and illumination, thus entails (by definition) the coinci-dentality of values and meanings, which are ineluctably intertwined in the pos-

---

① *Ta Chuan*, Part I, Ch, V.

tural efficacy of every penetration. Indeed, all meanings are in a sense values, and all values meanings. All meanings are values because meanings are in themselves procreated facts. When I see something through the posturing of my eyes, what is seen is a meaning in so far as it is something disclosed under the penetrating luminosity of visual perception. But it is also something done or achieved: the seeing is an accomplishment through the procreational efficacy of a posturing power. On the other hand, all values are meanings because values are but the actualizations of potential significance. And as such, they must be already given as objects of concernful experience or affectivity as well as facts of procreativity. In other words, they must be "meaningfully" entertained, if only at a minimal level of affectivity , by the posturing − penetrating power that experientially actualizes them. In short, the coincidentality of meanings and values must be said to belong to the very essence of posturationality or Being, as stated earlier, in the fluency and efficacy of its posturing power. Being is "creative" (fluent and efficacious) both procreatively and illuminatively. And the complicational manifestation of its creative essence in the universe is what we have termed the "Way".

The universe is, in fact, no more than the "swaying" of the Way whereby the milliard beings and events furnishing the phenomenal world all arise through the dynamic mutuality of *yin* and *yang* which constitutes the intrinsic posturational − complicational nature of Being. The Way is both the "continuer" and the "completer" of the two primal powers of integrity and flexibility. "As the continuer," says the Great Commentary, "it is the Good (*shan*) (善). As completer, it is the Essence (*hsing*) (性).[①] We might say that the Good is the source, and the Essence the ground. The Way is both the Good and the Essence because it is both the source and the ground of all beings and events in the universe.

What the Great Commentary here means by the "Good" must not be confused with the conventional conception of moral good which owes its specific meaning to the objectified and fixated posturality of a moral code or ethical system. The Good as the "continuer" of integrity and flexibility is the *absolute good* of Being itself in the primordial morality of its posturing power, not the "relative good" of our actions judged from the standards of our consequent moralities. As a matter of fact, the Good is not even identifiable with goodness as the coincidental apposite of truth. For the Good is none other than Being itself in the substantiality of its posturing power: it is the power of posturing power that is the continuer. As such, it is the source of both goodness and truth, both values and meanings. But the Good is also the Essence − the source is also the ground: for Being as posturing power is identical with the process − and − reality or dynamic conditionality upon which all beings and events are contextually grounded. More precisely, the ground is the procreational − illuminational flu-

---

① 　*Ta Chuan*, Part I, Ch, V. See Wilhelm − Baynes (trans,), *The I Ching or Book of Changes*, Bollin − gen Foundation Inc, New York, 1950, p. 320. The translation has been slightly modified.

ency (process) *and* enfoldedness (reality) of posturing power which in their di-
alectic fecundity is what jointly define the field character of Heaven − and − Earth
as a postural − contextual continuum − in brief, the worldhood of the world.
The Essence, as the "completer" of *yin* and *yang*, is not the abstract essence or
form in Platonic or Aristotelian − Scholastic metaphysics, but the "enfolded flu-
ency" or "fluent enfoldedness" which constitutes the dynamic matrix of all pos-
turing existents. The relation between the Good and the Essence is thus the
same as the relation between the Good and the Essence is thus the same as the
relation between the Great Ultimate and Heaven − and − Earth − the relation,
that is , between posturing power itself and the postural − contextual continu-
um. It is by virtue of its procreational − illuminational efficacy that posturing
power configures itself in the perpetual posturing or continuity of the postural
continuum −and herein lies, of course , the Way. The Way is Being itself in
the "betweenness" and unity of the Good and the Essence: it is posturing power
which continues and completes itself fluently and efficaciously in and through the
whole − some creativity of its own posturality ( *sheng − sheng chih te* ) （生生之
德）. And yet man rarely entertains this whole − some creativity of the Way in
its wholeness:

   The man of *jen* （仁） av discovers it and calls it *jen*. The man of *chih*
（知） aw discovers it and calls it chih. The people use it day by day and are not
aware of it. for the way of the superior man ( *chun − tzu* ) （君子） is rare. ①

   The man of *jen* is a man of goodness who tends to see in the Way only the
procreativity of posturing power: *jen* indeed is this procreativity itself. The man of
*chih*, on the other hand, is a man of truth who is predisposed to seeing in the
Way only the luminosity of Being － or *chih*, the illuminating power. The man
of *jen* is , in other words, value − oriented, while the man of *chih* meaning − ori-
ented. Thus they are equally one − sided in their spiritual posturality. The Way of
the superior man is rare because what marks the "superiority" of the superior man
is none other than the whole − some creativity embodied in the intrinsic nature of
man which enables him to respond creatively to the Way in its wholeness, that is,
the Way as the swaying of goodness and truth, *jen* and *chih*. The superior man is
superior by virtue of the beauty of his whole − some creativity.

   Beauty is the *harmonization* of truth and goodness in the Being of beings to-
wards the *complete* realization of their creative fecundity. The beautiful is what
shines through the coincidental *interplay* of meanings and values inherent in the
posturationality of all posturings. There is interplay between the true and the
good because the swaying of the Way is a movement propelled by the internal
tensions between reality and ideality belonging essentially to the compulsive na-
ture of posturing power. While " reality" is constituted by the enfolded signifi-

---

   ① *Ta Chuan*, Part I, Ch, V. See Wilhelm − Baynes ( trans, ) , *The I Ching or Book of Changes*,
Bollin − gen Foundation Inc, New York, 1950, p. 320. The translation has been slightly modified. ( A-
gain with slight modifications)

cance of objectified meanings and values. " ideality" is the factor of posturational unrest coiled within the heart of complicational objectivity. Meanings are values but at the same time lures towards the realization of further and greater values, while values are both meanings and hungers for more illuminating and more meaningful meanings. The relation between meanings and values in the spiritual realm of *kan − t'ung* is somewhat analogous to the relation between light and energy in the domain of physical reality. While light is a form of energy, energy in its manifestation in the phenomenal world is what appears in the lighting of light. And that indeed is where physical beauty lies: the coincidental interplay of energy and light. Is this not precisely what is essentially represented by the hexagram *Liay*, the Radiant, whose symbol is the flaming fire?

And the beautiful is what participates in the harmonies of the Great Harmony, what in the *T'uan Chuan* (Commentary on the Judgments) is called *t'ai ho* (太和). There is beauty in the world because ingrained in the posturality of everything in the field of Heaven − and − Earth is a "vouchsa − fement " of the Great Ultimate which grants out of its mysterious musicalness the " primordial warranty " of the Great Harmony (*pao ho t'ai ho*) (保合太和) for the benefit of the rightful fulfillment of each and every posturing existent ( *i li cheng*) (以利贞).① Postural rightness then is the rightness of the creative response to the Call of the Great Harmony: that, in the final analysis, is what the appropriation of significance really amounts to. For the call of the Great Harmony is what determines the shape of every appropriation. But the calling of the Call is audible only within the contextuality or situationality of the posturer. The Call cannot be heard in the drowning voices and commotions of the arriving, nor in the commodious silence and dread of the non − arriving. The calling of the Grear Harmony can be heard only in the soundless chiming of the "primordial fourfold " – the mysterious − mystical unison − union of Flexibility ( *yin*) and In − tegrity ( *yang*), Compulsion ( *tung*) and Quiescence ( *ching or chi*)  − orchestrated on the abysmal ground of every contextuality. What is " mysterious" (*shen*) about the Fourfold is the ultimate *impenetrability* of the mutuality of flexibility and integrity ( *yinyang pu ts' e chih wei shen*) (阴阳不测之谓神), while what is "mystical" ( *miao*) (妙) is the wondrous conjunction of compulsion and quiescence which forms the eternal axis for the perpetual interchange between the Impenetrable and the penetrable – that is , the "ten thousand things" ( *shen yeh che miao wan wu erh wei yen che yeh*)  (神也者妙万物而为言者也).② The whole "secret teaching" ( *mi fa*) (密法) of the Book of Changes is thus contained in the four primary words *yin*, *yang*, tung, and *ching* as subsumable under the two qualifiers *shen* and *miao*. ③ The Way of Being and Change is *shen − miao* indeed!

There is beauty in the world because the Great Harmony is the Harmony of

---

① *T'uan Chuan* commenting on the hexagram *Ch'ien*.

② *Ta Chuan* , Part I , Ch , V. *Shuo Kuacf* ( Discussion of the Trigrams). Ch , VI,

③ Compare the statement "withdrawing into *mi* ( secrecy)" in the *Ta Chuan*, Part I, Ch, XI the primordial fourfold. As the Harmony of all harmonies, *t'ai − ho* is the inner-most condition not only of the "primordial morality" in the mysterious mutuali-ty of flexibility and integrity, but also of the "primordial economy" in the mus-tical conjunction of compulsion and stillness. Harmony between flexibility and integrity means: there is flexibility within integrity, and integrity within flexibil-ity. Harmony between compulsion and stillness means: compulsion is still, while stillness compulsive. And what does the Harmony of the Fourfold mean? It means" the primordial morality and economy of Being are, in the postural rightness which constitutes the Greet Harmony *itself*, one and the same. Beauty is, in other words, the *moral economy* of the world.

Thus conceived, the Great Harmony is the meaning of all meanings, the value of all values − in short, the significance of all significance. It is that where-by the compatible are compatible, and the incompatible are also compatible. In-deed what is named by *t'ai − ho* is none other than Being itself in the *absoluteness* of its posturing power by virtue of which the true is true, the good good, and the beautiful beautiful. And what really can be thus named but the Name of all names and the Holy ( *shen* ) of the holy?

Now in the Name of the Holy there dances the Dance. The dance is the highest form of art for it participates most directly and comprehensively in the Dragon Dance of the Spirit − the Holy Dance of Being itself in the serious − playful exercise of its creative posturing power. Attuned to the mysterious − mys-tical chiming of the Fourfold, the Dragon of the Spirit dances in the light and heat of the world, in accordance with the moral economy of *T'ai − Ho*. Aan be-hold − the Way the Holy Dragon dances is both "round" and "square": It is a "rounded square" dance.

The Spirit is "rounded" in the exercise of its *Creative* freedom, which in our primordial experience is no more than the liberty or non − obstructedness in the postural actions or movements of our upright body, just as our experience of "squareness", which stands for the rational necessity inherent in the creative freedom, is originally no more than the "lawful" experience of the "primordial cross ( or intersection )" formed by the four − way crossing of the four direc-tions through our body − what determines the spatiality and perspectivity of our postural − contextual existence. In our primordial experience of the Spirit, the symbol of the "rounded square" − the basic from of the mandala, has a rather literal meaning: to be human is to bear the "cross" upon one's body; one can act or move freely ( rounded ) only within the confines of its "crossal" necessity ( square ). Human perfection ( the full exercise of our postural freedom ), which is the chief implication in the symbolism of the mandala, is thus a matter of "rounding the square," that is, in the contextual systhesis of postural freedom and crossal necessity. Is it not most interesting to observe in this connection that the number ten, universally recognized as the consummate or perfect number ( hence the symbol for perfection itself ), was represented in Chinese writing first ( as in the bone script ) by the vertical line ( | ) and then ( as in the later scripts) by the pictograph of the cross ( + )?

What the vertical *straight* line stands for here is not the integrity ( *yang* ) of the upright body *as contrasted* with its flexibility ( *yin* ) but the upright body *as such* in its *undifferentiated* primordial rightness or perfection. In the primordial symbolism of human posturality, straightness and roundness are functionally e-quivalent: the straight line and the circle are both symbols of perfection, which is a matter of freedom as well as of rightness. The undifferentiated ( vertical ) straight line here is symbolically the same as the blank circle at the top of the *T'ai* - *Chi T'u* ( 太极图 ) ( Diagram of the Supreme Ultimate ) representing the Non - Ultimate ( *wu* - *chi* ) ( 无极 ) as contrasted with the Supreme Ultimate represented ( immediately below it in the Diagram ) by a circle containing both shaded and unshaded semicircles in a concentrically symmetric interpolation sur-rounding an unshaded inner or nucleus circle, which symbolizes no doubt the complication - ally differentiated *yin* and *yang* as also found in the more popular - and, one should add, simple and more accurate - representation. The basical-ly needless controversy over the meaning of , and relationship between, the *wu* - *chi* and the *t'ai* - *chi* as discussed in Neo - Confucian philosophy stems partly from the total ignorance of their primordial signification - namely, that while *wu* - *chi* signifies originally the upright body as such, *t'ai* - *chi* names the upright body in posturing action, Ontologically, the former refers to Being in the sim-plicity and stillness of its eternal perfection, whereas the latter focuses on Being in the dynamic compulsiveness of its posturing power: it is from Being as the *T'ai* - *Chi* that the *liang* I ( the two comsic stands ) *arises*. [1] But *wu* - *chi erh t'ai* - *chi* ( 无极而太极 ): the Non - Ultimate is *also* the Supreme Ultimate. [2] Just as the upright body is always in posturing action, so the Non - Ultimate is really no different from the Supreme Ultimate. In the mystical union of stillness and compulsion, *Wu* - *Chi* and *T'ai* - *Chi* are one and the same.

Now to return to the primordial symbolism of the number ten, let us point out that the transition from the vertical line to the cross in the philological history of the word must be recognized as implying a deepening of primordial insight in-to the postural contextuality of human existence and perfection. This is the right time to observe that the cross one of the many Chinese characters - including the word *sheng* ( 升 ), which means "to arise." and , above all, the word te. one of the key words in all Chinese philosophy. In the ethical context, *te* means vir-tue. integrity of character, proper conduct, moral excellence or perfection. But all these ethical meanings were from the very beginning in the usage of the word inseparable from its ontological meanings or connotations: namely, *te* as the power, energy, characteristic influence, disposition, manner of existence, and so on, of a being or thing. And once we understand the primordial meaning of

---

[1]   Compare the statement "withdrawing into *mi* ( secrecy )" in the *Ta Chuan*, Part I, Ch, XI.

[2]   This is the famous opening line in Chou Tun - i's *T'ai* - *Chi T'u Shuo* ( Explanations of the Dia-gram of the Supreme Ultimate ).

the word, *te* can be precisely and succinctly translated in its key sense, as we have already done throughout our reflection as "posturality" — that is, the posturality of a being or thing or of Being itself in its posturing power or action. Interesting enough, the *Shuo — Wen* ( 说文 ) defines *te as sheng* with no comprehension, however, of the inner connerction of their meaning. The truth is: *te* is not so much an arising ( *sheng* ) as it is the posturality of an arising. Here "arising" means, of course, the arising of a posturing action from its postural context; it is posturing conceived as an "event" or posturing power in action. It is no accident then the cross is found in both words; for crossal necessity is what underlies the contextual conditionality of all posturing events.

In addition to the cross, the pictograph for te is made up of the following semantic components: ( a ) *ch'ih* ( 行 ), which pictures a man in his upright walking movement, ( b ) *mu* ( 目 ), the character for the human eye, and ( c ) *hsin* ( 心 ), the character for the human heart or mind. When imaginatively put together, these semantic components should give us a meaning — fully unified picture which is philosophically as profound as it is interesting. *Ch'ih* stands obviously for man in its upright posturing action. The eye and heart — mind jointly represent his experiential — spiritual power of *kan — t'ung* and appropriation, while the cross, as we have already indicated, points to the basic structure underlying his contextual spatiality and perspectivity. *Te* means therefore upright posturing under the crossal necessity of context — in short, the essential *posturality* of human posturing. [①] The crossal element in *te* is the "equareness" inherent in our postural contextuality. But what is "square" about this? What do we mean when we equate, symbolically, "squareness" with rational necessity? What, indeed. is "rational necessity"?

The answer to these questions may be obtained by following an important clue provided by the Book of Changes. From the standpoint of the *I Ching*, the "rounded square" or mandala is more than an archetypal symbol of the psychic Self as conceived in Jungian psychology For beyond be psychical mandala of the Self there lies the " Great Manadala" of Being, the " rounded Square" in the moral economy of the Spirit. In the view of the Great Commentary, the relation between the " roundedness" and the "squareness" of the Spirit is reflected in the relation between the divinational posturality of the stalks ( *hsi chih te*) ( 耆 之德 ) and that of the hexagrams ( *kua chih te*) bp. The former is characterized as "round and spirit — like" ( *yuan erh shen*) ( 卦之德 ), and the latter "square through wisdom" ( *fang I chih*) ( 方以知 ). [②] Now the "spirit — like," as we have seen earlier, is what possesses the three characteristics of spontaneity, luminosity and freedom. What is spontaneous is straightforward and naturally right. it accomplishes without doubleness or circumspection. What is luminous is both

---

① The etymology of the word *te* is so rich in posturalistic implications that it definitely deserves a full — length study. Only the most essential points have been brought out here.

② *Ta Chuan*, Part I , Ch, XI.

enlightening and self – transparent, being without the opaqueness of self – decep-
tion. And what is free is non – obstructed in its movement either with in itself
or out of itself, that is, being unhampered by both doubleness or deception. In
short, the Being of the "spirit – like" may be said to consist in the creative unity
of spontaneous freedom and luminous freedom: that, for the *I Ching*, is none
other than the meaning of *perfection* or what is "round" about the Spirit. In
characterizing the posturality of the stalks (believed by the ancients to be a sacred
plant) as "round and spirit – like," the Great Commentary is pointing to that
aspect of divination which can only be aptly termed "holy" or "divine". Divi-
nation by means of the sacred stalks was indeed believed to be the "holy art" of
perfection, for it is that whereby the whole – some creativity of man is realized
in its wholeness by virtue of the most rounding act of spiritual penetration. In
the final analysis, however, what is most roundingly penetrating and penetrated
in the "divinity" of "divination is not the limited ego – self of the diviner and its
world, but Being itself in the mysterious musticalness of its posturing power.

　　Now while Being in its all – rounding perfection is beyond the comprehen-
sion of the human posturer, the contextual relevance of its wholesome creativity
to human life and destiny may still be correctly appropriated by conforming to
the "principles of rightness" ( *li* )<sup>bs</sup> contained in the divinatory message received
by the diviner. These principles are fathomable by the adept interpreter in the
light of the "hermeneutic logic" governing the whole trigramic – hexagramic
system of symbols and concepts. Thus if the sacred stalks may be said to stand for
the creative freedom of Being itself in the elusive divinity of the holy art, the tri-
gramic – hexagramic symbolic system may be regarded as representing the *man-
ageability* of the divine relevance for man which is objectively grounded on the
rational necessity inherent in Being's creative freedom. This necessity is described
as "rational" partly because it is manageable according to principle, and partly
because it is *disclosable* to the illuminating power of human apperception – hence
a matter of wisdom. For to be "wise" is to know how to manage the necessity
of things in a creative response to the appropriate principle ( s ) of rightness.
The divining of divine relevance then has the character of *fang I chih*, or "squa-
ring through wisdom. "

　　But why "square" ? What is "square" about rational necessity? The symbol
of the "square. " as we have seen, is originally derived from the crossal factor in
our postural – contextual existence. The illuminating process occurs always in a
context or situation, and what determines the primordial contextuality of the hu-
man context is the four – way intersection or crossing of the four directions
through the upright body. The "square" is the field of comportment delimited
by the necessity of the cross. "Squaring" is the process whereby Being becomes
contextually complicated in both the procreativity and luminosity of its posturing
power by the intrinsic perspectivity and spatiality of human crossality. In the final
analysis. however , it is Being itself that does the "squaring. " and it is also Be-
ing itself that is "squared. "

In practicing the holy art of divination one participates simultaneously in the small mandala of one's own self and in the Great Manala of the Spirit. Through the posturality of the sacred stalks the diviner seeks Being in the "rounding of the square"; through the posturality of the hexagrams he seeks Being in the "squaring of the round." Whether "rounding" or "squaring." what the practitioner of the art of perfection always concerns himself is the rightness of posturing. And postural rightness is ultimately a matter of apperceptive penetration and appropriation whereby the perfect roundness of the Great Mandala of Being is " rerounded," so to speak, in the small mandala of the self under the "squaring" conditionality of context. This is, in fact, but another way of pointing to the secret teaching of the Book of Changes.

Philosophy is the conscious appropriation of significance carried to the limits. Thus defined, it is intrinsically metaphysical and divinational. Philsoophy is intrinsically " metaphysical" because the conscious appropriation of significance leads inevitably to the justification of posturing power ( that is, Being) itself which is the proper object of metaphysical thinking. And it is intrinsically "divinational " because conscious appropriation is , in so far as it is an expression of the spiritual power of man , an "apperceptive art," being founded on a contextually determined tactical or strategicemployment of his "apperceptive intelligence" – a name given to that self – projecting and self – transcending creative spirit within his power of *kan – t'ung* which constitutes properly the " soul" of his postural body. What the creative spirit or apperceptive intelligence in us strives for is the intensification and maximization of meanings and values in the "rounding – squaring" of contextuality, to wit, the creative synthesis of spontaneous freedom and rational necessity. Understood in its primordial sense and stripped of its merely occult implications, divination is this "rounding – squaring" art *strategically* considered. When all is said and done, philosophy is indeed this most special form of strategy – the strategy of justification.

In what sense and to what extent then is the I *Ching* "philosophical" according to the above definition of philosophy? We all know that the I *Ching* teaches the " Way of Central Rightness" ( *chung cheng chih tao* ) [bt] as the proper way in man's posturalization of Being. What kind of divinational strategy is involved here? What are the spiritual orientations underlying the philosophical thinking of the I *Ching* which have their "rootage" of *kan – t'ung* in the common soil of Chinese wisdom and sensitivity, and which have decisively conditioned the historical formation of the dominant symbolic – conceptual framework in the I hermeneutic tradition? Not only are these questions interesting in themselves, but may, when pursued to the core of their problematicity, prove to have the most prodigious consequences.

# 13 Uprightness and Humanity: Metaphysics and the Primordial Language of Man (With Comparative Implications)

## (1992)

Once upon a time a field of sky – and – earth unfolded itself – and man found himself standing upright therein. Man has no choice but to traverse the field: he is in substance a fielding power – a power which is as much his as it is not this.

"Power" is the ability to make a difference. In this fundamental sense, all philosophy is at heart an articulation of power – and all power is in essence fielding power. To "be" is to make a difference in the field. The difference that man makes – the difference that properly belongs to man as man – is the difference that occurs from the moment he stands upright, both individually and as a species.

Between the fielding power that man is and the fielding powers that things are, there lies manifested a realm of double openness – what we habitually call the world. For what is manifested as the world is concurrently an openness of significance and an openness of reality. There is no reality without significance, and there is no significance without reality. We appropriate the significance of things, while we posturalize their reality. Man is a being in the world in so far as he is an appropriator of significance and a posturalizer of reality. More exactly, what is appropriated is, in the final analysis, the proper/rightness of things, while what is posturalized always some figure in a configuration. For proper/rightness is the thread of significance, and figure/configuration the quintessence of reality.

Life is enjoyment in the appropriation of proper/rightness; life is sufferment (from Latin sufferre, to bear under, to under go, to endure) in the posturalization of figure/configuration.

Between the fielding power that man is and the field powers that transcend him, there plays out an unceasing drama on the stage of double openness: a drama of belonging and severance from belonging. For it is in the nature of fielding power that what belongs must come to sever itself from belonging, and what parts itself from one belonging must regain itself in another. Identity or sameness is the openness of belonging; difference or otherness is the openness of severance.

We live a life of care in the power of belonging and identity; we live a life of wonder in the power of severance and differentiation.

The lexicon of significance, proper/rightness, appropriation and enjoyment; the lexicon of reality, figure/configuration, posturalization and sufferment; the lexicon of belonging, identity and care; the lexicon of severance, difference and wonder: these four lexicons of words and meanings are universally contained in one way or another in our civilized languages. And what do these universal lexicons constitute and represent? They constitute in each civilized language the "language of tao," and they represent in their symbolic unity the four — fold complexion of the world.

Philosophy is an exercise in the language of tao in drawing out the four — fold complexion of the world.

In care and in wonder, in enjoyment and in sufferment, man speaks the metaphysical language of tao. Here "metaphysical" is not to be confined to its usual or traditional sense. For man was metaphysical long before he created metaphysics: indeed metaphysics is man.

"Metaphysics" means beyond physis — that is, beyond his physical configuration. Like the Chinese word seng, the Greek physis means originally emergence or growth, before it acquires the sense of nature. Or, to put it in another way, the primordial meaning of "nature" is seng or physis: the process of uprising or up — growing whereby the pre — primordial man emerges or arises towards his upright position——the position that marks him off from other animals, the position that makes him man in the proper sense of the word. The philosophical concept of origin or beginning or source or firstness has its primordial locus here: the upright man in the inception of his uprightness is the t'ai — chi, arche or principle (from Latin princeps, first in rank). And what does the word tao primordially mean? Tao signifies the upright — standing, upright — walking man, who, having attained the status of uprightness, is able to see himself distinctly in relation to the world, leading and comporting himself in his uprighting and uprightalizing activities. The Greek logos has basically the same signification: but while tao emphasizes the emphasizes the uprightal (uprighting and uprightalizing) man as a self — leading power, and comes to signify the way it leads in its self — dispensation, logos lays stress on the dynamic and configurational self — collectedness or self — gathering of the same power that confers unity and coherence on the uprightal process. This self — leading and self — collecting power the primordial man equates with the power of speech. Upright — growing and uprighting — uprightalizing is concurrently an act of saying and speaking. Is it a coincidence then that both tao and logos——and one must include also the Sanskrit Brahman——conjoin in their essential meaning the implications of growth and speech?

In the beginning was tao or logos, and tao or logos was t'ai — chi or areche, which has itself arisen in seng or physis.

The "inception of uprightness" ——that is what we mean by the term
"primordial. " The primordial is the beginning of heaven and earth, the begin-
ning of the word and metaphysics, the beginning of "the epoch of God" : for it
is the beginning of the uprightal man.

"Uprightal" means as a consequence of , on the basis of, or proceeding
from, the position of uprightness. "Uprightalization " is the uprightal appropria-
tion and posturalization of man in relation to himself, to other things and to the
world. Thus defined, uprightalization is the "how" the fielding power of man
is primarily structured or organized. And the uprightal phase of man in which
man lives his life in a constant struggle of self — uprighting and uprightalization is
the proper phase in which his humanity is both constituted and consummated.
Humanity, indeed, is the uprightality of man.

Uprightalization is essentially a metaphysical process. "Metaphysics" means
projecting beyond physis——that is , the body that has grown to its upright po-
sition. This is what the I Ching means by hsing − hsiang, or "above shape. "
Philosophy is the metaphysical learning of the uprightal man carried to the limits.
And metaphysical learning is in essence "great learning" ( ta hsueh) —learning
to be great ( "ta" ) .

For "great" means upright: the original graph for the Chinese characterta
( great). pictures an upright − standing man. Greatness means primordially sim-
ply the ability to stand upright, to walk upright, to see upright. A great man is
a master of his own uprightness, and goodness consists in the virtue or excel-
lence ( te or arete) of the great man's uprightality. The metaphysical beginning
of the word and the epoch of God is also the beginning of te, the realm of mo-
rality: —— "When the pre − primordial ( pre − uprigtal) tao is lost, only then
does te prevail. " ( An analysis of the etymology of the word te will disclose un-
mistakably its uprightal implications. )

But to be upright is to bear the burden of a "mounted gravity. " The up-
right and uprightalizing man is the center, the focus and the pivotal point of his
metaphysical projections which inevitably fall into the patterns of a preconfigurat-
ed frame determined by the deep structure of his uprightality. We call this frame
the "square of uprightality. " It is characterized as a "square" because the square
is a perfect figuer for the representation of opposites—— the confrontation and
crossing of opposites: up and down, right and left, front and back ( before and
after) , inner and outer ( inward and outward) , freedom and necessity, body
and soul, body and mind, subject and object, useful and useless, truth and falsi-
ty, right and wrong, good and evil, beauty and ugliness, profane and holy——
and so on. The uprightal man lives precariously within the square of his upright-
ality, being torn in all directions by the opposing forces generated from the
depth of his own being. The uprightal man is vulnerable: he is engaged in a
constant struggle to gather and regather himself for the preservation of his up-
rightness. In the symbolism of uprightality, the circle, in contradistinction to the
square, is the symbol of perfection——that is, the perfection of uprightness.

Uprightal perfection means: the unceasing round of upright − al self − generation and renovation. Thus conceived , uprightal perfection ( the "circle of uprightality" ) is the basic meaning of the Confucian concept of ch'eng in the Chung − yung. Ch'eng is at once the rounding of the square and the squaring of the round: this mutuality between the square and the circle of uprightality may be represented by combining the mandala and the cross——the two supreme symbols of humanity. Ch'eng as symbolized by the "uprightal mandala" means: in the unity of uprightal ( the square in the middle ) perfection between heaven ( the outer circle − the perfection of heaven ) and man ( the inner circle − the perfection of man ) is the crossing of the cross——that is, the burden, the dignity, the suffering, the deception, the anxiety, the despair and the hope of humanity.

The civilization of man is the working out of the uprightal mandala in history, as reflected in the history of logocentrism in thought and humanism in action. Whether in the form of sagely care or in the form of heroic wonder, it is the orthodox ( from Greekorthos, straight, regular, upright) tradition in every culture that bears the cross. But the heterodox or unorthodox dissention from orthodox uprightalism has also its basis in human nature − that is , in the desire to return to the pre − primordial state of infancy, or even to the womb or to the dust. Such forms of heterodoxy endorse the exterme postures of anti − uprightalism − the horizontal or reclining postures of man at birth or at death, the postures of "deuprightal" peace, tranquility or nirvana. The "deuprightal mandala" stands for bliss of perfection without the cross.

But between the strict uprightalism of orthodoxy and the extreme deuprightalism of the unorthodox there lies a middle position − the "middle way" which endorses neither uprightness nor horizontality. It wants to preserve the freedom of posturality in life, the freedom to move freely through all postural variations, without being fixated in any of them. The "differential mandala:. as we may call it, preserves the cross; but the differential cross has taken the form of the Buddhist gammadion, the cross that turns freely in all directions.

Which way is the truth? Primordially speaking, truth refers neither to the correctness of a proposition nor to unhiddenness as such, but to the proper/ rightness of our natural or fated upright posturality whose adumbration in experience is. What provides the basic coordinates in the double openness of the world. That is why the word " right" is contained in the word "upright. " Truth, in other words, is originally a matter of "morality" ——the "morality" of the human configuration, before it becomes a matter of metaphysical or philosophical strategy in the politics of uprightalization. In philosophy, indeed, the truth of strategy has been confounded with the strategy of truth.

Man is born upright: this statement has not been properly understood. The whole history of philosophy is marked by a profound and colossal oversight—— an oversight of what is most obvious and nearest to his being: indeed the very being that is properly his own. And what is being? To primordial man, being is no mystery at all——— or perhaps that is why it is so mysterious. Being is what is spoken of by him as tao, brahman, logos; as seng, prakriti, physis; as yu, sat, on; as t; ai − chi, purusha, arche, and so on. O yes, Being is one, but man calls it by many different names.

When all is said and done, it will be discovered that a philosophical term or concept is either synonymous with tao or is implicated in the language of tao——— the language of man's uprightality and uprightalization. For philosophy is but the tautology of the uprightal man.

## NOTES

1.  Upright is right − chih (literally) becomes chih (figuratively). All our thinking of rightness is ultimately derived from our primordial recognition of the proper/rightness of our physical uprightness. The generation of the sense of rightness from the sense of uprightness is the first figure of speech, the first determination of significance.

2.  Thinking begins———and ends———as the postural appropriation of "configurated significance." Behind every idea there is always a figure———and ultimately the figure of man in the field of sky and earth. Reality is configurated significance for thought.

3.  The primordial language of tao, universally formed around the first figure of speech as its semantic neucleus and developed through a sedimented process of metaphoric analogy, is the soul of all languages and expressions.

4.  Consider, for example, the generation of shen (spirit, god; spiritual, holy, divine) from shen (to stretch upright or straight). Originally, the upright body is what is divine or holy; upright standing is as much a "spiritual" as it is a "moral" act——— "moral perfection" and "spiritual perfection" are primordially one and the same.

5.  The story of pan − ku and similar myths of the world − opening giant represent at once a recollection of the primordial situation and of the primordial divination of the upright body.

6.  According to Levi − Strauss, all the names of Oedipus in the various versions of the famous myth have this in common: they all "refer to difficulties in walking straight and standing upright." Not only does our consciousness of shame and honor have its primordial origin in the uprightality of the human body, but perhaps the whole unconscious mind is originally shaped by it.

7.  Uprightality is the literal core of all symbols and metaphors. The phallus is in truth an image of the upright body in the symbolism of sex. We must distinguish between "postural sexuality" and "biological sexuality." In the language of postural sexuality, the − "male" refers to what is upright, vertical or straight, whereas the "female" stands for what is bent, folded, or crooked——— as, for example, when we have to bend down in order to pick up something from the floor.

8. The two primary symbols of *yin* and *yang* − represented, respectively, by the "broken" and the "unbroken" line——is initially a symbolism of postural sexuality, before it comes to incorporate in its semantic matrix the biological meaning of sexuality.

9. The mandala is a figure of the human condition considered from the standpoint of "problematicity." But the meaning of problematicity varies, depending on whether one adopts the uprightal, deuprightal or differential standpoint. Jung's account of the mandala falls short of precisely the most decisive element − namely, what gives the mandala its meaning and form.

10. The Pythagoreans called the "normative case" the "upright case." The Greek notion of "subject" (hypokamenon) ——hence the Aristotelian theory of substance − also has it primordial origin in man's reflective recognition of his uprightality. The "subject" or "substance" refers originally to the permanent possibility of uprightness——hence the notion of the "thing − in − itself."

11. Both the Aristotelian and the Kantian categories are in the final analysis articulations of man's uprightality and uprightalizationality.

12. From Heidegger's An Introduction to Metaphysics: "The words ptosis (Latin: casus) and enklisis (Latin: declinatio) mean falling, tipping, inclining. This implies a deviation from standing upright and straight. But this erect standing − there, coming up [zum Stande kommen, coming to stand] and enduring [im Stande bleiben, remaining in standing] is what the Greeks understood by being." (bold face mine) What follows is an interpretation of the meaning of peras (limit), telos (end), and morphe (form).

13. The chi in t'ai − chi (great limit = upright limit) is what the Greeks mean by peras. Ch'eng as the fulfillment of the limit corresponds to what the Greeks mean bytelos − Aristotle's entelecheia. Heidegger: "That which places itself in its limit, completing it, and so stands, has form, morphe. Form as the Greeks understood it derives its essence from an emerging placing − itself − in − the − limit." Form, in this sense, is the primordial meaning of hsiang in the I Ching. Heidegger failed to pursue further this significant insight. He has no doubt made his conception of being unnecessarily difficult.

14. "Matter" and "mind" in their primordial meaning corresponds to the two sides of the double openness. "Matter" is the subject − mater which matters − that is, the human figure − configuration. "Mind" is the mindfulness directed to the subject − matter. "Matter" then is the power of posturalization, and "mind" the power of appropriation. The "nature" (hsing) of man is the coordinate unity of the two sides of openness. The ideogram for hsin (heart − mind) on the left side of the character hsing stands for the "mental" side of significance and appropriation. The graph for seng (emergence, coming − to stand) on the other side of the word denotes, of course, the material side of configuration and posturalization.

15. Everything is, in its own way, proper and right. That is why there is li (principle / reason) in each and every thing. The li of a thing is its own

strand of proper / rightness. The T'ai — chi or Great Limit in Neo — Confucian-
ism, conceived as the source and origin of proper / rightness, is not void.

16. But the T'ai — chi is also the T'ai — ho — the Great Harmony which
makes what is compatible and what is not compatible also compatible. The Great
Harmony is the ultimate and universal skill procuring the seminal fitness in all
proper — rightness. In this sense, the Great Limit is void, because the Great
Harmony is no — thing. Skill and fitness is no — where.

17. The Taoist conception of Tao as "non — being" remains in the tradi-
tion of the I Ching. Tao is void in the sense that the Great Harmony is void.

18. "Problematicity" is the frustration of harmony — an appropriational
aporia and posturalizational inefficacy. The "non — problematic" in de — upright-
alism is identified with the horizontal position. The problem then lies not in
one's inability to stand upright but precisely in one's desire or inclination to do
so.

19. The "three bodies": we have a "body of significance." "a body of
configuration," and a "body of harmony" How is the self to be understood ?

**Abstract**   Inspired by Heidegger's conception of language as the "House
of Being," this study attempts to uncover the hidden grammar underlying the
primordial structure of Chinese philosophical thought in a way that may be said
to parallel Heidegger's own attempts to trace the primordial origins of Western
philosophy to the seminal thinkings of the pre — Socratics. But our study has im-
plications that seem to go much farther than those of Heidegger's. For the hid-
den grammar that we believe to have discovered is not confined to Chinese phi-
losophy: it contains a necessity that is binding on all philosophical thought.

This hidden grammar, in so far as it has revealed itself to us in the Logos of
the Chinese tradition, may be formulated in terms of a matrix of primordial
(most original) meanings succinctly definable as the "Rightness of Tao." Just
as, according to Heidegger, philosophy in the Western tradition is ultimately
rooted in the concept of Being, so the Rightness of Tao (the Way), as we see
it, is the perennial concern of Chinese philosophy. And just as the history of
Western philosophy is characterized (according to Heidegger) by an "oblivion
of Being (itself)," so Chinese philosophy as a whole has become ignorant of
what is primordial in the Rightness of Tao. Our task here is therefore one
which, in re — entering in the manner of a philosophical archaeologist the
"Gateway of Tao and its Rightness" (I Ching), seeks to uncover the primordi-
al meanings which have lain deeply buried in the archic strata of Chinese
thought. The primordial structure of meaning, which is expected to reveal itself
from such investigation, will then serve as the semantic basis for a reinterpreta-
tion or reconstruction of Chinese philosophy. It is our belief that underlying this
primordial semantic structure is a hidden grammar which is not only the control-
ling principle in the historical development of Chinese philosophy, but is in
truth the apriori of all aprioris, being the universal ground and perennial essence

of all thought. This hidden, primordial grammar is the "Grammar of Appropria-
tion" which, as the supreme reigning structure underlying all experience, life
and reality, is what in the Chinese philosophical language is called Tao – "the
Way." But what does tao primordially mean? What is it that tao is the way of?
It is the way of the Upright Man. It turns out that the Grammar of Appropria-
tion is ultimately rooted in the appropriation of man in the uprightness or verti-
cality of his natural posture. Man is born upright: his uprightness belongs to the
intrinsic rightness of his own being – that is what is originally meant by the
Rightness of Tao. But man's primordial experience of uprightness is inseparable
from his experience of the Power of Being – the Power whereby man and the
"ten thousand things" are each appropriated to their own intrinsic rightness.
How man comports himself to the power of Being conceived as the Power of
Appropriation is determined by the deep structure of his upright posturality. This
determination is the meaning of metaphysics in the primordial language of man.

# 14    Self – overcoming and Morality: Human Creativity in Nietzschean and Confucian Thought[①]

## (1994)

Self – overcoming, according to Nietzsche, is the common essence of all moral codes. "Man," he says, "is something that should be overcome."[②] Self – overcoming is, indeed, for him not only of the essence of morality, but most emphatically of the very essence of man himself —— his authentic, civilized humanity. Is not the overman, Nietzsche's model of the self – perfected man, the most authentic, civilized man? And the overman is precisely one who has overcome himself, who has transcended himself. Self – overcoming as the basis of self – transcendence and self – perfection: that, in a nutshell, is what the Nietzschean conception of man is all about.

Confucius once said: "To overcome oneself and return to li —— that is what is meant by jen."[③] What does Confucius mean by li and jen here? The answer may be succinctly put: li is what constitutes the civilized order by which our authentic humanity or jen is defined. To be more specific, li is the ritual propriety essential to the civilized life; it is the civilizing factor or element —— the "civilized form," if you will —— that distinguishes human from non – human existence. And the civilizing function of li lies precisely in its disciplinary power —— in the human power of self – command. Like the Nietzschean o- verman, the Confucian chun – tzu or superior man is also an authentic, civilized human being: he, too, is one who has overcome himself, transcended himself.

There thus exists at least a notable formal similarity or parallelism between Nietzschean and Confucian philosophy in its conception of authentic humanity:

①   Presented at the 8th International Conference in Chinese Philosophy, Peking, PRC, Aug. 9— 13, 1993; scheduled to be published in Journal of Philosophy, 1995.

②   Friedreich Nietzsche, Thus Spoke Zarathustra, trans. Walter Kaufmann (Middlesex, England: Penguin Books, 1978), p. 12.

③   Analects, 12: 1.

namely, the recognition that the being of man is at heart moral in character;[1] that the process of being human, the civilizing process, is fundamentally a process of "moral creativity," the creative transformation of human character by virtue of self − overcoming or self − command. But moral creativity thus conceived is in truth human creativity: man, for Nietzsche, is at once the "creator" and "creature" of his authentic existence. Or, to put it in a well − known existential phraseology, "man is nothing but that which he makes of himself":[2] man is the product of his own "self − making." And what makes moral creativity "moral" —— what defines the "moral" dimension of being human —— is none other than the power and reality of self − overcoming. There can be no question that in both Nietzschean and Confucian thought, man's capacity of self − command is of the essence of his humanity: self − overcoming is indeed the constitutive principle in man.

But what is to be overcome? What really constitutes the human reality of self − overcoming? How can man be at the same time the "overcomer" and the "overcome"? Are these two capacities of man constituted differently? or are they rather made of the same underlying substance or stuff? In overcoming oneself, man must first experience an opposition arising within himself. What is the nature and meaning of this internal opposition? Is it an opposition between two mutually exclusive forces? or is it rather the opposition of polarities that belong in deep harmony to the same organic whole? The answers to these questions will not only throw light on the phenomenon of self − overcoming, but will also tell us that in spite of a fundamental similarity between Nietzschean and Confucian philosophy on the relation between self − command and humanity, the differences between them are also decisive.

That man is not a stone but must fight, as Ortega observes, for being what he is, and that he is quite capable of acting in opposition to himself or in spite of himself, is, of course, a universal recognition. But the answer to the question pertaining to the nature of the fight, the internal struggle or opposition so characteristic of the moral dimension of selfhood is by no means obvious. That man is different from the rest of nature —— or again, as Ortega puts it, "man's being and nature's being do not fully coincide"[3]—— is almost everywhere taken for granted. The distinction between a "natural" and an "extranatural" (Ortega's terms) part in man is undoubtedly one of the most widespread conception in civilized thinking. The natural self is the animal self, the not − yet −

---

① Walter Kaufmann, Nietzsche: Philosopher, Psychologist, Antichrist (Princeton, N. J.: Princeton University Press, 1974), Chapter 7, pp. 211—227. My treatment of Nietzsche's theory of self − overcoming is primarily based on Kaufmann's interpretation in this Chapter.

② Jean Paul Sartre, "Existentialism is Humanism," in Walter Kaufmann, ed. Existentialism from Dostoevsky to Sartre, rev. ed. (New York: New American Library, 1975), p. 349.

③ Jean Paul Sartre, "Existentialism is Humanism," in Walter Kaufmann, ed. Existentialism from Dostoevsky to Sartre, rev. ed. (New York: New American Library, 1975), p. 154.

civilized self, that part in us which we readily recognize as part of nature ——
there seems to be universal agreement on that. But how about the extranatural
part —— wherein exactly lies the "human differential," as we may call it, that
distinguishes man from the beast? What is the source of man's extranatural self?
of his extranatural humanity?

To the latter questions, Nietzsche, like Ortega, Sartre, and the other
twentieth century existentialists that have so profoundly come under his influ-
ence, has an answer that in its essence is quite unambiguous. What distinguishes
man from the beast lies, of course, in his creative activity: the creator of his
"extranatural humanity," or "humanity" in the proper sense of the word, is
not God, but manhimself. The extranatural self is at once the creator and crea-
ture of his own creation: the human differential belongs to man as creative sub-
ject —— to his creative subjectivity.

That Nietzsche's thought is at heart permeated by the aesthetic or artistic
conception of life is almost unanimously recognized by his commentators, inclu-
ding the late Walter Kaufmann and the recently much discussed Alexander Neha-
mas. Nehamas's brilliant commentary, subtitled "Life as Literature" —— is, in-
deed, based entirely on this interpretation, as is in substance Kaufmann's earlier
well－known classics.① Nehamas's subtitle reminds us of a very Nietzschean
statement in one of Ortega's famous essay: "Whether he be original or a plagia-
rist, man is the novelist of himself."② But Nietzsche's own words are more
emphatic: "One thing is needful. —— 'To Give style' to one's character
—— a great and rare art!"③ Nietzsche's conception of human life and authentic
selfhood is fundamentally modeled at the process of artistic creation. Man is at
once the artist, the basic raw material, and the finished product of his own self
－transcending creativity. Just as the creative artist must overcome the resistance
of his raw material in transforming it into a beautiful work of art, so the creator
in man must overcome the resistance of his natural self in giving form and shape
to his extranatural humanity ( the self as creature ). Moral creativity then for
Nietzsche is essentially aesthetic in character: it is a matter of imaginative orde-
ring whereby the original chaos of raw material or data is organized in virtue of
the artist's appropriative－creative power of projection and interpretation. In the
context of human life, the "chaos" that was just spoken of refers, of course, to
the natural self. The chaos inherent in the human self is the chaos of unrestrained
instincts, drives, desires, and passions —— in short, the chaos of ( what the
Greeks called ) Eros. For Nietzsche, man is at bottom nothing more than a field

---

① Alexander Nehamas, Nietzsche: Life as Literature ( Cambridge, Mass. : Harvard University
Press, 1985), especially Chapter 1, pp. 1—40. See also Walter Kaufmann, Nietzsche, Chapter 4 and al-
so pp. 250—252.

② Walter Kaufmann, ed. Existentialism, p. 156.

③ Friedreich Nietzsche, The Gay Science, trans. Walter Kaufmann ( New York: Vintage Press,
1974), p. 290.

of warring instincts. Each instinct seeks its own gratification and seeks to be on top of every other instinct: this dynamic essence of Eros or the instinctual field is what Nietzsche termed the "will to power." Let us note immediately that the will to power is not itself a particular instinctual drive, but is the common feature of all instinctual drives. The life of Eros seeks power: it is indeed (in essence) the will to power.

And the will to power is the will to command, the will to prevail over a situation or environment. It is, if we may express it in a familiar Buddhistic language, essentially a form of grasping: the will to power is the "will to grasp," that is, the tendency for a given organism or life – form or in general strand of activity or power to persist in and perpetuate itself. It is most interesting to observe that like the Buddhists, Nietzsche denies the substantial notion of "selves" and "things," dismissing them both as conceptually constructed fictions. The fundamental difference between Buddhism and Nietzsche lies, of course, in their opposing attitudes towards the underlying reality of grasping, that is, of the life of Eros. For the Buddhists, the life of Eros is samsara, the realm of suffering, the liberation from which defines the very meaning of nirvana. But for Nietzsche the life of Eros is the only life there is: grasping or the will to power is of the essence of all life.

For Nietzsche the solution to the problems of civilized mankind and the enigmas of life is not to be found in the cessation of suffering, as the Buddhists would have it, through the extinguishing of the fire and passions of grasping, but —— anticipating Freud —— through the sublimation and creative transformation of the natural self, the chaotic complex of instinctual passions. Sublimation then is the mechanism of self – overcoming and thus the gist of moral, human creativity. The overman is one who overcomes himself, that is, who succeeds in sublimating his gross or basal instincts along the most fruitful or creative channels. ① There is no doubt in Nietzsche's mind that the sublimational process of self – overcoming is what lies at the heart of civilized humanity. The noble and the ignoble —— or the good and the bad —— are, from the "civilizational" standpoint, not mutually exclusive: the noble is in fact derived from the ignoble, the good from the bad. If every human society may be looked upon as at heart nothing more than a civilizational strategy of "instinctual management," then the "repressive" strategy of most traditional societies would be for Nietzsche, as for Freud, highly undesirable. Much of Nietzsche's critique of Christian morality cannot be properly understood except from the standpoint of the sublimational strategy. But the condition for the effectiveness of the sublimational strategy is the strength or power of self – command. Indeed, according to Nietzsche, the power of self – command —— the basis of all creative strength —— is the highest manifestation of the will to power. There is reason to believe that although the power of self – overcoming is in principle only a special form of the

①  Walter Kaufmann, Nietzsche, pp. 211—237.

will to power, the latter concept was, in order of discovery, derivative of the former. We believe that it was through Nietzsche's own experience and insights into the nature of self - command and moral creativity that finally led to the formulation of his power doctrine. And that is perhaps as the way it should be.

That Nietzsche always depends on literary or artistic models for understanding life and world, as Nehamas observes,[1] is not really surprising in light of his profound attachment to the Greek cultural tradition. For the artistic model of thinking is, among civilized peoples in the ancient world, most prevalent with the Greeks. Plato's application of it in the cosmogony and cosmology of the Timaeus is the most notable example. Like Plato's Demiurge or supreme artisan in the Timaeus, the creator in man in Nietzsche's aesthetic conception of life and self - creativity is also responsible for the passage from chaos to cosmos ──── from the lack of order to the acquisition of order. But what is the origin of order? Is order immanent in the chaos? or does it rather come from a different source? When we apply these questions to Nietzsche's philosophy, one is immediately reminded of his famous dichotomy between the Dionysian and Apollinian principles ──── that is, between Impulse and Reason, Nature and Culture ──── in his early writings, betraying unmistakably a dualistic conception of life and reality. And yet in this later works the two symbols have, according to Kaufmann, become merged into one, with the Apollinian principle being absorbed into the all - encompassing symbolism of Dionysus. "[2] What does Dionysus now stand for? It stands for, we might say, Creativity itself. As the ultimate creative principle, Dionysus symbolizes at once the ground of life and spirit, of impulse and reason, of nature and culture: it is, in short, the will to power.

The distinction between life and spirit in Nietzsche corresponds to Ortega's distinction between the natural and the extranatural parts in man's being. "The spirit (Geist)," says Nietzsche, "is the life that itself cuts into life. "[3] This statement implies clearly that not only does the natural self constitute the foundation for the extranatural self, the latter is actually derived from the former ──── indeed an aspect of it. Thus Nietzsche's position is not only radically different from the traditional dualistic conception of man as typically exemplified by the famous "chariot" metaphor in Plato's Phaedrus in which impulses (nature) and reason are essentially unrelated, but also quite removed from the indifference or even hostility towards the natural that has figured so prominently in contemporary existentialism. If the relation between reason and impulse is representable as a relation between a tamer and his beast, then for Nietzsche the tamer is originally beastly in nature. To put it more emphatically, the tamer is in fact the beast itself, for it is the beast that is both beast and tamer. The beast tames itself: it has evolved from out of itself its own tamer.

[1]　Alexander Nehamas, Nietzsche, p. 194.

[2]　Walter Kaufmann, Nietzsche, p. 199.

[3]　Walter Kaufmann, Nietzsche, p. 199.

The truth is, we believe, Nietzsche's mature philosophy is governed not so much by the artistic model which tends to give a dualistic interpretation of the self — ordering process inherent in the organization of selfhood, as by the organic model which conceives self — ordering as a function of organic, field determination. Nietzsche does indeed conceive the raw, uncivilized self (life), which constitutes the natural foundation for the extranatural self (spirit) as originally nothing but a field of warring drives, a chaos of instinctual passions. But the order of civilized manhood, which is not given but something to be achieved, is not to be derived from any transcendent source, external to its natural foundation. The passage from chaos to cosmos —— a transition from a relatively unresolved state of conflicts to a relatively determinate state of order and harmony —— is essentially a matter of organic evolvement. It is the same dynamic field of instinctual drives, a multiplicity of contending desires, thoughts and interests forming the contents of the personal self, that play the divers roles of artisan and material, tamer and beast, subject and object. The conditions effecting the passage from disorder to order are all inherent in the instinctual field itself, which serves as a playground for the will to power. Hence, it is really the same will to power that is at once the beast and the tamer, the overcome and the overcomer. The will to power overcomes itself —— in the interest of greater power.

Although Nietzsche's philosophy of man is ultimately based on an organic conception of selfhood, the aesthetic model —— at least as a metaphoric guide —— remains a decisive element in his thought. The importance of the aesthetic outlook in Nietzsche is attested by the strong role of the conscious ego with its capacity for imaginative ordering —— the hallmark of the creative artist —— in his philosophy. On the other hand, Nietzsche seems to be just as strongly committed to the organic, field conception of order which inevitably deemphasizes the agency and efficacy of the conscious ego. This ambiguity and tension between the aesthetic and the organic approach is really never quite resolved in his thought. Interesting enough, a similar tension and ambiguity is also discernible in the theory of the self in classical (pre — Chin) Confucian philosophy. Between the "idealistic" and the "realistic" wings of Confucianism, represented respectively by the positions of Mencius and Hsun — tzu, the former clearly leans towards the organismic outlook, whereas the latter shows unmistakably aesthetic orientations. Hsun — tzu frequently employs artisan metaphors in his writings, and his theory of moral order — both for the individual self and for society —— which he attributes ultimately to the work of conscious intelligence, is often couched —— both explicitly and implicitly —— in such metaphoric expressions. ① Like Nietzsche, Hsun — tzu also identifies the initial state of instinctual passions as a state of chaos and anarchy —— that is what he meant

---

① For example, his analogical allusions to the potter and the artisan in Chapter 23 (The Nature of Man is Evil) of Hsun – tzu.

by saying that man's original nature is evil; and that is why, too, for him man
must subject himself to the restrains and disciplines of li if he wants to lead a civi-
lized life. The fact that for Hsun － tzu human beings are ultimately perfectible
—— every one can become a sage —— shows that for him instinctual desires
are not in themselves evil, and that under the proper guidance of conscious intel-
ligence and through the taming power of li, the beast in man —— his animal
self —— can indeed be harnessed and transformed into a perfected civilized be-
ing. Indeed, a dimly conceived "sublimationism" in the Nietzschean sense is e-
ven detectable in Hsun － tzu's writings. For Hsun － tzu, too, the good is de-
rived from the bad, the noble from the ignoble. Evil is a matter of chaos, a
function of excesses and unresolved conflicts, and goodness lies in the achieve-
ment of the right proportion, in the restoration of order and harmony ——
that, of course, is the hallmark of aestheticism. What is fundamental to the aes-
thetic model of selfhood is, as already suggested earlier, the tendency to attribute
the source of order to the creative agency of the conscious ego. Just as the beau-
tiful form of a marble statue is to be attributed to the artistic power of the sculp-
tor, and not to the original block of marble, so in Hsun － tzu's theory of human
perfection, the source of authentic, civilized humanity is rooted in conscious in-
telligence, and not in the chaotic desires or passions. The relation between the
instinctual self and conscious intelligence in Hsun － tzu is indeed very much like
the relation between the charioteer (reason) and the pair of horses (desires and
passions) in Plato's chariot metaphor of the soul noted above; and Hsun － tzu's
artisan self is almost as much intellectually inclined as Plato's divine craftsman.
Neither Plato nor Hsun － tzu recognized as Nietzsche did the possibility that
conscious intelligence may itself carry the life － blood of Eros —— itself, that is,
an expression of the will to power. Furthermore, we may note that although
both Plato and Hsun － tzu employ the aesthetic model in their philosophical
thinking, the human creator in their model has as much the spirit of a guardian
as that of an artisan. Like Plato in his later Dialogues, Hsun － tzu's philosophy
betrays a sever lack of appreciation for the importance of the creative imagina-
tion, which, in virtue of its impulsion towards the novel and the unknown, po-
ses inevitably a threat to the security and stability of order so essential to the ma-
intenance and continuation of civilized society, a condition that was almost non
－existent in pre － Chin China during Hsun －tzu's times. Such conservatism in
philosophical outlook is a natural tendency for a thinker imbued with the guardi-
an spirit.

　　And the spirit of the guardian —— more precisely, the "moral guard-
ian," —— which figures so prominently in Confucian thought through the
equation of chun tzu (authentic human being) with shih or "knight of the
Way," is precisely what is lacking in Nietzsche's philosophy. Zarathustra's
teaching of the overman is fundamentally a teaching which extols the supreme
value of the creative individual whose striving towards individual self － perfec-
tion seems to bear no essential relation (at least as Nietzsche sees it) to the

conditions of the civilized society of which he is a member. This is in sharp contrast to the spirit of Confucianism which is incurably social in character. The Confucian chun — tzu aims, to be sure, also at his own individual self — perfection; but his individual perfection is inextricably connected with his expected role as shih or Knight of the Way —— that is, as the moral guardian of civilized humanity. Indeed, in Confucianism the ideal of individual perfection or nei sheng (literally sageness within) and the ideal of societal perfection or wai wang (literally kingliness without) are essentially inseparable. From the Confucian standpoint, there can be no morality apart from the standpoint of the "moral guardian" in us. Even if the Nietzschean overman may be said to have a "moral" dimension in his aesthetic self — creativity, he cannot, in the context of Confucian ethics, be said to be a "moral" being in the proper meaning of the term until he assumes —— explicitly or implicitly —— his role of moral guardianship.

The contrast between the Nietzschean overman and the Confucian knight may be further elaborated. If the Nietzschean overman as the supreme specimen of self — transcending creative individual is forever haunted by the playful lure of mystery arising from man's confrontation with the chaotic and the unknown — the basic impulse of human appropriation in the life of Eros, then the Confucian knight is forever burdened with the solemn sense of responsibility which, issuing from a vital sympathetic feeling of kinship towards all life (but, of course, most strongly towards one's immediate relatives and kin), is what defines our humanity in the life of Jen. Whereas the life of Eros is prompted by possessive — aggressive tendencies towards grasping, by the desire to take hold of one's self in the persistence and independence of individuated ownness, the life of Jen is ruled by the cohesive — empathetic tendencies towards bonding, by the longing to unite with others in the mutual belonging and harmony characterizing the oneness of the greater whole. The fundamental contrast then is between the life of Eros and the life of Jen, between mystery and responsibility, between grasping and bonding, between creative individuality and moral guardianship —— in short, between what we may term, respectively, the "Way of Wonder" and the "Way of Care," —— or "thaumaticism" (from Greek thaumazein, wonder) and "curaticism" (from Latin cura, care) —— as representing, respectively, two radically distinct modes of life and thought. Since Eros and Jen are both constitutive of the intrinsic nature of man, it would be difficult for any thinker to philosophize along an exclusively curatic or thaumatic line —— this accounts, no doubt, for the ambiguity in the thoughts of Plato, Hsun — tzu, and Nietzsche.

Perhaps the purest expression of the Way of Care or the curatic outlook is to be found in the "idealistic" Confucianism of Mencius. Although artisan metaphors are not absent in Mencius, they are not pertinent to his conception of self and authentic humanity. Although Mencius certainly does recognize that man must somehow act in opposition to himself in order to achieve authentic selfhood, the harsh reality or —— to borrow Nietzsche's own fa-

vorite term —— "cruelty" of self - overcoming, ① which both Nietzsche
and Hsun - tzu would spare no effort to convey to their readers, is clearly
not something that is paramount in Mencius's mind. For Mencius the
process of human creativity is much less like that of a sculptor working labori-
ously on his block of marble, but much more like the ripening of a seed or
kernel under the nurturing care of a cultivator. If in the aesthetic or artisan
model, the credit of authentic achievement is attributed primarily to the "ac-
tive" side of the self —— to man as the artisan of his life, the same cannot be
said of the organic or cultivator model. For while in the aesthetic model, the
conscious ego in its capacity as self - creative artist is the source of order con-
stitutive of the unity of the self, in the organic model the source of authentic
humanity is not to be located in the conscious ego assuming the role of "self
- cultivator"; it lies rather in the "passive" side of selfhood —— in what
Mencius and the Chung Yung (Doctrine of the Mean) simply refers to as
hsing or "nature" —— that is, the original human endowment which con-
tains the seed of his true humanity. What the seed shall become is basically
beyond the cultivator's control, but is determined primarily by the inner law
of its self - becoming. Mencius indeed likened the realization of humanity
(jen) to the ripening of grains; and one is readily reminded of how in the
story of the man of Sung he warns against the disastrous consequences of in-
tervening too eagerly in the natural process of maturation. ② The way to be-
come (authentically) human means for Mencius simply to recover the "lost
mind" in which is contained the germs of man's original goodness. If Nie-
tzsche sees in the will to power the unifying principle underlying the life of
Eros, then for Mencius the beginnings or origins of humanity are to be
found in what he termed the "unbearing mind," the principle of human in-
tegrity for the life of Jen. The unbearing mind is one that cannot bear the
suffering of others. Its frustration is the frustration of our primal feeling of
Care —— our instinct for bonding and mutual belonging. Thus it is diamet-
rically opposed to the will to power which, as the primal instinct of grasp-
ing, is what underlies the experience of Wonder.

　　Unlike the artisan of the self, the cultivator in the process of self - becom-
ing is not, properly speaking, a "creator." The creative principle belongs not to
the imaginative ordering of the conscious ego, but to what is heavenly given in
man —— to the power of Jen, the immanently deposited seed of humanity.
While in the aesthetic model the inertly given raw self is to be imposed upon by
the willful acts of the artisan self, the heavenly given seed is for the cultivator self
the object of his care and nurture. Indeed his nurturing care towards the seed is

---

　　① For Nietzsche's theme of "cruelty" and "hardness" in self - overcoming, see Walter Kauf-
mann, Nietzsche, p. 244.

　　② For Nietzsche's theme of "cruelty" and "hardness" in self - overcoming, see Walter Kauf-
mann, Nietzsche, Mencius, 6A - 19; 2A - 2.

already an actualization of his potential humanity, the beginning in the ripening of Jen. This conception of human creativity as consisting basically in aprocreative process of ripening is what sets Mencius apart from both Nietzsche and Hsun – tzu.

# 15  Act, Sign and Consciousness:
## Thinking along with Ricoeur
### (1995)

Man, says Confucius, is born upright. ①

The word "right" is contained in the word "upright" because standing upright is the most fitting, proper, and appropriate thing for a human being to do: It is right to stand upright. In the semantics of uprightness centering round the literal meaning of the word—the vertical posture of man—is inscribed no doubt man's primordial experience of appropriation. To appropriate, etymologically, is to make one's own. Both collectively and individually man is man only after he has learned to stand upright. Humanity begins with the attainment of vertically.

To what extent is humanity determined by the originary uprising, the primordial experience of appropriation? This is one of the main questions I addressed myself in my book on Whitehead. ② Although my thinking in that book is cast in a conceptual framework and a mode of expression that differ significantly from the linguistic − conceptual medium in which Ricoeur's philosophy is clothed, the idea of appropriation as defining the way humanity is determined is a theme that is central to both of us. What I plan to do, then, in this essay is to recast my thoughts on the same subject along Ricoeurian lines, to think along with him in a way that I hope will have the character of a creative dialogue.

Man, says Ricoeur, is a faulted being. For unlike everything else in nature which is always self − identical in itself, man's being is precisely characterized by a lack of being, a lack of (what Ortega calls) "constitutive identity. "③ Man is in a fundamental sense not himself; this noncoincidence or internal break in the

---

① *Analects*, 6: 17.

② *Chou − i yū huai − te − hai chih chien: chang − yu che − hsüeh hsü lun* (Between *Chou − I* and Whitehead: an introduction to the philosophy of field − being) (Taipei: Li Ming Cultural Enterprise Co. , 1989).

③ Jose Ortega y Gasset, "Man Has No Nature," in Walter Kaufmann, ed. , *Existentialism from Dostoevsky to Sartre*, rev. ed. (New York: New American Library, 1975), p. 156.

being of man is what Ricoeur means by "fault." [1] This fault or internal cleft in man is constitutive not only of the "negativity" in his being, but also of the ground of all his thoughts and actions. Because man is not himself, he is constantly driven by the desire and effort to appropriate himself, to make himself his own again.

The theme of appropriation—or, more exactly, the self – appropriation of man—is thus a perennial, universal philosophical theme. In the cultural traditions of East Asia, the philosophy of appropriation is indeed identical with philosophy itself. For in these traditions philosophical thought is almost entirely dominated by the distinction between authentic and inauthentic or—as Ricoeur would have put it—unfaulted and faulted existence. [2] More specifically, the quest of self – appropriation in Eastern philosophies is basically a quest for the true self or the perfection of man. And the state of perfection, furthermore, is generally thought of as attainable only when man is united with the ultimate source of existence, whether it be conceived as Brahman, Buddhahood, Heaven, or Tao. Thus, self – appropriation, as consisting essentially in the quest for perfection or authentic existence, has invariably the double – sided character of self – transcendence and self – overcoming. What is overcome and transcended is, of course, the faulted or inauthentic self—the self that is in the grips of maya, of ignorance, of moral inertia, or of the man – made trappings of civilized society. These symbols or expressions whereby faulted or inauthentic man is represented in the negativity of its existence comprise what Ricoeur calls the "symbolism of evil." As such, they lie at the heart of all human self – understanding—the lifeblood of reflective thought.

Reflection is the I am in search of the I am in consciousness. Reflective thought is simply self – appropriation conceived as a matter of self – understanding. The question that must be raised immediately is, Is self – appropriation the same as self – understanding? The answer to this question will depend, of course, on what we mean by understanding in general and self – understanding in particular. If understanding is understood as primarily a matter of conceptual – discriminative grasping, as it has been generally so regarded in the Western intellectual tradition, then the answer to the above question—insofar as Eastern thought is concerned—is clearly in the negative. For self – appropriation in the Eastern traditions is primarily a matter of existential – spiritual realization, and not a matter of conceptual grasping. Self – appropriation is a way of life, of concrete living—and not a mere exercise of discursive thought. As a matter of fact, inso-

---

[1]   The notion of "fault" is the central theme in Ricoeur's three – part treatise *Finitude and Guilt*, of which the first part, *Fallible Man*, concerned with the possibility of fault, that is, human fallibility; the concrete manifestations of fault are the subject matter of the second part, The *Symbolism of Evil*. The projected third part has not yet been published.

[2]   Here "authentic" and "inauthentic" need not be confined to their usual meanings in existential philosophy.

far as the self is the concern of consciousness, it is precisely that which cannot be conceptually grasped. For the self is, when all is said and done, the mystical, what lies beyond the grip of discursive thought.

Much of Ricoeur's philosophy depends on a distinction made famous by Marcel, namely, the distinction between problem and mystery. Generally speaking, a "problem" is a question that can be resolved, if sufficient information is available; but a "mystery" is what transcends all inquiries, being in principle intractable, incapable of resolution at present or in the future. Thus, for instance, the body conceived as an object of scientific investigation is a problem, but the nature of our incarnate existence—the "lived body" —as well as the relation between the lived body and the body − object are intrinsically unfathomable mysteries. [1] Thus mystery is defined by Marcel negatively in relation to problems. A problem is subject to human—linguistic or conceptual— control or manipulation, whereas a mystery is not. But what we mean by the "mystical" is neither to be identified with the problematic nor with the mysterious. For the mystical is precisely that which transcends the very distinction between them. The problematic and the mysterious are both realities perceived through the prehensive eyes of human grasping—which is intrinsically posture − bound, but the mystical is that which, while itself beyond all graspings, is nonetheless the transcendent source of all graspings—human or nonhuman. This is clearly what the Tao Te Ching is pointing to when the Tao, the mystical, is characterized as "nameless," as "vacuous," as "nonbeing," but also as the "root," the "mother of all things." Similarly, the same pattern of thought is exemplified by the Upanishadic − Vedantic conception of Brahman as both "unqualified" and "qualified" and by the notion of the Tathagata (Suchness) as both "emptiness" and "Buddhahood" in Mahayana Buddhism. We find almost everywhere in the Eastern traditions of reflective thought the identification of the ultimate source with the mystical. Let us observe at once, however, that what is called the mystical in Eastern thought is not to be conceived as a postulated entity, but is a deeply experiencible reality, something that can be existentially or spiritually realized (though not conceptually grasped) in the process of self − appropriation. For the mystical is really not something that is alien to us but is essentially constitutive of our own existence: it is indeed the quintessence of existence itself.

Ricoeur calls his philosophy a "hermeneutics of the I am" and places himself squarely in there flective tradition of Western philosophy. [2] Since his hermeneutics is grounded on the phenomenological method of Husserl, his reflective philosophy has the methodological style of a hermeneutic phenomenology.

---

[1]  See Gabriel Marcel, *Being and Having: An Existential Diary*, trans. Katherine Farrer ( New York: Harper Torchbooks, 1965), pp. 100—101, 117—18; see also Walter Lowe's introduction to *Fallible Man* ( New York: Fordham University Press, 1986), pp. xi − xii.

[2]  See "The Question of the Subject: The Challenge of Semiology," in Paul Ricoeur, *The Conflict of Interpretations*, ed. Don Ihde ( Evanston: Northwestern University Press, 1974), pp. 262—66.

But although there can be no separation between method and the substance of thought in his philosophy, the fact remains that Ricoeur's reflective philosophy is fundamentally ontological in character. And how can a reflective philosophy be otherwise? To be sure, existence in a hermeneutic philosophy "always remains," as Ricoeur has insisted, "an interpreted existence,"[1] and reflection—the I am in search of the I am—operates only on the level of meaning—or, more exactly, on the level of language. But though operating on the level of meaning, language, and interpretation, Ricoeur's philosophy remains from beginning to end open to being. There is in Ricoeur no permanent bracketing of existence (existence is only bracketed temporarily for methodical purposes) as in Husserl's transcendental phenomenology; nor has he followed Heidegger in reducing the ontology of being to an ontology of the sense of being—that is, to an ontology of understanding. And although for Ricoeur, ontology "is in no way separable from interpretation"[2] and is the "promised land" which the hermeneutic philosopher can only glimpse but can never truly reach before he dies,[3] existence is definitely not just a matter of meaning and language. For the truth is, what speaks through the mirror of meaning and representation is something that is prior and more fundamental than the meaningful representation: namely, the act of existence itself.

Following Nabert, Ricoeur draws the distinction between act and sign in his approach to consciousness and human subjectivity.[4] The human subject or self is, first of all, an act—more exactly, an act of self – affirmation whose essence consists in the desire and the effort to be. The sign, on the other hand, is the representation or objectification of this primary or originary act of existence: the sign is an inscription of the self, an expression of its inner freedom, its desire and effort to exist. This distinction between act (action or activity) and sign or power (energy or force) and manifestation is, of course, by no means new. Taken in its general form, it is actually an idea that is almost as old as philosophy itself. Indeed, insofar as the Eastern traditions are concerned, the subordination of representation to act or manifestation to power has been from the very beginning the underlying ontological commitment. The "power/act theory of being" or "power/act thesis," as we may call it, is, for example, as essential to the Confucian and the Taoist world views as it is basic to the philosophies based on the wisdom of the Upanishads. And insofar as the Western tradition is concerned (let us confine ourselves only to the modem period), the same ontological

---

①    See "Existence and Hermeneutics," in *The Conflict of Interpretations*, p. 24.

②    Ibid. , p. 23.

③    Ibid. , p. 24.

④    For a discussion of Ricoeur's relation to Nabert, see John W. Van Hengel, S. C. J. , *The Home of Meaning: The Hermeneutics of the Subject of Paul Ricoeur* (Washington, D. C. : University Press of America, 1982), pp. 15—17. The present writer owes much for his understanding of Ricoeur's reflective approach to this most lucid exposition of his philosophy.

commitment, as Ricoeur himself already has noted, is present in the thoughts of Spinoza, Leibniz, Schopenhauer, Nietzsche, Freud—and, we should add, Whitehead. ① In Nabert and Ricoeur, the power/act theory is contemplated not so much as a theory of being (or reality) as such, but as a theory of consciousness—or, more accurately, of consciousness as a mode of being. Thus Ricoeur, following Nabert, speaks of the "founding act of consciousness" and of "active and productive consciousness." ② What is emphasized by such expressions is not that consciousness is itself active and productive, but rather that the inner reality of consciousness is something—a power—that is active and productive. The founding act of consciousness is what founds consciousness: the consciousness is a dimension of the act, an aspect of its activity and productivity.

Thus taken as a theory of consciousness, the power/act thesis must be explicated in terms of the threefold relationship of act (or power), sign (or representation), and consciousness. What is crucial in this relationship is the functional status of consciousness which seems to occupy an intermediate position between act and sign. There is, then, on the one hand the question concerning the relation between consciousness and act, and on the other the question of the relation between consciousness and sign. What can be said about consciousness in relation to the founding act whereby it is instituted? And what can be explicated from the relation of consciousness to the sign that is posited through its intentional operations? These two questions, though one may consider them separately, are, for Ricoeur, ultimately inseparable questions. For the positing of the sign in consciousness arises from the same posture whereby consciousness is instituted by the founding act as an expression of its inner freedom. The sign of consciousness is the how the primary affirmation—the originary act of existence—appropriates itself.

But even with the synoptic goal in view, the two questions may still be explored separately with profit. First of all, in subordinating conscious representations to act, Ricoeur appears to recognize that in a very fundamental sense consciousness is not essential to the founding act whereby it is instituted. After all, Ricoeur does recognize with Freud the subconscious or preconscious dimension of existence—the field of archaic instincts or drives wherein the primary affirmation first manifests itself, that is, its primordial desire and effort to be. But to speak of archaic instincts or drives or desires is not to posit an extramental order of existence. For in spite of its openness to being, Ricoeur's philosophy remains from beginning to end loyal to its phenomenological stance. There are, to be sure, such things as unconscious desires, instincts, or drives; but they are to be regarded only as determinations or figures in the field of consciousness—and not as extraconscious realities. They represent "forces" of the primordial power consciously grasped and linguistically formulated.

---

① See "Nabert on Act and Sign," in *The Conflict of Interpretations*, pp. 211—12.

② Ibid., pp. 211, 214.

Thus, unlike Whitehead (or Leibniz before him), Ricoeur makes no distinction between experience and consciousness considered as an ontological distinction. In Whitehead's theory of actuality which represents the most sophisticated application of the power/act thesis in twentieth – century metaphysics, what is essential to the reality of act is experience, not consciousness, which constitutes only a special mode of experience, namely, one that belongs to the higher – grade actualities. An actuality—what Whitehead terms "actual entity" or "occasion of experience" —is explicitly identified as an activity. ① For according to Whitehead, experientiality is of the very essence of the dynamic reality of act.

In spite of his commitment to the phenomenological stance, Ricoeur insists on the necessity and importance of allowing for openness to being. But it seems to me unless we recognize the intrinsically experiential character of act, it is difficult to understand how openness to being is at all possible. Indeed, neither the relation of consciousness to act nor even the nature of the act itself is intelligible without such recognition. For if it is act—and not the consciousness—that is the founding reality, then it follows that all openness is in the final analysis openness of the act. But how can the act open itself to its otherness—to the acts of existence which constitute other human beings and other living things in nature— if it is not fundamentally capable of experience? And how can the primary affirmation inscribe itself in its multiple expressions—in the various signs which register its interaction and comportments with other acts? Indeed, even the idea of intentionality itself would seem to presuppose the general notion of experience as constituting the intrinsic character of act. For how can consciousness be of something that is not consciousness unless there exists an inner connection between consciousness and its intentional object? This inner connection, we suggest, is to be identified with the experiential power of the founding act, that is, its power of receptivity and openness.

This brings us naturally to the other question—that of the relation of consciousness to sign. "The home of meaning," says Ricoeur, "is not consciousness but something other than consciousness." ② Though philosophizing in the wake of Cartesianism, Ricoeur has been from the very beginning, like Whitehead and other contemporary philosophers, critical of the "subjectivistic bias" (Whitehead's expression) that it has bequeathed to modem European philosophy. While recognizing the necessity of the Cartesian cogito as the point of departure for reflective thought, Ricoeur has been insistent on denying the privileged status of consciousness as the source and center of meaning (though it remains the privileged mode of openness). The home of meaning is, to be sure, to be found in human existence—in the real subject or true self. But the real

---

①    Alfred North Whitehead, *Adventures of Ideas* (New York: Macmillan Company, 1933), p. 226.

②    See Paul Ricoeur, *Freud and Philosophy: An Essay on Interpretation*, trans. Denis Savage (New Haven: Yale University Press, 1970), p. 55.

subject is not to be identified with consciousness—the "I am" is not the same as the "I think" —but with the founding act of consciousness, that is, with the originary affirmation, the root of our desire and effort to be. This is why, as one commentator observes, in spite of its numerous detours into more theoretical areas such as the analysis of the various types of discourse and of the world of text in the second, hermeneutic phase of Ricoeur's professional life, his reflective philosophy remains at heart a practical philosophy—a philosophy of the will, of freedom, and of action. But this is a practical philosophy that lays supreme emphasis on the role of the symbolic function and of the creative imagination. For the relation between consciousness and its object is now no longer to be conceived as primarily an epistemological one—that is, as a relation between the theoretical spectator and its spectacle, but to be looked upon as fundamentally a relation between act and sign or, more exactly, between the primary affirmation—acting in and through consciousness —and its multiple expressions. ① The concern of Ricoeur's reflective philosophy is not epistemology but hermeneutics—an interpretation of the symbols whereby the real subject ( not the cogito ) meaningfully objectifies itself.

The relation between act and sign then replaces the subject – object opposition in traditional philosophy. The phenomenon or object presented in immediate conscious experience ( what Whitehead calls presentational immediacy) is not to be conceived as a spectacle for a theoretical spectator as in Plato, or as a "re – presentational" object as in Descartes (according to Heidegger), or as the noematic correlate of the noetic acts of a transcendental ego as in Husserl. For the object or phenomenon—that which stands in the light of consciousness—is, to the extent that it constitutes a sign or expression of the originary affirmation, in a fundamental sense already the subject, the founding act of consciousness itself. The other is the self albeit the self in objectification; for the sign or signifying object, though not fully identifiable with the subject, is atracing of its action. ②

The meaning of self – appropriation in Ricoeur's reflective philosophy may now be examined more closely. Reflection, as we have defined it, is the I am in search of the I am. It is self – appropriation which takes the form of conscious striving: the self that seeks consciously to possess or grasp itself. But the "I" in the "I am" —the self – appropriator that seeks to possess itself—is not, as we have noted, to be identified with the Cartesian cogito, the ego of immediate consciousness. The alleged certainty of self – possession which the ego cogito feigns in the act of self – positing is for Ricoeur both a vanity and an illusion—a judgment which he has come to share with Marx, Nietzsche, and Freud ( whom he describes as the "philosophers of suspicion" ) and thinkers of the semiological movement. The true self or real appropriator is not the ego cogito but a power whereby the latter is instituted, the founding act of consciousness.

---

①   See *The Home of Meaning*, p. xiii, n. 9.

②   See *The Home of Meaning*, p. 17.

Since the true self is in essence a self – affirming will which expresses itself prima-
rily as the desire and effort to be, self – appropriation is aptly described as an act
of eros.

Eros, as Plato conceives it in the Symposium, is the offspring of Poverty
and Plenty. It is therefore an appropriate symbol for Ricoeur's notion of origi-
nary subjectivity. For the selfhood of the self lies precisely in the erotic combina-
tion of lack ( Poverty) and fullness ( Plenty). Indeed, it is in the dialectic ambi-
guity and tension between the two erotic poles of originary subjectivity that the
meaning of self – appropriation is to be sought.

Man seeks himself in his wholeness. The seeking that Ricoeur has in mind
is a conscious striving that takes the form of hermeneutic action, the reflective
activity of interpretation. And man engages in interpretation because he seeks to
understand himself—not just partially but in the integrity of the whole. But the
whole of the human is simply the true self in the fullness of the founding act,
which constitutes therefore at the same time both the arche and the telos of see-
king, the hermeneutic action. What, then, is the nature of the self – seeker,
the interpreter who seeks to understand himself, to know himself in his whole-
ness? The answer has already been given: the self – seeker is a being of ambiva-
lence, for his being is constituted by the dialectic tension of lack and fullness. If
the self – seeker is already fully himself, there is no point in his seeking. On the
other hand, since all his actions ( including the actions of thought) are all posita-
tions of the founding act, he is always—though implicitly—already himself in his
fullness. This difference between lack and fullness in the being of the self – seek-
er—what we may term "metaphysical difference" —is what defines the existen-
tial space or openness for the interpretative act of self – seeking. The self – seeker
is and yet is not the same as the true self. We might say that the self – seeker is a
role the true self assumes in his self – relatedness. In assuming the role of the self
– seeker, the true self makes himself explicit to himself: reflection through her-
meneutic action thus has the character of self – revelation. For Ricoeur, the ex-
istential posture underlying such reflective activity is what is most characteristic of
our humanity—a posture, Heidegger would say, that defines man as Dasein, as
the "there" of Being.

By "existential posture" I refer generally to the disposition of the self as a
movement between fullness and lack: it names the how of internal relatedness as
ultimately conditioned by the dialectic tensions of selfhood in the field of the
metaphysical difference. Thus defined, existential posture is what determines the
character of love insofar as love is rooted in the power and passion of self – relat-
edness. If man is intrinsically a faulted being because his humanity is stretched
across the rift of the metaphysical difference, he is to the same extent a creature
of love. For all love aims at the overcoming of the metaphysical difference. That
is why where we encounter the symbolism of evil, we also find the symbolism
of love.

The Platonic eros is one of the most notable symbols of love, but so are the biblical – Christian agape and the Confucian jen. Although all these terms connote the existential power of self – relatedness ultimately emanating from the power of the originary act of self – affirmation, they differ significantly in the orientation of the underlying existential posture. For while the Platonic eros is essentially love characterized by an upward existential posture, that is, as a movement from lack to fullness, both the biblical – Christian agape and the Confucian jen are expressions of love governed by the opposite existential posture, that is, as a movement from fullness to lack. In the latter case, the power of affirmation does not originate from finite man but from the ultimate Source of all affirmation—from the pure Act that is the fountain of life and of Being.

The question that we must now raise is this: What is the relation between the originary act that is the founding act of my humanity and individuality and the pure Act that institutes and founds all acts—the ultimate Affirmation in which we all participate? Although the possibility of unity or union between the finite and the infinite—between man and God, Heaven, or the Absolute—is posited in practically all traditions of reflective thought, there is this notable difference between East and West in reflective thinking: the ultimate identity of man with the infinite Source most characteristic of Eastern thought is denied in Western philosophy. For this reason, the infinite only enters Western thought as the mysterious and not as the mystical. And even the recognition of mystery is a rare phenomenon in the mainstream of Western philosophy; for throughout the history of Western philosophy, philosophers have attempted to grasp the mysterious as if it were the problematic. Mystery withdraws itself from man in the very attempt to grasp it.

What can be said about the mystical? Wherein lies the difference between the mystical infinite and the mysterious infinite? And what bearing does such questioning have on reflective thought in general, and on Ricoeur's own reflective philosophy—his hermeneutic phenomenology—in particular? To answer the first two questions, let us first return to the notion of existential posture discussed earlier. Existential posture, we will recall, is the how of self – relativity in terms of the dialectic tensions of fullness and lack. Since the self as a living subject is at all times engaging itself in the field of dialectic tensions, there is no activity or expression of selfhood—conscious or unconscious—which is not existentially "posture – bound." And the act that is posture – bound is only an exercise of freedom (to be defined by its "causal efficacy," to borrow a Whiteheadean expression) within the limits of its own necessity—the necessity that is inherent in the very nature of its posturality. There are as many forms of posturality as there are types of existential activity. Thus the person who seeks himself in the medium of art would be existentially bounded in a different posture than the hermeneutic thinker, and both would differ in their posturality from those who relate to themselves through other forms of activities or expressions. But the real subject is not itself posture – bound; the founding act underlying all of the subject's concrete activities or expressions is itself postureless. Or, perhaps we should have said, the posture of the founding act is the most flexible or indefinite posture—the posture which makes room (that is, makes possible) for all other (more or less definite) postures. In other words, insofar as the founding act is concerned, there is no difference between integrity and flexibility: for its integrity consists precisely in its flexibility. In the language of the *Tao Te Ching*, this identity of integrity and flexibility in the power of self is called *te*, the intrinsic quality which it inherits from *Tao*, the infinite Source. This *te* in us is described as having the character of "nonbeing" (*wu*) or "vacuity" (*hsū*). But "nonbeing" does not imply, as it customarily does in the context of Western thought, the privation or lack of being, but rather being of the most flexible kind, just as "vacuity" signifies not voidness as such but the greatest openness. The founding act of selfhood has intrinsically the mystical character (*te*) of *hsū* and *wu*.

The founding act of selfhood is the source of all its actions. But between the source and the concrete acts lies the ground, the principle of individuation. While concrete acts are posture—bound and the source—the act in itself—is the openness which makes possible all differentiated acts; the ground is that whereby the concrete acts are differentiated from the source. More exactly, the ground is the founding act conceived not in itself but as the organic essence of individuality, constituting at once the archē, the telos, and the center of selfhood. If the source may be called the "pure act," then the ground is the "total act." While concrete (differentiated) acts are graspable and the pure act is beyond grasping—it is what is meant by the mystical, the total act is ambiguous in its graspability: the ground is at once graspable and not graspable. As the organic essence of selfhood, the ground is ungraspable in its total action. What can be grasped is not the totalizing self itself but the tracing or signal presentation of its totalizing action. This ambiguity of the ground is what we refer to as the mysterious.

In Ricoeur's philosophy, the ground is termed the originary or primary affirmation, the principle of individuation which expresses itself as *eros*, the desire and the effort to be. In the *Tao Te Ching* as in Confucianism, the same principle is named *jen*. Conceived as the organic essence of selfhood, *jen* as well as *eros* points to the naturally given self—affirming will which forms the totalizing foundation of the self's vital existence. That is why *jen*, often translated as "humanity" in the *Analects*, comes to acquire the meaning of "seed" in modern usage. For *jen* is indeed the seed of our humanity. But while the state of human perfection in Confucianism depends on the self—conscious cultivation of *jen*, issuing in the civilized existence of *i* (righteousness) and *li* (propriety), *Tao Te Ching* sees authentic humanity in an entirely different manner. For the so—called "real man" (or "authentic man") in Taoism is a man of nature (*te*), and not a man of humanity (*jen*). And the difference between the Taoist te and the Confucian *jen* is basically a matter determined by the function of the conscious ego. Nature is a state of existence in which the self lives in perfect harmony with Tao, the ultimate source; but such a state of perfection is only attainable in the absence of conscious intervention. From the standpoint of the *Tao Te Ching*, consciousness

means loss—not gain. One ceases to be natural when one is aware of one's natu-
ralness ( *te* ). And one becomes further distanciated from Tao when the primor-
dial awareness of one's natural integrity is replaced by the awareness of one's hu-
manity ( *jen* ) and by the species affection toward one's own, human – kind; and
further still when the love of universal humanity gives way to the restricted inter-
est and prejudice of group morality ( *i* ) and—worst of all—to the mere practice
of ritual propriety ( *li* ). This process of distanciation is summed up most suc-
cinctly by the author of the *Tao Te Ching* in the following passage:

When Tao is lost, then there is *te* ( nature ). When *te* is lost, then there is
*jen* ( humanity ). When *jen* is lost, then there is *i* ( righteousness ). And when *i*
is lost, then there is *li* ( propriety ). ①

The idea of distanciation, conceived as the reverse of appropriation, is, of
course, central to Ricoeur's hermeneutic phenomenology. Following Gadamer,
Ricoeur defines distanciation as the externalization or objectification of our par-
ticipation in Being—or, in the language of the *Tao Te Ching*, participation in
Tao. But while for Gadamer, as for the *Tao Te Ching*, the distance between
ourselves and Being or Tao is to be abolished for the sake of appropriation—that
is, of a true understanding of Being or of authentic existence in harmony with
Tao, Ricoeur seeks distanciation to make understanding possible. For distancia-
tion is, as Ricoeur sees it, an essential moment in the process of appropriation,
constituting indeed the transcendental condition of the apprehension of Being. It
is here that Ricoeur finds the ontological significance of language. As the basic
externalization of Being, language is the exteriorization not only of our participa-
tion, but also of our distanciation. In showing Being, language also creates a
distance between the speaker and what is, a distance that makes the description
of reality possible. ②

And the "reality" that Ricoeur is most interested in—what constitutes the
underlying concern of his reflective philosophy—is not, of course, the reality of
the physical sciences, but the reality of human life as determined by the mode of
man's self – understanding and of his participation in Being. In short, it is the
reality inscribed in the signs and symbols of poetic language—the poetic text.
The notion of text in Ricoeur is actually much broader than it sounds; for it is
not limited to the literary, written texts but is practically identical with the no-
tion of symbolic medium, including any activity or object or phenomenon in
general that has the qualities of textuality, that is, of inscribability in signs in the
form of a work. ③ What is inscribed in a poetic text is not just any language or
sign, but the most poignant symbol of the human reality and the human situa-
tion. In the final analysis, what is inscribed in a poetic text is the very meaning

---

①   For an insightful interpretation of this passage, see Ellen Mary Chen's recent translation of the
*Tao Te Ching* ( New York: Paragon House, 1989 ) , pp. 146—49.

②   See *The Home of Meaning*, p. 109.

③   See *The Home of Meaning*, pp. 110—11.

of man's reflective action—the conscious self in search of itself.

Just as Heidegger recognizes in the poetic language of the pre−Socratics the privileged locus of the manifestation of Being, so Ricoeur proposes a "poetics of the will" as the primary vehicle for his hermeneutics of the I am. Upon closer a-nalysis, there is something very literal, very down to earth in Ricoeur's entire hermeneutic adventure, the hermeneutics of poetic language. Man, Ricoeur has come to recognize, is language. And the problem of language remains a problem of the human subject. ① But there is no human subjectivity apart from his incar-nation in a body and from his situation in a state of civilization. "I belong," Ricoeur insists, "to my civilization as I am bound to my body." ② The self is indeed what arises in the intersection of incarnation and civilization. The essence of all poetic language is the primordial language of what I call the "vital manda-la."

The mandala is a universal symbol of our reflective humanity: it is a repre-sentation of the conscious self in search of itself, that is, its authentic selfhood. By "vital mandala," then, we have in mind not the symbol but the reality, the living reality of reflective consciousness. More standing firmly—literally, that is—on his own feet. Indeed, humanity in general is simply not even thinkable apart from the incarnate foundation of his upright body posture. Prior to the po-etic language of the pre−Socratics and of their counterparts in the philosophical traditions of India, China, and other parts of the civilized world, there is the poetic language of the primordial man whose thinking is still in the grip of the traumatic experience of the primordial uprising—a language whose meaning, though buried deep under layers and layers of semantic sedimentation, is still dimly intelligible to us if we would take pains to uncover it.

While this is certainly no place for me to reiterate the findings that I have laid bare in my recent work, I would like to give some indication as to how such findings may bear on Ricoeur's approach to reflective philosophy. Let me conclude then with the following observations.

To begin with, I agree with Ricoeur that the home of meaning is not con-sciousness but something prior to consciousness, what I have termed the foun-ding act of selfhood. But while Ricoeur, loyal to his Husserlian phenomenolog-ical stance, conceives the founding act as primarily the ground of consciousness, it is for me the source and ground (Ricoeur did not distinguish between the two) of incarnate actions which may or may not be conscious. Thus while con-sciousness remains the starting point and the privileged domain of philosophical investigation, it is, ontologically speaking, only a dimension of our incarnate ex-istence: for all consciousness is incarnate consciousness.

---

① See Don Ihde, Hermeneutic Phenomenology: *The Philosophy of Paul Ricoeur* (Evanston: North-western University Press, 1971), p. 23.

② Paul Ricoeur, "Le Chrétien et la civilisation occidentale," *Christianisme social* (October − De-cember, 1946), p. 424. Quoted by Don Ihde in *Hermeneutic Phenomenology*, p. 23.

And the founding act of incarnate actions and incarnate consciousness is es-
sentially structured by the law of growth governing the birth, the verticalization,
and the death of the personal body ( Ricoeur's "le corps propre" ). Thus the
originary affirmation—the desire and effort to be—is only an affirmation of free-
dom within the limitations of an inner necessity. The relationship between incar-
nate actions and incarnate consciousness is admirably dealt with in Ricoeur's *Free-
dom and Nature: The Voluntary and the Involuntary*, the first volume of his Philoso-
phy of the Will. ① While I find much that is illuminating and valuable in this
book, it is on the whole unsatisfactory to me because its entire approach to hu-
man volition is flawed by an essential neglect—the pivotal importance of the pri-
mordial arising in the conditioning and shaping of the acts of the will throughout
the course of its inner fulfillment.

Man is born to stand upright. The primordial arising is no accidental event
in our life but the necessary rite of initiation to our humanity. Indeed, arising to
the upright position is, we submit, what constitutes the original meaning of
growth ( Chinese*seng*, Greek *physis*, Sanskrit *brah* − exactly, the expression is in-
tended to comprise the following nexus of meanings:

( a ) The founding act of selfhood and its inner freedom;
( b ) The founding act as source ( pure act) and as ground ( total act) ;
( c ) The threefold relationship of act, sign, and consciousness;
( d ) The metaphysical difference between lack and fullness;
( e ) The founding act as archē, telos, and center;
( f ) The founding act as efficacious through the intersection of incarnation
and civilization;
( g ) The founding act as the home of meaning;
( h ) The home of meaning as originally instituted by the primordial ari-
sing—the verticalization or upright standing of the human body.

This complex of meaning is what constitutes the vital mandala as the under-
lying and all − encompassing poetic text, the living text of our distanciation and
reappropriation, of our reflective humanity ( humanity conceived as the work of
reflective consciousness). The explication or articulation of this living text is the
task of all reflective philosophies. In twentieth − century Western thought,
Ricoeur's hermeneutic phenomenology may perhaps be regarded as the most
self − conscious attempt to render intelligible the structure of the vital mandala.
Thus, for example, the triadic textuality of the founding act as archē, telos, and
center is articulated in Ricoeur's ontology as a correspondingly threefold task:
First, his interpretation and critical analysis of Freudian psychoanalysis is meant to
uncover the archeology of the subject. Second, by reanimating the Hegelian

---

① Paul Ricoeur, *Freedom and Nature: The Voluntary and the Involuntary*, trans. Erazim V. Kohák
( Evanston: Northwestern University Press, 1966 ).

phenomenology of the spirit, Ricoeur aims at a more balanced approach to human subjectivity by opposing the psychoanalitic regression towards the archaic with a hermeneutics representing the prophecy of consciousness, that is, a teleology of the subject. Finally, the archeology and teleology are united in an eschatology of the self based on the phenomenology of religion, an interpretation of the signs of the sacred—the centralizing power whereby archē and telos are simultaneously posited in the infinity of hope. [1]

And when does hope begin as a dimension of humanity? It begins with the first experience of fall and frustration when the infant human learns to stand upright. The singular importance of the primordial uprising during which the living text of the vital mandala was first inscribed has escaped the attention—let alone the appreciation—of whole traditions of philosophy. But if philosophy—in particular, reflective philosophy—is to stand firmly on its own feet, it must finally come to terms with the ineluctable fact that all thinking begins with man ( man ) and of existence ( from Latin ex − sistere, to emerge ). In the primordial semantics, the initial act of verticalization—the emergence of the upright − growing body in dim awareness—is actually registered as the moment of birth: the birth of man and his humanity, of heaven and earth ( of high and low ) , of self and world, of time and space, of the milliard things—and indeed of the birth of discriminate consciousness itself. There is thus on the one hand the emergence of discriminate consciousness from the "root − body." ( the body conceived as the incarnate foundation of consciousness ) and on the other the emergence of the "phenomenal body" ( the body that appears ) in the conscious mind. This coeval birth of discriminate consciousness and the phenomenal body brought about by the event of the primordial verticalization is what marks the beginning of the vital mandala—the whole complex of body − mind experience that arises in the intersection of self and world, of incarnation and civilization. The primordial event is so decisive in determining the character of our humanity that there is hardly any aspect of our life and thought that does not bear the imprints of the vital mandala in its primordial originality, the articulation of which is what forms the semantic nucleus in the various languages of civilized man. Indeed, the most basic meanings of our philosophical terms and categories are all articulations or generalizations from the articulations of this or that aspect of the primordial experience. There is reason to believe that many of the key terms in our philosophical vocabulary—such as tao, logos, brahman, one, archē, t'ai − chi, and so on—are originally names of the upright − growing, upright − standing man which designate in the primordial semantics at once the beginning, the end, and the center of the mandalic totality. The specific meanings they each come to acquire are the result of semantic differentiations. "Tao gives rise to the one." [2] This seemingly enigmatic statement in the Tao Te Ching in which the meanings of tao

---

[1]  See The Conflict of Interpretations, pp. 21—24.

[2]  Tao Te Ching, p. 42.

and *one* are distinct is capable of the simplest interpretation in the primordial language: incarnate man (*tao*) has become upright man (*one*): The event of the primordial arising is the beginning of all meaning.

This then is only a glimpse of the picture of humanity drawn on the canvas of the primordial language. It is a picture that deserves the close attention of all pursuers of reflective philosophy.

# REPLY TO LIK KUEN TONG
## By Paul Ricoeur

With Lik Kuen Tong, I am pleased to engage in a genuine dialogue with Eastern thought, as I expressed this wish in my discussion of Bernard Stevens's essay. The best way to conduct what the author terms a "creative dialogue" is to indicate throughout the course of his essay, alternately, the points of convergence and of divergence, moving back and forth in this way in an ever more rigorous fashion. The worst sort of encounter would have been in the form of a weak synthesis, a vague eclecticism. The search for the right distance is, in this regard, the most appropriate posture.

In the first part, the author situates himself not only outside of a vocabulary that is familiar to me, but outside of a problematic in which I could easily recognize myself, in his characterization of humanity in terms of *vertically*. This could be a banal theme—man is an animal who stands upright—but the unexpected comparison with what I term "appropriation" creates a surprise. What is the issue Here? It quickly appears that for the author appropriation does not have as its contrary the sort of distanciation created by linguistic activity, the manipulation of signs and texts, in short the detour by the external nature of works. Related to the idea of verticality, appropriation has as its contrary everything that moves us away from the living source of our existence, of the founding act of our own being, in short everything that disunites us from ourselves. Appropriation as distanciation concerns the relation of the self to itself. I am ready to join the author when he insists on situating existence at a greater depth than consciousness and language. What I call the hermeneutics of the "I am," and to which the author refers favorably, agrees with this perception. I am even pleased to recognize a Marcelian cast to the evocation of the theme of incarnation. But the distance widens again when the author, precisely in opposition to Gabriel Marcel, opposes "mystical" to "mysterious," that is, to that which cannot be problematized. The author demands more than the participation of the existent we are to what, even in Marcel, remains Entirely − Other: he requires what appears to me to be a fusion of the human act of existing and the primordial Act. In this respect, what is called the "power/act theory of being" is announced as being common at once to Confucianism, to Taoism, and to the wisdom of the Upanishads. I then wonder to what extent I can follow the author in this direction. He himself suggests to me the path to follow, by evoking my debt to Spinoza, Leibniz,

Schopenhauer, Nietzsche, and Freud; and he adds, appropriately, to this list Whitehead, to whom he has devoted an important work, and who is his genuine counterpart in Western thought, a thinker with whom I regret to say I am not sufficiently familiar. In fact, I have no difficulty conceding the subordination of consciousness to experience and of placing at the center of experience, following Jean Nabert, the desire to be, the effort to exist. It is not only the philosophers cited above who accompany this movement in the direction of the founding act, but the Plato of the *Symposium* in his celebration of Eros, the child of Poros and Penia. With Plato we are at the heart of a thought that exalts what the author calls "the dialectical ambiguity and tension between the two erotic poles of orginary subjectivity" (p. 518). And it is indeed this polarity that gives rise to the dynamic signified by the term "self – appropriation." We are in profound agreement on this point. Under the aegis of the Plato of the *Symposium*, we can even hail the convergence between the Platonic *Eros*, biblical agape, and Confucian *jen*. But the difference between these traditions reappears, by the author's own admission, when Eastern thought posits "the ultimate *identity* of man with the infinite Source" called pure Act (p. 519). This difference is not negligible in light of the title chosen by the author for his essay: "Act, Sign, and Consciousness." Here we recognize a theme that I owe to Jean Nabert and to which I have devoted a separate study in *Lectures II*. What place can, in fact, be given to a problematic based on the sign and, more precisely, a problematic based on the distinction between act and sign, in a philosophy that proclaims its adherence to "mystical" thought? If the sign is to be acknowledged, it seems to me, there must be otherness, at the risk of being lost in *externality*. It is this detour by way of the outside that prevents a reflexive philosophy from recognizing itself in the "existential posture" recommended by the author. And under the title of the Other, one must, it seems to me, understand not only the world of external phenomena but also the world of human works and, finally, of other minds. In this sense, "primordial" language is perhaps not behind us, but before us, under the condition of what Gadamer calls the fusion of horizons.

   It is this detour outside that distinguishes what I consider to be the dialectic of appropriation and of distanciation from what the author proposes. The initial act of verticalization, assimilated to an act of birth, does not seem, at least in this text, to require the recognition of any sort of other. The author mentions, it is true, a theme that I share with Gabriel Marcel and Jean Nabert, that of originary affirmation, which I say is affirmed in me rather than asserted by me. This is true. And we meet up again here on this point. But a new gap opens up when the author proposes to identify the infinite source with nonbeing ( *wu* ) or vacuity ( *hsū* ), whereas I tend to subordinate as much as possible all negativity to the originary affirmation. On this point, the Western thinker can only try to listen to the Eastern thinker, when the latter tells him that vacuity does not signify the void as such but "the greatest openness," and when he adds, as a corollary, that "the founding act of selfhood has intrinsically the mystical character ( *te* ) of *hsū* and *wu*" (p. 520). It is indeed at this point that the mystical differs from the mysterious.

It is therefore with a great deal of caution that I receive the proposal of a-dopting the poetic symbol of the "vital mandala" —a universal symbol, it is stated—as a common language; the explanation of the intelligible structure of the mandala proposed (pp. 522—23) renders this symbolism eminently universaliz-able. I will reply as follows to this offer: I think that every great philosophical tradition contains a capacity to be projected beyond itself and, in this sense, of making universal what goes beyond the limited historical conditions of its consti-tution. A potential universal dimension is here certainly intertwined with the his-torical dimension.

Only the encounters between the great traditions of thought will free this u-niversal, thanks to what could be called an exchange of claims, and only a long history of mutual receptiveness and reciprocal instruction will be able to "verify" the legitimacy of these respective claims to become what Hegel would have termed a concrete universal. The encounter has only just begun.

# 唐力权全集

第六卷

唐力权 著

中国社会科学出版社

# TABLE OF CONTENTS

### Ontology of Activity:
### Highlights of Field − Being Philosophy

1. **Field – Being Philosophy Toward a Conceptuality for the New Millenium: A Synopsis** ·········································· ( 3 )
2. **Field – Being Philosophy: An Outline** ····························· ( 4 2 )
3. **Highlights of Field – Being Philosophy: Its Vision and its Approach** ·································································· ( 5 1 )
4. **The Field – Being Vision: What is Distinctive About Field – Being Philosophy?** ······················································· ( 8 2 )
5. **Field – Being Philosophy: Philosophizing in the Spirit of the Wholesome Universal** ······································· ( 154 )
6. **Ontology of Activity** ················································ ( 159 )
7. **What is Field – Being?** ············································· ( 169 )
8. **Definition of Terms** ················································ ( 183 )
9. **Plenum of Field – Being** ··········································· ( 242 )

# Ontology of Activity:
## Highlights of Field – Being Philosophy

Lik Kuen Tong

# 1　Field – Being Philosophy Toward a Conceptuality for the New Millennium: A Synopsis (1999)

## The International Institute for Field – Being A Brief Mission Statement

### Field – Being and the Non – Substantialistic Turn

The World is not a collection of independent, substantial entities, nor a definite totality of facts. It is rather an incessant process of activity forming a dynamic continuum of multi – leveled and multi – dimensional web of trans – differentiation, which refuses to be objectified into definite, divisible wholes and isolated, mutually external individuals. Strictly speaking, there are no " beings" or "things" conceived as absolutely self – identical and self – enduring entities. From the Field – Being perspective, shared by the dominant strands of Far Eastern philosophy and the non – substantialist orientations in twentieth century science and contemporary Western thought, the notion of an unchanging substrate or "thing – in – itself" is a philosophical fiction, a conceptual construction or fabrication of the mind which has no real basis other than the vital – rational demand for simplification and expediency, ultimately dictated by the necessity of human survival and control. The truth is, nothing is self – sufficient or merely itself without reference to other things in the universe – or, as we would put it, there is no Being other than Field – Being.

In the Field – Being world – view, every appearance or manifestation is a determination of the self – environing field in action ( or field action) —— that is, a trans – differentially self – articulating, self – organizing, and self – revealing Activity forming an "undivided wholeness in flowing movement" ( David Bohm's words). This, we take it, is the primordial experience designated by the verb – word to be. This undivided flow or movement of Activity is described as "trans – differential" because it is a dynamic fabric or network of relativity ( separation, distance) and relatedness ( internal connection), of discontinuities and continuities, an expression of the intrinsic nature of the self – environing Action. The apparently self – identical and self – enduring entity or thing in our ordinary experience – the "substantial individuals" in traditional philosophy – is in truth a trans – differential center of the self – environing Activity, a local manifestation of the dynamic continuum of field action. From the Field — Being standpoint, reality is essentially fluid and ambiguous: nothing has a rigid identity. The traditional philosophical categories and dichotomies of one and many, whole and part, absolute and relative, infinite and finite, subject and object, mind and matter, objects and events, time and space, freedom and necessity, truth and falsity, and so on, all dissolve in their significance in the boundless trans — differential fabric of field action and field transformation.

In the final analysis, the history of civilized thought, as we see it, is simply a history of the trans — differential opposition and mutual adaptation between the substantialist and the non — substantialist approach to reality, and not, as the Marxists would have it, a battle field between materialism and idealism. Since the substantialization of the world is a requirement —— and even a necessity —— inherent in human life, substantialism is more than a special case of non — substantialism. In fact, the recognition and appropriation of substantialism is essential to the non — substantialist outlook. In many forms and disguises, the trans — differential opposition between substantialism and non — substantialism —— between rigidity and fluidity —— in speech, thought, and practice is as old as civilization itself. Indeed, it may not be an exaggeration to say that it defines the very meaning of philosophical wisdom. But while the "trans — differential problem" (as we may so designate it for the sake of convenience) constitutes the inherent problem of philosophy from the very beginning, it only came up vividly in the forefront of intellectual consciousness and discourse, in so far as Western culture is concerned, since the late nineteen century. For the century which follows is a century that witnesses the rise of Field — Being thinking and the collapse of all rigid identities and dichotomies.

The emergence and pre — eminence of Field — Being or the field concept of Being is undoubtedly the most important feature of twentieth century thought. One encounters its applications both in science and in philosophy. In the scientific context, the New Physics of relativity theory and quantum theory and the Gestalt theory in psychology are, of course, the most notable examples, although the field concept and the Field — Being outlook and presuppositions are no less prevalent in the life and the social sciences, and perhaps even more so in the arts. In philosophy, Field — Being thinking is dominant in the thoughts of Nietzsche, Bergson, James, Dewey, Whitehead, Heidegger, Rorty, Derrida and Foucault — to name only the most obvious. Indeed, the field conception of Being may turn out to be the most advantageous vantage point in the study of contemporary thought.

Intellectual historians have made much of the so — called "linguistic turn" in contemporary philosophy. While its importance cannot be doubted, its true nature and status may still be debated. It is our conviction, however, that if one may speak of a depth structure in twentieth thinking, the linguistic turn may yet remain a surface phenomenon. For lying deeper than the linguistic turn is the "Non — Substantialistic Turn" —— a far more pervasive and decisive movement that has constituted the one thread going through the various major strands of contemporary thinking: from relativity and quantum physics to holographic cosmology, from process philosophy to system theory, from deep ecology to green peace, from structuralism to deconstruction, from critical theory to gender studies, from existentialism to hermeneutics, and so on. What then is the meaning and significance of the Non – Substantialistic Turn? What bearing does it have on the future of philosophy? And on the comparative study of philosophy —— in particular, on the philosophical dialogue between East and West? What accounts for the interests and enthusiasm, which many eminent scientists, thinkers and philosophers in the West have shown for the traditional wisdom of the East? Does the battle between substantialism and non – substantialism have the same meaning in East and West? Has the "Non – substantialistic Turn" also occurred in contemporary Eastern thought? And if it has, is it comparable to its counterpart in the West? These and other related questions are integral to the theoretical perspective of Field – Being thinking. They are questions, we believe, worthy of the commitment and dedication of any true thinker or philosopher.

## Part I  Distinguishing Themes and Concepts

1. The conception of Tao – learning as a perspective openness to Truth which replaces the traditional conception of philosophy as first science with its pretensions to absolute Truth.

2. The methodological commitment of radical universal perspectivism which, while insisting on the perspectival character of Truth, retains the fundamental belief in a common order as the universal ground of all existence without which no discourse or dialogue of any kind is possible.

3. The abandonment of any preset style or format of philosophizing and philosophical expression and the endorsement of conceptual poetics as the unrestrained and resourceful use of language in the exhibition of Truth and the Field – Being conceptuality. [Philosophizing is an exercise in Tao – learning which may be practiced any time and anywhere.]

4. The identification of reality as activity rather than as Entitivity and the denial of the absolute conception of Being. [Field – Being is especially emphatic in its rejection of the concept of Perfect Entity or Logical Absolute, which, as something completely definite and determinate, is what figures prominently in the notions of Being, Truth, and God in traditional Western metaphysics.]

5. The notion of the Uroboric Function which implies the equation of articulation with reflexion as the supreme ontological – methodological principle. [The Uroboros bites its own tails—— this is the most poignant symbol for Field – Being.] The Act Function: To be is to be a function of activity (or act – measurable). The Field function: To be is to be a function of field – topology (subject to the limitations of global or regional field – topological condi-

tions. ) The Uroboric Function: the identification of the Act Function and the Field Function. [ What is act − measurable is subject to field − topological conditions. ]

6. The theory of substance as the aesthetic charge of activity understood in terms of the mutuality and interplay of power and experience. The aesthetic charge is to be further explicated in terms of the conjugation of forces underlying the movement of activity conceived as an experiential appropriation of energy and meaning. [ This concept of the aesthetic charge is intended to replace the concept of the vacuous substrate or attribute − holder in traditional philosophy. ]

7. The concept of existence as participation in an experiential appropriation of activity.

8. The theory of the Field − Being Establishment as a Pentasphere constituted by the com − prescencing of the five states of activity and realms of existence:

i. Realm of Nothingness ——the mystical, non − articulate state of activity wherein

resides the pure experience of pure action;

ii. Realm of Potentiality —— the primordial, totally ambiguous state of activity in vectoric equilibrium wherein resides the articulate experience of pure possibilities;

m. Realm of Karma —— the phenomenal, dissipated state of activity wherein resides the articulate experience of karmic matter or accumulated effects of articulate action;

iv. Realm of Real Potentiality —— the phenomenal, dynamic state of activity wherein resides the articulate experience of forces or tendencies of activity);

V. Realm of Actuality —— the phenomenal, dynamic state of activity wherein resides the articulate experience of field individuals or trans − finite subjects or centers of activity constituted by the dynamic interaction and transformation of vibrant energy and karmic matter.

9. The theory of the karmic warp or the impact of karmic matter on pure potentiality. Real potentiality is the product of the karmic warp. [ A real potential is an emergent force or pure potential which filters through the topological openness of the karmic warp. ]

10. The concept of energy conceived in terms of the following classification:

( a ) karmic matter ( dissipated energy embedded in the accumulated effects of articulate action) ;

( b ) primal energy ( vibrant energy with primordial memory but no karmic memory)

( c ) effective energy ( vibrant energy with both primordial memory and karmic memory)

( d ) pure energy ( vibrant energy with neither primordial nor karmic memory)

[ This classification is the basis of the theory of energetics which studies the reality of power underlying all actualities in terms of the dynamic interaction and transformation of vibrant ( pure/primal/effective ) energy and karmic matter. ]

11. The return to the primordial intuition and concept of Being as the articulate prescencing of activity ( rather than as a perfect entity ) and the supreme emphasis on the field concept of topological conditionality as key to the understanding of Being. The Being of a thing is the mode of its field — topological prescencing. [ The substance — attribute mode of thought, which has been deeply ingrained in both ordinary discourse and experience and as the defining character trait of the Western metaphysical and intellectual mentality, is replaced in Field — Being by a mode of thinking in terms of the " aesthetic — topological connection. " ]

12. The notion of the Let — Be as the ultimate activity and the Act of the Let — Be as the inner — world dynamics of pure action and articulate action. [ This Field — Being interpretation of divinity or the ultimate reality makes allowance for the contributions of mystical or transcendental experience as well as phenomenal experience to our understanding of reality. Moreover, it provides a more adequate common ground for comparative philosophical inquiry and for the emergence of a global philosophical conceptuality. ]

13. The denial of the conceptual intelligibility of any entitative interpretation of change or becoming. [ In Field — Being, change or becoming is understood as a reflexive — diremptive movement or process of the ultimate activity, essentially a matter of field transition and field transformation. The one — many problem in traditional metaphysics is solved in terms of the uroboric or self — environing action of the Let — Be. ]

14. The recognition that experience and consciousness are essential aspects of the reflexivity of activity ( that is, as self — environing action ). [ Experience is simply activity in touch or in union with itself. And consciousness is just the reflexive transparency of activity. ]

15. The replacement of the traditional, substantialist or entitatively based subject — object dichotomy and opposition with the concept of experiential appropriation as a continuous dynamic movement. [ For Field — Being the allegedly experienced gap or distance between subject and object is an illusion arising from the " cleft of consciousness" in the reflexivity of human activity. ]

16. The amplification of the concept of life to include all forms of activity and the further explication of life — form in terms of the aesthetically charged vectoric or teleological interplay of interpretation and appetition. [ In Field — Being the whole universe is alive because the essence of life is activity which is ultimately a matter of interpretation and appetition. ]

17. The distinction between tacit and overt or expressive interpretation and the corresponding distinction between tacit and expressive knowledge. [ For Field — Being activity is interpretation—— or more exactly, the " how" of artic-

ulate action. ]

18. The recognition that appetition is inherent in all articulate action ——— it is the tendency of articulate action to perpetuate itself. [ This is the Field – Being reinterpretation of the Nietzschean concept of the will to power. ]

19. The replacement of the basically static conception of cosmic order in traditional metaphysics with the notion of the Field – Being Continuum ( universe in the Field – Being sense ) as an accession of actualities, each of which is a dynamic union of vibrant energy and karmic matter. [ The Field – Being universe is not a Perfect Entity, for it is essentially indefinite and incomplete. Hence the Field – Being universe makes room for diversity and change, novelty and adventure, spontaneity and freedom, uncertainty and surprises, conflicts and disorder, confusion and ambiguity, evil and suffering. It is a far more interesting and realistic universe than the substantialist cosmos conceived under the shadow of the Logical Absolute. ]

20. The understanding of things not as self – sufficient, isolated or independent substantial entities but as strands or complexities of articulate action. [ The ultimate building blocks of the universe in Field – Being are not bits of matter but vibrating strings of activity out of whose vibrant energy all things are made. ]

21. The characterization of strands or complexities as field individuals understood as trans – differential centers of activity. [ This notion is meant to insist on the inseparability of discontinuity and continuity, diversity and unity, relativity ( difference, distance, separation, independence ) and relatedness ( interconnection, oneness, interdependence ) in the Field – Being universe. Field – Being Philosophy advocates the middle way of trans – differentiation and thus guards against the pitfalls of extremism towards either end of the trans – differential reality. ]

22. The further characterization of field individuals as trans – finite subjects or self – referential centers of reflexivity which, as pure vibrant energy, arise spontaneously and innocently ( without karmic memory and teleological inclinations ) from the Nothingness of pure action. [ This is the transcendental source of freedom in Field – Being. All things are free, good and equal at the ultimate source. ]

23. The concept of field universals conceived as the topological distribution of aesthetic substance – that is, the total aesthetic charge globally or regionally distributed in the Field – Being Continuum ——— as replacement not only of the traditional concept of transcendent universals or abstract patterns of substantial entities, but also of the concept of matter. [ Aesthetic substance is a matrix of both vibrant energy and karmic matter which, as the accumulated effects of articulate action, is not to be confused with matter in the traditional, scientific sense. ]

24. The concept of field potentials as topologically conditioned tendencies of articulate action in the Field – Being Continuum as replacement of the tradi-

tional entitative concept of potentiality.  [ In Field – Being all potentials belong to the field, not to substantial entities. ]

25. The replacement of the traditional substantialist abstract and static concept of order with the concrete, dynamically and topologically determined concept of field order.  [ More exactly, the theory of field order in Field – Being is defined in terms of the interdependence and interpenetration of field universals, field potentials, and field individuals. ]

26. The theory of actuality as the union of vibrant energy and karmic matter.  [ More precisely, an actuality is a complexity or a system or order of complexities defined by a conjugation matrix of dynamic interaction, that is, the interaction of vibrant energy and karmic matter. ]

27. The centrality of karmic matter in the cosmological scheme.  [ While the Let – Be as pure action subsumes the roles of both God and prime matter in Aristotle, karmic matter replaces the concept of matter in the physical sciences. In Field – Being there is no matter, only energized activity and its effects, that is, karmic matter. ]

28. The concept of Nothingness as the pre – conceptual state of activity in the Divine Meditation—— that is, in the pure experience of pure action in the ultimate activity or Act of the Let – Be.  [ The Buddhist concept of Emptiness and the Taoist concept of Non – being are notable alias of Nothingness which defines for Field – Being the mystical nature or dimension of divinity. ]

29. The concept of Pure Potentiality as the pre – karmic conceptual state of activity in the Divine Conception of pure possibilities ( possible articulate actions).  [ This is a reinterpretation of the primordial nature of God in Whitehead. For Field – Being, however, what is primordially conceived in the Let – Be is a total ambiguity —— pure potentiality is differentiable but not differentiated. ]

30. The concept of Real Potentiality as the compulsive post – karmic state of activity in the Divine Providence of the Let – Be—— that is, the ultimate activity conceived as the ground of the phenomenal world, the realm of whirling forces ( tendencies of articulate action).  [ Real potentiality is pure potentiality under the impact of the Karmic Warp which shatters the primordial equilibrium and ambiguity in the Divine conception. The realm of forces is also the kingdom of causation and teleology. ]

31. The rejection of any substantialist theory of causality or causation and its reinterpretation in terms of karmic compulsion.  [ In Field – Being then causality refers both to the total impact of the karmic warp on pure potentiality and the compulsion of karmic matter on the emergent vibrant energy in the phenomenal state of real potentiality. ]

32. The theory of the multi – faced phenomenon as a conjugation matrix of physical meanings ( effects of activity directly felt) and conceptual meaning ( information, message).  [ The phenomenon is whatever manifests itself in the reflexivity of activity and in the dynamic interaction between vibrant energy and

karmic matter. The theory of physical meanings replaces the traditional concept of sensa or sensuous impressions or manifolds. ]

33. The concept of Field − Being Establishment as the totality of parameters which are field invariant but topologically variable. [ These field − topological parameters are a priori in the Field − Being sense in so far as they constitute the transcendental condition of fielded being and experience. This concept of the field − topological a priori replaces the Kantian transcendental conception of the a priori. ]

34. The field − topological conception of interface as the principle of integrity and relevance in Field − Being.     [ The field − topological interface is the non − center center of fielded beings. ]

35. The concept of the moment of fate as the topological ingression of pure vibrant energy in a particular place or region in the Field − Being Continuum in the nascent phase of the self − becoming of field individuals or trans − finite subjects.

36. The understanding of the logic of order ( the openness of possibility and the necessity of limitation) in terms of the topological conditionality of karmic matter. [ More exactly, the logic of order is defined in terms of the mutual implication or enfoldment of field universals, field potentials, and field individuals. ]

37. The theory of the samsaric cycle ( the cycle of the transcendental or inner − world samsara) which consists in an upward path of birth ( emergence from Nothingness) and a downward path of death ( return to Nothingness). [ Associated with the samsaric cycle is a theory of energetic pertaining to the transformation of energy during the various phases of the samsaric cycle. ]

38. The rejection of the substantialist conception of absolute space in favor of the Inner − World Space as expressing the karmic aspect of the Field − Being Continuum—— that is, the Let − Be conceived as the universal ( field − topological) receptacle of karmic matter. [ In Field − Being, the concepts of space in ordinary experience and in physics are phenomenal manifestations of actualities. Physical space arises from the spatialization of the inner − world dynamics. ]

39. The rejection of the substantialist conception of absolute time in favor of the Inner − World Time as expressing the creative aspect of the Field − Being Continuum —— that is, the Let − Be conceived as the universal ( field − topological) interface of karmic labor, or the overcoming and creative transformation of karmic matter. [ In Field − Being, creativity is the difference between primordial freedom and topological necessity. Life is a matter of field − topological management. ]

40. The distinction of Time as universal interface and temporality as relay succession of actualities. [ Temporality arises from the temporalization of the Inner Dynamics. It is a measure of the rhymic movement of the self − environing action of the Let − Be. There are as many paths of temporality as there are routes of the relay succession. ]

41. The concept of present time as the standpoint of Time and the center of temporality. [ For the distinction between past time and future time is predicated on the determination of present time. The trans — differentiation of present, past and future times is called the ecstatic loop of temporality. ]

42. The theory of Inner — World Space — Time as the transcendental horizon of all fielded existence. [ In Field — Being to be is to be a field — topological occurrence in the Inner — World Space — Time. ]

43. The theory of the Mandalic Quaternion —— a vectoric matrix of the Four Impetuses —— as a conceptual device to exhibit the will — character ( the way articulate action tends to perpetuate itself) and the personality or soul — quality ( the interplay of will and mind or appetition and understanding) of articulate activity which shape the teleological dispositions and motivational basis all life — forms and actualities. The Mandalic Quaternion, also called the UDRL system of articulate action, may be briefly represented as follows :

U : the Impetus of Individuation—— or the tendency of field individuals to move away from the One ( Realm of Nothingness ) in the Upward Path of the samsaric circle.

D : the Impetus of Integration—— or the tendency of field individuals to move toward the One in the Downward Path of the samsaric circle.

R : the Impetus towards the Right—— or the tendency of field individuals towards conformal action in karmic labor.

L : the Impetus towards the Left —— or the tendency towards non — conformal action in karmic labor.

[ In Field — Being the mandala is the symbolic representation of all life forms in its vectoric essence. The will — character and personality traits as determined by the Mandalic Quaternion or the UDRL system belong essentially to all articulate action. It defines the very meaning of a life form. ]

44. The understanding of the unconscious as the complement of consciousness in the reflexivity of articulate experience. [ This amplified theory of the unconscious extends far beyond the concept of the unconscious in the psychoanalytic tradition. ]

45. The theory of energetics which studies the dynamic relation between a pattern of articulate activity and the quantity and configuration of energy necessary to sustain that pattern. It studies in particular the movement and transformation of energy directed by the vectoric principle and structure established in the Quaternion. [ In light of the energetics, neither the Nietzsche thesis that the will to nothingness is in truth a special case of the will to power, nor the Freudian recognition of the primacy of the death instinct over the life instinct ( thanatos over eros) is acceptable in Field — Being. Both Nietzsche and Freud fail to understand or appreciate the full extent of the dialectic interdependence and mutual enfoldment of thanatos and eros and the law of diremptive justice ( the regulation of excess and deficiency in the flow or movement of energy) underlying their transformation. ]

46. The theory of body — mind posturics as a study of the posturals or compositional elements of the body — mind conceived as a field — topological system or consternation of field individuals or actualities.  [ The posturics theory is intended to overcome the mind — body dualism in traditional and modern philosophy. It investigates, in particular, the central role of the upright posture of the human body in the appropriation of Truth to the human Dasein ——that is, human existence conceived as a region of openness where Truth ( the self — revelation of activity) occurs. ]

47. The theory of the proposition as an instrument of rational strategy —— a device of the power of intelligence in the organization of experience designed to promote human understanding and control.  [ There is nothing sacred about the proposition. ]

48. The theory of the transcendentals —— Being, Unity, Truth, Goodness, Beauty—— in Field — Being.

Being: the articulate presencing of activity

Unity: the mutuality of pure action and articulate action Truth: the perspectival self — revelation of activity Goodness: the optimization of values in Field — Being

Beauty: the creative harmony of articulate action in pure action Peace: the repose of articulate action in pure action

[ The Field — Being transcendentals are distinguished from the transcendentals in traditional metaphysics in that the former are conceived in terms of activity rather than in terms of Entitivity. ]

## Part II   A Lexiconic Outline

### CONTENTS

1.  Philosophical Discourse: The Activity of Making Sense
2.  All is Activity: The Field — Being Categoreal Scheme
3.  Complexity: The Aesthetic — Topological Connection
4.  Being and Field: Field — Being in Its Truth
5.  Vibrant Energy and Karmic Matter: The Dynamism of Field — Being
6.  The Inner — World Dynamics of the Let — Be: The Field — Being Establishment and the Logic of Cosmic Order
7.  Being, Space — Time, and the Pentasphere
8.  Space — Time and the Samsaric Cycle
9.  Excess and Deficiency: The Energetics of Life
10.  Up and Down, Right and Left: The Mandalic Quaternion
11.  Dasein and the Human Dasein: Truth as Appropriation
12.  The Cleft of Consciousness and the Phenomenon as Multi — faced Consternation
13.  The Body — Mind Posturics: Uprightness and Meaning

14. The Origins of Substantialization: The Proposition and the Subject – Predicate Mode of Thought
15. The Declination of Truth: The Epochs of Field – Being
16. Truth, Goodness, and Beauty: The Field – Being Transcendentals
17. Solidarity and Adventure: Substantialism to the Right and Substantialism to the Left
18. Care and Wonder: The Middle Way of Trans – differentiation
19. Freedom and Necessity: Life as Topological Management
20. The Let – Be and Its Avatars: The Field – Being Creed of Non – Creed and Universal Creed
21. Perspective Openness: Philosophy as Tao – learning

### 1. Philosophical Discourse: The Activity of Making Sense
#### 1—1. Philosophy
An intellectual activity or affair carried out to the limits of intellection. Intellectual activity is a kind of articulate activity, which ultimately is what there is.

#### 1—2. Intellection (or Intellectual articulation)
A complexity of articulate activity consciously engaged in for the purpose of making sense.

#### 1—3. Making – Sense
A conceptual articulation mediated by the interfaciality of language.

#### 1—4. Conceptual Articulation
A constructive projection or retrieval of meaning by means of concepts.

#### 1—5. Meaning: Physical and Conceptual
Physical Meaning Effects or impact of articulate activity directly experienced or felt (articulated sounds, colors, smells, etc.) Conceptual Meaning More or less ordered information or message organized by means of concepts.

#### 1—6. Concepts
An organized or ordered configuration of (conceptual) meaning.

#### 1—7. Configurations of Meaning
Complexes of physical and/or conceptual meanings which emerge or are retrievable in an occasion of experience.

#### 1—8. Understanding
The power or ability of a subject or percipient energy to retrieve, project, interpret or appropriate configurations of meaning in a given occasion of experience.

#### 1—9. Meaning: Captive and Non – Captive
Captive Meaning Meaning that is conceptually captured or fixated in a particular language. Non – Captive Meaning Meaning that is not conceptually captured or fixated in a particular language. What is a captive – meaning in one language may be a non – captive meaning in another language.

#### 1—10. Non – Sense
A non – captive meaning that is not conceptually captured or capturable by

any language.  Non — sense is the limit of philosophical discourse.

### 1—11.  Sign ( or Signifiers )

A product of activity which functions as the bearer or carrier of meaning——that is, an interfacial medium in which configurations of meaning are captured or fixated.

### 1—12.  Signs: Verbal and Non – Verbal

Verbal Signs: Spoken or written words in a natural or artificial language. Non — Verbal Signs: Pictures, symbols, gestures, or other non — verbal signifiers.

### 1—13.  Language

A system of signs or signifiers which contains a matrix of more or less stable configurations of meaning.

### 1—14.  Natural Language

The language given to and appropriated by human beings in their existence in the life — world.

### 1—15.  Signifying Function/Activity

Any complexity of activity involving the use of language or signifiers, verbal or non — verbal.  Such complexity of activity is a signifying activity to the extent of its signifying function.

### 1—16.  Signifying Agents

Subjects or perceipient energies participating in a signifying activity or function.

### 1—17.  Conceptuality

An order of signification or signifying perspective retrievable from the matrix of meaning in a language or signifying function.

### 1—18.  Philosophical Discourse

An intellectual discourse that seeks to make sense of reality to the limits of one's perspectivity.

### 1—19.  Perspectivity

The extent or sphere of meaning that is retrievable for a signifying activity.

### 1—20.  Philosophy as Conceptuality

The conceptuality or signifying perspective embedded in a philosophical discourse.

### 1—21.  Field – Being Philosophy ( FBP )

A philosophical discourse that seeks to articulate and retrieve the conceptuality of Field — Being.

### 1—22.  Field – Being

The term given to the articulate framework that constitutes the over — all conceptuality of FBP.  Field — Being is a conceptuality that identifies reality with activity.

### 1—23.  Lexicon

An orderly arrangement of ( spoken or written ) words selected from the vocabulary of one or more languages.

### 1—24. Favored Lexicon: Habitual or Strategic

A favored lexicon is a lexicon habitually or strategically chosen in a signifying activity. The selection of vocabulary in a habitually favored lexicon is determined by forces of habit determined by the topological conditions underlying the signifying activity. In a strategically favored lexicon the selection of vocabulary is a strategic design for the purpose of exhibiting and retrieving a certain perspective of conceptuality.

### 1—25. Mother Vocabulary

The vocabulary of the natural language (or languages) from which a favored lexicon is derived.

### 1—26. Choice Diction

Any expression or combination of words in the vocabulary of a favored lexicon to form configurations of meaning so as to appropriately exhibit the intended conceptuality in response to the demand of an experiential occasion. The style of a favored lexicon is the sum of its choice diction.

### 1—27. Perception

The general term for the experiential appropriation of reality, including the appropriation of language.

### 1—28. Apperception

The simultaneous and coordinating perception or experiential appropriation of focus and background. In the apperception of language what is apperceived consciously or unconsciously is the lexiconic difference.

### 1—29. Lexiconic Difference

The difference between the choice diction of a favored lexicon (focus) and its mother vocabulary (background). The lexiconic difference lies in the totality of negated or rejected elements or configurations of meaning forming the conceptual background of the choice diction.

### 1—30. Lexiconic Narrative

Any retrievable discourse from a favored lexicon.

### 1—31. Narrating Lexicon

The silent voice that speaks out from the source or matrix of meaning in a favored lexicon and its mother vocabulary that the signifying act must listen to for its appropriation of meaning.

### 1—32. Conceptual Poetics

A resourceful appropriation of language for the purpose of exhibiting an intended conceptuality. This lexiconic introduction is an exercise in Field — Being poetics — a poetics which aims at the conceptuality of Field — Being.

## 2   All is Activity: Field — Being Categoreal Scheme

### 2—1. Lexicon of Field — Being

A favored lexicon that seeks to retrieve the configurations of meaning wherein the conceptuality of Field — Being is embedded.

### 2—2. Activity (always italicized)

The figurative proper name that points and metaphorically indicates what ultimately there is.

## 2—3. Act – function/ Act – measure

The recognition that All is Activity and Activity is the measure (in the concept) of everything ——or everything is act – functional (function of activity). Since activity is ultimately what there is, all beings or things are manifestations of activity, all experiences are experience of activity, all languages are language of activity, and all distinctions or categories are distinctions or categories of activity. Hence, all information is information about activity. The information about activity is a character trait of activity. It is inherent in activity, not outside of it. Activity is the measure of all things and all concepts. All things are act – functional and act – measurable.

## 2—4. Field – function/Field – topological Determination

The recognition that everything is field – topologically conditioned, that is, conditioned by the global or regional distribution of karmic matter in the field of activity.

## 2—5. The Uroboric Function

The identity of the Act – function and the Field – function: what is act – measurable is field – topologically conditioned. The Uroboros bites its own tail – this is the supreme symbol of Field – Being. What is implied in the Uroboric Function is the unity of articulation and reflexion in the identity of the Act – function and the Field – function.

## 2—6. Field – Being Construction

Conceptual articulation or reading of the act – function through a resourceful apperceptive appropriation of language (drawing resources from the infinite background) in terms of the Field – Being Lexicon. To the extent it is a resourceful apperceptive appropriation of language, Field – Being construction is an exercise in conceptual poetics.

## 2—7. Field – Being Categoreal Scheme (FBCS)

The thematic structuring of basic act – functional concepts or categories in terms of the Field – Being Lexicon in which the conceptuality of activity and Field – Being may be strategically exhibited.

## 2—8. Character

Activity is what assumes character, and character is what activity exhibits. There is no character outside of activity.

## 2—9. Character Trait

Any discernible feature or characteristic that may be explicated or identified in the character of activity. A trait or character trait, in other words, is an analytic component of character. Whatever exhibits itself in our understanding of activity is a character trait. [Exhibiting character is the most fundamental character trait of activity. The construction of the FBCS is in terms of character traits.]

## 2—10. Articulation

The dynamic internal relation between activity and its character. Articulation is the self－definition and self－affirmation of activity in and through the exhibition of character or

character traits. All activity is in essence self－articulating activity.

### 2—11. Articularity

The way self－articulating activity exhibits its character. 〔Conceptual construction of the FBCS is an activity which attempts to exhibit the articularity of self－articulating activity. Hence it is an articulation of articulation.〕

### 2—12. Reality

The fundamental reading of the act－function and the all－inclusive category in the FBCS. Reality is the internal affair of activity——that is, of activity as a self－articulating Totality. This self－articulating Totality is also identified as Field－Being. 〔Reality is an act－functional affair—— and not an entitative affair, as entertained in much of traditional Western philosophy. The act－functional affair is, in itself and as a whole, indefinite and incomplete, in sharp contrast to the notion of the Perfect Entity which has been the conceptual model in the substantialist tradition in Western thought.〕

### 2—13. Reality as The All－One

(Self－articulating) activity as both the All and the One. Activity is the All because it has no otherness: it is not bounded by any alterity from without nor does it contain any alterity. For activity is ultimately what there is. Activity is One because it is an undivided whole.

### 2—14. Let－Be

The ultimate, all－encompassing activity out of which all things or fielded beings are differentiations or manifestations. It is the All－One conceived as the diremptive source, origin, and ground of all existence in Field－Being. As such, the Let－Be is the realm of all realms, the universal of all universals. It is that beyond which nothing can be articulated. Hence, the Let－Be is the same as Articulation itself. The Field－Being Continuum wherein all fielded beings are situated is what flows out from the Act of the Let－Be.

### 2—15. Diremption

The internal differentiation of activity Diremption is the process wherein the diverse fielded beings in the Field－Being Continuum are let to be within the All－One in virtue of the self－articulating power of the Let－Be. Reality is a diremptive affair

### 2—16. Absolute Space and Absolute Time

Concepts of space and time conceived as separable and external to activity. Neither absolute space nor absolute time exists in Field－Being. Activity as the All－One does not occur in an absolute space－time as if inside a container, so to speak. 〔In PBF, Space is the universal receptacle of karmic matter, and Time is the universal interface of vibrant energy. Space－Time, the unity of Time and Space in the Field－Being sense, is the transcendental horizon for all Field－Being experience, including temporal and temporal experiences. Thus conceived, Space－Time is an underlying feature of self－articulating activity, which consists in essence the temporalization of karmic labor (the overcoming and creative transformation of karmic matter). The Field − Being Continuum is thus a Space − Time Continuum. The four − dimensional space − time continuum in relativity physics is a karmically founded and derived (that is, from the endurable order in karmic matter) delineation of the Field − Being Space − Time Continuum, appropriate to our cosmic epoch. As such, it is a creature of articulate activity, created along with other fielded beings by the trans − finite emanations of the Let − Be. ]

### 2—17. Integrity

The character trait which is the unity of all character traits. Integrity is the character trait which defines activity as the All − One. All fielded beings owe their integrity to the Integrity of the All − One. Since activity is in essence self − articulating action, the fundamental integrity is articularity or the unity of articulation.

### 2—18. Effects

What activity does, accomplishes or achieves. All effects are the effects of articulation. They are what is articulated by the self − articulating activity. [ In perceiving an apple, for example, what is articulated is not just the perceived apple, but the perception as well. The perceiving is at once the effect and the manifestation of the underlying self − articulating activity. ]

### 2—19. Occurrence/Event

An occurrence or event is a particular unfolding in the reflexive movement of self − articulating activity. The Field − Being Continuum is a reflexive continuum of the occurrences or events of self − environing action.

### 2—20. Forms and Domains

Forms are repeatable patterns or modes of definiteness of articulate action. A non − repeatable pattern of activity is a character trait, but not a pattern. A domain is a series of occurrences or events in which a form repeats or instantiates itself.

### 2—21. Immanence and Transcendence

A form is immanent in an occurrence of activity in so far as it defines its character, but is transcendent to the extent it is repeatable in other occurrences.

### 2—22. Universals

In the broad sense a universal is a form whose domain of instantiation is global in some sense. In the narrow sense universals are forms whose domain are coextensive with the Field − Being Continuum.

### 2—23. Dynamic Forms/Universals

Dynamic forms or universals are repeatable patterns of activity pertaining to the movement or process of articulation.

### 2—24. Static Forms/Universals

Static forms or universals are repeatable patterns of activity derived from the arrested effects of articulation.

### 2—25. Reflexivity

Activity as self − referential and as self − environing action. Since activity has no otherness, any reference to activity is a reference to itself, and whatever activity does, it does to itself. Hence, self – referentiality is in the essence of articularity, and self – articulating action is also self – environing action; it is activity that bends back, enfolds or encircles itself. Self – environing action is the All – One or Let – Be acts upon itself. It is indeed through the self – environing action of the Let – Be that all fielded beings are diremptively let to be. Hence reflexion or self – environing action is key to the diremption of activity. The All – One is reflexively and diremptively an undivided whole. This notion of self – articulating activity as self – environing action is captured in the primordial image of the Uroboros, the mythical animal that bites its own tail.

### 2—26. Reflexion as Inflexion

Self – environing action as particiularization. Inflexion or the bending or curving of activity is the particular form or manner activity takes or assumes in its self – referential or reflexive action. In Field – Being all forms are forms of activity, which are ultimately a function of the inflexionality of self – environing action. A form of activity expresses the particular way the All – One or Undivided Whole flexibly bears upon itself. [ The flexibility of activity is the basis of all change in the universe. Changes are nothing but manifestations of articulately and reflexively self – flexing activity. But flexibility is ultimately founded on an eternal Inflexibility —— namely, the Inflexibility of activity as such. One cannot bend activity itself, so to speak, into non – activity. Thus inflectionality is the flexibility of an ultimate Inflexibility. ]

### 2—27. Strands

A strand is a vibrating string of articulate action conceived as an inflexional unit. All strands are initially emanations of pure energy from the fullness and openness of the Let – Be. Strands are also called field individuals or trans – finite subjects. A strand of strands, that is, one whose components are also strands, is called a complexity.

### 2—28. Field Individuals

A strand or complexity conceived as a center of trans – differentiation ( matrix of relativity and relatedness) and an event – continuum of reflexive action.

### 2—29. Vibration

The universal form self – flexing activity executes itself. The form of a strand is the form of its vibration.

### 2—30. Vibrant Energy

The energy inherent in a strand or vibrating string necessary for sustaining the form of its articulate action.

### 2—31. Energy Configuration

The way the inherent energy of a strand is configured or structured for the form of articulate action it sustains.

### 2—32. From Inflexion to Complexion:

A concrescence or growing – together of diverse strands of self – flexing activity forming a complexity or complexive whole. Complexion is to be understood verbally as the plaiting or weaving (as its etymology suggests) of self − environing action in the making or production of complexities. Self − flexing activity is now understood as self − complexing activity. An inflexional whole is a complexity of strands.

### 3   Complexity: The Aesthetic − Topological Connection
### 3—1.  Complexity as Form and as Effect
Complexity, the plating or weaving of holistic, self − environing action, names both the form and effect of articulate − reflexive action conceived as an inflexional or complexional act − complex. This is the concrete product or manifestation of diremption. The universe of Field − Being is a continuum or plenum of complexities, the stuff out of which all beings or things are made. [What we ordinarily identify as individuals, societies, events, facts, states of affairs, and so on—— subsumed under the general names of beings or things, are all complexities or complexities of complexities.]

### 3—2.  Dynamic Interaction
The interaction between diverse strands of activity or states of energy within a complexity.

### 3—3.  Vibrant Interaction
The dynamic interaction between vibrant energies or co − present trans − finite subjects. Vibrant interaction is also termed horizontal interaction.

### 3—4.  Causal Interaction
The dynamic interaction between vibrant energy and karmic matter (accumulated effects of antecedent activity). Causal interaction is also termed vertical interaction.

### 3—5.  Dynamic Transformation and Exchange
Dynamic transformation is the internal process of self − complexing activity wherein changes of form in activity are accompanied by exchanges of energy between strands or complexities of strands.

### 3—6.  Complexive Affair
The dynamic contents of self − complexing activity constituted by the interaction, transformation and exchange of energy.

### 3—7.  Events and Occasions of Experience
An event is an identifiable process of dynamic interaction. It is a complexive affair in action. An occasion of experience or experiential appropriation is an event conceived in its intersubjective reflexivity. It is a reflexive − complexive affair in the inter − subjective appropriation of significance.

### 3—8.  Inter − complexive Events
Processes of dynamic interaction between two or more identifiable complexities.

### 3—9.  Intra − complexive Events
Processes of dynamic interaction within an identifiable complexity or complexive affair.

### 3—10. Order of Complexities and System

A complexity that is composed of complexities is a complexity of a higher order. A system is a self – articulate totality composed of different orders of complexities which form a self – referential center of activity.

### 3—11. Complexive Relativity

The relativity of the distinction between "inter – complexive" and "intra – complexive" with respect to the order of complexity. What is inter – complexive is intra – complexive in a higher order of complexity, while what is intra – complexive is inter – complexive in a lower order of complexity.

### 3—12. Region

A openness of Field – Being ( or in the Field – Being Continuum ) where a complexity of activity or inflectional whole occurs. The relation between a region and the complexity of action that occurs in it is a fielded relation between possibility and actuality —— that is, the creative agency that is responsible for the realization of possibility ( or fulfillment of the openness ) in virtue of its overcoming and transformation of topological necessity. The openness of each region is fundamentally determined by the karmic warping of pure potentiality.

### 3—13. Aesthetic – topological Connection

The fielded relation between a complexity and its region. The aesthetic – topological connection replaces the entitative relation between substance and attribute —— called the vacuous connection—— in traditional Western metaphysics.

### 3—14. Domain

A region of regions defined by a certain order of complexity, that is, activity of the same or similar form.

### 3—15. Realm

A domain of Field – Being characterized by some general feature of activity.

### 3—16. Power

The mutuality of energy and meaning. Power is the exteriority of experience.

### 3—17. Physical Power/Vibrant Energy

The vibrant energy inherently carried by a strand of self – comflexing activity to execute and consummate itself. Activity is vibrant energy in action. Vibrant energy is the ability or capacity of activity to produce effects or to make a difference. Physical power or vibrant energy constitutes power in the concrete.

### 3—18. Phenomenal Matrix/Conjugation of Meaning

A phenomenon is whatever presents or manifests itself in the reflexivity or reflexive prescencing of activity. The phenomenal matrix is a conjugation of physical and conceptual meaning which may be experientially appropriated by a strand of self – comflexing activity. While conceptual meaning ( information ) is power in the abstract, physical meaning is power in karmic transformation ( from vibrant energy to karmic matter ). Phenomena are correlates of presencing activity – not of human consciousness.

### 3—19. Phenomenal Appearance

The manifest profile or face of a phenomenon or phenomenal matrix perceived in an occasion of experience or movement of experiential appropriation. All phenomena are multi − faced and multi − profiled in appearance.

### 3—20. Power Concrescence

A complexity of activity conceived as a power complex, or in terms of the mutuality of energy and meaning.

### 3—21. Significance

Any character trait of a power concrescence from the standpoint of a trans − finite subject. The experiential appropriation of significance is the key to the creative agency of actuality.

### 3—22. Experience

The self − penetration or reflexive union of activity. Experience is activity directly or indirectly in touch or in communion with itself. Experience is the interiority of power.

### 3—23. Immediacy

A form of experience in which activity is directly in touch or in communion with itself.

### 3—24. Immediate Phenomenon/Meaning

The meaning or phenomenon which manifests itself in the immediacy of experience.

### 3—25. Mediacy

A form of experience in which activity is indirectly or mediately in touch or in communion with itself.

### 3—26. Mediated Phenomenon/Meaning

The meaning or phenomenon which manifests itself in the mediacy of experience.

### 3—27. Complexive Interface

A complexity of activity and experience serving as the medium for the mediation or connection of other complexities. Such a medium is called an interfacial medium.

### 3—28. Aesthetic

Pertaining to the mutuality of power and experience determined by the immediately and interfacially mediated experiential interplay of energy and meaning.

### 3—29. Entitative Substance

The vacuous substrate or holder / supporter of qualities or attributes in traditional Western metaphysics.

### 3—30. Aesthetic Substance

The aesthetic contents composing the complexity of activity in a given region, being determined by the topologically conditioned experiential interplay of energy and meaning characterizing the region. [ In Field − Being, substance is inherent in activity. There is substance of activity, but not activity of substance, that is, substance understood entitatively. The entitative substance in traditional Western metaphysics is precisely what is devoid of substance in the Field – Being sense. The quest for the Perfect Entity in Western philosoph y is in truth a quest after a vacuous substance. ]

### 3—31. Aesthetic Contents

Strands of activity that constitute the concrete components of complexity. The aesthetic – topological interplay is fundamentally explicable in terms of the following dimensions:

(a) In the dynamic dimension, it is an interplay of energy and meaning as the basic forms of power.

(b) In the experiential dimension, it is an interplay of immediacy and mediacy as the basic forms of experience.

(c) In the topological dimension, it is an interplay of the global and the regional, or of extensive inclusion and exclusion. In Field – Being meanings arises from the projections of activity: they are the projections of activity. Projective meanings are prior to the meanings of words or concepts. The latter are properly interfacial media of projective meanings. Every strand of self – complexity activity is said to be aesthetically charged. [ This aesthetic theory of dynamic substance is to be contrasted with the entitative theory of substance in traditional Western metaphysics. In Field – Being, dynamic thinking in terms of the " aesthetic – topological connection" replaces the " substance – attribute" mode of thought. ]

### 3—31. Aestheticism of Field – Being

The way a complexity is aesthetically charged or the global or regional distribution of aesthetic substance in the Field – Being Continuum.

### 3—32. Otherness or Alterity in Field – Being

The complement or other half of activity. Since activity has no absolute otherness or alterity, all forms of otherness or alterity is a quasi – otherness or quasi – alterity. That which experiences and that which is experienced are complements to each other; they are two halves of the same underlying reality —— that is, of activity as an undivided whole.

### 3—33. Divine Meditation

The pure experience of pure action in the Act of the Let – Be, the ultimate activity. Activity is in perfect union with itself in the Divine Meditation of the Let – Be.

### 3—34. Trans – finite Emanations

The free and spontaneous emergence of strands of self – comflexing activity from the Divine Meditation. [ The term trans – finite means emerging spontaneously and directly from the DivineMeditation. ]

### 3—35. Divine Procreativity

The trans – finite Act of the Let – Be in Divine Meditation.

### 3—36. Trans – finite Subjects

Trans – finite emanations conceived as self – referential centers of activity.

### 3—37. Trans – finite Arrival

The arrival of trans – finite subjects in a particular region in the Field – Being Continuum.

### 3—38. Co – prescencing in the Present

The intersection or co – prescencing of trans – finite arrivals and karmic matter in a region is a "present time" in Field – Being Time. Co – prescencing transfinite arrivals are contemporary field individuals.

### 3—39. Field – Being Space – Time Continuum

The perpetually self – articulating, self – environing, self – complexing, self – transforming, self – appropriating, and self – revealing plenum of complexity and topological conditionality that ultimately flows out of the Act or inner dynamics of the Let – Be. Space – Time is the encircling transcendental horizon of the Field – Being Continuum.

## 4  Being and Field: Field – Being in Its Truth

### 4—1. Being Itself

The articulate prescencing of activity as such and as a whole. In Field – Being, there is no difference between being, doing, making, thinking ——for All is activity. In the language or grammar of activity verbs are the primary figures of speech; all other figures of speech, including nouns or substantives, are secondary or derivative. In other words, all words are, primordially understood, verb – words. The prescencing of activity——that is the primordial meaning of the verb – word "to be". A verb – word is a functional synonym of activity, its meaning being determined by the function or role it plays in the enterprise or drama ( internal affair ) of activity. [ The prescencing of activity is simply activity as prescencing. The prescencing is not different from the activity. ]

### 4—2. Beings

Same as things —— general terms for the complexities of articulate activity.

### 4—3. Being of Beings

The Way beings or things are in the self – articulate prescencing of Being itself. The Being of a being or thing refers either to ( a ) its participatory presence or ( b ) its participatory integrity.

### 4—4. Being P as Participatory Presence: Existence as Topological Index

The Being or existence of a being or thing conceived as participatory presence is the index of its topological position in Field – Being, that is, its place or situatedness in a region in the Field – Being Continuum.

### 4—5. Being; as Participatory Integrity: Essence as Topological Dynamics

The Being or essence of a being or thing conceived as participatory integrity is the topological dynamics of its complexity in the process and against the infinite background of the self – articulate prescencing.

## 4—6. Ontological Relation: Beings as Perspective Expressions of Being

The inner dynamic relation between Being itself and the beings or things in the world —— that is, the relation between All – One or activity in its undivided wholeness and the diverse complexities that compose the Field – Being Continuum. This relation, which is at once a relation of identity and difference, is constituted by the fact that beings and things are perspective expressions of Being (itself).

### 4—7. Ontological Identity

The ontological relation is a relation of identity in so far as a being or thing is a direct expression of Being.

### 4—8. Ontological difference

The ontological relation is a relation of difference in so far as a being or thing is a perspective of Being. The "difference" is other perspectives which form the alterity or complement of the being or thing in question.

### 4—9. Truth

The self – revelation of Reality. Activity reveals, discloses or manifests itself to itself—— this unhiddenness or self – revelation or disclosure is the primordial meaning of Truth. In the primordial sense, Truth is perspectival before it is propositional. All propositions are derived from our perspectival experience of Reality. Since every perspective is, in terms of the ontological identity, a direct expression of Being, every revelation or disclosure of the self – articulating Totality is an absolute truth relative to the perspective in question. Here truth means a uniquely revealed or disclosed content in a given perspective of experience.

### 4—10. Essence of Truth

Activity always reveals itself in the aesthetic interplay of power and experience, and under the topological conditions of subjectivity and intersubjectivity. There can be no revelation, however, except from the standpoint and within the perspective of a trans – finite subject and in an eventful occasion of experience. This perspectival aesthetic – topological connection characterizing the self – revelation of activity is called the essence of Truth.

### 4—11. Consciousness

The reflexive transparency of experience —— a character trait which belongs in varying degrees to all forms of activity. Conceptual consciousness is a high degree of reflexive transparency characterizing the type of complexity constitutive of human beings.

### 4—12. Being – Understanding

An eventful occasion of experience wherein an arrest or retrieval of the meaning of Being occurs. Being – Understanding is an appropriation of significance (the mutuality of physical meaning and conceptual meaning) pertaining to Being itself. Although the meaning of Being and Being – understanding are inseparable, Being – understanding is not confined to the human Dasein. For since every field individual or fielded being is a perspective expression of Being itself, Being − understanding is in some sense and in varying degrees of consciousness accessible to every form of activity or existence in Field − Being. There is Being − understanding in every retrieval of meaning or experiential appropriation of significance.

### 4—13.  Dasein

A region of activity wherein an emerging self or self − referential center of activity defines itself in accordance with its reflexive experience or understanding of Being.  There are human and non − human Daseins.

### 4—14.  Field

An ordered state and continuum of self − complexing activity aesthetically and topologically understood.  More exactly, a field is a sphere of the articulate prescencing of activity conceived as an aesthetically charged complexive matrix of topological conditionality, involving an extensive configuration of energy (and meaning) spreading over a region in the Field − Being Continuum.

### 4—15.  Ordered State

The character of openness and limitation in activity.  Order is a function of the openness and limitation of articulate action.

### 4—16.  Field Character

The articulate prescencing of activity is only articulate in virtue of its aesthetic − topological field character, that is, the aesthetically charged matrix of topological conditions underlying each and every region of articulate activity. More exactly, the field character is determined by the aesthetic − topological openness and necessity of activity delineated and wrought by the karmic warping of pure potentiality and the perpetual emergence of whirling forces in the inner − world dynamics of the Let − Be (the dynamic relation between pure action and articulate action).  Thus understood, the universal field conceived as an aesthetic − topological affair is the concrete reality that constitutes the essence of Truth.

### 4—17.  Field Order

The field order prevailing in a Space − Time region in the Field − Being Continuum is the over − all articulate integrity of its field character.  More exactly, the field order is defined by the mutual implication or inter − enfoldment of field universals, field potentials, and field individuals in the Field − Being Continuum.  Field Universals: Field Potentials: Field Individuals: Matrices of aesthetic substance (interplay of power and experience) in a field of activity.  Aesthetically charged and topologically conditioned matrices of possibilities or potentialities (forces or tendencies of action) inherent in a field of activity.  Strands or complexities of articulate action conceived as event − continua and centers of trans − differentiation (also called trans − finite subjects or flowing perspectives. The implication or enfoldment of field potentials and field individuals in field universals.  The implication or enfoldment of field universals and field individuals in field potentials.  The implication or enfoldment of field universals and field potentials in field individuals. Field orders are the concrete components of the Field – Being Establishment.

### 4—18. Universal Field Order (Cosmic Order)

The field order prevailing throughout the Field – Being Continuum as the Universal Field of Being. [ Note that the universal field order is not outside the universe but is identifiable with the total matrix of aesthetic – topological conditionality that intrinsically characterizes it. ]

### 4—19. Field – Being

The same as Reality——that is, the self – articulating Totality in the conceptual unity of Field and Being. Simply put, Field is the environmental how of Being. Here environmental means pertaining to the articulate prescencing of activity as self – referential or reflexive. Articulate action is self – environing action. Hence Being is Field, and Field is Being. This Unity of Field and Being is designated by the hyphenated expression Field – Being. The environment for a center of Being or self – referential center of articulate activity situated in a Space – Time region is the warping distribution of the aesthetic – topological matrix in that region. The field character of a field is ultimately determined by the integrity or character traits of the vibrant strands of self – complexing action that compose it.

### 4—20. Field Individuals as Trans – finite Subjects

Vibrant strands of self – complexing activity that emerge freely and spontaneously from the pure action of the Let – Be. They are fields in so far as they are event – continua of vibrant articulate action subject to the aesthetic – topological conditions of the Field – Being Continuum. And they are individuals in so far as they are reflexive or self – referential centers of Being.

### 4—21. Field Individuals as Selves

Field individuals conceived centers of reflexion and trans – differentiation. [ The center of a field individual lies the integrity of its complexity. It has the character of an interface which connects, unifies and makes relevant all constituents within the complexity to one another. Since the integrity of a complexity is ultimately an expression of the inner – world dynamics of the Let – Be, a self may also be called a topo – dynamic interface. ]

### 4—22. Topo – dynamic Interface

A self conceived as a bearer of dialectic responsibility – that which interfaces all moments in the inner – world dynamics of the Let – Be in a particular region. [ ( Field – Being) Time, the universal ( topo – dynamic) interface of karmic labor, is the Universal Self of Field – Being. ]

### 4—23. Transcendental Endowment

The pre – logical reflexivity, spontaneity and flexibility which each field individual or transfinite subject is endowed with from the character and power of the ultimate activity—— the Let – Be.

### 4—24. Environmental Heritage

The character and power of openness and necessity which each field individual or transfinite subject inherits from the aesthetic − topological conditionality which constitutes the environmental make − up of its emergent existence in the cosmic order. The environmental heritage of field individuals or trans − finite subjects is essentially determined by the distribution of karmic matter in the domain of their intersubjective existence. [ The openness of possibility and necessity of limitation which mark the reign of logic in the realm of articulate activity is what defines the Field − Being Continuum as a cosmic order. ]

### 4—25. Perceipient Subject ( or Perceipient Energy )

A field individual or trans − fmite subject conceived as a center of experiential appropriation. The movement of experiential appropriation is both physical and conceptual, both perceptive and apperceptive, both retentional ( memorial ) and protentional ( imaginary ). The Truth of Field − Being is always Truth from the standpoint within the perspective of a percipient subject.

### 4—26. Inter − subjective Efficacy

The production of effects on each other in the dynamic interaction between percipient subjects. [ In Field − Being, there is no subjectivity without intersubjectivity. ]

### 4—27. Percipient Object ( or Recipient Energy )

A percipient subject conceived as the bearer of the effects produced by another percipient subject.

### 4—28. Intersubjective Karmic Transformation

The modification of karmic matter brought about by the dynamic interaction of perceipient subjects resulting in a transformation of the aesthetic − topological conditions underlying their environmental heritage.

### 4—29. Tacit Interpretation

The way or manner a form of activity executes itself or configures its energy in response to the effects of other forms of activity in its environment. Tacit interpretation is the basis of experiential appropriation.

### 4—30. Conscious Interpretation

The way or manner a form of activity makes sense or retrieves meaning or information for its Being − understanding in an occasion of conscious experience. While all tacit interpretation is immediate, conscious interpretation owes its conceptual retrieval to the mediation of language. 4—31. Appetition The tendency of a form of activity to perpetuate itself and its articulate character —— that is, its character of experiential appropriation. Appetition is an intrinsic character trait underlying every transfinite subject or self − referential center of articulate activity.

### 4—32. Life

First sense: Reality conceived as a reflexive and self − referential affair. Second sense: The self − becoming of field individuals or trans − finite subjects as self − referential and trans − differential center of articulate activity. Third sense: Order of experiential appropriation conceived as complexive interplay of perception and appetition.

### 4—33. Mentality and Life – form

The complexity of perception and appetition in the experiential appropriation of a field individual or trans – finite subject center of activity. The life – form of a self – referential, trans – differential center is shaped by its mentality.

### 4—34. Standpoint

The position of a perceipient subject in relation to its complement (the rest of the universe) in the Field – Being Space – Time Continuum. The standpoint is the present time in Inner – World Time —— the intersection of eternity, primordiality, and temporality.

### 4—35. Perspective

What is revealed or disclosed to a perceipient subject from its standpoint. The contents of what is revealed or disclosed are called the truth – contents of the perspective.

### 4—36. Standpoint and Perspective in the Occurrence of Truth

As the self – revelation or disclosure of Reality, Truth is always Truth in relation to a standpoint. It is what lays open a perspective to a perceipient subject. There is occurrence of Truth in every occasion of experiential appropriation.

### 4—37. Topological Occasion

An occasion of experience in which a perspective of Truth is revealed or manifests itself in a region of Field – Being. The emphasis of the term is on the topology of experiential appropriation.

## 5 Vibrant Energy and Karmic Matter: The Dynamism of Field – Being

### 5—I. Dynamism

The internal affair of activity conceived as a dispensation of power. The term dynamic means pertaining to the power of activity. The key to understanding the dynamism of Field – Being is the dynamic relation between vibrant energy and karmic matter.

### 5—2. Karma

The accumulative effects of articulate action. 5—3. Karmic State The state of activity or power conditioned by karma.

### 5—4. Karmic Matter

The form of power in the karmic state. Karmic matter may be viewed as store of energy and meaning in the accumulated effects of articulate action.

### 5—5. Topology

The distribution of power in Field – Being Continuum or universal field of articulate activity. Since karmic matter is the key factor in determining the distribution of power, the topology of Field – Being is basically the topology of karmic matter.

### 5—6. Karmic Co – efficient

The distribution of karmic matter in a region conceived as the topological

unity of permanence and change or of the invariance and the variable in the
states and conditions of articulate activity in Field − Being.

### 5—7. Karmic Heritage

The distribution of karmic matter in a particular region in Field − Being.
While the invariant aspect of environmental heritage is determined by the pri-
mordial nature ( the ream of pure possibilities) of the Let − Be, its variable basis
lies in the distribution of karmic matter.

### 5—8. Stratification of Karmic Matter

The successive layers or strata of karmic effects in the composition of karmic
matter.

### 5—9. Karmic Memory

The retrieval of conceptual meaning ( information or message) in karmic
matter.

### 5—10. Karmic Efficacy

The power karmic matter exerts on articulate activity in any state.

### 5—11. Karmic Resistance

The resistance or reaction of karmic matter against the power of vibrant en-
ergy in a dynamic interaction.

### 5—12. Karmic Transformation

The change or modification of karmic matter brought about by the creative
agency of vibrant energy.

### 5—13. Agency: the Art of Topological Management

Every trans − finite subject or self − referential center of activity is a creative
agent in its own right. The life of a subject is the duration of its creative agen-
cy. The essence of agency is the resolution of ambiguity procuring definiteness
and singularity. As such, the art of agency is the art of topological manage-
ment. And the art of topological management lies in the overcoming and crea-
tive transformation of topological necessity.

### 5—14. Karmic Modality of Energy

The dynamic character of activity or condition of vibrant energy defined in
terms of its dynamic relation with karmic matter. The basic karmic modality of
energy includes the following:

### 5—15. Pure Energy

The energy of pure action which is activity in the pre − impregnated or
pre − seeded state.

### 5—16. Pure Potential Energy

The energy of pure or undifferentiated potentiality which characterizes ac-
tivity in the original state of impregnation or seediness ——that is, prior to the
impact of the karmic warp.

### 5—17. Karmic Warp

The impact of karmic matter on pure potentiality responsible for rise of real
potentiality from pure potentiality.

### 5—18. Effective Energy

The energy of differentiated potentials characterizing activity in the state of real potentiality —— a condition of activity dominated by the dynamic interaction between vibrant energy and karmic matter. Effective energy is energy haunted by karmic memory. The dynamism of effective energy is the dynamism of forces or tendencies of action. 5—19. Actuality Actuality is the consummation of effective energy in virtue of its overcoming and creative transformation of karmic matter or topological necessity. An actuality is a self－referential center of articulate activity whose complexity of action is in reality a power concrescence or dynamic conjugation of forces.

### 5—20. Karmic Labor

The energy or effort that is required or spent by a trans－finite subject in the overcoming and creative transformation of karmic matter or topological necessity. Karmic labor is the trans－finite measure of time and subjectivity. 5—21. Field－Being Space: Inner－World Space The Act of the Let－Be conceived as the universal receptacle for karmic matter. The Field－Being Space is the Inner Space of the Let－Be, but the World Space for all fielded beings. Physical space arises from the spatialization of karmic labor, a topological reflection of Inner－World Space (as conditioned by the distribution of karmic matter). Our spatial experience or perception is a topological co－efficient of physical space and Inner－World Space.

### 5—22. Field－Being Time: Inner－World Time

The Act of the Let－Be conceived as the universal interface of karmic labor. The Field－Being Time is the Inner Time of the Let－Be, but the World－Time for all fielded beings. Physical time arises from the temporalization of karmic labor, a topological reflection of Inner－World Time (as conditioned by the trans－differentiation of karmic labor). Our temporal experience or perception is a topological co－efficient of physical time and Inner－World Time.

### 5—23. Field－Being Space－Time: Inner－World Space－Time

The transcendental unity of Inner－World Time and Inner－World Space in the Act of the Let－Be. Field－Being Space－Time or Inner－World Space－Time is the transcendental horizon for the possibility of all fielded beings. Thus the Field－Being Continuum, transcendentally understood, is a Inner－World Space－Time Continuum. It flows out from the Inner－World Dynamics of the Let－Be. [What is "inner" to the Let－Be is "world" to what is let to be —— hence "inner" and "world" are correlative concepts. The term "inner－world" thus expresses the transcendental condition for the phenomenal.]

## 6　The Inner－World Dynamics of the Let－Be: The Field－Being Establishment and the Logic of Cosmic Order

### 6—1. Openness and Necessity: Logic of Order

The logic of order, which consists in the openness of possibility and the necessity of limitation, is the fundamental character trait of the self－articulating

activity in each and every Space — Time region. A possibility is a form of activi-
ty that is allowed to emerge under the necessity of limitation inherent in the aes-
thetic — topological conditions prevailing in the region. A function of the dy-
namic propriety of activity, the logic of order that prevails in the universal field
of Field — Being Continuum as a whole is what constitutes the Field — Being
Continuum as a Cosmos.

### 6—2. Dynamic Propriety

The correlation between a strand or form of activity and the amount or
quantity and configuration of energy required for its execution——that is, for
maintaining its pattern of articulation or the production of particular effects.

### 6—3. Quantum of Energy

A basic unit of dynamic propriety. A quantum of energy is the least a-
mount of properly configured energy for the execution or accomplishment of a
particular strand or form of articulate activity.

### 6—4. Conjugation Table/Matrix

A conceptual device designed to exhibit the dynamic propriety of activity or
logic of order in terms of the way or modality energy is quantified and con-
figured. More exactly, a conjugation table is a translation and delineation of en-
ergy quantification and configuration in a complexity into a matrix of possibili-
ties, impossibilities, and tendencies of action. The overall dynamic propriety
underlying a complexity is the logic of order prevailing in the complexity. A
complexity of activity under the conditions of anger, for example, is to be ex-
pressed by a conjugation matrix that identifies and delineates the possibilities,
impossibilities, and tendencies of action which may arise under the conditions in
question. Since possibilities and tendencies of action are topologically condi-
tioned, the conjugation matrix for a complexity of action that emerges in a giv-
en region is what defines the topology of the region.

### 6—5. Probability Table/Matrix

The conjugation table/matrix understood in terms of articulate probabili-
ties. The probability table/matrix is structured according to the following sche-
ma of energy quantification and configuration:

· Positive probability is assigned to all possible courses of articulate action;
· Negative probability is assigned to all impossible courses of articulate ac-
tion;
· Higher probability is assigned to possible courses of articulate action that
carry a greater force, that is, have a greater tendency of realization.

### 6—6. Force

A tendency of articulate action. The magnitude of a force is measured by
its probability of realization which is a function of its dynamic propriety in rela-
tion to its internal and external environment.

### 6—7. Probability Function

The dynamic relation between a force (tendency of articulate action) and its internal — external topological environment.

### 6—8. Topological Index

The situatedness of strands in the Field — Being Continuum. The conjugation matrix of a given strand in a Space — Time region expresses a dynamic aspect of the field potential in the Field — Being Continuum.

### 6—9. Topo — dynamic Interface

The interconnectedness or pattern of interconnections among conjugation matrices in the Field — Being Continuum.

### 6—10. Compossibilities and Openness

The sum of all possible actions — or the compossibilities (in a conjugation table/matrix) —— in a Space — Time region in the Field — Being Continuum constitutes the openness of that region.

### 6—11. Impossibilities and Necessity

The necessity of limitation in a Space — Time region is the sum of impossibilities or negated possibilities for that region.

### 6—12. Compatibility and Incompatibility

Compatibility defines the relation between compossibles for a given region, whereas incompatibility designates the relation between compossibles and negated possibilities for the same region.

### 6—13. Internal Environment

The internal environment of a force is the openness (of possibility) and necessity (of limitation) within its complexive order or Space — Time region. If F is the force in the complexive order 0, then the internal environment of F is defined by its complement F' (that is, the sum of all other forces) in 0.

### 6—14. External Environment

The external environment of a force is the openness and necessity outside its complexive order in the Space — Time region. If F is the force in the complexive order 0, then the external environment of F is defined by the sum of all forces in 0', that is, the complement of 0.

### 6—15. Dialectics

The internal connection between the internal and external environment of a force understood in terms of the dynamic transformation of the possible and the impossible — or between compatibility and incompatibility —— in the dynamic propriety of activity.

### 6—16. Dialectic Transformation

The trans — topological movement or process of articulate activity determined by the inter — transformability of possibilities and impossibilities. A form of activity may be possible in one region, but impossible in another, and vice versa.

### 6—17. Dialectics and the Logic of Cosmic Order

The Logic of Cosmic Order prevailing in the Field — being Continuum is essentially determined by the dynamic propriety and dialectics of articulate activity which is in turn an expression of the Inner dynamics of the Let − Be.

### 6—18.  The Inner − World Dynamics of the Let − Be

The dynamic relation between pure action/experience and articulate action/experience that forms the innermost essence of the ultimate activity: Pure action/experience is the transcendence and inexhaustibility of articulate action/experience. Articulate action/experience is the self − definition and self − affirmation of pure action/experience. This dynamic ambiguity of pure action/experience and articulate action/experience is what we call the Act or inner − world dynamics. Everything in the Field − Being (Space − Time) Continuum arises from the inner − world dynamics of the Let − Be.

### 6—19.  Transcendental Reality of Field − Being

Field − Being as defined by the inner − world dynamics of the Let − Be. Transcendental here means pertaining to the ultimate possibility of fielded beings (including fielded experiences as the interiority of fielded power). Everything in Field − Being is transcendental in so far as it participates in the inner − world dynamics of the Let − Be.

### 6—20.  Field − Being Establishment: The Transcendental Dimensions

What is eternal, everlasting, more or less enduring, and singular in the Field − Being Continuum. It represents the logic of cosmic order in its constant, relatively stable, and unique character. What is eternal is the mystical dimension of the Cosmic Order. It consists in the Act of the Let − Be in its Nothingness —— that is, as the pure experience of pure action. What is everlasting is the Firstness or primordial dimension of the Cosmic Order. It consists in the Act of the Let − Be in the originary, self − impregnated state of Pure Potentiality —— that is, the undifferentiated matrix of pure possibilities. What is more or less enduring is the Secondness or providential dimension of the Cosmic Order. It consists in the A ct of the Let − Be in the karmically warped state of Real Potentiality —— that is, as the vectorically or teleologically differentiated matrix of forces or tendencies of action. What is singular is the Thirdness or unique perspectivity of the Cosmic Order. It consists in the consummated life of field individuals or trans − finite subjects —— that is, as the creative resolution of potentiality and the absolute (non − repeatable) attainment of ownness. Nothingness, Firstness, Secondness, and Thirdness are called the transcendental dimensions because they are manifestations of the inner − world dynamics of the Let − Be.

### 6—21.  Divinity

The transcendental character of Let − Be conceived as the Source, Origin, Ground, and Appropriation of Actuality.

### 6—22.  Divine Experience—— Four Faces of Divinity

Divine Mediation: the Act of the Let − Be as Absolute Openness. The Let − Be as the Source or in its mystical nature of Nothingness: Divinity as pure experience of pure action Divine Conception: the Act of the Let – Be as Total Ambiguity The Let – Be as the Origin or in its primordial nature of Firstness: Divinity as a pre – karmic impregnated experience of pure potentiality ( the Let – Be as the matrix of pure possibilities) Divine Providence: the Act of the Let – Be as Procreative Conservation The Let – Be as the Ground or in its providential nature of Secondness: Divine Experience as impregnated experience of real potentiality under the karmic warp ( the Let – Be as the matrix of forces or tendencies of action) Divine Appropriation: the Act of the Let – Be as Perspectival Individuation The Let – Be in its singular nature of Thirdness ——that is, in the co – presencing of field individuals or trans – finite subjects: Divine Experience as the experience of perspectival fruition or consummation —— articulate action as the self – definition and self – affirmation of pure action ( the Let – Be as the matrix of trans – finite immortals)

### 6—23. Field Parameters

An identifiable trait or measure of permanence in the make – up of the Field – Being Establishment. Field parameters represent, in other words, eternal, or everlasting, or more or less permanent aspects of the Field – Being Continuum. Every field parameter specifies, in concrete terms, a state of activity or condition of power. The totality of field parameters that globally or regionally prevail in the Field – Being Continuum is what constitutes the Field – Being Establishment.

### 6—24. Transcendental Establishment

The eternal or everlasting aspects of the Field – Being Establishment constituted by the inner – world dynamics of the Let – Be. The global order in the Transcendental Establishment is thus called the Transcendental Order.

### 6—25. Pentasphere

The five states of activity and realms of existence which compose the dynamic contents of the Field – Being Establishment:

1. Realm of Nothingness —— the mystical, non – articulate state of activity where resides the pure experience of pure action;

2. Realm of Potentiality —— the primordial, totally ambiguous state of activity in vectoric equilibrium where resides the articulate experience of pure possibilities;

3. Realm of Karma —— the phenomenal, dissipated state of activity where reside the articulate experience of karmic matter or accumulated effects of articulate action;

4. Realm of Real Potentiality —— the phenomenal, dynamic state of activity where reside the articulate experience of forces or tendencies of activity;

5. Realm of Actuality —— the phenomenal, dynamic state of activity where reside the articulate experience of field individuals or trans – finite subjects or centers of activity constituted by the dynamic interaction and transformation of vibrant energy and karmic matter. The Pentasphere is the transcendental a-chievement of the Act or inner – world dynamics of the Let – B e.

## 6—26. Nothingness, Emptiness, or Non – Being

Terms designating the realm of absolute openness in Field – Being. As the transcendence and inexhaustibility of articulate action, Nothingness (Emptiness, or Non – being) is not a thing or complexity, and yet it is capable of making room for all things and complexities which are their self – definition and self – affirmation. The Nothingness of pure activity is thus the parameter of all parameters. The Let – Be in its Nothingness is the source of the Transcendental Order.

## 6—27. The Act in its Nothingness: The Mystical Nature of the Let – Be

The Act as pure action defines the Let – Be in its mystical nature. The term mystical refers to mode of reflexivity in pure action. Nothingness is the meaning and phenomenon of Divine Meditation; it is what manifests itself in the pure experience of pure action. Procreativity is the flip side of the mystical. For it is in virtue of the Nothingness or absolute openness of the Act that what is let to be is let to be.

## 6—28. Emanation

What is let to be by the Let – Be.

## 6—29. The Act in Its Firstness: the Primordial Nature of the Let – Be

The Act in its Firstness is Pure Potentiality which constitutes the Primordial Nature of the Let – Be. As the first emanation from the Act in its Nothingness, pure potentiality is undifferentiated possibility. More exactly, it is impregnated activity in its original state of sheer indeterminacy, total ambiguity and perfect equilibrium. To put it in another way, it is potentiality without force (tendency of articulate action).

The first – born of Nothingness is the primordial womb of procreativity. The primordial experience in the Divine Conception is the experience of activity in the pre – karmic state of teleological indifference or vectoric innocence (that is, the absence of karmic memory). Hence the energy of activity in its Firstness is pure potential energy without creative tensions.

## 6—30. The Act in Its Secondness: The Providential Nature of the Let – Be

The Act in its Secondness is Real Potentiality which defines the Providential Nature of the Let – Be. As the second emanation from the Act in its Nothingness, real potentiality is forceful activity, for it is the realm of differentiated forces or tendencies of articulate action resulting from the dynamic interaction of vibrant energy and karmic matter. Real potentiality is pure potentiality filtering through the impact and openness of the karmic warp. Forceful activity is aesthetically charged in virtue of the interplay of power and experience which is the very substance of activity, and it is topologically conditioned in virtue of the distribution of karmic matter underlying the reality of force. Real potentiality is potentiality driven by karmic memory and teleological unrest. The Act in its Secondness has lost its vectoric innocence by virtue of its memorial experience of the karmic warp responsible for the transformation of pure potentiality into real potentiality. The providential nature of the Let – Be is a realm of whirling forces or tendencies of articulate action competing yet complementing each other in the realization of the field potential. In the state of Secondness pure potential energy has become effective energy, being aesthetically charged with creative tensions in proportion to the intensity of teleological unrest. Pure potentiality is topologically invariant, being homogeneous throughout the Field – Being Continuum, whereas real potentiality is topologically bound, varying from region to region.

### 6—31. The Act in Its Thirdness: The Singular Nature of the Let – Be

The Act in its Thirdness is Actuality which defines the Singular Nature of the Let – Be. Actuality is the consummation of field individuals or trans – finite subjects, the self – referential centers of activity which had emerged freely and spontaneously from the fullness and Nothingness of the Let – Be. The drama of the inner – world dynamics is essentially played out by the rounded journey of trans – finite subjects from Nothingness to Nothingness climaxed at the supreme moment of immortality ——that is, the moment of consummation when their creative agency has attained to the uniqueness or singularity of achievement in virtue of its overcoming and creative transformation of karmic matter and the resolution of ambiguity and indeterminacy. At the moment of consummation an actuality has realized itself and becomes a trans – finite immortal, which is, at the same time, a trans – differential limit of the world in virtue of its possession of an absolutely unique perspectivity. The life or self – becoming of an actuality or trans – finite subject, which is no more than the creative agency of its topological management in the rounded journey, is a two – sided affair of traversion and reversion within the three – tier emanational structure of the Transcendental Establishment. The actual world is a trans – differential community of transfinite immortals, whose co – prescencings are what establish the present times of temporality.

## 7  Being, Space – Time and the Pentasphere

### 7—1. Space – Time

One of the most encompassing charactertrait of the ultimate activity. Generally, Space – Time is the Way articulate, self – environing action executes itself.

### 7—2. Being and Time

Being, the articulate prescencing of activity, is the measure of time: there are as many senses of Time as there are modalities of prescencing. But all modalities are Time are united in Inner – World Time, the universal interface of karmic labor. Basically, Time is to be understood in two senses: time as the movement of activity and time as the interface of activity.

### 7—3. Temporality

Time as the movement of activity. More exactly, temporality is the order

of succession defined by the ecstatic loops causally structured in the relate contin-
uum of actualities. Thus conceived, the Pentasphere in temporal dimension is
called the Sphere of Wonder.

### 7—4. Temporal Loops

The ecstatic loops of present time, past time and future time which define
the underlying structure or order of succession in temporality.

### 7—5. Inner – World Time

Time as the interface of activity. More exactly, Inner – World Time is the
universal interface of karmic labor. Thus conceived, the Pentasphere of Time is
a Sphere of Care.

### 7—6. Time and Temporality

Time and temporality are distinct yet inseparable, being internally connect-
ed in the reality of karmic labor. For while Time as defining the sphere of Care
is the universal interface of karmic labor, temporality as denoting the sphere of
Wonder in virtue of the Felitte continuum ( of actualities ) is the universal ad-
venture of karmic labor.

### 7—7. Being and Space

Being, the articulate prescencing of activity, is likewise the measure of
space. And there are as many senses of space as there are modalities of spacing or
distancing ( measuring distance ). But all modalities of spacing or distancing are
united in Inner – World Space, the universal receptacle of karmic labor. For
all spacing or distancing is a traversing in the distribution of karmic matter. Gen-
erally, Space is to be understood in two basic senses: space as the distantiation
of activity and space as receptacle of activity

### 7—8. Spatiality

Space as the distantiation of activity. More exactly, spatiality is the distan-
tiation of activity determined by the distribution of karmic matter. The Pentas-
phere of spatiality is called the Sphere of Alienation.

### 7—9. Inner – World Space

Space as the receptacle of activity. More exactly, Inner – World Space is
the universal receptacle of karmic matter. As such, it renders the Pentasphere a
Sphere of Solidarity.

### 7—10. Space – Time as the Way

The Way is constituted by the inner unity of space and time in virtue of the
inner connection between karmic matter and karmic labor. The inner unity of
spatiality ( distribution of karmic matter ) and temporality ( ecstatic order of kar-
mic labor) establishes the Field – Being Continuum as a spatial – temporal con-
tinuum, while the inner unity of Inner – World Space ( receptacle of karmic
matter ) and Inner – World Time ( interface of karmic labor) constitutes Inner –
World Space – Time as the transcendental horizon of Care and Wonder.

## 8 The Loop of Time and the Samsaric Cycle

## 8—1. Modalities of Time as Modalities of Prescencing

- Eternity ( eternal prescencing ) : the prescencing of pure action
- Primordiality ( primordial prescencing ) : the presencing of pure potentiality
- Causality ( causal prescencing ) : the prescencing of karmic matter

There is no prescencing except in relation to a standpoint. The standpoint of Time is the present time.

## 8—2. Present Time : the What — Is

As the standpoint of Time, present time —— or the what — is of temporality —— is constituted by the dynamic intersection of eternity, primordiality, and causality. The standpoint of Time is the point in the diremptive presencing of activity whereon a field individual or transfinite subject with its vibrant energy comes to stand. The coming to stand of a field individual or transfinite subject is a spontaneous emanation from the eternal, the pure action of the Let — Be. Hence, its arrival to the standpoint is a non — causal arrival, as contrasted with the causal prescencing or arrival of of the causal object —— that is, More exactly, present time is the duration or passing of karmic labor in the dynamic interaction of vibrant energy and karmic matter. It is from the standpoint of present time that both time past and time future arise to form a loop of temporality around the vibrant energy of a field individual or trans — finite subject —— a self — referential and trans — differential center of articulate activity. For the what — is is always referential to the causal prescencing of the what — has — been and the projective presencing of the what — will — be. Present time is measured by the endurance of the karmic laborer.

## 8—3. Time Past : The What — Has — Been

The dissipated karmic labor of trans — finite immortals inherited by a vibrant field individual or trans — finite subject. [ Time past is the causal compulsion of what has been on the agency of what is. ]

## 8—4. Time Future : The What — Will — Be

The karmic labor of trans — finite offsprings projected or anticipated by a vibrant field individual or trans — finite subject.

## 8—5. Vibrant Energy and Karmic Matter : The Samsaric Circle

The dynamic interaction of vibrant energy and karmic matter is key to understanding the over — all character of the Transcendental Establishment. While the presence of karmic matter affects the ordering of forces in real potentiality as well as the originary openness of possibilities in the state of pure potentiality, thus determining the topological conditions for the emergent actualities, the creative agency of the emergent actualities in turn modify and transform the efficacy of karmic matter. This circle of interaction between vibrant energy and karmic matter is called the samsaric circle. It is so called because the process of the said interaction is carried out by the self — becoming of trans — finite subjects in their rounded journey driven by the wheel of the Transcendental Samsara.

### 8—6. Transcendental Samsara

The circular movement of trans — finite energy from Nothingness to Nothingness within the Field — Being Establishment in accordance with the inner dynamics of the Let — Be. The Transcendental Samsara or the Samsaric Cycle is made up of an upward path from Nothingness to consummation and a downward path from consummation to Nothingness.

### 8—7. The Upward Path: From Nothingness to Consummation

The upward path is witnessed by the free and spontaneous emergence of a transfinite subject from the Act in its Nothingness and its traversion from Firstness through Secondness to the moment of consummation. It is the process of fulfillment in virtue of its creative agency and topological management. The upward path is characterized by the movement and transformation of energy from pure energy through potential and effective energy to dissipated energy.

### 8—8. The Downward Path: From Consummation to Nothingness

The downward path is the reversal of the upward path. The vibrant energy of a transfinite subject is dissipated at the moment of consummation. The dissipated energy is partly absorbed into the effects of its creative agency which bring about a modification or transformation of karmic matter, and partly restored to the state of pure energy in the Great Ocean of Nothingness. In short, the downward path then is characterized by the movement of the energy flow from effective energy through dissipated and potential energy to pure energy.

### 8—9. Trace of Subjectivity in Karmic Matter

The sum of effects on karmic matter brought about by the creative agency of a trans — finite subject ( vibrant energy).

### 8—10. Duration

The passage of the energy flow or movement from one state to another.

### 8—11. The Upward Duration

The duration of the upward path measured by the karmic labor of a trans — finite subject——that is, by the potential — effective energy consumed in the process of its creative agency. This duration is the inner time of the actuality in question.

### 8—12. The Downward Duration

The duration of the downward path measured by the dissipation of effective energy and its reverse transformation into potential and pure energy.

### 8—13. The Trans – finite Now/Arrival

The moment of consummation or achievement which occurs in the interval between the upward and the downward duration. The trans — finite now or moment is the intersection between Inner Time and World — Time. What is consummation in Inner Time is arrival in World — Time. The trans — finite mo-

ment is an instant in World — Time. Field — Being Time is the transcendental u-
nity of inner Time and World — Time.

## 8—14. Trans – finite Order of Succession: Ecstatic Loop of Temporality

The movement of articulate activity defined by the relation of succession a-
mong trans — finite arrivals. Given two trans — finite subjects A and B, their
traces on karmic matter are designated as A I and B I, respectively, then the
following temporal relations obtain:

1. B is said to be in the past of A if and only if the karmic matter for A
( what A interacts with ) contains BI;

2. B is said to be in the future of A if and only if the karmic matter for B
( what B interacts with ) contains A I;

3. A and B are said to be "co — present" with each other if and only if B I
is not in the karmic matter for A and A I is not in the karmic matter for B.

Past, future, and co — present are the three trans — finite ecstases which
collectively form the ecstatic loop of time. The order of succession among
trans — finite arrivals in terms of the ecstatic loop is what defines the temporality
or temporal structure of World — Time.

# 2  Field – Being Philosophy: An Outline

## 1.  Reality as Activity

Field – Being philosophy is based on the fundamental intuition that Reality is Activity, not Entitivity. The World is not a collection of independent, self – identical, and isolated things ——the substantial entities in traditional metaphysics, but a boundless ocean of Energy/Meaning forming a dynamic Continuum of Field – Being, an incessant process of self – articulating, self – environing, and self – revealing Action. What we ordinarily experience as individuals, events, and states of affairs are all beings in the Field, that is, interrelated, inter – mediated and interpenetrated articulations and manifestations of Activity. There are no things in themselves. For all beings are field – beings. The word "Activity" is a descriptive proper name and an indicative metaphor of the ultimate Reality.

## 2.  Power Concrescence: Formations of Activity

All things or field – beings (individuals, events, and states of affair) are formations of Activity, particularized acts of self – articulating, self – environing, and self – revealing Action. Every formation of Activity is, concretely speaking, a power concrescence, that is, a growing – together of particularities or differentiated acts whose interrelatedness, intermediation, and interpenetration are what define the form and meaning of the formation in question. And there are power concrescences of power concrescences, and power concrescences of power concrescences of power concrescences. The Continuum of Field – Being is an extensive network of power concrescences, extended both spatially in an order of co – presencing activities and temporally in an order of dynamic succession.

## 3.  Meaning: the Appropriation of Energy

The essence of power concrescence lies in the configuration of power. And the configuration of power depends on the appropriation of energy in virtue of meaning. It is meaning that determines how the energy inherent in an activity is put to use. Meaning gives value to the energy by determining the direction of the activity in question.

## 4.  Intuition and Intellection: Two Types of Experience

Experience is the inwardness of Activity: It is Activity in touch with itself.

This inwardness or "in — touchness" of Activity occurs or expresses itself precisely in the interrelatedness, intermediation, and interpenetration of particular activities within the Continuum of power concrescences. Hence the basis of all experience is feeling, the way an activity orients and comports itself towards other activities or things.

Intuition is feeling in its purest form, an immediate experience of Pure Action wherein Activity is directly in touch with itself without the mediation of an interface or medium of action. By contrast, intellection is a complex or roundabout feeling, an indirect experience in which Activity is in touch with itself at a distance and is mediated by an interface or medium of action. Since all experience contains, at least implicitly, both an intuitive and an intellectual component, all experience has the character of "Intellectual Intuition" or "Intuitive Intellection. "

### 5.  Energy and Meaning: Physicality and Ideality —— the Make – up of Power

The substance of Activity is Power, what is inherent in the nature of Activity. The power that is inherent in a particular formation of activity is measured by its ability to produce effects or to make a difference. And what determines the inherent ability is the configuration of energy and meaning defining the character of power in question. Thus power has both a physical and an ideal component: the physicality of power is a function of energy, whereas the ideality of power is a determination of meaning.

### 6.  The Dispensation of Power: Effects, Objects, and Conditions

Every formation of Activity or power concrescence is a process of appropriation requiring the dispensation of power. And all dispensations of power are efficacious, capable of producing effects or making a difference. Objects are identifiable effects of power concrescence. They become conditions and source of limitation for other formations of Activity or power concrescences.

### 7.  The Apriori and Aposteriori Field Character of Power Concrescence: the Dynamic Environment of Activity

The totality of objects or objective conditions generated by a power concrescence forms a sphere of influence defining the aposteriori field character of the power concrescence in question. But the power concrescence itself is conditionally situated in a sphere of influence formed by the dynamic environment from which it emerges. This apriori field character limiting the present formation of Activity was generated by the antecedent world of power concrescences whose effects and objective conditions have now become its environmental heritage. Since Activity is the all — encompassing and all — inclusive Reality, it is Infinite and One. It is Infinite because it has no Otherness, and it is One because it is an undivided Whole. Activity as the Infinite One is the Concrete Universal (to borrow a Hegelian term) whose Reality consists in the articulate totality of Field – Being.

### 8.  The Four Appellations

The Infinite One may be characterized in terms of the following: Activity as Articulation: the in Infinite One is the self – articulate One.  Activity as Reflexion: the Infinite One is the self – environing Whole.  Activity as Manifestation: the Infinite One is the self – revealing Truth.  Activity as Relation: the Infinite One is the trans – differential Horizon.

### 9.  The Four – fold Interplay

Interplay is the essence of Activity.  The Infinite One owes its articulate Reality on the four – fold interplay: The interplay of integrity and flexibility is the essence of Articulation.  The interplay of subjectivity and objectivity is the essence of Reflexion.  The interplay of the implicate and the explicate is the essence of Manifestation.  The interplay of relativity and relatedness is the essence of Relation

### 10.  Being: the Presencing of Activity

The verb to be is originally derived from our intuitive experience of Activity.  Being is the prescencing of Activity.  Since Activity is the all – inclusive Reality, the prescencing of Activity means the same as the presencing of the Infinite One together with all its particular articulations and manifestations included in its articulate totality.  Prescencing is, in other words, a matter of self – prescencing.  The Infinite One is present to itself, unfolding itself to itself.

### 11.  Being and No – being

In Field – Being philosophy there is no "non – being" in the sense of the complete absence of Activity.  However, if "being" and "non – being" may be taken to mean, respectively, the fullness and emptiness of articulate action.  Thus understood, the distinction is a characterization of Activity, referring to the infinite integrity (fullness) and flexibility (emptiness) of pure action.

### 12.  The Field: the Dynamic Environment of Activity

The Field is the dynamic environment of field – beings.  It is the articulate totality of Activity conceived a horizonal web of interrelatedness or trans – differentiation and as an interplayful matrix of objective conditions.  Every field – being has a field character determined apriori and aposteriori by its situatedness in the dynamic environment.

### 13.  Being and Field

The prescencing of Activity is the prescencing of the four – fold interplay.  The extent of the four – fold interplay in the articulate totality of the Infinite

One is the Field. Hence there is no separation between Field and Being.

### 14. The Field Function

Every formation of Activity is a determination of Field — Being, defined by the contributions of the four — fold Interplay. We call this determination the "Field Function." More concretely, the Field Function is interplayfully the Infinite One in action. The interplay of integrity and flexibility determines the Propriety of Form. The interplay of subjectivity and objectivity determines the Continuity of Movement. The interplay of the implicate and the explicate determines the Perspectivity of Truth. The interplay of relativity and relatedness determines the Web of Trans — differentiation.

### 15. The Two Wings of Field — Being: The Continuity and Discontinuity of Activity

Ultimately, the interplay of the continuity and discontinuity of articulate action determines the field function. Arising from the pure action and infinite power of the Let — Be, they jointly constitute the Two Wings of Field — Being.

### 16. Pure Action and Articulate Action: The Four Realms of Field — Being

The infinite One is Activity in the unity of pure action and articulate action. It unfolds itself reflexively in the Reality of the Source, the Ground, the Origin, and the World —— the Four Realms of Field — Being. The Source is the Infinite One in the ultimacy of pure action that is the source and companion of all articulate action. It is the fullness of Activity that is empty and the emptiness of activity that is full. This is the Transcendental Realm of Undifferentiated Wholeness. The Origin is the Infinite One in the Firstness of articulate activity. It is the originary action that establishes the Primordial Realm of Differentiated Order. The Ground is the Infinite One in the Secondness of articulate activity. It is a reservoir or matrix of conditions defined by the interfacing of immortal facts, established patterns, and projected values. It is the Interplayful Realm of Differentiated Potentials. The World is the Infinite One in the Thirdness of articulate activity. It is the Phenomenal Realm of Differentiated Actualities determined by the power concrescence of vibrant action.

### 17. The Let — Be in — Itself and the Let — Be for — the — World: Transcendence and Immanence

The Let — Be is the Infinite One conceived as the Source, Origin, and Ground of all field — beings. We call the Source, or the Infinite One as pure action, the Let — Be in — itself, and the Origin and Ground the Let — Be for — the — World. The relation between the Let — Be and the World is one of both transcendence and immanence. Thus conceived, the meaning of the Field Function is to be sought in the unity of pure action and articulate action, of the

Let — Be in — Itself and the Let — Be for — the — World, and of transcendence and immanence.

### 18. Appearance: An Interfacial Profile of Reality

Every appearance in Field — Being is the product of an interplay of activity constituting the reality of a power concrescence. It is interfacial in so far as the processual field character of Activity is enfolded within it. It forms a profile of Reality because there is no appearance except in relation to a standpoint, a living act or cluster of articulate action participating in the power concrescence in question. There are as many profiles of Reality as there are perspective s and standpoints.

### 19. The Infinite One is No Logical Absolute

A "logical absolute" is something that has a completely determinate self — identity. The Infinite One is self — articulately and self — environingly an undivided whole, but not a logical absolute. For Activity is never completely identical with itself. It does not have the character of a thing in itself, something that is completely "ready — made." To put it paradoxically, Activity is because it is not: its self — identity consists precisely in its lack of self — identity. But although the Infinite One lacks absolute identity, it is capable of as many relative identities as there are perspectives in the World, with each perspective reflecting its Reality from its own unique standpoint. And there are as many perspectives as there are things in the World —— as there are field — beings or articulations and manifestations of Activity.

### 20. Reflexion: The Appropriation of Activity

Since the Infinite One or Activity itself is an undivided whole and has no otherness, it is necessarily reflexive: it bends back upon, returns to, or encircles itself. This reflexion or self — environing ( bending back or self — returning) is the essence of Activity: it is the propriety of the Infinite One. The Infinite One is in essence a reflexive Act of Appropriation. It does what is proper to itself by appropriating itself, making itself its own.

### 21. Reflexion and Articulation: The Meaning of Reflection

But reflexion is articulation, and articulation reflexion. The reflexion and appropriation of the Infinite One is inseparable from its articulate activity in the world. To envisage a thing not merely phenomenally but as a reflexive articulation of Reality and a direct expression of the Appropriation is to see it reflectively, or as a reflection of Reality.

### 22. Perspectivity and Truth

A "perspective" is a reflection of Reality envisaged from a certain standpoint. To see something perspectively or as a reflection is to see it not as a part of logical or mechanical whole but rather to envisage it as a reflexive expression of the Appropriation. When things are experienced or comprehended in this manner, we say they are experienced or comprehended as a moment of Truth. For Truth in the primary sense is none other than the reflexive — articulate self — revelation of Reality. To put it more exactly, a thing conceived as a reflection of Reality is a moment of Truth. And every articulation of Activity is a manifestation of Truth for it is an expression of the Way the Infinite One appropriately reflexes upon itself.

### 23.  The Philosophical Attitude

To comprehend and study things entitatively as logical or mechanical parts and wholes is the Way of science. To envisage and approach things perspectively and reflectively in terms their reflexivity of Reality is the Way of philosophy. Philosophy may indeed be defined as reflexive learning carried to the limits.

### 24.  The Moment of Truth

Since the Infinite One has no otherness, to be is to be somehow and somewhere situated in its self — articulate totality. It follows that everything in the world is intrinsically a reflexion of Reality or a manifestation of Tao, the Way OF Truth, that is, the Way the Infinite One articulately and reflexively unfolds itself to itself. Every manifestation of Tao is a "truth" in its own right in so far as it expresses the articulate reflexivity of Reality. The Truth is the Event of Appropriation wherein the truths of all beings are cleared and gathered reflexively in the articulate process of manifestation. But there is no Truth and manifestation of Tao except in an occasion of experience and from the standpoint of a living activity. Every occasion of experience is a Moment of Truth. In Field — Being the focal point of philosophical reflection is not substance (Aristotle's ousia), but an occasion of experience conceived as a Moment of Truth. The Moment is what vanishes perpetually and endures everlastingly. The unity of the Moment is the transitory unity of perpetual perishing and endurance. It is in the transitoriness of the Moment that the Tao both unfolds and enfolds itself.

### 25.  Philosophy as Tao – learning

The reflective thinker seeks the Tao in and through the perspectivity of experience, the truths that the self — articulate One makes available to us. Tao — learning is the essence of all reflective thought. Philosophy is Tao — learning in the light of Truth and carried to the limits of perspectivity. For it is at the limits of perspectivity that philosophical wisdom manifests itself.

### 26.  Philosophy as Invitation to Dialogue

In Field — Being philosophical activities are regarded as exercises in Tao — learning, and philosophical statements are both intimation of perspectivity and invitation to dialogue. What is intimated in a philosophical statement is a vision of Tao from the intimacy of one's standpoint and perspective. But it also offers itself as an invitation to dialogue in a community of Tao – learners who seek to extend, enrich, and deepen their vision of Tao through an interfusion or mutualization of perspectivity.

### 27. The New Metaphysics as Forum of Tao – learning

Physis originally refers to the perspective emergence of the articulate totality of the self – articulate One in a moment of Truth. Meta – physics thus implies the transcendence ( meta – ) of perspectivity in the endurance and creative repetition of philosophical activity in the endless quest for Truth. In Field – Being "metaphysics" is not a finished theoretical system serving as the first science, but rather a moving Forum for Tao – learning.

### 28. Substantialism ——the Way of Entitivity

Substantialism is any mode of thought that subscribes to the Way of Entitivity, that is, a vision or conception of Reality that is shaped or dominated more or less by the notion of "substantial entitites" or beings in the likeness of logical absolutes. While "dogmatic substantialism" believes in the reality of substantial entities, "pragmatic substantialism" posits them only as a matter of expediency or rational strategy.

### 29. Substantialism on the Left: the Substantialism of Domination

There is an "ego" in every strand or formation of Activity defined by the character and direction of an inherent appetition or impetus to articulate action. Substantialism on the left is a dogmatic form of substantialism that arises from an inflation of the ego on the left side of human nature, that is, the need to be free, to be independent, or to deviate from established patterns. This is a substantialism of domination, being characterized by an incessant tendency towards objectification, possession and control. Since the ego underlying left – sided substantialism is incurably object – dependent, the human spirit is often haunted by the specters of anxiety, despair, and the unrest of boredom finally culminating in the loss of meaning in the nihilism of the absurd. It is not difficult to see how this form of dogmatic substantialism provides the fertile ground for all kinds of centrism and dualism, as the deception of centrality invariably leads to the absolutization of individuality and the truncated vision of Reality. The left – sided substantialist naturally emphasizes relativity ( difference, distance, separation) at the expense of relatedness ( interdependence, interpenetration ). And by the same token, it tends to favor the "subject – predicate" mode of expression and the "substance – attribute" way of thinking.

### 30. Substantia/ism on the Right: the Substantia/ism of Solidarity

Substantialism on the right is a dogmatic form of substantialism generated by an inflation of the ego on the right side of human nature, namely, the need to bond, to conform, to preserve. Right－sided substantialism is a substantialism of solidarity, being dominated by the yearning for security and stability and thus the tendency towards assimilation, reconciliation and compromise. In this form of substantialism, relatedness is emphasized at the expense of relativity, and community at the expense of individuality. Because the right－sided substantialists intend to achieve order and harmony at all costs, resorting to easy compromise and precarious reconciliation, what they have managed to obtain is only a false and stagnant solidarity, a sheer endless and monotonous repetition of the status quo and established values. While left－sided substantialism ultimately results in the nihilism of the absurd, right－sided substantialism ends in the nihilism of the barren. In the latter, relationalism has replaced the substance－attribute/subject－predicate mode of thought and expression. But a rigid relational whole is no less a version of the logical absolute.

### 31.　Nihilistic Non－Substantia/ism ―― the Way of Emptiness

Emptiness is the negation of Entitivity. While the two forms of substantialism both subscribe to a vision of Reality in terms of the ideal of the logical absolute, non－substantialism as defined by the Way of Emptiness endorses the ideal of the logical void. Here all distinctions are unreal, and nothing has self－identity. From the Field－Being perspective, non－substantialism in this form is as nihilistic as the two forms of substantialism it negates. For in the Way of Emptiness the Pure has been abstracted from the undivided wholeness, detached and elevated to the position of the Absolute. Here the negation of particularity and individuality for the sake of purity only leads back to a truncated vision of Reality. The Way of Emptiness is in truth an inversion of the Way of Entitivity.

### 32.　The Solution in Field－Being: the Middle－Way of Trans－Differentiation

Field－Being philosophy seeks to avoid and overcome the flaws or pitfalls of both substantialism and nihilistic non－substantialism by maintaining a dialectical balance between them. The solution is to be found in what we call the "Middle－Way of Trans－differentiation." The term "trans－differentiation" is understood in two basic senses. Ontologically, it describes the universal form of Being in terms of two Wings of Activity, namely, Relativity and Relatedness. Activity is both continuous and discontinuous. The difference, distance or separation between things is real, but their interdependence and interpenetration is also real. This is what is basically implied by the trans－differentiation of all things. As the Middle－Way of Trans－differentiation, the Way of Field－Being endorses neither the logical absolute nor the logical void, but the "perspectivity of context" against the trans－differential horizon of Field－Being. Nothing has a completely determinate self－identity, to be sure. But this does not

preclude that things may still have a relatively and incompletely determinate self
— identity. In the flowing continuum of Field — Being, every being or manifes-
tations of Activity is both continuous and discontinuous with other beings and
manifestations. The self — identity of a thing is the sum of its relativity and relat-
edness to other things.

### 33.  The Trans – differential Hermeneutic: the Interplay of Substan-tialism and Non – substantialism

In the hermeneutic sense, the term "trans — differentiation" ( or "trans —
differential") is used to refer to the dialectical interplay between substantialism
and non — substantialism as the thematic focus of Field — Being hermeneutic. For
that is what Tao, the Way of Truth, unfolds itself to us in the dimension of
civilized thought. The trans — differential problem is the problem for Tao —
learning. In a nutshell, Field — Being is opposed to both dogmatic substantial-
ism and nihilistic non —substantialism. To be more specific, the Middle — Way
of Field —Being appropriates the Way of Entitivity into the Way of Activity; it
seeks to strike a balance between the substantialist and the non — substantialist vi-
sions of Reality by substituting pragmatic substantialism for dogmatic substantial-
ism, and replaces nihilistic non — substantialism with creative non — substantial-
ism. In the Field — Being hermeneutic scheme, the truth of substantialism is a
truth of necessity, and the Way of Entitivity is a matter of rational strategy.

# 3   Highlights of Field – Being Philosophy:
# Its Vision and its Approach

### 1. The Vision: All is Activity

Field – Being Philosophy (FBP) is based on the fundamental intuition that All is activity. Being, understood as such and as a whole, is the articulate prescencing of a boundless continuum or plenum of activity, called the Field – Being Continuum, or simply the Continuum. In this vision, existence and non – existence, reality and truth, experience and understanding are all situated within the encompassing Field of the Continuum and belong to the internal affair of the Continuum. Indeed, in the final analysis, the Field Being Continuum is the universal subject of discourse and the ultimate meaning of all concepts. For there is nothing outside the boundless plenum of activity. Nothing – nothing at all.

### 2. The Conceptuality of Field – Being: FBP as an Absolute Monism of Activity

FBP then joins all monistic philosophies in proclaiming that all things are one, and it identifies the Oneness of all things as the undivided Oneness of a boundless plenum of activity. Needless to say, the word "activity" is here understood in a very special sense. In this sense, activity is not contrasted with inactivity, or with rest, or with thought, or with any other feature or state of being that we normally distinguish from activity. For what we mean by activity is not distinguishable from anything at all: it has no opposites, no otherness. Activity in this sense is none other than the metaphysical conception of the Ultimate, which we designate variously as the Let – Be, the Infinite One, the Radical Universal, the Absolute Diremptor, the Awesome Interface, and still many others as we may introduce later. All these terms or appellations are key "descriptive – metaphorical proper names" given to the ultimate activity. And the multiple descriptions of the Ultimate are intended to make sense of it through a strategic conceptual deployment and fusion of perspectivity. The ultimate activity is called the Let – Be because it is the Source, Ground, and World of all existence, the all – encompassing Field of what is diremptively let to be, that is, the functional differentiations or articulations of the ultimate activity. It is named the Infinite One because it is boundless and has absolutely no otherness. It is described as the Radical Universal because it is both radically transcendent and universally immanent in all existence. The Ultimate is called the Absolute

Diremptor because in the self – differentiating and trans – differentiating Power of the ultimate activity absolute inflexibility and infinite flexibility are one. And finally it is described as the Awesome Interface because the ultimate activity is the principle of universal relativity in virtue of which all things are mutually relevant and interrelated. If we now let the letter Q to stand for the ultimate activity, what is ultimately in question, then all these key terms, appellations or concepts may be said to be Q – equivalent. For they all refer to, each in its own perspective of meaning, to the same underlying, all – encompassing Being, what we shall adopt as our favorite diction, the Act of the Let – Be. More exactly, the Act of the Let – Be is the Ultimate conceived as the Expresser of the Field – Being Continuum and the basis of all functionality. What is to be noted at once here is that although the Expresser is not separable from its expression, it is always more than the expression as an established articulate totality. In Field – Being terms, this means the Act of the Let – Be always exceeds the Field – Being Establishment, that is, the Continuum conceived as a consummate articulate totality. For in the Expresser is contained the inexhaustible possibility of its expressions.

### 3. The Act of the Let – Be: Field – Being Discourse as Q – Tautological

In Field – Being then the Act of the Let – Be is what defines the internal affair of the boundless plenum. There is nothing that falls outside or goes beyond the Act of the Let – Be. Thus to exist concretely is to be an expression of the Act and to be situated somewhere in the Field – Being Continuum, that is, as an articulate projection or emanation from the ultimate activity. Here we can see how the fundamental metaphysical categories are derived in terms of the multi – valence of its functionally. Thus when we stress the Act of the Let – Be in its articulate prescencing, it is Being. When Being is thought of as an Act of self – revelation or disclosure, it is Truth. But Truth is simply the other side of Reality, namely, Being conceived as a self – realizational process. Here Being is no longer the negation of Becoming, as normally propounded in traditional Western metaphysics. On the contrary, Becoming is precisely what is intrinsic to Being, for its simply the self – diremption of Being. And how about Nothing, we may ask? Is not Nothing the opposite of Being? No, not at all. For since there is nothing outside of Being, outside the Act of the Let – Be, the term Nothing can only refer to a moment or aspect of Being. Indeed, Nothing or Nothingness is just the ultimate activity in its absolute functionality, that is, as the non – function that is the foundation of all specific functions or the non – role that is the basis of all specific roles. Hence, it belongs to the Act of the Let – Be in its inmost reality, the core meaning of what we have termed the Radical Universal. This non – function or non – role or absolute functionality of the Radical Universal is none other than the notion of Wu or the Nameless Dao in the Daodejing, which Nishida has rendered as Absolute Nothingness. Now since for Field – Being all

discourses are about the Act of the Let — Be, it follows that the concept of Q — e-
quivalence is not just applicable to the key appellations of the Ultimate, but to all
signs and languages, all concepts and thoughts, and all sayings and discourses.
For if All is activity, All is Q, then all things or determinations are Q — equiva-
lent, that is, in the Oneness of Dao or the ultimate activity. In the ultimate
sense then, all statements and discourses are Q — tautological. To engage in dis-
course is, in this ultimate sense, to involve oneself in an endlessly perspectival
repetition of Q — talk, about the ultimate activity that is always in question.

### 4. The Field — Being Language: All Words are Verb — Words

In so far as philosophy is a language game, that is, an activity involving
the functional configuration of signs or words, the language game of Field — Be-
ing is thoroughly and emphatically a Verbal Game. For the language and vocab-
ulary of Field — Being consists primarily only of verbs, the signs for activity.
From the Field — Being standpoint, verbs are the primary parts of speech; all
other parts of speech are quasi — verbs, that is, verbs in disguise. To engage in
the language game of Field — Being is to envision anew the verbal meaning of all
words —— to see all words as verb — words. And to do so one must first of all
overcome the substantive bias that has become deeply entrenched in the linguistic
or sign — deployment habits and orientations of the human life form. One must
be able to discover the verbal basis that lies hidden in every substantive and avoid
the substantialist tendency to turn all verb — words into substantives, the signs
for substantial (static or inert) entities. For Being is not a collection of substan-
tial entities, but a plenum and field of activity. Indeed, in the primary sense
there are no entities at all, only entity — like appearances of power concrescence
that are the articulate projections of activity. Our ordinary concepts of the so —
called enduring individuals or entities are in truth abbreviations or short hands of
concrecencing orders of existence rising and falling like waves in the Great O-
cean of the Field — Being Continuum. Each concrescencing order of existence is
an eco — system of power concrescence, an historical emanation from the Act of
the Let — Be. It is in reality a vibrant strain of articulate action traversing topolo-
gically in the continuous Field of the ultimate activity. In Field — Being Philoso-
phy, the notion of the topological region replaces the concept of the substantial
entity as the focal ontological category. A topological region is the Field from
the standpoint of a concrescencing order of existence. My topological region in
the Continuum is the Field for me, your topological region is the Field for
you. You and I are both emanations from the Field, though each from its own
region. The Field then is the topological openness of all regions; it is what in
the Yijing tradition of Chinese philosophy is called the Taiji.

### 5. Conceptuality as Function Profile: The Q — Equation and the Su-
### preme Principle of Field — Being

Just as all words are verb — words, so in Field — Being all concepts are dynamic role concepts. More precisely, a concept stipulates an act function, in which a role or task of activity is defined. For activity is what it does, and how it does what it does. Its integrity is the integrity of its performance, a unity of function constituted by the unity of the what – and – how of execution. Thus what is articulated or exhibited in a concept is a dynamic role configuration or a functional profile of activity. Here "dynamic" means pertaining to the reality of power or the empowerment or enablement of activity, as task performance is as much a feat of empowerment as it is a functional configuration. Now a distinction must be made between the noumenal and the phenomenal aspects of activity. Every performance of activity is an articulation or self – definition of activity, a feat of enablement which expresses itself in the manifestation of an inner reality. The manifestation is the phenomenal aspect of the activity, whereas the noumenal aspect is its inner reality. Thus, for example, the concept of a storm is a functional profile of activity which articulates or defines itself as a storm, the manifestation of which is the storm that shows itself, the storm as perceived in our experience.

A functional profile of the storm is not to be restricted to a profile of its phenomenal manifestation, as is usually attributed to a concept. A concept in the Field – Being sense must include the inner reality of the storm, the noumenal side of its empowerment. And what then is the inner reality or noumenal aspect of the storm? The answer is, of course, to be found in the inner dynamic of the ultimate activity, the Act of the Let – Be which functions as the source, ground and world of all manifestations and existence. For the activity which manifests itself as the perceived storm is an emanation from the A ct of the Let – Be, an inner expression of the articulate power of the ultimate activity. And articulation is reflexion: the self definition of activity procuring the phenomenal manifestation is the noumenal expression of a self – environing field action, that is, of the ultimate activity bending back or acting upon itself in its undivided wholeness.

The inner reality is constituted by the reflexive dynamics of the Act of the Let – Be. In terms of the Q – Equation, the general meaning of conceptuality as a functional profile of activity may be represented as follows: Q. Q = Q. q. In this equation, called the Q – Equation, the notion of reflexion or self – environing action is represented by the doubling of Q separated by the dot sign which denotes the inner dynamic relation of the ultimate activity ( Q ) to itself as the diremptive foundation of all reality. The dot is also the sign for existence as the articulation or self – definition of activity conceived as an emanation from the Act of the Let – Be ( Q ), as is implied on the right side of the Q – Equation, wherein the letter q in the small case designates a manifestation of Q.

Hence in fine, what is stated in the Q – Equation is none other than the diremptive identity of Reflexion ( the left side of the Q – Equation) and Articulation ( the right side of the Q – Equation). This fundamental Identity, which may be said to express the Supreme Principle of Field — Being, is what is pre-supposed in the conceptuality of all concepts. For what is exhibited in a concept is basically a complexity of meaning which is implicitly or explicitly and superficially or profoundly a functional profile of the Q — Equation. The perceptual or experiential contents associated with a concept, which form the phenomenal up-bringing of its conceptuality, are, to be sure, essential to the integrity of the concept, but they pertain only to the phenomenal level of the Q — Equation, to what is manifest in the diremptive affair of Being. Ordinary concepts are pragmatic correlates of articulate action as manifested in our phenomenal exist-ence. ( Note that the word pragmatic is derived from Greek pragma, meaning action. ) They are natural signs for the inner reality of the Let — Be.

### 6. Philosophy as an Exercise in Conceptual Poetics: the Art of Making Sense

Poetics is the interplay of language and thought. By conceptual poetics we refer to the skillful and resourceful use of language and concepts engaged in for the purpose of making sense, which means for us making sense of Field — Be-ing. Language is not the house of Being, as Heidegger put it. On the contra-ry, Being—— that is, Field Being, is the house of language. All concepts of Being, all human understanding of Being, all signs or symbols of Being are ar-ticulations in the Field — Being Continuum. They are all field individuals resi-ding in the dynamic mansion of the Let — Be. A language is a basically a sign ve-hicle to recapture the multifarious sense of Field Being as the Let — Be reveals it-self in the perspective of a field — topological community —— namely, the hu-man existence or Dasein ( as Heidegger would call it) brought up in the histori-cal tradition of that language. But no language can ever hope to capture the full sense of Field — Being. Indeed, all sign vehicles are poor instruments in this re-gard. There are always non — captive meanings to any language. Any speech or discourse as an exercise in conceptual poetics must by necessity be surmounted on the saddle of silence and on an infinite landscape of the non — captive reality and meaning.

### 7. The Perspective: Field — Being as Field — Being

Field — Being philosophy is an exercise in conceptual poetics, a philosophi-cal language game engaged in to order to make sense of Field — Being. Since all conceptuality is in one way or another a conceptual profiling of Being as repre-sented in the Q Equation, the Field — Being exercise in conceptual poetics is no more than a Q Equational affair, that is, an interplayful game on the diremptive landscape of reflexion and articulation, a play — field that opens up and diverges itself from the boundless plenum of activity. Now we can only make sense of what is revealed to us, what the Act of the Let — Be has disclosed itself in and through the manifestations of what is let to be. All enterprise of making sense is guided by a vision of Field — Being which is a gift of the Act, the Awesome Interface of all perspectivity. What then are the vision and the perspectivity of Field — Being Philosophy? As already stated, it is the vision that all is activity and, more specifically, that there can be no going beyond the Act of the Let — Be, the ultimate activity. This perspective of Field — Being as Field Being, let us hasten to add, must be sharply distinguished from the Other perspective, namely, the perspective of truncated Field — Being, or Field — Being as substantialized, enticized or reified Being (treated like an substantial entity or thing). What is at stake here is the choice between the substantialist and the non substantialist paths to Reality. But while thus emphatically committed to the non substantialist stance, that is, to the perspective of Field — Being as Field — Being, FBP recognizes, however, the necessity of its Otherness, the substantialistic perspective. For since we are human beings and cannot approach Field — Being except from the human perspective, the Field — Being of the human Dasein, the Field — Being that we manage to make sense of is inevitably a humanized Field — Being. And since substantialism is deeply entrenched in the human comportment to Being, the enticized, reified, substantialized or truncated Field — Being is necessarily included in our perspective of Field — Being—— not as the Truth but as something to be appropriated and overcome. Indeed, the trans — differentiation of the non substantialist and the substantialistic perspectives—— namely, the functional interplay between the two ways of comportment is essential to the Field — Being outlook: a position that we call the Middle Way of Trans — differentiation.

## 8. The Field — Being Program: Reopening the Question of Being

The program of Field — Being Philosophy consists basically in reopening the question of Being. The reopening is necessitated first of all by the demand of Truth; indeed the reopening of the question of Being implies the reopening of the question of Truth. From the Field — Being standpoint, Truth is simply the self — revelation of Being, as implied in the Greek word for truth, aletheia, meaning disclosure or unhiddenness. To call attention to the aletheological side of Being is the great contribution of Heidegger's philosophy and to which Field — Being Philosophy is profoundly indebted. But while Heidegger identify the revelational or aletheological aspect of Being as primary to the meaning of Being, Field — Being reiterates against Heidegger the universal perennial wisdom underlying the Being conception, namely, the balance between the revelational or aletheological and its other side, namely, the realizational or aitiological meaning of Being, which, in so far as the Western tradition is concerned, is foreshadowed in the functionalistic metaphysics of Aristotle. In Aristotle's theory of causation, a cause (Greek aitio) is basically a functional or role concept; the four causes constitute for him the functional unity of activity in the realizational process of concrete individuals, the so — called primary substances (ousia). If Being is identified with Truth from the aletheological standpoint, then Being has the meaning of Reality in the aitiological perspective. In downplaying the

aitiological side and indeed condemning the realizational approach to being as in-
valid and as the object of ontological deconstruction, Heidegger's reopening of
the question of Being was biased from the start. The Being thought in Heideg-
ger remains a one – sided undertaking.

But Truth is Reality, and Reality is Truth. These two sides of activity are
inseparable from each other and are equally intrinsic to the primordial conceptu-
ality of Being, a conceptuality that is as universal as it is perennial. In reopening
the question of Being, FBP seeks to do full justice to this universal and perenni-
al conception of Being. The boundless articulate prescencing of activity in Real-
ity and in Truth—— that, we submit, is what Being, the Great Verb –
Word, primordially means. And this primordial Being both realizes and reveals
itself as Field – Being. To reopen the question of Being then is to reopen it
both aletheologically in terms of Truth process and aitiologically in terms of the
Reality process. This is how the Q – Equation ought to be read by the Field –
Being thinker.

Now human existence conceived as an aitiological – aletheologicallocus for
the Reality and Truth process is what, following Heidegger, we mean by the
human Dasein. The term "human Dasein" is not for Field – Being a redundan-
cy, as it would be for Heidegger (for him, only human beings are Daseins).
From the Field – Being standpoint, every concrete existence or life form is a
Dasein in so far as it is a locus for Truth and Reality which is not the exclusive
property of human beings.

## 9. The Philosophical Program: The Substantialization of Being in Civilized Thought

In FBP then, the reopening of the Being question leads to the understand-
ing of Being as Field – Being. The task for the Field – Being thinker is to make
sense of Field – Being as Field – Being. This undertaking is certain at odd with
much of the historical enterprise of making – sense in the Western tradition——
a philosophical tradition in which the Truth and Reality of Field – Being has
been distorted and truncated in the form of enticized or substantialized Being.
Indeed, much of traditional Western philosophy, at least beginning with Plato
and Democritus, if not earlier, has been thought under the shadow of the per-
fect entity or logical absolute, that is, something that is completely and fully
definite or determinate, something that is statically and rigidly self – identical.
This notion of perfect entity or logical absolute is presupposed in the concepts of
Being, of Reality, of Truth, of Reason, of God—— and indeed in all the
major philosophical categories underlying Western thought. Whitehead was
right when he stated that European or Western philosophy consists of just a series
of footnotes to Plato. For the heritage of Plato —— or at least the Plato as tra-
ditionally understood and appropriated in the western metaphysical tradition – –
is basically a heritage of substantialism, a heritage of rigid identity.

By contrast, Field – Being thought has no room for rigid identity. Field –

Being is incapable of rigid identity because the reality of activity is always fluid and ambiguous. For activity is in essence inexhaustible, indefinite and incomplete. Activity itself has no self − identity in any substantial or entitative sense. Or, one might put it ironically that its self − identity consists precisely in its lack of (complete) self − identity. In the metaphysics of Field − Being, the Thing − in − Itself, that is, the Act of the Let − Be, is never fully itself. That is the Way It IS, that is the Way it remains Itself.

### 10. The Philosophical Program: Reopening the Question of Human Subjectivity

Now what is the basis for the substantialization of Being in civilized thought? How can we make sense of the projection of rigid identity that is the hallmark of all substantialist philosophy? In reopening the question of Being, we must also by necessity reopen the question of human subjectivity. For what lies underneath the notion of enticized Being and the philosophical enterprise of substantialization is the subjectivity of human desire and craving, the Ego − center that is the subjective correlate of rigid identity and the motivational basis for the substantializing process. It is the Ego − center that turns itself into a logical absolute while truncating the world into a mere collection of substantial entities. Reopening the question of Being therefore implies reopening the question pertaining to the relation desire and the human will and substantialist thinking. There is good reason why Plato places philosophical wisdom under the dominion of E-ros. For the will to substantialize is dictated by the human will under the influence of Eros.

Now the human subject is not to be equated with the Ego − center, though it is an integral part of human subjectivity. In Field − Being the human subject is not a substantial entity, but a self − referential center of articulate action and empowerment underlying the ecological system of the human Dasein. What is always prevailing in a living human subject is the conjugation of forces that manifest both the truth and the reality of its empowerment that together define the meaning of its life form. The Ego − center is the human subject conceived as the engine of desire or the motivational basis of articulate action.

### 11. The Compulsion of Self − perpetuation: Right − sided and Left − sided Substantialism

What then constitutes the engine of desire? The answer is to be found in the compulsion of self − perpetuation that is inherent in the empowerment of all articulate activity. This is, or ought to be, what Nietzsche means by the Will to Power. For taken in its primary sense, the Will to Power is simply the inveterate tendency inherent in every life form to persist in its course in one way or another, that is, to perpetuate itself in a manner that it sees fit, a manner that is most appropriate to its Being. The dynamics of this compulsion of self − perpetuation or Will to Power in a life form is what we mean by its Ego − center, the field – topological center of individuation in Continuum. And desire is the teleological or vectoric projection of the Ego – center. As we shall see later, the teleology or vectoricity of the Ego – center must be understood in the eco-logical system of karmic labor that defines the dynamic integrity of the life form in question. For every life form is a dispensation of effective energy, which it derives jointly from its transcendental endowment of primal energy (vibrant en-ergy of field potentials) and its environmental heritage of karmic matter (accu-mulated effects of past action) constituting the dynamic complexity of its con-crete existence. The vectoricity or teleological orientation of a life form is ex-pressed by the way karmic matter is effectively appropriated, that is, by the di-rection of karmic labor in the process of individuation and self – perpetuation. On the one hand, karmic labor is dictated by the compulsion to conform, both to the tradition of karmic matter (that is, what has been realized in the past) and to other life forms, and on the other, by the appetitive tendency in the op-posite direction, the compulsion to deviate from conformation. To the extent these two appetitive or compulsive tendencies or orientations are inveterate in very life form, they may be said to determine the Need Structure of Life in terms of which the teleology or vectoricity of karmic is fundamentally delinea-ted. We call these two basic appetitive or compulsive tendencies or orientations the "Two Wings" of Creativity, in virtue of which karmic labor as the creative transformation of karmic matter is to be consummated. For the expediency of exposition, we shall arbitrarily designate the compulsion towards conformation the Right Wing (or right – sided orientation or need), and the appetition to deviate from conformation the Left Wing (left – sided orientation or need). As we have already suggested, the two Wings are the basic avenues of karmic labor in the creative process of karmic transformation. Needless to say, no life form is viable without a proper synthesis of the two Wings. The creative flight of the Will to Power in karmic labor depends on the dynamics of their proper coordi-nation.

In the context of the human Dasein, the Need Structure instantiates itself in the opposition between the two basic forms of Desire: the Desire to be Free and the Desire for Solidarity, expressing, respectively, the left – sided and the right – sided orientations of the human Will to Power. On the left side of Need Structure, the Will to Power is the craving to be free, to be independent from others and from tradition, whereas on the right side the Will to Power is the will to consolidate, a craving for belonging to others and to the tradition. The meaning of karmic labor for humanity must be sought in the polar dialecticity of both orientations. Nietzsche's conception of the Will to Power is clearly biased towards the left, reflecting his deeply rooted European mentality.

## 12. The Preservation of Effective Energy: The Weakness of Empow-erment and the Rigidization of Being

Every life form depends for its maintenance and perpetuation an adequate supply of effective energy appropriate to the level or pattern of articulate activity defining the integrity of its life form. This co — efficiency between the supply of effective energy and the level or pattern of articulate action we call the dynamic propriety of a life form. Thus conceived, dynamic propriety is the principle of empowerment in Field — Being, inasmuch as the Cosmic Rite of Individuation is everlastingly presided by it. What is important to point out here is that while the stability of a life form required for its self — perpetuation as an eco — system of karmic labor depends on the adequacy of its energy supply, both excess and deficiency in the latter is the source of unrest in the ecological system. An excess or overflow of effective energy will push the life form to higher levels of activity, whereas a deficiency will bring about a degeneration of the life form to lower levels of articulate action. Thus the meaning of Change and Individuation in Field — Being is to be conceived as a matter of transformation in terms of dynamic propriety, that is, in terms of the functional co — efficiency between energy supply and levels of action. Here a crucial distinction must be mad the Self and the Ego — center in the eco — system of a life form. The Self is the over — all dynamic integrity of a life form, a self — referential center of karmic labor from the standpoint of its field individuality. The Ego — center, on the other hand, is the engine of desire within the Self. While the Self as a field individual is transcendentally open and responsive to the undivided wholeness of the Field — Being Plenum, the interest of the Ego — center is always geared to the protection and preservation of its separate individuality. The substantialist tendency in human thought is a projection of the Ego — center in its Will to Power, not the Self.

All substantialist thought is ultimately a reflection of a certain weakness of empowerment underlying the need structure of the human Ego. The weakness in question is not to be sought either in the excess or the deficiency or of both in the energy supply which is the source of unrest, but in the inability of the human life form to cope with the changing condition of dynamic transformation. The hallmark of the enfeebled Ego is inertia, whose primary affective tone is Fear—— the Fear of Change, the Fear of Otherness, the Fear of Diversity. While on the left wing of the Ego — center, the object of fear is perceived as a threat to Freedom, that is, the level of freedom attained, the object of fear on the right wing is perceived as a threat to Solidarity, the level of solidarity as accomplished. Consciously or unconsciously, the weakened Ego — center seeks to preserve its effective energy so as to maintain the status quo, the status quo freedom and the status quo solidarity. When this tendency is projected on the intellectual sphere, it always result in the Rigidization of Being, transforming the forever fluid and ambiguous Plenum into an assembly of substantial entities each endowed with a rigid identity. In the shadow of the enfeebled Ego — center, the Self is a substantilized Self, the Other is a substantialized Other, the World is a substantilized World—— and, in short, Field — Being has degenerated into substantialized, truncated Being. Such is the fate of substantialism that Field－Being thought must deal with in reopening the question of Being.

### 13. Field－Being as Truncated Being: The Declination of Field－Being in Civilized Thought

The experiential and intellectual deformation of Field－Being in the human Dasein wherein the primordial experience of Field－Being as a boundless plenum of activity undergoes a truncation such that the diremptive－creative flow of the boundless plenum has come to be perceived as a Kingdom of Entitivity (an assembly or congregation of substantial entities) is what we call the Declination of Field－Being. Thus understood, substantialism or the thought and practice of substantialization, the process or movement of activity responsible for this Declination must be regarded as a universal phenomenon, by no means confined to the Western tradition. Indeed, to the extent that truncated Being is a reflection of an enfeebled Ego－center in its empowerment and of its desperate attempt at the preservation of effective energy, substantialism and the Rigidization of Being is as old as civilized thought. From the Field－Being standpoint, the historical essence of philosophy is to be sought neither in the opposition between rationalism and empiricism, or between realism and idealism, or between materialism and idealism, but in the trans－differential or dialectic opposition and mutual adaptation between the substantialist and the non－substantialist approach to Being. Generally speaking, the trans－differential entanglement and opposition between substantialism and non substantialism, between the Way of Entitivity and the Way of Activity, reflects the inner struggle between the Voice of the Ego－center and the Voice of the Self. It is a diremptive affair that admits of a multi－leveled and multi－dimensional complexity.

### 14. Dogmatic Substantialism and Pragmatic Substantialism: Substantialism as Deluded Bias and Substantialism as Rational Strategy

Dogmatism is a deluded bias in the perception of Being, a projection of an enfeebled Ego－center in the field－topological management of the human Dasein. Life as a system of karmic labor is essentially a matter of field－topological management (or simply topological management) inasmuch as karmic labor is a fielded process and is thus inescapably context－bound. Karmic labor is always consummated conditionally in a particular topos or region in the Field and under the particular circumstances forming the conditional matrix of its topology. All karmic labor is conducted in the cocoon of power concrescence or conjugation of forces that is the concrete expression of the conditional matrix. The perception of Being which arises from the subjectivity of a life form is an integral part of the power concrescence. Every life form perceives the Field－Being Continuum from its own standpoint and within the cocoon of power concrescence in which it is situated. The peculiar manner in which Being is perceived by a life form is a function not only of the perceipient apparatus available in its mental constitution, but also the dynamic environment surrounding its topological region. Every life form has its own characteristic mode of perception forming the habitual manner Being is perceived and appropriated by it. In the context of the human Dasein, substantialism, understood as a way of thought and practice, in which the Continuum, the boundless plenum of activity, has withdrawn and given place to the Kingdom of Entitivity, is undoubted the most characteristic mode of perception and appropriation. Blinded by the necessity of survival and deluded by its own weakness of empowerment, the human Dasein habitually and dogmatically sees the world as a collection of substantial entities. Indeed, dogmatic substantialism has become so inveterate in our humanity that it has almost completely succeeded in crowning itself as the sole regent of Truth, claiming its sovereignty over every form and shade of orthodoxy. And to the extent that every orthodoxy is a cate-ring to the Ego − center for survival and for maintaining the status quo, to the Will to Power that seeks to perpetuate itself at all costs, it is inescapably en-trenched in dogmatic substantialism in its historical development. By contrast, the heterodox or unorthodox elements that pose a threat or challenge to ortho-doxy in every age, the voices that speak from the wilderness, is always non − substantialistic in some sense relative to the dogmatic substantialism of orthodoxy in question. And yet there must always exist creative, forward −looking, self −critical or self −transcendent elements in every historical tradition of orthodoxy if it is to endure the onslaught of time. They constitute the non − substantialistic strand at the core of the dogmatic substantialism of an orthodox tradition. And it is here that the distinction between the pragmatic and the dogmatic forms of sub-stantialism is to be most profitably delineated. The distinction is indeed an inter-esting one. For while dogmatic substantialism gives in blindly to the Will to Power of the enfeebled Ego − center in holding fast, ontologically, to the sub-stantialized and rigidized world of its own creation, pragmatic substantialism re-presents the enlightened self −interests of Reason, mediating between the Ego − center and the Self. Reason knows the untruth of dogmatic substantialism and its enticized and truncated conception of Being, but still upholds it as a matter of ex-pediency or rational strategy. This self −induced ignorance or strategic self −de-ception is the hallmark of pragmatic rationality. While Field − Being shuns all forms of dogmatic substantialism, it accepts dogmatic; substantialism as a vital ne-cessity in preserving the life form of the human Dasein.

## 15.  Substantialism on the Left: the Substantialism of Domination

There is an "ego" in every strand or formation of Activity defined by the character and direction of an inherent appetition or impetus to articulate action. Substantialism on the left is a dogmatic form of substantialism that arises from an inflation of the ego on the left side of human nature, that is, the need to be free, to be independent, or to deviate from established patterns. This is a sub-stantialism of domination, being characterized by an incessant tendency towards objectification, possession and control. Since the ego underlying left − sided substantialism is incurably object－dependent, the human spirit is often haunted by the specters of anxiety, despair, and the unrest of boredom finally culminating in the loss of meaning in the nihilism of the absurd. It is not difficult to see how this form of dogmatic substantialism provides the fertile ground for all kinds of centrism and dualism, as the deception of centrality invariably leads to the absolutization of individuality and the truncated vision of Reality. The left－sided substantialist naturally emphasizes relativity (difference, distance, separation) at the expense of relatedness (interdependence, interpenetration). And by the same token, it tends to favor the "subject－predicate" mode of expression and the "substance－attribute" way of thinking.

### 16.　Substantialism on the Right: the Substantialism of Solidarity

Substantialism on the right is a dogmatic form of substantialism generated by an inflation of the ego on the right side of human nature, namely, the need to bond, to conform, to preserve. Right－sided substantialism is a substantialism of solidarity, being dominated by the yearning for security and stability and thus the tendency towards assimilation, reconciliation and compromise. In this form of substantialism, relatedness is emphasized at the expense of relativity, and community at the expense of individuality. Because the right－sided substantialists intend to achieve order and harmony at all costs, resorting to easy compromise and precarious reconciliation, what they have managed to obtain is only a false and stagnant solidarity, a sheer endless and monotonous repetition of the status quo and established values. While left－sided substantialism ultimately results in the nihilism of the absurd, right－sided substantialism ends in the nihilism of the barren. In the latter, relationalism has replaced the substance－attribute/subject－predicate mode of thought and expression. But a rigid relational whole is no less a version of the logical absolute.

### 17.　Nihilistic Non－Substantialism ——the Way Emptiness

Emptiness is the negation of Entitivity. While the two forms of substantialism both subscribe to a vision of Reality in terms of the ideal of the logical absolute, non－substantialism as defined by the Way of Emptiness endorses the ideal of the logical void. Here all distinctions are unreal, and nothing has self－identity. From the Field－Being perspective, non－substantialism in this form is as nihilistic as the two forms of substantialism it negates. For in the Way of Emptiness the Pure has been abstracted from the undivided wholeness, detached and elevated to the position of the Absolute. Here the negation of particularity and individuality for the sake of purity only leads back to a truncated vision of Reality. The Way of Emptiness is in truth an inversion of the Way Of Entitivity.

### 18.　The Solution in Field－Being: the Middle－Way of Trans－Differentiation

Field－Being philosophy seeks to avoid and overcome the flaws or pitfalls of both substantialism and nihilistic non – substantialism by maintaining a dialectical balance between them. The solution is to be found in what we call the " Middle – Way of Trans – differentiation. " The term " trans – differentiation" is understood in two basic senses. Ontologically, it describes the universal form of Being in terms of two Wings of Activity, namely, Relativity and Relatedness. Activity is both continuous and discontinuous. The difference, distance or separation between things is real, but their interdependence and interpenetration is also real. This is what is basically implied by the trans – differentiation of all things. As the Middle – Way of Trans – differentiation, the Way of Field – Being endorses neither the logical absolute nor the logical void, but the "perspectivity of context" against the trans – differential horizon of Field – Being. Nothing has a completely determinate self – identity, to be sure. But this does not preclude that things may still have a relatively and incompletely determinate self – identity. In the flowing continuum of Field – Being, every being or manifestations of Activity is both continuous and discontinuous with other beings and manifestations. The self – identity of a thing is the sum of its relativity and relatedness to other things.

### 19. The Trans – differential Hermeneutic: the Interplay of Substantialism and Non substantialism

In the hermeneutic sense, the term " trans – differentiation" ( or "trans – differential") is used to refer to the dialectical interplay between substantialism and non – substantialism as the thematic focus of Field – Being hermeneutic. For that is what Dao, the Way of Truth, unfolds itself to us in the dimension of civilized thought. The trans – differential problem is the problem for Dao – learning. In a nutshell, Field – Being is opposed to both dogmatic substantialism and nihilistic non – substantialism. To be more specific, the Middle – Way of Field – Being appropriates the Way of Entitivity into the Way of Activity; it seeks to strike a balance between the substantialist and the non – substantialist visions of Reality by substituting pragmatic substantialism for dogmatic substantialism, and replaces nihilistic non – substantialism with creative non – substantialism. In the Field Being hermeneutic scheme, the truth of substantialism is a truth of necessity, and the Way of Entitivity is a matter of rational strategy.

### 20. The Way of Substantialism: Left – sided and Right – sided Substantialism

### 21. There are No Substantial Entities: The Field – topological Outlook

How and by what then does FBP reopens the question of Being? In reopening the question of Being, we also reopen the question of method. Field – Being thinking is field – topological thinking. The methodology of FBP is defined by its field topological outlook. The essence of this method is to concentrate on the concept of the trans – finite region, a field individual's proper place or topos in the Field, as the key to all philosophical problems. We reopen the question of Being in virtue of the field – topological approach. The concept of the transfinite region, or simply the region, may be defined as follows:

i ) Every thing or field individual in the world as particular manifestation of activity has its own region of existence on the Ground, the Encompassing Matrix of all existence.

ii ) The region is where the thing or existent is situated or emanates; it constitutes the origin or ground of its Field – Being and the proper place for its trans – finite itinerary in the Field – Being Continuum ( "trans – finite" means being situated in or emanated from the Ground).

iii ) The region is a topological determination of the ( Encompassing ) Matrix which is the totality of conditions in the Field – Being Continuum.

iv ) Being a topological moment in the Matrix, the region is trans – differentially interrelated with every other region in the Matrix ( "trans – differentially" here means the information contained in one region is enfolded in every region).

v ) The totality of conditions constituting the Matrix as topologically configured in a given region is the transcendental apriori of its phenomenal manifestations.

vi ) The existence of a thing in the phenomenal world is the trans – finite fulfillment of its transcendental apriori or field – topological conditionality.

vii ) The region of a thing as defined by the transcendental or field – topological apriori of its phenomenal existence expresses an internal relation between the thing and the Ultimate Reality —— that is, between the phenomenal and the noumenal ( the noumenal is field – topologically the thing – in – itself).

viii ) The thing as phenomenal is not separable from the thing as noumenal, but is field – topologically continuous with it—— the phenomenal thing is simply a transfinite emergence or emanation of the noumenal in virtue of the empowerment of its own region.

ix ) The thing thus understood ( that is, as transcendental – phenomenal emanation) is a perspective of Field – Being.

x ) To make sense of a thing ontologically is to locate its region on the ground and to trace the trans – finite itinerary of its field – topological perspectivity that is at once the niche of its Reality and the locus of its Truth.

## 22.  The Ultimate: The Let – Be of All Perspectivity

Field – Being thinking is foundational thinking. But this is not the foundational thinking of traditional metaphysics. Field – Being Philosophy is not a science, let alone the first science. It makes no dogmatic pretense to universal validity nor does it claim to lay down the objective foundation for all the sciences. But Field – Being Philosophy is emphatically foundational in its thinking because it is committed to the quest for Truth to its utmost limits —— to the foundation or source and ground of its own perspectivity. And it believes that the source and ground of its own perspectivity is also the source and ground of all perspectivity. The position of FBP then is one of Radical Universal Perspectivism : the Ultimate (foundation) for one is the Ultimate for all. Now Radical Universal Perspectivism implies also Radical Universal Realism. Every existent or field individual is real in its own way, in virtue of its own perspectivity. Unreality is a matter of misplaced perspective. n the final analysis the reality of a thing is an expression of its functional efficacy and integrity in Field Being. Every thing in the world has its region on the Ground which defines the role it plays in the drama of Field − Being. The Ultimate, which Field − Being identifies as the radical universal foundation —— the source and ground—— of all existence and perspectivity, is called the Let − Be. Since in Field − Being every thing or concept is defined in terms of activity, the Let − Be is no exception. The Let − Be is simply activity conceived as the ultimate or radical universal foundation —— that is, the ultimate activity. In Field − Being then everything arises from the Let − Be, every particular manifestation emanates from the Let − Be and is a manifestation of the Let − Be. All perspectives are perspectives of the Let − Be. And there is nothing—— absolutely nothing —— outside of the Let − Be, the ultimate activity.

## 23. Absolute Openness and the Encompassing Matrix : The Inner Dynamics of the Let − Be

As the Infinite One, the Let − Be is an undivided whole. But the undivided wholeness of the Let − Be is not that of a perfect entity or logical absolute : it is not a rigidly definite or determinate whole but a seamlessly fluid whole—— it is the wholeness of a perpetually and continuously self − articulating, self − environing, self − constituting, self transforming, self − extending, and self − revealing Whole in flowing movement. The absolute monism of activity is the only monism that is not only incompatible with its antithesis ——namely, pluralism —— but includes it in its very essence. For the diremption or internal differentiation of activity, —— the generation or emanation of the many from the One, of diversity from unity —— belongs to the very nature of the Let − Be, the ultimate activity. For while the Let − Be as the Source is pure action, which is the ultimate activity in its Absolute Openness, the Let − Be as the Ground, or the ultimate activity as the Encompassing Matrix, is the womb of articulate action. But the Let − Be is pure action and articulate action, both Source and Ground, both Absolute Openness and the Encompassing Matrix. Indeed, it is in the inner dynamic relation between pure action and articulate action, between the Source and the Ground, between Absolute Openness and the Encompassing Matrix that the inner reality of Field − Being is essentially constituted. The inner dynamics is the essence of Field − Being.

## 24. The Aestheticism of Field－Being: the Dynamic Constitution of Activity

And essence is the dynamics of substance. Needless to say, the term substance here must be distinguished from the substance of traditional western metaphysics. In Field－Being, substance means power: the substance of activity is power. The dynamics of substance is the self－empowerment of activity underlying the internal diremption of Being. But what is power? How is Being, the articulate prescencing of activity, dynamically constituted? The answer to this question in Field－Being may be presented as follows:

i) Every thing or field individual in the world as particular manifestation of activity has its own region of existence on the Ground, the Encompassing Matrix of all existence.

ii) The region is where the thing or existent is situated or emanates; it constitutes the origin or ground of its Field－Being and the proper place for its trans－finite itinerary in the Field－Being Continuum ( "trans－finite" means being situated in or emanated from the Ground).

iii) The region is a topological determination of the (Encompassing) Matrix which is the totality of conditions in the Field－Being Continuum.

iv) Being a topological moment in the Matrix, the region is trans－differentially interrelated with every other region in the Matrix ( "trans－differentially" here means the information contained in one region is enfolded in every region).

v) The totality of conditions constituting the Matrix as topologically configured in a given region is the transcendental apriori of its phenomenal manifestations.

vi) The existence of a thing in the phenomenal world is the trans－finite fulfillment of its transcendental apriori or field－topological conditionality.

vii) The region of a thing as defined by the transcendental or field－topological apriori of its phenomenal existence expresses an internal relation between the thing and the Ultimate Reality —— that is, between the phenomenal and the noumenal (the noumenal is field－topologically the thing－in－itself).

viii) The thing as phenomenal is not separable from the thing as noumenal, but is field－topologically continuous with it—— the phenomenal thing is simply a transfinite emergence or emanation of the noumenal in virtue of the empowerment of its own region.

ix) The thing thus understood (that is, as transcendental－phenomenal emanation) is a perspective of Field－Being.

x) To make sense of a thing ontologically is to locate its region on the ground and to trace the trans－finite itinerary of its field－topological perspectivity that is at once the niche of its Reality and the locus of its Truth.

## 25. Concreta and Life－form: the Aesthetic Conception of Life

A concretum is any complexity of matter－energy, meaning and experience in a power concrescence. A life − form is a feat and system of empower-ment based on the dynamic constitution of a power concrescence with a domi-nant order of concreta or aesthetic complexity. The dominant order of concreta or aesthetic complexity is what determines the "form" of the life − form. In this sense, life is by definition an aesthetic affair, not merely a product of organic matter − energy. In its aesthetic substance an electron is as much a life − form as a fish or a human being, being equally founded on the experiential appropria-tion of matter − energy and meaning.

And all life − forms are trans − finite subjects, ultimately emergents or ema-nations from the Let − Be, the ultimate activity. "Trans − finite" means emer-ging or emanating from the source and the ground. The path of a life − form's emergence or emanation from the source and the ground prior to its arrival in the world we call its trans finite itinerary. The structure of the trans − finite itin-erary is the key to the Field Being conceptuality. To make sense of Field − Be-ing as Field − Being is to exhibit the structure of the trans − finite itinerary. For the structure of the trans − finite itinerary is essentially the structure of the Act Function.

## 26. The Device and the Design: the Q − Notation as an Instrument of Conceptual Poetics

To order to perform this task more rigorously and efficiently, FBP employs a linguistic − conceptual device called the Q − uotation as an instrument of its ex-ercise in conceptual poetics. The Q − uotation is a system of signs strategically chosen and manipulated so as to serve as the symbolic field − topological land-scape for the complexity of meaning that defines the Field − Being conceptuality. The over − all conceptual structure thus exhibited by the Q − uotation is the Act Function of the Let Be, the ultimate activity. The way the Q − uotation is laid out will also exhibit the design of the FBP. In what follows, we shall delineate the steps involved in the construction of the Q − uotation while mapping out in essential outlines the design of the Field − Being philosophy.

i) Q stands for the Let − Be, the ultimate activity. The letter Q is chosen to name the notation because the Let − Be is the ultimate subject matter, what is ultimately in question. For all discourse is directly or indirectly, explicitly or implicitly, superficially or profoundly about the ultimate activity.

ii) The Q − uotation is generally constructed to exhibit the Act Function of the Let Be. The general meaning thus exhibited is called the Field − Being Continuum.

iii) The Field − Being Continuum is firstly understood as the Trinity of Dao ｛TOD）, a dynamic constitution defined by the interactive empowerment of Source, Ground, and World. The philosophical basis for the construction of TOD is the principle of complexification, that is, the identity of articulation and reflexion procuring the diremption of power —— the concept which lies at the heart of the inner dynamics of Being. The representation of the Act Function as Trinity of Dao is given in the Q－notation as follows:

iv) Trinity of Dao = f｛QQ, QM, QW｝, where QQ, QM, and QW stand, respectively, for the Source (the Let－Be as Absolute Openness), the Ground (the Let－Be as the Encompassing Matrix), and the World (the Let－Be as the Trans－finite Community). The function sign f is termed the Awesome Interface, symbolizing the dynamic－interfacial integrity of the Trinity of Dao.

## 27. The Unutterable and the Inexhaustible: What is Mystical and What is Mysterious in Field－Being

The Unutterable is the Let－Be in its Absolute Openness; the Inexhaustible is the Let Be as the Encompassing Matrix. What is mystical is the pure experience of the Unutterable, and mystery or what is mysterious is the articulate experience of the Inexhaustible. Absolute Openness is the Let－Be in the simplicity and purity of its power. It is the undifferentiated state of the ultimate activity in the total emptiness of articulate determination. Absolute Openness is Pure Energy, Pure Meaning, and Pure Experience——— the Let－Be as Let－Be. More succinctly, Absolute Openness may simply be described as the pure experience of pure action, or pure experience as pure action. Such mystical experiential state of simplicity and purity is the ultimate end of meditative attainment, the acme of all ascetic practice. Historically, it has been ascribed to the Nirguna Brahman in the Vedantic tradition, to the Dao as Wu or Non－Being in Daoist thought, to Sunyata or Emptiness in Mahayana Buddhism, to the Wuji or Non－Ultimate in Neo－Confucian philosophy, to the Original Face in Zen, and to what in the Japanese Kyoto school is referred as Absolute Nothingness. In all these instances, the mystical experience of the Let－Be as Absolute Openness is described as unutterable in the sense of being spoken of substantively or entitatively. The mystical is unutterable because it all utterance in the substantialistic sense presupposes the subject－object distinction or dichotomy. But the state of pure experience is precisely the experience of a seamlessly undivided whole. The mystical is precisely that which cannot be objectified. And yet there can be no separation between the mystical and the mysterious, between the Let－Be as Source and the Let－Be as Ground, between the ultimate activity as Absolute Openness and the ultimate activity as the Encompassing Matrix. That is because the Ultimate is pure action and articulate action, both pure experience and articulate experience. It is in the ambiguity and inner dynamics of the Twosome that the transcendental reality of Field－Being is constituted.

For while pure action/experience is the transcendence and inexhaustibility of articulate action/experience. Articulate action/experience is the self－definition and self affirmation of pure action/experience. Ultimately, it is the same underlying Reality that is both pure and articulate, both unutterable and inexhaustible.

Why is the Ground mysterious? What is mysterious about the Encompassing Matrix? The answer is to be found in the very ambiguity of the transcendental Twosome—— more exactly, in the "betweeness" of the pure and the articulate. The Ground is what mediates between the Source and the World, between the ultimate activity in its Absolute Openness and its manifold articulations and manifestations. What is mysterious is really the transition from pure action/experience to articulate action/experience. The Encompassing Matrix is brought about by the originary Act of ultimate activity in which the Ultimate or Infinite One in the purity and simplicity of its power is primordially configured. The mystery lies precisely in this primordial configuration of Power wherein the One passes within itself into the Many. The diremption of the Infinite One in procuring its internal affair of Ground and World—— that is the mystery of all mysteries!

The Transcendental Twosome as involving both the unutterable and the inexhaustible, the mystical and the mysterious, is the perennial stable of all metaphysical thought. All metaphysics seeks to make sense of the Transcendental Twosome, seeks in the inner dynamics of the Let − Be the source and ground of the world. In the history of philosophical and religious thought, the mystery of all mysteries is repeatedly recognized in the transition from the pure to the articulate, from the unutterable source to the inexhaustible ground—— in the transition from the Nirguna Brahman to the Saguna Brahman, from Sunyata or Emptiness to avidya or ignorance as the ground of samsara, or the purity of the Dhamadatu to the defined Alyavijina, from the Dao as Wu to the Dao as You, from the Wuhi or Non − Ultimate to the Taiji or Supreme Ultimate, an so on and so on. In all these instances, it is really the presupposed mystery of all mysteries that makes sense of the world − indeed the sense all sense. It does not matter that the mystery remains in all the making sense, for the mystery is integral to the reality.

## 28. The Source, the Ground, and the World: the Trinity of Dao in Field − Being

The Daodejing says: "The Dao arises from the One, on the basis of the One arises the Two, and on the basis of the Two arises the World." In the language of Field Being, this seemingly enigmatic statement from the Daodejing is plain enough. For what is referred as the One and the Two in the statement is none other than what we have called the Source and the Ground, or the Let − Be in its Absolute Openness and the Let − Be as the Encompassing Matrix. The One and the Two together then is the Transcendental Twosome. And the relation between the noumenal and the phenomenal, between the Transcendental Twosome and the World, is a relation between the inner dynamics of the Let − Be and its manifold particular articulations and manifestations in the World. This relation between the Transcendental Twosome and the World forms what we call the Trinity of Dao in Field − Being. Thus conceived, it is the subject − matter of all metaphysics: there is no metaphysical thinking that goes beyond the Trinity of Dao, and to the extent that all philosophy is explicitly or implicitly implicated in the Trinity of Dao, it defines the very meaning of philosophy. For philosophy is a way of justification carried to the limits, that is, to the transcendental horizon made available by and in virtue of the Trinity of Dao. From the Field – Being standpoint, all learning is at heart Dao – learning, in the transcendental open space of the Trinity.

### 29.  Q – Action and the Trinity of Dao: A Symbolic Representation

By Q – Action we mean the transcendental, inner Action of the Let – Be that establishes the Trinity of Dao. The letter is chosen because the Trinity of Dao is in what is in question in metaphysics. It is employed here both as a substitute for the term Let – Be and as the signifying basis for the explication and analysis of the complex of meaning involved in the Trinity of Dao. More specifically, Q implies the following:

(a)  The Let – Be as such, represented by Q;
(b)  The transcendental, inner Action of the Let – Be, represented by QQ;
(c)  The Trinity of Dao (TOD) conceived as the expression of QQ;
(d)  The inner dynamics or process whereby TD is established in virtue of QQ.

Hence the formula TD = f(QQ), which states that the Trinity of Dao is a function of the transcendental, inner Action of the Let – Be or Q – Action, may be said to sum up the meaning of the statement in the Daodejing above cited.

### 30.  The Identity of Articulation and Reflexion: The Uroboric Function

In our symbolic representation, Q – Action, the inner, transcendental Action of the Let – Be, is represented by a doubling of the letter Q is intended to embrace a two folded meaning: first, the ambiguity of pure action and articulate action, and second, the identity of articulation and reflexion. In doubling the letter Q, we wish to convey the idea that since the Let – Be, the ultimate activity, bas no otherness, its action is and can only be a reflexive or self – environing action, that is, an action that reflects or bends back upon itself. Indeed, it is in virtue of its reflective, self environing action that the ultimate activity articulates or defines itself. Hence, articulation is reflexion, and reflexion is articulation. This supreme principle of Field – Being expressing the innermost nature of activity, is, we submit, what is symbolized by the mythical animal the Uroboros, one of the most poignant symbol in sacred mythology. We call this principle which states the identity of articulation and reflexion the uroboric function. Q – Action as uroboric function —— that is what is conveyed by QQ. Since everything is a manifestation of Q – Action, Field – Being discourse is basically Q − tautological, being an endless repetition of QQ.

### 31.  Q – Action,  Q – Space,  and Q – Phenomena:  The Q – Continuum and the Q – Wide Web

Now Q − Action begins with pure action, more exactly, with the Let − Be in its Absolute Openness, what in the Daodejing is called Wu or Non − Being. Absolute Openness or Wu expresses the self − abnegation of Dao, the Let − Be that empties itself in its eternal fullness so as to open up itself to make room or provide a space for all articulations or manifestations, including not just the particular things and events manifested in the world, but also the configurations of power which, in the form of pure possibilities and karmic matter (to be later explained), are the constitute elements of the Encompassing Matrix, the Ground of all existents. If by Q − Space we refer to the infinite area of Absolute Openness or Wu made possible by the self − abnegation or self − emptying of the Let − Be, then Q − Space is the transcendental, inner Abode for both the Ground and the world, both the encompassing Matrix and the manifold things that emerge from its conditionality. A few more symbolic representations may help to bring this discussion to a satisfactory conclusion:

QQ: QQ ｛　｝: IQ (a, P >1: QP (m, n): LQP (m, n):

Q − Action as the self − articulate, self − environing Action of the Let − Be Q − Space or the Absolute Openness of the Let − Be established and sustained by the Q − Action as an act of self − abnegation The Ground or Encompassing Matrix primordially and karmically established and sustained by QQ. The letters a and p inside the parenthesis specify the basic contents of the Matrix, with a standing for pure possibilities and p determinations in karmic matter Q − phenomenon, a particular articulation or manifestation in the World, where the letters m and n inside the parenthesis are the two the topological indices of QP. The former (m) is called the noumenal index, referring to the trans − finite region from which QP originates, and the latter (n), the phenomenal index, indicating the trans differential locus of QP, its relative position in the World. The World as the topological sum of Q − phenomena.

Now since the Matrix and the World constitute the articulate totality of the Let − Be in virtue of its Q − Action, the Trinity of Dao may thus be represented by placing them inside the Q − Space, Let − Be in its Absolute Openness, as follows:

The Trinity of Dao (TD) = QQ ｛IQ (a, P) 1, LQP (m, n)｝

The above representation may be given two fundamental reading, depending whether the Trinity of Dao is taken as a flow concept or a web concept. As a flow concept, the Trinity of Dao is the same as the Field − Being Continuum. But the Continuum, topologically considered, is also a Web, a Web of Trans − differentiation. Since the extent of both the Continuum and the Web are defined by the self − extending Q − Action, they may be called, respectively, the Q − Continuum and the Q wide Web. The Trinity of Dao conceived in the identity of the Q－Continuum and the Q－wide Web ⸺ that is Niche of Truth for all metaphysical discourse. This then is the consummate character of the Vision upon which Field－Being Philosophy is founded. The Field－Being Vision is, succinctly put, a vision of Pure action procuring the Matrix and the World through Field Action. That is what Being, the articulate prescencing of activity, basically means.

## 32. The Aitiological Meaning of Existence ⸺ Reality as the Self－realization of Being

To exist is to emerge into the World, to play a role in the Drama of Being. In FBP, there is no contradiction between Being and Becoming at all, for becoming is just another name for the internal, self－diremptive affair of the ultimate activity. More precisely, it expresses the intrinsic character of Reality as the self－realization of Being. Every existence or fielded being is ultimately an emanation from the Let－Be, a realization of its infinite creative power. Itarrival on the World－Stage is a traversion on the Trinity of Dao, an inner journey of causal efficacy or conditional fulfillment, involving a transcendental itinerary from the Source via the Ground. A cause is a conditional configuration in a certain region in the Matrix; it expresses both an openness of possibility and a necessity of limitation. All existents or emergent characters in the World as well as all their antecedent conditions are creatures of the Let－Be, explicitly or implicitly articulations of its radical universal creativity. Thus to exist, generally speaking, is to be situated somewhere in the Trinity of Dao, to play a role or perform a function in the transfinite itinerary of Becoming. In terms of the uroboric function, anything that may be spoken of or explicated from the TD formula may be said to exist. For there can be no existence outside the uroboric function, nothing at all.

Thus everything in the uroboric function exists, and everything in it is real in its own way. This is what we mean by saying that reality is the internal business of Being, of the articulate prescencing of activity. For the reality of a thing or existent is to be measured by the role it plays, by its functional efficacy or the how of participation, in the Trinity of Dao. A painted pen does not perform the same function as the pen I am now holding in my hand. The vibrant energy that I am functions differently from the dissipated energy that I was ( that is, the effects of past action in my karmic matter). And while possibilities provide opportunities for action in the topological space, impossibilities as closure of openness eliminate them.

In short, existence as involvement or participation in the becoming or self realization of Being may be described as the aitiological ( from Greek aition, cause) reading of Being. Aitiological thinking is causal or conditional thinking, for causal necessity or conditional fulfillment is the key to the meaning of becoming.

## 33.  Thealetheological Meaning of Existence——  Truth as the Self – revelation of Being

But the meaning of existence is not to be grasped solely in the aitiological sense.  For existence is not just a matter of Becoming, but also a matter of Truth.  Every existent or emanation from the Let – Be is as much a phenomenon of Truth as it is a creature of Becoming.  To think of existence as a creature is to think of the Let – Be as the source of Creativity, but to conceive of existence as a phenomenon is to conceive of it as the source of Light, of luminosity. The luminosity in question is the luminosity of Truth, namely, what places all existents or phenomena in the light ( from Greek phainomenon, that which comes to stand in the light) in the self revelation of Being.  This is the fundamental insight contained in the Greek word for truth, aletheia meaning uncon-cealment or unhiddenness, the key to Heidegger's interpretation of Being. Heidegger's whole philosophy is almost exclusively based on the aletheological reading of Being.  Aletheologically speaking, existence is not considered in its reality or functional efficacy, but in its truth or phenomenal transparency or lu-minosity.  Every phenomenon stands in the Truth of Being, reflecting in var-ying degrees of luminosity the Light of the Let – Be.  Here existence is not ap-prehended as a matter of causality or conditionality, but as a matter of experi-ence, understanding and knowledge.  For just as existence as a causal creature and expression of creativity is inseparable from the dynamic – topological condi-tions from which things emerge, so the phenomena as the bearers of Truth must always be found in the context of experiential appropriation in which they appear or show themselves in their presentational transparency.  And just as we may dis-tinguish between modes of reality in terms of the measure of functional efficacy in the self – realizational process of Becoming, so correspondingly we may also distinguish modes of understanding in terms of the measure of experiential appro-priation in the event of Truth in the self – revelation of Being.

## 34.  Power, Experience, and Feeling: The Aesthetic Conception of Substance

What then is the respective and the common basis of the two readings of existence and Being?  The answer is to be sought in the concept of substance, in the substantiality of activity.  In the language of Field – Being, it is activity, not entitivity, that is substantial.  For substance is what is inherent in activity: it is that in virtue of which activity comports, executes, or acts upon itself.

Activity comports, executives, or acts upon itself in virtue of its power. This is the basis for the aitiological reading.  For Reality, the self – realization of Being, is ultimately an expression of power, that is, the dispensation of ener-gy.  In the aitiological reading, every situation of existence is a power concres-cence pervaded by the flow or movement of energy.

And activity comports, executives, or acts upon itself in virtue of its expe-rience.  This is the basis for the aletheological reading.  For Truth, the self –

revelation of Being, is ultimately a matter of experience, that is, the appropria-tion of meaning. In the aletheological reading, every situation of existence is an occasion of experience concretized by the perception and the transmutation of meaning.

But there can be no separation between power and experience: every pow-er concrescence is an occasion of experience, and every occasion of experience is a power concrescence. The dispensation of energy and the appropriation of meaning are one and the same process. While power is the exterior basis for the functional efficacy of activity, experience is the interior core for activity in its re-flexive transparency. And what is it that connects the functional efficacy and the reflexive transparency of activity? It is feeling, the interface of energy and mean-ing. Thus understood, feeling is what lies substantially at the basis of all existence. The monism of activity is a monism of power, experience, and feeling.

This theory of substance as conceived in terms of the inner unity of power and experience in feeling is what defines the aestheticism of Field－Being. Sub-stantially speaking, the self－diremptive affair of Being in procuring Reality and Truth is an aesthetic affair. Every existent or emanation from the Let－Be is a transfinite traversion in the Trinity of Dao, a noumenal－phenomenal itinerary of karmic labor in virtue of a perpetually self－transforming process of aesthetic consummation, requiring the configuration and re－configuration of power, experience, and feeling. And the aesthetic index of all karmic labor is the feel-ing tone which expresses the interfaciality of energy and meaning underlying and characterizing the subjectivity and perspectivity of the karmic laborer in question.

## 35.  The Central Theme: Karmic Labor, the Q－Dasein, and the Trans－finite Arena

## 36.  The Unity of Existence—— Ontology as Aitiological－Aletheolog-ical

Synthesis Existence then is as much a matter of Reality as it is a matter of Truth, for they both belong to the internal, self－diremptive affair of Being. The unity of existence must there be found in the unity of the ultimate activity as a self－realizing and self revealing process. Hence, ontology is by necessity an aitiological－aletheological synthesis. In reopening the question of Being, Field－Being reaffirms the necessity of aitiological－aletheological thinking which in varying degrees of selective emphasis is inherent in the perennial wis-dom of all philosophical traditions. In essence all philosophies speak the language of Truth as well as the language of Reality. For the self－realization and the self－revelation of Being is one and the same process. In so far as Field－Being is concerned, the aitiological－aletheological unity of existence is to be explicitly and fully carried to the limits of ontological thinking. And this means ontology must be rethought in the horizons of the Q－Dasein.

### 37.  Dasein and the Q – Dasein: Ontology in Heidegger and in Field – Being

### 38.  The Language of Activity

For the benefits of expository convenience and ease and in the interests of conceptual rigor and clarity, we shall use the letter Q as a substitute for the term ultimate activity. Q because the ultimate activity is what is in Question ——— what the Field – Being discourse is all about. From what we have observed, it is not difficult to expect that the Field – Being discourse be conducted entirely in the language of activity. Actually, from the Field – Being standpoint there are no other languages.

The language of activity is the only language there is. The monism of activity implies not just a monism of Being but also a monism of language——— understood broadly to include of all system of signs and symbols. In the vocabulary of Field – Being all words are verb – words or derivatives of verb – words; all signs are action signs or derivatives of action signs; all symbols are dynamic symbols or derivatives of dynamic symbols. The so – called nouns or substantives in ordinary language are abbreviated verbs functioning as the verbal names ——— that is, standing for roles, states or character traits of articulate action. And what is named is a profile of activity. An apple is a complexity of activity that defines itself in the form of an apple. And the profile of this articulate action is what gives us the verbal name "apple." Since all verbs and verbal names pertain in the final analysis to the same underlying reality ——— namely Q the ultimate activity, we would have to say that all verb – words are Q – words, all signs are Q – signs, all symbols are Q – symbols, all vocabularies are Q – vocabularies. Hence they are all Q – synonymous, all Q exchangeable, or all Q – equivalent.

### 39.  Q – tautological: The Nature of Field – Being Discourse

### 40.  True Propositions as Q – analytic

Since All is activity and Reality is the internal business of ( the ultimate) activity, it follows that all distinctions or differentiations are internal to the notion of activity. Indeed all predications are predications of Q, and all understandings are implications of Taiji. Hence in FBP all words are verb – words, or derivable from verb – words, and all concepts are role concepts, defining the properties or functions of activity. Thus God is activity playing the role of God, time is activity playing the role of time, and space is activity playing the role of space, and so on. It follows also that all true propositions in the Field – Being scheme are Q – analytic, that is, as valid explications of the ultimate activity.

But there can be no true propositions without the occurrence of Truth, the diremptive opening of perspectives in the ultimate activity. For a proposition is just a profile of articulate action and experience in a given perspective, a profile of the manifestation of Q in that perspective.

More exactly, we define a perspective as the totality of articulations or the self – definitions of activity that are revealed or disclosed to a life – form, that is, to a vibrant, perceipient energy at work or in action. Understood in this broad sense, a life form is a subject in its appropriation of Truth. All true propositions are Q – analytic from the standpoint of a given subject and within the perspectivity of its articulate action and experience. What is perspectively disclosed to me is Q – true to me, what is perspectively disclosed to you is Q – true to you, and what is perspectively revealed to them is Q – true to them.

Since there are in every perspective unique elements not shared by any other perspective, what is Q – true to one perspective is necessarily Q – false to others if taken in their ownness and entirety. The elements in a perspective may be said to acquire higher degrees of diremptive publicity if they are shared by a greater number of other perspectives. What we ordinarily mean by "true propositions" are actually Q – true propositions with a high degree of diremptive publicity.

## 41.  The Avataras of Q

All Q – true propositions are, in the final analysis, conditioned by their respective basis in Truth, namely, by the revelations of Q ITSELF in their perspectivity. These revelations of the ultimate activity ITSELF in a given Q – perspective we call the Avataras in that perspective. More specifically, the Avataras of Q are incarnations of the Supreme Ultimate in human understanding as embedded and configured in the languages and symbols of humanity. Thus understood, they are the bases of Truth – understanding in the perennial, primordial wisdom of diverse philosophical traditions. The character and meaning of a philosophical tradition is indeed decisively shaped by the avataric Q – manifestations which are existentially, culturally, and symbolically configured in their primordial language and ymbolism. All philosophical wisdom is in the final analysis Q – avartaric. Thus in the Hindu tradition, Q – avataric wisdom was contained primordially in the Vedantic language and symbolism of Brahman and Atman, of Shiva and Visnu. In the Buddhist tradition it was in the language of Sunyata (Emptiness), Tathagatha, and Dharmakaya that Q – avataric understanding manifests itself.

## 42.  Philosophy As Dao – learning

Philosophy is a way of human justification carried to the limits. All life is justification, and the human life – form is no exception. For to justify, as we employ the word here, to make proper, to make fit, to make just, to make right. More exactly, justification is an act of appropriation, that is, is to appropriate, that is, to do the appropriate thing so as to make it one's own. All life is justification because appropriation —— the experiential appropriation of energy and meaning —— is of the essence of activity. Every life – form is inherently directly to appropriate itself by defining itself in relation to its environment. Ontologically, this means to comport oneself consciously or unconsciously to one's region on the ground, one's proper place on the Ground of all existence. For the region or proper place on the Ground of a given life − form is none other than the locus of its Truth, the ultimate basis or origin of its perspectivity. Origin is thus a topological concept. In Field − Being terms, justification is a field − topological affair. As such, it is intrinsically Q avataric.

Now activity is what articulates itself: articulation is the self − definition and self affirmation of activity. The self − extensive continuum of activity is thoroughly pervaded by the self − articulate presencing activity. Hence the reality of the world is describable as a reality of Field − Being. It is Field in so far as it is a self extensive continuum, and it is Being in so far as it is the self − articulate prescencing of activity.

### The Substance

The substance of activity is power. The reality of activity is constituted by the charge or empowerment and the dispensation of its power —— the empowerment of energy, meaning and experience. The experiential appropriation of energy and meaning defines aestheticism of Field − Being.

### The Inner Dynamics of the Let − Be

The ultimate reality is the Let − Be, the ultimate, encompassing activity. All things or beings in the world are manifestations of the Inner Dynamics of the Let − Be.

### The Logo —— The Rounded Square of Taiji ( RST )

· The identity of articulation ( self − definition of activity ) and reflexion ( self − environing holistic action ) —— symbolized by the Uroboros.
· The dynamic interaction of vibrant energy and karmic matter —— symbolized by the YinYang Fish.
· The Quaternion of Diremption or UDRL System * symbolized by the Mandala.
· The UDRL System

U —— the Upward Path which leads from the One to the Many
D —— the Downward Path which leads from the Many to the One
R —— the Rightward Path or the tendency of vibrant energy to conform to the established patterns of articulate action in karmic matter
L —— the Leftward Path or the tendency of vibrant energy to deviate from the established patterns of articulate action in karmic matter. In a nutshell, what the RST symbolizes is the centrality and pervasiveness of karmic labor. Sarnsara: Life of karmic labor within the Quaternion. Nirvana: Freedom from karmic labor.

### The Aim ( Theoretical Objective )

To construct a conceptuality of reality, life and world based on this vision and intuition by means of a tactful and resourceful appropriation of language ── the conceptual poetics. FBP is an exercise in conceptual poetics.

## The Language

To translate all words in the vocabulary── every vocabulary── into verbs. More exactly, the language of Field－Being is made up primarily of verbal nouns (with stress on the verb) as the privileged part of speech. Verb－words: to capture the articulation or self－definition of activity Noun－words: to capture the definiteness and pattern or articulateness in articulate action.

## The Program

　・Reopening the question of Being by a return to the perennial tradition
　・Reopening the question of Ground in virtue of field－topological understanding
　・Reopening the question of Metaphysics in the embrace of Dao－learning

### Reopening the Question of Being

Is there a primordial, universal experience of Being presupposed by all ontological inquires? Yes. Being described as the articulate presencing of activity under conditions is presupposed by all ontological inquiries. "Being" is a verbal noun functioning as a descriptive proper name which points to the Ultimate Reality──the Let－Be as the ultimate and all－encompassing Activity. There is no ultimate activity in Whitehead. Heidegger's Being names only the transcendental－historical horizon for the understanding of this Reality── the Way human and non－human beings present or show themselves to the human Dasein.

### Reopening the Question of Ground

As the perpetually self－transforming matrix of conditionality in the universal field of activity, the Ground constitutes the internal relation between the Source and the World － that is, the Let－Be and its topological－horizonal manifestations (what is let to be).

The essence of Truth is trans－finite openness──emergence from the Ground as the internal matrix of conditionality. Every manifestation in the world has its own (trans finite) region on the Ground which contains the reason of its existence. This reason or field－topological a priori of a manifestation is the sum of all sufficient necessary and sufficient conditions inherent in the openness of the region.

The concept of Dasein in Heidegger is here reinterpreted as the trans－finite region. But there are as many regions on the Ground as there are topological－horizonal manifestations── hence there are non－human as well as human Daseins.

The notion of Ground replaces the concept of God in Whitehead and the concept of the ontological difference in Heidegger.

Both Whitehead and Heidegger are heading towards field－topological though, but remain entitative in their metaphysical or ontological orientations. In Whitehead, pure potentiality (eternal objects) and actuality (actual entities)

can be entitatively exhausted. In Heidegger, the Being of things is the Being of
entities.

### Reopening the Question of Metaphysics

In what sense is metaphysics viable?

Metaphysics is not viable as a science ( let alone first science ), but as
Dao − learning. Dao − leaming is experiential appropriation ( of energy and
meaning) along the Way, the landscape and contour of Field − Being. The
Way is what and how the Source reveals itself through the Ground and within
the region and perspective of a trans − finite region, the birthplace of the self.
The essence of Dao − leaming is perspective openness to Truth, the field − to-
pological revelation of Reality.

### The Polemic

Field − Being thinking is dynamic thinking: The world is not a collection
of substantial or inert entities, but a perpetually self − defining, self − constitu-
ting, and self − transforming field of activity, ultimately determined by the In-
ner Dynamics of the Let − Be.

Field − Being thinking is aesthetic thinking: The world is an aesthetic, and
not a mechanical order. All reality is aesthetically charged in self − empower-
ment of activity. the aesthetic flow defined by the experiential appropriation of
energy and meaning is coextensive with the Field − Being Continuum, the ar-
ticulate totality of activity.

Field − Being thinking is perspectival thinking: There is no world − per-
spective except from the standpoint of a self in karmic labor and within its
trans − finite region on the Ground, the originary matrix of its perspectivity.

This dynamic, aesthetic, perspectival character of Field − Being thought is
summed up in the term "field − topological." Field − Being thinking is field −
topological thinking.

The basic metaphysical and cosmological question for Field − Being: How
is the Ground and the Field − Being Continuum field − topologically constitu-
ted?

### The Self in Karmic Labor: The Heart of Field − Being

The self is the emergent creature of actuality, the union of vibrant energy
and karmic matter. It is a union of transcendental endowment and enviromnen-
tal heritage, of freedom and necessity. Theoretically, it is also the heart or hub
of Field − Being thinking.

Transcendental Endowment: the primordial memory of pure potentiality
inherent in the vibrant energy, the provision of which is determined by Inner
Dynamics of the Let − Be. Transcendental endowment lies in the unity of abso-
lute freedom and primordial necessity.

Environmental Heritage: the karmic memory inherent in the dissipated en-
ergy of karmic matter.

Real potentiality —— the potentiality that is effectively available for the vi-
brant energy in karmic labor —— is determined by the karmic warp in the actual

occasion, that is, by the impact and limitation of karmic matter on pure poten-
tiality.

But the act of diremption as the basis of all functionality may be given dif-
ferent interpretations depending on bow the internal relation between Q and Q'
is conceived. Thus for example, if Q' is a phenomenon, that is, an existent
from the ultimate activity that comes to stand in the light as something disclosed
or unbidden, then the diremptive operator stands for the Truth－process or the
self－revelation of Being. This is the path undertaken by Heidegger's ontology
or Being thinking. On the other hand, if Q' is an existent in the sense of an
actuality or manifestation of the creative power of Q, then what is named by
the diremptive operator will be the Reality－process or the self－realization of
Being. This is the path followed by the Western metaphysical tradition from
Thales to Aristotle to Whitehead.

The former path is predominantly aletheological (from Greek aletheia, or
unhiddenness), whereas the latter is aitiological (from Greek aition, the re-
sponsible factor or cause in the Aristotelian sense). In so far as Eastern thought
is concerned, the above distinction is not as important as the distinction be-
tween the meditative and the ritual paths to Being. This latter distinction be-
tween meditativism and ritualism is what distinguishes, in the Hindu tradition,
between the Brahmanism of the Upanishadic sages and the Brahminism of the
Vedic priests; and in the Confucian tradition between the idealism of Mencius
and the naturalism of Xuntzu. This two fold distinction between aletheiologism
and aitiologism on the one hand, and between meditativism and ritualism on the
other, is the staple of all metaphysical thinking. Their integration in the functional-
ism and field－topology of activity is a basic challenge in Field－Being thought.

# 4 The Field – Being Vision: What is Distinctive About Field – Being Philosophy?

## Prelude: The Metaphor of the Awesome Fabric

Imagine an unimaginably supple and fine fabric that is endlessly vibrating by virtue of its own self – reflexivity and self – articulating power. Imagine further that this awesome fabric is so infinitely powerful that it is capable of generating from out of itself any quality, form, shape, or configuration that one can think of and such as lying beyond our human conception – and that the universe with everything contained therein is in fact the articulate expression or manifestation of its awesome creativity and pro – creativity. If this was our vision of reality, what kind of philosophical conceptuality would ensue from it? It would be, as we see it, a kind of conceptuality we call Field – Being.

The awesome fabric is our metaphor for the ultimate quintessential activity – the notion of a dynamic plenum field of self – reflexive articulate action. The plenum field, or simply the plenum, is characterized as "dynamic" because it is a continuum of empowered behavior or operations engaging perpetually in the cocoonization of power concrescence, the concrete reality of Field – Being and the universal mechanism defining the meaning of process and movement in Field – Being philosophy. It is out of the cocoonization of power concrescence that all worldly existents – the differentiated beings and things – arise, like ripples and waves, in the Great Ocean of Becoming. Theses worldly or differentiated existents, in so far as they appear in our perceptual screen, are only the phenomenal manifestations of quintessential or self – reflexive articulate action in the perpetual movement of cocoonization, a movement that spins out the cocoon or objective body of the world.

Before we move on, a few comments or observations on the language of Field – Being and its terminological convention with a preliminary clarification and exploration of its fundamental implications in the Field – Being scheme will go a long way to prepare for the discussions to come. For the answer to the question "what is distinctive about Field – Being philosophy?" is already embedded in our language. The language of Field – Being is not a language of substantial entities – that is, rigidly definable structural units which are sharply distinct and separable from each other by virtue of allegedly clear – cut boundaries. It is rather a language of activity and power or empowered activity, a language that seeks to do justice to the quintessentially active, dynamic, and plenum – field character of the Field – Being universe. The fact that Field – Being thinking is plenum or field thinking rather than entitative or substantialist thinking cannot be overemphasized. When all is said and done, this must be recognized as the o-verarching and key feature that encompasses all that is most distinctive in Field – Being thought. But first, let us beg our readers' indulgence for a while in a discussion of our neologistic idiosyncrasy, which, we hope, they will in the end come to understand and appreciate for the philosophical purpose we have in mind.

To begin with, let us bring out explicitly what is already implicit in our very notion of the ultimate quintessential activity ( or ultimate activity for short), namely, that what we are propounding here is a metaphysical monism – a monism, let us be emphatic, that is thoroughly actional and dynamic in its roots. The fundamental intuition that lies at the core of the Field – Being worldview is that in the final analysis there are no things, there is only activity or, somewhat redundantly, empowered activity or action; and that all our experience of the world with all the transient thing – like phenomena appearing therein are dynamic actional experience – never, never static. This "radical dynamic actionalism," as one may aptly characterize it, implies that in the Field – Being grammar, the verb, the linguistic sign for action or activity, is the primary mode of speech; all other modes of speech as distinguished and unduly demarcated in conventional grammarnouns, pronouns, adjectives, adverbs, conjunctives, and so forth – are for us secondary or quasi – verbs, being derivatives of the verbal sign. In the language of Field – Being, the substantive ( nouns and pronouns) in traditional grammar normally taken as signs for independent beings and things, are in fact rigid and rigidized abstractions of activity, constructed by the intellect from the Great Flow of the dynamic plenum, the indivisible continuum of empowered activity and actional experience that is the central topic and primary focus of Field – Being phenomenology. All knowledge originates from our participation in the Great Flow. It is indeed by virtue of our participatory and intuitive flowing along with the Great Flow, the holistic or plenum – psychic act of experience that makes possible our field apperception of the world.

In Field – Being thought then the world is not – nay, never – given to us as a collection or aggregation of substantial entities, but as a dynamic movement and plenum field of empowered activity, an affluent and fluid reality that reveals itself in and through the multifaceted self – vibratory Rhythm of the Great Flow. Its "affluence" or unbounded riches is a function of its "affluence," its multi – flexional vibratory freedom. We say the Great Flow is self – reflexive in so far as it is self – active and self – revelatory, and articulate in so far as it is productive of its multifaceted vibratory rhythm, the quintessential expression of an inexhaustible power inherent in the pure, undifferentiated functional whole – what we have elsewhere called the Let – Be, that is, the ultimate activity. The Great Flow is the affluence of the Let – Be – that in a nutshell is what our meta-

physical monism is all about. This is the experiential basis of our notion of quin-
tessential or self — reflexive articulate action; this is what we have in mind when
we speak of empowered activity — or activity in the proper, Field — Being sense.
The point that we must repeatedly stress is that the beings, things or objects
which figure more or less vividly in our ordinary experience — persons, animals,
plants, rocks, and so on — are not given to us as independent, isolated substan-
tial entities, but rather as coordinated strands of dynamic actional experience ex-
hibiting complex patterns of empowered activity, each being a participatory field
— moment of the self — vibratory Rhythm. In the Field — Being scheme, a dif-
ferentiated being, thing or object is recognized not as a sharply demarcated inde-
pendent, isolated substantial entity, but as an enduring center of empowered
activity which comes into existence by virtue of a certain finite and transitory
concentration of power concrescence exhibiting in the aggregate a more or less i-
dentifiable complex pattern of vibratory rhythm. The complex pattern is the ar-
ticulation of the concentrated power concrescence. An enduring center endures
as long as the power concentration that articulates the complex pattern endures.
We qualify these concentrations of power concrescence which make up the
worldly existents in their dynamic constitution as "finite and transitory" because
( 1 ) they are not self — empowered ( hence "finite" ) and ( 2 ) they do not last
forever ( hence "transitory" ).

Just like the ripples and waves that rise and ebb in the ocean, enduring
centers are creatures of becoming which owe their existence and character to the
inner dynamics of the dynamic plenum, coming into existence and passing away
in the everlasting affluence of the Great Flow. And this "inner dynamics," as
we shall see, is the Dao of all life forms, the universal principle of appropriation
which originates in the quintessentiality or neumenal inwardness of the Let — Be,
the ultimate activity.

Now the complex pattern of power concrescence that we identify as a hu-
man being is significantly different, to be sure, from the one that defines a kan-
garoo, an apple, or a rock, and yet since all identifiable patterns of power
concrescence are intrinsically field moments of the self — vibratory Rhythm of the
Great Flow, nothing in the world has a truly separate or independent identity.
Indeed, in an important sense all differentiated existents are one in their joint
participation in the dynamic plenitude. In so far as Field — Being is concerned,
the world of substantial entities simply does not exist, or exists only as a false ab-
straction or intellectual fabrication. And since from the Field — Being perspec-
tive, all intellection is motivated — and deeply so, as a matter of fact, being
prompted into operation by the seemingly intractable demand of the human ego,
there can be no separation between epistemology and psychology: the ego, in-
carnation of the Ego Principle — the cosmic principle of individuation — in the
human life form, is a factor in all human knowledge and understanding. Actu-
ally, in so far as all differentiated existents — including both human and non —
human life forms — in the phenomenal world are subject to the reign of the cos-

mic Ego Principle, all worldly experience, whether human or non — human, conscious or unconscious, is necessarily ego — bound. The presumption of pure or absolute objectivity and detached knowledge untouched by human interests and ego — intervention, a presumption that has been so blindly glorified and passionately entertained as the highest, intractable ideal of rational inquiry by philosophers and scientists in the Western tradition, is for us a sheer myth. The truth is that it is precisely this alleged attitude of objectivity and detachment grounded as it was on the tenacious mental habit of conceptual demarcation, objectification and externalization — and thus issuing in the truncation of the Great Flow — that is responsible for the illusion of the substantialized world in the first place.

One is not aware that the tendency towards relentless demarcation and intellectual objectification and externalization is itself a human interest, prompted or driven by a need of the ego. More to the point, substantial entities are created by the intellect as the result of a profiling delusion that the ego consciously or unconsciously projects its own self — image onto the concrete reality of the dynamic plenum. They are conceptual parasites of the Great Flow originating from the ego centers of the human life form which owe their continuous existence by feeding on its own objectifying cravings, cravings of a concentration of power concrescence insistent on its own persistence and perpetuation — in brief, the compulsion of a hard — pressed ego in response to the field — topological circumstances or conditions of its finite existence. But the Great Flow is not an object, not a substantial entity, and neither can we perceive or apprehend it in a distantiated position of an out — sider or spectator. No, as enduring centers of empowered activity in the continuum of power concrescence, we are inextricably situated in the plenum field, being each a topological determination of its dynamic reality. "We murder to dissect," writes Wordsworth. To the extent that the truncation of Reality by the human life form is grounded on an existential necessity, falsification seems to be the price we have to pay for our individuation.

But before we move on to fathom the quintessential depth of the human psyche and its ego propensity so as to locate the existential roots of substantialism and the entitative orientation that leads to the truncation of Reality — the underlying theme of Field — Being hermeneutics, to which the above discussion was meant to be only a preliminary introduction, it may be profitable at this point to pause for a moment for a conceptual clarification of some of the key terms in our basic vocabulary, a task we consider indispensable for an adequate understanding of Field — Being philosophy. Above all, the term and notion of empowered activity and its closely related concepts must be elaborated at some lengths if the ontological foundation of the Field — Being approach is to be properly grasped and appreciated.

For Field — Being philosophy, as the readers must have already surmised by now, is all about empowered activity, which explicitly or implicitly is the subject matter of all Field – Being discourse. Indeed, the Field – Being vocabulary is fundamentally a vocabulary of empowered activity – the root conception from which every term or expression in any Field – Being discourse is in some sense either an explication or a derivation. In short, Field – Being philosophy is at bottom simply a predication of empowered activity. And into the Meaning or "Aboutness" of empowered activity all meanings and thoughts are dissolved! But let us observe immediately here that this is not for us a mere terminological or linguistic matter nor a mere conceptual matter (if there were such a thing to begin with), as has been the common bias of many, if not most, of our contemporary language – oriented philosophers.

No, the predication of empowered activity is for us primarily a matter of experience, and only secondarily a matter of language——that is, to the extent that experience is articulated and structured in language. For Field – Being language is itself an aspect of experience: it is a factor given in experience and not separable from it. And the Meaning and Aboutness that we have in mind is just what is perspectively revealed to us in the self – presencing of the Great Flow and the Let – Be – the Experience of all experiences that sustains all language and speech. This, readers, is Field – Being in its Truth.

Let us elaborate. When we speak of empowered activity then, we think of empowered activity as experienced or as an experience – indeed, the core or quintessential experience that lies at the heart of all other experiences. But what is the nature of this experience, this quintessential experience? Just what is experienced in the quintessential experience of empowered activity? The answer, as the readers must have already surmised, is this: it is fundamentally the experience of an activity that is at once self – reflexive and articulate——or, alternatively stated, the experience of a power that reflexively articulates itself. The internal connection between power and activity as obviously intended by the expression "empowered activity" is absolutely crucial here. For although the connection is not sufficiently explicit in our ordinary usage of the terms, their mutual connotation is always in the background in our linguistic consciousness. It is about time that this important connection be consciously entertained in earnest, at least for our purpose here. But then "empowered activity" would sound somewhat redundant, as we have hinted earlier. For power is simply the ability of activity to express itself in an appropriate form, to produce effects, to make a difference – in short, to do what it does. There can be no separation of activity from its empowerment, and empowerment is necessarily the empowerment of activity. And empowerment, as we understand it, is a matter of power concrescence.

Once again, the universe is for us not a collection of substantial entities, but a dynamic plenum of empowered activity – a field of power concrescence. It is in their respective concentrations of power concrescence that the myriad enduring centers of empowered activity in the world are marked off from each other. A galaxy or star or planet in our solar system is a concentration of power concrescence, and so is a subatomic particle, a rock or mountain or river, a cell or tissue or organ, the body of a living organism large or small, a blow of the wind or a hurricane, a building or road, a supermarket or social gathering, a feeling or sensation, an act of the will or thought, and so on, and so on – the list is, needless to say, endlessly. From the Field – Being standpoint, the distinction generally entertained between beings, things or objects, events and states of affair are relative and in the quintessential sense arbitrary. Quintessentially, all we see in the universe is nothing but a field –. topological landscape of empowered activity, differentially punctuated by infinitely various concentrations of power concrescence. All worldly existents, finite and transitory, undergo perpetual change and transformation: An enduring center comes into existence when a certain kind of power concentration is formed. It endures or lingers for a limited duration as long as the concentration that sustains it persists. Once the concentration is dispersed, an enduring center is no long a center with the same enduring identity. This is our vision of the world; this is the picture that the radical dynamic actionalism of Field – Being presents.

The point is, neither the Great Flow or dynamic plenum in its undivided wholeness nor any of its topological detem inations can be objectified. The alleged separation or distantiation between subject and object conceptually posited in an act of experience or perception is a profiling delusion brought about by the alteric image – projection of a self – confining ego. The idea of an independent, separable and separated "other" entertained in an occasion of experience is not a truth of experience, but is rather created by the ego – prompted intellect as a projected image of its self – confinement. The truth is, there is no separation between subject and object at all, for there are no independent subjects and objects to begin with. What Field – Being phenomenology and epistemology takes to be the primordial truth of experience is that all perception and understanding is a function of quintessential tactility. To perceive or understand is "to be in touch." Experience is indeed definable as the tactility or "in – touchness" of activity, that is, of quintessential or self – reflexive articulate action. Since activity is self – reflexive, it is always in touch with itself; and the "in – formation" that is experienced or felt in the quintessential act of being in – touch is none other than the articulate content of the self – reflexion. Different types of experience then are different modes of in touchness – as, for example, classifiable according to the normal classification of the five senses. Actually, there are as many tactile modes as there are senses or organs of reception in the experiential constitution of life forms or enduring centers of activity. In the Field Being theory of experience, perception or understanding is treated as an "event of apperception" in which an enduring center of activity or concentration of power concrescence brings its own perspective of existence to bear on the world or any determination in the plenum field which happens to be the focus of its attention. Thus conceived, the essence of apperception is "perspectivation," the operation of "bringing a perspective to bear" which constitutes for us the transcendental condition of all experience, perception and understanding. This is not the "transcendental" in the Kantian sense, definable in terms of the allegedly universal and objective categories of understanding as the subjective conditions of experience and scientific knowledge. In the Field – Being sense, the "transcendental" in this context is applicable to all enduring centers of activity, not confined to the human life form – not to mention the self – enclosed subjectivity of a self – conscious ego. All concentrations of power concrescence apperceive and bring their own perspective to bear on the world or their focus of attention. And they each "punctuate" the world and their objects of attention in the light of their respective perspectivity, that is, by organizing or structuring their experience according to their habituated forms of appropriation and evaluation, including the Kantian categories as a special instance. This "punctuation of attention," which accompanies every act of perspectivation, is invariably conditioned by the demands and cravings of the ego – center of power concrescence as the agent of individuation inherent in every worldly existence. There is no experience or knowledge or understanding that does not bear an image of the ego.

Now an occasion of experience in which an enduring center perspectively apperceives the world represents really a fusion of power concrescence. But a fusion of power concrescence is itself a form of power concrescence, out of which a new center of activity is born. This new center of activity is none other than the event of apperception itself, which endures as long as the act of perspectivation endures. What should be noted here is that the participants in the event which become the components in the dynamic fusion forming the new concentration of power concrescence, are not confined to the percipient center – the subject who apperceives – and the focus or object of attention, the recipient center that bears the front of the subject's perspectivationon, but include all the concurrent centers of activity in the plenum field which have directly or indirectly contributed to the overall character of the new formation, that is, as determining or conditioning factors or elements in the apperceptive event in process of self – becoming. Although some of the factors or elements may be for a certain purpose recognized as more decisive or significant than others, they are all ontologically equal in their participatory contribution to the event. In Field – Being ontology then there are no "accidental attributes" as subscribed to by the Aristotelian Scholastic tradition of Western metaphysics. When I see an apple on a dining table, my perception of the apple depends for its overall character not just on myself and the apple, but also on everything else in the room which has in some sense contributed to the perception in question – for example, the table, the floor, the lighting condition, and so forth. Actually, what has in some sense contributed to the perceptive event is not confined to the things (or beings) in the room which have surfaced in the arena of my awareness or consciousness, but must include everything else in the entire antecedent universe which forms the infinite background of my field apperception. This is how the term "apperception" – short for "field apperception" – is used in

Field — Being phenomenology and epistemology, that is, as the holistic back-
ground experience that accompanies and envelopes every perception or focal
awareness. Needless to say, much of our apperceptive field experience is un-
conscious. The arena of consciousness which the substantialist ego — center so
arrogantly identifies as the sacred niche of its being is no more than a minute
bubble that lights up and surfaces for a little, little while on the Great Ocean of
Becoming.

And yet the equation of experience with conscious experience or subjectivi-
ty with consciousness — the distinguishing mark of the modem mentality, is pre-
cisely the colossal bias that that has plagued the dominant strands of philosophy in
the western tradition since Descartes. Ever since Descartes baptized truth in the
name of the Cogito and the alleged certainty of "clear and distinct" ideas, all
modem philosophy — whether it belongs to the rationalist, empiricist, or idealist
tradition — is at bottom a philosophy of consciousness.

And contemporary phenomenology has developed this subjectivist bias to its
logical conclusion. From the Field — Being standpoint, the fallacy of subjectiv-
ism arises from a two fold failure: one pertains to the nature of actional experi-
ence and empowered activity and the other to the psychological basis of its self —
confinement. The subjectivist philosopher fails to see that consciousness is not a
substance, nor a self — enclosed and autonomous domain of existence, but rath-
er a function of actional experience, an aspect or moment of empowered activi-
ty. More precisely, consciousness is simply the self — reflexive transparency of
self — reflexive articulate action, a function and measure of the complexity and
concentrated intensity of empowered activity in its "neumenal inwardness" —
the inner dynamics of reflexion and articulation. Hence, there are as many
modes and degrees of consciousness, which determine the mentality or experi-
ential constitution of a life form, as there are modes and degrees of self — reflex-
ive transparency. The mentality of a human being differs from the mental
make — up of an ameba because there is a difference in the complexity and con-
centrated intensity of power concrescence between them. But mentality is not a
substance; the soul or mind or mental constitution of a life form is not to be un-
derstood in terms of an entitative composition, as the substantialist "faculty psy-
chology" in Western thought would have it. The conventional distinction of
sense perception, memory, imagination, understanding, reason, volition,
affection, and so on in the language of mentality employed in Western thought
must be thought of primarily as a functional differentiation — and not a structural
demarcation. The mind in general — and the mind of the human life form in
particular — is not made up of separate departments or faculties. In the Field —
Being theory, all distinctions pertaining to mental constitution are functional dif-
ferentiations of field apperception——the · holistic mental power of a life form
determined by the complexity and concentrated intensity of its power concres-
cence. The mind then is for us but a more common name for the power of
field apperception. Here one perceives ( touches, sees, hears, tastes, and

smells) apperceptively, remembers and imagines apperceptively, feels and wills apperceptively, and understands and reasons apperceptively.

And in performing these various acts of apperception within the limits of our mental constitution, we are acting out of the inner dynamics of power concrescence according to the givenness and circumstantiality of our field experience, the in — touchness that binds us as an enduring center of activity to the concurrent and antecedent universe. The inner dynamics of power concrescence as operating and dispensing in the mental constitution of an enduring center or life form is what we mean by the "self" The "self" in the Field — Being sense of the word then is not a mental substance, a fixed, ready — made or permanent substrate or entity. It is simply the inner dynamics in and through me, that is, in the enduring center of empowered activity or concentration of power concrescence that I am. And all selves in the Field — Being universe are interdependent or co — dependent with one another in their experiential unity of field apperception by virtue of the universality and all — pervasive efficacy of the inner dynamics — which is, in the final analysis, the inner dynamics that defines and constitutes the holistic field action of the dynamic plenum. Thus conceived, the self is to be distinguished on the one hand from the mind, and on the other, from the subject, the soul, and the body. These terms — mind, self, subject, soul, spirit, and body — seem to be the most common names we give to our human life form when the 'I' of the enduring center is spoken. Thus far, we have identified and discriminated the first two in terms of the distinction between the holistic power of field apperception as a function of the complexity and concentrated intensity of power concrescence which gives the mind its self reflexive transparency and the inner dynamics of power concrescence operating and dispensing in its mental constitution which defines the meaning of selfhood. But how about the soul, spirit, and body of the human life form in terms of which the "I" of the enduring center may also be invoked?

In the Field — Being conception, the subject is the reigning power in the politics of experience. It is not the self as such, the inner dynamics that operates and dispenses in the mental constitution of a life form, but is rather the particular strain of power concrescence that arises from potential of the self and mind that has become dominant in the enduring center at a given time or moment of its worldly existence. To be more exact, the subject is the de facto agent of perspectivation — the power that brings its own perspective to bear on the focus of attention and on the world in an event of apperception or occasion of experience. When I see an apple, the "I" or subject of the perceiving act is not the self or mind that I am, but the strain of power or power state that happens to dominate my life at the moment of perception. It is this dominant percipient "I" at the moment with all its characteristic mental traits or habits that is the subject of my perspectivation — the power that imposes its perspective on the apple and the world from its own standpoint.

But all perspectivation is, in the final analysis, an act of appropriation: the subjectivity of a subject is ultimately a matter of soul, that is, a self in so far as it is directed in its inner dynamics by the will or appetition to appropriation — the all — pervasive impetus of power concrescence governing all life forms. Thus conceived, this impetus or inner love of appropriation, as we shall call it, must be recognized as the supreme principle of motivation for Field — Being. The Field — Being universe, the plenum of empowered activity, is a motivated Reality; Life is drama of appropriation teleologically directed towards the satisfaction of inner love. And what exactly do we mean by appropriation here? Simply stated, appropriation consists in the conjugation of power and form procuring the quintessential rightness or propriety of empowered activity. All life forms or worldly existents are perpetually engaged in matters of soul, being prompted and directed by a double — sided craving — a craving for form adequate for its power and a craving for power adequate for its form. The coordinated or conjugated endeavor and achievement of empowered activity in procuring the quintessential rightness of power and form is what we mean by appropriation. Since the satisfaction of the double — sided craving is a necessity indeed the most fundamental necessity — of all empowered activity, the inner love of appropriation is the Need of all needs, upon which depends the quintessential livelihood of all worldly existents. The Life — Drama is an unending drama of soul that is always in need of satisfaction.

Now where there is soul, there is spirit — the effluence of energy and experience that bears the imprints and inscriptions of inner love. As the concrete vehicle of soul in the mental constitution of a life form, the spirit is the all — rounded agent of appropriation serving as the apperceptive interface of mind, self, subject, and soul. All behaviors and operations of a life form or enduring center of empowered activity are pervaded by the effluence of the spirit. It is indeed the spirit in us, acting on behalf of the inner dynamics in relation to the topological circumstances of our existence, that we constitute in our perspectivity a "window of the world." And yet the spirit is not separable from the body — the physical or material organization of a life form.

The terms "physical" and "material" have a special meaning in the Field — Being vocabulary. The word "physical" is derived from the Greek word physis, whose verbal stem means to arise, to emerge, to grow. What physis primordially signifies, as we see it, is the externalization of power concrescence that is intrinsic to the quintessential nature of empowered activity. All activity externalizes or objectifies itself by virtue of its power to produce or generate effects. Just as a life

form or enduring center of activity is mental in so far as it is directed by the inner dynamics of reflexion and articulation which constitutes its neumenal inwardness, so the same concentration of power concrescence is physical by virtue of its productive or procreative efficacy. Every activity or operation of a life form leaves an "effective trail" — trail of effects — in the world as the sign and testimony of its self — externalizing power, a power that is as much physical as it is mental. The "body" in the Field – Being sense of the word is the "external-ized self" of power concrescence – that is, the organized totality of effective trails attributable to an enduring center of empowered activity. Every life form or enduring center as a concentration of power concrescence is an "embodied" existence by way of self – externalization. The way a concentration of power concrescence externalizes itself by virtue of its physical efficacy is very much like the way a silkworm ( or larva ) externalizes itself in the formation of the cocoon – the silky case that becomes the external self or objectified body of the silk-worm. And just as the cocoon is an organization of the silky threads that the silkworm spins out from its internal substance in the formation of the silky case, so the external self or objectified body of a life form or enduring center is an or-ganized totality of the effective trails of its procreative power. This is what we had in mind when we spoke metaphorically earlier of the cocoonization of pow-er concrescence as the perpetual engagement of empowered activity. The intri-cate and interesting questions that we must now post to ourselves are: What is the purpose of the cocoonization – the externalization of empowered activity procuring its embodiment? What can be said about the relation between a life form or enduring center and its externalized self or objectified body, its "co-coon"? What functions does the objectified body serve in the self – relatedness of a life form and in its apperception of the world?

The general answer to these questions can be rather decisively put. The cocoonization or externalization or embodiment of empowered activity belongs to the internal necessity of self – reflexive articulate action: it is the way empow-ered activity expresses and perpetuates itself. The effective trails of an enduring center which collectively form its objectified body are at once the medium or ve-hicle of its self – perpetuation and the outward expression of its quintessential or self – reflexive articulate power. This is what we intend when we speak of the "material" or "materiality" of the objectified or, if you will, the cocoon body. Understood in the Field – Being sense, the two terms refer to the effects or effective trails of empowered activity in so far as they function as the medium of self – expression and the vehicle of self – perpetuation. This then is the rela-tion of an enduring center to its external self: the objectified or cocoon body is the material niche of its quintessential need – the need of empowered activity to express and perpetuate itself as the internal necessity of its self reflexive articulate power.

But how does an enduring center or concentration of power concrescence expressively perpetuates itself? Or, what are the fundamental avenues for the sat-isfaction of the quintessential need? Again, the answer is not difficult to find; it lies readily in our experience of ourselves as enduring centers of empowered ac-tivity, as the concentrations of power concrescence that we are. In spite of the variety or diversity of needs that we may associate with a life form, what an en-during center intrinsically and habitually strives to satisfy or fulfill consist just in the two – fold interests of quintessential necessity: the "centripetal interest" or need to expand and the "centrifugal interest" or need to consolidate. Every concentration of power concrescence seeks to perpetuate itself either by way of self preservation or by way of self — expansion — or, as indeed characteristic of the teleology of all life forms, by both. Every enduring center seeks to preserve and enhance the cohesiveness or solidarity of its power, to maintain the concentrated integrity of its worldly existence as a differentiated concentration. At the same time, it seeks to propagate its power and influence beyond itself, to impose its will or impetus of empowerment on the enviromnent at large that is, on other enduring centers in the world. The satisfaction of both the centrifugal and centripetal interests or needs depend on the physical reality of the cocoon — body serving as the "material base" for a life form or enduring center in the preservation and expansion of its power — that is, once again, as the medium and vehicle of self — perpetuation.

And that is precisely the way worldly existents under the dictate of the Ego Principle appropriate themselves. The Ego Principle, which stands for the cosmic necessity and compulsion of differentiation, is the principle of individuation in Field — Being. The Ego compulsion is working behind all life forms or enduring centers in so far as they are differentiated or individuated existents in the world; the impetus of self — perpetuation is the direct incarnation of the Ego Principle. It turns out that the centrifugal and centripetal interests of a life form which define the pivotal polarity of its quintessential need are also the primary forms of inner love. The conjugation of power and form in the self — appropriation of worldly existents as enduring centers of empowered activity is necessarily in the grip of the Ego Principle: they individuate themselves around the pivotal polarity of self perpetuation. Thus, in so far as a life form or during center is acting under the dictate of the Ego Principle, the enduring center becomes ego or ego — center. Self — appropriation now has the meaning of ego — appropriation.

We are now in a position to throw light on a query that must have already puzzled our sensitive readers in following our exposition up to this point. The query and puzzle has to do with our conception of the objectified or cocoon — body. We have conceived the objectified body or external self as "the totality of effective trails attributable to an enduring center of empowered activity" functioning as the medium and vehicle of self — expression and self — perpetuation. Clearly, this is not the "body" we claim to be our own, the body which constitute the concrete reality of our physical existence, the warm seat of our consciousness and personality which we all too readily identify as our very concrete being. In a sense, the puzzle is quite justified. For the objectified body, conceived as the totality of effects a life form or enduring center has produced, is certainly much larger than the "own body," as we call it, which we normally claim to have or be. Since all life forms and enduring centers are intertwined and interrelated in their power concrescence in the plenum field, the effective trails and objectified body of a giving center are co — extensive with the Field —

Being universe. And yet we do not — at least not normally — identify the uni-
verse as our own body. Indeed, in our ordinary experience of ourselves as an
individuated existent, we hardly pay much attention to the consequence of our
behavior or action, let alone the distant effects of our ego — centered activity.
In other words, although the objectified or cocoon body is authentically our
own, we are only interested in our own body as the focus of our attention and
appropriation. And this lack of responsibility that a life form entertains towards
its objectified body is typical of all worldly existents, as long as it is in the grip of
the Ego Principle. The privileged status enjoyed by the own body is an index of
the self confinement of the ego — center.

In one sense, this ego self — confinement in the self — appropriation of a life
form is not a matter of choice, but the manifestation of an internal necess-ity —
a response, more specifically, to the compulsion of karmic matter embedded in
its power structure. By "karmic matter" we refer to the mass or aggregation of
dissipated energy and experience immanent in the effective trails of empowered
activity — in short, the power of effects or objectified or externalized action.
Karmic matter is the matter or material of "karma" here understood not in the
traditional sense attributed to the term in East Asian thought, but simply as the
accumulated totality of effects produced or generated by empowered activity.
Thus conceived, karma and karmic matter is what determines the immanent
power structure of a life form: it is what an enduring center inherits from its en-
vironment or objectified world. The concentration of power concrescence that
dynamically constitutes the concrete reality of a life form is partly a "karmic con-
centration," a concentration of dissipated energy or aggregation of karmic mat-
ter, forming the physical side of its field givenness or heritage.

The internal necessity of a life form comes from the compulsion of karmic
matter. For embedded in the karmic matter of empowered activity is the con-
summated or objectified reality of the past constitutive of the "immortal establish-
ment" of the Field — Being universe, which we shall call the "field earth." And
karmic heritage, the material source of the internal necessity that must be con-
fronted by every life form, is essentially a heritage of differentiated forms and ha-
bituated modes of articulate action that consummated activities in their "objective
immortality," to borrow a Whiteheadean phrase, have bequeathed to the
world. The internal, karmic compulsion is thus a compulsion to conform to
the habituated or established modes of conduct embedded in the objectified real-
ity — that is, in the dissipated energy — of the past. It represents the power of
the (already) individuated world: karmic conformation belongs to the material
side of individuation.

In so far as a life form is materially determined, it is compelled by the in-
ternal necessity inherent in its karma to repeat the past, to conform to what is
predominantly given to it by the immortal establishment — that is, to reproduce
itself according to the differentiated forms or habituated pattern of behavior em-
bedded in its karmic constitution. This is how a life form as an enduring center

of empowered activity endures. Endurance is a function of karmic conformation and procreative continuity with the objectified reality, to which an enduring center or life form owes its relatively permanent or stable character. A human being continues to be a human being; a smoker continues to smoke; a moving body continues to move without change of speed or direction. Needless to say, if empowered activity were determined entirely by its materiality or karmic heritage, the universe would be a scene of eternal inertia in which all life forms or enduring centers were doomed to an endless repetition of the same. But that, of course, is not the way we experience and envisage it. The universe of empowered activity as revealed to us is a universe of dynamic change, a plenum field of power concrescence in which multiple centers of empowered activity are engaged perpetually in an enduring process of procreative repetition and creative transformation – the conception of "dynamic change," in which the introduction of novelty is an essential component. And creative transformation is possible because karmic matter is not the only source of empowered activity; karmic constitution represents only the material side of dynamic constitution. Life forms or enduring centers are not merely karma – bound, but are also spiritually vibrant by virtue of their respective transcendental endowment – the other source of power in the dynamic constitution of empowered activity. The term "spiritual" in this context refers to the unobjectified, undifferentiated effluence of pure potency – an undifferentiated continuum of pure energy and experience – that defines the concrete reality and movement of power in the state of pure self – reflexive articulate action. Thus conceived, the flow of pure potency, the potency or power of pure action, is by definition not karma – bound: it is energy without karmic matter and experience without karmic memory.

Just as empowered activity in the world is determined on the material side by the internal compulsion of its karmic heritage, so on the spiritual side it is prompted by the pure vitality of its transcendental endowment – which, to anticipate, is a gift of the Actual fudefinite, the transcendental reality from which all life forms and worldly existents primordially originate. To be more specific, the spiritual source or transcendental endowment of a life form or enduring center consists in the sublime overflow of the Actual fudefinite that becomes warped and dirempted (separated) by karmic matter at the moment of fate marking the primordial beginning of its dynamic constitution – that is, the initial concentration that determines the procreative – creative potentials of the life form or enduring center as a differentiated or individuated worldly existent. Just as in the fetus of a human being or kangaroo is contained respectively the procreative – creative potentials of a human being or kangaroo, so generally in the initial concentration of power concrescence determined by the karmic warp at the moment of fate is contained the primordial givenness – an apportionment of potency in the field potential – of a life form or enduring center in its dynamic constitution. Just as we identity the field earth as the immortal establishment of Field – Being consisting in the karmic matter or objectified power of activity imposing its compulsive necessity on the world on the material side, so we may speak of the field heaven in terms of the sublime overflow of the Actual fudefinite, what determines for a life form or enduring center the spiritual side of its dynamic constitution. What concretely happens at the moment of fate is the dynamic union of pure potency and karmic matter – a union of the field heaven and the field earth in the proper beginning of a worldly existent.

Needless to say, the concepts of heaven and earth employed here as metaphors standing respectively for the spiritual and material states of empowered activity must be grasped strictly in the Field – Being sense, not to be confused with their traditional or conventional usage. Just as the "field heaven" is not the sky, nor the celestial orbits of the planets, nor the abode of the gods and angels, but, let us repeat, a state of pure action and pure potency, an affluence of power concrescence originated from the sublime overflow of the Actual Indefinite, so the "field earth" is not the planet earth, the abode of our human and other life forms that are familiar to us, but the state of karmic matter and dissipated energy constitutive of the immortal establishment in the field plenum. It is in the polar dynamics between the spiritual and the material sides of empowered activity – between the field heaven and the field earth, between the transcendental overflow and the immortal establishment, between pure potency and karmic matter, between the undifferentiated and the objectively differentiated – that we define the "primordial realm" of Field – Being: the realm of the field potential.

The polar dynamics that we spoke of manifests itself concretely in a functional continuum of diremption, nodalization, individuation, and objectification involving an endless transformation of quintessential power between the two poles of heaven and earth – a "wholesome chaos," as we may so characterize it, that constitutes the primordial realm or realm of the field potential as a "twilight zone," so to speak, of empowered activity. The four concepts designated, respectively, by the terms "diremption," "nodalization," individuation, and "objectification" are absolutely crucial for an adequate understanding of Field – Being cosmology. For the sake of exposition, let us give them a brief definition and preliminary explanation as follows:

1. Diremption: the emanation of the sublime overflow from the Transcendental marking the beginning of the field heaven

2. Nodalization: the generalization of nodal formations as the interferential effects of the sublime overflow – the primordial karma or karmic matter – which marks the beginning of Nature in the emergence of the field earth from the field heaven

3. Individuation: the birth of worldly existents – differentiated life forms or enduring centers as finite concentration s of power concrescence – in the dynamic union of the field heaven and the field earth at the moment of fate, a process defined by the warp of pure potency by karmic matter

4. Objectification: the extemalization of empowered activity ( cocooniza-

tion of power concrescence) in the production of effective trails (objectified body) and worldly karma contributing to the transformation of the field earth

This fourfold structure of the polar dynamics underlying the primordial realm of the field potential－hence "the primordial fourfold" or "the fourfold of the wholesome chaos"　－is the backbone of Field－Being cosmology. It is what constitutes the Great Flow or Great Ocean of Becoming as the affluence of "quintessential samsara," that is, the incarnation and re－incarnation of empowered activity in the individuation of worldly existents brought about by the perpetual transformation of quintessential power, the power of self－reflexive articulate action. The Life－drama, the drama of appropriation, is essentially set on the stage of the quintessential samsara. And yet the affluence of the quintessential samsara is only a mirage in abstraction from its infinite background, from the all environing flow of pure action and pure potency which is the sublime reality of the Transcendental－of the ultimate activity in its Radical Nothingness.

Field－Being cosmology is at heart a narrative of the Life－drama as it unfolds itself on the stage of the quintessential samsara. The relation between cosmology－that is, philosophical cosmology－and ontology is this: whereas the former concentrates on the construction of the dramatic narrative or script in which the Life－drama is to be linguistically captured, the latter devotes itself to its Being, that is, to the presencing or unfoldment of the Life－drama itself, thus providing the quintessential Vision whereby the dramatic narrative may be successfully constructed. Both the ontological and cosmological tasks are, furthermore, subsumed under the umbrella of the all－inclusive Field－Being discipline or form of Dao learning that we have elsewhere called "meta－aesthetics." As the supreme art of appropriation carried to the limits——or philosophy in the Field－Being sense, meta－aesthetics is the "existential dramatics" of the Life－drama in which both the cosmological narrative and the ontological vision are self－referentially and existentially brought to bear on the perspectivity of the life form of the narrator－of the human Dasein in which the narration is a form of appropriation. Thus conceived, meta－aesthetics is metaphysics in the Field－Being sense, which must be sharply distinguished from the traditional metaphysics in the Western European philosophical tradition. In the New Metaphysics of Field－Being, there can be no separation between theory and practice, between the vision and the act of perception, or between the narrative and the narration. All vision and narration are field－topological determinations; and as such, they are intrinsically perspectival and context－bound. Nothing is more mythical for Field－Being than the idea of a detached perceiver or observer.

Let us elaborate. Just as the water in an ocean constitutes the substantial plenitude of the ocean and is the source of all ripples, waves and other differentiated forms of movements that appear or may appear on the ocean surface, so pure action and pure potency is the quintessence of the plenum field, the all－

pervasive and nurturing ground of all individuated beings and things – all life forms or enduring centers of activity – in the world. This undifferentiated continuum of pure action and potency considered in itself – that is, apart from its dynamic, worldward overflow, we term the "Radical Nothing," a "No – thing" that is the Root (radical) of all things. The relation between the Radical Nothing and the world then is, metaphorically stated, the relation between the Root and its ramifications, the emanations which, beginning with the O-verflow as the primary ramification, arise directly or indirectly from the Root, or the Transcendental.

Let us observe immediately that the Radical No – thing is for us not a concept of absolute voidness, a sheer nothing, but is the notion of an extraordinary state of activity – the state of pure self – reflexive articulate action that defines for Field – Being the most sublime reality. This most sublime reality, to anticipate, is none other than the ultimate activity in the inner dynamics of its self – reflexion and self – articulation – of empowered activity in its ultimate neumenal inwardness. Ina nutshell, the inner dynamics as the ultimate neumenal inwardness is the dynamics of the ultimate activity in its pure self – reflexivity, of which the Actual Indefinite is its immediate and spontaneous articulate expression. If we let the letter Q stand for the ultimate activity, and the notations "Q. Q" and "AID" stand for, respectively, the pure self – reflexivity and the articulate expression of Q, or the Actual Indefinite, then the transcendental realm of Field Being defined by the inner dynamics of the Root, the Transcendental or Radical Nothing maybe symbolically captured as follows: Q. Q {AID}.

Note that in this notational expression – designated as the "quintessential" or "transcendental schema" – both the dot in Q. Q and the bracket serve a very important symbolic function. Whereas the dot in Q. Q, what we call the "awesome interface," is intended to symbolize the inner dynamics of the ultimate activity in its pure self – reflexivity, the bracket that follows, standing for our notion of the "transcendental horizon," serves to accentuate the articulate expression that arises from the self – reflexive action. What is implied here is that the transcendental horizon is not separable from the inner dynamics; for the articulation is the immediate and spontaneous expression of the reflexion on the part of the ultimate activity as quintessentially a self – rounding or self – environing action. Q. Q: the ultimate activity reflexively and articulately acts upon itself——that, in the inner dynamics of self – reflexive articulate action, is what is quintessential about the sublime reality of the Transcendental. Here then implicit in the quintessential or transcendental schema is the locus of the divine or holy in Field – Being theology. The ultimate neumenal inwardness is the niche of the divine artistry of self – reflexive articulation – the artistry of the inner dynamics – whereby the Transcendental in its Radical Nothingness appropriates itself.

The Transcendental – the ultimate activity in itself as conceived in terms of the quintessential schema – is inexhaustible in power, seamless in form, and strainless in expression. It is "inexhaustible" in power because there is no end to its self — reflexive articulate action. It is "seamless" in form in the sense that the ultimate activity is in itself a functionally indivisible whole, and not a structural totality which can be decomposed into an aggregation of differentiated forms and parts. And finally the Transcendental is "strainless" because it is a frictionless continuum of activity, being unconditioned or unlimited by external constrains and completely devoid of internal obstructions. The sublime or divine overflow, the effluence of pure potency which emanates from the transcendental realm as the first ramification of the Root, is the natural or spontaneous offshoot of its seamless perfection and strainless freedom: it is the quintessential consequence of the ultimate activity by virtue of the inner dynamics of its self — appropriation. The sublime overflow is a divine necessity of appropriation on the part of the Root, of the Transcendental in its Radical Nothingness. In the Field — Being vision, the world with all the myriad life forms and enduring centers sojourning therein is enveloped and immersed in the pure vibrancy and all pervasive effluence of the divine overflow, much as the surfacing ripples and waves are in the pervasive grip of the generating and sustaining power inherent in the internal movement of the ocean water. If the Transcendental is the ultimate activity in itself, the Overflow, as its primary ramification, is the ultimate activity for the world. With a slight modification, the Field — Being conception of world as the totality of the quintessential ramifications of the Transcendental, may be given in the following notational schema, aptly called the "world schema:" Q. Q $\{f(OVF)\}$. What is bracketed in the above notation, which means conceptually what manifests itself within the transcendental horizon (represented by the bracket) within the ultimate activity, is the articulate totality of world conceived as a function of the primary ramification — that is, the Overflow, represented by f (OVF).

The determination of the world as revealed to us in our momentary ordinary experience — the rising and ebbing scenes of beings, things, events and states of affairs that emerge in the stream of consciousness — are but an infinitesimal segment of the world body, the karma or cocoon body of the world, soaked in the self — reflexive transparency of pure action. My karma body — my cocoon body or externalized self — is not only continuous with the world body, but is in reality an integral part of its dynamic constitution. This is so because the effective trails of my existence in the world as a locus of empowered activity the totality of effects which makes up my objectified self — are in no way separable from the effective trails attributable to all the other enduring centers of activity in the plenum.

Indeed, my karma body is simply a dynamic perspective of the world body, the universal matrix of karmic matter sustained and waiting to be re — activated by the pervasive power of pure potency.

But, once again, the karma body is not the own body, the body that an ego or ego center claims to be its own in response to its need of self — confine-

ment.  When I speak and act out of my interests anchored in the own body and
thus in abstraction from my karma body, I do so as an ago, and not as a "field
individual," or a life form that is mindful of and takes responsibility for its karma
body and the karmic ramifications of its empowered activity.  As such, field in-
dividuals are also transfinite subjects.  In the language of Field – Being, the two
terms "field individuals" and "transfinite subjects" are distinct but intimately re-
lated in meaning, both referring to the empowerment of life forms in aspect of
the possibility of their self – transcendence.  Whereas as a field individual a life
form is mindful of the reality of its karma body and takes responsibility for its
karmic ramifications, it is as a transfinite subject that it becomes conscious of its
groundedness and indebtedness to the Root, the Transcendental – that is, con-
scious of its transfinite connections.  "Transfinite" means, from what is finite to
what transcends the finite.  Field individuals are transfinite subjects because they
are not ego – bound to the need of self – confinement, but, in being responsi-
ble for their karma bodies, are self – open to the infinite background its worldly
existence – to the primordial powers of heaven and earth and ultimately to the
sublime reality of the Root, the Transcendental.

While as ego – bound life forms are subject to the dictates of the Ego Prin-
ciple, the principle of individuation governing all worldly existents, they are in
their self – openness and mindfulness of their transfinite connections fellow par-
ticipants in the Force, the Field Principle that binds the all to all in the field uni-
ty of the universe.  In the Fellowship of the Force, the consummate interest of
a life form is not a matter of individual perpetuation, but a matter of universal
self – transcendence.  The Life – drama or drama of appropriation, the story of
life forms as enduring centers of activity – the one underlying theme of Field –
Being cosmology, is thus a play of two opposing forces, the Ego Principle and
the Force, or the Field Principle.  But are they really opposing forces?  No.
For what we call the Ego Principle is itself derived from the Field Principle;
what the former represents is the necessity of individuation inherent in the intrin-
sic nature of empowered activity.  The fact of individuation is integral to the re-
ality of the dynamic plenum.

The Life – drama begins with the self – appropriation of the Root, of the
ultimate activity in its Radical Nothingness, the supreme reality of pure action
and potency constitutive of the transcendental realm of Field – Being.  The ulti-
mate activity reflexes upon itself and in the neumenal inwardness of the Supreme
Meditation, the Actual Indefinite arises naturally and spontaneously as its articu-
late manifestation – the non – dirempted or undifferentiated continuum of em-
powered activity that is seamless in form and strainless in expression.  The Actual
Indefinite is seamless because it is without parts ( non – dirempted ) : it is not a
structural whole but a purely functional totality that is incapable of division into
differentiated parts, factors or components.  And the Actual Indefinite is said to
be strainless in expression because, being completely self – determining in the
dispensation of its power, it functions naturally and spontaneously without ex-

ternal constrain. Now what is seamless is perfect, and what is strainless is free. What we have referred to earlier as the Great Flow is at bottom none other than the sublime reality of the Actual Indefinite, a self － empowered and self － transparent affluence of activity that is characterized by strainless freedom and seamless perfection. This sublime reality, this Great Flow of the Actual Indefinite which arises from the Supreme Meditation in the neumenal inwardness of the ultimate activity, is not only the niche of the Divine or Holy, but also the transcendental locus of Truth, Beauty, and the Good. Thought in this light, the Actual Indefinite is both the source and the supreme measure in Field － Being. In so far as all worldly existents are ramifications of the Actual Indefinite and are lured while being measured against its strainless freedom and seamless perfection, the supreme measure may also be called the " wholesome universal. " In the Field － Being scheme, " wholesomeness " is the general term for positive value; and wholesomeness or positivity is a function of empowered activity in the attainment of strainless freedom and seamless perfection.

It is in the self － appropriation of the Actual Indefinite, the wholesome universal, out of its inexhaustible power, that the divine overflow, the primordial beginning of all worldly existents, arises. Somewhat like the special position of the number 1, the first number in the system of whole numbers, that may be said to mediate between number as such and all the particular numbers that follow, the sublime overflow as the first emanation or ramification from the Root is also unique and privileged in its ontological status as the state of empowered activity that constitute the transition from the transcendental to the primordial realms of Field － Being. For as the first emanation of the Actual Indefinite, the undifferentiated continuum of pure action and pure potency, the sublime overflow is what gives rise to the differentiated determinations of primordial karma and ultimately to the individuated worldly existents of field individuals or transfinite subjects － the multiple life forms or enduring centers of empowered activity rising and ebbing in the Great Flow.

But how is that possible? What accounts for the diremptive function in the Field － Being universe which procures the differentiated from the undifferentiated? And what is primordial karma? The answer to these questions will bring us immediately to a most crucial concept in Field － Being cosmology: nodalformations as the interferential effects of power concrescence. How does differentiation come about originally? Answer: it comes about originally out of the internal interference of the sublime overflow, which gives rise to the primordial emergence of karmic matter as a concrescence of nodal formations. It is in referring to these nodal formations of the sublime overflow － the direct effects of the internal interference of the originary effluence － that we understand the term " primordial karma, " the primary component of materiality in the dynamic constitution of the field earth, the other, non － spiritual side of the field potential. Just as the field heaven is not the sky or the celestial sphere of the gods, angels, or the stars, so the field earth is not the planet Earth, the concrete abode of the human life form, but is the realm of empowered activity or sphere of power concrescence defined by the accumulated totality of karmic matter constitutive of the physical or material side of the Field — Being universe. What we must immediately observe is that the material constitution of the field earth is not confined to the primordial karma, to the nodal formations contributed by the internal interference of the transcendental or sublime overflow, but is also inclusive of the karmic matter contributed by worldly existents, of the effects of power concrescence collectively generated by the community of field individuals or transfinite subjects. Materiality then in the Field — Being sense is a function of primordial and world karmas. It is indeed in the aggregation of primordial and worldly karmas issuing in the formation of a universal nodal matrix that the field potential as a physical reality is to be determined.

The universal nodal matrix, which determines the physical or material side of the field potential, is a realm of differentiated possibilities, in which are embedded as a real potentiality, all individuated forms of empowered activity. However, since the universal nodal matrix is itself derived from the interferential effects of the sublime or divine overflow which defines the spiritual side of the field potential, materiality must be recognized as itself a function of spirituality — determinations originated from the sublime reality of the transcendental. And since the nodal formations in the universal matrix also include the karmic contributions of worldly existents, an individuated form conceived as a real potentiality is to be recognized as the joint product of the material and the spiritual, of the worldly (differentiated) and the transcendental (undifferentiated). Thus individuated forms or real potentials, which upon realization in a context of power concrescence become the character traits of worldly existents, are indices of the transfinite dynamics of empowered activity prevailing in the Field — Being universe.

An individuated form or real potential is, to be more formally stated, a possibility of character generated and evolved in the primordial realm as a configuration of the field potential. The configuration of the field potential in which the possibility is embedded is, first of all, largely but not completely a determination of the field earth or universal nodal matrix. The possibility of character is a function of the physical or material reality of nodal formations as interferential effects of the sublime overflow. It is called a "real potential" because it is a concrete reality which imposes itself upon the world both as a condition of character to be fulfilled and a force of karma or karmic matter to be reckoned with. A hurricane is about to be formed, or a smoker is about to smoke again. The real potential of the hurricane — to — be or the smoking of the smoker is already there, imposing itself upon the world as a karmic condition and compulsive power generated in the nodal system of the field earth.

But a possibility of character as embedded in the nodal matrix of the field earth remain a mere possibility until it becomes realized or fulfilled at the moment of fact and in the union of the field heaven and the field earth marked by the spiritualization of physical reality － that is, when the karmic matter of the nodal system is vibrantly activated upon contact with the effluence of pure potency forming the sublime overflow. We call the point of contact between pure potency and karmic matter, a juncture in the undivided continuum of the Great Flow, "the moment of fact" because it is the decisive moment in the Life － drama in which a life form or enduring center of empowered activity － or, for that matter, a phase in the becoming of a worldly existent － first acquires the status or identity of a differentiated matter － of － fact, or individuated reality. A hurricane is actually born; a smoker actually smokes again. The moment of fate is decisive not only because it marks the beginning of individuality for the new and nascent birth － as, in our examples, the individuality of a hurricane or of the smoking event, but also because it is the point at which life forms or enduring centers receive their original or renewed primordial apportionments of power.

Every newly individuated worldly existent receive from the field heaven its original share of pure potency which constitutes its spiritual or transcendental endowment, and from the field earth its primordial apportionment of karmic matter, the content of its physical or material heritage. This is what we have in mind when we speak of empowered activity as a concentration of power concrescence——to wit, a concentration of spiritual endowment and physical heritage. At any given moment of its life, a life form as an enduring center of activity is a dispensation of power which it acts out on the basis of its primordial apportionment or givenness.

Just as the state of empowered activity or power concrescence defined by the dynamic relation between the sublime overflow and the primordial karma is what constitutes the primordial realm of Heaven and Earth. Between the transcendental realm of the Radical Nothing and the phenomenal realm of worldly existents, the primordial Heaven and Earth is the middle field of the dynamic plenum, a "twilight zone" of empowered activity, so to speak, where, in the wholesome chaos of the field potential, all functional realities of Field Being involved in the transfinite connection interact and participate. It is also in the realm of the primordial that the naturing of Nature occurs.

In the Field － Being vocabulary, "Nature" refers to the dynamic plenum or the Great Flow in so far as it is a habituated reality. The naturing of Nature is the formation and inculcation of habits or habituated conduct in the Field － Being universe. And the original home of habituation is none other than the primordial realm of Heaven and Earth, the wholesome chaos of the field potential brought about by the dynamic unrest of empowered activity in the originary consolidation of primordial karma, that is, in the accumulations of nodal formations that generate the physical mass of Nature. Yes － that is how Field － Being understands the origin of mass as entertained by the physical sciences. In Field － Being meta physics, the objectivity and universality of the physical or material world is fundamentally a function of the naturing of Nature － a function of the habituation of nodal formations as the interferential effects of the sublime effluence. Indeed, the general and fundamental conceptuality of science including all its basic theoretical apparatus is derivable, we submit, from the Field – Being concept of Nature. It is in the reality of nodal formations that the objective origin of the concepts of physical elements, elementary particles, and physical laws as pertaining to the material aspect of empowered activity is to be located. Thus both physical elements and elementary participles – and therefore the beings, things, or objects that they compose – pertain to the difference in the modality of nodal formations and the karmic matter embedded in them. Roses are red, and violets are blue – that is because the power concrescences that give violets their apparent identity do not contain the same type of nodal formations and karmic matter as those that account for the appearance of roses. And what are the so – called "laws of nature" subscribed to by the physical scientists as the universal and objective laws? What is the meaning and origin of their alleged universality and objectivity?

The ultimate activity, also referred to as the Let – Be, is the sole metaphysical subject of Field – Being philosophy, the one source of all manifest and unmanifest reality, and of all silence and speech. Any statement or discourse is explicitly or implicitly, primarily or derivatively about the ultimate activity – hence, a predicate of the one source, the sole metaphysical subject. This "aboutness" of a predicate which expresses its internal connection to the metaphysical subject, however it is named or designated, is what we call "meaning." Needless to say, the terms "subject," "predicate," and "meaning" here are not to be taken in their ordinary or conventional sense, that is, as a mere grammatical or linguistic matter. In the Field – Being scheme, "aboutness" is not restricted to words or statements or discourse, but belongs to anything in the capacity of a sign – which, in the final analysis, is always a sign for the quintessential reality, that is, the Reality of the plenum or ultimate activity. In the Field – Being sense, the word "hurricane" is no more a sign than hurricanes. Furthermore, the "aboutness" of a sign or Field – Being predicate, as we may call it, is not something abstract, but is an integral factor of experience. Indeed, all experience is signal experience, an experience of aboutness, which means for us primarily the aboutness of activity, the aboutness of the dynamic plenum, the quintessential reality.

Now the question arises, what is the relation between a sign or predicate, which is always topologically situated in the plenum field, and the sole metaphysical subject or ultimate activity? The answer may be succinctly put: a sign is a standpoint of the metaphysical subject, an intrinsic perspectival expression of the ultimate activity. The horizon of meaning or aboutness that unfolds itself through in the presence of a sign is a perspective of the metaphysical subject or ultimate activity that belongs uniquely to that sign. It follows that the relation of the metaphysical subject to a sign or Field – Being predicate is at once transcendent and immanent. The metaphysical subject is transcendent to a sign or Field Being predicate because its reality and meaning is not exhaustively given or revealed to any particulate standpoint or perspective: there are as many perspectival revelations of the ultimate activity as there are signs. And yet the sign is not something external to the metaphysical subject, but is perspectively an embodiment or expression of its internal necessity. The metaphysical subject is immanent in the presence of every sign: the sign is the presencing of the metaphysical subject from its own unique standpoint.

And from the Field－Being standpoint, all signs are topologically situated in the plenum field. There is no presence of signs outside the reality of the dynamic plenum wherein arise all standpoints or perspectives. The plenum is indeed the articulate totality of all Field－Being predicates. It follows that while the metaphysical subject or ultimate activity is transcendent to any particulate sign, it is completely immanent in the quintessential reality of the plenum field. fu other words, the plenum field in its undivided wholeness is the sole predicate of the metaphysical subject. The reality or meaning of the one source is totally exhausted in the meaning or aboutness of the dynamic plenum. fu Field－Being monism then, the metaphysical subject and the metaphysical predicate are one.

The implication of the above discussion for the Field － Being theoretical task is not hard to gather. A theory is, generally speaking, a manipulation of signs, linguistic or otherwise, for the explication, clarification and exploration of the quintessential reality. Since every theory depends for its possibility on the presence of signs available for its manipulation, no theory can go beyond what is revealed in the horizon of signal givenness which constitutes its theoretical perspective. Field－Being philosophy is, of course, no exception. The Field Being theory is no more and no less than an appropriation of the signal meaning that is given and available in its horizon or perspective, the signal meaning that constitutes its own vision of the quintessential reality. What then is the Field － Being vision? What is distinctive about the Field － Being perspective? The answer may be summed up in one word, a word that we have spoken repeatedly thus far without sufficient and adequate clarification: quintessential － the term that furnishes the key to the entire conceptual framework of Field Being philosophy.

As a preliminary determination, the term "quintessential" － or its cognate "quintessentiality" － is chosen here to qualify the intrinsic nature of empowered activity, which in the Field － Being perspective is what constitutes the quintessence of the Field － Being universe. As a nutshell, the Field － Being conceptual scheme is all about the quintessential nature and naturing of empowered activity that is the internal affair of the dynamic plenum. To be more specific, "nature" in the quintessential sense is defined by the inner dynamics of appropriation, and the naturing of quintessential nature consists in the working out of the inner dynamics, which for Field － Being is what Life is all about. Life is appropriation － that is, the perpetual conjugation of power and form engaged in by all empowered activity. fu the Field － Being vision, the universe is fundamentally a Stage for Life on which is played out the everlasting Drama of Appropriation.

Cosmology and teleology are thus inseparable: the quintessential reality is a di-
rected and motivated affair; for inherent in all empowered activity and as the
motivating principle of the inner dynamics is the impetus towards appropriation,
or what shall refer to as "inner love" — the ubiquitous Director of the Life Dra-
ma, the telos of all telos.

In more concrete terms, the inner dynamics as motivated by inner love is
what determines the process character of empowered activity. There is, for
Field — Being cosmology, no process apart from the cocoonization of power
concrescence in which field individuals or transfinite subjects as enduring centers
of activity consummate themselves by virtue of their self — reflexive articulate ac-
tion. The telos of empowered activity is the satisfaction of inner love. Here we
arrive at the heart of our conception of quintessentiality — the dynamic tension
and unity of reflexion and articulation that belongs to the "neumenal inward-
ness," as we may so characterize it, of empowered activity. What is "quintes-
sential" about the inner dynamics is the "neumenal inwardness" of self — reflex-
ive articulate action, the dynamics that connects the reflexive and the articulate
moments of inner love.

But this is only half of the picture. When we speak of the quintessential re-
ality as governed by the inner dynamics of appropriation, we have in mind not
only the neumenal inwardness of reflexion and articulation, but also the transfi-
nite connection of the transcendental and the worldly, a dynamic relation that
defines the diremptive function of the ultimate activity and shapes the field — to-
pological landscape and contours of the universe. We shall explore the details of
this second half of the picture shortly. For the time being, an overview of the
whole picture is in order. In light of the above discussion, the general concept
of the quintessential or quintessentiality may be summarized as follows:

The inner dynamics, which gives meaning to the quintessential reality, has
a two — fold character. On the one hand, it is the inner dynamics underlying
the "neumenal unity" of reflexion and articulation in the ultimate activity; and
on the other, it is the inner dynamics that prevails in the "trans — finite connec-
tion" between the "Transcendental" and its "worldly ramifications" — or,
more tellingly stated, between the ultimate activity in itself and ultimate activity
for the world. The ultimate activity in itself refers to sublime reality of the Actu-
al Indefinite, the articulate expression of its pure, unmediated self — reflexivity.
It is what defines the "transcendental dimension" of the dynamic plenum. Be-
ing in a neumenal state of pure, unmediated action, the Transcendental or Ac-
tual Indefinite is inexhaustible in power, undifferentiated in form, and absolute-
ly fluent in function. That is what is "sublime" about the sublime reality. In
Field — Being cosmology the world is what arises or emanates from the Actual In-
definite, being the articulate totality of its sublime ramifications. The world is
generated originally from the dynamic overflow of the Transcendental as a neu-
menal necessity of its self — appropriation — that is, more exactly, in the natural
or spontaneous conjugation of power and form that lies at the heart of the inner

dynamics. The transcendental overflow is, theologically speaking, the divine effluence that constitutes the "material providence" for the world used technically as a qualitative abbreviation of the general and fundamental features of the dynamic plenum, which are ultimately grounded on the inner dynamics of self — reflexive articulate action. Quintessential activity is activity in the proper, Field — Being sense. The word does not designate for us a mere concept, but, above all, an experience, indeed the most fundamental experience that we are capable of. The linguistic expression has the character of a quasi — descriptive, quasi — metaphoric proper name. As a proper name, it points referentially to an actional experience that is at once self — reflexive and articulate: the word "activity" indicates and metaphorically suggest the "actionality" of the experience in question — that is, the actionality of self — reflexive articulate action. And we qualify this actionality as "quintessential" because activity thus understood is no ordinary activity: self reflexive articulate action is the quintessence of the universe, the quintessence all experience, all things, all determinations, and all meaning.

Plenum thinking in the Field — Being sense is what sets it apart from the substantialist conceptuality as determined by the entitative orientation that has historically come to engulf much of the main streams of philosophical and scientific thinking in the West — an intellectual tradition that springs from the rationalist — analytic roots of Western metaphysics. Thus qualified, it may not be an exaggeration to say that substantialism is the hallmark of Western philosophy.

In the Field — Being vocabulary, "substantialism" is not confined to the realm of the intellectual; the term is intended to refer to any way of life or mode of thought and practice that adheres or subscribes to the possession of rigid identity as its rational ideal, that is, as the aim and standard of intellectual or practical appropriation. Thus conceived, substantialism and the entitative — rigidistic orientation and conceptuality are synonymous. Substantial entities then are inert beings that are defined precisely by their rigid identity. It is important to bear in mind that since substantial entities depend for their rigid identity on their being demarcated by clear — cut and unsurpassable boundaries, they are incapable of internal relations or inter — relatedness, but are necessarily individually or atomically bound in a permanent state of mutual separation and distantiation. In no way can substantial entities be present in one and other, nor can they be dissolved or collapsed into a more inclusive whole. It follows that there is no interference or becoming or movement possible among these inert beings; substantial entities cannot affect or influence each other; they are incapable of change, alteration, or transformation without losing or compromising their rigid identity. In short, inert beings cannot act. They do not become what they are — they are what they are. Surely this is not the way things are presented to us in our experience; surely this is not the way, as Field — Being sees it, they are meant to be.

And yet what we have painted above is precisely the mental picture that the

substantialist thinkers entertain, consciously or unconsciously, in their concep-
tuality of things and the universe — which amounts to no more than a mere col-
lection or assemblage of substantial entities. Prompted by their idolatry of rigid
identity, the substantialists hold up as their highest ideal of intellection and ra-
tional inquiry the notion of a "perfect entity" or "logical absolute" as the su-
preme measure of reality and existence — the notion of "something — we know —
not — what" that is absolutely, completely, or totally inert, immutable, and
rigid. Does this sound familiar to us? Is this not what Parmenides' "One" has
come to be understood in the tradition of Western metaphysics? Are not the
whole numbers in the Pythagorean system or — for that matter, in pure mathe-
matics — construed in the likeness of the perfect entity, of the Parmenides'
"One" writ small? And above all, is it not the case that the notion of absolute
objective truth long since held sacred by Western metaphysics is simply the flip
side of the idolatry of rigid identity? Just to what extent does traditional Western
philosophy fall prey to the substantialist idol still remains to be seen and ex-
plored. Certainly, a major part contemporary Western thought which boldly
participates in what we have called "the non — substantialistic turn," must be set
aside for special consideration. But even here, as we shall have occasion to
point out in a later occasion, one is not so sure whether the ghost or specter of
substantialism and rigid identity that seems to have vanished from the front door,
may have in fact surreptitiously returned through the back door. And perhaps,
as the Field — Being thinker would be the first to acknowledge, substantialism in
various disguises has always been — and will always be with us, it is not some-
thing that can be avoided: such is the fate of thought and humanity.

Whether avoidable or not, substantialism and the idolatry of rigid identity
lies at the core of our trans — differential problematics, that is, the Field — Being
program of deconstruction and trans — valuation to be conducted in the light and
under the guidance of the Field Principle, the all — grounding principle in Field
— Being philosophy. And we conceive the latter not merely as a hermeneutic
and methodological principle of cognition and understanding that asserts the
"quintessential unity of Being," but also as the Force that binds the All to All in
the Field — Being cosmos. Working in and through the inner dynamics of ap-
propriation, the Force is the power of the Whole that energizes and executes
the holistic field action, functioning as the awesome interface wherein the tran-
scendental, the primordial — immortal, and the phenomenal realms of Field —
Being are quintessentially interconnected. All things are one in the rounded
sphere of the Force.

Thus understood, the Field Principle is the Truth for us. But this is not,
let us hasten to add, the absolute objective truth of Western metaphysics, but
an "inner truth of perspective" that the Force has appropriated and bequeathed
itself to the Field — Being standpoint as the ground of its vision of Reality. Ever-
y Field — Being statement and discourse is no more than a self referential articula-
tion of the Field Principle. It is by virtue of its self — illuminating power that the

problematicity of substantialism reveals itself. What then exactly is problematic and indeed objectionable — about the substantialist orientation from the Field — Being perspective?

The truncation and therefore falsification of quintessential reality — that, in a nutshell, is what is at stake. The universe, once again, is not a collection or assemblage of substantial entities, but a plenum of activity, a dynamic continuum of self — reflexive articulate action. Strictly speaking, there are no things, as the substantialists conceive them. The apparent thing — like objects or beings such as apples, trees, or persons normally given in our perceptual experience are in truth enduring centers of activity; they are the surface phenomena — the ripples and waves — that arise and flourish temporarily in the Great Ocean of Becoming. Each enduring center is a concentration of power concrescence which owes its apparent substantiality or cohesive solidarity to the nodal formations of quintessential action. What makes possible our perception of things is the cross — current filming of power concrescence that derives its concreteness and luminosity from a complexification of energy, experience, and meaning — the three strands of the aesthetic pneuma, as we call it, which constitutes for Field — Being the real "flesh of the world. " What lies behind the scene of the aesthetic filming is the cocconization of power concrescence directed by the inner dynamics of appropriation, that is, the quintessential conjugation of power and form, upon which all enduring centers, as differentiated or individuated existents in the unified field, depend for the selfhood of their respective "self" Far from being "windowless monads" distantiated from each other in a permanent state of separation, the quintessential selves of the enduring centers are, as field individuals or transfinite subjects, all bound by their collective participation in the Force, intertwining and interbreeding in mutual resonance and interperspectival apperception and communication by virtue of their sustenance and field topological immersion in the universal efficacy of the holistic Power. But the Force is not an eternal substance capable of standing aloof from the universal community of field individuals or transfinite subjects. Although by virtue of its inexhaustible power, the Force is not reducible to the joint efficacy of any definite totality of differentiated existents which constitute the "contemporary world" of enduring centers, neither is it separable from the world community of field individuals or transfinite subjects. On the contrary, it is precisely in and through their field — topological relativity and relatedness underlying the finite processes of becoming and self — definition that the holistic Power executes and consummates itself. Every enduring center is a dynamic moment of the Force, a quintessential perspective of the dynamic plenum in its undivided wholeness; it is indeed the dynamic plenum itself viewed from the unique perspectivity and apperceptivity of its own standpoint.

That this is a far cry from the substantialist worldview with its rigidized outlook is an understatement. Driven by an obsession with definiteness, the breeding ground of the idolatry of rigid identity, which comes into existence as an ego force in a decadent or enfeebled center under the internal compulsion and external pressure of power concrescence, the substantialist self is prompted by an inveterate and pernicious tendency towards objectification and externalization. In Field − Being cosmology and psychology (the two are not quintessentially separable), the ego or ego force is an incarnation of the Ego Principle, the cosmic principle or power of individuation governing all differentiated centers in which the self, the inner dynamics of appropriation, has crystallized itself into an organized whole or subfield of power concrescence. The primary interests of the ego or ego force are focused on a duality of projects, geared towards, on the one hand, the preservation of its cohesive solidarity and, on the other, the uninhibited expansion of its power − a duality which we shall characterize, considered in their subjective form and in a language suitable to the human self, the "elliptical polarity of Cura (care) and Eros (desire)." Continuing to speak in the mathematical metaphor, we may say that Cura and Eros, Care and Desire, as embodying the ego − interests of cohesive solidarity and expansive liberty, constitute, respectively, the "centripetal" and "centrifugal" forces of inner love, the universal motivating principle of quintessential behavior governing every individuated center of power concrescence. It is here, in the ego − dynamics of quintessential psychology, that the source of the substantialist orientation is to be located.

While the polar cravings for self − preservation and outward expansion are inherent in every individuated existent or organized whole, there is a fundamental difference between a strong ego force that is powerful enough to open itself to the Field Principle and the degenerated or enfeebled ego center that can only cling to itself in self − confinement in response to the internal compulsion and external pressure of power concrescence. The obsession with definiteness that gives rise to the substantialist orientation and outlook is a natural response of the self − confinement of a threatened and hard − press ed ego. The substantialist ego is driven by the need to perpetually build walls among things − including, above all, itself, in order to realize the certainty of self − possession. Indeed, the walls that the substantializing ego projects onto other beings or things are replicas and index of its own craving for self possession. Now we can see how in the womb of ego dynamics the idolatry of rigid identity is born. It urns out that the intellectual "quest for certainty" that John Dewey so brilliantly and insightfully attributed to the philosophical endeavor in the Western tradition, is in reality based on the appetition for self − possession which necessitates the walling or demarcation of otherness. While the cocoonization of power concrescence as the inner dynamics of appropriation and becoming is a process involving both self − limitation and self transcendence, it has degenerated into, in the case of the hard − pressed substantialist ego, a cocoonization of alterity.

From the Field − Being standpoint, the substantialist attachment to rigid identity with its tendency towards objectification and externalization is problematic and objectionable not only on philosophical ground, inasmuch as it leads to the truncation and falsification of quintessential reality, but also because for its existential and practical implications for the integrity of life and civilized humanity. For the rigidization of thought, which can only arise from a rigidity of soul — a rigidity of heart, mind and spirit — inevitably results in the rigidization of human relations, culture and society. A rigidized culture and society with its rigidized custom and laws, rigidized morality and religion, rigidized arts and literature, and rigidized science and philosophy is hardly a viable place for an authentic creative humanity. And how woeful it is to behold that in the course of human history the legitimization and social licensing of substantialism once freely and cheaply given in difficult times has almost always karmicized into pernicious mental and practical habits. When a civilized society has come to hallow itself as the sacred shrine and pedestal for the idolatry of rigid identity, it is not a propitious sign of vitality and health, but a horrible omen of death.

Now rigidity is the lack of fluency. A rigid state of existence is full of strains, that is, factors or elements that are responsible for the obstructions and discontinuities that impede or terminate the free flow of energy and activity. In opposition to the substantialist idolatry of rigid identity, Field — Being propounds the state of strainless freedom and seamless perfection not only as its ultimate ideal of valuation but also as the sublime reality that flows out from quintessential fountain of Truth and lies at the worldhood of the world. This is the neumenal state of absolutefluency — a state of pure energy, pure experience, and pure meaning — that, belonging to "the Actual Indefinite" as the articulate expression of pure self reflexivity in the transcendental meditation of the ultimate activity, is what provides the niche of the divine or holy in Field — Being thought. All differentiated, individuated beings or worldly existents are off-springs of the Actual Indefinite, transcendental emanations of the divine over-flow that remain sustained and nurtured by its sublime efficacy during their temporal sojourn in the world. The intimation and aspiration to the absolute fluency and sublime reality of the Actual Indefinite on the part of the human life form is what we call "Zen." This is Zen in the quintessential or Field — Being sense, not to be confused with the sectarian Zen in Far Eastern religion. fu this sense, sectarian Zen is a contradiction in terms, for sectarianism of any form that implies always the presence of strife is fundamental incompatible with the quintessential Zen spirit, the spirit of strainless freedom and seamless perfection. The practice of Field — Being Zen is, however, not a matter of sitting meditation. Every action or actional state of existence is "Zen" in so far as it is quintessentially in touch with the sublime reality of absolute fluency. Since every worldly existence is situated in a given region of the dynamic plenum, the Zen experience, which consists in the quintessential in — touchness with the Actual Indefinite, is necessarily context — bound, being conditioned by the field — topological circumstances that pervade the worldly situation. This means that Zen attainment is inseparable from the management of strainful necessity — the necessity of bearing the burden of strains that befalls every situated being in the world.

And just as Field — Being Zen is not merely meditational, so Field — Being
Management is not confined to the practice and way of organization in the busi-
ness world. Management, in the proper and privileged Field — Being sense,
has to do with the appropriation and transformation of strainful necessity so as to
attain an optimization of values under the field — topological conditions of world-
ly existence. Thus conceived, Management depends for its success on the over-
coming and de — centralization of the Ego Principle in the light of the Field Prin-
ciple. For the Ego Principle, the principle of individuation governing all
worldly existents, is the backbone of strainful necessity in the world. The ego
or ego center in our soul with its cares and desires is at once the source and bear-
er of strainful necessity. While the ego in us is the originating and motivating
force behind all our endeavors, it is also the greatest stumbling block to our ulti-
mate fulfillment. The essence of Field — Being Management lies above all on the
management of the ego, on the transformation and elevation of the lower forms
of cares and desires in the interest and direction of our sublime aspiration, that
is, in the approximation of the Zen state of existence, that is, in the attain-
ment of the highest state of fluency and strainless freedom that is possible for to
us. Field — Being Zen and Field Being Management are thus inseparable. In-
deed, it is in the quintessential unity of Zen and Management, which defines
for us the meaning of "the sacred here — and — now," that the spirituality of
Field — Being manifests itself.

This dynamic plenum, variously designated as the "Wholesome Univer-
sal," the "Singular One," or the Let — Be, is the metaphysical subject of all
Field — Being discourse, being the all encompassing or most inclusive Whole
that contains the possibility of all that is in the world. Let us point out at once
that these and other descriptive terms of the metaphysical subject, intended here
to identify the various functional aspects of the ultimate activity, are but different
appellations of the same referent: the dynamic plenum as the underlying and all
— pervasive reality in Field — Being. Hence the metaphysical subject is a "uni-
versal" indeed the "universal of universals" — not in the sense of a pattern or
form abstractable from its copies, but in the sense of the "All in All," the dy-
namic plenum as an undivided whole. The ultimate activity has — and can have
— no otherness; it is neither internally nor externally bounded by something oth-
er than itself, for apart from the dynamic plenum or unified field of self — reflex-
ive articulate action, there is simply nothing, nothing at all. Thus being totally
unique, the underlying and all — pervasive reality is aptly called the "Singular
One." But while the Singular One itself admits of no otherness or contraries, it
is also the Let — Be of all that is let to be in the world, the ultimate source and
everlasting matrix of all fielded beings or dirempted — differentiated existents.
This matrix or unified field of worldly existents constitutes itself, furthermore,
the place or locus of all valuations — the Wholesome Universal in which the val-
ues and disvalues of Truth, Goodness, and Beauty are perpetually realized.
The term "wholesome" here is employed to refer to the quintessentiality of ap-

propriation in Field — Being. What is "wholesome" is quintessentially appropri-
ate and right. In the final analysis, the vision of Field — Being is at heart the vi-
sion of a perpetually self — unfolding drama — the "Drama of Life" directed by
the inner dynamics of appropriation. This dramatics of appropriation is, in a
nutshell, what Field — Being philosophy is all about. Field — Being does not
present itself as a science, but as an art — the dramatic art of appropriation. And
the conceptuality that underlies and constitutes our understanding of this dramatic
art is the conceptuality of what we may term the "New Metaphysics," as con-
trasted with the old metaphysics that shapes the main stream of the Western phil-
osophical tradition. The New Metaphysics is the conceptuality of Dao — learning
in which the dramatic art of appropriation seeks its own Truth, its own founda-
tion. Dao — learning is learning in the Dao, with the Dao, and for the Dao —
the Wholesome Universal of appropriation.

What is distinctive about Field — Being philosophy? The answer has in es-
sence already been given above: it is the distinctiveness of quintessential activity
and the distinctiveness of Dao — learning — the two ideas forming the one thought
of Field — Being in which the Field — Being thinker as Dao — learner immerses
himself or herself, engaging and reveling in the dramatic art of appropriation.
What distinguishes the dramatic art of Dao — learning from the ordinary art is that
while all arts in the ordinary sense are, in the final analysis, arts of appropria-
tion, the dramatic art of Dao learning is deeply self — reflexive and self — referen-
tial — hence "philosophical" in the Field Being sense. The philosopher as a
Field — Being thinker or Dao — learner is a dramatic artist of appropriation who
seeks to understand his or her own art, self — reflexively and self referentially ex-
ploring and penetrating to the Truth, to the ground or foundation of its own
being. Philosophy is indeed the supreme art of appropriation carried to the lim-
its. Since Life is appropriation in the quintessential sense, philosophy as Dao —
learning may be described as the "meta — aesthetics of Life." This is our concep-
tion of the New Metaphysics and the new metaphysician.

And the New Metaphysics begins with a re — opening of the question of
Being. Here Being is not the inert or static reality of Parmenides, an eternal
fixity as traditionally interpreted in the dominant strands of Western metaphysics,
but is the self — disclosure or self revelation of the dynamic plenum of quintessen-
tial activity, the presencing of the Singular One, the Let — Be, or the Whole-
some Universal in its self — environing actionality. That, we submit, is the pri-
mordial experience enfolded in the primordial meaning of the verb — word Be.
In the primordial sense, Being as the presencing — or, more appropriately, the
self presencing — of the dynamic plenum is an internal affair of self — reflexive ar-
ticulate action. The grammatical copula is the linguistic index of the "quintes-
sential copula," the field interface that binds and gathers the All in All, in the
self — illuminating affair of the ultimate activity that reflexively manifests itself to
itself. Could this be what Parmenides really had in mind when he said that Be-
ing is rounded like a sphere? Is not the metaphor of the rounded sphere a telling

expression of the Singular One in its self — environing or self rounding actionality — the internal, self — illuminating affair of the self — reflexively articulate IS?

But as the dynamic continuum of quintessential activity, the rounded sphere of Field — Being is a self — circulating dispensation of power and energy that incessantly flows out of itself and returns to itself — and not the static, immovable, and totally inflexible entity that the Parmenidean One has come to signify in the prevailing tradition of Western metaphysics. What has happened then to the dynamic IS that Parmenides might have originally entertained? How do we account for the ontological transformation of the rounded Flow of Being, the dynamic IS, into a rigid being that is absolutely simple and eternally inert — the "perfect substantial entity" or "ideal cardinal," as we may so characterize it — that the Parmenidean Being has suffered in the course of Western metaphysics, a momentous event that has produced both philosophically and historically the most profound and prodigious consequences in the field of the human Dasein? Is not the idolatry of rigid identity — that is, the uncritical submission to exact determinability or total definiteness in terms of fixed and clear — cut boundaries as the highest ideal of rational thought — the fountain spring of the absolutist — objectivistic conception of Truth, and indeed of almost all the characteristic features of Western metaphysics that has finally blossomed, for good or for evil, into the mechanization, digitalization and truncation of Being in the modem world? Has not, as Heidegger so shrewdly observed, the fate of civilized humanity been inextricably bound up with the fate of Western metaphysics which, as we understand it, is fundamentally the fate of substantialism?

These questions, which form the core of the Field — Being problematics, do not admit of a simple answer, to be sure. But the clue to their answer in its most decisive aspect is already implicit and embedded in the problematicity of the problem itself. The problem of substantialism, which arises from the idolatry of rigid identity, is in our view ultimately a function of quintessential psychology — a function, to be more exact, of an ego — obsession: the obsession with definiteness. This obsession is a topic of quintessential psychology, being a phenomenon of the quintessential psyche or soul, which for Field — Being is not a substantial entity, but a topological matrix of the field potential configured by the tendencies and propensities of power concrescence — the forces and impetus of soul — that prevail in an enduring center of self — reflexive articulate action. The quintessential soul, put it simply, is a regional incarnation of the power of the whole. While the soul is the incarnated power passively conceived, that is, as a locus of the field potential, the self is the inner dynamics of appropriation, a working out of the multiple tendencies and propensities inherent in the soul, a dynamic process procuring resolution of the diremptive tensions of the field potential. This dynamic process of diremptive resolution is "life" in the quintessential or Field — Being sense. Every enduring center is a life form, an enduring pattern of articulate action determined as much by the actuality of the inner dynamics as by its dynamic constitution as an endowment of the field potential.

Thus understood, an enduring center or life form is at any given time an efflu-
ence of becoming engaging in a cocconization of power concrescence, wherein
a field individual or transfinite subject self — reflexively articulates and affirms it-
self, that is, attains self — definition or self — realization by virtue of a self — lim-
iting concentration of power. This concentration of power, to be elaborated
later on, is a concentration of what we call the "aesthetic pneuma," the con-
crete reality of power concrescence. More exactly, the aesthetic pneuma arises
or is formed out of the complexification of energy, experience, and meaning —
which, in the Field — Being vocabulary, is what "power" means in the quin-
tessential sense of the word. As such, the aesthetic pneuma is, to borrow a
phrase from Merleau — Ponti, the "flesh of the world," the quintessential sub-
stance out of which all "things" are made.

   Now three strands of aesthetic pneuma are identifiable, which correspond,
respectively, to the three states of quintessential activity constitutive of the con-
crete reality or content of power concrescence: ( 1 ) pure pneuma as the con-
crete reality of pure action, ( 2 ) dissipated pneuma as the power content of ob-
jectified action, and ( 3 ) vital pneuma as the quintessential substance of transfi-
nite action. It is in terms of these three states of quintessential activity and their
corresponding pneuma that the three realms of quintessential existence and forms
of actuality in the Field — Being universe are construed. For the sake of clarity,
let us recapture what we have stated above with some elaboration in the follow-
ing table. The Three Realms of Field — Being: The Concrete Reality of Power
Concrescence As a Function of Aesthetic Pneuma Q — Table ( Q: Quintessen-
tial Activity = Self — reflexive Articulate Action)

| Reams of the Field — Being U-niverse | Dimensions of the Dynamic Plenum as Defined by Their Respective States of Quin-tessential Activity | Forms of Actuality as a Function of the Complexifi-cation of Aesthetic Pneuma |
| --- | --- | --- |
| *Radical Nothing* as the Tran-scendental Ream of Pure Self — Reflexivity ( Q. Q) and the Actual Indefinite ( AI) | The dynamic plenum in its non — dirempted and undif-ferentiated state of pure and strainless action | Pure potency ( pure energy, pure experience, and pure meaning) as the aesthetic pneuma of the Transcen-dental |
| *Wholesome Chaos*as the Im-mortal Realm of Quintessential Diremptions   ( Q' ) ——the Noumenal Overflow and Pri-mordial Karma | Thedynamic plenum in its dirempted and pre — differ-entiated state of objectified action | Karmic matter or dissipated potency ( objectified ener-gy, objectified experience, and objectified) as aesthet-ic pneuma of Immortal |

| The *Phenomenal World* as The Transfinite Realm of Quintessential Differentiations ( Q″} ——Field Individuals or Transfinite subjects ( q ) | The dynamic plenum in its differentiated or individuated state of pro − creative and strainful action | Effluence of becoming as the synergetic union of pure potency and kannic matter − the moment of fate as the beginning of kannic labor |
|---|---|---|

The Field Equation: Q. Q [ AI ] = Q. Q [ Q′Q″] q
( Being as the Internal Affair of Quintessential Activity )

What is set forth in the Q − Table is the fundamental conceptual scheme of Field − Being philosophy, which contains the most essential concepts and themes of quintessential ontology and cosmology − what we call the "New Metaphysics," or the metaphysics of Dao − learning. Since what we have to say in what follows − and indeed in all Field − Being discourse − is no more than an elaboration or explication of what is stated or implied in the Q − Table, we may do well to orient or delineate our expositions by following the thematic guidelines and contours that are embedded in its conceptual scheme. Before we return to our discussion on quintessential psychology, some preliminary observations about the Field Being scheme and the theoretical strategy underlying its construction are now in order.

To begin with, what is set forth in the Q − Table is a linguistic − conceptual representation of the metaphysical subject, the All in All, or the most inclusive Whole. What is captured in the representation is the Field − Being vision of reality. Whatever statement that we make or can make about any subject, whether it be judged as true, false, illogical, paradoxical or nonsensical, is explicitly or implicitly a statement about the metaphysical subject. This is because as the most inclusive Whole, the metaphysical subject is the ultimate ground for the possibility of all statements, all meaning, and all experience. It follows that the metaphysical subject cannot be exhausted by speech: it is indeed the Eternal Silence wherein all speech arises. The occurrence of any statement or systematization of statements as in a linguistic − conceptual scheme is at once an irruption and a gift of the Eternal Silence, and as such, it constitutes a "perspective" of the metaphysical subject. We say that the occurrence of the statement or systematization of statement s ( or linguistic − conceptual scheme ) a "perspectivation" of the most inclusive Whole. More accurately, we mean to include in our concept of "perspective" not just the statement or scheme itself, but also the complex or matrix of meaning and experience that is implied or associated with it. And the articulated totality of meaning and experience in its self − reflexive or self − referential transparency given in a perspective is what we mean by "vision" − the vision, that is, of the perspective in question. It is the perspectival vision that constitutes properly the gift of the Eternal Silence. What is set forth in the Q — Table then is the Field — Being vision, our gift of the Eternal Silence in our perspectivation of the metaphysical subject. That is what we see, what the most inclusive Whole reveals itself to us.

In the Field — Being scheme, "things" are individuated or differentiated beings of quintessential activity. They are either themselves field individuals or transfinite subjects or are constructed entities or objects that we create conceptually as a matter of theoretical expediency. As enduring centers of quintessential activity, field individuals or transfinite subjects have a privileged ontological and epistemological status in Field — Being philosophy; for they are each in their own right a standpoint of field apperception and a constitutive perspective of the quintessential universe. Every field individual or transfinite subject is a singular One — though not the Singular One. It is indeed in this privileged sense that a field individual is called afield individual.

The enduring center is called a field individual because it is an individuated formation of quintessential activity in the dynamic plenum or unified field. It is also referred to as a transfinite subject in so far as the enduring center is conceived as a locus of self appropriation underlying the cocconization of power concrescence that occurs in it. Here, "subject" or its cognate "subjectivity" in the transfinite or Field — Being sense is radically different from its traditional meaning in Western philosophy. The transfinite subject — the "self" in Field — Being psychology — is neither the unchanging substrate or substratum of change as in Aristotelian metaphysics, nor the self — confined and self — sufficient "thinking substance" of consciousness as in the Cartesian system, but the inner dynamics of appropriation and cocconization that defines and constitutes the concrete reality and process of quintessential action. Nothing is self — confined and self — sufficient in Field — Being. Every enduring center, as field individual or transfinite subject, is dynamically and field topologically related to every other center in the world. And although as worldly or transient existents, field individuals or transfinite subjects are finite and limited in their endowment and dispensation of power, they are inextricably connected to each other and with the field potentials underlying the unified field, the universal matrix of all existents. It is by virtue of their interconnectedness vis — a — vis the field potentials that field individuals or transfinite subjects are given access to the power of the Whole. This interconnectedness and fielded character of worldly existents is what we wish to convey by the term "transfinite." And what is transfinite is context — bound, the context being the dynamic situation of an enduring center or life form that confers its status as a Dasein, which, as we understand it here, is simply a field individual or transfinite subject in relation to its field — topological occupation, that is, to its occupation of a particular region in the dynamic plenum. The appropriation and cocconization of power concrescence is always the a Dasein performance, and as such, it is in the grips of the Ego — principle, the principle of self — preservation and individuation that governs every life form or enduring center in the Field — Being universe.

From the standpoint of quintessential psychology, all obsessions are compulsions of the soul under the dictates of the Ego — principle as a response to the lure and pressure of power. The soul is an ego or ego — center in so far as it is determined and shaped by the dictates of the Ego — principle. More exactly put, the ego or ego — center is a configuration of the soul in the life of a Dasein which derives its being as a habituation of the self in the working out of the inner dynamics of appropriation and cocconization. As such, the being of an ego or ego center may be understood as the joined product of the Ego — principle and the self as in its field — topological occupation. Quintessential psychology is concerned with the general tendencies and propensities — or the forces and impetus — of the ego — centered soul in abstraction from its field — topological occupation. It concerns itself in particular with the habituations, orientations and transformations of the ego — centered soul in relation to the reality of its empowerment, that is, to the dispensation and cocoonization of power concrescence that defines its dynamic constitution. How is the soul configured by the inner dynamics of appropriation and cocconization? And how does the soul behave itself under the dictates of the Ego — principle? These are the two main questions to which quintessential psychology addresses itself.

The soul or psyche of quintessential activity is driven, on the one hand, by a craving for power adequate for its form and, on the other, a craving for form adequate for its power. This conjugation of power and form on the part of a Dasein or worldly existent is what we mean by appropriation. The life of an enduring center or life form is in essence a matter of self — appropriation, a function of the conjugational affair that defines its quintessential nature. This conjugational craving for power and form — the inner love of appropriation, as we call it — is the general and supreme principle of motivation in quintessential psychology. The main task of quintessential psychology is devoted to the investigation and exploration of the need structure of motivation in a life form in and through which the quintessential self as the inner dynamics of appropriation operates. The inner love of appropriation, the motivating or telic force of all quintessential operations, is referred to as a need because the craving for power and form is a necessity of soul indeed the necessity of necessities that defines the dynamic nature of self — reflexive articulate action. The soul of a life form or enduring center is at heart a multiplex matrix of psychic forces, prompted by the supreme impetus that is always quintessentially in action — that is, the appetition or will to self — appropriation aiming and procuring the satisfaction of inner love.

What more then can be said about the need structure of motivation governed by the will to self — appropriation, about the necessity of soul under the dictates of the Ego — principle? What light can be shed on the multiplex matrix of psychic forces which in their articulate totality will establish for us the logic of soul and the grammar of quintessential psychology? The clue to a preliminary answer of these questions is to be found in the duality of preservation and individuation that defines the dictatorial nature of the Ego – principle. The ego – center of the soul is as much a center for the will to individuation as it is a center for the will to preservation. For the sake of exposition, we shall designate, rather arbitrarily, this duality of the Ego – principle operative in the ego – center of a Dasein as, respectively, the right and the left side of soul – that is, with the right side standing for the ego of preservation, and the left side the ego of individuation. Moreover, Field – Being submits that while the preservational forces at work on the right side are centripetal in nature, the will to individuation determining the dispensation of psychic energy on the left side is centrifugal in its dynamic teleology. The two terms "centripetal" and "centrifugal" here are employed to metaphorically express what in our view are the two pivotal interests of the soul under the dictates of the Ego – principle. Let us keep in mind that the ego or ego – center, as an enduring center of quintessential activity, is in its concrete reality an emergent structure that arises in and through the appropriation and cocconization of power concrescence. More exactly, it is a dynamic structure of telic tendencies and forces bearing the preservational and individuational interests of the Ego – principle. Every concentration of power concrescence in so far as it forms an organized whole of concordant interests aims at its own self preservation and perpetuation. What is to be preserved and perpetuated is the concordant solidarity of the organized whole. This is what the term "centripetal" as defining the ego path of self – preservation and perpetuation – the pivotal interest on the right side of soul connotes. But individuation is, on the other hand, more than a preservational affair. Every concentration of power concrescence that constitutes an enduring center of action is governed by a craving for expansive freedom – the freedom to indefinitely extend and ramify itself in all directions. This expansive craving, which expresses the pivotal interest of the ego on the left side of soul, is what we have in mind by the term "centrifugal." Thus if we may let the circle represent an organized whole of power concrescence, with the ego occupying the center of the circle, then at every point on its circumstance – the circuit of ego – centered activity – is situated a polarized tension of two opposing forces upon which the rounded path of ego authority depends. This polarized tension at every point of the ego circumference – the tension between the centripetal and the centrifugal, between the interests of concordant solidarity and expansive freedom, between the right and left sides of soul – is the incarnated duality of the cosmic Ego – principle.

This then, in broad outline, is our preliminary understanding of the psychic reality of power concrescence as shaped by the emergent structure of the incarnated ego. What we have here is the first sketch of a picture, a conceptual picture of the soul, with which the investigation of quintessential psychology properly begins. Although a fuller treatment of this Field Being discipline must await a future occasion, a number of outstanding features must be added to our preliminary picture of the ego – centered soul. The key to the puzzle lies in the human attitude towards Power – more exactly, to the lure of Power that tempts our desire and to the threat of Power that pains our cares. We care, and we desire. The two terms "care" and "desire" here name, respectively, the two fundamental impetus of human volition that constitute in their polar dialectics our inner love of appropriation — that is, our craving for form in relation to our power. While care is the centripetal force that seeks to insure the solidarity of human existence, desire is the centrifugal energy that indulges in the exercise of expansive freedom.

These two poles of human volition are the basic venues in and through which the Ego principle prevails in the human Dasein. It turns out that the intellectual creation of the Perfect Entity, as the logical representation of absolute definiteness, is by no means groundless, but is prompted by an Ego — necessity of human need — the need for security to satisfy our care and the need for certainty to gratify our desire. Why do humans crave for the definite — and ultimately the absolutely definite? It is because only what is definite that makes us feel secure in our need for solidarity while at the same time giving us the certainly of ownership and possession. The Perfect Entity was created, in other words, upon the dictate of the Ego — principle.

In re — opening the question of Being, Field — Being does not ask: "why is there something rather than nothing at all?" For this is an impossible question inasmuch as the very questioning itself already precludes and negates its answer. In re — opening the question of Being, Field — Being seeks to re — experience the primordial Experience, the internal, self illuminating affair of quintessential presencing. Field — Being does not foolishly pretends to places itself outside the singular One, but enjoys and earnestly affirms its place in it. A Field — Being thinker is indeed a reveler of the quintessential.

Now the word quintessence is synonymous but just with essence, but also with perfection. The quintessence of a thing is its perfect embodiment. According to ancient and medieval philosophy, quintessence refers to the fifth and highest essence, the element of which the heavenly bodies are formed. Field — Being has no use for the substantialist concept of element, which we replace with the field — topological notion of self — reflexive articulate action. The universe is not for us a collection of isolated and distinctively separable substantial entities compositionally reducible to some basic elements, but a dynamic plenum and unified field of quintessential activity. The Being or presencing presence of the dynamic plenum and unified field, the self — revelation of self — reflexive articulate action in its undivided wholeness, is what we mean by Field — Being.

Now when we qualify the Field — Being sense of activity as "quintessential," we have in mind not just its self — reflexive articulate character in general, but also the perfect expression or embodiment of quintessentiality. This is "quintessential" in the narrow and special sense. What we have in mind here is self — reflexive articulate action in its purest form which defines the transcendental dimension of the dynamic plenum — a realm of quintessential activity and power, to be exact, constituted by the sublime reality of what we call the Actual Indefinite. What is "sublime" about the Actual Indefinite is its strainless or seamlessly flexible perfection: the sublime reality is indeed a seamless continuum of self − reflexive articulate action. Understood in this special sense, the Actual Indefinite is the quintessential of the quintessential. Just as the fifth element composes the heavenly bodies in ancient and medieval cosmology, so the sublime reality of the Actual Indefinite is, if you will, what the "transcendental Heaven" consists of. As the purest form of quintessential activity − a state of pure energy, pure experience, and pure meaning, the Actual Indefinite is the articulate expression of the ultimate activity in its pure self − reflexivity or noumenal inwardness. This Act of Divine Meditation, as we may so describe it, which procures the sublime reality of noumenal inwardness in the transcendental realm, is the fountain spring of all spirituality and religiosity in Field − Being. In the Divine Meditation, the subject and the object are the same; the Actual Indefinite is the formless Form of the pure self − reflexivity of the ultimate activity. The formless Form is "formless" because it is a pre − dirempted and non differentiated state of pure action; the transcendental realm is the abode of a strainless or seamless continuum of pure self − reflexivity. As such, the Actual Indefinite is the infinite source of all quintessential ramifications or emanations, that is, the diremptions and differentiations that are the offshoots of the transcendental.

The distinction between diremptions and differentiations is crucial for the understanding of Field − Being cosmology. By "diremptions" we refer to ( 1 ) the effluence of becoming that emanates from the transcendental realm as the dynamic Overflow of the Actual Indefinite and ( 2 ) the nodal determinations which are the interferential effects of the divine Overflow. From the standpoint of worldly existents, the divine Overflow is the primordial source of vibrant energy, whereas the interferential effects that produce the nodal determinations are the primordial components of karmic matter. These two initial emanations of the Actual Indefinite compose together the second major realm of quintessential activity in the dynamic plenum, the realm of Primordial Chaos in the Field − Being cosmos. Primordial Chaos is the de facto repository of the field potential, the universal matrix of all differentiated forms and transient existents in the Phenomenal World.

What we call "transient ( or worldly ) existents" are the field individuals or transfinite subjects that constitute each in their own perceptivity and perspectivity a standpoint of the universe. These are the more or less enduring centers of ( quintessential ) activity that owe their life − form to the variegated acts of becoming and self − appropriation constitutive of their concrete reality. An act of becoming is a dispensation of power issuing in the production of effects and the realization of values. And becoming is understood in Field − Being as a naturing process wherein field individuals or transfinite subjects become what they are, obtaining their individual identity as a satisfaction of inner love − the love of appropriation, which is the impetus or driving force underlying every enduring center of quintessential action. What is fundamentally involved in the process of naturing or appropriation is the conjugation of power and form determining the expressive character of quintessential activity. All acts of becoming are "expressive" in so far as their actionality is a response to the demand and intensity of inner love.

Thus understood, the inner love of appropriation is the principle of process and movement in Field – Being. This "onto – aesthetic principle," as we call it, is the driving force or impetus of all field individuals or transfinite subjects. Every center of activity in the phenomenal world is governed by a craving for form adequate for the expression of its power – a craving that seeks to gratify itself subject to the field – topological conditions of its existence and under the sublime influence of the Actual Indefinite. Thus from the Field – Being standpoint, Being is essentially an onto – aesthetic affair: the presencing of quintessential activity is the presencing sovereignty of inner love. But while the transcendental realm is as much subject to the reign of the onto – aesthetic principle as the phenomenal world, there is a fundamental difference between them in respect of the expressive character of appropriation. For while the expression of inner love in the worldly existents is a craving or driving force, the self appropriation of the Actual Indefinite is a spontaneous expression of its pure self – reflexivity. Transcendental appropriation is not a willful act, but a comportment of will – less actionality.

The Actual fudefinite is inexhaustible in power, formless or seamless in form, and spontaneous in expression. These three aspects of quintessential activity – power, form, and expression – are what definite the actionality and inner dynamics of self – reflexive articulate action. This is the general concept of nature in Field – Being, which for us is interchangeable with the term quintessentiality. The inner dynamics pertains to the intensity and resolution of the tension of power and form inherent in all quintessential action. This dynamic tension of quintessentiality, which in the final analysis arises from the Let – Be, ultimate activity, in its noumenal inwardness or pure self – reflexivity, is the foundation of inner love. Inner love is the force of quintessential nature, the vector of noumenal inwardness. The resolution of the inner dynamics, that is, of the self – reflexive or inward tension, is what we mean by "appropriation" or the naturing of nature – a process marked by a conjugation of power and form procuring the satisfaction of inner love.

And the satisfaction of inner love is Life, in the quintessential meaning of the word. Thus understood, Life for us is not a system of organic matter, as conceived in the life sciences, but the most pervasive feature of the Field – Being universe. Indeed, the Field – Being universe is Life in so far as it is the everlasting locus of appropriation and the embodiment of inner love. Every enduring center of activity is a life – form determined by a given concentration of power prevailing or dominant in the enduring center in question. The form of a life – form is the characteristic quintessential expression of the prevailing or dominant actionality: the form of activity which the enduring center seeks to appropriate, that is, to preserve, maintain, or realize. Now where there is Life, there is Drama — the Drama of Field — Being as the embodiment of Life, a drama characterized by the perpetual variation of one and same theme: the inner dynamics of appropriation procuring the satisfaction of inner love. This dramatics of Life and the Universe as the theater of inner love is what Field — Being cosmology is all about.

It should be obvious by now that in Field — Being philosophy ontology, psychology, biology, and cosmology are all, as Field — Being or quintessential disciplines, inextricably intertwined. For while quintessential ontology pronounces the meaning of Being as the presencing of quintessential activity, as the self — revelation or self — disclosure of self — reflexive articulate action — an internal affair of the singular One, the ultimate activity, Field — Being psychology unravels the soul or psyche of quintessential action in the demand and intensity of inner love as the all — pervading Force or motivational principle that animates the Field — Being universe. Thus animated, the Field — Being universe is, as we have stated, presents itself as the dramatics of appropriation and theater of inner love whose satisfaction is Life, the subject matter of both quintessential cosmology and biology. More exactly, the dramatics of appropriation devotes itself to the itinerary of becoming as the path of emanation or ramification from the transcendental realm of the Actual Indefinite——the path that describes the diremptions and differentiations of pure energy and action that give rise, respectively, to primordial chaos and the phenomenal world.

The drama of Field — Being commences with the self — appropriation of the Actual Indefinite, the seamless and strainless plenum of pure energy and action that always IS in its infinite, flexible, and spontaneous actionality and perfection. This sublime reality, as we have seen, is the formless Form of the ultimate activity in its noumenal inwardness or pure self reflexivity, the articulate expression and concrete content of the Divine Meditation. Being inexhaustible in power, the ultimate activity contains in its nature an inherent inadequacy: the inadequacy of the formless Form to its inexhaustible Power. Hence the divine Overflow that forms the transcendental source of all becoming is the natural consequence of the self appropriation of the Actual Indefinite. The Overflow is the excess of the divine energy and power that is always more than adequate for the formless Form in pure action. This inherent inadequacy in the nature of the Divine, which, paradoxically, is what adequately defines its sublime, transcendental identity, is the eternal basis of all procreativity in the universe. In Field — Being cosmogony, the manifested universe is not the willful creation of a god by fiat, but the natural and spontaneous consequence of the ultimate activity in its self appropriation. It arises, to be more exact, from the ramified procreativity of the divine Overflow, the transcendental effluence of becoming. Procreation is a matter of emanation or ramification.

Field — Being cosmology, as above stated, is presented as a dramatics of

Life, a philosophical narrative of the cosmic drama which unravels and articulates the inner dynamics of appropriation procuring the satisfaction of inner love. Although the roles and players that compose the cosmic drama are countless, they fall under but three main categories: the transcendental, the primordial, and the phenomenal, which designate, respectively, the ultimate activity in the states of pure action, dirempted action, and differentiated or individuated action. These three main categories of self – reflexive articulate action – the "quintessential trio," as we may call them, – are what constitute the concrete reality of the dynamic plenum upon which the dramaticity of the Life drama depends. The cosmic drama is a play of the quintessential trio. For the ease of exposition, let us have a synoptic view of the quintessential trio defined, elaborated and organized as presented in the following table.

The Drama of Life: A Play of the Quintessential Trio (The Dramatics of Appropriation Procuring the Satisfaction of Inner Love) The cosmic drama begins with the transcendental openness of the Actual Indefinite, the self environing or self – enveloping of the seamless continuum of pure action providing the infinite background or horizon of all dirempted or differentiated existence.

Hence from the Field – Being standpoint, the notion of the absolute or wholly other has no meaning. There is no absolute or wholly other because there can be no absolute or complete opposition. The possibility of opposition is not itself an opposition. There is for us a fundamental harmony in the nature of things that makes all things hang together, so to speak – a fundamental harmony that makes all oppositions and contradictions possible.

This fundamental harmony, to which the unified field owes its essential field character as an undivided whole – what makes the wholesome Universal "wholesome" in the final instance, is what we call the Field Principle, otherwise known as Dao or the Way of quintessential affinity. More exactly, Dao or the wholesome wriversal is the unified field in its concrete undivided wholeness in relation to the grip of the Field Principle, the fundamental harmony. This notion may be conceived as the counterpart of the Parmenidean dictum that Being is, non – Being is not. Field – Being joins with Parmenides in asserting this ultimate ontological asymmetry, asserting the primacy of Being over non – Being. Being is, non – Being is not because activity is, and non – activity is not. There is for Field – Being no transcendence or denial of activity possible. The transcendence or denial of activity is itself an activity.

All is activity. All is involved in the self – revelation of quintessential action. Field – Being philosophy is both metaphysically and methodologically a thoroughgoing monism. But metaphysical monism is not synonymous with or amount to totalitarianism, nor does it necessarily lead to the oppression, tyranny or repression of thought, a fashionable view among the post – modem thinkers. On the contrary, metaphysical monism in the Field – Being sense, a monism of quintessential or self – reflexive articulate activity, is the most wholesome kind of monism, for it is a monism that, by virtue of its underlying affirmation of the Field Principle or fundamental harmony, allows the greatest diversity and makes room for all opposing perspectives. In short, it is a monism that makes genuine holism and genuine pluralism possible.

It is in the spirit of the Field Principle, of the wholesomeness of the wholesome, that Field Being conceives, and engages in, philosophy as a form of Dao − leaming, in the supreme art of appropriation carried to the limits. In contradistinction to the differential thinker who, under the spell of the Ego Principle − that is, the principle of self − perpetuation underlying all differentiated center of quintessential activity, is pre − disposed to see things dichotomously as mutually exclusive polarities or elements in a truncated whole, a Field − Being thinker as a Dao − leamer will always see things trans − differentially in the spirit of the fundamental harmony. While the differential thinker is inevitably driven consciously or unconsciously by the compulsion of the Ego − principle to the worship of a tribal Lord in whatever shape and form, the Field − Being thinker and Dao − leamer always resides in the trans − differential niche of Dao, the Holy of the Holy to which we owe our piety of Field − Being.

The trademark of Field − Being philosophy, if it can be at all practiced as a trade, is neither dichotomy nor irony, but ambiguity. Field − Being philosophy is indeed a philosophy of ambiguity by virtue of an internal necessity, an inner necessity that coils in the very nature of quintessential activity. For the fundamental harmony that nourishes all differentiated beings in the unified field is the harmony of an inner tension, that is, the inner tension between reflexion and articulation − and therefore between function and structure − that is the fountain spring of all topological ambiguity. The unified field as it manifests itself in our immediat e experience is not a clearly and distinctly delineated collection of substantial entities, but the conglomerated appearance of a quintessential chaos, a complexification of topological ambiguity. It is in this cocoon − body of the world, as we may so describe it, that all things are made.

Ultimately then, it is the fundamental harmony and topological ambiguity of reflexion and articulation that accounts for the uniquely distinctive character of Field − Being philosophy. This is what we have in mind when we say, and will continue in saying, that Field − Being philosophy is distinctively quintessential, or what is the same thing, quintessentially distinctive. In contradistinction to the Cartesian call to clarity and distinctness, which has since then become the hallmark of the rationalist − analytic tradition, we wholeheartedly hold fast to our first and last love − our quintessential chaos, our topological ambiguity!

But is Field − Being philosophy really lacking in philosophical clarity and rigor? Not at all. There is a peculiar clarity and rigor that belongs uniquely and distinctively to the quintessential way of thinking, a clarity and rigor that the Cartesian or rationalist − analytic thinkers hardly know. The irony is, when all is said and done, it will be discovered that it is the philosophers of ambiguity who are truly clear and rigorous, albeit quintessentially. The clarity and rigor of the rationalists turns out to be a second − hand property, a property of substantialism. It is a hideous clarity and a forged rigor that testifies to the domination of the Ego — principle, of a will to power that has become totally obsessed with the truncated reality.

And language is instrumental in the rationalist substantialization of the world. The world as we know it has indeed been a substantialized order of human language. InField — Being theory, language, like everything else in the Field — Being universe, is a topological determination in the unified field. Language arises in the field of the human Dasein as a strategic imitation of reality. It is an imitation of reality in so far as it reflects the world of quintessential activity, and it is a strategic determination in so far as it satisfies and facilitates the human need for survival and self — perpetuation. In this capacity, language is primarily an instrument of expediency. Language is, from the very beginning, at the service of the Ego principle. Hence it is not exactly correct to say that language " constitutes " the world, as is now fashionable among the language philosophers; it is more proper to say that it " strategically reflects " it. But, of course, language is also constitutive of the world in the same way all fielded beings are, namely, to the extent it is effectual in its contribution to the field order. Surely, there will be no human world without language.

But what is language but a natural system of sign — signal configurations? Everything in the Field — Being universe is "natural" in so far as it is or conceivable as a "nature," that is, a mode and code of articulate action. Thus a written word is a mode and code of writing, and the spoken word is a mode and code of speaking and hearing. In so far as it is a mode and code of articulate action, the written or spoken word "apple" is no less natural than the apple on my kitchen table, a code and mode of articulate action that defmes its thinghood. But things are not just natures, but are also symbolic manifolds in their capacity as sign — signal configurations. A thing or fielded being as experienced is a sign in so far as it points beyond itself, to other experiences and fielded beings in the field. And a thing or fielded being is a signal in so far as it is a prompter of action. The apple on my kitchen table, for example, points to the apple on the tree, and prompts my desire to consume it. Just as the written or spoken word apple is no less natural than the concrete apple on the kitchen table or the apple on the tree, so the concrete apple is no less a symbolic manifold than the word apple. The difference lies of course in the actionality of action that constitutes their nature. The concrete apple is edible; its linguistic counterpart is not. Also, when we conceive the reality of words, we suspend in our mind their nature, and concentrate only on their symbolic function, on their capacity as sign — signal manifolds.

What then is the meaning of meaning in the Field — Being sense? And what is the relation between meaning and concept, and between language and conception?

Meaning, first of all, is not an entity, a thing — like presence, something fixed or ready – made, nor something whose determination is to be indefinitely postponed, as Derrideans would have it. In the Field – Being sense, meaning is a field – topological determination, a form of power, the power of unfolding natures and symbolic manifolds. For us all things, all fielded beings, are meaningful and powerful in so far as they participate in the unfoldment or manifestation of articulate action and are symbolically efficacious. When we speak of the meaning of a thing or word, we refer to both its articulate – symbolic power as well as the domain of significance presided by it, that is, the articulate totality of actual and possible experiences associated with the process of unfoldment and its sign – signal or pointer prompter functions.

Thus conceived, meanings are, as all other fielded – beings or topological determinations, strange creatures: they are no – where, and yet everywhere. What a far cry from the entitative conception of meaning in Western metaphysics.

Now what do mean when we say that meanings are conceived? We mean to take hold of them in a certain way. To be more exact, a concept in the Field – Being sense is a strategic appropriation of meaning, including as a special case the logical concept, namely, a strategic appropriation in terms of definition and classification as the underlying principle of organization. A concept is, more simply put, just a way of managing our experience. The strategic appropriation of meaning implicit in a concept represents an interface of the natures and symbolic manifolds that make up the meaning of the concept. It is in response to the need of conception and the necessity of experiential management that all languages arose in the first place.

The necessity of language is primarily the necessity of fixation and stabilization required for the simplification and organization of experience. Every life – form requires a fundamental security and stability in the management of the natural and the symbolic affairs given in experience, an efficient organization of its articulate – symbolic experiences upon which the life of a life – form is nourished and maintained. What is most crucial to, and also most characteristic of, a life – form is the peculiar strategy it employs in its articulate – symbolic management – the strategy or expediency of appropriation that constitutes the essence of its language. It is most crucial because the perception of reality characteristic of a life – form is invariably conditioned by its language, by its peculiar strategy of symbolic management. All perception mediated by language is a warped perception, that is, strained and deflected by its symbolic strategization of experience.

The question now arises, is all experience mediated experience? Is the nature and self appropriation of a life – form, the human Dasein included, entirely determined by the peculiarity of its conceptual and linguistic strategization? Clearly not. Strategies change, because our experiences change. Life – forms are capable of varying their strategies, of employing a new language in their articulate – symbolic management, because they are capable of unmediated perception, capable of a direct experience of reality. This difference between unmediated or direct experience and mediated experience, or between non strategized and strategized perception, we term the "apperceptive difference." The difference is qualified as "apperceptive" because all perception in Field – Being is based on field apperception in which the unmediated and the mediated, the non – strategized and the strategized, are intrinsically intertwined.

The priority of Field – Being philosophy is experience, not words. Field – Being does not fall prey to the myth of obsessed mediacy, that is, to the myth that the mediated world of concepts and words, is the only order of reality, the myth that holds sway explicitly or implicitly on much of contemporary Western philosophy, especially among the so – called "language philosophers." Some of the language – obsessed post – modernist often act and think as if words and concepts form an autonomous domain of existence, as if words and concepts are substantial entities having an independent identity apart from any occasion or context of a and experience. So the meaning and identity of a word lies just in its difference from other words. What a wrong – headed naivety and injustice to the Field – Being of language!

That is why Field – Being has so much reservation for the so – called linguistic tum in contemporary philosophy. Field – Being endorses the non – substantialistic turn, not the linguistic turn that was plagued by this myth and fallacy of obsessed mediacy. The fact that we have to use language does not mean that we have to be the slaves of our language. We Field – Being thinkers or Daa – leamers are not guided by words, but by our direct experience and engagement of Dao, by the self – revelation of quintessential activity. For us, the primary reality is the unmediated, the pre – conceptualized, pre – spoken fabric of immediate, non strategized experience. Field – Being issues the call to return to the immediate, to the primordially quintessential. Let us experience and re – experience the Experience!

The Experience of the quintessential is the foundation of Field – Being philosophy. Against the prevailing non – foundationalism, the much – traded intellectual fad of our times, Field Being philosophy takes pride in being stringently foundationalistic. We say "stringently" because foundationalism in the Field – Being sense is deeply and necessarily self – referential and perspectival – the only genuine foundationalism possible. Field – Being is of course concerned with truth. As a form of Daa – learning, it is in its very practice a search and an appropriation of truth. But the truth that we are concerned with is not the so – called absolute truth of Western metaphysics. For there is no such thing as absolute truth, if the expression is at all intelligible. What the Field – Being thinkers seek is not an objective and universal foundation of all existence and experience, but only the truth of its own foundation, its own perspectiv e of experience. And this is what we mean by saying that Field – Being foundationalism is deeply and necessarily self – referential and perspectival. "Deeply" we say because we are committed to carry this self－referential search for truth to the limits of appropriation; and "necessarily" because it is preci ely what is demanded by the Field Being vision of reality and the Field－Being conception of the true philosopher. You can only see what is available for you to see: truth is only possible for a philosopher to the extent of its perspectivity. And to carry out the self－referential quest to the very limits our perspectivity is what we can－and must－do.

The perspective that thus unfolds itself to the self－referential Daa－leamer is what we call the Field－Being world－view. And what we call the Field－Being scheme is the conceptual system whereby our perspectival strategization of experience is embodied. A brief introduction to this conceptual scheme is now in order.

In the Field－Being scheme, anything that we can think of or talk about is a topological determination of the unified field of quintessential activity, represented by the notational schema (called the field equation) Q. Q = Q. Q, which expresses the mutual implication of reflexion (Q. Q) and articulation (Q. Q). The letter Q in the field equation names the Let－Be, the ultimate, quintessential activity, while Q (read Q－overstrike) stands for the manifest reality of the Let－Be, what is articulated by the Let－Be by virtue of its pure self－reflexivity. The realm of pure self－reflexivity (Q. Q), to elaborate a bit further, is the realm of the Radical Nothing, also termed the Actual Indefinite, the realm of pure action and the formless Form, whereas the manifest reality (Q. Q) is the universe of diremption, composed of the diremptively articulated states of quintessential action constitutive of the Effluence of Becoming, the Immortal Establishment, and the Phenomenal World. These dirempted states of quintessential activity－the "quintessential threesome" as we may call them which collectively make up the articulated totality of the Field－Being universe, may be clearly identified and briefly elaborated in the following table (Q－Table):

### The Q－Table

| Realms of the Field － Being Universe | Dirempted States of Quintessential Activity | Form of Actuality |
|---|---|---|
| Effluence of Becoming | Overflow of Pure Action from the Radical Nothing | Pulsation of pure potency (pure energy, pure experience, and pure meaning): offshoots of the Actual Indefinite |

续表

| Realms of the Field — Being Universe | Dirempted States of Quintessential Activity | Form of Actuality |
|---|---|---|
| Immortal Establishment | State of objectified action | Karmic matter or dissipated potency ( objectified energy, objectified experience, and objectified meaning) : the Actual Definite |
| Pheneomenal World | State of pro — creative action | Karmic labor as the synergetic union of pure potency and karmic matter |

The Radical Nothing: The Actual Indefinite in and of itself ( the realm of pure self — reflexivity) ——a state of strainless freedom and seamless perfection

The importance of the Q — Table for Field — Being philosophy cannot be overemphasized. For, in the final analysis, there is no Field — Being discourse that goes beyond the implications of the Q — Table. What is contained in the Q — Table is not, however, the foundation of a science, but the plot of a drama, the Drama of Field — Being in which the quintessential threesome are the primary actors. The stage is set, so let the Drama begin.

## NOTE 1

The terms Being and Truth are almost interchangeable in the Field — Being vocabulary. There is for us no Being except as Field — Being — that is, the Being of the Great Flow, the self — acting and self — presencing of the dynamic field — plenum. Since for us there can be no going beyond the Great Flow, beyond the dynamic plenum of empowered activity, all predication is an explication of empowered activity in its undivided wholeness. To say there is the Great Flow or the Great Flow is does not add anything to the Great Flow, but simply points to its all — inclusive presencing as the internal affair of the dynamic plenum. The dynamic plenum is actively present to itself; it discloses or reveals itself to itself in its holistic field action — that is what we mean by its "Being." Thus understood, Being, the reflexivity and self — presencing of the Great Flow, is the fundamental predication of empowered activity upon which all other predications are grounded. Every discernible determination in the universe partakes of Being, enjoying a status or occupying a position within the field — topological horizon of the dynamic plenum. The beings, things or objects that present themselves in our ordinary experience are phenomenal manifestations of empowered activity, and as such they all partake of Being as a mode of its disclosure and a dynamic moment of the Great Flow. The Being of these worldly

existents is a function of its field — topological occupation; their Being is integral
to the Reality of the dynamic plenum, that is, to Being itself.

Now the self — presencing of the dynamic plenum in so far as it is disclosive
or revelatory is necessarily an experiential matter. The self — disclosure or self —
revelation of the Great Flow always occurs in an occasion or context of experi-
ence in which empowered activity is reflexively in touch with itself Indeed, in
the Field — Being scheme experience consists precisely in the self — reflexive tac-
tility of empowered activity, and there are as many modes of experience —
which may be conscious, unconscious or supra — conscious — as there are ways
or venues in which empowered activity is self — reflexively tactile. It turns out
that the self — presencing of the Great Flow, of the affluence of the Let — Be, is
just another way of stating the self — reflexivity of the ultimate activity whose
manifestation is the dynamic plenum. The ultimate activity bends upon itself,
reflects upon itself — and thus reveals or disclosures itself to itself in and through
its self — reflexive in — touchness or tactility. This, readers, is the quintessential
affair on which all Field — Being thinking is grounded. Being and Truth, expe-
rience and meaning — and, for that matter, all other fundamental terms in-
volved in the articulation of the Field — Being conceptuality — are all explications
of the quintessential affair. Thus, the quintessential affair is called Being when
we think of all presencing as the self — presencing of empowered activity, as an
internal event of the dynamic plenum; it is called experience in so far as the
presencing of empowered activity is a function of its self — reflexive tactility. But
there can be no reflexion without articulation. There is always something mani-
fest in the self — presencing of empowered activity, something that constitutes
the articulation or articulated content in the act of reflexion. When the focus is
placed on the manifestation or articulated content of the self — presencing as the
internal event of Being, the quintessential affair is called Truth. Thus there is
no Being without Truth, and no Truth without Being: Being and Truth be-
long together because reflexion and articulation belong together. And while the
term "experience" points to the reflexive tactility involved in the quintessential
affair, "meaning," as already suggested, pertains to the aboutness and in — for-
mational confluence of empowered activity that is given rise in a given occasion
or context of experience. Just as Being and Truth are inseparable, so experience
and meaning are inextricably intertwined — all four ideas are implicated in the quin-
tessential affair of empowered activity as the core of the Field — Being conceptuality.

When we speak of empowered activity then, we think of empowered ac-
tivity as experienced quintessentially or as a quintessential experience, in which
Being, Truth and meaning are inextricably intertwined. What we mean by
quintessential experience is fundamentally the experience of what for us consti-
tutes the core, kernel, or quintessence of all reality — that is, the experience of
a self — vibratory activity that is at once self — reflexive and articulate——or, al-
ternatively stated, the experience of a power that reflexively articulates itself It
must be observed immediately that the concept of reflexion in Field — Being is

defined not in terms of consciousness, but in terms of experiential tactility —
and, moreover, as an empowering act of concentration. An activity is self —
reflexive in so far as it is experientially in touch with itself (consciously or un-
consciously) and, in so doing, defines and appropriates itself by virtue of a
concentration of power. What arises from the reflexive concentration is the
form of action as articulated by the reflexive concentration. In speaking of artic-
ulate action or activity as articulate, we have in mind both the power of articula-
tion as immanent in the reflexive concentration as well as the form of action that
is the manifestation or articulated content of the reflexive activity. It is obvious
that thus conceived there can be no separation between reflexion and articula-
tion: they are in fact two faces of the same actional process of empowerment.
And the internal connection or relatedness between power and activity as obvi-
ously intended by the expression "empowered activity" is absolutely crucial
here; for although the internal connection is not sufficiently explicit in our ordi-
nary usage of the terms, their mutual connotation is always in the background in
our linguistic consciousness. It is about time that this important connection be
consciously entertained in earnest, at least for our purpose here. But then "em-
powered activity" would — would it not? — sound somewhat redundant. For
power is simply the ability of activity to express itself in an appropriate form, to
produce effects, to make a difference — in short, to do what it does. There can
be no separation of activity from its empowerment, and empowerment is neces-
sarily the empowerment of activity, which, as we understand it, is a function
of power concrescence. Indeed, as we have just indicated, our concept of re-
flexion, or the reflexive aspect or moment of quintessential experience, is de-
fined in terms of the dynamics of empowerment. Reflexion in the Field — Being
sense, let us repeat, refers to the self — bending or self — environing of activity
wherein is procured — consciously or unconsciously, voluntarily or involuntarily
— a concentration of power. The concentration is essential to the self — defini-
tion of empowered activity or puintessential action: the form of activity that
manifests itself in a power concrescence is a function of its reflexive concentra-
tion. Thus, in lifting a heavy object as aninstance of empowered activity, the
articulation or articulated content is the form of action — that is, as an act of lift-
ing — defined by the concentration of power or energy that enables it, the em-
powering reflexion that procures its self — definition.

   This is for us by no means an isolated instance, but is something, we sub-
mit, that belongs to the universal character of experience. Every activity and
manifestation or effect of activity arises out of the concentrations of power con-
crescence. There is a concentration of power behind every act of sense percep-
tion, every act of memory or imagination, every act of reasoning or calcula-
tion, every act of meditation or spiritual discipline — in short, behind every
venue of field apperception (the all — inclusive form of experience in Field — Be-
ing) that is available to us. Moreover, the universality of the reflexive act of
concentration is not confined to the human life form, but is the underlying fea-

ture of all experience and empowered activity, human or non — human, organic or inorganic. In so far as Field — Being is concerned, empowerment by means of reflexive concentration is a cosmic principle, apart from which nothing gets done, nothing is accomplished — indeed, for that matter, nothing is.

Now in the interest of expository economy, let us term the manifest form of activity 'in a process of empowerment the "dynamic noema," and the reflexion of power concentration that articulates it the "dynamic noesis." There is then a conjugation of power and form or a noetic — noematic conjugation in the process of empowerment, an inner dynamics of appropriation, as we would like to express it, which constitutes in and through the resolution of diremptive tensions (to be shortly explained) the self — definition of empowered activity. The internal relation of reflexion and articulation underlying the inner dynamics of empowered activity is what mean by its "neumenal inwardness." The self — definition, is a working out of the inner dynamics which consists, as we shall see more fully later on, in a dispensation and transformation of power — a diremption or diremptive function of procreativity mediating between Transcendence and World, the two domains of quintessential reality in the Field — Being universe. The terms "diremption" and "diremptive" are derived from Latin dirimo, to part, separate, sunder, divide. They are employed here to designate the internal differentiation of power — that is, of energy, experience, and meaning — intrinsic to the nature of empowered activity. More specifically, they refer to the dispensatory and transformative movement of power from the infinite to the finite, from the Let — Be to what is let to be, from empowered activity as the Root or Source to empowered activity as ramifications or issues — in brief, as we would technically put it, from Transcendence to World. Diremption is a process of becoming in which a concentration of power concrescence affirms itself in the procreation of a definite form of activity — a process involving a transition from indetermination to determination through the elimination of diremptive and procreative tensions inherent in a given state of power concrescence. The diremptive function is "procreative" in a two — fold sense: first, "procreative" in the self — definition or naturing of empowered activity, in the noetic — noematic conjugation (conjugation of power and form) or inner dynamics of appropriation constitutive of its neumenal inwardness, and (2) "procreative" in procuring the differentiated from the undifferentiated, in giving birth to the myriad worldly existents as ramifications or issues of the infinite source. Thus understood, the diremptive function of procreativity is, in a nut shell, a neumenal — transfinite process, an unfolding, as we would like to characterize it, of the transfinite drama of neumenal inwardness. This "Life — drama," the cosmic drama of all life forms directed by the inner dynamics of appropriation, unfolds itself quintessentially as a bi — polar mutuality of power between Transcendence to World, the two domains of empowered activity which compose in their interplayful potency the field — topological horizon of Field — Being. It is indeed in signifying this bi — polar mutuality and interplay between the infinite and the finite, between the undifferentiated and the differentiated, between the Source and its issues, or between the Root and its ramifications — the all — pervasive distribution of power laying out the openness of the world — transcendental horizon — that the term "transfinite" is intended. The Field — Being universe envisaged as the unfolding of the Life — drama then is — we are now in a position to say — a transfinite affluence of becoming perpetually carried out within the world — transcendental horizon by the cocoonization of power concrescence. And the naturing, self — definition or becoming of empowered activity which occurs quintessentially within the world — transcendental horizon is, by way of anticipation, a consumption of karmic labor, a synergy of pure potency and karmic matter procuring quintessentially and by virtue of its effective strands the cocoon or objective body of the world.

This matrix of ideas which we have roughly outlined above — a conceptual scheme organized around the diremptive function of procreativity and the unfolding of the transfinite drama of neumenal inwardness as its over — arching theme — is, in fine, what we contemplate in speaking of the quintessential affair. This is the underlying conceptuality that we must work out in sufficient details in order to bring forth in width and in depth the distinctive features of Field — Being philosophy. While the complexity of ideas involved in the Field — Being scheme defy any simplification, its overall theoretical intention and design — as it may have already become apparent to the perceptive readers — is relatively clear and simple: to exhibit the quintessentiality of the Field — Being universe in terms of the diremptive function and as the unfolding of the Life — drama. To put it in a somewhat mathematical fashion, the theoretical task in question comes down to this, an analytic reduction of the quintessential affair to a thematic permutation of two pairs of concepts: namely, Reflexion and Articulation on the one hand, and on the other Transcendence and World. The first pair covers the two aspects or moments of neumenal inwardness, whereas the second pair design tes the. transfinite move en in the bi — polarity of power concrescence. The Fleld — Bemg scheme then is a conceptual — thematic function of we shall refer to as the "foursome of quintessentiality," the "quintessential foursome," or simply the "Foursome." Properly understood, these must be regarded as the comer stones of the Field — Being theory. Field — Being thinking is by and large thinking in terms of the Foursome.

The Field — Being vocabulary introduced thus far may now be crystallized in the form of a table in which the conceptual matrix implicating the quintessential affair is strategically presented in terms of the foursome permutation. We call this table the Q — Table, with the letter Q standing for the quintessential or the quintessentiality of empowered activity, what for us is what ultimately matters and what is ultimately in question. Since the quintessential affair defines the intrinsic nature of empowered activity, Q is also the sign for activity in the proper Field — Being sense, that is, as empowered activity understood quintessentially in terms of its neumenal and transfinite implications, which we shall identify as the two fundamental dimensions or divisions of meaning in Field — Being. What is contained in the Q — Table then is an analytics of the quintesseutal affair in which the notion of empowered activity is conceptually exhibited in terms of a thematic permutation of the neumenal and the transfinite / dimensions or divisions of quintessentiality. . For the sake of conceptual clarity, a notational formulation of our most fundamental ideas will be highly beneficial. We shall do that with respect to the neumenal division first, and shall deal with the transfirute division afterwards and in the proper contexts. With the introduction of a few more signs in more signs in addition to Q, the diremptive function in its neumenal inwardness or the neumenal of quintessential affair may be represented by the following formula: $\{Q.Q\}$ © $\{X\}$. All the signs in the notational complex representing the diremptive function are variables, capable of multiple interpretations in meaning and indefinite instantiations in actuality. We call any interpretation of the diremptive function a "diremptive schema" and any actual instantiation of the diremptive function a "diremptive event." The primary interpretation or schema in which the diremptive theory of reality in Field — Being is fundamentally embedded may be gathered. from the following delineation of the individual signs making up the diremptive function:

Q  = empowered activity in general

Q. Q = the dynamic noesis the self — reflexive concentration of power on the part of Q The dot

in Q. Q = the neumenal or awesome interface — the self — reflexivity of Q constitutive of the index. . . of empowered activity.

X = the dynamic noema — the manifest form of activity as the articulation or articulated content of Q. Q

© = the neumenal copula — the noetic — noematic conjugation (conjugation of power and form) underlying the inner dynamics of appropriation

The brackets in $\{Q.Q\}$ and $\{X\}$ = the neumenal index——. the moment, occasion or context of experience in which a reflexive concentration (dynamic noesis.) or form of activity (dynamic noema) occurs $\{Q.Q\}$ © $\{X\}$ = the diremptive function in its neumenal inwardness — the neumenal division aspect or dimension of the quintessential affair

As can be seen from above, the individual signs which compose the diremptive schema may be divided into two groups, termed "neumenal elements" and "neumenal operators," respectively. Both groups of signs are intended to exhibit the meaning we attribute to the various aspects of the diremptive function or quintessential affair in its neumenal aspect. The first group, the neumenal elements, consists of the letters Q and X, while the other group, the neumenal operators, contains the dot, the brackets, and the © sign. The neumenal elements stand for empowered activity functioning either noetically as a reflexive act of concentration (Q. Q) or noematically as its articulated content, or the manifest form of activity (X). The noetic and noemati roles as well as their internal connection are stipulated by the neumenal operators, which, generally speaking, designate the modus operandi of empowered activity in the execution of the diremptive function, thus specifying the quintessential roles the neumenal elements will play. The philosophical implications represented by the three operators − the neumenal interface, the neumenal copula, and the neumenal index − are as far reaching as they are intricate, involving a complexity that we can only hope to divulge and explore with some degree of adequacy and clarity in the discussions to come. Needless to say, their theoretical importance for Field − Being cannot be overstated; for inasmuch as they define in their articulation the very meaning of quintessentiality, much of the distinctiveness of Field − Being thought is embedded in them. Now without further ado, let us set forth the Q − Table in which the quintessential affair of empowered activity is crystallized in terms of diremptive schema and the foursome permutation.

**Empowered Activity AS Quintessential Affair:**
**The Transfinite Drama Of Neumenal Inwardness**
**( Q − Table )**

| Diremptive Function of Empowered Activity: Unfolding of the Life − drama Diremptive Directed by the Inner Dynamics of Appropriation − the Transfinite Drama of Neumenal Inwardness as Permutation of he Quintessential Foursome | | Neumenal Inwardness $\lfloor Q.Q \rfloor$ © $\lfloor X \rfloor$ − ( Noetic − Noematic Conjugation ): Event As The Working Out Of The Inner Dynamics Of Appropriation | |
| --- | --- | --- | --- |
| | | REFLEX/ON ( dynamic noesis ) | ARTICULATION ( dynamic noema ) |
| Transfinite Movement ( World − Transcendental Affluence ): Diremptive Event As Dispensation And finite act of Transformation articulation ( worldly Of Power in The Field − Topological Horizon seamed formations ) | Q* = TRANSCENDENCE − Let − Be as the Source ( undifferentiated continuum of pure action ) | $\lfloor Q.Q \rfloor$* = Sublime Mediation ( transcendental noesis: pure self − reflexivity as strainless freedom ) | $\lfloor X \rfloor$* = Actual Indefinite ( transcendental noema: the formless Form of seamless perfection ) |
| | Qt = WORLD − emanations or ramifications from ( worldly existents as transitory events or enduring centers of empowered activity − the standpoints of diremptive or Quintessential analysis ) | $\lfloor Q.Q \rfloor$ t = field individuals or transfinite subjects of reflexion ( worldly noesis: concentrations of power concrescence under strainful ) | $\lfloor X \rfloor$ t = field individuals or transfinite subjects as as finite acts noema: self − definition of power ( as differentiated forms of activity as necessity ) |

*The Life − drama in the concrete: The working out of the inner dynamics consists in the perpetual cocoonization of power concrescence procuring the self − definition and naturing of empowered activity. The reality of becoming or process is marked by the consummation of karmic labor − the synergetic union of pure potency and karmic matter underlying the complexfication and procreative transformation of power.*

Let us elaborate. What is represented in the Q − Table is no less than the theoretical foundation of Field − Being philosophy, which, as we have earlier indicated, consists fundamentally in the predication of empowered activity. There is hardly an iota of thought or speech in Field − Being that is not already stated or implicated, primarily or derivatively, in the schematic statements contained therein. Hence, the Q − Table will serve as the expository and hermeneutic platform for the discussions to come. Our theoretical task is basically one of explication and elaboration, that is, by unraveling and fathoming the quintessential implications of what is explicitly formulated in the Q − Table. Needless to say, the multiple strands, layers and contours of meaning determining the conceptual landscape of the diremptive theory and the quintessential affair defy any simple delineation, but must be traversed painstakingly in a round − about way. So again we beg the patience and indulgence of our readers in accompanying us in this theoretical journey.

Another round of notational and terminological commentary is now in order. The readers will notice that a few signs, terms and expressions not previously encountered have been introduced for the first time in the Q − Table by way of anticipation. Let us call attention to them immediately and offer a brief comment or explanation before we move on with a full − fledged discussion. To begin with, most of what is new have to do with the transfinite dimension of empowered activity ( Q ), which in the table is indicated by the asterisk or star sign as the sign for Transcendence or the undifferentiated state of pure action ( $Q^*$ ), and by the subscript "t" as the mark of worldly existents ( Q1 ). Thus while Transcendence is pervaded by the self − presencing of $Q^*$, the World is where the multiplicities of Q1 occur. The subscript "t" in Q1 and the star in $Q^*$ are transfinite indexes, that is, indicators of the polarity of empowered activity underlying the transfinite movement or world − transcendental affluence that is the concrete embodiment of the dynamic plenum. They stipulate the two domains of Field − Being and the field − topological horizon in which the diremptive function in its neumenal inwardness ( $\{Q. Q\} © \{X\}$ ) is instantiated or realized in actuality.

Now the transfinite indexes are also temporal indexes. The subscript "t," the standard sign for physical time in scientific notations, is chosen here not just to conform to the standard practice, but also for the purpose of incorporating the conception of time in physics into the more general notion of time and temporality in Field − Being. The subscript "t" in Q1 indicates the situatedness of a differentiated existent in "world time," of which physical time represents only a measurable dimension. But world time for us does not exhaust the meaning of time in Field − Being; for there is a sense of time and temporality which does not apply to the World, but only to the Let − Be or Transcendence, to the undifferentiated continuum of pure action − a temporality that belongs uniquely to a state of empowered activity characterized by "strainless freedom and seamless perfection." That is what the star sign as a temporal index for the transcendental activity is intended to symbolize. Generally speaking, one may say that Time in the Field − Being sense consists in the quintessential fluency of empowered activi-

ty; and one may distinguish a variety of specific conceptions of time and tempo-
rality in terms of discernible dimensions, modes or degrees of quintessential flu-
ency. Thus while "internal time" names the quintessential fluency of empow-
ered activity in its neumenal inwardness, "transfinite time" points to the quin-
tessential fluency of the Great Flow, of the all − pervasive world − transcendental
affluence. The distinction between "world time" (Qt) and "transcendental
time" (Q ∗) then is a distinction in "transfinite time" − a differentiation of
temporality in terms of the polar distantiation between the two quintessential do-
mains of Field − Being.

But the quintessential fluency of empowered activity is none other than the
measure of its "masterliness," its functional excellence or proficiency. The
more fluent a state of action is, the more masterly or excellent the action be-
comes. It turns out that our conception of the Let − Be, or the ultimate activi-
ty, which is in itself an undifferentiated state of pure action, is the conception
of a "master activity" par excellence − that is, activity marked by absolute fluen-
cy. The absolute fluency of pure action: that is the meaning of transcendental
time. Our conception of the Let − Be or Transcendence then must now be am-
plified. While in our theory of reality the Let − Be is called the ultimate activi-
ty, when considered as the source of root of all that is let to be, it is to be i-
dentified in the Field − Being theory of value as the Master Activity, the perfect
manifestation of empowered activity. And both ways of looking at Transcend-
ence or the Let − Be are founded on the quintessential temporality of self − re-
flexive articulate action. The meaning of the "transcendental" and the "world-
ly" in the distinctive Field − Being sense cannot be properly understood apart
from the conception of time as quintessential fluency.

The word "transcendental" in the Field − Being vocabulary refers general-
ly, as to be expected, to the attributes of Transcendence or the Let − Be con-
ceived as the undifferentiated continuum of pure action. Since in the Field −
Being scheme Transcendence and World are mutually defined in terms of their
transfinite relatedness, "transcendental" also refers to the Let − Be as the transfi-
nite condition of the World. And the Let − Be constitutes the transfinite condi-
tion of the World in two basic senses: as the ultimate source of worldly existents
and as the ultimate telos and measure of worldly aspirations. All worldly exist-
ents arise originally or obtain their original being from the Overflow of Tran-
scendence out of its inexhaustible power, the radiance and effluence of pure en-
ergy and experience that constitutes the primordial beginning of the transfinite
movement or world − transcendental affluence. What worldly existents obtain
primordially from the Overflow determine their transcendental endowment, the
spiritual component of their intrinsic nature in which the sublime attributes of
pure action − the seeds of strainless freedom and seamless perfection are implan-
ted. That is why and how worldly existents in their becoming and self − appro-
priation are capable of transcendental inspiration and attunement to the vibratory
freedom and perfection of the Let − Be, the ultimate and master activity. In

Field − Being the naturing of empowered activity does not occur in time as if in some sort of container. Nay, naturing is the appropriation of power determining the neumenal − transfinite paths and contours of temporality. Naturing is time, and time is naturing. In the quintessential fluency of empowered activity is nourished the meaning and possibility of all that is let to be from the Let − Be.

## NOTE 2

Now for the convenience of exposition, let us term the manifest form of activity in a process of empowerment the "dynamic noema," and the reflexive act of power concentration that articulates it the "dynamic noesis." There is then a conjugation of power and form or a noetic − noematic synthesis in the process of empowerment, an inner dynamics of appropriation, as we may so characterize it, that underlies and constitutes the self − definition of empowered activity. This is what we have in mind when we speak of the "neumenal inwardness" of quintessential activity or experience, as contrasted with the "phenomenal manifestation" of things or objects that we habitually attend to in our ordinary, entitatively oriented experience. When Field − Being speaks of the quintessential or the quintessentiality of things and the universe, it is empowered activity in its neumenal inwardness or inner dynamics of appropriation that is the focus of our attention.

Once again, the universe is for us not a collection of substantial entities, but a dynamic plenum of empowered activity − a field of power concrescence. It is in their respective concentrations of power concrescence that the myriad enduring centers of empowered activity in the world are marked off from each other. A human being is a concentration of power concrescence, and so is a kangaroo or owl or snake or fish, a bacteria or virus or ameba, a knife or chair or map or Venetian blind, a building or street or city, a supermarket or dance party or executive meeting, a rock or river or mountain, a cloud or shower or snowfall, a blow of the wind or hurricane or outburst of an volcano, a star or planet or galaxy, a subatomic particle or chemical pound or gas, a cell or tissue or organ, a feeling or sensation or thought, and so on, and so on − the list is, needless to say, endlessly. We took pain to present the long list of examples at the risk of triviality in order to strike home an important point − that the distinction generally entertained between beings, things or objects, events and states of affair is in the Field − Being or quintessential sense arbitrary. Quintessentially, all we see in the universe − including all that is, whether simple or complex, microscopic or macroscopic, living or non − living, physical or non − physical, conscious or unconscious, is nothing but a field − topological landscape of empowered activity or self − reflexive articulate action, differentially punctuated by infinitely various concentrations of power concrescence. And all worldly exists, which are by definition finite and transitory, undergo perpetual change and transformation. An enduring center comes into existence when a certain

kind of power concentration is formed. It endures or lingers for a limited dura-
tion as long as the concentration that sustains it persists. Once the concentration
is dispersed or undergoes radical transformation in form, an enduring center is
no long a center with the same enduring identity. This is our vision of the
world; this is the picture that the radical dynamic actionalism of Field — Being
presents.

Field — Being philosophy then is a conceptuality that is grounded on the
quintessential experience, understood in terms of the quintessential affair of em-
powered activity as defined by the neumenal inwardness of empowerment and
the inner dynamics of appropriation. As we shall soon enough, the inner dy-
namics is basically a diremptive function, involving the transfinite dispensation
and transformation of power — that is, of energy, experience and meaning — be-
tween the Transcendental and the World, between the undifferentiated continu-
um of pure action and the individuated centers of procreative activity. Moreo-
ver, the diremptive — transfinite function is to be grasped concretely in connec-
tion with the cocoonization of power concrescence, with the extemalization and
objectification of empowered activity to which we owe the solidarity and conti-
nuity of the Field — Being universe. Only when this is done can we come to a
full understanding of the quintessential affair.

Th terms "quintessential" and its cognate "quitessentiality" are thus central
to the Field — Being language. They are employed here technically for the sake
of expository expediency to designate what is most fundamental and distinctive in
the Field — Being conceptuality. Understood in this broad sense, "Field — Be-
ing" and "quintessential" are synonymous expressions. Field — Being thinking is
quintessential thinking; the Field — Being approach is the quintessential ap-
proach; and Field — Being philosophy is concerned with the universe, with life
and reality, in its quintessentiality — that is, as a quintessential truth. Moreo-
ver, since the Field — Being conceptuality is diametrically opposed to the sub-
stantialist or entitative outlook or worldview, what is quintessential is by defini-
tion "non — substantialistic" or "non — entitative," understood in the Field —
Being sense. But our choice of the quintessential diction is not entirely arbitrar-
y. According to the dictionary, quintessential refers to the most essential or re-
fined part of any substance; the purest and most perfect form, manifestation, or
embodiment of some quality or class. Properly understood, these connotations
or implications do fit the Field — Being conception of empowered activity. For
us, the universe — the affluence of the Great Flow — that disclose itself in our
quintessential experience is not an abstract aggregation of substantial entities, but
a most concrete Reality, that is accessible to us in our intimate reflexive tactili-
ty. We are always in touch with ourselves and the world quintessentially in Be-
ing and in Truth.

As the readers must realize by now, our notion of the quintessential or
quintessentiality hinges entirely on the internal relation of reflexion and articula-
tion in the dynamic constitution of empowered activity——quintessential activity

or action is self — reflexive articulate action. If the Field — Being worldview is to be properly understood, it is imperative that we lay out at this point some of the most distinctive features of the quintessential theory of reality. And we shall do so by beginning with a notational representation. Our notion of empowered activity understood as quintessential or self — reflexive articulate action is to be grasped in terms of the notation Q. Q ｜X｜, called the "Field — Being schema." There are four signs making up the composite notation: the letter Q, the letter X, the dot in Q. Q, and the bracket in which X is enclosed. Depending on how the individual signs are read or conceived, the Field — Being schema is capable of multiple interpretations. What we need to do at this point is to lay down our most fundamental reading of the signs which will give us the gist of the quintessential conception. Simply stated, the Field — Being schema exhibits the general meaning of empowered activity as self — reflexive articulate action: it is the conception of an activity that articulates itself by virtue of its self — reflexive power.

However, since all determinations in Field — Being are but discernible aspects or moments of one single activity, that is, the Let — Be or ultimate activity, the general meaning of empowered activity is to be reduced to its most specific meaning — to its most inclusive particular. In the final analysis, quintessentiality pertains to the Let — Be: it is the ultimate activity that is self — reflexively articulate. To anticipate, the Field — Being theory of reality revolves on the fundamental distinction between two aspects of the Let — Be or ultimate activity: the Let — Be in itself and the Let — Be in the world. The Let — Be in itself is also called the Transcendental or the Root, the infinite realm of empowered activity whose articulation is the Actual Indefinite, a seamlessly undifferentiated continuum of pure action. By contrast, the differentiated or individuated centers of empowered activity which compose the world are all transcendental ramifications, which arise from the Root or Let — Be in itself as a consequence of its diremptive function necessitated by the dispensation and appropriation of its inexhaustible power. Thus the meaning of the quintessential affair as exhibited by the Field — Being schema must now be understood in terms of what we call the "transfinite connection" that is, the connection or dynamic relation between the Root and its ramifications, between the Transcendental and the World, between the two aspects of the Let — Be. The ultimate activity is not more than the two aspects of the Let — Be; its quintessentiality consists precisely in the internal relatedness of the transfinite connection. This must be borne in mind in our reading the Field — Being schema. Every sign in the schema has a transcendental side as well as a worldly side, and the meaning of either side is not separable from its transfinite connection to the other. For this reason, the individual signs making up the Field — Being schema are to be called "transfinite notations," which are subdivided into two groups — the transfinite referents represented by the letters Q and X and the transfinite operators signified by the dot and the bracket. These are the fundamental elements which determine collectively our transfinite reading of the quintessential affair, of the core of the Field – Being conceptuality. The basic or underlying meaning of the signs may be given a preliminary interpretation and explanation as laid out in the following table.

**The Field – Being Schema: Q. Q {X}**
**Empowered Activity as Quintessential Affair**
**The Underlying Conceptuality of Field – Being Philosophy**
**(A Preliminary Interpretation)**

| Signs/Notations | Transcendental Meaning | Worldly Meaning | TransfiniteConnection |
|---|---|---|---|
| Q (the Let – Be) | The ultimate empowered activity, the Transcendental, the Root – the undifferentiated plenum or continuum of pure action | Differentiated or individuated centers of empowered activity – quintessential components of worldly existents | Worldly existents are diremptive ramifications of the Root in the naturing or self – appropriation of the empowered activity |
| Q. Q (the field noesis) | The transcendental noesis: the self – reflexion of the ultimate activity characterized by strainless freedom | Worldly noesis: the Self – reflexion of worldly existents marked by strainful necessity | Worldly noeses or reflexions are transitory moments of the field noesis in the eternal openness and embrace of the transcendental noesis |
| X (the field noema) | The Actual Infinite or transcendental noema: the articulate content of the transcendental noesis which manifests itself spontaneously in the self – reflexion of the ultimate activity – the formless form of seamless perfection | The actual definite or worldly noema: the differentiated form (s) of empowered activity generated by the articulating power of worldly existents | The actual definite is a finite definition of the Actual Indefinite: worldly noemata are local configurations of the field noema |

| Signs/Notations | Transcendental Meaning | Worldly Meaning | TransfiniteConnection |
|---|---|---|---|
| The dot in Q. Q ( the ontological copula －functioning as the presencing of empowered activity) | The self － presencing of the ultimate activity in its pure self － reflexivity: the functioning of pure action － the notion of Being as such | The presencing of worldly existents as field － topological occupation － functioning as a situated affair in the Being or self － presencing of the ultimate activity | The ontological copula signifies the functional connection between the self － presencing or pure self － reflexivity of the Transcendental and the field － topological occupation of the worldly metaphysical dualism. |

The Field － Being universe seems to be divided between two domains of reality marked by the apparent demarcation between the Transcendental and the world. How could Field － Being then remain monistic in its metaphysical claim? What is the alleged or implicit "oneness" of reality subscribed to by Field － Being philosophy? The answer lies, of course, in the Let － Be, the ultimate activity. There is nothing in the Field － Being universe － whether infinite or finite － that is not a manifestation of the ultimate activity: that is the key to our understanding of metaphysical monism. In the final analysis, the oneness of reality that we have in mind is an oneness of quintessential power that is both infinite and finite in its manifestations. The Transcendental, or the Let － Be in itself, is the quintessential power in its Root, of which the worldly existents are its ramifications, which collectively compose the world. The finite are not separable from the infinite, the world from the Transcendental, just as the leaves, branches and trunk of a three are not separable from their roots. This quintessential power, the power that runs from the Root to its ramifications, is the Power of the Let － Be or ultimate activity. Field － Being monism is a monism of empowered activity, a monism of quintessential potency.

The point is, neither the Great Flow or dynamic plenum in its undivided wholeness nor any of its topological determinations can be objectified. The alleged separation or distantiation between subject and object conceptually posited in an act of experience or perception is a profiling delusion brought about by the alteric image － projection of a self － confining ego.

The idea of an independent, separable and separated "other" entertained in an occasion of experience is not a truth of experience, but is rather created by the ego － prompted intellect as a projected image of its self － confinement. The truth is, there is no separation between subject and object at all, for there

are no independent subjects and objects to begin with. What Field – Being phe-
nomenology and epistemology takes to be the primordial truth of experience is
that all perception and understanding is a function of quintessential tactility. To
perceive or understand is "to be in touch." Experience is indeed definable as the
tactility or "in – touchness" of activity, that is, of quintessential or self – reflex-
ive articulate action. Since activity is self – reflexive, it is always in touch with
itself; and the "in – formation" that is experienced or felt in the quintessential
act of being in – touch is none other than the articulate content of the self – re-
flexion. Different types of experience then are different modes of in – touchness
– as, for example, classifiable according to the normal classification of the five
senses. Actually, there are as many tactile modes as there are senses or organs of
reception in the experiential constitution of life forms or enduring centers of ac-
tivity. In the Field – Being theory of experience, perception or understanding
is treated as an "event of apperception" in which an enduring center of activity
or concentration of power concrescence brings its own perspective of existence
to bear on the world or any determination in the plenum field which happens to
be the focus of its attention. Thus conceived, the essence of apperception is
"perspectivation," the operation of "bringing a perspective to bear" which con-
stitutes for us the transcendental condition of all experience, perception and un-
derstanding. This is not the "transcendental" in the Kantian sense, definable in
terms of the allegedly universal and objective categories of understanding as the
subjective conditions of experience and scientific knowledge. In the Field – Be-
ing sense, the "transcendental" in this context is applicable to all enduring cen-
ters of activity, not confined to the human life form – not to mention the self –
enclosed subjectivity of a self – conscious ego. All concentrations of power con-
crescence apperceive and bring their own perspective

## NOTE 3

Field – Being philosophy is presented as a vision, a thought experiment,
and an agenda. The vision is the fundamental intuition that all is activity. The
thought experiment is the conceptual scheme that attempts to capture and ex-
plore this vision in understanding and language. And the agenda is the endorse-
ment of the middle way of trans – differentiation in all aspects of human life, ai-
ming at the optimal creativity of values.

Great thinkers, according to Heidegger, think one thought. While we
have no pretensions to greatness, we do think one thought. The one thought
in Field – Being is, of course, Field – Being. But what is Field – Being? It is a
Plenum. The intuition that all is activity is the thought of the Plenum. The
Plenum is the beginning and the end, the alpha and omega of Field – Being
philosophy. For us, there is no thinking beyond the Plenum; every thought is
explicitly or implicitly of or about the Plenum. It is, furthermore, an event or
occurrence within the Plenum. The Plenum is all there is, the Plenum is eve-

rything. But let us hasten to add that the Plenum here is not the Parmenidean One, the Parmenidean Being, neither as it has been traditionally understood in Western metaphysics nor as Heidegger interpreted it. The Plenum is, to be sure, the One Being or Being itself. But what we have in mind by these expressions is a reality that is pointed to, let us emphatically submit, by the primordial meaning of the verb — word. It is a Plenum in the Field — Being sense, that is, a boundless continuum of activity. Whereas in traditional Western metaphysics, the Plenum ( as the Parmenidean One ) is regularly thought of in terms of a Perfect Entity or Logical Absolute, with an identity as rigid as frozen meat ( infinitely more so, as a matter of fact ), our Plenum, the Field — Being Continuum, is the most fluid or flexible reality of all. And although our favorite Field — Being dictum — "There are no things, there is only activity" — may seem to join the traditional Parmenides in condemning diversity to the realm of mere opinion or illusion, the truth of the matter is the Field — Being Plenum is not divested of diversity or multiplicity at all. On the contrary, far from excluding the Many, the Field — Being Plenum in its undivided wholeness is an infinite articulate unity of the One and the Many. For articulation is of the innermost nature of activity: the most flexible One is not and cannot be a barren One, but a self — articulate One.

This self — articulate One is for Field — Being philosophy the Absolute, the ultimate activity which, in so far as it functions as the all — encompassing source and ground of all existents, is also called the Let — Be. The Plenum is the ultimate activity in its fullness, the dynamic self — expression of the Let — Be in virtue of its self — environing, self — vibratory and self — illuminating holistic field action ( or just holistic field action for short ). This holistic field action, or Act of Let — Be, is the Great I, the Self of the ultimate activity. In contrast to the static image of the Parmenidian One, the Field — Being Plenum is a universal matrix in flux; the Self is a Great Ocean of Becoming, the dynamic expression of the self — articulate One. In Asian thought the self — vibratory holistic field action is poignantly captured in its symbolic representations as the Dance of Shiva or the Rounding of the YinYang Fish. In this conception, all existents, namely, that which have emerged or arisen ( let us take heed of the etymology of the word to exist, Latin ex — istere, meaning to emerge or arise ) in the Great Ocean of Becoming, are emanations from the ultimate activity. To exist is to be an emanatum in the Plenum, a cosmic articulation that is let to be by the Act of Let — Be. Now as the self — environing, self — vibratory, and self — illuminating holistic field action, the Act is in itself a state of activity in the absolute purity, simplicity and immediacy of its Power. This is the profound meaning of the Radical Nothing in Field — Being. The Act of the Let — Be, the articulation of the ultimate activity, is in itself not an Act of Creation, but an Act of Self — abnegation, an Act of Absolute Openness. The Radical Nothing is a unity of fullness and emptiness; it is at once the emptiness of activity that is full and the fullness of activity that is empty. In an act of Absolute Openness, the ultimate activity abnegates or empties itself so that it may make room for all existents, to let − be whatever may emerge or emanate from it. This Act of Self − abnegation or Absolute Openness is what the Daodejing calls wu − wei or non action. To turn the Act of Absolute Openness into an act of creation, as in the traditional theological or philosophical representations, requires an act of existential projection on the part of the religious or philosophical consciousness. The Act of Absolute Openness becomes an Act of Creation in relation to the consciousness that posits itself as a creature. Here existence has the meaning of Gift. Our existence is a gift of the Let − Be. That is how thankfulness has become the spiritual foundation of religious piety.

Now the meaning of existence in Field − Being must be further elaborated stated. Since all is activity, to exist is simply to function or play a role in the Absolute Openness of the One Being or self − articulate One, to participate in the Theater of Diremption ( let us adapt a Hegelian term) where every Act plays out the dynamic, transfinite affair between the One and the Many. The actionalism of Field − Being then entails the functionalism of diremptive participation. All existents or emanata ( beings, things, or entities as we often call them) are, without exception, functional determinations of activity. This actionalism and functionalism applies equally to all existents as well as to the One Being itself as the Radical Nothing, or the Let − Be in its Absolute Openness. For the Absolute Openness is also a function or role of activity: it is indeed the role of all roles and the function of all functions on the part of the ultimate activity. It is a state of activity that lets all things be.

But the actionalism and functionalism of things must be diremptively understood. In the Field − Being universe things are either diremptive movements or derivative abstractions of diremptive movements. And by diremptive movements we do not mean the dialectic deduction of categories, as in Hegel's philosophy. A diremptive movement is a power concrescence, a dynamic event or process of articulate/articulated action which consists essentially in a dispensation of power within the Plenum and in the bosom of the Absolute Openness. And every dispensation of power in a power concrescence is a manifestation of the Let − Be in virtue of its holistic field action. It is of the utmost important to note that for Field − Being actionalism and functionalism is inseparable from holism. All is activity implies that all is One. Strictly speaking, there are no activities in Field − Being: there is but one ultimate, all − encompassing activity in self − environing, self − vibratory, and self − illuminating holistic field action. A differentiated activity is but a diremptive mode − aspect − moment of the one ultimate activity. One must never conceive differentiated activities in the likeness of the substantial entities in traditional philosophy.

And the ultimate activity is both pure action and articulate/articulated action. We make a distinction between articulate and articulated action. An articulated action is a completed or consummated articulation, whereas an articulate action is a diremptive act in process of becoming. The passage or transition from pure action through articulate action to articulated action  – a movement we call transfinite traversion  – is what determines the basic meaning of the diremptive function.  We say pure action is the origin of the diremptive function,  and articulated action its fulfillment.

Now the Let – Be or self – articulate One is pure action in its Radical Nothingness or Absolute Openness,  and articulate/articulated action is the Self in its diremptive self differentiating function.  The dynamics of the self – vibratory holistic field action  – the way power is dispensed in carrying out its diremptive function  – thus depends on the functional interplay between pure action and articulate/articulated action.  We call this functional interplay in the holistic field action the inner dynamics of the Let – Be.

This inner dynamics is what lies at the heart of the field potential of all existents.  The field potential,  as the term indicates,  is the potential in and of the field.  In contrast to the Western,  Aristotelian metaphysics,  potential or potentiality in Field – Being philosophy does not belong to substantial entities,  but the field in its functional dynamic undivided wholeness which we identify as the universal matrix of all conditions of existence.  As such,  the field potential is in itself the Radical Nothing,  that is,  the Let – Be in its Act of Absolute Openness,  the state of pure action.  But the field potential is more than the Absolute Openness of pure action,  for it is also the diremptive source and ground of articulate/articulated action  – the universal matrix of all emanations.  By the same token,  the Act of the Let – Be is not just the Act of Absolute Openness but is also the Act of diremptive function,  the articulate fulfillment of the field potential.  Now the distinction between the field potential and the Act is an importance one in the Field – Being dynamics.  Basically,  the field potential is the ultimate activity in substance,  and the Act is the ultimate activity in function.  Let us point out immediately that this is not substance in the traditional sense,  the vacuous substratum in the entitative metaphysics.  In Field Being philosophy substance means power,  and function a dispensation of power.  The field potential is the concept of a dynamic substantive,  as we may put it,  and the Act a concept of performance,  the acting or carrying out the role or function inherent in the power of the dynamic substantive.  As the field potential or the dynamic substantive in general,  the ultimate activity says I CAN,  and as the Act or the all – encompassing functionality,  the ultimate activity says I DO.  In so far as the Radical Nothing is concerned,  the I CAN and the I DO as Absolute Openness in the state of pure action are co – intensive: the field potential is exhausted in the Act.  This,  however,  is not so in the Great Ocean of Becoming,  the state of articulate/articulated action.  Here the field potential and the Act are not co – intensive: the power in the I CAN is not exhaustible by the performance of I DO in carrying out the diremptive function of the holistic field action.  And yet the ultimate activity in its undivided wholeness is properly neither the field potential nor the Act,  neither the I CAN nor the I DO,  but the Awesome Interface that mediates all and constitutes all in the inner dynamics of its diremptive function. The inner dynamics is indeed the work of the Awesome Interface, the highest principle of unity in Field − Being − the I CAN DO that underlies and accompanies all fielded existents. In the term fielded a special connotation is intended for the concept of the field − topological interface ( or sometimes field interface for short) in the dynamic grammar of Field − Being. There is a field − topological interface for each and every functional composition of activity. Every existent in Field − Being is a fielded existent in relation to its underlying and accompanying field interface. We say that it is fielded by its field interface. The Awesome Interface, or the I CAN DO of the ultimate activity, is the field interface of all interfaces whereby all existents in the Plenum are fielded.

Our vision of Field − Being as essentially determined by the I CAN, the I DO, and the I CAN DO may be briefly sketched here before we attempt to give it a fuller exposition. The fundamental delineation in the Field − Being landscape is made on the distinction between two concrete domains of existents respectively called the Objective Plenum and the Subjective Plenum, conceived as two streams or flows of matter − energy and experience that emanate from the field potential in its Absolute Openness. The Objective Plenum is the stream of matter − energy and experience which forms dynamic systems of strains or configurations of power wherein pure potentials, karmic matter, and real potentials are embedded. These objects or objective affluents in the field potential, as we may call them, are what constitute the Objective Plenum, or objective side of the Plenum.

A system of strain is a synergetic condition of becoming in which a dynamic form of articulation or diremptive possibility is embedded. A condition of becoming is at the same time a topological limitation and an openness of the field potential, the realization or fulfillment of which is always an actual occurrence of action − experience − e. g. raising a hand or perceiving an apple. We call it a strain because it is a concentration of force or straining of the field potential. And the condition of becoming it embodies is qualified as synergetic because the strain or concentration of force is a configuration of power or matter − energy. Moreover, as concentration of force, a strain or dynamic form is to be conceived as a conjugation of diremptive tendencies or probabilities of occurrence. And we identity these diremptive tendencies or probabilities in terms of their exhibited forms of articulation or patterns of behavior − experience. Thus what we have in a system of strain is the positing of a diremptive indeterminacy in the field potential. This passivity of the diremptive function, as we may so describe it, is what constitutes the objective side of the Plenum. Needless to say, the objects that are implied by the term objective here are not the familiar phenomenal objects given in our ordinary experience. The objects or objective affluents that enter the composition of a strain or system of strains are field configurations of power of which the fundamental elements are pure potentials, karmic matter, and real potentials. Of the three elemental potentials of the field potential which ultimately constitute the passivity of the diremptive function, karmic matter −

that is, the accumulated effects of past action － holds the key and central position. For the straining of the field potential out of which a condition of becoming arises is the work of the Karmic Warp, or the enfoldment of karmic matter into the field potential.

As the effects of past articulate/articulated action, karmic matters are the dynamic traces of realized potentials, or consummated possibilities enfolded in the field potential. They are to be contrasted with pure potentials that are the unrealized possibilities or potentials available for future occasions of action and experience. It is to be noted at once that in the Field － Being scheme potentials must always be thought of topologically. There are no potentials except as field － topologically determined, that is, as strainings of the field potential whose dynamic configurations are topologically distributed. Potentials are thus field entities, not substantial entitites. Every potential or strain belongs to the field in its undivided wholeness; the straining of the field potential pervades the field as a whole. But the straining effects on the field potential are distributed differently with different concentration of power among the topological regions, depending on the point in time at which the percipient subject is topologically located. And the perceipient subject is always a stream of vibrant energy arising freely and spontaneously from the dynamic fullness and emptiness of the ultimate activity.

Before we move on to the subjective side of the Plenum, let us give a bare outline of objective constitution of the Field － Being Continuum in terms of the elemental potentials. What lies at the depth of the field potential is the Archetypal Continuum conceived as the horizon of pure potentials for all times and all topological regions. As a limiting concept we might think of the Archetypal Continuum alternatively as the realm of the field potential in the absence of karmic matter － the pre － karmicized Plenum, if you will Since the karmicization of the Archetypal Continuum in virtue of the karmic warp is what gives rise to the realm of real potentials as embodiments of diremptive indeterminacy, the totality of karmic matter which determines the karmicized universe must be given an intermediate status between the Archetypal Continuum and the phenomenal world representing the resolution of diremptive interminacy. We call the karmicized universe the Extensive Continuum or the realm of real potentials procured by the persistent pervasiveness or extended of karmic matter on the field potential The realm of real potentials is a realm of forces, that is, competing tendencies or probabilities which jointly form the diremptive indeterminacy. The phenomenal world is the Extensive Continuum in appearance marked by the transfinite arrivals of field subjects or agents of resolution. Each transfinite arrival is a fulfillment of the diremptive function via the passage from pure action to articulate/articulated action. Since each transfinite arrival is the coordinating work of the field interface, ultimately the work of the Awesome Interface, the realm of existence constituted by the transfinite arrivals of field subjects is to be called the Interfacial － Multifacial Continuum. The objective side of the Plenum then is essentially made up of this three − fold structure of the Archetypal Continuum, the Extensive continuum, and the Interfacial − Multifacial Continuum. This three − fold structure which defines the passivity of the diremptive function and the objectivity of the Plenum is what we will call the Trinity of Dao. Dao is the Way of the ultimate activity, the Act in its Actness. It is the Way of I CAN, the I DO, and the I CAN DO. Thus understood, Dao is not just the Trinity, but also the transfinite traversion of the Trinity. And the transfinite traversion of the Trinity is the Way of the ultimate activity in its self − environing, self − illuminating and self − vibratory holistic field action.

Our overall vision of Field − Being then is a vision of the universal matrix in flux pervaded by the participation of all fielded existents in the transfinite traversion of the holistic field action.

Let us now move on to the subjective side of the Plenum. The I CAN or the field potential is, to begin with, not merely the source of objective affluents or elemental potentials, but is also the source of the subjective affluents, that is, the pure vibrant energy which emerges freely and spontaneously from the Act of Let − Be in its Absolute Openness. Pure vibrant energy is pure in virtue of its transcendental innocence, that is, the absence of karmic experience. Because of its transcendental innocence, pure vibrant energy is ineffective and blind, so to speak. This transcendental purity or innocence is lost at the Moment of Fate upon its primordial ingression in karmic matter, being transformed into effective energy at the initial phase of the process of beginning. The nascent effective energy now has its eyes opened to the karmicized world which provides for its becoming its environmental heritage. This streaming of pure vibrant energy from the transcendental source in the Radical Nothing is the Vibrant Continuum that defines the subjective side of the Plenum. Like their objective counterparts, the subjective affluents or elemental subjects (souls in the religious context) are field entities, not substantial entities. Having a common source in the field potential, they, too, are field configurations of power. But while the objective affluents or elemental potentials are the ingredients of diremptive indeterminacy, the subjective affluents or elemental subjects are agents of resolution.

Thus in the Field − Being scheme the subject − object relation is to be sharply contrasted with the subject − object relation in the traditional substantialist entitative metaphysics. There is no subject − object dichotomy in Field − Being. The relation between subject and object, between elemental subjects and elemental potentials, is here simply a relation between two separate streams of affluents or dynamic configurations from a common source − the field potential. It is a trans − differential relation, as we may call it, involving a synthesis of continuity and discontinuity, of internality and externality, not unlike that between the two divergent ends of a horseshoe.

The Field Principle, which stipulates the meaning of the unity of Being in Field − Being, is, trans − differentially understood, a Horseshoe Principle: the relation between any two existents in the Field − Being Plenum is a Horseshoe relation. Trans – differentiality is thus not just a type of relations among relations; it is rather the inner essence, the relationality, of all relations. What the ultimate activity procures in virtue of its holistic field action is an infinite Horseshoe or trans – differential manifold. The Logic of Field – Being is, indeed, a logic of trans – differentiation. And this means that the character of all existents must be trans – differentially thought. Character, let us recall, is an actional and functional concept. Character belongs intrinsically and primarily to activity; the character of things is derived from the character of activity. But there can be no separation between the character of activity and the roleit plays or the function it performs. The character of an activity and its function are one and the same. Thus in the Field – Being universe the character of anything is the character of its role in the drama of diremption. A red color is perceived here and now; the perceived redness is not so much a quality or character trait of the red thing to which we attribute the color, but belongs more properly to the underlying composition of activity that procures it. For producing the red color here and now is the role that activity. What do we mean then in saying that character must be trans – differentially thought? We mean that all characters are trans – differentially interrelated and intertwined. That is what we should have in mind when we conceive of the elemental subjects and the elemental potentials, the affluents of becoming whose characters are the concrete determinants of the diremptive function in Field – Being.

This self – articulate One is for Field – Being philosophy the Absolute, that is, the ultimate activity. The Plenum is the self – expression of the ultimate activity, an expression which Indian thought captures so poignantly as the Dance of Shiva. In the Field – Being scheme all existents, that is, that which have emerged or arisen (let us take heed of the etymology of the word), are emanations from the ultimate activity. To exist is to be an emanatum in the Plenum. And all existents or emanata —— which we may also designate under the general headings of things or entitites, are functional determinations of activity, that is, to be more exact, of articulate action. A function is an identifiable role of activity, the way activity is or the way activity articulates itself. The so – called individuals or enduring things or objects in our ordinary experience such as apples, trees, stars, animals as well as people are all dynamic centers of activity each with its own concrete form or characteristic functional complexity, to which it owes its articulate identity. Thus the articulate identity of the apple that I perceive in front of me is the characteristic functional complexity of the underlying action that articulates the apple under consideration. This is the concrete form of the apple, the dynamic center. Here the relation appearance and reality, that is, between the phenomenal or perceived apple and the underlying articulate activity, is radically different from what is traditionally entertained in the substantialistic metaphysics. From the Field – Being standpoint, appearance is the dynamic expression of reality. The reality of the apple is not a vacuous unchanging substrate (the Lockean "I know not what") which serves as the prop-

erty holder for the changing appearance of the perceived apple, nor a Kantian
thing in itself as setting the limit of empirical knowledge, but is simply the man-
ifest effect of the underlying, articulate action itself which has arisen or emanated
from the bosom of the ultimate activity. Far from agreeing with Kant that we
have no access to the realm of the things in themselves, Field − Being submits
that we do indeed possess an intuitive knowledge of reality. For to be or exist is
to be in the grips of the inner dynamics of the Let − Be, that is, of the diremp-
tive function of the ultimate activity that makes possible the emanations of articu-
late action from its radical nothingness. As a matter of fact, the continuous
streaming of vibrant energy which arises freely and spontaneously from the bos-
om of the Radical Nothing and which we intuitively and tacitly identify with
our very being, constitutes not only the essence of our existence, but also the
non − conceptual foundation of all knowledge. We say "non − conceptual" be-
cause the vibrant continuum, as we may call it, can never be grasped or arres-
ted conceptually. The vibrant continuum is immediately broken the moment it
is conceptually interrupted. The Cartesian Cogito, in other words, is precisely
the culprit: I think, therefore I am not!

Hence, when we say there are no things we mean only to deny the exist-
ence of substantial entities. There are no substantial entities because the notion
of an underlying substrate is a vacuous concept: that is, as a non − activity.
There is no non − activity because all existents as emergents from the ultimate ac-
tivity are themselves functional determinations of activity. The expression "there
are no things" and the expression " there is only activity" are thus synony-
mous. In the final analysis, functional determinations of activity are all there
are. A thing, says Dewey, is what it does.

In the Field − Being scheme this implies that there is no gap between an in-
dividual and its form, or, as grammatically represented, between the subject
and the predicate in a sentence. For both are concepts of activity. An individu-
al is its concrete form, and the concrete form is the individual. For a dynamic
center of activity is no more or less than the characteristic functional complexity
that composes the underlying articulate action. Since in the final analysis there
are only verbs in the grammar of Field − Being, subjects and their predicates are
interchangeable. The redness of the apple in front of me, for instance, is not
separable from the apple. It is simply the apple itself in one aspect of its charac-
teristic functional complexity, the aspect that appears when I am looking at it.
And at the time I am looking at it, my visual action is, by the way, an integral
component of its form, for it is the realization of a potentiality embedded in its
characteristic functional complexity. The fact that I can look at the apple and
the apple can be looked at by me belongs as much to me as to the apple. For in
the Field − Being universe, all individuals and forms are interrelated in an undi-
vided field − topological reality.

All we are trying to say is that there are no transcendent forms in Field −
Being. Traditional philosophers in the West are wont to separate the feature of a

thing from the thing.   The redness of the apple in front of me, they would say, transcends the apple, because it is the common feature shares by all red apples. But Field – Being thinks otherwise.   The redness of the apple, as its concrete form, is an integral aspect of its characteristic functional complexity: it belongs uniquely to the apple in question.   All concrete forms are unique.   The redness of the apple under consideration is, strictly speaking, not the same redness in any other apple.   There are to be sure repeatable elements in the way activity articulates itself.   These repeatable elements in the functional complexity of articulate action belong to the ideal dimension of Field – Being: they are what we call ideal forms.   Unlike Plato's transcendent Ideas or Whitehead's eternal objects, ideal forms are for us warped possibilities, being field – topologically conditioned by the karmic matter in the Field – Being Continuum.   As a repeatable element in the functional complexity of activity, ideal forms are always regionally marked by a field – topological index which indicates the when and where of their repeatability.

# 5 Field – Being Philosophy: Philosophizing in the Spirit of the Wholesome Universal

Field – Being philosophy is a conceptuality nourished in the spirit of Dao, the wholesome universal. The spirit is the self – reflexive transparency of quintessential activity. All conceptualities arise in the spirit of Dao and participate in the perspectivation of its Truth, in the self – revelation and disclosure of the wholesome universal.

What is unfolded in the Field – Being conceptuality is not the Truth of Dao itself as an absolute determination, but only one perspective of it, the Truth of Dao as it manifests itself to us – the perspective that defines the meaning of Dao – learning in Field – Being philosophy. Here philosophy is conceived not as science but as an art: Philosophical Dao – learning is the supreme art of appropriation carried to the limits. Field – Being thought seeks consciously and self – referentially its own foundation in the uniqueness of its perspectivity: this is the way it appropriates itself in the perspectival appropriation of the Truth. But since for Field – Being all perspectives of the Truth are ontological complements towards a universal field – apperceptive understanding of Dao, the Field – Being conceptuality is also presented as an invitation to interperspectival dialogue.

This spirit of Radical Perspectivism and universal openness is what characterizes Field – Being philosophy as a herald of the New Metaphysics, a way of thinking contrasted sharply with the absolutism of the Old.

§ 1 The Composition of Field – Being Philosophy

Field – Being philosophy is made up of five main parts, a two – part theory of Being as Field – Being, a trans – deferential methodology, and two hypotheses – a hypothesis concerning the metaphoric connection of body and language and a historical hypothesis pertaining to the field – topology of thought. Each of the four parts is defined by an underlying key concept:

### Field – Being Theory:

· Field – Being Thesis which articulates the quintessential conception of Being " his is the subject matter of Field – Being ontology and cosmology (the New Metaphysics)

· Polarization Thesis which propounds the differential nature of thought – the focus of Field – Being psychology and episteme (the New Understanding)

# Preface

§ 1　Philosophy as Dao－learning：The Art of Appropriation

§ 2　Field－Being Ontology：The Plenum of Quintessential Activity

§ 3　The Drama of Field－Being：Cosmology of the Trinitariat

§ 4　Differential Psychology：The Ego Principle and the Dynamics of Soul in the Human Dasein

§ 5　Care and Desire：The Ellipticity of Inner Love

§ 6　Focalization and Marginalization：The Polarization of Civilized Thought

§ 7　The Historical Inversion：The Wisdom of Dao and the Wisdom of Logos

§ 8　The Deepening and Widening of Field Apperception：The Trans－differential Interface and the Piety of Field－Being Thinking

· A mode of thought is an emanation of quintessential (self－reflexive articulate) activity in the Dasein－field of human beings, a life－form characterized and shaped to an extraordinary degree by the power of discursive thinking inherent in the self－reflexivity of human consciousness. But the mentality or self－reflexive propensity and transparency of the human Dasein is not confined to the articulate expressions of its discursive power, but is properly a function of its quintessential intelligence which is as much intuitive as it is discursive－and, above all, field－apperceptive. Intuitive insight and discursive understanding are indeed inseparable aspects of field apperception. All modes of thought are field－apperceptive manifestations arising within the topological horizon of the human Dasein.

· A Dasein is a life－form of quintessential activity in relation of the region of its field－topological occupation. As such, its reality is the reality of procreative action or, more concretely put, the reality of karmic labor. For all life, as the transfinite resolution of the inner dynamics of quintessential activity, is a dispensation of karmic labor which consists on the part of pure energy in the creative revitalization and transformation of karmic matter, that is, of the accumulated effects of past, objectified action. What is essentially involved in this movement of quintessential activity is the self－becoming of transfinite subjects which owe their transfinite subjectivity to the cocconization of power concrescence, the concrete meaning of karmic labor. Cocconization is the inner process of transfinite agency constitutive of every quintessential act or center of of self－becoming wherein diremptive tensions are resolved in the synergetic union of dynamic polarities or opposites：the union of transcendental endowment (pure energy) and environmental or immortal heritage (karmic matter)－and thus, of subject and object, of present and past, of intensity and extensity, of reality and appearance. From the Field－Being standpoint, the understanding of civilized thought is in no way separable from the understanding of karmic labor in terms of the cocconization of power concrescence in the Dasein — field of human beings.

· Field — Being places civilized thought squarely but deeply in the cosmic drama of Field — Being. For us, a mode of thought is a quintessential and field — topological determination — and not, as for thinkers like Nietzsche and Foucault, a merely historical determination. More specifically, a mode of thought, like everything else in the Field — Being universe, is an actor in the Field — Being drama stage — set by the Trinitariat of Dao, namely, by the dynamic interplay of pure action, objectified action, and procreative action, the "three seminals" of quintessential activity. Thus understood, every differentiated being including what we ordinarily call action, thought, or speech is, as a dirempted manifestation of quintessential activity, a transfinite synthesis of the three seminals — and thus a participant or traverser on the Trinitariat of Dao, a player and appearance on the Theater of Field — Being. As such, a mode of thought cannot be adequately understood as merely historically constituted, as Nietzsche and Foucault thought. Nay, a mode of thought — and again, like all other differentiated beings, is quintessentially and field — topologically constituted. And this means that it is a product of both necessity and contingency — the two inseparable components in the quintessentiality of power concrescence and karmic labor. As an actor in the cosmic drama, a mode of thought is necessarily determined in so far as it is karmic bound, but it is also a gift of contingency in so far as it arises from the creative and procreative spontaneity of pure energy.

· Now the cosmic, Field — Being drama is also describable as an "Ego — drama," inasmuch as all life — forms or Daseins participating in the Trinitariat of Dao are subject to the grip of the Ego Principle, the impetus to perpetuate itself as an individuated existence on the part of the karmic laborer or transfinite subject. The Ego is the procreative force or tendency in a life — form to perpetuate itself as it deems fit so as to maintain its dirempted individuality or differentiated integrity. Since the Ego force or tendency has the character of a demand or claim on the topological environment of the life form insisting on its own fulfillment or satisfaction, it has the character of a need, the differential need of a fielded being or individuated existence. But the differential need of the Ego is also a craving for form, for the appropriate pattern of individuation, which we submit is the controlling, motivating factor underlying the variegated expressions of the life form in its quest of self — appropriation. Thus understood, the Ego Principle in constituting the differential need of transfinite existence is also the principle of love in the quintessential sense, what we call the inner love of appropriation. Field — Being posits two fundamental forms of differential need or inner love identified, respectively, as the "right — side" and the "left — side" orientations of Ego tendency. On the right side, the Ego Principle expresses itself as the love of wholeness or the differential need of belonging and bonding, the need to persist or become a part of an integrated whole. We call this form

of inner love "Care," or the curatic need of the Ego. By contrast, the Ego
Principle on the left side manifests itself as the love of separateness and independ-
ence or the need of differential freedom. This form of inner love or Ego force
we shall call "Desire," or theoretic need of the differential Ego. The operations
and tendencies of the differential Ego then may be compared metaphorically to
the movement of a point on an elliptic orbit in relation to the two foci represen-
ting, respectively, Care and Desire as the two forms of inner love or differential
need. We may indeed profitably speak of the ellipse of Care and Desire, or the
curatic — oretic ellipse, as the metaphor description of differential psychology.

  · Differential psychology is the study of the soul or Ego force or tendency
of the human Dasein in its differentiated existence. The human soul from the
standpoint of differential psychology is not a substance, but a field of power rela-
tions motivated and regulated by the ellipticity of Care and Desire which is itself
determined by the field — topological conditions governing the differential reality
of the human Dasein. Every movement of the differential Ego or inner love is a
summary index of those field — topological conditions, at once informed by and
informing the cocconization of power concrescence. The human soul as the
field of Ego force then is not an entity but a curatic — oretic matrix of power re-
lations whose interplayful permutation and complexification is what configures
the cocoonically differential reality of the human life — form. The grammar of
the human soul, that is, the prevailing structure in terms of which the differen-
tial reality of the human Dasein may be articulated, is fundamentally agranular of
motivation. How human behavior including the multifarious behaviors of
thought and speech is motivated or prompted by the ellipticity of Care and De-
sire is main problem for differential psychology.

  · Field — Being submits that no human behavior — and therefore no human
institutions or artifacts — fall outside the confines of differential psychology. A
mode of thought, like every other differentiated emanation in Field — Being, is
a reflection and expression of the field — topological conditions indexually sum-
marized by the elliptic movements of the Ego — principle and in accordance of
differential grammar of the curatic — oretic soul, a grammar of bonding and sep-
aration. But unlike other fielded beings or individuated existents in the Field —
Being universe, a mode of thought is not just a dynamic product of the differen-
tial grammar in action, but is also a mirror of the wholesome universal or quin-
tessential activity as such and as a whole from a standpoint of the human Dasein.
For it constitutes itself a self — reflexive articulation of quintessentiality. The
power relations conditioning the emergence of a mode of thought are the same
power relations wherein the wholesome universal reveals or discloses itself in a
perspective of the human Dasein — an occurrence of the Truth — process. Every
mode of thought is indeed a perspectival appropriation of Truth.

  · In what way are modes of thought perspectival appropriations of Truth
in accordance with the dictates of the differential grammar is the concern of dif-
ferential episteme, the specific discipline of differential psychology devoted to

the quintessential meaning of thought. Thus conceived, the task of differential episteme consists in the trans — differentiation of differential figures of speech, that is, representations of power relations wherein is enfolded a self — reflexive, perspectival articulation of the wholesome universal. More exactly, a differential figure of speech represents an intersection of power relations in which is anchored a fixed or objectified articulation of quintessentiality or perspectival appropriation of Truth. Hence, the units of study in differential episteme and in the differential grammar are not words, but differential figures, which are further analyzable in terms of what we call differential or Ego conjugates.

· A differential or Ego conjugate is an identifiable or discernible tendency of the differential Ego, a stance of the Ego Principle and a configuration of the inner nature of the soul. As such, all differential or Ego conjugates are vectorial derivatives of inner love or differential need, that is, derivates of the curatic or oretic Ego. Thus our concept of moral or ethical responsibility or obligation, as usually directed to the preservation and enhancement of the integral whole to which we belong, whether it be a family, a clan or tribe, a civil community, a nation, or humanity in general, is clearly a curatic conjugate, a derivative expression of our care or love of wholeness and the need to bond. By contrast, the concept of individual rights in so far as it expresses the differential need for separateness and independence, a yearning for the preservation and enhancement of individuality, must be recognized as in itself an oretic conjugate, a derivative form of desire, the differential need for self — affirming privatization and distantiation.

9. 10. Iv) We speak of the curatic or oretic basis of a mode of thought in so far as it is consciously or unconsciously motivated or prompted, by the right — side or left — side orientation of the Ego tendency, respectively — that is, by the inner love of care or of desire. But modes of thought are not only themselves motivated or prompted by the two forms of inner love in their field — topological arising, they may also address themselves to them explicitly or implicitly in their conceptual articulations. In other words, a mode of thought may be care — thematic or desire — thematic or both in their self — reflexive transparency.

# 6  Ontology of Activity

**Q1  In FBP Activity is identified as the underlying, all – inclusive reality. What do we mean by saying that "Activity" is a descriptive proper name?**

"Activity" names, designates, or points to the underlying, all – inclusive reality while describing it at the same time. The reality thus pointed to and described is in the nature of Activity.

**Q2  What basically is the reality of Activity? Why does Activity itself have no otherness?**

The reality of Activity is the reality of Field – Being. And Field – Being is, above all, an undivided whole. Activity cannot have any otherness because there is nothing outside of Activity itself, the undivided whole.

**Q3  What kind of undivided whole is Activity itself?**

Activity itself is not divisible into separable, independent parts. It is neither a mathematical sum nor a mechanical aggregate, but an organically undivided whole.

**Q4  Is the Undivided Whole then analyzable?**

Yes. The Undivided Whole is analyzable into features of Activity that are distinguishable but not separable.

**Q5  What is an "attribute"?**

An "attribute" is a feature of Activity or differentiation of the Undivided Whole. It is an explication of Activity the Description, or anything we may attribute to the Undivided Whole. In FBP all attributes are ultimately attributes or features of Activity.

**Q6  What are the fundamental features of the Undivided Whole?**

They are the qualities, formations, dimensions, realms, and perspectives of Activity. A "quality" is a feature in the essential character of Activity. A "formation" is a self – determinate act of Activity. A "dimension" is an extent in the self – unfolding of Activity. A "realm" is a dimensional locus of openness or field of Activity. And a "perspective" is the internal profiling of Activity.

**Q7  Is the Undivided Whole a logical whole?**

A logical whole has a completely determinate identity. The Undivided Whole is not a logical whole. The identity of the Undivided Whole consists precisely in its lack of a completely determinate identity. It is precisely because it is not.

### Q8    What is the relation of "whole" and "part" in FPF?

There are no mechanical parts in FBP. Every part or feature of Activity is a differentiated aspect of the Undivided Whole. It is already the Whole itself viewed from a certain standpoint. More exactly, a "part" is a perspectively differentiated whole.

### Q9    What is the "Encompassing"?

The "Encompassing" is the Undivided Whole conceived as an articulate totality of its attributes and features. The term emphasizes the all − inclusiveness of Activity constitutes the Undivided Whole.

### Q10    Does the notion of Activity presuppose the idea of actor or a-gent?

No. What we ordinarily call "actor" or "agent" is in truth a center of Activity. And a center of Activity is no more than the activities ——that is, the acts or formations of Activity —— that emerge through and around it.

### Q11    What is the relation between Activity and the "manifestation" of Activity?

A "manifestation" of Activity is what is formed or articulated in a process of formation. The movement of a hand, for example, is what emerges or manifest itself in a formation of Activity. The manifestation is not separable from the process of formation, but neither is it identifiable with the articulate activity that forms it.

### Q12 What is an "appearance"? Is there a real distinction between "manifestation" and "appearance"? And what is the meaning of "reality" in relation to "appearance"?

An "appearance" is a manifestation of Activity experienced or perceived in a given perspective. Since in FBP every manifestation of Activity is experienced and perceived, there is no real distinction between manifestation and appearance. Perceiving is itself a component of Activity. In relation to its appearance, the underlying Activity which manifests is the "reality."

### Q13    What is the relation between Activity and power?

Power is inherent in Activity, in every formation of Activity, not external to it. It is indeed the substance of Activity.

**Q14 What does the expression "Field – Being" basically signify? Why is the expression hyphenated? What is meant by the World conceived as "Field"?**

"Field – Being" designates the general as well as the underlying, all inclusive attribute of Activity. It is the fundamental explication of Activity the Description. "Being" means the prescencing of activity. It signifies both the prescencing of Activity itself and the prescencing of the differentiations and manifestations of Activity. Since all differentiations and manifestations of Activity are conditional expressions or effects of power, the prescencing of Activity implies necessarily the prescencing of efficacy and conditionality, which constitute what may be called the "field character" of Being. The pervasiveness of efficacy and conditionality in the World of Activity —— that is what we mean by "Field." In a sense there is no difference between Being and Field: Being is Field and Field is Being —— hence the hyphenated expression "Field – Being."

**Q15   Explain "efficacy" and "conditionality."**

"Efficacy" and "conditionality" pertain, respectively, to the power and the limitations of power inherent in Activity. The "efficacy" of an activity is its power or ability to produce effects or to make a difference, including the ability to experience, perceive and appropriate Activity itself and other formations or differentiations of Activity. How the efficacy or power of an activity is limited either inherently or by other activities is defined by its "conditionality." More precisely, an activity is "conditional" in its efficacy in two senses, namely, both as "conditioning" and as "conditioned." It is conditioning in so far as it imposes limitations on other activities; and it is conditioned to the extent it is limited by other activities.

**Q16   What is a "formation" of Activity? Discuss the implications of the term "formation."**

A "formation" is an articulation of Activity. The term is used to refer to the act or process of Activity wherein something is formed or articulated, that is, the manifestation or phenomenon. In the formation of the phenomenon, what is formed is not just the phenomenon, but also the Activity itself that forms or articulates it. For articulation is a self – forming form – giving activity: it gives form to the phenomenon as well as to itself in forming or articulating it.

**Q17   Every formation of activity is a "power concrescence." Explain. What is the measure of a "dynamic element"?**

Every formation of activity is a dispensation of power. The articulating activity in formation owes its efficacy to a concrescence or growing – together of dynamic elements or functional factors which each in its own ways contribute to the event or process of articulation. The power possessed by a dynamic element is measured by the efficacy of its contribution to the process of activity in question.

**Q18    What is a "form"? Distinguish between "form of process" and "form of presentation"?**

A "form of Activity" is the pattern or manner Activity articulates itself in a formation. "Form of presentation" is the pattern exhibited by the phenomenon that manifests itself in the formation. "Form of process," on the other hand, is the pattern exhibited by the articulate activity itself. Take, for example, the building of a house. The form of the building activity or process is not identifiable with the form of the house built.

**Q19    What is a "strand"? How are the two concepts of "strand" and "form" related?**

A "strand" is a string of Activity characterized by a continuity of form or complex of forms. It is a formation consisting in a continuous movement of Activity and the repetition of patterns. All forms are forms of strands or possible strands, and strands are what exhibit form or complex of forms. Form and strand are concepts that are mutually defined.

**Q20    What is a "unique form"?**

A "unique form" is the form of a strand or formation with zero repetition of patterns. Since every strand is a unique articulation of Activity, the form of every strand is a unique form, though it may contain repeatable elements in the complexity of its formation.

**Q21    Distinguish between "concrete form" and "abstract form"?**

A "concrete form" is the form of a strand consisting of both unique and repeatable patterns. A repeatable pattern is called an "abstract form."

**Q22    Are "form" and "formation" related the same way "universal" and "particular" are related in traditional philosophy?**

No. In FBP form and formation are inseparably concrete determinations of Activity. The form of a strand is simply the unique manner a strand of Activity forms or articulates itself. Thus the form, like the formation itself, is a particular and not a universal in the traditional sense. Form and formation constitute a differentiated whole of Activity. Every form is unique because it arises out of a strand · s unique resolution of propriety. The concept of "repeatable patterns" replaces the concept of "universals" in traditional philosophy. But whereas universals are transcendent entities in relation to the particulars that exemplify them, in FBP they are —— as abstract forms —— contained in concrete forms.

**Q23    What is a "nexus"?**

A "nexus" of Activity is a strand of strands, that is, a strand of Activity whose components are themselves strands.

### Q24　What is meant by saying that something is "act – functional"? What is an "act function"?

Anything is "act – functional" if it is a determination of Field – Being, that is, a feature of Activity or a differentiation of the Undivided Whole. The way something is conceivable or interpretable as act – functional is its act function. 11 More specifically, the act function of a thing defines the character of its Field – Being; it is the way Field – Being is embodied, shown or exhibited in it. Anything that is act – functional or exhibits Field – Being is a "field – being." In FBP everything is act – functional and is a field – being.

### Q25　What is an "interface"?

An "interface" is the face or appearance of Activity in the intersection of its attributes or features, that is, the intersection of qualities, formations, dimensions, realms, and perspectives —— especially the intersection of continuity and discontinuity, appearance and reality, subject and object, etc.

### Q26　What is a "Profile of Field – Being"?

A "profile" of Field – Being is the interfacial appearance of Activity experienced or perceived in a given perspective. The interfacial appearance of Activity co – extensive with the articulate totality of the Undivided Whole is what we call the "Profile of field – Being." It is a slice, so to speak, of the Undivided Whole as an experiential reality.

### Q27　Is the act of experience or perception external to the profile?

No. The act of experience or perception is an integral part of Activity underlying the interfacial appearance. There is no experience or perception outside or external to the self – profiling of Activity in Field – Being.

### Q28　What is a "profiling delusion"?

"Profiling delusion" refers to the pretension of an act of experience or perception in externalizing itself to the profile to which it intrinsically belongs. Profiling delusion marks the subject – object bifurcation of Field – Being.

### Q29　What is a "punctuated profile"?

A "punctuated profile" ——also termed "interrupted profile" ——is a profile of Field – Being characterized by an experiential arrest. To "punctuate" here means to stop to focus, to pay special attention or take notice of a part or region in the profile. The act of experiential arrest or punctuation interrupts the natural flow of Activity. Profile punctuation or interruption marks the beginning of "substantialization" or the making of "substantial" (mutually independent and isolated) entities.

**Q30    What are the so – called " Two Faces" of Field – Being? And what do they constitute?**

The "Two Faces" of Field – Being refer to the explicit and the implicit sides or aspects of Activity. Together they constitute Activity as a self – environing or self – enfolded unfolding reality. The "explicit face" is the unfolded side or aspect of Activity, whereas the "implicit face" is the enfolded side or aspect. The Profile of Field – Being arises continuously from the self – environing power of Activity. It is to be noted that whether the profile is explicit or implicit will depend on the standpoint in question. What is explicit from one standpoint may be implicit from another.

**Q31    What are the so – called " Two Fonts" of Field – Being? And what do they constitute?**

A "font" is a source of abundance. The "Two Fonts" of Field – Being refer to the states of determinacy and indeterminacy that together constitute the underlying reality as self – articulate Activity. Experienced or perceived from a particular standpoint, the face of the determinate is always explicit, whereas the face of indeterminacy is always implicit, being hidden or enfolded in the font of determinacy.

**Q32    What is meant by "articulation"? What is meant by the "propriety" of articulation?**

Articulation is the formal essence of Activity. It signifies the way an act of Activity forms or configures itself. The "propriety" of an articulation consists in the fact that the Activity configures itself thus and not otherwise.

**Q33    What is it that needs to be resolved in the formation or act of Activity?**

Propriety consists in the unity of harmony and conflicts within the internal and external environments of self – environing action. The form of an Activity is an expression of its resolution of propriety.

**Q34    How do harmony and conflicts arise? And what are the so – called " Two Needs" and " Two Wings" of Field – Being?**

Harmony and conflicts arise from the two underlying tendencies of Activity – namely, the tendency to conform and the tendency to deviate from conformation. We call these two underlying tendencies the "Two Needs" of Field – Being. The continuity and discontinuity of Field – Being are the manifestation of Activity in the satisfaction of its two underlying needs. Every act or strand of Activity is a creative expression of these two tendencies and needs in its resolution of propriety. It issues forth in a unique composition of continuity and discontinuity. The "Impetus of Activity" dictated by the satisfaction of the two needs is the driving force of all formations or power concrescences. Thus conceived, they are called the "Two Wings" of Field – Being.

**Q35   What is a "configuration"? And what do we mean by saying every configuration is a "winged reality"?**

A "configuration" is a composition of continuity and discontinuity. It is a "winged reality" in so far as it is an expression of the impetus of Activity determined by the Two Needs.

**Q36   What is meant by the "conjugation" or "thing" of Field – Being? Distinguish between "internal conjugation" from "external conjugation."**

"Conjugation" here refers to the agreement of a "configuration" with the need structure of the underlying Activity or the affinity with other configurations. The former is termed the "internal conjugation," and the other the "external conjugation" of Field – Being.

**Q37   What is a "magnitude"? And what is the "duration" of a magnitude?**

A "magnitude" is an identifiable or measurable articulate quality of Activity. The "duration" of a magnitude is the extent of its continuity in a process of formation.

**Q38   Wherein lies the "nature" of a configuration?**

The "nature" of a configuration lies in the totality of its conjugations with other configurations. The sum of conjugations in terms of discontinuity is called "relativity," whereas the sum of conjugations in terms of discontinuity is termed "relatedness." In fine, the nature of a configuration lies in its relativity and relatedness to other configurations. Thus conceived, the nature of a thing or configuration establishes its identity in Field – Being.

**Q39   What is the "meaning" of a thing?**

The "meaning" of a thing is the nature of its configuration conceived as a the object of experience or perception, or as matter of information or understanding. In other words, nature is meaning in reality, and meaning is nature as understood.

**Q40   What is the relation between "dimension" and "realm"?**

A "dimension" of Field – Being is an extent or extension of Activity. The field wherein Activity unfolds itself within the extension is the realm defined by the Activity to the extent in question.

**Q41   What are the "Four Dimensions" of Field – Being and the "Four Realms" defined by them?**

The "Four Dimensions" of Field − Being are defined by the four everlasting extents or aspects of Activity:

    · The "Tanscendental Dimension" which consists in the pure Activity of the Let − Be;
    · The "Interfacial Dimension" which designates the indeterminate Activity of the Ground;
    · The "Primordial Dimension" which names the originary Activity establishing the Beginning;
    · The "Phenomenal Dimension" consisting in the differentiated acts of Activity in the World in process of formation.

### Q42    What is the "Let − Be,?

The Let − Be is the fullness of Activity that empties itself in its fullness. This is the "Realm of Undifferentiated Wholeness." The Let − Be is at once the outer and inner limits of the Encompassing. Brahman (the Outer Limit as the Power of Infinite Transcendence) and Atman (the Inner Limit as Pure Experience) are one in the Pure Activity or Non − Action of the Let − Be.

### Q43    What is the "Ground,?

The "Ground, is the First Unfolding of Activity in the chaos of indeterminacy. This is the " Realm of Differentiated Potentials. ,

### Q44    What is the "Beginning"?

The "Beginning" is the Second Unfolding of Activity procuring the determination of order. This is the "Realm of Differentiated Systems."

### Q45    What is the "World"?

The "World" is the Third Unfolding of Activity in the self − determinate acts of articulation. This is the "Realm of Differentiated Actualities."

### Q46    What is the meaning of "Transcendence" in Field − Being?
"Transcendence" is the unfolding of the Le − Be as the Ground and Beginning for the World.

### Q47    What is the meaning of "Creativity"?

"Creativity" is the self − empowerment of Transcendence in the self − unfolding of Activity.

### Q48    What is the meaning of "Divine Meditation"?

"Divine Meditation" refers to the everlasting process of Creativity in the perpetual repetition of self − empowerment.

**Q49    What is meant by "trans – differentiation"? Distinguish between the general and specific meaning of the term?**

"Trans – differentiation" signifies the self – enfoldment of Activity. Generally speaking, it refers to the way one aspect or feature of the self – enfolded reality is connected to any other aspect or feature. In the narrow sense, the term describes the dynamic interconnection of field – beings as the differentiated self – environing wholes of Activity. In both senses of the term, trans – differentiation is a function of continuity and discontinuity, of relativity and relatedness. Field – Being is a net or network of trans – differentiation. And the dialectic of trans – differentiation is the logic of Field – Being.

**Q50    Explain the trans – differentiation of the Four Realms?**

The trans – differentiation of the Four Dimensions and Realms is as follows:

19. The enfoldment of the Transcendental—— the Let – Be is implicit in the Ground, the Beginning, and the World;

20. The enfoldment of the Interfacial —— the Ground is implicit in the Let – Be, the Beginning, and the World;

21. The enfoldment of the Primordial —— the Beginning is implicit in the Let – Be, the Ground, and the World;

22. The enfoldment of the Phenomenal—— the World is implicit in the Let – Be, the Ground, and the Beginning.

**Q51    What is meant by the "life" of a strand? How is "life" related to "time"?**

Life is Activity. The "life" of a strand is the duration of an activity —— that is, the extent of movement the formation of activity lasts or continues itself. Time arises out of the temporalization of Activity. A "temporal series" is a dimension of the temporalization.

**Q52    Does the life of an activity occur time?**

The life of an activity both is and is not in time. It is not in time in so far as it arises transcendentally out of the pure, non – temporal realm of the Let – Be. But it is also in time because it is situated in the Field and thus participates in the temporalization of Activity.

**Q53    What is the origin of Time and Space in Field – Being? In what way are they internally? What is the meaning of "Time/Space"?**

Time and Space, the duality of Time / Space, arise from the self – unfolding or trans – differentiation Activity. More specifically, Time and Space originate, respectively, in the temporalization and spatialization of Creativity. What is temporally and spatially unfolded is a continuity of movement wherein the intensification of self – empowerment (the essence of Time) is trans – differentially transformed into the extensiveness of representation (the essence of Space).

**Q54    What constitutes the Continuum of Field – Being? How is Time/Space related to the Continuum?**

The temporalization and spatialization of Activity constitute the Continuum of Field – Being. One aspect of the Continuum is Time, the general order of succession, the other aspect is Space, the general order of co – presentation. Time/Space is the general order of interconnectedness prevailing in the Continuum, the trans – differential framework for creative expression in the World.

**Q55    What is the relation between Time/Space and the physical space – time?**

The space – time in physics is an interpretation of the material reality of Field – Being; it is an abstraction of Time/Space as the general order of interconnectedness.

**Q56 What constitutes a "standpoint" of Field – Being? What is the connection between "standpoint" and "perspective"?**

A "standpoint" of Field – Being is a moment of experience or perception in a process of formation. It is a moment in the life of a strand. Every standpoint commands a perspective that is the manifestation of the Field as experienced or perceived at the moment in question. The act of experience or perception constitutive of the standpoint is an integral component of the Activity manifesting itself in the Profile.

**Q57    What is a "subject" of Field – Being? How are "subject" and standpoint " related?**

A "subject" is a living (vibrant) strand of activity conceived as a center of experience, perception and appropriation. The subject at the moment is the standpoint. The subject of a standpoint is the momentary subject.

**Q58    What constitutes a "self1 of Field – Being? How are "subject," "self," and "life" interrelated?**

The "self" of a strand of activity is its composition or organization. The life of a self is the duration wherein the activity composes or organizes itself. The subject is the self at a given moment of life and considered in its power of experience, perception and appropriation.

**Q59    Distinguish between "multiplicity" and "order."**

An "order" is a strand or nexus of strands wherein the complex of forms is itself a form. A formation of activity that exhibits order is an ordered whole or unified articulate totality. A "multiplicity" is a formation of activity that does not constitute an ordered whole or unified articulate totality.

# 7　What is Field – Being?

**Part I. The Ontology of Activity: The Subject – Object Relation in Field – Being**

Field – Being Philosophy is based on the notion of Activity, identified as the underlying reality of Field – Being. More exactly, the underlying reality is thought of as an everlasting flow or movement of Activity, characterized by the creative advance of a perpetually self – differentiating, self – environing, self – transforming, and self – articulate action, ultimately issuing from the Field Action of the Let – Be, the ultimate source of all prescencing activities.

The prescencing of Activity—— this, we submit, is what the verb – word "Being" primordially means. In the primordial sense, Being is not opposed to Becoming, and Non – Being is not to be conceived as its privation. For does not Being, the everlasting prescencing of Activity, constitute itself precisely in its movement of becoming? And what is, properly understood, the meaning of Non – Being but Activity itself in its infinite power of openness and transcendence, the ultimate reality of the Let – Be as Let – Be? Indeed, at the ultimate level of philosophical discourse, there is no dialectic, only tautologies. Being, Non – being, and Becoming: these are equivalent expressions of the same underlying Reality.

Field – Being Philosophy then is fundamentally a philosophy of activity. But "activity" here must be conceived in the most inclusive sense. In this sense, the essence of activity is articulation or articulate action, which is how an activity defines or configures itself. Thus understood, activity as articulate action is not contrasted with rest, for rest, like its correlative, motion, is a form of activity; motion and rest are both differentiated states of articulate action. And articulate action is not something that is distinguished from contemplation, consciousness or thought either. On the contrary, these are all instances of activity, whose inmost essence is articulate action.

Now activity is always activity under conditions. The prescencing of activity is inseparable from the conditionality of activity. Every prescencing activity arises out of, and is limited by, a conditional matrix constituting the ground of its individuation, that is, its prescencing under the circumstances of a dynamic situation or context. This conditional matrix is the Field of its Field – Being. Thus Being and Field are but two sides of the same underlying reality. Since there is nothing outside the movement of Activity, the Field of Being is not a reality external to Being. Indeed, in the final analysis, Field is Being, and Being is Field. It is the one movement of Activity that is everlastingly prescencing, and it is the same one movement of Activity which constitutes itself the ground of its own prescencings.

And the Field is ultimately the Field of the Let − Be. What we call the Let − Be is likewise not a transcendent reality beyond and external to the movement of Activity. For the movement of Activity is the movement of the Let − Be, that is, the movement of its Field Action. The Let − Be is the source, its Field Action is the ground. The ground is what mediates between the source and its issues; the Field Action is what lies between the Let − Be as infinite power and its multifarious manifestations, the individuated, finite prescencings that ultimately arise from it.

As the ultimate source of all prescencing, the Let − Be is the self − articulate One, the self − environing Whole, and the trans − differential Horizon of all field − beings. These are again equivalent expressions for the same underlying reality, the everlasting movement of Activity wherein all things appear or come to be.

And yet, properly speaking, the world is not a collection of things, but an everlastingly unfinished business, a forever − incomplete articulation of Field − Being. The idea of a "thing in itself" conceived as a substantial entity —— an isolated, self − identical, self − sufficient, and contextually detachable something —— is a philosophical fiction. The truth is, there are no things, no entities. It is not because, first of all, there are things, individually substantial entities, that there arises activity, as if activity is merely the attributes of individual entities. On the contrary, the reverse is the case. It is because, first of all, there is activity, the prescencing of activity that individual entitites come into being. For things are nothing but the individuations of activity, ultimately of the Field Action of the Let − Be. The seemingly entitative manifestations—— the so − called "enduring things" in our ordinary experience —— are in reality differentiated foci of Field − Being. They are centers of prescencing activity and power concrescence (as we may so characterize it) defined by some enduring (that is, temporally recurring) pattern or complex of enduring patterns of self − environing, self − articulate action. It is the patterns of activity that endure, not things. And the patterns of activity are, in the final analysis, patterns of "trans − differentiation," a term pertaining to the fusion and networking of the continuity and discontinuity of environing, articulate action. An activity has become discontinuous when it changes its form (manner of action) or direction. It is in the intrinsic nature of activity thongs that it is both continuous and discontinuous. Trans − differentiation is indeed the Form of forms, the articulateness of all articularities.

The Let − Be is the trans − differential Horizon of all field − beings. And what opens and extends itself within the Horizon in and through the beginningless and endless movement of self − environing, self − articulate action is the Continuum of Field − Being, the trans − differential fabric of individuation brought about by the Field Action of Let — Be. To be is to be situated trans — differentially somewhere in the Continuum, to be woven into the dynamic fabric of Field — Being. The Continuum is the concretization of the Field Action primordially punctuated and underpinned by the warping of space — time. Time and space are not absolute, eternal realities outside the Continuum of Field — Being, forming as it were a receptacle of all things. Nay, time and space are in no way separable from the Continuum. As a matter of act, they belong to what is primordial in the individuation of Activity, to be more exact, to the trans — differential schematization of the Field Action. While space arises along with the spactialization of the Continuum in virtue of the extensity of environing, articulate action, time arises together with the temporalization of individuation in virtue of the intensity of activity.

The Continuum is trans — differentially a space — time continuum in the intensive — extensive schematization of Field Action. All individuated prescencing activities emerge as situated realities in the space — time schemata of the Continuum brought on by the all — encompassing Event of Appropriation that is the most proper meaning of the Ground, the Field Action of the Let — Be.

The intensity of activity is a matter of proprieties, understood ontologically. For the Being of an activity, namely its prescencing, consists precisely in its appropriation of proprieties. " To appropriate" means, etymologically, to make one's own. The making of ownness is the exclusive right of prescencing activities. It is activities ——once again, not things ——that make themselves their own by behaving properly ——that is, proper to the task, proper to its kind, proper in light of its otherness, and proper under the circumstances. Thus the activity residing in water behaves like water in virtue of the inherent propriety of water, and the activity that constitutes fire acts like fire in virtue of the inherent propriety of fire. A certain wave — like action is necessary in order to produce the color red, a different wave — light articulation is required to yield the color blue. A rounding action is not proper to the task of drawing a triangle, and certain complexes of proprieties are involved in the formation of galaxies.

Thus there are proprieties and proprieties. Proprieties are what define the identity of an articulate action. How an activity behaves constitutes what that activity is. In acting properly, a prescencing activity appropriates itself, making itself its own. In this idea of appropriation then one may derive the two closely allied concepts of subjectivity and mentality. A subject is simply any prescencing activity exercising its power of appropriation. And mentality is simply the how of appropriation. Understood in this sense, mind belongs to every subject of appropriation, and every prescencing activity is inherently mental.

It goes without saying that the mind of an activity is not some kind of substance or substrate underlying the activity. It is just the activity itself in its power of appropriation. In Field — Being Philosophy there are no substantial agents: for the agency of an agent is simply the sum of its articulate action. Now although Field – Being Philosophy is opposed to the concept of substance in the sense of a vacuous substrate, it makes no objection to the language of substance as such. Indeed the terms "substance" and "substantial" have a special meaning in Field – Being. Here what are substantial are not things, but activities; for "substance" is just the power of activity, the power of environing, articulate action. It is what enables an activity to produce an effect or to make a difference. In so far as the power of activity – in the final analysis, the only kind of power there is —— is a power of appropriation, it is "mind," and to the extent that it is effective, productive of effects, it is "matter." An enduring center of activity manifesting itself as a rock is no less "mental" than the calculating intellect in a person. And the act of remembering one's grandmother is no less "material" than the power concrescences constituting the pen in my hand. From the Field – Being point of view, mind and matter are not mutually exclusive opposites, but are two inseparably intertwined aspects of power. For the process of effectuation (the production of effects) is a process of appropriation, and vice versa. Field – Being is as much mental as it is material.

Let us return to the idea of propriety. The question arises, what does the appropriation of proprieties actually consists in? What concretely is involved in the process of "making one's own"? The answer is this: Appropriation, concretely speaking, is always an appropriation of givenness, that is, of what is given or made available for the prescencing activity which is the subject of appropriation in question. And what is given or made available for a subject is "established" or even "ready – made" in some sense, that is, either permanently or in the past or antecedent world of the appropriating subject. If anything that is established in some sense in the movement of Activity may be called an "object," then the totality of objects forms what may be called the Establishment of Field – Being, which is the realm of objective necessity in the world. In this sense, habits, laws, and all enduring patterns are objects, established with varying degrees of permanency or stability in Field – Being. And the most permanent object of all is, of course, the everlasting movement of Activity itself.

From the Field – Being Perspective, all objects, as more or less permanent fixtures of Field – Being are effects of articulate activity. The movement of Activity itself is everlastingly the effect of its own perpetual self – articulation and regeneration. The Uroborors bites its own tail: this is perhaps the most poignant mythological symbol for the intrinsic character of self – creativity in the underlying reality. The Uroboros is the symbol for Activity itself, and its "tail" stands for the effect of its antecedent self – environing, self – articulate action. The Uroboros' biting of its own tail thus stands for the act of self – appropriation and self – regeneration. There is no greater metaphysical symbol for the inner reality and necessity inherent in the underlying reality. The Uroboros that bites its own tail is none other than the Continuum itself manifesting the Field Action of the Let – Be as successive events of Appropriation. One might say that corresponding to every locus in the Continuum is a world of Field – Being arisen from an encompassing gathering of the Field Action that is the event of Appropriation.  It is in virtue of the creative gathering of Field Action that all opposites —— including, in particular, subject and object, one and many, whole and part, freedom and necessity —— are fused, resolved, and preserved for what is to come in the everlasting flow of Activity.

Let us elaborate.  The Event of Appropriation is, above all, an encompassing gathering of subjects and objects.  In Field – Being Philosophy subject and object are not related as substantial entitites, but as two different phases or modalities of articulate action.  A subject is a prescencing activity in the living "immediacy" (to use the Whiteheadean expression) of becoming or self – realization, whereas an object is, as we have seen, anything that is or has been established in some sense in the movement of Activity, including, in particular, the effects of antecedent subjects, that is, realized or consummated activities. These realized or consummated activities, whose living immediacy have dissipated in the process of becoming, are preserved in the form of objectified effects in the conditional matrix of the Field waiting to be felt, interpreted, and appropriated in the immediacy of later subjects or prescencing activities.  The correlation between "subjective immediacy" and "objective immortality" in the Whiteheadean language is a correlation between the ideas of appropriation and objectification.  All activities are "immortal" because and in so far as their effects are preserved in the Field Action of the Let – Be.  Thus there are two forms of prescencing in every process of becoming: There is, on the one hand, the prescencing of the subject in the living immediacy of vibrant activity, and, on the other, the prescencing of the objectified or immortal effects of antecedent subjects, which are, in the absence of immediacy, are in a sense "dead." Thus what is happening in every process of becoming then is what Whitehead describes as the "appropriation of the 'dead' by the 'living'," which may also be expressed as the "objectification of the 'dead' in the 'living'." The Uroboros bites its own tail.  In and through the individuated act of its own appropriation, every prescencing subject or object (or immortal subject) participates and is partly constitutive of the uroboric Field Action which is the event of Appropriation.  The Event of Appropriation as the encompassing – gathering Field Action is not separable from the participating subjects and objects, but is not identified with them.  For the encompassing – gathering Field Action is itself an action, though an action in a very special sense.  It is the grounding action of Field – Being that brings about the unity of creative freedom and objective necessity.

Necessity is the demand for conformation.  Every object given or made available in the living occasion of a vibrant subject belongs to the past, to the Field Action whose realization is the antecedent world.  The necessity of an object is a measure of the degree it commands the "respect" of a subject in its demand for repetition or conformation, as, for example, in the case of a habit. The greatest necessity of all is, of course, the necessity of the movement of Activity itself. It commands the absolute respect of all prescencing activities; they are indeed an individuated expression of it.

Every prescencing subject is an individuation of Activity arising out of the encompassing — gathering Field Action of the Let — Be. In so far as it is a direct expression of the underlying reality, it is an appropriation of the givenness of Infinity, being endowed at the transcendental moment of individuation the infinite power and potentials of the Let — Be. The "transcendental moment" is the moment in the Field Action wherein the ingression of the Infinite into the finite occurs. It is the moment when all nascent subjects or prescencing activities are equal in their power of self — realization, in its endowment from the infinite fecundity of the underlying reality. But the transcendental endowment of a subject is only one side of its givenness. For the ingression of the Infinite in the finite is necessarily context — bound. The transcendental moment is always accompanied by the "primordial moment" of nascent subjectivity, that is, the necessity of the infinite ingression into a particular region or locality of Field — Being. The primordial moment is the moment of fate wherein the infinite potentials and power of the transcendental endowment is subjected to the conditions and limitation of the objective environment. Thus in and through the primordial Field Action of the Let — Be, every nascent subjectivity is a unity of two forms of givenness, respectively from the realm of infinite and the realm of the finite: a unity of transcendental endowment and objective heritage. And no two fates are identical. It is to the primordial moment of fate that every individuation owes its unique individuality.

Once "fatefully" situated in the world, the living subject is bound to engage in a struggle for self — realization, a struggle between freedom and necessity, between the power of transcendental endowment and the power of objective heritage. The latter is embodied in the objectified effects of antecedent actions and takes the form of demanding proprieties. The decision to conform or not to conform—— the primary decision of appropriation—— is always the question. And the answer to this question in every case will determine the meaning of the prescencing subject as a fateful being in the world. For the meaning of any field — being is simply the way it shows itself considered as information. But the way a field — being shows itself is none other than its reality. Hence meaning is meaning of reality, and reality is reality for meaning. The two concepts are intrinsically intertwined.

What then is the meaning of Field — Being Philosophy itself? How does it show itself? Or, at least, how does it intend to show itself? This paper presents an outline of Field — Being Philosophy as an ontology of Activity. It submits itself to the learned public not so much as a challenge to cherished convictions, but as an invitation to dialogue. It advocates the practice of Dao — learning as the Way to Truth and extols the wisdom of the Third Eye, the Third Eye of Field — Being. The Way to Truth, it argues, is to be found in the Way of Field — Being that is the Middle Way between two paths: the Way of Emptiness and the Way of Entitivity. It is the Middle Way of Trans − differentiation wherein Emptiness and Entitivity are strategically appropriated to each other and to the reality of Activity, to the Event of Appropriation that is the encompassing − gathering Field Action of the Let − Be.

### Part II.　Topics for Reflection
### i )　The Meaning of Philosophy in Field − Being
- Philosophy as reflection of experience
- Philosophy as Dao − learning
- Dao − learning as learning the Truth
- Substantialism: the Way of Entitivity
- Substantialization of reality: Substantialism inevitable
- Non − Substantialism: the Way of Activity
- Nihilistic Non − Substantialism: the Way of Emptiness
- The Way of Field − Being: the Middle Way of Trans − differentiation
- The Way of Entitivity as the Scheming of Rational Strategy
- Philosophical categories as strategic instruments of expediency in the rational schematization of experience and reality

### ii )　Field − Being and the History of Philosophy
- History of philosophy from the Field − Being Perspective
- Philosophy as appropriation and interpretation of Field − Being experience
- Descriptive proper names for the underlying reality ( Being, Brahman, Dao, Activity)
- Literal and metaphoric descriptions
- Metaphoric descriptions in Pre − Socratic philosophy ( arche as metaphor for the Let − Be, physis as Field Action, logos as the Event of Appropriation)

2. 6　The Non − Substantialistic Turn in 20m century thought

### iii )　Field − Being and Buddhism
- Field − Being as modern version of Dependent Origination
- Reintroducing the notion of Activity in contemporary Buddhism: the Kyoto School
- The doctrine of appropriation/objectification lacking or not adequate in the Buddhist theory ( with the possible exception of Yogacara)
- Suffering is real because discontinuity is real
- Suffering is inevitable because it is the price for individuation
- Necessary and unnecessary suffering: the overcoming of suffering as such is illusive, unrealistic and unhealthy

### iv )　Field − Being and Whitehead
- Prescencing activities and actual entitites: no clear − cut and exact analysis of activity possible
- The Let − Be and Creativity: Ultimate Reality is Activity itself ( the source cannot be a mere principle)

· The Field Action and God (interrelation between Creativity, God, and actual entitites not adequate in Whitehead)

· Proprieties and eternal objects: circumstantial proprieties are a one — time thing (not all enduring patterns are permanently enduring/not repeatable means not possible)

### v) Field – Being and Heidegger

· Is it meaningful to speak of non — human Daseins?

· The human Dasein as center of prescencing activities is presupposed by The Analytic of Dasein through and through

· Dasein as region field of Being and Truth

· The absence of Nature: no recognition of the Continuum in Heidegger

· No real doctrine of objectification in Heidegger's theory of temporality

· Things are still entitatively conceived in Being and Time

· Phenomenology: The Being of a thing is the way it shows itself in intentional consciousness; Field — Being: The Being of a thing is the way it is appropriated or the way we comport ourselves to it in action

· Heidegger: The Event of Appropriation is the belonging — together of Dasein and Being itself; Field — Being: The Event of Appropriation is the Field Action of the Let — Be.

### vi) Experience, Language, and Thought: The Field – Being Theory of Meaning

· The subject of a sentence is always Field — Being, either Field — Being as such and as a whole or a particular region or locality of Field — Being. And the predicate of a sentence is always a Field — Being expression, that is, a way to talk about Field — Being as such or a particular region or locality of Field — Being.

· Correspondingly therefore, thinking in Field — Being Philosophy does not follow the "substance — attribute" pattern as prevailing in traditional Western metaphysics. While the idea of Field — Being replaces the idea of "substance," the idea of manifestation takes the place of "attribute."

· A "thing" in the ordinary sense is a locus of Field — Being, situated somewhere in the Movement of Activity, and what the thing appears to be is not an attribute of a substantial entity, but rather a manifestation of the Movement of Activity pertaining to that locus of Field — Being.

· What is disclosed in our immediate experience is always an occasion of power concrescences involving a dynamic inter — fusion of multifarious loci of Field — Being or centers of prescencing activity arising and perishing in the Movement of self — environing and self — articulate action.

· Every enduring thing is a center of prescencing activity capable of multifarious manifestations. The Morning Star and the Evening Star are the same center of prescencing activity at different times of manifestation. A distinction must be made, however, between an enduring thing conceived as an "enduring center" and conceived as a "momentary center." As a living person, I am an enduring center of prescencing activity.  But the prescencing activity that I am at this very moment is only a momentary center.  It is so called because it is a momentary manifestation of the enduring center.  The prescencing activity that I am at the moment is a "center representative" of myself as an enduring personality.

· Manifestations of Field — Being are intrinsically multi — facial phenomena.  No phenomenon is exclusively a manifestation of a single enduring center.  Indeed, the "face" of every manifestation (what the manifestation appears to a given perspective) is, strictly speaking, an "inter — face," being a manifestation of all the multifarious contributing centers.  The face of a perceived mountain in a foggy day, for example, is not just the face of the mountain, but is also the face of the sun, the fog, other atmospheric elements, and of course, the perceiver.

· And the perceiver is no more than the activity of perception, which from the Field — Being Perspective is just the mental side of appropriation.  The Movement of Activity as self — environing and self — articulate action is for every occasion of experience an event of appropriation.

### vi)  Truth, Knowledge, and Understanding in Field – Being

· Truth is the self — revelation of Field — Being (the movement of Activity) from the standpoint of a prescencing activity, which is the subject of appropriation and the perspective bearer of Truth.

· A perspective is the content of what is revealed to a subject and Truth — bearer.

· Understanding is a conceptual appropriation of Truth as revealed in a perspective of human experience.

· Knowledge is justifiable understanding.

· Science is a systematic understanding of Reality in the realm of objective necessity (all science is science of the Field — Being Establishment).

· A proposition is a description or descriptive statement of Field — Being experience as perspectively given.

· All propositions taken perspectively are analytically true; but perspective analytic propositions are true only once.

· A perspective synthetic proposition is a perspective analytic statement that claims to have inter — subjective validity —— namely, it is also perspectively analytic from the standpoints of other subjects.

· Perspective synthetic propositions are undecided (may or may not be true).

· A proposition is "true" if it is verifiable by way of action, that is, if one acts on it, the consequences of action yield the expected results.

· An a priori proposition, which may be perspective analytic or perspective synthetic, is a descriptive statement about the realm of objective necessity.

· Universal propositions in science are perspectively synthetic a priori statements.

· Universal propositions are necessary to the extent the objects in the uni-

verse of scientific discourse are necessary; they are universal to the extent the
common order of Field — Being is universal.

· There are no things in the sense of substantial entitites.

· There are no relations if relations and the relata are thought of entitative-
ly.

WHAT IS FIELD — BEING?

Being: the prescencing of activity

Field: the prescencing of activity considered as a sphere of influence and
from the standpoint of a power concrescence or finite activity ( which is by defi-
nition situated in a sphere of influence )

## BEING AND TRUTH

· "Being is, non — being is not. " There is nothing outside the prescenc-
ing of activity.

· The prescencing of activity is not separable from the activity. It is the
activity itself that is prescencing. It is the activity that presents itself in and
through itself.

· The prescencing of activity is not to be identified with the things or ob-
jects presented in the prescencing, though it is inseparable from them, for they
are the manifestation of the activity itself.

· "Being is One. " The prescencing of activity as such and as a whole is
not divisible. For ultimatley it is the prescencing of one ultimate underlying ac-
tivity, the Let — Be.

· But the One is not separable from the Many, that is, the innumerable
finite acts or power concrescences which arise spontaneoulsy from the all — en-
compassing and everlasting Act of the Let — Be, the prescencing of activity in its
eternal openness.

· Hence "Truth is One" because "Being is One. " The prescencing of
activity in its eternal openness is the primordial meaning of Truth.

· And yet there is no Truth except as Truth for this, Truth for that,
Truth for you, or Truth for me. For the openness of Being is an intrinsically a
perspectival affair. A perspective of Being or embracement of the Truth always
presupposes the standpoint of a given finte activity or power concrescence in ac-
tion—— the subject of Truth.

· How and what the eternal prescencing of activity opens ( reveals or dis-
closes) itself to a subject determines the Truth — content of its perspectivity.
The subjectivity of a subject is constituted by the way it appropriates ——that is,
makes its own in an appropriate manner—— its Truth — content.

1.  The World is the totality of subjects forming a community of appropria-
tion. The human world is a region of the World, constituted by the communi-
ty of human subjects.

2.  Human understanding is an understanding of Being and the World from

the human perspective and in and through the Truth －contents given in that perspective.

3. Philosophy is the articulation of the Truth －contents of Being from the perspective of a human subject, the philosopher.

### PROPERTIES OF ACTIVITY
#### 1. Properties of Articulation (Being Properties)

Configuration: How an activity articulates itself in its own self －relatedness

Power: The ability or capacity of an activity to produce certain effect or make a difference

Quality: The over －all character of an activity

Form: The way an activity is constitutively organized by its component activities

Pattern: A repeatable quality or form

Spontaneity: The freedom or unlimited potential of an activity to produce any effect

Necessity: What an activity must do in order to produce certain effect or the limitation of its

Spontaneity

Valency: The ability of an activity to combine or interact with other activities to produce

certain effects

Propriety: The tendency of an activity to configure itself in a certain way as determined by

the uniqueness of its situation, reflecting the unified character of its spontaneity, necessity and valency

#### 2. Properties of Environation (Field Properties)

Objectivity: The character of an activity in the state of objectification. (An object is a sum of effects, which, when objectified in a power concrescence, is felt, interpreted, and appropriated by the subject in question. )

Conditionality: Objects become conditions when conceived as imposing limitations on the activity of the subject or power concrescence which appropriate them

Real possibility: A possible activity permited under the conditions of objectivity (conditions of limitation are conditions of possibility)

Field: The sphere of Influence determined by the effects and conditionality of power concrescences

Matrix: The field conceived as reservoir of objects and conditions (the conservation of effects )

Inteiface: The essential connection between objects and conditions in a field (the synthesis of effects)

Internal Field: The sphere of influence determined by a power concrescence in action

External Fields: The spheres of influence determined by surrounding power concrescences

Pregiven Field: The sphere of influence determined by the effects of power concrescences in the antecedent world

Anticipated Field: The sphere of influence determined by the effects of power concrescences in the subsequent world

World Field: The sphere of influence composed of the internal and external, pregiven and anticipated fields from the standpoint of a power concrescence in action

World Stage: The World Field conceived as providing the setting for the role – playing of objects

Environation: A power concrescence in action is an environate activity in so far as ( a ) it conforms to the conditions of the pregiven field ( antecident world ) , ( b ) in unison of becoming with the surrounding fields ( contemporary world ) , and ( c ) generates conditions for the anticipated field ( subsequent field ) .

### 3. Properties of Trans – Differentiation ( Interfacial Properties )

Relativity: Discontinuity ( difference , separation or distance between two or more activities or power concrescences in effect or in action )

Relatedness: Continuity ( internal connection ) between two or more activities or power concrescences in effect or in action

Interfacial Medium: An effect serving as the mediating factor or connecting link between any two or more activities or power concrescences

### WORD AND TRUTH

1.  Philosophy is, in the final analysis, a strategic appropriation of the Verb/Word.

2.  The Verb/Word is a meaningful name for the Let – Be, the ultimate underlying Reality.  The Verb/Word names meaningfully the Verb/Word in reality.

3.  What the Verb/Word thus means is the Truth.  For Truth is the disclosure of meaning, the primordial language of the Let – Be.

4.  A philosopher is, above all, a listener and reader of the primordial language.  He listens to the voice of the Verb/Word, and reads the scripts of its primordial revelation.

5.  The Verb/Word has spoken.  It has spoken in the various civilized traditions of humanity as the language of Truth.

6.  One reads the language of Truth in the language of Being, the language of Yahweh, language of Brahman, and the language of Tao.  These and other manful names in the human languages of Truth are all synonyms of the Verb/Word, primordial signifiers of the Let – Be.

7.  But the meaning of the Verb/Word is inexhaustible, and there is no one authoritative language of Truth.  There will always remain the unspoken beyond what has been spoken.

8. The philosopher is obliged to listen to both the spoken and the unspoken primordial languages of the Verb/Word. He/she is obliged to read both the visible and the invisible scripts of its Truth.

9. A script of Truth is any signifying factor or revelatory element which discloses or bears witness to the reality of the Let – Be. The totality of such signifying factors or revelatory elements that are available to the listener/reader of the Verb/Word is what constitutes his/her perspective of Truth.

10. No philosopher can step outside his/her perspective of Truth. For one cannot hear what is not accessible to one's ears, and one cannot read what is not accessible to one's vision. The messages that we can read and hear from the primordial language of the Verb/Word will always be confined to our respective perspectives of Truth, or, what is the same thing, our respective niche of Appropriation.

11. To appropriate is to act in an appropriate manner to one thing in an effort to make it (in some sense) one's own. Thus conceived, our relation to the Truth is always a matter of Appropriation. As a matter of fact, how the Truth is appropriated within our own respective perspectives constitutes primordially what we are. The niche of our Appropriation is the niche of our Being.

12. Thus understood, Appropriation is in the final analysis a matter of strategy. And the fundamental strategic problem is, how to mobilize and coordinate the multifarious signifying factors or revelatory elements at our disposal so as to exhibit the Truth in our niche of Being. The strategy of Appropriation is a strategy of aesthetic configuration.

13. And the figure which thus emerges in the aesthetic configuration is at once the figure of Truth, the figure of Being, the figure of Appropriation.

14. A philosopher is thus at heart an aesthetic configurator. He/she seeks the figure in his/her perspectival configuration. Since every event or experience in one's life is in some sense a signifying factor, bearing witness to the reality of the Let – Be, a philosopher's niche of Appropriation is coextensive with the entire revelatory contents of his/her life.

15. The strategy of philosophy is thus a strategy in the aesthetic configuration of life.

16. But there can be no configuration without activity. Indeed all configurations are the configurations of activity. For configuration is none other than the way an activity works out its own essence by articulating itself to itself.

17. And there can be no activity without power. For power is the intrinsic ability of an activity to produce an effect or makes a difference.

18. And all power is in reality a power of appropriation, the ability of an activity to relate to itself and in relation to other activities. Appropriation constitutes the subjectivity of an activity.

19. Subjectivity is essentially sensitive and interpretative, being a function of feelings. For it is in virtue of the interpretative power of feelings that an activity appropriates itself. One part or aspect of activity feels and interprets anoth-

er part or aspect of activity: these are the internal feelings.  One activity feels and
· interprets another activity: these are the external feelings.  But the internal and
external feelings are interwoven and inseparable.  The unity of appropriation and
subjectivity is constituted by the synthesis of internal and external feelings.

20.  Now there are two ways in which an activity may be felt by another
activity.  One way is by being objectively present —— or causally objectified
—— in the other activity, the other is by being subjectively co – present ——
or non – causally unison —— with the other activity.  The way of objectifica-
tion procures the succession of feelings, whereas the way of subjective unison
forms the simultaneity of feelings.  Together these two ways of feelings are what
constitute the sensitive continuum which is the backbone of the World.

21.  To be objectively present or causally objectified in an appropriating ac-
tivity is to be felt and interpreted as a conditioning object, that is, as the effect
of an antecedent or already realized activity.  For activity is inherently effica-
cious: it always produces effects.  And the totality of effects produced by a con-
figuration of activity is the environing field of that activity.  It is so described be-
cause the field provides the conditioning environment for the concrescent ( con-
figurating) activities emerging into it.  The field of an activity, in other words,
is that activity conditionally conceived, that is, as an environing whole.

22.  The World is the self – environing Whole of an ultimate underlying
activity we call the Let – Be.  The Let – Be is the infinite source of all the finite
environing wholes or concrescent activities emergent in the World.  An enviro-
ning whole is described as finite in the sense that it is limited by other environing
wholes which either envelope it or in contradistinction to it.  The World is a self
– environing Whole because the Let – Be, as the infinite source of all enviro-
ning, is not itself environed.

23.  But the Let – Be is also infinite in the sense that its self – environing is
a perpetually or ever – lastingly self – recurrent activity.

24.  A field – being is an environing whole or a factor or element in the ar-
ticulation of an envirning whole.

25.  What we ordinarily call a being or entity or thing is a more or less en-
during center of field – being determined by a conglomeration of power concres-
cences.

# 8 Definition of Terms

| | |
|---|---|
| *Plenum ( dynamicple-num )* | *The fullness of quintessential activity − the one thought of Field − Being* |
| Activity ( action ) | The metaphoric name ( metaphor functioning as a name ) that points to what there is |
| Quintessential activity | Self − reflexive articulate action − activity in the proper, Field − Being sense |
| Two moments ofquint-essentiality | The reflexive moment ( quintessential activity as reflexion or self − reflexive action ) and the articulate moment ( quintessential activity as articulation or articulate action ) |
| Dynamic plenum | The fullness or plenitude of quintessential activity − also termed Field − Being continuum |
| Ultimate activity | Quintessential activity conceived in its absolute singularity or uniqueness − the One that has no otherness |
| Wholesome universal ( Dao ) | The self − articulate One − the ultimate activity as capable of self − diremption or internal differentiation |
| Let − Be | Wholesome universal conceived as the source and ground of the manifest reality |
| Act of the Let − Be | The dynamic plenum in holistic field action wherein all fielded beings participate in the self − articulation and self − diremption of quintessential activity |
| Uroboros | The mythological snake that bites its own tail − the Field − Being symbol of quintessential activity and the Act of the Let − Be |

| | |
|---|---|
| *General Topology* | *The general study of quintessentiality − quintessential attributes, determinations, and movements—how quintessential activity reflexively articulates itself* |
| Quintessential attribute | Any identifiable characteristic or trait of quintessential activity |
| Quintessential rounding or inflexion | The self − environing or self − bending of quintessential activity − he seminal quintessential movement as articulation − in − reflexion or reflexion − in − articulation |
| Character or role (functional) attribute | A quintessential attribute pertaining to an identifiable functionor role of quintessential activity − quintessential activity as the functional articulation of quintessential roles or functions |
| Functional division or study | Analysis or study of quintessentiality in terms of quintessential character |
| Character Effective trait | A quintessential attribute pertaining to the effective trails ( trails of effects) of quintessential activity |
| Coordinate division or study | Analysis or study of quintessentiality in terms of quintessential traits |
| Topological determinations | Quintessential movements as a complex of functional characters and effective traits |
| Quintessential space ( absolute openness ) − the Let − Be in itself or as the quintessential Ideal | The infinite possibility of topological determinations inherent in the dynamic plenum − the Unified Field of quintessential activity |
| Awesome fabric ( field − topological potential} − the Let Be in itself as the − quintessential Reservoir | The quintessential power that sustains and permeates all field − topological regions in the quintessential space − the Unified Field as concretely understood |

| | |
|---|---|
| Field — topological occupation | The situatedness of a topological determination in the topological space and as a center of quintessential inflexion in the awesome fabric |
| Field — topological region | The quintessential space as the openness of a field — topological occupation |
| Field — topological realm | A dimension of quintessential space defined by aseminal state of quintessential activity |
| Existence as topological index | Existence as an index of field — topological occupation — the general meaning of existence in the Field — Being sense |
| Fielded being | The existence of a quintessential determination as a field — topological occupant |
| Field — topological complementarity | The quintessential interdependence or internal relatedness of all quintessential determinations or field — topological occupants (they are quintessential or field — topological complements) |
| Ontological deference | The way quintessential or field — topological complements owe heir tontological status, meaning and integrity to one another conceived as a function of their mutual participation in the Act of the Let — Be |
| Act of the Let — Be as trans — deferentiation | Holistic field action as the mutualization of quintessential or field — topological complements conceived as the work of the awesome field interface |
| Awesome field interface ( quintessential copula) ( Let — Be for the world) | The Act of the Let — Be conceived as the gathering and trans — deferential mediator of quintessential complements |
| Quintessential synthesis | The quintessential unity of holistic field action conceived as the field — topological unity of the awesome fabric and the awesome interface — of the Let — Be in itself and the Let — Be for the world |

| Quintessential naturing | The maturation or realization of quintessential activity as the flourishing of power in form and expression |
|---|---|
| Power concrescence | The complexification of functional characters and effective traits constitutive of every quintessential movement |
| Quintessential form | The form or pattern of quintessential rounding or inflexion exhibited by any articulation − in − reflexion or reflexion − in − articulation − the form or pattern of power concrescence |
| Quintessential power | The ability of a quintessential movement to executive or sustain itself in a certain form |
| Quintessential expression | The manifestation of quintessential movements as revealed and perceived in a particular perspective |
| Quintessential change | The shift from one form to another in a quintessential movement |
| Quintessential flexibility | The ability of a quintessential movement to changeits form |
| Quintessentialnature | The dynamic three some of power, form and expression underlying the flexuosity of quintessential movements |
| Quintessential appropriation | Theself − appropriation of quintessential activity which consists in the conjugation of power and form in expression − the inner dynamics of quintessential nature |
| Continuity | The endurance of a particular form in an uninterrupted quintessential movement |
| Discontinuity | The termination or interruption of a particular form in a quintessential movement |
| Quintessential interference | The entanglement of quintessential movements in their power concrescence − the source of strains in the dynamic plenum |
| Strains | Factors arising from the effects of quintessential interference that are responsible for the termination or interruption of a quintessential movement as defined by its form |

| | |
|---|---|
| Quintessential entropy | The dissipation of power in a quintessential movement as a consequence of quintessential interference |
| Quintessential renewal | The revitalization of a quintessential movement through the enhancement or replenishment of quintessential power |
| Quintessential fluency | The dynamic, vibratory flow of power in a quintessential movement |
| Quintessential time | Time as the measure of quintessential fluency e of quintessential fluency |
| Symbolism of quintessentiality | Symbolic representation of quintessentiality and quintessential movements as field − topological determinations |
| Perfect rounding (quintessential circularity) | Representedby the circle, perfect rounding names the transcendental state of quintessential fluency marked by a fullness of quintessential power − a state of strainless perfection defming the realm of pure action |
| Partial rounding (quintessential curvilinearity) | Represented by the curve, partial rounding designates the transfinite state of quintessential fluency characterized by a flexibility of quintessential power − a state of strainful necessity defming the realm of pre − creative action |
| Quintessential flexibility | The ability of quintessential activity in a vital state to change from one form of curvilinearity to another |
| Flattening (quintessential rectilinearity) | Represented by the straight line, flattening refers to the dissipated, inflexible state of quintessential fluency marked by the loss of quintessential flexibility |
| Ego Principle (Will to Power) | The inherent tendency of a differentiated or individuated form of quintessential activity to perpetuate itself |
| Field Principle (Force) | The inherent ability of quintessential activity to attune itself to the unity of Being (wholesome universal) |
| Uroboric symbolism | The Uroboros as the all − inclusive symbolism of quintessentiality and quintessential movements |

| | |
|---|---|
| *Inwardness ( quintes-sential integrity )* | *The inner connection between rejlexion and articulation in quintes-sential activity ( as implicit in the principle of ontological identive )* |
| Self — reflexive trans-parency | The ability of quintessential activity to illuminate, perceive or know itself |
| Self — articulate mani-festation | The ability of quintessential activity to express itself in a certain form in accordance with its self — reflexive transparency |
| Life ( quintessential vitality ) | The enjoyment of inwardness in the non — linear ( non — flattened or non — dissipated ) states of quintessential fluency |
| Bliss ( quintessential fullness ) | Life as the enjoyment of inwardness in the transcendental state of quintessential fluency — a state of strainless perfection |
| Well — being ( quin-tessential fecundity ) | Life as the enjoyment of inwardness in the tran quintessential flu-ency — a state of strainful necesssity finite state of an creative transformation |
| Field — topological oc-cupation | The situatedness of a topological determination in the topological space and as a center of quintessential inflexion in the awesome fabric |
| Field — topological re-gion | The quintessential space as the openness of a field — topological occupation |
| Field — topological realm | A dimension of quintessential space defined by a seminal state of quintessential activity |
| Existence as topologi-cal index | Existence as an index of field — topological occupation — the gen-eral meaning of existence in the Field — Being sense |
| Fielded being | The existence of a quintessential determination as a field — topol-ogical occupant |
| Field — topological complementarity | The quintessential interdependence or internal relatedness of all quintessential determinations or field — topological occupants ( they are quintessential or field — topological complements ) |

| | |
|---|---|
| Ontological deference | The way quintessential or field − topological complements owe heir to toplogical status, meaning and integrity to one another conceived as a function of their mutual participati on in the Act of the Let − Be |
| Act of the Let − Be as trans − deferentiation | Holistic field action as the mutualization of quintessential or field − topological complements conceived as the work of the awesome field interface |
| Awesome field interface ( quintessential copula) ( Let − Be for the world) | The Act of the Let − Be conceived as the gathering and trans − deferential mediator of quintessential complements |
| Quintessential synthesis | The quintessential unity of holistic field action conceived as the field − topological unity of the awesome fabric and the awesome interface − of the Let − Be in itself and the Let − Be for the world |
| **Quintessential naturing** | **The maturation or realization of quintessential activity as the flourishing of power in form and expression** |
| Power concrescence | Thecomplexification of functional characters and effective traits constitutive of every quintessential movement |
| Quintessential form | The form or pattern of quintessential rounding or inflexion exhibited by any articulation − in − reflexion or reflexion − in − articulation − the form or pattern of power concrescence |
| Quintessential power | The ability of a quintessential movement to executive or sustain itself in a certain form |
| Quintessential expression | The manifestation of quintessential movements as revealed and perceived in a particular perspective |
| Quintessential change | The shift from one form to another in a quintessential movement |
| Quintessential flexibility | The ability of a quintessential movement to change its form |

| | |
|---|---|
| Quintessentialnature | The dynamic three some of power, form and expression underlying the flexuosity of quintessential movements |
| Quintessential appropriation | Theself – appropriation of quintessential activity which consists in the conjugation of power and form in expression – the inner dynamics of quintessential nature |
| Continuity | The endurance of a particular form in an uninterrupted quintessential movement |
| Discontinuity | The termination or interruption of a particular form in a quintessential movement |
| Quintessential interference | The entanglement of quintessential movements in their power concrescence – the source of strains in the dynamic plenum |
| Strains | Factors arising from the effects of quintessential interference that are responsible for the termination or interruption of a quintessential movement as defined by its form |
| Quintessential entropy | The dissipation of power in a quintessential movement as a consequence of quintessential interference |
| Quintessential renewal | The revitalization of a quintessential movement through the enhancement or replenishment of quintessential power |
| Quintessential fluency | The dynamic, vibratory flow of power in a quintessential movement |
| Quintessential time | Time as the measure of quintessential fluency e of quintessential fluency |
| Perfect rounding (quintessential circularity) | Represented by the circle, perfect rounding names the transcendental state of quintessential fluency marked by a fullness of quintessential power – a state of strainless perfection defming the realm of pure action |
| Partial rounding (quintessential curvilinearity) | Represented by the curve, partial rounding designates the transfinite state of quintessential fluency characterized by a flexibility of quintessential power – a state of strainful necessity defming the realm of pre – creative action |

续表

| | |
|---|---|
| Quintessential flexibility | The ability of quintessential activity in a vital state to change from one form of curvilinearity to another |
| Flattening ( quintessential rectilinearity) | Represented by the straight line, flattening refers to the dissipated, inflexible state of quintessential fluency marked by the loss of quintessential flexibility |
| Ego Principle (Will to Power) | The inherent tendency of a differentiated orindividuated form of quintessential activity to perpetuate itself |
| Field Principle (Force) | The inherent ability of quintessential activity to attune itself to the unity of Being ( wholesome universal) |
| Uroboric symbolism | The Uroboros as the all − inclusive symbolism of quintessentiality and quintessential movements |
| *Inwardness ( quintessential integrity)* | *The inner connection between rejlexion and articulation in quintessential activity ( as implicit in the principle of ontological identity)* |
| Self − reflexive transparency | The ability of quintessential activity to illuminate, perceive or know itself |
| Self − articulate manifestation | The ability of quintessential activity to express itself in a certain form in accordance with its self − reflexive transparency |
| Life ( quintessential vitality) | The enjoyment of inwardness in the non − linear ( non −flattened or non −dissipated) states of quintessential fluency |
| Bliss ( quintessential fullness) | Life as the enjoyment of inwardness in the transcendental state of quintessential fluency −a state of strainless perfection |
| Well −being ( quintessential fecundity) | Life as the enjoyment of inwardness in the tran quintessential fluency − a state of strainful necesssity finite state of an creative transformation |
| Death ( quintessential stagnation) | The privation of inwardness in the dissipated, inflexible state of quintessential fluency − the very source of strains in the dynamic plenum |

| | |
|---|---|
| Fountain of Life | The recycling of power in the dynamic plenum |
| Way Down | The movement of quintessential power from Bliss through well − being to Death − the path of quintessential entropy |
| WayUp | The reverse movement of quintessential power from Death through Well − being to Bliss |
| Field equations | Notational representations that exhibit the quintessentiality of Field − Being − the metaphysical meaning or essence of quintessential activity |
| Q. Q = Q. Q ( quintessential or uroboric schema) | The Field Principle: the ontological unity of reflexion ( self − reflexive action ) and articulation ( articulate action ) ——the fundamental field equation which equates the two moments of quintessentiality |
| Q | Symbol for quintessential activity conceived as the wholesome universal − the what of Field − Being |
| Q. Q | The reflexion of Q upon Q − the self − reflexivity of the wholesome universal ( the reflexive moment of quintessentiality) |
| Q | The manifest reality or a manifested state of quintessential activity − the unfolding or self − revelation of the wholesome universal as such and as occurring within the perspective of a human or non − human Dasein |
| Q. Q | The self − manifestation or self − articulation of Q as Q ( the articulate moment of quintessentiality) |
| Awesome ( field ) interface or quintessential copula | The how of Field − Being, represented by the dot in the quintessential schema, the meaning of which is determined by the internal relation of Q |
| Life − form | A differentiated center or strand of quintessential activity which exhibits an enduring pattern of organization |

| | |
|---|---|
| Quintessential poten-tial | The accumulated self − reflexivity and self − articularity of activity enfolded in a life − form and underlying its pattern of organiza-tion, an index of its quintessential history and is memory of Field − Being |
| Dasein | A life − form conceived as a field − topological occupatio the occu-pation of a particular region or place in the dynamic plenum in which the quintessential potential is enfolded or embedded |
| Karmic matter | The dissipated power prevailing in the region of a Dasein in which the quintessential potential is concretely enfolded or embedded |
| Transfinite subject | A life − form conceived as living act of self − becoming and as a standpoint of the wholesome universal |
| Field − topological ho-rizon | The extent to which the manifest reality reveals itself from the standpoint of a life − form or transfinite subject |
| q | A transfinite subject |
| $[q]$ ; | A transfinite subject ( q ) as Dasein or field − topologicaloccupatio ( represented by the bracket " $[\ ]$ " ) at a given region of the dy-namic plenum represented by the subscript "in" the field − topol-ogical index |
| Q. Q $[q]$ ; | A transfmite perspective of Q − the self − manifestation or self − articulation of Q as Q from the standpoint and within the topologi-cal horizon of q at the region of $[\ ]$ ; |
| Q. Q = Q. Q $[q]$ ; | Ontological Identity − the identity ofreflexion and articulation as revealed in the perspective of a transfinite subject $[q]$ ; |
| SumQ. Q $[q]$ ; | Articulate totality − the manifest reality as articulated in a deter-minate totality of transfinite perspectives |
| Pure Q. Q − Sum Q. Q $[q]$ ; = Surd | Ontological Difference − the difference between pure self − reflex-ivity and the articulate totality which expresses the inexhaustibility of quintessential power |

| | |
|---|---|
| Q. Q [ q ]ᵢ = Q. Q [ q ] j | Ontological Equivalence — the ontological equality of transfinite perspectives from the standpoints of [ q ]ᵢ and [ q ] i. respectively |
| Three principles of Field — Being, | The three fundamental formulations of the Field Principle — ontological identity, ontological difference, and ontological equivalence — which constitute the cornerstones of Field — Being philosophy |
| *Philosophy* | *The human pursuit of Dao — learning carried to the limits* |
| Dao — leaming | The supreme art of appropriation |
| Appropriation | The art of topological rounding in the naturing of quintessential activity |
| Topological Rounding ( 1 ) | The art of reflexion — in — articulation and articulation — in — reflexion |
| Topological Rounding ( 2 ) | The art of attaining strainless perfection out of strainful necessity |
| Seamless plenum | The dynamic plenum in the transcendental state of strainless perfection |
| Seamful plenum | The dynamic plenum in the transfinite condition of strainfulnecessity |
| Quintessential interval ( the twilight zone of Field — Being) | The openness or condition in the dynamic plenum which mediates between the seamless and the seamful — between strainless perfection and strainful necessity |
| Meta — aesthetics | *Dao — leaming* conceived as the all — inclusive art and discipline of appropriation — at once the art of making sense, making work, and making good — in the quintessential interval |
| Meta — episteme | Meta — aesthetics conceived as the art of making sense — appropriation as the rounding art of meaning |
| Meta — pragmatics | Meta — aestheticsconceived as the art of making work — appropriation as the rounding art of efficaciousness |

| | |
|---|---|
| Meta − ethics | Meta − aesthetics conceived as the art of making good − appropria-tion as the rounding art of value |
| *Dao − World* | The dynamic plenum conceived as the topological horizon and field of Dao − participation and *Dao − leaming* |
| World of significance | The *Dao − World* conceived as the topological horizon of the Truth − process and as the field of meta − episteme |
| World of efficacy | The *Dao −* World conceived as the topological horizon of the Real-ity − process and as the field of meta − pragmatics |
| World of importance | The *Dao −* World conceived as the horizon of the process of the Good and as the field of meta − ethics |
| *Field − Bein*! *f philos-ophy* | *The philosophical conceptuality defined by the Field Principle* |
| Field − Being scheme | The system or matrix of concepts and theories interpreting the Field Principle that form the conceptual framework of Field − Be-ing philosophy and as defined by the three principles and its im-plications |
| Field − Being theme | An identifiable strand of concepts and theories in the Field − Be-ing scheme |
| One thread of Field − Being | The Field Principle as the central and unifying Field − Being theme |
| Conception | A thought that self − reflexively articulates a Field − Being theme |
| Field − Being ontology | The conceptual foundation of Field − Being philosophy as defined by the Field Principle ( Q. Q = Q. Q) as formulated in terms of the three principles |
| Field − Being cosmolo-gy | The Field − Being scheme that presents a unique interpretation of the manifest reality ( Q. Q) from the Field − Being perspective ( q = Field − Being thinker) |
| New Metaphysics | The philosophical pursuit of Daa − leaming as meta − aesthetics to The limits of quintessential or self − reflexively articulate transpar-ency |

| | |
|---|---|
| *Trinitariat of Dao* | *The three seminal states and everlasting realms of quintessential activity — called simply the three seminals — which trans − deferentially constitute the manifest reality ( Q. e) of the wholesome universal from the Field − Being perspective* |
| Three seminals | The three seminal states of quintessential activity − pure action, objectified action, and pro − creative action − which compose the Trinitariat of *Dao* |
| Trans − deferentiality | The mutual deference of the three seminals as ontological complements in defining the quintessential integrity of the wholesome universal and the manifest reality |
| Radical Nothing ( Quintessential Heaven) | The seminal state and realm of pure action which constitutes the transcendental dimension of the Trinitariat ( of *Dao* ) − the sublime reality of quintessential heaven |
| Immortal Establishment ( Quintessential Earth) | The state and realm of objectified action which constitutes the environmental dimension of the Trinitariat − the stubborn reality of quintessential earth |
| Phenomenal World | The state and realm of procreative action which constitutes the transfinite dimension of the Trinitariat − the deliquescent reality of the quintessential sphere ( Great Ocean of Becoming) |
| Transcendental Q. Q | The pure self − reflexivity of quintessential activity in the Radical Nothing that manifests the formless Form of pure action |
| Environmental Q. Q | The dirempted self − reflexivity of quintessential activity in the Immortal Establishment that manifests the differentiated or individuated forms of objectified action |
| Transfinite Q. Q | The living or vibrant self − reflexivity of quintessential activity in the Phenomenal World that manifests the concrescencing forms of procreative action − the unwinding or working out of quintessential potentials |

| | |
|---|---|
| Great Flow | The everlasting movement of quintessential activity and power in the dynamic plenum that circulates among the three seminals in Trinitariat of *Dao* |
| Effluence of becoming | The pre−differentiated overflow of pure *qi*, potency or vital force (energy, experience, and meaning) from the Radical Nothing which constitutes the transcendental source of transfinite subjects −the beginning of the Great Flow |
| Effective trails | The trails of accumulated quintessential effects embedded in the karmic matter or dissipated power of objectified, bygone action which provide the environmental ground of transfinite becoming − the straining of the Great Flow |
| Moment of fate | The synergetic union of pure *qi* and karmic matter − the straining of the Great Flow − which marks the real beginning of individuation and the *defactor* birth of transfinite subjects |
| Re − incarnated vital force | The vibrant *qi* emerging from the synergetic union at the moment of fate that provides the working potency of pro − creative action in the self −becoming of transfinite subjects |
| Moment of absoluteness | The objectification of transfinite subjects at the consummation and completion of procreative action——the dissipation of vibrant energy into karmic matter |
| Karmic contents | The accumulated effects of objectified action − dissipated energy, consummated experience, and objectified meaning − the three strands of quintessential potential |
| Spiritualization | The process of creative transformation wherein the quintessential potential embedded in the re − incarnated vital force or potency becomes sublimated or purified by the partial or complete elimination of its karmic contents |
| Spiritualized vital force | Sublimated or purified *qi* or vital force resulted from the process of spiritualization |

| | |
|---|---|
| Blissful potency | Vital force that is completely devoid of karmic contents — the spiritual condition of pure action in the transcendental realm of the Radical Nothing, the sublime reality of *Dao* |
| Sublime yearning | The natural or cultivated spiritual tendency prevailing in the transfinite acts of becoming in the phenomenal world towards the blissful condition or the sublime reality of *Dao* |
| Refulgence of becoming | The flow of vital force from karmic matter through re — incarnated _ qi to the state of blissful potency |
| The Way Down ( traversion on the Trinitariat of *Dao*) | The movement of quintessential activity and vital force from the transcendental to the phenomena l — from quintessential heaven to quintessential earth——as concretely constituted by the effluence of becoming |
| The Way Up ( reversion on the Trinitariat of *Dao*) | The inverse movement of quintessential activity and vital force from the phenomenal to the transcendental — from quintessential earth to quintessential heaven — as concretely constituted by the refulgence of becoming |
| The transfinite or samsaric Cycle | The Great Flow as constituted by the Way Down ( the traversion) and the Way Up ( the reversion) of quintessential activity on the Trinitariat |
| Fielded beings | Discernible potentials, transfinite subjects, and life — forms which participate, as field — topological occupants, in the everlasting movement of the Great Flow |
| Dasein as Dao — niche | The existence of a life — from or a fielded being conceived in terms of its field — topological occupation and participation in the Trinitariat of *Dao* |
| Human Dasein | The Dasein of human beings wherein philosophy as *Dao* — learning and the art of appropriation is engaged in a humanized *Dao* — *World* |

续表

| | |
|---|---|
| Special topology | The topological discipline devoted to the special study of the field − topological occupation of the human Dasein |
| Signature Field − Being | The Field Principle and the Trinitariat of Dao as defining the unique conceptuality of Field − Being philosophy |
| Uroboricity as the signature figure | The figure of the Uroboros biting its own tail as the symbol of the trans − deferential integrity of the dynamic plenum or quintessential activity |
| Uroboric head | Radical Nothing or quintessential heaven as the transcendental source of holistic field action ( Act of the Let − Be ) |
| Uroboric tail | Immortal Establishment or quintessential earth as the environmental ground of holistic field action |
| Uroboric round | Phenomenal World or quintessential sphere as the transfinite process ofholistic field action |
| Uroboric bite | The moment of fate determined by the quintessential dynamic union of Heaven and Earth |
| *Being* | *The presencing presence of quintesse ttial activity* |
| Being as Field − Being | The Being of the wholesome universal − the presencing presence of the dynamic plenum as such and as a whole |
| Let − Be as quintessential IS | Being or presencing presence as the internal affair of quintessential activity |
| Dramatic conception of Being | Being as the presencing presence of a functional reality to be conceived in terms of quintessential roles or functional status |
| Drama of Field − Being ( quintessential or cosmic drama ) | Field − Being conceived as a functional totality constituted by the Trinitariat of Dao——quintessentia l cosmos as an unending and unfinished drama of the three seminals |
| Let − Be as Absolute openness | The wholesome universal conceived in its infinite openness of Dao − niches and as the possibility of all roles and functions in the Field − Being drama |

| | |
|---|---|
| Let − Be as theater of Field − Being | The wholesome universal in its absolute openness conceived as providing the infinite and everlasting setting and stage for the Field − Being drama |
| Great Play | The unfolding of the Field − Being drama on the stage of absolute openness |
| Let − Be as the awesome interface or quintessential copula | *Dao* or the wholesome universal conceived as the gathering and-placing of all quintessential roles in the staging of the Field − Being drama |
| Let − Be as the Unspeakable One | The mystical function of *Dao* or the wholesome universal in the staging of the quintessential or cosmic drame awesome interface is a non − role that accompanies all dramatic roles, a non − action that paves the way for all dramatic actions, and anon − face that shines through all dramatic appearances: the meaning of Being itself in the quintessential sense |
| Let − Be as the sublime One | *Dao* or the wholesome universal conceived (1) in its absolute openness and as (2) the awesome interface and (3) the Unspeakable One |
| Quintessential plot | The Great Flow or the transfinite or samsaric Cycle on the Trinitariat of *Dao* as defining the main plot or story lines of the Field − Being drama |
| Grand narrative | The Great Flow or quintessential plot as the subject mater of all Field − Being discourse |
| Quintessential agents | Manifested activities (seminals, fielded beings, and their derivatives) conceived as actors or contributors in the quintessential drama and as playing a part in the Grand Narrative |
| Quintessential standing | The functional status of a quintessential agent as determined by the uniqueness of its role and contribution in the Field − Being drama |
| Quintessential propriety | The functional interdependence of quintessential roles and agents in the Field − Being drama |

| Quintessential comple-ments | Quintessential agents conceived in their functional propriety or functional interdependence |
|---|---|
| Quintessential     defer-ence | The functional integrity of a quintessential agent or role as deter-mined by the uniqueness of its quintessential standing and its complementarity to other quintessential agents in the playing out of the Field − Being drama |
| Being − in | The Being or presencing presence of a quintessential agent in re-lation to the uniqueness of its quintessential standing |
| Being − with | The Being or presencing presence of a quintessential agent in re-lation to the otherness of its quintessential propriety |
| Being − for | The Being or presencing presence of a quintessential agent deter-minant in relation to the integrity of its quintessential deference |
| Relativity | The distantiation of a quintessential agent from other quintessen-tial agents as a function of the uniqueness of its Being − in − des-ignated as the left side of quintessential standing |
| Relatedness | The mutuality or togetherness of a quintessential agent with other quintessential agents as a function of its Being − with − that is, in their quintessential propriety or functional interdependence − called the right side of quintessential standing |
| Quintessential relation | The functional integrity or integral Being of a quintessential agent as a unity of its relativity and relatedness——relation in the Field − Being sense |
| Let − Be as the trans − deferential operator | The awesome interface or quintessential copula conceived as the non − relational mediator of all quintessential relations |
| Quintessential naturing as cocconization | Being or presencing presence as determined in the cocconization of power concrescence |
| Cocconization | The naturing and self − appropriation of quintessential activity as a process of self − openness and self − limitation |

续表

| | |
|---|---|
| Truth — process | Being as the process of quintessential illumination——presencing presence as the self — revelation or self — disclosure of quintessential activity: power concrescence as an aletheiac movement |
| Reality — process | Being as the process of quintessential production——presencing presence as the working out of the inner dynamics of quintessential activity: power concrescence as a productive movement |
| Process of the Good | Being as the process of quintessential appropriation — presencing presence as the self — accommodation and self — conjugation of quintessential activity: power concrescence as a process of naturing or consummative movement |
| | |
| *Language of Being as Field — Being ( quintessential language )* | *A language that exhibit in their meaning the quintessentiality of Field — Being* |
| Language | A system of signs, quasi — verbal signs or sign — signal configurations that exhibit in part or as a whole the Truth of Being |
| Verbal sign ( verb — word ) | A sign or sign — signal configuration that points to and exhibit Being as Field — Being or the Being of quintessential agents and their apparent manifestations ( surface phenomena ) |
| Pan — verbalism | The assertion or recognition that all signs are verbal signs — signs of quintessential activity — that lays the foundation of the Field — Being theory of language |
| Substantivism | The theory of language that recognizes the existence of non — verbal signs |
| Quasi — verbal sign | A derivative verbal sign or a verbal sign in disguise |
| Verbal string | An articulate togetherness of verbal or quasi — verbal signs |
| Verbal nexus | An articulate togetherness of verbal strings |
| Verbal statement or propositional strings or nexus | An ordered verbal string or nexus that intends to convey a meaning in the Field — Being drama |

| | |
|---|---|
| Speech | A vocal articulation of verbal strings or verbal nexus |
| Writing | A non − vocal articulation of verbal strings or verbal nexus |
| Discourse | A manifest activity that engages itself in the articulation of speech or writing |
| Universe of discourse | The field − topological horizon or region in the dynamic plenum Or aspect of the Field − Being drama that forms the theme or subject matter of a discourse |
| Field − Being universe of discourse | A universe of discourse which thematizes or addresses itself explicitly to Being as Field − Being as its subject matter |
| Linguistic copula | A verbal sign that connects other verbal or quasi − verbal signs |
| Quiescent copula | The awesome interface or quintessential copula conceived as the trans − deferential operator in all universes of discourse − the silent and invisible gatherer of all verbal and quasi − verbal signs, of all speech and writing |
| Quintessential meaning | The what and how of quintessential activity as revealed or disclosed in the Truth − process − meaning in the ontological sense |
| Semantic or informational meaning | The effective trail of quintessential activity (accumulated effects of self − reflexive articulate action) that is objectified and enfolded in a verbal sign or a language − a temporal projection of quintessential meaning − meaning in the linguistic sense |
| In − formation | The objectification of quintessential meaning as semantic meaning in language |
| Understanding | The interpretation of quintessential meaning on the basis of semantic meaning |
| *Truth (in the primordial ontological sense) − truth as the process of aletheia or quintessential revelation* | *The wholesome universal in sofar as it reveals or discloses itself in a given perspective of Being − the presencing presence of the dynamic plenum in the self − reflexive transparency of quintessmtial activity* |

| | |
|---|---|
| Light of Being | The self − reflexive transparency of quintessential activity |
| Quintessential noema or Truth − content | A manifestation of the wholesome universal conceived as a givenness or disclosed item in the light of Being − what is lit − up in the self − transparency of quintessential activity |
| Quintessential noesis | The living subjectivity of transfinite subjects wherein the Truth − process manifesting the quintessential noema occurs |
| Quintessential intentionality | The experiential embracement and appropriation of quintessential noema in the living subjectivity of quintessential noesis |
| Perspective of truth | The articulate totality of quintessential noema or Truth − contents |
| Propositional truth | The adequation of a propositional string in relation to other propositional strings in a universe of discourse |
| Adequation or validation | The assessment of the field − topological fitness or coherence of a proposition with other propositions in an aletheiac or revelatory context or perspective of quintessential Truth |
| Quintessential Intuition | Direct experience of quintessential Truth |
| Discursive knowledge | An more or less adequated or validated experience of propositional truth |
| Understanding or field apperception | Discursive knowledge of the topological field as revealed in quintessential intuition |
| *Power* | *The ability of quintessential activity to make a difference in the dynamic plenum* |
| Power concrescence | The interplayful complexification of energy, experience, and meaning that constitutes in a stream of feelings the concrete reality of the dynamic plenum − the sensitive substance of Field − Being |
| Aesthetic pneuma | The strands or complexes of energy, experience, and meaning in a power concrescence which determine the concrete reality as a sensitive plenum and define the distinctive character of an experiential perspective |

| Aestheticism of Field – Being | The dynamic plenum conceived as a function of the aesthetic pneuma |
| --- | --- |
| Energy | The effective or productive power of quintessential activity – the ability of quintessential activity to produce an effect or manifest itself in expression |
| Pure energy | Energy of quintessential activity in the transcendental state of strainless perfection – energy devoid of karmic matter |
| Karmic matter | The dissipated energy in the flattened or inflexible state of quintessential fluency sustaining the accumulated effects of by – gone or objectified action |
| Vibrant energy | Energy at work or in the process of exercising and executing its productive power – the energy of procreative action ( synergetic union of pure energy and karmic matter) |
| Reincarnated energy | The energy that is revitalized out of the energetic union of pure energy and karmic matter——the proper energy of procreative action |
| Experience ( quintessential in – touchness or tactility) | The self – embracement of the wholesome universal – the way quintessential activity is reflexively and field – topologically *in touch* with itself |
| Occasion of experience | A topological openness in the dynamic plenum in which the Truth – process ( self – revelation of quintessential activity) experientially and tactually occurs |
| Mode of experience | The tactual form of experience or what – and – how of quintessential in – touchness |
| Quintessential solidarity | The density of quintessential tactility |
| Quintessential sensitivity | The attunability of a mode of experience to other modes of experience |

| Pure experience | The experience of pure self − reflexivity − quintessential tactility in the state of pure action |
| --- | --- |
| Immemorial experience | The consummated experience of quintessential activity in the state of objectified action ( embedded in karmic matter) |
| Vibrant experience | The living experience of quintessential activity in the state of pro-creative action |
| Sensitive Continuum | The dynamic plenum conceived as a continuum of quintessential experience − pure, immemorial, and vital − and attunability |
| Meaning ( ontological sense) | The thinkability of Being − the latent transparency of quintessential activity in an occasion of experience |
| Pure meaning | The meaning or thinkability of Being in the state of pure action |
| Immemorial meaning | The meaning or thinkability of Being in the state of objectified or bygone action |
| Vital meaning | The meaning or thinkability of Being in the state of procreative action |
| Thinking | The fulfillment of meaning − an realization of the thinkability |
| Concept | An embracement or grasp of meaning in thought |
| Sense ( semantic meaning) | Meaning as captured or embedded in signs and concepts |
| Intentional activity | The act of making sense in which meaning is exhibited through the mediation of signs and concepts − the thinkability of Being is realized in a thought of Being |
| Subject | The what of Being——the theme or topic of an intentional activity |
| Predicate | An articulation of the subject in an intentional activity |
| Meta − episteme | The discipline of *Dao − learning* or meta − aesthetics conceived as the general art of making sense − the organization of signs and concepts in an intentional activity procuring an articulated perspective of Being |

| | |
|---|---|
| Predication | The explication of a truth − content in the subject of an intentional activity |
| Noetic continuum | The dynamic plenum conceived as a continuum of meaning and predicability |
| ( Quintessential ) Feelings | The concrete interface of energy, experience, and meaning − quintessential unity of productivity, tactility, and thinkability |
| Vital feelings | The experiential power of energy guided in its exercise by the direction of quintessential attunement |
| Percipient subject | A movement of energy in the sensitive continuum conceived as an experiential center of self − reflexive articulate action − a strand of quintessential feelings |
| Perspective of experience | The totality of experiences and quintessential feelings that Constitute the sensitive integrity of a percipient subject Percipient object Any datum or information that is obtainable in the analysis of an experiential perspective |
| Ontological deference | The way quintessential complements owe their ontological meaning and integrity to one another conceived as a function of their mutual participation in the Act of the Let − Be. |
| Act of the Let − Be | The trans − deferentiation or mutualization of quintessential complements on the part of the Let − Be defining and constituting the rounded integrity of the plenum |
| Awesome  Copula  or Field | The Let − Be conceived as the field − topological gatherer or Interface ( Let − Be for the trans − deferential mediator of quintessential complements world) ( The dot in Q. Q = Q. Q) |
| Quintessential synthesis | The field − topological unity of the awesome fabric and the awesome copula——of the Let − Be in itself and the Let − Be for the world——procured by the holistic field action: the Act of the Let − Be |

| | |
|---|---|
| Region | An openness of the field potential in relation to a given topological determination |
| Field – topological occupation | The position or situatedness of a manifested activity in the topological field which constitutes the region of its existence |
| Realm | An everlasting field – topological region |
| Form | The how of Being – the topological pattern exhibited by quintessential activity in its self – reflexive articulation |
| Nodal information | The underlying form or pattern of quintessential activity exhibited in the formation of self – reflexively articulated modes——points where quintessential activity crosses or intersects with itself |
| Functional form | The topological pattern of self – reflexive or self – environing action issuing in nodal information |
| Functional analysis | The study of quintessential activity in terms of functional forms and intensive connections |
| Intensive connection | The internal relatedness or connection of nodal formations to the self – reflexive or self – environing articulate action – the topological inwardness of quintessential activity |
| Structural form | The topological pattern of quintessential action as manifested in the togetherness or co – presencing of nodal formations |
| Extensive connection | The external relatedness or connectivity of nodal formations which form the topological multiface of quintessential action |
| Structural analysis | The study of quintessential activity in terms of structural forms and extensive connection |
| Topological ambiguity | The ambiguity of topological experience generated by the ambivalence of functional and structural forms |
| Topological integrity | The inseparability of intensive and extensive connection – the quintessential unity of topological inwardness and topological multiface |

| | |
|---|---|
| Surface phenomena | The appearance of topological multiface in an occasion of quintessential experience |
| Face value | A determination or measurement of appearance — an abstraction which indexes a face of topological multiface |
| Logical point (nodal digit) | An ideal point of demarcation instituted as a theoretical device in the structural organization of nodal information |
| Digitalization | The measurement of face value in terms of logical points or nodal digits |
| Logic | The formal science of structure based on the manipulation and organization of nodal information by virtue of digitalization |
| Expression | The arising of vital feelings from the topological inwardness of self — reflexive articulate action in the process of naturing |
| Naturing | The process of appropriation wherein inner rightness is attained in the topological inwardness of_ guintessential action |
| Quintessential nature | The inner dynamics of power, form, and expression |
| Naturing | The process of appropriation wherein inner rightness is attained in the topological inwardness of_ guintessential action |
| Adequation | The topological fitness between power and form in the naturing or inner dynamics of quintessential activity |
| Harmony | The equipoise of vital feelings in the attainment of quintessential rightness procured by the perfect conjugation of power and form |
| Disharmony | The condition of vital feelings indicative of an inadequacy of appropriation |
| Overflow | The arising of vital feelings indicative of an excess of power over form — a condition of strength in the process of naturing |
| Under — yearning | The arising of vital feelings indicative of a deficiency or lack of power in relation to form — a condition of weakness in the process of naturing |

| | |
|---|---|
| Aesthetic tone | The tonality of vital feelings as a function of the vibratory patterns of quintessential activity in the power concrescence of an experiential occasion |
| Quality | An identifiable aesthetic tone of vital feelings in a power concrescence ( e. g. redness) |
| Intensive quality | An aesthetic tone that reflects the topological inwardness of quintessential activity |
| Extensive quality | An aesthetic tone that presents the composite face value of surface phenomena |
| Character | The overall aesthetic tone of vital feelings in a power concrescence − a complexification of intensive and extensive qualities |
| Reality | The dynamic plenum as prevailed over by the inner dynamics of naturing and as defmed and constituted by the necessity of appropriation |
| Need | The necessity of appropriation inherent in the inner dynamics of naturing——also called the inner love of appropriation |
| Grace as the Need of Strength | The necessity of overflow under a condition of strength − grace as the neediness of affluence |
| Craving as the Need of Weakness | The necessity to retain and obtain power for the adequation of form in a condition of weakness − craving as the neediness of poverty |
| Re − accommodation | The need to adjust the form or level of activity to the availability of power as dictated by the need of grace ( condition of strength) or by the need of craving ( condition of weakness) |
| Entropy | A perpetual condition of weakness due to the continuous dissipation of power in a topological region of the dynamic plenum that finally leads to a permanent stagnation of form and leveling of activity |
| Re − vitalization | The regain of creative power leading to the overcoming of entropy |

| Meta $-$ pragmatics | The discipline of Dao $-$ learning or meta $-$ aesthetics conceived as the general art of making work (effective) |
| --- | --- |
| The Good | The wholesome universal conceived as an achievement of value and a process of valuation |
| The Good pure and simple | The value attained in the wholesome universal in the state of strainless perfection (seamless continuum) |
| The attainable Good | The achievement of value under conditions of strainful necessity |
| The wholesome Good | The attainable Good as an optimized achievement |
| The (Field $-$ Being) Categorical Imperative | Always act in a topological situation in such a way so as to achieve the wholesome Good |
| Meta $-$ ethics | The discipline of Dao $-$ leaming or meta $-$ aesthetics conceived as the general art of making good |
| Diremption | The internal partition or differentiation of the wholesome universal from the seamless state $-$ from the dynamic plenum as an undivided whole or undifferentia ted continuum |
| The (self $-$ articulate) One | The wholesome universal as a seamlessly diremptable whole |
| Seamless state (plenum) | The dynamic plenum in a condition of strainless perfection |
| Strains or inhibitors | Factors that account for the breakdown, interruption, or termination of a flow of continuous quintessential action |
| Counter $-$ strains or conductors | Factors that make possible or are conducive to the continuity of quintessential action——also termed mediators or interfaces |
| Principles of individuation | Strains or inhibitors in so far as they are the source of delimitation or boundedness $-$ as what procure the boundaries and separateness of individuated existence |
| Principles of integration | Counter $-$ strains or conductors in so far as they contribute to the maintenance of continuity and the fluidity of quintessential action |

| | |
|---|---|
| Resistence | The power of strains or inhibitors to hinder or restrain the flow of energy and experience in a quintessential movement |
| Conductivity | The power of counter – strains or conductors that facilitate the flow of energy and experience or movement of quintessential action |
| Quintessential network | The totality of strains and counter – strains——or inhibitors and conductors – that constitutes the topological field as a functional system of quintessential movement |
| Quintessential meridians | The pathways of least resistance or greatest conductivity identifiable in the quintessential network |
| Actuality | The inner dynamics of quintessential activity conceived as agency of transfinite resolution |
| Transfinite resolution | The resolution of diremptive tensions inherent in the inner dynamics of quintessential naturing |
| Transfinite subject | The act of becoming or process of appropriation in which a transfinite resolution occurs |
| Actual threesome | The three fundamental modes of quintessential activity that contribute to transfinite subjectivity of an act of becoming, each playing a unique role in the inner dynamics of transfinite resolution |
| Actual indefinite | The inner dynamics of pure action which defines the agency of the Pure One – the Radical Nothing, the seamless continuum or quintessential activity in a state of strainless perfection |
| Transcendental pneuma | The aesthetic pneuma of pure action: pure energy, pure experience, and pure meaning – the transcendental endowment of transfinite subjectivity |
| Actual definite | The inner dynamics of objectified action which defines the agency of the Immortal One – the Primordial Establishment as the condition of strainful necessity |

| | |
|---|---|
| Immortal ( karmic ) pneuma | The aesthetic pneuma of objectified action: dissipated energy, immemorial experience, and embedded meaning − karma as the immortal heritage of transfinite subjectivity |
| Actually actual | The inner dynamics of procreative action which defines the agency of the Active One − the Great Flow of creative transformation |
| Vital pneuma | The aesthetic pneuma of procreative action: vital energy, vital experience, and vital meaning |
| Rounded integrity ( of Field − Being) | Schema of creative transformation: Procreative action = pure action x objectified action Actually Actual = Actual Indefinite x Actual Definite Active One = Pure One x Immortal One |
| Uroboric posture ( actionality of holistic field action) of the dynamic plenum | Pure One ( actual Indefinite): head of the Uroboros Immortal One ( actual definite): tail of the Uroboros Active One ( actually actual): the Uroboros at its bite |
| Field − topological horizon | The field potential conceived as the permanent possibility of holistic field action ( the Uroboros as the everlasting topological shape − shifter) |
| Existence as field − topological occupation | To exist is to vitalize a region in the field potential within the field − topological horizon; to act out a role in the everlasting Play of the quintessential Uroboros |
| Transcendental Trinity | The quintessential nature of the Pure One or Actual Infinite: the inexhaustible Power, the formless Form, and the all − embracing Overflow − the quintessential nature of the Radical Nothing |
| Inexhaustible Power | The realm of pure action as marked by an inexhaustibility of power |
| Formless Form ( Fq) | The form of pure self − reflexive articulate action which is seamlessly undifferentiated − the form of strainless perfection |
| All − embracing Overflow | The overflow of vital feelings in the quintessential naturing of pure action |

| | |
|---|---|
| Pure pneuma | The aesthetic pneuma of pure energy, pure experience, and pure meaning in the state of pure action |
| Transcendental potentials | The dynamic potency of the transcendental trinity as inherent in the naturing of pure pneuma conceived as a function of the formless Form $-f$ ( F0 ) |
| $Q = f$ ( F0 ) | The actuality of Transcendental potentials |
| Radical Nothing /Quintessential Heaven: Q. Q = f ( Fa ) | The actual indefinite as the transcendental manifestation $[ Q = f$ ( Fq ) $]$ of the wholesome universal ( Q ) in the state of pure action |
| Transcendental harmony | The complete absence of obstructions in the state of strainless perfection |
| Transcendental bliss | Strainless perfection as a state of perfect simplicity, prefect spontaneity, and perfect innocence inherent in the quintessential nature of pure action |
| Transfinite unrest | The everlasting condition of strength in the Pure One or Actual as the ultimate source of unrest and creative procreativity in the Field $-$ Being universe |
| Effluents of becoming | Quintessential feelings and pulsations of pure energy that arise freely, spontaneously and innocently from the all $-$ embracing O-verflow of Pure One $-$ the transcend ental source of transfinite subjectivity empowering the transfinite subjects of the initial, prediremptive phase of self $-$ becoming |
| Primordial Karma | The realm of karma in the dynamic plenum $-$ the dynamic constitution of the actual definite |
| Karma | Generally the accumulated effects of obiectified, by one action |
| Karmic matter ( El ) | The aesthetic pneuma of dissipated energy, consummated experience and immortalized meaning embedded in karma |

| | |
|---|---|
| Immortal Establishment *I* Quintessential Earth | The actual definite as a function of karmic matter constitutive of the dynamic potency of objectified action——notationally represented by Q = f ( El ) , the immortal manifestation of the wholesome universal |
| Effective trail | An identifiable trail of karmic matter attributed to a strain of objectified action |
| Karmic habit | Habituated forms or patterns of behavior embedded in the karmic matter or effective trail of objectified action |
| Karmic potentials | Karmic habits conceived as the source of strains and counter − strains |
| Reincarnated karma | Karmic potentials appropriated by transfinite subjects in an occasion of quintessential experience or living act of self − becoming |
| *Plenum ( dynamic plenum )* | *The fullness of quintessential activity——the one thought of Field − Being* |
| Activity ( action ) | The metaphoric name ( metaphor functioning as a name ) that points to what there is |
| Quintessential activity | Self − reflexive articulate action − activity in the proper, Field − Being sense |
| Two moments of quint-essentiality | The reflexive moment ( quintessential activity as reflexion or self − reflexive action ) and the articulate moment ( quintessential activity as articulation or articulate action ) |
| Dynamic plenum | The fullness or plenitude of quintessential activity − also termed Field − Being continuum |
| Ultimate activity | Quintessential activity conceived in its absolute singularity or uniqueness − the One tlilat. has no otherness |
| Wholesome universal ( *Dao* ) | The self − articulate One − the ultimate activity as capable of self − diremption or internal differentiation |
| Let − Be | Wholesome universal conceived as the source and ground of the manifest reality |

| | |
|---|---|
| Act of the Let − Be | The dynamic plenum in holistic field action |
| Uroboros | The mythological snake that bites its own tail − the Field − Being symbol of quintessential activity and the Act of the Let − Be |
| Field equations | Notational representations that that exhibit the quintessentiality of Field − Being——the metaphysical meaning or essence of quintessential activity |
| Q. Q = Q. Q ( quintessential or uroboric schema) | The Field Principle: the ontological unity of reflexion ( self − reflexive action) and articulation ( articulate action) − the fundamental field equation which equates the two moments of quintessentiality |
| Q | Symbol for quintessential activity conceived as the wholesome universal − the what of Field − Being |
| Q. Q | The reflexion of Q upon Q——the self − reflexivity of the wholesome universal ( the reflexive moment of quintessentiality |
| Q | The manifest reality or a manifested state of quintessential activity − the unfolding or self − revelation of the wholesome universal as such and as occurring within the perspective of a human or non − human Dasein |
| Q. Q | The self − manifestation or self − articulation of Q as Q ( the articulate moment of quintessentiality) |
| Awesome ( field) interface or quintessential copula | The how of Field − Being, represented by the dot in the quintessential schema, the meaning of which is determined by the internal relation of Q |
| Life − form | A differentiated center or strand of quintessential activity which exhibits an enduring pattern of organization |
| Quintessential potential | The accumulated self − reflexivity and self − articularity of activity enfolded in a life − form and underlying its pattern of organization, an index of its quintessential history and is memory of Field − Being |

| | |
|---|---|
| Dasein | A life − form conceived as a field − topological occupation − the occupation of a particular region or place in the dynamic plenum in which the quintessential potential is enfolded or embedded |
| Karmic matter | The dissipated power prevailing in the region of a Dasein in which the quintessential potential is concretely enfolded or embedded |
| Transfmite subject | A life −form conceived as living act of self − becoming and as a standpoint of the wholesome universal |
| Field − topological horizon | The extent to which the manifest reality reveals itself from the standpoint of a life −form or transfinite subject |
| q | A transfinite subject |
| [q] i | A transfinite subject ( q) as Dasein or field −topological occupation ( represented by the bracket " [   ] " ) at a given region of the dynamic plenum ( represented by the subscript "ii, the b field − topological index |
| Q. Q [q] i | A transfinite perspective of Q − the self − manifestation or self − articulation of Q as Q from the standpoint and within the topological horizon of qat the region of [   ] i |
| Q. Q = Q. Q [q] i | Ontological Identity − the identity of reflexion and articulation as revealed in the perspective of a transfmite subject [q] i |
| SumQ. Q [q] i | Articulate totality − the manifest reality as articulated in a determinate totality of transfinite perspectives |
| Pure Q. Q − Sum Q. Q [q] i = Surd | Ontological Difference − the difference between pure self − reflexivity and the articulate totality which expresses the inexhaustibility of quintessentia l power |
| Q. Q [q] i = Q. Q [q] j | Ontological Equivalence − the ontological equality of transfinite perspectives from the standpoints of [q] i and [qJi. respectively |

续表

| | |
|---|---|
| Three principles of Field − Being | The three fundamental formulations of the Field Principle − ontological identity, ontological difference, and ontological equivalence − which constitute the cornerstones of Field − Being philosophy |
| *Philosophy* | *The human pursuit of Dao − learning carried to the limits* |
| Dao − learning | The supreme art of appropriation |
| Appropriation | The art of topological rounding in the naturing of quintessential activity |
| Topological Rounding (1) | The art of reflexion − in − articulation and articulation − in − reflexion |
| Topological Rounding (2) | The art of attaining strainless perfection out of strainful necessity |
| Seamless plenum | The dynamic plenum in the transcendental state of strainless perfection |
| Seamful plenum | The dynamic plenum in the transfinite condition of strainful necessity_ |
| Quintessential interval (the twilight zone of Field − Being) | The openness or condition in the dynamic plenum which mediates between the seamless and the seamful——between strainless perfection and strainful necessity |
| Meta − aesthetics | Dao − learning conceived as the all − inclusive art and discipline of appropriation − at once the art of making sense, making work, and making good——in the quintessential interval |
| Meta − episteme | Meta − aesthetics conceived as the art of making sense − appropriation as the rounding art of meaning |
| Meta − pragmatics | Meta − aesthetics conceived as the art of making work − appropriation as the rounding art of efficaciousness |
| Meta − ethics | Meta − aesthetics conceived as the art of making good − appropriation as the rounding art of value |

| | |
|---|---|
| *Dao − World* | The dynamic plenum conceived as the topological horizon and field of Dao − participation and Dao − learning |
| World of significance | The Dao − World conceived as the topological horizon of the Truth − process and as the field of meta − episteme |
| World of efficacy | The *Dao* − World conceived as the topological horizon of the Reality − process and as the field of meta − pragmatics |
| World of importance | The *Dao* − World conceived as the horizon of the process of the Good and as the field of meta − ethics |
| *Field − Being philosophy* | *The philosophical conceptuality defined by the Field Principle* |
| Field − Being scheme | The system or matrix of concepts and theories interpreting the Field Principle that form the conceptual framework of Field − Being philosophy and as defined by the three principles and its implications |
| Field − Being theme | An identifiable strand of concepts and theories in the Field − Being scheme |
| One thread of Field − Being | The Field Principle as the central and unifying Field − Being theme |
| Conception | A thought that self − reflexively articulates a Field − Being theme |
| Field − Being ontology | The conceptual foundation of Field − Being philosophy as defmed by the Field Principle ( Q. Q = Q. Q ) as formulated in terms of the three principles |
| Field − Being cosmology | The Field − Being scheme that presents a unique interpretation of the manifest reality ( Q. Q ) from the Field − Being perspective ( q = Field − Being thinker ) |
| New Metaphysics | The philosophical pursuit of Dao − leaming as meta − aesthetics to the limits of quintessential or self − reflexively articulate transparency |

| | |
|---|---|
| *Trinitariat of Dao* | *The three seminal states and everlasting realms of quintessential activity — called simply the three seminals — which trans — deferentially constitute the manifest reality ( Q. Q ) of the wholesome universal from the Field — Being perspective* |
| Three seminals | The three seminal states of quintessential activity — pure action, objectified action, and pro — creative action — which compose the Trinitariat of *Dao* |
| Trans — deferentiality | The mutual deference of the three seminals as ontological complements in defining the quintessential integrity of the wholesome universal and the manifest reality |
| Radical       Nothing ( Quintessential Heaven ) | The seminal state and realm of pure action which constitutes the transcendental dimension of the Trinitariat ( of *Dao* )  — the sublime reality of quintessential heaven |
| Immortal     Establishment  ( Quintessential Earth ) | The state and realm of objectified action which constitutes the environmental dimension of the Trinitariat — the stubborn reality of quintessential earth |
| Phenomenal World | The state and realm of procreative action which constitutes the transfmite dimension of the Trinitariat — the deliquescent reality of the quintessential sphere ( Great Ocean of Becoming ) |
| Transcendental Q. Q | The pure self — reflexivity of quintessential activity in the Radical Nothing that manifests the formless Form of pure action |
| Environmental Q. Q | The dirempted self — reflexivity of quintessential activity in the Immortal Establishment that manifests the differentiated or individuated forms of objectified action |
| Transfmite Q. Q | The living or vibrant self — reflexivity of quintessential activity in the Phenomenal World that manifests the concrescencing forms of procreative action — the unwinding or working out of_ quintessential potentials |

| | |
|---|---|
| Great Flow | The everlasting movement of quintessential activity and power in the dynamic plenum that circulates among the three seminals in Trinitariat of *Dao* |
| Effluence of becoming | The pre − differentiated overflow of pure *qi*, potency or vital force (energy, experience, and meaning) from the Radical Nothing which constitutes the transcendental source of transfinite subjects − the beginning of the Great Flow |
| Effective trails | The trails of accumulated quintessential effects embedded in the karmic matter or dissipated power of objectified, bygone action which provide the environmental ground of transfinite becoming——the straining of the Great Flow |
| Moment of fate | The synergetic union of pure *qi* and karmic matter − the straining of the Great Flow − which marks the real beginning of individuation and the *defactor* birth of transfinite subjects |
| Re − incarnated vital force | The vibrant *qi* emerging from the synergetic union at the moment of fate that provides the working potency of pro − creative action in the self − becoming of transfinite subjects |
| Moment of absoluteness | The objectification of transfinite subjects at the consummation and completion of procreative action − the dissipation of vibrant energy into karmic matter |
| Karmic contents | The accumulated effects of objectified action − dissipated energy, consummated experience, and objectified meaning − the three strands of quintessential potential |
| Spiritualization | The process of creative transformation wherein the quintessential potential embedded in the re − incarnated vital force or potency becomes sublimated or purified by the partial or complete elimination of its karmic contents |
| Spiritualized vital force | Sublimated or purified *qi* or vital force resulted from the process of spiritualization |

| | |
|---|---|
| Blissful potency | Vital force that is completely devoid of karmic contents – the spiritual condition of pure action in the transcendental realm of the Radical Nothing, the sublime reality of *Dao* |
| Sublime yearning | The natural or cultivated spiritual tendency prevailing in the transfinite acts of becoming in the phenomenal world towards the blissful condition or the sublime reality of *Dao* |
| Refulgence of becoming | The flow of vital force from karmic matter through re – incarnated *qi* to the state of blissful potency |
| The Way Down ( traversion on | The movement of quintessential activity and vital force from |
| the Trinitariat of *Dao*) | the transcendental to the phenomena l—— from quintessential heaven to quintessential earth——as concretely constituted by the effluence of becoming |
| The Way Up ( reversion on the Trinitariat of *Dao*) | The inverse movement of quintessential activity and vital force from the phenomenal to the transcendental——from quintessential earth to quintessential heaven – as concretely constituted by the refulgence of becoming |
| The transfinite or samsaric Cycle | The Great Flow as constituted by the Way Down ( the traversion ) and the Way Up ( the reversion ) of quintessential activity on the Trinitaria |
| Fielded beings | Discernible potentials, transfinite subjects, and life – forms which participate, as field – topologica l occupants, in the everlasting movement of the Great Flow |
| Dasein as *Dao* – niche | The existence of a life – from or a fielded being conceived in terms of its field – topological occupation and participation in the Trinitariat of *Dao* |
| Human Dasein | The Dasein of human beings wherein philosophy as *Dao* – learning and the art of appropriation is engaged in a humanized *Dao* – *World* |

| | |
|---|---|
| Signature Field – Being | The Field Principle and the Trinitariat of Dao as defining the unique conceptuality of Field – Being philosophy |
| Uroboricity as the signature figure | The figure of the Uroboros biting its own tail as the symbol of the trans – deferential integrity of the dynamic plenum or guintessential activity |
| Uroboric head | Radical Nothing or quintessential heaven as the transcendenta l source of holistic field action ( Act of the Let – Be ) |
| Uroboric tail | Immortal Establishment or quintessential earth as the environmental ground of holistic field action |
| Uroboric round | Phenomenal World or quintessential sphere as the transfinite process of holistic field action |
| Uroboric bite | The moment of fate determined by the quintessential dynamic union of Heaven and Earth |
| *Being* | *The p resencing presence of quintessential activity* |
| Being as Field – Being | The Being of the wholesome universal – the presencing presence of the dynamic plenum as such and as a whole |
| Let – Be as quintessential IS | Being or presencing presence as the internal affair of quintessential activity |
| Dramatic conception of Being | Being as the presencing presence of a functional reality to be conceived in terms of quintessential roles or functional status |
| Drama of Field – Being ( quintessential or cosmic drama) | Field – Being conceived as a functional totality constituted by the Trinitariat of Dao——quintessential cosmos as an unending and unfinished drama of the three seminals |
| Let – Be as Absolute openness | The wholesome universal conceived in its infinite openness of Dao – niches and as the possibility of all roles and functions in the Field – Being drama |
| Let – Be as theater of Field – Being | The wholesome universal in its absolute openness conceived as providing the infinite and everlasting setting and stage for the Field – Being drama |

| | |
|---|---|
| Great Play | The unfolding of the Field – Being drama on the stage of absolute openness |
| Let – Be as the awesome interface or quintessential copula | *Dao* or the wholesome universal conceived as the gathering and placing of all quintessential roles in the staging of the Field – Being drama |
| Let – Be as the Unspeakable One | The mystical function of *Dao* or the wholesome universal in the staging of the quintessential or cosmic drama – the awesome interface is a non – role that accompanies all dramatic roles, a non – action that paves the way for all dramatic actions, and a non – face that shines through all dramatic appearances: the meaning of Being itself in the quintessential sense |
| Let – Be as the sublime One | *Dao* or the wholesome universal conceived ( 1 ) in its absolute openness and as ( 2 ) the awesome interface and ( 3 ) the Unspeakable One |
| Quintessential plot | The Great Flow or the transfinite or samsaric Cycle on the Trinitariat of *Dao* as defining the main plot or story lines of the Field – Being drama |
| Grand narrative | The Great Flow or quintessential plot as the subject mater of all Field – Being discourse |
| Quintessential agents | Manifested activities ( seminals, fielded beings, and their derivatives) conceived as actors or contributors in the quintessential drama and as playing a part in the Grand Narrative |
| Quintessential standing | The functional status of a quintessential agent as determined by the uniqueness of its role and contribution in the Field – Being drama |
| Quintessential propriety | The functional interdependence of quintessential roles and agents in the Field – Being drama |
| Quintessential complements | Quintessential agents conceived in their functional propriety or functional interdependence |

| | |
|---|---|
| Quintessential defer-ence | The functional integrity of a quintessential agent or role as deter-mined by the uniqueness of its quintessential standing and its complementarity to other quintessential agents in the playing out of the Field − Being drama |
| Being − in | The Being or presencing presence of a quintessential agent in re-lation to the uniqueness of its quintessential standing |
| Being − with | The Being or presencing presence of a quintessential agent in re-lation to the otherness of its quintessential propriety |
| Being − for | The Being or presencing presence of a quintessential agent deter-minant in relation to the integrity of its quintessential deference |
| Relativity | The distantiation of a quintessential agent from other quintessen-tial agents as a function of the uniqueness of its Being − in − des-ignated as the left side of quintessential standing |
| Relatedness | The mutuality or togetherness of a quintessential agent with other quintessential agents as a function of its Being − with − that is, in their quintessential propriety or functional interdependence − called the right side of quintessential standing |
| Quintessential relation | The functional integrity or integral Being of a quintessential agent as a unity of its relativity and relatedness − relation in the Field − Being sense |
| Let − Be as the trans − deferential operator | The awesome interface or quintessential copula conceived as the non − relational mediator of all quintessential relations |
| **Quintessential move-ment** | **Being or presencing presence as a process of power concres-cence** |
| Truth − process | Being as the process of quintessential illumination——presencing presence as the self − revelation or self − disclosure of quintessen-tial activity: power concrescence as an aletheiac movement |
| Reality − process | Being as the process of quintessential production: ——presen-cing presence as the working out of the inner dynamics of quintes-sential activity: power concrescence as a productive movement |

| | |
|---|---|
| Process of the Good | Being as the process of quintessential appropriation － presencing presence as the self － accommodation and self － conjugation of quintessential activity: power concrescence as a process of naturing or consummative movement |
| Language of Being as Field － quintessentiality | A language that exhibit in their meaning the Being (quintessential of Field － Being language |
| Language | A system of signs, quasi － verbal signs or sign － signal configurations that exhibit in part or as a whole the Truth of Being |
| Verbal sign (verb － word) | A sign or sign － signal configuration that points to and exhibit Being as Field － Being or the Being of quintessential agents and their apparent manifestations (surface phenomena) |
| Verbal sign (verb － word) | A sign or sign － signal configuration that points to and exhibit Being as Field － Being or the Being of quintessential agents and their apparent manifestations (surface phenomena) |
| Pan － verbalism | The assertion or recognition that all signs are verbal signs － signs of quintessential activity——that lays the foundation of the Field － Being theory of language |
| Substantivism | The theory of language that recognizes the existence of non － verbal signs |
| Quasi － verbal sign | A derivative verbal sign or a verbal sign in disguise |
| Verbal string | An articulate togetherness of verbal or quasi － verbal signs |
| Verbal nexus | ·An articulate togetherness of verbal strings |
| Verbal statement or convey a propositional strings or nexus | An ordered verbal string or nexus that intends to meaning in the Field － Being drama |
| Speech | A vocal articulation of verbal strings or verbal nexus |
| Writing | A non － vocal articulation of verbal strings or verbal nexus |

| | |
|---|---|
| Discourse | A manifest activity that engages itself in the articulation of speech or writing |
| Universe of discourse | The field — topological horizon or region in the dynamic plenum or aspect of the Field — Being drama that forms the theme or subject matter of a discourse |
| Field — Being universe of addresses itself discourse | A universe of discourse which thematizes or explicitly to Being as Field — Being as its subject matter |
| Linguistic copula | A verbal sign that connects other verbal or quasi — verbal signs |
| Quiescent copula | The awesome interface or quintessential copula conceived as the trans — deferential operator in all universes of discourse — the silent and invisible gatherer of all verbal and quasi — verbal signs, of all speech and writing |
| Quintessential meaning | The what and how of quintessential activity as revealed or disclosed in the Truth — process——meaning in the ontological sense |
| Semantic or informational meaning | The effective trail of quintessential activity ( accumulated effects of self — reflexive articulate action) that is objectified and enfolded in a verbal sign or a language——a temporal projection of quintessential meaning — meaning in the linguistic sense |
| In — formation | The objectification of quintessential meaning as semantic meaning in language |
| Understanding | The interpretation of quintessential meaning on the basis of semantic meaning |
| *Truth ( in the primordial ontological sense) — truth as the process of aletheia or qui ttessential revelation* | *The wholesome universal in sofar as it reveals or discloses itself in a given perspective of Being — the prese tcing presence of the dynamic plenum in the self — reflexive tra tspare tcy of quintessential activity* |

| | |
|---|---|
| Light of Being | The self − reflexive transparency of quintessential activity |
| Quintessential noema or Truth − content | A manifestation of the wholesome universal conceived as a given-ness or disclosed item in the light of Being − what is lit − up in the self − transparency of quintessential activity |
| Quintessential noesis | The living subjectivity of transfinite subjects wherein the Truth − process manifesting the quintessential noema occurs |
| Quintessential inten-tionality | The experiential embracement and appropriation of quintessential noema in the living subjectivity of quintessential noesis |
| Perspective of truth | The articulate totality of quintessential noema or Truth − contents |
| Propositional truth | The adequation of a propositional string in relation to other propo-sitional strings in a universe of discourse |
| Adequation or valida-tion | The assessment of the field − topological fitness or coherence of a proposition with other propositions in an aletheiac or revelatory context or perspective of quintessential Truth |
| Quintessential Intui-tion | Direct experience of quintessential Truth |
| Discursive knowledge | An more or less adequated or validated experience of. proposi-tional truth |
| Understanding or field Apperception | Discursive lmowledge of the topological field as revealed in guint-essential intuition |
| *Topology* | *The general study of quintessential movements——how quintessett-tial activity reflexively articulates itself* |
| Topological determina-tions | Quintessential movements as articulations − in − reflexion |
| Rounding ( quintes-sential inflexion) | The self − environing or self − bending of quintessential activity the seminal quintessential movement |
| Quintessential form | The form or pattern of quintessential rounding or inflexion how a quintessential activity rounds or bends towards itself |

| Quintessential power | The ability of a quintessential movement to executive or sustain itself in a certain form |
| --- | --- |
| Quintessential expression | The manifestation of quintessential movements as given in a particular perspective |
| Quintessential change | The shift from one form to another in a quintessential movement |
| Quintessential flexibility | The ability of a quintessential movement to change its form |
| Quintessential nature | The complexity of power, form and expression underlying the flexuosity of quintessential movements |
| Quintessential naturing | The self − appropriation of quintessential activity that consists in the conjugation of power and form in expression − the inner dynamics of quintessential nature |
| Continuity | The endurance of a particular form in an uninterrupted quintessential movement |
| Discontinuity | The termination or interruption of a particular form in a quintessential movement |
| Quintessential interference | The entanglement of quintessential movements that are the primary source of strains in the dynamic plenum |
| Strains | Factors arising from the effects of quintessential interference that are responsible for the termination or interruption of a quintessential movement as defined by its particular form |
| Quintessential entropy | The dissipation of power in a quintessential movement as a consequence of quintessential interference |
| Quintessential renewal | The revitalization of a quintessential movement through the enhancement or replenishment of quintessential power |
| Quintessential fluency | The dynamic, vibratory flow of power in a quintessential Movement |

| | |
|---|---|
| Perfect rounding (quintessential circularity) | Represented by the circle, perfect rounding names the transcendental state of quintessential fluency marked by a fullness of quintessential power — a state of strainless perfection defining the realm of pure action |
| Partial rounding (quintessential curvilinearity) | Represented by the curve, partial rounding designates the transfinite state of quintessential fluency characterized by a flexibility of quintessential power — a state of strainful necessity defining the realm of pre — creative action |
| Quintessential flexibility | The ability of quintessential activity in a vital state to change from one form of curvilinearity to another |
| Flattening (quintessential rectilinearity) | Represented by the straight line, flattening refers to the dissipated, inflexible state of quintessential fluency marked by the loss of quintessential flexibility |
| Ego Principle (Will to Power) | The inherent tendency of quintessential activity to perpetuate Itself |
| Field Principle (Force) | The inherent ability of quintessential activity to attune itself to the unity of Being (wholesome universal) |
| *Inwardness (quintessential integrity)* | *The inner connection between rejlexion and articulation in quintessential activity (as implicit in the principle of ontololical identity)* |
| Self — reflexive transparency | The ability of quintessential activity to illuminate, perceive or know itself |
| Self — articulate manifestation | The ability of quintessentialactivity to express itself in a certain form in accordance with itsself — reflexive transparency |
| Life (quintessential vitality) | The enjoyment of inwardness in the non — linear (non — flattened or non — dissipated) states of quintessential fluency |
| Bliss (quintessentialfullness) | Life as the enjoyment of inwardness in the transcendental state of quintessential fluency — a state of strainless perfection |

| | |
|---|---|
| Well - being ( quintessential fecundity ) | Life as the enjoyment of inwardness in the transfinite state of quintessential fluency - a state of strainful necessity and creative transformation |
| Death ( quintessential | The privation of inwardness in the dissipated, inflexible state of stagnation) quintessential fluency - the very source of strains in the dynamic plenum |
| Fountainof Life | The recycling of power in the dynamic plenum |
| Way Down | The movementof quintessential power from Bliss through Well - being to Death - the path of quintessential entropy |
| Way Up | The reverse movement of quintessential power from Death through Well - being to Bliss |
| *Power* | *The ability of quintessential activity to make a difference in the dynamic plenum* |
| Power concrescence | The interplayful complexification of energy, experience, and meaning that constitutes in a stream of feelings the concrete reality of the dynamic plenum - the sensitive substance of Field - Being |
| Aesthetic pneuma | The strands or complexes of energy, experience, and meaning in a power concrescence which determine the concrete reality as a sensitive plenum and define the distinctive character of an experiential perspective |
| Aestheticism of Field - Being | The dynamic plenum conceived as a function of the aesthetic pneuma |
| Energy | The effective or productive power of quintessential activity - the ability of quintessential activity to produce an effect or manifest itself in expression |
| Pure energy | Energy of quintessential activity in the transcendental state of strainless perfection - energy devoid of karmic matter |
| Karmic matter | The dissipated energy in the flattened or inflexible state of quintessential fluency sustaining the accumulated effects of by - gone or objectified action |

| | |
|---|---|
| Vibrant energy | Energy at work or in the process of exercising and executing its productive power — the energy of procreative action ( synergetic union of pure energy and karmic matter ) |
| Reincarnatedenergy | The energy that is revitalized out of the energetic union of pure energy and karmic matter — the proper energy of procreative action |
| Experience ( quintessential in — touchness or tactility ) | The self — embracement of the wholesome universal — the way quintessential activity is reflexively and field — topologically *in touch* with itself |
| Occasion of experience | A topological openness in the dynamic plenum in which the Truth — process ( self — revelation of quintessential activity ) experientially and tactually occurs |
| Modeof experience | The tactual form of experience or what — and — how of quintessential in — touchness |
| Quintessential solidarity | The density of quintessential tactility |
| Quintessential sensitivity | The density of quintessential tactility |
| Quintessential sensitivity | The attunability of a mode of experience to other modes of experience |
| Pure experience | The experience of pure self — reflexivity — quintessential tactility in the state of pure action |
| Immemorial experience | The consummated experience of quintessential activity in the state of objectified action ( embedded in karmic matter ) |
| Vibrant experience | The living experience of quintessential activity in the state of procreative action |
| Sensitive Continuum | The dynamic plenum conceived as a continuum of quintessential experience — pure, immemorial, and vital — and attunability |
| **Meaning ( ontological sense)** | **The thinkability of Being — the latent transparency of quintessential activity in an occasion of experience** |
| Pure meaning | The meaning or thinkability of Being in the state of action |

| | |
|---|---|
| Immemorial meaning | The meaning or thinkability of Being in the state of objectified or bygone action |
| Vital meaning | The meaning or thinkability of Being in the state of procreative action |
| Thinking | The fulfillment of meaning − an realization of the thinkability |
| Concept | An embracement or grasp of meaning in thought |
| Sense ( semantic meaning) | Meaning as captured or embedded in signs and concepts |
| Intentional activity | The act of making sense in which meaning is exhibited through the mediation of signs and concepts − the thinkability of Being is realized in a thought of Being |
| Subject | The what of Being——the theme or topic of an intentional activity |
| Predicate | An articulation of the subject in an intentional activity |
| Meta − episteme | The discipline of Dao − leaming or meta − aesthetics conceived as the general art of making sense——the organization of signs and concepts in an intentional activity procuring an articulated perspective of Being |
| Predication | The explication of a truth − content in the subject of an intentional activity |
| Noetic continuum | The dynamic plenum conceived as a continuum of meaning and Predicability |
| ( Quintessential) Feelings | The concrete interface of energy, experience, and meaning − quintessential unity of productivity, tactility, and thinkability |
| Vital feelings | The experiential power of energy guided in its exercise by the direction of quintessential attunement |
| Percipient subject | A movement of energy in the sensitive continuum conceived as an experiential center of self − reflexive articulate action − a strand of quintessential feelings |

| | |
|---|---|
| Perspective of experience | The totality of experiences and quintessential feelings that constitute the sensitive integrity of a percipient subject |
| Percipient object | Any datum or information that is obtainable in the analysis of an experiential perspective |
| Ontological deference | The way quintessential complements owe their ontological meaning and integrity to one another conceived as a function of their mutual participation in the Act of the Let − Be. |
| Act of the Let − Be | The trans − deferentiation or mutualization of quintessential complements on the part of the Let − Be defining and constituting the rounded integrity of the plenum |
| Awesome Copula or Field Interface ( Let − Be for the world) | The Let − Be conceived as the field − topological gatherer or Trans − deferential mediator of quintessential complements ( The dot in Q. Q = Q. Q ) |
| Quintessential synthesis | The field − topological unity of the awesome fabric and the awesome copula——of the·Let − Be in itself and the Let − Be for the world ——procured by the holistic field action: the Act of the Let − Be |
| Region | An openness of the field potential in relation to a given topological determination |
| Field − topological occupation | The position or situatedness of a manifested activity in the topological field which constitutes the region of its existence |
| Realm | An everlasting field − topological region |
| **Form** | **The how of Being − the topological pattern exhibited by quintessential activity in its self − reflexive articulation** |
| Nodal information | The underlying form or pattern of quintessential activity exhibited in the formation of self − reflexively articulated nodes − points where quintessential activity crosses or intersects with itself |

| | |
|---|---|
| Functional form | The topological pattern of self – reflexive or self – environing action issuing in nodal information |
| Functional analysis | The study of quintessential activity in terms of functional forms and intensive connections |
| Intensive connection | The internal relatedness or connection of nodal formations to the self – reflexive or self – environing articulate action – the topological inwardness of quintessential activity |
| Structural form | The topological pattern of quintessential action as manifested in the togetherness or co – presencing of nodal formations |
| Extensive connection | The external relatedness or connectivity of nodal formations which form the topological multiface of quintessential action |
| Structural analysis | The study of quintessential activity in terms of structural forms and extensive connection |
| Topological ambiguity | The ambiguity of topological experience generated by the ambivalence of functional and structural forms |
| Topological integrity | The inseparability of intensiveand extensive connection – the quintessential unity of topological inwardness and topological multiface |
| Surface phenomena | The appearance of topological multiface in an occasion of quintessential experience |
| Face value | A determination or measurement of appearance – an abstraction which indexes a face of topological multiface |
| Logical point ( nodal digit) | An ideal point of demarcation instituted as a theoretical device in the structural organization of nodal information |
| Digitalization | The measurement of face value in terms of logical points or nodal digits |
| Logic | The formal science of structure based on the manipulation and organization of nodal information by virtue of digitalization |
| **Expression** | **The arising of vital feelings from the topological inwardness of self – reflexive articulate action in the process of naturing** |

| | |
|---|---|
| Naturing | The process of appropriation wherein inner rightness is attained in the topological inwardness of quintessential action |
| Quintessential nature | The inner dynamics of power, form, and expression |
| Naturing | The process of appropriation wherein inner rightness is attained in the topological inwardness of quintessential action |
| Adequation | The topological fitness between power and form in the naturing or inner dynamics of quintessential activity |
| Harmony | The equipoise of vital feelings in the attainment of quintessential rightness procured by the perfect conjugation of power and form |
| Disharmony | The condition of vital feelings indicative of an inadequacy of appropriation |
| Overflow | The arising of vital feelings indicative of an excess of power over form — a condition of strength in the process of naturing |
| Under – yearning | The arising of vital feelings indicative of a deficiency or lack of power in relation to form——a condition of weakness in the process of naturing |
| Aesthetic tone | The tonality of vital feelings as a function of the vibratory patterns of quintessential activity in the power concrescence of an experiential occasion |
| Quality | An identifiable aesthetic tone of vital feelings in a power concrescence ( e. g. redness) |
| Intensive quality | An aesthetic tone that reflects the topological inwardness of quintessential activity |
| Extensive quality | An aesthetic tone that presents the composite face value of surface phenomena |
| Character | The overall aesthetic tone of vital feelings in a power concrescence – a complexification of intensive and extensive qualities |
| Reality | The dynamic plenum as prevailed over by the inner dynamics of naturing and as defined and constituted by the necessity of appropriation |

| | |
|---|---|
| Need | The necessity of appropriation inherent in the inner dynamics of naturing – also called the inner love of appropriation |
| Grace as the Need of Strength | The necessity of overflow under a condition of strength – grace as the needines s of affluence |
| Craving as the Need of Weakness | The necessity to retain and obtain power for the adequation of form in a condition of weakness – craving as the neediness of poverty |
| Re – accommodation | The need to adjust the form or level of activity to the availability of power as dictated by the need of grace ( condition of strength) or by the need of craving ( condition of weakness) |
| Entropy | A perpetual condition of weakness due to the continuous dissipation of power in a topological region of the dynamic plenum that finally leads to a permanent stagnation of form and leveling of activity |
| Re – vitalization | The regain of creative power leading to the overcoming of entropy |
| Meta – pragmatics | The discipline of Dao – learning or meta – aesthetics conceived as the general art of making work ( effective) |
| The Good | The wholesome universal conceived as an achievement of value and a process of valuation |
| The Good pure and simple | The value attained in the wholesome universal in the state of strainless perfection ( seamless continuum) |
| The attainable Good | The achievement of value under conditions of strainful necessity |
| The wholesome Good | The attainable Good as an optimized achievement |
| The ( Field – Being) Categorical Imperative | Always actin a topological situation in such a way so as to achieve the wholesome Good |
| Meta – ethics | The discipline of Dao – leaming or meta – aesthetics conceived as the general art of making good |

| Diremption | The internal partition or differentiation of the wholesome universal from the seamless state — from the dynamic plenum as an undivided whole or undifferentiated continuum |
| --- | --- |
| The ( self — articulate ) One | The wholesome universal as aseamlessly diremptable whole |
| Seamless state ( plenum ) | The dynamic plenum in a condition of strainless perfection |
| Strains or inhibitors | Factors that account for the breakdown, interruption, or termination of a flow of continuous quintessential action |
| Counter — strains or conductors | Factors that make possible or are conducive to the continuity of quintessential action — also termed mediators or interfaces |
| Principles of individuation | Strains or inhibitors in so far as they are the source of delimitation or boundedness — as what procure the boundaries and separateness of individuated existence |
| Principles of integration | Counter — strainsor conductors in so far as they contribute to the maintenance of continuity and the fluidity of quintessential action |
| Resistence | The power of strains or inhibitors to hinder or restrain the flow of energy and experience in a quintessential movement |
| Conductivity | The power of counter — strains or conductors that facilitate the flow of energy and experience or movement of quintessential action |
| Quintessential network | The totality ofstrains and counter — strains — or inhibitors and conductors — that constitutes the topological field as a functional system of quintessential movement |
| Quintessential meridians | The pathways of least resistance or greatest conductivity identifiable in the quintessential network |
| **Actuality** | **The inner dynamics of quintessential activity conceived as agency of transfinite resolution** |
| Transfinite resolution | The resolution of diremptive tensions inherent in the inner dynamics of quintessential naturing |

续表

| | |
|---|---|
| Transfinite subject | The act of becoming or process of appropriation in which a ransfinite resolution occurs |
| ctual threesome | The three fundamental modes of quintessential activity that contribute to transfmite subjectivity of an act of becoming, each playing a unique role in the inner dynamics of transfinite resolution |
| ctual indefinite | The inner dynamics of pure action which defines the agency of the Pure One — the Radical Nothing, the seamless continuum or quintessential activity in a state of strainless perfection |
| Transcendental pneuma | The aesthetic pneuma of pure action: pure energy, pure experience, and pure meaning — the transcendental endowment of transfinite subjectivity |
| Actual definite | The inner dynamics of objectified action which defines the agency of the Immortal One — the Primordial Establishment as the condition of strainful necessity |
| Immortal ( karmic ) pneuma | The aesthetic pneuma of objectified action: dissipated energy, immemorial experience, and embedded meaning — karma as the immortal heritage of transfinite subjectivity |
| ctually actual | The inner dynamics of procreative action which defines the agency of the ctive One — the Great Flow of creative transformation |
| Vital pneuma | The aesthetic pneuma of procreative action: vital energy, vital experience, and vital meaning |
| Rounded integrity ( of Field − Being) | Schema of creative transformation: Procreative action = pure action x objectifiedactioctually ctual = ctual Indefinite x ctual Definite ctive One Pure One x Immortal One |
| Uroboric posture ( actionality of holistic field action) of the dynamic plenum | Pure One ( actual Indefinite): head of the Uroboros Immortal One ( actual definite): tail of the Uroboros ctive One ( actually actual): the Uroboros at its bite |

续表

| | |
|---|---|
| Field — topological horizon | The field potential conceived as the permanent possibility of holistic field action ( the Uroboros as the everlasting topological shape — shifter ) |
| Existence as field — topological occupation | To exist is to vitalize a region in the field potential within the field — topological horizon; to act out a role in the everlasting Play of the quintessential Uroboros |
| **Transcendental Trinity** | **The quintessential nature of the Pure One or Actual Infinite: the inexhaustible Power, the formless Form, and the all — embracing Overflow – the quintessential nature of the Radical Nothing** |
| Inexhaustible Power | The realm of pure action as marked by an inexhaustibility of power |
| Formless Form ( Fq ) | The form of pure self — reflexive articulate action whichis seamlessly undifferentiated — the form of strainless perfection |
| All — embracing Overflow | The overflow ofvital feelings in the quintessential naturing of pure action |
| Pure pneuma | The aesthetic pneuma ofpure energy, pure experience, and pure meaning in the state of pure action |
| Transcendental potentials | The dynamic potency of the transcendental trinity as inherent in the naturing of pure pneuma conceived as a function of the formless Form $-f$ ( Fq ) |
| $Q = f$ ( F0 | The actuality of Transcendental potentials — |
| Radical Nothing *I* Quintessential Heaven: Q. $Q = f$ ( Fa ) | The actual indefinite as the transcendental manifestation $[ Q = f$ ( Fq ) $]$ of the wholesome universal ( Q ) in the state of pure action |
| Transcendental harmony | The complete absence of obstructions in the state of strainless perfection |
| Transcendental bliss | Strainless perfection as a state of perfect simplicity, prefect spontaneity, and perfect innocence inherent in the quintessential nature of pure action |

| | |
|---|---|
| Transfinite unrest | The everlasting condition of strength in the Pure One or Actual as the ultimate source of unrest and creative procreativity in the Field — Being universe |
| Effluents of becoming | Quintessential feelings and pulsations of pure energy that arise freely, spontaneously and innocently from the all — embracing Overflow of Pure One — the transcendental source of transfinite subjectivity empowering the transfinite subjects of the initial, predirem. I >tive phase of self — becoming |
| **Primordial Karma** | **The realmof karma in the dynamic plenum——the dynamic constitution of the actual de: fmite** |
| Karma | Generally the accumulated effects ofobjectified, bygone action |
| Karmic matter ( Et ) | The aesthetic pneuma of dissipated energy, consummated experience and immortalized meaning embedded in karma |
| Immortal Establishment I Quintessential Earth | The actual defmite as a function of karmic matter constitutive of the dynamic potency of objectified action — notationally represented by $Q = f ( q )$, the immortal manifestation of the wholesome universal |
| Effective trail | An identifiable trail of karmic matter attributed to a strain of objectified action |
| Karmic habit | Habituated forms or patterns of behavior embedded in the karmic matter or effective trail of objectified action |
| Karmic potentials | Karmic habits conceived asthe source of strains and counter — strains |
| Reincarnated karma | Karmic potentials appropriated by transfinite subjects in an occasion of quintessential experience or living act of self — becoming |

# 9  Plenum of Field – Being

**Diremptive Function Understood as
Divine Meditation or Communion of The Ultimate Activity (Q)**

| Triune Manifold | Diremptive function As Divine Meditation ( or Communion ) of Ultimate Activity ( Q. Q) | Field Equations |
|---|---|---|
| Pure Action: Pure Energy, Pure Experience, Pure Meaning ( Q − state I) | Aesthetic Undifferentiated Continuum/Absolute O-pening/Radical Nothing/ Transcendental Vacuity/ Nirvana ( ElF) | $Q. Q = E/F$ |
| Transfinite Passage: Thresh-old of Innocence: *Gat* of Mystery ( Q − state I −ll) | Lure of Becoming Birth ( or Extinction) of Des1 re/ Eros Beginning ( or end) of Existence Proto − Samsa-ra ( $\sqrt{E/F}$ | $Q. Q = Q. Q$, where $q = \sqrt{E/F}$ |
| Primordial Conception: E-mergence of Forms ( Q − state II) | Aesthetic Archetypal Con-tinuum Openness of Pure Possibilities ( IEPI) | $Q. Q = Q. Q$, where $q$ = Sum IEPI ( field orders or ideal systems of strains) |
| Karmic Warp: Moment of Fate ( Q − statc 11—111) | Openness of Warped Possi-bilities or Real Potentials ( EP) | $Q. Q = Q. q.$ Where $q =$ SumEP = Sum $\lfloor$ FP x IEP$\rfloor$ ( field orders as con-crete systems of strains) |

| Triune Manifold | Diremptive function As Divine Meditation ( or Communion) of Ultimate Activity ( Q. Q) | FieldEquations |
|---|---|---|
| Plenum in Flux: Ocean of Becoming ( Q － state III ) | Aesthetic Extensive Continuum Vortices of Indeterminacy Cocoonization of Power Concrescence ( EP) | Q. Q = Q. q, where Q = SumEP ( field individuals as agents of resolution ) |
| Tran. finite Arrival: Moment of Absoluteness ( Q － state III － IV ) | Niche of Ownness ( EP) | Q. Q Q. q, where q = Sum EP ( field individuals as Instances of Eternity ) |
| SamsaricCycle: TransfiniteReversal Plenum in Appearance ( Q － state IV ) | AestheticMultifacial Continuum/Phenomenal World ( EP *I* EP) | Q. Q = Q. q, where q = Sum EP *IEP* ( appearance as multifacial profile of reality ) |

## Plenum of Field－Being

### Diremptive Function Understood as Divine Meditation of The Ultimate Activity ( Q )

| Plenum as Infinite Manifold | Diremptive Function As Divine Meditationof Ultimate Activity ( Q. Q) | Field Equations |
|---|---|---|
| Q － state I: The Great Quiescence: Pure Action as Pure Energy, Pure Experience, and Pure Meaning | Aesthetic Undifferentiated Continuum/ Absolute Opening/Radical Nothing/ Transcendental Vacuity/ Nirvana ( E/F) | Q. Q = E/F ( transcendental definition ) |

| *Plenum as Infinite Manifold* | *Diremptive Function As Divine Meditationof Ultimate Activity* ( Q. Q) | *Field Equations* |
|---|---|---|
| Q − stateII: The Great Impetus: Proto − articulation as the Primordial Unrest Threshold of Innocence/ Gate of Mystery | Lure of Becoming Birth ( or Extinction) of Desire/ Eros BegUuring ( orend) of Existence ( $\sqrt{E/F}$) | Q. Q = Q. q, where q $= \sqrt{E/F}$ ( proto − primordial definition) |
| Q − state III: The Great Conception: Primordial Articulation as Openness of Pure Possibilities | Aesthetic Archetypal Continuum Birth of Forms/ Pure Possibilities ( I EP I ) | Q. Q = Q. q, where q = Sum IEP I ( primordial definition: field orders or ideal systems of strains) |
| Q − state IV: The Great Warp: Warped Articulation as the Karmic Limitation of Pure Possibilities | Birth of Warped Possibilities or Real Potentials ( EP) at the Moment of Fate | Q. Q = Q. q, where q = Sum EP = Swn ( EP x IEPI} ( consequential defmition: field orders as concrete systems of strains) |
| Q − state V: The Great Flux or Ocean of Becoming: Tensed Articulation as Cocoonization of Power Concrescence | Aesthetic Extensive Continuum Vortices of Indeterminacy ( EP) | Q. Q = Q. q, where Q = Sum EP ( dynamic definition: field individuals as agents of resolution) |
| Q − state VI: The Great Arrival: Consummation of Transfinite Subjects | Niche of Ownnes s ( EP ) at the Moment of Absoluteness | Q. Q = Q. q, where q = Sum EP ( transfmite definition: field individuals as Instances of Eternity) |
| Q − state VII: The Great Return: Transfinite Reversal Of the Samsaric Cycle | Aesthetic Multifacial Continuum/Phenomenal World ( −E −P · I EP) | Q. Q = Q. q, where q = Sum EP /EP ( phenomenaldefinition: appearance as multifacial profile of reality) |

### Inner Dynamics of the Let－Be：
### The Transcendental Dimensions in The Field－Being Establishment
### (The Logic of Cosmic Order)

| Act of the Let－Be | Act in Its Nothingness | Act in Its Firstness | Act in Its Secondness | Act in Its Thirdness |
|---|---|---|---|---|
| Nature of the Let－Be | Mystical | Primordial | Consequent | Trans－finite |
| Divinity of the Let－Be | Let－Be as the Source | Let－Be as the Origin | Let－Be as the Ground | Let－Be as the World |
| Let－Be as Ultimate Openness：Realm s of Existence | Pure Field of Openness | Pure Potential-ity ( matrix of pure possibili-ties) | Real Potential-ity ( matrix of probabilities ) | Actuality ( ma-trix of field in-dividuals and topo－dynam-ic interfaces) |
| Let－Be as Ultimate Activity in Relation to Karmic Matter | Pre－impreg-nated ActiviTy | Pre－karmic Impregnated Activity | Impregnated ActiviTy under Karmic Warp | RealizedActivi-Ty in virtue of Karmic Matter |
| Phenomenology：Reflexivity of the Let－Be ( Phenom-enon as Interface of Divinity and Actual-ity ) | Divine Medita-tion：Pure Ex-perience of Pure Action | Divine Con-ception：Im-pregnation of Actuality | Divine Provi-dence：Prepa-ration of Actu-ality | Divine Appro-priation：Con-summation of Actuality |
| Transformation of Power：Upward Path ( from pure energy to effective energy) | Pure Energy | Pure Potential Energy | Effective Ener-gy | Effective Ener-gy |

| *Act* of the *Let − Be* | *Act* in Its Nothingness | *Act* in Its Firstness | *Act* in Its Secondness | *Act* in Its Thirdness |
|---|---|---|---|---|
| Transformation of Power: Downward Path (from effective energy to pure energy) | Pure energy | Pure Potential Energy | Dissipated Energy | Effective Energy |
| Topological Necessity: Distribution of Karmic matter | No karmic matter | No karmic matter | Karmic Matter | Karmic Matter |
| Topological Perception IApperception | Karmic Ignorance | Karmic Warp | Karmic Memory /Imagination | Karmic Memory ! Imagination |
| Topologic Appetition | Vectoric Innocence | Vectoric Ambiguity | Vectoric Compulsion | Vectoric Satisfaction |

Field Order: The mutual implication or inter − enfoldment of field universals, field potentials, and field individuals in the Field − Being Continuum.

Field Universals: Matrices of aesthetic substance (interplay of power and experience) in a field of *activiTy*.

Field Individuals: Field Potential s: Cosmic Order: Strands or vibrant strings of articulate action whose configurat ions are dynamic interfaces. Possibilities or potentialities (forces or tendencies of action) inherent in a field of activity.

The universal field order in the Field − Being Continuum——also termed Field − Being

Establishment: The implicat ion or enfoldment of field individuals and field potentials in field universals. The implication or enfoldment of field universals and field potentials in field individuals. The implication or enfoldment of field universals and field individuals in field potential

**Vision of the Plenum**
**As Diremptive and Field – topological Reality**
**( One Thought of field – Being )**

| Character of Activity | I CAN or the Field Potential in Its Openness: Character as Role Concept | I DO or the Act in Its Actness: Character as Concept of Performance | I CAN/DO or the Awesome Interface: Character as Concept of Field – topological Interface |
|---|---|---|---|
| Pure Action Realm of Transcendental Vacuity<br><br>Power ( esthetic complexity ) as Transcendental Endowment | Radical Nothing as Aesthetic Undifferentiated Continuum ( Transcendental Innocence/Great Simultaneity/ Inexhaustibility of Articulate Action ) | Absolute Opening ( Non – action ) | Inner Dynamics of the Let – Be or Diremptive Function<br><br>Fulfillment of the Diremptive Function as Resolution of Indeterminacy<br><br>The Awesome Interface underlies, mediates and accompanies all functional determinations in the |
| Articulate Action Power in Transfinite Passage | Lure of Becoming ( Gate of Mystery/ Threshold of Innocence | | |
| Articulate/Articulated Action<br><br>Realm of the Great Ocean<br><br>Power as Environmental Heritage | Universal Matrix In Flux as Aesthetic Differentiated Continuum –<br><br>Aesthetic Archetypal Continuum<br><br>Aesthetic Extensive Continuum<br><br>Aesthetic Multifacial Continuum | Self – environing, Self – illuminating, and Self – vibratory Holistic Field Action | |

# 唐力权全集

第七卷

唐力权 著

中国社会科学出版社

# TABLE OF CONTENTS

## Tao And Logos

1. Tao and Logos: The Primordial Language of
   Philosophy (1991) ················································· ( 3 )
2. Uprightness and Humanity: The Primordial Language of
   Tao (1991) ······················································· ( 19 )
3. Appropriation and Posturalization : the Archaeology of Tao in
   Chinese Philosophy (1991) ······································ ( 27 )
4. The Right Posturing : The Meaning of Truth in the *I Ching* and
   the *Chung Yung* ················································· ( 57 )
5. The Chinese Way to Language: From the Field – Being
   Perspective (1997) ··············································· ( 70 )
6. The Hidden Narrative of Field – Being in Chinese Philosophy:
   Preliminary Reflections (1999) ·································· ( 75 )
7. Field – Being, Heidegger, and Eastern Thought ( An Preparatory
   Outline ) (2000) ················································· ( 84 )
8. The Art of Appropriation: Towards a Field – Being Conception of
   Philosophy (2000) ··············································· ( 97 )
9. Centrality and Commonality: An Interpretation of the *Zhongyung*
   from the Field – Being Perspective (2002) ···················· ( 123 )
10. In Search of the Quintessential: Towards a Field – Being
    Hermeneutics ···················································· ( 141 )
11. "Free Flow" as an Ideal of Exemplary Excellence: The
    Centrality of *Tong* 通 ( Pervasive Penetration ) In Daoist
    Cosmology and its Practical Implications (2007) ·············· ( 151 )
12. Power Experience and Power Language in Daoist Thought—With
    Specific Reference to *Dao* and *De* (2008) ·················· ( 168 )

## The Middle Way

1. Signature Field – Being and the YiDao Tradition ·············· ( 189 )
2. The Rounded Integrity of Field – Being——the Dao
   Tradition and the Tradition of Logos in the Spirit of
   the Wholesome Universal ( I ) ·································· ( 210 )

3. The Rounded Integrity of Field − Being——the Dao
   Tradition and the Tradition of Logos in the Spirit of
   the Wholesome Universal ( Ⅱ ) ················································ ( 221 )
4. Signature Field − Being and the Dao Tradition ( Ⅰ ) ·················· ( 232 )
5. Signature Field − Being and the Dao Tradition ( Ⅱ ) ·················· ( 254 )
6. Signature Field − Being and the Dao Tradition ( Ⅲ ) ·················· ( 268 )
7. Signature Field − Being and the Dao Tradition ( Ⅳ ) ·················· ( 310 )
8. Signature Field − Being and the Dao Tradition ( Ⅴ ) ·················· ( 341 )

# Tao And Logos:
## The Primordial Language of Philosophy And Interpretations of Chinese Philosophy From The Field−Being Perspective

Lik Kuen Tong

# 1. Tao and Logos: The Primordial Language of Philosophy (1991)

The Tao gives rise to the One;
The One gives rise to the Two;
The Two gives rise to the Three;
The ten thousand things carry the yin （阴）and embrace the yang （阳）,
balancing the vital force to maintain their harmony.

## Tao Te Ching （道德经）42

In Change there is the Great Ultimate chich arise the Synplicate Duo. The Synplicate Duo gives rise to the Four Quadrants of Phenomena; the Four Quadrants of Phenomena give rise to the Eight Trigrams.

## Great Commentary (of the I Ching （易经）)

Jen Chih seng yeh chih: （人之生也直）The human person is born upright. [1] In this famous Confucian saying, the word chih （直）, which means literally straight (that is, not crooked or bent), is used of course in the figurative sense. What Confucius meant to say was that human beings are born with an inherent moral integrity: that they are by nature honest, sincere, true to themselves——in short, morally straight. By what does straightness literally understood have to do with moral integrity? What gives the word chih its metaphoric power? How do we account for the fact that in our languages these words designating straight or direct, upright or erect, right or correct, and soon are all intimately connected? [2] Why, in particular, is the word "right" contained in the word "upright"?

The answer to the above questions is not far to come by: it lies in fact at the very heart of human experience——the very heart of both language and thought. These words and their cognates——forming what we may term the "straightness or chih family of signs" ——are the greatest treasures in the sym-

---

[1]　Analects, 6: 17

[2]　Chih (straight/direct) and cheng （正义）(upright/erect) in Chinese are almost interchangeable, and both connote i (rightness/correctness). In modern Chinese the compound cheng - i （正义）means justice.

bolic mine of humanity, For what they collectively point to is no trivial, distant phenomenon, but is a reality that is nearest and dearest to us – a power in which we all participate and which in some sense is what we are. Just what this reality or power is hard to say. This power has been called Tao, Logos, or Brahman——among the many outstanding names humanity has given it. Since this power is that whereby each thing in the universe is appropriated in its ownness and in relation to every other thing, we shall call it here the "Appropriation." Thus named, the Appropriation is by definitely the principle of individuation and the ground of relatedness. It is the Power that gathers all, unifies all, and transcends all. For there is nothing that is not in the grips of this power: whatever is or exists is appropriated in it and by it.

But the transcending power is also the immanent power; the Appropriation is never separable from the appropriated. Everything is internally related to itself (internal relation being the relation of whole to part) and externally related to other things. Its relation to the Appropriation consists precisely in the possibility of this two – fold relatedness. This most unique relation of things to the Appropriation we term the "synplicate relation." It is definable as the "how" a being or thing is related to itself, to other beings or things, and to the Appropriation. We introduce the term "synplicate" (from Latin syn, together, and plicate, to fold, entangle, involve) here because the Power of Appropriation is in truth a self – enfolding power, whereby all appropriated beings and things are "implicitly" and "explicit" what is folded out. But what folds in must fold out. The unfolding or explicit is simply the other side of the infolding or implicit. The order of things then is a "synplicate order"① founded on the dynamic interplay of these two "synplicit" moments——what in the I Ching is called the liang – i (两仪), or, aptly translated, the "Synplicate Duo." In the philosophy of the = Ching, The unfolding express moment is The Creative (Chíen (乾)), the enfolding implicit moment The Receptive (K'un(坤)). The two moments are said to arise from the T'ai – Chi (太极) or Supreme Ultimate——which in the Tao Te Ching is called Tao.

Both Tao and T'ai – Chi name the synplicate order as well as the Power of Appropriation that sustains it. Everything in the universe is a perspective and a perspectivation of the synplicate order to which it belongs and in which it participates. By virtue of the synplicate power it inherits from Tao every being engages and posturalizes the synplicate order from its own standpoint. "Posturalization" is the form of participation; it is an expression of the synplicate power in the dynamics of activity and movement. Everything owes its integrity of existence to the posturality of its synplicate power. In the Tao Te Ching the meanings of pow-

---

① I am indebted to David Bohm for his notion of reality as a self – enfolding power. But I think "synplicate" is a more appropriate term than "implicate" to characterize this reality. For Bohm's specific views on this approach see his Wholeness and the Implicate Order (London: Routledge & Kegan Paul, 1980).

er, integrity and posturality are all captured in the word te. It is in virtue of its te that a thing constitutes a unique perspective of the universe and the posturalized reality unfolded in it. This unfolded reality as posturalized by the te of things is also one of basic meanings of Tao. But there can be no unfolding and understanding of reality apart from the posturality of human beings, in whom and through whom power is synplicated. Thus we find in the I Ching and Tao Te Ching——and indeed for that matter in the whole tradition of Chinese philosophical thought, the understanding of Tao is profoundly mediated in the language of "Mann" ——the humanized reality.

Just what it is that lies at the heart of human experience, language and thought? Just what it is that is configured in the straightness family of sign? We answer: It is a record of the Appropriation mediated by the self – appropriation of human beings——or, what amounts to the same thing, a Graph of Mann.

Mann is the posturalized reality brought about and along by the emergence of "menn" ——the milliard of men and women who have since time immemorial participated in the synplicate order of the Appropriation. Mann evolves as human beings or menn evolve. They know of no reality except as posturalized by them——a reality that will always be shaped, characterized and colored by the styles and idiosyncrasies of their participation. This humanized reality is understandable as an order of both Word and Force——that is, respectively, humanized meaning and humanized energy. Mann is the synplicate intersection of Word and Force, an an ordered manifestation of the self – enfolding, appropriating Power mediated in menn and through menn. Though wrought by menn, the humanized order is not exclusively of human – making; for implicit in Mann are the contributions of other things in Nature, the realm of the Appropriation from which human beings originally emerged. Although Mann is always more than menn, it would have no meaning and significance however apart from their involvement in Tao——apart from the way they participate concretely in the synplicate order of the Appropriation——what is ordinarily called "life." Hence we shall speak of the "Life of Mann" as an expression of this intimate connection between Mann and human life. All philosophy (in the broad sense of the term) consists in the "double mirroring" of life and Mann in the Life of Mann. This double mirroring of the humanized reality is what we mean by "Graph." To be more exact, "Graph" is the representation of the Life of Mann in the s of Word and Force. Human orientations are inextricably "graphical"; graphic language and thought are the essence of language and thought. Metaphysics as the culmination of graphic thought is based on the attempt to create the "Perfect Graph" which give menn a completely satisfied picture of themselves in their synplicate relation to the Appropriation. That is why metaphysical terms are mostly "homographic": it is the same graph that fears simultaneous an image of the Appropriation and an image of menn. Such indeed is implicated in the homographicism of tao, logos, and brahman. It is the homographicism of the uprightalized menn.

"Uprightal" means pertaining to, proceeding from, or as a consequence of, menn's uprightness. Menn are "uprightalized" in the sense that the upright posture in what primarily defines the way of their appropriation. Human beings moreover are "uprightalizers" to the extent that their "uprightality" is most decisive in the determination of their life and action, language and thought. Homographicism owe, its beginning to the uprightalization of menn.

When did the Life of Mann begin? It began in primordial times with the inception of uprightness——that is with the first act of appropriation (etymologically, to make one's own) what human beings confer their "proper" (Latin, proprius, belonging to oneself, one's own) humanity on themselves. This first species act of appropriation and self – humanization, to be enacted again and again by all "would – be" humans, is thus the most universal human ritual——the sacred rite of all rites——that celebrates commemorates at the same time the primordial inauguration of humanity and the birth of the humanized order. In classical Chinese thought——notably in the I Ching, this order is often referred to as san – t'sai（三才）, that is, the three coordinate. Powers of Heaven, Earth, and Humanity. Heaven, represented by Ch'ien, is the unfolding Power, Whereas Earth, symbolized by K'un, is the same Power in its enfolding implicity. Thus "Heaven – and – Earth" is just another name for the aymplicte reality of the Appropriation; and the humanization of Heaven – and – Earth in san – t'sai thus constitutes none other than the the meaning of Mann.

And the meaning of Mann was first established through the uprightalization of human being. This celebrated primordial event is precisely what is recorded in the chih family of signs——in the graphic representations of world – opening language and thought. What is configured in the straightness family of signs is primarily the double – sided "Graph of Reality" ——mirroring in the coincidentality of Word and Force both an image of the uprightalizing human and an image of the synplicate order uprightally posturalized. Such is the language of tao, of logos, and of brahman——and of the other words and signs in the lexicon of graphic thought.

Graphicism arises when human beings have come to stand upright. The uprightalization of menn is indeed the origin of origins, the rightness of all rightness, for it is the beginning of both humanity and Mann.

"Upright" means vertically straight. What decisively matters for openness of the world is not just straightness (whose metaphysical importance we shall later explain), but straightness in the mode of verticality. Our understanding of straightness, first of all, is certainly not originated in a knowledge of the ruler, nor from an observation of the path of light propagations, but is derived at first from our intimate knowledge of our upright posturality——initially from the primordial experience we acquire as a young child in reenacting that primordial experience we acquire as a young child in reenacting that primary species ritual of human initiation: the process of learning and struggling to stand upright. Both historically in the evolution of the human species and existentially in the life of an individual, these primordial times were indeed the most traumatic in the development of our humanity. All life begins with the trauma of birth, the initial act of existence. To "exist" (from Latin exsistere) is to emerge, to arise, to stand out——which in the primordial language of thought is what defines the meaning of "growth." To "grow" in its primordial meaning is to emerge, to rise up, not just from out of the womb but also——and this is the more ?? to the bodily upright or erect position, that which marks human beings from the animals: the position which makes them human in the proper sense of the word. This original meaning of existence as referring to the primordial act of up – rising or up – growing is shared by the Chinese seng (生), the Greek physis, and the Sanskrit brahman. ①Now if by "primordial" we refer to the traumatic duration around the "inception of uprightness" (in historical or existential times), then we may describe as "pre – primordial" the whole antecedent background and conditions of life preceding the uprightal attainment of humanity. The transition from the pre – primordial to the primordial——that, we submit, is what "growth" originally signifies. The trauma of birth is not so much the trauma associated with the pre – primordial exit from the womb, but the trauma of existential "up – growing" pertaining to the appropriational awakening in the originative act of the primordial arising. It is the trauma that marks at once the differentiation of consciousness and the configuration of meaning——the trauma of world – openness and of the founding of Mann.

The human being in the position of uprightness——that is what in the Tao Te Ching is called the "One." Originally, "one" is not a numerical concept, but a key term in the primordial cosmogony/cosmology. The "one" is the t'ai – chi, the arche or principle (from Latin princeps, first in rank) ——the origin, beginning or source of things in the universe. When the child uprightalizer is first arising to the upright position, it sees other things rising up along with it. This primordial experience of the co – arising of uprightal humans and other things is what determines the basic meaning of cosmogony at the dawn of consciousness. "Heaven – and – Earth and I were born together; the ten thousand things and I are one."② In this well – known statement in the Chuang – tzu

---

① Brahman is derived from the Sanskrit root br, to grow. The word also means "to make great." But "great" in the primordial sense is the same as upright. Hence brahman is the up – growing process issuing in greatness/uprightness. Most philologists agree that the original meaning of physis – as in the case of the Chinese seng——is to grow. But the primary sense of "to grow," as we submit here, is to grow upright. Heidegger's equation of physis with "being" or the process of aletheia (unhiddenness) is possible only on the basis of the more primordial, emergential interpretation of physis as up – growing, which has, unfortunately, escaped his attention. It is interesting that both seng and physis later gave rise to the objectified or physical sense of "nature." Their primordial meaning had sunk into oblivion.

② Book of Chuang – tzu; "Discussion on The Equality of All Things."

(庄子) is still preserved a most vivid record in the primordial philosophical language is basically a phenomenology of the originative arising and co – arising. It is a phenomenology of "ex – istence" in the primordial meaning of the word.

The Tao Te Ching says: "The Tao gives rise (seng) to the One; the one gives rise to the Two; the Two gives rise to the Three; the Three gives rise the ten thousand things. " [1] This no doubt is one of the most succinct statements of primordial cosmogony. Now if the One, as we have observed above, is what designates the uprightalizer in the attainment of uprightness, what then does Tao signify? And what do the "Two" and the "Three" refer to, respectively? In so far as Tao is concerned, the answer is obvious: it signifies the human person, the uprightalizer itself in its pre – primordial, pre – uprightal integrity. That, to be sure, is precisely what the author of the Tao Te Ching wishes to stress——and, for good reasons, as we shall see. Keeping in mind the original, "existential" meaning of seng, the statement that "the Tao gives rise to the One" should simply mean that the human uprightalizer has come to stand upright——which is none other than the primordial arising itself. What is represented in the signification of tao, as the Chinese script for the word so vividly suggests, are the most manifest and essential capacities or powers of the uprightal being: including, beside the capacity for up – growing, the capacities to walk, to act, to speak and to think——powers that can only be fully harnessed and developed after it has achieved its uprightal maturity. In its primordial meaning then, tao is simply the human uprightalizer who, having attained the status of uprightness, is able to see itself distinctly (that is, through the differentiation of consciousness) in relation to itself, to the world, and to the synplicate Power of Appropriation, thus leading and comporting itself in its uprightalizing thought, speech and activities. It is by virtue of the uprightalizing acts of human beings that the world opens itself as Mann, the humanized order and reality. That is why the word tao has finally come to mean "the way" ——that is, the Way of Mann, of world – openness. It is worth noting that in the Tao Te Ching the Tao is also termed Ta (大), which means great, greatness, or the great. In Chinese metaphysics, furthermore, the term Tao is often interchangeable with T'ai – Chi, the Great Ultimate. And what to ta and t'ai – chi primordially designate? "Great" means in command of uprightness: the original graph for the Chinese character ta (great) is no more than a picture of an upright – standing human. Greatness or magnanimity (as the Greeks call it) primordially means simply the ability to stand upright, to walk upright, to see upright (the original meaning of "direct") ——that is the first and most fundamental human virtue or excellence: what figures in the original meaning of the Chinese te and Greek arete. [2] Great-

---

[1]    Tao Te Ching.

[2]    In the extremely intrigue graphic etymology of the word te, which deserves a full – length study by itself, is contained the ideas of upright growing, upright walking, upright seeing, and upright thinking——the basic components of human uprightality.

ness is the virtue or excellence of ownness, the magnanimity of what is "authen-
tic" ——the intrinsic quality of being one's own; and our first experience of
ownness is the ownness of our uprightality. To be "great" or "magnanimous" is
thus to be a master in the management of uprightness, the position that allows
humans to have a commanding view of their surroundings and to proceed from
there to build through their perspective the uprightalizd order of Mann. The Way
of Tao or the Appropriation then is a synplicate order established by the "great-
ness" of the One——the excellence of the upright stance.

　　And what about the term t'ai – chi? The word t'ai is simply a variation of
ta. Chi means ultimate limit or boundary, the point beyond which one cannot
go. The compound T'ai – chi thus means then ultimate limit of greatness, that
is to say, of uprightness. And the ultimate limit of uprightness is simply the con-
summation of the primordial process of up – growing, when the child uprightali-
zer has finally come to establish firmly its upright posture, aligning itself verti-
cally straight between heaven and earth. The uprightal limit or chi is the point of
"logocentric integrity," the point——as we shall later explain, at which the up-
rightalizer begins to assume the position and function of the "pivotal One" or
"measuring center" of the world.

　　But first of all what is meant by "the One gives rise to the Two"? What
does "two" stand for in that celebrated cosmogonic passage of the Tao Te Ch-
ing? Let us pursuit further our uprightalistic train of thought. If "One" is not a
number in the primordial language, neither is "Two." We have established the
One as the culmination or consummation of the uprightalizing process: the up-
rightalizer in its upright position is the One. This One is the origin of origins be-
cause it is the decisive beginning of both differentiated consciousness and world
 – openness. But there can be no differentiation without distinction and dis-
tance. This fundamental insight is what underlies the primordial meaning of the
word "two." The Two, in other words, is, generally and abstractly speaking,
differentiation as such. To the primordial mind at the dawn of consciousness,
differentiation is however no abstract matter but the most concrete affair——in-
deed a most traumatic, eventful event in which is instituted the openness of all
openness and the beginning of all beginnings. For all differentiation commences
from the primordial differentiation which witnesses not only the configuration of
the world in the synplicity of energy and meaning but also the diremption of
mind and consciousness, in the synplicity of language and thought. This primor-
dial event of synplicate openness is what is meat by the "Two" And how did the
Two first come about? It came about by the "emergence" or up – growing of the
Tao to the position of Firstness——to the uprightality of the One. It is essential-
ly a double – sided event which witnesses, on the one hand, the rise of differen-
tiated consciousness from the up – rising body, and on the other the emergence
of the up – rising body into differentiated consciousness. This double – sided dif-
ferentiation is accomplished by a sequence of postural delineations: first the ver-
tical delineation of "up" and "down" (or "above" and "below") and then the

horizontal delineations of—— "front" and "rear" ( or "forth" and "back" )
and "left" and "right." These three sets of rudimentary distinctions or pairs of
relatedness have a special significance for our humanity, for they constitute at
once the principles and the instruments whereby both the embryonic world – or-
der and the embryonic mind are primordially configured and differentiated. The
synplicate unity of the six directions, which in classical Chinese thought
is. called the "Sixfold" ( liu – ho ( 六合 ) ), is the "Frame of Firstness" form-
ing the rudimentary coordinate system of reality. This rudimentary system of the
Sixfold is formed like the figure of the cross, with the delineation of up and
down forming the vertical axis and the lines connecting the four directions the
horizontal axes. It is by virtue of this rudimentary Frame and the Four Quadrants
axially divided by the "uprightal cross" ( as we may so name it) therein that the
milliard things——the sun, the moon, the stars, and so on——make their ap-
pearance, appropriated in meaning and in force and in the relativity of their re-
spective positions within the Space of the Sixfold. That is why the uprightal cross
has become not only a seminal symbol of humanity, but an emblem of the world-
hood of the world. To be human is to bear the burden of the uprightal cross, the
primordial womb of meaning, World and Mann.

    But the Twosome is a contentious domain of being. Built with the Frame of
Firstness and structured by the uprightal cross, the Two unfolds itself as a realm
of dialectics, which first emerge for primordial menn through the synplicational
tensions of "crossal" ——that is, vertical and horizontal——opposites mounted
within the Sixfold. Since up – growing is essentially a skyward movement, the a-
bove and the below are the primary pairs of opposites, which in primordial
thought is often represented in the language of Heaven and Earth. Heaven is the
elevating power of the above, the power that pulls the uprightalizer towards the
light of openness as well as towards the consummation of its own uprightal hu-
manity. Earth, on the other hand, is the down – weighing power of the below
which, however, is also the grounding and receptive power——the power that is
associated with the "deuprightal horizontality" of birth, rest and death. But the
skyward movement from the below is to be followed by sideward movements in
the four directions: to be human means not only to rise up and maintain one's
verticality, but to participate in the "horizontality" of the uprightalized real-
ity——the environing affairs of active consciousness or waking life. The Two
then, dialectically understood, is a crossal synthesis of the vertical and the hori-
zontal powers. The Way of the Appropriation is defined primordially by the up-
rightal cross.

    The One is the primordial One, the institution of verticality and the begin-
ning of Mann. The Two is the verticalized order of relatedness established in and
through the crossal Frame of the Sixfold. What then is the Three? How does the
Two give rise to the Three.

    Two and One make Three. The One that is added to the Two is no longer
the primordial One, but the pivotal one: the uprightalizer has not only "institu-

ted" the world by virtue of its uprightality, but has begun to reign as its "measuring center" ——as the moving pivot of the world. Thus both the Primordial One and the Pivotal One are implicit in the Two, which may be said to stand for the interval wherein the former has passed over onto the latter. The Two, one might say, is the crossal Frame without an active center. When the crossal Frame is activated by the ruling thought. Every graph in the primordial language is as much holographic as it is homographic: it relates, on the one hand, the microcosm to the macrocosm, or menn to the Appropriation; and, on the other, meaning to actuality——or the Word to the Force——in the wholeness of the appropriating Power. There is good reason to believe that logos in the primordial language is originally such a graphic term. We believe that in the primordial lexicon Logos is both a graphic image of menn and a name of the Appropriation. Its original meaning, furthermore, is to be sought not just in relation to the luminosity of aletheia, but also in relation to the efficacy of energeia——in particular, to the inherent dynamics of human posturality underlying the uprightalization of Mann as a synplicate order of Word and Force. Primordial menn think graphically, and Logos is one of the outstanding symbols in the graphicism of primordial thought. Thus understood, its basic homographic /holographic implications may be grasped under two general headings: art of reason and forms of rightness. Logos is the art of reason governing human posturality while referring at the same time to the principles of rightness that are explicable in accordance with it. Before the gathering of the sun, the moon, the stars, and so on, there is first of all the gathering of the above and the below, the right and the left, the front and the back in the formation of the Sixfold. And prior to the gathering of the Sixfold is the gathering of the various vital parts of the up – growing bodymind constitutive of the living, organic reality of the uprightal being. And all that is gathered is comprehended by primordial thought as homographic/holographic determinations of Power——that is, both as configurations of meaning and as polar tensions of energy and as configurations of menn and the synplicate order to which they belong. The art of reason then is in truth the Way of the Appropriation via the self – appropriation of menn. From the human standpoint, it is the art of self – mastery, self – organization and self – elevation. In order to appropriate to itself the ownness of its human uprightality, the young appropriator in the primordial process of up – growing must energy of the Pivotal One, the Two has become the Three.

The Three then is a moving coordinate system of the world. The milliard of things in the universe would have no meaning apart from their perspectivated appropriation in 手写 system of the Three. This is what is meant in the primordial language of the Tao Te Ching by the statement that "the Three gives rise to the ten thousand things." The "ten thousand things" are gathered or collected in their respective positions in the crossal system of the Sixfold. Is this perhaps what Heidegger had in mind in interpreting the original meaning of logos as "gathering" or "collecting"? ( 生 )

Logos means: the power of Appropriation as the power of gathering. But there is no gathering prior to the primordial arising and co-arising, which, according to Heidegger, is what the Greek physis originally signifies. Hence for him both physis and logos are primordial names of Being, the Power of Appropriation that both gives rise and gathers. In so far as Heidegger is concerned, logos as the power of gathering is understood primarily in the sense of aletheia, that is, as a matter of disclosure or unhiddenness. The beings or things that have come to stand or appear in the light——the phenomena – are held together in the luminous order of Being. But the gathering of the Appropriation, as we see it, is as much a power of pro-creativity as it is a power of illumination. The configuration of meaning is not the same as the movement of energy. A devouring lion appropriated "in the light" (that is, as "meant") is surely not the same as that lion appropriated in fact or in actuality. The former is a matter for the understanding, whereas the latter is a force or power to be confronted or dealt with, a matter to be acted upon: The lion is not just meaningful; it is actually there! This co-valence and co-incidentality of meaning and actuality in the synplicational unity of the power of Appropriation is precisely what is absent in Heidegger's philosophy of Being. And yet this "holographic feature" of the Appropriation is, together with its "homographic feature," what lies at the heart of primordial philosophical learn how to concentrate itself——to aim consistently at the goal and carry its actions and movements unswerving towards that goal: that is, to say, to be teleologically straight. It must learn the skill of balance and harmonization by resolving the dialectic tensions of the above and the below and by maintaining the central position against the tendency of inclining in any of the four directions. But above all it must learn to overcome and master itself. Logos, the art of reason i primordially acquired in the uprightalizing act, is thus an art of dynamic synthesis, involving the balancing and harmonization of polar tensions or opposing forces. But the energeic logos is inextricably intertwined with the aletheic logos: the application of the art of reason in the interplay and resolution of forces is guided in every step by the natural light of the instinctual bodymind, ultimately rooted in the tacit or inner knowledge of Power itself. Indeed it was by virtue of the instinctual light of the bodymind that the categories of rightness corresponding to the intrinsic principles of reason were primordially disclosed and subsequently became fixated in language. Consistency, balance, proportion, order, measure, moderation, self-discipline, and so on:——these principles of rightness, which have finally become the building blocks of human rationality and civilized virtues, are all grounded primordially on the nature of human posturality. In the context of Chinese philosophy, "rightness" is i (义), the "principles of rightness" li (理), whereas "art of reason" is one of the meaning of tao. The profound intimacy between the three terms is clearly seen in the energeic-aletheic affair of the primordial situation to which they owe their original signification. Why is it that both tao and logos have the meaning of saying or to say? Why is it that primordial humans tend to identify the power of

Appropriation with the power of speech? The answer is twofold. First, speech in primordial times was recognized as precisely an energeic – aletheic affair. And secondly, speech is where the art of reason and the forms of rightness are recorded and preserved. The power of Appropriation is identified with the power of speech in primordial times because it is primarily in and through the efficacious covalence of speech that the appropriating Power was felt, experienced and com – prehended. Speech is the illumination of the Word and activation of the Force. It is by virtue of speech that the art of reason is in tune with the forms of rightness inherent in the nature of things and the Order of Mann.

Rightness is a profoundly interesting idea. It is a notion that lies at the intersection of morality, logic, aesthetics, epistemology, and metaphysics——indeed at the very foundation of all philosophical thought. For all philosophical thought is ultimately reducible to the thought of appropriation; and the thought of appropriation is in essence the thought of rightness. Every being or thing is an appropriation to itself: it is always right in its own right, appropriate in its own appropriation. The "thing – in – itself" is not a veiled reality like the Kantian noumena but is simply the thing itself in its own niche of appropriation, its own unique form of rightness. There is rightness of the good and rightness of the evil; rightness of the beautiful and rightness of the ugly; rightness of what is in the truth and rightness of what is in error. Behind the multiple valuations and contradictions of things forming the conflicting claims of individual perspectives, there is an intrinsic rightness——the rightness of appropriation or being as such that admits no contraries or opposites. It is the "rightness" of the "original face," as the Zen master would put it, that we all are——that each thing intrinsically is. There really can be no saying for such rightness, for every saying or signification presupposes it: it is indeed this rightness itself.

And yet there exists an order of beings who have distanciated themselves from the intrinsic rightness of things——beings who can no longer live rightness as rightness. It is an order of Being in which the "diremption" (from Latin dirumpo, to break apart) of rightness has become a rule, and the problematization and hence the negativity of appropriation a reality. Needless to say, this is the domain of the uprightal appropriator——the order of menn and Mann.

The order of Mann begins when human beings have come to stand, when they have come to equate rightness with uprightness. "When te (the rightness of uprightness) prevails," says the Tao Te Ching, "the Tao (the intrinsic rightness of the Appropriation) is lost. " [1]The equation of rightness with uprightness is the arche of civilized humanity. It marks the beginning of the epoch of metaphysics and of God, the uprightalized deity——a beginning that paves the way for humanity's dominion on Earth. But the price of civilization is the "loss of Tao" and the "oblivion of Being. " For this reason the Tao Te Ching frowns upon the entire post – primordial enterprise of humanity and advocates a return or

---

[1]  Tao Te Ching, 38.

reversal to the deuprightal simplicity and tranquility of the pre – primordial.

To be upright is right; to be erect is correct. The word "right" is contained in the word "upright" because our erect or upright posture is naturally right (appropriate, fitting, proper) for us. It is right to stand upright not only because it is a gift from nature but also because it is a demand and command of civilized humanity. "Come on, child, stand up!" Such parental endorsement of the rightness of uprightness is what marks the proper beginning of moral consciousness in the child. The rightness of uprightness thus expresses the unity of nature and culture——or, as the Greeks would put it, between physis and nomos. The strategy of all civilized morality centers around the inculcation of uprightness and the basic virtues directly derived from it——such as the virtues of truthfulness, honesty and sincerity. How much of our moral and ethical thinking is embedded in the language of straightness and uprightness? What after all is the meaning of honesty, sincerity and truthfulness but the quality of being consistently straight in our relation to ourselves and to our fellow human beings? But to be consistently straight is to be rational and logical, consistency being the most fundamental formal criterion of logical and rational thought. Thus in the rightness of uprightness is contained the primordial inner connection between logic and morality. And this, as we have seen, is to be expected. For both disciplines are ultimately grounded on the rightness of logos or tao, the art of reason that is inherent in the nature of our uprightal posturality.

But being consistently straight is not only an underlying logical and moral quality; it is in fact the metaphysical quality par excellence——if you will, the "quality of all qualities." For it is the defining quality that constitutes the "teleological integrity" of Power, the essence of what is meant by an "act." Nothing could be created, achieved or realized without an active power directing itself consistently at the desired object, effect or goal, whether that object be a formation of actuality or a configuration of meaning. Objectivity——the lion – there or the lion – as – meant, for example——is not the correlate of conscious subjectivity, as Husserl and the phenomenologists would have it, but of the teleological integrity of power, ultimately, of the Power of Appropriation itself. For consciousness is a modification of power, and not power a modification of consciousness. The conscious act is only an occurrence within a power act; deeper than the "noetic – noematic" correlativity of consciousness is the "noetic – noematic" synplicity of power. And when did human beings first grasp decisively the teleological integrity of power? and the "noetic—noematic" synplex of energeia and aletheia which determine the basic character of human experience? The answer is, of course, in primordial times. The quality of all qualities was first traumatically grasped in the primordial act of self – appropriation by the aspiring uprightalizer at the dawn of consciousness. In aspiring to be consistently straight in the vertical direction, the Self – appropriator first came in touch with the inmost reality of power. From then on, human consciousness will forever bear the imprint of the teleological integrity of the initial uprightalization——the perennial im-

print visible on all philosophical thought. The consistent straightness of power:
is this not what Aristotle means by entelecheia or "actuality," and what in the
Chung Yung（中庸）（doctrine of the mean）is called ch'eng（诚）or "sin-
cerity"？

Power is, of course, also flexible in its teleology. It "knows" how and
when to bend or twist itself in realizing its object in accordance with the condi-
tionality of the whole. While integrity（consistent straightness）is rooted in Ap-
propriation as the power of Being——the power to take form, to in – form, to
per – form, what in the Tao Te Ching is termed yu（有）；flexibility is grounded
on Appropriation as the power of Non – being——the power to let be, to make
room, to pave way, to vary, what in the Tao Te Ching is called wu（无）.
Both Being and Non – being——yu and wu——are grounds for the teleological
integrity and efficacy of Power whose self – enfolding is what constitutes the uni-
verse a synplicate order. Integrity and flexibility——this is perhaps the most
readily recognizable polarity in the perennial repository of human wisdom. In the
Chung Yung, integrity is ch'eng, flexibility ch'u；（曲）in the I Ching, integ-
rity is kang（刚）（firmness）, flexibility yu［L］（suppleness）——to cite
its most notably exemplifications in Chinese thought. How much of civilized
thinking, especially moral – ethical thinking, is clothed in such theoretical locu-
tion of power？ Morality insists that we must maintain our integrity, but moral
wisdom also urges us to be flexible. If Confucius seems to have emphasized our
inborn, primordial integrity of uprightness, the author of the Tao Te Ching asks
us instead to emulate or regain the suppleness of the pre – primordial infant. But
whence do human beings first acquire this basic insight into the synplicability
and synplicity of power？ How indeed does the language of power itself originate？

It originates from the primordial act of appropriation – from the initial up-
rightalization of Mann. Integrity and flexibility refer first of all to the firmness
and suppleness of the postural body, both of which are essential to the uprightal-
izer for its teleological efficacy. Is it not obvious by now how the paradigmatic
linear symbolism of the I Ching as based on the "Synplicate Duo"——repre-
sented by a "broken" and an "unbroken" line——is originally derived？ Why is
the unbroken linenamed kang, or the "firm", and the broken line yu, or the
"supple," as they are so designated in the oldest Commentaries of the I Ch-
ing？[①] The answer is all too obvious. What can be more appropriate than the
unbroken line（which originally is meant to be viewed vertically）as a represen-
tation of the firmly – standing upright body？ And how simple, how ingenious is
the use of a broken line to express the notion of bodily suppleness and flexibility
（the break in the middle being suggestive of the vacuous ability to bend or to
enfold）？

---

①  Namely, the Commentary on the Judgements（T'uan Chuan 象傳）and the Commentary on the
Images（Hsiang Chuan 象傳）. See my article The Appropriation of Significance: The Concept of Kan –
tung in the I Ching, p. 319.

One is immediately reminded here of another perennial polarity in the meta-physical language of Chinese philosophy——a polarity which has become inti-mately connected with the polarity of kang and yu. I mean, of course, the polar-ity of yang and vin. Indeed, in the great tradition of I China philosophy, the conjunctions of kang and yang in the term yang – kang and of yin and yu in yin – yu have become the standard locutions for the expression of power. More spe-cifically, yang – kang is the attribute of Chíen the Creative or heavenly power, whereas yin – yu names the intrinsic character of Kún, the earthly power or the Receptive. But what is the ground for such an association? What, first of all, do the terms yang and yin originally signify?

The most important clue to uncovering their original meaning of is found in the following statement in the Tao Te Ching which completes the cosmogonic passage discussed earlier – "The ten thousand things bear ( carry in the back ) the yin and embrace the yang. " When the sense of this statement is sought in the field of meaning in which kang and yu are situated the picture that it con-jures up is quite unmistakable. It is again a picture of the human appropriator in its upright posture projected onto the multitudes of beings and things that have co – arisen in the primordial emergence. It is the upright human that originally bears the yin and embraces the yang. The polarity of yin and yang, to be more exact, pertains to the uprightalizer as a locus of enlightedness, that is , as the receptacle of phenomenality and as the "divider" between the visible and the in-visible in the crossal Frame of Sixfold. A "phenomenon," in the original mean-ing of the term, is that which has come to stand in the light. In what light? In the light of the sun, of course. What the uprightalizer embraces——the yang——is the visible horizon, the bright, frontal view; and what it bears or carries in the back, as it were, is the hidden, invisible background. This cros-sal divisibility of the visible from the invisible, the unhidden from the hid-den——a necessary condition of the appropriator's upright standing in the light, is what, according to Heidegger, the primordial meaning of aletheia, the Greek term for "truth. " The language of truth then is primordially a language of en-lightedness; and that is where the distinction of yang and yin originally belongs. The real meaning of the compounds yang – kang and yin – yu in the I Ching are now perfectly explicable: they are expressions combining the language of alethe-ia with the language of energeia, the language of enlightedness with the language of actuality. The polarity of yang – kang and vin – yu——that is how the notion of the Synplicate Duo ought to be understood. As a locus of power, every being at thing is its own tái – chi, operating in and through the synplicate duality of its own posturality. But all loci of power depend for their intelligibility on the origi-nal, world – opening locus——that is the Tái – Chi of Mann, the humanized re-ality——which is none other than the primordial event——the world – open-ing——itself. "In Change ( i (易)), " says the Great Commentary, "there is the Great Ultimate whence arise the Synplicate Duo. " Actually, Change and the Great Ultimate both refer to the primordial arising seng or physis. But while the

former emphasizes the process character of physis, world – opening locus——
that is, as the instrumentality of Tao or Logos and as the crossal divider/recepta-
cle of phenomenality. "The Synplicate Duo give rise to the Four Quadrants of
phenomena," the Great Commentary continues, "and the Four Quadrants of
Phenomena give rise to the (representation) of the Eight Trigrams." The paral-
lelism between this passage and the cosmogonic passage in the Tao Te Ching is
plainly obvious. The Great Ultimate is the Three, the Pivotal One, and what ap-
pear in the Four Quadrants of Phenomena are, of course, the "ten thousand
things." Thus in both the Tao Te Ching and the I Ching, homographicism and
holographicism are united in the uprightalism of the primordial act.

But let us return to the synplexity of yang – kang and yin – yu in the forma-
tion of the synplicate duality. What is the justification for pairing yang with kang
and yin with yu——the firm with the manifest and the supple with the unmani-
fest? What, in other words, is the connection between integrity and visibility,
and between flexibility and obliquity?

The attempt to answer this question will make us delve into one of the great
depths of Chinese philosophical wisdom——and, indeed, of all the great tradi-
tions of civilized thought. It has to do with the profound recognition that the en-
lightedness of power is internally related to the resiliency of power which may be
understood as the teleological synthesis of integrity and flexibility. It is the rec-
ognition, to be more specific, that maximum manifestness or visibility is a func-
tion of direct or simple integrity, whereas complexity leads to the dimming or
shadowing of the light. For if power is what by nature enfolds itself, then self –
adumbration is necessary feature of its self – enfoldedness. But is this not pre-
cisely what is experienced by the uprightalizer whose vision of the bright, frontal
horizon becomes more and more limited as it bends down further and further to-
wards the ground? That is why to be "correct" is to be "direct": one must be a-
ble to see things straightly in order to act rightly, benefiting oneself from the
maximization of light and the bright. Here then in the inner necessity of power
underlying the synplexity of energeia and aletheia is contained the form of all
knowledge——in particular self – knowledge. All knowledge is in the final anal-
ysis synplicate knowledge——knowledge of power in its self – enfoldedness.
Human beings first experience the synplicate naturea of power through the up-
rightality of its postural body in the primordial act of self – appropriation. They
come to know the nature of power by grasping the nature of power in themselves.

It is interesting that the synplicate reality of power is often comprehended
by the ancients in the language of sexuality and gender. But one must be careful
to distinguish between biological sexuality and "dialectic sexuality" ——that
is, the "sexuality" of power understood in terms of the polarity and unity of op-
posing forces. Correspondingly, one must make the distinction between biologi-
cal gender from "postural gender" which derives its meaning from one's perspec-
tivity of dialectic sexuality. Power is "sexual" in the sense that its operational
efficacy depends on the synplex unity of the yang – kang and the yin – yu——

that is, on the unity of energeia and aletheia in the dialectic interplay of the firm and the supple, the visible and invisible. The "postural gender" of a being or thing is determined by the make – up of its dialectic perspectivity, a function of the dispositions or tendencies underlying its enlighted resiliency or resilient enlightedness. In the context of humanity, we may make a distinction between the "uprightal gender" and the "deuprightal gender." The former is one which favors in its perspectivity the yang – kang over the yin – yu, the firm/manifest over the supple/unmanifest, whereas the latter is characterized by a predominant predilection of dialectical perspectivity towards the yin – yu and against the yang – kang, placing the supple/unmanifest above the firm/manifest. Thus while the uprightal gender loves the brightness of the frontal view, the deuprightal delights in the secret depths of the hidden, adumbrated background. Human beings became aware of their postural gender and dialectic sexuality long before they acquired an inkling of their biological gender and sexuality. That the understanding of power came to be to be embedded in the language of biological sexuality and gender is inevitable in light of the evolution of the power structure underlying human society. The societal ingression of stratified power in human biology and sexuality necessarily leads to its "sexualization." Much of the prevailing form of our humanity is reflected in the identification of the uprightal gender with the biological male, and the deuprightal gender with the biological female. Whatever the reasons for such identification, the confounding of dialectic sexuality and gender with the biological male and female has been a major source of much confusions in civilized thought.

There was a time in the history of Mann when human beings began to speak of the Tao or Logos in a highly stratified hierarchical language of power. When that happened, uprightalism had become the rule of the day, with deuprightalism receding into the background: the firm turning into the inflexible, the epoch of metaphysics and of God had begun to reign supreme.

But the Tao thus spoken of is not the constant Tao.

# 2. Uprightness and Humanity: The Primordial Language of Tao (1991)

Once upon a time a field of sky – and – earth unfolded itself——and man found himself standing upright therein. Man has no choice but to play the field: he is in substance a fielding power—a power which is as much his as it is not his.

"Power" is the ability to make a difference. In this fundamental sense, all philosophy is at heart an articulation of power——and all power is in essence fielding power. To "be" is to make a difference in the field. The difference that man makes——the difference that properly belongs to man as man——is the difference that occurs from the moment he stands upright, both individually and as a species.

Between the fielding power that man is and the fielding powers that things are there lies manifested a realm of double openness—what we habitually call the world, For what is manifested as the world is concurrently an openness of significance and an openness of reality. There is no reality without significance, and there is no significance without reality. We appropriate the significance of things, while we posturalize their reality. Man is a being in the world in so far as he is an appropriator of significance and a posturalizer of reality. More exactly, what is appropriated is, in the final analysis, the proper/rightness of things, while what is posturalized always some figure in a configuration. For proper/rightness is the thread of significance, and figure/configuration the quintessence of reality.

Life is enjoyment in the appropriation of proper/rightness; life is sufferment (from Latin sufferre, to bear under, to under – go, to endure) in the posturalization of figure/configuration.

Between the fielding power that man is and the field powers that transcend him there plays out an unceasing drama on the stage of double openness: a drama of belonging and severance from belonging. For it is in the nature of fielding power that what belongs must come to sever itself from belonging, and what parts itself from one belonging must regain itself in another. Identity or sameness is the openness of belonging; difference or other – ness is the openness of severance.

We live a life of care in the power of belonging and identity; we live a life of wonder in the power of severance and differentiation.

The lexicon of significance, proper/rightness, appropriation and enjoyment; the lexicon of reality, figure/configuration, posturalization and sufferment; the lexicon of belonging, identity and care; the lexicon of severance, difference and wonder: ——these four lexicons of words and meanings are universally contained in one way or another in our civilized languages. And what do these universal lexicons constitute and represent? They constitute in each civilized language the "language of tao," and they represent in their symbolic unity the four – fold complexion of the world.

Philosophy is an exercise in the language of tao in drawing out the four – fold complexsion of the world.

In care and in wonder, in enjoyment and in sufferment, man speaks the metaphysical language of tao. Here "metaphysical" is not to be confined to its usual or traditional sense. For man was metaphysical long before he created metaphysics: indeed metaphysics is man.

"Metaphysics" means beyond physis——that is, beyond his physical configuration. Like the Chinese word seng, the Greek physis means originally emergence or growth, before it acquires the sense of nature. Or, to put it in another way, the primordial meaning of "nature" is seng or physis: the process of uprising or up – growing whereby the pre – primordial man emerges or arises towards his upright position——the position that marks him off from other animals, the position that makes him man in the proper sense of the word. The philosophical concept of origin or beginning or source or firstness has its primordial locus here: the upright man in the inception of his uprightness is the t'ai – chi, arche or principle (from Latin princes, first in rank). And what does the word tao primordially mean? Tao signifies the upright – standing, upright – walking man, who, having attained the status of uprightness, is able to see himself distinctly in relation to the world, leading and comporting himself in his uprighting and uprightalizing activities. The Greek logos has basically the same signification: but while tao emphasizes the uprightal (uprighting and uprightalizing) man as a self – leading power, and comes to signify the way it leads in its self – dispen – power, logos lays stress on the dynamic and configurational self – collectedness or self – gathering of the same power that confers unity and coherence on the uprightal process. This self – leading and self – collecting power the primordial man equates with the power of speech. Upright – growing and uprighting – uprightalizing is concurrently an act of saying and speaking. Is it a coincidence then that both tao and logos  – and one must include also the Sanskrit Brahman——conjoin in their essential meaning the implications of growth and speech?

In the beginning was tao or logos, and tao or logos was t'ai – chi or arche, which has itself arisen in seng or physis.

The "inception of uprightness" ——that is what we mean by the term "primordial." The primordial is the beginning of heaven and earth, the beginning of the word and metaphysics, the beginning of "the epoch of God": for it is the beginning of the uprightal man.

"Uprightal" means as a consequence of, on the basis of, or proceeding from, the position of uprightness. "Uprightalization" is the uprightal appropriation and posturalization of man in relation to himself, to other things and to the world. Thus defined, uprightalization is the "how" the fielding power of man is primarily structured or organized. And the uprightal phase of man in which man lives his life in a constant struggle of self – uprighting and uprightalization is the proper phase in which his humanity is both constituted and consummated. Humanity, indeed, is the uprightality of man.

Uprightalization is essentially a metaphysical process. "Metaphysics" means projecting beyondphysis——that is, the body that has grown to its upright position. This is what the I Ching means by hsina – hsiana, or "above shape." Philosophy is the metaphysical learning of the uprightal man carried to the limits. And metaphysical learning is in essence "great learning" (ta hsueh) —— learning to be great (ta).

For "great" means upright: the original graph for the Chinese characterta (great) pictures an upright – standing man. Greatness means primordially simply the ability to stand upright, to walk upright, to see upright. A great man is a master of his own uprightness, and goodness consists in the virtue or excellence (te or arete) of the great man's uprightality. The metaphysical beginning of the word and the epoch of God is also the beginning of te, the realm of morality. "When the pre – primordial (pre – uprightal) tao is lost, only then does te prevail." (An analysis of the etymology of the word te will disclose unmistakably its uprightal implications.)

But to be upright is to bear the burden of a "mounted gravity." The upright and uprightalizing man is the center, the focus and the pivotal point of his metaphysical projections which inevitably fall into the patterns of a pre – configurated frame determined by the deep structure of his uprightality. We call this frame the "square of uprightality." It is characterized as a "square" because the square is a perfect figure for the representation of opposites——the confrontation and crossing of opposites: up and down, right and left, front and back (before and after), inner and outer (inward and outward), freedom and necessity, body and soul, body and mind, subject and object, useful and useless, truth and falsity, right and wrong, good and evil, beauty and ugliness, profane and holy——and so on, and so on. The uprightal man lives precariously within thesquare of his uprightality, being torn in all directions by the opposing forces generated from the depth of his own being. The uprightal man is vulnerable: he is engaged in a constant struggle to gather and re – gather himself for the preservation of his uprightness. In the symbolism of uprightality, the circle, in contradistinction to the square, is the symbol of perfection——that is, the perfection of uprightness. Uprightal perfection means: the unceasing round of uprightal self – generation and renovation. Thus conceived, uprightal perfection (the "circle of uprightality") is the basic meaning of the Confucian concept of ch'eng in the Chung – yung. Ch'eng is at once the rounding of the square and the squaring of

the round: this mutuality between the square and the circle of uprightality may
be represented by combining the the mandala and the cross——the two supreme
symbols of humanity. Ch´eng, as symbolized by the "uprightal mandala"
means: in the unity of uprightal (the square in the middle) perfection between
heaven (the outer circle – the perfection of heaven) and man (the inner cir-
cle——the perfection of man) is the crossing of the cross—that is, the burden,
the dignity, the suffering, the deception, the anxiety, the despair and the hope
of humanity.

   The civilization of man is the working out of the uprightal mandala in histo-
ry, as reflected in the history of logocentrism in thought and humanism in ac-
tion. Whether in the form of sagely care or in the form of heroic wonder, it is
the orthodox (from Greekorthos, straight, regular, upright) tradition in every
culture that bears the cross. But the heterodox or unorthodox dissention from or-
thodox uprightalism has also its basis in human nature——that is, in the desire
to return to the pre – primordial state of infancy, or even to the womb or to the
dust. Such forms of heterodoxy endorse the extreme postures of anti – uprightal-
ism——the horizontal or reclinging postures of man at birth or at death, the pos-
tures of "deuprightal" peace, tranquility or nirvana. The "deuprightal manda-
la" stands for bliss of perfection without the cross.

   But between the strict uprightalism of orthodoxy and the extreme deupright-
alism of the unorthodox there lies a middle position——the "middle way" which
endorses neither uprightness nor horizontality. It wants to preserve the freedom
of posturality in life, the freedom to move freely through all postural variations,
without being fixated in any of them. The "differential mandala", as we may
call it, preserves the cross; but the differential cross has taken the form of the
swastika , the cross that turns freely in all directions.

   Which way is the truth? Primordially speaking, truth refers neither to the
correctness of a proposition nor to unhiddenness as such, but to the proper/
rightness of our natural or fated upright posturality whose adumbration in experi-
ence is what provides the basic coordinates in the double openness of the world.
That is why the word "right" is contained in the word "upright." Truth, in or-
der words, is originally a matter of "morality" ——the "morality" of the hu-
man configuration, before it becomes a matter of metaphysical or philosophical
strategy in the politics of uprightalization. In philosophy, indeed, the truth of
strategy has been confounded with the strategy of truth.

   Man is born upright: this statement has not been properly understood. The
whole history of philosophy is marked by a profound and colossal oversight——
an oversight of what is most obvious and nearest to his being: indeed the very
being that is properly his own. And what is being? To primordial man, being is
no mystery at all——or perhaps that is why it is so mysterious. Being is what is
spoken of by him as tao, brahman, logos; as seng, prakriti, physis; as yu,
sat, on; as t'ai – chi, purusha, arche, and so on, and so on. O yes, Being is
one, but man calls it by many different names.

When all is said and done, it will be discovered that a philosophical term or concept is either synonymous with tao or is implicated in the language of tao——the language of man's uprightality and uprightalization. For philosophy is but the tautology of the uprightal man.

## Comments and Elaborations

Upright is right——chih (literally) becomes chih (figuratively) . All our thinking of rightness is ultimately derived from our primordial recognition of the proper/rightness of our physical uprightness. The generation of the sense of rightness from the sense of uprightness is the first figure of speech, the first determination of significance.

Thinking begins——and ends——as the postural appropriation of "configurated significance. " Behind every idea there is always a figure——and ultimately the figure of man in the field of sky and earth. Reality is configurated significance for thought.

The primordial language of tao, universally formed around the first figure of speech as its semantic neucleus and developed through a sedimented process of metaphoric analogy, is the soul of all languages and expressions.

Consider, for example, the generation of shen (spirit. god; spiritual, holy, divine) from shen (to stretch upright or straight) . Originally, the upright body is shat is divine or holy; upright standing is as much a "spiritual" as it is a "moral" act—— "moral perfection" and "spiritual perfection" are primordially one and the same.

The story of pan – ku and similar myths of the world – opening giant represent at once a recollection of the primordial situation and of the primordial divination of the upright body.

According to Levi – Strauss, all the names of Oedipus in the various versions of the famous myth have this in common: they all "refer to difficulties in walking straight and standing upright. " Not only does our consciousness of shame and honor have its primordial origin in the uprightality of the human body, but perhaps the whole unconscious mind is originally shaped by it.

Uprightality is the literal core of all symbols and metaphors. The phallus is in truth an image of the upright body in the symbolism of sex. We must distinguish between "postural sexuality" and "biological sexuality. " In the language of postural sexuality, the "male" refers to what is uptight, vertical or straight, whereas the "female" stands for what is bent, folded, or crooked——as, for example, when we have to bend down in order to pick up something from the floor.

The two primary symbols of Yin and Yang——represented, respectively, by the "broken" and the "unbroken" line——is initially a symbolism of postural sexuality, before it comes to incoporate in its semantic matrix the biological meaning of sexuality.

The mandala is a figure of the human condition considered from the stand-point of "problematicity. " But the meaning of problematicity varies, depending on whether one adopts the uprightal, deuprightal or differential standpoint. Jung 's account of the mandala falls short of precisely the most decisive element——namely, what gives the mandala its meaning and form.

The Pythagoreans called the "normative case" the "upright case. " The Greek notion of "subject" (hypokamenon) ——hence the Aristotelian theory of substance——also has it primordial origin in man 's reflective recognition of his uprightality. The "subject" or "substance" refers originally to the permanent possibility of uprightness——hence the notion of the "thing – in – itself. "

Both the Aristotelean and the Kantian categories are in the final analysis articulations of man 's uprightality and uprightalizationality.

From Heidegger 's An Introduction to Metaphysics:

"The word sptosis (Latin: casus) and enklisis (Latin: declination) mean falling, tipping, inclining. This implies a deviation from standing upright and straight. But this erect standing – there, coming up [ zum Stande kommen, coming to standing ] is what the Greeks understood by being. " ( bold face mine )

What follows is an interpretation of the meaning of peras ( limit ), telos ( end ), and morphe ( form ) .

The chi in t' ai – chi ( great limit = uptight limit ) is what the Greeks mean by peras Ch' eng as the fulfillment of the limit corresponds to what the Greeks mean by telos——Aristotle 's entelecheia.

Heidegger: "That which places itself in its limit, completing it, and so stands, has form, morphe. Form as the Greeks understood it derives its essence from an emerging placing – itself – in – the – limit. " Form, in this sense, is the primordial meaning of hsiang in the I Ching.

Heidegger failed to pursue further this significant insight. He has no doubt made his conception of being unnecessarily difficult.

"Matter" and "mind" in their primordial meaning; corresponds to the two sides of the double openness. "Matter" is the subject – matter which mat-ters——that is, the human figure – configuration. "Mind" is the mindfulness directed to the subject – matter. "Matter" then is the power of posturalization, and "mind" the power of appropriation. The "nature" ( hsing ) of man is the coordinate unity of the two sides of openness.

The ideogram for hsin ( heart – mind ) on the left side of the character hsing stands for the "mental" side of significance and appropriation. The graph for seng ( emergence, coming – to stand ) on the other side of the word denotes, of course, the material side of configuration and posturalization.

Everything is, in its own way, proper and right. That is why there is li ( principle/reason ) in each and every thing. The li of a thing is its own strand of proper/rightness. The T' ai – chi or Great Limit in Neo – Confucianism, con-ceived as the source and origin of proper/rightness, is not void.

But the Tái – chi is also the Tái – ho——the Great Harmony which makes what is compatible compatible and what is not compatible also compatible. The Great Harmony is the ultimate and universal skill procuring the seminal fitness in all proper – rightness. In this sense, the Great Limit is void, because the Great Harmony is no – thing. Skill and fitness is no – where.

The Taoist conception of Tao as "non – being" remains in the tradition of the I Ching. Tao is void in the sense that the Great Harmony is void.

"Problematicity" is the frustration of harmony——an appropriational aporia and posturalizational inefficacy. The "non – problematic" in de – uprightalisn is identified with the horizontal position. The problem then lies not in one's inability to stand upright but precisely in one's desire or inclination to do so.

The "three bodies": we have a "body of significance," "a body of configuration," and a "body of harmony", How is the to be understood?

## Foreword

The human body is capable of three fundamental characterizations:

1. As the body of rightness and meaning belonging properly to man and constituting the ground of his appropriations in respect of both himself and his otherness. This defines the body as the "proper or belonging body."

2. As the upright – flexible body which, determining the primordial posturality of man, is the operational basis of all human posturalizations. We call this the " postural or operational body.

3. As the body of reasons and powers which, embracing the infinite complicity of the Whole in the contextual finitude of man, is what provides the transactional locus for the eternal Twosome——the Broken and the Unbroken——in the self – enfolding of the Simple. This we term the "complicate or transactional body" ——the body, that is, of complications.

All these basic characterizations of the human body are contained explicitly or implicitly in the meaning – field or semantic matrix of the Chinese word ye （儀）. Hence we may say the human body is in essence a "ye body" (ye t'i).

For us the Being of man cannot be spoken of apart from the "yeality" —— or "yeal character" ——of the body. There is no reality in separation from the yeality of man. Indeed, human life is but a process of "yeal learning" (ye hsueh) whereby man "learns" to be human by realizing existentially and experientially the inherent yeality of his body which defines him as man. To put it in another way, what is essentially involved in yeal learning is the "yealization" of being wherein whatever is given or accessible to man is appropriated, posturalized and complicated through the yeal constitution of the body. Philosophy, like every other human endeavour, is but a special form of yeal learning——namely, one in which the yeality of man and the yealization of being have themselves become the object of reflective yealization. The philosophical endeavour, in other words, is definable as the "yeal learning of yeal learning" or the "yealization of yealization. " And as such philosophy may be given the name "geology. " This paper is intended as an introduction to the "yeological" approach to comparative philosophy.

Yeologically speaking, comparative philosophy is possible because the languages man speak all contain in their core the same primordial language of the ye body. Every human language is, each in its own way, an articulation of the yeal learning of an historical people, reflecting through the fossils and sedimenan historical people, reflecting through the fossils and sedimentations of time the acculturalized yeality of their life and the multidimensional plexology or enfoldedness of their yealizational achievements. What is thus mirrored in the primordiality of language is nothing less than the soul of a people——and, indeed, of man.

And what forms the inmost concern of the human soul is the "tao affair. " The word tao is a primordial word. Like its primordial congnates in other languages ( for example, brahman, arche, logos), tao was, in time immemorial, initially a name for the ye body but was later made to stand for the Great Body of the Twosome ( the Tao of Heaven and Earth) within which all bodies and things emerge and come to stand. These two primordial meanings of tao naturally led to its third primordial signification: namely, as the "way" or "path" that connects the ye body and the Great Body—the relationship between the two is what we mean by the "tao – affair. "

One basic function of philosophy as yeology is the articulation and clarification of the tao – affair. What follows is a synopsis of the basic ideas and themes underlying our yeological undertaking, which we hope will open up an uncharted area in comparative and Chinese philosophical thought.

# 3. Appropriation and Posturalization: the Archaeology of Tao In Chinese Philosophy (A Synopsis) (1991)

## I. The Archaeology of Tao

Life is a constant appropriation. Life is a perpetual posturalization. But appropriation is posturalization, and posturalization appropriation. In the complicate unity of appropriation and posturalization lies a Reality——a Body and Power——that enfolds itself upon itself. We call this complicate reality "Tao" because that is what tao means in the most original——but now archaic—— meaning of the word.

Philosophy is the archaeology of Tao. Its aim is to seek the pristine simplicity of Tao in and through the freedom and necessity inherent in its felicitous complicity. This task is characterized as an "archaeology" because the primordial meaning of Tao has long since become "archaic," being deeply buried under the complicate historicity of man's self – appropriated posturality. To return to Tao in its pristine simplicity the philosopher must dig through layers and layers of sedimented or fossilized posturality so as to re – appropriate to himself the intrinsic justice of things in their ownmost ownness. Archaeologically, philosophy is the justification of complicity in the light of the simple.

This then, in a nutshell, is the conception of life and philosophy in "Tao – archaeology," as we may call our position here. Although what we have to say in what follows is based fundamentally on the Tao – archaeological standpoint, this is not the place for us to expound or defend this position in any great details. Our concern in this paper is not the thematic development of Tao – archaeology as such but an application of some of its pertinent insights and findings to the fields of comparative philosophy and Chinese philosophy. These insights and findings will be stated and developed pointedly and elaborated only to the extent necessary for a basic comprehension. Our style will be programmatic and archetectonic, but our language will be suggestive and cryptic, being assured of the imaginative power of our learned audience.

## II. The Grammar of Life: the Paradigms of Appropriation

Life as a matter of appropriation is essentially a matter between Ownness and Otherness. Depending on the way ownness appropriates to and for itself and its otherness, five "Paradigms of Appropriation" are distinguishable, each defining in the Grammar of Life a unique pattern of human existence:

### 1. The Paradigm of Enjoyment

This is a way of life characterized by the absorbsion of Otherness into Ownness. Joy is the pleasure of self – possession; but the Other is the source of both pleasure and pain. Suffering results from the frustration of Ownness in the appropriation of Otherness. This Paradigm is undoubtedly most pronounced in the Indian tradition. Both Hinduism and Buddhism focus on the reality of suffering; they differ primarily on their interpretation of Ownness.

### 2. The Paradigm of Wonder

This Paradigm is the inverse of the Paradigm of Enjoyment, being based on the absorbsion of Ownness into Otherness. Wonder is in essence a voidness——a lack, a need, a chaos——which seeks to fulfill itself in the desire or craving for Otherness. This is the root of humanity in the Greek – European or Western tradition. Western thought is ultimately shaped by man's inevitably ambivalent attitude towards the Other, being at once attracted and repulsed by it.

### 3. The Paradigm of Hope

Hope is the affirmation of life in the Abyss of appropriation. Life governed by this Paradigm is trapped in the abyss of Enjoyment and Wonder created by the inability and frustration of appropriational movement in either direction——that is, in the absorbsion of Otherness into Ownness or vice versa. The pathos of sin and guilt are the negative components in the positive experience of hope. This Paradigm defines the Grammar of Life in much of the Middle – Eastern tradition——as examplified especially by the Judaic heritage.

### 4. The Paradigm of Care

Care is the affirmation of life in the harmony of appropriation. Here life is controlled neither by the movement of Otherness into Ownness or by that of Ownness into Otherness but rather by the interpenetrative appropriation of Ownness and Otherness into the Commonality, Interdependence and Harmony of Togetherness. This Paradigm is what marks the essence of life in the Chinese tradition. Chinese thought is characterized by a notable absense of any absolute sense of Owness or Otherness.

### 5. The Paradigm of Freedom

Absolute freedom consists in the ultimate transcendence of Ownness and Otherness in their mutual limitations. As such, it does not form the basis of any particular tradition of humanity but is the concern of the mystics in all traditions. Any conception of freedom, short of absolute or mystical freedom, is relative; relative freedom is a conditional freedom in the realm of necessity. To the

extent mystical freedom is at all expressible, it is always coloured by the approp-
riational inclination of a traditional mode of life. Thus Chinese mysticism is basi-
cally a mysticism of Togetherness rather than a mysticism of Ownness (Indian
mysticism) or a mysticism of Otherness (Western mysticism).

## III.  The Grammar of Care and the Chinese Tradition

The following may be cited as evidence for the domination of the Grammar
of Care in Chinese culture and thought:

1. The absorbsion of both Ownness and Otherness into Togetherness mani-
fests itself unmistakably in the nature of the Chinese language which depends for
the determination of meaning not on inflections but on the relative position of
words or semantic units in their contextual relatedness.

2. Chinese ontology is indeed an ontology of contextual relatedness——that
is, of event or concrescence rather than of thing or substance. Power and value,
rightness and meaning are all contextual determinations.

3. The fact that the absolute conception of being or reality——that is, an
entity that is completely independent, isolated and self – sufficient——is totally
absent in Chinese thought is intimately connected with: (a) formal logic is the
least developed area in Chinese philosophy, (b) opposites in Chinese thought
are never conceived as mutually exclusive——it recognizes only duality but not
dualism, and (c) order with its implications of pattern, form and norm is con-
text immanent rather than context – transcendent. The logic of ambiguity rather
than the logic of clarity is paramount in Chinese thinking.

4. The subject in Chinese philosophy is not defined in terms of opposition to
the object: for subjectivity consists precisely for the Chinese in the responsibility
and responsiveness to the object. That is why I Ching concept of kung – t'
ung——the affective subject – object attunement and penetration——holds such
a central position in Chinese metaphysics and cosmology.

5. In Chinese metaphysics the "Unbroken" names he field character of con-
textual relatedness. It is referred to as "non – being" in Taoist philosophy. But
non – being here is not the privation of being: it refers rather to the power of
vacuity inherent in the field character of the universe. In Confucianism the Un-
broken appears as Jen in its metaphysical signification. Jen was first experienced
as kinship affection——that is, in the togetherness of kins.

6. The absence of the absolute conception of being precludes the idea of
creatio ex nihilo. Every context of togetherness has its beginning in an anteced-
ent context of togetherness.

7. The "bipolar absorption" of ownness and otherness into togetherness has
prevented Chinese thought from conjuring cosmogonies either of the Greek type
(generation of ownness out of otherness) or of the Indian type (generation of
otherness out of ownness).

8. Chinese physical thought favors the idea of wave over that of particle. In-

deed, the concept of an atom never emergered in Chinese physics.

9. Chinese mathematical thinking is essentially algebraic rather than geometrical. The geometrical figure is a self – contained and isolated entity, but the algebraic equation expresses a mode of togetherness.

10. Strictly speaking, the Western concepts of individual, society and state have no counterparts in the Chinese tradition. The Chinese recognize only the reality of the family, the clan or other forms of actual or idealized kinship togetherness. Correspondingly, the Western concepts of individualism, anarchism and collectivism are basically alien to the Chinese mind.

11. Chinese literature exhibits no extreme passions or emotions, just as Chinese painting and architecture show no sharp contrast of patterns or forms.

12. Form in Chinese thought is an organic emergence——it is what emerges out of the mutual informing of all members involved in a concrescing context of togetherness. The concept of concrescence never really existed in traditional Western metaphysics, whereas it is the presupposition of all Chinese philosophical thinking.

13. The will to grow in the sense of concrescence or growing together rather than the will to power ( the conquest of otherness ) is the cornerstone of both Confucian and Taoist ethics. Chinese ethics favors cooperation rather than competition.

14. In Chinese thought evil is not conceived in terms of the bipolar opposition between ownness and otherness. Evil is associated neither with the unreality of the other as in the Indian tradition, nor with the recalcitrance of the other as the obstacle to order or truth as in Greek philosophy, nor as the abysmal temptation to sin as in Judaic thought. For the Chinese, the good refers to anything that enhances concrescence, while evil belongs to whatever that hinders it.

## IV. Appropriation is Posturalization: Upright Flexibility And the Mastership of Greatness

A "posture" is a perspectivized configuration——that is, a configuration shaped, conditioned or coloured by the immanence or self – enfoldedness of a position or stance, an outlook or atttude, a manner or style, a mood or feeling, a will or desire, a purpose or intentionality, a disposition or inclination, a perception or understanding, an attachment or commitment, an assumption or presupposition——in short, a subjectivity or perspectivity. As such, it is what forms the essence——and defines the meaning—of body and action. To be more precise, the "posturality" of a posture is what connects body and action: for action is nothing but the posturalization of body.

Every action ( act, activity, function, operation or performance of any kind ) is "posturized" and "posturalizing" action. It is "posturalized" in so far as it is constituted and defined by a definite or determinate posture. And it is "posturalizing" in so far as it activates, influences, or bears upon the multiplicity of objects that are directly or indirectly involved in the context, situation or occasion of the posturized action. The way an action is posturized and posturalizing is what we mean by its "posturality."

Generally speaking, there are two kinds of objects involved in the multiplicity of a postural context: the "internal objects" which are the integral components of the postured body and the "external objects" which together compose the environment or setting for its posturized – posturalizing actions. When I wave my hand to greet a friend, for example, the gesturing action is posturized by the greeting posture, while the waving hand (an internal object) and the friend I wave to (an external object) are both posturalized by it. And what else is posturalized by the greeting action? Everything: that is, everything that participate or is involved in one way or another——directly or indirectly, actually or potentially, explicitly or implicitly—in the the postural occasion. Thus what is posturalized by the greeting action would include, in addition to the waving hand and the friend to whom it is directed, other parts of my body which participate each in its own way in the action——head, trunk and limbs, flesh and bones, stomach and liver, visual, audial and speech organs, the words I speak or utter in silence, the language to which the words belong, the rules of propriety or decorum which the greeting act conforms, the moral sense which judges and gives accent to such behavior, the feelings I have towards my friend, our friendship, the earth that sustains us, the clouds in the sky, the squirrel that happens to be a witness, and so on, and so on. In the final analysis, what is posturalized by a posturalizing action is nothing short of the totality of beings and things in the universe.

This posturalized totality of beings and things given in a postural occasion constitutes the "objective world" for that occasion. But "objective" here is not to be construed as opposed to the "subjective." For subjectivity is simply the "appropriational gathering" of objectivity. Every posturalized object is appropriated to the postural subject in terms of its place and is appropriated to the postural subject in terms of its place and significance in the postural occasion. It ought to be observed significance in the postural occasion. It ought to be observed at once that the "postural subject" is not to be identified with what we ordinarily call the self or ego, nor is it the same as the posturing body, nor is subjectivity in the posturalistic sense definable in terms of mentality or intentionality (consciousness). For mental objects (feelings, thoughts and desires) belong as much to the objective world of the postural occasion as do its non – mental components, being all appropriationally gathered into the "subjectivity" of the occasion. In waving to greet a friend, my own selfhood is no less appropriated to the postural subject as that of my friend and the witnessing squirrel. The postural subject is the limit of the world.

But although the self or ego is not to be identified with the postural subject, the selfhood of the self is part and parcel of its transcendental subjectivity. For the self is a standpoint or perspective of the world. And it is through the power of the body that the self obtains its postural perspectivity. My body is, posturally and perspectively, my proper share of the universe.

Yet we must not think of the body too narrowly so as to identify it only with the visible – tangible, corporeal body. Conceived as the dynamic ground of all our posturalizations, we must also include in the concept of the "body" all those faculties or powers which we have traditionally subsumed under the names of mind, soul and spirit. For these are but different aspects in the dynamic constitution of the "postural body" which is at once corporeal and spiritual, physical and mental, unconscious and conscious. Indeed, man's primordial, most original experience of the body recognizes no such distinctions. The body is all we have. It is through the postural oneness of the postural body that the multiplicity of perspectively differentiated "bodies" are disclosed to us. The "biological body," for example, is revealed to us only through the perspectivity of the theoretical posture, which is also the perspective basis for the disclosure of the "psychological body," the "physiological body," the "physical body," and so on. These "ramified bodies," as we may call them, have all evolved historically from their primordial root in the originally undifferented postural body through a series of profoundly significant acts of "perspectival fixations" whereby certain postural stance has become permanently implanted in the dynamic field of human posturality. Culture is nothing but the cumulative product of such perspectival fixations.

What then is this primordial root of human posturality and acculturalizations? In the language of Chinese philosophy, the answer may be given in one word: tao. Now we have described philosophy as a "tao – archaeology." Properly understood, this expression is a sheer tautology. For in this expression the Chinese word tao and the Greek words arche and logos are all, in their primordial meaning, synonymous. Originally, tao is arche is logos: they all refer to the same primordial reality which is the perennial ground of all that is constitutive of our humanity——namely, the postural body in its upright flexibility. Man is born upright. Our naturally given upright posture is the posture of all postures: its uprightness is the rightness of all rightness. But our uprightness is intrinsically flexible—and our flexibility intrinsically upright. Indeed, it is by virtue of the creative power of his upright flexibility ( or flexible uprightness ) that man makes himself, creates himself.

The body in its upright flexibility: this is the "core" of human posturality. It is described as the " core" because in it is contained the postural seeds or possibilities of all meaning, thought and language, being the primordial ground of all human appropriations and posturalizations. Indeed, the basic terms in all philosophical thought and language are, in the final analysis, synonymous, being united by the same referent and situated in the same horizon of meaning—— the primordial or core posturality. The task of philosophy conceived as tao – archaeology is to retrieve the archaic, core meaning of tao and its primordial cognates which has remained buried under layers and layers of mans acculturalized posturalities since the beginning of civilization. Thus defined, philosophy is fundamentally "posturology."

Although we are far from being in a position to establish "posturology" as the fundamental science or discipline, the following insights obtained posturologically through our tao – archaeological findings may deserve the attention of those who work in the areas of comparative philosophy and Chinese philosophy.

1. Man's most original concept of being or existence is derived from the universal experience of "growth" as denoted by the Sanskrit term Brahman, the Greek term physis, the Chinese term sheng. But the most traumatic experience of growth occurs when the child begins to stand and walk upright——and not, contrary to the views of Freud and his followers, when he begins to notice his or her reproductive organ (the beginning of cathesis). Growth in the sense of growing – up (right) is the primordial meaning of being or existence. In coming to stand upright or erect, we find ourselves simultaneously both outside and in the midst of things who also emerge or "grow – up" together with us——hence the original meaning of "con – crescence" (growing – together) and "ex – istence" (from Latin ex – sistere, to stand out, emerge).

2. The Leibnizian – Heideggerian question "Why is there something rather than nothing at all?" is not founded directly on the primordial experience of being. It can only arise within the horizon of the theoretical perspective wherein the undifferentiated primordial posturality has already withdrawn itself to make room for the perspectivized mode of life with its characteristic paradigm of appropriation——most naturally, in this case, the paradigm of wonder. For behind this so – called "question of all questions" is man's inward chaos and emptiness with its ambivalent craving for both fulfillment and destruction.

3. The primordial – core experience of the body in its upright flexibility is the womb of the spirit both for the individual and for the race. It provides the perennial basis for the posturalization of reality in all modes of human life and activity——including the origination of meaning and grammar in language, the metaphorization and symbolization in rites and myths, and the articulation and conceptualization in reflective thought.

4. The basic task of posturology consists in the articulation of the thematic structure of posturalization. Two broad over – arching thematic structures have e-merged in our analysis: (1) the "mandalic constitution" which centers around the relations between uprightness and flexibility, rightness and meaning, whole and part, perfection and imperfection; and (2) the "mastership of greatness" to be understood fundamentally in terms of the relations between the ego and the postural subject, between the commanding and the commanded, and between freedom and necessity. From the posturological standpoint, the meaning of humanity is to be sought in the posturalizational process whereby man, armed with the power inherent in his mandalic constitution, attains to the mastership of greatness that befits the rightness and dignity of his being. Let us call this the "tao affair."

4. Every philosophy is at heart an articulation or interpretation of the "tao affair" from the standpoint of its perspectivized posturality. And the articulation ( or interpretation ) of the tao affair is itself a historical manifestation of the tao affair. How then does the tao affair discloses itself in the mainstreams of Chinese philosophy?

## 1. The Rightness of Tao: Philosophy as Primordial Semantics

What I wish to present in this paper has its beginnings in a humble attempt to understand certain key terms that I found especially puzzling in my I Ching studies. What I had finally discovered after many years of what now appears to be wrong – headed pursuits has opened up such profoundly fascinating new vistas of thought that I must say that I was——and still am——not quite prepared for it the immense implications that I seem to see in those new vistas have made me feel astonished, dizzy, nonplused——and all the more humble, for the immensity is such that it is definitely beyond my own ability——and perhaps that of any student of thought. Thus what I manage to put forth here in this feeble attempt to share with you some of the insights that I have derived from those vistas must be regarded as only provisional. And if my suggestions here do seem to carry the pretense of a new approach to philosophy, I wish to have it considered primarily in the nature of an "experimentation" ——perhaps as one towards the formation of a "new" philosophical language.

Ironically, however, this "new" language which we shall learn to speak is not new at all: it is indeed so old, so very old that it has a very long time ago become almost totally archaic. The word "archaic" is derived from the Greek-arche which means the starting point or beginning——the crucial term employed by the pre – Socratics to designate the ultimate substance or principle in the universe. In employing the word "archaic" throughout this paper, we want to keep alive the etymology of the word. We shall speak of the "archaic man," the "archaic age ( or antiquity )," "archaic background," the "archai structure ( or mode ) of thought," the "archai language," and so on. In all these expressions we mean by "archaic" not just that which is very ancient or old and is now out – dated——at least on the outset, but what is primordial both in time and in principle——especially that which pertains to the most origin – al core or essence of our humanity. Our concern, in other words, is not with the archaic as such, but the primordial that has become archaic.

Just what it is that is "primordial" in our humanity which has become long ago antiquated? To borrow an expression from the Great Commentary ( ta – chuan ) on the I Ching, the answer may be given as "the Gateway of Tao and Rightness" ( tao – yi chih mang ). We take this to mean the "Gateway" that leads from and to the "Rightness of Tao." The Gateway is lost because we have lost sight of the Rightness of Tao – that is, in the primordial intention of the phrase. Understood primordially, the expression "Rightness of Tao" does not imply commitment to any philosophical position——be it Confucian or Taoist,

Eastern or Western. For what is named by the phrase is the apriori of all apior-
is, the all – grounding universal structure of human experience. Every philoso-
phy——indeed all human endeavour or practice, for that matter——has its
roots and soil in the Rightness of Tao, which it appropriates and justifies from
the posturality of its own posture and articulates from the perspectivity of its own
standpoint or perspective. And yet it is precisely this primordial a priori that
mankind has become philosophically oblivious. The task for us philosophers to-
day is to become a practictioner in the "archaeology of Tao" or——in terms of
the basic nature of the task——  "primordial semantics."

Just as the scientific anthropologist has to dig through layers and layers of
soil and rock in order to uncover the remants of an ancient civilization buried
deep in the ground, so the philosophical archaeologist as an archaeologist ofTao
must seek to fathom the primordial sense of Tao and its Rightness through layers
and layers of sedemented thought and meaning which the flow of time with cen-
turies of accumulated human posturality has almost completely submered to the
bottom of unreality. But this analogy is not really adequate. For unlike the re-
ments or relics in an archaeological discovery which remain external to the dis-
coverer, the primordial a priori that the philosophical archaeologist seeks to
bring to light is, in truth, an integral part of his being——indeed, what belongs
most properly to himself. Wherein then lies the Rightness of Tao? How may we
regain the Gateway that leads us back to Tao and its Rightness?

## 2. The Loss of Tao in Chinese Philosophy

These questions, be it noted, can have no meaning in the archaic or primor-
dial age in which man dwelled so entirely in the vicinity of Tao that he could have
no notion of it. For archaic man lives the Rightness of Tao which constitutes his
very being. The "loss of Tao" and its primordial Rightness is the consequence of
"distantiation" brought about by the civilizational process of "ritulization" where-
by an originally natural or spontaneous form of life or mode of action becomes
"humanized" (endowed with a distinctly human significance) and habitually per-
petuated into a "civilized" form of life or pattern of existence. A "ritual," in the
broadest sense of the word, is simply a "habit" of the "civilized"  ——as distin-
guished from the "natural"  ——man. Ritualization is, in other words, what
makes up the difference between nature and culture or civilization (the two words
are not distinguished here). This is the key, we believe, to an adequate under-
standing of what Lao – tzu had in mind when he spoke of the "loss of Tao" fol-
lowed by the "loss of Te," then the "loss of Jen" and then the "loss of
Yi"  ——with Li as that which finally prevails. What is implicit in these remarks
in a theory of the civilizational implicit in these remarks is a theory of the civiliza-
tional process viewed from the vantage point of man's ritualization of his own ex-
istence. Needly to say, Lao – tzu had great misgivings, to say the least, about the
value of civilization, inasmuch as ritualization was precisely what had led to the
distantiation of man from the Rightness of Tao. Man already lived in the loss of

Tao when he came to recognize his Te or "natural ownness." For the recognition itself is the measure of the distance between Tao and man. And when man failed to dwell in the integrity of his natural ownness, he came to recognize the all – too – human virtue of Jen based on the affinity of man with man. When man was breathing in the realm of Te, his heart – beat was still in concert with the rest of nature; but once he degenerated to the level of Jen, all he concerned himself with was the human species——nay, much less than that: a state, a city, a village, a tribe, a family——if not, indeed, just the individual man himself. Now the feeling of kinship is the essence of Jen: Humanity depends for its betterment on the preservation and cultivation of the kindred spirit. When, however, the natural feeling of kinship was no longer there, man——compensated for the loss of Jen with the recognition of Yi——the binding responsibilities and obligations the sincere carrying out of which defines the life of the moral, an.

But is morality the answer to the negativity of human existence——to the inherent tendency towards disorder and distortion, to self——alienation and self—deception, which lies recoiled in the very heart of morality? The more man becomes aware of the loss of the kindred spirit, the higher the moral demands he imposes upon himself——and hence the greater the despair which befalls him in the impossibility of fulfilling them. Worse still, the social sanction of morality inevitably leads to the distorted cravings of man's repressed instincts: contrived or false morality is not only a source of immorality but is itself a most unhealthy or detrimental form of it. And when this occurs, increasingly – harsh and rigid forms of control——often in the name and spirit of "laws"——must be introduced in order to maintain the precarious social order and to keep up the appearance of human solidarity. The sincere respect for duty has now become the merely formal or ceremonial practice of ritual propriety. Is this not what Lao – tzu meant by Li——the reign of false propriety which must finally come to prevail in the advance of cilivilization?

The arguments advanced above represent, of course, only the Taoist side of the story. What would be the Confucian perspective of the matter? There can be no question about the strongly humanistic bent in the Confucian approach to the civilizational issue. For however much man is tied to the rest of the universe, he cannot dwell——not permanently anyway——in the company of birds and beasts. There can be no turning – back the clock of civilizational advance. Man simply has to bear the burdens of responsibility for all the havocs and dangers that he incurs for himself by placing himself in the dialectics of ritualization—— a sinuous labyrinth of his own making. The question is not whether man should play the game of civilized life——but rather what strategy one ought to employ in attaining his desired objectives.

Whatever the difference that separates the Confucian from the Taoist position on this matter, our purpose in the above discussion is not intended to determine the exact meaning of this difference, but rather to point to the horizons of meaning extended by the perspectivity of our central concern——the question of

the distantiation of Tao and the loss of the primordial sense of Rightness. Actual-
ly, the "loss of Tao" is not the exclusive concern of Taoist philosophy. Confu-
cianism, too, has its own version of the "loss of Tao" as can be seen in its ide-
alized picture of the so – called "Reign of the Three Dynasties" with its panthe-
on of sage – kings and cultural heroes. Outside of the Chinese tradition, the Sto-
ry of the Genesis in the Old Testament and Hesiod's conception of the four ages
are notable examples; the same idea is implied in the Indian theory of the cos-
mic cycles of the "four yugas. " Indeed, the "loss of Tao" must be taken as the
name for a universal collective human experience——however that experience
may be articulated or interpreted in a given cultural context.

What constitutes the generic basis of this universal experience? What, let us
ask, is exactly lost in the loss of Tao? We are not prepared yet to give a concrete
answer to this question. But we may gather from the above discussion a formal i-
dea of what really is at stake. The loss of Tao means for the Tao – te ching the
forgetfulness of the source and ground of our being——and, therefore, of the pri-
mordial rightness which defines what we truly are. What is lost is that which is
most properly right for us——the properness belonging to and indeed constituting
the ownmost ownness of our existence. It is clear that the term "rightness" here
must be construed above all in the ontological sense. In this sense rightness in its
innermost essence is not only beyond the right and wrong or good and evil of con-
ventional morality, but beyond the entire sphere of human life and practice. For
there is a measure of rightness in every form of life or mode of existence——in
the pen I am holding in my hand as well as in the black hole in a distant gallaxy.
This "rightness of being," as we may call it, thus belongs to each and everything
or event in the universe as its proper ownness. In the final analysis, everything or
event receives its proper ownness or rightness of being from the absolute rightness
which is the Rightness of Tao——the Rightness that makes the water flow and the
fire glow; the Rightness that sustains the way I am as I am this very moment. Thus
understood, the Rightness of Tao is the ultimate concern of philosophy. In Neo –
Confucianism, philosophy is called either "Tao – hsueh" (Tao learning) or "Yi
– Li chih hsueh" (the learning of Rightness – and – Principle). Both "Tao"
and "Li" connote rightness: Tao is the Way, the Reason, and the Word of Right-
ness, while Li the Principle and Measure of Rightness in all three dimensions of
Tao. The notion of Rightness is the common denominator in all such expressions
as "tao – li," "tao – yi," and "yi – li. " Indeed for the Chinese tradition at
least, philosophy is simply the "learning of Rightness. "

### 3. The Etymology of Yi: the Semantics of Rightness

The word yi in these expressions is ordinarily translated as "righteousness"
or "justice" ——and rarely, as we have done here, as "rightness. " The ordi-
nary translation is not, of course, incorrect; it is indeed amply justified in the
majority of cases in the translation of Chinese philosphical——especially——
Confucian texts. For since the advance of Confucian philosophy —especially af-

ter Mencius, the word yi has come to acquire a predominantly ethical or moralis-
tic bias: it names the supreme virtue of moral rectitude second only jen, the
comprehensive virtue of humanity. Yi indeed is morality itself. This pre – emi-
nence of the ethical meaning of the term has tended to preclude its usage in a
non – moral context——in designating other forms of rightness, especially the
kind of rightness that might belong to what is condemned by conventional morali-
ty as. unethical or immoral. But if we inquire into the etymology of the word,
we shall discover that it in fact encompasses a richly endowered matrix of mean-
ings of which the moral implications form only a special strand in the totality of
the semantic nexus. Much can be learned about the character and development
of Chinese philosophy from a careful explication of the semantic textures which
comprise the hidden grammar of this most important word, although we shall
concentrate only on what is central to the development of our thesis.

   Both in the oldest, bone script and in the later, bronze and lesser seal scripts,
the character for yi is made up of two semantic components; the pictograph for yang
(lamb) at the top and the character for wo (the personal pronoun I, me, my) at
the bottom. The character wo contains a pictogram resembling two weapons (kuo, a
kind of halberd) opposite to each other. It represents a condition of conflict – of
two rights opposing one another: hence, my right, and by extension, my own per-
son; I, me, my or mine. Thus wo added to yang means "my lamb" – that is, what
belongs rightfully to me: my proper ownness or rightness of being. This then is the
basic and formal meaning of the word. But wherein lies the properness or rightness
of my being? What is it that is rightfully mine? The answer is to be furnished by the
yang – component——by what the lamb stands for.

   In ancient China (as in many other parts of the ancient world), the lamb
was a sacred animal. According to tradition, a certain sacred lamb by the name
of chieh – chien who was said to possess the miraculous power of discrimination
between the upright and the crooked was employed by the ancient court or rulers
as the "judge" of righteousness and justice. Indeed, in the very word for law  –
fa in the older scripts is contained the name of the sacred lamb. This shows how
intimately the spirit of law (fa) was tied to the spirit of morality (yi) in their co
– origination in the Chinese tradition. There is every reason to believe that the
conceptual – semantic framework underlying much of Chinese thought in the
moral – legal context was in its archaic origins mainly the contribution of the Sa-
cred Lamb heritage. [1]

---

[1]   Brahman is derived from the Sanskrit root br, to grow. The word also means "to make great."
But "great" in the primordial sense is the same as upright. Hence brahman is the up – growing process is-
suing in greatness/uprightness. Most philologists agree that – the original meaning of physis——as in the
case of the Chinese seng——is to grow. But the primary sense of "to grow," as we submit here, is to grow
upright. Heidegger's equation of physis with "being" or the process of aletheia (unhiddenness) is possible
only on the basis of the more primordial, emergential interpretation of physis as up – growing, which has,
unfortunately, escaped his attention.

As a matter of fact, the lamb in this tradition was not just standing for righteousness and justice; it was also the sacred symbol for harmony and peace, good luck or good fortune, happiness and well – being, goodness and beauty – in short, all that is positively good – and – right for man. This is really not surprising once we learn that the Sacred Lamb was in prehistoric times the divine mana of Chiang clan or, as the word chiang implies, the "Lamb people. " The influence of the Sacred Lamb heritage on Chinese thought is still detectable in the etymology of a number of philosophically significant words such as shan, mei, hsiang, ch'un, and hsiu. In the Chinese philosophical vocabulary, shan and mei have become the basic terms for, respectively, "goodness" and "beauty," or the "good" and the "beautiful. " But in their original meaning, shan is no more an ethical term than mei is an aesthetic one. The pictograph for mei contains the semantic components yang (lamb) and jen (man) – signifying the idea of man resembling to the lamb. ① The basic meaning is that of the word hsiang – good fortune, happiness or well – being. For surely for archaic man what can be better than by resembling one's mana, the divine or sacred origin of one's clan or tribe? Again, fundamentally the same meaning is conveyed by the word shan whose pictogram (in the bronze script) includes besides the yang (lamb) component the character ching (dispute): it signifies peace (lamb) after a dispute or conflict – hence, by extension, goodness or well – being in a state of harmony or concord, like a flock of sheep moving in concert, as connoted by ch'un—literally, a "group" (of lambs) . ②The etymology of the last word cited – hsiu, which has become the standard word for shame (or to feel a-shamed) – is no less interesting. The character in the early scripts all picture a lamb being held by one or both hands as in an act of offering – most probably in an sacrificial ceremony. Hence the original meanings of the word: to offer, to present, to pro – duce; offerings, sacrifices – and by extension, delicacies, food; to nourish. Now in ancient times lambs were often offered in expiation as a reparation for wrong. Hence hsiu came to mean: to feel ashamed (when one was forced to make such an offer), to put to shame, to blush. ③It has been said that Chinese culture is basically a "shame – culture" rather than a "guilt – culture. " Whether or not this is true, there can be no question about the tremendous importance of the experience and concept of shame in Chinese thought and culture. Indeed, according to Mencius, the feeling of shame and dislike (Wu) is the beginning of righteousness, one of the four beginnings which constitute the inner goodness of man. We know that Mencius, though a native of Tsou, visited the state of Ch'i twice in his lifetime – a Chou vessel state founded by decendents

---

①     Book of Chuang – tzu, "Discussion on the Equality of all things. "

②     Tao Te Ching, 42

③     In the extremely intrigue graphic etymology of the word te, which deserves a full – length study by itself, is contained the ideas of upright growing, upright walking, upright seeing, and upright thinking——the basic components of human uprightality.

of the Lamb people. We cannot say whether or not the native culture of Ch'i had had any impact on Mencius's thought, but it was largely through his influence that the Sared Lamb heritage became perpetuated in Chinese philosophy and culture.

Now in addition to the "lamb - words" included in the above discussion, this one deserves our special attention – namely, the word hsi. Originally signifying breath or vapour (perhaps from the lamb), hsi is part of the name of the mythical figure His Ho, the charioteer of the sun, as well as included in the name of the legendary monarch Fu His, to whom the authorship of the Eight Trigrams is traditionally attributed. This word is also the basic component in the two homonymns hsi (the light of day, effulgence) and hsi (victims for sacrifice). Its significance for us lies in the fact that it might provide a clue to the prehistoric connection between two of the four major tribal traditions in archaic China—that is, between the tradition of the Sacred Lamb and that of the Sacred Bird, with which both of the two aforementioned mythical or legendary figures were associated. The "Bird people" who identified themselves with the Sun god and the sacred three – legged Golden Bird who was said to arise from the sun as their mana were the ancestors of the Shang clan who founded the Shang dynasty. According to Reverend Yin Shun, both the Confucian concept of jen and much of Chinese cosmology in so far as it is based on the concept of chí (vital force) are the important contributions of the Sacred Bird tradition. Yin Shun showed brilliantly—and I believe, also convincingly—how decisively the mythology of the wind as derived from the mythology of the sun (the wind was here believed to have been caused by the flight and movement of the sun bird) has contributed to the formation of the yin – yang metaphysics as well as to the shaping of such basic Confucian concepts such as li – yueh (rites and music), chung – ho (centrality and harmony) as well as jen (humanity). In the light of his analysis, one might add summary, that the idea of kane – túng (attunement – penetration), which is perhaps the most central concept in the I cosmology, is grounded on the archaic heritage of the Bird people. We know that Confucius was a decendent of the Shang. And although he explicitly upheld the ideals of Chou culture which has its origins in a different tribal tradition, his thinking betrays the decisive influence of his native culture. Thus the relationship between Confucius and Mencius – who was, in the footsteps of his great predecessor, also committed to Chou ideals – actually represents in their archaic background the relationship between the Sacred Bird and the Sacred Lamb traditions. In focusing on the element of yi in his master's philosophy, Mencius actually forged a synthesis of the two traditions. And yet this marriage between jen and yi is not to be construed as merely the outcome of an historical necessity. For there exists a conceptual necessity between the two ideas which is itself rooted in what is primordially necessary in the nature of human existence. There is thus a kind of necessity which makes possible the connectedness between these two kinds of necessity. We call this third kind of necessity a "transcendental necessity" – a necessity which, as we will see more clearly later on, is a direct manifestation of the Rightness of Tao.

Now that we have acquired an inkling of the archaic background of, let us return to explore the hidden grammar in the meaning of the word. Etymologically, yi means, let us recall, the proper ownness of a thing or event or its rightness of being: this is the core meaning of the word. But how is the word actually used? Is there a definite pattern in the actual usagre of the word? ´And if there is, how is this pattern of usage related to the core meaning?

Anyone who studies carefully the variegated meanings of yi listed in a standard dictionary will soon discover that there does exist a general pattern underlying its actual usage. Ignoring what is of no philosophical interest, it is possible to subsume its various significations under three major headings, each pertaining to a category of rightness: to wit, (1) ontic rightness or the rightness which is the proper ownness of a thing, event or affair—its rightness of being, (2) "moral rightness" or the rightness which belongs either to moral rectitude itself or to its prerequites in the qualities of moral character and (3) "semantic rightness" or the rightness of meaning or purport. Let us explore them further in that order.

## 4. Rightness as Proper Ownness: the Ontic Meaning of Yi

In the ontic sense, yi means the same as its homophonic cognate (with a different pitch) ye : that which is proper suitable, fitting or appropriate. This is simply a formal explication of the core meaning. It is important to note that yi in the sense of proper ownness remains a basic usage of the term even after the ascendence of its ethical usage. Indeed, yi in term in so far as the I Ching is concerned : for example, "the male and the female being correctly determined (in their proper relationship to each other, that is the great vi of Heaven and Earth. "[1] Here vi clearly means what is proper and appropriate to the nature of a thing as belonging to its own nature or of being (in this case, the proper owness and rightness of Heaven and Earth. ) Even in the Analects, there was still on sharp demarcation between the ontic and the moral sense of tightness Confucius said, "It is flattery to offer sacrifice to ancestral spirits other than one's own. To see what is yi and not to do it is cowardice. "[2] Commenting on the word yi in this statement, Chu – His defines it explicitly as that which is proper (ye) to a matter or affair (shih) . Let us take another example from the same classic—the famous statement which asserts that " the superior man understands yi; the inferior man understands li (profit) . " For most commentators - especially those in the Neo – Confucian tradition, the implication of yi as contrasted with li ( profit ) here

---

[1]    Tao Te Ching, 38

[2]    Namely, the Commentary on the Judgements (T'uan Chuan ［ae］象傳) and the Commentary on the Images ( Hsiang Chuan ［af］象傳) . See my article The Appropriation of Signficance: The Concept of Kan – tung in the I Ching, p. 319

marks the beginning of the specifically moral meaning of the term. One is not at all sure, however, whether this traditional interpretation which is – basically influenced by Mencius's views correctly renders the – true intention of the Master. Is not the superior man an "authentic" person who is supposed to understand what is right and proper for himself in an effort to be true to himself——that is, to its proper owness (compare the German word for "authentic": eigentlich, meaning proper, true, real——from eigen, one's owner), while an inferior man, neglecting his true and proper task in life, devotes himself to what is merely profitable? In short, the distinction between what is morally right and what is ontically right should be kept in mind in determing the meaning of yi.

Now what is properly right is also good. One interesting usage of yi as an adverb equates it with shan in the sense of "well" as in "he sings well." Although rarely encountered, this usage serves to remind us of the "lamb" symbolism in the stymology of the word : yi as ontic rightness implies essentially goodness and well – being. This adverbial use of the word is clearly derived from its core meaning of proper ownness: to do something "well" is to do it in a manner that is proper and right as befits the thing in the rightness of its being. The fact that the original implication of yi as shan in the sense of good fortune, happiness and well – being became almost entirely lost, leaving only a residue of meaning in the adverbial "well," is a reflection of the ultimate triumph of the other strand of of meaning in the semantic evolution of yi – namely, the sense of righteousness and justice as the other basic, moral component in the lamb"

We now arrive at another antiquated usage of the word which, as we shall see, plays crucial, pivotal role in the development of our thesis. This the use of yi in the sense of another homophonic cognate ye (pronounced with the same pitch as ye, proper ownness) denoting the manners or deportment of a person. What is strange about this usage of the word lies in the fact that according to the authoritative Shou Wen, this is its original meaning. Is the Shou Wen correct here? What do the manners of a person have to do with his proper ownness?

Yi in the sense of manners has long since been replaced by its homophonic cognate ye which contains the entire character for the former (the "lamb – ego" configuration) plus the classifier jen (man) added on the left. The word ye does not exist in the bronze script it is written simply as yi——that is, without the classifier jen. This shows that most likely yi and ye were originally the same word, the latter being a semantic component in the original meaning of the former. When this semantic component (yi as manners) was outsted, so to speak, by other semantic strands in the original matrix of yi, a new word was created to preserve the lost or antiquated meaning——this is indeed one of the basic philological principles in the creation of Chinese words. Thus we believe the Shuo Wen was correct in recognizing the "originality" of the antiquated use of yi in the sense of manners. But being ignorant of the archaic background of the word, the Shuo Wen was wrong in identifying it as the original meaning. In the light of the above discussion and what is to follow, we believe that the original meaning of yi must include all three determinations of rightness in their primordial significations. In order to understand properly the semantic evolution of a word, we need to alive the distinction between the words of speech and the words of writing. Little did the Shuo Wen know that when the written word was invented for a spoken word, much of what was originally intended by the spoken word had already withdrawn itself into hiddenness under its current meaning, although the construction of the written word may still be unconsciously dictated by the semantic logic in the hidden grammar of the word. Thus it may well be that yi in the sense of manners is the original meaning of the written word which was coined to convey the current meaning of the spoken word yi. And if we were correct in maintaining that the homophonic cognate ye was created later in order to preserve the antiquated sense of yi associated with manners then we should look for this current meaning of the spoken yi at the time of the inception of the written word in the homophonic cognate for a more complete picture of its semantic contents, And this is precisely the task we shall carry out at a later time. It suffices to observe in anticipation here that analysisi of the meaning of ye will disclose to us the pervasive power of rituality ( li ) in human life behind the semantic consciousness responsible for the invention of the written word ye . The word must have been coined at a time when moral rightness was basically a matter of ritual propriety. And this brings us to the second category of rightness——rightness in the moral or ethical sense.

### 5. Rightness as Opposed to Profit: the Moral Meaning of Yi

In this sense ii denotes generally what is right according to a pre – given principle, standard or norm of acceptable social conduct, whether it be determined by an internal moral sense ( as in Mencius) or by the force of tradition or convention ( as for example, in the stringent requirements or by – laws of a secret society) . A yi behavior is one which has these two major characteristics: it is social in character, not a matter of individual style; it is performed out of a sense of duty or obligation as opposed to considerations of li or the "profit" motive. Thus included in the common significations of the term are: righteousness, justice, uprightness, integrity, rectitude, duty, obligation, responsibility—— and also those moral virtues or qualities of moral character which are necessary for the fulfillment of yi conduct either generally or in particular cases: loyalty, fidelity, faithfulness, self – sacrifice, charity, patriotism, chivalry, and so on.

The moral usage of yi, let us recall, has its archaic origins in the Sacred. Lamb heritage. We have pointed out the pivotal role the philosophy of Mencius had played in accentuating this semantic function of the word. Needless to say, this is an oversimplified picture. To be more accurate, one has to add the important contributions of the Hoists in shaping the moral meaning of yi in connection with the ancient creed of hsia or chivalry and of the sub – cultures of secret societies which later evolved from it. One has to remind oneself also of the intimate interconnections between yi, li and fa——or, roughly, morality, cus-

tom and law. This would point to the influence of both Hsuntzu ( with respect to
li or propriety) and the Legalists ( with respect to fa or law) . But should we
not first bring Confucius into the picture? Can we significantly talk about the
meaning of these key terms in Chinese philosophy apart from the seminal contri-
butions of Confuicus whose thinking centers round the concept of jen?

These allusions to the great thinkers in the golden age of Chinese thought
are not meant to lead ourselves to an exposition of their fundamental teachings.
Rather, our purpose here is to delineate broadly the historical – philosophical
background "so as to explicate from it the hidden grammar underlying the pri-
mordial structure of Chinese thought. We have yet along way to go before the
picture can be completed. But we are in a position now to formally launch such
a undertaking.

To begin with, we need to make a few remarks concerning our understand-
ing of the general nature of speech and language, meaning and experience which
we have presupposed all along, and some clarification of which will greatly facil-
itate our future discussions. We said " speech and language, meaning and ex-
perience " because what these terms refer to are so, intimately intertwined that
they must he considered not in isolation but in organic relation to one another.
For what is "meaning" but that whereby experience is articulated? What is
"speech" but an experiential appropriation of language? What is "language" but
a field of meaning subsisting in the power of experience? And what is "experi-
ence" but that which lets meaning show itself in the appropriation of reality in
speech——and in the silence of speech?

By "speech" we mean, of course, primarily the appropriation of spoken or
written words——the symbolic medium defining a verbal language. But lan-
guage, conceived in the broader sense as any field of meaning, is not confined
to words——written or spoken. For "language" speaks wherever the experien-
tial appropriation of meaning occurs——as, for example, in a facial expression,
a gesture, a dance, a melody, a traffic sign, and so on. Indeed, experience is
in essence "speech" if we include in it the experiential appropriation of the non
– verbal. But the non – verbal depends on its intelligibility on the verbal. It is
primarily in virtue of the luminosity of words that experience becomes articulated
in meaning. For man the appropriation of reality speaks through the vibrancy of
words.

The question that we must now posit for ourselves is this: what is the rela-
tion between the articulation of rightness and the civilizational process? That
there ought to be a relation between them is of course taken for rightness, which
in turn points to the experience of rightness. And how else can man acquire the
notion of rightness except in and through the civilizational process whereby his
humanity is prehistorically and historically constituted? Now history, as the his-
torians use the term, commences with the invention of writing. But not all writ-
ten words were invented at the same time. In the evolution of the Chinese lan-
guage, for example, the characters for such words as jih ( the sun ) , yueh ( the

moon), ma (horse), and jen (man) were no doubt created much earlier than those for tao, yi (rightness) and li (principle). What then can we say about the semantic history——and perhaps also the prehistory——of "rightness" in Chinese?

The semantic history of "rightness" began in China when the pictograph for yi was invented. Since the character is found in the bone script——the earliest form of Chinese writing known to us, we can say that it dated no lated than the the middle – period of the Shang dynasty (ca. 1500 B. C.) to which most of the unearthed bone script characters and generally believed to belong. This does not mean, of course, that there was no articulation of rightness prior to the appearance of the written word. As a – matter of fact, in the light of our earlier discussion of the archaic background of yi, the historical meaning of the written word. clearly presupposes a long process of prehistoric preparation during which the experience of rightness was articulated by the spoken word——and no doubt also by non – verbal means. To be sure, the prehistoric meanings of rightness need not——and indeed expectedly should not——agree, with the historical meanings. antecedent background and conditions of life preceding the uprightal attainment of humanity. The transition from the pre – primordial to the primordial——that, we submit, is what "growth" originally signifies. The trauma of birth is not so much the trauma biological genesis associated with the pre – primordial exit from the womb, but the trauma of existential up – growing pertaining to the appropriational awakening in the originative act of the primordial arising. It is the trauma that suffers at once the differentiation of consciousness and the configuration of meaning——the trauma of world – openness and of the founding of Mann.

The human being in the position of uprightness——that is what in the Tao Te Ching is called the "One." Originally, "one" is not a numerical concept, but a key term in the primordial cosmogony/cosmology. The "one" is the t'ai – chi, . the arche or principle (from Latin princeps, first in rank) ——the origin, beginning or source of things in the universe. When the child uprightalizer is first arising to the upright position, it sees other things rising up along with it. This primordial experience of the co – arising of uprightal humans and other things is what determines the basic meaning of cosmogony at the dawn of consciousness. "Heaven – and – Earth and I were born together; the ten thousand things and I are one."[1] In this well – known statement in the Chuang – tzu (庄子) is still preserved a most vivid record of the primordial cosmogonic experience. What is recorded in the primordial philosophical language is basically a phenomenology of the originative arising and co – arising. It is a phenomenology of "existence" in the primordial meaning of the word.

The Tao Te Ching says: "The Tao gives rise (sen) to the one; the One gives rise to the Two; the Two gives rise to the Three; the Three gives rise the

---

[1]    Book of Chuang – tzu, "Discussion on the Equality of all things."

ten thousand things. "① This no doubt is one of the most succinct statements in the forgotten text of primordial cosmogony. Now if the one, as we have observed above, is what designates the uprightalizer in the attainment of uprightness, what then does Tao signify? And what do the "Two" and the "Three" refer to, respectively? In so far as Tao is concerned, the answer is obvious: it signifies the human person, the uprightalizer itself in its pre – primordial, pre – uprightal integrity. That, to be sure, is precisely what the author of the Tao Te Ching wishes to stress——and, for good reasons, as we shall see. Keeping in mind the original, existential/emergential meaning of seng, the statement that "the Tao gives rise to the one" should simply mean that the human uprightalizer has come to stand upright——which is none other than the primordial arising itself. What is represented in the signification of tao, as the Chinese script for the word so vividly suggests, are the most manifest and essential capacities or powers of the uprightal being: including, beside the capacity for up – growing, the capacities to walk, to act, to speak and to think. ——powers that can only be fully harnessed and developed after it has achieved its uprightal maturity. In its primordial meaning then, tao is simply the human uprightalizer who, having attained the status of uprightness, is able to see itself distinctly (that is, through the differentiation of consciousness) in relation to itself, to the world, and to the synplicate Power of Appropriation, thus leading and comporting itself in its uprightalizing thought, speech and activities. It is by virtue of the uprightalizing acts of human beings that the world opens itself as Mann, the humanized order and reality. That is why the word tao has finally come to mean "the way" ——that is, the Way of Mann, of world – openness. It is worth noting that in the Tao Te Ching the Tao is also termed Ta ( 大 ), which means great, greatness, or the great. In Chinese metaphysics, furthermore, the term Tao is often interchangeable with T'ai – Chi, the Great Ultimate. And what do to and t'ai – chi primordially designate? "Great" means in command of uprightness: the original graph for the Chinese character to (great) is no more than a picture of an upright – standing human. Greatness or magnanimity (as the Greeks call it) primordially means simply the ability to stand upright, to walk upright, to see upright (the original meaning of "direct") ——that is the first and most fundamental human virtue or excellence, what figures in the original meaning of the Chinese to and the Greek arete. ②Greatness is the virtue or excellence of ownness, the magnanimity of what is "authentic" ——the intrinsic quality of being one's own; and our first experience of ownness is the ownness of our uprightality. To be "great" or "magnanimous" is thus to be a master in the management of uprightness, the position that allows humans to have a commanding view of their surroundings and

---

① Tao Te Ching, 42

② In the extremely intrigue graphic etymology of the word te, which deserves a full – length study by itself, is contained the ideas of upright growing, upright walking, upright seeing, and upright thinking—— the basic components of human uprightality.

to proceed from there to build on the basis of their privileged posturality the up-rightalizd order of Mann. The Way of Tao or the Appropriation then is a synplicate order established by the "greatness" of the One——the excellence of the upright stance.

And what about the term t'ai – chi? The word t'ai is simply a variation of ta. Chi means ultimate limit or boundary, the point beyond which one cannot go. The compound T'ai – chi thus means the ultimate limit of greatness, that is to say, of uprightness. And the ultimate limit of uprightness is simply the consummation of the primordial process of up – growing, when the child uprightalizer has finally come to establish firmly its upright posture, aligning itself vertically straight between heaven and earth. The uprightal limit or chi is the point of "logocentric integrity," the point——as we shall later explain, at which the up-rightalizer begins to assume the position and function of the "pivotal One" or "measuring center" of the world.

But first of all what is meant by "the One gives rise to the Two"? What does "two" stand for in that celebrated cosmogonic passage of the Tao Te Ching? Let us pursuit further our uprightalistic train of thought. If "One" is not a number in the primordial language, neither is "Two." We have established the One as the culmination or consummation of the uprightalizing process: the up-rightalizer in its upright position is the One. This One is the origin of origins because it is the decisive beginning of both differentiated consciousness and world – openness. But there can be no differentiation without distinction and distance. This fundamental insight is what underlies the primordial meaning of the word "two." The Two, in other words, is, generally and abstractly speaking, differentiation as such. To the primordial mind at the dawn of consciousness, differentiation is, however, no abstract matter but the most concrete affair—— indeed a most traumatic, eventful event in which is instituted the openness of all openness and the beginning of all beginnings. For all differentiation commences from the primordial differentiation which witnesses not only the configuration of the world in the synplexity of energy and meaning but also the diremption of mind and consciousness in the "complicity" of language and thought. This primordial event of synplicate openness is what is meant by the "Two"? And how did the Two first came about? It came about by the "emergence" or up – growing of the Tao to the position of Firstness——to the uprightality of the one. it is essentially a double – sided event which witnesses, on the one hand, the rise of differentiated consciousness from the up – rising body, and on the other the e-mergence of the up – rising body into differentiated consciousness. This double – sided differentiation is accomplished by a sequence of postural delineations: first the vertical delineation of "up" and "down" (or "above" and "below") and then the horizontal delineations of—— "front" and "rear" (or "forward" and "backward") and "left" and "right." These three sets of rudimentary distinctions or pairs of relatedness have a special significance for our humanity, for they constitute the principles and instruments whereby both the embryonic world

– order and the embryonic mind are primordially configured and differentiated. The synplicate unity of the six directions, which in classical Chinese thought is called the "Sixfold" ( liu – ho（六合）), is the "Frame of Firstness" forming a rudimentary coordinate system of reality. This rudimentary system of the Sixfold is formed like the figure of the cross, with the delineation of up and down forming the vertical axis and the lines connecting the four directions the horizontal axes. It is by virtue of this rudimentary Frame and the Four Quadrants axially divided by the "uprightal cross" therein that the milliard things——the sun, the moon, the stars, and so on——make their appearance, appropriated in meaning and in force and in the relativity of their respective positions within the Space of the Sixfold. That is why the uprightal cross has become not only a seminal symbol of humanity, but an emblem of the worldhood of the world. To be human is to bear the burden of the uprightal cross, the primordial womb of meaning, World and Mann.

But the Twosome is a contentious domain of being. Built with the Frame of Firstness and structured by the uprightal cross, the Two unfolds itself as a realm of dialectics, which first emerge for primordial menn´through the synplicational tensions of "crossal" ——that is, vertical and horizontal——opposites mounted within the Sixfold. Since up – growing is essentially a skyward movement, the a- bove and the below are the primary pairs of opposites, which in primordial thought is often represented in the language of Heaven and Earth. Heaven is – the elevating power of the above, the power that pulls the uprightalizer towards the light of openness as well as towards the consummation of its own uprightal humanity. Earth, on the other hand, is the down – weighing power of the below which, however, is also the grounding and receptive power——the power that is associated with the "deuprightal horizontality" of birth, rest and death. But the skyward movement from the below is to be followed by sideward movements in the four directions: to be human means not only to rise up and maintain one´s verticality, but to participate in the "horizontality" of the uprightalized real- ity——the environing affairs of active consciousness or waking life. The Two then, dialectically understood, is a crossal synthesis of the vertical and the hori- zontal powers. The Way of the Appropriation is defined primordially by the up- rightal cross.

The One is the primordial One, the institution of verticality and the begin- ning of Mann. The Two is the verticalized order of relatedness established in and through the crossal Frame of the Sixfold. What then is the Three? How does the Two give rise to the Three.

Two and one make Three. The one that is added to the Two is no longer the primordial One, but the pivotal One: the uprightalizer has not only "instituted" the world by virtue of its uprightality, but has begun to reign as its "measuring center" ——as the moving pivot of the world. Thus both the Primordial One and the Pivotal One are implicit in the Two, which may be said to stand for the interval wherein the former has passed over onto the latter. The Two, one might say, is the crossal Frame without an active center. When the crossal Frame is activated by the ruling energy of the Pivotal One, the Two has become the Three.

The Three then is a moving coordinate system of the world. The milliard of things in the universe would have no meaning apart from their perspectivated appropriation in a system of the Three. This is what is meant in the primordial language of the Tao Te Ching by the statement that "the Three gives rise to the ten thousand things. " The "ten thousand things" are gathered or collected in their respective positions in the crossal system of the Sixfold. Is this perhaps what Heidegger had in mind in interpreting the original meaning of logos as "gathering" or "collecting"?

Logos means: the power of Appropriation as the power of gathering. But there is no gathering prior to the primordial arising and co – arising, which, according to Heidegger, is what the Greek physis originally signifies. Hence for him both physis and logos are primordial names of Being, the Power of Appropriation that both gives rise and gathers. In so far as Heidegger is concerned, logos as the power of gathering is understood primarily in the sense of aletheia, that is, as a matter of disclosure or unhiddenness. The beings or things that have come to stand or appear in the light——the phenomena – are held together in the luminous order of Being. But the gathering of the Appropriation, as we see it, is as much a power of pro – creativity as it is a power of illumination. The configuration of meaning is not the same as the movement of energy. A devouring lion appropriated "in the light" (that is, as "meant") is surely not the same as that lion appropriated in fact or in actuality. The former is a matter for the understanding, whereas the latter is a force or power to be confronted or dealt with, a matter to be acted upon: The lion is not just meaningful; it is actually there! This co – valence and co – incidentality of meaning and actuality in the synplicational unity of the power of Appropriation is precisely what is absent in Heidegger's philosophy of Being. And yet this "holographic feature" of the Appropriation is, together with its "homographic feature," what lies at the heart of primordial philosophical thought. Every graph in the primordial language is as much holographic as it is homographic: it relates, on the one hand, the microcosm to the macrocosm, or menn to the Appropriation; and, on the other, meaning to actuality——or the Word to the Force——in the wholeness of the appropriating Power. There is good reason to believe that locos iii the primordial language is originally such a graphic term. We believe that in the primordial lexicon Logos is both a graphic image of menu and a name of the Appropriation. Its original meaning, furthermore, is to be sought not just in relation to the luminosity of aletheia, but also in relation to the efficacy of energeia——in particular, to the inherent dynamics of human posturality underlying the uprightalization of Mann as a synplicate order of Word and Force. Primordial menn think graphically, and Logos is one of the outstanding symbols in the graphicism of primordial thought. Thus understood, its basic homographic – holographic implications

may be grasped under two general headings: art of reason and forms of right-
ness. Logos is the art of reason governing human posturality while referring at
the same time to the principles of rightness that are explicable in accordance
with it. Before the gathering of the sun, the moon, the stars, and so on, there
is first of all the gathering of the above and the below, the right and the left, the
front and the back in the formation of the Sixfold. And prior to the gathering of
the Sixfold is the gathering of the various vital parts of the up – growing bodym-
ind constitutive of the living, organic reality of the uprightal being. And all that
is gathered is comprehended by primordial thought as homographic/holographic
determinations of Power——that is, both as configurations of meaning and as
polar tensions of energy; and as equally constitutive of menn and the synplicate
order to which they belong. The art of reason then is in truth the Way of the Ap-
propriation via the self – appropriation of menn. From the human standpoint, it
is the art of self – mastery, self – organization and self – elevation. In order to
appropriate to itself the ownness of its human uprightality, the young appropria-
tor in the primordial process of up – growing must learn how to concentrate it-
self——to aim consistently at the goal and carry its actions and movements un-
swerving towards that goal: that is, to say, to be teleolocrically straight. It must
learn the skill of balance and harmonization by resolving the dialectic tensions of
the above and the below and by maintaining the central position against the tend-
ency of inclining in any of the four directions. But above all it must learn to o-
vercome and master itself. Logos, the art of reason primordially acquired in the
uprightalizing act, is thus an art of dynamic synthesis, involving the balancing
and harmonization of polar tensions or opposing forces. But the energeic logos is
inextricably intertwined with the aletheic logos: the application of the art of rea-
son in the interplay and resolution of forces is guided in every step by the natural
light of the instinctual bodymind, ultimately rooted in the tacit or inner knowl-
edge of Power itself. Indeed it was by virtue of the instinctual light of the body-
mind that the categories of rightness corresponding to the intrinsic principles of
reason were primordially disclosed and subsequently became fixated in lan-
guage. Consistency, balance, proportion, order, measure, moderation, self –
discipline, and so on: ——these principles of rightness, which have finally be-
come the building blocks of human rationality and civilized virtues, are all
grounded primordially on the nature of human posturality. In the context of Chi-
nese philosophy, "rightness" is i (義), the "principles of rightness" li
(理), whereas "art of reason" is one of the meaning of tao. The profound inti-
macy between the three terms is clearly seen in the energeic – aletheic affair of
the primordial situation to which they owe their original signification. Why is it
that both tao and logos have the meaning of saying or to say? Why is it that pri-
mordial humans tend to identify the power of Appropriation with the power of
speech? The answer is twofold. First, speech in primordial times was recognized
as precisely an energeic – aletheic affair. And secondly, speech is where the art
of reason and the forms of rightness are recorded and preserved. The power of

Appropriation is identified with the power of speech in primordial times because it is primarily in and through the efficacious covalence of speech that the appropriating Power was felt, experienced and comprehended. Speech is the illumination of the Word and activation of the Force. It is by virtue of speech that the art of reason is in tune with the forms of rightness inherent in the nature of things and the Order of Mann.

Rightness is a profoundly interesting idea. It is a notion that lies at the intersection of morality, logic, aesthetics, epistemology, and metaphysics——indeed at the very foundation of all philosophical thought. For all philosophical thought is ultimately reducible to the thought of appropriation; and the thought of appropriation is in essence the thought of rightness. Every being or thing is an appropriation to itself: it is always right in its own right, appropriate in its own appropriation. The "thing – in – itself" is not a veiled reality like the Kantian noumena but is simply the thing itself in its own niche of appropriation, its own unique form of rightness. There is rightness of the good and rightness of the evil; rightness of the beautiful and rightness of the ugly; rightness of what is in the truth and rightness of what is in error. Behind the multiple valuations and contradictions of things forming the conflicting claims of individual perspectives, there is an intrinsic rightness——the rightness of appropriation or being as such that admits no contraries or opposites. It is the "rightness" of the "original face," as the Zen master would put it, that we all are——that each thing intrinsically is. There really can be no saying for such rightness, for every saying or signification presupposes it: it is indeed this rightness itself. And yet there exists an order of beings who have distanciated themselves from the intrinsic rightness of things——beings who can no longer live rightness as rightness. It is an order of Being in which the "diremption" (from Latin dirumpo, to break apart) of rightness has become a rule, and the problematization and hence the negativity of appropriation a reality. Needless to say, this is the domain of the uprightal appropriator——the order of menn and Mann.

The order of Mann begins when human beings have come to stand, when they have come to equate rightness with uprightness. "When to (the rightness of uprightness) prevails," says the Tao Te Ching. the Tao (the intrinsic rightness of the Appropriation) is lost. "①The equation of rightness with uprightness is the arche of civilized humanity. – It marks the beginning of the epoch of metaphysics and of God, the uprightalized deity——a beginning that paves the way for. humanity's dominion on Earth. But the price of civilization is the " loss of Tao " and the " oblivion of Being. " For this reason the Tao Te Ching frowns upon the entire post – primordial enterprise of humanity and advocates a return or reversal to the deuprightal simplicity and tranquility of the pre – primordial. But is such reversal really possible?

To be upright is right; to be erect is correct. The word "right" is con-

---

①　Tao Te Ching, 38

tained in the word "upright" because our erect or upright posture is naturally
right (appropriate, fitting, proper) for us. It is right to stand upright not only
because it is a gift from nature but also because it is a demand and command of
civilized humanity. "Come on, child, stand up!": Such parental endorsement
of the rightness of uprightness is what marks the proper beginning of moral con-
sciousness in the child. The rightness of uprightness thus expresses the unity of
nature and culture——or, as the Greeks would put it, between physis and no-
mos. The strategy of all civilized morality centers around the inculcation of up-
rightness and the basic virtues directly derived from it——such as the virtues of
truthfulness, honesty and sincerity. How much of our moral and ethical thinking
is embedded in the language of straightness and uprightness? What after all is
the meaning of honesty, sincerity and truthfulness but the quality of being con-
sistently straight in our relation to ourselves and to our fellow human beings? But
to be consistently straight is to be rational and logical, consistency being the
most fundamental formal criterion of logical and rational thought. Thus in the
rightness of uprightness is contained the primordial inner connection between
logic and morality. And this, as we have seen, is to be expected. For both dis-
ciplines are ultimately grounded on the rightness of logos or tao, the art of reason
that is inherent in the nature of our uprightal posturality.

But being consistently straight is not only an underlying logical and moral
quality; it is in fact the metaphysical quality par excellence——if you will, the
quality of all qualities. " For it is the defining quality that constitutes the " tel-
eological integrity of Power, the essence of what is meant. by an act. Nothing
could be created, achieved or realized without an active power directing itself
consistently at the desired object, effect or goal, whether that object be a forma-
tion of actuality or a configuration of meaning. Objectivity——the lion – there or
the lion – as – meant, for example——is not the correlate of conscious subjec-
tivity, as Husserl and the phenomenologists would have it, but of the teleological
integrity of power, ultimately, of the Power of Appropriation itself. For con-
sciousness is a modification of power, and not power a modification of conscious-
ness. The conscious act is only an occurrence within a power act; deeper than
the "noetic – noematic" correlativity of consciousness is the "noetic – noematic"
synplicity of power. And when did human beings first grasp decisively the teleo-
logical integrity of power? and the "noetic – noematic" synplex of energeia and
aletheia which determine the basic character of human experience? The answer
is, of course, in primordial times. The quality of all qualities was first traumati-
cally grasped in the primordial act of self – appropriation by the aspiring upright-
alizer at the dawn of consciousness. In aspiring to be consistently straight in he
vertical direction, the self – appropriator first came in touch with the inmost re-
ality of power. From then on, human consciousness will forever bear the imprint
of the teleological integrity of the initial uprightalization——the perennial im-
print visible on all philosophical thought. The consistent straightness of power:
is this not what Aristotle means by entelecheia or "actuality," and what in the

Chung Yung（中庸）（doctrine of the mean）is called ch'eng （诚）or "sinceri-
ty"？

　　Power is, of course, also flexible in its teleology. It "knows" how and
when to bend or twist itself in realizing its object in accordance with the condi-
tionality of the whole. While integrity（consistent straightness）is rooted in Ap-
propriation as the power of Being——the power to take form, to in – form, to
per – form, what in the Tao Te Ching is termed yu （有）, flexibility is grounded
on Appropriation as the power of Non – being——the power to let be, to make
room, to pave way, to vary, what in the Tao Te Ching is called wu （無）.
Both Being and Non – being——yu and wu——are grounds for the teleological
integrity and efficacy of Power whose self – enfolding is what constitutes the uni-
verse a synplicate order. Integrity and flexibility——this is perhaps the most
readily recognizable polarity in the perennial repository of human wisdom. In the
Chung Yung, integrity is ch'eng, flexibility ch'ü （曲）; in the I Ching, integrity
is kang （刚）（firmness）, flexibility Yu ［z］（suppleness）——to cite its
most notably exemplifications in Chinese thought. How much of civilized think-
ing, especially moral – ethical thinking, is clothed in such theoretical locution of
power？Morality insists that we must maintain our integrity, but moral wisdom
also urges us to be flexible. If Confucius seems to have emphasized our inborn,
primordial integrity of uprightness, the author of the Tao Te Ching asks us in-
stead to emulate or regain the suppleness of the pre – primordial infant. But
whence do human beings first acquire this basic insight into the synplicability
and synplicity of power？How indeed does the language of power itself originate？

　　It originates from the primordial act of appropriation——from the initial up-
rightalization of Mann. Integrity and flexibility refer first of all to the firmness
and suppleness of the postural body, both of which are essential to the uprightal-
izer for its teleological efficacy. Is it not obvious by now how the two primary lin-
ear signs——the broken and the unbroken line——from which is derived the
entire hexagramic symbolism of the I Ching should be interpreted？Why is the
unbroken line （——）named kang, or the "firm", and the broken line （——）
yu, or the "supple," as they are so designated in the oldest Commentaries of
the I China？[1] The answer is all too obvious. What can be more appropriate
than the unbroken line （which originally is meant to be viewed vertically）as a
representation of the firmly – standing upright body？And how simple, how in-
genious is the use of a broken line to express the notion of bodily——suppleness
and flexibility （the break in the middle being suggestive of the vacuous ability to
bend or to enfold）？

　　One is immediately reminded here of another perennial polarity in the meta-
physical language of Chinese philosophy——a polarity which has become inti-

---

①　Namely, the Commentary on the Judgements （T'uan Chuan 彖傳）and the Commentary on the
Images （Hsiang Chuan 象傳）. See my article The Appropriation of Signficance: The Concept of Kan –
tung in the I Ching, p. 319

mately connected with the polarity of kang and yu. I mean, of course, the polarity of yang and yin. Indeed, in the great tradition of I Ching philosophy, the conjunctions of kang and yang in the term yang – kang and of yin and yu in yin – yu have become the standard locutions for the expression of power. More specifically, yang – kang is the attribute of Ch'ien, the Creative or heavenly power, whereas yin – yu names the intrinsic character of Kún, the earthly power or the Receptive. But what is the ground for such an association? What, first of all, do the terms yang and yin originally signify?

The most important clue to uncovering their original meaning is found in the following statement in the Tao Te Chinc which completes the cosmcgonic passage discussed earlier: "The ten thousand things bear ( carry in the back ) the in and embrace the yang. " When the sense of this statement is sought in the field of meaning in which kang and Yu are situated, the picture that it conjures up is quite unmistakable. It is again a picture of the human appropriator in its upright posture projected onto the multitudes of beings and things that have co – arisen in the primordial emergence. It is the upright human that originally bears the yin and embraces the yang. The polarity of yin and yang, to be more exact, pertains to the uprightalizer as a locus of enlightedness, that is, as the receptacle of phenomenality and as the "divider" between the visible and the invisible, or between the manifest and the unmanifest, in the crossal Frame of Sixfold. A "phenomenon," in the original meaning of the term, is that which has come to stand in the light. In what light? In the light of the sun, of course. What the uprightalizer embraces——the yang——is what manifests itself in the visible horizon——the bright, frontal view; and what it bears or carries in the back, as it were, is the hidden, invisible background——the unmanifest. This crossal divisibility of the visible from the invisible, the unhidden from the hidden, the manifest from the unmanifest——a necessary condition of the appropriator's upright standing in the light, is what, according to Heidegger, the primordial meaning of aletheia, the Greek term for "truth. " The language of truth then is primordially a language of enlightedness; and that is where the distinction of yang and yin originally belongs. The real meaning of the compounds yang – kang and yin – yu in the I Ching are now perfectly explicable: they are expressions combining the language of aletheia with the language of energeia, the language of enlightedness with the language of actuality. The polarity of yang – kang and yin – yu——that is how the notion of the Synplicate Duo ought to be understood. As a locus of power, every being or thing is its own t'ai – chi, operating in and through the synplicate duality of its own posturality. But all loci of power depend for their intelligibility on the original, world – opening locus——that is, the T'ai – Chi of Mann, the humanized reality——which is none other than the primordial event——the world – opening——itself. "In Change ( i ( 两仪 ) )," says the Great Commentary, "there is the Great Ultimate whence arise the Synplicate Duo. " Actually, Change and the Great Ultimate both refer to the primordial arising or seng/physis. But while the former emphasizes the process charac-

ter of seng/physis, the latter underscores the human uprightalizer functioning as
the world – opening locus——that is , as the instrumentality of Tao or Logos and
as the crossal divider – receptacle of phenomenality. "The Synplicate Duo give
rise to the Four Quadrants of phenomena," the Great Commentary continues,
"and the Four Quadrants of Phenomena give rise to the (representation) of the
Eight Trigrams." The parallelism between this passage and the cosmogonic pas-
sage in the Tao Te Ching is plainly obvious." The Great Ultimate is the Three,
the Pivotal One, and what appear in the Four Quadrants of Phenomena are, of
course, the "ten thousand things." Thus in both the Tao Te Ching and the I
Ching, homographicism and holographicism are united in the uprightalism of the
primordial act.

But let us return to the synplexity of yang – kang and yin – yu in the forma-
tion of the synplicate duality. What is the justification for pairing yang with kang
and yin with yu——the firm with the manifest and the supple with the unmani-
fest? What, in other words is the connection between integrity and visibility,
and between flexibility and obliquity?

The attempt to answer this question will make us delve into one of the great
depths of Chinese philosophical wisdom——and, for that matter, of all the great
traditions´of civilized thought. It has to do with the profound recognition that the
enlightedness of power is internally related to the resiliency of power, which may
be understood as the teleological synthesis of integrity and flexibility. It is the
recognition, to be more specific, that maximum manifestness or visibility is a
function of direct or simple integrity, whereas complexity leads to the dimming
or shadowing of the light. For if power is what by nature enfolds itself, then self
– adumbration is a necessary feature of its self – enfoldedness. But is this not
precisely what is experienced by the uprightalizer whose vision of the bright,
frontal horizon becomes more and more limited as it bends down further and fur-
ther towards the ground? That is why to be "correct" is to be "direct": one
must be able to see things straightly in order to act rightly, benefiting oneself
from the maximization of light and the bright. Here then in the inner necessity of
power underlying the synplexity of energeia and aletheia is contained the form of
all knowledge——in particular self – knowledge. All knowledge is in the final a-
nalysis synplicate knowledge——knowledge of power in its self – enfoldedness.
Human beings first experience the synplicate nature of power through the uprigh-
tality of its postural body in the primordial act of self – appropriation. They come
to know the nature of power by grasping the nature of power in themselves.

It is interesting that the synplicate reality of power is often comprehended
by the ancients in the language of sexuality and gender. But one must be careful
to distinguish between biological sexuality and "dialectic sexuality" ——that
is, the "sexuality" of power understood in terms of the polarity and unity of op-
posing forces. Correspondingly, one must make the distinction between biologi-
cal gender from "postural gender" which derives its meaning from one's perspec-
tivity of dialectic sexuality. Power is "sexual" in the sense that its operational

efficacy depends on the synpiex unity of the Yang – kang and the yin – yu——
that is, on the unity of eneraeia and aletheia in the dialectic interplay of the firm
and the supple, the visible and invisible. The "postural gender" of a being or
thing is determined by the make – up of its dialectic perspectivity, a function of
the dispositions or tendencies underlying its enlighted resiliency or resilient en-
lightedness. In the context of humanity, we may make a distinction between the
"uprightal gender" and the "deuprightal gender. " The former is one which fa-
vors in its perspectivity the yang – kang over the yin – yu, the firm/manifest o-
ver the supple/unmanifest, whereas the latter is characterized by a predominant
predilection of dialectical perspectivity towards the yin – yu and against the yang
– kang, placing the supple/unmanifest above the firm/manifest. Thus while the
uprightal gender loves the brightness of the frontal view, the deuprightal delights
in the secret depths of the hidden, adumbrated background. Human beings be-
came aware of their postural gender and dialectic sexuality long before they ac-
quired an inkling of their biological gender and sexuality. That the understand-
ing of power came to be to be embedded in the language of biological sexuality
and gender is inevitable in light of the evolution of the power structure underly-
ing human society. The societal ingression of stratified power in human biology
and sexuality necessarily leads to its "sexualization. " Much of the prevailing
form of our humanity is reflected in the identification of the uprightal gender with
the biological male, and the deuprightal gender with the biological female.
Whatever the reasons for such identification, the confounding of dialectic sexual-
ity and gender with the biological male and female has been a major source of
much confusions in civilized thought.

There was a time in the history of Mann when human beings began to speak
of the Tao or Logos in a highly stratified hierarchical language. of power. When
that happened, uprightalism had become the rule of the day, with deuprightal-
ism receding into the background: the firm turning into the inflexible, the epoch
of metaphysics and of God had begun to reign supreme.

But the Tao thus spoken of is not the constant Tao。

# 4. The Right Posturing: The Meaning of Truth in the I Ching and the Chung Yung (A Synopsis)

## 1. Truth as Postural Rightness: Thesis and Theme

Deeply rooted in the seminal philosophical intuitions of the I Ching, truth in Chinese philosophy is ultimately a matter of Right posturing on the parts of Being (T'ien, Tao) and man. That Truth is what shows itself in the rightness of posturing is a conviction shared by both Confucianism and Taoism, the two main streams of Chinese philosophy. But while Confucianism identifies the postural rightness of Heaven (T'ien) and man in terms of "complete sincerity" (chi ch'eng), which is the underlying thesis of the Chung Yung, the Taoism of the Tao Te Ching and the Chuang Tzu conceives it in terms of naturalness (tzu-jan) and non-action (wu-wei) ——that is, as a matter of "perfect spontaneity." Both positions have originated from the I Ching notion of "authentication" or the "rectification of nature and destiny" (cheng hsing ming), which, though clothed in the Confucian terminology, is really one of the seminal ideas of all Chinese philosophy, antedating both Confucianism and Taoism. Authenrication: is the right posturing of beings—in particular, man—in conformal harmony with Being, the transcendent-immanent Reality. Postural rightness is the rightness of a Deed in the satisfaction of a Need, which is inherent in the nature (hsing) of man in relation to his destiny (ming). Authentication is the path (tao) of human fulfillment which lies in the rightful orientation of nature towards destiny.

## 2. The Chinese Experience of Truth: Truth as an Aspect of Authentication

Truth in Chinese philosophy is definable as the reciprocal postural rightness of Being and man procuring the illumination or disclosure of Tao—the Way of Being. It is an aspect of authentication abstracted from the concrete creative process of human fulfillment by emphasizing only illuminative or cognitive side. Thus conceived, authentication as truth admits of a four-fold analysis:

(a) the Reality: Tao (or T'ien, T'ien Tao), the Way of Being or Being in its Way.

(b) the Lighting Process: Ming, the process of illumination or Enlightenment in which Tao is disclosed to man.

(c) the Need: Ming (destiny), the "inner condition" which contains
at once the necessity and the possibility of Tao – disclosure. The Need is inherent
jointly in man and in the universe.

(d) the Deed: (In Confucianism) Ch'eng (sincerity), the authentica-
ting act whereby the inner condition or "need" is satisfied through postural
rightness. Ch'eng is what unites the Way of Being and the Way of man.

### 3. The Chinese versus the Western conception of Truth

In Chinese philosophy truth has never been experienced as merely a matter
of propositional correctness as is the case with the prevailing Western conception
of truth since Plato and Aristotle. Heidegger has, in the opinion of many, con-
vincingly demonstrated the historically derivative character of the propositional
conception. According to Heidegger, truth was originally experienced as alethe-
ia—unhidenness or unveiling (that is, of things as they are) —at the begin-
ning of Greek philosophy. There is much in Presocratic thought that bears a re-
markeble resemblance to the I Ching conception of reality. Thus aletheia is the
Greek counterpart of ming. And what aletheia is to logos and physis, so ming is
to tao and seng (notice the interesting coincidence that both physis and seng o-
riginally means to grow or emerge). Furthermore, just as truth as unhidenness
implies "untruth" or hiddenness as an intrincially inseparable side of the light-
ing process, so in the I Ching the notion of ming or hsien (illumination or man-
ifestness) is always contrasted with its opposite, yu or yin concealment or hid-
denness as its necessary complement. This conception of the lighting process as
both illuminating and concealing is what constitutes the backbone of Heidegger'
s own Being – thinking. Indeed, Being for him is the lighting process historically
considered. This identification tended to obscure the crucial distinction between
the first two aspects of authentication—between what is revealed, the Reality
and the process which reveals it.

### 4. The Meaning of Tao: Being and the Way

In the I Ching, the meaning of Tao is marked by a fundamental Ambigui-
ty: Tao is at once the power of integrity (the power which Gives things their in-
tegrity) and the integrity of power (what power Itself is). We shall translate
Tao as "Being" when we wish to Stress the meaning of power, and as the
"Way" in order to emphasize The idea of integrity. Hence Tao means (to com-
bine the two "moments" of meaning) the Way of Being or Being in its Way.
(In Chu Hai, Being as the power of integrity is seng, while the Way as the in-
tegrity of power is Li. Hence Tao means for him seng chi li—the li inherent in
seng, which is none other than the meaning of Jen.)

### 5. The Meaning of Tao: Posturing as a UnifyingPhilosophical concept

The philosophy of the I Ching is, ontologically or metaphysically speaking,
a philosophy of power (symbolized by the dragon) in which reality is defined

by the identification of being and power. Now power is what postures: posturing is the essence of power. Being is posturing power. what does "posturing" mean? The clue is found in the meaning implicit in the Chinese character tung, often translated as movement or motion. As the composition of tung suggests, movement is the straining (chung) of force or energy (li). that is, an ordering of power. The straining or ordering of power has two sides: (a) the differentiation of power and (b) the positing or assumption of form as the expression or manifestation of the differentiated powers. We shall call these, respectively, the "dynamic" (a) and the "configurative" (b) dimensions of posturing. Posturing is what gives rise to power — as — many from power — as — one. This is the basic meaning of I, which Wilhelm rendered as "the begetter of all begetting." As the postural Act of world – openness, I is the equivalent of "creativity" in whitehead's metaphysics.

### 6. Tao proceeds fromTai – Chi: World – openness and the Primordial Posturing

Tao proceeds ultimately from T'ai – Chi—the absolute and ultimate Reality, the Power which is at once infinitely transcending and all – encompassingly immanent. It is Being itself, the Way Itself. Heaven – and – Earth—that is, the world or universe, is the openness of T'ai – Chi, the realm of relativity consequent to the primordial posturing of the Infinite. This, we believe, is the meaning underlying the identification of I with seng – seng in the Great Treatise. The former refers to the act of world – openness, the latter to the self – straining (seng) of the creative power (seng). Seng – seng – chi – wei – I therefore means: primordial posturing (of T'ai Chi) is (what procures) world – openness.

### 7. T'ai – Chi and Heaven – and – Earth: the Dialectical Meaning

We distinguish between T'ai – Chi as "Absolute" and T'ai – Chi as "Ultimate." The Ultimate is both source and ground; the Absolute is neither source nor ground. T'ai – Chi is the source of the world in so far as it is the principle of sameness (tung); T'ai – Chi is the ground (limit and measure) of the world in so far as it is the principle of difference (yi). T'ai – Chi is the Ultimate in so far as it is both source and ground, uniting sameness and difference dialectically in accordance with primordial harmony (t'ai ho).

But T'ai – Chi as the Ultimate is still in the realm of relativity. The infinite Power, which transcends even the distinction between source – ground and its issues (wan – wu or the "ten thousand things) may be called the Absolute. Could this (T'ai – Chi, as the Absolute) be what Chou Tun – I mean by Wu – Chi?

### 8. The Four Meanings of I and the Four Realms of Being

We distinguish four realms of Being—the Mystical, the Mysterious, the

Metaphysical, and the Phenomenal, corresponding to the four meanings of I—
the invariable (Pu I), the Paradoxical (Chiao I), the Easy – and – Simple
(I Chien), and the Variable (Pien I). These four Realms constitute the
"deep structure" of Being.

The Mystical is the Realm of the Absolute—the "neither – nor," tran-
scendent realm of Eternity, Purity and Bliss.

The Mysterious (shen) is the Realm of the Ultimate—the "both and,
"primordial realm of Freedom (yuan, literally roundness), Holiness (shen),
and Harmony (ho). This realm is defined by the paradoxical unity of creativity
pertaining to the postural act of word – openness.

The Metaphysical (hsing – erh – shang) is the Realm of Heaven – and –
Earth—the "both – and" consequent realm of the Everlasting—that is, Ch'ien
and K'un, the Easy and the Simple, established by the primordial postu-
ring. The Easy and the simple jointly define the worldhood of the world, the
"squareness" (fang) or order of beings. The phenomenal (hsing – erh – hsia)
is the Realm of Wan – wu (ten thousand things) and ch'i (vessels), that is,
the world conceived as a mere multiplicity of beings and things. Relative to the
Metaphysical, it is the realm of Complexity, Turmoil and Confusion. Relative to
the Mysterious, it is the realm of Defilement, Bondage and Strife. Relative to
the Mystical, it is the realm of Transience, Impurity and Suffering. And yet the
I Ching upholds it as the very Stage of Life.

### 9. Heaven – and – Earth (Ch'ien – and – K'un): the Worldhood of the world

The primordial posturing of Tai – Chi is what establishes the "Metaphysi-
cal," that is, the Easy and the Simple. The Easy is Ch'ien, the power of
Heaven or Spirit which functions as the leading – initiating (yuan – shih) and
"meaning – establishing" (ch'eng – hsiang) force. The Simple, on the other
hand, refers to K'un, the power of Earth which is the following – consumma-
ting (hsiao – fa) power which materializes or embodier (ch'eng – hsing, lit-
erally "establish shape") of the meaning posited by Ch'ien. Thus, for exam-
ple, when I wave my hand to say good – hye, the intentional meaning and sig-
nificance (hsiang) of my posture is an act of Ch'ien, while the physical act of
waving is an act of K'un. Thus Ch'ien and K'un are but two inseparable sides
of the same posturing power. They are united dialectically in the "inner essence"
of T'ai – Chi which is the mystery underlying the worldhood of the world. T'ien
– Ti or Heaven – and – Earth is Heaven in so far as it is the field of Ch'ien; it
is formed by Ch'ien and K'un, its integrity being a function of the interplay of
the two primal forces.

### 10. Forms (hsiang), Strains (yao), and Character (te): The An-alytics of Posturing (The Substance – Language)

Substance, says Whitehead, is the compulsion of power, All compulsion is, in the final analysis, a compulsion to form. Posturing is a compulsion to form through an ordering or straining of power. In the I Ching, the distinction between t'i (substance) and yung (function) is the distinction between posturable power and posturing power, that is, between power as potential and power as actulization.

A "posturing" is analyzable into three basic components: Form (hsiang1), strain (yao), and Character (te).

(A) Form (hsiang1): The Configurational Division The "form" in general is what is assumed or posited by the

posturing power—that is, the posture that is postured. Here "form" meansany kind of configuration. There are the kinds of configuration that are identifiable in the I Ching:

(a) Intentional forms (hsiang2) —configurations of meaning (a waving hand as meant) and significance (a saying farewell as meant) which are in themselves abstract.

(b) Mental forms (hsiang3) —mental or psychological configurations such as images or ideas (seeing or understanding a waving hand) by which intentional forms are expressed, embodied or posited by the apperceptive (many – sided) powers of the mind or consciousness. Mental forms are quasi – abstract or quasi – concrete.

(c) Material forms (hsing1) —configurations which belong to natural objects or events—e. g. a horse or thunder—as distinguished from our images or ideas them (the physical act of hand waving).

(d) Artificial forms (hsing2) —artifacts of all kinds (e. g. a caldron). Material and artificial forms are concrete manifestations of power.

(e) Institutional forms (shu, art) —forms of human activity in his social – civilizational mode of existence (e. g. statecraft, wedding ceremony, divination). These configurations are objectifications of human subjectivity which participates in the inwardness of both Heaven and Earth.

(f) Mathematical forms (shu, numbers) —numerical or geometrical forms which represent the inner connection of all other forms in the spatial – temporal context.

Broadly speaking, intentional and mental forms are identifiable as "heavenly forms" because they are primarily the works of Ch'ien, the power of heaven. By contrast, material and artificial forms are describable as hearthly forms, as they are concretely established by K'un, the power of Earth. Strictly speaking, however, all forms require the cooperation of Ch'ien and K'un and the interpenetration of Heaven and Earth. They are the joint products or objectifications of Spirit and Matter.

Between hsiang (hsiang1 and hsiang2) and hsing (hsing1 and hsing2), heavenly and earthly forms, are the two intermediately positioned shu (institutional forms) and shu (mathematical forms), The two latter types of configurations play the role of mediators Between the two primal powers. But while institu-

tional forms pertain to man as the objectified power between Heaven and Earth,
mathematical forms reflect the objectivity of space and time as the form of world
– openness. In short, the theory of forms in the I Ching may be suecintly stated
in terms of the interrelationship between the Four major configurational catego-
ries of Hsiang, Hsing, Shu, and Shu. The following comparison may be made
between the I Ching and Plato's metaphysics:

|  |  |
|---|---|
| Hsiang (heavenly forms) | Ideas in the World of Being |
| Hsing (earth forms) | Copies in the World of Be –coming |
| Shu (institutional forms) | Erotic man as mediator be –tween the two Worlds |
| Shu (mathematical forms) | Mathematical relationships linking Ideas and Copies |

From the standpoint of the I Ching, Platonic metaphysics is the result of an
absolutization of objectivity, forgetting that Form is but the projection of Strain,
the essence of subjectivity.

(B) Strain (yao): The Dynamic Division

The posture which the power assumes is the outward expression of an in-
ner compulsion to form, which consists in an ordering or straining of pow-
er. Corresponding to the two primal powers of the world, two basic kinds of
strains or forces are identitiable: to wit, the ch'ien and k'un strains which
are respectively differentiated modes or the heavenly and earthly powers. The
ch'ien strains are either yang (active and revealing) or yin (passive and
concealing), whereas the k'un forces are either kang (strong and firm) or
yu (weak and yielding). These are dispositional characteristics of strains,
expressing the postural propensity of power. It is in terms of yang and yin
that one may seek to determine the Jay of Heaven, and in terms of kang and
yu the Way of Earth. The co – operation of ch'ien and k'un forces in their
respective propensitics is that gives rise to the variegated phenomena in the u-
niverse. In the hexagramic symbolism of the I Ching, such dynamic co – op-
eration is given the name yao, which is represented by either a broken or an
unbroken line. The unbroken line stands for a "positive" yao which has the
disposition of yang and kang; the broken line symbolizes a "negative" yao
which has the propensity of yin and yu. (In the I Ching, the positive yao is
often referred to simply as yang yao, the negative yao simply as yin yao.)
Whether positive or negative, the essence of a yao lies in its "dialectic sub-
tlety" (chi) —that is, in the "betweenness" of Ch'ien and K'un upon
which depends the continuity of creativity and shifting character of the uni-
verse. Chi is the "differential derivative," so to speak, of compulsion. Just
as shu and shu, institutional and mathematical forms mediate hsiang and hs-
ing in the outwardness of power, so chi or dialectic subtlety is the pivotal
point in the dynamic interplay of Heaven and Earth. The function of the sa-
ges, says the Great Treatise, is to exhaustively fathom the depth (chi shen)

of Being and explore, its dialectic subtlety (yen chi). Divination, the apperceptive deciphering of chi on the basis of shu (mathematical forms), is possible because shu is dialectically the outward projection of Being's inward profundity.

(C) Character (te)

As a metaphysical concept, te means either the character (te1) or disposition (te2) of power. The "character" (te1) of power is its postural integrity, which pertains both to power as environing (that is, the power of Heaven – and – Earth) and to power as situated, what is symbolized by the yao and the kua (hexagram). The yao, as we have seen, stands for the straining of posturing power which consists in a joining of Heaven and Earth, is always situated in a dynamic context defined by the hexagram to which the yao belongs, the hexagram being itself situated in the larger hexagramatic system ultimately co – extensive with the all – encompassing dynamic field constituted by the totality of the sixty – four hexagrams—that is, with the infinite environment or Heaven – and – Earth. As the postural int gritty of rituated power, the character (te1) of a yao depends not only on its dispositionality (te2) but also on its situatedness——that is, its temporality (shih) and wei (positionality). And in the unity of Heaven and Earth and the unity of the inwardness (Straining) and outwardness (From) of power.

## 11. Power as Environing and Power as Situated: The Transcendence and Immanence of Power (the Field – language)

The relation between Being and beings—what may be called the "ontological relation" —is generally the relation between Power itself as the infinite empowering power and the finite modes of enpowered power (Heidegger's conception of Being as the lighting power – and – process and beings as the lit – up represents a special case of the ontological relation). This relation is, of course, open to interpretation. For the I Ching, Being is indeed transcendent to as well as immanent in beings, but the transcendence of Being is not that of a Supreme Being conceived as an absolute creator – lawgiver lording over beings as His creatures. It is rather the transcendence—and the immanence—of an infinitely environing Power, empowering and limiting the finite powers situated in it. This "field" conception of the ontological relation, as we may call it, is what underlies the relation between t'ien – ti and wan – wu in the I Ching—that is, between Heaven – and – Earth (the infinite environment) and the situated powers of the "ten thousand things."

Now situated beings emerge from Being and are conditioned by it. But there can be no Being apart from beings, no environment apart from the situated. The environing power is always relative to the situated powers which are at once active and passive. For the situated powers are creative agents which contribute to the modifications of the environing power. Thus Being and beings are each in their own way empowering (active) and empowered (passive). To be sure, there is an aspect of the Infinite which is not subject to the modifications of the finite; this pertains to the hsien – t'ien ( literally "preceding Heaven") or "transcendental" character of Heaven – and – Earth, which includes the mystical realm of the Absolute, the mysterious realm of the Ultimate and the metaphysical realm of the Easy – and – Simple. What is subject to finite modifications is the hou – t'ien ( literally "succeeding Heaven") or "phenomenal" world of variable ( pien – i ) reality. This distinction between the transcendental and the phenomenal aspects of Being may be compared to the distinction between the "primordial" and the "consonant" natures of God in Whitehead's metaphysics.

## 12. Power as Empowering and Power as Empowered: The Activity and Passivity of Power ( the Context – Language )

Every situated power stands in a "context" which names its situatedness in relation to the environing power. What is contained in the context is the givenness of the situation—the givenness of possibilities as well as the givenness of limitations. This is what each and every hexagram represents—namely, context or situatedness of power. The sixty – four hexagrams stand for sixty – four prototypes of situations each possessing its own unique contextuality. They are "universals" in a field ontology—not universals of things, but of situations. The universe for the I Ching is a contextual system constituted by the sixty – four hexagrams whose "rational necessity" is what marks the field character of Heaven – and – Earth as the metaphysical realm of Being. Since the situated power is at once passive and active in the phenomenal world as grounded in the rational necessity of the metaphysical, the context is the meeting place, the playground or battlefield of differentiated powers which play out the destinies of finite beings situated with need and deed in the realm of relativity.

## 13. Posturing as Creative Movement: The Fulfillment and Destinization of Power through Rhythmic Repetition ( the Process – language )

"The rhythmic repetition of yin and Yang is called the Way." In this simple statement in the Great Treatise is summed up the whole essence of the I Ching as a philosophy of creativity based on the postural view of the universe. The Way of Being is the Way of posturing power whose essence is seng – seng, that is, creative movement procuring world – openness ( I ) . It is in the process character of posturing—that is, in the rhythmic alternation of Ch'ien and K'un ( the two terms are interchangeable with yang and yin in the Greet Treatise ), that the integrity of Being is to be determined. Since the essence of posturing Lies in the ordering of power which arises from an inner compulsion to form whereby there is openness and need, posturing as creative movement is at once a "destinization" —the working out of possibility into actuality ( openness ) — and a "fulfillment" —the satisfaction of necessity ( need ) . Posturing is this "need" of creativity—the realizing of the necessity of a need in the openness of possibility. And the Way of the creative deed is through the rhythmic repetition of Spirit and Matter procuring the continuity of Being.

## 14. The Domain of Truth and the Domain of Nature

The truth – process is not as such Being( as it is the case with Heidegger). It is rather the creative movement within a special sectment of the ontological relation—namely, the relation between being and man in so far as man is self – consciously apperceptive ( self – consciousness being a mode of apperception) of the Way, the integrity of Being. We shall call this special sectment the "Domain of Truth" or the "Truth – Domain. " The difference between the ontological relation and the Truth – domain we designate as the "Domain of Nature" or the "natural domain. " In the I Ching and the Chung Yung, the Truth – domain is implied in the idea of san – chi ( literally "the three poles") which is the co – ordinate system of meaning and reality defined by the trinity of Heaven, Earth and Man. The san – chi or Truth – domain is where the historical process of wen – hua or "civilization" occurs. Wen – hua is the "civilizing" ( wen) process whereby human existence in the natural domain is transformed ( hua) and spiritually elevated into the Truth – domain through an understanding commitment to Tao. Herein lies a basic difference between Confucianism and Taoism: While the former emphasizes jen wen or the "humanization" of Nature ( tzu – jan) through the civilizing process as what defines the meaning of authentic existence in the Truth – domain, the Taoists stress the attainment of authenticity in terms of the regaining of man's original purity and innocence through the reversal of civilization in order to return to the roots of human existence in Nature. In so far as the I Ching itself is concerned. it stresses jen – wen but not at the expense of tzu – jan. It recognizes the important fact that Truth, Civilization and Nature are essentially interdependent. On the one hand, both the Truth – domain and the civilizing process arise from the domain of Nature—they are thus in a sense extensions of the natural and must comply with its Way and necessity. On the other hand, Nature is intelligible to man only to the extent it discloses itself in the Truth – domain and within the historical process of civilization. Thus the I Ching is not only philosophically the common source of both Confucianism and Taoism, but also the common ground on which their one – sideness and opposition can be overcomed or reconciled.

## 15. The Truth – process as the Cognitive Aspect of Authentication

The Truth – domain is that domain of reality qualified by ming Tao, Tao – cognition or Tao – understanding. It was initially established by thinking man at the inception of history and civilization, which marks also the beginning of the truth – or lighting process, the process of illumination whereby the Way of Being is disclosed to man. As we have seen earlier, the lighting process of ming Tao must be viewed as an aspect of authentication, what in the I Ching is given the meaning of cheng hsing ming, the rectification of nature and destiny. For Confucianism, cheng hsing ming implies the humanization of Nature, whereas in Taoism the "renaturalization" of man. Authentication is possible because Tao is inherent in human nature; authentication is simply the actualization of the Tao – nature in man.

Now although Tao is immanent in our Tao – nature, its real meaning is often hidden from us. "Appearing to the man of goodness (jen)," the Great Treatise writes, "Tao is called (the Way of) goodness; appearing to the man of wisdom (chi), it is called (the Way of) wisdom; whereas the ordinary people live daily by it without knowing it."

How is ming Tao or Tao – cognition to be attained? For the I – Ching, ming Tao is a matter of chi shen erh yen chi, that is, of grasping the transcendental by exhaustively fathoming its Depth (chi shen) and exploring its dialectical subtlety (yen chi). In the Ta Hsueh (Great Learning), ming Tao is a matter of ming ming – te—to "illustrate" (ming) both cognitively and in practice the "illustrious character" (ming – te) of our Tao – nature. And for the Chung Yung (Doctrine of the Mean), the lighting process is summed up in the notion of ch'eng, which is to be understood both transitively and substantively. Substantively, cheng is our ming – te: the ch'eng is the moral integrity of the Way which binds us to the transcendental. Transitively, ch'eng is the human act of authentication, involving ming ming – te as both an intellectual and existential affair. This is the fundamental link between the two great Confucian classics

In the I Ching, the truth – process of chi shen erh yen chi must be understood in reference to the two "transcendental characteristics" of Being—its "creative freedom" which pertains to the primordial posturing and its "rational necessity" which underlies the metaphysical realm of the Easy – and – Simple. Ming Tao through divination lies in the intuitive art of "rounding the mystery" (yuan erh shen), that is, of fathoming the Way in its creative freedom. On the other hand, ming Tao through metaphysical inquiry requires the rational method of "squaring through wisdom" (fang I chi), of determining Being in its rational necessity. These two approaches to Tao are complementary because the very essence of Tao is to be found in the paradoxical harmony of creative freedom and rational necessity.

## 16. The Truth – process as an Historical Process

While ming Tao constitutes the inner process in the authentication of man, it is also the grounding process in the historical development of the civilizing and civilized humanity. The Great Treatise tells us (Chapter 2 of Part II) how Tao – cognition originated with the ancient sages (beginning with Fu His) and how they patterned their inventions, discoveries and institutions of civilized life upon the archetypal images (hsing, intentional and mental forms) of the various hexagrams which symbolize the metaphysical integrity of the world as a dynamic – contextual system of posturing power. Thus, for example, the inventions of the fishing nets and hunting baskets were (probably) suggested by the image of the Clinging (hexagram Li), while the institution of the market place was inspired by the hexagramic image of Shih Ho (Biting Through). The basic recognition implied in this historical account of civilization is that the lighting process as the grounding process of history is in truth a process of "creative – transcendental harmony," in which the creative freedom of man is at once a transcendental gift and a metaphysical obligation. For the creative freedom of man is only possible on the basis of his willing and conscientious compliance with the rational necessity of Being. The disclosure of Tao then is at bottom an act of attunement which depends on the right posturing of both Being and man.

## 17. Right Posturing as the Innermost Condition of Truth, Goodness and Beauty

Postural rightness is a function of the internal fitness or appropriateness between differentiated powers; it expresses the inner agreement of power in its self – relatedness. The inner agreement, for example, between the power to see and the power to be seen is ontologically prior to the visual act and thus constitutes the a priori condition of seeing. It is what makes a seeing a seeing—the integrity of seeing. This integrity of the visual act longs, however, not to the power to see as such but to the "actuality" of seeing, that is, to the concretion of differentiated powers, to the creative union of the power to see and the power to be seen. For seeing to occur. both the power to see (which does not belong merely to the eyes) and the power to be seen (whose seat goes beyond the object seen) must be co – ordinately right – postured. One cannot see without opening one's eyes, nor can any object be seen without occupying a proper position (for instance, in an appropriate distance from the eyes). Postural rightness is thus a shared responsibility of differentiated powers—that is, to the a priori integrity (What Chu His called li) that unites them. This inner agreement of power in its self – relatedness which determines the a priori integrity (or li) of actualities is known in the I Ching as t'ai ho or "primordial harmony." It is described as "primordial" (t'ai) because it arises ultimately from the paradoxical interity of the primordial posturing, the essence of T'ai Chi. The phenomenal world is a vouchsafement of the Ultimate, which grants to actualities the warranty of primordial harmony (pao ho t'ai ho) for the benefit of their individual fulfillment (li cheng).

Postural rightness then is the rightness of creative response to the primordial harmony. As such, it is what constitutes the innermost condition of Truth, Goodness and Beauty—the Trinity which defines the transcendental meaning of Divinity. Truth as the illumination of Tao expresses the primordial harmony between Being as the power to know and Being as the power to be known. Goodness (shan), which in the I Ching is characterized as the "continuation of the transcendental in the phenomenal" (chi chi che shan yeh), is simply this primordial harmony itself in the creative transcendental – phenomenal unity of Being. Beauty (mei), which Bridges the distance between Truth and Goodness,

is the expressiveness of creative freedom in and through the instrumentality of ra-
tional necessity. Finally, Divinity (shen), which unites all three transcendents
in the luminous expressiveness of continuity, has as its essence the ultimately
ineffable integrity of Tao, the unity of the self – same reality which is at once
the Wu – Chi and yet the T'ai – Chi, the mystical and yet the mysterious.

### 18. The Attainment of Transcendental Truth: The Art of Right Pos-turing in theI Ching and the Chung Yung

Transcendental truth is the truth of Tao in the Depth of Being; it is the
truth of T'ai Chi (as both the Absolute and the Ultimate) and Heaven – and –
Earth (the Easy – and – Simple constituting the worldhood of the world). Such
truth is accessible to man because the Depth of Being and the possibility of its il-
lumination are embodied in his transcendental nature (Tao – nature). But
transcendental truth is normally hidden from man because he is by nature a mix-
ture of the transcendental and the phenomenal, and the inveterate opaquity of
his phenomenal nature covers up the original transparency of his Tao – nature
and thus hinders the attainment of transcendental truth. This universal theme in
the theory of human nature finds its exemplification in the I Ching in the concep-
tion of a yoga of "mind – cleaning" (his hsin) and "purification (of de-
sires)" (chai che), functioning as an existential – transcendental art of right
posturing. This yoga of "mind – fasting" (hsin chai) as Chuang – tzu would call
it, has as its purpose for the I Ching the "retiring to the hidden Depth (of Be-
ing) (t'ui ch'uang yu mi). It is a state of mind characterized by "no –
thought" (wu ssu) and "non – action" (wu wei). This state of mind, which
appears to be a state of "motionless equanimity" (chi yan pu tung), is actual-
ly a state of the utmost sensitivity and resiliency, capable of penetrating to the
"innermost integrity" (ku) of the world upon the slightest stimulation (kan
erh sui t'ung t'ien hsia chi ku). Only in this purified state of mind can the
sage accomplish the metaphysical deed of chi shen erh yen chi (exhaustively
fathoming the Depth and exploring the dialectic subtlety of Being), thus attain
– ing to transcendental wisdom.

Thile the I Ching emphasizes the yoga of mind – fasting as the path of pos-
tural rightness, the Chung Yung stresses the yoga of ch'eng or "sincerity" as
the existential – transcendental art of authentication. In a nutshell, ch'eng in
the Chung Yung is the answer to the question "What is Tao?" For ch'eng is
none other than the Way of Being, but it is also the Way of man. It is the Way
then uniting Being (called "Heaven" in the Chung Yung) and man. Such uni-
ty occurs in the attainment of sagehood. The sage or the perfectly authentic
man—the man in the perfectly right posture of his humanity, is a man of "com-
plete sincerity" or chi ch'eng. And that is what Tao is, what the Way of Being
itself is.

What does ch'eng mean? In a word, it means "non – doubleness" (pu
erh). More precisely, ch'eng lies in the perfectly self – consistent postural in-

tegrity of the creative power. It thus emphasizes the moral side of divinity in the I Ching conception of Being. The moral side is the side of the Good. To the author of the Chung Yung, the paradoxical harmony of the primordial posturing is essentially a moral affair. Indeed, it is precisely this moral integrity of the primordial creativity that makes possible the continuation of the transcendental in the phenomenal—the very meaning of goodness. Cosmologically, this primordial integrity is the ground of order and harmony in the phenomenal universe. Existentially, it is the root of our authentic self – hood and the transhuman basis of our communal existence. That is why "apart from ch'eng," says the Chung Yung, "there is nothing." (pu ch'eng wu wu). That is why, too while the I Ching speaks of primordial harmony, the Chung Yung discourses on "central harmony" (chung ho). Central harmony is the center of primordial harmony. The center is not the Good as such, but the Good in the betweenness of the transcendental and the phenomenal, whether it refers to the universe as a whole or to man. This center is none other than the center of ch'eng; for sincerity is primordial harmony from the standpoint of the Good.

Now to exist authentically is to stand in Truth, in the illumination of Tao. But to stand in Truth means for the Chung Yung to stand in the circularity of cheng and ming—more exactly, of cheng tse ming or sincere posturing (ch'eng) procuring enlightenment (ming) and ming tse ch'eng or enlightenment procuring sincere posturing. Which one comes first—ch'eng (sincere posturing) or ming (enlightenment)? Here we must distinguish between ch'eng as moral integrity and ch'eng as the yoga or art of authentication. The purpose of practicing the ch'eng – yoga is to realize ch'eng as the moral integrity uniting man to Being. But the very condition of practicing the ch'eng – yoga is none other than the ch'eng (morel integrity) inherent in our being.

This circularity of Truth in the Chung Yung is possible because ch'eng as the center of the Good is the a priori integrity or li (inner agreement) between the moral way of knowing and the moral way of being (compare Parmenides' notion of "well – rounded truth"). The basic problem of Confucian moral metaphysics is the problem of participating in the circularity of Truth——it defines Confucianism as the creed of Sincerity.

# 5. The Chinese Way to Language: From the Field – Being Perspective

( A Commentary on Prof. Chad Hansen's Paper on "Analytic Philosophy in and Around Chinese Philosophy" To be presented at the APA meeting of the Society for Asian and comparative Philosophy, Philadelphia, December 30, 1997 )

Whether or not it is customary for a commentator to begin by admitting of the inadequacy of his/her comments, I am afraid this is exactly what I have to say. I will not be able to do justice to Prof. Hansen's paper for basically two reasons. First, his paper is basically an autobiographical account of the general approach and orientations underlying his studies on Chinese philosophy and the Chinese theory of language. And I am simply not familiar enough with Prof. Hansen's ideas on the subject. Secondly, my general philosophical outlook is so radically different and opposite to his that I almost find myself an unsympathetic critic right from the start. But precisely because my philosophical orientation is so different from his, that what I have to say on the subject – matter, not intended as an internal criticism but as an alternative view, an external contrast, might prove to be fruitful from a larger perspective. Let me caution my readers immediately, however, that the seemingly excessive critical tone in the following exposition is basically intended to sharpen the difference between the alternative views and should by no means be taken as a sign of disrespect toward an important scholar in the field of Chinese philosophy and his justly famous ideas. Here then are my not so sympathetic comments.

To begin with, I certainly would agree with Prof. Hansen that language "is important in motivating historically important philosophical positions." But that does not mean, of course, that the relation between language and thought in terms of influence is necessarily an asymmetric one. Indeed, Prof. Hansen also admits of the possibility of influence in the opposite direction. And how about other factors that might play a role in the shaping of philosophical thoughts? How about human experience — the way human beings experience their life, their environment and the cultural – historical circumstances of their existence? And how about Reality itself? Does it make sense to speak of the determination of philosophical positions by Reality itself? Is it possible that both thoughts and language come from a common source——from something that is primordially determined but only vaguely articulated in the collective consciousness of a people or human community? In my view, it is rather misleading to speak of the determination of philosophical thoughts by grammar or language as if it were purely a one – sided, and one – dimensional affair. Speaking from the Field – Being philosophical perspective I personally endorse, all beings or things in the universe are "field – beings," and are therefore field – determined. As a being in the field, philosophical positions are subject to as many conditions as there are factors that may play a role in their formation, including, of course, language.

Did the Chinese view language on an analogy to pictures? The answer to this question, I believe, depends on what is meant by picture here. A photograph of the statue of a Greek god is a picture, and so is a Chinese water – color painting of a beautiful waterfall. But what a difference between the two senses of the word. In the former case, the photograph is a representation of the statue by depicting it in a one – to – one relationship of structural correspondence . But if we look at a Chinese water – color painting this way, we will have completely missed the intention of the artist and the spirit embedded in the art – work . For the painting in question does not really represent the waterfall by depicting it in a one – one structural correspondence. As a matter of fact, in terms of the underlying artistic intention, the painting is no representation at all. It is rather a medium of participation whereby the artist absorbingly comports him/herself to the beauty of the water – fall in the joint reality of their Field – Being.

There is indeed an element of likeness in the relationship between the painting and the waterfall. But it is not the representational likeness of logical depiction, but rather what one may call the likeness of a "participatory metaphor. " In and through his/her painting, the artist likens him/herself in his/her art to the beauty of the waterfall by participating in the environing spirit of their Field – Being. If by the "picture theory of language" we confine ourselves only to the "picture" in the representational sense of logical depiction, then I would disagree emphatically that it is applicable at all to the Chinese language, in so far as it is reflected in its philosophical employment. For I believe that the Chinese way of language ( what Prof. Hansen calls the "Chinese folk theory of language" ) is essentially non – depictive and non – representational. Chinese words are not pictures in the former sense, but participatory metaphors serving as instruments of Field – Being comportment. I would not go so far as to say that the representational dimension is entirely absent in the Chinese way of language. But it is relatively insignificant. And this non – representationalism of the Chinese view of language is closed tied to a host of other phenomena characteristic of Chinese thought and culture: notably the domination of dialectics over logic, the wave conception over the atomic conception, coordinate classification over generic classification, functional – relational role thinking over substance – attribute predicative thinking , contextual field concepts over abstract formal concepts, organismic metaphysics over mechanistic metaphysics, and so forth.

In the traditional Chinese world – view, the world is not a collection of isolated, independent substantial entities, nor is it a determinate totality of definite facts. It is rather a field of action, the manifestation of an ultimately self – ar-

ticulate and self – environate underlying activity called Dao, Heaven, or Tai –
ji. If one has to view Chinese words and sentences as pictures of the world,
then they must not be conceived as pictures of static, isolated things or objects,
but as pictures of activities and processes, of dynamic patterns of interactions and
interconnections——in short, pictures of field – beings. And that is precisely
why the idea of picture is simply inadequate here. A picture of a running horse
is in truth a negation of its dynamic reality. Contrary to Wittgenstein of the
*Tratatus*. the world of activity and movement is simply undepictable. What is de-
pictable is the world as trace and effect of activity, but not the activity itself.

And this brings us to another debatable point in Prof. Hansen's paper. Be-
cause Chinese writing is ideographic or pictographic, Prof. Hansen observes,
"it should be easier to explain why Chinese folk theory of language adopted the
pictographic view than the reverse." The assumption seems to be that because
Chinese characters look like pictures, therefore the Chinese would tend to con-
ceive them in analogy to pictures——that is, pictures in the depictive or repre-
sentational sense. But the meaning of Chinese characters, like beauty, is in the
eyes of the beholder. While it is true that picture – like resemblance is one of the
six basic principles of word formation in the Chinese folk theory of language, it
is also true that the aesthetics of Chinese characters, which, in Prof. Hansen's
words, "dominates linguistic attention," is for the Chinese fundamentally an
aesthetics of articulate action. The pictograph, as the Chinese conceive them, is
a configuration of the activity of writing, the quintessence of the Chinese art of
calligraphy. Thus the inner essence of Chinese characters is that of an artistic,
creative activity. With the increasing complexity of word formation in the evo-
lution of the Chinese language, this view becomes increasingly dominant.
Words for the Chinese, as we have stated, are participatory metaphors of Field
– Being. They are not pictures of things in the depictive sense, but are media of
articulate, environate activity. And as media of activity, their meaning depend
on their use, that is, on the field or context in which the activity in question is
situated. The later Wittgenstein is definitely far more relevant for our purpose
here than the earlier one, upon which, unfortunately, Prof. Hansen's doctrines
expounded here are largely based. And why just words? Is the meaning of a sen-
tence, too, a function of its use, thus dependent on a context of activity? In-
deed, from the Field – Being perspective, all finite determinations are context –
bound, not confined to words or sentences.

There are, of course, sentences in Chinese. The fact that sentences in clas-
sical Chinese are not marked, I believe, is not without philosophical implica-
tions. The Indo – European theory of language is wont to interpret a sentence as
expressing a complete thought. Such interpretation is simply absent, as Prof.
Hansen also noted, in the Chinese theory of language. I believe this is due to
the fact that to the Chinese mind there is no such a thing as a complete thought
. There is no complete thought because there is no complete being, no com-
plete reality. For the world of activity is intrinsically indefinite, intrinsically in-

complete . While the clinging to definiteness and completeness marks the peren-
nial spirit of Indo – European philosophy, as signified or reflected grammatically
in the punctuation mark of the period, the tacit recognition and acceptance of
the indefinite and the incomplete as expressing the more profound aspect of real-
ity permeates the whole spectrum of the Chinese philosophical and cultural men-
tality. That sentences flow on and on in classical Chinese is indicative of the
Chinese Field – Being view of the essentially unpunctuable continuum of activi-
ty.

A thing is what it does, says Dewey. A thing is the sum of its effects, says
Nietzsche. The activity theory of being implied in these two statements by two
of the notable field – being thinkers in contemporary West is the underlying pre-
supposition in all Chinese philosophy . The dichotomy between actor and action
and between thinker and thinking, associated with the grammatical bifurcation
between subject and predicate, between the noun or substantive and the verb,
and the metaphysical separation between substance and attributes, is perniciously
omnipresent in the Indo – European intellectual landscape. But this is hardly a
noticeable feature in the traditional Chinese intellectual scene. The Chinese way
of language is characterized by the ambiguity and the fluidity of subject and pred-
icate, and of the noun and the verb, which shows itself albeit rarely in such
English sentences as " It rains. " Even if we assume that the subject – predicate
structure is a universal feature of all languages ( an unwarranted assumption ), it
does not follow that the subjective – predicate mode of expression need to be
conceived and appropriated univocal by all linguistic communities . The Chinese
theory of language does not interpret the subject – predicate structure and the re-
lation between noun and verb the same way the Indo – European theory does .
Based on the Field – Being or activity theory of reality, there is no clear – cut
distinction between subject and predicate and between noun and verb in the
Chinese theory of language . The subject is not separable from the predicate, nor
the noun from the verb. This is because in the active Field – Being world –
view, the actor is the action, and the thinker the thinking. It is really not the
substantives ( the substantial things and objects ) which act or engage in activities
and are capable of existing apart from their activities. On the
contrary, it is rather the other way around : it is activities which give rise to
the substantives in the first place, for they are the effects of activities. It rains.
What does "it" refers to other than the raining?

The above observations lead us naturally to Prof. Hansen's underlying pre-
supposition——what he assumed to be constant about reality, to wit, the laws
of physics and "biologically based human psychology. " The question I have in
mind is this, what exactly are the "laws of physics" which Prof. Hansen had in
mind? Were they the same objectively and absolutely determined mechanistic
laws understood in Newtonian science, or were they only statistical averages and
involving subjective or human factors in their determination as interpreted in
quantum theory? And what school or schools of psychology did Prof. Hansen

refer to as "biologically based"? Is Freudian psychology biologically based (as Freud himself did in fact so claim)? And what biology does Prof. Han sen have in mind? A biology based on Newtonian mechanics or a biology more in line with the presuppositions of quantum theory, or rather the holographic view of reality, such as expounded by the physicist David Bolm and the neurologist Karl Pribram? It is not clear whether by the term "psychology" he meant a branch of scientific studies or "psychology" in the sense of the nature or reality of the human psyche. If by the former, psychology is no more constant than physics is constant. And if understood in the latter sense, then can we also speak of an anthropological, or sociological, or political, or economical, or——for that matter——even a moral, religious or metaphysical nature of humanity? Are they constant, too? It is interesting that Prof. Hansen spoke of "Western psychology" in discussing the sentential and word picture theories. One cannot help but wondering that there are definitely some confusions in his conception here. Apparently, by "Western psychology" he meant the Western interpretation of human psyche, as contrasted with the non – western interpretations or "non – Western psychology." But then since all interpretations are relative, just what is it that Prof. Hansen held to be the constant psychological basis for his studies of language and thought?

All in all, the point I am trying to drive home in these comments is this: a theory or interpretation in whatever discipline or department of human endeavor, is, like everything else in the world, a contextually – bound field – being, and must therefore be approached as such. I agree with Prof. Hansen whole – heartedly that "we can understand Chinese philosophy better if we philosophize along with them." By "with them" I take it to refer to the classical or traditional Chinese philosophers. And while I do not deny that there is some value in applying the analytic approach to the study of Chinese philosophy, I have serious reservations, to say the least, that one can philosophize along with Chinese Philosophy as kindread spirits in the analytic fashion. For the spirit of Chinese philosophy and the spirit of analytic philosophy (in the old sense) are intrinsically incompatible. An analytic philosopher/scholar can philosophize imposingly on Chinese philosophy, but not empathetically along with it.

# 6. The Hidden Narrative of Field – Being in Chinese Philosophy: Preliminary Reflections
## (1999)

Unceasing *creative – procreative activity* – that is called *Yi*. (*sheng sheng zhi wei* yi 生生之謂易）.

The *polar compression* of the *Yin* and the *Yang* – that is called *Dao*. (*yi yin yi yang zhi wei dao* 一陰一陽之謂道）

> *Yi – Jing* ——the *Great Commentary*
> （易經・大傳）

In this paper we shall make a preliminary attempt to uncover the *hidden narrative* of *Field – Being* in Chinese philosophy. We shall do so by exploring and digging into the textual tradition that establishes the authority of *Yi* （易） and *Dao* （道）, the two seminal words around which the perennial wisdom of the *Yi – Jing* and the *Dao – De – Jing* （道德經） is concentrated.

That a story of *Field – Being* may be told in the language of the *Yi*! *Dao* tradition (*yi dao chuan tong* 易道傳統）, as we may call it, is, of course, taken for granted. But this is really an understatement of what we actually have in mind. For in so far as *Field – Being* names a universal human experience——indeed, *the* core of universal human experience, as we would like to submit, there is a *hidden narrative* of *Field – Being* in every concept, in every philosophy, and in every intellectual tradition. Thus, for example, there is a *hidden narrative* of *Field – Being* in a substantialistic world – view as in a non – substantialist theory of reality. The difference is, while the former tells the story of *Field – Being* in the language of *entitivity*, the latter relates the same story in the language of *relationality* and in the rejection of *entitivity* . From the *Field – Being* standpoint, neither *entitivity* nor *relationality* gives us the whole story. For Reality is neither *entitivity* nor *relationality*, but *Activity* which includes both *entitivity* and *relationality* as inseparable moments in its *Truth*. For at the bottom of things there is no *entitivity* apart from *relationality* and there is no *relationality* without *entitivity*. *Entitivity* is really *fielded Activity* in its moment of externality, whereas *relationality* is *fielded Activity* in its moment of oneness or internal connection. The proper story of *Field – Being* is the story of *fielded Activity*.

From the *Field – Being* standpoint, the world is not a collection of things conceived as intrinsically independent, isolated and non – relational entitites, the so – called "substances" in traditional western metaphysics, but a perpetual-ly self – articulating, self – constituting, self – environing and self – transforming *Field of Activity*, ultimately the expression or manifestation of an everlasting and all – encompassing *Activity*, what we call the *Act of the Let – Be*, or simply the *Let – Be*. In the *Field – Being* scheme of things, there is no difference between being and doing: being is doing, and doing is being. The two may be distin-guishable in our common parlance as a matter of convenience. Yet upon closer analysis, the distinction evaporates as we penetrate into the inner reality of things. For at bottom the ultimate and all – encompassing *"Be "* and the ultimate and all – encompassing *"Do "* are the same.

Hence for *Field – Being* then all discourses are ultimately of a *verbal* or *ac-tional* character; all words are *verb – words* or *action – words*. [ Note that *verbal* is derived from Latin *verbum*, meaning word *or* verb. ] In other words, in the Field – Being language, verbs are the primary figures of speech , all the other parts of speech, including nouns or substantives, are secondary or derivative. Correspondingly, all thoughts are likewise of a *verbal* or *actional* nature. Since in the final analysis all things are articulations or manifestations of *activity* and nothing exists outside of *activity*, every concept of things is a *pragmatic corre-late*, that is, a correlate of articulate action. What we normally identify as indi-viduals, events, movements or states of affairs——which we here for conven-ience's sake subsume under the general heading of " things " ——are in truth surface phenomena of a deep underling reality. For they are all in reality articu-lations of *activity* or, more vividly put, strands or folds of pulsating energy rising and falling in a flowing web of articulate action in varying degrees of simplicity and complexity. This *Continuum of Field – Being*, which in the perennial tradi-tion of Chinese philosophy is often designated by the verb – words *Yi* and *Dao*, is the *concretization* or concrete embodiment of the *Ultimate Activity*, the *Act of the Let – Be*.

"Unceasing creative – procreative *activity* ——that is what is meant by *Yi*. " This classic statement by the author of the *Great Commentary* ( on the *Yi – Jing*) clearly implies the dynamic conception of Being: namely, Being as the *Prescencing of Activity*. The philosophy of the *Yi – Jing* is really not so much a philosophy of *Change*, as has been commonly conceived, as a philosophy of *Cre-ativity* – of *creative – procreative Activity*, as Thome Fang would have it. The key word here is *sheng* which means to give birth to, to bring forth, to produce, to emerge, to grow . The doubling of the word in the locution *sheng – sheng* is in-tended to convey the everlastingly unceasing or continuous character of the *crea-tive – procreative activity*, namely, the *Field – Being Continuum*, as we have called it. Let us observe immediately that what is conveyed by *sheng* or *sheng – sheng* must not be conceived narrowly in terms of the ordinary phenomenon of birth, growth, production, or happening, but must be grasped in the *transcen-dentality* of their primordial significance. For like the Greek *physis* and the San-skrit *prakriti*, the word *sheng* is a seminal verb – word pointing directly to the

*Presencing of Activity* vaguely yet plainly intuited in our primordial experience of Being. It is interesting to note that all three seminal verb – words have a common meaning of birth, growth, or emergence, and the relation between *slzeng* (hence *Yl*) and *Dao* is almost exactly analogous to the relations of *Brahman*! *Atman* to *prakliti*, and *Logos* to *physis*. What is intuited in the primordial, originary experience of Being is not just the birth or emergence of the phenomenal world, but above all the *Prescencing* of an all – encompassing and all – gathering *articulate action*, the *Ultimate Activity* or the *Act of the Let – Be*——*various* called *Dao*, *Bralzman/Atman*, and *Logos*. We qualify this seminal – primordial experience of Being as *"transcendentatl"* because it is the source and basis of all existence, all language, and all thought and conceptuality. The *Transcendental* is what in the *Dao – De – Jing* is described as the "uncarved block *(wu ming zhi pu* 無名 之朴）." The primordial, originary experience is "uncarved" not because it is totally characterless but because it is still preserved in its pristine natural- ness——its *ziran* （自然） or *self – so – ness*, as the *Dao – De – Jing* would say, being not yet subject to the conceptualization of intellectual analysis and con- struction and the humanizing conventionality of institutions and civilized dis- course.

In *Field – Being* terms, the *Transcendental*, conceived as the primordial intuitive basis of conceptualization and humanization, is a *field universal*. Here, *"universal"* refers to the universal experience of Being, the *Prescencing of Activ- ity* identified as the *Act of the Let – Be*. Thus construed, the *Transcendental* in *Field – Being* may be likened to what Heidegger calls the "ontological difference." But while for Heidegger the "ontological difference" sets up the distinction between beings and the Being of beings, for us the *Transcendental* is constitute of the internal relation between Being as experienced by humans and Being in reality——that is, between the *Prescencing of Activity* as perceived, ar- ticulated and appropriated in the conceptuality and conventionality of human *ac- tivity* and discourse, and the forever and infinitely transcending *Act of the Let – Be*. In short, the *Transcendental* is simply Being from the human perspec- tive——or Reality in relation to humanity. This notion of the *Transcendental* or *field universal* is clearly implied in the following closely related sets of distinc- tions in the *Dao – De – Jing*: *you* and *wu* （有與無 being and non – being）, *youwei* and *wuwei* （有為與無為 action and non – action）, *ming* and *wuming* （名與無名 name and nameless）, and *ren* and *ziran* 人與自然 humanity and nature）. Actually, underlying all four sets of distinction is but one crucial dis- tinction, a distinction between two kinds of human *activity*——namely, *activity* that is in harmony with nature and *activity* that tends to destroy the natural integ- rity *(de* 德） of our humanity. It is to be borne in mind, however, that whether it is *activity* that has the power to preserve our pristine naturalness or *activity* that causes our life to be stranded in the mire of civilized conventionality and concep- tuality, it is *articulate action* all the same. Indeed, for the *Dao – De – Jing* as well as for the *Yi – Jing*, Reality is all about *activity* and the *partition* or (to borrow a Hegelian term) *diremption of activity. Activity* good and *activity* evil, *activity undefiled and activity* defiled, *activity* natural and *activity* unnatural, *activity* intelligible and *activity* unintelligible, *activity* free and *activity* in bondage——these are but some of the most notable examples in the ontological grammar of *articulate action* and *diremption*. The character of an ontological discourse is fundamentally determined by the *principle of diremption* and the *matrix of conditionality* structm · ed by it.

In a substantialist philosophy as notably exemplified in traditional Western metaphysics, the *principle of diremption* is the *Entity*, or more exactly, *the Perfect or Ideal Entity* ——a logical god or absolute. In a non – substantialist or relational philosophy, on the other hand, which is prominent in the *Yin – yang* cosmology in the *Yi*! *Dao* tradition, the *principle of diremption* is the *Dyad*—— the *Perfect Dyad*. In *Field – Being*, however, the *principle of diremption* is the *Field*, the perpetually self – environing, self – directing, and self – transforming *Field*. But the *Field* is not different from the Being of beings, the *Prescencing of Activity*. In fact, there is no Being apat · t from the *Field*, from its *field* character. For Being is the Being of *fielded beings*.

*Dao* is the *Transcendental*, the *field universal* in the *Prescencing of Activity*. To put it succintly, the *Field* is the ground of articulation in Being. Since *activity* has no *otherness* (there is no going beyond *activity*) and is an *undivided whole*, Reality is the internal affair of *activity*. This in the *Dao – De – Jing* is what defines the *oneness* of *Dao*. "The Way of *Truth* (Dao)," says the *Dao – De – Jing*, "arises from the *One*." (*dao slung yi* 道生一) For existence and truth, power and experience, being and becoming, goodness and beauty, and so on——all belong to the internal business of the *One*. As the *principle of diremption*, the *Field* is how the internal affair or business of the *One* is conducted, so to speak. Thus, all *articulation* is *reflexion*. Just as every wave or ripple in an ocean is an articulation of the ocean water actingas a whole upon itself, so in the boundless ocean of *Dao*, all beings or manifestations of articulate *activity* are field – determinations of its infinite *reflexivity*. The *Dao* in its undivided oneness bends back upon or encircles itself. Being or the self – articulating action of *Dao* is, in mythological terms, *uroboric*. The *Uroboros* bites its own tail. One cannot find a more poignantly adequate andprofound symbol for the *reflexivity of Dao* than in the self – environing action of the mythological animal. The *transcendentality* of – the *field universal* is a *transcenden – tality of reflexivity*. "*Returning* (to itself) is the *Way of Dao* (*jan zhe dao zhi dong* 反者道之動), " the *Dao – De – Jing* observes emphatically and uroborically.

The power that dispenses itself in the *diremptive* movement of *Dao* is thus a *uroboric* power, a power of integrity and flexibility that has its source in the *reflexivity* of the *Let – Be*. This *reflexive* power of integrity and flexibility, symbolized by water, a favorite metaphor for the *Dao – De – Jing*, is what *De* means in the primordial meaning of the verb – word. Like the English "virtue," *de* is originally a concept of power which has perhaps its pre – conceptual origin in the articulate experience of the human body. The *de* of the human body is its inherently *reflexive* power that accounts for its integrity and flexibility. Confining ourselves to the example at hand, we can see how power and experience are internally related, and how both aspects of *activity* are interfaced by the *field principle* . All bodily actions or movements are manifestations of its *reflexive* action. Whatever it does, it is the body acting as a whole upon itself . But in acting upon itself the body is *in touch with* itself, feels and tacitly (at least) knows itself. Hence , experience is simply the other side of power, and *sensitivity* is inseparable from *reflexivityv*. If power is *activity* in self – transformation, then experience is *activity* in self – penetration . Together they define the inner reality of *Field – Being* that is *Dao* .

The human body is itself a *field universal* in microcosm. Like everything else in the universe it is in reality a *concrescence* of articulate action originating from the power of integrity and flexibility inherent in it. Much of the polaristic language of the *Dao – De – Jing* and the *Ying – Jing* seems to be derived from reflections on the *reflexive diremption* and *self – complexion* of the human mind/body——that is , the articulate particularization in movements, gestures, expressions, moods, feelings or motions, and thoughts . Here, the word *"complexion "* is to be understood *verbally* as *plaiting of articulate activity* in the making or production of *complexities*. In *Field – Being* , the substance – attribute mode of thought underlying the *entitativism* of traditional western metaphysics is replaced by what we call the *aesthetic – topological connection*. What is *"aesthetic "* is the experiential – dynamic interplay of energy and meaning that is intrinsic to any *power concrescence* of articulate action in the making of *complexitie s*. *Activity* is indeed *substantial* if we insist on preserving the language of substance and substantiality. But this is not "substance" in sense of a *vacuous substrate* of attributes or qualities, but an *aesthetic substance* ——or *substance* as *power*. Thus conceived, the *aesthetic* is inescapably *topological*, being internally bound to the *domain*, *region or place* of *Field – Being* wherein its *complexive* contents are *diremptively* structured and conditioned. Strictly speaking, the power of integrity and flexibility inherent in my mind/body does not reside in my mind/body , but in the region or place in which it is *complexively fielded* . This *fielded region or place* which my mind/body occupies is the *Field – for – me* in my existence. Thus in place of the traditional substance, substrate or quality – holder in the entitative metaphysics, we speak of the *fielded region* or *place* of *complexive* action——the *shih – wei* (shi wei 時位 . ) concept in the *Ying – Jing*. The *aesthetic – topological connection* then is a connection then between a *fielded complexity* and its *fielded region*. It is interesting to note that in a sense the *fielded region* is just as vacuous as the entitative substrate——but with a radical difference . For while the vacuous substrate is externally related to the attributes or qualities it is supposed to be the holder, the vacuity of the *fielded region or place* —— (called xu 虛) in the *Dao – De – Jing* ——is internally connected to the *complexive* contents *empowered* and *topologized* in it. The *fielded region* is *vacuous* because it makes room for the *topologized complexities*. What makes room in the *fielded region* is, of course, the *field universal ( Dao )* and its all encompassing Power as dirempted in the *fielded region ( De )* . It is in virtue of the *fielded region* that I am a *fielded being*, wherein the *Let – Be* lets me be *here – and – now*.

To think along somewhat Heideggerian line, we might say that the *fielded region* or *place* is the *Da* ( place ) for the *Zein* ( Being ) in the human *Dazein*. But while for Heidegger the locution " human *Dazein* " is a redundancy ( all *Dazeins* are human ), for *Field – Being* it is a theor etical necessity . For us the concept of *Daze in* is not defined in terms the conceptual understanding of Being, but generally in terms of the receptivity and appropriation of *fielded beings* in the *provinciality* of their regional experience and truth. If *Truth* in the primordial sense is simply the self – revelation of Reality, that is, the *Prescencing of Activity* in a region of *Field – Being*, then a *"Dazein " ´* is definable as any regionally *fielded being* where *Truth* and the experience of *Truth* occur. In so far as *experience of Truth* is basically a matter of receptivity and appropriation, every *fielded being* is a *bearer of Truth* and participates receptively and appropriately in the Way of *Truth* as the *Event of Appropriation*. And this, too, is an important component in the meaning *Dao* . The *Dao – De – Jing* admonishes us to follow the Great *Dao*, to orient ourselves properly to the Way so as to return to the pristine state of our natural integrity, much as the friends of Nature did among the ancient Greek thinkers who advocate the return from *Nomos* to *Physis* .

The focal point for the *Field – Being* theory of reality then is not the *entitative substance*, but the *fielded complexity in a fielded region* . It is here in the analytic of the *diremptive polarism* of *complexion* underlying the *aesthetic – topological connection* that the most profound meaning of the *Yi*! *Dao* ontology and cosmology is to be understood and appreciated . *Complexion*, let us recall, is the *plaiting* of *activity* in the articulation and making of *complexities*. Unlike the entitative approach in the substantialist metaphysics which tends to place the *complexive phenomena*, that is, the *complexities* that appear or come to stand in the light, so to speak, in a *truncated space* between an entitative subject and an entitative object, the vision of *Yi*! *Dao* thinker is radically different in this regard. In the *Field – Being* ontology and cosmology of the *Yi/Dao* tradition, there is really no space at all separating the subject and the object of perception. In the Great Ocean of *Dao* pervaded by the fullness of articulate *activity*, subjects or *activity* as feelers and perceivers are *intimately in touch* with their objects or *activity* as felt and perceived. There is no real gap or separation between the subject and the object of perception. For perception or experience in general is an internal affair of *activity*. It is just *activity* in touch with itself. And this *"in – touchness "* and interpenetration of *activity* is always the product of a *power concrescence*, a *co – efficient affair* engendering *multi – facial* manifestations as its *complexive effects*. Appearance indeed is a *co – efficient multi – face* of Reality.

The perceived apple, a *complexity* that is the product of a power *concres-*

cence including the contribution of the articulate action within the apple itself
(the apple – occupied region), that of the sun light, that of the atmosphere,
and so on. And the *"face "* of the apple, its appearance as perceived by me, is
only one among a multiplicity of *faces*, a *face* for the cat near by, a *face* for the
fly on the apple, a *face* for the pulsating energy in a particle of dust in the air.
Indeed, the perceived apple has as many *faces* as there are *perceipient energy* or
*fielded beings* in the universe. The demarcation of subject and object is only a
matter of theoretical convenience. Every *percipient energy* is a subject in itself
and perceives the whole of *Field – B eing* from the standpoint of its *fielded re-
gion*. But like every thing else in *Field – Being* perception is not a static act,
but a flowing movement. That is why in the *Yi! Dao* philosophical tradition, the
subject – object distinction as an analytic theme is almost non – existent. In-
stead, the *Yi/Dao* philosophers centralize the notion of *gantong* ( 感通) or *ga-
nying* (感應) so as to accentuate the peculiar subjectivity of the flowing subject
in *Field – Being*. Literally, *gantong* means a "feeling through," and *ganying* a
"feeling response. 11 The best translation of these two terms in the light of the
above discussion is *"prelzensive penetration "* or——better still, *prehensive in-
terpenetration*," keeping in mind the signification and connotation of the White-
headean use of the term *"prehension. "* In *Field – Being* and the *Yi! Dao* tra-
dition then, perception and subjectivity are just another way of talking about the
*prehensive penetration* and *interpenetration* of *activity*.

Now if Appearance is the *co – efficient multi – face* of Reality, then Reality
is the *conjugational inter – face* of Appearance. For the *diremptive complexion* of
*activity* is at heart a matter of *conjugation*, that is, a joining or fusion of forces
and tendencies. The conjugation of verbs in grammar, as we see it, arises origi-
nally from the attempt to conceptualize our experience of the *conjugation* of *activ-
ity*. And the concrete expression of the *conjugating activity* ( that is, *activity* as
*conjugating*) is what we call the *"field potential. "* Unlike the concept of poten-
tiality in the entitative metaphysics, as, for example, in the Aristotelian concept
of the *ousia* or primary substance, the *field potential* is not confined to any par-
ticular *complexity* or *region*. On the contrary, the *field potential* as the bearer of
the joining or fusion of forces or tendencies in the *Field*, is everywhere and
therefore no – where. Every *field potential* pervades in its efficacy the whole of
*Field – Being*. And although it does not belong to any particular *complexity* or *re-
gion*, it is necessarily and appropriately (*reflexively* bending in) in a particular
way by the *fielded complexity* and *region* that it locally *activates* or *energizes*. This
mutual conditionality between the *field potential* and the *fielded complexity* and
*region* is the moving axis of the *diremptive* movement in *Field – Being*. Herein
we find the concrete meaning of the whole – part relationship in *Field – Being*
ontology.

A *field potential* is a Force emanating from Power of the Whole, the *field u-
niversal*; and the activation and energization of the *fielded region* by the Force
thus represents the action of the whole on its parts. On the other hand, the ac-

tion of the Force as inflected in a *fielded region* is topologically conditioned by the *complexity* of that *fielded region*. This then represents the effect of the part on the whole. Furthermore, the conditioning *region wherein* the Force of the Whole is *inflected* is determined by the *conzplexive effects* of past or antecedent action:

Appearancc is always the appearance of an actuality or consummated *activity*, that is, fulfillment of a *field potential* in virtue of the power of a living action. Thus *field potentials* are, strictly speaking, *"jaceless"* in the sense that they operate only between "jaces" ——hence, the designation *"inter – facial"* or *"inter – face."* The *conjugating activity* is also an *intel jacial activity*. In the notion of the *field potential* then is united the polarities of whole and part and of appearance and reality.

Now *field potential* is in essence the concept of force or tendency of action. If the inner reality of *Field – Being* is a function of the inner dynamics of *complexion*, then the inner dynamics of *complexion* is in turn a function of the inner dynamic of force. The *hidden narrative* of *Field – Being* in the *Yi! Dao* tradition may now be unfolded in the clearest relief of expression. hat appears to be enigmatic about the *sayings* and symbolic devices in the *Dao – De – ling* and the *Ying – ling* may turn out to be the most profound platitude that would strike us as plainer than the day that is, if we confine our attention only to the quintessential. What, let us ask, is the symbolic meaning of the broken and the unbroken lines of which the sixty hexagrams composing the textual – divinational basis of the *Yi – ling* are each derived? How do we account for the bewildering sets of dyads in the hermeneutics of the *yin – yang* cosmology? And indeed, what is the *yin – yang* polarity all about anyway?

In light of the above discussion, the answer to these questions are readily obvious. The undivided and the divided lines symbolize none other than what we *callfield potentials*. And the *yin – yang* polarity is intended to conceptualize the inner dynamics of *complexion*: it is fundamentally the polarity of *conjugational* forces. The bewildering number of *yin – yang* dyads that have arisen historically in the *Yi! Dao* cosmological tradition reflects an attempt to capture the many – sidedness and multiple dimensionality of *complexion*. There are *complexities* and *complexities*. The plaiting of articulate *activity* in the making of *complexities* admits no simple determination and definition. For the number of forces operating in the *Field – Being Continumn* are indeed infinite. Yet in spite of the *complexity* of *complexities*, the *Yi! Dao* thinkers did make an attempt to penetrate to the inner reality of *Field – Being* in order to unravel the pristine simplicity that is the basis of all articulate action. And what they believe to have found is symbolized in an equally simple symbolism——the undivided and the divided lines, which have come to be known, in the technical language of *Yi – ling*, as the *yang yao* 陽爻 and the *yin yao* 陰爻 If we have been correct all along in interpreting the *Ying – ling* philosophy as a philosophy of *activity*, then the two *yaos* must represent the simplest and most fundamental tendencies of articulate action——to wit, the tendency to perpetuate itself in a certain form and the tendecy to change, to interrupt itself so as to trans – form itself in a different direction. What can be more natural to represent the continuation of *activity* by an undivided line, and the idea of interruption and change by a line that is broken in the middle? If we substitute the *yang* and the *yin* line respectively by the numbers 1 and 0, as the great Leibniz did, then the modern and contemporary relevance of the *Yi – Jing* is all too obvious. For is it not the combination of 1 and 0, the continuation and interruption of articulate action, the very foundation for what is now called the digital conception? The inner dynamics of *complexion*, the plaiting of *activity* into *complexion*, now turns out to be the *inner dynamics of digitalization*. But the digital conception in the *Yi*! *Dao* philosophy is an ontological – cosmological notion, and not merely a mathematical, scientific or technological idea. It is possible to derive almost all the seminal signification of the *yin – yang* polarity from the digital conception of the undivided and the divided lines. Thus, for example, one derives the concept of *Receptivity*, represented by the Hexagram *Kun* (坤), from the recognition that interrupted *activity* is necessarily in the past as effects of accomplished action, thus providing the objectified ground for future action. On the other hand, uninterrupted *activity* symbolized by the undivided line is by definition fresh, living *activity* in process of becoming, hence the idea of the *Creative*, which is none other than the meaning of *Qian* 乾), the first Hexagram. In the *Yi*! *Dao* tradition, *Qian* and *Kun*, the polarities of *Creativity* and *Receptivity*, have come to be equated with the *Heaven and Earth* (*tiandi* 天地) of *Field – Being* ——or, in the familial metaphor, the *Father and Mother* in the cosmic *Family of Dao*. All this is very natural and logical from the standpoint of the *Yi*! *Dao* thinkers.

The *Yi*! *Dao* thinkers are said to be adept in their analogical articulation of Reality. They are said to be proficient in appropriating their immediate experience and apply the insights thus derived to what is far and distant (*neng jin qu pi* 能近取譬). Perhaps from the *Field – Being* standpoint, what is of the greatest theoretical interest is the way the *Field – Being* narrative in the *li/ Dao* tradition has been analogically derived from the primordial, originary narrative of the human mind/body. This may sound at first naive and unsophisticated. But a moment's reflection will show that this is perhaps the plainest and yet the most profound approach to Being. For after all, is it not through the activities and movements of the human body, the upright walking human body, that Reality is disclosed to us in the *fielded region* of its *Truth*? But such task is beyond the confines of this paper.

(11th International Congress on Chinese Philosophy Taipei/Chiayi, July 25 – 29, 1999)

# 7. Field – Being, Heidegger, and Eastern Thought ( An Preparatory Outline)

## ( 2000 )

The Dao gives rise to the One;
The One gives rise to the Two;
The Two gives rise to the Three;
The Three gives rise to the ten thousand things.

*Daodejing* : 42

## Part I   All is Activity: The Field – Being Perspective

1. A metaphor: Suppose the universe were a boundless ocean, and all things were, as Thales suggested, indeed made of water, what would be the meaning of "Being" in this hypothetical and metaphoric scenario?

2. In reopening the question of Being, Field – Being Philosophy ( FBP) submits:

a. There is no reason why Being must be understood in the Parmenidean or qusai – Parmenidean sense as ordinarily conceived in the dominant tradition of Western metaphysics. This Western interpretation of Being is the product of an historical event: the substantialization of Being in Western philosophy wherein the primordial experience of Being, the arche in Pre – socratic thought, has come to be identified with the notion of a Logical Absolute or Perfect Entity.

b. Being is a verb – word. The primordial meaning of the verb – word is meant to capture a universal verbal experience: the articulate self – presencing of a boundless plenum of *activity*. This primordial universal experience of Being is what was originally given to the Greek word arche, the Sanskrit word Brahman, and the Chinese word Dao. These are all originary verb – words in their respective traditions.

c. In reopening the question of Being, FBP retrieves the primordial universal experience of the originary verb – words underlying the historical traditions of philosophy. In FBP the originary verb – words are recognized as metaphoric proper names for the primordial universal experience of Being.

3. The Field – Being Vision

a. The universe is not a collection of substantial entities, but a bound less plenum of *activity* called the Field – Being Continuum which is conceived as the

*Act* of the *Let – Be*, the *absolute* or *ultimate activity*. The *Let – Be* is *absolute activity* because it has no otherness, and it is the *ultimate activity* because it is the ultimately all – encompassing foundation of all existence. More exactly, the *Act* posits itself as the Source, the Ground, and the World of all existence that constitute in it s undivided wholeness the *Trinity of Dao* .

b. The *Act* is everything. All determinations are diremptive functions of the *Act*, and all concepts or categories are *Act* derivatives and hence *Act* equivalent. FBP endorses a radical monism of *activity*.

c. The *Act* is both pure action and articulate action. In so far as it is pure action, the *Let – Be* or *ultimate activity* is in the absolute simplicity of its self – empowerment, being pure or non – articulate in energy, meaning, and experience. This is the realm of Absolute Openness in Field – Being wherein the boundless plenum is an aesthetic undifferentiated continuum. But pure action is not separable from articulate action. For while pure action constitutes the inexhaustibility of articulate action, articulate action is the self – definition and self – affirmation of pure action. This internal diremptive relationship between pure action and articulate action, which forms the inmost essence of the *ultimate activity*, we call the inner dynamics of the *Let – Be*. As such, it is what defines the noumenal dimension in Field – Being.

d. The phenomenal is what stands out or emerges from the noumenal, that is, the self – referential, finite centers of *activity* that emanate or unfold themselves in virtue of the inner dynamics of the *Let – Be*. As such, they are all situated in their respective regions or loci in the Field – Being Continuum, now understood as a field – topological continuum of articulate action. While Being names the Continuum in its articulate self – presencing, the concept of Field denotes the Continuum as a topological – conditional matrix in its undivided wholeness. But the self – articulate presencing of the boundless plenum is simply the flip side of the topological – conditional matrix in its undivided wholeness—— hence Being is Field, and Field is Being.

e. Now articulation is reflexion, and reflexion articulation. The self – articulation and self – affirmation of pure action, which manifests or unfolds itself as this or that finite center of *activity*, is a reflexive act of the Let – Be, the *absolute* or *ultimate activity* that circles, bends back, or enfolds itself in its undivided wholeness. Such self – articulating and self – environing action is what we mean by field action. Every finite, self – referential center of *activity* is in reality an aspect of the universal, all – encompassing field action. Thus involved in the noumenal composition of a center of *activity*, as determined by the inner dynamics of the *Let – Be*, is both pure action and universal field action, entailing in a dynamic transformation from the aesthetic undifferentiated continuum to the field – topological continuum.

f. The *Let – Be* is radically transcendent as pure act · but universally immanent as field action. It is thus the *Radical Universal* of all existence. Strictly speaking, there is no particular site or place in the Field – Being Continuum that constitutes the region or locus of a finite center of *activity*. The field – topological region of a finite center is always the dynamic conditional matrix in its undivided wholeness. Locality, topologically understood, is a matter of standpoint or perspective . The topological region of a finite center of *activity* is simply the Field itself from the standpoint or in the perspective of that center. My region is the Field for me, you region the Field for you. You and I are both participatory components of the *Radical Universal* in its field action.

g. Radical monism then is the monism of the *Radical Universal*. But this is not a monism which asserts the reality of the One at the expense of the many, a monism which relegates the diversity of things to the realm of the unreal. On the contrary, the monism of Field – Being is the only form of monism in which permanence and change, unity and diversity are not only compatible, but are in perfect harmony. This is the notion of the *Let – Be* conceived as the *Awesome Interface* in virtue of which all distinctions and opposites are, at the ultimate level of existence, harmoniously trans – differentiated. Here, every thing or center of *activity* has a unique role to play in the universal Theatre of Field – Being. But uniqueness is not to be identified with articulate definiteness, but rather with the interfaciality of the definite and the indefinite in the inner dynamics of pure action and articulate action. For there is no one single, completely finished Drama of *Activity* , but rather an indefinite conglomeration of multiple dramatic plots concurrently played out on the Stage of Field – Being, each of which is in process of being rewritten and is essentially incomplete.

h. The so – called enduring things, individuals, or objects in our ordinary experience are all centers of *activity*, each of which forms a concrete order of existence. An existent in Field – Being is either an identifiable center of *activity* or an abstraction from a given center or centers of *activity*. The latter may also be referred as life – forms in so far as they are feats of empowerment, and trans – finite subjects in so far as they are sojourners on the *Trinity of Dao*.

4. Being, the articulate self – presencing of the boundless plenum of *activity*, is a diremptive function in truth and in reality. The diremptive *Act* is both a truth – process and a reality – process. It is a reality – process in so far as the *ultimate activity* is self – defining and self – affirming in virtue of its creative articulations. But it is likewise a truth – process in so far as it is self – illuminating and self – revealing in its reflexive transparency.

i. Here identity is fundamentally a role concept. The identity of a thing or existentis the mode of its participation in Field – Being. Since all existents participate in the diremptive affair of the *ultimate activity*, all identity is the identity of a diremptive function, that is, the role a thing or existent performs in the inner dynamics of *Let – Be*. But the diremptive function is a many – sided affair. Everything in the Field – Being universe performs as many roles as the multiple ways it is trans – differentiated with every other thing in the universe. Upon closer analysis then the concept of identity comes to acquire the meaning of a functional or field – topological interface. As a center of *activity*, my identity is what gathers interfacially all my participatory functions in the Drama of Field – Being and from the perspective of the topological region in which I am situated. And the ·*Awesome Interface* which gathers all roles and functions carried out in the field – topological continuum is thus the identity of all identities. If we let Q and q stand for, respectively, the *Let – Be* or the *ultimate activity* and any particular existent or finite center of *activity*, then the notational schema Q. q may be said to denote the concept of the diremptive function in general. In this schema the diremptive operator represented by the dot in the middle which serves both to separate and connect the two terms Q and q is crucial for the conceptual meaning of the notation. The basic implications of the diremptive operator includes the following:

· The *Act* as such: the internal relation between the *Let – Be* ( Q ) and what is let to be ( q );

· The existence of q as an emanation from Q;

· The *Awesome Interface* which determines reciprocally the functional identity of Q and q;

· The traversion of the *Trinity of Dao* in the emanation of q from Q;

· The feat of empowerment in the aesthetic essence ( the interplayful configuration of energy, meaning, and experience ) of Q which sustains q as a life form;

· The clearing or reflexive transparency which constitutes the diremptive function as a truth – process——the self – revelation of the *Act*;

The becoming or causal efficacy which constitutes the diremptive function as a process of reality——the *Act* as a self – realizational movement;

· The transcendental horizon as a special field – topological interface connecting the phenomenal to the noumenal;

· Space as transcendental horizon of karmic matter, and Time as transcendental horizon of vibrant energy;

· The union of vibrant energy and karmic matter in karmic labor in the transcendental – horizonal unity of space – time;

· The Samsaric Cycle constituted by the re – incarnation of power and recycling of aesthetic complexity in the reciprocal movement between and q;

· The cocoonization of power concrescence which, as field action at work, defines the concrete meaning of existence in truth and in reality;

· Any conceptual determination or narration of Field – Being which mediates between Q and q;

· The ontological necessity and historical contingency of a philosophical system or conceptuality.

5. The Field – Being Narrative FBP is an exercise in Field – Being narrative. And all Field – Being narratives are narrative of the diremptive function. It is through the narration of the diremptive function that the Field – Being categoreal scheme is constructed. The crucial steps consist in reopening the question of

substance and the equation of the diremptive function with the complexification function, namely, with the self – unfolding of the *Act* as the *Trinity of Dao* and with the emanation of finite centers of *activity* as field – topological traversion of the *Trinity of Dao* within their transcendental horizons.

6. Substance as Power: The Aestheticism of Field – Being In Field – Being substance is the power of *activity*. Every strand or topological formation of *activity* is a feat of empowerment determining the dynamic contour of the Field – Being Continuum. Every feat of empowerment is a topological configuration of the field potential involving a power concrescence of energy, meaning, and experience——the dynamic composition or aesthetic complex which determines the concrete contents of *activity*. The complexification of power as determined by the interplayful triplicacity of energy, meaning, and experience is what defines the meaning of "aestheticism" in Field – Being. This notion of aesthetic complexity may be further explicated as follows:

a. The Energy of *activity* is its capacity for work, its ability to produce effects. The different forms of energy involved in a power concrescence are differentiations of pure energy in the self – articulation of pure action.

b. The Meaning of *activity* is the inflectional or enfolding – unfolding character of its diremptive function, the in – formation that *activity* exhibits in acting upon itself. Pure meaning pertains to *activity* in the non – inflectional state in which enfolding and unfolding are one. Articulate meaning may be physical or conceptual. Physical meaning is the non – mediated reception of information, the inflectional impact of *activity* directly felt. In the case of conceptual meaning, on the other hand, information is received at a distance, being mediated by a symbolic continuum of signifying interfaces such as signs and concepts.

c. The Experience of *activity* is the way it is reflexively and topologically in touch with itself in energy and meaning. More exactly, it is the way *activity* appropriates itself in its reflexive transparency and topological self – penetration which define the meaning of consciousness in the Field – Being sense. While pure experience is the appropriation of *activity* in the perfect simplicity and reflexive transparency of non – differentiated consciousness, articulate experience is the way *activity* appropriates itself in proportion to the reflexive intensity of its topological self – penetration. The modes of experience given in human consciousness such as sense perception, memory and i-magination , understanding and apperception are all modes articulate experience.

7. The *Trinity of Dao*: The Unfolding of the Field – Being Continuum The *Trinity of Dao* pertains to the *Act* of the *Let – Be* in its dynamic – topological unfolding of the field potential. More exactly, it lies in the transcendental unfolding of the Source, the Ground, and the World in virtue of the inner dynamics of the *Let – Be*——the underlying reality of the Field – Being Continuum. The transcendental unfolding proceeds as follows:

The Dao in itself is the *Act* of the *Let – Be* in its Absolute Nothingness (wu), which may be characterized as the fullness of *activity* that is empty, and the emptiness of *activity* that is full. This is the realm of pure *activity* wherein the field potential resides in the pre – diremptive state of pure energy, pure meaning, and pure experience. In the state of Absolute Nothingness, the Field – Being Continuum is an aesthetic undifferentiated continuum. All life – forms emanate from the Absolute Nothing as diremptive feats of pure empowerment in pure energy, pure meaning, and pure experience. Each diremptive feat in its aesthetic complexification is an aspect of the field potential in its undivided wholeness.

The Source is the *Act* of the *Let – Be* in its Firstness that arises primordially from the Dao in itself or the Absolute Nothing. The Source is the realm of primordial openness wherein the field potential is articulated in its undivided wholeness as an archetypal plenum of pure possibilities before the onset of the karmic warp, the topological configuration and ordering of the archetypal continuum by karmic matter——that is, the accumulated effects of consummated articulate action. In the state of primordial openness, the Field – Being Continuum has transformed itself from an aesthetic undifferentiated continuum to an archetypal field – topological continuum. Here the emanated feats of pure empowerment will receive its primordial endowment of pure possibility in its ingression at the Source.

The Ground is the *Act* of the *Let – Be* in its Secondness in virtue of the causal compulsion of the karmic warp. This is the realm of dialectic openness in which the field potential has become a vectorically or teleologically strained plenum of opposing forces competing for realization in the cocoonization of power concrescence arising out of the warping of pure potentiality by karmic matter. The Ground is the topological – conditional matrix of real possibilities wherein every dynamic center of *activity* is a regional birthplace of actualities, the innumerable self – becoming creatures emerging out of the cocoonizing process of the field potential. Having been primordially endowed at the Source, the emanating, regionally anchored life – forms now receive its environmental heritage of causal efficacy (or topologically ordered real potentials) at its ingression in the Ground under the compulsion of the karmic warp. In the realm of dialectic openness the Field – Being Continuum has further transformed itself from an archetypal field – topological continuum to a vectoric or teleological field – topological continuum.

The World or the *Act* of the *Let – Be* in its Thirdness, the realm of diremptive closure and re – openness, is marked by the transcendental and trans – finite arrival of actualities in the satisfaction or fulfillment of their emanate subjectivity, made possible first by their primordial clarification of archetypal ambiguity at the Source and then by their topological resolution of dialectic tensions on the Ground. The arrival of the emanating life – forms in the World is characterized as "transcendental" because it is in its dynamic essence a working out of field potential from the noumenal ( the participation of the life – forms in the inner dynamics of the *Let – Be*) to the phenomenal ( the unfolding or manifestation of the life – forms as an interfacial profile in truth and in reality) within the topological – conditional matrix of their own respective region. And the arrival is described as " trans – finite" inasmuch as the process of self – becoming which constitutes the very being of a life – form is a diremptive journey of traversion on the *Trinity of Dao* ——a journey involving the transformation of power from the undifferentiated state of pure energy, pure meaning and pure experience to the differentiated state articulate energy, articulate meaning, and articulate experience. The emanate subjectivity is truth and reality a subjectivity of karmic labor, which consists in essence in the attainment of the creative spirit in a unity of freedom and solidarity from out of the cocoonization of power concrescence made possible by the overcoming and creative transformation of karmic matter. The transfinite arrival marked by the consummation of karmic labor is a field – topologically ordered trans – historical event that bears a unique cosmic signature ( signature of cosmic order ) in the transcendental horizon of Space – time. Hence, the Field – Being Continuum in its Thirdness is appropriately termed the Transcendental or transfinite space – time continuum. The diremptive function conceived as the *Trinity of Dao* may be represented in the following table.

**The *Trinity of Dao* ( Table 1 )**

| The *Act* in its Absolute Nothingness | Unity of *activity* in the identity of fullness and emptiness | FBC as an aesthetic undifferentiated continuum |
|---|---|---|
| TheSource: The *Act* in its Firstness | Realm of Pure Potentiality | FBCas an archetypal field – topological continuum |
| The Ground: The *Act* in its Secondness | Realmof Real Potency in virtue of the karmic warp | FBCas a teleological field – topological continuum |
| The World: The *Act* in its Thirdness | Realm of Transcendental or transfinite arrivals | FBC asa transcendental or transfinite space – time continuum |

# II A Field – Being Narrative on Heidegger and Eastern Thought

1. Field – Being narrative of Heidegger: An commentary or interpretation of Heidegger's philosophy from the perspective of FBP. How does Heidegger appear in the mirror of Field – Being? The nature of the mirror is determined by the

Field – Being narration of the diremptive function.

2. There is no notion of the ultimate reality in Heidegger as in Field – Being and the perennial traditions of philosophy. Q is absent from Q. q.

3. Being in Heidegger is equated with Truth (aletheia), that is, the clearing wherein the conceptual understanding of Being in Dasein occurs. He is neither interested in Q as such or in q as such, but in Q. q as a truth – process. Thus Heidegger's Being thinking is one – sidedly aletheological, just as traditional metaphysics is one – sidedly aitiological: the former emp hasizes the truth – process at the expense of the reality – process, while the reverse is true in the latter.

4. But the truth – process in Heidegger is grasped too narrowly: Being as Truth is a matter of conceptual understanding which is not only confined to the historical Dasein but is further restricted to the historical Dasein in the Western – European tradition, which he correctly saw as a tradition marked by the substantialist tendency towards enticization or reification and thus an aletheological oblivion of Being (as Truth) .

5. In Field – Being the truth – process is simply the self – presencing of the Field – Being Continuum in its reflexive transparency from the standpoint of a trans – finite subject (Q. q) . But Q. q as a truth – process is an *Act* of the *Let – Be*, the *ultimate activity*. Also, the reflexive transparency of Field – Being is much richer concept than the Heideggerian clearing: it involves the self – revelation of *activity* in both the physical (meaning as direct information) and the conceptual (meaning as indirect or mediated information) sense. Because it has no notion of ultimacy, Heideggerian thought cannot accommodate the meditative dimension of human experience——the self – penetration of *activity* to the source and ground of existence (reversion on the *Trinity of Dao*) so fundamental to Eastern thought. In spite of Heidegger's transformation of Husserlian phenomenology, intentional consciousness at the conceptual level remains the sole domain of access in his interrogation of Being.

6. In Field – Being the reflexive transparency of *activity* is not to be confined to humanity. Here the notion of Dasein (existence) is redefined in terms of the diremptive function: A Dasein is any life – form or center of *activity* conceived as a field – topological occupant and a trans – finite subject. Hence there are non – human as well as human Daseins. The "Da – " in Dasein is the region of the trans – finite subject in its field – topological occupation and vocation , which consists in its diremptive emanation from the *Let – Be* ( Q ) and its transcendental traversion on the *Trinity of Dao*.

7. Since the truth – process is not separable from the reality – process: the reflexive transparency of Field – Being is but the other side of its causal efficacy——the self – revelation or self – illumination of *activity* is in no way detachable from its self – realization. The clearing of Being is not separable from Being at work. Just as there is the aletheological oblivion of Being in traditional metaphysics, so there is, as already noted, the aitiological oblivion of Being in Hei-

degger. Both are equally one – sided. An adequate understanding of the substantialization of Being in traditional metaphysics is only possible by taking into account this inner connection between truth and reality.

8. The aitiological oblivion of Being in Heidegger has serious consequences for his philosophy. His analytic of the human Dasein fails to do justice to some very fundamental components of human experience: the experience of empowerment, of vibrant energy and karmic matter, of causality and conditionality in nature, of the centrality of the body as the locus of power concrescence, of sensuous perception——in short, of all that is intimately involved in the self – realization of *activity*.

9. The concept of horizon in connection with the truth – process is not clear in Heidegger. In Field – Being the horizon is a field – topological interface—— representing the crossing of the opposites (between permanence and change, the noumenal and the phenomenal, the invisible and the visible, subjectivity and objectivity, freedom and necessity, etc.) in a particular region of existence in the Field – Being Continuum. Thus understood, the concept of the horizon is intimately connected with the concept of the a priori, which defines the meaning of the transcendental in Field – Being. In Field – Being a priori is a field – topological concept, which include both nournenal and phenomenal components. The field – topological a priori of a region is the sum of noumenally and phenomenally causal conditions that form the conditional matrix for that region. The field – topological a priori that prevail in the domain of the human Dasein includes inveterate mental habits, the a prioriś in the Kantian sense.

10. Because of the absence of karmic matter in the Heideggerian scheme, there is no concept of space in the Field – Being sense——namely, as the transcendental horizon or field – topological interface of karmic matter.

11. By the same token, the absence of vibrant energy in the Heideggerian conception of the human Dasein entails his failure to recognize the meaning of time in the Field – Being sense, that is, as the transcendental horizon or field – topological interface of vibrant energy in the boundless plenum. Heidegger conceives of time only in the context of intentional human consciousness, that is, as transcendental horizon for the projective understanding of Being in the human Dasein.

12. In Field – Being the human Dasein is above all a life – form, a feat of empowerment whose essence is the dispensation of karmic labor——the union of vibrant energy and karmic matter——in space – time. How can an analytic of (the human) Dasein be adequate without a theory of karmic labor——a major component of human experience presupposed in all perennial traditions of philosophy, especially in the wisdom traditions in the East? For Field – Being there are as many systems of karmic labor as there are life – forms or modes of empowerment in nature and in civilized humanity. All cultures endorse creative freedom and wholesome solidarity in karmic labor in some form. [Buddhist nirvana is, for example, definable as complete freedom from karmic labor compatible

with the most wholesome kind of solidarity ( which would mean a life of pure spontaneity unaffected by karmic matter) ]

13. For Heidegger, too, the essence of humanity is defined by Dasein´s freedom, which for him is the same as the essence of Truth. For the freedom of- Dasein lies in his transcendence of the world, that is, in his constituting the place (Da) for the truth – process, or, as he put it, in being the "shepherd of Being. " Clearly for Heidegger, the Being of beings ( including the Dasein con- ceived as an entity among entities) is only manifest in virtue of Dasein´s tran- scendental function. There is considerable ambiguity in the relation between the entitative Dasein and the transcendental Dasein in Heidegger´s account. Insofar as Field – Being is concerned, the transcendental function belongs to every life – form, not to be confined to the human Dasein. Since everything is trans – dif- ferentially interdependent and inter – related with everything else in the Field – Being universe, it is not the human Dasein as such but the Field itself in its un- divided wholeness which constitutes the place——we call it the "transcenden- tal" or "transfinite arena" ——for the truth – process or the self – revelation of Being. Every life – form or center of *activity* is a trans – finite subject in its own right in virtue of its transcendental perspectivity of Field – Being. Every Dasein, non – human as well as human, is a shepherd of Being, reflecting the reflexive transparency of the *ultimate activity* from its own standpoint and defined by its u- nique mode of empowerment. For the ( transfinite) subject, as Wittgenstein so acutely observes, is a limit of the world.

14. In spite of Heidegger´s attempt to overcome the Cartesian dualism through his conceptual recast ing of the human reality in terms of the ineluctable necessity of Dasein´s being – in – the – world as existential projection and com- portment to the non – Dasein entitites, his philosophy remains in the end ( as already noted) a philosophy of intentional consciousness, incapable of extracting itself from the profiling delusion of subjectivism. [The fact that his phenomenol- ogy lacks a meditative dimension has a great deal to do with this. ] This is clear- ly seen in his static and inert conception of the so – called entities and his theory of the world as an equipment totality. The possibility of dynamic, intimate inter- penetration between human beings and their non – human environment receives no serious attention from Heidegger. For Field – Being there are no real static or inert beings. A hammer is as much a center of *activity* as a tree, a dog, a hu- man being, or a galaxy. And involved in every occasion of experience is a welter of various centers of *activity* participating through the interplayful complexity of energy and meaning in a cocoonization of power concrescence . The seeming in- ertness of things like a hammer is the product of a profiling delusion arising from an inveterate tendency of human consciousness towards substantialization.

15. In Heidegger´s analytic of Dasein, authentic humanity is grounded merely on Dasein´s transcendence and his freedom of existential projection. This is too simplistic from the Field – Being standpoint. Heidegger fails to do justice to the role of appetition in determining the motivational and teleological

character of existential projection and human comportment——and, for that matter, of the entire system of karmic labor constitutive of the very meaning of our humanity. By contrast, Field – Being speaks of an underlying appetitional structure called the Mandalic Quaternion or Quaternion of Diremption conceived in terms of the Four Impetuses that together determine the flow of energy in the Samsaric Cycle——the recycling of creative power underlying (a) the diremptive traversion (the Upward Path from the Source to the World) and reversion (the Downward Path from the World to the Source) of all life – forms on their transfinite journey on the *Trinity of Dao* as well as (b) their Rightward (conformal or continuous with established patterns) and Leftward (non – conformal or discontinuous with established patterns) orientations in their creative transformation of karmic matter. Conceived as a vectoric matrix of the Four Impetuses, the Mandalic Quaternion, also called the UDRL system, may be summed up as follows:

U: the Impetus of Individuation——the appetition or propensity of a life – form emerge from Absolute Nothingness and the Source (the One) through the Ground to the World (the Many) on the Upward Path of the samsaric cycle;

D: the Impetus of Integration——the appetition or propensity of a life – form to return from the World through the Ground to the Source and Absolute Nothingness on the Downward Path of the samsaric cycle;

R: the Impetus towards Conformation——the appetition or propensity of a life – form under karmic compulsion to seek unity with other life – forms and to conform to the established patterns of articulate action in their environmental heritage;

L: the Impetus towards Non – conformation——the appetition or propensity of a life – form under kamiic compulsion to differentiate itself from other life – forms and to deviate from conformation to the established patterns in their environmental heritage.

16. In the context of human Dasein, the Mandalic Quaternion or UDRL System manifests itself at the level of intentional and meditative consciousness as a system of desires and aspirations, defining the need structure of motivation and teleology in karmic labor. Karmic labor in human Dasein is governed by the desires and aspirations that arise from the Need for Solidarity on the Rightward Path, and from the Need for Freedom on the Leftward Path. The Need for Solidarity which aspires to higher levels of undivided wholeness along the Upward Path we call Higher Solidarity, in contrast to the Lower Solidarity that names the restricted or narrower desires and aspirations for integration on the Downward Path of Individuation. Similarly, Lower Freedom names the desires and aspirations for freedom that is object dependent in virtue of the limitations of self – confining individuality, whereas Higher Freedom aspires towards freedom from the unfreedom of freedom, or freedom from object dependence. The meaning of the UDRL System for humanity may be represented in the following table.

**The UDRL System（Mandalic Quatemion）in Human Dasein（Table 2）**

| Need Structure of Motivation and Teleology | Need for Solidarity（RightwardPath） | Need for Freedom（Leftward Path） |
|---|---|---|
| Downward Path（Reversion on the *Trinity of Dao* as the Path of Integration） | Higher Solidarity（self – integration achieved at higher levels of undivided wholeness） | Higher Freedom（individuation attained in freedom from contentious object dependence） |
| Upward Path（Traversion on the *Trinity of Dao* as the Path of Individuation | Lower Solidarity（self – integration achieved at lower levels of undivided Wholeness） | Lower Freedom（individuation attained contentious and object – dependent freedom） |

17. Subjectivity is experiential appropriation in karmic labor. The subjectivity of an emanate subject is defined by the way it appropriates energy and meaning in its transfinite journey as determined by the need structure or UDRL system of karmic labor. Although the need structure in its generality is universally binding in all life – forms and systems of karmic labor, the relative intensity of the Four Impetuses within the UDRL system will account for the difference in transfinite subjectivity among life – forms. Thus in the Way of Care, the need for solidarity is greater than the need for freedom, reflecting the greater intensity of the Impetus of Conformation over the Impetus of Non – conformation, the reverse is the case in the Way of Wonder wherein the need for freedom is dominant over the need for solidarity, reflecting the corresponding preponderance of the Impetus of Non – conformation over Conformation. Now since both the Rightward Path（solidarity）and the Leftward Path（freedom）have respectively a higher and lower dimension , a distinction must be made between Higher Care and Lower Care in the rightward subjectivity, and Higher Wonder and Lower Wonder in the leftward subjectivity. Hence, the overall structure of transfinite subjectivity in a karmic system may be represented in the following table.

**Transfinite Subjectivity in the Karmic System of Human Dasein（Table 3）**

| Transfinite Subjectivity（Measuredby the Relative Intensityof Need） | TheWay of Care（Rightward Path： Greater Need for Solidarity） | TheWay of Wonder（Leftward Path： Greater Need for Freedom） |
|---|---|---|
| Downward Path（Reversion on the*Trinity of Dao* Towards Higher Levels of Undivided Wholenessand Self – integration） | Higher Care（appropriation at higher levels of undivided wholeness and self – integration） | Higher Wonder（appropriationin the attainment of freedom from contentious object dependence） |
| Upward Path（Traversion on the*Trinity of Dao* Towards Individual Distinctness and Self – differentiation） | Lower Care（appropriation at lower levels of undivided wholenessand self – integration） | LowerWonder（appropriation incontentious and object – dependent Freedom） |

18. In Heidegger's analytic of Dasein, the notion of Care is conceived merely as a formal structure underlying the existential transcendence of the human Dasein, whereas for Field – Being it is the principle of transfinite subjectivity in the human system of karmic labor. Heidegger's conception of transcendental freedom is, from the Field – Being standpoint, a special case of Higher Freedom (and thus of Higher wonder), whereas Lower Wonder would find an instantiation in Heidegger's characterization of curiosity.

# 8. The Art of Appropriation: Towards a Field – Being Conception of Philosophy

## ( 2000 )

### I. Philosophy as *dao* – Learning: The Supreme Art of Appropriation

1. Philosophy is the human pursuit of *dao* – learning carried to the limits. It is at the limits of our perspectivity that philosophical wisdom manifests.

2. What is *dao* – learning? And what do we mean by *dao*? *dao* means "the Way." *dao* is the Way things are, the Way Being itself is. *dao* – learning is a learning that is itself an occurrence in *dao*, an activity that directs itself perspectively and transcendentally to the Way. It is not a science, but an art – the supreme art of appropriation.

3. Appropriation is an activity, which in directing itself the way it does, makes itself its own. It articulates itself in *virtue of* the form of its own becoming. Appropriation then is self – affirmation and self – definition. An activity in thus affirming and defining itself in its self – becoming does something most proper, right, and appropriate to itself: it gives itself its form, its ownness, its unique identity. But self – appropriation is inseparable from the appropriation of otherness. In affirming and defining itself in its self – becoming, an activity must execute or conduct itself appropriately in relation to the world, to its transcendental endowment as well as to its environmental heritage – to the other activities that collectively constitute the field complement of its being. The activity that says "I" can only do so by addressing itself to the "non – I." For the *I am* is only possible in connection with the *they are*.

4. We describe the art of appropriation as the "supreme art" because it is the art of all arts – the art that constitutes the innermost nature or essence of all activities. It is what the *dao* itself is. For the Way things are, the Way Being itself is, is none other than the Way of activity. The *dao* is activity itself.

5. *dao* – learning then is not just any activity, an activity among activities. No, it is rather the inner activity that constitutes the very nature of activity itself. Every particular type of activity has its own *dao*, the Way that particular type of activity appropriates itself. Thus the *dao* of carpentry is the Way the activity of carpentry appropriates itself, the *dao* of singing is the Way the singing activity appropriates itself, the *dao* of government is the Way the activity of governing appropriates itself, and so forth. Insofar as each particular type of activity is an instantiation of the supreme art of appropriation, there is a kind of *dao* – learning appropriate to the particular type of activity under consideration.

The *dao* – learning of carpentry belongs properly to the activity of carpentry, just as the *dao* – learning of government goes properly with the activity of governing. The question now is, What then is the *dao* – learning in terms of which philosophy is defined, the *dao* – learning that is proper to the philosophical activity?

6. The answer to this question may be said to have both a transcendental and a horizontal sense. In the transcendental sense, philosophy as *dao* – learning is an activity that directs itself to the innermost nature of activity, to the art of appropriation as such which is inherent in all activities. This is what we mean by describing an activity as "transcendental." And philosophy, transcendentally understood, is necessarily a reflexive activity – an activity that folds or bends back upon itself. The self appropriation of the philosophical activity occurs in the reflexivity of activity.

7. Now philosophy is not just a transcendental affair, but is also a horizontal affair. Every activity occurs within a horizon of activity, much like a ship sailing towards a horizon in an ocean. More exactly, we conceive the horizon of an activity as that which sets the dynamic stage of appropriation in its process of self – becoming. The horizon towards which an activity directs itself is a function of its situatedness in the dynamic order of things, its topological region, as we may call it, in the Great Ocean of Becoming. What distinguishes the philosophical activity from other types of activity lies not just in its transcendental character but also in its horizonal – topological conditionality. For while all particular activities appropriate themselves in their own situatedness, philosophical activity directs itself consciously and emphatically in its self – appropriation to the utmost limits. But just what is it that reveals itself at the horizonal limits? It is none other than the inmost nature of *dao*, the supreme art of appropriation that reflexively and topologically consummates itself. The limits of *dao*learning then constitute the point of intersection between the transcendental and the horizontal limits of activity. This is what we mean by the limits of perspectivity.

8. Hence philosophy, as we conceive it here, is a rather unique kind of activity, an activity that is transcendentally and horizonally immanent in all human activities. For any human activity is philosophical insofar as it is a pursuit of *dao* – learning carried to the limits. And at the limits of *dao* – learning there are no things as such, for everything in the universe has turned into a "thing – in – itself," an "instance of eternity," as we would characterize it, which is no longer merely this or that particular thing in separation from other things, but is Being itself in its unique absoluteness as viewed from the standpoint of a field – topological region. The limits of *dao* – learning are the point at which particularity commands and embodies the truth of universality in the unique integrity of its own perspective. It is at the limits of our unique perspectivity that the wisdom of *dao* – learning gives rise to itself.

9. In Field – Being Philosophy (FBP), here presented both as a vision of life and reality and as a thought experiment, "Being" means the *One Being*, that

is, the boundless plenum of activity that encompasses all and generates all. The Way is the Way of the *One Being*. Every perspective is a perspective of the *One Being*. *dao* – learning is a learning that directs itself to the *One Being*. And what we mean by the supreme art of appropriation, the art of all arts, is none other than the art of the *One Being*. For the art of appropriation, we will recall, is the art of activity itself.

## II. Truth, Reality, and the Good: The Three Worlds of Field – Being

10. In this postmodern age the term "*One Being*" certainly sounds strange and antiquarian to our ears. Insofar as the Western tradition is concerned, no great philosophers in the twentieth century embrace it. The notion of the *One Being* is found neither in Husserl, nor in Heidegger, nor in Dewey, nor in Whitehead, and certainly not in Wittgenstein. This is understandable in light of the fact that the oblivion of the *One Being* is precisely what characterizes the philosophical soul (at least in the West) of the modern era. But this oblivion, let us hasten to add, is not to be equated with the Heideggerian "forgetfulness of Being." Heidegger conceives Being exclusively in terms of the truth – process, the aletheia or unhiddenness of beings, and fails to fathom to the ultimate source and ground of the truth process itself. The notion of the *One Being* conceived as the ultimate reality is entertained neither by Heidegger nor by Whitehead. Both philosophers are fundamentally pluralistic thinkers. Just as in Heidegger, the *One Being* has been replaced by the truth process as the principle of significance, whereby the plurality of phenomenal beings become meaningfully disclosed, so in Whitehead the *One Being* turns into creativity as the principle of the reality process in *virtue of* which the plurality of actual entities (including God as a nontemporal actual entity) become dynamically consummated. To be sure, there is a kind of holism in their ontological or cosmological outlook – a unity of beings in Heidegger's world and a unity of actual entities in Whitehead's universe. But this holism or unity of Being remains for both thinkers a unity that is founded on a fundamental plurality: it is a unity of the fundamental plurality. Moreover, their holism is conceived one – sidedly either as a holism of significance underlying the plurality of meaning or a holism of work as the efficacy of power derived from the plurality of actualities. From the Field – Being standpoint, this one – sidedness needs to be corrected. The unity of Being is as much a unity of significance as it is a unity of work. This unity is, to be sure, a unity of plurality, but it is a unity of plurality only because the plurality is the plurality of an underlying unity – that is, of the *One Being* that pervades all and gives rise to all.

11. That the unity of Being has its ultimate source in the *One Being* and that all unity of plurality is founded on an undivided wholeness, an underlying unity derived from the *One Being* is what we call the "Field Principle." The Field, as we understand it here, is the universal matrix of all existence: it is that wherein unity and plurality, the *One Being* and its diverse manifestations or emanations are diremptively transdifferentiated. FBP is, to be sure, a Radical Mon-

ism insofar as it affirms the reality of the *One Being* at the root of all things. But this monism is also a Universal Perspectivism that recognizes the uniqueness and reality of all things in *virtue of* the Field Principle. Every being or thing in the Field – Being universe has its own topological region of existence which is the same as the Field or universal matrix perceived from its own standpoint or perspective. My topological region is the Field for me, your topological region is the Field for you, and the topological region of a kangaroo or tree or star is the Field for each of them. But the Field for me and the Field for you are not two separate fields, but are the same universal matrix of existence in which both you and I ( and the kangaroo or tree or star) are perspectively situated.

12. Now we call the universal matrix the world of significance to the extent it is unhidden or meaningfully disclosed to us, that is, experienced in the sense of being physically felt or conceptually understood in a certain way. The process wherein the world of significance is revealed is what we mean by the truth process. Let us observe immediately that there can be no unhiddenness apart from experience, or outside the perspectivity of percipient subject or energy. Since for us experience is both a physical and a conceptual matter, involving the perception of both physical and conceptual meanings, the truth process is not confined merely to the conceptual dimension, as Heidegger would have it. Anything is significant if it is physically felt or conceptually understood. But the world of significance is not separable from the world of work, that is, the Field wherein facts and effects are continuously made or produced by *virtue of* the work or dispensation of power, that is, of matter – energy. Here, the term "matter – energy" is to be taken in a special sense, not to be identified with its usual signification in the physical sciences. "Matter – energy" is an abbreviation for vibrant energy and karmic matter, the latter referring to the accumulated effects or products of past actions. The appropriation of karmic matter by vibrant energy, which consists in the creative transformation of karmic matter through karmic labor, is what defines the meaning of subjectivity in Field – Being. The process of this creative transformation, which is the same as the process of becoming, is what we mean by the reality process, a dynamic movement marked by the cocoonization of power concrescence. What is cocoonized is the emergent reality of a transfinite subject, a karmic laborer procuring self – transcendence in *virtue of* its primordial ingression in the karmic warp, the state of activity in the plenum defined by the limitation of the possible by the actual. ( See section 7 below for more on the karmic warp. ) This conception of subjectivity in terms of karmic labor and creative transformation implies the inseparability of the truth process and the reality process with the process of the good, wherein the universal matrix takes on a third dimension as the world of importance. Just as the world of significance is based on the articulation of meanings ( both physical and conceptual) and the world of work arises from the configurations of matter – energy, so the good and the world of importance is the articulate totality of consummated rightness and values. The good is indeed the work of significance and the signifi-

cance of work. In general, anything is good in proportion to its measure of rightness and importance to an appropriating subject or a community of appropriating subjects. While endorsing the universality of the good, we also emphasize the subjectivity and relativity of all values. For activity is in essence appropriation wherein truth, reality, and the good are inseparably intertwined.

13. Hence, the three worlds of Field – Being are not three separate worlds, but are distinguishable yet inseparable aspects of one world, the same Field or universal matrix of existence. There can be no consummation of rightness and values except in terms of the aesthetic complexity of experience, matter – energy, and meaning, the three intertwining components of aesthetic power which define the concept of substance in the Field – Being sense. This is to be sharply differentiated from the entitative conception of substance and power in traditional Western metaphysics. In Field – Being parlance, the substance of things is their aesthetic power which consists in the intertwining and interplayful complexity of experience, matter – energy, and meaning. Thus understood, aesthetic substance or power is the concrete medium of activity, the fundamental stuff out of which all things are made.

## II. The Plenum of Field – Being: The Ultimate Activity as Field Potential and as Act

14. Field – Being Philosophy, then, is at heart an aesthetic and field – topological theory of activity. The term "aesthetic" here has two basic connotations: (a) the interplayful unity of experience, matter – energy, and meaning and (b) the art of appropriation underlying and constituting the interplayful complexity and process. This process is the process of the becoming of transfinite subjects, the emanating souls of aesthetic power, each of which is constituted and shaped by a unique diremptive transaction of field individuals and field orders. In the Field – Being scheme, all individuals, in the primary sense, are field individuals, and all orders field orders. Field orders are systems of strains which, replacing the conception of universals (including Platonic forms and Whiteheadean eternal objects) in traditional metaphysics, are diremptive tensions in the Field constitutive of the pregiven formal conditions of becoming in the universal matrix. The form of a circular movement, for example, is the system of strains or diremptive tensions whose resolution is responsible for the circularity of the movement. And the form of perceiving an apple is the system of strains or diremptive tensions wherein the possibility of an apple perception is embedded. The articulate action thus responsible for the resolution of diremptive tensions is what defines a field individual. More exactly, a field individual is a process of power concrescence in the universal matrix whose resolution of diremptive tensions is achieved through a union of vibrant energy and karmic matter. Out of this dynamic union is the emergence of a transfinite subject under the concrescencing conditions of cocoonization. The resolution of diremptive tensions is an agency of karmic labor determined by the energetic and creative transfor-

mation of karmic matter. The life of a transfinite subject is the life of a karmic laborer.

15. The Field then is the universal matrix conceived as the womb of all field individuals and field orders (the particulars and universals in traditional Western metaphysics), the two primary types of existence in the plenum of Field – Being. When we think of the Field as the source of all possibilities and existence in articulate action, it is identified as the field potential. Since the field potential makes room for all particularity – all particular roles and functions – and, hence, cannot be identified with any particular roles or functions, it is the nothing that lies at the root of all things, that is, the "Radical Nothing." But the field potential, as Radical Nothing, is also referred to as the "Let – Be," the ultimate activity that is the articulate source and ground of all existence in the universe.

16. In the Field – Being scheme, to be or exist is to be an emergent from the Radical Nothing; a being or thing is what is let to be by the Let – Be. This Act of letting be of the Let – Be, the ultimate activity, is what we mean by diremption, or the process or movement whereby the many emerge from the One. The Act of the Let – Be is, in other words, what articulates the field potential which, functioning in the state of absolute purity and simplicity, is what we have termed the "Radical Nothing." The Let – Be as such is not the Radical Nothing, nor the Act of letting be, but is both and neither. The reality of the Let – Be is ultimately paradoxical!

17. This notion of the ultimate activity entertained in terms of the paradoxicality of the Radical Nothing and the Act is by no means novel in the history of philosophy. Indeed, it is what lies at the heart of the perennial – global metaphysical tradition. Here the term "metaphysical" must be understood in its primordial implications. The metaphysical is what lies beyond the physical, that is, beyond what has emerged from the Radical Nothing, as implied in the original, etymological root of the Greek physis, meaning "to rise, to emerge" – a meaning which has nothing to do with what we mean today by the term "physical." And just what lies beyond the physical, the emergents as such and as a whole? It is none other than the ultimate activity in its Radical Nothingness, the source and ground of all existence (the Latin root of existence [exsistere] also means "to arise, to emerge"). Grasped in this primordial sense, metaphysics must be thought of as the conceptuality of the ultimate activity or the attempt to make sense of it. All great philosophical traditions in the world are metaphysical in their origins. The ultimate activity is called arche by the pre – Socratics, which finds its counterparts in the dao of the daodejing and in the Brahman of the Upanishads. Insofar as the daodejing is concerned, the Radical Nothing is referred to as wu, whereas the Act is termed you. The paradoxicality of the dao is the paradoxicality of wu and you. And what is the paradoxicality of Brahman in the Upanishads? Is it not in the distinction between the nirguna Brahman and saguna Brahman, that is, between Brahman without qualities and Brahman

with qualities, which correspond so closely to the distinction of *wu* and you in the *Daodejing*?

### IV. The Field Principle: Reflexion, Articulation, and Ontological Identity

18. Now the region of reality and thought that embraces the paradoxicality of the ultimate activity we call the "inner dynamics of the Let – Be. " As such, it must be recognized as the perennial source of all metaphysics. In Field – Being, the conceptuality of this notion is captured by the Field Equation, symbolized by the notational schema Q. Q = Q. q, where Q stands for the Let – Be or ultimate activity, and q the diverse manifestations or emanations (field individuals and field orders), the *emanata* that have or emerged from Q. (The letter Q [q] is chosen because the inner dynamics of the Let – Be is ultimately what is in question – what matters metaphysically and philosophically. )

19. The dot in the notational schema is capable of many interpretations, depending on how the symbols Q and q are conceived in relation to each other. We call the dot the "awesome field interface," inasmuch as it is that whereby all determinations (including all terms and distinctions) in the Field are trans – differentiated, that is, separated and yet held together, according to the requirement of the Field Principle. Thus, although both the field potential and the Act are designated by Q. Q on the left side of the equation, the dot will assume a different meaning in each case. If the ultimate activity is conceived in its absolute purity and simplicity, then the dot in Q. Q names the state of the Radical Nothing, the state of pure action. On the other hand, if the Let – Be is thought of in the diremptive movements of its Act, then the dot in question implies the articulate reflexivity of the ultimate activity, the state of articulate action. The Let – Be reflects, folds, or bends back upon itself in its Act of letting be wherein all that is let to be is articulated.

20. What is equated in the Field Equation, then, is the inner connection between two meanings of the Act, two moments of the diremptive field action, namely, of field action in the sense of reflexion (Q. Q) and of field action in the sense of articulation (Q. q) . Reflexion is articulation; articulation is reflexion: that is what the Field Equation indicates. What is stated in the notational schema is simply this: The Let – Be (Q) acts upon itself, all things in the universe (q) are let to be. This unity of Being expressed in terms of the diremptive identity of reflexion and articulation we call the "ontological identity. " Let us reinstate the notational schema to set forth this first stipulation of the Field Principle: Field Equation I: Q. Q = Q. q (Ontological Identity) The dot on the right side of the Field Equation is what expresses the general meaning of existence in Field – Being – that is, existence as a matter of articulation, manifestation and emanation. A thing or being is what is articulated in the Act of letting be; it is a manifestation of the field action, an emanation from the ultimate activity. Since field action is always a function of the inner dynamics, a dynamic relation of

pure action and reflexive – articulate action, existence pertains to the diremptive affair of the ultimate activity. Existence is indeed diremption conceived on the side of things ( q ) , of what has emerged in the diremptive field action. But what have emerged or emanated in the diremption of the ultimate activity, the *emanata* in the field action, are not things in the ordinary sense of the word. Strictly speaking, there are no things in the Field – Being universe. The universe in the Field – Being sense is not a collection of things in the sense of inert, substantial entities, but a plenum or continuum of activity. There is nothing outside this plenum: It has no otherness either without or within. There is no absolute time in which the plenum occurs, nor is there an absolute space in which the plenum is contained or situated. Time and space, like everything else in Field – Being, is a function or determination of activity, a role or state or character assumed or performed by the plenum. Thus time is the plenum performing the function of temporality, and space is the plenum assuming the role of spatiality. In short, in the Field – Being universe, there is nothing that we can think of or talk about which is not functional, that is, a function or determination of activity. Every concept is a concept of activity, and every word is a verb – word. In the primary sense, there is no time except as actional time, there is no space except as actional space, and there are no apples except as actional apples. In short, there is no difference between being and doing at all in the Field – Being scheme: being is doing, and doing being. For all is activity! All is activity!

## V. Being as Nothing, as Becoming and as Thought: There Are No Opposites

21. Now if all is activity, then the traditional oppositions between being and nothing, being and becoming, and being and thought are no longer valid. In the Field – Being continuum, there is nothing that is really nothing. What we have called the "Radical Nothing" is not truly a nothing: it refers to the quiescent state of the field potential or activity in its absolute purity and simplicity. The nothingness of the Radical Nothing remains a functional or role concept: for the function that is presupposed by all particular functions is still itself a function, the role that makes room for all particular roles is still itself a role. The seemingly negativistic or nihilistic language of nonbeing ( *wu* ) or emptiness ( *sunyata* ) so characteristic and distinctive of Asian philosophy, notably in the Daoist and the Buddhist traditions, has often been misunderstood. The truth is nonbeing and emptiness are not negativistic or nihilistic at all. On the contrary, they are among the most positive and affirmative of all terms or concepts those that point to the Radical Nothing which, coiling at the root of the diremptive field action, is the transcendental source of all existence.

22. Similarly, since all is activity, there can be no contradiction at all between being and becoming, an antithesis that is almost synonymous with Western metaphysics. How can the two categories be contradictory if being is activity and becoming belongs to the very nature of activity? Is it not obvious that being is

becoming, and becoming being? The antithesis between being and becoming so fundamental to Western metaphysics arises only when being is thought of in terms of something that is not activity. This it does in fact by absolutizing activity – by concentrating on those real or imagined aspects of activity that are most palatable to the taste of the discriminating intellect: namely, activity as absolute permanence, absolute unity, absolute definiteness, absolute completeness, absolute clarity, absolute impenetrability, and so on. Yes, all these characteristics are in some sense attributable to activity itself. But the point is – that is not all to the nature of activity. We cannot think of activity merely in terms of its absoluteness, for relativity, too, belongs equally to the essence of activity. For in the final analysis – a point to be made emphatically, the nature of activity is what is uniquely paradoxical: it is absolute and yet relative, permanent and yet forever changing, unitary and yet diverse, definite and yet lacking in definiteness, complete and yet incomplete, impenetrable and yet penetrating. This paradoxical nature resides in the inner dynamics of the Let – Be, the dynamic relation between pure action and articulate action in the transcendental constitution of the ultimate activity. The characteristics of absoluteness belong to the ultimate activity as pure action, whereas as articulate action the Let – Be is incurably relative. Under the influence of the Ego Principle, the inherent tendency of articulate action to perpetuate itself, the discriminating intellect tends to favor the absoluteness of activity because it owes its satisfaction to its conceptual graspability. Superficially, the discriminating intellect may appear to be driven by the desire for adventure in relativity, but it is at heart intolerant of all that is relative: it is in fact goaded implicitly towards its negation. For the discriminating intellect is itself an instrument for the despotism of the Ego Principle, the desire for absolute control.

23.  Once again, if all is activity, how can being be opposed to thought? Is not thinking a form of activity? Whether one equates thinking with consciousness or, as in Field – Being, with experience in general, there can be no separation between being and thought. In the Field – Being scheme, all experience is in some sense cognitive: it is an immediate or mediated reception and transmission of information, a determination of significance in *virtue of* the aesthetic complexity of physical and conceptual meanings. In this general sense, the experience of dolphins is no less cognitive than the experience of human beings. Since experience is an integral part of power in constituting the aesthetic complexity of activity, the Cartesian dictum *cogito, ergo sum* is to be reversed in Field – Being. It is not that I think, therefore I am, but that I am, therefore I think. For I am nothing but a center of activity: I am my activity. In being I am given to thinking ( in the amplified Field – Being sense) , that is, to the cognitivity of experience that is an integral component of my power, my aesthetic complexity.

24.  It should be clear by now that in the Field – Being scheme not only is there no contradiction between being and nothing, being and becoming, and being and thought, there is actually no contradiction or opposition between any

pair of the traditional opposites. For in the unity of Being, that is, the plenum of activity in its undivided wholeness, there are only distinctions, but no real opposites. What is asserted in the Field Principle, which we may also call the "Ontological Principle" from the methodological standpoint, is a Radical Monism of activity wherein all distinctions and opposites are harmonized and united in the inner dynamics of the ultimate activity. This is the only type of monism, let us submit, that does not exclude relativity and diversity: in fact, it requires it. For in Field – Being Radical Monism and Radical Perspectivism are one and the same.

25. This fundamental harmony that lies at the heart of the *One Being*, the plenum of activity, is what in the *Yijing* tradition is called "*taihe*," the Great Harmony. In the realm of the Great Harmony, all roles and all concepts are distinct and yet equivalent; all words and discourses are meaningful and yet redundant or tautological. For in the final analysis, there are no things, no substantial entities, there is only activity ultimately the activity that is both field potential and field action, both the Radical Nothing and the Act of letting be. That is what ultimately matters, what ultimately is in question, and ultimately what we can and do talk about.

## VI. The Field Principle (II): The Surd or Ontological Difference

26. Critics of Field – Being are now impatient. Our way of talking about reality and the world does not seem to make much sense to them. For by "sense" they mean common sense. Whether it be the common sense of the people from the streets or the privileged common sense of the trained philosophical specialist, what is common in the common sense is the prevailing cognition of the phenomenological consciousness, the consciousness that sustains our existence and ordinary activities and practices in the life – world. It is common sense to recognize that there are things, there are entities. What right does the Field – Being thinker have in countering this prevailing cognition of common sense? What justification is there in negating the wise and loudly pronounced judgment of the phenomenological consciousness? Is the Field – Being thinker given to fancy and extravagant speculation in making the bold assertion that there are no things, there are no entities? Is he or she at all responsible and serious? What exactly is the basis of his or her uncommon sense?

27. To begin with, the denial of things and entities in our ordinary experience may seem at first incomprehensible and extravagant. But what is being denied here must be properly understood. There are of course thing – like or entity – like phenomena like apples, trees, machines, animal bodies, and so on in our everyday experience of ourselves and the world. They present themselves as enduring individuals that sojourn for a while in the world of appearance. The point is that these thing – like phenomena are not themselves things, that is, not the way we ordinarily attribute to them, and certainly not the way substantialist philosophers would make them to be. What the Field – Being thinker denies in

the commonsense or prevailing cognition of things is not the phenomena them-selves, not even their thing – like or entity – like appearance as such, but the conceptual constructions of rigid identity we habitually attribute to them. What is being denied here in Field – Being is not the phenomena themselves but the con-ceptual attribution to these phenomena. To be more exact, what Field – Being denies is the existence and reality of substantial entities, things or beings that are supposed to be in themselves complete wholes – inert, separate, self – con-tained, and independent, each endowed with a rigid identity. But there are no things in themselves: there are no self – complete wholes. There is only the flu-idity of activity, but not the rigid identity of substance. The universe is not a collection of substantial entities but a boundless continuum of activity that is for-ever fluid and incomplete. The plenum is not itself a *digitum*, nor analyzable in-to a collection of *digiti*. That, from the Field – Being standpoint, is what the truth is, what the *One Being* reveals to us.

28. In fine, what is being denied then is not the phenomenal world as such but its substantialization or enticization. The point is not only is the plenum not digitizable into substantial entitites or self – complete, self – contained wholes, the *digiti* in the substantialist universe, it is not even identifiable with the articu-late totality of the emanata, represented by q in the Field Equation, which in Field – Being is what define the world, the emergent totality that is the original meaning of physis. The plenum is not a *digitum*, and is always greater than the world. For the boundless continuum of activity which forms the *One Being* is in itself inexhaustible in its procreativity. This difference between the *One Being* and the beings, between the Let – Be and what is let to be, between the *arche* and the physis – or, more precisely in Field – Being terms, between the field potential and the *emanata* of the field potential, we call the "surd"

or "ontological difference." This is the second stipulation of the Field Prin-ciple in which the unity of Being is understood as a lack of completeness or self – identity in terms of the difference between field action as such and an articu-late totality of field action. If we let Q. q stand for the articulate totality of field action (totality of the emanata), then this second formulation of the Field Prin-ciple may be represented asfollows: Field Equation II: Q. Q – Q. q = Surd (Ontological Difference) The term "surd," from the Latin *surdus*, is in its mathematical sense a mistransliteration into Latin of the Greek *alogos*, which means "irrational" or "speechless" (according to the Oxford Dictionary). The Surd is the *alogos*, the irrational factor in Being that renders us speechless be-cause it defies rational explanation. But what does rational explanation mean? In the substantialist tradition of Western metaphysics, rationality is no more than the technical expression or product of substantiality: the essence of rational ex-planation consists precisely in the substantialization of Being, in turning the ple-num into the intellectually graspable, calculable, and practically controllable world of the *digiti*. This digitalization of reality which culminates in its most tri-umphant expression as the invention of the computer has been foreseen in its nature and implications by some of the great minds of the twentieth century, including notably Bergson, Dewey, James, Whitehead, and Heidegger. But these great critics of substantialism in the contemporary West still fall short of what is ultimately expected of a Field – Being or nonsubstantialist thinker, namely, the acceptance and embrace of paradoxicality as the authentic philosophical attitude. In spite of their yearning for departure from analytic thought, they (perhaps with the exception of Bergson) remain anchored with at least one foot in the rationalist – analytic tradition.

29. Now by "rationalist – analytic tradition" we mean to include any mode of philosophical thought that insists on the primacy of the rational at the expense of the paradoxical. Since for Field – Being the realm of the paradoxical belongs only to the plenum, the *One Being* that is also the Great Ocean of Becoming, any philosopher who shies away from or refuses to recognize the plenum is by necessity a nonparadoxical thinker and belongs properly to the rationalist – analytic tradition. And any thinker who remains anchored in rationalist – analytic thought will find him/herself haunted by the ghost of substantialism with its inaudible enchanting voice, claiming: there are only things, only entities!

## VII. Substantialism as Profiling Delusion: The Ego Principle and the Karmic Warp

30. But there are no things, there are no entities. There is only activity! The so – called things or beings in our ordinary experience are really enduring centers of activity whose articulate action is what brings forth the presencing of persons, animals, trees, apples, chairs, rocks, winds, oceans, stars, planets, galaxies – in short, the innumerable variety of things in the phenomenal world. I am an enduring center of activity, and so are all the organs, issues, cells, molecules, atoms that compose my body as well as all the thoughts and desires and feelings and the other mental contents that compose my mind. Actually what we ordinarily identify as beings and things are not the enduring centers of activity as such but their surface phenomena produced by the effects of their articulate action. Thus an apple as perceived is the effect of the articulate action that presents the surface phenomenon we identify as an apple, a computer keyboard as perceived is the articulate action that produces the effect and surface phenomenon called a "keyboard," and an experienced hurricane is the effect and surface phenomenon of a hurricane – producing articulate action, and so on, and so on. In Field – Being thought, these surface phenomena of articulate activity are recognized as dynamic profiles, that is, more exactly put, aesthetic and trans – differential profiles of power concrescence. A dynamic profile is a moving film of reality, a perspective reflexion of the universal flux or matrix in action. It is described as aesthetic because the moving film is a configuration of the aesthetic complexity of experience, matter energy, and meaning. And it is trans – differential because the profiling of power concrescence is consummated in and through the perpetual transaction of field individuals and field orders underlying

and constituting the relational web of field action that is the universal matrix in flux. This action web of trans — differentiation, as we may call it, is the basis of the Great Flow, the Great Ocean of Becoming wherein all dynamic filmings or profilings occur. Just as the ripples and waves which rise and subside on the surface of an ocean are not the centers of action that produce them, so the emergent surface phenomena in the Great Ocean of Becoming are not identifiable with the articulate field action that generates them. The profiling field action that presents the perceived apple, for example, is actually an enormously complex event of power concrescence involving the participation of countless centers of activity converging for the time being on that region in the action web topologically indexed by the presencing of the perceived apple in question. The perceived apple is not itself a thing or substantial entity separable from the profiling field action. In itself, that is, abstracted from the field action, the perceived apple is a non — entity, a no — thing. As the Buddhists would say, the so — called things are in themselves empty, devoid of selfnature.

31. The attribution of thinghood or substantiality to the surface phenomena is thus the product of a profiling delusion, a mistaken identity brought about by the lure of definiteness and the inveterate disposition to grasp and to possess — the Ego Principle that is inherent in the nature of articulate activity. Every articulate action desires to perpetuate itself, that is, to continuously affirm itself in its own form of articulation. There is thus a will to power, as Nietzsche calls it, underlying each and every enduring center of articulate action. The enduring center is above all an ego center. It is indeed in *virtue of* the inherent Ego Principle or Will to Power that an enduring center derives its enduring character. The apparent stability, solidarity, and continuity of things are, in the final analysis, a function of the Ego Principle. Behind the uniformity of nature lies the Will to Power.

32. It is the Will to Power, which generally manifests itself as the will to grasp, to hold, and to control, that renders effective the lure of definiteness. In the presencing of an apple, for example, the percipient subject is habitually directed to the definite effects of the apple — articulating action rather than to the action itself. This withdrawal of the articulating act from the perception of the percipient subject is perfectly understandable inasmuch as the act of articulation is precisely that which cannot be grasped. What can be grasped in an articulation is not the articulating act itself but its form of articulation to the extent it is definitely presented in a perceived profile of its effects — the definite color, the definite shape, and the definite smell of the apple in appearance, for instance. The apparent character of the surface phenomenon, which is the combined profile of the articulated effects, depends partly on the perspectivity of the percipient subject. The apple that I perceived was not profiled the same way it was for you. And yet we both contributed to the articulate totality of the applepresencing event in *virtue of* our own shares in the power concrescence that makes up the event — our own shares of the aesthetic complexity in the profiling of the underly-

ing field action.

33. What is fundamentally at work in the power concrescence and profiling of articulate action is none other than the Ego Principle, the disposition, let us repeat, of an activity to perpetuate itself that is inherent in the nature of articulate action. It is the Ego Principle inherent in the center of activity which brings forth the surface apple phenomenon that is responsible for the endurance and continuity of the apple. The apple itself is nothing in abstraction from the enduring center of activity that articulates it. And the enduring center of activity in question is in no way separable from all the other centers of activity that have arisen in the plenum, in the Great Ocean of Becoming. For every center of activity is but a dynamic moment of the universal matrix, an aspect of an everlastingly self – reflecting, self – articulating, self – constituting, self – transforming, and self – profiling field action. The world as a dynamic and fluid articulate totality of field action is not to be digitized into a collection of substantial entities or assembled into a machine made up of mechanical parts, however intriguing and orderly that substantial or mechanical assembly is.

34. How, then, does the Ego Principle operate in the substantialization of reality – in the truncation, bifurcation, and enticization of the plenum into a *digitum*? How does the Will to Power will itself in the mechanical profiling of nature? The answer is: The Ego Principle comports itself both objectively and subjectively through the Samsaric Cycle of the Karmic Warp. By "karmic warp" we mean the topological limitation of the possible by the actual, that is, karmic matter or the accumulated effects of past action. The Field or universal matrix understood as the realm of existence in the grips of the karmic warp we call "Samsara," the realm of warped possibilities. But the realm of warped possibilities is also the realm of karmic labor constitutive of the becoming and self – appropriation of transfinite subjects, the union of vibrant energy and karmic matter. It is a process marked by the perpetual recycling of power through the interpenetration of energy and matter. There is, on the one hand, the objectification of vibrant energy into karmic matter and, on the other, the revitalization of karmic matter in vibrant energy made possible by the perpetual enfoldment of consummated subjectivity. This recycling of matter – energy in the realm of the karmic warp is what we mean by the Samsaric Cycle. It is here that we find the inner meaning of the Ego Principle. The inherent tendency in articulate activity towards self – perpetuation is always subject to the influence of karmic matter. The Ego Principle is indeed what shapes the realization of warped possibilities. Now the operation of the Ego Principle is an objective affair insofar as the subjection of the Ego Principle to the karmic warp expresses a uniformity of nature, and it is subjective

to the extent the Will to Power is karmic bound in determining the subjectivity and perspectivity of transfinite subjects. Karmic subjection is, in other words, the commonality of objective uniformity and subjective orientation.

## VIII. Karmic Conformation: The Two Wings of Subjectivity

35. More exactly, karmic influence takes place subjectively in two opposite directions. It is fundamentally a function of two appropriational attitudes and dispositions under the impact of karmic matter that we may refer to, respectively, as the Will to Conform and the Will to Deviate from Conformation. Karmic conformation means solidarity and continuity with the past, which expresses itself in the desire to repeat the forms of definiteness articulated in karmic matter, in the consummated reality of past action. Karmic nonconformity, on the other hand, expresses an attitude and disposition in the opposite direction; it is the desire for freedom and independence from the past, from the karmic establishment in past action. These two wings of subjectivity, as we may call them, may be combined in various ways in determining the dispositional constitution of the subject, capable of being analyzed into different levels and dimensions of attitudinal intensity and complexity. For the ease of exposition, we shall arbitrarily refer to the Will to Conform as the right – side wing, and the Will to Deviate from Conformation as the left – side wing. Thus conceived, the dialectic interpolation of the two wings is what determines the subjective operation of the ego center in activity. While Nietzsche tends to emphasize the efficacy of the left – side wing, Field – Being restores it to its full – fledged integrity: The Will to Power is a bipolar force, a two – winged reality.

36. But whether right – side or left – side, the Will to Power is a will to grasp, to hold on to a form of definiteness so as to perpetuate it in one way or another. This is the underlying motive force in the process of substantialization. Since it is what makes possible the survival and growth of a life – form within the samsaric sphere of the karmic warp, the Ego Principle is the principle of individuation in Field – Being. From this perspective, the substantialization of the world is in an important sense necessary and inevitable. We need a substantialized world in order to live.

37. But it is one thing to understand and recognize the practical necessity of substantialization as an instrument of individuation for survival and control, and another thing to be blinded by its delusive character in subscribing to the reality of the truncated world. In Field – Being a distinction is made between pragmatic substantialism and dogmatic substantialism as two fundamental world outlooks, depending upon one's attitude towards the substantialization of the world. Unlike the dogmatic substantialist, the pragmatic substantialist does not view the truncated world as real, but only as an expedient construction. The latter is cognizant of the truth, of Field – Being in its undivided wholeness: he or she is at heart a nonsubstantialist in his or her intellectual commitment.

38. And the truth is, the Ego Principle is not the only force inherently operative in an enduring center of activity. For deeper than the Ego Principle which is mostly at work at the superficial levels of articulate action is the Field Principle, now understood as the Force that speaks on behalf of the unity of Be-

ing which operates for the most part silently and unconsciously in the holistic center of activity. It is in the holistic center of our being that we are inwardly connected to the *dao*, to the inner dynamics of the Let – Be. While the Ego Principle or the Will to Power is disclosed to us through the prevailing cognition of phenomenological consciousness, the Field Principle or the Force is only revealed to us in and through the intuitive veins and transfinite connections of meditative consciousness, which will be cut off the moment they are enticized, the moment we attempt to grasp them. For the undivided reality of the *dao* can only be spontaneously intuited: it is precisely that which cannot be grasped.

39. The lure of definiteness loses its enchantment in the blissful quiescence of meditative action. There one is reconnected through the intuitive springs to the infinite reality of the *dao*, to the inner dynamics between the Radical Nothing and the Act in the field potential of the ultimate activity. This is the region wherein the Ego Principle itself is nourished and receives its creative vitality in the first place. For the Will to Power is itself grounded on the Field Principle as its principle of diremption and individuation. It represents an obligation of the Act to the Radical Nothing: The Will to Power arises from and is responsible to the Force.

40. This region of reality and thought wherein the connection between the Ego Principle and the Field Principle, between the Will to Power and the Force, is made or recognized is the realm of speculative consciousness. In speculative consciousness the truth and deception of phenomenological consciousness is examined and assessed under the illuminating light of meditative consciousness. This is the realm for the philosopher as a *dao* – learner, the realm of speculative philosophy in the Field – Being sense. It is in the realm of speculative consciousness that philosophy is the pursuit of *dao* – learning carried to the limits.

## IX. The Synthesis of Phenomenological Consciousness and Meditative Consciousness in Speculative Consciousness

41. Now *dao* – learning is, as we have stated at the beginning, an art, and not a science: it is the art of all arts, the supreme art of appropriation. It is in the realm of speculative consciousness in which the connection between phenomenological consciousness and meditative consciousness is established or reestablished and rendered whole, that the real meaning and intention of the supreme art comes to the forefront of human cognition and in the reflexive transparency of its truth. For that in essence is what the *dao* reveals itself to us. The Way is the supreme art of appropriation in truth, in reality, and in the good.

42. This notion of speculative philosophy as the pursuit and embodiment of the supreme art places Field – Being squarely in the perennial global – philosophical tradition and sets it apart from the substantialist straying from this tradition of Western metaphysics. What is primordial in the perennial global – philosophical wisdom is the fundamental intuition of Being in its undivided wholeness and the recognition of the paradoxical in the self – revelation of the

ultimate reality. This is to be sharply distinguished from the rationalist – analyt-
ic outlook of the dominant substantialist strands of Western metaphysics which,
in its truncated view of reality, has finally done away with the paradoxical. In
the substantialist metaphysics an overinflated Ego Principle has usurped the
reign of the Field Principle, the Will to Power has masqueraded as the Force.
Heidegger was not without justification in calling Nietzsche the "last metaphysi-
cian. "

43. Thus, in spite of the superficial resemblance between speculative phi-
losophy in the Field – Being sense and the substantialist metaphysics that be-
longs to the Western rationalist – analytic tradition, there is really a world of
difference in their respective quests for truth, reality, and the good. The former
is committed to the speculative harmonization of the Field Principle and the Ego
Principle, whereas the latter resides precisely in the lacunae of their disconnec-
tion. As a seeker of truth, the speculative philosopher in Field – Being is a
shepherd of the paradoxical, whereas the substantialist metaphysician aspires to-
wards its ultimate possession through the elimination of paradoxicality. The
speculative *dao* – learner as a master aesthetician rides along with the Great
Flow, self – appropriating at ease in the Great Ocean of Becoming. By contrast,
the substantialist metaphysician seeks to conquer the truncated world in a self –
deluded oblivion of becoming, building his artificial kingdom upon enticized and
digitized effects of the endurable. For Field – Being philosophy is primarily a life
– form to live by, whereas in the substantialist tradition it must be looked upon
as basically an instrument of control.

### X. The New Metaphysics and the Appropriation of Karmic Labor

44. In order to preserve the primordial meaning of the metaphysical ( the
paradoxical ultimate reality that lies beyond physis), we shall call speculative
philosophy in the Field – Being sense the " New Metaphysics. " Conceived in
this vein, the new metaphysician is at heart a meta – aesthetician, a practitioner
of *dao* – learning or the art of appropriation to the limits. This conception of
speculative philosophy as metaaesthetics may now be further elaborated in terms
of its relationship to the three worlds of Field – Being. First, meta – aesthetics
assumes the role of meta – episteme when the pursuit of *dao* – learning is viewed
in the light of the truth process or for the world of significance. Here, the su-
preme art of appropriation manifests itself as the art of making sense. Specula-
tive philosophy, as meta – episteme, is indeed the art of making sense pursued
to the limits. But the world of significance, as we have noted, is inseparable
from the world of work, and the truth process from the reality process. When
meta – aesthetics is viewed in the dimension of karmic reality as defined by the
work of karmic labor, the art of appropriation turns into the art of meta – prag-
matics, the general art of organized power which directs itself to the practical re-
lation of the human life – form to its environmental or karmic heritage. The rela-
tionship between meta – episteme and meta – pragmatics then is the relationship

between the activity of making sense and the activity directed to the practical use of power. This corresponds roughly to the traditional distinction between theory and practice in Western philosophy, although the distinction in the Field – Being context must be seen in the light of the opposition between substantialism and nonsubstantialism, and of the great emphasis placed on the notion of karmic heritage and karmic labor. Indeed, the characterization of the *dao* – learner as essentially a karmic laborer is distinctive of the Field – Being conception of the speculative philosopher.

45. For just as the truth process and the reality process are united in the process of the good wherein the realization of rightness and values is to be measured in terms of the creative transformation of karmic matter, so correspondingly the pursuits of meta – episteme and meta – pragmatics are to be envisioned in their aesthetic harmony in the practice of meta – ethics as the supreme art of appropriation in the world of importance. This is the ultimate and all – arounded calling of speculative philosophy, the calling of the meta – aesthetician as meta – ethicist, that is, as the artisan of rightness and values in the appropriation of karmic labor. It is indeed in the conception of the speculative philosopher as karmic laborer that truth and reality are united in the good, and that the inner connections between subjectivity, life, and existence are revealed in their transparent integrity.

46. In the Field – Being scheme, subjectivity, life, and existence are all defined in relation to the notion of karmic labor. First, karmic labor is the labor of all transfinite subjects who, as we have noted, owe their emergent being to the union of vibrant energy and karmic matter. The subjectivity of a transfinite subject is thus the subjectivity of a karmic laborer, which consists in the way it executes and comports itself in the energetic and creative process of karmic transformation. This process is the process

of self – becoming wherein transfinite subjects consummate themselves in *virtue of* their respective cocoonization of power concrescence. Cocoonization is the process whereby an articulate activity transcends itself in its self – becoming in *virtue of* its own self – confinement and self – limitation. The butterfly that emerges from the cocoon is the same articulate activity that builds the cocoon. In building the cocoon and confining itself to it, the underlying action has brought about its own transcendence as an emergent self (the butterfly) in *virtue of* its own self – limitation. This inner connection between self – limitation and self – transcendence metaphorically expressed in the concept of cocoonization is, we submit, what life is all about. Hence, generally speaking, a life – form is a pattern of cocoonization, a conception which cuts across the ordinary, scientific conception of life in terms of the distinction between organic and inorganic matter. In the Field – Being conception, life – form belongs to all transfinite subjects and exists at all levels of matter – energy, organic or otherwise.

47. The meaning of existence in Field – Being may now be more sharply and properly determined. Existence, as we have indicated earlier, expresses the

internal relation between Q and q, that is, between the Let – Be, the ultimate activity, and what is let to be, the emanata. Since the *emanata* consist primarily of field individuals (transfinite subjects) and field orders (systems of strains), whose transaction and transdifferentiation are what constitute the Field as the universal matrix in flux, to exist is to participate in the dynamic process of field action, and to play a role in the selfbecoming and karmic labor of transfinite subjects. It is in and through their respective karmic labor that transfinite subjects become what they are. The reality of karmic labor is the reality of their existence as *emanata* in the plenum of Field – Being. All *emanata* are field topologically conditioned in the dynamic network of the universal matrix, in the Great Web of trans – differentiation that bears the diremptive topology of field action. All karmic labor occurs in the Great Web and in a topological arena of the cocoonization of power concrescence. And the mode of transfinite immersion in the web affair on the part of karmic laborers is a matter of field – topological management, a function of transcendental freedom and karmic necessity. This, in the final analysis, is what karmic labor and transfinite subjectivity are all about. The story of self – becoming is the story of web immersion.

## XI. The Field – Topological Conception of *Dasein*: A Critique of Heidegger

48. In the Field – Being vision, all transfinite subjects in the transcendental phase of their existence emanate freely and spontaneously as pulsations of pure energy from the Radical Nothing. Their emergent existence in the world begins at the moment of fate marked by the transcendental ingression of pure energy in the universal matrix in flux under the conditions of the karmic warp. This is the primordial beginning of karmic labor at which point the fatefully fielded transfinite subject is given an address in the Great Web, the field address of its own topological region. This owning of a field address and the occupation of a topological region is what determines the concrete meaning of its transfinite existence. The term transfinite implies the traversion of finitude from the transcendental to the primordial, and from the primordial to the phenomenal phase of articulate action. It is a movement or process of transition which leads from the givenness of transcendental endowment to the givenness of environmental – karmic heritage. To adopt a term from Heidegger, we may call this concrete existence of a transfinite subject its "*Dasein.*" The Da in the *Dasein* of a transfinite subject is the place or locus of its Field – Being (Sein), namely, its field address or topological region. The life of *Dasein* or transfinite existence thus has the meaning of field – topological occupation. My *Dasein* is my field – topological occupation, your *Dasein* is your field – topological occupation, and the *Dasein* of a kangaroo is the kangaroo's field – topological occupation. All transfinite subjects are unique by *virtue of* the uniqueness of their respective field – topological occupations, each of which is not merely distinct in terms of the distinctness of its life – form or the character of its cocoonization, but also distinct in terms of

the uniqueness of perspectivity from its own topological standpoint. And yet the uniqueness of transfinite subjects is not incompatible with their universal affinity. There is a commonality of field – topological occupations shared by all transfinite subjects: namely, they are all karmic laborers essentially engaged in the energetic and creative transformation of karmic matter.

49. Needless to say, this conception of *Dasein* as field – topological occupation is quite different from the meaning of *Dasein* in Heidegger's philosophy. For Heidegger, *Dasein* belongs exclusively to human beings: only human beings are Daseins. By contrast, there are in Field – Being as many Daseins as there are transfinite subjects. Moreover, insofar as all transfinite subjects are essentially karmic laborers, the human *Dasein* is no more ontologically privileged, as it is for Heidegger, than the kangaroo or other nonhuman Daseins. In fact, since every field – topological occupation is internally connected to each and every other field – topological occupation, as required by the Field Principle, one cannot give ontological privilege to one without conferring it to all the others. Every field – topological occupation is ontologically privileged in *virtue of* the uniqueness of its own perspectivity. For every *Dasein*, human or nonhuman, reflects in its own way the field – topological unity of Being from its own unique standpoint.

50. Thus, the opposition of *Dasein* and non – Dasein entities in the Heideggerian ontology, with the former given an exclusively privileged ontological status, is not acceptable to Field – Being. Relying solely on the efficacy of phenomenological consciousness, Heidegger fails to see or refuses to acknowledge that what he calls "entities" are not really entities, but are in themselves enduring centers of activity: they are Daseins in their own right. Their enticization and substantialization in phenomenological consciousness is the consequence of our own profiling delusion, not the way they are in themselves. The hammer that we perceive and use as a seemingly inert object, a mere thing, is not the hammer in reality, but the hammer of our own construction, our own making. The truth is, the hammer that I work with is a pragmatic correlate of field action; it is the effect of a power concrescence involving both the hammer and myself as contributing centers of activity. The hammer enticized as a separate thing is just an abstraction from the enormous complexity of power concrescence – a shorthand in the pragmatic language of phenomenological consciousness.

51. Field – Being, then, does not speak of Daseins and entities, but of human *Dasein*s and nonhuman *Dasein*s. When we do speak of entities, they are to be thought of as abstractions, shorthand's, or profiling delusions. Now the Heideggerians may counter at this point, that even if there are primarily only *Dasein*s in the Field – Being universe, still the fact remains that it is the human *Dasein*s who ask the question pertaining to the meaning of Being, and not the kangaroos. How can there be any ontological understanding of Being apart from the existence of human *Dasein*s?

52. Whether or not there are nonhuman *Dasein*s whose interrogation of Being resembles that of human *Dasein*s, we do want to emphatically submit that the

truth process is not confined to human beings, as it is for Heidegger. The unhiddenness of beings in their Being which for us is an aspect of the *dao* is given in each and every form of transfinite experience and cognition. Every center of activity perceives, interprets, and appropriates itself to the *dao* in its own way and within the experiential givenness of its own perspective. In Field – Being philosophy, conception – and, therefore, understanding and knowledge – means organized information; a concept is a configuration of organized information. Our position here is that conception or understanding in this amplified sense is a capability inherent in all life – forms, an integral component in the aesthetic power and complexity of activity. Hence, we may say that every *Dasein*, human or nonhuman, has its own conception and understanding of Being.

53. But since all experience is the experience of a perspective, all conception and understanding is limited by the experiential givenness of its own perspectivity. It is simply a truism to say that the Being – understanding of a human *Dasein* is distinct from the Being – understanding of a nonhuman *Dasein*. And yet – this is fundamental to the Radical Perspectivism of Field – Being – all perspectives are perspectives of a commonality, that is, of the *One Being* that encompasses all and gives rise to all. This means that all beings are essentially interdependent and mutually constituted: they are ontological complements to each other. Just as every wave or ripple in an ocean is inseparable from every other wave or ripple or oceanic movement, but is just one aspect of the same underlying oceanic field action, so every human action or experience is but one side or moment of the universal matrix in the Great Ocean of Becoming. Thus the Being of nonhuman *Dasein*s does not depend one – sidedly on the Being – understanding of human *Dasein*s, as Heidegger's philosophy actually implies. On the contrary, since all *Dasein*s are ontological complements and mutually constituted in their Being, it is just as accurate to say that the Being of the human *Dasein* depends on the Being – understanding of the nonhuman *Dasein*s as to say the reverse. This is simply a restatement of the Field Principle as applied to the truth process.

### XII. *dao* – Learning and the Unity of Field Apperception

54. The perception and understanding of the ontological interdependence of all *Dasein*s is an aspect of what we call the "Unity of Field Apperception." Field apperception is the unique perspectival apperception of field – topological reality belonging in various degrees of reflexivity to the experiential power of every transfinite subject. As such, the unity of field apperception is not, as formulated in Kant's transcendental analytic, a transcendental principle governing a self – enclosed and autonomous domain of human cognition, but is the unity of transfinite intersubjectivity which for Field – Being is the fountain spring of meta – episteme, the ultimate revelation of the universal consciousness. Just as the reality process arises in the Field – Being continuum from the Great Warp, the womb of karmic matter and warped or karmicized possibilities in the universal

matrix, so the plenum as the truth process reveals itself in the Great Mind or u-
niversal consciousness, that is, the universal matrix in its self – reflexive trans-
parency. And just as the reality of a transfinite subject is an enfolded contour of
the Great Warp in relation to its field – topological region, so the transfinite con-
sciousness is a field – topological moment of the Great Mind or universal con-
sciousness. The conception of mind as self – enclosed substance in the substan-
tialist metaphysics is here completely abandoned.

55. Now once again we must not separate the truth process and the reality
process from the process of the good. Indeed, it is in the process of the good
that the truth and reality of Field – Being are united. For all articulate action is
in essence appropriation, a matter of rightness and values. All beings in the
Field – Being universe are field topologically appropriated in the Great Web, in
the universal matrix conceived as the all – encompassing horizon of transdifferen-
tiation. In the Great Web, all rightness and values are feats of accomplishment
arising from the internal demands of transfinite existence. These feats of accom-
plishment which constitute concretely the world of importance are appropriated
transdifferentially in accordance with the internal connectivity of their respective
topological regions. The good is the world of importance in its undivided whole-
ness, the appropriated articulate totality of all rightness and values. The dao is
the good transdifferentially understood.

56. The activity that we call "philosophy," the pursuit of dao – learning
carried to the limits, may now be given a summary description. As meta – epis-
teme, philosophy is a pursuit of significance, an activity of sense – making in
the light of truth. As metapragmatics, it is a pursuit of efficacy in the reality
process, an activity of making work by virtue of the aesthetic complexity of pow-
er. Finally, as meta – ethic, the philosophical activity is a pursuit of impor-
tance, an activity of making right in the undivided wholeness of the good. But
making sense, making work, and making right are but different aspects of the
same underlying activity, of dao – learning as metaaesthetic, or the inner activi-
ty of appropriation that is the art of all arts.

57. This inner activity of appropriation is, moreover, the appropriation of
karmic labor. In the appropriation of karmic labor, the philosopher as dao –
learner is, like all other transfinite existents, perpetually engaged in field – to-
pological management in which transcendental freedom is excised under the
weight of karmic necessity. It is here, in the field – topological harmony of tran-
scendental freedom and karmic necessity, that the acme of transfinite subjectivi-
ty is to be sought in the unity of field apperception. It is here, too, at the limits
of appropriation and apperception that the real meaning of the philosophical pur-
suit of dao – learning is to be understood.

58. We have earlier defined the unity of field apperception in terms of the
ontological interdependence of Daseins, or as the unity of transfinite intersubjec-
tivity. But this is only a partial meaning of what we intend by the phrase. For by
unity of field apperception we mean, more inclusively, the unity of the Great

Mind or universal consciousness which is field action in its self – reflexive trans-
parency. It is the Great Mind in us that apperceives, although its unity of field
apperception is always deflected by the regional or local conditions of aesthetic
complexity underlying the small minds of transfinite subjects, each of which is a
field – topological moment of the universal consciousness. It is in the field – to-
pological unity of field apperception that the three worlds of Field – Being inter-
sect each other in the transfinite process of becoming. What is thus apperceived
is a unity of truth, reality, and the good.

### XⅢ. The Field Principle (Ⅲ): Ontological Equivalence – The Thing – in – Itself as Instance of Eternity

59. The question remains: What exactly reveals itself in the field – topolog-
ical unity of field apperception as the acme of transfinite subjectivity? Or, what
is the meaning of *dao* at the limits of appropriation at which philosophical wis-
dom is said to manifest itself?

60. The answer is this: What reveals itself in the field – topological unity of
field apperception and at the limits of appropriation is the thing – in – itself, or
the unity of Being as an instance of eternity. This is the true meaning of *dao* that
is the goal of the philosophical pursuit of *dao* – learning. To carry the pursuit of
*dao* – learning to the limits is to seek to see things ultimately in the true light of
*dao* and to live authentically in the unity of field apperception. But what is the
thing – in – itself? And what do we mean by an instance of eternity?

61. In the Field – Being sense, the thing – in – itself is not a thing, not a
substantial entity. It is neither a Lockean "I – know – not – what" nor a Kantian
limit of transcendental subjectivity. The thing – in – itself in Field – Being is
simply the plenum itself as borne by the karmic labor of a transfinite subject in
the moment of absoluteness, that is, the moment at which it consummates itself
field – topologically in its self – becoming in *virtue of* its creative resolution of di-
remptive tensions. It is at the moment of absoluteness that the life of the karmic
laborer turns into an instance of eternity through its unique procurement of trans-
finite integrity. It is also the point at which the awesome field interface that both
separate and unite the Let – Be and what is let to be, the ultimate activity and
the *emanata* in the process of diremption, has bequeathed to the world a niche
of ownness. The third formulation of the Field Principle may now be presented
as follows: Field Equation III: $(Qq) i = (Qq) j$ (Ontological Equivalence)
In this notational schema what is equated are two instances of eternity, designat-
ed respectively by $(Qq) i$ and $(Qq) j$, each being a perspective of the unity
of Being from the unique standpoint of their own topological region in the Field,
represented, respectively, by the subscripts i and j, their field – topological in-
dex. What is implied in Field Equation III then is the ontological equivalence of
any two perspectives of the plenum. Each perspective is a thing – in – itself or
instance of eternity, as we have called it. Note that the awesome interface, re-
presented by the dot in Q. q in Field Equations I and II, has disappeared. The

bracket, signifying the niche of ownness that the awesome interface has given rise to replaces it in Field Equation III. What is enclosed in the bracket, Qq, is none other than activity in its paradoxicality, or, as we may put it, as a non – distinction – in – distinction: Q is and is not q, or q is and is not Q. This withdrawal of the awesome interface at the moment of absoluteness into a niche of ownness – a process we call "redemption" – is what marks the acme of transfinite subjectivity. This transfinite traversion of the way from diremption to redemption is in the *Daodejing* called "returning to the *dao*." In returning to the *dao* as an instance of eternity, the transfinite subject has reaped the reward of its karmic labor in procuring for itself a niche of ownness in the plenum. In the niche of ownness, pure unrealized transcendental freedom has become realized transfinite freedom. Here is the meaning of nirvana in the Field – Being sense, not as a state of freedom without karma (karmic labor and karmic necessity), whether or not that is at all possible, but as a state of freedom by *virtue of* karma. In this state of positive nirvana, as we would like to qualify it, the transcendental freedom of pure action has consummated itself in the transfinite freedom of articulate action. Hence, in the positive sense, nirvana is samsara, and samsara is nirvana, as the *Heart Sutra* puts it. For the attainment of nirvana is not outside the World, outside of the Samsaric Cycle, but in it.

### XIV. Conclusion

62. What we have done in this essay is an attempt to lay bare in broad relief the Field – Being conceptual scheme and pinpoint the place of philosophy in it. Our exposition on this conceptuality is built on the fundamental intuition that all is activity and that the plenum of Being is diremptively an aesthetic and field – topological affair. This ontological theory centers round the explication of the Field Principle in terms of the three notions of ontological identity, ontological difference, and ontological equivalence as represented respectively by the three formulations of the Field Equation. This conceptual structure is further elaborated in terms of the opposition of the Ego Principle (the principle of individuation in Field – Being) to the Field Principle, and the Will to Power to the Force. This opposition, as we have seen, is the ontological basis for the opposition between substantialism and nonsubstantialism in thought. The central and unifying thread which cuts across this conceptual scheme is the theory of the becoming and self – appropriation of transfinite subjects or karmic laborers understood both as life – forms and as *Dasein*s and in terms of, respectively, their cocoonization and field – topological occupation. It is in this elaborate conceptual framework that we attempt to understand the role and meaning of philosophy and its place in the Field – Being universe. The notion of philosophy, or more exactly, speculative philosophy, as the pursuit of *dao* – learning carried to the limits is here strategically entertained in relation to the inmost nature of activity and being, that is, as the supreme art and inner activity of appropriation. Our characterization of philosophy as the product of speculative consciousness wherein the con-

nection between phenomenological and meditative consciousness is established or reestablished and rendered whole is crucial to the epistemic and methodological orientation of the Field – Being approach. For in contrast to the substantialist and rationalist – analytic tradition which relies primarily on the enticized experiences and presentations of phenomenological consciousness at the expense of meditative consciousness, the Field – Being approach is intended to correct this one – sidedness and embrace the middle way, the middle way of transdifferentiation between phenomenological consciousness and meditative consciousness, and between substantialism and nonsubstantialism. Indeed, the synthesis of phenomenological and meditative consciousness in speculative consciousness is, from the Field – Being standpoint, precisely what distinguishes the unity of field apperception in the philosophical *dao* – learner. It is important to note that Field – Being does not declare war on substantialism and the rationalist – analytic tradition. On the contrary, it recognizes its value and importance and seeks to appropriate it critically both in the interest of truth and for the optimal creativity of value. The middle way, properly understood, is the way of the good.

63. Now the way of the good is only realizable in the world, in and through the Samsaric Cycle underlying the becoming and self – appropriation of transfinite subjects. In the projected sequels to this essay we shall look more closely into the reality of the Samsaric Cycle and the basic elements that compose the perspectivity of the human *Dasein*. Whether in care or in wonder, in enjoyment or in hope, the human *Dasein* as a karmic laborer and *dao* – learner must traverse the trinity of *dao* from diremption to redemption in its becoming and self – appropriation. The trinity of *dao* are the three realms of Field – Being, called, respectively, the "Act in its firstness," the "Act in its secondness," and the "Act in its thirdness," which constitute the path of diremptive movement for all transfinite subjects and *Dasein*s. From the transcendental arising to the moment of fate (firstness), from the moment of fate to the moment of absoluteness (secondness), and from the moment of absoluteness to the enfolded immortality (thirdness) – these phases of activity which define the trinity of *dao* are what make up the wheel of the Samsaric Cycle. In traversing the trinity of *dao*, the philosophical *dao* – learner will come to understand how the distribution and redistribution of power or matter – energy is tied to the systems of meaning determined by the interplay of the Ego Principle and the Field Principle, as well as the roles of the right – sided and left – sided appetitions in the formation of the motivational structure of his or her *Dasein* undertakings. But above all the philosophical *dao* – learner as a traverser of the trinity of *dao* will inevitably come to face the Holiest of the Holy, which, symbolized in Field – Being as the rounded square of taiji, is the region of reality and thought wherein rationality and paradoxicality are equally appropriated and transcended. This is the region of thought reserved for meta – theology, the discipline of *dao* – learning that directs itself to the Field – Being of the Holy. In Field – Being thought, a distinction is made between the Holy of the Ego Principle and the Holy of the Field Principle.

The confusion of these two senses of the Holy in the popular religious conscious-
ness and the failure to recognize it in much of traditional religious thought is a
major concern for the meta – theologian.

64. Meta – theology then is meta – aesthetics in search of the Holy, under-
stood in the Field – Being sense. How meta – theology is related to the meta –
epistemic quest for significance, the meta – ethical concern for rightness, and
the meta – pragmatic predisposition to efficacy is a topic which lies beyond the
scope of the present essay. We are also not in a position here to attack one of
the most intriguing and challenging topics in the Field – Being conceptuality,
namely, the conception of Space – Time as the field – topological horizon and in-
terface of karmic labor. These and numerous other issues amidst the enormous
ontological and methodological implications of the Field – Being scheme must be
left for other occasions. Committed to his or her vision and yet ever flexible and
responsible in his or her intellectual and spiritual experimentation, the Field –
Being thinker delights in the adventures of thought.

# 9. Centrality and Commonality: An Interpretation of the *Zhongyong* from the Field – Being Perspective

(Draft, **2002**)

From the Field – Being standpoint, the world is not a collection of substantial (separate, independent) entities, but a dynamic plenum of quintessential activity, that is, a continuum of *self – reflexive articulate action*. The distinction between these two worldviews or visions of life and reality provides the basis for the conceptual construction of two hermeneutic paradigms or models – the substantialist paradigm and the field – topological paradigm, respectively – which, conceived as ideal types of philosophical thought, are capable of far – reaching philosophical and historical implications.

This paper is an exercise in Field – Being hermeneutics, an application of the Field – Being conceptuality to the interpretation of the various strands of philosophical thought that have emerged in the wisdom traditions of civilized humanity. Wisdom – philosophical wisdom – is self – referential understanding and knowledge of Truth, which in the primordial Field – Being sense is simply the revelation or disclosure of quintessential activity in its self – reflexive transparency. As such, Truth is always field – topologically conditioned and perspective ly appropriated. A wisdom tradition is an enduring perspective of quintessential Truth.

Although the history of civilizations has witnessed the emergence of a great variety of wisdom traditions, there are, in the final analysis, but two main enduring perspectives of quintessential Truth : namely, substantialism or the rationalist – analytic perspective in which quintessent ial reality becomes truncated into a world of substantial entities. and non – substantialism or the Field – Being perspective which hold s fast to the vision of quintessential activity as a dynamic plenum and field – topological order. For the ease of exposition, we shall speak of the latter as the tradition of *Dao*, and the former as the tradition of *Logos*. Although taken as ideal types this distinction is meant to be trans – cultural, the choice of the two contrasting *terms – Dao* and *Logos – does* intend to convey our hermeneutic inclinations. We do mean to imply that while Chinese philosophy as a whole is dominated by the tradition of *Dao*, it is the tradition of *Logos* that has historically prevailed over the mainstreams of Western or Indo – European thought.

This paper will concentrate on the application of one of the basic themes or concepts of Field – Being ontology in the interpretation of Chinese philosophy – namely, Being as the presencing presence of the actual indefinite, or as we also call it the Radical Nothing. In the Field – Being scheme, the actual indefinite refers to quintessential activity in the sate of pure ( self – reflexive articulate ) action – that is, a plenum of pure potency: pure energy, pure experience, and pure meaning. The actual indefinite is inexhaustible in Power, formless in Form. and all – embracing in expressive Overflow. This actual threesome of pure quintessentiality – inexhaustible Power. formless Form, and all – embracing Overflow , which in Chinese metaphysics are conceived in terms of 体 * ti ( substance ), * 相 xiang ( form ), and 用 yong ( function, expression ), is what lies at the heart of the Chinese philosophical concept of 性 xing generally translated as nature ( as in human nature´ ) . In Field – Being ontology all concepts of nature are concepts of quintessentiality ultimately derived from the inner dynamics of appropriation, or the 成性 naturing of quintessential action. More exactly, naturing is the resolution of the inner dynamics that consists in the conjugation of power and form in expression. This, we submit, is the most profound implication in the Field – Being conceptuality anticipated in the Chinese philosophical concept of 性: xing, as found, for example, in the opening statements of 中庸 Zhongyong: What is conferred ( 命 – ming ) by Heaven ( 天 tian ) is called nature ( 性 xing ) . Following straightly this nature ( 率性 shuai xing ) is called the Path ( 道 dao ) . The regulation of this path ( 修道 xiudao ) is called inculcation: In Field – Being terms, nature here refers to our transcendental endowment of pure potency, originally given to us by the quintessential Heaven – the quintessential state of pure action. Following nature therefore implies the appropriation of our transcendental endowment which is, however , always field – topologically conditioned. The process of appropriation is at once cosmic and existential, involving on the one hand the naturing of Heaven sustaining the field – topological order and on the other the naturing that we are. This oneness of existential and cosmic naturing is what is implicated in what traditional Chinese philosophers refer to as the union of Heaven and Humankind ( 天人合一 – tianrenheyi ) .

Now what exactly is the state of pure potency to which humans owe their transcendental endowment? The answer to this question will bring us immediately to the main trust of this paper and a conception of the actual indefinite that lies at the core of Field – Being hermeneutics. The state of pure potency is a state of strainless perfection – a non – differentiated, pre – individuated state of quintessential activity that is absolutely continuous and seamlessly at one with itself. It is qualified as strainless because strains, as we define it, are the principles of differentiation or individuation: they are the factors that account for the boundaries and separations , interruptions and restriction s, conflicts and alienations, and so on in the dynamic plenum. The actual indefinite is, in other words, a continuum of action that is perfectly smooth and fluid, totally devoid of

sharp edges or angles. This is what we mean by formless Form. The active in-
definite is a formless Form not because it is without form or non – articulate——
for all action is by definition self – reflexive articulate action – but because it is a
*seamlessly* undivided or undifferentiated whole. And it is also called the Radical
Nothing because it is radically not a differentiated or individuated thing but an
activity, a state of pure action, a dynamic totality. Pure potency is thus a condi-
tion in which quintessential activity flows perfectly and effortlessly into itself.
The actual indefinite is a state of perfect spontaneity and simplicity.

   But is this precisely what in the : 道德经 *Daodejing* and the 庄子 *Zhuang-
zi* is referred to as naturalness ( 自然 *ziran*), non – being ( 无 *wu*), non – ac-
tion ( 无为 *wuwei*), and the uncarved block ( 无名之朴 *wumingzhipu*)？ Yes,
indeed – and this is precisely point that we want to strike home in this paper. In
so far as their concepts of ultimate reality and the supreme state of human fulfill-
ment are concerned, there is, we submit, no basic difference at all between
Confucianism and Daoism , the two major indigenous strands of Chinese philoso-
phy. For both. ultimate reality and the supreme state consist in a state of strain-
less perfection, the quintessential state of pure action. Quintessentially, the
Confucian Heaven and the Daoist Non – being are one and the same.

   The Chinese term which best conveys the meaning of strainless perfection is
通 *tong*, a common word which functions in many semantic contexts in both or-
dinary and philosophical usage. As an adjective, 通 *tong* describes a state that
is open and clear, a state that is without hindrance, obstacle, or obstruction. As
a verb, 通 *tong* means to penetrate, to pervade, to lead to, to connect, to com-
municate. Keeping in mind these interrelated significations, we shall translate
the term as non – obstruction or pervasive penetration. But this is not adequate
to our philosophical purpose here. Strainless perfection is indeed as state of non
– obstruction and pervasive penetration , but the non – obstructive and penetrat-
ing character pertains here to the rounded integrity of quintessential activity in a
state of pure action. Note here that ´rounded´ or ´roundedness´ stands for both the
self – reflexivity of quintessential activity as well as the attainment of quintessen-
tial perfection. This Field – Being conception of rounded integrity is what we
have in mind when we recognize : 通 *tong* or non – obstruction as a trait of
strainless perfection. In order to bring out this crucial philosophical implication
of the term, we shall qualify of it as the quintessential 通 *tong* or the state of
quintessential *tong – ness* .

   Thus interpreted , quintessential *tong – ness* as the rounded integrity of
quintessential activity in a state of pure action is, we submit, the most sublime
philosophical concept in the proto – seminal Field – Being thinking of Chinese
philosophy. This is what the actual indefinite is all about in the perennial tradi-
tion of *Dao*. *Dao – thinking* is plenum thinking, field – topological thinking di-
rected to the ideal *and* reality of quintessential *tong – ness*, which define for the
*Dao* thinkers the Good pure and simple. We underscore ” and ´ here because
quintessential *tong – ness* is not just an ideal for the Dao – thinker or Dao –

learner but the most sublime reality. Unlike the Western tradition of *Logos* in which the actual indefinite is hardly visible, being denied or ignored by its most prominent thinkers, the actual indefinite as the Good pure and simple is not only real, but sublimely actual. This is understandable inasmuch as the tradition of *Logos* as a whole is dominated by an inveterate obsession with definiteness and diremptive clarity – hence with structural identity and demarcational discernability. Hence for the *Logos – seekers* what is indefinite cannot be actual, and what is actual cannot be indefinite. For the sake of conceptual intelligibility – and in order to satisfy the inveterate obsession, the actual indefinite in the name of reason must not be recognized as real, must not be allowed to exist! The obsession blinds the Logos – seekers to the sublime reality of quintessential *tong – ness*.

But then one cannot properly speak of the dynamic plenum either in the tradition of *Logos*. The concept of the plenum or continuum in western metaphysics is fundamentally a structural concept. By and large Western metaphysicians entertain the dynamic plenum either as the Parmenidean plenum that is absolutely indivisible or as the mathematical continuum which is indefinitely divisible. If neither extreme is acceptable, then atomism seems to be the only viable option. But is it? Is there still another alternative in our conception of the plenum? Must the continuum be conceived in structural terms? Indeed, is the structural concept of the continuum or plenum itself philosophical valid? Perhaps the structural concept framed in the likeness of the mathematical continuum – a plenum in the abstract – is not the real plenum at all. The real plenum – the plenum in the concrete – is a quintessential, thoroughly dynamic reality. Such a plenum cannot be understood primarily in structural terms, but must be envisaged and grasped in its functional integrity. The real, concrete plenum is a functional – dynamic whole, a movement of power and activity – and not, as in the case of the abstract, mathematical plenum, a logical – structural totality in the form of an infinite series. Like the whole numbers – the cardinals or simples ones, the points that make up the series are in truth logical entities, each functioning as an ideal unit of demarcation. The cardinals or point s are by definition separate and distinct, divided by an abstract distance that is logically unbridgeable.

But that is not the concrete reality that reveals itself in our quintessential experience. What is primarily given in our experience of the world is certainly not an infinite series of points, nor even a collection of clearly and distinctly separable things or substantial entities, but a functional – dynamic Flow, a self – transforming and self – environing continuum of vital energy, experience and action which Chinese philosophers have come to call 大化流行 *dahualiuxing*, the great transforming Flow. The phrase has become so proverbial in Chinese thought that one may regard it as a general name for the Chinese experience and conception of reality. Indeed, it has served as the unifying theme underlying two thousand years of Chinese metaphysics and cosmology. Being for the Chinese is not a static, eternally immovable reality, but the presencing presence of a dynamic plenum, of the great transformative Flow. This dynamic concept of Being was already firmly established in the *Dao – thinking* of : 先秦 *Pre – Qin* period. There is hardly a metaphysical or cosmological term or concept in the *Pre – Qin* Chinese philosophical language that is not directly or indirectly predicated of the dynamic reality. Such key terms as 道 *dao*, 天道 *tiandao*, 太极 *taiji*, 气 *qi*, 易 *yi*, 生生 *shengsheng* 乾坤 *qiankun*, 阴阳 *yinyang*, and so on, and so on are all implicated in the concept of the great transforming Flow. Actually, the phrase 大化流行 *dahualiuxing* itself came into being as the semantic convergence of the *Pre – Qin* philosophical vocabulary.

But what we found in *Pre – Qin* Dao – thinking, however, is not just a vague notion of the dynamic reality, but a profoundly sophisticated and in some sense highly developed metaphysical conceptuality in which many of the Field – Being themes or concepts are anticipated. This Pre – *Qin* metaphysics. which has come to form the perennial basis of Chinese philosophy, is essentially field – topological in orientation. In Field – Being parlance. topology is the general science or study of roundedness directed to the naturing – that is, the conjugation of power and form in expression – and the self – reflexivity or self – environing of quintessential activity. It is the topology of quintessential action that determines the field character of the universe. The Field or dynamic continuum is a topological order, a topological field.

Because of the brevity. terseness, and extraordinary economy of classical Chinese, most Pre – Qin philosophical terms are semantic nexus, a complex or cluster of interrelated meanings. This is especially true of the those texts in this period which contain the richest reservoir of proto – seminal field – topological ideas – including, in particular, the 道德经 *Daodejing*, the 庄子 *Zhuangzi*, the 易传 (Commentary on the 易经 *Yijing*), and the 中庸 *Zhongyong* . What in the 道德经 *Daodejing* and the 庄子 *Zhuangzi* is called 道 *Dao*, in the 易经 *Yijing* is referred to as 易 *Yi*, and in the 中庸 *Zhongyong* is known as 诚 *Cheng* are all semantic matrices or nexus. In the first place, they function as metaphoric proper names, pointing symbolically to the dynamic reality, the great transforming and self – transforming Flow. Secondly they all carry in their respective semantic complex the various implications of the field – topological order that quintessential reality reveals itself to the humans. But above all – and this is important for the particular purpose of this paper, they invariably contain allusions, suggestions and intimations that direct us to the transcendental dimension of the dynamic continuum – that is, to the sublime reality of the actual indefinite.

And inso far as their conception of the actual indefinite is concerned, there is really no basic difference among these *Pre – Qin* classics. The actual indefinite in the Dao – continuum is a state of quintessential action variously referred to in the *Daodejing* and the *Zhuangzi* as naturalness ( 自然 *ziran* ), non – being ( 无 *wu* ), non – action ( 无为 *wuwei* ), the uncarved block ( 无名之朴 *wumingzhipu* ), chaos ( 混沌 *hzmdun* ), and so forth. The actual indefinite in the Yi – continuum would be identified in the 易传 *Yichuan*, of course, with the Great

Ultimate or 太极 *Taiji*. As for the 中庸 *Zhongyong*, the actual indefinite would be defined by the concept of 天 *tian*, understood as the quintessential Heaven of the Cheng – continuum, the realm of 至诚 or complete sincerity. In spite of the difference in language, there is an underlying theme running through the semantic spectrum of the philosophical vocabulary wherein the *Pre – Qin* conceptuality is embedded: that the sublime reality or the Good pure and simple is a state of strainless perfection, a state of quintessential *tong – ness*.

But the phenomenal world – the life – world in which we live our everyday life – is not a realm of strainless perfection, but a realm of strainful necessity prevailing over all differentiated or individuated existence. What we can hope for is not the Good pure and simple, but the Good as attainable under the phenomenal or worldly conditions of necessity, which may be analyzed in terms of the variegated systems of strains defining the cosmic or world order conceived as the universal field or matrix of differentiated existence. These systems of strains while responsible for the way we are as differentiated beings in the world are also factors of negativity, alienating and distancing us from the sublime reality, from the realm of strainless perfection.

It is perfect ly understandable why the concept of *tong – ness* or non – obstruction holds sway over the *Pre – Qin* Dao – thinkers – and indeed over the entire course of Chinese philosophy. For *Dao –* thinking is predicated on the metaphor of 道 *dao*, the way, path, or road that one goes through in action and speech. And a way that is obstructed is not properly a way, for it can on longer function as such. In order for the way to function properly, the obstructions must be correctly identified and effectively removed or overcome. Continuing with the seminal metaphor, the Good pure and simple is simply the sate of complete openness and non – obstruction: all action is carried out smoothly and effortlessly, without conflicts and interruptions. The dynamic plenum in such state of strainless perfection is a seamless continuum: the sublime reality is a fluidity that is totally devoid of edges or angles.

This then is how unity or oneness is conceived in the Chinese philosophical context. Unlike Western metaphysicians who almost invariably equated unity or oneness with logical or structural identity, what the *Dao – thinkers* have in mind in this regard is always a functional integrity. In the final analysis, functional integrity is a property of the dynamic plenum: it is the rounded integrity of strainless perfection, the state of quintessential *tong – ness*. Thus when *Zhuangzi* says 道通于一 – *daotongyuyi – the Dao* is one in its openness or non – obstructedness; ʿhe is simply explicating the sense of quintessential *tong – ness* that is implicit in the conception of *Dao*. It is in other words a connotatively analytic statement.

Thus 君子通于道 *junzitongyuda* "It is the superior person;" the *Zhuangzi* also states. "that is open to the *Dao*." Here the superior person ( 君子 *junzi*) is not the Confucian gentleman, but the authentic human in the Daoist sense of the word. To be open to the *Dao* means in this context to reach out into the realm of naturalness or non – being, the realm of strainless perfection. But the reaching out is actually a return to the origin, for the realm of naturalness and non – being, the realm of 自然 *ziran* and 无 *wu*, is the quintessential root of our being, the beginning and mother of all (differentiated) things. Unlike the Confucian gentleman who sees the basis of authentic humanity in the ritual propriety of civilized society as embodying the fundamental requirements of civilized life, the true person in the Daoist sense looks beyond the civilized order towards the sublime reality of *Dao*. Far from equating authentic humanity with civilized humanity as the main trust of Confucian thought, Daoism looks upon civilized society as the very stumbling block to the attainment of the true life, as the very source of negativity.

Much of what we would call "second generation" Confucian thought in the *Pre – Qin* peri od, which includes notably both the 易传 *Yichuan* and the 中庸 *Zhongyong*, may be understood most profitably as a justification of civilized existence in response to the Daoist challenge. The main task that posts for the second – generation Confucian thinkers consists in making life in civilized society – including the everyday life of ordinary people – not only viable but also sacred or sanctifiable. Metaphysically, this objective was accomplished by the spiritualization and moralization of the dynamic plenum, which for both Daoism and Confucianism is the ultimate reality. The dynamic plenum is itself spiritual and sacred because it is in its transcendental dimension a sublime reality – a realm of pure spirit and pure activity, a state of strainless perfection. And civilized life is viable and sanctifiable because it has its ultimate roots in the sublime reality, the source of its spiritual creativity. Civilized existence can be made sacred by appropriating the sublime in our everyday activity. The goal is to live in such a away so that the dynamic continuum in which we conduct our everyday life has become a spiritual and moral continuum – a cultivated continuity of moral practice that results in the formation of a searnlessly spiritual and moral character.

Such a spiritual state of strainless perfection, of the Good pure and simple in the ethical context. was attained by Confucius, according to his own account, when he reached seventy. At seventy he says, "could follow what my heart desired, without transgressing what was right." Since whatever one does in such a state of moral – spiritual perfectio n is automatically proper and right, the existential continuum of everyday life and the moral character that pervades it must arise from a quintessential activity that is most innocent, spontaneous, and authentic. Such a quintessential activity is called 易 *Yi* and 诚 *Cheng* in the 易传 *Yichuan* and the 中庸 *Zhongyong*, respectively. "生生 *shengsheng* or procreative creativity – " says the 易传 *Yichuan*, "that is what is called 易 *Yi*" Clearly, to the authors of the 易传 *Yichuan*, the 易经 *Yijing* is not so much a book of change, as is commonly and conventionally understood, as it is a book about quintessential activity – an activity that is perpetually self – transforming, hence most creatively procreative. What is ordinary identified as the phenomenon of change is actually the cosmic or universal manifestation of the self – transforming procreative creativity on the part of quintessential activity. Indeed, change properly understood should be regarded as a synonym for the perpetual self – transformation in question. What we ordinarily imply by change in the sense of alteration or variation is conceived in the 易传 Yichuan in the language of 变 bian, 变化 bianhua, and 变通 biantong. That the concept of tong – ness figures prominently in the Yi philosophy is perfectly understandable in light of the above discussion. The universe of Yi, a dynamic plenum of procreative creativity, depends for its functional integrity and viability on the tong – ness of quintessential action. The 易传 Yichuan states it explicitly that the very endurance of things in the process of perpetual transformation is a function of tong – ness.

The question now arises, how is the state of tong – ness to be attained? What is the underlying principle of procreative creativity that procures the functional integrity of the dynamic plenum? To these questions, the answer of the 易传 Yichuan is equally unambiguous: To attain the state of quintessential tong – ness one has to follow the way 中正 zhongzheng – the way of central ity (中 zhang) and uprightness (正 zheng). These are for the 易传 Yichuan cosmic concepts, not to be understood merely in ethical or psychological terms. To be sure, both concepts have profound moral implications, but that is because from the 易传 Yichuan standpoint the cosmos is fundamentally moral in character. The functional integrity of the universe is a moral integrity: the universe is moral precisely because it is governed by the principle of centrality and uprightness, the quintessential virtues underlying all acts or operations of procreative creativity. For to be central is to be self – concentrated, and to be upright is to be true to, or straight with, oneself. How can any action or activity achieve anything without self – concentration and with out persisting unswervingly towards its goal or objective? And in so far as an activity or action depends for its functional integrity on this self – referential consistency the concept of 中正 zhongzheng must be recognized as defining the actionality or actional authenticity of all actions. Thus understood, an authentic action is necessarily self – transparent and self – integrated: it cannot deceive itself or alienate from itself. It must be, in the language of the 中庸_ Zhongyong, 至诚 zhicheng – that is, completely sincere.

We finally arrive at the point that we have prepared ourselves all along in this paper. From the perspective of Field – Being hermeneutics, the notion of 诚 Cheng in the 中庸 Zhongyong is fundamentally a metaphysical concept. The word 诚 cheng, as we have already suggested, names the ultimate, quintessential activity, and it does so in terms of the actional authenticity of all actions. The choice of word is apt indeed inasmuch as 诚 cheng, which includes sincerity, authenticity, integrity, reality, truthfulness, and self – directedness, and so on in its semantic matrix, is perfectly appropriate to convey the meaning of authentic actionality underlying the quintessential metaphysics. If our interpretation is correct, then there is no basic difference at all between the 易 Yi philosophy and the philosophy of 诚: Cheng in so far as their conception of the ultimate activity is concerned. The principle of centrality and uprightness in the 易传 Yi-

*chuan* is implicit in the meaning of 诚 *cheng*. 至诚无息, *zhichengwuxi*. "That which is 至诚 *zhicheng* or completely sincere；says the 中庸 *Zhongyong*，" is 无息, *wuxi or* unceasing：Just as the expression 生生 *shengsheng* in the 易传 *Yichuan* is the fundamental characterization of the 易 *Yi* activity. so 无息 *wuxi* is a shorthand for the dynamic reality of 诚 *Cheng*. Interesting enough, when the meaning of 生生. *Shengsheng* and 无息 *wuxi* are combined in the phrase 生生不息 *shengshengbuxi*, unceasing procreative creativity, one obtains, next to 大化流行 *daihuilitcdng*, another philosophically proverbial and equally poignant expression in Chinese metaphysics. It is precisely the 大化流行 the great transforming and self‐transforming Flow, that is 生生不息 or creative‐procreative ly unceasing. And inversely what is 生生不息 , or creative‐procreatively unceasing must be the 大化流行 the great transforming and self‐transforming Flow. Hence 大化流行 , 生生不息 *daihuiliuxing shengshengbuxi*————one cannot have a more succinct statement to sum up the meaning of the dynamic plenum that Chinese ontology and cosmology is all about. And 易 *Yi* is 诚 *Cheng* , 诚 *Cheng* is 易 *Yi*‐the inner philosophical connection between the 易传 *Yichuan* and the 中庸 *Zhongyong*, the two second‐generation Pre‐Qin Confucian classics, cannot be more obvious.

And one can be, of course, more specific about the inner connection under consideration. The 中庸 *Zhongyong* is well‐known for the doctrine of 中庸 *zhongyong*, the Mean（中 *zhang*）and Commonality（庸 *zhang*）, the doctrine that bear s its name. Ostensibly, the theme of the Mean and Commonality in the 中庸 *Zhongyong* seems to be a far cry from the theme of perpetual transformation in the *Yichuan*. But this is hardly the case. In fact, any discerning students of the 易传 *Yichuan* would quickly point out the intimate affinity between the two classics in their shared doctrine of 时中 *shizhong* or timely centrality. Not only does the phrase 时中 itself appear in the 中庸 *Zhongyong*, but the doctrine of the Mean and Commonality that has been conventionally associated with the latter is simply a variation of the doctrine of timely centrality. But what does timely centrality mean？Is it comparable to the Aristotelian doctrine of the Mean, as many students of comparative philosophy are inclined to believe？There are, to be sure, at least some superficial resemblances between the two doctrines. For both the Aristotelian and the 中庸 *Zhongyong* conception of the Mean emphasize the verbal meaning of 中 *zhang* in the sense of hitting the target, as may be gathered from the bow‐arrow metaphor employed by both doctrines. And certainly the concept of the Mean in both theories seem to share a common stress on the importance of moderation and avoiding extremes. Finally, the Mean for both is basically a situational concept：for the 中庸 *Zhongyong* as for Aristotle, the Mean is not an absolutely fixed point, but is always relative to the situation or circumstances of existence. So these similarities seem strong enough to warrant the comparability of the two doctrines. But are they really？

That there are superficial and formal resemblances between the 中庸 *Zhongyong* and the Aristotelian doctrines of the Mean we do not deny. But they are to be taken just as they are — formal similarities. The truth is there are fundamental and radical differences between the two approaches. In the first place, the Aristotelian concept of the Mean remain structural in its emphasis. It is fundamental a theory establishing the logic and classifiability of virtues, which depends in turn on the typology of behavior or action. Thus for Aristotle, acting courageously is a mean between acting recklessly and acting cowardly. The Mean is what establishes the virtue of courage. But this is not what 中庸 zhongyong in the 中庸 Zhongyong is all about. The doctrine of Centrality and Commonality in the 中庸 Zhongyong and for that matter, in Pre − Q in Confucian Dao − thinking − is not concerned with the logic and classification of virtues at all, but with the art of appropriation and the process of naturing wherein Dao − learning as the supreme art operates. Natururing, let us recall, consist in the conjugation of power and form in expression. What the 中庸 Zhongyong specifically call 中 zhang or centrality is not the Mean in the Aristotelian sense but a concept of dynamic equilibrium pertaining to the pre − conjugational condition of naturing. But the term 中 is also used in conjunction with the term 节 jie or proper measure in the 中庸 to name the appropriated state of harmony as the post − conjugational state of naturing. Naturing then consists in the appropriation of 中节 involving a process of transition and transformation leading from the pre − conjugation al condition of equilibrium to the post − conjugational state of harmony. The crucial passage in the 中庸 propounding this doctrine maybe quoted in full as follows :

> 喜怒哀乐之未发，谓之中；发而皆中节，谓之和，天下之大本也；和也者，天下之达道也，致中和，天地位焉，万物育焉.（第一章）

The condition prior to the stirrings of pleasure , anger, sorrow, or joy is called Equilibrium. The state when theses feelings have been stirred but are expressed in the proper measure is called Harmony. This Equilibrium is the great Root of actions in the world, and this Harmony is their universal path. When the states of equilibrium and harmony are extended to the level of perfection , Heaven and Earth will be accorded their proper place, and all things will be nourished therein. ( Chapter 1 )

It is clear from this passage that the process of naturing and appropriation involves a means and end relationship. The means is defined by the concept of 中节 zhongjie or the centrality of proper measure. while the end or goal lies in the attainment of 中和 zhonghe or the centrality of harmony . It is of the utmost important to note that the concept of 中 zhang i s applied throughout the entire process of naturing and appropriation . There is the centrality of equilibrium marking the beginning. the centrality of proper measure defining the means, and the centrality of harmony pertaining to the end. But are these different senses of centrality, which clearly refer to three different stages in the process of naturing, at all connected ? Is there a unitary meaning of centrality that serves as the com-

mon thread that unites its three applications to the process of appropriation?
Yes, indeed! And the answer is to be found, as one might have expected, in
the concept of quintessential *tong − ness*. When all is said and done, it turns out
that the principle of centrality is just another name for the principle of non − ob-
struction − an idea that is already embedded in the notion of 诚 *cheng*. The state
of 至诚; *zhicheng* or complete sincerity, which defines the way of Heaven, is
for the . 中庸 *Zhongyong* a state that is totally 不贰 *buer* or devoid of double-
ness. Doubleness implies self − alienation and the lack of self − reflexive trans-
parency. 至诚 *zhicheng* or complete sincerity thus describes an activity that is
non − alienated, that is totally self − integral and self − transparent. The 中庸
*Zhongyong* sees doubleness as the fundamental source of strains and obstructions
. The attainment of centrality is the attainment of strainless perfection.

It is this conception of the Mean − or more properly Centrality − as non −
doubleness and non − obstruction is what sets it apart from its counterpart in Ar-
istotle's philosophy. The*hong* in 中庸 is, as we have observed , is not a medi-
an course of action, but − in the Field − Being parlance − a holistic, field − to-
pological state of existence. The center in the process of appropriation is to be
sure the target to aim at. But the target is not a median point or, for that matter,
identifiable with any definite place or position. Strictly speaking, the center and
target is nowhere , and yet it is everywhere . Hitting the target is not exactly a
matter of practicing moderation , but a matter of timely appropriation, a timely
conjugation of power and form in expression. aiming at a state of strainless per-
fection. The ultimate attainment is reached when the activity of everyday life be-
comes a seamless continuum of moral conduct in which whatever one does is ef-
fortlessly and spontaneously proper and right. From the Confucian standpoint,
such a sate of existence is not only thoroughly moral, because it consists in the
ultimate attainment of rightness, but is also completely spiritual, inasmuch as in
such state one is perfectly at one with *Dao*, with the quintessential perfection of
Heaven and Earth. The operation of Heaven and Earth; the 中庸 *Zhongyong*
submits, may be summed up in one sentence: it is without doubleness in its self
− articulation ( 为物不贰 *weiwubuer*); for this reason it is unfathomable in the
way it produces things ( 生物不测 *shengwubuce*) .

The*quession* now arises, what does 诚 *cheng* have to do with 不测 *buce* or
unfathomability? Why 至诚 *zhicheng* or complete sincerity that defines the Way
of Heaven in its self − articulation unfathomable in its procreati ve creativity?
The answer here will bring us to the most profound level of *Dao* thinking in Pre
− Qin Chinese philosophy − a level of attainment envisaged and enjoined by both
the Confucian and the Daoist Dao − leamers . What is unfathomable about *zhich-
eng* or complete sincerity, about the Way of Heaven, is none other than the sub-
lime reality of the actual indefinite − that is, the formless Form. The inner dy-
namics of the formless Form is unfathomable precisely because it is indefinite in
form, being without limits or boundaries. But in what sense is it a form? What
indeed is the Form of the formless Form? The answer lies, as expected, in the

functional integrity of non – obstruction or quintessential *tong* – ness. While the Pre – Qin Daoist thinkers locate quintessential *tong – ness* in the state of 自然 *zi-ran* or 无 *wu*, of naturalness or non – being, the Confucian Dao – leamers of 中庸 Zhongyong identify non – doubleness as the principle of non – obstruction. This state of non – obstruct ion, called 天道 or the Way of Heaven in the 中庸 Zhongyong, is specifically referred to in the *Daodejing* as 常道 *changdao* or the everlasting *Dao*. The language is different; the approach is different, but the re-ality they point to is quintessentially the same – the formless Form of strainless perfection, the sublime reality of the actual indefinite.

Now strainless perfection is a seamless state of quintessential activity. The non – obstruction of the supreme reality is a self – reflexive affair. More exactly, quintessential *tong – ness* as constituting the functional integrity of the formless Form is a state of pure self – reflexive transparency , which in the *Pre – Qin* philosophical vocabulary is associated with the word l! ij *ming*. As a key term for Dao – thinking shared by both Daoist and Confucian thinkers, 明 *ming* signi-fies what we would call the clarity or luminosity of field apperception – a kind of all – pervasive or all – penetrating intuition, understanding or knowledge that is based on the pure self – reflexive transparency of quintessential action. It is en-lightenment in the quintessential or Field – Being sense. When applied to the sublime reality, 明 *ming* is the field – apperceptive luminosity of the formless Form. "知常曰明 *zhichangyeming*, " says the *Daod ejing*: Knowing the ever-lasting *(Dao )* is called Enlightenment: ´In the 中庸 *Zhongyong* where the in-ternal relation between quintessential action and field apperception is specifically recognized, the crucial importance of 明 *ming* or quintessential understanding in the naturing and appropriation of humanity cannot be more clearly and emphati-cally stated. The two most pertinent passages pertaining to this theme are quoted here in full as below:

自诚明，谓之性 。自明诚，谓之教。诚则明矣，明则诚矣。( 二十一章 )

When enlightenment results from sincerity, this condition is ascribed to ( inborn ) nature . When sincerity result s from enlightenment , this condition is ascribed to disciplinary inculcation. But given the sincerity, there shall follow the enlightenment ; and given the enlightenment , there shall follow the sinceri-ty. ( Chapter 21 )

唯天下至诚，能尽其性；能尽其性，则尽人之性，则能尽物之性，则可以赞天地之化育；可以赞天地之化育，则可与天地参矣。( 二十二章 )

It is only those possessed of the complete sincerity that can exist under heaven, who can give its full development to their nature. Being able to give its full development to their own nature, they can do the same to the nature of other human beings. Being able to give its full development to the nature of other human beings, they can give their full development to the natures of other animals and things. Being able to give its full development to the natures of creatures and things. they can assist the transforming and nourishing power s of Heaven and Earth. Being able to assist the transforming and nourishing power s of Heaven and Earth, they may with Heaven and Earth form a temion. (Chapter 22)

When one reads the two passages in that order. the crucial role and paramount importance of 诚 *Cheng* and*ming* in the 中庸 *Zhongyong* philosophy becomes unmistakably clear. Human beings by virtue of their ability to assist the transforming and nourishing powers of Heaven and Earth ( 赞天地之化育 *zantiandizhihuayu*) , occupy a unique position in the universe . They are, to borrow an Heideggerian phra se which is quite appropriate in this connection, shepherds of Being. But they can only truly fulfill their sublime ontological destiny as shepherds and partners in the sacred temion if they are themselves fully transformed in their own naturing and self – appropriation by being completely sincere and quintessentially enlightened. Here then from 诚 *Cheng* and a, ij *ming* to becoming a partner in the sacred temion is the universal path that defines the authentic Being of humankind. This universal path is in principle accessible to all human beings, to sages and the common people alike. It is indeed the quintessential commonality that is inherent in our humanity – what defines the meaning of 庸 *ang* in the title of 中庸 *Zhongyong*. It should be clear from the above discussion that to translate 中庸 *zhongyong* as the Doctrine of the Mean is not only inadequate but rather misleading. No, it is really the Doctrine of Centra lity and Commonality, which is in truth a doctrine of sincerity and universality, properly understood.

Needless to say, the universal path that is envisaged by the 中庸 *Zhongyong* is only warranted if 诚*Cheng* and 明 *ming* is a genuine human possibility. Clearly, the universal path as predicated on the possibility 诚 *Cheng* and 明 *ming*, of sincerity and enlightenment, is for the 中庸 *Zhongyong* not an unattainable ideal but rather a realizable potentiality. It is a realizable potentiality because it is inherent in our inborn or heavenly given nature, which contains the 命 *ming* or quintessential mandate in it. The key is to be awakened to the quintessential mandate and thus attaining quintessential enlightenment by activating within our being the inborn power of 诚 *Cheng* or sincerity. Not only does the 中庸 *Zhongyong* believe that such awakening is possible but in the case of a privileged few who are quintessentially gifted, such awakening occurs naturally and effortlessly. These are the so – called sages for whom quintessential naturing begins as an unlearned potential. Unlike the ordinary people who have to be taught or instructed by undergoing a process of 教, *jiao* or disciplinary inculcation in order to be awakened to their quintessential nature, the sages activate their quintessential nature spontaneously. They hit the target effortlessly without exerting themselves to do so ( 不勉而中 *bumianerzhong*) . There is no doubt that the 中庸 *Zhongyong* does preach a kind of spiritual and intellectual elitism. But this elitism is itself grounded on a doctrine of quintessential equality. For not only does the 中庸 *Zhongyong* believe that quintessential awakening as ultimately leading to the realization of 至诚 *zhicheng* or complete sincerity and enlightenment is a vital possibility inherent in all human beings, but also that there is no qualitative difference in the authenticity of its ultimate fulfillment in the attainment of the sublime reality, whether it occurs in the life of a sage or in that of an ordinary person. And how could there be such a difference when what is ultimately attained is the seamless state of spirituality – that is, of strainless perfection or quintessential *tong – ness*?

Whether or not such a spiritual state is really humanly attainable, what is historically significant is that beginning with its seminal endorsement by the originators of Dao – learning and Dao – thinking in the *Pre – Qin* period, it has ever since been held up as the highest ideal of existential fulfillment in the perennial tradition of Chinese philosophy. The sublime ideal of seamless perfection and the way towards its quintessential attainment was forcibly and cogently formulated with considerably degree of intellectual subtlety and penetration in the philosophical deliberations and speculations of the second generation Dao – thinkers – including notably the author or authors of the 庄子 *Zhuangzi* on the Daoist side, and of the 易传 *Yichuan* and the 中庸 *Zhongyong* as their Confucian counterparts. While elaborating on the seminal insights and vision of their predecessors which they heartily embrace, these second generation Dao – thinkers are much more mindful and attentive to the perennial problem of all wisdom traditions: the problem of bridging the gap between the ideal and the actual, which mean in the *Dao* tradition between the sublime reality of strainless or seamless perfection and the worldly conditions of strainful necessity. The world in which we live is full of strains and obstructions. How then is the ideal of seamless perfection at all attainable in our everyday existence in the world?

The solution to this perennial problem for the Pre – Qin Dao – thinkers may be most succinctly summed up in one word; Of *he* or harmony. a word that is very dear to most *Pre – Qin Dao – learners* – and for that matter, to all Chinese philosophers. For the ideal state of strainless perfection or quintessential *tong – ness* is essentially a state of harmony. But what is harmony? Is harmony here a function of strife, a tension state of equilibrium brought about by the balancing of opposing forces, as it has figured so prominently in the tradition of Western metaphysics beginning with its inception in Pre – Socratic thought? Did Heraclitus once pronounce that war or strife is the mother of all things? Not at all. Deeply ingrained in their obsession with definiteness, Western or Indo – European thinkers have the tendency to identify structural distinction or demarcation with functional incompatibility or opposition. The Way of Strife has indeed dominated the tradition of *Logos*. But this is not the case with the tradition of *Dao* in which the Way of Non – obstruction has prevailed as an ideal from the very beginning. When Confucius says that the 君子 *junzi* or superior persons are in har-

mony with one another, notwithstanding their differences; he was implicitly sta-
ting the ontological conviction that differences or structural distinctions are not
necessarily conditions of conflicts, and that the harmony of different things is a
real possibility. And that is precisely the conviction held fast by the perennial
tradition of Dao – thinkers. Harmony is a possibility because *tong – ness* or non –
obstruction is a possibility; and *tong – ness* or non – obstruction is a possibility
because there exist channels of functional conductivity among the differentiated
beings or things. In fact, for the Pre – *Qin* Chinese cosmologists the universe as
a field – topological order is basically a system of universal conductivity. For
them beings and things are not conceived in terms of their logical or structural i-
dentity or differences but rather in terms of their functional relatedness or inter-
connectedness. Differences are not obstacles but conductors or interfacial opera-
tors of activity. And that is basically how harmony is thought of by the second
generation of *Dao* philosophers – that is, as principle of functional conductivity
and interface of quintessential action. This, we submit, is how the notion of 太
和 *taihe* or the great harmony in the 易传 *Yichuan* and concept of 中和 *zhonghe*
or central harmony in the 中庸 *Zhongyong* ought to be understood.

That the universe in Chinese cosmology is not thou ght of as a rational total-
ity ultimately analyzable in terms of separate and independent structural units
but rather as a field – topological system of functiona l wholes and pathways of
conductivity may be illustrated most concretely by the approach of Chinese medi-
cine . The way the human or animal body is conceived in Chinese medicine is
fundamentally different from the way it i s looked upon in Western anatomy. The
term 肾 *shen*, for example, in the Chinese medical system does not refer to the
anatomical kidney, but designates rather a functional sub – system within the or-
ganic totality of the body defined by the functional interrelatedness of various an-
atomical organs including the kidney, the bladder. And the reproductive sys-
tems. And what really is the mysterious network of 经脉 *jingmai* or meridians
and 穴道 *xuedao* or nodal points in Chinese acupuncture which have baffled the
Western medical researchers, of whom are no doubt still inclined to deny their
objective existence? They are, as one might have already surmised, what we
have called channels or pathways of functional conductivity, the phenomenal
manifestation of quintessential *tong – ness*. The practice of acupuncture is for the
Chinese no less an art of appropriation than the practice of oxen cutting as de-
scribed in famous Cook Ding chapter in the 庄子*Zhuangzi* . There is no differ-
ence , metaphysically speaking , between the application of the acupuncture
needle to the body than Cook Ding sapplication of the knife to the ox. Both are,
in the language of Chinese cosmology, an act of 感通 *gan tong – or*, in Field –
Being parlance , an act of quintessential attunement. The term 感通 *gantong*
means feeling or sensing the *tong – ness* or non – obstruction of things in a
process or state of mutual resonance. This pivotal concept of Chinese philosophy
first appears in the 易传 *Yichuan* in the statement 感而遂通天下之故 *ganer-
rongtianxia zhiku*, literally, penetrating the affairs under heaven by virtue of the

feeling. And what makes 感通 *gamong* or quintessential attunement possible is, of course, the possibility of harmony inherent in the nature of thin gs and the field – topologica l constitution of the universe. It is, once again, predicated of the principle of universal conductivity.

Thus unlike philosophers in the tradition of *Logos* who are accustomed to recognize things as preemin ently bounded determinations and look at structural differences or logical boundaries as potential obstacles to be removed or over- come, philosophers in the tradition of *Dao* have an entirely different orientation in their Dao – leaming and Dao – thinking. The Dao – leamers or *Dao* – thinkers do not see things in terms of structural boundaries and demarcations but in terms of their functional connectivity and conductivity. Things are not substantial enti- ties or digits of mutually exclusive alterity, but are functional conductors and lo- ci of mutual resonance. This fundamental contrast between the structural and the functional approach to the reality of differentiated beings lies at the heart of Field – Being ontology. In the Field – Being scheme, a differentiated being or thing is a nodal nexus of quintessential action which, as a fielded reality , is to be un- derstood as a system of strains or network of strainful necessity. But the point is strains are for us to be understood neither exclusively as a structural system nor exclusively a functional system – but as a field – topological system marked by a structural – functional duality. For strains or nodal nexus constitute both a struc- tural system of resistence as well as a functional system of conductivity. The pas- sivity of structure and the dynamics of function are equally essential to the Field – Being concept of strainful necessity.

Now to say that the *Dao* philosopher s are predisposed to the principle of u- niversal harmony is not to imply that they are blind to the reality of strainful ne- cessity . On the contrary, the times in which the second – generation *Pre – Qin* Dao – thinkers flourished , the so – called Warring States period in Chinese his- tory, have few equals in the history of human conflicts in terms of social and moral disorder and widespread human suffering. And yet in spite of – or perhaps precisely because of – their extraordinary sensitivity to the negativity of strainful necessity, these *Dao* philosophers remain committed to the vision and conviction of universal harmony for the human order as well as for the cosmos. Harmony is a real possibility not because of the absence or unreality of conflicts, but be- cause no conflicts are intrinsically irreconcilable. And no conflicts are intrinsi- cally irreconcilable because pathways of conductivity can also be found in any situation . One must bear this crucial point in mind if the following passage in the 中庸 is to be properly under stood:

> 万物并育而不相害；道并行而不相悖。小德川流，大德敦化，此 天地之所以为大也。(三十一章)

All things are nourished together without their injuring one another. The courses ( of the heavenly bodies,) are pursued without any collision among them. The smaller energies are like river currents; the great energies are seen in mighty transformations . It is this which makes heaven and earth so great. ( Chapter 31 )

Harmon y then for the *Pre – Q in* Dao – thinkers is not an actual state of affairs, but only a workable harmony. – a harmony that always present itself as a realizable potential, a genuine possibility. To say that all things are nourished together without injuring one another and that the courses of the heavenly bodies are pursued without any collision among them does not mean that conflicts, injuries. and collisions do not exist among them , but only that they are not inevitable, or could have been avoided . That a path of *tong – ness* or non – obstruction leading to the resolution of conflicts and the bypassing of a collision course can always been found in any situation , cosmic or human. This presupposition also provides the possibility for the resumption of mutuality and the restoration of order.

Understood in Field – Being terms, the presupposition of workable harmony represents ontologically recognition of field – topological indeterminacy. All differentiated beings and things as fielded existence in the world are topologically conditioned by virtue of their situatedness in the field. But the conditioning is not complete. Inherent in the quintessential nature of fielded beings and things is a measure of creative freedom and spontaneity as the major component of their transcendental endowment. In embracing the presupposition of workable harmony in the world, the *Pre – Qin Dao – thinkers* do in fact commit themselves to the sublime reality of the actual indefinite as the ultimate source of spontaneity and freedom. Indeed, in so far as their transcendental meaning is concerned, there is no fundamental difference between the Confucian concept of 诚 *Cheng* or sincerity and the Daoist concept of 无为 *wuwei* or non – action. Transcendentally, an act 诚 *Cheng* and an act of 无为 *wuwei* are alike: both are creative acts of creative freedom and spontaneity. Moreover, as originary acts of authentic humanity, both operate in a medium of universal conductivity or network of workable harmony aiming at the attainment of quintessential *tong – ness*.

That our actions occur in a medium of universal conductivity and network of workable harmony is a conviction shared by all Pre – Qin *Dao – thinkers*. Their difference lies not in the existence of this medium or network, nor even in their interpretation of its salient character, but in the way this medium or network may best be appropriated in the attainment of the ideal state of non – obstruction. To put it more succinctly , the difference pertains to the goal and strategy of appropriation. To the Pre – Qin Daoists, the ideal state of non – obstruction is a state of 自然 *ziran* or naturalness. a state of freedom and spontaneity in which actions occur effortlessly and with the greatest economy – a condition, that is, without unnecessary obstacles, unnecessary pain , and unnecessary waste. That is why the Daoists are. as a matter of strategy, inclined to look for the path of least resistence within the medium of universal of conductivity or network of workable harmony. This is the meaning oft *pu* or simplicity in the Daoist sense of the word. The Daoist recognizes that the transcendental state of strainless perfection in the sense of absolute purity and complete non – ob struction is not possible in the phenomenal world, what is possible is the state of simplicity, an attainable worldly condition of strainless perfection. Is this precisely the lesson of life Cook Ding learns from his practice of oxen cutting by following the path of the least resistence?

While simplicity as procured by following the path of the least resistance defines the Daoist strategy of appropriation , it is in terms of sincerity as the attainable condition of moral uprightness that the Confucian way of authentic civilized humanity is to be established. Moral uprightness – a meaning implicit in the concept of 诚 *Cheng* or sincerity – entails adherence to our quintessential nature which is ultimately shaped and dictated by our species – specific needs. Human being s are distinct from the animals and other creatures under heaven. Inherent in our heavenly ordained nature are certain basic needs that are specific to our existence as human beings. It is our sacred vocation to satisfy them. The main thrust of Confucian philosophy pertains to the explication and interpretation of these species – specific needs and the way these needs may best be satisfied. Upon closer analysis the entire Confucian philosophical framework may be summarized in one word: 仁 *ren* or authentic civilized humanity, the one key word that comprises in its meaning and implications both the goal and the strategy of the Confucian approach. 仁 *ren* is at once the source, the need , and the achievement of authentic civilized humanity. Moral uprightness in the Confucian sense means truthfulness to 仁 *ren*, as the inherent source of our authentic civilized humanity. That is what i s basically implied by the concept of *Cheng* or sincerity. And how, concretely, is moral uprightness or truthfulness to the 仁 *ren* inherent in our quintessential nature? The answer is to be found none other than in the path of 中庸 *zhongyong* the path of centrality and commonality. Confucianism is not geared – not primarily anyway – to the path of least resistance. For the goal here is not simplicity, but moral uprightness leading to the attainment of authentic civilized humanity. It is clear that while Confucianism and Daoism are both committed to the cosmic faith in the universal conductivity and workable harmony of all things, each sees the cosmic system of conductivity and harmony from its own *Dao* perspective. While all things for the Daoists are conducive to the attainment of naturalness or the simple life, the universe from the Confucian standpoint is a workable harmony that lends its conductivity to the achievement of a life 仁 *ren*, to the attainment of authentic civilized humanity. But is the life 仁 *ren* incompatible with the life of naturalness or simplicity? Perhaps and perhaps not – that is a question that certainly deserve further investigation.

# 10. In Search of the Quintessential: Toward a Field – Being Hermeneutics

## Part I    The Power Thesis: Quintessentiality and Transfinite Subjectivity

What do we mean by the quintessential? We mean the real as the basis of the good. Goodness is not separable from reality but is internally related to it; for the good, most succinctly put, is but the real *par excellence*. While the good arises from the inner dynamics of the real as its vital source and ground , it is also the teleological ideal that directs its fulfillment and consummation . The good in abstraction from the real is rootless; the real without its goodness is deficient. A rootless goodness is no good at all, and reality in the total absence of goodness – a complete lack of value and excellence – is not even a possibility. It is in the betweenness and mutuality of the real and the good that resides the quintessence and quintessentiality of all things.

The words "quintessence" and its cognate "quintessential " are, as we know, Greek in origin. Quintessence , from Latin *quinta* ( fifth ) + *essentia* ( essence ), is a translation *of Greekpempte ousia*, which in ancient and medieval philosophy names the fifth and highest essence ( above the four elements of fire, air, water, and earth) that permeates all things in nature, and is the substance composing the celestial bodies. For ancient and medieval thinkers, things in nature are not created equal. The heavenly bodies, composed entirely of the fifth essence *(pempte ousia* or *quinta essentia* ) and thought to be the purest and most refined substance or essence, were regarded as more excellent – and therefore superior and more real – than anything in the sublunary world. Just in what sense the *pempte ousia* or quintessence is pure, and how its excellence or superiority or goodness is determined by its essential purity need not concern us here. One thing is certain; the answer has something to do with the circular movement of the heavenly bodies, and in the case of Aristotle, whose cosmology represents at once the consumption of the Hellenic, and the beginning of the Scholastic – Medieval, worldviews, with the additional element of pure thought which Aristotle attributed to the Divine, God the Unmoved Mover, whose thinking is completely self – reflective ( a thinking that has only itself as object) – thus in a sense also circular. Anyway, it suffices for our purpose to observe in this connection that in the ancient – medieval or pre – modem conception of the universe, there can be no separation between fact and value or reality and good-

ness, and that, moreover, the goodness or value of a thing is, as already stated
or implied in the above exposition, determined and measured by its excellence
– the greater the excellence, the higher the reality. The universe is, in other
words, a hierarchical order and all things in it are ranked according to their sig-
nificance or value that reflects their relative degrees or grades of excellence or
perfection. At the top of the ontic hierarchy – the "Chain of Being," as it has
come to be known, the two terms of the quintessential relation – the real and the
good – fully coincide: the real *par excellence*, or the "really real" *(ontos on )* as
the Greeksere fond of expressing it, is also the good in perfection, the *summa
bonum* or highest good in the vocabulary of Scholastic metaphysics. This identity
of the real and the good, which instantiates a special case of the quintessential
relation , is given a special name in Field – Being: the "wholesome universal. "
What we intend in this idea is, as suggested by the etymology of the words
( whole as adj. from ME. *Hoi* , *hal*, entire, sound, uninjured) , a state of su-
preme vigor, health, soundness, wellbeing and beauty that is made possible by
an optimal condition of the universe in which universality and particularity are
one ( whole – some) , a condition procured and sustained by the rounded perfec-
tion of its procreative vitality. This supreme wholesomeness inevitably associated
with the highest honorific terms in our philosophical vocabularies with which we
speak and think of the quintessential being – whether it be called Logos, God,
Bralunan , Dao, and what not, is what defines the "ideal identity" of the real –
and – good that we respectively hold up for ourselves as the ultimate measure of
existence within the perspectivity of our own culture or tradition. It is hard to
think of a conception of God or of the Ultimate Reality that does not bear the im-
print of quintessentiality as here understood. And this is something to be expec-
ted. For quintessen tial ideals are projections of our deepest concerns and de-
sires, our most elevated hopes and aspirations , our most cherished virtues and
values, as well as our most tenaciously held beliefs and convictions. As such,
they are mirrors of what we are and what we want to be: we are, indeed , made
– intellectually , morally and spiritually – in the image of our quintessential ide-
als, although, conversely , we are also to a significant extent responsible for
their making. And to the extent everything human is in some way an embodi-
ment or reflection of the ideal identity held up by the cultural traditions to which
we respectively belong, human understanding, including the understanding of
understanding, is in its inmost essence a quintessential matter. But what is the
real? What is the good? And how does the real constitute the basis of the good?
These three questions implicit in our notion of the quintessential – the real as the
basis of the good, are what make up the backbone of Field – Being hermeneu-
tics, an attempt to formulate a theoretical perspective on civilized thought as a
historical movement of quintessentia l thinking or reflection. From the Field –
Being standpoint , how a given culture or tradition answers theses three ques-
tions defines what that culture or tradition quintessentially is. For that given cul-
ture or tradition what is thus defined is its world of significance, its *"dao –*

*world* " wherein the *Dao*, the Way, reveals itself as the quintessential in its truth.

Hermeneutics in the Field – Being sense then is a form of dao – learning; and a thinker or philosopher who directs himself or herself to the quintessentiality of things is a *dao – learner* or *dao – thinker*. It is in light of this conception of philosophy as dao – learning and as quintessential hermeneutics – which one may regard as dao – learning on the intellectual side, that we advance the concept of "reflective – quintessential history. " More exactly, "reflective – quintessential history" is an account of the movement of intellectual events wherein ideas and patterns of thought of quintessential import emerge in the light of truth. Such an account is described as "reflective" because hermeneutic s is for us not so much an interpretation of text, as it is usually understood, but is more fundamentally an interpretation of experience , an exercise of reflective thinking wherein the real – and – good , the quintessential , comes to know itself, to exhibit itself in discriminative consciousness. In respect of this intrinsic reflectivity inherent in the nature of activity and experience, all hermeneutics is from the Field – Being perspective quintessentia l hermeneutics whose central task is to fathom the depth of reality underlying the *dao – world* , to penetrate to the inner dynamics of appropriation that is the ground of all significance. In short, the goal of quintessential hermeneutics is to be awakened to the wholesome universal in *Dao*, the Way that is, once again, the quintessential in its truth.

But just what is it that constitutes the depth of reality underlying our quintessential experience and understanding? What do we have in mind when we speak of the inner dynamics of appropriation? Why do we identify it as the source of all significance? And finally, what generalizations can be made about the movement of civilized thought that we call reflective – quintessential history? These questions, which are crucial for the hermeneutic project of dao – leaming, cannot be adequately answered without invoking the ontological or metaphysical presuppositions of Field – Being. Although the issues involved here are, needless to say, enormously complex, our answers to these questions are ultimately derived from a philosophical position that we refer to as the "power thesis. "

In a nutshell , the power thesis holds that *all things are power – made and ownness bound*. Power and ownness, the two primary notions in our conceptual scheme, are related , respectively, as source and ground in the Field – Being u-niverse. While all things are dynamically constituted, being procreative expressions and manifestations of power concrescence, they are delimited and differentiated by the power of ownness as the universal principle of individuation, the "Ego principle , " as we elsewhere called it. 1 If Power as such is the source of Oneness, then it is by virtue of the Ego Principle, the power of ownness, that the universe is a field of the Many. The Ego Principle is at work whenever we perceive, cognize, or speak of a "this" as distinct, differentiated, or separated from a "that. " Generally speaking, the ownness of a thing – we mean *anything*, whether abstract or concrete, mental or physical , human or non – human , is

what accounts or gives the thing its individuated or differentiated identity. And
we cannot think of or talk about anything unless it is in some sense or to some
degree abiding or enduring, whatever the ground of its abidingness or durability.
It is in terms of this fundamental property of existence – to exist is to abide – that
we entertain, with respect to the beings and things in nature like people, ani-
mals, mountains, trees, and rocks which compose the realm of the concrete,
the concept of the "ontic self," that is, a (concrete) being or thing in its abid-
ing or enduring ownness. The important philosophical question is, of course,
what constitutes ontic selfhood or where does abiding ownness lies. In this con-
nection Field – Being makes a distinction between the antic self and the empiri-
cal ego. While the ontic self points to the integral reality of a thing, the empiri-
cal ego pertains only to its abiding ownness as existentially grasped and concep-
tually projected in a particular context of experience——of which the notion of a
substantial subject in traditional Western metaphysics conceived as an independ-
ent substratum is the most notable example.

From the Field – Being point of view, the ontic self or abiding ownness of a
thing is not, to be sure, an absolute, static entity, someth ing fully determin ate
and ready – made ; but it is not a mere illusion either, as the Buddhists are
prone to take it. The antic self is real; what is not real is the substantial subject
or ego that is falsely equated with it. To be more exact, the self*I* ego of an indi-
viduated existent as an instance of abiding ownness is an emergent center of em-
powered activity, a relatively durable dynamic structure that has become what it
is in a process of power concrescence wherein a congregation of power elements
and force – events collectively come to define itself. Ownness, the integral real-
ity of a thing, is not , in other words, something pre – given like a permanent
fixture but something to be realized and acquired, a value to be achieved. And
the antic selfhood or abiding ownness thus achieved in the self – definition of
power concrescence is not the isolated self of an independent substance but a so-
cial or relational self – a "field self," to be most properly phrased – that be-
longs to the concrescence as a unified whole, to the teleologically bounded col-
lectivity of co – participants in the dynamic congregation. The self – definition
of power concrescence is thus, as we would like to put it, a matter of appropria-
tion taken in the root sense of the word – from Latin *appropriatus*, of *appropri-
are*, to make one's own. Thus understood , appropriation , the self – definition
of power concrescence, is what constitutes the inner reality of things. And it is
in the vein of this conception that we employ the term "inner dynamics" as allu-
ded to above. More exactly, the inner dynamics is the dynamics of the inner re-
ality, the dynamics of ownness and individuation that is the grounding principle
of power concrescence. But the inner dynamics or grounding principle is not an
abstract or formal thing but a self – organizing logic of movement governing all
processes of appropriation or ownness in the making. Although one cannot hope
to offer an exhaustive analysis of the inner dynamics – or of anything, for that
matter, this much is crucial to a basic understanding of its multi – polar func-

tionality : namely, the essence of the inner dynamics lies generally in the diremption (separation), transaction, and resolution of opposing tendencies and forces that are perpetually at work in the Great Ocean of Becoming. All egos or ego – centers in the universe – the powers of ownness that are embodied in each and every being or thing – are subject to the grips of the inner dynamics in their respective paths of appropriation. The inner dynamics is the concrete foundation of the *Dao – world* , the world of significance in which we live and flourish.

Let us elaborate. The term power here is not to be grasped in any of its mundane or worldly senses, often associated with dominative, manipulative , or exploitative connotations, but must be understood solely in. *functional* terms – as the potency or potential to function *and* the act of functioning which articulates and realizes the potential. Power, in other words, is what it does as well as what it can do. But we cannot determine a functional potential except in terms of its procreative efficacy, that is, in terms of the effects it produces or the traces or differences it generates in the world. These effects, traces, or differences of power which are the manifestation s

*(what* power does) of its procreative efficacy must be, moreover, distinguished from the activities or operation s which collectively constitute the act of functioning (what power *does*) ——*the* way it expresses itself in its self – definition , although these two aspects of power are obviously inseparable . A house is built; it is the product of the power that built it, a manifestation of its procreative efficacy. In our habitual or conventional way of thinking, we are apt to treat the house as an isolated, self – existing entity as if the manifest house is all there is to its truth and reality. The point is, of course, that the manifest house is only the partial truth: for the house in its authentic ownness – what the word "reality" primordially means – is not to be identified with the house in appearance but with the whole depth of reality that is co – extensive with the procreative power under consideration, including all the activities and operations which compose the act of building. The moment the house presents itself to us as a settled reality, a "done – deal," so to speak, the "procreative subject" – the building power formerly at work in and through its articulate actions has already past into "objective immortality," to borrow Whitehead 's well – known expression.

But just where, let us ask, does power reside? Where , to continue with our example, is the power that built the house? The answer: it resides both separately and collectively in all the power elements and force – events that contribute to the procreative process. Anything that plays a role or perform a function – whether directly or indirectly , actively or passively – in the building of the house in our example is a power element in its dynamic constitution, including the contributions of the architects, the blueprints, the contractors, the plumbers, the electrician , the bricks, and so on, and so on. The act of building which consists in the gathering or growing – together of the multifarious contributing factors is an instance of what we mean by power concrescence. To be more precise, power concrescence is a movement of force – event s involving the transaction and interaction of power elements functioning and contributing to its procreative efficacy. To call them "force – events" is to point to the various activities and operations t at obtain and arise in the conjunction of the power elements that co – participate in the process – articulate actions which in their efficacious togetherness have the character of a force. Generally, every movement of empowered activity – or power at work – is for us a force – event to the extent it is procreatively efficacious; for an event is simply the movement of a force. What lies at the heart of the theory of power concrescenc e is the mutuality and co – dependence of force – events and power elements. While force – events a-rise from

the multiplicity of power elements in and through their transaction and interaction, they are in tum modified, transformed, and renewed – even to an infinitesimal degree – by the latter in the very movement or process of becoming. This procreative circuit between force – events and power elements, which constitutes the inter dynamics of the universe, is the concrete foundation for all existents in nature. The concrete beings, things and objects which present themselves in our ordinary experience are for Field – Being "natural strands" of power concrescence whose overall character exhibits a fundamental ambiguity. They are, on the one hand, aggregations of power elements, and on the other, enduring centers of force – events. This duality of power concrescence underlying the dynamic constitution of natural strands is one of the key features that distinguish it from the substance approach in traditional Western metaphysics. The "subject – predicate" mode of thought and expression which the substance theory depends is, at least in its traditional form, woefully inadequate to the understanding and analytics of natural strands as concrete agents of power at work. For there is no "subject" in the sense of an isolated, self – sufficient and independent substance conceived as an unchanging underlying substrate or substratum in which a set of properties or qualities may inhere. Moreover, the complexity of power concrescence is such that it is utterly beyond any analytic representation by way of substantialistic predication. The truth is that there is no one way of thinking and talking about power at work at all which can do full justice to its elusive and enigmatic reality. The substance – ba sed theory of predication, which has come to engulf almost the entire tradition of Western metaphysics, owes its success not so much to its objective validity as to its viability or practical expediency as an instrument of simplification – an instrument which has proved to be necessary, or at least conducive, to human survival and control. The subject – predicate mode of expression is a vital and powerful instrument because it takes advantage of the most controllable aspect of experience: to wit, the manifest effects of power concrescence which are amendable to generic classification and logical analysis. Effects belong to the settled past; they are traces or residuals of past, consummated activities or actions. Since what is done cannot be undone, the manifest effects are definite or determinate – hence can be grasped, discriminated and manipulated with greater ease and efficiency. This definiteness or determinateness of the done – and – settled, the ontic basis of logical manipulation and intellectual possession , is what makes possible the controllability of experience. It is therefore understandable why the desire to grasp, to control, and to possess – personified by the Greek god *Eros*, the possessive love of desire, is always accompanied by an obsession with definiteness. Although fascinated and tempted by the power of the indefinite , the elusive, and the mysterious , Eros or Desire cannot bear its presence. To make definite the indefinite, to grasp or take hold of the elusive, and to make transparent the mysterious and unknown, is the driving impetus of all *eros – centric* thinking. But behind the love of desire is the Ego Principle at work, the universal principle of individuation procuring the myriad of natural strands and life forms in the world .

In so far as Field – Being is concerned , nature is alive: a natural strand is a form of life in so far as it is endowed with procreative vitality – a vibrant energy that is essentially productive and creative. It is, to put it in a somewhat Pre – Socratic fashion, the "stuff" or "matter" out of which all things in nature are made. What we designate by the terms "procreative vitality" or "vibrant energy" here is, however, not a "stuff" like water or air but power itself conceived as the concrete common source and medium of empowered activity – what life and the living functionally consists of. Is this perhaps what the Pre – Socratic philosophers actually had in mind in entertaining their favorite notions of *arche* (origin) *and physis* (nature) so that when they name the concrete common source as water or air or fire it is really power itself in its vital essence that was intended? For the early Greeks as well as the Pre – Qin Chinese philosophers, nature is indeed "alive" because all things in nature are "powerful," being capable of functioning and self – movement. When Thales pronounced that all things are made of water, he perhaps used water only metaphorically – as a metaphor for the vital, procreative power. He perhaps meant to say *not* that all things are in fact made of water but that the concrete source of all things is "water – like. "

The universe as Field – Being envisages it is not a collection of substantial entities – independent substances that are intrinsically separated and capable only of external relations. It is rather a plenum – field of power concrescences and empowered activities that are ineluctably interdependent and intertwined with each other, being ultimately derived from the same root – the infinite One, the ultimate activity. The plenum – field is a "plenum" because it is a holo – dynamic continuum of procreative vitality that is inexhaustible in its source and all pervasive in its extension. Yet the dynamic plenum is also a "field" in so far as it constitutes a multi – dimensional and multi – polar matrix of functional possibilities and real potentials, a womb of topological openness wherein all power elements and force – events – the components of natural strands – originate. Topology in the Field – Being sense is a study of dynamic structures or configurations

with respect to the principles and patterns governing the distribution , appropria-
tion and transformation of power . Everything in nature conceived as a strand of
power concrescence occupies a *topos* or topological openness in the plenum −
field , a place or locus for the inception and dispensation of its empowerment. In
doing away with the idea of independent substratum in Aristotelian − traditional
metaphysics − especially in its extreme form , Field − Being advances the concept
of topological − or more accurately , field − topological − occupation. The Aris-
totelian " substratum " *(hypokeimenon )* now rid of its independence has given
way to a *topos* or pl ace in topological space. Let us immediately add , however ,
that we must not confuse topological space with physical space. The *topos* or
place that is opened up in the plenum − field for the occupation of a natural
strand is not a position in physica l space but a " dynamic vacuity " − a *xu* in
the nature of things, as the Daoists would say − that makes room for the self −
definition and becoming of an empowered activity. The topological space a house
occupies is not the three − dimensional space where the house is located here
and now but the plenum − field itself functioning as the holo − dynamic environ-
ment conditioning its birth , manifestation and ontic upbringing. What occupies
topological space is not the house as built but the power − the natural strand of
power concrescence in its full depth of reality − that has built it. We call this
power that actualizes all the functional potentials pertaining to the hou se, its
very possibility of existence in the plenum − field , the " let − be. " The house
that appears here and now is a manifestation of the let − be at one phase of its
procreative efficacy, an infinite arrival from time immemoria l which , paradoxi-
cally speaking, is both temporal and non − temporal in its beginn ing. In con-
trast to the ordinary way of thinking which has become fixated and rigidized in
the substantialist mode of thought, Field − Being does not conceive the ontic self
or abiding ownness of a thing with the thing as manifested but with the let − be ,
the procreative power that originates from the infinite background .

The house as built and manifested is characterized as an " infinite arrival "
because its ontic self, the let − be of its ontic upbringing, has its ultimate roots
in the One, the ultimate activity that constitutes the infinite background of all
worldly existents, the common denominator that is included in the being and re-
ality of all that is. But the One is at the same time the Two : the two aspects of
the ultimate activity whose transfinite synthesis at the base of the plenum − field
is what constitutes the primordial beginning of all becomings. The term " primor-
dial " here designates the inception of time and the temporal in the life of a
worldly existent, the time when the two sources of procreative vitality − pure vi-
tality and karmic matter − first intersect. These two sources of the vital power
constitute respectively the two major components in the empowerment and dy-
namic structure of a natural strand or worldly existent. While pure vitality is in-
carnated in a natural strand as its transcendental endowment, karmic matter is
what gives a natural being or thing its environmental heritage. " The Two ," says
he *Daodejing* , " gives rise to the Three. And the Three gives rise to the ten −

thou sand things. " This means, in Field — Being terms, that the myriad of worldly existents is the vital product of transfinite subjectivity — the Three .

The term "transfinite" refers generally to the dynamic relation between pure vitality and karmic matter, the two proto — strands of energy in the composition of procreative vitality. In Field — Being cosmology, every natural strand in process of becoming is made up of countless quanta of articulate action each of which is productive of an infmitesimal or smallest determinable effect or difference. These countless quanta of action or articulate quanta working in concert or in succession are what give rise to the myriad of enduring beings or things that appear in our gross, ordinary experience. Every quantum of action is a synergetic union of the two proto — strands , a synthesis of transcendental endowment and environmental heritage. Here by "karmic matter" — the "matter of karma" — we mean the accumulated effects (matter) of past action (karma), a term adopted from the Indian tradition but without its strong moral — religious significations and connotations. For us karmic matter is vital energy in the dissipated form in which all antic traditions as habituated patterns of empowered activity established by articulate quanta in the past are passively embedded. By contrast, pure vitality is described as "pure" because it is undifferentiated vibrant, living energy devoid of and unaffected by karmic matter. In the Field — Being worldview, all natural strands and their component quanta of action are decedents or offsprings of the One, which came into existence originally as effluents of pure vitality emanating spontaneously and innocently from the ultimate activity. These originary emanations, transcendental gifts of the One, are what account for the creative and inventive power of natural strands and of every quantum of action. While, for example, a smoker's desire and tendency to keep on smoking is determined by the compulsion of a habituated pattern of conduct — namely, the smoking habit — that is embedded in her karmic — material heritage, her ability to change or modify the habit is due to the pure vitality that is available in her dynamic constitution. At the "moment of fate" which witnesses the inception of experience and character in the becoming of an articulate quantum of action made possible by the originary ingression of pure vitality on karmic matter, a form of life as "transfinite subject" — a field individual or emergent in the plenum — field, is born .

The quintessential, let us recall, is the real as the basis of the good. We are now in a better position to clarify and further ascertain the meaning of this statement. In the Field — Being context, both the real and the good are concepts pertaining to life — not life as restricted in our ordinary usage but "life" as the expression and manifestation of procreative vitality, the concrete essence of empowered activity. In this amplified sense, life is both an affair and a duration in which a procreative power in the role of a field individual and transfinite subject dispenses and appropriates itself. The inner dynamics of appropriation is the inner dynamics of transfinite subjectivity. Here then lies the deepest meaning of reality in Field — Being philosophy. To the question "what is the real?" the Field — Being answer is simply this: the real consists concretely in the life and appropriation of transfinite subjects. Since a transfinite subject is a field individual , the plenum – field as the background of all transfinite subjects is implicit in this statement. But what is the good? What is the meaning of goodness from the Field – Being standpoint? The good is the excellence of the Real, as we have stated. That means the excellence of empowered activity , the excellence of transfinite subjectivity. The question is, of course, what does the "excellence" in question consists of? What exactly is involved in the excellence of transfinite subjectivity?

### Notes

1 See Lik Kuen Tong, "The Art of Appropriation : Towards a Field – Being Conception of Philosophy," in Bo Mou, ed. , *Two Roads to Wisdom? Chinese and analytic Philosophical Traditions* ( Open Court Publication Company, 2001 ) , 57 – 83.

# 11. "Free Flow" as an Ideal of Exemplary Excellence: The Centrality of *Tong* 通 (Pervasive Penetration) in Daoist Cosmology and its Practical Implications

(Draft, 2007)

*Dao tong wei yi* 道通为一 : "The Way is one in a state of pervasive penetration. "

—Zhuangzi, *Qi Wu Lun* 齐物论 (On the Equalization of Things)

*Tong tian – xia yi qi er* 通天下一气耳 : "What pervades the universe is one vital energy. "

— Zhuangzi, *Zhi Bei You* 知北游 (Knowledge Traveling North)

## I. Preliminary Considerations

Consider the following:

1) *Qiyun shengdong* 气韵生动— (The work is) vibrant with the rhymic spirit of procreative vitality.

2) *Butong*, *zetong* 不通则痛— (If the vital energy is) blocked and obstructed, there will be pain.

The first expression, often applied to an excellent work of art like, in particular, a Chinese literati painting, is almost idiomatic in Chinese aesthetics, whereas the other, being universally recognized almost as a truism by students or practitioners of acupuncture, acupressure, and the like, is likewise no less proverbial in traditional Chinese medicine. At the outset, these two expressions seem to have little in common, as they are applicable to two widely divergent fields or disciplines, two separate universes of discourse. Surely, aesthetics and medicine—what kind of connection, if any, could there be? What could they possibly share with each other?

In the context of Chinese culture in which the Daoist contributions and influences have been, especially in its ontological – cosmological presuppositions, o-verwhelmingly decisive in shaping its general philosophical outlook, the answer to these questions can be rather pointedly formulated. What aesthetics and medicine have in common is that they share the same worldview, uphold the same ideal of exemplary excellence, and pursue the same *telos* of *dao* – learning—namely, *life as a free flow of procreative vitality* or *vital energy* ( *qi* 氣 ) in which humans attain, or ought to attain, the "rounded perfection" of pervasive, non – obstructed penetration ( *tong* 通 ), the highest achievement of spiritual harmony and wellbeing that they are capable of. In the realization of such ideal state marked by a profound sublimity of *seamless integrity and strainless freedom*, the human spirit ( *shen* 神 ), as the Daoist would say, will be one with *Dao* 道, the ever – abiding and all – pervasive Power—or simply "the Power"—that is both world – transcending and immanently at work in each and everything that has come to pass in the multifarious universe.

From the Daoist standpoint, aesthetics and medicine—indeed all human endeavors or disciplines, for that matter—are not really disparate fields of thought and practice but are united by a common principle ( source ): the "Way" of the all – pervasive Power that binds them in one single universe of activity and discourse—the "*Dao* – world," wherein the term *dao* is used not only to refer to the Power as such but also to the various categoreal distinctions or predications in terms of which the Power is revealed and interpreted within a given perspective of human understanding. From this "power point of view" which I have dealt with more extensively elsewhere, the standard translation of *dao* as the "way" leaves much to be desired; for the rather static connotation of the English term is hardly adequate to convey what in Chinese – Daoist cosmology is construed as the underlying reality—the Real qua Power, a matter of procreative vitality and ceaseless movement. What is implicated in this dynamic conception of reality is a complex of meaning which philosophers or thinkers in the *dao* – tradition often summed up by the metaphysical proverbial phrase "*sheng – sheng zi de* 生生之德." As we see it, this *sheng* 生 or *sheng – sheng* 生生 orientation of the Chinese – Daoist outlook is without doubt what lies at the heart of all forms of "*dao* – learning," which in its intellectual aspect or understood as a conceptual system of fundamental insights, commitments, and presuppositions, may be taken as "philosophy" in the Chinese sense. The word *sheng* 生 means, as a verb, to grow, to rise up, to spring forth, to generate, to produce, to procreate; and, as a noun, life or what is alive or living. Doubling the term *sheng* 生 in the compound *sheng – sheng* 生生 is intended to stress the Great Flow or ceaseless movement of procreative activity and vitality whose temporalization is what constitutes the dynamic continuum of power underlying the cosmic order. Ever since its seminal the matization in the *Great Commentary* ( *Da Zhuan* 大傳 ) of the *Yijing* 易經 ( or Book of Changes ), traditionally honored as the first Confucian Canon which bears unmistakably the imprints of Pre – Qin Daoist thought, the line of thinking defined by the conception of *sheng* or *sheng – sheng* has been the one single thread that has gone through and united all the major strands and ramifications of perennial Chinese philosophical wisdom. The *dao* – tradition with its *sheng* or *sheng – sheng* orientation is a tradition of "practical cosmology" or "practical metaphysics" in which all views and understandings of things and the universe are derived or based on the standpoint or perspective of human life. In contrast to the dominant and speculation – bound tradition of "substance metaphysics" in the West which typically conceives "change" as an alternation of states founded mysteriously on a fixed underlying "substratum" (meaning "that which lies under," a Latin translation of Greek *hypokeimenon*), the *Great Commentary* states squarely and unequivocally that *sheng – sheng zhi wei yi* 生生之谓易: "Perpetual procreation—that is what is called *yi* 易," the very term and concept the *Yijing* 易經 is named after. The point is that what is commonly called "change" or "changes" is not, strictly speaking, what the author of the *Great Commentary* had in mind, not to mention the enigmatic theory of "change in substance" postulated by traditional Western metaphysics (which, by the way, is a logical impossibility). From the *dao* – cosmological point of view, the so – called change or changes entertained in our ordinary or conventional thinking is, to be sure, not unreal; but they are only "real" derivatively, being the *phenomenal manifestations* of the all – pervasive Power in its procreative efficacy. In other words, for all practical purposes, *yi* 易 and *sheng – sheng zi de* 生生之德(strictly speaking, the power and vitality of perpetual procreation), being coextensive in their reference, are almost interchangeable expressions.

In light of the above, it is obvious that rendering the term*dao* as the "way" is not only insufficient and inadequate but also misleading unless one is provided with considerable background information. If we wish to adhere to the standard translation for the sake of conceptual simplicity, we have to bear in mind that what the English term refers to is the "Way" *of the Power*, in virtue of which the *sheng – sheng* universe in its Being or "abiding ownness" is disclosed and made intelligible to us. In so doing we have highlighted the experiential, hermeneutic, and linguistic dimensions in our understanding of the*dao* – reality. The "Way" now stands for us not just the Power as such but the Power*in its* "*truth*," with the latter term being taken not as an eternal fixity but as a luminous, disclosive or revelational process inseparable from human life, a process involving the interpenetration of experience, thought and language. Speaking in line with this locution, the Way would turn out to be precisely what defines the meaning and*telos* of philosophy in the *dao* – tradition. For while all practices, disciplines or modes of conduct—or generally, "forms of life," as Wittgenstein called them—that implicitly or explicitly pursue or follow the Way may be given the name "*dao* – learning," "philosophical*dao* – learning" is specifically concerned with the Way in its transfinite luminosity and reflective transparency, a state of consciousness or self – consciousness that the human life form enjoys only at the highest level of "*dao* – achievement" wherein the self is thoroughly transformed, the world is ideally appropriated, and the search after the Way is both intellectually and spiritually *carried to the limits*. Thus understood, philosophical wisdom in the *dao* – tradition is perennially a "quintessential affair": what the philosophical *dao* – learners or *dao* – thinkers seek is not just the Real as such but, properly speaking, the "quintessential" — by which we mean the Real as the ontological basis of the Good. *Dao* – cosmology equates the Real with power—the Power, but how about the Good? How is the Good related to the Real in the *dao* – philosophical context?

In order to bring out some of salient features of the Chinese – Daoist world-view in a modern setting, we shall take the liberty of framing the ensuring discourse in a terminology that is more or less an adaptation of the language of contemporary process and Field – Being thought, with which, we believe, the *dao* – approach bears a deep affinity. With this in mind and for the sake of expositional ease, let us set forth the main thrust of our arguments in its essentials right at the beginning. To the questions raised above, the answer of *dao* – philosophy may, in a nutshell, be outlined and briefly clarified as follows.

1. Goodness in the metaphysical sense is an integral part of reality; it is inherent in the Real as the potentiality of its *consummate achievement* . More exactly put, goodness consists in the excellence of performance pertaining to a process of becoming wherein a strand of empowered activity ( power at work ) or quantum of vital energy, which makes up the content of a force – event, comes to define and appropriate itself. How an empowered activity performs in the dispensation and management of its vital energy determines what the empowered activity is— the internal affair of becoming which we characterize as the "inner dynamics of appropriation. " In short, the becoming or self – definition of a power at work is inseparable from the excellence or lack of excellence of its performance in the realization or consummation of its procreative efficacy. This is the meaning of quint-essentiality from the *dao* – cosmological perspective.

2. In the *dao* – tradition, consummate achievement is a task of the "spirit" in its trans – finite aspirations, a high – grade "ontic intelligence" which arises self – reflectively in a human life form from the countless quanta of vital energy making up its dynamic constitution. What the "spirit" or "transfinite subject" aims at is ultimately a state of rounded perfection which procures for the spirited life form under consideration the optimal creativity of value relative to the conditions of its worldly existence. Whatever the conditions, the optimal creativity of value is attained when the presiding spirit succeeds in appropriating itself and the world in such a way as to turn its life into a free flow of procreative vitality. Since in the rounded perfection of the free flow the spirit prevails in a state of pervasive penetration in which all obstacles or obstructions between self and non – self or self and world are either removed or existentially transformed, such a life and spirit, marked by the joy and beauty of seamless integrity and strainless freedom, is necessarily one with *Dao*. We call such a spirit or transfinite subject a "cosmic being. "

3. Thus conceived, cosmic beings are human beings *par excellence* . Exemplified by such concepts as "Sagely Man (*sheng ren* 圣人)," "True Man (*zhi ren* 至人)," "Real Man (*shen ren* 真人)" in the *Zhuangzi* and the pantheon of "Immortals (*xian* 仙)" in Dao Jiao, they are what define the meaning and ideal of the Good in Daoist thought. Needless to say, the consummation of such an ideal is a strenuous undertaking involving a wholehearted commitment and dedication to a life – long process of spiritual discipline, cultivation and transformation. To

become one with *Dao* , the spirit must make the most artful use of its empower-
ment by concentrating, nourishing, channeling and sublimating properly the pro-
creative vitality at its disposal. This is the vital art of appropriation, an art of
"power management," if you will, which the spirit must undergo in directing the
inner dynamics of becoming underlying each and every strand or quantum of ener-
gy that plays a vital role in determining the enduring character of a life form—hu-
man or non – human. To "appropriate," in the root sense of the term, is to make
(something) one's own. In the life of the spirit, what is to be appropriated is
none other the spirit itself, to make itself the kind of spirit it aspires to be. Ap-
propriation, in other words, in the existential or spiritual context, means "self –
appropriation." But to appropriate oneself, to make oneself one's own, entails
that one must also make the world and all forms of otherness one's own, which
implies, in particular, that all boundaries and demarcations that humans and civi-
lized society arbitrarily set up—unnecessary and wasteful distinctions, from the
Daoist standpoint, ultimately rooted in the conscious or unconscious interventions
of a blind and wrong – headed ego, must be creatively transformed or eliminated.
And this is precisely what the *tong* – state or *tong* – condition requires—a state
of pervasive penetration in which self and world are united in the oneness of *Dao*
and towards its realization the spirit must strive to attain so as to take abode in the
joy, beauty, and sublimity of rounded perfection.

4. But what concretely is involved in the inner dynamics of appropriation
which forms the "logic" and "grammar" of becoming"? Or, to put it in another
way, what exactly is being "managed" by the presiding spirit in its employment
of ontic intelligence towards the realization of the Good and the transfinite con-
summation of the cosmic ideal? In fine, the answer has to do with the *yin – yang*
synergy of polar opposition, complementarity, and interfusion familiar to all
students of Chinese thought and culture. According to *dao* – cosmology, "the
myriad things (in nature) bear (or shoulder) the *yin* and embrace the *yang* ;
they confront, mix and interfuse with one another so as to bring about a harmo-
nious state of procreative vitality (*wanwu fu yin er bao yang , chong qi yi wei he*
万物负阴而抱阳：冲气以为和）." In our view, this classic statement of the
*Daodejing*, the first significant philosophical conceptualization of the *yin – yang*
dynamics, has not been properly understood. What is generally missed is the
fact that *yin* and *yang*, like most other key – terms in the *dao* – cosmological vo-
cabulary, are not concepts in the Western, logical – analytic sense, but seman-
tic matrixes (matrixes of meaning) in which are collectively nested, a shared
holistic perspective of power experience which has the character of what we may
aptly term "field apperception." More definitely stated, what is contained in a
semantic matrix is a multi – dimensional and multi – leveled symbolic structure
based on a certain holistic or field – apperceptive insight or intuition about the
dynamic reality. Hence in *dao* – semantics to which the *yin – yang* terminology
properly belongs, there can exist no one single fixed meaning, or set of mean-
ing, of the *yin – yang* polarity but an indefinite complex of co – coordinated

symbols, metaphors or images which are interconnected with one and other by virtue of the signifying potency of the fundamental insight. But what is the Daoist insight into the power reality which pervasively defines the nature of all things?

5. Implicit in the *sheng* or *sheng – sheng* orientation of *dao* – cosmology is the recognition that the universe at large is an ever – lasting flow or holomovement of procreative vitality marked by a dynamic continuum of force – events which emerge, endure, and pass away in the Great Flow not unlike the transient waves or drops of water rising and ebbing on the surface of an ocean. The "life" of a force – event, a finite extension in the dynamic continuum and a microcosmic mirror of the Great Flow, is constituted by the "duration" or coming – to – pass of a process of becoming wherein a strand or quantum of vital energy defines, dispenses, and dissipates itself by virtue of the mutual adaptation and interfusion of two proto – cosmic polar forces— "Pure Vitality" and "Consummate Matter," designated, respectively, in the language and symbolism of the *Yijing* by the two primal hexagrams, *qian* 乾 and *kun* 坤, whose defining characteristics are indicated by a set of coordinated pairs of essential attributes. For the sake of clarity, these essential attributes associated, respectively, with the two primal hexagramic symbols may be schematically represented in the following table.

**The Proto – cosmic Polarity Procreative Vitality as *Yin – yang* Synergy (Table I)**

| Cosmic Power as Pro-creative Vitality | (Plenum of) Pure Vitality (*Qian* 乾 = *Cun Yang* 纯阳) (*Yang* 阳 Pole of Procreative vitality) | (Receptacle of) Consummate Matter (*Kun* 坤 = *Tai Yin* 太阴) (*Yin* 阴 Pole of Procreative vitality) |
|---|---|---|
| Attribute 1 | Indivisible (*budua* 不断—the six un – divided lines [*yang yao* 阳爻] in the *Qian* hexagram) | Divisible (*duan* 断—the six divided lines [*yin yao* 阴爻] in the *Kun* hexagram) |
| Attribute 2 | Expanding / manifesting (*kai xian* 开显) | Contracting / dissipating (*shou nien* 收敛) |
| Attribute 3 | Firm/ unbending (*gang* 刚) | Supple / yielding (*rou* 柔) |
| Attribute 4 | Strong (*jiang* 强) | Weak (*ruo* 弱) |
| Attribute 5 | Active / moving / dynamic (*dong* 动) | Passive / quiescent / static (*jing* 静) |
| Attribute 6 | Male (*nan* 男) | Female (*nu* 女) |
| Attribute 7 | Like Heaven (*tian* 天) / overflowing with creative strength | Like Earth (*di* 地) / bountiful with profound receptivity |

Though by no means intended to be exhaustive, the coordinated attributes listed in the above table should provide us a basic indication of how the proto – cosmic polarity was conceived in the classical tradition of*dao* – cosmology, a tradition which, for all practical purposes, may be said to have originated from the *Daodejing* and the *Zhuangzi* and reached its culmination in the *Yijing* including its various Commentaries. The distinction of "pure vitality" and "consummate matter" is, of course, our own terminological invention, an important part of our hermeneutic scheme introduced here for a strategic reason—to bring out the hidden meaning and connections implicit in the *dao* – matrix with respect, in particular, to the *yin* – *yang* mutuality and synergy which, as succinctly formulated in the *Great Commentary*, is what defines the meaning of *dao* (*yi yin yi yang zhi wei dao* 一阴一阳之谓道).

6. What then is involved in the distinction between pure vitality and consummate matter that is the key to our hermeneutic attempt to unravel the hidden meaning of the inner dynamics (of appropriation) underlying all processes of becoming? To begin with, by "consummate matter" we mean the accumulated effects of bygone or consummated force – events, activity or action which, as dissipated or objectified modes of vital energy, are the constitutive elements of the Cosmic Establishment, what in the*Great Commentary* is referred to as "that which is past or bygone under Heaven" (*tian xia zhi gu* 天下之故). If we think of the universe as a plenum – field or field – plenum of vital energy functioning as the matrix of all possibilities, as *dao* – cosmology clearly does, then what consummate matter constitutes is the 'extensive continuum" of procreative vitality within the field – plenum—a "receptacle" and breeding ground of all real possibilities. This is the realm of all that is ready – made and done, including all habits, customs, traditions, or in general any sedimented or habituated mode of conduct or behavior, of which the so – called physical laws or laws of nature are but its relatively more enduring exemplifications. It is to this aspect of the *sheng* – *sheng* or procreative universe that the *Yijing* gives the name *Kun*, the symbolic "Earth." Every empowered activity, action or force – event owes its enduring or stable form or character to the consummate matter it has received and inherited from *Kun*, the material background which constitutes its extensive environment. Where does a smoker obtain his/her character or identity of a smoker, or a rock its character as a rock? It is from the habituated patterns of procreativity established from the infinite past in the cosmic matrix—its *Kun* or Earth—that the empowered activity presently at work has inherited and appropriated as its own *telos* of self – definition. Since the effects of procreativity are continually sedimented and deposited in the cosmic establishment, *Kun* is not a fixed reality but is perpetually self – transforming, being always relative to the nascent activity or forced – event under consideration. The Earth for me today is not the same Earth for me yesterday—or strictly speaking even fraction of a minute ago. Needless to say, the *Kun* that contains a thing's real potentiality also imposes on it the conditions—or "burden" —of its finite existence. Is this not

perhaps what Laozi has in mind when he speaks in the *Daodejing* of the myriad things as "bearing ( or "shouldering" ) the *yin* and embrace the *yang*?

Among the multi – dimensional determinations of meaning associated with the word *yin*, it is this *consummate* conception of "matter" as understood and elucidated here that is ontologically the most important; for all the other determinations are in one way or another derived from it. In *dao* – cosmology the *yin* aspect of things refers primarily and generally to their existence as a "consummate – material structure" —or simply "material structure. " And it is of the *yin* or material aspect of things that the various attributes enumerated in the above table are predicated. Thus, since consummate matter is composed of an accumulated multiplicity of procreated effects, the extensive continuum in which Earth—the receptacle of real potentialities—is embedded is an infinitely divisible totality. Is this not perhaps why the primal hexagram *Kun* is represented by six *divided* lines ( the so – called *yin yao* 阴爻)? But what is divisible is also amenable to change; it can be penetrated, modified, or transformed. That is why consummate matter is said to be supple, in the sense of having the capacity to bend or to yield, that is, to the creative vital force or transformative power that exerts itself on it. While consummate matter is by nature resistant to any external force, all material structures contain in themselves hidden "points of weakness," so to speak, which constitute the internal condition of their suppleness, flexibility, penetrability—or in short, receptivity. It is these points of weakness that define the meaning of *xu* 虚 or vacuity in the *dao* – cosmological vocabulary. A material structure is "vacuous" to the extent it is "weak – and – supple" — hence non – resistant and receptive. Thus understood, "vacuity" is not quite the same as "voidness" or "non – being" ( *wu* 无) with which the term *xu* is often equated. A material structure is *wu* only if it is absolutely vacuous, being totally receptive and non – resistant. But is this not precisely what a perfect *tong* – state consists in—a condition of pervasive unobstructed penetration?

7. To focus on the *xu* – aspect of things and direct the vital force towards the pertinent points of weakness, receptivity and least resistance inherent in their material structure, a living skill which Zhuangzi's Cook Ding 庖丁 has finally come to learn and master—that is what the spirit must do in its engagements and comportments with the various objects of its concern or interest. This is the supreme art of appropriation universally and tacitly operative as the formal principle of performance underlying all force – events and processes of becoming. When a master pianist presses his/her fingers with the right touch on the keyboard to produce the right notes and melodies, he or she has succeeded in appropriating not merely the keyboard but also all the other factors or elements that are involved in one way or another in the musical performance—including his / her fingers, his / her musical training and experience, and so forth. For the duration of the musical performance wherein countless force – events are conjoined and grew together in producing the actual effects, the master pianist has in a significant sense become one with all the contributing elements by mak-

ing them each an extension of his or her existence. While materially speaking, the keyboard remains a keyboard and the pianist fingers remain fingers, there are in the spiritual dimension no separation or gap ( *wu jian* 无间 ) between them by virtue of their functional interdependence and complementarity in the procreative occasion. More pointedly, there is no separation because there is no obstruction ( *wu jian youyu wu ai* 无间由于无碍 ) . Is this not what beginning with the *Daodejing* the philosophical term *wu* 无 , often rendered as "non – being," means in the *dao* – tradition? *Wu* signifies not so much the privation or absence of *you* in the sense of a material structure or determinate something as ordinarily construed but rather as a spiritual state characterized by non – separation and non – obstruction; but such a state is precisely what constitutes the necessary condition of *tong* or pervasive penetration. Hence, *wu* and *tong* are synonymous. In the *dao* theory of the spirit then the following relation obtains:

"Non – being" = "Non – separation and non – obstruction" = "pervasive penetration"
( *wu* 无 = *wu jian wu ai* 无间无碍 = *tong* 通 )

Such a state of the spirit marked by the "*xu / wu = tong*" of rounded perfection is by no means something abstract but pertains in various degrees of excellence to the inner dynamics of appropriation that governs every force – event or process of becoming involving the self – definition of an empowered activity. In each case the spirit does not exist outside the process but is co – extensive with the continuum of vital energy which, flowing freely through the togetherness and power concrescence of all the contributing elements whether visible or invisible—including, in the above instance, the fingers, the keyboard, the eyes, the neurons in the brain that contain the pianist's musical knowledge, and so forth—animates the whole performance. In Daoist aesthetics, it is this continuum and free flow of vital energy in an occasion of artistic performance whose presencing bears witness to the spiritual caliber of the painter or artist that is being projected onto the material contents of an art – work such as the brush – lines and strokes of a water – color painting. And it is such a free flow of vital energy as materially embodied in an art work that art theorists or critics attempt to articulate by the expression *qiyun shengdong* 气韵生动, an expression that is meant to bring into presence a "free – flowing spirit" in his or her living attainment of rounded perfection. But where exactly does the spirit come from? How does the spirit originate?

8. It comes from pure vitality and is born out of the marriage of Heaven and Earth, the worldly encounter and synergetic interfusion or union of the *yin* and the *yang* forces. As the proto – cosmic source of differentiated *yang* energies operative in the world, Pure Vitality is often referred to variously in the Daoist lexicon as *chun yang* 纯阳 ( pure *yang* energy ), *chen qi* 真气 ( real energy ), *hun yuan chen qi* 混元真气 ( undifferentiated original real energy ), *ben yuan zhi qi*

本元之气 ( proto – original energy ) , and so on. In the *Yijing* it is symbolized by the primal hexagram *Qian* representing the *yang* side of the plenum field as the proto – cosmic source of all Earth – bound creative energies which, though grounded in their transcendental endowment on the plenum of pure vitality, have somehow lost their original purity consequent to their topological ingression into the material environment and must now work through the limitations imposed upon them by the *yin* forces embedded in consummate matter. If we undertake a closer comparative study of the *Daodejing* and the *Yijing* , it is not difficult to discover that the polar distinction between *Qian* and *Kun* , or Heaven and Earth, in the *Yijing* is basically an adaptation of the polar distinction in the *Daodejing* between *wu* and *you* , or Non – being and Being. In the latter, Laozi used term *wu* both as a descriptive proper name and as a "verbal stem" to express in different semantic contexts his conception of the inmost essence of *Dao* , the all – pervasive procreative Power. What the term *wu* refers to is, on the one hand, the exemplary spiritual state of *wu jian wu ai* or non – separation and non – obstruction and, on the other, pure vitality as the quintessence or inmost essence of the procreative Power of which the exemplary spirit is "transcendentally" constituted. Such a spiritual state is called *wu* because it is, as noted earlier, devoid of separation, demarcation and obstruction. Let us note in passing that in this connection the term "transcendental" is intended to mean that which transcends the materiality of things as embodiment of consummate matter, consisting of all the *yin* elements or factors which are responsible for what pure vitality is in itself devoid of. To amplify a little further, pure vitality is "transcendental" in the following senses. First, while all *yang* energies at work in the world which owe their creative – procreative power to their share of pure vitality are affected and indeed internally modified by the material conditions or *yin* factors contained in their environmental heritage, pure vitality is *in itself* devoid and free from the influence of consummate matter. This is the reason why pure vitality is said to be "pure." When the *Daodejing* states that "the myriad things emerge from Being (*you* 有 ), and Being from Non – being ( *wu* 无 )," what it implies, in our opinion, is precisely the ontological relationship between consummate matter and pure vitality that we are talking about here. For in the Chinese as well as in the Greek philosophical vocabularies, "being" is the concept of something that is more or less well – bounded and demarcated—a being is a relatively stable and determinate something; and this emphasis on determinateness or definitiveness is also implicit in Laozi's use of the term *you* in the *Daodejing*. More to the point, however, *you* or "Being" in this context is employed not only as a general term of determinateness as such but also as a collective term referring to the totality of things in their definite or determinate aspect—a rudimentary field concept which in our interpretation refers to the cosmic matrix or field receptacle of consummate matter. Thus what the concept of *you* in the *Daodejing* anticipates is none other than what *Kun* signifies in the *Yijing* . The logic of thinking underlying the *dao* – cosmological outlook in this regard is actually not hard to fathom. Since all things in nature owe their definite form and character to the consummate matter it has inherited—as, for example, a smoker owes his / her identity as smoker to the smoking habit embedded his / her material structure, they may be said in this sense procreated or born out of their material heritage and conditions—that is, of the *you* or *Kun* side of the proto - cosmic polarity. But where does *you* or *Kun* itself come from? Although *dao* - cosmology insists on the truth of the proto - cosmic polarity as the constitutive principle of procreativity governing all worldly existents, it also emphasizes the ontological priority of *wu* over *you*, *Qian* over *Kun*, Heaven over Earth—in short, pure vitality over consummate matter. For in the final analysis, all worldly existents as material structures are nothing but accumulated effects of the procreative Power which is in its inmost reality the same as the plenum of pure vitality. Hence, as the *Daodejing* puts it, while the "myriad things under Heaven" emerge from Being (*tianxia wanwu sheng yu you* 天下万物生于有), Being is itself generated from Non - being (*you sheng yu wu* 有生于无). The question now is what does the concept of *sheng* or procreation imply here?

9. From the *dao* - cosmological perspective, procreation is a matter of emanation—and *not* of "creation" as traditionally understood in the theistic context. The primordial meaning of *sheng* is to rise up or emerge like a plant emerging from the ground as pictorially represented in the ideogram of the word. The myriad things are not "creatures" of God but emergents, emanations or descendents from the "primeval One," the world - transcending Power which in the *Daodejing* is called *chan dao* 常道—the self - abiding and ever - lasting *Dao*. It is from this primeval metaphysical conception of the One, which points to the "mystical" dimension of Daoist thought, that the *Yijing* derived its notion of the Great Ultimate (*taiji* 太极), a concept that eventually found its way to the sacred Original Heavenly One (*yuan qi tian zhuan* 元始天尊), the First Person of the Trinitarian Purities (*san qing* 三清) in Dao Jiao's panentheistic theology. Interesting enough, it is through this notion of "the (personified) One," which Daoist theologians explicitly equated with world - transcending Power, that we may be able to clear up what in our view is a misconception in Daoist cosmogonic thinking. More exactly, the point at issue centers on a crucial passage in the *Daodejing* which begins with the enigmatic statement that "*Dao* gives rise or generates the One" (*dao sheng yi* 道生一), as if *Dao* were a greater reality than the One, the world - transcending Power. But this is conceptually self - contradictory. What causes the confusion, as we see it, is the fact that the term *dao* is employed here in two different senses, one as a name for the world - transcending Power and the other as signifying the Way the world and the myriad things emerge or emanate from this Power. Thus interpreted, the statement should read not that "*Dao* gives rise or generates the One" but that "the Way begins with the One" (*dao sheng yi* 道生［于］一). With this re - interpretation, the Way is no longer a higher power than the One but the Way *of the One* as the ultimate source of its world - evolving emanations from out of its inex-

haustible procreativity. Though familiar to all, the crucial passage in the *Daode-jing mentioned above needs to be reproduced here in full*:

The Way begins with the One 道生 ［于］ 一 (*dao sheng yi*)
The One gives rise to the Two 一生二 (*yi sheng er* )
The Two gives rise to the Three 二生三 (*er sheng san* )
The Three gives rise to the myriad things 三生万物 (*san sheng wanwu* )
The myriad things bear (or shoulder) the *yin* and embrace the *yang* ; they encounter, mix, attune, and interfuse with one another so as to bring about a harmonious state of procreative vitality 万物负阴而抱阳，冲气以为和 (*wanwu fu yin er bao yang , chong qi yi wei he* )

When the *Daodejing* speaks of the "One" as giving rise to the "Two" —a cosmogonic pattern continued by the *Yijing* in making the Great Ultimate as the source of the "Two (functional) Manifestations" ( *lian yi* 两仪), there is almost universal agreement as to what the "Two" here signifies, namely, the *yin – yang* polarity as defining and constitutive of the dynamic contents of all things in nature. In light of our earlier discussions, three levels of meaning pertaining to the *yin – yang* polarity may now be distinguished: first as latent in the Source, second as macrocosmic matrix, and third as microcosmic manifestations. Before we proceed any further, let us briefly clarify the three levels or dimensions of meaning so as to guard against unnecessary misunderstandings.

a) The Mystical Level: the One

The One, the world – transcending Power, is the ultimate source of all things, from which the Two, the proto – cosmic polarity emerges. At this level, *yin* and *yang* are not yet differentiated as interdependent polar determinations of vital energy. Often represented by images or metaphors of Chaos, the One is given in our power experience as an undifferentiated continuum of power.

b) The Macrocosmic Level: The Two

The Two refers to the universe at large as the plenum – field or matrix of procreative vitality in which the proto – cosmic polarity constitutes the plenum – field as a differentiated system of *yin – yang* synergy. In the macrocosmic reading, *yin* and *yang* refer to, respectively, the receptacle of consummate matter ( *Kun / Earth / tai yin* ) and the plenum of pure vitality ( *Qian / Heaven / chun yang* ) as holo – dynamic poles of procreative powers in the cosmic matrix. This reading, as noted earlier, was initiated by the *Daodejing* in the polar distinction between *you* and *wu* as macrocosmic aspects of the One or *chan dao*.

c) The Microcosmic Level: The Three

The Three signifies the inner dynamics of appropriation governing every force – event or quantum of vital energy out of which the myriad things that appear in the world are continuously procreated. The term " *yin – yang* synergy ," which is meant to be a summary rendition of the *Daodejing* statement that (the myriad things) *chong qi yi wei he* 冲气以为和—that is, to repeat, (they) "encounter, mix, attune, and interfuse with one another so as to bring about a harmonious state of procreative vitality" —refers properly to the microcosmic level of the field – plenum in which the differentiated *yin* and *yang* forces are at once separate and internally related. Being interdependent and complementary, the two poles require each other in their inner dynamics and define each other for their mutual integrity.

10. While in the cryptic remarks of the *Daodejing* one finds only rudimentary formulations of the *yin* – *yang* theory and the inner dynamics, the *Yijing* , by virtue of its more elaborate vocabulary and rich repertory of symbols and images, provides us with more clues to the philosophical insights underlying the *dao* – cosmological outlook in this connection. Indeed, our distinction between the macrocosmic and the microcosmic level of meaning is clearly implied by the way the sixty – four hexagrams are composed and arranged in terms of the *yin* ( divided) and *yang* ( undivided) lines. When the Great Commentary states that the "Way consists in the mutuality of the *yin* and the *yang* ( *yi yin yi yang zhi wei dao* 一阴一阳之谓道)," it was not merely expounding on the internal relatedness of the two polar forces but was also echoing the perennial *sheng* or *sheng* – *sheng* orientation of the Chinese – Daoist cosmology. As another equally proverbial statement puts it, perhaps more emphatically so, "in the separation of the *yin* and the *yang*, there is no procreation possible ( *ku yin bu sheng*, *ku yang bu zhang* 孤阴不生, 孤阳不长) ." Philosophy in the *dao* – tradition is no doubt a philosophy of power; but it is not power as abstractly postulated but power as morally, socially and spiritually *lived*. And the power that we are intimately in touch with in our power experiences—including the powers that we are—is always given under conditions. Our share of pure vitality which constitutes our transcendental endowment and from which the spirit presiding our worldly existence arises, is an Earth – grounded vitality, an incarnated vital energy subject to the conditions and limitations of our material environment. Hence, in so far as we, or the spirit in us, remain Earth – bound, we do not experience pure vitality itself directly in its transcendental integrity and transparency—an undivided and undifferentiated strength ( *chun yang*) pure and simple, such as symbolized in the *Yijing* by the primal hexagram *Qian.* On the other hand, the infinite extent and profound depth of consummate matter ( *tai yin* ) sedimented in the Receptacle Earth as represented by the *Kun* hexagram which forms our universal material environment is not in its topological wholeness available to us either. What are materially given to us in our power experiences are only those habituated formations in the cosmic establishment that enter into the dynamic systems that compose our individuated immediate environment in which as real potentials are perpetually created for us to appropriate and actualize. While everything in nature is a *yin* – *yang* composite from the *dao* – cosmological perspective, the way the *yin* and the *yang* forces are joined in their inner dynamics—including, in particular, the way the presiding spirit appropriates its material heritage, is

capable of infinite variations. Under certain conditions, for example, the nature
of the environing matter is such that the endowment of pure vitality in a spirit
has lost its original innocence and self – luminous strength and turned into the
blind and wicked violence of a brute force. And yet in another situation the per-
severance of a rational spirit in an inveterate smoker is finally efficacious in ena-
bling him or her to quit the undesirable habit permanently. It was this universal
art of appropriation and power management consciously, unconsciously or super-
consciously practiced by all life forms and things in nature including cosmic be-
ings in so far as they participate in a force event and relative to their power of
ontic intelligence that the author (s) of the *Yijing* took pains to inculcate "con-
ceptually" through a combination of written words, images, metaphors and sym-
bols in their attempt to formulate the "logic" or "grammar" of the hexagramic
system. This hexagramic logic or grammar, an instantiation of the inner dynam-
ics, is, of course, framed from the standpoint of human interest, though not as
something capable of being abstracted or detached from the infinite background
but rather as an integral part of the field – plenum and functioning as a partici-
pating center in the cosmic order dynamically situated in the betweeness and in-
tersection of Heaven and Earth. Although we are in no position here to further
our effort in probing into the profound depth of the hexagramic logic and gram-
mar as an instantiation of the inner dynamics, it is important to point out that
many of the characteristic features of *dao* cosmology originally promulgated by
the seminal Daoist thinkers like Laozi and Zhuangzi did find their way into a
more explicitly and coherently organized conceptual system. In addition to mak-
ing the *sheng* or *sheng* – *sheng* orientation the hallmark of Chinese – Daoist wis-
dom, the Great Commentary is no less emphatic in highlighting its fundamental
methodology: life as a procreative advance is ultimately a matter of appropriation
and attunement in going through the inner dynamics of power; and goodness for
humans lies in conscientiously following the Way of the *yin* – *yang* synergy (*ji
zhi zhe shan ye* 继之者善也) so as to attain the *tong* – state of pervasive pene-
tration. More concretely stated, the ideal of goodness is a state of rounded per-
fection in activity and movement wherein the vital energy flows through us freely
and unobstructively. In a cultivated life, every moment is shaped by a "respon-
sive feeling" or "feeling – response" (*gan* 感) of the spirit to the calling and
inspiration of the Good towards the *tong* – state. This concept of *gantong* 感通 or
attunement which the Great Commentary explicitly linked to its understanding of
consummate matter as "that which is past or bygone under Heaven" (*tian xia
zhi gu* 天下之故) has been, ever since its the matization in the *Yijing* , an im-
portant element of the *dao* – cosmological vocabulary. To attain the ideal of the
*tong* – state marked by the free flow of vital energy the presiding spirit must
learn to feel its way in the world of matter, to uncover the real potentials imma-
nently awaiting their fulfillment in the profound depth of *Kun* – Earth, potentials
which have a unique or special bearing on its transfinite aspirations. In other
words, the inner dynamics of appropriation is essentially a practice of at-

tunement conceived as an act of spiritual adaptation and alignment between *yang* and *yin*, between pure vitality and consummate matter. This is the fundamental insight upon which all disciplines of *dao* – learning are founded.

11. From the power point of view, attunement is the basic form of communication between or among different centers, modes, or domains of vital energy. This is the role rituals and ceremonies play in all schools or divisions of sectarian Daoism. General speaking, rituals and ceremonies including the employment of incantations and magical spells are all instruments of appropriation whereby the human agents as presiding spirits—the Daoist priests—seek to communicate with other—usually higher—powers across the different levels or dimensions of reality. In the Daoist context, human – cosmic communication not only occurs between the microcosmic and the macrocosmic levels but is also, for spiritual adepts in a highly cultivated life, a holo – dynamic event involving all three levels of existence, including the world – transcending Power, the realm of the mystical. If we keep in mind that vital power is adulatory or wave – like in nature, this should not sound as abstract and unintelligible as it might appear. In this vein of thought an incantation or magical spell is nothing but a codification of power—a rhymic pattern of vital energy. When Daoist priests wish to enlist the help of pertinent spirits or gods by uttering the appropriate chants or spells so as to induce their presence, they are in effect reactivating the rhymic patterns of adulatory power encoded in the various instruments of human – cosmic attunement and communication. When Zhuangzi's Wood Carver went to the forest and saw the "right tree" for his woodwork, the act of attunement that he was engaged in was in essence no different from that of the Daoist priest in inducing the presence of the pertinent gods and spirits. But unlike what obtains at a piano performance where fingers and keyboards are physically in touch with each other, the Wood Carver's attunement to his "right tree" is an instance of appropriation at a distance.

And attunement as the basis of appropriation is what brings about a concerted, harmonious state ( *ho* 和 )—a state of mutual resonance between or among *yin* – *yang* composites, material structures presided by spirits with various endowments or gifts of pure vitality. While the twin concepts of *tong* and *ho* have formed the keynote to all Chinese thought, and the two terms are almost interchangeable, there is no question which of the two has priority over the other. For in spite of its overwhelming significance in contemporary Chinese discourse especially in the social – political context, the concept and language of *ho* lacks depth in being separated from *tong* as its indispensable condition. In the absence of a *tong* – condition under which things are enabled to work together unobstructively and in concert, there is no genuine harmony possible. Since separation and the possibility of obstructions are intrinsic attributes of consummate matter in *Kun* – Earth, the *creativity* of the spirit is the decisive factor in its attempt to procure the pervasive penetration of vital energy in the dynamic whole constitutive of the *tong* – condition. Keeping in mind, however, the metamorphosis of the spirit in its confrontation and interfusion with matter prevailing over the region of the plenum – field in which the spirit is topologically situated, the inner dynamics of appropriation is an enormously complex affair whose determinate outcome is a function of the mutual transformation of *Qian* and *Kun*, the *yang* and the *yin* side of the proto – cosmic polarity, an idea that is so neatly and poignantly represented by the "*Yin – yang* Fish" in the symbolism of the familiar *Taiji Tu* 太极图. What the *Yin – yang* Fish stands for is a dynamic whole or system of vital energy formed out of a concrescence of power elements understood as *yin – yang* composites—say, one that arises in connection with the application of an herbal formula to treat a certain illness. Strictly speaking, such a system would involve all agents or functional factors that play an effective role in determining the outcome of the herbal treatment, including not only the patient, the medical doctor or specialist, as well as all the herbs used in the formula, but also power elements in the greater environment that might affect in one way or another the medical event under consideration. The total quantum of vital energy which makes up the medical event as a dynamic system is the field of *yin – yang* synergy that temporally opens up from the mutual appropriation and transformation of all the contributory power elements. The uniqueness of a power element or functional agent in a dynamic system is determined by its topological occupation in the field, that is, by its relativity and relatedness to other elements which are co – functioning in the synergetic totality. This means that any change, modification, or variation in the composition of the system would affect the field character of the field, and hence the outcome and efficacy of the procreative event or process in question. Adding or subtracting an herb from the herbal formula, for example, would alter the character of the treatment.

12. It is in terms of this "field – topological" conception of dynamic system, we submit, that *dao* – philosophers entertain the notion of the Good and the ideal of exemplary excellence. For the Daoists, goodness and excellence understood in their cosmological signification pertain not so much to things as to performance of power, to wit, force – events or empowered activities constitutive of dynamic systems. And a dynamic system performs well to the extent it is prevailed by the *tong* – condition wherein the flow of vital energy is unobstructed and free. In respect of Chinese medicine, whether vital energy is able to flow freely along the meridians or *qi* channels (*qi mai* 气脉) is a paramount consideration for making the right diagnosis and applying the right treatment; and the perennial recognition that pain is attributable to the presence of obstructions and blockages in the *qi* flow can be traced as early as the Yellow Emperor's Internal Classic (*Huangdi nei jing* 黃帝内经). Thinking along the same line, we are naturally reminded of the tremendous influence the theory of the meridians has exerted on the practice of *qigong*, martial art, and popular literature on these subjects. The expression "unblocking the Ren and Du meridians (*datong end u liang mai* 打通任督两脉*" is now a significant part of the Chinese cultural imagination.

Under Daoist influence, the conception of *tong* and the free flow ( of vital energy ) has become so deeply ingrained in the Chinese mind that it is taken for granted as the measure of excellence and goodness for practically all forms of *dao* – learning. As already suggested in our earlier discussion, a Daoist painter does not really paint with the object in mind; he or she is not interested in making a copy of the object in appearance. What the painter is really aiming at— what he or she attempts to capture—is the aesthetic continuum of the free – flowing spirit which arises in the "betweeness" of self and non – self viewed through the object as the standpoint of his/her field – topological apperception. Though in a different medium, this is also the ideal of exemplary excellence for Chinese architecture and the art of environmental – ecological planning and development commonly known as Feng – Sui. A good building or environmental set – up is one in which the arrangement of material structures is such that it achieves the optimization of values measured by the accrued excellences of the *tong* – state and the free flow.

Just to what extent Chinese thought and culture is shaped by the Daoist ideal is an important philosophical topic that the preliminary remarks presented here are intended only as a preface. Apart from its internal meaning within the *dao* – tradition, the topic carries an import that points far and wide in the global context. Since in our view the *dao* – cosmological outlook is the anti – pole to the substance approach of Western metaphysics, the philosophical and cultural implications associated with this polar contrast are of immense proportions.

# 12. Power Experience and Power Language in Daoist Thought

## —With Specific Reference to *Dao* and *De* (Preliminary Observations)

### (Draft, 2008)

A noted sinologist, the late Arthur Waley, gave his translation of the *Daode-jing* 道德经 this intriguing title: "The Way and Its Power." Evidently, he meant to translate *dao* 道 as the "Way," as it is usually done, and *de* 德 as "power" —somewhat unusually. I said "somewhat unusually" because for one thing, although power is no doubt an important—and in our opinion, the most important—semantic element in the etymology of term, it is by no means what would readily come to mind in its current usage. Like the Greek term *arête* and the English "virtue," *de* has likewise in the course of its semantic evolution come to be firmly fixated in its ethical and moral significations. The word *de* commonly means virtue, moral excellence or integrity. The compound *dexing* 德性, compound of *de* 德 and *xing* 性 (nature, character), has long since been the prevailing term for moral character; and the compound *daode* 道德 (*dao* + *de*) is now the standard translation of "morality" in English. Somehow the power implications of *dao* and *de*, which we submit are central to their original etymology, have come to be relegated to the background. In the end, the semantics of power has become almost completely overshadowed by the semantics of moral interests.

Power and morality—what is the connection? What bearing does the connection have on the study of Daoist thought? To what extent is Daoist language and thought a reflection of the Daoist experience of power? And what, after all, is the nature of power experience that is presupposed here? We may have to go a long way, to be sure, in order to arrive at a more or less satisfactory answer to these questions. A few preliminary observations may profitably be made at the outset to prepare the ground. To start with, let us point out immediately that morality is not something external to, and separate from, power but is one of its prominent expressions and manifestations, namely, as the mode of power that constitutes and sustains the legitimizing function of a human community. In fact, the power of morality is the backbone of the civilized order. That much of Daoist thought has to do with reflections and reactions to the misuse and abuse of power in the civilized world at the expense of our natural integrity is, I believe, widely recognized. Indeed, most—if not all—of the philosophical issues dividing Daoism and Confucianism center on the role and function of rituals ( *li* 礼, propriety), virtues ( *de* 德, moral excellence) and other civilizing instruments play in human life. Are they conducive to human well - being? The answer, for the Daoists, is largely in the negative: anything that is out of gear with nature, an effect that Daoism sees as inevitably generated by the imposition of those civilizing instruments or agents promoted by the Confucian advocates, cannot be beneficial to humans in their nature - given abiding ownness—their undivided, integral humanity . For humans to realize their authentic integrity requires that they are properly situated in the unity of the natural and the civilized orders, in the continuity of culture with nature. Sure enough, this is but a restatement of the perennial philosophical theme underlying the dominant traditions of Chinese philosophy—*tian ren he yi* 天人合一, or the Unity of Heaven and Humanity. Whatever the relative merits or demerits of the protagonists' positions on both sides of the Confucian - Daoist debates on the complex question of nature versus culture, in the end it was the force of the Daoist arguments that is decisive in shaping one of the most distinctive features of traditional Chinese thought—the intellectual and spiritual *interiorization* of culture in accordance with nature. The moral virtues and other civilizing instruments or legitimized values that make up the cultural fabric of human society have, in the long history of Chinese philosophy, come to be recognized as no mere product of human convention arbitrarily created by the human will but as procreative tendencies and potentials deeply rooted in the innate or inherent nature of the human life form. It is possible for us to achieve virtues and goodness in human life because we are *naturally* inclined to do so. As Mencius puts it, humans are originally—that is, by nature—good. Morality, in fine, is a matter of cultivated naturalness or, if you will, a habituated spontaneity.

This continuity of the human order with the natural order means for the Chinese that the universe is one indivisible whole, and that this indivisible wholeness is the wholeness of an all - pervasive Power of which human beings, other life forms and worldly existents that make up the actual world are but its multifarious expressions and manifestations, emanations and offsprings of its infinite or inexhaustible procreative vitality and efficacy. These differentiations or diremptions of the all - pervasive Power, such as this horse or that tree or any other concrete being, thing or object that present themselves in our ordinary experience, have each, to be sure, their distinct individual identity, being functionally correlated with their characteristic profile of being—their abiding ownness. But this is the identity of a more or less *enduring center* of power concrescence and empowered activity rather than that of a "substance" as traditional Western metaphysics would have it—that is, an ontically independent, isolated and self - enclosed entity, a determinate one or monad, that is intrinsically separable and only externally relatable to every other being or thing, other "substance -

monads," in the universe. In Chinese cosmology, which owes most of its essential ingredients to the contributions of Daoist thought, this substance – monadic conception of the world would be totally alien. For Chinese – Daoist thinkers, all things in nature, which comprise the realm of the actually real and concrete, are inescapably intertwined and interrelated with each other in the Great Flow of Becoming, that is, in the holo – reflexive dynamic movement of the all – pervasive Power with its inexhaustible procreative vitality, a notion which has been, ever since its initial thematization in the 大传 Dazhuang ( *Great Commentary* ) of the *Yijing* 易经 ( Book of Changes ), idiomatically and honorifically phrased as *sheng – sheng zi de* 生生之德 or procreative vitality. In the Chinese worldview, the world is not a collection of independent substances or monadic entities but a *plenum – field* of *qi* 气 or vital energy forming a universal matrix of functional – dynamic systems, constitutive of each and every diremption or individuation of the all – pervasive, inexhaustible, and holo – reflexive Power which, in the Chinese – Daoist vocabulary is given the name *dao*, or *changdao* 常道 ( the everlasting or abiding *dao* ) . The *Dao* is all – pervasive because its Power is immanently at work in all things; it is inexhaustible because its procreative potentials are limitless; and it is holo – reflexive because, being dynamically indivisible, it perpetually recreates and regenerates itself by returning to itself as the primeval source of procreative vitality. Finally, one must further add that the *Dao* is above all enigmatic because while its Power is immanent in all things, it is, in its abiding ownness as pure infinite vitality, also all – transcendent, exceeding any definite totality of its procreative expressions and manifestations which comprise the actual world. This is, if you will, *Dao* the mystical. "The *Dao* that can be talked about ( in any conventionally intelligible terms ) ," as the *Daodejing* so succinctly put it, "is not the truly abiding *Dao* ( *changdao* 常道 ) "

Now if the above picture of Chinese – Daoist cosmology is by and large accepted, then its marked divergence from the Occidental worldview as defined by Western metaphysics is not only deep and wide but is, indeed, of crucial philosophical significance. The fundamental contrast here is between two ways of thought: the "field – topological" and the "substance – monadic." The first designation, by which we mean to characterize the Chinese – Daoist approach, needs immediate clarification in order to be properly initiated. Topology, as we understand the term in this connection, is the study of dynamic systems functionally constituted and situated in a field of power. In coning the term "field – topological" our theoretical interest is focused, in particular, on the part – and – whole relationship in a dynamic system, such as, for example, the movement of an electron or subatomic particle within a molecule, the activity of a cell, tissue or organ inside a body, or a local atmospheric disturbance within the holo-movement of a storm or hurricane. Unlike the substance – monadic approach, field – topological thinking does not locate the "thinghood" of a thing—its abiding ownness—in a hollow mysterious "subject" conceived as an underlying "substratum" (from Greek, *hypokeimenon*, that which lies under) and "hold-er" of the thing's essential and accidental attributes, supposedly accounting for its unity of being or existence, but in the openness of a functional – dynamic *to-pos* or locus in which the *Dao*, the all – pervasive Power, is at work as the im-manent or inner principle of individuation. In the Daoist vocabulary, this con-ception of *Dao* taken as the immanent power or inner principle is what is referred to as *de* 德, in the ontic sense of the term. Since the universe is field – topologi-cally an indivisible whole, the macrocosmic *Dao* and the microcosmic *De* are not two different "things." The *De* that is at work in my life is the same as the *Dao* of all things, the Power that is pervasively operative in the universe.

In light of the above considerations, the standard translation of *dao* as the "way" would leave much to be desired. In our view such rendition is both inade-quate and misleading. It is inadequate because it misses the most fundamental element in the semantics of the term, namely, *dao* as power. And as a result and also due to the normally static and fixed connotation of the English term "way" taken in the sense of an established roadway or path, the translation not only fails to convey the dynamic implications of *dao* as empowered activity and move-ment but also tends to generate the misleading conception that *Dao*, too, is pri-marily something inert and static, something like a roadway. What is even more misleading is that when we think of a roadway or path, we understand it as something that is external to that which walks or travels on it. The travelers and the roadway they travel on, usually thought of something ready – made or pre – given, are separate from each other. But this kind of thinking is precisely what is *not* applicable to *Dao*. For *Dao*, the all – pervasive Power that permeates the entire plenum – field, has no otherness. Nothing is outside or beyond the *Dao*. The *Dao* does not presuppose any antecedent, a priori, or transcendental struc-ture or ground – work conditioning or limiting its activities and movements. The *Dao* does not move within an objective spatial – temporal framework like the Newtonian absolute space and time; nor is it confronting a supersensible Realm of Forms serving as its eternal repository of order. Needless to say, there is no God or Supreme Being that lies beyond the *Dao*, unless of course we identify the all – pervasive Power as God. What then is the meaning and source of order in the *Dao* – universe? Are the activities or movements of the all – pervasive Power chaotic, arbitrary, and completely without reasons? Not at all. The *Dao* is full of reasons which, ascertainable as operative principles and patterns underlying the procreative activities and movements of the *Dao*, have in later times come to be subsumed under the general concept of *li* 理 (principle) . It is, of course, in the sense of *li* 理 conceived as the holo – dynamic system of procreative prin-ciples and patterns that the English term "way" is meant to convey. In Daoist cosmology, at least as implicitly discernible in the *Daodejing*, all of the above explications of power are designated by the same word *dao*:

1. *Dao* as the all – pervasive Power that is both transcendent and imma-nent, perpetually at work in all beings and things in the universe

2. *Dao* as the Great Flow, that is, the field – topological movement of em-
powered activities which are the procreative expressions and manifestations of the
all – pervasive Power

3. *Dao* as the Way, conceived as the holo – dynamic system of principles
and patterns underlying and informing all differentiations and individuations of
procreative vitality However significant it may be, this conceptual schema which
delineates the metaphysical – cosmological dimension of the word *dao* obviously
does not exhaust what is implied in the *dao* – matrix of meaning, whose articula-
tion and re – articulation is central to the working out of the primordial seman-
tics. Of the three explications or semantic strands listed above, the first must be
recognized as primary; for although the Great Flow and the Way are integral to
the notion of *Dao* as intrinsic aspects of its abiding ownness, it is in itself all –
transcending in its infinite procreative vitality. The point is, the universe as a
plenum – field of power is not a (fully) determinate totality. *Dao* in its ultimate
ownness exceeds any definite extent of the Great Flow as well as any definite es-
tablishments of the Way.

Now the question arises, what happens to the word *de* in this context, the
word that is perennially paired with *dao*? As we have observed earlier, *Dao* has
both a transcendent and an immanent aspect, the latter being designated by *de*.
Since the immanent Power is simply the all – pervasive Power at work in its indi-
viduations, *Dao* and *De* are in this fundamental sense ontologically equivalent.
*Dao* is *De*, and *De* is *Dao*. The fact that in the older version of the *Daodejing*,
the *De – jing* 德经 (Cannon of *De*) is placed in front of the *Dao – jing* 道经
(Cannon of *Dao*) is perhaps not a solely lexicographical matter but reflects
something about the conceptual rapport between the two twin concepts. This
much is certain: What the term *de* represents is just as rich and profound philo-
sophically as the term *Dao*. And this is the way it should be if our interpretation
of their transcendent – immanent ontological parity is accepted. But where do
they come from? What can we learn from their semantic story?

Both *dao* and *de* are "first words." All first words were born in the "primor-
dial age" at the dawn of discriminative consciousness during which language and
thought were created simultaneously in humankind's original awakening of pow-
er experience. For in primordial times all experience is power experience—not
the experience of substantial entities. When humans begin to see their world as
no more than a collection of substances or intrinsically separate and independent
entities, they have already entered the "post – primordial age."

First words make up the vocabulary of primordial language which is, se-
mantically speaking, nothing but a proto – historical record of an archaic peo-
ple's original experience of power, that is, of the people who spoke the first
words they created (*archaic* is derived from Greek *arche*, first, origin, begin-
ning, root). What was recorded in the first words were the salient and most
decisive impacts of power that befell an archaic people and their feeling – re-
sponses to them, interpretive reactions that come to determine the character of

their primordial sensitivity to things and the world. Archaic peoples saw every-
thing they perceived in their environment as embodiments of power, not as a
congregation of substantial entities but as a plenum – field and network of pro-
creative force and energy wherein they were dynamically intertwined and inter-
woven with one another. There was an immanent power at work in connection
with every type or community of beings and things in nature—every fauna and
flora, every river and brook, every mountain and hill, every star and planet,
every movement of the wind and climate, and so forth, and so forth. What in
the later, post – primordial age of myth, magic totemic affinities and heroic leg-
ends had come to be concretized or personified in the names of gods, demons,
ghosts, and what not, were originally perceived by archaic peoples as nothing
but variations of power. Note that for our primordial ancestors, there exist really
no "things" or "objects" taken in the modern sense, the familiar elements such
as water and fire were powers, and so were contrasting qualities like wet and
dry. Moreover, modes of consciousness or psychological states were no less
modes of power. Anger, for example, is as much a form of power as thunder
and lightning, a primordial perception very much preserved in Greek mythology.
And how about such seemingly abstract entities as words, numbers and geomet-
rical configurations—you guess it, they were powers, too.

Depending on their sensitivity to the dynamic impacts they receive from
their environment, archaic peoples register and codify their power experiences in
creating their first words, with their semantic – syntactic interconnections deter-
mining the peculiar character of their primordial language. Together with other
symbolic forms or representations that include such cultural media as myths, rit-
uals and artifacts, archaic peoples seek to grasp the meaning of things and the
world, thus enabling them to have a hold on the impactful reality. Language,
the most enduring form of symbolic representation, is also the most enduring and
sustaining system of meaning. The abiding dynamics of power is mirrored in the
evolving semantic – syntactic structure of language.

The ability of an archaic people to renew themselves in appropriating their
language and experience so as to properly conduct their lives is central to their
"ontic intelligence," a term used to designate the mental capacity of the human
life form to best pursuit its own interests in the process of becoming and self –
definition. Conceived as an intrinsic aspect of the immanent power at work in
our lives, the engagement of ontic intelligence has the character of a living art,
indeed the supreme art of appropriation whereby humans are enabled to achieve
the highest level of excellence in the dispensation of their procreative vitality,
thus attaining through their activity and performance the optimum creativity of
values. But ontic intelligence does not exist anywhere except as embedded in the
power elements that constitute the conscious, unconscious or super – conscious
dimensions of our mental make – up though identifiable with none of them in
separation from the other elements. Just as the immanent power at work in our
lives is an indivisible whole, so ontic intelligence as the gist of mentality is in-

trinsically "holo – reflexive" in its procreative efficacy, meaning that it acts at its best in the state of indivisible wholeness. It is in terms of this conception of ontic intelligence that we entertain the notion of the "spirit." More exactly stated, the "spirit" is the mental power operative in the human life form in so far as it is governed and guided by its ontic intelligence, a power which, though embedded in the complexification of power elements making possible its various activities or functions, is intrinsically holo – reflexive. A poignant example is found in the story of Cook Ding in the Zhuangzi 庄子 who in cutting up an ox attains to highest level of performance by letting the *Dao* work through him, being holo – reflexively one with the spirit in its undivided wholeness.

Although this conception of spirit and ontic intelligence is defined specifically in relation to human life, it is by no means so confined in the primordial power experience. Since to archaic peoples all beings and things in nature are "living," "alive," and "sacred" in virtue of the all – pervasive Power immensely at work in them, ontic intelligence is operative in all life forms and worldly existents in this amplified sense. It is operative in the self – rounding and seemingly everlasting movements of the planets as well as in the self – procreative cycles of plants and animals. In the Chinese philosophical vocabulary the word *xin* 心, now often translated as "mind – heart," always connotes this amplified sense in its semantic background. When Neo – Confucian philosophers came to give currency to such expressions as "*dao – xin*" 道心 (the mind – heart of the *Dao*) or "*tian – di sheng – wu zi xin*" 天地生物之心 (the mind – heart of Heaven and Earth giving birth to things), they were simply articulating or re – articulating a semantic – conceptual tradition that was already sedimented in their primordial heritage. As we shall see shortly, the amplified notion of spirit and ontic intelligence was already implicated in the archaic symbolism of *dao* and *de*.

Allowing for varying degrees of holo – reflexive engagement, culture and civilization may be looked upon as objectifications and procreative products of the spirit. This is the historical process in which the proto – sedimentations of the original awakening of power experience recorded and preserved in the first words and the other cultural media play the most crucial role. For the evolution of meaning embedded in civilized life and human culture is to a large extent the working out of ontic intelligence on the sedimented power experiences archaically implicated in the representations and articulations of the primordial semantics—the proto – pivotal basis of all thought. Consciously or unconsciously civilized thought is quintessentially nothing but a continuous reminiscence and re – activation of certain selected elements operative in the sedimented structure of primordial power experience.

But the reminiscence of civilized thought represents not just a return of the spirit to its roots of understanding in primordial times in which the world at the dawn of discriminative consciousness was first disclosed as a plenum – field of more or less distinctly differentiated centers of powers, but also an even more nostalgic yearning to return to a time that precedes primordial times, a yearning to reunite with the Source in the infinite background, a reaching – back to an unimaginably vast stretches of temporal extensions in which the spirit was dimly aware of itself in a state of Chaos, the primeval symbol of undifferentiated consciousness (the pre – primordial age) in all mythologies. This is the "pre – primordial" times wherein subject and object had yet become separated being constitutive of one indivisible whole, and wherein the world was aesthetically experienced as an undifferentiated sensitive continuum of power impacts and feeling – responses. While in the primordial age beings and things as objects of discriminative consciousness were ranked, selectively attended to and comported with according to their nearness and relative importance to the self or percipient subject; in the pre – primordial age all things are equal in an oceanic feeling of universal sympathy wherein the demarcation between self and its otherness were simply absent. Is this not the condition of the spirit which the Daoists often refer to as "*wu – wo liangwan* 物我两忘, " the "mutual oblivion of the self and the non – self"?

The reminiscence of the spirit then does not reach back to the primordial age as such but properly to the "twilight zone of ontic intelligence," as we may so describe it, covering the momentous transition from the pre – primordial to the primordial. The sedimented contents of power experience accumulated in this momentous intervalare included in our use of the term "archaic." Although in our modern post – primordial age the archaic contents of power experience have long since laid buried under layers and layers of semantic elements constitutive of truncating thought wherein the world has turned more and more from a holo – reflexive world of powers into a mere congregation of substantial – monadic—or intrinsically isolated and external—entities, the archaic elements remain alive and operative in the non – conscious dimensions of the spirit, nourishing, conditioning and silently shaping and guiding the seemingly rootless modes of modern conscious expressions. Modern thinking is "rootless" because it has consciously moved away from its Root, that is, from the *Dao*, as the Daoists would say, the all – pervasive Power in its undivided wholeness. To the Daoists as for our ancestors in the primordial age, there are simply no substantial entities. The beings and things that appear in our ordinary experience are by no means isolated existents but are effects and signs of the all – pervasive Power that is immanently at work in the universe; they are direct expressions and manifestations of the *Dao* in its holo – reflexivity and procreative vitality. It is in speaking against the world – truncating tendencies and realities characteristic of the post – primordial world that Laozi and Zhuangzi advocated the necessity of "returning to the Root," that is, to the ontic intelligence that is in consonance with the *Dao*, the Source in its abiding ownness—what in the *Daodejing* is called *zujan* 自然, which literally means the "self – so."

Abiding ownness or self – soness —that, we submit, is the key to all thinking, all understanding, and all discourse. As with its philosophical counterpart

Being ( *on*, *ontos*, *esti*, *ousia* ) in the Greek ( and other Indo – European ) lan-
guages, *ziran* is appropriately translatable as "nature," provided the latter is
taken in the primordial rather than the modernistic sense. Nature is not the me-
chanical realm of dead or lifeless matter as opposed to the domain of the living,
the realm of mind and spirit. Nay, the primordial concept of "nature" pertains
to power as such and to the all – pervasive Power in particular, for which the
primordial founders of the Chinese – Daoist tradition came to designate, among
its other appellations, by the term *dao* and characterized it succinctly as the
"Self – so." The seemingly puzzling statement in the *Daodejing* about "*Dao*
modeling itself after nature" ( *dao fa ziran* 道法自然 ) is, upon closer examina-
tion, not enigmatic at all but turns out to be a truism. For since there is nothing
that exists outside of the *Dao*, the all – pervasive Power, it is not limited or gov-
erned by any external necessity. "Nature" is not something external to the *Dao*
but is simply its abiding ownness. Whatever the *Dao* does, it acts out from its
own nature, its internal necessity which is also its spontaneous freedom. In other
words, the *Dao* is *ziran*, the Self – so, and *ziran* the *Dao*.

  *Dao* was originally a first word. The word *dao* we speak of today, presuppo-
sing the *dao* of the philosophers down through the ages, is a distant descendent
of the first word *dao*, traversing a vast space of meaning from primordial times
through thousands of years of semantic evolution. Since in primordial times, as
we have surmised, all beings and things were recognized as living and sacred
embodiments of power, one can be certain that the first word *dao* must have
something to do with the power experience of our archaic ancestors. First words
are indeed humankind's first records of power experience. What then can we
say about the first word *dao*? What is it that it is a record of?

  To begin with, all first words are marked by a duality of function. On the
one hand, they are first names of power, and on the other, first descriptions or
accounts that define its identity, that is, a first thought or interpretation of its a-
biding ownness. The concept of nature—*ziran* or the self – so—is, in addition to
naming the all – pervasive Power, also one of the first thought that articulates its
identity. A point that we must immediately observe here is this: archaic peoples
do not experience the presencing of power as an individual event, but as a col-
lective or communal affair. It is the abiding ownness of the "We," the identity
of a tribe, clan, or ethnic community—and not of the separate, isolated, inde-
pendent individual, that is the focus of their power experience. That is the rea-
son why the word *xing* 姓, the surname, and the word *xing* 性, also translated
as nature in English ( as in the "nature" of a thing ) are so intimately related.
The two Chinese characters not only pronounce the same but also contain the
same major ideograph ( called the "radical" ) as its main semantic component
*sheng* 生, to procreate, give birth, beget, generate, or grow, from which they
were originally derived. This is plainly understandable: the surname ( *xing* 姓 )
is primordially the name of the tribe or clan or community which owes its collec-
tive identity or nature ( *xing* 性 ) to the immanent power that begets and sustains

it, the power whose procreative vitality is the reason of its collective existence.

Whatever sophistications later, post – primordial thinkers may heap one on the other in their articulations of power experience, archaic thinking seems to be unanimous in its first revelation of the seminal. Its fundamental insight is remarkably simple and profoundly pointed. What constitutes power in its abiding ownness? The archaic answer is succinctly just this: Procreativity. The all – pervasive Power is a procreative power. What abides, the Self – so or *ziran*, is in the nature ( *xing* 性 ) of *sheng* 生, the realm of an everlasting procreative vitality—once more, the *Yijing* conception of *sheng – sheng zi de* 生生之德 that we have earlier referred to. But the archaic thinkers in China did not seem to be alone here. The word for nature which entered from primordial times into Pre – Socratic discourse in Ancient Greek philosophy is *physis / phusis*, a word derived the verbal stem *phy –* , meaning to beget, to generate, to grow. As we see it, just as Greek "Being" is the counterpart of *ziran*, the self – so, so *physis* is the Greek equivalent of *sheng*, the procreative. The all – pervasive Power is in its abiding ownness a procreative vitality—that is the fundamental insight underlying archaic thought.

While post – primordial thinkers tends to be increasingly abstract in their interpretation of the seminal, archaic thinkers are ineluctably concrete in their embracement of procreative vitality as constituting the abiding ownness of power. Procreative vitality is that which makes a being or thing in nature "living" or "alive" by virtue of the immanent power at work in its dynamic constitution— hence in a sense also "sacred" or ' divine. " And what is meant by being "living" or "alive" here? With none of the baffling sophistications that typify modern thought on the subject, archaic thinking has a seemingly na ? ve but in the end truly profound answer to this question. Power is what it does, any being or thing is living or alive if it is capable of functioning in whatever form or modality. Procreative vitality is for archaic thinkers then a functional essence—more aptly put, the quintessence of all empowered activities. It is this conception of the functional quintessential that the Pre – Socratic philosophers designate by terms *physis* and *arche*, which they used interchangeably. In the Chinese – Daoist tradition, it was, of course, what came to be known as *qi* 气 or *hun – yuan zi qi* 混元之气, the proto – vital energy. What then is the relation between *Dao* and *qi*? *Qi* is the *Dao* in the concrete. The proto – vital energy is the concrete medium wherein the all – pervasive Power consummates its procreative efficacy.

If language is a record of power experience which archaic peoples created in their primordial awakening at the inception of discriminative consciousness, then power in its abiding ownness as procreative efficacy—its ' seminal identity, " as we may call it—must figure prominently in the semantics of the created language as a more or less transparent mirror image of power. Because of itsideographic origin, Chinese as a system of writing does have an advantage over other, phonetic – based languages. The words for the sun and the moon, for example, were respectively in their original characters or script pictures of the

sun and the moon. To the post – primordial readers in their common sense per-
ception, what is thus pictorially depicted is the sun or the moon itself—nothing
more. But that is hardly the perception that prevails in primordial times. From
the archaic perspective, what is recorded and mirrored in the pictographic image
is a representation of power in its seminal identity—an immanent power at work
in its procreative efficacy. What is depicted in the pictorial image, the sun or
moon in appearance, is only the visible manifestation of an immanent power,
and not the immanent power itself, the inner reality which is hidden in the im-
age and picture. One cannot have a pictorial image of power except in terms of
what it does—in terms of its procreative efficacy, its consummated expressions
and manifestations. But power at work is always more than what it does; it can-
not be equated with its consummated effects. For the inner reality or inwardness
of power which constitutes its abiding ownness is not given to us in its visible or
in general sensible manifestations or effects but in the way we participate in it—
that is, in the way and movement of its procreative dispensations. Power at work
is directly experienced in its impacts on us and in our feeling – responses to
those impacts. The immanent powers that are at work in procreating the apparent
sun and the apparent moon were experienced as having such powerful impacts on
our primordial ancestors that they referred, worshiped, and prayed to them as
gods. Thus in the Chinese scripts the pictographs for the sun and the moon must
be read properly. In the pictograph for the sun what is depicted is not just the
visible sun but the sun – god or sun – power ( laid hidden in the picture ) in its
procreative manifestation. In uttering the word *ri* 日 ( sun ), they ( the archaic
people who created the Chinese – Han script ) were in truth invoking the name of
a sacred power—a god.

Actually, the apparent sun that shows up in our ordinary perception pres-
ents only a particular view of the dynamic reality in its manifest aspect. The sun
would appear differently to a non – human life form and under an infinite number
of different situations or circumstances. But whatever the modes or circum-
stances of perception in which the sun may show itself to a particular standpoint
or perspective, it is in itself more or less determined or constituted by the sum or
totality of effects which serve as the physical basis of the immanent power in its
procreative efficacy. We call this physical basis of the dynamic reality its
"body" or, more exactly, its "power body. " Since power is essentially procrea-
tive, there is a power body to every concrete being or thing in nature—whether
it be the sun, the moon, or an herb. This conception of the power body or sim-
ply body is of paramount importance to a proper understanding of the Chinese –
Daoist worldview, in particular, its *yin – yang* cosmology. Indeed, the very dis-
tinction of *yin* and *yang* is founded on the body's various modes of polar antith-
esis and interdependence. For example, the power body is constituted on the
one hand by the accumulated effects of past activities or actions, the "consum-
mate matter" or simply "matter" that the immanent power has brought about in
the process of its self – definition and procreative dispensation. This "consum-

mate" concept of "matter" as the physical basis of the procreative power in Chinese – Daoist cosmology is designated by the term *yin*. But the dynamic constitution of a concrete being or thing is more than its material heritage which makes for the more or less determinate structure or form of its power body. For however solid or stable a thing of nature may appear to be, it is a functional element or composition of functional elements in a field – topological system of change and transformation contributing to the seeding and nurturing of procreative potencies or possibilities to be actualized or materialized in the near and distant future. It is this future – and – possibility oriented side of power bodies that the conception of *yang* is entertained by the Chinese – Daoist cosmologists. This contrast between the *yin* and the *yang* aspects of the procreative power is vividly described by a memorable statement in the *Daodejing* that "the myriad things bear the *yin* and embrace the *yang*, procuring in their (dynamic) union of vital energy a state of (procreative) harmony. " What is implicated in this statement is clearly that strictly speaking the polar antithesis and interdependence of the yin and the yang does not pertain to the beings and things as such but to the flow of procreative vitality or *qi* that is at work in and through them—their power bodies. More to the point, the contrast between the *yin* and the *yang* is the contrast between the living energy working towards the future and the consummated energy, its material heritage, which conditions and limits its procreative efficacy. Behind the contrast is this simple idea: what we can do for the future depends not just on the vital energy we are presently endowed with but also on what is "materially" given to us, what we have inherited from the past.

While it is not our purpose here to elaborate any further on the pivotal role the *yin* – *yang* theory plays in shaping Chinese – Daoist cosmology, it is important to reiterate our contention that this is a cosmology predicated on the conception of the power body. More specifically, this fundamental insight is the perennial basis of the entire tradition of Daoist thought, beginning with Pre – Qin Daoist thinkers and continuing on with the various heterogeneous sectarian schools or movements of the so – called "Religious Daoism. " While the practice of summoning the spirits and gods between Heaven and Earth by means of magical spells and incantations makes use of the power body as a body of influence and medium of communication with powers operative in its dynamic environment, the discipline of inner alchemy looks upon the power body as a field of spiritual cultivation and fulfillment, a process of self – definition and refinement in which gross material elements become creatively transformed into higher and higher states of vital energy. Intimately related to the practice of inner alchemy is, of course, the equally Daoistic art and science of Traditional Chinese Medicine (TCM) in which the human body is conceived as a eco – system of vital energy formed by a network of organs and meridians, governing the dispensation, transportation, and transformation of its procreative vitality. These and other disciplines and practices of *dao* – learning are all founded on the presupposition of the power body as the ontic basis of the concrete and living.

It is in their being as power bodies that archaic peoples first emerged transcendentally in the primordial openness of discriminative consciousness. "Transcendentally" because what was being opened up in the primordial awakening of power experience is the fundamental condition of all object – oriented and object – dependent understanding and knowledge. For the distinguishing mark of discriminative consciousness lies indeed in the subject – object demarcation or opposition—a separation of the self and the non – self, the ego and the other, that gives rise to a perpetual contention and, as a matter of ideal, de – contention of ownness. The perennial philosophical question, "what constitutes the abiding ownness of things?" is merely abstract apart from a particular context of human existence and in a particular mode of demarcation and distantiation. In the final analysis, it is this concrete and context – bound notion of ownness that has been subtly and secretly controlling the shape and course of civilized thought. How human beings think of themselves in relation to the other (s) is what, philosophically speaking, *ultimately matters*.

How then was the contention and de – contention of ownness as a function of the transcendental demarcation of the self and the non – self first entertained by archaic peoples in their primordial awakening of power experience? As an preliminary answer to this question, the following observations may profitably be made at this point. First, while modern thinking tends to be flatly subjectivistic, objectifying, and fore – ground oriented, primordial understanding is field – topologically apperceptive and trans – differentially relational. To the archaic mind, all beings and things in nature, while separated and disjoint in the fore – ground as surface phenomena appearing in the space of discriminative consciousness, are also perceived as intimately connected and joint in the background, being related to one another somewhat in the manner of an horse – shoe. The Uroboros that bites its own tail—the mythological snake that Jung regards as the supreme symbol of the Self underlying the Collective Unconscious, is in truth a representation of the all – pervasive Power in its universal trans – differentiation. However dimply and ambiguously, archaic peoples are intimately and intuitively in touch with the environing background in which is contained the universal matrix of all foreground determinations. Moreover, since all beings and things are power bodies to the primordial consciousness, the universe is through and through a field – topological reality. The non – self is never a mere entity or thing subject to the manipulation of the intellect but a power to deal with in its abiding ownness. Is the non – self one of us, belonging to the same clan or tribe or totemic community whose ownness is an ownness that is part of the We? Or is it rather an outsider belonging to another clan or tribe or totemic community whose ownness is the ownness of the They, the non – Us? This is the situation in which language and thought first arose and the power experience of archaic peoples became originally articulated.

And language came into existence with the creation of first words. As already suggested above, first words were names of power, the immanent powers that are at work respectively in each and every concrete being or thing in nature, the sun, the moon, a shrub, a bird, a brook, a river, and so forth. But first words were not just power names but also power images or concepts that make up a power name's semantic contents. Just as what accompanies an infant's first utterance of "Mom" is not an intellectual thing, a thought or concept in the proper sense of the term, but a vague image that gathers and consolidates its feeling – responses to the power (s) as named, so the semantic content of a first word is not necessarily a conceptual articulation but an imagery or symbol in which the named power is aesthetically represented or interpreted. The Chinese pictograph for the word sun is not a concept of the sun but an image of the sun as surface phenomena procreated by the immanent power. Modern thinkers tend to give an undue emphasis on the intellectual dimension of signification, forgetting or ignoring the fact that imageries and symbols—or aesthetic signs in general—which, as primordial precursors of concepts, are just as powerful, and certainly more richly endowed, as carriers of meaning. Such is the case with respect to dao and de, the two key terms which figure so prominently in the Chinese primordial semantics.

In the earliest extant, bone script the Chinese character for dao is a conjunction of two component pictographs; on the left is a semantic radical standing for the act of walking while on the right is a drawing of the human head looking straight ahead in an upright posture. The combined imagery cannot be more familiar, more na? ve, and in its symbolic ramifications more profound and poignant. What is being represented here is none other than the most typical functions of a human being—a being that can stand and walk upright and also think and speak ( signified by the human head) . Is it then natural for us to suggest that most probably the word dao was originally a general name for human beings, and what the poignant imagery embodies is none other than a symbolic articulation or interpretation of humankind's seminal identity—an aesthetic depiction of the immanent power at work in us in its abiding ownness? It would not be difficult for us to show how the host of meanings associated with the conventional usage of the term can be derived from the seminal imagery, including in particular the substantive use of dao as a "way" or "path" and the verbal sense of dao meaning "to lead," "to lead to," "to guide." To the best of our knowledge, most philological scholars seemed to think that the conventional usage attributed to the term were the original meanings of the term, as if they were what were intended by its creators from the very beginning. What has been totally lost sight of in the traditional philological thinking regarding the semantics of dao is the apparently simple and na? ve imagery that figures in the pictograph of the term—a human being endowed with the powers to think, to speak or engage in discourse, as well as to stand and walk upright. Just as a little child, once mastering the skill of standing up and being able to engage in various physical activities on the basis of her fundamental upright posture, tends to forget what she has gone through in the strenuous process of learning to stand and walk upright,

so civilized thought in the long course of its semantic evolution has become ob-
livious of the momentous significance of the fundamental literal meaning underly-
ing all first words that have as their semantic contents the primordial imagery of
our seminal humanity.

The first word *dao*, as contrasted with the today word *dao*, was created, as
we have surmised, as a collective name by which an archaic people—let's call
them the "*dao* – people" —refer to themselves as well as to each other: we are
the "*dao* – ones." Just exactly what the first thought was that accompanied the
first *dao* utterance we cannot be sure. We have reasons to believe, however,
that the first thought that forms the semantic content of the name—the spoken
word—was none other than the *dao* – people's conception of their own totem, to
which they were supposed to owe not only their physical being but also their se-
minal identity, the abiding ownness underlying their tribal kinship. This, we
take it, is the primordial origin of the term *you* or being which in the earliest,
bronze script presents a pictograph of a hand holding the moon or—on an alter-
native reading—a piece of meat, signifying the ontic act of abiding in one's
ownness. The moon reading is by no means as far fetched as it might first ap-
pear. The *dao* – people identified themselves with the moon, equating the
moon's body with their own body for a good reason; for just as the moon abides
in and through its changing phases, so the human body persists in its ownness in
and through the various modalities of its changing activities and actions. If we
moderners find the phenomenon of totemism unintelligible and baffling, that is
because our thinking has become so substantialized, rigidized, and entity –
prone that we have totally lost touch with the operative elements that are always
subtly and fluidly at work in our primordial power experience. To us, a totem is
a mere thing or object; but to archaic peoples, it was an embodiment of what
was sacred and holy wherein the immanent, procreative power was believed to
reside, whether it be an animal or plant or something like a mountain or the
moon.

Whether or not we accept the above suggestion that the original semantic
content of the first word *dao* was the totemic object of the *dao* – people—probably
the moon, one thing is certain that by the time the *dao* script, the written word,
was created, the *dao* people's conception of ownness has taken a new turn. For
while *dao* formerly was the name by which the *dao* people referred to themselves
and to each other, including any one who was "one of us and part of the We,"
the meaning of the "We" had now been extended to include all human beings,
recognizable by their typical powers and functions. In time, this "universaliza-
tion of ownness," as we may so describe it, was finally carried to the utmost
limits. *Dao* was no longer just the immanent power for the *dao* – people, nor e-
ven for the whole humankind but had come to be identified as the all – pervasive
Power that is at work in all beings and things in the universe—in the dirt as well
as in a king.

The network of meaning that is implicated in the archaic image of *dao* as primordially articulated in the bronze script in terms of the three typical human powers—the power to stand and walk upright, the power to think, and the power to speak and engage in discourse—we call the "*dao* – matrix." Our earlier articulation of the *Daodejing*'s concept of *dao* in its metaphysical – cosmological dimensions represents only one of its possible applications. It is difficult to realize the extent to which civilized thought is indebted to this simple and apparently na ? ve representation of our humanity. It suffices to say at this point that there is, as we see it, hardly a major philosophical concept or category that is not in some sense implicated, derivative, or founded upon the *dao* – matrix whose primordial semantics constituted by the inner connections of language and thought must be recognized as the womb of all wisdom. Although the three typical functions were inescapably intertwined in the dynamics of the power body, the power or ability to stand and walk upright holds a pivotal position in the primordial understanding. For the openness of the transcendental space of discriminative awareness and the emergence of a consciously entertained "world of meaning" is contingent on the body's ability to rise up and sustain itself in the upright position. It is therefore most interesting to observe that in the bone script the characters for "human being" (*ren*, 人) and for "great" (*da* 大) are practical identical in their pictographs wherein a human body in the upright posture is represented. The only noticeable difference lies in the fact that while in the case of *ren* 人 the upright body was presented standing sideways in the bone script, the word for *da* 大 or great features a frontal view of the same with the two arms raised on both sides resembling that of a cross. The pictograph for "great" give us the impression that what the scripter was intended to present was not just the upright human figure as such but the human figure in a commanding position with respect both to itself and to its environment—a self – commanding position that makes possible its proper comportments with other beings and things that comprise its world. If this is humanity's first conception of greatness as embodied in the archaic image, then the first human notion of procreativity is correspondingly just this: to grow (or rise up) to the upright and self – commanding position. This, in our view, is what the Chinese concept of *sheng* 生 primordially implies. It may be of interest for us to point out in this connection that the word *Brahman*, the all – pervasive Power in Indian or Vedantic thought, literally means to make great, being derived from the root *brah* – , to grow, to exist, to abide, to beget, to procreative. It seems that the same pattern or logic of primordial semantics is also applicable here: to make great means, in the language of archaic peoples, to grow or rise up to the upright and self – commanding position, the first moral virtue or excellence—as the primordial Chinese would say, the first *de* 德—that human beings are capable of. And what makes it a moral matter lies in the fact that such position is what confers upon a human being its sacred right of universal ownness and fellowship. The process of learning to stand upright and in a self – commanding posture is the first and "rite of initiation" which we all have to go through in order to be recognized a proper member

of the human race—a being who has the power to attain the excellence of up-
rightness and self – commanding integrity.

There are a large number of words or characters in the Chinese vocabulary
which feature implicitly or explicitly the upright body as its major semantic com-
ponent, including, of course, *dao* and *ren* ( human being ) —and, as also to
be expected, the word *de*. Out of this large group of upright – implicated charac-
ters, some of which, one can be fairly certain ( if our hypothesis is accepted ),
are, like *dao*, originally tribal names of archaic peoples. Because of the phonet-
ic closeness of *dao* and *de*, it is highly probable that they were just two inter-
changeable dialectic variations of the same ethnic name: the *dao* – people and
the *de* – people are the same people. Whether or not this is the case, the pri-
mordial meaning of the two words are, upon closer analysis, remarkably similar.
The difference lies in the accentuation of uprightness, ontic intelligence, and
procreativity in the semantic make – up of *de*, elements which are merely im-
plied but not explicitly brought out and emphatically articulated in the *dao* char-
acter.

In both the bone and bronze scripts, the pictograph for*de* is made up of two
components: one is an archaic form for the character *zhi* 直, straight, vertical or
upright, the other a radical signifying walking, Thus, the primitive meaning of
*de*, as also implied in the pictograph for *dao*, centers on the power or ability to
walk in a straight and upright manner. In the later, *xiaozhuan* 小篆 script, this
primitive sense of *de* was elaborated by the addition of the radical 彳, which o-
riginally means rising up or advancing in a graduate movement; also added—
and this is highly significant—is the ideograph for *xin* 心 or the mind – heart,
whose inmost meaning lies in what we have designated, for lack of a better
term, ontic intelligence. All these elements that the word *de* 德 has finally gath-
ered into its conceptuality in the long process of its semantic evolution amount to
this: *de* is the virtue or excellence of upright – abiding activity or action that a
human being is capable of and must make an effort to attain in order to realize
its proper or authentic humanity. Like a child learning to stand and walk up-
right, the process of attainment is a gradual advancing movement of self – trans-
formation requiring the continuous engagement and appropriation of the mind –
heart, its ontic intelligence. As one philologist has succinctly summed up, "*de*
means straight – mindedness. " If one is straight – minded, then one will get or
obtain it. It is quite an interesting linguistic coincidence that the two words *de*
德, moral virtue or excellence, and *de* 得, to obtain or acquire, are pronounced
exactly the same. What is being acquired or obtained is, let us repeat, nothing
less than one's authentic humanity—that is, one's truly abiding ownness.

Power in its abiding ownness, so we submit, is the theme of all themes,
which in the final analysis is what guides and directs all philosophical thinking,
questioning and discourse—a characteristically human engagement of ontic intel-
ligence inherent in the immanent powers at work in us. Thanks to the peculiarly
ideographical nature of the Chinese written script, much of the seemingly simple

and naïve wisdom of the archaic peoples who flourished in the land of China was still preserved, though laid hidden, under layers and layers of semantic sedimentations that civilized thought and linguistic conventions have built up since primordial times. Inasmuch as a basic concern of our inquiry is to establish the general connections between the major traditions of civilized thought and their primordial heritage in so far as it is ascertainable in the hidden language of archaic peoples, the Chinese philosophical tradition broadly conceived is perhaps the best place to begin our undertaking. The specific question to ask in this context then is, To what extent and in what manner is the influence of archaic language and wisdom reflected in the various strands of *dao* – learning that began to take shape during the pre – Qin period, the formative phase of the intellectual tradition that we have come to recognize as Chinese philosophy? This question cannot be answered without a proper understanding of the archaic logic and grammar of primordial semantics.

# The Middle Way:
## Signature Field – Being and the
## Yi – Dao Tradition（Draft）

Lik Kuen Tong

# 1. Signature Field – Being and the YiDao Tradition

What we have to say in what follows is a kind of centrism – a philosophical position that believes in the Middle Way, both as an ontological commitment and as a rational choice. We, Field – Being thinkers or Dao – learners, do not shy from the Middle Way, let alone consciously straying from it. The Middle Way is for us not an object of deconstruction, nor is its endorsement something to be a-shamed of, as if it were so hopelessly antiquarian and out of fashion. No, on the contrary, we Field – Being thinkers whole – heartedly embrace it and are all too ready to defend it not only as a philosophical stance but also as a practical paradigm, a way of life par excellence. We embrace it philosophically because it is the truth of our vision, and we endorse it as a way of practical living because civilized humanity requires it for its integrity and creative vitality. For all extremist straying from the Middle Way, we emphatically submit, are blind alleys, both philosophically and otherwise.

But what is the Middle Way? The word middle here is not to be taken in the spatial or mathematical sense. As a philosophical stance or position, what we call the Middle Way has to do with the field character of Being: it is the Middle Way of Field – Being. And the Middle Way of Field – Being is, more exactly, the Middle Way of Trans – differentiation between the Actual Indefinite and the Actual Definite, the all – encompassing bipolarity or Supreme Two-some——as we reverentially call them – that define the field character of the Field – Being cosmos. What is "middle" about the Middle Way pertains to the dynamic interdependence and mutuality of the supreme twosome that expresses the inner appropriation of the ultimate activity, the self – articulate One or the Act of the Let – Be. Field – Being is an ontological centrism in the sense that it neither over – emphasizes the actual indefinite at the expense of the actual definite, nor does it unduly stress the actual definite at the expense of the actual indefinite. What is being upheld here in our ontological adherence to the Middle Way is the trans – differential integrity of the supreme twosome——the integrity that lies at the heart of all action and thus the articulate totality of Field – Being. In the Field – Being ontological scheme, every being or thing or whatever is a fielded being, that is, a functional determination participating in the field character of the Let – Be, the ultimate activity. And by virtue of the oneness of the Let – Be, every fielded being is necessarily trans – differentiated with every other fielded being, somewhat like the two ends of a horseshoe. Generally speaking, trans – differentiation refers to the dynamic ordering of things joint and disjoint, continuous and discontinuous in the Field – Being continuum. Like the two ends of a horseshoe, what are set apart, separate, disjoint, or distantiated on one end are held together internally in an undivided whole: this is the fundamental meaning of trans – differentiation which defines the logic of all articulate action. And the trans – differential logic is in the final analysis the logic of the supreme twosome underlying and constituting the bipolar field character of the universe. How the supreme twosomes are trans – differentially articulated determines what Field – Being is. Their inner appropriation in the Act of the Let – Be is the key to all existence. Thus conceived, the supreme twosome in their trans – differential, bipolar integrity is the universal of all universals, the essence of all essences. This is the meaning of the field universal in Field – Being, in contradistinction to the concept of the entitative – substantialist formal universal in traditional western metaphysics. Field universal means the field in its trans – differential wholeness and bipolar integrity is the universal. The traditional distinction between the so – called universals and particulars is from the Field – Being standpoint an abstraction from the field universal, indicative of a substantialist truncation of reality. The substantialist metaphysician fails to see that apart from the inner appropriation and bipolar integrity of the supreme twosome, all reality falls away and all meaning evaporates.

The Middle Way of Field – Being as defined by the inner appropriation and bipolar integrity of the actual indefinite and the actual definite is what we primarily intend by the expression "Signature Field – Being. " It is so phrased because the trans – differentiation logic underlying the Middle Way, the key to all existence, is quintessential to the Field – Being conceptuality: it is also the key to understanding what the Field – Being approach is all about. Signature Field – Being points to what is most distinctive about Field – Being philosophy. But the locution is also intended in a boarder sense. In this sense, signature Field – Being is not the exclusive property of our philosophical pursuit, but belongs intrinsically to all fielded beings. For by virtue of its articulate action or functional contribution, every fielded being inscribes its own unique signature in the field universal, the dynamic trace that bears the distinctive mark of its existence in Field – Being. Here signature Field – Being means the signature of a fielded being as the mark of its Field – Being. And in so far as we engage in the articulation of the Field – Being conceptuality, our signature Field – Being, the mark of our endeavor, is represented by the Middle Way, the conceptuality of Signature Field – Being.

Now the Middle Way is for us not merely an ontological concept. Signature Field – Being is as much a practical centrism as it is an ontological centrism. While the Field – Being thinker embraces the Middle Way as a matter of philosophical commitment, it also endorses the Middle Way as a matter of rational choice and existential strategy. Practical centrism, as we see it, is essential not only to the survival of the human specifies——and hence in this sense a vital

necessity, but also to the integrity of our civilized humanity, to the optimal crea-
tivity of values upon which depends the flourishing and proper advancement of
the global human community. For while the Way of the Actual Defmite carried
to the extreme leads readily to the violent and rampant truncation of reality as in
the case of dogmatic or dogged substantialism, the equally extremist inclination
on the other side – the Way of the Actual Indefinite, issues inevitably in the de-
basement and emptification of existence one finds in nihilistic or world – denying
non – substantialism. The former gives rise to all forms of exclusivity and bigotry
with the arrogance and greed of an overinflated ego – center, whereas in the lat-
ter the frailty and impoverishment of a deflated ego is the source of vicious stag-
nation and perpetual self – degradation. The ills and evils resulting from the ex-
tremism on either side of bipolar field universal are from the practical standpoint
desirable. In endorsing the Middle Way, practical centrism is basically a form of
strategic rationalism, and it is, as such, compatible with pragmatic substantial-
ism and creative non – substantialism. The catch phrase for the practical centrist
is the optimal creativity of values; what is strategic about its rationalism is the
attempt at the attainment of optimacy. The Middle Way is the optimal position in
the inner appropriation of articulate action.

Herein lies the meaning of philosophical wisdom in the Field – Being
sense, the kind of wisdom to be attained in the pursuit of Dao – learning, the
supreme art of appropriation that is intrinsic to Dao——the Way things are, the
Way Being itself is. Philosophical wisdom, as we conceive it, is the fruition of
meta – aesthetics, an undertaking in the art of appropriation to the utmost limits.
To the extent the pursuit of Dao – learning or meta – aesthetics is conducted in
and through the traversal of language or any system of signs and symbols, phil-
osophical discourse for the Field – Being thinker will always be explicitly or im-
plicitly, literally or metaphorically a yoga of appropriation in the wisdom of the
Middle Way. The Indian thought yoga refers to any spiritual discipline that brings
about a union with God or the ultimate reality. This fundamental meaning is re-
tained in the Field – Being understanding of the word. But since for Field – Be-
ing all spiritual disciplines are in essence a form of appropriation, ultimately
pertaining to the inner appropriation of the Let – Be, the yoga of appropriation is
the universal spiritual discipline underlying all human undertakings, philosophi-
cal or otherwise. Whether consciously entertained or not, the appropriational yo-
ga is implicit in whatever we do. More exactly, the universal yoga is understood
as a perspectival synthesis which brings about a union of internal and external
Field – Being in the transfinite inwardness of our individual and societal exist-
ence. It is a synthesis of internal appropriation in the form of self – penetration
and external appropriation in the form of alteric confirmation. In the context of
philosophical discourse, what the appropriational yoga is intended to realize is
the fruition or fulfillment of our wisdom – bound orientations or potentials –
namely, spiritual orientations or potentials that are responses to the lure of the
supreme twosome, the primordial impetus that will ultimately determine the

shape of our transfinite subjectivity. There is the lure of the Actual Definite, and there is the lure of the Actual Indefinite. Philosophical wisdom is born in our conscious and unconscious responses to the lure of the supreme twosome and the creative tensions that ensure from their transfinite resolution in the dialectic harmony of the Middle Way. Thus understood, the wisdom of the Middle Way is inherent in every topological region of Field – Being, for there is hardly anything or determination in the Field – Being universe that is not in some sense wisdom – bound, that is, as a manifestation of the bipolar integrity of the field universal and as indexual of the dialectic fecundity of the supreme twosome. But if everything is wisdom – bound, then there is a spiritual and philosophical potential in everything. And while philosophy as meta – aesthetics and appropriational yoga aims at realizing the spiritual potentials of our internal and external Field – Being, in the transfinite appropriation of the Middle Way, the role of philosophical discourse in this challenging enterprise must assume the task of meta – episteme, the art of making sense to be carried out in the perspectival openness of the truth – process. To discourse philosophically is to discover the meaning of things wisdom – bound. And what is wisdom – bound is a properly a wisdom – text. There are, on the one hand, wisdom – texts that present themselves from the existential and experiential depths of our Field – Being, spiritual potentials inherent in our transfinite subjectivity and our participation in the bipolar integrity of the ultimate activity. On the other, there are the wisdom – texts of the historical traditions of civilized humanity, spiritual potentials embedded in the signifying systems of signs and symbols, of language and thought, and of artifacts and institutions that we our ancestors have bequeathed to us from time immemorial. Although every wisdom – text or spiritual potential has a unique Signature Field – Being which bears the distinctive mark of its sedimented topological existence in the Field – Being universe, there are no hard and fast boundaries between the internal and external aspects of the appropriation process. For just as every sedimented layer of wisdom – texts that are historically and traditionally bequeathed to us in our external Field – Being are imbued with the objectified spirit of transfinite subjectivity, so the wisdom – texts and spiritual potentials that are inherent in the existential and experiential depths of our internal Field – Being are already modified and conditioned by the our own heritage from the historical traditions that we have appropriated. Thus the wisdom – trails of spirituality that the Way has cleared and opened up for us in the transfinite inwardness of our existence, are neither internal nor external in origin, but form a trans – differential path wherein our internal and external Field – Being are fused and united.

To tread the wisdom – trails of the Way in an exercise of the appropriational yoga so as to uncover the meaning of our transfinite existence by deepening and broadening our Field – Being perspective – that, we submit, is the purpose of philosophical discourse. And as such, it is also an exercise in conceptual poetics.

All discourse is poetic as well as conceptual, understood in the primordial root meaning of the words. A discourse is "conceptual" in so far as it is meaningfully conceived, that is, pregnant with meanings. And it is "poetic" in so far what is thus conceived is delivered into presence, that is, in the poiesis or making of meanings. Thus understood, a discourse as an exercise in conceptual poetics is by no means an exclusively human affair, but belongs to the very nature of a life form or organic pattern of articulate action – that is, a pattern of activity in the cocoonization of power concrescence. In the final analysis, as the actionalism of Field – Being entails, it is not human or animal beings that are engaged in discourse, it is the underlying articulate action that signals, signifies, and communicates in and through them. When we speak, it is not the visible, sensible, or phenomenal you and I who do the speaking, it is rather the center or process of activity that we truly are. For discourse – the conception and birth of meaning – belongs to the quintessence of all articulate activity. The basis of discourse is interpretation and communication, and that is precisely what activity is in its mediational essence. The self – mediation of activity depends on discourse: it is the way – the dao or logos – activity informs itself and reflexively comports itself to itself. The birth of meaning takes place in the self – information activity.

Thus meaning is not something transcendent to the process of power concrescence, but is dynamically immanent in the perpetual formation and transformation of activity that constitutes the everlasting fluidity of the Field – Being plenum. The formation and transformation of activity depends on its self – information. There is thus an intimate connection between meaning and form, as the inherent wisdom of language shows here. In the Field – Being scheme, the concept of form, as above noted, is inseparable from the concept of power concrescence: it is indeed defined the aesthetic complexity of power concrescence——more specifically put, by the complexification or interplayful configuration of matter – energy, experience, and meaning. The form or aesthetic complexity of power concrescence is the way the dynamic components of matter – energy, experience, and meaning are complexicated or folded into each other. We coin the word "complexification" here in order to underscore the sense of mutual enfoldment in the interplayful configuration of the dynamic components. And here we find one of the most distinctive features of the Field – Being ontology. The identification of being and activity that lays the actionalistic basis of the Field – Being ontology is to be understood concretely in terms of the aesthetic – complexity theory of power concrescence in which the concepts of substance and function, meaning and form, thought and language, and so on are all united.

In the Field – Being scheme, the substance of activity is its power – its ability to be, to perpetuate itself, and to produce a difference within itself. When this power is understood in its creative efficacy, in its ability to produce an effect or difference, it is matter – energy or physicality in the Field – Being sense. But the power of activity is as much mental as it is physical: the power that produces

effects is also a power of experience, the ability to feel, to perceive, to inter-
pret, and to understand. This intimate dynamic relation between matter – energy
and experience, or physicality and mentality, is what we call the aesthetic bipo-
larity of activity. It is a polarity between the creative efficacy and the reflexive
transparency or luminosity of power. The self – information of activity takes
place in the aesthetic bipolarity of power concrescence, in the growing – together
of matter – energy and experience wherein meaning arises as the reflexive media-
tors of physicality and mentality. A meaning then is a semantikos of power con-
crescence, that is, a luminous presence that shows up itself in the reflexivity of
cocoonization and self – information. Our phenomenal existence, the cocoon that
we are, is the work of an underlying articulate action – the cocoonizer that
weaves out for itself its abode of habituation in the process of self – becoming.
The dynamic components, the affuents and refluents of becoming, as we may
also call them, are the concrete ingredients of power concrescence out of which
the phenomenal cocoon is made. They are called "affluents" because they are
currents of streaming power that flow out in their transcendental origin from the
Radical Nothing – the ream of pure matter – energy, pure experience, and pure
meaning. And the affluents are also refluents, for into the Radical Nothing they
shall all in the end return. The streaming of power between the Radical Nothing
and the Great Ocean of Becoming, and in the circular movement of the Outflow
and the Backflow, is what we mean by the Samsaric Cycle, the plenum of Field
– Being in its concrete reality.

Let us return to the theory of complexification in which the Field – Being
concept of phenomenality is grounded. What is important to remember here is
that a phenomenon in the Field – Being sense is always conceived as a determi-
nation of aesthetic complexity, a dynamic presence and aggregate product of
complexification. Depending upon which of the three types of dynamic compo-
nents we attend to, a phenomenon may be said to be a physical, mental or se-
mantic determination. Thus an apple in appearance, for example, shows itself
physically in so far as it is a determination of matter – energy, of power in its
creative efficacy. It is a mental determination in so far as it is experientially per-
ceived, a manifestation of power in its reflexive transparency. And finally the
phenomenal apple is a semantic determination when considered as a semantic
font or cast of meaning in the self – information of activity. Thus the face of a
phenomenon is a composite face of physicality, mentality, and semantieality –
an aesthetic complexion derived from the complexification of power in the
process of self – becoming. The phenomenal cocoon that we appear to ourselves
is no means an isolated substantial entity, but a dynamically fluid aesthetic con-
tinuum of power concrescence that an underlying articulate action has woven out
from its transcendental and environmental givenness, the affluents of becoming
that avail themselves for the transfinite cocoonizer. Though in its substantialist
connotation the conventional language of body, mind, soul, and spirit in which
much of the traditional philosophy of the self is composed is hardly adequate to

characterize the aesthetic reality of the phenomenal cocoon, it may still be employed with profit provided we entertain them with a decisive modification in their conception. But first, for the ease of exposition, the Field – Being theory of the self may be first outlined as follows:

1) The Self is the cocoonizer of power concrescence underlying a local center of activity. It is the transfinite subject of self – becoming constituted and defined by the way the inner dynamics of the Let – Be works out itself in a field – topological region of the dynamic aesthetic continuum.

2) The internal relation between the field – topological region and the Self is called the Dasein. The Dasein of a Self or transfinite subject is the transfinite arena of its cocoonization or self – becoming.

3) Thus conceived, the Dasein or transfinite arena is the place wherein the phenomenal cocoon arises. The Dasein as the field – topological region of self – becoming is what mediates between the Self and the phenomenal cocoonization, between articulate action in reality and articulate action in appearance.

4) The affluents of becoming – that is, the aesthetic complexity of matter – energy, experience, and meaning – are the concrete ingredients of power concrescence, out of which the phenomenal cocoon is spun. They are also termed qi or aesthetic plasma in so far as they constitute the vital force of transfinite subjectivity. The phenomenal cocoon is a qi – coefficient of power concrescence, a dynamic configuration of aesthetic plasma.

5) The cocoon – body is the phenomenal cocoon in its physical dimension. It is not the conventional body but the plasmatic body of matter – energy upon which depends the vitality or creative efficacy of the transfinite subject.

6) By the same token, the cocoon – mind is neither the conventional or Cartesian mind, but the phenomenal cocoon in its mental aspect, that is, as the plasmatic mind of experience. Mental plasma is aesthetic complexity in its reflexive transparency.

7) And the soul of transfinite subjectivity is not the substantialized soul of traditional metaphysics, but the cocoon – soul of semantic concrescence.

8) of dns the , or physical substantialized formed by is what mediates between the self and , the the cocoonizer or inner spirit of power concrescence in a field – topological region of the aesthetic continuum. There is a self in every formation of When we speak of the cocoon body, it is not the conventional, substantialized body that we have in mind, but the body – plus of physical complexity. When we speak of the cocoon mind, it is not the conventional, substantialized mind that we think of, but the mind – plus of aesthetic complexity as an experiential determination. And when we speak of the cocoon soul, it is not the conventional, substantialized soul that we conceive, but the soul – plus of meaning that forms a semantic center of complexification. But why "plus"? What do we intend to convey by adding this qualifier to the terms body, mind, and soul? We intend to bring out the idea of continuity – the recognition that the phenomenal cocoon as a body – mind – soul configuration of articulate action is continuous with the

world. Just a ripple or wave in an ocean is an integral part of the dynamic move-
ments of the ocean as a whole, so the body – plus or phenomenal cocoon as a con-
figuration of matter – energy is in no way separable from its physical environment
but is trans – differentially one with it. By the same token, the mind – plus or
phenomenal cocoon as an experiential complexity is equally not a self – isolated
substantial subject that Cartesian dualism would want us to entertain. The experi-
ential cocoon that articulate action weaves, unweaves, and re – weaves in the
process of power concrescence is again rather like the rising and ebbing of ripples
and waves in an ocean. Just as the ripples and waves are not related to one anoth-
er like the different parts of a machine, but are trans – differential manifestations
of the ocean power in its undivided wholeness, so the mind – plus as a coccoon-
ized complexification is an emergent center of experience from the dynamic ple-
num of activity. And the dynamic plenum is not just a continuum of matter – en-
ergy and experience, but a physical – mental – semantic continuum of aesthetic
complexity wherein meaning, the self – information of activity, arises in the medi-
ation and appropriation of physicality and mentality. There is thus no reason to
expect that we should treat the soul – plus differently from the body – plus and the
mind – plus. As the semantic center of the phenomenal cocoon, the soul – plus is
the seat of personality in the habituation of articulate action. The "person" who
resides in the phenomenal cocoon is the persona of the spirit – the cocoonizer of
aesthetic complexity that we ordinarily call the "self." As such, the soul – plus is
the niche of selfhood, the vehicle of transfinite subjectivity and intersubjectivity.
Just as the body – plus and the mind – plus are trans – differentially continuous or
at one with the physical – mental world, so our persona are soulfully and spiritual-
ly intertwined in the complexification of meaning. The phenomenal cocoon is the
abode of habituation for the emergent spirit of cocoonization. What the emergent
spirit relies on in the process of habituation is the poetization of language and
thought. Spirituality, as we conceive it here, is a matter of conceptual poetics.
concrescence involves a streaming of semantic clusters that arises fluently within
the aesthetic bipolarity of physicality and mentality. These semantiki or They are
the mediators of power concrescence upon which depends the self – becoming of
transfinite subjects for the form or aesthetic complexity of their cocoonization –
that is, the identity of their fielded being. For the dynamic essence of cocooniza-
tion is the appropriation of meaning. How a transfinite subject appropriates the e-
mergent meanings in the process of its self – becoming constitutes what the transfi-
nite subject is. As such, the process of appropriation is essentially involved in the
poetization of thought and language.

## Prelude: The Metaphor of the Awesome Fabric

Imagine an awesome fabric called Q, a fabric of infinite subtlety that re-
makes and reshapes itself in a perpetual vibratory movement. Possessing in its
substance the power of its own articulation and cornplexification, Q is capable

of plaiting out of itself whatever form or shape or configuration that we can ex-
perience or think of, a reflexive and comflexive ( to be explained ) power that
is in essence absolutely indestructible and yet indefinitely supple or flexible.
Although the awesome fabric in its infinite subtlety is imperceptible to the sen-
ses and is hardly accessible or comprehensible to the intellect, it is boundlessly
extended in all directions – dimensions known to us and dimensions beyond our
imagination. Q is so immensely and fathomlessly extensive and multifaceted in
its complexification that it in fact pervades and encompasses everything in the
universe: it is indeed the only reality there is, the One Being that embodies in
its itsness the perfect union of unity and diversity, the One and the Many. Be-
ing boundless in all dimensions, the awesome fabric can have no otherness.
Whatever is known or can be known – including beings and things, qualities
and relations, objects and events, conditions and circumstances, facts and
states of affairs, particulars and universals, possibilities and actualities – in
short, all determinations that we habitually designate or describe with these or
other philosophical categories or concepts, is in the final analysis an attribute
or mode of Q, a reflexive and complexive expression or manifestation of its ar-
ticulate power and action. As the sole reality, the One without a second, to
borrow a phrase from the Upanisadic sages, the universe as the One Being of Q
must have necessarily the character of a plenum – a plenum of Q unto itself,
which we may represent by the notational schema Q. Q.

Readers, if what we have painted above metaphorically in the figure of the
awesome fabric should present a true picture of the universe, what difference
would it make to our understanding of Being and existence – and of all that we
may subsume under these two key terms? What new meanings and interpreta-
tions we must now give to the philosophical theories and categories that comprise
our conceptuality of the universe, including the kind of activity or undertaking
we call philosophy? What difference, if any, would it make to the practical side
of our human existence, our emergence and sojourn in that minute region in the
manifest arena of the awesome fabric we call Earth? How, finally, in light of
this vision of the universe, should we orient ourselves towards life, towards
truth, reality, and the good – towards our Being in the world?

The answers to all these and other related questions will no doubt be daunt-
ingly complex, intricate, and perplexing, but they share nonetheless at bottom a
pristine simplicity. For whatever the answer may be, we know that it is in every
case an interpretation or explication of Q. Q. In other words, whatever is or can
be talked about is Q – functional, and all discourses Q – tautological , that is,
an endless variation of the same theme. And yet the wealth that comprises the
infinite variety of Q. Q is in no way at odd with its pristine simplicity. On the
contrary, they require each other in the perfect harmony that constitutes the in-
ner appropriation that is the Beauty and eternal essence of the reflexive reality.
To envision and contemplate the work of the awesome fabric in the inner appro-
priation of its eternal Beauty has indeed been the perennial delight of philoso-

phers.

That is why in the Field – Being scheme a philosophy is characterized as a meta – aesthetician who pursues Dao – learning or the art of appropriation to the utmost limits.

All great thinkers, says Heidegger, think one thought. While we have no pretensions to greatness, we Field – Being thinkers or Dao – learners do think one thought. And what is the one thought of Field – Being or Dao – learning? It is Field – Being, of course. But what is Field – Being? It turns out that in its ontological signification Field – Being is but another name for the dynamic plenum, the plenum of Q unto itself Q. Q——or more precisely, the inner appropriation of the ultimate reality that defines the intrinsic meaning of Dao: that is the one thought of Field – Being philosophy.

But what literally is Q? What exactly does the awesome fabric stand for?

## (1) Q. Q – The Dynamic Plenum as the One thought of Field – Being

Field – Being philosophy is presented to the world as a vision, a thought experimentation, and an agenda. The vision is based on the fundamental intuition that all is activity – that the universe is in truth a boundless plenum or continuum of activity, the dynamic expression of a self – environing, self – vibrating, self – articulating, self – revealing, and self – organizing action called the Act of the Let – Be, or the ultimate activity. That is what Q literally is, what the awesome fabric stands for. The awesome fabric is not a fabric made of wool, or silk, or leather, or any of the materials that we are acquainted with in our ordinary experience, nor it is made of an entitative substance or element hypothesized in the fragments of the Pre – Socratics, such as water, air, fire, and the like. No, the awesome fabric as the all – pervasive and all – encompassing "substance" of the universe, the true arche – as the Pre – Socratics call it – of all being and existence, is activity itself in its undivided wholeness. There is nothing that we can experience or think of that is not in some way given in an occasion of activity: it is indeed a manifestation or articulation of the underlying action. In Field – Being thought there is no dichotomy between subject and object, between experiencing and what is experienced. For experience, by which we include all modes of cognition or consciousness such as sensuous perception, memory, imagination, and conceptual apprehension, is itself an aspect of activity: it is, simply put, activity in touch with itself – that is, activity experiencing activity. In short, from the Field – Being standpoint, activity is what there is, the only reality of which there can be no denial possible. For the act of denying is itself an activity; activity reaffirms itself in the very act of being denied . Since we are activity, and activity cannot experience or know that which is non – activity, it follows that the universe that is accessible to us, the universe that we can talk about, is through and through an actional reality. That is why Being is a verb – word. What the notational schema Q. Q designates is above all the reflexive character of the actional or verbal reality. What does Q. Q or Q unto itself mean? It means Q, the ultimate activity, acts upon itself. Q. Q implies in every instantiation or variation an in − flexion or self − environing inward action − that is, Q, the ultimate activity, bending or folding back upon itself. This reflexive power of the awesome fabric is the source of its dynamism. The dynamic plenum as the self − expression of the awesome fabric is in our vision an endless repetition of in-flexive or re-flexive action − a perpetual dance of self − environing vibratory inward activity which in the sacred art of India is symbolized by the Dance of Shiva. What is conceptually implicated by this poignant.

symbol is the dynamic relation between reflexion and articulation, the theoretical corner stone of Field − Being ontology. The three formulations of the Field Principle in terms of the ontological identity, difference, and equivalence of reflexion and articulation as enunciated in our first essay are all explicable from this sacred symbolism. Note the double meaning of the prefix "re" in the word "re − flexion"; "re" as implying backward movement and "re" as repetition. The Field − Being plenum is fundamentally a re − flexive reality because it is the articulate expression of an unending repetition of Q. Q, the in − flexion or self − environing inward action of the ultimate activity. In the grammar of Field − Being, all words are verb − words, and all verb − words are in essence flex − verbs. The language of Q. Q is indeed an in − flexional language!

To think the plenum then is to contemplate in flex − words the inflexional and reflexional reality of the awesome fabric, to speak and envision through the language of visible and audible signs the invisible and inaudible Verb − Word, the Dao or Logos that names the Way of Field − Being. Before their seminal primordial meaning became corrupted in the language of entitativism and substantialism, dao and logos were the most sublime verb − words in the vocabulary of the perennial tradition, the verb − words that designate the dot in Q. Q − that is, the awesome interface that reflexively encompasses all, mediates all, and gathers all in the perpetually self − transforming Dance of the awesome fabric.

And what, let us ask, is sublime about the verb − words of dao and logos − the dot in Q. Q, the awesome interface of the awesome fabric? The answer is to be sought in the inner connection between the what of action and the how of action. The awesome interface is in the final analysis the reflexive subject of all action: the dancer in the dance. The awesome fabric is a dynamically and reflexively a dancing plenum. The dance of the awesome fabric is the comflexive and complexive expression of its reflexional power. The awesome interface is the way its reflexional power environs itself in the comflexion and complexion of vibratory action. But the way the awesome fabric comports itself in the dance (the how of action), though not identifiable with the articulate totality of the vibratory action which constitutes the comflexive − complexive essence of the dance (the what of action), is in no way separable from it. For the dancer is the dance.

## ( 2 ) **The Grammar of In − flexion: The Flex − Words as the Seminal Vocabulary of Field − Being**

The flex − words are derived from Latin lexus, past participle of lectere, to bend or curve. This is the core meaning which provides the seminal semantic foundation for Field − Being ontology. For the One Being, the dynamic plenum in its undivided wholeness , is essentially a flexile, flexuous, and flexural reality. The awesome fabric, the fabric of infinite subtlety, is indefinitely flexible or supple in its substance or power. And every form or configuration or structure that emerges out of its flexional substantiality is essential a complexification of flexures − that is, bends, curvatures, turns that define an inflexional or reflexional state of the ultimate activity. In mathematics, a flexure designates the curving of a line or surface. In the theory of elasticity, the flexure of a curve is its bending to or from a straight line. This idea is key to the grammar of reflexion underlying Field − Being ontology. In the Field − Being scheme, all forms are flexural configurations resulting from the comflexification of the awesome fabric, that is, the holistic self − environing self − vibratory field action of the ultimate activity. Somewhat like folding up a piece of paper to make a crane or an airplane as in the familiar paper art, holistic field action is inflexionally or reflexionally one − piece action: it is not an assembling of separate parts or collection of substantial entities. Every analyzable mode or aspect of the comflexificating holistic field action is a comflexion. We coin the words " comflexification" and "comflexion" so as to contrast them with "complexification" and "complexion" . A complexion is the "face" or dynamic profile of a comflexion − a slice, so to speak, of the comflexificating holistic field action. In the Field − Being lexicon, complex, complexity, complexion, and complexification, together with their cognates like complication, implication , and explication, etc. are treated as flex − words. For they all contain in their root meaning the sense of to bend or to fold. Actually, in spite of their lexicographical appearance, these are flex − words not only semantically but also in their linguistic origins. The word complex, for instance, is derived from Latin complectere, to plait. And to plait is, of course, to fold, referring especially the act of doubling upon itself as in a flattened fold in cloth. The truth is, the consonant "p" in "plex" is has actually descended from the "f" in "flex" ( Grimm's Law: note for instance the derivation of papa from father) . Hence plex − words are originally flex − words. Their inner connection testifies to the inherent wisdom of language.

Field − Being ontology rests on the three formulations of the Field Principle in terms of the identity, difference, and equivalence of reflexion and articulation. In the Field − Being diction reflexion and inflexion are used interchangeably to designate the intrinsically self − environing nature of the awesome fabric − the flexionally doubling back or self − enfolding Act ( Q. Q ) of the ultimate activity. Just in what sense the inflexional or reflexional activity is an act of articulation is explicated in terms of comflexification and complexion. That is, more exactly, we conceive the self – environing and self – articulation of the ultimate activity as a comflexicating holistic field action. But the act of comflexification is also a complexive affair as consisting in the dynamic profiling of the holistic field action whereby complexion, complexity and complexes are generated. Actually, the conceptual difference between the two sets off lex – words – comflexification / comflexion and complexification/complexion – is only a matter of perspective. As already stated above, a complexion is a dynamic profile or face of a comflexion. It is important to note that profile or face as understood here is a relative thing. The profile or face of a comflexion is how it presents itself to other complexions and from the standpoint of other comflexions : there is no such thing as a complexion in itself in separation from any perspective.

But this does not mean there is nothing invariant in the dynamic profiling of articulate action. For the self – enfolding, self – articulating holistic field action is intrinsically a vibratory movement. Comflexification is incurably a dynamically undulatory affair. Every segment of the comflexicating act or movement is a vibrating string of articulate action, which expresses in its flexures and comflexures the inflexional or reflexional condition of the Field – Being universe . The dynamic plenum is aptly a dancing plenum.

A flexure is the bent state or curvature of a bending or curving, the how of an inflexional or self – enfolding act or movement. In mathematics and physics , as noted above, the term flexure refers to the curving or bending of a line or surface, or the curving or bending to or from a straight line. Since a dance is simply the articulate totality of vibratory movements, it is therefore representable as a function of strings or strands of inflexional action, each of which is defined and measured by the dynamic integrity of wavy or undulatory flexures and comflexures. The formal identity of a string of action is to be conceived in terms of the undulatory form or pattern of inflexional action which it exhibits, for example, a Sine curve. What we call a strand ( of articulate action) is an inflexional complex of interlacing strings, which are themselves strands in relation to the strings of action which compose them. The distinction between strings and strands is thus a relative one. In the Field – Being scheme, these two terms name the concrete ingredients of the dynamic plenum. Everything in the Field – Being universe has the comflexive – complexive physiology of a dance or ocean, being in the final analysis an inflexional function of the strings and strands of articulate action, which make up the structural whole of the awesome fabric. The mixing of metaphors here is quite apt, we submit. For the dynamic plenum which is the total articulate expression of the ultimate activity or the awesome fabric is indeed dance – like or ocean – like. Just as every movement exhibited in a dance is an undulatory complexion of the comflexification or holistic field action of the dancing body, so every ripple or wave appearing on the surface of an ocean is a vibratory aspect of the oceanic action itself in its undivided wholeness. In both cases, the dynamic reality is a function of the milliards and milliards of strings and strands of inflexional activity which compose them.

Every dancing or vibratory string or strand of articulate action is a dynamic entity because it is charged with an inflexional or reflexional, the ability to bend or curve or enfold which measures the power of its undulatory flexibility . But the inflexional potential of a dancing string or strand is not as such the basis of its undulatory flexibility, but the vibrant energy in which the real potential is embedded. In the Field − Being scheme, the meaning of actuality is defined by the presence of vibrant energy and experience. There is no such thing as potency or potentiality except as embedded or immanent in actuality.

This notion of the embedment of the potential in the actual is what we term the "actual indefinite" as contrasted with the "actual definite" which refers to the realized or accomplished inflexional state of vibratory action. In other words, while the actual indefinite is the vibrancy of a dancing string in its power to bend, to vibrate, the actual definite is the articulated manifestation or expression of its vibratory action. Since what is accomplished or realized has already passed into karmic matter, the effect of dissipated (vibrant) energy, the actual definite is by definition laden with karmicity. What constitutes the reality of a vibrating string is neither the actual indefinite, nor the actual definite, but their dynamic union in the fusion of vibrant energy and karmic matter. This in Field − Being thought is what defines the meaning of life or the living in the ontological sense. The dancing strings and strands of articulate action which constitute the "stuff" out of which all things are made are living entities endowed with vibrant energy and experience. The Field − Being universe is indeed alive!

The union or fusion of the actual indefinite and the actual definite is the basis of all the central ideas which constitute the core of the Field − Being conceptuality. Our ideas of field individuals, transfinite subjects, karmic laborers, and life − forms or Daseins − the basic concepts we reply on in our interpretation of living entities, are all derived from it. Indeed, the unity of the actual indefinite and the actual definite may be said to mark off the most distinctive feature of Field − Being philosophy. It is "signature Field − Being" (SFB), as we would call it. As the kernel of the Field − Being conceptuality, SFB is the supreme ontological and methodological principle underlying all Field − Being discourses and narratives. For signature Field − Being is the signature of the awesome interface, the dot in Q. Q. In the Field − Being scheme the concept of integrity is in the final analysis the concept of the awesome interface. The integrity of Being does not rest on the actual indefinite, nor on the actual definite, but in their interfacial paradoxicality. And that, understood both ontologically and methodologically, is what we mean by the Middle Way. Field − Being philosophy is presented to the world not merely as a vision and a thought experiment, but also as an agenda − an agenda that endorses and promotes the Middle Way of trans − differentiation in all aspects of human life. And what do we mean by "trans − differentiation" here? Understood broadly, trans − differentiation refers to ordering of beings and things in the grand design of the awesome fabric. Since in the plenum of Field − Being every determination or manifestation of articulate action is internally connected to every other determination or manifestation, much like the two ends of a horseshoe, all relations or interrelations are trans − differentials, that is, a pattern of continuity and discontinuity, of conjunction and disjunction. That has to be the way things are ordered in the oneness of Field − Being plenum, the uni − verse of the awesome fabric. But since all unity and separation are derived from the ultimate activity in the interfacial fecundity of the actual indefinite and the actual definite, all ordering is grounded in the trans − differentiation of the "supreme twosome," as we would characterize them. The supreme twosome, the ever − pervading duo of the actual indefinite and the actual definite, is the trans − differential of trans − differentials, the form of forms, and the universal of universals. The ordering of the awesome interface that procures the grand design of the awesome fabric depends on the inner appropriation of the supreme twosome. All fielded beings in the plenum of the awesome fabric owe their integrity to the integrity of this inner appropriation − the integrity that is this inner appropriation.

The dancer is the dance. The Great Dance of the awesome fabric is performed by the trans − differential duo of the supreme twosome. The awesome interface, the Dancer of the Dance, is not something that stands apart from the vibratory movements of the awesome fabric, but consists precisely in the dynamic two − for − one and two − in − oneness of the supreme twosome − that is, in their inner appropriation . Is this not what is fundamentally implicated in the notion of Dao in the Daodejing? Dao means the Way − the Way things are, the Way being itself is. As Field − Being interprets it, it is none other than the concept of the awesome interface.

That the ontological meaning of Dao is derived from the metaphor of a road, path , roadway, or pathway is suggestive here. A road or roadway does not refer merely to a delineated pathway on a land surface, but includes in its conception all that is pertinent or relevant to its being − including, above all, the actual or potential travelers and the very possibility of being traversed or traveled on. More properly, a roadway is a gathering of the delineated path and the traversers or travelers in the possibility of its traversive function. That, of course, is the idea of field interface. Dao, the Way things are and the Way Being itself is, is the field interface of all fielded beings. And just as we place the integrity of Field − Being in the fusion of the actual indefinite and the actual definite, in the inner appropriation of the supreme twosome, so in the Daodejing the De of Dao, the power and integrity of the Way, rests roundly in the interdependence ofwu ( non − being) and you ( being) which means, in a parallel diction of the Daodejing, a dynamic union wrought by the mutuation of xu and shi , or vacuity and substantiality. The Daodejing says, you − wu xiang − sheng − being and non − being gives rise to each other. In Field − Being terms this interdependence or mutuality of wu and you, or of xu or shi, is none other than what we mean by the inner appropriation of the supreme twosome. Yes, let us submit, the distinction between wu and you or xu and shi is a distinction between the actual indefi-

nite and the actual definite. The apparent slant towards the side of the actual in-
definite — towards the vacuity of the Uncarved Block (po) or Dao in the aspect
of Non — being in traditional Daoist scholarship as in certain chapters of the
Daodejing may seem to suggest that the Daoism of the Daodejing adopts a one —
sided non — substantialist position. But the point to observe here is that the non
— substantialist stance of the Daodejing is a strategic one, and not an ontological
one. The Daoism of the Daodejing endorses the non — substantialist outlook as a
matter of strategy in the art of practical living, but is ontologically committed to
the Middle Way, to the interdependence and mutuality of the supreme twosome.
And there is no inherent contradiction between its ontological centrism and its
strategic non — substantialism . For the world of practical affairs — the general
sphere of civilized humanity — is inveterately substantialistic. Its ills and evils
can only be tackled by returning to the pristine simplicity of the Uncarved
Block, by drawing resources from the infinite potential fecundity of the everlast-
ing Dao (changdao), the actual indefinite.

Such metaphor as the uncarved block may seem too static to convey the
fundamental actionalism of the Daoist theory of reality. But make no mistake a-
bout it, the seemingly static image of the uncarved block is actually intended to
call to mind the fathomless depth of the dynamic plenum that constitutes the One
Being of Dao — the realm of wuwei or non — action that for Daoism is the concrete
reality of the actual indefinite.

And just as non — being does not mean nothing, so non — action does not
mean no action. On the contrary, wuwei or non — action is a very special kind of
action, namely, action that is in harmony with Nature or action that conforms to
the natural integrity of activity. Thus the "non — " in the word "non — action"
does not imply the absence of articulation as such but rather the kind of articula-
tion that is unnatural or artificial. Wuwei or non — action is unnatural or artificial
articulate action, which by straying from the natural integrity of the Way is what
brings havoc to civilized humanity .

Thus ontological Daoism is a form of essentialism, an essentialism which
differs significantly, however, from the entitative substantialism of western meta-
physics. Daoist essentialism is above all an essentialism of articulate action
grounded on the concept of natural integrity . In one of the most famous chapters
of the Daodejing, the Way is characterized in no uncertain terms as profoundly
vague, obscure, shadowy and intangible. The passage runs: "Intangible and
vague, but within it are the images; vague and intangible, within it are entities;
shadowy and obscure, within it are the essences. And the essences are very re-
al, and within it there is trust. "

What does the Daodejing mean by the essences here? They are, to put it in
Field — Being terms, the primordial habituations of activity, that is, what articu-
late action has been accustomed to and acquired in the immemorial history of in-
ner appropriation . For Field — Being and perhaps also for the Daodejing, Na-
ture is the realm of primordial habituations that define and account for the natu-

ral integrity of things in the universe. The essences are indeed primordial habits of articulate action. They are real and trustworthy in the same sense that habits whose efficaciousness and usefulness have been tested in the long passage of time are real and trustworthy. The cosmic wisdom of inner appropriation is inherent in the natural integrity of things Now these essences or patterns of natural integrity conceived as primordial habituations of articulate activity are the universals or archetypes in the Field – Being sense. They are the components of field order ultimately analyzable in terms of diremptive tensions or systems of strains whereby the field potential is dynamically structured in delineating the primordial contours of articulation in the self – comflexification of the awesome fabric. These diremptive tensions or systems of strains in the field potential define at once the primordial possibilities and limitations of becoming. They are the archetypal dynamic models for the cocoonization of power concrescence in the self – becoming of actuality, the strings and strains of articulate action. A system of strain is the way a string or strand of articulate action may be dynamically molded or stranded, so to speak. But the story of power concrescence that determines the concrete meaning of actuality is not to be told with reference to the primordial or archetypal alone. For all real potentials in the Field – Being universe in terms of which the field character of power concrescence is properly constituted arise under the all – pervasive grip of the karmic warp whereby the primordial field order is continually modified by the perpetual objectification of karmic matter in the womb or dynamic matrix of the field potential. Real potentiality thus represents a marriage of the primordial with the recent past in the field history of power concrescence. In the Field – Being scheme, the distinction between the present and the past parallels the distinction between the subjective and the objective which, upon closer analysis, turns out to be none other than the distinction between the actual indefinite and the actual definite. Objectivity is a concept of field order which consists simply in what has been primordially established or as recently modified in the Field – Being continuum . All objects conceived as determinations or abstractions of objectivity or the objective order are ultimately reducible to the habituations of articulate action – that is, action in the past. Subjects and the subjective are, by contrast, what belong to the present. And what belong to the present are always the presencing of concrescent activity or – more concretely, vibrant energy and experience – whose being consists precisely in its self – becoming in and through the comflexive resolution of diremptive tensions. These agents of resolution, which arise transcendentally as affluents of pure vibrant energy from the realm of the Radical Nothing prior to their ingression in karmic matter at the moment of fate, are what we have called field individuals, also known as transfinite subjects or karmic laborers. In the Field – Being theory of temporality the duration which begins at the moment of fate and ends in the objectification of the transfinite subject or the dissipation of vibrant energy into karmic matter is termed the present. The present then is the duration in which the cocoonization of power concrescence is temporarily consummated. What is intrinsic to this process is the resolution of diremptive tensions by virtue of the overcoming and creative transformation of karmic matter. Hence subjectivity is a matter of karmic labor, and every transfinite subject a karmic laborer. But the creative transformation of karmic matter expresses not just the internal connection between the present and the past, but also the internal connection between the present — past and the future. And what about the future? What is the meaning of the future? Like the present the future also has its beginning at the moment of fate as determined by the ingression of pure vibrant energy into karmic matter. For there is no present or past except from the standpoint and perspectivity of a transfinite subject. For just as the past is what is objectified for the vibrant subject in the present, the future is what is presently projected by the vibrant subject on the basis of the objectified past. And what is projected by the presencing activity are the ideal possibilities to be realized in its creative transformation of karmic matter. Thus a loop of time, defined in terms of the internal relatedness of the present, the past and the future — the three "cocoonic ecstasies," to phrase it in a somewhat Leibnizian — Heideggerian fashion, arises in the Field — Being plenum in connection with the self — becoming of every transfinite subject and in the union of vibrant energy and karmic matter. Every temporal loop begins, as stated earlier, at the moment of fate with the ingression of pure vibrant energy in the karmic warp and ends at the phrase of consummation with the dissipation of vibrant energy in karmic matter. The duration of time thus comprised by a temporal loop is what defines the life span of the karmic laborer in its cocoonization of power concrescence . Within its loop of time every transfinite subject is, to borrow an expression which Leibniz employs to characterize his monads, "laden with its past and pregnant with its future. "

In Field — Being ontology, both time and space are intrinsic properties of the ultimate activity. The awesome fabric is both spatial and temporal in its self — environing and self — comflexicating holistic field action. While spatiality arises in the spatialization of the plenum in virtue of the spread character or extensive solidarity of the Act, temporality is the expression of its self — penetrating reflexivity that manifests itself in the creative fluency or flow character of temporalization . But since every state or mode of activity has its own role and character in the functional totality of the plenum, there are, strictly speaking, as many senses of space and time as there are functional determinations of activity. Above all, the meaning of space and time for the plenum as such and as a whole, that is, the spatiality and temporality of the functional totality, must be distinguished from the spatiality and temporality of the transfinite subjects or field individuals. The plenum is the Great Place wherein the spatialization of transfinite subjects occurs, whereas the Great Simultaneity is the time of the plenum in which field individuals are successively temporalized . The point to stress here is that all concepts of space and time are field — topological concepts, extensive solidarity and creative fluency being the two most pervasive properties of field topology. I am a spatial being to the extent I am part of the extensive solidarity, and I am a temporal being in so far as I participate in its creative fluency. But just as spatialization and temporalization are but two sides of the same Act, the holistic field action of the ultimate activity, my spatial being and my temporal being are not two separate entities, but are internally connected in the inner unity of the Great Place and the Great simultaneity – that is, more precisely, in the inner appropriation of the divine meditation that is the work of the awesome interface.

Now while the temporality of transfinite subjects, as we have seen, is constituted by the temporal loops that mark the flow character or creative fluency of their fielded being, the spatiality of these field individuals is to be determined by the spatial manifolds in which their share in the spread character or extensive solidarity of the articulate totality is functionally embedded. And just as a temporal loop (loop of time) is formed by the three cocoonic ecstasies of present, past, and future, so a spatial manifold (manifold of space) is organized by the cocoonic matrices of point, line, and surface – the three cocoonic flexures, as we will call them, that give transfinite subjects their complexive topology. The inner connection between the temporal loops and the spatial manifolds, which corresponds to the inner unity of the Great Place and the Great Simultaneity, belongs to the internal relation of spatialization and temporalization – the inner appropriation of the awesome interface.

If we let $Q - AI$ and $Q - AD$ stand for, respectively, the ultimate activity in the roles of the actual indefinite and the actual definite, then signature Field – Being as the key interpretation of Q. Q may be set forth in terms of the interfacial paradoxicality of the supreme twosome as follows:

> Trans – differentiation of the Supreme Twosome
> Q. Q $= Q - AI. Q - AD$ (Signature Field – Being as the Middle Way)

The Middle is the niche of the awesome interface, the dot in Q. Q. That the ultimate activity is both the actual indefinite and the actual definite express the supreme paradox of Field – Being. It is characterized as supreme because all other paradoxes are based upon it. The Middle, represented by the position of the dot in Q. Q, is the interfacial interval or in – betweenness of the supreme paradoxicality . In the Field – Being lexicon, the Middle is implicated in our reading of the prefix "in" in the words "in – flexion" and "in – flexibility . " Semantically, the prefix "in" in "inflexion" is distinct from the prefix "in" in "inflexibility" – they are, indeed, opposite in meaning. For while the first implies the bending – in or inward turning of an environing or enfolding action, which presupposes the potential or power of flexibility, the latter "in" is the negation of that possibility. Hence, by combining the two meanings of the prefix, we may say that the "in" in the word "in – flexion" refers to the operation of the awesome interface in the in – betweenness of flexibility and inflexibility – the interfacial interval of the supreme paradox. The integrity of the ultimate activity and therefore of the Field − Being plenum is a most unique kind of integrity, for it is the integrity of all integrity. The ultimate activity is, to be sure, indefinitely flexible. But the basis of this indefinite flexibility cannot, however, be itself flexible . For the power or ability to bend or flex cannot bend or flex itself into its negation .

The Field is where Being IS, the articulate presencing of activity in the plenum. More exactly, the Field is the plenum conceived as the universal matrix of all existence. When we think of the Field passively as the receptacle of all articulations actual or merely possible, it is called the field potential. But the Field is also the Act of the Let − Be when the universal matrix is actively understood, that is, in the creative − procreative efficacy of its vibrant action. The reality of the Field then depends on the dynamic union of the active and passive aspects of the universal matrix, the holistic field action − as we may call it − that pervades the One Being of the plenum. Thus Being, the articulate presencing of activity in the Field, is simply the holistic field action of Q. Q.

The discerning readers may have already detected that in this definition of Being, the three basic meanings of the copula "IS" are all implicated. Thus in the statement "the articulate presencing of activity in the Field," the word "presencing" points to the existential meaning of the copula, while its predicative use is indicated by the word "articulate," and the grammatical function of "IS" as a verb is, of course, implied by the word "activity." But how about the phrase "in the Field" in our definition of Being? Does it have anything to do with the copula? What indeed is the meaning and role of the copula from the Field − Being standpoint?

Since the plenum of Q. Q, the dynamic expression of the ultimate activity reflexively and articulately acting upon itself——an internal affair of the awesome fabric, philosophizing is formally an endless process of tautological and perspectival variation, interpreting again and again the meaning of Q. Q according to the self − revelation of the ultimate activity and from the standpoint of one 's own existence. This character of tautological and perspectival variation underlying the philosophical process is what we mean by thought experimentation. It follows that although Field − Being philosophy is intrinsically engaged in the truth process, that is, in the self − revelation of the ultimate activity, its presentation is as such a truth claim in the traditional sense, as philosophers in the mainstream Western tradition tend to conceive it. From the Field − Being standpoint, there is no truth independent of the philosopher's vision of Being. If you think you can stand outside the universe in the capacity of an absolute spectator and arrive at a perfect conception of its reality, as western philosophers are accustomed to do, your conception of truth as perfect correspondence to reality depends precisely on the perspectivity of your presupposition, on your absolutist vision of Being. But since for Field − Being there can be no philosophizing outside the plenum and no understanding and knowledge in separation from the truth process determined by the self – revelation of the ultimate activity, the meaning of a truth claim other than its essentially perspectival character remains to be determined . It is itself an object for the thought experimentation. What Field – Being has to say then is a provisional truth according to the perspectivity of its vision. And the envisioning of Field – Being is an event among other e- vents in the universe , an occurrence in the self – illuminating transparency of the plenum.

g And the power of the Let – Be is the Awesome Fabric constituting every- thing in the universe . How to arrive at an adequate conceptuality of this vision is the task of the thought experiment which consists in the construction of a con- ceptual scheme that articulates and appropriates the vision. This conceptuality is what defines the meaning of Field – Being Philosophy. As such it entails an a- genda that is an integral part of its self – appropriation, an agenda that centers round the endorsement of the middle way of trans – differentiation in all walks of human life that arises naturally in response to the spirit of Field – Being, the motivating principle behind our research projects on substantialism and non – substantialism.

This programmatic statement may be regarded as defining our stance or pos- ture in re – opening the question of Being. That the question of Being needs to be re – opened again after Heidegger no doubt testifies to our dissatisfaction with the way and the result of his interrogation with the Being – question. But this is only part of the story. The truth is, there is an inner necessity underlying our Being undertaking, a necessity that arises from within the very nature of our vi- sion in relation to our times – a necessity, we would say, that belongs to the historical destiny of our existence.

What then is the vision that commands our Being re – visioning? The an- swer is simple and to be expected: The essence of Being is Field – Being.

Field – Being philosophy is based on the fundamental intuition that all is activity and that the universe is a plenum of pure and articulate action. The trans – differentiation of the supreme twosome turns out to be the trans – differ- entiation of pure action and articulate action – or, more concretely stated, of pure energy and articulate effective energy. All integrity depends on the mutual appropriation between the supreme twosome, in the Act or inner dynamics of the Let – Be, the ultimate activity. This is the meaning of activity or action in the most proper sense, that is, action conceived as holistic field action. Ontological centrism is philosophically necessary for Field – Being because it is the centrism that defines the reality and integrity of holistic field action. The mutual appropri- ation of the supreme twosome is the inner appropriation of the ultimate activity.

# 2. The Rounded Integrity of Field – Being—— the Dao Tradition and the Tradition of Logos in the Spirit of the Wholesome Universal（Ⅰ）

What we propose to discuss in what follows is a kind of centrism – a philosophical position that believes in the Middle Way, both as an ontological commitment and as a rational choice or strategy. We Field – Being thinkers are Dao – leamers , traversers of the Way who practice the supreme art of appropriation to the utmost limits. As such, we do not and must not shy from the Middle Way, let alone consciously straying from it. The Middle Way is for us not an object of deconstruction, nor is its endorsement something to be ashamed of, as if it were so hopelessly antiquarian and out of fashion. No, on the contrary, we whole – heartedly embrace it and are all too ready to defend it not only as a philosophical stance but also as a practical paradigm, a way of life par excellence. We affirm it philosophically because it is the truth of our vision, and we endorse it as a way of life and practical living because civilized humanity requires it for its integrity and creative vitality. For all extremist straying from the Middle Way, we emphatically submit, are blind alleys, both philosophically and otherwise.

But what is the Middle – Way? InField – Being philosophy this question is capable of a rather distinctive answer, although this distinctiveness, as typical of Field – Being thought, may – and indeed must – be grasped in a variety of interrelated senses. In a nutshell, what we mean by the Middle Way has to do with the rounded integrity of Field – Being: it is the rounded integrity of Field – Being. This notion of rounded integrity – or yuande, as one would say in Chinese – is the one thread that runs through all the interrelated senses. It is on the basis of this distinctive conception that Field – Being understandings the meaning of Dao. The rounded integrity of Field – Being is the yuande of Dao. For the Field – Being thinker or Dao – leamer, Dao, the wholesome universal of all existence, is simply Field – Being in the manifold power of its rounded integrity.

How then do we understand the rounded manifold of Dao? And indeed to what does Field – Being owe its rounded integrity, its yuande? The answer may be given succinctly through the articulate perspective of one word: activity – our most favorite utterance. The rounded manifoldness of Dao belongs uniquely to activity: the rounded integrity of Field – Being is indeed none other than activity itself in its all – roundedness. But this is of course not activity or action in the ordinary sense of the word. For what we have in mind in uttering the word is the presencing presence of a dynamic plenum － a boundless continuum of aesthetically empowered and topologically environing self － reflexive articulate action. That in so many words is what we mean by "activity" － or, more distinctively, quintessential activity, as we shall henceforth name it. It is qualified as "quintessential" because activity understood as self － reflexive articulate action is what constitutes the quintessence of the universe.

Quintessential activity is topologically environing because it constitutes a topological field, a field of nodal determinations or configurations. Self － reflexive action is holistically a topological field action. And quintessential action is characterized as aesthetically empowered in the sense that self － reflexive action is in reality a power concrescence involving an interplayful complexification of energy, experience, and meaning － the three strands of quintessential power ( or substance in the Field － Being sense) that are the fundamental ingredients that makes up the awesome fabric of the Field － Being universe. The interplayful complexification of energy, experience, and meaning, which constitutes the concrete basis for the inner dynamics of self － reflexive articulate action, is also what defines for us the aestheticism of Field － Being. What is aesthetic, as we use the term here, has to do with the concreteness of quintessential activity. Since for us what is concrete is the substantial basis for the dynamic as pertaining to the resolution of diremptive tensions in power concrescence, aesthetics and dynamics are but different ways of viewing the same underlying reality. More exactly, what we call the inner dynamics pertains to the naturing of quintessential activity, that is, to the conjugation of power and form in expression. Thus while the concreteness of Field － Being is constituted by the three strands of energy, experience, and meaning in the interplayful complexification of power concrescence, its dynamic character is to be revealed in the quintessential naturing of power, form, and expression. This inner connection of aesthetics and dynamics implicit in our notion of quintessential activity is summed up in the Field － Being vocabulary by the term appropriation. Self － reflexive articulate action is an act or process of appropriation whereby the inner dynamics consummates itself in the aesthetic medium of the awesome fabric.

Now this quintessential notion of activity seems no doubt a far cry from the ordinary signification of the term. But there is no contradiction here; there is really no incompatibility between activity in the quintessential or Field － Being sense and activity in its ordinary usage. What we ordinary mean by activity or action is indeed activity in the Field － Being sense, that is, as surface phenomenon, surface activity or action － the waves and ripples in the Great Ocean of Becoming that surface out from the depth of the dynamic plenum, from the One Being that pervades all and encompasses all. The dynamic plenum is all － pervading and all － encompassing because it is in re-

ality none other than the plenum of an ultimate activity that is aesthetically,
field – topologically, and self – reflexively articulate – the Let – Be that is
the source and ground of all that is let to be, the articulations of quintessen-
tial action. Q. Q – the Uroboros bites its own tail : that is, the quintessential
or ultimate activity ( Q ) reflects, bends, or environs upon itself ( expressed
by the dot in Q. Q ) . This articulate self – reflexivity or self – referential
character of the ultimate activity ( Q. Q ) so poignantly symbolized by the sa-
cred image of the mythological snake – the rounding or environing of the
Uroboros upon itself – is precisely what constitutes for Field – Being the
yuande or rounded integrity of Dao . For us, the universe of discourse de-
fined by Q. Q is the ultimate universe of discourse. For nothing can be said
or talked about apart or beyond the self – referentiality of the ultimate, quin-
tessential activity. To speak, to think – and indeed to be – is to participate in
some capacity in the all – encompassing sphere of Q. Q – in the self – refer-
ential manifold of its rounded integrity. This all – encompassing sphere of
Q. Q conceived as such and as a whole in its rounded integrity is what we
mean by the wholesome universal, which in Chinese philosophy is generally
designated by the term Dao. Great thinkers, according to Heidegger, think
one thought. While we have no pretension to greatness, we do think one
thought – the one thought of quintessential activity as Dao, as the wholesome
universal. This is the alpha and omega of Field – Being philosophy – what
philosophy as Dao – leaming is all about.

At this point it may be necessary to give some indication regarding the
general and overall character of Field – Being philosophy as the quintessential
approach to life and reality before we undertake an exploration in greater details
of its conceptual landscape. To begin with, let us ask, what does the quintes-
sential approach have to do with Field – Being? Since the quintessential ap-
proach is all about quintessential activity, the concept of Field – Being must be
based on it. That indeed is precisely what is intended by the expression "Field
– Being" The term was coined in order to convey the general and overall char-
acter of the quintessential vision of life and reality. By the term Field – Being
we mean to imply that the world is not a collection of things in the sense of sub-
stantial entities, but afield of quintessential activity, a dynamic plenum, an all
– encompassing sphere of self – reflexive articulate action. To be more exact,
when we think of quintessential activity as a field or in its field character, we
think of it as the universal matrix of all existence, the womb of all reasons, all
conditions, and all possibilities. This quintessential conception of the field may
be regarded as the modem version of the Buddhist notion of dependent or rela-
tional origination , of pratiya – samupada. While the Buddhists differ among
themselves in their interpretation of pratiya – samupada, Field – Being is, as
we shall see more fully later on, rather definite in its theory of field origination
. For us, to be or exist is to be situated in the field of Q. Q, subject to the con-
ditions of quintessential activity. Causality or conditionality is a matter of field

topology.

The meaning of field origination or, more exactly, field – topological cau-
sation, is implicit in the three ontological formulations of the field equation
which we have extensively dealt with in our introductory essay. Indeed, Field
– Being philosophy is entirely confined to the theoretical implications of the
three formulations. What we intend to do in the sequel of subsequent essays
can do no more than to elaborate upon them from various perspectives or angles
which may require the introduction of different vocabularies. While the term
quintessential, as designating our special understanding of activity, was con-
spicuously absent in the introductory essay, we now adopt it as the all – embra-
cing key term in identifying and distinguishing the Field – Being approach. In-
deed, our conceptual scheme is no more than an attempt to capture the quin-
tessential vision of life and reality. Since all is quintessential activity and quin-
tessential action is both self – reflexive action and articulate action – represen-
ted respectively by the notational schemas Q. Q and Q. q, the meaning of Field
– Being ontology is exhausted in the quintessential relation of reflexion and ar-
ticulation, the two sides or moments of quintessentiality identified in the field
equation. Q. Q = Q. q – Reflexion is articulation, and articulation is reflex-
ion. This principle of ontological identity, as given in the first formulation of
the field equation, must be regarded as the cornerstone of Field – Being ontolo-
gy. The quintessential meaning of the dynamic plenum is contained in the e-
quation of Q. Q with Q. q. Actually, what was presented in this formulation of
the field equation is, as it stands, ambiguous and inadequate. It was ambigu-
ous because the small q in Q. Q – the differentiated articulations of quintessen-
tial activity – was given both a general and a specific interpretation. In the spe-
cific interpretation, q stands for differentiated or individuated beings in the dy-
namic plenum conceived as living or on – going acts of becoming, that is, field
individuals or transfinite subjects which constitute the realm of the actually ac-
tual or quintessential activity in the state of pro – creative action. Field – Being
philosophy is developed from the standpoint of the actually actual – the q in
Q. Q – because that is what we are. We are living acts of becoming. But this
is inadequate, for this formulation of the field equation gives us only one – third
of the Field – Being story: it brings to light only the foreground of the quintes-
sential reality, the state of quintessential activity that reveals itself in the phe-
nomenal world. What remains hidden in the vision of quintessential action re-
presented by Q. Q = Q. q are the two other realms of the dynamic plenum that
compose the infinite background or horizon of transfinite existence – the realm
of the actual definite or objectified action which composes the Immortal Estab-
lishment and the realm of the actual indefinite or pure action that we designate
as the Radical Nothing. Objectified action refers to past, consummated pro –
creative action, that is, completed acts of becoming that have passed into the
state of what Whitehead termed objective immortality. Understood in its dynam-
ic concreteness, the Immortal Establishment as determined by the actual defi-

nite or consummated acts of becoming subsist in the dynamic plenum as dissipated energy or karmic matter, definable as the accumulated effects or energetic traces of past or objectified pro – creative action – the immortalized field individuals or transfinite subjects. And there can be no separation between the actually actual and the actual definite, between the living acts of becoming and its immortal background . Indeed , the life of field individuals or transfinite subjects is quintessentially a life of karmic labor that consists in its being in the synergetic union of vibrant energy and karmic matter that is the primordial source of its environmental heritage. If we let q´ stands for objectified action or karmic matter, then the primordial source of karmic labor which forms the immortal background of transfinite existence may be formulated as Q. Q = Q. q´.

We now have two – thirds of the Field – Being story. What then is the remaining third? As already anticipated, it has to do, of course, with the realm of the actual indefinite, the realm of pure action that defines the quintessential meaning of the Radical Nothing – the transcendental source of field individuals or transfinite subjects. Pure action is undifferentiated or non – individuated action: it is quintessential or self – reflexive activity in the pre – diremptive state – that is, prior to its partition in the Great Ocean of Becoming that marks the quintessential naturing of all differentiated beings in the Immortal Establishment as well as in the phenomenal world . Here the dynamic plenum reveals itself as a perfect continuum, a power concrescence of pure energy, pure experience, and pure meaning. Since quintessential activity in the pre – diremptive state is by definition boundless, that is, without external or internal boundaries, it is a state of strainless perfection, for all differentiated or individuated existence is bounded, being constituted in fact as a diremptive system of strains. Strains are the factors or principles of diremption which confer on differentiated beings their formal or structural identity by delimiting their internal and external boundaries. All differentiated or individuated existents are indeed alterity bound: they owe their identity of Being to their otherness. But since boundaries are what account for the separation and distantiation of dirempted beings, strains are also the source of functional obstruction: they interrupted the free flow of quintessential action and energy. Thus the dynamic plenum in the Great Ocean of Becoming is not a perfect continuum, but a quasi – continuum quintessentially warped and shaped by the power of strainful necessity. While in the wisdom traditions of humanity the transcendental realm of strainless perfection is often characterized as a paradisic or nirvanic realm of pure innocence and untainted peace and harmony, the phenomenal world of strainful necessity is by contrast thought of in the language of war and strife, conflicts and suffering – consequent to the loss of pure or transcendental innocence.

From the Field – Being standpoint, the Good – that is, the dynamic plenum conceived as the realm of values – is not to be equated one – sidedly with either strainless perfection or strainful necessity, but with their mediation in the rounded integrity of Dao. The Good, more exactly, is definable as a state of strainless perfection attainable under conditions of strainful necessity in the spirit of the wholesome universal. Thus understood, all Field – Being discourse is undertaken in a context of the Good.

But let us continue with the remaining third of the Field – Being story. Why do we characterize quintessential activity in the state of pure action as the actual indefinite? Just exactly what is indefinite about the actual indefinite? These questions bring us back to the concept of naturing that we have introduced earlier. By naturing – or, more precisely, quintessential naturing – we refer to, let us recall, the conjugation of power and form in expression. As defining the very meaning of quintessentiality, naturing pertains to all states of self – reflexive action. Each and every state of quintessential activity is an expressive conjugation of power and form – that is the way quintessential activity dynamically and aesthetically appropriates itself. Since in the final analysis both pro – creative action and objectified action – the dirempted states of quintessential action – are rooted in pure action, the naturing of pure action in the realm of the Radical Nothing is the ultimate naturing. Every differentiated existence in the Field – Being universe is nourished in the transcendental bosom of the ultimate naturing . And what can be said about the naturing of transcendental state? Just what is indefinite about the actual indefinite in which the ultimate naturing occurs?

The actual indefinite is indefinite in three senses: it is indefinite in power, indefinite in form, and indefinite in expression. It is indefinite in power because the power of pure action is boundless and inexhaustible. It is indefinite in form because the form of pure action, being undifferentiated or non – individuated, is a formless Form. And finally it is indefinite in expression because the expression of pure action is not a dirempted expression but the expression of a dynamic o-verflow as undifferentiated as the formless Form. This does not mean – and it is of the utmost important to observe here – that pure action is non – articulate action. The actual indefinite is not indefinite in the sense of being non – articulated. Indeed, for Field – Being there is no such thing as a completely or absolutely non – articulated state of being. For quintessential action is by definition self – reflexive articulate action. But articulate action need not be dirempted. Pure action is the actual indefinite because it is, as we have noted, articulate action in the pre – dirempted state.

The key concept ofnaturing in general – and of the ultimate naturing in particular – must now be more fully articulated and clarified. Naturing in general, we will recall, is the self – appropriation of quintessential activity consisting in the conjugation of power and form in expression . It is the acting out of the inner dynamics of the Let – Be, the ultimate activity, to which we owe the fundamental meaning of quintessentiality . The inner dynamics is an aesthetic dynamics involving on the one hand the dynamic threesome of power , form, and expression, and, on the other, the pneumatic threesome of energy, experience, and meaning. Appropriation as the expressive conjugation of power and form takes place in the dynamic medium and intentional poetics of power concrescence, in the interplayful complexification of energy and experience in meaning . Thus understood, naturing as constitutive of the quintessentiality of quintessential activity is the concrete essence of the dynamic plenum. The conceptuality of Field – Being is the conceptuality of quintessential naturing . Indeed , the very meaning of our concept of actuality is derived from it. For in the Field – Being scheme, actuality is the same as quintessential activity conceived as the working out of the inner dynamics. Everything in the Field – Being universe is actual in so far as it participates or is a component of the inner dynamics of the Let – Be.

The actual indefinite of pure action, the actual definite of objectified action, and the actually actual of pro – creative action – these three primary states of quintessential action which constitute, respectively, the transcendental realm of the Radical Nothing, the primordia l realm of the Immortal Establishment, and the transfinite realm of Phenomenal World, are what determines the cosmological foundation of Field – Being. They are, in their tri – polar integrity, what establish the dynamic plenum of quintessential activity as a field – topological order. This field – topological order, taken as such and as a whole, is what we mean by Dao, or the wholesome universal. For the ease of exposition, we shall refer to the tri – polar field – topological integrity as the trinitariat of Dao. Thus conceived, the trinitariat of Dao is the subject matter of Field – Being cosmology. All speech and action in the Field – Being universe participates in the trinitariat of Dao as the ultimate universe of discourse. For apart from the tri – polar field – topological integrity of the wholesome universal, there is nothing – nothing at all.

Now while naturing occurs throughout the trinitariat – for appropriation or the working out of the inner dynamics pervades the field – topological order in its undivided wholeness, there is something special about the naturing of the actual indefinite of pure action in the transcendental realm of the Radical Nothing. It is special because the naturing or self – appropriation of pure action is the ultimate naturing in Field – Being: the expressive conjugation of power and form on the part of pure action is the ultimate source of all differentiated existence. The naturing of pure action, which confers on the Radical Nothing the meaning of spiritual heaven, is the quintessential father of all things. Here the terms "heaven" and "father" are quintessential symbols or metaphors. In Field – Being symbolism heaven is not the sky, nor the celestial sphere, nor the mythological abode of the gods. It refers simply to the Radical Nothing, the realm of pure action, conceived as a spiritual field, that is, a field of quintessential naturing or appropriation. Similarly, our notion of the quintessential father is not to be identified with the conception of the Holy Father in Christian theology or in other theistic religions. The quintessential father is not a person or substantial entity, but a functional state of quintessential action. More exactly put, the quintessential father is simply the naturing of pure action, or the actual indefinite in the working out of the inner dynamics. It is called the quintessential father because it is the ultimate source of all differentiated things or beings. And just what is special about the quintessential father? What makes the ultimate naturing ultimate?

The answer to these questions is already anticipated. The quintessential father is special on both the dynamic and the aesthetic sides of the inner dynamics. For as the nature of all natures, the quintessential father is in its self – endowment an inexhaustible Power, in its self – movement a formless Form, and in its self – expression an all – encompassing Overflow. Such is the uniqueness of its dynamic constitution, of its naturing of power, form, and expression. But that is not all to the quintessential father. For as a state of pure action the quintessential father is a power concrescence of a special kind, being constituted by an aesthetic pneuma that is perfectly pure: pure energy, pure experience, and pure meaning. Such is the uniqueness underlying its quintessential poetics, underlying the aestheticism of pure action wherein pure meaning is sustained in the interplayful penetration of pure energy and pure experience. As we have also noted, such a state of quintessential purity must also be a state of strainless perfection. The transcendental realm of the Radical Nothing, the spiritual heaven, wherein the quintessential father resides is the realm of the Good pure and simple.

If we let Q stand for quintessential activity in its inexhaustible Power, F the formless Form, and $Fqq'$ the all – encompassing expressive Overflow, then our notion of the actual indefinite or the quintessential father as the naturing of pure action in the transcendental realm of the Radical Nothing may be represented by the notational schema $Q.Fqq$. In this notation the subscript $qq'$ refer to the articulate totality of differentiated or individuated existents, including determinations of both pro – creative action ($q$) and objectified action ($q'$). Here F is subscripted by $qq'$ because differentiation or individuation represents a diremption of the formless Form. The subscript signifies the diremptive potential inherent in the state of pure action. Since the expressive Overflow is an overflow of the exhaustible Power ($Q$) in the self – endowment of pure action, the notional schema $Q.Fqq$ contains the full meaning of the ultimate naturing. Thus the transcendental background of all differentiated existence may be represented thus: $Q.Q = Q.Fqq$.

Here then the remaining third of the Field – Being story. We have now before us all three interpretations of the fundamental field equation that expresses the principle of ontological identity – the identity of reflexion and articulation. The overall meaning of the ontological principle thus interpreted is what we have called the trinitariat of Dao, the tri – polar field – topological order of the dynamic plenum of quintessential activity. For the clarity of exposition let us sum up the whole discussion leading to this supreme concept in Field – Being in the following table.

### The Trinitariat of Dao
### The Wholesome Universal as a Tri – polar Field – topological Order –
### Fundamental Interpretations of the Field – Being Ontological Principle
### Table 1 ( The TD Table )

| Realms of Field – Being | Radical Nothing | Immortal Establishment | Phenomenal World |
|---|---|---|---|
| Notational Representation of The Ontological Principle | Q. Q = Q. Fqq | Q. Q = Q. q´ | Q. Q = Q. q |
| Actuality as the Resolution of the Inner Dynamics | Actual Indefinite of Pure Action | Actual Definite of Objectified Action | Actually Actual of Pro – creative action |
| Naturing of Quintessential Activity | Quintessential Father in Spiritual Heaven | Quintessential Mother on Spiritual Earth | Quintessential Pedigrees in the Great Ocean Of Becoming |
| Power Concrescence in Aesthetic Pneumatic | Pure potency: Pure energy, Pure experience, and Pure meanmg | Karmic Matter: Dissipated Energy, Memorialized Experience, and Objectified Meaning | Life as Karmic Labor: The Synergetic Union Of Pure Potency And Karmic Matter |
| The Good | Strainless Perfection: The Good Pure And Simple | Strainful Necessity: Karmic Conditions Of The Good | Quintessential Well – Being: Attainment Of Strainless Perfection Under Strainful Necessity |

What is set forth in the above hermeneutic table – the TD ( Trinitariat of Dao ) Table, as we call it – is nothing less than the Field – Being conceptuality in its ontological and cosmological foundation. We call such a table a hermeneutic table because it is a matrix of interpretational schemes designed to exhibit the Field – Being insights and vision of quintessential reality. Since for us all philosophy is metaphysics in so far as it is Dao learning – the supreme art of appropriation – carried to the limits, what the TD Table contains is the theoretical stable of the New Metaphysics, in which the question or problematics of Being is re –

opened in the quintessentiality of Field — Being. What distinguishes the New Metaphysics from the traditional metaphysics of Western philosophy – from the substantialist or rationalist – analytic tradition of Logos – is that the latter is deeply self – referential and radically perspectival. Although the New Metaphysics is as much concerned with truth as the substantialist metaphysics, their respective views of truth are fundamentally different. For the Dao – learner truth in the primary sense is not a property of propositions, but pertains to the self – revelation or self – disclosure of quintessential reality: Indeed, the self – revelation or self – disclosure in question is the Truth. Since Being in the primordial sense is simply the presencing presence of Dao or the wholesome universal – the dynamic plenum a such and as a whole, the difference between Being and Truth is only a matter of theoretical emphasis. For the presencing presence of Dao is necessarily a self – presencing presence; the Being of the dynamic plenum is not something external to the dynamic plenum, but is an internal affair of the wholesome universal – a pure Act of self – reflexivity or self – referentiality on the part of quintessential activity. This self – presencing presence of quintessential reality, understood as an internal revelation or disclosure of Dao in relation to a standpoint or perspective of field individuals or transfinite subjects, is what we mean by Truth.

Thus understood, Truth is always with us, and can never be separated from us, for we obtain our Being, our presencing presence as field individuals or transfinite subjects, only in and through our participation in Dao, in the self – presencing presence of the wholesome universal. Unlike the externalism and separatism dominant in the substantialist metaphysics in which the attainment of Truth is almost like the acquisition of a property like a watch or a piece of land, the realization of Truth for the New Metaphysics of Dao – leaning is necessarily and always a self – referential fulfillment that is inherently quintessential and perspectival. Since Truth is what quintessential reality reveals or discloses itself in us and through us, there can be no such a thing as absolutely objective and universal Truth conceived as something that is completely independent from our Being, something that has nothing to do with our field – topologically conditioned perspectivity of quintessential reality. For us Dao – learners Truth is only meaningful as an internal perspectival vision and revelation. Indeed what is meaning after all but the how of Being, the way of the presencing presence that we call the Truth – process? But the how of Being is not separable from the what of Being, from the field – topological givenness of power concrescence that furnish the concrete contents of our transfinite perspective, from the inner dynamics of the Let – Be working out itself in us and through us. The how of Being – the meaning of Truth – is to be realized and understood in terms of what we are, in terms of our Being as Field – Being.

How then does Being comport itself to us? Just what is it that is revealed to the Dao – learner as the Truth? The answer may now be succinctly given: what is revealed to the Daa – learner is in a nutshell none other than the trinitariat of

Dao. That for us is the how of Being as Field – Being; that for us is the meaning of Truth. Great thinkers, says Heidegger, think one thought. Although we have no pretension to greatness, we Dao – learners do think one thought: the one thought of Dao, the trinitariat of Dao, the how of Being as Field – Being. As the meaning of Truth in the quintessential perspective, the trinitariat is the alpha and omega of Field – Being philosophy. But our notion of the trinitariat, as already hinted at earlier, is not to be confused with the Trinitarian in Christian theology. For us the Christian Trinitarian is a hermeneutic analogue not of the trinitariat as such but of the actual indefinite – to be exact, of the supreme three-some of pure action. The Trinitarian obtains in fact from a substantialization and personification of the supreme threesome: The Holy Father is a personification of the inexhaustible Power, the Holy Son the formless Form, and the Holy Spirit the all – embracing Overflow. To put it in the familiar metaphysical vocabulary of Chinese philosophy, the Christian divine triune is a substantialist interpretation of the ti (power), xiang (form), yang (expression) of quintessential activity – an interpretation of the transcendental naturing in the realm of the Radical Nothing. But the transcendental constitutes only one dimension of Dao, only one – third of the trinitariat, not the whole of the wholesome universal. What the Christian Trinitarian points to is indeed an integral part of Dao, but not Dao itself.

Now when we think of "meaning" as the how of Being or presencing presence, we are of course giving the word an ontological sense, not to be equated with its signification in the semantic or linguistic context – that is, as the meaning of signs and words. What then is the relation between ontological meaning and semantic or linguistic meaning? What do we mean when we speak of the meaning of signs or words in the Field – Being scheme?

Do we agree with Wittgenstein that the meaning of a word lies in its use? Not really. To be sure, how a sign or word is used in our language is an integral part of its meaning. But that for Field – Being is neither sufficient nor adequate to the proper meaning of signs or words. For us the proper meaning of semantic configurations – signs, symbols or words – is inextricably bound up with the how of Being, with the ontological determination of meaning. In the final analysis, the semantic meaning of a sign or word is a function of its hermeneutic power that consists in its ability to exhibit, in conjunction with other signs or words, the Truth of quintessential reality, whether directly or derivatively, superficially or profoundly. Thus the semantic meaning of the word "apple" is, for example, is its power or ability to exhibit the reality of apples as a surface phenomenon of quintessential action.

The question now arises, what happens to pure action when it suffers diremption? Does pure action remain pure or undifferentiated once diremption or individuation occurs? In other words, is the transcendental state of pre – diremption a by – gone phase of quintessential activity now that the Field – Being universe is filled with differentiated or individuated beings?

# 3. The Rounded Integrity of Field – Being——the Dao Tradition and the Tradition of Logos in the Spirit of the Wholesome Universal ( Ⅱ )

What we propose to discuss in what follows is a kind of centrism – a philosophical position that believes in the Middle Way, both as an ontological commitment and as a rational choice or strategy. We Field – Being thinkers are Dao – leamers, traversers of the Way who practice the supreme art of appropriation to the utmost limits. As such, we do not and must not shy from the Middle Way, let alone consciously straying from it. The Middle Way is for us not an object of deconstruction , nor is its endorsement something to be ashamed of, as if it were so hopelessly antiquarian and out of fashion. No, on the contrary, we whole – heartedly embrace it and are all too ready to defend it not only as a philosophical stance but also as a practical paradigm, a way of life par excellence. We affirm it philosophically because it is the truth of our vision, and we endorse it as a way of life and practical living because civilized humanity requires it for its integrity and creative vitality. For all extremist straying from the Middle Way, we emphatically submit, are blind alleys, both philosophically and otherwise.

But what is the Middle – Way? In Field – Being philosophy this question is capable of a rather distinctive answer, although this distinctiveness, as typical of Field – Being thought , may – and indeed must – be grasped in a variety of interrelated senses. In a nutshell , what we mean by the Middle Way has to do with the rounded integrity of Field – Being: it is the rounded integrity of Field – Being. This notion of rounded integrity – or yuande, as one would say in Chinese – is the one thread that runs through all the interrelated senses. It is on the basis of this distinctive conception that Field – Being understandings the meaning of Dao. The rounded integrity of Field – Being is the yuande of Dao. For the Field – Being thinker or Dao – learner, Dao, the wholesome universal of all existence, is simply Field – Being in the manifold power of its rounded integrity.

How then do we understand the rounded manifold of Dao? And indeed to what does Field – Being owe its rounded integrity, its yuande? The answer may be given succinctly through the articulate perspective of one word: activity——our most favorite utterance. The rounded manifoldness of Dao belongs uniquely to activity: the rounded integrity of Field – Being is indeed none other than activity itself in its all – roundedness. But this is of course not activity or action in the ordinary sense of the word. For what we have in mind in uttering the word is the presencing presence of a dynamic plenum – a boundless continuum of aesthetically empowered and topologically environing self – reflexive articulate action. That in so many words is what we mean by "activity" – or, more distinctively, quintessential activity, as we shall henceforth name it. It is qualified as "quintessential" because activity understood as self – reflexive articulate action is what constitutes the quintessence of the universe. This quintessential notion of activity seems no doubt a far cry from the ordinary signification of the term. But there is no contradiction here; there is really no incompatibility between activity in the quintessential or Field – Being sense and activity in its ordinary usage. What we ordinary mean by activity or action is indeed activity in the Field – Being sense, that is, as surface phenomenon, surface activity or action – the waves and ripples in the Great Ocean of Becoming that surface out from the depth of the dynamic plenum, from the One Being that pervades all and encompasses all. The dynamic plenum is all – pervading and all – encompassing because it is in reality none other than the plenum of an ultimate activity that is aesthetically, field – topologically, and self – reflexively articulate – the Let – Be that is the source and ground of all that is let to be, the articulations of quintessential action.

Q. Q – the Uroboros bites its own tail. This articulate self – reflexivity or self – referential character of the ultimate activity ( Q. Q ) as so poignantly symbolized by the sacred image of the mythological snake – that is, the rounding or environing of the Uroboros upon itself – is precisely what constitutes for Field – Being the yuande or rounded integrity of Dao. For us, the universe of discourse defined by Q. Q is the ultimate universe of discourse. For nothing can be said or talked about apart or beyond the self – referentiality of the ultimate, quintessential activity. To speak, to think – and indeed to be – is to participate in some capacity in the all – encompassing sphere of Q. Q – in the self – referential manifold of its rounded integrity. This all – encompassing sphere of Q. Q conceived as such and as a whole in its rounded integrity is what we mean by the wholesome universal, which in Chinese philosophy is generally designated by the term Dao. Great thinkers, according to Heidegger, think one thought. While we have no pretension to greatness, we do think one thought – the one thought of quintessential activity as Dao, as the wholesome universal. This is the alpha and omega of Field – Being philosophy – what philosophy as Dao – learning is all about.

At this point it may be necessary to give some indication regarding the general and overall character of Field – Being philosophy as the quintessential approach to life and reality before we undertake an exploration in greater details of its conceptual landscape. To begin with, let us ask, what does the quintessential approach have to do with Field – Being? Since the quintessential approach is all about quintessential activity, the concept of Field – Being must be based on it. That indeed is precisely what is intended by the expression "Field – Being." The term was coined in order to convey the general and overall character of the quintessential vision of life and reality. By the term Field – Being we mean to imply that the world is not a collection of things in the sense of substantial entities, but afield of quintessential activity, a dynamic plenum, an all – encompassing sphere of self – reflexive articulate action. To be more exact, when we think of quintessential activity as a field or in its field character, we think of it as the universal matrix of all existence, the womb of all reasons, all conditions, and all possibilities. This quintessential conception of the field may be regarded as the modem version of the Buddhist notion of dependent or relational origination, of pratiya – samupada . While the Buddhists differ among themselves in their interpretation of pratiya – samupada , Field – Being is, as we shall see more fully later on, rather definite in its theory of field origination . For us, to be or exist is to be situated in the field of Q. Q, subject to the conditions of quintessential activity. Causality or conditionality is a matter of field topology.

That the concept of field pertains intimately to our experience of more or less continuous activity or action – to the general notion of dynamic plenum or continuum – is already implicit in our ordinary usage of the word. When we speak of a field, we always have in mind some kind of activity, action or operation : a field is indeed the place ( Greek topos ), ground, or area where an event or plenum of activity occurs or may occur. Thus a football field, for example, is the place for the football playing activity, a cricket field is the place for a game of cricket, and so forth. But while the field concept in Field – Being is in basic agreement with this salient insight embodied in its ordinary conception, there are fundamental differences between our notion of the field and the conventional conception. First, while the conventional field concept, as reflected in the ordinary usage of the word, lays its stress on the place or ground or area of activity rather than on the activity itself, which is conceived as somehow external to the latter, the reverse is the case with the field concept in Field – Being. Since for Field – Being quintessential activity is the only reality, there is, and can be, nothing external to the dynamic plenum. The field of quintessential action is not something distinct, separate and external to the dynamic plenum, but is simply the dynamic plenum of quintessential activity itself in its field character. The field of quintessential activity is, to be more exactly put, the universal matrix and topological landscape of the dynamic plenum, which is an intrinsic Universal matrix and to trait of quintessential action, is no way separable from it. This internal relation between field and activity distinguishes the Field – Being approach not only from the conventional conception, but also from the concept of place or basho in Nishida 's philosophy. The field conceived as the universal matrix and topological landscape of the dynamic plenum is not a logical concept, derived from the principle of non – contradictory Opposition. The region of a thing in Field – Being is not to be thought in terms of its non – Contradictiory opposition to other things, but in terms of its topological relatedness to Them in the dynamic plenum. And the dynamic plenum, furthermore, is not confined to human consciousness – which for Nishida is the only reality – but belongs to quintessential activity as the all – compassing reality transcending human consciousness .

Now while there can be interruptions in our ordinary understanding of activity, quintessential activity is in itself perfectly continuous – another distinctive feature of the field theory in Field – Being. This pertains to the realm of Radical Nothing in the dynamic plenum in which quintessential activity is in an undifferentiated or non – individual state of pure action. But our notion of the dynamic continuum is not – Confined to pure activity. For the dynamic plenum as such and as a whole includes objectified action and procreative action as well as pure action – the three basic types of activity defining the inner constitution of quintessential activity. It is in terms of the inner constitution of the dynamic plenum that we entertain the Field – Being conception of Dao, the all – encompassing reality that we characterize as the wholesome universal.

Thus understood, Dao or the wholesome universal is the sole subject of predication and discourse. For these can be nothing that exceeds or transcends Dao; whatever can be said or asserted of whatever subject – matter falls within the all – encompassing reality of the dynamic plenum, within the rounded sphere of the wholesome universal. The question now arises, is Being or existence then a predicate for Field – Being? What do we mean when we say that Dao is, quintessential activity is, or the dynamic plenum ( as such and as a whole) exists? What exactly do we have in mind when we apply the enigmatic "is" to the wholesome universal , the sole subject of predication and discourse? Is the statement "Dao is" analytic or synthetic?

To these questions our answer is sharply pointed and unambiguous. Is Being or existence a predicate for Field – Being? Yes, indeed. In fact, Being or existence is for us Dao – learners the predicate of all predicates. For the Being or existence of Dao or the dynamic plenum is simply the self – presencing presence of quintessential activity in its self – reflexive or self – referential actionality. The statement that "Dao is" is thus perfectly analytic because the meaning of the predicate – the Being or existence of Dao – is entirely contained in the meaning of Dao, the sole subject. To assert that Dao is or exists does not add anything to the signification of Dao, but simply points to the Way of quintessential reality, to the self – reflexive or self – referential actionality in action. Hence in the ontology of Field – Being both Field and Being are internal to Dao, to the reality of quintessential activity. Indeed, in so far as both concepts pertain to the Way of Dao , to the dynamic plenum as the wholesome universal, there is no difference between Field and Being at all. To assert that the Field is or exists is redundant. Being is Field, and Field Being – hence, the hyphenated term "Field – Being. "

This Field – Being concept of Being or existence – that is, presencing presence as the self – reflexive or self – referential actionality in action on the part of quintessential reality – is embedded differently in the semantic topography of human languages . That the existential function – the signification of presencing presence – is carried out by the copula or modalities of the verb be – in the

Indo – European languages is a linguistic accident, and not an ontological necessity. The existential copula has, for example, no equivalent in Chinese. Here the existential function, as most clearly evidenced in the philosophical language of the Daodejing, is borne by a special semantic nexus centering round the word dao, understood primarily as the way of activity or action, hence the Way of everything in the universe. Ontologically understood, the Way is Being, the self – presencing presence of quintessential activity.

Now while the Being or Isness of Dao does not add anything to Dao, but is simply the Way of Dao itself, its self – presencing presence, the same cannot be said of the differentiated or individuated things or entities that exist in Dao, the phenomenal beings that emanate or arise in the rounded sphere of the dynamic plenum or quintessential activity. For while the Being of Dao is simply its own self – reflexive or self – referential actionality in action, the Being or existence of an individuated thing such as the computer keyboard I am typing with at the moment is a different story. The Being or existence of the keyboard in question is not a self – presencing presence but a topological presencing presence that is spatially and temporally situated in a particular region or locus in Dao, a determination in the Field or universal matrix of the dynamic plenum. The statement that "this ( pointing to the keyboard in front of me) keyboard exists" is not analytic but synthetic. The Being or Isness of the keyboard, as an index of its field – topological situatedness or occupation, does add something to its concept or meaning, to its formal and functional identity as a keyboard. And what is thus topologically indexed by its isness or existence is none other than its reference to otherness or alterity, to the other topologically situated existents. The Being or existence of an individuated thing consists, in other words, in its field – topological reference or relatedness to other things.

To be or exist as an individuated thing then is necessarily alterity bound on the topological landscape of Dao, which, being without otherness or externality, is itself alterity free. This then is what constitutes the fundamental difference between the Being of Dao and the Being of differentiated or individuated beings. Dao itself – the dynamic plenum as such and as a whole – has no topological locus, while the differentiated things in Dao are all topological occupants, being spatially and temporally located on its dynamic landscape. Being alterity bound, the Being of individuated things is never a Being – itself of Being alone that belongs exclusively to Dao, but is always a Being – with that consists in its reference to Dao and a Being – with that depends for its fullness of meaning on other individuated beings. I am as much a being – with as the keyboard that I am typing or pressing on with my fingers at the moment, and our Being – with is jointly realized at the moment through our reciprocal actionality – my action on the keyboard and the keyboard's reaction on me. That such reciprocal actionality is at all possible presupposes a pre – established harmony or quintessential compatibility between the two partners in the action, a functional valance, as we may call it. It is in terms of this functional valance that my Being – with in respect of the keyboard is actually realized at the moment I am working on it. InField – Being ontology both potentiality and actuality are defined in terms of Being – with . The potential is the power sustaining the functional valance or pre – established harmony, whereas actuality is the power by virtue of which the functional valance or pre – established harmony is quintessentially consummated or realized.

Now as an ontological concept meaning does not pertain to words, but to Being, to the presencing presence of the dynamic plenum and to the individuated things that arise from it. More exactly, the meaning of Being is definable as the how of the presencing presence that expresses the functional integrity of quintessential action. In so far ad the Dao is concerned, meaning is exhausted in its Being itself, being fully realized in the unique integrity of the wholesome universal. The meaning of differentiated things on the other hand, a different matter . While the Being – in of an individuated being is always fully realized by virtue of its field – topological occupation in Dao, its Being – with is never fully realized, but is. always postponed in its complete determination. This is so because Dao is an unfinished affair; the dynamic plenum is not a totally determinate totality. The meaning of my Being – with is a function of my field – topological occupation and my functional valance with other individuated beings. My Being – with in relation to the keyboard if different from my Being – with in relation to the monitor, to the telephone, to the lamp, and to all other things in the universe, including things that existed in the past, things that are co – existing with me in the present, and things that may come to be in the future. Since I depend for the fullness of meaning in my Being – with on my functional valance with all other individuated things, they may be said to constitute the ontic complements of my Being that are , by the quintessential nature of things, infinite. Hence the meaning of my Being – with can never be fully realized: I am always incomplete.

Now if by "ontological deference" ( or simply "deference") we refer to the way individuated beings obtain their meaning of Being, then the expression "mutual deference in Dao" may serve to sum up the reality of all beings – with in their Being. Simply put, the mutual deference of differentiated things in Dao lies in the rounded integrity of Being – in and Being – with – that is, in their field – topological occupation in Dao and their functional valance and interrelatedness with other differentiated beings. While Dao alone is self – referential, all individuated things are mutually deferential in Dao . This theoretical position that defines Being as Field – Being if what distinguishes the quintessential approach to reality: it is as we may call it , signature Field – Being,

Thus conceived, the central meaning of signature Field – Being is the dot in Q. Q, the quiasettmil sehemal What is signified by the dot is the trans – deferential operator in Field – Being , which we have elsewhere referred to as the awesome interface. The word "trans – deferential" is coined here to convey the interface of the Being – in and the Being – with as pertaining to the double reference that defines the rounded integrity of individuated beings. The prefix "trans" in the sense of beyond refers to Dao, the self – referential Being that transcends the deferential, that is, the differentiat ed beings that participate in it. But "trans" also has the meaning of across. In this sense, trans – deferential refers the gathering or bringing – together of the differentiated in mutual defer- ence in Dao. This gathering or bringing – together of the deferential is the work of the awesome interface that serves as the universal mediator quintessential ac- tion. It is thus what bears the task that is implicit in signature Field – Being.

This notion of deferential gathering – the gathering of the deferential – in Dao is precisely what in the Daodejing is referred to as the Way, and what, if Heidegger's interpretation is reliable, figures in the primordial meaning of the Greek Logos, before the term became enticized in the rationalist – analytic tradi- tion into the substantialist vocabulary of reason or ratio. And what lies at the heart of the deferential gathering is the inmost essence of quintessentiality that, as the possibility of all possibilities, is the ultimate source of all functional val- ances and pre – established harmonies . It is an insight that is captured in the concept of taiho or the Great Harmony in the Great Appendix of the Yijing, and what a non – substantialist Plato ought to recognize as the Good. Thus con- ceived, the Good or Great Harmony is the trans – deferential niche of all exist- ence, the place of no place that is the original place of the awesome interface.

But not only does the awesome interface reside in the place of no place that is its original place, it also wears a face of no face that is its original face. This is so because the awesome interface or trans – deferential operator is not a differ- entiated thing that has a definite field – topological occupation. Belonging to no particular region in the dynamic plenum , the dot in Q. Q is no – where and yet is operating everywhere. And while it presents no definite face to the world, be- ing faceless in its modus operandi, every face of quintessential action bears the trace or mark of its trans – deferential operation. For as the Way of deferential gathering, the awesome interface is the ultimate narrator that never speaks, and the ultimate director that never instructs. Deeper than all depths and godlier than all gods, it is the Fate that is not itself fated, a Destiny that has no destina- tion .

It is obvious by now why the Way cannot be objectified . For as the ulti- mate source and universal mediator of quintessential activity, the awesome inter- face cannot be part of the differentiated world, though it is never separated from it. And in so far as quintessential action may be appropriated in discourse, the Way is the unspoken real copula behind all figures of speech, all predications, and all utterances, of which the grammatical copula – the verb be – in the Indo – European languages is only a faint representat ion. Now the grammatical cop- ula is understood to perform different logical functions, among which the existen- tial and the predicative are philosophically the most important. What are their ontological implications? How are they to be interpreted in the Field – Being scheme? The answer to these questions will give us a clue to our conception of quintessential grammar, the grammar of quintessential activity that defines the meaning of Field – Being discourse.

Since for Field – Being quintessential or self – reflexive articulate action is the only reality, verbs, taken as signs of quintessential action, are the only true and primary figures of speech; all other figures of speech recognized in the conventional grammar are for Field – Being verbal derivatives, being derived in one way or another as signs that designate a trait, modality, or state of quintessential activity. A sentence in the Field – Being grammar is a string of verbal signs that presents in its semantic matrix a portrait of quintessential reality. In most cases the semantic portrait embedded in our ordinary discourse is not a full, adequate portrait of quintessential reality , but only a portrait of its surface phenomena, which appear as the differentiated things and objects, events and states of affair in our everyday experience. These surface phenomena , which figure prominently in ordinary experience and discourse, are in the Field – Being theory nodal determinations of quintessential action. They both are and are not what they appear to be.

A nodal determination is a manifestation of self – reflexive articulate action. In mathematics a node is the point a curve crosses itself. A curve can only cross itself by virtue of a self – rounding or self – reflecting movement; it has to bend towards or fold upon itself. This is our metaphor for quintessential activity or self – reflexive articulate action, which captures conceptually the same meaning as the metaphor of the self – biting Uroboros. The node is the Uroboros at its bite, the point where it bites itself. This is the central meaning of articulation in Field – Being ontology. What is articulated in the self – reflexive movement is not just the node where the curve crosses itself but the very form of the self – rounding or self – environing action. But the form of self – reflexive action is what defines the action; it is the whatness or identity or meaning of the action – its actionality. Hence what the self – reflexive act articulates is none other than itself. Quintessential activity is by definition self – articulating activity.

The distinction and internal relation between the node and the form is crucial to the quintessential analytics. Although the node is not the form of a self – reflexive articulate action, it is the center of its quintessential actionality. The point where a curve crosses itself is both an integral part of the curve and a sign, index or pointer of its self – environing curvilinearity . This is what we mean by a natural sign, index or pointer. In the Field – Being scheme, every individuated being or thing that manifests itself in the dynamic plenum is a natural sign, index, or pointer of quintessential activity, including such things as words, symbols, or other artificial signs of language and culture. For each in its own way they are all nodal configurations of self – reflexive articulate action, points where quintessential activity crosses itself, so to apeak. Indeed, language in general is definable as a system of artificial signs ( which are themselves natural signs) instituted for the representation and articulation of quintessentiality. And the grammar of a linguistic or symbolic system is essentially a grammar of appropriation whereby the Being of quintessential activity is captured and accommodated by means of semantic and syntactic manipulation.

Now appropriation is only possible in so far as and to the extent Being or quintessential reality reveals or discloses itself to us. The experiences, thoughts, or encounters that happen to us in life – nodal manifestations of quintessential activity – are all ingredients of Truth that compose in their articulate totality our unique perspective of the dynamic plenum. This is Truth in the primordial sense as indicated by the Greek word aletheia, or unhiddenness. The counterpart of aletheia in the Dao tradition in Chinese philosophy is of course dao, in the sense of the Way——or more exactly as the Way of Dao, as we have discussed earlier. The Way or aletheia is the self – presencing presence of the dynamic plenum in which quintessential actionality reveals or discloses itself to the human Dasein. Now it has become customary for the human thinker, especially in the rationalist – analytic tradition of Western metaphysics, to objectify the Way, treating it like a thing or object, as if the thinker or thinking subject can exist apart from it. The fact is, of course, that such objectification, inevitable in the subject – object dichotomizing mode of thought that is almost synonymous with the Western philosophical tradition – a tradition which we shall also call the tradition of logos, is completely wrong – headed. "The Way that can be talked about (in an objectifying manner)," says the Daodejing, "is not the changdao," that is, the quintessential Way of Dao. For not only is the human Dasein internal to the rounded sphere of Dao, but that human thinking is itself an occurrence in the dynamic plenum, a manifestation of self – reflexive articulate action. In the act of thinking the Being of Dao and the Being of thought are quintessentially identical, being united in the self – presencing presence of self – reflexive articulate action. Could this be the real insight behind Parmenides´ enigmatic proclamations?

Surely the Way of quintessential Truth is not the Way of Parmenides understood in the dichotomous tradition of logos, the orthodox tradition of Western metaphysics. But neither is quintessential Truth accessible to the customary thinking of the so – called common sense in whatever cultural tradition.

What both the Daodejing and Naga. Ijuna taught us is really not so much the ineffability of Dao or the ultimate reality as the untenability of objectification. If objectifying discourse is the only kind of philosophical discourse, and objectification the only basis of conceptualization, then quintessential Truth is necessarily beyond the ken of philosophy – the Way cannot be objectified. But must philosophers speak an objectifying language? Is conceptualization necessarily based on the subject – object dichotomy?

Of course not. Although all philosophical endeavors are in some sense a quest for truth, the conception of truth in Field – Being is radically different from that of the tradition of Logos where truth is almost from the very beginning externalized as something to be seen from the outside, an object to be seized or possessed at a distance. Such a spectator conception of philosophy and truth inevitably culminates in the presupposition that truth is a matter of correct corre-

spondence between an external something called a proposition and an equally ex-
ternal object, event or state of affair. No, this is not what we recognize. For us
Dao – learners nothing in the final analysis is really external since everything is
quintessentially interrelated with everything else in the Field – Being plenum.
All things are indeed united in mutual deference in Dao, in the rounded sphere
of the wholesome universal. Just as a role in a play or drama depends for its i-
dentity and meaning on every other role in the dramatic unity of the play, so ev-
ery nodal determination in the Field – Being universe owes its quintessential in-
tegrity to every other nodal determination in the quintessential unity of Dao. For
in the Field – Being scheme all differentiated things are, as we have seen, nodal
determinations of self – reflexive articulate action. Here the conception of an ex-
ternal perspective presupposed in the rationalist – analytic conception of truth is
an impossibility. For us every perspective is an inner perspective of Dao, a self
– revelation of the wholesome universal. Everything that that is revealed or dis-
closed to us – including whatever is encountered or experienced in our lives – is
in a sense ours, belonging and integral to our inner perspectivity of quintessen-
tial activity. The keyboard that I am typing on is in truth not external to my Be-
ing, but is bound to me as a quintessential partner in a field action wherein my-
self and the keyboard were both brought forth and brought together in a mutuality
that constitutes our Being – with .

Field – Being Philosophy is all about quintessential activity, all about the
dynamic plenum ( or Plenum for short), the eternal/everlasting course of ac-
tion, the Act of the Let – Be. These and other expressions, though each with its
own distinctive connotations, are intentionally equivalent because they are all a-
bout Q. Q: descriptions——or, more exactly, metaphoric – descriptive proper
names——of the ultimate, quintessential activity. Now the phrase " eternal/ev-
erlasting course of action" needs to be immediately clarified . For the locution
"eternal/everlasting" here is deliberately chosen in order to highlight an impor-
tant distinction about the Plenum as a continuous course of action. What is eter-
nal is timeless, but what is everlasting is temporal or in time. Do we mean to
say then that the dynamic plenum is both a – temporal and temporal, both time-
less and in time? Is there a contradiction here? Not at all. Not only is there no
real contradiction, but that the phrase in question is not even ambiguous. When
we speak of Q. Q as the eternal/everlasting course of action we do wish to imply
that the dynamic plenum is both eternal and everlasting, both timeless and in
time. It is everlasting because while everything within the Plenum is involved in
the universal flux of becoming, in the perpetual self – transformation of quintes-
sential activity, the Way, the course of quintessential action, remains constant
– which in the Daodejing is called the changdao, the constant or everlasting
Dao. But while everything within the Plenum are in time, are temporal through
and through, the everlasting course of action is not itself in time. This is the
case because the dynamic plenum is itself without otherness. It is, as the Indi-
ans would have it, the One without a second. There is no Newtonian absolute

time in which the dynamic plenum occurs, nor a Newtonian absolute space in which the quintessential course of action is situated. For there is nothing, absolutely nothing outside or beyond the Plenum. Time and space, temporality and spatiality, are quintessential traits pertaining to the intrinsic nature of quintessential activity; they are internal determinations of the dynamic plenum, not external to it. Indeed, in so far as Field – Being is concerned, it is ultimately not proper to say that quintessential activity is in time, for quintessential action is time. For, as we shall see more fully later on, time or temporality is simply the dynamic fluency of quintessential activity. And Being, the presencing presence of the everlasting course of action, is the same as the temporalization of time. To say that a thing is in time means for us then that it is a temporal articulation, a participant in the temporalization of Q. Q, in the everlasting course of action which we also describe as the Act of the Let – Be.

The Act of the Let – Be is the Act of Q. Q, the self – reflexive or self – environing articulate action of the ultimate activity. The rounded integrity of Dao pertains to the roundedness of the everlasting course of action, that is, to the self – reflexivity or self – environing character of the ultimate activity. It is in terms of this roundedness of self – reflexivity of articulate action that activity in the Field – Being sense is, as earlier stated, the quintessence of the universe. What is quintessential is the rounded integrity of the dynamic plenum that encompasses the what – is and the what – is – not, as well as the what – is – and is – not. Now one is immediately reminded here no doubt of the enigmatic proclamations of the great Parmenides, the Pre – Socratic philosopher who says "Being is, Non – Being is not. " Parmenides recognizes only the reality of the what – is and rejects the reality of both the what – is – not and the what – is – and – is – not. What then is the Field – Being position in relation to the Parmenidean assertion? Clearly, in placing the what – is – not and the what – is – and is – not in the rounded integrity of the Plenum, Field – Being intends to restore them to their rightful ontological status. But what is our ground for doing so? What exactly is our vantage point in reopening the perennial ontological question – the question of Being that has played such a decisive role in shaping the historical destiny of the entire Occidental tradition of Western thought?

When Parmenides proclaims that Being is and Non – Being is not, he means that only Being can be thought, but not Non – Being. To this Field – Being both agrees and disagrees. Field – Being agrees with Parmenides that absolute non – being cannot be thought, but it disagrees with Parmenides in its interpretation. For us what can and cannot be thought

# 4. Signature Field – Being and the Dao Tradition ( I )

## Preface

What we propose to discuss in what follows is a kind of centrism – a philosophical position that believes in the Middle Way, both as an ontological commitment and as a rational choice or strategy. We Field – Being thinkers are Dao – learners, traversers of the Way who practice the supreme art of appropriation to the utmost limits. As such, we do not and must not shy from the Middle Way, let alone consciously straying from it. The Middle Way is for us not an object of deconstruction, nor is its endorsement something to be ashamed of, as if it were so hopelessly antiquarian and out of fashion. No, on the contrary, we whole – heartedly embrace it and are all too ready to defend it not only as a philosophical stance but also as a practical paradigm, a way of life par excellence. We affirm it philosophically because it is the truth of our vision, and we endorse it as a way of life and practical living because civilized humanity requires it for its integrity and creative vitality. For all extremist straying from the Middle Way, we emphatically submit, are blind alleys, both philosophically and otherwise.

But what is the Middle – Way? In Field – Being philosophy this question is capable of a rather distinctive answer, although this distinctiveness, as typical of Field – Being thought, may – and indeed must – be grasped in a variety of interrelated senses. In a nutshell, what we mean by the Middle Way has to do with the rounded integrity of Field – Being: it is the rounded integrity of Field – Being. This notion of rounded integrity is the one thread that runs through all the interrelated senses. It is on the basis of this distinctive conception that Field – Being understandings the meaning of Dao. For the Field – Being thinker or Dao – leamer, Dao is Field – Being in the manifold power of its rounded integrity.

How then do we understand the rounded manifold of Dao? And indeed to what does Field – Being owe its rounded integrity? The answer may be given succinctly through the articulate perspective of one word: activity——our most favorite utterance. The rounded manifoldness of Dao belongs uniquely to activity: the rounded integrity of Field – Being is indeed none other than activity itself in its all – roundedness. But this is of course not activity or action in the ordinary sense of the word. For what we have in mind in uttering the word is the presencing presence of a dynamic plenum – a boundless continuum of aesthetically empowered self – reflexive articulate action. That in so many words is what we mean by "activity." This seems no doubt to be a far cry from the ordinary signification of the term. And yet there is no contradiction here ; there is really no incompatibility between activity in the Field – Being sense and activity in its ordinary usage. What we ordinary mean by activity or action is indeed activity in the Field – Being sense, that is, as surface phenomenon , surface activity or action – the waves and ripples that surface out from the depth of the dynamic plenum in the Great Ocean of Becoming.

And the dynamic plenum is the plenum of an ultimate activity that is self – reflexively articulate – the Let – Be that is the source and ground of all that is let to be. Q. Q – the Uroboros bites its own tail. This articulate self – reflexivity or self – referential character of the ultimate activity as symbolically represented in the sacred image of the mythological snake – in the rounding or environing of the Uroboros upon itself – is precisely what constitutes for Field – Being the rounded integrity of Dao . For us, the universe of discourse defined by Q. Q is the ultimate universe of discourse. For nothing can be said or talked about apart or beyond the self – referentiality of the ultimate activity. To be is to participate in some capacity in the all – encompassing sphere of Q. Q – in the self – referential manifold of its rounded integrity.

Thus understood , self – reflexive articulate action or activity in the Field – Being sense is the quintessence of what is, what is not, and what is and is not – that is to say, of the dirempted , the non – dirempted, and the diremptive function. Field – Being is all about Q. Q, all about the quintessential activity that is latent in all existence and all that can be talked about. Dao, the rounded integrity of Field – Being, is the rounded integrity of quintessential activity. But then what can be said about the rounded manifold of Dao, the explication ofwhich will lay bare the meaning of the Middle Way? In the first place, the rounded integrity of Field – Being is the rounded truth. Here truth is not to be understood in the formal – logical sense as entertained in the tradition of Western – Aristotelian metaphysics. Rounded truth does not pertain to the truth or falsity – the so – called truth – value – of a statement or proposition, but to the rounded integrity itself as it is revealed or disclosed to us or, more properly , to the Dasein – field of human beings.

Rounded truth is, in other words, simply the self – revelation or self – disclosure of the rounded integrity. Thus understood, rounded truth does not presuppose propositional truth but constitutes, on the contrary, its ontological foundation . For the Dao – leamer the so – called truth – value of a proposition is actually a representation of its pointer function, that is, as a pointer to the rounded integrity of Dao . Truth – value in the primary sense is indeed for us a pointer – value. But what exactly does the pointer point to in its pointer function? Generally speaking, what the propositional pointer points to is none other than the self – revelatory presencing presence of the rounded integrity itself, in the self – referential illumination of Dao . All pointers point towards Q. Q as such or in

some aspects or manifestations of the rounded manifold. And the pointing of the
propositional pointer is not an act outside the rounded manifold but is situated
squarely within Q. Q, within the rounded sphere of Field – Being. Otherwise
there would be no point to the pointing . Let us hasten to add that there can be
no pointing at all without the participatory presence of a percipient subject that
constitutes the standpoint of the pointing. In the Field – Being theory the proper
standpoint of a propositional pointing is the noumenal self or the field individual
or transfinite subject conceived as a strand or extension of the dynamic plenum
– more exactly, as an act of becoming working out of the inner dynamics of the
Let – Be. Both the standpoint and its pointing are situated within the rounded
sphere of Dao and in the grips of its rounded reality.

While the presencing presence of the self – reflexive plenum defines the
rounded truth of Field – Being, its rounded reality is to be understood in the
conception of the thoroughly actual. Activity in the Field – Being sense is thor-
ough actuality that admits of no opposition between actuality and potentiality.
Here the potential is intrinsically inseparable and indeed integral to the actual.
The dynamic plenum as quintessential activity is both thoroughly actual and thor-
oughly potential. Hence the concept of perfect actuality understood as the total
absence of potentiality – which Aristotle attributes to God or the Unmoved Mover
in his metaphysics – has no place in Field – Being. Nor does Field – Being en-
tertain any idea like the Aristotelian material prima conceived as a non – actual
substratum or receptacle of actuality. For in rejecting the Aristotelian demarca-
tion of the actual and the potential, Field – Being also rejects the Aristotelian
separation of matter and form, between the indefinite and the definite. Field –
Being does not equate the actual with form or the possession of definiteness, and
potentiality with the absence of form, the indefinite. In so far as Field – Being is
concerned, quintessential activity is not only both actual and potential, but is
also both definite and indefinite. The concept of a totally indefinite or unformed
activity is for us a contradiction in term . True, Field – Being does speak of a
formless Form as the Form of the ultimate activity. But the formless Form is not
"formless" because it is absolutely devoid of definiteness, but because it is un-
differentiated——or more accurately, unindividuated. The key to the Field –
Being theory of form is the concept of diremption – that is, the process or move-
ment of individuation in the dynamic plenum. More exactly, form in the Field –
Being sense refers to the dynamic conjugation between power and expression in
articulate action. What is indefinite is the articulate power , and what is definite
is the articulated expression. Thus the indefinite and the definite are united in
the very conception of form. In the phrase "formless Form" the term "formless"
implies only the absence of individuated or dirempted forms – and not the ab-
sence of form or definiteness as such. The formless Form of the ultimate activity
is inexhaustibly indefinite in its articulate power, but definite in its articulated
expressions. The formless Form is, in other words, a non – diremptive or unin-
dividuated reality. Far from being a theoretical abstraction serving merely as a

limiting concept, the formless Form – or the actual indefinite, as we may also call it – is for us the underlying reality of all individuated existence.

The formless Form or actual indefinite is the form of pure energy, as contrasted with the actual definite or the form of dissipated energy or karmic matter. In light of the above discussion, the distinction between the two poles of ( thorough) actuality must be understood as fundamentally a distinction made in the context of the diremptive function. The Field – Being theory of reality is fundamentally a theory of field individuals or transfinite subjects, which constitute the quintessential standpoints of the actual universe. And at the heart of the theory of transfinite existence is the theory of the noumenal self and the conception of karmic labor as the synergetic union of pure energy and karmic matter – that is, in the bipolar integrity of the actual indefinite and the actual definite. The noumenal self, as already noted, is a transfinite existence conceived as a strand or extension of the dynamic plenum. The concept is introduced in order to emphasize the inner connection between the non – dirempted One and the dirempted many – that is, between the formless Form and the individuated forms of articulate action. The noumenal self is an act of becoming defined by a unitary force whereby diremptive tensions are resolved in a working – out of the inner dynamics and in the effective realization of a definite individuality. This working – out or diremptive resolution of the inner dynamics is what defines the meaning of "life" in the Field – Being cosmology.

Life – cosmic life – is, to be more specific, a matter of karmic labor: it consists indeed in the dispensation of karmic labor, in the creative transformation of karmic matter by pure vibrant energy. This is the third pole in the dynamic constitution of thorough actuality – the pole of the actually actual. Our vision of the Field – Being universe is basically that of a Great Ocean of Becoming characterized by the perpetual transformation of energy circulating from the actual indefinite through the actual definite to the actually actual, and inversely from the actually actual through the actual definite to the actual indefinite. This perpetual transformation and recycling of energy underlying the phenomenal world of transfinite existence – the concept of samsara in the Field – Being sense – is what defines for us the concept of rounded reality. This is not the kind of binary thinking as we are accustomed to in Western metaphysics. The rounded reality of the actual universe, the Great Ocean of Becoming as a samsaric cycle, is a dynamic tri – polar field – topological order.

The term "field – topological" is so crucial to Field – Being thought that we must give it here a fundamental clarification. As an important branch of mathematics, topology is the study of the transformational principles of flexible things or movements, such as the folding or twisting of a rubber band. Since for Field – Being flexibility belongs ultimately to quintessential activity as the underlying reality, being indeed the most intrinsic property of self – reflexive articulate action, ontology is a topological discipline, that is, a study of the topological property of the actional field or dynamic plenum. Here the concept of situatedness or positionality is fundamental to the field – topological way of thinking. Just as the topological property of a folded or twisted rubber band depends on the position or place (Greek topos, place) in the flexible manifold of the rubber band, so the reality of any determination or existence in Field – Being is a function of its flexional positionality in the actional field or dynamic plenum. "Field – topological" means that the Field is a topological order.

Thus understood, the field – topological order is a realm of strainful necessity as well as of strainless freedom. Strains are the factors that bring about discontinuity or breakage in the movement or flow of articulate action that is in itself perfectly continuous. They are the diremptive principles that set up delimiting boundaries in the dynamic plenum whereby the field – topological order becomes individually differentiated. Strains are thus the formative elements that compose the actual universe as a structural totality. A structure or universal in the Field – Being sense is a system of strains, which in its singularity is, as we shall see, is non – repeatable. Every differentiated existence that arises from the dynamic plenum owes for its structural identity to the system of strains that determine its delimited character. Mathematics is the formal science of delimitation by means of strains. Thus, for example, the structural identity of a triangle is defined by the system of strains forming its three angles, which we may conceive as the points of discontinuity or breakages in the continuous movement of a self – articulating activity. By virtue of the breakages of movement at the three angles, the articulate action is flexibly strained into the form of a triangle, the form of its differentiated structural identity. But the breakages of continuity that confer structural identity to differentiated things by delimiting their boundaries of existence are, from the functional standpoint, blockages of movement that create obstructions inhibiting the free flow of energy in the dynamic, plenum. Strains are thus responsible for the violence, pain, and waste in the Field – Being universe – the price of individuation. As the Chinese acupuncturists are wont to say, " obstructions, therefore pain (butongzetong) . " This supreme motto in Chinese medicine articulates succinctly the concept offunctional integrity in Field – Being cosmology.

The Chinese word tang – which signifies a state of "throughness," penetration or non – obstruction – in the statement butongzetong is key to a proper understanding not only of Chinese medicine but also of Chinese thought in general. As a matter of fact, if there be one word that could sum up the philosophical spirit of the entire Chinese intellectual tradition, that word would be tong. There is really no exaggeration here for, as we see it, Chinese philosophy is preeminently grounded on the principle of functional integrity. The pursuit of Dao – leaming (philosophy in the Field – Being sense) in Chinese thought is, in the final analysis, a pursuit of the tong – state in existence. Daotongweiyi: "Dao is one by virtue of tong. " This often – quoted statement from the Zhuangzhe clearly tells us that the oneness or unity (yi) of Dao is attained in the "tong – ness" (if you will) or tong – state (of all existence) . In sharp contrast to Western metaphysics in which the quest for structural identity through entitative – cardinal analysis has defined – at least since Descartes – the meaning and teleology of philosophical reflections, Chinese philosophy is almost singular – mindedly field – topological and relational – ordinal in character with a bent towards the attainment of functional integrity as the beginning and end of Dao – learning. In fact, the entire Chinese intellectual tradition may perhaps be better understood negatively in terms of what it lacks – that is, in terms of its deficiency in entitative – cardinal analysis. This is perfectly understandable inasmuch as structural identity has never been the focus of Chinese philosophical reflections for which the development of an entitative – cardinal analytics or methodology is indispensable . Instead, what we find in Chinese thought is the preeminence of the relational – ordinal approach geared to a functional understanding of the field – topological reality. The world for the Chinese is ·not a collection of substantial entities ultimately reducible to cardinal elements or structural simples, but a functional – relational whole sustained by a network of ordinal meridians. The difference between the Chinese and the Western philosophical approach thus involves the contrast and confrontation between two philosophical paradigms: the field – topological paradigm with its orientation towards functional – relational – ordinal thought and the entitative paradigm with its predisposition towards structural – cardinal thinking. The trans – differentiation of these two philosophical paradigms and their respective orientations is, as we shall see more closely later on, what defines the meaning of Field – Being problematics, of which the Middle Way is meant to be its all – rounded resolution.

In order to prepare ourselves for a more adequate understanding of this problematic – and, for that matter, of the entire Field – Being outlook – and to ease ourselves more smoothly onward in our theoretical path, it is necessary at this point to lay down in broad relief some of our most pertinent observations on the intellectual character of the two philosophical traditions under consideration. We shall begin with a disagreement with Heidegger with respect to the essence of Western metaphysics . As we understand it, Western metaphysics is essentially characterized not so much by the oblivion of Being as unhiddenness or aletheia – that is, in relation to what we call the truth – process – as Heidegger would have it, as by an inveterate obsession with definiteness on the part of the Indo – European philosophical mentality. The preeminence of entitative thinking with its characteristic bias towards structural – cardinal analysis is simply the intellectual side of this inveterate obsession . As a matter of fact, it is this obsession with definiteness in the Western philosophical tradition that was responsible for its oblivion of Being in the first place – that is, the turning away from its primordial openness to the truth – process to its subsequent preoccupation with beings. Why did the oblivion of Being occur? Heidegger never gave an answer to this question. And he could not because, unlike Nietzsche, he did not have a sufficient and adequate understanding of the real implications of the Western obsession. He did not see – or at least do so without sufficient clarity – that the obsession with definiteness was not only responsible for the preeminence of entitative

– substantialistic thought in the Western tradition that manifests itself as a historical quest for structural identity in terms of rational – logical analysis, but also for the intellectual demise of the actual indefinite, which, as we see it, is the most crucial element in shaping the fundamental character of Western metaphysics. Western metaphysics is indeed characterized by an oblivion of Being, but not Being as aletheia or the truth – process as Heidegger thought, but Being as the actual indefinite. That is why, from the Field – Being point of view, Heidegger's conception of the human Dasein defined exclusively in relation to the truth – process remains very much one – sided. For us the human Dasein is not just a "Da" for "Sein" in relation to aletheia – that is, as a place or locus for the self – revelation or unfoldment of Being, but is, like every other transfinite existence in the field – topological order, a center of self – reflexive articulate action. As such it cannot be properly understood solely in relation to the truth – process, but must also be conceived field – topologically in relation to the reality – process and the process of the Good. But even in his treatment of Dasein as an aletheiac center – a center or locus of aletheia, the self – revelation of Being, Heidegger's understanding remains inadequate for a lack of penetration into the motivating structure and vital force underlying the articulate mentality of the human Dasein. The light of aletheia does not shine directly and unreflectively on a perfectly receptive medium, but is always mediated and deflected by the motivational structure of transfinite existence that shapes the receptive potentials of its articulate mentality. And the capacity for obsession is distinctive of the motivational structure of the human Dasein. In Field – Being psychology, which has the character of motivational archaeology, all obsessions are extreme expression of inner love, the dominant vital force or impetus of appropriation – a craving for form – that determines the articulate teleology of transfinite existence. Thus understood, the inveterate obsession with definiteness, which we attribute to the Western philosophical mentality, must be placed in a proper perspective within the motivational structure of human existence. The question now arises, what is the source and meaning of inner love that gives rise to the inveterate obsession underlying Western metaphysics? The answer may be stated most succinctly in one word: Eros, or theoretic Ego – the Ego that stretches out in desire or appetition. Eros is in essence the desire to expand, to dominate, and to possess. The expression "desire to expand, to dominate, and to possess" is for us a redundancy. For the propensity towards expansion, domination, and acquisition——— one of the pivotal "Ego – dramatic propensities" of inner love, as we will call it – is precisely what constitutes the intrinsic nature of desire and the oretic Ego. And inner love as the craving for form and vital impetus is characterized as "Ego – dramatic" because it is always associated with a "story – line" or plot of articulate action and speech in the cosmic drama of transfinite existence, a drama directed by the Ego – principle, the principle of diremption and individuation in Field – Being cosmology. As a cosmic principle, Eros or theoretic Ego is the expansive – appetitive force directing the transfinite drama as a drama of freedom

and adventure. In Field – Being psychology all forms of desire are vital expres-
sions of the expansive – appetitive impetus shaping theoretic or erodictic figures
and configurations on the stage of the Ego – drama – that is, the effective trails
of articulate action prompted by the stretching – outs of desire or Eros. But Eros
is not the sole director of the Ego – drama. For the cosmic drama of transfinite
existence is co – directed by Cura, or the concernful Ego – the Ego that recoils
in cares and concerns, in the curatic or curadictic need to belong, to heal, and
to recover. As a cosmic principle, Cura or the concernful Ego is the vital force
of self – preservation and conservation underlying the inner love of transfinite ex-
istence. It directs the cosmic drama not as an expansive narrative of perpetual
freedom and adventure, but as a story of health and well – being in the preserva-
tion and restoration of cohesiveness and solidarity. All forms of care and concern
are rooted in the fundamental need to belong, to be an integral part of a func-
tional whole or totality, and to guard against any damage, or violation or de-
struction of its functional integrity. Curatic or curadictic tendencies are propensi-
ties of a self – recoiling Ego either positively in an attempt to promote the well –
being or integrity of the functional totality from which it derives its identity, or
negatively in response to the enemies of a wounded or violated whole – to inroads
or aggressions against its cohesiveness and solidarity. While the boundaries of
transfinite existence suffer constant alteration and dislocation due to the expan-
sive freedom and adventure of oretic cravings under the direction of Eros, they
are recovered and redrawn by virtue of the preservative – conservative undertak-
ings of the concernful Ego. It is in this partnership and co – directorship of Cura
and Eros that we shall find not only the existential meaning of each Ego – dra-
matic episode, but also the mirror – nature of articulate mentality – human or
non – human – reflecting and deflecting the light of aletheia in the self – revela-
tion of the One Being. Having now laid out in broad relief the necessary theoret-
ical setting for a proper understanding of what is to follow, let us return to the
point of discussion from which we have temporary deviated.

Eros, we say, is the source of the inveterate obsession with definiteness un-
derlying the metaphysical tradition of Western philosophy. Indeed, that is how
we understand the label "Western metaphysics. " Thus understood , Western
metaphysics may or may not coincide with Western philosophy as a whole, as
Heidegger and Derrida tend to conceive it. For us Western metaphysics is West-
ern philosophy – or Western thought, for that matter – in sofar as it is the intel-
lectual product of the erodictic obsession. The fact that the Western intellectual
tradition is as a whole prominently erodictic relative to other major traditions of
thought in the history of civilized humanity, we do not doubt; but the extent to
which this is the case and the nature of this obsessive affair remains to be ex-
plored.

We are not in a position here, of course, to unravel in any detail the inner
connection between the psychology and teleological archaeology of Eros and its
intellectual expression in the Western tradition, for that would amount to giving

a course on the erodictic history of Western philosophy . It suffices for us to in-
dicate and to elaborate briefly at this point that the so – called "rational – analyt-
ic" approach to life and reality, which Western philosophers in general take
pride in and which has come to define the meaning of Logos, is essentially the
intellectual product of an erodictic mentality. Logos is indeed the articulate ex-
pression of Eros in thought.

But what constitutes the inner connection between Eros and Logos , be-
tween desire and rational – analytic thought? The answer is, as to be expected,
none other than the obsession with definiteness . As a craving for form directed
by the expansive – acquisitive Ego – principle, all modes of desire are objectif-
ying and object – dependent, aiming at the perpetual and permanent domination
and possession of otherness. The logic of desire is the logic of individuation: E-
ros needs to grasp, to take hold of the object that presents itself as an other, an
opposite to its individuality and subjectivity. This need for otherness has a doub-
le meaning. While on the one hand the erodictic subject needs the other as the
mirror to reflect its individual ownness, it also looks upon the other, the object
of its craving, as a threat to its being – that is, to the expansive freedom and ad-
venture of its self – perpetuation. This accounts for the love – and – hate attitude
towards otherness inherent in the psychology of desire and the archeology of
erodictic motivation, a fundamental ambiguity that defines the paradoxical and
enigmatic character of Eros. Eros is both attracted and repelled by its object; it
needs the object in its otherness as the mirror of its own self – image and yet
fears the object as the threat to its expansive subjectivity. How the human Da-
sein fares in its objectifying affair will depend on its erodictic propensity, which
is in tum a function of the power and strength of its transfinite subjectivity: the
weaker the human Dasein, the stronger the need to objectify – and hence the
greater the fear and intolerance towards otherness. It turns out that the obsession
with definiteness is the sign or symptom of a weakened or weakening Dasein
mentality – a Dasein of insecurity . The weak Dasein has to assert its power over
the other by grasping itfirmly and definitely in order to be assured of its own sub-
jective freedom, its own self – perpetuation. That is why the human Dasein in a
weakened state is inevitably hostile towards the indefinite. While a strong and
powerful Eros is attracted by the indefinite other in awe – that is, in wonder,
fear and respect, precisely by the mystery and elusiveness of its otherness, a
weak erodictic mentality can only react to its object aggressively and violently by
seeking to dominate and conquer it so as to possess it permanently like a toy or
slave. And what the weakened Dasein needs so desperately to cling or hold on to
is really not so much the object itself as its own ego or individual ownness – its
"decadent," to use Nietzsche 's favorite term, functional integrity. Such is the
ego – dramatic propensity implicit in the erodictic obsession with definiteness
characteristic of the Western philosophical mentality – a propensity that Nie-
tzsche has so poignantly designated as the Will to Power. When John Dewey
characterized Western philosophy as a whole as a "quest for certainty," he was

simply reiterating the Nietzschean insight into the psychological archaeology of this tradition in its formal intellectual aspect – that is, as the tradition of Logos. For Logos or rational – analytic thought is, from the Field – Being psychological point of view, essentially an ego – dramatic reflection of Eros : apodictic certainty is the offspring of erodictic certainty.

And what exactly is the object of erodictic certainty? What is it that Eros in the guise of Logos wants to be assured of? The answer is not hard to discover. What the erodictic Logos wants to take hold of is the object in its definite ownness: erodictic certainty is fundamentally a matter of structural identity. This is what constitutes the telos of all rational – analytic thinking. The desire of reason is the desire to know the object as a definite whole, to grasp it conceptually in the intelligibility of its structural make – up – that is, to possess its ontic identity or ownness as defined by its boundaries of existence. To know, as Anaxagoras already observed, is to master: knowledge in the rational – analytic tradition is basically a matter of intellectual or conceptual mastery. And no stretch of the imagination is really necessary for one to see the inner connection between the erodictic teleology of reason and the inevitability of entitative – cardinal thought. The history of reason in the Western tradition has been, without much exaggeration , a history of entitative substantialization and cardinal reduction – a reduction of everything, including Being itself, to the status of substantial entities or cardinals, that is, the simple ones. And that is, of course, what structural analysis is all about. The quest for erodictic/apodictic certainty is in the final analysis a search for the simplest elements of structural identity – the ontic cardinals, as we may call them, which will serve as the niche of reason, the resting place of the desiring Logos. The erodictic Logos cannot find rest until it is certain that it has the cardinal ones in its possession. The destiny or fate of Reason is inextricably bound up with the historical quest for ontic cardinals.

The ontic cardinals are indeed of cardinal importance in the history of Western philosophy. The double meaning of the word "cardinal" is for us not a linguistic accident, but is symptomatic of the inveterate obsession with definiteness underlying Western metaphysics as the articulate product of Indo – European mentality. The preference of the definite over the indefinite is dominant almost at the very inception of Western or Indo – European thought. It was already evident in Greek mythology and in the epic poetry in which much of Greek myths were depicted, in particular – including, in particular, the "plastic" art ( Nietzsche's characterization) of Homer. The triumph of the Olympian gods over the primeval Titans was a triumph of cosmos over chaos, the definite over the indefinite . And the typology of personality which Homer carved out for his epic heroes was a precursor of the Platonic Forms, which, together the Pythagorean ( whole) numbers and the Democritean atoms, are the prototypes of ontic cardinals. The Pythagoreans had such a sacred regard for whole numbers that they were shocked and bewildered by their own epoch – making discovery of the square roots, the so – called "irrational numbers. " They were indeed looked upon as something "irrational" because, being irreducible to whole numbers, the simple ones, they represent an affront of reason, a threat to the very presupposition of structural identity upon which the Pythagorean conception of Logo was founded. The square roots or irrational numbers thus belong to the side of chaos, the side of the indefinite which, being conceptually elusive and unintelligible , has in time come to be condemned as unreal and evil – even relegated to the realm of non – being or non – existence. For what is actual cannot be indefinite, and what is indefinite cannot be actual. Q. E. D. – A presupposition of the erodictic Logos has generated by internal necessity its own justification!

The quest for ontic cardinals or the simplest elements of structural identity is almost synonymous with Western metaphysics. In the post – Platonic era the trail of conceptual artifacts bearing the erodictic quest for structural identity in Western thought is highly visible to the discerning eyes: the Aristolean ousiai or substances, the abstract universals in Scholastic philosophy, Descartes' simple and distinct ideas, Leibniz's windowless monads, Burne's simple impressions – and finally in our own time, to make the story short, Whitehead's eternal objects. And how about the quest for atomicity and the ultimate material particles throughout the entire history of western science? Surely we must include that as an integral part of Western metaphysics. The Western presupposition of absolute objective truth that forms the epistemic foundation of Western metaphysics has had such a strong hold in the Western intellectual and scientific mentality that Western science has been mistakenly identified with science as such – that is, as the universal embodiment of an absolute objectivity. There is, to be sure, an objective element in Western science. The objective element, in Field – Being terms, has to do with the permanent or relatively stable features of the field – topological order. But what those features are remain to be explored. There is nothing objective about the presupposition of atomicity or ultimate structural elements in Western science, it is not an eternal fact, only an interpretation – and a presupposition rather which, as we have seen, has its origin in theoretic or erodictic mentality underlying Western Logos.

This is not to deny, of course, that structural identity and discrimination has no basis in human experience. The basis of all structural analysis is character, or as Whitehead called it, forms of definiteness. The structural identity of things is its distinguishable form of definiteness. And there is no question that character or forms of definiteness are abundantly and in an infinite variety given in human experience. In so far as Field – Being is concerned, character or forms of definiteness are intrinsic properties of articulate action. A form of definiteness is indeed a form of articulate activity: it is what the action manifests or exhibits in articulating itself. And what an articulate action manifests or exhibits in the process of self – becoming is, to be more specific, always an interplayful complexity of energy, experience, and meaning – the three dynamic components of aesthetic plasma, as we may character it, that are intertwined and interwoven in the cocconization of power concrescence. What is given in experience is not, however, the cocoon – body as such, that is, the effective trail of an articulate action in separation from the act of becoming, nor the act of becoming as such in abstraction from its effective trail or cocoon – body, but rather the concrete dynamic whole of act and product in the synergetic union of vibrant energy and karmic matter. The deliquescent character or form of definiteness this concrete dynamic whole manifests or exhibits is what designate as "plasmatic configuration . " Thus character in the Field – Being sense is something that pertains to both the noumenal self ( act of becoming ) and the phenomenal self ( cocoon – body ) , mediating between the inner dynamics and the Great Ocean of Becoming as the trans – differential niche of articulate action.

The notion of aesthetic plasma is the Field – Being equivalent of the Pre – Socratic matter or substance – the fundamental "stuff" out of which all things are made. But instead of equating it with water or air or fire or any other known physical elements, Field – Being identifies it with what is always and directly given in the very act of quintessential Now as the concrete content of all transfinite – in particular, human – experience, plasmatic configurations or quintessential entities have been the hotbed of abstract universals in Western metaphysics. We call them abstract because they are abstractions from plasmatic configurations – conceptually derived from a rigidization of quintessential activity. What underlies these abstractions is a two – fold bias that constitutes one of the greatest myths of Western Logos. First, there is the myth of objectivism. Character or forms of definiteness – the conceptual content of abstract universals – are taken to be "objective" realities in the sense that they are absolutely and completely independent of any occasion of experience or standpoint of perception or observation . What is perceived as red is an instantiation of redness – the form or universal of all red things – that has nothing to do with the perceiving act or activity. The percipient energy and its perceptual experience absolutely plays no role in the character formation of the perceived red. Furthermore, since we can separate in thought the redness of a thing from its extendedness, we must, so it is asserted, have in reality two separate forms, two individually independent universals. This presupposition that what is distinguishable in thought is separable and separated in reality is the other myth of Western Logos. What figures beneath this "myth of conceptual conformation , " as we may designate it, is not just an implicit trust in the dictates of rational thought, but a deeply entrenched Ego – dramatic craving for form as conditioned by the subject – object separation. What is being craved in the Ego consciousness is none other than the perpetuation of the conscious divide as a means of self – preservation – that is, the preservation of the Ego – center as an individuated existence.

But there is no purely objective character. And what is distinguishable in thought is not necessarily separable in reality. In the Field – Being scheme character must appear, and it must and always appear or manifest itself to a certain standpoint. One cannot talk about the forms of definiteness exhibited by the plasmatic configurations of articulate action without invoking a participatory per-

cipient action that constitutes the standpoint for the experiential occasion. The
participatory percipient action is not separable from the perceived configura-
tions, for it is an integral dynamic component in the power concrescence in
which both the subject and the object are dynamically intertwined. Since how a
plasmatic configuration manifests or exhibits itself will depend on the standpoint
or participatory subject in question, there are as many forms of definiteness or
determinations of character as there are subjects or participatory percipient ac-
tions. What appears to a human subject as an apple – like phenomenon may as-
sume a radically different form from the percipient standpoint of a fly or a kanga-
roo? Are we prepared to make them all universals or eternal objects?

Yes, we are – but not in the sense they are conceived in traditional Western
metaphysics. The character or form of definiteness that a plasmatic configuration
or quintessential entity exhibits is of a most peculiar kind. It is first of all an
aesthetic complexity, a power concrescence of energy, experience, and mean-
ing. And this dynamic constitution is, upon closer analysis, a concrete nexus of
thorough actuality, being a tri – polar union of the actual indefinite, the actual
definite, and the actually actual. But this is not all. What is most peculiar about
the process being or quintessential entity is that while its plasmatic configuration
is, to be sure, localized in a particular region of the topological field, it em-
braces nonetheless from its own perspective the functional integrity of the Field
– Being universe. For it is an act of becoming, a unitary force of quintessential
activity that expresses in its articulate teleology a unique appropriation of the in-
ner dynamics. What we have here is, in other words, a concept of character or
form of definiteness that combines in its meaning of both singularity and univer-
sality – that is, both part and whole and both the most unique and the most en-
compassing. This is none other than the Field – Being conception of dynamic
perspective. Character or form of definiteness is the way a dynamic perspective
embraces the field – topological reality: it defines the very meaning of perspec-
tivity. As such, it is to be most appropriately termed a "singular universal," an
idea that is no doubt a far cry from the traditional theory of abstract universals.
Let us immediately observe here that a singular universal is not a logic class or
generic formula, to be instantiated by an indefinitely homogeneous multiplicity of
objects or entities, the faceless beings. It is rather a character in perspective,
representing and indeed constituting the field – topological order from its own u-
nique point of view.

A singular universal is a structure because it is delimited by a concrete sys-
tem of strains which defines its structural identity. This unique or singular struc-
ture or system of strain is not for Field – Being a copy of an eternal Idea, as in
Plato's theory of Forms, but a contingent field – topological creation of quintes-
sential activity. The form or character of an articulate action is the very articu-
lateness of its own self – articulation. Is the form or character then repeatable?
No, not in its quintessential singularity. What is repeatable in a singular univer-
sal is always a partial determination of its unique structural identity. This con-

ception of a repeatable structure or system of strains conceived as an abstraction
from singular universals is what we call a generic universal. As such, they too
are contingent creations of articulate action, a product of procreative freedom
and field – topological necessity. And that is precisely what "contingency" im-
plies in the Field – Being sense of the word .

Generic universals then are just repeatable patterns of strains defining a
possibility of structural identity. We underscore repeatable here because of the
important role the concept holds in the Field – Being theory of universals. In so
far as Field – Being is concerned, necessity is not an eternal fact, but a function
of repeatability . The necessity of a generic universal or structure is, figuratively
speaking, its power to repeat itself in the Field – Being universe . We said figu-
ratively because it is not really the generic universal that repeats itself but the
quintessential activity that pervades the field – topological order. If we may as-
sign a number from zero to infinity to represent the repeatability of a structure,
called its "power index," then three different specifies of universals are distin-
guishable . A singular universal, being unrepeatable, has the power index of 0,
whereas a structure with a power index of greater than 1 is a generic universal.
And how about those eternal possibilities cherished so much by traditional meta-
physicians? Presumably these are patterns of strains that carry the greatest
weight of generic necessity by being indefinitely repeatable – with a power in-
dex, that is, of infinity.

The question must now be pressed , wherein lies the power of repeatability
that constitutes the necessity of generic universals? It is obvious that this power
is not to be sought in some transcendent domain of being outside the Field – Be-
ing universe but must be found within the field – topological order itself. In-
deed, this power of necessity, as we see it, belongs to none other than the pow-
er of what we call the field potential – that is, the dynamic plenum or field – to-
pological order conceived as the reservoir or matrix of possibilities and impossi-
bilities. The power of a generic universal to repeat itself is latent in the condi-
tions of transfinite existence in the dynamic field or universal matrix in flux
wherein the field potential is embedded. These conditions, constitutive generally
of the dynamic givenness of field individuals or transfinite subjects, are in their
holistic compulsion what determine the fundamental meaning of field – topologi-
cal causation. In the succinct and symbolic language of Chinese cosmology,
field – topological causation is just a matter of xuanqian – zhuankun – literal-
ly, revolving ( xuan ) the ( field – topological ) Heaven ( qian ) and turning
( zhun ) the ( field – topological ) Earth ( kun ) . What exactly is implied in the
symbolic or metaphoric image of Heaven and Earth, of qian and kun, which the
Chinese cosmologists often refer to as their Cosmic Parents? Properly qualified,
what is implicit in the symbolic language of Chinese cosmology is a seminal an-
ticipation of what in the Field – Being scheme is referred to as transcendental en-
dowment and primordial – environmental heritage, the two fundamental sources
of dynamic givenness pertaining, respectively, to the realms of pure energy and

karmic matter. All transfinite existents are indeed offsprings of the Cosmic Parents. As effluents of becoming arising freely and spontaneously from the Radical Nothing, they are indebted for their transcendental endowment to Qian or the field – topological Heaven, the state of pure action. And as acts of becoming and karmic laborers engaging in the creative transformation of karmic matter, they owe for their transfinite individuality to Kun or the field – topological Earth, the realm of karmic necessity. For Chinese cosmology as for Field – Being, life – cosmic life – as karmic labor is indeed a matter of xuanqian – zhuankun in the creative appropriation of Heaven and Earth, of our transcendental and Primordial – envirorunental parentage. Life and field – topological causation are intrinsically inseparable.

All transfinite existents then participate in the Great Flow of creative transformation – or, as the Chinese cosmologists would say, in the dahua – liuxing between Heaven and Earth, the two sources of field – topological parentage. The phrase dahua – liuxing has over the last two millennia come to acquire such a proverbial force in the Chinese philosophical vocabulary that it is practically regarded by Chinese philosophers as the summary definitive statement of their cosmological outlook. And we cannot pick up a happier and more poignant philosophical diction to express our deep appreciation of the seminal field – topological thinking that is latent in the Dao tradition in Chinese cosmology. For what dahua – liuxing ( literally "great transformative flowing action") is intended to signify is almost exactly what we would render as "the dynamic plenum conceived as the Great Flow of creative transformation. " In a nutshell, Chinese cosmology is all about dahua – liuxing and xuanqian – zhuankun – and that in a word is what the Chinese cosmologists call Dao, the Way Dao is the Way of Life, the Way of field – topological causation. To participate in the Way, as all transfinite existents are obliged to do, is to engage in the decisive act of appropriation, that is, in the cosmic – existential resolution of contingency and the dispensation of karmic labor. Contrary to the fashionable position of western metaphysics, contingency is not the opposite of necessity, nor is it synonymous with bare, capricious freedom. No, contingency for Field – Being lies precisely at the heart of the Middle Way, in the rounded truth and the rounded reality of Dao. For as the field – topological union of procreative freedom and karmic necessity, contingency is what defines the quintessentiality of quintessential activity. Self – reflexive articulate action is quintessentially a transfinite resolution of contingency.

But what exactly is being determined, being resolved in the transfinite resolution of contingency? It is none other than the repeatability of generic universals, the value of their power index. What is at issue is the repetition of objectified character or forms of definiteness and the creation of a novel structural identity in the self – becoming of the noumenal self as a singular universal, a task of karmic labor. Here in the Field – Being theory the distinction between subject and object – and between subjectivity and objectivity – is primarily conceived in

terms of the two sides of self – becoming or karmic labor as the transfinite resolu-
tion of contingency. The subjective side is the side of procreative freedom; the
transfinite subject is simply the act of becoming or unitary force of appropriation
in the procreative freedom of its articulate power. But the subjective is insepara-
ble from the objective: the meaning of transfinite subjectivity is only definable in
terms of its creative efficacy against the primordial – environmental establishment
in karmic matter – in the accumulated and sedimented systems of strains which
collectively form the realm of objective necessity in the Field – Being uni-
verse. That objectivity is a matter of karmic necessity derived from the objectified
character and systems of strains of past articulate action is no doubt one of most
distinctive features of Field – Being philosophy. Contrary to the views of Plato
and Whitehead, forms or generic universals are not eternal or non – temporal en-
tities laid up in some transcendent domain of being, but are objectified struc-
tures in the temporal world, being contingent products of consummated field in-
dividuals which constitute, in their objective immortality, the primordial – envi-
ronmental heritage of nascent subjectivity. More to the point, these objectified
structures or systems of strains, which define the meaning of karmic neccessity,
are the habituated forms of articulate behavior in the perpetual self – appropria-
tion and self – accommodation of quintessential activity. In plain language, the
generic universals arisen from the power of compulsion and repeatability of ob-
jectified structures are habits of articulate action. What the power index of ge-
neric universals indicates is just that – the power of habits. It is to the articulate
habits of their predecessors and ancestors that transfinite subjects owe their in-
herited structural identity. The way a galactic system owes its structural identity
to the habituated patterns of energy in the universe is not essentially different
from the way a smoker owes his or her inveterate habit to his or her past smoking
action and the physical – social – cultural environment in which the tradition of
smoking has been perpetuated. What we mean to imply is that the so – called
laws of nature which from the very beginning has been held up in the Western
intellectual tradition as the protocols of objectivity necessity for philosophy and
the sciences are by no means eternal and absolutely ineluctable fixtures prevail-
ing over the physical world. No, they are like every repeatable generic structure
just a kind of habit – though an indefinitely persistent and inveterate one. It is
indeed to this indefinitely persistent and inveterate character of these laws of na-
ture or cosmic habits that we are indebted for the seemingly everlasting objectivi-
ty and stability of our Field – Being epoch. This is what we intend by the term
"primordial" in the expression "primordial – environmental heritage . " The pri-
mordial, in other words, refers to the indefinitely ineluctable establishment of
karmic necessity . Thus understood, the primordial is indefinitely in the world
and indefinitely ahead of the world, in basically the same sense the smoking
habit is ahead of the present behavior of the smoker. This is the concept of pre
– determination in Field – Being . The future of transfinite existence is always
predetermined to an extent by the past , by the objective establishment of karmic

necessity.

Now, as we have noted above, every transfinite existence is driven by a craving for form, by the vital force or impetus latent in its articulate power to define and re – define its existential boundaries according to the internal demand of individuation , what we have termed the Ego – principle. The Ego is indeed this internal demand of self – definition inherent in each and every transfinite existence. But where does the Ego come from? What, let us ask, is the source of the universal Ego impetus?

The answer is to be sought, of course, in the primordial source of transfinite existence, in the realm of karmic matter, the field – topological Earth, wherein all immortal structures or universals as objectified systems of strains are sedimented. As the universal impetus of individuation, the Ego represents the weight of karma or power of compulsion exerted by the objectified systems of strains upon all acts of becoming. The Ego impetus or craving for form originates at precisely the moment the weight of karma is felt by the nascent field individual, that is, the moment of fate – or the Great Warp, as we also call it – marked by the synergetic union of pure energy and karmic matter, the union of field – topological Heaven and field – topological Earth, of the transcendental and the primordial – environmental sources. The term "Warp" is intended to suggest the impact of the latter on the former, that is, the way pure energy is "strained" by the objectified systems of strains inherent in karmic matter. The weight of karma is a dictatorial force. Every objectified structure is a compulsion to conform; it seeks to perpetuate itself by being repeated in the being of its "host," of the appropriating act of becoming. It turns out that the craving for form, the internal demand of self – definition, underlying all transfinite existence is in fact a function of the karmic force. It is under the weight and influence of karma that transfinite existence derives its craving for form and the teleological direction of its Ego – dramatic propensity . In the Great Ocean of becoming all is driven by the sway of the Ego – principle.

And the Ego – principle, the principle of individuation, is both a principle of expansion and a principle of conservation, which we identify, respectively, as theoretic Ego (Eros) and the concemful Ego (Cura) . Unlike Nietzsche who subsumes the concemful Ego as a mere special case of theoretic Ego or the Will to Power, his name for the Ego – principle, Field – Being conceives them as equal partners in a bipolar integrity. The sway of the Ego – principle is, as we shall see, ultimately governed by the inner dynamics of the ultimate activity pertaining to the rounded integrity of Dao, in which is enfolded the deepest meaning of the Middle Way. But first the notion of the inner dynamics and its bearing on the theory of Ego – dramatic propensity needs to be further elaborated . have termed the Ego – principle. The Ego is indeed this internal demand of self – definition inherent in each and every transfinite existence. But where does the Ego come from? What , let us ask, is the source of the universal Ego impetus?

The answer is to be sought, of course, in the primordial source of transfinite existence, in the realm of karmic matter, the field – topological Earth, wherein all immortal structures or universals as objectified systems of strains are sedimented. As the universal impetus of individuation, the Ego represents the weight of karma or power of compulsion exerted by the objectified systems of strains upon all acts of becoming. The Ego impetus or craving for form originates at precisely the moment the weight of karma is felt by the nascent field individu-al, that is, the moment of fate——or the Great Warp, as we also call it – marked by the synergetic union of pure energy and karmic matter, the union of field – topological Heaven and field – topological Earth, of the transcendental and the primordial – environmental sources. The term "Warp" is intended to suggest the impact of the latter on the former, that is, the way pure energy is "strained" by the objectified systems of strains inherent in karmic matter. The weight of karma is a dictatorial force. Every objectified structure is a compulsion to conform; it seeks to perpetuate itself by being repeated in the being of its "host," of the appropriating act of becoming. It turns out that the craving for form, the internal demand of self – definition, underlying all transfinite exist-ence is in fact a function of the karmic force. It is under the weight and influ-ence of karma that transfinite existence derives its craving for form and the teleo-logical direction of its Ego – dramatic propensity. In the Great Ocean of Becom-ing all is driven by the sway of the Ego – principle.

　　And the Ego – principle, the principle of individuation, is both a principle of expansion and a principle of conservation, which we identify, respectively, as theoretic Ego (Eros) and the concemful Ego (Cura). Unlike Nietzsche who subsumes the concernful Ego as a mere special case of theoretic Ego or the Will to Power, his name for the Ego – principle, Field – Being conceives them as e-qual partners in a bipolar integrity. The sway of the Ego – principle is, as we shall see, ultimately governed by the inner dynamics of the ultimate activity un-derlying the rounded integrity of Dao, in which is embedded the deepest mean-ing of the Middle Way. But first our notion of the inner dynamics needs to be further elaborated in order we may see its bearing on the Ego – principle upon which the Field – Being theory of motivational archaeology is founded.

　　The key to the "bearing" here is the concept of force, the connecting link between the inner dynamics and the motivational archeology. The inner dynam-ics is the dynamic relation between pure or unindividuated action and differentia-ted or individuated action – that is, between the transcendental and the phenom-enal, the Radical Nothing and the Great Ocean of Becoming, as the two basic realms of articulate activity. It is what defines the "logic" of the diremptive function procuring the individuation of transfinite existence. But the dynamic logic of diremption is not something abstract; it is to be grasped in terms of the concrete reality of force, in terms of the dynamic relation or interrelation of pow-er, form, and expression – the quintessential trio, as we may call it – that lies at the core of the inner dynamics. Everything in the Field – Being universe is di-rectly or indirectly a manifestation or incarnation of the quintessential trio, which, as the core of the inner dynamics underlying the universal matrix, is the universal of universals . A force is a functional determination of the quintessential trio, a vectorial conjugation of power, form, and expression. This vectorial conjugation – a concrete vehicle of the awesome interface – is, moreover, a matter of inner appropriation whereby a form of articulate action is decided in relation to a givenness of power. What we term expression in the quintessential trio refers to the effective manifestation of the dynamic form that is also a measure of the articulate adequacy and propriety of the inner appropriation. This is the core meaning of the inner dynamics, the dynamics of inner appropriation underlying all articulate action. Thus understood , a force is a resolution of the inner dynamics and a consummation of inner appropriation. That is what we have in mind when we identify inner love – the love or impetus of inner appropriation – as the craving for form or self – definition. All life or transfinite existence is prompted by inner love, whose forceful reality is something that we experience intimately and concretely in our daily life. Thus, for example, when we were young and strong, our levels of activity always seem inadequate to the seemingly abundant power at our disposal; our feeling of restlessness is the direct expression of this inadequacy of our articulate action. On the other hand, when we become older or when we are sick and weak, we have to adjust down the level of our activity so as to preserve or conserve our lessening power, and our feeling of frustration or helplessness is an index of our limitations. Actually, such manifestations as readily given in our ordinary conscious experience are merely the surface phenomena of an enormously complex and intricate reality involving an infinity of multifarious and multi – dimensional forces at work at the unconscious or preconscious level. We are indeed both the center and product of this force – ful matrix of the inner dynamics. The articulate action that I am is no more than the infinity of forces that intersect and intertwine in my being and becoming. There is no fixed or unchanging substantial entity behind or within this intersecting and intertwining of forces constitutive of my transfinite existence . The reality of my existence as a fielded being consists in no more than this complexification of forces. For I can have no separate existence apart from the inner dynamics of the Let – Be. In fact, I am the inner dynamics working itself out in me and through me, a quintessential activity appropriating itself in accordance with the demand of inner love. ·

In thus recasting the theory of transfinite existence in the language of force we hope to bring ourselves more intimately in touch with the operation of the inner dynamics at the core of our quintessential experience wherein resides the Dot in Q. Q, the ever – elusive awesome interface. As a concrete vehicle of the inner dynamics in the rounded sphere of Field – Being, a force is precisely what both is and is not, both a having – been and a yet – to – be, both actually definite and actually indefinite – precisely the kind of process reality procured and represented by the operation of the awesome interface. But is this not precisely what is rejected by Parmenidean dogmatism as interpreted and embraced by mainstream Western metaphysics? What lies behind the Parmenidean dogmatism is of course the Occidental obsession with definiteness, which arises as an over – inflated oretic expression of inner love. Western metaphysics, the metaphysics of Eros, is a force that seeks to de – force itself as force: it seeks its own demise. The fulfillment of Eros is Thanatos – the fate of theoretic or erodictic mentality.

Field – Being does not deny the reality of force. On the contrary, it embraces it as the concrete and most authentic mode of reality. The dynamic plenum is through and through a continuum of forces. But while all transfinite existence, which flourishes in the phenomenal world or Great Ocean of becoming, is ego – bound and ego – dramatic in its dynamic constitution, being driven by the craving for form and self – definition, the Radical Nothing as the realm of pure, undifferentiated action, is entirely ego – free. And as such, the Radical Nothing is the transcendental niche of the Force, or the Field – principle as the ultimate embodiment of the quintessential trio – the ultimate source of power, form, and expression. As power, the Force is the inexhaustibility of articulate action. As form, the Force is the formless Form, the Form of strainless freedom . And as expression, the Force is the dynamic overflow – the ever – prevailing excess of procreative power from which arise the effluents of becoming, the ground of all field individuals or transfinite subjects. This conception of the Force as the ultimate embodiment of the quintessential trio is what defines the meaning of the divine or divinity in Field – Being. Divinity is quintessential activity in the state of perfection – that is, in the transcendental conjugation of the Inexhaustible, the formless Form, and the procreative Overflow that compose the Radical Nothing as the non – diremptive state of pure action. All transfinite existence is nourished in the divine embrace of the Force within the rounded sphere of Field – Being. It is indeed by virtue of the divine embrace and upon the inspiring influence of the divine Force that transfinite existence is empowered in its path towards self – transcendence.

While in the ego – center the transfinite subject is indulging in the interests of the concemful or oretic Ego, that is, in servicing the projects or agendas of care and desire, the field individual in the non – ego center is, under the inspiring influence of the Force, prompted in the opposite direction, that is, in the transcendence of Cura and Eros. This is what life as karmic labor consists in from the standpoint of transfinite psychology and motivational archaeology. The noumenal self or karmic laborer will always finds itself suspended in the dynamic tensions of two paths of vital disposition – the downward path of self – indulgence and the upward path of self – transcendence. As the principle of individuation, the Ego – principle in us is always engaged in ego profiling and ego building, whether in terms of the curadictic projects of care or through the erodictic programs of desire. In either case, self – indulgence means persistence within the confines or boundaries of an individuated or dirempted existence. Dictated by the craving for form or self – definition, the dirempted self is not interested in abolishing the boundaries that define the meaning and identity of its egological selfhood. It only seeks to re – arrange them according to the preference of its Ego – dramatic propensity . The topological region wherein the inspiring influence of the divine Force is felt and interpreted forms what we call the non – ego center of transfinite existence, as contrasted with the ego – center or the topological region prevailed over by the sway of the Ego – principle. The noumenal self——that is, the field individual or transfinite subject conceived as a unitary force or act of becoming – is identifiable neither with the ego – center nor with the non – ego center, but is to be thought of as a quintessential matrix engaged in the transfinite resolution of diremptive tensions betwixt the two center of forces. If we may represent the quintessential matrix geometrically in the form of an ellipse, then the ego and non – ego centers are to be identified as its two foci. Just as the character of an ellipse lies in the geometrical properties determined by the relation between the two foci, so the nature of the quintessential matrix is to be sought in the dynamic complexity of the ego and the non – ego dispositions or orientations.

And the hallmark of dirempted or individuated existence is strainful necessity. Strains are necessary and essential to transfinite existence because they are the very source of individuation. Every individuated existence is a system of strains, the factors that procure and establish its existential boundaries  – and thus its structural identity. But as the formal or existential ingredients of structural identity, strains are also what constitute the conditions of functional integrity, being the sources of articulate resistance and conductivity in the phenomenal world. What the Daoists call "nature" or zheran is not so much a realm of rounded perfection marked by articulate action in a state of strainless freedom – that is, what pertains quintessentially to the Radical Nothing, as a realm of rounded simplicity characterized by the least resistance and the greatest (possible) conductivity. We say "not so much" because there is an ambiguity here, that is, an ambiguity between rounded perfection and rounded simplicity which, as we see it, is precisely what distinguishes the Daoist conception of Dao—— and, for that matter, the perennial tradition of Chinese metaphysics, including Daoism, Confucianism, and Chinese Buddhism. But although the ambiguity is real, there is no question where the accent lies in this amplified tradition of Dao (as we may call it) . It is on rounded simplicity, the Middle Way between strainless freedom and strainful necessity. This is what the Chinese philosophical concept of tong essentially implies. What tong or tong – ness designates is not a state of non – obstruction in the complete absence of strains, but a state of least resistance and the greatest possible conductivity under the conditions and limitations of strainful necessity. And the theory of mailuo, the vital meridians or veins carrying the circulation of qi flow in all organic systems – and indeed throughout the whole cosmos according to the philosophy of Chinese medicine, is fundamentally just that: routes of tong – ness naturally given with the least resistance and greatest possible conductivity. Just as Western metaphysics with its oretic obsession with definiteness and expansive freedom is driven in its quest for structural identity by the lure of the cardinal simples, the ultimate ingredients of entitative – structural composition, so Chinese thought with its preoccupation with curatic solidarity and security is goaded by the ideal of efficacious ordinates, vital – social – cosmic meridians that sustain the field – topological order in its functional integrity. Here then is the basic difference between the Chinese and the Occidental philosophical mentality as motivated by their respective Ego – dramatic propensity. Theoretic obsession with definiteness and expansive freedom tends to be blind to the evils induced by strains and insensitive to the call of tong – ness. The Western philosophical spirit not only accepts strainful necessity, but also feeds and thrives on it. Far from attempting to find the path of least resistance and the greatest conductivity, the Occidental mentality is consciously and unconsciously tempted by the opposite. It seeks out the paths of the greatest resistance for mastery, adventure and conquest so as to make certain its expansive freedom. What a far cry from the conservative spirit of tong – ness and rounded simplicity so characteristic of the Chinese!

Now a tradition aspiring towards the attainment of tong – ness and rounded simplicity can not yield to the temptation of rational necessity and conceptual clarity which belongs only to the enticized and substantialized world, an ego – dramatized phantom of Field – Being. Of all major philosophical or wisdom traditions of the world, the Chinese tradition of Dao stands out as the only one that remains true to the reality and functional integrity of the dynamic plenum whose truth is necessarily non – demarcational and ambiguous. The relentless search for rational necessity and conceptual clarity so markedly prevalent in both Western and Indian philosophy is simply non – existent in the Dao tradition. This is not, of course, because the Dao – leamer is inherently incapable of pursuing the logical game of conceptual – rational construction, but because such pursuit is incompatible with its vision and intimate experience of Dao. We murder to dissect. For the Chinese Dao – leaner, Dao or the dynamic plenum is in itself a seamlessly undivided whole. And the field – topological order that the Dao reveals itself to us is a transcendental – natural – phenomenal continuum which refuses to be truncated into an artificially constructed world of rigid identities. Being one with the seamless whole in the collapse of all demarcations and rigid identities is for Chan the state and meaning of nirvana. But that is precisely what the Daolist zheran implies, a state of perfect naturalness and spontaneity – a state of rounded simplicity. Actually, both the Daoist and Chan sprit of naturalness is not far from what in Confucianism and Neo – Confucianism is called zhicheng or absolute sincerity. For no less than naturalness or zheran, absolute sincerity is a state of tong – ness or non – obstruction, the defining characteristic of the authentic plenum . In short in so far as safeguarding philosophically and existentially the functional integrity of the dynamic plenum – the dahualiuxing, the Great Transformation Flow, all major strains of the Dao tradition are united. The Middle Way of rounded simplicity is the one thread that runs through the full spectrum of Chinese thought.

# 5. Signature Field – Being and the Dao Tradition ( II )

What we propose to discuss in what follows is a kind of centrism – a philosophical position that believes in the Middle Way, both as an ontological commitment and as a rational choice or strategy. We Field – Being thinkers are dao – leamers, traversers of the Way who practice the supreme art of appropriation to the utmost limits. As such, we do not and must not shy from the Middle Way, let alone consciously straying from it. The Middle Way is for us not an object of deconstruction, nor is its endorsement something to be ashamed of, as if it were so hopelessly antiquarian and out of fashion. No, on the contrary, we whole – heartedly embrace it and are all too ready to defend it not only as a philosophical stance but also as a practical paradigm , a way of life par excellence. We affirm it philosophically because it is the truth of our vision, and we endorse it as a way of life and practical living because civilized humanity requires it for its integrity and creative vitality. For all extremist straying from the Middle Way, we emphatically submit, are blind alleys, both philosophically and otherwise.

But what is the Middle – Way? In Field – Being philosophy this question is capable of a rather distinctive answer, although this distinctiveness, as typical of Field – Being thought , may – and indeed must – be grasped in a variety of interrelated senses. In a nutshell, the question is to be answered in terms of what we call the "trans – differential problematics" : the Middle Way is Field – Being 's resolution of the trans – differential problematics. We coin the not – so – pleasing term "trans – differential" and its cognate "trans – differentiation" in order to enunciate and highlight both ontologically and methodologically the most salient and distinctive features of Field – Being thought. They are indeed the general labels for signature Field – Being. In the Field – Being scheme what is trans – differential is the dynamic relation between the One and the many – that is, between the Let – Be or self – articulate One, the ultimate activity, and the multifarious beings and things in the universe that are all extensions of the ultimate activity. This is trans – differential in the ontological or metaphysical sense. In this sense, everything in Field – Being is a differential by virtue of the role it performs in the actional scheme and in terms of the modality of its derivation from the ultimate action. The transcendence of the many by the One is indicated by the prefix "trans – " – what goes or lies beyond the differentials. But the prefix "trans – " also signifies that which comes across or connects. The ul-

timate activity that lies beyond all differentials is also the ground of their func-
tional interrelatedness in the actional totality. This is the ultimate activity func-
tioning as the awesome field interface gathering and unifying all things in the
Great Web of trans – differentiation . This is the internal affair that defines sig-
nature Field – Being as an ontological conceptuality. The Field – Being scheme
is ontologically a trans – differential scheme.

　　The question now arises: How is the Middle Way to be understood in terms
of the Field – Being conceptuality, that is, in terms of trans – differential
scheme? To begin with, the Middle Way is for us a matter of philosophical com-
mitment; it represents our stance or position on the dialectical tensions embed-
ded in the Field – Being scheme – that is, the opposing theoretical tendencies or
orientations which furnish the theoretical basis of the trans – differential problem-
atics. They include basically the diremptive tensions in the problematics of the
One and the many, and the quintessential tensions in the opposition between the
entitative and the field – topological. On both fronts, the Field – Being resolution
of the trans – differential problematics consists in an appropriation of the rounded
truth – that is, in the unfoldment and participation and in the Middle Way that
avoids the extremes and embraces the balance. The Middle Way is the way of a
rounded harmony . The question is, of course, how the balance is to be con-
ceived, and what exactly defines the roundedness of the rounded harmony. In so
far as the diremptive problematics is concerned, Field – Being does not empha-
size the One at the expense of the many, nor does it concentrate on the many in
the oblivion or even elimination of the One. The diremptive tensions on the One
and the many are resolved by means of the field – topological theory of perspec-
tives: the Middle Way between monism and pluralism is an actional perspectiv-
ism. A thing in the Field – Being universe is not an isolated entity but an ac-
tional center or locus in the Great Web of trans – differentiation, an extension of
the ultimate activity that constitutes necessarily a unique perspective of its field
– topological reality. Each unique perspective then is in its own way a unity of
the One and the many: it is in its own way the ultimate activity, constituting and
reflection its field – topological reality from its own standpoint. More exactly,
the authentic things that constitute the field – topological reality are what we call
field individuals or transfinite subjects. They are called field individuals because
they are individuated plenums of self – reflexive articulate action, and they are
called transfinite subjects because as effluents of becoming they are indebted in
their finiteness to the infinite power of the One, from which it receives the tran-
scendental endowment of their transfinite subjectivity. As authentic things in the
Field – Being universe, field individuals or transfinite subjects are agents of field
– topological transformation by virtue of their resolution of diremptive tensions.
The resolution of diremptive tensions consists concretely in the dispensation of
karmic labor as a synergetic union of vibrant energy and karmic matter – the ac-
cumulated effects of past, objectified action that constitute their environmental
heritage. Karmic labor is essentially a unity of transcendental endowment and

environmental heritage, the two basic components of transfinite subjectivity. This is at once the meaning of life and of becoming in the Field – Being sense. Life as karmic labor is an everlasting process of becoming involving the perpetual working and reworking of vibrant energy on karmic matter. The inner dynamics of this process is furthermore explicable in terms of the concept of cocconization, the openness and limitations of the field potential or universal matrix in flux in relation to the dispensation of karmic labor and processes of becoming. Karmic labor as a process of becoming is in reality a cocconization of power concrescence wherein a consummated self emerges as an effective trail of functional differentials out of the interplayful complexification of energy, experience, and meaning that constitutes the cocoon – body of its worldly existence. In the vibrancy of its transfinite subjectivity, the living soul of a karmic laborer is not as yet a (consummated) self, but is a self in the making . Thus becoming for Field – Being then is a process of entification, the quintessential process of activity wherein a transfinite subject becomes what it is by virtue of its self – appropriation. What is "entified" in the quintessential process – that is, the effective trail that forms the cocoon – body of power concrescence – is of course the consummated self. In appropriating and consummated itself, the karmic laborer as a living process of activity has acquired a thing – like or entitative existence . The consummated self of karmic labor is a quintessential entity of articulate activity.

The consummated self of becoming and karmic labor is called a "quintessential entity" because it represents an execution or working out of the inner dynamics: the fruit of karmic labor – the entity that has become – is the quintessence of self – reflexive articulate action. This conception of the quintessential entity is thus to be sharply distinguished from the conception of the substantial entity in Western metaphysics . For unlike the substantial entity in Western metaphysics that only exists as a delusive abstraction – that is, as a separate, isolated self – existing thinghood, the quintessential entity in Field – Being is real and concrete. For the consummated self as a quintessential entity remains a form of power enfolded in the karmic matter of its cocoon – body, the effective trail which is the immortal trace of its transfinite subjectivity. The consummated self does not vanish into non – existence . As an "immortal soul" in the Great Flow of Becoming, it still commands power and demands reckoning from all worldly existents as a force of objectified action. Embodied in the dissipated energy and objectified experience of its karmic efficacy, the consummated self is still in some sense "alive. "

This understanding of the "quintessential" or "quintessentiality" as defining the intrinsic meaning of the dynamic process – of becoming as the procurement of entitivity out of the articulate, coccoonizing power of activity – must now be incorporated into the notion of the Middle Way in Field – Being. Just as Field – Being strikes a balance between the One and the many in its conception of the field individual as a unique perspective of the field – topological reality, so here with respect to the dialectic tensions between activity and entitivity it adheres

likewise to the rounded truth in its resolution of the trans – differential problem-
atics. The self – becoming of the quintessential entity is the rounded truth.
Hence the overall meaning of the rounded truth that defines the Middle Way or
ontological centrism of Field – Being is to be grasped in the unity of perspectivity
and quintessentiality. And it does not really take much imagination in order to
see where the unity lies. For the unity of karmic labor that constitutes the life of
field individuals or transfinite subjects is none other than a unity of perspectivity
and quintessentiality. The self – becoming and appropriation of the karmic labo-
rer is not an isolated and merely private affair of a detached subjectivity, but is
a process internal to the Great Web of trans – differentiation – to the field – to-
pological reality in its undivided wholeness. The life of a field individual or
transfinite subject is in its own perspective and from its own unique standpoint
the Great Life itself.

The Great Life is the universal life of the One Being, the wholesome uni-
versal, as we may call it, in which all existents participate. The expression is a-
dopted here in order to convey the value orientation of Field – Being philosophy
as well as to contrast it with the conception of the abstract universal that is one of
the hallmarks of Westem metaphysics.

Implicit in the term wholesome universal is the Field – Being stance on be-
half of spiritual health and well – being, which, as we see it, only comes to us
in and through a direct and immediate participation in the Great Life – in embra-
cing the field – topological reality authentically in its undivided wholeness. Far
from doing justice to the One Being as an undivided whole of infinite diversity –
a dynamic totality of self – reflexive articulate action, the abstract universal in
Western metaphysics represents in fact an impoverished homogenization of the
field – topological reality. The rigidity and divisiveness of the Western entitative
mentality historically brought up in the soil of Western metaphysics is hardly the
emblem of Life, but is on the contrary the vehicle of Death. For there can be no
possibility of genuine spiritual health and well – being in the land of a truncated
reality.

The irony is, however, that it is precisely to this entitative mentality that
we owe much of the sophistication, brilliance and power of western civilization.
The "tradition of logos," by which we identify the historical cultures nourished
in the soil of western metaphysics, is the tradition that is primarily responsible
for the advance of science and technology, as we know today – the product of ra-
tional – analytic thought ( logos ) and the entitative mentality. But what is the
source of entitative thinking? And from what does the entitativism of western cul-
tures derive its power? The answer can be succinctly stated in one word: eros,
or desire. Indeed it is in the pivotal connection between eros and logos – be-
tween desire and rational – analytic thinking – that the western tradition erects
the shrine of its entitative mentality. This connection is "pivotal" because it
constitutes an axis of motivation and appropriation in the Dasein – field ofhuman
beings. Rational – analytic thinking is entitative because desire is entitative.

The conception of substantial entities as independent and separate self – existing things is not grounded on the way things truly are but are the product of a profiling delusion – a projection of our erodictic craving or drive from the ego – center of our humanity. The historical quest for certainty – apodictic certainty – so characteristic of the Western philosophical tradition, as keenly observed by John Dewey, is, in the archeology of human motivation, an intrinsic expression of the entitative craving of desire. Logos is a reflection of Eros: apodictic certainty is a function of erodictic certainty.

Life is erodictic in so far as desire is the determining factor of behavior and discourse. In the Field – Being scheme eros or desire is not just a psychological concept, but is fundamentally an ontological one. For desires as a psychological phenomenon are manifestations of an ontological principle, namely, the Ego – principle as the principle of self – perpetuation underlying the individuated existence of field individuals or transfinite subjects. But the Ego – principle is not identifiable with eros; desire is not the only determining factor of articulate action. For as the other pole of motivating force, cura or care is also a partner in the formation of the Ego – principle. Behavior and discourse may be prompted and shaped by curadictic dispositions as well as by erodictic tendencies. This polarity of care and desire – cura and eros – is what forms the Ego – center of transfinite existence. Life is an ego – dramatic affair shaped by the polar tensions of these two driving forces. The pivotal connection of eros and logos underlying the Western tradition as mentioned above thus presents only half the story in the ego – drama of the human Dasein .

While it is not our purpose here to explore in depth the archaeology of human motivation, topic that we must leave for another occasion, a bare outline of our thinking in this area is indispensable for an adequate understanding of the trans – differential problematics and the Middle Way that are the focus of our concern in this essay. For the trans – differential problematics, as we understand it, is an integral part of the Ego – drama of human existence, which we have given a cosmological setting. The Ego – drama is not confined to the Dasein – field of human beings, but is played out throughout the Field – Being plenum in the cosmic community of field individuals or transfinite subjects. There stage of Ego – drama is coextensive with the realm of differentiated existence. For the Ego – principle – the impetus of self – perpetuation, which Nietzsche called the will to power, is the universal principle of individuation. The Ego is both the prize and price of individuality.

Now while all field individuals or transfinite subjects are driven by their unique ego – dramatic propensities that goaded them to seek to perpetuate themselves in their own way, their Ego – dramas are invariably a function of the polar integrity of Cura and Eros, conceived as comic principles of motivation. The Ego – drama is in every case a drama of these two cosmic principles or forces that, though operating in opposing directions, are united in their complementarity in the self – perpetuation of transfinite existence. Eros is the Acquisitive  –

expansive principle: it seeks to perpetuate itself through the exploitation and aggrandization of power. Cura is, on the other hand, the preservative – conservative principle: here self – perpetuation is sought in the cohesion and solidarity of power. It turns out that Cura and Eros are the regulating principles of power dispensation in the Field – Being universe. Every strand or limited plenum of articulate action appropriates itself in its own way as regulated by its ego – dramatic propensity which determines the way power is dispensed in maintaining the functional integrity of its transfinite existence. Thus as a cosmic propensity of power dispensation, Ego – dramatic propensity plays a pivotal role in the quintessential process of becoming. Every transfinite existence is a craving for form in the cocconization of power concrescence – a form that is compatible with its Ego – dramatic propensity. We call this craving for form in the ego – dramatic context the inner love of self – appropriation. In the Field – Being scheme, this conception of inner love is the theoretical foundation of value theory. For Field – Being all valuation is ultimately an expression of inner love – a function of ego – dramatic propensity.

But no – not entirely. Inner love and valuation is not just a matter of ego – dramatic propensity. For as with every concept in Field – Being our conception of inner love must be placed against the infinite background and in relation to the field – topological reality as a whole. We must recognize that the ego – dramatic propensity of field individuals or transfinite subjects does not exist in a vacuum, but always obtains its measures under field – topological conditions. And this is till not the whole story. What we must now introduce into the picture is the other determining factor of inner love – the other propensity that configures the overall motivation structure of transfinite subjectivity. We mean, as some may have expected, the openness and orientation of the transfinite subject to the wholesome universal – the holistic aptitude, as one may call it, that defines the meaning of authentic selfhood in transfinite existence. While field individuals are ego – centered in their impetus to perpetuate themselves, they are also authentic selves in their holistic embracement of the field – topological reality. Inner love and valuation then is a join function of ego – dramatic propensity and holistic aptitude. The cosmic drama of Field – Being is not directed by the Ego – principle alone, but even more decisively by the Field – principle: the sound and fury of self – perpetuation can only be heard within the silent call of field – topological openness.

And the cosmic drama is concretely an aesthetic affair. In the Field – Being scheme, concreteness belongs to the aestheticism of the field – topological reality – that is, to the interplayful complexification and complexity of energy, experience and meaning that defines the concept of power, or substance in the Field – Being sense. This aesthetic conception of power and substance is undoubtedly one of the most distinctive features of Field – Being philosophy. In the Field – Being vocabulary activity and power are inseparable : activity is empowered action. The concreteness and aestheticism of the field – topological reality consists

precisely in the empowerment and dispensation of self – reflexive articulate ac-
tion – that is what we mean by the descriptive – metaphoric proper name "activ-
ity. " Needless to say, activity in the technical Field – Being sense is markedly
different from the ordinary concept. But they are not incompatible . For activity
in the Field – Being sense does include what we ordinarily mean by activity, that
is, as surface phenomena or surface action that appears as a manifestation from
the effective trail of articulate action. The concept of effective trail – the trail of
effects produced by a plenum – points immediately to the inner connection be-
tween activity and power. For power is simply the ability of activity to articulate
itself: the effective trail is the trail of its articulate efficacy. But what is the fun-
damental involved in the working out of articulate efficacy or power that defines
the meaning of the inner dynamics? What indeed is "aesthetic" about the aes-
theticism of Field – Being?

Articulation, as we understand it, is, first of all, an act of production .
This is the meaning of activity or articulate action in the physical sense. Under-
stood in its physicality, articulate power or the power to articulate is the ability
of a plenum to produce an effect or to make a difference. And the dispensation
of physical power is what, as we have already indicated, what constitutes the
process of karmic labor as a synergetic union of vibrant energy and karmic matter
– the dissipated energy immanent in the accumulated effects of past, objectified
actions. Thus karmic matter and effective trail are closely related concepts.
While karmic matter is the dissipated energy immanent and enfolded in the ef-
fective trail, the effective trail is totality of accumulated effects attributable to a
plenum of articulate action. Physical efficacy then is in brief a matter of energy
– matter (or simply energy) , understood in the Field – Being sense.

But articulate action is, of course, not just a physical matter. For articula-
tion in its inner dynamics is as much an act of expression as it is an act of pro-
duction . The working out of the inner dynamics in a plenum is an expressive act
because it is a self – referential act of appropriation and interpretation – the in-
trinsic meaning of mentality in the Field – Being sense. If articulate action in its
physical efficacy consists in the dispensation of energy – matter, then it is on
the mental side a comprehension or apperception of thought – feeling . The locu-
tion "thought – feeling" here needs some explanation, as the two words that
make up the locution are not to be taken in their ordinary sense. For us,
thoughts and feelings are not determinations of consciousness, nor are they con-
fined to the mentality of human beings, as the terms are ordinarily understood.
No, they belong universally to all field individuals or transfinite subjects as the
quintessential ingredients of articulate mentality. In the Field – Being sense, the
essence of thought is appropriation and interpretation – that is, the appropriation
and interpretation of what is felt. Since all is activity in the Plenum of the One
Being, the Field – Being universe, activity is always and necessarily in touch
with itself in its self – reflexivity. A feeling is simply a mode of this self – refer-
ential in – touchness . To be more specific, every field individual or transfinite

subject as a ( limited ) plenum of articulate action is in touch with itself, in tou-
ch with its immediate environment , and in touch with the infinite background –
the ultimate activity. And it is from the givenness of these multifarious feelings
which constitute for the articulate plenum the affective basis of its transfinite
openness that thoughts arise as their appropriation and interpretation. Since the
appropriation and interpretation of feelings is necessarily a self – referential act,
thinking is intrinsically expressive. Every thought that arises from an articulate
plenum in an occasion of experience is self – referentially an expression of its
transfinite mentality or subjectivity. Here experience is just another name for
thought – feelings, what make up the expressive content of mental efficacy.
Power in the mental sense is the ability of activity to express itself in terms of
self – referential experience or thought – feelings.

The question now arises, what is the relation between the physical and the
mental sides of articulate efficacy – or, to be more specific, between energy –
matter and thought – feelings? Are they determinations of two intrinsically inde-
pendent substances, as alleged in Descartes´dualistic metaphysics? No – not at
all! In so far as Field – Being is concerned, the physical and the mental,
though conceptually distinct, are not separate in reality. In fact, they are but
the flip sides of the same coin – that is, the same power, the power of self – re-
flexive articulate action. Thoughts – feelings or experience are physical in so far
as they are effects of articulate action or are productive of effects. And energy –
matter is mental in so far as thought – feelings are potentially immanent or kar-
mically objectified in it. But there is more to this physical – mental correlation:
there is the "betweenness" of the two dimensions of articulate power that cannot
be adequately captured by the metaphor of the coin. As we see it, articulate ef-
ficacy is really a tri – polar affair; the reality of power quires the introduction of
a third dimension for its intelligibility. For what lies between the physical and
the mental is the intentional order of transfinite existence – the order of meaning
that defines articulate power as a virtue reality.

The "virtual" is the self – referential interface of the physical and the men-
tal. This is the role played by meaning in the Field – Being universe as the vir-
tue reality mediating between energy and experience. Meaning is characterized
as "virtual" because it is neither physical nor mental – neither energy – matter
nor thought – feelings – but partakes the nature of both. Meaning arises because
activity is a self – reflexive whole: a determination of meaning is a field – topolo-
gical image of its self – reflexivity. As the virtual interface of physicality and
mentality, meaning is what makes possible the self – referential function of com-
munication in articulate action. And what is essentially involved in articulation
as a communicative act is the intra – plenum and inter – plenum transmission
and dissemination of meaning or information – significance that constitute the vir-
tual content and reality of the intentional order. The self – reflexive whole is also
a self – informative and self – communicative whole. Inthe intentional sphere,
articulate power is the virtual ability of intra – plenum and inter – plenum com-

munication.

Every thing or determination viewed in the intentional order is a text to be read in so far as it is an embodiment of meaning – that is, in so far as information – significance is inscribed on it. This inscription of meaning or meaningfulness on a text is what we mean by writing in the ontological sense. Ontologically, writing is not a specifically linguistic matter but is the intentional inscription on Field – Being. A text then is anything that bears or contains a form of writing – a sign – signal configuration in which meaning or information – significance is embedded. More specifically, the configuration is a sign in so far as it is a signifier or carrier of information. It is a signal in so far as it is a conditioner of significance or prompter of action. This also gives rise to the meaning of language in the ontological sense, as distinguished from the ordinary conception. Here language is not merely a matter of spoken or written words, but refers to any sign – signal system that functions as a field – topological medium of writing. The ritual systems that prevail in a society of insects, birds, animals or any human society are, for example, all forms of language in the Field – Being sense.

Now writing or the inscription of meaning on a given text belongs necessarily to the realm of karmic matter, which provides the environmental heritage of field individuals or transfinite subjects. The inscription as appearing on a text is the articulate product of past, objectified action. The effective trail of articulate action as sustained in karmic matter is therefore the bearer of all accomplished writings. It is indeed the inscriptions on the effective trail of karmic matter that constitute the objective basis of appropriation and interpretation for the self – becoming of transfinite existence. What marks the nascent phase of karmic labor and transfinite subjectivity at the moment of fate is the physical appropriation of the effective trail of the articulate universe with all its objectified writings and inscriptions. Life then proceeds on this objective basis as a thoughtful affair and hermeneutic act – that is, the intentional act of interpreting what is (physically) felt. We can see already here how the physical, mental, and intentional dimensions of transfinite existence are intertwined and integrated in the functional integrity of karmic labor – in the cocconization of power concrescence that defines the quintessential meaning of transfinite subjectivity. The synergetic union of vibrant energy and karmic matter that constitutes the physical pole of karmic labor is from the mental pole an act of reading in the communicative exercise of thought – feelings whereby information – significance is experientially and appropriately transmitted and disseminated. This concrescence of energy – matter, thought – feelings, and information – significance and their tri – polar interplay in the self – becoming of transfinite existence is what we intend to convey by the term "complexification." Thus conceived, complexification is the modus operandi of cocconization. It is what determines for us the meaning of aestheticism and concreteness in Field – Being. What is concrete and aesthetic about the field – topological reality is the interplayful complexity of the three dynamic components of energy, experience, and meaning. And what is "substantial" about power as the aesthetic substance is none other than their concrescent tri – polar integrity.

　Now while the self – becoming of transfinite existence is grounded on the appropriation and interpretation of karmic matter as embodying the effective trail of objectified articulate action, the process of self – becoming via cocconization is at the same time an effective trail in the making. The effective trail that forms into the cocoon – body of the quintessential entity – that is, the noumenal self that finally emerges from the cocconization is the objectified product of the on – going concrescence. In so far as the cocoon – body is a sign – signal configuration, it is a text that bears the inscriptions and writings of the quintessential entity. These inscriptions and writings taken as a whole constitute the transfmite "signature" of the noumenal self in the Field – Being universe. Every signer of a transfinite signature is an immortal being in its own right – it is what we have called an instant of eternity.

　The noumenal self is eternal because it no longer belongs to the temporal world of transfinite existence. And it is immortal because its signature, once inscribed, can never be erased from the Field – Being universe. Though in its transcendence the quintessential entity on longer belongs to the world, it remains efficacious by virtue of the immanent power of its transfinite signature as embodied in its cocoon – body which has instituted itself as an ever – lasting factor in the field potential or universal matrix of all existence. The cocoon – body of a noumenal self is not permanently fixed or established existence. It undergoes, as a matter of fact, perpetual modification and transformation in the dynamic complexification of the field potential. The identity of the cocoon – body is not the identity of a substantial entity, but the identity of an ideal relation, the relation between the noumenal and phenomenal – between the immortal author and its perpetually transforming signature.

　We call this relation ideal because the noumenal self as an instance of eternity and immortal author of transfinite signature is an ideal entity. In Field – Being ideality has a two – fold meaning: the loss of concreteness and the attainment of absoluteness. While the noumenal self as the coccoonized quintessential entity in process of self – becoming is a physical – mental – intentional product of power concrescence, the noumenal self that has emerged from the cocconization as an instant of eternity is an ideal existence marked by the absence of concreteness. The ideal entity is a non – physical , non – mental, and non – intentional existence. As such, it does not exist in phenomenal time, being a creature of eternity. For phenomenal time is the time of becoming that expresses the fluency of activity in the dynamic concreteness of energy, experience, and meaning. But although the ideal entity is no longer in phenomenal time, no longer riding on the concrete flow of phenomenal temporality, it is not something that is totally abstract, being completely removed from concrete temporality either. For as the immortal author of its transfinite signature in perpetual transformation, the noumenal self in its ideality stands in a tangential relation to the process of becoming – not as a creature of phenomenal temporality but as an absolute standpoint of the Field – Being universe. The concept of the standpoint in Field – Being ascribes only to field individuals or transfinite subjects. While the transfinite subject as a quintessential entity in process of self – becoming is a standpoint in flux, the transfinite subject as an ideal existence – the quintessential entity that has become at the moment of absoluteness, is a standpoint in e-ternity. The moment of absoluteness is the instant in phenomenal time at which articulate action attains determinate uniqueness in the resolution of diremptive tensions. It is the juncture between temporality and eternity wherein what is quintessential is crystallized into the ideal in the tangential leap from relativity into absoluteness. But absoluteness does not mean absolute transcendence. Unlike Western metaphysics ideality and eternity in Field – Being is not separable from quintessential concreteness and phenomenal temporality. As an absolute standpoint of the world , the noumenal self in its ideality and eternity remains tangent to the phenomenal world, to the Great Ocean of Becoming. In fact, the noumenal self as an ideal entity remains eternally nourished in the transcendental concreteness and Great Simultaneity of the ultimate activity: the what – has – been of articulate action is eternally apperceived in the divine meditation of the Let – Be, as an object of its pure self – reflexivity.

The above digression is intended to give an indication of our vision of the Field – Being universe that forms the field – topological horizon of any Field – Being discourse and to introduce some of the pertinent ideas that will prepare us for the more intricate discussions that follow. What we have seen is a sketch of the cosmic setting for the Ego – drama of all transfinite existence. Where do we locate the Ego in the cosmic setting of articulate action?

The Ego, as we have seen, is the principle of self – perpetuation underlying all individuated existence. It is the driving force immanent in the aesthetic plasma of transfinite subjectivity. As such it expresses itself as a craving for form, the inner love of appropriation that prevails over each and every life – form in its dispensation of karmic labor. The noumenal self as a center of appropriation and agent of diremption is primarily an Ego – center, a dynamic locus of articulate action wherein the divergent forces of individuation and self – perpetuation participate in the cocconization of power concrescence. The inner love of appropriation – or vital impetus, as we may also call it – as a quintessential craving for form is the consequent vector of these divergent forces. How a transfinite existence appropriates itself in its self – becoming through karmic labor will depend on how its craving for form is motivated – that is, on the direction and intensity of the vital impetus. To promote the ease of exposition, we shall understand the motivation structure of inner love in the metamorphic language of spatiality. This is a four – fold structure involving two bi – polar movements of motivational forces or principles. Let us first lay down this motivational structure in the form of a table before we proceed to clarify or elaborate on it.

**The Vital Mandala**
**( The UDRL System or Inner Quaternion of Karmic Labor )**
**The Motivation Structure of Transfinite Existence :**
**The Grammar of Appropriation and Logic of Inner Love**

| | | |
|---|---|---|
| Directions of Inner Love Vital Impetus or Craving for Form as the Principle of Self – perpetuation | The Impetus of Cura ( The Conservative – contractive Ego – principle ) Need for Solidarity ( Rightward Path : The Way of Care ) | The Impetus of Eros ( The Acquisitive – expansive Ego – principle ) Need for Freedom ( Leftward Path : The Way of Desire ) |
| Downward Path The Recalcitrant Ego in separation and alienation from the wholesome universal or ultimate activity in its undivided wholeness | Lower Forms of Solidarity Curadictic inclinations towards mere self – preservation – inertia and stagnation of transfinite existence ( stubborn cares ) | Lower Forms of Freedom Erodictic inclinations towards coercive possession, expansion and domination – violence and destruction of transfinite existence ( raw desires ) |
| Upward Path The Responsive Ego in receptive openness to the Force and influence of the wholesome universal | Higher Forms of Solidarity Curadictic inclinations towards integration and unity with otherness – attainment of transfinite well – being as an inclusive state of sympathetic Harmony ( universalized care ) | Higher Forms of Freedom Erodictic inclinations towards recognition and respect towards otherness – attainment of transfinite integrity as a heightened state of sublime magnanimity ( sublimated desire ) |

　　Although what we have set forth in the above table is, we believe, suffi-ciently clear on its main outlines, further clarifications and elaborations are needed for our following discussions. First, the conceptual schema that is articulated in this table is about the motivational structure of transfinite existence – called the " Vital Mandala," in which is embodied, as indicated, the grammar of appropriation and logic of inner love. The term " motivational structure" immediately carries the suggestion that what we have in mind is something psychological. This is certainly true if psychology or the psychological is here conceived in an amplified, Field – Being sense. To be sure, what we mean to convey in the Vital Mandala is a matter of psychology, because it is about the Ego

– principle and its motivational structure in terms of inner love or the craving for form, but this is a transfinite psychology – a psychology of transfinite existence in general, and not specifically the psychology of humankind as it is ordinarily understood. And since the Ego – principle as the principle or driving force of self – perpetuation is for us none other than the principle of diremption and individuation, transfinite psychology is an integral part of Field – Being ontology. The psychological is indeed co – extensive with the ontological. Actually, this inner connection between psychology and ontology is already implicit in the aesthetic conception of power or substance in Field – Being. For mentality is for us not defined in terms of consciousness, but in terms of the general notion of experience or thought – feelings – in terms of the ability of activity to appropriate and interpret what is felt, which may or may not be an act of consciousness.

Now self – perpetuation is a vital affair; the Ego – principle is the life – principle of field individuals or transfinite subjects. And life for all transfinite existence consists in karmic labor: life is indeed the dispensation and consummation of karmic labor. Again, this conception of life is quite distinct from the ordinary biological conception. Life for us is not confined to organic matter in the scientific meaning of the term. For life in the Field – Being sense is applicable to all transfinite existence, organic or inorganic, conscious or unconscious. Like transfinite psychology, transfinite biology is also an integral part of Field – Being ontology: they are concerned indeed with the same subject matter – that is, the appropriation and self – becoming of transfinite existence – though viewed from different perspectives. While transfinite biology emphasizes life as karmic labor in terms of the synergetic union of vibrant energy and karmic matter, transfinite psychology concentrates, on the other hand, on the role of the Ego – principle and in the logic of inner love. But these are but two different aspects of the same process that may be conceptualized unified in the concrete movement of articulate action constitutive of all processes of self – becoming – what we have called the cocconization of power concrescence as the modus operandi of all transfinite existence. Inner love as the craving for form is the driving force that emerges under the compulsion of the Ego – principle from out of the synergetic union of vibrant energy and karmic matter. It is the vital force that gathers and directs in interplayful complexity the dynamic components of energy, experience and meaning in the formation of the noumenal self or quintessential entity as an agent of diremption and center of appropriation. The story of self – becoming as a cocconization of power concrescence in which an Ego – drama plays itself out on the cosmic stage of articulate action is basically a story of the vital force within the limits or boundaries of a transfinite duration which defines for the articulate action in question – to borrow a Whiteheadean term – its epochal character. The transfinite duration constitutes an epoch of karmic labor. The vital force arises with the inception of karmic labor at the moment of fate upon the ingression of pure energy into karmic matter and consummates itself at the moment of absoluteness with the leap of the noumenal self into the realm of ideality and at which quitessentiality is crystallized into an instant of eternity. We call the moment of fate and the moment of absoluteness that define the limits of a transfinite duration or epoch, the upper and lower bound s of karmic labor, respectively. From the standpoint of the quintessential entity in self – becoming real time is the lived time within the upper and lower bounds of the transfinite duration. But the meaning of time and temporality is not to be confined to real time as lived within the upper and lower bounds of transfinite existence. In the Field – Being theory, time in the broadest sense is definable simply as the dynamic fluency of articulate action. Since the dynamic fluency of articulate action varies with different states or modes of articulate activity, there are, strictly speaking, as many senses of time and temporality as there are states or modes of articulate action. For our purpose here we need to identify only the basic differentiations of time in terms of the dynamic fluency peculiar to the basic domains of articulate action that are involved in our understanding of transfinite existence. From the standpoint of a noumenal self in process of becoming, the following determinations of time and temporality are pertinent:

1. Real Time – the lived time of a noumenal self or quintessential entity within the upper and lower limits of the transfinite duration.

9) Transcendental Time – the lived time of the ultimate activity in the pure or non – diremptive state of articulate fluency. This is the great simultaneity of the Radical Nothing. In the lived time of the great simultaneity there is no experience of the demarcation between the before and the after. Since in the nascent phase of their self – becoming all field individuals or transfinite subjects originate transcendentally as effluents of becoming from the realm of the Radical Nothing beyond the upper bound of the transfinite duration, the great simultaneity may be called the antecedent temporality in relation to the noumenal self in process of becoming.

10) Primordial Time – the unlived time of karmic matter. Immoral time is immortal because it pertains to the time of objectified action.

# 6. Signature Field – Being and the Dao Tradition ( Ⅲ )

What we propose to discuss in what follows is a kind of centrism – a philosophical position that believes in the Middle Way, both as an ontological commitment and as a rational choice or strategy. We Field – Being thinkers are dao – leamers, traversers of the Way who practice the supreme art of appropriation to the utmost limits. As such, we do not and must not shy from the Middle Way, let alone consciously straying from it. The Middle Way is for us not an object of deconstruction, nor is its endorsement something to be ashamed of, as if it were so hopelessly antiquarian and out of fashion. No, on the contrary, we whole – heartedly embrace it and are all too ready to defend it not only as a philosophical stance but also as a practical paradigm, a way of life par excellence. We affirm it philosophically because it is the truth of our vision, and we endorse it as a way of life and practical living because civilized humanity requires it for its integrity and creative vitality. For all extremist straying from the Middle Way, we emphatically submit, are blind alleys, both philosophically and otherwise.

But what is the Middle Way? The word middle here is not to be taken in the spatial or mathematical sense. As a philosophical stance or position, what we call the Middle Way has to do with the field character of Being: it is the Middle Way of Field – Being. The Field is the universal matrix of all existence, and Being, in the primordial meaning of the word, names the articulate presencing of activity in the Field. But the articulate presencing is simply a topological manifestation of the universal matrix in flux, itself the dynamic embodiment of the One Being of the Let – Be – the self – articulate One or ultimate activity that is the source and ground of what is let to be in the universe. Field and Being then are mutually defined concepts: Being is Field, and Field Being – hence the hyphenated term Field – Being. Field – Being philosophy is based on the fundamental intuition that all is activity, and that the One Being of the self – articulate One is an aesthetically empowered plenum of self – reflexive articulate action whose dynamic trans – differentiation and transformation – called the inner dynamics – is what constitutes the field character of the universe. Trans – differentiation is the logic of diremption, whereas transformation names the way of quintessential actuality. To be more specific, our whole thinking informing the Field – Being scheme centers round two sets of distinctions on the all – encompassing notion of self – reflexive articulate action – action in the Field – Being sense. There is, on the one hand, the general distinction between two species of ( self – reflexive) articulate action: the non – diremptive articulate action that is undivided or continuous in form and articulate action that is discontinuous or individually differentiated in character. The former is what we call pure action, which is not, let us emphatically add, action without form but rather an inner articulation of formless Form – the Form of pure self – reflexivity. This inner articulation of the self – articulate One – the Let – Be in itself, as we call it – is a will – less or non – contrived action that is perfectly natural, free and spontaneous. In the Daodejing, to which Field – Being owes much for its fundamental insights, the Let – Be in itself is presented as the wu or non – being individuated self or ego striving to cling to or hold on to its separate ownness by means of self – contrivance and egolizing action. The mentality of Da if mentality is the appropriate word here – is the self – reflexivity of pure consciousness in the sense of pure experience, the inner experience of an undivided whole which in its transcendental dimension is perfectly natural and spontaneous. As we shall see, what intrinsically characterize the wu – aspect of Dao or the Radical Nothing, the state of pure action, is strainless freedom – that is, the complete absence of strains which are the diremptive conditions of individuation. The ideal of action which Field – Being endorses as the guide for Dao – learning is not far from the message that the Daodejing intends to convey to its readers – namely , flexibility without strains or with the minimum of strains. For that is what the Dao is, and what we may learn from the great Dao. What is perfectly flexible and free from strains is none other the formless Form, the Form of the ultimate activity in the state of pure action, the Form of the inner articulation of a pure self – reflexivity.

The importance of the notion of flexibility without strains or strainless freedom to the Field – Being outlook can hardly be overemphasized. For that in a nutshell is, as we see it, what the Dao tradition as the seminal source or prototype of field – topological thinking is all about. Let us point out immediately that when we speak of the Dao tradition here, we do not have in mind merely what is intellectually and spiritually embedded in the Daod ejing but the entire Chinese philosophical tradition in so far as it is dominated by field – topological thought. If there is one word that may sum up the quintessential spirit of Chinese philosophy, that word would be tong, meaning non – obstruction. It is the one thought that unites Confucianism, Daoism, and Chinese Buddhism , the three main streams of Chinese philosophy. "The Dao is one," says the Daodejing, "at ( or in the state of) tong. " And the attainment of tong as defining the teleology of humanity's moral or spiritual destiny or fulfillment is no less pronounced in the Confucian theory of ho or harmony and in the Buddhist notion of wuai, the non – obstructive state of interpenetration, as spelled out so emphatically in the Garland Sutra. To the seasoned students of Chinese thought, the evidence is so overwhelming that it is hardly necessary for us to multiply any more examples here to justify our thesis. It would indeed be most illuminating to compose a treatise or commentary on Chinese thought, as we are tempted to undertake the task someday, based on this one single concept – tong as the key to all Chinese philosophy. In undertaking such a task one would discover soon enough that Chinese philosophers have a radically different approach to the meaning of form than is traditionally entertained in the tradition of western metaphysics. For the former, form is not a matter of structural identity, but a matter of functional integrity. While structural identity is more or less appropriate for our understanding of things, the separate entities, it is woefully inadequate to grasp the reality of action. The field – topological reality that manifests itself as the universe of Dao is an actual indefinite, a flexible and inexhaustible power that we can only have access to in and through its functional integrity. Zeno's paradox cannot be solved because the plenum is grasped entitatively and statically as a structural totality rather than as a functional whole, a dynamic – flexible plenum. This fundamental contrast between two radically different conceptions of form is the basis for the Field – Being distinction between "cardinal" and "ordinal" thinking, namely, between form as structural identity in the entitative paradigm, and form as expressive of the functional integrity of field – topological reality. While the two are inseparable from the Field – Being perspective, their respective emphasis in Western philosophy and Chinese thought is perhaps what presents the most significant contrast between the two traditions. The categories of one and many or whole and parts, which are absolutely essential to the cardinal approach of western metaphysics, has hardly surfaced into thematic consciousness among thinkers and philosophers in the main streams of the Dao tradition. That is why logic in the Western sense – a formal science of structural identity – never developed in China. Chinese "logic," if we may still employ the term, is an ordinal logic, a logic of functional integrity designed for our understanding of the field – topological reality. And has one ever wondered why the category of causality or causation, which lies at the theoretical basis of Western metaphysics, is so conspicuously absent in the Chinese philosophical vocabulary? If one insists that metaphysics has to be formulated in terms of the Aristotelian four causes, do we still find metaphysical thinking in the Dao tradition? The answer is clearly in the negative. The point is, of course, that the Aristotelian theory of cause is essentially a cardinal theory of entitative existence; the four causes are four basic components or aspects of structural identity. And just as one may speak of the Chinese ordinal logic, one may also speak of the Chinese ordinal theory of causality or – and here we prefer a different term – conditionality. Indeed, causality or causation in the Chinese sense is definable as the field – topological conditionality of functional integrity. But that sure sounds alien to the cardinal ears attuned only to the language of structural analysis.

The fact is philosophical reflection in the Dao tradition did not begin with the cardinal question "what is it that all things are made of?" – the search for the arche or origin conceived as an intelligible substance which will provide the universal structural identity of all existents. It began rather the reflection on the relation between moral behavior and the right to rule, a matter of functional integrity pertaining to the human community. The inaugural statement in Chinese philosophy is not the speculative assertion that "all things are made of water," but the presupposition – equally speculative, to be sure – that "the right to rule belongs to the virtuous. " The latter statement is attributable to Duke Zhou and the other founders of the Zhou dynasty, which preceded both Laozi, the reputed author of the Daodejing, and Confucius. In all likelihood , the statement may be said to mark the proper beginning of ordinal and field – topological thinking in the Dao tradition. Is functional integrity a matter of naturalness and spontaneity? Or is it attainable through human contrivance and conscious intervention? The different answers to this question are what divide between the Daoists and the Confucian school.

But whatever the differences between the two main streams of indigenous Chinese thought, they are united by the concept of tong or non – obstruction, which we take to be the key to all Chinese philosophy. It should be obvious by now that tong is intrinsically an ordinal rather than a cardinal concept. When the Daodejing speaks of the unity or oneness of Dao in terms of tong, it is conceiving it not in terms of its structural identity but rather in terms of its functional integrity. And the state of tong is none other than the state of strainless freedom, the most natural state of action that constitutes the wu – aspect of Dao. There is no question that for Chinese philosophy in general – and for the author of the Daodejing in particular – strains as the factors or conditions of obstruction or butong are undesirable. Indeed, it may not be exaggeration to say that strains or obstruction define the basic meaning of evil in Chinese philosophy. Strains and obstructions are evil or undesirable because they violate the functional integrity of Dao and are the source of distortion, waste and pain in our life and worldly existence. As the saying goes, butong – zetong: Obstruction, hence pain. This well – known motto in Chinese medicine, which would come out readily from the mouth of acupuncturists in their daily practice, is most telling in conveying the perennial message of Chinese philosophy. Strains and obstructions – Dr at least the strains and obstructions that entail unnecessary violence and unnecessary pain – are to be avoided or minimized as much as possible. Contrary to the common misconception of many philosophers or comparative intellectual historians in the West, there does exist a profound theory of evil in Chinese thought, though formulated in a language and conceptuality that is quite alien to the Western philosophical mentality. Like every else in western thought, the problem of evil tends to be conceived and dealt with in terms of structural analysis. Evil implies a breakdown of structural identity in the make – up of personal character, society or the universe, and violence, waste and pain are merely symptomatic of such breakdown. Since structural identity is almost always understood in the entitative sense, the importance of functional integrity – the functional integrity of the whole as an undivided totality – is inescapabl y lost sight of. This is perfectly understandable inasmuch as the world of substantial entities is a world of strain-

ful necessity, not a realm of strainless freedom. It is interesting that while pain
is a primary indicator of health conditions in Chinese medicine that deserves the
utmost concern, it is one of the areas that receive the least attention in Western
medicine – even today!

In light of the above discussion, it is not difficult to see why there is such
an intimate connection between medicine and philosophy in the Chinese tradi-
tion. And this intimate connection, upon closer analysis, will reveal a most in-
teresting and profound affinity between ethics, economics, and aesthetics in
their quintessential field – topological meaning. In the Field – Being scheme,
the notion of strainless freedom or flexibility without strains conceived as the su-
preme universal ideal of action and ethical guide is elevated into the position of a
categorical imperative. The Field – Being Categorical Imperative stipulates: Act
always in such a manner so that the course of one's action will preserve or pro-
mote the functional integrity of the whole both in one's person and in the greater
whole in which one participates. This means, as a practical guide for living, that
one must make an effort to avoid or minimize unnecessary strains and obstruc-
tions in any course of action. But this is none other than the notion of optimiza-
tion in the Field – Being sense, or holistic economy as we may call it. As a
Field – Being discipline, holistic economics is not concerned with the maximiza-
tion of profits or financial gains (at least not primarily), but with the over – all
optimization of values attainable in human life under the topological conditions of
the Field. Since strainful necessity is an intrinsic characteristic of worldly exist-
ence, what we can hope for – what is attainable in human life – is not the strain-
less freedom of the formless Form, the state of perfection in the ream of pure ac-
tion, but a limited, optimized freedom of context, a situated freedom under the
conditions of field – topological necessity. Such a limited state of strainless
freedom is the meaning of the good, the beneficial, and the beautiful in the
Field – Being theory of value. Beauty for Field – Being is a matter of aesthetic
simplicity, that is, a matter of holistic economy in the conjugation of power and
form, which defines for us the aesthetic dimension of the field – topological. As
a state of perfect simplicity, the state of strainless freedom is not only the highest
good and the greatest benefit, but also the most beautiful. For in a strainless
state the conjugation of power and form is the simplest, being a state of activity
in which the form is most adequate and appropriate for the expression of power.
To put it simply, the most beautiful is a state of action in which power and form
achieve a perfect union. Nothing is superfluous; every dispensation of power is
just right for the form of action. But this is none other than the ethical state of
the good characterized by the absence of violence and waste, but also the eco-
nomic state of the beneficial understood as a state of optimization and holistic e-
conomy.

Now such a state of perfection in which the Good, the Beneficial, and the
Beautiful are one is properly the meaning of divinity for Field – Being. The di-
vine state is the state of perfection and strainless freedom that belongs not to the

field – topological reality as a whole, but only to the transcendental dimension of the Let – Be, the self – articulate One or ultimate activity. To be more specific, it is a non – diremptive or undifferentiated state of pure activity – a state of pure energy, pure experience, and pure meaning （a purity of power concrescence）. Such a plenum of pure action is what we have in mind when we characterize the Let – Be as a state of Radical Nothing, which, as we have stated, corresponds to the wu aspect of Dao. It is qualified as "radical" because the state of pure action is the root of all existence. Such a state is a state of Nothing because it is a prefect plenum, being devoid of diremptions or differentiations. These connotations are also implicit in the terms ofwuming or namelessness and xuji or perfect vacuity in the language of the Daodejing. The wu state of Dao is nameless and perfectly vacuous because as formless Form it is devoid of the named things, that is, differentiated or individuated existents. But the concept of vacuity also connotes that while it is itself devoid of diremptions or differentiations, it is at the same time the root of all individuations. In the Field – Being parlance, the wu aspect of Dao as a state of perfect vacuity is the Radical Nothing conceived as the undifferentiated field potential – the Root of individuation or differentiation, the Radical. The Radical Nothing or the wu aspect of Dao is the Let – Be in itself which harbors in its very in – itselfuess the procreative potentials of differentiated or individuated worldly existents. But what exactly is the undifferentiated field potential that constitutes the perfect vacuity of Dao? The answer is not difficult to find: it is simply the ultimate activity or nameless Dao in the inexhaustibility of its Power. The undifferentiated field potential is the awesome fabric out of which all things are made. In the Daodejing it is metamorphorized, however, as the Profound Female:

> The Spirit of the Valley （gushen） never dies （bushi）,
> It is called the Profound Female （xuanbin） .
> The Gate （men） of the Profound Female
> Is the Root （ken） of Heaven – and – Earth （tiandi） .
> Being a plenum that appears as much existent as it is non – existent,
> Its function is inexhaustible. （ Daodejing, chapter 6）

A valley is vacuous inside, and the profound female is a universal metaphor （the mythological notion of the Mother Goddess） of procreation and regeneration. In the juxtaposition of the metaphors of the valley and the profound female, what the author of the Daodejing intends by characterizing the wu aspect of Dao as a state of perfect vacuity is clear enough. What is more, the sentence mianmian ruocun, which we render by the h line in the above passage, also clearly conveys the idea that this inexhaustible Power has the character of a plenum or continuum – it is something mianmian, that is, continuous, and that it is neither （actually） existent nor non – existent – something ruocun, that is, has the semblance of actual existence.

The Dao in its wu aspect then is an undifferentiated plenum ( of activity ) in which is embedded an inexhaustible Power, the source of all procreative potentials. But what does the Daodejing mean by the expression "Gate of Heaven – and – Earth " ? What exactly constitutes the Gate ( men ) of Heaven – and – Earth ( tiandi ) ? And why is "Heaven – and – Earth" hyphenated in our translation? Before we advance our answer to these questions, it is high time that we make cross – reference to another passage in the Daodej ing in which the meaning of this passage is intimately connected. I mean, of course, the celebrated and often quoted first chapter ( in the standard edition ) wherein the notion of the Gate also figures prominently :

> The Dao that can be talked about is not the ever – recurring Dao ( changdao ) ,
> The names that can be named are not the ever – enduring Name ( changing ) ;
> Non – being ( wu ) , names the beginning ( shi ) of Heaven – and – Earth,
> Being ( you ) names the mother ( mu ) of the myriad things.
> Hence by placing oneself in the non – being of the ever recurring ( changwu ) , we
> may view its wondrous subtlety ( miao ) ;
> And by situating oneself in the being of the ever recurring ( changyou ) , we may
> view its bounded outcomes ( jiao ) .
> These two are derived from the same [ source ] ,
> They may both be called deep and profound ( xuan ) ,
> Ever deep and most profound – the Gate of the multiple subtleties
> ( zhongmiaozhimen ) . ( Daodejing, chapter 1 )

Comparing the two passages quoted above, we can see clearly that the Gate of the Profound Female is the same as the Gate of the multiple subtleties, and that the terms root ( gen ) and beginning ( shi ) which identify in both chapters the role or function of Heaven – and – Earth are interchangeable. What is more, the conception of the Gate has something to do with the interrelationship between wu and you or nonbeing and being which in the first chapter are said to be derived from the same source as if they are equal partners in forming the bipolar integrity of Dao. This interpretation seems to be warranted by the statement in chapter 2 that "being and nonbeing give rise to each other, " thus forming a kind of dialectical duality. But the Daodejing also states in chapter 42 that "the multiple things under heaven come from being, while being comes from nonbeing. " This seems to imply that being and nonbeing are not equal partners, for their relation is an asymmetrical one. Is there a contradiction then in the cosmology of the Daodejing? Obviously the problem is irresoluble if we do not have a clear understanding of what being and nonbeing in the Daodejing mean. But the clues to the solution of the alleged problem or enigma are actually quite sufficient in the text of the great classic. Above all, the Daodejing indicates clearly that nonbeing and being are distinct in their respective roles or functions: Nonbeing names the beginning (or root) of Heaven – and – Earth, while being the mother of the myriad things. Most commentators throughout history recognize the priority of Heaven – and – Earth over the myriad things. But the meaning of this priority remains clouded. What is more, they fail to see that this priority – the priority of nonbeing over being – is only an ontological one, and that cosmologically nonbeing and being – the "beginning" and the "mother" – are dialectically intertwined in the reversive interpolar movements of Dao. They fail to see, in short, the field – topological implications of the Dao philosophy.

And that is precisely what we shall undertake in what follows – to bring out the field – topological implications of the Daodejing. What we are going to do——what we have being doing in this essay – is an exercise in Field – Being hermeneutics. As a Field – Being discipline, Field – Being hermeneutics is a form of Dao – learning – the supreme art of appropriation – that engages in a two – fold task of Field – Being deconstruction and Field – Being reconstruction. What is "deconstructed" in Field – Being hermeneutics is the conceptual establishment of entitative thinking, which veils and distorts the field – topological reality. From the Field – Being hermeneutic standpoint, the various movements of contemporary thought in science, philosophy and the arts that collectively constitute the phenomenon of what we have called "the Non – Substantialistic Turn," are all forms of Field – Being deconstruction, including in particular the non – substantialistic writings and projects in Nietzsche, Whitehead, Heidegger, and Derrida. Yet in all these movements the non – substantialistic turn remains insufficient, inadequate, and incomplete. In the first place, they fail to realize that the root of substantialism is entitative thinking. Although the rebellion against entitative constructions – especially constructions that presuppose the delusion of rigid entities – is characteristic of all these non – substantialist movements, the deconstructive program in the Field – Being sense has not been consciously and methodically carried out. Indeed, one might say that in many instances the non – substantialist rebellion remains half – hearted. One finds very often that while substantialism leaves from the front door, it invariably creeps back through the back door. The crux of this half – heartedness lies in the fact that none of these non – substantialist movements are in possession of conceptual resources adequate to their task. None of these movements have attained a sufficient degree of self – referential transparency. They have not awakened to the recognition that entitative thinking originated primordially as a veil and distortion of field – topological reality, and that it is in the return and the uncovering of archaic Field – Being experience – namely, the sedimented layers of experience that constitutive the originary core of our Field – Being – that the root of both the truth and untruth of substantialism and entitative thinking is to

be found. Herein then lies the teleology and task of Field – Being reconstruc-
tion : to retrieve and reclaim experientially and conceptually the originary core of
our Field – Being so as to rebuild or reconstitute our understanding of life and
reality. It is obvious that since entitative thinking constitutes the veil and distor-
tion of field – topological reality, Field – Being reconstruction and Field – Being
deconstruction are inseparable. Indeed, unlike Derridean deconstruction which
is deconstructive without being reconstructive, Field – Being insists that Field –
Being reconstruction and Field – Being deconstruction must go hand in hand in
any Field – Being hermeneutic discourse. For one cannot see the truth and un-
truth of entitative thinking clearly and properly except against the background of
Field – Being experience and field – topological thought. This trans – differential
recognition sums up for us the gist of Field – Being methodology.

In the Field – Being vocabulary, the terms trans – differential and trans –
differentiation    are    used    in    two    basic    senses :    ontologically    and
methodologically. Ontologically, they refer to the differentiation or individuation
of activity, while in the methodological sense they pertain to the relation of sub-
stantialism and non – substantialism, or entitative thinking and field – topologi-
cal thinking. Both ontologically and methodologically then Field  – Being thinks
one thought : the trans – differential problematics of Field – Being. Hermeneutics
is the interpretation of text. By text here we mean not just any form of writing as
ordinarily understood but any sign – signal configuration in which meaning or in-
formation is inscribed or embedded. In this amplified sense a gesture, a song, a
painting, a building, a law code, a firm, a governmental institution, and so
forth, is as much a text as a novel or any written document. Although the uni-
verse of discourse in Field – Being hermeneutics encompasses the entire textual
reality in this amplified sense, it addresses itself, however , to the textual real-
ity only in so far as it is trans – differentially implicated. A Field – Being text
is, in other words, a sign – signal embodiment of trans – differential problemat-
ics.

More specifically, Field – Being hermeneutics seeks to determine the wis-
dom  – coefficient of a text as a measure or reflection of its trans – differential in-
clinations or dispositions. In Field – Being every text is "wise" in so far as it re-
flects the mentality or mental stance of the activity embedded or objectified in it,
that is, of the power concrescence of energy, experience, and meaning that has
become enfolded into its textual reality in the process of its becoming. Wisdom
pertains to the way the trans – differential problematics is resolved or dealt with
consciously or unconsciously by the objectified or enfolded activity in question.
Thus a text which implies the truncated worldview of entitative thinking is a wis-
dom text in the substantialist tradition. A wisdom text in the non – substantialist
tradition presupposes, on the other hand, necessarily some version of field – to-
pological thought.

Interpretation in Field – Being hermeneutics then is a reading of the embed-
ded wisdom of textual reality. The reading is itself a power concrescence invol-

ving a fusion of trans – differential perspectives and field – topological horizons. That is what the term "coefficient" implies. In engaging in the reading of a text in terms of its wisdom coefficient the Field – Being interpreter seeks not only to uncover or make transparent its trans – differential implications but to appropriate it – to render what it is due – against the larger background of its textual reality as unfolded within the topological horizons of his or her Field – Being. And appropriation is always an act of self – appropriation. For the being of the interpretive activity – the actionality of the interpretation – consists precisely in its appropriation of the text.

Now while every text or sign – signal configuration as a meaningful matrix is for Field – Being a wisdom text in so far as it is trans – differentially wise, not all wisdom texts are of equal importance to the Field – Being thinker. In the proper and narrow sense of the term, a wisdom text is not just any text that contains trans – differential implications, but one whose reading and appropriation would bring us to the core or neighborhood of Truth in the self – reflective transparency of the field – topological reality. In other words, a wisdom text in the proper sense is necessarily philosophical, as philosophy is the art of appropriation carried to the limits. For the limits of appropriation are precisely what constitute the niche of Truth, where the field – topological reality unfolds itself in its self – referential transparency.

It is as a philosophical text, a wisdom text in the proper sense, that the Daodejing is to be appropriated here. For us the Daodejing is not only a premier wisdom text in the Dao tradition, but also a premier wisdom text in the world – historical tradition of Field – Being. Indeed, the primordial, seminal insights into the field – topological reality so richly sedimented and embedded in the archaic experience of the Dao – sayings are the inspiring genius of Field – Being philosophy. Much of the formulations of the Field – Being scheme are derived directly from these insights. Thus in reading and interpreting the Daodejing we are not merely giving the text a Field – Being reconstruction, but are in effect retrieving the process wherein the Field – Being scheme and hermeneutic framework is itself constructed in the first place. In engaging in the act of interpretation we pay homage to text to be appropriated, the object that is also the pedigree of the interpretation.

And, as already indicated, reconstruction and deconstruction as hermeneutic disciplines go hand in hand with each other. In so far as the Daodejing is concerned , what is at stake here deserves our serious attention. Nothing is more detrimental to the philosophical integrity of the Daodejing——and, for that matter, the Dao tradition at large – than to apply the language and categories of Western metaphysics to Chinese philosophical texts and concepts without recognition of its entitative and substantialist bias. For the Dao tradition as for Field – Being, the world is not a collection of substantial entities, but the unfolding of a field – topological totality – an undivided whole and plenum of action ultimately based on the inner dynamics of Dao or Taiji, the ultimate activity. The

actionality of the field – topological reality is often referred to as zaohua – liux-
ing, or the procreative – transformative Flow (of the ultimate activity), while
the infinite background unfolding as the field – topological horizon of the Flow is
conceived as an arena of bipolar forces, the yang – energy characteristic ofHeav-
en (tian) and the yin – energy characterizing Earth (di) . Thus Heaven and
Earth are not entitative concepts (they do not mean the sky and the planet
earth), but are symbols for the bipolar field character of the Flow and dynamic
plenum. Fang Dongmei was quite to the point in rendering tiandi or Heaven –
and – Earth (note the hyphenated expression) as "the unified field" of all exist-
ence. Since in the Yijing (Book of Changes) Heaven and Earth are represented
by the first two hexagrams, Qian and Kun, respectively, the two sets of terms ti-
andi and qiankun have become interchangeable in the Chinese philosophical vo-
cabrulary. Wilhem in his translation of the Yijing rendered Qian as the "Crea-
tive," and and Kun the "Receptive. " Although the richness and complexity of
the polar concepts in their field – topological implications can hardly be summed
up by any single terms in English, Whilhelm's translation does manage to bring
out a keynote in the conceptualization of power in the Dao tradition. In the Field
– Being scheme, Heaven/Qian, or the Creative, would refer to the realm of vi-
brant energy, the creative or procreative source or power in the becoming and
life of all field individuals or transfinite subjects. Earth! Kun, or the Recep-
tive, would designate, on the other hand, the other pole – the power of karmic
matter or the accumulated effects of past or objectified action that constitute for
the field individuals or transfinite subjects their environmental heritage. Thus the
phrase xuanqian – zhuankun (literally swirling qian and turning kun), a philo-
sophical expression which has become idiomatic in ordinary discourse, would
pertain to the inner dynamics of the Great Flow underlying the Field – Being
conception of karmic labor – that is, the synergetic union of vibrant energy and
karmic matter involving the polar interactivity of the Creative and the Recep-
tive. Every process of becoming in the Great Flow or zaohua – liuxing is a feat of
karmic labor, a process of xuanqian – zhuankun – the "Great Revolution" of the
holistic field action, as we may so characterize it – presupposing the creativity of
Heaven and the receptivity of Earth. And that is ontologically and cosmologically
what life is all about.

Life as karmic labor is a state of activity. Since Field – Being ontology is a
monism of activity that recognizes no reality either inside or outside, behind or
above activity, this statement – and indeed every statement, for that matter – is
actionally analytic. For in the monistic actionalism of Field – Being there is no
concept that is not a concept of activity, no function that is not an active func-
tion, no role that is not an actional role, no property that is not an actional prop-
erty, and no word or sign that is not in essence an actional or verbal word or
sign. Since for Field – Being all language is a language of activity, the classifi-
cation of words into eight parts of speech in the traditional grammar underlying
Indo – European languages is by no means transcendentally a priori, God – giv-

en, or scientific, but is basically arbitrary and conventional – a linguistic theory reflecting the actional mentality of the historical tradition involved in the process of its becoming. If for the sake of convenience we continue to think and talk a-bout language in terms of traditional grammar, then we would have to say that verbs alone are the primary part of speech, and all the other parts of speech are quasi – verbs or verbal derivatives – assuming, of course, that verbs indicate activity or action. But it is precisely the nature of activity that defies any simple and clear – cut classification. It is worth noting that although Chinese culture has a long and rich tradition of linguistic and philological scholarship, no grammar of the Indo – European type was ever developed until the nineteenth century – under Western influence. And one wonders how appropriate or fitting that grammar is to the Chinese language. Yes, we do believe there is or can be such a thing as a universal grammar – a grammar that is implicit in, and applicable to, all languages : it is the grammar of activity or action. The culture – bound linguistic theories or grammars associated with the particular languages in the world are each in their own way a perspectival representation and appropriation of the universal grammar. Generally speaking, these linguistic theories or grammars have been formulated in accordance with two basic conceptual paradigms, the entitative and the field – topological. Like Western metaphysics, Indo – European linguistic theories and grammars are largely the product of entitative thinking. The entitative paradigm is indeed the common ground of both the metaphysical and the linguistic tradition in the West.

In the Field – Being perspective, all discourse is, or is reducible to, a narrative of activity as a field – topological reality. To be more exact, it is a self – referential arrest of actionality in action by means of language. The narrative affair is necessarily self – referential in the sense that since all is activity, it is activity that is narrating and it is also activity that is being narrated : it is articulate action articulating itself. What then is the role of language in the narrative affair? It is a habituated system of articulation, a sign – signal medium of the self – referential arrest. And what is being arrested or captured – that is, taken hold of – is, of course, what we have referred to as " actionality in action. " Inasmuch there is no reality other than the plenum or continuum of articulate action conceived as a field – topological reality unfolding itself out of the inner dynamics of the Let – Be or ultimate activity, by actionality in action we can mean no more than the actional property of the Field – Being plenum and the inner dynamics at work – including , in particular, its ever – lasting fluidity or flow character that is the distinguishing mark of the Field – Being universe.

Needless to say, the conception of a statically and fully determinate being – a logical or ontological absolute, which has figured so prominently in traditional Western metaphysics is utterly out of place in Field – Being. All is articulate action : there is nothing static, nothing at rest, and nothing fully determine in the Field – Being universe. The seemingly static or stable character of the so – called self – enduring things or objects given in our ordinary experience such as apples, rocks, trees or mountains are only static or stable in appearance, that is, as the manifested surface phenomena of activity. What is enduring is not the static being of a substantial entity but the form of the inner dynamics at work or actionality in action. The enduring character of an apple, for example, does not belong to the apparent apple, but to the form and actionality of the plenum of action that articulates it. The apple in appearance, that is, as manifested or perceptually experienced , is the effective trail ( trail of effects) of the articulate activity in question. The ( effective) trail is the phenomenon of the articulate plenum , and the articulate plenum is the noumenum of the trail.

It ought to be observed at once that the distinction between noumenum and phenomenon here must not be understood in the Kantian sense. For there can be no separation between reality and appearance, noumenurn and phenomenon, activity and trail in Field – Being. The activity is what effectively articulates the trail, and the trail is what manifests itself by virtue of the articulate efficacy of the activity. Articulate action and effective trail are, in other words, mutually defined concepts. And what mediates between the articulate action and the effective trail is none other than the notion of power or articulate efficacy. This notion defines the meaning of substance in the Field – Being sense: the substance of activity is its power or articulate efficacy – that is, the ability of activity to articulate itself, to produce an effect or make a difference. These three interrelated ideas – activity, power and trail – must always be kept in mind when we speak of the actionality of action. The actionalism of Field – Being philosophy depends for its intelligibility on this pivotal understanding of actionality.

The questions that we must now pose for ourselves are as follows: If we subscribe to the Field – Being worldview, what is represented, respectively, by the subject and the predicate of a sentence? What is or can be said about the relationship between the subject and the predicate? Is the subject – predicate mode of expression an adequate representation of actionality in action? Is there really a difference between a substantive and a verb as alleged in the traditional grammar? And least but not last, is the notion of a complete thought entirely arbitrary?

In order to present a preliminary answer to these questions, let us take the example of a simple sentence, "The apple on the table is green. " The exactly does the grammatical subject, "the apple on the table," refer to in this sentence? In terms of traditional grammar, both "apple" and "table" are substantives as distinguished from verbs. Since verbs are supposed to indicate action, substantives – whatever they are – must be in some sense non – actional. And that is, of course, at odd with the Field – Being perspective. In the Field – Being grammar, there are no substantives or non – actional words as distinguished from verbs or actional words. For all words are in some sense actional words, that is, words that serve as indicators of action. A part of speech in this grammar is thus a type of actional indicators, indicating a role, function or form, or in general any analyzable aspect of the actionality of articulate action. And there are as many parts of speech as there are types of actional indicators. What is indicated by the phrase "the apple on the table" in the above sentence is an actional scenario, an apparently enduring façade of a multifacial phenomenon formed by the effective trail of an articulate plenum. But the grammar subject in appearance is not the grammar subject in reality. The real grammatical subject is not the actional scenario but the articulate plenum itself. As suggested earlier, the scenario is an aspect of the effective trail manifested by the plenum by virtue of its articulate power or efficacy. Thus the notion of the grammatical subject as indicated by the phrase "the apple on the table" in this instance is actionally ambiguous: it refers indifferently to the activity, the power, and the effective trail of an articulate plenum. Perhaps it is more appropriate to identify it as a center of actionality, thus keeping the ambiguity intact. And that indeed is what we mean by an enduring thing or object in the Field – Being sense. A center of actionality is a gathering or interface of diverse strands of articulate action each of which is identified by the effective trail it articulates. How the actionality of a center is analyzed will depend indeed on the way effective trails are analyzed. In the present example, the center of actionality or grammatical subject as indicated by the phrase "the apple on the table" may be conceived as a gathering of two articulate strands whose conjoint effective trail is the scenario in question – namely, the strand of articulate action that brings into being the apple in appearance and the actional strand that effectively manifests itself as the apparent table.

Since what is naturally articulated in the state of pure action is the formless Form, the form of pure self – reflexivity – the inner essence of the undivided plenum , it is necessarily beyond the entitative language of conventional discourse, the objectifying language and conceptuality of substantialism. "The Dao that can be talked about [ that is, in terms of the substantialist language ] ," says the Daodejing, is not the chang – Dao or ever – recurring Dao, " [ that is, the plenum of continuous, undivided action. ] The question pertaining to the ineffability of Dao in the Daodejing has been greatly misunderstood. The Dao is only ineffable in its wu – aspect and in the language of substantial ism, the language that is useful for the description of differentiated entities and individuated forms – the realm of diremptive action that comprises the you or being aspect of Dao, the Dao as named. The relation between the wu and the you or the non – being and the being aspects of Dao is clearly spelled out in the celebrated opening chapter in the standard edition:

> The Dao that can be talked about is not the ever – recurring Dao,
> The names that can be named are not the ever – enduring Name;
> What is referred to as non – being is the beginning of Heaven and Earth,
> What is referred to as being is the mother of all things.
> Hence by attending to the non – being of the ever recurring we may

view its wondrous subtlety; And by attending to the being of the ever re-
curring we may view its boundaries.

    These two are derived from the same [ source ] ,

    They may both be called deep and profound,

    Ever deep and profound – the Gate of all subtleties.

    Understood properly, what is stated and implied in this celebrated stanza in
its essentials constitutes no less than the backbone of Field – Being metaphysics
and cosmology – a prototype of field – topological thinking. has indeed evolved
to capture was indeed for the description of you is appro for the simple reason
that there is no way formless Form the objectifying agnauge of, or the ultimate
activity in the state the sate of in the state its wu – aspect the It is in this sense
that the Dao is nameless and indescribable. indescribable necessarily Such ac-
tion is nameless in the sense that it is beyond any objectifying language, and not
because it is completely beyond description can never be innot in in the sense
because it is completely indescribable but beyond description driptiobn will –
less suggested, liiremptive movement or process whereby non – diremptive, un-
differentiated ( self – reflexive articulate) action becomes diremptive, differenti-
ated action – the diremptive function – is what we mean by trans – differentia-
tion. This trans – differential distinction is intimately connected to the other fun-
damental distinction – namely, what we call ( for lack of a better term ) the
quintessential distinction between articulate action that is strainless and articu-
late action that is strained or strainful. The theory of strain or strains is the theo-
ry of individuation in Field – Being, for they are precisely the factors or condi-
tions that are responsible for the differentiation of ( the formless ) Form and the
discontinuity and interruption in articulate action. While the formless Form of
pure action or inner articulation is in itself characterized by strainless freedom,
its expression as affluence of becoming – which is what becomes differentiated –
is, to anticipate, subject to the strainful necessity inherent in karmic matter or
objectified action. And that is how the diremption of the non – diremptive oc-
curs. What is involved in the diremptive function is the perpetual transformation
of energy empowering the dynamics of movement between strainless freedom and
strainful necessity. And this is for Field – Being what defines the quintessential
meaning of actuality. These two sets of distinction – the trans – differential two-
some of the diremptive and the diremptive and the quintessential twosome of
strainless freedom and strainful necessity – are what determine the aestheticfield
– topological integrity of the plenum. The technically defined term aesthetic
here plays a central role in Field – Being discourse. It refers to the conjugation
of form and power in articulate action that is concretely what quintessential actu-
ality is all about. Every articulate action is "substantially" ( pertaining to "sub-
stance" in the Field – Being sense, not to be confused with the meaning of sub-
stance in entitative thinking) a process of power concrescence constituted of an
interplayful complexity of matter – energy, experience, and meaning. This inter-

playful complexity is the " aesthetic form" of the articulate action. The aestheticism of Field – Being is neither a matter of form nor a matter of power but pertains to the conjugational unity of power and form. Thus understood, Field – Being thinking is as much aesthetic and as it is field – topological. For the field – topological integrity of the trans – differential and the quintessential twosomes is concretely an aesthetic interplay or synthesis. The Field – Being plenum and articulate prescencing is an aesthetic affair. What we referred to above as the field character of Being is actually a condensed expression of the aestheticfield – topological integrity of the articulate presencing. The Middle Way is the Way of the inner dynamics procuring the aesthetic field – topological integrity. And the inner dynamics is no more than the Act of the Let – Be in its undivided wholeness , the holistic how of the self – articulate One in action. This is the basic meaning of our ontological centrism. What is " central" about our ontological centrism has to do, however, not only with the holistic how of activity, but also with our philosophical commitment to the Way in its trans – differential and quintessential unity of articulate action that defines the aesthetic field – topological integrity. The " Middle" in the Middle Way is not the " mean" in linear thinking, but the rounded middle trans – differentially and quintessentially understood in field – topological thought. In the final analysis, this trans – differential/quintessential rounded middle belongs to the position of no – position that self – referentially is the aesthetic reality of the awesome interface.

In Field – Being philosophy then the underlying conceptuality is that of a non – entitative and non – substantialist ontology cast in the field – topological paradigm of activity or action in which all beings or things derive their aesthetic integrity from the self – reflexive articulate power of the ultimate activity. To exist is to emanate or emerge in the articulate prescencing of activity by virtue of the ultimate self – reflexive articulate power. The intuition that activity is trans – differentially and quintessentially a self – reflexive articulate reality – the truth of the Field – Being vision – is absolutely central to an adequate understanding of the field – topological paradigm. Field – Being is not concerned with things at all – for there are no things, separate self – existing things, in the conventional sense, but only with things as manifestations of self – reflexive articulate action. Since the deconstruction of all views pertaining to separate self – existing things is the trademark of Nagarjuna and Madhiyamika thought, one might say Field – Being begins where Nagajuna ends. But while Madhiyamika remains haunted by the ghost of dualism by its demarcation of the two truths – the higher truth of shunyata and the lower truth of samsara , the world of the named things, for Field – Being there is but one truth of the plenum – the self – referential actionality in action that is the field – topological reality of Dao. As represented in the sacred symbolism of the Uroboros, the mythological snake that bites its own tail, activity in the Field – Being sense is a power that self – reflexes – that is, flexes, bends, or folds upon itself. And the form of its articulation is the form of its self – inflexion or self – reflexion. This fundamental metaphysical intuition is the alpha and omega of Field – Being ontology. It determines the innermost meaning of the self – referential and field – topological. In mathematics, topology is the science of inflexive or reflexive action as applying to physical or material objects, as for example, in the folding or twisting of a rubber band. In the New Metaphysics of Field – Being this fundamental insight is amplified and generalized and is applied to all actional reality. Topology is the study and discourse on the self – referentiality and self – reflexivity of action. Now the word topology – derived from Greek topos, place or position – is etymologically a positional and contextual concept. When the mathematically generalized usage of the term is understood in light of its etymological intimation, we obtain the most crucial recognition in the field – topological theory – namely, that the articulate character of articulate action is a function of its positonality and contextuality in the inflexional – reflexional process. The Field, the universal matrix of all existence, is thus a reflexionally articulate matrix, ultimately determined by the reflexive articulate power of the ultimate activity. Every existent or being in the Field is a fielded being, a topologically manifest product of a self – reflexive articulate conduct. These existents or fielded beings – the emanata or emergent entities in the dynamic plenum – owe their field – topological integrity to their functional participation in the Act of the Let – Be, in the holistic how of the self – environing, self – articulating, and self – revealing field action that encompasses and pervades the Field – Being universe. In the final analysis, our ontological thinking is all about Q. Q = Q. q, the first formulation of the Field Principle stipulating the ontological identity of reflexion and articulation – the identity of all identities – that must be recognized as the cornerstone of Field – Being philosophy. The ultimate activity (Q) environs, enfolds, or bends back upon itself (Q. Q), and in thus reflexively acting upon itself all beings or things as differentiated articulations (q) of the self – articulate One arise therein (Q. q). This inner dynamics of the Let – Be, the dynamics of reflexion in articulation and articulation in reflexion, is the work of the awesome field interface represented in the field equation by the dot on both sides of the equation. The meaning of the awesome (field) interface lies indeed in the dynamic ambiguity of reflexion and articulation. This dynamic ambiguity or conjugationality is what constitutes the quintessence of the Act of Let – Be and of the Field – Being plenum as the self – reflexive articulate expression of the ultimate activity. In the notational convention of Field – Being philosophy, Q, q, and the dot are the only primary symbols; all other notations or notational locutions are partial symbols derived from the interpretations and functional differentiations of the primary symbols. The primacy of the primary symbols reflects the primacy of the inner dynamics as the underlying reality.

The inner dynamics is "inner" because it is internal to the One Being of the Let – Be. All reality in Field – Being pertains to the internal affair of the ultimate activity. When the reflexional or self – enfolding character of the Let – Be is emphasized, this internal affair is referred to as the "divine meditation" represented by Q. Q on the left side of the field equation. More exactly, by divine meditation we refer to the transcendental reality of the ultimate activity in its pure self – reflexivity. The Aristotelian conception of God or the Unmoved Mover as pure thought, the Vedantic notion of Brahman as pure consciousness, the meditation ( samadhi ) of the Vairocana Buddha in the Garland Sutra , and the notion of Dao as non – being ( wu ) , non – action ( wuwei ) , perfect vacuity ( xuji ) , and perfect quiescence ( jingdu ) in the Daodejing are for us all hermeneutic analogues of the divine meditation – spiritual and philosophical instantiations of Q. Q or the Let – Be in – itself, as we may also call it. But reflexion is articulation. When we wish to stress the articulate character of the ultimate activity, it is called the "diremptive function" ( as noted above ) represented as Q. q on the right side of the field equation. To continue with the above cited examples, Q. q is instantiated by Aristotle's conception of God as the universal object of desire or eros, by the notion of Jshrara or the qualified Brahman in Vedantia, by the Varaicana Buddha as manifesting the Great Ocean of Becoming in its supreme samadhi, and by the concept of you or being as the mother of all things in the Daodejing – all hermeneutic analogues of the diremptive function, or the Let – Be for – the – world. Hence the inner dynamics may be conceived as the dynamic relation between the divine meditation ( Q. Q ) and the diremptive function ( Q. q ) – once again, the identity of reflexion and articulation.

　　The expression "divine meditation" requires some clarification. What is divine refers, of course, to the Q on both sides of the field equation – that is, the meditative and non – diremptive Q on the left and the diremptive or procreative Q on the right. We use the term "divine" for obvious reasons. For the Let – Be or ultimate activity in the trans – differential unity of reflexion and articulation, of the Let – Be in – itself and the Let – Be for – the – world, of pure self – reflexivity and diremptive procreativity, is none other than the meaning of God, the divine, or the holy in the Field – Being sense. Interesting enough though undoubtedly distasteful to the post – modem spirit, in the new metaphysics of Field – Being there is likewise no difference between ontos, theos, and logos in so far as the ultimate reality is concerned. Field – Being does entertain an onto – theo – logical notion of the ultimate as in traditional Western metaphysics. In Field – Being, too, ontology, theology, and logic ( rational discourse ) are one – but with, alas, what a sea of difference! For whereas traditional Western metaphysics is substantialist and entitative in its core, the onto – theo – logical thinking for Field – Being is thoroughly field – topological and trans – differential: it is all about Being as activity, about God as activity, and about discourse as activity – ultimately about an undivided wholeness that is the universal plenum of action. The New Metaphysics as an onto – theo – logical affair is not a "first science," nor was it intended as such; it is rather a self – referential discipline or an art – the supreme art of Dao – learning and appropriation that consists in the self – referential arrest of actionality in action.

　　By equating Being ( itself ) with the truth – process ( aletheia ) , Heidegger

thought his phenomenological ontology or Being thinking was radically non –
metaphysical. From the Field – Being perspective, this is hardly the case. In
fact, Heidegger's philosophy was shot through with metaphysical presuppositions
– presuppositions which he and the other phenomenologists christened as phe-
nomenologically apodictic or self – evident. The fact is – here we fall out of sea-
sons again – no philosophy is without metaphysical presuppositions, because all
philosophies are in the final account circular and self – referential. One thinks
always from the given to the given within a fluid totality of givenness – the given-
ness of experience, thought and the availability of language – that constitutes one
's philosophical perspectivity. Metaphysical presuppostions are simply self – ref-
erential articulations of the most fundamental givenness that defines a philoso-
pher's vision of reality. Indeed, the very meaning of truth is undecidable apart
from a given vision of truth. The conception of absolute objective truth – the un-
derlying presupposition of Western metaphysics – is not itself a truth but a vision
of truth, which is in no way separable from the philosophical mentality defining
the Western perspectivity. Thus by equating Being with the truth – process,
Heidegger is simply entertaining truth in a new vision of reality distinct from the
vision of reality underlying traditional Western metaphysics. Upon closer exami-
nation, however, Heidegger's new vision is by no means radically different from
the traditional one. In fact, the same obsession with definiteness that pervades
the main streams of the Western philosophical tradition remains in force in the
Heideggerian thinking, at least in the early Heidegger. Like most philosophers
in the occidental tradition, Heidegger, too, denies the reality of the actual in-
definite. That is why the meditative dimension as pertaining to the reality of pure
action – a dimension of pure energy, pure experience, and pure meaning – is
excluded (even in the later Heidegger, as we see it) from his Being thought.
His meditative thinking is for us not meditative enough. Does Heidegger's notion
of Being really come close to the formless Form in Eastern thought, as some
comparative
    philosophers are fond of suggesting? We think not. If traditional metaphys-
ics is guilty of its oblivion of Being as the truth process (that is, as aletheia),
then Heidegger's Being thinking is equally guilty in the other direction. Reality
is only a concern to him in so far as it is phenomenological given – that is, the
surface phenomena in human life and experience. His failure to penetrate in suf-
ficient depth the reality – process – and , for that matter, also the process of the
Good – has resulted in a rootless philosophy and a philosophy that falls short of
self – understanding. A great deal remains hidden in the self – referentiality of
Heidegger's thought. If we insist on the Field – Being definition of philosophy as
the pursuit of Dao – learning or the art of appropriation carried to the limits,
then Heidegger's Being thinking, being short of self – referential understanding,
is – no disrespect Intended – insufficiently philosophical. For it is only at the
limits of one's perspectivity wherein the self – referentiality of thinking becomes
wholly transparent that genuine philosophical wisdom manifests.

What remains hidden in the self – referentiality of Heidegger's Being think-
ing is none other than the plenum of action that is the ground presupposed by his
entire philosophical endeavor. Philosophical discourse as self – referential arrest
of actionality in action – that remains a non – occurrence in Heidegger's philoso-
phy. What Heidegger fails to see or refuses to acknowledge is that what he calls
Being itself or the truth – process is just one aspect of the One Being of the self
– articulate One – the plenum of actionality in action which in the Daodejing is
known as the Dao. And Being as the truth – process that emerges from the One
Being cannot be equated with the One Being itself even though we can only en-
visage it by virtue of this process – the process of its self – revelation.

Actually, even Heidegger's conception of the truth – process is one – sided.
For it is not the truth – process as such but only the truth – process as illuminat-
ing in the field of the human Dasein. That the truth – process might be shining
in other Dasein fields is hardly a concern for Heidegger. And there is hardly any
doubt that Heidegger's philosophy is thoroughly actional in its fundamental onto-
logical outlook as evident in his analytics of Dasein and in his concept of the e-
quipment totality. But the ontology of action in the Field – Being sense, though
presupposed at every turn in his philosophical discourse, remains fundamentally
lacking. This perhaps accounts for the fact that in spite of Heidegger's seemingly
field – topological and non – substantialist orientation in his conception of the
human Dasein, entitativism and substantialism as we understand it remains in
force in his Being thinking. The things in Heidegger's world – the entitites that
form the equipment totality – are indeed not detached and detachable existents as
in Western metaphysics, but are the objects of Dasein's care, the objects of Da-
sein's projective comportments and concernful intimacy. Yet they remain sepa-
rate and inert self – existing things in their Being – a hammer to hammer with or
a handle to handle, each being phenomenologically a kind of thing in itself,
though functionally interconnected and interwoven with other things in the equip-
ment totality. Is there a more respectable way to think the so – called entities?
Are they not in themselves transient centers of articulate action as we human Da-
seins are – fellow sojourners on the Trinity of Dao? And how about his concep-
tion of the human Dasein as wholly non – relational in his/her Being – towards –
death? Why is our authenticity attainable only as a non – relational whole? Do
we still detect the same Western obsession with definiteness here? Yet the later
Heidegger does speak of Gelassenheit – releasement, letting – be, letting – go.
Is the Dasein who lets go still authentic? Is he/she still a non – relational whole?

It would be extremely interesting to investigate just to what extent and in
what manner the erodictic philosophical mentality – namely, one in which dis-
course or action is primarily motivated by desire or eros – is still reigning in Hei-
degger's philosophy. One thing is certain, however, that no matter how different
he was philosophically from the analytic or ordinary language philosophers , the
same excessive addition to language ultimately took hold of his mature thinking.
Language, he says, is the house of Being. It is not easy to realize how the sub-

tle power of erodicity has played itself out in this one of the most sublime state-
ments of twentieth century philosophy. But is it surprising that Eros has finally
incarnated itself in language? Was not Logos the child of Eros to begin with? Or
perhaps the other way around? This is not the place to explore the inner work-
ings of erodicity here. What needs to be observed at this point is that in spite of
its enormous contributions to the historical self – understanding of the Occiden-
tal philosophical spirit, there is something fundamentally wrong – headed in the
so – called "linguistic turn" in contemporary Western thought. Like outer
space, sexuality, and technology, language has become one of the last frontiers
for the Western craving for definiteness and certainty – the last stronghold for
both Eros and Logos. The Eros that seeks to conquer objective reality in its ab-
solute possession in language – the very essence of Logos – finally turns towards
language itself as the clutch for certainty and niche of definiteness. Hoping to
find in language something that is definitely certain and certainly definite, the
philosophers of language – Anglo – American and continental alike – are invaria-
bly driven by the tendency to isolate language from experience, thought and re-
ality, making it an autonomous and absolutely privileged domain of existence.
Replacing Being, God, logic and mathematics, the word, the sentence or the
linguistic text has become now something sacred – the new and final embodiment
of divinity. But what is language in separation from experience and thought and
the articulate action that constitutes its reality? Nothing – Nothing at all!

A word – whether spoken or written – is no more than the matrix of action
involved in articulating the word. A sentence is no more than the matrix of word
– matrices of action involved in uttering or writing the sentence. A paragraph,
an essay, a book, a conversation, a conference – in general any linguistic text
or conglomeration of linguistic texts that make up a discourse, is no more than
the articulate totality of action and power concrescence involved in its textual
and contextual complexification. Any such matrix of action is itself analyzable
into countless actional strands as its complexive components. What is involved
in the spoken word "apple," for example, is not just the encoded pattern of
sounds underlying its articulation, but also the countless actional strands and vi-
bratory patterns pertaining to the movement of air, the vocal cord, the circula-
tion of blood, the electric circuits of the brain cells, and so on, and so on.
These interwoven and inextricably complexive strands of actionality from the
macroscopic down to the subatomic levels must all be counted as components of
the grand multidimensional and multileveled matrix of articulate action that is as-
sociated with the spoken word apple. This complexification of activity that artic-
ulates the word is, furthermore, in no way an isolated, self – existing entity de-
tachable from other equally isolated self – existing wholes, but a cocoonization of
power concrescence that is itself a local and aspectival manifestation of the holis-
tic field action. Though on the scale of fielded Being it is but a bubble in the u-
niversal matrix in flux, the Great Ocean of Becoming, it constitutes and reflects
in its own unique way the world from its own perspective. The simple – minded

identification of the spoken word as a separate self – existing entity that we habit-
ually entertain in our uncritical, unenlightened state of common sense awareness
is the product of a profiling delusion – a mental habit that the human Dasein has
come to develop over the course of its historical evolution under the existential
necessity of experiential simplification. Indeed, experiential simplification be-
gins with the reification of the word. But the word, you say, is surely more than
the actional matrix that articulates it. Are you not simply missing the point in
your exposition by attending solely to the actionality of the word? How about its
meaning? Is not a word properly defined by its meaning? Is not meaning the very
soul of language? Is not this precisely what is implied in the Heideggerian motto
that language is the house of Being? Meaning transcends everything, you ought
to know that – including your actionality.

　　Oh, meaning, meaning, meaning! Is there a word that is more enchanting
and more puzzling than the word meaning in our philosophical vocabulary? The
meaning of meaning, the meaning of the meaning of meaning, the meaning of
the meaning of the meaning of meaning: meaning as the beginning and the end
of meaning – Oh, is not this, in the final analysis, what the erodictic aspiration
is all about!

　　Meaning is transcendent – or has to be. For Eros in its lower forms is incur-
ably object dependent; it needs an object to possess, to objectify in order to
thrive. Eros cannot operate without something to grasp – and to grasp firmly.
And yet nothing is more elusive and slippery than this thing called " meaning. "
That is why meaning has always been at once the enchantment and the thorn of
erodictic aspiration. And it also explains why the ghost of abstraction – the alleg-
ed transcendence of meaning seemingly pointed to by the written and spoken
word – remains hunting in the House of Being in contemporary Western thought.
Ever since Plato, if not earlier, the substantialization or reification of meaning
made possible by the fixation of language has acquired an unshakable stronghold
in the Western philosophical mentality. Meaning – which for Field – Being is
nothing more than the self – information of activity – has joined the ranks of ob-
jects like chairs, apples and cheese in the collection of substantial entities the
philosophers call the world. Is this not what the so – called " metaphysics of
presence " – Derrida's unfortunate choice of diction for the substantializing af-
fair – essentially amounts to?

　　But before we address ourselves to this question, let us first take up the
meaning of meaning in the Field – Being sense. Contrary to what has been held
up almost as a sacred trust in Western metaphysics, meaning for us is not tran-
scendent but immanent, not abstract but concrete. For in Field – Being nothing
transcends the plenum of action, and whatever we can think of or talk about is
immanent in the actionality of action – including in particular meaning. For us
there is nothing mysterious or abstract about meaning at all. What comes under
the word meaning pertains generally to the signifying aspect of the diremptive
function that is ultimately grounded on the self – information of activity. Apart

from the self – informational affair of self – reflexive articulate action there can
be no signification, no meaning. In the final analysis all signification and mean-
ing has its transcendental origin in the inner articulation of the Let – Be – that
is, in the formless Form of the divine meditation, the pure self – reflexivity of
the ultimate activity. From the meaning of words and objects to the meaning of-
highest mathematics and metaphysical thought all arise and is nourished in the
transcendental bosom of the divine meditation that envelops all dirempted beings
as the infinite background and horizon of their fielded existence. Meaning is im-
manent in the actionality of action not only because it is nourished in the tran-
scendental soil of the infinite background but also because it is always concretely
situated in the power concrescence and cocoonization of transfinite subjects or
field individuals. It is indeed the face of the awesome field interface functioning
as the principle of concretion in the procreative efficacy of the diremptive func-
tion. As such, meaning is what configures itself in the self – informational sys-
tems of the universal matrix in flux, functioning as mediators between the signs
and signals of field – topology.

Let us elaborate. What do we mean by signs and signals here? A sign in
the Field – Being sense a messenger of field – topology. Anything – not just
words – may function as a sign in so far as it carries topological information of
the Field. The apple I just ate was no less a sign as the word "apple." The
cordless mouse that I am now holding in my hand is no less an information – car-
rier as the words "cordless mouse." And all these signs or information – carriers
– whether they be natural or artificial, given in nature or man – made – turn into
signals when the information they carry is transmitted. They become prompters
of becoming when the transmission of signals induces or invokes action. I was
prompted to eat the apple when I saw it, although I had no such appetite for
"apple" the spoken or written word. Similarly, we cannot swim in a painted o-
cean nor can we actually find a job in the photo of an employment agency. Al-
though natural and artificial signs differ in their prompter capacity, they are of-
ten mutually inclusive in their signifying function. The semiotic system carried
by the word "apple" includes, of course, information about the Dasein field of
apples. And once we have learned the word, it becomes a component in the in-
formational matrix associated with the fruit. Hence when we see the fruit, the
word is spoken, and when the word is heard, the fruit is also called to mind.
There is thus a functional intimacy grounded on the topological integrity of the
Field that obtains not only between the sign and the signal, but also between
natural and artificial sign – signals – an intimacy and integrity we recognize as
the work of the awesome field interface. Indeed, it is by virtue of the interfacing
of the field interface in its signifying function that all fielded beings of the uni-
versal matrix are one in their topological intimacy. What we call meaning is real-
ly a configuration of this universal topological intimacy and integrity – a face of
the awesome field interface, the dot in Q. Q = Q. q. Such a configuration is
what we call a "signifier." Thus understood, a signifier – as a face of the awe-

some field interface – is a conception of topological intimacy and integrity invol-
ving a signifying matrix or system of natural and artificial sign – signals. This is
decidedly not signifier in the Sausserian – Derridean sense which the signifying
function is confined to artificial signs. Nor is our employment of the term "con-
ception" here comparable to its standard or conventional usage in the context of
Western philosophy. For conception is for us not a matter of class inclusion or
entitative predication. We intend to use the term rather in its root sense, mean-
ing to take in, to receive, to be pregnant with, to form. And, what is conceived
– taken in or received or formed – in the Field – Being conception is always the
topological intimacy and integrity of all fielded beings, including class inclusion
and predication as a special case of field – topological determination.

　　That is why we said Derrida's choice of diction was unfortunate in his char-
acterization of Western philosophy as the "metaphysics of presence." It is unfor-
tunate because it is inadequate and misleading. For what has really occurred in
Western metaphysics is not so much the equation of Being with presence or pres-
encing, but rather with the substantialization of presence or presencing. Whatev-
er is present in traditional metaphysics has to be given in the form of entitative
presence – the presence of substantial or separately existing entitites. But is
there a non – entitative, non – substantial presence or presencing? We believe
there is. Indeed, in so far as Field – Being is concerned, presence or prescenc-
ing in the field – topological sense is what defines the primordial meaning of Be-
ing, that is, the articulate presencing of activity in the Field. And presencing in
the field – topological sense is entitatively non – present: all existence is sub-
stantially and entitatively empty, as the Buddhists would say.

　　Why is the substantialization of presence or presencing objectionable from
the Field – Being standpoint? Because it destroys the topological intimacy and
integrity of all existence – we murder to dissect, writes Wordsworth. It is in fact
the most ferocious and insidious act of violence which in its bifurcation and trun-
cation of Field – Being not only takes away our topological intimacy with other
fielded beings but violates once and for all our very conception of this intimacy.
Field – Being has now lost its field character, and the world has turned into a
mechanical collection of isolated detachable entities. Conception in the Field –
Being sense is now replaced by the conception in the substantialist sense – the
conception that makes possible entitative classification and entitative predica-
tion.

　　Now substantialization, as we understand it, is accomplished in three basic
steps: focalization, subject – object division, and subject – predicate trunca-
tion. First, an apparent determination or configuration in the field is focalized as
the center of attention. The object of attention then becomes demarcated from
the subject from which the act of attention originates. We call this subject – ob-
ject demarcation the "conscious divide." What follows inevitably from the con-
scious divide is what we may call the "ego divide" in which the separate own-
ness of subjectivity is projected onto the separate ownness of alterity issuing in

the separation of the object (the grammatical subject of attention) from its predicate (the grammatical predicate of attention). Once this is accomplished substantialism as the egolization of nature is already firmly in place. Now the egolized object of attention (the grammatical subject) has now acquired the spurious dignity of a substance – a separate self – existing entity detachable from all qualities, attributes and relations and independent of everything else in the universe: a place – holder without any holdings, a "know – not – what" that simply is! And what about the egolized predicate – the former loci for the qualities, attributes, and relations? Well, it too becomes "substantially" dignified, for it has become the sacred niche of abstraction and classification, the birthplace of all sorts of transcendent universals. The world is now a mere multiplicity of substantial entities which the unsatiable ego multiply and multiply to the nth degree. Yet it is on the basis of such egolized mirage and sand packs of profiling delusions that substantialist philosophers build their dream houses and holy castles on behalf of civilized humanity!

But please let's not speak in metaphors. Could you tell us literally and in greater detail how substantialist philosophers actually go about in their constructive enterprise? What is actually involved in their focalization and egolization under the canopy of the conscious divide? (Here you go again!) What are the elements that figure in their profiling delusions? Do we not begin our thinking with what we receive through our senses, the so – called sense impressions, sensa, or sensuous manifolds? What are these in Field – Being terms? They are in Field – Being terms apparitions of becoming or manifestations of the universal matrix in flux that are the procreated effects of articulate action. They represent, put in another way, the unfolded side of the holistic field action projected onto the presentational landscape of the world – cocoon (known as the Cosmic Egg in mythology) – the defacto body of the Let – Be. The presentational arena of apparitions – in which the Cartesian Theater (Dennet's telling description) was erected by the conscious Divide and which the Cartesian ego claims as its private domain – is but an infinitesimal segment of the world – cocoon – a body of infinite complexions. The apparitions that appear on the presentational landscape in the field of the human Dasein are not the same as the apparitions that present themselves in the Dasein fields of kangaroos, butterflies, ameba, or the percipient energy in a puff of dust floating in a distant galaxy. These apparitions or effects of articulate action are not, furthermore, the exclusive effects of any one single procreative subject, but are the joint products of a cooperative efficacy involving the power concrescence and contributions of countless centers of activity that participate synergistically in the procreative process of the holistic field action. The perceived patch of red that I see in an apple with my eyes is as much mine as it is not mine, for it reflects also the contributions of the sun light, the surrounding air, and all the other centers of percipient energy that are directly or indirectly involved in the field action – including, of course, the apple itself. The profiling delusion begins when the conscious ego singles out the apple in red

as its focus of attention and then detach it from all the other elements in the pro-
creative process.

Once detached, the red patch becomes an entity in its own right with no in-
trinsic connection to either the perceipient subject (me), or the percipient ob-
ject (the apple), or to all the other contributing factors or elements in the power
concrescence. The topological intimacy between me, the apple and all the other
articulate centers in the Field is now gone: the truncation of Field — Being has
occurred!

The violation of field — topological intimacy and integrity paves the way for
the constructive enterprise of substantialization undertaken by the coccoonized
intellect operating on the apparitional manifolds of sign — signals, both natural
and artificial. All intellection begins with the thought of an entity as such or
what Kant calls an object in general — a vacuous non — presence and the most
consequential creation of the human mentality. Without it there can be no logic,
no science, and no philosophy, as we know it. It is indeed the founding stone of
all theorizing and analysis. What we call intellection or rational — logical think-
ing is in essence no more than a process of enticization wherein the experiential
manifolds of sign — signals are structured or organized through the strategic appli-
cation and maneuperation of what may be termed "intellectual functors" (or
simply functors) — that is, the schematic forms or principles of intellectual op-
eration. They include, for example, the arithmetic operators of addition and
subtraction, the logical operators of implication and class inclusion, and the
philosophical categories and principles of substance and causality, to cite just a
few. And the functor of all functors — the functor of the most fundamental and
central of intellectual operations — is none other than the institution of an entity
as such or object in general. The functor of vacuous non — existence and the
emptiest of all intellection lies the basis of rational — analytic thought!

Where do these functors come from? And how do they originate? Was Kant
correct in finding their origins in the transcendental structure of human con-
sciousness, in the categories and principles of the understanding constitutive of
the a priori components of human knowledge? Do they really belong to the mind
— that seemingly self — enclosed and self — sufficient sac of consciousness that
coils like an infinitesimal worm on the boundless contours of the world — cocoon?
No — not the way Kant and the Kantians thought of them anyway. As Field — Be-
ing sees it, the origins of the functors are not in the human mind at all, but in
the universal matrix itself as the topological ground of all existence and fielded
beings. They are, to be more specific, sedimented forms of habituation and ap-
propriation inherent primordially in the field topology of the human Dasein.
True, they are in a sense a priori and transcendental — but not in the Kantian
sense. For the functors are a priori not as universal and necessary structures of
the human mind or consciousness but as universal and necessary structures of
what is primordially planted in the field topology of human existence. They are a
priori as all inveterate habits are — habits that the human Dasein as a historical

reality has inculcated and come to acquire in the course of its emergent evolution. And although they are primordially constitutive of human understanding and knowledge – and therefore "transcendental" in this sense, they are by no means absolutely universal and necessary. Or, more positively put, they are universal and necessary only as a pr evailing rational strategy of self – preservation and control peculiar to the human life – form. In the final analysis, the intellectual functors are no more than instruments or devices of simplification and schematization that enables the human life – form to organize effectively the world of sign – signals so that it may better survive and thrive. In this sense, substantialization is not so much a matter of objective truth, but a matter of expediency. This is what we have called "pragmatic substantialism" as opposed to the dogmatic substantialism of the philosophers. The differentiation between the two forms of substantialism may be clearly brought out in terms of the subtle and decisive difference in their respective attitudes towards the very meaning of an entity as such or object in general. In both species of substantialism enticization begins as the violation of field – topological intimacy and integrity. But while for the dogmatic substantialist, the entity is accorded the status of an objectively substantial reality, it is in the context of pragmatic substantialism regarded only as a strategically adopted theoretical or methodological device for the simplification and organization of experience. For the pragmatic substantialist the entity is not a real thing but rather a "reality – in – transit" serving as a mediator among the sign – signals of concrete existence. It is in fine a pragmatic actional construct at the serve of the conscious ego in the diremptive process of human individuation. Egolization or the projection of ownness is, to be sure, also involved here. But what is projected onto the being of the pragmatic entity is not the ego of desire or Eros, but the ego of care or Cura whose curadictic inclination – that is, tendency of discourse or action prompted by care – towards mutual attunement and concernful intimacy with otherness is in sharp contrast to the erodictic tendency towards absolute possession and domination of alterity. In the Field – Being scheme, Eros and Cura – Desire and Care – are polar concepts, designating the two fundamental forces of individuation and root – inclinations of the human mentality which we have termed elsewhere, respectively, the left – side and the right – side wing of subjectivity. It is important to point out here that they are for us not merely psychological concepts pertaining only to the subjectivity of the human Dasein, but are inherent tendencies of appropriation that are universally at work in the power concrescence and cocoonization of all life – forms. Thus understood , the two wings define indeed in their bipolar integrity the very meaning of mentality or transfinite subjectivity. While a full – fledged discussion of the two wings must be left for a future occasion, they will surface continually in our exposition inasmuch as no Field – Being discourse is sufficiently intelligible without them. In fact, the trans – differentiation problem of non – substantialism versus substantialism which lies at the heart of Field – Being hermeneutics is intimately tied to the polar tensions and dialectics of Eros and Cura and the erodictic and curadictic systems of meaning arising therein. For in the final analysis substantialism has its root in the reality of individuation – in the universal tendency of field individuals or transfinite subjects to perpetuate itself in its differentiated individuality, whether by means of karmic confirmation on the right ( the curadictic tendency of Care ) or by virtue of karmic deviation on the left ( the erodictic tendency of Desire ) . More specifically, substantialism is the product of an over – inflated Ego center issuing in its cocoonization the rigidization and bifurcation of Being. On the left side, rigidization and bifurcation reflect the craving for the absolute possession of alterity that defines the inmost teleology of desire, while on the right, the substantialist outcome is the work of an equally extreme tendency in the opposite direction – the craving for absolute solidarity and self – preservation that is the mark of narrow and stubborn Care. In either case, substantialism is rooted in a mentality characterized by the intolerance of otherness as a means of self – perpetuation. Indeed, substantialism on the left and substantialism on the right go hand in hand with each other. The craving for absolute possession and the craving for absolute solidarity are not only compatible with each other, but tend to re – enforce each other in their self – perpetuating tendencies. Indeed, they are but two sides of the same mentality defined by the lower forms of Eros and Cura. This is a mentality dominated by a recalcitrant Ego – center – an Ego – center that refuses to yield to the persuasions of the Self, representing the higher callings of transfinite subjectivity. The Self is the Force in us, the power of the Field Principle that operates in each field individual or transfinite subject as a transient center of self – reflexive articulate action – a power that sensitizes all field – beings in their transfinite attunement to the formless Form. It is what procures in our transfinite subjectivity the higher forms of Cura and Eros and the inner yearnings and inspirations of the non – substantialist outlook. Just as the lower forms of mentality are marked by the intolerance of otherness as a means of self – perpetuation, so the higher forms of care and desire are directed by an openness towards alterity that is shared by the sublime callings of non – substantialism. Here Eros is free from its object – dependency and the craving of absolute possession, while Cura is released from its burden of absolute solidarity in the dissolution of narrow stubbornness. And just as the lower forms of desire and care tend to re – enforce each other in the interests of the recalcitrant Ego – center, so in their shared openness towards alterity the higher erodictic and curadictic tendencies are compatible in their responses to the higher callings. In the end, what non – substantialism stands for is the sublime interest of the Self which consists in the highest yearning of transfinite subjectivity – the release or overcoming of strainful necessity and the leap into strainless freedom, the freedom of the formless Form.

While sharing the sublime aspirations of the non – substantialist outlook, Field – Being would not go to the extreme, as the nihilistic form of non – substantialism tends to do in negating and denigrating the world of strainful necessity. For us, both the strainless and the strainful are integral to the field – topological reality. That is why the problem of trans – differentiation – that is, the appropriation of substantialism and non – substantialism in terms of the mutuality of the strainful and the strainless – is so central to the Field – Being approach. Indeed, the Middle Way of Field – Being is the Middle Way of trans – differentiation. Field – Being seeks to do justice not to the strainless as such, nor to the strainful as such, but to the field – topological integrity of the strainless and the strainful, the quintessential twosome, as we have termed it. And this is what we mean by the rounded middle. In the field of sacred symbolism strainless freedom is represented by the perfect circle, whereas strainful necessity by the perfect square. What then is the symbol for the rounded middle  – the field  – topological integrity of the quintessential twosome? It is represented by the rounded square of what we call the "vital mandala," which in various disguises is found in the sacred iconography of all cultures. The trans – differential – quintessential middle as the rounded square of the vital mandala – that, understood as the inner spirit of the sacred Uroboros, is the supreme symbol for Field – Being. Field – Being is indeed Dao – leaming in search of the vital mandala.

In light of the Western obsession with definiteness and certainty which manifests itself ontologically in the denial of the actual indefinite, Derrida is certainly revolutionary in his deconstructive endeavor. The demonstration that the entire edifice of Western metaphysics as built with the categories and conceptual apparatus all geared to the concept of entitative presence and transcendent meaning is doomed to logical self – destruction is as brilliant as it is intriguing. Derrida is the Nagajuna of contemporary Western thought. Whatever the difference that separates them, the two philosophers are joined by the same singularity of purpose in their philosophical undertaking: the abolition of the substantialist kingdom of entitative construction, as Professor Robert Magliola has so convincingly demonstrated. What is not usually recognized  – and certainly not sufficiently appreciated – is the fact that neither Nagajuna's dialectics of the four – fold denial nor the Derridean semantics of the differance is at all workable except on the entitative soil of substantially sedimented conceptual structures. Just as for Nagajuna shunya does not imply the emptiness or devoidness ( Magliola's term) of any reality whatsoever, but only the enticized or substantialized conceptual structures humans impose upon reality, so for Derreda differance does not – or at least should not – entail the indetermination or undecidability of any and all meaning whatsoever but only meaning as conceptually fixated to the notion of entitative or substantialized presence. In both the Western and the Indian tradition, philosophers are so accustomized to the entitative bent of seeing and experiencing things ( perhaps a tribute to certain factors in their common Indo – European heritage) that they invariability tend to apply the Law of the Excluded Middle – itself the product of entitative thinking – to the very act of deconstructing it. If entitative thinking is the only kind of philosophical thinking, if the substantialist language and conceptuality the only kind of philosophical language and conceptuality, then it logically follows – does it not?   – that there can be no

other kind of philosophical thinking, no other kind of philosophical language ,
and no other kind of philosophical conceptuality possible. QED – but does it?

The answer for Field – Being is emphatically in the negative. For anyone
who was sufficiently acquainted with the Dao tradition in Chinese philosophy –
an intellectual tradition that has never developed a formal logic, a viable option
seems to open up itself in the "excluded middle" between the Way of substan-
tialism and the Way ofnon – substantialism. Indeed, it is in the proto – seminal
field – topological thinking in the Dao tradition – especially in the texts of the
Daodejing, the Yijing, the Zhuangzi and the Zhongyong – that Field – Being
owes one of its major ontological inspiration. Let us point out immediately, how-
ever, that the seeds of field – topological thinking are not confined to the Dao
tradition of Chinese philosophy. They are found, if one examines closely, in the
sedimented intellectual soil of practically all major philosophical traditions – in-
cluding in various disguises the philosophical or wisdom literature of the Pre –
Socratic Greeks and of both the Aryan and non – Aryan heritage in the Indian
tradition, especially the various schools of Mahayana Buddhism. Indeed, to the
trained and discerning eyes, the seeds of field – topological thinking are univer-
sally planted in the soil of civilized humanity. If there is such a thing as a peren-
nial world philosophy understood as a universal, collective intellectual potential
for civilized humankind, it would be the historically evolving field – topological
paradigm or field – topological outlook. Field – Being philosophy as a world phi-
losophy in the making – that is what we are driving for today.

But let us not indulge ourselves at this point in such intellectual extravagan-
za. In the fragmented, truncated postmodern atmosphere of our times, the enter-
tainment of any such notion of universal oneness is bound to be dismissed as old
– fashioned grandstyle philosophizing, a logocentric – foundational thinking and
quest for a final vocabulary motivated by the desire for intellectual domination.
This is perfectly understandable in light of the fact that the tradition that is the
common ground for both foundational and anti – foundational thought in the subt-
santialist tradition of Western metaphysics is precisely a tradition that glorifies
competition, expansion, and domination – the trio of heroic virtues ( though not
the only ones) that petrify from both the bright and dark sides of Eros. Alas!
How accustomed we are to the boxing style of philosophizing and communicating
– if that is still the right word to use here – that intellectuals in this tradition
have engaged themselves in for the past two millennia. Philosophy as a boxing
feat in the name of Truth – that is still the catch word for the common good!

Perhaps the boxing spirit in philosophizing or intellectual comportment in
general is unavoidable. For Eros with its craving for competition , expansion and
domination is not confined to any one philosophical or civilized tradition , but is
inherent in our shared humanity – a universal driving force underlying all human
endeavors or pursuits. No one in the Western tradition has a greater understand-
ing than Nietzsche about the internal connection between the dictates of Eros and
its will to power and the maneuperuvative activities and operations of the intel-

lect. Indeed for Nietzsche what masquerades as absolute objective truth – the crowning ideal of Western metaphysics – is at bottom nothing but a self – deluded projection of the will to power – the desire to possess and to possess absolutely that is the quintessential trait of Eros. Thus for him there is really nothing objective – let alone absolutely objective – about the notion of objective truth; it is but an interpretation imposed upon the world by the intellect in the service of the will to power. It is an invention of Eros in its incessant desire to objectify which invariably turn into a craving for absolute possession.

Field – Being would not go so far as to reject the notion of objective truth entirely, nor would it deny any universal basis for the concept of truth in general. For Field – Being thought truth is simply what is revealed to us that constitutes the givenness of our perspectivity, including the givenness of this recognition. And what is revealed to us in the luminous totality of our perspectivity is none other than the plenum of action that is the manifestation of the One Being of the self – articulate One – the ultimate activity we also call the Let – Be. To be more exact, what is quintessentially revealed to us in the pervasive luminosity of the plenum is the inner dynamics of pure or non – diremptively articulate and diremptively articulate action procuring trans – differentially a tripolar field – topological integrity – to wit, the integrity of the actual indefinite, the actual definite, and the actually actual. What is given to us is, on the one hand, a perspective of the actual definite that is the plenum on the side of objectified or diremptively articulated action – the world of dissipated energy or karmic matter. It is what defines for Field – Being the meaning of objective reality and truth. But what is objective is not separable from the subjective. Indeed, objectivity is only objective in relation to the subjective – that is, as karmic givenness to the procreatively vibrant (effective and percipient) energy in action, to the transfinite subjects or field individuals that appropriate it. The plenum of action conceived as the holistic field action of transfinite subjects or field individuals is what we call the actually actual. Thus understood, reality for Field – Being is fundamentally a reality of karmic labor that consists in the creative appropriation and transformation of the actual definite by the actually actual. Truth – the truth of transfinite reality – is an affair pertaining to the inner dynamics of the plenum by virtue of the synergy of the actually actual and the actual definite – a dynamic union of subjectivity and objectivity, of vibrant energy and karmic matter. But such a description gives us only half of the story. What we have deliberately left out in the picture thus far is the ever – elusive actual indefinite, which in the Daodejing is recognized as the nameless Dao. The Dao, says the Daodejing, that can be talked about (in conventional terms) is not the chang – Dao, the constant, ever – recurring Dao. And just what is it that is constant, ever recurring? What is indefinite about Dao as the actual indefinite? Does "indefinite" imply the absence or privation of form? Do we have in mind something like what the Greeks call chaos, and what Aristotle calls prime matter (material prima)?

Yes – but No! The Dao that we call the actual indefinite is termed wu or non – being in the Daodejing. So it does imply that Dao is a reality that is in some sense undifferentiated, devoid of forms or definiteness.. After all, the characterization of Dao as pu, the Uncarved Block – as some translators would have it – has now taken hold even in the popular understanding of Daoist philosophy in the West. And students of mythology would be quick to point out that chaos – the Chinese term for it is huntun – is indeed the mythological origin of the Daoist philosophical notion of Dao, as plentifully illustrated in the fables and antidotes in the Zhuangzhi. And so it seems that Dao as the actual indefinite is the same as chaos in both Eastern and the Western thought. By and large, this would not be wrong provided we remain blind to a subtle but crucial difference between the ways chaos is envisioned and conceptualized across the major intellectual traditions of civilized humanity. Because of its obsession with definiteness and certainty, the concept of chaos that has come to dominate the Western philosophical consciousness is an "indecent chaos" that is equated with unintelligibility, unreality and evil – often couched in the metaphor of downgraded femininity. This is in sharp contrast – indeed the antipode – to what may be called the "wholesome chaos" or the "profound female" (xuanbin) in philosophical Daoism, a notion that was accorded in the Daodejing and the Zhuangzi with such supreme reverence. Understood as the metaphor for Dao the actual indefinite , the wholesome chaos or profound female is the way and state of pure action that in Field – Being terms is what constitutes the realm of the Radical Nothing in the plenum – the realm which the Daodejing designates variously as non – being (wu), non – action (wuwei), naturalness (ziran), perfect vacuity (xuji), perfect quiscence (jingdu), and oneness (yi) .

But why the term "radical nothing" ? Wherein lies the radicality and nothingness of pure action that we have now equated with the actual indefinite ? What really is the distinction between pure or non – diremptive action and diremptive action that furnishes the ontological foundation of Field – Being philosophy ? The clue to the answer to these questions is, first of all, to be found in the word "nothing" itself. "No – thing" means no thing. There are no things, there are no entities: there is only activity – our favorite refrain is to be reiterated again. But let us hasten to add that what is being denied here is only the substantiality of things and not its reality. There are of course things as articulate center of diremptive or differentiated action. Indeed, that is what the diremptive function (Q. q) is all about: the differentiation or articulation of things – separate things – from out of the Radical Nothingness of pure action. The distinction between pure action and diremptive action then is a distinction between undifferentiated and differentiated action. But what is the catch here? Does not differentiated imply the possession of form, and undifferentiated the absence or privation of form? Is not the undifferentiated or formless exactly what Aristotle means by prime matter – a nothingness or non – being which Hegel mocks as the "night where all cows are black"? Is this what we mean by the Radical Nothing? If so, we are back to the same old Hellenic – Aristotelian tradition. Just what is distinctive about the Field – Being theory of activity?

But there is something distinctive about our approach here. No, neither the Aristotelian material prima nor the "Hegelian night" is what we mean by the Radical Nothing. For us, as for Aristotle, there can be no such a thing as undifferentiated action if by "undifferentiated" we mean the complete absence of articulate character or form. The notion of formless or undifferentiated action conceived as completely devoid of articulate character is a contradiction in term. There is no action that is without form or some trait of definiteness. All action is, in this basic sense, articulate action in so far as it exhibits form or articulate character. But while all action is articulate in form, it need not be articulate as an individuated——that is, separately differentiated – form. Here the term "differentiated" means more than just definite or articulate in form, but acquires the important qualification of individuation or separable differentiation. This latter sense – the proper sense of "differentiation" in Field – Being – is what defines the distinction between pure action and diremptive action. While all action is articulate action, pure action is non – diremptive, non – individuated action, diremptive action is by definition individuated or separably differentiated action. In Field – Being ontology, pure action not only describes the realm of the Radical Nothing, but also the affluents of becoming that are the field individuals or transfinite subjects in the nascent , prediremptive phase of their transcendental arising. Prior to the moment of fate at their primordial ingression in the karmic warp wherein they become individuated or separately differentiated upon contact with karmic matter, these affluents of becoming arise freely and spontaneously in their transcendental birth from the Radical Nothing as an unindividuated , undifferentiated stream of pre – diremptive action in the absolute purity of power – that is, as an interpenetrative immediacy of pure energy, pure experience, and pure meaning. Note that the grammatical plurality indicated by the term "affluents" does not signify numerical plurality in the ontological sense. The numerical plurality is posthumously projected, so to speak, from the later – primordial and phenomenal – phases of their self – becoming. For while field individuals or transfinite subjects are one in their transcendental birth, they become a differentiated many or individuated plurality in their diremption – the q in Q. q in the Great Ocean of Becoming. Now the metaphysical question that necessarily arises is this, what is the source of individuation or diremptive differentiation? How do things come about from the One Being of the self – articulate One, the Let – Be?

The answer to this perennial metaphysical question can be emphatically and succinctly put: they arise out of strains! Strains are what introduce abruptness, breakage or brokenness in the continuity of action. They are what account for the individuation or diremptive differentiation of pure action. Strains are what produce the strains – that is, the separated or individuated forms of articulate action. In the Field – Being scheme, every thing or individuated being, including all kinds of entities that may be abstractively constructed from the self – becoming of field individuals or transfinite subjects – including the ideal forms or repeatable patterns of articulate action – are recognized in their quintessential meaning as systems of strains. A triangle is, for example, a geometrical pattern formed by the system of strains respectively introduced at each of the three angles – the point at which a continuous articulate action becomes abruptly broken. The triangularlity or triangular character of a triangle is defined precisely by the way the continuity of action is strained by the breakage of continuous action at its three angles. The straining of continuous action – that is what defines our notion of the "Great Warp." While the Field – Being plenum is perfectly continuous in the transcendental state – that is, both in the non – diremptive realm of the Radical Nothing and in its free and spontaneous pre – diremptive expression prior to its primordial ingression in karmic matter, it becomes strained and warped into a world of individuation interlaced with the contextures of continuous and continuous action – the realm we designate as the Great Ocean of Becoming. The Great Warp then is the "twilight zone," so to speak, of Field – Being between the transcendental and the phenomenal states of activity – i. e. the Radical Nothing and Great Ocean of Becoming. The Great Warp is the point of intersection between the strainless and the strained or strainful wherein pure continuity is warped into a strainless – strainful contextuality. The reality of this momentous feat of activity in Field – Being which constitutes for us the gist of all metaphysical thinking is what determines the notion of the quintessential. Quintessentiality, as stated earlier, pertains to the dynamic relation between the strainless and the strained or strainful as two fundamental modes of actuality. The Field – Being of actuality is, however , not only to be understood only in terms of the quintessentiality, but must also be grasped in the light of its contextuality with the trans – differential, that is, as pertaining to the inner dynamics between the non – diremptive ( undifferentiated ) and non – diremptive ( differentiated or individuated ) states of action. Pure action as undivided, non – diremptive self – reflexive articulate action is what is indicated by the prefix " trans – " in the term "trans – differential. " What then is a "differential"? Broadly understood, a differential may refer to any property, trait or attribute of activity in the realm of differentiated or individuated existence. However, what is thought in the notion oftrans – differentiality is neither the non – diremptive ( Q. Q ) as such nor the diremptive ( Q. q ) a such but the inner dynamics – let us reiterate this crucial term – inherent in the trans – differential twosome as implied in our first formulation of the field principle. Thus, by interlacing the quintessential twosome of the strainless and the strainful and the twosome oftrans – differentiality and with the proper qualifications of the field equation and its notional representation, a six – fold conceptual matrix laying bare the grammar of action in its self – reflexive articularity is obtainable:

　　　· The Beginning – pure action as non – diremptive and strainless action: Q. Q = Q. F

This is the first state of pure action in which the divine mediation or pure self – reflexivity of the Let – Be ( Q. Q ) is conjugated with an inner articulation ( Q. F ) of formless Form ( F ) .

This state of non – diremptive and strainless action – the proper domain of the Radical Nothing or the Let – Be in – itself – is what defines the transcendental/noumenal realm of Field – Being. The Beginning is also the End because it is where all fielded beings originally arise and by which they will all be sustained and guided in their rounded transfinite journey. As such, the transcendental – noumenal – an undifferentiated state of empathetic interpenetrative aesthetic immediacy – is the infinite background of all Field – Being narratives.

1. The Rise——pure action as pre – diremptive and strainless action : Q. Q = Q. Fq This is the second state of pure action in which the Beginning, so to speak, has begun.

Here the divine meditation of formless Form expresses itself from out of its interpenetrative aesthetic immediacy as an outflow of power providing the original substantial constitution of all becoming and existence. This affluence of becoming ( Fq ) constitutive of the divine expression ( Q. Fq ) – or the Let – Be for – the – world – arises freely and spontaneously as an undivided concrescence of pure energy, pure experience and pure meaning from the proper domain of the Radical Nothing. The Let – Be for – the – world is the noumenal origin of individuation and the real beginning of the process of self – becoming inasmuch as it marks the transcendental birth and possibility of field individuals or transfinite subjects ( q ) . The notation Fq implies that F, the formless Form, is the transcendental endowment and possibility of q.

Actuality in the two states of pure action as defined in ( 1 ) and ( 2 ) – the Beginning and the Rise – are called the Actual Indefinite ( AI ) , the realms of pure action and pure energy. The Actual Indefinite is the meaning of Dao , the actionality of action, in its Firstness.

2. The Ingression ( and the Warp ) – objectified action as providing conditions of strain for pre – diremptive and strainless action: Q. Q = Q. Fq x Q. Fq

Objectified action is the consummated action in Field – Being: action that has accomplished its diremptively articulate function. The power of objectified action is the power of karmic matter or dissipated energy, as contrasted with the vibrant procreative energy of the field individuals or transfinite subjects in action. The Ingression is the primordial point of contact – called the "moment of fate" for the self – becoming field individuals – between the affluent pure action ( Q. Fq ) and the conditional givenness of objectified action ( Q. Fq ) that establishes the proper beginning of individuation. The moment of fate is the moment of consciousness in the primordial sense – that is, consciousness as a differentiating or discriminating experience of separateness and individuality, as contrasted with the pure, undifferentiated or non – individuated experience of the divine, transcendental – noumenal consciousness in the state of empathetic interpenetrative aesthetic immediacy. What occurs at the Ingression and the moment of fate is the warp or straining of the divine expression which introduces a new dimension in the divine consciousness. For the pure reflexivity of the Let – Be is now both transcendentally pure and primordially apperceptive. Divine apperception arises from the divine meditation as the consciousness of individuation at the moment of fate and in virtue of the warp.

The primordial beginning of individual consciousness is the beginning of binary oppositions – including, in particular, the oppositions of subject and object, past and future, and space and time. While in the domain of the Radical Nothing pure action enjoys itself in the great simultaneity of transcendental time that knows no distinction between the before and the after, with the irruption of the conscious divide or subject – object opposition, there arises the primordial inception of phenomenal time and temporality – the time of becoming for the transfinite subjectivity. Yet the great simultaneity of transcendental time is no different from the wholesome chaos of transcendental space that knows no distinction between the here and the there; they are but two different ways of conceiving the transcendental space – time of the perfect plenum: the state of pure action in its empathetic interpenetrative aesthetic immediacy. The warp of pure action by objectified action at the Ingression and the moment of fate is a warp of the transcendental space – time by virtue of a straining of the perfect continuity of the field potential – the actual indefinite of all existence. This Great Warp of Field – Being is designated by the notational schema Q. Fq x Q. Fq, implying the warping or straining of pure vibrant energy （Q. Fq） under the conditions of karmic matter （Q. Fq） .

3. The Matrix （and the Openness） – objectified action as pre – phenomenal conditions of order and strainful necessity: Q. Q = Q. Fq x Q. Fq.

The Matrix is the totality of conditions underlying and constituting the field order of all existence. These conditions are inherent in karmic matter as the accumulated effects of past, objectified action （Q. Fq） . They are analyzable in terms of the real potentials （Q. Fq） and limitations that are opened up and imposed upon the nascent processes of self – becoming by the historical traditions of the immortal past of objectified actuality – that is, consummated field individuals or transfinite subjects. What is objectified in the immortal past are the sedimented forms and strainful necessity of individuation – that is, the habituated modes of appropriation and accommodation – that the historical traditions of actuality have come to acquire. These sedimented forms of articulate action are diremptive habits of individuation. Every objectified action reconstitutes the field order by the introduction of its own articulated systems of strain into the field potential that are inherent in its dissipated energy or karmic matter. This reconstitution of the field order – represented notationally as the product of objectified and possible action （Q. Fq x Q. Fq） – occurs at every moment of fate and as consequent to the primordial ingression of the divine expression takes the form of a co – presencing of the possible and the impossible as real potentials to be resolved and realized by the nascent processes of becoming. Here again the divine meditation acquires another new dimension – namely, divine consciousness as comprehension of the reconstitution of field order.

Actuality in the two states defined by ( 3 ) and ( 4 )  – the Ingression and the Matrix – we call the Actual Definite ( AD )  – the realms of objectified action and karmic matter. The Actual Definite is the meaning of Dao in its Secondness.

4. The Labor – self – becoming as feat of effective action and life of karmic labor in the diremptive appropriation of strainless freedom and strainful necessity : $Q. Q = Q. Fq \times Q. Fq [Q. Fq]$

The life of field individuals or transfinite subjects is a life of karmic labor, which consists in the creative appropriation and transformation of karmic matter by virtue of percipient procreative energy – the energy of effective action. As such, life is a transfinite journey that has its transcendental – noumenal origin in the divine expression – that is, as affluence of becoming that flows out freely and spontaneously from the Radical Nothing and the formless Form of pure action. Karmic labor begins properly with the primordial ingression of pure action and energy ( affluence of becoming ) at the moment of fate when pure action becomes effective action – and pure energy becomes percipient procreative energy – through the loss of transcendental innocence, that is, the absence of experience and knowledge with karmic matter. For pure action is non – effective, and pure energy is blind. The contact with karmic matter at the moment of fate – which opens the eyes of the nascent subject, so to speak – marks the inception of individuality through the acquisition of worldly experience and effective knowledge that the nascent subject derives from the incarnated forms of past, objectified action. The process of self – becoming is essentially a process of appropriation and cocoonization of power concrescence by way of karmic labor – a process involving a synergetic union of effective action and objectified action, or procreative energy and karmic matter. The self as the becoming transfinite subject is the transient individuated center of articulate action that spins out the "cocoon," that is, the procreative product of the power concrescence and synergetic union. The elements that are given to the becoming transfinite subject for its appropriation in the process of cocoonization and individuation are basically derived from three sources:

1 ) The transcendental : the strainless freedom, spontaneity and innocence of pure energy inherent in its transcendental endowment from the formless Form;

2 ) The primordial: the sedimented incarnated forms and strainful necessity of the immortal past of objectified action that constitute its primordial heritage;

3 ) The environmental: the reincarnated karmic energy in the universal matrix made available by the perpetual transformation of karmic matter in the ongoing process of effective action.

The process of cocoonization that constitutes the becoming of field individuals is a continuous process of contextualization and re – contextualization involving the quintessential decision of affirmation and negation on the part of transfinite subjectivity. The decision is an act of selection amidst the real potentials that are opened up from the universal matrix as a function of field – topological necessity. As karmic labor and cocoonization, life is thus a matter of field – topological management. What is affirmatively decided is included as a constitutive component in the cocoon, which quintessentially speaking is no more than a contexture of strainless freedom and strainful necessity. More specifically, the contexture of the procreative product of karmic labor that makes up the cocoon is a configuration of the aesthetic plasma of the three sources – "aesthetic" in the Field – Being sense of an interplayful complexity of matter – energy, experience, and meaning. Thus understood, the aesthetic cocoon is at once the concrete niche of ownness and the face of power concrescence. Our conception of individual things depends on our profiling of the aesthetic cocoon.

In the notational schema Q. Q = Q. Fq x Q. Fq [ Q. Fq ], life as karmic labor and cocoonization is represented as the union of effective action and procreative energy ( Q. Fq ) and objectified action and karmic matter ( Q. Fq ) with the real potentials of possible action ( Q. Fq ) enfolded in it. The enfoldment of real potentials in karmic matter is represented by the bracket.

6. The Consummation ( and the Reversion ) – the accomplishment of transfinite subjectivity and karmic labor and the reincarnation of karmic energy in the redistribution of strainless freedom and strainful necessity : Q. Q = Q. Fq [ Q. Fq x Q. Fq ]

Consummation is a provisional end of karmic labor. A provisional end is any point on the continuous process of cocoonization and power concrescence at which a distinct or distinguishable effect of articulate action is recognized or identified. The identifiable effect is a measure of the achievement of karmic labor, a manifestation of procreative efficacy on the parts of field individuals or transfinite subjects. We call this point of consumption a "moment of absoluteness" inasmuch as it constitutes provisionally the niche of ownness for the self – becoming transfinite subjectivity. A self has become and by virtue of its unique perspectivity of all times and spaces constitutes itself an instance of eternity. But the point of consummation is also a point of dynamic transition, the interval of becoming wherein procreative efficacy passes into objective potency and procreative energy becomes transformed into karmic matter. Since every effect of procreative action modifies the field potential and necessitates a reconfiguration of the field order, consummation also brings about a revitalization or reincarnation of karmic energy objectively enfolded in the field potential. Karmic energy is the dissipated energy of the past attached to karmic matter which sustains the effects of objective action. This energy is fully or partly released and reactivated into procreative vibrancy when the effects to which it was attached are eliminated , modified, or held inoperative. It is this revitalized or reactivated energy that furnishes the objective basis of power concrescence in the process of the self – becoming. The energy that empowers the field individuals or transfinite subjects at the moment of fate is not confined to the affluence of pure energy that arises freely and spontaneous from the Radical Nothing. It is rather a confluence of pure and reincarnated karmic energy representing a transcendental and primordial – environmental synthesis. While pure energy is innocent and blind, reincarnated karmic energy is energy with a memory of the immortal past – a knowledge of the sedimented forms of appropriation and habituation inherent in the historical traditions of objectified action. This memory and knowledge of karmic energy that bequeaths to the nascent subjectivity its worldly or primordial – environmental heritage is what makes effective action procreative. Procreative energy is by definition not blind, but is perceptive of the world and self – directed in its procreative action. The synergetic union of pure and reincarnated (karmic) energy is what provides the dynamic basis of individuation. The confluence of energy at the moment of fate marks the defacto birth of field individuals. They are now differentiated beings each endowed with a disposition and an inclination.

Here the divine meditation acquires the meaning of divine compassion as consciousness of the transience of individuated existence.

In the notational schema Q. Fq [Q. Fq x Q. Fq], the consummation of life as kannic labor at the moment of absoluteness is indicated by Q. Fq. What becomes enfolded (represented by the bracket) at the moment of absoluteness is the passing or immortalization of effective action and procreative energy into objectified action and karmic matter (Q. Fq) and the reincarnation of karmic energy into the real potentials of possible action (Q. Fq).

Actuality in the two states defined by (5) and (6) – the Labor and the Consummation – we call the Actually Actual, the realms of effective action and procreative energy. The Actually Actual is the meaning of Dao in its Thirdness.

Actuality in the two states defined by (5) and (6) we call the Actually Actual (AA) – the realms of procreative or effective action.

The articulate totality of concepts and principles implicated in the six states or realms of action and actionality as outlined above is what forms the self – referential onto – theo – logical basis of Field – Being philosophy. Just how different this conceptual scheme is from the substantialist onto – theo – logical systems of traditional Western metaphysics remains to be more thoroughly explored and investigated. The difference will become more and more outstanding as we work out more and more fully its philosophical implications. For the time being we have in store for us the immediate task of a fundamental clarification. What we need to clarify is the central meaning of the scheme and the theoretical strategy underlying its formulation or organization. Since the Field – Being scheme is based on an articulation of activity and actionality in terms of the six fundamental states or realms of action, we shall call it the Hexapla (six – fold text) of Field – Being. The basic task of Field – Being ontology consists in the articulation and construction of the Hexapla into a fully integrated conceptual matrix or system of meaning. Field – Being thinking does not go beyond the Hexapla, beyond the confines of the hexapalic matrix. For they are what defines the limits of the Field – Being perspectivity. It is in terms of the Hexapla, as we shall see more clearly later on, that the self – referential arrest of actionality in action in Field – Being is made.

But first the meaning of the Hexapla. What does the Hexapla represent ? What basically is contained in the hexapalic matrix? The answer may be given rather succinctly. The Hexapla contains the grammar of action – that is, the actionality of action arrested in the language of philosophical discourse. Since Field – Being equates being with activity or action, the grammar of action is the grammar of Being, that is, as Field – Being. This grammar of action – of Being as Field – Being – is basically what the field – topological paradigm is all a-bout. More specifically, the grammar action is the grammar of the inner dy-namics that lies trans – differentially and quintessentially in the ontological i-dentity or conjugation of reflexion and articulation. In light of the modifications we have introduced above in the first formulation of the field principle, we must now rewrite the field equation as follows: $Q. Q = Q. F ( Q. Fq )$ . This notional schema stipulates generally the ontological identity of the divine medi-tation or pure self – reflexivity ( $Q. Q$ ) and the diremptive function ( $Q. F (q)$ ), where $Q. F$ stands for the inner articulation of the formless Form ( F ) and q the differentiated or individuated forms. The underlyin g theoretical strat-egy in the organization of the Hexapla hinges on the sic meanings of the divine meditation with the corresponding six states of articulate action, both non – di-remptive and diremptive. This functional correlation of activity is made by an interlace of trans – differentiality and quintessentiality in the form of a conjuga-tional matrix. Before we proceed any further, let us set forth the Hexapla as below:

**The Hexapla of Field – Being: The Grammar of Action and the Trinity of Dao**
**The Inner Dynamics of the Let – Be in terms of**
**The Interlace of Trans – differentiality and Quintessentiality**
( Table )

| Interlace of Trans – differentiality and Quintessentiality<br>Actuality as Matrix of pure Action, Objectified action, and Effective action<br>The Trinity of Dao as the Transfi-nite Arena of Articulate Action | Grammar of Action: Inner Dynamics of the Let – Be<br>( The Story of Field – Being: Internal Affair of Activi-ty )<br>$Q. Q = Q. F ( Q. Fq )$<br>Identity of Action as the Quintessential Tans – differ-entiality of the Let – Be In – Itself ( non – diremptive pure self – reflexivity ) and the Let – Be For – the – World ( diremptive procreativity ) |
|---|---|

| | | |
|---|---|---|
| Dao ( Q ) in its Firstness: Non – Being ( wu ) Radical Nothing/Actual Indefinite ｛AI）: Ream of Pure Action Transcend ental or noumenal realm: formless Form of pure action and strainless freedom ( Dao as miu） Dao as undifferentiated continuum ( huntun ): Transcendental – noumenal space – time – great simultaneity and wholesome chaos as interpenetrative, empathetic immediacy | Domain 1. The Beginning AI: Q. Q = Q. F Divine Mediation as pure self – reflexivity ( Q. Q ) and inner articulation ( Q. F ) of the Let – Be ( Q ): pure action as strainless and non – diremptive, undivided articulation Q. Q: Dao as perfect naturalness ( ziran ), perfect vacuity ( xuzhi ), and perfect quiscence ( jingdu ) – the beginning of Heaven and Earth Q. F: Dao as non – action or strainless action ( wuwei) and nameless Name or the ineffable ( wuming） | Domain 2. The Rise AI : Q. Q = Q. Fq Divine Expression ( Q. Fq) as spontaneous undifferentiated diremption of the Let – Be: pure action as strainless and non – diremptive, undivided affluence or manifestation Q. Fq: Dao as Being ( you ) – the mother of the myriad things |
| Dao in its Secondness The Great Warp/Actual Definite ( AD): Realm of Objectified Action Primordial ingression : passage from strainless freedom to strainful necessity Fq: individually differentiated or diremptively divided forms: Dao as jiao | Domain 3. The Ingression AD: Q. Q = Q. Fq X Q. Fq Divine apperception ( Q. Q) as the self – revelation of the divine meditation under conditions of strain ( Q. Fq) imposed by karmic matter ( Fq) – the Warp ( Q. Fq X Q. Fq) The Great Warp as the origin of consciousness, individuality and transfinite space – time in the contextualization – temporalization and spatialization – of karmic labor | Domain 4. The Matrix AD: Q. Q = Q. Fq x Q. Fq Divine comprehension as field potential of individuation in the opening of real possibilities ( Q. Fq ) under conditions of the warp Q. Fq: Heaven ( tian ) as the pole of pure procreative energy ( yang) in the Field of Heaven and Earth Q. Fq : Earth ( di） as the pole of objectified ( dissipated) energy or karmic matter ( yin） in the Field Dao as the Field of Heaven and Earth ( Q. Fq x Q. Fq） |

| | | |
|---|---|---|
| Dao in its Thirdness The Great Ocean of Becoming/Actually Actual（AA）: Realm of Effective Action Phenomenal world of field individuals or transfinite subjects: contextures of strainless freedom and strainful necessity Dao as the differentiated world of the myriad things（wanwu） | Domain 5. The Labor AA: Q. Q ＝ Q. Fq x Q. Fq ［Q. Fq］ Life as karmic labor in the union of procreative energy and karmic matter Divine compassion（Q. Q）as the inner love of strainless freedom towards strainful necessity Dao as the integral transfinite harmonization of Heaven（yang）and Earth（yin）in the procreation of the myriad things | Domain 6. The Consummation AA: Q. Q ＝ Q. Fq ［Q. Fq XQ. Fq］ Consummation as instant of eternity and redemption as the inverse of ingression Divine reception as dissolution of strainful necessity into strainless freedom Reversion as the inverse of the Ingression – consummation as reincarnation and redemption Reversion as returning to the Root（gueigan）of Dao – the fulfillment of destiny（fuming） |

# 7. Signature Field – Being and the Dao Tradition ( Ⅳ )

What we propose to discuss in what follows is a kind of centrism – a philosophical position that believes in the Middle Way, both as an ontological commitment and as a rational choice or strategy. We Field – Being thinkers are Dao – learners, traversers of the Way who practice the supreme art of appropriation to the utmost limits. As such, we do not and must not shy from the Middle Way, let alone consciously straying from it. The Middle Way is for us not an object of deconstruction, nor is its endorsement something to be ashamed of, as if it were so hopelessly antiquarian and out of fashion. No, on the contrary, we whole – heartedly embrace it and are all too ready to defend it not only as a philosophical stance but also as a practical paradigm, a way of life par excellence. We affirm it philosophically because it is the truth of our vision, and we endorse it as a way of life and practical living because civilized humanity requires it for its integrity and creative vitality. For all extremist straying from the Middle Way, we emphatically submit, are blind alleys, both philosophically and otherwise.

But what is the Middle – Way? In Field – Being philosophy this question is capable of a rather distinctive answer, although this distinctiveness, as typical of Field – Being thought, may – and indeed must – be grasped in a variety of interrelated senses. Ina nutshell, what we mean by the Middle Way has to do with the rounded integrity of Field – Being: it is the rounded integrity of Field – Being. This notion of rounded integrity – or yuande, as one would say in Chinese – is the one thread that runs through all the interrelated senses. It is on the basis of this distinctive conception that Field – Being understandings the meaning of Dao. The rounded integrity of Field – Being is the yuande of Dao. For the Field – Being thinker or Dao – leamer, Dao is Field – Being in the manifold power of its rounded integrity.

How then do we understand the rounded manifold of Dao? And indeed to what does Field – Being owe its rounded integrity, its yuande? The answer may be given succinctly through the articulate perspective of one word: activity – our most favorite utterance. The rounded manifoldness of Dao belongs uniquely to activity: the rounded integrity of Field – Being is indeed none other than activity itself in its all – roundedness. But this is of course not activity or action in the ordinary sense of the word. For what we have in mind in uttering the word is the presencing presence of a dynamic plenum – a boundless continuum of quintessentially empowered self – reflexive articulate action. That in so many words is what we mean by "activity. " This seems no doubt to be a far cry from the ordinary signification of the term. But there is no contradiction here; there is really no incompatibility between activity in the Field – Being sense and activity in its ordinary usage. What we ordinary mean by activity or action is indeed activity in the Field – Being sense, that is, as surface phenomenon, surface activity or action – the waves and ripples in the Great Ocean of Becoming that surface out from the depth of the dynamic plenum, the One Being that pervades all and encompasses all. The dynamic plenum is all – pervading and all – encompassing because it is in reality none other than the plenum of an ultimate activity that is quintessentially empowered and self – reflexively articulate – the Let – Be that is the source and ground of all that is let to be. Q. Q – the Uroboros bites its own tail. This articulate self – reflexivity or self – referential character of the ultimate activity as symbolically represented in the sacred image of the mythological snake – that is, in the rounding or environing of the Uroboros upon itself – is precisely what constitutes for Field – Being the yuande or rounded integrity of Dao. For us, the universe of discourse defined by Q. Q is the ultimate universe of discourse. For nothing can be said or talked about apart or beyond the self – referentiality of the ultimate activity. To speak, to think – and indeed to be – is to participate in some capacity in the all – encompassing sphere of Q. Q – in the self – referential manifold of its rounded integrity.

Thus understood , self – reflexive articulate action or activity in the Field – Being sense is the quintessence of the universe – the quintessence of what is, what is not, and what is and is not. In sharp contradistinction to the Parmenidean position in Western metaphysics – the great Parmenides as traditionally understood, Field – Being does not one – sidedly affirm the reality of what – is at the expense of what – is – not and what – is – and – is – not. For us the three faces of Being – as we call them – denoted by the three modalities of the verb to be, the key Indo – European verb – word, are intrinsically inseparable from each other, being equally quintessential to the rounded integrity of the dynamic plenum. The dynamic plenum is quintessentially actual through and through. But what is quintessentially actual may be definite, or indefinite, or both definite and indefinite. And that is what the three faces of Being are all about. The face of Being designated by what – is we call the actual definite, as contrasted with the actual indefinite or the face of Being signified by what – is – not. In the Field – Being scheme, the actual definite and the actual indefinite are not empty abstractions, but terms that each point to a concrete realm of reality. The actual indefinite is the realm of the transcendental, the realm of the Radical Nothing in which the One Being of quintessential activity is in an undifferentiated or non – diremptive state of pure action. The actual definite is, on the other hand, the realm of the differentiated and diremptied, the primordial realm of quintessential activity composed of objectified or consummated articulate action. The relation of the actual indefinite to the actual definite is, in terms of power, the relation of

pure energy, the vibrant, pro – creative energy of pure action, to karmic matter
or the dissipated energy of objectified action. While the phenomenal world owes
to the actual indefinite for its transcendental endowment that consists in the
quintessential traits of spontaneity and innocence inherent in pure energy, it is
from the habituated forms of articulate action objectified in karmic matter that it
derives its primordial – environmental heritage. For the phenomenal world is the
realm of the actually actual, the realm of field individuals or transfinite subjects
in whose life as karmic labor the actual indefinite and the actual definite are
quintessentially and temporally united. In Field – Being ontology and cosmology
time in the proper sense is transfinite time, the dynamic pro – creative fluency of
transfinite existence, in which all other meanings of time are included. As such
transfinite time is Being itself: the presencing presence of the dynamic plenum
as the One Being of the Let – Be is coextensive with the temporalization of trans-
finite subjects. Indeed Being is time, and time Being. The actual indefinite,
the actual definite, and the actually actual are the three faces of Being – Time or
Time – Being , a tri – polarity constitutive of the rounded integrity of Dao. This
Trinity of Dao (TD)  – is the juxtaposition here rather interesting? – is what
defines concretely the theoretical program of Field – Being philosophy. Field –
Being thought or philosophy as Dao – leaming is all about Q. Q in terms of TD.
Quintessential activity reveals itself as the Trinity of Dao——that is our vision of
truth as well as the truth of our vision. But first for the ease and clarity of expo-
sition let us sums up what we have spoken about it in the following table.

**The Program of Field – Being**
**Dao – leaming as Explorations of the Field – topological Order The**
**Presencing Presence of Quintessential activity as Trinity of Dao**
**Q. Q in terms TD**
**( Table 1 )**

| Q | Actual Indefinite (AI) | Actual Definite (AD) | Actually Actual (AA) |
|---|---|---|---|
| Realms of Quintessential Activity | Transcendental ( Radical Nothing) | Primrodial – Environmental ( Immortal Establishment) | Phenomenal ( Great Ocean of Becoming) |
| States of Articulate Action | Pure action | Objectified action | Procreative – effective action |

| Q | Actual Indefinite (AI) | Actual Definite (AD) | Actually Actual (AA) |
|---|---|---|---|
| Modes of Power Concrescence (Cocconization of the Plasmatic Threesome) | Pure energy (pure expenence, pure meaning) | Karmic matter or dissipated/objectified energy (objectified expenence, objectified meaning | Karmic labor (synergetic union of pure energy and karmic matter – becoming as creative – procreative transformation) |
| Virtues of the Good as the Optimization of Values | Strainless Perfection | Strainful Necessity | Rounded Good as strainless perfection attainable under conditions of strainful necessity |

Our readers must have already noticed that what we have laid out on the table goes considerably beyond what we have outlined in the above discussion. Needless to say, it calls for a great deal of clarifications and explanations. First of all, a few comments on the text of the table. The terms, phrases, and expressions that we laid out there all belong to the Field – Being vocabulary, a sign – signal system of quintessential tropes. A quintessential trope is any linguistic or symbolic determination functioning as a theoretical vehicle to exhibit the vision and truth of quintessential activity. Thus conceived, the Field – Being vocabulary is not just a collection of words, but may include all kinds of non – linguistic symbolic forms such as geometrical figures or pictorial representations. The term "quintessential activity" is itself a quintessential trope, but so is a Zen painting (interpreted from the Field – Being perspective) or a drawing of what we call the "vital mandala" (to be discussed later) . The textual formulations that we laid down in Table 1 constitute, of course, only a small part of the Field – Being vocabulary, though a major number of the key quintessential tropes are already included. Indeed, those that are not explicitly brought out in the text are definitely implicit in it. Thus explicitly and implicitly, what the TD Table (as we may give it a name) contains is nothing short of the whole of Field – Being phi-

losophy. There is no Field – Being discourse that could occur outside the seman-
tic power and sphere of the TD Table, beyond the topical horizon of the field –
topological order or the presencing presence of quintessential activity as the Trin-
ity of Dao. That is what the Field – Being program is all about. That is how we
re – open the question of Being as Field – Being.

The presuppositions underlying the re – opening of the question of Being as
Field – Being

are to be summed up as follows:

11) The ultimate basis of all human experience – and of all transfinite ex-
perience, for that matter – is quintessential experience, that is, experience per-
taining to the truth or self – revelation of quintessential activity.

12) Contrary to what Heidegger, Derrida, and the other post – modem phi-
losophers and thinkers believe, Field – Being holds that quintessential experi-
ence is both universal and primordial, being laden and deeply sedimented in
the quintessential tropes of human cultures and languages.

13) The presencing presence of quintessential activity is the universal –
primordial meaning of Being, and the presencing presence – that is, the self –
revelation – of the quintessential activity is the universal – primordial meaning of
Truth.

14) What is presencing present is the open expanse of a dynamic plenum
given in quintessential experience as the space – time horizon of a field – topolo-
gical order. This we take to be the universal – primordial meaning of Reality.

15) Quintessential experience is intrinsically an experience of valuation
and value attainment. For all transfinite existence value experience is a function
of strainless perfection and strainful necessity. All transfinite existence aims at
the optimization of value or strainless perfection attainable under conditions of
strainful necessity. This, we submit, is the universal – primordial meaning of
the Good.

16) The human Dasein – human beings conceived in their regional field –
topological occupation – has an apperceptive intuition of the Truth, the Reality,
and the Good. But apperceptive intuition always occurs within a space – time lo-
cus of the field – topological horizon, and is thus conditioned by the criss –
crossing forces operating in the regional matrix of the human Dasein. What is
thus apperceptively intuited is only a quintessential perspective of the field – to-
pological order.

17) The core of apperceptive intuition is the transcendental integrity of the
Radical Nothing, the actual indefinite that is inexhaustible in power and undif-
ferentiated or non – dirempted in form. The self – appropriation of the formless
Form and the consequent procreative overflow is the ultimate source of all trans-
finite existence. The effluents of becoming – that is, pulsations of pure energy
that arise freely and spontaneously from the procreative overflow, are what con-
stitute the divine beginning of field individuals or transfinite subjects. The divine
is the actual indefinite in the transcendental purity of strainless perfection.

18）The diremptive function whereby quintessential activity becomes differentiated into field individuals or transfinite subjects occurs at the moment of fate and upon the transcendental ingression of pure energy upon karmic matter. The Great Warp which consists in the dynamic union of the actual indefinite and the actual definite – of the field – topological Heaven （Radical Nothing） and the field – topological Earth （Immortal Establishment） – in the birth of the actually actual （Great Ocean of Becoming） is the pivot of Dao, the center of individuation and appropriation defined by the tri – polar integrity of the inner dynamics.

19）The inner dynamics has both a transcendental and a primordial meaning. Transcendentally, it consists in the inner tensions of power and form inherent in the self – appropriation of the actual indefinite – a dynamics pertaining to the divine conjugation of the formless Form and the inexhaustible power in the realm of the Radical Nothing. But the transcendental meaning of the inner dynamics must not be separated from the reality of the Great Warp wherein it turns into a dynamics of diremptive tensions involving the power concrescence of the tri – polar field – topological integrity of quintessential actuality.

20）The story of Field – Being is essentially a story of the birth, the karmic labor, and the reincarnation of transfinite existence. It is depictable as an Ego – drama of field individuals or transfinite subjects played out on the Trinity of Dao, on the dynamic plenum functioning as the stage of individuation. Every transfinite existence is driven by the Ego – principle, by a craving to persist as individuated being. This craving for （individuated） form inherent in the quintessential nature of field individuals or transfinite subjects that constitutes its inner love of appropriation is the vital force or impetus of karmic labor. From the standpoint of transfinite psychology the Ego – drama is essentially a drama of inner love.

11. Field – Being is all about Q. Q, all about the quintessential activity that is latent in all existence and all that can be talked about. Dao, the rounded integrity of Field – Being, is the One Being that pervades all and encompasses all. The dynamic plenum is all – pervading and all – encompassing because it is in reality none other than the plenum of an ultimate activity that is quintessentially empowered and self – reflexively articulate – the Let – Be that is the source and ground of all that is let to be. Q. Q – the Uroboros bites its own tail. This articulate self – reflexivity or self – referential character of the ultimate activity as symbolically represented in the sacred image of the mythological snake – that is, in the rounding or environing of the Uroboros upon itself – is precisely what constitutes for Field – Being the yuande or rounded integrity of Dao. For us, the universe of discourse defined by Q. Q is the ultimate universe of discourse. For nothing can be said or talked about apart or beyond the self – referentiality of the ultimate activity. To speak, to think – and indeed to be – is to participate in some capacity in the all – encompassing sphere of Q. Q – in the self – referential manifold of its rounded integrity.

Thus understood, self – reflexive articulate action or activity in the Field – Being sense is the quintessence of the universe – the quintessence of what is,

what is not, and what is and is not. In sharp contradistinction to the Parmenide-
an position in Western metaphysics – the great Parmenides as traditionally un-
derstood, Field – Being does not one – sidedly affirm the reality of what – is at
the expense of what – is – not and what – is – and – is – not. For us the three
faces of Being – as we call them——denoted by the three modalities of the verb
to be, the key Indo – European verb – word, are intrinsically inseparable from
each other, being equally quintessential to the rounded integrity of the dynamic
plenum. The dynamic plenum is quintessentially actual through and through.
But what is quintessentially actual may be definite, or indefinite, or both defi-
nite and indefinite. And that is what the three faces of Being are all about. The
face of Being designated by what – is we call the actual definite, as contrasted
with the actual indefinite or the face of Being signified by what – is – not. In the
Field – Being scheme, the actual definite and the actual indefinite are not empty
abstractions, but terms that each point to a concrete realm of reality. The actual
indefinite is the realm of the transcendental, the realm of the Radical Nothing in
which the One Being of quintessential activity is in an undifferentiated or non –
diremptive state of pure action. The actual definite is, on the other hand, the
realm of the differentiated and dirempted, the primordial realm of quintessential
activity composed of objectified or consummated articulate action. The relation
of the actual indefinite to the actual definite is, in terms of power, the relation of
pure energy, the vibrant, pro – creative energy of pure action, to karmic matter
or the dissipated energy of objectified action. While the phenomenal world owes
to the actual indefinite for its transcendental endowment that consists in the
quintessential traits of spontaneity and innocence inherent in pure energy, it is
from the habituated forms of articulate action objectified in karmic matter that it
derives its primordial – environmental heritage. For the phenomenal world is the
realm of the actually actual, the realm of field individuals or transfinite subjects
in whose life as karmic labor the actual indefinite and the actual definite are
quintessentially and temporally united. In Field – Being ontology and cosmology
time in the proper sense is transfinite time, the dynamic pro – creative fluency of
transfinite existence, in which all other meanings of time are included. As such
transfinite time is Being itself: the presencing presence of the dynamic plenum
as the One Being of the Let – Be is coextensive with the temporalization of trans-
finite subjects. Indeed Being is time, and time Being. The actual indefinite,
the actual definite, and the actually actual are the three faces of Being – Time or
Time – Being, a tri – polarity constitutive of the rounded integrity of Dao. This
Trinity of Dao (TD)  – is the juxtaposition here rather interesting?  – is what
defines concretely the theoretical program of Field – Being philosophy. Field –
Being thought or philosophy as Dao – learning is all about Q. Q in terms of TD.
Quintessential activity reveals itself as the Trinity of Dao – that is our vision of
truth as well as the truth of our vision. But first for the ease and clarity of expo-
sition let us sums up what we have spoken about it in the following table.

**The Program of Field – Being**
**Dao – learning as Explorations of the Field – topological Order**
**The Presencing Presence of Quintessential activity as Trinity of Dao**
**Q. Q in terms TD (Table 1)**

| Q | Actual Indefinite (AI) | Actual Definite (AD) | Actually Actual (AA) |
|---|---|---|---|
| Realms of Quintessential Activity | Transcendental (Radical Nothing) | Primrodial – Environmental (Immortal Establishment) | Phenomenal (Great Ocean of Becoming) |
| States of Articulate Action | Pure action | Objectified action | Procreative – effective action |
| Modes of Power Concrescence (Cocconization of the Plasmatic Threesome) | Pure energy (pure expenence, pure meaning) | Karmic matter or dissipated/objectified energy (objectified expenence, objectified meaning | Karmic labor (synergetic union of pure energy and karmic matter – becoming as creative – procreative transformation) |
| Virtues of the Good as the Optimization of Values | Strainless Perfection | Strainful Necessity | Rounded Good as strainless perfection attainable under conditions of strainful necessity |

Our readers must have already noticed that what we have laid out on the table goes considerably beyond what we have outlined in the above discussion. Needless to say, it calls for a great deal of clarifications and explanations. First of all, a few comments on the text of the table. The terms, phrases, and expressions that we laid out there all belong to the Field – Being vocabulary, a sign – signal system of quintessential tropes. A quintessential trope is any linguistic or symbolic determination functioning as a theoretical vehicle to exhibit the vision and truth of quintessential activity. Thus conceived, the Field – Being vocabulary is not just a collection of words, but may include all kinds of non – linguistic symbolic forms such as geometrical figures or pictorial representations. The term "quintessential activity" is itself a quintessential trope, but so is a Zen painting (interpreted from the Field – Being perspective) or a drawing of what we call the "vital mandala" (to be discussed later). The textual formulations that we laid down in Table 1 constitute, of course, only a small part of the Field – Being vocabulary, though a major number of the key quintessential tropes are already included. Indeed, those that are not explicitly brought out in the text are definitely implicit in it. Thus explicitly and implicitly, what the TD Table (as we may give it a name) contains is nothing short of the whole of Field – Being philosophy. There is no Field – Being discourse that could occur outside the semantic power and sphere of the TD Table, beyond the topical horizon of the field – topological order or the presencing presence of quintessential activity as the Trinity of Dao. That is what the Field – Being program is all about. That is how we re – open the question of Being as Field – Being.

The presupposit ions underlying the re – opening of the question of Being as Field – Being are to be summed up as follows:

5. The ultimate basis of all human experience – and of all transfinite experience, for that matter – is quintessential experience, that is, experience pertaining to the truth or self – revelation of quintessential activity.

6. Contrary to what Heidegger , Derrida, and the other post – modem philosophers and thinkers believe, Field – Being holds that quintessential experience is both universal and primordial, being laden and deeply sedimented in the quintessential tropes of human cultures and languages.

7. The presencing presence of quintessential activity is the universal  – primordial meaning of Being, and the presencing presence  – that is, the self – revelation – of the quintessential activity is the universal  – primordial meaning of Truth.

8. What is presencing present is the open expanse of a dynamic plenum given in quintessential experience as the space – time horizon of a field – topological order. This we take to be the universal – primordial meaning of Reality.

9. Quintessential experience is intrinsically an experience of valuation and value attainment. For all transfinite existence value experience is a function of strainless perfection and strainful necessity. All transfinite existence aims at the optimization of value or strainless perfection attainable under conditions of strainful necessity. This, we submit, is the universal – primordial meaning of the Good.

10. The human Dasein – human beings conceived in their regional field – topological occupation – has an apperceptive intuition of the Truth, the Reality, and the Good. But apperceptive intuition always occurs within a space – time locus of the field – topological horizon , and is thus conditioned by the criss – crossing forces operating in the regional matrix of the human Dasein. What is thus apperceptively intuited is only 'a quintessential perspective of the field – topological order.

4) The core of apperceptive intuition is the transcendental integrity of the Radical Nothing, the actual indefinite that is inexhaustible in power and undifferentiated or non – dirempted in form. The self – appropriation of the formless Form and the consequent procreative overflow is the ultimate source of all transfinite existence. The effluents of becoming – that is, pulsations of pure energy that arise freely and spontaneously from the procreative overflow , are what constitute the divine beginning of field individuals or transfinite subjects. The divine

is the actual indefinite in the transcendental purity of strainless perfection.

5) The diremptive function whereby quintessential activity becomes differentiated into field individuals or transfinite subjects occurs at the moment of fate and upon the transcendental ingression of pure energy upon karmic matter. The Great Warp which consists in the dynamic union of the actual indefinite and the actual definite – of the field – topological Heaven （Radical Nothing） and the field – topological Earth （Immortal Establishrnent） – in the birth of the actually actual （Great Ocean of Becoming） is the pivot of Dao, the center of individuation and appropriation defined by the tri – polar integrity of the inner dynamics.

6) The inner dynamics has both a transcendental and a primordial meaning. Transcendentally, it consists in the inner tensions of power and form inherent in the self – appropriation of the actual indefinite – a dynamics pertaining to the divine conjugation of the formless Form and the inexhaustible power in the realm of the Radical Nothing. But the transcendental meaning of the inner dynamics must not be separated from the reality of the Great Warp wherein it turns into a dynamics of diremptive tensions involving the power concrescence of the tri – polar field – topological integrity of quintessential actuality.

7) The story of Field – Being is essentially a story of the birth, the karmic labor, and the reincarnation of transfinite existence. It is depictable as an Ego – drama of field individuals or transfinite subjects played out on the Trinity of Dao, on the dynamic plenum functioning as the stage of individuation. Every transfinite existence is driven by the Ego – principle, by a craving to persist as individuated being. This craving for （individuated） form inherent in the quintessential nature of field individuals or transfinite subjects that constitutes its inner love of appropriation is the vital force or impetus of karmic labor. From the standpoint of transfinite psychology the Ego – drama is essentially a drama of inner love.

11. Field – Being is all about Q. Q, all about the quintessential activity that is latent in all existence and all that can be talked about. Dao, the rounded integrity of Field – Being, is the rounded integrity of quintessential activity. And then what can be said about the rounded manifold of Dao, the explication of which will lay bare the meaning of the Middle Way? In the first place, the rounded integrity of Field – Being is the rounded truth. Here truth is not to be understood in the formal – logical sense as entertained in the tradition of Western – Aristotelian metaphysics. Rounded truth does not pertain to the truth or falsity – the so – called truth – value – of a statement or proposition, but to the rounded integrity itself as it is revealed or disclosed to us or, more properly, to the Dasein – field of human beings. Rounded truth is, in other words, simply the self – revelation or self – disclosure of the rounded integrity. Thus understood, rounded truth does not presuppose propositional truth but constitutes, on the contrary, its ontological foundation. For the Dao – learner the so – called truth – value of a proposition is actually a representation of its pointer function, that is, as a pointer to the rounded integrity of Dao. Truth – value in the primary

sense is indeed for us a pointer – value. But what exactly does the pointer point to in its pointer function? Generally speaking, what the propositional pointer points to is none other than the self – revelatory presencing presence of the rounded integrity itself, in the self – referential illumination of Dao. All pointers point towards Q. Q as such or in some aspects or manifestations of the rounded manifold. And the pointing of the propositional pointer is not an act outside the rounded manifold but is situated squarely within Q. Q, within the rounded sphere of Field – Being. Otherwise there would be no point to the pointing. Let us hasten to add that there can be no pointing at all without the participatory presence of a percipient subject that constitutes the standpoint of the pointing. In the Field – Being theory the proper standpoint of a propositional pointing is the noumenal self or the field individual or transfmite subject conceived as a strand or extension of the dynamic plenum – more exactly, as an act of becoming working out of the inner dynamics of the Let – Be. Both the standpoint and its pointing are situated within the rounded sphere of Dao and in the grips of its rounded reality.

While the presencing presence of the self – reflexive plenum defines the rounded truth of Field – Being , its rounded reality is to be understood in the conception of the thoroughly actual. Activity in the Field – Being sense is thorough actuality that admits of no opposition between actuality and potentiality. Here the potential is intrinsically inseparable and indeed integral to the actual. The dynamic plenum as quintessential activity is both thoroughly actual and thoroughly potential. Hence the concept of perfect actuality understood as the total absence of potentiality – which Aristotle attributes to God or the Unmoved Mover in his metaphysics – has no place in Field – Being. Nor does Field – Being entertain any idea like the Aristotelian material prima conceived as a non – actual substratum or receptacle of actuality. For in rejecting the Aristotelian demarcation of the actual and the potential, Field – Being also rejects the Aristotelian separation of matter and form, between the indefinite and the definite. Field – Being does not equate the actual with form or the possession of definiteness, and potentiality with the absence of form, the indefinite. In so far as Field – Being is concerned , quintessential activity is not only both actual and potential, but is also both definite and indefinite. The concept of a totally indefinite or unformed activity is for us a contradiction in term. True, Field – Being does speak of a formless Form as the Form of the ultimate activity. But the formless Form is not "formless" because it is absolutely devoid of definiteness, but because it is undifferentiated – or more accurately, unindividuated. The key to the Field – Being theory of form is the concept of diremption – that is, the process or movement of individuation in the dynamic plenum. More exactly, form in the Field – Being sense refers to the dynamic conjugation between power and expression in articulate action. What is indefinite is the articulate power, and what is definite is the articulated expression. Thus the indefinite and the definite are united in the very conception of form. In the phrase "formless Form" the term "formless" implies only the absence of individuated or dirempted forms – and not the absence of form or definiteness as such. The formless Form of the ultimate activity is inexhaustibly indefinite in its articulate power, but definite in its articulated expressions. The formless Form is, in other words, a non – diremptive or unindividuated reality. Far from being a theoretical abstraction serving merely as a limiting concept, the formless Form – or the actual indefinite, as we may also call it – is for us the underlying reality of all individuated existence.

The formless Form or actual indefinite is the form of pure energy, as contrasted with the actual definite or the form of dissipated energy or karmic matter. In light of the above discussion, the distinction between the two poles of （thorough） actuality must be understood as fundamentally a distinction made in the context of the diremptive function. The Field – Being theory of reality is fundamentally a theory of field individuals or transfinite subjects, which constitute the quintessential standpoints of the actual universe. And at the heart of the theory of transfinite existence is the theory of the noumenal self and the conception of karmic labor as the synergetic union of pure energy and karmic matter – that is, in the bipolar integrity of the actual indefinite and the actual definite. The noumenal self, as already noted, is a transfinite existence conceived as a strand or extension of the dynamic plenum. The concept is introduced in order to emphasize the inner connection between the non – dirempted One and the dirempted many – that is, between the formless Form and the individuated forms of articulate action. The noumenal self is an act of becoming defined by a unitary force whereby diremptive tensions are resolved in a working – out of the inner dynamics and in the effective realization of a definite individuality. This working – out or diremptive resolution of the inner dynamics is what defines the meaning of "life" in the Field – Being cosmology.

Life – cosmic life – is, to be more specific, a matter of karmic labor: it consists indeed in the dispensation of karmic labor, in the creative transformation of karmic matter by pure vibrant energy. This is the third pole in the dynamic constitution of thorough actuality – the pole of the actually actual. Our vision of the Field – Being universe is basically that of a Great Ocean of Becoming characterized by the perpetual transformation of energy circulating from the actual indefinite through the actual definite to the actually actual, and inversely from the actually actual through the actual definite to the actual indefinite.

This perpetual transformation and recycling of energy underlying the phenomenal world of transfinite existence – the concept of samsara in the Field – Being sense – is what defines for us the concept of rounded reality. This is not the kind of binary thinking as we are accustomed to in Western metaphysics. The rounded reality of the actual universe , the Great Ocean of Becoming as a samsaric cycle, is a dynamic tri – polar field – topological order.

The term "field – topological" is so crucial to Field – Being thought that we must give it here a fundamental clarification. As an important branch of mathematics, topology is the study of the transformational principles of flexible things

or movements, such as the folding or twisting of a rubber band. Since for Field
– Being flexibility belongs ultimately to quintessential activity as the underlying
reality, being indeed the most intrinsic property of self – reflexive articulate ac-
tion, ontology is a topological discipline, that is, a study of the topological prop-
erty of the actional field or dynamic plenum. Here the concept of situatedness or
positionality is fundamental to the field – topological way of thinking. Just as the
topological property of a folded or twisted rubber band depends on the position or
place ( Greek topos, place ) in the flexible manifold of the rubber band, so the
reality of any determination or existence in Field – Being is a function of its flex-
ional positionality in the actional field or dynamic plenum. " Field – topological "
means that the Field is a topological order.

Thus understood , the field – topological order is a realm of strainful neces-
sity as well as of strainless freedom. Strains are the factors that bring about dis-
continuity or breakage in the movement or flow of articulate action that is in itself
perfectly continuous. They are the diremptive principles that set up delimiting
boundaries in the dynamic plenum whereby the field – topological order becomes
individually differentiated. Strains are thus the formative elements that compose
the actual universe as a structural totality. A structure or universal in the Field
– Being sense is a system of strains, which in its singularity is, as we shall see,
is non – repeatable. Every differentiated existence that arises from the dynamic
plenum owes for its structural identity to the system of strains that determine its
delimited character. Mathematics is the formal science of delimitation by means
of strains. Thus, for example, the structural identity of a triangle is defined by
the system of strains forming its three angles, which we may conceive as the
points of discontinuity or breakages in the continuous movement of a self – artic-
ulating activity. By virtue of the breakages of movement at the three angles, the
articulate action is flexibly strained into the form of a triangle, the form of its
differentiated structural identity. But the breakages of continuity that confer
structural identity to differentiated things by delimiting their boundaries of exist-
ence are, from the functional standpoint, blockages of movement that create ob-
structions inhibiting the free flow of energy in the dynamic plenum. Strains are
thus responsible for the violence, pain, and waste in the Field – Being universe
– the price of individuation. As the Chinese acupuncturists are wont to say, "
obstructions, therefore pain ( butongzetong ) . " This supreme motto in Chinese
medicine articulates succinctly the concept offunctional integrity in Field – Being
cosmology.

The Chinese word tong – which signifies a state of " throughness, " penetra-
tion or non – obstruction – in the statement butongzetong is key to a proper un-
derstanding not only of Chinese medicine but also of Chinese thought in general.
As a matter of fact, if there be one word that could sum up the philosophical
spirit of the entire Chinese intellectual tradition, that word would be tong. There
is really no exaggeration here for, as we see it, Chinese philosophy is preemi-
nently grounded on the principle of functional integrity. The pursuit of Dao –

leaming（philosophy in the Field – Being sense）in Chinese thought is, in the final analysis, a pursuit of the tong – state in existence. Daotongweiyi： "Dao is one by virtue of tong. " This often – quoted statement from the Zhuangzhe clearly tells us that the oneness or unity（yi）of Dao is attained in the "tong – ness" （if you will）or tong – state（of all existence）. In sharp contrast to Western metaphysics in which the quest for structural identity through entitative – cardinal analysis has defined – at least since Descartes – the meaning and teleology of philosophical reflections, Chinese philosophy is almost singular – mindedly field – topological and relational – ordinal in character with a bent towards the attainment of functional integrity as the beginning and end of Dao – learning. In fact, the entire Chinese intellectual tradition may perhaps be better understood negatively in terms of what it lacks – that is, in terms of its deficiency in entitative – cardinal analysis. This is perfectly understandable inasmuch as structural identity has never been the focus of Chinese philosophical reflections for which the development of an entitative – cardinal analytics or methodology is indispensable. Instead, what we find in Chinese thought is the preeminence of the relational – ordinal approach geared to a functional understanding of the field – topological reality. The world for the Chinese is not a collection of substantial entities ultimately reducible to cardinal elements or structural simples, but a functional – relational whole sustained by a network of ordinal meridians. The difference between the Chinese and the Western philosophical approach thus involves the contrast and confrontation between two philosophical paradigms： the field – topological paradigm with its orientation towards functional – relational – ordinal thought and the entitative paradigm with its predisposition towards structural – cardinal thinking. The trans – differentiation of these two philosophical paradigms and their respective orientations is, as we shall see more closely later on, what defines the meaning of Field – Being problematics, of which the Middle Way is meant to be its all – rounded resolution. the Western intellectual tradition is as a whole prominently erodictic relative to other major traditions of thought in the history of civilized humanity, we do not doubt; but the extent to which this is the case and the nature of this obsessive affair remains to be explored.

　　We are not in a position here, of course, to unravel in any detail the inner connection between the psychology and teleological archaeology of Eros and its intellectual expression in the Western tradition, for that would amount to giving a course on the erodictic history of Western philosophy. It suffices for us to indicate and to elaborate briefly at this point that the so – called "rational – analytic" approach to life and reality, which Western philosophers in general take pride in and which has come to define the meaning of Logos, is essentially the intellectual product of an erodictic mentality. Logos is indeed the articulate expression of Eros in thought.

　　But what constitutes the inner connection between Eros and Logos, between desire and rational – analytic thought？The answer is, as to be expected, none

other than the obsession with definiteness. As a craving for form directed by the
expansive – acquisitive Ego – principle, all modes of desire are objectifying and
object – dependent, aiming at the perpetual and permanent domination and pos-
session of otherness. The logic of desire is the logic of individuation: Eros needs
to grasp, to take hold of the object that presents itself as an other, an opposite to
its individuality and subjectivity. This need for otherness has a double meaning.
While on the one hand the erodictic subject needs the other as the mirror to re-
flect its individual ownness, it also looks upon the other, the object of its crav-
ing, as a threat to its being – that is, to the expansive freedom and adventure of
its self – perpetuation. This accounts for the love – and – hate attitude towards
otherness inherent in the psychology of desire and the archeology of erodictic
motivation, a fundamental ambiguity that defines the paradoxical and enigmatic
character of Eros. Eros is both attracted and repelled by its object; it needs the
object in its otherness as the mirror of its own self – image and yet fears the ob-
ject as the threat to its expansive subjectivity. How the human Dasein fares in its
objectifying affair will depend on its erodictic propensity, which is in turn a
function of the power and strength of its transfinite subjectivity: the weaker the
human Dasein, the stronger the need to objectify – and hence the greater the
fear and intolerance towards otherness. It turns out that the obsession with defi-
niteness is the sign or symptom of a weakened or weakening Dasein mentality –
a Dasein of insecurity. The weak Dasein has to assert its power over the other by
grasping itfirmly and definitely in order to be assured of its own subjective free-
dom, its own self – perpetuation. That is why the human Dasein in a weakened
state is inevitably hostile towards the indefinite. While a strong and powerful E-
ros is attracted by the indefinite other in awe – that is, in wonder, fear and re-
spect, precisely by the mystery and elusiveness of its otherness, a weak erodic-
tic mentality can only react to its object aggressively and violently by seeking to
dominate and conquer it so as to possess it permanently like a toy or slave. And
what the weakened Dasein needs so desperately to cling or hold on to is really
not so much the object itself as its own ego or individual ownness – its "deca-
dent," to use Nietzsche's favorite term, functional integrity. Such is the ego –
dramatic propensity implicit in the erodictic obsession with definiteness charac-
teristic of the Western philosophical mentality – a propensity that Nietzsche has
so poignantly designated as the Will to Power. When John Dewey characterized
Western philosophy as a whole as a "quest for certainty," he was simply reitera-
ting the Nietzschean insight into the psychological archaeology of this tradition in
its formal intellectual aspect – that is, as the tradition of Logos. For Logos or ra-
tional – analytic thought is, from the Field – Being psychological point of view,
essentially an ego – dramatic reflection of Eros: apodictic certainty is the off-
spring of erodictic certainty.

   And what exactly is the object of erodictic certainty? What is it that Eros in
the guise of Logos wants to be assured of? The answer is not hard to discover.
What the erodictic Logos wants to take hold of is the object in its definite own-

ness: erodictic certainty is fundamentally a matter of structural identity. This is what constitutes the telos of all rational – analytic thinking. The desire of reason is the desire to know the object as a definite whole, to grasp it conceptually in the intelligibility of its structural make – up – that is, to possess its antic identity or ownness as defined by its boundaries of existence. To know, as Anaxagoras already observed, is to master: knowledge in the rational – analytic tradition is basically a matter of intellectual or conceptual mastery. And no stretch of the imagination is really necessary for one to see the inner connection between the erodictic teleology of reason and the inevitability of entitative – cardinal thought. The history of reason in the Western tradition has been, without much exaggeration, a history of entitative substantialization and cardinal reduction – a reduction of everything, including Being itself, to the status of substantial entities or cardinals, that is, the simple ones. And that is, of course, what structural analysis is all about. The quest for erodictic/apodictic certainty is in the final analysis a search for the simplest elements of structural identity – the ontic cardinals, as we may call them, which will serve as the niche of reason , the resting place of the desiring Logos. The erodictic Logos cannot find rest until it is certain that it has the cardinal ones in its possession. The destiny or fate of Reason is inextricably bound up with the historical quest for ontic cardinals.

The ontic cardinals are indeed of cardinal importance in the history of Western philosophy. The double meaning of the word "cardinal" is for us not a linguistic accident, but is symptomatic of the inveterate obsession with definiteness underlying Western metaphysics as the articulate product of Indo – European mentality. The preference of the definite over the indefinite is dominant almost at the very inception of Western or Indo – European thought. It was already evident in Greek mythology and in the epic poetry in which much of Greek myths were depicted, in particular – including, in particular, the "plastic" art ( Nietzsche's characterization) of Homer. The triumph of the Olympian gods over the primeval Titans was a triumph of cosmos over chaos, the definite over the indefinite. And the typology of personality which Homer carved out for his epic heroes was a precursor of the Platonic Forms, which, together the Pythagorean (whole) numbers and the Democritean atoms, are the prototypes of ontic cardinals. The Pythagoreans had such a sacred regard for whole numbers that they were shocked and bewildered by their own epoch – making discovery of the square roots, the so – called "irrational numbers. " They were indeed looked upon as something "irrational" because, being irreducible to whole numbers, the simple ones, they represent an affront of reason, a threat to the very presupposition of structural identity upon which the Pythagorean conception of Logo was founded. The square roots or irrational numbers thus belong to the side of chaos, the side of the indefinite which, being conceptually elusive and unintelligible, has in time come to be condemned as unreal and evil – even relegated to the realm of non – being or non – existence. For what is actual cannot be indefinite, and what is indefinite cannot be actual. Q. E. D. – A presupposition of the erodictic Logos has generated by internal necessity its own justification!

The quest for ontic cardinals or the simplest elements of structural identity is almost synonymous with Western metaphysics. In the post – Platonic era the trail of conceptual artifacts bearing the erodictic quest for structural identity in Western thought is highly visible to the discerning eyes: the Aristolean ousiai or substances, the abstract universals in Scholastic philosophy, Descartes´ simple and distinct ideas, Leibniz´s windowless monads, Burne´s simple impressions – and finally in our own time, to make the story short, Whitehead´s eternal objects. And how about the quest for atomicity and the ultimate material particles throughout the entire history of western science? Surely we must include that as an integral part of Western metaphysics. The Western presupposition of absolute objective truth that forms the epistemic foundation of Western metaphysics has had ·such a strong hold in the Western intellectual and scientific mentality that Western science has been mistakenly identified with science as such – that is, as the universal embodiment of an absolute objectivity. There is, to be sure, an objective element in Western science. The objective element, in Field – Being terms, has to do with the permanent or relatively stable features of the field – topological order. But what those features are remain to be explored. There is nothing objective about the presupposition of atomicity or ultimate structural elements in Western science, it is not an eternal fact, only an interpretation – and a presupposition rather which, as we have seen, has its origin in theoretic or erodictic mentality underlying Western Logos.

This is not to deny, of course, that structural identity and discrimination has no basis in human experience. The basis of all structural analysis is character, or as Whitehead called it, forms of definiteness. The structural identity of things is its distinguishable form of definiteness. And there is no question that character or forms of definiteness are abundantly and in an infinite variety given in human experience. In so far as Field – Being is concerned , character or forms of definiteness are intrinsic properties of articulate action. A form of definiteness is indeed a form of articulate activity: it is what the action manifests or exhibits in articulating itself. And what an articulate action manifests or exhibits in the process of self – becoming is, to be more specific, always an interplayful complexity of energy, experience, and meaning – the three dynamic components of aesthetic plasma, as we may character it, that are intertwined and interwoven in the cocconization of power concrescence. What is given in experience is not, however, the cocoon – body as such, that is, the effective trail of an articulate action in separation from the act of becoming , nor the act of becoming as such in abstraction from its effective trail or cocoon – body, but rather the concrete dynamic whole of act and product in the synergetic union of vibrant energy and karmic matter. The deliquescent character or form of definiteness this concrete dynamic whole manifests or exhibits is what designate as " plasmatic configuration. " Thus character in the Field – Being sense is something that pertains to both the noumenal self ( act of becoming ) and the phenomenal self ( cocoon –

body）, mediating between the inner dynamics and the Great Ocean of Becoming as the trans – differential niche of articulate action.

The notion of aesthetic plasma is the Field – Being equivalent of the Pre – Socratic matter or substance – the fundamental "stuff" out of which all things are made. But instead of equating it with water or air or fire or any other known physical elements, Field – Being identifies it with what is always and directly given in the very act of quintessential activity – that is, in the power concrescence of energy, experience, and meaning. It is in light of the peculiar mix of definiteness and indefiniteness, the formed and the formless, that the interplayful complexity of the three dynamic components exhibits that we coin the term "aesthetic plasma. " Our vision of the Field – Being universe as a dynamic plenum of quintessential activity is ultimately a vision of a seamlessly flexible and fluid reality. But this ultimately flexible and fluid reality is not without thing – like or entitative properties – properties that pertain to the productive or diremptive function of quintessential activity. The apparent entities or thing – like phenomena that emerge in the Great Ocean of Becoming are, as we have noted, plasmatic configurations of transfinite existence – fluently articulated products of quintessential activity. Every act of becoming is an act of self – creation: what the transfinite existence articulates is none other than its own character – its own form of definiteness. In the process of becoming , an articulate action comes to define itself: the noumenal self that becomes is made by virtue of its own articulate power, its own creative action. The choice of the word "plasma" is intended to capture precisely this inherent ambiguity of fluidity and entitivity in the coming – to – be of a process being. Plasma is fluid, but the word also signifies something being molded, that is, in its very fluidity. This is the quintessential character of aesthetic plasma that determines the meaning of power or substance in the Field – Being sense. The apparent thing – like phenomena that arise in the Great Ocean of Becoming are quintessential entities – configurations of process being not to be confused with the substantial entities postulated by Western metaphysics.

Now as the concrete content of all transfinite – in particular, human – experience, plasmatic configurations or quintessential entities have been the hotbed of abstract universals in Western metaphysics. We call them abstract because they are abstractions from plasmatic configurations – conceptually derived from a rigidization of quintessential activity. What underlies these abstractions is a two – fold bias that constitutes one of the greatest myths of Western Logos. First, there is the myth of objectivism. Character or forms of definiteness – the conceptual content of abstract universals – are taken to be "objective" realities in the sense that they are absolutely and completely independent of any occasion of experience or standpoint of perception or observation. What is perceived as red is an instantiation of redness – the form or universal of all red things – that has nothing to do with the perceiving act or activity. The percipient energy and its perceptual experience absolutely plays no role in the character formation of the perceived red. Furthermore, since we can separate in thought the redness of a thing from its extendedness, we must, so it is asserted, have in reality two separate forms, two individually independent universals. This presupposition that what is distinguishable in thought is separable and separated in reality is the other myth of Western Logos. What figures beneath this "myth of conceptual conformation," as we may designate it, is not just an implicit trust in the dictates of rational thought, but a deeply entrenched Ego – dramatic craving for form as conditioned by the subject – object separation. What is being craved in the Ego consciousness is none other than the perpetuation of the conscious divide as a means of self – preservation – that is, the preservation of the Ego – center as an individuated existence.

But there is no purely objective character. And what is distinguishable in thought is not necessarily separable in reality. In the Field – Being scheme character must appear, and it must and always appear or manifest itself to a certain standpoint. One cannot talk about the forms of definiteness exhibited by the plasmatic configurations of articulate action without invoking a participatory percipient action that constitutes the standpoint for the experiential occasion. The participatory percipient action is not separable from the perceived configurations, for it is an integral dynamic component in the power concrescence in which both the subject and the object are dynamically intertwined. Since how a plasmatic configuration manifests or exhibits itself will depend on the standpoint or participatory subject in question, there are as many forms of definiteness or determinations of character as there are subjects or participatory percipient actions. What appears to a human subject as an apple – like phenomenon may assume a radically different form from the percipient standpoint of a fly or a kangaroo? Are we prepared to make them all universals or eternal objects?

Yes, we are – but not in the sense they are conceived in traditional Western metaphysics. The character or form of definiteness that a plasmatic configuration or quintessential entity exhibits is of a most peculiar kind. It is first of all an aesthetic complexity, a power concrescence of energy, experience, and meaning. And this dynamic constitution is, upon closer analysis, a concrete nexus of thorough actuality, being a tri – polar union of the actual indefinite, the actual definite, and the actually actuaL But this is not all. What is most peculiar about the process being or quintessential entity is that while its plasmatic configuration is, to be sure, localized in a particular region of the topological field, it embraces nonetheless from its own perspective the functional integrity of the Field – Being universe. For it is an act of becoming, a unitary force of quintessential activity that expresses in its articulate teleology a unique appropriation of the inner dynamics. What we have here is, in other words, a concept of character or form of definiteness that combines in its meaning of both singularity and universality – that is, both part and whole and both the most unique and the most encompassing. This is none other than the Field – Being conception of dynamic perspective. Character or form of definiteness is the way a dynamic perspective embraces the field – topological reality： it defines the very meaning of perspectivity. As such, it is to be most appropriately termed a "singular universal," an idea that is no doubt a far cry from the traditional theory of abstract universals. Let us immediately observe here that a singular universal is not a logic class or generic formula, to be instantiated by an indefinitely homogeneous multiplicity of objects or entities, the faceless beings. It is rather a character in perspective, representing and indeed constituting the field – topological order from its own unique point of view.

A singular universal is a structure because it is delimited by a concrete system of strains which defines its structural identity. This unique or singular structure or system of strain is not for Field – Being a copy of an eternal Idea, as in Plato's theory of Forms, but a contingent field – topological creation of quintessential activity. The form or character of an articulate action is the very articulateness of its own self – articulation. Is the form or character then repeatable? No, not in its quintessential singularity. What is repeatable in a singular universal is always a partial determination of its unique structural identity. This conception of a repeatable structure or system of strains conceived as an abstraction from singular universals is what we call a generic universal. As such, they too are contingent creations of articulate action, a product of procreative freedom and field – topological necessity. And that is precisely what "contingency" implies in the Field – Being sense of the word.

Generic universals then are just repeatable patterns of strains defining a possibility of structural identity. We underscore repeatable here because of the important role the concept holds in the Field – Being theory of universals. In so far as Field – Being is concerned, necessity is not an eternal fact, but a function of repeatability. The necessity of a generic universal or structure is, figuratively speaking, its power to repeat itself in the Field – Being universe. We said figuratively because it is not really the generic universal that repeats itself but the quintessential activity that pervades the field – topological order. If we may assign a number from zero to infinity to represent the repeatability of a structure, called its "power index," then three different specifies of universals are distinguishable. A singular universal, being unrepeatable, has the power index of 0, whereas a structure with a power index of greater than 1 is a generic universal. And how about those eternal possibilities cherished so much by traditional metaphysicians? Presumably these are patterns of strains that carry the greatest weight of generic necessity by being indefinitely repeatable – with a power index, that is, of infinity.

The question must now be pressed , wherein lies the power of repeatability that constitutes the necessity of generic universals? It is obvious that this power is not to be sought in some transcendent domain of being outside the Field – Being universe but must be found within the field – topological order itself. Indeed, this power of necessity, as we see it, belongs to none other than the power of what we call the field potentia l – that is, the dynamic plenum or field – topological order conceived as the reservoir or matrix of possibilities and impossi-bilities. The power of a generic universal to repeat itself is latent in the condi-tions of transfinite existence in the dynamic field or universal matrix in flux wherein the field potential is embedded. These conditions, constitutive generally of the dynamic givenness of field individuals or transfinite subjects, are in their holistic compulsion what determine the fundamental meaning of field – topologi-cal causation. In the succinct and symbolic language of Chinese cosmology, field – topological causation is just a matter of xuanqian – zhuankun – literally, revolving (xuan) the (field – topological) Heaven (qian) and turning (zhun) the (field – topological) Earth (kun) . What exactly is implied in the symbolic or metaphoric image of Heaven and Earth, of qian and kun, which the Chinese cosmologists often refer to as their Cosmic Parents? Properly qualified, what is implicit in the symbolic language of Chinese cosmology is a seminal anticipation of what in the Field – Being scheme is referred to as transcendental endowment and Primordial – environmental heritage, the two fundamental sources of dy-namic givenness pertaining, respectively, to the realms of pure energy and kar-mic matter. All transfinite existents are indeed offsprings of the Cosmic Parents. As effluents of becoming arising freely and spontaneously from the Radical Noth-ing , they are indebted for their transcendental endowment to Qian or the field – topological Heaven, the state of pure action. And as acts of becoming and kar-mic laborers engaging in the creative transformation of karmic matter , they owe for their transfinite individuality to Kun or the field – topological Earth, the realm of karmic necessity. For Chinese cosmology as for Field – Being, life – cosmic life – as karmic labor is indeed a matter of xuanqian – zhuankun in the creative appropriation of Heaven and Earth, of our transcendental and primordial – environmental parentage. Life and field – topological causation are intrinsical-ly inseparable.

All transfinite existents then participate in the Great Flow of creative trans-formation – or, as the Chinese cosmologists would say, in the dahua – liuxing between Heaven and Earth, the two sources of field – topological parentage. The phrase dahua – liuxing has over the last two millennia come to acquire such a proverbial force in the Chinese philosophical vocabulary that it is practically re-garded by Chinese philosophers as the summary definitive statement of their cos-mological outlook. And we cannot pick up a happier and more poignant philo-sophical diction to express our deep appreciation of the seminal field – topologi-cal thinking that is latent in the Dao tradition in Chinese cosmology. For what dahua – liuxing ( literally " great transformative flowing action" ) is intended to signify is almost exactly what we would render as "the dynamic plenum con-ceived as the Great Flow of creative transformation. " In a nutshell, Chinese cosmology is all about dahua – liuxing and xuanqian – zhuankun – and that in a word is what the Chinese cosmologists call Dao, the Way Dao is the Way of Life, the Way of field – topological causation. To participate in the Way, as all transfinite existents are obliged to do, is to engage in the decisive act of appropriation, that is, in the cosmic – existential resolution of contingency and the dispensation of karmic labor. Contrary to the fashionable position of western metaphysics, contingency is not the opposite of necessity, nor is it synonymous with bare, capricious freedom. No, contingency for Field – Being lies precisely at the heart of the Middle Way, in the rounded truth and the rounded reality of Dao. For as the field – topological union of procreative freedom and karmic necessity, contingency is what defines the quintessentiality of quintessential activity. Self – reflexive articulate action is quintessentially a transfinite resolution of contingency.

But what exactly is being determined, being resolved in the transfinite resolution of contingency? It is none other than the repeatability of generic universals, the value of their power index. What is at issue is the repetition of objectified character or forms of definiteness and the creation of a novel structural identity in the self – becoming of the noumenal self as a singular universal, a task of karmic labor. Here in the Field – Being theory the distinction between subject and object – and between subjectivity and objectivity – is primarily conceived in terms of the two sides of self – becoming or karmic labor as the transfinite resolution of contingency. The subjective side is the side of procreative freedom; the transfinite subject is simply the act of becoming or unitary force of appropriation in the procreative freedom of its articulate power. But the subjective is inseparable from the objective; the meaning of transfinite subjectivity is only definable in terms of its creative efficacy against the primordial – environmental establishment in karmic matter – in the accumulated and sedimented systems of strains which collectively form the realm of objective necessity in the Field – Being universe. That objectivity is a matter of karmic necessity derived from the objectified character and systems of strains of past articulate action is no doubt one of most distinctive features of Field – Being philosophy. Contrary to the views of Plato and Whitehead, forms or generic universals are not eternal or non – temporal entities laid up in some transcendent domain of being, but are objectified structures in the temporal world, being contingent products of consummated field individuals which constitute, in their objective immortality, the primordial – environmental heritage of nascent subjectivity. More to the point, these objectified structures or systems of strains, which define the meaning of karmic neccessity, are the habituated forms of articulate behavior in the perpetual self – appropriation and self – accommodation of quintessential activity. In plain language, the generic universals arisen from the power of compulsion and repeatability of objectified structures are habits of articulate action. What the power index of generic universals indicates is just that – the power of habits. It is to the articulate habits of their predecessors and ancestors that transfinite subjects owe their inherited structural identity. The way a galactic system owes its structural identity to the habituated patterns of energy in the universe is not essentially different from the way a smoker owes his or her inveterate habit to his or her past smoking action and the physical – social – cultural environment in which the tradition of smoking has been perpetuated. What we mean to imply is that the so – called laws of nature which from the very beginning has been held up in the Western intellectual tradition as the protoco ls of objectivity necessity for philosophy and the sciences are by no means eternal and absolutely ineluctable fixtures prevailing over the physical world. No, they are like every repeatable generic structure just a kind of habit – though an indefinitely persistent and inveterate one. It is indeed to this indefinitely persistent and inveterate character of these laws of nature or cosmic habits that we are indebted for the seemingly everlasting objectivity and stability of our Field – Being epoch. This is what we intend by the term "primordial" in the expression "primordial – environmental heritage. " The primordial, in other words, refers to the indefinitely ineluctable establishment of karmic necessity. Thus understood , the primordial is indefinitely in the world and indefinitely ahead of the world , in basically the same sense the smoking habit is ahead of the present behavior of the smoker. This is the concept of pre – determination in Field – Being. The future of transfinite existence is always predetermined to an extent by the past, by the objective establishment of karmic necessity.

Now, as we have noted above, every transfinite existence is driven by a craving for form, by the vital force or impetus latent in its articulate power to define and re – define its existential boundaries according to the internal demand of individuation, what we have termed the Ego – principle. The Ego is indeed this internal demand of self – definition inherent in each and every transfinite existence. But where does the Ego come from? What, let us ask, is the source of the universal Ego impetus?

The answer is to be sought, of course, in the primordial source of transfinite existence, in the realm of karmic matter, the field – topological Earth, wherein all immortal structures or universals as objectified systems of strains are sedimented. As the universal impetus of individuation, the Ego represents the weight of karma or power of compulsion exerted by the objectified systems of strains upon all acts of becoming. The Ego impetus or craving for form originates at precisely the moment the weight of karma is felt by the nascent field individual, that is, the moment of fate – or the Great Warp, as we also call it – marked by the synergetic union of pure energy and karmic matter, the union of field – topological Heaven and field – topological Earth, of the transcendental and the primordial – environmental sources. The term "Warp" is intended to suggest the impact of the latter on the former, that is, the way pure energy is "strained" by the objectified systems of strains inherent in karmic matter. The weight of karma is a dictatorial force. Every objectified structure is a compulsion to conform; it seeks to perpetuate itself by being repeated in the being of its "host," of the appropriating act of becoming. It turns out that the craving for form, the internal demand of self – definition, underlying all transfinite existence is in fact a function of the karmic force. It is under the weight and influence of karma that transfinite existence derives its craving for form and the teleological direction of its Ego – dramatic propensity. In the Great Ocean of Becoming all is driven by the sway of the Ego – principle.

And the Ego – principle, the principle of individuation, is both a principle of expansion and a principle of conservation, which we identify, respectively, as theoretic Ego （Eros） and the concernful Ego （Cura）. Unlike Nietzsche who subsumes the concemful Ego as a mere special case of the erotic Ego or the Will to Power, his name for the Ego – principle, Field – Being conceives them as e-qual partners in a bipolar integrity. The sway of the Ego – principle is, as we shall see, ultimately governed by the inner dynamics of the ultimate activity underlying the rounded integrity of Dao, in which is embedded the deepest meaning of the Middle Way. But first our notion of the inner dynamics needs to be further elaborated in order we may see its bearing on the Ego – principle upon which the Field – Being theory of motivational archaeology is founded.

The key to the "bearing" here is the concept of force, the connecting link between the inner dynamics and the motivational archeology. The inner dynamics is the dynamic relation between pure or unindividuated action and differentiated or individuated action – that is, between the transcendental and the phenomenal, the Radical Nothing and the Great Ocean of Becoming, as the two basic realms of articulate activity. It is what defines the "logic" of the diremptive function procuring the individuation of transfinite existence. But the dynamic logic of diremption is not something abstract; it is to be grasped in terms of the concrete reality of force, in terms of the dynamic relation or interrelation of power, form, and expression – the quintessential trio, as we may call it – that lies at the core of the inner dynamics. Everything in the Field – Being universe is directly or indirectly a manifestation or incarnation of the quintessential trio, which, as the core of the inner dynamics underlying the universal matrix, is the universal of universals. A force is a functional determination of the quintessential trio, a vectorial conjugation of power, form, and expression. This vectorial conjugation – a concrete vehicle˚ of the awesome interface – is, moreover , a matter of inner appropriation whereby a form of articulate action is decided in relation to a givenness of power. What we term expression in the quintessential trio refers to the effective manifestation of the dynamic form that is also a measure of the articulate adequacy and propriety of the inner appropriation. This is the core meaning of the inner dynamics, the dynamics of inner appropriation underlying all articulate action. Thus understood, a force is a resolution of the inner dynamics and a consummation of inner appropriation. That is what we have in mind when we identify inner love – the love or impetus of inner appropriation – as the craving for form or self – definition. All life or transfinite existence is prompted by inner love, whose forceful reality is something that we experience intimately and concretely in our daily life. Thus, for example, when we were young and strong, our levels of activity always seem inadequate to the seemingly abundant power at our disposal; our feeling of restlessness is the direct expression of this inadequacy of our articulate action. On the other hand, when we become older or when we are sick and weak, we have to adjust down the level of our activity so as to preserve or conserve our lessening power, and our feeling of frustration or helplessness is an index of our limitations. Actually, such manifestations as readily given in our ordinary conscious experience are merely the surface phenomena of an enormously complex and intricate reality involving an infinity of multifarious and multi – dimensional forces at work at the unconscious or preconscious level. We are indeed both the center and product of this forceful matrix of the inner dynamics. The articulate action that I am is no more than the infinity of forces that intersect and intertwine in my being and becoming. There is no fixed or unchanging substantial entity behind or within this intersecting and intertwining of forces constitutive of my transfinite existence. The reality of my existence as a fielded being consists in no more than this complexification of forces. For I can have no separate existence apart from the inner dynamics of the Let – Be. In fact, I am the inner dynamics working itself out in me and through me, a quintessential activity appropriating itself in accordance with the demand of inner love.

In thus recasting the theory of transfinite existence in the language of force we hope to bring ourselves more intimately in touch with the operation of the inner dynamics at the core of our quintessential experience wherein resides the Dot in Q. Q, the ever – elusive awesome interface. As a concrete vehicle of the inner dynamics in the rounded sphere of Field – Being, a force is precisely what both is and is not, both a having – been and a yet – to – be, both actually definite and actually indefinite – precisely the kind of process reality procured and represented by the operation of the awesome interface. But is this not precisely what is rejected by Parmenidean dogmatism as interpreted and embraced by mainstream Western metaphysics? What lies behind the Parmenidean dogmatism is of course the Occidental obsession with definiteness, which arises as an over – inflated oretic expression of inner love. Western metaphysics , the metaphysics of Eros, is a force that seeks to de – force itself as force: it seeks its own demise. The fulfillment of Eros is Thanatos – the fate of theoretic or erodictic mentality.

Field – Being does not deny the reality of force. On the contrary, it embraces it as the concrete and most authentic mode of reality. The dynamic plenum is through and through a continuum of forces. But while all transfinite existence, which flourishes in the phenomenal world or Great Ocean of Becoming, is ego – bound and ego – dramatic in its dynamic constitution, being driven by the craving for form and self – definition, the Radical Nothing as the realm of pure, undifferentiated action, is entirely ego – free. And as such, the Radical Nothing is the transcendental niche of the Force, or the Field – principle as the ultimate embodiment of the quintessential trio – the ultimate source of power, form, and expression. As power, the Force is the inexhaustibility of articulate action. As form, the Force is the formless Form, the Form of strainless freedom. And as expression, the Force is the dynamic overflow – the ever – prevailing excess of procreative power from which arise the effluents of becoming, the ground of all field individuals or transfinite subjects. This conception of the Force as the ultimate embodiment of the quintessential trio is what defines the meaning of the divine or divinity in Field – Being. Divinity is quintessential activity in the state of perfection – that is, in the transcendental conjugation of the Inexhaustible, the formless Form, and the procreative Overflow that compose the Radical Nothing as the non – diremptive state of pure action. All transfinite existence is nourished in the divine embrace of the Force within the rounded sphere of Field – Being. It is indeed by virtue of the divine embrace and upon the inspiring influence of the divine Force that transfinite existence is empowered in its path towards self – transcendence.

The topological region wherein the inspiring influence of the divine Force is felt and interpreted forms what we call the non – ego center of transfinite existence, as contrasted with the ego – center or the topological region prevailed over by the sway of the Ego – principle. The noumenal self – that is, the field individual or transfinite subject conceived as a unitary force or act of becoming – is identifiable neither with the ego – center nor with the non – ego center, but is to be thought of as a quintessential matrix engaged in the transfinite resolution of diremptive tensions betwixt the two center of forces. If we may represent the quintessential matrix geometrically in the form of an ellipse, then the ego and non – ego centers are to be identified as its two foci. Just as the character of an ellipse lies in the geometrical properties determined by the relation between the two foci, so the nature of the quintessential matrix is to be sought in the dynamic complexity of the ego and the non – ego dispositions or orientations.

While in the ego – center the transfinite subject is indulging in the interests of the concernful or oretic Ego, that is, in servicing the projects or agendas of care and desire, the field individual in the non – ego center is, under the inspiring influence of the Force, prompted in the opposite direction, that is, in the transcendence of Cura and Eros. This is what life as karmic labor consists in from the standpoint of transfinite psychology and motivational archaeology. The noumenal self or karmic laborer will always finds itself suspended in the dynamic tensions of two paths of vital disposition – the downward path of self – indulgence and the upward path of self – transcendence. As the principle of individuation, the Ego – principle in us is always engaged in ego profiling and ego building, whether in terms of the curadictic projects of care or through the erodictic programs of desire. In either case, self – indulgence means persistence within the confines or boundaries of an individuated or dirempted existence. Dictated by the craving for form or self – definition, the dirempted self is not interested in abolishing the boundaries that define the meaning and identity of its egological selfhood. It only seeks to re – arrange them according to the preference of its Ego – dramatic propensity.

And the hallmark of dirempted or individuated existence is strainful necessity. Strains are necessary and essential to transfinite existence because they are the very source of individuation. Every individuated existence is a system of strains, the factors that procure and establish its existential boundaries – and thus its structural identity. But as the formal or existential ingredients of structural identity, strains are also what constitute the conditions of functional integrity, being the sources of articulate resistance and conductivity in the phenomenal world. What the Daoists call "nature" or zheran is not so much a realm of rounded perfection marked by articulate action in a state of strainless freedom – that is, what pertains quintessentially to the Radical Nothing, as a realm of rounded simplicity characterized by the least resistance and the greatest (possible) conductivity. We say "not so much" because there is an ambiguity here, that is, an ambiguity between rounded perfection and rounded simplicity which, as we see it, is precisely what distinguishes the Daoist conception of Dao – and, for that matter, the perennial tradition of Chinese metaphysics, including Daoism, Confucianism, and Chinese Buddhism. But although the ambiguity is real, there is no question where the accent lies in this amplified tradition of Dao (as we may call it). It is on rounded simplicity, the Middle Way between strainless freedom and strainful necessity. This is what the Chinese philosophical concept of tong essentially implies. What tong or tong – ness designates is not a state of non – obstruction in the complete absence of strains, but a state of least resistance and the greatest possible conductivity under the conditions and limitations of strainful necessity. And the theory of mailuo, the vital meridians or veins carrying the circulation of qi flow in all organic systems – and indeed throughout the whole cosmos according to the philosophy of Chinese medicine, is fundamentally just that: routes of tong – ness naturally given with the least resistance and greatest possible conductivity. Just as Western metaphysics with its oretic obsession with definiteness and expansive freedom is driven in its quest for structural identity by the lure of the cardinal simples, the ultimate ingredients of entitative – structural composition, so Chinese thought with its preoccupation with curatic solidarity and security is goaded by the ideal of efficacious ordinates, vital – social – cosmic meridians that sustain the field – topological order in its functional integrity. Here then is the basic difference between the Chinese and the Occidental philosophical mentality as motivated by their respective Ego – dramatic propensity. Theoretic obsession with definiteness and expansive freedom tends to be blind to the evils induced by strains and insensitive to the call of tong – ness. The Western philosophical spirit not only accepts strainful necessity, but also feeds and thrives on it. Far from attempting to find the path of least resistance and the greatest conductivity, the Occidental mentality is consciously and unconsciously tempted by the opposite. It seeks out the paths of the greatest resistance for mastery, adventure and conquest so as to make certain its expansive freedom. What a far cry from the conservative spirit of tong – ness and rounded simplicity so characteristic of the Chinese!

Now a tradition aspiring towards the attainment of tong – ness and rounded simplicity can not yield to the temptation of rational necessity and conceptual clarity which belongs only to the enticized and substantialized world, an ego – dramatized phantom of Field – Being. Of all major philosophical or wisdom traditions of the world, the Chinese tradition of Dao stands out as the only one that remains true to the reality and functional integrity of the dynamic plenum whose truth is necessarily non – demarcational and ambiguous. The relentless search for rational necessity and conceptual clarity so markedly prevalent in both Western and Indian philosophy is simply non – existent in the Dao tradition. This is not, of course, because the Dao – leamer is inherently incapable of pursuing the logical game of conceptual – rational construction, but because such pursuit is incompatible with its vision and intimate experience of Dao. We murder to dissect. For the Chinese Dao – leaner, Dao or the dynamic plenum is in itself a seamlessly undivided whole. And the field – topological order that the Dao reveals itself to us is a transcendental – natural – phenomenal continuum which refuses to be truncated into an artificially constructed world of rigid identities. Being one with the seamless whole in the collapse of all demarcations and rigid identities is for Chan the state and meaning of nirvana. But that is precisely what the Daolist zheran implies, a state of perfect naturalness and spontaneity – a state of rounded simplicity. Actually, both the Daoist and Chan sprit of naturalness is not far from what in Confucianism and Neo – Confucianism is called zhicheng or absolute sincerity. For no less than naturalness or zheran, absolute sincerity is a state of tong – ness or non – obstruction, the defining characteristic of the authentic plenum. In short in so far as safeguarding philosophically and existentially the functional integrity of the dynamic plenum – the dahualiuxing, the Great Transformation Flow, all major strains of the Dao tradition are united. The Middle Way of rounded simplicity is the one thread that runs through the full spectrum of Chinese thought. the question is to be answered in terms of what we call the "trans – differential problematics": the Middle Way is Field – Being 's resolution of the trans – differential problematics. We coin the not – so – pleasing term "trans – differential" and its cognate "trans – differentiation" in order to enunciate and highlight both ontologically and methodologically the most salient and distinctive features of Field – Being thought. They are indeed the general labels for signature Field – Being. In the Field – Being scheme what is trans – differential is the dynamic relation between the One and the many – that is, between the Let – Be or self – articulate One, the ultimate activity, and the multifarious beings and things in the universe that are all extensions of the ultimate activity. This is trans – differential in the ontological or metaphysical sense. In this sense, everything in Field – Being is a differential by virtue of the role it performs in the actional scheme and in terms of the modality of its derivation from the ultimate action. The transcendence of the many by the One is indicated by the prefix "trans – " – what goes or lies beyond the differentials. But the prefix "trans – " also signifies that which comes across or connects. The ultimate activity that lies beyond all differentials is also the ground of their functional interrelatedness in the actional totality. This is the ultimate activity functioning as the awesome field interface gathering and unifying all things in the Great Web of trans – differentiation. This is the internal affair that defines signature Field – Being as an ontological conceptuality. The Field – Being scheme is ontologically a trans – differential scheme.

The question now arises: How is the Middle Way to be understood in terms of the Field – Being conceptuality, that is, in terms of trans – differential scheme? To begin with, the Middle Way is for us a matter of philosophical commitment; it represents our stance or position on the dialectical tensions embedded in the Field – Being scheme – that is, the opposing theoretical tendencies or orientations which furnish the theoretical basis of the trans – differential problematics. They include basically the diremptive tensions in the problematics of the One and the many, and the quintessential tensions in the opposition between the entitative and the field – topological. On both fronts, the Field – Being resolution of the trans – differential problematics consists in an appropriation of the rounded truth – that is, in the unfoldment and participation and in the Middle Way that avoids the extremes and embraces the balance. The Middle Way is the way of a rounded harmony. The question is, of course, how the balance is to be conceived, and what exactly defines the roundedness of the rounded harmony. In so far as the diremptive problematics is concerned, Field – Being does not emphasize the One at the expense of the many, nor does it concentrate on the many in the oblivion or even elimination of the One. The diremptive tensions on the One and the many are resolved by means of the field – topological theory of perspectives: the Middle Way between monism and pluralism is an actional perspectivism. A thing in the Field – Being universe is not an isolated entitity but an actional center or locus in the Great Web of trans – differentiation, an extension of the ultimate activity that constitutes necessarily a unique perspective of its field – topological reality. Each unique perspective then is in its own way a unity of the One and the many: it is in its own way the ultimate activity, constituting and reflection its field – topological reality from its own standpoint. More exactly, the authentic things that constitute the field – topological reality are what we call field individuals or transfinite subjects. They are called field individuals because they are individuated plenums of self – reflexive articulate action, and they are called transfinite subjects because as effluents of becoming they are indebted in their finiteness to the infinite power of the One, from which it receives the transcendental endowment of their transfinite subjectivity. As authentic things in the Field – Being universe, field individuals or transfinite subjects are agents of field – topological transformation by virtue of their resolution of diremptive tensions. The resolution of diremptive tensions consists concretely in the dispensation of karmic labor as a synergetic union of vibrant energy and karmic matter the accumulated effects of past, objectified action that constitute their environmental heritage. Karmic labor is essentially a unity of transcendental endowment and environmental heritage, the two basic components of transfinite subjectivity. This is at once the meaning of life and of becoming in the Field – Being sense. Life as karmic labor is an everlasting process of becoming involving the perpetual working and reworking of vibrant energy on karmic matter. The inner dynamics of this process is furthermore explicable in terms of the concept of coc-conization, the openness and limitations of the field potential or universal matrix in flux in relation to the dispensation of karmic labor and processes of becom-ing. Karmic labor as a process of becoming is in reality a cocconization of power concrescence wherein a consummated self emerges as an effective trail of func-tional differentials out of the interplayful complexification of energy, experience, and meaning that constitutes the cocoon – body of its worldly existence. In the vibrancy of its transfinite subjectivity, the living soul of a karmic laborer is not as yet a ( consummated ) self, but is a self in the making. Thus becoming for Field – Being then is a process of entification, the quintessential process of ac-tivity wherein a transfinite subject becomes what it is by virtue of its self – appro-priation. What is "entified" in the quintessential process – that is, the effective trail that forms the cocoon – body of power concrescence – is of course the con-summated self. In appropriating and consummated itself, the karmic laborer as a living process of activity has acquired a thing – like or entitative existence. The consummated self of karmic labor is a quintessential entity of articulate activity.

The consummated self of becoming and karmic labor is called a "quintes-sential entity" because it represents an execution or working out of the inner dy-namics: the fruit of karmic labor – the entity that has become – is the quintes-sence of self – reflexive articulate action. This conception of the quintessential entity is thus to be sharply distinguished from the conception of the substantial entity in Western metaphysics. For unlike the substantial entity in Western meta-physics that only exists as a delusive abstraction – that is, as a separate, isolated self – existing thinghood, the quintessential entity in Field – Being is real and concrete. For the consummated self as a quintessential entity remains a form of power enfolded in the karmic matter of its cocoon – body, the effective trail which is the immortal trace of its transfinite subjectivity. The consummated self does not vanish into non – existence. As an "immortal soul" in the Great Flow of Becoming, it still commands power and demands reckoning from all worldly existents as a force of objectified action. Embodied in the dissipated energy and objectified experience of its karmic efficacy, the consummated self is still in some sense "alive. "

This understanding of the "quintessential" or "quintessentiality´as defining the intrinsic meaning of the dynamic process – of becoming as the procurement of entitivity out of the articulate, coccoonizing power of activity – must now be incorporated into the notion of the Middle Way in Field – Being. Just as Field – Being strikes a balance between the One and the many in its conception of the field individual as a unique perspective of the field – topological reality, so here with respect to the dialectic tensions between activity and entitivity it adheres likewise to the rounded truth in its resolution of the trans – differential problem-atics. The self – becoming of the quintessential entity is the rounded truth. Hence the overall meaning of the rounded truth that defines the Middle Way or ontological centrism of Field – Being is to be grasped in the unity of perspectivity and quintessentiality. And it does not really take much imagination in order to see where the unity lies. For the unity of karmic labor that constitutes the life of field individuals or transfinite subjects is none other than a unity of perspectivity and quintessentiality. The self – becoming and appropriation of the karmic laborer is not an isolated and merely private affair of a detached subjectivity, but is a process internal to the Great Web of trans – differentiation – to the field – topological reality in its undivided wholeness. The life of a field individual or transfinite subject is in its own perspective and from its own unique standpoint the Great Life itself.

The Great Life is the universal life of the One Being, the wholesome universal, as we may call it, in which all existents participate. The expression is adopted here in order to convey the value orientation of Field – Being philosophy as well as to contrast it with the conception of the abstract universal that is one of the hallmarks of Western metaphysics. Implicit in the term wholesome universal is the Field – Being stance on behalf of spiritual health and well – being, which, as we see it, only comes to us in and through a direct and immediate participation in the Great Life – in embracing the field – topological reality authentically in its undivided wholeness. Far from doing justice to the One Being as an undivided whole of infinite diversity – a dynamic totality of self – reflexive articulate action, the abstract universal in Western metaphysics represents in fact an impoverished homogenization of the field – topological reality. The rigidity and divisiveness of the Western entitative mentality historically brought up in the soil of Western metaphysics is hardly the emblem of Life, but is on the contrary the vehicle of Death. For there can be no possibility of genuine spiritual health and well – being in the land of a truncated reality.

The irony is, however, that it is precisely to this entitative mentality that we owe much of the sophistication, brilliance and power of western civilization. The "tradition of logos," by which we identify the historical cultures nourished in the soil of western metaphysics, is the tradition that is primarily responsible for the advance of science and technology, as we know today – the product of rational – analytic thought ( logos ) and the entitative mentality. But what is the source of entitative thinking? And from what does the entitativism of western cultures derive its power? The answer can be succinctly stated in one word: eros, or desire. Indeed it is in the pivotal connection between eros and logos – between desire and rational – analytic thinking – that the western tradition erects the shrine of its entitative mentality. This connection is "pivotal" because it constitutes an axis of moti.

# 8. Signature Field – Being and the Dao Tradition ( V )

What we propose to discuss in what follows is a kind of centrism – a philosophical position that believes in the Middle Way, both as an ontological commitment and as a rational choice or strategy. We Field – Being thinkers are dao – learners, traversers of the Way who practice the supreme art of appropriat ion to the utmost limits. As such, we do not and must not shy from the Middle Way, let alone consciously straying from it. The Middle Way is for us not an object of deconstruction, nor is its endorsement something to be ashamed of, as if it were so hopelessly antiquarian and out of fashion. No, on the contrary, we whole – heartedly embrace it and are all too ready to defend it not only as a philosophical stance but also as a practical paradigm, a way of life par excellence. We affirm it philosophically because it is the truth of our vision, and we endorse it as a way of life and practical living because civilized humanity requires it for its integrity and creative vitality. For all extremist straying from the Middle Way, we emphatically submit, are blind alleys, both philosophically and otherwise.

But what is the Middle Way? The word middle here is not to be taken in the spatial or mathematical sense. As a philosophical stance or position, what we call the Middle Way has to do with the field character of Being : it is the Middle Way of Field – Being. The Field is the universal matrix of all existence, and Being, in the primordial meaning of the word , names the articulate presencing of activity in the Field. But the articulate presencing is simply a topological manifestation of the universal matrix in flux, itself the dynamic embodiment of the One Being of the Let – Be – the self – articulate One or ultimate activity that is the source and ground of what is let to be in the universe. Field and Being then are mutually defined concepts: Being is Field, and Field is Being – hence the hyphenated term Field – Being. Field – Being philosophy is based on the fundamental intuition that all is activity, and that the One Being of the self – articulate One is an aesthetically empowered plenum of pure and articulate action whose dynamic trans – differentiation – called the inner dynamics – is what defines the field character of the universe. What we referred to as the field character of Being is actually a condensed expression of the aesthetic field – topological integrity of the articulate presencing. The Middle Way is the Way of the inner dynamics procuring the aesthetic field – topological integrity. It is simply the Act of the Let – Be in its undivided wholeness, the holistic how of the self – articu-

late One in action. This is the basic meaning of our ontological centrism. What
is "central" about our ontological centrism has to do not only with the holistic
how of activity, but also with our philosophical commitment to the Way in its
trans – differential unity of pure and articulate action that defines the field – to-
pological integrity. The "Middle" in the Middle Way is not the "mean" in line-
ar thinking, but the rounded middle trans – differentially understood in field –
topological thought. In the final analysis, this rounded or trans – differential
middle belongs to the position of no – position that is the quintessential reality of
the awesome interface.

In Field – Being philosophy then the underlying conceptuality is that of a
non – entitative and non – substantialist ontology cast in the field – topological
paradigm of activity or action in which all beings or things derive their aesthetic
integrity from the rejlexional – articulate power of the ultimate activity. To exist
is to emanate or emerge in the articulate prescencing of activity by virtue of the
reflexional – articulate power. Existence is the manifest product of a reflexional
– articulate conduct. All existents – that is, the emanata or emergent beings in
the dynamic plenum——owe their field – topological integrity to their functional
participation in the Act of the Let – Be, in the holistic how of the self – enviro-
ning, self – articulating, and self – revealing field action that encompasses and
pervades the Field – Being universe. In the final analysis, our ontological think-
ing is all about Q. Q = Q. q, the first formulation of the Field Principle stipula-
ting the ontological identity of reflexion and articulation that must be recognized
as the cornerstone of Field – Being philosophy. The ultimate activity ( Q ) envi-
rons, enfolds, or bends back upon itself ( Q. Q ), and in thus reflexively acting
upon itself all beings or things as articulations ( q ) of the self – articulate One a-
rise therein ( Q. q ) . The inner dynamics of the Let – Be, the dynamics of re-
flexion in articulation and articulation in reflexion, is the work of the awesome
interface represented in the field equation by the dot on both sides of the equa-
tion. The meaning of the awesome interface lies indeed in the dynamic ambiguity
of reflexion and articulation. This dynamic ambiguity is what constitutes the
quintessence of the Act of Let – Be and of the Field – Being plenum as the re-
flexional – articulate expression of the ultimate activity. In the notational con-
vention of Field – Being philosophy, Q, q, and the dot are the only primary
symbols; all other notations or notational locutions are partial symbols derived
from the interpretations and functional differentiations of the primary sym-
bols. The primacy of the primary symbols reflects the primacy of the inner dy-
namics as the underlying reality.

The inner dynamics is "inner" because it is internal to the One Being of
the Let – Be. All reality in Field – Being pertains to the internal affair of the ul-
timate activity. When the reflexional or self – enfolding character of the Let – Be
is emphasized, this internal affair is described as the "divine meditation" repre-
sented by Q. Q on the left side of the field equation. More exactly, by divine
meditation we refer to the transcendental reality of the ultimate activity in its

pure self – reflexivity. The Aristotelian conception of God or the Unmoved Mover as pure thought, the Vedantic notion of Brahman as pure consciousness, and the concept of Dao as wu or non – being in the Daodejing are for us all hermeneutic analogues of the divine meditation – spiritual and philosophical instantiations of Q. Q or the Let – Be in – itself, as we may also call it. But reflexion is articulation. When we wish to stress the articulate character of the ultimate activity, it is called the "diremptive function" represented as Q. q on the right side of the field equation. To continue with the above cited examples, Q. q is instantiated by Aristotle's conception of God as the universal object of desire or eros, by the notion of Israra or the qualified Brahman in Vedantia, and by the concept of you or being in the Daodejing – all hermeneutic analogues of the diremptive function, or the Let – Be for – the – world. Hence the inner dynamics may be What in the order of reality is designated by the term trans – differentiation is called conjugation in the order of language and discourse. Just as the reality of the Field – Being plenum is constituted by the web of trans – differentiation, so the Field – Being universe of discourse is defined by the universal conjugationality of action. The grammar of Field – Being, the grammar that reigns in the Field – Being universe of discourse, is the grammar of a language that contains primarily only one figure of speech, namely, verbs. All other figures of speech as classified in the conventional grammar are for Field – Being quasi – verbs, that is, derivable from verbs – the words of action. And what is encoded and stipulated in the universal grammar of action are the fundamental rules of conjugation as exhibited in the trans – differentiality of actional properties or attributes. And the most fundamental conjugation underlying the universal grammar of action is the ontological identity of reflexion and articulation – the inner conjugation of the divine meditation and the diremptive function that is implicated in all Field – Being discourse. Thus conceived, the inner conjugation is the grammatical counterpart of the inner dynamics. Just as all reality is in the grips of the inner dynamics of the Let – Be, so all Field – Being discourse is implicated in the inner conjugation of the universal grammar of action. In the interest of conceptual clarity and for the ease of exposition, our Field – Being discourse will henceforth reply on the extensive use of "conjugation tables" in which a categoreal or hermeneutic matrix of ideas is set forth for the purpose of exhibiting the trans – differentiality of action. The articulate totality of such matrices set forth inthe various conjugation tables will then compose in linguistic form the conceptual scheme or system of Field – Being philosophy. The Field – Being scheme is categoreal in so far as it sets forth the universal grammar of action, and it is hermeneutic in so far it contains analysis, this rounded or trans – differential middle belongs to the position of no – position that is the quintessential reality of the awesome interface.

In Field – Being philosophy then the underlying conceptuality is that of a non – entitative and non – substantialist ontology cast in the field – topological paradigm of activity or action in which all beings or things derive their aesthetic

integrity from the reflexional – articulate power of the ultimate activity. To exist
is to emanate or emerge in the articulate prescencing of activity by virtue of the
reflexional – articulate power. Existence is the manifest product of a reflexional
– articulate conduct. All existents – that is, the emanata or emergent beings in
the dynamic plenum——owe their field – topological integrity to their functional
participation in the Act of the Let – Be, in the holistic how of the self – enviro-
ning, self – articulating, and self – revealing field action that encompasses and
pervades the Field – Being universe. In the final analysis, our ontological think-
ing is all about Q. Q = Q. q, the first formulation of the Field Principle stipula-
ting the ontological identity of reflexion and articulation that must be recognized
as the cornerstone of Field – Being philosophy. The ultimate activity (Q) envi-
rons, enfolds, or bends back upon itself (Q. Q), and in thus reflexively acting
upon itself all beings or things as articulations (q) of the self – articulate One a-
rise therein (Q. q). The inner dynamics of the Let – Be, the dynamics of re-
flexion in articulation and articulation in reflexion, is the work of the awesome
interface represented in the field equation by the dot on both sides of the equa-
tion. The meaning of the awesome interface lies indeed in the dynamic ambiguity
of reflexion and articulation. This dynamic ambiguity is what constitutes the
quintessence of the Act of Let – Be and of the Field – Being plenum as the re-
flexional – articulate expression of the ultimate activity. In the notational con-
vention of Field – Being philosophy, Q, q, and the dot are the only primary
symbols; all other notations or notational locutions are partial symbols derived
from the interpretations and functional differentiations of the primary symbols.
The primacy of the primary symbols reflects the primacy of the inner dynamics as
the underlying reality.

The inner dynamics is "inner" because it is internal to the One Being of
the Let – Be. All reality in Field – Being pertains to the internal affair of the ul-
timate activity. When the reflexional or self – enfolding character of the Let – Be
is emphasized, this internal affair is described as the "divine meditation" repre-
sented by Q. Q on the left side of the field equation. More exactly, by divine
meditation we refer to the transcendental reality of the ultimate activity in its
pure self – reflexivity. The Aristotelian conception of God or the Unmoved Mover
as pure thought, the Vedantic notion of Brahman as pure consciousness, and the
concept of Dao as wu or non – being in the Daodejing are for us all hermeneutic
analogues of the divine meditation – spiritual and philosophical instantiations of
Q. Q or the Let – Be in – itself, as we may also call it. But reflexion is articula-
tion. When we wish to stress the articulate character of the ultimate activity, it
is called the "diremptive function" represented as Q. q on the right side of the
field equation. To continue with the above cited examples, Q. q is instantiated
by Aristotle's conception of God as the universal object of desire or eros, by the
notion of Israra or the qualified Brahman in Vedantia, and by the concept of you
or being in the Daodejingl – all hermeneutic analogues of the diremptive func-
tion, or the Let – Be for – the – world. Hence the inner dynamics may be con-

ceived as the dynamic relation between the divine meditation ( Q. Q ) and the di-remptive function ( q. q )  – once again, the identity of reflexion and articula-tion.

Now the term identity here demands clarification. This is not identity in the logical sense, but, as already implied by our earlier discussion, in the Field – Being or trans – differential sense. In this sense, what is trans – differentially i-dentified are always properties or attributes of activity that designate distinguish-able aspects or moments, roles or functions, states or dimensions of action. To say that any two actional properties or attributes A and B are trans – differential-ly identified means that A and B are unified or belong together in some sense in an undivided whole of action. How A and B are unified or belong together in the undivided whole is what defines the sense of identity in question. This sense of identity is designated by the prefix " trans – " in the terms trans – differentia-tion, trans – differential, trans – differentiated, and trans – differentiality, which are among the favorite terms in our Field – Being vocabulary. And since all differentials – that is, the differentiated – are manifestations of the reflexional – articula te power, the prefix " trans – " also refers to the transcendental char-acter of this power. Thus all beings or things in the Field – Being universe are involved in the trans – differential web of the ultimate activity, inasmuch as all actional properties or attributes are implicated in the undivided wholeness of the One Being of the Let – Be. In the web of trans – differentiation all fielded beings are dynamically conjugated in the undivided wholeness of the Whole, that is, the plenum of Field – Being. Whatever we may talk about or conceive are trans – differentially identifiable in the conjugationality of action. This notion of the universal conjugation of action is what forms the ontological basis for grammar of Field – Being.

What in the order of reality is designated by the term trans – differentiation is called conjugation in the order of language and discourse. Just as the reality of the Field – Being plenum is constituted by the web of trans – differentiation, so the Field – Being universe of discourse is defined by the universal conjugational-ity of action. The grammar of Field – Being, the grammar that reigns in the Field – Being universe of discourse, is the grammar of a language that contains primarily only one figure of speech, namely, verbs. All other figures of speech as classified in the conventional grammar are for Field – Being quasi – verbs, that is, derivable from verbs – the words of action. And what is encoded and stipulated in the universal grammar of action are the fundamental rules of conju-gation as exhibited in the trans – differentiality of actional properties or attrib-utes. And the most fundamental conjugation underlying the universal grammar of action is the ontological identity of reflexion and articulation – the inner conjuga-tion of the divine meditation and the diremptive function that is implicated in all Field – Being discourse. Thus conceived, the inner conjugation is the grammati-cal counterpart of the inner dynamics. Just as all reality is in the grips of the in-ner dynamics of the Let – Be, so all Field – Being discourse is implicated in the inner conjugation of the universal grammar of action. In the interest of conceptual clarity and for the ease of exposition, our Field – Being discourse will henceforth reply on the extensive use of "conjugation tables" in which a categoreal or hermeneutic matrix of ideas is set forth for the purpose of exhibiting the trans – differentiality of action. The articulate totality of such matrices set forth in the various conjugation tables will then compose in linguistic form the conceptual scheme or system of Field – Being philosophy. The Field – Being scheme is categoreal in so far as it sets forth the universal grammar of action, and it is hermeneutic in so far it contains instantiations of the universal grammar as hermeneutic analogues of conjugational thought. Our conjugation tables then may be either purely categoreal, that is, without hermeneutic analogues, or formed by a combination of categoreal and hermeneutic concepts. More exactly, what is set forth in a hermeneutic table is a string of hermeneutic analogues collected according to a mode or pattern of conjugationality. In what follows, Table 1 is a categoreal table, while Table 2 is a hermeneutic one.

### The Inner Dynamics of the Let – Be
### Inner Conjugation: The Ontological and Trans – differential
### Identity Of Reflexion and Articulation
#### ( Table 1 )

| All is activity/The Inner dynamics as the inner conjugation of reflexion Of and articulation | Action as reflexion ( The enfolding or environing character of activity) | Action as articulation ( The emanating or procreative character activity) |
|---|---|---|
| The Let – Be: the ultimate activity as the self – articulate One | The Let – Be in – itself: The divine meditation or the ultimate activity in its pure self – reflexivity ( Q. Q) | The Let – Be for – the – world: The diremptive function or the ultimate activity as the source and ground of all existence ( Q. q) |
| Inner dynamics of the Let – Be: Q. Q = Q. q The field equation ( ontological identity ) as and trans – differentially understood | | |

**The Inner Dynamics of the Let – Be**
**Inner Conjugation : Hermeneutic Analogues Of**
**the Ontological identity**
( Table 2 )

|  | The Let – Be in – itself: The divine meditation or the ultimate activity in its pure self – reflexivity ( The Q in Q. Q) | The Let – Be for – the – world : The diremptive function or the ultimate activity as the source and ground of all existence (The Q in Q. q) |
|---|---|---|
| The Let – Be : the ultimate activity as the self – articulate One · |  |  |
| Aristotle | God or the Unmoved Mover conceived as pure thought: divine meditation as an act of absolute self – possession | God or the Unmoved Mover conceived as the universal object of desire or eros : the diremptive function as external final causation |
| *Vedanta* | Brahman conceived as pure consciousness ( unqualified Brahman) : divine meditation as an act of absolute separation from the object | Brahman in the role of Ishvara or lord of the universe ( qualified function as an act of maja or Brahman) : diremptive delusive projectio |
| *Daodejing* | Dao as wu or non – being : divine meditation as a vacuous state of zuran or naturalness | Dao as wuwei or non – action : diremptive function as spontaneous expression of zuran or naturalness |

The three hermeneutic analogues set forth in Table 2 were not chosen arbitrarily. They were selected with an important theoretical purpose in mind, namely, to draw out in broad outlines the conceptual contours and paths of a hermeneutic journey that is going to have profound and far – reaching implications and consequences for the future developments of Field – Being philosophy. For what is contained in the three hermeneutic analogues of the inner dynamics are, as we see it, three ideal types of normative action that seem to have held sway historically over the major spiritual – philosophical traditions of the civilized world. Indeed, they are universal ideal types which, in their ontologically most distilled form, are exemplifiable any time and anywhere, to an indefinite degree and in an indefinite variety by any life form capable of conscious action – including, of course, conscious beings in the Dasein field of humanity. For normative action arises from the necessity of strains in relation to the freedom of the strain-

less. As an ontological concept, strains are the principle of individuation; they
are what account for separation and entitivity in the Field – Being plenum. They
introduce interruption, abruptness, discontinuity and opposition in the seamless
flow of pure energy. In the Field – Being theory, an individuated form, like Pla-
to's Idea or Whitehead's eternal object, is not a substance nor a transcendent,
abstract entity, but a system of strains that have evolved into an articulate habit
or mode of habituation in the creative advance of field individuals or transfinite
subjects, that is, centers or strands of articulate action. The repetition of forms
or articulate habits is what determines the historical tradition of a life – form or
Dasein – field of existence. The necessity of strains then is the necessity of (his-
torical) tradition whose power of compulsion – that is, the compulsion to repeat
– must be confronted and appropriated by every transfinite subjectivity in the
process of self – becoming. Indeed, the very meaning of subjectivity is definable
in terms of the attitude of a transfinite subject towards this compulsion. This
transfinite attitude, as we may call it, has a normative side and a teleological
side. On the normative side, the transfinite attitude represents a decision and
preference on the relation between objective necessity and subjective freedom,
between the strained and the strainless. This decision or preference is set up as
a norm on the teleological side, by the inner love or appetition of articulate ac-
tion to perpetuate itself into an immortal form for subsequent action to repeat and
follow. This inner love or appetition which connects the normativity and teleolo-
gy of a transfmite attitude is the locus of selfhood in transfinite subjectivity. The
self of a transfinite subject is defined precisely by its characteristic synthesis of
appetitive normativity and teleology. For life – forms capable of conscious action
like human beings the transfinite attitude has become a vital force in the power
concrescence of self – becoming. What is distinctive of a conscious life is the
prescencing of the conscious Divide, that is, the consciousness or awareness of
the separation between the subject and the object, between freedom and necessi-
ty. Here the transfinite attitude becomes an attitude towards the (conscious) Di-
vide. To stay with the Divide or to abolish it – that is the question. But what
does staying with the Divide mean? And what does abolishing the Divide entail?
To stay with the Divide means to remain conscious – that is, self – conscious,
for it is only on the basis of the conscious Divide that the self appears as an indi-
viduated reality. But to remain self – conscious with the Divide is to perpetuate
the state of separation under strain, the strain that is inherent in the separa-
tion. Hence conscious life is confronted with a dilemma between two opposing
courses of action – between remaining strainfully self – conscious with the Di-
vide and attaining the non – self – unconscious freedom of the strainless through
its abolition. The dilemma is further complicated by the fact that all life seeks
freedom whether conscious or non – self – conscious. How is it possible then to
attain freedom with the Divide? What kind of freedom is available in a conscious
life under strain? The answer is not difficult to find. For the freedom attainable
with the Divide cannot be a freedom of the strainless; the only freedom that is

attainable – or seems to be attainable – is a strainful freedom from objective ne-
cessity or any conscious object that consciousness takes to be the bearer of this
necessity. In short, strainful freedom means independence from the object or ob-
jective necessity. Here what is sought for is not the abolition of the subject – ob-
ject opposition, but the total possession of the object by the subject or the object
's complete separation; At the heart of strainful subjectivity and freedom then is
a deep – seated fear and aversion to objectivity. Since one sees the object as an
obstacle or threat to subjective freedom, the tendency is to make it a dependent
or lesser reality so as to preserve the strainful security and confidence of subjec-
tivity. Herein then, in terms of its ultimate teleology, are the three main models
of transfinite attitude, freedom and subjectivity in a conscious life:

　　1. The Model of Absolute Possession: attaining strainful, self – conscious
freedom in the absolute possession or absorption of the object by the subject.

　　2. The Model of Complete Separation: attaining strainful, self – conscious
freedom in the complete separation or distantiation of the object from the sub-
ject; and

　　3. The Model of Perfect Vacuity: attaining strainless, non – self – conscious
freedom through the abolition of the Divide or the subject – object opposition.

　　As the readers may have already expected, these three main models of
transfinite attitude as outlined above are what define, respectively, the inner
meaning of the three hermeneutic analogues set forth Table 2. What is being de-
fined here is in each case an ideal type of normativity and teleology of strainless
or strainful freedom that inner love or appetition of transfinite subjectivity sets up
as the end of normative action. And every articulate action is a normative action
in so far as it sets itself up as the progenitor of a historical tradition. For it is in
the nature of inner love to seek to immortalize itself through the perpetuation of
its normativity and teleology. The voice of the inner appetition that speaks on
behalf of every transfinite subjectivity is always a voice of self – assurance and
external compulsion: I am what I have done, do so as well!

　　Now while as dynamic potentials of transfinite subjectivity all three models
of normative action are universally operative in the conscious life of human be-
ings, they differ in the degree and manner of their dominance in the historical
traditions of civilized humanity and thought. The Model of Absolute Possession,
for example, is, relative to the other two models, more typical of the Indo – Eu-
ropean tradition of Western civilization. On the other hand, the Model of Com-
plete Separation seems to be, again relative to the other two, more uniquely
characteristic of Brahamanic tradition of historical India. And what about the
Model of further Perfect Vacuity? To students of the Daodejing and Chinese
thought, is it not obvious that in the final analysis, it is precisely what the Dao
tradition is after?

　　With an appropriate choice of terminology let us now set up the conjugation
matrix for the Field – Being theory of transfinite subjectivity before we proceed
any further.

**Models of Transfinite Subjectivity in Conscious Life:**
**Ideal Types of Normative Action and**
**Their Historical Distribution**
(Table 3)

| Historical Tradition of Civilized Humanity and Thought | Ideal Types of Normative Action in Conscious Life Typical Models of Transfinite subjectivity | Inner Love or Appetition of Transfinite Subjectivity |
|---|---|---|
| Tradition of Logos: Indo – European aspiration | Strainful freedom in absolute possession of the object | Inner love of proactive Eros |
| Tradition of Brahman: Indian aspiration | Strainful freedom in complete separation from the object | Inner love of reactive Eros |
| Tradition of Dao: Chinese aspiration | Strainless freedom in absolute vacuity from the subject – object demarcation and opposition | Inner love of Renci |

The terminology here needs some explanation and clarification. The choice of logos and eros to characterize the Indo – European tradition should not pose a problem for any one who has delved in sufficient depth into the perennial spirit of Western thought. Eros means desire. The inner nature of all desire is its dependency on the object. For what desire expresses is the need to cling to something, something to possess, to control, to conquer. This inner love to objectify, which in Buddhism is known as craving, has been the driving force of the Indo – European tradition almost from the very beginning.

Western thought, in so far as its Indo – European heritage is concerned, is marked by an obsession with definiteness that is required by the inner craving of eros. Eros abhors the indefinite and the elusive, for what is indefinite and elusive is difficult or impossible to objectify: it is a frustration for the need for craving. That is why the indefinite was equated with chaos and evil by the Pre – Socratics. And that also is why, the indefinite was rarely, if ever, recognized as actual in western ontology. In Aristotle's metaphysics, for example, the indefinite only plays the role of material prima which for Aristotle does not actually exist, or only exists as a limiting concept. God, or the Unmoved Mover, is on the other hand fully actual, because s/he is fully determinate. Even after Aristotelian metaphysics was taken over by the Christian theologians, the Greek Eros with its obsession with definiteness and its aversion to the indefinite, seems to remain supreme in Western religious and philosophical thinking.

　　What binds the logos of Western science and philosophy and the theos of Christian theology is the notion of the Perfect Entity, that is, a fully definite or determinate object that is absolutely incapable of change and modification. That is what logos has come to mean, the absolute possession of the object – the Perfect Entity – in thought and language.